淮安市楚州区志

（上册）

淮安市淮安区地方志编纂委员会　编

HUAIANSHI CHUZHOUQUZHI

1978~2008

淮安 淮安区
HUAI'AN CHINA

方志出版社

图书在版编目(CIP)数据

淮安市楚州区志. 1978～2008 / 淮安市淮安区地方志编纂委员会编. -- 北京 :方志出版社，2018.12
ISBN 978-7-5144-2808-7

Ⅰ. ①淮… Ⅱ. ①淮… Ⅲ. ①楚州区－地方志－1978-2008 Ⅳ. ①K295.34

中国版本图书馆CIP数据核字（2017）第308541号

淮安市楚州区志（1978～2008）

编　　者：淮安市淮安区地方志编纂委员会

责任编辑：陈　效
出 版 人：冀祥德

出 版 者：方志出版社
地址　北京市朝阳区潘家园东里9号（国家方志馆4层）
邮编　100021
网址　http://www.fzph.org
发　　行：方志出版社图书经销中心
电话（010）67110500
经　　销：各地新华书店
排　　版　南京德玺文化发展有限公司
印　　刷：南京凯德印刷有限公司

开　　本：889×1194　　1/16
印　　张：70.75
字　　数：2300千字
版　　次：2018年12月第1版　　2018年12月第1次印刷
印　　数：0001～5000册

ISBN 978-7-5144-2808-7　　定价：1200.00元

周恩来铜像

淮安区行政区划图

淮安市淮阴区测绘院 编制　　淮安市淮安区民政局 监制

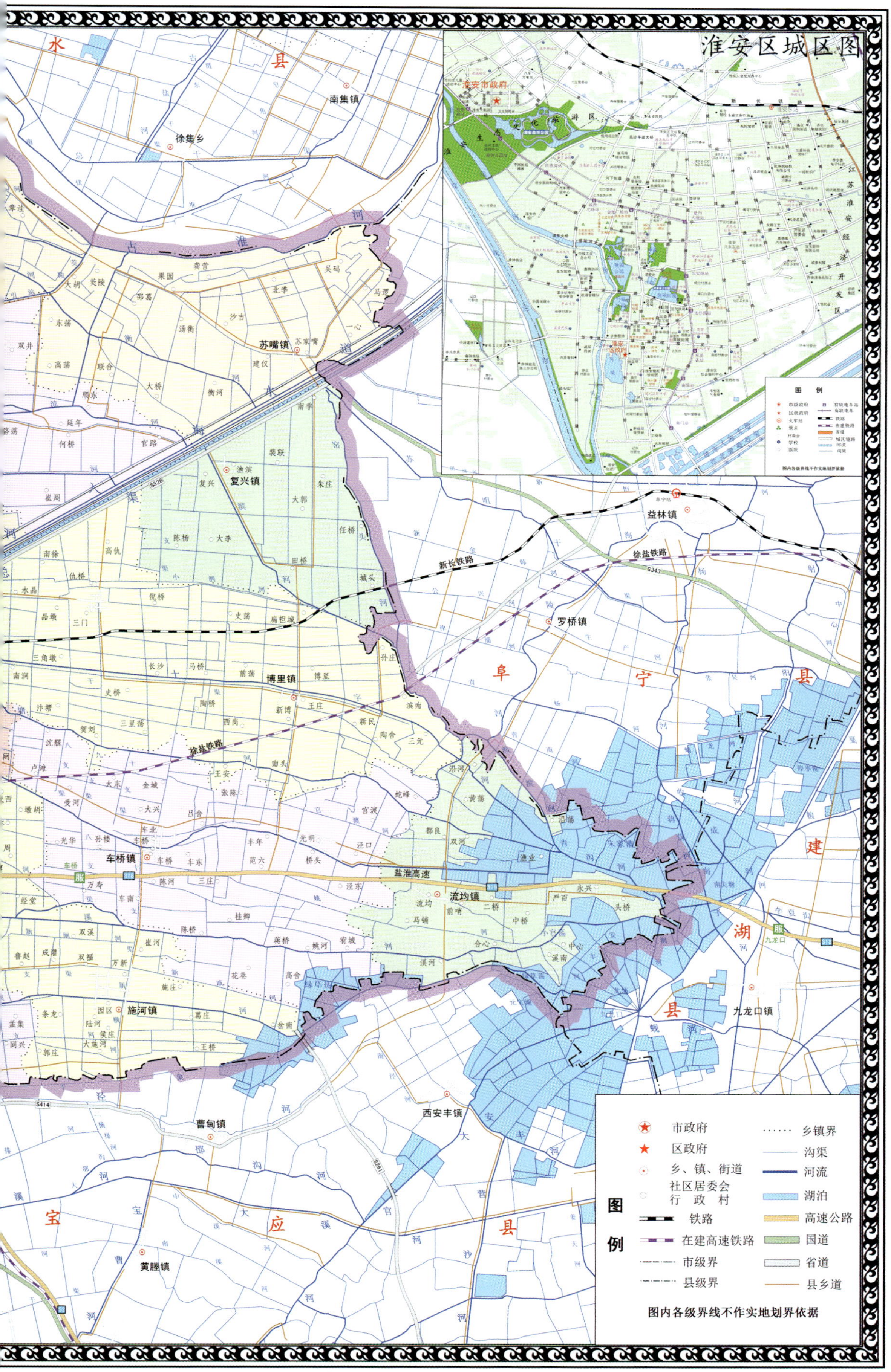

地图审图号：淮H(2018) 06号　编制日期 2018年8月

淮安

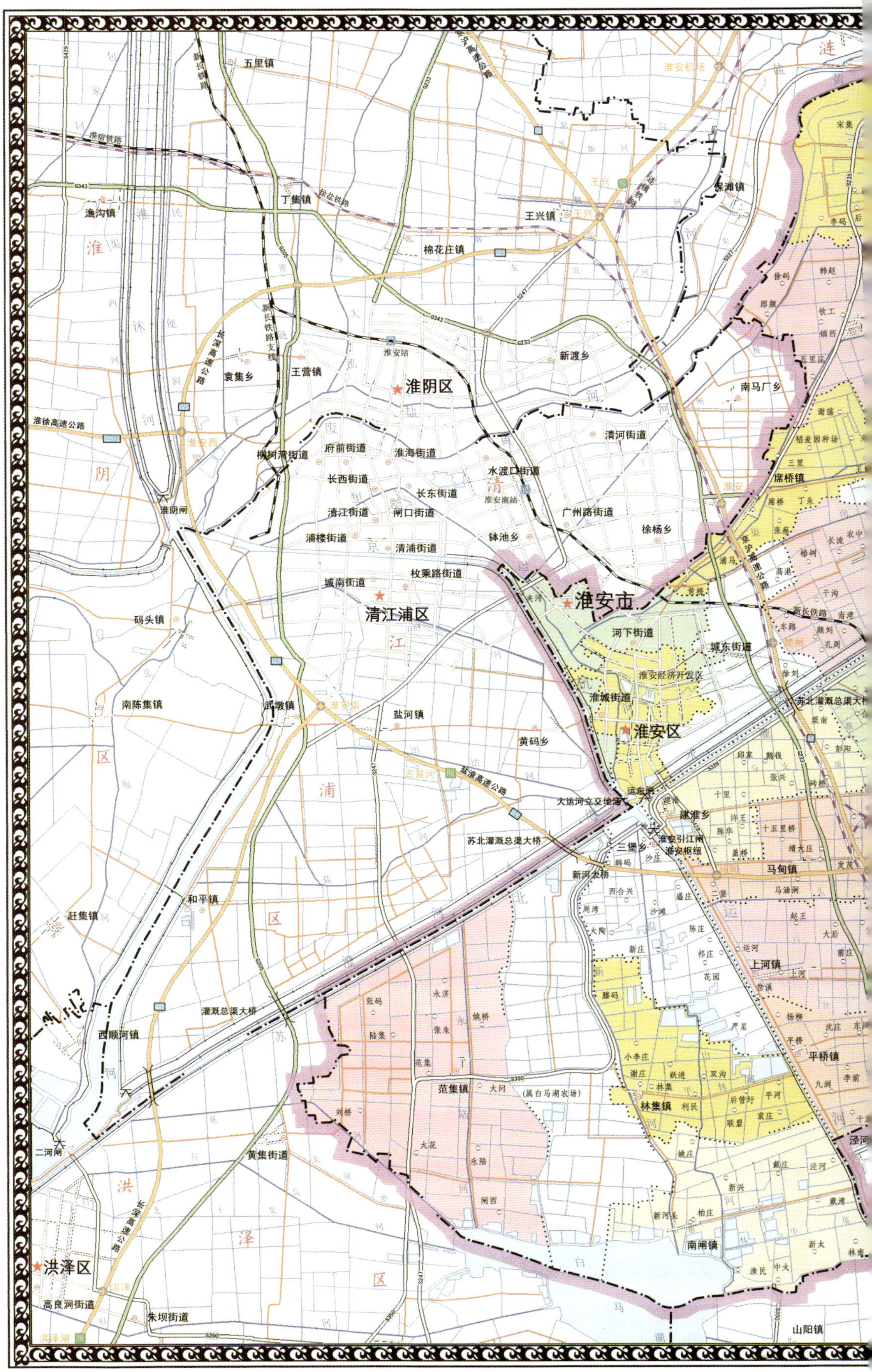

五里镇
淮宿铁路
新长铁路
徐盐铁路
丁集镇
渔沟镇
王兴镇
保滩镇
棉花庄镇
淮安机场
长深高速公路
京沪高速公路
新长铁路支线
淮安站
袁集乡
王营镇
淮阴区
新渡乡
南马厂乡
淮徐高速公路
淮安西
柳树湾街道
府前街道
淮海街道
清河街道
水渡口街道
长西街道
长东街道
淮安南站
清江街道
闸口街道
广州路街道
徐杨乡
淮阴闸
浦楼街道
清浦街道
钵池乡
城南街道
枚乘路街道
淮安市
清江浦区
码头镇
河下街道
城东街道
淮安经济开发区
南陈集镇
武墩镇
淮安南
盐河镇
淮城街道
淮安区
黄码乡
古盐河
盐淮高速公路
大运河立交地涵
建淮乡
苏北灌溉总渠大桥
三堡乡
淮安引江闸
淮安枢纽
新河农桥
赶集镇
和平镇
马甸镇
上河镇
灌溉总渠大桥
西顺河镇
平桥镇
范集镇
（属白马湖农场）
林集镇
二河闸
黄集街道
洪泽区
高良涧街道
朱坝街道
洪泽湖
南闸镇
山阳镇
泾河
席桥镇
淮阴
清江浦区
洪泽区
白马湖

区图

内部用图

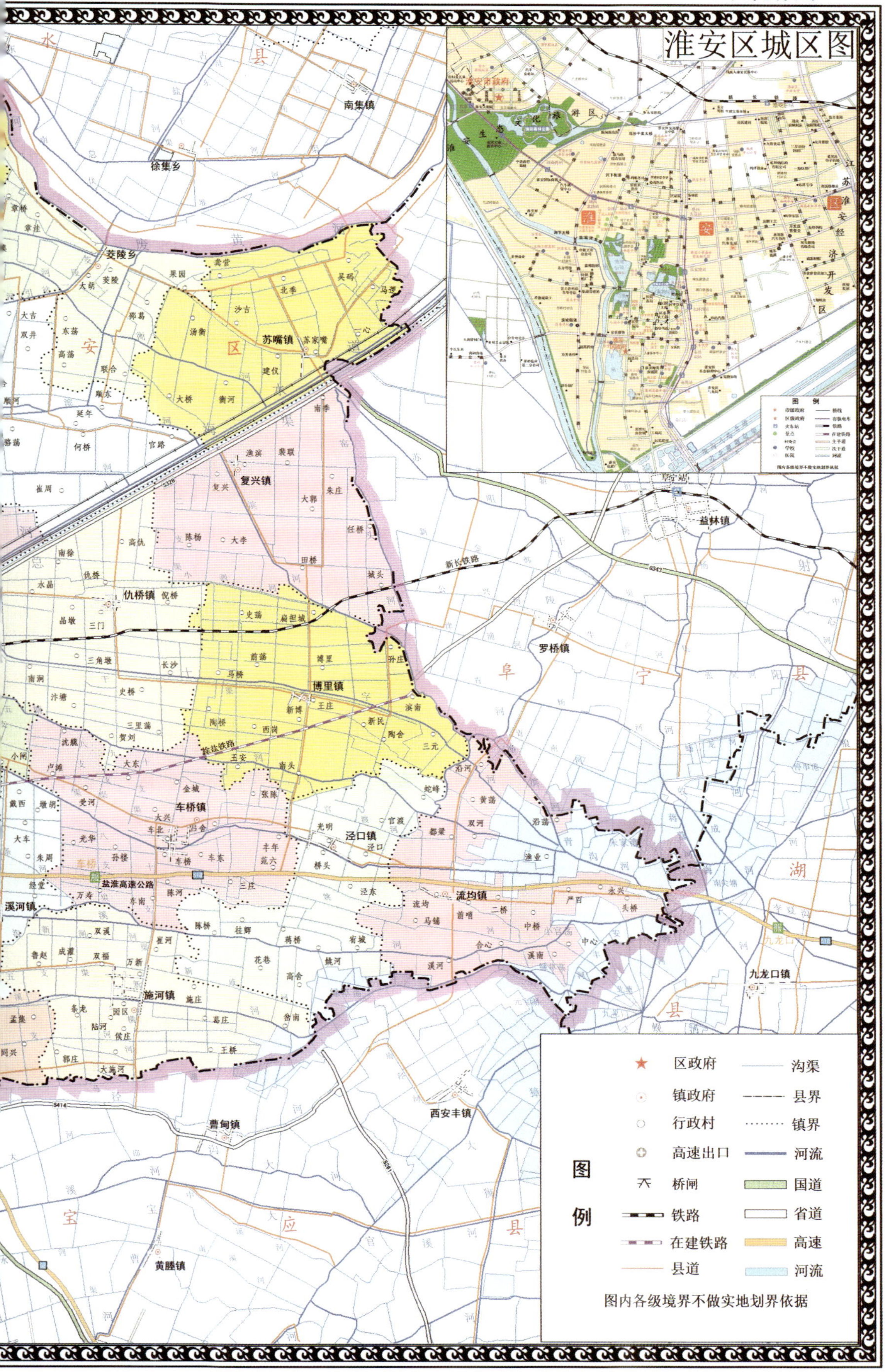

编制日期 2018年2月

有轨电车
玖珑汇
锦绣格林酒店
Green Tree Inns Hotel
河下古镇(5A)
Ancient Town of Hexia
吴承恩故居(4A)
Former Residence of Wu Cheng'en
金地商业广
Jindi Commercial P
翔宇大道
梁红玉祠
淮安游礼
水龙局
花巷湖嘴大街
茶巷
估衣街
城河街
王兴懋酱园店
吴鞠通中医馆
文楼
沈坤状元府
Champion Scholar's Mansion of Shenkun
尚客优快捷酒店
竹巷街
阎思寺
御码头
河下大桥
万丰小吃城
萧湖
萧湖景区
Xiaohu Scenic Area
莲花街
古枚里
钓鱼台
淮安宾馆
Huai'an Hotel
韩侯桥
漂母祠
友谊路
友谊桥
勺湖
勺湖园
刘鹗故居
周恩来故居(5
Former Residence of Zhou E
文通塔
西门大街
驸马巷
长西
镇淮楼西路
人民桥
新安旅行团历史纪念馆(2A)
Historical Museum of Xin'an Troupe
新安旅行团历史纪念馆
县西
胯下桥
月湖
西干道
里运河
文渠

淮安区
全域旅游手绘地图
恩来干部学院
Enlai Cadre College
金陵宙辉国际大酒店
Jinling Zhouhui International Hotel
有轨电车
欣天地商业广场
万达广场
汽车东站
天永国际大酒店
周恩来纪念馆(5A)
Zhou Enlai Memorial Hall
南湖
东门美食街
East Gate Food Street
东门美食街
天时晋国际大酒店
Tian Shijin International Hotel
革命烈士陵园
九升国际广场
Jiu Sheng International Plaza
总督漕运部院遗址
韩侯祠
东岳庙
普京大酒店
关天培祠
中共华中分局旧址
枯花寺
淮安古城墙遗址
Ancient City Wall Ruins of Huai'an
龙光阁
Long Guang Attic
麗桐酒店
安府署(4A)
Prefecture of Huai'an
漕运博物馆(4A)
Museum of Canal Transportation
淮楼
Huai Attic
Mart
铁
云
路
大
道
楚
梁
沈
文
渠
莲
花
东
街
州
长
安
路
大
华
西
红
坤
永
怀
韩
信
东
门
大
街
镇
淮
楼
东
路
县
东
街
关
天
培
玉
路
楚
州
大
路
街
道

周恩来纪念馆俯瞰　　（区新闻信息中心　供图）

周恩来纪念馆主馆

漕运博物馆

吴承恩故居

关天培祠

河下古镇

淮安府署

文通塔　　（朱红辉　摄）

萧湖公园 （朱红辉　摄）

勺湖公园

镇淮楼

水上立交

古城墙外春日美景

江苏井神盐业有限公司

江苏共创人造草坪有限公司

江苏双环齿轮有限公司

江苏淮棉有限公司

建华管桩生产车间

融高光伏发电项目

江苏惠民汽车配件制造有限公司生产车间

江苏国信淮安生物质发电厂

施塔德电梯生产车间

金地商业广场

大润发超市

金陵国际酒店

绿草荡水产养殖

白马湖水产养殖

粮食大丰收

复兴镇渔光互补项目

瓜农喜摘西瓜

高楼林立的新城区

2000年的新世纪广场

淮安古城墙遗址　　　　（朱红辉　摄）

2007年投入使用的楚州汽车客运站

农村新貌

江苏省淮安中学

苏嘴镇综合文化服务中心开馆

2008年，楚州区乡村客运实现全覆盖

车桥战役纪念碑

环卫工人风雪中坚守岗位　（徐寅　摄）

区市场监督管理局工作人员教消费者识别假冒伪劣商品

新安小学开展“学新旅”主题教育活动

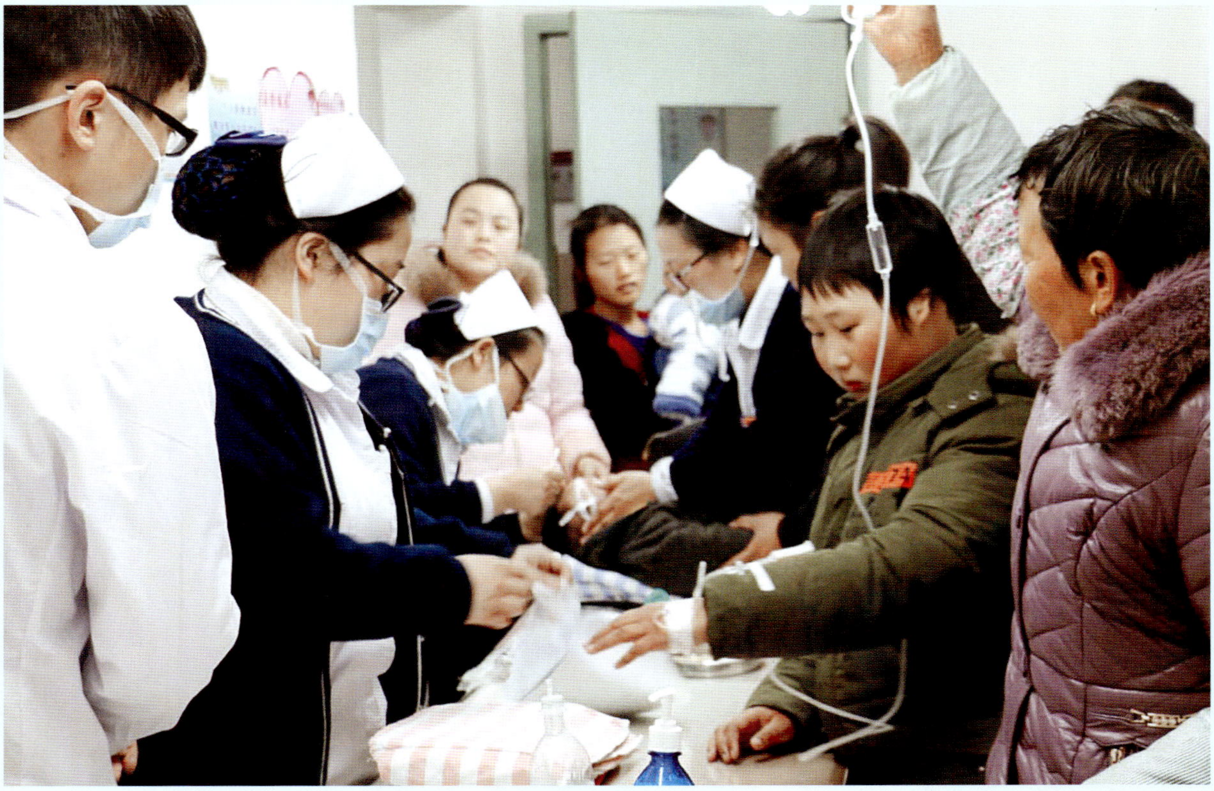

淮安医院儿童疾病防治中心对前来就诊的小患者进行治疗　　（冯浩亮　摄）

博里的农民画家在创作农民画

淮安市非物质文化遗产项目之一的李氏纸扎

仇桥杂技

梨园后昆到楚州区演出交流

美丽的校园里，孩子们快乐地成长

孩子们在红丝带上书写自己的梦想　　（王晓冲　摄）

元宵节猜谜语活动　　（王晓冲　摄）

天伦之乐　　（苗青　摄）

广场舞大赛

外国友人学跳锣鼓舞

淮安市楚州区地方志编纂委员会

（2006年）

主 任 委 员 宗兆昱

副主任委员 彭 杰 陈锦山 范更生 金志庚

委 员（按姓氏笔画排序）

丁永柱 王 坚 王建志 伏海龙 刘建平 刘春林 吕大明 孙玉堂
朱月鹏 朱学举 余 滔 张文斌 张步强 张佩铭 张学刚 张继元
李炳峰 陈 芳 单福宽 周万才 周红缨 周淮生 郑冬萍 夏海年
秦耀明 梁文龙 舒永干 韩乃道 韩海峰 熊兴斌 颜景杭

淮安市淮安区地方志编纂委员会

（2012年）

主 任 委 员 徐子佳

副主任委员 马乃俊 端 政 于永芳 陈 峰

委 员（按姓氏笔画排序）

丁小松 丁建民 卞书樵 王建志 王建法 伏海龙 刘春林 朱 毅
朱亚林 许泽华 何永渠 张 权 张东升 张灵生 张学刚 杨文杰
杨更生 谷永生 陈光耀 陈爱军 周淮滨 郑冬萍 胡光辉 胡金浪
胡晓华 郝达峰 唐 婷 秦耀明 陶安跃 陶秀平 高 超 梁文龙
黄一青 傅振举 董玉琦 韩海峰

《淮安市楚州区志（1978～2008）》编纂人员

主　　编　王建志

副 主 编　黄攸顺　严　林　陈民牛　王战坚

编　　辑　王建志　黄攸顺　严　林　陈民牛　钱　哨　王战坚　胡明亮
　　　　　　殷　颖　李婷婷　马慕颖　宋怡平

插　　图　李正林

《淮安市楚州区志（1978～2008）》
提供资料及撰稿人名单

（按姓氏笔画排序）

丁凤翔　丁长河　丁世钧　于兆文　仇孙荣　卞书樵　卞金彪　尹　陈　毛洪彪
毛爱国　牛敬君　王　勇　王　翔　王乃斌　王云台　王凤东　王友进　王永红
王成凤　王旭光　王国庭　王建志　王保芳　王战坚　王野云　韦立阳　冯树森
卢　波　卢贞生　史玉新　史成杰　史跃军　叶占鳌　左　悦　左建东　田　力
田文忠　田高中　田富生　白　云　乔前东　任志如　伏海龙　刘　波　刘　姝
刘士礼　刘少将　刘文生　刘本凤　刘永恒　刘玉荣　刘呈才　刘国波　刘明辉
刘金涛　刘春林　刘党华　刘晓东　刘崇实　刘惠南　刘鹏辉　刘境培　印　祺
吉美珍　吕　强　吕汉军　孙　柏　孙国庭　孙继春　成季玉　朱　伟　朱　猛
朱马生　朱月鹏　朱兆鸿　朱宏春　朱怀众　朱春生　朱福存　江　涛　许　勤
许文禹　许泽华　许滨淮　过丽娟　杜凤岗　严　明　严永年　严兆凯　严同伟
严　林　余　泽　余　澜　张　皓　张天剑　张正凤　张亚军　张启明　张建年
张毓兰　攸海侠　李　诚　李　潇　李　德　李子权　李永湘　李赤久　李建祥
李育飞　李炳媛　李晓斌　李培国　李勤德　李德儒　杨　娟　杨才道　杨文龙

杨兴林　杨学友　杨济亚　杨爱群　杨德娟　沈雪峰　花永济　辛云峰　邵　可
邵乃富　邵景元　邹　平　陆兆勇　陈天华　陈杏芳　陈学忠　陈建国　陈树亮
周　伟　周　雷　周淮生　宗世昌　房晓华　武尧天　范晓梅　郑戈林　郑文峰
郑冬萍　金　媚　金志庚　侯卫东　侯品秀　姜正元　胡云年　胡光辉　胡明亮
胡海波　贺　啸　赵　彩　赵长顺　赵永昂　赵祥英　钟士荣　唐玉迅　夏永春
徐　婧　徐庆余　徐建国　徐欣龙　殷　颖　班泉友　耿龙元　谈国成　郭寿龄
郭晓峰　钱　哨　陶良玉　高乃昌　高尚谦　高蓉蓉　崔玉生　曹　阳　黄　玲
黄韦栋　黄攸顺　傅学仁　曾　勤　焦裕贵　葛长永　葛东红　葛成靠　董树华
董爱超　谢识宝　谢腊英　韩同礼　韩品杰　窦　飞　樊　胜　潘开封　潘在伏
戴国飞

《淮安市楚州区志（1978～2008）》终审、验收单位

淮安市地方志编纂委员会办公室

《淮安市楚州区志（1978～2008）》审核单位

江苏省地方志办公室

《淮安市楚州区志（1978～2008）》批准出版单位

淮安市淮安区人民政府

序

《淮安市楚州区志（1978～2008）》经过各方积极努力和辛勤工作，终于在全面建设小康社会的关键时期出版面世。这是淮安区人民生活中的一件大事，可喜可贺！

修志问道，以启未来。承载厚重历史的《淮安市楚州区志（1978～2008）》严格遵循志书编修要求，全面记述了淮安区改革开放的历史事实，真实记载了全区经济社会发展的辉煌成就，准确反映了淮安区三十年历史发展脉络和淮安区人民奋斗历程。它的出版面世，可充分发挥地方志资政育人的功能作用，做到鉴往知来、激励当代、启迪后世、造福桑梓。在这三十年中，淮安区人民在历届区委、区政府领导下，全面贯彻落实党的路线方针政策，以经济建设为中心，与时俱进、抢抓机遇、深化改革，高水平全面建设小康社会，取得了令人瞩目的重大成就。

《淮安市楚州区志（1978～2008）》客观具体记述了改革开放三十年来，全区政治、经济、文化、社会事业取得的巨大变化。农业产业化、现代化水平持续提升，一批农业龙头企业不断发展壮大；工业快速发展，盐化工业、机械汽配、新型建材、食品工业、纺织业等规模、效益、质量不断提升；旅游服务业生机勃勃，优势逐步放大，产业比重稳步上升；城乡建设展现新貌，城市功能不断完善，新型城镇化改革有序推进。这三十年，淮安区精神文明建设取得丰硕成果，社会道德水平快速提升，文化教育事业蓬勃发展，社会保障不断完善，公共服务更加优化，环境保护力度不断加强。先后获得中国历史文化名城、中国优秀旅游城市、国家卫生城市、国家园林城市、国家生态示范区、全国双拥模范城市、全国科技先进县（区）、江苏省民歌之乡、中国书法之乡、全国诗词之乡、中国文化艺术（杂技）之乡、中国民间文化艺术（农民画）之乡、江苏省文明城市等荣誉称号。

十年来，修志工作得到了省、市地方志办公室的悉心指导以及各有关单位部门的大力支持。在此，我们致以崇高的敬意和衷心的感谢。同时还向付出艰辛劳动的全体编修人员和参与者以及提供资料的各界人士致谢。

当前，我们已迎来新的发展时代，既充满挑战，更充满机遇。全区上下要以马克思列宁主义、毛泽东思想、邓小平理论、“三个代表”重要思想、科学发展观、习近平新时代中国特色社会主义思想为指导，牢记习总书记“把周总理家乡建设好，很有象征意义”殷切嘱托，紧紧围绕高水平全面建成小康社会和打造苏北重要中心城市核心区“两大目标”，因势而谋、顺势而为、乘势而上，奋力谱写新时代崛起江淮的淮安区精彩篇章。

中共淮安市淮安区委员会书记

淮安市淮安区人民政府区长

2018年2月

凡　例

一、本志以马克思列宁主义、毛泽东思想、邓小平理论、“三个代表”重要思想、科学发展观、习近平新时代中国特色社会主义思想为指导，坚持辩证唯物主义和历史唯物主义的立场观点和方法，求实存真，客观反映1978～2008年楚州区（淮安县、县级淮安市）自然、政治、经济、文化和社会的历史与现状。

二、《淮安市楚州区志（1978~2008）》是1998年出版的《淮安市志》的续志。上限为1978年，少数篇章因内容衔接所需，适度上溯；下限截至2008年底。

三、本志以2008年楚州区行政区域为记述范围。对历史上隶属楚州已划为境外的地区，因内容所需间有述及，以保持事物、事件的历史性、完整性。

四、本志以规范的语体文行文，采用 述、记、志、传、图、表、录等体裁，以志为主，图表随文。记述层次为篇、章、节、目、子目结构。卷首设概述、大事记，编后设附录。

五、大事记以编年体为主，辅以纪事本末体。同一日、月、年内发生的不同事件，分段记述并标“△”于段前。

六、全志共设33篇，约230万字。人物篇坚持“生不立传”原则，设传略、简介、表三章。入传人物均为已故人物；简介、表中人物包括去世人物和在世人物。入传人物为本籍有较大影响的人物，以生年为序排列；表中收录的人物为厅级以上的领导人、先进模范人物、旅居港澳台及国外知名人士和高级知识分子。

七、本志采用公元纪年，民国以前纪年在同一段落中首次出现时，括注公元纪年。志中不表明世纪的年代均为“20世纪”。

八、本志在行文上一般采用约定俗成的简称，如中国共产党简称“中共”，中华人民共和国简称“新中国”。淮安县（市）为“淮安”等。行政区划、机构、地名均依当时名称记述，例如“淮安县”“淮安市”“楚州区”等。需用简称时，在首次出现时注明全称。1988年2月前为淮安县；1988年2月至2001年2月为县级淮安市；2001年2月至2008年12月为淮安市楚州区。

九、本志使用的地名以民政部门认定的地名为准。数据以统计局发布的数据为准，兼采用有关部门提供的数据。数字、计量单位、标点等执行国家有关标准规定，个别内容按习惯仍沿用原计量单位。

十、本志所用资料主要来源于方志、正史、文书档案、报刊、专著以及相关单位（人士）提供经核实的资料，一般资料不注明出处。

总目录

目　录

第一篇　政区　环境

第二篇　人　口

第三篇　国土管理

第四篇　城乡建设

第五篇　水　利

第六篇　经济发展与体制改革

第七篇　农　业

第八篇　工　　业

第九篇　建筑业

第十篇　交通运输

第十一篇 邮 电

第十二篇 商贸服务业

第十三篇　旅游业

第十四篇　外向型经济

第十五篇　银行业　保险业

综　述

楚州区位于里下河地区西北部，地跨北纬33°16′～33 °45′、东经118°59′～119°37′之间。京沪、宁连、徐宿淮盐等3条高速公路与新长铁路在境内交汇，京杭大运河、苏北灌溉总渠穿境而过，是苏北重要的交通枢纽。楚州气候温和，地势平坦，土壤肥沃，物产丰富，是重要的粮食、水产、生猪、家禽和蔬菜的生产基地，是省级绿色食品园区。楚州是著名的淮扬菜系发源地之一，开洋蒲菜、软兜长鱼、平桥豆腐等一些经典菜肴名扬海内外。

1978年，淮安县辖有28个人民公社，1个镇，2个场。后经历次区域调整，至2008年，楚州区辖有5个乡，21个镇，1个场，全区面积1462平方千米，耕地约7.46万公顷，人口为118．74万人。中共十一届三中全会后，历经30年，楚州区农业、工商业、交通、水利、教育、文化等各项事业发展迅速，经济保持平稳较快增长。百万人民用智慧和勤劳的双手，将楚州建设成为中国历史文化名城、中国（红色）优秀旅游城市、中国生态园林城市、中国双拥模范城市和中国诗词、书画、民间艺术之乡。

一

中共十一届三中全会以后，农村进行了经济体制改革，农业生产开始推行联产到户承包责任制，极大地调动了农民的积极性。1978年，淮安县耕地面积8.62万公顷，农业总产值1.89亿元。农作物播种面积15.29万公顷，其中粮食大豆播种面积12.03万公顷，总产4718.2万吨，生猪饲养量56.27万头，水产养殖面积3666.67公顷，水产品1840吨。80年代，农业生产迅速发展，随着农业投入的增加，生产条件的改善，农民收入稳步提高。至1990年，全年农业总产值4.72亿元。乡镇企业、家庭经济带动农村经济全面发展，农村工业、建筑业、运输业、商业饮食业占比重61.4%。进入21世纪，农业产业结构调整和产业化经营取得新进展，深化乡镇企业改革，加快发展农村私营个体企业和第三产业。2008年，农林牧渔业总产值达45.47亿元，农作物播种面积14.56

1979年城东乡农民最后一次在生产队集体秧池里启秧

万公顷。全年粮食播种面积13.31万公顷，粮食总产量92.65万吨。高效农业发展加快，比重达25.4%。生猪出栏55.47万头；家禽出栏862.75万只，禽蛋总量2.09万吨；水产品产量5.45万吨。社会主义新农村建设步伐加快，全面落实惠农政策，支农投入力度加大。扎实推进创新农业组织形式和生产经营方式，农业专业合作、土地股份合作、社区股份合作，积极引导土地承包经营权流转，加快发展适度规模经营。2008年，农村外出务工人员39.8万人，农民人均纯收入5803元。农村居民人均钢筋、砖木结构住房面积达到29.5平方米。农村居民家庭每百户拥有洗衣机81台、电冰箱60台、空调机20台、摩托车16辆、电话86部、手机108部、彩电94台。农村生活条件进一步改善，小城镇建设日新月异。

进入21世纪，楚州区加强水利工程建设，加大资源水利和民生水利建设力度，改造大中型灌区，提高节水灌溉能力；疏浚区乡河道、整治村庄河塘，提高防洪能力，改善农村环境；加强农村基础设施建设，全面实施农桥工程和农村饮水安全工程。到2008年底，累计完成国家投资10.59亿元，统一整治内部排水系统，新开干河15条，建成13个自流灌区，完成土方8.7亿立方米。建成机电排灌电站653座、754台（套）装机5.18万千瓦；机站8座、8台（套）装机170千瓦；建成茭陵抽水站、运东水电站、淮安市抽水站、城区泵站、清安河泵站、二堡船闸等重点工程设施。

二

1978～2008年，随着改革开放的深入，工业企业所有制发生了很大的变化，从原来的全民和集体两种所有制的形式，发展为全民、集体、合资经营、个体私营等多种所有制并存的格局。30年来，不同所有制企业，在经营方式和经济效益总体上产生了较大的差异。

1978年，淮安县共有职工人数6000多人，固定资产4000多万元，工业总产值1.2亿元。改革开放的政策给淮安工业带来了极好的机遇。一批老企业通过挖掘潜力，扩大了生产规模，同时，新办了一批规模较大的工厂。在国营企业发展的同时，乡镇工业迅猛发展。至1991年，淮安市有工厂1618家，职工7.38万人，工业总产值17.88亿元。工业门类主要有机械、电子、纺织、化工、建材、轻工、电力、采掘、冶金等。1993年以后，随着国有、集体、乡镇工业企业产权制度的改革，私有工业获得较快的发展。1998年，重点发展了平桥、施河等16个民营工业园区建设，乡镇工业园区的建设为个体私经济的发展提供平台。当年，有80多家个体私营企业进入工业园区，私营工业企业达到442个，实现销售收入20.58亿元，利税1.87亿元。进入21世纪，国有企业在市场竞争中发展难度越来越大，绝大部分企业收入停产、只有极少部分勉强维持运转。2008年，全区列入统计的国有及国有控股企业只有6户，当年销售收入8.89亿元；列入统计的集体企业只有5户，当年实现销售收入3.5亿元；私营工业企业3879户，注册资本金总额49.34亿元，私营工业企业从业人员达13.36万人，入库税收3.57亿元。

中共十一届三中全会以后，商业市场快速发展，商品销售快速增长，个体商业恢复且发展迅速。1988年，淮安市社会商品零售总额4.32亿元，各类消费品零售数量普遍增长，尤其是高档电器产品销售量超常增长。随着经济体制的改革，国营商业由兴到衰，逐步被个体商业取代。进入21世纪，通过加大市场开拓力度，发展新型流通方式、增加信贷消费等措施，促进消费品市场稳步发展。2008年，个体工商户为2.01万户，从业人员3.45万人，社会消费品零售总额49.35亿元，其中批发零售业41.59亿元，住宿餐饮业零售额7.42亿元。楚州的饮食业一直很兴旺，作为“淮扬菜”的发源地之一，有许多独特的名菜名点，如软兜长鱼、清蒸淮白鱼、鸡汤蒲菜、平桥豆腐、钦工肉圆、朱桥烩甲鱼、博里羊肉、岳家麻油茶馓、文楼蟹黄汤包及宴乐菜馆108道长鱼席等。

70年代末，全区有100多个从事外贸出口产品生产厂家，出口土特产商品有畜产、轻工、工艺、纺织、服装、丝绸、电子、机械、粮油、食品等11大类120个品种，畅销美国、日本、澳大利亚及东南亚等国家和地区。改革开放以后，楚州的外向型经济得到进一步发展。1990年，全市外贸收购总值7792万元，对外经济贸易有了新进展。21世纪，楚州区抓住国际市场好转和国家提高出口退税率等机遇，扩大出口，发展对外经济技术合作业务，对外贸易持续较大幅度增长。2008年，楚州区外贸进出口总额为9013万美元，其中出口7629万美元。注册外资到账额2001万美元，新签外商投资项目22个，合同外资金额8996万美元。全年完成对外承包工程和劳务合作营业额3843万美元，新增外派人数1247人。

三

中共十一届三中全会后，为了适应经济发展的需要，楚州区稳步发展交通运输业。80年代，新建一座标准较高的汽车站，增设64个农村公交汽车招呼站，新建二堡船闸。1985年，全年完成货运量52.7万吨，货运周转量9912万吨公里，港口吞吐量60万吨。90年代末，新长铁路、淮江高速公路及两条联络线建成通车，完成淮阜路、苏309线改造任务，苏北交通枢纽地位基本确立。实现市乡公路黑色化，乡村公路砂石化。进入21世纪，楚州交通运输生产稳定增长，至2008年，全区计有各类道路561条，其中国道1条，省道6条,县道22条，乡道202条，村道330条。国道淮江（淮安至江都）高速公路，是京沪高速公路与同三（黑龙江省同江市至海南省三亚市）高速公路的共用段，在楚州境内穿越席桥、城东、季桥、建淮、马甸、上河、平桥等乡镇，全长25.3千米，为楚州融入长江三角洲经济圈创造了便捷的交通条件。2008年，交通运输业完成增加值11.52亿元。行政村客运班车通达率100%。年末，民用汽车保有量1.87万辆，其中私人汽车保有量1.48万辆。

三线船闸　（1990年摄）

改革开放以后，邮电业稳步发展。1985年，淮安县的邮电业务总量139.5万元，报刊发行量，邮电长度都有较大增长。90年代，随着经济的发展，人们收入的增加，家庭电话开始普及。至1995年末，市话、农话交换机总量达到2.8万门，每百人拥有1.98部电话。进入21世纪，随着科技的发展，互联网的兴起，邮电通信业迅速发展。人们的通信方式有固定电话、手机以及网络等多种途径，人与人之间的联系变得更加方便快捷。2008年，全区邮电业务总量2.99亿元，其中电信业务总量3.41亿元，邮政业务总量0.43亿元。互联网宽带接入用户普及率达到8.7%。

楚州历史悠久，文物古迹众多，凭借得天独厚的人文、自然景观、地理优势，被国务院列为国家历史文化名城，亦是运河之都、名人故里、淮扬菜之乡、生态乐园，对外开放的（红色）优秀旅游城市。80年代后，旅游业初步发展。1989年，全年旅游外汇收入1.78万元，接待到淮安参观、访问及从事经济技术交流的外国人、华侨及港澳台同胞318人。进入21世纪，淮安实施旅游兴区战略，利用电视、网络等媒体对外宣传，旅游业渐趋兴旺，成为经济领域中一大新兴产业。2000年，全市共接待游客108.32万人，旅游总收入4.89亿元，旅游外汇收入84万美元。旅游业快速发展，至2008年，

吴承恩故居　　（2002年摄）

楚州区全年接待国内旅游人数160万人次，收入15亿元；全年接待海外旅游人数2215人次，其中外国人133人次，港澳台同胞915人次，国际旅游外汇收入180万美元。

四

中共十一届三中全会后，全县有130多所小学摘掉了初中的帽子，完全中学由39所压缩至10所，初中和联中调整为75所并积极发展职业教育。从1983年起，全县普教事业实行县、乡、村分级办学，有计划地进行教育改革，初步形成包括学前教育、基础教育、职业技术教育、中等专业教育以及各级各类成人教育、自学考试在内的比较完整的教育体系。至1991年，全市有559所小学和47个教学点，在校学生10.67万人，学龄儿童入学率99.6%，达到国务院规定的普及小学教育的要求。有普通中学101所（完全中学10所）在校学生5.34万人，其中高中生5642人。人民政府在发展普通教育的同时，积极发展幼儿教育、职业教育和业余教育。全市共有幼儿园47所，835个班，在园幼儿2.84万人，入园率达60%以上；有高级职业中学5所，在校学生3010人。在业余教育中，农民教育和职工教育齐头并进。农民教育以扫盲为主，职工教育以提高为主，利用党校、电大、自修和自学考试等途径提高职工的政治和文化素质。21世纪初，楚州的教育事业发展迅速，师资队伍不断充实。人们对教育的重视，使得全社会形成了尊师重教的良好的社会风气。教师待遇不断提高，师资队伍不断壮大。至2008年，全区有中学高级教师137人、中学一级教师242人、小学高级教师225人。政府对教育不断加大投资力度，改善办学条件，提高办学水平。全区所有学校普遍应用多媒体教学、网络课堂、计算机课件辅助教学、实验教学等现代化教学模式和教学设备。教学质量不断提高，至2008年，全区学前三年幼儿入学率、义务教育巩固率和初中毕业升学率分别达到90.3%、99.9%、和93%;高考本科达线1756人。全区有普通小学111所，在校学生6.58万人；普通中学40所，在校学生7.34万人；职业中学2所，在校学生1.28万人。幼儿园34所，在园幼儿2.86万人。

楚州是历史悠久的文化名城之一，文学名家辈出。中共十一届三中全会以后，各项文化事业日趋繁荣。各乡镇都设立文化站，组织和辅导当地群众文化生活。80年代初，淮安开始创办乡镇农民文化中心，文化中心设有电影队、影剧院、体育活动室、阅览室、音乐室等。1987年，全县拥有电影放映单位82个，文化馆（站）32个，有线广播每日播音6.3小时，全年出版《淮安报》220万份，图书馆藏书11.6万册。90年代，城乡文化设施进一步完善，各乡镇都建立了文化中心，新建了市图书馆。1998年，全市有各类电影放映队伍72个，文化馆（站、中心）29个，艺术表演团体1个，公共图书馆2个，博物馆1个，广播电台和电视台各1个。有6个乡镇通过省级群众文化先进乡镇验收。新增9个乡镇开通有线电视，新增城乡有线电视用户3500户。《淮安日报》全年出版312期，期发2.5万份。是年，新中国成立以来淮安市第一部志书《淮安市志》出版发行。21世纪后，楚州各项文化事业持续发展。2008年，广播、电视覆盖率均为100%，有线电视终端用户12.2万户。建成27个文化馆（站），50个村级文化大院和65个农家书屋。图书馆藏书22.3万册。楚流线（城区至流均镇）成为“省级农村文化示范带”。楚州被中国书协授予“中国书法之乡”称号，“十番锣鼓”入选国家非物质文化遗产名录。

中共十一届三中全会后，楚州城乡公共卫生体系不断健全。80年代，医疗条件有了很大改善。

1987年末，全县有病床1266张，专业卫生技术人员1616人，其中医生622人，护师、护士274人。卫生保健工作不断加强，至2008年，全区共有各类卫生机构149个，其中医院、卫生院31个，卫生防疫和防治机构2个，各类卫生机构拥有病床1743张。全区共有卫生技术人员2540人，其中执业医师、执业助理医师1003人，注册护士748人。

五

中共十一届三中全会后，随着经济的发展，楚州的城乡居民生活水平不断提高。1978年，淮安全民所有制职工年平均工资460元，集体所有制职工年平均工资386元，农民人均纯收入145.63元。随着改革开放的深入，城乡居民收入不断增加，生活水平不断提高。90年代初，很多家庭购置电视机、收录机、洗衣机、电冰箱等家用电器，绝大多数农民住上了瓦房，很多率先致富的农民盖起了楼房。至2000年，全年在岗职工平均工资6715元，农民人均纯收入3401元，城镇新建住宅19.8万平方米，农村新建住宅84.6万平方米。随着经济的快速发展，城乡居民的收入大幅提高，2008年，城镇居民人均可支配收入10916元，人均消费性支出7964元；农民人均纯收入5803元，人均消费支出3517元。全区在岗职工人均工资17706元，人均储蓄6026元。城镇居民人均住房建筑面积为28.6平方米，农村居民人均住房使用面积为29.48平方米，城乡居民的居住条件有了很大的改善。

中共十一届三中全会以后，楚州区不断加强社会保障体系的建设。90年代，淮安市福利事业持续发展。1999年，全市各类福利院拥有床位1371张，收养1201人；城镇各种社区服务设施81初，其中，社区服务中心18个；社会保障救济3912人；国家抚恤、补助各类优抚对象5.2万人。进入二十一世纪，城镇养老、医疗、失业保险覆盖范围不断扩大，社会保险主要险种向非公有经济组织、进城务工农民和乡镇企业延伸。至2008年，全区企业职工参加基本养老保险为5.58万人，参加基本医疗保险8万人，参加失业保险6.6万人。企业养老金100%按时足额发放，城市居民基本医疗保险覆盖率达91.3%，新型农村合作医疗覆盖率达到97.5%。纳入城乡低保5万人，基本实现应保尽保。

改革开放以后，工业化进程不断加快，淮安境内环境质量逐步下降，至90年代，以煤为主的大气污染成为严重环境问题。环保局加强环境监测和环境执法力度，引导企业做好废水、废气、废渣治理，严格审批污染行业的建设项目，控制污染源和污染物的排放量。2000年，全区共有环境保护工作人员100人，其中科技人员41人，乡以上环境监理人员31人。设立环境监测站1个。全年完成环境污染治理项目3个，总投资11万元；建成烟尘控制区1个。面积9.9平方千米。主要污染物排放量达到省政府下达的控制标准。21世纪后，楚州不断加强全区的环境保护工作，并取得显著的成效。2008年，全年环境空气良好天数达标率86%，城市水域功能区水质达标率80%，集中式饮用水水源地水质达标率100%，城市环境噪声达标区覆盖率达100%。兴建了污水一号泵站、垃圾中转站等环卫设施。拆除城区锅炉77台，停产整顿、取缔关闭化工企业8家，13家企业重点污染源治理基本达标。生态环境得到了改善，楚州区通过了“国家环保模范城市”的验收。

大 事 记

1978年

2月16日 江苏省越冬作物田间管理会议在淮安召开，省委领导到会讲话。

3月5日 淮安县委举行纪念周恩来80周年诞辰报告会。

4月14日 新安小学被省教育局定为首批重点小学。

7月11日 经中央批准，淮安县被列为对外开放城市。

9月13日 周恩来故居内外原貌修复成功。

12月15日 江苏省委通报白马湖农场知识青年龚某某遭受打击迫害案件，要求各相关部门引以为戒。

是年 全年大旱。春旱严重，夏秋连旱。

1979年

3月5日 周恩来故居正式对外开放。

6月6日 召开新安小学建校50周年纪念大会，宋庆龄、谭震林、粟裕、张爱萍题词，康克清致电祝贺，上海歌剧院专程到淮安演出。

11月19日 日本首相田中角荣赠送的200株樱花苗被接回淮安。

1980年

6月24日 县委发出《关于学习周恩来同志致淮安县人委的三封信的通知》。

8月11日 淮安看守所发生在押犯斗殴死亡事件。淮阴检察分院为此要求各县、市从中汲取教训，改进检察工作，严防类似事件发生。

1981年

2月26日 淮安县革委会召开大会，纪念关天培殉国140周年。

3月16～18日 县委召开三级干部会议，专门研究讨论和落实计划生育工作。

5月23～31日 政协淮安县第五届委员会第一次会议召开。会议听取并审议了政协常委会工作报告，通过了有关决议，选举出县政协第五届委员会主席、副主席、常务委员。

5月24～29日 淮安县第八届人民代表大会召开。会议特邀省以上劳动模范、老红军等代表出席。会议主要议题是：听取和审查县政府报告和财政决、预算报告，听取和审查议县计划生育领导小组关于计划生育工作的发言。选举产生县第八届人大常委会主任、副主任，选举产生县长、副县长。

5月 县革命委员会撤销，成立县人民政府。县人大常委会、县政府均设立办公室，不再与县委办公室合署办公。

7月3日 建立马甸人民公社和南马厂人民公社。

12月 淮安无线电元件厂生产的收音机中频变压器获全省质量评比第一名。

△ 淮安植保站参与研究的《我国褐稻虱迁飞规律的阐明及其在预测预报中的应用》，获农业部技术改进一等奖。

1982年

1月10日 自贯彻中共中央〔1981〕75号文件以来，全县6452个生产队全部建立不同形式的农业生产责任制。

1月15日 为纪念《西游记》作者吴承恩逝世400周年，淮安县成立吴承恩逝世400周年纪念委员会，筹备有关纪念活动和学术讨论会。

△ 县党史资料征集领导小组成立，并设立办公室。

2月24～26日 淮安县召开人口普查工作会议。

3月18～22日 县委召开全县农村工作会议，县、社、队三级干部及"冒尖户"代表等850多人参加。会议表彰奖励了631个先进单位和"冒尖户"。

3月26日 县委经济案件领导小组成立。

5月6～7日 县第八届人大第六次会议召开，着重讨论研究打击经济犯罪问题。

5月10日 阿扎尼亚泛非主义者大会主席约翰·尼亚提·波凯拉到淮安访问。

6月 开始打击经济领域犯罪活动，共收揭发信268件，处理5名经济犯罪分子，追缴和退回赃款7.5万余元，补缴税款32万元。24名有经济问题的人主动投案自首。

7月1日 开始第三次全国人口普查。普查结果：全县总人口为23.66万户，104.96万人，其中男53.41万人、女51.55万人。

8月18日 淮安籍银行家胡仲文逝世。抗日战争和解放战争时期，胡曾绝密珍藏稀世国宝13647两2钱黄金铸造的编钟一组，长达9年之久，天津解放后，胡无偿捐献出来。

10月4日下午 淮安各界举行吴承恩逝世400周年纪念大会，并举行《西游记》学术讨论会，全国学者80多人出席会议。

是年 上半年持续干旱。

△ 淮安完成里运河中埂切除工程，可通航百吨组长船队。

△ 开放猪肉市场，猪肉开始敞开供应。

△ 县鱼种场稻稗淹青育种试验成功。

1983年

1月 河下电影院建成为苏北第一家立体电影院，放映立体电影。

△ 淮安新汽车站建成投入营运，为当时全国最大的县级客货兼营汽车站。

4月9～17日 水利电力部在淮安召开中国南方地区（14个省、直辖市）农田水利工作座谈会。

4月 县体育场建成长25米、宽8米，有4条泳道的室内游泳池，并配有锅炉房。

7月5日 全县政社分设工作全部完成。全县30个乡都建立了党委会、乡政府和公社经济管理委员会三套班子。

9月28日 贯彻全国人大常委会《关于严惩严重危害社会治安的犯罪分子的决定》，淮安县人民法院在体育场对一批刑事罪犯进行公开宣判。

△ 黄码、盐河两公社及城郊公社的清安大队，划归淮阴市清浦区。

10月16日 县体育馆落成开馆。

12月10日　县政府制定和公布《淮安县关于国家建设征用土地条例实施细则》。

1984年

2月6日　县委作出《关于加快发展社队企业的决定》。

△　县政府主办春节灯会，有彩灯100多个品种，观众达4.5万人。

4月　淮安县文学界联合会成立。

5月28日　县政府发出《关于印发〈淮安县实行殡葬改革，全面推行火葬的实施细则〉的通知》。

6月5～11日　政协淮安县第六届委员会第一次会议召开。会议听取并审议了第五届常委会工作报告，通过有关决议，选举第六届政协主席、副主席和常务委员。

6月6～10日　淮安县第九届人民代表大会召开。会议的主要议题包括：审查和批准政府工作报告，审查及批准财政决、预算报告，听取和审议县人大常委会工作报告，选举县九届人大常委会组成人员和县长、副县长。

10月16～19日　中共淮安县第五次党员代表大会召开。会议听取和审查县委工作报告和县纪委工作报告，选举县委和县委书记以及出席淮阴市党代会代表。

12月19日　成立淮安县县志办公室。

1985年

3月11日　淮阴市政府确认淮安县为基本扫除文盲县。

3月12日　淮安县红十字会成立。

4月26日　县政府决定在21个企业单位试行厂长（经理）负责制。

5月14日　县政府公布镇淮楼、淮安府署、楠木厅、东岳庙、楚元王庙、吴承恩墓、韩侯祠、刘鹗故居、徐节孝祠、古城墙遗址、总督漕运部院、华中分局旧址、汪达之墓、新安小学旧址和末口遗址计15处为首批县级文物保护单位。

7月19日　县委、县政府发出关于迎接和庆祝第一个教师节的通知，要求全社会尊师重教。

10月25日　县委、县政府召开纪念新安旅行团建团50周年大会。胡乔木作"新安旅行团的光荣历程，永远是全国儿童的典范"的题词；中顾委委员金明，中国陶行知基金会副会长徐明清，陶行知之子、中国陶行知研究会常务理事陶晓光在会上讲话。

11月　首届农民运动会在县体育场举办。

是年　溪河镇朱周小学被国家教委、国家体委命名为全国游泳项目传统学校。

△　粮食征购改为合同订购，当年订购2.17亿千克。

1986年

1月8日　淮安人民隆重集会，纪念周恩来逝世10周年。

1月11日　中日书法友好协会会长任重向周恩来故居管理处赠送一把28厘米的折扇，上面有他用金粉书写《周恩来同志为共产主义事业光辉战斗的一生》。

3月6日　周恩来青年时期铜像揭幕典礼在淮安举行。省顾问委员会副主任周泽、副省长兼淮阴市委书记李绶章为铜像揭幕。县委书记曹楷主持揭幕典礼，淮安社会各界人士400多人参加。

3月19日　县委、县政府发出《关于对农民负担实行限额定项的决定》的文件。

3月21日　县政府公布吴承恩故居等16处为第二批县级文物保护单位。

3月24日　联合国世界银行官员苏珊·科克伦和杨佳玲访问考察淮安师范学校。

4月8日　县委、县政府发出《关于严禁党政机关、党政干部经商办企业，谋取不正当收入的规定》的文件。

4月10日 淮安县成立周恩来同志纪念馆筹备委员会。

5月10～13日 淮安历史文化古城保护规划座谈会在淮安宾馆举行，全国近30名专家教授参加。

6月2～6日 淮安县通过江苏省体育先进县检查验收。

7月22日 县政府公布流均王家墩烈士纪念塔等5处为第三批县级文物保护单位。

是年 朱桥镇农具厂第一口制盐平锅开始制盐试产，此为淮安盐矿产盐之始。

△ 6月、7月多暴雨，全县3.53万公顷农田受灾。

1987年

1月3日 县无线电元件厂被评为全国电子工业双文明先进集体。

△ 淮安县囊括淮阴市首届农民画评比的3个一等奖。

1月5日 邓颖超寄语第四中学，勉励该校师生要继续努力，奋发图强，为"四化"多出人才。

2月15日 朱桥盐矿第一对盐井首采成功。

2月 泾口乡被省体委评为省级体育先进乡。

3月27～29日 政协淮安县第七届委员会第一次会议召开。会议听取并审议第六届政协委员会工作报告，通过有关决议，选举出第七届政协主席、副主席、常务委员。

3月 县水利部门调集6000民工疏浚萧湖。

3月30日至4月4日 淮安县第十届人民代表大会召开。会议主要议题是：听取和审议政府工作报告和财政决、预算报告，听取和审议县人大常委会工作报告，选举县人大常委会组成人员，选举县长和副县长。

4月18日 淮安被国家体委命名为全国首批体育先进县。

5月3日 团县委被团省委授予红旗团委称号。

8月29日 淮安被省委宣传部、团省委、省文化厅、省军区政治部命名为"青年之家"建设先进县；马甸乡马甸村"青年之家"被命名为"红旗青年之家"。

△ 淮城镇开展颁发居民身份证试点工作，后推及全县。

9月16日 淮安无线电元件厂被国务院工业普查领导小组授予国家级工业普查先进单位称号。

11月11～13日 首届刘鹗《老残游记》学术讨论会在淮安举行，来自11个省、直辖市的50名学者专家出席会议。

是年 淮安县乡镇工业局与华东地质局东进开发公司、淮阴市盐化总公司合资建成淮安朱桥盐厂。

△ 县政府颁发《淮安县水利工程管理实施细则》。

1988年

1月13日 经国务院批准，周恩来故居被列为全国重点文物保护单位。

2月2日 淮安举行撤县建市大会。中央及省、市和兄弟县市有关领导应邀出席。

2月9～11日 中共淮安市第六次党员代表大会召开。会议讨论和审议县委工作报告和县纪委工作报告，讨论和审议《淮安市经济发展战略初步设想》，选举第六届市委和市纪委。

3月5日 周恩来纪念馆奠基仪式在桃花垠举行。江苏省委、省政府领导韩培信、顾秀莲、孙家正等，中央有关部门领导高振普、金明、平杰三、林华轩、李传华、高云清，英籍华人作家韩素音，美联社驻北京分社社长艾伯伦和记者尤聂耳，以及周恩来的亲属到淮安参加典礼。全国人大常委会副委员长荣毅仁、新华社香港分社负责人等各地知名人士发来54份贺电和贺信。浙江绍兴市周恩来祖居向淮安赠送锦旗。

6月5～6日　中科院新技术信息发布会在淮安市建筑公司会议室举行。会上，40多位中高级知识分子发布300项可推广应用于中小企业的技术成果和新产品信息。兄弟市、县的有关行业代表100多人参加会议。会上洽谈了意向性项目100多个。

6月18日　淮安无线电元件厂通过国家二级企业考验，成为国内“中周”“电感”行业第一个达到国家级企业标准的厂家。

9月5日　淮安与四川省自贡市签署协议书，结成友好城市。

9月19～25日　淮安市举办首届老人文化艺术节活动。

9月30日　淮安市香料油厂获轻工业部出口创汇企业银牌奖。

12月3日　交通部授予淮安汽车站部级文明车站称号。

12月20日　淮安市开始进行国有土地使用权登记工作。

是年　《今日淮安》被《今日中国历史文化名城系列丛书》列入首批出书规划。

△　市商业机械厂生产的SG2多功能花色糕点成型机获商业部科技进步四等奖。

△　春旱连秋旱。

1989年

1月10～14日　淮阴市委在淮安进行县级党政干部年度考核试点工作。

1月17日　林业部授予淮安全国平原绿化先进单位称号。

3月7～16日　由上海市新四军研究会、上海市教育局和淮安市委联合举办的《风云五万里——新安旅行团史迹》在上海市美术馆展出。

3月16日　石油钻采设备厂作为淮安第一家股份制企业宣告成立。

△　淮安被评为全国计划生育先进集体。

5月26日　省妇联副主任彭燕如率全省各市（县）妇联主任，参观平桥镇4户“女能人”发展家庭经济现场。

9月19～28日　市总工会举办“先进模范人物事迹板报大联展”，宣传表彰全市305名先进模范人物，5万多人观看展览。

12月30日　淮安电缆厂与香港国际招商贸易投资公司签约合资经营淮安招商电缆有限公司。

是年　市汽车修配厂生产的大客车电控气动外移门总成和弹簧制动室被评为国家级优秀产品；电动刮水器在全国公路交通工业品展览会上获得优秀展品奖。

△　市体育场建成苏北首家小型球幕电影厅，放映球幕电影。

1990年

1月7日　列入水利基建工程项目的市头溪河局部复堤加固工程全面竣工。此项工程共做59.2万个工日，完成土方86万立方米。

2月19～22日　政协淮安市第八届委员会第一次会议召开。会议听取并审议第七届政协工作报告，通过有关决议，选举出八届政协常务委员、主席和副主席。

2月26日至3月2日　淮安市第十一届人民代表大会召开。大会主要议程是：听取和审议市政府工作报告和财政决、预算报告，听取和审议市人大常委会工作报告，并通过各项报告决议；选举第十一届人大常委会组成人员，选举市长和副市长。

7月1日　开展第四次全国人口普查。普查结果为：全市总人口为27.45万户，113.27万人，其中男57.96万人，女55.31万人。

7月中旬　暴雨成灾，32万亩农田受灾。

是年　市化工机械厂生产的“双一”牌可动涡轮计量器获江苏省第二届优秀新产品金牛奖。

1991年

1月6日 淮安造船厂为新加坡建造的59米长的驳船建成下水。该船为20000吨级。经美国ABS船级社及中国船级社检验，各项指标均达设计要求。

1月24日 淮安人民广播电台和淮安电视台正式开播。

3月28～30日 中共淮安市第七次代表大会召开。大会听取和审议市委工作报告和市纪委工作报告，讨论和审议市委1991～1993年党建工作规划，并通过有关的决议。大会选举新的一届市委和市纪委的委员、常委、书记和副书记。

5月4日 市渠南水利管理所被水利部授予全国先进灌区称号。

6月29日至7月9日 全市连降5次暴雨，总降水量达358.13毫米，全市出现百年一遇的特大洪涝，4万公顷农田受灾，倒塌房屋3.8万间，死10人，伤57人。市委、市政府紧急部署抗洪救灾。

7月26日 淮安市“八五”期间的最大项目——淮安盐化厂工程全面开工。

9月29日 淮阴—淮安公路淮安段通车。该段为一级公路，长9.16千米，宽23米。

10月20日 市邮电局7000门市内程控电话交换机正式投入运行。

1992年

1月6日 周恩来纪念馆落成典礼在淮安举行。邓小平为纪念馆题写馆名，江泽民、杨尚昆、李鹏、李先念、聂荣臻等党和国家领导人为纪念馆题词。中共中央政治局委员、国务委员李铁映，国务院秘书长罗干出席落成典礼。参加落成典礼的各界代表1000多人。落成典礼由省长陈焕友主持，省委书记沈达人讲话。

△ 国务院秘书长罗干参观了新安小学和新安旅行团纪念馆。

1月10日 国务委员、国家科委主任宋健到淮安视察，考察市无线电元件厂，瞻仰周恩来纪念馆和故居。

1月21日 市委、市政府在工人电影院召开企业改革试点动员大会。会议决定市棉纺厂等10个企业作为试点，主要改革企业人事、用工、分配等制度，转换企业的运行机制，以增强企业的活力。

5月8日 建于朱桥镇的淮安精制盐厂首次试车成功，生产出淮安第一批精制盐。

6月3日 江苏省工商行政管理局发出《外商投资企业名称登记核准通知书》，同意淮安市无线电厂与香港亮侨实业有限公司合资兴办中外合资企业淮安兴侨电子通讯设备有限公司。

7月2日 江苏省淮安职业高级中学被国家教委认定为省重点职业中学。

9月15日 市造船厂350吨级游轮建成试航。

11月24日 市9.5万吨真空制盐工程竣工投产。

12月23日 淮安市进行住房制度改革，市政府房改办公室开始办公。

△ 淮安市被江苏省政府命名为省级卫生城市。

1993年

2月10～13日 政协淮安市第九届委员会第一次会议召开。会议听取并审查第八届政协常委会工作报告，通过有关决议，选举出九届政协主席、副主席和常务委员。

2月16～20日 淮安市第十二届人民代表大会召开。大会审议并通过了市政府工作报告的决议，1992年国民经济计划执行结果和1993年国民经济、社会发展计划草案的决议，1992年财政决算和1993年财政预算的决议，市人大常委会工作报告的决议。大会选举产生人大常委会主任、副主任，选举市长、副市长。

7月2日 淮安市农村合作基金联合会成立。

7月6日　古顺河曲酒厂利用本地的优质矿泉水生产出五粮型古顺河系列曲酒。

11月28日　淮安香料油厂与英国金碧国际贸易有限公司合作,成立中外合资江苏华伦香料香精有限公司。

12月15日　中共中央政治局候补委员、中央书记处书记温家宝到淮安参观周恩来纪念馆和周恩来故居。

1994年

1月14日　淮安市被省政府和省军区命名为双拥模范市。

1月27日　淮安市召开企业产权制度改革大会,到会代表1200余人。

3月25日　国家体委主任伍绍祖到淮安视察体育工作。

5月19日　国务院总理李鹏到淮安参观周恩来纪念馆,在纪念馆大厅向周恩来座像敬献花篮,并参观周恩来故居。

6月28日　中国民主同盟淮安市支部成立。

9月23日　以泰国教育部师范司督学加勒·帕切拉斯为团长的泰国师范教育代表团一行7人,对淮安师范进行考察访问,双方就师范教育工作进行了交流。

10月18～20日　淮安召开94金秋十月经贸联谊会。来自美国、日本、马来西亚及中国台湾等10多个国家和地区的40多名客商参加联谊会。

12月30日　淮安市海外联谊会在楚州宾馆举行成立大会,海外联谊会会员及各界人士120多人参加会议。

1995年

3月31日　国务院特区办公室主任胡平到淮安视察。

4月2日　中共中央政治局委员、国务院副总理李岚清到淮安参观周恩来纪念馆和周恩来故居。

4月5日　由日本国关西日中朋友会和周恩来纪念馆共同复制的“岚山诗碑”(该诗为周恩来过去在日期间所写)在淮安周恩来纪念馆揭幕。

4月26日　建淮乡供销社副主任李兰英赴北京参加全国劳动模范表彰大会。

5月19日　淮安市青年联合会成立大会暨第一届委员会议召开。

7月15日　美方独资企业淮安康兴医用材料有限公司在复兴乡揭牌。

8月20日　淮安市电话号码由6位升为7位。

8月22日　一股特大龙卷风袭击平桥、溪河、三堡等乡镇,共倒塌房屋61户计215间,严重损坏房屋67户计250间,刮倒部分成材树木、电杆、水稻和棉花。其中受灾严重的平桥镇张庙联办中学,倒塌校舍7间,7名学生死亡,70名学生受伤。

9月24日　淮安化工总厂树脂分厂反应釜发生爆炸,造成直接经济损失近5万元。

10月10日　淮安市委、市政府召开新安旅行团建团60周年纪念大会。来自全国各地的43名老团员参加会议。邹家华、李铁映、孙起孟、雷洁琼等党和国家领导人为新旅建团60周年题词。

10月29日　淮安市与日本西山町结成友好市町。

12月28日　举行淮流路通车典礼。淮流路从淮城镇至流均镇,全长40千米、宽10米,为沥青路面,是横贯淮安东西的公路主干道。

1996年

1月1日　经省、市批准,淮安市七洞乡更名为上河镇。

1月8日　《周恩来故里》特种明信片在周恩来纪念馆举行首发式。

1月9日 淮安市第十二届人大常委会第二十三次会议召开，出席常委19人。会议补选陈子龙为出席淮阴市十三届人大代表。

1月18～20日 中共淮安市委七届七次全委（扩大）会议召开。大会通过《国民经济和社会发展"九五"计划和2010年远景目标》。

2月2日 淮安市第十二届人大常委会第二十四次会议召开。会议接受陆广浦辞去市长职务的请求，任命花法荣为市政府副市长、代市长。

2月6日 共青团淮安市委十一届五次全委（扩大）会议召开。会议通过《淮安市跨世纪青年人才工程实施意见》。

3月6～8日 市政协第九届四次会议在市政府招待所召开，选举周化堂为市政协主席，增选高琰为市政协副主席。

3月12～15日 淮安市第十二届人民代表大会第四次会议召开，出席代表378人。会议选举淮安市市长及市人大常委会副主任。

3月21日 全国政协常委、中国红十字会执行委员会主任顾英奇和夫人许奉生专程到淮安瞻仰周恩来纪念馆和故居，并向纪念馆捐赠周恩来曾戴过的尼龙表带和领带各一条。

4月5日 淮安市人民医院获"二级甲等医院"命名，并举行揭牌仪式。

4月20日 中央综合治理委员会检查组一行7人，到淮安检查社会治安综合治理工作。

8月28日上午 运东闸复线大桥正式通车。

9月17日上午 民盟江苏省委捐资助学，帮助淮安100名失学儿童重返校园，"春蕾班"揭牌仪式在朱桥中心小学举行。

10月19日 淮安市委召开七届九次全委会议，讨论《中共淮安市纪律检查委员会工作报告》《中共淮安市委党建工作五年规划》。

10月17日 国家教委"普九"评估验收组到淮安检查验收全市"普九"工作。

10月20～22日 中共淮安市第八次代表大会召开，选举产生新一届淮安市委、纪委；花法荣、单国富分别代表市委、市纪委作工作报告。

12月16日 淮安市第十二届人大常委会召开第三十二次会议，会议批准《淮安市预算外资金管理办法》；任命臧健群为市人民政府副市长，张玉峰为市公安局局长。

1997年

1月16日 淮安市十二届人大常委会召开三十四次会议，出席常委16人。会议接受殷长干辞去市人大常委会副主任职务的请求，任命殷长干、赵深为市政府副市长。

1月19日 周恩来遗物陈列馆举行奠基典礼。省委、省人大、省政府、省政协领导陈焕友、郑斯林等与原在周总理身边工作人员和亲属及各界有关代表1000多人出席奠基典礼。

3月10日 全国第一套纪念周恩来100周年诞辰的特种纪念卡，在周恩来纪念馆举行首发仪式。

3月10～13日 淮安市政协九届五次会议召开，出席委员238人。

3月11～14日 淮安市十二届人大五次会议在工人电影院召开，出席代表378人。会议选举陈寿松为市政府市长。

4月18日 车桥战役烈士陵园被淮阴、淮安市委、市政府命名为第二批爱国主义教育基地。

5月16日 新安小学获"江苏省模范学校"称号并获颁铜牌。

6月10日 淮安市十二届人大常委会召开第三十九次会议。会议任命曹华富为市政府副市长。

6月17日 淮安市、清河区联合勘界签字仪式在淮安市静都大酒店举行。淮安市与清河区边界线全长12.5公里，将分5个阶段进行。

8月19日 淮安市十二届人大常委会举行第四十一次会议，常委17人出席。通过《淮安市人民代表大会常务委员会关于淮安市第十三届人民代表大会代表名额分配和选举问题的决定》。

9月16日　淮安市十二届人大常委会四十二次会议研究决定，接受王友富辞去副市长职务；任命张谨为市政府副市长。

9月27日　周恩来墨迹碑廊落成典礼在周恩来故居举行。省委副书记顾浩、省委宣传部副部长葛韶华及周恩来亲属与来自全国各地的300多名宾客参加落成典礼暨周恩来外交风采图片开展仪式。

10月10日　淮安市政协在淮安宾馆召开九届二十四次常委会议，听取劳动局负责人关于淮安市实施再就业工程工作的情况通报和《关于淮安市再就业工作有关情况的报告》。

10月21日　淮安市私营企业协会成立。

10月29日　淮安市开始全面推行国家公务员制度。

11月25日　淮安市十二届人大常委会召开四十五次会议，会议任命刘维亚为市政府副市长。

11月26日　淮安市在体育馆召开企业改制工作动员大会，会上平桥矿山机械配件厂等10家乡镇企业进行现场产权交易。

11月27日　淮安市第三次通过省级卫生城市检查验收。

12月22日　淮安市召开十二届人大常委会四十六次会议。会议决定撤销市人大科教文卫委员会和城建环保委员会。

12月28日　淮安市政协十届一次会议在楚州宾馆二楼会议室召开，为期5天，出席委员239人。大会选举新一届政协领导成员。

1998年

1月3～7日　淮安市第十三届人大第一次会议在工人电影院召开，出席代表341名。花法荣当选市人大常委会主任。

1月14日　市委召开八届四次全体（扩大）会议。会议期间，四套班子领导带领各乡镇和有关部门的负责人参观涟水县农业结构调整和城市建设。

2月13日　淮安市房地产交易中心开业。

2月16日　省委、省政府在淮安市举行周恩来铜像安置揭幕暨周恩来遗物陈列馆落成典礼。

2月28日　由江苏省委、省政府、广电部和中央电视台共同主办的、由“心连心”艺术团主演的《百年丰碑》——纪念周恩来同志100周年诞辰大型文艺演出，在周恩来纪念馆广场举行。

3月3日　淮安市首家改制企业淮安制药有限责任公司在淮安制药厂挂牌成立。

3月5日　全市在工人电影院举行纪念周恩来百年诞辰大会，参加纪念大会的有周恩来亲属代表、国际友人、来自全国各地的嘉宾和淮安市各界代表。

△　省邮电管理局、淮安市人民政府在周恩来故居前举行“周恩来同志诞辰一百周年”纪念邮票首发式。由日本西山町町长田信率领的西山町代表团一行4人，专程到淮安市纪念周恩来百年诞辰。

3月20日　淮安市人民银行发布公告，从4月1日起在全市实施“贷款证”制度。

3月27日　淮安市第十三届人大召开二次会议，会议审议通过1997年淮安市财政决算情况的报告；同日，向淮安市政府组成部门主要负责人颁发任命书。

4月2日　淮安市进出口贸易有限公司、淮安市国际经济技术合作公司在市外经委成立。

5月10～11日　中科院与淮安市政府经济技术协作洽谈会在淮安市召开，共签订协议和意向合作项目110项。

5月26日　国内首家惯性防抱器生产企业淮安市震环防抱器厂成立。

6月29～30日　淮安市降雨连续出现两次高峰，城区的降雨量达到194毫米，局部地区达231毫米，造成全市2.87万公顷农田受涝受淹。

7月7日 淮安市再次荣省“双拥模范城”称号。

7月24日 淮安市十三届人大举行四次常委会。会议听取和审议淮安市政府《关于1998年上半年淮安市财政收支预算执行情况的报告》《关于发展个体私营经济的报告》，讨论通过《淮安市人大常委会议事规则》等4个工作文件。

8月8日 省运会青少年部围棋赛在淮安市举行，围棋九段国手、省棋院院长邵震中专程到淮安，亲任比赛仲裁。

9月16日 新长铁路开工典礼暨新长铁路有限责任公司成立大会在淮安市城东乡红桥村举行。铁道部、江苏省委、省政府、浙江省政府、南京军区、江苏省军区等有关部门的主要领导和地方领导参加开工典礼与成立大会。

9月24日 淮安市人大第十三届五次常委会在供电局会议室召开。会议通过《淮安市人大常委会关于乡镇人民代表大会代表换届选举时间的决定》《淮安市人大常委会关于授权主任会议批准任命乡镇选举委员会组成人员的决定》。

10月28日 淮河入海水道工程在淮安市城东乡炮刘村开工。

11月11日 淮安市召开试行干部待岗制度专题工作会议。

11月26日 园艺场划归宋集乡管辖。

12月1日 淮安市委举行八届五次全体（扩大）会议，部署淮安市农业和农村跨世纪工作的目标任务。

12月31日 淮安市十三届人大常委会召开第八次会议，任命刘泽源、孙凤谋、戴建明为淮安市副市长，任命左荣华为检察院代理检察长；接受刘维亚等辞职请求。

1999年

1月22日 淮阴市委任命陈洪玉任中共淮安市委书记。

3月16日 淮安市召开控减农民负担工作会议。

6月24日 淮安市通过省卫生城检查。

7月16日 淮安市种植业结构调整，6666.67公顷花生分别落户苏嘴、宋集、钦工等8个乡镇。

8月17日 淮阴市向淮安供水的工程加压泵站奠基仪式，在淮安市板闸镇举行。

9月17日 溪河镇被省政府授予“精神文明先进乡镇”称号，为淮阴市唯一获此荣誉的乡（镇）。

9月21日 淮安市在吴承恩故居举行吴承恩故居修复工程竣工典礼。

9月24日 为解决淮安市孤、老、残、幼生活困难，改善各级福利院、敬老院的生活条件，筹集福利资金，淮安市发行1000万元福利彩票。

9月28日 上坂街仿古改造工程全面竣工。

10月20日 国务院副总理吴邦国一行到淮安瞻仰周恩来故居和纪念馆。

10月28日 淮安市顺河乡撤乡建镇。

11月5日 淮安市第十三届人大常委会召开第十五次会议，会议听取并审议市技术监督局等六个部局分别所作的关于1999年各项工作情况的汇报，会议还进行有关人事任免。

11月26日 淮安市井神盐电厂整体划转省盐业集团，产权交接签字仪式在淮安宾馆举行。

12月3日 省长季允石、副省长姜永荣到淮安市视察淮河入海水道工程。

2000年

1月20～23日 淮安市第十三届人民代表大会第三次会议召开。选举张天民为淮安市人大常委会主任，刘泽源为市长。

2月17日 淮安市召开养老、失业保险基金征缴工作会议。

3月22日 中共淮安市委召开常委扩大会议。学习总书记江泽民在广东高州市“三讲”教育会议上讲话和省委书记回良玉在全省县(市)“三讲”教育电视电话会议上的讲话,拉开全市“三讲”教育帷幕。

5月9日 淮安市因久旱,10时30分在席桥乡三里村境内实施人工增雨,这是淮安市自1970年以来的又一次人工增雨。

5月18日 淮安市在工人电影院举行关天培路两侧部分国有土地使用权拍卖会,拍卖面积68公顷,计16宗,共获土地出让金176.61万元。国土资源部办公厅新闻宣传处处长毛东林、省国土局长杨任远及淮阴市、淮安市领导参加会议。

8月18日 淮安市新城区基础设施建设工程在淮城镇螺蛳街村举行开工典礼。新城区占地3.87平方千米,规划10万人口,分为行政办公区、商务中心区、居住区和高科技工业园区4个区域。

△ 席桥乡举行撤乡设镇揭牌仪式。

9月16日 位于淮安市三堡乡境内、运南船闸西侧的京杭大运河苏北段淮安、淮阴三线船闸工程举行开工典礼。

10月17日 淮安市通过省级卫生城市复查验收。

10月20日 新华社、人民日报社、中央电视台、法制日报社、检察日报社、新华日报社、扬子晚报等8家新闻单位的记者,到淮安市了解检察系统文明、公正执法情况。

11月1日 第五次全国人口普查正式开始,淮安市7400名普查员全部上岗,逐户普查登记。

11月13日 淮安市开始执行由省制定的十项新城市户籍政策,推进城市化和城市现代化建设。

11月15日 国家环保总局局长解振华,副局长汪纪戎等到淮安视察“南水北调”东线江苏段淮安境内有关河流水污染防治工作。

12月11日 淮安市人大举行第十三届二十三次常委会,会议听取和审议《关于2000年政府办实事项目完成情况的报告》《关于淮安市个体私营经济发展情况汇报》《关于〈人民法院五年改革纲要〉的贯彻落实情况汇报》。

12月13～15日 中国共产党淮安市第九次代表大会在工人电影院召开,345名正式代表和168名列席代表出席会议。大会选出新一届中共淮安市委员会和中共淮安市纪委。选举产生市委书记、副书记;市纪委常委、书记和副书记。

2001年

1月4日 淮安市委召开九届二次全体(扩大)会议。会议确定当年全市经济社会发展的主要调控数。

1月7～10日 淮安市人大十三届四次会议在工人电影院开幕,295名代表参加会议。大会选举陈洪玉为人大常委会主任。

2月9日 淮安市人大召开十三届二十五次常委会,根据国务院的有关批复和省政府有关区划的通知精神,会议通过《淮安市人民代表大会常务委员会关于淮安市更名楚州区后,区、乡两级人大代表和区人大常委会组成人员的名额及任期、届次的决定》《淮安市人民代表大会常务委员会关于淮安市更名后原淮安市人民代表大会及其常务委员会选举或任命的干部不再重新选举或任命的决定》,会议还通过《淮安市人大常委会关于接受戴建明辞去市政府副市长决定》。

△ 淮安市政协举行十届十八次常委会议,会议协商决定,政协淮安市委员会更名为政协淮安市楚州区委员会,并通过《关于政协淮安市委员会更名为政协楚州区委员会的决定》,政协委员会的规模,常委会组成人员的名额、任期、届次及组成人员不变。

2月10日 下午2时,在楚州宾馆举行撤市设区揭牌仪式。淮安市更名为楚州区,全称为淮安市楚州区。

3月27日 楚州区人大举行十三届二十六次常委会，任命徐茂为区政府副区长。

3月31日 河下竹巷街改造工程进入全面开工阶段。该工程是全区重点工程，目的是畅通道路，方便群众，重现竹巷街和古镇河下的繁荣与辉煌。

4月13日 围墙巷地段拆迁改造工程全面展开。工程拆迁范围东到夯轮寺巷，西至上坂街，南到镇淮楼东、西路，北至东、西门大街，共涉及31个单位、590户居民，总拆迁面积近8万平方米。

5月22日 全国人大常委会副委员长、民盟中央主席丁石孙率领“三农”问题考察团一行21人到楚州区考察。

6月16日 楚州区召开各乡镇及部分部门负责人会议，安排部署农村税费改革与配套改革等重点工作；从7月1日起全区实行教师工资由财政统一发放。

6月18日 围墙巷改造工程开工建设，工程拆迁面积8万平方米，计划新建3万平方米市民广场，16幢居民住宅楼，1条26米宽南北街道和2条10米宽南北步行街，总建筑面积11万平方米，总投资1.5亿元。

7月1日 楚州区港航监督所更名为淮安市楚州区地方海事处。

9月5日 楚州区人民法院在大法庭召开公开宣判暨“打黑除恶”专项斗争新闻发布会。区人民法院依法对徐某某、高某某等31名被告人进行公开宣判。

9月17～18日 最高人民法院副院长李国光在楚州区调研。

9月23日 中日友好马拉松接力赛颁奖仪式在楚举行。

10月9日 楚州区党政机构改革动员大会在淮安宾馆同春厅举行。区委、区政府各部门调整和精简内设机构，总体上精简20%，区乡机构调整、精简后，两级行政编制精简率达22.5%。

11月6日 区召开乡镇事业单位机构改革动员大会。全区28个乡镇485个事业单位减少到278个，每乡镇设10个站所。全区乡镇事业人员编制从2096名减到1466名，乡镇自行设置的各类临时机构一律撤销。

11月12日 淮安药品监督监理局楚州分局在楚州宾馆举行成立揭牌仪式。

11月28日 楚州区成立房地产管理局。

2002年

1月18日 楚州区十三届人大常委会召开第三十二次会议。接受陈洪玉等辞去区人大常委会主任等职务的请求。

1月20～22日 政协楚州区十届五次会议在楚州宾馆召开。选举朱国仁为政协楚州区第十届委员会主席。

2月25日 楚州区人大常委会召开三十三次会议。任命孙一峰为副区长。

3月7日 楚州区工业园建设启动。园区范围：火车站站前西路以南，京沪高速连接线以北，淮江路以东约3平方千米。

3月28日 淮安宾馆与淮钢集团有限公司达成产权有偿转让协议。

5月 河下古镇被国务院命名为全国75个历史文化古镇之一。

7月1日 楚州区委、区政府在27个乡镇、城区人口相对密集的居民区设立32个“书记免费信箱”；在渠北钦工、渠南车桥、运西林集设立3个巡访接待点，每周一、二、三在接待点接待群众来访；开通“区长热线电话”，拓宽信访渠道。

7月18日 楚州工业园区举行开园仪式暨首批进园项目开工典礼，各界1000多人参加庆典仪式，区四套班子领导分别为首批进园的4个项目奠基培土。

9月5日 楚州工业园区第一个外商独资项目鹤翔建材科技公司彩钢项目开工。鹤翔建材新科技公司是由加拿大国财团支持，加拿大籍客商蒋伏洪代理投资独资经营的新型建材企业。

9月21日　徐杨乡行政区域划归淮安市经济开发区。

10月5日　上午10时至11时，宋集、茭陵、苏嘴、钦工4乡镇45个村遭受特大冰雹和龙卷风袭击。冰雹砸伤群众64人，砸死畜禽3.43万头（只）。灾害导致1.66万间房屋倒塌和损坏，4.1万株树木受损。据不完全统计，直接经济损失达8191万元。市、区领导召开紧急会议，部署抗灾自救工作。

10月12日　楚州区人大十三届三十七次常委会举行第二次会议，任命宗兆昱为区政府副区长。

10月29日　楚州第一个中外合资农产品加工企业——淮安展风食品公司举行开业典礼。

11月29日　区气象局地面气象自动观测站落成。

12月21日　楚州区通过省级初级卫生保健先进区审评验收。

12月26日　楚州区在楚州宾馆举行河下古镇保护及旅游开发规划论证会。

2003年

1月5～8日　政协楚州区十一届一次会议在淮安宾馆召开，出席委员268人。会议选举产生新一届主席、副主席、秘书长。

1月5～9日　楚州区十四届人民代表大会第一次会议在工人电影院召开，出席代表349人。选举出区第十四届人大常委会主任、副主任、委员，区政府区长、副区长，人民法院院长和人民检察院检察长；选举出席淮安市五届人大代表。

1月18日　纵跨淮河入海水道、苏北灌溉总渠的高架公路大桥开工建设。高架桥主桥宽21.5米，互通立交桥宽8米，长1700米，总投资9400万元。

3月2日　全国人大常委会副委员长许嘉璐为区委机关报《新楚州》题写报头，并为全国历史文化名镇河下古镇题写匾额。

3月5日　楚州区在周恩来纪念馆隆重举行纪念周恩来总理105周年诞辰大会。省、市各级领导、代表近2000人参加大会。邓颖超纪念园落成开放。

3月9日　楚州区召开十四届人大常委会第一次会议。

4月11日　区成立防治“非典”指挥部，召开工作会议，传达省市防治“非典”工作会议精神，要求各部门进入一级战备状态，按照《突发公共卫生事件应急预案》，有序做好防治“非典”工作。

6月21日　楚州宾馆产权转让签约仪式在淮安宾馆举行。

7月4日　淮安市委书记丁解民到楚州检查抗洪排涝工作。

△　国家防总和省防指下达紧急命令，淮河入海水道将于当日夜23时48分开启闸门首次泄洪。

7月8日　省委书记李源潮到楚州视察抗洪排涝工作。

7月29日　区政府与淮安籍北京实业家高尚梅签署联合办学协议，淮安中学走上联合办学之路。

8月16日　楚州区和省、市文物部门共同投资200多万元对有600多年历史的“淮安府署”进行修缮。

9月12日　2003年中国淮安·淮扬菜美食文化节“楚州美食之旅”新闻发布会在淮安宾馆举行，《人民日报》《新华日报》《淮安日报》等中央及省市新闻单位记者参加发布会。

9月26日　河下古镇开发工程竣工仪式在御码头接驾亭举行，工程主要有重建御码头、接驾亭、改造明清石板街。

△　小说《西游记》作者吴承恩及其两位夫人（叶氏、斗氏）头像，被运用专业先进技术处理复原展示。

12月17日　江苏省淮河灾后水利重建全面开工仪式在楚州举行，副省长黄莉新，省水利、财政、计生等部门及淮河流域扬州、泰州、盐城、宿迁、淮安等市政府负责人参加仪式。楚州工程是城区引河泵站建设及淮河入海水道完善工程。

2004年

1月9日　楚州区人大第十四届二次会议在工人电影院召开，出席代表318人。

2月4日　楚州区举行纪念邓颖超100周年诞辰系列活动，代表400余人参加活动。

5月1日　中国淮安国际商城一期工程在楚州奠基，省、市、区领导及京、津、沪、浙、粤、闽、鲁、辽的工商界企业家代表出席奠基仪式。淮安国际商城由淮安国康房地产开发有限公司独资创建，商城总投资20亿元，建筑面积约100万平方米，有20多个专业广场。

5月2日　中共中央总书记、国家主席胡锦涛在中共中央政治局候补委员、书记处书记王刚，省委书记李源潮、省长梁保华等领导陪同下，到楚州考察。

5月18日　全国人大常委会农业与农村委员会副主任委员、农业部原副部长万宝瑞带领农业政策调研组到楚州检查和调研农业农村政策落实工作。

5月30日　表演艺术家六小龄童到楚州区吴承恩故居，与区领导共同为“猴王世家艺术馆”奠基。数千名代表参加艺术馆奠基仪式。

6月28日　招商引进的淮安鼎鑫轻钢制品有限公司生产线完成调试，正式开工生产。

9月27日　楚州区委、区政府在新落成的体育中心，举办纪念吴承恩500周年诞辰暨楚州之旅开幕式。

10月9日　钦工镇举行横沟寺农民革命武装暴动遗址重修奠基仪式，近千人参加。

2005年

1月4日　楚州区委九届十三次全体（扩大）会议在淮安宾馆召开。

3月20日　南京军区司令员朱文泉上将一行40多人瞻仰周恩来故居并签名留念。

4月10日　中共中央政治局委员、书记处书记、中组部部长贺国强到楚州瞻仰周总理故居并签名留念。省委书记李源潮及淮安市、区领导陪同瞻仰。

4月20日　楚州区新汽车站客运总站正式破土动工。

5月19～20日　西藏拉萨市委副书记罗布顿珠率拉萨市代表团一行15人到楚州访问。

6月2日　淮安市文物专家组到楚州区档案馆，重新对吴承恩头骨进行文物鉴定，将其定为国家三级文物，并继续向上级主管部门申报更高级别的升格鉴定。

7月12日　淮安市委决定：夏心旻任中共楚州区委书记。

8月2日　楚州食品药品监督管理局和区食品安全委员会正式成立，区委书记夏心旻和淮安市食品药品管理局局长王永和为管理局揭牌。

8月20日　区安全生产监督管理局调整为区政府工作部门，升格为正科级建制。

9月2日　楚州区在淮安宾馆召开区直事业单位改革工作会议。

10月8日　楚州区举行吴承恩纪念馆揭牌和40集电视连续剧《吴承恩》启动仪式，绍剧艺术大师六龄童，表演艺术家六小龄童和中国社科院《西游记》研究专家、中国电视艺术家、著名导演、电视剧《吴承恩》编剧及淮安市区领导出席仪式。

10月11日　新安旅行团建团70周年暨新旅历史纪念馆开馆仪式在新安小学举行。

10月13日　楚州区培养输送的运动员吴崇久与队友获得第十届全国运动会男子赛艇轻量级双人桨金牌。

10月18日　楚州区污水处理厂工程举行开工典礼，中国核工业第二、三建设公司、中国核工业投资有限公司参加典礼。

10月30日　国务院副总理曾培炎到楚州瞻仰周恩来故居并签名留念，省委书记李源潮、省长梁保华、淮安市委书记丁解民等陪同。

11月10日 创建“中国优秀旅游城市”国家检查组到楚州区瞻仰周恩来故居并检查创优工作，副市长王向明陪同。

12月22日 省安监局局长杨增夫一行对楚州区安全生产工作督查考核，并考察建淮乡安监站的机构建设情况。

2006年

1月6～8日 楚州区人大十四届四次会议在工人电影院举行，代表305人出席。夏心旻当选为楚州区第十四届人大常委会主任；宗兆昱当选为楚州区人民政府区长。

2月24日 财政部副部长楼继伟、副省长吴瑞林、省财政厅厅长包国新到楚州调研财税工作。

3月8日 区“十一五”规划工程建设首个项目海棠花园项目正式启动，海棠花园建设工程拆迁范围东至经九路、南至华西路、北至纬五路、西至淮江路。

3月26日 水利部副部长翟浩辉到楚州视察防汛工作，副省长黄莉新陪同视察淮河入海水道淮安枢纽河道工程和南水北调淮安四站工程。

5月28日 千年古刹闻思寺大雄宝殿重建仪式在河下御码头举行，市、区领导王广德、夏心旻等出席仪式，为大雄宝殿奠基。

6月16～17日 楚州区第十次党员代表大会召开。会议听取和审查区委工作报告和区纪委工作报告，选举产生区委书记、副书记，区纪委书记、副书记及出席中共淮安市第五次代表大会代表。

7月1日 “横沟寺暴动”历史陈列馆在楚州区钦工镇横沟村开馆，市、区领导及新中国成立前老党员代表出席揭牌仪式。陈列馆分主馆和副馆两部分，建筑面积263平方米。

8月11日 南京市建邺区委书记、区长陆志鹏带领党政代表团到楚州考察挂钩帮扶工作，并捐赠50万元帮扶资金，向宋集乡中学捐赠电脑20台。

10月26日 江苏国信淮安2×15兆瓦生物质发电有限公司揭牌仪式在楚州经济开发区举行。副省长李全林、省国信集团董事长董启彬、省直部门相关负责人及淮安市、区领导出席开工揭牌仪式。

11月8～11日 淮安区参加科技部、国家发改委和中国科协在京共同举办的“全国走进可持续发展成就展”。全国人大常委会副委员长许嘉璐和中国可持续发展研究会理事长、中国科协党组书记邓楠等领导人到楚州区展厅指导工作并接见工作人员。

12月18日 淮安市热电公司和中原特种轮胎（香港）有限公司共同投资的中外合资淮安米德兰特种工程轮胎生产项目一期工程在楚州经济开发区竣工投产，美国API总裁洪传恩、德国MYK总裁程瑜、淮安市、区领导及来自美、德、英等国和中国香港地区工商界人士出席竣工典礼。

2007年

1月12日 楚州区举行纪念吴鞠通逝世170周年学术研讨会和吴鞠通中医博物馆开工仪式，淮安市区领导和来自全省100多名温病研究和文史专家学者出席。

1月19日 中共淮安市委决定：赵洪权任楚州区委常委、书记，免去夏心旻楚州区委书记职务。

2月2日 省委常委、组织部部长王国生，副省长黄莉新代表省委、省政府到钦工镇慰问优抚对象。

2月5～7日 政协楚州区十一届五次会议在楚州宾馆召开，选举王国权为主席、刘家勇、陈海峰为副主席。

2月6～8日 楚州区人大十四届五次会议在工人电影院召开，赵洪权当选区人大常委会主任，殷长干当选为副主任。

6月3日 全国人大财经委副主任石秀诗，全国人大常委、财经委委员张肖、乌日图和国家行政学院教授时红秀等组成全国人大农村金融调研组一行到楚州区调研农村金融工作，省、市、区人大领导陪同调研。

6月14日 盐城市委书记、市人大常委会主任赵鹏率领盐城党政代表团来楚州区考察淮安国际商城建设情况，市、区领导陪同考察。

6月19日 交通部部长李盛霖到淮安考察水运事业发展情况及京杭大运河两淮段整治工程、淮安船闸等。

7月2日 甘肃省酒泉市委书记、市人大常委会主任李沛文，副市长王敏率酒泉党政代表团到楚州区考察。

7月13日 省长梁保华、副省长黄莉新率领省水利、农林、民政、财政厅负责人到楚州区视察防汛抗灾工作。

8月22日 省人大常委会副主任王湛率省人大财经委及省交通厅、水利厅等部门负责人，到楚州区视察省人大重点督办的“大运河由三级行道提升为二级行道”及京杭运河淮安至楚州段整治工程代表议案。

9月29日 楚州区举行“淮安府署”修复开放仪式。

12月26～29日 政协楚州区十二届一次会议在淮安宾馆召开。王国权当选政协主席，金志庚、陈峰、张佩铭、季玉华当选副主席。

12月27～30日 楚州区第十五届人民代表大会第一次会议在工人电影院召开。

2008年

1月1日 全国首座以漕运为主题的博物馆在楚州区正式奠基开建，淮安市、区领导陈从亮、赵洪权等参加奠基仪式。“总督漕运部院”遗址被列入省级文物保护单位。

3月5日 周恩来110周年诞辰纪念日，中央及省、市、区及周恩来纪念馆举行一系列的纪念活动。

3月6日 省委常委、副省长黄莉新带领省农林厅、省水利厅等有关部门负责人来楚州视察，考察农业和水利建设情况。

3月27日 区委召开十届三次常委（扩大）会议，确定开发区规模达到58平方千米，盐化工开发区达到16平方千米，新型建材园和IT产业园大于10平方千米，井盐科技园不少于2平方千米。

4月16日 重修新四军淮安支队抗日阵亡将士纪念碑揭碑仪式在流均镇举行，省政府原常务副秘书长、省老区促进会执行理事长蔡秋明，中国新四军历史研究会副秘书长、省新四军历史研究会秘书长肖茂修及省、市、区相关部门负责人参加揭碑仪式。

4月28日 区人大十五届常委会会议任命聂东华为区政府副区长（挂职）。

7月12日 省委书记梁保华到淮安视察周恩来纪念馆扩建工程。

8月8日 周恩来侄女周秉宜向周恩来故居捐赠珍藏多年的邓颖超遗物“无锡泥人——大阿福”，为周恩来故居增添一件文物。

8月26日 省人大代表、中国人寿保险总公司副总裁、省分公司总经理贾海茂带领省人大代表省直淮安组到楚州调研城乡区域供水工作，淮安市、区领导陪同调研。

10月26日 流均镇都良村籍将军赵登平援建的家乡中心小学教学楼正式竣工。民进中央参政议政部原副部长赵登伏，中国人民解放军海军装备研究所政委滕卫，民进中央宣传部网管处处长戴荫于，中国船舶重工集团公司第716研究所所长李恒邵及区领导出席庆典。

12月8日 吴鞠通中医馆揭牌仪式在河下古镇举行。国家中医药管理局国合司处长吴振斗，省卫生厅副厅长、省中医药局局长吴坤平和淮安市、区领导等出席开馆仪式，并为吴鞠通中医馆开馆揭牌。

第一篇 政区 环境

楚州地处苏北平原中部，京杭大运河与苏北灌溉总渠交汇处，地跨北纬33°16′～33°45′、东经118°59′～119°37′之间，与扬州、盐城两市交界。楚州区地势平坦，地形以平原为主，地势由西北向东南倾斜，市境最高点位于徐杨乡小堪废黄河滩，真高9.7米；最低点位于流均镇湖荡地区，真高仅1米。境内河渠纵横，水网密布，共有运河道13条，湖泊（荡）8处，京杭大运河纵贯南北，苏北灌溉总渠横穿东西，白马湖位于西南角落。

楚州区为温带向亚热带过渡气候，受大陆性季风气候影响显著，温暖湿润，四季分明。冬季干燥寒冷，持续时间较长，约4个多月；夏季炎热多雨，持续约3个多月；而春季干湿多变、秋季秋高气爽，各持续2个月左右。楚州区雨量充沛，主要集中在夏季，1978～2008年，楚州夏季平均降水量占全年的58%。

楚州区物产、资源丰富，以岩盐资源为主，已探明储量为2500亿吨，主要分布在朱桥镇、上河镇、季桥镇等镇域。矿泉水、泥炭、天然气及砖瓦黏土等资源也较为丰富。深部砂层矿泉水品质优良，含有可溶性偏硅酸等多种对人体有益的矿物质和微量元素；泥炭总储量为332.01万吨，主要分布在泾口镇、流均镇、南闸镇、施河镇、复兴镇及白马湖农场内。

1978年，淮安县有28个人民公社、1个镇、2个场，县域面积1605平方千米。1983年3月，江苏省实行市管县新体制，淮安县归淮阴市管辖。同年9月，盐河公社、黄码公社和城郊公社的清安大队划归清浦区管辖。1988年2月，淮安县撤县建市，更名为淮安市（省辖县级淮安市）。2001年2月，淮阴市更名为淮安市，县级淮安市更名为淮安市楚州区。2002年以后，徐杨乡、南马厂乡和席桥镇的部分村划归其他县区管辖。至2008年底，楚州区辖5个乡，21个镇，308个村，44个居民委员会，区域面积1462平方千米。

第一章 建置区划

第一节 区位境域

淮安市楚州区位于苏北腹地，京杭大运河与苏北灌溉总渠交汇处，东和盐城市阜宁县、建湖县接壤；南与扬州市宝应县交界；西南与洪泽县相邻；西与清浦区、清河区相连；北与涟水县隔古黄河相望。

楚州区境域随着行政区域划分而变化。1978年县域面积1605平方千米，2008年区域面积约1462平方千米。区政府驻地淮城镇，距淮安市区18千米。

一、界线勘定

1996年，根据国务院《关于开展勘定省、县两级行政区域界线工作有关问题的通知》和江苏省、淮阴市有关文件要求，启动勘界工作，同年8月至2000年12月，共完成2条市界、4条县界的勘定任务。

淮安市和洪泽县界线，共涉及洪泽黄集，淮安范集、南闸3个乡镇，全长28.5千米，确定5个界点，7块界桩。

淮安市、淮阴县界线共涉及淮阴县新渡，淮安市徐杨、南马厂3个乡，全长9千米，确定3个界桩点，5块界桩。至2008年区域调整后，两县（区）已不接壤。

淮安市涟水县界线涉及淮安南马厂、钦工、宋集、茭陵、苏嘴，涟水宝滩、涟城、徐集、果园9个乡镇，边界线全长48.12千米，确定11个界桩点，16块界桩。

淮安市淮阴市区界线涉及清浦盐河、黄码，清河钵池，淮安范集、三堡、淮城、徐杨、南马厂8个乡镇，边界线全长50千米，确定9个界桩点、13块界桩。

淮（阴）、盐（城）市界线涉及淮安苏嘴、复兴、博里、流均，盐城市阜宁古河、凤谷、罗桥、马荡，建湖蒋营9个乡镇，边界线长75千米，确立10个界桩点、18块界桩。

淮（阴）、扬（州）市界线涉及淮安流均、泾口、施河、平桥、南闸，宝应西安丰、泾河、山阳8个乡镇，边界线长67千米，确立7界桩点、12块界桩。

二、界线管理

行政区域界线形成的法定界线，经由省、市安排，每3年双方联合对界线检查1次，去除界桩周围杂物，描写界桩上的地名，形成联合检查结果报告上级省、市民政部门；若发现问题及时与对方联系，组织双方实地勘察，并将勘察处置结果上报主管部门。

第二节　区划调整

1978年，淮安县属淮阴地区管辖。1983年3月，实行市管县新体制，撤销淮阴地区，成立省辖淮阴市，淮安县属淮阴市管辖。1988年2月，经国务院批准撤销淮安县，设立省辖县级淮安市，原区域不变。

2001年2月，县级淮安市更名为淮安市楚州区，隶属地级淮安市管辖。

一、新建乡（社）

1980年，从苏嘴公社、顺河公社、宋集公社各划出部分大队成立茭陵公社。

1981年，石塘公社划分为建淮、马甸两个公社。

二、合并镇（社）

1980年，撤销运河公社，一部分划归淮城镇，一部分划归城郊公社。

2000年，全市进行大规模的乡镇合并工作。板闸镇和淮城镇合并为淮城镇，扩大了淮城镇发展空间，解决了城区发展受抑制问题。

三、划出乡村（社队）

1983年9月，盐河乡、黄码乡和城郊乡的清安大队划归清浦区管辖。

2002年，徐杨乡划归淮安经济技术开发区管辖。

2003年，席桥镇熊胡村、东邱村和南马厂乡的小堆村、高张村、严赵村划归清河区管辖。

2008年，南马厂乡和席桥镇的福康村、李席村划归清河区管辖。

四、撤乡设镇

1985～2002年，撤销21个乡，同时在原区域设立21个镇，实行镇管村体制。在撤乡设镇的同时，镇政府所在地的村委会变更为居委会。

1985～2002年楚州区（淮安县、淮安市）撤乡设镇情况表

表1-1

时　间	原　名	现　名	批准部门	批准文号
1985年	车桥乡	车桥镇	江苏省人民政府	—
1986年	平桥乡	平桥镇	江苏省人民政府	—
1986年	钦工乡	钦工镇	江苏省人民政府	—
1988年5月4日	苏嘴乡	苏嘴镇	江苏省人民政府	苏政复〔1988〕56号
1988年5月4日	流均乡	流均镇	江苏省人民政府	苏政复〔1988〕56号
1988年5月4日	溪河乡	溪河镇	江苏省人民政府	苏政复〔1988〕56号
1988年5月4日	林集乡	林集镇	江苏省人民政府	苏政复〔1988〕56号
1988年5月4日	城郊乡	板闸镇	江苏省人民政府	苏政复〔1988〕56号
1988年5月4日	朱桥乡	朱桥镇	江苏省人民政府	苏政复〔1988〕56号
1995年	七洞乡	上河镇	江苏省人民政府	—
1999年6月21日	泾口乡	泾口镇	江苏省人民政府	苏民行〔1999〕42号
1999年7月29日	顺河乡	顺河镇	江苏省人民政府	苏民行〔1999〕53号
1999年11月19日	施河乡	施河镇	江苏省人民政府	苏民行〔1999〕94号
2000年7月24日	博里乡	博里镇	江苏省人民政府	苏民行〔2000〕8号
2000年7月24日	席桥乡	席桥镇	江苏省人民政府	苏民行〔2000〕19号
2000年11月2日	马甸乡	马甸镇	江苏省人民政府	苏民行〔2000〕96号
2000年11月2日	仇桥乡	仇桥镇	江苏省人民政府	苏民行〔2000〕100号
2000年11月2日	南闸乡	南闸镇	江苏省人民政府	苏民行〔2000〕98号
2000年11月2日	复兴乡	复兴镇	江苏省人民政府	苏民行〔2000〕99号
2000年11月2日	季桥乡	季桥镇	江苏省人民政府	苏民行〔2000〕97号
2002年初	范集乡	范集镇	江苏省人民政府	—

五、并村联组

2001年，市、区两级政府在流均、范集两镇先行开展并村联组联合试点工作，之后全面推广，历时半年完成全区并村联组工作，精简了村组干部职数。全区由615个村（居）合并为360个村（居），其中村315个、居民委员会45个。

2007年，河下村并入河下居委会。

2008年，夹河村和福缘村合并为夹河村。

1982年淮安县行政区划一览表

表1-2

社　别	村（大队）、居委会名称
淮城	居委会：六珠、鱼市、楼东、勺湖、瞻岱、夹城、河下、城南、环城、城北、新城、河下、公园、华亭、穿运、城南、路东、运东
平桥	平桥、管袁、杨柳、沈庄、东风、三湾、上圩、大方、张庙、孟集、磨担、查庄、九洞、十洞、任胡、王沟、五湾、王兴、竹园、同兴、陆桥、大任
七洞	九佃、前杨、上河、申大、前任、大雍、谭庄、张庄、羊集，茆桥、徐佃、大后、大姚、高北、五洞、淮运
建淮	建淮、建新、邱家、马甲、十里、张兴、侯靖、鹅钱、八关、渠南、唐桥、彭杨、草庵、砖桥、陈华、盖桥、孙赵、许王
马甸	马涵洞、马东、石桥、乾益、马甸、苗舍、邱洞、郭湾、祁大庄、董庄、靖大庄、侯梁、金王、李庄、二堡
朱桥	朱李、三姓、杨槐、闸南、小闸、丁曹、五里、蒋庄、祁兴、孙杨、合兴、石塘、宝林、郭兴、新华、毕圩、洼圩、马塘、彭田、周庄
溪河	三官、戴西、墩胡、大崔、朱周、经堂、韩刘、林舍、杨桥、土楼、高坝桥、马园、孙李、千米、单洼、朱韭、马北、孙管、唐庄、戴孟
施河	胡河、王桥、齐心、葛庄、岔南、岔北、夹板、施庄、朱尖、邓舍、崔河、戚河、小施河、朱河、陆河、红庄、侯庄、顾王、施河、徐马、郭庄、龙坛、瓦屋、灌庄、鲁赵、西灌、成灌、宠王、蒯成、于王、施舍
车桥	车桥、光华、孙楼、徐杨、东谭、陈河、樊河、车南、车东、中圩、三庄、范陆、肖舍、丰年、张陈、吕舍、大兴、赵杨、夏庄、金陈、大东、张彭、受河、卢滩、塘河
泾口	殷侯、蛇峰、官渡、葛邵、刘陆、泾口、泾前、桥头、傅吉、东作、欧叶、姚河、东宥、宥城、下舍、高舍、蒋桥、花巷、花尖、陈徐、大杨、严桥、陈桥、马湾
流均	流均、条龙、赵铺、马铺、赵舍、建城、都南、都梁、南河、北河、黄荡、黄东、沿河、沿荡、前硝、二桥、中桥、严百、永兴、头桥、中心、溪南、乙卯、农科站、渔业
博里	王庄、杨舍、前荡、史荡、杨里、扁担城、博里、博东、土墩、孙庄、滨南、三元、史舍、陶舍、新民、郝舍、小圩、南头、范南、吴舍、王安、陶桥、鲍庄、西岗、岗南、马桥
仇桥	三门、新庄、南徐、高仇、仇桥、史桥、长沙、长东、三里荡、贺坝、苏庄、杜庄、刘庄、晶墩、水晶、徐黄、北涧、南庄、小高桥、南涧、前李、金庄、姜侍、倪桥、新墩
复兴	渔滨、复兴、贾新、斐联、南季、大朱、陈仲、大郭、任桥、汤刘、小黄、任舍、东城、西城、田桥、大叶、墩郎、大李庄、陈杨、马南
苏嘴	苏嘴、苏刘、建仪、湾郎、马逻、张季、龚营、于嘴、南季、汤衡、老吉、大桥、吴码、北季、沙吉、大徐、大单、曹叶、顾小堆

续表 1-2

社　别	村（大队）、居委会名称
钦工	钦工、贾庄、紫马、小徐、横沟、大赵、赵码、徐码、郎颜、西滩、五里庄、西支、西孙、韩庄、唐颜、支夏、前谷、后谷、大庞、后程、马堡
宋集	宋集、高巷、陈刘、李码、后营、董尹、大董、三里墩、西高、土城、青莲、甘姜、沿六、条河、冯王、尹庄、谷庄、谷圩、严码
顺河	顺河、三堡、艾口、戴王、时廖、蒋姚、双墩、墩刘、骆荡、西崔、崔周、延年、何桥、官路、胡宋、丁姚、小新、高桥、双井、北场、大吉、三合、张李、大蒋、李郁、徐荡
茭陵	茭陵、章集、小茭、章洼、章桥、陈圩、黄庄、陆大门、大胡、邵葛、果园、东荡、高荡、东高、联合、南舍
季桥	潘圩、季桥、孔陈、前周、南湾、颜刘、车路、干沟、曹园、椿树、肖杨、长流、后荡、三刘、宏图、小湾、大湾、南后营、小岗、潘柳、周杨、赵墩、河花、农科队
城东	童嘴、红桥、侯巷、甘路、茶庵、张巷、高港、刘伶、罗桥、孙徐、炮刘、赵徐、花庄、汤朱、新王、刘湾、南窑、蒋南、黄土
席桥	席桥、黄桥、高傅、浦马、丁圩、张蔡、丁朱、王口、朱黄、谢荡、三里、东邱、西邱、熊胡、李席、后刘、朱口、农科队
南马厂	马厂、王高、高张、严赵、张桥、严高、田港、桂码、范庄、中民、砖井、小堆
徐杨	新建、大砖桥、陆庄、黄岗、严李、吕祖、徐庄、大王、新强、新兴、白果、李曹、黄园、老坝、三坝、邱圩、徐杨
城郊	城郊、紫藤树、螺狮街、河北、下关、镇海、闸北、闸口、新路、渔源、玉兰、板闸、乌沙、福缘、夹河、清安
黄码	黄码、运河、运南、文渠、王李、许庄、合意、吴圩、李集、周圩、新河、严卓、周陈、周高、金左、邱庄
盐河	盐河、杨庙、黄姚、姚湾、管庄、渠北、胡庄、朱桥、宋潮、大李、谢碾、王元、洪跳、后许、张刘、大张、支河、西赵、李园
三堡	沙口、沙庄、盛庄、瓦庄、陈庄、解庄、花园、咸庄、祁庄、严庄、星阳、鸭洲、韩码、鲁圩、岳园、周湾、大陶、陶庄、沙滩、新庄、新村
林集	林集、谢庄、刘圩、滕码、利华、利民、双沟、山河、联盟、后管圩、平河、袁庄
南闸	南闸、白湖、柏庄、镇湖、渔业、中南、太平、太兴、太东、周马、林南、黄浦、戴湾、泾河、泾榆、戴庄、兴庄、梁庄、朱庄、姚庄
范集	新张、范集、周王、郭桥、刘桥、何朱、大花、李邵、李许、后高、永陆、大问、姚桥、新朱、南武、张朱、陆集、秦杨、孔连、柳陈、何郭、大吴、李湾、知青农场
园艺场	蚕桑、大果、严刘、王砖井、卢庄
原种场	—
白马湖农场	—

2008年楚州区村(居)一览表

表1-3

乡　镇	村	居	村(居)名称
淮城镇	18	15	居:夹城、河下、勺湖、瞻岱、楼东、鱼市、六珠、城南、环城、新城、城郊、板闸、梅园、府学、漕运;村:公园、穿运、运东、城南、路东、镇海、螺蛳街、紫藤树、河北、新路、渔源、玉兰、乌沙、夹河、华亭、闸口、闸北、下关
平桥镇	13	1	居:平桥;村:杨柳、沈庄、东风、镇中、张庙、同兴、孟集、九洞、十洞、李前、王沟、兴福、陆桥
上河镇	8	1	居:上河;村:前庄、杨集、谭庄、黄楼、赵王、岔溪、运河、大后
建淮乡	11	—	村:建淮、十里、鹅钱、渠南、彭阳、砖桥、陈华、盖桥、邱家、张兴、许王
马甸镇	7	2	居:靖大庄、马涵洞;村:十五里桥、郭湾、发茂、乾益、二堡、卫东、祁大庄
朱桥镇	12	1	居:朱桥;村:闸南、五里、蒋庄、祁兴、孙杨、合兴、石塘、周庄、小闸、洼圩、桃园、新华
溪河镇	12	1	居:三官;村:单里、杨桥、经堂、高坝桥、马北、戴孟、戴西、墩胡、大车、朱周、土楼、孙李
施河镇	14	2	居:陆河、园区;村:王桥、葛庄、岔南、施庄、崔河、万新、侯庄、大施河、郭庄、条龙、鲁赵、成灌、双溪、双福
车桥镇	19	1	居:车桥;村:车北、万寿、车南、车东、丰年、金城、沈艞、光华、孙楼、陈河、三庄、范六、张陈、吕舍、大兴、大东、受河、卢滩、车桥
泾口镇	9	4	居:桥头、光明、泾口、蒋桥;村:官渡、泾东、桂卿、陈桥、姚河、宥城、蛇峰、花巷、高舍
流均镇	16	2	居:流均、前哨;村:溪河、马铺、都梁、双河、黄荡、沿河、沿荡、二桥、中桥、严百、永兴、头桥、中心、溪南、合心、渔业
博里镇	14	2	居:王庄、新博;村:马桥、史荡、前荡、扁担城、博里、孙庄、滨南、三元、陶舍、新民、南头、西岗、王安、陶桥
仇桥镇	13	2	居:仇桥、三门;村:汴塘、贺刘、三里荡、史桥、长沙、三角墩、倪桥、高仇、晶墩、南徐、水晶、南涧、北涧
复兴镇	9	2	居:渔滨、复兴;村:城头、任桥、大郭、朱庄、南季、陈杨、大李、田桥、裴联
苏嘴镇	10	1	居:苏家嘴;村:马逻、大桥、衡河、北季、沙吉、建仪、汤衡、一心、吴码、龚营
茭陵乡	11	—	村:章洼、章桥、章集、黄庄、东荡、高荡、联合、邵葛、果园、茭陵、大胡
宋集乡	11	—	村:李码、高陈、宋集、谷尹、冯王、条沿、甘姜、青莲岗、三里墩、大董庄、后营
钦工镇	12	—	村:东支、士銮、紫徐、镇西、贾庄、横沟、钦工、五里庄、马堡、韩赵、徐码、郎颜
顺河镇	15	1	居:顺河;村:艾口、顺西、双墩、崔周、顺东、双井、大吉、大蒋、徐荡、三合、三堡、骆荡、延年、何桥、官路
季桥镇	13	1	居:农中;村:季桥、孔周、南湾、颜刘、车路、干沟、椿树、长流、小湾、大湾、小岗、潘柳、周杨
城东乡	11		村:站前新村、童嘴、罗伶、徐刘、赵徐、楚东、黄土桥、红桥、张巷、高港、南窑

续表 1-3

乡 镇	村	居	村（居）名称
席桥镇	8	1	居：席桥；村：黄桥、浦马、张蔡、谢荡、朱黄、王口、丁朱、三里
三堡乡	13	—	村：严星、祁庄、陈庄、花园、盛庄、沙庄、沙口、韩码、西合兴、周湾、大陶、沙滩、新庄
林集镇	9	2	居：谢庄、林集；村：平河、袁庄、后管圩、联盟、双沟、利民、跃进、滕码、小李庄
南闸镇	10	1	居：新河头；村：柏庄、渔民、中太、新太、林南、戴湾、泾河、戴庄、新兴、姚庄
范集镇	10	1	居：范集；村：闸西、永陆、姚桥、永济、大问、张朱、张码、刘桥、陆集、大花

第二章　自然环境

楚州区位于苏北腹地，淮安市东南端，是苏北平原的一部分。地理坐标为东经118°59' ～119°37'北纬33°16' ～33°45 ' 。全境地势平坦，河网密布。四季气候温和湿润，雨水充沛，土壤肥沃，宜于稻麦、油菜作物和其他经济作物生长。鱼、虾、蟹、藕等水产资源丰富。地下矿藏丰富，岩盐储量2500亿吨，为世界特大型盐矿，开采价值很高。

楚州岩盐资源丰富

优越的地理环境，良好的气候条件，有利于工农业生产的发展。80年代后，由于勘探项目不断增多，勘探手段不断更新，资料系统日臻完善，丰富的资源得以开发利用，为楚州的经济建设提供了良好的基础。

第一节　地　质

一、地层

楚州全境无基岩出露，均被第四系覆盖。根据钻孔揭示资料，分布的地层有：

震旦系（Z） 分布于区境西南的范集、泾河一带，埋藏深度为400～500米。岩性下部为灰色中厚层及薄层灰岩，灰黄、灰绿色千枚状页岩、泥质粉砂岩，厚度大于80米。上部为灰黄、灰白色厚层，中厚层硅质条带白云质灰岩及白云质灰岩，夹有灰黄色砂质灰岩，厚度大于44米。

寒武系（T） 零星分布于范集一带，埋藏深度约300米。岩性为钙质泥岩、泥灰岩及瘤状灰岩。厚度大于100米，与下伏地层呈假整合接触。

奥陶系（O） 零星分布于区境西南角的泾河一带，埋藏深度约280米。岩性为浅灰色、灰色中厚、薄层灰岩。厚约190米，与下伏寒武系呈整合接触。

志留系（S）　零星分布于区境西南的泾河一带，埋藏深度约250米。岩性为紫红色角砾岩、黄绿色页岩、泥岩及粉砂岩。厚约170米，与下伏地层呈假整合接触。

白垩系（K）　仅见有上统地层，埋藏深度280～520米，与下伏侏罗系地层呈不整合接触。

浦口组（K2P）　分布于季桥、车桥、平桥、溪河一带。岩性为紫红色、晴紫红色厚层状细砂岩，局部夹泥质粉砂岩与含砾砂岩。含岩盐矿层，偶见斜层理，厚度大于1000米。

赤山组（K2C）　分布于淮城镇及博里一带。岩性为砖红色、暗紫红色厚层状细砂岩，局部夹泥质粉砂岩与含砾砂岩。厚约190米，与下伏浦口组呈整合接触。

下第三系（E）　区境分布广泛，不整合于白玉系之上。

古新统泰州组（E1t）　上部棕红、深灰色泥岩、粉砂岩夹薄层绿色银质细砂岩，下部为棕红色、暗紫红色粉细砂岩及砾岩夹灰绿色薄层细砂岩。厚度大于140米。

始新统阜宁组（E2f）　杂色泥岩、粉砂岩及泥灰岩。厚约300米。

渐新统三垛组（E3s）　棕红、棕褐色泥质粉砂岩、黏土岩夹细砂岩与薄层砂砾岩，与下伏阜宁组地层呈不整合接触。

上第三系（N）　中、上新统盐城群（Nyn），为泥质砂岩、泥岩、含砾砂岩、砾岩夹玄岩、页岩。厚度大于200米，与下伏地层呈不整合接触。

第四系（Q）　下更新统豆冲组（Q1a），境内分布广泛地表无出露，棕黄、灰白、灰绿色黏土与亚黏土及灰绿、灰白色含砾粗砂、粗中砂、细砂，属河流相沉积或以河流相为主的河湖冰水相沉积。厚度20～80米。

中更新统泊岗（Q2b）　分布广泛，地表无出露。岩性下部为灰黄色中细砂、中粗砂与棕黄、棕红、黄绿色黏土与亚黏土层组成。上部为褐黄色、棕红色黏土、黄绿色亚黏土与棕黄色粉细砂及细砂组成，属河湖相沉积。厚度20～45米。

上更新统戚嘴组（Q3q）　分布广泛，地表无出露。岩性为灰黄色、棕黄色粉砂质亚黏土及亚黏土，底部含大量钙质结核，含两个海侵层。厚度45～60米。

全新统（Q4）　分布于全境地表。岩性以冲积、湖积的亚黏土及粉砂质亚黏土为主，上覆土黄、褐黄色粉质亚砂上及粉砂现代冲积物。厚度10～25米。

二、地质构造

（一）区域构造

楚州区境内大地构造位于扬子准地台苏北坳陷的北缘。构造线主要方向以NE向及NEE向为主，并被较亲的NW向平移断层所切割。褶皱和断裂较发育。境内次一级的构造主要是建湖隆起和涟阜凹陷，为一隆一凹的构造形态。

（二）褶皱

根据石油勘探资料，按中、新生代的构造轮廓，并袭用石油大队所定名称，区境褶皱主要有：

涟（水）—阜（宁）凹陷位于涟水、楚州、阜宁一带。走向NE45°～50°。凹陷内伴随有北东向断裂，将凹陷切割成次一级的宽缓褶皱。境内自北而南有：

涟南凹陷　地质构造位置在涟水—大东凸起之南。境内地理位置包括宋集、钦工、茭陵、南马厂等乡镇。主要发育地层有盐城群、三垛组、戴南组、阜宁群、泰州组，新生界沉积厚度约1100米。该凹陷走向NE50°，西端在徐杨一带逐渐封闭，东端延伸至阜宁县境。此凹陷被一系列向北倾斜的走向断层切割呈断阶状。南部断层落差大，北部落差小，使之形成不对称的地堑断凹。

苏家嘴凸起　位于涟南凹陷与阜宁凹陷之间，走向NE45°，境内地理位置包括苏嘴、复兴、顺河、仇桥、季桥、朱桥、淮城等乡镇。西端向南开阔，东段向北东方面延伸至滨海隆起，中部较低，并保存有泰州和阜宁组部分地层。新生界沉积厚度为500～1000米。受断层切割呈北陡南缓的断块凸起。

阜宁凹陷 走向NE45°。其西端位于建湖隆起与苏家嘴凸起之间,东部与盐城凹陷相连,境内地理位置包括博里、车桥、溪河等乡镇。主要发育地层有盐城群、三垛组、阜宁群、泰州组等。新生界沉积厚度约1000～1500米。

建湖隆起 位于洪泽至建湖一线,境内地理位置包括范集、林集、南闸、平桥、流均等乡镇。该构造带总体呈东西向展布,由于受新华夏系及淮阳山字型东翼反射弧干扰,致使其西段转向西南。该隆起在境内主要为震旦系及下部古生界组成的复式招皱。中生代隆起,对晚白垩世及第三纪的沉积有一定的控制作用,其北界为第三纪沉积边界。

(三)断裂

境内主要断裂构造有:

小金元—羊寨断裂 位于本区小金元—涟水县薛桃园—阜宁县羊寨,全长约38千米。断面产状:走向50°～60°,倾向140°～150°,倾角约60°。它是涟水—大东凸起与涟南凹陷的分界断裂,对涟南凹陷的下第三系沉积起控制作用。上盘(北西盘)除浦口组外,尚见有三垛组超复;下盘(南东盘)三垛组广泛分布,断裂向南东消失于阜宁群中。

平桥—流均断裂 自境内平桥向NEE方向延伸,经流均延入阜宁县境内,长约75千米,为建湖隆起的北界断裂,断面倾向北西,倾角约60°。

丁嘴—泾河断裂 自宿迁市丁嘴经楚州区白马湖农场至泾河,北西走向,为一平移断层,错断平桥—流均断裂具左旋性质。

三、工程地质

根据地貌形态、岩组特征及物理力学性质,楚州区境内可分为4个工程地质区,各区又有一定的工程地质层组成。

(一)堤内滩地松软岩类工程地质区

分布于境内北部边界废黄河自然堤区,其地貌形态呈长条状主地,地面高程7～9米,潜水位埋藏深度5米左右。地表沉积物主要为黄泛冲积粉细砂,层高2～5米,结构松散,较紧密遇水崩介,易形成流沙。天然含水量26.7%～32%,孔隙比0.78～0.86,比重2.69～2.72,饱和度93.1%～100%,贯入击数3～10击,地基容许承载力小于14吨/平方米。

(二)冲洪积平原松软岩类工程地质区

地表沉积物为黄河泛滥堆积物,分布于废黄河自然堤南侧,包括城东、淮城、南马厂、钦工、宋集、茭陵、苏嘴、复兴、顺河、仇桥、车桥、博里等乡镇。主要工程地质层有亚砂土、亚黏土层。亚砂土层厚2～5米,灰黄色,松散饱水,贯入击数6～9击,地基容许承载力为10～14吨/平方米。亚黏土层灰黄色、松软、潮湿、可塑,层厚2～4米,含水率23.2%,湿容重1.98克/立方厘米,干容重1.51克/立方厘米,比重2.68,天然孔隙比0.68,饱和度0.96,凝聚力160克/平方厘米,内摩擦角22度,贯入击数17～24击,地基容许承载力为16～24吨/平方米。

(三)冲湖积水网平原松软岩类工程式地质区

分布在境内西南白马湖北侧的范集、南闸、林集一带,地下水位埋藏深度约2米。地表沉积物为灰褐色亚黏土,厚7.5米左右,结构较为紧密,有机质含量较高,潮湿可塑,饱水时容易压紧,含水率25.7.%,湿容重1.95克/立方厘米,干容重1.64克/立方厘米,比重2.72,天然孔隙比0.78,凝聚力0.32千克/平方厘米,内摩擦角13度,贯入击数8击,地基容许承载力为10吨/平方米。

(四)泻湖平原松软岩类工程地质区

分布于境内南部流均、泾口一带。主要工程地质层有淤泥质黏土和亚黏土层。淤泥质亚黏土层厚2～9米,灰褐灰黑色,具高压缩性,天然含水量45%～68.1%,孔隙比1.27～1.94,凝聚力10～120克/平方厘米,贯入击数1～3击,地基容许承载力为8吨/平方米。亚黏土层物理力学性质与冲洪积平原亚黏土层相同。

第二节　地　貌

一、地貌特征

楚州地处淮河下游，位于江淮和黄淮两大平原交界处。境内地势平坦，西北高，东南低，地面真高由9米向1米坡降，京杭大运河与苏北灌溉总渠将全区分为渠南、渠北和运西三个自然区。苏北灌溉总渠以北及总渠以南的部分乡镇属黄泛冲积平原，运西至渠南施河一线属冲湖积平原，沿射阳湖的流均、泾口等乡镇属古泻湖平原及湖滩洼地。

二、地貌分区

（一）黄泛冲积平原

包括苏北灌溉总渠以北各乡镇以及沿总渠以南的复兴、仇桥、朱桥等乡镇，建淮、车桥、博里等乡镇的一部分，是由黄河夺淮后，河水携带大量泥沙填积而成，依其地貌特征可分为堤内滩地和堤外冲积扇形平原。堤内滩地是黄河在汛期洪水溢出河床形成的河漫滩，高于堤外平原8～10米，沉积物多为飞沙，可随风迁走，经长期治理后，已改成农田。堤外冲积扇形平原，是由黄河决溢泛滥后泥沙沉积而成。沉积物沙性较强，在沟谷中清楚看到河床外侧倾斜的微层理，远离河道的中心处，沉积物颗粒由粗变细，表层土壤呈沙土—二合土—淤土的趋势。

（二）冲湖积平原

古淮河水系堆积作用而成，据其地貌特征，可分为两个区：冲湖积水网平原，包括苏北灌溉总渠以南和运西的范集至施河一带，地面次生黄土偏黏，标高6～8米，微向东倾斜。境内河网密布，沟渠纵横，由古淮河的堆积物组成。堤侧斜平原，位于总渠以北，地面标高10～14米，微向南倾斜。地面以沙土和淤土为主。该平原属于泛滥洼地与古淮河平原的过渡地带。

（三）古泻湖平原

包括流均、泾口两乡镇及博里、车桥、施河的一部分，由黄河和湖滩沉积物互相掺和堆积而成。境内地势平坦，河渠沟道纵横交错，标高2～2.5米左右，地下水位埋深一般在0.7米左右。

（四）湖滩洼地

位于洼地底部，并包括水面和湖荡滩地，零星分布于射阳湖畔的流均至平桥一带，由现代湖沼沉积作用而成。湖滩地势十分低洼，地面真高不足2米，最低处仅0.8米，向四周逐渐升高，形如锅底状。

第三节　气　候

一、四季特征

楚州区地处北亚热带的江北湿润区与南温带的鲁淮亚湿润区间的过渡地带，大陆性季风气候显著，冬冷夏热，四季分明，水热同期，湿润多雨，但变率稍大。

楚州四季冬长、夏次、春秋短。多年平均情况：4月1日迎春，春长61天；6月1日入夏，夏长102天；9月11日进秋，秋长61天；11月11日入冬，冬长141天。

（一）冬季干燥寒冷

冬季受大陆高压控制，北方强冷空气频繁南下，天气寒冷干燥。月平均气温，11月为9.2℃，12

月至次年2月都在3℃以下，1月仅0.7℃，3月升至7.2℃。最低气温≤0℃的寒冷日数，年平均为76.8天；最低气温-10℃的严寒日数为1.3天。每年有2～3次寒潮天气。

冬季长达141天，雨雪量却只有140毫米，占全年降水量的15%。

（二）春季干湿多变

春季随着太阳辐射日益增强，气温回升较快，0℃以下的气温较少出现，月平均气温4月升至13.6℃，5月达19.2℃。春晴多于春雨，雨日平均占1/3。但由于气旋活动频繁，天气多变，时暖时寒，阴晴不定。

春季降水量为127毫米，占全年的14%。不同程度的春旱四年三遇，春湿两年一遇。

（三）夏季湿热多雨

夏季受大陆低压和西太平洋副热带高压支配，在热带海洋气团影响下，温高湿重，炎热多雨，多暴雨、冰雹等剧烈不稳定天气。6～8月月平均气温在23℃～27℃。最高气温≥30℃的日数平均为51.4天，≥35℃的日数平均为2.3天。

初夏冷空气仍能入侵江淮流域，与南来的暖湿气流在高空交锋，形成"梅雨"。楚州平均6月25日入梅，7月17日出梅，梅雨量244毫米。梅雨期后，进入盛夏，天气炎热晴旱，即为"伏旱"天气。夏秋季节常受台风外围影响。台风降水有助于缓解伏旱，但狂风暴雨也会造成一定灾害。夏季降水量为537毫米，占全年的58%。

（四）秋季温和晴朗

极地大陆气团来临迅速，晴干而温和，出现秋高气爽的天气。气温开始逐渐下降，平均气温9月中旬为21.4℃，10月降至16℃，11月上旬仅11.9℃。

秋季降水量为121毫米，占全年的13%，主要集中在9月。有些年份入秋后，夏季风尚未撤退，冬季风势力已强，冷空气频频南下。冷暖空气在高空交会，也会出现秋风秋雨的反常天气。

二、主要气候要素

（一）云量和日照

楚州区年平均总云量6.1成，低云量2.6成，属于中等云量区域。6～7月为全年云量最多月份，月均总云量多在7～8成间，低云量在3～4成间；10月到次年1月，云量较少，月均总云量在5～6成间，低云量在1～2成间；其余6个月，月均总量在6～7成间，低云量在2～3成间。

全年日照对数平均为2259.8小时，占可照时数的51%；最多为2708.4小时，占可照时数的61%（1995年）；最少仅1716.6小时，占可照时数的44%（2003年）。

（二）气温和地温

楚州年平均气温为14.1℃，最冷月1月平均气温为0.7℃，最热月7月平均气温为26.8℃，气温年较差26.1℃。极端最低气温为-20.4℃，极端最高气温为37.6℃。初霜期平均在10月30日，最早为10月10日（1981年）；终霜期平均在4月12日，最迟为5月2日。无霜期一般为200天左右，最多为236天，最少为172天。

地面温度年平均为16.0℃，月际变化与气温相似，但极端温度变幅，地温比气温大得多。最热月7月，平均地温为29.5℃，极端最高地温达67.7℃；最冷月1月平均地温为1.4℃，极端最低地温达-22.1℃（1990年2月1日）。

全年地气温差都为正值，年平均为1.9℃。5～8月，地气温差较大，为3℃～4℃；10月至次年3月，地气温差小，仅12℃～2℃。

（三）降水和蒸发

楚州区平均年降水量为925.8毫米。雨热同期，一年中以5～9月降水较为集中，是主要汛期，平均月降水量都在70毫米以上，5个月总降水量占全年的73%，其中6～8月3个月就占了全年的52%，而12月至次年2月3个月仅占全年的8%。但由于季风影响，降水年际月际变幅较大，年降水相对变率为19%。年降水量最大达1467.2毫米（2003年），最小仅564.7毫米（2004年）。由于时间短，使得月、季之间降水量的相互补偿作用大为减小，所以月降水相对变率比年降水相对变率明显增大。特别是初夏和秋冬季节变率较大，达60%～70%；盛夏7～8月，降水变率较小，在40%上下；春季3～5月降水变率则在50%上下。

全年日雨量0.1毫米以上降水日数平均为102天，最多达126天（1972年），最少为75天（1978年）。最长连续降水日数17天，总降水量357.4毫米（1965年7月6～22日）；最长连续无降水日数为69天（1973年11月6日至1974年1月13日）。一日最大降水量为197.5毫米（1984年8月31日）。

年蒸发量平均为1368.6毫米，最大为1750.1毫米，最小为1183.6毫米。蒸发量的年变化主要取决于气温的年变化。全年中5～8月蒸发量较大，占全年的49%，月平均值都在150毫米以上；11月至次年2月蒸发量较小，仅占全年的16%，月平均值都在75毫米以下。以上资料是气象站用20厘米直径蒸发皿测得的，要比自然蒸发量大。据间接推算，淮河流域实际蒸发量约为740毫米，故楚州年均降水量大于实际蒸发量，雨量充沛。但由于季风影响，降水的年际变化大，会造成水资源的丰歉。

1971～2008年楚州区（淮安县、淮安市）各月降水量统计表

表1-4　单位：毫米

项目＼月份	1	2	3	4	5	6	7	8	9	10	11	12	全年
1971～2000年平均值	24.1	29.6	47.8	54.6	72.5	118.0	223.9	147.5	101.0	49.6	40.1	17.1	925.8
最大值	80.0	77.2	198.5	123.5	227.2	365.5	582.7	509.2	397.4	176.4	149.1	61.2	1467.2
最小值	0.0	0.0	5.9	9.6	9.4	14.8	41.0	14.4	4.2	0.0	0.0	0.0	564.7
绝对变率	16.4	16.7	25.7	28.8	39.1	75.3	98.4	61.3	54.6	32.5	30.2	11.5	177.2
相对变率（%）	68	59	53	53	54	64	44	42	54	66	75	67	19
1971～1980年平均值	20.4	33.7	45.2	68.0	76.0	137.7	184.4	129.4	112.9	40.0	28.9	22.5	898.8
1981～1990年平均值	21.8	31.6	39.9	40.5	66.2	98.9	239.7	131.1	91.6	65.6	47.6	12.6	887.1
1991～2000年平均值	32.4	28.4	64.7	52.9	63.8	161.6	187.6	166.5	66.4	49.9	46.4	18.4	938.9
2001～2008年平均值	29.8	29.7	35.2	44.6	63.4	130.7	324.6	225.0	75.7	42.5	27.8	25.7	1054.5

1978～2000年淮安市（淮安县）各月蒸发量统计表

表1-5　单位：毫米

项目＼月份	1	2	3	4	5	6	7	8	9	10	11	12	全年
平均蒸发量	44.8	58.8	105.8	142.1	175.0	174.4	158.7	156.0	124.0	108.2	71.4	49.3	1368.6
最大蒸发量	96.6	112.4	175.9	214.5	264.0	233.4	244.8	234.9	185.2	148.1	101.5	73.1	1750.1
最小蒸发量	28.5	27.6	61.8	103.2	105.1	128.4	107.9	111.6	76.0	68.8	44.6	27.2	1183.6

（四）湿度

楚州年平均相对湿度79%，年最小相对湿度30%，年平均水汽压15.1百帕，年最大水汽压43.9百帕，年最小水汽压0.5百帕。

1978～2000年淮安市(淮安县)各月湿度情况统计表

表1-6

项目＼月份	1	2	3	4	5	6	7	8	9	10	11	12	全年
平均相对湿度(%)	75	74	74	75	77	80	87	87	84	79	77	74	79
最小相对湿度(%)	9	7	3	7	14	10	41	29	11	17	8	9	3
平均水汽压(百帕)	4.9	5.4	7.5	11.8	16.8	23.0	30.7	30.0	21.6	14.3	9.2	5.8	15.1
最大水汽压(百帕)	14.4	16.0	25.6	31.5	32.8	37.6	43.9	41.7	39.6	28.8	21.4	17.2	43.9
最小水汽压(百帕)	0.5	0.8	0.8	1.6	4.0	5.4	17.7	16.5	5.4	3.3	0.8	0.8	0.5

(五)风

楚州各月平均风速3米/秒,最大10分钟平均风速18米/秒,风向东北,最多风向东北,频率9%,8级以上大风日数年均10.9天。

1978～2000年淮安市(淮安县)各月风情况统计表

表1-7

项目＼月份	1	2	3	4	5	6	7	8	9	10	11	12	全年
平均风速(米/秒)	2.9	3.2	3.6	3.6	3.3	3.1	2.8	2.6	2.5	2.5	2.7	2.7	3.0
最多风向及频率(%)	W,NE 11,10	NE 12	ENE 11	SSE 10	SE 11	ESE 12	SE 11	SE 11	NE 14	W,NE 13,10	C,NNE 11,9	W,NNE 12,10	NE 9
最大风速(米/秒)及风向	12.8 NE	14.7 ENE	14.0 ENE	17.3 SSW	16.3 SW	18.0 NE	16.0 SSW	15.8 SSW	15.5 NNE	12.0 WNW	13.0 NNE	12.7 NE	18.0 NE
平均大风日数(天)	0.5	0.9	1.9	1.6	1.2	0.9	1.1	0.6	0.6	0.3	0.8	0.4	10.9
最多大风日数(天)	4	4	9	10	7	5	5	3	4	3	6	3	51

说明:E,S,W,N,分别为英语东、南、西、北第一个字母

1978～2000年淮安市(淮安县)全年及四季风向频率统计表

表1-8 单位:%

时间＼风向	N	NNE	NE	ENE	E	ESE	SE	SSE	S	SSW	SW	WSW	W	WNW	NW	NNW	C
全年	5	8	9	8	8	7	8	6	6	4	4	4	4	3	4	5	9
冬(1月)	7	9	10	8	5	3	4	3	3	3	4	5	6	5	7	7	11
春(4月)	3	6	8	9	9	8	10	10	8	5	4	5	4	3	3	3	5
夏(7月)	1	3	5	6	8	10	11	11	11	6	7	4	3	2	2	1	7
秋(10月)	7	9	10	9	7	7	6	4	4	2	2	3	4	3	4	6	13

(六)其他天气现象

各月雾、雹、雷暴、降雪、霜等天气现象平均日数及初终期见下表。

1978～2000年楚州区（淮安县、淮安市）各月天气现象日数及初终期统计表

表1-9 单位：天

项目＼月份	1	2	3	4	5	6	7	8	9	10	11	12	全年	初日（日/月）	终日（日/月）
雾日	3.3	2.1	2.9	3.7	4.2	3.0	2.9	4.4	5.3	5.6	5.4	4.5	47.0	—	—
雹日	—	—	0.1	0.1	0.2	0.2	0.0	0.1	0.0	0.0	0.0	—	0.6	—	—
雷暴日	0.2	0.1	0.9	2.0	2.5	4.2	10.9	8.2	2.1	0.5	0.2	0.1	31.8	21/3	7/10
雪日	3.0	3.4	1.3	0.1	—	—	—	—	—	—	0.4	1.4	9.5	15/12	11/3
霜日	22.0	16.7	10.2	2.4	0.0	—	—	—	—	1.9	10.9	20.9	84.9	30/10	12/4

三、气候变化

气候是大气的长期状态，通常用气象要素的多年平均值、变率、极值等统计量来表示。

1971～2008年楚州区（淮安县、淮安市）月平均气温、平均最高、最低气温统计表

表1-10 单位：℃

项目	月份	1	2	3	4	5	6	7	8	9	10	11	12	全年
平均气温	1971～2000年平均值（T）	0.7	2.4	7.2	13.6	19.2	23.6	26.8	26.4	21.6	16.0	9.2	3.0	14.1
	最大值（TM）	3.4	6.9	10.6	16.5	21.8	26.6	29.3	29.3	24.0	19.1	12.1	6.0	15.6
	最小值（Tm）	-1.9	-2.5	5.0	11.9	17.3	22.6	24.7	24.0	20.2	13.9	6.2	-1.4	13.2
	极差	5.3	9.4	5.6	4.6	4.5	4.0	4.6	5.3	3.8	5.2	5.9	7.4	2.4
	1971～1980年平均值	0.8	2.3	7.0	13.7	18.8	23.8	26.6	26.3	21.4	15.9	9.0	2.8	14.0
	1981～1990年平均值	0.7	2.1	7.1	13.4	19.4	23.3	26.5	26.1	21.3	15.8	9.1	2.6	13.9
	1991～2000年平均值	1.1	3.5	7.5	14.1	19.4	23.7	26.9	26.0	21.8	16.1	9.5	3.8	14.4
	2001～2008年平均值	1.7	4.2	9.0	14.9	20.0	24.5	27.1	26.2	22.3	17.0	10.5	3.8	15.1
平均最高气温	1971～1980年平均值	5.4	6.9	12.4	19.2	24.1	28.2	30.1	30.3	26.1	21.5	14.4	8.1	18.9
	1981～1990年平均值	5.3	6.6	12.3	19.1	24.7	27.7	30.0	30.0	26.0	21.1	14.3	7.7	18.7
	1991～2000年平均值	5.6	8.7	12.5	19.7	24.8	28.1	30.5	29.8	26.7	21.7	14.8	8.8	19.3
	2001～2008年平均值	5.9	9.0	14.5	20.2	25.7	29.0	30.5	29.7	26.5	22.0	15.5	8.1	19.7
平均最低气温	1971～1980年平均值	-2.9	-1.5	2.1	8.4	13.6	19.7	23.5	23.0	17.5	11.3	4.6	-1.2	9.9
	1981～1990年平均值	-2.7	-1.3	2.8	8.2	14.4	19.4	23.5	23.0	17.6	11.5	4.9	-1.2	10.0
	1991～2000年平均值	-2.1	-0.4	3.4	8.8	14.6	19.9	23.9	23.1	18.0	11.6	5.2	-0.1	10.5
	2001～2008年平均值	-15	0.4	4.4	1.2	15.4	20.5	24.3	23.5	18.9	12.9	6.4	0.5	11.3

1971～2008年楚州区（淮安县、淮安市）季平均气温（T）、降水量（R）统计表

表1-11

项目	时间	春（3～5月）	夏（6～8月）	秋（9～11月）	冬（12月至次年2月）	全年
T	1971～2000年平均值	13.3	25.6	15.6	2.0	14.1
	最大值	15.4	27.2	17.3	4.3	15.6
	最小值	12.2	24.4	14.0	-0.5	13.2
	极差	3.2	2.8	3.3	4.8	2.4
	1971～1980年平均值	13.2	25.6	15.4	2.0	14.0

续表 1-11

项目 \ 时间		春（3～5月）	夏（6～8月）	秋（9～11月）	冬（12月至次年2月）	全年
T	1981～1990年平均值	13.3	25.3	15.4	1.8	13.9
	1991～2000年平均值	13.7	25.5	15.8	2.8	14.4
	2001～2008年平均值	14.6	25.6	16.6	3.2	15.1
R (mm)	1971～2000年平均值	175	489	191	71	926
	最大值	384	1022	534	153	1467
	最小值	33	153	40	16	565
	绝对变率	57	139	67	32	177
	相对变率（%）	33	28	35	45	19
	1971～1980年平均值	189（21）	451（50）	182（20）	77（9）	899
	1981～1990年平均值	147（17）	470（53）	205（23）	66（7）	887
	1991～2000年平均值	181（19）	516（55）	163（17）	79（8）	939
	2001～2008年平均值	143（14）	680（64）	146（14）	85（8）	1055

说明：括号内数字为占全年的百分率（%）

（一）平均气温和降水量的年际变幅

楚州平均气温的变幅较小，年平均气温的极差仅2.4℃，季平均气温极差在2.8℃～4.8℃之间，月平均气温极差则在3.8℃～9.4℃之间。

降水量的变幅较大。年降水量极差达903毫米，接近年平均值。季降水量极差夏季最大，达869毫米；春秋其次，分别为351毫米和494毫米；冬季最小，仅137毫米。各月降水量极差以6～9月4个月为大，在350～542毫米间；12月至次年2月3个月较小，在60～80毫米间；其余5个月则在110～220毫米间。

（二）平均气温的变化

与全球气候变暖大背景一致，楚州平均气温升高趋势也较为明显。60年代与70年代至80年代比较，年平均气温下降0.1℃～0.2℃；90年代则上升了0.3℃；21世纪头8年则猛升了1.0℃。

70年代后，楚州月平均气温的变化，以“暖冬”和“凉夏”频现为主要特点。70年代至80年代出现如下变化：7月、8月、9月三个月气温偏低0.5℃～1.0℃；冬季1月、2月升温0.4℃～0.8℃。90年代冬季（12月至翌年2月）各月升温明显，达1.1℃～1.8℃；春季（3至5月）升温0.3℃～0.7℃；夏季8月偏低1.1℃。进入21世纪的头8年，冬、春、秋三季各月全面升温：冬季升温1.1℃～2.5℃；春季升温0.9℃～1.9℃；秋季升温0.4℃～1.1℃。此外，夏季6月升温0.7℃，7月持平，而8月偏低0.9℃。

楚州冬季平均气温70年代升温0.6℃，80年代升温0.5℃，90年代升温1.5℃，21世纪头8年则升温高达1.9℃。1986年，冬季平均气温相对偏高，至2008年冬季已有21年为正距平（仅1987年和1995年略低于平均值）；若以高于平均值0.5℃定义为暖冬，则1986年后23年中有14年是暖冬。与此对照，1961～1985年，暖冬仅有4年。

（三）降水量的变化

以年降水量相对变率为标准，可将逐年降水量分为正常、偏多（少）、涝（旱）、大涝（大旱）七级。

楚州区近50年的旱涝灾害趋势可总结为：60年代以涝为主，70年代以旱为主，80年代旱涝少见，90年代旱涝并重，21世纪前8年涝灾多而重。

20世纪后40年中，楚州区降水量按年代平均统计，有以下变化。

年雨量和夏季雨量距平趋势相同：60年代和90年代偏多，70年代、80年代偏少。春季降水80年代偏少，60年代、70年代、90年代稍偏多。秋季降水60年代、80年代偏多；70年代、90年代偏少。

而冬季降水距平较小，60年代、80年代稍偏少，70年代、90年代稍偏多。进入21世纪的头8年，年、季、月降水量距平都加大：年降水量增加129毫米，夏季增加191毫米，冬季仅增加14毫米，而春秋分别减少32毫米和45毫米。

1971～2008年楚州区（淮安县、淮安市）降水量分级表

表1-12

等级	大旱	旱	偏少	正常	偏多	涝	大涝
距平（%）	<-30	<-20	-10～-20	±10	10～20	>20	>30
1971～1980年	78	73，77	76	75，79	71，74，80	72	—
1981～1990年	—	88	81，82	83，84，85，86，87，89	90	—	—
1991～2000年	94，95	97，99	92	93	96	—	91，98，00
2001～2008年	04	01	02	—	08	—	03，05，06，07
年数合计	5	6	7	12	8	3	9

第四节 水 文

楚州境内地下水类型主要为新生代松散沉积岩类孔隙水。可划分为三个含水岩组。

一、浅层水

含水层岩性以细沙、粉沙为主，其次是亚砂土及含有粉沙薄层或钙质结核亚黏土。潜水层与下部浅层承压水之间无好的隔水层，在许多地区通过“天窗”直接发生水力联系。境内北部和中部，即范集—平桥—施河一线以北地区，含水层有3～4层细沙，局部地区可达6层；沙层厚度一般在20～25米，个别厚度达39.5米；含砂比率高达40%～50%，个别地区达63.7%。单井涌水量一般在1000吨/日～1500吨/日（井径0.4米，降深10米的标准井型，下同），个别达2000吨/日以上。

境内南部地区，即范集—平桥—施河一线以南含水层为泥质粉沙，夹亚黏土。沙层很不发育，一般只有5米左右，地层含沙比率约为10%～15%，单井涌水量仅100吨/日～200吨/日。浅层水水位埋藏深度，西北部深，西南部浅。废黄河自然堤区水位埋藏深度一般在5～6米，往南到流均镇附近，水位埋藏深度一般小于2米。浅层水的化学类型多属HC03-Ca·Na型和HC03-Ca·Mg型水。矿化度小于1克/升，硬度小于20德国度，为可食用淡水，并适于农田灌溉和工业使用。

二、中层水

境内东北部苏嘴一带，含水层岩性为含砾细沙及泥质中沙，沙层厚度30～40米；含沙比率40%～50%。单井涌水量小于1000吨/日，一般为400～500吨/日，属中等富水区。境内西南部的淮城、范集、林集、三堡、南闸、平桥一带，含水层岩性为泥质细沙及粉细沙，沙层厚度一般约20米，个别地区达30米；含砂比率约30%～40%。单井涌水量在400～500吨/日，亦属中等富水区。境内中部的宋集、钦工、南马厂、顺河、朱桥、仇桥、博里、车桥、溪河、流均、泾河一带，含水层岩性以含砾的粗沙为主，沙层层数多，厚度大，一般为40～50米；含沙比率约为40%～50%，个别达到70%，属河床相沉积。单井涌水量都大于2000吨/日，是全区主要富水地段。

中层水含水层属顶板埋藏深度自西向东逐渐变深，西部淮城一带小于50米，东部苏嘴一带达

100米。中层水的化学类型为HC03-Na·Ca型，水质无色无味、无嗅、透明，水温18℃左右；矿化度0.40克/升～0.84克/升，硬度一般为11.5德国度，不含有害元素，未被污染，水质符合国家颁发的饮用水标准，是良好的供水水源。作为工业用水pH值为7～8.4，属硬碱性水；锅坧总量在0.5克/升左右，属锅坧多的水，在用于锅炉水时应进行适当处理，是较好的农业灌溉水源。

三、深层水

含水层为第三系盐城群上段河湖相中细砂孔隙承压含水岩组。境内钦工—三堡—朱桥—车桥—泾口一线以西和以南，含水层岩性以泥质细沙为主，夹有薄层泥质中沙，厚度约10米，沙层厚度占含水岩组总厚度的5%～10%。单井涌水量300吨/日左右，属中等富水区。该线以东和以北含水层以含砾粗中砂为主，夹有粗沙、中沙及粉细沙；厚度40～50米，含沙比率30%～40%，为一古河床沉积，透水性好。单井涌水量大于1000吨/日，属水量丰富区。深层水的水位埋藏深度一般在1～2米；局部地区如流均一带，承压水位高同地表为局部自流区。含水层顶板埋藏深度约为120～150米。深层水的水化学类型及水质均同于中层地下水。

第五节　水　系

境内有运河道13条，大沟226条；主要湖涝（泊）8处，水域面积约170平方千米。主要河流有里运河、京杭大运河、苏北灌溉总渠、废黄河、淮河入海水道等，境内总长147千米。沿这些骨干河道，沟渠纵横，形成境内航运和排灌的水网。

一、河流

（一）里运河

原自杨庄到瓜洲，其中淮安至扬州段史称“邗沟”。当年邗沟南段引长江水，中段利用樊梁（高邮湖）诸湖与射阳湖水，北段引射阳湖水，到淮安城北末口入淮。后经历代改建，里运河先后改名山阳渎、淮南运河、淮扬运河，到明清形成现在的里运河线路。

新中国成立后，治淮工程陆续完成，里运河不再行洪，成为灌溉、南水北调、通航及排泄宝应湖和白马湖涝水的重要河道。

（二）大运河

南起原运南节制闸，北过灌溉总渠与里运河分道，再向西北至淮安市区东南转向西至杨庄的二河东岸，西接中运河，全长17.96千米，流经楚州境内长13.65千米。1959年9月中旬全面开工，当年12月底竣工。1987年，实施两淮（淮安、淮阴）段大运河水下疏浚工程。工程上起淮阴船闸下，下至淮安船闸上。该段运河当年按二级航道标准设计，并按粗通要求新开的运河底宽为60米，水深4米，后因国家经济困难而未达到设计标准。此次疏浚决定采取挖泥机船施工，工程按三级航道标准设计。2005年，省交通厅负责对大运河楚州龙口至淮阴区杨庄实施“三改二”航道改造工程。

（三）苏北灌溉总渠

1951年开挖的大型人工河道，西起洪泽湖高良涧进水闸，向东经洪泽、淮阴（清浦区）、在淮安（楚州）城南与里运河平交，在运河东侧建分水闸，控制泄量及里运河水位，再向东经阜宁在滨海、射阳县界扁担港入海，总长168千米，淮安境内长53.5千米。

（四）里下河

楚州渠南属里下河地区，其涝水靠射阳河外排入海。主要排水河道有头溪河、岔溪河、塘河、涧河、南渔滨河、窑头河、白马湖下游引河等，涝水均汇入绿草荡、马家荡经射阳湖出海。

（五）废黄河

系黄河夺泗入淮而形成的一条高水河道，是淮河水系和沂沭泗水系的分界河。楚州区境内河长41.45千米。该段河槽正常年份除承泄其两岸大堤之间的来水外，还要承泄楚州区荽陵抽水站、荽陵二站副站抽排的渠北地区涝水以及上游来水。

废黄河为沙质土壤，河床极不稳定，滩岸冲刷倒塌严重，以致部分河段河滩不分，滩堤不分，实际最大泄洪能力只有每秒300立方米左右。

（六）淮河入海水道

西起二河闸下越闸翻水站北侧，沿苏北灌溉总渠北侧向东，至扁担港注入黄海，全长163.5千米（其中淮阴境内67千米），其主要作用是与现有入江水道、灌溉总渠、分淮入沂等工程共同分泄洪泽湖以上淮河流域15.8万平方千米的来水，并兼顾渠北地区1710平方千米的排涝。工程于1998年开工建设，2003年竣工投入使用，有效地降低了淮河流域的洪涝损失，提高了楚州区渠北片排涝标准，防洪排涝效益非常显著。

淮河入海水道大运河立交工程

二、湖荡

（一）白马湖

位于楚州区境西南部。该湖古称马濑，东汉时为邗沟西道。南宋绍熙五年（1194），黄河南徙后逐渐成湖。清咸丰五年（1855），黄河北徙，淮河来水不再下注白马湖分道入海，白马湖水位渐趋稳定。1957年挑筑白马湖隔堤，使白马湖与宝应湖分而治之。湖底高程为5～5.5米，湖面积为110平方千米，其中属楚州区面积31平方千米。

白马湖　（2004年摄）

(二)萧湖

亦名朱湖，又名东湖，位于里运河东，联城以西，河下古镇以南。该湖大部分已淤湮成为蒲田。1986年疏浚开辟为萧湖公园。

萧湖

(三)勺湖

位于淮城西北隅，因其形如勺而得名。1980年辟为勺湖公园，水面积7.6公顷。

(四)月湖

位于城内西南隅。旧有二帝祠、三仙楼、万寿宫、天妃宫等古建筑，为祈祷、游玩之所。今全湖已变为蒲田和鱼池，寺院倾毁无存。此湖所产蒲菜质地极佳。

(五)马家荡

位于楚州区东南。荡北、荡东为盐城市阜宁县、建湖县，荡南接射阳湖。楚州区境内马家荡水面积不足20平方千米。荡底高程，西北近陆区0.8～1.0米，东南部0.4～0.9米。

(六)绿草荡

位于马家荡西，东西狭长。荡北为楚州区流均、泾口、施河三乡镇，荡南为扬州市宝应县。水面积3.3平方千米。荡底高程1～1.4米。

第六节　土壤　植被

楚州是传统的农业区，经过长期的治地改水，精耕细作，物产丰富，是淮上平原富庶的鱼米之乡。境内土壤按地形分两大类型，即渠北地区潮土类土壤，适宜旱季作物；渠南地区黏黄土属水稻土类，肥沃，产量稳，成为江淮平原的典型。境内自然植被，苏北灌溉总渠以北的广大平原主要有西伯利亚蓼、海乳草、花碱土植被区，没有天然森林；苏北灌溉总渠以南的里下河地区，无天然森林植被，沼生、水生植被分布广泛，芦苇、眼子菜、莲、蒲、芡实、野菱、水鳖等常见。人工植被包括各种农作物和果、桑、林木及观赏植物。

一、土壤

据第二次土壤普查资料，楚州区182个分析剖面统计，全区土壤面积7.02万公顷，耕层质地为中壤土，物理性黏粒含量平均为42.24%±14.5%，其中紧沙级的占总面积的1.2%，沙壤级的占5.5%，轻壤级的占13.8%，中壤级的占25.3%，重壤级的占45.5%，轻黏级的占5.5%，中黏级的占2.6%，重黏级的占0.9%。

楚州区土壤质地与地形关系密切。渠北地区的成土母质系黄泛沉积物，分选取性较强，层次清楚，其地形对沉积物母质的粗细起重新分配作用，大于7.5米高程的地区，颗粒较粗，粉沙粒含量高，黏粒含量低，多发育成潮土类的飞沙土、沙土属，7.5～6米间的多发育成二合土属，6米以下的多发育成淤土属。

南部地区的成土母质系淮河和湖相沉积物，地势低洼，黏粒含量较高，又以种水稻为主，多发育成水稻土类的黏黄土属和黑烘土属。

楚州区土壤耕作层普遍偏浅。全区耕作层平均厚度14.1厘米±0.89厘米，而犁底层为16.1厘米±3.1厘米，其中耕层大于17厘米的耕地面积占9.2%，15～17厘米的占17.3%，13～15厘米的占30.6%，10～13厘米的占37.5%，小于10厘米的占5.4%。从土壤类型上来看，水稻土耕层较深，平均为14.51厘米±0.29厘米，而潮土类耕层浅，平均为13.75厘米±0.6厘米，其中沙土属耕层厚度为13.71厘米±0.21厘米。

土体的构型是指在土体的各个发生层次的排列组合，水稻土土类的土体发生层次分耕作层、犁底层、渗育层、潴育层（淀积层）、潜育层，潮土类土体发生层次分耕作层、亚耕层、心土层、底土层。

据1623个耕层土样化验分析，土壤有机质变幅为1.3～65克/千克，平均含量26.6克/千克，处于3级水平，标准差9.1。其中，大于40克/千克（1级）的样品占7.6%，30.1～40.0克/千克（2级）的样品占28.4%，20.1～30.0克/千克（3级）的样品占39.3%，10.1～20.0克/千克（4级）的样品占22%，低于10克/千克（5级）的样品占2.8%。

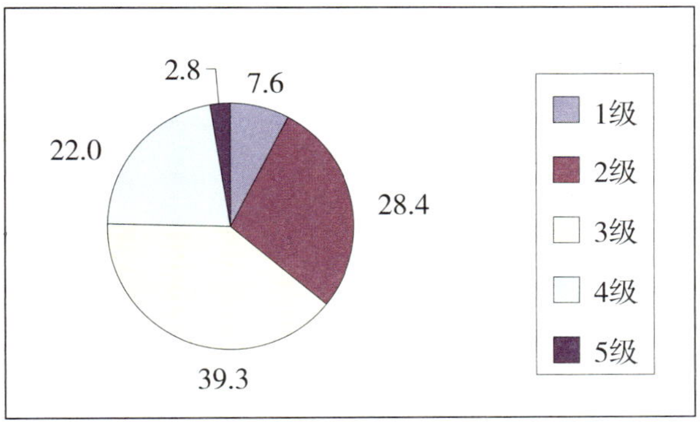

图1-1　楚州区土壤有机质含量分级图

楚州区两大土壤类型，水稻土类有机质含量高于潮土类。水稻土类各土属有机质含量变幅为27.7～41.9克/千克，有机质含量由高到低的顺序是：腐泥土、潮黄土、姜黑土、黏黄土。潮土类各土属土壤有机质含量变幅为12.9～24.3克/千克，有机质含量由高到低的顺序是：盐碱土、淤土、沙土、碱化土、面碱土、二合土、飞沙土。

与1982年第二次土壤普查相比，土壤有机质含量总体呈上升趋势。11个土属，除黑烘土属有机质下降了15.9克/千克以外，其他检测土属有机质含量增加了6.3～9.6克/千克，增加量由高到低分别为：沙土、潮黄土、淤土、二合土、黏黄土。各土种除腐泥土有机质下降以外，其余土种有机质增加了3.2～23.2克/千克，平均增加了8.9克/千克。水稻土类各土种有机质从3～4级上升到2～3级，潮土类从4～5级上升至3～4级。

二、植被

淮北平原西伯利亚蓼、海乳草、花碱土植被区位于苏北灌溉总渠以北的广大平原上。平原农田区，没有天然森林，有花碱土植被零星分布于碱性重的花碱土上，常见于农田隙地或抛荒地，组成种类简单，西伯利亚蓼、海乳草、白茅常占优势地位，伴生种有拟漆姑、狗牙根、芦苇、钻形紫菀、烟台飘拂草等，其次为扁杆藨草、长芒棒头草，再次为微药碱茅、灰绿藜、节节草、蒲公英等。在村落、堤岸、路边有人工栽培的落叶阔叶树种，主要有刺槐、柳、桑等。水生植物主要有芦苇、水烛、藨草、荇菜、菱角、荧、槐叶萍、紫背萍、水鳖、黑藻、竹叶眼子菜、狐尾藻、菹草、苦草。人工植被包括各种农作物和果、桑、林木及观赏植物，没有常绿乔木树种分布，只有小叶女真、胡颓子、竹叶椒等常绿灌木。代表性植被类型是以桃类为主的落叶阔叶林，林内有常绿灌木分布。乔木类常见栓皮标、麻栋、白栋，有时还有槲栋、槲树、茅栗等落叶栋类树种。此外，还常见黄檀、化香、黄连木、山槐、朴、榔榆、三角枫及棠梨等。灌木层常见朽木、茶条、茅莓、山胡椒、白檀、木半夏等。藤本植物有海金沙、栖草、木通、木防己、鸡矢藤、爬山虎及常见的络石等。

江北植被区内马尾松林分布普遍。里下河低地芦苇、眼子菜、沼生水生植物群落植被区分布于苏北灌溉总渠以南的里下河地区，无天然森林植被，沼生、水生植被分布广泛。常见的沼生植被有芦苇、菰，其次有莲、蒲为优势种的挺水群落，主要分布于湖泊边缘、荡地及低洼湿地。水生植被有以芡实、野菱、荇菜及水鳖等为优势种的浮叶水生群落，以浮萍、紫萍、满江红、槐叶萍为优势种的漂浮水生群落，以狐尾藻、黑藻、金鱼藻、竹叶眼子菜、殖草、苦草、茨藻等为优势种的沉水植物群落。区内没有森林植被分布，盐土植被是盐渍土上特有的植被类型，有陆生、沼生及水生三大类。陆生盐土植被由盐蒿、大穗结缕草、獐毛草、茵陈蒿及白茅为优势种组成的群落，沼生盐土植被由以大米草、糙叶苔、扁秆草及芦苇为优势种的群落，水生植被是以川蔓藻、狐尾藻为优势种组成的群落。

第七节　自然资源

楚州自然条件优越，资源优势明显，境内地势平坦，土壤肥沃，动植物种类丰富，地下岩盐储量约2500亿吨，具有重要的工业开采价值；水网四通八达，构成水利、水运的优势。本节主要记述农用土地资源、动植物（野生动物、野生植物）资源，其他资源在相关章节中另述。

一、土地资源

1978年，全县耕地总面积8.76万公顷，园地面积840公顷，林地面积656.87公顷。1983年，全县耕地总面积8.13万公顷，园地面积766.67公顷，林地面积656.6公顷。1988年，全市耕地总面积8.09万公顷，园地面积773.33公顷，林地面积649.8公顷。1990年，全市耕地总面积8.08万公顷，园林面积726.67公顷，林地面积643.2公顷。1992年，全市耕地总面积9.57万公顷，耕地面积较1990年有较大幅度增长，增幅达18.4%。其中，灌溉水田7.78万公顷；园地980公顷，其中果园686.67公顷；林地686.67公顷，其中有林地477.54公顷。耕地面积大幅度增长的主要原因是测量手段较以前更科学，加之部分乡镇开垦碱地、洼地，增加了耕地面积，如茭陵乡。1994年，全市耕地总面积8.08万公顷，园地面积720公顷，林地面积569.87公顷。2000年，全市耕地总面积7.81万公顷，园地面积657.6公顷，林地面积553.8公顷。是年，全年开发未利用土地44.03公顷，建成耕地38.99公顷，水产养殖5.03公顷，全年建设用地20公顷。2008年，全区耕地总面积7.3万公顷，园地面积459.67公顷，林地面积510.93公顷。

二、动植物资源

（一）野生动物

环节类　蚯蚓（俗称曲蟮）、水蛭（俗称蚂蟥）。

软体类　河蚌（俗称蛤蛎）、蚬、螺、蛏、蜗牛（俗称田螺）、蛞蝓。

节肢类　螳螂、蟋蟀、地鳖虫、蝼蛄（俗称土狗子）、蝉（俗称知了）、金龟子（俗称时虫）、蚕、胡蜂（俗称马蜂）、蜻蜓、蝴蝶、蝎子、芽虫、蚱蜢、斑蝥（俗称放屁虫）、蜣螂（俗称屎壳郎）、蝇、蚊、蚂蚁（黑蚁、黄蚁）、虾（青虾、龙虾）、复带虻（俗称牛蜢子）、红铃虫、蛾（天蛾、麦蛾、螟蛾）、中华蜜蜂、地老虎（俗称土蚕）、稻包虫、蟹（河蟹、蟛蜞）、红娘子、平甲虫、大腹园蛛、三星龙虱、朝鲜黑金龟甲（俗称大头虫）。

鱼类 淡水鱼有16科92种。常见的有鲫鱼、草鱼、青鱼、鲢鱼、鳗鱼、鲇鱼、鳝鱼、鲈鱼、鲦鱼、翘嘴红、白鱼、鲶鱼、鳜鱼、银鱼、黄鳝、泥鳅、河豚(有毒)、乌鳢(俗称黑鱼)、毛刀鱼、梅鲚。

两栖类 青蛙、雨蛙、蟾蜍、蝾螈。

爬行类 蝎虎(壁虎)、蜥蜴、鳖(甲鱼)、蛇(有水蛇、黄风蛇、花蛇、火赤练、蝮蛇、乌风蛇)、龟、石龙虫。

鸟类 燕子、乌鸦、鹌鹑、百灵、布谷鸟、鹁鸪、啄木鸟、黄鹂、野鸭(凫)、翠鸟、白头翁、麻雀、山雀、喜鹊、丹顶鹤、雁、灰鹤、天鹅、大鸨、苍鹰、蜡嘴、黄雀、猫头鹰、白鹳、黄鸭、白鹭、四声杜鹃、蓝翠鸟、虎纹伯劳、鸳鸯、寒鸦、秃鼻乌鸦、小嘴乌鸦、山斑鸠、大杜鹃、云雀、小云雀、鸬鹚、三道眉鸟、黑脸噪眉鸟。

哺乳类 蝙蝠、野兔、狗獾、草狐、黄鼠狼、鼠(田鼠、水鼠、褐鼠)、刺猬。

(二)野生植物

菌类 蘑菇、木耳、黑粉菌、黑伞菌、麦角菌、马勃。

藻类 小球藻、绿球藻、胶球藻、色球藻、念珠藻、卵形藻、环菱藻、胶网藻、水网藻、多甲藻、盒形藻、舟形藻、菱藻、窗纹藻、圆筛藻、微毛藻、柄裸藻、衣藻、团藻、土丝藻、鼓藻、曲壳藻、双星藻。

地衣类 灵芝(亦称树舌)、白石花、卷耳(俗称地皮菜)、葫芦鲜、地钱。

蕨类 问荆(俗名五节节草)、槐叶萍(四叶菜)、笔管草、井栏边草、贯众、渐尖毛蕨、满江红、节邯草、铁线蕨(猪鬃草)、肾蕨、海金沙、铁角蕨。

裸子植物类 黑松、罗汉松、马尾松、柏、杉木、水杉、池杉、龙柏、雪松、油、铺地柏、苏铁(俗名铁树)、银杏、核桃。

被子植物类 水烛(俗名蒲草)、菖蒲、莔草(榨草)、桃、樱桃、杏、李、眼子菜(毛舌菜)、慈菇、大藻(水浮莲)、空心莲子草(水生花生)、浮萍、凤眼莲(水葫芦)、水仙、花蔺草、苦草、荸荠、水葱、泽漆(肿脸菜)、菰、羊茅(猴毛草)、早熟禾、硬草、雀麦、大画眉、芦竹、芦苇、牛筋草、狗牙根、稗、纤毛鹅观草(野麦子)、长芒棒头草、马唐、狼尾草、中华结缕草(茅草)、白茅、野芝麻、薄荷、半枝莲、水苏(天芝麻头)、曼陀罗(洋鞭鞭)、酸浆、白英(白毛藤)、龙葵(乌端端)、柳穿虫(面条菜)、粪波纳、地黄、猪殃殃(麦仁珠)、括蒌、女苑、狗哇花、飞镰、野菊、茴蒿、华东蓝刺头、一年蓬、佩兰、泽兰、野马追、三七草、菊芋(洋芋头)、剪刀股、鸡儿肠(马浪头)、台湾莴苣、六棱菊、凤尾菊、滨雅葱、一枝黄花、免伞、蒲公英、仓耳(草狼)、小玉米、石入柏、黄精、绵枣儿、鸢尾、仙人掌、萝摩(瓢瓢)、菟丝、半枝莲(牙刷草)、荔枝草(癞蛤蟆棵)、紫苏、鼠曲草、醴肠(脚丫草)、豨莶草、萎蒿(驴蒿)、牵牛、乌头、威灵仙、白头翁、茴茴蒜(野大蒜)、毛茛、刻叶紫堇、南天竹、木通、阔叶十大功劳、木防已(鸡藤子)、胡椒、崖椒、野花椒、竹叶椒、芸苔(油菜)、播娘蒿(叶香)、菘蓝、晚红瓦松、景天三七、枫香(路路通)、海桐、牛鼻栓、石楠、草莓、蛇莓、麦李、茅梅、地榆(西瓜草)、黄芪、合欢、皂角、云实、鸡儿、野百合、紫荆、望江南、野大豆、皂荚、米口袋(小槐树)、截叶铁扫帚、铁马鞭、山豆花、苜蓿、田菁、野豇豆、野亚麻、地锦草、算盘珠子、班地锦、麻、一叶荻、卫矛、地松叶、苦茶戚、无患子(肥珠子)、多花名儿茶、长叶冻绿、猫乳、黄蜀葵、甜麻、木半夏、野西瓜苗、赶山鞭(小旱莲)、尧花(老鼠花)、牛奶子、胡颓子、乌菱(菱角)、月见草、骨绿当归、毛栋、狼尾花、君迁子、龙胆、罗布麻(野茶叶)、络石(爬山虎)、白薇(白毛尾)、飞来鹤(白首乌)、地梢瓜、打碗花(扶秧)、藿香、牡荆、活血丹、拉拉藤、鱼腥草、苘苎麻、马兜铃(葫芦)、百蕊草、金荞木、透茎冷水花、竹节蓼、蓼蓝、丁香蓼、小蓼(灰条菜)、藜、洋蹄、地肤(铁旱头)、马齿苋、大花马齿苋、无瓣苋菜、粟米草、石竹、瞿麦、女娄菜、麦兰菜(灯盏窝)、白花菜、风花菜、焊菜、扯根菜、歪头菜、泽珍珠菜、杏菜、附地菜(豆瓣菜)、莲子菜、东风菜、鬼风菜、浊白酒菜、苦苣、荠菜、太子参、苦参、沙参、紫参、丹参、漆枯草、雀舌草、东亚唐松草、萍蓬草、垂盆草、虎耳草、龙牙草、翻白草、紫云草、圆果甘草(小羊卵)、长萼鸡眼草、含羞草、蜜枯草、二色补血草(兰花草)、马鞭草、筋骨草、风轮草、夏至草、宝盖草、益母草、小鱼仙草、溪黄草、雪见草、阴竹草、蚊母草、透骨草（凤仙花）、车前草、耳挖草、盒子菜、蒺藜（鬼针草）、大丁草、通泉草、睡莲、芡实（鸡头菱角）、荆三棱、万年青、吉祥草、马兰（旱蒲）、香雪兰、灯芯草、百合、凤尾兰、小根蒜、麦冬、鸭跖草（鸡冠菜）、鸭舌草、木柴头、直立百部、半夏（老鸭爪）、淡竹、野芋、玉竹、文竹、牛尾菜、天门冬、知母、水车前、牛蒡子（万把钩）、小蓟（七角菜）、大蓟、大麻、薯芋（山药）、绣球、天南星（芋头）、鸡冠花、玉兰、紫米莉（拐磨花）、芍药、腊梅、蔷薇、黄海棠、化香树、麻栎、无花果、构树（壳树）、小叶朴、薜荔、榔榆、桑、虎杖（紫金龙）、鹅绒藤、凌霄、紫藤、苦皮藤、樟树、杜仲、悬铃木、木瓜、山楂、沙梨、火棘、黄檀、华东栏、枫扬、板栗、槐树、臭椿、柘木（钢针树）、枸杞、香椿、苦树、栎树、黄树、黄连木、丝棉木酸枣、梧桐、柽柳（观音柳）、柘榴、八角枫、雪柳、小叶白蜡树、白棠子树、海川常山（八角梧桐）、六月雪、接骨木、丝穗金粟兰、三白草、柏杞。

第八节　自然灾害

楚州处于北亚热带和南温带间的过渡地带，又受季风环流影响，气候变异性大，会出现多种自然灾害，其中以水旱灾害影响最大。寒潮、冰雹、龙卷风、雷击、虫害等其他灾害，时有发生，但灾害较轻。

一、气象灾害

（一）旱涝灾害

1978～2008年，大旱出现概率为十年一遇，大涝概率为十年一到二遇。从70年代到21世纪初前8年，出现大旱3年，大涝7年，其中旱涝夹击4年，水旱灾害出现概率增速惊人。楚州灾情以1978年、1994年、2004年3年大旱和4年洪涝夹击（1991年、2003年、2006年、2007年）较为严重。

1978年大旱，境内1～5月降水量仅有98.3毫米，为常年的25%，大面积插秧的6月份，降雨仅57.8毫米，为常年的55%，7～9月共降雨333.5毫米，为常年的67%。同时淮河上、中游长期少雨，来水枯竭，给农业生产带来严重困难。

2003年6月下旬开始，淮河流域普降大到暴雨。从6月21日至7月22日，楚州降雨多达26天，平均累计降雨715.9毫米，最多的乡镇达865毫米，造成内圩河水和外围湖水暴涨，形成外洪内涝夹击态势，各内河水位超历史最高。7月11日流均荡水位高达3.53米。白马湖镇湖闸水位7月13日达8.10米。淮河入海水道7月4日首次行洪，至8月6日，33天共排泄洪水44亿立方米。受灾范围达331个村（居），267家企业，69万余人；塌房9886间，住宅进水1.5万余户，转移群众1.3万余人；农作物受灾4.67万公顷，其中重灾1.53万公顷，绝收1.4万公顷，养殖损失1万公顷，直接损失6.64亿元。

1986～2008年楚州区（淮安县、淮安市）水灾年情况表

表1-13

年　份	水　灾　年　情　况
1986	6月、7月，多暴雨，全县3.53万公顷农田受涝
1990	7月中旬，暴雨成灾，2.13万公顷农田受灾
1991	特大洪涝。是年，5月29日入梅，7月17日出梅，梅期长达49天。淮河上、中游大量洪水下泄，入江水道、总渠同时行洪。由于外水顶托，白马湖、绿草荡水位急剧上升 全市受灾耕地4.67万公顷，其中2.33万公顷重灾、1万公顷绝收，有843个自然村、21.5万人被水围困，倒塌房屋3.85万间，受淹企业90家，停产和半停产企业68家，直接经济损失1.85亿元

年份	水灾年情况
1998	涝。6月29日，境内遭遇特大暴雨，强度大，雨量集中，涝水无法及时外排，多处受涝成灾。受灾耕地3万公顷，受灾人口53万人，倒塌房屋0.43万间，死亡2人，受伤23人，受淹企业34家，停产和半停产企业34家，直接经济损失1.15亿元
2000	8月下旬，旱涝急转。从27日至31日连降大到暴雨，内河水位全面飙升，超警戒水位，接近历史最高水位。全市受灾耕地4.33万公顷，受灾人口76.33万人，受淹1.36万户，倒塌房屋1.97万间，受伤27人，受淹企业191家，停产和半停产企业177家，直接经济损失2.73亿元
2003	特大洪涝。6月21日至7月21日，境内连降大到暴雨，平均降雨量715.9毫米，最高达865毫米（顺河镇）。7月4日夜淮河入海水道行洪，导致楚州区渠北内河水位不断上涨。入海水道沿线，农田一片汪洋，村庄进水，损失严重。里下河地区沿荡圩堤全面告急，流均荡水位7月11日高达3.53米；白马湖镇湖闸水位7月13日达8.1米 由于受外洪内涝夹击，全区受灾范围331个村，69万人，倒塌房屋0.8万间、12.04万平方米，损坏房屋2.25万间、33.75万平方米，受灾面积5.05万公顷，绝收1.26万公顷，直接经济损失6.64亿元
2006	特大涝灾。自6月30日至7月5日，楚州连续遭遇大到暴雨，特别是6月30日6时至7月1日11时，城区29小时累计降雨量达221毫米。7月21日1时20分至8时，城区再一次遭受特大暴雨袭击，6个多小时降雨226毫米。由于降雨强度大，雨量集中，加之上游大量客水压境，境内射阳湖、白马湖、淮河入海水道南、北泓及内河水位骤涨。7月5日上午10时许，流均镇沿东堆北发生溃堤决口，长约25米 受外河高水位顶托，区内涝灾严重：受灾人口63.66万人，住宅受淹2.26万户，因灾倒塌房屋1216户3294间，损坏房屋2238户7677间，受伤人员59人；受淹面积6.6万公顷，绝收面积3.22万公顷，受淹企业372家。涝灾造成直接经济总损失9.35亿元
2007	特大洪涝。自6月19日入梅后，楚州出现多次强降水过程。7月10日12时，淮河入海水道泄洪。境内的射阳湖、白马湖及内河水位骤涨。受外洪内涝夹击，境内4.95万公顷农田受淹，1.1万公顷绝收，受淹企业93家，损坏民房3340间，倒塌民房1250间，受灾人口达33.45万人。全区直接经济损失达3.68亿元

1978～2008年楚州区（淮安县、淮安市）旱灾年情况表

表1-14

年份	旱灾年情况
1978	全年大旱。春旱严重，夏秋连旱
1981	春旱
1982	上半年持续干旱
1984	春、初夏旱
1986	春、秋旱
1988	春旱连秋旱
1992	5月中旬至7月上旬，淮安平均降雨量仅68毫米，是常年同期降雨量的1/4，比大旱年的1978年少1/2，淮河上中游也普遍少雨，6月9日至7月14日，淮河断流35天
1994	春、夏连旱。6至9月水稻用水期间，降雨量仅303毫米，比大旱的1978年还少40毫米
1995	春、初夏旱
1997	春、夏连旱。全市受旱面积1.29万公顷，重旱0.14万公顷
1999	春、夏、初秋连旱。全市受灾面积1.4万公顷，因旱歉收粮食1.35万吨，直接经济损失0.21亿元
2002	春、夏、初秋连旱
2004	大旱。全年降雨564.7毫米，比大旱的1978年少4.4毫米

（二）冰雹和龙卷风

1978～2008年，楚州平均每年出现一次冰雹。有近一半年份则没出现冰雹。主要出现时段：春末夏初5～6月出现占56%，夏末秋初9～10月出现占19%。出现冰雹时，基本无灾的占一半，另一半给农业造成不同程度的灾害。2002年10月5日，宋集、茭陵、苏嘴、钦工4乡镇45个村遭特大冰雹灾害，伤64人，其中重伤3人，塌房1.66万间，农田受灾7673.34公顷，其中绝收4020公顷，直接经济损失达8191万元。

2008年，溪河镇遭受特大龙卷风袭击

楚州出现龙卷风的概率为五年一遇。1995年8月22日，平桥、溪河、三堡等乡镇出现的龙卷风，死亡8人，伤90人，倒房530间。

（三）寒潮

平均每年3～4次，最多年份可达7次。寒潮一般出现在10月至次年4月。出现最多的是初春3～4月，这时的寒潮往往形成倒春寒，致使三麦受冻害，水稻烂种、烂秧。其次是秋冬11～12月，这时的寒潮常使秋播作物遭冻害，有时还会引起河港封冻。

二、生物灾害

（一）农作物病害

大麦条纹病　土传系统性真菌病害，种子带菌。80年代至90年代多见，2000年后偶发。2001年该病在大麦上严重发生，病田率达100%，平均病株率达46%。

小麦赤霉病　病害的种类以赤霉病为主。一般5年左右就可能有一次大发生。历史上1972年、1980年、1990年、1998年和2003年大发生。

麦类白粉病　80年代至90年代该病普遍严重，其后由于抗病品种和特效药剂粉锈宁的应用，流行程度得到抑制。2000年后，一般发病程度都在中等以下。

小麦锈病　70年代至80年代局部发生，主要发生于泰山系统的小麦品种上，锈病的类型以叶锈为主、条锈为辅。80年代后期，随着泰山系统品种的退出，小麦锈病基本消失。

小麦纹枯病　是小麦生产上的常见病，其发生有一定的区域性，以砂土地发生较重，一般不会大范围流行。

黑穗病　系统性病害，70年代至80年代常见，以散黑穗为主，偶见坚黑穗。2000年后很少发生。

水稻纹枯病　60年代的水稻病害以纹枯病为主，20世纪90年代随粳稻面积的增加发生程度加重。

白叶枯病　70年代，由于引进杂交稻及南京11号等中籼稻品种，该病连年大发生。本地品种农垦44、46、57、58亦均感染此病。90年代后，该病在老病区局部发生。2000年后，该病少数年份发生加重，2003年发生面积1333.33公顷，2005年中等偏重发生，面积达6666.67公顷，尤以仇桥、复兴等地发生严重。

恶苗病　系统性真菌病害，90年代中期在粳稻武育粳3号等品种上发生较多。农民俗称“米秧”，植株偏高，节生倒须，常于抽穗前死亡。2000年后，该病较少见。

条纹叶枯病　灰飞虱传播的病毒病，1999年在林集、范集少数稻田零星发生，当年损失不大。进入21世纪后，该病爆发频次增高：2000年在渠南、运西的大部分乡镇发生，面积约4.67万公顷，平均病株率为2.46%，但严重度不高，损失不大；2001年发生面积相当，但严重度较高，经济损失约300万元；2002年轻度发生；2003年有0.3万公顷水稻严重发病，经济损失近千万元；2004年大发生，病田率高达88.5%，7月初病株率就达5.37%，共出现三次显症高峰，绝收面积近6666.67公顷，经济损失超过8000万元；2005年病情减轻，第一个显症高峰平均病穴率为4.81%，平均病株率0.63%。此后，摸清了该病暴发的基本要素，该病的大面积发生得到控制。

稻瘟病　常年发生较轻，其发生与品种、气候条件关系密切。早播或迟熟的水稻，遭遇低温连阴雨天气易流行。90年代中期曾在范集大面积发生苗瘟和叶瘟。2000年后大面积发生较轻。

干尖线虫病　系统性病害，病源物为线虫。70年代该病十分严重，尤以农垦57为甚，表现为叶尖呈螺旋状枯死，发病率常高达60%～70%。80年代该病少见。90年代后期，连续多年在五育粳3号上发现较为严重的"小穗头"现象。

玉米粗缩病　90年代中后期开始发生，2000年后发生程度明显加剧，尤以2002年、2003年较为严重。2005年后，该病得到有效控制。

蔬菜病害　以大白菜软腐病等较常见，苗期病害有辣椒、番茄的立枯病，莴苣、番茄、韭菜上的灰霉病，辣椒、番茄的晚疫病、青枯病、蒂腐病、病毒病等较为常见。

油菜菌核病　90年代平桥等地发生较重，且逐年加重，病株率常高达50%以上。

（二）虫害

麦粘虫　70年代初连年中等以上发生，大发生时亩虫量常达数万头，虫龄大时，麦叶不够吃，幼虫成群集队爬出麦田觅食。80年代发生量有所下降。90年代后基本不构成危害。

麦蜘蛛　以麦圆蜘蛛为主，以渠北废黄河沿线砂土地为主要发生区。常年均有发生，一般发生程度在中等以下，偶有偏重年份和地区，以春季温暖干旱年份发生较重。

麦蚜虫　为麦田常发性害虫，其发生量与当年小麦穗期气候高温干旱呈正相关。

二化螟　70年代由于大面积种植粳稻，二化螟数量锐减。80年代至2000年，大面积推广杂交稻及南京11等中籼稻品种后，二化螟再度上升为主要害虫。2000年后，由于品种布局粳稻化，二化螟种群数量再度下降，一般在生产上已不构成威胁。

三化螟　70年代至90年代初，大面积种植籼稻，三化螟发生较轻。90年代，水稻品种布局逐步趋向粳稻化，至1995年基本不种杂交稻，完全粳稻化后三化螟再度上升，2000年明显加重，2001年、2002年大发生，3年累计发生面积23.53万公顷次。2004年以后至2008年，三化螟未对生产构成危害。

稻纵卷叶螟　70年代，一直是水稻的主要害虫，以三代为主害代，二代一般发生轻，通常不需要防治。90年代后大发生频率增加，四代为害亦重。

褐飞虱　迁飞性害虫，历史上以1980年损失最为严重。

白背飞虱　迁飞性害虫，常与褐飞虱同步发生，但危害性较小。

灰飞虱　本地虫源，常年以危害秧苗为主，由于能传播条纹叶枯病，2003年后上升为重要害虫。

稻苞虫、稻螟蛉　间歇性暴发。70年代对此类害虫的防治主要靠人工捕捉。90年代后发生渐轻，2000年后少见。

稻蓟马　70年代起成为重要害虫，发生量很大。危害秧苗造成叶片枯黄，少数年份还可对粳稻（农垦57）穗部造成危害，出现稻穗被吃白的现象。

地下害虫　主要为害渠北的玉米、甘薯、大豆等旱作物，春秋两季为害最剧，尤以玉米受害为甚，缺苗断垄现象十分普遍。一般缺苗率在5%以上，严重时可达50%以上。70～80年代地下害虫以地老虎为主。90年代后发生程度大幅度减轻。

玉米螟、高粱条螟　70～80年代发生较多，以二、三代为主，90年代后渐轻。

棉铃虫、红铃虫、棉红蜘蛛　70年代起病虫趋于复杂和严重。80年代后以棉铃虫、红铃虫为主，特别是棉铃虫发生量极大，连年重发，百株虫量常达千头以上，棉桃被吃光的现象屡见不鲜。

蔬菜害虫 种类主要有菜青虫、小菜蛾、菜蚜等。90年代甘蓝类蔬菜上的斜纹夜蛾、甜菜夜蛾连年重发。此外,韭菜地蛆、豆荚螟、美洲斑潜蝇及瓢虫、跳甲等发生也较普遍。2000年以后,大棚蔬菜面积迅速扩大,棚室害虫烟粉虱发生普遍较重。

(三)草害

麦田杂草 80年代前随着品种改良,引进扬麦1号等品种带来了杂草,当时的主要杂草种类为看麦娘和牛繁缕等。80年代后杂草种类渐趋复杂,大巢菜、硬草、日本看麦娘等发生加重。

稻田杂草 70年代以后草害加重,杂草种类有稗草、眼子菜、三棱草、牛毛草等。80年代后,稻田杂草种类趋于复杂,主要种类有稗草、丁香蓼、鳢肠、节节菜、陌上菜、异型莎草、矮慈姑、泽泻、日照飘拂草等。2000年后,直播稻面积逐步扩大,草相更加复杂,出现了千金子、牛筋草、马唐等恶性杂草,防除难度加大。

(四)鼠害

老鼠的种类,农田以黑线姬鼠为主,室内以小家鼠、褐家鼠、黄胸鼠为主。70～80年代本地鼠密度较高,捕获率通常在10%以上。90年代,鼠密度有所下降,捕获率在5%～10%,2003年后降至1%以下。2005年以后,农田平均鼠密度为0.07%,农舍为1.1%。鼠害的范围以渠北废黄河一线旱田为主,约占全区鼠害面积的80%以上,鼠害年损失粮食600万千克。

第三章 环境保护

改革开放后,楚州环境保护事业在全面发展的同时,问题也相当严重。地面水体受到不同程度的污染,饮用水水源也受到不同程度的污染。以煤为主的能源结构形成的大气污染仍为严重环境问题;城市化进程加快与城市基础设施落后的矛盾短期期内难以解决,生活污染负荷仍会不断增加;随着人民生活水平的提高,环境意识的增强,对生活环境的标准和要求也会越来越高,环境问题日益成为公众普遍关注的热点。传统的发展模式逐步被淘汰,可持续发展战略不断深化实施。

第一节 环境质量

90年代,随着淮安工业化进程的加快,境内环境质量逐步下降,1991年,降尘浓度为历年最高。面对严峻的环境质量,区环保局加强环境监测和环境执法的力度,引导企业做好"三废"(废水、废气、废渣)治理,严格审批污染行业的建设项目,控制污染源和污染物的排放量。区内大气环境质量、降水质量、声环境质量、地表水质量有较大幅度的提升。1996年达到最低值,1997年后又呈上升趋势。2007年取缔城区范围内燃煤小锅炉,城市建设、交通规划改善,大气环境质量特别是城区大气环境质量改善较大。但由于人们的科学意识、资金技术等因素,"三废"治理设施的运输率较低,"三废"排放达标率低,全区污染负荷仍较严重,但总体趋好。

一、大气环境质量

70～80年代,淮安废气污染主要由燃煤造成。工业燃煤废气量占废气总量的86.94%。化肥厂和磷肥厂占全城区的等标污染负荷比例较大。热电厂是90年代城区废气排放量最大的厂家，年废气量达4.32亿标准立方米，占城区废气总量的29.47%。农村废气污染源主要是砖瓦厂。全市农村废气污染负荷大的前三名是城东砖瓦厂、复兴轮窑厂、城东砖瓦二厂。主要污染物是氟化氢、二氧化硫和烟尘，其他污染物有氮氧化物、工业粉尘、总悬浮微粒、一氧化碳、二氧化碳等。大气环境质量总体较好，但总悬浮微粒和降尘都有超标现象，与城区大兴土方搞建筑、铺设道路有关。1991年以后，淮安大气污染主要是燃煤型煤烟污染，可吸入颗粒物、二氧化硫、降尘、二氧化氮等是主要污染物。1991年起，境内二氧化硫、二氧化氮、总悬浮颗粒物和降尘等四项因子的污染程度呈下降趋势。

2008年，楚州区二氧化硫排放量0.044毫克/立方米，比1991年的0.078毫克/立方米减少0.034毫克/立方米，削减率为43.6%；二氧化氮排放量为每立方米0.032毫克，比1991年的0.031毫克/立方米增加0.001毫克/立方米；总悬浮颗粒物排放量0.092毫克/立方米，比1991年的0.267毫克/立方米减少0.175毫克/立方米，削减率为65.5%；降尘排放量为1平方千米1个月13.4吨，比1991年的1平方千米1个月30.16吨减少16.76吨，削减率为55.6%。

1991～2008年楚州区（淮安市）大气环境质量变化情况表

表1-15

年　份	二氧化碳（毫克/立方米）	二氧化氮（毫克/立方米）	总悬浮颗粒物（毫克/立方米）	降尘〔吨/（平方千米·月）〕
1991	0.078	0.031	0.267	30.16
1992	0.042	0.031	0.153	22.68
1993	0.031	0.043	0.180	12.42
1994	0.010	0.043	0.098	12.63
1995	0.018	0.041	0.141	12.57
1996	0.022	0.058	0.27	10.3
1997	0.024	0.038	0.25	11.5
1998	0.024	0.045	0.26	11.6
1999	0.023	0.042	0.23	11.6
2000	0.026	0.037	0.21	11.4
2001	0.020	0.017	0.20	11.4
2002	0.017	0.010	0.19	11.2
2003	0.018	0.009	0.20	11.3
2004	0.027	0.023	0.103	11.4
2005	0.035	0.028	0.078	11.2
2006	0.035	0.018	0.085	11.2
2007	0.043	0.019	0.098	13.6
2008	0.044	0.032	0.092	13.4

二、降水环境质量

1991～2008年，楚州区降水酸沉降（酸碱度小于5.6的降水）频率以1991年和1997年最高，分别达到30.77%和27.5%。1992～1993年、1996～2003年酸沉降频率为1.6%～10.5%。1998年、2004～2008年，酸沉降频率最低为0。从2004年起，酸沉降频率为0，大气环境质量逐渐好转。

1991～2008年楚州区（淮安市）降水酸沉降频率变化情况表

表1-16

年份	全年降水（次）	酸沉降（次）	酸沉降概率（%）	年份	全年降水（次）	酸沉降（次）	酸沉降概率（%）
1991	117	36	30.77	2000	86	9	10.5
1992	75	7	9.33	2001	76	2	5.78
1993	136	3	2.16	2002	62	1	1.6
1994	138	0	0.00	2003	108	4	5.87
1995	36	0	0.00	2004	72	0	0
1996	48	1	2.08	2005	82	0	0
1997	40	11	27.5	2006	92	0	0
1998	80	0	0	2007	90	0	0
1999	72	2	2.8	2008	92	0	0

三、声音环境质量

1991年以前，淮安交通噪声污染最严重的是环城路，其次是里运河路、东门大街、镇淮楼东西路等。1991年，城区道路每小时平均车流95辆，交通噪声为71.7分贝。交通噪声污染造成的主要原因有：道路狭窄、人车混行、来往车辆增多、机动车鸣号频率高、手扶拖拉机及机动三轮车等高噪声车辆多等。淮安城区区域环境噪声源是生活噪声、工业噪声和交通噪声。这与城区布局规划不合理、工厂混杂在居民区内，以及交通道路窄、路面质量差关系密切。1991年，区域环境噪声普查结果是，等效声级为64分贝（A），声级分布在33.9～78.1分贝（A），其中等效省级高于50分贝（A）的测点有66个，占总数的56.9%。声源类型的声级值中，交通噪声等效声级为69.5分贝（A），生活类噪声等效声级为53.8分贝（A），其他类噪声等效声级为60.84分贝（A），占58.62%；工业噪声源占19.83%，交通噪声源占8.62%，其他类噪声源12.9%。淮安城区共分5个功能区：特殊住宅区（周恩来纪念馆测点）、居民文教区（淮安师范测点）、二类混合区（镇淮楼测点）、工业集中区（制药厂测点）和交通干线道路两侧（港务处测点）。从1991年的测点来看，各测点的平均等效声级及超标情况如下：淮安师范19.2分贝（A）、镇淮楼51.8分贝（A）、港务处63分贝（A）、制药厂52分贝（A）。1991年以后，淮安的噪声环境不断改善，区域环境噪声、交通噪声平均值等均不超标。

（一）区域环境噪声

1991～1995年，区域环境噪声是按300×300划分网格线，测点位于网格中央，测点数为114个，覆盖人口数为10.5万人。1996～2000年，区域环境噪声是按250×250划分网格线，测点位于网格中央，测点数为114个，覆盖人口数为15.2万～19.5万人。2001～2008年，区域环境噪声是按500×500划分网格线，测点位于网格中央，测点数为61个，覆盖人口数为19.7万人。1991～2008年，区域环境噪声有变化不大，区内环境噪声均低于标准值。

（二）道路交通噪声

1991～2008年，区内道路交通昼间噪声除少数几个年份超过标准值外，绝大多数均达到标准值。交通噪声从2003年开始呈现下降趋势，2004年降到最低值。

（三）功能区噪声

1991～2004年，淮安城区分为5类功能区，即特殊住宅区、居民文教区、二类功能区、工业集中区、交通干线道路两侧区域；2005～2008年，功能区点位进行了调整，只设一个功能区，即一类区周恩来纪念馆点位。区内功能区域噪声历年来的变化趋势基本处于平稳状态，且略低于标准。

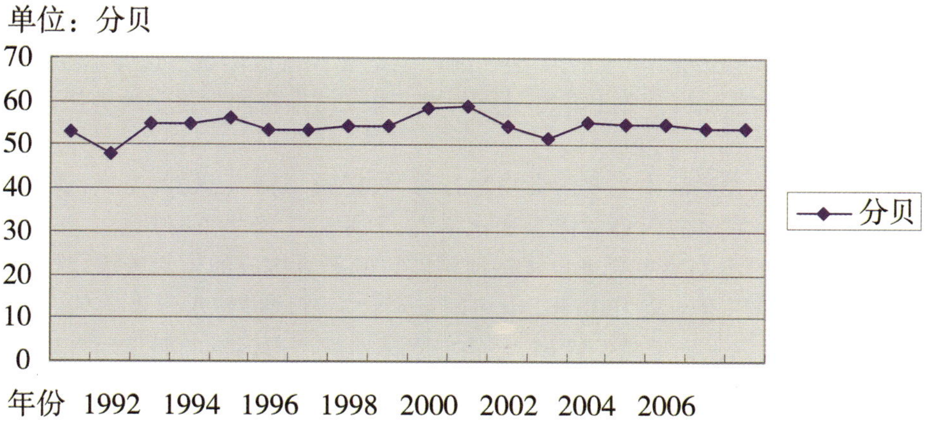

图1-2 1991～2008年楚州区（淮安市）区域环境质量噪声变化趋势图

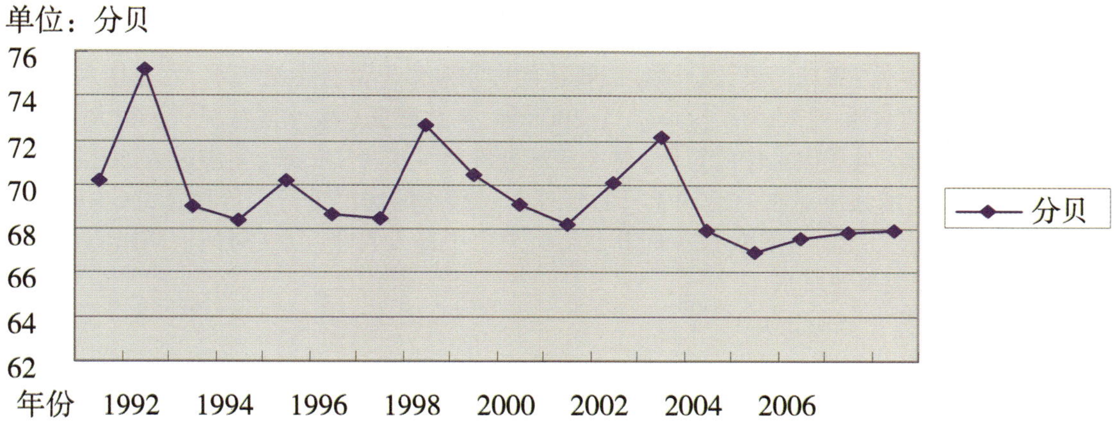

图1-3 1991～2008年楚州区（淮安市）交通噪声变化趋势图

四、地表水环境质量

70～80年代，淮安城区每年工业废水排放量占全部废水排放量的90%以上。废水主要污染源有化肥厂、元件厂、皮革厂、第三农机厂等。境内的河水污染是典型的化学性有机污染。大运河和苏北灌溉总渠为淮安境内重要的灌溉、养殖水源。这两条河流在淮安境内不接纳工业废水。清安河为流经淮安污染严重的河流，其上游主要接纳淮阴市区26家中型企业的工业废水，每日9万多吨；淮安境内有10多家小型企业亦向该河排放工业废水，每日约1万吨。清安河经杨湾腰闸将污水排入总渠排水渠，排水渠又接纳城东三中沟的淮安老城区的工业和生活废水，致使排水渠的污染负荷加重。文渠源于里运河。由于淮安城区无下水道，居民的生活废水都排入文渠，加之沿岸的袜厂、化工厂、农机厂等10余家工厂的工业废水和市一院、二院等医疗废水，致使文渠水质恶化。淮安境内造成河水污染的主要原因是工业废水的处理率低，超标排放废水量大。

1991年以后，京杭大运河水质污染特征为化学性有机污染，其污染物主要来自于运河上航行的船只排放的生活废水、洗船废水和沿岸排入的部分生活废水。苏北灌溉总渠流经境内，沿途无任何工业废水直接排入，其污染物主要来自于上游客水以及航行于总渠的各种船只的排污。排水渠水质属Ⅲ类水，其水质污染特征为化学性有机污染，主要来自于上游清安河的污水及淮安城区的居民生活废水和工业园区工业废水的排入。清安河按水域功能区划为五类水，清安河主要接纳淮阴市区、淮安西城区的部分工业废水和生活污水，为境域主要纳污河流，水质污染特征为化学性有机污染。文渠水质的污染环境特征为化学性有机污染，按水功能区划分属三类水。里运河污染特征为化学性有机污染，其原因主要为过往船只及长期生活在河面上的船民排放的洗船废水和生活废水以及部分沿岸居民排放的生活废水。城区三湖（萧湖、月湖、桃花垠）污染特征为化学性有机污染。

（一）京杭大运河

1978～2008年，京杭大运河中主要污染物是石油类、总汞、总磷、总氮、氨氮，其中石油类的污染呈下降趋势，总磷、总氮、氨氮的污染总体上变化不大，总汞的污染呈下降趋势。污染特征为化学性有机污染。京杭大运河的污染源主要来自于运河中航行的船只排放的生活废水、洗船废水和沿岸排入的部分生活废水、农业用水。至2008年，由于国家对淮河流域进行水污染治理，上游进入大运河的废水水质有所好转；加强水上运输的管理，严格对水体造成严重污染的船只的管理；对沿岸的居民进行环保宣传教育，减少倾倒生活废水量；疏通河道，减少向运河中排入农业废水；对河道两岸的污染源进行彻查，坚决杜绝工业废水向运河中排放。

（二）苏北灌溉总渠

苏北灌溉总渠中主要污染物是石油类、总汞、总磷、硫化物，其中石油类污染呈下降趋势，总磷、硫化物的污染总体上变化不大，总汞的污染呈下降趋势。其污染特征为化学性有机污染。苏北灌溉总渠的污染主要来源为：流动污染源运输船只排放的废水和沿岸部分生活废水、农业用水排入，上游来水对全区范围内的水质也产生一定影响。至2008年，苏北灌溉总渠水质状况有了很大的改观。水质好转的原因是：国家对环保工作的重视，对淮河流域进行了水污染治理，上游进入苏北灌溉总渠的废水水质有所好转；加强了对水上运输船只的管理和对沿岸的居民进行宣传教育，减少对苏北灌溉总渠倾倒生活废水量；疏通了河道，减少向苏北灌溉总渠中排入农业废水；对河道两岸的企业污染整治，杜绝向总渠中排放工业废水。

（三）排水渠

在境内设置两个监测断面，即杨湾腰闸、苏嘴断面。至2008年，经长期监测，排水渠所测项目中主要超标项目为总氮、氨氮、化学需氧量、高锰酸盐指数、阴离子表面活性剂等项目。排水渠污染特征为化学性有机污染，其污染主要来自于上游清安河的污水及楚州城区的居民生活废水和楚州经济开发区、化工集中区的工业废水的排入。

（四）清安河

主要超标项目为总氮、氨氮、总磷、化学需氧量、阴离子表面活性剂、溶解氧、五日生化需氧量等，污染特征为化学性有机污染。清安河按水域功能区划为五类水，多年来清安河主要是接纳淮阴、淮城西城区的部分工业废水和生活污水。至2008年，水质状况较差，急需改善。

（五）里运河

1978～2008年，里运河水质变化不大，其主要污染物是石油类、总汞、总磷、总氮、氨氮，其中石油类的污染呈下降趋势，总磷、总氮、氨氮的污染总体上变化不大，总汞的污染呈下降趋势。污染特征为化学性有机污染。其原因主要为过往船只及长期生活在河面上的船民排放的洗船废水和生活废水以及部分沿岸居民排放的生活废水。

（六）城区三湖（萧湖、月湖、桃花垠）

城区三湖的主要水域功能为旅游景观和渔业用水，1978～2008年，城区3个湖主要污染物为氨氮、化学需氧量、高锰酸盐指数等，污染物征为化学性有机污染。因城区3个湖处于城区中心地带，沿湖居民向其中排放的大量生活废水导致了湖水污染。

（七）文渠

1978～2008年，文渠主要污染物为氨氮、化学需氧量。文渠水质的污染特征为化学性有机污染。文渠长达7000多米，由于历史的原因，文渠变成了纳污河流，接纳两岸居民的日常生活废水，饭店、浴室的废水以及部分工业废水，加之两岸的居民不注意保护文渠，将生活垃圾倒入渠中，文渠的污染一度严重。区政府多次对文渠进行疏浚，对文渠沿岸环境进行了整治，文渠水质有了一定的改观。

第二节　环境监测

淮安县环境监测站成立于1982年12月，为全国环境监测系统三级站，为公益性全民所有制科学技术事业单位，隶属县环境保护局领导，业务上受市环境监测中心站指导。

"十五"期间，楚州环境监测事业有了较快的发展，尤其是千元以上的监测仪器设备由53台（套）增加到65台（套），开展对监测项目达到108项，为全区环保管理提供科学的依剧。

一、监测设施

"十五"期间监测站监测工作用房在"九五"基础上增加了建筑面积11平方米的大气自动监测站和55平方米的平桥水质自动监测站。

2000年、2005年楚州区（淮安市）环境监测办公用房一览表

表1-17　　单位：平方米

年　份	建筑总面积	监测用房	办公用房	辅助用房
2000	1475	750	106	39
2005	1541	816	106	39

2001～2005年，为适应环境监测工作的需要，区环保部门加大对环境监测工作的投入，累计投入约63万元，加上上级业务主管部门拨给的配套资金，新添电子天平1台、激光打印机1台、酸度计1台、噪声统计分析仪1台、自动烟尘（气）测试仪2台、切割器1台、声校准器1台、空调1台、电脑2台、可见分光光度计1台，共10种、12台（套）。至2005年，区监测站拥有千元以上监测仪器设备37种、65台（套）。

2005年底楚州区环境监测站拥有千元以上的仪器设备一览表

表1-18　　单位：台（套）

序　号	仪器设备名称	数　量	序　号	仪器设备名称	数　量
1	光电天平（1/万）	3	20	电脑	4
2	可见分光光度计	2	21	传真机	1
3	pH电位仪	3	22	汽车尾气监测仪	2
4	原子吸收分光光度计	1	23	多参数水质快速分析仪	1
5	非分散红外油分析仪	1	24	GPS经纬仪	1
6	测汞仪	2	25	电热鼓风干燥机	2
7	溶解氧测定仪	1	26	监测车	1
8	COD测定仪	2	27	毒品保险柜	1
9	声级计	4	28	烟尘望远镜	1

续表1-18

序　号	仪器设备名称	数　量	序　号	仪器设备名称	数　量
10	电导率仪	2	29	空调	2
11	浊度仪	2	30	微量天平	1
12	生物显微镜	1	31	柴油车烟度计	1
13	BOD5培养箱	1	32	洁净工作台	1
14	大气采样器	5	33	电子天平	1
15	烟尘采样器	3	34	激光打印机	1
16	大气24小时自动采样器	3	35	噪声统计分析仪	1
17	流速仪	1	36	自动烟尘（气）测试仪	1
18	多功能流量采样仪	1	37	切割器	1
19	电冰箱	2			

二、常规监测和人员

2005年底，楚州区环境监测站有在岗职工27人，其中大学毕业6人，比2000年减少1人；大专毕业18人，比2000年增加9人；高中毕业3人，与2000年相同；高级工程师比2000年少1人，工程师4人，比2000年少4人，助理工程师17人，比2000年增加11人，技术员3人，与2000年相同。监测业务人员占职工总数的81.5%。

2001年楚州区地表水监测断面和测点的布设情况表

表1-19

河湖名称	断　面	测　点	频　率
京杭大运河	①406石塘 ②851平桥 ③黄码大桥 ④二堡	左、右2测点 左、右2测点 左、右2测点 左、右2测点	每年6次（单月） 每年6次（单月） 每年6次（单月） 每年6次（单月）
苏北灌溉总渠	①418渠北闸 ②604苏嘴 ③三堡	左、右2测点 左、右2测点 左、右2测点	每年6次（单月） 每年6次（单月） 每年6次（单月）
排水渠	①419杨湾腰闸 ②605苏嘴	中1测点 中1测点	每年6次（单月） 每年6次（单月）
文　渠	①西水关 ②巽关 ③北水关	各断面均为1测点	每年6次（单月）
里运河	①淮阴农校 ②人民桥 ③水泥制品厂	中1测点 中1测点 中1测点	丰、平、枯 丰、平、枯 丰、平、枯
清安河	①602淮阴农校 ②清西 ③754清安河口	中1测点 中1测点 中1测点	每年6次（单月） 每年6次（单月） 每年6次（单月）

续表 1-19

河湖名称	断　面	测　点	频　率
勺　湖	—	中1测点	丰、平、枯
萧　湖		中1测点	丰、平、枯
月　湖		中1测点	丰、平、枯
桃花垠		中1测点	丰、平、枯

2002～2005年楚州区地表水监测断面和测点的布设情况表

表 1-20

河湖名称	断　面	测　点	频　率
京杭大运河	①364平桥	左、右2测点	每年6次（单月）
	②791黄码大桥	左、右2测点	每年6次（单月）
苏北灌溉总渠	①432渠北闸	左、右2测点	每年6次（单月）
	②433苏嘴	左、右2测点	每年6次（单月）
	③431三堡	左、右2测点	每年6次（单月）
排水渠	①442杨湾腰闸	中1测点	每年6次（单月）
	②441苏嘴	中1测点	每年6次（单月）
文　渠	③793北水关	中1测点	每年6次（单月）
里运河	①792人民桥	中1测点	每年6次（单月）
清安河	①372清安河口	中1测点	每年6次（单月）
萧　湖	—	中1测点	丰、平、枯
月　湖		中1测点	丰、平、枯
桃花垠		中1测点	丰、平、枯

说明：监测点位变动依据淮环发〔2001〕6号、淮环发〔2001〕125号文件

2005年楚州区环境监测站人员情况统计表

表 1-21　　单位：人

类　别	人数	技　术　职　称					文　化　程　度			
		高级工程师	工程师	助理工程师	技术员	其他	大学	大专	中专	高中
监测业务人员	22	—	4	15	3	—	6	15	—	1
行政人员	5	—	—	2	—	3	—	3	—	2
合　计	27	—	4	17	3	3	6	18	—	3

第三节　环境治理

一、"一控双达标"单位执法检查

2000年开始，组织对区内218家重点、主要和一般排污单位实施专项执法检查。至2003年，累

计出动执法人员1055批次、7405人次，检查“一控双达标”（主要工业污染物总量控制，空气和地面水达到国家规定的环境质量标准）单位4134户次，污染达标排放回潮现象得到有效控制。

2000～2003年楚州区（淮安市）“一控双达标”执法检查统计表

表1-22

年　份	检查批次	检查单位数（户次）	参与检查人员（人次）
2000	417	1136	2108
2001	234	1029	1704
2002	206	1005	1896
2003	198	964	1697

二、废水治理

1991年前，在治理废水污染的15个项目中，治理设施配套的有6家企事业单位。除这6家企事业单位利用成套设施处理废水外，其他单位也针对自身污染类型、污染程度采取一些处理方法，如沉淀、格栅、过滤、中和等办法，全市工业废水处理率从1979年的空白上升到1991年的80.2%。2002年后，楚州区开展工业企业重点污染源整治行动，对列入市重点整治范围的井神盐业、飞翔纸业、飞洋钛白粉等11家排污企业，严格按照自查自纠、查处整改、关闭停产的“三步走”要求，实行“一人盯一厂”，全天候对污染物达标排放、厂区环境和排污口规范整治等情况进行不间断紧盯巡查。飞洋钛白粉公司投资1800万元率先建成废酸浓缩治污工程。飞翔纸业采用由省环科院设计的废水污泥“零排放”技术通过市环保局组织的验收。

2008年，飞翔纸业新厂区废水处理装置

三、废气治理

淮安废气治理工作始于1981年，此后一些污染大户陆续安装了消烟除尘器，对烟尘进行治理。其他一些污染较轻的单位则通过勤加煤、少加煤、匀加煤的方法，使锅炉达到排放标准。至1991年底，全市共有消烟除尘装置100台，工业废气治理率达97%。2002年后，全区陆续开展烟尘、油烟专项整治行动。区政府出台《楚州区人民政府关于对锅炉等排放烟尘设施加强环境管理的通告》，成立锅炉整治工作指挥部，拆除城区洗浴业77台锅炉。

四、固体废弃物治理

1979年起，淮安固体废弃物逐步被综合利用。煤渣主要用作生产砖瓦的原料，电石渣用作粉墙的涂料，只有极少部分化工废渣未被处理。到2008年，工业固体废物综合利用率为95%左右。

其他环境治理。从1984年开始，境内逐步开展粉尘治理工作，当年，饲料厂的饲料大楼全部采用封闭式脉冲袋式除尘，粮食加工厂的密闭舱粉尘也全部通过脉冲袋式除尘，丝绸厂粉尘通过水膜除尘，化工厂第一个使用袋式除尘。到2008年，境内粉尘治理工作已全部完成。

五、环保重点工程建设

（一）城市生活污水处理厂

该项目一期工程于2006年3月开工建设，总投资8043.9万元，建成配套管网43.6千米。建成后，该工程日平均处理水量达到2.1万吨。

城市生活污水处理厂　（2006年摄）

（二）垃圾填埋场封场工程

封场工程于2006年6月建设，按照环评的要求规范进行，先后完成导气管铺设、垃圾堆坡整平、石子摊铺、黏土覆盖、土工膜铺设、营养土覆盖、排水沟砌造、绿化等工作。2008年5月，该工程通过市环保部门组织的验收。

（三）医疗和危险废弃物集中安全处置中心

2008年8月，省、市环保部门对该单位进行了环保验收。

第四节　环境管理

一、管理机构

1978年10月成立淮安县环境保护办公室，1982年1月成立县环境保护局，1984年2月与县城乡建设局合并为淮安县城乡建设环境保护局。1988年10月成立淮安市环境保护局，2001年2月，淮安市环境保护局更名为淮安市楚州区环境保护局，为楚州区人民政府环境保护行政主管部门，是楚州区环境保护委员会的办事机构。楚州区环境保护局下辖一室三科，即办公室、环境管理科、计划科、环境法制和宣传教育科；管理两个下属单位，即区环境监察局和环境监测站。

二、环保规划、建设项目审批

“八五”规划　1991年制定市环保“八五”规划（1991～1995）。“八五”规划期间，城市大气环境质量得到明显改善，基本达国家二级标准；市区集中式饮用水源地水质达标率达100%，市区风景游览区和重点水域的水体水质均值达到国家地表水III类以上；城市交通干线噪声平均值控制在70分贝以下，市区环境噪声达标区达50%；工作重点为城市环境质量综合整治和创建国家级卫生城市。

“九五”规划　1995年制定市环保“九五”规划（1996～2000）。“九五”规划期间，坚持“经济建设、城市建设、环境建设”同步发展的方针，开展城市和集镇环境综合整治，防治工业污染，加强水环境保护和自然生态的保护，筹建城市污水处理厂，城区全部建成合格的烟控区，通过城市布局和产业结构的合理化，城市基础设施的完善，把淮安建设成为一个环境优美、经济繁荣的现代城市。

“十五”规划　2000年制定区环保“十五”规划（2001～2005）。“十五”规划期间，逐步建立适应社会主义市场经济体制的环境管理体系；初步实现环境管理、环境监理与环境监测的现代化；环境污染状况明显减轻，生态破坏得到遏制，全区总体环境质量得到改善，力求实现经济快速、持续发展，环境质量优良、区域生态系统良性循环。全区环境空气质量均达国家二级标准，饮用水源地水质达标率保持在95%以上,地下水质量保持良好,境内主要地面水体水质达到功能区划要求,进一步开展噪声达标区建设工作,提高工业固废综合利用率,争取达到98%。

"十一五"规划 2005年制定区环保"十一五"规划(2006~2010)。"十一五"规划期间前三年,环境污染得到有效控制,生态环境恶化趋势得到遏制,城市环境质量基本达到功能要求,农村环境质量有所改善,环境法制建设进一步完善,环保监管能力进一步加强,生态示范区建设中的各项环境保护工作取得阶段性成果。工业园区加强环保建设,推进园区环保基础设施建设。

2002~2008年,区环保部门共审批环保建设项目1423件。其中,2002年最少,只有112件,2007年最多,有336件。

2002~2008年楚州区环保建设项目审批表

表1-23　单位:件

年　份	审批项目数	年　份	审批项目数
2002	112	2006	265
2003	131	2007	336
2004	175	2008	175
2005	229		

三、环境监察

(一)规划排污口立标

2000年起,区内开始实施规范化排污口标志牌立标工作,立标对象为排放污染物的工业企业单位。区环保局主要调查各立标单位的污染物排放情况;确定规范化排污口标志牌类型和各污染物种类;汇总统计,编制成表;统一制作、安装、验收。2008年底,全区累计有规范化排污口立标单位73家,立标150块。通过排污口规范化整治工作,全区强化了污染源的现场监督管理,促进了污染物排放总量的控制。

2000~2008年楚州区(淮安市)规范化排污口立标工作情况表

表1-24

年　份	立标单位(家)	立标数(块)	年　份	立标单位数(家)	立标数(块)
2000	12	20	2005	—	—
2001	15	28	2006	16	40
2002	—	—	2007	—	—
2003	—	—	2008	10	22
2004	20	40			

(二)工业区废水突击抽查

楚州区经济开发区内工业集中区和化工集中区是以食品企业和基础医药化工企业为主,废水、废气排放集中情况比较严重。2000年起,区环保局在常规检查的基础上,每年组织力量对工业集中区和化工集中区的废水排放单位进行有计划、不定期的突击抽查。2000~2008年,累计开展废水突击抽查22批次,检查单位107户次,有效控制了区内污染物的排放。

2000～2008年楚州区（淮安市）突击抽查工业集中区和化工集中区废水统计表

表1-25

年　份	检查批次	检查单位（户次）	年　份	检查批次	检查单位（户次）
2000	—	—	2005	1	5
2001	—	—	2006	4	16
2002	3	20	2007	5	15
2003	5	30	2008	2	6
2004	2	15			

（三）建筑工地夜间施工审批

90年代中期后，城市建设高速发展，建筑工地审批数量大幅上升。为加强管理，区环保局严格审批，既维护建筑施工单位的正当、合法权益，又保障居民的正常工作、学习和生活环保。1999～2008年共审批建筑工地夜间施工320个、6800户次。自1991年起，对建筑工地夜间施工进行突击抽查，加强监督管理和处罚力度。至2008年，全区共抽查建筑工地夜间施工325批次，检查工地5853户次，查处建筑工地违法案件22件，有效遏制因施工噪声等引发的矛盾激化，维护建筑工地周边居民正常生活秩序。

（四）"绿色护考"行动

1998年起，联合交警大队、供电局、教育局，开展一年一度的高、中考"绿色护考"行动，对辖区内各建筑工地的夜间施工严格审批。至2008年，累计对全区建筑工地昼、夜间突击抽查264批次，检查工地5422户次，查处环境违法单位171户次，杜绝噪声扰考现象。

（五）排污执法检查

1993年起，结合环境综合治理，组织实施对企事业单位排污情况进行执法检查，检查次数和检查单位数逐年增加。至2008年，区环保局累计开展排污单位现场执法4417批次，检查单位1.69万户次，使排污量不断下降。

1997～2008年楚州区（淮安县、淮安市）排污单位排污执法检查情况表

表1-26

年　份	检查批次	检查单位（户次）	年　份	检查批次	检查单位（户次）
1997	210	840	2003	371	1375
1998	231	924	2004	398	1509
1999	254	1016	2005	437	1660
2000	279	1117	2006	481	1821
2001	307	1228	2007	529	2003
2002	338	1250	2008	582	2205

（六）建设项目执法检查

2002年起，在区内开展针对新建项目环境影响评价审查和污染治理设施执行情况的检查，检查对象是经区环保局审批建设的新建企业和老企业的新建项目。2002～2008年，区环保局共对1538个新建项目进行现场检查，达标率95.1%。

(七)超标排污费征收

1991年后,随着环境监管力度不断加大,对辖区内超标排放污染物企事业单位,征收排污费呈大幅度上升趋势。至2008年,区境内累计征收排污费3711.4万元,主要用于废水废气等“三废”项目治理。

1991～2008年楚州区(淮安市)排污费征收情况统计表

表1-27 单位:万元

年　份	征收金额	年　份	征收金额	年　份	征收金额
1991	104.5	1997	145	2003	232.4
1992	100.1	1998	150.1	2004	237.3
1993	110	1999	155.1	2005	279.6
1994	111.4	2000	158.5	2006	326.8
1995	137	2001	188.1	2007	521.2
1996	137	2002	202.2	2008	415.1

四、环保宣传教育

1991年起,围绕实施环保行动计划和各类创建活动等重点工作,开展“6·5”世界环境日宣传、环保“四进”(环保进社区、学校、企业、村镇)活动,强化环境宣传,弘扬绿色文明,提高全民环保意识。

(一)“6·5”世界环境日宣传

楚州每年开展“6·5”世界环境日宣传活动。2003年,区环保局组织城区中小学生开展环保宣传周活动,组织开展“绿色家庭”评选和环保小发明比赛,以及“中丹”杯绿色生活知识竞赛。2004年6月4日晚,区环保局和飞翔纸业有限公司在鼓楼广场联合举办“飞翔杯”环保之光大型文艺晚会,邀请区四套班子领导参加。区领导给征文、绘画获得一、二、三等奖的学生颁发荣誉证书和奖品,同时给10名环保小记者发聘书。2008年6月5日上午,举办“创模入户绿色家庭”颁奖活动,区领导向120户绿色家庭代表颁发奖牌;下午开展“飞翔杯”创模知识有奖电视竞赛,6个代表队参加比赛。

(二)环保“四进”活动

1991年走进社区推进“绿色社区”创建工作,分别走进漕运小区、月湖花园等社区,散发环保宣传资料,倡导绿色生活方式,为群众解决身边的环境问题。走进学校深化中小学校的环境宣传教育工作,区环保局印刷环保宣传手册,走进中小学校向中小学生散发并讲解,宣传保护环境小常识;2003年组织中小学生开展“点滴之间做环保”征文比赛活动;2004年在中学开展“我为环保添光彩”征文比赛活动,在小学生中举办“爱我家园”绘画比赛活动;2005年,为保护里运河风光带和钓鱼台自然环境,爱护鸟类,授予城北小学、河下小学和勺湖小学24名学生“环保小卫士”称号,激发他们保护环境的热情。走进企业建立环保与企业联系制度,结合企业服务月活动,每年开展“登企业之门,求批评建议”活动,走访区属重点企业,登门服务,征求意见;向企业宣传国家环保方针、政策,防止企业违法排污行为的发生。走进村镇积极参与优美小城镇创建工作,区环保局深入乡村,启发群众保护环境,建设环境优美的社会主义新农村。

(三)环保知识学习、培训

1996～2008年,区环保局共组织各类学习培训活动26次,向领导干部赠送《环保知识读本》《中国环境报》等学习宣传资料。定期召开环境保护工作会议,每年组织乡镇环保科员和企业环保负责人环保业务培训,结合相关工作开展法律法规宣传,推进环保工作的实施。2008年,全区组织31家化工类企业主要负责人开展环境法制培训。区环保局向社区赠送《绿色生活常识》等书籍,为居委会开展环保知识学习提供资料。

（四）环境公报

2004年起，区环保局每月编写了《楚州环保信息》向全区公布环境质量状况。2007年起，每月编写并向全区散发《楚州区环境公报》，主要包括区域内水、气、声等环境质量状况、环境污染现况及环境污染治理等内容。

（五）创建环保绿色学校、小区

区环保局坚持以面向可持续发展的环境教育的思想为指导，构筑起以学校为主导，学生为主体，课堂和社会为载体，学校和环保部门共同参与的学校环境教育体制，形成“绿色校园”—“绿色教育”—“可持续发展教育”的教育链条；把创建“绿色学校”、实施“绿色教育”作为落实整体素质教育，推进可持续发展教育的切入点，把开展环境教育创建“绿色学校”作为推进素质教育，提高教育质量，培养高素质人才的重要工作常抓不懈。2008年，楚州外国语学校、复兴中心小学创建成省级绿色学校，南马厂中学、高级职业中学等10所中小学校创建成市级绿色学校。

从1999年开始，区环保局加快创建绿色社区步伐。到2008年，月湖花园、翔宇小区、漕运小区、运河嘉苑、世纪佳苑、紫金花苑等小区建成“绿色社区”，初步建立一套较为完善的环境监督管理体系，社区环境问题有人抓、有人管，居民参与社区环境事务监督和管理。区环保局通过建设环境宣传设施，组织社区环境文化建设，发动群众参与环保志愿活动，营造了较好的社区环境文化氛围，居民的环境意识逐步增强，公众对环境问题的关心和参与程度得到提高。

五、创建国家环保模范城市

2002年起创建“国家环保模范城市”，全区开展工业污染源专项整治、油烟烟尘整治等专项行动，推进环保重点工程建设，加大环境宣传力度，城市环境质量明显改善。

2003年，成立烟尘整治工作领导小组，集中整治烟尘污染严重的锅炉46台，城区烟尘污染状况得到好转；加大对建筑施工噪声督查力度，基本上解决噪声扰民问题；高、中考期间，成立服务高、中考工作领导小组，严防噪声污染。

2004年，完成“创建国家级环保模范城市责任分解表”的编制工作，将“创模”的28项指标全部按时序进行分解，落实到每一个职能部门。

2006年，推动污水处理厂、垃圾填埋场、固废处置中心等“创模”重点工程项目的建设。加强对重点污染源的监管，保证工业废水达标排放。开展烟控区和噪声达标区建设工作，烟控区覆盖率和噪声达标区覆盖率均达100%。在28项考核指标中，有26项基本符合“创模”要求，通过省级验收。

2008年9月，楚州“创模”工作通过了环保部验收。

第四章　镇　乡

第一节　淮城镇

一、概况

淮城镇位于京杭大运河与苏北灌溉总渠交汇处，东接城东乡、楚州经济开发区，南隔苏北灌溉总渠与建淮乡相望，西南临大运河、里运河与清浦区黄码乡相眺望，西北与淮安市生态新城相毗连，北邻席桥镇、淮安经济技术开发区徐杨乡。镇政府驻螺蛳街村。总面积42平方千米。境内水网交错，古运河、京杭大运河、苏北灌溉总渠、淮河入海水道、老泗河环绕着城区；城区有文渠、月湖、勺湖、萧湖、桃花垠等，水面约占全城总面积的2/5。1978年，淮城镇辖9个村居，其中2个行政村，7个社区居民委员会。1980年，撤销运河公社，其所属的公园、华亭和穿运3个村以及城南居委会划归淮城镇。后几经调整，到1999年，全镇共辖17个村居，其中7个行政村、10个社区居委会。2000年2月，板闸镇整体划入淮城镇，全镇辖20个行政村，15个社区居委会。2001年7月，城西社区居委会并入华亭村，8月，全面进行并村联组。2007年3月，河下村并入河下社区居委会。2008年1月，福缘村并入夹河村。2008年末，全镇辖26个村（居），人口22万人。

二、工商业

2000年10月，新世纪商贸城开业

1978年，全镇有企业42家，年销售收入6200万元，工业用电量123万千瓦时，主要产品有自行车、石油配件、车辆配件、石棉制品、羊毛衫、纸箱、棉纱、服装、手套、毛巾等。1985年，全镇实现工业产值1.2亿元，是苏北地区首批工业亿元镇之一。1991年，全镇社会总产值超过2.8亿元，其中工业产值2.3亿元，有机械、电子、轻工、化工、建材、针纺织、工艺美术等10余个门类，生产的350多个产品中，有30多个获部、省级优质产品称号。1994年，淮城镇开始对镇办企业进行改制，至2008年共改制镇办企业26家，置换职工身份8200人。2004年，全镇拥有各类企业300多家，固定资产原值2.19亿元，列统企业实现产值11.84亿元，销售11.77亿元，利润2210.5万元，税收5447.8万元。其中，针织集团形成年产5000万条毛巾的生产能力，达到了年产销5亿元的规模，占有全国20%的宾馆用高档毛巾市场，成为淮安重点行业集团之一。私营经济发展迅猛，共有130多家私营工业企业，涌现出江苏康乃馨织造有限公司、江苏飞翔纸业有限公司、江苏惠民汽车配件制造有限公司等一批重点民营企业。2008年，全镇有企业375家，实现销售收入54.16亿元，利税4.64亿元，工业用电量1.15亿千瓦时。镇政府规划建设有润淮针纺织园和康马路针纺产业园。其中，润淮针纺织园总投资3.8亿元，占地15.87公顷，建筑面积10.8万平方米，入驻企业38家；康马路针纺产业园总投资2.5亿元，占地4.33公顷，建筑面积5万平方米，入驻企业16家。同年，淮城镇步入淮安市（地级）城镇经济"三强镇"和入库税收"十强乡镇"行列，工业产值占全镇社会总产值的80%，针织、巾被纺织、机电、包装等四大传统支柱产业的产品远销世界50多个国家和地区。

1978年，商业有各行各业开办的商店、商场、公司42家，以及为旅游服务的宾馆、招待所等。个体摊点105个，总贸易额1000万元。1984年，经济贸易及市场开始活跃，有个体工商户80户，总贸易额2000万元。1990年，个体经营户发展加快，有商业企业及个体工商户300户，总贸易额5000万元。2000年，淮城镇境内建成占地8.93万平方米、建筑面积6万平方米，共550个门面摊位的商贸城。2006年，淮城镇境内建成占地32.35万平方米、建筑面积28万平方米，共650个门面摊位的国际商城。2008年，商业网点遍布整个城区，经营范围涉及电子、五金、机械、食品、餐饮、文化、旅游、服装、建筑、运输、服务等行业。全镇有个体工商户7250户，私营商业企业300户，镇办集体商业企业8家，从事商业人员约1.21万人，年营业额超过12亿元，其中私营和个体商业占90%以上。镇内农贸市场共有8处，占地2万多平方米，3800多个摊位，日营业额300万元左右。

三、农业

1978年，全镇粮食种植面积1466.67公顷，总产量7700吨；蔬菜种植面积146.67公顷，总产量2万吨；多种经营项目有畜禽饲养、水产品养殖等。1983年实行大包干，农业产量有所增加。同年，粮食种植面积1466.67公顷，总产量8360吨；蔬菜种植面积146.67公顷，总产量2.2万吨；饲养畜禽2.24万只（头）；水产品养殖面积80公顷，年产鱼500吨。1992年，高效农业逐步发展，规模种植、养殖业兴起。同年，粮食种植面积1200公顷，总产量8640吨；蔬菜种植面积120公顷，总产量1.98万吨；水产品养殖面积100公顷，年产鱼650吨。1995年建成华亭、新城大棚蔬菜专业村，夹河水芹种植专业村，穿运养鸡专业村。2008年，随着城市建设步伐加快，部分土地被征用，农业占镇域经济的份额下降。是年，粮食种植面积860公顷，总产量5965吨；蔬菜种植面积152.73公顷，总产量1.95万吨；饲养畜禽37.32万只（头）；水产品养殖面积、产量有所下降。

四、社会事业

1978年，全镇有小学31所，初中9所，教职工769人，在校学生9563人。1984年推广实施九年制义务教育，全镇有小学29所，初中4所，教职工862人，在校学生7658人。2008年，全镇有幼儿园26所，小学15所，普通中学6所，中等专业学校2所，商业技校、教师进修学校、电视大学各1所，共有教职工574人，在校学生6864人。

1978年，淮城镇有文化站、广播放大站、电影放映队。1979～1999年，镇文化设施投入很少。2000年，板闸、淮城两镇合并后新建一座文化活动中心，建筑面积520平方米，内设影视厅、阅览室、棋牌室、健身室、教育培训室。2008年，各村居建成了文化活动室，设有农民学校、市民学校、阅览室、棋牌室、健身室等。

1978年，全镇有镇级卫生院1所，村居医务室9个，各类医务人员42人。1985年，镇卫生院新门诊楼竣工，总面积1300平方米，有病床20张，在职职工35人。2000年2月，板闸镇划入淮城镇，板闸卫生院更名为淮城卫生院。该院建筑面积3200平方米，病床30张，在职职工82人。2003年，农村实行合作医疗保险，覆盖面100%，参保率95%。2007年，城镇居民实行医疗保险，覆盖面100%，参保率95%。2008年，全镇建成标准化社区卫生服务站4个，总面积500平方米，社区医护人员14人。

1981年，华亭敬老院成立，有瓦房11间，在院“五保”老人5人。1985年，在院“五保”老人6人。1992年8月，淮城老年公寓建成，占地1.1万平方米，建筑物三层33间1250平方米，在寓“五保”老人18人。2006年，省“关爱工程”项目在老年公寓新建一栋三层18间730平方米建筑，在寓“五保”老人47人。2008年，老年公寓增建二层20间410平方米建筑，寓内有“五保”老人54人，“五保”老人入住率56%。1978年，境内主要有镇淮楼东西路、南门大街、北门大街等三条主干道。1988年，城区铺设水泥路12条1.3万平方米，农村道路5条8000平方米。1991年，城区铺设水泥路32条14万平方米，农村道路13条2.6万平方米。2002～2006年，楚州创建国家卫生城市期间，淮城镇铺设城区和农村后街背巷水泥路390条12.5万平方米。2007年，淮城镇铺设后街背巷水泥路32条2.3万平方米。2008年，全镇道路硬化率达95%。

五、人民生活

1978年，全镇农民人均纯收入84元，主要为农业收入；城镇居民人均可支配收入120元。全镇人均居住面积约5平方米；出行大多以步行为主，极少数人有自行车。1983年，农业生产实行大包干，农民人均纯收入增加到180元；城镇居民人均可支配收入180元。1992年因发展多种经营，农民人均纯收入1300元；城镇居民人均可支配收入1800元。1995年开展“两专一基”（专业村、专业户，特色基地）工作，农民人均纯收入达到1800元，其中第二、第三产业收入占60%；城镇居民人均可支配收入2600元。2008年全民创业兴起，个体私营经济蓬勃发展，人均收入大幅提高，农民人均纯收入达1.05万元，其中农业收入4182元，第二、第三产业人均6274元；城镇居民人均可支配收入1.34万元。

第二节　车桥镇

一、概况

车桥镇位于区境东南，距城区25千米，地处淮安渠南片中心，东连泾口镇，南临施河镇，西接朱桥、溪河，北与仇桥、博里接壤。境内涧河、溪河、塘河横贯东西。1983年，由人民公社改置乡；1985年撤乡设镇。全镇总面积67平方千米，辖1个居民委员会和28个村民委员会。2001年，车桥镇并村联组，徐场、东谈合并为万寿村，塘河、张彭合并为沈艉村，车桥、车西合并为车桥村，金陈、夏庄、赵阳合并为金城村，丰年、肖舍合并为丰年村，车东、中圩合并为车东村。2008年末，车桥镇辖有1个居委会和19个村委会，共有329个村民联组，有1.51万户、6.4万人。境内地势平坦，西高东低，土质多为亚黏土，适宜农作物生长。主要灌溉河道为涧河、十二支渠、文菊渠，排涝河道为塘河、南十支、人字河。

车桥战役纪念碑　（2002年摄）

著名的“车桥战役”发生在该镇。1976年，淮安县委、县政府在车桥镇的东北面，建起一处占地九亩的“车桥战役烈士陵园”，1981年扩建，1984年、1994年又进行了整理维修。

淮扬名菜“软兜长鱼”“淮安馄饨”皆发源于该镇。

二、农业

全镇有耕地总面积3506.67公顷。1978年，全公社粮食种植面积3466.67公顷（不含复种面积），粮食总产量4.69万吨；经济作物种植面积500公顷（不含复种面积），总产量470吨，总收入178万元；饲养畜禽1.3万只（头）；水面养殖面积58公顷，年产量不足5吨；林业树种以刺槐、泡桐、榆树和老关杨等自然生长的杂树为主，经济效益低，年木材采伐量3500立方米；农机总动力2520千瓦，其中大型拖拉机21台。1983年，全乡粮食种植面积3440公顷，总产量4.64万吨。1984年，全乡经济作物面积313公顷，总产量343吨。1998年，随着节制闸改造和稻田养殖以及废塘、荒水沟、渠等开发综合利用，渔业发展较快，全镇养殖面积210公顷，年产鱼108.5吨。2000年，高效农业逐步发展，大户集中规模养殖禽畜兴起，全镇饲养生猪3.7万头，家禽26.4万只；引进大棚种植27户，租赁土地42

公顷建蔬菜大棚，种植大椒。2005年起，镇政府兴建芦滩农业生态园，占地20公顷，主要种植广玉兰等名贵花木以及生猪养殖、加工。2008年，全镇粮食种植面积3200公顷，总产4.32万吨；经济作物386公顷，种植油菜、大豆和蔬菜，总产量472吨；畜禽养殖以大户饲养为主，家禽饲养30万只，生猪饲养4万头，水产养殖168公顷，年产量80吨；新建和完善农田林网800公顷，栽植成片林17公顷，四旁植树35万株，活立林木蓄积量45万立方米，年木材采伐1.2万立方米；农机总动力8.2万千瓦，手扶拖拉机拥有量1217台，大中型收割机15台，大型拖拉机36台。

三、工商业

1978年，车桥镇有农具厂、五金厂、印刷厂、建筑站和2家砖瓦厂，年产值4500万元，利税150万元，职工人数超2000人。1987年，全镇骨干企业有9家，年产值2.5亿元，销售2.3亿元，利税600多万元，总资产3000万元以上，职工人数超3000人。1990年以后，车桥工业开始衰退，大量企业倒闭，镇办集体企业80%转制。2000年以后，大力开展招商引资活动，鼓励民营企业发展，工业经济得到发展壮大。2008年，全镇工业门类形成化工、轻纺、造纸、电子机械、建筑建材五大类。是年，全镇有列统企业5家，有50万元以上资产企业65家，其中私营企业占90%，从业人员3500人，资产总额1.2亿元，年产值5亿元，销售4.8亿元，利税1260万元。2008年，规划占地200公顷的新工业集中区，位于镇区东南丰年村境内。

2001年车桥镇庙会

1978年，车桥有供销社、粮管所、食品站、饭店、粮食加工房、市场等服务单位9家，个体摊点85个，总贸易60余万元。1984年，经济贸易及市场开始活跃，集镇个体工商户有120户，年贸易额150余万元。1985年以后，每年农历三月二十八日，政府有序组织车桥庙会，持续七八天。其间方圆百里内的人涌入车桥，日人流量在10万人次左右，商品成交额高达100多万元。1990年，个私经营发展迅速，有商业企业及个体工商户近300家，总贸易额1200多万元。2008年，个体工商户达600家，总贸易额3000万元，经营范围涉及粮食、五金、机械、化工、电子、塑料、建材、建筑、运输、服务等多个行业。

四、社会事业

80年代后，文化、教育、卫生社会事业发展迅速。1984年建成广播电视站，1985年投入45万元建成车桥文化中心。占地0.67公顷，建筑面积980平方米，有各类活动用房32间，设有图书阅览室、展览室、书画室、电教室、乒乓球室、老年人活动室、青年人活动之家、歌舞厅、橱窗画廊、篮球场。是年，车桥镇建成拥有1000多座位的车桥影剧院，设备时为苏北一流。该影剧院自1988年起连续五年被评为“江苏省明星剧场”。1991年，车桥镇被评为“江苏省群众文化先进镇”。2001年，文化站和广播电视站合并为文化广播电视服务站。2005年，车桥镇被省委宣传部、省文化厅确定为江苏首批17家乡镇文化活动中心标准化建设工程试点单位之一。新建的车桥文广站总占地3160平方米，建筑面积1500平方米，设有“一房六室三厅一场一径”，即有线电视机房、图书阅览室、文化信息资源共享室、棋牌室、乒乓球室、书画培训室、健身室、多功能厅、展览厅、歌舞厅、篮球场、健身路径。2006年后，车桥镇每年利用文广站阵地开展各类培训活动，先后举办过青少年书法绘画培训班、音乐培训班、交谊舞培训班等20多期，接受培训人数千人次以上；每年举办较大规模的节庆群众性文化活动10次以上，阵地活动20次以上，参与群众近万人次。当年，车桥镇文广站被省委宣传部、省文化厅表彰为“服务基层、服务农民”先进单位。自1995年开通有线电视至2008年，车桥镇实现有线电视村村通，有线电视用户入户率65%，用户8000余户。2008年底，全镇19个行政村全部建成农家书屋。

1978年，全镇共有高中（含初中部）2所，初中10所，小学27所，在校高中学生761人，初中学生2360人，小学学生6893人。教师415人。1987年，车桥镇撤销、合并部分初中，各小学办起幼儿班（即学前班），新建车桥二中和车桥三中（原朝阳联中），设立成人校。1988年，车桥二中更名为车桥中心初级中学。1996年，车桥三中并入中心初中。2002年，车桥镇实施中小学布局调整。2008年，车桥有1所中学（完中），1所中心初中，6所完全小学，1所中心幼儿园，4处教学点，1所成人校。1985～2008年，车桥教育连年被评为先进单位。2006～2008年，车桥中学获得区级以上表彰59次，车桥成人校成为江苏省重点成人校。2008年，全镇共有在校学生7300余人，教职工602人。全镇教师学历达标率100%，有高级职称30人，中级355人，初级112人。小学入学率100%，巩固率100%。初中入学率100%，巩固率99.8%。车桥地区人民医院1983年建成综合门诊楼，1984年更名为车桥中心卫生院。1986年，国际爱德基金会捐赠8万元医疗设备给中心卫生院，1992年建成病房楼。1992～1997年院制剂室生产医用大输液供周边各卫生院使用。2006年，车桥中心卫生院更名为车桥镇社区卫生服务中心。2008年，该中心占地2.7万平方米，拥有综合门诊楼、病房楼、防保楼、行政楼、药剂楼、手术楼及职工宿舍楼，职工141人，其中副主任医师以上5人，主治医师35人。全镇有社区卫生服务站18个，村级医护人员68人。全镇新型合作医疗参保率100%，儿童计划免疫接种率100%。全镇98%的人口饮用水安全。

1978年，农民住房35%是砖瓦房，65%是草房。1993年，全镇已基本无草房户。1999年，淮阴市人大在丰年村搞中心村建设试点，以后赵阳、范六、车南、张陈等村先后开展中心村建设工作。2004年，全镇全面实现村村通水泥路。1978年，集镇只有一条主街道（南北路，现富福中路）和一条老淮流路（东西路），街道两旁以一层砖瓦房为主。1984年首次编制车桥镇总体规划和集镇规划，后于1996年、2005年重编。规划面积从1平方千米到2平方千米，镇区街道形成“三纵两横”格局，全镇规划83个集中居住点，集镇建成区面积近3平方千米，农村水泥路通达各村。宿淮盐高速公路横穿境内，设有车桥高速出入口和车桥服务区。

第三节　施河镇

一、概况

施河镇位于区境南部，距城区35千米，地处淮安、扬州两市交界处，东与泾口镇接壤，北与车桥镇相邻，西与平桥、溪河两镇相连，南与宝应县曹甸镇毗邻，东西最长10千米，南北最长7千米，总面积58平方千米。境内地势真高落差较大，以横河为界，横西真高4.3米左右，横东真高2.0米左右。水网河道密布，土质多为黏土、沙土，主要灌溉渠河道为五支河、二支河，主要排涝河为岔溪河、下引河、头溪河、新施河、新戚河。镇以境内河流取名。镇政府驻地胡河，1983年改公社置乡；1999年撤乡设镇，时辖31个行政村。2001年，施河镇并村联组，王桥、齐心村合并成王桥村，岔南、岔北村合并成岔南村，施庄、夹板村合并成施庄村，崔河、邓舍村合并成崔河村，戚河、小施河村合并成万新村，胡河、陆河和红庄村合并成陆河居委会，大施河、顾王村合并成大施河村，瓦屋、龙潭村合并成条龙村，鲁赵、西灌村合并成鲁赵村，成灌、东灌村合并为成灌村，南舍、于王村合并成双福村，庞王、蒯成村合并成双溪村。2008年末，全镇有14个村，2个居委会，187个村（居）民小组，有1.8万户，4.2万人。全镇有耕地5.72万亩。

施河是全国最大的教学具研制、生产、销售基地。2008年，境内拥有生产教学具企业173家，形成教具、学具、幼儿玩具、体育器材、实验室设备、学校后勤装备、运动场地装备等10大类2000多个品种体系。

施河镇　（2002年摄）

二、农业

1978年，全公社粮食种植面积3733.33公顷（不含复种），粮食总产量1.1万吨左右；经济作物（不含复种）种植480公顷，总产量800吨左右，全年经济作物总收入350万元；副业饲养畜禽等共1.56万只（头）；水产养殖266.67公顷，年产鱼不到600吨；林业树种主要是洋槐树、泡桐树、桑树、榆树、柳树以及老关杨等自然生长的杂树，年木材蓄积量5000立方米；农机总动力7000千瓦，其中大型拖拉机10台。1983年实行大包干，土地使用化肥增加，粮食亩产大幅增加。当年种植3333.33公顷（不含复种面积），粮食产量2.37万吨。1984年，经济作物面积（不含复种面积）200公顷，总产量840吨。1998年，渔业养殖发展快，养殖面积增加到146.67公顷，精养率80%，年产量560吨。2000年，高效农业逐步发展，大户养殖畜禽兴起，生猪饲养量5.7万头，家禽68万只，全镇年饲养肉鸡1万只以上的农户有30户。2005年调整农业结构，全镇发展蔬菜大棚6.67公顷。2007年，全镇粮食种植3266.67公顷，总产量2.5万吨；经济作物面积272公顷，主要以蔬菜、油菜、西瓜、大豆等为主，总产量2000吨；畜禽养殖以大户为主，家禽饲养量88万只，生猪饲养6万头。2008年发展规模养殖，乡人侍瑞龙返乡创业，投资800万元建设丰旺养猪场。该场占地2.13公顷，建成标准猪舍4500平方米，附属设施900平方米，年利润200万元。是年，全镇水面养殖278.67公顷，产鱼1072吨；新建成片林333.33公顷，绿化风光带20公顷，四旁植树8万株，活立林木蓄积量20万立方米，年林木采伐量5万立方米；有手扶拖拉机1030台，大中型收割机械10台，挖掘机械5台。

三、工商业

1978年，有企业3家，销售收入55.6万元，工业用电量12.83万千瓦时，企业产品主要为网、木板制品、砖瓦等。1991年，全乡工业总产值3421.5万元，其中乡办工业产值605.5万元、村办工业产值793万元、村以下工业产值2023万元。主要工业产品有丝棉制品、细微拉丝、塑胶彩印和砖瓦。1992年起大力发展乡镇企业，到1994年底，全乡有企业50家，年销售收入8800万元，工业用电量83.3万千瓦时。2000年开始，全镇开展招商引资工作，推动全民创业。2003年，镇实施工业集中区建设，到2008年底，累计

施河教具城　（2002年摄）

投入资金5000万元，完成世纪大道、淮河路、人民路、黄山路、永安路、德福路、德福桥、人民桥等“六路二桥”建设；投资300余万元，建成了35千伏变电所；投资1000余万元完成太平路、永安路、世纪大道、淮河路、人民路、黄山路、德福路、楚宝路绿化亮化等工程，工业集中区“五通一平”面积达3平方千米。2008年，全镇有企业120家，年销售收入32.6亿元，利税2.5亿元，工业用电量874万千瓦时。主要企业有江苏共创人造草坪有限公司、淮安耐美人造草纤维有限公司、淮安市荣佳教学用品有限公司、淮安市富特服饰有限公司、江苏爱心智能科技有限公司、淮安市豪旺再生资源有限公司。

1978年，全镇只有供销社、粮管所、食品站、饭店、旅社、粮食加工等服务单位15家，个体摊点50个，年贸易额65.5万元。1984年，经济贸易及市场开始活跃，集镇有个体工商户120户，年贸易额200万元。1990年，个体经营户发展加快，当年有商业企业及个体工商户180户，年贸易额2820万元。1999年，镇新建钢架大棚市场，内设摊位97个，占地约6700平方米。2006年，建设世纪华联超市和乾坤超市，总占地约8000平方米。2007年，个体工商户达到226户，年贸易额3740万元。2008年，有个体工商户248户，年贸易额4145万元，经营范围涉及粮食、食品、五金、机械、电器、塑料、服装、建筑、运输、服务等多个行业。

四、社会事业

1978年，全公社有文化站、广播放大站、电影放映队。1979～1999年，施河文化设施投入很少。从2001年起，镇文化中心建设逐步加快并开通有线电视，到2007年，有线电视通户率达100%。2008年，全镇16个村（居）建成农家书屋，其中双福、岔南、侯庄、鲁赵、郭庄村建成的农家书屋通过省级验收。

1978年，施河有乡级卫生院1个，村级保健室31个，各类医务人员120人。1993年，卫生院新门诊楼竣工，总面积1500平方米，有病床40张，职工80余人。2008年，全镇有标准化社区卫生服务站16个，总面积2000余平方米，村级医护人员32人。1982年，施河成立敬老院，有瓦房16间，在院“五保”老人9人。1985年，在院“五保”老人21人。1995年，镇政府新建敬老院大楼，有“五保”老人34人。2003年，镇政府改造敬老院。2007年，敬老院新增楼房面积400平方米。2008年，敬老院集中供养人员50多人。

五、人民生活

1978年，施河农民人均年收入50元。1981年实行大包干，人均年收入增加到135元。1983年分田到户后，人们居住水平提高，土墙草房改造为砖瓦房。1992年因多种经营和推广水稻良种种植，人年均收入1260元。1995年，农民人均纯收入有较大提高，达到2872元，其中二、三产收入占50%左右。1998年，全镇新建别墅园46幢，每幢面积240平方米。2007年，推进全民创业，个私经济发展迅猛，人均纯收入达到4500元，其中二、三产业收入占74.8%。同年，集镇新建人民小区。2008年人均收入5600元，主要来源二、三产业和劳务收入。是年，全镇楼房户占70%以上，少数人还拥有私人家庭轿车，镇新建陆河小区、旭日佳苑、乾坤山庄。

第四节　朱桥镇

一、概况

朱桥镇位于区境中部，苏北灌溉总渠南岸，面积54平方千米，西邻京沪高速公路，东与车桥镇接壤，乡政府驻地朱桥镇涧河北街。镇区距淮城镇15千米。1983年改朱桥人民公社为朱桥乡，1988年撤乡建镇，辖三姓、杨槐、闸南、丁曹、五里、蒋庄、孙阳、合兴、祁兴、苗庄、石塘、宝林、朱李、毕圩、周庄、彭田、小闸、马塘、新华、郭兴、桃园和洼圩22个行政村、286个村民小组。2001年，朱桥镇并村联组，朱李村、毕圩村合并成朱桥居委会，三姓村、杨槐村、闸南村合并为闸南村，丁曹村、五里村合并为五里村，孙阳村、苗庄村合并为孙阳村，石塘村、宝林村合并为石塘村，彭田村、小闸村、马塘村合并为小闸村，新华村、郭兴村合并为新华村，蒋庄村、祁兴村、合兴村、周庄村、洼圩村、桃源村未变；286个村民小组合并为142个。2008年，全镇辖1个居委会、12个行政村，共142个村民小组，有1.07万户，4.95万人。

1998年朱桥镇小城镇建设

朱桥镇地下岩盐矿藏资源丰富，已探明储量2500多亿吨。朱桥烩甲鱼是淮扬菜系中的一道经典菜肴，名闻遐迩。

二、农业

1978年，有耕地3113.33公顷，粮食总产3万多吨；有手扶拖拉机337台，中型拖拉机5台，总动力3810千瓦。1983年实行土地承包责任制，粮食总产量3.4万吨。1993年，全镇建立4万亩“优质无公害稻麦基地”，稻麦亩产达1100千克。2008年，全镇稻麦亩产1140千克，粮食总产5.05万吨，农业总收入1.3亿元；全年生猪饲养量6.5万头，年出栏4.45万头，家禽饲养量110多万只，出栏量60.5万只，畜牧业总收入6100万元；意杨成片林113.33公顷，当年新植树14万株，新建林网面积20公顷；新建优质商品粮基地133.33公顷，发展大棚蔬菜53.33公顷，投资1200万元新建小闸高效农业示范园。全镇农业机械总动力3.62万千瓦。

三、工商业

1978年，全公社有综合厂、水泥预制厂、农具厂、砖瓦厂等9家小厂，总产值523万元，利税47万元。1998年，被列为淮安市工业重点乡镇。2008年，新上凤阳制衣、捷达钢构件、巧尔针织、今生有缘床垫等6个项目，其中5个项目竣工投产。是年，为改善投资环境，镇政府共投入890万元实施道路、电力、给排水三大重点工程。铺设长1500米、宽16米主干道水泥路1条，宽6米、总长613米支干道水泥路7条；架设电力线路1500米；铺设给排水管道1200米；新建标准化厂房8幢，共1.6万平方米。建成占地100公顷的朱桥工业集中区，区内设施配套，有13家生产企业落户，其中11家企业产销两旺，当年实现销售收入3.37亿元、利税2810万元。是年底，全镇拥有工业企业60多家，其中扬子塑业、华泰化工、三淮制衣、电热器厂等企业成为朱桥工业“领头羊”，形成电子、针纺织和机械加工三大主导产业。

1978年，朱桥境内有供销社、粮管所、食品站、粮食加工房等服务单位11家，个体摊点41个，总贸易额160多万元。2008年，朱桥个体私营经济蓬勃发展，全镇共有个体工商户589户，总贸易额1.46亿元，经营范围涉及粮食、五金、机械、电子、塑料、建筑、服务等多个行业。

四、社会事业

1978年，朱桥镇有文化站、广播放大站、电影放映队。此后，文化投资逐渐增多。2007年，朱桥镇被评为“江苏省群众文化先进乡镇”及“淮安市农村文化示范乡镇”。2008年，全镇新建群众文化娱乐点6个，新增有线电视用户837户，建成1个省级标准化文化站，13个村级农民文化大院和11个农家书屋。

1978年，全镇有小学20所，初中5所，教职工325人，在校学生3300人。1984年推广实施九年制义务教育，全镇有小学21所，初中5所，教职工340人，在校学生3460人。1980年，新建五里小学、小闸小学、新华小学、中心小学和朱桥中学教学楼。2008年，全镇有幼儿园4所，小学4所，普通中学1所，共有教职工260人，中小学校共有65个班级、在校学生2700余人。当年，朱桥镇新建朱桥中学学生宿舍楼1775平方米，创建镇校外辅导中心1个和村校外辅导站9个。

1978年，有镇级卫生院1所，村（居）医务室21个，各类医务人员47人。1983年，乡卫生院有病床29张，在职职工84人。2003年，全镇实行农村合作医疗保险，覆盖面95%，参保率83%。2007年，全镇实行城镇居民医疗保险，覆盖面100%，参保率99%。2008年，全镇新改造无害化厕所1150余座，新建自来水厂1座，改造农村水厂14座，铺设安全水管道4.4万米，新建标准化社区卫生服务站4个，社区卫生服务站总数达11个。镇卫生院新建门诊综合楼、防保楼，总面积1789平方米。全镇有村级医护人员52人。

五、人民生活

1978年，朱桥农民人均收入62元，主要为农业收入。农民大多是以粮食为主，依靠家庭种植的蔬菜作为副食品；服饰简陋；住宅土草房为主，砖包门窗稀少，人均居住面积不足6平方米。1983年分田到户以后，人们生活基本以大米、小麦为主粮，土草房改造为砖瓦房。2008年，因农业产业化和高效农业的迅速开展，以及全民创业热潮的全面掀起，农民人均收入大幅度提高，达到6750元，其中二、三产业收入占87%；有楼房户达85%以上；有线电视和电话的入户率均达100%。

第五节　流均镇

一、概况

流均镇位于区境东南部，地处里下河地区射阳湖畔，东与建湖县蒋营镇一衣带水，南与扬州市宝应县西安丰镇隔河相望，西与淮安泾口镇毗邻，北与盐城市阜宁县罗桥乡接壤。镇政府驻地流均。1983年撤社设乡；1988年撤乡建镇，下辖27个行政村328个村民小组；2001年并村联组，原流均村、赵舍村合并成流均居委会，都良村、都南村、建城村合并为都良村，南河村、北河村合并为双河村，沿河村、沿东村合并为沿河村，黄荡村、黄东村合并为黄荡村，头桥村、涧口村合并为头桥村，条龙村、赵铺村合并为溪河村，马东村、马西村合并为马铺村，前哨村改为前哨居委会，全镇328个村民小组合并为196个。2008年末，流均镇下辖2个居委会、16个行政村，共有196个村民小组，有1.71万户、6.38万人。全镇面积88.6平方千米，耕地面积2866.67公顷。境内沟河纵横，地势低洼，滩涂和水面4000公顷，素有“鱼米之乡”之称。

该镇“星”牌大米、面粉，是江苏省、淮安市名牌产品，曾获中国优质稻米博览会（2002）“十大金奖”。“绿草荡”系列水产品获评淮安市名牌产品商标，其中腊鱼、醉蟹、蒲菜远销20多个大中城市，“绿草荡”大闸蟹于2003年获评部级名牌产品。

流均境内有新四军抗日阵亡烈士纪念碑。

二、农业

1978年，全公社3133.33公顷耕地，粮食总产3万多吨。1983年实行土地承包责任制，全乡粮食总产3.2万吨，比1978年增产近2000吨。全镇有手扶拖拉机328台，2893千瓦，中型拖拉机2台，73.5千瓦。1995年，全镇建立“万亩稻麦吨粮田”，稻麦亩产达1007千克。2008年，流均镇稻麦亩产1058千克，粮食总产3.58万吨，农业总收入1.08亿元。当年，全镇生猪饲养2.5万头，年出栏0.9万头，家禽饲养20.5万只，出栏8.2万只，牧业总收入4200.9万元；意杨成片林67.87公顷，四旁堆堤植树18万株，林业总收入605万元；水生作物1333.34公顷，水产养殖2400公顷，水产品总量1.5万吨，渔业总收入7586.5万元。全镇农业机械总动力2.02万千瓦，有大型拖拉机4台，手扶拖拉机392台，插秧机26台，排灌机械589台，收割机13台，加工机械197台。

三、工商业

1978年，流均有综合厂、农具厂、砖瓦厂等小厂，总产值408万元，利税61万元。2008年实现工业总产值9.57亿元，销售收入9.3亿元，工业利税6770万元，完成技改投入1.3亿元。是年，全镇共引进2000万元项目1个，7500万元项目1个，亿元以上项目1个；镇工业集中区初具规模，集中区有工业项目5个，占地4.6万平方米，建筑面积3.59万平方米；年底启动新工业集中区建设，地处淮流路旁，首期占地4.7万平方米。1978年，流均集镇上有供销社、粮管所、旅社等商饮服务单位12家，共有村商业网点28个，总贸易额100多万元。1984年后，经济贸易市场开放，个体经营户发展迅速。至2008年，全镇工商企业达164家，个体工商户612户，经营范围涉及粮、油、五金、电子、机械、建材、服装、饮食等多个行业，集镇购物场所有78处，其中有商联、世纪华联、万家福3家超市。同年，全镇贸易额9229万元。

四、社会事业

1978年，流均有文化站、广播放大站、影剧院、电影放映队。80年代，全镇有镇村电影放映队7个，有村级小剧场4座。1990年新建灯光球场。1992年，流均镇新建文化楼、广电楼，被评为江苏省“群众体育先进镇（乡）”与“群众文化先进（乡）镇”。1996年6月，流均镇开通有线电视。2008年，全镇有线电视入户6168户，设有2个网吧、1个游戏室、1个音乐茶座、3个书店，12个村建立农家书屋，全年送电影下村216场，戏剧演出近100场。

1978年，流均有小学22所，教学点9个，在校学生5856人；初中3所，有初中班18个、高中班6个，在校学生1258人；教职工共352人。2002年开始实施中小学布局调整，2008年调整到位，全镇设中学1所（含流均二中办班点），完小8所。中学有32个班，1746名学生。小学67个班，2390名学生。全部教职工378人，其中高级职称5人，中级职称220人。1978年，全镇有乡级卫生院1所，村级卫生室27个，各类医务人员91人，其中赤脚医生56人，医疗设施简陋。经过30年的发展，全镇医疗条件得到很大改善。2008年，镇卫生院新建4200平方米综合门诊病房楼1座，设有病床60张，共有医护人员75人，其中副主任医师1人、主治医师24人。有社区卫生服务站13个，村卫生室4个，村级医护人员78人。同年，全镇农村新型合作医疗参保率98%，计划免疫接种率100%，新增规范化农厕526座，85%人口使用安全饮用水。

五、人民生活

1978年，流均农民草房户占68%，道路全为土路。80年代，流均镇12个村庄铺设了70多千米砖路，铺设镇村砖石公路4条13千米，住房逐步实现砖瓦化。1983年，流均第一次编制集镇建设规划，之后又多次进行编修，2008年进行第六次编制。1995年，镇政府在镇区中心段的老涧河河床上连片建成育才路小区。1999年，镇政府开辟北街道小区，使原集镇一字街变为十字街。2006年，全镇规划中心村41个。2008年，全镇18%的农户住上楼房；全镇镇村水泥路13条52.3千米，村组水泥路152千米；规划设立15个居民集中居住点，永兴、二桥中心村建设初具规模；先后建成供销小区、楚宝路小区、新街小区、食品小区、泗汉河小区、商联超市等11个农民居住小区。

第六节　平桥镇

一、概况

平桥镇位于楚州区南部，东与施河镇接壤，南与扬州市宝应县交界，西隔京杭大运河与林集镇相望，北与上河镇、溪河镇毗邻，镇政府所在地平桥居委会，距县城约20千米。全镇面积46.3平方千米。1983年下辖十涧、大任、王兴、王沟、五湾、上圩、三湾、大方、磨担、查庄、竹园等24村。1986年，平桥撤乡建镇。2001年并村联组，其中平桥居委会、平东居委会、平南居委会、平北居委会合并为平桥居委会，上圩村、大方村、三湾村合并为镇中村，王兴村、五湾村、大任村合并为兴福村，孟集村、查庄村合并为孟集村，同兴村、磨担村合并为同兴村，竹园村、陆桥村合并为陆桥村。2008年，全镇辖有1个居委会、13个村、242个村民联组，有9787户、3.85万人。

平桥传统庙会——笑人会　（1988年摄）

“笑人会”是平桥镇的特色文化庙会。1978年以前，每年农历三月初一至初三，民众列队前往兜土庵兜土敬香，后在主街道经营商业和服务业。1978年以后，“笑人会”融入文艺色彩，加入淮戏、马戏、高跷、龙舞、旱船、跑驴、莲湘、评书等表演，热闹非凡。1980年以后，镇政府利用“笑人会”开展经贸活动。“笑人会”的特色文化活动，曾被中央及省、市、区等多家新闻媒体专题报道。

淮扬“平桥豆腐”“平桥大糕”两种美食扬名省内外，曾获江苏省优质产品称号。

二、农业

1978年，平桥粮食种植面积3553.33公顷，夏秋两熟主要种植水稻、“三麦”、油菜、玉米，兼种少量山芋、花生、黄豆和瓜菜。粮食总产3.53万吨；经济作物种植面积555公顷，总产761吨，全年经济作物总收入382万元。农户饲禽畜2.59万只（头）。林业树种主要以刺槐树、泡桐树、榆树、柳树、桑树和关杨树等自然生长的杂树为主，生长期长，经济效益较低。农机总动力4219千瓦，有手扶拖拉机139台，柴油机133台，大型拖拉机3台。2008年，全镇实现农业总产值1.23亿元，其中：农业产值7918万元、林业产值551万元、牧业产值2568万元、渔业产值1287万元。全年粮食产量3.66万吨，其中小麦总产1.54万吨（单产421千克）、水稻总产2.11万吨（单产599千克）。当年生猪饲养1.85万头，出栏1.39万头，存栏0.47万头；家禽饲养30.7万只，出栏24.2万只。

三、工商业

平桥工业有化工产品、酱醋、砖瓦、兽药、编织品、阀门等门类。1978年，工业总产值143.42万元，销售收入52万元。1984年，工业总产值258.46万元。1992年，工业总产值7854万元。2008年，工业总产值13.66亿元，销售收入13.45亿元，实现利税1.02亿元，工业增加值2.73亿元。其中，列统企业产值2.33亿元，销售收入2.28亿元，利税1771万元，工业增加值4632万元。工业技改投入1.35亿元。全镇全年完成招商引资到位资金7480万元。

平桥以传统集市优势发展第三产业。1978年，平桥公社有供销社、粮管所、食品站、饭店、旅社、粮食加工等服务单位15家，有个体摊点35个，总贸易额35.10万元。1984年，经济贸易及市场活跃，平桥街、余庄闸两处有个体工商户47户，总贸易额72万元。1990年，个体经营户发展加快，有商业企业及个体工商户95户，总贸易额420万元。2008年，全镇有个体工商户443户，全部从业人员1.16万人，实现个体工商、私营企业税收272万元，经营范围涉及粮食、五金、机械、电子、塑料、建筑、服务等多个行业。

四、社会事业

1978年，有线广播通达各村组。2008年，平桥镇建成一个容纳600人的影剧院和1100平方米的文化电视中心，以及13个村级文化大院、13个农家书屋（藏书量3万册）；有线电视入户率达70%以上，程控电话装机总量5000部，宽带入网600户，村村建成多媒体远程教育平台。

1978年，境内有1所高中、3所初中、13所小学。后经调整，到2008年全镇共有初中2所（其中区直中学1所），完小4所（含幼儿班），民办幼儿园1所。是年，幼儿入园率、小学入学率、初中入学率、义务教育完成率、中学小学毕业率均达到100%；中小学校园总面积13.43万平方米，建筑面积3.05万平方米；办学设施基本达到全区统一的标准，有微机室5个，微机238台（可上宽带网），多媒体教室5个，各中小学校均接入宽带网，开通镇初级中学、中心小学教育网站。2000～2008年，全镇先后举办成人教育培训班621期，培训学员1.65万人次，推广立体养殖、庭院经济、农业产业化、猪鱼鸭配套养殖等高效种养模式培训30多种，科技脱贫530多户。

平桥卫生院始建于1953年11月，到2008年成为一级甲等卫生院。2008年末，全镇建成14个社区卫生服务站，总建筑面积1600平方米，医生总数48人。农村新型合作医疗参保率达100%。

1978年，集镇有一条街道，主街道为石子路。1993年，集镇主街道改造为水泥路。2000～2008年，镇政府先后筹集城镇建设资金1.3亿元，新建工商街、兴平街、商业街、新兴街、新雅居、教师公寓等，铺设工商路、平北路、商业街路、新兴路、市场路等路面，四级水泥路通达各村。沪宁高速公路和237省道贯穿境内。架设路灯40多盏，新增绿化面积2.23公顷，新建2座水冲式公厕、1座自来水厂、1个垃圾填埋场。2008年，平桥镇被评为“全国村镇建设先进单位”。

第七节　上河镇

一、概况

上河镇位于淮安区南部，总面积39.8平方千米，东西长约8千米，南北宽约5千米，东与溪河镇相邻，西依淮江公路隔京杭大运河与三堡乡相望，南与平桥镇毗连，北与马甸镇接壤。1978年5月为七洞人民公社；1983年更名为七洞乡，辖上河、淮运、五洞、高北、大姚、大后、徐甸、茆桥、丁舍、杨集、张庄、前任、前杨、大拥、谭庄、申大、九佃17个村；1989年更名为上河镇；2001年并村联组后辖岔溪、谭庄、运河、大姚、大后、黄楼、杨集、前庄8个村和上河居委会。2008年末有8184户，2.92万人。镇政府驻上河居委会，距淮城镇13千米。

《老残游记》作者刘鹗墓位于境内大后村。

二、农业

1978年，全镇粮食种植面积1733.33公顷，粮食总产1.64万吨；经济作物面积200公顷，总产

2000吨,收入400万元;饲养畜禽5.6万只(头),水面养殖53.33公顷,年产鱼5吨;林业树种主要以刺槐、泡桐、榆树、意扬等杂树为主。农机总动力2000千瓦。1983年以后,群众科学种田水平逐步提高,粮食产量有所增加。2008年,粮食种植面积1866.67公顷,粮食总产2.1万吨;经济作物面积266.66公顷,总产3000吨;花木、蔬菜面积种植200公顷;畜禽养殖以大户为主,家禽饲养总量10万只,生猪饲养量超过1万头;水面养殖66.67公顷,年产鱼80吨;栽植成片林20公顷,四旁植树20万株。农机总动力2800千瓦,各种农业机械超过1千台。

三、工商业

上河工业主要产品有猪鬃制品、面粉、电子零配件、粉末涂料、纸制品、手套、服装、砖瓦、塑钢门窗等。1978年,全镇有5家企业,销售收入100多万元;有供销社、粮管所等服务单位10家,个体摊点30个,总贸易额48万元。2002年以后,全镇开展招商引资工作,工业经济有所发展。2008年,全镇有工业企业30多家,其中列统企业5家,全年工业总产值4.25亿元,入库税金120万元。2008年,全镇有商品贸易单位及个体工商户160多户,经营范围涉及粮食、食品、五金、电器、塑料、建材、服务等多个行业,总贸易额3000多万元。

四、社会事业

1978年,全镇有小学17所,中学1所,在校学生3000多人,教职工210多人。1984年,全面实施九年制义务教育,全镇教育资源重新组合。2008年,全镇有中学1所,中心小学1所,完小3所,在校学生1200人,教职工200人。

1978年,有卫生院1所,村级保健室17个,各类医务人员近百人。2000~2008年,先后建起黄楼、大后、前庄、运河、谭庄等5个社区医疗服务站,有医护人员35人。

1978年,全镇基本上以泥土路为主。1989年,镇内开始修砂石路。1998年以后,全镇先后铺设环镇路、南大路和中心路四级水泥路,公路总长40千米。2008年,四级水泥路通达各村,全镇村村通公路。同三国道穿镇而过,水陆交通便利。集市建设扩展,农民收入提高。1978年,老西庄集镇南北长600米,东西长500米,用作集市交易场所。2002年以后,集镇不断扩大容量,利用500千伏上河变电所建设的契机,建成一条近3千米长的工商街,修建下水道2000米,街道总长3.5千米。街道两旁共植树1000余株。2008年,上河镇新开发了800米长的开河街。当年,敬老院建筑面积扩大1200平方米,入院的“五保”老人由以前的12人增加到28人。

五、人民生活

1978年,全镇农民人均收入仅106元,主要为农业收入。1983年,农业生产实行大包干,人均收入增加到158元。1995年,发展“两专一基”,农民人均收入达到2586元,其中第二、第三产业收入占60%左右。2008年,大量农民外出务工,人均收入大幅度提高,达到7000元,其中农业收入2000元。

第八节 马甸镇

一、概况

马甸镇位于区境南部,距城区约10千米,东界溪河镇、朱桥镇,西傍大运河与淮江公路,南接上河镇,北邻建淮乡,全镇东西最长约11千米,南北最宽约4.5千米,总面积44平方千米。境内土地肥沃,是优质稻米和良种繁育基地。镇政府驻地马涵洞,因境内自然村马蚁甸得名马甸。1981年7月从石塘公社划出，建立马甸公社；1983年撤社建乡；2000年底撤乡建镇。2001年，马甸镇将15个行政村、1个居委会合并为7个行政村、2个居委会，其中：二堡村、李庄村合并为二堡村，马桥村改为马涵洞居委会，马东村、石桥村合并为发茂村，乾益村、苗舍村合并为乾益村，郭湾村、邱洞村合并郭湾村，靖大庄村、董庄村合并靖大庄居委会，侯良村、金王村合并为十五里桥村。2008年，全镇辖有2个居委会、7个行政村、95个村民小组，有7540户、3.17万人。

二、农业

1981年，全镇水稻种植面积2062.2公顷，总产1.22万吨；小麦面积966.67公顷，总产4618.5吨；大麦520.4公顷，总产2278吨；玉米66.93公顷，总产295.45吨。当年，生猪出栏量2.6万头。全镇有柴油机200台，拖拉机40台。2008年，水稻种植面积1693.33公顷，总产1.48万吨；小麦面积1526.67公顷，总产9167吨；玉米面积11.4公顷，总产69吨；大麦面积16.33公顷，总产81吨；油菜籽面积54.8公顷，总产91吨；蔬菜面积286.27公顷。是年，生猪出栏量3.5万头；肉鸡出栏量30万只；蛋鸡圈存量11万只；水产养殖面积240公顷，总产量600吨；成片林面积15公顷，植树11万株，采伐木材8000立方米。全镇有收割机35台，大中型拖拉机52台，小型拖拉机322台，插秧机100台，条播机290台，开沟机100台，秸秆还田机8台，增氧机30台。机插秧面积700公顷，机收割率达98%。

三、工商业

1981年，全镇有企业1家，年销售收入2.3万元，工业用电量0.4万千瓦时，企业生产的主要产品有农机配件。1990年开始，全镇大力兴办乡镇企业。1997年，乡镇企业总数达到23家。1998年对乡镇企业进行改制，23家乡镇企业全部一次性卖断，转制为私营企业。2005年，全镇开始新建马甸工业集中区，规划面积100公顷。至2008年，全镇已启动面积40公顷，入区企业18家（其中列统企业3家），用工人数1300人，实现开票销售2.15亿元，利税4000万元，入库税收762万元。2008年，全镇有工业企业48家，工业主要产品有化工钛白粉、润滑油、太阳能热水器、水泥预制产品、食品等。销售收入9.38亿元，工业用电量3210万千瓦时，利润4978万元，入库税收1240万元。重点企业有飞洋钛白粉有限公司、海润石化有限公司、怡海煤气有限公司、伟业制刷有限公司、敦华机械配件厂、磁化锌铁肥厂、农喜肥料厂、嘉德依食品有限公司、光环太阳能热水器有限公司等。

马甸镇玉兰预制场　（1997年摄）

1981年，全公社有供销社、粮管所、食品站、饭店、旅社等服务单位13家，个体摊点26个，总贸易额27.1万元。1984年，贸易市场开始活跃，马涵洞街、卫东街两处有个体工商户50多户，年贸易额81万元。1985年，全乡有商业企业及个体工商户138户，年贸易额230万元。1990年，个体工商户有89户，年贸易额3200万元。2008年，个体工商户发展到206户，集市有马涵洞集和卫东集，集镇有1个农贸市场、6家购物商场，全镇年贸易总额4.9亿元。

四、社会事业

1981年，公社有线广播通达各生产小队，入户率90%以上。1991年，新建240平方米的广播电视办公楼。1992年，160平方米的文化站综合楼落成。1999年开通有线电视，2004年实现有线电视村村通，近60%的农户接通有线电视。同年，新建600多平方米的影剧院，全镇组建了两个业余文艺宣传队，两个民间乐队，一个文学社，有多篇文艺作品在国家和省市级文艺刊物发表和获奖。2006年，筹资24.5万元，改扩建文化站和广播电视站站房，添置文体活动设施，建成550.48平方米的文广中心，通过省文化厅农村达标文化站合格验收。同年，全镇9个村居全部建起了文化大院和农家书屋，藏书量1.8万册。2008年，民间文学《蚂蚁甸的传说》被列入区级非物质文化遗产名录。

1981年，教育设施调整，撤销高中班，普及发展初中，全镇有初中16个班，教职工220人，在校学生2000余人。至2008年，全镇有初级中学、小学5所学校，教学楼、学生宿舍楼面积6600平方米，在校生1482人，教职工263人。是年，小学毕业生全科合格率99.8%以上，初中生全科合格率94%以上；中、小学生的毕业率分别达到99%和100%，初中升高中的升学率达93%以上；义务教育阶段在校生巩固率达99.8%；全面实施免学杂费、免课本费和对困难寄宿生补助的"两免一补"；中心幼儿园被评为省示范幼儿园，中心小学被国家六部委评为"全国50所流动人口子女及农村留守儿童示范家长学校"，马甸中学、中心小学分别通过市德育先进学校、综治平安校园、管理规范示范校的验收。

1982年，马甸新建卫生院，占地4088平方米，建筑面积2207平方米，卫技人员32人。1987年，卫生院大楼落成。2008年，马甸卫生院占地4660平方米，有700平方米的门诊大楼、980平方米的病房楼、300平方米的防保小区、160平方米的爱婴小区，卫技人员45人，基本实现人员、场所、器械三配套。全镇建成15个社区卫生服务站，总建筑面积达1800平方米，村医生总数46人，形成镇村医疗卫生一体化格局。农村新型合作医疗参保率达100%。1981年，集镇仅有一条东西向街道，沿街没有一间商住楼，街道路面为石子路。1998年，集镇主街道改造为沥青路并架设路灯21杆，沿主街道的单位与民居开始翻建办公楼与门面房。2008年，聘请淮安市城市规划设计院完成集镇总体规划修编工作，集镇规划面积1.76平方千米，规划人口1.65万人。1998～2008年，全镇筹集城镇建设资金1.1亿元，先后建起花园路、发茂路、马涵洞路、文兴路、通达路，镇区等道路总长2.43千米，道路面积3.7万平方米。2007～2008年，全镇新建路灯80多盏、水冲式公厕5座、自来水厂1座、垃圾中转站和垃圾填埋场各1座，绿化面积1.6公顷。

1981年，全公社有169个自然村庄，村民住房多为泥土、草木结构的住房。1983年大包干以后，农民开始翻建瓦房。2005年，镇政府规划了33个农民集中居住点。2006年，楼房率达82%。2008年，马甸高速环内被列入城市规划控制区管理，全镇集中居住点被缩减为27个，新一轮土地利用总体规划将全镇集中居住点缩减为8个。

第九节　溪河镇

一、概况

溪河镇位于区境东南部，距城区20千米。东接车桥、施河镇，南界平桥、上河镇，西临马甸镇、建淮乡，北与朱桥镇为邻。镇以过境的千年古河头溪河冠名。镇政府驻地三官殿，镇域面积43.8平方千米，耕地总面积2186.67公顷。境内地势平坦，东北部与南部地势低洼。省六级航道头溪河、京沪高速、淮宿盐高速穿境而过，农村四级水泥路通达各村。境内土质多为黏土和沙土，土地肥沃，是优质稻米生产和良种繁育基地。1983年，原溪河公社改为溪河乡；1988年撤乡建镇。2001年，溪河镇并村联组，将杨桥村、林舍村合并为杨桥村，经堂村、韩刘村合并为经堂村，高桥村、马园村合并为高坝桥村，单洼村、千米村合并为单里村，马北村、孙管村合并为马北村，戴孟村、唐庄村合并为戴孟村，三官村、朱韭村、政和居委会、协和居委会合并为三官居委会，戴西村、墩胡村、大车村、朱周村、土楼村、孙李村未变，将230个村民小组并为114个联组。2008年，全镇辖12个行政村、1个居委会，共有114个村民小组，有8953户、3.31万人。

二、农业

全镇农业以种植“三麦”、水稻、玉米、油菜、豆类为主，兼种瓜果蔬菜。1978年，小麦种植面积1680公顷，总产6300吨；大麦146.67公顷，总产660吨；水稻2133.33公顷，总产9600吨；玉米54.67公顷，总产287吨。全年生猪出栏2.6万头。有柴油机260台，拖拉机25台。1985年，溪河大力发展养殖业，除养猪外，还养羊、鸡、鸭、鹅、鸽子、鹌鹑等。2006年，溪河镇利用国家农业开发资金大力兴建机电泵站，疏浚河道，加固堆堤。2008年，全镇小麦种植面积1873.33公顷，总产1.17万吨；水稻面积2080公顷，总产1.72万吨；玉米面积3.87公顷，总产21吨；大豆面积51.13公顷，总产92吨；油菜籽面积54.8公顷，总产91吨；蔬菜面积286.27公顷。全镇全年生猪出栏3.21万头，肉鸡出栏90万只，蛋鸡圈存8万只，水产养殖面积46.67公顷，总产量350吨；成片林面积53.33公顷，植树48万株，年木材采伐量2000立方米。全镇有收割机58台，大中型拖拉机86台，小型拖拉机340台，插秧机108台，条播机220台，开沟机110台，秸秆还田机2台，机插秧面积120公顷，机收割率98%。全镇当年建成机电泵站12座，桥梁32座，防渗渠18千米，机耕路12千米，疏浚河道8条，挖土40万立方米，复垦土地15.33公顷。

三、工商业

溪河工业以加工为主，主要产品有医用纱布巾、硫酸镍、硫酸钴、羽绒被服制品等。1978年，全公社有企业4家，销售收入226万元，工业用电量2.2万千瓦时。1991年，镇办企业有18家，村办企业21个，个体办企业3591家，工业总产值2721万元。1998年，乡镇企业进行改制，镇办、村办企业全部一次性卖断，转为私营企业。2008年，全镇有工业企业46家，其中列统企业8家，全部工业企业销售收入11.01亿元，工业用电量328万千瓦时，利润3731万元，入库税收493万元。列统工业企业实现销售收入3.75亿元，利税3300万元，开票销售8000万元，入库税收300万元。重点企业有康和公司、杰翔羽绒、庆隆羽绒、立忠羽绒、润信鬃刷、羽绒二厂、长虹化工。镇建成占地16公顷的工业集中区，入区企业8家，实现开票销售5200万元，利税2000万元，入库税收200万元。

1978年，全公社只有供销社、粮管所、食品站、饭店、旅社等服务单位17家，个体摊点42个，总贸易额270万元。1985年经济贸易开始繁荣，头溪河粮食码头年粮食交易量达5万吨，贸易额3000万元。1990年，个体工商户发展到183家，总贸易额8000万元。2008年，个体工商户462户，贸易场所有头溪河粮食码头2处，生猪市场、农贸市场各1个，购物商场8家，具有一定规模的有商联超市、百佳信超市和上海世纪华联超市，年贸易总额2.3亿元。

四、社会事业

1978年，全公社有一座草木结构的大会堂，有线广播通达各村组，全镇无一台电视机。至2008年，全镇已建起1500平方米的影剧院、1000平方米的文化电视中心、13个村级文化大院、13个农家书屋，藏书量2.5万册。全镇有线电视入户率达55%以上，程控电话装机总量5500部，宽带入网800户，村村建成党员远程教育平台。

1978年，境内有1所高中、4所初中、16所小学，在校小学生1836人、中学生624人，教职工238人。1980年，教育布局调整，高中班被撤销，普及发展初中，初中14个班，教职工210人，在校学生800余人。2008年，全镇有初级中学、小学共4所，教学楼、学生宿舍楼面积6400平方米，在校生1837人，教职工192人。小学毕业生全科合格率98%以上，初中生全科合格率92%以上，中小学生的毕业率分别达到98%和100%，初中升高中的升学率达87%以上。中心幼儿园被评为省和谐校园。小学、初中、残疾儿童入学率分别达到100%、99.35%和90%以上，义务教育阶段在校生巩固率达99.6%，被淮安市命名为高水平、高质量“双高普九”乡镇。溪河中学、中心小学分别通过区德育先进学校、综治平安校园、管理规范示范校的验收。

1978年，公社卫生院占地1000平方米，建筑面积500平方米，时有卫技人员28人。1987年，乡卫生院新建卫生楼。至2008年，溪河卫生院占地1.65万平方米，有1900平方米的门诊大楼、500平方米的病房楼、240平方米的防保小区、160平方米的爱婴小区，卫技人员45人，实现人员、场所、器械三配套，先后被评为一级甲等卫生院、爱婴医院、文明防保所、标准化卫生院、示范化社区卫生服务中心。2006～2008年间，全镇先后建成10个社区卫生服务站，总建筑面积达1200平方米，社区医生总数50人，形成了镇村医疗卫生一体化格局。2008年，农村新型合作医疗参保率达100%。被淮安市评为“市级初保先进乡镇”。

1978年，溪河集镇仅有一条石子街道，没有一间商居楼。全公社有230个村民小组、180个自然村庄，村民住房多为泥土、草木结构房。1980年大包干以后，农民住宅条件有所改善，开始翻建瓦房。1995年，集镇主街道改造为水泥路，沿主街道的单位与民居翻建办公楼与门面房。2005年，农民住房楼房率达60%。2006年，聘请淮安市城市规划设计院完成了集镇规划修编工作，集镇规划面积2.51平方千米，人口1.5万人，详细规划率42%。集镇形成一河（头溪河）、两路（人民路、沿河路）、三横、四纵的城镇格局。2006～2008年间，镇政府筹集城镇建设资金1.2亿元，先后建起人民路一条街、文卫路一条街、仿古步行街、天益商贸城、三官商贸街，铺设文卫路、沿河路、政和路水泥路面，设置路灯160多盏，绿化面积2.1公顷，新建5座水冲式公厕、1个自来水厂、3个垃圾中转站和1个垃圾填埋场。2008年，溪河镇被评为“江苏省新型示范小城镇”，被确定为“江苏省综合改革试点镇”。

第十节 泾口镇

一、概况

泾口镇位于区境东南部，距淮城镇约35千米，东与流均镇搭界，西与车桥镇接壤，东南与扬州市宝应县西安丰镇隔绿草荡相望，西南与施河镇相连，北与博里镇毗邻，东西最长9.2千米，南北最长9.6千米，境域面积58.6平方千米。据旧志记载，泾口之地曾为泾河入射阳湖之口，故名泾河口，亦称泾口浦，简称泾口。1983年，泾口撤社置乡，同时生产大队改称村，生产小队改称村民小组，恢复乡村建制。1999年9月，泾口撤乡建镇。2001年，泾口镇并村联组，24个村居合并为13个村居。其中，官渡村、葛邵村合并为官渡村；泾口居委会、泾前村合并为泾口居委会；光明居委会、刘六村合并为光明居委会；桥头居委会、欧业村合并为桥头居委会；付吉村、东作村合并为泾东村；姚河村、下舍村合并为姚河村；蒋桥居委会、大阳村、陈徐村合并为蒋桥居委会；严桥村、马湾村合并为桂卿村；陈桥村、花尖村合并为陈桥村；宥城村、东宥村合并为宥城村；蛇丰、花巷、高舍三村不变。2008年末，全镇辖4个居民委员会，9个村民委员会，140个村民小组，有1.1万户、4.6万人。1978年，泾口公社上报耕地面积约3533.33公顷。1982年全国第二次土壤普查资料显示，泾口公社土地总面积约5540公顷，其中可耕地约3793.33公顷。2008年底，全镇可耕地面积3366.67公顷。

二、农业

泾口镇沟河纵横，土地肥沃，物产丰富，有利于优质稻麦蔬菜生长和鱼虾蟹鳖等水产养殖。农业种植：1978年，全公社种植水稻约3153.33公顷，总产1.85万吨，平均亩产390.5千克；种植三麦约1993.33公顷，总产7706.05吨，平均亩产257.5千克；种植油菜225.47公顷，总产197.85吨，平均亩

泾口镇姚河村鹭鸟养殖

产58.5千克。1981年以后，随着大包干土地承包责任制的推行，加之杂交水稻种植技术的引进，粮食产量实现新的飞跃。1988年，全镇种植水稻3306.67公顷，总产2.62万吨，平均亩产527千克，其中杂交稻约2773.33公顷，亩产突破550千克；杂交稻制种201.07公顷，总产869.4吨，成为淮安市杂交水稻制种量第一镇，其籽种销往全国十多个省市。1986～1990年，全镇累计投入400多万元，加固外圩堆堤115.6千米，建成866.67公顷高产稳产吨粮田。90年代中期，全镇对水稻品种实行二次改良，推行“杂改粳”，提高稻米品质，被江苏省命名为优质稻米生产基地；先后建成蔬菜、养鱼、养禽、养猪等多个专业村，涌现一批种植业、养殖业专业户。1998年，蛇丰村被全国绿化委员会授予“绿化先进村”称号。2005年，泾口镇建成2333.33公顷“绿色稻米”生产基地。2006年，圣玉牌特制粳米经中国绿色食品论证中心批准使用绿色食品标志。2008年，全镇粮食总产3.89万吨，其中2900公顷水稻平均亩产567千克；生猪圈存量8.3万头，出栏量1.2万头；家禽存栏量9.6万只，出栏量7.8万只；有千头猪场1个，百头猪场6个，千只鸡场8个，其中蛋鸡场5个；水产品总量6752吨，渔业总收入5092万元；农业机械总动力2.87万千瓦，有拖拉机706台，拖拉机配套机具2220部，施耕机700台，稻麦联合收割机80台，水稻插秧机99台，播种机440台，基本实现农业机械化；农村绿化率29%。

三、工商业

1978年，泾口有水泥厂、磷肥厂、农机厂等8家社属企业和大队办日晖铝粉厂以及个体付吉五金厂。1983年，倡导农副工三业齐上，鼓励户办、联户办、村户联办、乡村联办企业，乡村工业迅速崛起，以日晖铝粉厂为基础的冶炼业及铝制品业成为泾口特色工业。1987年出现了冶炼专业村——殷侯村，全村512户2131人中有322户818人从事废旧金属回收加工，主要产品有银锭、铜锭、铝锭及相关制品，年实现产值493.1万元，创利税74万元。1994年，冶炼业扩展到蛇丰、东作、刘六、蒋桥、官渡等村，全乡冶炼总产值突破6000万元，占乡村企业总产值的70%，成为淮阴地区的冶炼之乡。2000年，全镇有各类企业518家，其中个体私营企业413家，实现生产总值3.66亿万元，创利税3222万元。同年，泾口建成镇工业园区2个，占地7公顷，进园企业21家，形成机械加工和电子电器两大支柱产业，生产各类产品200多个，远销20多个国家和地区。2002～2007年，全镇加大科技新产品研制力度，创办科研机构2个，开发新产品5个。淮安市颜料金粉厂的加气铝粉工艺填补省内空白，被列入科技星火计划。大明机械厂研制的侧架磨托板铆钉机填补国内空白，被铁道部列为定点生产厂家。招商引资先后引进一批规模较大的项目，光明电器制造有限公司引进泰州泰翔车辆动力机械公司年产45万台电动机生产线，成为研制、生产电动工具、家用厨房电器的专业厂家，产品出口到美国、英国、法国、澳大利亚以及东南亚地区。有色金属冶铸厂以年产2800万元产值的复合炉料，成为南钢集团的合作伙伴。2008年，全镇工业仅集中区企业就有33家，从业总人数8059人，实现工业总产值11.87亿万元，创利税6037万元。

1978年，泾口经济贸易主体主要有供销社、食品站、粮管所3家服务单位和桥头、蒋桥2个集贸市场。供销社系统有集镇上的总社5个站点，21个双代店，总贸易额约为210万元。粮管所、食品站均在蒋桥设有分站。1984年，贸易市场开放后，泾口集市贸易开始活跃，仅生猪交易市场就增加了蛇峰、陈桥、宥城3个市场。1985年以后，个体商店逐年增多，经营规模逐年扩大。1994年，集镇新建群荟农贸市场。1996年，蒋桥村新建和平市场。1999年，将群荟市场改建为大光明商贸城，占地1.67公顷，内设328个摊位。2008年，集镇有万家福、美年华、物美、苏果4家超市，蒋桥有华联、天天乐、便利3家超市。全镇个体工商户488户，从业人数685人，贸易总额近亿元。

四、社会事业

1978年，泾口有文化站、广播放大站、电影队、影剧院、泾口淮剧团。1980年后，集镇增加电影队1个，蛇峰、下舍两村各增1个电影队。蛇峰、下舍、蒋桥、官渡和姚河等村相继建起5个剧场。1983年，全乡累计有2846名青壮年脱盲，在全县率先成为基本扫除文盲乡镇。1984年1月，东作村的花鼓跷代表淮安参加江苏省举办的舞蹈调演（徐淮片），受到省文化厅表彰，1986年被收进《中国民间舞蹈集成（江苏卷）》。1995年新建容纳1500人的泾口乡影剧院，涧河沿线开通有线电视；1997年建立电视转播台和党员电教中心；1998年有线电视扩至溪河沿线。2000年，有线电视线路通到每个村组。2008年，全镇有线电视入户率100%；花鼓跷申报非物质文化遗产；建成泾口、蒋桥、蛇峰、姚河4个农家书屋。

1978年，全公社有泾口、蒋桥两所完全中学，"帽中"（小学中办有初中班）13所，小学11所，教学点26个。1983年教育布局调整，泾口乡撤销两所完中的高中部和13所"帽中"的初中部，组建宥城联中。同年，创办蛇峰小学的知名人士陈天马投资兴办天马私立中学。当年，全镇有2所初级中学，1所联中，1所私立中学，24所完小，26个教学点；教师346人；小学入学率、巩固率、毕业率分别达到75%、89%和83%，残疾儿童入学率达40%；被淮阴市评为"先进教育乡镇"。1989年，泾口中学被淮安市评为合格初中。1995年7月，优化教育布局，泾口乡相继撤销宥城联中和天马中学，随后对小学布局作了多次调整。1999年，镇政府投资近120万元在蒋桥新建泾口二小。2003年，镇政府投入资金229.6万元，新建教学楼1035平方米、教辅用房184平方米、高标准电教室3间和图书阅览室。2005年，泾口镇被淮安市评为"高标准普九先进乡镇"。2008年，全镇有初级中学2所，完小3所，初小5所；在校学生3647人，其中初中生1506人；在职教师254人，获得本科、专科、中师学历文凭的分别有38人、116人、94人；小学入学率、巩固率、毕业率均达到100%；初中入学率、巩固率、毕业率分别达到100%、99.4%和99%。

1978年，泾口有卫生院1所，大队卫生室24个，各类医务人员84人，其中赤脚医生62人。卫生院有医疗用房22间，病床30张，设X光、检验、内科、外科、中医、妇产科等6个科室，在蒋桥派设1诊所，有内科、中医医生和药剂师共4人。1988年，村卫生室全部通过市级验收，名列全市榜首。1991年，全乡终止统筹医疗室按人口平均筹款使用经费运作机制。2000年以后，镇卫生院相继添置500MAX光机、CR电子胃镜、彩超、心电监护仪、胎儿监护仪、高档不锈钢摇床等医疗设备。2008年，占地9576平方米的镇卫生院，拥有门诊楼、住院楼、防保楼等多幢楼房，设有内科、外科、妇产科、儿科、检验科、五官科、肛肠科、皮肤科、骨科、放射科、心超科、康复门诊和办公室等13个科室，有病床130张，在职医护人员54人，其中高级职称2人、中级职称12人、初级职称34人。除卫生院所在地殷侯村外，12个村卫生室全部创建成社区服务站。防保所成为四级标准化防保所。卫生院成为市级标准化卫生院、省示范社区卫生服务中心。是年，农村新型合作医疗参保人员3.94万人，参保率100%。

1978年，公社内供电线路总长14千米，通电大队有刘六、殷侯、泾口、欧业、桥头、桥头西、官渡、前进、蛇峰、葛邵、陈徐、蒋桥、姚河、马湾。1982年，公社为解决无电村问题，集资35万元，将其余11个大队泵站全部通电。1983年开始，乡政府敞开农户照明用电大门。1993年，集资15万元架设车桥至泾口供电专线。1996年和1998年，乡政府先后实施扶贫通电和农网改造一期工程。2008年，全镇共有3条10千伏线路，总长127.55千米；低压电路总长394千米；共有变压器220台，其中综合变146台、专变74台，总容量1.74万千伏安，总用电量1064.1万千伏安。

1978年，泾口除大会堂外整个集镇没有一幢楼房。1986年、1995年、2007年，泾口三次进行集镇规划修编。1989年建成农民街，1997年新建小康路，1999年新建东大街，2006年改造农民街下水道，2007年开发新淮流路两侧。至2008年底，全镇共建成6条街道，总长3000余米。集镇面积2.5平方千米。

五、人民生活

1978年，泾口农民人均收入83.27元。1982年，由于农村生产责任制落实，人均纯收入增加到201.03元。1997年，随着“两专一基”工作的展开和劳动力输出量的增加，人均纯收入达到3256元，初步建成小康乡镇。2008年实施工业强镇战略，人均纯收入实现6424元。1978年，农民种田记工分，靠工分称口粮，少部分家庭时有寅吃卯粮的现象；农户居住的房屋大都为草顶。20世纪80年代中期，政府实施草改瓦工程，农民居住条件得到很大改善。90年代，普遍建设楼房。1996年起，先后在各村建起了以压力罐代替水塔，塑料管代替钢管的小型水厂，饮用自来水受益人数达100%。2008年，楼房居住率达81%，部分农户有家庭轿车。通信便捷，全镇有固定电话9814部，移动电话1.11万部；人口平均预期寿命达74岁。

第十一节　博里镇

一、概况

博里镇位于苏北灌溉总渠以南，距淮城镇35千米，西与仇桥镇相连，东与盐城市阜宁县风谷乡接壤，南与泾口镇相邻，北与复兴镇隔河相望。以境内博里沟得名。镇政府驻地王庄。1983年，博里撤社设乡。2000年，博里撤乡建镇，辖27个村居。2001年，博里镇并村联组，史荡、新荡合并成史荡村，前荡、杨里合并成前荡村，博里、博东合并成为博里村，土墩、孙庄合并为孙庄村，三元、史舍合并为三元村，新民、郝舍合并为新民村，南头、小圩、范南合并为南头村，西岗、岗南合并为西岗村，王安、吴舍合并为王安村，王庄、杨舍合并改设王庄居委会，鲍庄改设新博居委会。2008年末，全镇辖16个村居，共152个组，有9615户、4.6万人。全镇处于里下河低地，平均真高2.8米，总面积67平方千米，耕地3866.67公顷。农作物以“三麦”、水稻、油菜、玉米、豆类为主，多种经营有养殖、蔬菜、林木类。

博里羊肉通过国家食品加工协会认证，有“佳肴觅博里，羊肉冠淮江”之说。

二、农业

1978年，博里粮食种植面积2733.33公顷（不含复种面积），粮食总产量1.8万吨；经济作物种植面积不到133.33公顷（不含复种面积）；母猪饲养量1000头；全乡仅有1台东方红牌拖拉机，1台大泵，防汛时主要靠水车排水，防汛抗旱能力低下。1979年以后，全公社先后建起了7个村级固定泵站。1983年大包干后，全乡经济作物（薄荷、蚕桑、蔬菜）种植面积达1333.33公顷，经济作物种植农户达到2000户。滨南村逐步形成母猪繁养专业村，家家户户建起保温圈和标准化猪舍，大力饲养二元母猪和三元商品猪。1990年以后逐渐淘汰“鬼子稻”品种，推广淮稻、淮麦等抗倒伏、产量高的优良品种；在种植方式上，逐步推广应用旱育秧、机插秧和塑盘育秧等新技术，大幅提高了粮食单产。全镇发展禽畜养殖，规模饲养菜牛，年存栏菜牛500头；年饲养长毛兔5000只。2002年，新建南四支、王安南、马桥南泵站，实施黄淮海农业综合开发项目，组织实施渠南六期工程和末级渠系配套工程。2008年，全镇粮食种植面积3905.33公顷，稻麦总产量4.87万吨；母猪饲养量3000多头，建成万头、千头、百头猪场共15个；建成4个千只羊场，年饲养山羊4.5万只；水产养殖水面223.33公顷，年水产品总量100多万千克；拥有大型拖拉机18台，大型旋耕机18台，插秧机75台，各类农业运输机械1600台；拥有固定泵站46座，轴流泵47台，机动泵252台，建成防洪闸6个。

三、工商业

1978年，全公社有社办砖瓦厂、磷肥厂等企业5家，年总产值200万元。除陶舍等几个大队外，其余各个大队都有大队办企业。1983年，乡办企业新增5家，企业总数共10家，年产值达到500万元。1991年，乡办企业16家，村办企业39家，户办联户办企业1847家，全部工业产值2364万元，上缴利税315万元。1994年，全乡乡办企业数达到18家，销售收入2650万元。当年，乡办企业进行改制，其中10家企业改制为民营企业，另外8家实行租赁承包制。2002年以后，招商引资力度加大。至2008年，全镇先后引进投资8000万元以上项目4个，5000万元以上项目20个；投资1000万元以上的农业项目10个，其中有肉制品加工，鸡、羊、梅花鹿养殖场等。2008年，全镇企业发展到36家，年销售收入12.8亿元，利税1800万元。

1978年，全公社有供销社、粮管所、食品站、饭店、旅社、粮食加工等服务单位16家，个体摊点32个，总贸易额34万元。1984年，经济贸易市场开始活跃，主要街道由原来的不足600米长延伸到1000米，有个体工商户50户，总贸易额400多万元。1991年，全乡有商业网点723个，重点门市部32个。2008年，全镇个体工商户有1200家，总贸易额1.3亿元，经营范围涉及粮食、食品、五金、机械、电子、塑料、建筑、服务等多个行业。

四、社会事业

1978年，全公社共有3所中学，27所小学，教师总数320人，在校学生5800人。1984年，全乡实施普九教育，此后实施撤班并点。2008年，全镇共有1所中学、5所完小、1个办学点、1个中心幼儿园，教师总数320人，在校学生6000人。当年，博里中学建成"省农村示范初中"。

1978年，全公社有文化站、广播放大站、影剧院、电影放映队。1994年，博里乡建成"中国民间绘画之乡"，有近百幅农民画出国参展，部分作品被国外民间人士收藏。1996年架设有线电视线路，集镇和王庄、新博部分农户开通有线电视。2006年，博里镇诗词创作队伍发展到500多人，被中华诗词学会评为"中华诗词之乡"。2008年，村村通上有线电视，有线电视用户达到6500户，干线总里程长80千米，频道实现城乡联网。

1978年，全公社有1所中心卫生院，24个卫生室，医务人员78人。中心卫生院1988年兴建了第一幢门诊楼，建筑面积400多平方米；1994年兴建第二幢卫生楼，总面积300多平方米；2008年投资320万元兴建了一幢病房综合楼，总建筑面积2300多平方米，建成农村甲级一等卫生院。全镇共有15个社区医疗服务站，镇村医务工作人员120人，全镇农户100%参加农村合作医疗。1978年，王庄街道东西长600米，1983年延长到1000米。1997年，乡政府邀请南京大学设计院对博里集镇建设进行规划设计。1999～2008年，镇（乡）政府先后投资8000多万元建成全淮安市一流的占地8050平方米的农贸市场、1800平方米的休闲洗浴中心、修建花池154个、铺设彩砖800平方米、安装路灯80盏、埋设地下电缆1500米、铺设自来水管道20多千米，逐步完善了集镇的各项硬件设施，绿化、美化、净化和亮化了集镇。1978年，建成花庄至南头的砂石路，全长8千米。1983年淮博路建成，并延伸到孙庄村。2004年，镇政府发出"三年建成镇村路"号召，全面建设镇村水泥路面，至2007年全镇共铺设高标准水泥路50多条200余千米，包括6条支渠路，南北循环路、北干渠路、塘河路，村村通上水泥路，形成"六纵五横"的道路交通网络。农村四级公路通达各村居，组户通水泥路。集镇面积1.1平方千米。

1978年，全公社只有主要部门有电话。1988年电话通到村。1989年，手机、寻呼机开始使用。2005年，开始使用小灵通。2007年兴建信号差转塔，全镇实现通信信号无盲区。2008年，全镇宽带用户达700多户；通信电缆到组，农户电话安装率达98%。

五、人民生活

1978年，博里农民人均收入仅56元，主要为农业收入；人均居住面积不足5平方米。1981年实行大包干以后，人均年收入增加到139元。1983年分田到户后，实施土坯草房砖瓦房改造。1992年，大力发展多种经营和水稻制种，人均收入达到1014元。1995年，农民人均收入有大幅度提高，达到2573元。2008年，随着全民创业的兴起，个体私营经济蓬勃发展，人均收入达3855元，其中农业收入1400元，第二、第三产业人均2455元。

第十二节 仇桥镇

一、概况

仇桥镇位于区境东部，距城区22千米，东连博里镇，西接朱桥镇，南与车桥镇接壤，北依苏北灌溉总渠和328省道。以境内自然村得名，镇政府驻地三门居委会。三门集镇建成区面积4平方千米，集镇人口1万人。全镇总面积72平方千米。1983年，仇桥公社改置乡，辖有姜侍、杜庄、苏庄、贺坝、刘庄、三里、史桥、金庄、长沙、长东、倪桥、高仇、仇桥、三门、新庄、新墩、南徐、晶墩、水晶、徐黄、南涧、前李、北涧、高桥、小南庄25个村，250个村民小组。2000年，仇桥撤乡建镇。2001年，仇桥镇并村联组，姜侍、杜庄、苏庄合并为汴塘村，贺坝、刘庄合并为贺刘村，史桥、金庄合并为史桥村，长沙、长东合并为长沙村，新庄、新墩合并为三角墩村，徐黄、南涧、前李合并为南涧村，北涧、高桥、小南庄合并为北涧村，仇桥、三门改设居委会。2008年末，全镇辖有13个行政村、2个居委会，共136个村民小组，有1.25万户、4.45万人。全镇有耕地3973.33公顷。境内地势平坦，西高东低，西北部为黏土，中部为沙黏土，东南部为沙土。主要排灌渠道东西走向有6条，北有苏北灌溉总渠、北涧干渠，南有塘河，中间有南涧干渠、小泗河、博里干渠；南北走向有贯穿全境的6条支渠。

二、农业

1978年，粮食种植面积3133.33公顷，总产量1.44万吨；饲养畜禽4600只（头）；有大型拖拉机2台，农用运输车3辆，农机总动力3230千瓦。1983年大包干后，全乡粮食种植面积3400公顷，总产量3.78万吨；新增薄荷种植面积200公顷。1992年起，全乡渐淘汰低产粮种，推广抗倒伏、产量高优良品种。1996年以后，禽类养殖重点发展出肉率、产蛋率高的品种。1999年，乡政府强行淘汰“土种猪”，推广二元、三元杂交瘦肉型猪种。2000年以后，全镇逐步推行科学种植、混合等立体综合养殖等方法。同年，全镇增加无公害种植面积1000公顷，蔬菜大棚种植户有100余户。2008年，全镇粮食总产量5.99万吨；禽畜81余万只（头）；水产量6000余吨；兴建61.33公顷钢架大棚西瓜、露地菜、甜玉米种植示范区。全镇有手扶拖拉机628台，大中型收割机械109台，大拖拉机22台，农用运输车16台，植保机械189台，插秧机87台，农机总动力1.31万千瓦。是年，仇桥镇在全淮安市率先实施3000亩机插秧连片种植，被省农机局表彰为“机插秧整体推进先进乡镇”。

三、工商业

1978年，全公社有社办工业企业7家，产值101万元；主要生产小型农具、砖瓦、煤球。1985年，乡政府兴办造纸厂。1997年，乡政府开始对预制厂、酱醋厂、粮食加工厂等8家乡办企业进行改制。1998年以后，乡政府通过招商引资引进中天木业、鑫利达玻璃工艺品、双禾木业、建机尼龙、康申冶炼、苏明机械等企业。是年，乡全部工业企业税收为1.1万元。2000年，镇政府开始兴建镇工业集中区。2008年，全镇企业总数达26家，其中投资额2000万元以上的有4家，分别是500万美元的镁铝合金锭、3000万元的胶体蓄电池、3200万元的建机尼龙和4300万元的苏明机械等项目。全镇工业企业年产值达2.6亿元，其中外资企业产值1000万美元；税收500余万元。镇工业集中区建成区面积2平方千米，入住企业涉及电子、针纺织、铝制品、尼龙制品、印刷制品、建筑材料、包装材料等多个行业。

1978年，境内只有供销社、粮站、食品站等经济贸易单位10家，个体摊点不足20户，总贸易额21.6万元。1987年，集镇建设规划后，集镇区贸易逐步活跃。1998年，集镇区居住人口剧增，各类经济商贸活动全面繁荣。2008年，全镇有1个1.5万平方米专业农贸市场，各类零售业店铺530家，餐饮业商户48家，年贸易额2.3亿元，经营范围涉及粮食、五金、机械、电子、塑料、建筑、休闲、娱乐、饮食、购物、服务等多个行业。

四、社会事业

1978年，全公社小学有138个班，教职工207人，在校学生4830人。1984年，仇桥乡全面推广实施国家九年制义务教育，普及初中教育，当年有初中36个班，教职工135人，在校学生1800余人。2007年，全镇小学有63个教学班，教职工178人，在校学生2620人。2008年，全镇有1所中学、3所完小、5个小学办学点、1个中心幼儿园、5个幼儿办学点，教师328名，在校学生1万多人。仇桥中学1998～2008年连续11年中考升学率列楚州区（淮安市）农村同类学校之首，也是全区仅有的一所“省农村示范初中”。

1999年，仇桥中学获淮阴市模范学校称号

1978年，公社有文化站、广播放大站、影剧院、电影放映队。1980年，水晶村农民严少标创办3人组成的杂技表演队，建成“严家班”。1999年，仇桥乡开始架设有线电视线路。2003年，仇桥镇开通有线电视。仇桥镇2004年被评为“江苏省民间艺术之乡”，2007年被评为“中国民间艺术之乡”，2008年拥有各类杂技表演团体26个、演员700余人，有“中国杂技之乡”之称。有线电视线路覆盖全镇各村居，里程达58千米，频道实现城乡联网。

1978年，公社有1所中心卫生院，12个大队卫生室，医务人员28人。1994年新建1360平方米的门诊楼，2000年新建875平方米的住院楼，2008年兴建3000平方米门诊综合楼，成为“三甲”医院。2008年，全镇有15个社区医疗服务中心，126名镇村医务工作者，96%的农户参加农村合作医疗。

1984年，仇桥乡敬老院建立。2003年，镇敬老院搬迁。2005年，全镇建立低收入家庭、残疾人等弱势群体保障制度。2008年，全镇所有五保户全部由政府统一集中供养。

1978年，全公社没有一条砂石路。1981年，第一条淮博砂石路铺设。1987年，集镇区有1千米水泥路。1994年，南徐村铺设全乡第一条长1.6千米村级水泥路。1999年，村级循环四级水泥路和普通砂石路同步铺设。2008年，全镇村村通水泥公路，水泥路和沥青路总里程达58.8千米。境内设有新长铁路仇桥客货站，农村四级公路通达各村居，70%的组户通达水泥路，设有三门、汴塘2个集镇。

1978年，公社仅主要部门有电话，公社与大队的联系靠通讯员。1988年，电话到村。2007年，镇政府兴建信号差转塔。2008年，全镇有6个信号差转塔，无线通信信号无盲区；宽带用户达322户；通信电缆到组，电话放装率达98%以上。

五、人民生活

1978年，仇桥公社以农业生产为主，人均收入仅为48元。1983年，实行大包干后，调整种植结构。1992年，人均收入达1150元。1993年后，随着劳动力大量的输出，个体私营业的发展，全民创业的开展，农民人均收入全面攀升，1995年达2127元。2008年，人均收入达5895元，新建房全部是楼房，全镇农民住房楼房占有率达86%，别墅占有率达10%；全镇私家车拥有量120辆，各类运输车辆1000辆。

第十三节　复兴镇

一、概况

复兴镇位于区境东北部，东与盐城市阜宁县接壤，南与博里镇相接，西与仇桥镇相连，北倚苏北灌溉总渠。昔以渔滨河两岸群众集资架桥，取名复兴桥，明末清初兴集，称复兴镇，沿袭至今。镇政府驻地复兴镇，全镇总面积64平方千米。1983年，复兴人民公社改为乡，2001年撤乡建镇。2001年，复兴镇并村联组，东城、西城、北界合并为城头村，任桥、小黄、汤刘合并为任桥村，大朱、陈仲合并为朱庄村，南季、马南合并为南季村，渔滨、贾新合并为渔滨居委会，复兴、灯郎合并为复兴居委会，大李、大叶合并为大李村，陈杨、徐庄合并为陈杨村，田桥、任舍合并为田桥村，大郭、杨棉合并为大郭村。2008年末，全镇辖2个居委会、9个村，121个村民小组，有1.03万户、4.1万人。全镇有可用耕地4340公顷。

该镇境内有王嘉树革命烈士墓。

二、农业

1978年，全公社粮食种植面积4373.33公顷（不含复种面积），粮食总产量2.4万吨；经济作物种植面积170公顷（不含复种面积），总产量622吨，经济作物总收入93.3万元；零星饲养畜禽67.2万只（头）；水面养殖面积86公顷，年产鱼不足100吨；林业树种主要以泡桐、柳树等自然生长的杂树为主，年木材蓄积量1500立方米。1983年实行大包干，年粮食总产量3.48万吨。1984年，经济作物在稳定油菜、大豆面积的同时，扩大其他经济作物种植面积49公顷，总面积达219公顷，总产量980吨。1998年，随着三支节制闸的建造和废塘、荒沟、荒渠开发利用，以及稻田养殖，渔业养殖有较快发展，养殖面积达到196公顷，其中精养面积52.93公顷，年产鱼992吨。2000年，规模养殖和种植业兴起，全乡饲养畜禽3.16万只（头）；建大棚种植蔬菜12公顷。2005年，镇政府兴办农业蔬菜示范园，面积10公顷，主要种植香葱、包菜等新品种。2008年，全镇粮食总产4.3万余吨，经济作物总产1000吨；家禽饲养量56万只，生猪饲养量4.2万头，有大牲畜1238头；水产养殖面积200公顷；四旁植树498万株，活立林木蓄积量达到16万立方米，年木材采伐量0.9万立方米；农机总动力1.54万千瓦，手扶拖拉机拥有量1208台，大中型收割机362台，拖拉机1000台。

三、工商业

1978年，全公社有企业5家，销售收入193万元，工业用电量42.7万千瓦时。1987年，全乡有企业26家，年产值365万元，工业用电量62.1万千瓦时。1994年，全乡有企业34家，销售收入1268万元，工业用电量285万千瓦时。是年，11家乡办企业改制，全部租赁承包。2002年，镇政府招商引资，有企业21家，销售收入8900万元，利润490万元，固定资产（原值）8100万元，工业用电量469万千瓦时。2008年，全镇有企业24家，实现工业销售收入9900万元，利润584万元，工业用电量620万千瓦时。

1978年，全公社有供销社、粮管所、食品站、粮食加工等服务单位8家，个体摊点6个，总贸易额129万元。1984年，经济贸易及市场开始活跃，3个市场有个体工商户417户，总贸易额849万元。1990年，个体经营户发展加快，全镇有商业企业及个体工商户900家，总贸易额2136万元。2008年，全镇个体工商户达1250家，总贸易额4250万元，经营范围涉及粮食、五金、机械、电子、服务等多个行业。

四、社会事业

1978年，有小学32个班，教职工341人，在校学生4100人；初中有40班、高中14班，初、高中在校学生3200人，教职工120人。1984年实施国家九年制义务教育，高中被撤销，普及发展初中，全乡有初中21个班，教职工123人，在校学生2530余人。2008年，全镇小学有4所（含村小与教学点），教职工150人，在校学生2479人；中学2所，教职工95人，在校生1510人。

1978年，全公社有卫生院1所，村级保健室10个，各类医务人员89人。1993年11月，乡卫生院新门诊楼竣工，总面积为1080平方米。2008年，镇卫生院占地800平方米，建筑面积2400平方米，有病床10张，在职职工65人；村卫生室19个，新建5个社区医疗服务站，村级医护人员22人。

1982年，公社成立敬老院，时有瓦房26间，入院"五保"老人10人。1985年，入院"五保"老人18人。1998年，敬老院加盖瓦房12间，院内有"五保"老人10人。2003年，敬老院新建房屋15间，翻建改造10间，院区道路、绿化和下水道整理改造，院内有"五保"老人12人。2008年，敬老院新建别墅式住房2栋800平方米，院内有"五保"老人12人。

1978年，境内复博路为砂石路，其余均为泥土路。1988年，铺设水泥路12千米。2003年，先后铺设复丰路、复博路2条，总长24千米；2004年，开始铺设农村四级水泥路，至2006年末累计铺设40千米；2008年，先后建成大郭路、陈杨路、二中路等农村四级水泥路4条，铺设里程12.8千米。328省道贯穿东西，复丰路穿境而过，水泥路通达各村。1978年，集镇利用镇东西街300米长的砂石路，作为集市交易场所。1994年，新建1000米农民街（后改名为振兴路），新建住房8000平方米。1998年，新建新街800米、南北街500米。2002年，对集镇街道进行改造，架设路灯5盏，栽植树木500余株，绿化面积1200平方米，铺设下水道4500米。2003年，铺设东西街道水泥路面800米。2008年，对街道基础设施进行改造，配置50只垃圾筒，实行垃圾定点放置，安排专人清扫路面；改造新竹路、振兴路，新建路灯50盏。当年，集镇有各类公共建筑1.5万平方米左右，商住面积6万平方米，常住人口达6000人。

五、人民生活

1978年，全公社农民人均收入128元，住宅大多为土坯草房，人均居住面积不足5平方米。1983年，全乡人均年收入增加到320元。1992年因多种经营和水稻制种，人均收入430元。1995年，农民人均收入达670元，其中第二、第三产业收入占26%。1998～2007年，楼房建设进入高峰，平均年新（翻）建楼房1万平方米以上。2008年，全民创业，个体私营经济蓬勃发展，人均收入大幅提高，达4732元，其中农业收入1900元，第二、第三产业人均2832元。农民饮食注重营养均衡健康，讲求生活质量；楼房户达83%。

第十四节　苏嘴镇

一、概况

苏嘴镇位于区境东北部，与涟水县、盐城市阜宁县接壤，距淮城镇35千米。1958年成立苏嘴人民公社时，下辖23个生产大队；1980年，将邵葛、果园、南舍划给茭陵公社，顺河公社大桥、老吉生产大队划入苏嘴；1983年，改设乡；1988年，撤乡建镇；2001年并村联组，将马逻、湾郎、小堆合并为马逻村，张季、北季合并为北季村，曹叶、苏嘴、刘庄合并为苏家嘴居委会，大单、大徐、杨河合并为衡河村，健仪、南李合并为健仪村，沙吉、于嘴合并为沙吉村，汤庄、衡庄合并为汤衡村。2008年末，全镇辖10个村、1个居委会，共有96个村民小组，1.1万户、4.3万人。全镇总面积65平方千米，有耕地2466.67公顷，林地1066.67公顷。境内地势平坦，沟渠河道较多，土质多为黏土、沙土，234省道、309省道和苏北灌溉总渠、淮河入海水道、废黄河故道穿境而过。

该镇境内有近万亩的连片意杨林及农田林网，是"江苏省绿色乡镇"。

二、农业

1978年，全公社粮食种植面积3333.33公顷（不含复种），总产1万吨左右；零星饲养畜禽1.03万只（头）；水面养殖面积74公顷，年产鱼不足200吨；林业树种主要是洋槐树、泡桐树、桑、榆、柳树及老关杨等自然生长杂树，年木材蓄积量2100立方米。1983年，农业生产实行大包干，全乡粮食种植面积2800公顷（不含复种面积），产量1.3万吨；水面养殖面积146.67公顷，精养率80%，年产鱼560吨。2007年1月，镇政府建立苏嘴镇高效特色农业示范园区，主要种植早熟品牌西瓜——南马厂牌西瓜，辅以小汤菜、包菜、大白菜、草菇、平菇、辣椒等蔬菜作物，种植模式为瓜、菜轮作，年收益8000元/亩左右。2008年，全镇粮食总产2.6万吨；经济作物以蔬菜、油菜、西瓜、大豆为主，总产1072吨；生猪存栏4000头，能繁母猪存栏4284头，年出栏苗猪10万头；高效农业种植面积1666.67公顷，其中高效设施农业面积866.67公顷；当年新增钢架大棚100公顷，累计面积200公顷；新建1500平方米育苗工厂一座，累计育苗工厂面积达3600平方米。

苏嘴镇苏嘴村农民利用入海水道沿线草资源发展家庭养羊

三、工商业

1978年，苏嘴有轧花厂、针织厂、油厂、砖瓦厂等企业，年总产值4500万元。1986～1991年，全镇有镇办工业企业24家，年产值近1000万元，其中花边产品远销美国、加拿大等20多个国家和地区，年创汇25万美元。1994年开始，镇办企业实施产权改革。至1996年，24家镇办企业大部分拍卖给个人，少数企业实行租赁经营。2002年8月，镇政府筹建苏嘴镇工业集中区。至2008年，镇工业集中区开发建设面积13.33公顷，基础设施建设累计投入500多万元，实现“五通一平”。工业集中区内有8家企业落户，其中4家为列统企业。2008年，全镇招商引资引进项目4个，其中3000万元以上项目1个、1000万元以上项目3个。全年实现工业总产值8.7亿元，较2007年增长23.3%；工业销售收入8.61亿元，较2007年增长25%；列统工业企业销售收入、开票销售收入、实现利税分别达1.73亿元、3540万元、1103万元，其中镇工业集中区列统工业企业开票销售收入4500余万元、税金110余万元，安置就业人员570人。

1978年，苏嘴有供销社、粮管所、食品站和各种小饭店等，但总体贸易额不高。1979年经济贸易市场开放，个体经营户发展迅速。至1991年，全镇有各类商业服务网点94个，从业人员1000人。2008年，全镇工商企业有178家，个体工商户633户，经营范围涉及粮、油、五金、电子、机械、建材、服装、饮食等多个行业，集镇购物场所有89处，其中规模较大的有新亚、世纪华联、大润发3家超市，年贸易额8890万元。

四、社会事业

1978年，全公社有小学23所，初中4所，高中1所，教职工352人。2002年，中小学布局调整。2008年，全镇设中学2所、小学2所，教学点3个，中学有27个班，学生1600人；小学67个班，学生2200人；幼儿入园率、小学入学率、初中入学率、义务教育完成率、中小学毕业率均达到98%以上。苏嘴镇初级中学、中心小学教育网站开通使用，中小学学籍实现电子化管理。

1978年，苏嘴有公社卫生院1所，大队卫生室24个，各类医务人员87人，其中赤脚医生46人，医疗设施设备简陋。至2008年底，镇卫生院有一座门诊病房综合楼和比较先进的医疗设备，有45张病床，全院65名医护人员中有副主任医师1人、主治医师20人。当年，全镇新型合作医疗参保率98%，计划免疫接种率100%，新增规范化农厕526座，95%的人口喝上安全饮用水。

1978年，苏嘴设有文化站、广播放大站、影剧院、电影放映队。2007年，镇政府院内新建一座文化活动中心，内设健身活动室、体育活动室、教育培训室等。2008年，全镇有11个村级文化大院、11个农家书屋，藏书2万余册，有线电视入户率达90%以上，程控电话装机总量4500部，宽带入网500户，村村建成党员远程教育平台。

第十五节　钦工镇

一、概况

钦工镇位于区境渠北腹地，南距淮城镇20千米，境域南北最长8.25千米，东西最宽7.54千米，东与顺河镇相连，南与席桥镇接壤，西与淮安市经济开发区毗邻，隔废黄河与涟水县保滩镇相望，北与宋集乡为邻。总面积60平方千米。1958年11月，成立钦工人民公社；1981年，中民、桂码、范庄3个村划归南马厂公社；1983年4月，撤社复置钦工乡；1986年9月，撤乡建镇；2001年并村联组，马堡、后程村合并为马堡村，唐颜、支夏村合并为东支村，前谷、后谷、大庞村合并为士銮村，紫码、小徐村合并为紫徐村，韩庄、大赵村合并为韩赵村，徐码、赵码村合并为徐码村，郎颜、西滩村合并为郎颜村，西孙、西支村合并为镇西村，钦工村改设居委会。2008年末，钦工镇辖1个居委会，11个村，99个村民小组，有7949户、3.21万人。有耕地面积2680公顷，境内地势平坦，西高东低，土质为黏沙两合土，主要灌溉渠道有乌沙干渠、板闸干渠，排涝河道为大寨河。

钦工是苏北地区最早建立中共党组织的地方之一，1928年2月发生过共产党领导的著名横沟寺暴动，建有横沟寺暴动纪念馆。“钦工肉圆”是江苏省十大名菜和淮扬名菜之一，扬名海内外。

二、农业

1978年，全公社粮食种植面积2666.67公顷（不含复种面积），粮食总产量1.6万吨；经济作物种植面积333.33公顷，总产量250吨；饲养畜禽5900只（头）；养殖水面100公顷；林业树种主要有刺槐、泡桐、榆树和老关杨等杂树，年木材蓄积量不足2000立方米；农机总动力2500千瓦，其中大中型拖拉机15台；境内水利设施基本完善，排灌畅通。1983年，全乡粮食种植面积2133.33公顷，总产2.5万吨；经济作物种植面积533.33公顷，总产300吨（在稳定油菜、大豆面积的同时，全乡棉花种植面积扩大至200公顷）；饲养家畜禽2万只（头）；水面养殖186.67公顷。1995年，全镇蚕桑种植面积666.67公顷；规模种养殖大户超百户。2006年，镇政府引进外来大户在贾庄、韩庄、紫徐、郎颜等村种植大棚西瓜100公顷。是年起，实施世行三期贷款农业开发和黄河故道农业开发项目。3年内全镇投入近千万元，新建农桥100多座、渠首62座、涵洞120余座、泵站20余座、小型建筑物200多个，疏浚河道、沟渠数百条，整治河塘近百个。2008年，全镇种植面积2666.66公顷，其中粮食作物2000公顷、经济作物666.67公顷（其中西瓜、蔬菜种植面积200公顷）；水面养殖400公顷，年水产量3000吨；家禽饲养量100万只，家畜饲养量10余万头；新建完善农田林网1000公顷，成片林333.33公顷，四旁植树20万株，林木蓄积量达20万立方米；有农机总动力2000千瓦，有手扶拖拉机2000台，大中型收割机200台。全镇组建各类农民专业合作经济组织24个。

三、工商业

1978年，全公社有企业4家，销售收入约50万元，年工业用电量不到10万千瓦时，主要生产砖瓦、面粉等。1987年，建成钦工苎麻纤维厂，日产麻球麻条0.8吨。1998年，全镇共有企业20家，销售收入超亿元，工业用电量突破50万千瓦时。是年，实行企业改制，全镇有11家镇办企业实行租赁承包或转让。2000年后，镇政府招商引资，工业经济有了很大发展。2006年，镇政府启动工业集中区建设。2008年，全镇有各类工业企业30多家，形成纺织、服装、食品、建材、机械等支柱产业，产业工人近2000人。是年，全镇工业开票销售收入超10亿元、利税6000万元，工业用电量突破100万千瓦时。

钦工镇缫丝厂　（1997年摄）

1978年，全公社有供销社、粮管所、食品站、粮食加工等服务单位16家，个体摊点28个，总贸易额约40万元。1984年，经济贸易及市场开始活跃，集镇有个体工商户80多户，总贸易额近百万元。1991年，集镇有农贸市场1个，商场5个，零售商业网点191个。2008年，集镇拥有农贸市场1个、小商品市场1个，超市2家、个体工商户近800户，总贸易额近亿元。

四、社会事业

1978年，全公社有文化站和广播站各1个，有线广播村村通。1991年，钦工镇有影剧院、文化娱乐中心。2008年，钦工镇建成建筑面积500平方米的镇文化广播中心，村村建成文化室，有线电视村村通，入户率达80%。

1978年，全公社有农村完中1所、24所村级完小，教职工265人，在校学生3450人。1984年，推行九年制义务教育。1999年，钦工中学争创省重点高中，撤消初中部，新建钦工初级中学。2008年，全镇设有钦工中学（高中）、钦工初级中学、钦工中心小学、横沟小学、郎颜小学3个完小和6个教学点、3所幼儿园。

1978年，全公社有卫生院1所，村级保健室24个，各类医务人员76人。1996年，镇政府新建卫生院建门诊楼、病房楼和综合楼。2008年，全镇建成12个村级社区卫生服务站，形成以卫生院为龙头、村级社区卫生服务站为主体的镇村医疗服务网络；农村新型合作医疗参保率达98%。

1978年，钦工集镇只有一条十字街。1990年，镇政府重新规划集镇建设，是年建设了云集路、育才南路、育才北路、引河路、衡河路，同时结合楚涟路拓宽，实施集镇“西延、北拓、南扩”。至2008年，集镇已形成以楚涟路、引河路、衡河路、人民路、云集路、育才南路、育才北路、泰山路为主的“三纵四横”的街道格局。当年，集镇架设路灯60盏，建成绿化带2000米，农村四级水泥路通达各村。集镇建成区面积1.5平方千米，235省道楚涟线南北贯穿全境。1978年，境内除楚涟路为砂石路，其余均为泥土路。1996年，铺设环镇砂石路约30千米。2004年，全镇铺设环镇农村四级水泥路42千米，初步实现水泥路“村村通”。2008年，全镇水泥路总里程达70多千米，一半以上的村实现水泥路“组组通”。

第十六节　顺河镇

一、概况

顺河镇地处区境东北部，距淮城镇20千米，东与苏嘴镇相连，南至入海水道、苏北灌溉总渠，与仇桥、复兴镇隔河相望，西与席桥镇、季桥镇接壤，北与钦工镇、茭陵乡毗邻。全镇总面积77.8平方千米。镇政府驻地顺河集。1980年，大桥、老吉大队划给苏嘴人民公社，高荡、东荡、联舍、黄庄、六大门大队划给茭陵人民公社后，有28个大队；1983年，撤公社置顺河乡；1998年，撤乡建镇；2001年并村联组，艾口、代王村合并成艾口村，东崔、西崔村合并成崔周村，李郁、徐荡村合并成徐荡村，大蒋、邵王村合并成大蒋村，安乐、双井村合并成双井村，大吉、北场村合并成大吉村，高桥、小新村合并成顺东村，三合、张李村合并成三合村，时廖、蒋姚村合并成顺西村，双墩、灯刘村合并成双墩村，官路、丁姚、胡宋村合并成官路村。2008年末，全镇有15个村、1个居委会、179个村（居）民小组，9581户、4.6万人。全镇有农业耕地面积3706.67公顷。境内地势平坦，水网河道较多，土质多为黏土、沙土；主要灌溉河道为大寨河、席顺干渠，主要排涝河为渔滨河、南支河。

顺河百页为淮扬名菜。该镇地下200多米处有“偏硅酸复合型优质矿泉水”，含有对人体有益的20多种微量元素，可连续开采75年。

二、农业

1978年，全公社粮食种植面积4000公顷（不含复种），总产量1.3万吨左右；经济作物（不含复种）种植面积880公顷，总产量1100吨左右，总收入450万元；零星饲养畜禽1.03万只（头）；水面养殖面积118公顷，年产鱼不足200吨；林业树种主要是洋槐树、泡桐树、桑树、榆树、柳树以及老关杨等自然生长的杂树，年木材蓄积量2100立方米；农机总动力2800千瓦，有大型拖拉机6台。1983年，全乡粮食种植面积3000公顷（不含复种面积），总产量1.57万吨。1984年，全乡经济作物面积（不含复种面积）173.33公顷，总产量740吨。1998年，随着农田基础设施的提升，渔业养殖发展加快，养殖面积增加到146.67公顷，精养率80%，年产量560吨。2000年，高效农业逐步发展，大户养殖畜禽兴起，全镇有年饲养肉鸡1万只以上的养殖户21户；生猪饲养量5.7万头；家禽68万只。2005年，农业结构优化调整，种植西瓜面积13.33公顷，蔬菜大棚20公顷。2007年，全镇粮食种植面积3133.33

公顷，粮食总产量2.35万吨；经济作物面积205.33公顷，主要以蔬菜、油菜、西瓜、大豆为主，总产量1072吨；畜禽养殖以大户为主，家禽饲养量58.2万只；生猪饲养4万头。是年，镇政府建立大户安全生猪养殖合作社，拥有能繁母猪68头，年产仔猪5000头，出售生猪680头，合作社成员年均纯收入4.4万元。2008年，全镇由大户建立的"知恩生猪养殖合作社"占地4公顷，有能繁母猪120头，优良种公猪12头，生猪存栏量7000头；大牲畜98头；水面养殖145.33公顷，年产鱼872吨；新建成片林66.67公顷，绿化风光带33.33公顷，四旁植树30万株，活立林木蓄积量45万立方米，林木采伐量12万立方米；手扶拖拉机拥有量6030台，大中型收割机械234台，挖掘机械16台。

三、工商业

1978年，全公社有企业5家，销售收入88.6万元，工业用电量12.83万千瓦时，企业产品主要为网、水泥制品、砖瓦等。是年，公社利用省地质勘探队勘探矿藏资源之机，钻采一口深200多米的优质矿泉水井。1987年，全乡有企业9家，年销售收入120万元，工业用电量29.6万千瓦时。1993年4月，乡政府引进四川酿酒师新办古顺河曲酒厂。1994年，全乡有企业13家，销售收入2800万元，工业用电量53.3万千瓦时。是年，乡政府对乡办企业改制，全部实行租赁承包。2000年，镇政府开展招商引资工作，推动全民创业新上项目。2001年，镇政府启动顺河镇工业集中区建设，当年建设8公顷。2007年，全镇有企业24家，销售收入2.9亿元，利税2780万元，工业用电量148万千瓦时。2008年，全镇有企业30家，销售收入3.6亿元，利税4200万元，工业用电量174万千瓦时。重点企业有古顺河酒业公司、淮安思盛工贸公司。

1978年，顺河有供销、粮食、食品、粮食加工等服务单位15家，个体摊点35个，总贸易额55.5万元。1984，经济贸易及市场开始活跃，顺河集镇、何桥农贸集市两处有个体工商户117户，总贸易额195万元。1990年，个体经营户发展加快，顺河集镇有商业企业及个体工商户136户，总贸易额1820万元。1999年，顺河集镇新建了大棚市场，内设摊位107个，占地1.33公顷。2006年，顺河集镇建设"家家福"超市。2007年，顺河集镇个体工商户发展到226户，总贸易额3740万元。2008年，顺河集镇个体工商户248户，总贸易额4145万元，经营范围涉及粮食、食品、五金、机械、电器、塑料、服装、建筑、运输、服务等多个行业。

四、社会事业

1978年，全公社有小学31所，初级中学2所，高中1所，教职工286人，在校学生4035人。1984年，顺河高中撤销，普及发展初中，有初中2所，教职工83人，在校生540余人；小学28所，教职工164人，在校生3620人。2007年，全镇有初中1所，中心小学1所，成人校1所，小学19（包括教学点）所，各类在校生4900余人，在职教职工346多人。2008年，全镇有初中2所（其中何桥中学为顺河二中），中心小学1所，小学教学点12个，在校学生总数5000人，在职教职工361人。

1978～1998年，文化站面积40多平方米，镇设"放大站"，文化设施投入几乎为零。1999年，全镇开通有线电视。2007年，顺河在镇政府院内新建一座文化活动中心，建筑面积968平方米，内设图书阅览室、综合展览厅、健身活动室、体育活动室、信息资源共享室、教育培训室。2008年，全镇共新建15个农家书屋，15个体育活动中心村，15个篮球场；有线电视用户3500多户。

1978年，全公社有卫生院1个，村级保健室8个，各类医务人员78人。1993年，卫生院新门诊楼竣工，总面积1274平方米。2007年，卫生院占地1.4万余平方米，建筑总面积8000余平方米，有病床60张，在职职工50余人。2008年，全镇有标准化社区卫生服务站16个，总面积2000余平方，村级医护人员32人。

1982年，公社成立敬老院，有瓦房16间，入院"五保"老人9人。1985年，敬老院入院"五保"户老人21人。1995年，乡政府新建敬老院大楼，有"五保"老人34人。2003年，乡政府对敬老院内道路、下水道及绿化进行改造整理。2007年，敬老院新增楼房面积400平方米。2008年，敬老院集中供养人员50多人。

1978年，淮顺路为砂石路，城里来的公交车只能停靠在顺河大桥南，顺河集镇以北不通公路。境内其余道路均为泥土路。1980年，政府新修通顺河到茭陵砂石路。1988年，铺设顺河到大吉的砂石路10.5千米。1998年，过境淮茭路全线铺设柏油路面。2002年，镇村路基本上是砂石路。2003年，镇政府开始铺设首条农村四级水泥路顺丁路，长约7.5千米。2007年，楚茭路全线扩宽改造，楚茭路顺河集镇段改道经渔滨河新建大桥向北。2008年，镇村公路全部为农村四级水泥路，总里程117.4千米。

五、人民生活

1978年，农民人均年收入仅50元，主要为农业收入，人均居住面积不到5平方米。1981年实行大包干，人均年收入增加到135元。1992年，因多种经营和推广引进水稻良种种植，人均年收入增加到1260元。1995年，农民人均纯收入有了较大提高，达到2872元，其中第二、第三产收入占50%左右。2007年，全面创业，个私经济发展迅猛，人均纯收入达到4500元，其中第二、第三产业收入占74.8%。2008年，人均收入达到5600元，主要来源第二、第三产业和劳务收入；楼房户达70%以上，少数人还拥有家庭轿车。

第十七节　季桥镇

一、概况

季桥镇地处区境中部，距淮城镇14千米。东与顺河镇交界，西和城东乡接壤，南抵淮河入海水道和朱桥、仇桥隔河相望，北与席桥镇毗邻。境内地势平坦，总面积53平方千米。镇政府驻地潘圩。1983年，撤公社复置乡；1999年，撤乡建镇，下辖24个行政村，193个村民小组；2001年并村联组，季桥村和立新村并为季桥村，孔陈村和前周村并为孔周村，椿树村和肖杨村合并为椿树村，长流村和后荡村合并为长流村，小湾村和农科村部分合并为小湾村，潘圩村与农科村部分合并为潘圩村，大湾村和后营村合并为大湾村，周杨村和赵墩村合并为周杨村，宏图村、潘圩村和三刘村合并为农中居委会。2008年末，季桥镇下辖1个居委会，13个村委会，共163个村民小组，有8500户、3.7万人。全镇有农业耕地2800公顷，水域面积及其他480公顷，境内主要河流有老支渠、南支河和淮河入海水道调度河，共有灌溉中沟12条，涵闸65处，桥梁35座，泵站75台（套）。

该镇特产有“镇淮楼”“东升”“青来”大米，“火刀镰”薄脆（一种面食品），季桥咸猪头肉。

季桥飞达奶牛养殖场　（2008年摄）

二、农业

1978年，全公社粮食种植面积2933.33公顷，总产1万多吨；经济作物面积531.31公顷，总产量340吨；有12匹手扶拖拉机120台，50匹拖拉机2台，75匹履带拖拉机1台。1983年实行土地承包责任制后，全乡粮食产量大幅提高，总产量达4万多吨。1993年，全乡建设“万亩吨粮田”工程，稻麦两季亩产达1000千克。2008年，全镇稻麦亩产达1100千克，粮食总产3.9万余吨，总收入1.45亿元；生猪存栏量1.2万头，年出栏2.8万头；家禽饲养量26万只，出栏量68万只；意杨成片产业林84公顷，栽植树木100万株，林业收入960万元；有大型拖拉机35台、收割机25台、手扶拖拉机505台、插秧机22台，排灌机械756台，加工机械156台，农业基本实现机械化。

三、工商业

1978年，有社办农具厂、建筑站、机米厂、砖瓦厂等企业8家，主要产品有砖、瓦、楼板、酱菜制品等，年生产总值350万元，利税45万元。1987年，全乡有企业9家，年生产总值650万元，销售收入130万元。1994年，全乡有企业20家，实现销售收入首次突破1000万元大关，达1450万元。1998年底，乡办企业实施改制，6个乡办企业全部实行租赁承包。2001年，镇政府招商引资，引进淮安艺兰服饰工贸有限公司、淮安市宏泰不锈钢有限公司、淮安市大荣贵金属有限公司等企业。2002年，楚州经济开发区东扩至季桥镇境内，成立化工集中区。2005年，全镇有企业30家，年销售收入8540万元，利润239万元。2008年，境内有企业35家，工业销售收入3.2亿元，利润896万元，入库税收465万元。

1978年，季桥集镇共有供销、粮食、食品、饭店等商业服务单位6家，村供销点20个，总贸易额123万元。1984年市场放开后，个体经营户发展迅猛。2008年，全镇商业企业有155家，个体工商户522户，经营范围涉及粮、油、电子、电器、机械、建材、服装、饮食等多个行业。集镇主要购物点有80处，其中有新亚、大润发及海尔家电等大型超市10家。是年，全镇商业贸易额1.4亿元。

四、社会事业

1978年，全公社有文化站、广播站、影剧院、电影队、淮剧团。1984年，文化站站长王习耕受到江苏省政府表彰，被评为省级先进个人。1987年，乡政府新建两座灯光篮球场。1996年，乡政府新建了文化楼。1997年，季桥乡被评为“淮阴市先进文化乡镇”。1999年，季桥镇开通有线电视。2001年，季桥镇开通光缆信号有线电视。2003年，实现有线电视村村通。2008年，全镇有线电视入户率81%，用户6808户；新建村级农家书屋8家；镇区有网吧2家，游戏室3家，马戏杂技团2个；全年送电影下村233场，戏剧演出近30场。

1978年，全公社共有高中（含初中部）1所，农业中学1所，初中4所，小学24所；在校高中学生212人，初中学生755人，小学学生3263人；教师人数167人。学生失学、辍学现象十分普遍。1979年，季桥公社撤销高中、农业中学。1987年，成立季桥职中，只招生一届。2002年，实施中小学布局调整，季桥设1所初级中学，3所完全小学，另有8个教学点。2008年，全镇共有在校学生4800余人，小学入学率100%，巩固率100%；初中入学率100%，巩固率99.8%。有教职工258人，其中高级职称11人，中级职称135人，初级职称112人，教师学历达标率100%。

1978年，公社有卫生院和24个大队卫生室，各类医务人员95人，其中赤脚医生61人，医疗设施简陋。季桥卫生院于1997年新建1300平方米门诊楼，2008年新建5600平方米综合门诊楼，卫生院建筑面积9600平方米。2008年，全镇有镇卫生院和14个社区服务站、2个卫生室，医护人员139人，其中，副主任医师1人，主治医师7人。全镇新型合作医疗参保率达99%，儿童计划免疫接种率达100%，98%的人口饮用水安全。

五、人民生活

1978年，农民人均年收入仅58元，主要收入是农业收入。全公社85%的人口居住草房，人均居住面积不足5平方米。1981年实行联产承包责任制后，人均年收入增加到185元。1983年大包干后，人民生活水平进一步提高，少数人家已拥有“三转一响”（自行车、手表、缝纫机和收音机）。1992年大搞多种经营和良种推广，农民人均年收入达1255元。1995年，农民收入达到2786元。全乡大部分农民拥有自建楼房，电视机基本普及，收音机基本淘汰。1999年土地二轮承包，开展全民创业，个体经济蓬勃发展，人均收入达到3650元。2008年，随着工业园区的开发，多家企业进驻季桥，居民的生活、生产结构发生较大变化，劳动力逐步从田头转进工厂，人均年收入达到6344元，其中非农收入4821元。全镇楼房覆盖率达95%，多数居民迁入小区。36%的居民拥有轿车或面包车、小货车、大客车、运输货车、运输三轮车等；移动电话全面普及，人均拥有率达95%。

第十八节　席桥镇

一、概况

席桥镇位于淮城镇北郊3千米处，南邻楚州工业园区，西接淮安经济开发区，东与顺河镇相邻，北与钦工镇相接。镇政府驻席桥，镇以驻地得名，全镇总面积25.21平方千米。境内有耕地1266.66公顷，地势平坦，东北部较低，土质东北部多为黏土，其余为沙土。主要灌溉渠为乌沙干渠，排涝河道为渔滨河以及茭陵一站引河。1978年，席桥人民公社下辖26个大队。1981年7月，严赵、马厂、高张、张桥、王高、严高、田港等7个大队划给新成立的南马厂公社。1983年7月1日，席桥人民公社改为席桥乡，下辖19个村。1985年，三里村划分为三里村和秦庄村。1991年，熊胡村划分为熊胡村和新东村，农科村更名为南荡村。2000年8月18日，席桥撤乡建镇，下辖黄桥、浦马、高付、丁圩、席桥、张蔡、丁朱、南荡、王口、朱黄、谢荡、三里、秦庄、李席、苗圃、朱口、后刘、东邱、西邱、熊胡、新东等21个村。2001年，席桥镇实施并村联组，丁圩、席桥合并为席桥居委会，李席、苗圃合并为李席居委会，丁朱、南荡合并为丁朱村，三里、秦庄合并为三里村，朱口、后刘合并为福康村，熊胡、新东合并为熊胡村，东邱、西邱合并为东邱村。2003年，熊胡、福康2个村划归淮安市经济开发区徐杨乡。2007年，李席居委会和东邱村划归南马厂乡，并与南马厂乡一起隶属淮安市经济开发区。2008年末，席桥镇辖1个居委会和8个行政村，有6211户、2.18万人。

二、农业

1978年，全公社有耕地2866.66公顷，粮食总产近3万吨；有手扶拖拉机、中大型拖拉机共57台。1980年实行联产计酬，粮食总产达3.7万吨。1982年席桥实现大包干。1989年，席桥乡实行两田（口粮田、责任田）分设，真正实现土地包干到户。2000年以后，调整种植结构，培育蔬菜、花木基地，年生产蔬菜18万吨以上。2008年，全镇有农业龙头加工企业15家，销售额超2000万元的企业3家；有22家园林花木工程公司，其中三级资质的2家，二级资质的3家，年承接各类园林花木工程1.2亿元。全镇建有蔬菜、花木两个产业协会，各类经济联合体21个，经济人606人。是年，全镇稻麦两季亩产达1013千克；年生猪出栏量1.6万头，家禽出栏量9.5万只；有大型拖拉机14台，手扶拖拉机560台，插秧机16台，稻麦联合收割机39台。该镇是"蔬菜花木之乡"。黄桥村是花木专业村。全镇有2个蔬菜产品在国家工商总局注册，有11个蔬菜产品通过省级无公害认证，"浦马"蔬菜、黄桥花木享誉大江南北。

三、工商业

1978年前，席桥先后办过糖厂、修理厂、砖瓦厂酱醋厂、酱品厂、铸造厂、化工厂、麦芽厂等10多家企业，但由于不能适应计划经济向市场经济的转轨，一些企业被迫停产。1998年，席桥通过拍卖出售、股份制等形式对21家乡、村集体企业进行改制。2000年后，全镇招商引资，至2008年末，共有规模以上工业企业35家，当年实现招商引资到位资金1.18亿元，9家列统工业企业开票销售收入2.75亿元。重点企业有八方电工、天康食品、淮安市井神石油钻采、鑫泉户外运动用品等公司。井神石油钻采设备公司自己研制生产的油田多层注水器是国家专利产品。八方电工集团生产的辐照交联低烟无卤阻燃电系列线电缆，在北京奥运“鸟巢”主体工程、水立方奥体中心等工程建设中成功中标。鑫泉户外运动用品有限公司生产的睡袋、帐篷等户外运动旅游用品，天康食品生产的香葱、胡萝卜等脱水蔬菜远销东南亚、欧美地区。

1978年，席桥集镇上有供销、粮食、食品等商饮服务单位13家，各村有代销点22个，年总贸易额不足百万元。1984年，贸易市场放开，个体私营商业经济迅速发展，至2008年，全镇商贸企业达79家，其中集镇有4家较大超市，有个体工商户312户，经营范围涉及粮、油、五金、电子、机械、建材、服装、饮食等多个行业，年贸易总额达8000多万元。

四、社会事业

1978年，席桥设有文化站、广播放大站影剧院和电影放映队。1982年，公社投资16万元新建能容纳千人的影剧院。1995年，村村建起了广播室和文化活动室。1998年，乡政府投入163万元新建集体育、阅览、广播和有线电视于一体的乡文化中心。2008年，席桥镇在全区率先建成信息化示范镇和6个信息化示范村，村村建成混凝土篮球场和乒乓球室，黄桥、浦马、张蔡等村还建成了村级文化大院；有线电视入户率达70%。

1978年，全公社有小学16所，教学点2个，在校学生2860人；有中学3所，其中初中班20个、高中班4个，在校学生1100人；全镇教职工215人。1997年，乡政府投入63万元实行薄弱学校改造，完成了小学“五改六”过渡工作；村村建起农民学校。1998年，乡政府投资184万元新建一栋建筑面积达2760平方米的中学教学楼。2003年，实施中小学布局调整后，全镇设中学1所，完小4所，教学点5个。2007年底，席桥中学划归淮安市经济开发区。2008年，全镇有完小2所，教学点3个，学生1620人；教职工110人，其中高级职称5人，中级职称60人，初级职称45人。

1978年，席桥有公社卫生院1所，村级卫生室16个，有各类医务人员29人，其中“赤脚医生”16人，医疗设施简陋。1996年，席桥乡新建1200平方米综合门诊病房楼1座。2008年，全镇有中心卫生院1所，社区卫生服务站8个，专业卫技人员59人。中心卫生院设备齐全，能独立开展上、下腹部手术和部分骨科手术，对内科各种危重人都能开展抢救诊治工作。是年，全镇新型合作医疗参保率达100%，计划免疫接种率达100%；有自来水厂11个。

1978年，席桥集镇道路为泥土路，路两边低矮的房屋参差不齐。1996年，乡党委、政府请省建筑设计院对集镇进行科学规划设计。1997～2008年，席桥采取多种形式，先后投入160多万元，在长1500米的“丰”字形的街道上铺设了8米宽的水泥路面，架设了24盏路灯，完成了电力改造、供水、下水道拓宽等工程。

第十九节　林集镇

一、概况

林集镇位于区境运西片中心地段，东临京杭大运河，西依新河，南与南闸镇接壤，北与三堡乡毗邻，温山河居中横贯南北，平林河由西至东穿镇而过，镇政府驻林集居委会，距淮城镇14千米。全镇东西长约6.5千米，南北宽约5.5千米，总面积36.6平方千米。林集于1983年撤社置乡；1988年撤乡建镇，下辖平河、袁庄、后管圩、联盟、双沟、利民、山河、利华、牛路、滕码、王码、刘圩、李庄、丁码、谢庄、林集、草张、农科等18个村；2001年并村联组，利民、山河合并为利民村，滕码、王码合并为滕码村，利华、牛路合并为跃进村，刘圩、李庄合并为小李庄村，丁码、谢庄合并为谢庄居委会，林集、草张、农科合并为林集居委会，同时153个村民小组合并为74个联组。2008年末，全镇辖9个行政村、2个居委会，共有74个联组，有5180户、1.73万人。全镇有耕地面积2133.33公顷。境内地势平坦，温山河以东地势较低，土质多为黏土，主要灌溉渠道为东西两干渠，排涝河道为林平大沟。

林集特色产品主要有优质有机稻米、邻湖牌无公害螃蟹、龙虾、浅水藕。

二、农业

1978年，全公社粮食种植面积1666.67公顷（不含复种面积），总产量1.95万吨；经济作物种植面积15公顷（不含复种面积），总产量1万吨，全年经济作物总收入1.5万元；零星饲养畜禽3900只（头）；水面养殖面积53.33公顷，年产鱼不到40吨；林业树种主要以刺槐、泡桐、榆树和老关杨等自然生长的杂树为主，年木材蓄积量1200立方米；农机总动力1235千瓦，其中大型拖拉机2台。1983年实行大包干，是年，种植面积1900公顷（不含复种面积），粮食总产量3.48万吨。1984年，经济作物面积19公顷（不含复种面积），总产量2.2吨。1998年，随着农田基本建设开发综合利用，渔业养殖获得极大发展，养殖面积增加到800公顷，精养率达40%，年产鱼3600吨。全镇河网密布，拥有滩涂、低洼地万余亩，经过1978年、1985年、1999年三次集中改造，整理成333.33公顷稻田养殖示范区、266.67公顷优质浅水藕种植基地和133.33公顷水产精养池塘。2000年，高效农业逐步发展，大户集中规模养殖畜禽近1.53万只。2008年，全镇粮食种植面积1960公顷，总产量2.91万吨；经济作物面积45公顷；畜禽养殖以大户饲养为主，家禽饲养量达51万只，生猪饲养量2.9万头；水面养殖面积580公顷，年产鱼3400吨；活立林木蓄积量达到12万立方米，年木材采伐量2000立方米；有手扶拖拉机495台，大中型收割机41台，大中型拖拉机29台。水生蔬菜种植、螃蟹龙虾复合养殖、休闲渔业成为林集镇特色产业。

三、工商业

1978年，公社有企业2家，销售收入4.5万元，工业用电量15万千瓦时。1991年，林集镇有企业14家，生产轻工、电子、针织、化工和建材等30多种产品。林集猪鬃厂是淮阴市乡镇企业明星企业，其产品外贸出口。2002年，镇政府开展招商引资。2008年，全年完成到位资金9000万元，其中注册到账外资254.3万美元。

1978年，公社有供销社、粮管所、食品站、粮食加工等服务单位7家、个体摊点16个，总贸易额890万元。1984年，贸易市场逐渐活跃，当年实现贸易额3100万元。2008年，个体工商户达到79户，总贸易额7900万元，经营范围涉及粮食、五金、机械、化工、电子、建筑、服务等多个行业。

四、社会事业

随着经济发展，林集镇文化、教育、卫生、社会事业同步发展。1982年成立了广播站；2001年文化站与广播站合并成立文广站；2007年投入39万元新建588平方米文化中心大楼一幢，内设图书室、阅览室、多媒体教室、文化娱乐活动室。

1978年，林集有小学42个班，教职工60人，在校学生1900人；有初中6个班，高中4个班，在校学生300人，教职工18人。1984年，推广实施国家九年制义务教育，高中班被撤销，有初中6个班，教职工35人，在校学生300余人。之后，学校布局几经调整，撤部分中小学。2008年，林集设有1所中学、1所中心小学、1所村级完全小学、1个教学点。中学有12个教学班，106名教职工，在校生600多人；小学有25个教学班，教职工90人，在校学生1180人。1978年，公社有1所卫生院，9个大队保健室，各类医务人员36人。1986年，林集卫生院升格为预防、保健、医疗三位一体的综合性乡镇中心卫生院，担负着运西片三镇一场一乡10多万人口的医疗预防保健卫生服务工作。2008年，林集中心卫生院占地1.81万平方米，建筑面积7100平方米，其中门诊楼、病房楼、防保楼等医疗用房4043平方米，有病床63张，在职职工55人。全镇有村卫生室11个，新建4个社区医疗服务站，村级医护人员68人。

五、人民生活

1978年，农民人均收入215元，主要为农业收入；温饱不保；住土坯草房，人均居住面积不足11平方米。1981年实行大包干后，人均年收入增加到430元。1983年分田到户以后，土坯草房逐渐改造为砖瓦房。1992年，因多种经营和科学种田，人均收入达到2143元。1995年，农民人均收入大幅度提高，达到3200元，其中第二、第三产业收入占1324元。2008年，个体私营经济蓬勃发展，人均收入提高到6132元，其中农业收入3015元，第二、第三产业人均3117元，楼房户占46%以上，全镇拥有私人小汽车89辆。

第二十节　南闸镇

一、概况

南闸镇位于区境西南边缘，依湖而建，新河头入湖口处有一道节制水闸，故名南闸。南闸镇东倚京杭大运河，与扬州市宝应县泾河镇隔水相望，东南与宝应县山阳镇接壤，西南紧临白马湖，湖岸线8千米，西与省属白马湖农场毗邻，北与林集镇交界。镇政府所在地为百年古镇新河头，距淮城镇26千米。境域东西最长处12.5千米，南北最宽处6.2千米，总面积68平方千米。1983年，南闸公社撤销，改为南闸乡，生产大队、生产队改为行政村、组。2002年，撤乡建镇，同时并村联组。2008年末，南闸镇辖新河头居委会和柏庄、中太、兴太、林南、戴湾、泾河、戴庄、新兴、姚庄、渔民10个村，有7252户、3.04万人。全镇有耕地2400公顷，水面2000公顷，湿地面积2000公顷。

南闸水乡　（2000年摄）

风靡全国的扑克游戏“掼蛋”源于该镇。

二、农业

南闸农业以种植业为主，主要种植水稻、小麦，经济作物主要为油菜、瓜果蔬菜等，养殖业以水产养殖为主，零星饲养畜禽。1979年，实行联产计酬，1981年生产责任田包产到户。1991年，南闸遭遇历史罕见的洪涝灾害，农业遭到极大损失，粮食大面积大幅度减产。从1993年起，乡政府连续十年组织万人会战，改造低产田，共建成1466.67公顷旱涝保收高产高效农田。2000年，全乡粮食亩产超“双千”（即2000斤），人均收入超2000元，组平均家禽饲养超2000只，村平均生猪饲养超2000头，水产养殖亩产超1吨。2008年，全镇种植面积2955.67公顷，其中粮食作物约2866.67公顷，水面养殖800公顷，年水产量2.4万吨；家禽饲养量100万只，家畜饲养量0.7万头；新建完善农田林网2公顷，成片林6公顷，四旁植树1.66

万株，林木蓄积量0.8万立方米；农机总动力1.22万千瓦，有手扶拖拉机4000台，大中型收割机30台。

三、工商业

1978年，社办企业主要有农机厂、磷肥厂、砖瓦厂、粮食加工等6家，全年工业总产值不足300万元。1985年，乡建成南闸蓄电池厂，注册为“淮安市蓄电池厂”，生产的“楚城牌”蓄电池一度远销山东、河南、北京、宁夏、西藏等十多个省市、自治区，成为南闸工业的龙头企业。2008年，全镇工业产值占社会生产总值的50%以上，主要企业有淮安市苏通市政机械有限公司、奥斯忒有限公司等。全镇年销售额超500万元的列统工业企业有4家。1978年，南闸集市规模微小，总长度约100米，无固定摊点，农蔬、鱼等自产自销。政府所在地除供销社、食品站、合作商店、合作饭店、粮管所、邮局、卫生院等服务单位外，几乎没有其他商业网点和个体服务摊点。1996年，乡政府进行集镇规划，当年开辟一条38米宽、1500米长的主街道。1998年开始，集市每逢1日、4日、7日贸易，商业市场得到拓展，当年沿街发展个体工商户50余户。2008年，集镇有个体工商户105户，集市人流高峰时有近万人，全年贸易总额达5000万元。

四、社会事业

1978年，全公社除南闸中学高中双轨外，在太东初中增设1个民办高中班。全镇初中班同轨班级数12个（九所学校）。生产大队都设有小学。戴湾大队生产组多，东西横向距离长，全大队有6个教学点。1988年，学生数逐渐减少，全乡有初中班学校4所（包括戴帽初中）。2005年起，全镇注重集中办学，大部分村级小学被撤销合并。2006年，南闸职业中学投资1100万元的高标准教学楼投入使用。2008年，全镇有小学3所，初中班全部合并到南闸职业中学。是年，中心小学投入650万元建成多功能礼堂。至2008年，全镇有南闸籍教授2人，博士（包括博士研究生）10人，硕士10多人，双学位近20人，自考本科30人。太东村有大专以上学历人数160多人，本科学历超百人，是省内知名的状元村，有教育之乡说。

南闸有风味独特的民歌。南闸民歌起源于唐代，兴起于明代嘉靖，鼎盛于晚清。清代安宜县志载“高宝歌台上千首，风味最佳新河头”。2002年，南闸被命名为“江苏省民歌之乡”，2005年被命名为“江苏省特色文化之乡”。1978年，公社卫生院只有低矮瓦房20间（包括门诊、病房、医生宿舍）。2008年，南闸卫生院多方筹资投入资金160万元，新建了1300平方米病房楼。全镇合作医疗参保率100%。

1978年，农户全部饮用河水。1996年，集镇建起1家小型自来水厂，乡直机关单位开始饮用自来水。2001年，乡政府新建4家自然片自来水厂，普及饮用自来水。2008年，全镇人口全部饮用自来水。

1978年，乡邮电所只有30门电话容量。1994年，邮电所改装程控电话，最高峰电话发展到5000门。2008年，移动电话基本普及，全镇宽带安装超过1000户。2000年，南闸开始安装有线电视。2005年，有线电视通村组。2008年全镇有线电视用户达4500户。

1978年，南闸每天通县城有三班公交汽车，社队交通以水运为主，多是木船、水泥船、机帆船运输，全公社共有小型农船、机帆船1000余条，中心河每天有机帆船客班往返。1991年水灾后，乡政府铺设第一条8千米长的中心砂石路。2000年，全乡发展砂石公路32千米，主要有中心路、南循路、北循路、运河西堤路。2004年，全镇发展村级砂石路30千米，基本达到村村组组通砂石路。2006年，全镇一次性铺设水泥路28千米。2008年，南闸镇与宝应山阳一条5千米长的公路开通。当年实施村村通达工程，全镇水泥路村村相通。

五、人民生活

1978年，农民主要是农业收入，人均收入161元。1981年实行大包干以后，人均年收入增加到263元。1983年分田到户以后，人们生活基本解决温饱。1992年，因多种经营和家业结构、品种调整，人均收入达到1164元。1995年，农民人均收入有大幅度的提高，达到2518元，其中第二、第三产业收入占1161元；2008年全民创业兴起，个体经济发展，人均收入提高到7357元，其中农业收入4428元，第二、第三产业人均2929元。

第二十一节　范集镇

一、概况

范集镇位于区境西南部，距城区约25千米，镇政府驻范集居委会。全镇总面积96.7平方千米，东西平均长8.6千米，南北平均长11.2千米，西、南两面分别与洪泽县黄集镇、岔河镇接壤，东与省属国营白马湖农场相邻，北隔苏北灌溉总渠、淮河入海水道与清浦区盐河镇相望。328省道横贯东西，宁连公路、宁淮高速擦境而过。1983年2月，范集人民公社共辖刘桥、郭桥、何朱、何郭、大花、李邵、李许、后高、永陆、大吴、大问、新张、范集、周王、柳陈、姚桥、新朱、南武、张朱、陆集、秦杨、孔连、李湾23个大队。1983年3月，公社改为乡，生产大队改为村。2002年，范集撤乡建镇，同年并村联组，郭桥、刘桥合并为刘桥村，何朱、何郭、大花合并为大花村，李许、后高合并为闸西村，李邵、永陆、大吴合并为永陆村，新张、范集、周王合并为范集居委会，柳陈、姚桥合并为姚桥村，新朱、南武合并为永济村，陆集、秦杨合并为陆集村，孔连、李湾合并为张码村，共辖11个村（居），143个村民联组。2008年6月，张码村及陆集村6个组划归市经济开发区，是年底，范集镇共辖9个行政村，1个居委会，125个村民联组，有7100户、2.1万人。境内有农业耕地4400公顷、宜林地1133.33公顷、水面1400公顷。地势平坦，总体呈西北高、东南低走向，土质以油泥土、黏土为主，主要灌溉渠道为永济东西干渠和张码东干渠，排涝河道为于兰河、上引河、花河、调尾河。

二、农业

1978年，全公社粮食种植面积2133.33公顷（不含复种面积），总产量2.4万吨；经济作物面积533.33公顷（不含复种面积），总产量465吨，全年经济作物总收入170万元；零星饲养畜禽7400余只（头）；水面养殖面积约26.67公顷，年产鱼约10吨；林业树种主要以刺槐、泡桐等自然生产的杂树为主，年林木采伐量1000多立方米；农机总动力约2000千瓦，其中大型拖拉机5台。1983年实行联产承包责任制后，激发农民生产积极性，开发利用荒滩、荒地，推广应用新型农业生产技术、农机具，耕地面积增至500公顷，粮食总产达6万吨，成为淮安县最大的商品粮生产基地。1992年，在稳定粮食生产的同时，大力发展现代高效农业和多种经营。2000年，全乡形成粮食、林木、渔业、蔬菜、畜禽五大支柱产业，农业收入也成为农民的主要经济来源。2002年，调整、调优农业产业结构。2008年，全镇粮食总产达6.9万吨，新增高效农业80公顷，高效种植业比重提高到22.5%，高效渔业占比提高到42.6%，生猪、家禽规模养殖占比分别达到34.3%和39.5%，年产鱼、蟹、虾等水产品近4000吨，出栏生猪1.2万头，鸡、鸭、鹅等家禽120万只，活立林木蓄积量达到12万立方米，年林木采伐量为1万立方米以上。全镇农机总动力6.95万千瓦，有手扶拖拉机6000台、大型收割机300台。

三、工商业

1978年，范集仅有农具修造厂、菌肥厂、酱醋厂、食品厂、编织厂、服装缝纫店等几个作坊式的社队企业。主要产品为镰刀、锄头、铁锹等农具以及利用本地资源酿造的酱醋、制作的糕点、编制的草包蒲包等，工业用电量微乎其微，税收基本为零。1987年后，新办砖瓦厂、化工厂、自行车轴档厂、自行车翻新厂、面粉厂、农机修造厂等小企业。1992年，乡办企业体制改革，14家乡办企业全部实行租赁承包或产权出让。至2006年，全镇工业销售收入4865万元，上缴税收160万元。2007年，淮安市盐化学工业园落户范集，建华管桩、海螺水泥等全国500强企业入驻。2008年，范集实现工业销售收入4.26亿元，工业入库税收2162万元，工业用电量1300万千瓦时。

1978年，境内只有供销社、粮管所、食品站、粮食加工厂等服务单位10家，个体摊点21个，总贸易额不足1500万元。1984年，有个体工商户110余户，总贸易额上升到1700余万元。1992年，全乡有商业企业及个体工商户230余户，总贸易额近4000万元。2008年，个体工商户达314户，总贸易额7900万元，经营范围涉及粮食、建筑、服务、五金、机械、电子、塑料、电器等多个行业。

四、社会事业

1978年，全公社有14所完小，1所中学，共有学生3476人，教职工213人。1984年，推广实施九年制义务教育，新办5所完小，1所初级中学，全镇共有19所完小，2所中学，其中范集中学升格为淮安市重点中学，共有中小学生4126人，教职工382人。2000年以后，教育资源整合，生源减少，19所完小撤并后保留4所，同时设立10个教学点。2008年，全镇小学共有41个教学班（包括村小与教学点），教职工186人，在校学生2395人；中学有48个教学班，326名教职工，在校生3600多人。

1978年，公社有卫生院1所，村级卫生室22个，有各类医务人员59人。1990年10月，卫生院新门诊楼竣工，总建筑面积680平方米。2008年，卫生院住院部大楼竣工，建筑面积1200平方米，共有病床30张，设有门诊部，住院部，X光、B超、妇产、手术等科室，在职职工41人；新建姚桥、刘桥、永陆、陆集4个社区卫生服务站，有村卫生室16个，村级医护人员16人。1989年，乡敬老院成立，有楼房二层24间，瓦房4间，入住五保老人13人，服务人员4人。2005年，镇政府对敬老院进行翻扩建，共建房屋30间，建筑面积900平方米。2007年，又新建房屋10间计300平方米。2008年，镇敬老院共有房屋40间，面积1200平方米，入住老人61名。

1978年以前，集镇仅有一条长约400米的泥路街道。1978年，修建淮洪路（淮安县至洪泽县），街道向南延伸约200米与淮洪路搭界。1987年，铺设水泥路面约600米，并在街道东侧征地约2.67公顷，新建农贸市场。1996年，乡政府对集镇闲置土地公开拍卖，筹集近600万元资金，全面实施小城镇建设，架设路灯49盏，栽植绿化树木600余株。到2008年，农村四级水泥路村村相通。集镇面积由过去的0.3平方千米，扩大到1.5平方千米，集镇人口由过去的400余人扩大到8000余人，集镇高楼林立，店铺相连，每到逢集，货品丰富，人头攒动，已成为运西片乃至全区最具活力的农副产品集散地之一，被区委、区政府定位为楚州区城市副中心。

五、人民生活

1978年，农民人均收入60元，主要为农业收入；人均居住面积不足5平方米。1981年，人均年收入增加到160元。1983年分田到户以后，人们生活基本解决温饱。1996年，农民人均纯收入达2853元。2008年，全镇实现农民人均纯收入7200元，位居楚州区各乡镇前茅，90%以上的农民住上了宽敞明亮的别墅住宅；全镇共有轿车320余辆。

第二十二节　建淮乡

一、概况

建淮乡地处城区南郊，距淮城镇约2千米。位于京杭大运河与苏北灌溉总渠交汇处，东与朱桥镇接壤，南与马甸镇毗连，西隔大运河与三堡乡相望，北临苏北灌溉总渠。京沪高速公路和省237公路、328公路（淮阜路）及淮施路贯穿境内，农村水泥路通达各村组。全乡总面积30.9平方千米。东西平均长9.8千米，南北平均宽3.15千米。乡政府驻建淮街。1981年7月，石塘人民公社分设石塘、马甸两个公社，划祁庄、二堡、李庄、金王、东风、马桥、马东、花元、董庄、郭湾、邱洞、合兴、团结、苗舍、卫东15个大队归马甸人民公社。1981年11月，石塘人民公社更名为建淮人民公社。1983年撤社建乡，建淮乡下辖建淮、建新、邱家、马甲、十里、张兴、侯靖（原向阳）、鹅钱（原马庄）、八关、渠南、唐桥、彭阳、草庵（原刘庄）、砖桥、陈华（原陈庄）、盖桥、孙赵、许王等18个村。2001年8月，建淮乡并村联组，建淮村、建新村合并为建淮村，十里村、马甲村合并为十里村，渠南村、唐桥村合并为渠南村，鹅钱村、八关村合并为鹅钱村，彭阳村、侯靖村合并为彭阳村，砖桥村、草庵村合并为砖桥村，许王村、孙赵村合并为许王村，村民小组由208个联为108个。2008年末，建淮乡辖11个村，共108个村民联组，有8700户、3.7万余人。农业有耕地面积2066.67公顷。境内地势平坦，土质为黏黄土，水系完善，灌排畅通。

该镇地下有丰富的盐矿资源，优质无公害农产品有“飞飞”粉丝、“楚南”大米等。曾有“淮上江南”称誉。

二、农业

1978年，全公社粮食种植面积6293.33公顷（含马甸），粮食总产量2.99万吨；经济作物种植面积2146.66公顷，总产量163.75吨；零星饲养畜禽2.2万只（头）；水面养殖面积11公顷，年产鱼不足1吨；种植蘑菇3公顷；农机总动力6536千瓦，有大型拖拉机7台。1981年后，全公社粮食种植面积3.12万亩，总产量2.03万吨。1983年，全乡经济作物面积122.67公顷，总产量101.32吨。1992年，调整农业产业结构，多种经营与第三产业兴起，全乡形成粉丝、瘦肉型生猪、草袋、家禽、家具、豆制品生产“六大基地”，工农业总产值突破亿元大关。1998年，全乡建成磨粉养猪及粉丝加工经济区，工商服务经济带、草鸡养殖带、经济作物带的“一区三带”。是年，全乡养猪大户有2001个，千头猪场11个，生猪年出栏量近10万头，产粉丝4250吨；2个万只鸡场；4个千亩蚕豆种植片，经济作物面积266公顷，主要种植佛手瓜、蚕豆，总产量1600吨，农业总产值首次突破亿元大关，达到1.08亿元。2008年，全乡粮食种植面积2033.33公顷，总产量2.46万吨；畜禽养殖以大户饲养为主，家禽出栏量8.98万只，生猪饲养量3.58万头；水面养殖450公顷，年产鱼133吨，水芹菜960吨；人工造林14.67公顷，四旁植树15万株；农机总动力1.43万千瓦，拥有手扶拖拉机186台，大中型收割机32台，大型拖拉机29台，插秧机25台，配套农机具830台（套）。

三、工商业

1978年，全乡有企业7家，销售收入86.4万元，工业用电量12万千瓦时，企业生产的主要产品有水泥、砖瓦、大米、农具等。1995年，有企业13家，年产值275万元，工业用电量450万千瓦时。1996年，企业实行产权制度改革，有7家企业产权转让，6家企业租赁承包。2004年，乡政府招商引资，规划了乡政府以北、曙光大道以东、淮阜一级公路以南为工业集中区。2006年，乡工业集中区列入淮安市乡镇工业集中区30强。2008年，工业集中区占地38.67公顷，入区企业32家，有针纺织、电子、建材、机械、食品五大门类，其中规模以上企业5家，企业用工人数1680人；入区企业项目总投资2.6亿元，建成标准化厂房3.2万平方米，办公、生活、仓储用房8500平方米，道路、通信、电力、给水、绿化等基础设施配套齐全。是年，工业集中区入区企业实现销售收入2亿元，工业增加值4500万元，利税2200万元，其中税金880万元，工业用电量1098万千瓦时。

1978年，有供销、粮食、食品、粮食加工等服务单位21家（含马甸），个体摊点37个，总贸易额约75万元。1983年，经济贸易及市场随经济改革开放开始活跃，运南闸街有个体工商户50多户，总贸易额110万元。1995年，运南闸兴建粮食、粉丝市场和蔬菜市场、小商品市场，个体经营户发展迅猛，有商业企业及个体工商户131家，年贸易额630万元。2008年，个体工商户达到183家，年贸易额4800万元。经营范围涉及粮食、粉丝、蔬菜、五金、机械、电子、建材、饮服、运输等多种行业。

四、社会事业

建淮乡因毗邻城区的优势，文化、教育、卫生及社会事业发展快速。1978年，有文化站、广播放大站、影剧院、电影放映队、文艺宣传队。1998年10月，建淮乡有线电视正式开通。2001年11月；文化站、广播放大站合并为文广站。2007年，全乡11个行政村全部建有篮球场和乒乓球室，8个村建有文化大院，其中7个村建成农家书屋。2008年，建淮乡新建文化中心楼，有线电视村村通，网络覆盖率100%，入户4100户；有民间文艺宣传队1个，民间艺术书画创作组1个，网吧、游戏室各2个。

1978年，全公社有小学34所，中学2所。小学有176个班，教职工456人，在校学生7145人。初中有36个班，高中有12个班，在校学生1920人，教职工156人。1980年，石塘、马涵洞2所高中班和12所"戴帽"初中停止招生。1983年，建淮乡兴建初级中学和3所联中，有初中27个班，在校学生1500人，教职工120人。1993年，普及发展初中，全乡有初中班27个，教职工120人，在校学生1600余人。2001年后，教育布局调整，18所小学先后撤并为3所小学。2008年，全乡有中心小学、张兴小学、渠南小学，26个教学班，教职工140人，在校学生1100人；中学有25个教学班，教职工110人，在校生1500人。1978年，境内有卫生院1所，卫生室33个，各类医务人员106人。1995年，乡卫生院门诊楼竣工，总面积1000平方米。2007年，乡卫生院建筑面积2200平方米，有病床30张，在职职工47人。2008年，全乡建起10所社区卫生服务站，有村级医护人员48人。是年，全乡新型合作医疗参保率99%，计划免疫接种率100%，90%农户厨房、猪圈、厕所得到改造，农户饮用自来水普及率85%。

1978年，境内只有运南闸一条老街，南北长450米，淮江路穿境而过。1995年，编制集镇规划，镇区建设用地54.73公顷，集镇人口4800人。1997年，乡政府前东西街道进行拓宽，铺设水泥路面1.5千米，下水道891米，取名朝阳路。2002年，乡政府对集镇规划进行修编。2003年，乡政府从淮阜路向南开辟曙光大道，架设曙光大桥，铺设水泥路长0.9千米，宽20米，架设路灯42盏，栽植树木100余株，绿化面积1600平方米，铺设下水道2000米。2005年，结合镇村布局规划要求，乡政府再次对集镇规划进行了修编，镇区建设用地60公顷，人口6000人。2008年，镇区建设用地84.8公顷，其中居住用地30.87公顷，公共建设用地20.2公顷，工业建设用地24.33公顷，仓储用地0.87公顷，交通用地7公顷，公共设施用地1.53公顷，镇区人口7200人，有运南闸街和建淮街两个集镇。

第二十三节　城东乡

一、概况

城东乡位于城区东郊，乡因区位得名。总面积35平方千米，东与季桥镇接壤，南临淮河入海水道，西靠淮城镇，北与席桥镇相连。京沪高速、新长铁路、淮河入海水道、237省道在境内交汇贯穿，境内有华西路、翔宇大道、铁云路、关天培路等区乡道路，农村四级水泥路通达各村，交通、区位优势明显。乡政府驻童嘴村。1983年人民公社撤销，由城东公社更名为城东乡。2001年，城东乡并村联组，侯巷村、甘露村合并为站前新村，童嘴村、茶庵村合并为童嘴村，刘伶村、罗桥村合并为罗伶村，孙徐村、炮刘村合并为徐刘村，花庄村、赵徐村合并为赵徐村，新王村、汤朱村、刘湾村合并为楚东村，蒋南村、黄土村合并为黄土桥村。2008年末，全乡辖11个行政村，96个联组，有9200户、4.5万人。全乡农业耕地面积为1040公顷。

周恩来总理祖茔及民族英雄关天培墓均位于城东乡。

二、农业

1978年，全公社小麦面积1546.67公顷，总产6150吨；大麦136.67公顷，总产580吨；水稻2053.33公顷，总产8900吨；玉米21.33公顷，总产约180吨；生猪出栏量3.1万头；有柴油机290台，拖拉机35台；农田水利设施配套不到位。1985年，全乡发展养猪业，多种经营以养猪、鸡、鸭、鹅、鸽子为主，兼有少量水产。2008年，全乡小麦面积658公顷，总产4158吨；水稻面积766.67公顷，总产6328吨；经济作物种植面积106.67公顷；生猪出栏量1.31万头，牛90头，肉鸡出栏量约7.1万只；农机总动力1.12万千瓦，手扶拖拉机拥有量69台，大中型收割机22台，拖拉机82台，插秧机20台，机收割率100%；农田林网213.33公顷，栽植成片林10.67公顷，四旁植树13万株，树种以意杨、水杉等为主；有机电泵站13座，桥梁33座，防渗渠18千米，机耕路19千米，疏浚河道6条，挖土30万立方米。

三、工商业

1978年，城东公社有企业6家，销售收入61万元，企业生产的主要产品有砖瓦、棉麻纺织品等。1987年，全乡有企业13家，年产值85万元。1994年，全乡有企业65家，销售收入510万元。是年，乡办企业改制，实行租赁承包或资产转让。2008年，全乡有个体、私营企业2628户，其中私营企业418户，列统企业8家。全乡企业从业人员约1.97万人，当年实现工业产值18.8亿元，工业销售收入18.7亿元，利税1.185亿元，完成技改投入1.6亿元，招商引资到位资金1.55亿元。商业在改革开放搞活流通的形势下发展迅速。

1978年，公社只有建筑站、运输队、供销社、粮管所、食品站、工贸公司等服务单位15家，总贸易额30万元。1984年，经济贸易及市场开始活跃，城东乡集镇、南窑村、罗桥村三处已有个体工商户47户，总贸易额82万元。1990年，个体经营户发展很快，有商业企业及个体工商户195户，总贸易额820万元。2008年，个体工商户达到3260户，总贸易额1.26亿元。商贸经营范围涉及粮食、销售、五金加工、塑料、建筑、餐饮服务、玻璃工艺等多个行业。

四、社会事业

1978年，有线广播通达各村组，全公社尚无电视机。1984年，建起2000平方米的影剧院。2008年建成800平方米的文化电视中心，11个村级文化大院，11个农家书屋藏书量5万册，有线电视入户率达82%以上，宽带入网1100户，村村建成了党员远程教育平台。

1978年，全公社有小学55个班，教职工98人，在校学生2520人；初中12个班、高中4个班，在校学生896人，教职工53人。1984年，实施国家九年制义务教育，高中班被撤销，全乡有初中25个班，在校学生2170余人，教职工52人。2008年，全乡小学有52个教学班（包括村小与教学点），在校学生2400人，教职工228人；中学有20个教学班，在校生1030人，教职工137人。是年，小学六年级毕业生全科合格率98%以上，初中生全科合格率93%以上，中小学生毕业率分别达到98%和100%，初中升高中升学率达89%以上，小学、初中、残疾儿童入学率分别达到100%、99.35%和90%以上，义务教育阶段在校生巩固率达99.7%。城东中学、中心小学分别通过区德育先进学校、综治平安校园、管理规范示范校的验收。全乡实施了义务教育免学杂费、免课本费和对困难寄宿生补助的“两免一补”政策。

1978年，公社有卫生院1所，大队保健室15个，各类医务人员共45人。2008年，城东卫生院新门诊楼竣工（总投资2000万元，建筑面积1.05万平方米），卫生院有病床50张，在职职工90余人；有村卫生室7个，社区卫生服务站11个，村级医护人员54人；农村新型合作医疗参保率达100%。1978年，集镇仅有一条街道，主街道为石子路。1995年，乡政府实行集镇土地公开拍卖，对集镇进行改造建设，形成东西长550米的商业街，集镇主街道改造为水泥路，并安装了路灯。2002年，城东乡全境被纳入淮安市楚州区城市总体规划范围。2006年，全乡批准建设10个农民中心村。由于新城区、经济开发区建设，南窑、红桥、罗桥、张巷等村的拆迁户进入紫金花苑、世纪佳苑、翡翠城等安置小区。2008年，区政府在罗桥村建设农民安置小区。是年，程控电话装机总量6000部。

第二十四节　三堡乡

一、概况

三堡乡位于区境运西，京杭大运河与苏北灌溉总渠交汇处，以地处京杭大运河第三看守处得名。东与平桥、上河、马甸、建淮隔河相望，南与林集镇毗邻，西与江苏省白马湖农场接壤，北隔苏北灌溉总渠及淮河入海水道与淮城镇相望，东西平均宽3.5千米，南北平均长11.7千米，总面积40.95平方千米，境内有江苏省淮安翻水一站、二站、三站、四站枢纽和淮安一线船闸、二线船闸、三线船闸。素有"半城半乡"之称，乡镇政府驻地常庄。1983年5月，撤三堡人民公社复置乡，21个生产大队同时改为21个行政村，175个生产小队改为村民小组。2001年，三堡乡并村联组，花元、沙滩、周湾、韩码、沙庄5个村仍保留原设置，沙口和鸭洲合并为沙口村，岳元和鲁圩合并为西合兴村，祁庄和解庄合并为祁庄村，瓦庄和盛庄合并为盛庄村，星阳和严庄合并为严星村，新庄和新村合并为新庄村，陈庄和咸庄合并为陈庄村，大陶和陶庄村合并为大陶村。2008年末，全乡辖13个行政村，95个村民小组，有7546户、3.2万多人。

三堡乡境内有江苏省南水北调翻水枢纽、亚洲最大的水上立交桥等景点。

二、农业

耕地面积约1713.33公顷，境内水网密布，沟河纵横，土地肥沃，主产优质稻、麦，以及鱼、虾、蟹、鳖和荷藕。1978年，全公社种植水稻1713.33公顷，总产1.03万吨，"三麦"866.67公顷，总产3250吨。1980年，公社加大投入扩大蛋鸡养殖规模。1983年以后，由于水稻、"三麦"等优质品种的推广和种植技术的更新，粮食产量实现大提升。2001年，"晓林"和"长年"两家农产品龙头加工企业，生产的优质粳米被中国绿色食品论证中心认证为绿色食品。2008年，全乡种植水稻1600公顷，总产1.22万吨；"三麦"1466.67公顷，总产7700吨；存栏蛋鸡122万只，有万只鸡场26户，千只鸡场233户，日产鲜蛋70多吨，成为蛋鸡养殖基地乡；生猪存栏量3.8万头，出栏量1万头；青虾养殖200公顷，龙虾、鱼、蟹、甲鱼等特种养殖133.33公顷，荷藕种植333.33公顷，初具规模，产生良好的经济效益。全乡农田、堆堤、道路绿化覆盖率达28%。

三、工商业

1978年，全乡工业经济几乎是空白，仅有农具厂、水利预制厂、四运公司等几家社属企业，年产值不过万元。2002年招商引资，工业经济得到长足的发展。2008年，全乡共有各类企业632家，其中规模工业企业4家，有乡工业集中区1个，工业从业人口2326人，实现工业总产值7.52亿元，创利税4592万元。

1978年，全乡经济贸易主体有供销社、食品站、粮管所等。由于离城较近，没有集贸市场。1984年，市场搞活放开后，集市贸易逐渐活跃，个体商店逐年增多，经营规模也逐渐扩大。2000年，三堡新建农贸市场，连锁店入驻。2008年，全乡年贸易总额1亿多元，有个体工商户562户，从业人数955人。

四、社会事业

1978年，公社有文化站、广播站、广播放大站等。1997年，三堡乡开通有线电视。2006年，有线电视线路通达到组。2008年，有线电视入户率70%，建成文化大院7个，农家书屋13个，丰富了广大群众的业余文化生活。

1978年，公社有中学3所，小学20所。2003年，因教育布局调整，撤销乡2所中学，16所小学改成1个教学点，共有教师165人，小学入学率、巩固率、毕业率均达到100%。2000年，乡政府投入资金500万元，新建了2幢教学楼，新建标准电教室6个，图书室2个，阅览室1个。2008年，全乡有中学1所，小学3所，在校生1700人，在职教师201人，中小学入学率、巩固率、毕业率均分别为100%、99%、100%。

1978年，公社有卫生院1所，村卫生室20个，各类医务人员55人，其中赤脚医生30人。公社卫生院医疗用房38间，病床12张，设有X光、检验、内科、外科、妇科、儿科6个科室，医师16人。1992年，乡卫生院相继添置了B超、彩超、心电图机、200兆安以上的X光线机，血液分析仪等现代化医疗设备。2008年，乡卫生院建成占地5551平方米的二级二等卫生院，拥有门诊楼、住院楼、防保楼等多幢楼房，设有内科、外科、中医科、妇科、儿科、检验科、放射科等10个科室，有病床40张，在职人员48人，其中高级职称2人、中级职称18人、初级职称17人。13个行政村均创建成社区服务站。乡防保所成为市级标准化防保所。全乡农村新型合作医疗参保人数约3.06万人，参保率98.9%。

1978年，全乡集镇规模极小，几乎没有商业铺面。1996年，乡政府编制集镇的总体规划。2002年，乡政府开始进行集镇规划修编。2002年，集镇建成农民街，总长2200米。2008年，集镇面积2.2平方千米。三堡供电始于1976年4月。1978年，公社内供电线路总长12.6千米。2000年，供电线路达到49.63千米。2008年，全乡共有2条10千伏线路，总长70.49千米，低压线路总长177.1千米，共有变压器145台，其中综合变113台（容量9015千伏安），专变32台（容量3960千伏安），总用电量1359.4万千瓦时。

五、人民生活

1978年，人均收入78元。1982年，人均收入218元。1986年，三堡乡基本已无草房建筑。1990年，全乡楼房户日益增多。2000年，人均收入3932元。2008年，人均收入8090元，全乡农户入住楼房率达到90%；自来水供水村村通、组组通，70%以上的人拥有移动电话，85%的家庭拥有固定电话。

第二十五节 宋集乡

一、概况

宋集乡位于区境最北端，东与茭陵乡接壤，南与钦工镇毗邻，西隔古黄河与涟水县保滩镇相望，北与涟水县城一桥相通。全境总面积57.22平方千米，古黄河环绕全乡18.5千米，235省道和234省道纵横全境。境内地势平坦，东南部略低，土质多为沙性土壤，主要灌溉渠道有李码分干渠，排涝河道有沿六河、咸岔河。农村四级水泥路通达各村。境内有宋集和桥头两个集镇。宋集街是乡政府机关驻地，集镇面积1.5平方千米，距淮城镇28千米。1978年，宋集人民公社辖23个生产大队；1980年，章集、章桥、章洼、陈圩4个大队划归茭陵公社；1983年，宋集撤公社改置乡，下辖19个村。1997年6月，国营园艺场划归宋集乡管辖。2001年，宋集乡并村联组，宋集、严码村合并为宋集村，高巷、陈刘合并为高陈村，大董、董尹合并为大董庄村，青莲、土城、西高合并为青莲岗村，条河、沿六合并为条沿村，谷庄、尹庄、谷圩合并为谷尹村。2008年末，宋集乡辖11个行政村，1个场圃，有164个村民联组，有1.07万户、4.24万人。有农业耕地约2733.33公顷。

该乡是新石器时代江淮流域青莲岗文化发祥地，建有青莲岗文化陈列馆。

二、农业

1978年，宋集全公社粮食种植面积4933.33公顷，总产1.1万吨；经济作物300.8公顷，总产149.15吨；零星饲养猪330头；林业以榆树、德国槐、泡桐等杂树为主。1983年，全乡粮食种植面积5000公顷，粮食总总量1.69万吨；经济作物800公顷（其中棉花种植面积287.93公顷），总产917.35吨；水产养殖业有较快发展，年水产品总量40.05吨；有桑园21.33公顷，果园25.6公顷；全年生猪饲养量约1.88万头，羊448只，大牲畜702头。1999年，全乡粮食总产量1.55万吨；存栏大牲畜300头，肉产量1380吨，水产品1389吨。2003年，全乡新植意杨20万株，新建成片林533.33公顷，草鸡和肉鸡养殖达20万只。2007年，宋集乡完成李码分干渠、咸岔河、沿六河上段三条主要河道的疏浚，以及大董圩、三里圩和青莲圩三个圩区的改造和高陈片、宋集片、尹庄片2000公顷的连片治理。2008年，全乡粮食总产量约3.18万吨，经济作物面积173.4公顷；家禽饲养量达77.15万只，生猪饲养量5.41万头，有大牲畜334头；新建农田林网66.67公顷，栽植成片林30公顷，四旁植树16.5万株，活立木蓄积量达18.5万立方米。

三、工商业

1978年，全公社有企业5家，分别是农具厂、农机修配厂、福利厂、腌切厂、砖瓦厂，年销售收入28.9万元，工业用电量3.45万千瓦时。1987年，全乡有企业8家，年销售45万元，工业用电量5.2万千瓦时。1994年，全乡有企业13家，销售收入478万元，工业用电量10.8万千瓦时。当年，乡办企业改制，9家乡办企业全部租赁承包。1995年，乡政府引进涟淮制盒厂、涟淮纸制品包装厂2家企业。2002年，乡政府规划启动乡工业集中区（A）建设，规划总面积40公顷。至年底，全乡有企业18家，年销售收入889万元，利润36万元，工业用电量19.8万千瓦时。2005年，乡工业集中区实现销售收入1.31亿元，利税1130万元。2006年底，全乡有12个500万元以上工业项目建成投产，当年有列统企业4家。2007年，全乡有企业42家，实现工业销售1.63亿元，入库税收153万元，工业用电量160万千瓦时。2008年，列统工业销售2.26亿元，入库税收入328万元，工业用电量195万千瓦时，企业职工人数5930人。是年底，乡政府在尹庄境内规划工业集中区（B），沿235省道两侧，向西控制380米，向东控制400米，总用地66.67公顷，按自西向东，由北向南推进，首期启动区面积为10公顷。

1978年，有供销社、粮管所、食品站、饭店等商品服务单位9家，个体摊点29个，年贸易额19万元。1984年，贸易市开始活跃，宋集街、桥头街两处集市有个体工商户40多户，年贸易额60多万元。1990年，有商业企业及个体工商户近百户，年贸易额400多万元。2008年，个体工商户发展到880家，年贸易额2600万元，经营范围涉及粮食、五金、机械、电子、塑料、建材、建筑、运输、服务等多个行业。

四、社会事业

1978年，公社有文化站、广播放大站、影剧院、电影放映队、文艺宣传队等文化场所和团体。2002年9月，有线电视正式开通。2001年11月，文化站、广播放大站合并为文广站。2007年，乡政府投入22万元，建乡文化中心659平方米，内设图书阅览室、综合展览厅、健身活动室、体育活动室、信息资源共享室、教育培训室；建成村文化大院5个，所有行政村均建有篮球场地，村村通上有线电视，有线电视入户率达75%。2008年，全乡有文化中心1个，党员干部远程教育站点11个，农家书屋11个。

1978年，全公社有学校22所。1983年，全乡有中小学20所，在校学生5989人。当年新办幼儿读书班，入班幼儿263人。1984年，全面推广国家九年制义务教育，高中班被撤销，普及发展初中。2002年，教育布局调整，2所中学合并为1所。2004年5月，宋集中学整体搬迁到园艺场，新建2200

平方米教学楼一幢。2008年，全乡有1所初中，4所完小，2个教学点，在校学生3245人。

1978年，公社有卫生院1所，大队保健室23个。1983年，宋集乡有3个医疗点，23个村保健室。1999年12月，乡卫生院新门诊楼竣工，总面积1000平方米。2008年，乡卫生院占地1.07万平方米，建筑面积4100平方米，有病床20张，医技人员40人；有村级卫生服务室12个，村级医护人员53人。1982年，成立宋集敬老院，入院五保老人8人。1998年，敬老院从冯王村迁至高陈村。2005年，乡政府投入98万元续建敬老院，新增建筑面积1620平方米，添置了太阳能、电视、电风扇等物品，入院五保老人30多人。2008年，全院共有床位140张，入院五保老人81人。

1978年，集市、街道建设落后。集市街道为石子路，两侧房屋少而低矮。1994年，沿乡政府周边楚涟路两侧新建楼房较多，宋集街初具规模。1996年，新建计生站、经管站、村建站、广播站等办公楼。2006年，完成集镇总规划编制。2002～2007年，乡政府拓宽宋集和桥头两个集镇路面5400平方米，延伸桥头慢车道700平方米，铺设桥头下水管道1300米，新建花坛32个，改造花坛85个，架设路灯80盏，新增绿化面积2230平方米，建成大董庄市场一期工程和桃园小区等商品房4.5万平方米。2008年，宋集乡先后投入15万元，新建垃圾池8个，下水道620米，维修路灯85盏，对集镇的绿化进行了补植，增加了花坛、花池。

第二十六节 茭陵乡

一、概况

茭陵乡位于区境东北部，距城区70千米，东与苏嘴镇相接，南与顺河镇相临，西与宋集乡相连，北与涟水县徐集乡隔河相望。全乡总面积48平方千米，234省道穿境而过。境内建有茭陵抽水一站、二站，大寨河、咸岔河、衡河等河道交错纵横，其中大寨河是顺河、钦工、宋集、席桥等乡镇泄洪的主要河流，成为“汛期的洪水走廊”。乡政府驻地茭陵。1980年，茭陵人民公社由苏嘴公社的大胡、小茭、果园、邵葛、南舍、茭陵等6个大队，顺河公社的联合、东高、高荡、东荡、黄庄、四合（六大门）6个大队和宋集公社的陈圩、章集、章桥、唐堡4个大队组建而成。1983年，茭陵撤社建乡。2001年，茭陵乡并村联组，唐堡、章桥合并为章桥村，邵葛、南舍合并为邵葛村，东高、高荡合并为高荡村，陈圩、卢庄、章集合并为章集村，小茭、茭陵合并为茭陵村，六大门、黄庄合并为黄庄村。2008年末，茭陵乡辖11个村，84个村民小组，有7658户、3.29万人。有农业耕地2180公顷。

抗日战争期间，著名的“大胡庄战役”发生于茭陵，该乡建有大胡庄烈士陵园。

二、农业

1980年，全公社种植水稻1489.33公顷，总产7819吨；“三麦”1816.2公顷，总产6812.5吨；油菜225.47公顷，总产194.47吨。1981年以后，随着农业生产责任制的推广，调动了农民种田积极性，加之杂交水稻种植技术的引进，粮食产量有了很大提高。1988年，全乡约1486.67公顷水稻总产1.27万吨。1990年，全乡累计投入200多万元，加固外圩堆堤115.6千米，建成800公顷高产稳产吨粮田，基本上达到“田成方、树成行、万亩片”的标准。90年代中期，乡政府对水稻品种实行二次改良，推行“杂改粳”，提高稻米品质。与此同时，全乡大力发展多种经营，先后建成蔬菜、养鱼、养禽、养猪等多个专业村，涌现了一批种植业、养殖业专业户。2008年，全乡生猪圈存量2.6万头，出栏量2.3万头；家禽存栏量3.6万只，出栏量3.8万只；有百头猪场2个，千只鸡场5个。农业机械总动力1.34万千瓦，有拖拉机420台，拖拉机配套机具842部，旋耕机82台，稻麦联合收割机24台，水稻插秧机15台，播种机21台，基本实现农业机械化。

三、工商业

1980年，茭陵有水泥厂、磷肥厂、农机厂、农具厂、酱醋厂、淀粉厂等6家企业。1982年，鼓励户办、联户办、村户联办、乡村联办乡镇企业，乡村工业迅速崛起，全年实现产值232.42万元，创利税47万元。2002年后，先后引进了东洋实心胎、特种海绵、宝达电子等规模企业落户区工业园区和乡工业集中区，产品出口到美国、英国、法国、澳大利亚以及东南亚国家。2008年，全乡有企业124家，其中个私企业78家，实现生产总值1.42亿元，创利税1407万元，建成工业园区2个，形成了电子加工和纺织两大支柱产业，其产品远销20多个国家和地区。

1980年，全乡主要有供销社、食品站、粮管所3家服务单位和朝阳桥、章桥、茭陵集镇三个集贸市场。供销社下设章集、东荡、果园3个站点。1984年，集镇新建农贸市场，占地0.8公顷，内设62个摊位。2008年，集镇有万福、新亚等4家超市。果园村有华联等3家超市。章集村有旭日等4家超市。全乡个体工商户488户，从业人数685人，总贸易额近亿元。

四、社会事业

1980年，有文化站、广播放大站和电影队。1985年后，乡政府相继在果园、章集、高荡3个村建起3个剧场。1995年下半年，有线电视开通。2000年，有线电视线路通到所有村组。2008年，有线电视入户率92.6%；建成东荡、联合、黄庄3个农家书屋。

1980年，公社有完全中学1所，小学18所，教学点21个。1983年，教育布局调整，茭陵乡撤销18所小学，设立果园等5所小学。是年，全乡小学入学率、巩固率、毕业率分别达到75%、89%和83%，残疾儿童入学率达40%。1995年7月优化教育布局，乡政府投资近400万元扩大了章集小学规模。2008年，全乡有初级中学1所，完小5所，在校学生4647人，其中初中生1400人。有在职教师223人，其中本科、专科、中师学历分别有26人、123人、74人。小学入学率、巩固率、毕业率均达到100%。初中入学率、巩固率、毕业率分别达到100%、99.4%和99%。

1980年，公社有卫生院1所，大队卫生室19个，各类医务人员104名，其中村级赤脚医生51人。卫生院有医疗用房32间，病床41张，设X光、检验、内科、外科、中医、妇产科等6个科室。1983年，恢复乡村行政建制后，各大队卫生室同时改称村卫生室，赤脚医生随之易名为乡村医生，村卫生室实行合医不合药。1988年，村卫生室以合格率100%的成绩顺利通过市级验收。2000年以后，卫生院相继添置了CR电子胃镜、彩超、心电监护仪、胎儿监护仪、高档不锈钢摇床等先进医疗设备。2008年，乡卫生院占地1.23万平方米，有门诊楼、住院楼、防保楼等多幢楼房；内设外科、内科、妇产科、儿科、检验科、五官科、肛肠科、皮肤科、骨科、放射科、心超科、康复门诊和办公室等13个科室，有病床130张；在职人员54人，其中高级职称2人、中级职称12人、初级职称34人；实现办公条件现代化、医务管理网络化，建成一级甲等卫生院。防保所成为四级标准化防保所。当年，全乡农村新型合作医疗参保人员3.94万人，参保率92%。

1980年，茭陵邮政局、信用社、供销社、食品站、交管站、粮管所、税务所和农具厂、农机厂等十几家单位建在主街道两侧。1986年首次编制集镇总体规划，后分别于1995年、2007年对集镇规划修编。1989年，茭陵乡建成农民街。2003年，茭陵乡铺设了繁荣东路。2004年，乡政府开发老楚茭路东侧。2008年，投资400万元架设了黄河大桥，先后建成4条街道，总长3000余米。茭陵供电始于1980年3月。公社内供电线路总长15千米，有茭陵、小茭、果园、章桥、章洼、章集、联合、邵葛等村的9台泵站通电，照明通电的有公社机关和茭陵、果园、章集等少部分农户。1982年，公社为解决无电村通电集资35万元，将其余10个村泵站全部通电。1993年，乡政府集资16万元架设茭陵至顺河供电专线。2008年，全乡共有4条10千伏线路，总长121.42千米；低压电路总长386千米；共有变压器21台，共计容量1.54万千瓦时，总用电量9724.2万千瓦时。

附：

一、江苏省白马湖农场

白马湖农场位于区境运西，与范集、南闸、林集、三堡等乡镇接壤相邻。农场四面环水，两面傍湖，土壤肥沃，生态优良，交通便捷。场机关驻裕源社区。

1979年3月，农场与地方划开，归江苏省农垦局管理。2008年，农场下辖10个农业管理区，1个城镇居委会和职工医院、电力管理中心、畜禽水产公司、林业站、大华生物肥厂等单位，国有控股企业或参股企业有物资公司、淮安华萃农业科技有限公司、恒晟米业。农场拥有耕地3338.78公顷（其中一级农田保护区3095.57公顷），林地1213.15公顷，水面661公顷（其中养殖面积433.3公顷）；人口1.6万人。

白马湖农场精心培育高效蔬菜产业（2008年摄）

1978年，农场粮食总产1.04吨，以棉花为主的经济作物种植面积稳定在533～667公顷。从1984年开始，农场对农业实行“五统一”（统一作物品种布局，统一水利排灌措施，统一供应农用物资，统一各项技术措施，统一产品上缴）管理。90年代，农场进一步调整产业结构，利用国家多项农业综合开发项目资金，不断改善农业生产条件，形成沟、渠、田、林、路、桥、涵、闸配套的农业网络，增强农作物防涝抗旱的能力。农场依据资源优势，坚持“以农为本、以种突破”，建设现代化种子农场，调整种植结构，发展“三高”农业，使农场种子作为一项产业迅速崛起。1995年，被农业部确定为“国家级种子基地”和全国最大的“甜菜籽种良繁基地”，是江苏省淮南、淮北片的小麦、油菜等新品种展示示范基地，承担国家和省数百个水稻、小麦油菜等新品种品系的区试。2003年，“神湖牌”中华绒螯蟹通过国家无公害农产品的认证。农场境内成立了农机、畜禽养殖、植保、畜禽防疫以及肉鸡养殖、蛋鸡养殖、小林农机等7个经济合作组织。2004年11月，被农业部确定为首批无公害农产品示范基地。2008年，农场无公害蔬菜生产基地获得农业部认证，全年种植蔬菜面积106.67公顷；兴办养殖小区91个，其中鸡养殖区84个，年养殖蛋鸡17.3万只、肉鸡出栏200万只，鸭养殖区5个，猪养殖区2个；水稻亩单产由1990年的425千克，增加到685千克，小麦亩单产由275千克提高到478千克，种子转化率由20%提高到45%，其中夏粮小麦100%转化为种子，甜菜种出口至哈萨克斯坦，种子产业成为农场经济发展的支柱产业；有苗木林地总面积约1080公顷。

1978～1989年，农场先后建起了农机修造厂、粮食加工厂、棉纺厂、砖瓦厂、酒厂、玩具厂、地毯厂等场办企业。进入20世纪90年代，场办工业企业不断扩大自身规模，提高产品档次和市场竞争力。1996年，粮食加工厂生产的“苏王”大米通过国家绿色食品认证，成为AA级绿色食品，2005年被授予江苏省名牌产品称号。1998～2001年，农场对13家企业改制。2008年，农场有种子、米业加工3家农场参股企业，有2家控股企业；有3个场办企业。是年底，工业单位从业人数1123人，固定资产原值1335万元，工业销售产值（现价）1.94亿元，产品销售收入1.98亿万元，销售利润1452万元，增加值2932万元，利润总额656.17万元。

1978年，农场设有从事小修理的门市。1980年，农场组建农工商门市。1989年，农场投资在原老场部南、淮范公路边建农贸市场1个，占地约1000平方米。2001年，农场对小城镇建设作进一步规划，将农贸市场迁至农场医院对面。2003年，经省工商行政管理部门审批，每月农历逢一、四、七定为集市，地点在建场路上，固定摊点200个以上，经营范围广泛。2008年，有商贸门市67个，从业人员500人。

1978年，有初中2所（含小学附设初中班），在校生884人，小学15所，95个班级，在校生3525人。2000年以后，由于人口出生率的下降，新生儿很少，加之不少职工将子女送到外地就读，导致小学生源严重不足，农场中小学的办学规模因而越来越小，班级、在校生逐年减少。2008年，农场初中有6个班级，280名学生；中心小学有12个班级，500名学生。1978年，农场有职工医院1所，卫生室13个，有各类医务人员21人。1996年，农场在原一、四分场分设中心卫生所，实现农村初级卫生保健，并通过上级部门的验收。农场医院1997年建成门诊楼，2002年新建手术楼。2008年，农场医院投资120万元新建标准化病房楼，整个医院占地1.33万平方米，建筑面积3000平方米，有病床40张，在职职工46人，建成一级甲等医院。全场有村级卫生保健人员15人，形成较为健全的卫生保健网络。

农工生活水平逐步提高。1978年，农场职工人均收入303.12元，主要为工资收入。1979年，国家加强劳动制度改革，农场逐步推行各种形式的承包经营责任制，职工的报酬范围扩大，劳动报酬除工资外，增加了补贴、奖金。1980年，农场实行“任务到组、责任到人、定额记分、以分计奖”的生产责任制。1981年，试行联产计酬奖赔责任制，取消工资等级。2008年，农场职工人均收入1.35万元。全场8000余名职工和退休职工加入属地城镇职工医保，6800余人加入新型农村合作医疗。4000多名离退休人员养老金全部纳入省统筹并实现社会化发放。全场铺设水泥路总里程达100千米，基本实现了“村村通”。

该场是国家级种子生产基地、全国农垦无公害农产品示范基地和省级农业产业化龙头企业。

二、板闸镇

板闸镇以境内古板闸自然镇得名，原名城郊人民公社。1983年5月改社置乡，1988年7月改乡设镇更名为板闸镇，镇政府驻城郊村。板闸镇位于淮城镇东西南北四周郊区，距淮城镇2.5千米，总面积15.5平方千米，耕地面积780公顷，共有15个行政村，4个居委会。2000年2月，板闸镇整体划入淮城镇。

该镇主要农产品有水稻、小麦、玉米，兼种山芋、大豆、油菜。特色农产品有大头菜、红胡萝卜。主要企业有羽绒厂、毛巾四厂、丝毯厂、肠衣厂、雨衣厂和建筑公司。羽绒厂始建于1978年，拥有资产390万元，有全套的分毛、水洗、检验等设备和全套羽绒服装生产线，生产能力为年产50%以上规格绒30吨和羽绒服装7万件。1989年，该厂被评为江苏省明星企业。1991年，毛巾四厂被评为江苏省明星企业。丝毯厂是镇区重点创汇厂，挂毯、地毯等销往欧美国家，1991年被淮阴市政府评为创汇先进企业。全镇镇、村、户办企业生产产品有150多个品种，主要有纺织、羽绒制品、建材、加工食品、日用化工产品。其中，毛巾四厂有三友牌、望月牌两个系列10多个规格的毛巾产品，1990年被淮阴市评为优质产品，畅销于广东、福建、山东、浙江、河北等省以及本省各大中城市及广大农村。板闸镇位居城区周边，地理位置优越，宜商宜农。个体经济发达，形成多个专业村。下关村是著名的宰牛村，几乎户户从事宰牛业。年宰牛5000头以上，是淮安市牛肉供应基地。城郊村60%以上的农户从事肉皮加工。河北村以编织苇席为主。此外，还有板闸的织毛巾等。板闸镇有3条商业街，各类商业服务网点150多个。供销社下辖6个供销站、4个综合门市部、1个腌制加工厂，年销售额350万元。板闸镇还是蒲包、蒲片的主要产区，产品远销山

板闸镇城郊村肉皮加工（1992年摄）

东、四川、河北、辽宁等省，年销售编织物在200万只以上。

全镇有18所中小学，15所幼儿园；有1座可容纳800人的影剧院，1座可容纳400多人的映演场，还有1座可容纳100多人的舞厅；有水泥篮球场3个，镇文化站设有棋室、球室、阅览室和图书室。镇卫生院建于1964年底，1999年底有医护人员65人，其中主治医生7人、医师17人，拥有病床40张；原设内科、外科、传染科、妇产科、中医科、放射科、检验科、心超等11个临床医技科室，后增设眼科。眼科除进行各种眼病的防治外，还可施行白内障切除等中高难度手术。

境内有明清两朝中央税务机构——中国八大钞之首的"淮安榷关"等多处文物古迹。

三、南马厂乡

南马厂乡冬季蔬菜大棚　（2005年摄）

南马厂乡位于城区西北部，1981年7月由席桥公社划出7个大队、钦工公社划出3个大队和徐杨公社划出2个大队共12个生产大队组建南马厂人民公社，因与沭阳县马厂公社同名，故加方位南字区分而名，乡政府驻地王高村。辖马厂、张桥、王高、小堆、砖井、高张、严赵、中民、田港、严高、桂码、范庄大队。1983年改置乡。2001年，南马场乡并村连组，张桥村、王高村合并成王高村，中民村、田港村、严高村合并成三联村，桂码村、范庄村合并成桂码村。2004年，小堆村、砖井村、高张村、严赵村划归清河区管辖。2007年11月15日，南马厂乡所辖4个行政村连同席桥镇的东邱村、李席村整体划归淮安经济开发区，成为经济开发区的一个乡。该乡特色产品"甜港"牌早熟西瓜是江苏省优质农产品，在全国具有一定的知名度。农业生产以一稻一麦为主，蔬菜常年种植面积666.67公顷左右，是江苏省无公害农副产品生产基地。全乡林业资源丰富，共有大小意杨30万株，可用材积近5000立方米。2007年，全乡水稻面积约840公顷，亩产550千克左右，"三麦"面积约980公顷，亩产400千克左右。工业有酒精、化工、助剂厂、砖瓦等门类，有骨干企业11家。翔宇酒精有限公司2007年成为江苏省第二大酒精生产基地。2007年，全乡有工业企业12家，其中规模以上企业3家，全年实现工业产值5400万元，销售收入5000万元，开票销售收入3050万元，利税500万元，入库税金90万元。

2008年，全乡有卫生院1所，村级卫生室7个，社区卫生服务站2个；有学校4所，其中初级中学1所、中心小学1所、村小2所（田港小学、东邱小学），中心小学下设范庄教学点，有幼儿园5所，其中公立幼儿园1所（中心小学幼儿园），共有在校生2881人，在园幼儿349人；有1个敬老院，集中供养24人；有线电视杆线全部到组，有用户850户；乡村水泥路、黑色路总长达35.5千米。

四、徐杨乡

徐杨乡位于淮安经济开发区的中心位置，是淮安经济开发区行政中心所在地，东与南马厂乡毗邻，南与楚州区席桥镇、淮城镇相连，西、北均与广州路办事处接壤。京沪高速公路、237省道和新长铁路穿境而过，距淮城镇13千米。徐杨乡以境内徐杨庄得名。1983年由人民公社复置乡，时辖新建、大桥、陆庄、黄岗、严李、吕祖、三庙、新兴、新强、李曹、大王、黄元、老坝、三坝、邱圩、白果、徐杨等17个村。2001年7月，徐杨乡并村联组后，辖大砖桥（由新建、大桥、陆庄合并而成）、黄岗、秀锦（由严李、吕祖、三庙合并而成）、大王、李曹、兴强（由新兴、新强合并而成）、黄元、老坝、张赵（由三坝、邱圩合并而成）、白果、徐杨等11个村。全乡面积43平方千米，人口4万余人。2002年9月，徐杨乡整建制从楚州区划出，归淮安经济开发区管辖。2004年1月，大王、李曹、黄元、白果、张赵、老坝、秀锦（分出吕祖、三庙）、兴强（分出新兴）划给广州路办事处，同时，恢复严李村、新兴村、兴强村建制，将张赵村分成三坝和邱圩,并将老坝村、三坝村划给清河区管辖。徐杨乡辖大砖桥、黄岗、严李、兴强、徐杨5个村,面积20.23平方千米,人口1.78万人。2004年8月,楚州区席桥镇福康村、熊胡村划入徐杨乡管辖,全乡面积26.1平方千米,人口2.5万人。2007年9月,清河区京沪路办事处将砖井村、严赵村、高张村划入徐杨乡,全乡辖10个行政村,人口3万人,社会面积30平方千米。

徐杨乡花卉种植

徐杨乡境内地势平坦,东北部较高,土质多为黏土和沙土,主要灌溉渠道为板闸干渠、大寨河、废黄河,主要排涝渠道为大寨河。1978~2002年,徐杨乡一直是一个农业大乡。全乡农业以种植业为主,兼营养殖业。1980年,全公社粮食种植面积2400公顷,总产量1.1万吨;经济作物种植面积133.33公顷,总产量1000吨;零星饲养鸡、鸭1.6万只,生猪9000头;水面养殖面积13.33公顷,年产鱼不到20吨;林业树种主要以泡桐、榆树等传统自然生长的杂树为主,生长期长,经济效益甚微;农业机械几乎没有,耕田主要依靠人、畜。1983年以后,随着各种化肥、土作肥的入田,粮食亩产量有所增加,到80年代末90年代初,水稻亩产已突破500千克,小麦亩产高达400千克。1988年,开始第一轮产业结构试探性调整,以甜菜、蔬菜、花卉苗木种植为主。90年代初期,乡村两级根据特殊的地域和土质,引导农民种植西红柿、大白菜等经济作物。1995年,乡政府引导农民发展规模连片种植,发展万亩蔬菜连片种植,以甘蓝类为主,品种以包菜、花菜为主导。同时,大力推广反季节蔬菜种植,建立千亩温室蔬菜种植基地,品种以西红柿、黄瓜、四季豆为主。是年,群众收入大幅增加,农民人均纯收入突破2500元。到90年代末期,蔬菜已经成为徐杨乡的主导产业。全乡先后出现以兴强、新建、大桥、陆庄、黄岗、黄元、李曹为代表的10多个"无麦村""无粮村"。1999年,全乡蔬菜种植面积达到2200公顷,总产量高达20万吨(含复种)。随着蔬菜产业的不断发展,徐杨乡蔬菜深加工业迅速发展,产生一批腌切加工大户,高峰时期,蔬菜年加工量达20万吨,原料不足时,到周边收购。90年代后期,徐杨乡在蔬菜产业强势发展的同时,花卉苗木产业也得到发展壮大。高峰时期,花木种植面积达200公顷,相关产业年产值超过1亿元,从业人数达到4000人。2002年9月,随着徐杨整建制划入经济开发区,工业经济、三产服务业迅速占主导地位,农业经济适时缩减,其主导地位不存。

该乡1975年兴建砖瓦厂;1980~1985年间先后兴办福利一厂、二厂;1986年兴办砖瓦二厂;1995年、1996年又先后兴办私营性质的砖瓦三厂和四厂,形成规模较大的砖瓦企业集团。年产红砖4000万块,实现年利税150万元,解决近2000人的就业,成为全乡工业经济的支柱产业。2001年,徐杨乡引进康马制衣项目,总投资500万元,后增资到1000万元。2002年,随着划入经济开发区,徐杨迎来工业经济大发展的黄金时期,美的威灵电器、清拖集团、康师傅方便面、红豆集团、富士康科技集团、达方电子、无锡工业园、物流产业园等大中型企业在徐杨境内建成投产。1978年,境内只有供销社、粮管所、食品站等为数不多的计划经济供给经营场所,个体工商户屈指可数。徐杨老集是全乡乃至附近周边几个乡镇唯一的综合交易场所。90年代后期,实施集镇规划和小城镇建设,各类个体经营户陆续出现。

1978年,全公社有中学1所,小学18所。1984年全面推广实施国家九年制义务教育,徐杨中学高中班被撤销。1985年,三庙联中建成。1988年,黄元联中建成。1992年,徐杨第二中学建成。1992年以后,教育资源整合,三庙联中、黄元联中先后停办。随着徐杨第二中学的不断发展,1999年,徐杨第二中学更名为徐杨中学,原来的徐杨中学更名为徐杨第二中学。

第二篇　人　口

1978年，淮安县人口109.36万人。1983～2004年，楚州行政区划先后三次进行调整，迁出人口累计11.92万人。至2008年，楚州全区户籍总人口118.74万人，常住人口99.86万人。

楚州人口增长，主要来源于自然增长。1978年，淮安县人口出生率19.89‰，自然增长率12.36‰。1979年起，计划生育相关规定和政策陆续颁布，国家计划生育工作力度不断加大，人口出生率和自然增长率处于下降趋势。2003年，楚州区人口出生率7.33‰，自然增长率1.93‰。2004年，人口出生率、自然增长率有所回升，分别是17.85‰、10.65‰。2008年，楚州区人口出生率7.8‰，自然增长率9.8‰。30年来，楚州的人口呈现出生率、死亡率、自然增长率逐步降低的态势，人口老龄化的趋势明显。

1978～2008年，楚州共开展三次全国人口普查，分别是1982年第三次全国人口普查，1990年第四次全国人口普查，2000年第五次全国人口普查。1982～2000年，人口性别比例由103.6（女性=100）上升到106.61，性别比例正常。人口素质不断提高，文化程度显著上升。1982～1990年，淮安市文盲率由34.5%下降到14.2%。截至2000年，淮安市有大学专科1.15万人，大学本科2488人，研究生51人。少数民族个数由7个增加到可识别民族39个；全市有劳动年龄人口8.67万人，未工作人口1.73万人，占劳动年龄人口的19.93%，失业人口1245人，失业率1.76%。城镇人口不断增加，至2008年，城镇人口41.26万人，城镇人口比重34.75%。

第一章　人口状况

第一节　人口总量

1978年底，淮安县共有人口109.36万人，其中男性55.03万人、女性54.33万人，男女性别比为101.29∶100。全年出生2.16万人，人口出生率为19.89‰；死亡8123人，死亡率为7.47‰；人口自然增长率为12.36‰。此后，由于经济和社会事业全面发展，人口寿命不断延长，人口自然增长较快，人口总量不断增加，2000年底，淮安市总人口达到120.07万人。此后，因执行计划生育政策力度加大和区划调整，人口减少，至2008年底，总人口为118.74万人，其中男性61.2万人、女性57.54万人，性别比为106.4∶100。全年出生1.66万人，人口出生率为14‰；死亡4968人，死亡率为4.18‰。人口自然增长率为9.8‰。全年常住人口99.86万人。

1978～2008年楚州区（淮安县、淮安市）部分年份（户籍）人口统计表

表2-1

年　份	总户数（户）	总人口（人）	年　份	总户数（户）	总人口（人）
1978	247391	1093589	2000	307072	1200679
1980	253534	1102339	2005	350376	1194630
1985	252923	1075740	2006	352089	1211092
1990	309515	1141294	2007	346515	1189761
1995	323686	1178683	2008	347975	1187430

第二节　人口分布

2008年，楚州区辖21个镇6个乡（场），面积1462平方千米，人口118.74万人，其中非农业人口20.8万人，人口密度781.22人/平方千米。各乡镇场人口总量最多的是淮城镇，达18.82万人；6万人口以上的有流均镇和车桥镇，分别有6.34万人和6.31万人，其余乡镇人口均在5万人以下，人口最少的白马湖农场，只有1.63万人。

2008年6月楚州区各乡镇户籍人口情况表

表2-2

乡　镇	总户数（户）	总人口（人）	乡　镇	总户数（户）	总人口（人）
淮城镇	75105	188206	钦工镇	9365	36431
平桥镇	11489	39407	顺河镇	11709	45038
上河镇	8426	28970	季桥镇	10025	36996
马甸镇	8159	30798	席桥镇	6704	22578
朱桥镇	12618	47087	林集镇	6124	22219
溪河镇	8937	33066	南闸镇	8185	31887
施河镇	13934	45762	范集镇	7158	27780
车桥镇	16550	63139	建淮乡	9913	36589
泾口镇	12015	44857	茭陵乡	8481	33489
流均镇	17659	63386	宋集乡	10480	39665
博里镇	12587	47197	城东乡	13161	47488
仇桥镇	12057	43743	三堡乡	9644	33394
复兴镇	10104	39543	白马湖农场	6469	16322
苏嘴镇	10917	42393			

第二章　人口变动

第一节　自然变动

1978年、1979年、1980年，淮安县人口自然增长率分别是12.36‰、10.67‰和5.63‰，呈下降趋势，1981年接近1978年的水平，达到12.5‰。1982～1985年，淮安县人口再呈下降趋势，人口自然增长率从9.2‰逐年降至3.6‰。1986～1990年又有所上升，从5.16‰上升到12.59‰。1991年以后，国家计划生育工作力度不断加大，人口自然增长率逐年下降，至2007年仅为-0.65‰。2008年，楚州区人口自然增长率回升为9.8‰。

1978～2008年楚州区（淮安县、淮安市）人口自然变动情况表

表2-3　　单位：人

年　份	出　生		死　亡		自然增长	
	人数	出生率（‰）	人数	死亡率（‰）	人数	增长率（‰）
1978	21639	19.89	8123	7.47	13516	12.36
1979	19452	17.7	7740	7	11712	10.67
1980	13859	12.6	7648	7	6211	5.63
1981	21963	20	8381	7.5	13582	12.5
1982	17560	15.6	7260	6.4	10300	9.2
1983	13596	12.7	7217	6.8	6379	5.9
1984	12290	11.5	7046	6.6	5244	4.9
1985	11146	10.4	7358	6.8	3788	3.6
1986	12489	11.5	6906	6.4	5583	5.16
1987	15528	14.27	7121	6.54	8407	7.73
1988	15746	14.33	7696	7	8050	7.33
1989	18896	17	7203	6.48	18846	10.52
1990	21950	19.42	7717	6.83	18921	12.59
1991	20531	14.84	7957	6.93	12574	7.91
1992	17790	10.75	8758	7.55	9032	3.2
1993	14088	12.11	7531	6.47	6557	5.64
1994	15162	12.89	7738	6.58	7424	6.31
1995	13377	10.82	7007	6.1	6370	4.72
1996	11254	9.51	5988	5.06	5988	4.45
1997	19472	16.13	7155	5.93	12317	10.2
1998	15816	13.07	6759	5.58	9057	7.49

续表 2-3

年　份	出　　生		死　　亡		自然增长	
	人数	出生率(‰)	人数	死亡率(‰)	人数	增长率(‰)
1999	11459	9.43	5471	4.5	5988	4.93
2000	11100	9.1	7700	6.34	3400	2.76
2001	10633	8.63	4341	3.52	6292	5.11
2002	9949	8.29	4112	3.43	5837	4.87
2003	8771	7.33	6456	5.39	2315	1.93
2004	21217	17.85	8562	7.17	12655	10.65
2005	12915	10.81	3841	3.22	9074	7.6
2006	15837	13.08	3130	2.58	12707	10.49
2007	17915	15.01	18686	15.65	−771	−0.65
2008	16641	14	4968	4.18	11673	9.8

第二节　机械变动

1983~2008年，楚州行政区划先后多次进行调整，累计迁出人口12.43万人。1983年盐河乡、黄码乡、城郊乡清安村划归淮阴市清浦区，迁出6.81万人；2002年9月，徐杨乡划给淮安市经济开发区，迁出3.47万人；2004年4月，南马厂乡4个村8990人和席桥乡4个村7500人划给清河区；2008年席桥镇3个村5100人划给清河区。

第三章　人口普查

第一节　第三次全国人口普查

1982年7月1日零时为第三次全国人口普查(下称“三普”)截止时间。此次人口普查是国家实行改革开放后的首次人口普查。普查的主要内容有年龄构成、人口文化程度、人口就业状况等。

一、年龄构成

1982年7月1日零时，淮安县总人口104.96万人，少年人口系数(0~14岁人口在总人口中的比重)为34.03%，老年人口系数(65岁以上人口在总人口中的比重)为4.30%，老化指数(65岁以上人口与15岁以下人口之比)为6.91%，年龄中位数(从不满周岁起向上累计人数达到总人口一半的年龄点)22.52岁。

1982年第三次全国人口普查淮安县人口年龄构成表

表2-4

年龄组(岁)	人数(人)	年龄组(岁)	人数(人)	年龄组(岁)	人数(人)
0～4	92069	35～39	55486	70～74	13776
5～9	101881	40～44	58387	75～79	8201
10～14	152376	45～49	61151	80～84	3595
15～19	125678	50～54	46276	85～89	1038
20～24	67185	55～59	37171	90～94	160
25～29	96188	60～64	31108	95～99	18
30～34	76621	65～69	21669	100～104	2

二、其他构成

1982年7月1日零时，全县总人口性别比例为103.60%(女=100)。

大学文化程度人口每千人拥有1.5人，总数1587人；高中文化程度人口每千人拥有38.3人，总数4.08万人；初中文化程度人口15.98万人；小学文化程度人口33.21万人；文盲、半文盲人口38.59万人(其中男性10.87万人，女性27.72万人)，占总人口的34.5%。

1982年，从事农业，农、林、牧、副、渔业劳动者占全部劳动者的85.5%，其中农业劳动者又占农、林、牧、副、渔业总人数的99.57%。

第二节 第四次全国人口普查

1990年7月1日零时为第四次全国人口普查(下称四普)截止时间，第四次全国人口普查比第三次全国人口普查增加了多项内容。

一、总人口及其增长

1990年7月1日零时，淮安市总人口为113.27万人，其中常住人口111.4万人，占总人口98.34%；常住一年以上、户口在外地3755人，占总人口0.33%；不满一年、离开户口登记地一年以上364人，占总人口0.03%；人住淮安户口待定1.46万人，占总人口1.29%；原住淮安市、现在国外工作或学习暂无户口6人。人口总数比第三次人口普查增加8.3万人，年平均增长率为0.96%。

二、人口自然增长

1989年7月1日至1990年6月30日，全市共出生2.63万人，出生率23.27‰；共死亡7448人，死亡率6.58‰。人口自然增长率16.69‰，低于淮阴市的21.38‰。

三、人口年龄构成

1990年7月1日零时，人口年龄中位数为25.40岁，比1982年22.52提高2.88岁。0～14周岁少年儿童29.67万人，65周岁以上人口6.06万人，15～64周岁77.54万人。

四、人口性别构成

总人口中，男性57.97万人，占总人口51.17%；女性55.31万人，占总人口48.83%。男女性别比104.81，比"三普"上升1.01。全市婴儿性别比：不足1周岁的124.48；1周岁的122.52；2周岁的119.78；0～4周岁性别比平均为119.25，比"三普"的106.06高出13.19。

五、育龄妇女生育

1989年，全市15～49周岁的育龄妇女30.65万人，占总人口27.05%，共生育2.44万人，总生育率为2.1胎，比"三普"下降0.57胎。

六、家庭、婚姻状况

总户数27.45万户，其中家庭户27.39万户，集体户664户。家庭户总人口111.49万人，平均每户家庭4.07人，比"三普"4.38人减少0.31人。15周岁及以上的人口83.6万人，男性42.32万人，占50.62%，女性41.28万人，占49.38%。其中，未婚人数19.52万人，男性11.59万人，女性7.93万人，性别比为146.12。

七、镇人口情况

1982年，淮安县只有一个县属镇，至1990年有10个市（县级淮安市）属镇。10个镇共46.3万人，占总人口40.88%。家庭户11.25万户，人口45.28万人。

1990年淮安市城镇人口情况表

表2-5

			合计	平桥镇	朱桥镇	溪河镇	车桥镇	流均镇	苏嘴镇	钦工镇	板闸镇	林集镇	淮城镇
年末数	总户数（户）		140272	10025	10957	7622	16600	19943	10149	7532	9864	5390	42190
	总人口（人）	合计	467977	38262	44474	30845	61058	62026	38953	32528	33630	21655	104546
		男	240660	19776	22967	15748	30814	32863	20373	17094	16474	11220	53331
		女	227317	18486	21507	15097	30244	29163	18500	15434	17156	10435	51215
1月1日至12月31日的人口变动	出生（人）	合计	8830	711	691	480	1623	1479	752	493	603	362	1636
		男	4879	366	422	291	903	775	426	291	343	216	846
		女	3951	345	269	189	720	704	326	202	260	146	790
	死亡（人）	合计	495	165	192	183	244	416	464	220	311	300	2990
		男	1636	166	164	128	241	230	129	103	102	100	273
		女	1354	134	147	92	223	186	115	80	90	65	222

续表 2-5

			合计	平桥镇	朱桥镇	溪河镇	车桥镇	流均镇	苏嘴镇	钦工镇	板闸镇	林集镇	淮城镇
1月1日至12月31日的人口变动	迁入（人）	省内迁入	12570	600	592	476	2317	516	377	284	1762	482	5164
		省外迁入	517	19	84	18	39	25	51	16	5	12	248
	迁出（人）	迁往省内	7961	665	428	511	796	756	562	290	1045	594	2314
		迁往省外	161	10	1	22	31	3	32	15	7	1	39

说明：数据截至1990年12月31日

八、文化程度人口

6周岁及以上人口100.87万人，具有小学文化及以上人口为84.82万人，其中大学（包括大专）4234人，高中（包括中专）5.72万人，初中25.51万人，小学53.17万人。15周岁及15周岁以上文盲、半文盲人口15.75万人，占总人口13.9%。其中，男性4.29万人，占同年龄段人口10.14%；女性11.46万人，占同年龄段人口27.75%。

九、民族人口构成

全市共20个民族，比“三普”增加13个民族。汉族人口一直占绝大多数，有113.23万人，占99.96%，各少数民族人口计461人，占0.04%。与“三普”时相比，汉族人口增长7.9%，少数民族人口增长37.2%。

十、就业人口

全市就业人数为67.75万人，占总人口59.81%，其中男性35.65万人、女性32.1万人。不在业人口数15.85万人，占总人口13.99%，其中男性6.67万人、女性9.18万人。

第三节　第五次全国人口普查

2000年11月1日零时为第五次全国人口普查（下称“五普”）标准时间。第五次全国人口普查的内容比第四次全国人口普查内容丰富，普查结果翔实。

一、总人口及其增长

2000年11月1日零时，全市总人口120.07万人。其中，常住本地人口115.21万人，占95.95%；居住乡镇街道、户口在外乡镇街道的2.97万人，占2.95%；在乡镇街道居住不满半年、离开户口登记地半年以上的2177人，占0.18%；居住乡镇街道、户口待定1.09万人，占0.91%；原住本乡镇街道、现在外国工作学习暂无户口105人。总人口比第四次全国人口普查增加了6.8万人，增长6%，平均每年增加6796.3人，年平均增长率0.58%。

二、人口自然增长

1999年11月1日至2000年10月31日，出生人口1.11万人，死亡人口7357人，出生率9.29‰，死亡率6.12‰，人口自然增长率3.17‰。与第四次全国人口普查相比，出生率下降13.98个千分点，死亡率降低0.46个千分点。

三、人口年龄构成

人口年龄中位数为31.74岁，比1990年25.40岁提高了6.34岁。全市人口中，0～14岁人口27.72万人，占总人口23.09%；15～64岁人口83.55万人，占总人口69.58%；65岁以上人口8.8万人，占总人口7.33%，相比第四次人口普查的5.35%增长1.98个百分点。人口逐步趋向老龄化。

四、人口性别构成

总人口中，男性61.95万人，占51.6%；女性58.11万人，占48.4%；性别比为106.61，比第四次人口普查上升1.8。婴孩性别比：不足1周岁113.99（女婴为100）；1周岁152.65，2周岁150.01；0～4周岁性别比147.87，比第四次人口普查高出28.62。

五、育龄妇女生育

育龄妇女的生育高峰在20～24周岁之间，其次是25～29岁。淮安市1999年总生育率为1.1胎，较"四普"前的2.1胎减少1胎，10年来人口增长得到控制。

六、家庭、婚姻状况

全市总户数30.71万户，其中家庭户30.56万户、集体户1501户。家庭总人口118.87万人，平均每个家庭人口3.89人，比第四次全国人口普查4.07人减少0.18人。全市15周岁及以上人口中，未婚人数13.48万人，占15.53%；初婚有配偶65.5万人，占75.51%；再婚有配偶1159人，占1.34%；离婚390人，占0.45%；丧偶6223人，占7.17%。

七、镇、乡人口

1990年，全市有10个镇，2000年有15个镇。2000年11月1日零时，城区（淮城镇）人口16.50万人，占总人口13.74%，其他镇人口8.57万人（统计口径与第四次全国人口普查不同），占总人口7.14%，乡人口95万人，占总人口79.12%。

八、文化程度人口

6周岁及6周岁以上人口112.51万人，未上过学的4.92万人，扫盲班3.06万人，小学43.65万人，初中48.15万人，高中9.54万人，中专1.79万人，大学专科1.15万人，大学本科2488人，研究生51人。

九、民族人口构成

全市120.07万人中，汉族119.93万人，占总人口99.89%，少数民族1331人，占总人口0.11%，与第四次全国人口普查相比，10年间汉族人口增加6.71万人，增长5.92%，少数民族人口增加870人，增长1.89倍。全市有可识别的民族39个。

十、就业和失业

10%长表抽样调查表明，全市有劳动年龄人口8.67万人。其中男性4.31万人，占劳动年龄人口49.7%；女性4.36万人，占劳动年龄人口50.30%。全区未工作人口1.73万人，占劳动年龄19.93%，其中男性6934人、女性1.04万人。失业人口1245人，其中男性649人、女性596人，失业率1.76%。

2000年11月1日零时淮安市抽样调查就业行业构成表

表2-6

行　业　类　别	人数（人）	占比（%）
就业人口	69451	100
农、林、牧、渔业	49839	71.76
制造业	5518	7.95
电力、煤气及水的生产和供应	233	0.34
建筑业	3692	5.32
地质勘察业、水利管理业	111	0.16
交通运输、仓储及邮电通信业	1532	2.21
批发和零售贸易、餐饮业	4073	5.86
金融、保险业	126	0.18
地产业	39	0.06
社会服务业	1379	1.99
卫生、体育和社会福利业	538	0.77
教育、文化艺术及广播电影电视业	1339	1.93
国家机关、政党机关和社会团体	931	1.35
其他行业	101	0.15

十一、人口流动和迁移

第五次全国人口普查人口流动性较大，迁移情况比较复杂。全市有外来人口3.75万人，其中居住在本乡、镇，户口在本市其他乡、镇2.72万人，占外来人口72.42%；居住在本乡、镇，户口在本省其他县区的6665人，占外来人口17.75%；居住在本乡、镇，户口在省外3691人，占外来人口的9.83%。

第四章　计划生育

第一节　机　构

一、人口和计划生育领导小组

1978年，淮安县由计划生育领导小组负责协调计划生育工作。此后至2008年历届计划生育领导小组组长均由区长（县长、市长）担任，区委、区政府分管计划生育的副书记、副区长（副县长、副市长）担任副组长，成员由纪委、组织部、宣传部、人事局、计生委、城建局、公安局、民政局、卫生局、财政局、劳动局、工商局、广播电视局、总工会、妇联、共青团等部门的负责人组成。领导小组下设办公室，由计生委主任兼任办公室主任。

二、人口和计划生育委员会

1980年8月，淮安县成立“计划生育委员会”。2006年，随工作职能的调整更名为人口和计划生育委员会。根据区政府2001年机构改革“三定”方案，区人口和计划生育委员会内设办公室、政策法规与宣传教育科、规划统计科（挂“城区流动人口管理办公室”牌子）、科学技术科。至2008年未变化。

三、区计划生育协会

1989年12月，组建计划生育协会，协会会长由区政府分管领导兼任，常务会长由计生委主任兼任，协会设秘书长一职。其主要职能是协助政府开展计划生育宣传活动，推动各项控制人口措施的落实。至2008年，一直沿袭此模式。

四、区计划生育宣传指导站

1980年12月，淮安县成立计划生育指导站，2001年政府机构改革核定编制24人，为正股级事业单位。至2008年未变化。

五、乡镇计划生育服务站

1981年，各公社均配备计划生育助理，相继成立公社计划生育办公室。1989年10月1日，各乡镇分别设立计划生育服务站，隶属乡镇人民政府领导。2001年6月5日，《楚州区乡镇事业单位机构改革实施意见》确定，乡镇计划生育服务站，为全额拨款的股级事业单位。2008年底，全区共有26个乡镇计划生育服务站和1个省属白马湖农场计生办。

第二节　政策及宣传教育

一、计划生育政策

1979年，淮安县政府颁发“提倡只生育一孩，对计划外二孩、多孩生育处罚”的有关规定。1981年，县人大审议通过县政府作出的《关于计划生育工作的10条规定》，后经4次修订补充，形成淮安县委、县人民政府淮发〔1987〕49号文件。此为《江苏省计划生育条例》颁布前，淮安县地方的一个较完整的计划生育政策性文件，对超计划生育的限制和经济与政治处罚作出明确规定。1990年10月25日，江苏省第七届人民代表大会常务委员会第十七次会议通过《江苏省计划生育条例》，淮安市政府于1991年下发淮发〔1991〕12号文件，进一步完善计划生育政策规定。至2008年，楚州区一孩积累率为64%，独生子女家庭计有15.76万户。

镇淮楼附近的计划生育宣传牌（1985年摄）

二、宣传教育

1979年始，淮安通过板报、文艺演出、培训、印发宣传资料等，开展计划生育政策法规、避孕节育知识、优生优育知识及计划生育先进典型的宣传。2003～2007年，楚州区计划生育主管部门编印了《婚育新风故事集》《江苏省计划生育条例问答》《流动人口计划生育条例知识问答》《计划生育协会宣传手册》《计划生育政策文件汇编》《人口基础知识》《生育保健知识问答》《知情选择避孕方法》等资料，并利用"博里农民画"等形式，开展计划生育宣传教育工作。2008年，全区开展了"婚育新风进万家"活动。

第三节　生育管理

一、准生证办理

1983年，淮安根据《江苏省人口与计划生育条例》相关规定，开始准生证办理工作。申请审批程序是：

（一）申请

申请人到村（居）民委员会、乡（镇、街道）领取或者相关网站下载并填写《再生育申请审批表》，经夫妻双方所在单位或村（居）民委员会签署意见后，送交女方户籍所在地的乡（镇、街道），并附身份证等7种证明资料。

（二）初审与受理

乡（镇、街道）对《再生育申请审批表》和有关材料进行查收。申请材料齐全的，应当场受理，出具《再生育申请受理通知书》；申请材料不齐全或者不符合法定形式的，当场或者自收到上述材料之日起五日内出具《补充再生育申请材料通知书》，一次告知申请人需要补正的全部内容，逾期不告知的，自收到申请材料之日起即为受理。

（三）审查与决定

县（市、区）人口计生行政部门自收到乡（镇、街道）审核意见之日起1个月内（含张榜公示时间）办结审批。

（四）发放与送达

县（市、区）人口计生行政部门将《批准再生育决定书》《批准再生育夫妻名单》及加盖县（市、区）人口计生行政部门钢印的批准再生育一个孩子生育证，下发至乡（镇、街道）。

2008年，全区共受理照顾再生育一个孩子的行政许可1342例。经公示，无一例违法违规行为。

二、优待奖励

楚州区根据省、市统一要求，全面落实计划生育各项奖励扶助制度。

奖励扶助对象：

市奖扶　农村部分年满50周岁独生女家庭父母。

省奖扶　农村部分年满60周岁独生子女家庭父母。

省特扶　年满49周岁的只生育过一个子女的，子女属三级以上残疾或者死亡的夫妻。

三、人口与计划生育统计

1979年，淮安县建立计划生育统计管理工作十项制度。1980～1993年，计划生育统计管理部门在实践中不断完善，形成了比较完备的计划生育统计制度：

（一）村级建立已婚育龄妇女计划生育卡片档案和计划生育统计台账。台账和卡片随时逐项记录和变更，做到人账相符，账账相符。

（二）建立村、乡（镇）、区三级月例会制度，对计划生育情况核查统计。

（三）随月例会逐级上报规定的统计报表。

（四）区、乡（镇）每半年、年终进行一次全面统计分析并形成统计分析报告。

（五）每年3月底、5月底对本年度人口计划执行情况进行孕情、生育摸底分析；每年9月底对下年度人口计划进行落实（生育卡发放）、预测、摸底。

（六）各级统计资料及时存档，乡镇、村所有统计资料均保存5年以上，区统计资料长期保存。

（七）各级统计人员均明确岗位责任。

（八）每年区对乡镇、村进行两次，乡镇对村进行四次统计工作质量检查。

（九）对统计工作准确及时、全面完成统计任务的单位和个人进行表彰奖励；对虚报、瞒报、伪造、篡改、拒报、迟报等违反统计制度和有关法规的单位和个人，视情给予批评或行政处分。

（十）区、乡（镇）于每年初制定培训计划，组织搞好逐级培训和考核。乡镇统计人员须通过淮安市考核，村统计人员须通过区考核才能取得“计划生育统计上岗证”。

从1994年起，统计手段由手工操作向计算机运用转变，以《计划生育信息统计台账》和《已婚育龄妇女基础信息》，代替乡村两级“一档六簿”。2008年，区、乡（镇）两级分别建立《常住人口基础信息库》《已婚育龄妇女基础信息库》和《流动人口基础信息库》。区、乡（镇）两级建起计算机信息网络，实现计算机联网，及时搜集、整理、变更、反馈信息。

四、流动人口计划生育服务

1988年前，淮安的流动人口较少，尚无管理章程也未设专门管理机构。2005年初，楚州区成立城区流动人口管理办公室。城区流动人口管理办公室坚持现居住地和户籍地共同管理以居住地为主的属地化管理原则，实行综合管理原则，依法维护流动人口合法权益原则，制定并执行八项制度。

证件管理制度 2000年之前由流出地给流出人员出具《流动人口计划生育证明》；自2000年1月开始，使用全国统一的《流动人口婚育证明》。

登记建档制度 乡镇计生办凭婚育证明为流入人员登记建档。

审验制度 流入人员婚育证明经乡镇计生办审验后，持证到公安、工商、劳动等部门办理有关手续。

合同管理 村委会与流出（入）已婚育龄妇女签订《计划生育协议书》。

双向管理制度 流出地、流入地乡镇计生办之间将流出（入）人员的情况通过联系函等形式定期进行交流沟通。

法定代表人责任制 驻地乡镇与属地内的单位、团体等签订计划生育管理责任书，并纳入计划生育整体工作，实行责任目标管理，由驻地乡镇进行考核。

例会、报表制度 乡镇坚持月例会制度，及时研究情况，解决问题，布置任务，按月变更流动人口信息。报表按季上报。

技术服务与随访制度 城区流动人口管理办公室对流动人口进行计划生育宣传教育，定期检查孕情，搞好随访服务。2008年初，全区基本建立了人口计划生育与公安、民政、劳动保障、卫生等相关部门流动人口信息协助采集、通报、共享机制，初步探索出了“以乡镇（街道）管户”“以房管人”“以企业管员工”的管理模式，形成了“管理互补、服务互动、信息互通”的工作格局。

第三篇　国土管理

府衙三期建设效果图

1978年，全县土地管理工作以改良耕地土质提高粮食产量为重点。1982年起，普遍推行家庭联产承包责任制，颁发以农村承包责任田为内容的集体土地使用证，土地管理工作步入新轨道。1986年，淮安县成立农村土地管理办公室；1988年，成立土地管理局。2001年10月10日，成立国土资源管理局。2004年11月10日，国土资源管理体制调整，区国土资源主管部门实行双重管理体制，以上级国土资源管理部门管理为主，地方政府协助管理，区国土资源管理分局为淮安市国土管理局派出机构。2007年，先后在马甸、三堡、溪河、朱桥、车桥、席桥、茭陵设立7个国土资源服务中心。至2008年末，区分局设23个职能部门，工作人员230人。

第一章　土地利用与保护

随着楚州经济社会的迅速发展，城乡建设与各项事业用地日期益增多，保护耕地刻不容缓。全区通过加强耕地保护，合理制定基本农田，强化管理。同时，编制土地利用规划，科学合理利用土地，在早期粗放型管理基础上建立土地开发利用与保护动态平衡机制。

第一节　土地利用规划

一、总体规划

楚州土地利用总体规划始于90年代初，先行试点，然后在乡镇、村两级全面展开。总体规划的主要内容包括：乡镇、村土地资源及利用现状分析；人口增长及各业用地预测；土地利用结构和布局调整；耕地和基本农田保护；建设用地调控和用地安排；中心城区土地利用调控；土地生态建设与环境保护；土地用途分区，土地整治安排；规划和保障措施。

1991～2000年淮安市土地利用总体规划控制指标汇总表

表3-1　　单位：公顷

项目 乡镇（场）	规划期间减少耕地			规划期间补充耕地		
	合　计	建设占用	退耕灾毁	合　计	土地整修	开发复耕
合　计	2199.97	2107.99	91.98	2533.30	1652.55	880.75
淮　城	85.20	82.55	2.66	3.33	3.33	0.00
平　桥	46.33	41.40	1.93	46.66	33.33	13.33
上　河	43.00	38.60	4.40	43.33	33.93	9.40
建　淮	41.00	40.60	0.40	41.33	41.33	0.00
马　甸	41.31	41.87	2.47	44.66	32.81	11.85
朱　桥	53.00	50.85	2.15	53.33	53.33	0.00
溪　河	37.00	28.93	8.07	37.33	37.33	0.00
施　河	23.66	20.33	3.33	66.67	20.00	46.67
车　桥	31.86	28.53	3.33	66.67	66.67	0.00
泾　口	22.67	21.07	1.60	53.33	14.48	38.85
流　均	32.66	28.53	4.13	53.33	30.00	23.33
博　里	42.67	38.34	4.33	53.33	41.12	12.21
仇　桥	53.00	44.71	8.29	53.34	41.75	11.59
复　兴	26.33	24.97	1.36	46.66	24.93	21.73
苏　嘴	279.33	277.73	1.60	300.00	265.52	34.48
茭　陵	62.67	61.47	1.20	73.34	32.27	41.07
宋　集	63.00	62.80	0.20	73.33	26.13	47.20
钦　工	16.67	16.07	0.60	53.34	16.67	36.67
顺　河	176.33	175.33	1.00	186.67	179.35	7.32
季　桥	286.33	283.64	2.69	286.66	265.31	21.35
城　东	273.17	273.17	0.00	13.33	10.00	3.33
席　桥	76.67	75.47	4.20	80.00	80.00	0.00
南马厂	25.00	23.20	1.80	25.33	20.00	5.33
徐　杨	89.67	86.21	3.46	10.00	46.67	53.33
板　闸	105.56	105.56	0.00	10.00	10.00	0.00
三　堡	89.66	83.73	5.93	100.00	79.13	20.87
林　集	16.06	10.73	5.33	366.67	92.00	274.67
南　闸	19.06	15.73	3.33	73.33	15.16	58.17
范　集	22.39	15.00	7.39	92.33	33.33	59.00
白马湖	12.67	7.87	4.80	35.67	6.67	29.00

1991～2000年淮安市土地利用分区面积规划汇总表

表3-2 单位:公顷

项目 乡镇(场)	农地区						建设用地区			其他用地区		
	耕地	其中:基本农田保护区	林地	园地	后备资源开发区	其他	城镇建设区	村镇建设区	其他	生态景观保护区	水域	其他
合计	95551.20	86147.20	1973.40	2555.40	660.40	0.00	2178.20	11995.50	2886.30	0.00	37350.00	0.00
淮城	296.73	0.00	3.12	0.00	9.55	0.00	958.39	0.00	86.840	0.00	165.14	0.00
平桥	3153.90	2869.54	426.49	71.50	0.07	0.00	81.93	356.69	107.26	0.00	831.21	0.00
上河	2191.62	2197.98	20.91	35.46	4.49	0.00	68.55	277.34	107.58	0.00	568.59	0.00
建淮	2157.65	2069.93	39.46	28.69	10.45	0.00	0.00	466.77	52.54	0.00	724.25	0.00
马甸	2299.77	2076.05	115.28	0.00	6.68	0.00	0.00	371.21	56.25	0.00	694.97	0.00
朱桥	3379.86	3099.43	117.52	0.00	8.14	0.00	93.53	414.40	85.65	0.00	999.38	0.00
溪河	2691.13	2456.91	0.00	186.27	0.04	0.00	99.34	279.63	54.92	0.00	996.61	0.00
施河	3699.46	3379.79	439.55	53.02	0.00	0.00	0.00	511.51	76.74	0.00	1398.21	0.00
车桥	4501.10	4218.33	54.84	107.16	0.04	0.00	275.99	415.59	217.97	0.00	1196.24	0.00
泾口	3847.56	3578.93	85.78	75.92	21.94	0.00	0.00	473.81	65.73	0.00	1069.93	0.00
流均	3976.83	3740.14	50.28	67.11	4.62	0.00	98.67	512.02	54.69	0.00	3350.75	0.00
博里	4930.00	4620.77	47.01	211.71	0.00	0.00	0.00	644.67	91.85	0.00	1232.96	0.00
仇桥	4944.69	4166.39	89.03	444.71	0.01	0.00	0.00	484.61	87.75	0.00	1732.75	0.00
复兴	4443.38	4182.97	90.45	168.77	10.00	0.00	0.00	185.91	66.43	0.00	1189.48	0.00
苏嘴	3396.49	3566.47	19.41	98.92	35.76	0.00	93.33	361.41	415.59	0.00	1596.07	0.00
茭陵	2846.23	2643.89	34.41	67.65	0.19	0.00	0.00	343.17	102.00	0.00	1513.45	0.00
宋集	3344.32	3450.83	240.55	478.61	7.95	0.00	0.00	440.11	237.08	0.00	1003.03	0.00
钦工	3329.05	2999.04	0.00	46.64	6.23	0.00	96.67	389.95	124.87	0.00	1017.10	0.00
顺河	4924.45	4859.27	0.00	50.70	5.95	0.00	0.00	456.32	65.93	0.00	2256.21	0.00
季桥	3560.94	2994.76	0.00	47.77	0.02	0.00	0.00	456.00	55.48	0.00	1181.00	0.00
城东	2447.43	4568.27	0.60	1.07	4.40	0.00	0.00	500.19	126.69	0.00	902.07	0.00
席桥	2597.82	2370.99	0.00	0.00	2.52	0.00	0.00	360.68	148.40	0.00	741.69	0.00
南马厂	4835.36	4772.27	67.29	55.68	7.84	0.00	0.00	237.47	31.65	0.00	619.57	0.00
徐杨	2654.92	2474.07	45.45	0.00	0.00	0.00	0.00	420.16	186.38	0.00	562.75	0.00
板闸	840.47	53.33	0.37	0.00	8.20	0.00	200.00	270.26	77.01	0.00	136.53	0.00
三堡	2249.76	2444.01	42.75	0.00	58.14	0.00	0.00	528.46	127.63	0.00	1088.07	0.00
林集	2492.98	4946.80	61.53	3.32	60.04	0.00	111.87	306.33	58.240	0.00	757.45	0.00
南闸	3348.25	3100.60	83.28	102.87	53.41	0.00	0.00	424.87	45.360	0.00	2252.19	0.00
范集	5461.03	4899.20	329.68	247.91	31.40	0.00	0.00	445.06	112.33	0.00	2534.15	0.00
白马湖	3374.33	3042.60	42.35	204.79	305.4	0.00	0.00	351.67	32.83	0.00	2263.99	0.00

1991～2000年淮安市各类用地指标平衡表

表3-3　　　　　　　　　　　　　　　　　　　　　　　　　　　　　　单位:公顷

地类	规划基期面积	调整后地类							期内减少
		耕地	园地	林地	居民点及工矿用地	交通用地	水域	未利用土地	
耕地	95217.91	—	—	—	—	634.66	924.67	91.98	2199.97
园地	1115.55	—	—	—	—	—	—	—	—
林地	707.92	—	—	—	—	3.15	—	—	3.15
居民点及工矿用地	18868.76	1500	1439.90	1268.72	—	587.65	448.00	—	5243.62
交通用地	1556	—	—	—	—	—	—	—	—
水域	36197.93	270.41	—	—	—	100.1	—	—	—
未利用土地	1486.79	762.89	—	—	—	5.4	150	—	918.29
规划目标年面积	155150.86	95551.24	2555.45	1973.49	141731.8	2886.31	37350.09	660.48	—
期内增加	—	2533.30	1439.90	1268.72	548.66	1330.31	1522.67	91.98	—
期内净增(+)、减(-)		333.33	1439.90	1265.57	-1694.96	1330.31	1152.16	-826.31	—

二、专项规划

1991年,根据淮安市实际情况第一次编制用地规划。规划以1990年为基础年,2000年为目标年,规划期1991～2000年。第二次规划期至2010年,2020年为展望年。

(一)耕地规划

按人口自然增长率,估算1991～2008年期间平均增长约7%,届时全区总人口达134万人。以人均用粮520千克计算(加上种子、饲料用粮),全区平均亩产880千克计算,届时全区耕地总面积应不少于8.67万公顷(含棉花、油菜、蔬菜用地)。

(二)园林用地规划

园林地含园地及林地。园地主要包括果园地、桑园地。规划期内,园地面积将从1991年的459.67公顷增至2008年的461.71公顷,净增加2.05公顷,其中果园增加1.2公顷、桑园增加0.85公顷。园地面积占土地总面积在规划期内将升至1.3%。

1991年林地面积510.93公顷,至2008年增加林地面积251.52公顷,主要结合道路林网化建设,使林地占地总面积比例大幅上升。

(三)三项建设用地规划

1.城镇建设用地

城镇建设用地包括居民点及工矿用地、旅游用地、环境保护用地等方面的建设用地。居民点及工矿建设用地。1991～2008年期内,居民点建设及工矿建设用地需3106.8公顷,其中城市扩建1198.28公顷,农村居民(集镇)占用地1451.13公顷,独立工矿用地457.39公顷。规划期内,旅游事业用地原则上不占用耕地,保护充实现有旅游景点,开发利用新的旅游资源。

2.水利建设用地

1978～2008年,楚州区(淮安县、市)初步建成能挡、能排、能灌、能降、能通航的综合水利工程体系。其间加强圩堤建设,提高防水治水能力;疏浚河道提高排涝标准;拓浚干渠,改善灌溉条件;连片综合治理、改造中低产田。其间共用地2376.93公顷。

3.交通建设用地

1991～2008年，规划期内交通建设占用土地2114.6公顷，其中耕地1268.73公顷。

2005年楚州区土地利用主要调控指标表

表3-4

指　　标	面积	
	公顷	亩
总量指标（单位：公顷）	—	—
耕地保有量（义务量）	89833.6	1347503.4
耕地保有量（任务量）	89833.6	1347503.4
基本农田面积	86447.2	1296708.5
园地面积	1042.7	15640.8
林地面积	733.5	11001.9
牧草地面积	—	—
建设用地总规模	22423.2	336348.2
城乡建设用地规模	18685.7	280286.6
城镇工矿用地规模	2692.8	40391.8
交通水利及其他用地规模	3737.5	56061.6
增量指标（单位：公顷）	—	—
新增建设用地总量	—	—
新增建设用地占用农用地规模	—	—
新增建设用地占用耕地规模	—	—
整理复垦开发补充耕地规模	—	—
效率指标（单位：平方米）	—	—
人均城镇工矿用地	88.0	
挂钩周转指标（单位：公顷）	—	—
城乡建设用地增减挂钩周转指标	—	—

2005年楚州区土地利用结构调整表

表3-5

土地类型	面积	
	公顷	亩
农用地	117964.1	1769461.3
耕地	89833.6	1347503.4
园地	1042.7	15640.8
林地	733.5	11001.9
牧草地	—	—

续表 3-5

土地类型	面积	
	公顷	亩
其他农用地	26354.3	395315.2
建设用地	22423.2	336348.2
城镇工矿用地	2692.8	40391.8
农村居民点	15993.0	239894.8
盐田	0.1	1.0
特殊用地	338.5	5076.8
交通运输用地	904.8	13571.5
水利设施用地	2494.2	37412.3
未利用地	8609.9	129148.9
未利用土地	1126.3	16894.6
其他土地	7483.6	112254.3
总计	148997.2	2234958.4

1991～2000年淮安市各乡镇土地用途分区面积表

表3-6　　单位：公顷

乡镇（场）	基本农田保护区	一般农地区	林业用地区	城镇村建设用地区	独立工矿区	风景旅游用地区
淮安市	105822.67	41453.13	1067.00	6113.01	443.32	160.57
平桥	3641.65	823.49	0.00	150.41	34.73	—
上河	2624.40	564.76	0.00	119.52	0.00	—
建淮	2329.80	867.67	0.00	160.32	24.40	—
马甸	2366.59	815.53	49.09	131.68	0.00	—
朱桥	4030.38	841.11	0.00	196.76	0.00	—
溪河	3402.84	667.52	0.00	139.30	23.09	—
施河	4410.78	1137.65	0.00	206.02	0.00	—
车桥	4319.67	1816.51	0.00	257.76	49.35	—
泾口	4348.55	1098.07	0.00	199.35	0.00	—
流均	5175.28	2424.22	127.23	185.85	51.71	86.45
博里	5842.73	882.87	49.11	204.94	82.15	—
仇桥	6277.84	838.10	0.00	200.73	36.52	—
复兴	5243.65	708.80	0.00	190.90	33.96	—
苏嘴	4756.35	1126.93	66.14	190.28	0.00	—
茭陵	3620.06	745.50	281.45	138.78	33.26	—

续表3-6

乡镇（场）	基本农田保护区	一般农地区	林业用地区	城镇村建设用地区	独立工矿区	风景旅游用地区
宋集	3849.76	1309.58	220.23	195.44	0.00	—
钦工	3470.02	1170.98	76.11	192.12	0.00	—
顺河	5912.65	1460.52	0.00	195.05	23.62	—
季桥	1417.40	3249.77	0.00	281.16	0.00	—
城东	0.00	2870.88	0.00	432.87	0.00	—
席桥	433.42	1753.10	0.00	230.37	0.00	—
三堡	3029.63	792.21	60.02	119.85	0.00	—
林集	2936.51	720.99	0.00	108.81	0.00	—
南闸	3512.87	2331.10	46.50	158.40	0.00	74.12
范集	4228.78	4066.21	0.00	448.08	0.00	—
淮城	0.00	2606.63	0.00	723.76	0.00	—
白马湖	4133.27	2001.46	91.12	128.68	0.00	—
南马厂	0.00	1754.94	0.00	225.75	50.52	—

第二节　耕地保护与利用

一、城乡建设用地增减挂钩

1978～2008年，楚州区（淮安县、市）实施城乡建设与用地增减挂钩计31个项目区，1400个拆旧地块，项目建设规模746.67公顷，新增耕地666.67公顷，拆除砖瓦厂10座，拆迁农户5189户。

2008年，城乡挂钩共5个项目区，拆旧地块281个，涉及泾口、马甸、施河等9个乡镇。拆旧地块总规模173.95公顷，新增耕地149.03公顷。拆迁农户483户，其中货币安置426户、城镇安置13户、农村安置44户。建新区经省国土厅批准143.73公顷，占用耕地119.4公顷。

二、耕地占补平衡项目库建设

2006年，占补平衡实施项目39个，总面积524.77公顷，其中建设用地274.15公顷、未利用地220.52公顷、其他30.1公顷。实施后，新增耕地419.82公顷。

2007年，占补平衡实施项目47个，总面积308.05公顷，其中建设用地170.79公顷、未利用地107.77公顷、其他29.49公顷。实施后，新增耕地278.28公顷。

2008年，占补平衡实施项目13个，总面积260.47公顷，其中建设用地41.12公顷、未利用地93.64公顷、其他125.71公顷。实施后，新增耕地140.34公顷。

1978～2008年，楚州区实施耕地占补平衡项目计121个，总规模为1326.66公顷。实施后，省、市验收确认新增耕地面积为7700公顷。

第三节　基本农田保护

1994年10月，国务院《基本农田保护条例》颁布实施，其后省、市两级政府相继颁布有关法规、政策，用以保护境内基本农田。全市建立目标管理制度措施，对规范土地管理行为起到较好作用。2008年，全区有基本农田保护面积7.3万公顷，耕地保护率93.51%。

一、指标测定

1994年以后，人口增长率为7%左右，据此，全区21世纪初总人口将达130万人左右。若人均按年用粮520千克，年食用油6千克，每天食用蔬菜1千克测算，全区粮食年单产800千克，则需耕地8.67万公顷。

二、指标分解

按照基本农田保护区划分，2008年，全区共划定农田保护片362个，保护地块578个，保护面积8.6万公顷，基本农田保护率97.29%。后几经调整，2008年，全区实有基本农田保护面积7.3万公顷，耕地保护率93.51%。

三、基本农田保护区管理

(一)建立目标管理制度

全区贯彻落实《中华人民共和国土地管理办法》，对基本农田保护实行全面规划、合理利用、用养结合、严格保护的方针。乡镇人民政府负责辖区内的基本农田保护管理工作，将基本农田保护管理工作纳入国民经济和社会发展计划，作为政府领导任期目标责任制的一项内容，并由上一级人民政府监督实施。

1998年渠北基本农田保护区进行灌溉渠道疏浚

任何单位和个人都有保护基本农田的义务，并有权检举、控告侵占和破坏基本农田的行为。政府采取法律、行政、经济和科技措施确保土地利用总体规划确定的辖区内基本农田的数量不减少，质量不降低；加强执法、禁止任何单位和个人闲置、荒芜基本农田；对在基本农田保护工作中取得显著成绩的单位和个人，实行奖励措施。

(二)严格用地管理制度

基本农田保护区经依法划定后，任何单位和个人都不得改变或者占用。国家能源、交通、水利、军事设施等重点建设项目选址确实无法避开基本农田保护区，确需占用基本农田的，必须报国务院批准。经国务院批准占用基本农田兴建国家重点建设项目的，必须遵守国家有关建设项目环境保护管理规定，在建设项目建设影响报告书中，应该有基本农田环境保护方案。2008年，楚州区设有基本农田管护网络。

第二章　土地调查登记

为准确反映土地位置、数量、质量、权属和用途状况，1982～2008年，楚州相关部门多次开展耕地的清查丈量、定界、登记和颁发土地证等土地调查工作。调查的程序和方法不断改进，所获得数据的精度逐步提高，土地管理部门获得了完备的地籍图件、数据，为楚州的经济建设提供了翔实的资料。

第一节　土地调查

一、土地利用调查

1982年，县农业局及相关部门对当时的土地利用现状进行调查。1990年11月～1992年9月，淮安市土地局对境内土地进行外业详查。根据1992年调查数据（本节下同），全区土地利用现状类型按国家《规程》和江苏省补充规定分类：一级地类12个，二级地类44个，三级地类3个。全区土地总面积15.52万公顷，人均占有土地0.14公顷，人均占有耕地0.08公顷，人口密度为735.8/平方千米。

一级土地利用现状　耕地9.57万公顷，占总面积61.7%；园地980公顷，占总面积0.63%；林地686.67公顷，占总面积0.45%；居民点及工矿用地1.87万公顷，占总面积12.06%；交通用地1386.87公顷，占总面积0.8%；水域3.61万公顷，占总面积23.31%；未利用土地1453.33公顷，占总面积0.94%。按土地权属分，一级土地中属国有的1.65万公顷，占总面积10.66%；集体土地13.86万公顷，占总面积89.34%。耕地中，国有土地3593.33公顷，集体土地9.21万公顷。园地中，国有土地213.29公顷，集体土地766.67公顷。林地中，国有土地123.64公顷，集体土地56.54公顷。居民点及工矿用地中，国有土地1493.33公顷，集体土地1.72万公顷。交通用地中，国有土地403.37公顷，集体土地980公顷。水域中国有性质的有1.03万公顷，集体所有的有2.65万公顷。未利用土地中，国有土地346.93公顷，集体土地25.83公顷。

二级土地利用现状　耕地9.57万公顷。其中，灌溉水田7.78万公顷，主要依靠天然降雨的耕地13.83公顷，水浇地36.45公顷，旱地1.64万公顷，菜地1426.67公顷。园地980公顷，其中果园683.67公顷，桑园298.59公顷。林地686.67公顷，其中有林地477.69公顷，灌木地0.28公顷，疏林地112.47公顷，未成林地2.74公顷，苗圃地95.95公顷。居民点及工矿用地1.87万公顷，其中城镇居民点用地140.53公顷，农村居民点用地1.44万公顷；独立工矿用地1546.67公顷，特殊用地344.65公顷。交通用地1.39万公顷，其中公路用地440.53公顷、农村道路用地946.67公顷。水域3.62万公顷，其中河流水面3293.33公顷、湖泊水面1453.33公顷、坑塘水面6333.33公顷、苇地2533.33公顷、滩涂446.99公顷、沟渠1.98万公顷、水利工程建筑2020公顷。未利用土地1453.33公顷，其中荒草地1046.67公顷、沼泽地65.91公顷、田坎209.33公顷、其他132.04公顷。

1992年淮安市土地利用现状调查表

表3-7　　　　　　　　　　　　　　　　　　　　　　　　　　　　　单位：亩

一级	二级	三级	面积	占总面积（%）	一级	二级	三级	面积	占总面积（%）
	土地总面积	—	2326696	—	6 交通用地	合计	—	20783.8	0.89
1 耕地	合计	—	1435994	61.72		61 铁路	—	—	—
	11 灌溉水田	—	1167152	—		62 公路	—	6608.0	—
	12 望天田	—	207.5	—		63 农村道路	—	14175.8	—
	13 水浇地	—	546.8	—		64 民用机场	—	—	—
	14 旱地	—	246664.0	—		65 港口码头	—	—	—
	15 菜地	—	21422.9	—	7 水域	合计	—	542399.3	23.31
2 园地	合计	—	14733.9	0.63		71 河流水面	—	49399.5	—
	21 果园	—	10255.0	—		72 湖泊水面	—	21765.4	—
	22 桑园	—	4478.9	—		73 水库水面	—	—	—
	23 茶园	—	—	—		74 坑塘	小计	94937.3	—
	24 其他园地	—	—	—		74 水面	741 人工鱼池水面	16127.4	—
3 林地	合计	—	10336.4	0.45					
	31 有林地	小计	7164.9	—		75 苇地	—	37994.4	—
	31 有林地	311 竹园	19.1	—		76 滩涂	小计	11608.9	—
	32 灌木地	—	4.2	—		76 滩涂	761 滩涂水	4011.1	—
	33 疏林地	—	1687.0	—		76 滩涂	762 滩涂旱	2693.8	—
	34 未成林造林地	—	41.1	—		77 沟渠	—	296438.1	—
	35 迹地	—	—	—		78 水工建筑	—	30255.7	—
	36 苗圃	—	1439.2	—	8 未利用土地	合计	—	21769.9	0.94
4 牧草地	合计	—	—	—		81 荒草地	—	15660.5	—
	41 天然草地	—	—	—		82 盐碱地	—	—	—
	42 改良草地	—	—	—		83 沼泽地	—	988.7	—
	43 人工草地	—	—	—		84 沙地	—	—	—
5 居民点及工矿用地	合计	280678.8	12.00	—		85 裸土地	—	—	—
	51 城镇	2108.0	—	—		86 裸岩石砾地	—	—	—
	51 农村	216184.2	—	—		87 田坎	—	3140.0	—
	52 居民点及其中谷场	4496.3	—	—		88 其他	—	1980.7	—
	53 独立工矿用地	23216.8	—	—					
	54 盐田	—	—	—					
	55 特殊用地	5169.8	—	—					

二、土地权属调查

楚州区与清浦区、淮阴区、清河区、市经济开发区、涟水县、洪泽县，盐城市阜宁县、建湖县，扬州市宝应县接壤。其中与涟水县境界线涉及权属单位594个，与建湖县境界涉及权属单位605个，权属争议单位5个。全区飞出地（境外属楚州区的土地）39.47公顷，飞入地（在楚州区境内属其他县区的土地）37.17公顷。

1992年淮安市土地总面积校核平衡表

表3-8 单位：亩

项目	本市理论控制面积	与界外有关单位飞地		全市实际面积	全市汇总面积	平衡情况
		飞入	飞出			
面积	2327232.6	557.6	592.6	2326640.5	2326640.6	8

1992年淮安市土地面积统计表

表3-9 单位：亩

单位	图号	飞出单位	飞入单位名称	面积
板闸镇	1～50～95～（18）	板闸村	清河区吕庄村	6.6
流均镇	1～50～96～（42）	严百村	建湖县　沙庄村	11.2
徐杨乡	1～50～95～（2）	老坝村	淮阴县	25.4
徐杨乡	1～50～95～（10）	老坝村	淮阴县　团汪村	2.4
博里乡	1～50～96～（33）	三元村	阜宁县	8.2
流均镇	1～50～96～（34）	沿荡村	阜宁县　青二村	69.0
流均镇	1～50～96～（42）	严百村	阜宁县　高荡村	241.7
流均镇	1～50～96～（42）	严百村	阜宁县　高荡村	45.2
流均镇	1～50～96～（25）	沿河村	阜宁县　青沟村	2.9
苏嘴镇	1～50～83～（64）	吴码村	阜宁县　董良村	28.8
泾口乡	1～50～95～（56）	芦苇村	宝应县　大仓村	134.1
南闸乡	1～50～107～（4）	大平村	宝应县　吴坝村	8.8
流均镇	1～50～95～（56）	条龙村	宝应县　崔渡村	7.7

三、地籍测量

农村地籍调查始于1990年，城镇地籍调查始于1994年，农村建制镇地籍调查始于1996年。调查成果有：地籍平面控制测量原始记录、控制点网图、平差计算资料及成果表、地籍勘丈原始记录、宗地图、地籍图分幅结合表、平面量算表及原始记录、街道宗地面积汇总表、城镇土地分类面积统计表等。2008年6月，楚州区国土资源分局组织的区第二次土地调查中关于全区土地概况的地籍测量内容有：楚州处苏北平原腹地，西接淮阴、清浦、清河三区，东连盐城市的建湖县、阜宁县，南连扬州市的宝应县和淮安市的洪泽县，北以废黄河分界涟水县。地介于北纬33°16′～33°45′，东经118°59′～119°37′。辖21镇6乡，面积1519平方千米。

关于淮城镇（建成区）地籍测量内容有：淮城镇34.55平方千米，城东乡24.68平方千米，季桥镇1.47平方千米，总面积为60.7平方千米，其位置是西到京杭运河中心线，东至国道010，南到淮河入海水道，北接淮安市开发区和楚州区席桥镇，地理位置北纬30°～33°33′，东经119°04′～119°12′。该范围内，有约30平方千米密集居民区。

第二节　土地登记

一、初始登记

楚州区（原淮安市）自1988年初开始土地登记工作，对全区18.5平方千米面积上的城镇国有土地进行申报登记。到1990年底，市区国有土地登记基本结束，共有1.61万户参加申报登记，其中机关单位766个、私人1.53万人，完成申报登记1.36万户，其中机关单位558个、私人1.31万人。申报宗地数1998宗，申报总面积450.26万平方米，完成工作量的84.84%。1992年4月6日，淮安市土地管理局在城东乡童嘴村开展国有土地和集体建设用地使用权确权登记试点工作。经调查，全村共有居民433户，宅基地5.54万平方米，使用国有土地和集体土地单位共16个，面积18.66万平方米，共占用土地24.2万平方米。1992年8月，市政府"淮政复〔1992〕35号"文件批复，同意给童嘴村颁发集体土地建设用地使用证、国有土地使用权权属证明书。与此同时，市土地管理局又对大运河东、华亭路西、康乐路南、华亭西路北，东西长约800米，南北长约500米，面积约0.4平方千米的地块进行登记试点。经通告、发放登记表、现场调查、地籍勘丈、可能性审核、注册登记、申请验收等13道工作程序，市土地管理局完成对200户居民宅基地和20个用地单位的权属登记和发证工作。楚州区初始登记多为住宅小区居民申请的分割登记。1996～2008年，每年申请初始登记者约300宗左右，总计约3900宗。

二、变更登记

自1993年开始，有大批公有住房出售给个人，其土地使用权也随之转移，并进入流通领域。随即开展办理购房者申办房屋所有权证、国有土地使用权属证明书。房屋所有权证由房产公司办理，国有土地使用权权属证明书由市土地管理局办理。后市土地管理局委托地产公司全权办理此事。地产公司从1994年5月接手此项工作，半年后，完成93个单位，近3000户公房售后登记发证工作。1995年底，地产公司作出《土地登记规则》，进一步完善确权发证工作，当年发证近1000户。1996～2008年，每年约300宗左右的变更登记。

第三节　土地权证

1978年后，实行联产责任制，淮安县开始颁发以承包农村责任田为内容的集体土地使用证。1988年，建立专门的土地管理机构以后，土地证书的发放提上议事日程。90年代地籍调查后，集体土地所有权证开始颁发。至1990年底，淮安市土地管理局发放国有土地使用权属证明书4500本，发放集体土地使用权证23.16万本，发放集体土地所有权证22本。

1984年，淮安县进行农村土地定级发证，向农村集体土地承包使用者颁发土地使用证，当年发放集体土地使用证25份。1989年8月，国家《土地登记规划》规定土地证书式样，由国家土地管理局统一制定。土地使用权证颁发，必须经过地籍调查、权属审核和注册登记。土地使用权证分为国有土地使用证和集体土地建设用地使用证。国有土地使用证，发给地籍调查时经过权属调查审核和地籍测量的国有土地使用者，对虽经权属调查审核而未经地籍测量的国有土地使用者则发给国有土地使用权属证明书，待地籍调查后再核发国有土地使用证。至2008年底，共发放国有土地使用权证2.13万本，占应发证数的88%；发放集体土地所有权证3310本，占应发证数的90%；发放集体土地使用权证2.57万本，占应发证数的87%。

第三章　建设用地管理

新中国成立后的一段时间，建设用地处于混乱、无序状态，土地资源遭到严重破坏。改革开放以后，建设用地管理的各项制度重新建立，政府成立土地管理部门，建设用地管理有专门负责机构。建设用地的管理，从功用上看，有工业用地、商业用地、居住用地、交通用地、水利用地等；以用地者身份分类，有国家建设用地、乡村集体建设用地、居民宅基地用地等类别。楚州区建设用地的规范管理，保证了楚州经济建设的顺利开展。

第一节　国家建设用地

国家建设用地主要有国家铁路、公路建设用地，国家所有的工矿建设用地、国家水利建设用地等。70、80年代，国家建设用地基本采用年度计划制度，由上级政府土地管理主管部门下达指令性控制目标。1990年，建设用地计划中又增设国有土地使用权出让计划。1992年，增设“土地增值税”，并于1994年1月1日正式开征。淮安市1990年计划用地30公顷，实际用地67.7公顷；1991年计划用地39公顷，实际用地15.93公顷；1992年计划用地33.33公顷，实际用地15.68公顷；1993年计划用地23.33公顷，实际用地9.42公顷；1994年计划用地15公顷，实际用地13.96公顷；1995年计划用地20公顷，实际用地19.99公顷。1997年，国家冻结非农业建设占用耕地的审批。1999年1月1日修订后的《中华人民共和国土地管理法》规定，市、县政府无权审批片地或农用地转为建设用地，由省政府行使用地审批权。至2008年，全区国土建设用地993.12公顷，征地补偿费4.3亿元。

1999～2008年楚州区（淮安市）征、转用土地统计表

表3-10

年　份	面积（亩）	地　类			征地补偿费（万元）
		耕地（亩）	其他农用地（亩）	建设用地（亩）	
1999	343.61	202.04	8.03	133.54	1065.18
2000	282.26	227.16	9.71	45.39	903.22
2001	148.46	130.82	4.63	13.01	489.90
2002	799.70	640.13	50.11	109.47	2399.09
2003	1973.00	1741.49	18.42	206.95	5919.01
2004	1832.21	127.91	114.92	398.88	4763.75

续表 3-10

年　份	面积（亩）	地　　类			征地补偿费（万元）
		耕地（亩）	其他农用地（亩）	建设用地（亩）	
2005	3542.27	2720.22	152.90	769.15	10198.36
2006	2140.88	1244.37	53.78	842.73	6422.63
2007	157.58	92.45	8.50	56.63	504.25
2008	3676.79	2173.28	220.95	1282.56	10295.00
合计	14896.74	9299.86	641.95	3858.29	42960.40

第二节　工业园区用地

楚州工业园区于2002年3月启动建设，同年7月对外招商，2006年被批准为省级经济开发区，位于京沪高速西，经十路东，纬七路北，纬一路南，总面积9.7平方千米。2006年省级批准开发区面积2.5平方千米；淮安市人民政府批准开发区面积9.7平方千米，开发区受上级合法批准共计12.2平方千米。

2002～2008年，进工业园区项目220家，用地1666.66公顷，收取出让金3.77亿元。

2002～2008年楚州区工业园区项目用地情况表

表3-11

年份	用地项目数（个）	用地面积（亩）	收取出让金（万元）	年　份	用地项目数（个）	用地面积（亩）	收取出让金（万元）
2002	4	910	6318.12	2006	44	3840	9723.50
2003	7	2654	2084.50	2007	38	2562	7728.30
2004	31	4430	4372.10	2008	33	1954	5674.20
2005	63	8650	8050.00	合计	220	25000	37770.72

第三节　乡村集体建设用地

1978年，淮安县对公社（镇）及大队公益事业建设用地，比照国家建设用地进行管理。社队道路、农田水利等公共事业建设用地，一般由公社（镇）及大队自行规划，自行设计，使用自己的农业用地。乡村组在自有土地上办企业采取的是调整承包地的办法，一般都没有办理相关征用手续，全县每年用地约10公顷。80年代初期，农村自发地出现带有市场经济因素的土地使用权流动形式。这种形式对农村经济发展起到一定积极作用，但也造成集体土地资产的流失。1981年，国务院发出《关于制止农村建房侵占耕地的紧急通知》，1982年2月，国务院颁布《村镇建房用地管理条例》，1983年，县政府下发多份文件，严禁乱占耕地，乡村集体建设用地得到有效的控制。申请使用国有建设用地的，按使用国有土地的有关规定办理。截至2008年底，楚州区乡村集体建设用地总面积1140公顷。

其中，乡镇道路34.32公顷，行政、文化设施23.88公顷，工业园区532.42公顷。

第四节　居民宅基用地

一、农村居民建房用地

1982年，淮安县人民政府101号文件规定，城镇规划以外的社员宅基地由公社从严审批。1983年3月4日，淮安县委、县政府联合发文，要求农民宅基地必须遵循节约用地原则，凡是没有作出村镇规划的地方，一律不准占用耕地建房；已经作出统一规划的，也只能充分利用村镇范围内现有空闲地、宅基地、零星边地等非耕地，且人均土地0.07公顷左右地方的社员建房宅基地面积，每户不得超过2分，人均0.13公顷左右地区的社员宅基地面积不得超过3分。1984年4月实施江苏省城镇建设用地管理办法，规定个人建房必须"个人申请，村民委员会审批，报乡（镇）人民政府批准，领取建房执照"。1986年，成立淮安县农村土地管理办公室，乡（镇）农房建设管理员改称为土地管理员。同时规定，农村个人建房占用耕地，由县土地管理办公室审核，报县政府批准。1989年5月，淮安市政府（县级）发布了"关于建私房审批实行公开的规定"，其中包括审批程序及管理监督措施等内容。

二、城镇居民建房用地

80年代后期，城市规划区个人建房由城建局审核，报县政府批准。1991年，淮安市人民政府规定，非农业户口居民宅基地用地标准：淮城、板闸、城东、建淮、三堡5个乡（镇）属城市规划区，每户用地面积不得超过100平方米；城东、建淮、三堡在城市规划区以外及其他乡（镇）非农业户口居民建房，每户用地不得超过132平方米。1999年起，淮城规划区内禁止兴建单门独院居民住宅，禁止兴建零星分散住宅楼。城镇居民建房用地审批程序与农村居民建房用地审批程序大致相同。

第五节　征地补偿与安置

一、征地补偿

征地补偿安置费用，包括土地补偿费、安置补助费、地上附着物和青苗补偿费。

1978年，国家建设用地及城镇非农业户口居民建房使用集体土地，一般采用无偿划拨的办法，对被征用单位征用后土地过少的，适当安排一部分劳动力进国营企业或集体企业务工。1983年11月起，淮安开始实行土地有偿征用与安置。1986年12月起，村镇非农业户口居民建住宅需要使用集体土地的，参照国家建设征用土地标准支付补偿费。1987年1月起，国家建设和乡（镇）村集体建设征（拨、使）用土地、城镇非农业户口居民建房使用集体土地，均需按《土地管理法》规定交付土地补偿费及青苗、附着物补偿费。1991年后，征地补偿和安置标准先后进行五次调整。

2005年7月21日，江苏省政府第53次常务会议通过的《江苏省征地补偿和被征地农民基本生活保障办法》，2006年制定的《淮安市征地补偿和被征地农民基本生活保障实施细则》，沿用至2008年未变。

二、被征地农民生活基本保障

（一）被征地农民基本生活保障资金的来源

70%的农用地的土地补偿费和全部的安置补助费；政府从土地出让金等土地有偿使用收益中提

取的部分;被征地农民基本生活保障资金的利息及其增值收入;其他可用于被征地农民基本生活保障的资金。

(二)征地补偿安置方案

将被征地农民分为下列四个年龄段:第一年龄段为16周岁以下;第二年龄段为女性16周岁以上至45周岁,男性16周岁以上至50周岁;第三年龄段为女性45周岁以上至55周岁,男性50周岁以上至60周岁;第四年龄段(养老年龄)为女性55周岁以上,男性60周岁以上。

第一年龄段人员,按市区一次性领取5000元,各县(区)一次性领取4000元的生活补助费。该年龄段人员领取一次性生活补助费后,不再纳入本细则规定的基本生活保障。

第二、三、四年龄段人员,可以选择是否参加被征地农民基本生活保障。各级政府应当采取积极措施,鼓励和支持被征地农民参加基本生活保障。选择被征地农民基本生活保障的,根据不同年龄段,实行不同的保障标准。第二年龄段人员,从实行基本生活保障的当月起,按月领取生活补助费,期限2年,到达养老年龄时,按月领取养老金。第三年龄段人员,从实行基本生活保障当月起,至到达养老年龄时止,按月领取生活补助费;到达养老年龄时,按月领取养老金。

第四年龄段人员,从实行基本生活保障的当月起,按月领取养老金。

征地安置补偿从1990年正式开始至2008年,严格执行征地补偿费预存制度按时足额兑付农民补偿。

第四章 租金与规费

地租是土地所有者(即国家或集体)向土地使用者按使用面积收取的费用。土地规费主要是指契证工本费和征地补偿费。80年代后,土地规费主要包括土地管理费、代收专项资金等。

第一节 租 金

一、房地租

90年代,区属机关企事业单位公有住房,出售后的剩余部分,仍属原机关企事业单位所有,房产公司管理。后为解决城市部分住房困难的弱势群体,公有住房出租呈发展趋势。

此外,在土地使用权出让金中还包括适量地租。地租的数额由地块所处区位、投资环境确定的土地净收益及面积诸因素决定。地租包括绝对地租和级差地租,2000年为3.4万元/亩、2001年为4.3万元/亩、2002年为5.5万元/亩。此后,账面上无此项目收费。

二、城镇国有土地使用权出让金

1990年5月19日,国务院制定《中华人民共和国城镇国有土地使用权出让和转让暂行条例》,规定国家以土地所有者的身份将土地使用权在一定年限内让与土地使用者,由土地使用者向国家支付土地使用权出让金。土地使用权出让金包括土地征用费、房屋及附属物拆建费、土地开发费、银行利息、适量地租。

2000～2008年楚州区(淮安市)城镇国有土地使用权出让金收取统计表

表3-12　　单位:万元

年　份	工业用地			经营用地		
	宗　数	亩　数	金额	宗　数	亩　数	金额
2000	2	17.12	263.41	—	—	—
2001	4	48.26	719.01	—	—	—
2002	2	6.18	41.20	3	266.65	9133.90
2003	44	1480.26	10114.00	8	309.39	4100.80
2004	1	8.02	61.52	3	166.95	3809.00
2005	15	586.97	7413.65	4	499.12	14156.34
2006	169	3832.05	48855.05	—	—	—
2007	2	15.51	134.54	51	1098.00	17264.97
2008	—	—	—	24	981.80	35202.36
小计	239	5994.36	67602.33	93	3321.91	83667.74
总计	332	9316.28	151270.12	—	—	—

三、土地有偿使用费

1991年11月27日,省物价局、省财政局《关于审查核定省建委等九个系统行政事业性收费项目的通知》规定:凡通过行政划拨取得国有土地使用权进行建设的用地单位和个人必须按规定缴纳国有土地有偿划拨费。标准为每平方米1.5～4.5元。1992年,省物价局、土地局70号文件规定,此费由土地部门收取后上缴各级地方财政。1994年10月20日,省财政、物价、土地管理部门把收费标准修改为:城镇国有土地30元/平方米,国有荒山、荒滩、荒地7.5元/平方米,城镇以外国有土地15元/平方米。

1993年后,淮安市土地有偿使用费收取情况如下:1993年1.13万元,1994年3.72万元,1995年33.33万元,1996年35.22万元,1997年5万元,1998年5.27万元,1999年无,2000年13.2万元,2001年53.15万元。2001年以后,账面上无此项目收费。

第二节　规　费

一、土地管理费

(一)征地管理费

征地管理费是新占用土地的单位和个人在依法办理征(拨)用和使用土地手续、领取用地批文前向土地管理部门缴纳的费用。征地管理费主要用于拆迁安置工作的办公、培训、有关人员薪酬等项费用。1984年,江苏省人民政府100号文件规定,征(拨)用土地必须缴纳管理费,由市级主管征地工作机关征收。1990年12月10日,省土地管理局发布《关于加强征地管理费收缴工作的通知》规定从1991年1月1日起,建设用地由哪一级政府审批即由该级人民政府土地管理部门征收,收取标准为征用地发生的各种费用的3%。

(二)临时用地管理费

建设施工和地质勘查需要临时使用国有土地或者农民集体土地的,由县级以上人民政府土地行政主管部门批准,从事经营活动单位和个人应向土地管理部门缴纳临时用地管理费。

(三)城乡居民建房用地管理费

城乡居民占地建房办理用地手续时按规定向土地管理部门交纳建房用地管理费,0.3元/平方米,每户不超过50元。淮安市从1989年起开始征收。

(四)土地登记费

1990年7月21日,国家土地管理局、测绘局、物价局等部门颁发《关于土地登记收费及其管理办法》规定:凡国有土地使用者、集体土地所有者、集体土地使用者均应交纳土地登记费。

登记费收费标准:党政机关、团体使用土地面积2000平方米以下每宗地200元,每超500平方米加收25元,最多不超过700元。注册登记及证书制作工本:单位每证10元,城镇居民每证5元,农村居民每证3元,三资企业及需用国家特别证书的每证20元。土地权属调查费;党政机关、人民团体全额预算事业单位免缴;企业、自收自支事业单位每宗地100平方米以下收50元,每超500平方米加收20元,最高不超过2万元;城镇居民用地每宗地65元,每超100平方米加收10元,最高不超过100元;农村居民每宗地2~5元。

二、代收专项资金

区土地管理部门在征收土地规费的同时,代其他部门征收相关费用。代收专项资金包括:

(一)新增建设用地有偿使用费

2001年37.2万元,2002年196万元,2003年238万元,2004年1355万元,2005年439万元,2006年793万元,2007年3123万元,2008年1700万元。

(二)农业重点开发基金

1992年10万元,1993年6.6万元,1994年7.3万元,1995年17万元,1996年41万元,1997年24万元,1998年23万元,1999年21万元,2000年21.5万元,2001年47.9万元,2002年70万元,2003年328万元,2004年312万元,2005年150万元,2006年178万元,2007年267万元,2008年292万元。

(三)耕地开垦费

2002年119万元,2003年124万元,2004年524万元,2005年377万元,2006年973万元,2007年785万元,2008年569万元。

第五章　土地市场

第一节　土地分级

一、城镇、集镇农用土地分等定级

城镇、集镇土地的分等定级主要是为适应城镇、集镇的建设用地对所用土地进行的分等定级,以准确判定不同地块的不同经济价值。根据国家土地管理局1989年《城镇土地定级规程》,淮安市土地管理局于1995年根据本市实际情况制定《淮安市城区土地定级估价技术方案》。确定土地定级因素6个、因子17个,涉及四个方面,即土地所在区域的繁华程度、交通条件、基础实施状况、环境状况。四要素权重依次为:繁华程度32.79,交通条件29.03,基础实施24.27,环境条件13.91。

1995年淮安市城区分级土地面积统计表

表3-13 单位:公顷

土地级别	面 积	占总面积(%)	土地级别	面 积	占总面积(%)
一级	67.741	6.76	四级	542.709	54.17
二级	57.964	15.77	合计	1001.912	100
三级	233.398	23.30			

1995年淮安市城区各级土地分布表

表3-14

级别	分 布 范 围	主要用地单位
一级	西至人民桥东;南至大鱼市口街;东至市织布厂西侧;北至淮安市中学与镇政府一线	体育场、市总工会、农机厂、文化馆、镇淮楼、百货公司、市委等
二级	北至友谊路、烈士陵园南侧;西至里运河;东至淮扬路;南至第四中学、更楼西街南100米一线	食品公司、淮安中学、勺湖公园、外贸公司、镇政府、化工厂、第二中学、汽车站、市政府、淮安师范等
三级	西至运河东岸;东至定级估价范围线;北至第三中学至周恩来纪念馆北侧一线;南至酒厂、淮安市工商局一线	淮安宾馆、市工具厂、周恩来纪念馆、淮安商楼、第四中学、六珠小学、酒厂、市针织厂、制药厂、桥北庄等
四级	除三级地以外的其他定级估价范围区域	面粉厂、市化工二厂、城南新村、花木联合公司、新城小学、精神病院、殷家码头、腌制厂、毛毯厂、拖车厂、编织厂、市二农机厂、市委党校等

二、乡镇集镇土地分等定级

1996年,继城区土地定级估价工作通过省验收后,在农村乡镇对平桥、上河、朱桥、溪河、车桥、流均、苏嘴、钦工、林集9个建制镇和建淮、马甸、施河、博里、仇桥、复兴、茭陵、林集、顺河、季桥、席桥、南马厂、徐扬、南闸、范集、泾口16个镇乡进行土地定级估价工作。

根据各集镇建设规模、交通条件、经济发展水平、基础设施状况、商业繁华程度等因素建立土地分等评级指标体系及权重系数,测算分级,确定土地等次。淮安市25个集镇的建设用地共分出4个土地等次。具体分等情况详见下表。

1996年淮安市集镇土地分等统计表

表3-15

土地等次	集 镇 名	占集镇总数比(%)	综合规模指数分等范围(无量级)
一	车桥、流均、平桥、钦工	16.00	0.80～1.00
二	建淮、泾口、朱桥、溪河、林集、苏嘴、上河、仇桥、席桥	36.00	0.55～0.70
三	顺河、宋集、施河、范集、博里、复兴、马甸、季桥	32.00	0.50～0.53
四	茭陵、徐杨、南闸、南马厂	16.00	0.39～0.48

1996年淮安市一等次集镇土地级别面积统计表

表3-16　　单位：公顷

集镇	一级	二级	三级	集镇名称	一级	二级	三级
车桥镇	10.55	41.44	106.44	平桥镇	10.50	41.34	32.18
流均镇	6.52	21.67	35.31	钦工镇	12.03	41.78	59.71

1996年淮安市其他等次集镇土地级别统计表

表3-17　　单位：公顷

集镇	一级	二级	集镇名称	一级	二级
建淮乡	4.27	32.58	施河乡	13.33	44.11
泾口乡	12.89	70.83	范集乡	8.78	46.46
朱桥镇	8.67	56.51	博里乡	25.24	103.52
溪河镇	16.66	59.07	复兴乡	4.09	24.51
林集镇	18.57	76.19	马甸乡	5.03	19.04
苏嘴镇	15.97	71.28	季桥乡	4.45	18.48
上河镇	15.31	113.31	茭陵乡	6.03	45.94
仇桥镇	13.30	27.37	徐杨乡	4.78	27.32
席桥乡	8.14	33.19	南闸乡	3.29	40.60
顺河乡	17.15	121.17	南马厂乡	12.91	64.09
宋集乡	6.81	48.55			

第二节　土地价格

一、地价种类

1996年，淮安开始土地拍卖，此后每年皆有拍卖。1996年，乡镇拍出土地414宗，面积23081平方米；1997年，8个乡镇拍卖土地132宗，面积5771平方米；1998年，10个乡镇拍卖土地地174宗，面积9643平方米；1999年，3个乡镇拍卖土地59宗，面积2558平方米；2000年，5个乡镇拍出土地93宗，面积2076平方米。2002～2008年，楚州区土地拍卖情况见下表。

2002～2008年楚州区土地拍卖情况表

表3-18

年　份	宗　数	面积（亩）	金额（万元）	年　份	宗　数	面积（亩）	金额（万元）
2002	18	934.58	36304.86	2007	20	967.60	150950.00
2003	26	898.60	47202.20	2008	26	1562.78	36304.86
2005	31	331.57	24434.00	合　计	145	6651.99	549559.56
2006	24	1625.26	173211.00				

楚州区土地转让始于1995年。转让土地宗数如下：1995～1997年共转让9宗，面积1.26万平方米；1997～2008年土地使用权转让共86宗，面积658万平方米。

1990～2008年楚州区（淮安市）基准地价水平状况表

表3-19 单位：元/平方米

用地性质级别	商业用地	住宅用地	工业用地
一级	1350	640	390
二级	840	460	290
三级	530	320	220
四级	320	250	180

（一）出让底价

出让底价是指政府根据正常状态下的市场地价水平和特殊政策等非市场因素所确定的某一地块出让时的最低控制价格标准。出让底价由政府根据基准地价、标定地价和各地经济发展水平及国家政策规定等因素确定。1993年，江苏省政府确定淮阴市土地出让最低保护价：县城镇150元/平方米；已搞好“三通一平”的开发区130元/平方米；农业土地70元/平方米。2008年前，工业用地底价为11.2万元/亩。2008年后，工业用地9.6万元/亩。商业用地无底价。

（二）评估地价

1993年，《中华人民共和国城镇国有土地使用权出让转让暂行条例》颁布：全国地价评估随之展开。1995年，淮安市完成地价评估。

（三）政策地价

政策地价是政府为规范土地市场交易，调控土地市场价格，维护土地市场稳定，保护土地所有者和使用者合法权益而确定的地价。政策地价包括：最低保护价、最高保护价、优惠价、鼓励价和限用价等。

1980年12月，江苏省《国家建设征用土地条例实施办法》规定：征用耕地（包括蔬菜地）按照当年产值的5倍计算补偿，征用滩地、水塘、苇塘等有收益的非耕地，按当年产值的3倍计算补偿；征用人工鱼塘、养鸡场、宅基地、园林等按邻近耕地收益计算补偿。1986年，淮安县政府规定：粮田1000～1500元/亩；菜地2255～2750元/亩，鱼塘150元/亩；藕塘、菱塘1500元/亩。1987年《中华人民共和国土地管理法》实施后，淮安县对地价评估重新作了调整：耕地、菜地按前三年平均产值6倍计算，约5400～9600元/亩，鱼塘、果园、养鸡场按5倍计算，水塘、滩地按3倍计算。1990年《中华人民共和国城镇国有土地使用权出让和转让暂行条例》颁布，各级政府土管等部门开始制定地价评估有关政策，淮安市地价评估依据的是淮阴市政府规定的基准地价：粮田2400～3300元/亩，菜地4800～6000元/亩，苗圃2500～3000元/亩，水塘240～300元/亩。2008年前，楚州区最低保护价为6.5万元/亩，以后最低保护价为9.6万元/亩。

二、地价评估

（一）评估分类

1994年，淮阴市根据国家和省土地管理部门要求，开始进行地价评估工作。

1995年6月，淮安市全面展开城镇地价评估工作。根据国家和省有关部门制定的技术要求，经一系列测算评估最终形成了基准地价图、商业用地路线价图、商业用地路线价表、级别基准地价表、宗地地价从修正系数表及系数说明表、土地估价信息系统、土地估价报告等一整套成果资料。

（二）评估因素

土地价格评估因素可归纳为一般因素、区域因素和个别因素三大类。一般因素是指影响城镇地价总体水平的社会经济、政策和自然因素等整体性客观因素，如人口、行政区划、地理位置等。一般因素对具体地块价格影响不大，但对全社会范围内整体地价水平有较长期影响。区域因素主要指影响城镇内部区域之间地价水平的城镇繁华程度及在区域中的位置、交通条件等因素。区域因素对具体宗地价格影响很大，且具较大稳定性。个别因素是指与宗地直接相关的自然条件、市政设施、宗地形状、临街条件等。

（三）评估方法及程序

评估方法大体按用地类型、规划利用方式进行评估，先评估出基准地价，然后再评估宗地地价。

（四）评估机构

1993年，淮阴市土地管理局根据省、市政府要求增设地产管理处负责全市地产管理业务、土地价格的制定，参与地价评估事务。1994年以后，淮安市土地管理局组织专门力量对土地定级，评出一定时间内某一区域的基准地价。1995年，淮安市土地管理局成立淮安市土地估价事务所，具体负责对宗地地价进行评估。

第三节　地产市场

一、隐形市场

2002年楚州区首例国有土地使用权拍卖。图为明清步行街地块拍卖会

1978年前，土地属国家或集体所有的，严禁进行土地交易。改革开放以后，城镇国有、集体所有土地的市场价值逐步显现，土地隐形市场也逐步形成，一些土地使用权的所有者利用土地使用权获取经济利益。其表现形式：以经济利益交换为前提的土地使用权的私相让度；直接以土地使用权作为投资获取股权收益；用土地使用权抵债来实现土地使用权的经济价值。淮安县土地隐形市场主要集中于经济发展较快的城区、城郊及乡（镇）集镇周边地区。1988年12月，《土地管理法》规定国有集体所有土地使用权可依法转让。1990年4月，国家土地管理局发布《出让国有土地使用权审批管理暂行规定》，土地显性市场逐步形成，政府垄断的地产市场逐步登台。1994年，国家《城市房地产管理法》颁布后，土地市场的发展进入一个新的时期。11月，淮安市开始全面清理城镇国有集体土地使用权违规交易行为，清理出包括土地使用权的私自出售、出租、抵押等违规、违法交易623宗。1995～2008年，全区清理土地使用权违法、违规交易907宗，分别对其进行依法办理使用权过户、变更登记手续，补充出让金、补办抵押手续等，有效打击、遏制了土地隐形市场交易行为。

二、官方管控市场

1994年以后，淮安市开始了土地市场的培育，1995年开始有土地使用权出让。至2000年共有土地使用权协议出让25宗。

拍卖是国有土地使用权出让的另一种形式，并且是主要形式。90年代后，由于小城镇建设，用地量激增。1993年，淮安市人民政府对土地使用权拍卖作了政策规定。1996年2月9日，首次小城镇土地拍卖在南马厂乡进行，拍卖土地10宗，总面积680平方米，总金额11万元。随后，车桥、仇桥、博里、泾口、城东、三堡、范集、上河、顺河9个乡（镇）相继开展拍卖活动。其中范集乡创当年拍卖之最，拍卖土地38宗，总面积5540平方米，拍卖金额506万元。车桥镇一宗拍卖活动，面积40平方米，拍卖价20万元，创当时苏北土地使用权最高拍卖价。

除政府管控的一级市场外，还有二级市场。二级市场是指土地使用权转让市场，包括土地使用权的出售、互易、出租三种形式。二级市场土地使用权转让主体是土地使用者，土地使用权在土地使用者之间横向转移。

2002～2008年楚州区土地使用权交易情况表

表3-20

地块编号	土地坐落	土地面积（亩）	出让方式	用地性质	成交金额（万元）
2002～Z～1	浔阳酒楼北侧	2.8	招标	居住	120
	茭陵乡茭陵村	1.1	挂牌	商业	8.7
2002～Z～2	烈士陵园南侧	11.6	招标	居住	288
NO.2002G01	镇淮楼东路南侧	2.9	挂牌	商业、金融	402
NO.2002G02	永怀路北侧	4.7	挂牌	行政办公	130
NO.2002G003	关天培路北侧	255.6	挂牌转拍卖	居住	8980
NO.2002GT1～4	博里、季桥、顺河、仇桥	3	挂牌	商业	47
2002G004	镇淮楼西路南侧	35	挂牌转拍卖	商业、金融	4100
NO.2003GT2	泾口供销社北侧	0.9	挂牌	住宅	25
NO.2003～Z～01	原淮安大酒店	7.4	招标	商业	1758
NO.2003GT3	淮江路16K南150米（路东）	3.9	挂牌	交通	114.78
NO.2003Z002	原淮安汽车站	48.4	招标	商、住	4580
NO.2003G003	农机大楼	2	挂牌	商业、金融	480
NO.2003GT4	车桥镇富福北路	3.9	挂牌	商、住	75
NO.2003G004	翔宇大道北、怀恩路西	111.7	挂牌	综合	3407.8
	钦工农机站	1.2	拍卖	商、住	25.3
NO.2003GT5	苏嘴镇苏家嘴居委会	20.3	挂牌	商、住	270
NO.2003GT6	苏嘴镇苏家嘴居委会	3.8	挂牌	商业	50.65
NO.2003G006	农贸市场	56	挂牌	商业	652.99
NO.2003G005	商贸市场	291	挂牌	商、住	3547.83
NO.2003Z007	运河小区	117.5	招标转挂牌	住宅	4175
NO.2003GT8	车桥镇	12.3	挂牌	工业	163.84
NO.2003GT7	三堡乡沙口村	19.3	挂牌	商业	313.63

续表 3-20

地块编号	土地坐落	土地面积（亩）	出让方式	用地性质	成交金额（万元）
NO.2003GT12	钦工供销社北门市	0.3	拍卖	商、住	18.9
NO.2003GT14	马甸镇	3.3	挂牌	商、住	72.1
	荷湖花园6#地	187	挂牌	居住	10905
2004GT16	天培花园	359.8	挂牌出让	居住	10120
2004GT19	古运小区	24.6	挂牌出让	居住	515
2004GT10	美食文化广场	17.4	挂牌出让	公共绿地	632.81
2004GT20	天时苑	25.5	挂牌出让	商业	918
2004GT22	水产大楼	4.6	挂牌出让	商服	199
2005GT02	华亭加油站	3.2	挂牌出让	交通设施	113.54
2005GC01	液化气站	6.6	挂牌出让	危险品仓库用地	50
	溪河镇康和居住小区	1.65	挂牌出让	商住	46.4
2005GC02	刘伶小区	132.37	挂牌出让	居住	3700
2005GC03	河下安置小区二期工程	38.78	挂牌出让	居住	1290
2005GC04	关天培路南侧	8.08	挂牌出让	商业金融、居住	1180
2005GC05	新安花苑	28.15	挂牌出让	居住	3200
2005GC06	华亭农贸市场	12.15	挂牌出让	市场、居住	742
2005GC07	河下菜场	5.06	挂牌出让	商业	6
2005GT09	顺河镇兴顺南路	1.87	挂牌出让	商住	82.9
2005GC08	运河安置小区	20.74	挂牌出让	居住	1600
2005GC09	海棠花苑	237.28	挂牌出让	居住	11660
	车桥种子站房地产	6.75	拍卖	综合	249.21
2005GT13	车桥多功能住宅小区一期	4.78	挂牌	居住	269
2005GT10	宋集乡桃园小区	23.01	挂牌	居住	335
2006GT01	宋集乡晨岚花园	3.31	挂牌	居住	45
	原华亭派出所	0.83	拍卖	办公	39.5907
2006G011C02	新淮小区	121.3	挂牌	居住	5500
2006G010C01	新区商业中心	62.85	挂牌	商住	3460
2006GT02	泾口供销社	1.2	挂牌	商住	26.1
	原区公路站乳化厂	6.94	拍卖	工业	116
	原区公路站标牌厂	3.11		其他交通用地	108
2006G037C04	翔宇大道南侧	49.8	挂牌	商业、服务业	1420
2006G038C05	诚信小区	33	挂牌	居住	1920

续表 3-20

地块编号	土地坐落	土地面积（亩）	出让方式	用地性质	成交金额（万元）
2006G038C05	淮安市工具厂	13.97	拍卖	工业	280
2006G054C08	中低价位商品房	79.91	挂牌	居住	1660
2006GT04	席桥食品站	1.03	挂牌	商住	26.5
2006G071C09	荷湖名典	217.22	挂牌	商住	18180
2006G072C10	新汽车站西侧	134.97	挂牌	商住	8040
2006G073C11	楚涟路加油站	6.07	挂牌	商业	300
2006G074C12	新汽车站综合楼	7.29	挂牌	商业	300
2006G076C14	海棠花苑二期	14.72	挂牌	商业金融居住	940
2006G077C15	铁云路西侧	99.74	挂牌	居住公共设施	3640
2006G078C16	淮安农校	11.8	挂牌	居住	500
2006GT07	钦工镇楚涟路东侧	1.75	挂牌	商住	97
2006GT08	车桥信用社商住楼	0.52	挂牌	商业、居住	166
2006GT09	顺河兴顺南路1号	1.46	挂牌	商业、居住	120
	顺河兴顺南路2号	2.13	挂牌	商业、居住	128
2006GT09	顺河兴顺南路3号	0.29	挂牌	商业、居住	22
2006GT10	淮安市天衡加油站	3	挂牌	商业、居住	64
2006GT11	苏嘴镇商住楼	7.87	挂牌	商业、居住	232
2006GT12	茭陵乡商住楼1号	0.9	挂牌	商业、居住	20.5
	茭陵乡商住楼2号	0.9	挂牌	商业、居住	20.5
	茭陵乡商住楼3号	0.9	挂牌	商业、居住	21
	茭陵乡商住楼4号	0.9	挂牌	商业、居住	24.5
2007G011C01	新淮中南侧地块	180.61	挂牌	商业、居住	13010
2007G012C02	城东二窑地块	100.91	挂牌	商业金融居住	7010
2007G030C03	新楚州中学南侧	7.74	挂牌	商业、居住	1420
2007G031C04	老淮城镇政府周边	17.36	挂牌	商业	3645
2007G061C05	世纪佳苑北侧地块	160	挂牌	商业、居住	23180
2007G063C07	城东乡政府南侧地块	63.94	挂牌	商业、居住	7090
2007G062C06	紫金花苑南侧安置小区	80	挂牌	商业、居住	2400
2007G064C08	国际商城仓储用地二期	48.63	挂牌	工业	810
2007G078C09	楚东大厦北侧地块	20.86	挂牌	商业金融居住	3170
2007G079C10	河西服装厂地块	24.21	挂牌	商业、居住	3720
2007G081C12	古文楼饭店地块	1.1	挂牌	商业	65

续表 3-20

地块编号	土地坐落	土地面积（亩）	出让方式	用地性质	成交金额（万元）
2007GG012C002	园区铁云路东侧地块	14.1	挂牌	工业	160
2007GT01	季桥镇世纪年华超市地块	2.04	挂牌	商业	60
2007GT02	车桥镇商业步行街地块	9.84	挂牌	商业\居住	600
2007GG018C003	德福路西侧地块	41.85	挂牌	工业	470
2007GG019C004	德福路东侧地块	136.1	挂牌	工业	1525
2007GG020C005	淮河路北侧地块	44.2	挂牌	工业	500
2007GG021C006	人民路东侧地块	51.4	挂牌	工业	580
2007GG022C007	楚流路北侧地块	16.5	挂牌	工业	185
2007G096C13	范集加油站	2.18	挂牌	交通设施	40
2007G114C14	运东安置小区地块	38264	挂牌	商业\居住	3050
2007G115C15	干果批发市场地块	8491	挂牌	商业	750
2008G012C02	交警大队东侧地块	48668	挂牌	居住	4020
2008G013C03	新淮中东侧地块	22648	挂牌	居住	1900
2008G014C04	茭陵商住楼1号宗地	198	挂牌	商业\居住	45
	茭陵商住楼2号宗地	582	挂牌	商业\居住	165
	茭陵商住楼3号宗地	240	挂牌	商业\居住	60
2008G015C05	三堡商住楼1号宗地	44	挂牌	商业\居住	16
	三堡商住楼2号宗地	44	挂牌	商业\居住	18
	三堡商住楼3号宗地	44	挂牌	商业\居住	15.8
	三堡商住楼4、5号宗地	88	挂牌	商业\居住	19.6
2008G015C05	三堡商住楼7号宗地	44	挂牌	商业\居住	9.5
2008G015C05	三堡商住楼8号宗地	44	挂牌	商业\居住	4
	三堡商住楼9号宗地	44	挂牌	商业\居住	4.5
	三堡商住楼10号宗地	44	挂牌	商业\居住	3.5
	三堡商住楼11-15号宗地	220	挂牌	商业\居住	15.5
	三堡商住楼16号宗地	44	挂牌	商业\居住	6
	三堡商住楼17号宗地	55	挂牌	商业\居住	6
2008G016C06	建淮乡商住楼	1065	挂牌	居住	105
2008G017C07	顺河镇商住楼1号宗地	492	挂牌	商业\居住	128
	顺河镇商住楼2号宗地	364	挂牌	商业\居住	90
2008G018C08	平桥镇商住楼	1274	挂牌	商业\居住	72
2008G031C10	五星级国际大酒店	66543	挂牌	商业\居住	7900

续表 3-20

地块编号	土地坐落	土地面积（亩）	出让方式	用地性质	成交金额（万元）
2008G032C11	经十四路东侧安置小区	33600	挂牌	商业\居住	1600
	原车桥经管站	211.6	拍卖	办公	18.59
2008G051C12	井神安置小区	49790	挂牌	商业\居住	2980
2008G069C17	紫金花苑北侧安置小区	62441	挂牌	商业\居住	3420
2008G072C20	季桥小区地块	8581	挂牌	居住	382
2008G098C21	溪河三官商贸街地块	11617.9	挂牌	商业/居住	650
2008G100C23	板闸安置小区地块	221043	挂牌	商业/居住	6630
2008G124C24	新区商业中心西侧地块	44304.2	挂牌	商业、居住	5500
2008G125C25	外国语学校南侧地块	7019	挂牌	商业	820
2008G126C26	检察院南侧地块	12499.4	挂牌	商业	2060
合　计		644733.62			241141.06

第六章　土地监察

1986年前，土地纠纷的协调处理工作，由政府办公室、农业部门、司法机关负责。

1986年，《中华人民共和国土地管理法》颁布后，县政府及土地管理主管部门加强土地法规宣传，增强群众对土地法规的了解，提高全社会重视耕地保护、依法用地意识。1988年，淮安市土地管理局成立后，坚持经常性的法规宣传，并注意结合本地实际，突出重点，加强宣传力度。1991年“6·25土地日”确定后，淮安市开展的创建“三无”乡镇活动，进一步推动了土地管理水平和土地执法水平的提高。

第一节　管理机构

1986年，淮安县农村土地管理办公室成立，对土地法规执行情况的监察开始起步。1988年，淮安市土地管理局成立，设立法规监察股，配备专职监察人员4人。1991年3月，市土地法规监察队成立，有监察队员12人。各乡镇场以分管乡镇（场）长或党委副书记负责，各土地管理所所长任监察组组长，土地管理员为监察员，村、组长为兼职监察员。全市四级监察网络至此形成，共有专兼职监察人员728人。2001年10月，根据《楚州区党政机关机构改革实施意见》，区不再保留国土管理局、地质矿产局，组建淮安市楚州区国土资源局，原法规监察股更名为监察科。2002年3月，原监察科更名为法规监察科，行政编制1人。2004年11月10日，原淮安市楚州区国土资源局改为淮安市国土资源局楚州分局，设23个职能部门，其中监察科6人、监察队20人。

第二节 法规宣传

1991年国务院83次常务会议决定，每年的6月25日为全国“土地日”，楚州区（淮安市）土地局将经常性土地法规宣传与“6·25土地日”宣传、普法宣传有机结合，在全境开展“保护土地，珍惜耕地，依法用地宣传教育，增强全民土地法规意识。

一、常规宣传

1991年6月10日，淮安市人大常委会组织省、市人大代表视察《中华人民共和国土地管理法》实施情况。同时，市领导发表题为《认清土地国情，强化土地管理》的专题广播讲话。土地管理局编印《国土观念教育提纲》在全市发放。七洞、马甸两乡政府就土地问题发布《告全乡人民书》，并采用多种形式广泛宣传。车桥镇举办了“土地与人口”知识竞赛。1992年7月30日，土地管理局要求各乡镇主管部门组织农村四项基本国策法律知识竞赛，普及有关土地法规知识；将《中华人民共和国土地管理法》打印成册，分发至村组，对重点章节，组织人员进行辅导。1993年6月21日，淮安市委（县级）宣传部、淮安市司法局、土地管理局、法制宣传领导小组、法制局等五单位联合发文，将第三个“土地日”宣传提纲印发给各乡镇场及市各直属单位。1995年11月6日，淮安市土地管理局举办行政法规培训班，培训各乡镇土地所、办负责人和法规监察专职人员。1996年10月，淮安市土地管理局在“三五”普法初始之年，在各乡镇大力宣传新修订《中华人民共和国矿产资源法》。1999年，淮安市土地管理局利用电视、广播、报纸等载体，广泛宣传土地登记和土地证书年检的重要意义。2002年，楚州区国土资源局利用“3·15消费者权益保护日”“12·4普法宣传日”等特殊时日举办现场咨询服务活动，免费发放政策宣传资料。2003年7月，楚州区国土资源局组织全系统工作人员，举办土地管理法百题知识竞赛活动。2004年11月，楚州区国土资源局下发通知，要求各乡镇国土所深入宣讲《国务院关于深化改革严格土地管理的决定》的意义、内容、要求。2005年是全国“四五”普法总结验收年，是“五五”普法研究论证年，也是开展全民法制宣传教育20周年纪念之年。以此为契机加强“土地管理法”宣传普及。淮安市国土资源局楚州分局利用4月22日“世界地球日”，宣传《地质灾害防治条例》。2006年，国土资源楚州分局开展纪念《中华人民共和国矿产资源法》《中华人民共和国土地管理法》颁布实施20周年，《中华人民共和国城市房地产管理法》颁布实施12周年系列纪念活动。2008年，国土资源楚州分局采取召开座谈会、举办培训班、请教授讲课等形式，开展区、乡、村三级干部国土资源法律知识宣传教育培训活动。

二、围绕“土地日”宣传

1991年6月25日，淮安市委、淮安市政府（县级）召开全市“土地日”宣传活动动员大会。6月下旬，市土地管理局开展《中华人民共和国土地管理法》宣传周活动，通过设立咨询服务台、悬挂标语、放幻灯片、文艺演出等方式，广泛深入又生动活泼地宣传土地管理法。1992年，开展第二个全国“土地日”宣传活动。市土地管理局组织召开了“土地日”活动座谈会。1993年6月18日，中共淮安市委宣传部、司法局、法制宣传领导小组、法制局等五个部门联合印发“土地日”

1996年淮安市庆祝土地法颁布10周年

宣传提纲。6月24日，副市长王友富发表"土地日"宣传活动电视讲话。6月25日，市土地管理局局长纪万顺发表宣传活动讲话，并请四套班子领导参加座谈会，向市领导汇报土地管理、土地法宣传工作。1994年6月15日，淮安市政府办通知各乡场镇及部委办局有关方面开展第四个全国"土地日"宣传活动。宣传主题为"土地与市场"。6月20日，市法院、土地管理局转发《江苏省土地执法和土地行政诉讼若干问题的意见》。6月25日，市土地管理局局长纪万顺就全国第四个"土地日"发表广播讲话。同日，市土地管理局召开座琐会，转发第四个全国"土地日"宣传提纲，并在城区及各乡镇场主要街道悬挂横幅，张贴标语。1995年6月12日，县级淮安市委宣传部、司法局、土地管理局转发淮阴市委宣传部、司法局、土地管理局《关于组织参加"保护耕地宣传日"活动的通知》，并印发宣传提纲和宣传口号。6月16日，市政府办发文通知各乡镇场、市直单位、部委办局做好第五个全国"土地日"宣传工作。1996年6月25日，第六个全国土地日，也是《土地管理法》颁布10周年纪念日。市土地管理局开展以制作一个广播讲话、编辑一份土地日专刊、制作国土法律法规宣传展板为主要内容的宣传纪念活动。

1997年6月13日，淮安市委（县级）宣传部下发文件，将全国"土地日"宣传列入全市宣传报道重点。"土地日"期间，举办国土资源知识竞赛、现场咨询和服务上门等活动，并召开"土地日"座谈会。1998年6月18日，市土地管理局在闹市区开展土地管理法律法规大型广场咨询服务活动；邀请行风监督员召开座谈会，听取对土地管理法律法规等方面的意见和建议；组织全员进行《土地管理法律》培训；组织宣传车在全市进行巡回流动宣传。1999年6月21日，市土地管理局举办一期由市政府领导以及乡镇主要领导参加的培训班；组织宣传小分队走进田间地头，将"土地日"宣传资料送到农民手中。2000年6月22日，重点宣传"土地管理法"的主要内容及基本精神，宣传保护国土资源积极参与宏观调控的具体措施。2001年6月15日，楚州区国土管理局组织"国土杯"小学生作文、书画有奖竞赛、送法下乡、乡镇领导座谈会等一系列有特色、有影响、有实效的宣传活动。2002年6月17日，楚州区国土资源局设立宣传展板，发放宣传资料，放制宣传气球，张贴宣传标语；召开基层所所长和中层干部会议，部署安排宣传活动。2003年6月20日，楚州区国土资源局以家庭宣传为重点，定制2万多条印有"土地日"宣传口号的围裙，发放给辖区内各家庭，让"土地日"宣传融入千家万户。2004年6月18日，楚州区国土资源局邀请行风监督员召开座谈会，听取对土地管理法律法规等方面的意见和建议；组织宣传车在全区进行巡回流动宣传；在全区开展一次土地执法巡查活动。2005年"土地日"期间，国土资源楚州分局成立多个宣传组，编印宣传手册6000多份，主要包含农地转征用补偿标准、临时用地规定年限和用地要求、土地登记内容、违法用地举报等农民关心关注的内容，进村入户进行宣传并解答农民的问题。2006年6月23日，国土资源楚州分局邀请区政府主要领导发表广播电视讲话；国土分局与区电视台、《新楚州》报社联合开辟"金土地"宣传专栏；在闹市区开展土地管理法律法规大型广场咨询服务活动；邀请行风监督员召开座谈会，听取对土地管理法律法规等方面的意见和建议；组织全员进行《土地管理法律》培训。2007年6月25日，国土资源楚州分局订购"6·25土地日"专刊、宣传画、册等材料5000份；编印严格土地管理、加强地质灾害防治等宣传材料1.5万多份；召开"6·25土地日"座谈会；出动宣传车在全区巡回宣传国土资源管理法律法规。2008年6月25日，国土资源楚州分局组织法规监察大队和乡镇6个执法监察中队结合实际，采取上下联动的宣传方式进行国土资源法律法规政策宣传，并组织7辆国土监察执法车走村入户巡回宣传。

第三节　执法监督

一、土地违法案件查处

1988～1995年，土地管理局共查处违法案件1285起，拆除违法建筑241起，收回土地2.77公顷，处以罚款5.96万元。1996～2003年，全区共发现土地违法事件500起，涉及土地面积466.67公顷，其中耕地266.67公顷；共立案查处土地违法案件近200起，制止近300起，结案率100%；共拆除土立窑32座、构建物近18万平方米，没收构建物6万平方米，收回土地200公顷。2004年，国土资源楚州分局共查处违法用地87起；立案查处违法用地案件69起，用地面积125.13公顷；全年制止违法用地案件18起，用地面积14.87公顷；收缴罚没款1234.65万元，结案率100%。2005年，国土资源楚州分局共组织全区性集中巡查12次；监察队及各乡镇国土资源管理站对各包干片实行每周不低于2次的日常巡查；全区集中查处各类非农业建设违法用地案件50起，总用地面积87.92公顷，其中立案查处41起，涉及用地面积65.1公顷，共收缴罚没款651.9万元，并给予6名科级干部党纪政纪处分。2006年，国土资源楚州分局巡查发现工业园区、化工集中区及部分乡镇新发生的违法用地共112宗，涉及用地面积212.53公顷。其中，工业项目违法用地61宗，面积118.51公顷（工业园区27宗，面积46.46公顷；化工集中区18宗，面积61.95公顷；乡镇16宗，面积10.09公顷）；道路项目违法用地5宗，面积55.81公顷；以各种名义进行商品房建设及乡镇秸秆收购站等违法用地46宗，面积37.53公顷。经市国土局批准，楚州分局对其中27宗55.81公顷违法用地进行立案查处，共收缴罚没款93.23万元，查处了22位相关责任人，案件结案率92.59%。2008年，为监察科和新成立的基层执法中队配备执法车辆，提高了执法效能。当年对巡查发现的违法用地，相继组织500余人次进行教育制止，有效阻止了违法用地34宗，并对部分违法用地者进行了立案查处。

二、土地权属纠纷调处

1983年春，淮安县全面推行家庭联产承包责任制，土地承包到户，土地权属纠纷渐多，协调处理工作由当时淮安县政府办公室会同城建局、土地管理办公室共同负责。

1989年3月23日，淮安市人民政府下发《关于土地纠纷分工处理的意见》，对土地相对性纠纷案件的调处进行了分工。市土地管理局受理的纠纷案件包括：乡镇与乡镇之间、全民所有制与集体所有制单位之间因土地所有权、使用权发生的矛盾纠纷；侵犯土地所有权、使用权的，不在同一乡镇管辖范围的个人与个人之间，个人与单位之间的纠纷；涉及乡镇领导人的土地纠纷；上级土地管理部门和市领导交办的其他土地纠纷。乡镇土地管理所受理的土地权属纠纷包括：个人之间、个人与全民所有制、集体所有制单位之间因土地使用权发生的纠纷；村组之间生产使用地使用权变动引起的纠纷；农村居民未经批准或骗取批准非法占用土地建筑住宅，或超过规定标准建房的案件；单位和个人建房引起的纠纷；制止和处理在承包期、自留地土地上擅自卖土，取土制砖和开挖鱼塘等案件。1987～1995年，全市共调处土地权属纠纷近400起，维护了土地管理秩序。1995～2008年，楚州分局调处了权属争议的土地纠纷多起，每年度都有10多起权属争议的土地纠纷。截至2008年，楚州分局参与的由市政府下达处理决定的争议案件有8起，到省行政复议的有3起，没有一例因处理错误而行政败诉。有重大影响的相对性争议案件有：范集镇部队营房20公顷相对性争议一案；范集盐化工园区33.33公顷池田一案；季桥轮窑厂13.33公顷一案；席桥堆堤争议案。

三、土地信访

1986年，淮安县农村土地管理办公室成立后，有关土地问题的来信来访由其承办。1988年，淮安市土地管理局成立，专门设立信访室，配备专职信访接待人员。各乡镇土地管理所，则明确一人兼管土地信访工作。2002年，楚州国土系统专门设立土地信访办公室，明确了专职信访接待人员。

1987～1995年，共接待群众来访1500多人次，处理群众来信950多封。1996～2008年，全区共接待来信、来访1700多件次，接待来访人员600余人。2002～2008年，区国土局连续7年被区委区政府表彰为信访稳定工作先进集体。2008年摘掉土地信访“重点管理县、区”的帽子，全区土地信访量排名由2006年全省第3位下降至全省第50位，并被省国土资源厅评为信访稳定工作先进单位。

第四节 “三无”乡镇创建

一、“三无”乡镇标准

1992年江苏省土地管理局在全省开展创建“三无”乡镇竞赛活动。7月，创建“三无”乡（镇）活动在全市范围内展开。“三无”包括：一无违法批地。乡镇企业、公共设施、公益事业建设和农村建房用地按规定批准。对宅基地的申报、审批，乡镇、村两级无弄虚作假、骗取批准行为，无多批、错批和私自改变地类情况，乡镇干部无点头许诺、口头应允及以言代法、擅自批准宅基地和其他用地情况。二无违法管地。土地管理部门在审批建设用地中无行贿受贿，在建设用地管理中无弄虚作假，在履行职责中无以地谋私，无违反法定程序和法律规定作行政处分的决定，在执行公务中无乱收费、乱罚款和渎职行为。三无违法用地。乡镇、村无超批多占面积行为，无擅自占地行为，无违法转让和买卖土地行为，无不履行复垦义务行为，无破坏土地资源和荒废土地的行为，无按期不办理权属变更手续行为，临时用地无按期不归还行为，无骗取批准用地行为，无侵犯土地权属行为。

二、“三无”乡镇创建过程

（一）建立组织

1992年，淮安市土地管理局成立创建“三无”乡镇活动领导小组，1993年、1998年“三无”乡镇领导小组成员因人员变动而作调整。各乡镇相应成立创建“三无”乡镇活动领导小组，由分管副书记或副乡长、副镇长任组长，土地所所长任副组长，成员由乡镇土地管理员组成。

（二）宣传发动

每年初由市（区）土地局组织召开一次创建“三无”乡镇活动动员大会，对创建活动进行具体部署。各乡镇根据本乡镇实际，采取多样方式，宣传创建“三无”乡镇活动的有关内容。

（三）巡察考核

市（区）土地局每半年组织人员分片对各乡镇创建活动进行巡察、检查，年底，各乡镇自查，自查合格后，由乡镇人民政府书面申请市（区）土地局考核。市（区）土地局对自查合格的乡镇通过听、看、查等方式逐一“过堂”，对照省国土局“二十二条”考核评分标准进行评分，90分以上的为合格。市（区）土地局考核合格后，报请淮阴市土地局检查验收。验收合格后，淮阴市人民政府发文发匾表彰。

三、创建成果

1992年，淮安市全市土地管理“三无”乡镇达标率为31%，达标乡镇有9个。1993年，“三无”乡镇达标率为48.3%，达标乡镇有14个。2005年，“三无”乡镇达标率达到最高值，为92.8%，达标乡镇有26个。2008年，楚州区全区“三无”达标乡镇有25个，“三无”乡镇达标率为92.5%。

1992～2008年楚州区（淮安市）土地管理“三无”乡镇达标情况表

表3-21

年份	“三无”达标乡镇	达标率（%）
1992	建淮乡、马甸乡、溪河镇、平桥镇、流均镇、泾口乡、林集镇、季桥乡、南马厂乡。	31
1993	建淮乡、马甸乡、七洞乡、溪河镇、朱桥镇、泾口乡、流均镇、仇桥乡、复兴乡、季桥乡、顺河乡、南马厂乡、林集镇、淮城镇。	48.3

续表 3-21

年 份	“三无”达标乡镇	达标率（%）
1994	建淮乡、马甸乡、七洞乡、溪河镇、朱桥镇、泾口乡、流均镇、仇桥乡、复兴乡、季桥乡、顺河乡、钦工乡、南马厂乡、林集镇、平桥镇、苏嘴镇、板闸镇。	60
1995	平桥镇、七洞乡、马甸乡、溪河镇、建淮乡、车桥镇、泾口乡、流均镇、仇桥乡、复兴乡、苏嘴镇、顺河乡、钦工镇、南马厂乡、林集镇、淮城镇。	65.5
1996	流均镇、复兴乡、南马厂乡、三堡乡、溪河镇、平桥镇、车桥镇、上河镇、林集镇、马甸乡、苏嘴镇、仇桥乡、钦工镇、宋集乡、淮城镇。	50
1997	季桥乡、城东乡、宋集乡、徐杨乡、钦工镇、席桥乡、顺河乡、苏嘴镇、林集镇、范集镇、三堡乡、上河镇、朱桥镇、流均镇、板闸镇、博里镇、复兴乡、车桥镇、溪河镇、平桥镇、南马厂乡。	70
1998	淮城镇、板闸镇、城东乡、季桥乡、车桥镇、流均镇、朱桥镇、宋集乡、钦工镇、范集镇、南闸乡、平桥镇、博里镇、白马湖农场。	46.7
1999	徐杨乡、宋集乡、钦工镇、交陵乡、苏嘴镇、林集镇、淮城镇、建淮乡、马甸乡、板闸镇、仇桥乡、博里镇、城东乡、季桥乡、车桥镇、流均镇、车桥镇、施河镇。	60
2000	流均镇、复兴镇、南马厂乡、三堡乡、溪河镇、平桥镇、车桥镇、板闸镇、上河镇、林集镇、马甸镇、苏嘴镇、仇桥乡、钦工镇、徐杨乡、博里镇、宋集乡、淮城镇、朱桥镇、施河镇。	66.7
2001	溪河镇、宋集乡、城东乡、徐杨乡、钦工镇、席桥镇、顺河镇、苏嘴镇、季桥镇、林集镇、范集镇、三堡乡、上河镇、朱桥镇、流均镇、博里镇、复兴镇、车桥镇、平桥镇、南马厂乡。	68.9
2002	三堡乡、上河镇、朱桥镇、宋集乡、城东乡、钦工镇、溪河镇、顺河镇、苏嘴镇、季桥镇、林集镇、范集镇、流均镇、博里镇、复兴镇、车桥镇、平桥镇、南马厂乡、席桥镇、南马厂乡、白马湖农场。	75
2003	马甸镇、博里镇、苏嘴镇、上河镇、城东乡、朱桥镇、钦工镇、溪河镇、顺河镇、季桥镇、林集镇、宋集乡、范集镇、施河镇、流均镇、复兴镇、车桥镇、平桥镇、南马厂乡、席桥镇、白马湖农场、南闸镇、仇桥镇。	82.1
2004	林集镇、宋集乡、顺河镇、季桥镇、马甸镇、博里镇、城东乡、朱桥镇、范集镇、苏嘴镇、上河镇、三堡乡、流均镇、钦工镇、溪河镇、复兴镇、仇桥镇、车桥镇、平桥镇、南马厂乡、席桥镇、白马湖农场、施河镇、建淮乡、南闸镇。	89.3
2005	范集镇、林集镇、南闸镇、三堡乡、平桥镇、溪河镇、流均镇、宋集乡、钦工镇、顺河镇、季桥镇、马甸镇、博里镇、城东乡、朱桥镇、上河镇、复兴镇、仇桥镇、车桥镇、南马厂乡、席桥镇、白马湖农场、泾口镇、建淮乡、茭陵乡、苏嘴镇。	92.8
2006	钦工镇、顺河镇、季桥镇、马甸镇、林集镇、宋集乡、朱桥镇、范集镇、苏嘴镇、上河镇、三堡乡、流均镇、溪河镇、复兴镇、博里镇、城东乡、仇桥镇、车桥镇、平桥镇、南马厂乡、建淮乡、南闸镇、席桥镇、白马湖农场、泾口镇。	89.3
2007	建淮乡、南闸镇、林集镇、宋集乡、顺河镇、季桥镇、马甸镇、博里镇、城东乡、朱桥镇、范集镇、苏嘴镇、上河镇、三堡乡、流均镇、钦工镇、溪河镇、复兴镇、仇桥镇、车桥镇、平桥镇、茭陵乡、席桥镇、白马湖农场、泾口镇。	92.5
2008	仇桥镇、南闸镇、朱桥镇、范集镇、林集镇、建淮乡、季桥镇、马甸镇、博里镇、宋集乡、顺河镇、城东乡、苏嘴镇、上河镇、白马湖农场、泾口镇、三堡乡、流均镇、钦工镇、溪河镇、复兴镇、车桥镇、平桥镇、茭陵乡、席桥镇。	92.6

第四篇　城乡建设

中共十一届三中全会以后，淮安（楚州，下同）城乡建设有了较大发展，城市面貌发生根本性变化。先后三次制定、调整《淮安市楚州区城市总体规划》。在保护传承古城历史风貌，历史文化遗产的同时，加强旧城基础设施改造，积极建设新城区，发展小城镇，努力把楚州建设成环境优美、宜居宜业独具特色的现代化的新城市。至2008年，恢复修建国家及省、市级历史人文景点和历史遗存50余处。新建和改造27条城区主次干道、近200条后街背巷道路，混凝土铺设率达100%；城市老旧小区改造、新城区建设共拆迁84.49万平方米；实施城市"雨污分流"、新建污水处理厂，污水处理能力达6万吨/日；改造新建市民供水工程，2008年供水1028.82万立方米；当年路灯增至9712盏；液化气、管道天然气城乡基本普及；新建一座楚州客运总站，面积8015平方米。开通公共汽车线路13条，有公交汽车179辆；公交出租车191辆，便利了市民出行；新建一批住宅小区，改善和提高居民生活环境；修建了里运河清水生态风光带，开辟30多个公共绿地绿化市民休闲游园。栽植了50余条主次道路树木带，城区机关学校、公共服务单位实施"拆墙透绿""拆房透湖"工程，使古老历史文化名城焕发青春。随着城市经济的发展，新城区建设逐步扩大。至2008年末，新城区建设面积50平方千米，区内道路水电燃气"六通一平"。

80年代初，开始规划建设集镇、乡村，至2008年底，全区所有乡镇完成四轮集镇规划编制调整；修建镇道路260千米，桥梁90座，5吨以上载重桥梁60座，日供水23万立方米，设置排水明暗沟道60千米。村庄通车率、通邮率100%。全区26个乡镇建有建设服务站；95%以上农户用上自来水。

第一章　城乡规划

第一节　城市总体规划

一、1993年淮安城市总体规划

1988年2月，淮安撤县建市后，鉴于原总体规划已不适应城市发展的需要，1991年委托江苏省城乡规划设计研究院进行总体规划的修编，1993年9月形成《淮安城市总体规划》正式文本（城规证0250015）。城市总体规划近期为1990～2000年，远期为2001～2010年。规划区范围：东至城东乡全境，北至徐杨乡黄元村、席桥乡蒲马村一线，西至京杭大运河以西1千米处，南至运南闸群。总面积

约120平方千米。规划用地范围：东至城东乡黄土村，西至大运河，北至板闸干渠，南至淮河入海水道北堤。城市性质为全国历史文化名城，具有旅游特色的工商城市。人口规模为近期16.5万人，远期25万人。用地规模：2010年规划用地规模24.88平方千米，人均城市建设用地99.5平方米。城市用地发展方向：1990～2000年，发展河西及板闸工业区，建设城市新区，2001～2010年，向北平行发展生活性用地及生产性用地，逐步改造老城区。城市用地规划结构：规划以老城为城市政治、商业中心，夹城为旅游中心，新城结合新区建设为文化体育中心。通过两淮路（楚州大道）、镇淮楼东西路、华亭路、南北门大街等城市主干道沟通河西工业区和板闸科技城，沿大运河轴线发展城市用地；用绿化、河流等将各联城彼此分割又联系在一起，取代古城墙的围合作用，在保持三联城城市格局的基础上延续和发展。

二、2001年楚州城市总体规划

2001年2月，淮安市更名为楚州区，原淮阴市更名为淮安市。淮安市政府组织编制楚州城市总体规划，楚州规划包含在淮安市总体规划之中。

规划期限为2001～2020年，其中：近期2001～2005年；中期2006～2010年；远期2011～2020年。城市性质为：国家历史文化名城，江苏省重要的交通枢纽，苏北腹地的中心城市。中心城区城市人口规模：近期（2005年）人口为20万人，中期（2010年）人口为24万人，远期（2020年）人口为30万人。中心城区城市建设用地规模：近期（2005年）为18平方千米，中期（2010年）为24平方千米，远期（2020年）为30平方千米。按照城市整体空间环境、历史街区和文物古迹三个层次，以古运河为轴，以楚州三联城城墙遗址绿化带、文渠和现代林荫大道为骨干，连接各风景名胜区、历史街区、文物古迹，形成保护性绿化网络，充分发挥河、湖、城、街交融一体的古城空间特色，重点挖掘、展示淮安的运河文化、恩来文化、名人文化等优秀文化遗产，形成“轴、线、片、点”的空间保护网络。

三、2005年调整城市总体规划

人口规模为：现状（2004年）19.52万人，近期（2010年）24万人，远期（2020年）30万人。用地规模为：现状（2004年）1973.2万平方米，近期（2010年）1942.4万平方米，远期（2020年）2319.1万平方米。城市发展方向：近期主要向北、向东发展，中远期主要向东北发展。

第二节　名城保护规划

一、城区文化古迹保护

（一）历史文化名城格局保护

包括城市水系、古城格局（三联城格局、古城中轴线、道路街巷格局的保护、建筑风格和色彩、古城区建筑高度控制）。

（二）历史文化街区保护

包括河下古镇历史文化街区、上坂街、驸马巷等历史文化街区。

（三）文物古迹保护

各级文物保护单位（文物保护单位的保护范围和建设控制地带、文物保护单位的修缮、文物保护单位的合理利用和展示、文物建筑和历史建筑的恢复重建、继续公布文保单位名单）、地下文物、历史建筑和古树名木。

（四）非物质文化遗产保护

包括当地特有口头语言、传统表演艺术和民间美术，传统礼仪、节庆庆典以及竞技、游戏等民俗活动，传统手工艺技能。

二、老城区保护建设规划

以南门大街、镇淮楼、漕运总督部院遗址、明清府署为古城中轴线。结合历史文化街区与城市建设，继承和发扬淮安传统特色的建筑风格。新建建筑的色彩要与古城风貌相协调。造型简洁明快，体现地方特色；建筑设计体现“轻巧、古朴、自然”的风格。

镇淮楼以南地区的沿街建筑，在高度、体量、形式风格上尽量对称布局，强化轴线效果，烘托镇淮楼的气势；从兴文街到镇淮楼，沿街建筑在30米纵深内，高度控制在12米以下。镇淮楼以北地区，轴线两侧的建筑，其形式、风格应与整个城市的历史风貌相协调。

控制古城区的建筑高度和体量，保护城市空间轮廓和城市传统风貌特色。采取分层控制建筑高度的方式，建立三个保护层次。

第一层次：文物保护单位、历史文化街区范围内，此范围内维持现存保护对象的建筑高度，对不符合高度控制要求的建筑限期拆除或改造，不得新建与保护对象超高无关的任何建筑。第二层次：文物保护单位、历史文化街区、历史轴线两侧各30米范围；沿街的公共建筑高度根据道路宽度不同控制为1<D/H<2，且应满足控制在16米以下；此范围内的住宅一般为3～4层，控制在12米以下。第三层次：古城区（三联城、河下古镇）范围内建筑高度不得超过24米。

重点保护区：东至漕运广场，南至镇淮楼西路，西至西长街，北至西门大街。

文物保护单位的保护范围内不得进行其他建设工程或者爆破、钻探、挖掘等作业。文物保护单位的建设控制地带内的建设工程，不得破坏文物保护单位的历史风貌；工程设计方案应当根据文物保护单位的级别，经相应的文物行政部门同意后，报城乡规划行政主管部门批准。文物保护单位的保护范围和建设控制地带内，不得建设污染文物保护单位及其环境的设施，不得进行可能影响文物保护单位安全及其环境的活动。已经对文物保护单位及其环境造成影响的设施，应当限期治理。

文物古迹和名胜区保护范围。淮安文物古迹包括周恩来故居、淮安府署、京杭大运河（淮安段）、青莲岗遗址等全国重点文物保护单位，关天培祠、文通塔、中共中央华中分局旧址、总督漕运部院遗址等省级文物保护单位，以及韩侯祠等市级文物保护单位。名胜区主要是指周恩来纪念馆和运南闸群。

三、河下古镇历史文化街区保护规划

河下古镇历史文化街区的保护范围划分为文物保护单位、重点保护区、建设控制地带和环境协调区四个层次。

文物保护单位的保护范围：吴承恩故居、裴荫森故居、梁红玉祠、河下石板街、江宁会馆等，按国家、地方法规执行。

重点保护区：文物保护单位、历史文化街区内的传统民居建筑群、沿街风貌带、花巷、湖嘴大街、估衣街。

建设控制地带：估衣街、竹巷街、湖嘴大街和石工头街。

环境协调区：保护区至周围规划道路红线之间的区域、萧湖毗邻的区域及翔宇大道以北200米范围以内的区域。

重点保护区内建筑高度控制为：一、二层的坡屋顶传统建筑，以一层建筑为主。建筑一层檐口高度不超过3米，二层檐口高度不超过5.4米，屋脊总高不超过7.8米；建设控制地带内建筑高度控制在二层及二层以下，二层檐口高度不超过5.4米，屋脊总高不超过7.8米。

环境协调区建筑高度控制在三层及三层以下，总高度不超过10米，以满足保护与协调传统风貌的要求。

严格控制城河街东侧、竹巷街以南地区的建设，保证河下古镇和萧湖的视觉联系。

视廊控制：控制历史文化街区在翔宇大道和城河街的沿街界面，以及河下古镇整体的高度控制，并保持历史街道的视线通畅。

街区内不建高度制高点，以体现河下古镇的肌理特征。

保证以下视廊通畅：花巷、竹巷、湖嘴大街、估衣街等具传统风貌历史街道的视廊。

严格控制古镇区与萧湖的两道视廊，在视廊控制范围内禁止一切建设行为。只允许在其范围内种植小型乔木和绿地。远期拆除城河街以东地区视廊控制范围内的新中国成立以后的民居建筑和工业建筑。

控制在湖嘴大街南端入口的视廊，以展示河下古镇传统民居的整体风貌。

第三节　集镇规划

80年代前，淮安农村集体单位或农民建房，没有规划，随意性较大。1983年，淮安县政府下发文件，明确乡镇专人负责乡村规划和农房建设工作，并且确定一名专职农房管理员。1987年，各乡镇成立村镇建设管理所。是年底，完成车桥、平桥2个建制镇的规划，并上报林集、流均、苏嘴、溪河、朱桥、板闸等8个乡镇（于1988年批准）的规划说明书。嗣后，泾口、南闸、施河等乡的集镇总体规划也陆续编制成功。随着改革开放的逐步深入，工农业特别是镇区工业的发展，乡（镇）、村集体经济和个体经济不断壮大，原有规划已不适应人民群众日益增长的生产、生活需要。

80年代初，以农民建房为先导的村庄建设在农村各地先后兴起，因无规划可依，许多村庄乱搭乱建和占用耕地的现象日趋严重。1987年，各乡（镇）成立建管所，负责办理农房建设的审批手续，农民建房必须服从乡（镇）统一规划，由建房户向所在村民小组和村委会提出书面申请，由村民委员会提出初步意见，报乡（镇）政府，再由建设管理人员到地头勘察，经研究同意后，发给建筑许可证，并按规定收取执照费用，手续齐备方可施工。如有违章，则按情节轻重，分别予以处罚。自此，村庄建设逐渐步入正常轨道。村庄建设由于遵循节约用地、合理规划的原则，不仅节约了大量农田，也推进了农村集镇化进程。

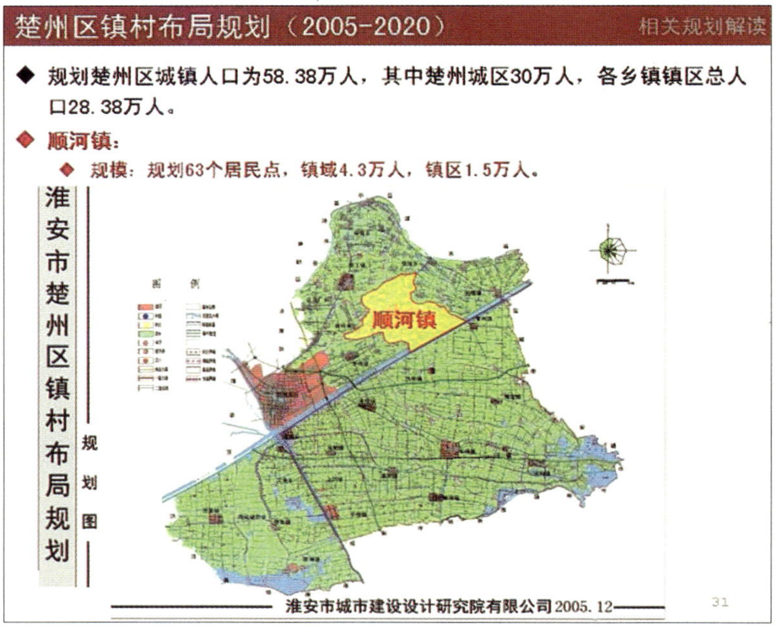

楚州区顺河镇城镇规划

1995年，县级淮安市委、市政府依据国家《村庄和集镇规划建设管理条例》和《村镇规划标准》（GB 50188～1993），以“乡村城市化，城乡一体化”为原则，先后完成乡镇《集镇总体规划》（文本）及其相应的规划图则和表格，并由市政府批准实施。规划期限统一为：近期1995～2000年，远期2001～2010年。

第四节　专项规划

一、城市抗震救灾规划

1990年起，新建工程选址必须建筑在抗震有利地段，避开不利地段。规划2000年前完成石油库、农药库、弹药库、化工材料库等搬迁设防工作和名胜古迹保护区的抗震加固工作。

淮安（楚州区）被列为国家地震烈度7度区重点监视防御范围。近期规划增建古运河大桥一座，以利于地震发生后人员的及时疏散，同时缓解运河两岸交通紧张状况。老城改造时，逐步降低建筑密度和人口密度，拓展避震疏散场地，加强城区道路的通行能力。

二、城区市场规划

城区培育完善技术市场、劳务市场、房地产市场等生产要素，逐步完善市场体系。结合老城区改造，新建大型农产品交易批发市场和房产交易市场，沿淮扬路和宁连路建招商市场。

三、环境卫生工程规划

城市生活垃圾无害化处理率近期规划达15%～20%，远期达65%以上；城市粪便无害化处理率近期达20%，远期达80%，收集、清运率均达100%。规划远期在红桥新村建一座垃圾无害化处理厂，日处理能力150吨。规划建成各类公厕119座，城区平均每1400人一座。

第五节　规划管理

一、管理机构

2000年10月，淮安市城乡建设规划办公室被淮阴市规划局接管，成立淮安市规划局，内设一室两股，即办公室、技术股、工程股。2001年2月更名为淮安市规划局楚州分局，内设机构不变。2002年5月以后，按市机构改革三定方案，确定淮安市规划局楚州分局为淮安市规划局派出机构，正科级事业单位，内设机构由一室两股改为一室两科，即办公室、规划管理科、工程管理科。2007年，淮安市规划局楚州分局由事业单位改为参照公务员管理。2008年，乡镇规划职能由建设局划归规划局，增设村镇管理科，内设机构一室三科。2008年，淮安市规划局楚州分局由参照公务员管理的事业单位改为行政机关建制。

二、规划编制与审批

2001年2月之前，楚州城市规划编制工作由原淮安市市政府委托有资质的城市规划设计单位进行编制，报经省政府批准后实施。以后，楚州的城市总体规划、历史文化名城保护规划及分区规划、重要区域的详细规划的编制工作由淮安市人民政府委托城市规划设计单位编制，楚州分局协助市规划局组织规划操作相关事务。城市总体规划、历史文化名城保护规划经市人大常委会同意后报省人民政府审批。分区规划、控制性详细规划、专项规划、重要的城市设计项目由市政府审批。其他建设项目总平面规划、设计方案、单体建筑设计由市规划局审批。民房建设由市规划局委托分局审批发证。

第二章　城市建设

第一节　城市拆建

1990年前，城区干道进行拓宽改造，均以修补为主。1991年，开始采取群众集资、财政补贴的办法，先后改造府学路、文府路、龙窝巷、康乐五弄、大羔皮巷、涧河北街等近200条后街背巷道路及下水道，除少部分街巷保持原貌外，大部分均铺设混凝土路面，总长100余千米，面积近30万平方米。2000～2008年，新建和改造板闸立交至下关段、翔宇大道、楚州大道、新路大街、工业园区道路、经九路、纬七路、西长街南段、韩信路南段、竹巷街、城西干道、火车站站前路、镇淮楼东西路、东西门大街、淮江路、淮恩路、永怀路等27条城区主次干道。

1988年，淮安市政府为漕运衙门重建门厅9间，中间3间面阔11米，门楣置“总督漕运部院”匾额。2002年8月，楚州区花巨资在遗址的北侧兴建了全国首座漕运博物馆，征集了4万件馆藏文物，努力将其打造成国内规模最大、内涵最丰富的运河文化专题博物馆。修缮了已有600多年历史的淮安府署大堂。

21世纪后，楚州实施里运河生态风光带建设工程，突出萧湖、勺湖、月湖的自然风光。拓宽楚州大道、淮江路，修通人民桥；建设运南闸群体风景区、入海水道防护林、里运河风光带、清安河滨河、古藤园小游园、古城墙遗址公园、文府路小游园、泮池小游园、海棠园、万寿园、淮安南入口游园、楚东大厦楼前游园、东岳庙侧小游园、三中小游园、竹巷街小游园等30个公共绿地绿化；栽植淮江路、楚州大道、新路大街、关天培路、城西干道、长安路、友谊路西段、镇淮楼东西路、工业园区道路、一品梅路、东西门大街、竹巷街、韩信南路、西长街南段、南门大街、淮江路、友谊西路、铁云路、城河街、站前路、怀恩路、永怀路等50余条主次道路树木；对文化小区、静都大酒店、楚州医院、淮阴农校、楚州职教中心、楚州三中、淮安外国语学校、楚州图书馆、楚州公安分局等单位进行庭园绿化；完成了楚州区政府大院、区财政局、楚州医院、静都大酒店、烈士陵园、又一勺洗浴中心等单位的“拆墙透绿”和“拆房透湖”工程。

2003年漕运商业圈建设前拆迁现场

一、房屋拆迁

（一）旧城区房屋拆迁

70年代主要以重置价收购，政府提供公房租住；80年代采取按房屋重置价结合成新率定价，给予货币补偿，愿意自建的由城建部门安排宅基地，自建有困难的由政府提供公房租位；90年代以后的拆迁方式为产权调换、货币补偿、安置宅基地。

1996～2008年楚州区（淮安市）老城区拆迁情况表

表4-1

年　份	拆迁地段	拆迁户数（户）	拆除面积（平方米）	补偿形式
1996	东长街北端	168	1056	拆一还一，互找差价
1997	西长街北端	48	4960	自拆自建
1998	外国语学校	80	6933	宅基地安置
1999	都市花园 友谊路 新城小区	262	33015.35	货币补偿、产权调换、安置宅基地
2000	回笼小区 淮扬美食街 和平桥小区 南巽大厦 新行政中心 金汤浴室	306	84345.43	货币补偿、产权调换、宅基地安置
2001	漕运小区 同三国道 皮防病院 邮政处理中心	632	79277.67	货币补偿、产权调换
2002	邓颖超纪念馆 政府拆墙透绿 楚园一期	25	2387.14	货币补偿
2003	新安陈列馆 明清步行街 河下安置小区 运河小区 翔宇大道一期 淮东路	757	105582.51	货币补偿、产权调换
2004	月湖泵站	16	1699.24	货币补偿、产权调换
2005	周恩来纪念馆西侧环境整治 楚园二期 新安小学周边 河湖花苑	674	30055.28	货币补偿、产权调换
2006	周恩来故居周边环境整治 南巽路	141	7672	货币补偿、产权调换
2007	周恩来纪念馆东南侧周边环境整治 周恩来纪念馆西北侧周边环境整治 苏果超市 东岳庙小游园	255	45615.09	货币补偿、产权调换
2008	古城墙遗址一二三期 里运河风光带 勺湖清淤 运东小区 河西服装厂商住小区 府衙门前通道 榷关景点	913	117703.66	货币补偿、产权调换

（二）新城区建设拆迁

2001年后，区政府加大对新城区的道路建设力度，先后新开了长安路、城西北路、经九路、城西干道等，为新城区的建设拉开框架。2005～2008年，区政府组织以淮江路以东、翔宇大道北、里运河以西的新城区拆迁"会战"。

2001～2008年楚州区（淮安市）新城区建设拆迁情况表

表4-2

年　份	拆迁项目	拆迁户数（户）	拆除面积（平方米）	补偿形式
2001	城西北路友谊路	42	2591.73	货币补偿宅基地安置
2002	河西华新路河下城河街经九路	62	12316.03	货币补偿
2003	公安局训练场翔宇花苑小区 纬七路城西干道 运河风光带	252	27868.97	货币补偿 产权调换
2004	翔宇大道二期	138	28704	产权调换 货币补偿
2005	世纪佳苑 紫金花苑 天时晋	160	25310.63	货币补偿 产权调换 宅基地安置
2006	经二纬六 237省道 海棠花苑 农贸区	416	12001.9	产权调换 货币补偿 宅基地安置
2007	翔宇大道三期 富士花苑 翡翠城	313	42121.8	产权调换 货币补偿
2008	五星大酒店 希尔顿大酒店 生态农业示范区 生态安置小区 康马路安置小区 翔宇花苑北侧安置小区	1821	332377.75	产权调换 货币补偿

二、拆迁政策

70年代、80年代没有任何规范性的法规、政策，项目拆迁均一事一议，因地制宜制定相应政策。1991年3月22日，国务院颁布《城市房屋拆迁管理条例》，江苏省、淮阴市相应制定拆迁管理条例和办法，县级淮安市拆迁具体依据《淮阴市城市房屋拆迁管理办法》和《关于淮阴市区房屋拆迁补偿安置价格标准和其他补助费的通知》执行。2001年11月1日，国务院新颁布了《城市房屋拆迁管理条例》，提出结合区位、用途等市场因素来确定房屋补偿价格，形成了2002～2003年间的统一货币化拆迁，拆迁户获得补偿款后自行解决住房。2003年至2005年上半年，随着商品房价格上涨和江苏省拆迁条例的出台，房屋拆迁又逐步形成货币补偿和房屋产权调换相结合的模式，由政府建设政策性商品房和回购开发单位商品房对拆迁户进行安置。2005年下半年，由于全国和省内部分经济发达城市陆续推行完全市场化拆迁，运用市场比较法计算被拆迁房屋的补偿价格，楚州区于2005年9月制定相配套的估价文件，政府不再干预拆迁补偿，实行市场化评估拆迁。具体执行文件为：2001～2003年执行《淮安市城市房屋拆迁管理办法（暂行）》《淮安市楚州区城市房屋拆迁管理实施细则（暂行）》《淮安市楚州区城市房屋拆迁补偿价格评估技术实施细则（暂行）》《淮安市楚州区被拆迁房屋建筑面积计算规定和其他补助费标准问题》等文件；2004年淮安市政府新出台《淮安市城市房屋拆迁管理办法》文件，楚州区相应调整补偿文件《淮安市城市房屋拆迁补偿估价技术细则（试行）》和《淮安市区城市房屋拆迁补偿补助标准》；2005年以后，执行《淮安市楚州区城市房屋拆迁补偿价格技术实施细则（试行）》和《淮安市楚州区城市房屋拆迁补偿补助标准》文件。以上均为城市规划区内房屋拆迁政策。城市规划以外集体土地拆迁，2007年以前均按征用土地文件中拆迁标准执行。2007年2月15日，淮安市出台相应配套文件《淮安市市区集体土地房屋拆迁管理暂行办法》《关于淮安市市区集体土地房屋拆迁补偿补助标准的通知》《淮安市市区集体土地房屋拆迁补偿估价技术细则》。

三、拆迁管理

1996年成立淮安市人民政府拆迁管理办公室。下设管理科、财务科、信访科、裁决科、安全科、工程科、档案科。拆迁管理办公室主要负责：拆迁许可证审批发证、发布拆迁通告、履行行政裁决法定程序并下达裁决、接待处理拆迁信访案件、组织拆除工程招投标、对房屋拆除安全实施监督管理、对拆迁实施单位（拆迁公司）实施监督管理、组织参与拆迁安置工作以及拆迁法规政策赋予的相关管理职能。1998～2008年依此体制沿袭实施。

第二节　道路建设

一、城区干道

70年代末，淮安开始城区主要街道干道建设。1978年，拆迁南门大街东侧北段的居民及商业用房，1983年拆迁东侧南段，整条大街统一拓宽为34米，中间30米为沥青路面，两侧人行道为砖块路面。1984年，将府学路拓宽为10米的水泥路面，同时将南巽路拓宽为40米，其中快车道6米为水泥路面，两侧为土质路面。1987年，河西的华亭路拓宽至34米，东长街南段由4米拓宽为17米，北门大街拓宽为34米，还铺设了9米宽的电厂路（泥结石路面）。1989年，为配合周恩来纪念馆建设，将原东门大街，新辟永怀路、环湖路（宽9米，水泥路面），并对北门大街、南门大街南段、镇淮楼东路及汽车站单行道进行再次翻建，由沥青路面改为水泥路面，并扩宽至34米。到1998年，城区共有11条（宽17米以上）主干道，总长18.9千米；次干道10条（宽6米以上），总长13.74千米。是年，东长街北段、西长街北段、镇淮楼东路、镇淮楼西路及北门大街等路段两侧的人行道，统一铺上由市政公司

宁连一级路与淮江路交汇处　（1998年摄）

彩砖厂生产的五色彩砖，铺设面积达12万平方米，其中镇淮楼东西路人行道铺设大理石道板8000多平方米。翔宇大道楚州段是通联市区的重要陆路连线，为策应淮阴市委、市政府“两淮联动，三淮一体”的发展战略，1998年7月18日，淮安市开始对翔宇大道及两侧建筑物进行改造。经过5个月的改造，翔宇大道面貌焕然一新。2003年，政府新建永怀东路（东至经九路，西至楚州大道），分别新建雨、污管道，路面结构为沥青路面，全长1230米、宽36米、快车道14米、人行道4.5米×2米、慢车道4.5米×2米、绿化带2米×2米，架设小桥1座，跨径4.5米、宽36米；新建梁红玉路（南至关天培路，北至华西路），分别新建雨、污管道，路面结构为沥青路面，全长2347米、宽30米，快车道12米、慢车道4.5米×2米、绿化1米×1米、人行道3.5米×2米；按照城市建设发展需要，对东长街、南门大街、南巽路进行改造，将原有混凝土路面改建为沥青路面；新建韩信北路，以及华西路一期完善工程，道路两侧人行道铺设面色砖。2006年，对东长街进行道路改造（南至南巽路，北至永怀路），铺设雨、污水管道，将原有的水泥混凝土路面大部分改铺成沥青路面，道路全长1740米，宽9米，两边人行道分别为4米；永怀路将原有的水泥混凝土路面改造为沥青路面（东至楚州大道，西至名人亭），全长937米，宽9米（分别新建雨、污管道）。2007年，为方便世纪佳苑、翔宇小区居民出行，将永怀路东延（西至梁红玉路直至经十路430米），新建樱花园路（东至经十路，西至经八路），全长960米、宽30米。道路为沥青路面，同时铺设雨、污管道。2008年，为进一步策应淮安市“东扩南连”的总体部署，政府对楚州市区的中轴线——楚州大道进行改造（是连接涟水和楚州的主要干道，南至入海水道、北至纬一路，增设雨污管道），将原有的淮江公路水泥混凝土路面全部改铺成沥青路面，由原来宽42米，拓为44米，全长5170米；为提升周恩来纪念馆的周边环境，打通韩信南路至永怀路观景台之间的绿色通道，新建韩信北路（南至东门大街、北至永怀路），道路结构为沥青路面，全长524.17米，宽26米，另在韩信北路文渠上架设了跨径为8米、宽度26米的小桥1座；完善华西路一期工程（东至三龙沟，西至楚州大道），路面铺设沥青，全长2340米，道路两侧各加宽16.5米、其中包括宽4米×2米绿化带、宽5米×2米慢车道、宽2米×2米绿带、宽5.5米×2米人行道面色砖，在华西路大桥两侧分别架设副桥2座，至桥长48米、宽12米，分为3跨、跨径16米；南巽路的改造将原有的水泥混凝土路面20米，拓宽34米（东至楚州大道、西至南门大街），道路结构为沥青路面，分别增设雨、污管道全长6714.61米。

二、街巷道路

90年代初，城市建设步伐加快，为缓解财政困难，淮安（县级）市政府提出“人民城市人民建，建好城市为人民”的口号，采取群众集资、财政补贴的办法，对所有后街背巷进行彻底改造，除保留淮城上坂街、河下莲花街的原貌以外，其余街巷均铺设混凝土路面。至1998年底，城区街巷道路铺成混凝土路面总长达27.8千米，铺设面积14.92万平方米，混凝土铺设率87%。至2008年底，城区街巷道路铺设混凝土路面总长37.9千米，铺设面积为19.18万平方米，混凝土铺设率100%。

2008年楚州区街巷改造情况表

表4-3

道路名称	起　点	止　点	长（米）	宽（米）	面积（平方米）
龙窝巷	镇淮楼西路	西门大街	360	4	1440
驸马巷	镇淮楼西路	西门大街	365	4	1460
局巷	西长街	驸马巷	90	3	270
大高皮巷	西长街	太清观街	350	3	1050
小高皮巷	西长街	太清观街	270	3	810

续表 4-3

道路名称	起　点	止　点	长(米)	宽(米)	面积(平方米)
天主堂巷	西门大街	小高皮巷	250	3	750
草楼巷	西门大街	勺湖公园	320	—	—
文通巷	西门大街	煤矿厂	420	—	—
太清观街	镇淮楼西路	西门大街	356	4	1424
县西街	南门大街	西长街	670	4	2680
县东街	金华寺巷	南门大街	470	4	1880
兴文街	南门大街	西长街	460	15	6900
胯下桥南街	兴文街	大鱼市口	260	4	1040
胯下桥北街	兴文街	县西街	350	4	1400
堂子巷	西长街	里运河	765	4	3060
小人堂巷	附马巷	龙窝巷	150	—	—
更楼西街	南门大街	西长街	456	4	1824
更楼东街	东长街	南门大街	445	4	1780
豆腐巷	干河	南巽路	815	4	3260
岳庙东街	楚港花苑	楚州医院	250	3	750
岳庙西街	东长街	南门大街	249	4	996
太平街	—	—	269	—	—
更楼东街	东长街	南门大街	445	4	1780
罗家巷	实验中学	更楼东街	225	—	—
打箔巷	大鱼市口东街	更楼东街	296	—	—
治阁巷	—	—	210	—	—
系马桩巷	南门大街	大麒麟巷	291	3	873
麻半街	—	—	517	—	—
古枚里巷	友谊桥	北边莲花街	359	—	—
大麒麟巷	县东街	府学路	236	—	—
金华寺巷	镇淮楼东路	县东街	202	4	808
锅铁巷	县东街	府学路	231	4	924
百姓巷	南边东长街	岳庙东街	325	—	—
竹巷	—	—	346	—	—
大鱼市口东街	东长街	南门大街	—	4	—
大鱼市口西街	南门大街	西长街	488	4	1952
小鱼市口东街	东长街	南门大街	536	4	2144
小鱼市口西街	南门大街	西长街	488	4	1952
赛珠巷	文渠	区政府	140	4	560

续表 4-3

道路名称	起　点	止　点	长(米)	宽(米)	面积(平方米)
打线巷	东长街	楚州大道	190	4	760
夯轮寺巷	东门大街	镇淮楼东路	350	4	1400
南进城巷	美食街	楚州中学	463	3	1389
回龙巷	美食街	打线巷	450	3	1350
北进城巷	美食街	烈士陵园	322	3	966
珠市街	六珠居委会	耳洞口	386	3	1158
大库堂巷	韩信北路	府衙	363	3	1089
双刀刘巷	北门大街	西长街	310	3	930
小沧洲巷	—	—	301	—	—
范巷	镇淮楼东路	文渠	202	—	—
关帝巷	关天培故里	—	116	2.6	301.6
大香渠巷	镇淮楼西街	大羔皮巷	136	—	—
章马桥巷	府市口	名人亭	265	—	—
涧河南街	南门大街	楚州大道	426	4	1704
涧河北街	南门大街	楚州大道	336	4	1344
马福巷	下一铺巷	运河嘉苑	268	—	—
窦娥巷	东长街	北门大街	336	4	1344
卫巷	南门大街	西长街	723	—	—
下一铺巷	商机厂	马福巷	436	—	—
竹巷街	北门大街	河下古镇	724	15	10860
城河巷	里运河	翔宇大道	437	—	—
打铜巷	吴承恩故居	估衣街	358	—	—
兵马司巷	—	—	91	—	—
牌楼巷	—	—	122	—	—
草桥巷	新安小学	镇淮楼西路	233	—	—

第三节　桥梁建设

80年代初，因河西工业区的形成，运输日益繁忙，将里运河上的人民桥拓宽，载重相应增加。1992年，淮安市和清浦区交界处，横跨京杭大运河的黄码大桥建成通车，桥梁全长320米，宽度11.5米，预应力混凝土T型钢架结构。1996年，淮安市政府在友谊路西首里运河上兴建友谊桥，长42米，宽11.4米，箱式混凝土结构。2002～2005年，在城市重点工程建设中，政府投资改造西长街、镇淮楼东西路、东西门大街等主干道路、新建西长街延伸段、经九路和纬七路，并对上述沿线的桥梁、南门桥、平洞桥、和平桥、称娘桥、闸口涧河桥进行更新改造，在经九路上新建3座桥梁。2008年，华西路一期完善工程在主桥两侧分别新建华西路副桥2座，均为长48米、宽12米，分为3跨，跨径各16米。2007年上半年，人民桥桥墩被运输船只拦腰撞毁，2008年，政府对人民桥进行重新拓宽修建。

截至2008年，淮安市区共有桥梁38座，其中城市桥梁30座、园林风景桥梁8座。

1980年以前，城区的桥梁归县公路站负责管理。1981年，淮安县市政公司成立，担负起管理的职责。水利局，交通局则分别管理运东闸、运南闸、西门人民桥、友谊桥、河下大桥以及有关公路桥梁。

第四节　公园　游园

中共十一届三中全会以后，楚州对园林名胜进行修复和发展。政府设立文物保护、园林管理等专门机构投入巨资，抢修勺湖园等处濒于湮没的名园胜迹，按原有风格陆续精心修缮，向人民群众开放并大规模实施运河沿线风景名胜和街头小游园、市民广场建设。已开放的游览休闲健身园林景区广场10余处，楚州正在逐步建设成为“城中园、园中城”的花园旅游城市。

一、公园

勺湖园　勺湖位于城西文通塔北，水面7.6公顷，陆地2.67公顷，因湖面弯曲如勺得名。勺湖园林典雅，风格古朴，庭院幽静，随形就势，回廊曲杆，以小见大，移步换景，亭榭依石临水，古碑石刻品类较多，稀尤以康熙御碑及“雪作须眉”手迹著称。勺湖原有十景，已经恢复的有：勺湖胜境、勺湖书院、飘然一叶、金鲤戏波、曲桥钟鸣；尚待恢复的景点是：涧谷流云、梅花春晓、勺湖垂柳、霞落樱洲等。1996年，政府投入40万元对文通塔进行维修。2002年，政府投入30万元将东大门两侧围墙改造为透空栏杆，使园内景色与外界相通透，内外交会，人在园外也能观览园内风光。园存省级文物东晋大兴二年（319年）、唐景龙二年（708年）建造的七层八角的文通塔（又称文峰塔），有蜈蚣桥、碑园、石坊、金天德年间铸的大铜钟、勺湖书院等景物。

又一勺园　位于勺湖园东侧，占地面积1.2公顷，1987年建成。刘鹗在《老残游记》中所描述的“小东阁公园”旧址即是此园。因紧临勺湖园，其状亦如勺，故称“又一勺”。园内有仿古建筑“茅屋茶馆”，是一座别具一格的自然野趣园。

萧湖园　萧湖位于城北，古运河畔，北临河下古镇，1987年3月开发，占地23.33公顷，水面占70%，为古代园林名胜和寺庙佛院所在地。水面宽阔，自然风景优美。萧湖园周围有韩侯钓台、漂母祠、枚亭、“新旅”旧址及润州会馆等名胜古迹。规划中的萧湖园以水景为主，有萧湖览胜、千里蒲风、古堤帆影等景区，已建成的有帆影楼、珠桥、千里蒲风、漂洗码头及部分亭阁。园中有近10个岛屿，分别种植各种名贵花草树木。萧湖园又是一座能开展垂钓、划船等多种水上活动的娱乐场所。该园1988年对外开放，2002年根据市创建国家园林城市的总体部署，对园内进行了整治，入口两侧砌筑了块石护坡，并建有“共青林”“公仆林”等林区。

月湖园　月湖又称万柳池、南池，是淮城三湖（萧湖、月湖、勺湖）胜景之一。位于楚州城区南端，西傍大运河，风景秀丽。《淮安府志》卷三载：“万柳池在城西南隅，由西水门通于官河。周遭二十余亩，即莲花池。”

二、游园

真武桥小游园　真武桥小游园位于东长街南首，原淮安师范学校北侧文渠边，占地0.13公顷，

1988年建成，是淮安较早兴建的街头绿地。景观以绿化植物为主，辅以曲径，供市民游憩。

古藤园 古藤园位于东长街北段，占地约2000平方米。该地原为淮安蒋氏古名宅，为美化环境，给市民提供良好的游憩空间，2002年改建为街头游园。园内遗存有被列为市级古树名木的树龄300余年的古紫藤一株及树龄100余年的古银杏3株，枝叶茂盛，生机盎然，很有神韵。绿地植物的配置力求构图、造型、色彩新颖，以丰富城市的景观，树木配置上充分利用古紫藤、古银杏，增加低矮花卉灌木，以达到层次分明，错落有致，富有较强韵律艺术效果。

海棠园 海棠园坐落于周恩来纪念馆和西花厅的东北侧，东临淮江路，建于2003年。周恩来总理生前十分喜欢海棠，在此建设海棠园，旨在缅怀伟人周恩来。

海棠园占地2.8万平方米，其中水面500平方米。海棠园由东南大学设计，风格与周恩来纪念馆和西花厅浑然一体。工程总投资750万元，其中拆迁征地400万元。海棠园为广大居民提供了一个良好的休闲娱乐场所，也是楚州东大门一道亮丽的风景。

海棠园 （2005年摄）

末口绿地游园 位于楚州大道与翔宇大道交叉口，2005年建成，占地约6000平方米，投资120万元，广场呈扇形，是以植物造景为主，以流线构图为形式的公共开放式绿地。整个广场绿地外观舒畅、明快，构成独特风格；具有时代感、开阔感。广场绿化以乔木为主，灌木为辅。利用植物多样性和自然生态的乔木、灌木、地被、草花、草皮、竹林相搭配，环境优雅；广场设置廊架、座椅、步道、人性化铺装、公厕等设施。该游园具有典雅、宁静、简朴等特点，规整中有自然，自然中有章法。

万寿园 位于友谊路东首友谊桥文渠边缘地带，占地约4000平方米，呈梯形状，建于2003年，原是区市政公司物料堆放场所。区委区政府决定，将市政公司物料场搬迁，并拆除淮安宾馆东南角的围墙，实施拆墙透绿，兴建具有休闲、健身及集体性活动功能的街头绿地，服务于周边居民。因在建设此园时，淮安人寿保险楚州分公司赞助25万元，为全区认建绿地的第一单位，为作纪念，故此园取名“万寿园”。

板闸小游园 位于翔宇大道板闸段西侧，面积约2000平方米，为翔宇大道沿线板闸段块状游园，2006年建成。该游园是板闸地段第一个街头游园。园内设置健身场地、卵石步道、座椅、景石；绿化种植以植树为主，兼顾四季，有雪松、重阳木、广玉兰、樱花、百日红、紫叶李等。建成后的板闸小游园，既美化了翔宇大道沿线的环境，又为板闸居民提供一处休闲绿地空间。

周恩来纪念馆西侧游园 该绿化工程是位于周恩来纪念馆的区域绿地，三面环水，北临长安路，西为池塘，东南侧为纪念馆南湖，整个绿地约2.5万平方米。工程投资1900万元，2006年建成。以纪念馆、自然景观为背景，两者相得益彰。沿湖植有垂柳、碧桃、雪松、桃花、樱花等植物，配置既满足功能的要求，又考虑到视线组织，树种选择注重多样互补，整体上做到“春有花，夏有荫，秋有果，冬有绿”。

盛世豪庭南入口游园 盛世豪庭项目由淮安市智思房地产开发公司响应政府号召，认建公共绿地，将大门南侧8000平方米空地建成街头游园，总投资约150万元，2007年建成。既美化小区环境、增添居住的适宜度，又给周边居民提供休憩、娱乐的空间。

蒲葭园 位于西长街中段，面积约600平方米。园内设置凉亭座椅，地面铺设鹅卵石供市民健身娱乐。园内绿化有翠竹、蜀桧、火棘、榆树等植物。

新世纪广场　位于北门大街南侧，面积有1万多平方米，是市民休闲娱乐的大型广场。园内有草坪、雕塑和各种儿童娱乐设施。

第五节　城市照明

一、路灯设置

1978年，主要街道上使用第二代光源荧光灯、高压汞灯。1985年，城区主要街道更换我国第三代发光效率高、使用寿命长、透雾力强、光质柔和的高压钠灯；后街背巷也大都安装了各种不同类型的路灯。2002年开始，高杆灯、庭院灯、抱杆灯、马路弯灯、景观灯等应运而生，总数量从1998年的1800盏发展到2008年的9712盏，主要街道的亮灯率98%，全区平均亮灯率95%以上，还采用了微电脑时控开关，灯具为高压钠灯和节能灯。

1978～2008年部分年份楚州区（淮安县、淮安市）城区路灯设置情况表

表4-4　单位：盏

年　份	灯　数	灯　型	年　份	灯　数	灯　型
1978	386	高压汞灯	2002	3464	高压钠灯
1980	600	高压汞灯	2003	5966	高压钠灯、节能灯
1983	680	高压汞灯	2004	7807	高压钠灯、节能灯
1986	712	高压钠灯	2005	7912	高压钠灯、节能灯
1989	879	高压钠灯	2006	9712	高压钠灯、节能灯
1992	1100	高压钠灯	2007	9691	高压钠灯、节能灯
1995	1280	高压钠灯	2008	9712	高压钠灯、节能灯
1998	1800	高压钠灯			

二、路灯管理

2002年3月，楚州区成立华光路灯管理有限公司，负责路灯管理工作。华光路灯管理公司下设工程部、维修一部、维修二部3个职能部门，拥有高空作业车1辆，运输工程车1辆，小型维修登高车一辆，其他各类配套设备若干。至2008年，华光路灯管理有限公司承建和改造镇淮楼东西路、南门大街、西长街、翔宇大道等各类主次干道42条，安装和改造各类灯具6248盏。路灯光源也由以前防尘差、光效低、维护成本高的白炽灯、汞灯等全部更换为光效高、寿命长的高压钠灯、节能灯、LED灯等先进节能的光源。

第六节　城市排水

一、污水管网

1978年，城区各条主干道和后街背巷排水系统基本定型，雨水均排入文渠河和清安河。1990年，

城区铺设排水管道总长25千米，排水面积达11平方千米。1998年底，城区排水管网覆盖率达100%。2006年，实施建设雨、污分流排水系统，不仅在建设新道路时配套建设雨、污分流管道，还针对老城区30多条雨、污合流管道重新规划、建设、改造。至2008年底，主干污水管道总长约70.1千米，后街背巷污水管道约10.6千米，污水窨井1800多个，排水面积约32平方千米。城区基本实现雨、污分流排水，对污水实行净化处理后达标排放。

2001年南门大街雨、污分流排水系统改造

二、污水提升泵站

2008年，区政府投入651.2万元新建东长街污水提升泵站1座。该泵站占地约0.23公顷，配备了4台大功率污水提升泵，每秒最大提升污水量达0.37吨。该泵站的建成解决了永怀路以北片区污水不能进入污水处理厂现状，平均日提升污水3800吨，截至2008年底，累计提升污水300.5万吨。

三、污水处理厂

2008年，采用BOT模式（基础设施投资、建设和经营的一种模式），由中国核瑞环保有限公司出资投入4300万元，建成占地约2.67公顷楚州核瑞污水处理厂（一期）工程，日处理能力3万吨。污水处理厂的建成结束了楚州区无污水处理厂的历史，进厂的污水经处理后达到了国家《城镇污水处理厂污水排放标准》一级和《江苏省污水排放限值》一级标准。

四、排水管理

（一）管理机构 新中国成立后至1980年，城区排水设施由淮城水利站负责管理。1981年后由市政公司接管该项工作。2007年，区政府成立淮安市楚州区清源排水有限公司，成为专门负责污排水系统管理机构；雨排水系统仍由楚州市政公司负责管理。

为加快市政建设，搞好城市的环境卫生，楚州区住建局制定《工厂工业用水、生活用水排水制度》《城区居民生活用水排水制度、行政事业单位用水排水条例》等。由区市政公司和清源排水有限公司具体执行。2007年，根据建设部第152号《城市排水许可管理办法》，楚州市政公司负责检查监督城区雨排水管理工作，楚州清源排水有限公司负责检查监督城区污排水管理工作。

（二）维修养护 排水设施的维修养护工作，由市政公司、清源排水公司成立专门维修小组，对城区1700多个窨井分东、西、南、北四个片进行经常性维修养护疏通。

第七节　城市绿化

一、街道绿化

1983年在北门大街栽植法桐959株，同时在友谊路栽植雪松49株。1984～1993年，政府在府学路、东长街南段、西长街北段、永怀路及河下新街等处，陆续栽植了法桐、垂柳、女贞、蜀桧、龙柏、水杉等树木。至1998年底，城区街道共有各类树木2万株。1999～2008年，随着城市建设的加快，新区建设的启动，道路绿化建设有了较大的发展。新区道路两侧都建设了绿化带，先后建设铁云路、华西路、纬二路、纬五路、纬六路、纬七路、经九路、经十路、经十一路、经十三路、经十四路、经十五路、一品梅路、城西干道、城西北路等道路绿化，城市道路绿化形成初步框架。

二、居住区绿化

淮城居住区绿化起步较晚，以往只是在边角地零星进行绿化，绿化率很低，小区绿化几乎空白。90年代末，随着城镇居民生活水平的提高，众多花卉爱好者开始在庭院中种植花卉，但品种档次较低。1998年，政府引资进行城区改造，相继建设名都花园、月湖小区，绿化有了一定的发展。直到2002年，翔宇小区绿化有了明显的提高，绿化率达到30%以上。2003年开始，兴建运河嘉苑、清华苑、紫金花苑、盛世豪庭、世纪佳苑、金陵名府等一批小区，绿化有明显改观。其中，盛世豪庭小区的开发商不仅重视内部绿化，还对小区外的公共绿地进行认建认养，是全区认建公共绿地的第一家单位。

三、公路、堤防绿化

70年代末，公路、堤防的绿化工作摆上了政府重要议事日程。1993年，清扬公路淮安段、里运河堤及大运河堤两岸已种植法桐、水杉等树木近7.5万株，绿化覆盖面积为15.47万平方米。后因清扬公路改造，道路两侧法桐被清除，栽植了常绿的蜀桧。2003年，清扬公路又进行扩宽，增加道路绿化带，两侧栽植了国槐。2004～2008年，政府先后对里运河两岸进行了绿化改造，四时八节都有绿化树木及鲜花观赏。

里运河堤岸绿化　（2007年摄）

第八节　城市建筑

一、民用建筑

70年代，首建的商业机械厂职工宿舍楼在河下大桥北堍落成；紧接着元件厂、一建公司等单位建起职工宿舍楼，并逐步向配套化、单元化方向发展。1979年以后，住房分配制度改革，淮安市房地产开发公司应运而生，商品房建设得到发展。同时，各单位鼓励个人建房，有的实行"自建公助"办法，对建房职工给予一次性材料补贴或无息贷款。1988年，城乡住宅竣工面积达63.84万平方米，建房标准越来越高档化。到1990年底，城市居民居住条件得到根本改善，人均住房面积达6平方米；在农村，茅草屋普遍被砖墙瓦屋所取代，不少农户还建起二层、三层楼房。到1998年底，全市共有住宅1400万平方米，人均居住面积13.2平方米。2005年以后，运东小区、翔宇花园、盛世豪庭、金陵名府、运河嘉苑、金莺华庭小区、板闸都市花园安置小区等相继建成。

运东小区　2008年5月开工，面积3.2万平方米，造价3450.99万元，混合六层。

翔宇花园小区　建于2008年，规划总用地17.06公顷，总建筑面积约26万平方米，其中住宅建筑面积22.84万平方米。小区由65幢多层住宅、商业用房，幼儿园和大型农贸市场等组成。小区配套设施有大型地下停车场、大型公共绿化广场、休闲广场、儿童游乐园、会所、篮球场等。小区机电设备有供配电、给排水、消防配套设施，楼宇保安对讲系统，周界红外线报警系统，小区闭路监视系统，小区广播背景音乐系统，小区公共信息管理系统，有线电视等。小区总居住户数1973户，居住人口约6000人。小区绿化率32.3%。

运河嘉苑 住宅小区，面积10.73万平方米，造价7002.22万元，混合六层，2005年8月开工，2006年1月竣工。

金莺华庭小区 面积1.91万平方米，造价1646.5万元，框架11层，2007年11月开工。

盛世豪庭 总规划用地15.87公顷，总建筑面积28万平方米，项目总投资约4.5亿元，可容纳7000多位业主入住。由54栋多层、4栋17层高层和两个商业组团围合而成，其中多层住宅商品房总建筑面积约17.8万平方米，高层住宅商品房总建筑面积约3.9万平方米，安置房总建筑面积约4.7万平方米，商业建筑面积约1.08万平方米，菜场建筑面积约2577平方米，幼儿园面积约2205平方米，汽车停车位983个。

金陵名府 小区占地12.48万平方米(约12.48公顷)，总建筑面积约18万平方米，约可容纳近5000人居住。

二、公共建筑

20世纪70年代末，公共建筑以砖混结构为主，楼层向3～4层发展，如淮安旅社大楼、县人民医院门诊大楼等。80年代以后，框架结构的公共建筑开始出现，楼层高度向5～6层以至7层发展，最大跨度可达24米。90年代后则较多采用钢筋混凝土框架结构，并追求造型新颖、功能齐全、装饰考究，楼层亦趋高，6～11层的多层及20层以上的高层综合楼、住宅楼已不鲜见。周恩来纪念馆、楚州客车运输总站、污水处理厂、楚州医院外科病房楼、楚州区人民法院、淮安中学等建筑相继落成。

楚州客运总站 框架4层，面积8015平方米，造价1700万元，2005年7月始建，2006年3月竣工投入运营。

楚州污水处理厂 占地3.6公顷，设计处理污水能力6万吨/日，配套管网长50.11千米。分两期实施。其中，一期工程于2005年10月开工，2007年6月投入运营。一期总投资1.22亿元，其中厂区4593万元、管网7613万元。二期工程计划投资6000万元，设计规模为3万吨/日，建设工期18个月。

楚州医院外科病房楼 框架七层，面积1.36万平方米，造价1939万元。

淮安中学高三教学楼和3号学生宿舍楼 框架五层，面积1.91万平方米，造价1675.25万元，2005年6月开工，2006年1月竣工。

楚州区人民法院审判法庭综合楼 2007年2月竣工，面积1.54万平方米，造价2006.14万元。

周恩来纪念馆主陈列馆(改扩建)工程 2008年6月建成，总投资8500万元，主要包括周恩来纪念馆东、南门主入口建设，周恩来生平业绩陈列馆建设，西花苑碑园建设三部分。陈列面积也从原先的350平方米增加到2515平方米；在西花厅西侧新建西花苑碑苑。

三、商业建筑

楚州区境内代表性工程有淮安国际商城、淮扬美食广场、供销大厦、华润苏果超市等。

淮安新世纪商贸城 由盐城市射阳县人夏守春于1999年初，经淮城镇人民政府招商引资项目。占地7万余平方米，总建筑面积6万余平方米。总经营户454余户，当时总投资2000余万元。主要经营建筑装潢材料、日用杂品、家具、水暖器材和仓库等。2008年左右，由区政府接收管理，转交由淮城镇人民政府管理。

淮安国际商城 由淮安国康房地产开发有限公司开发，2005年8月开工，总面积26.71万平方米，造价5.8亿元。一期为装饰建材物流城及仓储运输服务中心，占地28.87公顷，建筑面积25万平方米，总投资人民币5.8亿元，内设长途客运车站、仓储配送区、集装箱货物区、现代物流区、加工中心、金融中心；特设陶瓷系列产品、卫生洁具、灯具、橱柜、五金水暖、油漆涂料、木制品、家具、不锈钢铝型材、文教用品、针织用品、酒业、餐饮、娱乐、休闲等20多个专业批发广场。规划中的二期为农资农机农贸城。三期为国际汽车城。

楚州供销大厦　2005年11月始建，建筑面积8287平方米，造价719万元，2006年7月竣工，框架五层。

淮扬美食广场　由淮安健祥房地产开发公司开发，淮安市营造建筑工程公司承建，2007年2月开工，面积1.03万平方米，造价924万元。

华润苏果超市　2008年4月开工建设，建筑面积2.42万平方米，造价2538万元，2008年12月竣工。

第三章　水电与燃气供应

70年代初，县政府筹建自来水厂开凿深井，在市区主要街道、机关单位铺设自来水管网供水。90年代，供水事业发展，凿有深井15口，扩大供应范围，以后供水设施、水源、供水量随社会发展提高和扩大。70年代，境内供用电事业滞后，不敷生活、生产负荷，常限电调节供应。80年代初，经济改革发展，城市人口增加，缺电现象严重，县政府组织企业"来料加工""集资办电"，鼓励用电企业自发电等方法缓解供电缺口。80年代中后期，国家发展电力工业，境内电网建设与70年代相比翻了一番，后逐年增长，并建有总渠电站、盐电厂、生物质电厂等新的电源点，扩大供电量，满足日益增长的社会需求。80年代中期，液化气供应市场松动，出现个体经营。1987年底，县燃料公司成立石油液化气供应站，供应城区部分居民生活用气。90年代末，发展至乡镇。后燃料结构多样化，液化气市场逐渐萎缩。21世纪初，新奥管道天然气公司落户楚州，铺设管道设备，2005年始供应管道生活、生产用气，改变城市生活和工业燃料结构，推动清洁环保的城市建设。

第一节　供　水

一、水源

70年代初，淮安县政府为解决居民生活用水及工业生产、消防用水之需，采用地下水兴建水厂。1971年10月，淮安城区开凿第一口深井，至1997年9月，共有深井15口，一直以深井供水的方式供应城区的生产、生活用水。2000年两淮自来水公司重组后，改由淮阴市城南水厂地面水经供水管网直接输入淮安城区。至2008年未变化。

二、水厂建设

1970年，淮安县政府开始筹建自来水厂。1972年8月，筹建领导小组完成了水源选择、厂址选择，初期规划等项任务，开凿两口供水深井，铺设少量的主支管道并进行试投产。1973年6月，自来水厂正式定名为地方国营淮安自来水厂。1988年隶属城乡建设局领导。2000年4月，根据淮阴市、县级淮安市两级政府要求，淮安市自来水公司重组为淮阴市自来水有限公司淮安分公司后更名为淮安市自来水有限公司楚州分公司。2007年底，企业实行改制，改制后名为中国水务淮安自来水有限公司楚州分公司。

三、供水设施

管材及管长 随着城市建设的快速发展,供水面积不断扩大,自来水管材选用更加规范和严格,城区管网的铺设DN100以上,多选用PVC管材和球墨管材,DN63以下,以PE管材为主。至2008年,城区管网总长79.32万米,其中DN75以上管网长19.19万米。

供水方式 2000年以前,淮安城区的供水采用地下水深井供水,供水压力中心区为0.2～0.3兆帕,管网末梢0.1兆帕。2000年以后,楚州城区由市区城南水厂地面水直接统一供水,并在楚州境内板闸处设有加压泵站,年平均供水压力为0.22兆帕,基本能满足楚州城区的正常生产、生活用水的需求。

调节设施 淮安城区在2000年以前,一直采用深井供水,因深井分布城区各点,供水由深井水直接输入管网,调节方式利用各井点局部进行调节。2000年引用市区城南水厂地面水供水后,板闸加压泵站根据楚州城区的供水状况,进行统一适时调控。历年供水量为:2000年991.2万立方米;2001年797.1万立方米;2002年798.87万立方米;2003年945.72万立方米;2004年948.71万立方米;2005年959.95万立方米;2006年953.32万立方米;2007年964.23万立方米;2008年1028.82万立方米。

四、供水管理

水资源管理及保护措施 1983年,淮安县政府印发《关于加强城镇地下水资源管理的通知》,并委托自来水公司实行统一管理。1990年9月,淮安市政府印发《关于加强城镇供水资源保护管理的规定》的通知,对地下水资源实行统一管理,严禁任意开采,对于确需凿井的单位,必须报主管部门同意,发给凿井许可证方可施工。凡有自备深井的单位,必须计量取用,按时交纳水资源费。2000年,城区供水由于改用淮阴市城南水厂的地面水,境内的地下水资源的深井管理由区水利局统一管理。

楚州城区的供水自改用淮安(原淮阴)市城南水厂地面水后,为确保水质,楚州分公司在市区出厂水已符合国家饮用水卫生标准的基础上,又在板闸加压泵站对管网进行检测,根据实际需要适时进行二次加氯消毒,并实行24小时监测,同时对城区设置的6个水质检测点,按时抽样检测化验,确保城区管网水质完全符合国家饮用水卫生标准。

水价 2003年12月前,对居民生活用水、工业用水、经营性用水和建筑用水,依照不同价格分类收费;2003年12月,依照居民生活用水、工业用水、经营性用水、特种用水分类收费;2006年12月,又改为依照居民生活用水、工贸服务用水、经营性用水和特种用水分类收费。详见下表:

淮安市城区自来水价格构成表

(2000年6～12月)

表4-5 单位:元/立方米

项目＼标准	居民生活用水	工业用水	经营性用水建筑用水	项目＼标准	居民生活用水	工业用水	经营性用水建筑用水
含税基本水价	0.88	1.18	1.53	管网建设费	0.10	0.15	0.15
污水处理费	0.30	0.20	0.20	到户价	1.30	1.55	1.90
省水处理专项费	0.02	0.02	0.02				

楚州区（淮安市）城区自来水价格构成表

（2001年1月至2003年11月）

表4-6　　单位：元/立方米

标准 项目	居民生活用水	工业用水	经营性用水建筑用水	标准 项目	居民生活用水	工业用水	经营性用水建筑用水
含税基本水价	0.93	1.23	1.58	水厂建设费	0.10	0.15	0.15
污水处理费	0.45	0.20	0.25	到户价	1.50	1.60	2.00
省水处理专项费	0.02	0.02	0.02				

楚州区城区自来水价格构成表

（2003年12月1日至2005年7月9日）

表4-7　　单位：元/立方米

标准 项目	居民生活用水	工业用水	经营性用水	特种用水	标准 项目	居民生活用水	工业用水	经营性用水	特种用水
含税基本水价	1.26	1.63	2.03	2.33	省水处理专项费	0.02	0.02	0.02	0.02
污水处理费	0.55	0.55	0.55	0.55	到户价	1.83	2.20	2.60	2.90

楚州区城区自来水价格构成表

（2005年7月10日至2006年11月）

表4-8　　单位：元/立方米

标准 项目	居民生活用水	工业用水	经营性用水	特种用水	标准 项目	居民生活用水	工业用水	经营性用水	特种用水
含税基本水价	1.45	1.77	2.30	2.70	到户价	2.25	2.57	3.20	3.70
污水处理费	0.65	0.65	0.75	0.85	省水处理专项费	0.02	0.02	0.02	0.02
水资源费	0.13	0.13	0.13	0.13	到户价	2.25	2.57	3.20	3.70
省水处理专项费	0.02	0.02	0.02	0.02					

楚州区城区自来水价格构成表

（2006年12月1日起至2008年12月）

表4-9　　单位：元/立方米

标准 项目	居民生活用水	工贸服务用水	经营用水（临时建筑用水）	特种用水	标准 项目	居民生活用水	工贸服务用水	经营用水（临时建筑用水）	特种用水
含税基本水价	1.55	1.90	2.55	3.25	省水处理专项费	0.02	0.02	0.02	0.02
污水处理费	0.80	0.88	1.00	1.10	到户价	2.57	3.00	3.77	4.57
水资源费	0.20	0.20	0.20	0.20					

第二节　供　电

一、电网

江苏国信淮安生物质发电厂有限公司（2007年摄）

1978年，淮安县境内35千伏及以下电力网初具规模。城南35千伏变电所接出6千伏、10千伏线路4条，供城区和渠南几个乡镇工农业生产和居民生活用电。顺河、车桥、席桥、白马湖等4个乡镇（场）建有35千伏变电所4座，接出10千伏线路供周围乡镇（场）用电。至1987年，境内35千伏及以下电网规模与70年代末相比，约翻了一番。6～10千伏配电线路37条，35千伏线路12条，35千伏变电所11座，主变压器16台、70.5兆伏安；110千伏电网初步形成，接有110千伏线路3条，110千伏变电所2座，主变压器4台、76.5兆伏安。至2008年底，全区共有10千伏线路102条，长2460.37千米，配电变压器4571台，总容量200.8兆伏安；35千伏线路32条，长278.92千米，主变压器25台，总容量177.4兆千伏安；110千伏线路17条，长153.21千米，110千伏变电所10座，主变压器16台，容量537兆伏安。其中公用变电所7座，主变压器11台，容量420.5兆伏安。翻水站变电所1座，主变压器2台，容量51.5兆伏安。江苏国信生物质发电有限公司变电所1座，主变压器2台，容量45兆伏安。江苏省井神盐业有限公司变电所1座，主变压器1台，容量20兆伏安；220千伏线路7条，长235.06千米，主变压器2台，总容量240兆伏安。

（一）500千伏电网

1999年12月8日，上河变电所建成投入运行。同期，500千伏任江（徐州任庄—扬州江都）线接入上河变电所，堡上（徐州三堡—淮安上河）双回线、上江（上河—江都）线及任上（任庄—上河）线同时投入运行。变电所装有日本三菱（MHI）公司SUB-M22型500千伏750兆伏安自耦主变压器1台，高压侧（500千伏）、中压侧（220千伏）容量皆为750兆伏安，低压侧（35千伏）容量为240兆伏安。2000年，500千伏徐沪线开断环入500千伏上河变电所，任庄—淮阴段即命名为500千伏任上II线，其淮阴段长116.79千米；淮安—江都段即命名为500千伏上江I线，其淮安段全长6.68千米。2002年，500千伏上盐（上河变电所—盐城变电所）线投入运行。其淮安段全长34.84千米。2004年，淮安市有7条500千伏线路过境，其中淮安供电公司负责运行维护5条，总长211.23千米。2条为省500千伏运检中心负责运行维护，境内长31.7千米，全部为电能过境线路。2007年始，上河变电所新装500千伏750兆伏安2号主变压器工程竣工，变电所主变压器容量为2×750兆伏安。当年，上河变电所接有500千伏线路7条，500千伏电网为淮安市骨架电网。

（二）220千伏电网

2000年12月25日，境内220千伏朱桥输变电工程—220千伏朱桥变电所与3条220千伏线路线建成投运。变电所位于朱桥镇宝林村，占地面积2公顷，是山西阳城电厂送电江苏工程的配套项目之一。220千伏朱清线为朱桥变电所主供电源线路，2条上朱线主要为电能出境线路。朱桥变电所为境内主供电源点和主受电源点，并将境内220千伏电网与华东500千伏电网相联系。2002年，变电所正常向全区供电负荷为6万千瓦，最大负荷为10.35万千瓦，当年即向全区供电2.48亿千瓦时。是年起，境内负荷每年约以20%左右的速度快速增长。2004年12月27日，220千伏朱清（朱桥—清河）Ⅰ线建成投运（原朱清线改名为朱清II线）。2005年12月，220千伏朱泗（朱桥—泗阳）双回线建成投入运行。2006年3月30日，220千伏朱桥变电所新增常州OSFS10—120000/220型2号主变压器投入运行。2007年，供电公司在朱桥变电所实施综合自动化改造，翌年春节前改造工作结束，并通过省、市供电公司验收。2008年1月29日，220千伏朱淮（朱桥—电厂）双回线建成投运。

2008年楚州区220千伏输电线路情况表

表4-10

线路编号	线路名称	起点	终点	线路长度（千米）	导线型号	杆塔（基）	投运日期
46776	朱清	朱桥	清河	24.21	LGJ-400	33	2000.12
46636	上朱I	上河	朱桥	11.30	LGJ-2×300	31	2000.12
46646	上朱II	上河	朱桥	11.30	LGJ-2×300	31	2000.12
4678	朱清II	朱桥	清河	22.10	LGJ-400/35	59	2004.11
4931	朱泗	朱桥	泗阳	58.08	LGJ-2×300	173	2005.12
4932	朱泗	朱桥	泗阳	58.08	LGJ-2×300	173	2005.12
2W88	朱淮	朱桥	电厂	50.00	LGJ-2×400	—	2008.01

（三）110千伏电网

1973年12月，淮安翻水站完成110千伏变电所建设一期工程，1979年初完成二期工程，先后建成翻水站110千伏变电所，架设境内第一条110千伏输电线路。1979年5月19日，110千伏城东变电所建成，初步完善淮安110千伏电网结构。1985年，110千伏城东变电所增加1台容量3.15万千伏安的主电变压器。1992年，境内有110千伏淮厂（淮安翻水站至淮阴电厂）线、东朱（淮安城东至涟水朱码）线、东翻（城东至翻水站）线线路3条，有110千伏城东变电所、翻水站变电所2座。是年，淮安供电局在35千伏车桥变电所原址升压扩建110千伏车桥变电所，新架110千伏东车（城东至车桥）线，全长24千米，1993年1月12日升压扩建工程竣工投运，境内110千伏电网由此向东南方向延伸，东南片供电可靠性和电能质量均得以提高。1994年10月，110千伏清安（淮阴清河至淮安城东）线建成投运。以后，110千伏东朱线设备老化严重，只作紧急情况时备用，很少投入运行。2000年12月25日，与220千伏朱桥变电所投运同步，110千伏东车线在朱桥变电所开断环入，220千伏朱桥变电所至110千伏城东变电所段线路，被命名为110千伏朱安线，是110千伏城东变电所主供电源线路，110千伏清安线遂为城东变电所备用电源线路。朱桥变电所至车桥变电所段110千伏线路，被命名为110千伏朱车线，是110千伏车桥变电所主供电源线路。2002年7月22日，110千伏东朱线退出运行。2003年1月，110千伏顺河输变电工程竣工投运。110千伏朱顺（朱桥至顺河）线为变电所电源线路。

2007年建设的110千伏张庄变电所

同年5月16日，供电公司开工建设110千伏顺支（楚州顺河至涟水支河）线1号至57号杆塔段线路工程，12月2日，110千伏顺支线投入运行，此线路即为楚州110千伏顺河变电所与涟水110千伏支河变电所间联络线路。

2004年9月26日，110千伏城西输变电工程竣工，29日启动投运。当日，变电所更名为110千伏新路变电所（不与35千伏城西变电所同名）。同期，110千伏清安线在新路变电所北侧开断环入该变电所，新路变电所至清河变电所段线路即命名为110千伏清线，为变电所主供电源线路；新路变电所至城东变电所段线路被命名为110千伏路安线，此线为新路变电所与城东变电所间110千伏联络线路。2004年12月15日，供电公司开工建设110千伏季桥输变电工程，2005年6月15日竣工，23日投入运行。2006年12月21日，110千伏朱车Ⅱ回线工程竣工投运，成为110千伏车桥变主供电源线路，110千伏朱车I线即为110千伏车桥变电所备用电源线路。2007年2月5日，城东变电所2号主变压器由31.5兆伏安铝线圈变压器更新为40兆伏安铜线圈变压器。至此，境内110千伏及以上主变压器线圈全部为铜质线圈。2007年6月初，110千伏张庄输变电工程开工，12月2日竣工，10日投入运行。同期，110千伏东翻线在张庄变电所处开断环入该变电所，张庄变电所至翻水站变电所段线路被命名为110千伏张翻线；张庄变电所至城东变电所段线路被命名为110千伏张东线，是张庄变电所主供电源线路。变电所投运后，清安河泵站、城区泵站、化肥厂、箱纸板厂等单位用电状况得以改善，同时亦缓解城区10千伏线路负荷过重压力。2008年2月28日，110千伏朱桥变电所至张庄变电所线路开工建设，7月13日竣工并通过验收，24日投入运行，110千伏张庄变电所遂改由220千伏朱桥变电所主供电。同年12月22日，110千伏玉河输变电工程竣工投运。变电所位于范集镇盐化工园区内，占地0.43公顷，设备为全室内布置，房屋建筑面积3488平方米，高15.2米。同期，新建玉河变电所至220千伏朱坝变电所同塔双回110千伏线路2条。该变电所是楚州区第一个有20千伏电压等级的变电所，亦为淮安地区最大全室内建设的变电所。

2008年楚州区110千伏输电线路情况表

表4-11

线路名称	起　点	终　点	架空线路		电　缆		导线型号
			条数	杆路长度（米）	条数	长度（米）	
东张725线	城东变电所	张庄变电所	1	5484	0	0	LGJ-185
朱车744线	朱桥变电所	车桥变电所	1	15863	0	0	LGJ-240
朱张723线	朱桥变电所	张庄变电所	1	11919	0	0	LGJ-300
季徐749线	季桥变电所	徐杨村	1	12128	1	178	LGJ-185
玉河829线	玉河变电所	玉河829线68号杆	1	6382	0	0	LGJ-185
玉河830线	玉河变电所	玉河830线68号杆	1	6382	0	0	LGJ-185
安路748线	城东变电所	新路变电所	1	6270	0	0	LGJ-185
朱季745线	朱桥变电所	季桥变电所	1	6428	0	0	LGJ-240
张翻722线	张庄变电所	翻水站变电所	1	3225	0	0	LGJ-185
朱安741线	朱桥变电所	城东变电所	1	9920	0	0	LGJ-185
朱车743线	朱桥变电所	车桥变电所	1	14804	0	0	LGJ-185
朱顺742线	朱桥变电所	顺河变电所	1	17171	0	0	LGJ-185
顺支746线	顺河变电所	67号杆	1	16475	0	0	LGJ-185

续表 4-11

线路名称	起点	终点	架空线路		电缆		导线型号
			条数	杆路长度（米）	条数	长度（米）	
路清717线	新路变电所	清河变电所	1	8300	0	0	LGJ-185
季电8471线	季桥变电所	江苏国信淮安生物质发电有限公司	1	0	1	280	—
季电8481线	季桥变电所	江苏国信淮安生物质发电有限公司	1	0	1	260	—
张电线	张庄变电所	江苏省井神盐业有限公司	2	12460	0	0	LGJ-185

2008年楚州区110千伏变电所情况表

表 4-12

名称	地址	类别	总容量（千伏安）	变压器数量（台）	第一台变压器投运日期	占地面积（平方米）	无人（少人）值守
玉河变电所	楚州区范集镇孔连村	公用	126000	2	2008.12.22	3488	是
张庄变电所	楚州区淮城镇运东村	公用	40000	1	2007.12.10	1919	是
车桥变电所	楚州区车桥镇吕舍村	公用	63000	2	2001.07.05	8628	是
城东变电所	楚州区淮城镇闸北村	公用	80000	2	2004.09.15	10519	是
季桥变电所	楚州区季桥镇车路村	公用	40000	1	2005.06.23	4053	是
顺河变电所	楚州区顺河镇桥头村	公用	31500	1	2003.01.16	2451	是
新路变电所	楚州区淮城镇新路村	公用	40000	2	2004.09.29	1915	是
江苏国信淮安生物质发电有限公司	楚州区季桥镇	电厂升压	45000	2	2007.09.10	5110	否
江苏省井神盐业有限公司	楚州区淮城镇	电厂升压	20000	1	2008.08.30	8500	否
翻水站变电所	楚州区鸭洲	自备	51500	2	1973.12.01	8200	否

（四）35千伏电网

1978年，境内有35千伏城南、顺河、车桥、席桥、白马湖变电所5座，主变压器12台，容量17.93兆伏安；接有35千伏两淮（淮阴—淮安）线、淮涟（淮阴—涟水）线淮安支线、淮顺（淮安城南—顺河）线、淮宝（淮安—宝应）线、车桥（城南—车桥）线、淮顺线席桥支线、南翻（城南—翻水站）线、淮白（淮安翻水站—白马湖）线8条。1979年底，全县共有35千伏变电所6座，主电变压器13台，总容量3.29万千伏安，35千伏线路7条，总长度94千米。80年代初，境内新建了卫东和流均2座变电所。1991年底，境内共有变电所8座，主电变压器12台，总容量4.4万千伏安，同级线路10条，总长度123.2千米。1992年，境内有35千伏线路15条，全长272.99千米；有35千伏变电所14座，主变压器22台，容量77.45兆伏安。除35千伏城南、城西及白马湖变电所可由2条线路或2个变电所供电外，其余35千伏变电所均由城东变电所直接或间接供电，网络结构比较薄弱。1993年1月，供电局将35千伏车桥变电所升压重建为110千伏变电所，35千伏东车线遂为110千伏车桥变电所35千伏备用电源。当年，35千伏卫东变电所由35千伏南卫线供电改为支接到35千伏东车线供电，35千伏南卫线退出运行。1995年初，供电局在席桥乡席桥变电所东南侧重建新35千伏席桥变电所，6月21日，新变电所建成投运，老变电所同时退役。当年，35千伏化肥厂变电所建成投运，为境内第一家直接为生产企业供电的35千伏变电所。1998年，35千伏复兴输变电工程竣工投运。

变电所电源进线支接在35千伏东车线上，命名为35千伏复支东车线。当年，35千伏东车线上支接有卫东、复兴2个35千伏变电所，110千伏城东和车桥变电所皆可向35千伏卫东、复兴两变电所供电。1999年5月24日，境内第一座小型化35千伏流均变电所建成投运（在流均变电所原址重建）。6月，35千伏东席线改造竣工投运。尔后，取消35千伏东茭线命名，其城东变电所至35千伏顺河变电所段线路，被命名为35千伏东顺线；顺河变电所至茭陵站变电所段线路，被命名为35千伏顺茭线。同年8月28日，35千伏大兴变电所建成投运，主供上河、平桥和马甸镇等地用电。

2000年12月，供电局先后改造35千伏朱卫线，新建35千伏朱复线。35千伏卫东、复兴两变电所亦先后改由220千伏朱桥变电所经朱卫线和朱复线直接供电，一改过去2个变电所都支接在一条电源线路的状况。35千伏东车线在朱桥变电所段开段环入，朱桥变电所至城东变电所段线路被命名为35千伏朱安线；朱桥变电所至车桥变电所段线路被命名为35千伏朱车线。2001年4月1日，在钦工镇东支村开工兴建35千伏钦工变电所，10月15日竣工，10月22日投运，主供钦工、宋集2个乡镇用电。变电所电源线路35千伏席钦线同期建成投运。11月3日，35千伏建淮输变电工程竣工投运。12月，35千伏顺河变电所至35千伏席桥变电所间35千伏顺席线改造竣工投运。2002年3月11日，35千伏林白线建成投运。12月26日，35千伏施河输变电工程竣工投运，供施河全镇及泾口镇部分地区用电。2005年12月20日，35千伏流均变电所自动化改造工程竣工。至此，楚州供电公司所属变电所中，除1座220千伏朱桥变电所外，其余17座变电所全部实现无人值班。2006年4月，35千伏博里输变电工程开工兴建，8月16日竣工投运；同期建成的还有35千伏车博线，以及35千伏博复线和博流线。博复线和博流线投入运行后，35千伏复兴变电所和流均变电所均可由双电源供电。2007年6月，供电公司将35千伏施河变电所2号主变压器由原6.3兆伏安更新为10兆伏安，将施河变电所退役的6.3兆伏安主变压器安装到流均变电所，流均变电所4兆伏安主变压器同期退出运行。当年，境内新建35千伏施卫线；新建35千伏白大线；将35千伏建南线开断环入张庄变电所，张庄变电所至城南变电所段线路被命名为35千伏张南线，张庄变电所至城南变电所段线路被命名为35千伏张建线。2008年1月10日，35千伏白马湖小型化变电所改造工程竣工投运；4月2日，35千伏大白线建成投运；4月20日，35千伏施卫线建成投运。该两线路投运后，大兴、白马湖、施河、卫东4变电所皆可由双电源线路主、备供电。

2008年楚州区35千伏输电线路情况表

表4-13

线路名称	起　点	终　点	架空线路		电　缆		导线型号
			条数	杆路长度（米）	条数	长度（米）	
张南311线	张庄变电所	城南变电所	1	1618	1	780	LGJ-240
朱卫321线	朱桥变电所	卫东变电所	1	7863	0	0	LGJ-35
朱复325线	朱桥变电所	复兴变电所	1	20891	1	40	LGJ-95
朱车323线	朱桥变电所	车桥变电所	1	14111	0	0	LGJ-95
朱安326线	朱桥变电所	城东变电所	1	9431	1	560	LGJ-95
朱建327线	朱桥变电所	建淮变电所	1	10554	0	0	LGJ-120
张建313线	张庄变电所	建淮变电所	1	1329	1	700	LGJ-240
泵站314线	箱纸板厂变电所	城区泵站	1	1070	1	410	LGJ-185
化肥315线	张庄变电所	化肥厂变电所	1	1070	1	410	LGJ-185

续表 4-13

线路名称	起　点	终　点	架空线路		电　缆		导线型号
			条数	杆路长度（米）	条数	长度（米）	
范支林白线	建华管桩变电所	林白线	1	10942	1	420	LGJ-185
施卫336线	施河变电所	卫东变电所	1	12544	0	0	LGJ-185
白大335线	白马湖变电所	大兴变电所	1	10449	0	0	LGJ-185
飞翔316线	张庄变电所	箱纸板厂变电所	1	1700	1	410	LGJ-185
车流312线	车桥变电所	流均变电所	1	12055	0	0	LGJ-50
东五312线	城东变电所	上河变电所	1	18078	1	880	LGJ-120
东南313线	城东变电所	城南变电所	1	3006	1	1010	LGJ-120
东厂314线	城东变电所	热电厂变电所	1	4331	1	1040	LGJ-185
东西315线	城东变电所	城西变电所	1	3051	1	1040	LGJ-95
东席316线	城东变电所	席桥变电所	1	10589	1	910	LGJ-120
东顺317线	城东变电所	顺河变电所	1	18233	0	0	LGJ-95
席钦331线	席桥变电所	钦工变电所	1	10300	0	0	LGJ-120
西厂313线	城西变电所	江苏省井神盐业有限公司	1	1397	0	0	LGJ-185
林白332线	林集变电所	白马湖变电所	1	4296	0	0	LGJ-120
席顺315线	席桥变电所	顺河变电所	1	9605	1	50	LGJ-70
兴支东五线	东五线98号杆	大兴变电所	1	370	0	0	LGJ-120
建林312线	建淮变电所	林集变电所	1	13464	0	0	LGJ-95
车施311线	车桥变电所	施河变电所	1	8410	0	0	LGJ-150
顺钦314线	顺河变电所	钦工变电所	1	7080	1	20	LGJ-150
顺茭318线	顺河变电所	茭陵翻水站	1	8932	0	0	LGJ-95
车博313线	车桥变电所	博里变电所	1	8661	0	0	LGJ-185
复博315线	复兴变电所	博里变电所	1	12322	0	0	LGJ-185
流博314线	流均变电所	博里变电所	1	12388	0	0	LGJ-185
茭陵二站支线	茭陵翻水站	茭陵二站	1	2850	0	0	LGJ-95

2008年楚州区35千伏变电所情况表

表 4-14

名　称	地　址	类别	总容（千伏安）	变压器数量（台）	第一台变压器投运日期	占地面积（平方米）	无人（少人）值守
白马湖变电所	白马湖农场	公用	11300	2	2002.10.15	1056	是
博里变电所	博里镇王庄村	公用	5000	1	2006.08.16	1919	是
城南变电所	淮城镇南窑村	公用	20000	2	2000.11.06	3656	是
城西变电所	淮城镇公园村	公用	20000	2	1998.01.10	5224	是

续表 4-14

名　称	地　址	类别	总容（千伏安）	变压器数量（台）	第一台变压器投运日期	占地面积（平方米）	无人（少人）值守
大兴变电所	上河镇大兴村	公用	13000	2	2001.08.03	2075	是
复兴变电所	复兴镇渔滨村	公用	25000	2	1998.09.08	2184	是
建淮变电所	建淮镇石塘村	公用	12600	2	2001.11.03	1777	是
林集变电所	林集镇林集村	公用	10000	2	2002.11.24	3711	是
流均变电所	流均镇前赵村	公用	9000	2	1999.05.01	1803	是
钦工变电所	钦工镇东支村	公用	10000	2	2001.10.21	1072	是
施河变电所	施河镇陆河村	公用	16300	2	2002.12.26	1996	是
卫东变电所	马甸镇卫东村	公用	12600	2	2002.12.21	1030	是
席桥变电所	席桥镇三里村	公用	12600	2	2002.11.10	2574	是
运东水电站	运东闸	电厂升压	2850	2	1988.10.20	3300	否
运东闸水电站	运东闸	电厂升压	630	1	1998.12.29	2500	否
运西水电三站	淮安翻水站	电厂升压	6300	1	1997.07.03	2500	否
运西水电站	淮安翻水站	电厂升压	3200	2	2000.10.08	3100	否
运东水电站	运东闸	电厂升压	2850	2	1988.10.20	3300	否
运东闸水电站	运东闸	电厂升压	630	1	1998.12.29	2500	否
运西水电三站	淮安翻水站	电厂升压	6300	1	1997.07.03	2500	否
运西水电站	淮安翻水站	电厂升压	3200	2	2000.10.08	3100	否
城区泵站	城区泵站	自备	3150	1	2001.10.13	1000	否
化肥厂变电所	化肥厂	自备	8000	3	1995.10.18	2000	否
建华管桩变电所	范集镇	自备	6000	2	2007.12.29	2000	否
茭陵二站	茭陵镇	自备	6300	1	1979.01.10	2000	否
茭陵翻水站	茭陵镇	自备	15000	1	1979.01.05	3000	否
清安河泵站	清安河泵站	自备	4000	1	2005.02.10	1000	否
钛白粉厂变电所	钛白粉厂	自备	4000	1	2003.10.12	2000	否
箱纸板厂变电所	箱纸板厂	自备	6300	1	2003.10.20	2000	否

（五）城区配电网络

1978年，境内城区有35千伏城南变电所1座，主变压器2台，接出6千伏、10千伏线路4条，担负着供应淮安化肥厂和城区其他工业用户生产及居民生活用电的任务。1979年5月，110千伏城东变电所投运后，城区6千伏、10千伏线路增至8条。其间，城区电力线路导线多为LGJ-35型和LGJ-50型钢芯铝绞线，城区电网中尚存有“两线一地”制供电方式。1987年11月，35千伏城西变电所投运后，城区配电网络状况大为改观。1988年，城区有6千伏、10千伏配电线路12条、114.29千米。其中，城东变电所有10千伏市区1号、市区2号、市区4号和制氧线等4条，城南变电所有6千伏化肥1号、化肥2号和10千伏市区3号线3条，城西变电所有10千伏城西1号、城西2号、纱厂1号、纱厂2号、河下线等5条。6千伏化肥1号、2号线，10千伏纱厂线等为专用线路，导线为LGJ-50型。其他10千伏线路主导线均为LGJ-95型。10千伏市区3号线仍为（两线一地）供电方式。城区有配电变压器248台、35.07兆伏安，有400伏配电线路224.4千米。1992年底，城区6千伏、10千伏配电线路比

1988年增加10千米；配电变压器增加57台，容量增加7兆伏安。1995年5月，供电局拆除6千伏化肥1号、2号线，化肥厂改由35千伏南化线直接供电。1996年10月，供电局在10千伏市区2号线29号杆安装10千伏柱上开关，此为城区配网第一台10千伏柱上开关。1998年5月，城区第一台箱式变压器落户淮城镇兴文街，容量315千伏安，10千伏进线、400伏出线均用电缆地下敷设，兴文街成为城区第一条路面无杆线街道。1999年，供电局改造35千伏城南变电所10千伏设备，拆除10千伏“两线一地”制市区3号线，新建由110千伏城东变电所出线的三线制10千伏市区3号线。至此，城区最后一条以两线一地方式运行的配电线路退出10千伏网络。2000年11月，35千伏城南变电所迁址重建投运，新变电所有10千伏出线5条，其变电所出线段均为电缆地下敷设。供电局重新调整城东、城西及城南3个变电所10千伏负荷及线路走向，各变电所及各10千伏配电线路供电区域更为明确，少数10千伏线路相互交叉、迂回供电的缺陷得以解决。

2001年8月，楚州区政府实施大规模城市电网建设与改造工程。计划投资为6855万元，分三年完成。当年完成镇淮楼东路、镇淮楼西路、东长街北、东长街中、仿古街北、仿古街中、东门大街、西门大街、竹巷街二期、估衣街杆线入地工程。其中，新建和改造10千伏线路30.19千米；新建及改造配电变压器27台，其中箱式变压器5台；安装10千伏柱上开关11台；安装高压分支箱7只；新建及改造400伏线路29.59千米；新增无功补偿电容器700千伏。2002年4月起，楚州区实施10千伏河下线竹巷街支线改造工程，新架10千伏线路4.5千米；新架315千伏安配电变压器三台；安装低压电缆分支箱16只；实施10千伏市区2号线东门大街支线改造及调整运方工程，安装箱式变压器2台，高压电缆分支箱2台，敷设10千伏电缆线路1.2千米，新架10千伏线路3.8千米，新架400伏线路3.8千米。2003年6月，楚州第一座开闭所建成投运，主设备为SF6绝缘环网主单元和紧凑开关，有10千伏进线间隔4回，10千伏出线间隔9回。开闭所投运后，将110千伏城东变电所与35千伏城南变电所10千伏线路构成互联。9月，第一座环网柜建成投运。当月，楚州三联城网改造项目全部完成。2008年，有10千伏配电线路28条，长174.1千米；柱上开关115台，其中联络开关17台；配电变压器624台，容量166.27兆伏安，其中箱变72台，容量35.28兆伏安；环网柜10个，开闭所4个，高压分支箱30台。

1988～2008年楚州区（淮安市）城区10千伏配电设备情况表

表4-15

年份	线路		公用配电变压器				用户配电变压器		电缆	
	长度（千米）	当年新建（千米）	数量（台）	容量（兆伏安）	当年新建		数量（台）	容量（兆伏安）	长度（千米）	当年新建（千米）
					数量（台）	容量（兆伏安）				
1988	114.29	4.58	84	5.07	3	0.30	164	30.00	1.24	0.12
1989	117.50	0.82	89	5.98	5	0.92	173	30.40	1.55	0.31
1990	118.32	7.31	95	7.54	6	1.56	180	30.95	1.92	0.37
1991	123.47	1.89	102	9.43	7	1.89	190	31.50	1.93	0.01
1992	124.23	1.37	107	10.80	5	1.36	198	32.10	2.65	0.72
1993	125.60	2.70	111	11.82	4	1.03	202	32.35	2.93	0.28
1994	127.13	4.86	119	13.25	8	1.43	205	32.80	3.15	0.22
1995	131.64	4.10	124	14.38	5	1.13	215	34.35	3.47	0.32
1996	134.73	1.65	131	16.13	7	1.75	226	35.10	3.51	0.04
1997	135.9	2.41	137	17.79	6	1.66	230	36.05	3.8	0.29

续表 4-15

年份	线路		公用配电变压器				用户配电变压器		电缆	
	长度(千米)	当年新建(千米)	数量(台)	容量(兆伏安)	当年新建		数量(台)	容量(兆伏安)	长度(千米)	当年新建(千米)
					数量(台)	容量(兆伏安)				
1998	136.2	21.91	132	17.43	5	1.13	235	36.55	3.86	2.62
1999	140.50	4.30	156	23.56	16	2.48	224	33.19	4.32	0.46
2000	148.76	8.26	171	37.90	17	5.36	221	32.62	5.87	1.55
2001	165.70	16.94	204	49.12	48	8.44	232	35.05	6.93	1.06
2002	181.40	15.70	230	62.78	26	9.32	243	37.98	21.12	14.19
2003	159.09	8.96	202	48.03	48	17.12	210	41.04	27.19	10.64
2004	192.52	45.67	232	57.09	33	12.40	225	43.27	31.47	6.87
2005	307.60	22.36	462	89.40	46	11.49	368	65.63	41.74	14.52
2006	163.14	12.40	294	84.94	17	8.36	279	55.85	32.86	4.16
2007	166.25	5.96	326	97.13	56	17.62	269	54.49	35.71	4.72
2008	174.10	14.36	352	109.90	34	13.71	274	56.97	43.06	11.65

2008年楚州区城区10千伏配网线路供电范围表

表 4-16

序号	变电所名称	线路名称	供电范围
1	110千伏城东变	经九线	世纪佳苑、紫金花苑小区
2		北门东线	新城、北门大街东侧
3		淮江北线	淮江路东侧
4		东西门线	东门大街
5		闸北线	闸北村、闸口村
6		盛世线	盛世豪庭小区
7	110千伏新路变	北门西线	北门大街西侧
8		文通线	里运河堤、仿古街
9		河下线	河下古镇、河下村
10	110千伏张庄变	刘湾线	刘湾村
11		南巽线	淮江路南西侧
12		南门东线	南门大街东侧
13		名都线	南门大街南部西侧
14	35千伏城南变	明清线	西长街东侧
15		新安线	西长街东侧
16		月湖线	南门大街北部西侧
17		文府线	东长街

续表 4-16

序号	变电所名称	线路名称	供电范围
18	35千伏城南变	天培线	南窑村、翔宇小区
19		镇淮线	镇淮楼东西路
20		城南线	与南巽线互联
21		淮江南线	与刘湾线互联
22	35千伏城西变	华亭东线	城西北路东侧
23		华亭北线	城西北路东侧
24		华亭西线	华亭村、公园村
25		纱厂线	纱厂
26		穿运线	穿运村

（六）农村配电网络

1978年，境内乡镇（场）有顺河、车桥、席桥、白马湖35千伏变电所4座，主变压器10台，容量11.13兆伏安，其10千伏线路供周围乡镇（场）用电。35千伏城南变电所亦有一条10千伏运南线供建淮、三堡等地用电。其间，10千伏线路供电半径长，多条10千伏线路跨两乡供电，配电变压器亦多为SJ高能耗型。1986年，农村用电标准化建设工作起步。1987年，境内农村电力线路长1565.27千米（10千伏线路676.67千米，400伏线路687.31千米，220伏线路201.29千米），10千伏配电变压器919台/721，840千伏安。是年，农村电力设施大多为村、组自建，其增长速度较慢。1990年，供电局对各乡（镇）标准村建设工作进行指导，并组织验收发证。1991年，全市有100多个用电村通过标准化验收，每一个乡（镇）均建有标准化用电村，其中平桥镇22个村均实现用电标准化。是年，供电局改造农村10千伏线路34千米；更换SJ型变压器为S7型变压器25台、2130千伏安；新安装S7型变压器11台、820千伏安。1992年初，境内农村电力线路1798.76千米，其中10千伏线路781.22千米、400伏线路780.72千米、220伏线路236.82千米；10千伏配电变压器1002台/57232千伏安。12月，实施电气化县建设工作，重点为无电村通电。当年，新建10千伏线路21.39千米，400伏线12.91千米，220伏线路6.68千米；新增配电变压器21台/1788千伏安。1994年初，全市尚有无电村15个（占比2.49%）、无电组223个（占比3.65%）、无电农户2.75万户（占比11.24%）。淮安市政府根据电力工业部扶贫通电工程实施要求，多方筹集资金，提前实施扶贫通电工程。全市完成新架10千伏配电变压器21台/1100千伏安，新建10千伏线路28.52千米、400伏线路22.22千米、220伏线路8.22千米，改造10千伏线路43.6千米、400伏线路36.4千米、220伏线路56.8千米，为2个无电村、14个无电组、3236个无电户通电。

1998年，开展农村电网改造工程，供电局首次在农村10千伏线路上安装柱上开关4台，其中在10千伏市区3号线运南闸处安装1台，在10千伏城东线黄土村安装1台。1999年8月，供电局首批完成127个行政村配电网络改造工程，完成投资2720.07万元，所有农户全部接通电源。2000年，继续实施农网改造工程，村组干群自发组成网改义务服务队，负责清理障碍、运输电杆，工程进展顺利。全市完成160个行政村4100万元农网改造任务，新建10千伏线路195.52千米，400伏线路953.17千米，220千伏线路287.96千米；改造10千伏线路18.82千米、400伏线路74.36千米、220伏线路41.03千米；新增配电变压器510台，容量28.18兆伏安。2002年，开展二期农网改造工程。全区新增10千伏线路655.36千米，400伏线路2261.68千米，220伏线路397.68千米，公用变压器852台，柱上开关25台。全区每条10千伏线路均安装有柱上开关，供电可靠性大为提高。2006年10月，实施新农网建设与改造工程。前期，供电公司以淮城集镇、紫藤村作为样板工程，推广使用节能供电设备，新建及改造的配电台区,主要采用非晶合金和单相变压器。全区完成总投资2678万元,完成项目423个,新建台变292台,改造台变80台,新建和改造10千伏线路93.5千米、400伏线路106.96千米、220伏线路25.21千米。2007年5月,启动农村电气化工程建设,年度工程10月18日竣工。完成投资1450万元,其中农配网工程131万元,接户线工程149万元,完成项目58个,新建43个台变区(单相变16台、三相变27台),容量4815千伏安,改造台变区5个,容量930千伏安;新建10千伏线路19.14千米,改造10千伏线路11.87千米;新建低压线路25.72千米,改造低压线路32.17千米。马甸镇被评为2007年度淮安市新农村电气化镇;马甸镇发茂村、祁大庄村、卫东村、乾益村,泾口镇蒋桥村,季桥镇周杨村被评为2007年度淮安市新农村电气化村。2008年8月28日,楚州区继续实施新农村电气化建设和低压线改造工程。全区新建和改造10千伏线路26.49千米,低压线路17.11千米,安装169个配电变压器和配电箱,投入资金1378.96万元。上河镇被评为2008年度淮安市新农村电气化镇,施河镇施庄村等16个村被评为2008年度淮安市新农村电气化村。当年,楚州农村电网有10千伏线路74条/2286.27千米,10千伏电缆21.6千米,柱上开关277台,10千伏电杆3.36万根,综合变压器2770台/18.05万千伏安,专用变压器1177台/16.47万千伏安。

1988~2008年楚州区(淮安市)农村电力设施情况表

表4-17

年　份	10千伏线路(千米/条)	400伏线路(千米)	220伏线路(千米)	变压器(台)		柱上开关(台)
				公用	专用	
1988	702.52/25	713.56	213.53	402	533	0
1989	722.18/27	738.20	221.61	409	551	0
1990	756.13/29	752.80	229.77	415	562	0
1991	781.22/30	780.72	236.82	426	576	0
1992	802.61/33	793.63	243.50	447	589	0
1993	835.8/35	819.32	249.14	454	595	0
1994	864.32/35	841.54	257.36	462	608	0
1995	893.7/36	864.60	268.23	475	621	0
1996	982.43/36	947.30	292.80	538	635	0
1997	1003.6/37	988.62	306.47	586	654	0
1998	1012.5/39	1043.50	317.23	595	672	4
1999	1036.33/40	1118.20	325.73	628	685	12
2000	1272.97/42	1690.37	583.60	984	697	23
2001	1347.79/43	1899.72	636.52	1066	703	37
2002	2003.15/45	4151.4	1034.2	1918	722	62
2003	2095.82/48	4201.61	1044.18	2146	796	83
2004	2117.81/55	4318.23	1056.12	2258	817	111
2005	2138.61/62	4438.46	1060.38	2379	923	143
2006	2182.55/68	4495.78	1071.46	2434	1016	206

续表 4-17

年　份	10千伏线路（千米/条）	400伏线路（千米）	220伏线路（千米）	变压器（台）		柱上开关（台）
				公用	专用	
2007	2270.36/71	4561.38	1079.74	2650	1096	254
2008	2286.27/74	4692.70	1085.45	2770	1177	277

1988～1999年淮安市农村通电率情况表

表 4-18

年　份	村通电情况			组通电情况			户通电情况		
	行政村（个）	通电村（个）	通电率（%）	村民组（个）	通电组（个）	通电率（%）	农户数（户）	通电户（户）	通电率（%）
1988	602	580	96.35	6027	5781	95.92	236940	195333	82.44
1989	602	582	96.68	6027	5788	96.04	237853	202008	84.93
1990	602	583	96.85	6027	5791	96.09	238022	202818	85.21
1991	602	585	97.18	6027	5796	96.17	238913	205489	86.01
1992	602	585	97.18	6027	5796	96.17	239016	210118	87.91
1993	602	587	97.51	6027	5804	96.30	239964	212491	88.55
1994	602	589	97.84	6027	5818	96.53	239964	215727	89.91
1995	602	594	98.67	6027	5841	96.91	240028	225525	93.96
1996	602	597	99.17	6027	5864	97.30	240113	235153	97.93
1997	605	605	100	6031	6031	100	240872	237713	98.69
1998	605	605	100	6031	6031	100	241186	238854	99.03
1999	605	605	100	6031	6031	100	239996	239996	100

二、供电运行

（一）线路运行

1978年，淮安县供电局设有线路运行班，负责电力线路运行工作。35千伏线路每月巡视一次，6千伏、10千伏配电线路每两月巡视一次。1980年，电力线路施工工程增多，线路运行班改为线路二班，参与线路工程施工，亦兼顾线路运行工作。1983年初，供电局在线路工区设线路运行班，专司线路运行工作。同时，供电局聘请5名110千伏线路群众护线员，协助巡视110千伏线路。1984年初，供电局撤销线路运行班，将原班人员分派到各农村变电所，加强农村线路运行维护工作。城区配电线路和全境35千伏及以上电力线路运行工作仍交由线路二班负责。11月，供电局重新成立线路运行班，制定线路运行管理制度，负责线路运行工作。线路运行工作实行定人、定时间、定线路的“三定一包”管理模式，负责所管辖线路运行维护及资料管理。1992年，运行班为35千伏及以上线路和配电变压器加装防盗螺帽，为110千伏线路带电测零，为线路拉线做防护头，严防人为破坏线路。1994年，在输电线路沿线乡镇聘请群众护线员，签订护线合同，进行业务培训。1997年，修订线路施工验收制度，对用户专用线路与用户签订资产和运行维护分界点协议，明确双方责任和义务。

1998年，供电局对道路两旁杆塔拉线尾线加装保护管，悬挂警告牌，在路边杆塔醒目处，贴反光警示标志，防止输电线路遭受破坏。2000年，购进远红外测温仪1台，用于测量输电设备导电接点温度，查找热故障点。2002年10月，开展“线路专业管理年”活动，全面整改输电线路规章制度，完善基础资料，查处设备缺陷，推广微机现代化管理，MIS系统、GIS系统相继进入日常管理程序。2004年，开展“配网专业管理年”活动，制定配网事故处理管理规定、柱上开关操作管理规定、配网巡视暂行规定和小区配电站管理规定等制度；修编《配网现场运行规程》；完善基础资料台账，实行一杆一卡、一变（配电变压器）一账；即时绘制配网线路走向图和单线图。2007年，开始执行设备安全运行第一责任人制度，第一责任人即设备主人，对所负责线路运行巡视负主要责任；开始执行线路巡视“五定”（定人、定线、定内容、定周期、定质量）制度，确保线路安全运行。2008年6月，根据国网公司线路状态检修工作要求，运行工区逐一对照状态检修评价标准，评价全部110千伏线路。根据评价结果，供电公司制定3～5年线路状态检修滚动计划，并组织实施。是年，供电公司各电压等级输电线路运行状况良好。

（二）变电运行

1978年，境内35千伏农村变电所设变电运行工1人、所长1人。运行工作主要内容为巡视变电设备、定期抄录运行数据和倒闸操作。变电运行人员工作和吃、住均在变电所，夜间值班允许睡觉，休假时由所长代替值班。在35千伏城南变电所采用三班制值班方式，每班2人，夜班不得睡觉。1979年，110千伏城东变电所投运后，在城东变电所实行四班三轮转制，每班2人。1981年，供电局成立调度组后，110千伏城东变电所、35千伏城南变电所运行人员分正、副职。1980年，在各变电所执行“操作票制度”。1983年，35千伏农村变电所实行定期汇报制度，每星期五定期向供电局汇报设备运行情况。1984年，供电局规范各变电所变电运行工作，各变电所均配置一块图版（一次主结线模拟图），建立三大规程（安全规程、现场运行规程、变电检修规程），六种图纸（一次系统主结线图、二次结线原理展开图、盘面接线图、所用电系统图、防雷结线图、接地装置布置图），八项制度（岗位责任制、交接班制、巡回检查制、缺陷管理制、检修验收制、运行分析制、生产人员培训制、定期切换试验制），十三种记录（蓄电池测量记录或储能电容器检查记录、运行分析记录、技术培训记录、运行日志、千次操作无差错记录、操作任务记录、工作票记录、设备缺陷记录、继电保护工作记录、开关跳闸记录、雷电观察及避雷器动作记录）。1987年，35千伏城南变电所实现连续安全运行1299天，各变电所实现连续安全运行839天。

1988年，110千伏城东变电所配运行人员9人，实行四班三运转班次；35千伏城西、城南变电所各配备7人，实行三班半班次；农村35千伏变电所配备4人，实行对班倒班次。1989年，市供电局在全市220千伏与110千伏变电所开展创建“文明变电所”活动，按市供电局“文明变电所”验收细则，规范各种记录和“两票”制度，完善六种必备图纸，将变电运行管理八大制度和设备揭示图表均张贴上墙。1990年，110千伏城东变电所被市供电局授予“文明变电所”称号。是年起，供电局实行变电所长月度例会制度，汇报、分析上月运行状况，传达上级会议精神，布置本月工作。1991年3月6日，110千伏城东变电所安全运行2000天，创城东变电所历史最高安全纪录。1993年10月，供电局撤销生产办公室，改设生产技术股，管理职能不变。1995年，110千伏城东变电所、35千伏顺河、城西变电所均被市供电局授予“文明变电所”称号。1997年8月，运行工区在110千伏车桥变电所组织变电运行知识竞赛。

1998年初，淮安供电局组织学习常州供电局变电运行管理经验，编制《淮安市供电局变电运行工作条例》。同年6月，110千伏城东变电所率先应用计算机技术参与运行管理，实行常规管理和微机管理双轨制运行。是年，变电工区开展35千伏“文明变电所”评比活动，35千伏顺河、城西、席桥、卫东、林集5座变电所被授予“文明变电所”称号。1999年，110千伏城东变电所运行管理进入微机管理单轨制运行，实现微机开票，微机自动记录等管理。2001年，供电公司制定并执行“电力设备远红外测温管理规定”，当年测温中发现城东变电所110千伏东翻711间隔线路侧电容式电压互感器内部发热，比相邻间隔电压互感器温度高3摄氏度，立即退出运行。经检查，该互感器内部线圈断线，避免了一起潜在的互感器爆炸事故。是年，220千伏朱桥变电所被省电力局授予“一流变电所”称号。2002年9月16日，35千伏城南、建淮等5个变电所运行人员首次撤出，实行无人值班、有人值守管理。同时，监控中心和操作维修班成立，负责110千伏城东变电所和5个35千伏无人值班变电所运行监控工作和维修管理。2003年12月，操作队正式成立，对无人值班变电所、110千伏变电所2～3天巡视一次，35千伏变电所3～4天巡视一次，工区每个月亦组织对各个变电所综合检查一次，并为每个无人值班变电所配备保卫值守人员。2005年6月，输变电工区开始执行变电设备安全运行第一责任人制度。2007年，楚州1个220千伏、6个110千伏、13个35千伏计20个公用变电所全部实现无人值班。2008年，供电公司编制变电值班员岗位技能等级培训教材，进行在岗培训和岗前培训，当年，31个变电值班员中，具备中级工上岗资质8人，高级工上岗资质15人，技师上岗资质2人。

三、供电检修

（一）线路检修

6千伏、10千伏线路大修周期一般为2～3年1次。1984年，供电局规范线路检修执行《架空送电线路施工及验收规范》和《10千伏架空线路施工与验收规程》。是年，设备检修分大修、小修和消缺三种。35千伏、110千伏线路大修周期2年，检修项目为调整拉线、校正电杆、清扫绝缘子、更换零值绝缘子、线夹开夹检查、接地装置开挖检查处理、修补横担及其他缺陷处理等。1985年10月，境内突遭暴风雨袭击，多条电力线路受损，11条高压线路被迫断电。供电局及时组织人员抢修线路，35千伏车桥线、席桥线，10千伏市区1号线、市区2号线、运南线、平桥线、范集线等11条高压电力线路全部恢复正常供电。1988年，供电局生技股设线路专职1人，下设3个线路检修班。城区400伏低压线路由用电股配网班负责检修。1990年，供电局大修110千伏东翻、东朱线路2条，大修35千伏东西、东顺、东南、南卫、车流、南林线路6条，改造城区城南新村、礼字坝、大鱼市口、汎关、镇淮楼路等低压线路。1992年，供电局生技股负责管理6千伏及以上电力线路检修工作，400伏低压线路设施由用电股配网班负责检修。1998年，供电局首次在部分线路上使用硅橡胶绝缘子；逐步淘汰玻璃钢绝缘子串，改用防污式瓷瓶绝缘子串。2001年，供电公司成立配网报修服务中心，实行24小时服务，并执行首问负责制。2005年，供电公司开展线路检修QC成果评比活动。2007年3月，区供电公司线路工程处《缩短110千伏双悬垂点，预绞式悬垂线夹安装时间》技术成果获江苏省电力行业协会QC成果发布会“优秀成果奖”。2008年，区供电公司线路检修有5项科技创新项目获得6项专利。是年，线路工区完成大修35千伏及以上线路22条，小修线路110千伏线路3条，完成线路技术改造8条。

（二）变电检修

1978年，供电局生技股下设修试组，负责变电设备检修和试验工作。1981年，供电局成立变电工区，下设修试一班、二班，坚持“应必修，修必好”原则，编制变电设备年、季、月检修计划，开展变电设备检修和试验工作。1984年，供电局撤销变电工区，由生技股直接管理变电检修工作，规定设备检修后，必须经三级验收（检修人员检修后自检、变电运行人员检查验收、生技股变电技术人员验收），合格后方可投入运行。1988年，供电局生产技术股设变电检修专职1人，有一次班、二次班和油务班3个班组。1989年，供电局购进上海分析仪器厂102G-D气相层析仪，开始作变压器油色谱试验工作，提高变压器故障分析水平。此后，供电局又购进北京分析仪器厂SP-3420气相色谱仪。1992年，相继完善检修人员岗位责任制、设备检修“三措”管理制、设备检修三级验收制等检修管理制度，规范检修工作，确保检修质量合格。1996年，供电局将各变电所10千伏SN型少油开关72台更新为ZN28型真空断路器，10千伏开关的安全运行性能大为提高。1998年，供电局将各变电所35千伏DW2型多油开关更新为LW16或LW8型六氟化硫断路器，35千伏开关维修工作量及停电时间大为减少。1999年，供电局将城东变电所110千伏SW4、SW7、SW11型少油开关6台更新为阿尔斯通S1-145F1-3131型六氟化硫断路器。2000年，供电局购进山东AI-6000型介质损测试仪，提高检测质量和速度。供电局检修10千伏室内高压开关，实施"凌晨行动"，夜晚12点拉开线路开关，检修开关，两个多小时后工作结束，恢复供电。2005年，供电公司投资为425万元，更新改造110千伏城东变电所10千伏固定柜为中置柜，更新110千伏隔离开关2组、35千伏隔离开关15组，以及110千伏电压互感器6台、35千伏电压互感器6台、110千伏电流互感器3台，新增接地变压器与消弧线圈两组及相应的继电保护装置；投资180万元，对35千伏流均变电所进行综合自动化改造，将原10千伏重合器更换为新型重合器，更新监控系统设备，增加小电流接地系统、视频监控系统、防火防盗系统等，实现无人值班。

2008年1月，220千伏朱桥变电所综合自动化改造工程竣工投运。更新110千伏11台主变压器27只高压套管末屏。3月，供电公司检修110千伏车桥变电所2号主变压器和顺河变电所1号主变压器，将变压器线圈上部垫层板块进行加固，提高其抗短路能力。5月，车桥变电所110千伏变电所不合格互感器退出运行。当年，检修主变压器16台、高压开关116台、隔离刀闸202组，预防性试验220千伏主变压器16台、35千伏所变17台、电流互感器179台、电压互感器96台、避雷器123组，色谱检验变压器油95瓶次，完成220千伏朱桥、110千伏城东、35千伏流均等13座变电所继电保护及自动装置定期检验任务，一次设备计划检修率、预试率及二次设备检验率均为100%。

四、电力调度

（一）调度运行与操作

1978年，由生技股技术人员轮流负责调度管理，晚间安排专人值班。1980年，供电局配备2名专职调度员，隶属于生技股，负责全县电力调度工作。1981年，供电局成立电力调度组，负责35千伏及以下电网调度。1988年，供电局成立电力调度所，管辖35千伏城西、城南、车桥、顺河、席桥、流均、卫东、白马湖等8座35千伏变电所全部设备；110千伏城东变电所10千伏、35千伏全部设备，1号、2号主变压器（市调许可）；翻水站变电所1号、2号主变压器35千伏侧开关，35千伏翻支南林间隔、35千伏翻白间隔属调度所管辖，35千伏其他设备为许可设备。是年，将110千伏城东变电所20兆伏安无载调压主变压器更换为有载调压变压器，调度员随时根据该境内35千伏电网及10千电网伏电压状况调整主变压器有载开关档位，以改善电网电压。此后，陆续将各变电所无载调压主变压器更新为有载调压主变压器。1995年初，调度主任丁世钧首次设计出供电局所管辖的35千伏及以上电网（含各变电所10千伏母线及出线）无交叉一次系统主结线图，经调度班长孙专成绘制后交江阴某厂制成一次主结线图版，挂在调度大厅，供调度员随时掌握全境电网状况及作操作模拟。当年，调度所安装运行南京自动化研究院电网公司SWJ-700电网监控系统，系统中绘制有淮安市电网一次系统主结线图，调度员由图版上模拟操作改为在电脑上模拟操作。2005年3月，供电公司自主研制的电网防误操作系统获淮安市2004年度科学技术进步二等奖。2008年，全区有35千伏及以上变电所21座，变压器总容量821.9兆伏安。总用电量7.24亿千瓦时，最高负荷18.3万千瓦，最大日供电量309.3万千瓦时，综合电压合格率为99.57%，其中B类（35千伏及以上专线）电压合格率为99.98%；C类（10千伏专线）电压合格率为99.39%。

（二）继电保护与自动装置

1978年，供电局各变电所继电保护装置皆为电磁型继保装置。1979年，110千伏城东变电所投入运行，主变压器配有瓦斯保护、BCH-1型差动保护、复合电压闭锁过流保护、中性点零序电流电压保护；110千伏东朱线、东翻线配置电磁型过流保护、零序电流保护和PLH-11整流型距离保护；35千伏线路和10千伏线路，配置电磁型限速及过电流保护。其间，各35千伏变电所主变压器保护一般配有瓦斯保护、差动保护（BCH-2型）、原方过流保护；35千伏和10千伏线路保护全部为电磁型，一般为三段式电流保护和自动重合闸装置。1989年12月，35千伏厂东线、厂西线为电厂与系统并网联络线路，保护装置为电磁型限时电流速断保护、过电流保护和低周自动解列装置。1995年6月，35

千伏席桥变电所迁址重建，新装保护装置为南通供电局自动化设备厂WJBK-Ⅱ型集成电路保护。12月，35千伏卫东变电所电磁保护装置更新为许昌继电器厂PJT-23型集成电路保护。1998年9月，35千伏复兴变电所投运，其保护装置为湖南长沙CR-21型微机保护。1999年，供电局陆续将110千伏城东变电所1号、2号主变压器保护换型为南京电力自动化设备总厂生产的WBZ-02型微机保护，110千伏东朱线、110千伏东翻线、110千伏东车线保护换型为南京南瑞继保电气有限公司生产的DFP-201微机保护。2000年12月，220千伏朱桥变电所建成，继电保护装置为南京电力自动化设备总厂生产的微机保护装置。主变压器保护为WBZ-03型。220千伏线路第一套保护装置皆为LFP-901A型，第二套保护皆为WXB-11C型，旁路4620保护装置为WXB-11C型。110千伏母差保护装置为BP-2A型，1旁路保护为LFP-941型，线路保护装置为LFP-941型。220千伏、110千伏故障录波器为YS-88型。

2001年3月，供电局在城东变电所110千伏朱安线、清安线安装微机型备自投装置，两条110千伏线路互为备用。备自投动作联跳城东变电所35千伏母线上淮安热电厂并网联络开关，联跳与翻水站及小水电站联络的35千伏东南线开关。2003年1月，110千伏顺河变电所建成，保护装置为烟台东方电子公司生产的微机保护装置。主变压器保护为DF3000型，配有二次谐波制动比率差动保护、差动速断保护、复压闭锁过流保护、零序电流保护、过负荷保护；线路保护为DF3322型。2007年8月，全区首次在110千伏线路上采用故障时可全线瞬时跳闸的光纤纵差保护装置，以配合楚州生物质电厂并网投运。2008年8月，境内新建110千伏张庄变电所至井神盐电厂双回线路，其保护装置为南瑞继保RCS943光纤纵差保护，主保护为光纤纵差保护，后备保护为相间距离保护、接地距离保护、零序过流保护。10月，为35千伏大兴变电所保护换型，采用南瑞继保有限公司微机保护装置。12月，范集盐化工区110千伏玉河变电所竣工，其继电保护为南瑞继保有限公司微机保护装置。玉河变电所至朱坝变电所110千伏双回线路装有双向微机型备自投装置，两条线路互为备用。是年，全区继电保护装置全部为微机型保护装置，有各类继电保护及自动装置283套，其中线路保护179套，微机化率100%；主变保护38套，微机化率100%。

（三）调度自动化

1978年，供电局租用邮电部门有线电话与各变电所进行调度通信。1981年，110千伏城东变电所安装电力载波通信装置。1985年，供电局在6个35千伏农村变电所安装JDD-801系列双工超短波调频民用电台。1987年，供电局先后在35千伏城南和城西两变电所安装同系列电台两部。1988年，城东变电所使用载波通信。此后，陆续在35千伏车桥、林集、顺河、席桥、城南、复兴等变电所及淮安热电厂装设载波通信。是年，在调度主站和城东变电所安装SZY-2简易数字远动装置，采集110千伏城东变电所主要线路负荷参数，实现远程监测。1989年，全局在调度端安装江苏无线电厂JS-MWY-DⅡB型电网微机数据采集和监控系统，在城东供电所安装JS-MWY-CI装置，在35千伏城西变电所安装JS-MWY-CⅢ型远动装置，初步实现简单的SCADA自动化功能，开始监控110千伏城东供电所、35千伏城西变电所在运负荷。供电局为淮安热电厂安装江苏无线电厂JS-MWY-CI设备，采集热电厂1.2万千瓦机组运行数据，对热电厂运行数据实施遥测。是年，调度端与变电所通信为超短波电台与载波通信。1995年，在调度所安装南京自动化研究院电网公司SWJ-700电网监控系统，将110千伏城东变电所、35千伏城西变电所远动设备更新为南京自动化研究院生产的DFY-2000型装置，在110千伏车桥变电所安装南京自动化研究院生产的DFY-2000型RTU装置，在35千伏城南、林集、顺河变电所新装南京自动化研究院生产的DFY-J100型装置，在35千伏卫东变电所安装江苏无线电厂JS-MWY-CⅡ型远动设备，在35千伏席桥变电所安装南通供电局综合集控装置。2000年，220千伏朱桥变电所远动装置为深圳泰科DSS-M型，实现真正功能意义上分布式结构和整个网络数据共享。2001年8月，楚州电力信息网工程一期开工，11月竣工，总投资520万元，光缆线路长89.5千米。信息网以局端为中心站，组建一个ATM主网，由局端、城东变电所、钦工变电所、席桥变电所、顺河变电所和城南变电所、建淮变电所、大兴变电所、卫东变电所、车桥变电所组成两个支路的链路网。2002年11月，电力信息网二期工程竣工，工程总造价364万元，光缆线路施工总长60千米。该工程为林集变电所、白马湖变电所、流均变电所、复兴变电所开通光纤通信。全区所有变电所由此全部开通光纤通信，光通信为变电所主要通信方式，其他通信设备为备用。新入网5个站点传输设备全部为CISCO-8510ATM交换机，同时将一期工程中故障率高的9台CISCO-8110传输设备全部更换为CISCO-8510ATM交换机。110千伏城东、车桥变电所及35千伏建淮、席桥、钦工、顺河、大兴变电所7个站点新配置CISCO-3620路由器，开通7个站点电力信息网通道。2003年，供电公司将SWJ-700升级为SE-9000系统，除对电网实施实时监测及控制外，亦对电网进行安全运行分析、状态评估及负荷预测，以保证电网安全高效运行。

2008年，供电公司完善SDH南北环通信网，北环网由"局端—张庄变电所—朱桥变电所—车桥变电所—流均变电所—博里变电所—顺河变电所—钦工变电所—席桥变电所—局端"组成，南环网由"局端—林集变电所—玉河变电所—白马湖变电所—局端"组成，厂站端设备统一安装华为光端机METRO-3000为传输设备，增加中兴1842路由器提供以太网通道。当年，供电公司220千伏及以下变电所远动装置均为综合自动化装置。

1999～2008年楚州区（淮安市）电价情况表

表4-19　　单价：元/千瓦时

年　份	类　　别			
	农　业	大工业	非居民照明	居民生活照明
1999～2004	0.421	0.473	0.899	0.393
2005	0.421	0.544	0.899	0.52
2006	0.44	0.562	0.899	0.5283
2008	0.44	0.602	0.798	0.5283

第三节　供　气

一、液化气

80年代初，淮阴市实行集资供气办法，淮安县用户从淮阴购气。1985年，液化气市场开放，出现个体户经营，淮安县用气户开始增多。1987年底，淮安县燃料公司成立液化石油气供应站，用气户300多户。到1998年，淮城有65%的居民户拥有液化气灶，各乡镇也有农户开始使用液化气。90年代末，淮城已有75%的居民户使用液化气，各乡镇液化气用户也逐渐增多。至2008年，全区拥有11家瓶装液化气站和1家管道燃气公司，70个液化气供气点。淮城98.45%的居民户使用液化气，乡镇有近72.9%的农户使用液化气。

2002～2008年楚州区液化气站情况表

表4-20

序号	液化气站名称	规　模（立方米）	投资额（万元）	地　点	建站时间	负责人
1	液化气供应总站	110	60	兴港路27号	1993.10	胡启牛
2	兴港气站	130	80	商贸城东首	1997.08	严登楼

续表 4-20

序号	液化气站名称	规　模（立方米）	投资额（万元）	地　点	建站时间	负责人
3	板闸气站	110	70	淮城镇渔源村	1996.07	李国安
4	虹桥气站	110	70	城东乡虹桥村	1997.09	杨山保
5	流均气站	110	70	流均镇赵舍村	1998.08	杨　军
6	车桥气站	100	60	车桥镇大兴村	1998.05	沈　飞
7	宋集气站	210	260	宋集镇桥头村	2001	程伏华
8	苏嘴气站	100	70	苏嘴镇	1996.03	苏建新
9	施河气站	100	90	施河镇	2002	杜开达
10	勇峰气站	110	180	城东乡	2003	曹建丰
11	兴达气站	125	180	范集乡	2004	王纯楼
12	新城小区管道液化气站	20	100	新城小区内	1999.05	陈兆喜

二、天然气

2002年，新奥燃气有限公司落户楚州区。2005年，新奥燃气通过天然气长输管道进入城市供气。至2008年，楚州区有管道燃气用户9000户，城区管道日用气4500立方米，企业用户6家，日用气3000立方米。城区及周边有调压站56座，中压管网20千米（道路），低压管网40千米（小区内）。

三、经营管理

1992年，淮安市石油液化气总公司开始筹建，1994年底正式成立并开始运转。正常情况下可供应4万用户，全市（区）固定液化气用户不足5000户。1997年12月，淮安市政府液化气整顿办公室根据省政府统一指令，突击整顿液化气市场的混乱状况，取缔个体非法经营网点，石油液化气总公司在原有8个供应网点的基础上，新增西长街、北门大街和东长街3个供应点。1998年底，全市共设液化气供应点13个。2000年，取得燃气企业资质证书的液化气供应总站8家。2000年7月，对城乡进行液化气安全专项治理，燃气管理部门依法取缔无证经营站点18家。2001年3月起，燃气管理办公室每季度召开一次燃气经营单位负责人例会，进一步规范经营。9月开始实施《楚州区燃气规划》，根据各乡镇地理位置和辐射能力合理规划乡镇储气站点。乡镇瓶装燃气换气点每2万人口左右设1个，严格办理换气点证照的程序，做好换气点的证照审批、审查、发放工作。2002年6月，对无证经营点依法取缔，对倒瓶倒气、使用过期钢瓶采取处罚与教育相结合的方针，有效地打击了违章经营行为。2003年4月、6月、9月，燃气管理办公室会同公安、消防、安监部门先后组织三次大的联合执法检查，开展燃气专项治理工作，停业整顿17家，取缔无证点15家。楚州区燃气销售平均价3.10元/千克，累计期末用户数近18万户，其中家庭17.27万户，公共服务7322户，燃气销售总量6480吨，城区燃气普及率96.3%，乡镇燃气普及率67.7%。2005年，燃气销售平均价5.66元/千克，燃气销售总量1.03万吨，累计期末用户数22万户，其中家庭21.67万户，公共服务3279户，城区燃气普及率98.5%，乡镇燃气普及率71.7%。2006年，液化气销售平均价5.78元/千克，燃气销售量1.13万吨，累计期末用户数23万户，其中家庭22.08万户、公共服务3395户，城市燃气普及率98.6%，乡镇燃气普及率72.1%。是年，燃气办会同有关部门共组织了三次大的联合执法检查。燃气办会同村镇建设服务站对全区25个乡镇液化气经营站（点）开展拉网式安全检查，共发现事故隐患34起，下发整改通知书32份，下发停业通知书18份，做安全检查记录16份，没收非法倒气枪54把，没收大小钢瓶114只，取缔无证点13家。2007年，液化气销售平均价5.70元/千克，销售量1.04万吨，累计期末用户数22.4万户，其中家庭

21.87万户，公共服务3312户，城市燃气普及率98.7%，乡镇燃气普及率72.3%。2007年4月、6月、9月，燃气办会同公安、消防、安监部门先后组织三次大的联合执法检查，开展专项治理，发现事故隐患58起，下发限期整改通知54份，停业通知16份，没收大小钢瓶112只，倒气枪46把，取缔无证经营点16家。2008年，液化气销售平均价5.64元/千克，销售量1.02万吨，累计期末用户数22万户，其中家庭21.54万户，公共服务3952户，城市燃气普及率98.8%，乡镇燃气普及率72%。燃气办全年共组织各类执法检查90次，做安全检查记录50份，发现事故隐患159起，下发限期整改通知85份，停业通知45份，没收大小钢瓶94只，倒气枪51把，取缔无证经营点20个，规范换气点32个。

2005～2008年楚州区城区管道燃气铺设情况表

表4-21

序号	工程名称	起　点	终　点	管　　位
1	镇淮楼西路	人民桥	镇淮楼	道路中心线南侧13.7米
2	镇淮东路	镇淮楼	淮江公路	道路中心线南侧13.5米
3	西长街南段	跃进路	堂子巷	道路中心线东侧6.5米
4	东门大街	东长街	淮江公路	道路中心线南侧11米
5	西门大街	东长街	运河桥	道路中心线南侧11米
6	楚州东长街	永怀路	镇淮楼东路	距道路西侧边缘2米
7	两淮路	水渡口	板闸立交桥	道路中心线北侧4米
8	翔宇大道	板闸立交桥	礼字坝	道路中心线南侧24米
9	翔宇大道	礼字坝	楚涟路	道路中心线南侧23.3米
10	楚州北门大街顶管	—	—	道路中心线东侧12米
11	永怀路局部顶管	—	—	道路中心线南侧5.5米
12	楚州大道	翔宇大道	怀恩路	道路中心线西侧20米
13	翔宇三期	楚州大道	铁云路	道路中心线西侧24米
14	经九路	纬七路	世纪嘉园	道路中心线西侧11米
15	纬七路	经九路	楚州大道	道路中心线南侧12米
16	西长街	镇淮路	耳洞河	道路中心线南侧3米
17	耳洞河	运河嘉园	南门大街	道路中心线东侧3米
18	南巽路	南门大街	淮江公路	道路中心线西侧5米
19	盛世豪庭中压顶管	新城小区	盛世豪庭	道路中心线北侧18米
20	翔宇大道	闸口	阳光现代城	道路中心线东侧24米
总长：3.2万米				

第四章　城市管理

1978年，淮安县城市建设管理由淮城镇代管。负责整顿市容卫生、马路摊点，取缔主要街道旁的违章建筑。但管理范围小、意识不强、建设管理薄弱。后随着城市建设发展，城市建设管理逐步加强。1987年，成立县城市管理办公室（简称城管办），负责市容市貌管理，推行卫生包干制、不定期检查评比，城市建设管理工作得到强化。1991年，淮安市获得省级卫生城市称号。1993年，城管办体制上升，直接隶属市政府领导。2002年2月，成立楚州区城市管理局、城市管理行政执法局，进一步推动楚州城市建设管理工作，以规划管理为重点，走上依法治理轨道。

第一节　管理机构

一、城市管理局

1978～1986年，淮安县城区市容市貌管理由淮城镇负责。1987年设立县城市管理办公室，隶属县建设局，负责市容市貌管理。1991年，淮安市获得省级卫生城称号。1993年，城管办体制上升，直接隶属市政府。2002年2月，成立楚州区城市管理局、城市管理行政执法局，两块牌子一套班子。

二、城市管理行政执法大队

2002年2月，楚州区（原县级淮安市）城市管理行政执法局成立，楚州区城市管理行政执法大队同时成立，隶属行政执法局。楚州区城市管理行政执法局为区政府相对集中行使城市管理行政处罚权的行政机关，与区城市管理局一套班子、两块牌子，均具有独立的行政执法主体资格。区行政执法局下设城市管理行政执法大队，以区行政执法局名义行使行政处罚权。城市管理行政执法大队，暂定编制60人，均为全额拨款事业编制，依照公务员制度管理。2002年下半年起，执法大队分为市容、规划两大板块，分别负责市容环境管理、违法建设的查处和拆除。在人员管理上，引入竞争机制，实行路段长（分队长）竞争上岗，将城区主干道分为七个路段（后来增加为十个路段），对各路段实行路段长（分队长）承包责任制。

第二节　市容市貌整治

80年代初，城市建设管理开展治理“脏乱差”工作，对城区南门大街、东门大街、西门大街等主要干道卫生、马路摊点进行整顿，安排专人巡查，节假日加强管理。1982年，结合全县开展的“五讲四美”“文明礼貌月”等社会主义精神文明建设活动，加强市容市貌整治。1986年，在城镇推行“门前三包”责任制，对城区主要街道分段配备卫生检查人员，加大管理力度。1987年，对城区无照经营摊位（点）进行整顿清理，共清除无照摊位36个。1987～1991年，对主要干道和街道实行“卫生包干制”，按段落实到有关单位，定期清扫，不定期检查评比。在南门大街、东门大街、西

2002年3月，城管队员拆除违章广告牌

门大街，实行摊位定点；公共场所划定自行车停放范围；工商行政部门设立广告栏。清洁管理部门清除影响市容、卫生的粪缸、厕所20个。1991年，淮安市获得省级“卫生城市”称号。此后，检查管理工作成为常规。

2002年，执法大队针对城区商品外溢严重、流动摊贩泛滥、违法建设频发的特点，进行分区管理，综合执法。截至年底，拆除各种违法搭建和影响市容的广告牌匾300余处，取缔占道经营、商品外溢300余处，整治占道摊点3000余处，规范户外广告和标志2000余处，整治乱停乱放2万多起。2003年，取缔占道经营、商品外溢6万余起，拆除各种违规广告牌匾6000余处，整治乱停乱放4万余多起，特别是在治理“城市牛皮癣”工作中，配合城管治安办抓获了4名乱贴乱画、办假证的违法分子，有力地遏制了乱贴乱画现象。2004年，下发《关于加强城区主次干道及公共场所车辆停放管理的通告》，在城区人行道统一划出停车线，规范停车秩序。共出动执法车辆1550余次，拆除违章牌匾950余块，清除“野广告”56万余处，对4名内店外开、抗拒管理的个体老板依法实施行政拘留。针对北门夜市大排档长期占道经营、阻碍交通、污染路面的情况，执法大队在原夹城市场投资25万元新建一处夜市排档群，实行划定的地点集中经营，统一卫生设施、统一经营时间、统一管理标准的“一集中三统一”管理。结合淮安市新颁发的《门前三包管理办法》和《楚州区门前三包管理实施细则》，执法大队组织人员与沿街单位、个人签订“门前三包”责任状4500余份，对修鞋、修车、冷饮点等相对固定的摊点，统一发放占道经营许可证，统一时间、设施，定点、亮证经营。从源头上杜绝“脏、乱、差”现象。2005～2007年，以“治脏、治乱”为突破口，推行路段长管理责任制。针对以往路段管理中“管、干”分离、职责不清、相互推诿扯皮的情况，将环卫保洁人员统一纳入责任路段，实行一体化管理。执法大队与环卫处联合成立市容环卫管理巡逻队，实行错时工作制，消灭管理时段中的“盲区”。2006年，执法大队共查处乱泼污水920起，乱倒垃圾1043起，清除乱贴乱画9600余处。2008年，开展“乱牵乱挂、乱贴乱画、乱停乱放”专项整治，全年共清除“野广告”1.89万张，整治城区便民设施220余处，收缴散发宣传纸2.3万余份，暂扣乱牵乱挂物品1160余件，查处违法占道、店外店经营等行为3.4万余起，依法暂扣物品3700余件。在城区增设了6个疏导摊点，让流动摊点进入疏导点集中经营，实行规范管理。

第三节　违章建筑治理

1987年，成立淮安县城市管理办公室，对城区任意占道、占地，无照、无证施工，乱搭、乱建，搞违章建筑的进行整顿清理，共拆除违章建筑38处。2003年，陆续拆除泗河沿线、淮涟路沿线、关天培路两侧、翔宇大道两侧、河下古镇入口、旅游景点周围、文渠等有关地段违法建设18万余平方米。2004年，楚州区把拆除违法建设作为推进“四城同创”，加快城市化进程的重要举措。执法大队注重宣传引导，张贴有关拆违的法规通告、公布违建户名单，

淮城镇拆除违章建筑　　（2006年摄）

印发致广大市民、农民朋友一封公开信，在报纸、电台、电视台开辟专栏，跟踪报道拆违动态，宣传拆违典型的人和事，形成强有力的舆论攻势。执法人员进村入户排查违建1.5万户，查出189户违法建设，对52户违建户下达《行政处罚决定书》，对137户下达《行政处罚告知书》。全年共拆除各类违法建筑4万余平方米，与2069户签订缓拆协议，收取缓拆保证金100余万元，面积14万平方米。2005年，执法大队加大巡查力度，对城区实行不间断拉网式巡查，设立举报电话，派专人值班接听，做到及时出动，有力查处，切实把违法建设消灭在萌芽状态；督促党员干部自拆，为群众做好样子；对群众自拆确有困难的，组织队员上门助拆；对一些"钉子户"，经说服教育后，逾期仍不能自拆的，会同公安、法院、卫生等部门，采取集中强拆。全区共拆除违法建设266户次，面积1.3万多平方米，处罚315户，面积2.1万平方米，拆除雨棚230多处，申请人民法院强制执行18户。2006年上半年，执法大队继续把拆除违法建设作为推行"四城同创"，加快城市化进程的重要举措。在集中整治违法建设活动中，全区共拆除86户，面积2100平方米，协助有关部门拆除违法建设130多户，面积7000多平方米。2007年，执法大队继续坚持强拆与自拆相结合，共拆除各类违法建设近60户，面积1500多平方米。2008年共调查五星大酒店、南水北调工程、古城墙遗址公园等区政府重点工程拆迁地块的违法建设2920户，其中有违法建设1423户，违法建设面积9.57万平方米，直接为政府节约城市建设成本近2亿元。特别是在板闸生态商务区拆迁中，组建40多人拆违突击队，组织几次较大规模集中强拆行动，以强拆震慑之势有力地促进了拆迁工作。

第四节　环境卫生

一、环卫队伍

60年代后，淮城清洁管理所成立初期，有职工26人，作业工具只有扫帚、粪勺、平板车等。1984年，淮城清管所改为淮安县清洁管理所。1988年，淮安市环卫处成立，股级建制隶属城建局。2001年，淮安市环卫处编制237人。2008年底，环卫处在职职工447人。下设清洁管理所、公厕管理所、清运管理所、收费管理所、建筑垃圾管理办公室5个部门，内设人保科、财供科、环卫科、督查科4个科室。拥有机动运输车、机械化作业车27辆，不锈钢三轮保洁车、平板车180辆，压缩式垃圾中转站8座，地坑式垃圾中转站1座，城区三类以上直管公厕87座，粪便处理场1座。环卫职工中涌现出身残志坚的公厕保洁员、省劳模陈书才，爱岗敬业的道路保洁员、省五一劳动奖章获得者胡梅花等一批先进个人。

二、环卫设施、设备

1984年前全部是用平板车拖运垃圾，1984年购买2辆小四轮拖拉机运输垃圾，实现垃圾运输的机械化。2004年前，道路保洁完全是人工清扫。保洁员实行定人、定时、定地段、定工作量、包保洁质量的"四定一包"责任制，作业要求达到路面清、树根清、墙角清、路牙清、雨水口清、窨井口通的"五清一通"标准。2004年，环卫处购买第一台道路清扫车和高压冲洗车。在符合作业条件的道路上开展机械清扫、机械冲洗、人机混扫、人工清扫的"四合一"新型道路保洁法。2005年购买密闭式垃圾运输车，实现垃圾的密闭运输，杜绝垃圾运输过程中的二次污染。2008年底，环卫处已配备了高压冲洗车2辆、道路清扫车3辆，保洁员的手推车更新为不锈钢三轮保洁车。有垃圾运输车11辆，其中压缩式垃圾车4辆、摆臂自卸车2辆、多功能运输车2辆、垃圾吊桶车3辆。

三、保洁工作

道路保洁人员，在实践中总结出"细致清扫，认真冲洗，定时收集"十二字做法。主要采取合理安排清扫时间，改进保洁方式，确保全天候环境卫生整洁，安排人员巡回保洁，在时间上不留空当。清扫上，做到横向到边纵向到底，不留一点死角。环卫处根据道路的干净程度或冲洗的难易程度，实行差别管理。城市生活垃圾，从抓垃圾袋装化管理入手，实行专人专管，车走点净。1984年，淮安县清洁管理所对城区公厕加以改造，保留95座。1990年以后，市区主要街道的公厕部分改造为水冲式厕所，卫生状况得到改善。环卫处还制定"五定""五无"规章制度，即厕所粪便管理"定人定厕、按厕定产、定作业要求、定卫生标准、定期考核"；厕所卫生标准达到"无积粪积尿、无粪迹痰迹、无杂草污物、无蛆虫恶臭、无蛛网积灰"。1995年，南窑垃圾处理场建成，占地2400平方米。2003年6月，垃圾填埋场实施二期扩建改造工程，容纳生活垃圾约20万立方米。2005年12月，政府投资建设关天培路、西长街、中山门、城西南路、城西北路、华亭、翔宇大道等7座压缩式垃圾中转站（后因城市建设需要，拆迁2座）。同年底，城区87座公厕全部达到三类以上水冲式标准。公厕的管理实行"四公开"，即公开服务时间、当班管理员工号、服务保洁标准、监督电话。沿街公厕实行准市场化运作，由社会人员承包保洁，以厕养厕。后街背巷公厕由环卫处保洁员按照"两洗刷两保洁"的要求保洁，做到厕内设施完好，环境整洁。城区污水处理系统建成，沿街公厕粪便经化粪池过滤后流入污水管道，基本实现粪便清运的机械化。2006年，政府启动封场工程，至2008年4月竣工，总投入经费约200万元，同年5月通过环评验收。至2008年底，环卫处有5吨吸粪车1辆，3吨吸粪车2辆，小型吸粪拖拉机5辆，建立了"定点、定时、定量、定人"的四定清运责任制，确保公厕无漫溢。城区生活垃圾全部运往淮安市王元垃圾处理场。全区共有压缩式垃圾中转站7座，地坑式垃圾中转站1座。

环卫工人路上扫雪　　（2008年摄）

四、渣土管理

1992年，淮安市政府成立城建监察大队环卫中队，主要负责建筑垃圾处理费的征收以及对全市建筑垃圾的统一管理。2000年，市环卫中队更名为市建筑垃圾管理办公室。2003年以前，施工单位工程渣土建设过程中建筑垃圾申报率为70%，2003年以后，申报率达100%。建立"四巡一块"的管理制度：早上5～7点为每日早巡查，确保主次干道所有污染在上班高峰到来前及时清除；对施工作业工地每日巡查；主次干道的每日巡查；对城郊接合部的每周巡查，发现乱倒渣土及时清除；在巡查中一旦发现污染行为，立即派人清除，并从严、从快、从重进行处罚。区建筑垃圾从1975年每年1000吨左右增加到1991年10万吨/年左右。至2008年，楚州区无渣土处置场地，渣土的消纳途径主要有填埋废沟、废塘、工程建筑回填。

1978～2008年部分年份楚州区（淮安县、淮安市）清扫道路面积情况表

表4-22　　单位：万平方米

年份	清扫工人数	清扫面积	年份	清扫工人数	清扫面积	年份	清扫工人数	清扫面积
1978	20	10.02	1989	24	12.00	1999	68	49.68
1980	20	10.02	1990	26	16.46	2000	82	64.65
1981	20	10.02	1991	37	30.63	2001	90	79.36

续表 4-22

年　份	清扫工人数	清扫面积	年　份	清扫工人数	清扫面积	年　份	清扫工人数	清扫面积
1982	20	10.02	1992	37	30.63	2002	107	85.48
1983	20	10.02	1993	49	30.63	2003	127	90.37
1984	20	10.02	1994	49	30.63	2004	169	100.05
1985	20	10.02	1995	49	30.63	2005	174	102.79
1986	22	11.25	1996	59	42.00	2006	195	109.15
1987	22	11.25	1997	66	48.57	2007	195	116.64
1988	24	12.00	1998	68	49.68	2008	236	154.03

1978～2008年楚州区（淮安县、淮安市）街巷道路清扫面积情况表

表4-23　　单位：万平方米

年　份	清扫工人数	清扫面积	年　度	清扫工人数	清扫面积	年　份	清扫工人数	清扫面积
1978	165	340	1989	210	126	2000	240	132.2
1979	165	340	1990	210	126	2001	240	131.2
1980	162	340	1991	216	128	2002	247	98.8
1981	163	348	1992	216	128	2003	247	98.8
1982	172	420	1993	228	122	2004	247	98.8
1983	180	426	1994	228	122	2005	310	92.6
1984	175	431	1995	232	122	2006	330	85.7
1985	190	442	1996	232	136	2007	346	85.7
1986	190	442	1997	232	136	2008	392	85.7
1987	210	126	1998	231	132			
1988	208	126	1999	233	132.6			

1978～2008年部分年份楚州区（淮安县、淮安市）垃圾中转站建造情况表

表4-24

中转站名称	类　型	坐落地点	占地面积（平方米）	建造时间	投资额（万元）
巽关路中转站	密闭	巽关路四中学校外侧	100	1992年新建	3
城西北路中转站	压缩	城西干道北侧中段	240	2005年新建	58
城西南路中转站	压缩	城西南路路南端	200	2005年新建	58
关天培路中转站	压缩	关天培路世纪佳苑南侧	240	2005年新建	58
西长街中转站	压缩	西长街月湖东端	100	2005年改建	58
中山门中转站	压缩	北门大街中山门菜场外侧	200	2005年新建	58
工业园区中转站	压缩	工业园区北头	240	2008年新建	68

1990～2008年部分年份楚州区（淮安市）公共厕所设置情况表

表4—25

序号	大致地址	具体地址	等级	类别	启用时间	建筑面积（平方米）	投资（万元）
1	小羔皮巷	小羔皮巷中段	3	水冲	1990	83.5	8.5
2	大羔皮巷	大羔皮巷西侧	3	水冲	1990	58.1	6
3	龙窝巷	龙窝巷勺湖小学南侧	3	水冲	1990	75.4	8
4	回笼巷	二中外侧回笼巷内	3	水冲	1990	43.5	5
5	照壁巷	镇淮楼东路建行西侧	3	水冲	1990	19.2	2
6	岳庙西街	楚州实小南侧巷内	3	水冲	1990	25.4	3
7	范巷	镇淮楼东路邮政楼东侧	3	水冲	1990	24.6	3
8	太清观街	镇淮楼西路太清观街	3	水冲	1990	58.6	6
9	人民桥（东）	镇淮楼西路人民桥（东）	3	水冲	1990	27.6	3
10	老西门大街	西长街老西门大街（中）	3	水冲	1990	41.6	4
11	水利局（南）	西长街水利局（南）	3	水冲	1990	21.4	2
12	大鱼市口西街	南门大街大鱼市口西街	3	水冲	1990	59.4	6
13	胯下北街	区委大楼后胯下北街内	3	水冲	1990	56.3	6
14	二条巷	兴文街二条巷内	3	水冲	1990	38.1	4
15	胯下北街	时代超市后胯下北街	3	水冲	1990	59.3	6
16	东长街（南）	东长街公厕管理所办公旁	3	水冲	1990	83.3	8
17	拈花寺巷	东长街拈花寺巷内	3	水冲	1990	21.3	2
18	小鱼市口东街	小鱼市口东街（东）	3	水冲	1990	28.7	3
19	大泊巷	大泊巷内	3	水冲	1990	23.3	3
20	四号楼	南门大街工商行北侧	2	水冲	1990	88.8	9
21	木材公司外	里运河堤木材公司外侧	3	水冲	1991	40.9	4
22	食品巷	东西门大街食品公司宿舍	3	水冲	1991	44.5	4.5
23	大麒麟巷	大麒麟巷内	3	水冲	1991	39.6	4
24	三角桥	东长街三角桥	3	水冲	1991	32	4
25	更楼东街	更楼东街中段	3	水冲	1991	32.2	3
26	小鱼市口东街	小鱼市口东街（西）	3	水冲	1991	46.2	5
27	大鱼市口东街	大鱼市口东街（东）	3	水冲	1991	41.9	4
28	大鱼市口东街	大鱼市口东街（西）	3	水冲	1991	49.6	5
29	卫巷	南门大街卫巷内	3	水冲	1991	29	3
30	白酒巷	河下白酒巷内	3	水冲	1991	36.3	4
31	蒲葭巷	西长街蒲霞巷内	3	水冲	1991	15.5	2
32	文通巷	勺湖公园西侧围墙外侧	3	水冲	1992	15.4	2
33	锅铁巷	锅铁巷内	3	水冲	1992	46.9	5
34	更楼西街	南门大街更楼西街巷内	3	水冲	1992	36.1	4
35	百寿坊	河下白寿坊内	3	水冲	1992	28	3

续表 4-25

序号	大致地址	具体地址	等级	类别	启用时间	建筑面积（平方米）	投资（万元）
36	茶巷	河下茶巷内	3	水冲	1992	77.4	8
37	南门洱洞桥北	南门大街洱洞桥北侧	3	水冲	1992	45	5
38	空心街	河下空心街	3	水冲	1992	29	3
39	驸马巷	驸马巷勺湖幼儿园南侧	3	水冲	1993	55.5	5.5
40	上坂街	上坂街中段	3	水冲	1993	28.3	3
41	永怀路中段	永怀路瞭望台对过	2	水冲	1993	62.2	7
42	巽关路	巽关路四中外侧	3	水冲	1993	48.1	5
43	南门口	南门大街南端	3	水冲	1993	36.9	4
44	农机公司	北门大街农机公司外侧	3	水冲	1995	54.4	6
45	又一勺	西长街建设局对过	3	水冲	1995	54.9	6
46	佳佳幼儿园	镇淮楼西路交通局楼东侧	3	水冲	1995	16.1	2
47	九板桥	西长街九板桥巷内	3	水冲	1995	44.4	5
48	太平街	太平街巷内	3	水冲	1995	16.3	2
49	府学路（仓桥）	府学路仓桥游园边	3	水冲	1995	49.5	5
50	中山门市场外	北门大街中山门市场外	3	水冲	1996	67.8	7
51	保安巷	保安巷内	3	水冲	1996	33.4	4
52	小麒麟巷	小麒麟巷内	3	水冲	1996	58.9	6
53	小校场	府学路住宅小区内	3	水冲	1996	42	4
54	豆腐厂	豆腐厂（南侧）	3	水冲	1996	64.1	7
55	夹城菜场	北门大街夹城菜场内	3	水冲	1996	62.5	6
56	兴文街	兴文街东端楼后	3	水冲	1996	16.3	3
57	新淮商场	镇淮楼西路新淮商场（后）	3	水冲	1997	26.1	3
58	姜桥巷	河下姜桥巷内	3	水冲	1997	37.9	4
59	新城西门口	北门大街新城西门口	3	水冲	1997	140.9	10
60	称娘桥	东门美食街称娘桥南侧	3	水冲	1998	49	5
61	东长街（北）	东长街计生委南侧	3	水冲	1998	56.9	6
62	楚港花苑外	楚港花苑小区围墙南侧	3	水冲	1998	112	11
63	南城墙	文府路南城墙北侧	3	水冲	1998	48	5
64	涧河南街	涧河南街东端	3	水冲	1998	48	5
65	水果批发市场	巽关路东侧游园内	3	水冲	1998	34	4
66	新世纪广场	北门大街新世纪广场北侧	2	水冲	1999	73	8
67	小鱼市口西街	小鱼市口西街（东）	3	水冲	1999	40	4
68	天妃宫	西长街中转站北侧	3	水冲	1999	80	8
69	下关大街（西）	楚州大道下关大街西侧	3	水冲	2000	43.5	5

续表 4-25

序号	大致地址	具体地址	等级	类别	启用时间	建筑面积(平方米)	投资(万元)
70	打线巷	二中学校外打线巷内	3	水冲	2000	103.4	10
71	府市口	东西门大街大圣桥东侧	2	水冲	2002	68.5	7
72	交警大队	楚州大道交警大队(门口)	3	水冲	2002	55.5	6
73	老广播站	南门大街电大巷内	3	水冲	2002	46.5	5
74	城南新村路西6幢	城南新村路西6幢	3	水冲	2002	87.4	9
75	莲花街	里运河莲花街(西堆)	3	水冲	2002	25	3
76	估衣街	河下估衣街内	3	水冲	2002	40.5	4
77	大库塘巷	府衙外大库塘巷内	3	水冲	2004	38.5	4
78	运河小街	里运河堤运河小街	3	水冲	2004	56.7	6
79	运河佳苑(北侧)	西长街运河佳苑(北侧)	3	水冲	2005	40.8	4
80	吴承恩广场	竹巷街吴承恩广场	3	水冲	2005	53.6	5
81	城西北路	城西干道中转站旁	3	水冲	2005	79.6	8
82	府学路	府学路(部队营房内)	3	水冲	2005	35.3	4
83	南门大街	南门大街(部队营房内)		水冲	2005	31.7	3
84	镇淮楼广场(生态)	镇淮楼市民广场内	2	水冲	2006	22.88	34.8
85	华亭敬老院后	城西干道敬老院后	3	水冲	2006	63.03	7
86	缫丝厂宿舍	缫丝厂宿舍内	3	水冲	2008	35	4
87	开发巷	城西干道开发巷内	3	水冲	2008	81.6	8

第五章 房地产

1978年,成立淮安县房地产公司。2000年始,成立房地产管理局,对境内公房、改造房、代管房、私房进行普查,整理、充实房产档案资料,加强房产产权产籍管理,落实有关私房政策,逐步发还历史上被占用房屋的产权。整修、轮修公房,提高房屋完好率,改善居民居住条件和居住环境。1985年,进行第一次城镇房屋普查。80年代末至90年代初,住房矛盾十分突出。政府除调整基本建设投资比例关系,增加住宅建设投资外,还注意发挥国家、地方、企业和个人建房积极性,改变由房管部门一方建房、分房办法,为由职工所在单位建房、分房,并鼓励私人建房、投资建房等灵活政策,加快住房建设,住房发展出现转机。21世纪,房地产业得到快速发展,加快了商品房建设,2000~2004年全区共开发建设近70万平方米,总投资8.3亿元。开发建成了一批设备较齐全、配套设施较完善、环境较优美的商住小区,人均居住面积由2000年16.5平方米增加到26.5平方米。全区有30%左右的城市人口住上商品房,此后开发建设投资逐年增加。住房改革和住房保障等一系列配套制度陆续跟上,房地产管理工作规范有序步走上正轨。

第一节 城镇房屋普查

70年代、80年代，由于城市人口的迅速增长。淮安县城镇居民人均居住面积下降到6平方米以下，比新中国成立初人均居住面积下降了2平方米。

1985年1月，按国家统一部署，淮安县成立房屋普查领导小组，开展第一次全国城镇房屋普查，参加普查人员共160人，到次年4月结束。对8个居委会、10个村、365个全民和集体单位、270条街巷路的3.15万幢房屋结构、层数、面积、产权、用途、质量、居住情况和建成年份等进行丈量登记，共取得95.04万个数据。经统计，县城镇房屋建筑面积174.79万平方米，居住面积44.39万平方米，人均居住面积5.7平方米。1985年，房屋普查成果数据分析如下（1985年全县各类房屋的总建筑面积为174.79万平方米）：

（一）按房屋归属分析

房地产公司直管公房：15.47万平方米，占总面积8.85%；全民单位自管房产：62.76万平方米，占总面积的35.9%；集体单位自管房产：27.77万平方米，占总面积的15.89%；私有房产：68.3万平方米，占总面积的39.25%。

其他房产：1881平方米，占总面积的1.23%。

（二）按房屋结构分析

混合结构：62.89万平方米，占总面积35.98%；钢混结构：2.16万平方米，占总面积的1.23%；砖木结构：106.28万平方米，占总面积的60.81%。

其他结构：3.46万平方米，占总面积1.98%。

（三）按房屋层次分析

平房：143.67万平方米，占总面积的82.19%；2～3层：22.11万平方米，占总面积的12.65%；4～6层：8.95万平方米，占总面积的5.12%；7～10层：671平方米，占总面积的0.04%。

（四）按建筑年代分析

1949年前：23.05万平方米，占总面积的13.19%；50年代：11.41万平方米，占总面积的6.53%；60年代：18.56万平方米，占总面积的10.62%；70年代：56.64万平方米，占总面积的32.40%；80年代：65.13万平方米，占总面积的37.26%。

（五）按房屋用途分析

住宅用房：104.41万平方米，占总面积的59.74%；工交用房：38.93万平方米，占总面积的22.27%；商服用房：15万平方米，占总面积的8.58%；教育卫生用房：8.76万平方米，占总面积的5.01%；文化娱乐用房：1.7万平方米，占总面积的2.83%；其他用房：1.04万平方米，占总面积的0.6%。

（六）按房屋质量分析

完好房屋：82.22万平方米，占总面积的47.04%；基本完好房屋：66.66万平方米，占总面积的38.13%；一般损坏房屋：24.23万平方米，占总面积的13.86%；严重损失坏房屋：1.57万平方米，占总面积的0.07%。

（七）按居住情况分析

普查户数：1.89万户；居住人口：7.8万人；住宅建筑面积：102.01万平方米，人均13.08平方米。使用面积：74.34万平方米，人均9.53平方米。居住面积：44.36万平方米，人均5.7平方米。

第二节　产权产籍管理

80年代中期，全国除部分城市实行房屋所有权登记、发证外，大多数地方没有实行房屋产权产籍管理，产权不清、产籍不明、管理混乱等现象十分普遍。1987年，根据城乡建设环境保护部第51号文件关于在全国城镇开展房屋所有权登记、核发房屋所有权证的要求，淮安县开始启动产权产籍管理工作。

1987年6月，淮安县房地产公司设立产权监理股，专事该项工作。同年，县政府在勺湖居委会开展试点。1993年，城区9个居委会、10个行政村，计2万余户的房屋权属登记工作基本结束。

权属登记发证工作到2005年，共完成私房登记5万余户，发证4.5万户，面积约320万平方米；单位自管房登记900余户，发证800余户，面积约200万平方米。另外，房地产公司直管的公房登记率达到100%，没有发证。发证登记管理经过近20年的演变，从原始的全手工操作到半自动化、信息化网络管理。1999年，房屋产权权属档案管理经省档案局验收合格，达到省三级档案管理水平，获省三级档案管理合格证书。房屋登记法规先后进行五次调整和修改，私房登记收费标准由起初的每户17元至80元（非住宅、公房除外），变动为以房屋价值按千分比收取测绘费和登记费，年收费从起初十年每年不到10万元，增加到2005年以后每年近百万元。

第三节　房屋管理

新中国成立初期，由淮城镇人民政府对旧政权遗留下来的房地产进行接管。1978年，县成立房地产公司，2000年成立房地产管理局，对全区房地产进行行政管理和经营管理。

一、直管公房管理

租赁管理　1978年，淮安县房地产公司有直管房7000余间，其中出租给单位1000余间，出租给个人6000余间。1990年，房地产公司拥有直管房8000余间，其间增加的房屋主要是城市道路拆迁补偿。后来由于部分旧公房（包括危房）出售，到2000年底，房地产公司拥有直管公房面积6.8万平方米，其中非住宅用房面积为2万平方米、住宅房面积为4.8万平方米。至2008年，房地产公司拥有直管公房面积为2.9万平方米，其中非住宅用房为1.4万平方米、住宅用房面积1.5万平方米。

1989年始，房地产公司对部分房屋采取由房管部门与承租人5年签一次合同的办法，经工商部门鉴定，按月缴纳租金，此后为便于管理和掌握房屋的情况，对大多数房屋租赁合同采取一年一订的办法。

公房租金管理　为贯彻执行“以租养房”原则，保证直管公房维修养护和使用居住安全，对住宅房租金和非住宅房租按房屋结构，质量划分为3个或4个等级。

1992年以前，住宅房租金按房屋的建筑面积计算，一等房每月0.14元/平方米，二等房每月0.12元/平方米，三等房每月0.1元/平方米，四等房每月0.06元/平方米或0.08元/平方米。从1992年起，住宅房租金按使用面积计算，平均为每月0.2元/平方米，1995年起平均每月0.5元/平方米，1996年10月起调整为每月0.6元/平方米，2001年1月起调整为每月1元/平方米。2006年5月调整为每月1.2元/平方米。

非住宅房租金均按房屋建筑面积计算。1986年前月租金为0.6元/平方米。1986年12月，房地产公司对非住宅租金作调整，具体为：钢混结构，月租金1.69元/平方米；砖混结构，分为三个等级，月租金分别为一等1.61元/平方米、二等1.41元/平方米、三等1.14元/平方米；砖木结构，一等月租金

1.57元/平方米，二等月租金1.24元/平方米；简易结构，月租金0.96元/平方米。1993年1月，淮安市物价局、城建局联合发文对城区非住宅用房作了调整，统一调整为月租金3.6元/平方米。1999年，淮阴市房管局下达营业用房租金市场化试点任务。淮安市房地产公司对南门大街兴文段、城南饭店段、淮安饭店段进行改造，新增营业用房408平方米，对新增营业用房实行新房新租；另外，在全区范围与其他承租户签订调租合同。2003～2005年购买新增的营业用房，全部按新房新租出租，基本上和市场价格接轨。有些单位承租的门市、厂房因改制，无法生产经营，影响了租金的收缴。

淮安房屋租赁管理起步于1983年，开始正式运作于1990年。1990年，淮阴市人民政府下发134号文，最初非住宅用房的个体工商租赁户，一户20元至80元之间不等。1997年在工商部门的支持下，淮安市城乡建设局下发了《关于加强房屋租赁市场管理》的通告，当年的租赁收费一跃突破10万元。

1998年，将租赁办从交易所分离出来，单设一个部门，管理人员由原来的3人增加到11人，同时会同区工商部门下发《关于加强房屋租赁市场管理的会办纪要》，区工商部门派员进驻，共同抓房屋租赁市场管理，办理《房屋租赁许可证》验证手续。2002年3月，国家将房屋租赁鉴证费的费种由原来的房屋租赁鉴证费变更为房屋租赁手续费，并由原来的双向收费，即按年租金的3%，租赁双方各缴纳1.5%，改为单项收费。收费标准为住房每套100元，非住宅在1000平方米以下（含1000平方米）每件200元；1000平方以上每件300元。该项收费由出租人承担。

公房修缮管理　房地产公司直管公房修缮工作一直由其修建股和修建工程队负责（1998～2007年由技术股和修建工程处负责），维修等级大体分为大、中、小修三种，由房管员实地勘察，将住房承租户的房屋损坏情况反馈修建部门，修建部门根据实际损坏的程度确定修缮等级。对确认的危房，工程队进行大修或翻建完工后再由修建部门进行实地检查验收。

房屋修缮经费　1985年前，房屋修缮经费由县财政拨款。从1985年起，房屋修缮经费开始从房地产公司直管公房的租金中按比例列支，修缮经费占租金总收入的70%。

二、房屋交易管理

淮安的房产交易管理从1990年开始走上规范化的管理轨道。1990年11月15日，淮安市政府发布《关于加强房产交易管理的通告》，凡各种所有制房屋的买卖、租赁、转让、抵押、交换、赠与、典当以及其他在房屋流通过程中的各种活动都必须通过房地产公司的房产交易所进行，在交易中并由其按国家规定代征房屋交易契税。据统计，1990～1996年，全市办理交易过户800余起，交易面积4.8万余平方米，交易金额2400余万元。1995年8月7日，建设部发布《城市房地产转让管理规定》。1997年6月1日，建设部出台《城市房地产抵押管理办法》后，进一步规范了房地产交易管理行为。

三、房屋安全鉴定

1991年7月，淮安市成立房屋安全鉴定管理所，专事全市房屋安全鉴定工作。根据建设部《城市危险房屋管理规定》，安鉴所有序开展工作。

1992～2006年部分年份楚州区（淮安市）房屋安全鉴定情况表

表4-26

年　份	鉴定户数	鉴定面积（万平方米）	鉴定费（万元）	年　份	鉴定户数	鉴定面积（万平方米）	鉴定费（万元）
1992	15	1300	0.22	1999	260	6200	3.2
1993	21	1500	0.32	2000	4200	18000	6.2
1994	32	2200	0.45	2003	450	22000	7.5

续表 4-26

年　份	鉴定户数	鉴定面积（万平方米）	鉴定费（万元）	年　份	鉴定户数	鉴定面积（万平方米）	鉴定费（万元）
1995	41	2600	0.51	2004	660	26000	8.6
1996	52	3200	0.64	2005	750	31000	12
1997	60	3500	0.70	2006	420	25000	10
1998	150	5100	1.2				

四、房地产测绘

1984年底，建设部决定在全国城镇范围内进行第一次房屋普查，经过近两年普查，城市房地产管理部门纷纷成立自己的房地产测绘队伍，从事房地产测绘工作。1987年，淮安市房地产公司产权监理股为群众办理、发放房屋所有权证，房地产测绘成为房地产管理不可缺少的一项工作。

2002年8月，淮安市房地产测绘事务所楚州分所成立，隶属区房地产公司，在业务上受淮安市房地产测绘事务所指导，负责全区各类房的测绘、面积计算及附图制作，按物价部门核定的收费标准收费。2002年2月，国家颁布《房产测量规范》（GB/T17986—2000），房地产测绘逐步走向规范化操作。2005年10月，依据房地产管理的规定及要求，房地产测绘事务所楚州分所从产权股分离出来，全所从业人员6人，均参加过市级、省级业务培训学习，并持岗位证书。

第四节　私房政策落实

1984年，根据国家有关文件精神，淮安县对部分代管房屋落实政策，逐步发还产权，转移租赁关系。到1993年底，全市（县级）共落实258户，计1.22万平方米（其中落实“文化大革命”时期被挤占、低价收买下放户的房屋172户，计7048平方米）。在以后的几年中，虽有不少来信来访要求落实私房政策，但由于上级没有新精神、下拨经费中断和房源紧缺，工作无法正常进行。截至2000年底，全市仅落实房屋近400户，面积约2万平方米。2001年底，区人民政府成立落实私房政策工作领导小组，具体受理承办落实私房政策事宜。2002年，楚州区人民政府颁布《楚州区落实私房政策实施办法》《楚州区落实私房政策实施细则》，规范落实私房政策工作，使落实私房工作有了政策依据。

根据有关原始资料和实际调查，全区共有1072户，计4420间，7.25万平方米的私房需要落实政策。其中包括，1958年因城市建设需要，南门大街、镇淮楼东西路拓宽被拆的房屋690户，1915间，3.03万平方米；1958～1959年，献房运动中献出的房屋161户，1019.5间，1.68万平方米；1959～1965年，政府两批代管的房屋164户，1079间，1.82万平方米；1965年，政府在私房改造中错改的房屋57户，388.5间，7267.5平方米。至2008年，已落实代管、改造，献出房屋111户，974.5间，4635.36平方米。

第五节　房地产开发与管理

一、房地产开发

楚州区城市人口约28万人（含流动人口6万人左右）。2008年，人均居住面积28.5平方米，全区

新城区房地产开发

有45%的人住上商品房，城区面积由原来的4平方千米扩大到15平方千米。

70年代末至80年代初期，淮安房地产开发规模小区几乎为零，大都是零散建筑，且以老式平房为主。为改变城市面貌，政府下决心进行改造，但建设不成规模，都是一两幢或几幢楼，楼层都不超过4层，主要用来解决社会困难户、道路拆迁户以及少部分的落实私房改政策户，大都分布在南门大街、城南新村、巽关新村等，总规模不足5万平方米。80年代末至90年代初，政府逐步采取两种形式投入房地产建设。一是群众自建、政府支持帮助，沿街原建筑由住户自行拆建，政府给政策。二是合资形式，由集体单位投资或个人投资进行沿街“一层皮”（外部）或一幢二幢楼改造建设，总建筑面积不足10万平方米。90年代后期，政府政策有所松动，由过去的单位出资建设，发展到允许个人出资改造，争取民间资金进行旧城改造，主要针对老城区，房地产开发规模仅限于沿街的“一层皮”工程。随着房地产市场逐步完善，政府改变建设思路，由零散的建筑群逐步向规模式、组团式方向开发，允许利用集体资金，也可以引进外资建设，政府在各项政策上给予优惠，用减免规费的形式扶持，开发规模较大的小区可采取一事一议的形式。新城小区就是利用集体资金和公积金贷款进行的首次规模开发。该小区占地15公顷，总规模23万平方米，总投入1.5亿元，首期开发4万平方米，2000年结束。以后，政府又开发了由个人出资的广电小区，主要解决拆迁安置户。政府引进外资投资建设名都花园小区，总规模4.5万平方米，月湖花园总规模4.2万平方米，新城别墅园总规模2万平方米。就开发规模看，这些小区体量仍然较小，配套设施亦不完善，物业管理不到位。从80年代到90年代末，城区开发总量不超过30万平方米，总投资近5亿元。

进入21世纪，房地产业得到快速发展，政府根据国家宏观政策调整，高度重视城区道路、绿化、环境建设，在保护老城面貌的基础上注重新城区建设，尤其是加快商品房建设的步伐。2000～2004年5年间开发建设了近70万平方米，总投资8.3亿元。共建设了漕运、回龙、镇淮、美食街、新城、广电、楚港等小区，房价控制950～1200元/平方米之间。小区从规模上、配套设施完善上都有了较大的提高，人均居住面积从2000年16.5平方米增加到26.5平方米，全区有30%左右的城市人口住上了商品房。2005～2006年上半年随着经济快速发展的需要，楚州区注重利用以土地收益经营城市的发展策略，动员吸引开发商通过挂牌竞拍取得土地使用权，加大了开发量。该时段开发建设了翔宇、运河嘉苑、紫金花苑、世纪佳苑、清华苑、国际商城、盛世豪庭、金陵名府等多个小区，开发面积计42万平方米，竣工48万平方米，投资10.24亿元。这些小区的品位、档次以及规模等都有新的提高，也刺激了房价的上涨。

2006～2007年，房地产开发进入高潮阶段。2006～2007年共开发110万平方米，竣工面积104万平方米，投资额19亿元，空置率仅1%，但市场还是供不应求。均价由2000年1100元/平方米，涨到2006年2150元/平方米。土地价格由2000年每亩均价30～40万元，涨到2005年每亩均价100万元左右。到2007年同类地区土地价格已达到140万元/亩左右。

2000年，国家7部委下发通知要求进行房地产开发市场整顿。2000～2003年房产管理局对许多不规范房屋建设后留下的后遗症进行整顿、整改。通过近一年时间的整顿，每个项目基本上完善了交付后的各种遗留问题，补交了规费，全区开发市场逐步走上规范的轨道。

2005年，全区房地产开发企业有12家，全部建立了开发资质登记备案制度。2006～2008年，由原来的12家增加到30家，其中二级资质16家，三级资质14家。

二、开发管理

颁发商品房预售许可证 在办理商品房预售许可证时，开发企业取得预售许可证后方可开盘销售。2000～2005年，房管局共发放预售许可证近70本，销售面积88万平方米，计1.04万套，发放《住宅质量保证书》《住宅使用说明书》1000余本。2006年全面开通网上楼市，商品房全部通过网上销售。2006年共销售1693套，29.08万平方米；2007年共销售4992套，50万平方米；2008年共销售2221套，26万平方米。网上楼市的开通，初步形成公平、公正、公开有序的房地产开发市场秩序。

实行商品房合同备案制度 开发企业与购房人签订商品房预售合同，预售人应按签约之日起30日内，持商品房预售合同向县级以上人民政府房地产管理部门办理备案手续。2005年，楚州区实行商品房销售合同备案制度，截至2008年10月，共备案近1万份。

全面实行商品房预售款监管制度 由于各城市的开发商挪用预售款现象屡屡发生，所收预售款不能全部用到工程建设中，造成半拉子工程、烂尾楼等，购房者无法规避这种风险，引起全社会关注。2007年市政府下发126号文件，要求在淮安市实行商品房预售款监管，楚州区于2008年1月实施。开发企业在办理预售许可证前，必须与指定的商业银行、房管局、楚州住房贷款担保有限公司四方签订监管协议。根据协议精神，开发企业在每次合同备案时，需将合同总价款存入监管银行，由银行出具资金到位证明。企业需要付款时，可根据项目建设的形象进度付款。

开发项目交付使用管理 2007年，楚州区开始实施开发项目交付使用制度。对达到交付使用条件的小区或分期开发的小区，开发企业必须提供各有关部门验收的证明文件报房管局，经房管局相关科室实地勘察，审查资料，确实符合交付条件的，房管局对其进行公示7天，无异议的根据行政许可程序审批后，发出房地产项目交付使用备案证明。

第六节 物业管理

一、管理机构

1999年3月8日，淮安市政府依据《江苏省城市住宅物业管理办法》和《淮阴市城镇住宅区物业管理暂行办法》，制定《淮安市城镇住宅区物业管理实施办法》，设立淮安市物业管理办公室，人员在淮安市房地产管理处现有人员中调剂。2001年2月，组建楚州区房产管理局，内设物业管理科。2004年3月，物业管理科正式开展工作。

二、管理企业

1999年9月，开发公司淮安市新安物业管理处对新城小区实施物业管理。2000年8月，房地产管理处组建“淮安市新兴物业管理有限责任公司”，对名都花园小区、月湖花园小区，实施管理服务。2001年7月，楚州区供电分局组建淮安市楚州区苏源物业管理有限责任公司，负责漕运小区的物业管理。3个物管企业均为集体性质，管理4个住宅小区，总面积26万平方米，服务区总人口约5500人。

随着城市建设的发展，楚州区先后建成淮扬美食街、明清商业街、楚港兴市花苑、翔宇小区、河下安置小区（一期）。为搞好这些小区的物业管理，2003年3月起，先后成立淮安市楚州翔宇物业管理有限公司、淮安市正大物业管理有限责任公司、淮安市明清物业管理有限公司、淮安市远大物业管理有限公司、淮安市大众物业管理有限公司、淮安新湖物业管理有限责任公司。

2004年12月，淮安市楚州苏源物业管理有限责任公司只负责淮安市楚州供电公司内部管理服务。2005年1月，淮安鼎业建筑工程公司接管漕运小区、新城小区物业管理工作，筹备成立淮安市鼎业物业管理有限公司。到2005年，全区的物管企业共8家，分别负责9个物管区域的管理服务。总建筑面积约40万平方米，服务区总人口约1万人。

三、共用物业维修基金

楚州区从1999年开始建立商品房共用部位共用设施设备维修资金制度。维修资金由经济适用房开发公司开发单位，从其开发项目中的维修资金，在销售时直接收取。直到2004年4月，房管局职能开始运作后才统一管理，统一收缴，并逐步由业主上门缴纳向开发商代收代缴过渡。2006年全区有23个项目建立维修资金，归集总金额为968.1万元。

第七节　住房制度改革及住房保障

1993年，淮安市政府根据省政府文件，下发《住房制度改革实施意见》。采取“小步提租，不发补贴”的原则，将公有住房租金标准统一调整到平均0.2元/平方米，通过提租，推进公房出售。市直、市属以上企事业提租到位率达到100%。政府鼓励职工购买公有住房，新房以综合价450元/平方米的价格，存量房按标准价平均280元/平方米的价格向职工优惠出售。购房职工免缴契税，一次性付款给予全价20%的优惠。1993年，全市有230个部门，50家企业向职工出售公有住房，公房出售量占旧有公房总量的80%，1.3万户职工家庭购买了公房。回收售房款近3000万元。全市有10个单位通过职工集资和合作形式建设职工住房5万平方米，迁入新居职工家庭500户。1995年，政府要求各行政和企事业单位及其职工均应按照个人存储、单位资助、统一管理、专项使用原则建立公积金制度。全市有26个单位，3781名职工参加归集，归集额17万元（含住房公益金划转的部分）。到2008年末，楚州区参加公积金的部门单位有445个，人数2.58万人，年归集额2.58万元，累计归集总额4.48亿元。政府运用公积金向参加归集的购房职工发放贷款2.71亿元，向符合条件的职工支付公积金1.89亿元。有3371户职工家庭圆了购房梦，实现购房面积30.67万平方米。

1995～2008年，全区有270个单位向2.2万名职工家庭出售公房近40万平方米，实现回收售房款8050万元，售房量占应售量的70%。1998年，省政府要求从当年12月1日起停止住房实物分配，逐步实行住房公配货币化。1998年11月30日以前参加工作的无房和住房面积未达到规定面积标准的老职工在购房时实行购房补贴和工龄补贴；1998年12月1日以后参加工作的职工，实行新人新制度，逐月计发住房补贴；纳入住房公积金渠道进行管理和使用。全市100多个单位343名新职工已获住房补贴月缴存额4.78万元。通过逐年提高租金，以租促售的办法加快住房商品化、市场化的步伐，全市单位公有住房出租面积逐年减少。

1997年，房改办利用国家经济适用房政策，兴建了教师公寓，计1.2万平方米，解决130户教职员工住房问题；1998年，在新城地段兴建4.3万平方米的新城小区，以每平方米880元的价格向450户职工群众的出售，推进全市住房建设。2006年底，楚州区出台《楚州区城镇最低收入家庭廉租住房租金补贴申请、审核及退出管理办法》，累计对符合廉租房条件的323户住房困难家庭，以人均住房使用面积低于8平方米差额部分为基数，按照每25元/平方米的标准给予补贴，累计发放补贴款48.23万元。2007年，楚州区政府出台《楚州区安居工程实施意见》，成立住房保障领导小组。2008年，全区启动建设廉租住房100套、拆迁安置房21万平方米，解决城市低收入家庭住房困难。

第六章　村镇建设

第一节　集镇建设

一、集镇规划

1987年底，淮安县完成车桥、平桥两个建制镇的规划，并上报林集、流均、苏嘴、溪河、朱桥、板闸等8个乡，的规划说明书1988年批准。嗣后，泾口、南闸、施河等乡的集镇总体规划也陆续编制成功。1995年初，淮安市委、市政府把集镇规划的修编工作作为当年的18件实事之一来抓。各乡镇相继成立了镇区总体规划编制领导小组，在市规划办公室的指导下开展工作。年底之前，全市各乡镇先后完成《集镇总体规划》及其相应的规划图则和表格，并由市政府批准实施。到2008年底，楚州区24个乡镇、场（不含城市规划范围内的淮城镇、城东乡），全部完成第四轮集镇规划的调整完善编制工作，其中施河镇已完成第5轮集镇总体规划完善工作。

二、乡（镇）域规划

1983年，淮安县开始着手编制乡镇域规划，至1985年底，基本完成。乡镇域规划多为“一”字型或“排排房”的较多，或以村民小组为单位零散建设，既浪费土地又不能使生活设施配套。1989年开始，县对乡镇域规划进行适当调整、完善，1991年结束。2006年开始，楚州区进行镇村布局规划，引导农民集中居住、工业向镇以上工业片区集中。村庄布局上，采取因地制宜，体现“保护、利用、改造、发展”的原则，做到：保护农村生态环境，合理利用资源；村庄选址考虑地质、基础设施条件和防洪、历史文化和生态保护要求，有利于现代化农业生产的组织，便于农业机械化作业，耕作半径合理。规划撤并的村庄环境不考虑新建或改建，纳入所并入的村庄进行规划建设。按镇村布局规划技术要点规定，楚州区2005年规划的范围为全部行政区域，总面积为1447平方千米。

三、道路桥梁建设

1991年，淮安市有大小集镇28个，至2008年底为26个，集镇建有水泥街道260千米。各集镇共有桥梁90座，其中载重量5吨以上的有60座，均为钢筋水泥结构。

四、供水、排水设施建设

70年代以前，淮安县各乡镇居民多饮用河水。由于工业的发展，废水排放日趋增多，加之农业生产中的化肥、农药大量使用，使很多集镇的河水受到污染。从1975年开始，集镇居民开始饮用井水。

80年代起，有部分集镇开始饮用自来水。2008年底，楚州区集镇共建自来水厂26座，日出水23万立方米，供水管长170千米。

1978年前，全县多数集镇采用明沟排水法，仅少数集镇设置地下水道。至2008年底，全区各集镇设置排水明沟共长120千米，地下下水道140千米。

五、公共设施建设

至2008年，楚州区乡镇有卫生院26所，中学、小学各31所，敬老院26所，幼儿园31所，影剧院27座，市场34家。公共建筑面积200万平方米。全区各集镇建有公厕150座。

2008年，楚州区乡镇人均居住面积35平方米，无线移动通信网络基本覆盖全区，交换机总容量32.5万门，实装24.8万户，电话普及率25.3部/百人。全区所有乡镇都接通有线电视。

复兴乡学校 （1996年摄）

第二节 村庄规划建设

一、村庄规划

1984年，在60年代、70年代村庄初步规划的基础上，开始编制建设计划，居民点多规划成方块型，村的行政中心在全村的中心地段，和村民小组依组据田块集中点设置小型零散的自然村庄，各村庄规划多停留在农房建设上，行政村规划多数只设计学校、卫生所、村办公室等公共建筑。

2006年，楚州区开展镇村布局规划，进行了公共设施布局和市政设施配置。经过镇村布局规划，全区25个乡镇规划为1174个农民集中居住点，其中300人以下的居民点24个，301～800人的居民点775个、800～2000人居民点171个、2000人以上的居民点4个，规划人口118.04万人，人均建设用地92平方米。2008年，全区的镇布局规划方案已全部经过区政府审批，并开始实施。

二、村庄建设

1978年前，淮安县村庄农户房屋多为简易的泥墙瓦房，少数为砖墙瓦房。80年代后，多数农户盖起砖瓦房，90年代开始兴建楼房。2000年后，多数农户盖上了楼房，有的还兴建了别墅。2008年，全区各村道路皆为水泥路面，100%的农户用上了电，80%的农户接上了有线电视，95%的农户用上了自来水或手压式水井，85%的农户用上瓶装液化气，乡村通邮率100%。

第三节 农房规划建设

一、结构布局

1978年以前，居民建房基本都是草顶土墙，分散建设较多。80年代，居民建房多为砖瓦结构为主，逐步集中，以排为主，战线很长，不利于节约土地资源。90年代，响应中央节约土地资源的号召，提出中心村规则，居民建房逐步向中心村规划点集中，既节约土地，又有利于基础设施的配套到位。2000～2008年，居民建房基本上以砖混结构、两层以上的楼房为主，很多居民户都请专家设计，建出了样式新颖，风格独特，功能齐全的住房。

二、农房设计

1978年前，淮安农房基本是结构单调，砖土坯结构平房，典型的平房布局为三间正房，一间厨房。瓦木工匠依式样砌筑，无设计图纸。80年代农房多为瓦顶砖墙，90年代部分农房为二层楼房，有了简单的设计，但无建房屋图纸，建造样式只是相互仿效。2003年，楚州区建设局下发《关于加强村镇建筑设计管理的通知》，要求各乡镇严格规范村镇建筑审批程序，凡村镇建二层（含二层）以上的建筑必须有正规设计图纸或套用农房通用图案，否则不予以办理建房手续，以此规范村镇建筑设计和质量管理。

钦工镇农房

第四节　村镇建设管理

一、组织机构

1983年，淮安县政府批准成立建设局农房建设股，各乡镇配备一名专职农房管理员，负责村镇规划的编制和管理。1986年，各乡镇的农房管理人员划归土地管理局，成为土地管理员。1989年升格为乡镇土地助理员。90年代初，各乡镇相继成立镇建设管理所，2002年更名为楚州区乡镇建设服务站。截至2008年12月，全区26个乡镇村镇建设服务站实有在编人员193人。

二、业务管理

2000年后，楚州区各乡镇对下水道、公厕、垃圾池的建设进行全面的规划，主要街道垃圾日产日清。60%镇配齐环卫清扫人员。部分乡镇还配有机动车辆，其他为平板车，负责街巷的清洁卫生。新建住宅楼建有化粪池，农贸等专业市场及公共场所落实专门保洁人员，街道两侧的单位和住家户实行门前三包，镇区主要街道配有垃圾箱。各自然村庄的清洁卫生，由各村庄农户自发清扫，或由村民委员会组织人员突击性清扫。

各乡镇建设档案资料，基本都按国标整理上架，并配有兼（专）职档案管理人员。2008年，50%的乡镇实现了电脑目录检索，建立了一系列档案保管、利用、安全等制度，产权产籍档案做到一户一袋。

第五篇　水　利

1978年，淮安县集中力量加强工程配套，完善管理制度，提高工程效益，利用水土、人力资源，开展综合经营。20世纪90年代，加强防洪保安建设。对流域性河道堤防除险加固，重点对沿湖、沿荡圩堤进行达标建设，提高圩区防洪保安能力。进入21世纪，加强水利工程建设，加大资源水利和民生水利建设力度，改造大中型灌区，提高节水灌溉能力；疏浚县乡河道、整治村庄河塘，提高防洪能力，改善农村环境；加强农村基础设施建设，全面实施农桥工程和农村饮水安全工程。2003年，入海水道建成后，取得明显的防洪效果。至2008年底，全区水利建设累计完成国家投资10.59亿元，其中基本建设2.45亿元、农田水利3.46亿元、机电排灌1.92亿元、井灌0.08亿元、工程岁修0.56亿元、防汛0.27亿元、城市水利1.85亿元。统一整治内部排水系统，新开干河15条，建成13个自流灌区，完成土方8.7亿立方米。建成机电排灌电站653座、754台（套），装机51781千瓦；机站8座、8台（套），装机170千瓦；建成茭陵抽水站、运东水电站、淮安市抽水站、城区泵站、清安河泵站、二堡船闸等重点工程设施。全区大部分耕地做到日雨量150～200毫米不成涝，百日无雨保灌溉，达到灌、排、降、蓄自如。

第一章　河湖治理

第一节　流域性河道治理

楚州区原有里运河、废黄河两条流域性河道过境。新中国成立后，新开的苏北灌溉总渠、渠北排水渠（后被淮河入海水道取代）、淮河入海水道均流经境内。南水北调工程实施后，作为其输水干道的新河、北运西闸引河升格为流域性河道，过境流域性河道增至7条。

一、里运河

是京杭大运河的一部分，在淮安境内长32.47千米。1970年冬，引江灌溉工程付诸实施，在里运河、灌溉总渠交汇口东南侧开挖斜河，使运河运南闸与总渠运东沟通。此后在运南闸东侧斜河上，建设设计流量为208立方米/秒的跨斜河大引江闸，调节江水入总渠流量。在头闸灌区渠首前建4孔、设计流量为50立方米/秒的穿斜河地涵，利用运南闸抬高位水灌溉。1978年冬，在里运河与灌溉总渠的

里运河楚州段　(2006年摄)

交汇口，开挖由运南闸至淮安的沙庄引河。1981年，在引河北口建成设计流量为300立方米/秒的运西节制闸。运南闸报废后，淮水改由该闸向南入运河。2003～2008年，拆除里运河城区段沿线砂石货场码头32座和迎水面房屋6188平方米，投资2100万元，建设防洪、护岸、绿化及水土保持的古运河风光带。

二、大运河

南起原运南节制闸，北至清浦、清河区至杨庄接运河，全长17.96千米，淮安境内长13.65千米。河道设计为河底宽60米，高程4.7米，于1960年9月开工，共完成土方482万立方米。同时，为使大运河以西积水过运河东排，共投资655.6万元，开挖设计6孔、流量为130立方米/秒的杨庙穿运洞。2003年7月至2007年4月，由省交通厅负责对大运河楚州龙口至淮阴区杨庄实施“三改二”航道改造工程。

三、苏北灌溉总渠

为引淮水灌溉、分泄洪水和沟通东西航运的综合利用渠道。西起洪泽县高良涧，东经阜宁、滨海、射阳县至扁担港入黄海，全长168千米，楚州境内长53.5千米。总渠和里运河、大运河两岸大片农田可引淮水灌溉，仅淮安发展自流灌溉即5.33万公顷。可通航300～500吨船队。1998年，淮河入海水道开挖，苏北灌溉总渠北堤即为淮河入海水道南堤，堆堤全线加宽加高。

四、淮河入海水道

由苏北灌溉总渠北侧向东，至扁担港注入黄海，全长163.5千米，其中淮安境内67千米。入海水道近期工程采用泓滩结合排涝形式，设计行洪2270立方米/秒，并将渠北地区排涝标准提高至5年一遇。远期工程按300年一遇设计，设计排洪流量7000立方米/秒。近期工程1998年开挖试挖段，至2003年竣工。淮河入海水道建成使用，有效地降低淮河流域的洪涝损失，防洪效益非常显著。至2008年，淮河入海水道在楚州区境内沿线建有亚洲最大的水上立交——淮河入海水道淮安枢纽以及7座穿堤涵闸、2座固定排涝泵站、3座临时排涝机口和1座淮扬公路旱闸。7座穿堤涵闸：清安河穿堤涵闸、新涧河穿涵闸、中沟穿堤涵闸、南支河穿堤涵闸、衡河穿堤涵闸、渔滨河穿堤涵闸、窑头河穿堤涵闸；2座固定排涝泵站：清安河排涝泵站、城区排涝泵站；4座临时排涝机口：新涧河机口、中沟临时机口、南支河临时机口、渔滨河临时机口。

2003年竣工的淮河入海水道

五、新河

新河　（2002年摄）

原为区域骨干排涝河道，南水北调工程实施后，作为南水北调工程的输水干道，据其管理权属和管理范围，升格为流域性河道。新河在温山河西、永济河东，过去称护城河。在开挖苏北灌溉总渠时，新河在三堡鸭洲村被切断。现新河自总渠南侧至入白马湖口全长18.25千米，流域面积250.6平方千米。江水北调实施后，新河又成为调引江水的引河。1972年秋，配合淮安抽水站，对新河进行全线拓浚并裁弯取直，新河北首调头向东接淮安抽水站进入引河。另在尾部东侧开调尾河，新、老河尾并存，并在新调尾末端另建新镇湖闸，以防白马湖水倒灌并调节江水进入流量。2005年南水北调工程开始实施，2007完成新河河道拓宽浚深，拆建和配套沿线涵闸桥梁等建筑物。工程由江苏省南水北调淮安四站及输水河道工程建设处组织招投标和实施。

六、北运西闸引河

在淮安与宝应交界线淮安县一侧，东起里运河西岸北运西闸下与里运河沟通，西通白马湖，长7.2千米。该河的作用是排白马湖涝水入里运河。江水北调时，江水可由里运河入北运西闸经引河入白马湖，再经新河至淮安抽水站北调。该河现作为南水北调输水河道，流量100立方米/秒。

七、渠北排水渠（挖废）

开挖灌溉总渠后，淮安县（今楚州）渠北积水南排出路被切断，造成严重涝渍。国家淮河水利委员会决定在总渠北侧开挖排水渠，拦积渠北积水东排入海，全长133千米，流经淮安县境内长38.6千米。1998年，淮河入海水道试挖段开工，2003年淮河入水道竣工。渠北排水渠归并于入海水道。

八、废黄河

新中国成立后，废黄河主要用于分洪。因废黄河河槽系黄泛泥沙组成，部分河段河滩不分，滩堤不分，行洪超过300立方米/秒，河床即发生摆动。为固堤保安，加强堤防管理养护，防止人为破坏和水土流失，对10处险患段进行加固。2008年底，尚有涟水南门等5处险患段未解除隐患。

第二节　区域性河道治理

新中国成立后，开挖新干河15条，部分老干河被灌溉总渠分割，部分在整治中连并。2008年，境内共有区域性河道32条。

一、头溪河

前身为北溪河，简称溪河，几十年来曾多次淤积疏浚。1976年，省、地水利部门批准兴建二堡船闸,头闸灌区四支大沟为船闸下游引河,下通头溪河。此后,头溪河即以四支大沟为源头。当年冬,拓浚四支大沟,裁除沿线13个弯道,并自韭菜庄至横河口另开新河。1989至1990年春,自横河口疏浚至入荡口,到1991年,头溪河上自二堡,下至流均镇中桥村入荡口,全长38.22千米,流经上河、马甸、溪河、施河、车桥、泾口、流均7个乡镇。实际排水面积158.6平方千米。2007年淮河流域发生洪涝灾害,头溪河沿线灾情较大,头溪河整治工程被列入国家基建项目。2008年始,对头溪河下段进行综合整治,拆建桥梁2座、泵站13座、兴建挡洪墙4.9千米、疏浚河道11.7千米,完成土方127.4万立方米。

二、蔡大沟

原蔡大沟上起朱桥镇老石塘北首,向东南流经小刘庄、祁大庄至陶万舍下接二条沟,再至蚂蚁甸接大塘河入北溪河。1958年,北溪河由今溪河镇朱韭村掉头向西北循大塘河、二条沟、蔡大沟(尾段)至祁大庄转向西接头闸灌区二支大沟至头闸,称头溪河,祁大庄以南蔡大沟并入头溪河。1977年,头溪河掉头至二堡后,改以头闸灌区四支大沟为源头,祁大庄以南蔡大沟、二条沟、大塘河变为头溪河支流,统称蔡大沟,建淮乡全部、马甸镇三支大沟以北和朱桥镇、溪河镇西北各一部分积水汇入该河入头溪河。1983年,在溪河镇马北村蔡大沟上兴建净宽4米单孔蓄水闸一座,至此,原蔡大沟上段已改作灌溉、排涝两用,河头改为起自朱桥镇石塘村,至溪河镇朱韭村溪河边,总长12.2千米。2003年,实施渠南灌区续建配套与节水改造一期工程,拆建蔡大沟闸,设计排涝流量36.1立方米/秒。

三、岔溪河

上段在平桥镇和上河镇之间,下游向东延伸至绿草荡,并在横河东岸岔溪上建了控制下泄流量的陆河闸,成为灌排两用河流。1978年,平桥公社疏浚中游一段约3千米。1983年,全线整治,除河头两千米和1978年已疏浚的一段外,其余根据灌、排、航三结合要求,按十年一遇标准拓宽浚深,下段结合加固圩堤。2004年,渠南灌区续建改造工程拆建陆河闸。2005年冬,疏浚上河、溪河、平桥、施河境内12.79千米河道,完成土方51.16万立方米。疏浚后河道全长23.17千米,排水面积72.7平方千米,干旱年份可由运河引水,并可用陆河闸拦蓄回归水。

四、市河、十字河、小市河

市河、十字河、小市河同出一源。市河为主流,十字河、小市河为分支。原市河起自淮安县城北,上接文渠,通矶心闸。由北门外向东穿联城,出阜城关与涧河汇合一段后流至北涧、水晶、仇桥、红桥、山岗桥、九龙口、南头、蛇丰,过都良入马家荡,为主流。在北涧分出一支,经南涧、苏家桥、马家桥、红桥,穿市河向王家庄、陶家庄入荡,为十字河;在青墩另分出一支,向东过博里沟、史家舍、左厢、黄荡入马家荡,为小市河。

市河原为分泄运河异涨,引运河水灌溉和排泄城中积水的三用河道。开挖苏北灌溉总渠后,市河在老集头被切断。渠北市河经过多年农田改造,除淮城镇境内尚存一段老河外,其余已改作灌溉渠或圩内排水沟。渠南市河上段,1962年冬疏浚后由小李河向东并入小市河,青墩至南头大部分建成鱼池,南头以下已为塘河尾段。到1991年,小市河连同上游并入的一段市河在内,全长15.5千米,仇桥镇北部、复兴镇南部排水,面积24.75平方千米。1998年疏浚小市河长13千米,完成土方20万立方米。2004年冬全线疏浚十字河,兴建十字河长东调度闸。2008年,十字河全长28.5千米,流域面积71平方千米。

五、塘河

在涧河、十字河之间,原称石塘引河。塘河源起朱桥镇大圩,上接通涧河,向东南经仇桥镇三里荡、车桥镇胡延舍、博里镇吴舍通过分散小沟入市河。1958年春，疏浚老河槽，上游从石桥头向西北至双闸庄，下游从胡延舍向东裁弯取直至南头入市河。从此，市河尾段并入塘河。1960～1983年，曾4次分段进行整治，基本达到十年一遇的排涝标准。2003年，在泾口镇境内兴建塘河3孔节制闸，设计流量142立方米/秒。

2007年冬，疏浚塘河上段13千米，河头一段已改作灌排两用渠。自塘河起至朱桥镇夏舍，向东南经仇桥、车桥、泾口、博里至流均沿荡村入荡，全长23.4千米，流域面积136.25平方千米。

六、渔滨河

原河头在淮安新城西北接古沙河，上通运河东岸永利闸，河头向东北至席桥、复兴、凤谷青沟，入马家荡，为灌、排两用河流。灌溉总渠开挖后，在复兴集北将渔滨河分成南、北两段。1977年，在河头打坝，与渔滨河隔断。1980年春，自顺河公社官路疏浚至渠北排水渠。1990年冬，全线疏浚。2000年，在淮河入海水道北堤兴建2孔，每孔宽6米的渔滨河穿堤涵洞，设计排涝流量79立方米/秒。2007年冬至2008年春，全线疏浚，完成土方77.9万立方米。北渔滨河自席桥至渠北排水渠，全长19.2千米，流域面积122平方千米，已基本达到十年一遇排涝标准。南渔滨河自复兴集灌溉总渠南侧至前行入荡口，长21.7千米，流域面积21.6平方千米。上游可达五年一遇排涝标准，但下游标准较低。

七、衡河、茭陵一站引河

1976年秋，省水利部门批准兴建茭陵第一抽水站。当年冬至次年春，以渔滨河以北的衡河为基础，开挖一站引河。其路线为：黄桥向西南至淮城镇河北村里运河边开挖新河，作为引河上段；黄桥至钦工间衡河拓宽浚深，作为引河中段；钦工以东，于原衡河南开挖新河至大胡庄，再东北循咸汉河老槽拓浚至茭陵站。一站引河全长32.8千米，流域面积150平方千米，为渠北片排水面积最大的河流。开挖茭陵一站引河后，大胡庄至淮河入海水道衡河尾段仍用于排水。衡河尾段上端与一站引河交汇处，建大胡庄节制闸，一站开机排水时，关闸防止衡河水倒灌；引河水位高于衡河时，开闸由衡河分排至淮河入海水道。为解决渠北片低片排水问题，1983年2月建茭陵二站副站。茭陵二站副站建成后，在尾部建衡河闸，以防排水渠水倒灌。2000年冬，茭陵二站引河延伸开挖至渔滨河，长3.2千米，开挖土方15万立方米。2003年春，疏浚钦工以下段20千米。

八、南支河

在渔滨河以南，灌溉总渠以北。西起席桥乡黄桥村接茭陵一站引河，向东北经城东、季桥至顺河镇侉儿舍入淮河入海水道，全长20.6千米。1977年在河头打坝，与上游隔断，排水面积缩减为83.34平方千米。1990至1991年春，按十年一遇排涝标准全线疏浚。1992年，拆去河头土坝，改建调度闸。2000年，在淮河入海水道北堤兴建2孔，每孔宽6米的南支河穿堤涵洞，设计排涝流量83立方米/秒。2002年冬，疏浚城东、席桥境内长度6.2千米。2005年冬，疏浚季桥境内河道，长7.26千米。2008年冬，疏浚下游顺河境内河道，长7.14千米。

九、咸汉河

由宋集镇朱庄向东至茭陵乡章洼入茭陵抽水站。1983年，疏浚宋集段至茭陵一站，长13千米。2005年冬，疏浚宋集段9千米。2008年冬，疏浚茭陵段4.05千米，茭陵一站引河以上咸汉河全长13.05千米，流域面积68平方千米。

十、窑头河

在衡河尾段以东，上起茭陵乡乡政府北首，向东南经苏嘴至凤谷村入渔滨河。1980年开挖茭陵二站引河，上段被切断约1千米。2002年，在淮河入海水道北堤兴建孔宽6米的窑头河穿堤涵洞，设计流量36立方米/秒。北窑头河自茭陵二站引河至淮河入海水道长11千米，流域面积32.5平方千米。2005年春，全线疏浚，完成土方27.5万立方米。南窑头河北起复兴镇东北苏北灌溉总渠南侧，南至凤谷村入渔滨河，长10.3千米，流域面积33.5平方千米。

十一、清安河

在淮安县城西北里运河与大运河之间，系1960年为解决两河夹滩排水开挖的新河。该河北起清浦区新庄，向南经淮安县淮城镇穿运村入老穿运洞，全长12.5千米，淮安县境内长10千米。总流域面积24平方千米，其中淮安县境内为8.5平方千米。随着原淮阴市区工业污水下泄，两岸污染严重。2002年，在淮河入海水道北堤兴建1孔孔宽6米的清安河穿堤涵洞，设计排涝流量31立方米/秒。同年，淮安市对清安河全线整治，疏浚河道，护砌驳岸，配套建筑物，工程总投资3420万元。

十二、调度河

该河道开挖于1998～2002年，在入海水道北堤外平行于入海水道。西起城区泵站节制闸，东止苏嘴镇杂姓庄，全长36.6千米，流域面积135平方千米。河道对应于淮河入海水道穿堤涵洞，分段汇集沿线涝水，经穿堤涵洞排入入海南泓。受益范围包括淮城、城东、季桥、顺河、苏嘴、茭陵等6个乡镇。2007年春，疏浚城东、季桥两乡镇境内河道，长8.5千米。

十三、温山河

在里运河西侧，过去称温山沟河。原河起自今灌溉总渠以北盐河南侧，南入白马湖。新中国成立后，温山河北首被灌溉总渠切断，兴建淮安抽水站时又平毁一段。河头退至淮安抽水站引河南则，向南流经三堡、林集、南闸3乡镇，入白马湖，全长20.3千米，流域面积119平方千米。淮水改道入江并在白马湖南挑筑隔堤后，白马湖常年处于高水位，运西南排受阻。1960年，兴建白马湖穿运洞，并挑上游引河与诸干河相交，温山河改由穿运洞东排入海。温山河南端过去建有节制闸，防止潮水倒灌。1965年，将节制闸改建为套闸。北端于1979年建温山河地涵与淮安抽水站沟通，淮安抽水站开机时可伺机向北排水。1964年疏浚下游，1979年上游裁弯取直并疏浚。1991年暴雨成灾，白马湖水位连续上涨，下游套闸闸基及岸墙两侧回填土流失，穿洞漏水而改建。1998年，对温山河中段原21条弯道裁弯取直，仅剩两道弯口。1994年，为扩大温山河北排流量，拆建2孔，每孔宽3.5米的温山河地涵，设计排涝流量43.43立方米/秒。1995年，在南闸兴建宽4.5米单孔的朱庄节制闸，设计流量20立方米/秒。1998年冬，对温山河中段裁弯取直。2006年冬，疏浚下游南闸段，长6千米。

十四、永济河

位于新河以西，南入白马湖，又名鱼蓝河。河西为范集镇，河东为省属白马湖农场。河长15.89千米，流域面积31.15平方千米。1956年冬，疏浚上段并裁弯取直。1965年春，上段第二次裁弯取直，并在下游入湖口建永济挡水闸。1973年，为方便农船通行，在永济挡水闸北增建渠首，成为套闸。1982年又疏浚上段。2005年冬，全线疏浚。经过历次整治，现河线顺直，行水通畅。范集镇东部、白马湖农场西部排水问题基本解决。

十五、白马湖穿运洞上游引河

横贯运西片南部，系汇集运西积水过运河东排开挖的新河。1960年冬开工，1962年春竣工。引河原西起范集镇永陆河，东至穿运洞口，全长14.46千米。设计排涝标准，温山河以西为五年一遇，温山河以东为十年一遇。沿线穿3条排涝干河、47条老沟和1800米芦荡。1963年，河头向西延伸接花河，使永陆河以西积水由引河东排。引河沿线在花河、永河、新河东岸建有节制闸，分段节制。2005年春，疏浚上段范集、白马湖农场境内河道长8.5千米。

十六、调尾河

位于苏北灌溉总渠南堤脚外，与苏北灌溉总渠平行，于1977开挖。河道西起范集小秦庄，流经范集、白马湖农场、三堡等乡镇（场），穿运西灌溉区总干渠入新河，全长13.4千米，排涝面积42平方千米。2007年春，全线疏浚调尾河。2008年底，拆建穿运西灌区总干渠地涵。

十七、姚河

在涧河、溪河之间，亦称姚家河。过去有南、中、北三条姚河，均起自车桥镇境内，东流入马家荡。新中国成立后，废南、北姚河，留中姚河，称“三姚归中”。南姚河在中姚河与溪河之间，又称前姚河。上有陈河（北）、樊河（南）两个源头，至马湾汇合东流。干流较短，下经错综沟汊入荡。1955年，下游在泾口镇陈庄掉尾入中姚河。1965年，又上移在姚河庄西掉尾入中姚河。1968年，泾口乡在桥头、蒋桥间开挖泾口通航道，三条姚河均被切断。南姚河上段改入中姚河，下段与通航道间建闸节制。北姚河在涧河与中姚河之间，又称后姚河。被泾口通航道切断后，上段改入通航道，下段与通航道建闸节制。1975年，下段改入流均西横河。中姚河起自车桥镇南约1千米，汇车桥西部来水向东南经泾口镇至流均中心桥入马家荡。被泾口通航道切断后，上段改入通航道。1971年，整治下段，改穿马浦荡、大官荡东行，河线北移。2008年，中姚河下段总长10.91千米，流域面积70平方千米。

十八、盐河

是淮安县西北里运河东岸的一条南北向河流。为有别于运河西岸的盐河，通称小盐河。1976年，新开荚陵一站引河将小盐河尾部切断，此后小盐河改入荚陵一站引河，市开发区徐杨乡西部、淮城镇西北部和清河区钵池乡大部分以该河排水。

第三节　支流河道治理

一、农村河道

（一）二条沟

起自溪河镇马北村陶万舍，汇蔡大沟来水向南至蚂蚁甸（今马甸镇境内）接大塘河，下入溪河。1952年，由马北村原二条沟东岸循二涵洞河向东南开挖新河，经唐庄、孟庄、王胖舍至朱家庄，下沿二涵洞河老槽入溪河。其中唐庄至孟庄间和朱家汪庄以西各改道一段，其余均为二涵洞老槽。这条新河，初称蔡大沟下段，后称为二条沟。1961年冬，将二条沟加以疏浚并裁弯取直。1963年，由朱家汪掉头向东南经今车桥镇刘圩、秦舍入溪河，形成今河线。1986年，由朱桥、溪河两镇分段疏浚各境内河段。2007年冬，疏浚河道长8千米，流域面积36平方千米，溪河镇西北部和朱桥镇涧河以南赖以排水。

（二）六洞大沟

西起上河镇淮运村头闸灌区南干渠东侧，向东经任桥、陶庄至溪河镇三官殿东南入头溪河。2004年冬，疏浚上游长9千米。全长13千米，流域面积36.32平方千米，上河镇和溪河镇头溪河以南、头闸灌区五支以北赖以排水。

（三）横河

原北起施河镇崔河村，南迄宝应县塔儿泾河北岸。新中国成立后，在淮安、宝应交界处开挖白马湖穿运洞下游引河与横河尾段交汇，横河改以下游引河为终端。现河道长6.47千米，流域面积29.6平方千米，为溪河支流。1951年冬至1952年春，岔溪河向东延伸入荡，在陆河集与横河交汇，在横河东岸岔溪河口建陆河节制闸。1953年，在陆河闸两侧横河上打坝并建闸，控制岔溪河与横河间水流，从此，横河分为南、北两段。1962年春、2007年冬，横河全线拓宽疏浚，两端各建节制闸一座。

（四）新闸河

在施河镇西北部，原称闸河。原河起自施河镇鲁赵七孔桥原溪河右岸，向东南入横河。由于原河淤积严重，1975年，将河头调至六洞大沟入溪河口对岸，向东循老河槽拓宽疏浚，仍入横河，改称新闸河，全长4.8千米。

（五）牛神河

在溪河、姚河之间。原河起自车桥镇境内，上通溪河，东流经蒋桥、宥城入马家荡。新中国成立后，上游改为灌溉渠道，中部被泾口通航道切断，下游改于流均镇马铺村小岸桥入姚河。现牛神河下段由通航道入姚河口，全长3.65千米，两岸赖以排水。

（六）泾口通航道

在泾口镇境内。北起桥头村通涧河，南至蒋桥村入头溪河，系1968年新开的航运、排水两用河道，全长4.43千米。通航道北首建大成闸，南端建蒋桥闸，调节水位和进出水流量。2005年冬，全线疏浚并加固西堤。

（七）祝家沟（官渡河、团结河）

在涧河以北，塘河以南。原河起自泾口镇东北射阳河（已淤湮）东岸官渡口，汇万人缘堤以东积水东流经都良入马家荡。新中国成立后，由官渡口向西开新河延伸至刘陆，称官渡河。由官渡口向东拓浚入流均西横河，称团结河。官渡河长4.5千米，在泾口镇境内，排水面积15平方千米。团结河长2.8千米，在流均镇境内，排水面积4.44平方千米。

（八）流均西横河

纵贯流均镇西部，系新中国成立后就原有沟汊开挖而成，以利防汛、航运。该河北起都良通塘河，向南穿姚河、头溪河至条龙通白马湖穿运洞下游引河，全长6.9千米，流域面积18.12平方千米。1998～2007年，结合复堤加固。

（九）流均东横河

东横河距西横河约4.5千米，亦系新中国成立后新开。该河北起沿荡村通内荡，南至中心村入姚河，全长3.1千米，流域面积10.56平方千米。南部为平地开河，北部在滩地筑堤束水。1993年，结合沿荡圩堤加固，疏浚北部部分河段。因堆堤标准较低，1998～2007年多次加固堆堤。

（十）沿六河

因与六〇一公路并行故名。沿六河在咸汉河以北，1973年为拦截废黄河滩地来水新开的河道。该河起自宋集镇尹庄，沿废黄河滩脚向东南至茭陵乡章桥入咸汉河，河道长17.8千米，流域面积14.2平方千米。2006年冬，疏浚上游宋集境内11.6千米。2007年冬，疏浚下游河段，长6.2千米。

（十一）平林河

横贯林集镇境内，亦称平山河。东起平河村运河边，向西与温山河交汇后至林集北首入新河，全长7.04千米，流域面积28平方千米。该河系1971年冬就原有小沟开挖而成。1979年、2005年春，两次全线疏浚。

（十二）南闸中心排涝河

横贯南闸镇中部，东起里运河边，西通新河，1972年新开，河道长8.1千米。1973年，在与温山河交汇处建有温东、温西挡水闸，在与新河口处建河头闸。

（十三）白农中干河

在白马湖农场境内。1965年冬至1966年春，将波望河、庙塘沟拓宽浚深连接成为中干河。在入湖口建排水站，称南总站。1966年，在穿运洞上游引河交汇处，建穿引河双孔地涵。1971年，在入湖口建套闸。1972年，在与穿运洞上游引河交汇处建南、北节制闸。2008年，中干河北起苏北灌溉总渠南侧，南达白马湖，全长19.45千米，流域面积34平方千米。

（十四）张玉河

在范集镇西侧，过去称张玉洼河。原河北起今清浦区盐河乡朱桥村，向南会草子河、官路河入花河，系盐河分支。开挖灌溉总渠后，张玉河北部被切断。北段在清浦区盐河乡境内，南段为楚州区与洪泽县界河。

（十五）花河

西起洪泽县黄集乡灯塔村后刘庄，向东经淮安张玉河、张施沟、永西大沟入白马湖，全长15.5千米，其中淮安境内河段自范集镇郭桥村西小左庄至李邵村入湖口，长9千米。总流域面积25.4平方千米。2008年，在苏北灌溉总渠南堤兴建南水北调工程花河泵站，设计流量20立方米/秒，在中下段兴建节制闸1座。

二、城市河道

淮安（楚州）由于历史上建设城墙，形成市区平均地面高程6.5米左右，低洼处5.8米。城区周边地面高程一般为7.5米左右，西北部达9.5米以上。21世纪初，主要排涝河道14条，其中文渠长9.26千米，清安河长12.5千米，新市河长6.72千米，老市河长2.33千米，老涧河长7.10千米，新涧河长3.8千米。

2002年4月，城市水利划归水利局管理建设。2003年，区政府出台《楚州城区河道管理实施细则》，成立城市防洪排涝服务所，实施长效管理。至2008年投资1620万元疏浚、开挖城区文渠、老涧河、清安河、新市河、老市河、城区泵站引河等排涝河道，长38.8千米，挖土117.98万立方米；投资1200万元建成运粮河、老涧河上段、板跳河一期工程；多方投资2000万元高标准护砌新市河上段及文渠、清安河部分地段；投资1800万元整治清安河；投资4300万元建设城区、清安河、古末口、河下、华亭、月湖等泵站；投资9405万元建成淮河入海水道大桥；投入资金1470万元，拆除房屋6188平方米，码头32处，进行2.76千米驳岸护砌和里运河风光带建设，绿化面积7.72万平方米，拆除文渠、里运河、新泗河、老泗河、老涧河、河下泵站引河等水利工程范围内违法建筑217户，面积5706.7平方米，有效地遏制了新的违法建设的发生。上述工程计投资2.12亿元。城区基本达到20年一遇抗洪排涝标准。

第四节　湖泊治理

一、白马湖

位于楚州区西南，南与金湖县、东与宝应县、西与洪泽县接壤，湖面南北长17.8千米，东西宽平均6.4千米，总面积113.9平方千米（楚州区境内31平方千米），其中水域面积894平方千米。

白马湖原为淮安运西积水之所，洪泽湖改道入江后，白马湖水位被壅高，运西农田受到严重威胁。1954年7月，江淮流域大水，淮水倒灌白马湖，湖堤多处溃决，造成运西地区严重灾害。1955年春，动员民工3.6万余人，复堤加固。按抗御湖水位9.0～9.5米要求，堤顶高程10.5米，顶宽3米。3月

1日开工，7月底竣工。投入105万个工日，完成土方89万立方米。1957年春，在白马湖南与宝应湖间筑隔堤，西接老三河北堤，向东经宝应湖北部接里运河西堤，总长23.01千米，称白马湖隔堤。堤顶高程11.0～11.5米，堤顶宽3米。1958年，在白马湖隔堤上建阮桥闸，以备汛前腾空，汛后退水。在湖东北部开北运西闸引河接叶云洞与里运河沟通。1965年，将叶云洞改建为北运西闸，伺机向里运河排水。淮安抽水站建成投运后，湖水高涨时，多由该站抽排。1991年冬至1992年春，淮安市政府对白马湖15.5千米圩堤进行复堤加固。2001年冬至2002年春，楚州区政府对白马湖圩堤达标加固，长15.5千米。同时对沿线穿堤病险涵闸拆建或维修加固。

二、绿草荡

位于马家荡西，荡北为楚州区流均、泾口、施河三乡镇，荡南为扬州市宝应县。新中国成立初，绿草荡水面积为16平方千米，由于连年围垦，面积已缩小至3.3平方千米。楚州区原有岔溪河、横河排水入绿草荡。后兴建白马湖穿运洞，开挑穿运洞下游引河，将运西积水过洞经下游引河入绿草荡东排。

绿草荡　（2002年摄）

1991年发生特大洪涝，7月9日，绿草荡水位上升至3.49米，7月16日，收成庄射阳湖水位上升至3.29米，为历史罕见。破圩若干，损失严重。1992～1994年，淮安市组织各乡镇加固沿荡圩堤，长55千米，完成土方225万立方米。2003年再次发生特大洪涝，7月11日，绿草荡水位达3.53米，创历史新高。同年至2006年，流均镇购置挖泥船组，常年浚河固堤，累计完成土方约350万立方米。2006年和2007年，楚州区连续遭遇特大洪涝。绿草荡水位达3.64米，创历史最高纪录。2008年，省政府批准实施2007年灾后水利重建工程，治理头溪河下段通荡河道，完成土方127.3万立方米，加固圩堤5.3千米。

三、马家荡

西南部为楚州区流均镇，北、东部为盐城市阜宁县、建湖县，荡南接射阳湖。新中国成立初，马家荡水域面积76.7平方千米，20世纪80年代，缩小至39.5平方千米。1991年后，沿荡各乡镇掀起围荡养殖，湖荡面积锐减，此后已不足20平方千米。楚州区境内有头溪河、姚河、涧河、塘河、十字河、渔滨河入马家荡。流均镇东北部过去为多浅荡与马家荡连通，由于黄淮冲积和后期围垦，浅荡已所存无几。1992～1994年与绿草荡同时治理，加固圩堤。

马家荡　（2002年摄）

第二章 水利枢纽

淮安水利枢纽位于京杭大运河、苏北灌溉总渠及淮河入海水道交汇处。约3平方千米枢纽区内，建有大型电力抽水站、节制闸、船闸、地涵等水利工程30多座，发挥灌溉、排涝、泄洪、航运、发电、冲淤等兴利除患的作用。

第一节 水利枢纽建筑工程

运东船闸 位于苏北灌溉总渠南、运东大桥西。船闸长140米，宽12米，闸室底高程2.0米，设计单船通行能力500吨。1977年1月开工，同年12月竣工。

渠北闸 位于运东闸下游总渠北堤上，设计排涝流量100立方米/秒，5孔，每孔净宽3米。1960年建成，2001年拆除重建。

淮安船闸 位于里运河与苏北灌溉总渠交汇处南侧。船闸长230米，宽20米，闸室底高程1.6米，设计年通航能力2100万吨。上、下游引航道均宽70米，最小通航水深4米，长800米。船闸闸门承受单向水头，采用人字钢闸门。1959年10月开工，次年2月竣工，同年11月投入使用。

淮安复线船闸 位于淮安船闸左侧。船闸长230米，宽23米，闸室底高程1.8米，设计年通航能力2100万吨，单船通行吨位2000吨。上、下游引航道与淮安船闸共用。上下闸首闸门均为人字钢闸门。工程于1982年11月开工，1987年5月竣工。

淮安三线船闸 位于淮安船闸和复线船闸之间，为Ⅱ级通航建筑物。船闸长260米，宽23米，设计单船通行吨位3000吨。闸室墙采用钢板桩墙后锚固，透水底板结构。上、下游闸门均为人字钢闸门。2000年9月开工，2003年7月竣工。

头闸 位于引江河与里运河夹堤上，在淮安第三抽水站上游。头闸共4孔，为箱式钢筋混凝土涵洞，每孔宽、高均为2.5米。进出水口底板均为5.5米，穿斜河大地涵中部底板高程－1.55米。南3孔下端接头闸进水洞调节池，洞身长144.6米，设计上游水位9.5米时，流量50立方米/秒。北1孔下通北干渠，洞身长152米，设计上游水位9.5米时，流量26立方米/秒。地涵于1970年10月开工，次年10月竣工。2007年3月，渠南灌区改造拆建接长渠首。

沙庄引江闸 位于进水引河东首、沙庄引河西侧。该闸4孔，每孔净宽6米，闸底高程1.5米，设计引水流量180立方米/秒。平板钢闸门，配4台20吨卷扬式启闭机。闸下游带公路桥，桥净宽6.2米。1978年3月开工，1979年1月竣工。

运西水电站 位于灌溉总渠南侧沙庄引河上，系结合运西节制闸兴建。该站设计上游最高水位10.8米，下游最高水位6米，引用流量110立方米/秒。装用GD004-WS-160型卧式水轮机配TH45-10-200型200千瓦发电机10台（套），节制闸两侧各装5台（套）。站身为贯流式结构。每侧5台（套）安装在一块底板上，底板高程2.2米。水轮机底高程3.4米，出水流道基部为直径1.85米圆管，底部按8度向出口渐降，两侧按10度逐渐扩大为高2.93米、宽4.6米的出口。出口处底板高程3.0米，顶部高程5.93米，水轮机、发电机操作层高程同为7.3米。机房纵长10.5米，两侧各附检修车间，每侧电站与检修车间共长32.93米。该站由省灌溉总渠管理处兴建并管理运用，1981年建成投产。

运东水电站 位于运东分水闸南首，为灌溉总渠第二梯级站。该站设计发电水头2.5米，最高水头4.5米，最低水头1.5米，引用流量110立方米/秒，装用GD004-WS-160型卧式水轮机配TF145-10型200千瓦发电机10台（套）。站身进出水流道为平底板，分为两块，底面高程2.5米，顶面高程3.3米。每块底板上装机5台（套），水轮机中心高程5.3米。上部的上下游挡土墙、工作桥、交通桥及岸墩组成为整体钢筋混凝土结构。厂房宽12.1米，长60米。机组间距5.4米。厂房南端为检修车间，北端为控制室。升压变压器装在控制室西上游翼墙内侧，安装35/0.4千伏1250千伏安和1600千伏安升压变压器各1台和供应站内用电的35/0.4千伏50千伏安站用变压器1台。1979年3月开工，完成电站底板、上游翼墙底板及上游铺盖、下游护坦等工程，并将主要机电设备采购运抵工地。因国民经济调整，1980年1月，该工程列入缓建项目，暂停施工。1986年3月，省计委批准复工。淮安县水利局成立工程处继续施工，1987年秋完成主要土建工程。1988年11月全面竣工并验收交付使用。由运东电站管理所管理运用。

2003年建成的淮河入海水道大运河立交工程

入海水道立交桥及大运河立交地涵 淮河入海水道大运河立交地涵位于淮河入海水道与大运河交汇处，是亚洲规模最大的上槽下洞水上立交工程。该闸为一等一级建筑物，长108.6米，宽122.48米，采用钢筋混凝土上槽下洞立体结构。下部涵洞为15孔，单孔断面为6.8×8米，涵底高程-8米。近期设计泄洪2770立方米/秒。工程于2000年12月开工并于2003年10月建成。

立交桥位于运东闸下游，与苏北灌溉总渠和淮河入海水道正交。全长2229米，主桥宽21.5米。主桥设计车速80千米/小时，互通立交设计车速40千米/小时，按一级公路标准设计。入海水道通航主跨60米，苏北灌溉总渠通航主跨45米。2003年1月开工，2005年10月竣工。

淮安第一、第二、第三、第四抽水站 淮安第一、第二抽水站位于原淮安县（市）南郊，苏北灌溉总渠与京杭大运河交汇处的西南角，是江水北调第二梯级抽水站，由江都站抽引江水北上，至沙庄引河的引水闸，关闭新河北闸，提水入苏北灌溉总渠。两站设计抽水能力180立方米/秒，可灌溉13.33万公顷农田，还可排白马湖地区4.6万公顷农田涝水和补给运河航运用水。淮安第一抽水站于1972年12月动工兴建，1974年3月24日投入运行。该站为堤后两块基型结构，装有642LB-50型轴流泵配TD-215/35-24型800千瓦立式同步电动机8台（套），装机6400千瓦，设计流量64立方米/秒。淮安第二抽水站于1975年1月开工，1979年2月19日投入运行。该站为堤后两块基型结构，装有45GJ-70型立式全调节轴流泵配TDL-550-60型5000千瓦立式同步电动机2台（套），装机1万千瓦，设计流量110～120立方米/秒。

淮安第三抽水站位于里运河和苏北灌溉总渠交汇处南侧，引江闸西。工程于1995年1月开工兴建，1996年6月竣工。该站装有直径3.19米贯流可逆式水泵2台（套），抽水结合发电，设计抽水流量60立方米/秒，总装机3400千瓦。

淮安第四抽水站位于大运河与苏北灌溉总渠交汇处，是国家南水北调东线一期工程项目之一，2006年2月开工建设，2008年春竣工投入运行。该站装有叶轮直径3米全调式立式轴流泵4台

（套），设计流量100立方米/秒，总装机1万千瓦。

楚州泵站　位于淮扬路东侧淮河入海水道北堤上，设固定泵站1座和临时机口1处。固定泵站进水池设计水位4.4米，出水池设计水位10.88米，扬程6.48米，设计排涝流量15立方米/秒，装机1000ZLB-7.0型轴流泵5台（套），配置JSL-15-12型280千瓦立式异步电机5台，安装SC9-2000千伏安-35/6.3千伏主变压器和SC9-160千伏安-35/0.4千伏站用变压器各1台。临时机口设计排涝流量8立方米/秒。泵站受益范围为老城区的全部、工业园区和新城区部分，排涝面积8.5平方千米。楚州泵站于2004年2月开工，次年1月竣工。

清安河泵站　位于淮扬路西侧淮河入海水道北堤上。泵站固定泵站进水池设计水位5.91米，出水池设计水位10.88米，扬程4.97米，设计排涝流量29立方米/秒，装机1300ZLQ-7.0型轴流泵6台（套），装机容量2400千瓦，安装S9-4000千伏安-35/10千伏主变压器和SCB-315-6/0.4千伏及SCB-315-35/0.4千伏站和所用变压器各2台。泵站受益范围为两运河之间的淮安市清浦区和楚州区，排涝面积24.37平方千米。清安河泵站于2004年12月开工，次年10月竣工。

第二节　水利枢纽运用管理

一、控制运用

淮安水利枢纽，北通淮安、徐州，南通长江，西接洪泽湖、淮河，东连盐城诸县区。淮河、运河连通江、淮、湖、海，为灌溉、泄洪、运输必经之道。50年代初，苏北地区灌溉、航运和工业用水都取自淮河。50年代末，旱改水和城市、乡镇企业用水量俱增，淮河水日益不能满足。江水北调付诸实施后，渠河交汇口成为淮河下游的水利枢纽。2003年，淮河入海水道投入试运行，增加了淮河洪水下泄入海出路。2006年，在江水北调的基础上，国家南水北调东线工程实施，为淮安水利枢纽的控制运用打下了坚实的基础。

分洪　灌溉总渠根据来水量，开启运东分水闸或运西节制闸，使洪水东行入海，南行入江。淮河入海水道开启立交地涵，关闭沿线穿堤涵洞，分淮河洪水东行入海。白马湖地区受涝时，关闭沙庄引河闸，开新河北闸，由淮安抽水站抽降白马湖水位。运西片内涝严重时，关闭镇湖闸，由淮安站抽排内水。渠北片受涝时，运西渠北（即两运河之间）涝水由小穿运洞东排清安河穿堤涵洞入淮河入海水道。运东渠北开启淮河入海水道沿线穿堤涵洞，经入海水道东排入海。入海水道行洪时，关闭沿线穿堤涵洞，开启清安河泵站、楚州泵站，抽排运西、运东及城区涝水入入海水道，开启茭陵一、二站抽排运东渠北片涝水入废黄河。同时，在淮河入海水道临时机口架机，抽排涝水入入海水道。淮水分洪或引淮水灌溉时，运东、运西水电站和淮安第三抽水站（淮安三站是双向泵站，既可抽水，又可发电）发电。

引淮水灌溉　根据分配水量及下游用水情况，开运东分水闸或运西节制闸，向东、南送水，通过大运河向北送水。淮水不足时，通过灌溉总渠，江水由沙庄引至淮安抽水站，或由北运西闸经白马湖、新河至淮安抽水站，由淮安抽水站上翻。运东闸下引江水灌溉时，开斜河上的大引江闸，使里运河运南闸下江水直接由斜河流入总渠，供应总渠中、下游地区灌溉。

二、设施管理

水利枢纽工程设施的管理，按其不同作用和影响范围，实行分级、分地区管理。凡控制运河、总渠、入海水道和两条引江河水位、流量的涵闸以及淮安抽水站、运西水电站，由省水利部门管理；运河、总渠两岸引水灌溉涵闸和运东水电站，入海水道沿线排涝泵站、穿堤涵洞（除清安河穿堤涵洞）

及小穿运洞，由楚州区水利部门管理；淮安船闸、淮安复线船闸和淮安三线船闸，由省交通部门管理；运河、总渠、入海水道上的桥梁，堆堤作为交通道路的，由楚州区交通部门管理；专属防汛道路，由楚州区水利部门管理；运东船闸由盐城市水利部门管理。

第三章　灌溉除涝

新中国成立后，先后在灌溉总渠、里运河、大运河沿岸改建、新建引水涵洞20座，建成13个自流灌区，有效灌溉面积6.15万公顷，使2万公顷旱谷田改种水稻。全区按片分别成立渠北、渠南、运西3个灌区，水利管理所分管各灌区灌、排、降、蓄工作。

第一节　灌　区

一、板闸灌区

位于里运河以东、茭陵一站引河以北，东北倚废黄河，为一半月形地带。行政区划包括淮城、席桥、钦工、茭陵、苏嘴等5个乡镇的各一部分和南马厂、宋集、园艺场3个乡镇(场)的全部。总面积206.81平方千米，耕地面积1.11万公顷。清河区、市开发区部分耕地亦由该灌区供水。

灌区渠首板闸位于淮城镇北首与清河交界里运河东堤上。1959年6月，建成两孔，各宽2.5米、底板高程6.43米、闸顶高程12.65米，螺杆式平板钢闸门，配8吨启闭机。设计上游水位10.0米、下游水位9.63米时，过闸流量38.7立方米/秒。2002年，翔宇大道扩宽时，对该闸进行接长改建。2003年，拆除中墩，改为1孔，孔宽6米，闸门启闭重新配置；拆除板闸干渠穿咸岔河地涵，改建为咸岔河穿板闸干渠排水涵，将干渠改为明渠，提高过水能力；在板闸干渠穿茭陵一站引河地涵西侧北堤新建板闸干渠退水闸(单孔，净宽3米)。板闸干渠自渠首向东，经杨庄、后营、茭陵、朝阳桥至沙吉，总长38.2千米。灌区分两期施工。

1958年冬至1959年春，完成渠首至板闸和大赵间干渠。1966年冬至1967年春，灌区竣工后放水灌溉。1992年11月8日至12月9日，将渠首至朝阳桥段35.46千米加以疏浚。在杨庄、后营建节制闸2座，穿茭陵一站、二站进水引河地涵各1座，大沟穿干渠地涵8座，分段节制，实行轮灌。干渠下有两条分干渠，李码分干渠起自宋集镇李码村板闸干渠北岸，向北至谷庄村，总长13.4千米；朝阳分干渠起自朝阳桥，东至苏嘴乡境内吴码，长7.5千米，灌区原计划全部耕地实行自流灌溉，由于地面起伏较大，水源不足，实际灌溉面积为5966.67公顷，用水困难。

二、乌沙灌区

位于里运河以东，北部、东部以茭陵一站引河、衡河尾段与板闸灌区为界，西南以市河与耳洞灌区为界，东南止淮河入海水道调度河。包括淮城、城东、席桥、钦工、苏嘴等6个乡镇各一部分和季桥、顺河、原种场全部，总面积223.9平方千米，耕地面积1.26万公顷。灌区于1957年春开工，插秧前完成渠首进水洞和渠首至席桥北段干渠及部分支、斗渠，当年开始放水灌溉。1958年，续建竣工。

灌区渠首乌沙洞位于里运河东岸老乌沙洞以北约30米，为4孔钢筋混凝土箱式涵洞，每孔宽、高均为2米，洞底高程6.5米，螺杆式平板钢闸门，配10吨启闭机。设计上游水位10.0米，下游水位9.6米时，过闸流量30立方米/秒。2005年，渠北灌区改造时，对该闸进行配套建设。乌沙干渠自渠首经席桥、钦工至顺河镇北杨村，总长25.6千米。1974年冬，干渠全线拓宽，并配套建筑物。1976年，开挖茭陵一站引河时，将钦工以东干渠南移约1千米。新干渠沿一站引河至茭陵乡小朱庄衡河与原干渠相接。1991年11月1日至次年1月31日，全线疏浚干渠并连片治理，共完成土方66.04万立方米。干渠在席桥镇建南支河渡槽和席桥渡槽，在钦工镇唐颜村建钦工节制闸，在顺河镇大吉村建穿十支大沟地涵。以钦工节制闸为节制点，上下游实行轮灌。1991年，拆建席桥渡槽。1998年春，扩建南支河渡槽1孔。灌区设计灌溉面积1.2万公顷，实际灌溉面积7740公顷。

三、耳洞灌区

位于里运河以东，市河以南，淮河入海水道调度河以北。包括淮城镇部分和城东乡南部，总面积19.29平方千米。由于城镇建设用地和国家重点工程的占用，耕地面积不足666.67公顷。灌区渠首耳洞原名涧河耳洞，建成于1931年，该洞为条石结构，单孔宽1.3米，高1.03米，洞底高程4米。螺杆式平板钢闸门，配5吨启闭机。设计上游水位10米，下游水位8.5米时，过闸流量5.4立方米/秒。1956年，配套建设灌区渠系。干渠由渠首向东北至城东乡赵徐村止，全长6千米。2005年春，在耳洞干渠穿新涧河地涵南侧，新建耳洞干渠退水闸，该渠改建为灌排两用河道。设计灌溉面积720公顷，实际灌溉面积533.33公顷，排涝面积8.5平方千米。2008年4月，拆建改造渠首，宽、高均为0.9米，闸底高程4.4米，配8吨启闭机。

四、头闸灌区

位于里运河以东、灌溉总渠以南、岔溪河以北，东北隔二条沟，东南隔头溪河与涧河灌区相邻。包括建淮、马甸、上河3乡镇的全部，朱桥、溪河、施河、泾口4乡镇各一部分。总面积191.48平方千米，耕地1.18万公顷。含溪河以南、横河以东、岔溪河以北、绿草荡以西小灌区。灌区里运河堤上原有老涵洞7座，新中国建立后，拆除头涵洞，堵塞二、四、六涵洞，改建五涵洞，留三、七涵洞伺机引水。另新建头闸、小引江闸和南干渠进水洞。头闸系由运南闸上引水，为主要进水口门。小引江闸原用于向涧河、市河灌区补水，后弃用。灌区初建于1958年。为发展自流灌溉，在里运河东堤头涵洞南侧新建3孔涵洞1座，称为头闸。闸下结合兴建水电站1座。1958年秋至1959年上半年，挑筑由头闸向南至上河镇的南干渠和5条支渠，建成南干渠进水闸、电站退水闸、南干渠节制闸各1座，支渠首5座，支渠节制闸3座，自流灌溉约4000公顷。1963年2～4月，由头闸向东北挑筑北干渠通涧河、市河灌区，拓宽南干渠并延伸至平桥灌区，同期建成北干渠分水闸。1964～1966年，全面整修干、支渠，按田园方整化要求，配套斗、农渠和排水沟，形成完整的灌排体系。1970年冬，头闸上游里运河改为引江斜河，运河西移。为保持头闸引用运南闸上高水位，兴建穿斜河大地涵，与运南闸上运河沟通。同年，在头闸南东堤上兴建小引江闸，闸下开小引江河通头闸北干渠。由于头闸渠首与灌溉渠间被小引江河隔断，兴建小引江地涵，通称小地涵。1973年，在灌区南部上河镇里运河东堤上建南干渠进水洞，由运河引用江水。1992年，在二堡船闸地涵上兴建节制闸。1994年，头闸南干渠全线整治，疏浚渠道，拆建南干渠进水闸，兴建南干渠尾闸，并维修沿线涵闸。渠南灌区改造完成干渠衬砌配套建设。

2002～2008年，渠南灌区节水改造项目实施后，衬砌二分干渠4千米，兴建蔡大沟渡槽、北干一分干进水闸、蔡大沟闸、大渠首、1号调节池、2号调节池等，及沿线支渠首、退水洞、节制闸进行改建配套。头闸共4孔，为箱式钢筋混凝土涵洞，每孔宽、高均为2.5米。进出水口底板均为5.5米，穿斜河大地涵中部底板高程-1.55米。南3孔下端接头闸进水洞调节池，洞身长144.6米，设计上游水位9.5米时，流量50立方米/秒。北1孔下通北干渠，洞身长152米，设计上游水位9.5米时，流量26立方米/秒。地涵1970年10月开工，次年10月竣工。80年代初，发现地涵冒水，1982年2月修理。

2007年3月，渠南灌区改造拆建接长渠首。电站调节池紧接头闸下口，底板高程5.5米，系用块石浆砌，有3个出口。东墙出口通老水电站，下接穿小引江地涵通南干渠。东墙北侧为一支渠单孔引水闸。开挖小引江河后，一支渠改接小地涵出口。北墙中部有北干渠分水闸，3孔，每孔宽3米，设计调节池水位8.1米时，流量50立方米/秒。小地涵上接老水电站，穿小引江河与一支渠和南干渠沟通。地涵为箱式钢筋混凝土结构，2孔，宽、高均为2.5米，洞身中部底部高程1.6米，进、出水口底板高程分别为5.0米和4.5米，洞身长51米。设计上游水位8.4米，下游水位7.8米时，流量30立方米/秒。北干渠由头闸调节池北侧分水闸进水，向北约400米转向东北沿灌溉总渠经涧河洞至市河洞，全长15.7千米。该渠由头闸供水，斜河水位较高时，亦可由小引江闸引水。沿线有石塘、北涧、渔市节制闸3座，可分段控制。南干渠北起头闸小地涵出口，沿里运河向南至平桥灌区进水闸，全长9.99千米。南干渠原供应二、三、四、五支渠用水，兴建南干渠进水闸后，四、五支渠改由南干渠进水洞进水。在运南闸下水位过低时，由头闸补给。干渠下接支渠均配有渠首进水闸、退水闸和节制闸。斗、农渠及其建筑物配套齐全。灌区设计灌溉面积1.13万公顷，实际灌溉面积8433.33公顷。

五、平桥灌区

位于里运河以东，头闸灌区以南，白马湖穿运洞下游引河以北，绿草荡西北。包括平桥镇全部和施河镇南部，总面积71.81平方千米，有耕地面积4580公顷。灌区里运河堤上原有八、九、十古涵洞3座。1959年，将平桥镇北首里运河东岸的八涵洞改建为平桥进水闸作为渠首，兴建平桥灌区。渠首下挑筑南北向干渠，并在灌区北侧和中部挑筑平桥一、二支渠。1962年，在南侧增挑平桥三支渠。兴建平桥进水闸后，堵塞九涵洞，保留十涵洞。70年代初，十涵洞漏水严重，1976年将十涵洞堵塞。由于平桥闸底板过高，加之灌区投产后运河水位远低于设计水位，进水严重不足。1976年，在平桥镇南首增建平桥洞（亦称二支洞），改善供水条件。灌区东部横河以东，岔溪河与穿运洞下游引河间一片耕地，离运河水源较远，送水困难，另建渠由岔溪河引水灌溉。平桥进水闸两孔，每孔净宽4米，闸底高程5.5米，闸顶高程9.2米。装配直升式钢闸门，10吨螺杆启闭机。设计上游水位8.75米，下游水位7.2米时，流量10立方米/秒。1987年对该闸进行接长改建。平桥洞亦为两孔，每孔净宽1.6米，闸底高程3.7米，侧墙顶高程5.7米，矢高0.4米。装配直升式钢闸门，10吨螺杆启闭机。设计上游水位6.2米，下游水位6.0米时，流量5.86立方米/秒。

平桥干渠由平桥闸下向东200米转向南，至白马湖穿运洞下游引河，长约4.5千米。在平桥一、二支渠之间和二、三支渠之间各有节制闸1座（二、三支渠间节制闸兼作三支进水闸）。2002～2008年，渠南灌区节水改造项目实施后，分别对平桥进水闸、平桥洞、连生闸沿线支渠首、退水洞和节制闸进行改建。灌区正常年份由平桥进水闸和平桥洞引里运河水灌溉。当运南闸下里运河水位较低时，由头闸通过南干渠向平桥灌区补水。灌区设计灌溉面积4173.33公顷，实际灌溉面积3533.33公顷。

六、涧河灌区

位于塘河以南，头溪河以北，蔡大沟以东，马家荡以西。包括朱桥、车桥全部和溪河、仇桥、泾口、流均4个乡镇各一部分，总面积267.57平方千米，耕地1.43万公顷。该灌区始以灌溉总渠南岸的涧河洞为渠首，以涧河为干渠。涧河洞为钢筋混凝土箱式涵洞，单孔，宽、高均为2.2米，底板高程4.2米。装配直升式平板钢闸门，10吨螺杆启闭机。设计上游水位8.02米，下游水位7.0米时，流量16.3立方米/秒。涧河上起涧河洞口，下至流均镇头桥入荡，全长42千米。由于线路过长，下段难以送水，支、斗渠未配套，实际使用长度为吕舍以上18.26千米。1972年冬，对吕舍以上进行疏浚，截去老石塘、小兴、受河、卢滩4个陡湾。在小兴建节制闸1座。1979年，泾口公社自筹资金，拆除套闸，在东首约300米建节制闸1座。由于公路交通发达，涧河水路交通逐渐废弃，沿线套闸被拆除。2002～2008年，渠南灌区节水改造项目实施后，分别对小兴节制闸、泾口节制闸、北涧分水闸、石塘桥闸、车桥水闸、泾口大成闸等及沿线支渠首进行了改建。灌区原设计灌溉面积1.21万公顷，实际灌溉面积1.31万公顷。

七、市河灌区

位于十字河与塘河之间，西北至灌溉总渠，东南到窑头河。包括仇桥、博里、泾口、流均、车桥5乡镇各一部分，总面积42.74平方千米，耕地面积2326.67公顷。渠首市河洞在灌区西北灌溉总渠南岸。头闸灌区挑筑北干渠后，可由头闸补水。灌区初建时，灌溉范围北至小市河，南至塘河，分筑南、北两干渠。1974年，兴建复兴灌区后，北干渠掉头由渔市洞供水。市河洞专供南干渠用水。由于市河洞底板偏高，运东闸下总渠水位较低时，灌区用水困难，需由头闸通过北干渠补水。1992年，在市河洞以东6千米总渠堤上增建新市河洞，下通南、北两干渠，显著改善市河灌区和渔市灌区用水。市河洞为钢筋混凝土箱式涵洞，单孔，宽、高均为2.2米，底板高程4.0米。装配直升式平板钢闸门，10吨螺杆启闭机。设计最大流量17.3立方米/秒。新市河洞亦为钢筋混凝土箱式涵洞，单孔，宽、高均为2.5米，底板高程2.4米。装配直升式平板钢闸门，10吨螺杆启闭机。设计流量9.28立方米/秒。1992年10月开工，1993年春建成。灌区干渠由渠首沿十字河右岸向东南至博里镇三元村，全长21千米，相沿称南干渠（又称博里南干渠），沿线有颜湾、王庄节制闸和史舍地涵，实现上、下游轮灌。新市河洞建成后，由于新市洞引水量较大，1995年在博里北一支渠建穿十字河颜湾地涵1座，由北干渠向南干渠补水。2002～2008年，渠南灌区节水改造项目实施后，分别对市河洞、北涧桥闸及沿线支渠首和退水洞进行改建。灌区设计灌溉面积4533.33公顷，实际灌溉面积1573.33公顷。

八、渔市灌区

位于灌溉总渠以南，十字河以北，西部、南部与市河灌区相邻，东部与复兴灌区相邻。包括仇桥镇东部，博里镇北部，总面积70.15平方千米，耕地面积3626.67公顷。该灌区由仇桥镇南徐村灌溉总渠南堤上的渔市洞供水，原灌溉范围为仇桥镇小市河以北和复兴镇大部，有渔市干渠自渠首沿灌溉总渠向东至复兴集北首，与复兴东西干渠连通。灌区工程于1958年建成。1974年兴建复兴洞，建立复兴灌区后，原渔市灌区大坝以东划属复兴灌区，同时将市河灌区北干渠掉头至渔市洞下，后称渔市南干渠，市河灌区以北改由渔市洞供水。1992年建成的新市河洞向渔市灌区南干渠供水，用水条件有了显著改善。渔市南干渠（后改为新市河洞干渠）由渔市洞口向南沿小市河经仇桥、凤谷村至韩邵，长约27千米。沿线有仇桥节制闸。2002～2008年，渠南灌区节水改造项目实施后，分别对渔市洞、渔市南干渠地涵及沿线支渠首和退水洞进行改建。该灌区设计灌溉面积3300公顷，实际灌溉面积2546.67公顷。

九、复兴灌区

位于灌溉总渠以南，小市河以北，渔市河以东，窑头河以西。包括复兴镇全部，博里和仇桥镇各一部分，总面积64.25平方千米，耕地面积3673.33公顷。该灌区原有渔市灌区北干渠供水，东北一部分有苏嘴洞供水。1974年兴建复兴洞，就原有渠系加以调整，建立复兴灌区。复兴洞位于复兴集北首灌溉总渠南堤上，为单孔反拱混凝土结构，孔宽2.5米，拱座高2.1米，拱顶矢高0.63米，底板高程2.8米。设计上游水位5.8米，下游水位5.6米时，流量9.44立方米/秒。1974年1月开工，当年5月竣工。复兴东干渠由复兴洞沿渔滨河东堤向南至田桥，长5.3千米。复兴西干渠由渠首沿灌溉总渠向西至墩郎村向南至陈阳，长5.2千米。2002～2008年，渠南灌区节水改造项目实施后，分别对复兴洞、复兴西干渠进水闸及沿线支渠首、退水洞和节制闸进行改建。该灌区设计灌溉面积3333.33公顷，实际灌溉面积2253.33公顷。

十、张码灌区

位于范集镇西部，北至灌溉总渠，南止花河，东邻永济灌区，西至张玉河。范围为范集镇西部，总面积39.72平方千米，耕地面积2240公顷。灌区渠首张码洞位于西北首灌溉总渠南岸。1967年建成单孔拱形钢筋混凝土涵洞。1996年11月原址拆建，1997年4月竣工。现渠首为钢筋混凝土箱式涵洞，宽1.7米，高2米，洞底高程6.5米。设计上游水位11.9米，下游水位9.5米时，流量4.92立方米/秒。灌区渠首下有东、西两条干渠。东干渠由张码洞口向东北经小秦庄至花河边，长9.5千米。干渠首建有进水闸1座。沿线有李湾东庄节制闸1座，西干渠由张码洞向南至花河边，长5.5千米。干渠首建有进水闸1座。沿线有李湾西庄节制闸1座。该灌区原计划全部耕地实行自流灌溉，由于地势较高，部分需提水上田，实际灌溉面积1600公顷。

附：井灌

1976年，县水利局重新组建打井队，恢复打井，到1982年底，累计完成机电井70眼，装机704马力，控制灌溉面积218.67公顷。80年代中期，井灌废弃。

第二节　排灌站

1979年，茭陵第一抽水站建成投产，年底，全区机电排灌设备保有量5812台（套）、6.89万千瓦，排灌面积6.33万公顷（含自流灌堤上田面积，下同）。机电排灌发展进入盛期。80年代，水利工作重点转移到对原有排灌站、流动机的管理，相继在运河西岸建成三堡成庄、南闸中心河、林集平林电排站和渠北茭陵二站副站。至2008年底，全区机电排灌设备保有量达1万台（套）13.42万千瓦，其中固定泵站653座、754台（套）、5.18万千瓦，有效排灌面积5.27万公顷。

一、渔滨圩电排站

为了解决渠北排水出路问题，1957年春，在渠北渔滨圩区（渔滨河、南支河、衡河下游）按高程6米等高线匡筑6个圩口，分别建抽水站，装机93台（套）、1860马力，全部为煤气机拖带混流式水泵。设计排涝面积91.13平方千米，由县渔滨圩抽水站统一管理运用。1960年，经省、地区水利部门批准，将全部煤气机站改建为电力抽水站，各站均装配28千瓦电动拖带轴流式水泵，以排为主，结合灌溉，工程于1961年竣工投产。管理机构更名为渔滨圩电力排灌站。其后，陆续增加一心、邵葛东、邵葛西、大胡、东荡、顺河6站，装机容量增加到75台（套）、2167千瓦，总排水面积118.66平方千米。1984年将第三、第五、第六、邵葛东、邵葛西、大胡、东荡8个泵站下放给苏嘴、茭陵两乡镇管理，产权仍属渔滨圩电力排灌站，并由该站负责技术指导。2003年，淮河入海水道建成投入使用，改善了渠北排涝条件，2004年11月，撤销渔滨圩电排站，按属地管理原则，将泵站移交地方管理。同年，成立城市排涝泵站管理所，渔滨圩电排站管理人员划归城市排涝泵站管理所。

二、茭陵第一抽水站

位于茭陵乡茭陵村西首废黄河边，属渠北排水影响工程，是解决渠北排水出路的重点设施。该站排水范围为里运河以东、废黄河以南、茭陵一站引河西北的楚州渠北高地和清河区东南一部分，总控制面积218平方千米。以茭陵一站引河和咸岔河为进水引河，出水由废黄河入海。茭陵一站装置直径1.6米、64ZLB-50型轴流泵配JDL215/31—24千瓦立式同步电动机12台（套），额定抽水流量100立方米/秒。由于茭陵一站引河和咸岔河排涝面积悬殊，涝水汇集后水位相差较大，为避免高水向咸汉河倒灌，在进水池东部8台机组与西部4台机组间筑隔墙，分开抽排。隔墙中部建有2孔调度闸，当咸汉河水位较高时，开调度闸，统一抽排。茭陵一站东首两台机组可结合提水灌溉。该两台机组出口设灌溉拦水门，当拦水门关闭时，水泵出水通过翼墙上的灌溉涵洞进入板闸干渠。在废黄河水位较高时，亦可通过涵洞由废黄河引水灌溉。

茭陵第一抽水站　（2006年摄）

茭陵一站电源由淮安抽水站至涟水110千伏线路开断环入，两级降压供电，在城东建有110/35千伏、2万千伏安降压站，架35千伏专线至茭陵抽水站；抽水站西首装有35/6.6千伏、1.5万千伏安主变压器1台，6.6/0.4千伏、560千伏安配电变压器1台，上接主变，35/0.4千伏、180千伏安直配变压器1台。主变供应主机运行，另两台供应机房排水期和非排水期低压用电。

三、茭陵二站副站

位于茭陵村东首，距茭陵一站1.4千米。根据渠北排涝规划，为解决里运河以东、一站引河东南、渠北排水渠以北297平方千米积水问题，另建排水150立方米/秒的茭陵二站。由于经费限制，先建副站1座，进水茭陵二站引河与衡河尾段连通，出水入废黄河，控制面积相应缩小。茭陵二站副站装置直径0.9米、36ZLQ-100型轴流泵配JSL-15-10-260型260千瓦电动机15台（套），总装机容量3900千瓦，额定抽水流量50立方米/秒。该站电源由茭陵一站变电所前支接35千伏线路至东首副机房，内装35/6.3千伏、7500千伏安主变压器1台，35/0.4千伏、180千伏安直配变压器1台。主变供应主机运行，直配变压器供应照明等低压用电。该站于1983年2月开工，1986年底竣工。由茭陵抽水站统一管理运用。2005始，省财政每年安排专项维修经费对两座泵站病险机组进行维修保养。

四、南闸中心河电排站

位于南闸镇戴湾村里运河西岸中心河东首，以中心河为进水引河，出水入里运河，主要用于抽降中心河水位，兼可将积水排入新河东干渠，供应灌溉。站内装有20英寸轴流泵配55千瓦电动机5台（套），额定流量2.5立方米/秒。建成于1981年8月，由南闸镇管理。2006年，作为南水北调东线工排涝影响工程，对其改建，更新机电设备，装机容量和设计排涝流量不变。

五、南闸中心河二站

位于南闸中心河电排站北首约1千米的泾于村里运河西岸，以白马湖穿运洞上游引河为进水河道，出水入里运河。该站为南水北调排涝影响工程，装有32英寸轴流泵配110千瓦电动机4台（套），额定流量7.2立方米/秒。建成于2006年7月，由南闸镇管理。

1979~2008年部分年份楚州区(淮安县、淮安市)机电排灌情况表

表5-1

年份	设备保有量(站/台/千瓦)				灌排面积(万亩)			
	合　计	机　站	电　站	流动机	合　计	单灌	单排	灌排结合
1979	580/5812/91040	425/435/17215	155/234/11443	5143/62472	95.01	15.90	55.70	23.41
1982	7224/111736	313/308/12858	247/357/15289	6559/80589	79.64	14.31	49.58	15.75
1986	7656/114356	92/89/3999	386/499/26876	6974/83571	110.09	40.56	39.13	30.40
1991	505/7522/99943	71/72/2377	434/568/35254	6882/62312	103.67	24.57	31.79	47.31
1996	544/9462/116232	58/59/2032	486/610/36536	8793/77664	116.80	20.23	39.70	56.87
2001	562/9925/121104	41/41/1468.3	521/626/37386	9258/82250	116.65	20.25	38.71	57.69
2008	661/10020/134201	8/8/170	653/754/51781	9258/82250	118.38	20.51	39.38	58.49

第四章　农田水利建设

第一节　农田河网建设

楚州境内地面倾侧，水系错杂，加之受流域性河流和射阳湖、白马湖等外水影响，极易发生水旱灾害。新中国成立初期，全县集中力量加固外围堤防，内部仅对当时存在突出问题的干河加以整治。20世纪末，河网建设初步形成排灌体系。

70年代，重点建设旱涝保收、高产稳产农田，河网建设除加快建筑物配套外，还分期疏浚骨干河流，提高排涝标准，并在渠北开挖茭陵一站引河，渠南亦新开骨干河流多条。在发展、完善、调整、配套灌排体系的基础上，全面推广田间三沟(周沟、腰沟、墒沟)，爽水除渍。周沟、腰沟深0.7~1.0米，墒沟深0.3~0.5米。80年代，继续进行建筑物配套，并按高标准整治了头溪河、塘河、茭陵一站引河等主要干河。干河建设按河道断面日雨200毫米不受涝的标准设计施工。土方工作量过大或存在其他特殊困难的，则要做到日雨150毫米不成涝。排涝沟系结合自流灌溉渠设计施工，支渠配大沟，斗渠配中沟，农渠配小沟。一般大沟底宽3.5米，深4米；中沟底宽2.5米，深3米；小沟底宽1.0米，深2米。非

疏浚农村河道　(2006年摄)

自流灌区根据以上标准，逐年对原有沟渠进行整治。此外，积极推广“打鼠洞”，提高除涝、治渍能力。90年代，结合河渠疏浚整治，加固堆堤，配套建筑物，提高防洪治涝标准。先后疏浚整治温山河、南支河、白马湖穿运洞下游引河、头闸南干渠、市河干渠等排灌河道。至2008年底，楚州区先后疏浚整治茭陵二站引河、清安河、茭陵一站引河、咸汉河、南支河、渔滨河、窑头河、塘河、小市河、十字河、蔡大沟、六洞大沟、岔溪河、永济河等29条249.84千米区级河道。疏浚整治大沟级以上乡级河道108条428.07千米。结合连片治理和村庄沟塘整治，治理沟塘918面。全区已拥有主要排涝河道32条，大中小沟6052条，其中大沟208条、中沟1109条、小沟4735条。干渠21条，支斗农渠6884条，兴建配套各类建筑物3.1万多座，其中中沟级以上建筑物1.09万座、小沟级以下2.01万座。

第二节　低洼圩区治理

楚州东南沿荡，地势低洼，自古匡圩种植。新中国成立前，运西白马湖地区多依靠外围河堤防水，内部筑隔埂拦水栽秧，仅新河、永济河间由北向南有孙、李、杨、陈、洪5个圩口（孙圩在今灌溉总渠北）。新河以东有少数分散圩口，圩堤残缺不全，外河决溢，大片农田就要成灾。据新中国成立初期统计，境内共有圩口788个，大圩口近667公顷，小的仅2.5公顷，一般圩堤屈曲单薄，内部水系混乱，动辄决堤或积涝成灾。低洼圩区虽土质肥沃，产量较高，但极易遭受外水侵袭或积涝成灾，粮食产量很不稳定。挑筑苏北灌溉总渠后，渠北排水受阻，积涝成灾；渠南外部湖荡水位高，高片排水日益困难。为稳产高产，对老圩区进行治理，加固圩堤、联圩并圩和沤改旱，在新发生的易涝地区建设新圩区。1954年特大洪水，运西白马湖决堤，大部分耕地被淹；运东渠南浸沉圩口242个，严重渗水受淹的有25个。是年冬和翌年春，运西片调集大批劳力除修复白马湖大堤外，普遍加固内部河堤；运东渠南全面恢复水毁圩堤改筑圩口97个，匡筑新圩口119个。该片区180余千米的临荡、近荡圩堤，圩区人民每年冬春，自筹桩木、草包等器材，水中捞土，坚持修堤。至80年代末，180千米长的临荡、近荡圩堤，80%以上按规定做足，并安全度过历次发生的外荡高水袭击。1991年，淮安市发生超1954年的特大洪水，外围湖、荡水位暴涨，流均射阳湖荡水位高达3.41米，超历史高水位0.24米，受内涝外洪夹击，沿湖、沿荡及内部低洼圩区一片汪洋，2万多公顷农作物淹没在水中15天。1991年冬至1992年春，对白马湖15.5千米圩堤进行复堤加固。1992～1994年，对沿荡55千米圩堤进行加固。90年代初，沿湖、沿荡各市、县（区）纷纷在湖区、荡区匡圩养殖。白马湖、射阳湖、绿草荡等水面逐年减少，蓄水面积锐减，湖荡滞蓄水能力下降。各乡镇加快对圩区治理。沿荡施河、泾口、流均、博里等乡镇共有沿荡及通荡河道圩堤190千米，每年冬春均组织挖泥船组，逐段逐层加固沿河、沿荡圩堤。到2008年，全区共有新老圩口208个，圩堤总长1165.5千米，总保护面积686.86平方千米，受保护耕地4.19万公顷。

流均圩区　（2003年摄）

2008年楚州区圩区分布情况表

表5-2

片　别	圩口数（个）	圩堤长度（千米）	保护面积（平方千米）	保护耕地（万亩）
运东、渠南	85	508.0	267.22	25.50
渠　北	79	332.6	307.13	27.56
运　西	44	324.9	112.51	9.85
合　计	208	1165.5	686.86	62.91

说明：不含90年代以后在湖区、荡区匡筑的开发圩

90年代以后，为发展养殖业，沿湖、沿荡各县区围垦养殖，匡筑开发圩。为了不缩小湖荡滞蓄水能力，省防指对沿湖、沿荡开发圩圩堤标准统一作了规定。所有圩口圩堤均需设开口门或滚水坝，不得在省防指规定高程以上封闭。当兴化水位达到2.5米时，里下河开发圩全部投入滞涝。2001年，里下河、白马湖开发圩通过省防指验收。

2008年楚州区省批开发圩分布情况表

表5-3

湖荡名称	圩口数量（个）	圩口性质	圩口面积（平方千米）	堤顶高程枵开口门滚水坝长度（米）
里下河	35	滞涝圩	7.0	1816
白马湖	95	滞涝圩	4.35	高程6.5

第三节　平田整治及中低产田治理

境内南部由于圩口、沟洫多变，弃置的废沟、堤埂较多。60年代，仅泾口一个镇就有废沟29万米。70年代，全国北方农业会议提出以“治水改土”为中心的农村建设方针，县平田整地工作全面展开。主要内容为削高、补低、填洼，平除废堤埂、土墩，填平废沟、废塘，位直屈曲的圩堤和农村道路，平整高低不平的田块并结合深翻和浚治河道、修筑灌排渠、联圩并圩等。经过多年推行，成效显著。如高平田地区的朱桥镇，平除废田埂1.84万余条，填平废沟塘2384处，平整2466.67公顷耕地，并结合调整田块，逐步实现土地方整化。地处水网地区的泾口镇，填废沟塘8000余条，造田60公顷。经过20多年整治，到1990年，全市废堤、废埂已平除，横亘渠北数百年的黄河影（老黄河残堤）全部平为耕地；废沟、废塘除难以解决土源的以外，均已填平；弯曲的堤埂、道路普遍进行整治。全境平田整地1.2万公顷，深翻耕地2960公顷，约造田计1333.33公顷。截至2008年，累计完成中低产田改造约3万公顷，尚有9033.33公顷中低产田需要改造。

第四节　水利规划与工程设计施工

楚州区水利工程规划主要由区水利局农水科、工管科两个职能部门负责。分别对农田水利、机电泵站、河湖治理、城市水利等进行综合规划和单项规划，严格按照水利规划监督工程设计、施

工。区水利局在完成历年农田水利建设、城市水利建设、河道疏浚等单项规划编制工作的同时，先后完成全区各阶段五年中长期规划、区域治理规划、城市水利中长期规划及单项工程中长期规划。

1988年，经市编委批准，市水利局成立淮安市水利工程设计室。2001年更名为淮安市楚州区水利工程勘察设计院，主要从事水利工程规划、设计工作。在完成历年境内农村小型水利工程设计的同时，先后承接淮河入海水道、南水北调等国家大型工程配套项目以及大型灌区节水改造、区域治理等骨干工程的设计工作。工程设计科学合理，运行良好，效益显著。

楚州区水利工程施工严格按照国家规定实行公开招投标。区水利建筑工程公司是主要施工单位，始建于1988年4月，至2008年，公司具备水利水电工程施工总承包三级及堤防工程专业承包三级资质。有固定资产1089万元，职工257人，其中有技术职称的49人。有大小型搅拌机、翻斗车、钻井机、铲运机、发电机组、钢筋加工机械、木工加工机械、起重安装机械等300多台（套），以及大量的钢模板、脚手材料，具有年完成混凝土2.5万立方米以上生产能力。多年来，先后承建各种类型的水利水电建筑安装工程、市政建设工程、地基与基础工程，主要有淮河入海水道、南水北调、农桥、灾后重建、白马湖宝应湖治理、里下河圩区治理、开发项目、土地治理等。

第五章　水政管理

第一节　管理机构

新中国成立后，大兴水利，水利建设、管理任务繁重，经过多年改革充实，水利管理机构逐步健全，县和乡镇都设有水利管理机构。

一、楚州区水利局

1976年秋，淮安县原水电局分设为水利、供电二局。1980年12月，县治淮工程团并归水利局。1987年冬，淮安撤县建市，淮安县水利局改为淮安市水利局。2001年2月，因行政名称调整，淮安市水利局改为楚州区水利局。2002年5月，区政府将节约用水和城市水利管理职能划归水利局，随着职能扩大，2003年2月，成立楚州区水务局。一个机构、两块牌子。2008年，局机关设办公室、农水科、工管科、水政水资源科、财务科5个股级科室。

二、乡镇水利管理站

1978年，全县各公社、镇成立水利管理站，各站设水利工程员、机电排灌管理员、会计员各1人，通称“三员”。“三员”由县水利部门报省水利厅批准后任用，业务上属水利部门领导，并由水利部门拨款发给工资。1986年起，乡镇水利管理站改为县水利局和乡镇双重领导，站长由乡镇推荐，水利局任命。原有“三员”经过考核，根据省水利厅分配名额，有的转为正式事业编制。此后乡镇水利站为自筹自支单位，“一长三员”的人事关系属区水利局管理。

三、直属机构

水利直属机构随事业的发展逐渐增多。2008年，区水利局直属机构主要有渠南水利管理所、渠北水利管理所、运西水利管理所、入海水道管理所、茭陵抽水站、楚州泵站管理所、二堡船闸管理所、运东电站管理所、河湖管理所、水政监察大队、水利建筑工程公司。

第二节 河道堤防管理

1978年,流域性河流仍属中央或省管理,固堤保安由县负责。淮安境内有流域性河道5条,河道堤防总长240.6千米,其中里运河63.4千米、大运河10.5千米、苏北灌溉总渠49.8千米、废黄河44.6千米、淮河入海水道72.3千米。另有湖荡及区域性河道堤防795千米。境内河道堤防管理按照受益和影响范围的大小,实行统一管理和分级管理相结合。流域性河道堤防,由区河道湖泊管理所和入海水道管理所负责管理。绿草荡、马家荡、白马湖堤防及区域性的河道堤防按照属地管理原则,由所在乡(镇)政府负责维护管理,接受区水利行政主管部门的检查、督促、指导。堤防管理,主要任务是维修加固河堤和堤防养护。

1987年,淮安县政府颁发《淮安县水利工程管理实施细则》,规定里运河的堤防管理范围为:左右堤顶、堤坡,迎水面青坎或滩地;背水面堤脚外各30～50米,其中杨庙至河下大桥间东西堤背水面堤脚外各5～10米。大运河的堤防管理范围为:堤顶、堤坡、迎水面青坎或滩地,背水面堤脚外30～50米。苏北灌溉总渠的堤防管理范围为:左右堤顶、堤坡、迎水面青坎。北堤背水面至渠北排水渠北堤(淮河入海水道开筑后,渠北排水渠不复存在,总渠北堤已变为入海水道南堤)。南堤背水面有顺堤河的,以顺堤河为界;无顺堤河的,以堤脚外30米为界。废黄河堤防管理范围为:堤顶、堤坡、迎水面青坎或滩地,背水坡堤脚外30～100米。湖、荡圩堤管理范围为:迎水坡脚向外20～50米,背水坡脚向外10米至15米。区域性堤防管理范围为:迎水坡至河中心,背水坡堤脚向外各10米。护堤要求:任何单位或个人,不准在管理范围内建房、砌窑、埋坟、耕种、搬用护坡块石、拔桩等。堤身和青坎上所栽的树木、芦草等,不准任意砍伐。确因生产、工作需要必须在管理范围内兴建建筑物的,建设单位必须将建设项目的选址、工程规模、结构形式、占地范围等向区水利部门提出申请,经审查转报上级主管部门批准后施工。

2000年,省道淮阜路拓宽加高,灌溉总渠运东闸下堤防消除了窨水隐患。2003年,淮河入海水道竣工,入海水道与总渠之间堤防亦得到加固。之后,逐年对总渠块石坡进行维修,空白堤段增做块石护坡。2005年7月,楚州区政府颁发《楚州区水利管理实施细则》。至2007年底,灌溉总渠累计做块石护坡55千米,灌浆50.59千米。废黄河堤主要采取做护坡、埽工等措施,对险工患段进行治理。至2008年,废黄河堤做块石护坡2900米,混凝土模袋护坡155米。境内流域性堤防尚有15处险工患段,其中里运河8处、总渠1处、废黄河6处。

1987～2008年楚州区(淮安县、淮安市)境内灌溉总渠大堤护砌情况表

表5-4　　　　单位:米

堤段名称、序号	起　迄	长度	结构形式	护砌高程		备　注
				顶高	底高	
总渠	左堤	21288	—	—	—	—
1	运东闸西捌—运东闸	443	干砌块石	11.70	8.50	—
2	耳洞十二挂斗—汪庄西	265	干砌块石	9.25	6.41	—
3	孔东西—测量台东	2550	干砌块石	8.74	5.47	—

续表 5-4

堤段名称、序号	起 迄	长度	结构形式	护砌高程		备 注
				顶高	底高	
4	测量台东—周杨渡东	4400	干砌块石	7.44	5.74	—
5	周杨渡东—周杨东赵	400	卵石框格	7.74	5.74	—
6	赵崔东—渠北医院西	3350	干砌块石	7.74	5.74	—
7	渠北医院—渔滨河头	5320	抛碎石	7.70	5.30	—
8	渔滨河东—黄庄对过	1880	—	8.20	5.10	—
9	黄庄东—淮阜桥东	1200	—	8.20	5.20	—
10	淮阜桥西	180	干砌块石	9.50	5.00	灌砌基础盖顶
11	淮阜桥东	300	浆砌块石	8.20	5.10	—
12	桃园东—淮阜交界西	1000	浆砌块石	8.20	5.10	—
13	右堤	34004	—	—	—	—
14	张码洞段	500	干砌块石	11.70	9.20	灌砌基础盖顶
15	范集秦阳段	1400	干砌块石	12.00	9.20	灌砌基础盖顶
16	永济洞西	200	干砌块石	12.00	9.20	—
17	永济洞西—永济洞东	174	干砌块石	11.78	8.78	灌砌基础盖顶
18	永济洞东	1061	干砌块石	11.70	8.70	灌砌基础盖顶
19	范集新朱段	625	干砌块石	12.0	9.20	灌砌基础盖顶
20	永济河头—新河洞	5450	干砌块石	11.50	8.50	—
21	新河洞—引河头	510	干砌块石	11.50	8.50	—
22	运东船闸下游	170	干砌块石	11.70	8.50	—
23	运东闸大桥—石塘建筑站	400	干砌块石	11.70	8.50	—
24	运东闸东—塘桥西	250	干砌块石	9.70	7.00	—
25	渠南大队	850	干砌块石	9.70	7.10	—
26	塘桥东—朱桥堤林站	60	干砌块石	9.50	7.20	—
27	涧河洞—北涧	1200	干砌块石	9.10	6.60	—
28	朱桥堤林站—49+871	3750	干砌块石	9.40	6.60	—
29	50+845—51+645	800	干砌块石	9.50	6.60	—
30	51+645—54+845	3200	干砌块石	9.00	6.60	—
31	渠北医院—55+845	700	干砌块石	9.70	6.60	—
32	渠北医院—道含西	1400	干砌块石	9.00	6.60	—
33	道含东—高仇	2000	干砌块石	9.60	6.60	—
34	渔市洞东侧	130	干砌块石	9.50	5.00	—
35	仇桥段	500	干砌块石	9.60	6.50	—

续表 5-4

堤段名称、序号	起　　迄	长度	结构形式	护砌高程		备　注
				顶高	底高	
36	淮阜路两侧	180	干砌块石	9.50	6.30	—
37	高仇大坝—苏嘴洞西	8494	碎砖护砌	9.60	6.30	—

说明：淮河入海水道开筑后，总渠左堤为入海水道北堤

第三节　涵闸泵站管理

根据区政府2005年颁发的《楚州区水利工程管理实施细则》规定，境内涵闸泵站管理实行分级管理和统一管理相结合。受益和影响范围在两个乡（镇）以上的涵闸泵站，由区水利行政主管部门或委托受益乡（镇）政府管理；受益和影响范围在两个村以上的，由乡（镇）政府负责管理。各涵、闸、站管理范围：茭陵抽水站，上游205米，下游306米，左269米，右96米；茭陵抽水二站，上游180米，下游580米，左100米，右100米；城区泵站和清安河泵站，上、下游河道堤防各200至500米，左右从站身两侧边缘向外50至200米；二堡船闸，上、下游通航道从上、下闸首翼墙边缘向外270米、25米，左、右侧从上、下游通航道堆堤边缘向外160米、65米；流域性堤防上的穿堤涵闸，上游至引水河道中心线，下游从护坡向下50米至100米，左右从涵闸闸身两则边缘向外各50米至200米，其他小型涵闸左右两侧不少于10米至20米；区域性河道、干渠、分干渠上的节制闸、挡水闸、地涵，从上、下游护坡向上、下游各50米至100米，左右两侧从闸边缘向外各30米至50米；小型涵闸，左右两侧不低于10米至20米；支渠首、支渠上的节制闸、大沟排涝涵闸，上下游、左右岸从上下游翼墙边缘向外各5米至15米；机电井，井口周围10平方米。固定机电排灌泵站，从站房边缘起四周向外不少于10～30米。

1987～2008年楚州区（淮安县、淮安市）管涵闸范围情况表

表5-5　　单位：米

序号	涵闸名称	管理范围				管理单位
		上游	下游	左	右	
1	平桥闸	50	50	50	50	渠南水利管理所
2	平桥洞	50	50	50	50	
3	岔溪洞	25	25	25	25	
4	大兴洞	25	25	25	25	
5	七涵洞	25	25	25	25	
6	五涵洞	25	25	25	25	
7	三涵洞	25	25	25	25	
8	头闸	60	60	35	85	
9	涧河洞	50	50	80	40	
10	市河洞	50	50	50	50	

续表 5-5

序号	涵闸名称	管理范围				管理单位
		上游	下游	左	右	
11	渔市洞	50	50	50	50	
12	石塘桥闸	10	15	15	15	
13	北干桥闸	10	10	15	15	
14	车桥水闸	50	50	50	50	
15	小兴闸（北）	50	50	50	夹堆	
16	小兴闸（南）	50	50	夹堆	50	
17	陆河闸	50	50	50	50	
18	头闸一分干渠首	20	20	20	20	
19	头闸二分干渠首	20	20	20	20	
20	头闸三分干渠首	20	20	20	20	
21	董庄闸	20	20	20	20	
22	连生闸	20	20	20	20	
23	郭庄闸	20	20	20	20	
24	红星闸	20	20	20	20	
25	同心闸	20	20	20	20	
26	蔡大沟闸	50	50	50	50	渠南水利管理所
27	孙李闸	20	20	20	20	
28	中干渠进水闸	74	30	180	35	
29	溪河三分支渠首	20	20	20	20	
30	二堡地涵	20	20	20	20	
31	四支闸	20	20	20	20	
32	渔池闸	20	20	20	20	
33	复兴洞	50	50	50	50	
34	塘河闸	80	80	50	50	
35	新市河洞	50	50	50	50	
36	南干渠进水闸	20	20	30	30	
37	五分干进水闸	30	30	30	30	
38	涧河退水洞	20	20	20	20	
39	中干渠退水洞	20	20	5	5	
40	蔡大沟渡槽	20	20	20	20	
41	头闸一站调度闸				80	
42	板闸	50	50	50	50	渠北水利管理所
43	乌沙洞	50	50	50	50	

续表 5-5

序号	涵闸名称	管理范围				管理单位
		上游	下游	左	右	
44	耳洞	20	30	20	20	渠北水利管理所
45	杨庄闸	20	30	20	20	
46	后营闸	20	40	25	25	
47	新一支渠首	10	20	15	15	
48	红桥分干渠首	10	20	25	20	
49	张巷闸	10	20	20	20	
50	南支河渡槽	20	30	30	30	
51	乌沙三支渠首	10	20	20	20	
52	乌沙四支渠首	10	30	20	20	
53	席桥渡槽	30	30	30	30	
54	钦工闸	10	20	20	20	
55	板闸二支渠首	10	20	15	15	
56	板闸六支渠首	10	20	15	15	
57	板闸七支渠首	10	20	15	15	
58	横沟支渠首	10	20	20	20	
59	李码分干渠首	10	20	20	20	
60	后营支渠首	10	20	15	15	
61	新路支渠首	10	20	20	20	
62	南支河调度闸	20	30	20	20	
63	新河洞	50	120	70	30	运西水利管理所
64	永济洞	50	50	50	50	
65	张码洞	50	50	50	50	
66	新河闸	20	30	50	50	
67	西干渠进水闸	20	30	30	30	
68	东干渠进水闸	50	50	30	30	
69	星阳闸	10	25	15	15	
70	韩码闸	20	25	30	30	
71	沙口地涵	50	100	50	50	
72	朱庄闸	20	30	30	30	
73	新河渡槽节制闸	20	50	30	30	
74	三截沟节制闸	20	25	30	30	
75	新涧河洞	调度河中心线	300	200	200	入海水道管理所
76	十四中沟洞	调度河中心线	260	200	200	
77	南支河洞	调度河中心线	260	200	200	
78	渔滨河洞	调度河中心线	260	200	200	

续表 5-5

序号	涵闸名称	管理范围				管理单位
		上游	下游	左	右	
79	衡河洞	调度河中心线	220	200	200	入海水道管理所
80	窑头河洞	调度河中心线	220	200	200	
81	新涧河临时机口	50	50	50	50	
82	十四中沟临时机口	50	50	50	50	
83	南支河临时机口	50	50	50	50	
84	渔滨河临时机口	50	50	50	50	
85	茭陵一站	205	306	269	96	茭陵抽水站
86	茭陵二站	180	580	100	100	
87	苏嘴水源工程地涵	50	50	30	30	
88	胡庄闸	50	50	133	40	
89	衡河闸	80	100	100	80	
90	城区泵站	200	200	100	100	楚州泵站管理所
91	清安河泵站	200	200	100	100	
92	城区泵站调度闸	50	50	30	30	
93	城区泵站耳洞地涵	50	50	30	30	
94	二堡船闸	270	25	160	65	二堡船闸管理所
95	运东电站	200	200	50	50	运东电站管理所

第四节　自流灌区管理

一、管理机构

1985年以前，全县境内自流灌区设6个管理站，分片负责管理。1985年，分三大片成立渠北、渠南、运西水利管理所。自流灌区管理由水利管理所负责，原灌区管理所撤销。灌区管理主要任务：调度灌溉水源，分配灌溉水量，推行计划用水，指导灌溉技术；检查督促灌区渠系、建筑物的养护检修；检查督促对排水河堤的养护、培修，合理运用排水涵闸，防御水涝灾害；解决有关灌排矛盾；收取灌溉水费。

范集自流灌区　　（2006年摄）

各灌区成立灌区管理委员会，下设分会，实行专业性管理和群众性管理相结合。管理委员会负责制定灌区用水计划和支渠轮灌计划，处理用水矛盾、渠系工程维修配套等重大问题。分会负责制定斗渠轮灌计划，处理斗渠级以下建筑物养护检修等事宜。区、乡（镇）水利管理机构为其执行机构。各村成立用水管理领导小组，由1名村干部任组长。小组根据灌溉面积大小设专职管水员1～2人，负责配水到农渠，检查灌水标准等事项。2002年4月，为适应农村税费改革，水利工程水费由行政事业性收费改为经营性收费，区政府对灌区原有管理运作模式进行改革。撤销灌区管理委员会。区成立农村供水有限公司，负责农业灌溉工程规划、建设与管理、水源调度、用水管理，与灌区农民用水协会签订供水服务和水费收缴协议。各灌区成立农民用水协会，经民政部门注册登记，具有法人地位。其人员组成基本同灌区管理委员会，除包括管理委员会职责外，并根据与区供水有限公司和与乡镇农民用水分会签订的供水服务和水费收缴协议，按时足额收取和上缴水费。各乡镇成立农民用水分会，接受灌区农民用水协会领导。负责区管以下水利工程维修、养护和运行管理，根据与灌区农民用水协会和用水小组签订供水服务及水费收缴协议，收取和上缴水费。村成立农民用水小组，管理本村灌溉设施和用水工作，代表用水户与分会签订供水服务和水费收缴协议。

二、用水管理

70年代后期，头闸灌区在建淮公社建淮大队试验“浅、湿、晒”节水灌溉技术，节水增产效果明显，灌溉定额逐年下降，推广面积不断扩大。2008年，全区节水灌溉面积逾6.33万公顷，灌溉定额仅805立方米/亩。

三、排水管理

为防止发生内涝争道抢排水，导致秩序混乱现象，各有关部门和单位经过多年摸索改进，实施雨前预降内部水位，加强用水管理，减少尾水入沟。发生内涝时，坚持上蓄、中滞、下排，按先急后缓的原则排水。因协调安排得当，相互协作帮助，灌区内多年来从未发生矛盾纠纷。其间，渠南灌区多次被省、市评为先进灌区，1990年被水利部授予“部一级管理单位”和“全国先进灌区”称号。

四、机电排灌管理

1972年，机电排灌业务明确由县水电科负责。当时机电排灌全县已普及，但大部分开机人员业务水平较低，机泵安装不当，违章操作情况严重，影响到排灌效率，安全事故频发。县分批组织开机人员培训，制定《淮安县机械排灌安全操作规程》和《淮安县电力排灌安全操作规程》，组织从业人员学习贯彻，提高排灌效率，减少事故发生。80年代，对原有机泵配套、安装不合理的进行更换或改装，对固定站设计不合理的进行改建。机电排灌泵站实行分级管理与统一管理相结合，新建、拆建或改造后的泵站，建设单位向管理单位办理移交手续，由受益乡镇、村组负责管理。受益范围跨乡镇的由区水行政主管部门负责管理。

第五节　水务规费征收

1983年，淮安县开始征收水利工程水费。以后通过健全制度，开展宣传和改革实践，使社会各界尤其是广大农户逐渐接受商品水的观念，为推进水价改革，建立水商品运行机制打下良好的社会基础。

水务费用征收主要包括水利工程农业水费、水资源费、河道堤防占用费等。水利工程农业水费以水田面积征收费用，由于水费收取标准和水田面积的变化，水费征收各年不同。2001年以前，水利工程水费由各乡镇按收费标准统一上缴所在灌区，灌区按分成比例分别上缴省、市、区水利部门，水利工程水费基本能足额收取。2001年税费改革后，水利工程水费转为经营性收费管理。水费收缴方式发生转变，由灌区向用水户收取，因各种原因，水费收取率有所降低。2006年2月16日，区政府出台征收经营性水利工程水费收缴有关问题会议纪要，将收缴水利工程水费视同财政收入任务，实行政府基数考核。当年全区完成水利工程水费为960万元。河道堤防占用费主要由区河道堤防管理所征收。根据国家及省、市有关堤防占用费收取规定收取河道湖泊管理范围内国有土地临时占用费用，几年来费用收取稳步上升，年均120余万元。2008年，征收河道堤防占用费151万元，征收水利工程农业水费为951.64万元，征收水资源费180万元。

第六节　水政监察

1988年5月，第六届全国人大常委会通过我国《中华人民共和国水法》，为水政执法提供了依据。1989年，淮安市水行政工作被列为全国水行政执法试点，全市共选拔任命101名水政监察员，有效地维护了全市水利建设的正常秩序。同年6月，派员参加原淮阴市地区水利系统学习水法规知识竞赛，并获得一等奖。1991年，市水利局增设水政水资源股，进一步加强贯彻执行水法规的力量。1989～1995年，水行政执法工作在市委、市政府领导与各有关部门的支持配合下，发挥水政监察作用，在水利工程管理范围内共计拆除违章建房1098户，清除违章种植322.27公顷，拆除土窑218座，查处破坏水利违法案件1158起，挽回直接与间接经济损失1000万元。1995年12月，成立淮安市水政监察大队，是第一支集水行政执法、水资源管理、行政规费征收于一体的专职水行政队伍，并配备了全国统一的水政监察制服。1997年，淮安市顺利通过全省水政监察规范化建设的验收。2000～2008年，共组织执法巡查7000余人次，现场制止、查处水事违法案件500余起，拆除违法建设8000多平方米，铲除违章种植400多公顷。在坚持以服务为先导，收管并重的基础上，累计征收行政规费4000余万元。同时，积极开展计划用水、节约用水、水资源管理等工作，为全区水资源可持续利用提供科学依据。

第六章　防汛抗旱

第一节　组织机构

1978年，淮安县成立防汛防旱总队部，负责指挥全县防汛防旱工作。80年代起改为防汛防旱指挥部，至2008年一直为常设机构。80年代初，防汛防旱指挥部办公室正式编制3人，作为防汛防旱指挥部常设办事机构。指挥部下设苏北灌溉总渠、大运河、里运河、废黄河、淮河入海水道、射阳湖、白马湖等分指挥部，重点负责流域性河道及湖荡防汛工作。各乡镇成立防汛防旱领导小组，各村分别成立防汛防旱组织。自1987年开始，防汛防旱实行行政首长负责制、分级管理责任制、防汛防旱人员岗位责任制、防汛工程管理责任制、防汛防旱清障目标责任制等，明确防汛防旱职责。根据各流域河道及湖泊的水位，制定相应防汛预案，落实堤防防守民力和防汛物资。

第二节　设防措施

2002年初，楚州区防指先后制定和下发《淮安市楚州区防汛抢险预案》《淮安市楚州区防御台风应急预案》《淮安市楚州区城市防洪排涝抢险预案》《淮安市楚州区抗旱应急预案》和《楚州区灌溉排涝工程调度运用方案》等。每年汛前，区委、区政府召开由各成员单位负责人和各乡（镇）负责人参加的防汛防旱会议，分析水情、雨情、工情，布置当年防汛防旱工作，明确各项责任制度，各乡镇向区政府递交责任状。每年3月第一次汛前，检查防洪堤是否坚实达标，险工患段处理是否符合要求，涵闸启闭是否灵活，内部河道是否畅通，圩堤是否完固等。5月第二汛前，检查除检验第一次检查发现的问题处理情况外，重点对防洪堤和排引干河进行复查。检查防汛防旱组织落实和防汛物资筹备情况。10月汛后，检查经汛期运行后河渠、堆堤、圩堤、涵闸以及泵站等水利建筑物损坏情况，发现问题，制定方案，解决问题。应急防汛物资筹备，由供销合作总社负责储备部分草包、铁丝等物资，其他各部门和乡（镇）按区防指下达的物资筹备任务，备足木桩、包袋、铁丝、油料、块石等物资，按指定地点集中存放，派专人管护。濒临流域性河流和外湖、外荡的村、组，按户筹备“五个一”，即一把锹、一副畚箕、一张柴席、一个包袋、一根扁担，以备急需之用。

第三节　抗洪（旱）救灾纪实

一、1978年大旱灾

1978年1～5月，淮安共降雨98.3毫米，为常年同期平均降雨量的25%。大面积插秧的6月，降雨57.8毫米，为同期平均雨量的55%。7月、8月、9月共降雨333.5毫米，为同期平均雨量的67%。同时，淮河上、中游长期少雨，来水枯竭，省、地安排运东闸上供水50立方米/秒，境内大片耕地无法插秧，已插的秧苗无法补水。针对严重旱情，县委、县政府成立抗旱指挥部，分片成立由县委常委分工负责的5个分指挥部，全面抗旱。首先加强用水管理，将自流灌区渠首高地改为提水灌溉，尾部改用回归水，以较低水位供应大面积用水。其次在排水灌、沟上打坝6500多座，约蓄水2亿多立方米。同时，浚深沟塘，在沟中开沟，塘中挖塘，汲取地下水灌溉；浚深排水干河，清除出口淤泥、水草增引外水。为解决提水工具不足，共修复、新置龙骨水车6500多部，新购水泵1280多台（套），向省抗旱排涝队租用抽水机241台（套）、4500千瓦，将一批排水站改为排灌结合站。旱情最严重时，开动抽水机4.5万多千瓦。由于抗旱有力，当年粮食产量创新中国成立后最高纪录。

1991年，群众运送抗灾物资

二、1991年特大洪涝灾害

1991年6月底至7月底连续阴雨，雨量集中的6月29日至7月14日，发生4次暴雨、2次大暴雨，累计雨量615.2毫米，局部高达761.4毫米。同时淮河上、中游大量来水，三河闸、苏北灌溉总渠日夜排洪，白马湖水位最高达8.26米；里下河地区连续阴雨，湖荡水位高涨，绿草荡出现新中国成立以来最高水位3.41米。

由于外水顶托，排水困难，市内4万多公顷耕地严重受涝。针对严重灾情，淮安市委、市政府号召全市人民紧急动员起来，在调集大批人力、物力防守沿湖、沿荡和苏北灌溉总渠大堤的同时，全面投入排涝，突击加固堤防险段，完成土方21.2万立方米。茭陵抽水站在6月29日夜发生暴雨后，连续运行2802台时，内部全面清除明埂暗坝，开动固定泵站357座，开机3.73万台时，开动流动机3524台，开机45.48万台时，总计排水约9.7亿立方米。经过20多天奋战，7月下旬洪涝逐步缓解。洪涝致全市2.33万公顷耕地重灾，其中1万公顷失收。倒塌房屋3.85万间，受淹企业90家，停产和半停产企业68家。直接经济损失1.85亿元。

三、2003年特大洪涝

2003年特大洪涝，入海水道首次行洪

6月21日至7月21日，境内连降大到暴雨，平均降雨量715.9毫米，最高达865毫米（顺河镇）。7月4日夜11时48分，淮河入海水道行洪，淮河入海水道沿线穿堤涵洞关闭，切断渠北地区的自排出路。省防指紧急向楚州调集临时机泵，仍不能解决渠北地区的排涝问题，导致渠北内河水位不断上涨，清安河、新涧河、渔滨河、南支河等河道水位比常年骤升1米多，城区近8000户居民住宅进水，其中进水深达0.7米、时间超过7天的有2891户，267家企业停产、半停产；入海水道沿线，农田一片汪洋，村庄进水，损失严重。里下河地区沿荡圩堤全面告急，流均荡水位7月11日高达3.53米，超历史最高水位（1991年3.41米），并且连续3日水位保持在3.5米以上；白马湖镇湖闸水位7月13日达8.1米，茭陵抽水站于7月1日开机，累计运行1.27万台时，耗电532万千瓦时，排水2.31亿立方米。省防指向楚州紧急调集机泵，沿入海水道架设10个临时机口，投入机泵271台（套），为排除渠北片内涝发挥了一定作用。面上内部排涝共投入电动机1336台（套）、6.28万千瓦，柴油机开机6227台（套）、12.54万千瓦，排水约14.69亿立方米。7月6日、9日、11日，省防指分别下达第一批、第二批、第三批滞涝指令，区防指制定滞涝预案，并完成第一批滞涝任务，做好第二、第三批滞涝准备工作。后因涝情缓解，第二、第三批滞涝圩未投入运用。因受外洪内涝夹击，全区受灾范围331个村、69万人，倒塌房屋0.8万间、12.04万平方米，损坏房屋2.25万间、33.75万平方米；被水围困9.55万人，紧急转移群众1.27万人，受灾面积5.05万公顷，成灾2.67万公顷，绝收1.26万公顷，养殖损失1.05万公顷，直接经济损失6.64亿元。

四、2006年特大涝灾

6月30日至7月5日，楚州连续遭遇大到暴雨，累计平均降雨量341.4毫米，特别是6月30日6时至7月1日11时，遭受特大暴雨袭击，城区29小时累计降雨量达221毫米。7月21日1时20分至8时，城区再一次遭受特大暴雨袭击，6个多小时降雨226毫米。由于降雨强度大，雨量集中，持续时间长，加之上游大量客水压境，境内射阳湖、白马湖、淮河入海水道南、北泓及内河水位骤涨。7月4日

19时，绿草荡水位达3.64米，超过历史最高水位0.11米（2003年最高水位3.53米）。7月4日6时，白马湖镇湖闸上水位7.95米，新河闸上水位6.48米，闸下水位6.51米，淮河入海水道南北泓、清安河、文渠、老涧河、新涧河、渔滨河、南支河、白马湖引河、岔溪河、塘河等主要排涝河道水位比雨前水位高涨1.5米以上。

7月5日上午10时许，流均镇沿东堆北发生溃堤决口，长约25米；7月5日下午，泾口镇桥头村位于涧河南侧的节制闸发生闸门毁坏；7月3日晚，席桥镇王口、朱王两村遭受龙卷风袭击。受外河高水位顶托，排涝受阻，区内涝灾严重。受灾范围27个乡镇305个村、32个居委会，受灾人口63.66万人，被洪水围困村庄91个，10.25万人，转移安置灾民9276户，3.6万人。住宅受淹2.26万户，因灾倒塌房屋1216户3294间，损坏房屋2238户7677间，受伤人员59人。受淹面积6.6万公顷，受灾面积6.18万公顷，绝收面积3.22万公顷，其中粮食作物2.89万公顷，经济作物3240公顷，受淹企业372家。累计直接经济总损失达9.35亿元。

省、市防指先后支持抗排机械30台（套），防汛抢险编织袋30万只。全区投入抗灾人数23.72万人，上堤巡逻人数4.34万人，参加抢险人数1.7万人，投入动力9.84万千瓦，机泵7227台，其中，柴油机5.4万千瓦、5545台，电动机4.43万千瓦、1682台，排除涝水6.74亿立方米，抢做土方35.41万立方米。

五、2007年特大洪涝

自6月19日入梅后，楚州出现多次强降水过程，比常年多1.3倍，平均降雨量596.7毫米，降雨量最大的为泾口镇631毫米。由于淮河中、上游大量洪水下泄。7月10日12时，淮河入海水道泄洪。境内的射阳湖、白马湖及内河水位骤涨。7月9日下午3时，绿草荡水位3.63米，且持续时间超过往年，造成运东、渠南片大面积农田受淹。运西由于穿运洞封闭，淮安站抽排白马湖涝水，导致新河两侧5乡镇场涝情严重。渠北受入海水道洪水顶托，内河水位迅速上涨，茭陵一、二站、清安河泵站、楚州泵站连续开机抽排。省防指抽调排涝机组，支持楚州抗洪排涝。针对严峻汛情和严重灾情，区防指启动防汛应急预案，动员和组织各方面力量投入防汛排涝工作。全区投入抗灾人数18.54万人，上堤巡查1.93万人，投入柴油机4643台、动力4.09万千瓦，电动机泵1084台、动力2.72万千瓦，排除涝水10.19亿立方米，清除阻水障碍1146处，抢做土方27.52万立方米，投入“三袋”等防汛物资119.4万只。受外洪内涝夹击，境内27个乡镇受灾，受淹面积4.95万公顷，受灾面积3.59万公顷，成灾面积1.99万公顷，绝收面积1.1万公顷，水产养殖损失面积2613.33公顷，受淹企93个，损坏民房0.33万间，倒塌民房0.13万间，受灾人口达33.45万人。直接经济损失3.68亿元。

2007年，淮河入海水道泄洪

第六篇　经济发展与体制改革

中共十一届三中全会以后，淮安县经济发展进入新阶段。贯彻执行改革开放方针，发展外向型经济，全面进行技术改造，调整国民经济各部门之间的关系，城乡联合，促进商业经济健康发展，经济总量有较大增长，经济结构得以调整和改善。1984年，淮安县被国务院确立为历史文化名城后，大力发展旅游业。截至2008年，楚州区已建设成颇具规模的新型城市，城乡人民生活水平得到明显的改善和提高。

80年代，城乡经济体制改革全面实施，国民经济稳步发展。1985年，国民生产总值5.44亿元，国民收入4.75亿元；农业总产值3.86亿元，工业总产值4.05亿元；社会零售总额2081亿元。

90年代，淮安市依靠科技进步调整经济结构，发展乡镇企业和家庭经济，增强农民致富能力；提高工业总体水平，深化企业改革，国民经济持续快速发展。1995年，淮安市地区生产总值32.47亿元，工农业总产值65.73亿元。外贸供货值8亿元，是年取得了对外贸易直接出口权。

进入21世纪，淮安市基本形成农业产业化，三次产业协调发展。2000年，全市地区生产总值43.59亿元，农业总产值40亿元，工业总产值93亿元。康乃馨毛巾、飞洋钛白粉、古顺河白酒等一批重点项目竣工投产。同年，实现社会消费品零售总额15亿元；“三资”企业出口创汇2000万美元。进入新世纪全区经济和社会发展步入快车道。2008年，完成地区生产总值143.7亿元，工业增加值50.54亿元；财政收入11.1亿元；农村人均纯收入5860元；城镇居民人均可支配收入1.09万元。开展新农村建设，实现村村通公路；各乡镇均成立环卫所，建立环卫队伍，新建扩建乡镇垃圾填埋场24座。是年，楚州区被环保部正式批准为“国家级生态示范区”。

第一章　国民经济发展

第一节　经济发展水平

1978年，淮安县国民生产总值2.46亿元。随着改革开放的不断推进，经济发展水平持续提升。

一、“六五”时期（1981～1985）

中国城乡经济管理体制进行全面改革，社会生产力获得空前发展。其间，淮安县国民经济出现

1985年针织厂车间

持续、稳定、协调发展的新局面。1985年，全县国民生产总值5.44亿元，比1980年增长1.03倍，年均递增15.3%；国民收入4.75亿元，比1980年增长1.04倍，平均每年递增15.3%；工农业总产值7.9亿元，比1980年增长89.9%，年均增长13.4%。基本实现国民生产总值、国民收入和工农业总产值的同步增长。

农业生产 1982年，全县农村开始实行了以大包干为主要形式的联产计酬承包责任制，克服了长期存在的生产上的“大呼隆”和分配上的“大锅饭”，有效地调动农民生产的积极性，极大地解放了农村生产力，农村经济发生了具有历史意义的变化。1985年，全县农业总产值3.86亿元，比1980年增长60.8%。粮食总产6.6亿千克，比1980年增长41.1%；油料总产1041万千克，比1980年增长1.3倍；生猪饲养量64万头，比1980年增长12.2%；家禽饲养量459万只，比1980年增长73.5%。

工业生产 从1980年开始，全县逐步对工业生产进行调整，整顿、改组、联合了一批工厂，使工业结构趋向合理，产品质量有所提高，企业经济效益明显好转，竞争意识、能力有了增强。1985年，全县工业总产值（含村及村以下工业）4.05亿元，比1980年增长1.3倍。其中，国营工业增长89.9%、城镇集体工业增长1.1倍、乡村工业增长2.5倍。全县有25个产品分别获得部、省、市优质产品称号。

交通运输和邮电 淮安新建了一座标准较高的汽车站，增设64个农村公交汽车招呼站，新建二堡船闸。1985年，交通部门完成货运量52.7万吨，货运周转量9912万吨公里，港口吞吐量60万吨，分别比1980年增长18.8%、88%和50.5%。邮电业务总量139.5万元，比1980年增长1.3倍。报刊发行量、邮路长度等也比1980年有较大增长。

城乡市场 全县城乡市场的社会商品购买力迅速增长，市场容量不断扩大，流通渠道逐渐增多。商业系统实行多种经济成分、多种流通渠道、多种经营方式和少环节的“三多一少”流通体制，形成国营、集体、个体商业并存和坐商、行商同时经营的局面。1985年，全县社会商品零售总额达2.81亿元，比1980年增长67.5%。1985年末，商业、饮食服务业网点达7700个，从业人员2.06万人，分别比1980年增长3.5倍和90%。

二、“七五”时期（1986～1990）

坚持改革开放，坚持以经济建设为中心，大力加强基础设施建设，促进了全市生产力的发展，国民经济取得显著成绩。1990年，全市国民生产总值、国民收入、工农业总产值均达到同步增长、齐步翻番的要求。

农业生产 随着农村改革的逐步深入，种植业结构调整的步伐逐步加快，林、牧、副、渔业产值在农业总产值中的比重由1985年的25.46%提高到1990年的42.5%。主要农产品产量稳步增长。1990年，粮食总产66.31万吨，棉花总产1525.9吨，油料总产1.12万吨，蚕茧222吨，生猪饲养量75.08万头，家禽饲养量657.25万只，水产品产量1.18万吨，分别比1985年增长0.16%、27.58%、7.26%、48.1%、17.37%、43.1%和1.91倍。1990年，全市农业总产值达到4.72亿元，比1985年增长22.29%，年均递增4.11%。农村社会总产值（现行价）达24.54亿元，比1985年增长2.4倍，年递增27.77%。

市镇工业 1990年，市镇工业产值5.86亿元，比1985年增长1.13倍，年均递增16.36%；“七五”期间，全市工业系统经淮阴市以上鉴定的新产品有92个，获部、省、市优质产品称号的产品53个，被

淮安县鱼种场　（1987年摄）

评为国家二级企业的有1家，省级先进企业3家，淮阴市级先进企业10家。

乡村工业　1990年，全市乡办工业总产值达到1.83亿元，比1985年增长3.45倍。年均递增34.82%；村及村以下工业产值达8.77亿元，比1985年增长8.84倍，年均递增57.99%。乡村及村以下工业产值在全市工业产值中的比重由1985年的32.15%提高到64.39%。乡村工业的快速发展，使全市工业产值在工农业总产值中的比重由1985年的51.2%提高1990年的77.72%。指标超过"七五"计划60%。

交通、电信　1990年，全社会运输货运量完成284万吨，货运周转量完成4.06亿吨公里，分别比1985年增长96.44%和77.62%；港口吞吐量91.44万吨，比1985年增长50.07%；邮电业务总量266.4万元，比1985年增长90.94%。"七五"期间，特别是前三年，利用银根比较宽松的环境，完成了淮安热电厂一期工程，1.2万千瓦机组顺利运行发电，缓解了电力供求矛盾，并为盐化工的发展奠定了基础。完成了大运河新港区一期工程；淮安运河大桥完成主体工作量的74%；两淮路淮安段路面开工建设；举世瞩目的周恩来纪念馆主体工程建成并进入布展阶段；邮电综合楼、广播电视大楼建成并交付使用，淮安电台、电视台正式开播。这些基础设施的兴建，为全市经济发展创造了条件，积蓄了后劲。

内外贸易和财政收入　1990年，全市社会商品零售总额完成4.08亿元，5年内年均递增7.73%；各类集市贸易市场累计发展到62个，1990年贸易成交额1.08亿元。1990年，外贸商品收购总额实现7791.91万元，5年内年均递增20.08%。财政收入逐年增加。1990年，财政收入完成4864.7万元，比1985年增长74.74倍，年均递增11.81%。银行各项存款3.22亿元，年均递增19.71%。

城镇和集镇环境　"七五"期间，城区拓宽了北门大街和华亭路，改造了东长街南段和镇淮楼东路慢车道，修建了部分路面，共铺设水泥路面5.73万平方米；新建和扩建清安、西门等6座大桥。农村集镇建设发展较快。"七五"期间共批准了10个建制镇，审查通过了8个镇、2个乡的集镇建设规划，以平桥、车桥为代表的小城镇建设初具规模。

三、"八五"时期（1991～1995）

1995年，全市实现国民生产总值20.7亿元，年均递增12.09%；国民收入18.4亿元，年均递增11.75%；工农业总产值40亿元，年均递增13.56%；财政收入8500万元，年均递增11.81%；外贸收购总值1.8亿元，年均递增18.23%；出口创汇3600万美元，年均递增18.2%。

经济总量　1995年地区生产总值达到32.47亿元，年均递增12.07%；人均地区生产总值2757元，年均递增11.33%；工农业总产值65.73亿元，年均递增17.78%；财政收入9279万元，年均递增24.27%。全社会固定资产投资五年累计完成10.79亿元，年均递增57.3%；一、二、三产业比重发生可喜变化，比例为49.6∶30.4∶20。开放型经济取得较大成绩。1995年全市外贸供货值8亿元，年均

1998年溪河镇乡镇工业

递增59.29%；5年累计利用外资及港澳台资1026万美元，年均递增29.1%；兴办“三资企业”（中外合资经营企业、中外合作经营企业、外资企业三类外商投资企业，下同）53家；对外承包劳务累计完成营业额25万美元。1995年取得了对外贸易直接进出口权。

基础设施 5年内全市基础设施建设共投入3.57亿元，新增两淮路、淮江路、宁连路淮安段一级公路累计15.65千米，改建市乡公路黑色路面27千米；完成3个110千伏、3个35千伏变电所和输变电线路改造；市区新铺混凝土路面45.4万平方米；水利建设，疏浚了13条水利灌溉骨干河渠，改建了57座泵站，做了大量土方工程，水利设施在1991年水灾和1993年、1994年、1995年三年旱灾中发挥了重要作用。5年共改造中低产田1.5万公顷，建设吨粮田6666.67公顷。新添先进的程控交换机和移动通信设备，至1995年末，市话、农话交换机总量达到2.8万门，电话每百人拥有1.98部。

四、“九五”时期（1996～2000）

2000年，全市实现地区生产总值43.59亿元，是1995年的1.3倍，年均递增11.2%；人均地区生产总值4526元，是1995年的1.63倍，年均递增10.2%；财政收入2.1亿元；全社会固定资产五年累计投资55.6亿元；全市三次产业的比例由1995年的49.6∶30.4∶20发展为36.7∶36.4∶26.9，第二产业和第三产业分别上升5.9和7.2个百分点。由一个传统的农业市发展成三次产业协调发展、各项工作全面进步的地区。

农业产业化 2000年，全市实现农业总产值40亿元，年均递增5.3%，其中多种经营产值30亿元，年均递增9.9%，占农业总产值的比重由1995年的60.6%提高到66.7%。农业综合机械化水平达73.8%，比1995年提高8.8个百分点。农业结构调整成效明显，粮食作物与经济作物面积比例由8∶2发展为7∶3，“南水生、北花生、中间菜”的区域特色基本形成，蔬菜、畜禽、水产、意杨、花生五大主导产业基地建设初具规模，农业产业化基本形成。

工业经济 2000年，淮安全部工业总产值93亿元，是1995年的1.8倍，年均递增12.4%；工业增加值16.7亿元，是1995年的1.9倍，年均递增13.2%；规模以上工业实现销售收入24亿元，利税1.75亿元；纺织、化工、轻工、机电四大支柱产业占明显优势，规模以上工业企业销售收入、增加值占全市工业（同口径）比重达29.5%和38.3%。五年累计完成工业技改投入22.3亿元，年均递增13%。康乃馨毛巾、飞洋钛白粉、古顺河白酒等一批重点项目竣工投产，淮安棉纺织厂、八方电缆厂等骨干企业的支撑作用更加突出。

施河镇小商品市场 （1998年摄）

第三产业 2000年，全市完成第三产业增加值12.3亿元，是1995年的1.92倍，年均递增18.4%。实现社会消费品零售总额15亿元，是1995年的1.92倍，年均递增13.5%。建成新世纪商贸城、施河农贸市场等一批规模较大的专业市场和综合市场。截至2000年底，全市共有各类市场87个，年成交额16.2亿元。五年累计接待外地游客400万人次。

基础设施　新长铁路、淮江高速公路淮安段及两条联络线建成通车，完成淮阜路、苏309线改造任务，苏北交通枢纽地位基本确立。实现市乡公路黑色化，乡村公路砂石化。现代通信发展迅速，形成了中继光缆化、交换程控化的较为先进完善的通信网络，城乡电话用户达11万户，移动电话近2万部，邮政设施进一步完善。电力结构日趋完善，国家重点项目上河500千伏输受电工程建成并投入运营，行政村电网改造基本完成。铺设了关天培路、长安路、友谊路，打通了东长街北段，实施了镇淮楼东西路、西长街、北门大街、淮江路等主要干道沿街的改造和开发工作，建成了以月湖花园为代表的一批示范性住宅小区。实施了淮阴向淮安供水工程，完成了城区供水主管网改造。

外向型经济　2000年，全市实际利用外资1000万美元，"九五"累计利用外资2689.8万美元，年均递增17%；三资企业出口创汇2000万美元，五年累计创汇1.02亿美元，年均递增45.9%；外经营业额850万美元。

五、"十五"时期（2001～2005）

2005年实现地区生产总值87.12亿元，是2000年的近2倍，年均递增14.4%；实现财政收入3.76亿元，比2000年增长91.8%，年均递增13.9%；实现社会消费品零售总额27.13亿元，比2000年增长86.2%，年均递增13.2%；累计完成全社会固定资产投资148.2亿元，是"九五"期间的2.8倍。

工业化进程　2005年实现工业增加值30.28亿元，比2000年增长136.6%，年均递增18.8%，占地区生产总值比重由"九五"末的29.4%提高到35.4%。2005年全区列统企业达171户，比2000年净增56户；实现增加值14.76亿元，比2000年增长203.7%，年均递增24.9%；实现销售收入60亿元，利税4.2亿元，分别比2000年增长215.5%和218.2%，年均递增25.8%和26.0%。

农业农村经济　2005年实现农业增加值21.3亿元，比2000年增长32%，年均递增5.7%。粮食总产稳定在75万吨左右。形成了稻米、蔬菜、畜禽、水产和林木五大主导产业，产值占农业总产值的比重达65%。农业产业化水平不断提升。五年间累计投入8.5亿元，新上投资额100万元以上的农业"龙头"项目102个，创市以上"龙头"企业7家。淮河入海水道一期工程竣工。渠南灌区改造第三期工程通过省级验收。完成了农村税费改革，减轻了农民负担。

车桥镇花卉种植基地　（2003年摄）

服务业　2005年实现服务业增加值28.62亿元，是2000年的2.33倍，年均递增15.6%，占地区生产总值比重为32.9%；服务业从业人员占全社会劳动者比重达24.6%。新建新安旅行团历史陈列馆、邓颖超纪念园等园馆。拥有各类市场97个，市场贸易成交额达25.9亿元。餐饮企业达1100多户，2005年实现营业额2.8亿元。建成东门美食街。房地产累计开发108万平方米。淮扬公路高架桥、翔宇大道建成通车。开辟区内公交线路10条。程控电话交换机容量增至30万线，固定电话新增15万户，宽带上网1.2万户。

招商引资　招商引资力度加大，五年间共引进投资500万元以上项目555个，实际到位资金22.3

亿元。外资企业达38家，直接利用外资3000万美元。对外交流合作打开新局面，与日本西山町建成了国际友好城市，与绍兴市越城区、江阴市、南京市建邺区建立了经济协作关系。

城市建设 实施城市建设项目224个；城市建成区面积由2000年的15.6平方千米扩展到20平方千米；城市人口由2000年的17万人增加到21万人。累计新增绿化面积141.8万平方米，新铺设下水道、排污管网9.6万米、供水管道3.9万米，新建城区泵站8座、压缩式垃圾中转站10座。通过中国优秀旅游城市、国家园林城市、省级文明城市验收。

六、"十一五"前三年（2006～2008）

全区经济和社会发展步入快车道。2006年、2007年和2008年，分别完成地区生产总值101.67亿元、118.84亿元和144.86亿元；财政收入5.66亿元、7.6亿元和11.1亿元，其中地方一般预算收入3.24亿元、4亿元和5.83亿元；万元地区生产总值能耗下降4%、4.2%和4.4%；年出口总额3000万美元、4400万美元和8500万美元；新批外资项目15个、12个和20个，注册外资实际到账1380万美元、2400万美元和2269万美元；实现外经营业额3000万美元、3437万美元和4000万美元，新派境外劳务1000人、1107人和1400人；新增私营企业620户、640户和700户；新增个体工商户5500户、5600户和5800户；新增从业人员2.9万人；新增注册资本8.64亿元、12.5亿元和22亿元；农民人均纯收入4630元、5095元和5860元；城镇居民人均可支配收入7720元、9950元和1.09万元。

新农村建设 2006年、2007年和2008年分别实现农业增加值22.36亿元、23.94亿元。三年内，全区粮食种植面积稳定在12.67万公顷，粮食总产分别达到84.32万吨、88.5万吨和93万吨。2008年，农业基础设施建设进展较快，实施连片治理3333.33公顷。高效农业发展迅速，全区新增钢架大棚200公顷，蔬菜种植面积达1.93万公顷；新建规模猪场36个；新增高效水产养殖面积1240公顷。新引进农业项目75个，其中1000万元以上项目28个，到位资金4.85亿元。苏食食品、翔宇乳业、农副产品批发市场等一批规模龙头企业项目开工建设并相继投产。完成小城镇建设投资2.33亿元，启动席桥浦马村、建淮张兴村、顺河双井村等一批市级农民集中居住点试点村建设，席桥镇黄桥村被省建设厅命名为省第一批康居示范村，流均镇永兴村、林集镇滕码村等4个村被市政府命名为市康居示范村。集中整治农村环境，共清理垃圾3.5万吨，整治村庄河塘73个，新建农村沼气池3000个，完成户厕改造2万户。各乡镇均成立了环卫所，建立了环卫队伍，新建扩建乡镇垃圾填埋场24座。

工业经济 2006年、2007年和2008年，全区分别实现工业增加值33.73亿元、40.23亿元和50.54亿元。2008年，全区工业经济克服原材料价格剧烈波动、劳动力成本上升、受国际金融危机影响而产生的市场萎缩等多种不利因素影响，通过培育骨干企业，狠抓运行调节，着力推进项目建设，培植新的经济增长点等措施，保持了平稳较快的发展态势。列统工业完成销售收入94.7亿元，比上年增长27.1%；实现入库税金2.3亿元，增长29.2%。骨干企业支撑能力不断增强，50户重点企业实现销售61.66亿元，占列统企业总量的72.4%，增长36%；入库税金1.86亿元，占列统总量的80.2%。全年新增开票销售超亿元的企业4户，井神盐业成为全区首家开票销售过5亿元和入库税金过5000万企业，当年实现销售5.8亿元，入库税金6800万元。工业投入增长迅猛，全年完成投入55亿

2008年工业园区纺织企业

元，比上年增长37.3%。全年实施1000万元以上工业项目190个，其中亿元项目16个。秸秆电厂、人造草坪、意奔玛二期、建华管桩等8个亿元以上项目竣工投产。全区26个乡镇工业集中区在“六有”基础上较好地发挥了项目承载作用，全年累计完成基础设施投入2.3亿元，实施工业项目122个，固定资产投入24.5亿元，建设标准厂房29.4万平方米。加强节能降耗和污染减排工作，关闭3户高能耗、高污染工业企业，停产治理5家化工企业，拆除77台城区锅炉。万元生产总值能耗、化学需氧量排放量、二氧化硫排放量均控制在省下达的指标以内。

服务业发展和消费需求 2006年、2007年和2008年，全区分别实现服务业增加值33.57亿元、39.72亿元和48.54亿元。2008年，加快发展物流、旅游、房地产等新兴服务业。服务业占地区生产总值的比重达33.5%；服务业从业人员占全社会劳动者的比重达37.2%。全年完成社会消费品零售总额49.2亿元。旅游设施逐步完善。河下古镇保护性开发工作初见成效，湖嘴大街改造、吴鞠通中医馆、闻思寺、漕运博物馆、府衙二期工程基本竣工。全年共接待游客223万人次，实现旅游综合收入12.8亿元。开工建设运东小区、富士花苑、龙光小区、书香门第、温馨家园等5个安置小区，建筑面积达27.2万平方米。全年实施1000万元以上服务业项目58个，其中亿元以上项目15个，完成固定资产投资36.9亿元。完成了里运河风光带、古城墙遗址公园拆迁工程；国际商城仓储中心二期（含配套客运站）、宙辉大酒店、新区商务中心等工程全面开工建设；华润苏果超市项目完成投资6573万元。

城市建设 “十一五”前三年，累计完成城市建设投资67.36亿元，其中2006年投资18.76亿元、2007年投资20.1亿元、2008年投资28.5亿元。2008年，开展城市建设会战年活动，围绕“四纵、两横、一片区”发展目标，着力推进道路、景观、环境、标志性工程和规模住宅小区建设。全年开工建设城建项目65个，竣工43个。翔宇大道续建、省道237楚州绕城段、楚州大道和人民桥重建工程均顺利建成通车。新增道路面积35万平方米。启动了新一轮城市总体规划修编工作，完成经济开发区、里运河风光带、古城墙遗址公园、翔宇大道两侧、河下古镇北入口等10多项规划编制和城市设计工作，主城区实现控规全覆盖。开工建设了污水1号提升泵站、友谊路等道路污水管网建设等20多个市政基础设施项目。建成农村公路140千米，农村公路桥梁7座。共实施25个绿化项目，完成绿化面积29.8万平方米，绿化覆盖率达24%，比上年提高了1.5个百分点。污染源治理完成了城市污水处理厂配套管网和垃圾填埋场的封场绿化建设工程，城区整体面貌大为改观，被环保部正式批准为“国家级生态示范区”。

第二节 固定资产投资

1981～1985年，淮安县城乡经济管理体制全面改革，社会生产力获得空前发展。其间，全县固定资产总投资规模为1.3亿元，一批重点项目顺利实施。新建茭陵二站，实施头闸大地涵检修工程，保证了14个乡2.67万公顷农田的灌溉和排涝，全区旱涝保收、高产稳产农田面积从1980年43.44万亩增加到1985年的3.5万公顷。五年中，全县与国内外联营的项目共有50个，利用外资引进的设备与资金约200万美元。

1986～1990年，淮安累计固定资产投资2.83亿元，是“六五”期间的2.2倍，其中工业固定资产投入1.62亿元，投入产出率达到1∶2。一批以基础设施为主的重点建设项目陆续建成。完成淮安热电一期工程，1.2万千瓦机组顺利运行发电，缓解电力供求矛盾，并为盐化工的发展奠定基础；完成大运河新港区一期工程；周恩来纪念馆主体工程完工，进行装修、布展工作；邮电综合楼、广播电视大楼建成并交付使用；淮安电台、电视台正式开播；拓宽城区北门大街和华亭路，改造东长街南段和镇淮楼东路慢车道，共铺设水泥路面5.73万平方米；新建和扩建清安、人民桥等6座大桥。

1991～1995年，全市共完成全社会固定资产投资8.4亿元，是“七五”期间的2.97倍。五年间基础设施建设步伐加快，共投入3.57亿元，相继完成了两淮路、淮江路、宁连路淮安段的铺设任务；改建黑色化公路27千米；新增城区混凝土道路面积45.4万平方米，供水管道44.3千米；改建水利泵站57座，疏浚了13条水利灌溉骨干河渠，做了大量土方工程，使水利设施在1991年水灾和1993年旱灾中发挥了重要作用。

1999年新长铁路淮安段正式铺设

1996～2000年，全市共完成全社会固定资产投资55.6亿元，是“八五”期间的6.6倍。一批国家及省级重点工程先后在本地开工建设。新长铁路淮安段、淮江高速公路淮安段及两条联络线、淮阜路淮安段、苏309线淮安段、上河500千伏输变电工程等如期竣工，淮河入海水道淮安段和三线船闸工程顺利实施。五年间，城市建设取得很大成就，铺设北门大街、友谊西路等主次干道15条，面积23.8万平方米；铺设下水管道23.6千米；新增公共绿地13公顷；完成了城区自来水管网改造。旧城改造力度加大，新建4层以上楼房156.5万平方米；新建、扩建新世纪商贸城、中山门批发市场等10个专业市场；新城小区、月湖花园、名都花园相继开工建设；对文渠进行全线疏浚和先导段整治；建成新世纪广场和镇淮楼市民广场。新区建设开始启动，完成征地、拆迁安置等前期准备工作，道路及给排水工程全面展开。实施一批流域性和区域性度汛工程，基本完成世行二期贷款项目建设，改造了35千伏城西、流均变电所，35千伏上河、城南变电所，完成90%的行政村电网改造及城乡通信传输工程。

2001～2005年，楚州区累计完成全社会固定资产投资148.2亿元，是“九五”期间的2.67倍。一大批交通基础设施、产业发展和能源建设项目顺利实施，其中超亿元项目306个，超10亿元项目8个。区域交通枢纽地位进一步确立，新长铁路客货运全面开通；建成京沪、宁宿徐、淮连、宿淮等高速公路（楚州段），完成淮盐、宁淮等高速公路主体工程（楚州段），全区新增高速公路、一级公路、二级公路总里程1120千米，全区公路通车总里程达到1万千米，比“九五”末翻一番；实施京杭运河两淮段“三改二”升级改造，建成京杭运河淮安、淮阴三线船闸、淮安新港一期等重点工程。

2006～2008年，全区累计完成全社会固定资产投资267.2亿元，其中2008年完成全社会固定资产投资126.5亿元，比上年增长57.1%。三年间，一批重点项目顺利实施。相继完成总投资1321万元的世行三期农业开发项目，总投资2090万元的渠北灌区骨干水利工程配套改造项目，以及总投资4.2亿元的南水北调工程淮安四站及输水河道工程项目，改善了农民生产生活条件。房地产开发项目规模不断扩大，开发建成盛世豪庭、翔宇花园、运河嘉苑、世纪佳苑、紫金花苑等一批规模大、环境幽雅、配套设施齐全的住宅小区，成为全区服务业发展的又一亮点。翔宇大道三期、省道237、康马路等道路顺利通车，扩建楚州大道和华西路、打通韩信北路、重建人民桥等工程按期竣工，新老城区实现了道路联网。

第三节　人民生活水平

1985年，淮安县农民人均纯收入319元，比1980年增长1.1倍，平均每年递增15.8%；城镇职工年平均工资801元，比1980年增长47.2%，平均每年递增8%。消费水平逐年提高。1980～1984年，居民人均消费水平平均每年增长15.4%，其中农业居民人均消费水平平均每年增长17.7%、非农业居民人均消费水平平均每年增长14.1%。居住条件明显改善。五年中，国家、集体用于职工住宅投资累计达1580万元，新建住宅12万平方米。农村瓦房比例提高到36%。

80年代围墙巷市场

1990年，农民人均纯收入649元，比1985年增长71.32%，平均每年增加54.05元。城镇职工年平均工资1716元，比1985年增长1.14倍，平均每年增加183元。城乡居住条件不断改善，城镇居民人均住房6.84平方米。五年中，国家、集体用于职工住宅投资1964万元，新建住宅5万平方米。

1995年，全市农民人均纯收入1926元，城镇居民人均生活费3000余元，年均递增分别达24.3%和23.23%，比"七五"末分别增长1.84倍和1.97倍。农民人均住房面积15.4平方米，城镇人均居住面积9.7平方米。城乡居民储蓄存款余额12亿元，比1990年增长5.71倍，年均递增41.71%。群众衣着、食品、文化等方面的消费水平有较大的提高，耐用消费品拥有量迅速增加。

2000年，全市城镇居民人均可支配收入4200元，是1995年的1.72倍，年均递增11.4%；农民人均纯收入3400元，是1995年的1.77倍，年均递增12%；城乡居民储蓄存款余额26亿元，年均递增15.4%。大力推行农村合作医疗保险，完成城镇职工医疗保险制度改革，城乡医疗条件明显改善。2000年，城镇居民人均居住面积12.7平方米，比1995年增加3平方米。新增农村改水受益人口28万人，人民生活环境和质量大为改善。

2005年，农民人均纯收入达4105元，比2000年增长35.8%，年均递增6.3%。人均社会消费品零售额2280元，比2000年增长84.8%，年均递增13.1%。城镇居民人均可支配收入5862元，城市人均居住面积达15.2平方米，农村人均居住面积达20.3平方米。初步建立了养老保险、失业保险、医疗保险等社会保障制度。有1.67万名失业人员实现再就业。

2008年，全区城镇居民人均可支配收入10916元，人均消费支出7964元，人均住房建筑面积28.6平方米；农民人均纯收入5803元，人均消费支出3517元，人均住房面积29.48平方米。

第二章　国民经济构成

第一节　三次产业构成

1978年后，全区国民经济快速增长的同时，产业结构调整也取得显著成效，三次产业之间的比例关系不断优化并逐渐趋于协调，改变了改革开放以前“农业基础薄弱，工业基本没有，第三产业发展严重滞后”的局面。1978年，淮安县国民生产总值为2.46亿元，其中第一产业1.68亿元，占68.3%；第二产业0.44亿元，占17.9%；第三产业0.34亿元，占13.7%，三次产业的比重为68.3∶17.9∶13.8。1987年，第二产业的比重首次超过30%，达31.8%，呈逐年上升趋势；2001年，第三产业的比重为29.3%，以后逐年上升。2008年，全区国民生产总值144.86亿元，其中第一产业25.87亿元，第二产业70.45亿元，第三产业48.54亿元，三次产业的比重为17.9∶48.6∶33.5，与1978年相比，第二产业和第三产业占比分别上升30.7和19.7个百分点，由一个几乎没有工业企业的贫困农业地区发展成为一个以工业经济为主，第一、第三产业协调发展的欠发达地区。

1978～2008年楚州区（淮安县、淮安市）国民经济构成情况表

表6-1　　单位：亿元

年　份	地区生产总值	其中：各产业增加值					
		第一产业	占比（%）	第二产业	占比（%）	第三产业	占比（%）
1978	2.46	1.68	68.3	0.44	17.9	0.34	13.8
1979	2.54	1.71	67.3	0.48	18.9	0.35	13.8
1980	2.74	1.79	65.3	0.55	20.1	0.40	14.6
1981	3.30	2.19	66.4	0.61	18.5	0.50	15.2
1982	3.81	2.57	67.5	0.72	18.9	0.52	13.6
1983	4.08	2.64	64.7	0.83	20.3	0.61	15.0
1984	4.83	3.21	66.5	0.96	19.9	0.67	13.9
1985	5.44	3.50	64.3	1.20	22.1	0.74	13.6
1986	6.05	3.62	59.8	1.58	26.1	0.85	14.0
1987	7.65	3.96	51.8	2.43	31.8	1.26	16.5
1988	9.66	4.96	51.3	3.32	34.4	1.38	14.3
1989	10.28	4.62	44.9	3.80	37.0	1.86	18.1
1990	12.16	5.95	48.9	4.05	33.3	2.15	17.7
1991	11.14	4.41	39.6	4.19	37.6	2.54	22.8
1992	13.60	5.92	43.5	4.54	33.4	3.15	23.2
1993	17.69	7.90	44.7	5.96	33.7	3.84	21.7
1994	25.93	12.62	48.7	8.55	33.0	4.76	18.4
1995	32.47	16.18	49.8	9.90	30.5	6.39	19.7
1996	36.44	18.74	51.4	9.76	26.8	7.94	21.8
1997	40.59	18.19	44.8	12.83	31.6	9.57	23.6
1998	44.46	19.47	43.8	14.23	32.0	10.76	24.2
1999	49.61	20.14	40.6	17.08	34.4	12.28	24.8
2000	43.59	16.14	37.0	15.15	34.8	12.30	28.2
2001	48.56	17.21	35.4	17.14	35.3	14.21	29.3

续表 6-1

年 份	地区生产总值	其中:各产业增加值					
		第一产业	占比(%)	第二产业	占比(%)	第三产业	占比(%)
2002	54.92	18.40	33.5	20.22	36.8	16.30	29.7
2003	62.22	19.21	30.9	24.40	39.2	18.61	29.9
2004	74.59	20.48	27.5	31.88	42.7	22.23	29.8
2005	87.12	21.39	24.6	37.11	42.6	28.62	32.9
2006	101.67	22.60	22.2	45.50	44.8	33.57	33.0
2007	118.84	23.29	19.6	55.82	47.0	39.7	33.4
2008	144.86	25.87	17.9	70.45	48.6	48.54	33.5

第二节 产业内部构成

一、第一产业

1978年，淮安县农业人口102.96万人，占总人口的95.1%，全县农林牧渔业总产值2.16亿元，其中农业占84.8%、林业占0.8%、牧业占13.8%、渔业占0.6%。此后，由于全县农村实行生产承包责任制，农业机械化水平不断提高，农田改造投入加大，农业产业化进程加快，全县农业生产发展较快，农林牧渔业总产值呈逐年上升趋势，1985年达4.89亿元，1990年为9.47亿元，1995年为30.89亿元。1996年，全市农林牧渔业总产值37.18亿元，其中农业产值23.28亿元、林业0.29亿元、牧业10.78亿元、渔业2.84亿元。2004年，全区农业总产值28.74亿元，其中农业产值20.67亿元、林业0.47亿元、牧业7.88亿元、渔业5.08亿元。2005年，农业总产值35.52亿元，其中，农业产值22.03亿元，占农业总产值的62%；林业0.48亿元，占1.3%；牧业7.34亿元，占20.7%；渔业5.29亿元，占14.9%。是年，全区有市级农业龙头企业7家，销售收入2.6亿元。2008年，全区申报注册无公害农产品商标50个、认证标志50个，获得食品市场准入证书的农副产品加工企业达77家。同时，突出优质农产品基地建设，建成运西片省级稻田养殖标准化科技示范区、渠南片省级优质稻米生产基地，形成稻米、蔬菜、畜禽、水产和林木五大主导产业，五大产业的产值占农业总产值的比重达82%。

二、第二产业

1978年，全县工业有食品、机械、电子、化工、纺织、酿造等门类，固定资产4000多万元，从业人员6000多人，工业总产值1.26亿元。其中，轻工业产值0.74亿元，占工业总产值的58.7%，重工业产值0.52亿元，占总产值的41.3%。1980～1985年，全县大力发展乡镇企业，到1985年底，全县有国有、县属集体、乡镇办、村办、个体工业企业3585家，比1978年增加3141家，全部工业产值5.18亿元。其中，县属国有、集体企业产值2.72亿元，占工业总产值的52.4%；乡镇企业产值2.47亿元，占47.6%，有"工业半壁江山"之称。1991年，淮安有全民工业企业53家，实现产值3.04亿元，占工业总产值的17%；集体所有制工业432家，产值5.72亿元，占32%；其中乡镇办企业336家，产值1.73亿元，占9.7%。1992～1999年，原国有、集体企业陆续进入停产、半停产状态，大批职工被迫下岗，数以万计的职工经历了从下岗到再就业的阵痛。在国有、集体企业日渐式微的同时，个体私营企业却在城市和乡村茁壮成长。截至2000年底，淮安市（楚州区）工业私营企业已发展到1011户，个体经营户5187户。个体私营企业注册资本金9.1亿元，从业人员8.58万人，工业产值68.35亿元，占全部工业的比重分别达69.4%、78.1%和74.8%，个体私营经济在整体上超越国有、集体经济，成为工业经济新的主体。2001年开始，全区大力开展外引内联和招商引资活动，加快发展工业经济，2002年兴办工业园区。2008年，全区全部工业企业完成增加值51.11亿元，比上年增长25.6%；规模以上工业企业数达到210家，全年实现增加值24.07亿元，实现产值97.33亿元。民营工业在整个工业经济中的比重进一步提高。在规模以上工业企业中，国有控股工业实现产值9.71亿元，集体控股工业产值3.98亿元，私人控股工业产值74.47亿元，港澳台资控股工业产值9.71亿元。工业结构进一步调整优化。盐化工、农副产品和食品加工、纺织服装等支柱产业支撑带动作用进一步增强。

三、第三产业

1978年，淮安全县第三产业主要有批发零售、住宿餐饮和交通运输等门类。当年全县实现第三产业增加值0.34亿元，占国民生产总值的13.8%。1979年以后，第三产业的增加值逐年提高，至1987年首次突破亿元关口，达到1.26亿元，占当年国民生产总值的16.5%。1990年突破2亿元关口，达到2.15亿元，占国民生产总值的17.7%。1992年后，每年都以超1亿元的速度递增，到1998年首次突破10亿元关口，达到10.76亿元。2000年以后，每年都以超2亿元的速度递增，2004年突破20亿元，达到22.23亿元，2006年突破30亿元，达到33.57亿元，2007年接近40亿元，达到39.7亿元。2008年实现服务业增加值48.54亿元，比1978年增加48.2亿元，年均增长472.5%，占地区生产总值比重为33.5%；服务业从业人员占全社会劳动者比重达37.2%。商贸流通业保持快速增长。完成社会消费品零售总额49.35亿元，年市场贸易成交额26.2亿元。交通运输、批发零售和住宿餐饮依然占据服务业半壁江山，分别实现增加值11.52亿元、10.15亿元和2.38亿元，占服务业比重为23.7%、20.9%和4.9%。

2000年以后，加快发展物流、房地产和金融等新兴服务业。2008年，房地产业和金融业分别实现增加值7.61亿元和1.78亿元，占服务业比重为15.7%和3.7%，成为全区第三产业经济新的增长点。2002年以后，全区旅游业发展加快，旅游设施逐步完善。河下古镇湖嘴大街改造、吴鞠通中医馆、闻思寺、府衙一、二期保护性开发工程竣工。2008年，全年共接待游客223万人次，实现旅游综合收入12.8亿元。

2008年楚州区地区生产总值构成情况表

表6-2　　　　单位：亿元

指标名称	增加值	劳动者报酬	生产税净额	固定资产折旧	营业盈余
地区生产总值	144.86	75.60	15.53	14.60	39.13
第一产业	25.87	24.43	—	0.65	0.79
农、林、牧、渔业	25.87	24.43	—	0.65	0.79
农业	18.57	17.69	—	0.35	0.53
林业	0.30	0.28	—	—	0.02
牧业	3.16	2.98	—	0.07	0.11
渔业	3.62	3.28	—	0.23	0.11
农、林、牧、渔服务业	0.22	0.20	—	—	0.02
第二产业	70.45	30.84	12.10	3.94	23.57

续表 6-2

指标名称	增加值	劳动者报酬	生产税净额	固定资产折旧	营业盈余
工业	51.11	20.22	11.11	3.63	16.15
制造业	50.91	20.14	11.09	3.57	16.11
电力、燃气及水的生产和供应业	0.20	0.08	0.02	0.06	0.04
建筑业	19.34	10.62	0.99	0.31	7.42
第三产业	48.54	20.33	3.43	10.01	14.77
交通运输、仓储和邮政业	11.52	5.58	0.87	0.79	4.28
批发和零售业	10.15	3.48	1.52	0.79	4.28
批发业	3.85	0.64	0.71	0.33	2.17
零售业	3.81	1.72	0.49	0.28	1.32
住宿和餐饮业	2.38	0.69	0.21	0.21	1.27
住宿业	0.04	0.03	—	—	0.01
餐饮业	2.34	0.66	0.21	0.21	1.26
金融业	1.78	0.30	0.17	0.04	1.27
银行及其他金融活动	1.78	0.30	0.17	0.04	1.27
房地产业	7.61	0.31	0.43	6.24	0.63
房地产开发经营业	1.27	0.23	0.43	0.01	0.60
物业管理、中介服务业和其他房地产活动	0.11	0.08	—	—	0.03
居民自有住房服务业	6.23	—	—	6.23	—
租赁和商务服务业	0.58	0.38	0.13	0.05	0.02
商务服务业	0.58	0.38	0.13	0.05	0.02
科学研究、技术服务和地质勘查业	0.26	0.23	—	0.03	—
水利、环境和公共设施管理业	1.15	0.71	—	0.44	—

1978年与2008年楚州区（淮安县）主要经济指标完成情况对比表

表 6-3

指标名称	1978年	2008年	增加	年均增长（%）
地区生产总值（亿元）	2.46	144.86	142.4	193.0
第一产业（亿元）	1.68	25.87	24.19	48.0
第二产业（亿元）	0.44	70.45	70.01	530.4
第三产业（亿元）	0.34	48.54	48.20	472.5
人均生产总值（元）	224.90	14388	14163.10	209.9
工农业总产值（亿元）	6.33	238.07	231.74	122.0

续表 6-3

指标名称	1978年	2008年	增加	年均增长（%）
农业总产值（亿元）	1.54	45.47	43.93	95.1
工业总产值（亿元）	4.79	192.6	187.81	130.7
人均工农业总产值（元）	578.82	20049.69	19470.87	112.1

第三章　经济体制改革

第一节　农村经济体制改革

一、农业生产关系改革

1978年，淮安县农村实行的是人民公社制度，经济以生产队为基本核算单位，管理体制是“三级所有、队为基础”。生产大队和生产队实行独立核算，自负盈亏，按劳分配的政策。1979年开始实行农业生产责任制，到1983年底全面实行家庭联产承包责任制。80年代中后期，随着乡镇企业的兴起，农民外出务工人数和向非农产业转移人数的逐年增多，农业产业化经营的推广，加之曾一度出现的卖粮难，以及种田收益的下降，农民责任田出现抛荒和私自流转的现象。2004年，全区规范了农村土地承包经营权流转。

（一）土地承包经营责任制

1979年2月，全县召开三级干部会议，传达学习中共十一届三中全会文件，会后抽调200多名机关干部深入农村基层宣传贯彻中共中央文件精神，积极探索建立各种农业生产责任制。主要有：小段包工，定额计酬；专业承包，联产计酬；综合承包，联产到组；联产到户；包干到户。至1981年9月，全县6363个生产队都建立了不同形式的生产责任制。其中，联产到户的有5129个队，占80.6%；包干到户的819个队，占12.9%；小段包工的有293个队，占4.6%；联产到组的有122个队，占1.9%。1982年9月，在朱桥公社专门召开社、场、镇党委书记会议，讨论总结完善农业生产责任制的问题，并形成《朱桥会议纪要》印发全县。朱桥会议后，全县按照大多数群众的意愿，对责任制形式进行筛选，至1982年底，全县6943个生产队中有6052个生产队实行了包干到户责任制，即家庭联产责任制，其主要内容就是保持土地集体所有性质不变，将土地按人均划归给农户家庭进行生产经营，农户每年按政策规定交给国家和集体一定的税收和统筹费。1983年，人民公社体制改为乡镇人民政府体制。根据上级文件要求，全县开始制定承包责任制的经济合同。1984年，为消除农民怕政策多变的顾虑，调动农民对土地投入的积极性，全县颁发土地承包使用证，并规定土地承包期一般在15年以上。1985年，合同内容上的作物布局计划由过去的指令性改为指导性，农业税和统筹费也由过去的实物（粮食）计征改为货币计征。从1989年开始，全市将承包合同由过去的“单方面任务通知书”改为农民和集体的双向承包合同，合同的内容也不断完备。从1991年起，合同对每年的农民负担如农业税、乡统筹、村提留、劳动义务工等都明确数量规定。1998年，全市贯彻中央和省、淮阴市关于农村土地二轮承包的有关文件精神，本着“大稳定，小调整”的原则，全市农村土地承包期在第一轮土地承包到期后再延长30年不变，规定承包期内“增人不增地、减人不减地”。为使农民对土地有长期的稳定感，向农户发放《农村集体土地承包经营权证书》，让广大农民吃下了一颗“长效定心丸”。2005年，为稳定和完善土地承包关系，妥善解决因土地问题引发的各种问题和纠纷，对农村土地承包实行规范化管理，全区开展农村土地承包情况调查，对农户、人口、地块、面积等的调查资料与农户核实，保证农户现有承包人口、地块、面积与承包合同“四相符”，按“缺什么、补什么”的要求，收回1998年发放的农村集体土地承包经营权证书，换发新的农村土地承包经营权证，当年换发17.62万份，占应补、换发证的93.7%。以后每年及时补换发农村土地承包经营权证。2007年，楚州区专门成立土地承包纠纷仲裁委员会，及时调整处理农村土地承包方面的问题和矛盾，促进农村土地承包关系的长期稳定。

（二）农村土地使用权流转

1987～1998年，全县（市）农业生产出现的主要问题和矛盾是：愿意种田、善于种田的人不能多种田，而无心种田、无力种田的人丢不了田；部分农户对土地投入减少，粗耕粗种，甚至弃田抛荒；农业结构调整难；国家税收和集体统筹、提留收取难。进一步完善农村土地经营制度，建立正常的土地流转机制，成为深化农村改革新的重要内容和发展市场农业、繁荣农村经济的一项基础性工作。1999～2003年，全市相关土地流转主要有亲友代种，村级组织指派代种，租赁、乡村反租倒包等类型。但这些流转行为缺乏规范性，主要表现在：农户自行流转多，村镇批准备案的少；口头协议多，书面协议少；双方约定不明的多，约定明确的少；书面协议内容过于简单，对双方权利义务及违约责任、承租土地上附着物处置、有关赔偿条款等缺乏明确具体的约定。2004～2008年，随着《中华人民共和国农村土地承包法》和省、市有关农村土地承包经营权流转办法的颁布实施，全区农村土地流转工作趋于规范。全区26个乡镇依托农经部门建立土地流转服务站；除经批准暂缓发证的少数田块外，每年土地经营权证书的补、换发基本到位；加强土地承包和流转档案管理，有18个乡镇实行土地流转和承包信息化管理，26个乡镇土地承包和流转资料立卷2722册，签订土地流转合同书1753份。2006年，席桥镇浦马村成立三元土地股份合作社，至2008年底，入股土地面积24.67公顷、入社农户120户，主要经营蔬菜种植。入社农户除获取每年每亩400元的保底租金外，还可获得一定的年终分红。2008年，南闸镇柏庄村组建土地股份合作社，入股土地68公顷，入社农户97户，经营茭白和小麦种植，吸纳劳力80余人，当年入社土地每亩收入近5000元。至2008年底，全区农村土地流转面积1346.67公顷，占耕地面积的2.1%。其中，流入农户3421宗，面积1320公顷，占土地流转面积的98.2%，有2宗单宗流转面积超过66.67公顷，共154.67公顷；流入企业5宗，面积24.67公顷，占土地流转面积1.8%。

二、农业产销体制改革

1978年，全县农村仍实行统购统销，粮、棉、油、糖、麻、猪等许多农产品纳入统购统销或专买专卖。随着农村土地家庭承包制的建立，农民生产的大量剩余产品需要通过市场交换，迫切需要解决农产品“买难卖难”问题。1979～1984年，淮安县主要通过调整农产品收购价格，以改善工农业产品之间以及农产品内部重大比价关系。1979年，夏粮统购收购价比上年提高20%左右，同时对超过征购基数的部分加价收购。1982年，粮食购销实行调拨包干。1983年，国家实行粮食多渠道经营，打破粮食30年

1979年，实行统购统销的苏嘴棉花生产和收购

垄断经营的格局。粮食调价后，曾一度出现统购价高于自由贸易价，政府为照顾农民的利益，从1981年到1984年，连年增加粮食统购量。对于棉花，也是逐步提高价格，并从1980年起，对售棉进行肥粮奖售。与此同时，逐步开放城乡集市贸易，取消了对农民经商、搞长途贩运的限制，使农村集市贸易日趋繁荣。1985年，摒弃从1953年起实行长达32年之久的农产品统购统销体制，对小麦、稻谷和玉米等取消统购，实行国家牌价合同定购。1987年，实行粮食合同定购与平价化肥、柴油和发放预购定金"三挂钩"的改革。完成定购后的粮食及其他农产品放开经营，打开了旧体制的一个缺口，形成特定时期农产品价格和经营的"双轨制"。逐步取消了水产品、禽蛋、果品和蔬菜的派购。这些农产品自由上市、自由贸易。对生猪采取"走小步，不停步，不走回头路"的改革方针，从1985年4月起，生猪贩运开始松动，至1992年，贩运完全放开。1992～2008年，农产品流通体制建立健全了价格形成机制。农产品基本放开经营，价格的确定主要由市场形成。农村土地、劳力、资金和技术等生产要素市场也逐步发育和完善，市场机制在资源配置中的基础性作用显著增强，培育和造就大批市场经营主体，奠定了农村市场经济的基础。在此期间，农村建市场高潮迭起，一大批农产品综合、批发和零售市场相继建立，活跃了农村市场。大量的农产品及其加工产品通过农民经纪人、专业协会、专业合作社进入全国大中型城市的农贸市场和超市。

三、农村财务制度改革

1984年，为适应农村集体经济组织财务管理新的需求，县委农工部设立农村财务管理科，负责农村财务管理、会计辅导培训，研究制定集体资产保值增值和农村财务规范化管理的操作意见，定期开展农村财务检查与审计。1998年，撤销农村财务管理科，设立事业性质的农村财务辅导站，进一步加强农村民主理财、财务清理、村务公开、重点村审计、村账乡管、会计电算化等农村集体财务规范化管理工作。至2008年，全区有马甸、三堡、范集3个乡（镇）建成省级农村财务规范化管理乡（镇），有10个村建成省级农村财务规范化管理村，有22个村建成市级农村财务规范化管理村，有203个村建成区级农村财务规范化管理合格村。

1996年秋，在城东乡进行农村集体资产清产核资试点工作，重点是对乡、村办企业和基层部门的集体资产进行产权登记，对债权债务进行清理，防止集体资产在乡、村合并及基层事业单位改革过程中被平调或乱占乱用。同年，农村集体资产清产核资工作在全区推广。1997年，全市农村普遍建立了民主理财小组。民主理财小组由农村集体经济组织成员大会或成员代表大会推选5～7人组成，村干部不得担任民主理财小组成员。民主理财小组享有对本集体经济组织财务活动的民主监督权利，参与制定本组织的财务计划和各项财务管理制度，参与重大财务事项的决策，有权检查审核财务账目，有权否决不合理开支。1998年，大力推行以财务公开为重点内容的村务公开，对村财务收支情况，一般每季度公开一次。2002～2003年，全区在税费改革的同时，开展清理村级财务、化解村级债务的工作，进一步建立健全资产台账。2003年起，全区全面推开村账乡管制度，实行村会计委派制。2006年起，每年对100万元以上债务重点村进行重点审计。

四、农村社会化服务改革

1983年，按照中央关于对农村人民公社体制进行改革的精神，全区实行政社分开，各乡镇相继成立了经济管理委员会，负责管理农、副、工、商日常经济活动。其下设的经营管理站、农业公司、工业公司、商业公司等成为相对独立的经济实体，可独立开展各项服务工作和生产经营活动。1986年，随着农业和农村经济的迅速发展，特别是农业生产区域化、专业化水平的不断提高，全县积极探索县、乡、村三级农业社会化服务网络建设，不断充实完善农技、农机、水利、畜牧兽医、生产资料供应、经营管理等站（所）服务实体，加强服务配套。1987年7月，溪河乡在全县第一个设立四大服务公司，分别是农业服务公司，下设农技、水利、农机、农电四个服务站；多种经营服务公司，下设畜牧兽医站、家禽协会、水产协会、蚕桑协会、林果协会、蔬菜协会（有关协会均以专业大户为主体组成）；乡村企业服务公司，下设村组户企业指导站、计划财务站、经理部；农经服务公司，负责乡、村集体资金财务管理，开展会计审计和资金融通服务。1989年，全市各乡镇普遍建立农经、农技、水利、电力、畜牧兽医、多种经营等服务站，农业服务体系逐步形成并日趋完善，农业社会化服务程度不断提高，形成以乡站为依托、村服务队为主体的农村社会化服务新格局，实现统一作物布局、统一技术指导、统一供应良种、统一机械作业、统一病虫害防治、统一水电管理和分户管理的“六统一分”，促进了农村经济的振兴。1993年，随着农业法与农业技术推广法的颁布实施，全市设立集试验、示范、推广、培训、服务于一体的农业技术推广中心，各乡镇均设有农技、水利、畜牧、水产、农机、农电、经营管理等站（所），基本形成了覆盖产前、产中、产后全过程和多方位的社会化服务网络。

五、农业税费改革

80年代末，农民承担的各种名目的集资、摊派和收费日益加重，以致种田几乎无利可图，引起农民的强烈不满。1991年，全市贯彻国务院《农民承担费用和劳务管理条例》，虽然明确规定将农民负担控制在上年农民人均纯收入5%以内，但农民负担实际仍在年年增加。为切实减轻农民负担，全区从2001年起，按照中央及省、市的相关部署和要求，在农村进行税费改革。2001年，重点是取消不合理收费项目。将农业税、农业特产税及其附加、劳动积累工、以资代劳款以及“一事一议”筹资等明白到户，依实计征。全区共落实农业税计税土地面积6.53万公顷，农业税总额4629.43万元，农业税附加925.89万元；农业特产税计税面积880公顷，特产税总额106.02万元，特产税附加21.2万元；“一事一议”筹款人均20元。当年，全区农民总负担7624.08万元，每人平均76.84元，比改革前合同内人平均减少负担66.07元，减负率达46.23%；比改革前合同内外人平均减少负担93.96元，减负率达到55.01%，达到了乡、村、组、户全面减负的目标。2004年，按照省、市要求全区将农业税税率降低3个百分点，同时对粮食生产实行直接补贴，取消农村劳动积累工和义务工，实行“一事一议”筹劳等，使农民负担进一步减轻。当年，全区纳入农民负担监督卡的筹收项目有3项，共4899.89万元。其中农业税及其附加应征3458.64万元，减免241.38万元，实征3217.26万元；“一事一议”筹资1682.63万元，人均19.2元；“一事一议”筹劳244.85万个工日，劳均5.9个工日。2006年，按照中央及省、市的部署，全区免征农业税。全区当年纳入农民负担监督卡的只有“一事一议”筹资1686万元，人均19元；“一事一议”筹劳216.5万个工日，劳均5.3个工日。

第二节　企业改革

1978年起，淮安按照中共十一届三中全会制定的改革开放政策，不断改革管理体制，扩大企业自主权；实行横向联系，促进企业由单纯生产型向生产经营型转化；改革分配制度，调动企业职工积极性。1982年开始工业企业整顿工作，推行经济责任制。一批年富力强、德才兼备的专门人才，逐步充实到工业企业的领导班子中，为推行经济承包、实行厂长负责制奠定基础。当年，在无线电元件厂、阀门厂、水泥制品总厂进行企业整顿改革试点，试点企业内部实行二级核算或三级核算，厂包到车间，车间包到班组，班组包到个人，超产奖励，减产赔偿。1983年底，企业整顿初见成效，全县38家工交企业经过2年整顿，验收合格11家。1984年，淮安县根据国务院《关于进一步扩大企业自主权的十条规定》，制定《关于工业经济改革的试行意见》，使企业在生产经营、劳动工资、干部任免、资产处理等方面有了一定的自主权。当年，在16家企业中分别进行民主选举厂长、副厂长，厂长聘用副厂长，以及厂长负责制的试点。年底，经过验收，整顿合格63家区属企业，占区属企业总数的88.7%，企业整顿的进度和质量居淮阴地区首位。

1985年，在企业内部普遍建立各种不同形式的经济责任制。厂长（经理）负责制在首批6家企业试点的基础上扩大到15家，其中元件厂、棉纺织厂等10家企业较好地理顺了党、政、工三者关系。同时，在商业、物资、供销三个系统进行改革试点工作。百货公司试行的"百元工资含量包干制"经济承包形式和物资局"以抓节能保管理，以管理促销售"的经验，得到了省、市有关部门的肯定。县建筑公司实行百元产值工资含量包干制，在企业内部实行原工资级别封存、按技术水平和工作实绩重新评定的工资的方法。为调动企业职工积极性，部分企业实行工资浮动制度，一般浮动20%，最多浮动30%，依据各项指标完成情况，确定每个职工的工资额。1986年，各工业主管部门下放企业的人、财、物、产、供、销管理权。9月，撤销县燃化工业公司、机电工业公司、纺织工业公司，所属企业直接由县经济委员会管理。当年，县政府批转县经委等6个部门《关于进一步落实企业内部经济责任制有关问题的暂行规定》，进一步推动企业承包责任制的落实。企业内部普遍建立各种不同形式的承包机制，经委系统的39家企业内部分配形式有6大类近20种。在企业改革过程中，各企业广泛开展横向经济联合，突出和扩大同高等院校、科研部门的技术协作。当年，通过横向联合共实现技术转让、技术服务37项，产销联营10项。1987年围绕搞活企业这个中心环节，大力推行"三改一联"，积极推行多种形式的承包经营责任制。全市81个市属企业全面实行厂长（经理）负责制，其中有79家企业实行厂长（经理）任期目标责任制，50家全民企业全面实行多种形式的承包经营责任制，增强企业的活力和动力。推行企业内部分配改革，采取少固定、多浮动的办法，坚决端掉铁饭碗。全市企业中普遍实行各种形式的浮动工资制和计件工资制，将职工的报酬与贡献相连，工资和效益挂钩。在商业流通领域，加快小型企业"改、转、租、卖"的步伐。1988年，进一步健全企业运行机制，将竞争机制引入企业承包，通过公开招标，招聘企业承包人。同年，市属工业企业有2家实行租赁承包，12家实行招标承包，其余全部实行认标承包。在市属企业普遍推行全员风险抵押承包，收缴抵押金1200多万元，既解决了企业资金紧缺的问题，又增强了干部职工风险共担、利益均享的责任意识。加快和完善了企业内部的配套改革，在企业内部试行了中层干部招聘制，实行优化劳动组合，成立劳务市场，促进劳动力合理流向；在64家市属企业推行工效挂钩、优化分配方法；企业内部通过划小核算单位、实行目标管理、建立"厂内银行"等内部改革措施，优化企业管理。进行企业兼并的尝试，市针织总厂兼并了云母厂、饮料厂，市水泥制品厂兼并了市水泥制品二厂，促进生产要素的合理流动和优化组合。1989年，进行企业股份制试点。

1990年，贯彻"治理整顿、深化改革"的方针，对第一轮承包到期的62家市属全民、集体企业和部分乡镇办企业进行二轮承包。新一轮承包变过去企业个人承包为党、政、工领导班子集体承包，完善承包程序和民主监督机制，充实经济效益、技术进步、固定资产投入等新的承包内容。1993年，开始进行企业产权制度改革。至年底，全市成立有限责任公司13家，股份（合作）制企业148家，其中市属和淮城镇办集体企业24家、乡镇企业124家；市镇9家工业企业实行公有民营；44家国合零售商业企业实行"柜组承包"，并组建了3家淮阴市级企业集团。企业内部改革进一步深化，全市企业普遍推行切块承包、划小核算单位等内部经济责任制；推行定销售指标、定货款回笼、定工资费用、定经济奖惩的销售包干责任制；推行计件工资、浮动工资、岗位技能工资等分配方式，调动广大职工的劳动积极性。1994年，在乡镇企业全面推行以公有民营为主要形式的企业产权制度改革，乡镇企业改制率达81%；在市属和淮城镇属企业进行公有民营试点；在市属重点企业推行风险抵押承包；流通企业推行抽本租赁为主，双层经营，柜组承包。1995年，对企业实行"三项制度"、股份制、公有民营、先售后股改革。按照"抓大放小攻难，因地制宜、分类指导、一厂一策"的原则，加快建立"产权清晰，权责明确，政企分开，管理科学"的现代企业制度，继续对小型企业实行宜售则售、宜股则股、宜包则包。在全市工业企业大力推行"六制"改革，即企业法人年薪制、企业干部经济责任制、职工岗位（计件）工资制、销售买卖制、物资供应公开制和技术人员成果效益工资制，并在市属国有、集体企业全面推行资产经营责任制。

1996年，继续推行以租赁为主要形式的产权制度改革。对已改制的企业，着力抓好承租合同的完善和资产保值增值的考核工作。对一些严重资不抵债、扭亏无望的企业，充分用好国家有关政策，鼓励优势企业实行兼并、托管、联合、改组，盘活资产存量。同年，对村办企业实行改制，全年共改制村办企业792家，其中租赁769家，股份合作制23家，到1998年底，全市230家应改制村办企业，改制224家，改制面达97%，其中协议出售36个，总资产655.71万元，净资产420.9万元，成交额311.6万元；直转194家，总资产7395.6万元，净资产4647万元，村办企业改制任务基本完成，村办集体工业退出历史舞台。1997年，全市共组建企业集团11家，成立有限责任公司21家，股份合作制企业110家，租赁企业361家，出售企业（门点）33家，兼并托管企业15家。1998年，按照"积极、稳妥、扎实、发展"的八字方针和"一好四增"的改制要求，集中力量，精心组织，做好乡镇企业产权制度改革。全市319家应改制乡办企业，改制308家，改制面达96.55%。308家改制企业中，协议出售236家，占76.62%；公开拍卖9家，占2.92%；股份制合作5家，占1.62%；直转58家，占18.83%。改制企业资产3.19亿元，净资产1.11亿元，成交额9449.73万元，到位资金6343万元。绝大部分企业改制后，产权明晰，企业活力增强，调动了经营者的投资积极性和职工的生产积极性，全年技改投入及产、销、利、税指标分别比上年增长31%、20.1%、25.4%和20.6%。1999年，盐化总厂整体划拨给省盐业集团有限责任公司，成功地实现靠大靠外、改组联合；招商电缆有限责任公司零资产转让给八方电缆厂，实现资产重组、低成本扩张；通过引进能人大户，采取卖、送、租、转等多种形式，先后使水泥制品厂、酒厂、三农机厂等一批市属困难企业整体或部分启动，盘活存量资产3000余万元。对105家已改制的乡镇企业进行了整改规范，完成溪河桐木板厂、马甸钛白粉厂等重点乡镇企业的改制工作。2000年，对市属和淮城40家企业进行股份制或股份合作制改造，市乡7家企业实施国（公）退民进改革试点。当年，以出售产权为主的乡镇企业改革基本结束。2002年，以"一退两置换"为重点，推进22家区属企业、20家淮城企业和粮食系统购销企业2259名职工身份置换。2003年，吸引外资和民资参与区属企业改制重组，实现投资主体多元化。加强与金融部门沟通联系，对企业不良贷款进行打包处置，为企业改制创造条件。全年新改制区属企业20家，淮城企业11家。

1999年，溪河桐木板厂、马甸钛白粉厂等重点乡镇企业完成改制工作

2005年，置换职工身份2047人，发放安置经费和经济补偿费4052.7万元。截至2008年底，累计置换职工身份8849人，发放安置经费和经济补偿费1.51亿元，补缴职工养老保险金2993.3万元。

第三节　物价体制改革

90年代，淮安市进入全面价格改革、治理经济环境、整顿经济秩序、控制物价水平、抑制通货膨胀时期。按照"调、放、管"相结合，建立与社会主义市场经济相适应的市场形成价格为主的价格运行机制的要求，进一步充实物价工作监督检查力量，调整区物价局职能机构。建立由人大代表、政协委员、无党派人士组成的特邀物价监督员队伍，健全物价监督检查和管理网络。区物价局人员增加到66人。在强化市场检查监督的同时，进一步拓展管理服务工作。开展价格鉴证、商品房认证和价格审批、价格信息交流和咨询服务。为控制物价上涨，强化对零售市场特别是与人民群众密切相关的"菜篮子""油瓶子""米袋子""煤饼子"的价格监督检查，选择代表性经营单位，定点监测，跟踪物价变动情况，为领导决策提供价格变动信息。推行行政事业性收费"许可证"和年审制度；1996年起，对住宅小区普通商品房物业管理服务费实施审核制度。

一、管理模式改革

1991年起，淮安市物价局管理模式由直接管理向间接管理转变，由行政监督检查向管理、服务指导转变；由重点管理商品价格向重点管理行政事业性收费转变。1994年9月29日，《江苏省价格管理条例》下发，全市进一步加强行政事业性收费管理，实行行政事业性收费许可证制度，推行企业交费登记卡制度，明确规定不登记不得收费，从源头上制止各种乱收费行为，减轻企业负担；加大价格政策、法律、法规的宣传力度，打击种类价格违法行为；帮助企业建立和健全内部价格管理制度，组织多期企业收费员（物价员）政策及业务培训，提高收费管理水平。2002年6月6日，《江苏省定价目录》正式发布，楚州区严格按照《江苏省定价目录》中区域性定价权限的规定，开展定价权限内的收费批准审核工作，严格按照收费项目的审批权限和程序办事。

二、行政事业收费管理

1991年，淮安市物价局设立收费管理科，根据《江苏省行政事业性收费管理暂行规定》，对全市范围内允许收费的涉及31个系统近600家行政事业单位核发收费许可证，及时做好收费许可证的变更、注销等手续。2002年2月，楚州区物价局设立价格管理科，负责管理指导全区企事业单位执行国家的价格法律、法规，指导各企事业单位健全内部价格管理机制，管理全区国家机关、事业单位、中介机构的收费标准，年度检验、审核、核发收费许可证。

行政事业性收费许可证制度。1998年，国家计委等六部门印发收费许可证管理办法，市物价局加强对收费许可证管理，明确收费许可证审核、审批、收费、管理等具体操作程序，要求收费单位亮证收费，做好收费公示。2006年，区物价局实施电脑打印收费许可证系统，统一收费许可证格式。对500多家行政事业性单位换发新版收费许可证，及时建立和完善各收费单位的收费档案。

行政事业收费年审制度。1991年始，物价局开展行政事业性收费年审工作。每年对区域内行政事业单位上一年度收费项目和收费标准合法性情况进行审核，对其中超标准收费或明显不合理收费给予清理和调整，对不按规定权限审批及自行立项超标准收费的价格违法行为进行处理。1991～2008年，累计对近7000家行政事业单位进行年度收费审核，审核中接待来访近1万人次，处理违法单位36家，查处违法金额1513万元，收取年审审核费360多万元。

三、企业收费管理

1998年，根据国家计委《关于试行企业缴费登记卡制度的通知》和淮安市《本市实行〈企业缴费登记卡〉制度的实施意见（试行）》，淮安市物价局选择全区近3000多家企业推行缴费登记卡制度。2008年，配合区软建办开展整治乱收费专项治理工作，贯彻落实上级明令取消的200多项收费项目，对涉及取消项目的全区41个部门160多余家单位作重点检查。取消涉及区项目48项，取消区自立项目10项，通过自查、自报、检查等一系列工作，上述单位全部停止取消项目收费，直接为企业减轻经济负担5000万元。

第七篇　农　业

楚州区位于淮河下游，江淮和黄淮两大平原交汇处。境内地势平坦，水网密布、沟河纵横，气候属北亚热带向暖温带过渡地带，四季分明，光照充裕，热量充足，雨量充沛，无霜期长，成土母质以黄淮冲积物为主，土壤养分含量较高，农业生产条件优越。全区粮食以稻麦为主，玉米、山芋、大豆等杂粮及油菜、花生等经济作物为辅。

中共十一届三中全会以后，实行联产到户承包责任制，提高农民生产积极性，促进农业生产的恢复和发展。1978年，淮安县耕地面积 8.62万公顷，农作物播种面积15.29万公顷，其中粮食大豆播种面积12.03万公顷，单产261.5千克，总产4718.2万吨，其中夏粮面积3.98公顷，单产195.5千克，总产1167万吨。秋粮面积8.05万公顷，单产294千克，总产3551.2万吨；经济作物面积8982公顷，其中棉花面积2551.4公顷，油料面积3714公顷（花生171.47公顷，油菜3444公顷）；其他农作物面积2.36万公顷，其中蔬菜面积631.4公顷，绿肥面积2.26万公顷。生猪饲养量56.27万头，水产养殖面积3666.67公顷，水产品1840吨。全县农业总产值1.89亿元（按1979年不变化价格计算）。

1991年夏，淮安市先后遭受6次暴雨袭击，形成洪涝灾害，导致农业损失惨重，全市7.8万公顷农田，成灾面积4万公顷，其中2.4万公顷绝收，减产三成以上的1.6万公顷，鱼塘漫水，跑鱼面积达2.27万公顷，倒、淹树木64万株，蔬菜淹没1466.67公顷，农业损失约1.77亿元。

1991～1999年，耕地面积基本保持稳定增长，高峰期1998年面积近12.67万公顷。2000～2001年，由于种植业结构调整，粮食生产出现阶段性低谷，耕地面积在11.33万公顷以下。2002年以后耕地面积得到恢复，先后跨过12万、12.67万公顷大关，粮食总产量在50万吨起点基础上，先后跨过60万吨、70万吨、80万吨、90万吨4个台阶。2002年开始，楚州区大力发展无公害农产品，全面启动农产品质量安全建设。2003年楚州区被列为全省首批无公害农产品基地整体推进县（区）。

2004年以后，国家加大农业投入，先后出台免除农业税、良种补贴、水稻直补、农资增支补贴、农机机具购置补贴等“一免四补”惠农政策，农民种粮积极性高涨，加之优质新品种、高产稳产技术广泛应用，粮食面积、单产稳步提高。

2008年，全区耕地面积8.81万公顷，农作物播种面积14.56万公顷，其中粮食大豆播种面积13.31万公顷，单产464千克，总产92.65万吨，其中夏粮面积6.28万公顷，单产380千克，总产35.79万吨。秋粮面积7.03万公顷，单产539千克，总产56.86万吨；油料作物面积3462公顷，其中花生338.2公顷，油菜3113.27公顷；蔬菜、瓜类面积8860.33公顷，其中蔬菜面积8679.2公顷；其他农作物面积157公顷。生猪出栏55.47万头、存栏40.49万头，家禽出栏862.75万只、存栏464.86万只，禽蛋产量2.09吨，水产品产量5.45万吨。全区农林牧渔总产值45.47亿元。

第一章 农业管理

第一节 管理机构

一、农业生产管理机构

1981年5月，淮安县农业局改称农业委员会。1984年3月撤销农业委员会，仍设农业局。农业局为全市（县级）农业工作管理机构，其主要职能为：贯彻落实农业政策，制定农业发展规划，引导农业结构调整，指导农业生产及建设管理农技推广队伍等。局机关设人秘股、科教股、农业股等科室。农业技术推广中心为农业局下属独立法人事业单位，其主要职能：试验推广农业新品种、新技术，指导病虫害防治，开展农业技术培训等。下设办公室、作物栽培技术指导站、土壤肥料技术指导站、植保植检站、农业技术试验站、农业技术培训站等科（站、室）。1993年12月，农业技术推广中心增设经济作物指导站。1995年，市蔬菜办公室由政府办划入农业局，成为农业局下设科室。1998年，农业局内部机构设置变动，下设人事科教股、财务审计股等科室。1998年5月，农业技术推广中心增设科教站。1998年8月，市农村能源服务办公室及农村能源服务站一起划入农业局，分别成为农业局下设科室及下属独立法人事业单位。2000年9月，市植保植检站从农业技术推广中心分出，成为农业局下属独立法人事业单位。2001年，楚州区农业局内部机构设置变动，下设办公室、科教科、生产科、农能科等科室。蚕桑站由多管局划入农业局，为农业局下属独立法人事业单位。2003年10月，成立楚州区农业执法大队（另挂“种子管理站”牌子），为农业局下属独立法人事业单位。其职能为指导农业行政执法体系建设和农业法制宣传教育，负责农业行政综合执法，组织协调、监督农业综合执法；维护农资市场的经济秩序。2007年7月，区种子管理站成为独立法人事业单位。至2008年，农业生产管理机构未发生变化。

二、林牧渔业管理机构

1975年3月成立淮安县多种经营局。2001年12月，根据区委、区政府《楚州区党政机关机构改革实施意见》，不再保留区多种经营管理局，组建区林牧渔业发展局。楚州区林牧渔业发展局作为区政府主管全区林牧渔业行政管理的工作部门，主要负责全区林牧渔业生产的规划实施，组织指导林牧渔各产业、产品的质量监督工作，组织实施林牧渔业技术标准，协调兽药、渔药、饲料和饲料添加剂等农业投入品质量的监测、鉴定和监督管理，行使渔政、林政、兽医医政、兽药渔药药政药检监督管理权，组织指导监督动植物防疫、检疫工作，发布疫情并组织扑灭；负责管理全区渔业资源，维护渔业水域环境，负责渔业安全生产；负责管理全区森林资源和林地、林权，组织指导全区林地和野生动植物保护。

第二节 农业标准化

全国农业标准化工作启动于90年代初，2001年进入推广阶段。楚州农业标准化工作于2003年起步，主要围绕农产品的高产、优质、无公害展开，实施无公害标准化生产。

农业标准化包括三个环节，即生产环境标准化、生产过程标准化和产品采收、储运、销售标准化。

在生产环境标准化环节上，运用生态学原理对无公害农产品基地的生产、生态环境实施综合整治。即按照《GB5084—1992农田灌溉水质标准》《GB3095—1996环境空气质量标准》《GB15618—1995土壤环境质量标准》和《GB9137—1988保护农作物的大气污染物最高允许浓度》的规定，对无公害农产品基地进行选择和整治改造。截至2008年底，全区获得认证无公害产品51个、绿色食品6个、有机食品2个，全区大型蔬菜市场和26个乡镇市场建立无公害农产品检测室。农业部和省、市农（畜、水产）产品检测中心抽测复检结果表明，楚州标志认证农产品卫生质量指标合格率100%，被评为国家无公害蔬菜生产示范县（区）、省无公害蔬菜生产示范园、省无公害农产品整体推进县（区）。

生产过程和采收标准化。2003年后，制定《无公害蒲菜生产技术》《无公害辣椒生产技术》《无公害茼蒿生产技术》等一系列无公害蔬菜生产技术地方标准，基本上做到蔬菜无公害生产有标准可依。市级企业标准有《无公害蒲菜》《无公害蒲菜产地环境》《无公害蒲菜生产技术》《无公害四季豆生产技术规程》。淮安市地方标准有《无公害农产品水芹生产技术规程》《无公害农产品荸荠生产技术规程》《无公害农产品茭白生产技术规程》《无公害农产品小白菜生产技术规程》《无公害农产品毛豆生产技术规程》等；同时结合本地实际对国家行业标准如《无公害农产品甘蓝生产技术规程》《无公害农产品西瓜生产技术规程》《无公害农产品辣椒生产技术规程》等进行修改。申报企业的基地或产品基本形成国家标准、地方标准、企业标准齐全、内容规范的质量标准体系。标准的应用，就是按照生产技术规程的规定，对生产过程进行控制。从提高产量的要求出发，按照规程的规定进行良种选用，适期播栽和合理运筹肥水，从产品无公害的要求出发，在病虫害的防治过程中严格控制农药选用、施用量、施用次数和安全间隔期（最后一次用药到采收的时间）。通过各种生产技术规程的推广应用，楚州无公害农产品生产基地不仅有效地提高了产量，而且产品在历次送检和抽检中均达到无公害要求。

第二章　农业资源开发

第一节　土地治理项目

楚州是全省农业开发土地治理项目投入的大区，土地治理项目一直是楚州农业综合开发投入的重点，通过连续的开发，极大地改善了全区的农业生产条件。

1991年，项目涉及苏嘴、茭陵、宋集等12个乡镇场，共开发中低产田0.5万公顷，财政投入资金323.47万元，新建泵站4座，改建泵站1座，新建中沟以上建筑物67座，小沟级建筑物45座，建设仓库1767平方米，晒场1980平方米。1992年，土地治理项目涉及钦工、季桥、徐杨等12个乡镇场，开发中低产田5313.33公顷，开荒220公顷，农田防护166.67公顷，财政投入439.7万元，新建泵站13座，改建泵站4座，新建中沟以上建筑物136座，小沟级建筑物4781座，铺设机耕路10千米。

1993年，土地治理项目涉及席桥、城东、季桥等14个乡镇场，改造中低产田2860公顷，开荒13.33公顷，建成农林防护网133.33公顷，共投入财政资金439.7万元，新建泵站13座，改建泵站4座，新建中沟以上建筑物136座，小沟级建筑物4781座，铺设机耕路10千米。1994年，土地治理项目涉及流均、博里、复兴等7个乡镇,改造中低产田1400公顷,开荒266.67公顷,建成农林防护网266.67公顷,共投入财政资金246万元,新建泵站1座,改建泵站7座,新建中沟以上建筑物120座,小沟级建筑物172座。1995年度,土地治理项目涉及仇桥、博里、复兴等8个乡镇,改造中低产田4266.67公顷,开荒200公顷,水产养殖33.33公顷,投入财政资金591.2万元,新建泵站6座,改建泵站5座,新建中沟以上建筑物202座,小沟级建筑物139座,衬砌渠道8.31千米。1996年,土地治理项目涉及溪河、车桥、泾口朱桥4个乡镇,改造中低产田1333.33公顷,建设防护木66.67公顷,投入财政资金332万元,改建泵站3座,新建中沟以上建筑物55座,小沟级建筑物524座。1997年,土地治理项目涉及建淮、马甸、溪河、泾口4个乡镇,改造中低产田2666.67公顷,建设防护木66.67公顷,财政投入502万元,改建泵站4座,新建中沟以上建筑物360座,小沟级建筑物426座,衬砌渠道3.2千米,铺设机耕路15千米。1998年,土地治理项目涉及顺河1个乡镇,改造中低产田666.67公顷,建设防护木100公顷,投入财政资金100万元,新建泵站4座,改建泵站3座,新建中沟以上建筑物76座,小沟级建筑物9座,铺设机耕路5千米。1999年,土地治理项目涉及城东1个乡镇,改造中低产田666.67公顷,建设防护木133.33公顷,投入财政资金150万元,新建泵站1座,新建中沟以上建筑物42座,铺设机耕路5.8千米。

2000年,土地治理项目涉及徐杨1个乡镇,改造中低产田666.67公顷,投入财政资金110万元,改建泵站4座,新建中沟以上建筑物29座,小沟级建筑物9座。2001年,土地治理项目涉及泾口1个乡,改造中低产田166.67公顷,投入财政资金66万元。2002年,项目涉及宋集乡,改造中低产田1万亩,投入财政资金110万元。2003年,项目总投资1243.5万元,其中财政投资840万元。项目涉及平桥、泾口、复兴、茭陵、顺河、席桥、南闸7个乡镇和一个龙头加工企业(淮安市天康食品有限公司)。项目建设内容分三类:一是土地治理项目。完成财政投资510万元,改造中低产田333.33公顷,建成节水农业示范田533.33公顷,优质粮生产基地666.67公顷。建成各类水利配套建筑物171座,其中中沟级以上建筑物72座,小沟级建筑物99座。铺砂石路13.6千米,营造农田防护林面积1266.67公顷,植树造林18.92万株。二是省级稻田养殖科技示范园建设。完成财政投资110万元,建成示范基地核心区20公顷,示范区666.67公顷。建成各类水利配套建筑物8座,铺水泥硬质护坡7.8千米,建成生产管理用房244平方米。三是产业化龙头项目。完成财政投资220万元,新建厂房1800平方米,购置生产设备41台(套)。2004年,土地治理涉及溪河、车桥等8个乡镇,22个行政村,项目受益人口6.9万人,项目计划总投资3029.3万元,其中财政专项资金1838万元。改造中低产田2973.33公顷,建成各类水利配套建筑物519座,建防渗渠13.2千米,铺砂石路24.6千米,植树9.8万株,营造农田防护林网面积3040公顷。补助推广新式农机具105台(套),推广"扬粳9538"新品种2973.33公顷,新增粮食生产能力540万千克,增加农民收入70万元。2005年,土地治理项目涉及车桥、溪河等6个乡镇的16个行政村,项目区总人口4.61万人,劳动力2.04万人,实有耕地3700公顷。项目计划总投资1846.6万元,其中财政资金1344万元,群众自筹502.6万元。按照项目类别,共完成二类项目建设任务。

规模开发项目 涉及车桥、溪河2个乡镇的8个行政村,计划总投资1320万元,其中,中央财政480万元、省级配套432万元、市级配套48万元、群众投劳折资及自筹360万元。2005年,超计划完成项目建设的各项任务。计划挖土方42.07万立方米,完成42.07万立方米,是计划的100%,计划新建各类水利配套建筑物337座,完成352座,是计划的104.5%,其中完成新建泵站4座、改建泵站1座,计划新建中沟级以上桥68座、涵15座、闸34座、渡槽1座,完成新建中沟级以上桥76座、涵19座、闸34座、渡槽1座,计划新建小沟级建筑物214座,实际完成217座,均超过计划任务的100%,按计划完成防渗渠12.69千米;农业项目按计划实施土壤改良266.67公顷,完成铺设砂石路29.3千米,购置农业机械26台(套);林业项目按计划完成营造农田防护林86.67公顷;科技推广项目均按计划完成项目的建设任务。

一般开发项目 涉及复兴、泾口、平桥、南闸4个乡镇的8个行政村,计划总投资526.6万元,其中，中央财政192万元、省级配套172.8万元、市级配套19.2万元、群众投劳折资及自筹142.6万元。实际出支534.85万元，是计划的101.57%。计划挖土方21.67万立方米，完成21.67万立方米，是计划的100%，计划配套各类水利建筑物96座，实际完成112座，占计划的116.7%。其中，计划新建泵站3座，实际完成5座；计划新建中沟级以上桥22座、涵20座、闸8座，完成中沟级以上桥27座、涵21座、闸9座，计划新建小沟级建筑物43座，实际完成50座，均超过计划的100%。农业项目按计划实施土壤改良133.33公顷，铺设砂石路13.09千米，购置农业机械26台（套），配套低压线路1.3千米，购置黑光灯100只；林业项目按计划完成营造农田防护林50公顷；科技推广项目也都按计划完成项目的建设任务。

2006年，土地治理项目涉及车桥、溪河、流均3个乡镇的7个行政村，项目总投资832万元，其中中央财政320万元、省级配套304万元、市级配套16万元、群众投劳折资及自筹192万元。挖土方33.28万立方米，新建各类水利配套建筑物176座，其中中沟级以上桥66座、闸11座，新建小沟级建筑物94座，完成防渗渠3.4千米；农业项目完成铺设砂石路14.69千米，购置农业机械80台（套）；林业项目完成营造农田防护林86.67公顷。

2008年，农业综合开发土地治理项目改造1200公顷中低产田，总投资936万元，其中财政投资720万元、自筹216万元。项目涉及朱桥镇的朱桥居委会、周庄村；车桥镇的张陈村、丰年村；泾口镇桥头居委会、姚河村、蒋桥居委会。主要建设内容有：新建各类水利配套建筑物131座，新建防渗渠3.2千米，新建泵站6座，开挖土方27万立方米（机械施工燃油补贴16.2万立方米），铺设水泥路14.86千米，绿化植树7.5万株，技术培训3260人次，示范推广1200公顷。

第二节　黄河故道项目

黄河故道农业综合开发开发项目是省立项的开发项目，主要任务是加大对废黄河沿线的农业基础设施投入，打造高效农业示范园区，带动黄河故道的经济发展。2006年开始立项，到2008年共投入资金1520万元，其中财政资金1191万元，开发面积2000公顷。

2006年，黄河故道农业综合开发项目涉及3个乡镇的8个行政村，项目总投资494.5万元，其中财政投资385万元、群众自筹和以劳折资109.5万元，改造中低产田666.67公顷，营造防护林1.72万株。2007年，黄河故道农业综合开发项目涉及3个乡镇6个行政村，分别为南马厂乡的王高村和三联村、钦工镇的韩赵村和郎颜村以及苏嘴镇的健仪村和北季村。项目总投资476.19万元，其中财政投资366.3万元、群众自筹109.89万元。改造中低田666.67公顷，挖土方22.6万立方米。开挖疏浚沟渠37.6千米，新建各类水利配套建筑物87座，其中新建泵站1座、维修泵站1座，新建桥48座、闸1座，渡槽4座，新建涵32座，农业措施新建机耕路11.1千米，共植树1.41万株，科技示范推广措施开展技术培训2750人次，示范推广184.67公顷。

2008年，黄河故道农业综合开发项目开发改造666.67公顷中低产田，项目区涉及宋集乡条河村、茭陵乡东荡村、高荡村、苏嘴镇龚营村、沙吉村，总投资550万元，其中财政投资440万元、自筹110万元。完成各类水利配套建筑物92座，其中新建泵站2座；完成生产桥34座，利用结余资金比原计划增建3座；完成地涵49座、渡槽5座、水池1座、水池管理房及园区门牌1座、防渗渠1千米、低压管道及滴灌系统66.67公顷；新建潜水井30眼，挖土方26.76万立方米，其中人工土方13.76万立方米，机械土方13万立方米、铺设砂石路5.75千米，水泥路6.92千米；完成绿化植树2万株；完成农民技术培训1760人次；示范推广233.33公顷，其中棚架梨示范推广4公顷。结构调整完成宋集乡优质林果133.33公顷，苏嘴镇优质蔬菜、西瓜73.33公顷，茭陵乡特色瓜菜56.67公顷。

第三节　世界银行贷款项目

世界银行贷款加强灌溉农业三期项目涉及宋集、顺河、钦工、茭陵、席桥、季桥6个乡镇、32个行政村,项目区土地面积8234公顷,耕地面积5667公顷。从2005年实施追溯项目,至2008年3月,全区累计完成项目总投资3371.2万元。

一、建设内容及投资

(一)灌溉

完成投资2924.2万元,占评估值88%。其中,开挖疏浚沟渠156万立方米,投资935.7万元,占评估值132%;完成渠系配套建筑物920座,投资1180.3万元,占评估值84%。桥161座,投资552.2万元,占评估值101%;涵洞527座,投资415.1万元,占评估值67%;水闸216座,投资1940万元,占评估值82%;渡槽16座,投资19.1万元。新建、维修泵站26座,投资330.3万元,占评估值52%,其中新建泵站25座,投资265.48万元,改建泵站1座,投资11.47万元。完成10千伏农电线路10.7千米,投资69.6万元,占评估值69%;铺设砂石路38.9千米,投资264.3万元,占评估值313%;铺设防渗渠1.66万平方米,投资810万元,占评估值34%;土壤改良200公顷,投资9万元,占评估值119%;培训33.2人月,投资2.28万元,占评估值22%;管理节水措施投资18.3万元,占评估值41%。

(二)农业标准化和组织化建设

完成投资162.65万元,占评估值34%。其中,完成病虫害综合防治培训31.9人月,投资2.03万元,占评估值29%;完成示范推广222.2公顷,投资4万元,占评估值28%;采购农业机械23台(套),投资18.58万元,占评估值4%;完成优势农产品示范和推广投资19.24万元,占评估值61%;建设农民专业合作社试点项目1个,投资118.8万元。

(三)农业生态环境建设和管理

完成投资53.77万元,占评估值58%。其中,采购树苗10.94万株,投资28.49万元;植树300.4公顷,投资21.02万元,占评估值29%;完成病虫害防治培训61.5人次,投资4.26万元,占评估值22%。

二、建设成效

(一)综合节水措施落实

运用工程节水、农艺节水和管理节水三大措施,取得比较明显的成效。

工程节水　通过大规模的疏浚沟渠,使原有沟渠达到设计标准,确保在正常年份能够灌得上、排得出、降得下,减少水资源浪费。针对项目区是砂土区,采取铺设防渗渠减少水资源浪费,项目区两年共投资80.99万元,铺设斗渠防渗渠7.27千米,控制面积达280公顷,渠系水利用系数提高到0.85,每亩节水200立方米以上。通过配套建筑物工程920座,有效地控制和调节渠系水量,提高水资源利用率。

农艺节水　通过农民培训,改变农民大水漫灌、浅水勤灌的不良习惯,示范推广了"浅、湿、干"灵活调节和"促、控、养"结合等灌溉技术。通过控制田间灌溉水层和土层含水量,使土壤下限含水量达饱和含水量的80%左右开始灌溉,每次灌溉至田面水层10毫米,大量减少不必要的田间深层渗漏和棵间蒸发量,水稻浅湿控制灌溉定额比常规灌溉节水30%以上。水稻秧苗采用旱育秧技术,具有省水、省地、省工的特点,全区共示范推广733.33公顷,减少了秧池用水。

管理节水　2006年项目建设,成立4个农民用水户协会,发挥农民组织自我管理、自我服务的功能，加强对水资源管理，节水效果初步显现。

（二）农业标准化和组织化建设

病虫害综合防治　2005年，病虫害综合防治培训由乡镇实施。顺河、宋集等乡镇分别邀请市农科院的专家到乡镇进行意杨病虫害防治、平衡施肥、灰飞虱条纹叶枯病防治、无公害稻米生产技术和水稻浅湿调控灌溉技术等培训，发放培训资料2188册，组织14次培训，共培训72.93人次。2006年，培训一部分由乡镇实施，一部分由区项目办实施。区项目办和扬州大学农学院签订了《楚州区农业综合开发项目科技培训合同书》，由扬州大学农学院教授直接到项目乡镇集中培训15次，发放《楚州区世行三期科技培训》教材4000多册，共培训186.7人次。在做好农民培训的同时，扬州大学教授在顺河、席桥等乡镇的项目区内引进淮稻9号、扬麦11和淮麦20新品种示范推广，推广面积分别为172.8公顷、140公顷、137公顷。为提高项目区广大农户的用药水平，区项目办和扬州大学签订《楚州区世行三期项目科技服务合同》，示范推广无公害水稻病虫害防治技术，主要是新型高效、低毒、低残留农药的示范使用，推广无农药污染农产品的生产技术，推广面积111.12公顷。

农业机械　2006年，全区共采购农机23台（套），其中拖拉机22台（套），联合收割机1台（套），共投资18.58万元。

优势农产品示范和推广　采取的主要措施是对项目区农民培训，提高农民无公害农产品生产技术水平。2006年，投资6.74万元，购淮稻9号13吨，推广面积172.8公顷；投资5.44万元，购“扬麦11”21吨，推广面积140公顷。2007年，投资3.16万元，购“淮麦20”10.3吨，推广面积137公顷。这些良种的实施全面提高项目区良种覆盖水平。

农民专业合作社试点　2005年，项目安排实施农民专业合作社试点1个，即席桥浦马农民合作经营试点。共投资118.8万元，具体建设内容为：冷藏保鲜库720平方米，采购制冷机等设备1台套，示范推广601公顷。2007年继续对浦马农民合作经营试点项目进行投资，投入世界银行资金20万元，支持建设3000吨净菜加工车间1座。

试点项目取得了良好的经济效益和社会效益。2006年，合作社农民获二次利润分配金额4.45万元，人均分配93.68元。另外，合作社通过新品种推广、蔬菜无公害栽培技术应用、订单种植和蔬菜保鲜库短贮经营等累计又带动参社农户增收40万元。2007年，合作社共分给社员109.6万元，平均每户1118元，是2006年的12倍。

第四节　渠北灌区节水改造项目

楚州区渠北灌区系国有中型灌区，建成于1958年，由于运行年久，建筑物老化损坏严重，导致灌区灌排效益低下，特别是入海水道建成后，打乱了灌区水系，现有水利工程已不适应农业生产要求，日趋制约当地的经济发展。为改善渠北灌区水利灌排条件，在省开发、财政部门支持下，渠北灌区节水配套改造项目于2005年4月正式获准立项。渠北灌区包括10个乡镇场，131个行政村，项目区总人口53.73万人，其中农业人口37.57万人，实有劳动力19.72万人。灌区土地总面积502平方千米，实有耕地面积1.97万公顷，有效灌溉面积1.88万公顷，其中水田1.19万公顷。

2005年，计划总投资1275.14万元，其中财政投资800万元。计划完成板闸干渠沿线灌溉排涝系统的骨干工程：板闸干渠34.95千米全线疏浚，计划完成土方51.15万立方米；加固板闸干渠首、增置检修闸门、更换工作闸门；新建防渗渠道2.35千米和配套相应建筑物；拆建板闸五支、六支、七支等支渠首9座；改造、拆建杨庄、后营、蒋姚等干、支渠节制闸3座；新建后营、尹庄、东邱等支渠灌溉泵站3座；新建板闸干渠退水闸1座；拆建赵码、韩庄、李码咸岔河、小开庄、东高穿干渠地涵5座；拆建李码分干渠首1座；建立4处无线监控测水量水设施、总接收站和配套灌区管理自动化设备；新建自动化控制中心楼1237平方米。2006年，计划总投资814.09万元，其中财政投资600万元。计划完成乌沙干渠沿线的骨干工程：乌沙干渠上段9.6千米疏浚，计划完成土方18.37万立方米；拆建乌沙三支、乌沙钦工新八支、茭陵十一支、席桥一支等支渠首9座；拆建席顺分干渠首1座；拆建钦工干渠节制闸1座；改造席桥渡槽、南支河渡槽2座；新建乌沙干渠退水闸1座；新拆建席桥船港大沟、顺河七支、苏嘴六站大沟蓄水闸3座；新建乌沙干渠浦马桥1座；新拆建红桥、窑头河调度闸2座；建立6处无线监控测水量水设施和配套灌区管理自动化设备。由于楚州经济开发区区划调整，经上级部门批准，将原计划的席桥防渗渠和季桥小弯节制闸变更为席桥船港大沟尾闸和红桥调度闸。

2005～2006年，共疏浚干渠44.55千米，拆建、加固干渠首3座，新建防渗渠道2.35千米及配套，拆建支渠首18座，改拆建干支渠节制闸4座，新建泵站3座，改造渡槽2座，新建退水闸2座，拆建地涵5座，新拆建大沟蓄水闸3座，新建干渠桥1座，新拆建调度闸2座，建立10处无线监控测水量水设施及自动化设备，新建自动化控制中心楼1237平方米，基本完成项目建设任务。项目结余资金共安排各类建筑物24座，其中泵站3座、过路涵10座、桥7座、渠首1座、渡漕2座、节制闸1座。

第五节　有机无公害农产品开发

2002年开始，楚州区以提高农产品质量为重点、农产品质量安全为中心，大力发展无公害农产品，全面启动农产品质量安全建设，从基地—制度—标准规定入手，把好农产品市场准入关，做好主要农作物品种无公害栽培技术规程的制定，开展无公害农产品品牌申报、认证工作，将“三品”（无公害农产品、绿色食品、有机食品）认证工作作为发展现代农业的重要举措。2003年，楚州被省列入首批无公害农产品基地整体推进县（区）之一。合计认定无公害蔬菜常年基地（占地面积）面积7600公顷。2004年，“星”牌绿色珍珠米、“苏王”牌绿色粳米获得绿色食品认证，“苏王”牌有机粳米获得有机食品认证。2006年，“圣玉”牌特制粳米、“上河”牌大米获得绿色食品认证，“南闸”牌有机粳米获得有机食品认证。2007年，“鼎丰”大米、“南闸”牌绿色粳米获得绿色食品认证。至2008年，共制定《无公害农产品·蒲菜生产技术规程》等地方生产技术标准5个，企业标准7个，有无公害农产品51个，无公害蔬菜品牌10个。全区通过省级认证的无公害农产品基地面积达到12.86万公顷，占全区耕地面积的70.49%。建立无公害蒲菜、无公害四季豆和无公害西瓜3个标准化生产示范区，面积分别为800公顷，800公顷、666.67公顷，为淮安市级无公害农产品标准化生产示范区。通过示范区的建立，普及农产品标准化生产技术，提高了农产品产品质量的可信度，增加农产品附加值。2008年，全区蔬菜面积1.96万公顷，总产量达90万吨，平均每季单产2.78吨，比三年前增加0.28吨，蔬菜主产区平均每亩增加收益1300元。蔬菜加工企业发展到9家，加工能力不断扩大。示

宋集乡加工紫苏出口　　（2004年摄）

范区的建立，社会效益十分突出，农业产业化走上了可持续发展之路。

第三章 农作物栽培与特色产业

第一节 粮食作物

楚州区粮食生产以稻麦为主，为典型的稻麦两熟区，兼种玉米、豆类、薯类等粮食作物。1991～1999年，粮食播种面积基本保持稳定增长，高峰期1998年面积近12.67万公顷，2000年与2001年由于种植业结构调整，粮食生产出现阶段性低谷，面积在11.33万公顷以下，2002年后面积得到恢复，先后跨过12万公顷、12.67万公顷，2008年粮食播种面积近13.33万公顷。粮食总产量在50万吨起点基础上，先后跨过60万吨、70万吨、80万吨三个台阶，特别是2004年后连续5年增产，至2008年，粮食生产能力基本稳定在90万吨以上水平。

一、水稻

1977年起，淮安县开始推广杂交水稻。起初种植的杂交稻品种是南优2号，1981年开始推广汕优2号。这时杂交水稻已成为主要品种，每亩单产431千克。1984年，引进汕优63，种植面积迅速扩大，到1985年已达到1.85万公顷。1991年，淮安市水稻品种比例为：杂交稻占66.5%，中籼稻占10.9%，中粳稻占14.9%，其余为糯稻。

2005年后水育秧基本被淘汰，取而代之的是机插秧与塑盘秧

主要种植品种 90年代初引进迟熟中粳稻品种武育粳3号，该品种表现高产稳产且综合抗性好，经过多年示范推广，武育粳3号逐渐成为水稻主体品种，至2000年前后基本实现粳稻化。水稻单产不断提高，1998年、1999年、2000年连续三年水稻平均单产突破600千克。之后由于武育粳3号种性退化，单产有所下降。2004年，由于水稻条纹叶枯病暴发，水稻单产大幅下降，仅480千克，部分田块绝收，损失惨重。2005年起，大面积推广抗条纹叶枯病品种，主要为徐稻3号、徐稻4号、盐稻8号、扬粳9538、淮稻9号、华粳6号、武运粳21等，水稻单产实现恢复性增长。至2008年，水稻单产恢复增长到547千克，但较历史最高产量仍有较大差距。由于抗条纹枯病品种存在自身缺点，综合性状不突出，武育粳3号仍然占相当大比例。2008年，全区6.67万公顷水稻，武育粳3号占45%左右，其余为徐稻3号、徐稻4号、淮稻9号、武运粳21等抗条品种。

种植方式 90年代初，推广旱育秧技术，由于培肥不当，导致秧苗素质较差，大面积仍然以水育秧为主。生产上还推广了塑盘秧和机插秧，其中塑盘秧始于1992年，在复兴镇进行12.27公顷试验，种植品种为盐粳187，单产平均300～350千克，最高单产525千克，因为技术原因没有推广开。1999

年，城东乡侯巷村一组塑盘秧面积达33.33公顷，品种应用武运粳8号，亩产提高到700千克左右，之后分别在宋集、季桥、流均等乡镇布点推广。机插秧于1999年开始推广，对减轻农民栽插强度十分有利，但由于秧苗素质较差、配套栽培技术不到位，导致产量不理想，未能大面积推广。直到2004年，由于水稻条纹叶枯病暴发，水稻单产大幅下降。2005年，水育秧基本被淘汰，旱育秧、塑盘秧和机插秧等技术才得到大面积推广应用。但此后由于早熟品种、除草剂技术应用，加之农村劳动力结构变化及粮价长期低位徘徊，直播稻技术因其操作简便而不推自广，被广大群众盲目自发应用。至2008年，直播稻占全区水稻面积60%左右，严重制约全区水稻单产提高；其余主要为机插秧与塑盘旱育秧，应用面积在40%左右。

栽培技术 1991～2004年主要推广宽行稀植，塑造适宜群体起点、降低中期无效肥料施用量，合理前后期肥料运筹比例、湿润灌溉技术与病虫害综合防治技术；2004～2008年主要推广精确定量栽培、测土配方施肥、定量湿润灌溉技术与病虫害综合防治技术。

二、三麦

80年代，小麦品种以扬麦5号为主。90年代，小麦分红麦和白麦，白麦品种以温麦6号、温麦8号、豫麦34为主，红麦品种以扬麦158为主。90年代末期，由于红麦退出保护价收购，红麦品种扬麦逐渐被淘汰，本地小麦以白麦为主，品种仍以温麦6号、温麦8号当家，同时示范推广淮麦20、郑麦9023等优质高产品种。2003年，由于小麦赤霉病大发生，当家品种温麦6号、温麦8号抗病性极差，全区麦子单产大幅下降，仅160千克，同时由于赤霉病影响，麦子品质差，连猪都不吃。2004年起，温麦6号、温麦8号种植面大幅下降，淮麦20、郑麦9023等优质高产品种迅速成为小麦主体品种，加之各项惠农政策实施以及天气条件较为有利，小麦单产逐年增加。至2008年，全区小麦单产平均达380千克，创历史新高，大麦仅为零星种植，面积在333.33公顷左右，品种以西引2号为主。

种植方式 80年代初，提倡稻茬田免（少）耕种麦，至90年代初，麦子免（少）耕播种技术在全市得到大面积推广应用，2008年应用面积达90%以上。主要有两种方式：一是稻田套种小麦。二是浅旋种麦。栽培主要推广优质专用小麦调优栽培技术、氮肥后移技术、测土配方施肥与病虫害综合防治技术。

三、玉米

70年代，推广丹玉6号和鲁原4号，并成为主要品种。80年代以后，推广抗病、早熟、春夏播兼宜的紧凑型杂交种苏玉1号、苏玉2号、聊玉5号、沈单4号、烟草10号和中单11号，并成为主要品种。1991～1995年玉米面积稳定增长，由2453.33公顷增加到6253.33公顷，以后面积呈下降趋势。90年代品种主要为掖单12号、13号、20号等抗性强的高产良种，占玉米总面积的70%，21世纪以后，品种主要为苏玉19号、苏玉20号、农大108、掖单系列等，主要分布在渠北片苏嘴、顺河、钦工、宋集、茭陵等乡镇旱田种植，生产技术上由春播改夏播，施肥由传统的一炮轰方式改为增施基肥与穗肥，单产不断提高，由1991年247千克提高到1999年612千克，此后由于灾害性天气与玉米粗缩病等病虫害影响，单产水平有所下降，至2006年仅为425千克，而后单产有所上升，2008年总面积在3333.33公顷，品种主要为苏玉9号、苏玉10号、农大108、掖单系列，受粗缩病影响单产不高，2008年亩产485千克。

四、山芋

70年代，主要品种胜利百号，后被宁薯1号、一窝红、淮25等品种代替。80年代，从徐州市睢宁县引进徐薯18，同时推广的还有淮苏3号，并成为主要品种。至2008年，楚州区山芋种植面积维持在333.33公顷左右，以脱毒甘薯品种为主。

五、大豆、高粱

70年代，主要大豆品种有徐豆1号、2号、3号。80年代，主要引进和推广灌云1号、豫豆2号等品种。至2008年，大豆种植面积2000公顷左右，品种以四大粒、早毛豆为主，平均单产150千克左右。

高粱在楚州种植历史悠久。1967年，推广熊岳253良种。1972年，推广杂交高粱，有原杂10号、晋杂5号、晋杂1号等与老品种一起使用。90年代后，基本无高粱种植。

第二节　经济作物

一、棉花

新中国成立后，人民政府动员农民植棉，棉花种植面积有所扩大，并引进斯字棉和以后成为主要品种的岱字棉15号。1982年，引进泗棉2号，代替岱字棉15号。1985年后引进抗病、优质、高产品种盐棉48号、中棉12号等。90年代初，棉花在苏嘴镇有零星种植，后群众逐渐不种植，21世纪后，已无种植。

二、油菜

60年代后期，以兴化油菜发展为主要品种。80年代后，推广淮油6号、12号、示范杂交种秦油2号。1986年，油菜种植面积7200公顷。90年代，品种主要为秦油2号。90年代末，双低油菜逐渐得到推广，主要品种为宁杂1号、史力丰等，后逐渐被高产品种秦优7号取代，单产也不断提高。2008年，油菜主体品种为秦优7号，面积约3000公顷，主要种植在十边隙地。

三、花生

80年代初，引进徐州684、徐州682和海花1号等品种。90年代推广鲁花系列品种，种植面积一直保持在5333公顷左右。2000年以后，种植面积不断下降，到2008年，种植面积333公顷左右，品种主要为鲁花系列、海花系列，主要分布在渠北片的宋集、苏嘴、钦工，以十边隙地、家前屋后为主。

第三节　农作物保护

一、病虫害测报

（一）机构与体系

70年代，植保站增加植保技术干部，还抽调3名有经验的公社民办农技员，植保站人数一度增加到十余人（编制14人）。同时，在钦工、车桥、林集等公社建立测报点。各公社还有专职植保员。80年代，植保站人数略减，基本都是专业技术人员。90年代后，乡镇测报力量基本丧失，植保站专业人员维持在5～6人。2008年，在岗专业技术人员5人，其中高级农艺师、农艺师各2人，助理农艺师1人。2008年，经淮安市植保站选定，新建车桥、平桥、范集3个测报点。因植物检疫的需要，经省植保站指定在苏嘴、淮城、白马湖建立重大有害生物疫情监测点。

（二）测报手段与硬件

80年代及以前，主要靠人工调查，使用手持放大镜等简单的观测工具，仪器设备仅有显微镜、解剖镜、粗天平。此外有200瓦白炽灯为光源、氰化钾为毒源的测报灯，以及糖醋诱蛾盆等，测报手段较为简陋，人员工作十分辛苦。此后国家加大对市（区）植保站投资建设力度。1998年投资25万元，配备了电脑等办公设备。2004年楚州区农业有害生物预警与控制区域站项目全面建成，实际完成投资336.71万元。新建了占地0.67公顷的标准病虫观测场，添置车辆和必要的仪器设备161台（套），改建检测检验楼及药械库、培训楼等配套用房1644平方米。2004年使用佳多牌自动病虫测报灯取代使用多年的200瓦白炽灯和毒瓶。2008年，淮安市植保站又为楚州区三个测报点配备了电脑。

（三）测报能力与水平

20世纪80年代以前的测报能力与水平受条件所限，测报项目有限，数据粗放。区域站建成后，测报能力大幅提升，植保站承担全国系统测报对象2个，省级测报对象3个，市级测报对象5个。2005年被全国农技推广中心表彰为先进单位。2000～2008年，每年发布植保信息约20期，准确率达98%以上，重大病虫害危害损失率控制在3%以下，新增粮食5.18万吨以上。

二、病虫害防治

（一）麦类病虫害防治

麦粘虫 70年代初，麦粘虫一直是三麦害虫的重点。连年中等以上发生，大发生时亩虫量常达数万只，虫龄大时，麦叶不够吃，幼虫成群集队爬出麦田觅食。当时防治用药为百分之六666粉拌毒土撒施。80年代发生量有所下降。防治上多使用有机磷混合粉，早春用草把诱卵，以减少虫口。90年代后基本未构成危害。

麦蜘蛛 以麦圆蜘蛛为主，以渠北废黄河沿线砂土地为主要发生区。常年均有发生，一般发生程度在中等以下，偶有偏重年份和地区，春季温暖干旱年份发生较重，虫口可达数百只/平方尺。20世纪80年代前防治药剂用三氯杀螨醇及有机磷农药，90年代至21世纪初使用辛硫磷及菊酯类农药，2007年始用快杀灵及阿维菌素。

麦蚜虫 为麦田常发性害虫，其发生量与当年小麦穗期气候高温干旱呈正相关。90年代前常用速灭杀丁、敌杀死等菊酯类农药防治，90年代后使用吡虫啉，效果良好。

大麦条纹病 土传系统性真菌病害，种子带菌。一旦发病，无药可治。80至90年代多见，2000年后偶发。2001年，该病在大麦上严重发生，病田率达100%，平均病株率达46%，损失近一半。防治该病的唯一方法是药剂拌种，用立克秀或卫福有很好效果。

小麦赤霉病 其发生程度与品种和抽穗期的气候条件（连阴雨）关系密切。一般5年左右就可能有一次大发生。大发生年份可造成严重减产，历史上1972年、1980年、1990年、1998年和2003年大面积发生。1972年，徐州14小麦病穗率达40%～50%。1990年，冀麦84-5418最高病穗率达39.13%。1998年，温2540和7422病穗率分别达60%和42%。2003年，4.4万公顷小麦亩亩见病，平均病穗率达54.5%（1.8%～100%），平均病指达43.1（0.3～96.7），平均产量损失37.1%。虽经大力防治，仍损失产量11.2万吨。其中以温麦系统最为严重，有近4000公顷田绝收。防治上长期使用多菌灵或多菌灵与粉锈宁的复配剂。一般年份防治1次，大发生年份防治2次。

麦类白粉病 80至90年代该病普遍严重，其后由于抗病品种和特效药剂粉锈宁的应用，流行程度得到抑制。2000年后，一般发病程度都在中等以下。常年发生面积在2万～4万公顷，防治面积在3.33万～4万公顷，发生早及偏重的年份，在3月份用粉锈宁防治，一般年份在小麦穗期与赤霉病兼治。

小麦锈病 70至80年代局部发生，主要发生于泰山系统的小麦品种上，渠北的苏嘴等地习惯种植这类品种。锈病的类型以叶锈为主，条锈为辅。在粉锈宁未推广应用前，缺少高效防治药剂。80年代后期，随着泰山系统的退出，小麦锈病基本消失。

小麦纹枯病 是小麦生产上的常见病，其发生有一定的区域性，以沙土地发生较重，一般不会大范围流行。90年代起采用多菌灵或立克秀拌种，田间春季用井冈霉素防治。常年发生面积在2万公顷左右，产量损失可达1000～3000吨。

黑穗病　系统性病害，70至80年代常见，以散黑穗为主，偶见坚黑穗。2000年后很少发生。防治的唯一方法是药剂拌种。

（二）水稻病虫害防治

水稻病虫害防治　（2003年摄）

二化螟　50年代，二化螟是当时水稻最重要的害虫。常年发生面积1.33万公顷，主要分布在渠南沤田区的流均、泾口、车桥和运西。50年代，群众对二化螟尚无化学防治的技术和习惯，主要通过"枯心剥叶"进行人工防治。60至70年代由于大面积种植粳稻，二化螟数量锐减。80年代大面积推广杂交稻及南京11等中籼稻品种后，直至2000年，二化螟再度上升为主要害虫，防治药剂主要使用杀虫双。2000年后，由于品种布局粳稻化，二化螟种群数量再度下降，一般在生产上已不构成威胁。

三化螟　50年代后期，三化螟危害逐年加重，卵量高达100～200块/分田，常造成30%～50%的白穗，严重的白穗率可达70%～80%，基本绝收。当时防治主要使用百分之六666粉剂拌毒土撒施。70年代至90年代初，大面积种植籼稻，三化螟发生较轻。90年代水稻品种布局逐步趋向粳稻化，至1995年基本不种杂交稻。完全粳稻化后，三化螟再度上升。其中，2000年明显加重，2001年、2002年大发生，三年累计发生面积353万亩次，防治面积352万亩次，挽回稻谷产量6.36万吨，实际损失7256吨。大发生的主要原因是暖冬造成虫口基数大和缺少有针对性的高效药剂，2000年和2001年使用杀虫双及有机磷类，效果不好。2002年使用三唑磷、锐劲特取得高效。2004年以后至2008年三化螟未对生产构成危害。

稻纵卷叶螟　迁飞性害虫，60年代中期始发。1966～1967年连续大发生，亩蛾量高达数万头。此后一直是水稻的主要害虫，以三代为主害代，二代一般发生轻，通常不需要防治。20世纪80年代防治上常用杀虫双及有机磷农药。90年代后，大发生频率增加，且由于粳稻生育期偏迟，中后期叶片嫩绿，四代为害亦重。大发生年份，防治上经常要采取两次用药和不同特性药剂混用的方法才能有效控制危害。常用药剂有杀虫单、辛硫磷、毒死蜱、喹硫磷、阿维菌素、甲维盐等。

褐飞虱　迁飞性害虫，历史上以1980年损失最为严重。70年代至80年代常用敌敌畏和混灭威、速灭威等氨基甲酸酯类药剂防治四代，药效期短。80年代中期至90年代，扑虱灵的使用和治三压四防治策略的应用，褐飞虱得到有效治理。90年代后期，吡虫啉以其高效取代了扑虱灵。至2005年，由于褐飞虱对吡虫啉产生严重抗性，暂停使用吡虫啉，重新使用扑虱灵。防治四代时还需配合毒死蜱等速效性药剂。

白背飞虱　迁飞性害虫，常与褐飞虱同步发生，但危害性较小，历来多与褐飞虱一同兼治。个别年份单独防治三代。

灰飞虱　本地虫源，常年以危害秧苗为主，长期以来属次要害虫。由于能传播条纹叶枯病，2003年后上升为重要害虫。秧田期是防治的关键时期，并要在麦田进行防治。此外，该虫可在水稻穗期间歇性暴发，造成对穗部的直接危害，并引发煤黑病（2008年）。防治药剂大体同褐飞虱，但不宜使用扑虱灵。

稻苞虫、稻螟蛉　间歇性暴发，70年代后，多用有机磷农药防治。90年代后发生渐轻，2000年后少见。

稻蓟马　70年代起成为重要害虫，发生量很大。危害秧苗造成叶片枯黄，少数年份还可对粳稻（农垦57）穗部造成危害，出现稻穗被吃白的现象。防治上多在秧田使用有机磷农药。90年代后很少发生。

水稻纹枯病 70年代后主要用井冈霉素水剂防治。90年代随粳稻面积的增加，发生程度加重，需要多次用药才能控制病情。因使用方便，农户习惯使用井冈霉素粉剂（效果不如水剂）。2000年后防治药剂多使用井腊芽，2007年开始推广己唑醇，效果良好。

白叶枯病 60年代后期至70年代，由于引进杂交稻及南京11号等中籼稻品种，该病连年大发生。本地品种农垦44、46、57、58亦均感病。60年代使用明矾、石灰粉撒施进行防治。70年代使用敌枯双、叶枯净防治。抗病品种有南京51等。90年代后，该病在老病区局部发生。防治上常用叶枯宁、农用链霉素、铜制剂和氯溴异氰脲酸等。2000年后少数年份发生加重，2003年发生面积1333.33公顷。2005年中等偏重发生，面积6666.67公顷，尤以仇桥、复兴等地发生严重。全年防治面积达70万亩次，挽回损失3万吨。

干尖线虫病 系统性病害，病源物为线虫。80年代该病少见，90年代后期，连续多年在五育粳3号上发现较为严重的“小穗头”现象，减产严重，农民误认为是种子问题。2005年确认病原为干尖线虫，通过加强种子处理，控制了该病的发生。主要药剂为线菌清等。

恶苗病 系统性真菌病害。90年代中期在粳稻武育粳3号等品种上发生较多，农民俗称“米秧”，植株偏高，节生倒须，常于抽穗前死亡。通过推广强氯精、浸种灵等进行种子处理后得到控制。2000年后较少见。

条纹叶枯病 灰飞虱传播的病毒病。1999年在林集、范集少数稻田零星发生，当年损失不大。进入21世纪后暴发频次增高。2000年在渠南、运西的大部分乡镇发生，面积约4.67万公顷，平均病株率为2.46%，但严重度不高，损失不大。2001年发生面积相当，严重度较高，经济损失约300万元。2002年轻发生。2003年有3000公顷水稻严重发病，经济损失近千万元。2004年大发生，病田率高达88.5%，7月初病株率就达5.37%，共出现三次显症高峰，绝收面积近6666.67公顷，经济损失超过8000万元。2005年病情减轻，第一显症高峰平均病穴率为4.81%，平均病株率0.63%。此后，摸清了该病暴发的基本要素，通过推广徐稻3号、淮稻9号、扬粳9538等抗病品种，压缩武育粳3号、“神粳990”等感病品种，改变育秧方法，适当推迟播期，加强秧田及大田前期灰飞虱防治等综合防治措施，使该病的大面积发生得到控制。

稻瘟病 常年发生较轻，其发生与品种、气候条件关系密切。早播或迟熟的水稻，遭遇低温连阴雨天气易流行。90年代中期曾在范集大面积发生苗瘟和叶瘟，经多次使用三环唑防治得到控制。2000年后大面积发生较轻，但淮稻9号、华粳1号等品种防治不好危害较重。防治药剂主要为三环唑、稻瘟净等，常年防治面积在5.33万公顷左右，挽回损失3000吨以上，实际损失近600吨。

（三）旱粮病虫害防治

地下害虫 70至80年代，地下害虫仍以地老虎为主，主要危害渠北的玉米、甘薯、大豆等旱作物，春秋两季危害最剧，尤以玉米受害为甚，缺苗断垄现象十分普遍。一般缺苗率在5%以上，严重时可达50%以上。防治上常用有机磷农药拌毒土撒施。90年代后发生程度大幅度减轻。

玉米螟、高粱条螟 70至80年代发生较多，以二、三代为主，防治上常用混合粉点心。90年代后渐轻，防治方法改用杀虫双灌心。

玉米粗缩病 由灰飞虱传播的病毒性病害。90年代中后期开始发生，2000年后发生程度明显加剧，尤以2002年、2003年较为严重。2005年后，通过推迟播期，种植抗病品种，加强灰飞虱防治等综防措施，该病得到有效控制。抗病品种有华单1号、天太58等，播期推迟到6月15日以后。防治灰飞虱从一叶期开始，以5月下旬和6月上旬为重点时段。防治药剂用吡虫啉。

（四）棉花病虫害防治

80年代后，棉花种植局限于苏嘴等少数乡镇，以棉铃虫、红铃虫为主。特别是棉铃虫发生量极大，连年重发，百株虫量常达千只以上，棉桃被吃掉光的现象屡见不鲜。防治最佳药剂是快杀灵。苗期以立枯病、炭疽病和棉蚜为主，常用甲基立枯磷、多菌灵和氧化乐果防治。中后期病害以枯黄萎病为主，无法防治。当时的主要品种有泗棉2号等，由于枯、黄萎病逐年加剧，品种严重感病，植棉效益下降等原因，1992年后逐渐停止棉花种植。

（五）蔬菜病虫害防治

70～80年代，蔬菜品种较少，以十字花科蔬菜为主。害虫种类主要有菜青虫、小菜蛾、菜蚜等。常用菊酯类和有机磷类农药防治。病害以大白菜软腐病等较常见，防治上常用Bt（生物杀虫剂）。90年代，甘蓝类蔬菜及辣椒、番茄、豆类等品种增多，病虫种类趋于复杂，发生程度也加重。特别是甘蓝类蔬菜上的斜纹夜蛾、甜菜夜蛾连年重发。此外，韭菜地蛆、豆荚螟、美洲斑潜蝇及瓢虫、跳甲等发生也较普遍。有机磷农药使用甚多，如韭蛆防治常用呋喃丹，豆荚螟防治常用氧化乐果等，蔬菜农药残留严重。其他蔬菜多使用卡死克、功夫、敌杀死等杀虫剂。90年代以后，大棚蔬菜面积迅速扩大，保护地病虫逐渐加重。苗期病害有辣椒、番茄的立枯病。莴苣、番茄、韭菜上的灰霉病，辣椒、番茄的晚疫病、青枯病、蒂腐病、病毒病等较为常见。病害防治的药剂常用万霉灵、多菌灵、粉锈宁、百菌清、病毒A、杀毒矾等。2000年后棚室害虫烟粉虱发生普遍较重，防治上常用锐劲特、扑虱灵、阿维菌素等。

（六）其他病虫害防治

90年代，平桥等地发生较重油菜菌核病，且逐年加重。全区常年种植油菜约8万亩，以十边隙地和场头为主，农户习惯种植白菜型油菜，由于连年种植和品种抗性差，病害很重，病株率常高达50%以上。有些场头田甚至绝收。大田种植甘蓝型油菜，病害较轻。防治药剂常用多菌灵加硼肥。常年在盛花期防治一次，大发生年治两次。2000年后，油菜面积进一步减少，每年防治面积1万～2万亩次，可挽回损失200～300吨。

三、草鼠害防治

（一）草害防治

麦田杂草 80年代，杂草种类渐趋复杂，大巢菜、硬草、日本看麦娘等发生加重，防除技术上常用使它隆或苯达松与二甲四氯复配春除阔叶草，绿麦隆与丁草胺复配秋除单子叶杂草。播后芽前用乙草胺防除硬草。90年代推广巨星（苯磺隆）、苄磺隆防除阔叶草，异丙隆防除硬草，骠马防除野燕麦、看麦娘等。2000年后，根据草相，上述化除技术普遍得到应用。常年化除面积在3万公顷左右。

稻田杂草 70年代以前，稻田杂草很少，一般不进行化除，通常人工除草即可解决。70年代以后草害加重，杂草种类有稗草、眼子菜、三棱草、牛毛草等，1972年起推广使用除草醚。80年代后，稻田杂草种类趋于复杂，水秧田以用丁草胺为主，旱秧田用丁恶。大田以用乙草胺为主。杂草主要种类有稗草、丁香蓼、鳢肠、节节菜、陌上菜、异型莎草、矮慈姑、泽泻、日照飘拂草等。90年代大田常用二氯喹啉酸和二氯苄，抛秧田用苯噻苄。2000年后，直播稻面积逐步扩大，草相更加复杂，出现千金子、牛筋草、马唐等恶性杂草，防除难度加大。防除上采用一封（丁恶土壤封闭）、二杀（二氯苄或乙苄）、三补（稻杰、千金等）的配套技术。

其他农作物田杂草 玉米、大豆、油菜、蔬菜等作物，80年代前，很少使用除草剂，主要靠人工除草。90年代后，化除较多。主要药剂有乙草胺、盖草能、玉丰、施田补、氟乐灵等，效果及安全性良好。

（二）鼠害防治

1987年起开展对鼠害的测报，老鼠的种类，农田以黑线姬鼠为主，室内以小家鼠、褐家鼠、黄胸鼠为主。70年代至80年代本地鼠密度较高，捕获率通常在10%以上。经连续多年开展全生境灭鼠，至90年代鼠密度有所下降，捕获率在5%～10%。2003年后进一步降至1%以下。2005年农田平均鼠密度为0.07%（0%～2%），农舍为1.1%（0%～5%）。鼠害的范围以渠北废黄河一线旱田为主，约占全区鼠害面积的80%以上。防治方法以毒饵法为主。70年代主要用磷化锌。80年代后期至90年代初，一度使用甘氟，因毒性大、安全性差而淘汰。90年代后主要使用慢性抗凝血性杀鼠剂敌鼠钠盐、溴敌隆等。2000年以后，很少进行大面积灭鼠，以农户自行灭鼠为主，每年投饵的农户约1万户左右，灭鼠面积较小，投饵方式主要为毒饵站法。

第四节　特色产业化

楚州区发展农业产业化经营，通过规模化、基地化蔬菜生产培育蔬菜加工企业，以企业带基地联农户，实现蔬菜产品多次转化增值，提高蔬菜产业综合经济效益。农业产业化的主要组织形式有：协会＋农户，企业＋农民经纪人＋农户，企业＋农户，农民经纪人，种植大户等形式。

一、甘蓝产业

其组织形式是由政府服务过渡到企业＋农户。楚州自然条件优越，非常适合甘蓝的生长，甘蓝品质较其他地区更为优良，肉质肥厚，口感松脆，亩产量4吨左右，是产业界公认的优良产地。但甘蓝价格极易受市场的影响、波动大，农户生产风险大。2001年以后，因应市场变化和产区自身条件，甘蓝成为露地菜品种重点发展对象。由于政府扶持和投入，甘蓝产业不断发展壮大。2004年，区农业局制定并推广《甘蓝无公害生产技术规程》，解决了众多农户在生产中遇到的技术瓶颈，使产区甘蓝无公害标准化生产有据可依，为甘蓝品种的进一步推广和优质生产提供了保障。同时，扶持加工企业开展蔬菜深加工，提高经济效益。加工企业的出现使农民的甘蓝滞销情况得到大大缓解，减少了农民的损失。全区3家甘蓝脱水加工企业，年加工量达5万吨，年加工能力达12万吨。加工企业的出现，完善了农户的营销体系，进一步促进了甘蓝产业的发展。2008年，全区甘蓝种植面积达到5333.33公顷，产量达32万吨，产值达1.12亿元。

二、西瓜产业

组织形式是从政府服务发展到企业＋农户、协会＋农户、农民经纪等多种并存的格局。楚州区种植西瓜历史悠久，瓜农具有丰富的种植经验。2004年区农业主管部门制定并推行《无公害西瓜生产技术规程》，增强了瓜农的技术能力。随着西瓜种植技术应用推广，由单一的栽培形式，逐步趋向多元化。80年代以前，主要是露地西瓜，常见的有油菜、麦子收后套种西瓜。21世纪后，为提早西瓜成熟期，发展大棚西瓜，延长西瓜的市场供应期，种瓜效益有了明显的提高。

西瓜种植主要集中在渠北片的苏嘴、顺河、钦工等乡镇。形成“南马厂”“天妃宫”等西瓜品牌，以其味甜带沙、口感好，享有很高的市场荣誉。由于各地协会组织的努力，销售市场的不断扩大，楚州的西瓜除满足本区本市外，还远销上海、苏州、南京等地。2008年底，全区西瓜种植面积3333.33公顷，产量17.5万吨，产值3.5亿元。

三、蒲菜产业

楚州区蒲菜优势独具且蒲菜种质资源丰富，有绿茎类和红茎类两个大种，每一大种还有几个种类，其中天妃宫蒲菜株型高大，可达230厘米，茎宽可达7～8厘米，清香爽口，嫩脆若笋，风味独特，营养丰富，该品种为蒲菜中的佳品。楚州蒲菜种植主要集中在地势低洼的河荡地区，这些地区淤泥积层较厚，一般在0.8米以上，有机质含量达115克/千克，土壤营养元素丰富，十分有利于蒲菜生产，水、土、气等自然条件均达到了《江苏省无公害农产品生产要求》地方标准。淮安蒲菜以万柳池、勺湖、夹城、新城所产的最佳，其中尤以万柳池天妃宫一带蒲菜和夹城池河蒲菜最为著名。因为这里池浅淤深，水质优良，所产蒲菜茎粗白长，壮而不老；经过科学鉴定和实际品尝，确为上品。其他地方水土各异，所产皆不及楚州风味，即使楚州区其他地方所产也远不及城区的好。

2008年，淮安区蒲菜种植面积200公顷左右，包括野生、半野生和人工栽培的，面积较以往有所减少。由于种植水平的提高单产略有增加，人工栽培的高产田块净菜每亩可达1吨，而野生蒲菜低产田亩产净菜仅有150千克左右，全区总产量2400吨。为了保证和提高蒲菜的质量，楚州区陆续制定《无公害蒲菜生产技术规程》《无公害农产品蒲菜》《无公害农产品蒲菜产地环境条件》的省、市级地方标准。"天妃宫""依又得福"蒲菜通过江苏省农林厅各项检测，成为江苏省无公害农产品。

第四章　农业科技与普及

第一节　农业科学研究

一、土壤肥料研究

1980～1984年进行第二次土壤普查，这次普查基本上摸清了全县的土壤类型、面积分布、理化性状、肥力等级等，发现本地区土壤存在的耕层变浅、物理性状变差和土壤氮磷钾三要素失衡等三大问题，并针对问题及时开展试验示范和成果推广应用，提出了因土种植，合理利用和改良土壤的途径和措施。县农科所主要开展氮素平衡、土壤供氮量、磷钾肥临界值、施肥曲线、硼、锌、硅等微量肥料等方面的试验，还与江苏省农科院合作开展肥料方面的多项研究。2000年前后，全面开展测土配方施肥方面的研究与推广工作，并开展耕地质量研究与增施有机肥工作。

二、作物品种及栽培技术的研究

70年代末至80年代初，开始推广杂交稻，品种主要有南优2号、南优3号、汕优63等，逐渐以汕优63为主体品种。随着种植制度改革和人民生活水平的提高，粳稻品种开始逐渐扩大，1995年以后，以武育粳3号为主的粳稻逐步进入主导地位，成为全市水稻生产的主体品种。2000年以后，水稻病虫害发生情况有较大变化，水稻条纹叶枯病、"小粒翘穗"（水稻干尖线虫病）等暴发，武育粳3号的种植面积缩小，2004年以后抗条纹叶枯病品种如徐稻3号、徐稻4号、淮稻9号、扬粳9538、镇稻99、华粳6号、武运粳21等被着力推广应用，面积达到水稻面积的60%左右。至2008年，水稻条纹叶枯病防治工作取得明显成效，武育粳3号因其高产、食味品质号等优点，种植面积有所回升。90年代中期以前，小麦品种基本上为扬麦系统，后来逐渐引进了豫麦18、豫麦34等品种，温麦系列也占了相当的面积。2003年，由于小麦赤霉病大发生这些品种基本淘汰，郑麦9023、淮麦20、淮麦18等成为当家品种。玉米品种，主要有白马牙、掖单4号等掖单系列，苏玉9号等苏玉系列，白玉109等品种。对作物栽培技术的研究盛于70年代后期，主要从事杂交稻推广、温室育秧、选种试验等工作，提出了"三苗配三茬"的理论。2000年后，进行了精量播种、机插秧技术、抛秧技术、直播技术等研究及应用，取得很大进展。

三、植保技术研究

90年代之前，水稻害虫杂交稻以二化螟为主，粳稻以三化螟为主，还有白背飞虱、褐飞虱危害，无论螟虫还是飞虱的防治都是用杀虫醚或氯氯粉，杂草的防治全部用除草醚。90年代后，杀虫双、杀虫单取代了高毒高残留农药杀虫醚用于防治螟虫，扑虱灵用于防治飞虱，1995年以后吡虫啉进入市场用于对飞虱的防治。进入21世纪，随着耕作制度的改变及全球气候的变暖灰飞虱发生量加大，吡虫啉粉剂逐步退出市场，乳油及悬浮剂的使用量加大，伴随褐飞虱对吡虫啉的抗性增大，氨基甲酸酯类如仲丁威、异丙威等以及毒死蜱、敌敌畏成为防治褐飞虱的主要药种，此后吡蚜酮、烯啶虫胺逐渐进入市场用于防治高龄褐飞虱。2006年，农业部明文规定禁止生产、销售和使用甲胺磷等五种剧毒农药后，甲胺磷、甲基1605、氧化乐果、甲拌磷、久效磷等高毒农药在作物上使用逐年减少，氯氟氰菊酯等菊酯类农药等及毒死蜱、丙溴磷等有机磷农药被广泛用于各种害虫的防治。

四、科技成果

70年代，植保站牵头开展褐飞虱发生规律与防治方法研究，取得显著成效，获得农业部表彰和奖励。80年代，分别多次获得省、市农业主管部门颁发的水稻、小麦、玉米等农作物丰收杯竞赛奖。1998年土肥站参与省土肥站优化配方施肥项目的研究获省土肥站一等奖。1999年，植保站配合淮阴市植保站进行水稻田大螟发生规律的研究，获得了淮阴市科技进步二等奖。2000年后，高效生物杀菌剂——纹曲宁的示范推广与应用获省农业科技成果转化一等奖，稻麦田杂草发生防治规律研究获市政府科技进步二等奖、水稻大螟发生规律与防治策略研究获市政府科技进步三等奖、天然粗旦蚕丝绸生产技术示范推广获市政府四等奖，水稻条纹叶枯病发生规律及综合防治技术研究获市政府科技进步四等奖（区级），无公害蔬菜标准化生产技术开发应用、西瓜长年种植技术示范项目获区政府科技进步二等奖，瓜稻轮作技术项目获得区政府科技进步三等奖，无公害礼品西瓜秋季栽培技术的开发利用项目、稻套麦栽培技术研究与推广分别获得区政府科技进步四等奖。楚州区参与大专院校和上级业务部门研究和推广的项目获得多项国家和江苏省科技进步奖，其中防治水稻病害微生物农药——纹曲宁的研制及产业化获省政府科技进步二等奖。2001~2002年，植保站配合淮安市植保站共同进行全市范围内的稻麦田杂草发生防治规律研究，初步掌握全区大田杂草的发生规律，为指导大面积防治打好了基础，并在生产实践上加以应用，推广面积近12.67万公顷，节本增收6000万元以上。2003~2005年，范立志等连续3年开展水稻小粒翘穗头发病原因研究，通过充分地调查研究，反复地试验验证，得出了水稻干尖线虫是导致水稻小粒翘穗现象的病原物，并提出了用杀螟单浸种消灭该虫的防治方法，解决了大面积生产上遇到的难题，获得淮安市科技进步二等奖。该成果大面积推广后每年可为全区农民挽回损失2000万元左右。

灰飞虱是一种常见的居留型害虫，造成小麦的多种病毒病和水稻的条纹叶枯病，对全区的粮食生产构成极大的威胁，对它的防治药剂一直没有专门的研究，楚州区植保站通过2006年、2007年连续两年在小麦田进行研究，发现吡虫啉乳油仍是防治灰飞虱的最佳药剂之一，使用该药之后能有效控制灰飞虱的增殖系数，而传统的药剂扑虱灵被证明有刺激增殖作用不宜用作防治灰飞虱这一结论。该研究成果获得2008年淮安市自然科学三等奖。

第二节　农业科技教育普及

淮安县农干校成立于1981年，原址在席桥乡三里村农科所，次年迁到宋集乡园艺场，直到1990年迁到淮城镇闸北村农技推广中心院内合署办公。农干校的编制数为8人，主要对村干部、种田大户进行培训，同时承担全县妇女干部的培训任务，1982年举办两期培训班，1983年以后每年培训10~12期，每期培训班人数大概50人左右，到1990年搬入推广中心之前共培训8000人左右。1990

年以后培训次数渐少，以短期培训、以会代训为主。

2000年以后，为适应新形势下对农业科技普及新要求，加强了农业科技知识的普及工作。积极引进、推广新品种，小麦上共试验示范新品种13个，主要推广郑麦9023、淮麦20、华麦1号、扬麦11等优质品种，覆盖率达90%以上；水稻上试验示范新品种近20个，结合良种补贴项目重点推广淮稻5号、淮稻6号、淮稻9号、华粳6号、徐稻3号、徐稻4号、武运粳21等优质品种，推广面积累计300万亩；蔬菜上引进新品种13个，在全区重点推广小兰、新京兰、黑帅、津丰1号等优质品种。大力推广丰产实用技术，在粮食生产方面，推广应用旱育秧、塑盘育秧、机插秧等技术近300万亩次，推广应用稻麦群体质量栽培技术33.33万公顷、测土配方施肥技术150万亩次、水稻精确定量栽培技术20万公顷。在蚕桑生产方面，以实施“新春蚕品种二春蚕饲养”科技为抓手，推广新蚕品种3个，新技术5项，形成每亩收入2000元以上的高效农业新亮点66.67公顷。推广建立生态农业模式，2006年实施沼气项目以来，全区三年累计新建沼气池8000余只，新建生活污水处理沉淀池4000只左右，完成三改6000多户，河道清淤5万多立方米，使项目实施区生态示范户率达100%，沼气入户率达100%，人畜禽粪便和生活污水处理率达100%，基本实现了环境污染零排放。

2006年后，结合全区农业农村实际，开展农村劳动力转移培训阳光工程、致福工程、农民创业培训、农村实用技术培训等培训项目，年培训近6万人，至2008年，培训共20万人次，培训范围涉及全区各个乡镇。

第三节　农业示范园区建设

2003年始，楚州大力推广高效农业，重点推广发展蔬菜产业，实施蔬菜品牌战略。至2008年底，全区新增无公害农产品品牌29个，新增绿色食品10个、有机食品3个，共制定了2个省地方标准、7个市地方标准以及3个企业标准等多个无公害农产品生产标准，全区的无公害工作处于淮安市前列。农产品的品牌效应大幅提升，形成设施蔬菜、露地蔬菜、水生蔬菜、观光农业产业共12个高效农业示范区，其中有大棚早熟西瓜无公害生产示范区、包菜生产示范区、无公害甘蓝生产技术推广示范区、优质日本大葱生产示范区、反季节香菇栽培技术示范区、新品种优质蚕茧技术推广示范区等。全区常年菜地面积1.57万公顷，设施蔬菜面积2333.33公顷，蔬菜年产量100万吨左右，蔬菜总产值达9亿元。全区蔬菜产区形成三大格局，即水生蔬菜种植区，集中在流均、南闸、范集等乡镇；废黄河沿线沙土地带瓜果种植区，集中在钦工镇、宋集乡、茭陵乡、苏嘴镇等乡镇；露地菜、粮套菜种植区，集中在席桥镇、南马厂乡、城东乡等乡镇。

第四节　信息服务体系建设

楚州农业信息服务体系与农技推广服务体系同步发展。各乡镇皆成立农技站（2003年后，乡镇站改革成立乡镇农技推广服务中心，内设农技室）同时负责本乡镇的农业信息服务工作。2004年，区农业局建立了农业网站，保证了农业信息在网络上自由共享。

每年向江苏农业网发送50条新闻，本地信息40条；向江苏农业商务网发送企业信息、产品信息40条，准确可信的供求信息200条；向淮安农网发送新闻100条，本地信息70条；向淮安米市网发送新闻100条，本地信息70条；帮市场主体发布产品及供求信息2000条，帮市场主题查询产品及供求信息1000条。2006年后,共向省市相关部门累计报送农情信息近1400条。

通过各种措施保证农业企业、农产品批发市场、农村专业合作组织、行业协会上网100家,把网站注册成为中国农业信息网"一站通"会员,及时发布全区的各种农产品供求信息,做到每年向中国农业信息网发布100条信息,网上展厅发布企业产品信息20条,利用该平台每年网上促销达5000万元。

通过固定的农业电视栏目,每周至少播放一次农情信息,总时长20分钟;电信方面有电话咨询服务,具备转接专家咨询功能和向市场竞争主体群发短信功能。

第五章 林 业

第一节 林业资源

改革开放后,淮安县(市、楚州区)按照推进社会主义新农村建设,全面建设小康社会的总体要求,以保护和改善生态环境,发展林业经济为出发点,全面提高造林绿化规模和建设水平,实施林业重点工程,着力提高森林覆盖率,全力增加森林植被,扩大林木资源,逐步把林业培植成为绿化楚州的基础产业、振兴农村经济的特色产业和富裕农民的支柱产业。全区森林资源总量迅速增加,林木覆盖率不断提高,1978年为3.7%,1981年为5.1%,1985年为6.8%,1991年为10.3%,2003年为10.78%,2005年为10.8%,2006年为11.1%,2007年为11.9%,2008年为13.5%。

一、林地面积、林木蓄积

截至2008年,全区林地总面积14.64万公顷。其中,林业用地面积2.19万公顷,占14.98%,非林业用地12.45万公顷,占85.02%。在林业用地面积中,有林地面积2万公顷,占91.41%;灌木林地182.26公顷,占0.83%;未成林造林地面积1004.95公顷,占4.58%;苗圃地面积465.29公顷,占2.12%;无立木林地面积12.64公顷,占0.06%;宜林地面积218.32公顷,占1%。在有林地中,乔木林地面积2万公顷,占99.38%;竹林面积6.17公顷,占0.62%。在灌木林地中,国家特别规定灌木林地面积182.26公顷,占100%。在无立木林地中,其他无立木林地12.64公顷,占100%。在宜林地中,其他宜林地218.32公顷,占100%。全区森林覆盖率13.81%,林木绿化率16.24%。全区森林资源均为人工林资源,人工林面积为2.12万公顷。其中,国有1041.21公顷,占4.9%;集体305.96公顷,占1.44%;个人2万公顷,占93.66%。截至2008年,全区活立木蓄积219.38万立方米。其中,乔木林蓄积201.13万立方米,占91.68%;四旁树蓄积18.07万立方米,占8.24%;散生木蓄积1795.5立方米,占0.08%。

二、乔木林面积、蓄积

截至2008年,全区乔木林面积2万公顷,蓄积201.13万立方米。按地类结构分,全区乔木纯林面积2万公顷,蓄积200.73万立方米,分别占乔木林面积、蓄积的99.75%和99.81%;乔木混交林面积50.67公顷,蓄积3909.75立方米,分别占乔木林面积、蓄积的0.25%和0.19%。按林种结构分,防护林面积1804.88公顷,蓄积13.68万立方米;特用林面积188.06公顷,蓄积3714.75立方米;用材林面积1.82万公顷,蓄积187.05万立方米;乔木经济林面积56.37公顷,蓄积255立方米。按龄组结构分,幼龄林面积4719.48公顷，蓄积20.29万立方米；中龄林面积1.39万公顷，蓄积156.41万立方米；近熟林面积1272.92公顷，蓄积21.35万立方米；成熟林面积165.62公顷，蓄积3.07万立方米；过熟林面积0.31公顷，蓄积65.25立方米。按树种结构分，乔木林面积按优势树种（组）所占比重依次为：杨树乔木林面积占98.66%，板水池杉占0.44%，梨树占0.42%，柳树占0.09%，女贞占0.08%，其他松占0.08%，其他硬阔林占0.07%，柏树占0.07%，其他树种（如泡桐、银杏等分别占0.02以下）合计占0.09%。乔木林蓄积按优势树种（组）所占比重依次为：杨树占乔木林蓄积的98.79%，水池杉占0.93%，梨树占0.11%，其他松占0.05%，其他硬阔占0.04%，柏树占0.03%，其他树种所占比重均小于0.03%。

三、防护林资源

截至2008年，全区防护林面积为1804.88公顷，占成林地面积的8.92%，蓄积13.68万立方米，占成林地蓄积的6.80%。

2008年楚州区林种面积、蓄积及其所占比例情况表

表7-1

成林地		防护林		特用林		用材林		经济林	
面积（公顷）	蓄积（立方米）	面积（公顷）	蓄积（立方米）	面积（公顷）	蓄积（立方米）	面积（公顷）	蓄积（立方米）	面积（公顷）	蓄积（立方米）
20230.77	2011308.75	1804.88	136830.75	188.06	3714.75	18181.46	1870508.25	56.37	255.00
各林种所占比例（%）		8.92	6.80	0.93	0.18	89.87	93.00	0.28	0.01

2008年楚州区防护林各类型面积蓄积情况表

表7-2

防护林	面积（公顷）	蓄积（立方米）	面积比（%）	蓄积比（%）	其中：有林地	
					面积比（%）	蓄积比（%）
合　计	1804.88	136830.75	100.00	100.00	99.48	100.00
防风固沙林	819.28	60846.00	45.39	44.47	99.80	100.00
护岸林	832.96	67853.25	46.15	49.59	99.50	100.00
护路林	152.23	8114.25	8.43	5.93	97.61	100.00
其他防护林	0.41	17.25	0.02	0.01	100.00	100.00

四、特种用途林资源

截至2008年，全区特种用途林面积188.06公顷，占成林地面积的0.93%，蓄积3714.75立方米，占成林地蓄积的占0.18%。

2008年楚州区特用林各类型面积蓄积情况表

表7-3

特用林	面积（公顷）	蓄积（立方米）	面积比（%）	蓄积比（%）	其中：有林地	
					面积比（%）	蓄积比（%）
合　计	188.06	3714.75	100.00	100.00	27.27	100.00
环保林	172.02	2412.75	91.47	64.95	24.76	100.00

续表7-3

特用林	面积(公顷)	蓄积(立方米)	面积比(%)	蓄积比(%)	其中:有林地	
					面积比(%)	蓄积比(%)
风景林	14.25	1075.5	7.58	28.95	48.35	100.00
名胜和纪念林	1.79	226.5	0.95	6.10	100.00	100.00

五、用材林、经济林资源

截至2008年,全区的用材林资源均为一般用材林,面积1.82万公顷,占成林地总面积的89.87%,蓄积187.05万立方米,占成林地总蓄积的93%。

截至2008年,全区经济林面积56.37公顷,占成林地总面积0.28%,蓄积255立方米,占成林地总蓄积的0.01%。在经济林中,以果树林和其他经济林为主,面积分别为22.18公顷和33.31公顷,分别占经济林总面积的39.35%和59.09%。按地类分,有林地20.36公顷,占经济林总面积36.12%;灌木林36.01公顷,占经济林总面积63.88%。

2008年楚州区经济林各类型面积蓄积情况表

表7-4

经济林	面积(公顷)	蓄积(立方米)	面积比(%)	蓄积比(%)	其中:有林地	
					面积比(%)	蓄积比(%)
合 计	56.37	255	100	100	36.12	100
果树林	22.18	210.75	39.35	86.25	86.93	100
药用林	0.88	40.5	1.56	15.88	100	100
其他经济林	33.31	3.75	59.09	1.47	0.60	100

六、竹林、灌木林资源

截至2008年,全区竹林面积6.17公顷。其中,毛竹林0.2公顷,占竹林面积的3.24%;杂竹林5.97公顷,占竹林面积的96.76%。全区竹林起源均为人工林。按林种分:防护林4.55公顷,占73.74%;一般用材林1.62公顷,占26.26%。竹林主要分布在国有入海水道南堤上,局部分布在村庄庄台林中。2008年,全区灌木林(均为国家特别规定灌木林)面积182.26公顷。按林木权属分:国有47.87公顷,占26.26%;集体95.24公顷,占52.26%;个人39.15公顷,占21.48%。灌木林的起源均为人工林。按主要树种分:蚕桑面积32.76公顷,占17.97%,松灌面积8.3公顷,占4.55%,其他灌木树种面积136.28公顷,占76%左右,灌木林主要分布在淮城(面积85.43公顷,占46.87%,灌木树种主要是绿化树种)、城东(面积44.95公顷,占24.66%,灌木树种主要是绿化树种)、宋集(面积34.84公顷,占19.12%,灌木树种主要是蚕桑)。

七、"四旁"树、农田林网资源

截至2008年,全区乔木"四旁"树209.29万株,蓄积量18.07万立方米,"四旁"树蓄积量占活立木总蓄积量的8.24%;灌木"四旁"树8.66万株。截至2008年,全区共有耕地面积7.3万公顷,已建农田林网6.46万公顷,占应建农田林网的89%,其中一级林网2.94万公顷、二级林网1.81万公顷、三级林网1.72万公顷,分别占已建农田林网的45%、28%、27%。宋集乡、溪河镇、朱桥镇、仇桥镇、平桥镇、茭陵乡、泾口镇、苏嘴镇、车桥镇已建农田林网率达94%以上,城东乡、淮城镇、季桥镇、流均镇等

4个乡镇已建农田林网率在80%以上。

2008年楚州区农田林网调查情况表

表7-5 单位:公顷

乡镇(场)	耕地面积	应建林网面积	已建林网面积			
			合 计	一级林网	二级林网	三级林网
合 计	72960.2	72960.2	64637.4	29382.8	18094.9	17159.6
宋 集	2768.6	2768.6	2661.9	1780.4	502.3	379.1
溪 河	2532.9	2532.9	2431.5	1319.8	497.0	614.7
朱 桥	3164.7	3164.7	3029.2	1875.8	683.1	470.3
仇 桥	3538.6	3538.6	3371.6	1716.6	1063.5	591.5
平 桥	2974.0	2974.0	2825.3	1412.6	649.8	762.9
茭 陵	2056.1	2056.1	1946.7	1171.1	398.4	377.2
泾 口	3369.1	3369.1	3177.0	774.9	994.9	1407.2
苏 嘴	3190.3	3190.3	2998.8	1589.4	779.7	629.7
车 桥	3627.8	3627.8	3399.4	1758.3	1167.8	473.3
三 堡	1640.1	1640.1	1525.9	421.3	432.7	671.9
林 集	1961.7	1961.7	1816.3	806.4	341.1	668.7
南 闸	2403.5	2403.5	2209.2	1357.3	368.5	483.4
钦 工	2747.5	2747.5	2525.0	1515.0	739.1	270.9
顺 河	3674.5	3674.5	3301.6	759.9	1090.5	1451.2
复 兴	3395.9	3395.9	3022.4	1209.0	967.2	846.2
博 里	4011.1	4011.1	3569.8	1606.5	713.5	1249.9
范 集	4278.9	4278.9	3753.3	2234.8	1000.3	518.2
上 河	2206.4	2206.4	1934.6	753.7	740.4	440.6
白马湖农场	2639.0	2639.0	2276.2	915.0	830.0	531.1
建 淮	2034.7	2034.7	1743.6	357.7	492.1	893.8
施 河	3461.1	3461.1	2934.7	1319.7	1003.1	611.9
席 桥	1379.2	1379.2	1159.7	519.4	342.7	297.6
马 甸	2005.1	2005.1	1644.2	460.4	608.4	575.5
城 东	1266.0	1266.0	1003.9	194.1	309.4	500.4
淮 城	825.5	825.5	576.4	104.3	169.8	302.2
季 桥	2952.4	2952.4	1943.0	781.1	708.5	453.4
流 均	2855.5	2855.5	1856.1	668.2	501.2	686.7

2008年楚州区森林资源按照林地使用权划分情况表

表7-6 单位：公顷

权属	类别	合计	有林地	灌木林地	未成林地	苗圃地	无立木林地	宜林地
合计	面积	21931.97	20048.51	182.26	1004.95	465.29	12.64	218.32
	比例%	100.00	91.41	0.83	4.58	2.12	0.06	1.00
国有	面积	1071.38	919.22	47.87	74.12	1.07	3.49	25.61
	比例%	4.89	85.80	4.47	6.92	0.10	0.33	2.39
集体	面积	314.12	183.33	95.24	27.39	7.71	0.45	—
	比例%	1.43	58.36	30.32	8.72	2.45	0.14	0.00
个人	面积	20546.47	18945.96	39.15	903.44	456.51	8.70	192.71
	比例%	93.68	92.21	0.19	4.40	2.22	0.04	0.94

2008年楚州区省级生态公益林情况表

表7-7 单位：公顷

保护等级		合　计	有林地	灌木林地	未成造	苗圃地	无立木林地	宜林地
合计	面积	2015.96	1705.24	5.44	100.59	2.06	1.38	201.25
	比例（%）	100.00	84.59	0.27	4.99	0.10	0.07	9.98
重点	面积	1991.55	1691.72	3.77	91.37	2.06	1.38	201.25
	比例（%）	98.79	84.94	0.19	4.59	0.10	0.07	10.11
一般	面积	24.41	13.52	1.67	9.22	—	—	—
	比例（%）	1.21	55.39	6.84	37.77	—	—	—

2008年楚州区县级生态公益林情况表

表7-8 单位；公顷

保护等级		合　计	有林地	灌木林地	未成造	苗圃地	无立木林地	宜林地
合计	面积	347.60	141.45	140.81	61.00	4.34	—	—
合计	比例%	100.00	40.69	40.51	17.55	1.25	—	—
一般	面积	347.60	141.45	140.81	61.00	4.34	—	—
	比例%	100.00	40.69	40.51	17.55	1.25	—	—

2008年楚州区生态公益林生态功能等级情况表

表7-9 单位：公顷

生态功能等级		合计	有林地	灌木林地	未成林地	苗圃地	无立木林地	宜林地
合计	面积	2363.56	1846.69	146.25	161.59	6.40	1.38	201.25
	比例%	100.00	78.13	6.19	6.84	0.27	0.06	8.51
好	面积	4.11	4.11	—	—	—	—	—
	比例%	0.17	100.00	—	—	—	—	—

续表 7-9

生态功能等级		合计	有林地	灌木林地	未成林地	苗圃地	无立木林地	宜林地
中	面积	1371.69	1371.69	—	—	—	—	—
	比例%	58.03	100.00	—	—	—	—	—
差	面积	987.76	470.89	146.25	161.59	6.40	1.38	201.25
	比例%	41.79	47.67	14.81	16.36	0.65	0.14	20.37

2008年楚州区商品林情况表

表7-10

林 种	亚林种	地 类						
		合 计				有林地		灌木林
		面积（公顷）	比例	蓄积（立方米）	比例	面积（公顷）	蓄积（立方米）	面积（公顷）
用材林	合计	18181.46	100	1870508.25	100	18181.46	1870508.25	—
	一般用材林	18181.46	100	1870508.25	100	18181.46	1870508.25	—
经济林	合计	56.37	100	255.00	100	20.36	255.00	36.01
	果树林	22.18	39.35	210.75	82.65	19.28	210.75	2.90
	药用林	0.88	1.56	40.50	15.88	0.88	40.50	—
	其他经济林	33.31	59.09	3.75	1.47	0.20	3.75	33.11

2008年楚州区乔木林按照龄组划分情况表

表7-11

类 别	合 计	幼龄林	中龄林	近熟林	成熟林	过熟林
面积（公顷）	20042.34	4719.48	13884.01	1272.92	165.62	0.31
蓄积（立方米）	2011308.75	202922.25	1564051.50	213548.25	30721.50	65.25

1985年、2008年楚州区（淮安县）各类林地面积动态变化情况表

表7-12 单位：公顷

年 份	林业用地	有林地	疏林地	灌木林地	未成造	苗圃地	无立木林地	宜林地
1985	2370.33	1863.87	40.00	15.33	185.13	40.67	—	225.33
2008	21931.97	20048.51	—	182.26	1004.95	465.29	12.64	218.32
增长量	19561.64	18184.64	—	166.93	819.82	424.62	12.64	-7.01
增长率（%）	825.27	975.64	—	1088.65	442.82	1044.16	—	-3.11

1985年、2005年、2008年楚州区（淮安县）林木绿化率指标对比表

表7-13

调查年份	林木绿化率	1985～2008年同比		2005～2008年同比	
		增长量	年均增长量	增长量	年均增长量
1985	5.6	—	—	—	—
2005	10.78	—	—	—	—

续表 7-13

调查年份	林木绿化率	1985～2008年同比		2005～2008年同比	
		增长量	年均增长量	增长量	年均增长量
2008	16.24	10.64	0.46	5.46	1.82

1995年、2008年楚州区（淮安市）各类林木蓄积动态变化情况表

表 7-14　　单位：立方米

年　份	合　计	有林地	散生木	“四旁”树
1985	646169.00	68831	—	577338
2008	2193799.30	2011308.75	1795.50	180695.05
增长量	1547630.3	—	—	—
增长率（%）	239.51	—	—	—

1985年、2008年楚州区（淮安县）林木覆盖面积统计表

表 7-15　　单位：公顷

调查年份	林木覆盖面积合计	有林地	四旁树折算面积
1985	11830.53	1863.87	9966.66
2008	23593.17	20048.51	3544.66

1985年、2008年楚州区（淮安县）人工林资源动态变化情况表

表 7-16　　单位：公顷

年　份	合计	有林地	疏林地	灌木林地	未成造
1985	2103.73	1863.13	40.07	15.40	185.13
各地类所占百分比%	100.00	88.56	1.90	0.73	8.80
2008	21235.72	20048.51	—	182.26	1004.95
各地类所占百分比%	100.00	94.41	—	0.86	4.73
2008年与1985年对比	19131.99	18185.38	—	166.86	819.82

1985年、2008年楚州区（淮安县）林种结构动态变化情况表

表 7-17　　单位：公顷

年　份	类　型	有林地合计	用材林	防护林	薪炭林	特用林	经济林
1985	面积	1863.13	—	994.27	12.53	—	856.33
	比例%	100	—	53.37	0.67	—	45.96
2008	面积	20048.51	18181.46	1795.41	—	51.28	20.36
	比例%	100	90.69	8.96	—	0.26	0.1
2008年与1985年对比	面积	18185.38	18181.46	801.14	-12.53	51.28	-835.97
	比例%	0	90.69	-44.41	-0.67	0.26	-45.86

1995年、2008年楚州区（淮安市）林木资源蓄积及权属结构动态变化情况表

表7-18

年 份	权属	林木总蓄积（立方米）	乔木林蓄积（立方米）	“四旁”树蓄积（立方米）	比例（%）	乔木林面积（公顷）	比例（%）
1985	合计	647029	69691	577338	100	912.87	100.00
	国有	28389	28389	—	4.39	382.13	41.86
	集体	205051	41302	163749	31.69	530.73	58.14
	个人	413589	—	413589	63.92	—	0.00
2008	合计	2193799.3	2013104.25	180695.05	100	20042.34	100.00
	国有	71959.28	71828.25	131.03	3.28	914.67	4.56
	集体	23387.02	22027.5	1359.52	1.07	183.33	0.91
	个人	2098452.99	1919248.5	179204.49	95.65	18944.34	94.52

1985年、2008年楚州区（淮安县）乔木林地龄组结构动态变化情况表

表7-19

龄 组	类别	1985年		2008年		绝对增长量	绝对增长率（%）	比例增长量（%）
		数据	比例%	数据	比例（%）			
合 计	面积（公顷）	925.40	100	20042.34	100.00	19116.94	2065.80	0
	蓄积（立方米）	67136.00	100	2011308.75	100	1944172.75	2895.87	0
幼龄林	面积（公顷）	383.07	41.39	4719.48	23.55	4336.41	1132.03	-17.85
	蓄积（立方米）	15291.00	22.78	202922.25	10.09	187631.25	1227.07	-12.69
中龄林	面积（公顷）	463.53	50.09	13884.01	69.27	13420.48	2895.26	19.18
	蓄积（立方米）	40466.00	60.27	1564051.50	77.76	1523585.5	3765.10	17.49
近熟林	面积（公顷）	78.80	8.52	1272.92	6.35	1194.12	1515.38	-2.16
	蓄积（立方米）	11379.00	16.95	213548.25	10.62	202169.25	1776.69	-6.33
成熟林	面积（公顷）	—	—	165.62	0.83	165.62	—	0.83
	蓄积（立方米）	—	—	30721.50	1.53	30721.5	—	1.53
过熟林	面积（公顷）	—	—	0.31	0.00	0.31	—	0.00
	蓄积（立方米）	—	—	65.25	0.00	65.25	—	0.00

1985年、2008年楚州区（淮安县）森林资源单位面积蓄积量一览表

表7-20

年 份	地类	面积（公顷）	蓄积（立方米）	单位面积蓄积量（立方米/公顷）
1985	林地	2369.60	69691.00	29.41
	乔木林地	925.40	67136.00	72.55

续表 7-20

年　份	地类	面积（公顷）	蓄积（立方米）	单位面积蓄积量（立方米/公顷）
1985	纯林	925.40	67136.00	72.55
	混交林	—	—	—
2008	林地	21931.97	2193799.30	100.03
	乔木林地	20042.34	2011308.75	100.35
	纯林	19991.67	2007399.00	100.41
	混交林	50.67	3909.75	77.16

第二节　林业生产

一、用材

（一）引种

80年代，引进西玛杨、露易莎杨、杂交柳、中林46、45杨、南林105、203杨、蜀桧、瓔珞柏、香樟、日本扁柏、地柏、翠柏等。由于旱柳、白榆、大官杨、大叶杨等树种病虫害严重，品种逐渐退化，栽植量递减，呈淘汰态势，而速生、丰产、抗逆性强、适应性广的泡桐、意杨、水杉、池杉等树种则大量栽植。90年代，69杨、72杨、中林46、45杨、南林105、203杨栽植普遍。进入21世纪后，主要推广美洲黑杨和欧美杨品种，此外还有苏柳、金丝垂柳等，常绿观赏树种发展趋势也很快。

（二）育苗

1973～1979年，共育苗934.93万公顷。1980～1991年，育苗1031.07万公顷，每年出圃苗百万株以上。80年代后，随着农村一系列经济政策的变化，育苗体制逐渐由过去以国营、集体育苗为主，转为国营、集体、个体育苗相结合，以个体育苗为主的新格局。每年个体育苗面积，约占育苗总面积的70%，育苗技术也有较大突破。如淮安市林苗圃采用5～7年生水杉母树上的枝条全光照扦插育苗的推广，池杉在重沙质碱性土壤上播种育苗的推广，铅笔柏、水杉播种育苗和芽苗移栽等。90年代后，特别是进入21世纪，大力开展“放心苗圃”建设，2004年，楚州区林木种苗基地被江苏省林业局授予“江苏省质量信得过林木种苗基地”称号。

（三）成片造林

据1975年二类林业资源调查，全县防护林、用材林面积计1409.07公顷，其中刺槐1354.67公顷、榆树51.33公顷、泡桐3.07公顷。林分活立木蓄积量5.83亿立方米。1986～1991年，累计验收合格面积290.27公顷。1991年底，用材林、防护林面积1453.33公顷，其中刺槐700公顷、杨类320.2公顷、水杉241.67公顷、杂阔类109.33公顷、泡桐48.53公顷、柳树36.53公顷。林分活立木蓄积量8.7万立方米。2008年，全区森林覆盖率达到13.5%，被市政府表彰为全市植树造林先进县（区）。

（四）农田林网

1975年，林网化面积为1.74万公顷，占耕地总面积的19.1%；1978年为2.28万公顷，占26.8%；1979年为3万公顷，占35.3%；1984年为3.67万公顷，占45.4%；1985年为4.35万公顷，占53.6%，但其中20公顷以下的网格面积仅966.67公顷，占林网总面积的22.2%。1986年林业部颁布《平原绿化县标准》后，各乡镇一面加快建网速度，一面对原有标准较低的林网充实提高，当年建网760公顷。1987年建网693.33公顷，1988年建网1.11万公顷，1989年建网2066.67公顷。

1991年建网1266.67公顷，淮安市林网面积达6.89万公顷，占耕地总面积的85.2%；林网树总株数324万株，活立木蓄积量15.1万立方米。

（五）“四旁”植树

据1985年二类林业资源调查记载，当年共有大、小“四旁”树1167.6万株，蓄积量为57.73万立方米，人均11.9株、0.59立方米。1986～2008年，四旁植树保存706.6万株，累计总株数为1874.2万株，其中泡桐455.3万株、柳树442.3万株、水池杉363.4万株杨类323.8万株、杂阔类150.7万株、刺槐138.7万株；活立木蓄积量66.17万立方米，人均19株、0.67立方米。

二、果树

（一）品种及分布

1978年，淮安县果树面积292.67公顷，果品产量116万千克。1980年，果树总面积307.33公顷，果品产量260万千克。80年代后期，由于农村经济结构和生产责任制的变革，果树生产始有较大发展。1985年冬拓植270.6公顷，1986年拓植201公顷，1987和1988年拓植621.07公顷。截至1988年底，全市果园面积达到1400公顷，其中苹果1013.33公顷、梨276.4公顷、桃92.53公顷、葡萄10.87公顷、山楂1公顷。据1988和1991年对全市17个乡镇1304户抽样调查，户均零星果树1.18株，全市（县级）四旁果树28.67万株。1988～1991年，全市果园总面积稳定在1400公顷左右。1991年，全市果品总产量440万千克，其中苹果98.8万千克、梨31.1万千克、桃14.2万千克、果树亩产水平较低，单产一直徘徊在400～600千克。1992～1993年，全市果园面积仍稳定在1400公顷，果品总产量也在400万～500万千克之间。1994年为打造废黄河沿线百里万亩果树产业带，当年新拓展果树面积1046.67公顷，全市果园面积达2486.67公顷，为历史新高。果品总产量也随前几年拓植新果园的初步投产，达到1500万千克。从1995年始，由于宋集乡、茭陵乡、园艺场等地老果园树势衰退、树体老化，当年减少面积近466.67公顷，全市果园面积下降至2026.67公顷，果品总产量1575.7万千克。1996年，全市又拓植更新果园100公顷，全市果园总面积2073.33公顷，果品总产量创新高，达1753.8万千克。随着老果区果园面积持续减少，1997年全市果园总面积减至1873.33公顷，果品总产量1500万千克。以后几年，老果园面积逐年减少。至2000年，全区果园总面积降至1600公顷，果品总产量1132万千克。从2001年开始，新发展的果园，因投入少，见效慢，技术管理跟不上等诸多制约因素，加上意杨产业的大力发展，群众种植杨树的积极性胜过长果树，不少果农砍伐果树，改种杨树，而且，杨树管理粗放，投入少，效益显著，还能将劳动力从土地中解放出来，外出打工，还能挣得更多的钱。致使全区果园总面积连年减少。

2005年，全区果园总面积700公顷，果品总产量随面积减少也下降至839万千克。此后，因区划调整（南马厂乡、钦工镇废黄河沿线4个村先后划入市经济技术开发区），400多公顷果园划归市经济技术开发区，2006年，全区果园总面积不足266.67公顷，果品总产量也锐减至312万千克。2008年，随着设施果园的建设，全区棚架梨、设施葡萄面积有所增加，果园总面积达282公顷，果品总产量323.5万千克。

苹果品种有：金帅、富士、新红星、短枝新红星、金矮生、辽伏、秦冠、祝光、小国光、大国光、红玉等，其中主栽品种为富士、金帅、小国光、辽伏4种。富士分布在宋集、茭陵、苏嘴3个乡镇，金帅分布在宋集、茭陵、苏嘴、园艺场4个乡镇，小国光为园艺场特有的主栽品种，辽伏为南马厂桂码村特有的主栽品种。梨品种有：菊水、明月、砀山梨、长把梨、沪005、黄桃、五月红、白凤等。沪005分布在南马厂桂码村，黄桃等分布在园艺场、宋集等地。葡萄品种有：巨峰、玫瑰、白凤等。楚州区果树大致以苏北灌溉总渠为界，渠南与运西为梨区，总面积约133.33公顷；树龄一般在20～30年间，正值盛果期；主要分布在白马湖农场、博里、流均、平桥等乡镇场。渠北为苹果区，兼种少量梨和桃，总面积1233.33公顷，占全区果树种植总面积的88.2%；集中分布在宋集、苏嘴、园艺场、茭陵、南马厂、钦工6个乡镇场。此外,顺河、席桥乡也有少量分布。全区果树66.67公顷以上的村,为南马厂桂码村;33.33公顷以上的村,为宋集乡条河村;20公顷以上的村有12个。

(二)栽培

1959年,淮安县园艺场开始培育果苗,当年育苗23.73公顷,其中出圃237万株,为当时果树生产的发展奠定了基础。80年代中后期,发展的果树基本上是从山东省和江苏盐城等地引进的。果区历来重视基肥,1985年以前多为冬施和春施。肥料以腐熟厩肥、人粪尿为主,配以部分磷肥。80年代后期,改为秋施。肥料在原有基肥的基础上,增施速效氮肥。幼龄果树追施以花前肥和花芽分化肥为主,成年果树加施果实膨大肥。到1991年,全市果树施肥量还远远低于理论水平,造成树体衰弱,严重落花落果。果农一般都很重视病虫害的防治。园艺场成年树年喷药18次,后逐步减少。集体果园和农户喷药次数略少,全区幼龄果树喷药在5次左右。区境果区主要病虫害有早期落叶病、轮纹病、梨黑星病、梨锈病、梨黑斑病、桑天牛、金龟子、梨小、蚜虫、毛虫等。在药剂的使用上,20世纪80年代前期,多为波尔多液、石硫合剂、甲基1605、氧化乐果、杀虫脒等。80年代后期,以使用代森锰锌、粉绣宁、硫悬浮剂、水胺硫磷、丰收菊酯、速来菊酯、敌杀死为主。苹果、梨的成年树以疏散分层形为主。幼龄果树以小冠层形和纺锤形为主,一般只留一层主枝,使之早结果早丰产。桃树以自然开心形最为普遍。冬剪常采用短截、疏剪、缩剪、甩放4种。20世纪80年代后期,幼龄果树逐步推广夏剪技术,主要措施有环剥、摘心、拿枝、变向等。部分夏剪技术正常运用的幼龄果园,3~5年即进入初果期。老果树一般结合秋施基肥扩穴翻土,新拓植果园未投产前多为果粮间作。80年代后期,逐步推广果蔬间作,以提高幼龄果园的早期效益。

1978~2007年部分年份楚州区(淮安县、淮安市)果树栽培情况表

表7-21

年　份	果园面积(亩)	果品产量(万千克)	年　份	果园面积(亩)	果品产量(万千克)
1978	4350	116	1998	28095	1450
1980	4610	184.42	1999	26010	1239.1
1985	8669	260	2000	24030	1132.8
1988	21000	425	2001	21705	1030
1991	21000	440	2002	17100	940
1992	21000	400	2003	—	860
1993	21561	500	2004	—	839
1994	37290	1500	2005	—	881.7
1995	30430	1575.7	2006	—	952.1
1996	31095	1753.8	2007	3781	262.2
1997	28110	1542.3	—	—	—

第三节　林业管理

70年代末,林木管理体制已基本稳定,大体有以下几种形式:京杭大运河、苏北灌溉总渠、里运河等堆堤上的树木为国有林,时由淮安县河道管理所下设的19个堤林站管理;干、支公路上的树木,

林权归交通部门，由沿线村管理。在收益分成上，废黄河堆堤和农村河道、公路以及干支斗龙渠上的树木为集体所有，分别由乡堤林站、林业站、林场、专业队、大户或联户承包管理；农户在宅旁、庄台四周栽植的树木，则明确永久归农户个人所有。各林木专业管理组织，一般都能根据树种特性进行整枝、间伐、施肥、除草、病虫害防治，护林组织和措施比较健全。1981年9月，明确林权所有，县政府向国营、集体和个体农户颁发林权证。1984年6月，县级林业主管部门依法对国有和集体树木严格执行核发采伐许可证，依法行使处罚，并配合公安、司法部门查处森林刑事案件。为防止森林危险性病虫害的传播，1985年12月，正式开展森林植物检疫。90年代，建立健全林木管理的各项规章制度，按照林业法律法规及林业规范性文件规定，对林木采伐依法办理林木采伐许可证，严格按照省林业局核准的淮安森林年采伐限额控制采伐量，对准予林木采伐的林权单位或个人按林木价值12%的标准计征育林基金；林木的采伐、运输统一由淮安市林业主管部门审批，严禁国有、集体和私人私自乱砍滥伐、毁坏林木。做好林木采伐更新造林。2000年，淮安市进行森林分类区划界定。2001年7月，《江苏省森林分类区划界定工作成果报告》中楚州区林地5002.7公顷。2004年，林木采伐行政许可项目进入区行政服务窗口，依法规范受理林木采伐申请、现场勘察、核发林木采伐许可证。2005年6月，楚州区人民政府向淮安市政府申报省级重点公益林地2666.67公顷，主要地段在苏嘴、茭陵、钦工、宋集、南马厂等乡镇废黄河堆堤上，以及区河道湖泊管理所管理的苏北灌溉总渠、淮河入道水道、大运河、里运河等国有水利堆堤。2008年，楚州区对全区境内的连续面积达到0.07公顷的各类地块对照航摄图进行地毯式调查。经调查，楚州区域内土地总面积14.64万公顷，其中林业用地面积2.19万公顷。林业用地按地类分：有林地2万公顷、灌木林地182.26公顷、未成林造林地1004.95公顷、苗圃地465.29公顷、无立木林地12.64公顷、宜林地218.32公顷。林业用地按森林类别分：生态公益林2363.56公顷，其中省级公益林2015.96公顷、县级公益林347.6公顷；商品林1.82万公顷，其中用材林1.82万公顷，经济林56.37公顷。省级公益林地经省级认定后不得随意变动。

1978～2007年楚州区（淮安县、淮安市）植树造林情况表

表7-22

年　份	育苗（亩）	造林（亩）	“四旁”植树（万株）	年　份	育苗（亩）	造林（亩）	“四旁”植树（万株）
1978	2000	1900	981	1993	1965	195	258
1979	3000	670	791	1994	4575	7740	415
1980	4432	700	851	1995	3660	8280	463
1981	1387	200	280	1996	3660	5140	394
1982	2800	900	489	1997	3220	3792	302
1983	1153	1357	478	1998	2970	4020	304
1984	949	855	510	1999	2205	31005	307
1985	1210	1028	359	2000	2280	8100	290
1986	743	553	210	2001	1575	13905	310
1987	461	704	112	2002	4200	4845	240
1988	625	689	212	2003	5595	19995	305
1989	869	1408	112	2004	4500	7320	350
1990	838	1000	87	2005	4440	1395	260
1991	1804	1034	193	2006	4440	5220	320
1992	1877	1892	130	2007	1000	10260	342

第六章　蚕桑业

第一节　栽　桑

一、栽种面积

1978年，全县桑园面积为301.07公顷。1981年以后，蚕桑生产发展迅速，1982年桑园面积达861公顷，1984年桑园面积为746.67公顷。1986年桑园面积下降到348公顷。1987年到1989年，桑园面积稳定在348公顷。1990年以后，由于蚕茧价格大幅度提高，桑园面积又逐渐扩大，到1991年春，淮安市境内桑园面积增加到686.67公顷，主要分布在范集、宋集、钦工、施河等乡镇和园艺场。到1993年，蚕桑形势进一步好转，桑园面积也增加到800公顷，复兴乡新栽桑园93.33公顷。随着国际市场茧丝绸行情的高涨，促进了蚕桑的大量发展。1994年，新栽桑园2980公顷，桑园总面积达4200公顷，达历史最高。仇桥、博里、朱桥都相继发展了桑园。然而，由于国内蚕桑发展过热，超出国际市场需求，到1996年，由于蚕桑行情的急剧下滑，蚕茧价格一落千丈，农民的积极性受到严重打击，出现大面积毁桑现象，仅剩桑园800公顷。原有的蚕桑基地范集、施河等都大面积毁桑，到1997年年底还剩133.33公顷，新栽桑园全部毁光，保留下来的仅有一定传统优势的渠北部分乡村的成林桑园，主要分布在宋集、园艺场、钦工等乡镇，其他乡镇只有零星分布。到2004年还剩100公顷，主要集中在宋集乡宋集村、园艺场蚕桑村、三大队，形成相对集中的咸岔河沿线蚕桑基地。到2007年尚有66.67公顷，2008年已不足66.67公顷。

二、桑树育苗

1976年，改桑苗春季嫁接为冬季嫁接。1988年，又推广绿技扦插育苗和硬枝扦插育苗，但数量不多，1992年起推广平伏压条拓植桑园，1994年推广杂交桑育苗。

70至80年代，淮安湖桑品种主要为“湖桑32号”，其次有“湖桑199号”“湖桑号”“桐乡青”等。90年代起又相继引进新品种“湖桑711”。

三、桑树栽培

70年代多利用河堤和四旁栽植桑树，80年代推广“千株万条”速成丰产桑园栽培模式，每亩地栽桑1000株。栽桑时间由春季栽植改为以冬季栽植为主。1994年起推广杂交桑速成桑园，每亩播苗10万株，成林后还留苗3000株，在蚕桑形势下滑的几年内，杂交桑园迅速毁光，仅剩一些湖桑成林桑园，每亩1000株左右。随着品种改良和栽培技术的提高，桑叶产量也不断增加。50年代桑园亩产叶量仅300千克左右，亩产茧仅15千克左右。1989年，全市348公顷桑园平均亩产叶量达1000千克，亩产茧达45.9千克。其中范集、宋集两乡的101公顷桑园亩产茧达95千克。范集乡大吴村有部分养蚕农户桑园亩产叶量达2500千克，亩产茧达180千克以上。1994年，全市杂交桑园平均亩产叶量2800千克，亩产茧200多千克。以后随着茧丝绸行情的下滑，桑园也疏于管理，亩产叶量也逐年下降，到2006年亩产叶量仅达1400千克左右。2008年，仅1200千克，亩产茧75千克。

第二节 养 蚕

一、蚕品种

楚州历史上推广的春蚕品种和夏秋蚕品种经历了几次大的更换。1976年开始推广多丝量品种东肥671×华合。1980年以后又开始推广好养、高产、丝质优、出丝率高的品种苏5×苏6。1985年，为提高夏秋蚕茧产量和质量，本地大力推广“春用多丝量蚕品种夏秋季饲养”技术，夏、中秋、晚秋蚕均饲养苏5×苏6品种。1990年以后，还推广饲养75新×7532等夏秋蚕品种，均未获广泛推广。1992年起引进耐高温多湿新品种青松×皓月，饲养几年后，1999年引进苏菊×明虎，在全市推广饲养，2001年起全面使用。

二、养蚕技术

1978年在县蚕桑站建四间标准催青室，采用电炉、电热补湿器等电器加温补湿。1985年改常规催青为简化催青。1990年安装空调设备，实行半自动化催青。2000年以后由于饲养种量的下降，催青改由淮阴区蚕桑站代催。

1980年，钦工等乡镇建成小蚕专用共育室。1992年，宋集、钦工、范集等乡镇都建成小蚕专用共育室，小蚕共育率达90%。1994年共育率达98%。1996年起由于形势下滑，饲养量下降，小蚕共育率也逐年下降，到2000年共育率仅达40%。2005年以后，由于养蚕大户相对集中，又恢复到分散养蚕的状态。

1987年，推广少回育养蚕技术，改“薄饲、稀放、多回”养蚕为少回育。大蚕饲养上推广使用塑料编织布蚕台育、室外育等省力化方法。1992年起推广大蚕条桑育。2002年起推广塑料大棚养大蚕等简易养蚕技术。

为提高蚕茧质量，1988年推广稻秆编织的草折簇，1990年推广塑料折簇，1996年推广纸板方格簇，自推广方格簇后，蚕茧质量有了大幅提升。2001年始，全区90%以上使用纸板方格簇。

三、蚕茧生产

1973～1984年，蚕茧产量有了较大提高。由1973年的48.56吨提高到1984年的142.23吨，但每张蚕种单产仍在20千克左右。1985～1987年，蚕茧产量在130吨左右，每张蚕种单产提高到25千克以上。1988～1991年，蚕茧产量和每张蚕种单产大幅度提高，每张蚕种平均单产达30千克以上。1988年，生产蚕茧194.52吨，平均每张单产31.9千克。1991年，生产蚕茧260.2吨，平均每张单产32.05千克。1992年到1995年是本地产茧量的高峰，1992年发种1.03万张，产茧量250吨，

蚕茧生产 （1998年摄）

1993年发种1万张,产茧量285吨,1994年发种1.54万张,产茧量450吨,1995年维持1994年状况。到1996年,从高峰开始走入低谷,全年发种3234张,产茧95.6吨。1997年发种2620张,产茧78吨,张产茧37.5千克,以后几年均在此基础上维持,变化幅度不大。到2003年继续下降,发种量1300张,产茧量32.5吨,此后一直维持在全年发种1000多张,产茧30多吨的水平。

随着蚕桑生产的发展,蚕业管理和技术推广机构也不断演替。1975年以前,淮安县的蚕桑技术推广工作由县蓖麻蚕种场代管,蚕业主管部门为淮安县多种经营局。1975年位于运河夹堆的蓖麻蚕种场因运东闸建设需要拆迁至城南村境内重新建设,更名为淮安县林蚕站,蚕业主管部门仍为县多种经营局。1988年,新成立林业站,林业站更名为淮安市蚕桑技术指导站。1992年,成立蚕业管理、技术推广一体化的淮安市蚕茧总站以及一套班子、两块牌子的淮安市茧丝绸总公司。1994年加入淮阴市明珠茧丝绸集团,成立淮安市茧丝绸有限责任公司。2001年淮安市楚州区蚕桑技术指导站划归淮安市楚州区农业局,淮安市楚州区茧丝绸有限责任公司撤销。至2008年,仍由淮安市楚州区蚕桑技术指导站负责全区的蚕业技术推广工作,蚕业主管部门为淮安市楚州区农业局。

第七章　畜禽业

第一节　家禽家畜

一、家禽

饲养家禽是楚州农民的家庭副业之一。家禽的种类有鸡、鸭、鹅,以养鸡为主。品种上以本地鸡为主,也有少量的乌骨鸡。鸭以麻鸭为主。鹅以白鹅为主。家禽繁殖原为自然交配,孵化有炕孵和自然孵化两种。苗鸡多由母鸡孵化或从炕坊购买。苗鹅、苗鸭都由炕坊孵化。炕坊采用土炕孵化、烟道加温孵化、摊床孵化、平箱孵以及电孵等孵化法。

(一)地方品种

本地鸡　楚州养鸡有着悠久的历史,本地鸡又称草鸡,90年代以前为主要饲养品种,以后饲养量减少,到2008年,本地鸡占全区鸡饲养量的40%左右,全区栏存量约110万只。鸡体型小,善于觅食,年产蛋在220只左右,蛋重一般在45～55克,母鸡就巢性强,多发生在4～7月,群众常常采用自孵自养,雏鸡抗病力强,成活率比较高。鸡股纤维较细,肉体洁白,体内脂肪少,肉质鲜美,在市场上很受欢迎。

乌骨鸡　在本地区饲养不多,但历史悠久,来源已不可考,一般作玩赏之物,2008年存栏约1000只左右。成年公鸡体重1.25～1.5千克,母鸡体重1～1.25千克。乌骨鸡年产蛋80只左右,蛋重平均40克左右,就巢性强,一年四季均有就巢。

麻鸭　本地鸭以麻鸭为主,是长期饲养的地方品种,年存栏10万只。成年公鸭体重2～3千克左右。成年母鸭体重2.5千克左右,雏鸭初生重为45～55克。麻鸭是蛋肉兼用型,麻鸭在良好的饲养条件下,母鸭在140日龄开产,春季可产蛋80个左右,秋季产蛋40个左右,年产蛋鸡90～120只,在放牧条件下,一般70日龄体重可达1.5千克,100日龄体重可达2千克。

白鹅　长期饲养的地方品种,年栏存量约9万只。成年公鹅平均体重4.5千克左右,母鹅3.5千克左右。白鹅性成熟较早,一般早春鹅饲养150天就开始陆续开产,平均每只鹅可产蛋60只。雏鹅100

天体重可达2.5千克。

（二）外来品种

来航鸡 1982年，淮安县食品公司从沭阳购进5000只，分布在淮城、城东、徐杨、建淮等个体户饲养；1983年从徐州地区引进1万余只；1984年，华亭鸡场从上海引进2.04万只。由于来航鸡的蛋为白壳，而群众喜食褐色壳蛋，且蛋壳较薄运输破损较多，故自1985年后饲养已逐渐减少。

S220鸡 是本石井种鸡场培育的白色蛋用鸡。1984年，淮安县从上海市禽蛋公司金桥鸡场和上海市农科院种鸡场共引进鸡4.8万只，其中淮安县种鸡场饲养2.04万只，其余在朱桥白马湖等地饲养。由于白壳蛋在市场不太受欢迎，所以未能在本地区推广开来，到1990年前后，已基本没有饲养。

罗斯鸡 原产于英国；1985年12月，淮安县从镇江市黄山果园鸡场引进父母代苗鸡1600只，在朱桥畜牧兽医站鸡场饲养；1986年又从省畜牧局江宁上坊种鸡场引进父母代种蛋2.4万枚，分别在华亭、朱桥种鸡场孵化饲养。1989年区种禽场又从盐城种禽场引进父母代种鸡5000只进行饲养。1991年，三堡乡食品站又从盐城市种禽场购进商品罗斯蛋鸡1000只饲养。由于经济效益比较好，全市养殖规模逐渐扩大，1990年饲养量达到20万只，到2008年，栏存量达150万只以上。

希塞斯鸡 原产于荷兰，是蛋肉兼型鸡。1970年后，淮安县农民陆续从清江市食品公司种鸡场和淮阴农校鸡场购进苗鸡，分布在淮城、徐杨、城东、板闸、席桥、南马厂等地饲养，蛋肉兼用，不能适应市场要求，一直没能推广开来，到1985年左右，已基本没有饲养。

新扬州鸡 是江苏农学院用扬州本地鸡与新沂县鸡杂交选育而成。1984年以后，淮安县先后从江苏农学院鸡场、南通农场鸡场等地引进2万多只苗鸡、4万多枚种蛋，分别在朱桥、流均、范集等地饲养。由于产蛋率稍低于罗斯鸡，所以一直未能推广开来，到1995年就已全部被淘汰。

爱拔益加肉鸡 该鸡又称AA肉鸡，为美国爱拔益加公司培育的产品，四系配套杂交，白羽，宋集乡李码村于2000年春从山东诸城购进苗鸡2000只，因市场经济效益较好，而在全市逐渐推广开来，到2008年，全区年饲养量约300万只。

绍鸭 1985年，淮安县从昆山引进绍鸭种蛋1万枚，在朱桥、淮城等地炕孵，主要销售给本地，以后一直零星养殖，到2008年，全区绍鸭的饲养量约3万只。

高邮鸭 原产于里下河地区的高邮、兴化、宝应3个县。1985年后，淮安县先后从高邮县高邮鸭种场引进种蛋2万枚、苗鸭4万只，分布在朱桥、车桥等地饲养。

流均镇养殖高邮鸭 （2002年摄）

卡基—康贝尔鸭 原产于英国，是蛋用品种。1986年，淮安县从海安引进康贝尔苗鸭1万只，分布在朱桥、车桥、泾口、建淮、原种场等地饲养。

樱桃谷鸭 原产于英国。1986年，从上海市农科院畜牧医站研究所周西牧场引进2000只苗鸭，分布在三堡、堤防管理站及人武部弹药库等处饲养。由于此鸭较耐寒，每只蛋重达90克，生长速度快，所以受到本地群众欢迎。1991年，淮安市饲养此鸭的乡镇有三堡、仇桥、车桥、茭陵等，2008年已很少饲养。

狄高鸭 原产于澳大利亚。1984年，淮安从沭阳、宿迁、海安引进2000只，分布在人武部弹药库、朱桥、季桥、三堡、白马湖等地饲养。

昆山麻鸭 1983年，淮安从昆山引进种蛋2万枚，苗鸭主要在板闸、范集一带饲养。到2008年，全区饲养量约3万只。

（三）饲养

楚州传统的养鸡法，是孵化靠母鸡抱窝，育雏靠母鸡带，饲养靠一把米、一把糠、一把菜，随后散养，自由觅食，晚上进巢之前加喂一些谷类饲料。70年代末，较大的鸡场开始采用温室育雏，即雏鸡集中共育。通过试验证明，经过15天的集中共育，成活率达95.6%，较分户育雏提高1倍，成本降低1半。在集中共育中，推行了合适的加温、充足的饮水、适时的分解，应用配（混）合饲料、药物预防疾病，适度光照，注意清洁卫生和运动。到90年代，蛋鸡分批淘汰，逐年更新，单栋全进全出的饲养管理模式；肉鸡全进全出、快速催肥。2005年开始，规模鹅场已逐步走向自动化养殖，自动饮水，自动投料，自动控光，自动清粪，既节省人力，又利于疫病防控，降低养殖成本，提高养殖收入。

楚州河湖荡滩和水田面积广大，水生动植物十分丰富，有利于鸭子饲养。小群鸭散放河沟，早出晚归；大群鸭每百只配1～2人放牧。90年代，鸭已向规模养殖发展，2008年，全区规模养殖已占到鸭饲养量的70%以上。鹅以放养为主。苗鹅喂以莴苣、生菜叶、水草，并拌以碎米，育肥期补喂谷类饲料，产蛋季节加喂米糠稻谷。鹅多成趟饲养，善于经营者一年可养两批。由于政府提倡并予鼓励，全区养鹅业发展较快，到2008年，鹅也逐步向规模养殖发展。

（四）规模养殖场

80年代初，家禽养殖已出现规模养殖的趋势，可当时养殖专业户比较少。90年代初，全区规模养殖仅20多家。1992年起，三堡乡首先搞蛋禽规模养殖，1998年，宋集、季桥等乡镇发展起肉禽规模养殖。2008年底，全区家禽规模养殖场有887个，其中肉禽场245个、蛋禽场642个。

1978～2008年楚州区（淮安县、淮安市）家禽生产情况表

表7-23　　单位：万只

年　份	年末栏存	其　中			出　栏
		鸡	鸭	鹅	
1978	73.01	47.48	24.56	0.97	55.57
1979	83.15	59.54	22.39	1.22	57.89
1980	65.33	46.10	18.30	0.94	43.78
1981	67.55	46.00	19.29	2.26	30.60
1982	76.02	54.65	19.13	2.24	50.35
1983	86.28	70.53	13.94	1.81	—
1984	118.55	100.70	17.57	0.91	278.25
1985	165.65	137.10	26.29	2.25	293.65
1986	124.68	100.10	13.10	1.78	284.22
1987	153.59	129.45	21.10	2.90	349.48
1988	249.62	213.32	31.93	4.36	425.56
1989	204.87	177.37	20.50	6.90	386.90
1990	204.42	175.68	24.37	4.36	452.83
1991	218.70	183.90	29.60	5.20	484.95
1992	202.91	174.50	22.32	6.09	619.85

续表 7-23

年 份	年末栏存	其 中			出 栏
		鸡	鸭	鹅	
1993	228.55	195.64	25.15	7.76	705.46
1994	363.20	315.98	40.32	6.90	956.71
1995	375.52	330.46	41.31	3.75	1192.15
1996	397.17	357.45	32.78	6.94	1399.78
1997	190.22	173.12	15.10	2.00	697.80
1998	226.92	208.90	14.02	4.00	998.90
1999	238.49	218.50	14.99	5.00	1034.44
2000	274.59	262.19	11.30	1.10	1085.03
2001	298.32	269.41	24.53	3.38	1054.14
2002	306.62	284.38	20.09	2.15	1084.06
2003	315.54	287.38	26.16	2.00	1018.21
2004	300.77	271.53	24.18	5.06	881.73
2005	219.71	185.32	28.67	5.72	737.29
2006	355.67	310.35	36.93	8.39	556.01
2007	365.50	316.44	36.57	12.49	657.00
2008	464.86	381.33	62.16	21.35	862.75

二、家畜

(一)品种

猪 长白猪:长白猪引进本区比较早,70年代初就从苏南引进长白猪1头,1982年,县家畜改良站从海安引进3头,1987年又从铜山县引进2头,以后陆续引进,作品种改良之用,很少有纯种养殖。2000年,随着生猪规模养殖的发展,各规模场都引进部分纯种种猪,但都作为繁殖三元杂交猪母本或父本,到2008年,全区栏存约5000头。

杜洛克猪:杜洛克猪原产于美国。1982～1985年,家畜改良站分别从深圳、宿迁、苏州等地引进4头杜洛克种公猪进行杂交繁育。90年代后,此猪由于体型好,生长速度快,瘦肉率高,而深受本地养殖户欢迎。至2008年,杜洛克猪在全区仍主要作为杂交繁育的父本,当年全区栏存约1000头。

大约克猪:大约克猪原产于英国,又称大白猪,本地在1951年就从淮阴种猪场引进公、母各1头,饲养在新城配种站开展经济杂交,60年代以后又从淮阴种猪场引进40头,在席桥等乡镇猪场和配种站进行杂交。70年代初又从淮阴种猪场引进5头,80年代又从海安等地引进种猪5头,在本县家畜改良站作为杂交父本,为全县提供种猪精液。进入90年代,已在面上广泛引进,用于杂交繁育,生产三元杂交商品猪。到2008年,全区大约克猪栏存量约2000头。

汉普夏猪:汉普夏猪原产于美国,1985～1987年,县家畜改良站先后从睢宁引进汉普夏猪6头,作为杂交父本,对本地新淮猪进行品种改良。1992～1994年,从淮阴家畜改良站陆续购取汉普夏猪精液1000头份对本地猪进行改良。由于其外貌不太符合本地人的审美观,90年代后期已逐渐被淘汰。

皮特兰猪：皮特兰猪原产于比利时。2003年，城东乡一猪场从山东日照种猪场引进母猪40头，2004年，平桥一猪场又从盐城购进母猪13头，后来由于其生长速度一般且应激反应较大而逐渐被淘汰。

二花脸猪：二花脸猪属太湖猪，是由米猪和大花脸公猪回交后育成的，其外貌和性格在于二亲本之间。1980年7月1日，从张家港市食品公司种猪场引进二花脸母猪18头、公猪2头，进行纯繁和杂交，两年共繁殖苗猪576头。以后也零星有群众从外地购进。由于该猪对外界温度变化适应性较差，易生皮肤病，对气喘病感染也较敏感，对本地冬冷夏热的气候不太适应，至2000年几乎被淘汰。

牛 黑白花奶牛：1983年，从江苏农学院牧场引进黑白花奶牛6头在水产养殖场养殖，以后陆续淘汰又陆续引进。到2005年，季桥镇发展起全区第一个栏存超100头的奶牛养殖场，接着朱桥又发展起了一个奶牛规模养殖场，逐渐形成生产规模。2008年全区存栏量约400头。

羊 波尔山羊：波尔山羊原产于南非，博里一羊场在2005年秋从徐州市高特波尔种羊场购进波尔山羊母羊50只。公羊5只作为纯种繁育和杂交改良用。后来部分羊养殖户也有零星购进，此后朱桥洪铭羊养殖场又从山东东营波尔山羊养殖场购进种羊200只，用于纯种繁育和杂交利用。到2008年，全区波尔山羊栏存量约2000只。

（二）饲养

养猪 楚州养猪历来以个体饲养为主。80年代前后，随着商品经济的发展以及“两户”的出现，农民在养猪上的投入逐渐增多，部分养肥猪、母猪户建起半封闭式的猪圈，有的农户甚至建起双列式猪圈。在饲养技术上，70年代以前，采用的是吊架子的方法，出栏率在75%左右，料重比在5.5∶1～6∶1。80年代以来，随着经济文化条件的提高，科技的普及以及混合饲料的推广，不少农民采用一条龙的饲养方式，促进了养猪业的发展。生猪出栏率提高到96%，并做到适时上市，生猪上市体重一直稳定在90～95千克。在饲料品种上，基本是有啥喂啥，以及用残羹喂猪。由于地域上的差异，饲料品种上也有所不同。到90年代，随着饲料工业的发展，粮食、供销、农牧部门饲料厂以及镇办的饲料厂，每年可提供近2万吨的混合饲料。随着全价颗粒饲料的普遍推广，进一步促进了养猪业的发展。1991年，淮安市饲养生猪78.1万头，其中出栏41.5万头。在饲料调制上，70年代，普遍采用机械粉碎，并推广多种发酵饲料；80年代，除向农户推广配（混）合饲料外，开始应用猪饲料添加剂；90年代，除推广全价颗粒饲料外，开始推广料精。90年代后期，大力推广高效规模养殖，充分利用劳动力资源，采用科学的配合饲料、合理的疫病防控程序及科学的无公害饲养管理方法，极大提高了生猪生产和养殖效益。2000年以后，随着规模养殖的进一步发展，除了极少数散养户仍用自家饲养以外，其余全部使用配合饲料进行生猪养殖。

养牛 1956年后，随着农业合作化和人民公社化，耕畜折价归集体。1982年以后，农村实行“大包干”，耕畜又折价归农户。随着农村产业结构的调整，农业机械化程度的提高，役用牛已经很少。1991年底，仅存4609头。2008年，全区役用牛只有200多头，奶牛的养殖量则逐年上升，发展到400多头。

养羊 楚州养羊以山羊为主，历史虽久远，但发展一直缓慢。1978年，存栏约2000～3000只。80年代后，由于山羊板皮出口创汇率较高，以及羊肉的消费增加，山羊的饲养数不断增加。至1991年底，饲养量达8.44万只，年末栏存3.6万只。到90年代后期，随着人们生活水平的提高，养羊不仅是出皮，主要用于产肉，到2008年，全区羊的饲养量达10万只。

养兔 兔在楚州饲养年代虽悠久，但数量一直较少。20世纪70年代开始，由于兔毛在市场上紧俏，出口创汇率高，毛兔曾一度发展较快，但时有起伏。1977～1982年，一直维持在9万只左右。1982年，栏存4.3万只。以后随着市场情况的变化，兔毛逐渐滞销，至1991年末仅存毛兔9203只。从2008年起，獭兔养殖在楚州区悄然兴起，栏存种兔近1万只，年出栏商品兔40多万只。兔多笼养，喂以青草、树叶或任其自行觅食。梅雨季节注重防病，每年要进行一次兔瘟苗防疫注射；兔舍要常保持清洁卫生。

（三）规模养殖

80年代初，社队集体养猪量逐年减少，1983年集体猪场不复存在，生猪全为农户私养，同年养猪专业户开始出现，且发展较快。1987年，农民个体养猪24.75万头，比1979年增长21.04%。全县有养猪专业户186个，其中马甸乡86个、建淮乡85个、朱桥镇13个、季桥乡2个，共饲养生猪6523头，户均35.07头。1991年底，养猪专业户203户。建淮乡建淮村推广磨粉养猪的经验，1991年全村饲养生猪7500多头，出售肥猪4704头，创产值132.98万元，人均400元以上。其中，杨庄组37户人家，有30户从事磨粉养猪，1991年饲养生猪800多头，获利10多万元，人均600元以上。80年代中期，淮安出现了一些养羊、养兔重点户。据1988年统计，全市饲养30头以上山羊的有62户，其中以顺河乡戴王村二组农民陈树南为最多。陈树南连续5年饲养母羊20余头、种公羊2头，1987年出售105头，获利5182元。1990年，席桥乡东邱村张庄组的陈雨生，饲养种母兔6只，繁殖30窝，共产仔兔236只，获利3000元。从90年代至2008年，全区家畜的规模养殖户已达到800多户，规模养殖比重50%以上。

第二节　特种养殖

一、银狐

又称银黑狐，1994年秋，上河镇粮管所从镇江一狐场引进种狐30只，因此狐性敏感而难于饲养，加上市场行情的不稳定，于1995年全部淘汰，此后基本没人饲养。

二、梅花鹿

2002年从淮阴农校购进梅花鹿40只，进行人工饲养，后来发展到200多只。2008年，博里镇又购进梅花鹿50只。2008年底，全区梅花鹿的饲养量为300多只。

博里马桥生态园养鹿场　（2007年摄）

三、獭兔

又名力克斯兔，原产于法国，后扩散到许多国家，是一种典型的皮用兔品种，因其毛酷似珍贵毛皮兽水獭，故称为獭兔，2007年，季桥镇从联兔场从山东引进种兔500只，后通过公司+农户的形式逐渐发展壮大。2008年发展到养殖户20多家，栏存种兔5000多只。

第三节　畜禽疫病防治

一、防治机构

1983年5月，淮安县成立了县防治牲畜五号病指挥部，由工商、食品、卫生、公安、交通、防疫站、兽医站等11个单位组成。1986年5月，因精简临时机构"防五"被撤销，同年11月又恢复。各乡镇相应设有防治牲畜"五号病"领导小组，隶属于乡镇政府，业务由县"防五"指挥部领导。"防五"指挥部是临时机构，主要任务是在县政府领导下，协调有关部门，采取综合措施，控制和扑灭"二瘟一病"以及其他畜禽的烈性传染病。按上级业务主管部门要求，2002年，"防五指挥部"更名为"淮安市楚州区防治重大动物疫病指挥部"。由宣传部、工商局、公安局、卫生局、城管局、督查办、广电局、交通局、林牧渔业局、财政局、贸易资产公司、淮城镇、畜牧兽医站等13个单位组成，主要任务是控制和扑灭口蹄疫、猪瘟、鸡新城疫、高致病性禽流感、狂犬病、猪链球菌病、高致病性猪蓝耳病等7种重大动物疫病。

1976年11月，淮安县革委会对公社畜牧兽医站的机构设置和人员编制，实行精减紧缩，确定在编人数232人（当时实有人数275人），每个公社配备1名行政站长、1名业务站长，会计、司药由兽医兼职。1981年，有210名兽医技术人员经考试合格，领取省颁发的兽医合格证。兽医人员原则上按每人负担800户左右配备。1984年，核定淮安各乡镇站畜牧兽医人员计376人，其中有合同兽医76人。1987年，首次在畜牧兽医系统中评定农民技术员职称，由淮阴市多种经营管理局批准农民畜牧兽医师11人；经县科委批准农民助理畜牧兽医师144人，畜牧兽医技术员76人；经淮安县多种经营管理局批准农民助理技术员96人。1990年12月，淮安市编委下达乡镇站人员编制共403人。到1991年底，全系统有职工459人。1993年，淮安市编委下发淮编发〔1993〕50号文件，明确乡镇畜牧兽医站的统一名称为"淮安市××乡（镇）畜牧兽医技术推广服务站"简称"××乡（镇）畜牧兽医站"，系全民事业单位。29个乡镇编制数共222人。2001年2月，淮安市撤市建立楚州区以后，原淮安市畜牧兽医站更名为楚州区畜牧兽医站，淮安市兽医卫生监督所更名为楚州区兽医卫生监督所，淮安县家畜人工授精站（1984年更名为淮安市家畜改良站），更名为楚州区家畜改良站。实行三块牌子、一套班子，人员从区畜牧兽医站中调剂。

二、疫病

全区畜禽流行病有多种，其中危害较严重的分别如下。

畜禽共患的传染病 有炭疽、巴氏杆菌病、沙门氏菌病、大肠杆菌病、链球菌病、钩端螺旋体病、放线菌病、破伤风、布氏杆菌病、李氏杆菌病、结核病、口蹄疫、伪狂犬病、流行性乙型脑炎、痘病等，其中口蹄疫已控制，流行性乙型脑炎、李氏杆菌病临床已多年不见，炭疽、结核病、放线杆菌病、钩端螺旋体病偶有发生。常零星发生的传染病有狂犬病、破伤风、链球菌病等，每年都有发生和流行的有巴氏杆菌病、痘病等。

猪传染病 畜禽共患的传染病以外，尚有猪瘟、猪丹毒、猪气喘病、仔猪大肠杆菌病、猪传染性胃肠炎、猪传染性水泡病、猪流行性感冒、猪链球菌病、猪痢疾、猪蓝耳病、附红细胞体病。待确诊的猪传染病有猪萎缩性鼻炎、猪圆环病毒病、猪副溶血嗜血杆菌病等。其中猪传染性水泡病已经消灭，猪瘟、猪丹毒已基本控制。

猪链球菌病 1987年有发生和流行以后，至2008年临床偶有发生。

猪痢疾 仅1984年发生一个疫点，并被迅速扑灭。

附红细胞体病 2002年区动物卫生监督所实验室对前来诊疗的猪、犬确诊，至2008年，每年夏季都有发生。

猪钩端螺旋体病 2001年9月，范集粮管所从建湖购进一批苗猪35头，死猪6头，其余治愈。

猪高致病性蓝耳病 始发于2001年，经省动物疫病预防控制中心诊断。2001～2008年夏季，每年都有发生，每年6～10月间，栏存生猪发病率在30%左右，因该病造成的死亡每年在3万头左右，给养猪业造成很大的损失，其中一养猪场，一次损失在40万元左右。2008年下半年，国家投放了中国动物疫病预防控制中心研制的高致病性蓝耳病疫苗，收到很好的效果。

猪圆环病毒病 2008年10月，钦工镇一猪场首发疑似病例，80头栏存生猪，死亡32头，区畜牧兽医站业务人员认为该群猪的发病系猪圆环病毒病。

家禽传染病 畜禽共患的传染病中列出的（痘病、禽霍乱、鸡白痢等3个病）以外，尚有鸡新城疫、鸡慢性呼吸道病、雏鸡埃希氏大肠杆菌病、鸡传染性法氏囊病、鸡马立克氏病、鸭病毒性肝炎、鸭瘟、鸭疫巴氏杆菌病、小鹅瘟等。至2008年，鸡新城疫、鸡马立克氏病、鸭瘟已基本控制，雏鸡埃希氏大肠杆菌病仅三堡乡发生。2008年底，发生和流行的主要是鸡传染性法氏囊病、鸭病毒性肝炎、小鹅瘟和鸡的慢性呼吸道病等。

禽流感 2001年，在宋集乡条沿村一个5000只鸡群发生，经省诊断为H9禽流感，后被扑杀。同年朱桥也发生一起。2004年5月，省属白马湖农场谢怀清饲养的1万只肉种鸡发病，经省畜牧兽医站诊断为疑似高致病性禽流感，被扑杀，共处理肉种鸡1万只，刚出壳苗鸡2万只，种蛋4000千克，总价值80万元。2008年12月，三堡、建淮、溪河、车桥、朱桥、马甸、淮城等7个乡镇30余户蛋鸡户鸡发病，经省诊断疑似H5N1-4变异株感染，共扑杀7.5万余只鸡。

鸡传染性鼻炎 2005年，淮城镇闸北村胡庄组周学宝饲养的1800只草鸡，120日龄时发病，死亡85只。2005年10月，淮城一群500只18日龄肉雏鸭、同年10月宋集一群1750只体重1千克左右肉鸡、2006年南闸一群200只草鸡发生链球菌病，均被扑杀处理。

牛传染病 除患病中列出的病外，主要有牛恶性卡他热、传染性角膜结膜炎、流行性感冒。共患病中，对全区饲养的奶牛每年体检时，都检出少数结核病、布氏杆菌病阳性牛，一旦检出，均被无害化淘汰处理。

羊痘 2002年9月在城东，2004年、2005年在顺河、钦工、苏嘴的羊群中都有发生。2006年以后，组织供应了羊痘疫苗，至2008年底，该病已获得控制。

羊传染性脓疱 2002年8月在省属白马湖农场、2003年秋天在苏嘴镇、2005年在钦工镇先后发生3起。该病在2002年之前，无资料记载。

兔传染病 主要有兔瘟和兔螺旋体病。兔巴氏杆菌病亦曾有疑似病例发生，但未有确诊的资料记载。

禽畜中毒性疾病 主要有饲料中毒（食盐中毒、亚硝酸中毒、棉籽饼中毒、氢氰酸中毒、过食蚕蛹中毒）、毒植物中毒（如田菁中毒、苦栋果中毒、蓖麻叶中毒）以及霉菌毒素中毒（如霉变饲料中毒、黑斑病山芋中毒）和药物中毒（如有机磷农药中毒、有机氯农药中毒、痢特灵中毒、鱼石脂中毒、阿托品中毒、灭鼠剂中毒）等。90年代以后随着配合饲料和科学饲养的技术推广应用，中毒性疾病较为少见。

畜禽主要寄生虫病 大家畜寄生虫有8种，以耕牛的伊氏锥虫、双口吸虫、肝片吸虫较普遍，感染率较高，危害也较大。生猪寄生虫有8种，其中以猪蛔虫、肺丝虫、姜片吸虫等最为普遍，感染率和感染度都较高。鸡寄生虫有14种，其中以鸡蛔虫和球虫较普遍，感染率也最高，是大群养鸡的必防之疾病。鸭寄生虫有27种。进入20世纪80年代，鸭寄生虫引起的疾病，逐渐为人们所认识和重视。20世纪90年代以后，随着科学饲养技术的推广应用，饲料结构的改变，寄生虫病的危害越来越小。

其他疫病 主要有水牛上颌窦瘘、皮样囊肿、血管瘤、水牛腰椎脊突增生、牛的双目内斜视、牛鞘膜积水、牛尿石症、多囊肾、牛的缺磷症等。

三、防治

70年代，公社兽医已能作牛胃切开、尿道结石等手术。1980年以后，病畜治疗基本不出乡，并开始防治禽病。到1990年，市畜牧兽医站拥有制作疫苗、化验以及冷库、门诊、无菌室等设施，乡镇兽医站均配备了电冰箱、显微镜等设备和中西药品室。2000年，楚州区畜牧兽医站，被农业部布点为国家动物疫情测报站，建成80平方米的实验室，投资购买了一批仪器设备。2007年，各乡镇建成30平方米的兽医实验室，区畜牧兽医站建成200平方米的实验室，担负起重大动物疫情的监测任务。

70年代初，在白马湖、县食品公司、种猪场，应用仔猪副伤寒弱毒冻干苗，并对收购调往扬州等地的肥猪注射口蹄疫血清。1987年开始，逐渐使用猪瘟猪丹毒二联苗。为预防猪链球菌病，1987年12月，市畜牧兽站试制出“灭活脏器苗”，在施河乡、市水产养殖场等地使用。1988年在10个乡镇推广使用5万头剂，同年引用广州产猪链球菌弱毒冻干苗。

兽医协防员在养鸡场开展防疫工作（2003年摄）

1978年仍用鸡瘟疫苗、鸡新城疫II系苗（冻干苗）。对鸡新城疫的防疫，使用的有肌肉、皮下注射，滴鼻、饮水、气雾等方法。I系苗用于2月龄以上的鸡，II系苗用于2月龄以内的鸡的防疫。1983年以后，I系苗防疫密度要求在90%以上。为检测防疫效果，1983年，县畜牧兽医站开展了鸡新城疫HI抗体的测定项目，每年抽检一定数量。1983～1986年，应用鸡马立克氏病冻干苗。1986年，主要针对养鸡大户开始应用禽霍乱疫苗。1987年之前，推进14～8日龄II系苗防疫，2月龄以上注射I系苗的免疫程序。1987年以后，推行1日龄炕坊II系苗免疫、2月龄以上注射I系苗的免疫程序。

1980～1981年，淮安食品公司对保种鹅进行小鹅瘟疫苗注射。从1984年开始，应用抗小鹅瘟血清。80年代中后期，全县积极推广药物预防，较好地预防了雏鸡的白痢病和球虫病、禽的霍乱病、兔的球虫病、猪的链球菌病等。所用药物有氯苯胍、氨丙林、敌菌净、土霉素等。1993年应用口蹄疫“O”型苗。2003年始，家禽使用高致病性禽流感苗H5N1。2004年起，羊痘疫苗，犬的五联苗推广使用。2006年，奶牛、羊加用口蹄疫“A”型苗。2008年12月，鸡使用H5N1-5-4禽流感苗。

2000年始，猪、牛、羊使用免疫耳标，从2003年起，发生重大动物疫情的扑杀政府给予补偿，肥猪每头480元，成禽每只10元，牛每头4200元。从2004年始，口蹄疫、禽流感以及以后的蓝耳病、羊痘、链球菌疫苗费用，由省、市财政负担，区财政从2005年始承担了猪瘟疫苗的费用，重大动物疫苗的防疫，不再向农户收费。省财政安排村级防疫员的防疫劳务费，每行政村3000元。2007年6月起，耳标为二维码耳标，耳标上有地方区划号。从2008年始，国家、农户各出部分资金，对母猪、奶牛实行保险。

2004年之前，动物检疫工作由各乡镇畜牧兽医站安排人员实施。从2004年始，区人事局、区林牧渔业发展局联合在全区公开招考51名动物检疫员，专职从事动物检疫工作，作为区动物卫生监督所派驻各乡镇的工作人员。

第八章　水产业

第一节　水产养殖

一、养鱼

（一）鱼苗生产

1968年，鲤鱼人工繁殖在溪河渔场取得成功，鱼苗人工繁殖技术从此在全县范围内逐渐推广

（乡镇渔场以人工繁殖鲤、鲫鱼为主）。最高纪录的1985年，全县人工繁殖鱼苗5.15亿尾，有16个乡镇渔场和养鱼户搞起自繁，为全县区水产业的发展奠定了基础。进入21世纪，由于河蟹、龙虾等特种水产业的兴起，鱼苗需求量逐渐减少，其年产量徘徊在3亿尾左右。

（二）鱼种繁育

1959年，建立第一个鱼种生产基地——淮安县鱼种养殖场，拥有鱼种池17公顷，当年培育鱼种298万尾。到1990年，已有24个渔业生产单位能自己培育鱼种，且鲤、鲫等种苗已能自给自足，但主要鱼种仍由当时的县鱼种场提供鱼苗。鱼种培育的方法，主要是专池培育和成鱼池套养。50年代末至80年代初，苗种培育池基本标准是面积0.13公顷左右、水深1米左右，主要采用肥水培育出高产优质的鱼种，培育方法有豆浆、肥水结合，大草培育、稻稗淹青等。1982年，县鱼种养殖场稻稗淹青育种试验，获江苏省水产科研成果三等奖。成鱼池套养培育鱼种始于80年代初，主要局限于鲢、鳙、鲤、鳊一龄鱼种和草鱼二龄鱼种的培育。随着养殖技术的改进，鱼种产量、质量大幅度提高。1990年，亩均产量由1978年的100千克提高到250多千克，最高达450多千克；5寸以上大规格鱼种，占全年鱼种总数的58.3%，培育鱼种提倡“大、多、优、全”，特别是进入21世纪后，在沿袭以往培育鱼种方式的基础上，草鱼种投饲配方颗粒饵料一年育成，第二年即可养成上市，极大地缩短了养殖周期。

1978～2008年部分年份楚州区（淮安县、淮安市）鱼苗鱼种产量表

表7-24

年 份	鱼苗产量（万尾）		鱼种产量（万尾）		鱼苗种池面积（亩）
	总 产	其中：人工繁殖	总 产	其中：10厘米以上	
1978	12300	12300	270	220	1000
1979	8700	8700	375	479	1200
1980	15676	15676	451	682	1300
1982	16280	16280	532	362	1300
1983	21020	21020	1753	900	1300
1984	42538	39493	2494	1347	1100
1985	51500	51000	700	400	1600
1986	38879	38879	2944	2082	1300
1987	46343	45661	3340	2336	1770
1989	40875	38353	8980	5120	3240
1990	34241	27574	3447	2200	5000
1991	35741	27574	3447	2400	4500
1992	36424	29410	3511	2420	4620
1993	37644	31022	3562	2425	4740
1994	38372	31962	3625	2476	4820
1995	41007	32554	3647	2495	4890
1996	41797	34621	3640	2500	4900
1997	42619	35273	3644	2510	4900
1998	42917	35974	3650	2540	5100

续表 7-24

年　份	鱼苗产量（万尾）		鱼种产量（万尾）		鱼苗种池面积（亩）
	总　产	其中：人工繁殖	总　产	其中：10厘米以上	
1999	45223	38725	3660	2520	5000
2000	49231	42147	3590	2390	4950
2001	42630	37265	3605	2430	4960
2002	40250	34790	3680	2440	4990
2003	38420	35660	3540	2470	5000
2004	38370	35500	3560	2510	5200
2005	37680	35420	3560	2540	5300
2006	37550	35530	3550	2530	5440
2007	41220	35790	3580	2600	5570
2008	39440	35119	3600	2620	5720

（三）池塘养殖

淮安县农民早就有利用家前屋后小洼塘养鱼的习惯，1957～2008年，养殖面积由1.87公顷增加到9933.33公顷，养殖产量从只有几十千克增加到5.5万吨。随着国家经济实力的提升和对农业投入的加大，楚州区水产业每年都有上百万元的财政资金用于池塘改造、现代化渔场建设等，经过连续多年的改造，全区养殖场生产条件得到大幅度的提高，在池塘清淤、池埂护坡、微孔增氧、机械设备配套、进排水系统改造、电力装备、道路铺设等方面注入了上千万元的资金。

流均渔业高效养殖示范塘口　（2008年摄）

80年代，淮安县在常规鱼养殖稳定发展的基础上，开始发展以河蟹养殖为主的特种水产养殖。初期发展以池塘养殖为主的特种水产养殖，池塘河蟹养殖面积达4000公顷，产量3000吨。1995年，全市发展稻田特种水产养殖9333.33公顷。随着小龙虾消费的日益提高，全区范围内新兴的特种水产养殖业——小龙虾养殖业迅速发展，小龙虾以套养为主，截至2008年，全区发展小龙虾养殖近2000公顷，产量近2000吨。

改革开放后，集体渔场不再由集体经营管理，由个人总承包或再分包给养殖户。养殖品种和养殖模式较以往也有所变化。过去的河蚌育珠、罗非鱼养殖等已销声匿迹了。养殖饲料基本上是配方颗粒，采用机械投喂。自2008年开始，全区养殖池塘增氧设施，开始推广采用微孔增氧设备，减少增氧机的使用量。

（四）稻田养鱼　1984年，淮安县开始试验推广稻田养鱼。1985年，在溪河、范集、季桥3个乡的9个村推广30公顷，平均亩产成鱼11.1千克，水稻亩产超过750千克。由于传统的养殖业和种植业单一化的生产方式禁锢人们的思想，加上生产技术和管理水平低，鱼产量低、收益少，影响群众生产积极性。1987年后，稻田养鱼面积逐渐减少，1991年全市仅存1.33公顷。随着特种水产养殖、特别是河蟹的发展，稻田养殖获得再次发展，至1995年，全市稻田养殖发展到9333.33公顷，主要集中在运西和渠南，养殖模式主要是稻田套养河蟹。是年，淮安市稻田养殖受到省政府表彰，全省稻田养殖现场会在淮安召开，并被拍成专题片在中央电视台播出。2008年，全区稻田养殖约6666.67公顷。

（五）网围养鱼　网围养鱼主要集中在白马湖湖区。1987年冬至1988年春，当时县多种经营管理局在南闸乡渔民村白马湖区，指导两户专业渔民用1.51公顷水面进行网围养鱼试验，取得成功，亩平均产量400千克，亩平均纯利1000元。此后，湖区网围养殖逐步发展，到2005年，白马湖湖区除了少量的航道水面已经全被网围养殖占用。至2008年，由于每年夏季上游污水下泄，造成网围养殖区鱼、蟹大量死亡，导致许多养殖户不敢放种、投饲，网围水面大片荒芜，网围水面形成“望年收”。

（六）鱼病防治　根据楚州历年鱼发病情况，常见的鱼病可分为寄生性、细菌性、病毒性3类。寄生性鱼病，包括中华鳋病、锚头鳋病、粘孢子虫病、鱼鲺病、鱼怪病、车轮虫病等。细菌性鱼病，有烂鳃病、肠炎病、赤皮病、白头嘴病、白鲫出血病（弧菌引起）和打印病等。病毒性鱼病，主要有出血等。80年代以前，由于全县各地粗放粗养，密度低，池塘积淤少等因素，鱼发病率很低。进入80年代，养殖集约化程度逐渐提高，加上池塘老化，苗种种质退化等原因，致使多种鱼病蔓延。危害最大的有烂鳃病、肠炎病、赤皮病以及鲫鱼、白鲢暴发性出血病等。前3种病多发于草鱼，并称草鱼“三病”，也危害青、鲤、鱼种和成鱼。

草鱼“三病”发病季节多在4～9月，早春至严冬终年可见，各地鱼病发病率占50%以上。其综合症状是：鱼体腹部膨大、体色变黑，肛门外突红肿，鱼肚中有很多腹液，肠道充血无食，含有许多淡黄色浓液，鳃腐烂，还有污泥，鳃盖骨的内表皮往往充血，中间部分的表皮常腐蚀成圆形不规则透明“小窗”；鱼体局部或大部分出血发炎，鳍基充血，鳍条末端腐烂。治疗方法是内服药与外用药结合，外用药一般杀菌消毒药全池遍洒两到三天；内服药一般用肠道消炎药一周。

鲫鱼、白鲢暴发性出血病是1986年才出现的一种新的鱼病，多发生在鲫鱼、白鲢、鲤鱼、鳊鱼等品种上，发病时来势猛，危险大，严重时可使池鱼中的鲫鱼、白鲢全部死亡。待池鱼中的鲫鱼、白鲢全部死亡后仍继续感染鲤鱼、鳊鱼等其他品种，并继续造成危害。从2月底至11月份，尤以水温为28℃左右发病最为严重。受危害的淡水鱼类有鲫、鲢、鳙、鳊、鲤等，患病率为60%以上，死亡率为10%～80%。治疗方法：第一天每亩水面水深一米用470克硫酸铜化水全池泼洒，第二、三两天，连续用消毒药物，同时从用药第一天开始连续用肠道消炎药内5～7天，停药三天后，每亩水面水深一米用生石灰10千克化水全池泼洒一次，调节水质，疗效十分显著。寄生虫病，虽流行广，但危害性不大，很少有造成大批鱼死亡的病例。

二、河蟹养殖

80年代初，随着水利设施的不断完善，河蟹自然洄游路线上闸坝的逐渐增多，加之工业污染，治理滞后，河水污染日益严重，河蟹的自然产量逐渐减少。

从1987开始，淮安县即有人利用在长江口捞取的自然产的正宗长江水系中华绒螯蟹的扣蟹养殖，当年上市，一般规格100～200克/只。到1990年以后，随着长江口自然苗种的减少和人工育苗的成功，河蟹养殖技术趋于成熟，而且养殖规模也越来越大。养殖多采用：人工繁殖—蟹苗培育—扣蟹培育—成蟹养殖的技术路线。楚州河蟹养殖主要集中在渠南绿草荡、马家荡一线的流均、泾口、施河，运西白马湖沿线的南闸、范集、林集、三堡等水网地区。2007年以后，河蟹养殖、河蟹龙虾套养已经成为楚州特种高效水产养殖业。河蟹养殖面积4000公顷以上，养殖产量4300多吨。

河蟹养殖的病害主要有脱壳不遂病、河蟹上岸不下水症、软壳病、甲壳溃疡病（又名褐斑病、甲壳病、腐壳病）、蟹黑鳃、蟹水肿病、颤抖病（又称环腿或弯瓜病）、纤毛虫病等，其中颤抖病在2001～2005年对河蟹养殖业危害比较大，并且特别难治。2008年后，经防治该病逐渐淡化，其危害性也不再严重。

三、小龙虾养殖

80年代,小龙虾在楚州陆续出现并逐渐增多,刚开始时,因其有穴居打洞的特点,破坏池、堤坝,被视为农业、水产养殖业一害,一度被列为清除对象,后逐渐走上百姓餐桌,至90年代已经成为大众普遍认同的水产消费品。小龙虾养殖面积超过2000公顷,养殖产量2660吨。

2000年以后,养殖户开始探索小范围试养,随着市场需求、养殖效益的逐渐提高而逐渐扩大养殖规模,而且养殖技术日渐成熟,养殖模式日益丰富,既有池塘主养,又有蟹虾混养,还有水芹池套养、荷藕田套养、鱼种池套养、稻田养殖等。亩产逐步提高,从每亩水面产虾20~30千克,上升到最高300~350千克。养殖效益亦同时上升,从刚开始的套养可亩增效50~100元,变为养后亩效益超过2000元。

小龙虾养殖与其他水产养殖一样,在养殖密度达到一定程度后,即会产生一些病害,如烂鳃病、黑鳃病、烂尾病、聚缩虫病、纤毛虫病等,上述几种疾病尚易防治,对于小龙虾养殖业危害较大的是白斑病,几乎无法治疗,每年5月中下旬开始发病,到7月初可自然降低发病程度,且渐渐自然消失,此病可造成小龙虾大批死亡,往往给养殖者造成巨大损失。

白马湖农场人工养殖小龙虾
(2002年摄)

1978~2008年部分年份楚州区(淮安县、淮安市)水产品养殖情况表

表7-25

年　份	养殖面积(万亩)	水产品总产量(吨)	养殖产量(吨)	捕捞产量(吨)
1978	3.80	1840	1360	480
1979	4.00	2030	1435	595
1980	4.50	2070	1395	675
1985	4.90	3770	2490	1280
1986	4.70	5030	3630	1400
1988	5.10	8741	7084	1657
1989	5.30	10540	8830	1710
1990	5.43	11710	9214	2496
1991	5.25	8523	6028	2495
1992	5.50	12000	9500	2500
1993	7.79	15371	12982	2389
1994	8.97	24301	18457	5843
1995	11.19	32330	25515	6815

续表 7-25

年　份	养殖面积(万亩)	水产品总产量(吨)	养殖产量(吨)	捕捞产量(吨)
1996	12.16	40115	33081	7034
1997	12.12	41723	34058	7665
1998	12.48	46189	38579	7610
1999	12.96	47924	40658	7266
2000	13.32	50043	43032	7011
2001	13.90	49150	42091	7059
2002	13.90	49917	43651	6266
2003	13.85	48808	39211	9597
2004	14.76	50741	42139	8602
2005	14.71	51109	42772	8337
2006	14.75	51834	43251	8583
2007	14.82	51907	42643	9264
2008	14.83	54534	45776	8758

第二节　渔政管理

1979年，经省水产局批准，县多种经营管理局水产股划出专人负责全县渔政工作，14名渔业技术员全部兼职渔政工作。1980年，首次实行渔业许可证制度，渔政工作人员依法行政。1984年4月，县政府颁布《关于发展渔业生产，保护水产资源》的布告，县多种经营管理局于1985年1月根据布告制定具体实施意见，并规定部分渔具的网目、禁渔区和禁渔期。1986年《渔业法》颁布实施，渔政工作得到全面开展，到1987年，全县对1156艘渔船颁发了内陆渔业捕捞许可证或临时渔业捕捞许可证；对危害渔业资源的渔具和渔法进行了禁止或限期淘汰甚至取缔；对破坏渔业资源者按有关规定予以处理，并收取渔业资源赔偿费。1987年10月，成立县渔政管理站，在渠南、运西、渠北3个片各设1个分站。全站有专职渔政员5人，兼职渔政员14人，渔政船2艘，渔政轻骑车3辆。渔政工作开始逐步走上正规化的轨道。进入90年代后，为适应形势发展的需要，渔政站增编为14人。先后成立江苏渔船检验局淮安检验站，中华人民共和国淮安渔港监督，也"三块牌子，一套班子"。

楚州区地处黄淮海平原腹地，不仅有"一湖、二荡、四河"大型水面，即白马湖、绿草荡、马家荡及京杭大运河、苏北灌溉总渠、淮河入海水道，还有溪河、渔滨河、大寨河、衡河、新河、温山河、白马湖上、下引河、塘河、泗河、姚河等16条中型流域性河流，全区总水面3.76万公顷，其中养殖面积9333.33公顷。渔业从业人员近2万人，其中流均、南闸2个渔业村和车桥、范集、林集3个渔业组，专业渔民有320户，共有渔业船舶近千余艘。楚州渔政站及渔港监督、渔船检验站自成立后，根据渔业行政执法工作特点，下设沿荡、渠南、渠北、运西四个分站和一个稽查队，分工明确、责任到人。制定完善了《岗位责任制》《服务承诺制》《首问负责制》《两错责任追究制》《否定报备制》《渔业违法案件调查审理制》《财务管理制》《群众来信来访接待制》《渔业执法人员行为准则》《渔业执法工作考核办法》等一整套内部管理规章制度。至2008年，楚州渔业行政执法机构认真履行各项工作职责，全方位开展渔业行政执法工作；渔民的持证生产率99%以上。

第九章　蔬菜业

第一节　蔬菜品种

楚州种植的蔬菜种类繁多，品种丰富，有20个科左右。常见栽培的蔬菜种类主要包括：茄果类的辣椒、番茄、茄子；葱蒜类的洋葱、大蒜、大葱、韭菜；瓜类的黄瓜、冬瓜、瓠瓜、丝瓜；豆类的毛豆、豇豆、菜豆、刀豆、豌豆、蚕豆；薯芋类的马铃薯、山药、芋、姜；根茎类的萝卜、胡萝卜；白菜类的白菜、芥菜、甘蓝；绿叶蔬菜的莴苣、芹菜、菠菜；水生蔬菜的藕、茭白、慈姑、菱、水芹；多年生蔬菜的金针菜、百合；食用菌类的蘑菇、平菇、香菇、鸡腿菇等。其中出口的主要蔬菜种类有洋葱、胡萝卜、朝天椒、红椒、甜玉米、大蒜、山药、荷藕、青豌豆、荷兰豆、梅豆、包菜等。栽培面积较大的蔬菜种类主要有：辣椒、荷藕包菜、梅豆、青毛豆、小白菜、大白菜等。

第二节　蔬菜种植加工

席桥秋季蔬菜加工　（2005年摄）

90年代初，开始实施“菜篮子工程”和“高产、优质、高效农业”发展战略，蔬菜产业进入快速发展轨道。经过10多年的快速发展，成为全市种植业的第一支柱产业。2008年，全区蔬菜种植面积1.93万公顷，总产量85万吨，总产值9亿元，成为淮安市的重要蔬菜生产基地之一。高效蔬菜产业取得长足的发展。2008年，渠北片露地菜在田面积约1000公顷，设施面积约166.67公顷，约占全区总面积的80%，设施类型包括竹木大棚、钢架大棚、日光能温室和喷滴灌设施等，主要以钢架、竹木大棚为主：顺河镇在大吉、顺西等村新建33.33公顷高标准钢架大棚，苏嘴镇在北季村和键仪村新建66.67公顷钢架大棚，茭陵在东荡、高荡、章集等村新建70个日光能温室，面积约4.67公顷，钦工在东支村和贾庄村新建40公顷竹木大棚，宋集在李码、高陈、谷尹、青莲岗等村新建16公顷钢架大棚和13.8公顷竹木大棚，席桥在朱黄村和三里村新建22公顷竹木大棚。

2008年底，楚州区26个乡镇中有22个乡镇建有蔬菜基地。设施蔬菜主要集中在钦工、顺河、宋集、茭陵、苏嘴等废黄河沿线乡镇；露地菜1.2万公顷，主要集中在席桥、宋集、茭陵、城东、上河、车桥等乡镇；水生菜0.92万公顷，集中在白马湖、绿草荡的南闸、流均、泾口、施河、范集等沿荡乡镇，形成了多种模式并存，多种蔬菜周年生产的格局。蔬菜产业的发展和产业基地的扩张，直接或间接带动农户近8000户。种植品种南以荷藕、水芹、蒲菜、慈姑为主，北以西瓜为主，露地菜以甘蓝、四季豆、番茄、辣椒、豇豆、花菜、苤蓝、大白菜等为主。

截至2008年底，楚州投入千万元以上的蔬菜加工厂有天康、慧宝2家企业，每家加工量在1万吨左右，加工能力在8万吨左右。小企业有30家，总加工量不足1万吨。农村合作组织发展到18个，蔬菜经纪人队伍扩大到1万人，获得认定的无公害蔬菜品种36个。

第三节　无公害蔬菜

一、生产

浦马蔬菜合作社出口蔬菜加工

楚州种植蔬菜历史悠久，菜农有多年种植经验，并总结出一系列高效、高产种植模式，如粮套菜、菜套菜模式。随着农业标准化要求越来越高，2003年后，楚州区先后制定《无公害蒲菜生产技术》《无公害辣椒生产技术》《无公害茼蒿生产技术》等一系列无公害蔬菜生产技术地方标准，基本上做到蔬菜无公害生产有标准可依。先后承担"无公害蔬菜生产技术攻关""蔬菜工厂化育苗""蔬菜产业化开发""十万亩甘蓝基地建设""早熟西瓜镀锌管钢架大棚连片种植"等20多个项目，提高了产业的技术含量。2003年，楚州分别在沿湖沿荡水生菜区、露地菜区和瓜类种植区三大区域内分别建立无公害蒲菜、无公害四季豆和无公害西瓜3个标准化生产示范区，作为淮安市级无公害农产品标准化生产示范区，面积分别为800公顷，800公顷、666.67公顷，同年，3个示范区全部通过市级验收，农业标准化建设取得明显进展。先后被认定为国家无公害蔬菜生产示范县（区），江苏省无公害蔬菜生产示范园，江苏省无公害农产品整体推进县（区）。进入21世纪后，苏嘴镇马逻村、北季村、苏家嘴等村，大棚面积已发展到1333.33公顷。席桥镇浦马村，露地菜种植面积200公顷，大棚面种20公顷，还成立了浦马蔬菜合作社、浦马蔬菜协会、浦马蔬菜有限公司，形成成熟的产销一条龙的农业产业链；车桥镇发展了近33.33公顷的大棚和66.67公顷的水生蔬菜（芡实）；上河镇通过两个大户的带动，发展了近66.67公顷露地菜（甘蓝为主）和设施蔬菜。至2008年，全区推行加工企业和基地农户合作，产品采取订单收购形式。有加工企业43家，其中投资2000万元以上、年加工能力鲜菜10万吨以上的有2家，即淮安市天康食品有限公司、淮安市慧宝食品有限公司，均以甘蓝、胡萝卜、豇豆、洋葱、大蒜等为原料进行脱水加工，部分产品出口。

1990年淮安市蔬菜主要品种面积产量一览表

表7-26

品　种	面积（亩）	单产（千克）	总产（吨）	品　种	面积（亩）	单产（千克）	总产（吨）
小白菜	3000	400	1200	大白菜	3000	400	1200
番茄	2400	1000	2400	韭菜	2000	1100	2200
辣椒	3000	933	2799	毛豆	3000	520	1560
茄子	2600	564	1466	西瓜	4000	514	2056
萝卜	1600	525	840	蒲菜	2000	20	40
菜豆	3000	400	1200	大蒜	1600	400	640
冬瓜	600	126	76	莲藕	7000	400	2800
豇豆	2400	300	720	水芹	1600	400	640
黄瓜	1700	988	1679	慈姑	1000	180	180
丝瓜	200	800	160	茭白	1000	220	220
甘蓝	10000	760	7600	其他蔬菜	15500	—	46500

1995年淮安市蔬菜主要品种面积产量一览表

表7-27

品　种	面积（亩）	单产（千克）	总产（吨）	品　种	面积（亩）	单产（千克）	总产（吨）
小白菜	6000	800	4800	大白菜	6000	800	4800
番茄	4800	2000	9600	韭菜	4000	2200	8800
辣椒	6000	1866	11196	毛豆	6000	1040	6240
茄子	7120	1138	8103	西瓜	8000	1100	8800
萝卜	3200	1050	3360	蒲菜	4000	40	160
菜豆	6000	800	4800	大蒜	3200	800	2560
冬瓜	1200	253	304	莲藕	14000	800	11200
豇豆	4800	600	2880	水芹	3200	800	2560
黄瓜	3400	1976	6718	慈姑	2000	360	720
丝瓜	400	1600	640	茭白	2000	440	880
甘蓝	2000	2160	4320	其他蔬菜	31000	—	93000

2000年淮安市蔬菜主要品种面积产量一览表

表7–28

品　种	面积（亩）	单产（千克）	总产（吨）	品　种	面积（亩）	单产（千克）	总产（吨）
小白菜	9000	1200	10800	大白菜	9000	1200	10800
番茄	7200	4680	33696	韭菜	6000	3300	19800
辣椒	9000	2800	25200	毛豆	9000	1560	14040
茄子	7800	1707	13314	西瓜	12000	1650	19800
萝卜	4800	1575	7560	蒲菜	6000	60	360
菜豆	9000	1200	10800	大蒜	4800	1200	5760
冬瓜	1800	379	682	莲藕	21000	1200	25200
豇豆	7200	900	6480	水芹	4800	1200	5760
黄瓜	9420	2964	27920	慈姑	3000	540	1620
丝瓜	600	2400	1440	茭白	3000	660	1980
甘蓝	30000	2280	68400	其他蔬菜	46500	—	139500

2005年楚州区蔬菜主要品种面积产量一览表

表7–29

品　种	面积（亩）	单产（千克）	总产（吨）	品　种	面积（亩）	单产（千克）	总产（吨）
小白菜	12000	1600	19200	大白菜	12000	1600	19200
番茄	9600	4000	38400	韭菜	8000	4400	35200
辣椒	12000	3733	44796	毛豆	12000	2080	24960
茄子	10400	2276	23670	西瓜	16000	2200	35200
萝卜	6400	2100	13440	蒲菜	8000	80	640
菜豆	12000	1600	19200	大蒜	6400	1600	10240
冬瓜	2400	506	1214	莲藕	28000	1600	44800
豇豆	9600	1200	11520	水芹	6400	1600	10240
黄瓜	6800	3952	26873	慈姑	4000	7200	28800
丝瓜	800	3200	2560	茭白	4000	880	3520
甘蓝	40000	3040	121600	其他蔬菜	62000	—	186000

2008年楚州区蔬菜主要品种面积产量一览表

表7-30

品　种	面积（亩）	单产（千克）	总产（吨）	品　种	面积（亩）	单产（千克）	总产（吨）
小白菜	15000	2000	30000	大白菜	15000	2000	30000
番茄	12000	5000	60000	韭菜	10000	5500	55000
辣椒	15000	4667	70000	毛豆	15000	2600	40000
茄子	13000	2846	37000	西瓜	20000	2750	55000
萝卜	8000	2625	21000	蒲菜	10000	100	1000
菜豆	15000	2000	30000	大蒜	8000	2000	16000
冬瓜	3000	633	19000	莲藕	35000	2000	70000
豇豆	12000	1500	18000	水芹	8000	2000	16000
黄瓜	8500	4941	42000	慈姑	5000	900	4500
丝瓜	1000	4000	4000	茭白	5000	1100	5500
甘蓝	50000	3800	190000	其他蔬菜	77500	—	232500

二、品牌认证

随着蔬菜产业的发展，菜农和瓜农逐步认识到品牌的价值，形成并壮大了一批农产品品牌，如“天妃宫”“南马厂”“盛源”“文渠”“浦马”等蔬菜产品通过了无公害认证，在各地协会和组织的市场运作下，产品畅销沪、宁、苏、锡、常等大中城市，并远销日本、韩国等国家及中国香港、台湾地区。截至2008年底，全区有获得认证无公害产品51个、绿色食品6个、有机食品2个，在城区大的蔬菜市场和26个乡镇市场建立无公害农产品检测室，农产品的品牌效应大幅提升。“天妃宫”西瓜获得农业部首批无公害农产品认证，是全省种植业中最先通过农业部认证的产品。

第四节　瓜果种植

楚州瓜果种植区主要集中在钦工镇、宋集乡、茭陵乡、苏嘴镇等乡镇。种植的主要品种有冬瓜、黄瓜、丝瓜、西瓜等。

西瓜种植已经规模化、产业化。楚州区种植西瓜具有悠久历史，广大瓜农具有丰富的种植经验。2004年，区农业主管部门制定并推行《无公害西瓜生产技术规程》，增强了瓜农的技术能力。随着西瓜种植技术应用推广，由过去单一的栽培形式，逐步趋向多元化。80年代以前主要是露地西瓜，常见的有油菜、麦子收后套种西瓜。此后为了提早西瓜成熟时期，开始发展大棚西瓜，延长了西瓜的市场供应期，种瓜效益也有了明显的提高。全区西瓜种植主要集中在渠北片的苏嘴、顺河、钦工等乡镇。有“南马厂”“天妃宫”等西瓜品牌。除满足本区本市外，还远销上海、苏州、南京等地。2008年，全区西瓜种植面积3333.33公顷，产量17.5万吨，产值3.5亿元。

21世纪，楚州根据多年的种植经验，形成瓜菜种植高效模式，即菜（瓜）后稻模式。该模式既既有利于稳定粮食生产，又可以提高种植效益。该种模式主要在顺河、复兴、博里镇等地出现。大棚早熟西瓜主体品种为抗病苏蜜、早佳-8424等，头茬西瓜可于5月下旬收清，亩均产量2000千克以上。前期价格每千克3元、后期价格每千克1.6元，亩效益在4000元以上。二茬瓜在6月25日左右收清，每千克价格在1.2元左右，产量在1150千克左右，一季西瓜产量在3000～4000千克，纯收入在4000元以上，远远高于小麦效益。6月底左右栽完水稻，水稻单产600千克，单产产值近1200元。该模式实行水旱轮作可减轻病虫草害发生及连作障碍，同时效益较高。

第十章　花卉业

第一节　花卉品种及分布

楚州花木生产，主要集中在平桥、七洞、徐杨、席桥、城东、板闸、园艺场等乡镇。比较著名的花木生产村，有席桥乡黄桥村、李席村、苗圃村，徐杨乡严李村、韩庄村、黄岗村，七洞乡六洞村、淮运村、二堡村，平桥镇管袁村、平北村。这些村的花木面积，约占全区花木面积的90%。

常绿乔灌木类　雪松、龙柏、桧柏、广玉兰、大叶黄杨、地柏、桂花、茶花、杜鹃、虎刺、洒金柏、棕榈、棕竹、女贞、海桐、石楠、珊瑚树、夹竹桃、栀子花、茉莉花、米仔兰、珠兰、含笑、十大功劳、天蓝、南天竹、六月雪、夜来香、罗汉松、五针松、金橘、佛手、香橼、龟背竹、苏铁等。

落叶乔灌木类　悬铃木、五角枫、红枫、鸡爪槭、碧桃、樱花、日本樱花、腊梅、紫荆、丁香、花石榴、月季、红叶季、迎春、迎夏、吊钟、鹊梅、贴梗海棠、垂丝海棠、西府海棠、扶桑、木槿、珍珠绣球、玫瑰、牡丹、白兰花、春梅、瑞香、木香等。

藤本类　紫藤、凌霄、爬山虎、七姐妹、月季等。

草本类　菊花、三色槿、香雪球、海棠花、石蜡红、石竹、虞美人、紫罗兰、含羞草、凤仙花、观赏辣椒、矮牵牛、金鱼草、雁来红、鸡冠花、千日红、长春花、一串红、万寿菊、瓜叶菊、唐菖蒲、晚香玉、石蒜、郁金香、仙客来、水仙、大丽花、麦冬、万年青、吉祥草、玉簪花、美人蕉、石菖蒲、君子兰、兰花、丝兰、芍药、香石竹、仙人类等。

第二节　花卉栽培

80年代后，楚州花木生产主要以培育常绿观赏树为主，一些档次较高的花卉，多从外地购入进行再培育。在养花技术上，偏重于常绿观赏树种栽培技术的探索。1980年，县烈士陵园桂花嫩枝扦插成活率达90%以上。1983年，县烈士陵园以侧柏砧木嫁接龙柏7000余株。各花木场和花木专业户，每年扦插数百万株大叶黄杨，培育大量各种规格的黄杨球，成为淮安历年大宗外销产品。80年代中期，县政府招待所、县烈陵园、淮安宾馆、勺湖公园、淮安抽水站、园艺场、淮城绿化管理所等单位，先后建立近千平方米的温室，引种和培育数种名贵花卉。80年代末至90年代，特别是进入21世纪，徐杨、七洞、黄桥花木场的花工，已能熟练掌握龙爪槐、腊梅、五针松、春梅的嫁接技术和杜鹃、茶花、君子兰及一些名贵品种的繁殖技术。树桩盆景制作，以黄桥花木场最多，主要材料是罗汉松、五针松、榆树、桧柏、地柏、腊梅、黄杨、鹊梅等。

第三节　花卉销售

随着城市化进程的不断加快，花卉产业在全区经济中的地位日渐凸显，成为增加农民收入和扩大就业的重要途径之一。80年代初，淮安县就开始有花卉出售，但大都属于一些零星散户，没有形成规模。80年代末至90年代，淮安花卉销售出现高潮，从事此项工作的单位和专业户逐年增多，至90年代末，淮安市从事花卉生产销售的企业8家，个体花农260余户，苗圃36家，花卉苗木绿化企业12家，从业人员310人，花卉苗木种植面积146.67公顷，花卉经营交易面积133.33公顷，经销盆花20万盆，花卉销售金额1000万元。

黄桥花木场树桩盆景制作　（1998年摄）

进入21世纪，楚州花卉销售进入旺季，销售范围集中在市内，销售对象以团体为主。春节前一个月是全区花卉销售的旺季，销售额占全部花卉总销售额的20%，每年举办的淮扬美食文化节是另一个销售高峰期，销售额占全部花卉总销售额的10%。2008年，楚州花卉种植面积达89公顷，盆栽花卉18.7万盆，年产值1535万元。花卉的销售对象主要是私营业主，企事业单位，政府机关和一些先富起来的家庭。农户家庭购花较少。销售品种主要有黄杨、女贞、广玉兰、紫叶李、木槿、桂花、紫薇、雪、蜀桧、龙柏等。产品除在本地销售外还远销山东、河北、天津、东北三省、上海、安徽和省内苏、锡、常等地。销售市场中，市内销售的花卉占15%，市外省内销售的花卉占40%，销往省外的花卉占45%。销售对象中团体购买占10%，个人购买占20%，经销商占70%。

2001～2008年部分年份楚州区花卉栽培情况表

表7-31

年　份	花卉种植面积（公顷）	盆栽花卉产量（万盆）	观赏苗木产量（万株）	花卉种植产值（万元）
2001	125	18	106	789
2002	82	12	70	677
2003	95	14	81	740
2005	90	13	77	730
2008	89	18.7	120	1535

第十一章　农业机械化

中共十一届三中全会后，随着农村家庭联产承包责任制的推广，农民有了农业生产的自主权、购买农业机械的选择权，以农民为主体的机械化热潮蓬勃兴起。形成农机管理、服务、维修、监理、科研培训和配件、油料供应网络，实现耕地、排灌、脱粒、植保、粮食饲料加工、农业运输机械化和半机械化。

第一节　农机装备

一、耕作机械

中共十一届三中全会后，农业耕作机械得到了迅猛发展。1980年，全县拥有大中型拖拉机198台，小型拖拉机4244台。1990年全市拥有大中型拖拉机89台，小型拖拉机1.46万台，主要配套农机具2.89万台（套），实现机耕面积7.15万公顷。2008年，全区拥有大中型拖拉机1377台，小型拖拉机1.66万台，配套农机具4.6万台（套），实现机耕面积12.98万公顷。1991～1994年，农机总动力一直在27万千瓦左右。大中拖85台左右，小拖1.5万台左右，大中型农具140台左右，小型农具3000台左右；排灌动力机械由5700台增加到6000台；农用水泵由7850台增加到8570台；植保机械由800台增加到1462台；联合收割机由零增加到21台；机动割晒机由381台增加到510台，机动脱粒机维持在1.02万台左右。1995～1999年，农机总动力由31万千瓦增长到39.3万千瓦。大中拖由125台增加到734台，小拖由1.77万台增加到2.1万台，大中型农具由126台增加到730台，小型农具由3.05万台增加到3.65万台；排灌动力机械由6020台增加到7223台；农用水泵由9413台增加到1.2万台；植保机械由1462台增加到2453台；联合收割机由56台增加到626台；机动割晒机由590台增加到900台；机动脱粒机由1.03万台增加到1.24万台。2000年到2004年，农机总动力由41.43万千瓦增长到43.64万千瓦。大中拖由741台增加到1299台，小拖由2.08万台减少到1.89万台，大中型农具由760台增加到791台，小型农具由3.72万台减少到3.41万台；排灌动力机械由7474台增加到7619台，农用水泵由1.5万台减少到1.18万台；植保机械由2463台增加到2603台；联合收割机由804台增加到1311台，机动割晒机由965台减少到625台；机动脱粒机由1.15万台减少到6391台。

2005～2008年，农机总动力由47.8万千瓦增长到60万千瓦。大中拖由1478台减少到1377台，小拖由2万台增加到2.66万台，大中型农具由1170台增加到1798台，小型农具由3.49万台增加到4.34万台；排灌动力机械由7851台减少到7146台；农用水泵由1.38万台增加到1.44万台；植保机械由3141台增加到6743台；联合收割机由1432台增加到1773台，机动割晒机由319台到2007年降为零，机动脱粒机由5485台到2008年降为零。

二、播种机械

80年代中期，淮安县（市）开始大量推广稻茬少免耕机条播、机开沟的三麦机械化栽培农艺技术，到1990年，有条播机700台，开沟机700台。2000年条播机增至4219台，开沟机增至3757

台。2008年条播机增至5644台，开沟机增至4100台，机播三麦面积3.53万公顷，三麦机开沟面积4.87万公顷。

三、插秧机械

1977年，淮安县开始机插秧试验，当年农机化研究在范集公社大同大队完成国家第一机械工业部统型插秧机试制、试验。1998年，淮安县全面推广插秧机，主要机型有东洋PF455S型、久保田SPW-48C型。2000年，全市有插秧机25台，到2008年，全区增至1078台，机插秧面积1.47万公顷。

四、排灌机械

1990年，全市拥有农用排灌动力机械5700台、9.72万千瓦，其中柴油机2800台，电动机2900台，各种农用水泵7700台；机电有效灌溉面积6.19万公顷。2000年，拥有农用排灌动力机械6243台，其中柴油机3419台、电动机2924台，各种水泵1.5万台，机电有效灌溉面积6.29万公顷，农业排灌机械配套动力分别由柴油机和电动力承担。到2008年，全区拥有农用排灌动力机械已拥有7146台，其中柴油机2124台、电动机5022台，各种水泵1.44万台，机电有效灌溉面积6.38万公顷，农业排灌机械配套动力因农村电网改造后用电比较方便，逐步由柴油机向电动机转变。

80年代初，开始使用喷灌设备，因投资大，全县仅有少数公社使用，后逐年减少。1980年，全县拥有喷灌机械234套，1988年只剩下10套。2008年只有少数生产蔬菜大棚在使用喷灌设备。

五、植保机械

新中国成立后，淮安县才开始推广使用手动喷雾器和手摇喷粉器，型号有单管式、背负式、往复高压式等，1958年，全县有2178架。1980年增至1.36万架。1975年开始推广使用机动弥雾机67台。1990年，全市（县级）拥有手动喷雾器、手摇喷粉器2.46万架，机动弥雾机800台，机械植保面积4.47万公顷。2000年，机动弥雾机增至2463台，机械植保面积12.42万公顷。2008年，机动弥雾机增至6743台，机械植保面积11.54万公顷。

六、收割机械

1975年，淮安县引进第一台联合收割机，1985年增至9台，全部集中在白马湖农场使用。80年代，开始推广使用机动稻麦两用割晒机，到1990年，全市（县级）拥有机动稻麦两用割晒机381台。1991年，开始推广使用联合收割机，使用机型先后有与手扶拖拉机配套的小型悬挂式稻麦两用联合收割机，与30、50马力拖拉机配套的大、中型背负式稻麦两用联合收割机，轮式、橡胶履带自走式全喂入和半喂联合收割机。到2000年，全市有联合收割机804台、机动割晒机1336台，机械收割三麦面积3.97万公顷，水稻面积2.64万公顷。之后，随着联合收割机的迅速发展和普遍使用，机动割晒机被联合收割机替代，停止使用。2008年，全区联合收割机增至1782台，全区三麦机收率达97%，水稻机收率达89%。

林集镇农民收割水稻 （2008年摄）

七、脱粒机械

淮安县70年代开始推广机动脱粒机，机型有滚笼稻、麦脱粒机，老虎头等，到1980年全县机动脱粒保有量7894台，1990年增至9595台，2000年增至1.15万台。之后，随着联合收割机的发展，三麦90%以上、水稻80%以上由联合收割机收割，替代了脱粒机。2008年，楚州全区的机动脱粒机已全部停止使用。

八、农副产品加工机械

1978年，全县拥有米机、磨面机3522台、轧棉机89台、粉碎机950台。到1990年，有粮食加工机械3700台，榨油机100台，轧花机100台，粉碎机1200台。90年代开始使用碾米机，到2000年，有粮食加工机械2763台，榨油机131台，轧花机72台，粉碎机1258台。2008年，有粮食加工机械3291台，榨油机165台，轧花机17台，粉碎机1225台。

九、农用运输机械

70年代，淮安县开始发展陆上农用机动运输车和水上农用机动运输船。1975年，全县共有农用载重汽车6辆、水上农用机动运输船168艘。80年代后，农用运输机械发展迅速，到1985年，全县农用载重汽车有27辆，机动运输船943艘，各种型号拖车3991辆。90年代，农用运输机械重点在陆上发展，到2000年，全市农用运输车有三轮运输车1506辆、变型拖拉机运输车204辆。2008年，全区有农用三轮运输车1262辆，变型运输车1027辆，小型拖拉机拖车4512辆。

1980～2008年部分年份楚州区（淮安县、淮安市）农业机械化发展情况表

表7-32

年　份		1980	1985	1990	1995	2000	2005	2008
农机总动力（万千瓦）	合计	15.64	22.36	27.45	30.74	41.44	47.80	59.93
	其中：柴油机	—	13.96	17.27	20.47	28.08	33.53	45.15
	电动机	—	8.20	9.96	9.98	13.04	13.86	13.71
	汽油机	—	0.21	0.22	0.29	0.32	0.41	1.07
大中型拖拉机	台	198	140	103	125	741	1478	1377
	千瓦	7177	5134	3700	4195	25517	44630	62343
小型拖拉机	台	4244	9365	14600	17708	20777	20017	26592
	千瓦	45918	82654	129200	156348	182191	176955	235986
配套农机具	犁（件）	—	8492	12300	13541	11538	8788	5581
	耙、旋耕机（台）	—	8498	13200	15412	18222	18937	26247
	播种机（台）	—	15	700	2095	4219	4131	5644
	开沟机（台）	—	19	700	1292	3757	3730	—
	割晒机（台）	—	1	381	617	1336	319	—
	盖籽机（台）	—	1075	1600	1183	—	—	—
插秧机	台	2	2	2	—	25	583	1078
	千瓦	—	9	9	—	—	—	1876

续表 7-32

年份			1980	1985	1990	1995	2000	2005	2008
收获机械	联合收割机	台	—	9	9	56	804	1432	1782
		千瓦	—	636	636	1078	9460	41611	69518
	机动脱粒机（台）		7894	8629	9595	10259	11524	5485	—
	人力脱粒机（台）		150	613	—	—	—	—	—
排灌机械	柴油机	台	4987	3126	2800	2965	3419	3300	2124
		千瓦	54000	31500	26400	27434	32241	29614	19415
	电动机	台	881	1554	2900	3055	2924	4551	5022
		千瓦	52000	55393	70800	74130	99701	96256	95355
	农用水泵（台）		6600	7596	7700	8783	15021	13779	14371
植保机械	机动弥雾机	台	156	801	800	1462	2463	3141	6743
		千瓦	420	1115	1000	1787	3237	4092	8862
	人力喷雾器（台）		13611	17691	24600	—	—	—	—
农副加工机械（台）	柴油机	台	—	874	—	—	767	794	672
		千瓦	—	7910	6900	7056	9192	9813	7831
	电动机	台	—	2401	—	—	7473	4178	3219
		千瓦	—	25078	—	24367	24345	42162	36324
农副加工机械（台）	粮食加工		5695	4569	3700	3296	2763	4143	3291
	油料加工		—	74	100	175	131	221	165
	棉花加工		80	77	100	106	72	52	17
	粉碎机		2223	1019	1200	1181	1258	1741	1225
运输机械（辆）	农用运输车		22	27	28	782	1763	1532	2289
	机动运输船		24	943	43	58	—	—	—
	大中型拖车		—	83	—	30	—	—	—
	小型拖车		—	3908	7100	8402	—		4512
化肥深施器（部）			—	—	12673	17300	—	—	—
农机总值（万元）			—	6889	8780	10975	15416	21578	42799

第二节　农机跨区作业

楚州区农机跨区作业始于1996年，近30台联合收割机自发进行夏季跨区麦收作业，机收面积133.33公顷，年作业收入60万元。2003年，农机局牵头成立了淮安市楚州区农机作业协会，组织机手有组织地进行跨区作业。从此，农机跨区作业的机械规模由小到大，作业的季节由夏到秋，作业地区由省内到省外，作业项目由机收到机耕、机插、机植保等不断发展。2004年国务院《收费公路管理条例》规定进行跨区作业的联合收割机、运输联合收割机（包括插秧机）的车辆免交车辆通行费，对农机跨区作业予以扶持。2008年，全区参加农机跨区作业的联合收割机达1200台次，拖拉机800余台次，插秧机60台次，跨区作业机收面积4.67万公顷，机耕面积6万公顷，机插秧面积533.33公顷，跨区作业收入5700余万元。跨区作业在优化农机装备结构，提升农机化作业水平，促进劳动力转移，增加机手收入，拓宽农民就业渠道，推进农机服务业等方面发挥了重要作用。

第三节　农机销售经营

1973年4月，成立江苏省淮安县农业机械公司。1985年、1986年农业机械公司被评为县级“文明单位”，1987年获全省农机系统“质量信得过第一名”，1987年、1988年获评市“物价、质量信得过单位”。1988年，农机公司有职工80多人，库存商品资金120万元，固定资产有房屋4800平方米，拥有4个销售门市部和120个基层农机配件供应网点。经营范围有拖拉机、柴油机、犁、旋耕机、割晒机、收割机、播种机、开沟机、脱粒机、电动机、磨浆机、水泵、农用拖车、农用运输车、农副加工机械及各类零配件达2000个品种，年销售额1900万元，利润80万元。1993年，淮安市农机销售开始出现个体经营，原农机公司的基层网点逐步转变由个体经营。1995年，公司销售额4000万元。2004年9月1日农机公司改革，全体职工进行身份置换。农机公司改制后，楚州区农机销售全部由个体经营。经营范围从大型联合收割机、拖拉机、农用运输车，到各种农机零配件有近3000个品种。

2005年，全区销售农机具360余台，其中拖拉机50台、插秧机158台，旋耕机等其他机具150多台。2006～2008年全区销售各类农机具4300多台，其中拖拉机900台、收割机180台、插秧机1210台。

第四节　农机管理

1978年，淮安县农机局下设农机公司、农机修造厂、渠南农机修配厂、渠北农机修配厂、农机监理所、农机化研究所、农机训练班，并在29个公社设立农业机械管理站。农业机械实行集体所有，集中管理。主要为大队所有大队经营，或生产队所有生产队经营。1984年，农机局改为农机化服务公司，由过去的行政管理机构转变为管理、服务型的事业单位，下设农机公司、渠南农机修配厂、渠北农机修配厂、农机监理所、农机化推广站、农机化技术学校等单位，各乡镇建立农业机械管理服务站，各村配有农机员。形成区、乡、村农机化管理网络，负责农机的管理、制造、技术推广、培训、维修、供应和安全诸方面的工作。对农机作业收费标准作统一规定，以保护农民利益；对乡镇农机人员进行定期培训，平均每年培训2500多人次；组织村农机服务队为有机户和无机户“搭桥”，安排代耕、代脱、代播、代运输业务，充分发挥机械效益。1997年，农机化服务公司又改名为农机局，事业性质和职能保持不变。2001年，区农机局再次进行机构改革，其职能合并给农业局，保留农机局牌子，原农机局事业性质、内设机构、人员性质、经费渠道四不变。乡镇农机管理服务站合并到乡镇农业服务中心，由原来区、乡两级条块双重管理，改为由乡镇管理。

2007年，兴起的农机专业合作社通过发挥农机大户、农机经纪人和乡镇农机技术服务人员的作用，突破村落地缘限制，实行机械、资金、信息、技术和服务的互助联合，推动农业结构调整和农业产业化进程，促进农业增效和农民增收。2008年，全区有农机专业合作社26个。

第八篇 工 业

中共十一届三中全会后，淮安县委、县政府激励国有企业通过各种渠道吸引资金、加大投入，同时引导各乡镇大办乡镇企业。1985年底，全县工业企业发展到3585家，比1978年底的440家增加了3141家；全部工业总产值达到5.18亿元，比1978年增加3.45亿元，其中，乡镇企业总产值达到2.47亿元，占当年全部工业总产值的47.6%，有"工业半壁江山"之称。在国有、集体企业中，涌现出了淮安县无线电元件厂、淮安县棉纺织厂、淮安县毛巾厂、淮安县半导体零件厂、淮安县缫丝厂等"五朵金花"。在乡镇企业中，涌现出淮安自行车厂、淮安石油钻采设备厂、南闸蓄电池厂、平桥猪鬃厂等一批明星企业。1986~1990年，受"价格双轨制""通货膨胀无害论"、地区之间相互封锁等因素的影响，加上起步阶段经验不足，重复建设、盲目建设严重，淮安工业经济经历了一个曲折的发展过程。1988年，全国出现了前所未有的"抢购风"，引发了各地之间的"棉花大战""烟草大战""皮革大战"，淮安工业经济发展进入低潮期，出现了一批停产、半停产企业，有12户"特困企业"职工的工资长达一年没着落。1991年，淮安市372家集体企业中，亏损企业105家，亏损总额855万元；全民企业亏损总额753万元。

1993年开始，全市开始深化企业改革，大力推行股份合作制。1994年，在乡镇企业中推行以"公有民营"为重点的多种形式的产权制度改革。1995年，全市各乡镇逐步推行"先售后股"改革，至1997年底，全市有86家乡镇企业实现产权转让。1998年，组织开展乡镇企业产权制度改革，全市319家应改制企业，改制308家，改制面达96.55%。308家改制企业中，协议出售236家，占76.62%；公开拍卖9家，占2.92%；股份制合作5家，占1.62%；直转58家，占18.83%。1999年，以盐化总厂整体划转给省盐业公司为代表的国有企业改革取得实质性进展。1991~1999年间，原国有、集体企业陆续进入停产、半停产状态，大批职工被迫下岗，数以万计的职工经历了从下岗到再就业的阵痛。在国有、集体企业日渐式微的同时，个体私营企业却在城市和乡村茁壮成长。至2000年底，全市工业私营企业发展到1011户，个体经营户5187户。个体私营企业注册资本金9.1亿元，从业人员8.58万人，工业产值68.35亿元，占全部工业的比重分别达69.4%、78.1%和74.8%，个体私营经济在整体上超越国有、集体经济，成为工业经济的主体。2001年，全区工业经济步入健康发展的轨道，当年全区规模工业实现工业总产值30.06亿元，实现销售收入28.14亿元，实现利税2.1亿元。2002年3月，区委扩大会议提出"聚全区之力，兴办工业园区"的口号。4月，工业园区破土动工，到年底进园项目13个。当年，全区实现了第二产业超第一产业的历史性跨越。2006年，全区完成工业增加值40.69亿元，比2002年增长191%；规模以上工业企业实现总产值109.4亿元，是2002年的3.12倍。三次产业结构为20.25∶46.49∶33.26，实现了由"二、一、三"到"二、三、一"的转变，初步完成了工业化。从2007年开始，全区进入了新型工业化发展时期。

2008年，全区全部工业企业完成增加值51.11亿元，规模以上工业企业达到210家，全年实现增加值24.07亿元，实现产值97.87亿元。民营工业在整个工业经济中的比重进一步提高。在规模以上工业企业中，国有控股工业实现产值9.71亿元，集体控股工业产值3.98亿元，私人控股工业产值74.47亿元，港澳台控股工业产值9.71亿元。工业结构进一步调整优化。盐化工、农副产品和食品加工、纺织服装等支柱产业支撑带动作用进一步增强。工业企业经济效益进一步提高。当年，规模以上工业企业实现产品销售收入96.79亿元，比上年增长31.9%；实现利税7.06亿元，比上年增长29.2%；入库税金2.32亿元，比上年增长23.6%。

第一章　工业规模

第一节　国有工业

90年代前，国有企业称国营工业即全民所有制工业。1980年，淮安县共有国有工业企业64户，其中独立核算企业33户，职工人数6017人，当年实现销售收入3140万元，利润117万元。1980年后，淮安新建的国营企业有2家，分别是1983～1984年间建成的淮安棉纺织厂和1987～1992年间建成的淮安盐化总厂。80年代，国家压缩对国有企业的投资，实行拨改贷政策，地方国营企业大多数出现投入不足的问题，带来发展困难，进而有的被兼并，有的停产、半停产，到1990年，淮安市国营企业减少为51户，其中独立核算企业42户，职工人数1.54万人，固定资产1.46亿元，当年实现销售收入2.29亿元，利税531万元。90年代，国有企业人员、债务等包袱越来越重，一部分企业不堪重负，发展陷入困境。2000年，全市列入统计的国有企业有38户，从业人员7046人，固定资产3.17亿元，当年实现销售收入6.18亿元，利税2766万元。进入21世纪，国有企业在市场竞争中发展难度越来越大，绝大部分企业陷入停产、歇业状态，只有极少部分勉强维持运转。2008年，全区列入统计的国有及国有控股企业只有6户，当年实现销售收入8.89亿元。

1980～2008年部分年份楚州区（淮安县、淮安市）列入统计的国有工业企业一览表

表8-1

年　份	企　业　名　称
1980	化肥厂、磷肥厂、制药厂、兽药厂、化工厂、农机厂、农修厂、化机厂、商机厂、粮机厂、零件厂、渠北农修厂、渠南农修厂、水利修造厂、米厂、面粉厂、油厂、平桥米厂、流均米厂、车桥米厂、顺河米厂、钦工米厂、林集米厂、酒厂、酱醋厂、腌切厂、织布厂、缫丝厂、毛巾厂、轧花厂、花边厂、自来水厂
1990	化肥厂、磷肥厂、化工厂、制药厂、兽药厂、农机厂、农修厂、化机厂、商机厂、粮机厂、零件厂、水利修造厂、热电厂、棉纺织厂、毛巾厂、丝绸厂、染织厂、针织厂、花边厂、地毯总厂、酒厂、植物油厂、食品厂、粮食加工厂、面粉厂、车桥粮油加工厂、流均米厂、平桥米厂、林集米厂、钦工米厂、渠北农机厂、渠南农机厂、白马湖农机厂、白马湖砖瓦一厂、白马湖砖瓦二厂、白马湖砖瓦三厂、白马湖棉纺织厂、白马湖粮油加工厂、调味品厂、自来水公司
2000	化肥厂、磷肥厂、盐化总厂、化工总厂、制药有限公司、兽药厂、零件厂、渠北农修厂、渠南农修厂、巨龙市政机械有限公司、化机厂、商机厂、粮机厂、水电设备修造厂、棉纺织厂、丝绸厂、巾被工业总公司、针织厂、华泰制衣公司、漂染厂、巾饰总厂、酒厂、食品厂、调味品有限公司、植物油厂、面粉厂、粮食加工厂、玉禾面粉有限公司、钦工粮油加工厂、流均粮油加工厂、车桥粮油加工厂、林集粮油加工厂、平桥粮油加工厂、白马湖粮食加工厂、白马湖酒厂、白马湖玩具厂、自来水公司

续表 8-1

年份	企业名称
2008	江苏省井神盐业有限公司、江苏淮棉有限公司、上丰针织有限公司、华鼎粮油有限公司、国信生物质发电有限公司、自来水公司

第二节　集体工业

一、区属集体工业

区属集体工业，一般是在城镇手工业基础上，经过社会主义改造以后逐步发展而成的。1980年，淮安县共有集体工业企业347户，其中县属企业38户，独立核算企业30户，职工人数5750人，固定资产1013万元，当年实现销售收入3035万元，利润278万元。20世纪80年代，全县集体企业数量逐年有所增加。1990年，淮安市集体企业发展到482户，其中区属集体企业47户，独立核算企业35户，职工人数达到1.02万人，固定资产6078万元，当年实现销售收入1.09亿元，利税589万元。20世纪90年代，随着改革的不断深入，市属企业因人员、债务等包袱沉重，发展难度越来越大，到2000年，全市列入统计的集体企业只有33户，其中市属企业只有10户，全市列统集体企业从业人员9628人，固定资产2亿元，当年实现销售收入8.05亿元，利税5217万元。进入21世纪，区属企业因体制影响，在市场经济竞争中越发处于劣势，绝大部分陷入停产、歇业状态，只有极少部分勉强维持运转。2008年，全区列入统计的集体企业只有5户，当年实现销售收入3.47亿元。

二、乡镇集体工业

乡镇工业包括村办工业，1984年前称社队工业，均为小集体所有制，隶属所在乡（镇）村，生产经营业务受县市乡镇社队工业局指导性管理。乡镇工业基础为农村手工业。1979年，国家拨无息贷款300万元给淮安县，分别分配到城东、车桥、仇桥、博里、复兴、钦工、宋集、三堡等19个公社，主要用于兴建和扩建轮窑，促进建材工业的发展。1985～1987年，渠北片每个乡镇都兴建1户规模较大的工业企业，城东啤酒厂、宋集饴糖厂、钦工苎麻厂、席桥麦芽厂、徐扬砖瓦厂、季桥食品厂等都是在这一时期建立的。1990年，淮安市新建21户乡镇集体工业企业，改建和扩建30户工厂，共投资1169.2万元，乡镇工业已初步形成了建材、化工、食品、机械、冶金行业体系，各类产品达30多个大类1200多个品种。1993年，全市乡镇集体企业开始加大技改投入力度，同时加强外引内联工作，拓宽发展渠道，取得了“三资”企业（中外合资企业、中外合作经营企业、外资企业）“零”的突破，新批“三资”企业6户。1995年，席桥邮电电缆厂与中科院上海原子能研究所合作，新上辐照绞联电缆项

1998年城东乡楚东电力电缆厂

目，总投资1600万元，建成投产后产值超亿元，实现全市乡镇企业产值过亿元“零”的突破。当年，全市乡办工业实现产值11.64亿元，较上年增长77%，销售收入实现11.27亿元，较上年增长88%，乡办工业税金、利润分别达6283万元和4564万元，较上年都有大幅提高。1996年，全市开始建设乡镇工业小区，施河、马甸、泾口、车桥、溪河等乡镇工业小区形成雏形。当年，乡镇办工业产值超1000万元的企业有38户，超亿元的乡镇11个，车桥镇办工业产值达2.6亿元。1997年，全市乡镇工业企业实现总产值40.05亿元，是1990年6.47倍，占全市工业总产值比重由1978年的12.7%上升到73.4%。2000年，乡镇工业进一步深化和完善企业改制，至年底，全市原乡镇办319户企业改制结束，乡镇集体工业基本退出历史舞台。

三、村办集体工业

1978年，淮安县生产大队办工业企业数量少、规模小，1979年开始迅速发展。1980年，全县队办工业企业756户，从业人数1.9万人，总产值3422.58万元，销售收入2845.22万元，利润总额583.27万元，税收142.26万元，固定资产原值955.81万元。在县政府加快发展乡镇企业政策的推动下，到1985年，全县共有村办工业企业845户，从业人数2.47万人，较1980年增长近30%；总产值9247万元，是1980年的2.7倍；销售收入7695万元，是1980年的2.7倍；固定资产原值3253万元，是1980年的3.4倍，村办企业的规模、产销能力得到大幅提升。1985～1991年，县（市）政府在政策和资金上大力扶持村办企业发展，村办工业进入快速发展时期。1991年，淮安市共有村办工业企业1450户，从业人数3.6万人，总产值3.74亿元，销售收入3.15亿元，利润总额2026万元，税收598万元，固定资产原值1.02亿元。1992年以后，全市村办企业的发展逐步转向“能人”大户领办的方向。市政府先后制定“投资、税收”等方面的优惠政策，鼓励个人办企业。1994年，全市个体能人大户投入乡村企业的资金达5339万元。1995年，村办工业发展思路突出大户联办，促进规模发展，当年个体能人大户投入乡村企业资金6900万元，占整个乡村工业投入的31.4%。1997年，全市村办企业重点抓好30个重点村、30家重点企业，有26个村工业产值超500万元，有26家企业销售收入超1000万元。1998年，村办企业改制结束，村办集体工业退出历史舞台。

1998年淮城镇华亭村村办企业

第三节　私有工业

1993年以后，伴随着国有、集体、乡镇工业企业产权制度的改革，淮安市的私有工业发展迅猛。1993年，原市水泥制品厂厂长孙兆祥在席桥乡开办邮电电缆厂。1996年，朱桥电热器厂、宝健传动机械厂等私有工业企业率先跨入税利超百万元私营企业行列。1997年，全市乡镇私有工业企业实现产值4.52亿元，实现销售收入4.87亿元，实现利税4435万元。重点企业有席桥邮电电缆厂、朱桥电热器厂、宝健传动机械厂、古顺河曲酒厂、溪河桐木板厂、马甸钛白粉厂。1998年，全市重点发展平桥、施河等16个民营工业园区，平桥、施河、泾口3个乡镇工业园区年销售收入突破亿元，马甸、席桥、朱桥等工业园区年销售突破5000万元。乡镇工业园区的建设为个体私营经济的发展提供平台。当年，全市有80多家个体私营企业进入工业园区，私营工业企业达到442个，分别比上年增长72.6%和119.8%；私营工业实现销售收入20.58亿元、利税1.87亿元，分别比上年增长322.9%和321.6%，私营工业在全市乡镇企业中的地位日益突出。2000年，全市私营工业企业1339家，共实现营业收入38.13亿元，利税3.37亿元，分别比上年增长25.06%和28.67%。全市62家规模私营工业企业，全年共实现销售16.45亿元，利税1.42亿元，入库税金2703万元。营业收入超3000万元的私营企业18家，其中施河旭日教学品集团实现营业收入1.66亿元，利税1619万元，名列全市第一。2002年，楚州区民营工业企业共完成产值114亿元，营业收入102亿元，利润总额8.7亿元，实缴税金1亿元，技改投入7.6亿元，实现工业增加值21亿元。施河旭日教学用品集团、淮城箱纸板厂、马甸钛白粉厂3家企业销售过亿元，淮城制线厂、溪河康和医用材料有限公司、席桥八方电缆厂、顺河曲酒厂、淮城康乃馨毛巾厂、新竹化工淮安有限公司等8家企业销售过5000万元。全区共实施投资额100万元以上项目55个，其中马甸飞洋钛白粉有限公司、淮城城南箱纸板厂投入超1000万元。全区有12户私营企业通过ISO 9000系列质量认证，新申请注册商标25件，其中淮城康乃馨毛巾厂"康乃馨"商标被评为江苏省著名商标。全区有科技型企业12户，出口创汇私营企业20户，有4户企业拥有自营出口权。全区私营企业拥有专业技术人员800多人，大中专毕业生510人。2006年，当年新增私营工业企业623户、新增"双百"企业22户。民营企业发展速度明显加快。全区私营企业总数达3426户，私营企业注册资本35.5亿元；年销售500万元以上的达到152户。规模工业总产值完成67.7亿元，比上年增长50.1%；实现销售收入63.9亿元，增长44%；实现利税总额5.1亿元，增长49.6%；实缴税金1亿元，增长16.9%。康乃馨织造公司生产的"康乃馨"毛巾被评为"中国名牌产品"，成为淮安市第二个"中国名牌产品"。楚州区被江苏省命名为"针纺织城"。

泾口塑料制品厂　（2003年摄）

2008年，民营私营企业发展迅猛，全区共有私营工业企业3879户，注册资本金总额49.34亿元，户均127.19万元，其中注册资本金100万元至500万元企业224户、501万元至1000万元企业73户、1001万元至1亿元企业25户。私营工业企业从业人员13.36万人，累计实现增加值57.2亿元，入库税收3.57亿元，其中入库税收100万元以上企业有26户。特色产业集聚逐步形成，淮城针纺织产业共有235家企业，从业人员1.62万人，全年实现产值26.4亿元，销售收入25.8亿元，利润1.29亿元，入库税金1.03亿元；施河教学具产业共有48家企业，从业人员5520人，全年实现产值8.4亿元，销售收入8.1亿元，利润1806万元，入库税金986万元；泾口机电加工产业共有36家企业，从业人员6656人，全年实现产值8.3亿元，销售收入8.2亿元，利润7500万元，入库税金920万元；宋集纸制品加工产业共有4家企业和4个加工点，从业人员2568人，全年实现产值1.7亿元，销售收入1.68亿元，利润594万元，入库税金217万元；马甸化工产业共有5家企业，从业人员675人，全年实现产值3.3亿元，销售收入3亿元，利润1500万元，入库税金670万元。

1978～2008年部分年份楚州区（淮安县、淮安市）工业主要指标情况表

表8-2

年 份	企业数（个）	工业产值（万元）	销售收入（万元）	实现利润（万元）	实现税金（万元）	从业人数（人）
1978	349	12683	—	—	—	24660
1980	374	14390	12060	790	586	31379
1985	326	30906	24880	1563	1818	35860
1990	474	93623	57345	-496	3013	51429
1995	450	267805	230509	4048	10571	56633
2000	110	267597	243013	4401	12691	25596
2005	171	617114	604003	16641	24802	30674
2008	168	973293	967856	29576	41009	24643

说明：1995年前统计口径为乡及乡以上独立核算工业企业；2000年统计口径为国有及年销售收入500万元以上非国有工业企业；2005年统计口径为年销售收入500万元以上规模工业企业；2008年统计口径为年实现开票销售收入500万元以上规模的企业

第二章 工业门类

第一节 纺织工业

一、概况

1978年，淮安县有缫丝、织布、毛巾、针织、内衣等纺织企业。1981年，生产白厂丝110吨，创历史最高产量。同年，生产羊毛衫8万件，品种有扎花、绣花、四平提花等，销往日本、新加坡等20多个国家和地区。1984年，新建国营淮安棉纺织厂。1985年，针织工艺帽获全国儿童用品金鹿奖。1986年，全县织布产量创历史最高纪录，达1470万米。同年1月，南马厂乡政府集资200万元，筹建麻纺厂，次年7月投产，主产品为麻袋，年生产能力180万条，当年产值105.92万元。1987年，钦工镇投资100万元，筹建苎麻纤维厂，主产品为麻球，年生产能力200吨。同年8月，建立淮安毛纺织厂。1988年，纱产量创历史最高纪录，达4135吨。同年，淮安毛巾厂加入中国上海天鹅毛巾工业集团和上海多棱床上用品集团，当年生产毛巾1941万条。1989年，外销毛巾780万条，创汇720万美元。1991年，全市有独立核算纺织企业35家，职工总数1.12万人，固定资产原值7963万元，工业总产值1.72亿元，计有棉和化纤纺织、色织、印染、针织、毛纺、麻纺、丝绸等行业。1993年，淮安市国营和集体纺织工业开始萎缩，企业进入停产和半停产状态。1995年开始，纺织工业企业进入改制阶段，到2001年，先后有24家纺织企业完成改制。2002年3月，在未改制的11家国有和集体纺织企业的基础上组建淮安市楚州区纺织资产经营有限公司。至2008年，国有纺织工业企业只有江苏淮棉有限公司和上丰针织有限公司2家。当年，楚州区有规模以上纺织工业企业28家，总产值

14.41亿元。

二、企业选介

江苏淮棉有限公司 1977年,纺织工业部为缅怀周恩来总理,在淮安特批建设淮安棉纺织厂,1984年建成投产。是年,棉纱产量644吨,工业总产值972万元,销售额1192万元,缴税83万元,利润5.98万元,还贷92.87万元。1985年,开发新产品,有腈纶针织用纱、腈棉麻棉混纺纱等5个品种。1986年,纯腈纱A19.1tex被评为省优良产品。1988年5月,成立淮安棉纺织厂针织分厂,年生产能力为棉毛布100吨、汗布150吨。1988年8月,篮球牌纯腈纶纱A19.05tex获"江苏省优质产品"称号。1989年1月14日,市染印厂并入棉纺织厂,改名为淮安棉纺织厂印染分厂。1989年4月,在淮阴市开展的富民兴淮建功立业竞赛中,该厂获集体一等功。1989年12月,该厂被江苏省政府授予"先进企业"称号。1990年5月,顺利通过省级"先进企业"复查验收,保持省"先进企业"称号。1991年底,全厂计有职工1815人,其中工程技术人员77人,专业经济管理人员20人;拥有纺织主机270台,精梳机4台,针织机23台,印染设备15台;有3.12万枚纱锭,6080枚线锭;固定资产净值1924.3万元;产值4743.5万元,亏损200万元。1993年,企业股份制改造,成立江苏淮棉有限公司。先后通过ISO 9001、ISO 2000质量体系认证。2007年实现销售收入2.72亿元。2008年,公司占地17.6万平方米,有员工2200余人,其中各类专业技术人员300人,总资产1.24亿元,其中固定资产原值5100万元。清梳联、并条、粗纱、细纱、并纱设备均达到国内先进水平,同时拥有一整套具有先进水平的质量检测仪器。有纱锭6.3万枚、线锭1.14万枚,年产各类纱线1.4万吨、针织坯布1200吨,针织内衣500万件,销售收入2.06亿元。

1984年建成的淮安棉纺织厂

淮安丝绸厂 始建于1958年。建厂初期企业生产设计规模为立缫设备四组(120台),职工人数400多人。1982年,开始进行企业整顿,优化劳动组合,同时将优选法、统筹法应用于生产全过程。1983年,工人陆兰英被中华全国妇女联合会授予全国"三八红旗手"称号。1984年,该厂被评为江苏省纺织工业合格企业。1985年,推行厂长负责制,实施各种经济承包责任制,被淮阴市政府授予"出口创汇先进企业""引进先进技术先进企业"称号。1986年,扩大生产规模,既产丝又产绸,更名为淮安丝绸厂。1989年,企业拥有立缫设备八组(240台),D301自动缫丝机四组、K611丝织机90台套、职工1400多人,是苏北地区较大的丝绸生产厂家。白厂丝年产量120吨,是苏州多家知名丝织厂的原料,同时也是江苏丝绸集团出口丝的主产品;真丝织物年产量90万米。1991年,该厂厂区面积3.97万平方米,厂房占地9981平方米;有职工1187人,其中高级工程师1人、工程师2人、助理工程师8人、助理经济师11人;年生产白厂丝113.4吨,丝织品26.28万米,产品有白厂丝、绸被面等15个品种。1992年以后,由于受丝绸市场大气候影响,企业连年亏损严重。1999年1月,企业全面停产。2006年4月,企业破产。

淮安巾被工业总公司 始建于1966年10月,前身为淮安毛巾厂。1982年,企业有56台织布机、300多名员工。1989年有织机120多台,职工人数1000余人,是苏北地区较大的毛巾生产厂家,江苏省先进企业,产品畅销国内各大中城市,远销欧美等地区。1991年底,原淮安市政府整合资源将淮安毛巾厂与淮安织布厂合并成立淮安毛巾染织厂,经过一段时间的运营,由于银根紧缩,信贷困难,生产受阻，企业被迫停产。1992年5月，淮安毛巾染织厂解体，一分为五，将毛巾生产部分划分出来与淮安外贸联营，成立工贸联营淮安毛巾厂。1993年改制成立淮安巾被工业总公司，时为淮安市特困企业之一。之后，靠出租企业资产为生。2008年，租赁企业发展到14家，用工600多人，年销售收入6000多万元，上缴税金50多万元。

淮安针织厂　1978年筹建，1981年7月投入生产，主要产品有涤纶外衣布，涤纶内衣布，涤棉交织布，提花、平纹蚊帐布，涤棉网眼布、提花布、府衫布、席梦思，拉、剪、磨毛布等。投产初期主要设备有：国产E303经编机、国产201整经机共9台（套），产品热销，企业效益较好。1985年，企业从银行贷款到西德购置2梳、3梳、4梳、8梳经编机，W23A整经机，花轴整经机等设备共10台（套），先后上马纬编车间、服装车间。由于新上项目经验不足，质量难以过关，导致产品积压，企业资金周转困难，效益下滑，信贷困难，生产受阻，走入困境。1994年，做来料加工产品，维持运转。1996年陆续购置5台KS经编机，加强产品研发，先后开发网眼布、席梦思、短绒等新产品，并迅速打开市场，加工之路一直维持到2008年2月。2008年3月受金融危机以及产品市场行情、生产资金短缺等因素影响，企业被迫全面停产，厂房对外出租。

淮安织袜厂　前身是地方国营淮安内衣针织厂，建于1965年。1976年，企业结束纯手工生产设备更新，有机械化的化纤袜和内衣生产线。1987年，企业拥有系列电力袜机160多台，配套袜腰罗纹机、缝袜头机51台，成衣棉毛机9台，配套罗纹机、绷缝机、拷克机等13台，2吨锅炉1台，75千瓦和150千瓦发电机组2套，其他辅助配套设备齐全。产品有出口绢丝袜、氨棉袜、各式锦纶丝袜、弹力锦纶丝袜、棉毛内衣和腈纶运动衫裤，是江苏省丝绸进出口公司外销绢丝袜的唯一定点生产厂，产品多次获得省优秀产品奖、优秀新产品金牛奖，锦纶丝袜、弹力锦纶丝袜在省、市评比中也多次获优质产品奖、优秀新产品奖。是年，袜品产量246.35万双，内衣10.54万件，出口绢丝袜9.4万双，完成产值405.22万元，销售收入403万元，上缴税金24.5万元，实现利润29.67万元，创汇17万美元。1990年起，企业连年亏损，处于半停产状态，经济效益大幅度下降。1994年，企业资不抵债数百万元，同年6月被列为全市9家特困企业之一。2000年后，企业处于停产状态。

淮安染织厂　建于1956年1月，原名为地方国营淮安棉织厂，生产线织劳动布等6个品种产品。1962年，与内衣针织厂、毛巾厂合并，成立地方国营淮安棉针织厂。1981年开始，投产涤棉、中长纤维等化纤产品。1984年11月9日，企业与省纺织生产品开发公司签订产品开发协作合同，生产中长弹纺毛西服呢。1986年6月开始生产毛巾。1989年11月10日，企业更名为“淮安染织厂”。是年，厂房面积2.08万平方米；固定资产原值244.4万美元；主要生产设备有织布机200台，高温高压染色机、G14213-183型浆纱机、码布机、A631型捻线机、A734型双棉摇纱机、碗式卷纬机340锭，包括各种单杀强力机、恒温烘箱、缩水率试验机等在内的成套设备。主要产品有彩格绒、涤棉布、各种被单布等，年生产能力360万米。1990年12月，和淮安毛巾厂合并为淮安毛巾印染厂。1993年12月，企业经营生产困难，开工不足，严重亏损。1995年，实施“退二进三”改制方案，企业全面停产，职工全部下岗，生产设备被卖，厂房腾出开发岳庙市场和恢复东岳庙。下岗工人无生活费，留守人员和退休人员仅靠出租房屋收费维持。2006年3月，区政府将厂区内原东岳庙建筑划归宗教部门，6月，区政府决定企业留守人员外出租房办公，将原办公区域租给东岳庙使用。2008年，企业有在册职工215人，退休工人95人，离休干部1人；企业总资产250万元（除土地），总负债504万元。企业有土地1.03万平方米，建筑面积4716平方米，未改房面积5071平方米。

江苏康乃馨织造有限公司　创建于1994年。公司先后与六洲集团、喜达屋集团、雅高集团、万豪集团、锦江集团等国际、国内酒店管理集团旗下所属的多家酒店建立合作关系，产品被北京钓鱼台国宾馆、北京五洲皇冠假日酒店、沈阳凯宾斯基饭店、西安喜来登大酒店、南京索菲特银河大酒店、南京金陵饭店、无锡喜来登大饭店、上海金茂君悦大酒店、上海威斯汀大饭店、上海明天广场JW万豪酒店、宁波大榭国际酒店、福州西湖大酒店、广州东方宾馆、深圳富临大酒店等96家五星级酒店选用，

康乃馨织造有限公司　　（2004年摄）

同时畅销日本及欧美等地，是专业生产“canasin”牌卫浴、客房、餐饮三大系列产品的酒店布草制造商。2008年，公司生产的卫浴巾类系列产品有手巾、面巾、地巾、浴巾、晚安巾、浴袍；客房床品系列产品有床单、被套、枕套、被芯、枕芯、保护垫、靠枕、晚安巾等；餐厅用系列产品有台布、口布、椅套等酒店专用布草。公司在全国酒店布草行业率先通过ISO 9001、ISO 2000质量管理体系认证，ISO 14001：2004环境管理体系认证，GB/T18885—2003生态纺织品认证，ISO 10012：2003测量管理体系认证，是全国酒店纺织品行业唯一获得中国名饰产品录“中国驰名商标”称号的企业。2008年，该公司已发展成为拥有康乃馨毛巾、床上用品、台布、制衣、染业、营销、国际贸易7个分公司的现代化企业。

第二节　机械工业

一、概况

1978～1991年，淮安农机制造的主要产品有：拖拉机、脱粒机、开沟机、粉碎机、拖车、旋耕机、割晒机、挂桨机等，农机配件有拖拉机、内燃机配件；其中，柴油机配件批量大、质量高，主要品种有：S195型柴油机机体、油箱、水箱、空气滤清器、油底壳、密封圈等；化工机械生产化工泵和小氮肥设备配件；纺织机械生产1452A型棉织整径机配件、G142-140型浆纱机配件、1511M型布机、提花龙头机、T111型黄麻整径机、J211型黄麻织布机、9MA491型系列磨毛机、SFA201型梳棉机圈条箱、A0760型单打成圈机等产品；食品机械生产550型粉碎机和米机头、骆驼式20M、15M输送机等粮食机械配件、酱油消毒器、耐腐蚀泵、油压机等酱油机械产品、SG2型多功能花色糕点成型机等产品；采掘机械生产针型阀、2035型采油树提挂式控制器、法兰盘、圆柱销等石油设备产品，以采油井口和注水井口工具、井下工具、固井工具为主的石油设备等产品；通用机械生产818、619、307、472、473型高压风机、圬工泵、紧固件、阀门等产品，其他机械产品有：工具、蓄电池、灯具、清污机、下水道联合输通车等产品。生产的交通工具有：自行车、汽车、船舶。1991年底，淮安机械系统有独立核算企业30家，职工3984人，拥有固定资产原值3056万元，工业总产值9389万元，实现利税302万元。在机械工业企业中，有锅炉及原动机制造业2家，金属加工机械制造业1家，通用零部件制造业8家，铸造毛坯制造业1家，工业装用设备制造业3家，农林牧渔业机械制造业8家，日用机械制造业2家，机械修理业5家。另有交通运输设备制造业9家，总产值2054万元，主产品为汽车配件及船舶；电器机械及器械制造行业13家，总产值2788万元。1992年，淮安市井神钻采机具有限公司开始生产“井神”系列螺杆钻具等石油装备，获得高温深井实用新型专利，产品畅销国内各大油田。同年，淮安农机修造厂研制开发出下水道联合疏通车系列（7个车型），获建设部科技三等奖。1995年10月，淮安市门泵厂开始生产客车气动外摆门泵、电动折叠门泵，后陆续开发了电动外摆门泵、直拉泵、内摆门泵、电动后视镜等产品。2005年，淮安市绿箭电动机械有限公司开始生产“绿箭”电动自行车。同年5月，江苏双环齿轮有限公司在楚州经济开发区注册成立，先后建成锻造分厂和齿轮分厂，生产齿轮。2007年4月，江苏友邦电力变压器有限公司在江苏楚州经济开发区新上新型节能变压器项目，产品从10千伏发展到20千伏、35千伏，产品系列从油浸式变压器，发展到干式变压器、欧式箱变、美式箱变全系列产品，产品通过江苏省新产品鉴定，年产量100万千伏安。同年，江苏施塔德电梯有限公司在江苏楚州经济开发区建立现代化的电梯生产基地。2008年3月，江苏海恩电池有限公司在江苏楚州经济开发区新上的铅酸蓄电池项目正式投产，产品主要用于电动三轮车，当年产量2.85万千伏安，开票销售898万元。同年下半年，外商投资企业淮安孟昭尼机械有限公司开始生产冷镦机，当年产量3台，计36吨，销售收入885万元。2008年，全区机械工业拥有法人企业236家。其中规模以上企业32家，从业人员3438人；拥有总资产8.49亿元，其中固定资产2.63亿元；销售收入18.69亿元，利税1.43亿元。在规模以上机械工业企业中，有色金属冶炼及延压加工业7家，金属制品业4家，通用设备制造业9家，专用设备制造业4家，交通运输设备制造业4家，电气机械及器材制造业4家。双环齿轮、力博士机械、意奔玛机械、施塔德电梯、惠民汽配等重点企业主要装备水平达到国际、国内先进水平。

江苏惠民汽车配件制造有限公司 （2004年摄）

二、企业选介

淮安市农业机械制造厂 原名淮安县铁器合作工厂，1957年底改为国营淮安机械制造修配厂，1959年改名淮安通用机械厂，后定名淮安农业机械制造厂。1966年主要生产脱粒机，1974年，试制成功工业泵，1975年将工业泵生产分出成立化工机械厂，1976年，试制成功方形整拉油箱，1980年，开始试制清污机，于1983年试制成功，当年产值245.5万元。1988年，加入常州柴油机集团，成为其分厂。1991年，该厂拥有职工596人，固定资产净值132.3万元，工业总产值1166.5万元，利税52万元。1993年，企业生产经营每况愈下，1996年全面停产，职工下岗自谋出路。1997～2008年，企业将部分设备及厂房出租，靠收取租金勉强维持留守人员工资发放。

淮安市商业机械厂 位于淮城镇河下运河街，建于1974年，主要生产进口汽车配件。产品有活塞、缸套、连杆铜套、钢板弹簧等20个品种。1985年，该厂根据市场需要，产品逐步多样化，除生产原产品外，还生产酱油消毒器、耐腐蚀泵、油压机、铝合金商品橱柜、门窗和SG2型多功能花色糕点成型机。多功能花色糕点成型机于1986年12月通过省级鉴定，1987年获得省优秀新产品金牛奖，1988年获得商业部科技进步四等奖。1991年，该厂拥有职工407人，其中工程技术人员42人；拥有各种工业专用和通用设备226台，固定资产原值438.3万元；年产值341.3万元，利税22.39万元。后因市场不景气歇业停产。

淮安市第二农业机械厂 前身为地方国营淮安县五金制造厂，1973年6月更名为淮安县第二农业机械厂。厂区占地1.8万平方米，建筑面积6420平方米；固定资产原值132.94万元。70年代至80

年代间主要生产65型插秧机、工农1800型机动脱粒机和380、320型粉碎机，以及40千克空气锤等产品，为江苏省插秧机两个定点厂家之一，同时生产脚踏气筒、YT4和IE40F型曲轴连杆总成，实现生产总值223.6万元，利税46.8万元，产品行销全国20多个省市，并出口日本、德国、新加坡等10多个国家和地区。1990年，生产的主要产品有“鲸牌”压杆式高压黄油枪，但在市场销售中，产品价格已竞争不过南通如皋生产的高压黄油枪，市场份额越来越小。1991～1998年在上级主管部门领导下，先后换过几任领导，但由于一些主、客观原因，始终没能扭转困境，最终导致停产。

淮安市阀门厂 建于1970年，是机械工业部定点生产阀门的专业厂。初期产品有：有低压水阀、球阀、铸铁管道件及胶轮车铁架、脚踏脱粒机、180型脱粒机。1982年，生产圆盘印刷机，因质量原因停产。1984年起，生产日趋滑坡，后经整顿，勉强维持正常生产。主要产品有截止阀系列、止回阀系列、闸阀系列、排污阀系列、柱塞阀系列和YK150型采汪树卡箍阀等，年产量5.77万件，产品销往全国20多个省、直辖市、自治区。1991年，有职工384人，固定资产净值59.8万元；年工业总产值311.1万元，利税3万元。1987年从北门大街拆迁（共拆除生产和企业办用房2000平方米），加之此后管理不善，企业逐渐走向衰败，一直维持到1997年企业全面停产。

淮安市汽车修配厂 建于1967年，系中国公路车辆器械公司、北京公路客挂车联营公司成员厂和二汽东风集团联营厂、交通部客车附件专业配套生产厂。初期仅生产69型消声器和双音排气喇叭等汽车配件。80年代，企业开发新产品，产品逐步更新换代。1987年，电动刮水器总成获江苏省优秀产品金牛奖和交通部部优产品称号，大客车电控气动外移门总成和ZD160A型弹簧制动室为国家级优秀产品。1989年，该厂被淮阴市交通局和淮安市人民政府分别授予“文明单位”和“先进企业”称号。1991年，全厂占地8600平方米，建筑面积5600平方米，职工453人，其中工程技术人员45人；各种机械设备177台，固定资产140余万元；年产值700万元，利税42万元。后因主客观原因，淮安市汽车修配厂停产。

淮安市机械配件厂 前身为淮城五金厂，1974年更名为淮安县机械配件一厂，1988年正式易名为淮安机械配件厂，是机械工业部和江苏省机械工业厅车灯定点生产厂，淮阴市三级计量和三级标准化验收合格企业。70年代以生产各种车灯为主，1978年能生产拖拉机、普通汽车的全部灯具，成为江苏省第一个生产汽车、拖拉机系列灯具的厂家。80年代初期，该厂开发生产S195、1100、1105型系列柴油机油箱和水箱、汽车里程软轴软管、电器开关和泰山方灯、转向灯以及T-170、T-134型防眩目前照灯等产品。1987年，该厂被全国拖拉机灯具行业组接纳为成员厂，所产“淮光”S、L、X型系列油箱、水箱和灯具系列产品畅销全国28个省、市、自治区，其中系列油箱、水箱成为常州、无锡等4个主机厂配套产品。1991年，厂区占地2.8万平方米，有职工720人（工程师5人），各种设备120台，固定资产原值227万元，年工业产值1041.78万元，利税89.14万元。后因市场、产品、技术、资金等原因，淡出机械工业。

淮安市自行车公司 1981年，由淮安县五金厂、机械配件二厂、刀剪厂和童装厂4家工厂合并组成淮安县自行车厂。时有职工256人，固定资产原值13.16万元，流动资金32.86万元。因无厂房，在500平方米的简易工棚里土法上马，生产自行车车架。翌年，生产文峰牌ZA81型加重自行车，创产值911万元，利税18万元。1984年9月15日，文峰牌自行车被评为江苏省乡镇企业名特优新产品，送往北京展览。1985年10月，与无锡自行车厂联营。1986年，以自行车厂为主，成立淮安县自行车公司，其下属单位有自行车厂、车架厂、电镀厂。1988年与上海上乐自行车公司联合生产，经轻工业部验收合格颁发生产许可证。1989年后，生产进入困境。1990年，开始试制无链条自行车。1991年，公司占地4.5万平方米，建筑面积3万平方米；有职工1050人；固定资产原值493万元，流动资金501.79万元。后因市场、技术、管理等主客观原因，不能再继生产无链条自行车。

江苏惠民汽车配件制造有限公司 2001年4月2日成立的江苏省高新技术、国家火炬计划项目承担企业，占地6.53公顷，总投资1.5亿元，总建筑面积3万平方米，员工615人，主要生产客车门泵门板、电涡流缓速器、快速公交（BRT）站台门、车用无障碍通道踏步导行装置、闸机、电动后视镜等产品，为厦门金龙联合汽车工业有限公司、厦门金龙旅行车有限公司、郑州宇通客车股份有限公司、安徽安凯汽车股份有限公司、牡丹汽车股份有限公司等全国16个省、直辖市60多家客车生产厂家标准配套产品。2008年，该公司产品销售额3.5亿元，其中出口创汇3625万美元。

江苏双环齿轮有限公司 2005年5月，在楚州经济开发区注册成立，先后建成锻造分厂和齿轮分厂。双环齿轮项目由全国专业齿轮生产规模最大的企业、全国摩托车齿轮标准起草单位浙江玉环传动机械股份有限公司投资建设。该项目一期投资6000多万元新上齿轮锻造生产线后，于2008年5月开工建设总投资1.2亿元的二期工程，新建厂房2幢共2万平方米，新增连续渗碳炉、滚齿机、剃齿机、珩齿机等国内外精端设备200多台（套），其中日本HAMAI滚齿机、奥地利爱协林多用炉、美国格力森齿轮检测仪等设备世界一流，年产系列模数伞齿1000万只。

江苏力博士机械股份有限公司 成立于2007年2月，由上海击利乐机械设备有限公司全资投资，注册资本6000万元，地处江苏楚州经济开发区永怀东路399号，占地约12公顷，总投资约2.2亿元，是一家从事研发、制造、销售液压破碎器、液压剪和气动钻机的专业公司，主要产品有："工兵" GB系列破碎器、"力博士" LB系列破碎器。公司拥有多种型号的焊接机器人、数控车床、铣床、磨床、热处理设备等260多台（套）生产设备，主要装备达到国际先进水平，拥有专利2项。2008年年底前正式投产，当年实现开票销售532万元。

江苏意奔玛机械有限公司 项目由浙江温州中国意奔玛集团投资建设，是一家专业生产汽车刹车盘系列产品，集研发、生产、销售于一体的大型汽车配件企业。该项目占地15.87公顷，总投资2.7亿元，于2005年落户开发区，2006年底，投资4000万元的年产500万条汽车皮带项目竣工投产后，2008年新上二期意奔玛机械项目，二期项目投资1.2亿元，主要生产汽车刹车盘、汽车发动机铸造件等，设计年产量为240万套。

江苏施塔德电梯有限公司 项目由浙江梅轮电梯成套设备有限公司和香港国际佳升有限公司联合投资兴建。该项目于2007年初总投资4200万美元，注册资金1000万美元，占地8.87公顷，总建筑面积6万平方米，集电梯产品研发、制造、销售、安装、改造及维护服务为一体，主要生产成套乘客电梯、医用电梯、住宅电梯、观光电梯、载货电梯、自动扶梯、自动人行道及各类电梯配件。

2007年江苏施塔德电梯有限公司进驻楚州工业园区

淮安市光明电器制造有限公司 成立于1999年底，位于楚州区泾口镇乡镇工业集中区，是研制、生产电动工具、家用厨房电器的专业厂家。主要产品有食品搅拌机、MD32系列砂轮机、砂带机等，其电压、频率等级满足国内外不同厂家和客户需要，产品出口到美国、英国、法国、澳大利亚等国家和东南亚及中国香港地区。2003年，公司生产砂轮机60多万台。同年，公司投入1000多万元，新征土地近3.3公顷，建设新厂区，新上年产45万台电机项目，于2004年3月建成投产。2008年，公司占地8万平方米，年生产砂轮机156.8万台，实现开票销售3181万元，入库税金77万元。

第三章　电力工业

第一节　发　电

一、火力发电

井神盐电厂　（2002年摄）

井神盐电厂　前身为淮安热电厂，1987年筹建，1989年热电装置建成投入运行，额定功率12兆瓦，发电机出口电压经升压变压器升为35千伏，由35千伏厂东（热电厂—城东变电所）线、厂西（热电厂—城西变电所）线并入境内35千伏电网。1990年，淮安热电厂年发电量4873万千瓦时，除精制盐厂自用电外，上网电量4392万千瓦时。1996年，热电车间大修，投入资金1000多万元，相继改造1号、2号炉，蒸发量由35吨/时上升到42吨/时。1999年6月1日，淮安热电厂更名为淮安井神盐电厂。2002年，电厂扩建3号锅炉，除满足制盐用汽需要，当年发电7955万千瓦时，上网电量5017万千瓦时。2003年，制盐系统扩建20万吨盐硝联产生产装置，热负荷增加，电厂扩建4号锅炉，热电总蒸发量曾至120吨/时。2006年，由于盐硝联产扩产的需要，电厂配套建设30兆瓦发电机组及相关设施，淘汰中温中压12兆瓦机组，2007年8月30日，机组并网发电。同期，电厂在原35千伏升压变电所旁新建一座110千伏变电所。2008年8月30日，电厂并入110千伏电力系统。当年，电厂年发电量1.42亿千瓦时，上网电量6115万千瓦时，发电煤耗率降至165克/千瓦时。与1990年相比，发电量为当年的2.92倍，煤耗率仅为当年的18.48%。

1990～2008年井神盐电厂发电量统计表

表8-3

年　份	发电量（万千瓦时）	上网电量（万千瓦时）	发电煤耗率（克/千瓦时）	电价（元/千瓦时）
1990	4873	4392	892.9	0.438
1991	5233	4732	887	0.438
1992	6710	6061	841	0.438
1993	5817	5060	843	0.438
1994	5709	4317	685	0.438
1995	5935	4359	610	0.438
1996	5863	4271	601	0.438

续表 8-3

年　份	发电量（万千瓦时）	上网电量（万千瓦时）	发电煤耗率（克/千瓦时）	电价（元/千瓦时）
1997	6861	5085	636.9	0.438
1998	7099	5153	620.1	0.453
1999	6920	5008	499	0.36
2000	7568	5275	436	0.36
2001	7526	4755	436	0.36
2002	7955	5017	414	0.36
2003	9498	6227	368	0.36
2004	8221	4031	328	0.375
2005	9022	5382	363	0.395
2006	9789	5874	342	0.399
2007	9670	6539	268	0.399
2008	14235	6115	165	0.42

国信淮安生物质发电厂　2006年10月开工建设。由江苏省国信资产管理集团有限公司和江苏省新能源开发有限公司分别以70%和30%的股份共同投资建设，总投资约3亿元。电厂坐落在季桥镇车路村境内，紧临京沪、徐淮盐、宁连高速公路出口，占地8.67公顷，汽轮机功率18兆瓦。2007年11月5日，1号机开始72＋24小时试运行，12月10日，举行1号机组竣工典礼，开创了我国利用稻麦软秸秆发电先河。2008年4月，2号机组投产发电。当年，两台机组运行良好，年发电量10.35亿千瓦时。

2007年国信生物发电厂竣工

2007～2008年江苏国信淮安生物质电厂发电量统计表

表 8-4

年　份	1号机发电时间、发电量（小时/万千瓦时）	2号机发电时间/发电量（小时/万千瓦时）	电价（元/千瓦时）
2007	346/232	0/0	0.646
2008	5641/6255	3674/4089	0.646

说明：表中数据不包含2号机调试期间的131万千瓦时发电量

二、水力发电

运西水电站　位于三堡乡沙庄引河北端，上游引河与灌溉总渠连通，下游引河为沙庄引江河。丰水时节，洪泽湖大量水流下泄，大运河通航亦需补水，电站利用此水能发电。电站工程于1977年

12月开工，1981年5月竣工，工程总造价599.3万元。电站装有TF-10-200发电机组10台，总装机容量为2000千瓦。发电机端电压为6千伏，经1.6兆伏.安2台主变压器升压为35千伏，并入境内35千伏电网。水电站建有3孔节制闸，以代替运南分水闸分泄上游洪水和补充下游用水。1992年，原启闭力为10吨的油压闸门启闭机不能满足实际启闭闸门要求，遂将其中2台闸门启闭机更新为QPPYⅡ型液压启闭机，新启闭机启闭力为25吨，满足启闭闸门要求。1993年，又将3台老式启闭机亦更新为QPPYⅡ型液压启闭机。1994年，更新同型号液压启闭机5台。三年用于启闭机改造投资约45万元。2002年5月，电站投资约12万元，将7号发电机组更新为SFW250-10/85-W型同步发电机，该机无刷励磁，运行时无火花炭粉。当年，电站年发电量为210万千瓦时。2008年，电站将两台老旧齿轮箱更新为ZDZ600B-4.1型，运行良好。当年，电站发电量679万千瓦时，累计发电量(1981年起)超过1.5亿千瓦时。

运东电站 位于运东分水闸与运东船闸之间，处运东大桥西侧，站址中心距大桥仅115米。电站工程建于1976年3月，1981年1月因国民经济调整而停建，1986年4月复建，1989年3月5日竣工投入运行，累计投资616.46万元。电站装有发电机组10台，各单机容量均为200千瓦，总装容量2000千瓦。站房内400伏低压系统采用单母线分段结线，1～5号发电机组接在Ⅰ段母线上，6～10号发电机组接在Ⅱ段母线上。控制室西侧建有35千伏升压站，35千伏母线为单母线接线；2台主变压器露天安装，容量分别为1.25兆伏安和1.6兆伏安。35千伏升压站东侧建有一座铁塔，一档35千伏线路与35千伏南翻线T接。电站发电机组400伏端电压由主变压器升压后，经此并入地方电网。1992年，投入3万元将最大开断能力40千安(峰值)DZ10-600/337型机旁屏空气开关更改为DWX15-630型空气开关，其极限断流能力为70千安，满足该点最大短路电流周期分量有效值为63.1千安要求。1993年，投入6000多元，将控制屏至励磁柜间3×240平方毫米铝芯电缆更换为3×185平方毫米铜芯电缆，以解决原电缆在运行中严重发热缺陷。1998年起，先后投入60万元，将原10台齿轮箱全部更新，8台为江阴齿轮箱厂产品，2台为泰州动力一处产品。新齿轮箱传递功率按250千瓦配置，运行噪音低，再未发生轮齿折断事故。同年，投入8万元，增设上游排架式拦污栅起吊装置。此后，可随时清理拦污栅杂物，保证机组出力。2005年，电站投入12万元，将9号发电机更新为资江SFW250-10-850型250千瓦发电机，同时更新励磁装置。2007年，投入14万元，将8号200千瓦发电机更新为临海SFW320-10-850型320千瓦发电机。2008年，电站投入7.5万元，将DW2-35型高压断路器，更新为LW8-35AG(CT)型SF6断路器。是年，电站发电量1051万千瓦时。

1989年投入运营的运东水电站

淮安三站 位于苏北灌溉总渠与京杭大运河交汇处南侧。该站工程为大型水利综合工程，是世界银行贷款"加强灌溉农业"项目中大型泵站改造工程重要组成部分，被列为江苏省南水北调续建工程之一。1992年7月，三站工程由江苏省水利勘测设计研究院完成初步设计。1995年1月25日工程破土动工，省水建公司负责土建工程建设，中江公司负责机电设备采购及安装，机电设备安装由省总渠机电安装处分包。该工程实行建设监理制度，为江苏省各泵站施工建设首次实行监理制。1996年6月完成主体工程，1997年6月通过验收交付使用，工程项目总投资近5000万元人民币。

该站装有天津TDEWG1700/400-44/3250型同步电机2台，其单机功率1700千瓦。1999年，将电站继电保护装置更新为美国GE公司微机保护装置，主机保护为SR369型，主变压器控制保护为SR745型及F650型，35千伏线路保护为SR745型，并增设微机监测装置。2003年初，先后数次发生励磁系统投励可控硅损坏主机启动失败故障。2003年10月和2004年10月，结合2台主机大修，先后将原励磁系统皆更新为北京前锋WF-41型无刷励磁装置。此后，励磁系统运行良好。2005年9月，将主变进线柜35千伏侧SN-35Ⅱ/1250-20型少油开关更新为DNW型真空开关。10月，将直流屏原PZD1-40/220-CⅢ型电池更新为德国阳光A412/100Ah-12V免维护电池。2006年6月，由南京贝源电气公司再次改造保护装置，增加美国GE公司F650综合保护装置一台。2008年7月，将7面低压开关柜进行更新。

头闸电站　位于苏北灌溉总渠与京杭大运河交汇处东南侧，处渠南水利管理所北干渠之首。发电下泄流水入北干渠，以灌溉朱桥、仇桥、博里、车桥、泾口等乡镇约1.33万公顷农田。1978年，电站装有200千瓦发电机组和100千瓦发电机组各1台。1979年5月，电站第三台160千瓦发电机组建成投运。尔后，电站历经多次维修和改造。1992年，电站有3台水轮发电机组：1号机组水轮机为GDJ-WS-160型，发电机为T140-10A-200型；2号机组水轮机为ZDJ-LH-120型，发电机为TSN-59141-6-160型；3号机组水轮机亦为ZDJ-LH-120型，发电机为TSN-59-41-6-160型。3台机组总容量为520千瓦。1996年，电站改造3号机组，将原齿轮传动改为直联传动，交发电机更新为SF160-24/990型。1997年，电站发电量212万千瓦时，2004年246万千瓦时，2008年受水情影响，发电量144万千瓦时。

1981～2008年楚州区（淮安县、淮安市）运西水电站发电量及运行台时统计表

表8-5

年　份	当年发电量（万千瓦时）	1981年起累计发电量（万千瓦时）	当年运行台时（台时）	1981年起累计运行台时（台时）
1981	320	320	—	—
1982	323	643	—	—
1983	751	1394	—	—
1984	526	1920	—	—
1985	942	2862	—	—
1986	497	3359	—	—
1987	786	4145	—	—
1988	635	4780	—	—
1989	611	5389	—	—
1990	394	5782	—	—
1991	347	6129	—	—
1992	256	6385	22535	515070
1993	747	7132	57406	572476
1994	416	7548	28510	600986

续表 8-5

年　份	当年发电量（万千瓦时）	1981年起累计发电量（万千瓦时）	当年运行台时（台时）	1981年起累计运行台时（台时）
1995	362	7910	24036	625022
1996	560	8470	42673	667695
1997	707	9177	44829	712524
1998	766	9943	59037	771561
1999	62	10005	0	771561
2000	607	10612	44976	816537
2001	346	10958	22564	839101
2002	210	11168	20664	859765
2003	633	11801	56187	915952
2004	502	12303	39749	955701
2005	627	12930	42459	998160
2006	786	13716	62609	1060769
2007	700	14416	53697	1114466
2008	679	15095	59557	1174023

1989～2008年楚州区（淮安市）运东电站发电情况及效益统计表

表8-6

年　份	发电总量（万千瓦时）	总收入（万元）	利润（万元）	税金（万元）
1989	525	157	7	0
1990	393	108	7.9	0.55
1991	415	102.6	8.6	1.1
1992	365	131	4.7	3.72
1993	492	177	3.7	4.9
1994	160	58	0	2.8
1995	290	104	0.6	6.3
1996	470	169	3	10
1997	550	198	22	19
1998	827	298	16	16
1999	176	63	16	7
2000	647	233	0	12

续表 8-6

年　份	发电总量(万千瓦时)	总收入(万元)	利润(万元)	税金(万元)
2001	319	115	0	9
2002	363	130	0	8
2003	901	306	0	18
2004	766	262	0	16
2005	811	275	0	17
2006	947	322	0	19
2007	850	289	0	17
2008	1051	357	0	21

1997～2008 年淮安三站发电情况表

表 8-7

年　份	1号机发电(台时/天)	2号机发电(台时/天)	总发电量(万千瓦时)	年　份	1号机发电(台时/天)	2号机发电(台时/天)	总发电量(万千瓦时)
1997	1307/59	49/3	66	2003	3157/142	884/48	115
1998	3711/169	3141/182	207	2004	2470/110	2158/101	147
1999	841/41	636/34	59.92	2005	1749/82	373/18	45
2000	4052/178	3183/157	198.13	2006	1593/68	401/19	55
2001	2319/104	1556/71	133.5	2007	1580/73	1050/50	80
2002	1822/85	1383/69	108	2008	1471/26	0/0	43

2008 年楚州区主要发电设备统计表

表 8-8

电厂名称	设备名称	动力机				发电机		
		种类	型　号	容量(千瓦)	投运日期	型　号	容量(千瓦)	投运日期
江苏省井神盐业有限公司	1号机组	汽轮机	C12-35/10-1	30000	198912.18	QF2-12-2	30000	2008.08.01
	2号机组	汽轮机	CB25-8.83/3.82/0	30000	2007.08.01	QF-30-2	30000	2008.08.01
	1号机组	汽轮机	.6	15000	2007.11.29	QFW-15-2	15000	2007.11.29
江苏国信淮安物质发电有限公司	2号机组	汽轮机	N15-3.43	15000	2007.11.29	QFW-15-2	—	—
	水电机组1-10号	水轮机	N15-3.43	2050	1981.05.10	TF145-10-200kW	15000	2007.11.29
	水电机组	水轮	GD-160	400	1997.07.11	TDFWG1700	2050	1981.05.10
	水电机组	水轮	32GWN-42	400	1997.07.11	/400-44/3250	400	1997.07.11
运水电站	9号机组	水轮	32GWN-42	250	2005.01.04	TDFWG1700/40	400	—

续表 8-8

电厂名称	设备名称	动力机				发电机		
		种类	型　号	容量（千瓦）	投运日期	型　号	容量（千瓦）	投运日期
运西水电三站	8号机组	水轮	SFW250-10/850	320	2007.01.29	0-44/3250	250	1997.07.11
	水电机组	水轮机	SFW320-10/850	125	1998.01.01	SFW250-10850	320	1989.03.05
运东水电站	水电机组	水轮机	—	125	1998.01.01	—	125	2007.01.29
	水电机组	水轮机	ZDJ1-LM	125	1998.01.01	SFW320-10/850	125	1998.01.01
运东闸水电站	水电机组	水轮机	ZDJ1-LM	125	1998.01.01	—	125	1998.01.01
	水电机组	水轮机	ZDJ1-LM	320	1978.05.10	SF125	125	1998.01.01
	水电机组	水轮机	ZDJ1-LM	383	1978.05.10	SF125	200	1998.01.01
	水电机组	水轮机	GDJ1-WS-160	383	1978.05.10	SF125	160	1996.12.10
头闸水电站	水电机组	水轮	ZDJ1-LM-120	100	1988.01.01	SF125	160	—
	—	—	ZDJ1-LM-120	—	—	T145-10A	100	1996.12.01
	—	—	ZDJ1-LM-80	—	—	TSN59/41-6	—	—
建淮水电站	—	—	—	—	—	SF160-24/990	—	1996.12.10
	—	—	—	—	—	TSN59/27-6	—	1988.01.01

第二节　用　电

1978年，境内用电管理和服务职能部门是政府三电办公室（下称“三电办”）和供电局用电股。三电办依据社会对电力需求情况，制定供电计划，安排可用电量，落实节约用电措施。供电局用电股负责电力销售管理和服务工作。2000年以后，地方经济不断发展，电网供电能力不断增强，地方用电量亦不断增长。供电局用电股职能转向服务型。2008年，全区社会用电量8.06亿千瓦时，其中工农业生产用电量与城乡居民生活用电量均创历史新高。

一、用电水平

1978年，全县年用电量3087万千瓦时。1979年，全县社办工业用电量为356万千瓦时。是年，装机容量9600千瓦的茭陵抽水站建成投运，农业用电量为1284万千瓦时，比上年增长近一倍。1980年，全县工业用电量达2745万千瓦时。1981年，全县33个社、场、镇通电率为100%。1985年，全县用电设备装机容量为11.97万千瓦。1987年，全县工业用电量为4554万千瓦时。是年，全县用电量1.33亿千瓦时，人均用电量112.29千瓦时。1988年，境内电力供应尚处于紧缺状况，年用电量1.7亿千瓦时，除翻水电量增加1814万千瓦时外，化学工业用电、农业电量均有所增加，人均用电量225千瓦时左右，万元产值用电量857千瓦时，最高负荷28兆瓦。1989年，电力供应更为趋紧，供电量下降，人均用电量比1988年稍有下降，万元产值电量亦下降较快，是上年的77.71%。1990年起，政府实行有序用电、节约用电、群众办电方针，一方面积极组织电源，争取国家统配电力电量，同时通过煤、油加工电力以弥补电力能源不足；另一方面采取多种措施节能降耗，削峰填谷，提高有序用电水平，全社会用电量有所增长。1991年，境内增加8户大工业用电户，工业用电量增加1025万千瓦时。1992年，北方干旱，翻水电量剧增，比上年增加2186万千瓦时。工农业发展也较快，用电量上升，电力供应非常紧缺。是年，城乡人民生活用电量比上年增加227万千瓦时。1993年，部分工厂停产，化肥厂电量减少2351万千瓦时，其他工业电量亦减少1722万千瓦时。农业用电增加1580万千瓦时，城乡居民生活用电增加131千瓦时，增长幅度小于工业行业电量下降幅度，两者相抵，全年总用电量下降，人均用电量不足180千瓦时。1994年起，政府启动扶贫通电工程，当年有2万多无电农户开始用电，农村年用电量比上年增加3894万千瓦时。1995年，城区开放"一户一表"调动起城市居民用电积极性，当年城乡居民生活用电增加2269万千瓦时。1997年，由于城区新增两个居民小区，以及城区东长街、北门大街用电改造工程竣工，城区居民用电增长很快。当年，城乡居民生活用电量8971万千瓦时。1999年，乡镇城市化建设初具规模，乡镇街道上商店分布增多；城区东长街、北门大街改造结束，商业网点增加，较大规模的商场相继开设夜市，用电量增长较快。当年全社会用电量较上年增加4858万千瓦时，人均用电量增加265千瓦时。

2000年，境内工业发展速度较快，工业电量增加4982万千瓦时，年工业用电量超过1.5亿千瓦时，万元产值用电量下降至249千瓦时。2001年，农村居民生活电价与城区实行同网同价，农村居民用电积极性更为高涨。是年，农村居民生活用电达7178万千瓦时，城乡居民生活用电增长到1亿千瓦时以上。此后两年，几家大工厂用电量增加较快，多家变压器先后增容（飞洋钛白粉厂从315千伏安增加到1890千伏安，箱纸板厂从250千伏安增加1890千伏安），同期新增工业用电大户有福来染织厂、东立染业有限公司、昆仑纺织有限公司、润邦药业有限公司4户，玉禾面粉厂、幸福化工有限公司（化肥厂）用电量增长幅度亦较大。当年，工业年用电量超过1.5亿千瓦时。同期，由于城区东门大街、关天培路、镇淮楼东西路、西长街南段等几条主要街道扩建、改造工程结束，城区商业网点增加较多，城乡面临街道的企业、单位、商场实施亮化工程，商店晚间经营点增多，商业和亮化方面的年用电量增加较快，高达2200万千瓦时。2004年，境内生产和事业单位办公条件多有改善，办公场所饮水机、空调等用电量增加，当年其用电量达3243.56万千瓦时。2006年，楚州区小容量专用变压器增容项目较多，城乡居民生活用电增长19.79%。是年，中小学用电增长较快，其用电量为5116.25万千瓦时，比上年增加1117.97万千瓦时。2007年，天气持续偏热、偏旱，农业电量持续增长，比上年增加356万千瓦时；工业发展较快，有一些工业企业相继投产，工业用电量增加，全年总量达2.94亿千瓦时，比上年增加4557.03万千瓦时。其中大工业电量增长17.13%。是年，非普工业电量也增加1911.37万千瓦时。2008年，全社会用电量8.06亿千瓦时，增长12.15%。其中，农业电量1919万千瓦时，下降6.34%；工业和建筑电量4.46亿千瓦时，增长16.3%（其中工业用电量4.37亿千瓦时，增长18.14%）；第三产业电量9822万千瓦时，下降2.37%；城乡居民生活电量2.43亿千瓦时，增长13.3%。

1978～2008年楚州区（淮安县、淮安市）境内人均用电量及万元产值用电量统计表

表8-9

年 份	用电量（万千瓦时）	人均用电量（千瓦时）	工农业总产值（万元）	万元产值用电量（千瓦时）
1978	3087	154	198417	857
1979	3969	142	234317	680
1980	4753	154	276468	636
1981	4682	163	247945	757
1982	8668	197	303659	751

续表 8-9

年　份	用电量（万千瓦时）	人均用电量（千瓦时）	工农业总产值（万元）	万元产值用电量（千瓦时）
1983	9539	177	425544	484
1984	12214	218	603244	425
1985	10320	253	822018	363
1986	13869	244	915272	317
1987	13268	240	980836	296
1988	17009	225	1049662	261
1989	15931	265	1176306	274
1990	17579	271	1306517	249
1991	18778	298	1336577	275
1992	22819	336	1509718	267
1993	20601	—	—	—
1994	25666	—	—	—
1995	29835	—	—	—
1996	29032	—	—	—
1997	28985	—	—	—
1998	27353	—	—	—
1999	32211	—	—	—
2000	32527	—	—	—
2001	36765	—	—	—
2002	40334	—	—	—
2003	41929	—	—	—
2004	50438	—	—	—
2005	55952	—	—	—
2006	62610	—	—	—
2007	71895	—	—	—
2008	80632	—	—	—

说明：表中统计的电量是境内全社会用电量，含各工厂、企业自发自用电量，尤其是 1988 ~ 1995 年期间，电网电力供应不能满足社会需求，政府三电办公室要求工业企业避让用电高峰，企业多用用柴油机发电来满足生产用电需求，社会用电量大于供电公司统计的供电量

1978～2008 年楚州区（淮安县、淮安市）用电结构一览表

表 8-10　　　　单位：万千瓦时

年　份	工业用电	农业用电	交通运输邮电通信	地质普查勘探业	建筑业	商业饮食物资供销仓储业	城乡居民生活	其他事业	合计
1978	2170	681	—	—	—	—	—	—	—

续表 8-10

年　份	工业用电	农业用电	交通运输邮电通信	地质普查勘探业	建筑业	商业饮食物资供销仓储业	城乡居民生活	其他事业	合计
1979	2370	1284	—	—	—	—	—	—	—
1980	2745	1616	—	—	—	—	—	—	—
1981	2710	1416	—	—	—	—	—	—	—
1982	3367	4633	—	—	—	—	—	—	—
1983	3583	5306	—	—	—	—	—	—	—
1984	4247	7217	—	—	—	—	—	—	—
1985	3993	5400	—	—	—	—	—	—	—
1986	3659	9484	—	—	—	—	—	—	—
1987	4554	7846	—	—	—	—	—	—	—
1988	7060	6674	132	—	38	368	2374	363	17009
1989	6914	6024	48	—	28	203	2288	426	15931
1990	8958	6032	53	—	21	98	2221	196	17579
1991	9983	5936	68	—	33	109	2321	328	18778
1992	13859	5816	77	1	22	88	2548	408	22819
1993	9786	7396	110	—	22	108	2679	500	20601
1994	10546	8794	73	—	21	138	5784	310	25666
1995	12178	8930	84	—	18	131	8173	321	29835
1996	11625	8620	94	—	15	140	8140	398	29032
1997	11421	7834	119	—	18	103	8971	519	28985
1998	10038	7619	103	—	22	97	8822	652	27353
1999	10060	12302	187	—	74	341	8368	879	32211
2000	15042	6834	185	1	155	435	9244	631	32527
2001	15819	8688	261	1	196	565	10033	1202	36765
2002	19953	8833	218	1	186	732	9415	996	40334
2003	23395	3968	508	8	665	1010	10857	1518	41929
2004	28873	3535	672	6	1004	1385	13202	1761	50438
2005	31594	1343	471	0	494	1683	15974	4393	55952
2006	33414	1693	1,209	50	837	1770	19043	4594	62610
2007	36947	2049	1458	4	1391	2347	21448	6251	71895
2008	43650	1919	1525	0	939	2716	24302	5581	80632

说明：2003 年，国家对行业分类进行调整，原归类于农业中的翻水用电调整到其他事业用电

二、电力平衡

70年代，电力平衡工作由政府三电办负责主管，主要负责计划用电、节约用电等项工作。其间，电网供电紧缺，计划用电成为维护供用电秩序基本措施。三电办推广节电技术及新产品，并考核主要产品用电单耗。1996年起，缺电状况有所改善。1999年后，电力供应紧缺状况得到根本性改变，电力市场逐渐由计划分配转向市场调节。2000年起，有序用电工作重心全面转为市场预测、市场开发。2008年，电力供需基本保持平衡状态。

楚州供电公司电力负荷管理中心　（2006年摄）

计划用电　70年代，县政府在全县实行计划用电，按各企业生产情况下达用电指标，规定用电时间，要求各用电户高峰不超，低谷用足。1978年，县政府设有三电领导小组，下设三电办公室，负责全县计划用电、节约用电、群众办电工作。1979年，境内电力缺口日趋严重，"三电办"制定"一查四定"制度，检查各用电户用电状况，对各用电户实行"四定"管理，即定设备、定电量、定用电时间、定产品单耗。是年，"三电办"在县半导体零件厂、无线电元件厂、城东制氧厂安装电力定量器。1982年初，电力供应紧缺，"三电办"按照上级分配计划向各单位分配负荷和电量，并会同供电局对各用电企业调整负荷，根据线路负荷情况安排线路拉电日（线路拉电日就是该线路检修日，亦是该线路用电企业厂修日）；根据各企业生产情况安排生产企业生产班次，实行每周开5班，停2班。1987年初，"三电办"对用电变压器100千伏安及以上的用户实行峰谷定量供电。在分配电量时同时分配峰、谷电量比，三班制企业1.3：1，单班、二班制一般为1.2：1，印染、出口服装企业为1.1：1，临时性赶任务企业，分配负荷不够用者，实行购买早晚峰负荷制度。同期，"三电办"为相关企业安装可分别计量峰谷电量的电能表，分段计量企业峰谷电量。5月初，"三电办"根据气象、水情、旱情、农作物茬情，制定迎峰度夏方案。对用电企业按用电情况实行奖惩制度，对不按峰谷比超用电量部分加收议价电费，节余电量者，按节余数奖励国家电价电量指标。同时组织人员在峰、谷时段进行检查，监督峰时让峰、谷时填谷用电执行情况，对维修门市部在峰期使用电焊机者，将电焊机予以封存，并处以每千瓦罚款50元处罚。1990年，将不同班次工厂作息时间进行调整：两班制生产工厂每天上午10时上班，下午6时下班，晚10时上班，次日早6时下班；一班制工厂轮流实行白班和夜班；三班制工厂在灯峰时停掉所有辅助生产设备。1995年5月，"三电办"下发《关于加强空调机使用管理的通知》，实施装空调、冷热风机用户登记制度，营业、办公、生产等单位使用空调、冷热风机者每千瓦每月收设备容量费30元，生活用空调每月收10元，冷暖型按5个月收取，单冷型按3个月收取。6月，组织检查流通领域空调机，发放空调使用证。1996年，供电状况好转，对用电企业不再实施调整负荷。1997年，不再实行电力分配制度。1999～2002年，供电公司依据国家政策和上级分配指标，对用电大户采取电费折让措施，鼓励用电。2008年初夏，全国电煤价格攀升，全省电煤资源紧缺，境内电力供需矛盾突出。区政府依据"先错峰、后避峰、再限电"原则，制定《楚州区2008年迎峰度夏有序用电方案》。供电公司按照定企业、定设备、定负荷、定时间原则，分配和控制让电期间用电负荷，检查督促企业严格执行有序用电方案，对违规用电企业暂停供电。同时抓紧迎峰度夏工程建设和项目改造，加强配网管理，编制应急预案，加强抢修力量，将缺电给社会及群众生活带来的影响降到最低，确保夏季高温及奥运期间全区居民生活和工农业生产用电安全可靠。

节约用电 70年代，县“三电办”考核企业用电单耗，对节电单位按节电价值5%给予节电奖励。引导居民节约用电，提倡灯泡瓦数过大不用，天不黑不用，天要亮不用，人不在不用，并逐步取消包灯制（按灯头数量收费）。1980年，“三电办”推行新节电技术——远红外加热干燥法，先以塑料厂、零件厂为试点，证明节电效果达25%左右，后相继在全县推广。1984年，“三电办”对全县20个企业17种产品进行单耗考核，并制定产品单耗统计、分析、考核制度，超单耗产品用电每千瓦时加价0.01元，季结年清。1988年，“三电办”对使用节电新产品、新技术并有成效的企业给以平价电量奖励，塑料厂、化机厂、无线电元件厂、织布厂、植物油厂等50余家单位获得奖励。对资金有困难企业，“三电办”帮助垫付用于推行新产品、新技术资金。对37家生产企业42个产品按国家规定标准进行单耗考核，超单耗电量按议价收取电费，对节电企业奖励平价电量，当年节电350万千瓦时。1989年，“三电办”大规模推广节电产品，主要推广产品为电机节电器、电动机槽芯磁泥、交流接触器无声运行、风机变频器、节能灯管、电子镇流器、微限缓闭止回阀、串激调速技术应用等，当年节电328万千瓦时。1990年起，煤炭供应紧张形势有所好转，购煤换电做法改为指令性购买电厂议价电，统一与电厂结算。1992年，“三电办”投入3万余元对化工厂锅炉风机进行改造。当年，全市节电453万千瓦时。1996年，年节电量690万千瓦时。1997年初，电力供应能够满足市场需求，“三电办”停止收取设备容量费，使用空调不再需要申请、发证。此后，“三电办”对节约用电数据不作统计。2000年9月，电力负荷监控系统投入使用，主要用于大户负荷监测，受监控大用户有井神盐厂、制氧厂、供销大厦、淮阴农校等30余家单位。2003年，70%的工业用户均采用节能高效设施，居民开始自行将白炽灯更换为节能灯。2008年6月18日，供电公司在漕运广场举行“依法节能、全民行动”全国节能宣传周暨“节能环保共享和谐”宣传日活动。

2006年9月29日，楚州区开展节电宣传

三、电力营销

（一）营销区域

1981年，供电局成立用电股，负责全县电力营销。是年，境内除宋集公社谷庄、尹庄、冯天、桥头、条河、甘姜6个生产大队由涟水供电局35千伏宝滩变电所供电，徐扬公社黄元、邱圩、老坝、三坝4个生产大队由淮阴市供电局35千伏钵池变电所供电外，其余各公社均由淮安县供电局供电。1998年1月，淮安市供电局与涟水县供电局调整营业区，宋集乡谷庄、尹庄、冯天、桥头、条河、甘姜6个村改由35千伏顺河变电所供电。2002年初，徐扬乡黄元、邱圩、老坝、三坝4个村营业区归属楚州区，由淮安市供电公司35千伏钵池变电所供电改由35千伏城西变电所10千伏徐扬线供电。3月，徐扬乡划归淮安市经济开发区管辖。10月，徐扬乡改由淮安市供电公司110千伏清河变电所供电。2008年3月，南马厂乡5827个用电户供电划归淮安市经济开发区，容量约2.95万千伏安。4月，席桥乡后刘村、李席村、

熊胡村、东邱村2792个用电户划归淮安市经济开发区南马厂乡供电，容量约2.23万千伏安。

1988～2008年楚州区（淮安市）用电户构成表

表8-11　　　　　　　　　　　　　　　　　　　　　　单位：户

年　份	合　计	农林牧渔水利业	工　业	建筑业	交通运输邮电通信	商业公共饮食物资供销仓储	其他事业	城乡居民
1988	13629	2571	1193	9	39	59	215	9542
1989	13866	2578	1202	9	40	62	218	9758
1990	14189	2588	1215	9	40	66	224	10049
1991	14688	2601	1234	10	40	70	229	10504
1992	15310	2622	1258	11	40	79	242	11058
1993	16540	2643	1296	41	42	86	245	12187
1994	17305	2669	1334	41	42	93	257	12869
1995	8383	2680	1368	41	42	97	265	13890
1996	19444	2691	1398	41	42	100	274	14898
1997	21228	2698	1430	41	43	104	297	16615
1998	23886	2763	1515	68	46	156	380	18958
1999	126417	2766	1538	68	49	232	441	121323
2000	156853	4361	1769	105	60	350	523	149685
2001	309019	4881	3823	105	78	416	3001	296715
2002	338226	5243	3948	125	80	435	3021	325374
2003	286070	1604	1911	391	259	9174	3125	269633
2004	316527	8086	5960	657	428	14622	5148	281626
2005	327290	9015	6588	804	652	15404	5465	289362
2006	336046	9819	7203	921	807	16029	6006	295261
2007	349832	10548	7723	1236	1369	17315	6294	305347
2008	360110	11244	8612	1379	1600	18013	6825	312437

（二）电价

1988～1989年，淮安执行省政府规定电价，收取平议差价电费及煤炭运输加价（平议差价电费是地方为缓解电力供需矛盾，用自购煤炭给电厂加工电力形成的差价；煤炭运输加价是电厂因煤炭运输价格提高形成的差价）。平议差价电费收取标准为：农业、工业用电每千瓦时0.015元，其他各类用电不收取；煤炭运输加价收取标准：除居民生活照明、行政事业单位照明用电不收取外，其他用电按每千瓦时0.0058元收取。

1990年，政府规定购买议价电，按统配电价收费，平议差价按实际用电分摊，标准为每千瓦时照明用电加收0.07元，工业用电加收0.155元，农业用电加收0.125元，企业照明用电加收0.115元。煤炭运输加价增加到每千瓦时0.02元。对农电站供电价格一律按专用变压器价格执行。对建筑施工、个体经营的商业、服务单位和个体维修加工等用电户峰期超用电和超计划用电，在执行省政府规定价格外，每千瓦时加收0.1元，并分别规定城区和农村电价加收标准。1992年，淮安执行江苏省物价局、江苏省财政厅规定，在城镇居民用电基础价格上，每千瓦时加收附加费0.03元，主要用于城市配电网络改造。当年，继续执行淮阴市政府关于购买议价电的规定，按统配电价收费，平议差价按实际用电分摊。1993年，执行国务院批准文件，在价外收取三峡建设基金，每千瓦时0.003元。1994年11月，执行淮阴市政府文件，将原价外征收的省电力建设基金并入价内，按每千瓦时0.024元征收，价外征收无电村通电补助资金，除城乡居民生活用电以外，所有用电量每千瓦时加收0.006元。1995年9月，上调各电厂上网电价。10月，执行江苏省政府文件，筹集三峡建设基金，居民生活用电仍按每千瓦时0.003元征收，其他所有电量（含统配、非统配）按每千瓦时0.004元征收。10月25日，国家对华东电网全部电量价外加收0.001元，用于解决浙江、安徽和江西省移民生活和生产发展。1997年1月，执行省政府文件，除居民生活用电外，所有用电量每千瓦时价外征收0.006元，用于贫困县电网建设。4月，执行省政府电价调整方案，城镇居民生活电价提高到0.47元（含各种附加）。5月，执行省政府文件，电网建设费降至每千瓦时0.02元。9月，执行市政府规定农村电价标准，每千瓦时标准是：居民生活用电0.73元、营业性照明用电1.57元、行政事业性照明用电1.25元、非普工业用电1.23元、农业用电0.9元。

1998年7月，执行省政府规定，停止征收扶贫通电资金。1999年9月，执行省政府规定，在部分行业试行峰谷分时电价，实行范围为机械、冶金、化工、医药、建材、纺织六大行业，变压器容量为315千伏安及以上的大工业用电户。峰、平、谷时段划分：峰时为7时0分～11时0分、17时0分～21时0分；平时为11时0分～17时0分、21时0分～23时0分；谷时为23时0分～7时0分。峰谷比价为3∶1，即峰价在平价基础上浮50%、谷价在平价的基础上下浮50%。2000年1月起，执行省政府批准的农村统一销售电价，不在价外加收任何费用，不搞计划内外、基数内外两种价格以及在抄见电量外加收损耗。收取标准：居民生活照明0.65元/千瓦时、其他照明0.99元/千瓦时、非普工业0.899元/千瓦时、农业生产0.661元/千瓦时。6月，执行省政府全省城乡居民生活用电同网同价的规定，居民生活用电价格为每千瓦时0.52元。2002年1月，执行省政府规定，苏北地区部分用电企业实行优惠电价，符合产业政策的新办私营个体工业企业年用电量超过500万千瓦时部分每千瓦时优惠0.1元。7月，执行省政府规定，城乡非居民照明用电实现同网同价，按省苏价工〔1999〕256号文件规定的其他照明类电价标准执行。2004年6月15日，对电解铝、铁合金等6个高耗能行业试行差别电价，以提高能源利用效率，抑制高耗能行业盲目发展。当年，销售峰谷分时电价执行范围扩大到100千伏安及以上大工业和普通工业用户。2005年5月1日，执行国家发展改革委文件实行煤电价格联动，相应调整电网销售电价，平均销售电价每千瓦时提高2.95分。2006年7月1日，按江苏省政府有关文件执行商业照明用电价格与其他照明用电价格并轨，取消商业照明类用电价格，改按其他照明类用电价格执行；商业服务业的冷藏、冷冻、中央空调用电等动力用电价格仍按普通工业用电价格执行。2008年7月1日，执行国家发改委文件，调整电力价格，全口径提价每千瓦时3.01分。适当调整销售电价结构，将原非居民照明与非普工业电价并轨，统一为“一般工商业及其他”电价；将原电石、电解烧碱、合成氨、电炉黄磷、电解铝统一归并执行非优待大工业电价。

（三）营销现代化

1989年，淮安供电局将计算机应用引入用电管理系统，受应用程序限制，仅为专用变压器用户计算电费和开票。1992年，使用省电力局统一配备的电费子系统为专用变压器用户开票，开始使用工商票据。1994年，用计算机为所有用户开票。1997年，供电局将电费管理子系统、计量管理子系统、业务管理子系统、用监管理子系统应用于用电管理系统，并将应用范围扩大到业务、计量、用电监察、抄收几个班组。1999年9月，将用电管理系统升级，更换为无锡环宇公司基于Windows 98平台的用电管理信息系统，数据备份采用光盘刻录方式，服务器下设12个工作站。该系统应用范围扩大到整个用电股，所有数据集中在服务器上，实现用电业务信息共享。2000年底，电力负荷管理系统投入运行，投入资金120余万元。2001年8月，为配电变压器在500千伏安及以上用户安装终端8户；配电变压器315千伏安及以上、500千伏安以下用户安装终端6户；100千伏及安以上、315千伏安以下用户安装终端22户。负荷控制总量最大1.02万千瓦，最小7140千瓦，负荷监控率20%，装置覆盖率63.9%。2001年10月，供电分局筹建客户服务网络中心（以下简称客服中心）。11月18日，客服中心成立，成为淮安市电力系统第一家客服中心。当年，中心接受咨询4248次、投诉16次、处理报修1312次。2003年，升级营销系统，将电费管理子系统、计量管理子系统、业务管理子系统、用监管理子系统，合并为独立的营销办公系统。2005年，将负荷管理系统升级，增加跳闸、预购电等功能。2007年9月，为100千伏安以上工业用户补装负荷管理终端56户。2008年，楚州供电公司电力负荷管理中心安装负控终端103台，控制负荷由2007年的4.2万千瓦上升到7.2万千瓦。当年，电力负荷管理中心装有终端280台，投运247台，暂停终端33台。

第四章　盐化工

第一节　盐矿分布及储量

1978年8月，江苏省煤田勘探公司普查煤矿时，在淮安县境内共施工25个钻孔，钻探深度达950米，首先发现淮安境内储存石矿盐资源。其后，华东石油局、地矿部第三地质大队、化工部钾盐地质大队在淮安境内找油、找钾过程中，施工的钻孔均钻遇岩盐，钻探深度大于3000米。

80年代，县物探大队相继完成了全县1：200000区域地质调查，1：200000区域水文地质调查，1：200000航空磁测，1：200000和1：100000区域重力测量，1：50000地震勘探，1：200000大地电流法勘探，1：50000石油地质普查和岩盐矿产资源普查。之后，共组织实施钻井23口，钻井总进尺3.76万米。其中井深小于1000米的3口，井深1000～2000米的14口，井深大于2000米的6口，最深处达3804.04米；石盐开采井10口，勘探井4口。还先后完成面积247平方千米的《石盐矿普查评价报告》，获石盐矿资源量1036.06亿吨，折合氯化钠量591.93亿吨，伴生Na_2SO_4量173.64亿吨，以及面积3.09平方千米的《下关块段勘探地质报告》，获石盐矿（111b+122b）基础储量8.82亿吨，折合氯化钠量4.53亿吨，伴生Na_2SO_4量0.57亿吨。

1985年，淮安县成立盐矿开发办公室；地矿部华东石油局勘察队在淮安朱桥试开油气普查施工的“N参井”。

1986年12月，县级淮安市朱桥盐矿的N参1号井正式出卤，成为江苏历史上第一口开采盐井。

1988年经普查核定，淮安地下盐盆大致以淮城为中心，东起朱桥镇以东，西至清浦区，南抵上河至泾口一线附近，北达徐扬至季桥及淮阴区部分领域，分布范围约247平方千米，覆盖近20个乡镇。盐盆埋深为643～2500米，含盐系地层深度大于1800米，厚度大约350～500米，埋深适中，单层厚度大，每平方千米岩盐储量可达2亿～4亿吨，地质储量达1300亿吨，远景储量2500亿吨，为世界特大型盐矿。岩盐矿层主要由石盐矿物组成，伴生少量钙芒硝，杂质矿物以黏土矿物为主，可生杂质含量甚微。盐层主要成分为氯化钠，含盐量55%左右，单样品位最高可达90%，有害成分低微，岩盐质量好，可作为工业用盐和食用盐。盐层呈简单“箕状”构造，有利于工业化开采，矿区内地层基本齐整，盐层分布规则。岩盐矿体埋藏深度适中，开采成本低，吨盐（卤水氯化钠折百）开采成本仅12元。岩盐水溶性好，溶解速度快，几乎百分之百溶于水，而且采空区不会形成地面塌陷、地裂等地质灾害隐患。

1990年，成立了淮安市盐化工开发指挥部，市长挂帅，一名政协副主席负责盐矿开发的具体工作。

2008年楚州区朱桥盐矿卤水质量表

表8-12

卤水浓度	24°Be′		
NaCl	300.00g/L	Na_2SO_4	9.00g/L
$CaSO_4$	1.09g/L	$MgSO_4$	0.38g/L

2008年楚州区井神盐业真空盐质量表

表8-13

序号	检验项目	计量单位	标准值(优级)	检验结果	单项判定
1	氯化钠	≥%	99.10	99.46	合格
2	水　分	≤%	0.30	0.05	合格
3	水不溶物	≤%	0.05	0.00	合格
4	钙镁离子	≤%	0.25	0.00	合格
5	硫酸根离子	≤%	0.30	0.18	合格

第二节　开矿制盐企业

一、开矿企业

楚州区境内具有岩盐资源开采权的企业有3家，分别是朱桥盐矿、井神盐业公司、楚州区盐化工发展有限公司。

朱桥盐矿　1985年组建，工作范围0.2平方千米，采区面积0.06平方千米，安全开采深度900米，氯化钠可开采储量达5435.39万吨。有生产井2口，年产卤水能力超过40万标方（折盐6万吨）。

1985年8月，淮阴市政府决定由华东地质局东进资源开发公司、淮阴市化工医药公司、淮安燃化工业公司（后被淮安乡镇局取代）组建东淮联合开发公司，开发朱桥块段内的岩盐。1986年7月成立乡镇集体企业朱桥盐矿。朱桥盐矿是江苏省第一个盐矿，投资199万元，钻打了江苏第一井“东淮1井”。此井1985年开始施工，1986年12月建成投产，每小时出卤能力为25立方米，年出卤量为15万立方米。是江苏矿盐开发第一口井。

1987年，朱桥矿区改造油气地质普查中施工的参数井，即“N参1井”，日出卤量为500立方米，年产卤为15万立方米。

2002年，朱桥盐矿在原有矿区内扩建了东淮2井，年产卤能力14.5万立方米；2006年，又投资440万元，分别在朱桥周庄、陈庄建了东淮3井、4井。东淮4井因含盐量低无开采价值而放弃。

江苏省井神盐业有限公司　1992年矿区投产，工作面积1.1平方千米，采区面积0.87平方千米。矿区内盐群埋深748至1503.5米，盐群平均累计厚度410米，石盐层累计厚度379米，岩盐储量丰富，可采工业盐群储量为4.99亿吨。有采卤井9口，年产卤水200万立方米以上。1988～1992年，井神公司在下关矿区钻井14口，实际利用井10口，采卤能力为60万吨。

2006年，井神公司在建淮乡张兴块段建6口勘探井，其深度1800～2400米之间。规划拟建48

口井，推动和扩大井神股份盐化工生产。2006～2007年，为适应盐硝不断扩能需要，井神公司在城东乡蒋南块段建新井10口，双井对流，年产卤达100多万立方米。

楚州区盐化工发展有限公司　2004年，由楚州区政府投资组建。该公司是一个专门负责楚州境内盐化工产业开发建设的企业，于2005年获得了近12平方千米的岩盐探矿权。按照国土资源部"关于进一步规范矿业权出让管理的通知"精神，2006年1月24日以后，该公司矿盐探矿权以招标拍卖挂牌方式出让。

1987～2008年楚州区（淮安县、淮安市）井神、朱桥矿卤水产量一览表

表8-14　　单位：万立方米

年份＼单位	井神	朱桥	年份＼单位	井神	朱桥
1987	—	2.98	1998	92.75	29.55
1988	—	8.07	1999	100.33	30.97
1989	—	2.75	2000	144.02	11.00
1990	—	14.76	2001	174.15	10.85
1991	—	8.42	2002	202.10	10.92
1992	20.16	15.59	2003	343.42	12.97
1993	53.00	19.26	2004	240.02	18.48
1994	54.16	25.91	2005	286.68	33.20
1995	50.29	27.54	2006	413.28	21.00
1996	64.59	28.73	2007	408.83	14.00
1997	86.76	28.92	2008	698.77	13.99

二、制盐企业

淮安市精制盐厂　原属县级淮安市（楚州区）。地处淮安区朱桥镇北灌总渠南堤边，厂区沿堤边建造，呈狭长形，总占地3.12平方米。

1986年12月，经淮阴市计委批准建造3万吨精制盐项目；1988年，经淮阴市计委及江苏省盐务局正式批准设计，是年，被江苏省科委列为省"星火"计划项目，总投资1200万元。

1988年，江苏省盐务局和淮阴计委批准在朱桥建设江苏省第一个年产2万吨的真空制盐厂，即淮安市精制盐厂。因是朱桥镇人民集资办厂，资金迟迟不能到位，且技术力量差，建设速度特别缓慢。1990年底，淮安市（省辖县级）政府决定此厂由市经济委员会筹办，规模扩大为年产3万吨，企业性质由乡镇集体企业变更为市大集体企业。

淮安市精制盐厂　（1992年摄）

1990年11月破土动工，1991年12

月竣工，1992年5月正式试车投产。自5月试产至11月底，累计产盐7898吨。由于盐业体制不顺，盐产品销售渠道不畅，造成三分之二产品积压，近5000吨成品盐无处销售，流动资金严重紧缺。8月被迫停产半个多月，加之二期工程项目款迟迟不到位，使得土建码头工程无法动工，给企业带来很大的困难和压力。到1993年，精制盐厂已外债累累，资金紧缺，供电不稳定，销售不畅，价格偏低，亏损额不断加大，经常停产，设备受损严重，企业已处于非常危险的境地。同年在因停电等原因停产6个月的情况下，生产成品盐1.29万吨，销售1.54万吨，实现收入516.4万元。

1994年，精制盐厂通过技术改造，生产能力已达到5万吨/年。由于资金紧缺，停电、停卤、停产"三停"现象仍然不断。

1999年，为贯彻国家淘汰真空制盐落后产能的意见，根据原淮安市人民政府1999年第26号市长办公会议纪要精神，江苏省盐业集团公司提出兼并淮安井神盐电厂（今井神股份第一分公司）后，将淮安市精制盐厂定点生产计划从2000年1月1日起并入淮安井神盐业公司，该企业转产，人员分流；由井神公司出资150万元作为淮安精制盐厂转产的资金，并由原县级淮安市经委负责办理精制盐厂具体转产事宜。原有主要生产设备如锅炉等均已处理完毕，职工领取一次性安置费离开工厂。2000年10月在原址创办淮安市盐业包装材料厂，年产1000万条塑料编织袋，直供井神盐业公司。工厂原有设备2003年经楚州区机电化资产管理公司同意进行处置。

江苏省井神盐业有限公司　原江苏省淮安盐化总厂。地处楚州城西、大运河东岸，余林村、公园村境内，原占地8.47公顷（盐厂2.33公顷，电厂6.13公顷）；改为江苏省井神盐业公司后，占地160亩，延长产业链，增加了江苏省井神股份公司淮安碱厂，占地近33.33公顷。淮安盐化总厂始建于1988年，隶属原淮安市（淮安市楚州区）。1985年发现淮安境内地下有丰富的岩盐资源，经省计经委批准，淮安市于1987～1989年先建成淮安热电厂，后于1990年1月开始筹建淮安盐化厂，并于1992年10月正式成立淮安盐化总厂，下设热电、制盐、采卤、机修4个分厂。

1993～1996年，该企业因负债生产、经营不善、设备出力不足、盐品合格率低、产品销路不畅等主客观原因，资金周转困难，经济严重亏损（累计亏损4500万元），被原淮阴市定为十大特困企业之一。

1996年6月1日，地方政府为扶持淮安盐化总厂进一步发展，对老厂债务实行挂账建新，成立淮安井神盐电厂，为地方国有企业。当年11月，经优化资本结构，实行战略性改组，淮安市政府将井神资产整体转给江苏省盐业集团公司。1997年4月，原淮安市委调整企业领导班子。新班子成立后，新建安6、安7、安8、安9井，以增强企业发展后劲。当年产盐实现历史性突破，达10万吨，超过一组罐年产9.5万吨设计能力，上网电量首次达到5000万千瓦时，减亏800余万元。

1998年，淮安盐化总厂为盘大盘活盘强自身企业，投资1500万元新上了5万吨二组罐，并对年产9.5万吨一组罐进行改造，对输卤管道技改，增设输卤线1.2万米，使卤水供应保质保量，适应扩能增产需要。当年淮安盐化总厂产盐13万吨，发电超7000万千瓦时，完成工业总产值3880万元，获税金820万元，一举扭亏为盈，被地方政府授予有"突出贡献企业"称号。1999年，企业实行IS09002质量管理，技改热电设备和真空制盐一组罐，锅炉出力由35吨/小时提高到40吨/小时，制盐年产量由9.5万吨提高到18万～20万吨。同时投资1500万元新上10万吨精品盐装置项目，开发肠衣盐、味精盐、干燥盐等新品种。产品升级换代，开拓了东南亚出口市场。

2000年4月15日，江苏省政府批准组建江苏省井神盐业有限公司，为省盐业集团公司独资企业。根据公司法，制定了董事会、经理层及党委会工作规则，对人事制度、用工制度及工资分配制度进行改革，实行岗位效能工资考核制。同时投资1100万元上10万吨小包装配送中心；投资130万元成功对接了6号、8号井，7号、9号井水平定向对接，实施采输卤变压器增容技改，满足日产千吨盐的要求。成为淮安市2001年销售利税50强、江苏省清洁生产试点单位。2002年，井神公司投资5000万元开始筹建盐硝联产项目。2003年，井神公司实施全面预算管理，加强业绩考核。以盐硝联产工作岗位配置需求为契机，进一步减员增效。是年10月，热电厂单列核算。12月22日，企业改制为投资主体多元化的有限公司，股东有五家，分别是江苏省盐业集团公司、江苏省盐业集团淮安有限公司、江苏省盐业集团盐城有限公司、江苏淮棉公司及井神盐业公司工会。2004年，井神公司连续第八年保持快速增长势头。全年产盐55.96万吨，销盐56.12万吨。

2005年12月，井神公司又改为中外合资企业，股东主要有江苏省盐业集团公司、新加坡洛泰·洛艾斯有限公司、浙江省盐业集团有限公司、江苏省盐业集团盐城有限公司、江苏省盐业集团淮安有限公司等五家，所持股份分别为55.64%、30%、9.2%、2.73%、2.43%。2006年9月，因外方资金未到位，井神企业性质又由中外合资企业转为内资有限公司企业。2005年末，江苏省井神盐业有限公司已拥有职工826人，占地10.67公顷，总资产2.46亿元，净资产1.02亿元，年销售额2.4亿元，利税近8000万元，是江苏省规模最大，热电配套齐全的矿盐生产企业。2007年8月，井神公司60万吨盐硝联产扩建设项目竣工投产，配有240吨/小时高温高压循环流化床锅炉和30兆瓦抽背汽轮发电机组，试运行正常，2008年12月23日上午10时，该项目日单套年产突破100万吨，填补了全国单套组罐年产百万吨的空白。2008年底，井神公司整体并入江苏井神盐化股份有限公司，成为江苏省井神盐化股份有限公司第一分公司。公司注册资本6541.94万元，以制盐、热电为主业，具有年产盐165万吨、供电9000万千瓦时、供汽80万吨能力。总资产为2.64亿元，年销售收入2.3亿元，年利税7000万元。

该企业经过生产实践和技术改造，连续10年保持平均30%的增长速度。与江苏省制盐工业研究所联合开发了食盐、洗涤、沐浴、保健、畜禽、化工等六大系列62种规格品种，其中所产的淮牌食盐被评为全国名牌产品。2008年，企业拥有职工906人，总资产约8亿元，注册资金1.28亿元，制盐生产能力达到170万吨/年，热电装置的供热能力达到180万吨/年，供电能力2亿千瓦时/年，拥有仓储全自动装箱线及机器人堆码系统和年吞吐量350万吨的运输码头，并建有省级10万吨碘盐小包装配送中心和30万吨碘盐小包装配送中心各一座，跨入全国大型制盐企业行列，被中华全国总工会授予“全国模范职工之家”称号。

1990～2008年楚州区（淮安市）部分矿盐企业产量统计表

表8-15　　　　单位：万吨

年份＼单位	井　神	淮　海	瑞　丰	淮安精制	年份＼单位	井　神	淮　海	瑞　丰	淮安精制
1990	—	—	—	—	2000	20.87	16.18	—	停产
1991	—	2.52	—	—	2001	27.33	19.61	2.67	—
1992	—	10.73	—	0.80	2002	31.41	22.01	5.05	—
1993	3.07	14.24	—	1.29	2003	36.45	24.18	5.50	—
1994	6.42	14.01	—	3.20	2004	56.35	34.69	12.19	—
1995	8.28	13.81	—	5.00	2005	61.12	45.66	13.53	—
1996	8.31	16.36	—	5.10	2006	70.44	54.39	16.70	—
1997	10.11	15.24	—	4.90	2007	101.27	57.87	15.90	—
1998	13.02	15.20	—	5.00	2008	171.22	62.14	13.08	—
1999	16.53	17.69	—	4.00	合计	642.22	456.53	84.62	—

第九篇　建筑业

1978年，县城建局组建淮安县民兵建筑团，各公社相继组建了民兵建筑营（连）组织，后更名为各乡镇建筑站，并开始向外省市县承包建筑工程项目，在南京、上海、新疆、安徽及省内二线城市设立办事处，统管建筑施工业务。随着改革开放的不断推进，多种所有制的建筑企业竞相发展，迅速形成了具有相当竞争优势的建筑行业体系。至2008年，楚州建筑业有从业人员7.06万人，实现产值80多亿元，外出施工6.2万人，其中出国出境施工2000人，实现产值50多亿元。建筑市场除本省苏南及淮安市、区外，还涵盖国内上海、陕西、新疆、内蒙古等省（直辖市、自治区），国外有阿拉伯和非洲等国家和地区。全区有等级总承包企业34家；有注册建造师250余人，高、中级职称和管理人员3800余人，技术工2万余人。楚州建筑业已成为配套专业、门类齐全，技术装备优良的支柱产业。

第一章　建筑施工

第一节　建筑企业

一、企业概况

1985年，建筑施工企业实施资质等级。2001年，建筑施工企业实施新资质等级，全区淘汰原有的一、二、三、四级资质企业23家，新产生16家总承包二、三级企业。2008年12月，全区有3家一级资质总承包企业、9家二级资质总承包企业、21家三级资质总承包企业，专业承包企业23家，劳务企业24家（附企业一览表），建筑企业总数达80家，全区建筑企业资质结构体系优化合理。

2008年楚州区部分建筑企业资质一览表

表9-1

类别	序号	单 位 名 称	等级
总承包企业	1	淮安市文通建筑工程有限公司	一级
	2	淮安市建设工程有限公司	一级
	3	淮安市镇淮建筑工程有限公司	一级
	4	淮安市第五建筑工程有限公司	二级

续表 9-1

类别	序号	单位名称	等级
总承包企业	5	淮安市晋成建筑工程公司	二级
	6	淮安市楚光建筑工程有限公司	二级
	7	淮安市宏达建筑工程有限公司	二级
	8	淮安市楚淮建工程有限公司	二级
	9	淮安市营造建筑工程公司	二级
	10	淮安市恒祥建筑工程公司	二级
	11	淮安市鼎业建筑工程公司	三级
	12	淮安市泰业建筑工程有限公司	三级
	13	淮安市威联建筑工程有限公司	三级
	14	淮安市金星建筑工程公司	三级
	15	淮安市第三建筑工程公司	三级
	16	淮安市第四建筑工程公司	三级
	17	淮安市建淮建筑工程公司	三级
	18	淮安市楚城城南建筑工程公司	三级
	19	淮安市淮城建筑工程公司	三级
	20	淮安市农业开发建筑工程公司	三级
	21	淮安市楚州区教育建筑工程公司	三级
	22	淮安市万友建筑工程公司	三级
	23	淮安市红桥建筑工程公司	三级
	24	淮安市远东建筑工程公司	三级
	25	淮安市丽淮建筑工程公司	三级
	26	淮安市鹏腾建筑工程公司	三级
专业承包企业	1	淮安市金三角装饰工程有限公司	三级
	2	淮安市第一基础工程公司	三级
	3	江苏华磊基础工程有限公司	二级
	4	淮安市众达建筑装饰工程公司	三级
	5	淮安市淮建装饰工程有限公司	三级
	6	淮安市晋成门窗厂	三级
	7	淮安市幸福门窗厂	三级
	8	淮安市楚高拆迁有限公司	三级
	9	淮安市嘉业拆除有限公司	三级
	10	淮安市东成房屋拆除有限公司	二级
	11	淮安市祥龙拆建有限公司	二级
	12	淮安市福顺拆除有限公司	三级

续表 9-1

类别	序号	单位名称	等级
专业承包企业	13	淮安市鼎鑫轻钢制品有限公司	三级
	14	淮安市淮文建设安装有限公司	三级
	15	淮安市横空钢结构工程有限公司	三级
	16	淮安市华辰工程材料有限公司	三级
	17	淮安市坤鼎拆建工程有限公司	三级
	18	淮安市建华管桩集团有限公司	二级
建筑劳务企业	1	淮安市中翰建筑劳务有限公司	一级
	2	淮安市定国建筑劳务有限公司	一级
	3	淮安市第一洲建筑劳务有限公司	一级
	4	淮安市华新建筑安装工程公司	一级
	5	淮安市恒泰建筑劳务有限公司	一级
	6	淮安市仇桥建筑公司	一级
	7	淮安市福生劳务公司	一级
	8	淮安市传奇建筑劳务有限公司	一级
	9	淮安市远宏建筑劳务有限公司	一级
	10	淮安市大众建筑劳务有限公司	一级

二、重点企业选介

淮安建筑工程公司　一级总承包企业，成立于1949年，前身为淮安县建筑站，后更名为淮安县（市）建筑工程公司。1998年底公司职工总数800人，当年施工总产值6500万元，获江苏省全面质量管理"银屋奖"。2005年公司开始改制，2007年改制基本完成。2008年，公司建筑业产值近10亿元，上缴税收超千万元，工程国内市场有南京、常州、无锡、连云港等地区，国外开拓了阿尔及利亚、尼日利亚等非洲国家，向外输出劳务近万人。

五建公司　前身为淮安市流均建筑站，通过逐步发展，于2002年被评为二级资质。该公司开拓外埠市场，与常州二建等一些大型企业合作，稳步发展了常州建筑劳务市场，开拓了山东、上海、南京等一批新市场。2008年，公司向外输出建筑劳务工人5000多人，同时开拓了本地建筑市场，在淮安市区、楚州区承接了一批体量大、上规模的工程，实现年产值超3亿元，上缴利税近千万元。

江苏文通建设工程有限公司　前身为淮安县建筑民兵团，成立于1979年，1981年更名为淮安县建筑工程联合公司，1987年10月更名为淮安县建筑安装总公司，1993年底更名为淮安市建筑集团公司，下辖25个分公司和工程处。1998年底，集团公司有从业人员3000人，年施工产值7700万元，年竣工建筑面积3.4万平方米。2002年下半年集团公司开始改制，2004年上半年改制结束，公司更名为淮安市文通建筑工程有限公司。2006年，公司升级为国家一级资质企业，更名为江苏文通建设工程有限公司，拥有昆山、南京、常州等多个分公司。2008年，年产值超5亿元，纳税超千万元，形成以昆山为主体的稳定市场。

镇淮建筑工程有限公司　前身是镇淮装饰工程有限公司，成立于2002年，2004年申办总承包资质，2005年更名为镇淮建筑工程有限公司，2006年获得二级总承包资质，2008年初升级为一级总承包资质。2008年，公司年产值超5亿元，实现税收超千万元，开拓了尼日利亚等国外市场和北京、山西、青海、内蒙古、上海及常州、南京等10多个国内市场，向外输出劳务近万人。

第二节　工程操作

一、基础工程

楚州区地处内陆洼地，土质复杂，南北各异。境内东南为黏土性，西北为粉沙土，全区范围内为回填土，且伴有淤泥土，地层盐霜或盐壳厚度由数厘米至数十厘米不等，随着季节转换、气候变化，盐结晶体自然溶解渗透到土层内，形成软土地基。这些不同的土质，给基础工程施工带来一定困难。

浅基础　以砖砌大放脚为主，陀梁山柱下端设置石磉承重，墙体不承受屋盖的压力。人工开挖地槽，填入碎砖夯实，复以三合土垫层。20世纪70年代中期，普遍采用大放脚砖基础，两皮一收；多层建筑则采用毛石基础，即两边用水泥砂浆砌筑毛石，中间填砌毛石，左右上下互相交叉压砌。空隙缝口用100～150号细石混凝土灌缝夯实。1978年以后，砖基础多数采用500号水泥砂浆砌筑，清水碎石（5～10厘米）混凝土垫层。1980年以后，建筑物向多层次发展，为减少基础下沉、变形、开裂遂增加地基梁或整板基础。1990年以后，民房建筑基础大部分采用砖基础，少数采用钢筋混凝土条基。多层建筑有地下室的采用防水混凝土筏板基础；无地下室的一般采用钢筋混凝土条型基础，极少采用整板基础。

桩基础　1979年，淮安一建公司第四工程队承建元件厂生产楼工程时，为加固地基、排水固结和紧密土层，首次采用桩基础（石灰灌注桩）。1986年和1988年，顺河、泾口两乡专业打桩队先后成立，后分别组建成淮安市第一基础公司和第二基础公司。这两支专业打桩队伍有300余人，机械化施工水平达到一定程度，拥有厚冲碎石桩机、钻孔灌注桩机及沉拔振动现场混凝土灌注桩机等大型机械设备。1988年，淮安四建公司承接工商银行办公楼打桩施工任务，其承重基础为截面40×50厘米的长方形混凝土静压桩。1989年冬，周恩来纪念馆破土动工，该工程由省建筑公司一处打桩，22米混凝土静压桩共189根，其单桩承载力为93.5吨。1990年以后，建筑由多层逐渐向小高层发展，为了防止房屋开裂，沉降不均，部分地基采用预制管桩，基础为梁式（如金陵名府多层砖混结构），部分采用原土地基（如世纪佳苑、紫荆花园、翡翠城小区多层及小高层建筑）。

软土地基处理　1978年以前，一般采取大开挖方法，即发现流沙则进行大面积开挖，至水下0.5～1米时用支撑板挡土，其劳动强度大，浪费严重，且影响施工进度和工程质量。1978年后，对这类软土地基采取了抛大石块、打桩等方法以减少流动水的压力。这种方法因增加了石料、木桩、钢桩的损耗，工程成本相应加大。1989年，一建公司承建淮安热电厂主厂房、四建公司承建盐化厂主厂房时，开始采用轻型井点降低地下水位方法，不仅有效地制止了流沙现象，而且克服了上述方法的弊端。2000年后，为了有效降低地下水位，防止地下人防工程坍塌，面积小的采用井点降水（如运河嘉苑人防工程2190平方米）；面积较大的，采用轻型井点及管井降水综合处理（如翡翠城小区人防工程1.1万平方米、希尔顿地下车库工程1.2万平方米），有效地解决了流沙现象。

二、墙体工程

70年代以前，农村贫困地区的房屋墙体多采取“干打垒”方法，即由田间取垡块进行垒砌；条件稍好的农户，墙体则采取“内生外熟”的办法，即外墙皮用砖砌、里墙皮用垡块。城区建房，因砖的尺寸不统一，故多砌筑乱砖墙，厚达37～40厘米，两边光，中间以碎砖填嵌。采取干放两层砖、抹一层泥灰的办法，后逐步改用沙灰泥，再后来则用上了水泥沙浆。70年代初，公用建筑多为厚18厘米的清水墙勾缝；1976年以后，普遍接受新砌体24厘米墙，围墙有时用乱砖墙，民房一般使用沙灰泥，标准24厘米青（红）砖砌筑；公用设施、厂房开始使用水泥沙浆或混合沙浆砌筑，同时由清水墙向混水墙（水泥沙浆抹面）过渡，并在墙体上增加圈梁，四角及薄弱部位浇筑构造柱；砌体转角每50厘米都加由直径6.5厘米连接筋，以达到抗震要求。进入80年代，工业厂房及公共建筑普遍采用钢筋混凝土排架结构，一些多层建筑及大跨度的工程则采用钢筋混凝土框架结构或半框架结构。住宅楼一般以砖混结构为主。90年代至2006年，延续以往的砖混结构，钢筋混凝土框架结构及半框架结构，墙体材料采用普通黏土实心砖、黏土多孔砖、黏土空心砖，极少数采用混凝土空心砖，墙厚普遍为24厘米，内外粉刷。2006年后，国家为了节约土地资源，减少土地流失，出台了一系列文件，禁止使用黏土实心砖，砖混结构墙体采用黏土多孔砖；框架、半框架及砖混结构基础要求使用再生资源砖，有粉煤灰砖、粉煤灰轻质砌块、混凝土空心砖等。墙体抗震构造进一步规范，薄弱部位、圈梁、构造柱数量增加，并实现工程质量监理制，加大了房屋整体刚度。

三、屋面工程

60年代，工业厂房、仓库，大都采用钢屋架，钢三角形屋架、钢混凝土桁条、大瓦防水坡屋面。70年代开始出现平屋面，有明火作业的厂房、工棚、作坊一般采用石棉水泥瓦作屋面。80年代后，一些公用建筑还采用折板屋面、网架屋面、沥青油毡屋面结构工程。1984年，一建公司新建办公楼，采用预应力折板屋面。该工程建筑面积1504.23平方米，四层混合结构，带形基础，跨度13.2米，由省建筑设计院设计，一建公司自行施工。屋面折板长15米，宽4.1米，厚4厘米，自重6.5吨，共6块。使用300号预应力钢筋混凝土，自制金属独脚扒杆起吊安装。这种屋面与混凝土屋面或木结构房屋的瓦屋面相比较有工期短、施工难度小、造型新颖、不易渗水等特点。1988年，由淮安市四建公司施工的淮阴市中级人民法院审判大厅工程首次采用网架屋面。网架平面为边长12米的正六边形，采用螺栓节点蜂窝三角钢网架，网架上由檀条、钢桁条衬托，覆盖屋面板后，用波型铝合金瓦作屋面，安装时以满堂脚手为依托，高空拼接。这种屋面自重轻、跨度大，省工省料，400平方米的网架只用了6吨钢材。90年代前，大部分民房多层结构及公共建筑屋面采用平顶形式，平屋面由预制钢筋混凝土圆孔板承重，铺三层沥青，两层油毡防水，通称“二毡三油”，表面还粘有小石块（绿豆沙）作为保护层。为延长屋面防水层的使用年限，采用架空的预制保温隔热小平板遮盖。雨水经女儿墙排出再经排水口，由落水管通至地下排水道。油毡屋面的缺点是年久易老化、腐烂，一般使用寿命仅为四、五年。此外，由于屋面节点构造处理不当，施工时忽视质量等原因，渗漏现象时有发生。进入21世纪，为了有效防治渗漏，平屋面结构形式民房建筑采用椽木、桁条瓦屋面；多层住宅采用钢筋混凝土坡屋面少部分钢筋混凝土平屋面组合形式，有组织排水，并且上做涂料防水或卷材防水，并设保护层加以保护，有效地解决了大面积渗漏现象的发生。2006年后，为了切实履行国家节能方针，多层及高层平、坡屋面采取了保温节能措施。

四、装饰工程

楚州区（淮安县、市）土木建筑工程装饰随习俗及经济条件、科技发展而逐步变化，装饰经历了由低级到中级、高级装修的过程。70年代以后，一般是外墙用水泥沙浆、刷色（涂料），四周每隔1.2米高刻22厘米的分格缝到顶，并以黑色沙浆勾缝；内墙以纸筋灰抹面，石灰水刷白。讲究一点的房间要刷地板漆或做水磨石地面，内墙刷涂料或贴墙布。80年代起，建筑装饰装潢渐趋高档，一般民居、商店和公共建筑大都采用干黏石、弹涂或外墙瓷砖贴面等工艺；内墙四壁嵌1米高三夹板墙裙，木色油漆，吸音塑料板吊天棚或装修立体木天花。室内铺贴拼木地板或彩色地面砖，配以灯饰（壁灯、吸顶灯），安装玻璃双层窗。多数卫生间壁贴瓷砖，地铺马赛克、浴缸、洗脸盆、坐便器一应俱全。90年代后期，本地银行、邮电大楼及宾馆、商场、供销大厦等建筑，外墙门厅采用大理石饰面，不锈钢抛光片裹贴圆柱，不锈钢管作楼梯扶手；有的还安装玻璃幕墙、古铜色铝合金门窗或玻璃地弹簧门等新型装饰材料。90年代末至2008年，区内建筑大多为小区开发项目，各个小区建筑特色各异，外装饰各有千秋，有仿古式、欧式、现代式，室内装饰品位档次越来越高，外墙设计增设保温层（如颗粒保温、轻质板材保温）。

五、水电安装

70年代前，建筑公司对外承接电器安装业务，一般为明线（双线槽板）吊装，其工艺简单。1978年建南门大街1、2号楼，电器安装开始采用暗管、暗线、墙壁插座，灯具采用同光灯、吸顶灯、壁灯等。1981年开始承接大型、高层（3～5层）给水、排水及采暖通风等复杂施工任务，楼道消防系统设备安装有水、电、气三个分系，层层设消防栓。是年，县建筑公司成立专业水电队，并培训专业人员持证上岗。1990～2008年，水电安装全部由专业队伍承接施工；管线、配电箱等全部采用暗埋敷设，小区内不仅仅是民用水电安装，而且安装弱电系统、智能化系统（如电话、电视、可视、对讲监控等）、煤气化系统、太阳能系统，公共场所设立消防系统。

六、施工设备

60年代前，建筑施工从放线、抄平至粉刷、装修的全过程，均为手工操作。所用工具极其简单，斧、锯、刨、凿、瓦刀、灰桶等均由木、瓦工匠自备。60年代开始，施工机具逐渐增多。混凝土搅拌机和振动器取代人工抄拌和浇捣作业；钢结构桅杆式起重机和电动卷扬机取代了原来的独脚扒杆和人推绞关；木材加工出现了圆盘锯和带锯，结束了人工拉大锯的历史。1978年以后，建筑施工设备"土洋结合"，有了许多自制和购置的施工机械，如平板刨、打眼机、刮榫机、裁口机、打夯机、电焊机、钢筋截断机和调直机等，一些骨干施工企业还拥有运料翻斗车、载重汽车等运输工具及塔吊、汽车式起重机、推土机、挖掘机、空压机等大型机械设备。高空作业搭设脚手开始采用钢管、扣件、铁脚手板，不久又出现钢制门式组合脚手架。1990年以后，施工机械设备向系列化、配套化和自动化方向发展。90年代后期至2008年，土方开挖已全部采用挖掘机械施工。垂直运输全部由塔吊及物料提升机等机械完成，力矩越来越大，各项目施工基本上机械化操作（如水准仪、经纬仪、回弹仪、测距仪、智能化可视系统、自动化钢筋混凝土操作系统、大型垂直水平运输机械等）。

第二章　建筑工程勘察与设计

第一节　机　构

1978年5月，县城建局成立建筑设计室，负责一般建筑结构设计。初时仅有2人，其中1人兼职。1980年10月，在县城建局设计室基础上成立淮安县建筑设计室，仍属城建局领导，设计室迁址到打线巷南，人员编制为6人。1983年，人员编制增加到12人，由原来建筑结构设计发展到给排水、电器、采暖通风等图纸的设计。1988年2月，淮安县建筑设计室改名为淮安市建筑设计室。1990年1月，淮安市建筑设计室更名为淮安市建筑设计院。1993年12月，淮安市建筑设计院经省建委复核获得建筑工程丙级资质、工程勘察丁级资质。1998年底，淮安市建筑设计院人员发展到38人，其中大学本科生6人、大专生12人，有高级工程师1人、工程师15人、助理工程师9人、会计师1人、助理经济师1人。设计能力逐步提高，达到建设部所要求的设计深度，并实现了运用微机建筑CAD辅助设计。2001年4月，淮安市建筑设计院更名为淮安市现代建筑设计研究院。2003年7月，淮安市现代建筑设计研究院经省建设厅审批获得工程勘察专业类岩土工程（勘察）乙级资质、工程勘察劳务类（工程钻探）资质。2004年11月，淮安市现代建筑设计研究院改制建企，成立科技型企业淮安市现代建筑设计研究院有限公司。2005年4月，淮安市现代建筑设计研究院有限公司经省建设厅审批获得建筑工程乙级资质；2007年2月，经省建设厅审批（申请转正）获得建设工程乙级资质；2008年1月，经省建设厅审批获得市政公用行业〔道路、桥隧〕丙级资质；2008年4月，经省建设厅审批获得市政行业〔给水、排水〕专业丙级资质。

第二节　工程地质勘查

1981年前，使用手板螺纹钻进行钻探，一般能探明地下5～7米的土层结构状况。1981年，有3名钻探技术人员。国家地基基础规范规定实施后，先后购置30米、50米、100米的工程地质钻机，两用型静力触探仪等勘察工具，组建土工试验室。嗣后，业务逐渐增加，技术力量得到充实，人员增至4人，其中工程师2人、助理工程师1人、技术员1人；钻探设备新购置SH-30型钻机和静力触探仪各1台，为建筑工程设计提供较为准确的地质资料（周恩来纪念馆的初步勘察资料即为该设计室所提供）。至1998年底，淮安市建筑设计院已有专业地质勘查人员5人，设备也有所增添，有SH-30型钻机1台，静力触探仪1台，土工试验设备1套，微机2台。

2000～2008年主要工程勘察项目有：2000年淮安市第二中学教学楼，2001年竹巷街工程，2002年淮阴农业学校学生食堂，2003年翔宇花园，2004年淮安市新意服饰有限公司办公楼，2005年淮安市古运小区，2006年新安花苑，2007年上丰针织有限公司办公楼，2008年富士花苑。

第三节　建筑工程设计

一、民用建筑设计

1978年，县城建局建筑设计室完成县委宿舍3300平方米、饮服旅社4000平方米、元件厂宿舍楼2600平方米等10个工程项目的设计任务，施工图建筑面积1.3万平方米。进入80年代，人们对建筑物的功能、用途、生活配套设施、居住环境的要求不断提高，公共设施建筑追求造型美观，功能分区明确。县建筑设计室从事的业务由原来单一的土建设计发展到土建、水、电等设计和钻探。同时陆续引进了各专业的本科、大中专技术人才。1998年完成施工图面积12万平方米。到90年代后期，随着科技发展，手工制图逐步走向计算机制图，CAD的运用水平不断提高，微机出图率达100%，极大地提高了设计效率，工程项目施工图纸设计水平也上了新的台阶。2003～2007年，住宅建筑逐步向智能化、人文化、规模化、集中化发展，先后设计了月湖花园、明清商业步行街、回笼小区、楚港兴市花苑、翔宇花园小区、运河小区、紫金花苑、盛世豪庭、河下竹巷街、楚州淮扬美食广场等一大批设施齐全、精致实用的现代化小区。1983～2008年，境内建筑设计先后取得省级优秀设计、省级优秀设计表扬、省级优秀勘察、市级优秀设计、市级优秀勘察等各类奖项26项。

1983~2008年楚州区(淮安县、淮安市)建筑设计获奖项目一览表

表10-2

时间	项目名称	奖项	颁奖机关
1983年设计 1988年评比	楚州宾馆	优秀设计奖	淮阴市建委
1987年设计并评比	村镇住宅设计四号方案	优秀设计奖	淮阴市建委
1989年设计并评比	住宅设计方案	优秀设计奖并推荐参加省评优	淮阴市建委
1990年设计并评比	首届建筑画	优秀设计鼓励奖	淮阴市建委
1987年设计 1990年评比	淮安商场营业楼	优秀设计奖	淮阴市建委
1989年设计 1991年评比	外贸公司综合楼	优秀设计表扬奖	淮阴市建委
1989年设计 1992年评比	开发公司商品综合楼	优秀设计表扬奖	淮阴市建委
1990年设计 1992年评比	淮城信用社综合楼	优秀设计二等奖	淮阴市建委
1993年设计 1994年评比	静都大酒店客房楼	优秀设计一等奖	淮阴市建委
1993年设计 1995年评比	复兴乡贾新村2号楼	优秀设计三等奖	江苏省建委
1993年设计 1997年评比	供销大厦	优秀设计二等奖	江苏省建委
1996年设计 1998年评比	审计培训中心	优秀设计二等奖	淮阴市建委
1995年设计 1998年评比	新安小学少儿活动中心	优秀设计三等奖	淮阴市建委
1998年设计 1999年评比	新安小学幼儿园综合楼	优秀设计一等奖推荐参加省评优	淮阴市建委
1997年勘察 1999年评比	农校教学楼	优秀勘察一等奖推荐参加省评优	淮阴市建委
2001年评比	淮安中学综合楼	优秀设计一等奖	淮安市建委
2004年评比	皮防病院门诊楼	优秀设计二等奖	淮安市建委
2005年评比	建行营业办公楼	优秀设计二等奖	淮安市建委
2007年评比	村镇设计方案	优秀方案一等奖	淮安市建委
2008年评比	江苏康乃馨织造有限公司办公楼	优秀设计三等奖	淮安市建委

二、工业建筑设计

1979年,设计了淮安县花边厂漂洗车间,建筑面积1294平方米。80年代初至90年代末,一批

规模较大、造型新颖，采用钢筋混凝土排架或框架结构的工业建筑陆续设计建成，其中有：淮安市胶木电器厂综合楼，建筑面积1950平方米；淮安帽厂厂房，建筑面积2788平方米；淮安市电讯器材厂，建筑面积3450平方米；淮安市半导体零件厂综合楼，建筑面积3050平方米；淮安市星航手套厂，建筑面积2500平方米。2003年以后工业建筑设计项目有：2003年设计的淮安市惠德隆汽车零部件有限公司办公楼，建筑面积1800平方米；2005年设计的孟昭尼机械有限公司厂房，建筑面积5000平方米；2005年设计的淮安市金都厨房设备厂，建筑面积1.4万平方米；2005设计的江苏康乃馨织造有限公司新厂区，建筑面积1.08万平方米；2005年设计的淮安市外婆家食品有限公司综合楼，建筑面积3651平方米；2005年设计的江苏省双环齿轮有限公司机加工车间等，建筑面积3.18万平方米；2006年设计的淮安市晶星米业有限公司厂房，建筑面积1323平方米；2006年设计淮安市嘉德依食品有限公司厂房、办公楼，建筑面积5500平方米；2007年设计的淮安市上丰针织有限公司办公楼等，建筑面积6795平方米。

设计人员研究工业建筑设计方案　　（2006年摄）

三、设计方案管理

建筑工程勘察设计采用委托制。建设单位根据有关部门批准的基建项目投资和建筑面积指标，以及规划部门确定的建筑红线有关要求，委托设计单位完成勘察设计工作。设计单位承担的勘察设计项目，所有设计图纸和文字资料，均需执行校审制度，执行现行的标准、规范、规定，以确保勘察设计质量。凡承接项目设计的单位必须持有勘察设计证书，设计符合等级范围内的工程项目，不得越级设计。建设单位委托的项目设计，可采用招标或直接委托进行，但必须向持证单位委托。严禁企业自行设计或委托无证单位个体设计，对未经勘察的工程，一律不准设计。未经持证单位设计的图纸，一律不准施工。

第三章　产业发展

第一节　从业人员

1978年，全县建筑业从业人数1.5万人，其中外出施工人数0.5万人。全县有建筑工程技术管理人员300多人，技术工1000多人。当年实现施工总产值5亿多元，利税总额0.2亿元。2000年，全市建筑业从业人数3万人，实现施工总产值20多亿元，实现利税总额0.7亿元。外出施工人数1.2万人，其中出国出境施工90人，实现外出施工产值6亿元。建筑市场主要在淮安市、南京市、常州市、苏州市、上海市和淮阴市区。当年全市有建筑施工企业二级总承包2家，三级总承包12家，四级资质企业

19家；技术管理人员600多人，技术工3000多人。2008年，楚州区建筑业从业人数7.06万人，实现施工总产值80亿多元，实现利税总额3.7亿元。外出施工人数6.2万人，其中出国出境施工2000人，实现外出施工产值50多亿元。建筑市场主要在楚州区及淮安市区、南京市、常州市、苏州市、上海市、西安市、新疆、内蒙古 和非洲地区。是年全区有一级总承包企业3家，二级总承包8家，三级总承包23家；全区共有注册一级建造师50人，注册二级建造师200多人，高级职称400人，中级职称400人；技术管理人员3000多人，技术工2万多人。

第二节 墙材革新与建筑节能

1999年6月，淮安市成立市墙体材料改革工作领导小组，下设办公室（简称墙改办），具体负责全市墙体材料革新与建筑节能工作。2001年4月，明确区墙改办为区建设局下属股级全民事业单位，核定编制3人，主要职责是负责全区的墙材革新和建筑节能工作。

一、墙材革新

1999年12月，淮安市淮城镇永达建筑材料机械厂生产的一台JZK40/40双级真空挤砖机安装并投产，填补了淮安市黏土多孔砖和黏土空心砖生产的空白。2000年以后，相继有白马湖砖瓦厂、席桥砖瓦厂、钦工砖瓦厂等企业完成了黏土多孔砖的技术改造并投产。2001～2005年，全区生产新型墙体材料8.45亿块标准砖，占墙体材料总量的78.2%，新建生产线6条，淘汰改造落实后生产线4条，关停砖瓦窑12座，新型墙体材料建筑面积120万平方米，建成节能建筑150万平方米，实现节约标煤8.57万吨。截至2008年底，全区共有20家砖瓦企业完成黏土多孔砖（空心砖）技术改造，黏土多孔砖（空心砖）总生产能力达6亿块（折标准砖）。区墙改办对全区新型墙材产品进行备案认证，并下发《关于加强建筑材料备案管理的通知》，凡未经备案认证的产品，不得在本区建筑工程中使用。从2006年开始，楚州区全面实行新型墙体（节能建筑）材料准用证制度。2006年7月18日，区墙改办出台《关于楚州区新型墙体（节能建筑）材料实行准用证制度的实施细则》。

二、建筑节能

1997年12月15日，省政府第100号令《江苏省发展新型墙体材料与推广节能建筑管理规定》颁布实施。2001年3月18日，楚州区建设局下发《关于进一步加强墙体材料革新与建筑节能工作的意见》，全区居住建筑节能执行50%节能标准进入试点推广阶段。2005年5月8日，楚州区为了进一步推动全区居住建筑的建筑节能工作，与国家颁布的2005年7月1日起实施的公共建筑节能标准接轨，制定出台《关于全面实施建筑节能工作的意见》，文件要求新建、改建、扩建的居住建筑必须按《江苏省民用建筑热环境与节能设计标准》中5个强制性条文进行建设（开发）、设计、审图、施工、监理、质监、验收；公用建筑按国家标准《公共建筑节能设计标准》（GB 50189-2005）进行建设（开发）、设计、审图、施工、监理、质监、验收。

第三节 推广散装水泥和商品混凝土

1996年成立散装水泥管理办公室，隶属当时市计划委员会，2003年10月移交区建设局。

2001～2005年，楚州区推广散装水泥42万吨，是1996～2000年的7.5倍。2006年，全区使用散装水泥21.54吨，完成计划的239%。2005年和2006年，全区推广使用预拌混凝土38万立方米，其中2006年完成19.6万立方米。2007年和2008年，全区共推广使用散装水泥45万吨，其中2008年24万吨；推广使用预拌混凝土42万立方米，其中2008年28万立方米。1996～2008年，楚州区结合本地实际，采取源头管理，扎口收费，从规划、招标、质监及验收等多渠道做好发散、用散和专项资金的征收工作。每年给水泥生产企业下达发散指标，严格执行专项资金征收、返还政策，支持企业增加发散设施、设备方面的投入，提高发散能力和水平。为了充分发挥限制袋装鼓励散装的政策威力，除在工程立项时严格把关、征收专项资金预付款外，还加大了对建筑工程现场管理和检查的力度，并逐一建立工程用散档案。

第四节　市场开拓

一、国内市场开拓

1978年，淮阴地区成立建筑民兵师，各县（市）成立建筑民兵团，统管乡镇建筑队伍。当年，乡镇建筑队伍开始有组织地出省施工。1984年，淮安县城乡建设局开始在南京等地设立驻外办事处，负责本县建筑队伍在当地的工程建设工作。1990年，淮安市在省外设办事处3个，省内有关市设办事处4个。1996年，全市建设企业设立各级驻外办事处15个。在市场开拓中，各办事处加大市场开拓力度，对回来纳税的企业给予部分返还，对外埠市场发展比较好的企业给予奖励。2004年，各建筑企业成立分公司，全区外出施工人数3万人，实现外出施工产值15亿元，省外产值5亿元，全区外出施工人数达5万人。2008年，楚州区外出施工总人数近7万人，外出施工产值达70亿元，占全部总产值的76%。

二、境外市场开拓

1978～1999年，淮安县（市）每年境外施工人数在300～400人之间，主要通过淮安市建筑工程有限公司合作进行建筑劳务输出，施工地主要有新加坡、科威特、阿联酋等国家。2000年，由于受海湾战争的影响，淮安市建筑业境外市场没有开拓。2004年，楚州区建筑业逐步开拓境外市场。2008年，建筑业境外市场主要有阿尔及利亚（淮安市建筑工程有限公司先后承接莫桑比克5000吨/日熟料水泥生产线项目工程，埃里亚特监狱楼、塔楼、食堂、围墙等综合工程，工程造价15亿元人民币；江苏坤龙建设工程有限公司与中国建筑股份有限公司阿尔及利亚分公司合作，承接阿尔及利亚住房2462套项目，总造价7.5亿元），尼日利亚Dangate集团lbese基地2×6000吨/日热料生产线土建工程1、2、3标段和尼日利亚李氏集团40万吨/a水泥粉磨厂，总造价12.02亿元（江苏中祥建设有限公司与镇江二建合作承接），年末境外施工人数1200人。

第五节　企业体制改革

1997年，市建筑企业深化改革、调整企业结构、针对企业存在“两少一多”的现象（即具备工程总承包能力，经济实力强的大公司少；专业分工精细，小而专，小而活的企业少；经营项目雷同，经济实力较差的一般综合企业多的现象），政府部门采取重组、嫁接、分解、提高的战略，抓住清产权、树骨干、调结构、上素质、拓市场这几个关键性问题，运用市场和政府的双重力量来实现预定发展目标。2000年，建筑企业进一步深化改革，项目经营由公司经营逐步向项目承包制过渡，实行项目经理承包制，由项目经理管理项目并由项目经理自负盈亏，公司负责相应的管理工作，公司收取一定比例的管理费。淮安市建筑工程公司从深化企业改革入手，努力扭转困难局面，推动企业走上良性循环之路。公司按照“归并、剥离、分立、重组”的改革指导思想，将土建公司部分的要素实行集中管理，组建周转材料构件租赁中心和机械设备租赁中心。各专业中心在满足内部工程需要的同时，还开展对外经营创收。公司还完善了内部法人体系，理顺母子公司的权属管理，建立良好的运行机制。2004年，楚州区建筑集团工程公司通过改制，成立淮安市文通建筑工程有限公司，改制后建筑业产值年年翻番，产值达5亿多元。2005年，淮安市建筑工程公司通过改制，成立了淮安市建设工程有限公司。2008年，改制后的企业产值达6亿多元，开拓了南京、上海、北京及非洲等国内外多个市场。

第四章　建筑业管理

1978年，淮安县建设局内设建安股。1987年10月，建设局成立建筑管理办公室，人员编制5人。1998年12月，建筑管理办公室从建设局划出，成立建筑工程管理局(二级局)，内设办公室、计财股、质安股、企管股、市场股，人员编制15人。2001年12月始，建筑工程管理局重新划归建设局。

第一节　工程管理

一、施工管理

1978年以后，境内建筑施工企业开始自揽工程。1986年，《淮阴市建筑工程招标投标暂行办法》颁发后，允许施工企业正当竞争，获取工程任务。1986年以后，实行施工许可证制度。一种是企业施工许可证(专对进区施工的外地企业)，年年签证一次，另一种是单位工程施工许可证(本区施工企业和进区施工企业一样)。甲乙双方工程合同签订领取施工许可证后，具备开工报告制度的各项条件，即可报告开工。1997年，全市开展治理劣质工程的活动。11月，又召开了全市“治理劣质工程会议”。为堵塞产生劣质工程的源头，市主管部门开展质量安全工作检查，评了十个最差工程，并给一批工程质量差、施工管理混乱的工地挂出黄牌。市建工局、质监站还对全市的玻璃幕墙进行检查，对文化用品公司等不合格的玻璃幕墙发出“拆除通知”，消除隐患。1997年，淮安市普遍开展了标准化工地试点工作。是年5月24日召开“创标准化工地”现场观摩会。同期，实行项目经理制度：建筑施工企业在投标承包工程时，同时报出承担工程施工管理的项目经理的资质简况，接受招标单位的审查。工程项目施工建立以项目经理为首的生产经营管理系统，实行项目经理负责制。项目经理在工程项目施工中处于中心地位，对工程项目施工负有全面管理的责任。项目经理在承担工程项目施工的管理过程中，按照建筑施工企业与建设单位签订的工程承包合同，与本企业法定代表人签订项目承包合同，并在企业法定代表人授权范围内，行使管理权力。

二、经营管理

1979年，按国家建委《关于整顿企业管理的若干规定》，对施工企业整顿，综合治理，使经营管理走向正规。1980年5月，国家建委等部门联合颁发《关于扩大国营施工企业管理自主权有关问题暂行规定》，是新中国成立以来首次颁发允许建筑业搞活经营管理的政令性文件。国家给予施工企业扩大经营自主权，企业经营管理开始松绑，各种形式的多层次的经济责任制及经济承包开始试行，施工企业经济效益、社会效益明显提高。1981年12月，贯彻国家建委等部门颁发的《关于施工企业推行经济责任制的若干规定》，在施工企业推行经济责任制，使企业和职工在经济上对国家负责，贯彻多劳多得、有奖有罚、使国家集体个人三者利益结合的原则；明确甲乙方的责任，建设单位保证“五落实”（资金、材料、设计、场地、现场设施），施工单位实行“五包”（工期、质量、造价、材料、竣工）；在内部分配上要使劳动成果与收益直接挂钩，下不保底，上不封顶。1983年，地、市合并实行市管县体制后，对县以上施工企业下达年度各项经济技术指标，主管部门一般以此核定企业优劣奖罚，企业又以此考核基层施工单位。1983年以后，对县以上施工企业采取一系列改革措施，试行经理招聘制、扩大企业自主权、推行经济承包责任制，把经营管理推向新的阶段。90年代，政策进一步放开，淮安市建筑公司先后承接科威特和非洲等国家工程。由于出国劳务人员数量增多，建工局与中南公司建立劳务合作管理，签订“劳务输出基地”合同，并专门成立海外公司，负责联系出国劳务和承揽国外工程。此后分别成立南京、北京、苏州、常州、新疆、上海等地办事处，形成了业务网络。2004年，各地办事处撤回，由各建筑企业成立分公司。2008年，因楚州区建筑业发展迅速，部分建筑企业已发展成为集团公司，对所属企业实施经营管理。

三、安全管理

80年代，县内建筑企业普遍制定《安全生产操作规程》，开展安全劳动竞赛评比活动，加强安全宣传教育。一建公司每季度组织安全生产大检查，开展安全生产流动红旗评比，每年开展“安全月”宣传活动；公司还配备专职安全员，工程队也有兼职安全员；施工工地现场悬挂醒目宣传标语牌，促使职工增强安全意识，做到警钟长鸣。与此同时，安全三件宝（安全帽、安全网、安全带）成为每个工地必不可少的要件。建筑主管部门不仅经常组织操作人员进行安全知识培训，还要求特殊工种持证上岗。90年代，建立健全安全管理网络，认真落实安全生产岗位责任制，企业设置安全职能部门，成立由经理负责的安全领导小组，各施工队设安全小组，配备专职或兼职安全员，形成自上而下的严格安全管理网络。各企业还把安全生产与职工经济利益紧密挂钩，做到有章可循，赏罚分明。并建立安全技术交底、安全检查制度、事故报告制度。对新招收工人一律实行先培训、后上岗。制止违章指挥和违章操作，把事故消灭在萌芽状态。由于重视了安全工作，各施工企业安全事故明显减少。

四、定额管理

1978年前，用工制度基本是单一的固定工制度，劳动力是统配统包，其间还接受大批回城知青。1978年下半年开始形成有全民固定工、集体固定工的用工制度。1981年起招工手续略有改变，1984年建筑业，进行用工制度改革，用工权力下放，用工制度开始趋向灵活。1984年国务院颁发《关于改革建筑业和基本建筑管理体制若干问题的暂行规定》，施工企业认真组织贯彻落实，全面开展劳动定额管理制度。执行定额管理、按劳分配的原则。打破长期吃大锅饭传统习惯，实行多劳多得。实行劳动成果与经济效益直接挂钩。实行层层承包，一包到底。2000年，国家提出国有和集体企业改制成股份制有限公司，原有企业职工实行身份买断，推向社会，企业从社会聘用职工。2008年，企业用工主要实行劳务分包制度。

五、材料设备管理

1980年，按国家建委等五部委颁发《关于扩大国营施工企业经营管理自主权有关问题的暂行规定》，基本建设工程需要的建筑材料、模板工具等，按人、财、物统一的原则，逐步做到直接分配给施工单位，包工包料。1984年，按国务院《关于改革建筑业和基本建设管理体制若干问题的暂行规定》，施工企业从原包清工、包工不包料，跨入全面包工包料的行列。在加强成本核算原则下，对材料管理制定配套管理制度。施工企业严格材料检验，分析、领用、盘点、核算成本，对节余的材料实行奖励制度，施工现场监理抽样检测备案。1980年以后，推行经济承包，中、小型设备施工队(工区)管理，在其小范围内灵活调配，便利单位工程施工。大型设备开始配备专职人员，上岗操作人员必须经考核持证上岗。并推行"四定""三抓"，即定机械、定人员、定岗位、定产量，抓按时保养、抓及时修理、抓充分利用。90年代，施工机械设备向系列化、配套化和自动化方向发展，各项目施工基本上机械化操作。2000年后，主要设备实行由专业安装资质企业建档管理，区建工局备案，由建工局发放准用证，经检测公司检测合格后方可使用。

六、外地入境施工队伍管理

外地施工队伍进入境内施工，需提供相关材料：企业法人委托书、受委托人身份证；受委托人必须是本单位签订劳动合同的正式员工，并提供连续6个月以上的由劳动部门出具的养老保险证明原件；施工企业资质证书、营业执照、安全生产许可证、江苏省建筑企业信用管理手册；来楚投标的建造师证书及B类安全生产考核合格证书；由企业所在地建设行政主管部门出具有关证明材料；法律、行政法规规定的其他条件。到区建筑工程管理局建筑市场管理股办理注册备案手续后，方可报名参加区内工程的投标，施工中必须接受本区有关建筑工程的常规管理。

第二节　市场管理

一、工程建设基本程序

在建设程序管理上，推行投资包干和招标承包制；推行征地费用由地方政府包干办法，保证重点工程建设用地；加强调节和协调，搞好配套改革。配套改革是基本建设拨改贷工作，推行成套设备和物资材料实行项目承包，以及重点项目建设中的协调工作。1986年，严格基建程序，恢复开工报告制度。把好设计审批关，在审批初步设计文件时，坚持投资、材料、设备、土地、原材料、燃料、动力、外部配套等条件的落实，并按国家制定的有关规范、标准坚持"三同时"要求，实事求是地审批初步设计、控制建设规模和总概算。同时把好建设征地关。1987年按照计委管立项，建委管实施，由计划部门和建设部门相互配合共同管理建设项目规定。全县建设项目的立项，可行性研究，投资计划的安排由计经委主管；建设项目的设计审批及建设项目的招标、监理、施工、竣工验收和协调调度等实施的全过程由县建委主管。截至1992年底，淮安市(省辖县级)根据国家有关文件规定，在建设程序上涵盖的内容包括：由建设单位提出项目建议书；在可行性研究的基础上，编报可行性研究报告；根据可行性研究报告编报设计文件；初步设计经批准后列入国家预备项目计划，做好施工准备；组织施工，做好生产准备；施工项目完成后，进行竣工验收，交付使用；有些建设项目需检验反馈，进行后评估。1992年后，楚州区基本建设项目按建设程序框图执行。

二、管理措施

（一）建筑业企业资质整顿

1978年淮安县有3家建筑公司，1982～1988年又成立第四建筑公司。1990年初，一建公司通过资质审查，晋升为二级资质，成为全市第一家具有二级资质等级的集体所有制企业。1992～2007年，全区（市）对建筑业企业进行严格的整顿，按建设部的标准进行就位，督促企业在资质等级允许的承包范围内承包工程，不允许越级承包、转包、违法分包等；施工总承包的建筑工程主体结构的施工必须由总承包单位自行完成，禁止分包单位将其承包的工程再分包。

（二）建筑业企业工程项目管理人员、特种作业人员、现场作业人员整顿

根据《中华人民共和国建筑法》等文件规定，市（区）建筑工程管理局、整顿和规范建筑市场办公室定期或不定期检查各在建工程：中标项目经理是否在岗在位，项目管理人员、特种作业人员、现场作业人员是否按规定持证上岗，现场文明施工情况，是否存在未取得建筑工程施工许可证擅自开工情况等。

（三）招标投标市场整顿

1978年，施工任务由城乡基本建设局统一分配。安排施工计划要有项目批准文件，未列入年、季度计划的工程，一律不准开工，施工企业不得直接接受建设单位施工任务。1984年6月，随着经济体制改革的深入，国家由指令性计划改为指导性计划，城建局不再以行政手段分配施工任务，只在建设单位与施工单位实行双向选择过程中起协调作用。1986年开始，建筑工程以招投标办法，择定施工单位。根据施工任务大小和工程结构，严格规定必须具备相应资格的建筑施工企业方可参与投标。为体现公平、公正、公开的精神，事先由招标办公室会同有关单位和部门，举行招标发布会，经资质审查符合要求的，对有效标的进行评定，落实中标单位。

80年代初，建筑工程量上升，建筑施工队伍发展快，建筑市场的管理工作相当滞后，一段时期出现无证设计、无证施工，转包换利、高估冒算、质量不高以及个体建筑户时有违规违纪等现象。1985年，全县开展建筑市场整顿，同时各乡（镇）建立建筑管理站，管理本地市场。1989年，为巩固整顿成果，治理建筑市场，市城建局对部分管理素质不高，经营作风不实，质量无保证的施工企业，提出限期整顿要求，并加强对施工质量和安全的检查监督，同时对质检人员进行业务培训，增强安全意识，提高建筑工程质量，杜绝劣质工程。自1989年3月1日《中华人民共和国建筑法》实施后，全市（区）按《建筑工程施工许可管理办法》规定必须申请领取施工许可证的建筑工程未取得许可证一律不得开工。

1995年，淮安市建设工程招标投标办公室成立，此后，按规定必须进行招标的工程全部进入区招标投标交易中心进行招标，必须进行公开招标的工程项目全部实行公开招标，每一个工程的招标投标都有行政监督部门（市监察局）参与监督。招投标程序越来越规范化，杜绝了规避招标和在招标投标活动中弄虚作假的问题。招投标工作建立严格的建筑市场准入和清出制度，不得排斥或限制符合条件的施工单位参加投标，坚决贯彻《国务院关于禁止在市场经济活动中实行地区封锁的规定》，纠正对建筑市场违法设障、实行地区封锁和部门保护的行为。通过整顿和专项治理，全市（区）的建筑市场秩序有了很大的好转，规范了建筑市场各方主体行为，营造了诚实守信的市场环境，建立了优胜劣汰的竞争机制，推进了精致建设，打造了部分精品工程。21世纪始，建筑业市场秩序进一步优化，持续坚持从业资格、市场准入、项目报建、招投标等规范管理。

第十篇　交通运输

1978年始，淮安交通运输事业步入迅猛发展阶段。新长铁路、京沪高速公路、盐徐高速公路的相继开通，京杭大运河苏北段的升级改造，淮安复线船闸、三线船闸的建成，农村道路通达工程、船型标准化工程的实施，城乡联系更加紧密，人民群众出行便捷、舒适。至2008年底，全区有铁路34.4千米，三级站、四级站各1个；公路1914.68千米；航道535.71千米。全区拥有一级客运站1个，四级客运站7个；县级以上客运线路46条，农村公交客运线路10条；大、中型营运客车243辆，5755个座位；城市公交线路13条，营运公交客车184辆，出租轿车130辆；拥有货车2383辆，总吨位1.26万吨；拥有码头6座，船舶1040艘，32.29万吨位；有陆运企业24家、水运企业15家，汽车驾驶员培训学校6所，汽车维修企业88家，B级汽车综合性能检测站1个。

第一章　公路交通

第一节　公路建设

1978年后，淮安公路建设得到很大发展，公路里程不断增加。至1991年，全市(县级)省、县、乡级公路计26条，其中一级路1条、四级路22条。至2008年底，全区计有各类道路561条计1914.68千米。高速公路44千米，一级路16.27千米，二级路127.25千米。国道1条，25.3千米，为高速公路。省道6条，176.66千米。县道22条，318.46千米，其中等级公路278.4千米(一级路13.014千米、二级路78.77千米、三级路84.31千米、四级路102.31千米)、等外路40.06千米；乡道202条，818.17千米，其中等级路779.27千米(一级路0.56千米、二级路8.14千米、三级路6.75千米、四级路763.82千米)、等外路38.9千米。村道330条，计565.24千米。

一、国道

楚州境内第一条也是唯一的一条国道是淮江(淮安至江都)高速公路。这是一条南北走向的四车道高速公路，是京沪(北京至上海)高速公路与同三(黑龙江省同江市至海南省三亚市)高速公路的共用段，在淮安境内穿越席桥、城东、季桥、建淮、马甸、上河、平桥等乡镇，全长25.3千米。淮江高速公路淮安段于1997年3月开工建设，2000年12月8日建成通车，结束了淮安没有高速公路的历史，大大缩短了淮安与北京、上海、济南、苏州、无锡等大、中型城市及苏南、浙江等经济发达地区的时空距离，为淮安融入长江三角洲经济圈创造了便捷的交通条件。

二、省道

2008年，楚州区境内有省道6条，总长176.66千米。

淮江公路　线路编号为S237，2002年前线路编号为S216，此为淮安至江都的一条南北走向的省道，技术等级二级，史称扬清（扬州至清江）公路，修建于民国19年（1920），为淮安境内最早的省道。淮安段北起板闸立交桥，南迄平桥镇十洞村，全长29.65千米。1977年前的S237淮安段，是利用里运河东堤为路基修筑而成的，弯多路窄，又因穿城而过，行车极不安全。1977年下半年，城区段以裁弯取直为重点，对其实施全面的拓宽改造，使该路段路面宽达9米，并全部铺设了沥青路面。其后，又对其进行两次改造。到1996年10月，该路段达到二级公路的标准。2003年4月至2004年11月，淮安市政府对水渡口广场至淮安城区古末口段，按照城市主干道标准进行了改造。2005年8月至2007年底，市、区两级政府又按照一级公路标准对楚州（原淮安）城区段实施绕城改造工程。

淮涟公路（淮安至涟水）　线路编号为S235，淮安段全长28.71千米，兴建于民国24年（1935年）。新中国成立后，政府曾多次对其进行固基、维修：1979年，对该线路的淮城北门至红桥段3.5千米进行改造，使其由砂石路变为沥青路；1981年，对其剩余路段进行路面砂石化改造，并将路面拓宽至7米；1996年，对其进行黑色化改造，使其达到了三级公路的标准。经2003年的进一步改造后，S235楚州（原淮安）段路面拓宽至9米达到二级公路标准。

涟盐公路　线路编号为S234，以前曾先后有过0601、309线等编号，其走向自涟水经淮安到射阳六垛，原为国防战备公路，后为省道。淮安段呈西北向东南走向，途经宋集、茭陵、苏嘴、复兴4个乡镇，全长23.29千米，于1966年筑成。其主要路段为民国24年（1935年）修建的淮阜路（自淮城经钦工、茭陵、苏嘴出境至阜宁）。80年代前期曾两次对其实施固基、清障、加铺砂石等工程；90年代，分三期对其实施拓宽、路面升级改造工程，使其达到三级公路的标准；2001～2002年，按二级公路标准对其进行了改造。

扁洪公路　线路编号为S328，是苏北地区一条十分重要的东西走向的省级干道公路，楚州段东起楚州、阜宁交界处，西至楚州、洪泽交界处，全长59.67千米，为二级公路。其中的运东分水闸至楚州、阜宁交界处为原淮阜公路楚州段。1980年，实施淮阜路整治工程后变为砂石路面。经1999年的改造，该段道路达到二级公路的标准。S328的西段，即运东分水闸至楚州与洪泽交界处路段，又名淮洪路（原淮安市至洪泽），原为砂石路面，经1997年的黑色化改造后达到三级公路的标准。2005～2007年，进行新的改造后，淮洪路达到二级公路标准。

宁连公路　线路编号为S102，是南京通往连云港的一条省道，在淮安境内建有板闸立交和出入口，淮安段为一级公路，长2.2千米。1993年3月，淮安市（省辖县级）段开始施工，1996年12月宁连公路全线建成通车。宁连公路的建成，结束了淮安没有高等级公路的历史，也使淮安至南京的车程由原来的6小时缩短为2.5小时，到连云港的车程由2小时缩短至1小时，对加强淮安与省会南京及海港城市连云港的联系，促进淮安经济发展有着重要的意义。

盐徐高速公路　线路编号为S18，该路为盐城市经淮安、宿迁通往徐州的一条省道，于2006年10月建成并全线开通，楚州境内长44千米，有马甸、车桥两个出入口，在马甸有立交可与淮江高速公路互通。它的建成，为楚州增加了又一条对外交往的快捷通道。

三、县道

90年代初，全市计有县道20条，长221.05千米。1995年初，全市镇乡道路黑色化改造工程拉开序幕。同年12月25日，市内第一条黑色化县级道淮流路（石塘至流均）建成通车。淮流路路基宽12

米，路面宽9米，全部为沥青路面。1996年，政府又对部分路段的路面重新进行摊铺、修补，使其质量进一步提高。1996～1999年，淮安市先后对淮顺（淮城至顺河）路、淮施（三涵洞至施河）路、淮洪路、淮博（北涧至博里）路等县级公路实施黑色化改造。1999年9月29日，随着淮博路黑色化改造工程的竣工通车，淮安市第一轮县道黑色化改造工程全部结束，全市"市乡道路黑色化，乡乡通油路"的目标实现。限于地方财力的困难，此后一个时期内实施的县乡道路黑色化改造工程均遵循先通后畅的原则进行，路面大多不超过5米宽。2001年10月20日，楚宝线（楚州至宝应）改造工程正式动工，并于2002年10月竣工。楚宝线西起朱桥镇石塘，东迄流均镇，与宝应县的西安丰镇相接，在楚州区车桥镇境内分线向南经施河镇与宝应县的曹甸镇相连，全长47.5千米。改造以1995年黑色化改造后的淮流路为基础，改造后升级为二级公路，路基宽12米，路面宽9米，工程总投资达6200万元。2006年，政府投资960万元完成18.2千米复丰路（复兴至丰年）改造工程，使其达到三级公路标准。截至2008年底，区内绝大部分乡镇都通上了二级路，县乡道路全部达到了三级公路的标准。全区计有县道22条，总长318.46千米，其中等级路278.4千米、等外路40.06千米。

四、乡道、村道

1991年底，淮安市乡村大道运西片有97条，渠南片有188条，渠北片有177条，计462条，总长1650千米（其中砂石路面约占10%，其余为沙土路面）。

90年代后，结合县乡道路黑色化改造工程，淮安市各乡镇纷纷自筹资金，修建乡道、村道。建淮乡在90年代前期实现"村村通公路，全乡公路混凝土化"。据统计，1992年，全市新建农村砂石路34.4千米，其中钵池至南马厂乡道3.6千米、范集新建乡村道路13.2千米、施河新建乡村公路9.6千米、流均新建乡村道路8千米。1998年，全市筹资3721万元，修建乡村砂石路226千米，新增通公路村15个。年底，全市实现村村通公路的目标。1999年，政府实施22.9千米乡村砂石路改造工程。2000年起，江苏省委、省政府决定对苏北农村公路建设给予资金补助，淮安市各乡镇政府加快乡村道路灰黑化建设。2002年，楚州区苏嘴镇自筹资金300万元，修建长16千米、宽9米的从苏嘴至马逻的沥青路——苏马路。施河镇铺筑4000多米中心村水泥路，新建了长1300米、宽13米的德福路。2004年，钦工镇投资700余万元，完成规划中需3年才能完成的36千米的乡村水泥路铺设任务。宋集乡除铺设5条长达22.03千米的环乡水泥路外，青莲、后营、海王等村还分别铺设了580米、1040米、630米的村级水泥路。复兴镇党员、干部带头捐资10多万元，并发动复兴籍在外地工作、创业成功人士捐款12万余元，用75天时间建成8条计36.16千米四级路，实现全镇乡村道路灰黑化。平桥镇发动群众尤其是能人大户捐钱捐物，用一年时间建成宽3.5米、长35千米的水泥路，成为全市首家村村通公交车的乡镇。2005年底，全区实现"乡村道路灰黑化，村村通水泥路"的目标。2007至2008年底，全区新建乡、村道路61条计145.7千米，全区农村公路网进一步完善。至2008年底，全区共有乡级道路202条，总长818.17千米，其中等级路779.27千米，等外路38.9千米、均为水泥或沥青路面；共有村道330条，计565.24千米，其中等级路503.59千米，等外路61.45千米，均为水泥路面。

2008年楚州区省道基本情况表

表10-1　　单位：千米

线路编号	路线简称	路段里程	技术等级	起　点	止　点	车道分类	面层类型
S102	宁连高速	2.196	一级	楚州区板闸	市开发区徐杨	四车道	沥青混凝土
S18	盐徐线	44.0	高速	白马湖农场	楚州流均	四车道	沥青混凝土
S234	涟盐线	23.292	二级	涟水南门大桥	阜宁界	双车道	沥青混凝土

续表 10-1

线路编号	路线简称	路段里程	技术等级	起　点	止　点	车道分类	面层类型
S235	灌楚线	28.707	二级	涟水南门大桥	楚州翔宇大道	双车道	沥青混凝土
S237	淮江线绕城段	11.58	一级	茭陵抽水站引河大桥	楚州大道	四车道	沥青混凝土
S237	淮江线	18.073	二级	楚州大道	宝应县交界处	四车道	水泥混凝土
S328	扁洪线	59.672	二级	阜宁县交界处	洪泽县交界处	四车道	沥青混凝土

第二节　公路桥梁

1991～2000年，淮安市共新建、改建公路桥梁25座。其中，S237线高架桥于2003年1月开工建设，2004年底建成。该桥纵跨淮河入海水道、苏北灌溉总渠，主桥宽21.5米，互通立交桥宽8米，总长1700米，总投资9400万元。该桥北连淮江公路楚州绕城段，南端与S328省道为互通式立交连接，入海水道通航主跨径60米，灌溉总渠通航主跨径45米。同年8月，S234省道上的淮河入海水道大桥建成通车。该桥全长153米，净宽9米。2001～2008年，楚州区共新建、改建公路桥梁64座。至2008年底，全区计有省道桥梁43座，县道桥梁69座，乡道、村道桥梁463座。

第三节　公路养护

一、养护体制

90年代初，为落实农村公路建、管、养并重的要求，部分乡镇成立公路管理站（此前境内省道、县道养护工作由县级淮安市公路管理站负责），承担境内乡道的养护工作，由淮安市公路管理站按上级规定标准分别拨付道路养护补贴经费。但因乡镇财力匮乏，多数乡镇公路管理站人员编制没落实，办公经费、养护经费不足，更缺少养护机械。因此，乡镇公路管理站大多运转困难。21世纪后，随着农村公路建设步伐的加快，乡、村道路里程迅速增加，乡、村道路的养护、管理工作得到了地方各级政府的重视。2007年10月，区农村公路管理养护工作领导小组及办公室成立，办公地点设在区公路管理站，由区交通局局长任主任，分管路政养护工作的副局长和公路站站长任副主任，下设工程养护科、路政管理科、财务审计科，其职能由区交通局和公路管理站的有关科（室）承担，其工作人员亦由局、站有关人员兼任。至年底，全区各乡镇农村公路养护管理办公室亦陆续成立，负责本乡镇境内乡道、村道的管理、养护工作。其经费由区农村公路管理养护工作领导小组及办公室按规定的补助标准定期考核后给付，不足部分由各乡镇解决。各乡镇原有的公路管理站全部撤销，其职能由农村公路养护管理办公室承担。

二、养护队伍

90年代初，淮安市公路管理站下设8个养路工区，有专业道工127人，另有“建勤代表”工189人，养护的公路里程351.66千米。2003年底，楚州区公路管理站事企分离改革工作结束后，淮安市翔宇交通工程有限责任公司为全区唯一的公路养护专业单位。该公司有淮扬、淮阜、溪河、茭陵4个养护工区和1个养护中心，有专职养护工人140多人。此外，全区各乡镇场尚有乡村道路养护工约300人，养护着1283千米的乡、村公路。

三、养护工具、设备

70年代，公路管理、养护部门组织职工因陋就简，自制、试制了翻斗车、扫砂车、洒水车、油石拌和机、手扶压路机等机械化、半机械化养护工具，对减轻工人劳动强度、提高工作效率起到一定作用。进入80年代后，筹措资金，增添大型养护机械设备。1991年，淮安市公路管理站用于公路养护的机械已有汽车1辆、压路机2台、翻斗车6辆、手扶拖拉机1辆、扫砂车2辆、磨平机1台、拌和机3台，基本改变了主要依靠人力养护公路的状况。20世纪末到21世纪初，公路养护设备得到进一步的增强。2002年，区公路管理站计有施工、养护机械40余台（套），主要设备有摊铺机2台、挖掘机2台、10吨运输车2台、装载机3台、压路机4台、清扫车2台。2008年末，淮安市翔宇交通工程有限责任公司拥有的各类公路养护机械设备价值达110万元。同年底，各乡镇场新成立的农村公路管理养护办公室，基本无大型公路养护设备，每个养路工只有一把扫帚、一把铁锹、一件安全标志服（橘黄色背心）。部分乡镇购置了打草机等简单的小型养护机械。

四、路面养护及绿化

80年代以前，养护主要以简单的小修、小补为主。20世纪80年代后期至20世纪90年代中期，淮安市公路养护工作开始由简单的小修小补为主向大、中修和提高路面等级为主的方向转变。1987年，完成淮扬柏油路面大修3千米，柏油路面中修5千米，砂石路中修12千米；1988年，完成油渣路面调拱大修工程5千米，柏油路面罩面12千米，砂石路中修工程15千米；1989年，完成油渣路面中修10.2千米，砂石路中修18.5千米；1990年，完成油渣路大修10千米，砂石路大修6千米，砂石路中修25.5千米；1991年，完成油渣路大修3.2千米，砂石路中修31千米，油渣路简易表处5.5千米；1992年，完成砂石路大修（沥青表处）10.49千米，中修14.07千米，对钵池至南马厂3.6千米、范集乡13.2千米、施河乡9.6千米、流均乡8千米共34.4千米公路实施砂石路新建工程；1993年，完成砂石路沥青表面处理5.4千米，砂石路加铺工程12.8千米，砂石路滚浆工程25千米；1994年，完成大修工程8.7千米，中修工程16千米；1995年，完成砂石路加铺路面4.2千米，砂石路沥青表面处理11千米，沥青旧料再生利用铺筑路面1.8千米，沥青路喷油罩面3万平方米；1996年，完成309线沥青"表处"7千米，淮江线淮安市段沥青罩面6千米，完成县道和乡村公路黑色化改造62千米。

90年代后期至21世纪初，淮安市公路养护工作出现了一些新的情况。一方面，公路里程迅速增加，公路等级不断提升。另一方面，车辆通行量迅猛增加，尤其是载重量10吨、20吨甚至20吨以上的货运车辆越来越多的投入营运，使境内公路常年超设计标准使用，导致公路和公路桥梁受损严重。许多公路、桥梁使用寿命缩短，养护周期加快，养护成本不断上升。与此同时，公路养护标准不断提高。在此情况下，全市尽管养护力量有所加强，养护设备有所改善，但养护工作仍难以适应公路交通的实际需要，境内干、支线公路的好路率较80年代明显下降。如1992年，全市干、支线公路好路率为90%，1995年则仅为87.4%，1998年仅为68.9%。2005年，楚州区公路好路率仅为76.3%。针对该情况，公路管理部门一方面结合干、支线公路的更新、改造和大、中修工程的实施，提高路况等级；一方面督促、指导公路养护单位采用新工艺、新技术加强公路养护工作。同时，加大路政管理力度，强化对公路超载运输的治理工作力度，全区公路优良率尤其是干线公路优良率有了明显回升。2006年，全区干线公路好路率89.4%，支线好路率85%。2008年，全区干线公路好路率96.9%，支线公路好路率90%。

90年代末以后，在努力做好道路养护工作的同时，楚州区公路管理部门还加强对道路两旁的绿化、美化工作，开展创建"文明样板路"活动。2002年，全区完成S237线（20K+700～35K+250）

14.55千米的绿色通道工程，种植乔、灌木5.51万株，草坪2.2万平方米。2003年，区公路管理部门在S234线种植乔木4.01万株、灌木2.41万株、花卉1万株、草坪10.1万平方米，在S328线种植乔木6.42万株、灌木3.21万株、花卉1.65万株；2004年，在S234线补植乔木1350株、灌木6200株，在S328线补植乔木7200株、灌木6500株；2005年，完成S235线23.56千米的绿色通道工程，种植乔木1.27万株、灌木1.47万株、花卉9255株、草坪7.45万平方米；2006年，对S237线补植花木3.29万株、维修路沿石3500余块、整修刷新花池60个、路面灌缝20185延米、整治排水沟491米、配置盖板530块，对S328线整修边坡6.5万平方米、清理排水沟和泄水槽1700余条、补植绿化8700余株，对S235线进行路肩硬化处理3.5万平方米，对S234线进行路肩硬化4.5万平方米、路面灌缝处理8500米，还对翔宇大道楚州入口段进行绿化养护3800平方米，在楚州大道沿线绿化补植3500余株、铺设人行道道砖1260平方米、埋设路沿石3500多块，在华西路绿化补植1000余株；2007年，对S328线作灌缝处理2.83万平方米，对S235线38个道口搭接线进行硬化处置，对S234线、S235线"龟网裂"和裂缝进行喷油罩面及灌缝，处理龟网裂2.3万平方米、灌缝8000平方米，对老支线绿化补植5600株；2008年，对S237线、S328线、S234线里程碑、百米桩重新布设，更换里程碑76块、百米桩1200多根，并着力在道路精细化养护上下功夫，加大对路容路貌的整治力度，保持和巩固了S237、S328省级文明样板路和S235绿色通道的创建成果。经过努力，全区干线公路达到"绿、美、畅、洁、安"的效果。S328线先后于2004年、2006年通过省级文明样板路的验收。S237线也于2006年进入了省级文明样板路行列。全区县道、乡道基本达到标志标牌齐全、规范，路面整洁通畅、两旁林木成荫的要求。

第四节　公路客运

2006年，全区完成客运量317.55万人公里，客运周转量为3.81亿人公里。2008年，全区完成客运量346.75万人公里，客运周转量为4.16亿人公里。

一、车站

（一）城区客运站

1980年8月，淮安汽车站新站房建设工程在淮城新东门外向阳路（现为镇淮楼东路）与扬清公路（后来的淮江公路，今之楚州大道）交汇处之西南侧（今楚港兴市花苑小区）破土动工。1983年1月1日，淮安汽车站新站房投入使用。该站占地5公顷，总建筑面积8000平方米，等级为二级客运站，设施配套齐全，环境优雅整洁，为当时全国最大的县级客货兼营汽车站，尤其是宽敞明亮的候车大厅、巨幅周恩来像壁画，更给到淮各地乘客留下深刻印象。2005年5月20日，位于新老城区接合部华西路北侧、经十路西侧的楚州新汽车客运总站建设工程破土动工。2006年12月28日，新汽车客运总站主站房建成，并于2007年9月16日正式投入运行。新站等级为一级客运站，占地101亩，由东南大学根据规

1983年建成的淮安汽车站，是当时全国最大的县级客货兼营汽车站

2007年9月16日正式投入运行的新汽车站

划部门提出的设计要点，本着30年不落后的要求，按照前站后场设计，分为站前广场、客运和机修、货运、加油三大区域。其主站房为框架结构建筑，主体部分两层，局部四层，总面积8015平方米。外部为波浪形屋顶、玻璃幕墙，内部有宽敞明亮的候车大厅、电子显示屏和电脑联网售票系统、中央空调系统、自动化安全检查系统等先进的管理、服务设施。

(二)乡镇客运站

80年代之前，淮安农村只有车桥、苏嘴、流均等少数乡镇有设施简陋的汽车客运站。进入21世纪以后，伴随"农村通达工程"的实施，农村汽车客运站建设被列入楚州交通工作议事日程。2005年，政府在农村各乡镇建成标准化候车亭各1对。2005～2006年，分别对流均、泾口、车桥、宋集、平桥等5个乡镇汽车客运站进行改建。2007～2008年，新建车桥、林集汽车客运站。2008年底，建成朱桥汽车客运站。同年按城乡公交一体化、标准化要求，在楚流、楚苏、楚平、楚季(区经济开发区)4条农公客运线路上新建城乡公交一体化候车亭26对。至2008年底，全区计有车桥、流均、泾口、宋集、林集、平桥、朱桥7个四级农村汽车客运站。

二、长途客运

1990年前后，淮安市汽车客运业蓬勃发展。其时，经营长途客运的主要有淮安市客运联营公司、淮安市汽车运输实业总公司、淮安市供销旅游公司3家企业。淮安市客运联营公司计有至南京、常州、苏州、无锡、镇江、扬州、徐州、连云港、张家港和上海等11条长途客运班线。其中，开往镇江的班线日达5个班次，开往南京的日达3个班次。淮安市汽车运输实业总公司计有至镇江、南京、上海、扬州、连云港、徐州、阜宁、盐城、常州、青岛、宝应、盱眙、无锡、张家港等十余条长途客运班线，以后又开通了淮安至北京长途客运班线。淮安市供销旅游公司则有淮安至上海、南京、扬州3条长途客运班线。其中，扬州班线营运后不久即停运。90年代，除上述3家公司外，原淮安市运输管理所亦曾以本所职工集资入股形式兴办淮安市兴淮实业公司，购有2辆中巴车、1辆大客车，从事淮安至扬州的长途客运。营业约1年后，该公司即停办。此外，淮安市尚有部分个体客运户从事长途汽车客运。1989年，境内有4～6人或自购或租赁汽车客运工具，从事域内至省内南京、镇江、无锡和省外上海、北京等地长途汽车运输业务。除少部分业主持有省运政部门审批的营运线路外，余皆挂靠专营汽车运输公司经营。多种所有制形式的运力投入长途客运市场，顺应了广大群众外出经商、旅游和打工的需求。但由于个体经营者素质参差不齐，加之管理力量的薄弱，一段时期乱停乱放、站外上下客，途中倒客、宰客等违规经营现象较为严重，且事故隐患较多，人民群众的生命财产的安全难以保证，同时，国营、集体企业和合法经营者的利益受到了较大冲击，全市长途客运市场秩序一度较为混乱。2001年起，根据交通部关于客运企业资质管理的有关规定，区交通运输管理部门对从事长途汽车客运的企业、个体业户进行严格的资质审查归并调整。2005年5月，政府又对淮安市客车运输总公司与淮安市汽车运输实业总公司实施联合重组，组建新的淮安市客车运输总公司，并于2006年10月对楚宁长途汽车客运班线实施公司化改造，将个体客运车辆逐步收归专业客运公司所有。全区长途客运市场秩序渐趋好转，专业客运公司年客运量和客运周转量逐年回升。截至2008年底，淮安市客车运输总公司计有长途客运车辆83辆共3238座，经营的长途班线达46条，其中省际线路14条、市际线路28条、县际线路4条。

三、农村客运

90年代初，淮安市境内从事农村客运的主要是淮安市客运联营公司。其时，该公司所属淮安汽车站经营着10条由淮城开往各乡镇的农公客运班线，日开20个班次，营运里程日达1300多千米。同时，淮安市汽车运输实业总公司亦在经营农村客运，开辟了淮城至博里孙庄、泾口韩桥、仁河、益林、流均中桥、茭陵、复兴东城等7条农公客运线路。此后，淮安农村客运市场呈现蜂拥而上的态势，许多职工、农民以及社会闲杂人员纷纷筹钱买车从事农村客运。有的人开着农用汽车、三轮卡甚至马自达在城乡之间、乡镇之间从事短途客运。1991年，从事农村客运的个体客运面包车即达62辆。一时间，市内城乡之间、乡镇之间公路上从事个体客运的车辆难以计数。

个体客运业的发展，客观上适应了加强城乡经济交流、方便群众出行的需求。但由于当时法律、法规不健全，对从业人员的资格要求不严，从业人员素质普遍较差，法制意识、安全观念淡薄，一些人不服从管理，不愿缴纳法定交通规费。有的经常无端滋事，甚至恐吓、打骂管理人员、执法人员，扰乱了农村客运市场。1995年4月，市交通局将淮安汽车站对社会开放，对全市客运车辆和无自有车站的社会客运车辆实行强制入轨，全部纳入淮安汽车站经营，统一票价，统一排班、依序发班。1996年后，全市农村客运市场秩序渐趋规范。

1998年12月，淮安市交通局顺应人民群众“安全、快捷、舒适”的出行要求，决定国营、集体企业恢复经营农村公交客运班线。淮安市汽车运输实业总公司开始对社会面的车辆实施集约化管理，先后接纳社会车辆200余辆，从事农公客运班线营运。2001年3月，该公司购置60辆友谊牌中巴车，于同年下半年相继开通淮城至苏嘴、宋集、施河、茭陵、平桥5条农村公交客运班线。淮安市客车运输总公司也于2001年9月投放20辆15座新型中巴车，在年底前相继恢复开通淮城至流均、博里、南闸、范集等4条农村公交客运班线。其后，淮安市汽车运输实业总公司对淮城至宋集、茭陵、苏嘴、平桥等4条农村客运班线实行公司化改造，将原来个体经营、集约化管理的车辆（农公中巴）经物价部门评估后统一收购，收回农公客运班线经营权，并通过招标方式对这4条线路实施经济效益责任承包。2005年5月，淮安市楚州汽车运输实业总公司与原淮安市客车运输总公司联合重组成立新的淮安市楚州区客车运输总公司后，于当年9月对宋集桥头至苏嘴洋桥口农公客运班线实施公司化改造，并通过招投标方式对该条线路的经营实施经济效益责任承包。2006年5月，淮安市楚州区客车运输总公司对淮城至博里孙庄、淮城至流均两条农公客运班线实施委托化经营管理，由上海塔鹏公司经营。淮安市楚州区客车运输总公司为全区唯一经营农村公交客运班线企业。至2008年底，该公司共有160辆计2517座客车从事10条农公客运线路的经营。

四、城市公交

淮安城市公交始于1977年。是年7月，淮安汽车站开辟运东闸至湖心公园（现淮阴农校）和运南闸至礼字坝两条城市公交客运班线，每路每日对开四班，后因两条班线只有3部车辆营运，难以准时发班而使乘客渐少，营业一年多后即停运。1999年1月28日，淮阴市公共交通总公司第六分公司开始经营淮安市城市公交。营运之初，暂辟3条线路，均实行一元一票制，行车班次间隔为10分钟。其后，该公司在楚州区经营的城市公交班线逐年增多。至2008年底，该公司在楚州区境内经营的城市公交班线达13条，投放营运大客车184辆。为适应区经济开发区建设、发展的需要，淮安市客车运输总公司于2005年6月开通楚州经济开发区客运专线。

城市公交　（2008年摄）

五、客运出租业

淮安市客运出租业始于1996年。是年6月，淮安市客车运输总公司、淮安市汽车运输实业总公司为解决城区旅客乘车难的问题，决定扩大经营范围，分别投放哈尔滨产松花江牌6座面的车60辆、70辆，从事城市客运出租业。2001年3月起，淮安市汽车运输实业总公司楚州70辆出租车全部更改为桑塔纳普通型轿车，并在车上安装了税务和技术监督部门规定的IC卡税控计价器。2005年5月，新的淮安市客车运输总公司成立旅游出租分公司，专门经营客运汽车出租业。2008年4月，该分公司陆续投入资金1570余万元，分批将130辆一代桑塔纳出租车全部更改为桑塔纳志俊型出租车，并统一标识、标志，新增GBS安全监控系统，楚州区客运出租业的发展跃上了一个新台阶。同年底，楚州区从事客运出租业的除淮安市客车运输总公司旅游出租分公司外，尚有楚州区部分下岗工人、失业人员、个体客运户以轿车、电动三轮车、人力三轮车、三轮摩托车从事城区、郊区和乡镇间的短途出租，但大部分属无证经营。

第五节　公路货运

一、平车货运

平车，又称平板车，以人力拖拉为主，也有人、畜(毛驴)同拉的。80年代前期，平车曾是淮安县陆上货物运输的主要工具，并为淮安经济建设和社会发展作出过重要贡献。改革开放初期到90年代初，乡镇平车和平车运输量有过一个稳步增长的时期，但之后亦因各种机动货车尤其是农村手扶拖拉机的大量增加而逐渐退出了城乡货运市场。

二、机动车货运

80年代初期，淮安县从事机动车货物运输的企业有4家：一是1980年成立的淮安合营汽车运输公司。该公司除经营公路客运外，尚有24辆汽车从事公路货运。二是淮安县运输公司(后来的淮安市汽车运输实业总公司)，有货运汽车11辆，革新机动车25辆。三是1984年初成立的淮安货运站，有货运汽车9辆。四是1984年成立的淮安县联合运输服务公司，有货运汽车8辆，主要从事公路铁路货物联运。当时，供电、粮食、物资、商业、邮电等部门，化肥厂、无线电厂、自行车厂、食品公司等企业以及一些乡镇企业，亦拥有部分货运汽车，但主要为本单位生产业务服务，很少进行营业性运输。随着改革开放的推进和地方经济的快速发展，淮安的公路货物运输业也有了很大的发展，专业运输单位的车辆总吨位不断增加。一些机关、企事业单位的自备车辆也开始从事社会化货物运输，并逐渐向专业经营转变。1983年10月，个体汽车运输业户开始进入公路货运业。到1991年，专业公路货运企业计有淮安市汽车运输公司(即后来的淮安市汽车运输实业总公司)、淮安市联运有限公司、淮安市客车联营公司(由淮安合营公司衍变而来，后来的淮安市客车运输总公司的前身)淮安货运站3家。其时，淮安市汽车运输公司有货运汽车55辆，年运量6.1万吨，主要经营华东地区各省、市货运业务；淮安市联运有限公司有货车8辆，年运量5200吨，主要经营江苏、安徽、山东等省公路、铁路货物联运；淮安货运站有10辆汽车，主要从事江苏、山东、上海、浙江、安徽地区零担货物运输，年运量8000吨。各乡镇企业有货运汽车112辆，个体运输业户有货运汽车35辆。此外，各乡镇农民还拥有大中型拖拉机89台、手扶拖拉机1.48万台。这些拖拉机在农闲季节也多从事短途货物运输，主要运输农民生产、生活资料和建筑材料、农副产品等。90年代后，淮安市公路货运业的发展出现了一些新的变化。一是车辆大型化、专业化。许多货运车辆单车运载吨位达到8吨、10吨甚至20吨以上。这样，运营成本下降，货运利润相应提高。二是运量社会化。专业运输单位货运量在社会总运量中所占比重日渐下降，个体运输业户货运量在社会总运量中的比重越来越大。三是社会运力个体化。机关部门、企事业单位和乡镇企业原有的货运车辆在改制、改革后全部私有化，归个人所有。个体货运业户越来越多，个体汽车不断增加。他们以其灵活、方便、低廉、周到的服务，使国营、集体专业运输单位的竞争优势日渐减弱，货运业务日渐下降。加之在实行车辆租赁承包后管理工作的滞后，国营、集体企业拥有的货运汽车越来越少。90年代末，淮安市汽车运输实业总公司、淮安市客车运输总公司货运站、淮安市联运有限公司相继停业破产，全部退出了公路货运市场。90年代末，淮安市有货运汽车700余辆；截至2008年底，楚州区有货运汽车2383辆，陆上货运量151.09亿吨，货运周转量302.18亿吨公里。

第六节　运输服务

90年代后，随着机动车辆的不断增加，机动车维修、驾驶员培训、车辆检测等公路运输服务行业在淮安市也相应得到了很大发展。

一、机动车维修业

90年代初期，淮安市机动车维修企业有淮安市汽车修配厂、淮安市客车运输总公司修理厂、淮安市汽车运输实业总公司修理厂、淮安市商机厂大修厂、淮城修理厂、淮安市房产公司修理厂、淮安市水利局修理厂、淮安市燃料公司修理厂、淮安市人武部修理厂、板闸修理厂等10家国营、集体所有制企业。其中，汽车修配厂、商机厂修理厂为一类维修企业，水利局修理厂为二类维修企业，其余均为三类维修企业。随着改革的不断深入和市场的变化，到90代末，这些企业除停产倒闭外，多改制为民营企业。同时，个体维修户大量涌现，达到50多户。21世纪初，淮安市楚州区有机动车维修一类企业1家（在席桥镇，后划入淮安市经济开发区）、二类企业9家，三类企业则多达数十家。到2008年，楚州区计有机动车维修企业88家，其中二类企业11家、三类企业77家，另有摩托车修理业户23家。尚有一定数量的店铺式机动车维修业户未纳入统计。此外，随着电动车的普及，全区专门从事电动车修理的个体业户亦有上百家。个体维修业的发展，顺应了公路运输业发展的需要，方便了运输业户车辆修理的需要。但是，在其发展初期阶段，多数个体业户为无证经营。维修设备简陋，场地狭窄，往往临街设铺，占道修理，影响了市容、市貌和城市管理。而且，修理技术普遍较低，在更换车辆零部件时往往有以次充好、以旧充新现象，收费随意要价。

为保证运输车辆的安全和运输业户的合法利益，90年代中期后，淮安市运输管理部门多次组织维修业市场专项整治活动。全市机动车维修业经营行为逐渐得到了规范，公开、公正、平等的市场秩序基本建立。至2005年末，全省维修企业信誉考核中，楚州区房产汽车修理厂、新楚安汽车修理分公司和淮安市天缘汽车维修有限公司修理厂、淮安市客车运输总公司修理厂、淮安市安保汽车修理厂、淮安市新貌汽车修理有限公司先后获得省运管局颁发的A级信誉认证。

二、机动车驾驶员培训学校

90年代以前，淮安汽车驾驶员基本来自两个渠道：一是各类专业技术学校毕业生，二是转业、复员、退伍军人。其后，随着私家车的不断增加，为满足越来越多的人学习汽车驾驶技术的需求，地方公安部门开始创办机动车辆驾驶员学校。21世纪初，出现了民办机动车驾驶员学校。2003年5月8日，淮安市楚州区机动车驾驶员培训中心正式开学。这是楚州区历史上的第一所驾校，性质为民办，属二类驾校，位于建淮乡鹅钱村境内。开学之初，该校有1.2万余平方米的水泥训练场，有校舍楼1栋，办公室、教室各1栋，有教练车20辆（大车6辆，小车14辆），教练员22人。之后，平安、驰安、驰骋等驾校又陆续开办。截至2008年底，楚州共有二级驾校4所，三级驾校2所。

1994年以前，机动车驾驶员培训业由公安部门管理。1994年后，则改归交通部门管理。1996年，交通部曾以“部长令”形式，发文对机动车驾驶员培训业的管理作出过明确而具体的规定。2000年，交通部明确民办机动车驾驶员培训学校经市一级交通管理部门审批后即可开业。“行政许可法”实施后，其审批权下放至县（区）一级交通管理部门。

三、汽车综合性能检测

根据江苏省交通厅要求，淮安市运输管理所于1996年投资20多万元资金，购置一辆机动汽车综合性能检测车，对全市机动车辆定期进行综合性能检测。因检测车性能难以适应检测实际需要，根据淮阴市交通局要求，淮安市交通局于2000年底筹建专业汽车综合性能检测站。2001年12月6日，淮安市楚州区安保汽车综合性能检测站建成。该站为B级站，国有企业性质，位于区城东乡南窑村境内，占地8100平方米，配置了对汽车动力性、经济性、可靠性和尾气排放、噪声等不解体检测的完整设备一套，检测过程实行全电脑控制、微机联网管理，可为用户和管理部门提供科学、准确、完整的检测数据资料，年检测能力达1.8万辆次。其主要业务是：接受区机动车辆维修业管理部门、公安管理部门的委托，对机动车辆综合技术性能和汽车维修质量进行检测、评价和监督，是独立进行汽车综合技术质量检测的专业检验单位。2008年12月以前，安保汽车综合性能检测站只对社会营运机动车辆进行检测。2008年12月，非营运性社会机动车辆实施属地管理后，该站接受区公安车管部门委托，开始对楚州区非营运性社会机动车辆实行年度安全性能检测。自成立至2008年底，安保汽车综合性能检测站累计对1.25万辆机动车辆进行3.07万辆次的检测。

第七节　运输企业

一、淮安市客车运输总公司

淮安市楚州区唯一的公路客运企业，实行站、运合一模式。在职员工522人，各类客运车辆373辆，主要从事长途客运、农村公交和城市出租业，有长途客运班线46条、农公客运班线10条。

该公司前身为1980年10月成立的江苏省淮阴地区淮安合营汽车运输公司。根据中央“发挥优势，保持竞争，促进联合”的方针和江苏省交通厅关于组织省、市、县合营汽车运输公司试点工作座谈会纪要精神，淮阴地区汽车运输公司与淮安县汽车运输公司（前身为淮安县汽车队，1980年底以后相继改称为淮安县汽车修配厂、淮安市汽车零部件工业总公司）经充分协商，决定成立江苏省淮阴地区淮安合营汽车运输公司，以淮安汽车站为基础实行客货联营。1983年10月合营协议期满后，原参加合营的客货车辆和人员全部划归淮安县运输公司。根据江苏省政府关于实行客运、货运分开的文件精神，经市、县政府同意，同年10月，淮安县运输公司与淮阴市汽车运输公司经协商成立江苏省汽车运输公司淮安客运联营公司。淮阴市汽车运输公司派驻淮安站客车22辆，干部、职工93人，淮安县运输公司配备客车9辆，干部、职工93人，共同经营淮安县境内长、短途客运线路。货车运输由淮安县运输公司直接经营。1995年3月，淮安客运联营公司划归淮安市管理。同年10月，公司更名为江苏省淮安市客车运输总公司。2005年5月，为优化客运资源，加强客运市场管理，淮安市楚州区人民政府决定江苏省淮安市客车运输总公司与区属运输企业淮安市汽车运输实业总公司实施联合重组，重组后保留“江苏省淮安市客车运输总公司”名称。2006年，该公司完成客运量160万人公里，客运周转量1.63亿人公里。2008年，该公司完成客运量196万人公里，客运周转量1.96亿人公里。

二、淮安市汽车运输实业总公司

1976年，原淮安县搬运站更名为淮安县搬运公司，为县属集体所有制企业。1975年，淮安县搬运站购买了一辆南京产701型2吨货车，开始向专业汽车运输方向发展。此后，逐步向大货车发展，先后购进解放CA-10、CA-15，江苏140，南京131、135等货车，有半挂车、拖挂车、单头车。到1980年，淮安县搬运公司已有货运汽车21辆678个吨位，当年完成货运量14.44万吨，周转量达671万吨公里。1981年9月，淮安县搬运公司更名为淮安县运输公司。1983年10月，因实行客货分营，原淮安客运联营公司24辆货运汽车及相关人员划归淮安县运输公司。之后，该公司成立汽车一队、汽车二队，后合并为货车队。至1984年8月，该公司有货车队、平车队（1986年8月更名为机动队）两个货运车队。1986年5月，淮安县运输公司更名为淮安县汽车运输公司。1989年8月，该公司机动车队（原平车队）移交给淮安市港务管理处。1990年，该公司共拥有货车61辆575个吨位，当年完成货运量30.4万吨，周转量1521万吨公里。1993年2月，淮安市汽车运输公司更名为淮安市汽车运输实业总公司。下辖淮安市货运公司、客运公司、工业公司等3个二级法人企业。1994年后，由于国家对运输市场完全放开，个体运输户激增，运输市场竞争激烈，该公司货运业务逐年减少，经济效益不断下滑甚至亏损。根据上级有关政策，该公司对货运车辆实行个人承包经营。由于管理不善，三年承包经营到期后，车辆交给公司时绝大部分已基本报废或已经报废，企业亦已无力更新车辆。1999年，该公司货运企业全面停产。

1985年3月，为提高企业经济效益，淮安市汽车运输实业总公司（时为淮安县运输公司）成立旅游客运公司，用解放CA-10货车底盘改装了2部通道车、6部客车，首先开通南京、扬州两条市际客运班线和县内部分农村客运班线。当年完成客运量16万人次，客运周转量900万人千米，创利润5.2万元。1986～1996年，该公司先后投入大量资金更新太湖、亚星663、依维柯、女神中巴车等型客车31辆投入客运，新开辟徐州、连云港、上海、北京、扬州、无锡、常州、镇江、青岛、盐城、宝应、盱眙、阜宁等多条省、市、县际长途客运班线。1996年，该公司完成客运量30万人次，客运周转量6556万人公里。1996年起，该公司积极调整产业结构，开辟新的经济增长点，大力拓展旅游出租和区内农公客运市场，到1997年3月，先后购置面的车70辆投放市场。1998年起，该公司又经淮安市交通局批准，对无市场准入手续的社会个体客运车辆实行集约化管理，先后接纳200余辆面的车从事农公客运班线营运。2002年，该公司对面的车进行更型，先后购进70辆桑塔纳轿车从事出租营运，购进82辆友谊牌中巴车从事城乡公交客运。至2005年5月，该公司已拥有大客车48辆、中巴车82辆、出租轿车70辆、面的车175辆计357辆客运车辆；有客运线路37条，其中省际线路7条、市际线路17条、县际线路2条、农公线路11条。70年代，淮安市汽车实业总公司还曾创办过机电仪器厂、灯泡厂两家企业。前者主要产品为汽车配件和油田钻井配件，后者主要生产汽车、拖拉机灯泡。90年代末，两家厂因缺少市场适销对路产品而先后停产并注销。2005年5月底，淮安市汽车运输实业总公司与淮安市客车运输总公司实行联合重组后，淮安市汽车运输实业总公司被注销。

三、淮安市联运有限公司

成立于1984年9月，时名淮安县联合运输服务公司，后改称淮安市联运有限公司。1986年9月，因集体运输企业调整、重组，该公司并入淮安县汽车运输公司（淮安市汽车运输实业总公司前身），组成淮安县汽车运输公司联运服务部。1988年9月，联运服务部划出，成立淮安市联运公司。公司成立后，即开办了与南京西站、镇江南站、徐州北站的公路、铁路联运业务。联运线路有淮安至镇江、南京、徐州、新沂、邳县、连云港、张家港等地。1991年，该公司有货车8辆，年运量5200吨。因市场竞争激烈，货运业务逐渐减少，加之车辆老旧，1995年该公司即已停业，处于破产、待改制状态。

四、淮安客车运输总公司淮安货运站

50年代初至70年代末，淮安汽车站一直以经营客运为主，有货物运输业务时，报请淮阴汽车运输公司调派货车完成。1980年10月，淮阴地区汽车运输公司与淮安县汽车运输公司实施客货联营，以淮安汽车站为基础成立了江苏省淮阴地区淮安合营汽车运输公司。1983年10月，客货分营，淮安合营汽车运输公司24辆货运汽车划归淮安县运输公司，淮安汽车站有整车货物运输业务时仍由淮阴汽车运输公司派车完成。1984年初，淮安货运站成立，隶属淮安客运联营公司。成立之初，淮阴汽车运输公司划拨65车队4辆货车、67队3辆货车，又从金湖汽车站调出1辆货车共8辆货车给淮安货运站。连同车站原有的一辆4吨改装车，该站当时共有9辆货运汽车。该站成立后，先后经营淮安至南京、南通、徐州等地公路零担货运业务，并兼办淮安至镇江等地公铁联运业务，营运里程1041千米。是年上半年，月平均零担货运量在500吨以上，进出货物月平均1.7万件。1984年9月，淮安县联运公司成立，淮安货运站撤销。1985年，淮安货运站重新成立，仍隶属淮安客运联营公司。至1992年时，该站拥有货车10辆，主要从事公路零担货物运输和公、铁联运业务，年运量8000吨左右。以后因业务量越来越少，到2003年，该站即停业。

五、淮安市供销旅游公司

成立于90年代初期，为淮安市供销合作总社所属企业，当时有大型客运汽车5辆，辟有淮安至上海、南京、扬州3条长途客运汽车班线。其中扬州班线开通后时间不长因业务量少而停运。2001年底，在客运业经营资质审查中，该公司资质达不到交通部的规定标准，其客运班线被调整给淮安市汽车运输实业总公司，该公司即停办公路客运业务。

六、淮安市公共交通公司第六分公司

市属国有城市公交专业公司，于1999年1月28日(时为淮阴市公共交通总公司第六分公司)开始在淮安市经营城市公交，初辟公交线路3条。经数年发展，该公司在楚州区已开通13条公交线路，投入营运客车184辆。此后该公司为淮安市楚州区唯一经营城市公交企业。

第二章　水上交通

第一节　航　道

一、航道分布

楚州区航道以南北走向的京杭大运河与东西走向的苏北灌溉总渠为十字形主骨架，自然形成渠南的运东、运西和渠北3个既相对独立又相互联系的航运网络。从支线航道分布情况看，运东片多于运西及渠北片。从支线航道走向看，渠北片航道多自西至东走向，运西片航道多南北走向，运东片航道多西北至东南走向。90年代后，境内航道没有太大的变化。2008年底，连同京杭大运河楚州段、苏北灌溉总渠楚州

京杭大运河楚州段航道　（2005年摄）

段在内，楚州区常年可通航的河道有31条，其中干线航道5条长130.71千米、支线航道26条长405千米。5条干线航道是：京杭大运河楚州段航道，长27.2千米，二级；淮河航线楚州段航道，长15.21千米，三级；苏北灌溉总渠楚州段航道，长34.58千米，五级；溪河航道，长41.78千米，七级；浔运西线航道，长11.94千米，七级。全区航道总里程535.71千米。

二、航道疏浚

（一）溪河航道疏浚

1995～2004年，淮安市楚州区航道管理部门先后投资400万元，分7期对溪河航道进行疏浚，疏浚长度8.75千米，疏浚土方17.5万立方米。

（二）京杭大运河两淮段“三改二”工程

2003年6月至2006年8月，国家投资2.8亿元对总长25千米的京杭大运河两淮段（南起淮安船闸，北至淮阴船闸）航道实施了三级航道升二级航道整治工程。该项工程实施后，京杭大运河楚州段航道通行状况有了很大改善，通行能力得到了增强。

三、航道的养护与管理

90年代后，淮安市航道管理部门运用多种形式，广泛、持久地开展航道管理条例和有关法规的宣传，积极开展“建设平安航道”与“水运管理规范年”活动；坚持航道巡查制度，定期组织航道的清障、扫床工作，及时清除各类碍航物；不断完善行政许可公示制，对临、跨、过河建筑物报批进行严格把关；坚持严格执法，加大对航道违法、违章行为的查处力度，认真做好航道赔（补）偿费收缴工作，确保航产、航权不受侵害，保证了全区航道的安全、畅通。据不完全统计，1991～2008年审批临、跨、过河建筑物近50起，制止临、跨河建筑3次；拆除、改建碍航桥7座；打捞航道沉船95艘；清除水下石块、铁锚等近50吨；拔除地桩、水下暗桩534根；每年对干、支线航道进行清障扫床2次，年均200千米以上。

2008年楚州区干线航道情况表

表10-2　　单位：千米

航道名称	起　点	迄　点	长度	等级
京杭大运河航道	与宝应交界处	与清浦交界处	27.2	二
淮河航线	运河交汇口	张码洞	15.21	三
灌溉总渠航道	运河口	苏嘴	34.58	五
溪河航道	运河口	涧河口	41.78	七
浔运西线航道	运河口	4号标	11.94	七
合计长度	130.71			

第二节　船　闸

50年代后，楚州境内陆续修建的船闸有淮安老船闸、淮安船闸、淮安复线船闸、淮安三线船闸和运东船闸、二堡船闸。

一、淮安船闸

(一)淮安老船闸

是淮安境内第一座现代船闸,建成于1953年6月。该闸位于运东分水闸以南建淮乡境内现淮安引江闸处之大运河航道上(今已废),紧傍清扬公路(今淮江公路),建成时与运南节制闸一起属运南闸管理所管理。1972年6月,随着引江工程的完工,淮安老船闸上游引航道被开挖成引江新河直通苏北灌溉总渠,该闸遂成为沟通京杭大运河和苏北灌溉总渠的船闸。80年代初,京杭大运河楚州段中梗切除工程实施和淮安复线船闸兴建后,京杭大运河航道西移,淮安老船闸即报废停用。

(二)淮安1号船闸

淮安船闸,又称1号船闸。淮安老船闸建成后不久,即因通过能力较小(设计年通过能力为194万吨)而难以适应水运事业发展的需要。1959年9月,省大运河指挥部和省交通厅投资兴建新的淮安船闸即现淮安1号船闸。该闸位于淮安老船闸西侧,采用人字形钢闸门和平板提升式钢闸门结构,设计年通过能力为2100万吨,于1960年11月建成交付使用。淮安船闸建成的同时,淮安船闸管理所成立,并由水利部门划归交通部门,由淮阴地区交通局船闸管理处和淮安县交通局实施双重管理。1976年1月,淮安船闸管理所划归省运河航运公司船闸管理处管理。

(三)淮安复线船闸

又称2号船闸,位于淮安船闸西侧并与之平行,是国家“六五”期间对京杭大运河苏北段进行第二期整治的重点项目之一,也是根据苏北运河续建规划兴建的8座复线船闸之一,其结构、年通过能力均同于1号船闸。该闸于1982年7月动工,1985年3月底完成主体工程,1987年4月通航。该闸建成后,使淮安船闸船舶通过能力提高一倍以上,每年可增加北煤南运量1000万吨。

(四)淮安三线船闸

又称3号船闸,位于淮安复线船闸西侧,为二级通航建筑物,于2000年9月动工兴建,2003年9月竣工通航。该闸为世界银行贷款建设项目之一,是京杭大运河扩容工程的重要组成部分,也是交通部“十五”期间重点水运建设项目之一,通航能力为2000吨级,其闸室在国内首次采用永久钢板桩加土锚结构等新技术,被称为“船闸工程新技术应用的博物馆”。

二、运东船闸

位于运东分水闸以南、运东大桥以西,是沟通苏北灌溉总渠与京杭大运河的交通枢纽工程,于1977年1月开工,当年12月底全面竣工交付使用,属盐城水利部门管理。运东船闸的建成,既有利于淮安航运业的发展,也解决了盐城地区至内河地区航运船舶以往须在宝应船闸中转的问题。

三、二堡船闸

位于大运河东岸马甸镇境内头溪河河头,按七级通航标准设计,投资342.5万元,于1978年4月破土动工,1980年主体工程建成,后因国民经济调整下马,1983年开始续建配套工程,1985年9月通航。二堡船闸建成后由淮安县水利部门管理。

第三节 港埠 渡口

一、港口

从新中国成立初到80年代末,淮安港一直坐落于淮城西门外人民大桥南北两侧的里运河畔。因码头少，泊位少，设备缺，货场容量小，加之里运河航道狭窄，横跨于里运河之上的人民大桥、河下大桥净空高度低，原有港口难以适应航运事业的发展。1985～1989年，淮安市交通局在淮城西郊黄码大桥以北京杭大运河东岸实施新港建设工程。为进一步扩大港口规模，2005年，楚州区交通局抓住京杭大运河两淮段航道“三改二”工程上马的有利契机，投入资金600多万元，上马新港区二期工程，并于2007年5月竣工交付使用。二期工程建成后，楚州港码头岸线总长600米，泊位10个（其中：1500吨级2个，1000吨级1个，500吨级7个），有固定式吊机16台、铲车5台、堆高机4台总长56米，后方货场0.67公顷，码头1.68万平方米，年吞吐能力175万吨。2008年，楚州港实际年吞吐量为145万吨，操作量326.25万吨。

二、码头

1991年底，淮安市有码头24个，其中永久性码头12处。永久性码头中，除港务管理处4个码头（含乌沙河货场）外，尚有燃料公司西货场码头、石灰窑场码头、二堡粮库码头、公路管理站货场码头、运河粮库码头、城南粮库码头、物资公司码头、农资公司码头。此外，淮安船厂、棉麻公司、日杂公司、废旧公司、金属回收公司、化肥厂、水泥制品厂、植物油厂、面粉厂、磷肥厂、腌制厂、大盐站等企业均有自备码头。这些码头多数利用自然堤坡加以砂石或砖块铺设而成，既无专人护养，也无机械设备。90年代后，随着经济建设的发展，水运量的不断增加，淮安码头数量迅速增加。至2003年底，楚州区有各类码头134个，基本散布在京杭大运河、里运河、苏北灌溉总渠两岸，且以装卸黄沙、石子、水泥、石灰、砖头为主。21世纪初，根据淮安市的规划部署，配合国家南水北调截污导流工程，楚州区实施里运河风光带建设工程，里运河沿线部分码头陆续拆除。2004年，人民大桥以北至板闸段，包括楚州区港务管理处第一作业区码头和木材公司、燃料公司东货场、淮安船厂、金属回收公司、食品公司、燃料公司加工厂、农资公司、堤防管理站等企业自备码头在内的25个码头全部被拆除。2008年，人民大桥以南至化肥厂段包括楚州区港务管理处第二作业区码头和化肥厂、大盐站、植物油厂、面粉厂、水泥制品厂、日杂公司、棉麻公司等企业以及个体的15个码头被全部拆除。至2008年底，全区共有码头94个。其中，有审批手续的只有楚州区港务管理处码头、淮安市公路工程处有限公司货场码头、楚州区燃料公司码头、二堡国家粮食储备仓库码头、江苏省井神盐业公司码头。其他均为无合法手续的个体装卸作业点，多数经营黄沙、石子、水泥、石灰、砖头等建筑材料。2008年，建华管桩公司、大山面粉厂、海螺水泥厂3家企业自备码头获得批建手续且在建。

建华管桩公司、海螺水泥厂企业自备码头（2008年摄）

2008年楚州区港口情况表

表10-3

序号	名　　称	地　　点	所在河道	吞吐能力（万吨）	机械（台/艘）	码头岸线长（米）
1	楚州区港务管理处	黄码大桥上游1200米至600米	大运河	175	吊机16	600
2	江苏省井神盐业公司	黄码大桥上游2640米至1200米	大运河	300	吊机7	770

续表 10-3

序号	名　称	地　点	所在河道	吞吐能力（万吨）	机械（台/艘）	码头岸线长（米）
3	楚州区燃料公司	黄码大桥上游300米至140米	大运河	15	浮吊船3	160
4	淮安市公路工程处有限公司	二堡大桥上游150米至280米	大运河	20	吊机3	400
5	楚州区二堡粮库	二堡大桥上游640米至1100米	大运河	15	吊机3	80

三、渡口

80年代前，全县有渡口72道，渡船141只，载重量近400吨。1985年，全县有渡口106道，渡船178只，载重量共计约550多吨。以后，随着公路建设步伐的加快，撤渡建桥工作的推进，加之行政区划调整中部分乡镇被划出，渡口逐渐减少。2006年，淮安市楚州区经区人民政府审批达标的渡口有39道。

1987年10月前，淮安县渡口安全监督管理工作由淮安县交通局车船监理所负责。1987年10月，淮安县港航监督所成立后，渡口安全监督管理工作由该处负责。多年来，该部门认真履行管理职能，定期组织渡口安全专项整治活动，依法打击无证无照和私设乱渡行为。至2005年底39道渡口全部达到了“三有”（渡口设置有区政府审批手续，渡船有检验证，渡工有船员证）要求。2006年开始，根据国家安监总局和交通部统一部署，淮安市楚州区开展为期3年的渡口渡船安全管理专项整治活动。专项整治中，撤销渡口13道，更新改造渡口25道（其中永济洞渡口由清浦区落实改造）。板闸渡口列入省交通厅撤渡建桥计划。2008年，全区有渡口26道，渡船35艘（钢质船34艘）。其中，有19艘为座舱机，4艘为挂浆机，12艘为人力。1991～2008年，全区渡船未发生一起翻船、亡人事故。

第四节　水上客运

新中国成立后，淮安县经营水上客运业务的只有淮安轮船站1家企业，淮安轮船站在西门外里运河堤旁。1969年底，在淮城西门以西约1千米的京杭大运河东岸兴建新站。新站有较宽敞的候船室8间，仓库8间，约300平方米；有码头趸船、上船通道和附属设施等，基本能适应京杭大运河客轮停港的需要。1979年后，随着公路客运业的快速发展和人们生活、工作节奏的加快，外出者乘车的越来越多，乘船的越来越少，淮安轮船站的业务量逐年下降。1990年6月30日，淮安轮船站水上客运航线停止营运。

1983年，经江苏省交通管理部门批准，流均镇个体户邱继山自购一艘以12匹柴油机为动力的水泥客运船，在马家荡中开辟了流均镇至建湖县蒋营镇的水上客运航线，其船舶牌照号为淮流客1号。后因客流量的不断减少，该航线于1993年停止营运。

第五节　水上货运

淮安水上货运业向来较为发达，运输船舶数量较多。1985年时，淮安县航运公司已拥有拖轮20艘，小马力机动船10艘，货驳184艘，有15个拖轮船队。是年，该公司货运量25.16万吨，货运周转量达8716万吨公里。其时，全县有航运个体户1563户，拥有挂机船1002艘，计2.48万吨；货驳329

艘，计8970吨位；自航船275艘，计3820吨。各乡镇场尚拥有机动运输船舶943艘，计1.62万吨。其后，随着形势和政策的变化，淮安水上货运业的发展出现了一些新的变化。一是木帆船、水泥船逐渐淘汰，营运船舶实现钢质化、大型化，一般单体船舶吨位已由过去的几十吨、百十吨上升到千吨左右，有的大型船舶则达3000吨；二是由于境内水运市场运力的饱和，加之受前些年交通规费征收政策的影响，有相当一部分个体船舶外出江南营运，并入籍苏州、无锡、镇江和上海、浙江、安徽等地。90年代至21世纪初，淮安市营运船舶数量和总吨位呈不断下降趋势。据统计，1994年全市营运船舶有1714艘，1997年有1314艘，1999年有1066艘。2001年，全区有833艘，2005年仅剩600多艘。此后，全区营运船舶数量、总吨位略有回升。至2008年，全区有水运企业15家，有船舶1040艘，总吨位为32.29万吨。其中液货船舶9艘1461吨。

京杭大运河楚州段货运　（2006年摄）

2008年楚州区水路运输企业情况表

表10-4

序号	名　称	地　址	货运量（万吨）	货运周转量（万吨公里）	运载力（吨）	船舶数（艘）
1	淮安市江淮航运有限公司	淮城镇镇淮楼西路123号	7.9	2530	6220	16
2	淮安市发达航运有限公司	淮城镇镇淮楼西路145号	91.62	27486	74825	212
3	淮安市内河航运公司	流均镇交管所院内	6.2	1860	6880	28
4	淮安市兴达运输公司	顺河镇兴顺中路27号	106.5	32269.5	79261	188
5	淮安市水陆联运公司	淮安市经济开发区南马厂乡马厂村	18.55	5565	16460	74
6	淮安市水上联运公司	淮城镇新港路29号	9.85	2092.14	4945	24
7	淮安市裕源航运有限公司	淮城镇新港路33号	9.38	2815	9730	28
8	淮安市第三航运公司	淮城镇穿运村张庄组	9.80	3650	10600	37
9	淮安市水运公司	仇桥镇中五支	26	8060	21405	81
10	淮安市京江航运有限公司	淮城镇运河小街124号	56	17400	30710	97
11	淮安市第二航运公司	淮城镇镇淮楼西路86号	85.6	25680	47421	205
12	淮安市船舶运输公司	淮城镇沿河街65号	4.58	1374	2875	13
13	淮安市第四运输公司	三堡乡沙口村	12.18	3654	7880	25
14	淮安市第七运输公司	博里镇	—	—	1825	8
15	淮安市轮船运输公司	淮城镇镇淮楼西路62号	—	—	1840	4
合　计			444.16	134435.64	322877	1040

说明：本表所列相关数据为2008年底区运输管理处统计数据

第六节 装 卸

一、装卸组织

1973年6月，淮安县成立港务管理处，由原淮城搬运站第五连、平车运输一队等组建，港务处有作业区3个。1987年后，建立县直属粮库、二堡、吕粉厂、大运河等4个作业装卸区和1个运输队。20世纪90年代初，淮安市港务管理处有8个搬运装卸作业区和1个运输车队、1个起重安装队。1992年，该处于上河镇成立了第十作业区。2003年后，因建设里运河风光带和国家南水北调截污导流工程之需，里运河上的第一、第二作业区码头分别于2003年后被拆除，两个作业区及起重安装队、运输车队在改制后撤销。2008年底，淮安市楚州区港务管理处尚有第三、四、五、七、八、十等6个作业区，有装卸队4支。

二、装卸工人

70年代后，随着码头吞吐量的增加和机械化施工水平的提高，装卸工不断增加。1991年底，淮安市有装卸工709人，其中，港务管理处有专业装卸工406人，运输车队有职工80人；大盐站、粮库、化肥厂、磷肥厂、木材公司等单位自备货场有装卸工计223人。21世纪后，因里运河沿线码头被拆除，有的企业倒闭，淮安市楚州区有组织的装卸工数量有所减少。2008年底，楚州区港务管理处各作业区有装卸工120人，此外还有一些临时性的装卸工分散于各个体码头，人数不定。

三、装卸机械

70年代前，搬运装卸作业基本沿袭原始肩抬背驮，使用木棒、绳索、箩筐等简单工具；70年代初，港务处为摆脱繁重的体力劳动，自制吊车、抓斗、运输机械等设备。80年代又自筹资金购置装卸机械，降低劳动强度，提高工作效率。1991年底，淮安市装卸业拥有固定吊车24台、堆高机2台、输送机4台，另有大板车、接转平车多辆，人力装卸与机械装卸之比为65.15：34.85，基本能胜任装卸业务要求，但机械化程度较低，工人的劳动强度较大。1995年，港口作业机械有起重设备18台（套），输送设备14台。2000年，港口作业机械有起重设备20台（套），装卸机械30台（套）。2001年，港口装卸作业机械有80台（套）。2008年底，淮安市楚州区港口含企业自备码头、个体装卸作业点在内，共拥有吊机47台、浮吊船51艘、铲车105台。基本实现装卸搬运的机械化和半机械化。

四、装卸业务

70年代，装卸搬运业务主要来自于境内供销、粮食、物资等部门，以装卸粮油、农贸、生产、生活物资为主。80年代初，城乡国民经济持续增长，除生产、农用化肥物资外，民建水泥、黄沙、石子、木材等建筑材料装卸量大幅度攀升。90年代后，随着全国经济市场化程度的不断提高，淮安市港口搬运装卸业逐步进入完全市场化状态，进港装卸货物越来越少。其原因为港口装卸业务已完全由货运单位或货主与港口企业直接联系，不再经过任何政府部门计划安排，装卸费用亦由双方根据市场行情商定。区港务管理部门垄断港口装卸业务的格局被完全打破，不仅许多大的企业有了自备码头，个体装卸作业点更是比比皆是。

1991年后，淮安市港口装卸一直以煤炭、化肥、黄沙、石子、水泥、木材等物资为主。粮食部门每年亦有一定数量的水稻、小麦、面粉等需外运。21世纪以后，江苏井神盐业公司的生产规模和市场占有份额不断扩大，该公司产品（盐、烧碱等）通过港口外运量在逐年加大，2008年为160万吨。

第七节　水运企业

一、楚州区港务管理处

1973年6月，根据江苏省交通局革命委员会的指示，淮安县港务管理处成立，原淮城交通搬运站第五连、平车一队、河下装卸小组一并划归该处，其性质亦变为县属集体所有制企业。成立之初，该处下属有第一作业区（西门人民大桥北侧里运河东堤畔）、第二作业区（西门人民大桥南侧里运河东堤畔）和港口机械厂等3家单位，有职工276人。生产工具计有抓斗1台，3吨吊车2台，5吨吊车1台，输送机2台，小型车、刨床共5台，装卸驳岸码头2座计250米，还有人力小平车61辆。

为适应水运事业发展的需要，淮安县交通局于80年代中期开始在京杭大运河畔修建新港。1989年4月，新港一期工程竣工。2007年5月，新港二期工程竣工。2003年后，因国家实施南水北调截污导流工程，地方政府建设里运河风光带，楚州港务管理处第一、二作业区码头先后被拆除。在职工身份置换后，这两个作业区和起重安装队、运输车队先后被撤销。

2008年底，楚州区港务管理处有在编职工242人，其中一线工人120人；作业区6个，码头1座，有搬运装卸作业机械24台（套），港口吞吐量为145万吨，操作量326.25万吨。

二、淮安市京江航运有限公司

为民营水运企业，成立于2002年11月，其前身为县级集体水运企业——淮安市航运公司。

淮安市航运公司系由1958年初成立的木船运输合作社发展而来。1958年初，在人民合作化运动中，淮安县交通部门根据省、地交通部门的指示和要求，将7个初级木船运输合作社合并成立一个高级合作社，即淮安县木船运输合作社。其时，该社下设4个生产大队、19个小队，有木船384只计4896吨，船均吨位不足13吨。1960年春，该社购进第一艘拖轮，其后又相继购进4艘拖轮，以“江淮201”至“江淮205”分别编号，于1962年组成淮安县轮船队。1970年5月，该社更名为淮安县水上航运队，不久更名为淮安县航运公司。1988年12月更名为淮安市航运公司。改革开放初期，该公司船舶已由原来单一的木帆船发展为轮船、自航船。其时，该公司有12个轮船拖队，马力达1155匹；有216艘驳船，5260.5吨；自航船33艘，318吨。船质为水泥船、木船。改革开放后，该公司发展步伐加快，至1999年底，船舶总吨位已达1.3万余吨，船舶已全部更新为钢质船。是年，该公司有固定资产548万元，流动资产831万元，完成货运量为18.4万吨，货运周转量为1.39亿吨公里，营业收入达894.3万元。1991年，淮安市航运公司被江苏省交通厅授予“航运企业安全整顿合格单位”称号；1997年、1999年、2000年，被淮阴市交通局评为先进基层单位；2000年，被淮安市委、市政府授予“1998～1999年度淮安市文明单位”称号，并被淮阴市文明委、淮阴市交通局授予“1998～1999年度淮阴市交通系统文明航运企业”称号。

90年代中期以后，由于公路运输和个体水运业的快速发展，淮安市航运公司的经营业务受到很大冲击，公司经济效益不断下滑。2000年，该公司对货运钢驳资产进行全额补偿承包经营，所有驳船全部出售给职工，公司只拥有轮船。2002年6月，该公司进行民营化改革，并于当年11月将改制船队进行整合，成立民营水运企业——淮安市京江航运有限公司。2008年，该公司拥有船舶97艘，运力达3.07万吨，货运量56万吨，货运周转量达1.74亿吨公里。

淮安市楚州区水运企业除楚州港务管理处、淮安市京江航运公司外，尚有江苏省运河航运有限公司楚州营业站。该站自1990年6月水上客运停业后即陷入停产状态。此外，有淮安市第二航运公司、淮安市发达航运有限公司、淮安市兴达运输公司、淮安市水陆联运公司、淮安市水运公司、淮安市第三航运公司等15家水上运输企业。

第三章 其他交通运输

第一节 铁路交通

新长铁路是国家正在建设中的东北至长江三角洲陆海大通道的重要组成部分。它从东陇海线的新沂站引出，经淮安、盐城、海安于靖江轮渡过江后，经无锡、宜兴进入浙江与杭宣线的长兴站接轨，全长638千米，在淮安境内途经城东、季桥、朱桥、仇桥、博里、复兴6个乡镇，全长34.4千米。

1999年5月21日，新长铁路淮安市段铁轨铺架工程在城东乡甘露村拉开序幕。6月21日，新长铁路淮安段铁轨铺架工程结束。

在线路建设的同时，同步建设新长铁路淮安段的站场。新长铁路在淮安境内设了两个站点，一是位于城东乡红桥村的淮安东站，为三级站；二是位于仇桥镇长沙村境内的仇桥站，为四级站。2002年，淮安东站和仇桥站的客货站站房全部建成。2003年5月13日，新长铁路货运正式开通，淮安市楚州区境内的淮安东站货运站投入使用，并于当年6月19日，首次迎来了5个车皮300吨的货物。2005年4月1日，新长铁路南通至新沂段客运开通。新长铁路的建成和开通，结束了楚州没有铁路的历史。

第二节 输卤管道

一、输卤管道建设

（一）输卤管道的第一次建设

为合理开发利用淮安地下丰富的矿盐资源，从1987年开始，由淮安县人民政府牵头成立淮安热电厂工程项目指挥部，多方筹集工程建设资金（包括发放债券从民间募集资金），于1989年底建成淮安热电厂。

为提高经济效益，将汽轮发电的余热提供给真空制盐蒸发使用能源，1991年开始建设电厂配套项目淮安盐化厂筹备工作。该项目由江苏省计经委批准，规模为9.5万吨/年。真空制盐装置设计由自贡轻工设计院提交，蒸发能力可达12万吨/年以上。矿山采输卤设计由化工部连云港矿山设计院提交，设计供卤能力47万立方米/年。

为切实保障产能提升余量需要，管线年供卤设计能力按80万立方米/年考虑，因而输卤、回水管线规格分别为直径219毫米×8毫米、直径159毫米×6毫米无缝钢管，长度6500米，并由当时的淮安盐化厂工程指挥部负责筹建，于1992年10月交付淮安盐化总厂盐矿采卤厂负责管理。管线于1991年底开工，1992年9月建成，管线主要经过路线：（自西向东）沿现井神路北侧、过城西北路后进入贾庄水渠至北角组进入里运河，沉管进入现淮扬美食城北侧萧湖边进入淮安宾馆西侧围墙—萧湖东堤—文渠南侧—过三建公司后转入文渠北堤—周恩来纪念馆公路站—新泗河南堤—闸北二号桥转河北堤—矿区。该管线和矿山系原9.5万吨/年真空制盐设备的配套工程，管线最高可以满足年产17万吨盐供卤需要。

（二）输卤管道的第二次建设

1999年，建成投产市政府重点技改项目II组罐真空制盐技改工程，全厂的制盐能力达到30万吨，但卤水供需矛盾凸显，一方面原有的17万吨供卤能力满足不了生产需要，严重制约着企业的发展和当地的经济建设；另一方面，输卤管道经过长达8年时间的使用，使直径仅为219毫米的管道结垢堵管十分严重，不仅造成出卤不畅，同时部分管道经卤水长期腐蚀，泄漏现象时有发生，经常污染管线周边农田和环境，加之城市建设的快速发展，不少管道又被埋砌于新建的建筑物地基下，其中一段管道被砌于周恩来纪念馆西花厅地基下，管道一旦发生泄漏，则无法维护和检修，不仅造成景点和环境的污染，同时还会造成比较恶劣的社会影响。对此，井神盐业公司从生产需要出发，实施采输卤设备扩容技改工程，年供卤能力由原有80万立方米/年提高到150万立方米/年。

2000年10月，投产使用直径325毫米×10毫米无缝钢管输卤管道。管线选型、设计、安装、调试均由该公司自主组织。施工分为三段：（自西向东排列）第一段为制盐分厂至城西北路与井神路交叉路；第二段为从友谊西路至淮安宾馆西侧、再向东至华西路楚州大道交叉口；第三段位于华西路南侧边沟明架铺设、直到矿区。该管线试压3兆帕，初始运行压力0.8兆帕正常运行压力在2兆帕以下。配置输卤泵300立方米/小时，扬程86米，投产后最大卤水输送量为355立方米/小时。

改造管线主要路线大部沿原管线并行布置，但局部管线有改向，该管线建成后可满足盐化厂当时30万吨/年制盐生产输卤需要，原回水管与地下水补充作为注水水源。

（三）输卤管道第三次建设

井神公司60万吨盐硝联产扩建项目于2006年2月被国家发改委核准，2006年4月基础工程施工，8月项目破土动工。与之配套的总投资2000余万元的输卤管线工程于2006年8月28日开工建设，2007年1月31日架设完毕，至2007年2月10日主体工程试压一次性成功。管径为直径529毫米×11毫米螺旋焊接钢管，材质L360。

输卤管线工程为60万吨/年盐硝联产扩建工程先行工程，途经城东乡黄土村、周恩来纪念馆、萧湖公园、里运河、乌沙村等14个村庄、20多个企事业单位。该管线总长2×7千米，管径为529毫米，跨越楚州主城区，同时穿越里运河和萧湖，横跨城区五条主干道，平行城区文渠1000余米。

二、输卤管道维修管理

管线建成后交给采卤分厂日常管理，正常巡视和维修由采卤检修人员负责。管线在不同时期施工质量存在差距，造成运行效果各不一样。

第一次建设管线由于当时施工队伍技术水平所限，加之监督管理人员未能到位，造成运行不到半年时间就出现管线多处泄漏，对周边农田和庄稼形成污染，增加赔偿、抢修、恢复等诸多矛盾，同时在群众中形成不良影响。前两年维修采用电源焊机时寻找电源和放线困难，加之在雷雨等季节野外作业危险加剧。1994年8月后新增柴油动力的移动直流电焊后，其安全性、可移动性明显加强。因城市建设步伐加快，管线所经地段面临多次改造，第二次改造工程势在必行。第二次改造建设时多次反复论证、层层把关，特别是焊接工艺上按国家规范执行，加之奖惩激励措施到位（按机械加工厂质检标准要求对每个焊口打钢号、验收合格后发放70%费用、一年如无故障全奖，如出现问题除全额退还费用外还倒扣50%费用），经过8年使用未发生重大泄漏事故。第三次建设管线，该管线由于承压等级高（高压管线），施工难度和复杂性加大，超前考虑一次安装到位，在使用年限内杜绝决发生泄漏事故。为此，全部由专业设计、施工、监理、工程人员督查，加装在线监控系统和超压泄压自动排放系统；在日常生产过程中定期派专人巡查，特别对可能薄弱点加强巡查频率；同时对工程建设项目单位及时通报，确保不发生人为事故。

第四章　交通管理

第一节　管理机构

一、区交通局

1981年6月，淮安县革命委员会交通局更名为淮安县交通局。1988年2月，淮安撤县改市，淮安县交通局相应更名为淮安市交通局。2001年2月，原淮阴市更名为淮安市，原淮安市变为淮安市楚州区，原淮安市交通局更名为淮安市楚州区交通局。2002年3月，区政府办公室印发楚州区交通局职能配置内设机构和人员编制规定。根据该规定，区交通局内设机构有办公室（挂法规监督科牌子）、交通发展项目科、科技安全科、综合计划科。局机关行政编制为15人。该规定还明确区国防动员委员会交通战备办公室为正科级建制，挂靠区交通局，主任由区交通局局长兼任。此外，区交通局设立党委、人武部、系统工会和妇委会、共青团委员会。到2008年底，局机关体制未变。

二、区交通局属机构

区公路管理站　为区交通局下属公路管理专门机构，其前身为1953年初成立的淮安县人民政府公路管理站。1978年5月，又更名为江苏省淮阴公路段淮安工区。1979年3月，淮安工区更名为江苏省淮安县公路管理站。1988年2月，更名为江苏省淮安市公路管理站。2001年2月，更名为江苏省淮安市楚州区公路管理站。至2008年该站内设机构有综合办公室、财务审计股、工程养护股。全站事业在编人员40人。

区航道管理站　为区交通局下属航道管理专门机构。该站成立于1979年5月，2008年内设机构有办公室、航政股、财征股，事业编制22人，有干部、职工37人。

区运输管理处　为区交通局下属运输管理（含水陆客、货运市场，汽车维修业，港口及搬运、装卸业，汽车驾培业）专门机构。该处成立于1985年6月，其时名称淮安县运输管理所，为股级全民事业单位，核定编制10人，1988年2月更名为淮安市运输管理所。1994年6月，该所升格为副科级全民事业单位。2001年2月，该所更名为淮安市楚州区运输管理所。2006年12月，该所更名为淮安市楚州区运输管理处。2008年，内设机构有办公室、财务票证科、客运安全管理科、货运港口管理科、维修驾培管理科、法规监督科（处理中心）等6个科（室）。另有区交通运政稽查大队4个机动中队。全处机关在职职工48人。

区路政大队　成立于2003年10月，为区交通局下属副科级事业单位，与区公路管理站合署办公，实行“双重领导以区交通局管理为主”的体制，核定编制27人，内设4个中队，设大队长、教导员各1人，分别由区公路管理站站长、党支部（总支）书记兼任。2008年有3个中队，在编事业人员20人。2007年9月，为强化农村公路的路政管理工作，8个中心交管所以各所驻地乡（镇）名称各增挂“淮安市楚州区路政大队某某某中队”的牌子。

区运政稽查大队　成立于1993年6月，时名为淮安市交通道路稽查队，由原淮安市交通局直接领导。2000年3月，根据省交通厅通知，该队更名为淮安市交通局运政稽查大队，并与市运输管理所一个机构、两块牌子，大队长由市运输管理所所长兼任。2001年2月更名为淮安市楚州区运政稽查大队，有4个建制机动中队。为加强乡（镇）交通运政管理工作，自2006年9月起，8个中心交管所各增挂“淮安市楚州区交通运政第1至8中队”牌子。

区汽车维修行业管理所　成立于1992年7月，与区运输管理处两块牌子、一套班子，主要职责是依法对全区汽车维修行业实施管理、监督。该职责后由区运输管理处维修驾培科承担。

乡（镇）中心交通管理所　乡（镇）交管所，为区（县、市）交通局派出机构，同时，又是乡镇人民政府的交通管理职能部门。乡镇交管所成立之初，省、市交通主管部门要求按一乡镇一所设立交管所。但淮安县从实际出发，按“重点乡镇单独设所，一般乡镇按片设所”的原则，于1985年7月成立淮城、城郊、建淮、平桥、车桥、朱桥、仇桥、席桥、苏嘴、林集、范集、宋集、顺河、流均等14个乡（镇）交管所，核定总编制66人，其性质为事业单位。1991年3月，淮安市编委同意将乡镇交管所暂作为集体事业单位管理。1989年1月，淮安市编委批准淮安市交通局新成立施河、泾口、城东、南马厂、三堡、南闸6个乡（镇）交管所。但在实际执行中，除三堡交管所成立外，其他所均未成立。1993年12月，淮安市编委明确全市设平桥、建淮、朱桥、车桥、仇桥、流均、苏嘴、宋集、顺河、席桥、范集、林集、板闸、淮城、博里、施河、泾口、城东、三堡、南闸、南马厂等21个基层交管所，编制总人数为98人。后来，施河、泾口、南马厂、南闸、城东5个所没有成立，博里与仇桥也合并为一个所。2000年7月，淮安市编委批复，同意撤销28个乡镇交管所，改按管理区域设立淮城、宋集、苏嘴、车桥、博里、平桥、三堡、林集8个中心交管所。2006年12月，淮安市楚州区交通运政机构改革，各中心交管所由区交通局直接领导改为区运输管理处领导。2008年12月底，全区8个中心交管所共有正式职工135人。

区车辆购置附加费征收办公室　1998年5月，淮安市编委批复，同意淮安市交通局成立淮安市车辆购置附加费征收管理所，为交通局下属股级全民事业单位，编制3人。但在后来的实际运作中，该单位正式名称为淮安市车辆购置附加费征收管理办公室。2001年2月，因行政区划调整，该办更名为淮安市楚州区车辆购置附加费征收管理办公室。2004年12月，因车辆购置附加费改为车辆购置附加税并由国家税务局征收，该办撤销。

三、楚州地方海事处

成立于1987年10月，前身为淮安县交通局车船监理股。1987年9月，车船监理股陆上缴通监理部分划归淮安县公安局，成立淮安县公安局交通警察大队和淮安县公安局车辆管理所，其水上安全监理部分则组建淮安县港航监督所，隶属淮安县交通局领导。后因撤县建市、行政区划调整，先后更名为淮安市港航监督所、淮安市楚州区港航监督所。2001年8月，改为淮安市楚州地方海事处并由淮安市地方海事局直接领导。

楚州地方海事处

四、淮安市省道237、328楚州收费站

前身为淮江公路板闸收费站，成立于1993年7月，实行淮阴市公路管理处和淮安市交通局双重领导体制。2004年3月移交淮安市公路管理处直接管理。2004年8月，因城市建设发展需要，该站自淮城镇板闸迁至建淮乡建淮村，并改用淮安市237、328省道楚州收费站名称。

五、淮安船闸管理所

前身为运南闸管理所，成立于1953年6月，隶属省水利厅领导，对当时刚建成通航的淮安老船闸和运南节制闸一并实施管理。1960年11月，淮安一号船闸建成交付使用，江苏省淮安船闸管理所正式成立，隶属江苏省交通厅，由淮阴航道养护段和淮安县交通局双重管理。1976年1月，江苏省运河航运公司成立，下辖江苏省运河船闸管理处，淮安船闸管理所移交该处管理。

第二节　路政　航政

一、路政管理

淮安市楚州区路政管理机构为区路政大队。1979年3月，淮安县公路管理站成立，内设路政管理组，有专职路政管理人员3人，路政管理工作逐步走向专业化、经常化、规范化。1984年，路政管理人员增至6人，并配备路政管理专用车。1988年，公路管理站成立路政股。2003年10月，淮安市楚州区路政大队成立（和区公路管理站合署办公），有4个建制中队，路政管理人员20人。2007年9月，8个中心交管所增挂路政中队牌子，负责辖区内乡村道路路政管理工作。

1998～2008年楚州区（淮安市）路政管理工作实绩表

表10-5

年　份	清除非法标志、牌（块）	清除障碍物（立方米）	清除摊点（个）	治超（辆）	卸货（吨）	拆除违章建筑（平方米）	收取赔偿金（万元）
1998	200	1723	50	—	—	2695	13
1999	—	—	—	—	—	—	10
2000	186	429.3	76	—	—	—	20.96
2001	248	476	—	1606	7766	78	219.68
2002	48	1105	139	1938	—	—	10.02
2003	43	4838	115	400	2500	—	—
2004	65	498	161	66	483.46	—	—
2005	88	408	119	132	285.84	—	—
2006	30	252	82	92	423.99	—	—
2007	36	1004	170	138	153.2	—	—
2008	45	5237	252	19	55.6	—	—

二、航政管理

淮安市楚州区航政管理机构为区航道管理站。航道管理站成立前，淮安县航政管理工作由县交通局运输管理股负责。1979年5月航道管理站成立后，航道的管理、养护有了专门机构、专职人员。1979年后，航政管理人员在航政管理一线，宣传交通法律、法规，进行航道秩序整治，清除各类碍航物和非法标志、标牌，打捞沉船、积石，疏浚航道，保证了境内航道的安全、畅通。

1979~2008年楚州区（淮安县、淮安市）航政管理工作实绩表

表10-6

年 份	检查船舶（艘）	清除碍航建筑物（处）	打捞沉石（吨）	打捞沉船（条）	拆除渔网鱼簖（处）	清障扫床（千米）	改建碍航桥（座）	补征航养费（万元）
1979	—	—	—	—	—	—	2	—
1980	—	1	—	1	2	—	—	—
1981	—	—	—	6	4	—	2	—
1982	1453	3	300	2	—	35	—	—
1983	4183	2	—	3	1	20	—	—
1984	4295	1	—	6	6	—	—	0.3671
1985	3420	—	365	3	2	—	1	0.7236
1986	77845	5	181.8	15	—	35	1	32.2361
1987	—	12	21	8	7	—	—	59.00
1988	—	—	189	17	—	—	—	45
1989	—	—	27.8	8	33	181	2	62
1990	—	—	—	—	—	—	—	—
1991	—	2	—	12	32	151	—	46
1992	—	—	2.8	7	6	624	1	74
1993	—	—	2.4	11	7	215	—	58
1994	—	1	8	13	16	448.7	—	121
1995	—	—	3.6	4	—	153	1	—
1996	—	2	—	3	3	153.1	2	—
1997	—	—	—	13	6	206.8	—	—
1998	—	2	—	8	18	—	—	—
1999	—	—	—	9	—	—	—	—
2000	—	—	—	—	—	—	—	—
2001	—	—	2.8	15	2	60.2	1	—
2002	—	—	5.3	—	—	206.8	—	0.752
2003	—	—	—	—	—	—	—	—
2004	—	—	4	—	14	206.8	—	2.7
2005	—	—	4	—	6	206.8	—	25.07
2006	—	—	1.5	—	3	103.4	—	—
2007	—	—	1.5	—	7	99.6	—	—
2008	—	—	1.2	—	7	103.4	—	—

第三节 运输管理

淮安市楚州区运输管理机构为区运输管理处。1985年6月前，淮安县运输管理工作由县交通局运输管理股负责。1985年6月，运输管理所成立后，运输管理工作由该所专门负责。为加强汽车维修市场的管理，1992年7月成立淮安市汽车维修行业管理所，与运管所合署办公，其职能现由运管处维修驾培科履行。为加强运输市场的监管，1993年6月成立淮安市交通道路稽查队。2000年3月，该队更名为淮安市交通局运政稽查大队，并与运输管理所一个机构、两块牌子，实行合署办公。2001年2月，该队更名为淮安市楚州区运政稽查大队，仍与运输管理所合署办公。运输管理工作不仅包括营运车、船证照、证件的发放、年审，交通规费的征收，还包括水陆客、货运市场的管理，港口及搬运装卸业市场的管理，汽车维修及检测业的管理，汽车驾培管理，运输安全监管等等。此外，还负责新兵运输，高、中考考生运输，防汛抗洪和抢险救灾物资运输等特殊任务。

1994年，稽查队在营运车船"两证"（道路运输许可证、营运证，下同）年审中，审验货车545辆，审验率85.8%；审验客车80辆，审验率76.25%；审验营运船舶1664艘，审验率97.1%；审验手扶拖拉机和其他机动车1884台，审验率61.7%。当年，营运车船持证率，货车98%，客车95%，船舶95%，手扶拖拉机和其他机动车为61%。1997年，营运车船"两证"审验中，审验客运汽车265辆，审验率98.15%；审验货运汽车632辆，审验率96%；审验"五小"车辆1936辆，审验率84%；审验船舶1186艘，审验率88.4%。当年，营运车船持证率为：客车100%，货车98%，"五小"车辆94%，船舶90%。在港口管理方面，搬运装卸业审验率100%；从业人员发证490本，持证率93.3%。1998年，营运车船"两证"年审中，审验客车291辆，审验率98.6%；审验货车672辆，审验率98%；审验"五小"车辆1986台，审验率89%；审验船舶营运证1058艘，审验率97%；审验搬运装卸业作业证367本，审验率达100%；审验起重设备18台，输送机14台，装卸机械审验率100%。2000年，营运车辆"两证"年审中，审验客车311辆，审验率98.07%；审验货车709辆，审验率99.16%；审验"五小"车辆2114辆，审验率90.5%。水路运输"两证"年审中，审验营运船舶1025艘，审验率91%。搬运装卸业年审中，审验作业证400本，审验率100%；审验起重设备20台（套），审验率100%；审验装卸业机械30台套，审验率100%。行业调查工作，完成样本调查10本，合格率100%。汽车维修经营许可证年审中，审验一、二类汽车维修企业7家，审验率100%。

2003年，营运车辆"两证"年审中，审验客运汽车539辆，审验率97.04%；审验货运汽车820辆，"五小"车辆3450辆。营运船舶审验560艘，搬运装卸作业证审验130本，维修一、二类企业10家，审验率均为100%，还查补规费17.15万元。稽查大队对汽车维修业进行全面清理、整顿，收缴非法修理招牌18块，清除非法维修广告176块，查处违章经营18起，清理、整顿路边店134家，为26家符合条件的专项修理业户核发证件；对2300名营运驾驶员进行培训并发放从业资格证书，送培率97.69%；培训修理工68人；对13名汽车质量检验员进行资格审验。稽查大队建立与全省联网的运政信息平台，录入水、陆运输业户资料1113户，占应录入数的92.2%；录入营业性运输车船资料2226份，为应录入数的99%；录入汽车维修业户资料（含检测站）31户，占应录入数的100%；录入车辆技术档案资料1328份，占应录入数的94.6%；录入从业人员资料1327份，占应录入数的83.98%；录入运政管理执法人员资料50份，占应录入数的100%。2006年，稽查大队在船型标准化工作中，拆改船舶178艘，完成率100%。此外，审验换发许可证987本、货运道路运输证1178本、"五小"车辆道路运输证5245本。稽查大队进一步规范货运许可行为，全年作出720起货运许可，审验换发许可证987本、货运道路运输证1178本、"五小"车辆道路运输证5245本；组织有关条例、规定的宣传，开展专项整治活动，加大对无证经营、超范围经营、占道维修经营等行为的打击力度，培训人员120余人次；组织考核并推荐上报二星维修信誉企业2家、一星维修信誉企业3家、一星驾培信誉企业2家；强化资质管理，许可三类维修企业6家、驾校1家，换发二类维修许可证9本，驾驶员培训许可证6本。至2008年，稽查大队每年正常开展各项管理工作。

第四节　安全管理

淮安市楚州区道路行驶安全及事故的处理，由区公安部门的交通警察大队负责，水上运输安全及事故处理由楚州地方海事处负责，陆上客货运输安全管理则由区运输管理处负责。此外，区航道管理站和路政大队分别承担的航政、路政管理工作，也对水、陆交通运输的安全起着重要的保障作用。1979年起，淮安县交通运输事业进入迅猛发展的时期，全县交通安全管理工作得到了进一步的重视。1979～1985年，县交通系统内先后成立公路管理站、航道管理站、港航监督所、运输管理所、乡镇交通管理所等机构，县公安系统组建交通警察大队、车辆管理所等。后来，交通局内设机构中又设立了科技安全科（2002年前为安全办），专门负责交通安全管理和企业生产安全管理的组织、领导、协调工作。同时，交通道路稽查队（运政稽查大队）、路政大队也先后成立。各专职管理机构，围绕交通安全管理工作各司其职，各尽其力，全区交通安全管理工作得到了组织领导保障。交通基础设施建设的步伐不断加快，全区公路通车里程持续增加，道路等级不断提高，航道通行状况不断改善，为全区交通安全管理工作创造了较为有利的物质条件。交通安全管理工作责任制得到很好的落实。交通管理部门对渡船和渡口的安全管理，重大交通工程建设中的安全管理，每年都由有关乡（镇）政府和有关管理部门向区（市、县）政府递交责任状。每年的“五一”、“十一”、春节以及汛期和春节运输中的交通安全管理工作，都由县（市、区）政府组织区安监局、公安局、交通局实施联合检查，并制定值班制度、检查制度和应急预案，使交通安全管理工作做到了责任主体明确、工作内容明确、各级责任明确、处置方案明确，交通安全管理的各项要求得到了较好的落实。交通安全监管工作得到强化。交通部门坚持路政、航政、运政稽查，定期进行航道清障、扫床疏浚和车辆技术状况检测；定期进行运输证件的审验和从业人员的资格审查；及时制止、拆除公路、航道上的违章建筑，清除妨碍交通安全的障碍物；强化危险品运输的管理和检查，查禁易燃、易爆品上车；定期组织客运市场秩序、渡口管理、超限运输等方面的集中整治活动，推进船型标准化，清除事故隐患，保证交通运输安全。群众性安全无事故竞赛活动持续开展、不断深入，为全县（市、区）交通安全管理工作奠定了坚实的基础。

多年来，楚州相继组织开展“安全生产月”和“夏季百日安全无事故竞赛”“冬季安全无事故竞赛”“建设平安航道”“水运管理规范年”等活动，广泛宣传交通安全知识，增强运输业户和人民群众的交通安全意识，全县（市、区）未发生重特大交通安全责任事故，一般交通事故也呈现逐年下降趋势。

第五节　规费征收

楚州交通部门根据国家和省、市人民政府及行业主管部门的有关法律、法规、条例、文件精神征收各类交通规费。1978年，征收汽车养路费40.83万元。1984年，征收汽车养路费117.44万元，航道养护费36.6万元。2008，征收汽车养路费3197万元，航道养护费1244.91万元，其他各项收费2145.14万元。

1978～2008年部分年份楚州区（淮安县、淮安市）汽车养路费征收实绩表

表10-7 单位：万元

年　份	实　绩	占全年任务百分比（%）	年　份	实　绩	占全年任务百分比（%）
1978	40.83	—	2001	1205.00	—
1979	53.54	—	2002	1320.00	—
1980	62.04	—	2003	1308.00	—
1981	67.53	—	2004	1529.00	111.30
1982	76.34	—	2005	1928.40	122.36
1983	93.39	—	2006	2279.48	110.65
1984	117.44	—	2007	2467.00	105.00
1985	173.01	—	2008	3197.00	110.27
1986	221.53	—			

1979～2008年楚州区（淮安县、淮安市）航道养护费征收实绩表

表10-8 单位：万元

年　份	实　绩	年　份	实　绩	年　份	实　绩
1979	6.20	1989	176.50	1999	—
1980	15.92	1990	148.45	2000	—
1981	23.16	1991	168.03	2001	497.76
1982	24.28	1992	274.16	2002	471.55
1983	29.54	1993	444.70	2003	522.10
1984	36.60	1994	627.50	2004	567.56
1985	53.88	1995	798.86	2005	610.75
1986	106.89	1996	—	2006	807.49
1987	156.16	1997	520.00	2007	1147.00
1988	159.24	1998	—	2008	1244.91

1993～2008年楚州区（淮安市）交管部门部分规费征收实绩表

表10-9 单位：万元

年　份	客附费	占年计划百分比（%）	货附费	占年计划百分比（%）	“五小”车辆养路费	占年计划百分比（%）	运管费	占年计划百分比（%）
1993	88.00	—	117.98	—	—	—	—	—
1994	159.12	—	179.33	—	—	—	—	—

续表 10-9

年　份	客附费	占年计划百分比（%）	货附费	占年计划百分比（%）	“五小”车辆养路费	占年计划百分比（%）	运管费	占年计划百分比（%）
1995	311.47	—	290.89	—	—	—	—	—
1996	327.99	—	237.48	—	—	—	—	—
1997	405.92	—	229.34	—	—	—	—	—
1998	440.40	142.50	380.20	170.50	236.00	196.70	215.30	134.50
1999	464.00	100.20	285.70	114.00	323.00	115.00	202.00	126.00
2000	437.80	94.60	—	—	380.30	82.70	214.80	134.10
2001	416.70	101.70	256.40	102.60	408.60	89.00	215.00	134.00
2002	412.50	100.60	263.07	105.23	487.11	105.89	181.70	113.56
2003	255.79	105.70	224.38	84.99	503.64	100.73	137.14	104.40
2004	443.84	—	251.38	—	541.45	—	159.62	—
2005	436.12	106.89	263.01	105.23	700.46	130.20	163.23	98.33
2006	416.13	—	348.46	—	767.76	—	215.51	—
2007	409.31	—	416.96	—	914.79	—	242.46	—
2008	405.76	—	462.28	—	1002.24	—	274.86	—

第六节　交通稽查

淮安县（市、区）交通稽查工作由县（市、区）交通警察大队负责，1994年，共检查汽车1.3万辆次，对违章行为查处率达89.45%。检查船只7.22万艘，对违章行为查处率达100%。1997年，检查车辆1.3万辆次，查船5012艘次，补征交通规费41.61万元，对违章车、船查处率达98%。1998年，道路稽查中，检查车辆9037辆次，查补养路费17.95万元、运管费1.22万元、货附费8.23万元、客附费5.77万元、车购费30.09万元。源头检查中，查车4450辆，补征客附费7.54万元、货附费6.46万元、运管费6935.7元，罚款6.76万元。在客运市场整顿中，查处各类违章客车133辆次，取缔非法站点、售票点56处，收缴非法线路标志牌543块，收缴假客票491张，2.63万元。2003年，在水运市场综合检查中，检查营运船舶324艘，对其中57艘违章船舶进行了处理，补征规费4408元。

2006年，检查车辆1.85万辆次，查处违法、违章营运案件1680起，处理无证经营“黑车”206辆次，处理危险品运输违章行为6起。2007年，道路运输市场管理中，共检查车辆1.13万辆次，查处各类违法、违章营运案件1354起，取缔非法站点、售票点11个，收缴非法线路牌110块，缴获假票、废票616张。2008年，查处1268起违法违章营运行为，其中打击“黑车”216辆，查处超限车辆43辆，卸载19辆55.6吨，收取罚没款4.76万元。

第十一篇　邮　电

改革开放后，邮电事业获得快速发展。1988年2月，淮安县撤县设市，原淮安县邮电局更名为淮安市邮电局。1998年9月，根据国家邮电分营方案，淮安市邮电局分为淮安市邮政局和淮安市电信局。1999年，中国联通淮安分公司成立。2000年5月，中国移动淮安分公司成立。2001年2月，因行政区划调整，淮安市更名为楚州区，随之淮安市邮政局、电信局、中国联通淮安分公司、中国移动淮安分公司亦更名为淮安邮政局楚州分局、楚州区电信局、中国联通楚州分公司、中国移动楚州分公司。2008年10月，国资委实施电信重组，楚州区电信局、中国联通楚州分公司、中国移动楚州分公司等公司机构整合，重新划分电信业务范围。至2008年，全区共有邮局、支局（所）30个，邮路及投递路线总长3888千米；光缆芯对7万千米，电信电话用户27.8万户，实施“光纤扫楼”“自然村通宽带”工程，“无线楚州”规划初具规模。

第一章　邮　政

第一节　邮政机构

1979年1月，根据上级指示精神，邮电中邮政、长途电信、市内电话实行国营。同年12月，根据国务院《批转邮电部关于调整邮电管理体制的请示报告》，邮电干部管理改为垂直领导。1983年3月5日，淮安县邮电局属淮阴市邮电局领导。1988年2月，淮安县邮电局改为淮安市邮电局。同年12月经批准，原苏嘴邮电所、泾口邮电所、流均邮电所、王庄邮电所、施河邮电所、溪河邮电所、仇桥邮电所、范集邮电所、南闸邮电所、马甸邮电所、三堡邮电所、季桥邮电所、顺河邮电所、林集邮电所、城东邮电所、大兴邮电所、复兴邮电所、宋集邮电所上升为三等邮电支局。1988年5月3日，淮安市邮电局内设立办公室、人保股、电信股、邮政股、计财股。1998年9月8日，根据邮电部邮电分营方案，淮安市邮电局实行邮、电分营，淮安市邮政局成立，下设综合办公室、经营服务部、人事教育部和计划财务部。同时成立中共淮安市邮政局党委，并于当年12月成立经营、机关和镇淮楼支部。临时办公地点设在镇淮楼东路1号电信局西楼。1999年1月恢复集邮公司，7月，成立函件局，9月，成立视察室。2001年2月，行政区划调整，省邮政局根据新的区划结构，撤销淮安市邮政局，成立淮安邮政局楚州分局。2002年6月，楚州邮政分局迁到礼字坝西路80号邮政综合楼办公。2003年11月，楚州邮政分局将计划财务部、人事教育部和综合办公室合并设立综合办公室，保留经营服务部。至2008年未变化。

第二节　邮政设施

一、投递及运输设备

1978年，淮安县城乡投递邮路长4786千米，投递人员包括固定职工34人，付报酬的非固定职工16人，无报酬的18人。为分期分批地逐步实现农村信报直投到户，1984年起，县邮政增配委办投递人员。1978年，淮安县邮政试行摩托车邮运，靠近县城的5个乡镇全部改用红邮机动三轮摩托车邮运，并开辟3条新邮路：车桥至施河，朱桥至溪河，王庄至车桥。1989年8月，省邮电管理局分配淮安邮电局邮政用17座邮客两用车2辆。1990年，淮安邮电局试用邮客两用车。当年，汽车邮路4条，摩托车邮路2条。1991年，淮安市农村投递邮路总长3888千米。全市共有613个行政村、6024个村民小组，直投到户的有563个行政村、4433个村民小组；接转到用户的有39个行政村、870个村民小组；捎转到户的村民小组有455个。投递频次均为周6班，全使用自行车投递。1991年，全市自办邮路仍为6条，邮客两用车自办逐日邮路4条，红邮三轮摩托车2条。1991年底，全局用于邮件运输用的汽车共5辆。1998年，淮安市4条农村邮路，已全部使用五十铃自办车。

二、营业设备

1978年，淮安县邮政局第一台邮政包裹收寄机开始使用，同时加大各种设施和设备的建设和投入。1998年，淮安市邮政局拥有邮政车8辆，机要摩托车1辆，捆扎机3台，包裹收寄机8台，过戳机4台，微型电子计算机70台，局域网服务器3台，邮政信筒（箱）182个。1999年，邮政储蓄门市新添ATM自动柜员机一台，邮储新增网络路由器2台。2004年新增网络交换机3台。

三、封发人员设备

1989年，淮安市邮电局月平均交换包裹邮件总数1.14万袋（件）以上，挂号邮件为11.49万件以上，平常函件35.47万件以上；每日接发省内干线邮车3次，市内自办邮车5次，自行车干线1次，分拣封发人员增至13人，另两人轮班，分拣格眼135个。1991年，邮件可直封的有上海、南京、镇江、扬州、常州、无锡、苏州、南通、盐城、连云港、淮阴、徐州和市邮电局所属支局、所。其他发往全国各地的邮件，均由淮阴邮电局经转。由于分拣量大，格眼增至270个。分拣席位为：平信台2人，挂号台3人，包裹台2人，交接台2人，增设特快台1人。分拣采用双手分拣法。2008年，每日接发镇江至淮安干线班车2次，接发自办渠南班、苏嘴班、范集班、城市转趟班、渠北班、施河班各1次。随着新兴的快递发展，增加了3台微机，并与淮安市邮政封发系统联网，封发部门从原有的13人减至6人，承担着淮安市邮政局经转淮安市楚州区27个乡（镇、场）和城区的报刊、包裹、信函业务，投递量为2.38万件。

第三节　邮　路

一、城区邮路

1998年，淮安市城市邮路1条，从镇淮楼邮局至河西支局、河下支局、南门支局共计20千米。

2002年6月起，淮安市楚州区邮政局搬至礼字坝新址后，市内邮路相继调整为礼字坝至镇淮楼支局、河西支局、南门支局、河下支局共计23千米，使用五十铃运送邮件。2005年，楚州城区投递路线共分为18个路段。2008年，城区投递路线共有21个路段。

二、乡镇邮路

1978年，淮安县邮政开始试行摩托车邮运，靠近县城的5个乡镇全部改用红邮机动三轮摩托车邮运，并开辟3条新邮路：车桥至施河（14千米），朱桥至溪河（30千米），王庄至车桥（12千米）。1990年，淮安市邮电局试用邮客两用车。全市自办邮路共有6条，总长度460千米。其中，汽车邮路4条、266千米，摩托车邮路2条、194千米。1991年，全市自办邮路仍为6条，总长度460千米，邮客两用车自办逐日邮路起止点是：淮安至宋集（68千米），淮安至流均（102千米），淮安至顺河（96千米），淮安至施河（70千米）。红邮三轮摩托车自办逐日邮路起点是：淮安至平桥（42千米），淮安至南闸（82千米）。各乡自行车逐日投递邮路3888千米。干段邮路有镇江至淮安至淮阴，每日2班。1998年，淮安市农村邮路4条。邮路总长度491千米。五十铃自办车逐日班次。2003年，淮安市楚州区徐杨支局划归淮安市。至2008年，农村邮路仍为4条，邮路总长度481千米。

三、邮政编码

1978年1月1日起，国家开展邮政编码的试点工作，淮安县政府所在地淮城镇的邮政编码为223200，不久停止执行。1987年9月10日，恢复推行邮政编码制度。2001年4月，撤销淮安市，设淮安市楚州区。邮政编码继续延用。

第四节　邮政业务

一、函件

1979年5月3日，全面开放收寄台湾的平常函件；同年6月，收寄台湾的挂号函件。1980年7月，存局候领、代收货价和回执业务恢复。同年9月，代发广告业务恢复。1985年8月起，高考录取通知信函一律作为挂号函件收寄。1986年7月1日起，调整印刷品准寄范围，凡经出版机关批准，印有统一书号的书籍、报纸、期刊、教材，作为印刷品交寄，否则按信函、纸品包裹和混用包裹交寄。1991年，收寄函件总量186.81万件，计费179.78万元，邮政快件21.39万件，特快长途63件，国际函件8948件。2000年6月，邮政局开办香港到内地的直接进入业务。1998年邮政与电信分营后，函件业务中商函飞速发展。1999年，淮安市邮政局成立邮政广告公司，开始经营邮政商函、广告业务，年均增长达18.3%。2008年完成函件邮资收入268.2万元，账单和数据库商函两项获得突破，淮安市楚州区共寄数据库商函9.21万份，寄账单8.22万份。全区数据库商函和账单客户由2000年的6户增加到2008年的32户。

二、包裹

1979年7月1日，淮安县邮政局增办乙类保价包裹业务，凡交寄包裹内件价值在30元以上的，按保价包裹收寄，资费依照普通包裹资费外加收1%的保价费。当年起开始收取包裹逾期保管费。翌年，邮政局恢复收寄商品包裹。1982年3月1日起，邮政局对体积大而重量轻的松软包裹，资费加收普通包裹资费的50%。1981年以后，包裹业务量逐年递增。1981年包裹3.62万件，1986年上升至4.14万件，1998年达15.2万件，1999年为13.25万件。自2000年开始，市场萎缩，逐年下降，2005年只有

2.38万件，2006年1.97万件，2007年1.54万件，2008年1.17万件。

三、汇兑

1980年，邮政业务取消汇款限额，并规定500元以上为大额汇票，各代办所均办理此项业务。翌年8月，规定每张汇票最高限额为5000元。全局当年开发汇票4.9万张，其中计费4.48万张；1986年开发汇票6.1万张，其中计费为5.67万张；1991年开发汇票4.87万张，其中计费3.86万张；2005年，开发汇票3.59万张；2008年开发汇票18.17万张。

四、邮政储蓄

1986年9月25日起，淮安县邮政局重新开办邮政储蓄业务，作为银行委托代办业务之一。有活期、整存整取和零存整取3种，当年储蓄余额24万元。1988年3月15日起，邮政局先后在车桥、钦工、平桥、苏嘴、泾口、河下、南马厂、城东、季桥、徐扬、范集、南闸、林集、三堡、石塘、大兴、马甸、溪河、施河、朱桥、流均、仇桥、王庄、复兴、顺河等局所开办储蓄业务。1990年，余额突破1000万元，为1035万元。1995年，余额突破1亿元，达1.17亿元。2005年，楚州区邮政储蓄余额8.6亿元。2008年，余额11.65亿元。

1998年，邮政局在各营业网点还开办代收移动、电信、联通话费业务；2000年开始开办代理保险业务并于同年取得代理保险资格。2004年4月，邮储代收网通话费，同月，邮政储蓄实施金融武装押运，12月，邮政储蓄启动统一版本工程，按照新的要求开办储蓄业务。2005年11月，邮政电子化支局系统统一版本工程上线成功，所有支局邮政网点实现综合业务互通办理。2008年，邮政储蓄银行正式成立，开始了邮政金融从单纯的资金吸纳到资金放贷的根本性改变。

五、报刊发行

中共十一届三中全会后，国家创刊、复刊的报纸刊物不断增多，订阅报刊的单位及个人越来越多。1978年，全县订销报纸期发数2.72万份，其中农村局所订销1.39万份，累计数30.98万份。报刊流转额28.83万元。1980年3月5日《淮安报》正式复刊，由邮电局发行。是年底，全县订销报纸累计数840.96万份，订销杂志累计数51.15万份，报刊流转额38.53万元。1981年，淮安邮电局开始设置报刊零售门市部，到1983年底增设了南门、北门和下关报刊零售亭；1985年1月设置了行业青年报刊零售门市部，10月撤销下关报刊零售亭，全年报刊累计订销1471.84万份。1991年，全市订销报纸期发数5.01万份，订销报纸累计901.06万份；订销杂志期发数3.58万份，订销杂志累计61.37万份；报刊流转额177.9万元。2003年，经政府部门牵头，淮安市楚州区邮政统一设计了40座新式报刊亭代替原有的旧邮政（电）报刊亭。2008年，实现报刊发行收入270.74万元，其中零售收入45.53万元。

六、集邮

1983年2月1日，淮安邮电局成立集邮门市部，专门出售成套纪念邮票和特种邮票，并出售首日封、小型张集邮册以及集邮专用物品等。是年9月30日，集邮协会成立，有会员35人。同年10月1日，为庆祝淮安集邮协会成立，县邮电局举办第一届邮展。1986年1月8～12日，为纪念周恩来逝世10周年，邮电局举办第二届邮展，其展品《千古完人》邮集在1990年全国革命纪念地邮展中获二等奖。1988年底，淮安市邮票公司成立。1989年10月，为纪念新中国成立40周年，淮安市邮电局举办第四届邮展。为了宣传淮安，淮安邮电局从1983年10月至1991年底，先后发行16枚纪念封和18枚纪念戳及一批片、折等。其中纪念周总理封、片和风景戳尤为海内外集邮者喜爱。1990年初，淮安市集邮协会在市邮电局的支持下，建立集邮者之家，并编辑了10盒1000

多件文字图书资料，10月成为淮阴市首批“集邮者之家”验收合格挂牌单位。1991年底，淮安市集邮协会有会员400人，集邮爱好者3500人，并成立了市第二中学等4个集邮协会分会。1998年3月5日，邮电部在淮安市举办周恩来100周年诞辰邮票首发式。淮安市楚州区邮政局2002年成功地开发盐化厂形象化年册；2003年开发了吴承恩个性化邮票；2004年开发了电信局与恒大铝材形象年册；2005年开发电信局形象化年册，开发周恩来纪念馆个性化邮票；2006年开发了电信局与人寿保险公司形象年册；2007年开发电信局形象化年册；2008年开发电信局与政府形象年册。

七、特快专递

1999年，淮安市邮政局开办特快专递业务，当年业务量1.15万件，到2005年达4.52万件。2006年特快专递业务业务量5.99万件，2007年楚州区特快专递业务业务量7.1万件，2008年特快专递业务业务量9.94万件。

八、机要通信

1979年，由于下放干部回城，人事档案作机要收寄，加之中越边境自卫还击战战报等，机要通信业务量剧增。是年，机要文件达1744件，其中计费1701件；全年收入1248元，平均单价为0.73元。1985年，机要文件业务量开始下降，当年共980件，其中计费801件。1988年业务量仅为785件，其中计费778件。1991年机要文件业务量为701件。1998年邮电分营后，邮政局机要业务量322件；2005年业务量127件；2006年业务量出口161件，进口2073件；2007年业务量出口190件，进口2236件；2008年业务量出口204件，进口2248件。

九、邮政物流

2003年，淮安市楚州邮政分局开办邮政物流公销配送业务。2004年物流70吨，2005年为51吨。2006年，邮政局开展邮政特快上门服务及代收货款业务，物流及特快包裹量大幅上升，到2008年，仅代收货款邮件年均达2100多件，进出口物流邮件9800余件，快递包裹400件。

第二章 电 信

第一节 电信机构

1998年9月8日，实施邮电分营改革后，成立淮安市电信局，电信局正式员工242人。机构设置为一室四部（即综合办公室、人力资源部、计划财务部、市场经营部、设备维护部）和四大公司（即数据公司、多媒体公司、公话公司、开发公司）。2001年2月，行政区划调整，淮安市电信局同时更名为楚州区电信局。2002年7月，中国电信海外上市后，江苏电信实施薪酬制度改革，楚州区电信局名称保留，成立中国电信股份有限公司淮安市楚州区分公司（保留楚州区电信局名称），内设综合管理部、业务经营部、工程维护部3个职能部门。2003年，电信实施流程重组，原业务经营部更名为市场营销部，原工程维护部更名为维护安装部。至2008年未变化。

第二节　电信业务

一、电话

1995年以前，淮安市固定电话号码实行6位号码制，一定程度上制约了固定电话的发展。后来引进先进的瑞典程控电话交换机后，1995年8月20日，完成全市电话号码6位升7位的技术改造工程，区内固定电话业务量大幅度增长。1996年，全市市话放装7210部，农话放装7012部。1997年，全市市话放装5296户，农话放装9822户；新增移动大哥大1907部；发展寻呼机6743只。1998年，全市市话放号4233户，农话放装1.1万户。1999年，全市市话放装3478户，农话放装1.75万户。2000年，全区市话放装8059户，农话放装2.64万户。2001年，淮安市楚州区市话放装5778户，农话放装2.83万户。2002年，全区市话放装9859户，农话放装3.96万户。2003年4月28日，电信新业务无线市话（小灵通）开通。当年全区新增电话5.29万户，其中固定电话新增3.9万户、小灵通用户发展1.39万户。2004年，全区新增电话5.2万户，其中固定电话新增2.3万户、小灵通用户发展2.9万户。2005年，全区新增电话2.18万户，其中固定电话新增5252户、小灵通用户发展1.65万户。2006年，全区新增电话3.99万户，其中固定电话新增9100户、小灵通用户发展3.08万户。2007年8月8日，淮安市楚州区电话号码升8位，全区电话总数达27万户，其中小灵通用户达8万户。2008年，全区电话总数已达27.8万户，其中小灵通用户达8.7万户。

电信职工到水乡流均，为船民安装电话　（2000年摄）

二、电报

随着电话业务的大力发展和不断普及，电报业务萎缩，业务量日趋下降。1998年，电报传输方式改革，全市28个农村支局的电报采用传真方式，经传真分集机传递后，经X25网或DNN网互联，直接由淮阴市局转出。1999年，取消电报业务，从此，电报业务彻底退出市场。

三、宽带

宽带业务的前身是窄带多媒体注册业务（ISDN），通过电话线拨号上网。淮安市电信局从1995年起受理该项业务。由于刚起步，电脑不普及，上网用户甚少，当年仅发展用户8户。1996年，多媒体注册业务用户新增20户，1997年新增32户，1998年新增61户。1999年，多媒体注册业务发展迅猛，163、169上网用户新增1260户。2000年，多媒体注册业务，163、169上网用户新增2520户。2001年，淮安市楚州区多媒体注册业务，163、169上网用户新增2642户，累计达5842户。同年8月，宽带业务投入运营，当年发展用户66户。2002年，宽带用户新增652户。2003年，宽带用户新增1937户。2004年，宽带用户新增5542户。2005年，宽带用户新增4938户。2006年，宽带用户新增

6464户。2007年，宽带用户新增5080户。2008年，宽带用户新增7762户，累计达2.48万户，无线上网用户达520户。

四、无线寻呼

1991年底，淮安市开通无线寻呼业务（简称BP机）；1998年10月，实施无线寻呼与电信分离，无线寻呼设备资产及人员划归无线寻呼公司。

五、移动业务

1993年12月，淮安市移动通信发射塔建成，开通移动通信业务（简称大哥大）；1997年，实施移动通信与邮电剥离，移动设备资产及人员（19人）划归移动通信公司。

六、C网承接

2008年下半年，国资委实施电信重组工作，原联通公司CDMA网被中国电信收购，移动业务重回电信，成为全业务经营公司。是年，淮安市楚州电信局9月30日前，完成好C网承接工作，并从10月1日起实施放号，先期推出了153和133号段，12月20日，189号段正式放号，推出“天翼”中国电信移动品牌。

七、营业网点

1992～2006年，全区共有电信营业点29个，其中城区设镇淮楼中心营业厅，农村所有乡镇均设营业厅。2007年，新设城区北门和南门2个合作营业厅，经营电信业务。2008年，城区增设下关、东长街2个合作营业厅。农村新设茭陵、季桥、车桥、朱桥等46个合作营业厅。

第三节　设施建设

朱桥镇电信塔　（1997年摄）

1992年，淮安市邮电局在开通7000门市内程控电话的基础上，抓好市话线路扩容，保证机线配套，铺设电缆管道1800米，布放各种通信电缆18.39皮长公里，安装分线设备54只。出局电缆6200对，为市话放装提供了充足的线号。程控电话的开通，则从根本上改变了市内电话的紧张状况。市邮电局还大力发展农话自动交换点，1992年4月2日，平桥镇率先开通240门程控电话，是全市第一个农村电话自动交换点。接着，全市25个乡镇和邮电局签订安装程控电话的协议，年内开通13个自动交换点，整修安装各种载波机16套，增开农话中继电路93条。每个乡镇都有3条以上电路，开通长途直拨，提高电话接通率。1993年，淮安市17个乡镇开通了程控电话，将城郊直接并入市话网。同年11月18日，开通南马厂乡程控电话，至此全市31个乡镇场全部开通程控电话，提前实现了农话自动化的发展目标。为改善农话传输条件，新架了淮安至流均光缆线路，并安装12路载波机5套，3路载波机15套，增加农话中继电路163条，缓和农话电路紧张状况，提高农村接通率。1994年，农话传输由载波转到光纤传输。全市开通淮安至白马湖60路微波；淮安至苏嘴至复兴、白马湖至林集等12路载波机；完成淮安至平桥、车桥至仇桥、车桥至施河的3条光缆线路的架设任务；共布放四芯光缆63.8皮长公里，安装光端机11台，增加农话中续电路132条，为村村通电话打下基础。1995年，淮安市投入331.2万元，重点改善农话传输条件，实现乡镇传输光缆化。全市28个农话交换点全部实现光缆化，完成光缆杆路216千米，光缆220皮长公里，安装光端机16个，扩容7个，农村各局平均增加中继电路30条以上。是年8月20日，全市电话号码由6位升7位。1996年，淮安市市话交换机容量达到1.4万门，是年又投入585万元，扩容市话程控设备6000门，农话交换机扩容2万门。1997年，市话交换机继续扩容3968门，其中市话二分局AXE-10交换机896门；投入1300多万元，完成农话交换机增容2.7万门，净增1.33万门。1997年，淮安市实施杆线到村、到组工程，投入资金6500万元，完成杆线到村工程294个，杆线到组工程3416个，完成新增村通电话74个，建成电话村15个。1998年，投入3000万元，完成建淮、马甸、王庄、仇桥、南闸、城东、三堡7家AXE-10程控交换机1000门扩容；新建七洞2000门、溪河3000门模块局；完成车桥、淮安母局的版本升级，不断改善通信能力。同年，电信局重点抓好礼字坝市话二分局1.02万门AXE-10程控交换机工程建设，设备安装调测工作由设备维护部牵头组织设施，于11月13日全部割接开通。礼字坝市话二分局的正式开通，使全区交换机总容量达到3.4万门，缓解了城区及周围部分用户装机难的矛盾。1999年，淮安市电信局对林集交换机扩容；对钦工交换机机房改建；新建建淮接入网等6个支局DNN工程和CMOC工程；增开2兆出口电路30条，农村2兆模块电路4条，增开建淮接入网传输路由；按时完成“2000年时钟过渡问题”所有设备改造工作。

2000年，淮安市电信局完成程控交换机爱立信设备1.79万线的扩容工程，安装苏嘴、南闸、泾口、平桥等乡镇6个接入网点设备和溪河、季桥、苏嘴等乡镇17个接入网点设备的配套工程，实施完成季桥、大兴、徐杨等支局交流配电屏更换工程和28个支局的保接地改造工程。2001年，楚州区电信局完成交换机、杆线建设投入资金3000万元。交换机总容量达18.8万门，实装电话14万门，全区电话主线普及率达11.27部/百人。全局实施完成ADSL局端设备、ATM节点设备、宽带城域网接入设备安装等项工程。2002年，楚州区电信局完成交换机、杆线建设投资5000万元，接入网扩容1.38万线。其中，中兴接入网扩容4864线；华为接入网扩容1.38万线；西门子交换机设备扩容9024线，爱立信交换机设备扩容4352线。全年全区共有73个农村杆线延伸工程建设项目按期完成。2003年，楚州区电信局全年程控交换机、线路设备投入资金4000万元。交换机总容量达25万号线，实装电话22.5万门，实装率90%。主线普及率达19.5部/百人。同年电信局投入1500万元新建无线市话项目（小灵通）。2004年，楚州区电信局设备投入3500万元。其中，小灵通扩容投入1000万元，新增基站225处；宽带和交换机扩容1100万元，交换机扩容2.3万线；管线设备投入1400万元。

2000年，淮安市电信局完成了程控交换机爱立信设备17920线的扩容工程，图为当时的电信机房

2005年，楚州区电信局程控交换机扩容7500线，开通交换中继光口5个，扩容宽带ADSL设备5500线、LAN设备1056端口。完成小灵通9期网络优化、10期基站扩容、11期信号补盲工程，共新

建基站98处、捆绑基站24处、替换基站262处，替换U口延伸器7处、新建远端模块1个、安装GPS点11处，基站1级同步率达99%，全区基站总数达765个，信道数达4448信道。中继传输光缆扩容120皮长公里，电缆传输扩容1240皮长公里，管道75孔公里，新建驻地网综合布线点90处。同时，电信局实施农村学校宽带“校校通”工程。2006年，全区新建DSLAM接入点36个，新装汇聚交换机24台，扩容ADSL7616线。电子政务局装调测18个乡镇网点。小灵通网络建设方面，重点实施“小灵通县乡道路覆盖工程”。全年小灵通基站新建395处，其中高杆基站363处，全区小灵通信道数总数达5232个；完成全区小灵通12、13、14期网络优化。全年程控交换专业新建综合接入设备1.24万线，新增电缆340皮长公里、管道41.5孔公里。线路建设方面，实施运西、渠南、渠北三个配线电缆扩容工程、经九路北段管道工程、电子政务综合布线一期工程、古运小区综合布线工程、公安四级网光缆工程，社会面监控工程等。完成3G设点59处、新建或改造3G移动机房28个点。2007年，楚州区在淮安市率先实现“村村通宽带”工程。全区新增纯宽带接入点38个、综合接入点12个，累计接入点达161个；宽带ADSL新增6300线；改造27个乡镇中心机房约4000线的华为MA5100设备；交换专业调整再利用接入设备5600线，调配再利用开关电源5套、MDF配线架4架，电缆再利用50.8皮长公里；完成商贸城、运河嘉苑等10多个网点的机线设备安装及调整割接工作；对89处无线市话基站进行优化，其中优化高杆基站35处、优化台式及杆式基站52处；完成高话务疏忙及城区部分补盲工作新建基站25处，增加直放站10台，基站总数达1097台，信道总数达到6018信道；布放各类电缆31.94万米，杆路迁移勘测269处；完成电缆绘制MDF、主干、配线等859张逻辑图，关联电缆段8.2万条、分线盒4.5万个，交接箱598个，成功完成新思维管线系统的割接上线。是年全市电话号码升8位。

2008年，淮安市楚州区电信局实施“光纤扫楼”“自然村通宽带”等工程，全面提升全区宽带接入能力，网络速率得到显著提升，实现自然村的宽带全覆盖且局部宽带接入速率得到很大提升。全区共新增BAS接入设备2台、T64G汇聚设备8台、EPON-OLT设备16台、EPON - ONU设备67台、DSLAM设备36台，新扩容ADSL端口6300线，支撑了宽带业务超常规发展。区电信局加快实施“光进铜退”，结合“光纤扫楼、光纤扫村”等项目，逐渐部署EPON网络，推进光纤到楼(FTTB)、光纤到户(FTTH)的建设，全年完成节点建设98个。新增“光进铜退”接入点6个；投入1500万元支持楚州城市建设；按时完成区政府下达的相关杆线迁建设任务，重点完成淮江公路楚州大道、河下古镇改造、韩信北路等沿线杆线迁移任务。城区全面启动宽带网提速工程，新增接入网点10处；实施传输网络优化工程，新建管道约45孔公里，线路800皮长公里；实施线路优化工程，新建传输26个节点。电信局全面启动“无线宽带城市”建设，在大型酒店和大型企事业单位率先建成42个WLAN热点，为中高端客户群及外地商务人士的提供个性化的通信服务；同时承接C网，接收原CDMA网络38个点，并新增CDMA基站22处，C网的网络质量得到很大改善。CDMA上网与WLAN接入的有机结合，互为补充，“无线楚州”初具形态。

第四节　网络建设

在大力发展电话的同时，互联网通信悄然兴起，该项业务1997年开始规划，1998年启动拨号上网业务，当时仅有部分企事业单位和少数个人用户申请使用该项业务。淮安电信于1999年投入45万元建设“信息港湾工程”；开启淮委信息港湾网站，政府相关部门和许多企业纷纷在网站上设置网页。同年，全面推动政府上网工程，共有50多个行政单位申请上网。2001年，又启动企业上网工程，是年，有近2000家企业申请上网，个人用户195户。同时，上网技术有新的改进，宽带(ADSL)技术得到大力推广。拨号上网连接速度慢，经常掉线等弊端日益显见，难以满足用户的需求，多数用户转而使用宽带业务。2002年，宽带用户数达850户，城域网(LAN)技术在部分单位和小区加以推广。

2003年，淮安区电信局对互联网通信进行了6期扩容，宽带用户达2650户，2004年，用户快速增长，达7000户。2008年实现全区宽带“村村通”和宽带“村村有”目标。

第三章　中国移动通信楚州分公司

第一节　机　构

中国移动通信集团江苏有限公司楚州分公司组建于2000年5月，位于楚州区行政中心府前路，员工200多人，城区营业渠道75家、乡镇营业渠道187家、村级便民店及末梢渠道372家，网络覆盖全区所有乡镇，与155个国家和地区的近200家移动通信运营商开通了国际漫游业务。楚州移动客户规模由公司成立之初的3.8万户增长到2008年的45万户，运营收入也由当初的3000多万元快速增长为2008的2.33亿元，收入排名进入苏北各县前十强，收入增幅位列全省第二名。该公司还多次江苏省消费者协会的“诚信单位”。

中国移动通信楚州分公司

第二节　基础设施网络

2000年公司成立后，一直重视实施基础网络设施建设。截至2008年底，楚州区的基站数量从2000年的16座发展为289座，其中城区64座、农村225座，基站总数列全区首位，网络覆盖率达99.5%。通信管道建设187.7千米，通信杆路长度627千米，光缆皮长1550千米，另在局部热点区域建设室内分布系统20余处。楚州移动立项建设了省干、本地网、接入网等三个层级的传输系统管道300余千米。建设了城区翔宇花园、紫金花苑、宋集、车桥等地的有线宽带用户3万余户。随着3G时代的到来，楚州移动公司发展TD-SCDMA网络建设，完成了具有我国自主知识产权技术的TD网络建设和室内覆盖工程建设，对全区热点、重点区域完成了TD室内覆盖工程建设。

第三节　业务范围

中国移动通信集团江苏有限公司楚州分公司推进信息化系统建设，开办的通信语音业务及多种数据业务、增值业务等，满足了客户多元化、个性化的通信需求。至2008年，已完成建设“农信通”“农机通”等农村经济信息平台，并通过GPRS、WLAN等技术手段，为农民提供多样化的语音和数据信息服务，逐步缩小城市和农村的“数字鸿沟”。为打造“平安教育”、建设“平安校园”，该公司还利用现代信息技术，向中小学生、家长、教师们提供了教育网络平台——移动“校讯通”。针对公安系统推出“警务通”，针对居民社区推出“平安E家”等信息化产品，以便捷、及时的信息化优势，服务于工业、农业、教育业和社会各领域的高速发展。

中国移动通信楚州分公司镇淮楼东路营业厅开展促销活动　　（2001年摄）

第四章　中国联通楚州分公司

第一节　机　构

中国联通淮安（楚州）分公司成立于1999年。承担中国联通移动网业务、数据固定业务在楚州的经营发展。2008年10月15日，楚州网通和楚州联通正式完成合并，组建楚州新联通。楚州联通公司有员工54人，内设总经理室、市场部、集团部、综合部等机构。

第二节　设施网络

中国联通楚州分公司组建后，进行大规模的网络建设，包括固定宽带和2G/3G网络，在固网宽带接入方面进行1130万线的EPON集采，在移动通信领域内则是在完善2G网络的同时超常规地进行3G网络建设。至2008年底，公司基站总数达到138个，其中2G网络基站84个，3G网络基站54个。

第三节　业务范围

中国联通楚州分公司实现了楚州联通移动、宽带、固话、转型、新业务等方面的全业务经营，移动业务的发展带入宽带业务，全面整合无线与固网业务，加大固网建设力度，推进固定和移动网络的宽带化，为用户提供全方位的宽带通信业务，加强了技术、业务、应用的产品创新，加快融合业务发展，全面满足用户综合信息服务需求。用户数和业务收入逐年增长，市场占有率不断提高。

第十二篇　商贸服务业

1978年至90年代初期，楚州区（淮安县、淮安市）商业仍以全民、集体所有制为主体，个体、私营商业迅速发展，共同经营。市场上各类商品日益丰富，猪肉、纺织品等凭票限量供应转变为人们自由选购。到21世纪，电子商务迅速发展，商品流通市场空前繁荣，商品种类、购物方式丰富多样，网络购物作为一种新的购物方式进入了人们的生活。

文革期间，个体商业受到冲击，大部分业主被迫改行或下放农村。中共十一届三中全会后，淮安的个体商业出现了生机。1981年个体商户688户，1985年，个体商户猛增至5000多户。1991年，个体商户为5207户，从业人员7453人。是年，社会商品零售总额4.4亿元，国营百货公司商品销售额达1.11亿元，消费品市场供应量充足。1991～2008年，楚州区（淮安市）不断加大商业基础设施建设，兴建了淮安商场和供销大厦，以及上坂街、明清步行街、漕运广场等商业街区和商贸城等批发市场，超市、连锁店、专卖店等也相继进入楚州，社会商业快速增长。2008年，楚州区个体工商户达2.01万户，从业人员3.43万人，社会消费品的零售总额达49.35亿元。

90年代以后，为了方便群众日常生活的需要，楚州新建了巽关市场、华亭市场、耳洞河菜场、中山门菜场、漕运菜场、城郊市场等规模较大的农贸市场，并且建立了规范的市场管理制度。

改革开放以后，楚州服务业开始出现国营、集体、个体并存的现象。1991年服务业共有4830个机构，从业人员4767人。1997年，企业改制以后，个体服务业开始持续快速发展。随着经济的发展，居民消费结构从基本生活型向现代生活型转变，文化、娱乐、健身、保健等方面支出稳步增长。居民消费理念的转变及消费水平的提高推动服务业的发展，楚州的服务业开始向规模化、精品化、特色化发展。2008年，服务业零售总额达7.42亿元。

第一章　公有制商贸系统商业

第一节　管理机构与经营单位

1978年，商业局下属企业有百货公司、糖烟公司、五金公司、医药公司、食品公司、饮服公司、石油公司、蔬菜公司、淮安商业机械厂和酱醋厂共10家单位。6月，供销社从商业局划出，成立淮安县供销合作社（俗称国合第二次分家）。

1988年，淮安酱醋厂更名为淮安市调味品厂

1984年5月，原糖烟酒公司糖果加工厂从糖烟酒公司划出，成立淮安县糖果糕点厂（1988年更名为淮安市食品厂）。原蔬菜公司豆制厂从蔬菜公司划出，成立淮安县豆制品厂。7月，经上级批准，商业局将所属国营公司管辖的集体商店划出，按行业分别成立4家集体公司，即淮安县第二百货公司、第二糖烟酒公司、第二饮服公司和副食杂品公司。1986年，石油公司从商业局划出，由淮安县计划委员会代管。1988年，淮安撤县建市，淮安县商业局更名为淮安市商业局，淮安酱醋厂更名为淮安市调味品厂。1989年，医药公司从商业局划出由淮安市经委管理。1990年，在原百货公司第一门市部基础上，成立淮安商场。1998年，豆制品厂更名为淮安市天然豆食品厂。2001年2月，因行政区划调整，原淮安市改为淮安市楚州区，淮安市商业局更名为淮安市楚州区贸易局。2001年12月，撤销贸易局，成立楚州区贸易资产管理公司。2003年3月，蔬菜公司企业改制，成立民营企业淮安市天宇商贸有限公司。2003年6月，调味品厂企业改制，改制后没有成立新企业。2008年，楚州区贸易资产管理公司下属企业有百货公司、五金公司、糖烟公司、食品公司、饮服公司、商机厂、食品厂、天然豆食品厂、二百公司、二糖公司、二饮公司、副杂公司12家企业和1所职工学校，全系统共有干部职工2085人。

第二节　日用商品与家用电器购销

70年代末至80年代初，日用百货商品的销售量稳步增长。1979年，百货公司的销售额达4373.5万元，经营品种有9412种。在持续3年15%的增长后，1985年销售额回落到4078万元。1987年销售额回升至5004万元，其中批发占75%、零售占25%，经营品种超过1.2万种。80年代中后期，国营百货公司在日用百货商品经营上仍占主导地位，百货公司主要商品来源为计划分配方式，购进额占67.2%，直接从厂家进货额占32.8%。1991年，百货公司商品销售额达1.11亿元，四年增长了1.2倍。1979年，五金、化工、交电等商品销售额672万元，比70年代初增长了2.5倍。80年代，五金化工交电公司经营的商品日益增多，经营方式上亦更加灵活，1987年，商品销售额达1824万元。1991年，销售额2520.7万元，其中彩色电视机和洗衣机的销售有较大幅度的增长。90年代始，随着经济体制改革，计划经济向市场经济的过渡，除了食盐、烟草、石油、民爆器材等少数属政策性商品，限制和禁止个人经营外，其他商品均逐渐放开经营。商业流通领域逐步形成国有、个体私营、股份制等共同经营的局面。20世纪末，日用商品、

2000年，淮安市工业品公司十周年暨家电城开业

家用电器市场已供大于求。2000年，淮安市批发零售商品贸易总额17.17亿元。2005年，楚州区批发零售商品贸易总额26.96亿元。2008年，批发零售商品贸易总额达41.59亿元。

第三节 副食品购销

一、生猪

楚州区是全国生猪百强县区，70年代中期，生猪是淮安县农村各家各户传统养殖项目之一。1978年，生猪收购量为13万头。1979年，国家将生猪收购价提高24%，1982年，生猪收购量达19万头。1985年国家取消生猪派购制度后，生猪年存栏量50万头左右，出栏率在120%以上。1986年、1987年秋天，食品总公司各食品站收购生猪连续多天出现农户排队售猪，部分食品站关门限收，农户将生猪翻过院墙进入院中要求收购。90年代初期，国家取消储备肉计划，生猪市场全部放开，加之其他农副产品丰富，消费者可选择的荤食品余地较大，生猪市场一度出现低迷。1990年，食品公司生猪收购量降到9.27万头。1998年一二月份，由于受节日市场供应影响，生猪收购价为4～4.1元/500克，猪后腿肉销售价为6.5元/500克，到六七月份生猪收购价下降到2.2～2.3元/500克，四季度收购价虽有所反弹，但也仅在3元/500克徘徊。1999年，由于受市场价格杠杆的影响，群众养猪积极性始终未被调动起来，生猪购销价起伏不定，苗猪价格一路下滑，一头苗猪抵不上一只母鸡价，曾出现“养猪的不如宰猪的，宰猪的不如卖肉的”怪现象。1998年1月，国务院颁布《生猪屠宰管理条例》后，淮安市不断加大生猪市场管理力度，生猪进点屠宰率达98%以上。生猪屠宰厂（场、点）加大内部管理力度，严格按照国家规定进行宰前检疫，并按有关规定的比例进行“瘦肉精”抽检，凡尿检呈阳性的生猪，一律不得屠宰，未经检疫检验或检疫检验不合格的生猪产品，不得出厂，不上市销售，确保了消费者吃上“放心肉”。2000年后，由于农村青壮劳力大量外出，农民养猪不再作为发家致富的主要项目之一，空栏圈越来越多，就连本地市场也越来越不能满足。2005年，楚州区城乡市场自宰和出售生猪55万头。2008年，楚州区城乡市场自宰和出售生猪58.8万头。

二、禽蛋

1978年，食品公司收购家禽27万只，鲜蛋85万千克。1982年，收购家禽8万只，销售量为7万羽，鲜蛋收购量160万千克，销售量135万千克。1983年以后，食品公司禽蛋收购量逐步下降。1990年，鲜蛋收购量仅26.5万千克，仅为1982年的16.67%。1991年，又降至14.6万千克。此后，随着市场的进一步放开，食品公司停止家禽和鲜蛋的收购。2008年，全区禽蛋市场销售量约1400万千克。

第二章 供销合作商业

第一节 管理机构

1978年6月28日，淮安县供销合作社再次成立，下设7个科室，32个基层供销社、3家公司和2

家工厂，在职人数2914人，此外，还在农村新增一批双代店（代购代销店）。此后两年，全县双代店激增，店员近1200人。1984年1月23日，淮安县供销合作社第四届社员代表大会召开，淮安县供销合作社更名为淮安县供销合作联社。1987年，淮安撤县建市，淮安县供销合作联社更名为淮安市供销合作联社。1989年9月19日，市供销合作联社召开第五届社员代表大会，淮安市供销合作联社更名为淮安市供销合作总社，当年，全系统职工总数3571人。因行政区划调整，2001年3月，淮安市供销合作总社更名为淮安市楚州区供销合作总社。到2008年底，淮安市楚州区供销合作总社下设办公室、劳动人事科、财务审计科、社务管理科、经济开发科5个科室，下辖基层供销社28个，直属企业13家，职工学校1所，职工总数4727人。

第二节　农业生产资料供应

1978年后，随着农村生产责任制全面落实，农民生产积极性普遍高涨，农业生产资料需要量激剧增加。80年代后期，尽管农业生产资料的生产供应不断增加，但仍不能满足消费需求，一些个体经营户以及其他单位和部门也经营化肥销售，不少经营者一味追求赚钱，买空卖空，倒买倒卖，造成价格混乱，假冒、伪劣化肥泛滥，坑农害农现象时有发生，农民深受其害。1989年1月1日起，国务院决定对化肥实行专营，重申各级农资公司和基层供销社是化肥专营的决定部门，其他任何单位和个人都不得经营化肥，从而基本上控制了化肥多头经营的状况，化肥供应出现了量增、质好、价稳的新局面。90年代后期，化肥市场由供销社专营的格局被“一主两辅，三驾马车并行”的格局所替代，但仍以供销社为主渠道，农业技术部门和生产企业为辅助渠道，农业技术部门的化肥经营仅限于用于农业生产新技术推广所需的品种。“一主两辅”的格局，使化肥市场又一次出现混乱状况，但供销社系统坚持从正规厂家和各级农资公司进货，确保商品质量和价格合理。90年代后期，为支持地方化肥生产企业的发展，淮安市政府决定地产化肥由市供销系统包销，实行淡储旺供，由于地产肥价格普遍较高，供销系统不得不采取降价等措施参与竞争，保证供应。1996年，市供销社系统借鉴宝应等地的做法，由市农资公司与基层供销社在农资经营上实行连锁，由农资公司单方面对外，负责对基层社包括站点的商品配送。然而这一做法仅短短半年时间，便又草草收场。此后，供销社系统采取连锁配送，直供等形式，抢占市场，基层供销社均设立生产资料小型超市、庄稼医院，成为连锁配送的终端。2008年底，区供销系统有经营网点达349个，全年销售各种化肥1.63万吨，农药340.6吨，销售额1.2亿元。

第三节　日用消费品经营

80年代，全县供销社系统先后在农村集镇兴建一批具有相当规模、设施较为先进的综合商场，最具代表性的有车桥供销大楼、泾口商场、钦工商场、平桥商场、淮阜商场、新淮商场等。1988年，车桥供销社销售额首次突破1000万元，在全市基层社中位列亚军。90年代初，又相继在城区中心地段建成设施先进、外观气派豪华的大型商场——淮安供销大厦、淮安商厦，成为全市供销社的标志性建筑。同时，改建工业品批发机构，采取联购分销的形式，初步形成批零兼营、城乡结合的日用消费品经营网络。80年代末90年代初，受经济增长过热的影响，一段时期，经济滑坡市场疲软，日用品消费市场由卖方市场变为买方市场，全系统采取有奖销售、赶集赶会、展销会等多种促销手段，扩大销售，每年农历三月二十八、二月初一前后，市供销合作总社组织所属单位到车桥、平桥，利用庙会、笑人会这一平台销售商品。1992年，又开展“888”（意为发发发）有奖销售，特等奖为价值88888元的商品，产生了强大的轰动效应，这些活动的开展，刺激了消费者的购买欲望，拉动了市场。90年代末期，面对竞争日趋激烈的态势，全市供销社系统积极引进连锁经营直供超市、总经销、总代理等现代经营业态，全力抢占市场，全系统共有各类超市54家，成为广大消费者购物的首选，农村集镇建设的亮点。2008年，全系统日用消费品销售额2.4亿元。90年代初起，机动车辆激增，全系统先后建设各种规模不等的加油站30个，经营汽油、润滑油，不仅方便了过往车辆的加油需要，而且成为供销社新的经济增长点。1993年，由市供销合作总社投资500万元组建淮安市石油物资总公司，从事汽车、柴油、润滑油批发。90年代后，石油经营业务相继被中石化、中石油收购。

第四节　农副产品购销

楚州的农副产品，主要除粮、油、棉花等主要品种外，还有蚕茧、生猪、禽蛋、鱼虾、粉丝、薄荷、大头菜、红大片、大蒜头、洋葱、各种编织品等品种。农副产品收购额一直作为供销社购销业务的重点，1984年，农副产品收购额2242万元，这一时期农副产品的主要品种有棉花、蚕茧、蜂蜜、“四大”（大头菜、红大片、大蒜头、洋〈大〉葱等）、编织品。此后，随着蚕茧业务划归茧丝绸公司，棉花、蚕桑面积锐减，农副产品收购呈逐年下降趋势。1999年，由于种植结构的调整，全市已无一亩棉田，农副产品收购额跌入历史低谷。面对形势变化，供销系统调整农副产品购销战略，在全力做好“四大”及编织品等产品购销的同时，全方位开展棉花、粮油等农副产品外购外销业务，购销指标逐年回升。2008年，全系统农副产品购销额2700万元。

第五节　废旧物资收购

楚州区供销合作系统对废旧物资的收购，包括废旧金属、建筑造纸原料、废橡胶、杂骨、碎玻璃、废塑料等200多个品种。收购方式：除基层社收购门市、供销站统一收购外，委托农村双代店收购，还组织一些小商贩深入农村，上门收购代购。最初由物资回收公司经营，后将业务改由土产公司经营，1984年又划归日杂公司经营，至1986年8月，又重新设立物资回收公司。80年代末，全系统每年收购量约8000吨左右，收购额约100万元。90年代初期，为贯彻“开放、搞活”的方针，市物资回收公司大力开展纵向和横向联系，先后在上海等地设立办事处，与上海宝钢集团等大型钢铁企业建立废旧金属回收利用协作关系。1995年废旧物资收购总量3.9万吨，收购额310万元，利润达58万元，创历史最高纪录。此后，由于市场行情的变化，废旧物资回收一路下滑，业务均承包给个人经营，2008年废旧物资收购额320万元。

第六节　服务“三农”平台建设

一、为农服务社

为农服务社是供销社自办或供销社与当地经营大户联办的集经营、收购、修理、服务于一体的，为“三农”服务和开门办社、重组网络新的载体和平台，源自2002年村级综合为农服务站到后来的乡村为农综合服务社。2005年更名为农综合服务社，2008年更名为为农服务社。分为一至三星级服务社：一星级由区供销社认定；二星级由市供销社认定；三星级由省供销社认定。三个级别的服务社都必须同时做到“四有四统一”（“四有”即有服务台账、有需求登记簿、有预约登记、有服务公约。“四统一”即统一标准、统一标识、统一配送商品、统一服务标准）。经营设施、服务项目等要求不一，三星级服务社必须同时具备。经营规模：经营服务面积在150平方米以上，年经营额在50万元以上。服务设施及功能：设有生活资料小型超市，供应品种在500种以上；农业生产资料供应品种在30种以上，生产生活两类小型超市成为连锁配送的终端；开展农副产品或废旧物资收购；设立庄稼医院，配有专、兼职庄稼医生开展农业科技知识咨询等；开展农机具维修；设有老年活动室、阅览室或精神文明活动室等文化娱乐场所；开展熟食供应或提供理发、缝纫等其他服务项目2个以上；承办政府及有关部门委托事项不少于2项，代收电费、水费、电话费、代办保险、代办信件、报刊收发等。经营管理：组织机构和内部管理制度健全；生活、生产资料实行连锁配送；店容店貌好，商品陈列美观大方，使用省社制定的统一标识。社会、经济效益：商品价廉物美，明码标价，无假冒伪劣商品，服务周到，达到乡、村组织和农民三满意，经济效益较好。至2008年底，全区供销系统共建为农服务社125个，其中一星级为农服务社77个、二星级为农服务社18个、三星级为农服务社17个。

二、农民专业合作社

80年代中期，市供销合作总社探索农民合作经济组织建设，先后组建平桥猪鬃专业合作社、宋集蚕茧专业合作社等近10个农民专业合作组织。这些合作经济组织的建立，在促进生产发展等方面发挥了一定的作用，但内部管理规范不够。

1997年，苏嘴供销社在建仪村牵头组建棉花专业合作社。棉花专业合作社按民管、民建、民享、民有的建办原则，将生产与经营有机结合起来，对入社棉农在技术上进行帮扶，在价格上进行优惠，由专业帮扶小组开展驻村服务，相继推广了“双膜覆盖，制钵移栽”等先进技术，对促进棉花生产、增加棉农收入起到积极推动作用，后由于种植结构调整，苏嘴全乡无一亩棉田，该合作社亦随之解散。2007年10月18日，由朱桥供销社牵头组建的楚州区凤飞天养鸡专业合作社正式成立，22户养殖户为合作社社员，股金总额26万元，选举产生了理事会和监事会，通过了合作社《章程》。合作社的成立，将原来分散的养殖户联合起来，以“农户—专业合作社—超市”的模式，拉长产业链，从种苗的培育、防疫到生产、加工、销售等环节连成一体，带动当地养殖户60户，成为全区首家规范的农民专业合作社，《新楚州报》《淮安日报》在重要版面刊登了合作社成立新闻。2008年，全区供销系统掀起农民专业合作社建设高潮，共组建农民专业合作社19个。截至2008年底，楚州区供销社系统累计领办、协办农民专业合作社26个。其中市级示范社3个，分别是凤飞天养鸡专业合作社、源诚农机专业合作社、青雷粮食专业合作社；区级示范社5个，分别是翘运稻麦种植专业合作社、鸿农粮食种植专业合作社、古运河西瓜专业合作社、启红草制品专业合作社、为农荷藕专业合作社。

三、行业协会

2004年4月6日，经楚州区民政局批准，楚州区烟花爆竹流通协会正式成立。协会成立之初有单位会员9个，个人会员300个，活动资金2万元，活动场所80平方米。截至2008年，该协会会员总数972个，其中单位会员12个、个人会员960个。2004年12月20日，区供销合作总社在全市供销系统率先成立淮安市楚州区合作经济联合会，截至2008年底，该联合会共有单位会员52个，个人会员80个。

四、新网工程建设

超市建设一直是全区供销社推进的重点。1998年，淮安供销大厦苏果超市正式开业，此后，淮安商厦、万家福超市、淮隆大厦、万得宝超市先后营业，引领主城区现代经营方式的潮流。同时，区供销总社又将超市建设引向农村集镇，提出“农村办超市，超市进农家”口号，先后引进苏果、江苏商联、大润发等知名企业到农村集镇将原供销社的门市部、商场建成较大规模的超市。其中，博里供销社商联超市经营面积1200平方米，经营品种1万多个，并配有电脑、监控录像等现代设备，年创税利近100万元。进入21世纪，按中央提出社会主义新农村建设的二十字方针，全区供销社从2005年大力实施以网点设施升级改造，经营业态理念创新为内容的新农村现代流通网络建设工程（以下简称“新网工程”）和“万村千乡”市场工程。至2008年底，累计建成规范的农家店125个，这些农家店绝大多数是在原有的代购代销店和供销站基础上改造而成，生活资料农家店面积均在60平方米以上，经营品种500多个，配送率40%以上。生产资料农家店面积均在40平方米以上，经营品种80多个，配送率80%以上。所有农家店注重店容店貌，铺设地面瓷砖，天花吊顶，实行自选式、开架式经营，进销存台账资源齐全规范，有统一标识，从业人员身体状况良好，经技术业务培训合格后持证上岗。改造后的农家店，经济效益和社会效益明显提高。2008年底，全区供销系统在农村共建有各类连锁超市54个。2008年，农村54个超市共实现商品销售2.2亿元，占农村市场份额的40%，成为供销社日用品经营的主要支撑和收入的主要来源，为地方政府培植了新的税源，共为1260名下岗职工和农村富余劳动力实现了就业和再就业。与农家店、超市建设相配套，区供销总社还加大配送中心建设。2006年6月，引进江苏苏农集团投资4600万元在楚州经济开发区新建农资配送中心，该中心占地3.33公顷。平桥供销社投资200万元对平桥农资配送中心进行扩建改造，仓储容量近5000吨，配送直供半径扩大到30千米，覆盖周边3县（区）20个乡镇。仇桥供销社日用品配送中心于2008年底规划建设，计划投资300万元，建成后可为附近6个乡镇的农家店、连锁店、超市进行配送。日杂公司烟花爆竹配送中心投资总额230万元，占地9000平方米，建筑面积1260平方米，该中心已于2008年11月建成，对全区范围内630个经营网点直接进行配送，实现全连锁、全配送、全覆盖。全区初步形成以大型连锁企业为龙头，乡镇配送中心为骨干，连锁超市、农家店、加盟店为前哨的农村现代流通网络，供销社主营的农资、日用消费品、烟花爆竹三大连锁配送体系基本建成，“新网工程”“万村千乡”市场工程的建设，恢复了一度失去的市场。

第三章　粮油购销

第一节　粮油收购

一、合同定购

1985年4月1日起，国务院决定取消粮食统购，改为合同定购，定购之外粮食可以自由上市。省政府强调合同定购既是经济合同又是国家任务，是农民应尽的义务，并确定小麦、稻谷、玉米三个品种按合同定购价收购，定购任务由省、市、县政府逐级下达，由基层粮食部门与农户签订合同，定购任务是指令性计划，正常年景下必须保证完成，在以县为单位的国家收购计划未完成前，不开放粮食市场。定购价格国务院规定按“倒三七（30%按原统购价，70%按原超购价）”比例计价。

江苏对具体品种的定购价格作了适当调整，粳稻按“倒二八”，红小麦按“倒四六”，其他按“倒三七”比例定价，此前粮食统购有关政策、办法与此有抵触的，自1985年起一律停止执行。1986年全省调减合同定购数量，扩大市场议价收购比重。同时为了平衡粮食收支，规定江苏在合同定购以外，再为国家代购“议价转平价”贸易粮。当年市政府下达淮安县粮食合同定购任务14.6万吨，大豆定购0.12万吨，国家议购和地方议购任务5.75万吨。定购价格为每50千克红麦21.20元，花麦22.40元，白麦23元，杂交稻16.1元，晚粳稻19元，粳糯稻20.9元，籼糯稻18.4元。是年，全县完成定购任务14.4万吨(含大豆)，占市下达任务98.37%。市有关部门根据淮安县完成定购任务和净调出量，按照每50千克原粮分配标准优质氮肥1.25千克分配县化肥计划，并要求按省定价奖售给售粮农民。1987年，省政府规定，粮食对下实行购销财务包干，合同定购任务包干数必须保证完成，完不成任务由地方出钱购买议价粮补足。又规定粮食定购任务与化肥、柴油、定金发放“三挂钩”，农民交售50千克原粮奖售标准氮肥2.5千克、柴油0.75千克(后调整为1千克)，以统购价按20%幅度计算贷给农户粮食预购定金。定金贷款利息为月率3.3‰。是年，市下达全县定购任务13.5万吨，议购0.6万吨，实际完成定购任务12.58万吨，议购8.1万吨。1987年，淮安县改为三级市(县级)行政区划，根据国务院、省政府通知精神，市政府决定1988～1990年实行粮食购、销、调及财务包干，并下达粮食收购包干计划14.6万吨，其中合同定购14万吨，议转平0.6万吨。淮安市对完成定购任务90%以上部分按比例价与议价差价款奖励给乡镇作为建农基金，为激励农民交售定购粮的积极性，1988年，采取用市拨彩电、县配套电子钟等奖励售粮大户的措施。1989年，根据省粮食工作会议精神，对议转平任务调减70%，下达0.52万吨，并增加粮食挂钩物资数量，标准为每完成50千克定购粮奖励标准化肥：小麦4.5千克，稻谷、玉米5.5千克。议转平任务明确可以一季完成，也可以分季完成，并设立完成任务时间奖。1991～1992年，省政府决定继续实行粮食购、销、调及财务包干，一包两年，一年一结，两年统算。从1991年开始，将粮食合同定购改为国家定购，作为农民应尽义务，必须保证完成。市政府下达淮安粮食定购任务14万吨，淮安市政府按照淮阴市要求2%控制机动数，下达各乡(镇)定购任务16万吨，定购“三挂钩”政策不变。根据省粮食局通知精神，淮阴市另安排淮安部分专项储备小麦收购计划。1991年夏季，淮河流域发生严重洪涝灾害，淮安农作物受灾严重，市政府批准当年因灾减购0.5万吨定购，全年实收粮食8.9万吨，其中定购6.1万吨、议购2.8万吨。1992年4月1日起国家提高粮食定购和统销价格，实行购销同价。提高后的定购价格每50千克为红麦31元、白麦32.3元、杂交稻26元、粳稻31.8元、玉米21.3元。

1993年，国务院决定加快粮食流通体制改革，核心是粮食价格放开，对粮食定购采取保留数量、价格随行就市。同年淮安定购任务定金发放采取钱物挂钩定金统筹。按定金挂钩标准的70%由农行直贷，其余30%由粮管所自筹解决。1994年，根据淮阴市政府淮政发〔1994〕106号文件精神，明确粮食定购计划是国家任务，必须保证完成。1995年，实行“米袋子”省长负责制，粮食实行政策性业务和经营性业务两条线运行。国务院进一步明确粮油定购既是国家指令性任务，又是农民和农业生产单位对国家应尽的义务，也是各级政府的职责，必须确保完成。是年，市下达淮安粮食定购任务15万吨，1996年，国家决定粮食定购价格实行中央指导下的省政府定价，省政府决定提高当年定购粮价格，即每50千克红麦72元、白麦76元、杂交籼稻73元、粳稻81元(后另增加价外补贴2元)、玉米68元。1998年，原合同定购“三挂钩”政策不再实物挂钩奖售。自1985年实行合同定购以来，市政府下达淮安县定购任务不断调整，到1997年定购任务调减至6.5万吨，其中含种子粮抵定购0.19万吨。

1998年，国家实行粮食“敞开收购，顺价销售，封闭运行”三项政策，6月6日国务院发布《粮食收购条例》，明确国家为掌握必要的粮源，实行粮食定购制度。农民完成粮食定购任务并留足自用和自储粮食后出售的余粮，由国有粮食收储企业敞开收购。同时，国家对粮食收购实行保护价制度，保护价的具体水平由各省政府根据生产成本加适当收益制定。定购粮的价格按照以下原则确定，即市场粮价高于保护价时，参照市场价确定；市场粮价低于保护价时，按照不低于保护价确定。同年，全省实行按保护价敞开收购农民余粮，夏粮定购任务按上年数量不变，农民在完成粮食定购任务后，要求出售的余粮，国有粮食收储企业必须按保护价挂牌敞开收购，不准停收、限收、拒收，禁止和取缔私商粮贩和非国有粮食收储企业到农村收购粮食。是年，收购粮食24.6万吨，其中定购10.14万吨，保护价14.48万吨。

从2001年秋粮收购起，国家取消粮食定购任务，实行放开粮食市场，放开粮食收购，放开粮食价格的“三放开”政策，实行粮食购销市场化，淮安市粮食购销经营主体迅速增加，全市各类粮食经营主体到2008年发展到84家。

二、议价粮收购

计划经济下的议价粮收购，是国有粮食企业在农民完成国家粮食征购或合同定购任务后，经协商议价或通过市场随行就市收购的粮食，是国家掌握粮源的另一渠道和补充。进入80年代后，统购范围缩小，市场调节数量增加，议购量逐年增多。1983年起，议价粮实行多渠道经营，1985年以后，淮安县基层粮管所开始经营议价粮食，粮食部门内部也出现多渠道经营的局面。1986年，全县议价粮食收购6.1万吨。1988～1989年，粮食实行“双轨制”，即农民卖粮以国家定购为主，其余可在市场上自由出售。1988年，省政府规定以县为单位在完成定购“议转平”任务后，组织粮食议购议销，实行多渠道经营。同年，淮安市对议价粮任务每50千克奖售碳氨7.5千克，并确定任务以外多收议价粮纯利润由乡（镇）和粮管所五五分成。1989年，市政府规定，议价粮数量按全年入库总量减合同定购任务完成数后得出，按上年30%幅度增加了议转平数量，全部议价粮由县议价公司统一经营，所得利润按四、三、三比例由乡镇政府（留作农发基金）、粮管所、议价公司分成。为缓解资金供求矛盾，方便农民卖粮买肥，粮食局、供销社、农行还联合下文，要求当年秋季一段时间全境收购议价粮款只限于农民购买化肥，粮管所不发现金，农民凭付款委托书到供销社买化肥。1991年，市政府要求对议价粮收购实行指导性计划管理，并下达指导性议价收购计划。1996年，省政府决定对议购稻谷实行保护价收购，每50千克中准价：杂交稻65元，粳稻70元。1997年，省粮食局要求各地加强领导，积极开展议购满足农民出售余粮要求，淮阴市下达淮安市议购计划8万吨，秋粮收购省政府规定，各地在完成定购任务后，要按保护价敞开收购，坚持不限收，不拒收，不停收，不打白条。1998年，国家粮食实行“四分开一完善”政策，即政企分开、国家储备和商业性经营分开、中央和地方责任分开、新老账分开，完善粮食价格机制。粮食定购价与市场价并轨。到2000年粮食市场放开前，议价粮收购量达23.64万吨，创历史新高。2001年秋粮收购，国家开始取消粮食定购任务，实行粮食购销市场化。2001～2005年，粮食收购市场形成多渠道各种收购主体竞争格局，国有粮食购销企业收购总量正常年景占农民余粮的70%以上。2006年起，江苏对小麦实行最低收购价托市收购政策，稻谷、玉米不启动最低收购价收购预案，仍由市场调节定价收购。由于小麦最低收购价库存占据大部分仓容，在秋粮收购中，国有粮食部门采取厂所合作、代收代储、即购即销等形式收购稻谷，收购量有所下降，其他收购主体收购量上升。

三、小麦最低收购价收购

为贯彻落实《中共中央国务院关于推进社会主义新农村建设的若干意见》，切实保护种粮农民利益，调动种粮农民积极性。2006年6月1日，江苏省启动小麦最低收购价执行预案，执行时间是2006年6月1日至9月30日，在此期间，当小麦价格低于最低收购价时，由中储粮江苏分公司公布的委托收储库点及其延伸收购库点按照国家规定的最低收购价格挂牌收购。2006年生产的三等小麦标准品到库收购价格为：白麦1.44元/千克，红麦、混合麦1.38元/千克。同时制定了质价政策：白麦是指种皮为白色或黄白色的麦粒不低于90%的小麦（白硬麦角质率不低于70%，白软麦粉质率不低于70%）；红麦是指种皮为深红色或红褐色的麦粒不低于90%的小麦（红硬麦角质率不低于70%，红软麦粉质率不低于70%）；不符合以上要求的为混合麦。区属粮食购销总公司45个收购点参与小麦最低收购价的托市收购，共收购最低收购价小麦15.8万吨，由于是年区内种植的白麦品种有关指标达不到国家标准,收购时全部按混合麦作价。2007年,国家继续实行小麦最低收购价政策,原政策不变。2008年小麦最低收购价质价政策调整,收购价格为白麦1.54元/千克,红麦、混合麦1.44元/千克,按照小麦新的国家标准,白麦分为硬质白小麦和软质白小麦,其中种皮为白色或黄白色的麦粒不低于90%,硬度指数不低于60的为硬质白小麦,硬度指数不高于45的为软质白小麦。红麦照此类推。全区的小麦品种经过几年的改良多数达到新国家标准,是年区属国有粮食购销企业受中储粮委托共收购最低收购价小麦15.92万吨,其中混合麦15.92万吨。

四、储备粮收购

1993年,根据省粮食局、财政厅、人民银行的文件精神,为救灾备荒、调剂丰歉平衡供应,全省建立省级专项粮食储备,淮阴市下达淮安市省级储备粮计划0.5万吨,淮阴市政府同时在淮安市建立市级粮食储备0.5万吨,粮源均由现行平价周转库存中划转,并要求各地及时买议价粮补足平价库存。省粮食局另安排淮安城南粮库部分国家专项储备小麦收购计划。淮安市及时安排各乡(镇)粮管所组织收购国家专项储备小麦,并安排将省、市级专项粮食储备由相关粮管所从平价库存中划转。全年共收购国家专项储备小麦0.5万吨,划转省级专项粮食储备小麦0.5万吨。划转市专项储备粮小麦0.5万吨(当年撤回)。1994年,省粮食局和淮阴市政府分别下达淮安国家专项储备小麦计划0.5万吨,市级专项储备计划1.6万吨,要求从农民手中收购当年新粮,此后陆续全部支出。1996年,国家确定淮安二堡粮库、城南国家粮库中央储备粮小麦计划3万吨,是年全部收进。2001年,省粮食局鉴于楚州区粮食作物种植实际情况,将省储粳稻计划调整为杂交籼稻。2002年,确定二堡粮库、城南粮库中央储备粮杂交籼稻计划0.1万吨。2003年,二堡粮库、城南粮库调减中央储备粮小麦计划0.3万吨,省粮食局另下达该库省级专项储备粮粳稻计划1万吨,当年秋粮收购因国内粮价涨幅较大,区内粳稻粮源紧缺,楚州区组织人力赴吉林采购新粳稻,完成了省储计划。2004年,增加粳稻计划0.25万吨;根据省、市要求,区政府决定建立县级储备粮0.25万吨,当年全部收进并逐年轮换。2005年,省粮食局又下达楚州区二堡粮库、城南粮库省储小麦计划0.6万吨。根据中央储备粮和省级储备粮管理办法,即:中央储备小麦3～5年、稻谷2～3年轮换周期,省级储备小麦3年、稻谷2年轮换周期的规定,楚州区均按要求有计划组织轮出(销售)轮进(收购)。从2007年起,中央储备粮由中央直属企业统贷统还,楚州区二堡粮库、城南粮库作为代储库存储中央储备粮。2008年秋季,按照市粮食局要求,楚州区在原有县(区)级储备规模中调整建立成品大米区储250吨。

五、油料收购

1985年,国家取消粮食统购,实行合同定购,省政府为防止放松油料收购,在下达粮食实行合同定购的文件中,提出对油料也要妥善安排。1986年,根据国务院有关文件精神,油菜籽仍按"倒四六"比例价敞开收购。省政府明确,油脂经营渠道不变,菜籽除定购计划外,按比例价敞开收购不封顶。是年,淮阴市政府结合粮食产业结构调整情况,下达淮安县油料合同定购任务:油菜籽0.3万吨。收购价格仍执行比例价,即50千克油菜籽(芥酸含量5%及以内)48元。当年全县实际收购油料4.13万吨,其中定购菜籽0.19万吨。1987年,省政府又以"传真电报"要求在落实粮食合同定购任务时,将油脂合同定购任务一并落实下去,淮阴市规定计划内油菜籽价格调整为50.8元/50千克(含不返饼差价1.8元),同时可以优惠供应比例价菜油1.5千克,计划外52元/50千克。1988年,省规定油脂在没有包干前省按计划购销差进行调拨,少购多销各地自行负责。1989年,为稳定市场,保证供给,调动农民种油积极性,淮阴市规定增加油菜籽每50千克定购数奖售标准化肥5千克,价格执行省统一综合零售价。1990年,江苏省对油脂定购价格作了大幅度调整,使油菜籽定购价每50千克达70.4元,涨幅约30%。

根据省、市政府对粮食定购的意见和粮油购销逐步放开的原则,1993年油料收购价格放开,实行随行就市，但淮安市根据各乡（镇）具体情况，仍下达了油菜籽收购建议数，是年收购油菜籽0.32万吨。1994年油菜恢复合同定购，淮阴市政府下达淮安定购任务0.1万吨，收购价格也提高到每50千克120元，并要求一价收购到底，全年实际完成0.1万吨，占任务108%。1996年，市定油菜籽收购指导价格每50千克为125元。1997年，市下达油菜籽指导性收购0.3万吨计划，要求不得将计划分解到农户。2001～2008年，由于楚州区粮油种植结构调整，油料种植面积大幅下降，农民留足口油等以外余油不多，上市量也不断减少，油料收购大多由小型油脂加工厂（作坊）和个体工商户零散组织，国有粮食购销企业基本退出油料收购。

第二节　粮油销售

一、粮食供应

1955年8月，国务院发布《市镇粮食定量供应暂行办法》《农村粮食统购统销暂行办法》，使粮食统购统销形成制度。1986年后，淮安县对市镇居民口粮、工商行业用粮、牲畜饲料用粮和农村缺粮户实行按核定供应标准凭证供应。市镇供应凭证分为：市镇居民粮食供应证、工商行业用粮供应证、市镇饲料供应证、市镇居民粮食供应转移证，全国通用粮票、地方粮票等六种。对农村缺粮户和因灾缺粮户等也实行发证供应，供应价格分为统销价和比例价。并规定对市镇和农村居民迁居的办理粮食供应转移手续。1986年省政府规定，粮食销售实行计划控制，包干使用的办法，以上年销售计划为基数，平价粮增长2.5%，比例价增长4%。当年淮阴市政府下达淮安县销售计划3万吨，其中平价粮2.6万吨，比例价粮0.4万吨。此后，粮食销售政策不断调整。1988～1990年粮食实行购、销、调及财务三年包干后，市下达包干支出三年平均3万吨。1992年4月1日，国家提高粮食统销价格，1996年，国家再次调整提高粮食销售价格。2000年5月，根据省、市文件要求，停止办理一切粮油关系手续。

（一）市镇定量供应

自1955年正式实行粮食统销以来，市镇居民口粮实行定量标准供应，具体按劳动差别、年龄大小及不同地区的粮食消费习惯分别确定。1986年，淮安县对定量供应每月标准分：特殊重体力劳动者26千克，重体力劳动者22千克，轻体力劳动者17千克，机关、团体工作人员和企业职员15.5千克，中学生16千克，六周岁以上不满十周岁11千克，三周岁以上不满六周岁7千克，不满三周岁的儿童4千克。到1986年底，全县定量人口11万人。全年定量供应口粮2.53万吨。1987年根据省政府要求淮安县对60年代初因粮食连连歉收，粮食供应压力较重而精简下放变为农业人口的全民所有制职工、城镇人口，加之知青回城、民办教师转正等，实行就地转为非农业人口的人员，恢复按市镇定量供应粮食，到1990年底，实际办理“农转非”2.4万人，加上正常迁移人口，淮安市定量人口增加到13.4万人，非农业人口占总人口11.1%。1991年，市政府在两年购、销、调包干通知中要求坚持“凭证、凭票、定点、限量”的供应办法，粮食销售实行两年统算，结余由地方安排，超支由地方财政买议价粮补足。进入90年代，根据市政府统一安排，农业人口上缴6000元，可以转为地方城镇人口，到1992年共新增地方定量供应人口0.3万人。1992年4月1日起，国家大幅调整粮食统销价格水平，江苏省三种粮食（面粉、大米、玉米）标准品统销价平均提高0.27元/千克，调整后的统销价格为每500克：特二粉0.48元、特一粉0.51元、标一杂交米0.40元、标一晚粳米0.47元。1996年，国务院决定再次调整粮食销售价格，江苏省根据测算，对一次性核实的目标价和下浮价作了安排，即调整后下浮出台价格每500克为：特二粉1.2元、标一籼米1.23元、标一粳米1.45元。此次调整销售价格利于理顺粮食购销价格关系，此后定量计划供应逐年减少。至2000年停止办理粮油关系截止，淮安市定量人口增加到35万人，占总人口29.1%。

（二）农村供应

农村粮食销售（供应）主要包括常年定销和缺粮统销（含因灾缺粮、场圃、菜农等）。其中定销供应对象主要是国营农林牧渔人员，定销供应标准为成品粮13千克/月。1986年，全县农村供应人口4.76万人。是年农村粮食供应（含缺粮供应）0.996万吨。经过15年的国家粮食供应政策调整，到2000年5月，农村粮食供应人口为4.65万人，其中定销人口3.61万人、统销人口1.04万人。农村缺粮人口的生活安排用粮和因灾缺粮计划供应长期以来在农村销售中占很大分量，供应对象主要为缺乏自救能力的特困户、五保户和因灾缺粮户等。1986年至90年代末期，基本是常年供应，供应价格也经历了由统销价到比例价和市场议价的过程。救济对象分单缺户（缺粮户）和双缺户（缺粮、缺钱户），供应对象的确定由乡（镇）逐户调查审核、登记、造册，购粮方式根据情况采取集体购粮或发证到户分月供应。1991年，淮河流域重大洪水灾害后，国家大规模安排因灾缺粮供应，1991～1992年共销售缺粮计划6.83万吨。1993年，淮安市救灾粮领取发放实行“有偿和无偿”相结合的办法，即有偿部分收款标准是：杂交米0.4元/千克、白麦0.3元/千克。1996年以后，随着粮食销售价格的提高，农村缺粮人口的救灾用粮主要由民政部门直接到市场购买，对缺粮人口的计划供应逐步减少。

（三）专项供应

1986年，根据国家有关政策，对部分工业、食品行业用粮仍实行计划供应，其中，工业用粮从1985年4月1日起改为议价供应。1986年4月1日，食品行业用粮中火车、轮船、飞机等旅客餐车及码头、站台、接待旅游和外宾单位用粮、高级糕点、名优食品用粮、外轮公司用粮一律改为议价供应。1986年，全县行业用粮销售1100吨，其中酿造业用粮500吨，副食品业用粮549吨。侨汇补助粮始于1960年，是对侨汇实行的物资供应政策，1986年起，凭中国人民银行印制的特种供应票证，按外汇折人民币计算，每百元人民币侨汇供应粮食10千克，按统销价销售。1986年，全县供应侨汇补助粮4吨。侨汇粮补助供应一直到1996年4月停止。根据国家有关政策，80年代淮安县还对大中型水利工程、公路征地实行粮油加销，其中1986年水利粮销售56吨。

（四）其他供应

1986年，国家继续对生猪换购粮和种禽场、家畜改良饲料粮、退耕还林用粮、鱼虾苗种饲料实行计划供应，换购粮及饲料粮的价格仍按原统购价执行。1986年，淮阴市粮食局、商业局、多种经营管理局等多次联合下达淮安县生猪换购粮计划、种禽种猪饲料计划、退耕还林用粮指标和鱼虾苗种饲料粮等。当年全县其他供应粮食2.62万吨。比例价供应3800吨。1992～1996年，国家数次提高粮食销售价格，各种饲料粮、退耕还林等计划供应陆续停止。

（五）粮票供应

粮票作为一种无价证券，是根据国务院1955年8月25日颁布的《市镇粮食定量供应暂行办法》有关规定发行的。1955～1993年，淮安县境内流通使用全国通用粮票、江苏省地方粮票。为方便群众购粮，淮安县还自行印制了在本县淮城范围内使用的购粮卷，并发行了地方购粮票。为加强票证管理，严密手续制度，县粮食局配备专职人员管理票证。实行管账不管票、管票不管账的票账分管制度，每月逐级填报粮票收支存报表，并规定了粮票的回收及破损票证的兑换、销毁制度。粮票和购粮券是购粮的凭证，为无价证券，但在计划经济时期，计划粮供应与市场价差距较大，粮票逐步形成事实有价证券。1993年，省粮食局布置对各种粮票、代粮券、油券等进行清理回收，淮安市以是年9月底的库存数量做最后一次粮票报表，粮票、购粮券等一并停止流通。

二、议价销售

议价粮食销售是与议购同时进行的，1980年之后，议价粮销售范围逐步扩大，省内销售对象以食品业、工业、饲料业为主。1986年4月1日起，对副食品行业的中、低档糕点及酱醋和豆制品等用粮

1998年淮安市粮食批发市场建成

维持上年度议销价格和供应数量。是年，淮安县议价粮纯销售2.86万吨。1987年，省粮食局、物价局颁发《江苏省粮油议购议销价格管理暂行办法》，要求议销价格掌握保本微利，略低于集市价格的原则。1988年后，国家实行粮食“双轨制”，允许农民完成定购任务后，可以在市场自由出售，此后，议价经营逐渐活跃，国有粮食收储企业抓住机遇搞活议价购销，议购议销份额逐渐扩大。1995年，省粮食局要求搞好地区间议价粮食交易，各级粮食部门抓好粮食批发市场建设，1998年，淮安市专业粮食批发市场正式成立。2001年秋季，粮食购销市场化后，粮食部门主要以市场议购议销为主。2005年，全区议销总量达2.02万吨。2006年，国家实行小麦最低收购价政策，议价销售相对集中在稻谷单一品种，2007年共销售议价（自营）粮27.52万吨。2008年，全区共销售议价（自营）粮29.12万吨。

三、油脂销售

1978年，食油计划供应对象主要是市镇定量人口和农村常年定销人口。此后供应标准经过调整，1986年，全省统一对县城集镇定量和农村定销人口每人月供应0.25千克，这一标准一直延续到1996年。此外，除上述销售对象外，根据国家政策，还实施一些补助供应：节日补助供应，主要是国庆（中秋节）、春节（元旦）几大节日按市镇定量人口分别补助供应0.25千克/人。侨汇补助，凭华侨特种物资供应凭证，每百元人民币侨汇供应食油0.75千克。此外，还有回族等少数民族补助、会议补助、糕点等行业生产用素油计划供应等。

1986年，全县食油计划供应人口11万人，其中定量8.2万人、农村定统销2.8万人：当年食油计划供应616吨，其中定量496吨、定统销120吨、行业用油95吨。1991年底，淮安市行业用油改为议价计划供应，销售计划由市一年一定。1992年，为切实解决油料生产市（县）平价食油压库的突出矛盾，省下令决定降价处理一批食油，销售价为二级菜油3.65元/千克，二级花生油4.02元/千克，购销发生价差0.6元由省财政年终清算。淮阴市粮食局分配淮安市降价食油计划2600万吨。至1998年4月，停止食油计划供应。后食油供应实行敞开销售，随着人们生活水平提高，对食油的需求也有新的趋向，芝麻油、色拉油等逐步走俏。

第三节　粮油储运

一、粮食调运

中共十一届三中全会后，淮安县粮食产量逐年上升，粮食调拨数量不断增加。粮食省际调拨主要发往东北、西南和东南省份，省内市间主要发往南通、无锡和南京。与此同时，为搞活粮食市场流通，发挥粮食部门的职能作用，又增加了粮食议价的调拨工作。受海运和铁路运输条件影响，楚州区在调拨工作中，分别在金湖、南京、安徽明光等地设立粮食中转点，做好区内粮食与发往省外粮食车船衔接工作。1997年、2000年、2002年和2006年，根据中央、江苏省粮食局和江苏储备粮公司计划安排，按时完成中央储备粮和托市小麦集并任务。1997年发运小麦1.3万吨、2000年发运小麦1.7万吨到中储粮淮安直属库、集并小麦到二堡粮库0.5万吨、2002年集并小麦1.8万吨到二堡粮库国家粮食储备库。

二、粮食仓储

(一)四无粮仓

自1955年开展“四无粮仓”(无虫蛀、无霉变、无鼠害、无雀扰)活动以来,对“四无”标准及有关规定,曾于1963年、1978年、1983年进行过三次大的修改。1985年将保粮方针“以防为主,防治并举”,修改为“以防为主,综合防治”。1987年在1978年制定的《储粮虫霉鼠雀防治办法》的基础上,制定《粮油储藏技术规范》试行;同年还对《国家粮油仓库管理办法》进行修订。1994年国家粮食储备局下发《“四无粮仓”和“四无油罐”评定办法》的补充规定。将“四无粮仓”的标准修改为“一符四无”。楚州区粮食企业在“四无粮仓”和“四无油罐”工作开展中,效果显现,合格率始终保持在99%以上,多次被评为“四无粮仓”合格县区和先进单位。1988~1990年连续三年,55个存粮点“四无粮仓”合格率100%。2000年后,淮安城南粮库、二堡粮库、仇桥粮管所分别获评省“一符四无”先进单位,范集、南闸、泾口、车桥等粮管所获评市“一符四无”先进单位。1986年后,认真开展“四无免鉴”活动,为保持储粮品质,改进鉴定方法,提供了良好经验,并取得了较好的成效,先后使得全区16个粮管所先后获得市级“四无免鉴”单位称号。

(二)露天囤使用

1986年后,淮安县粮食连续丰收。基层粮管所的仓容量远远满足不了收购需求,为解决农民“卖粮难”,粮食部门搭建露天囤收购粮食。其特点是因地制宜,操作易行。而缺点是易受外界温湿度影响粮食品质、易受虫霉鼠雀危害、安全管理难度大。1986年底,露天囤总数为1086个。从1986年起对露天囤基进行改造,将原先6米直径的土囤基改造为8米直径石(砖)砌囤基,面层用水泥砂浆抹平,同时开出十字通风槽,便于自然通风、机械通风和熏蒸施药。1997年,省粮食局下发《江苏省露天囤、垛储粮技术规定(试行)》,要求露天囤必须达到“六防一通”的要求,即:“防火、防虫、防霉、防鼠、防雀、防风雨和能够通风”。在露天囤规范使用和安全管理工作中,先后将顶部从大苇席到草帘,改造为聚氯乙烯材料苫盖;主囤从窝折到钢筋草帘,外围从大苇席到草帘,改造为矿石瓦到聚氯乙烯材料。1998年是粮食收购条例执行第一年,淮安市露天囤达1242个,是露天存粮历史的最高水平。随着粮食市场全面放开,从2000年起,全市基本上很少使用露天囤。

(三)粮仓建设

到1986年底,全县总仓容量为18.72万吨,其中70年代之前7.65万吨、1982~1984年新建1.11万吨。是年起,按照“安全、经济、卫生、有效”的储粮原则,推广无器材仓建设进程,先后建设粮仓容9.75万吨。其中1987年到2000年新建无器材基建仓容8.12万吨。2002年又获得中央储备粮承储资格。2006年5月,江苏淮安国家粮食储备库二堡粮库划归中储粮总公司淮安直属库。1985年起,粮食输送机在库、所、站粮食收购中已普遍使用,粮仓内已开始使用存气箱机械拔风,提高了粮食收购速度和减少粮堆人工踩压以及粮质不均匀性。1986年,全市有12米输送机78台,逐步发展使用15米输送机128台,2008年粮食购销企业输送机达189台。1986年之前,农民处理粮食中的杂质,主要依靠人工风扬和旋筛等方法。随着粮食连续丰收,加之处理场地限制,处理的难度也逐渐增加。粮食部门为收购到合格的粮质,为农民提供除杂工具,大力推广机械除杂,提高了除杂效果和收购进度。1986年共有除杂筛50台,此后粮食收获基本采取机械化作业,杂质明显减少。1987年,新建粮食流化槽烘干2台。2003年和2005年,城南粮库、二堡粮库、车桥、季桥、泾口、范集各建现代化粮食烘干机一座,烘干能力12吨/小时。随着粮食市场全面放开,粮食种田大户和粮食经纪人以及粮食贩子出现,多年使用的磅秤不仅收购速度慢,而且增加劳动强度。为更好地服务售粮人,提高收购进度,从2000年始,粮食购销企业为提高粮食收购进度和粮食外运水平,逐步添置了粮食汽车衡。2005年到2008年,全区粮食汽车衡达34台。为配套提高粮食入库和出库能力，减轻劳动强度，节约粮食仓储费用支出，全县共添置24台粮食扒谷机。同时逐步添置粮食堆包机，到2008年底全区共有12台。此外还添置用于粮堆通风降低粮堆温度和水分的粮食风机，2008年底，全区共有各种风机116台。

（四）科学保粮

从1986年起，全县逐步推广使用存气箱通风，在仓内、露天使用中，虽然效果较为显著，但是操作不是十分简便，风机功率大，耗电量高。1992年起，在部分粮管所使用竹气篓和自制三角通风道通风，仓容量为4800吨。由于竹气篓和自制三角通风道性能不到位，易引起通风道堵塞，到1998年起逐步改造为地上笼通风。随着粮食流通体制改革发展，从2003年起，全区逐步将仓内存气箱与三角通风道改造为地上笼（钢板）通风系统。到2008年底，全区配置地上笼296（套）间、三角通风道7套（间）、存气箱16套（间），仓容量28.47万吨，占总仓容量99.98%。"四无免鉴"活动开展后，粮情检测方法从铁杆温度计发展到热敏点阻，在仓内、露天普遍使用，由于技术处理不过关，往往熏蒸后，造成损坏。1990年以后，粮食局在二堡粮库、城南粮库研发使用微机测温检查粮情，即用传感器、扁平电缆线、分线合、室外电线、主机、长城卡西欧打印机组成。1997年，二堡粮库、城南粮库使用微机检测系统，经过技术升级后使用情况良好。2002年，二堡粮库使用北京立辰微机检测。2005～2008年，绝大部分粮管所采用微机检测仪器。全区微机检测粮温仓容量14.5万吨，储粮1.45万吨。

第四章　物资系统商业

第一节　管理机构

1974年，淮安县恢复物资局，所有物资划归物资局管理。90年代初，各类物资陆续开放，计划分配逐年减少直至取消，经营和销售陷入困境，至1998年物资公有企业停止经营。后由个人经营或场地门面、库房对外招租。2001年撤销物资局，成立淮安市楚州区物资资产管理公司（筹建组）。资产管理范围：国有资产和区国有资产经营有限公司委托的资产。资产管理方式：对管理范围内的资产进行统一管理，保证国有资产不流失。

第二节　物资经营

改革开放后，物资工作从有计划的商品经济逐步走向市场经济，80年代初，协作物资成为淮安物资经营的主体。淮安县先后与山西、吉林、北京、辽宁、山东等省市专业性公司、部队重点生产企业等100多家大中型企业建立煤炭、木材、钢材、汽车、水泥等协作关系。1991年，从外省市组织协作钢材5.32万吨，木材9.84万立方米，煤炭85万吨，水泥3万吨。1993年后，由于受大环境等多种因素的制约，物资经营陷入前所未有的困境，物资经营与销售逐年下降。1996年销售煤炭30万吨，木材1.24万立方米，水泥3625吨，钢材9835吨，全系统亏损235万元。1998年，国营物资企业先后关闭，停止经营。

第五章　专项经营

第一节　烟草经营

一、机构

楚州区烟草专卖局（分公司）坐落在城区河西大运河畔，原为淮安县烟草专卖局（公司），成立于1983年9月，内设4个科室：人秘科、经营科、专卖科、财务科，有员工17人。1987年，撤县设市，建立县级淮安市，更名为淮安市烟草专卖局（公司）；2001年撤市设区后，更名为淮安市楚州区烟草专卖局（公司）；2005年5月取消县级法人后，更名为楚州区烟草专卖局（营销部）；在岗在职人员102人。内设机构：办公室、财务委派室、专卖监督管理科（内部专卖管理监督科、专卖管理稽查大队）、客户服务科。专卖管理稽查大队下设4个稽查中队。客户服务科下设2个市场服务部。

二、卷烟销售

70年代末，卷烟年销售量7000箱左右。80年代中后期，因各种商品已敞开供应，货源充裕，卷烟销量亦迅速增长，年销售量很快突破1万箱。90年代末，年销售量达2万余箱。2000年，全年销售卷烟2.6万箱，销售收入1.41亿元。2001年，卷烟销售比上年增长16.37%，全年销售3.03万箱。2003年，卷烟销售高达3.1箱。2004年始，卷烟销售有所下降。此后几年，销售量时有起伏，总体在3万箱左右。2008年，销售卷烟2.96万箱，实现销售收入为3.32亿元。

烟草批发售卖

三、市场管理

90年代中后期，针对卷烟市场私贩制假现象蔓延，烟草管理部门采取多种措施并不断加强管理力度。2000年，成立了4个稽查中队，实行分片包干管理。是年查获各类违法卷烟1258件，端掉大小私贩制假窝点92个，销毁假冒霉变和非法生产的卷烟789件。2001年，全区开展突击周、突击旬、突击月活动，发动人员1.33万人次，对卷烟市场进行综合治理。当年，查获各类违法卷烟639件，端掉大小造假窝点101个，立案18起，移交公安机关8起，批捕1人。此后进一步加强查假打私活动，并努力开展“户籍化”（零售户）管理工作。2005年，针对不法烟贩猖獗行为，进一步加大市场管理力度，计出动检查车辆2516台次，市场检查人员1.55万人次，共捣毁非法卷烟制贩窝点89个，查处案件401起，立案审理401起，刑事拘留2人，罚没款4.2万元。2006年始，相继开展“冬季会战”“雷霆行动”“取缔无证户”“风暴行动”等项行动。2007年，先后查获涉烟案件235起，捣毁非法卷烟窝点95个，查获各类违法、违规卷烟1.9万余条，立案审理113起，罚没款11.7万元。2008年，共查获涉烟案件251起，捣毁非法窝点95个，查获假冒卷烟1700多条，立案审理237起，罚没款9.52万元。

第二节　盐业经营

一、管理机构

1983年10月1日组建淮安县盐业公司，为省属国有企业，始称淮安盐业批发部，隶属于淮阴盐业分公司，行政工作由淮安县商业局代管。1984年改为淮安盐业支公司，公司主要职责是负责淮安县29个乡镇120万人口食盐供应和工农渔牧业用盐以及盐业市场的管理。在职职工20人，下设人秘、财务、业务3个职能部门。1988年7月，在淮安盐业支公司内设立淮安公收管理站，暂由淮安盐业支公司代行公收站职权，负责朱桥盐矿卤水销售、平锅制盐厂生产及矿盐公收工作。1990年，淮海盐化厂、朱桥精制盐厂、淮安盐化总厂相继上马投产后，淮安公收管理站派员驻厂，负责计划调配和盐斤准运证管理工作。1995年7月，经淮阴市、淮安市编委批准，在淮安盐业支公司增挂淮安市盐务管理局牌子，为淮安市政府盐业行政主管部门，其机构性质、级别、人员编制、经费渠道均不变。与淮安盐业支公司一个机构、二块牌子，合署办公。增设盐政稽查队，负责辖区内盐业市场管理，查处本行政区域内盐业违法案件。2001年2月行政区划调整，淮安市改为楚州区，原淮安市盐务管理局改为楚州区盐务管理局，撤销淮安盐业支公司，组建江苏省盐业集团淮安有限公司楚州分公司，办公地址设在楚州区西长街282号。至2008年未变化。

二、市场营销和管理

1984年前，经营品种主要为海盐大粒原盐，年销售8000～10000吨。自1984年始，增加海盐粉碎盐品种（年销售500吨），后逐年增加至4000吨，海盐减少为年销售3000吨。1984年，销售食用盐8000吨左右，创利10余万元。此后近10年间，朱桥平锅盐泛滥成灾，再加上朱桥精制盐厂、淮海盐化厂、淮安盐化总厂的相继上马投产，产大于销，市场丢失严重，销售滑坡，年销量约4000吨。1992年，省卫生防疫部门在淮安进行消化道肿瘤防治试点，淮安朱桥精制盐厂生产硒强化营养盐，县乡两级政府发文在肿瘤高发的城东、季桥、车桥、朱桥等乡镇试销后全县推广。1994年后实行全民供应加碘盐，盐业市场管理得到加强，销售逐年回升，同时增加加锌盐、加钙盐、低钠盐等系列品种盐上市。经过品种包装不断改进，销售总量保持在8000吨/年左右，企业的经济效益持续发展，利润逐年上升，由最初的年10万元上升到几十万元，2000年突破100万元，2002年超过200万元，2003年利润飙升至300万元。2005年，销售食盐8100吨，实现利润200万元。2006～2008年，基本维持在该水平。

三、盐政管理

1983年10月组建盐业批发部以后，盐业市场管理由业务人员兼管，既负责各乡镇食盐调拨，又负责盐业市场的巡查。当时私盐的主要来源为过境盐船私销的原盐。淮安是腌切之乡，销售的对象多为酱醋厂及腌切厂。一旦发现私盐，由地方的公安部门及工商所协助查处。1987年，朱桥盐矿出卤，朱桥镇69个平制盐厂（个体）上马，119口锅日产平锅盐200余吨，私自销售，市场混乱。1988年，淮安公收管理站成立，与淮安盐业支公司合署办公。1988年8月，在淮阴盐业分公司下属盐业支公司成立盐政管理股，与业务股合署办公、负责盐业市场管理工作。1991年10月31日，响水县航运公司某号队从头罾盐场运载710吨原盐往无锡盐业公司，路过淮安停泊在大运河水域。凌晨5时，某某号私卖原盐480千克，被淮安市水上派出所当场抓获后，移交盐政管理股，被处以7000元的处罚。1992年2月，板闸镇板闸村村民张某某贩卖私盐，被淮安市工商局经检大队查获，被处以没收非法所得8400元，罚款4000元的处罚。1992年10月，在原淮安市徐杨中学操场查获徐州坦克二师步后团后勤处王某某私购、私运、私销盐斤一案。其利用所在部队在连云港盐场附近训练之际，私购原盐8吨，用两辆军车运至淮安徐杨中学，停在操场时被查，被处以没收盐斤的处罚。1994年3月，淮阴市政府下发《液体盐管理办法》，淮安市人民政府成立取缔平锅制盐工作领导小组，朱桥平锅制盐厂至年底被彻底取缔。1995年1月，朱桥镇农民张某某擅自矿卤平锅制盐，被处以拆除制盐设施，罚款1000元的处罚。

1996年1月，在全市25个乡镇设立盐政管理工作所，聘请25名供销社业务副主任为盐管所长，110盐政协查员，并分别签订管理销售责任状。4月，淮安市政府成立加碘盐工作领导小组，市委常委、副市长任组长，副市长任副组长，市财办、农工部、工商、卫生、供销、商业、经委、盐务8个部门负责人为成员。7月，经淮阴市盐务局批准，淮安市盐务局增设盐政稽查队。1996年1月，淮安市烟草专卖局某职工用集装箱式烟草专用车从淮安盐化总厂购得精制盐2.5吨被查，被处以没收盐斤，罚款5000元的处罚。1996年9月，淮安市流均镇条龙村村民汤某某利用滷水滩晒制盐十余吨，灌制成小包装碘盐，出售给零售商店、个体加工厂及养鱼户等，在盐业市场检查中被发现，经询问追查到流均镇条龙村，撤除其晒盐的卤池，没收滩晒盐7吨，罚款2000元。1999年10月，城东乡胡某某从淮安精制盐厂私购大包装精制盐在其家中加工精制小包装碘盐被查，被处以没收盐斤，生产工具，罚款1000元的处罚。徐某某自1999年11月至2000年6月，在租用淮安盐业公司仓库生产助染剂期间，以销售助染剂为名，先后7次私自将盐业公司按租赁协议提供给其生产助染剂的工业盐，以提高价格的手段非法销售78吨给朱桥盐贩张某某，张以高价转给如东籍私盐贩韩某某。徐、张二人分别被淮安市中级人民法院判刑4年、3年，并分别被处以罚金5万元。2000年，查获马某、吴某私销盐斤案，两被告被处以4万元罚款；查获成某、丁某某私购私销盐斤一案，两被告分别被处以6年和7年有期徒刑。2000年1月3日，朱桥供销社职工郁某某私购精制盐10吨，假冒精制盐小包装1万只，包装箱200个，封口机1台，在建淮乡建淮村吴某某家加工生产精制小包装碘盐被查，张某某被处以没收精制小包装盐10吨，罚款1.5万元，郁某某被处以没收小包装袋1万只、箱200个、封口机1台，罚款人民币9000元的处罚。10月，查获淮安市翔宇酒精厂从淮海盐化厂私购盐斤5吨，用染料搅拌后运至楚州境内被查，经询问该厂随车人员，并经取样检验，氯化钠含量大大超出工业盐标准，遂依法对该物品进行登记封存，处以5000元罚款。2003年，盐务局(盐业公司)组织实施食盐市场治理整顿专项行动，出动检查人员1235人次，查处盐业违法案件21起，没收私盐55.12吨，罚没款计4.35万元。2005年，出动执法人员1376人次，查处盐业违法案件13起，罚没款计1.35万元。2008年，出动执法人员1120人次，查处盐业违法案件7起，罚没款计900元。

第三节　石油经营

一、机构

1978年1月起，根据商业部有关规定，淮安县煤炭石油公司的石油经营业务调整到淮安县石油公司，隶属县物资局，业务上受淮阴石油分公司管理。1978年12月，根据上级相关文件精神，将石油经营业务从物资部门划出，成立江苏省淮安县石油公司，隶属淮安县商业局，业务上受江苏省石油公司淮阴分公司管理。1985年12月12日，根据江苏省政府1985年110号文件精神，淮安县政府决定淮安县石油公司从商业部门划出，成立江苏省淮安石油支公司，受江苏省石油公司淮阴分公司和淮安县政府的双重领导，业务管理以江苏省石油公司淮阴分公司为主，淮安县政府委托县计委代管。1999年11月10日，根据江苏省石油公司《关于淮阴分（支）公司整体重组初步实施方案的批复》，江苏省淮安石油支公司分为上市部分和非上市部分，上市部分从事石油销售业务。2000年6月28日，按照中国石化股份有限公司规定，江苏省石油公司决定，将淮安支公司上市部分重新设立为中国石油化工股份有限公司江苏淮阴淮安石油分公司。2001年，行政区划调整，原地级淮阴市更名为淮安市。经报请江苏省石油公司同意，中国石油化工股份有限公司江苏淮阴淮安石油分公司更名为中国石油化工股份有限公司江苏淮安楚州石油分公司。截至2008年底，楚州区域共有加油站点48座。其中，中石化24座，占总数50%；中石油3座，占总数13.33%；社会加油站点21座，占总数31.67%。从成品油零售市场份额看，中石化约占70%，中石油约20%，社会加油站点占近10%。

二、石油购销调存

新中国成立以来，国家在较长时间里对石油产品一直实行统购统销或统购统配，定量供应。中共十一届三中全会以后，逐步开放生产资料市场，向社会主义市场经济过渡。石油也从统购统配发展为指令性计划、指导性计划、配置计划和计划外采购相结合的管理形式。1978年至1982年12月，这一时期仍为计划经济阶段，国家对成品油生产、分配实行指令性计划，成品油由各级石油公司经营，农村代销社和符合条件的农机站可经营农村用油，其他单位和个人不得从事成品油经营。成品油销售由国家统一定价，石油公司成品油进货价、批发、零售及调农村代销社、农机站的价格都由国家和各级物价部门统一规定，企业无权定价，也不承担直接的经济责任。1985年，根据江苏省政府110号文件，淮安石油支公司管理体制调整为受上级公司和当地政府双重领导，业务上以上级公司为主，税利解缴按当时财政体制不变；1994年4月5日，根据国务院21号文件意见，决定在全国实行成品油流通体制改革，取消指令性计划，实行导向配置；取消平价油，实行价格并轨；成品油实行市场化经营。成品油出现多渠道经营、市场竞争日趋激烈的新局面。1994年下半年开始，江苏省石油公司开始推行集团化经营，实行分、支公司一体化改革，取消县级支公司批发权，楚州石油分公司经营工作重点由进货逐步转移到销售；销售工作重点由外进外销逐步转移到本地市场销售；本地市场销售工作重点由批发转移到终端销售和零售。随着中国成品油零售、批发市场的相继放开，楚州石油市场竞争更加激烈，竞争主体出现多元化。1998年7月，淮安石油支公司随同江苏省石油公司并入中国石油化工集团公司，成为中国石油化工集团公司的全资子公司，由中国石化集团公司统一管理。2000年，淮安石油支公司划分为上市部分和非上市部分，2001年，在国内发行A股上市。是年，根据中国石化集团公司和江苏省石油公司的统一部署，楚州石油分公司随淮阴石油分公司全面实施改革改制工作：实行分支公司矩阵式管理，市县石油公司实现“统一经营、统一核算、统一决策、统一指挥”，推行零售管理体制改革，全区加油站环节人员全部协议解除劳动关系，实现人员身份置换；非上市部分通过改革、整合，设备安装职能从企业内部脱离出来，相关人员与企业协议解除劳动关系后，改制组建成立淮安安达石油技术服务公司，油品运输挂靠江苏淮安苏石运输有限公司。是年，石油销售总量突破4万吨。2002年，按照江苏省石油公司的部署，进一步深化零售管理体制改革，实施配送、润滑油、仓储体制改革，全面调整区域经营组织架构，楚州分公司的零售、批发、储运接受上级分公司零售中心、商业客户中心、物流中心条线直接管理，实现经营管理一体化。同时，改革财务体制，实行财务一体化，取消县（区）级石油公司的会计独立核算职能，实施市县区会计统一核算，由分公司负责对区域内所属的所有核算单位在一个账套内分户核算，建立“规范经营、统一核算、依法纳税、合并抵扣、税金分缴”的会计核算新体制。同年，中国石化引入了先进的ERP管理信息系统。2002年，石油销售总量4.06万吨。2003年开始，不断深化推进HSE（健康、安全、环境）管理体系建设。2008年，石油销售总量4.42万吨。

第六章　药品销售

第一节　经营单位

新中国成立后，党和政府在对私营药商加强领导的同时，积极发展国营医药商业。改革开放以后，逐步放开药品销售市场，呈现多种成分，多种经营营渠道的医药商业。1978～1987年，全民所有制商业企业淮安县医药公司(内含一个集体所有制形式的中药加工厂，专业从事中药饮片加工业务供本企业自销)，是全县唯一的药品批发零售企业。业务领导机构为淮阴市药品采购供应站和淮阴市药材采购供应站，统属于江苏省医药公司和江苏省药材公司。1988年淮安撤县改市，企业更名为淮安市医药公司，归属淮安市商业局领导。1988年11月，整建制划归淮安市经济委员会，1989年二季度完成整体交接工作，自此脱离商业系统，成为经委系统中唯一的商品流通企业。2001年淮安市撤市改区，由于行业内业务交往等牵涉，仍称淮安市医药公司，隶属关系不变，仍属区经济委员会领导。2002年初淮安市有关部门牵头，策划淮安市医药公司与南京医药股份有限公司实行资产重组，由南京医药股份有限公司控股组建南京医药(淮安)天辉有限公司，作为宁淮合作项目和对口支援项目之一。与此同时，由区委区政府改制部门牵头进行企业改制，由全民所有制企业改制为股份制企业，进行全员身份转换，变全民所有制员工为劳动合同制员工。在此期间，由于多方协助，依法操作，企业完成改制工作并与南京医药正式签署协议，完成资产重组，2004年3月始，企业正式挂牌更名为南京医药(淮安)天辉有限公司。2008年，全区有26家药店门市。

第二节　经营业务

至2008年，楚州区医药商业行业经营品种有中药材、中药饮片、中成药、化学药制剂、抗生素、生化药品、生物制品、二类精神药品、1～3类医疗器械等十大类2.3万个品种。1978年，淮安县医药公司总销售额443万元，实现利润10万元；1979年，总销售额525万元，实现利润10.5万元。1980年，全公司实现销售总额527万元，实现利润10.8万元；1989年全公司实现销售总额1628万元，实现利润58.86万元。至1989年底，医药公司固定资产总额达到396万元，比1979年的130万元增长3.2倍。1990年实现销售总额1861万元，实现利税141万元；1999年的销售总额达到4350万元，比1989年的1628万元增长2.67倍。

康泰药店　（2005年摄）

1999年实现利税187万元，比1989年的58.86万元增长3.17倍，固定资产总额1121万元，比1989年底的396万元增长2.83倍。2000年实现销售总额4570万元，实现利税198万元。2008年实现销售总额9180万元，实现利税278万元。

第七章　市场与特色商业街区

第一节　市　场

一、兴文市场

位于区中心南门大街，西临胯下北街，占地近1800平方米，是主要以水产、干鲜货销售为主的综合型零售市场。该市场形成于民国前。1977年由县政府认可并交于市场服务中心管理，1983年被定为水产品销售为主的综合型农贸市场。市场有固定摊位近200余户，日人流量近万人。

二、南门市场

坐落在南门大街201号，是楚州区较大的室内农副产品零售市场之一。该市场始建于1977年7月，随着市场经济迅速发展和消费需求的增加，1996年11月，淮安市工商局投入700余万元建成市场与住宅于一体的综合商住楼。一、二层作为市场，于1997年10月1日正式开业。市场室内面积2800平方米，顶棚面积为600平方米，可设固定摊位近300个。各类摊位实行划行归市，布局合理，市场大厅外围为干鲜货销售区，中间为蔬菜交易区，水产品及肉、禽类商品则设在顶棚交易区内。

三、巽关市场

位于城区文府路北侧巽关小区，东临环城路。建于1994年，占地930平方米。市场内设肉案10个，综合台14个，蔬菜台20个，鱼池4个，主要以经营农副产品为主，市场设施齐全，管理规范，周边居民集中，需求量大。

巽关市场　（2006年摄）

四、耳洞河菜场

1995年，由淮安市工商局在公路洞向东40米在河上建起耳洞露天摊群市场，将公路洞两侧沿路摊点疏导入其中经营。2005年，由于创卫工作要求，在楚州区政府的支持下，原市场服务中心筹集部分资金，政府下拨部分资金在原市场沿河向东，在河面上扩建30米，并新建钢结构大棚一座。耳洞河菜场总面积1500平方米，大棚为全封闭结构，共有进出口9处。围墙分为上下两部分，上边为铝合金钢窗，下边为砖石结构。市场内有案台68个，分别为蔬菜、活鱼、鲜肉、水果、豆制品、荤杂等经营摊位，实行划行归市。另外设有活禽宰杀间2间，办公室、蔬菜农市场管理规范，药检测室、配电房各一间。市场管理规范且坚持蔬菜检测制度，场内卫生清洁并设有较秤处、公示栏、曝光台、举报箱。

五、漕运菜场

是楚州区规模较大的室内农贸市场之一，于2003年3月8日开业投入运营。位于夯轮寺巷西侧，北连东门大街，西临韩信路，与漕运小区一体，交通便利，地理位置佳。市场总建筑面积2500平方米，设有内外门面房62间，各类摊位208个。市场地面由大理石铺设，菜台、肉案、鱼池为瓷砖镶嵌台面。实行划行归市，布局合理，大厅内四周门面房经营干鲜货，中间为蔬菜、肉类等农副产品交易大厅。

六、华亭市场

建于1994年12月，位于西门大桥西侧华亭路南，占地3852平方米，水泥路面。水泥板塑料钢架顶棚1184平方米，水泥板结构肉案30个，肉、禽、鱼、菜等副食品划区域分类经营，高峰时日人流量近万人。市场有公共厕所及保洁人员和无偿看管自行车。市场内还设有宣传栏、信息栏、监督栏、举报箱和举报电话，管理人员配证上岗。

七、城郊市场

建成于2008年10月，由楚州区人民政府投资近300万元兴建，由楚州区惠民市场服务有限公司管理、服务。市场位于淮城镇河北街，南临淮江公路，交通便利。市场以丰富周边居民“菜篮子”，提供放心菜肉等食品为服务宗旨。城郊市场总占地4500平方米，其中室内面积1700平方米，东侧大型停车场面积1800平方米，四周绿化带面积为1000平方米。市场室内部分为全封闭结构，共有进出口6处。市场内实行划行归市，有门面房22间，其中活禽宰杀间2间、水产经营门市5间；案台94个，分为蔬菜、水产、鲜肉、牛羊肉、水果、豆制品、荤杂等经营摊位，特设自产自销经营摊位22个，场内设有市场服务办公室、蔬菜农药检测室、公共洗手间、较秤处、公示栏、举报箱。城郊市场每天对上市各类农副产品进行巡查抽检、公示，建立台账，并严把市场准入关。市场外有门面房8间、配电房1间。停车场分设经营者和消费者停车场。

八、中山门市场

建于1998年底，位于北门大街529号，占地1.5万平方米，配有大型停车场，为半封闭结构，共有进出口3处。市场内有门面房106间，案台96个，分为蔬菜、水产、鲜肉、牛羊肉、水果、豆制品、荤杂等经营门面和摊位，特设自产自销经营区，实行划行归市。内有封闭式活禽宰杀间4间，办公室、蔬菜农药检测室、配电房、生鲜冷库、冷冻库房各1间。外面停车场分设经营者和消费者停车场。场内设有较秤处、公示栏、曝光台、举报箱等。中山门市场建有各项规章制度，每天对上市各类农副产品进行巡查抽检、公示，建立台账，并严把市场准入关。

第二节　特色商业街区

一、上坂街

淮安著名历史文化街区“上坂街”东起上坂街东侧，西止西长街，南自镇淮楼西路，北至西门大街含上坂街、龙窝巷、多子巷等街、巷。内有全国重点文物保护单位周恩来故居、市级文物保护单位楚元王庙以及商人许焕故宅、王遂良故宅等众多文物景点和明清古建筑，是历史文化名城淮安楚州的重点保护街区。上坂街主街长约500米、宽约3～4米，两侧是层层叠叠的老房子，商铺、摊点密布，其中以经营服装、鞋帽、小百货、箱包、小吃的店铺、摊点居多。商铺的门楼各具特色，有的高而窄，有的矮而宽。房子多为两层小楼。两边的商铺搭起的遮阳棚几乎相连，一楼是商铺，二楼则住人，楼上对面的人家可以站在窗户口聊天。

二、明清商业步行街

位于镇淮楼西路以南、县西街以北、西长街以东。2005年，由淮城镇引进浙江远东房地产开发公司投资1.01亿元兴建，占地2.5万平方米。明清商业步行街为仿古建筑，街区有60余家商铺，街中心有韩信广场，在文渠两侧设有休息亭、拱桥等景观。

三、漕运广场商业区

即总督府遗址处，位于楚州城区中心。2002年8月，楚州区在旧城改造中，挖掘发现明清时期的总督漕运部院遗址，在明清遗迹下3米处还发现有宋元代文化层，遗址被列为省级文物保护单位。此后，楚州区结合旧城改造，在漕运广场东西两侧街道旁，成片规划建筑了2至3层楼的仿古建筑群，楼下店铺林立，成为市中心最繁华的商业区。

四、东门美食街

1999年，原县级淮安市对全长900多米的东门大街400米长的东半段进行全面改造，拆除两边低矮的建筑，拓宽街道，沿街建起五至六层高的商住两用楼，并将这条街规划为美食街。很快，荣昌饭店、老山城火锅、朱桥甲鱼馆、川福火锅、楚香阁等许多在楚州有一定影响的饭店从其他街道迁至东门美食街。狮王府、城市花园酒店、楚州老店、唐人街食府、北方居酒楼、闽之都大酒店等饭店也相继落户东门美食街。约400米长的美食街，食府酒肆毗连，共有大小饭店39家，平均每十米就有一家饭店。楚州东门美食街上菜系繁多：有做传统淮扬菜的饭店，如将军楼、楚香阁、狮王府、荣昌饭店、龙鼎轩酒楼、鸿盈饭店、真味馆、常兴楼酒店、楚州老店、楚汉王、唐人街食府、金镶玉饭店、北方居酒楼等；有做川菜的饭店，如老山城火锅、川福火锅、麻辣婆火锅、重庆巴派红门火锅娃娃叫等；有新疆等地风味的饭店，如今晚烧烤、图门烧烤等；有北方风味的饭店，如张二鱼酸菜、蔡四酸菜鱼、草原羊蝎子火锅、一鼎香田园肥牛等；有南方风味的饭店，如闽之都大酒店等；有外国风味的，如家门口中西餐厅、乐口坊等；还有一些全国连锁店，如竹苏鹅、0048香辣虾等。东门美食街餐饮业的繁荣兴盛，还带动了其他产业的发展。

东门美食街　（2003年摄）

五、文化美食广场

建成于2007年秋，面积近1万平方米。该广场东傍淮安宾馆，其余三面环水，南面对着环境优美的勺湖，西侧依傍着里运河，北面紧临萧湖。文化美食广场交通便利，环境优雅，其中建有楼台亭阁

10余座，在建筑物顶层便可将各湖风景一览无遗。

附：

淮扬菜美食文化节

淮扬菜以“清淡见长，味和南北”的特点，早就赢得了海内外人士的青睐，曾在新中国开国大典宴会上扮演了主要角色，享有“新中国第一菜”的美誉。

2002年9月，中国烹饪协会、江苏省经贸委和淮安市人民政府联合举办了“首届中国·淮扬菜美食文化节”。通过“政府引领、部门参与、市场运作”的方式，本着立足创新、体现特色、注重实效的原则。以淮扬美食文化节为载体，挖掘淮扬美食文化内涵，全面展示淮扬美食文化魅力，美食文化节有“四大板块”，即：餐饮展示板块以楚州区为主，已陆续完成“淮扬菜名店”授牌工作和“今世缘”杯淮扬菜烹饪大赛、《中国淮安·淮扬菜名菜谱》首发式、淮扬菜美食文化及其产业化研讨会等工作。文化活动板块，开幕式暨“今世缘”大型文艺晚会、宋长荣京剧艺术专场演出、淮安文物精品展和广场群众文艺演出等项活动。经贸洽谈板块，优质农产品展销会、经贸洽谈会、招商引资签约大会暨宁淮挂钩合作第三次签约大会。签订项目总金额突破18亿元。旅游接待板块，淮安名人故里游、淮安美食游、洪泽湖风光游、盱眙山水游和生态农业游等。通过美食文化节突出老淮安“文化名城、伟人故里、运河之都、美食之乡、台资高地”的地位，加快“实力淮安、魅力淮安、活力淮安、文化淮安、和谐淮安”建设步伐，促进全市经济和社会大发展，以大开放带动大发展。其间，中国烹饪协会授予淮安“中国淮扬菜之乡”称号。

2003～2008年又连续举办了六届“中国·淮扬美食文化节”，取得良好的社会效果和明显的经济效益。

第三节　购物中心

一、淮安商场

位于镇淮楼西路1号，其前身为市百货公司第一门市部。1990年，在百货公司第一门市部基础上，成立淮安商场。商场总营业面积5200平方米，经营日用百货、服装鞋帽、五金家电、烟酒、洗化、珠宝、文具、体育用品、劳保用品等5000多个品种。

二、淮安供销大厦

位于南门大街北端城区商业核心地带，1994年1月1日建成开业。经营日用百货、服装鞋帽、五金家电、烟酒、洗化用品、珠宝、文具、劳保用品等6000多个品种。从1997年起，引进直销专卖、连锁超市、总经销、总代理等现代营业策略，经营额连年攀升。商场品种齐全，规模较大，陈设新颖，具有现代气息，代表着楚州商业的新崛起，曾先后获全国商贸系统重点单位、全省服务业先进单位称号。

供销大厦　（2002年摄）

三、淮安新世纪商贸城（见第四篇《城乡建设》第二章《城市建设》第八节“城市建筑”）

四、淮安国际商城（见第四篇《城乡建设》第二章《城市建设》第八节“城市建筑”）

第八章　饮食服务业

第一节　饮食住宿

改革开放后，服务业呈现繁荣景象，国营、集体、个体服务业全面发展，涌现出一批中档宾馆、饭店、招待所和洗浴中心；80年代后期，国家实施“国退民进”改革方针，国营服务业基本退出。一些国营企业皆改革改制，私营服务业发展迅速，设施设备提档升级。90年代初有旅馆、宾馆、招待所等194家（其中个体185家），从业人员817人。至2008年，饮食住宿业已成为淮安服务业重要支柱。

一、淮安宾馆

于1981年5月建成营业，是淮安首家涉外旅游宾馆（饭店），四星级旅游宾馆（饭店）。占地近1万平方米，位于淮城镇友谊路2号，东接周恩来纪念馆，南濒勺湖公园，西依萧湖公园，北眺吴承恩故居。

淮安宾馆原为区政府直属事业单位，2002年3月改制成江苏淮安宾馆有限公司，隶属于南京钢铁集团江苏淮钢有限公司。改制后的淮安宾馆引入淮钢全新的经营理念和独特的管理模式，全面进行改扩建，拥有600平方米的全上玻璃豪华接待大厅一座，标准客房180间，豪华套房12套，总统别墅两幢，宴会大厅两处，各类中小特色餐厅16处（可同时容纳1000多人就餐），大中小会议室12处。淮安宾馆纯正淮扬菜肴遐迩闻名，享誉江淮大地，是“江苏餐馆名店”“淮扬菜名店”。软兜长鱼、虾米扒蒲菜两款菜肴被贸易部评为“中国名菜”。“长鱼宴”获江苏省美食精品展暨第四届烹饪技术比赛金奖并获“江苏名宴”称号。馆内设桑拿洗浴中心、室内游泳馆、健身房、歌舞厅、棋牌厅、斯诺克台球室、美容美发厅、乒乓球室、垂钓中心等。宾馆下设淮安市金康旅行社。

二、淮安楚州宾馆

原是区政府招待所。位于南门大街62号，馆内环境清新怡人，建筑古朴典雅，是区政府重要的接待基地。该馆占地1.1万平方米，建筑面1.2万平方米，是二星级涉外旅游饭店，于1953年建成开业，1974年、1977年、1982年相继建成1号、2号、3号楼，1984年挂“楚州宾馆”牌子，2003年7月1日被上海市政工程有限公司旗下的上海桥英置业发展有限公司收购。楚州宾馆名厨辈出，制作的淮扬菜口味正宗兼集众家之长，在历届淮扬菜美食文化节上屡获大奖。宾馆设有可同时容纳800人就餐的大小餐厅21间；客房89间，其中豪华套间12间；300余人的大型会议室1处，中小型会议室6处，另设桑拿休闲中心、音乐茶座、酒吧、商务中心、商品部等。

三、淮电宾馆

建于1996年10月,坐落在楚州区风景秀丽的桃花垠风景区内,南依周恩来纪念馆,东邻京沪高速公路淮江段10号出口与淮扬公路交会处。宾馆内树木葱郁,环境怡人,科学的绿色布局,门前海棠园市民广场与桃花垠风景区和谐交融,构成了楚州一道亮丽的风景线。

淮电宾馆占地9800平方米;有73间客房、170张床位,不同档次的套房共6间;房间内配有中央空调、闭路电视;有大小餐厅、包房13间,可供400人同时就餐。大小会议室5个,可用于各种类型的会议和培训。2002年更名为苏源宾馆,2008年改制后又恢复"淮电宾馆"名称。淮电宾馆于2002年被评为"三星级旅游饭店",宾馆的菜肴和服务在各项比赛中曾多次获得奖项,在第三届淮扬菜美食文化节上获团体第一名和"最佳展示奖",两道菜被评为"江苏省名菜点"。宾馆外观清新脱俗、气势宏伟,装饰典雅,具有浓郁的民族风情。

四、桃源饭店

是国家二星级旅游饭店,位于国家AAAA级旅游景区——周恩来纪念馆馆区内,有豪华套房、单人房、标准房45间,有大餐厅、多功能餐厅和豪华餐饮包间,能同时提供300人用餐。由于经营不善,饭店于2007年停业,改作他用。

五、静都大酒店

位于楚州区永怀路1号。是国家三星级旅游饭店,毗邻国家AAAA级旅游景区——周恩来纪念馆。有豪华套房、单人房、标准房719间,有大餐厅、多功能餐厅和豪华餐饮包间,能同时提供1000人用餐。

第二节 理发美容

70年代,城区及周边有理发店30余家,80年代迅猛发展,1991年初有214家,除3家集体所有制外,余均为个体。此后不久,全部个体经营。90年代始,理发服务项目从传统的理发、刮脸、吹飞、烫发、掏耳朵等,扩展到美发、美容、面膜、化妆品使用等内容。90年代后,美发美容业发展迅猛,至2008年,全区美发美容店有1243家。

第三节 洗 浴

80年代初,城区有8家浴室。1984年,除新华池男女浴室划为国营性质外,德泉、沂泉、金汤、湖泉、小兰亭、洗蕊女浴池、东泉浴池均归属第二饮服公司管理。洗浴业以普通浴池为主,服务项目主要为沐浴擦背、修脚、茶水等。90年代始,洗浴业发展较快,1992年,城区有30多家浴室,除少数几家股份制外,多为个体经营。其时,服务设施和条件不断改善,项目有所增加,洗浴业的竞争也日益明显。21世纪初期,洗浴业更是遍地开花,一些"洗浴中心"增添了诸如桑拿、芬兰浴及各式按摩等服务项目,成为众多浴客的休闲场所。其间,个别"洗浴中心"曾出现夹带准色情服务的现象,被及时查处。2008年,城区经营洗浴业的有近60家,各乡镇、村经营户难以统计。

第十三篇 旅游业

中共十一届三中全会以后，随着改革开放的不断深入，淮安经济迅速发展。2001年10月以前，楚州旅游工作由外事侨务办公室（挂“楚州区旅游事业管理局”牌子）管理，之后区旅游事业管理局与外办分离，并更名为“楚州区旅游局”，为区政府直属事业局，独立负责旅游行业的管理工作。为了加快旅游业的发展，加大对旅游景点的开发力度，2001年，组建文化旅游开发区，专门从事以“一镇三湖”（河下古镇、勺湖、萧湖、月湖）为主的旅游资源开发工作。

淮安区拥有着丰富的旅游资源，文物古迹繁多，城市景观、自然景观和人文景观交相辉映。1978年，淮安县委组织整修恢复了周恩来故居，并于1979年正式开放。80年代，淮安旅游业开始起步。1986年，淮安县被国务院公布为全国历史文化名城，批准新建周恩来纪念馆和城市部分旅游配套实施。90年代，淮安旅游业稳步发展。1992年，周恩来纪念馆落成开馆；1996年，东岳庙经修缮后重新对外开放；1997年，周恩来纪念馆被中央文明委表彰为全国精神文明建设工作先进单位、被授予江苏省文明旅游风景区称号；1998年，淮安市委市政府提出“旅游兴市”的口号，疏浚文渠，新建城市雕像；1999年，淮安市增加旅游投入，加大景点开发力度，分别开发吴承恩故居、中共中央华中分局旧址、淮安府署、明清商业街、古城墙遗址等12个重点项目。进入21世纪，旅游业快速发展。2001年，新建御码头接驾亭、河下古镇石牌坊，整修古石板街，建设漕运遗址公园、里运河风光带、河下古镇等一批新的景点。2002年，总督漕运公署遗址被江苏省政府公布为第五批省级文物保护单位，同年河下古镇被国务院命名为“全国历史文化名镇”；2004年，楚州区举办“楚州美食之旅”等系列活动，兴建“猴王世家艺术馆”。打造“名人故里一日游”“楚州景点一日游”。2005年，周恩来纪念馆被评为国家AAAA级旅游景区，并与周恩来故居、新安旅行团历史纪念馆共同被纳入“鲁苏皖红色旅游区”旅游精品线路中，楚州区顺利通过中国优秀旅游城市验收，同年策划并成功举办“共和国领袖诞生地红色旅游合作与发展论坛”。2008年，周恩来故居被国家旅游局批准并授牌，成为淮安区第二个国家AAAA级旅游景区；吴鞠通中医馆被江苏省中医药管理局授予全省首批“中医文化教育示范基地”；全国首座以漕运为主题的博物馆开建。为纪念周恩来110周年诞辰，宣传并做大做强红色旅游，拍摄《凤凰楚州》电视宣传片。同年编印楚州区第一份旅游交通图，以特色旅游资源为内容，重点包装打造“华夏名府—淮安府衙”这一独特产品，并与《西游记》旅游系列产品相融合，编排了特色旅游路线。

2000年以后，楚州旅游规模不断攀升，国内游和入境游均呈现高速增长的发展态势，年接待总人数和旅游收入保持高速增长。2001年，楚州区把握“假日经济”机遇，推进旅游业发展。全年接待游客107.4万人次，组团出游51团队1.6万人次，旅游创收2.75亿元人民币。2006年，楚州全年共接待国内外游客162万人次，实现旅游收入6.8亿元，并在全区新建5家旅行社。2008年，围绕“整体保护古城、优化改造旧城、全面建设新城、奋力打造名城”总体要求，实施漕运博物馆、府衙二期、闻思寺、吴鞠通中医馆等一批文化旅游新景点的建设，逐步形成古城核心区、河下古镇两大景观群。全年接待国内游客160万人次，国内旅游收入15亿元。旅游业日益成为楚州区国民经济重要增长点和重要产业。

第一章　旅游资源

第一节　红色旅游资源

一、周恩来故居（见第二十七篇《周恩来纪念地》）

二、周恩来纪念馆（见第二十七篇《周恩来纪念地》）

三、中共中央华中分局旧址

在城内东长街南头，旧省淮安中学（现楚州中学南校区东北侧）的两栋二层楼内。1945年10月，中共中央华中分局成立，是当时中国共产党在华中设立的最高领导机关，华中分局书记邓子恢，常委张鼎丞、谭震林、粟裕，组织部长曾山、民运部长刘瑞龙等统领并指挥江、浙、皖、豫、沪、闽等省、市党的工作。中共中央华中分局虽然在淮安仅一年多时间，但为华中地区党的建设、民主政权建设及解放战争的胜利，发挥了不可低估的作用。现华中分局旧址保存完好，是省级文物保护单位。中共中央华中分局旧址仅作为历史文物加以保护，未向游客开放。

四、新安旅行团历史纪念馆

坐落在新安小学院内。新安旅行团是中国共产党领导的一个少年儿童（文艺）教育团体。1935年10月10日，诞生于淮安河下镇新安小学原址。当时，14名团员在团顾问（校长）汪达之带领下，积极响应中国共产党抗日救亡的号召，告别故乡，旅行全国，进行抗日救国的宣传与教育。行程东起黄海之滨，南至港澳地区，西达兰州以远，北抵内蒙古自治区百灵庙，行程2.5万多千米，先后参加旅行团的有六七百人之多，在全国22个省市留下足迹。“人小志气大，爱国走天下”，这在中国青少年运动史上是一个伟大的创举。1945年，他们参加了解放淮阴、淮安的战斗，与故乡人们一起欢庆抗日战争的伟大胜利。后又随军转战南北，在“胜利腰鼓”声中迎来了新中国的诞生，为中国人民的解放事业建立了不朽的功勋。新中国成立后，新安旅行团的母校——新安小学，由河下镇迁至城内现址。淮安人民政府在现新安小学内建造了新安旅行团革命历史展览室。1979年5月，中华

2005年新建的新安旅行团历史纪念馆

人民共和国名誉主席宋庆龄，为该馆题词。1985年新旅建团50周年之际，由省、市、县三级拨款，在新安小学（月湖边）原有新旅历史展览室的基础上，兴建新旅历史陈列馆。2005年，为纪念新安旅行团成立70周年，楚州区人民政府在“陈列馆”的基础上改建新建“新安旅行团历史纪念馆”。馆名由李一氓题写。陈列馆悬挂的匾额上有陶行知的名言“生活即教育，社会即学校”以及冯玉祥将军对新旅的赞语“人小志气大，爱国走天下”。陈列馆地面中间是一朵莲花图案，寓意着新安旅行团是由河下莲花街走向宣传抗日救亡战场的。陈列馆陈列了部分中央领导同志及各界人士的题词，其中有毛泽东1946年5月20日给新旅复信的手迹和宋庆龄1979年给新旅陈列馆的题词。由新旅团员、著名油画家彭彬作的巨幅油画“毛主席给新旅复信”，画面绘有毛泽东和周恩来图像，电子遥控的新旅17年辗转22个省、市、区，行程5万多里的路线图。陈列馆珍藏的宋庆龄为新旅陈列馆和新安小学的两件题词被评定为省一级文物。还藏有省二级文物8件，三级文物22件。其中有胡乔木、邹家华等领导同志的题词以及出发时所带的小木箱、新旅团徽等。同时还藏有舒同、陆俨少、沙孟海、宋文治等著名书画家的字画100余件。

1985～2008年，新安旅行团历史纪念馆先后接待游客近50万人次。

五、流均抗日阵亡将士纪念塔（详见第二十四篇《民政》）

六、车桥战役烈士陵园（详见第二十四篇《民政》）

七、大胡庄战斗烈士纪念塔（详见第二十四篇《民政》）

八、淮安烈士陵园（详见第二十四篇《民政》）

第二节　人文旅游资源

一、淮安府署

位于淮安古城中轴线北端（其正南面是漕运博物馆），是中国仅存的两座古代府衙之一（另一座是河南南阳府署），2002年被列为江苏省文物保护单位，2006年被国务院公布为全国第六批重点文物保护单位。历史上，淮安长期是郡、州、路、府的治所，其中元代的淮安府管辖范围最大，辖海宁州、泗州、安东3州和山阳、清河、盐城、桃园、临淮、盱眙、天长、虹、五河、朐山、沭阳、赣榆12县，面积3.5万平方千米。1368年，明朝建立后设立淮安府，辖海州、邳州2州和山阳、清河、安东、盐城、桃源、沭阳、赣榆、宿迁、睢宁9县。淮安府署于明洪武三年（1370年），由新任淮安知府姚斌将元代沂郯万户府改建而成。明正德五年（1510年），遭火灾，遗有残垣断壁。至正德十年复建。清咸丰十年（1860年），又遭大火，稍有损毁，次年修复，沿用至清末。淮安府署占地近2万平方米，有房屋50余幢、600余间，“文化大革命”中大部分建筑被毁，仅存留大堂、二堂。2003年后，楚州区政府投入巨资对淮安府署进行保护性修缮、复建，至2008年底已修复大堂、二堂、仪门、六科、宅院、镇淮堂等主要建筑，对游客开放。

二、吴承恩故居

吴承恩是中国古典四大名著之一《西游记》的作者，明代杰出的文学家。吴承恩故居位于河下古镇打铜巷内，由吴承恩故居本体、生平陈列厅、玄奘纪念堂、美猴王世家艺术馆、六小龄童工作室五个部分组成，占地1.5万平方米，建筑面积3800平方米，为明代风格的古典园林建筑群，是国内唯一综合展示西游记文化和纪念吴承恩的场所。故居本体展示了吴承恩生活、创作环境，吴承恩生平陈列厅运用图片、文字、实物和多媒体技术，动态地介绍其生平事迹、《西游记》创作过程及《西游记》与淮安地方文化的联系和影响。玄奘纪念堂集淮安民间艺人的智慧和成果，展示一代高僧传奇的一生。美猴王世家艺术馆展示六小龄童家族四代人的猴戏生涯及与猴戏有关的艺术珍藏品。六小龄童工作室是六小龄童在淮安办公、生活的场所和中国《西游记》文化研究会创作基地。吴承恩故居是江苏省重点文物保护单位，也是全球首部立体电视剧《吴承恩与西游记》的拍摄基地。

三、刘鹗故居

刘鹗故居

刘鹗（1857—1909），字铁云，号老残，原籍丹徒，20岁随父移居淮安。其所作小说《老残游记》脍炙人口，名噪海内，居清末四大谴责小说之首。刘鹗不仅对文学创作独有见地，对天文、数学、医术、音律、水利、考古等亦有相当研究，在甲骨文的研究领域开一代先河，作出不可磨灭的贡献。其一生命运坎坷，是一个富有传奇色彩的历史人物。刘鹗故居位于淮安城内勺湖东南高公桥西街，是刘鹗曾祖母用数十年积蓄的“汤沐钱”（按清制命妇有“汤沐钱”，俗名花粉银子，四品以上月银40两），于同治五年（1866年）和同治十年买得的廖姓房子（原系明末漕运总督朱大典旧居），历经修葺增建而成，共有房屋142间，分正宅、花园、后宅、西宅。刘鹗父亲逝后，1908年6月，刘鹗因所谓叛国罪被流放新疆伊犁（今乌鲁木齐）。之后，刘家衰败，宅院年久失修，渐渐倒塌。抗战胜利前，原大门和轿厅一排房子因毁坏而被拆除，后排客厅和两座楼房又于1958年倒塌。至1987年仅存房屋11间。1987年，全国首届纪念刘鹗诞辰130周年暨学术讨论会在淮安召开，淮安县政府拨款11万元整修刘鹗故居存留的11间房屋。整修后的大门西移，大门上有“刘鹗故居”匾额。进门可入东西二庭院，东院面南为厅堂，即“画杉大厅”，厅堂内正中悬挂着“画杉大厅”匾额，下面是刘鹗的全身画像，画像两旁挂有楹联。左右面墙的12幅图画形象地描述刘鹗一生的经历。西院面南三间堂屋陈列刘氏世系图，刘鹗曾祖父母、祖父母的画像，刘鹗与其兄刘渭清的合影照片，刘鹗的部分手稿、日记，陈列橱内陈列着刘鹗曾经用过的木琴以及各式版本的《老残游记》。穿过此屋入后一进院落，朝西有两间平房，刘鹗手书“抱残守缺斋”匾额高悬檐下。1987年，刘鹗故居被公布为市级文物保护单位。

四、河下古镇

“十里朱旗两岸舟，夜深歌舞几曾休。扬州千载繁华景，移在西湖嘴上头。”明初大学士邱浚途经河下时曾赋诗赞美河下。古镇河下位于城西北。春秋末年，吴王夫差为北伐中原，开凿邗沟。在淮安城北末口邗沟与淮河连接，以利向北运送军队和粮草，末口成为南北水上交通枢纽，日趋繁荣，渐发展形成经济、文化发达的河下古镇。河下置镇以来，人文荟萃，名家辈出，据《河下志》记载，当年河下镇有108条街巷、106处园林、63座牌坊、55座寺庙、44座桥梁。河下镇名人辈出：秦汉时有文学家枚乘、枚皋父子；唐代有诗人赵嘏；宋代有抗金巾帼英雄梁红玉；明代有文学家《西游记》作者吴承恩、抗倭状元沈坤；清代有朴学大师阎若璩，考据学者吴玉搢，名翰林程晋芳，温病医学家吴鞠通，数学家骆腾凤，长篇弹词《笔生花》作者邱心如，围棋国手梁魏今，官居礼部尚书、都御史、道光皇帝老师汪廷珍等。仅明清两代，河下就出过55名进士，其中文武状元各一名（文沈坤、武章鼐）、两名榜眼、一名探花，三鼎甲齐全；举人100多人，博学鸿儒5人。清末，盐纲改票，黄河改道，铁路兴办，海运开通，河下日渐衰颓。

河下是苏北地区保存最完好的历史街区之一，整个街区仍保持着明清时的建筑风格，80%以上的民居系民国以前的砖木结构，其中清代的建筑占70%，石板路面占90%，历史风貌基本保持完好。还有一批保存较完好的明清风格的名人故居和传统民居，如裴荫森故居、汪廷珍故居、吴鞠通故居、夏曰瑚宅等。2002年，地方政府对河下古镇进行保护性开发改造，至2008年，先后复建“御码头接驾亭”；整修湖嘴大街、花巷、估衣街石板路；疏浚水系，开挖景观河道；修复改造湖嘴大街、花巷古街，对沿街200多栋房屋运用传统工艺逐户逐栋精心修建改造；复建古刹闻思寺，新建大雄宝殿、天王殿、钟鼓楼、配殿等建筑；修复百年老店古文楼；修建吴鞠通中医馆，努力保持原有风格，体现古镇特色。

2004年修复的河下古镇湖嘴大街

2002年7月，楚州河下与苏州同里成为江苏境内仅有的两个被国务院命名的“全国历史文化名镇”。

五、关忠节公祠

位于淮城镇县东街。关天培，字仲因，号滋圃，乾隆四十六年（1781年）生于淮安府山阳县，戎行伍，因“年壮技优，晓畅营务”“有干济之才”，得以逐级提升，道光十四年（1834年）受命任广东水师提督。在任六年，整束军纪，精心设防，广东海防固若金汤。虎门销烟关天培置身其中，穿鼻洋海战，身先士卒，六战六捷，屡创英军，长国人志气，灭侵略者威风。后由于清廷腐败，将关天培苦心经营的军队和海防设施全部破坏。道光二十一年二月二十五日，英军侵袭，关天培在孤立无援的情况下率部死战，亲操火炮，怒呼杀贼，身受数十创，血淋淳衣甲尽湿，后被飞炮击中，壮烈牺牲。道光皇帝听此噩耗，亦感到失去一位将才，5月御制祭文，祭奠关天培，并在虎门建立专祠。道光二十六年，关天培之子遵其祖母吴太夫人遗嘱，用朝廷所发抚恤金和从家庭、亲友、有关部门筹借的资金在县东街建造了“关忠节公祠”。

原关忠节公祠面南，大门对面为照壁，照壁南有一空地是为祭拜忠节公的官员临时停放轿、马的地方。门厅两面有狮子盘球石笋，门上有狮子头门环。门厅内正中有一栅栏，两面为忠节公的执事牌。祭拜的官民从木栅栏两边进入祠堂。门厅内南檐上方面对大殿并排有三块匾额，中间为“谥忠节”，左首为“敕封振威将军”，右首为道光十九年十月赐号“法福灵阿巴图鲁（系满语，指对英雄的美称）”。庭院内西有厢房六间，东有厢房三间，厨房两间，在门厅东侧有一偏门，平时由此出入。祠堂庭院的北边是三间大殿，正中为高六尺的神台，神台上有金丝楠木制作的碧纱橱，内安放着关天培官服塑像，两旁是两个侍从塑像，塑像上方梁上有道光二十一年御书匾额一块，上书“为国捐躯”四字。在神台两旁悬挂林则徐为关天培写的一副挽联：“六载固金汤，问何人忽坏长城，孤注空教躬尽瘁；双忠同坎壈，闻异类亦钦伟节，归魂相送面如生。”联语如泣如诉，然而也锋芒毕露，矛头直指琦善等人。关氏后裔建关忠节公祠制作此联悬于祠堂中时，为了避免不必要的麻烦，请当时淮安的大书法家周木斋重新书写此联时，策略地将“何人”改成“何时”。民国时，原国民党江苏省教育厅长周佛海亦制一匾悬于塑像上方二梁上，上书“威震华夷”四字。原关忠节公祠因战火和他因不存，现关忠节公祠为新中国成立后，人民政府在原址多次整修，并被省政府公布为江苏省文物保护单位。

六、汉韩侯祠

初建于隋唐之交，迄明代晚期已有了相当的规模。清康熙末年，汉韩侯祠的规模达到鼎盛期，占地约3000平方米，由前、中、后三殿和东西厢房，以及上房楼和花园等建筑组成。到了晚清，汉韩侯祠日渐衰败。其后，由于战火和其他历史原因，至“文化大革命”后汉韩侯祠唯存空荡荡的后殿三间。1983年，淮安县人民政府对汉韩侯祠作大修，重建了仿古的门楼、院墙，葺缮了三间后殿，殿中间置韩信立姿塑像。塑像两旁对联：“生死一知己，存亡两妇人。”殿门外两侧红漆圆柱上的对联是：“奠数千里长淮，神留桑梓；开四百年帝业，功冠萧曹。”汉韩侯祠为市级文物保护单位。

韩侯祠

七、漂母祠

位于萧湖边西北古枚里。韩信年少伤亲，家贫无靠，少时曾得漂母相助。韩信曾对漂母说：“吾必有以重报母。”漂母大怒：“大丈夫不能自食，吾哀王孙而进食，岂望报乎！”正是出于这份崇敬的心理，故乡人特建漂母祠，将其作为实践施恩不望报这一中华传统美德的楷模典范。抗日战争时期，该祠毁于战火，片瓦无存。1982年，淮安县人民政府根据历史资料复建漂母祠。漂母祠面向南，东西长20米，南北长22.5米。北有亭殿三间，殿中漂母端坐神台，左右侍女亭亭玉立，两旁悬挂赞联曰“人间岂少真男子，自古无如此妇人”。殿堂东山有韩信向漂母感恩塑像，殿门前擎柱上镌刻着明万历二十四年（1596年）知府刘大文撰题的楹联“一饭感韩信，巾帼丛中，早把黄金轻粪土；千秋拜遗庙，淮流堤畔，有谁青眼识英雄。”

漂母祠

八、梁红玉祠

梁红玉，宋楚州北辰坊（今淮城镇新城村）人，出身贫寒，以编织为生。北宋后期，金兵南犯，“江

梁红玉祠

淮兵乱”。梁红玉随家人南迁，“流落京口为娼家女”，后嫁南宋著名抗金将领韩世忠，开始了戎马生涯。宋高宗建炎四年（1130年），韩世忠奉命镇守京口，与金兵大战黄天荡。梁红玉“亲执桴鼓”，指挥作战，“金兵终不得渡”，“几成禽矣”。韩世忠、梁红玉取得了黄天荡大战的胜利。宋高宗绍兴五年（1135年），韩世忠、梁红玉屯兵楚州。梁红玉亲自“织蒲为屋”，挖蒲根以充军粮。由于将士同心，士气大盛，“在淮十余年，兵仅三万，金人不敢南下”。梁红玉在数十年的戎马生涯中，功勋卓越，蜚声朝野，先后被封为安国夫人、杨国夫人。韩世忠、梁红玉去世后，宋孝宗令树碑建祠以祀之。苏州市沧浪区枣市街小学即原蕲玉祠，供韩、梁两尊塑像，壁上有“春祭韩王诞——正月二十日，秋祭梁夫人诞——九月初六日”。梁红玉家乡父老为纪念这位女中豪杰，亦在其出生地建祠塑像以祀之。梁红玉祠建于何年无从查考。据汪继先所收藏资料和当地居民口碑所传，梁红玉祠附设在北辰坊火神庙内，明清时代多次进行修建。此祠为一四合院，东西长六丈，南北宽五丈四尺，后毁于兵火，解放时已破烂不堪。1959年，淮安县人民政府在原址重新建祠，“文化大革命”中被拆除，1982年又重新建祠。新建的梁红玉祠东西长19.56米，南北宽30.53米，占地597.17平方米，庭院四面有围墙，大门朝南，门头上为我国已故著名女书法家萧娴所书“梁红玉祠”四个大字。庭院中遍植松柏花木。在庭院北侧为享殿三间，东西长10.5米，南北宽7米，建筑面积73.5平方米，整个建筑仿明代建筑。殿中神台上置有高1.7米的梁红玉戎装佩剑塑像，塑像两侧为当代昆明书法家杨修品所书“也是红装翠袖，然而青史丹心”的对联，两旁擎柱上挂着一副长达54字的泥金对联：“青眼识英雄，寒素何嫌?忆当年北虏鸱张，桴鼓亲操，半壁山河延宋祚；红颜摧大敌，须眉有愧!看此日东风浩荡，崇祠重整，千秋令誉仰淮壖。”

九、镇淮楼

南宋宝庆二年（1226年）建，元末张士诚部将史文炳重修，明洪武十九年（1386年）倾圮，永乐十七年（1419年）镇守淮安指挥使陈瑄等重建。清乾隆《山阳县志·城池》记载：“谯楼在城中央，原额曰‘谯楼’，后改曰‘南北枢机’。旧置铜壶刻漏，更筹十二辰、二十四气牌，阴阳生居之。”道光壬辰年（1832年），对洪水毫无办法的知府周焘将府衙内的“镇淮楼”匾额移置于谯楼之上，乞望能震慑住淮水，保一方平安。于是，“谯楼”又成了“镇淮楼”。镇淮楼因年深日久，风雨侵蚀，迭遭兵燹，毁坏倒塌，清光绪七年（1881年），知府孙云锦重修后，仍保持原有风格，上方以魏碑体书写“镇淮楼”三个径尺大字。台长约26米，宽约14米，高8米。从底至上由大渐小，近似梯形；东西台侧砌有砖梯，楼台四周筑有半人高砖砌花墙作为栏杆，中央建有三间两层木结构高楼，歇山重檐，楼四周设有走廊，均安装木格门窗，楼两侧设有耳房。第一次国共合作时，北伐军占领淮安，城内有国民党县党部，为颂扬孙中山推翻满清政府的功绩，将镇淮楼改为“中山楼”。1937年，常有敌机来两淮轰炸，国民党县政府在镇淮楼上设立瞭望哨，并将楼顶开了一个天窗，升出一根木杆，上悬一铜钟，遇有敌机侵犯作报警之用。1939年，日军占领淮安，楼东头抱厦圮毁，两边楼梯口被居民沿台基墙盖起房屋，致使西边楼梯损坏，只有东楼梯供使用。1945年日军投降，新四军攻克淮安城，重修镇淮楼，邀美术家鲁莽设计维修方案。西边楼梯口因有民房，当时未拆迁，就在两山头另建楼梯，直通楼上，东楼梯仍按原样修好。这样，东、西两边均可登楼。楼上木结构经过整修、油漆，木格扇装上了玻璃，楼上及楼梯栏杆做成砖格花墙。县政府在镇淮楼创办了图书馆。1957年，镇淮楼被省人民委员会公布为“省级文物保护单位”。1958年，淮安在拓宽街道的同时，对镇淮楼重新修建，由淮安县城市建设委员会责成县建筑站设计施工。楼身放大增高，变木结构为砖木结构，改花墙为实墙，砖梯改为直角条石阶梯，东西两头从南北两方皆可登楼。楼基亦放大加高，仍由砖土筑成，东西长36米，南北宽26米，拱顶高3.2米，宽4.8米。楼基上建三间两层砖木结构楼宇，东西长13.4米，南北宽6.82米，四周回廊宽1.95米。全楼高18.5米，屋脊上塑有两条卧龙（螭吻），顶端镶嵌的4个瓦制龙头，玲珑剔透，底层楼的回廊里，20根赭红色柱子的横梁上，绘有古色古香的花纹，在横梁和柱子的接头处，刻有凤凰、孔雀和麒麟等动物图案。整个建筑结构坚实、风格浑厚、造型优美，具有浓烈的民族特色。上下两层楼飞檐还装上了彩灯。“文化大革命”期间，镇淮楼改称“东风楼”，1979年复名为“镇淮楼”。现在镇淮楼被辟为淮安市博物馆展览厅，四周已建成花园，楼下园内植有雪松、侧柏、广玉兰、梧桐、金桂、腊梅以及前日本国首相田中角荣赠给周恩来故乡的樱花，园内四季常青，花香宜人。四周围以铁栅栏，南北有铁门供游人进出。楼北侧花坛上竖有石碑一块，正面镌刻“镇淮楼”三个大字，背面刻有镇淮楼简介。

十、文通塔

原名尊圣塔，位于勺湖公园内，始建于唐中宗景龙二年（708年），北宋雍熙元年（984年）改建，南宋嘉熙四年（1240年）重建，明万历年间重修，崇祯二年（1629年）再修，因旁有文通寺，故改名文通塔。文通塔建筑具有佛教传统特色。初建时为木塔，重建后成砖塔，七层八角，砖瓦结构，无梁无柱。五层以上是穹窿式八角形藻井；底层较高，下部砖壁略向里收进，塔身呈抛物线状。中华人民共和国成立后，人民政府先后于50年代、60年代、70年代、90年代4次拨款修葺。1982年3月被公布为江苏省省级文物保护单位。

十一、吴鞠通中医馆

吴鞠通，名瑭，字配珩，号鞠通，清乾隆二十三年（1758年）出生于淮安府山阳县河下镇的一个书香门第，是我国历史上伟大的中医学家，中国古代十大名医之一，清山阳医派的创始人。一生悬壶济世，享誉大江南北，所著《温病条辨》是一部集大成的温病学专著，与《黄帝内经》《伤寒论》和《神农本草经》并列为中医的“四大经典”。为纪念吴鞠通250周年诞辰，保护和传承“山阳医学”流派的非物质文化遗产，开发古镇旅游，楚州区政府投入1200万元，于2006年9月开工建设吴鞠通中医馆，2008年12月竣工，12月8日举行开馆典礼。吴鞠通中医馆位于河下古镇湖嘴大街中段，该馆建筑风格充分展现了河下古镇传统园林建筑的古朴浑厚和疏朗淡泊，彰显出“养眼、养心、养性、养生”的浓郁中医文化特色。吴鞠通中医馆现为江苏省中医文化宣传教育基地。

2008年，吴鞠通中医馆对外开放

十二、闻思寺

位于淮安城西北古运河畔河下古镇湖嘴大街旁，始建于唐代末期，原名通源寺，后毁于兵火。宋时僧人兰盂重新修建该寺后，定名为大悲庵。元、明时期由于黄河多次泛滥，大悲庵多次被水淹没。到了清初，寺貌才逐渐恢复如初。清康熙四十四年（1705年）康熙皇帝南巡途经淮安府河下时，赐该寺名"闻思寺"，此后闻思寺香火益盛。时淮安关榷使高恒虔心皈依，一次布施数千金，整修大雄宝殿，替佛像装金。清乾隆十三年（1748年），涵空承聚用之命继任方丈，重新建造地藏大殿，以扩大院寺规模，后又置田若干亩。清道光二十五年（1845年），闻思寺住持海忍邀同廪生许炜于闻思寺内成立"瘗骨惜字会"，收集士子所弃字纸，逐日登记，并置焚字炉，以警士子不随意丢弃字纸，爱惜笔墨。

原闻思寺山门内中奉韦驮像，两旁彩塑四大金刚，东方持国天王、南方增长天王、西方多闻天王、北方广目天王。大雄宝殿五间，正中供奉释迦牟尼、左旁东方药师如来、右旁西方阿弥陀如来三尊佛像，迦叶、阿难二尊者像恭立两旁，大殿东西分列十八罗汉像。大雄宝殿后为戒坛，戒坛后为地藏大殿，供奉地藏王菩萨。左右配房为僧众寝室与庖厨之房。由于战乱等原因，闻思寺于新中国成立时已成瓦砾一片。后来，淮安县政府在其旧址上办起淮安大头菜腌制厂。2005年8月，经宗教团体申请和政府批准，决定恢复重建闻思寺。重建工作由香港虚云和尚纪念堂的济平法师（1929年出生于淮安河下古镇，少年时代即出家为僧，先后师从虚云、海灯等著名高僧。80年代初任香港虚云法师纪念堂住持。2005年，在得知家乡复建闻思寺的消息后，济平法师欣然接受家乡政府的礼请，回乡复建闻思寺）主持。2006年5月29日举行闻思寺复建奠基仪式，经两年多的建设，复建工程全部竣工。主体工程项目有：大雄宝殿（3层5间，建筑面积1500平方米），天王殿（3间96平方米），东、西侧殿（各18间合36间，面积1100平方米），钟、鼓楼（建筑面积140平方米），法物流通处（4间104平方米），寮房（25间，500平方米），停车场（4000平方米）。所有殿堂全部彩绘，殿堂里的佛像全部是从缅甸进口的白玉石雕制而成，堪称是一座苏北的"玉佛寺"。重建后的闻思寺，古朴壮观，法像威严，花木相映，功能齐全，成为苏北地区规模较大的佛教寺院之一。2008年9月18日，举行复建工程竣工暨佛像开光典礼。

十三、古拈花寺

始建于清朝初期，位于淮城莲花巷11号。其"拈花"二字出自佛教的典故"拈花微笑"。古拈花寺开山祖师佳慧，深研佛法，据此典故在城东南隅建起了拈花社，拈花社本有房屋数十间，因战乱炸毁大部分房屋，新中国成立后仅存17间，后又被工厂占用部分，众尼姑挤居于4间破房中。拈花社原有法卷（上画始祖佳慧，头戴笠帽，身材魁梧，腰系黄丝銮带，背插方便铲），连同佛像、经书、法器等均毁于"文化大革命"中。1989年，易名为古拈花寺。有关部门发还了原拈花社17间房屋产权，政府批准其为佛教活动场所。1991年4月，台湾大法官杨建华（淮安人）组织台胞6人捐款6万新台币，建古拈花寺大门，弘扬佛法。以后，经住持了然的辛勤操持，其原有旧房危房逐步翻建一新。古拈花寺有面南正殿三间，东西长12米，南北进深10.5米，高5.3米。殿正中供奉释迦牟尼坐像，高2.6米，座下莲台高1米。释迦牟尼左侧为迦叶，右侧为阿南，立侍于两旁，后侧为3米高的观音像，立于鳌鱼背上。大殿东西两侧供奉十八罗汉塑像。寺的山门为两层12间半的楼房，翻建于1996年3月，两侧各有一只石狮镇守山门。山门内供佛像两尊，其中面南而坐的为笑态可掬的大肚弥勒，面北而立的是护法神韦陀。西侧两层楼房10间，建于1993年。东殿三间，供奉药师等佛像。院内有八层宝鼎一座，高3.4米，四足长方形香炉一只。90年代初烧香习俗复盛，逢农历年正月初五、七月半寺内烛油流地，火光耀天，信众居民纷踊该寺，烧香拜佛。

十四、东岳庙

位于城内岳庙街北，始建于唐代，元泰定年间曾加修葺，明永乐中都指挥施文重修，宣德中平江伯陈瑄再修，成化中知府杨昶增修，咸丰元年复修，光绪三十年邑人周鹏举、丁赐第等请款重修。至解放初期，东岳庙已破烂不堪。1958年，淮安县人民政府利用庙房办起了淮安织布厂，"文化大革命"

期间除四旧，将其塑像毁坏殆尽。1996年，淮安市人民政府遵照宗教信仰自由的原则，由经济委员会牵头，各方捐款10余万元，对东岳庙进行部分整修。11月11日，东岳庙经修缮后重新对外开放。整修后的东岳庙，山门是仿造茅山道院的山门重新建造的。进了山门，东西两旁是两棵古银杏，其东一棵主干直径1.43米，树围4.3米，高20米，树龄400余年，西一棵主干直径0.75米，树围2.33米，高18米，树龄400余年。迎门为大殿，大殿为宋代石础，明代风格。大殿东西宽12.5米，南北进深15.3米，檐高4米。殿中供奉"东岳泰山天齐仁圣大帝黄飞虎"塑像，两旁明柱上有红底金字对联一副："尔知上帝至公，善者降祥，恶者降殃，喜看到头全报应；我本直言不讳，有过自新，无过自勉，须当援手好扶持。"大殿东侧的内宫、道人堂、斋饭堂亦进行了整修，重塑了东岳太太像，整理了寝宫。重建了大殿西侧的慈航堂，重塑了慈航道人像，堂两旁有对联一副："银杏林中慈航主；莲花台上观世音。"大殿东侧的古井，井水清澈，甘甜可口。

第三节　水文化旅游资源

一、古运河

原是京杭大运河的一部分。京杭大运河是中国历史上与万里长城齐名的巨大工程，总长度为1794千米，南起杭州，北至北京。淮阴杨庄以上为中运河，杨庄以下为里运河，在淮安境内的长度为32.47千米，由邗沟演变而成。1959年开拓运河时，因该河段通过淮阴、淮安两县，开挖出土不便，就在里运河以西另挖新河，称为大运河，而现存于楚州区境内的里运河亦称为古运河。楚州区古运河北至淮安市清浦区，南达淮河入海水道，沿线有"石工堤遗址""御码头接驾亭"和"里运河文化长廊"。2004年，淮安市和楚州区人民政府共投资1000多万元建成了河下大桥至人民桥全长2600米的古运河文化旅游长廊。新建块石墙2600米，道路4284平方米，栽植香樟、樱花、垂柳、白玉兰等32种花木2万余株，河滨广场绿化1.34万平方米，并建设"古纤道""千帆亭""漂母洗滩""琴音枕流""运河胜迹"等园林小品。

二、文渠

贯通淮安城的一条市河。明景泰年间(1450～1456年)，淮安知府丘陵、山阳知县刘淳引运河水"疏通行舟""为民间食用所赖，文风所系"，淮郡人文蔚起，士气民风，蒸蒸日上，故士宦民众称之为"文渠"。文渠流经淮安三城(联城、新城、夹城)共有水关九处。水关控制文渠的进水和出水，以防水患，便利舟楫通行，保持渠水清洁。明天启三年(1623年)，知府宋祖舜、知县孙肇兴采纳了"士民公议，凿宝带河水"由巽关入城，"会西水关所来水同赴北水关"。清乾隆三十一年(1766年)秋冬间"费白金五百余两"重修疏理文渠。光绪二十九年(1903年)对文渠进行彻底的整修，雇用民夫，调动弁勇，挑浚文渠并修砌沟墙。为了便利城内的陆路交通，在文渠经过的街巷上相继建造了许多桥梁。这些桥梁有砖砌的拱形桥，有砌砖做桥基、木板做桥面的砖木结构桥。到了清光绪三十四年，文渠上共有桥梁55座，经过41条街巷。文渠上的桥，桥桥都有典故，步步皆蕴文风。1945年9月，新四军第一次解放淮安后，淮城市人民政府立即疏浚文渠。1946年2月成立"淮城文渠疏浚委员会"，3月初动工，采用"以工代赈"的办法，从近郊各乡和城市贫民中发动和组织了5240多名民工，并动员驻城部队指战员、机关部分工作人员予以支持，于4月上旬按期完成疏浚，共挖土方1.66万余立方米。80年代后，人民政府多次拨专款疏浚文渠，开拓了文渠进出水口，整修加固了桥梁，全部建成了钢筋混凝土桥，渠道全部砌有护渠沟墙。后由于自来水使用的普及，文渠主要承担着城市的排水功能。

三、勺湖

位于淮安城西北隅古运河东侧，因其形如勺而得名。其中陆地面积2.67公顷，水面7.6公顷，形成于晋代（晋代开始构筑淮安城池，在附近就地取土，被挖之处逐渐形成湖）。据史料记载，在勺湖周围先后有庵观寺院：法华禅院、文通寺、龙兴寺、文佛寺、老君殿等。由于战乱，淮安城屡遭劫难，勺湖周围的寺院和名胜景观绝大多数已荡然无存。1981年，淮安县人民政府根据历史记载和自然条件，对勺湖附近的景观进行了大规模的修缮，建成了勺湖公园。勺湖公园有东门和南门两个进出口。南门依照寺院山门形式修复，大门上方的矾石上书“文通塔苑”，四字为当代书法家武中奇手笔。踏进“文通塔苑”的门槛，是双亭回廊，双亭北侧有一漂母井，井北20米处即为江苏省级文物保护单位——文通塔。周恩来童年时曾在塔下放飞风筝。过塔，即勺湖湖堤，沿着一条清幽小道，过神怡、清趣两道玲珑别致的园门即到碑园。勺湖碑园于1987年建成对外开放，上方匾额为当代书法家费新我所书，碑园占地0.7公顷，运用了中国园林传统建筑手法，随形就势，回廊曲折，体现了以小见大的特色。碑园中收集存放了淮安自唐以来的寺庙、文赋、墓志等碑刻60余方。园中的一合（两块）唐碑，四块康熙、乾隆、道光的御碑为国内少见，尤其是康熙御碑“雪作须眉”更具人文历史价值。此碑为康熙第五次南巡时，途经淮安，为淮安府山阳县人、老臣刘谦吉亲笔题写。位于碑园北侧的蜈蚣桥（原为木结构，1982年修建成砖结构），连接大悲阁。明代诗人姚广孝曾在此游览，并留下“襟吴带楚客多游，壮丽东南第一州”的千古佳句。在原大悲阁旧址上，现建有一厅堂，内设茶室，东侧有贴水曲廊和扇形水榭，湖中建有石舫，舫上有二层楼阁，登楼可鸟瞰全湖景貌。向北过曲桥，即见金天德大铜钟悬于大钟亭上，该钟为金天德三年（1151年）铸造，高1.98米，底口径1.32米，厚0.8米，重1.75吨，上部铸有“皇帝万岁，重臣千秋，国泰民安，法轮常转”十六个阳刻楷书大字，原悬挂于北角楼上，勺湖公园建成后，移置此处。位于勺湖东北侧的勺湖草堂，是一座幽静典雅的书院，原为清雍正年间湖南提督学政阮学浩的书塾，为士大夫课士会文之所，占地741平方米，门楼上方横排砖雕，工艺精美，玲珑剔透。与勺湖草堂隔湖相望的是勺湖园的最高景点——樱洲，植种日本前首相田中角荣赠送给周恩来故乡的一批樱花而得名。每到春暖花开时节，樱洲与北侧的梅岭遥相呼应，竞相开放，争奇斗艳，美不胜收。勺湖公园是80年代苏北唯一的也是最早开放的古典式园林公园。到21世纪初，园内因基础设施年久失修，道路及护坡损坏严重，加之勺湖公园四周没有排污设施，淮安教育集团文通中学以及周边居民生活污水直接排入园内，致使勺湖水质变异污染严重。2008年，楚州区人民政府投入500万元对勺湖公园彻底整治，历时4个月，恢复了勺湖公园往日的景象，对游人免费开放。

勺湖玉带桥　（2006年摄）

四、萧湖

又名珠湖、东湖，西依古运河，与勺湖隔堤相望。萧湖形成于明代，正所谓“连城东建，运堤西筑，中间洼下之地，乃悉潴而为湖，以成一方之胜。”萧湖古时名园环列，湖中遍长菰蒲，鸦鹭相逐，小坝茶楼，晚风酒韵，普光禅院，落日钟声，游舫弦歌，遥相应和，一年四季，风景如画，若流连其间，令人心旷神怡，惜湖中建筑后多已毁坏或消失。80年代后恢复了韩侯钓鱼台、漂母祠、古枚里亭、御诗碑，建了石经楼阁。2002年，萧湖列入旅游开发规划。

五、月湖

形如半月而得名，又称万柳池。在淮安城西南隅，形成于晋代（筑城取土之故）。湖面水平如镜，夏有菱荷杨柳，秋有甘藕鲜莲，湖中鱼翔碧水，鸟戏绿带，著名的天妃宫蒲菜就产于此湖。月湖古时是淮安著名的旅游胜地，湖内及周围建有灵慈宫（天妃宫）、淮阴书院、万柳亭、环小亭、开元寺、文节书院、清溪馆等，后毁。2005年，月湖列入旅游开发规划。

六、绿草荡

位于马家荡西，东西狭长，北临淮安流均镇、泾口镇、施河镇，南临宝应县。绿草荡，烟波浩渺，水碧苇绿，夏秋之日，万亩荷塘，争奇斗艳，这里不仅盛产鱼虾及螃蟹，也是人们赏水景、观红荷、尝鱼鲜、抒雅情的极佳去处。21世纪初，流均镇人民政府对境内的绿草荡进行了初步开发，春、夏、秋季均有游客前往游玩。

绿草荡

七、白马湖

位于楚州城西南20千米，湖南为金湖县，湖东为宝应县，湖西为洪泽县，流域面积894平方千米。湖面南北长17.8千米，东西平均宽6.4千米，总面积110多平方千米，其中淮安辖31平方千米，仅南闸镇就辖有11.8平方千米，湖底高程5～5.5米，是高宝湖片重要的湖泊之一。白马湖水资源丰富，生态优美，旅游风光独特。2008年，淮安市人民政府与楚州区人民政府将白马湖生态旅游开发列入了旅游发展规划。

白马湖　　（2008年摄）

八、淮安水利枢纽风景区

位于淮安南郊，古京杭大运河与苏北灌溉总渠及淮河入海水道在此交汇，是淮河下游灌溉、分洪、排涝、调引江水和航运交通的枢纽。

淮安水利枢纽是新中国治淮的骨干水利工程，是淮水东去或南下的通道，也是南水北调东线工程第二梯级站所在地。2008年，这里有水闸、船闸、涵洞、大型电力抽水站、水电站等20多座水利工程建筑；有国内第一泵径的轴流泵；有国内唯一的灯泡贯流式抽水/发电机组；有自动控制的节制闸；有亚洲最大的上槽下洞式的运河水上立交。在2平方千米的土地上建有如此密集的水利工程建筑群，犹如一座水利工程博物馆，国内罕见，世界少有，构成了水利风景旅游的独特优势。

第二章　旅游规划及机构

第一节　旅游规划

楚州的旅游事业随着社会经济发展，曾进行多次总体和局部规划。受经济因素影响，因地制宜，分步进行，局部展开，渐成一体。先后对“人文景点、红色资源、生态景观”等进行全方位，多角度规划。2002年，楚州区委、区政府制定《楚州区旅游发展总体规划》，经多方酝酿，调查研究，反复论证，通过相关部门批准。规划适合地情、民情、风情，阐明了楚州旅游事业的规模和发展方向，是楚州旅游事业发展和管理的重要依据。

2003年，先后邀东南大学硕士生导师成玉宁教授设计编制河下古镇保护与开发总体规划、湖嘴大街先导段详规、御码头及河下北入口牌坊的规划设计；邀东南大学倪立峰等5名博士设计编制吴承恩文化广场详规，投入120万元请全国著名的古建园林规划专家、同济大学博士生导师阮仪三教授设计编制河下古镇旅游开发详规，聘扬州古建规划设计院制作楚州美食文化广场和沈坤故居的规划设计，请省有关部门对拟迁建的梁红玉祠作规划设计；2004年请扬州古建规划设计院制作美猴王世家艺术馆建设规划；2005年制定周恩来纪念馆、周恩来故居、新安旅行团纪念馆3处红色旅游景点旅游发展建设规划，以及吴承恩生平陈列厅建设规划；2008年编制席桥农业生态观光旅游示范园项目规划，中国漕运博物馆建设规划等。

第二节　管理开发机构

一、区（县、市）旅游局

2000年前，淮安（县、市）没有专门的旅游管理机构，旅游与外事工作一直合在一起，由县外事办公室管理。1978年，淮安县被国务院列为对外开放城市，县革命委员会成立外事科。1979年，更名为外事办公室。1981年5月，更名为淮安县人民政府外事办公室。1986年，外事办公室设置接待科、宣传科、侨务科，下辖淮安宾馆、中国国际旅行社淮安分社、淮安中国旅行社。1988年，随地方政府撤县设市，改名为淮安市人民政府外事办公室。管理全市的涉外事务，负责接待到淮安访问、考察、旅游、探亲和其他外事活动的外国人及港澳台胞等涉外工作。2001年，楚州区成立区旅游局，专司全区旅游业的行政管理职能。

二、区文化旅游开发区管委会

文化旅游开发区管委会成立于2002年7月，系区政府直属正科级事业单位，下设办公室、招商科、工程项目科。其主要职能是：研究制定区“一镇三湖”（河下古镇，萧湖、勺湖、月湖）和古城中轴线片区（镇淮楼、漕运遗址、淮安府署）保护与开发规划、年度计划；按照政府要求，有序实施“一镇三湖”和古城中轴线片区文化旅游项目开发及旅游经营管理工作；指导区文化旅游资源开发有限公司做好旅游经营工作。

第三章 景区景点开发

第一节 河下古镇保护性开发

一、整修湖嘴大街、花巷、估衣街石板路

河下湖嘴大街、花巷、估衣街石板路因年久失修，路面石板参差不齐，坑洼不平，起伏较大，下水道堵塞严重。2003年，区政府成立古镇石板路整修领导小组，具体负责工程的组织实施。该工程于2004年3月开始施工，投资300多万元，历时6个月，同年9月竣工。2007～2008年，区政府投资近1000万元，先后对保存相对完好的1500米长的花巷老街和湖嘴大街进行修复。对沿街200多栋房屋，按照“修旧如旧”的原则，运用传统工艺逐户逐栋进行精心修复。在修复水系、道路和建筑的同时，充分发掘河下的非物质文化遗产，对沿街重要节点进行旅游布展，开辟水龙局、仕女画馆、农民画苑、王兴懋酱园店、李记纸扎店、绒花布鞋店、古董集萃园等10多家传统店铺。

二、复建御码头接驾亭

明清时期曾有帝王巡幸河下古镇，故有御码头之设。明代福王朱由崧、清代康熙皇帝、乾隆皇帝都经御码头登岸巡幸河下。该工程于2003年3月5日开始施工，耗资45万元，历时6个多月，同年9月10日竣工。御码头位于闻思寺山门前古运河边，码头俱覆以廊，近堤顶处筑以亭，称接驾亭。

御码头 （2006年摄）

三、新建河下北入口过街牌坊

该工程于2003年6月开始施工，投资58万元，历时1个月，同年7月竣工。牌坊上书“河下古镇”4个字，由全国人大常委会原副委员长许嘉璐题写。牌坊正反两面的楹联由淮安市政协副主席荀德麟撰写。

四、新建吴承恩生平陈列厅

为纪念吴承恩500周年诞辰，楚州区人民政府于2005年新建吴承恩生平陈列厅。该陈列厅当年3月动工兴建，12月竣工，是一组仿明代风格的庭院式园林建筑，占地1600平方米，共分四栋展厅，分别是吴承恩遗物展厅、缅恩堂、《西游记》与淮安文化展厅、《西游记》艺术作品展厅，建设费用500多万元。

五、新建美猴王世家艺术馆

2004年，为进一步打造楚州区西游记文化品牌，做大做强吴承恩纪念景点，区政府与上海六小龄

童文化实业有限公司合作，新建美猴王世家艺术馆。该馆于当年4月动工兴建，10月竣工，占地1350平方米，建筑面积近800平方米，为仿明代风格建筑，外观风貌与吴承恩故居相协调，共有五栋馆厅建筑，分别是世家馆、珍藏馆、猴戏馆、同春舞台和美猴王艺术品专卖部，建设费用400万元。

于2004年新建的美猴王世家艺术馆

六、复建闻思寺

2004年，楚州区投入1000多万元改制拆迁酱菜厂并整治环境。2006年，楚州区政府通过招商引资，由香港济平法师在原址上复建千年古刹闻思寺。该寺占地1.97公顷，建筑面积2656平方米，总投资6000多万元。一期复建的大雄宝殿、天王殿、钟楼、鼓楼、配殿，经过两年多的施工，于2008年9月竣工。殿内全部佛像均为缅甸玉佛。9月18日，闻思寺举行竣工暨佛像开光庆典。

七、修复百年老店古文楼

百年老店古文楼位于河下古镇湖嘴大街。2007年，区政府投入1000多万元，历时10个月，修复中华名小吃“文楼汤包”的发源地古文楼饭店，恢复了茶馓、汤包等特色餐点经营，设立“淮菜文化展示厅”。

八、疏浚水系

为构建河下古镇活水环境，解决镇内排水不畅，恢复水乡古镇风貌，2007年楚州区政府拆迁了城河街一百多住户，改制三家企业，沿城河街恢复开挖了900米景观河道。2008年，区政府结合古镇北入口片区改造，对古市河进行全面扩宽疏浚，实现了萧湖和老市河的贯通。

九、修建吴鞠通中医馆

为纪念吴鞠通250周年诞辰，保护和传承“山阳医学”流派的非物质文化遗产，楚州区政府2008年投入1200万元对古宅进行全面修复，建成吴鞠通中医馆。该馆占地3390平方米，分南北两路轴线。北轴线是宅院的主体，依次分布着门厅、轿厅、节华厅、门心堂、距花楼和北侧厢房。南轴线主要由芝寿堂庭院和药圃园组成。中医馆集观赏、休闲、科普、养生保健于一体，被江苏省中医药管理局授予全省首批“中医文化教育示范基地”。

第二节　古城中轴线景点建设保护

一、修建淮安府署

2003年，楚州区政府投入300多万元，历时一年多，完成了府署大堂、二堂的维修。该项维修工程，获得江苏省文物保护优秀工程组织奖。2006年，区政府投入800万元，重修淮安府署的仪门、六科用房、戒石坊、东西官厅、库房、垂花门、厢房等建筑。2007年，区政府又投入800万元重修宅门、上房、镇淮堂等建筑。2008年，迎宾厅署开始修建，内含接待朝廷大员的餐厅、戏台、客房等建筑。

二、新建漕运博物馆

2008年底，楚州区政府动工新建漕运博物馆。该工程计划建筑总面积6300平方米，总投资4600万元，地面建筑主体两层，采用明清时期建筑风格，总体为“品”字形布局，东侧建筑为临时展厅，西侧为多功能报告厅，中间为门厅及部分服务空间；地下局部一层，面积5000多平方米，南北长67.2米，东西宽66.8米，有三个展厅和办公配套用房及文物库房。全馆布展分为漕运史厅、运河史厅、淮安史厅三个部分。该馆是国内唯一一个反映漕运的大型专题博物馆。

重建后的漕运总督府门楼

三、漕运总督部院遗址保护

1988年，淮安市政府仿照当年漕运部院样式，于原体育场入口处重建门楼。门楼宽29米，硬山造，抬梁式，朱漆梁柱，四角飞檐。门楣横悬一面木质匾额，上书“总督漕运部院”及“戊辰年重修”等字样。2002年，对遗址进行发掘，其面积有5000余平方米，展现出大堂、二堂、大观楼等建筑基础，及主管道、地坪、下水道、官井等设施，出土物有石柱础、门榫、宫灯、脊瓦、莲瓣基座、各类石碑以及邱字青砖等，并重建大门，将其建成漕运遗址公园。

第四章　旅游服务与旅游经济

第一节　旅行社

自1978年淮安首家旅行社诞生，至2008年楚州区有旅行社25家，楚州的旅游业基本形成“行、住、吃、游、购、娱”一条龙服务体系，私营企业占主体，主要经营国内旅游业务。

一、淮安中国旅行社

淮安中国旅行社组建于1978年，是淮阴地区成立最早的旅行社。原隶属于淮安县外事接待办公室，2001年以后隶属于楚州区旅游局，具有独立法人资格，为中旅集团成员、中旅协会会员单位。1999年代表淮阴市参加江苏省首届导游知识竞赛，获集体三等奖，2001～2002年度被江苏省旅游局评为诚信旅行社。

二、淮安康辉旅行社

淮安康辉旅行社是专门从事组织和接待中国公民在国内旅游、观光、休闲度假、考察、疗养，以及承办商贸洽谈和会议活动，办理代购机票、火车票及旅游商品销售业务的旅游企业，为中国康辉集团成员，受淮安市楚州区旅游局的行政管理和业务指导。是省旅游局批准的诚信服务企业，也是区工商局授予的A级重合同、守信用企业。淮安康辉旅行社拥有一批业务精湛的导游队伍和专业管理人员，并备有各种大、中、小型，高、中、低档的旅游车辆。

三、淮安市源之旅旅行社

淮安市源之旅旅行社是具有独立法人资格的企业，提供旅游接待、专业考察、会务培训、汽车租赁、飞机、车船票务等多项服务。

四、淮安环宇旅行社

淮安环宇旅行社内设旅游、计调、外联、业务等部门，承办国内旅游、会务考察、车辆租赁、代办护照签证等。该社拥有经验丰富的管理、外联和业务操作人员以及专职导游人员，常年推出“五心服务”（热心的态度、专心的服务、精心的安排、称心的导游、开心的旅程）和“五个一”（一个纪念品、一首歌谣、一路微笑、一天随团服务、一张质量监督反馈单）活动。

五、淮安市金色假期旅行社

淮安市金色假期旅行社客源业务主要是为各企业事业单位及个人提供国内近百条旅游线路，代办国内航空、铁路等票务及旅游汽车租赁，同时还开展商务考察、散客旅游、零散委托、异地订房等相关旅游业务。

六、淮安市瑞航旅行社

淮安市瑞航旅行社内设旅游、计调、外联、业务等部门，拥有一支专业的管理、导服团队，承办国内国际旅游、商务考察、全国酒店订房、会议异地受理、代售打折机票、代订车船票、车辆租赁等业务。

七、淮安市如诗如画旅行社

淮安市如诗如画旅行社经营国内旅游业务，兼营照相、摄像等影像资料制作业务。

八、淮安市曙光旅行社有限公司

淮安市曙光旅行社有限公司承办国内旅游、商务考察、车辆租赁、酒店预订、国际国内机票服务，旅游咨询等相关业务。该社拥有高素质的管理人员及训练有素、业务娴熟的导游队伍，为游客提供吃、住、行、游、购、娱一条龙服务。

第二节 旅游服务

一、导游、讲解员队伍

1978年，淮安县有导游从业人员4人，隶属于淮安中国旅行社。随着淮安旅游业的逐步发展，导游人数也相应有所增加。2000年，淮安市有导游资格从业人员近30人，大多分布在各旅行社内。2001年以后，随着旅游事业的不断发展，导游队伍规模不断扩大。2004年底，楚州区有导游资格证的达到40人，2008年底有近400人，专职从事导游服务的有近50人。旅游景点讲解人员也随着景点数量的增多而有所增加，到2008年底，全区共有讲解人员近30人，主要分布在周恩来纪念馆、周恩来故居、吴承恩故居、淮安府署、漕运博物馆等几个主要的旅游景点内。

二、旅游交通

1978年，县城旅游交通以步行为主，兼有少量的人力三轮车。1990年以后，城区旅游交通以人力三轮车为主。2002年以后，城区内旅游交通以城市公交车为主。当年开通9条城市公交线路，其中60路到达吴承恩故居、周恩来故居、周恩来纪念馆；61路到达镇淮楼、周恩来故居、河下古镇、吴承恩故居；62路到达镇淮楼、周恩来故居、勺湖公园、河下古镇；63路到达镇淮楼、周恩来纪念馆、梁红玉祠；65路到达漂母祠、淮安府署、漕运博物馆、漕运部院遗址公园；66路到达勺湖公园、周恩来故居、镇淮楼、中共中央华中分局遗址纪念馆、水利枢纽风景区；67路到达周恩来故居、镇淮楼、韩侯祠、关天培祠、周恩来纪念馆；68路到达韩侯祠、关天培祠、镇淮楼、漕运部院遗址公园、漕运博物馆、周恩来故居；69路到达镇淮楼、漕运部院遗址公园、漕运博物馆、淮安府署、吴承恩故居、河下古镇。2005年，周恩来故居—吴承恩故居开通旅游三轮车专线，票价2元。2008年，城区旅游交通主要依靠城市公交和电动三轮车。

第三节　旅游促销

2001年以前，楚州没有整体开展旅游促销工作，仅有周恩来纪念馆、周恩来故居、吴承恩故居3个景点自发开展一些零星旅游促销活动，收效甚微。2001～2008年，区旅游局组织开展了全区性的旅游促销活动，取得明显成效，到楚州游客人数从2001年的不足100万人次逐年上升到2008年的223万人次，实现了楚州旅游发展的跨越。

2001年4月，区旅游局组团参加国家旅游局在南京举办的第十届全国旅游交易会，筛选出宋元时期藏军洞、淮安府署、青莲岗文化遗址公园、千年古镇河下、萧湖园、绿草荡旅游度假村、运南闸群水利景观、吴承恩故居三期工程、邓颖超生平事迹陈列馆、新安旅行团历史陈列馆、关天培纪念馆、开元寺、东岳庙、中共中央华中分局旧址14个待开发的旅游景点进行包装，向外推介，开展旅游招商活动。为全方位宣传楚州旅游资源，区旅游局、文化局、广电局合作摄制了《壮丽东南第一州——楚州》旅游电视片，专门设计印刷《全国历史文化名城，周恩来故乡——楚州》旅游画册，并在会上散发楚州旅游资料1.1万多份，散发楚州旅游招商指南200份，与外市旅游界同仁交换名片1.3万多张。区旅游局及淮安中国旅行社、鸿雁旅行社、苏源旅行社与上海、浙江、安徽、山东、江西、湖南等省的38家旅游企业达成开拓旅游市场推介旅游线路，共享旅游资源的协议。楚州区与浙江省绍兴市达成共同推出“周恩来祖居地与周恩来诞生地之旅”的旅游线路合同，还与浙江、福建、湖南等省4个旅游景区或旅游资源开发公司达成到楚州考察旅游资源、投资开发旅游项目的意向。《壮丽东南第一州——楚州》旅游电视片在大会专场放映后，受到了观众好评。现场2000多人观看了具有楚州地方特色的民间艺术“高跷扑蝶”表演。旅交会不仅展示了楚州的旅游亮点，宣传了楚州可供开发的旅游项目和优惠政策，还有效拓展了旅游市场。

2002年，楚州区旅游主管部门以首届淮扬菜美食文化节为契机，开展内外宣传：在全区范围内征集近百幅书画作品到各旅游景点展示；在城区主要交通线和景点附近放置宣传标牌，在周恩来纪念馆、周恩来故居、楚州宾馆等地放置旅游交通图；把全区旅游景点情况介绍和淮扬菜谱及其传说整理成稿，利用淮安市旅游局旅游网对外宣传；美食文化节前赴南京、无锡、上海等地宣传楚州旅游资源，推介旅游线路，散发宣传资料4000多份，扩大楚州知名度；9月26～28日，组织景点讲解员、工作人员等20多人到淮安市区各大宾馆、各景点和旅行社散发宣传材料8000余份。是年8月下旬，区旅游局邀请南京10家旅行社总经理到楚州区流均镇绿草荡先期考察独具特色的自然景色，随后又在《南京日报》《扬子晚报》等几家报刊上发布广告，同时印制宣传折页、编写绿草荡导游词、培训了导游人员、拍摄绿草荡旅游风光片。9月底，绿草荡旅游开发公司正式接待外地游客。2003年2月，楚州区旅游局与南京建邺区旅游局签订互相宣传旅游品牌、互派旅游团队、互通旅游信息、旅游资源共享的合作协议，随即付诸实施。4月初，区旅游局组织参加了南京周边城市旅游交易会，散发2000多份楚州旅游宣传资料，签订旅行社之间互相合作组团、接团协议。9月上旬，区旅游局开展"楚州旅游千里行"推介促销活动，分别在上海、南京、济南召开楚州旅游新闻发布会，开在外召开旅游新闻发布会之先河，有20多家省级以上新闻媒体的记者参加活动，先后与50多家旅行社签订合同。

2004年澳大利亚旅游团参观河下古镇

2004年，旅游促销突出旅游新闻宣传，扩大楚州旅游在海内外的影响。楚州区全年有近百篇旅游新闻稿件先后被《中国旅游报》、《华东旅游报》、《新华日报》、《扬子晚报》、《江苏工人报》、《淮海晚报》、《淮海商报》、《新楚州》、江苏电视台、淮安有线台、楚州电视台等新闻媒体采用。区旅游局还邀请日本《日中新报》、北京电视台、《新华日报》、上海《旅游时报》等媒体5批次20多名记者到楚州采访，宣传楚州区旅游资源和开发战略。3月下旬，在南京建邺区举行"楚州名人故里一日游"推介促销会，受到了众多南京旅行社、高校学生会和新闻媒体的关注，吸引周边地区众多游客及澳大利亚等西欧旅行商到楚州旅游观光、考察线路。4月，在淮安市区举行的楚州美食之旅推介会上，区长带队宣传"吃在楚州、游在楚州、创业在楚州"的美食之旅活动。第三届美食节前，区委区政府领导专门赴北京参加淮安旅游推介会，年内还参加了长江三角洲南京旅游交易会、安徽合肥旅游交易会、山东烟台旅游交易会、杭州全国旅游交易会。2005年5月，借助古典名著《西游记》和文化名人六小龄童的效应，在扬州、泰州、兴化、宜兴、镇江、张家港6城市联合举行"楚州《西游记》寻根之旅"推介活动；利用润扬大桥通车的机遇，及时邀请镇江市旅游协会和旅游企业到楚州举行联手开拓两地旅游市场宣传签约活动，为两地旅游企业牵线搭桥。是年8月，楚州区旅游局与山东省莒县旅游局和上海友旺等旅行社共同策划打造的"上海—楚州—山东莒县特色旅游精品专线"，于26日在楚州区漕运广场举行开通仪式。《人民日报》华东分社、《旅游时报》社、《今日信息报》社、《上海老年报》社、上海电视台、淮安电视台等9家新闻单位，上海35家旅行社总经理及200多名游客参加旅游专线开通仪式。上海—楚州—莒县三地旅游专线的开通，不仅实现了楚州旅游进军上海大都市的目标，还有效地解决了上海至莒县"旅长游短"的问题，使上海游客在品尝楚州淮扬美食佳肴、一睹红色旅游经典景区的同时，饱览山东莒县浮来山的美景。10月29日，毛泽东、刘少奇、周恩来、朱德、邓小平等共和国领袖诞生地的旅游局及红色景区负责人齐聚楚州区，参加为期两天的"共和国领袖诞生地红色旅游合作与发展论坛"。全国政协委员周秉德，全国青联副秘书长、中华儿女杂志社总编辑何青龙，国家旅游局政策法规司副司长彭志凯，江苏省旅游局纪检组长周旭，淮安市和楚州区领导及全国500强企业部分知名企业家、旅游投资商、旅行商100多人出席论坛。是年，楚州重点推出红色之旅、名胜之旅、美食之旅、西游记寻根之游、康熙运河水上游、古运河风光游等旅游线路。

2006年5月，吴承恩故居派人随江苏旅游推介团前往韩国首尔、釜山等地开展为期10天的境外旅游推介。楚州旅游景点首次走出国门推销自己。年内，区旅游局充实完善楚州旅游网，加大网上宣传促销力度，将楚州红色旅游景点通过互联网向外传发；组织旅游企业单位负责人外出促销，参加南京长三角旅交会和四川成都国内旅交会；邀请上海28家旅行社总经理到楚考察旅游线路，将楚州的景点纳入上海出游旅游线路中。2007年，楚州区政府联合南京市建邺区、镇江市润州区、扬州市广陵区、徐州市九里区、连云港市连云区的区政府和旅游部门，举办“南北挂钩县域旅游合作与发展论坛”，共同签署《南北挂钩县域旅游合作与发展框架协议》。是年，江苏水乡周庄旅游股份有限公司、江苏省中旅旅行社有限公司、江苏金色华夏航空旅行社有限公司、江阴市华西旅行社等旅游企业与楚州区签署了宣传推介楚州旅游、拓展旅游市场等合作协议。9月初，区旅游局以“繁荣楚州、魅力楚州、多彩楚州”为主题，带领淮安中国旅行社、吴承恩故居等旅游经营单位，组团赴山东泰安，借助国际登山节推介楚州。“十一”黄金周前夕，抓住淮安府衙即将对外开放之机，邀请全国100多家旅行社的老总到楚州踩线，召开推介会，宣传楚州新景点和丰富的旅游资源，开辟了泰州—楚州、扬州—楚州、泰安—楚州等旅游线路。2008年，围绕“纪念周恩来110周年诞辰”开展系列宣传推介活动。区先后组织各旅游企业单位负责人参加在陕西西安、河南郑州、山东济南举办的国内旅交会；组团赴杭州、上海、苏州等地推介楚州旅游；在南京举行百家旅行社周恩来故乡行启动仪式；与中国自驾游联盟联合举办以“缅怀开国总理，祈福北京奥运”为主题的百车自驾游启动仪式；在徐州举办周恩来故乡行旅游推介会；与南京电视台联合举办楚州旅游进高校、进社区活动，让楚州旅游与南京市民和南京高校大学生零距离接触，在南京高校大学生和社区居民中形成楚州旅游热。

第四节　旅游经济

1978年，淮安县将旅游事业作为经济工作来发展，并注重旅游工艺品、纪念品、食品生产。1978～1990年，游客到淮安呈逐年增加趋势，但未能形成旅游产业。1990年，游客20万人次，旅游综合收入150万元。1992年，周恩来纪念馆建成开馆后，推动了淮安市域旅游经济的发展。2000年，实施旅游兴区战略，挖掘本地特色资源，投入巨额资金，建设旅游景点。2002～2008年，先后开发了河下古镇景区、淮安府署、漕运总督部院遗址公园、里运河文化长廊景区景点。2005年，全区开展“中国优秀旅游城市”创建活动，进一步提升楚州的旅游形象。2008年，楚州已形成以周恩来纪念馆、周恩来故居为核心，包括新安旅行团纪念馆、中共中央华中分局旧址在内的红色旅游板块；以镇淮楼、漕运博物馆、淮安府署古城中轴线景区和河下古镇景区为主的古城古镇旅游板块；以里运河风光带为轴线，萧湖、勺湖、月湖三湖风景区、淮安水利主题公园为主体的运河文化旅游板块。旅游业的发展，推动了城市基础建设的改善发展，形成了景点连线，促进了全区的商旅、餐饮、交通等行业的繁荣，特别是地方特色旅游食品行业迅速发展。是年，全区接待游客223万人次，实现旅游综合经济收入12.8亿元。

1990～2008年部分年份楚州区（淮安市）旅游经济情况表

表13-1

年　份	接待游客人数（万人次）	综合经济收入（万元）	年　份	接待游客人数（万人次）	综合经济收入（万元）
1990	20	150	2005	145	56800
2000	92	20000	2006	162	68000
2002	103.8	26000	2007	201	80600

续表 13-1

年　份	接待游客人数（万人次）	综合经济收入（万元）	年　份	接待游客人数（万人次）	综合经济收入（万元）
2003	115.3	42600	2008	223	128000
2004	123.8	47300			

2001年以前，淮安没有开发旅游纪念品。周恩来故居、周恩来纪念馆、吴承恩故居等主要旅游景点的纪念品都是在外地开发制作，然后由景点出售。2002年以后，区政府引导有关企业挖掘开发旅游商品。食品类主要有：淮安茶馓、天妃宫蒲菜、板闸皮肚、顺河百叶、淮安熏鱼、博里红烧羊肉、下关五香牛肉、老卤大头菜、钦工肉圆、金针菜、菱角米、正宗草鸡蛋、外婆家醉鱼、建淮粉丝、“古顺河”系列酒等。工业品类主要有：江苏省井神盐业有限公司生产的旅游系列沐浴盐，江苏康乃馨织造有限公司生产的系列针织品，江苏省上丰针织有限公司生产的系列男女内衣等。工艺品类主要有：博里农民画，以及各景点自制的具有景点特色的旅游纪念品。

第五节　旅游管理

一、安全管理

2001年楚州旅游局成立后，每年都与本区各旅游生产经营单位一一签订《安全生产目标责任书》，突出落实安全生产责任制，强化组织领导，各旅游企业负责人也与中层部门一一签订《安全生产目标责任状》；制定安全生产例会制度、安全生产目标管理制度、安全生产监督检查制度、安全生产事故隐患排查治理制度、事故报告与应急处置制度等，突出抓好重大节日的旅游安全工作。

按照省市区安全生产的具体要求，在全行业中学习贯彻《中华人民共和国安全生产法》《中华人民共和国消防法》，强化安全法律意识，规范安全生产行为。对全区相关旅游企业进行全面安全生产大检查，推动全区旅游企业安全生产责任制的落实，促进安全生产基础建设，建立安全生产长效机制；组织重点旅游企业负责人学习《安全生产条例》及市、区相关文件精神，并研究做好安全生产管理工作的新思路、新方法、新举措，增强安全管理人员的责任心；每年对全区旅游宾馆、旅行社及分社门市部、所有旅游景区（点）等公众游乐场所安全生产工作进行全面安全生产大检查，重点检查各旅游宾馆后堂餐饮卫生，客房防盗、消防通道等安全设施，旅游企业特别是旅游宾馆、电路、电梯的安全状况、消防设施的安全状况及设施的配置状况；旅游景点景区的安全状况；各类易发生安全事故路段、地点的警告标牌的设立和完善情况；旅行社按照安全程序进行团队操作情况，租用车辆情况，采取有效措施约束司机的违章驾驶、疲劳驾驶及对陪同人员的安全防范、急救教育情况；旅行社投保旅行社责任险及告知游客自愿购买意外险情况；各企业签订安全责任书及安全责任制的落实情况；公众游乐场所设施安全情况。

二、突发事件应急处置

2005年，楚州区旅游局制定《淮安市楚州区旅游突发公共事件应急预案》（以下简称《预案》）。《预案》共分“总则”“组织机构及职责”“处置机制”“应急保障”“附则”等5章，就编制目的、编制依据、适用范围、工作原则、事件分类、应急预案体系、领导机构、组织机构、监测与预警发布、先期处置与信息报告、预案启动和应急响应、旅游突发事件的应急救援处置程序、信息发布和通报、应急处置工作网络体系、应急救援资源及救援设施、应急预案宣传、应急演练等作了详细规定。提高处置突发旅游公共事件的能力，高效、有序地做好旅游突发公共事件的预防和救援工作，推进“平安楚州”建设。

第五章　中国优秀旅游城市创建

第一节　创优组织与实施步骤

2004年底，楚州区创建中国优秀旅游城市领导小组成立，组长由区长兼任，副组长由区委、区人大、区政府、区政协有关负责人兼任，成员由区委、区政府33个部门的主要负责人担任。领导小组下设办公室，办公室下设6个小组，分别是：旅游发展与综合协调达标组、旅游安全管理达标组、旅游环境与功能达标组、旅游景区与行业管理达标组、旅游市场与秩序达标组、旅游宣传与教育达标组。各小组均明确组长单位和组员单位，以及相关的职责。

2005年1～12月，全区召开创建中国优秀旅游城市动员大会，布置“创优”工作，分宣传发动、全面实施、自查整改、自查验收等四个阶段部署落实创建工作。2005年11月12～14日，淮安市（含楚州区）通过国家旅游局的验收，获得“中国优秀旅游城市”的称号。

第二节　创优活动

一、优质服务活动

2005年6月，全区旅游企业广泛开展优质服务竞赛活动，评选出“十佳服务明星”和10名“优秀导游员”，优化旅游环境，提高旅游企业的服务质量，树立旅游从业人员良好形象。

二、景区建设和环境整治

2005年，新建了“吴承恩生平陈列厅”、挂牌成立吴承恩纪念馆，新建“新安旅行团纪念馆”等旅游景点；对周恩来纪念馆、新安小学等景点周边环境进行整治，对各旅游景点进行美化亮化，对道路交通、一日游、导游员、旅游景点进行规范整治；加大对旅行社和旅游宾馆饭店检查的力度，严禁超范围经营。

三、改造公厕与规范公共信息图形符号

2005年7～9月，全区所有旅游景区的公厕按“创优”标准进行改造，使主要景点和游客主要集散场所的公厕达到创优标准。同时，对公共场所的所有公共信息图形符号按国际标准规范设置。

四、国家AAAA级旅游景区创建

2004年3月，全区开展国家AAAA级旅游景区创建活动，周恩来纪念馆申报创建AAAA级旅游景区。2005年11月1日，顺利通过国家旅游局组织的国家AAAA级旅游景区验收。当年起，周恩来故居推进国家AAAA级旅游景区创建工作，2008年2月22日通过了全国旅游景区质量等级评定委员会办公室评定小组的验收，成为楚州区第二个国家AAAA级旅游景区。

第十四篇　外向型经济

80年代后期，淮安市外贸机构从商业系统析出，单独建立淮安市对外贸易局，负责全市外贸收购计划的编制、下达、检查、督促等外贸行政管理工作，同时设立淮安市对外贸易公司。90年代初，淮安市对外贸易公司在扩大发展出口土、畜、特产品的同时，拓展业务，出口产品发展到医药、化工、电子、服装、丝绸、机械等11个大类，120个品种。出口生产企业100余家，出口产品销往美国、日本、澳大利亚等国家和中国香港、澳门地区。淮安地毯厂地毯产量、产值位居全省同行业第二。1992年，淮安市对外贸易局更名为淮安市对外贸易经济委员会，与省外贸公司脱钩，独立经营。是年，淮安市外贸进出口额1.67亿元。此后，随经济形势变化，传统产品出口量萎缩，但出现新的出口产品品种和出口劳务等。90年代末至21世纪初，淮安市政府成立招商引资办公室，引进利用外资开展经济技术合作，制定优惠政策，设立经济技术开发区；楚州对外贸易经济委员会更名为对外经济合作局，职能有所调整，列入政府工作部门序列，主要负责对全区外贸、外资、外经计划进行编制、下达、检查和督促，同时为外贸企业和外向型经济发展，进行指导、协调，提供必要的服务。楚州对外经济贸易进入新的发展时期。

2002～2008年招商引资到位资金共计164.87亿元人民币。2008年，全区有外贸进出口企业88家，外商投资企业49家，外贸进出口总额为9013万美元。

第一章　对外及对港、澳、台贸易

第一节　管理机构

80年代后期，淮安市外贸公司从商业局分出，分别成立淮安市贸易公司、淮安市对外贸易局，主要职能由省贸易公司拨付资金，帮其在淮安收购纺织品、农产品等。1992年，淮安市对外贸易局更名为淮安市对外贸易经济委员会，和省外贸公司脱钩，独立经营。1997年政企分家，改称淮安市对外贸易经济委员会，2003年撤委成立楚州区对外经济合作局（简称“外经局”），主要职能为对外贸易、外国投资管理、对外投资和经济合作。2008年，对外经济合作局共有行政编制9人，行政附属编制2人，内设对外贸易经济合作管理科和外国投资管理科等3个职能科室，均为股级，另设置纪检监察机构。

第二节 进出口贸易

80年代初,淮安县出口产品以农副产品、土特产和针纺织品为主,1985年,外贸出口额3100多万元。此后,外贸系统逐步形成以香料油厂为龙头的薄荷油加工生产;以花边厂为龙头的抽纱制品加工生产;以丝绸厂为龙头的织绸加工生产;以针织厂为龙头的针织品加工生产;以草制品厂为龙头的草柳制品加工生产企业群体。1991年,淮安市外贸系统有100多家专门从事出口产品生产的企业,出口商品有土产、畜产、轻工、工艺、纺织、服装、丝绸、电子、机械、粮油食品等11个大类120个品种。产品销往美国、日本、澳大利亚、科威特等国家和中国香港、澳门地区。1992年,淮安市外贸进出口总额1.67亿元。90年代中后期至21世纪初,传统产品的出口量萎缩,纺织、食品加工、化学原料及化学品、塑料制品、交通运输设备、电子及通信设备、黑色金属冶炼及压延加工产品,逐步成为主要的出口商品。2000年,淮安市外贸进出口总额4417万美元。2008年,楚州区外贸进出口总额9013万美元。

1998年板闸镇加工出口地毯

第三节 生产经营企业和产品

2008年,全区有外贸进出口企业88家,外商投资企业49家。

一、生产型企业

外贸生产型企业主要有宝洋体育、康乃馨织造、宏创家用品、富特服饰、锦川服饰、长城教具、一洲毛巾、宏阳毛巾、希尔盖电子、威特保鲜剂、华夏毛巾、共创人造草坪、艺骏针织、光明电器、针织帽厂、井神盐电等16家企业,产品主要集中在服装纺织、电子、人造草坪方面。

二、外资型企业

有实绩的外贸外资型企业主要有友丽恩服装、风胜家用品、冠杰制衣、圣铃五金塑料、米德兰、风华家居、鑫泉户外运动等7家企业,产品主要集中在服装纺织、体育用品方面。

三、贸易型企业

有实绩的外贸流通型企业主要有楚林贸易、联创国际、智达进出口、仁雁进出口、尤莱梅特、瑞星贸易、德尔国际、嘉州进出口、迈斯特纺织等9家企业。

第二章　招商引资

第一节　招商机构

1978～1998年，境内未设专门的招商引资机构。1999年3月，淮安市（楚州区）政府成立招商引资办公室，为政府直属正科级全民事业单位，核定事业编制10人，实有工作人员6人，招商引资工作进入常态化。2002年党政机关机构改革前，实有工作人员11人。2002年楚州区党政机关机构改革后，招商引资办公室更名为招商局，核定事业编制为13人，实有12人。2008年有工作人员13人。

第二节　优惠政策

2003年，楚州招商推介会在昆山举行

1999年8月，市政府制定《关于鼓励来淮投资办企有关规定》，在税收、土地和其他方面出台相关的优惠政策。2002年3月，区政府制定《楚州区招商引资优惠政策》（以下简称“优惠政策”）。同年，楚州区启动建设工业园区，并制定《楚州工业园区优惠政策》。2003年12月，补充针对商贸、旅游和社会事业相关项目的优惠政策。2004年5月出台《楚州区招商引资优惠政策》，对到楚州工业新区、全民创业园投资的工业企业，在土地、财税、规费等方面的优惠政策进行详细的说明；对投资商贸、旅游和社会事业项目的，在财税、规费和其他方面都作出明确的规定。2005年2月，区政府在2004年优惠政策的基础上，印发《楚州区招商引资优惠政策》，除对到楚州工业新区、全民创业园投资工业企业和投资商贸、旅游、社会事业项目优惠政策进行修订和完善，还对现有工业企业盘活存量资产、对外合资合作的，在税收、土地方面可享受的优惠政策作详细的说明。

土地价格优惠　工业用地以协议出让方式取得土地使用权，使用期50年；土地出让价格不低于省政府规定的最低出让标准；对投资规模大，科技含量高，纳税能力强的项目，给予一定奖励。

税收优惠　亿元以下项目从合同约定开工之日起3年内，亿元（含）以上项目从合同约定开工之日起4年内，年亩均缴纳税收达4万元的，则从符合条件当年度起，享受企业所得税地方留成部分前5年全额、后5年减半奖励政策。外资企业在享受国家规定的相关企业所得税优惠政策外，可同时享受上述奖励政策。在规定年限内年亩均缴纳税收未达到4万元的，则不享受所得税奖励政策。招商引资企业在享受优惠政策期满后且进入全区前20强的工业企业,入库税收以上年为基数,增长部分按有关规定享受一定奖励。

规费优惠 项目审批、基本建设免收工商注册登记费、注册代码证费、税务登记证费、房屋产权办证费、土地使用权证办证费、卫生许可证登记费、药品经营许可证费、规划技术服务费、城市建设配套费、新型墙体发展基金、建设工程质监费、档案服务费、散装水泥专项基金、绿化费、道路占用费、水增容费、供(配)电工程贴费等区级行政性规费。

用电优惠 对符合电费综合补贴范围的工业生产企业,自2006年1月1日起至2008年12月31日止,给予三年的电费综合补贴。补贴标准为每千瓦时不超过0.1元。各企业的用电量以当地供电公司的抄表到户数为准(要求提供国税部门监制的"江苏省电力用户电费统一发票"复印件一式四份)。

第三节 投资载体

楚州经济开发区前身为楚州工业园区,于2002年3月启动建设,同年7月18日对外招商。2002年10月,经淮安市政府批准设立楚州工业园区,面积5.67平方千米,首期启动面积2平方千米。楚州经济开发区位于苏北水陆交通枢纽节点,楚州老城区东侧,区位优势明显,交通十分便捷。开发区总体控制性规划面积53平方千米,至2008年已开发建设近10平方千米,设立了行政服务配套区、商住商贸区、仓储物流区、针纺服装工业区、机械机电工业区、精细化工区、高新技术区等7大类功能区域。

淮安市楚州化工集中区地处楚州区季桥镇境内经二十路以东、十六斗西一支河以南、入海道调度河以北。总规划面积9平方千米,至2008年已用地146.67公顷,基础设施建设共投入7150万元,其中污水处理厂投入3500万元、工业供水中心投入1200万元、固废处置中心投入1500万元、电力设施投入300万元、道路铺设投入600万元、雨水管道铺设投入50万元。污水处理厂、工业供水中心、固废处置中心已建成使用。

第四节 招商项目

1999～2008年,全区引进的工业大项目主要有江苏双环齿轮有限公司、淮安汤始建华管桩有限公司、江苏意奔玛机械有限公司、江苏国信生物质发电有限公司、江苏击利乐工程机械股份有限公司、江苏施塔德电梯有限公司、淮安市苏食食品有限公司、淮安共创人造草坪有限公司、江苏大成医药化工有限公司、江苏海恩电池有限公司等。2002～2008年招商引资到位资金共164.87亿元。

2002～2008年楚州区招商引资重点项目一览表

表14-1

年份	重点项目		
	名称	引资额(万元)	投资单位
2002	华阳手套	120万美元	上海华阳手套有限公司

续表 14-1

年　份	重　点　项　目		
	名　称	引资额（万元）	投资单位
2002	惠德隆汽配	20000	淮安惠德隆汽车配件技术有限公司
	甜蜜食品	1400	上海甜蜜食品有限公司
2003	国贸服饰	5000	张家港市友谊服装有限公司
	外婆家食品	1200	绍兴利康食品有限公司
2004	国际商城	25000	淮安国康房地产开发公司（温州）
	意奔玛滤清器	13000	浙江意奔玛机械有限公司
	瑞气空分设备	12000	温州瑞气空分设备有限公司
	日月星家纺	11200	浙江林盛织造有限公司
2005	木制品加工	1900万美元	上海伊之龙木业有限公司
	60万吨盐硝联产	33000	江苏盐业总公司
	双环齿轮	32600	浙江双环齿轮有限公司
	大成化工	7500	淮安大成化工有限公司
2006	木塑产品	3200万美元	常州松竹塑业有限公司
	运动器材	2200万美元	厦门达科工业有限公司
	建华管桩	1700万美元	汤始建华管桩有限公司
	富毅制衣	600万美元	台湾客商
	方舟化工	31000	江苏方舟化工集团
	秸秆发电	25000	江苏国信集团
	开创春天布业	16000	常州客商
	晨化化工	15000	扬州晨化科技集团有限公司
	惠上纺织	15000	江苏惠上纺织有限公司
	梅轮电梯	15000	浙江梅轮电梯有限公司
	毛氏化工	10000	江阴客商毛金坤
	东宇化工	10000	淮安南洋化工有限公司
	海恩电池	5000	台湾竹龙客商
2007	苏食食品	26000	江苏苏食集团
	翔宇乳业	16000	江苏翔宇乳业有限公司
	淮强电子	15000	香港富华电子贸易有限公司
	共创草坪	12000	江苏共创人造草坪有限公司
	击利乐机械	12000	江苏击利乐工程机械股份有限公司
	万芳香料	12000	上海万芳香料有限公司
	超纯环保设备	10720	江苏超纯环保设备有限公司
	大山面粉	6000	江苏大山面粉实业有限公司

续表 14-1

年 份	重点项目		
	名 称	引资额（万元）	投资单位
2008	苏果超市	17000	南京华润苏果
	航天光电科技	10000	无锡航天光电科技有限公司
	海螺水泥	47000	海螺集团
	润淮针纺织	30000	上海客商钱先生
	壁挂锅炉	10000	西安中迪采暖设备有限公司

2002～2008年楚州区招商引资到位资金一览表

表 14-2　　单位：亿元

年 份	到位资金	年 份	到位资金
2002	6.75	2006	28.2
2003	16.6	2007	37.6
2004	29.82	2008	31.6
2005	14.3	合计	164.87

第三章　楚州经济开发区

第一节　发展概况

楚州经济开发区位于楚州老城区东郊、新城区规划范围内，东至楚州区季桥镇，南临淮河入海水道，西至新城区经十路，北跨新长铁路到席桥镇境内。新长铁路淮安东站、楚州长途汽车站、京沪高速楚州入口均在开发区内，交通便捷，区位优势明显。开发区于2002年3月启动建设，同年7月18日对外招商，2006年4月被批准为省级经济开发区。

2002年3月7日，楚州区政府召开园区建设动员大会。到2008年已开发建设9.7平方千米，完成基础设施投入累计10亿多元，形成以江苏省井神盐业有限公司、江苏康乃馨织造有限公司、淮安市惠德隆科技有限公司、江苏双环齿轮有限公司、江苏国信生物质发电有限公司、江苏外婆家食品股份有限公司、江苏苏食集团、淮安汤始建华管桩有限公司等企业为龙头的化工、针纺织、汽摩配、农副产品加工、建材等产业集群，共引进项目270个，投资总额140.19亿元，其中10亿元以上项目2个、亿元以上项目40个；竣工投产项目195个。2008年园区开票销售超500万元企业有65家，其中进入全区工业企业20强的有10家、进入全区工业企业50强的有26家；税收100万元以上企业21家。

2002～2008年楚州区经济开发区发展概况表

表14-3

年　份	投产企业数(个)	开票销售(万元)	入库税收(万元)	财政收入(万元)
2002	17	24193	810	810
2003	31	43988	1470	1470
2004	57	79979	2674	2674
2005	105	145418	4862	4862
2006	161	223721	7480	7480
2007	191	353876	11396	12056
2008	239	610208	17453	18552

第二节　建设规划

2002年3月，楚州区委召开常委扩大会议，决定举全区之力建设楚州经济开发区，当时确定经济开发区规划面积为6平方千米。根据建设发展的需要，是年底，区委、区政府决定扩大楚州经济开发区的规划面积，从6平方千米扩大到20平方千米，制定开发区“高起点规划、高标准建设、高质量管理”的原则，进行规划的编制与功能区域的划分，主要设立行政服务配套区、精密机械与配件产业园区、IT产业园区、盐化工产业园区、针纺服装工业区、精细化工区、仓储物流区、建材产业园区等功能区域。2008年，总体控制性规划面积调整为53平方千米，按近期、中期、远期进行分区建设。

楚州经济开发区一角　（2005年摄）

第三节　基础设施建设

经济开发区建立以后，楚州区政府逐年加大基础设施建设投入，到2008年底，经济开发区、精细化工园区、建材园区建成区基本达到“七通一平”，基础设施基本满足落户企业建设和生产需要。先后修建主辅干道39条，总长35.5千米；全面启动开发区商住房和安置小区建设工作，拍出商住用地3块，2块为普通商住用地，1块为安置小区，其中6.67公顷丰泰房产项目主体于2008年6月18日开工建设，淮安市融城房地产开发有限公司开发承建的建筑面积约5.6万平方米安置房工程施工是年底已经六层封顶；2008年基本实现开发区建成区范围内的全面绿化亮化；共铺设自来水主管道25千米，铺设排水管网20千米，建成纬三路中、纬四路、纬五路、纬七路、经十四路等道路污水管道；雨水管网经过2007～2008年的建设已基本能够保证安全度汛，先后实施铁云路、纬二路、经十四路雨水管道工程，新增加一条经十四路南北明沟，进行分流。同时对管网进行疏通整修，完成对新一支大沟、三中沟、四中沟、五中沟、老涧河等排水河道疏浚和清障；建成垃圾中转站1个，并设置193个垃圾点分布于各个企业，日处理垃圾10吨以上。

第四节　项目建设

2002～2008年，经济开发区落户项目275个，其中投产项目202个、竣工待投产和在建项目56个、签约待建项目10个。一批全国有影响的大型重点知名企业先后在楚州经济开发区落户开工建设，主要有江苏双环齿轮股份有限公司、江苏意奔玛汽车配件有限公司、江苏康乃馨织造有限公司、江苏惠民汽车配件制造有限公司、淮安苏食食品有限公司、江苏施塔德电梯有限公司、淮安汤始建华管桩有限公司等。

双环齿轮　项目由全国专业齿轮生产规模最大的企业、全国摩托车齿轮标准起草单位—浙江玉环传动机械股份有限公司投资建设。该项目一期投资6000多万元新上齿轮锻造生产线后，于2008年5月开工建设总投资1.2亿元的二期工程，新建厂房2幢共2万平方米，新增连续渗碳炉、滚齿机、剃齿机、珩齿机等国内外精端设备200多台（套），其中日本HAMAI滚齿机、奥地利爱协林多用炉、美国格力森齿轮检测仪等设备世界一流，年产系列模数伞齿1000万只。双环齿轮项目全面投产后，可实现年销售10亿元，入库税收6000万元，将成为国内最大的螺旋伞型齿轮加工企业。

意奔玛汽车配件　项目由浙江温州中国意奔玛集团投资建设，是一家专业生产汽车刹车盘系列产品，集研发、生产、销售于一体的大型汽车配件企业。该项目占地15.87公顷，总投资2.7亿元，于2005年落户开发区，2006年底，投资4000万元的年产500万条汽车皮带项目竣工投产后，2007年下半年新上二期意奔玛机械项目，二期项目投资1.2亿元，主要生产汽车刹车盘、汽车发动机铸造件等，设计年产量为240万套，整个项目全部竣工投产后，可实现年销售额10亿元、税收4000万元，用工3000人，将成为生产汽车配件的重要基地。

苏食食品　项目由国家级农业产业化重点龙头企业—江苏省食品集团公司投资兴建，是楚州区投资规模最大、产业联系最紧、机械化程度最高、建设速度最快的农副产品龙头加工企业项目。该项目占地14.67公顷，总投资2.6亿元，主要从事生猪、家禽屠宰、肉制品加工、放心食品生产，项目全面竣工投产后，年可实现销售10亿元，利税8000万元，用工1500人。该项目于2008年5月正式开工建设。

淮安市苏食食品有限公司苏食肉品直销中心

施塔德电梯　项目由浙江梅

轮电梯成套设备有限公司和香港国际佳升有限公司联合投资兴建，在建的80米高的电梯试验塔将成为楚州经济开发区标志性建筑。该项目计划总投资3200万美元，注册资金1000万美元，占地8.87公顷，总建筑面积6万平方米，集电梯产品研发、制造、销售、安装、改造及维护服务为一体，主要生产成套乘客电梯、医用电梯、住宅电梯、观光电梯、载货电梯、自动扶梯、自动人行道及各类电梯配件。

江苏康乃馨织造有限公司　（见第八篇《工业》第二章《工业门类》第一节《纺织工业》）

江苏惠民汽车配件制造有限公司　（见第八篇《工业》第二章《工业门类》第二节《机械工业》）

第五节　管理服务

楚州经济开发区管理委员会下设六个职能部门和一个直属机构。

党政办公室　负责开发区党工委、管委会日常办公服务工作，负责各项会议的组织安排和综合文字工作、重大事项及各项决策执行情况督促检查；承担人事、行政事务、后勤保障、党建、组织、宣传、统战、信息、机要保密、工会、妇联、共青团和软环境建设等工作。

规划建设局　负责开发区总体规划和控制性详细规划的编制、实施，协助区国土局等相关部门做好土地利用中长期规划和年度计划编制；负责开发区项目供地、选址定点、开发区基础设施配套计划的制定与实施工作，协助和督促开发区道路、供水、供电、排水、排污、电信、广电等各项工程的建设、开发区资产经营公司工作。

经贸发展局　负责编制开发区经济和社会总体发展规划、开发区年度发展计划并组织实施，对开发区企业经济效益、财务状况进行统计分析和监督管理，负责开发区对外经济贸易、技术合作、科技创新等工作，组织做好高新技术企业、项目、产品的认定申报工作，报批和审批授权范围内的固定资产投资项目、工业基本建设和技术改造项目，对开发区内竣工企业的生产进行指导、跟踪督查服务、进度推进、清理整顿等，负责开发区社会、经济等各项指标统计和上报，参与投资项目有关审批和帮办服务，参与开发区项目的竣工验收。

社会事务管理局　负责开发区拆迁安置和征地补偿、计划生育、矛盾调处、环境整治、安全生产、城市长效管理、建筑市场管理等工作。

财税管理局　负责开发区财政收支、预决算的编制、执行、监督，管理开发区国有土地出让金及区政府投资的财政专项资金等财政专户；负责人事劳资、经费开支等日常财务管理；负责开发区基础设施建设资金及征地补偿费的核算、使用监督、稽查工作。

招商局　负责编制开发区招商引资任务目标的实施方案；负责开发区自主招商活动的组织与协调及客商接待、项目洽谈等工作；负责搜集、汇编招商信息和招商项目的编制、发布与跟踪及招商项目建档和管理工作；负责项目服务中心的管理工作。

项目服务中心　依据相关政策，为投资者提供投资信息、优惠政策、申办程序、审核审批所需各项手续材料、法律法规等咨询服务；负责向投资者推荐介绍投资环境，引导投资者选择适宜的项目进行投资；负责项目的接谈，并参与投资项目的上报、考察、选址、签约等工作；组织专家和相关部门论证，并提出初步意见，提请区项目领导小组评审；推进项目的签约、手续办理、开工建设、在建进度。负责对涉及开发区企业的各项检查、评比、观摩、考核活动扎口管理。

第十五篇　银行业　保险业

中共十一届三中全会后，中国人民银行、中国工商银行、中国农业银行、中国人民建设银行和中国人民保险公司等金融机构陆续在楚州设立分支机构，在稳定币值、融通资金、促进经济建设等方面发挥了重要的作用。进入21世纪，各商业银行业务种类增办国际结算、信托、住房信贷、消费信贷、房地产开发、信用卡、电子银行、代收代付代发工资、信息咨询等新兴和中间业务，退出业务咨询、家庭理财、代客验票等服务项目，其中信用卡和住房信贷业务发展进度最快速。2008年，全区有中国人民银行、农业发展银行、工商银行、农业银行、建设银行、中国银行、江苏银行、信用合作联社和人民财产、人寿保险、中华保险公司区支公司等112家金融机构，全行业共有工作人员1013人。全区金融机构年末各项存款余额92.2亿元，其中储蓄存款71.55亿元(活期储蓄23.04亿元、定期储蓄48.51亿元)，企业存款10.23亿元(活期存款8.21亿元、定期存款2.02亿元)，财政存款1.22亿元，机关团体存款3.95亿元，农业存款2.57亿元。各项贷款余额42.70亿元，其中短期贷款29.30亿元，中长期贷款11.51亿元，票据融资1.89亿元。保险业投保金额2.37亿元。2008年全区各项存款余额较1987年增长44.84倍，各项贷款余额较1987年增长110.67倍。

第一章　中国人民银行楚州支行

第一节　机　构

1986年9月，中国人民银行和中国工商银行分设，成立中国人民银行淮安县支行，内设机构为人秘股、综合计划股、金融管理股、货币发行股、会计股。1987年4月，增设国库股。1988年4月，股室更名，"股"改为"科"。同年7月，淮安撤县建市，中国人民银行淮安县支行更名为中国人民银行淮安市支行。10月，增设保卫科、稽核科。1990年4月，增设外汇管理科。1991年7月，设淮安市金融系统监察室。1994年4月，设中共淮安市纪委驻金融系统纪律检查组。1996年，货币发行科更名为货币金银科。1997年，增设农村金融管理科。1997年8月，合并会计科、国库科，设会计国库科。综合计划科更名为货币信贷统计科。1998年10月，撤销淮安市金融系统监察室、中共淮安市纪委驻金融系统纪律检查组，成立人民银行淮安市支行监察室。2000年3月，进行内设机构规范清理工作。撤科设股；撤销稽核科；合并金融管理科、货币信贷统计科，设综合管理股；人秘科更名为办公室；货币金银科更名为货币发行股；农村金融管理股更名为合作金融监管股。2001年2月，撤销淮安市，更名为淮安市楚州区，中国人民银行淮安市支行更名为中国人民银行楚州支行。2003年3月，会计国库股更名为国库会计股。2003年12月，金融管理职能从人民银行划归银行业监督管理委员会，随之撤销合作金融监管股。2004年6月，撤销保卫股和监察室，综合管理股更名为货币信贷与统计股。2008年11月，撤销原先的"一室四股"（办公室、货币信贷与统计股、国库会计股、货币金银股、外汇管理股），改设办公室、调研监测部、金融服务部。

第二节　经理国库

1985年7月27日，国务院颁发《中华人民共和国国家金库条例》，规定人民银行具体经理国库。国家金库淮安县支库由人民银行淮安县支行代理，国库主任由人民银行行长兼任，淮安县辖区内分设28个乡镇金库。后由于乡镇机构的合并，变为27个，经收各乡镇一切库款，并结报县支库，由县支库逐级报解上划。1990～1993年，国库业务全部由手工记账完成，每日所有入库税款由国库人员逐笔登记入账，并手工编制各级次报表，该上划的上划，该留成的留成，通过联行汇划的方式将资金上划上级行，日报表寄至上级行。从1993年开始，江苏省自行开发的国库业务操作系统正式运行，国库业务进入计算机操作时代，由操作人员在计算机中录入每笔国库业务，然后由计算机进行自动分成报解，并产生各级次的报表。2001～2003年使用全国统一开发的1.0程序，2004～2005年使用2.0程序，2005年始，一直使用3.0程序。2007年，国库会计核算系统全面升级，横向联网系统新旧预算收支科目转换，国库收支系统优化版的上线运行。

第三节　票据管理

1990年，淮安市支行恢复托收承付，启用新版商业汇票凭证。从1994年1月1日，商业汇票和银行汇票一律使用新的凭证。淮安市支行按照央行《关于继续整顿结算秩序深化结算改革的通知》要求，实行清算准备金制度。按专业银行和其他金融机构各项存款的一定比例或清算量的大小缴存，由人民银行票据交换所统一管理，专户储存，调剂使用，只能用于同城清算资金不足的短期融资，一般1～5天，最长不超过15天。根据国务院《关于金融体制改革的决定》，人民银行从1994年起全面改革财务制度，取消人民银行各级分支机构利润留成制度和缴税制度，人民银行各级分支机构实行独立的财务预算管理制度。省分行下发《关于加强对人民银行信用社派驻结算组签发汇票管理的通知》，中心支行进行了转发，再次强调各信用社每日营业终了至迟次日上午将当日签发的汇票款项全额划转人民银行。中国人民银行总行以银发〔1994〕245号文件规定，结算"八不准"，实行结算岗位责任制，实行"三公开一监督"，明确将企事业单位账户分为基本存款账户、一般存款账户、临时存款账户和专用存款账户。规定一个企事业单位只能选择一家银行的一个营业机构开立一个基本存款账户，一般存款账户不得提取现金。明确城市信用社只能为经营范围内的服务对象开立账户；实行开户许可证制度，开立基本存款账户必须凭人民银行核发的开户许可证才能开户。从1994年11月1日起改变委托收款方式，仅凭发票不能使用该种结算方式。凭已承兑的商业汇票、债券、存单等付款单位的债务证明。要求参加同城票据交换的各银行，跨系统10万元（含）以上的汇划款项应通过人民银行转汇，50万元（含）以上的银行汇票和系统内50万元（含）以上的大额汇划款项，必须通过人民银行清算资金和转汇。

1995年，淮安市支行按照苏银发〔1995〕28号文件要求清理账户，明确四类账户的划分，建立账户管理系统。10月20日前建立账户库建库工作，11月底前完成基本账户清理。实行账户年检制度。对违反账户管理的处罚，银行对违规开户的每户罚款5000元至1万元，一般户提现的每笔罚款2000～5000元。从1996年8月1日启用新版票证，原旧版票据凭证作废。1997年5月，实施同城票据磁介质交换，制订同城票据磁介质交换办法，同城票据磁介质交换业务处理手续和同城票据交换退票管理办法。1997年6月1日，启用新版银行承兑汇票，并采用委托收款方式提示付款。从1997年12月1日起，取消国有商业银行签发50万元大额银行汇票通过人民银行清算资金，各商业银行跨系统汇划款项10万元以上和系统内50万元以上仍通过人民银行清算资金。1998年6月1日起，中国民生银行签发的跨系统银行汇票通过人民银行代理兑付。1999年6月1日，停止签发全国银行汇票、商业汇票，银行本票、支票使用不得超过1999年12月31日。1999年7月1日起，全国银行汇票采用密押器进行编押和核押。中国人民银行下发关于调整票据、结算凭证种类和格式的通知，将定额本票和不定额本票合并为本票（不定额），将二联和三联进账单合并为三联进账单，将托收承付和委托收款凭证合并为托收凭证，调整后的票证自2005年1月1日起启用。2007年始，进一步加强对已兑付专项票据的管理，做好后续监测考核工作。

第四节　金融监管

1990年，淮安市支行对各专业银行、信用社下发《整顿开户和加强结算纪律的意见》及《违反银行结算制度处罚规定》，人行进行了专项检查。当年，在全辖范围内清理多头开户。并于9月份开展结算纪律检查。1991年，下发《关于加强开户管理工作的通知》。1992年，制订《信用卡业务管理暂行办法》。1996年4月1日，正式施行《信用卡业务管理办法》。当年，苏银发〔1996〕499号规定，为及时反映商业银行的经营成果以及经营过程中存在的问题和困难，从1996年二季度起，各商业银行按季向人民银行报送主要经营指标分析表。1996年5月22日，对辖区金融机构开展结算纪律检查，抽查面达30%。1998年1月26日，对全辖有价单证及重要空白凭证管理情况进行检查；6月，组织对全辖区内现金及账户管理情况进行检查。淮安支行根据《银行账户管理办法》，建立账户管理数据库，输入账户资料3400多条，将市区各类账户纳入计算机管理。1999年6月，组织账户检查，共审核开户许可证1417户，注销开户许可证78户，调整开户银行84户，纠正户名6户，调整人民银行账户管理数据库中账号400多户。当年下发《关于报送商业银行主要经营指标分析表和盈亏情况分析材料的通知》，从2000年起改用新表式报送《苏皖两省商业银行主要经营指标分析表》，同时《国有商业银行主要经营指标分析表》停报。2000年，人民银行会计科目发生调整，于2001年1月1日启用新会计科目。根据上级要求，于2000年10月31日撤回派驻信用社结算组。2000年11月，对辖区金融机构账户管理情况进行检查，审核开户许可证2374户，注销开户许可证116户，调整开户银行27户，纠正户名14户。当月对辖区金融机构结算纪律执行情况进行检查，对存在的问题进行辖区通报。2000年12月，对建淮信用社区域联行业务进行专项检查，对存在的问题落实整改。2001年8月，组织对全辖各类账户进行清理，在账户系统中删除睡眠户和不合规账户52户，撤销33户基建户和一般存款账户。2001年11月，楚州人行组织辖区账户年检，对存在的问题，发出《整改意见书》。2002年，根据《关于撤销江苏省区域联行的通知》，自2002年6月1日起，停止办理区域联行往账汇划业务和江苏省合作银行汇票签发业务；从2002年7月1日起，停止办理区域联行来账业务和江苏省合作银行汇票兑付业务。2002年7～8月，楚州人行组织对城区金融机构23个对公结算网点进行检查，共检查各类账户4981户，对违规情况进行处罚，共罚款3万元，全部在当年缴中央金库。2002年11月1

日，楚州人行实行会计核算管理“四集中”，取消电子联行。2008年，全面推进信用征信体系建设，全年共更新中小企业信用信息572户，全部纳入企业信用信息数据库系统。当年，对辖区190家企业进行了贷款卡年审。

第五节　联行往来与联行资金清算

1981年，为改变对汇差资金不清算、不计息、参加联行往来各行共同挤占联行清算资金的状况，人行、农行和中行三家总行商定，汇差资金必须每天清算并按季节计算利息。1984年，为了使中国人民银行和专业银行的资金严格分清，防止专业银行利用联行往来挤占中国人民银行资金，打破大联行的“大锅饭”，采取“各专业银行自成联行系统，跨行直接通汇，相互发报移卡，及时清算资金”。因联行差错及相互占压资金，1987年又改为“跨行汇划款项，相互转汇”，即“联行仍然分开，跨行相互转汇，及时移证发报，坚持钱账两清”，要求跨行汇划款项与资金清算同步进行，变事后清算为同步清算，这一做法增加了转汇的环节，在途占压长、占用汇差大，影响周转。1991年实行信贷资金与汇差资金分别管理，4月实行大额汇款经人行转汇。1997年，淮安人行实现卫星通信，成立卫星小站，开办电子业务。2001年，取消工、农、中等10家银行机构50万元以上通过人民银行转汇。2002年11月“四集中”后，停办电子联行业务，并撤销区支行联行行号，辖内金融机构联行业务不再通过人行转汇。

1990年4月，对跨专区清欠货款，专业银行一律通过人民银行联行划汇资金。1993年9月16日起，专业银行系统内和跨系统50万元以上汇划款项通过人民银行手工联行办理转汇并清算资金，进一步减少占用汇差资金，保证正常支付和资金清算。1993年9月8日，人民银行向淮安城市信用社派驻结算组，人行和淮安城市信用社签订协议，正式委托其签发“华东三省一市银行汇票”，城市信用社定期向人民银行划转汇票款项并移卡，由人行解付兑付地划来的联行借方报单。联行往来上存、借用资金计付利息，应收应付利息按季（3月1日，6月1日，9月1日，12月1日）通过联通上划，于1994年起不再计付联行利息。1996年8月，正式运行中央银行会计核算系统；11月1日，开始使用微机打印联行报单。1997年1月20日，加入全国第八批卫星小站，正式开通运行电子联行业务。并规定各金融机构相互之间异地跨系统全部贷记业务，系统内50万元以上大额贷记业务及人民银行分支行之间的异地贷记业务均通过电子联行办理。同年7月，成立区域联行，办理农联社省中心清算区域联行汇差资金及有关业务。2000年10月31日，撤回淮安城市信用社派驻的结算组，由淮安工行代理城市信用社结算业务。2002年7月1日，撤销区域联行。同年11月1日开始运行“会计核算管理四集中系统”，取消县支行的联行行号，县支行作为核算中心的网点终端接入该系统，停止签发联行报单，各金融机构异地汇划款项不再通过人民银行办理。人民银行自身联行业务通过大额支付系统办理，作为网点柜，县支行只负责往账业务与来账业务的信息读取，不直接对外签发往账、接收来账，联行往来业务统一由人行淮安核算中心联行柜办理。2006年3月27日始，“会计核算管理四集中系统”正式接入小额支付系统，办理同城和异地借记业务和2万元以下的贷记业务款项划转。

第六节　反洗钱

2003年1月3日，中国人民银行公布《金融机构反洗钱规定》《人民币大额和可疑支付交易报告管理办法》《金融机构大额和可疑外汇资金交易报告管理办法》，于2003年3月1日起施行。人行楚州支行于2003年2月24日成立反洗钱工作领导小组，正式履行反洗钱职责。2007年1月1日，《中华人民共和国反洗钱法》正式施行。截至2008年，楚州区共接收可疑交易报告12笔，资金3534.84万元；人民币大额现金支付交易报告112笔，涉资3.11亿元。

第七节　银行卡

2005年4月，淮安市电子结算中心组织召开人民银行各县（区）支行行长会议，部署银行卡推广普及工作。楚州区成立了由分管金融的副区长任组长，人行、工商局、财政局、税务部门、银行机构等部门主要负责人为成员的楚州区银行卡联网通用推广工作领导小组。同年5月，人行楚州支行建立银行卡推广普及宣传长效工作机制。组织各行、社以横幅、展板、印发彩页等方式进行广泛宣传。2006年8月，发布《关于楚州区2006年银行卡市场发展情况的通报》。是年10月，组织召开银行卡推广普及协调会。2007年7月，发布《关于发展楚州区银行卡特约商户推进POS机安装有关事项的通知》，设立特约联络员，加大对银行机构拓展银联卡人员的奖励力度。同年10月，楚州区银联卡特约商户数86户，安装POS机98台。2008年，在辖区内新发放贷款卡73份。

第八节　外汇业务

国家外汇管理局楚州支局（2001年2月份前为淮安支局）成立于1989年12月，为淮安中心支行所辖6县（区）中唯一有外汇支局的机构，与人民银行楚州支行合署办公，为“一个机构、两块牌子”。有工作人员5人，日常对外办事机构为外汇管理股，主要职责为国际收支统计申报监测分析、进出口收付汇核销管理。

一、外汇（币）存贷款

1996年淮安市农行国际业务开业

1979年以前，侨汇均拆成人民币存款。1979年11月，国务院指示恢复外币存款。中行淮安支行开办外币存款，以侨汇为主要来源。中行成为外汇专业银行。中国银行淮安支行于1984年12月，正式开业，主要经营外汇和各项存贷款以及办理国际结算等业务，1986年开始开办外汇存款业务。外汇存款余额逐年上升，由1986年的1万美元上升到1993年的88.7万美元。当年的外币存款共分甲乙丙三类，淮安中行办理“丙”种存款。丙种存款中，分丙种活期储蓄、丙种定期储蓄、丙种定活两便储蓄三种。外币存款的币种有美元、日元、英镑、西德马克、港元和法国法郎6种。其他货币按当日国家外汇牌价折算成上述6种外币之一存入。1995年、1996年中国农业银行国际业务部、中国工商银行国际业务部相继成立，主要从事外汇存款和外币清算业务。随着进出口门槛的逐步降低，从事外贸的企业逐年增加，经常项目贸易收入成为楚州区外汇收入的主体。楚州区外汇存款增幅平缓，2002年最高峰时仅为573万美元。2005年汇改以来，随着人民币渐进升值，企业和居民个人为规避汇率风险，收汇结汇的速度有所加快，导致外汇存款呈下降态势。由于受管理权限和企业的实际需求，楚州境内中外资企业未发生外汇贷款情况。

二、外汇管理

自1979年开始实行外汇留成办法，在外汇由国家集中管理、统一平衡、保证重点的同时，适当留给创汇的地方和企业一定比例的外汇，外汇留成的对象和比例由国家规定，有外汇留成的单位如本身不需用外汇，可以通过外汇调剂市场卖给需用外汇的单位使用。1994年外汇体制实行重大改革以来，初步建立以市场为主导的外汇管理体制。

三、银行结售汇业务

银行结售汇业务始于1994年，管理体制变迁大致经历以下几个阶段：

第一阶段 1994年1月至1998年9月。外汇局对金融机构外汇业务实施全面监管，结售汇业务作为银行外汇业务范围之一，市场准入管理以及持续监管均由外汇局负责。

第二阶段 1998年10月至2004年1月。1998年10月，外汇局将包括银行结售汇业务在内的金融机构外汇业务市场准入管理职能移交中国人民银行。自2002年12月1日起，以《外汇指定银行办理结汇、售汇业务管理暂行办法》正式确定银行结售汇业务市场准入管理的监管体制。与此同时，也逐步试点批准一部分农村信用社经营结售汇业务。

第三阶段 2004年2月以后。2004年2月1日起，新修订施行的《商业银行法》确定了中国人民银行履行银行结售汇业务市场管理职责；同时，根据国务院有关规定，中国人民银行发布《中国人民银行关于结售汇业务管理工作的通知》，明确由外汇局具体负责此项政策性业务的市场准入管理。外汇局在2004年对经营结售汇业务的金融机构开展了全面的登记备案工作。随着农村信用社改革的逐步深化，2005年12月发布《国家外汇管理局关于农村信用合作金融机构开办结售汇业务有关问题的通知》，决定按照稳步推进、划分职权、严格准入、加强监管的总体原则，进一步完善农村信用社、农村合作银行等农村合作金融机构的结售汇业务的管理。

四、外资管理

楚州的外商投资主要表现为外商直接投资，从90年代初期开始，每年的外商直接投资额为几十万美元。自2000年后，地方政府加大了招商引资的力度，年直接投资额有所增加，但总体上外商直接投资的总额不大。21世纪以后，在地方政府的强力推动下，外商直接投资有所增加（1100万美元/2005年、1200万美元/2006年、2400万美元/2007年）。外商直接投资的特点表现为投资企业数量少、投资规模小、科技含量低。2008年，全区外商直接投资企业32家，注册资本多在100万美元以下，仅有1家与高新技术有关，且未向国家有关部门申请认证。由于受地方外向型经济发展程度和外汇管理权限的限制，楚州区无外汇债务和对外担保。

五、国际收支和外汇统计的监管

国家的国际收支统计申报制度从1996年1月1日开始实行。楚州支局于1996年4月份开始运行国际收支统计申报体系。开始由外汇指定银行通过电传方式将纸质文件传输到外汇局，外汇局按月统计、汇总上报辖区外汇收支情况。2002年，国际收支统计监测系统运行后，由外汇指定银行通过报送软盘方式报送电子数据，报送数据的频率也由“每周一报”到“一周两报”进而到“一周三报”。2005年6月，顺利实现报送数据方式的改革，通过FTP系统报送电子文档，结束了多年以来软盘报送速度慢、容易感染病毒、周转环节多的软盘报送方式。

第二章 中国农业发展银行楚州支行

第一节 机 构

1994年，经国务院批准，作为农业政策性银行的中国农业发展银行（简称"农发行"）挂牌成立。农发行主要任务是以国家信用为基础，筹集农业政策性信贷资金，承担国家规定的农业政策性金融业务，代理财政性支农资金的拨付，为农业和农村经济发展服务。业务上接受财政部、中国人民银行和中国银行业监督管理委员会的指导和监督。1996年9月之前，农发行机构只设置总行、省分行两级，省分行以下的业务，由农行市、县行及基层网点代理。1996年10月16日，从农业银行调入各类人员18人，中国农业发展银行淮安市支行挂牌成立。支行内设办公室、计划信贷科和财务会计科，与当地农行原在镇淮楼东路的营业部合署营业，行政办公用房向总工会租赁。1997年7月1日，营业和办公地点迁至淮城镇东长街143号，该处房屋系农行划转。2001年2月，由于地方行政区域变更，支行更名为中国农业发展银行淮安市楚州支行。2004年5月24日，迁至淮安市楚州区淮城镇永怀路2号营业办公，办公楼自建。2005年11月16日，内部机构名称调整为办公室、计划信贷部、出纳会计部。至2008年，未变化。

2004年建成的中国农业发展银行楚州支行

第二节 金融业务

一、业务范围

1994年以来，农发行业务范围几经变更。在农行代理期间和县级支行成立初期，农发行经营的业务种类较多，既有粮棉油的收购、储备和调销贷款，又有农产品加工企业贷款、农业综合开发贷款、扶贫贷款和技术改造贷款等。主要业务为：办理国务院确定、中国人民银行安排资金并由财政部予以贴息的粮棉油等主要农副产品的国家专项储备贷款；办理粮、棉、油、肉等农副产品的收购贷款及粮棉油调销、批发贷款；办理承担国家粮棉油等农副产品政策性加工任务企业的贷款；办理国家确定的扶贫贷款、农业综合开发贷款以及其财政贴息的农业方面的贷款；办理政府确定的小型农、林、牧、水利基本建设和技术改造贷款。1998年3月到2004年7月，农发行遵照国务院的决定，业务范围调整为专司粮棉油收购和加强收购资金封闭管理。2004年7月以后，随着粮食流通体制改革的顺利进行，经国务院、银监会批准，农发行逐步拓展业务范围，先后增加了办理粮棉油产业化龙头企业贷款，农、林、牧、副、渔业范围内的产业化龙头企业的流动资金贷款、技术改造贷款和基础设施建设中长期贷款，以及农业科技成果转化和农业化项目贷款等，逐步扩大为地方农村经济服务的范围。2005年，经国务院和银监会批准，农发行开办代理保险业务和组织存款等新业务，标志着农业政策性银行将按照现代银行的要求确立体制、机制的新框架，逐步形成以粮棉油收购资金贷款业务为主体、以农副产品生产和加工及支持农业和农村发展的中长期贷款业务的"一体两翼"，以中间业务为补充的多方位支农格局。

二、信贷资产

楚州农发行成立之初，由农行划转来的信贷资产为4.91亿元，其中粮棉油收购、调销、储备贷款4.4亿元、粮棉油加工贷款3815万元、农业综合开发贷款906万元，其他贷款442万元。不良贷款总额为1.14亿元，占贷款总资产的23.3%，其中逾期贷款4766万元、占9.7%；催收贷款6683万元、占13.6%。自营后，在深化粮棉油流通体制改革和保护农民利益的前提下，按照"讲政策、防风险、谋经营、求发展"的要求，通过开展"清非盘活"等活动，提升信贷资产质量。1998年底至1999年，江苏省政府组织开展粮棉油附营业务占用贷款清理认定，确认国有粮食购销企业新增粮食财务挂账和不合理占用贷款1.77亿元。2004年，江苏省政府再次组织对楚州粮食财务挂账开展联合审计认定，至2005年账务处理时，粮食政策性挂账1.85亿元（含"陈化粮价差亏损挂账贷款"2311.27万元，"保护价粮价差亏损挂账贷款"1.38亿元，其他政策性亏损挂账贷款2299.58万元）、棉花政策性挂账996万元。两次审计认定，使粮棉购销企业放下了历史包袱，也使农发行的信贷资产质量有了根本性的转变。2003年开始，促使资不抵债、无力继续运营的区棉麻公司向地方法院申请破产、并配合收集、整理呆账核销的相关材料（2006年按照江苏省分行批复作账务处理）。至2005年末，楚州农发行各项信贷资产规模达5.84亿元，比成立之初增长了18.8%。按照五级分类办法，其中：正常类1.46亿元，占25.1%；次级类贷款3.72亿元，占63.7%；可疑类贷款6560万元，占11.2%。2005年，不良贷款减少1.65亿元，占比下降到1.27%。2008年，农发行投放各项贷款4.35亿元，贷款余额7.38亿元。

三、粮棉油收购贷款

自成立之日起，楚州农发行即承担对当地粮棉油收购资金供应与管理。1996年，按照淮阴市分行《关于切实做好当前粮棉收购资金供应和管理工作的通知》要求，测算出，淮安市秋季粮棉收购约需资金1亿元，支行共投放粮棉收购资金1.93亿元（含农行代理业务期间），由于垫付了收购资金，未出现向农民打"白条"现象。1997年，农发行业务开始全面自营。当年累计投放4.1亿元，保证夏秋两季粮棉油敞开收购和调销、储运及粮食工业生产的需要。年初，为保证1996年末秋季收购扫尾需求，向上级行申请跨年度收购资金700万元。当年夏季收购前，预测收购资金总需求达2.41亿元。在地方政府的协调下，农发行、粮食、财政、棉麻等部门分解资金到位任务。为弥补到位资金的不足，先后向上级行申请贷款计划，分15批累计投放2.1亿元，确保定购小麦5.6万吨、议购小麦2.23万吨、油菜籽2980吨、稻谷5.05万吨、棉花800吨收购入库。至年末，累计发放各项贷款5.86亿元，余额达7.27亿元，较年初上升2.17亿元。1998年，遵照国务院《关于进一步深化粮食流通体制改革的决定》，继续执行粮食定购制度和按保护价敞开收购农民余粮的政策，按收购数量和进度供应收购资金，全年投放收购资金贷款2.28亿元，入库粮食11.5万吨、油脂380吨、棉花900吨。1999年，按照"收1斤粮（棉），给1斤粮（棉）贷款"的政策原则，大力支持夏秋两季粮棉油敞开收购，全年累计投放收购资金2.52亿元，支持粮食收购企业收购保护价小麦、保护价稻谷和油脂4410吨。2000年，国家规定红小麦退出保护价粮食收购范围，企业收购红小麦，价格随行就市、销售面临市场风险，经营得不到财政利费补贴，投放收购贷款风险明显增大。年内，按照"库贷挂钩""购得进、销得出"和"以销定贷、以效定贷”的原则，支持粮油收购。1～7月份，共投放收购资金1.37亿元，支持企业收购小麦14.1万吨，收购油菜籽3660吨；全年投放各项贷款3.49亿元，支持粮棉购销企业收购。为进一步增加购销企业的库容，为下年度敞开收购提供有利条件，同年，申报5个简易建仓贷款项目，可增加库容8650吨，实际投放建仓贷款150万元。2001年，国务院明确江苏全面实行粮食购销市场化改革，粮食收购、市场和价格彻底放开。为满足农民常年卖粮需要，农发行改夏秋两季收购资金集中投放为常年投放，并强调对粮食收购过程管理，提高收购贷款的使用效率，市分行下达《关于非保护价粮油收购资金管理办法》，对非保护价收购的贷款对象、条件、原则，作明确规定。是年夏季收购，按照江苏省政府的决定，白小麦继续按保护价政策敞开收购，混合小麦和红小麦退出保护价，按市场机制运作，秋粮收购取消定购任务，粮食市场全面放开，购销价格随行就市。按照“以销定贷，以效定贷”的原则，投放贷款支持企业收购粮棉和支持国储库收购。

2002年，贯彻落实国务院《关于进一步深化粮食流通体制改革的意见》，参与粮食企业改制方案的制订，并参与企业改制的全过程，帮助企业理顺管理体制，落实老粮保管责任和费用来源，调动基层企业的经营积极性。在信贷支持上，根据上级行的有关规定，研究出台贷款企业信用等级管理办法，确定应重点支持的A级企业12家、一般支持的B级企业9家，应控制的C级企业11个，并实行信用等级动态管理。在投放时，严格执行“以销定贷、以效定贷”原则，确保“收得进、销得出、有效益”。夏季投放粮食收购贷款745万元，收购小麦8950吨，投放秋粮收购贷款3435.6万元，入库稻谷3.17万吨；是年，实现夏季投放的收购贷款年内结零目标。由于2003年夏粮成熟前连续阴雨，大面积发生赤霉病，造成夏粮减产，夏季收购资金需要量不足5000万元。开磅前，支行评定企业信用等级，明确择优扶持和一般支持的对象，确定具备收购资格的企业有25个，占粮食购销企业总数的86%。在粮食收购过程中，购销企业按照市场化要求敞开收购农民余粮，做到以质论价，随到随收。全年累计发放非保护价收购贷款4095.6万元，支持企业收购粮食3.51万吨，发放调销贷款1080万元，调销粮食9000吨，帮助企业盈利800多万元。2004年，楚州农发行按照“讲政策、防风险、谋经营、求发展”的工作思路，加大投入力度，大力支持粮食购销。是年，累计发放流转贷款2.29亿元，较2003年增加投放1.86亿元，增长率达339%；累计支持企业购入稻谷3.61万吨，3490万元，小麦13万吨，1.94亿元，较2003年多入库粮食11万吨；支持企业调入粮食1848万千克，商品值2981万元；累计发放中央储备贷款936万元，轮换储备小麦7260吨。当年人均有效资产达630.5万元，较上年度增381.57万元，比上年度全省人均基数多369.55万元，粮食购销企业实现赢利890万元。2005年，全年累计投放各种贷款3.14亿元，人均有效资产达593.75万元；支持企业收购粮食21万吨，较上年多入库粮食4.43万吨；支持企业调入粮食2590吨，商品值480万元；累计支持省级储备贷款3530万元，支持企业轮换粮食2万吨；支持产业化龙头企业贷款1680万元。同年，中间业务得到了大发展。全年代理保险业务63笔，实现保费收入14.7万元，实现中间业务收入7.2万元；人均存款旬均余额达178万元。全年拓展新的存款客户18户，平均存款余额336万元。2008年，累计投放各种贷款4.35亿元，比上年同期增加793万元。贷款余额7.4亿元，比上年同期增加，3139万元，到期贷款回收率达100%；实现中间业务收入11万元，比上年增加3.5万元。

1996～2008年中国农业发展银行淮安市楚州支行主要贷款统计表

表15-1　　单位：万元

年份	粮油收购贷款		棉花收购贷款		粮油调销贷款		棉花调销贷款		粮油轮换贷款		粮油储备贷款		产业化龙头企业贷款	
	余额	累放	余额	累放	余额	累放	余额	累放	余额	累放	余额	累放	余额	累放
1996	37084	18995	1090	298	4412	—	—	—	—	—	2914	—	—	—

续表 15-1

年　份	粮油收购贷款		棉花收购贷款		粮油调销贷款		棉花调销贷款		粮油轮换贷款		粮油储备贷款		产业化龙头企业贷款	
	余额	累放	余额	累放	余额	累放	余额	累放	余额	累放	余额	累放	余额	累放
1997	52431	34990	1964	2335	1970	3654	—	—	—	—	9155	—	—	—
1998	61180	22846	1701	365	1781	—	—	—	—	—	8400	—	—	—
1999	44193	24675	1467	543	—	—	—	—	—	—	6054	—	—	—
2000	30119	30185	1434	660	121	164	—	569	—	—	5271	3256	—	—
2001	33693	24328	1370	170	—	—	—	—	—	—	5159	—	—	—
2002	24996	4618	—	—	99	—	—	—	—	—	6861	—	—	—
2003	6439	4392	—	—	687	1219	—	—	—	—	5198	1388	—	—
2004	10999	22677	—	—	—	2454	—	—	—	593	5644	2343	—	—
2005	12635	29281	—	—	130	610	—	—	—	778	1250	3530	620	700
2006	2256	4484	—	—	180	527	—	—	1348	1900	29513	31527	280	560
2007	2962	5302	—	—	—	2351	—	—	1238	1890	24064	29631	300	300
2008	2792	8630	—	—	—	2217	—	—	1623	2520	23351	25911	3935	4175

1995～2008年中国农业发展银行淮安市楚州支行年末存款余额统计表

表 15-2　　　　单位：万元

年份	存款余额	其中										
		单位活期存款	粮棉油企业基本存款	粮棉油企业应付利息存款	粮棉油企业收购资金存款	粮棉油企业财务资金存款	粮食风险基金存款	单位定期存款	其他专项存款	国家储备粮油补贴存款	财政补贴资金存款	单位通知存款
1995	391.2	391.2	—	—	—	—	—	—	—	—	—	—
1996	84.2	84.2	—	—	—	—	—	—	—	—	—	—
1997	811.4	811.4	—	—	—	—	—	—	—	—	—	—
1998	825.6	825.6	—	—	—	—	—	—	—	—	—	—
1999	1525.9	452.6	18.8	7	156.4	861.9	29.2	—	—	—	—	—
2000	1231.4	426.7	367.9	0.9	0.2	365.5	70.2	—	—	—	—	—
2001	869	352.8	260	—	—	254.5	0.8	—	0.9	—	—	—
2002	1365.5	62.5	317.7	5.5	59.9	446	348.3	—	6.5	119.1	—	—
2003	1397.2	29.8	1244.1	—	—	123.1	—	—	—	0.2	—	—
2004	1220.1	0.7	1075.8	—	119.2	—	24.2	—	—	0.2	—	—
2005	4214.9	4057.4	—	—	—	—	—	—	—	—	57.3	100.2
2006	2882	1904	—	—	—	—	—	—	526	—	651	—
2007	14887	12214	—	—	388	—	—	—	593	—	1694	—
2008	10093	7868	—	—	827	—	—	50	676	—	130	50

四、信贷资金与风险管理

1996年底，粮棉油贷款余额4.55亿元，粮棉油库存值3.48亿元，其中直接库存值2.97亿元。为加强对粮棉油收购资金管理，支持秋季粮棉收购，在收购资金供应上采取"三挂钩一结合"（与库存挂钩，要求贷款增加库存同步增加；与清欠挂钩，就是多清多贷，少清少贷；与收购进度挂钩，则按收购进度及时供应资金；资金供应与管理相结合），促进分级分部门筹措收购资金责任制的落实。依据人行《关于进一步加强粮棉油政策性收购企业账户管理的通知》要求，清理收购企业多头开户现象，加强对政策性收购资金账户的管理，遏制政策性收购资金流失。期间，共清理收购企业多头开户11个，74个粮棉购销企业都在农发行开设基本账户，奠定了收购资金封闭运行管理的基础。1997年，实行业务全面自营。为帮助企业扭亏为盈，投放700万元支持粮食加工厂、植物油厂补充流动资金。为贯彻执行国务院关于"紧缩银根、减少货币投放、控制通货膨胀"的指示，1998年1月下旬，淮安市支行开展"促销压贷"活动。为确保两季收购资金封闭运行，"收一斤粮（棉）供应一斤粮（棉）资金，卖出一斤粮（棉）收回一斤粮（棉）贷款"，全年累计投放粮棉油收购资金贷款2.28亿元，企业实现销售、回笼货款3744万元，清理不合理占用资金391万元，粮棉油库贷较年初上升6.4个百分点、达到66.4%，新收粮棉油价值与新放收购贷款比率、销售货款回笼率、收贷收息率均达100%，不合理资金占用下降率达6.96%。1999年，夏、秋两季都获大丰收，加之农民要搭保护价的末班车，粮食入库数量大增。9月末，粮食库存38万吨，其中有16.6万吨的粮食被存放在1240个露天囤内，既有存粮安全方面的巨大隐患，又严重威胁收购资金的安全。为实现收购资金良性循环，与粮食局联合下发《关于突击抓好当前粮食销售工作的紧急通知》，帮助企业到靖江、扬州、丹阳等地找市场，有效缓解企业库存量大、销售面狭窄的矛盾，促进顺价销售。仅一季度，净压缩购销储贷款8601万元，收回利息1228.5万元，超额完成市分行下达的一季度收息1042万元的任务。全年累计销售粮食16.5万吨，实现销售收入2.62亿元。

2000年，根据上级行要求，研究制订《存贷款利率管理制度》，在国家利率调整时"及时调整利息计算程序和基数"，定期开展利率执行情况的自查。7月，开展对1999年10月至2000年6月间的存、贷款利率、制度和政策执行情况的自查。年内，加强对粮食购销企业支取大额现金的审批和管理，明确操作程序。支取5万元以上的现金，必须先填写"大额现金支取登记审批表"，说明用途、账户，报信贷部门经办人、负责人和分管行长批准后，才能到柜面支取。全年，企业累计支取大额现金19笔，支取金额达189万元。2001年年初，楚州农发行先后开展"清收企业应收账款、清收不合理占用贷款、清收财务挂账及资金占用、清收应收未收利息"为重点的"四清"活动和"清仓查库"工作。至7月末，全行不良贷款总额2.9亿元，占贷款总规模7.14亿元的40.5%，其中：逾期贷款130万元，呆滞贷款2.3亿元，呆账贷款5819万元。截至8月20日，共清收资金805万元，完成任务100%，其中收回正常销售货款列账420万元，收回被企业挤占挪用的销售货款168万元，收回处理粮食损耗198万元，从其他项目中收回杂粮损失19万元。2002年以后，信贷在计划管理工作上，始终坚持抓抓资金头寸调度，坚持小额勤调，向上级行及时申请或归还系统内借款，合理摆布资金头寸，降低资金在途占用，提高资金运营率；抓利率管理经常开展利率执行情况的自查，确保依法经营。2003年，共清回资金326万元，其中从企业经营利润中收回255万元。2004年的信贷资产质量状况发生根本转变。由于种种历史原因，全行的粮食不良贷款高达1.62亿元，在全省排名第二，严重地制约了经营与发展。经在提高信贷资产质量上下功夫，当年不良资产下降了93%，占比低于全省平均线，实现了历史性的飞跃。2005年始，全力发展业务经营，将风险防范工作贯穿于业务发展始终。2008年，组织开展对全区32家粮食收购企业的贷款资格认定，继续执行贷款风险保证金和合同订金制度，严格按操作程序发放每一笔贷款，并且做好CM2006信贷系统各项工作。

第三章　中国工商银行楚州支行

第一节　机　构

中国工商银行淮安支行（下称工商行）于1986年7月1日与人民银行淮安县支行分营，是办理原人民银行经办的工商信贷和城市金融业务的专业银行，接受人民银行委托，兼理机关、团体、学校等单位存款业务。1993年，全行内部设科室14个，营业部1个，下设办事处3个，储蓄网点8个，共有员工169人。2000年，全行辖11个营业网点，其中营业部1个，分理所3个，储蓄所7个，有员工128人。2008年，中国工商银行股份制有限公司淮安楚州支行辖6个营业网点，其中1个营业室，3个2级支行及2个分理处，有员工93人。

第二节　存贷业务

一、存储

80年代初，储蓄余额仅572万元。1982年，储蓄余额开至1074万元，增办企业定期存款业务。1985年，实行"实贷实存""差额控制"的信贷资金管理办法，重视揽收企业单位存款大户的企业监理相互联系的制度，以求稳定资金来源，当年企业存款余额为1172万元。1990年，工商银行开办了电脑储蓄所，企业存款余额3792万元，各项存款余额为6675万元。1992年9月，工商银行电脑联网开通，对外办理系统内通兑业务，各项存款余额9633万元。1993年，各项存款余额首次突破亿元，达1.19亿元。此后至20世纪末，存储业务持续快速增长。1999年，各项存款余额达5.52亿元，2000年各项存款余额6.36亿元，2005年各项存款余额11亿元，2008年各项存款余额14.43亿元。

二、信贷

1979年，针对当时信贷资金缺口较大的情况，银行按照工业企业经营好差、资金周转快慢、经济效益大小，实行"区别对待，择优供应"。1980年，实行"统一计划，分级管理，存贷挂钩，差额控制"的信贷计划管理体系，可以从商业信贷指标中调剂资金，工业信贷资金变得宽松。1984年，银行按照"以销定贷"原则，按销售资金率核定企业流动资金定额，供应贷款。针对挤压，拖欠对象，对被挪用的挤占的资金，除帮助其积极清理外，贷款加收罚息，对逾期贷款，按"税、贷、货、利的扣款顺序"进行扣收。1985年1月，信贷资金管理体制采取"实贷实存、差额控制"办法，1986年实行计划和资金分开的办法，对流动资金贷款，实行多存多贷的政策，对生产适销对路产品和出口创汇产品的工业企业，贷款适度放宽。进入90年代，银行执行"控制总量，调整结构，保证重点，压缩一般，适时调节，提高效益"的方针，在实际工作中，突出优化增量，支持有效供给，对工业企业进行信誉评估，划分"必保、有限、限制、制止"4个政策界限，发放企业贷款。

80年代初，商业贷款对象扩大到零售商业、饮食、服务、修理、交通、运输、文化、艺术、旅游、卫生等集体企业流动资金贷款。1988年以后，贯彻国家金融宏观紧缩方针，商业信贷实行“控制总量，择优供应，调整结构，保证重点”的做法，选择重点商业骨干企业发放贷款。20世纪末，工商银行各项贷款余额2.97亿元，2000年各项贷款余额为3.35亿元，2005年各项贷款余额1.96亿元，2008年各项贷款余额4.38亿元。

第四章　中国建设银行楚州支行

第一节　机　构

中国建设银行股份有限公司楚州支行（简称“建行楚州支行”）成立于1979年9月，为中国人民建设银行淮安县支行，是固定资产投资拨款监督办理存、贷款业务的专业银行，内部科室设有业务科、财会科。1986年增设人保科；1987开办储蓄业务，拓展储蓄网点，增设储蓄科。根据上级行的指示精神，为进一步搞好建筑企业流动资金贷款和工程造价咨询业务，1987年增设建筑经济科，原业务科改为投资信贷科。1988年，人保科改为人秘科，增设保卫科。下设营业机构环城路、西长街、东长街、镇淮楼、中山门、西门等6个储蓄所。1989年，因储蓄业务发展需要，经人民银行批准，增设东门分理处、南门所、围墙巷储蓄所。1990年，环城路储蓄所改为东门储蓄所，人秘科撤销，改为办公室，增设政教科，储蓄科改为筹资科，投资信贷科改为计划信贷科，建筑经济科改为投资建筑经济科。1992年，根据国家住房制度改革需要，增设了住房信贷部。1994年，根据建行业务品种扩大和发展的需要，为了进一步完善商业银行的服务功能，内部成立了信用卡业务部。同年，为进一步拓展储蓄业务，下属机构增设文府路储蓄所。1996年，更名为中国建设银行淮安市支行。1997年，内设部门政教科改为政工科。同年，为适应建设银行向国有商业银行转轨，原计划信贷科改为业务科，撤销建筑经济科。为进一步拓展工程预决算业务和工程造价咨询业务，增设工程造价科，并对外挂牌营业。随着建行电子信息技术的应用和发展，为使计算机技术更快更好地服务于各项金融业务和加强对计算机的系统管理，增设计算机管理科。1998年，根据建设银行机构改革的需要，撤销计算机管理科、政工科、保卫科，业务归属办公室。将业务科、筹资科合并，成立筹资信贷科。撤销工程造价管理科、住房信贷部，业务归筹资信贷科。财务会计科改为计划财务会计科。增设营业部。根据业务发展和便于服务企业的需要，中山门储蓄所升格为中山分理处，增加对公业务结算。1999年，围墙巷所改为仿古街储蓄所。2000年，为切实做好安全保卫工作，保卫工作从办公室分离，成立保卫科。2001年2月，原建行淮安市支行更名为中国建设银行淮安市楚州支行。同年，根据建行业务指标考核的要求，撤销镇淮楼储蓄所。2002年，撤销了筹资信贷科，成立了信贷业务部、个人银行业务部。同年4月，推行节约化经营，撤销东长街储蓄所；9月撤销文府路储蓄所。2003年3月撤销西门储蓄所，5月撤销仿古街储蓄所，6月撤销西长街储蓄所。2004年7月，撤销南门储蓄所。是年，根据上级机构设置的要求，办公室改为综合管理部，信贷业务部改为业务经营部，撤销个人银行业务部、计划财务部，成立业务管理部，履行个人银行和财务会计业务的管理职能。2005年3月，由于建设银行总行改制，楚州支行更名为中国建设银行股份有限公司淮安市楚州支行，是中国建设银行股份有限公司县区级支行派出机构，支行辖南门分理处、中山分理处、东门储蓄所3个营业机构，营业部作为内设部门参照分理处模式管理。2008年，建行楚州支行内设部门为综合管理部、业务经营部、业务管理部、营业部，下设东门分理处、中山门分理处、东门储蓄所。

第二节　存贷业务

一、单位存款

1985年11月以后，建设银行信贷体制发生了较大变化，信贷资金主要依靠自筹。1991年末，建行淮安市支行企业单位存款余额1987万元，其中基本建设自筹资金存款428万元，建筑业存款167万元，工商企业存款113万元。1993年末，企业单位存款余额1954万元，其中基本建设自筹资金存款499万元，建筑业存款264万元，工商企业存款149万元。1994年末，企业单位存款余额3386万元，其中基本建设自筹资金存款395万元，建筑业存款342万元，工商企业存款228万元。1995年末，企业单位存款余额4622万元，其中基本建设自筹资金存款1286万元，建筑业存款248万元，工商企业存款342万元。1996年末，企业单位存款余额6749万元，其中基本建设自筹资金存款1635万元，建筑业存款146万元，工商企业存款1132万元。1997年末，企业单位存款余额5230万元，其中基本建设自筹资金存款1470万元，建筑业存款863万元，工商企业存款777万元。1998年末，企业单位存款余额9892万元，其中基本建设自筹资金存款3889万元，建筑业存款1695万元，工商企业存款383万元。1999年末，企业单位存款余额1.1亿元，其中基本建设自筹资金存款6292万元，建筑业存款1153万元，工商企业存款454万元。2000年末，企业单位存款余额1.26亿元，其中基本建设自筹资金存款7178万元，建筑业存款1597万元，工商企业存款236万元。2001年末，企业单位存款余额达3亿元，其中建筑业存款1342万元，工商企业存款266万元。2002年末，企业单位存款余额2.91亿元，其中建筑业存款2471万元，工商企业存款339万元。2003年末，企业单位存款余额2.91亿元，其中建筑业存款1371万元，工商企业存款420万元。是年，由于中山分理处停办会计业务，流失部分对公存款，给全行对公存款工作带来了一定的压力。2004年末，企业单位存款余额2.35亿元，其中建筑业存款638万元，工商企业存款427万元。2005年，存款业务形势严峻，尤以上半年储蓄存款增长缓慢，对公存款大幅滑坡，一段时期对公存款较年初负增长，给全行各项业务发展造成了很大的压力。年末，企业单位存款余额下降至1.9亿元，其中建筑业存款542万元，工商企业存款463万元。2006年，企业存款下降较多，仅剩9283万元。2008年，对公存款升至2.27亿元。

二、储蓄存款

1991年，建行淮安县支行储蓄存款余额为3037万元，比年初净增1210万元，储蓄存款占全行一般性存款比重为60.45%，当地新增占比为18.16%，储蓄余额占当地城镇储蓄余额15.35%。1992年，全行储蓄存款余额4169万元，比年初净增1132万元，储蓄存款余额占当地城镇储蓄存款余额15.23%。储蓄存款新增占当地比重为13.12%。1993年，全行储蓄存款余额为6051万元，较年初新增1882万元，储蓄存款新增当地占比23.03%。全行共有6个达标储蓄所（柜），占全部网点的55%。储蓄网点基础设施建设得到加强，所辖11个储蓄网点中有一半改造完成，事后监督实行计算机操作，储蓄所前台配置实现了计算机操作。1994年，全行储蓄存款余额7656万元，事后监督实行计算机操作，前台计算机操作初步普及。1995年，全年储蓄存款余额超亿元，达到1.01亿元，比年初新增2472万元，超额完成全年储蓄存款任务。1996年，全行储蓄存款余额为1.47亿元，较年初新增4573万元，网点全部实现储蓄业务通存通兑。1999年，全行储蓄存款余额达1.84亿元。全年以生肖卡、储蓄卡、个人电子汇款业务为龙头，促进了储蓄存款的增长，发售生肖卡1000余张，吸收存款100万元，储蓄卡发售2000余张，吸收存款500万元；累计经办电子汇款业务623笔，经办金额120万元。2000

年，全年储蓄存款余额2.05亿元，比年初新增2042万元，超额完成市分行年初确定的工作目标，新增额地方占比达31%，居第2位；发售“两卡”2.62万张，卡均余额568元，发卡量和卡存款居地方领先地位；教育储蓄开户数达200余户，存款量200万元。2002年，全行储蓄存款余额2.61亿元，较年初增加3228万元。2003年，全行储蓄存款余额2.83亿元，占一般性存款52.12%，较年初新增2191万元，占一般性存款比例的49.31%。2004年，全行个人存款余额2.85亿元，占一般性存款余额的534.81%。证券代理业务取得良好业绩，先后代理发行了银华保本等11只开放式基金，代销总量达100余万元，是近两年代销总量的2.3倍，代理发行凭证式国债280万元，兑付凭证式国债354万元，实现证券业务收入5余万元。2005年，储蓄存款余额3.16亿元，比年初新增3108万元，新增VIP客户126户。2005年，将代发工资业务列入个人金融业务的战略性任务之一，共拓展800元/人以上的代工户12户，计1万余人，月代发金额1000万元。2006年，储蓄存款余额3.53亿元。2008年，储蓄存款余额5.24亿元。

三、流动资金短期贷款

（一）工业短期贷款

1993年以来，建行淮安市支行认真执行国家“从严控制总量，优化结构，面向市场，转换机制、提高效益”的信贷方针，在地方需求与资金供给矛盾突出的情况下，贷款总量和各类贷款规模基本控制在上级核定的指标规模内，继续推行审贷分离、分级管理和集体审批决策制度，并将“委托贷款”纳入管理轨道，把盘活存量作为支持经济发展，缓解资金矛盾的一个重要手段来抓，建立责任制，下达压缩回收计划，促进信贷资产质量的提高。21世纪以来，工业短期贷款投放围绕结构调整主线，以经营业绩良好的客户和处于优势地位的行业为重点，使80%以上的新增贷款投向交通、教育、自来水等行业和绩优企业。采取“依贷定息、按月调整”的任务下达方式，不断加大收贷、收息工作力度。同时，不断加强贷款营销与管理，切实防范信贷风险。

（二）建筑业短期贷款

建筑企业流动资金贷款范围主要包括：经省分行核定的一次性建筑业流动资金贷款，建筑业更新改造贷款和经市分行核定的一次性建筑业流动资金贷款，房地产开发企业流动资金贷款。贷款期限一般为3～6个月，其中房地产开发企业流动资金贷款期限为1～2年。1990年以后，根据建筑业贷款管理办法，按照“保证重点、择优发放、以贷吸存”的经营原则，充分发挥建筑企业流动资金一次性指标的调剂、补充作用，至2005年累计发放贷款2354万元，调剂贷款指标473万元，收回贷款1428万元，重点支持地方较大的施工企业。同时大力压缩不良资产，2005年末建筑企业流动资金贷款逾期率仅为2.1%（1995年以后，随着信贷管理体制改革，此贷种纳入全行信贷规模，虽单列贷种，但不再单独考核）。

（三）其他短期贷款

1990年以后，建行淮安市支行按照《中国人民建设银行贷款工作目标贷款管理暂行办法》的要求，开始实行贷款达标管理制度，绝大部分贷款实行集体审批制度和审贷分离制度，并严格贷款三查制度，尽力办理抵押、担保手续，贷款日常管理和风险管理得到加强，贷款管理更加规范。1995年以后，积极探索中小企业生产特点，努力培育中小企业客户群体，从基本素质、经济实力，偿债能力、盈利能力、发展能力等五方面对中小企业进行综合评估，支持了一大批中小型客户，促进了信贷资产结构的优化，短期贷款得到长足发展。

四、固定资产贷款

（一）基本建设贷款

1990年以后，建行淮安市支行根据国家的产业政策和工业发展的实际情况，认真做好基本建设贷款项目的选择工作，在贷款投向上，围绕发挥资源优势及国家优先发展的原材料、交通、能源产业的要求，做好贷款发放工作。在项目日常管理中，建立健全项目档案，及时提供工程咨询服务，做好项目动态管理工作，把好资金使用关，实现预期效益。从2000年开始，认真执行资产负债比例管理的要求，在存款增长起伏较大的情况下，既保证全行业务的正常开展，又保证了合理的信贷投放。重点是积极拓展绩优客户，发挥优质项目优势。

（二）技术改造贷款

90年代以后，技术改造贷款是建设银行固定资产贷款的第二大信贷品种。建行淮安市支行把防范和化解金融风险，促进金融体制改革和支持地方经济发展放在工作的首位，调整信贷结构，提高技术改造贷款的质量，着重加强对申报贷款项目投向的研究，加强对企业自筹能力和担保、抵押情况的评估。通过评审决策，重点筛选上报省建行，经省行批准，及时发放一批有发展前途、有还款能力的工交企业的技术改造贷款。1999年以后，执行上级行规定，取消技术改造的贷款，并入中长期贷款科目，统一按固定资产贷款管理。实行项目评估制度，主要是对要求贷款项目的市场可行性、技术可行性、生产建设条件可行性、经济可行性进行评估，特别是对项目所需总投资和投资来源、项目的建设期、项目建成投产后的收支平衡、产品的销售收入、成本、利润、投资的回收期等进行具体估算、分析、预测，最后得出是否贷款的结论。

五、房地产金融业务

1988年房改初期，建行淮安县支行就抽出人员，参与房改政策办法制定、运作前的测算等前期工作。同时，主动参与区房改办的调查测算、实施细则的研定和代表性单位的房改试点工作。1992年，会同区房改办举办多期业务培训，明确住房公积金归集、促交任务，统一政策，统一标准，统一做法，初步形成了住房公积金归集、管理网络，为提高住房公积金归集到位奠定基础，为住房公积金业务的拓展提供了组织保证。2000年以后，进一步强化服务和管理，拓展市场，加快房地产金融工作的发展，各项业务工作都取得了一定的成果。在承办住房公积金归集、管理的同时，积极支持房地产企业开发的发展，多年来向多家房产开发公司发放住房开发贷款。2003年以后，房贷业务、政策性业务拓展迅速，对房地产市场进行细分后，对地理位置好、资金实力强、规划合理、信誉好的开发企业实行差别化服务，加入信贷投入。同时，积极经办个人住房公积金贷款，2005年底金额达1958万元。2006年，各项贷款2.53亿元，其中个人贷款2602万元，公司类贷款2.27亿元。2008年，各项贷款2.53亿元，其中个人贷款4070万元，公司类贷款8450万元。

第三节 中间业务

1989年4月1日，建行淮安市支行实行人民银行颁发的《银行结算办法》和《银行结算核算手续》，1996年起实施《票据法》。根据中国人民银行《支付结算办法》的规定，银行办理各项支付结算中间业务，根据具体情况分别收取邮电费、手续费、凭证工本费等。结算中间业务收费情况主要为办理：银行汇票、银行承兑汇票、汇兑、委托收款、托收承付、本票、支票、查询、挂失等。从1994年开始，逐步开展各类代理业务。1995年，以信贷业务带动中间业务发展，拓展中间业务市场份额，做好保险、电信等费用的归集，代收费业务取得了进展。1998年4月，省行印发《中国建设银行江苏省分行代理省体育电脑彩票销售款项结算业务会计核算手续》的通知，与省体委体育彩票中心联合推出了代收体育彩票资金业务。2000年，实现中间业务收入22万元，增幅为率100%。进入21世纪，代收代付业务发展迅猛。建设银行淮安市支行利用“速汇通”业务平台，全行各网点代收移动公司手机话费、联通手机话费、学费和代发工资等，争办行政事业单位工资业务和地税系统社会保险费业务。同时银行卡业务也取得突破性进展。2001年，全年办理个人电子汇款业务1000余笔，业务总量达到1023万元；签订速汇通结算协议10份。2002年，全行进一步加大中间业务管理和业务拓展工作力度，全年实现中间业务净收入21万元。网上银行业务取得新的进展，新增网上银行个人客户100余户；银行卡业务稳步发展，通过狠抓信用卡规模扩张、代收代付、形象工程和开展“龙卡逍遥游”营销活动。2003年，全行先后代理发行了华宝宝康、博时裕富、长城久恒基金等，代销总量达100万元。2004年，传统的中间业务稳步发展，会计结算、房地产金融、国际结算及信用卡业务平稳增长；新兴的中间业务发展迅速，保险代理、代理投资基金、财务顾问等业务突飞猛进，中间业务收入实现了超常规和历史性的突破。2006年，全年实现中间业务收入113万元。2008年，全年实现中间业务收入484万元。

第五章　中国农业银行楚州支行

第一节　机　构

中国农业银行楚州支行（简称“农行”）自1956年成立后，同人民银行进行了三次分与合。1979年10月第三次复建，地址在镇淮楼西路，为中国农业银行江苏省淮安县支行。复建时担负代为人民银行领导和管理农村信用合作社，代为国家管理支农资金，同时进行自主业务经营，具有管理和经营的双重职能。1980年7月，更名为中国农业银行淮安县支行。1988年2月，淮安县撤县建市，同年3月，中国农业银行淮安县支行更名为中国农业银行淮安市支行。1995年1月，迁址到镇淮楼东路74号。1995～1996年，随着同信用社、农业发展银行的脱钩与分离，农业银行逐步转变为商业银行，完全履行商业银行的职能。1999年5月18日，迁址到淮安市楚州区北门大街200号。2001年2月，更名为中国农业银行楚州支行。随着业务发展的需要，内部机构进行多次调整，营业网点逐步收缩，从业人员逐步精减，单位负责人也发生了多次变更。2008年末，设内部科室5个，直属单位3个，营业网点14个，在职总人数220人，其中管理人员27人，业务人员193人。

第二节　存贷业务

一、存储

1979年，农行淮安县支行全年各项储蓄存款871.6万元。1985年，储蓄存款1390万元。1990～1991年，对公存款增幅非常缓慢，基本随着国家形势、地方经济、企业单位经营状况等方面的优劣变化而变化。1993年，对公存款迅猛增长，余额达9974万元，比上年增加了9186万元。1995年，存储蓄余额达2.91亿元，比年初净上升1.43亿元。1999年，全年储蓄存款总额达4.35亿元，其中对公存款余额达1.27亿元，储蓄净增4897万元。2000年，年末各项存款达5.43亿元。2001年，推进“科技兴行”实现储蓄、对公业务城乡通存通兑，运用“金穗一卡通”“世纪通宝借记卡”等金融产品为客户提供方便快捷的服务，年末各项存款余额6.31亿元（不含同业存款），净增6892万元。2003年，存款业务超常规增长，到年末各项存款余额达8.92亿元（不含同业存款），比年初增加1.75亿元，其中储蓄存款达7.15亿元，比年初上升1.41亿元；对公存款余额达1.47亿元，比年初增加1694万元；农业财政及其他存款余额达2981万元，比年初增加1729万元；银行卡发行总量达2.73万张，比年初增加1.5万张，卡存款余额达6814万元，比年初增加4640万元。2004年，各项存款余额达9.77亿元（不含同业存款），其中储蓄存款达8.57亿元，比年初净上升1.41亿元；对公存款达1.06亿元，比年初下降4074万元。2005年比年初净增1.72亿元，其中储蓄存款余额达10.39亿元，比年初增1.82亿元；对公存款及其他存款下降1028万元。2007年，各项存款余额17.1亿元，比年初增1.63亿元，其中储蓄存款为14.01亿元。2008年，各项存款余额20.25亿元。

二、贷款

农行在农村信贷资金沿袭"实贷实存"管理办法，资金额足，从资金市场（内部：上级行，外部：人行申请调剂）融通，实行计划与资金分开，计划指标管理仍然是农行资金管理一个辅助手段。对贷款均实行带项目、带资金、带计划配套管理办法。1979年前，农村商业贷款由县人民银行办理。1979年后，农业银行复建，农村商业贷款交由农行办理。贷款种类包括商品流转贷款、商办事业流动资金贷款、农副产品采购贷款、预购资金贷款、商业小型设备贷款、中短期设备贷款、科技开发贷款、供销社技术改造贷款和基础设施贷款等。1990年，农行淮安市支行坚持落实国家的货币信贷政策，投放工业短期贷款，绝大部分投向能源、交通、机械等行业，使贷款增量向效益好、资金力雄厚、风险小的企业倾斜。年末，工业贷款余额达1598万元。1992年，在工业信贷中，工业贷款存量回流和增量分配有80%以上用于地方大中型企业和城镇骨干企业。1996年行社分离后，在工业信贷投向投量上把企业信用等级作为贷款投放重要依据，全行累放工业贷款2375万元，比上年增长17%，重点支持18个重点骨干企业发展生产。1998年，国民经济在经过前两年财政金融紧缩政策的调整基本上实行了"软着陆"，全行结合大形势对工业信贷一方面加大对基础产业和优势行业上的投入，另一方面对已有信贷资产进行全保；至年末，全行各项贷款余额5.28亿元，其中，不良贷款余额3.82亿元，占比72.3%，经过努力已实现有效资产保全2.13亿元，占比40%。1999年，全行累计发放各项贷款1.89亿元，其中投放农业贷款3200万元、乡镇企业贷款1600万元、集镇工业贷款3200万元、商业供销贷款3500万元，累计投放技改项目贷款3100万元，向"三资"企业发放流动贷款1600万元。2000年，农行加快信贷结构调整步伐，信贷上加强对客户的授信管理，建立信贷大户档案和信贷管理信息管理系统。同年，农行对商业贷款推行退出准入信贷政策，新增贷款主要投向优势行业和优良客户，进一步优化信贷资产结构，全年累计发放各类贷款1.4亿元。2001年，农行工业短期贷款投放围绕以经营业绩良好的客户和处于优势地位的行业为重点，使80%以上的新增贷款投向农村电网改造、交通、教育等行业和绩优企业。2003年，全行从提高信贷资产质量、优化信贷结构的高度出发，把信贷营销和清降工业企业贷款当作信贷的重要任务来抓。优良客户是营销的重点，2005年，农行进一步优化信贷投入的区域结构、行业结构、客户结构，实施优良客户带动战略，以保证贷款的效益性和安全性。2006年，累计发放各类贷款1.28亿元，余额4.1亿元。2008年，累计发放各类贷款3.58亿元。

第三节　中间业务

一、代理类

1998年，农行淮安市支行根据《关于加快代收代付业务发展的通知》的文件精神，开展中间业务代收代付业务，重点突出邮电、供电、公路交通、国税、地税、自来水、煤气等垄断行业，努力拓展更多的代收代付业务新品种，提高市场竞争力和占有率。全年共组织邮电系统存款1500万元，社保、寿保、财保存款2000万元，代收学校学杂费、择校费存款500万元。1999年，将代理保险业务作为农行推进多元化经营，增加中间业务收入的突破口。2000年，共新开办代收代付业务单位4个，争取到国、地税以卡代收税代理权，共为国税发代收税卡1200张，为地税发代收税卡696张，为10个乡镇6788名教师代理发放工资，为公安代收费2个项目。代理业务手续费收入5万元。2001年，代理保险业务保费2863万元，代理收付款项目业务余额达456万元。2002年，农行把中间业务作为新的效益增长点，把水、电、税、有线电视代收费工作作为全年代理业务发展的重头戏，做好行政机关保险、医疗保险和农村社会保险的收缴与发放代理服务工作，争取国税、地税的以卡代税业务以及在国税局设立代收点、发专用卡2000张；当年还代理电信代收电话费业务。2002年2月，开办中国平安人寿保险公司代理业务，5月开办中国人寿保险公司代理业务。2003年，农行代理保险业务成绩显著，全年累计代理保险6690万元、中间业务收入30万元，其中代理业务收入17万元。2004年，全年累计完成代理的大成精选、长信利息、景顺长城、天同保本增值等基金认购和申购额为400万元，累计代理保险1081万元，实现手续费收入20万元。2005年以后，继续做好移动、石油、国、地税、江苏省船闸等代收费税业务，代理劳保、乡镇老师、乡镇行政人员工资等做好发放工作，手续费收入平稳增长。

二、担保承诺类

1988年，人民银行颁发的关于《银行结算办法》和《银行结算会计核算手续》的通知中对银行承兑汇票、备用信用证各类保函等作了具体的规定和核算办法。1997年《支付结算办法》的颁布实施，对银行承兑汇票、备用信用证、各类保函等作了新的规定。农行淮安市支行从1994年开始办理银行承兑汇票业务。1996年，农行银行承兑汇票余额达3420万元。1997年，农行银行承兑汇票余额达1528万元。1998年，农行共签发银行承兑汇票的开户企业11户，余额达1436万元。1999年，农行根据上级行《关于统一申报审批银行承兑汇票材料的通知》的文件精神，统一使用《承兑申请书》《保证担保承兑契约》和《质押担保承兑契约》，全年签发银行承兑汇票的开户企业9户，余额达1344万元。2000年，农行共为个体大户办理全额银票745万元。2001年，共办理全额银票1701万元，余额达377万元，累计办理票据贴现294万元，余额达87万元。2002年，年末全额保证金或全额质押银票余额达306万元，累计开出1196万元；贴现余额达470万元，累计发生1290万元，比年初增加383万元。2005年以后，根据上级行关于银行承兑汇票贴现管理办法的有关规定，农行对银票贴现业务实行了集中管理，统一到支行营业部办理，明确相关操作流程。

三、银行卡

1995年，农行淮安市支行经上级行批准，于3月8日正式组建金穗信用卡业务部。农行积极开拓金穗卡业务的服务功能，扩大金穗卡的服务范围，除了正常的转账结算外，还将公路养路费、“大哥大”通信费、电话费、水费、电费等纳入金穗卡的行列办理；为大中专学生办理优惠金穗卡，把学生的学费、生活费用金穗卡来办理。全年共发卡达2049张，存款余额达220万元，交易额达1517万元，发展特约商号18家。1996年，信用卡发行达2523张，新增当年信用卡474张，特约商户达19户，实现利润72.5万元。1997年，在全市金融系统首家推出“夜市服务”，新上ATM自动取款机24小时正常开通。以“卡”为媒，带动代收代付业务的发展，通过“金穗一卡通”代收代付业务的广泛宣传，集收付、转账、结算、消费功能于一身，既能在各网点存、取款，又能在ATM上取款，还能在POS上消费，使“金穗一卡通”在市区迅速占领市场。至年末共发行“一卡通”8000张，金穗信用卡653张，存款余额达1321万元。1998年，全行发卡量达1.34万张，新增发卡4710张，卡存款净增253万元，新安装

POS机3台，实现消费50万元。2000年，年末发卡量达2.3万张，新发卡1.2万张，卡存款净增220万元，信用卡消费达268万元，特约商户达27户。截至2003年末，银行卡发行总量达2.73万张，比年初新增加1.5万张，卡存款余额达6814万元，比年初增加4640万元。2004年，年末银行卡发行总量达5.28万张，全年共发行借记卡2.55万张，卡存款比年初增加3816万元，余额达1.06亿元。2008年，实现各类中间业务收入计714万元。

第六章　中国银行股份有限公司楚州支行

第一节　机　构

中国银行楚州支行（原淮安支行，简称“中行楚州支行”）于1984年8月1日正式成立，为中国银行江苏省淮安县支行，地址在楚州区（原淮安市）南门大街117号。初建时内部设置有人秘科、业务科、会计（营业部）科、办事处。1988年2月撤销人秘科，成立办公室、人事科、保卫科、存汇科，11月成立监察室、教育科、稽核科。1989年3月成立计划调研科。1990年4月，撤销人事科、教育科；增设人事教育科、政工科、工会办公室。1991年1月增设营业部、出纳兑换科。1992年1月增设电脑科，8月增设国际贸易结算科。1993年1月增设信用卡科。1997年5月分别增设业务管理部，9月成立信贷管理科、信贷业务科。1998年9月，迁址到镇淮楼东路82号。1999年12月机构改革，设立“三部一室”：办公室、业务管理部、业务发展部和营业部。2002年9月，对零售业务部内部业务管理流程进行整合，分设为对私业务管理科、消费信贷科、银行卡中心。2004年为增强营销拓展能力，再次进行流程整合，公司业务部内下设机构调整为客户营销中心、国际结算科和业务管理科；支行零售业务部下设机构调整为零售贷款营销中心，零售贷款管理中心、个人理财中心和银行卡中心，原内设机构撤销，两大业务部门明确了职责分工，实现了部门内前台、中台、后台业务分离。2005年7月，实施股份制改造，内设机构调整为办公室、人力资源部、监察保卫部、党务工作部、工会办公室、运营部、风险管理部、计划财务部、公司业务部、个人金融部、营业部共计11个部门，在分行内部科室中业务相对独立对外挂牌的单位仅有营业部1家。2008年，中行楚州支行辖有营业部1个，分理处2个，经营性支行2个，共5个营业网点。

第二节　存贷业务

一、存储

90年代中后期，楚州中行金融机构存款业务发展迅速，2000年存款余额达2.23亿元。2001年，与全区各类金融机构的合作范围不断扩大，是年底，本外币存款余额达3.04亿元。2002年底存款余额3.71亿元，2003年本外币存款余额5.14亿元。2004年，与金融机构客户合作的收益最大化，是年吸收同业存款7000万元，办理人民币资金折入3500万元，同年本外币存款余额5.78亿元。2005年，支行不断调整存款营销思路，加强与其他金融机构的主动联系和沟通，使金融机构存款增量不断上升，2005年全辖机构本外币存款余额7.77亿元，其中外币储蓄存款338万美元，比上年增36万美元。2008年，各项存款余额达10.18亿元，其中外币储蓄存款385万美元。

二、贷款

1997年，淮阴市分行制定《中国银行淮阴分行贷款转授权实施办法》，1999年根据上级管理办法，淮安中行实行授信额度管理，同时推行贷款五级分类工作。2000年，人民币各项贷款余额4857万元。2001年，中行淮安市分行成立风险管理委员会，重新修订《中国银行淮阴分行授信转授权实施办法》。2001年以后，楚州中行在信贷业务上，贷款向效益高、信用好的企业倾斜，拓展信贷业务品种，大力发展信贷业务，增加消费信贷在资产业务中的比重，建立了单位、个人信用资料库，制定信用评级等办法。2001年，人民币各项贷款5679万元。2002年始，将防范风险增加效益作为信贷工作重点，同时扩大消费贷款，当年人民币贷各项款7479万元。2005年，人民币各项贷款余额1.92亿元。2008年，人民币各项贷款余额为3.77亿元。

第七章　楚州区农村信用合作联社

第一节　机　构

1984年，成立淮安县信用合作联社，设有信贷管理科、办公室、信用站管理科、会计科、人事秘书科5个科室，下设29个农村信用社，11个信用分社。信用合作联社不具备法人资格，隶属农业银行领导，基层信用社仍是一级法人，独立核算。1987年11月，淮安县城市信用合作社成立，在城区开展存、贷款业务（1998年6月加入县辖结算，直至2001年并入联社，更名为淮安市城中农村信用合作社）。1996年，农村信用社与农业银行脱离行政隶属关系，全社辖37个基层城乡信用社、分社，按照“自主经营、自负盈亏、自担风险、自我约束”的原则独立经营。是年，人行淮阴分行批复同意设立淮安市农村信用合作联合社闸口储蓄所。1998年，为拓展车桥信用社在全镇的吸储范围，申请设立车桥农村信用合作社镇南储蓄所和车桥信用社镇南联办站。

2000年1月2日，经中国农业银行淮阴市分行批准，联社增设科技科，负责计算机软、硬件维护。3月，为适应农村金融体制改革的需要，经人民银行批准，淮安市农行顺河分理处和马甸分理处并入淮安市农村信用合作社联合社。11月，根据江苏省农村信用社改革试点工作会议的部署，农村信用联合社与所辖农村信用社合并为一个法人，统一法人后机构名称为淮安市农村信用合作社联合社，注册资本为480万元，地址为淮安市南门大街7号，同时选举产生了理事长、主任、监事长、副主任。淮安市农村信用合作社联合社成立后，下辖29个信用社，13个信用分社，1个储蓄所。12月10日，人行淮阴市中心支行批复同意淮安市林集信用社平河分社、淮安市宋集信用社桥口分社、淮安市流均信用社中桥分社、淮安市平桥信用社红旗分社、淮安市建淮信用社运南分社、淮安市南闸信用社泾河分社6家分社退出市场。2001年2月10日，淮安市农村信用社更名为淮安市楚州区农村信用合作联社，所属38个分支机构相应变更名称。4月28日，根据人民银行南京分行的要求，人行淮安市中心支行党委研究决定，撤销全市农村信用社所有信用代办站，淮安市楚州区淮城农村信用合作社城南、河下分社撤销，相关业务分别并入楚州区农村信用合作联社营业部和淮安市楚州区板闸农村信用合作社。2008年,农村信用合作联社设有办公室、人力资源部、计划财务部、信贷管理部、电子银行、审计稽核部、合规风险部、授信审批部、科技信息部、安全保卫部、公司业务部、个人业务部、事后监督与对账中心、营业部等14个机构,下辖38个网点,其中农村网点29个。

第二节　存贷业务

一、存款

1980年,全县农村信用社存款总额为750万元。1985年,存款总额894万元。依靠与农业银行合署营业的优势,每年存款业务保持了一定的增长,至1993年,吸收存款超亿元,年底存款余额为1.25亿元。1996年行社分设时,农村信用联社存款业务保持稳定增长,至年末,各项存款余额为2.51亿元,较上年增加2265万元。1997年,市联社对全市信用站进行统一撤销,随着中间业务、票据业务和信用卡业务的发展,存款规模有所提高,存款市场份额逐步得到提高,当年各项存款余额2.79亿元,较1995年增加2801万元。2000年,各项存款余额为4.23亿元。至2004年末,各项存款实现"双突破",即各项存款余额突破7亿元,达7.79亿元,当年存款净增突破1亿元,比2003年净增1.59亿元。2008年,楚州区信用联社各项存款突破20亿元大关,达21.2亿元。

1990～2008年部分年份楚州区(淮安市)信用联社存款余额统计表

表15-3　　单位:万元

年　份	存款余额	年　份	存款余额	年　份	存款余额
1990	6279	1996	25145	2002	52770
1991	7483	1997	27946	2003	61946
1992	9463	1998	31891	2004	77886
1993	12496	1999	34125	2005	100092
1994	17390	2000	40246	2006	137414
1995	22880	2001	46589	2008	212000

二、贷款

1980年,全县农村信用社各项贷款平稳增长。1995年,贷款投放首次突破亿元大关,年末余额为1.19亿元,实现了贷款结构的最大幅度调整。从2000年起,全力拓展农户小额贷款,贷款结构不断优化,农业贷款逐年大幅度增加,当年贷款余额为2.43亿元,农业贷款余额为1.28亿元。2001年开始,为进一步服务三农,解决农民贷款难问题,推出了生源地助学贷款、支农再贷款、扶贫小额贷款等项目。2003年6月,楚州区发生历史上特大洪涝灾害,信用社共投放重灾户、绝收户贷款5600万元。2007年末,累计投放各类贷款13.08亿元,其中农业贷款10.57亿元。2008年,全区累计投放各类贷款16.1亿元。

1990～2008年楚州区(淮安市)信用联社贷款余额统计表

表15-4 单位:万元

年份	各项贷款			
	企业贷款	农业贷款	其中:农户贷款	合计
1990	—	—	—	3495
1991	—	—	—	3935
1992	—	—	—	4008
1993	—	—	—	4879
1994	—	—	—	7354
1995	—	—	—	11901
1996	—	—	—	15638
1997	—	—	—	14975
1998	7301	11631	10029	16193
1999	8277	8196	7066	17600
2000	10506	12794	11392	24305
2001	11615	18673	16411	31527
2002	10948	34679	31223	52132
2003	11369	44445	41045	56678
2004	6816	59978	56830	71352
2005	8365	73829	71060	86630
2006	8533	91622	88767	106635
2007	17106	105735	102559	130793
2008	—	—	—	161000

第八章 江苏银行楚州支行

第一节 机 构

江苏银行楚州支行成立于2004年2月6日,位于楚州区韩信路1号,下辖两个网点。2008年在职人员35人,设有综合部、业务部、营业部。营业部对外窗口共有6个,其中储蓄窗口3个,对公窗口2个,财政非税收入窗口1个;镇淮楼支行对外窗口5个,其中储蓄窗口2个,对公窗口3个。支行除办理金融机构正常业务外,还代收燃气费以及代发工资等。支行结算户开设在楚州工行,金库保管业务等均依托当地工行办理。

第二节　存贷业务

一、存款

2004年12月31日，江苏银行楚州支行的存款余额为2.27亿元，比年初净增2.27亿元；2005年12月31日，存款余额为3.12亿元，比年初净增8461万元；2006年12月31日，存款余额为4.01亿元，比年初净增8876万元；2007年12月31日，存款余额为4.43亿元，比年初增长4268万元；2008年12月31日，存款余额为5.42亿元，比年初增长9907万元。

二、贷款

2004年12月31日，贷款余额为1.89亿元，比年初净增1.89亿元；2005年12月31日，贷款余额为2.77亿元，比年初净增8771万元；2006年12月31日，贷款余额为2.9亿元，比年初净增1359万元；2007年12月31日，各项贷款余额已达4.62亿元，比年初净增1.71亿元；2008年12月31日，各项贷款余额已达4.23亿元，比年初减少3880万元。

第九章　中国人民财产保险公司股份有限公司楚州支公司

第一节　机　构

淮安县于1980年恢复国内保险，在人民银行设保险股，办理保险业务。1984年底，正式恢复中国人民保险公司淮安县支公司，1986年在乡、镇设立分理处、服务所。1993年末，设内部科室9个，有工作人员37人，下设机构21个，保险员42人。2000年，有工作人员15人，下设机构（各乡、镇营销服务部）23个，营销员53人。2008年，楚州支公司有8个科室，工作人员15人，下设机构（各乡、镇营销服务部）25个，营销员49人。

第二节　保险业务

一、财产保险

（一）企业财产保险

1980年保险业务恢复后，是年收入保险费12.2万元，以后逐年稳步提高。1981年3月17日，省保险工作会议召开，确定了企业财产保险为业务发展重点。通过农业银行在各乡镇营业所的协助，代理当地的保险业务。1996年，在当地设立了1～2名保险代办员，成立了保险代办所，承保当地保险业务，各营业所基本上停止代办保险业务。1993年，淮安市支公司收取保险费183.8万元。20世纪末，保费达到1900万元，其中企业财产保险费达到200多万元。2008年，实现保费2900多万元，其中企财险保费达460多万元。

（二）家庭财产保险

1982年，开始恢复家庭财产保险，是年仅收入保险费100元，至1985年，这项业务基本上处于徘徊不前的状态。到1986年，家庭财产保险费收入首次突破万元，达到1.12万元，同年支付赔款0.32万元。1987年1月14日，淮阴市保险系统经理会议在淮安召开。会议针对农村家庭财产保险中存在的宣传发动难、签字收费难、查勘定损难和标的笼统、赔付率高的问题，明确工作要求，以求改善家财保险工作质量粗、承保质量低、赔付率高的粗低高状况。1988年上半年，淮安市支公司和公安部门联合组织人员赴连云港参观学习家财险推广经验；由各居（村）民委员会配合，在城区推广家庭财产治安综合保险，每户收治安联防费4元，保险费2元，保险公司承担1000元以内的保险责任，并在部分乡镇开展农村房屋保险，是年共收取家庭财产保险费3.2万元。1989年，家庭财产保险在市区全面推开，承保面达到90%以上，保费收入升至17.9万元。1990年6月，淮阴市保险分公司颁发“城市家庭财产还本综合保险条款”，该项保险和以往家庭财产不同之处在于，一年为一个保险期限，年内不得退保，一年到期，不退保者，作为自动续保，保险储金每份为25元，保险金额1000元，一户可以购买多份保单，但保险金额合计不超过财产的实际价值为限，无论是否发生赔款，其储金始终归被保险人所有。该项保险在淮安推行后，当年收入家财险保费20.8万元，其中农村房屋保险费13.44万元。同年夏秋之际，由于发生暴雨、洪水灾害，致使6160户保户农房或财产遭受损失，共支付赔款57.3万元。1991年，家庭财产保险继续发展，共有11.56万户城乡居民投保家财或农房保险。是年6至7月，因遭受特大洪涝灾害，农村房屋受损严重，公司共付出房屋赔款145.6万元。1992年，农房保险仍以较高的幅度发展，承保户达到16万户。同年9月，自行车全车失窃险作为家庭财产的附加险在淮安重新开办。1993年，共收取家庭财产保险费65.1万元，支付赔款73.4万元。2000年，收取家庭财产保险费119万元，支付赔款33万元。2008年，收取家庭财产保险费达到260万元，支付赔款170余万元。

二、交通运输工具保险

（一）船舶保险

1980年，扩大船舶碰撞责任范围，并调整内河航线部分船舶保险费率，是年收取保险费1.1万元，此后几年发展缓慢。1980年，船舶业务恢复办理，当年收入保费0.28万元。1981年，保险突击活动，船舶保险有了较大幅度的增长，收取保险费7.9万元。1985年，开展了机动车船保。1986年，淮阴市人民政府下发《关于对机动车辆、船舶实行法定保险的通知》，淮安县船舶保险工作在交通、港监部门配合下，承保面提高。1989～1992年，由于自然灾害和经济滑坡的原因，影响了保险业务的发展，船舶保险费下降至1万多元。1993年，加强与交通港监部门的协作，保险业务有较大回升，保险费收入达到9.3万元。2000年达到18万元，2008年收归淮安市公司统一开办此项业务。

（二）机动车辆保险

1980年恢复机动车辆保险，车保范围包括汽车、摩托车、拖拉机以及各种特种车辆保险，汽车保险分为车辆损失险和第三者责任险两个部分。是年，收取保险费2.2万元，支付赔款0.03万元。1981年，执行新的条款和保单，各种车辆保费在原保费基础上都有所下降。1983年7月，国家经委、交通部经国务院批准联合下发文件，规定“凡申请从事运输的城乡个体或联户，必须在中国人民保险公司投保第三者责任险、旅客意外伤害保险和货物运输保险，才能办理工商登记。国营和集体运输车辆也应积极参加保险”。保险公司当年收取保险费6.6万元，支付赔款4.42万元。1984年3月，执行总公司的《机动车辆保险条款》及费率新规定，新条款降低费率，促进业务的开展，收入逐年上升，1987年达到33.99万元，赔款27.7万元。1985年，出现赔款支出大于收入保费的现象。1988年，淮阴市分公司针对交通事故多，机动车辆赔付率高的情况，制定《机动车辆第三者责任保险限额赔付附贴条款》，对机动车辆第三者责任险每次最高赔付金额限定为2万元，并规定“以原第三者责任险固定保费为基数，加收50%保费”。是年，收取保费47.2万元，支付赔款27.8万元。1989年，淮阴市分公司和公安局决定自6月1日起执行国家对拖拉机第三者责任实行法定保险的规定，凡在淮阴市境内从事运输或既从事运输又兼农田作业的拖拉机（包括手扶拖拉机），都必须向当地保险公司或代理单位投保，是年收取车辆险保费50万元，拖拉机保费2.1万元。1990年1月1日起，执行中国人民保险公司下发的机动车辆保险新条款、费率。下半年，试办机动车辆玻璃、轮胎单独损坏保险，对承保的机动车辆在行驶或停放过程中，由于意外原因造成的挡风、门窗玻璃破碎险及轮胎爆裂损失，由保险公司负责赔偿。此险共收取机动车辆保费66.1万元，支付赔款30.9万元。1993年，在车险管理部门的支持配合下，全市机动车辆保险业务快速发展，全年共收取保险费209.5万元，支付赔款135.5万元。2006年4月，保监委颁布的机动车辆强制保险出台，当年交保险费就达到540万。2008年底，机动车辆保险费达到2100万元，支付赔款1600余万元。

三、货物运输保险

恢复保险业务以后，从1985年起，淮安县支公司开始办理货物运输保险业务，并和航运公司、联运公司等运输单位签约，设立代办点，代办货物运输保险业务，当年收取保险费2.3万元。1988年，增加粮油议购议销公司货物险代理网点，当年保费收入11.7万元。1989年，有5135户投保，保费收入增加至26.6万元，总保险金额4632万元，创历史最好水平。1992年，该项业务转为地方政府代办，其1993年收取的保费为25.1万元，2000年收取的保费为65万元、2008年收取的保费为90万元。

四、农村保险业务

（一）养殖业保险

1985年，开办养鱼保险，当年共承保23.13公顷池塘，收入保费2500元，后因种种原因而停办。

（二）种植业保险

麦场火灾保险 1985年，麦场灾害保险开办，全年收取保险费0.6万元。1986～1987年未开办此项业务，1988年重新开办，全年收入保费6万元，支付赔款0.1万元，此后停办。

麦场火灾两全保险 于1989年开办，全年收入保险费58.3万元，1990年增加到期67.4万元。由于这项业务取得突破性进展和成功，江苏省保险公司为此在淮安（楚州区）召开现场会，推广淮安经验。

棉花保险 1985年5月，在白马湖农场首先开办，共承保棉花213.17公顷，占该场棉花总面积的69%，收入保费4000元；1986年，承保941公顷。1990年，棉花种植成本保险重新开办，全年共承保5713.33公顷棉田，收取保险费6.9万元。

（三）生猪保险

1985年，恢复办理生猪保险，在江苏省辖淮安白马湖农场和朱桥乡试点，全年收入保险费3000元，赔款1000元。1987年，有些保户在赔款上弄虚作假，搞偷梁换柱等手法，造成赔案数量激增，同时也因为公司技术手段跟不上，无法适应这种状况而停办。2008年，根据中央“三农”政策的有关要求，重新开办了能繁母猪保险，是年承保了能繁母猪3.2万头，收取保费192元。

第十章 中国人寿保险公司楚州支公司 中华保险楚州支公司

第一节 中国人寿保险公司楚州支公司

中国人寿保险股份有限公司楚州支公司成立于1995年1月1日,时为中国人寿保险公司淮安支公司,由原中国人民保险公司淮安市支公司分设而成。最初设办公室、团险科、农村科3个科室,后增设个险部。2000年,公司设有4个职能科室,8个营销分支部,1个分理所和28个乡镇保险所。2002年2月,公司随区划调整改称中国人寿保险股份有限公司楚州支公司。21世纪初,公司除了在各乡镇均有服务网点外,聘有400名保险代理人。2008年,公司在城区设有1个客户服务部,1个直属营销部,农村有11个中心职场,27个乡镇均设有销售服务部,并在300多个自然村组委派了驻村代表,建立了村级服务点。

1985年,试办团体人身保险,主要承保机关、团体、企业、事业单位的在职人员及长期合同工、集体所有制企业、农工商联合企业的职工,由单位集体办理投保手续,期限一年,保额最低1000元最高为3000元,费率0.3%～1.5%。在保险有效期内,因意外事故死亡、残废或疾病死亡,保险公司负责付给部分或全部保险金。全年,共承保600人,收入保费0.9万元。此后逐年发展,1988年保费增至8万元。由于团身险重点转移到学生平安险和农村劳动力保险方面,职工团身险出现了停步不前的局面,1993年,保费收入不足万元。1986年,恢复简易人身保险办理。是年,收取该次保费5.7万元。1987年1月,共吸取保险费40.2万元。1989年起,由于物价上涨和企业效益下降等原因,简身险开始下滑,退保人数增多,保费收入下降,1992年,仅收入保险费19万元。1993年大发展,全年共收取保险费123万元。2000年,全年开办55个险种,实现保费收入3009万元,累计处理各类案件,给付金额726万元,案件给付率97%。当年,各类业务全部实现电脑化管理。2002年,实现保费收入7355万元,累计给付各类赔案8000案件,满期给付赔款800万元。2004年,实现保费总收入1.02亿元;累计给付各类赔案4000案件,赔款支出等各类给付2002万元。2008年,实现保费总收入1.61亿元,占全区人寿保险市场份额70%以上,同年共理赔包含新型农村合作医疗保险在内的各类赔案38.76万人次,赔付1.07亿元。

第二节 中华保险楚州支公司

中华保险楚州支公司创建于2004年5月,公司坐落于在楚州区南门大街88号,2008年有员工52人,并在全区各乡镇均有专职或兼职人员。创建最初办理机动车辆险、货运险、责任险及承保全区范围内的水稻、三麦等农业保险等险种,至2007年拓展了建工险、中华居家无忧险、家庭平安卡、人身意外伤害险、医疗责任险等险种。2007年实现总保费收入1824.83万元,其中各类商险保费计622.53万元,农险保费1202.3万元,当年支付商险和农险等各类赔款1110.66万元。2008年,开拓企财险、旅游责任险、医疗责任险等险种,实现总保费收入2100.48万元,其中商险保费500.48万元,农险保费1600万元,当年支付商险和农险等各类赔款1300万元。

淮安市楚州区志

（下册）

淮安市淮安区地方志编纂委员会　编

淮安 淮安区
HUAI'AN CHINA

HUAIANSHI
CHUZHOUQUZHI
1978~2008

方志出版社

目　录

第十六篇　财政　税务

第十七篇　经济综合管理

第十八篇　中国共产党地方组织

第十九篇　人大　政府　政协

第二十篇　民主党派与工商联群众团体

第二十一篇　法　治

第二十二篇　军　事

第二十三篇　人事　劳动

第二十四篇　民　政

第二十五篇　教　育

第二十六篇　文　化

第二十七篇　周恩来纪念地

第二十八篇　文物古迹

第二十九篇　科学技术

第三十篇　卫　生

第三十一篇　体　育

第三十二篇 社会生活

第三十三篇 人 物

附 录

第十六篇　财政　税务

1981年，财政体制由原来的统收统支转向实行财政收入包干。1982年，财政体制实行总额比例包干、超收分成。1988年起，在总额分成的财政体制基础上，实行收入递增包干的办法。从1994年起，淮安市财政每年固定上缴国家资金1055万元。1995年，核定两税（增值税75%部分、消费税）基数是2794万元，超基数增量按照70%上缴国家，30%税收返还。2001年，省对市县财政体制进行调整，主要内容归纳为“三取消”“两集中”“三个机制”。随着发展地方经济力度加大，城市建设、支持科教文卫事业、保障人民生活和维护社会稳定的需求增长，全区财政支出规模也随着财力的增长而逐步扩大。1993年，财政支出首超亿元，为1.05亿元。2007年，财政支出突破10亿元，达13.5亿元。90年代中后期，财政收入增长较快，1996年财政收入首次突破亿元，为1.17亿元。2008年，财政收入首超10亿，达11.1亿元。

1994～2008年，税收总量呈持续、稳定增长态势。区域经济的不断发展，形成工业、商业、房产业和建筑业等四大税收支撑点。随着区域经济向多元化发展，各种经济类型的企业长足发展，经济结构日益优化，区级税收亦持续增长。1993年，淮安市税务局共组织税收收入6202万元。国地税分设后，2000年，地税入库税收8.81亿元；2003年，入库税收1.87亿元，比组建初增长近10倍；2005年，入库各项税收2.51亿元；2008年，入库税收3.1亿元，比上年增长29%。1995年，国税收入为5400万元，以后一路攀升，到2001年突破亿元大关。2005年国税收入达1.95亿元；2006年突破2亿元，实现国税收入2.34亿元；2007年，国税收入2.98亿元；2008年，国税收入达3.6亿元。

第一章　财　政

第一节　机　构

1988年2月，国务院批准淮安县撤县建市，淮安县财政局改为淮安市财政局。1991年5月，淮安市国有资产管理局成立，为副科级单位，由市财政局归口管理。1993年2月，该机构改为市财政局内设科室。1994年，国家实行分税制财政体制改革，市税务局分设国家税务局、地方税务局。是年，建立中共淮安市地税局党组，财政局长任党组书记。2001年2月，县级淮安市撤市建区，淮安市财政局相应改为楚州区财政局。

第二节　财政体制

1981年，实行财政收入包干。1982年，实行总额比例包干、超收分成。是年，淮安县财政收入包干基数为1828万元。1983年，调整为1719.4万元，下半年因黄码、盐河两乡划出，收入基数又调整为1688.67万元，支出包干基数为1643.99万元。1984年，收入包干基数为1686万元，支出包干基数为1599万元。1985～1986年，继续实行“定额比例包干，超收分成”。1985年，收入包干基数为2000万元，支出包干基数为1627万元，财政收支包干比例为81.35%，超收分成比例为50%。1986年，实行“收支挂钩、比例分成，超指标另行结算”的办法，确定淮安县收入包干基数为2650万元，财政支出包干基数为2042万元，留用比例为78.4%，收入超过指标留用比例为62.7%。1987年，收支包干留用比例未变，超收部分另行结算。1988年起，在总额分成的财政体制基础上，实行收入递增包干的办法，以1987年收入分成数2422.3万元为基数，每年递增5.5%。从1994年起，淮安市财政每年固定上缴国家资金1055万元。1995年，核定“两税”（增值税75%部分、消费税）基数是2794万元，超基数增量按照70%上缴国家，30%税收返还。

2001年，省对市县财政体制进行调整，主要内容归纳为“三取消”“两集中”“三个机制”。“三取消”：一是取消了省集中增值税12.5%；二是取消省集中印花税、城镇土地使用税、资源税、土地增值税、排污费、水资源费等小税种和专项收入；三是取消税收返还增量省集中0.05的政策。上述三项取消后，对楚州区原上缴省部分，以2000年上缴额114万元为基数，实行定额上缴。“两集中”是以2000年为基期年，初步核定楚州地方财政收入基数和税收返还基数分别为1.22亿元、3430万元。此后比基数增长部分，省统一集中20%。“三个机制”：一是建立财政转移支付机制。对1999年标准人均财力低于1.1万元的县（区），按照标准人均财力与1.1万元的差额，省补助50%，核定楚州财政转移支付补助基数2200万元（2001年地方财政收入因没有达到省核定基数，故实得2007万元），农村税费改革转移支付补助3570万元，市补助179万元。同时，地方财政收入每增长1%，补助总额增长1.1%，补助最高增长幅度不超过15%。二是建立地方财政收入上台阶奖励机制。楚州地方财政收入每增收4000万元一次性奖励20万元，用于对有关部门奖励。三是建立地方财政收入减收、基数扣减约束机制，比基数减收的，省将相应调减其收入基数，扣减其财力，以上政策一定五年不变。

2003年召开的财政改革动员大会

2002年，企业所得税和个人所得税实行中央与地方共享，中央与地方分享比例为5∶5；2003～2005年，中央与地方分享比例均为6∶4。从2004年起，实行出口退税负担机制改革，核定楚州区出口退税基数为1431万元，出口退税超基数部分地方负担25%。2006年出口退税超基数部分地方负担改为6%。2008年7月21日，省委、省政府出台分税制财政管理体制调整意见，一定五年，主要内容为省财政不再集中地方营业税增量部分。地方营业税以2007年为基数，对增量部分省财政不再集中，全额留给地方；对营业税、个人所得税、城市维护建设税、印花税、资源税、车船税等地方税种收入增量和预算内非税收入增量，省财政均不再集中，全额留给地方；加大对增值税、资源类主要税收的调控。地方增值税25%部分省财政集中50%。地方增值税（即地方25%部分）以2007年为基数，对增量部分省财政统一集中50%；同时，对地方城镇土地使用税、土地增值税、房产税和契税等四税增量省财政集中30%。

1978年以后，农业生产迅速发展，乡镇企业异军突起，农村有计划的商品经济蓬勃发展，乡镇财政也随之发生变化。根据中共中央、国务院〔1983〕35号文件和省市有关文件精神，1985年，淮安对29个乡镇实行“核定收支、超收分成、短收减支、结余留用、超支不补、一年一定”的财政体制。依据淮阴市有关规定，1989～1991年期间，乡镇财政在原定财政体制的基础上，分别实行不同形式的包干办法：一是“收入递增包干”办法。这种办法参照前几年乡镇财政收入增长情况，确定收入递增率（环比）。在递增率以内的收入，按总额比例分成；超递增率的收入，在限额内全部留给乡、镇，超限额的部分另定分成比例。二是“定额上缴”办法。这种办法按核定的收支基数，收大于支的部分，为固定上缴数额。三是“定额补助”办法。这种办法按核定的收支基数，支大于收的部分，实行固定补助。四是“定额补助递增包干”办法。这种办法按核定的收支基数，考虑到乡镇经济发展情况，支大于收的部分，实行递增补助。

1995年始，乡镇实行分税制管理体制。基本内容为固定收入全留，增值税固定比例返还，定额补助或定额上解，以收定支，超支不补，自求平衡。2001年，根据省市农村税费改革的统一部署，对农业税实行定点、定时征收，农民人均减负93.96元，减负率46.23%，全区减负目标基本实现。2004年，按照省市调减农业税率3个百分点和粮食直补工作的要求，将农业税调减到户，将粮食直补补贴到户。从2004年开始，国家对种植水稻的农民实行直接补贴，每亩地补贴20元，并用水稻直补资金抵缴当年的农业税。从2005开始，国家决定利用三年的时间逐步取消农业税。江苏省2005年农业税税率降低了30%，从2006年开始取消农业税。

第三节　财政收入

90年代中后期，财政收入增长较快，1996年财政收入首次突破亿元，为1.17亿元。2003年，因经济发展平稳增长，财政收入超3亿元。此后由于工商业、房地产业发展增速，至2008年，楚州区财政收入首超10亿，达11.1亿元。（见表16–1）

第四节　财政支出

随着发展地方经济，加强城市建设，支持科教文卫事业，保障人民生活和维护社会稳定的需求，全区财政各项费用支出规模也随着财力的增长而逐步扩大。1993年，财政支出首超亿元，为1.05亿元。2007年，楚州区财政支出突破10亿元，达13.5亿元。（见表16–2）

1991～2008年部分年份楚州区（淮安市）财政收入情况表

表16-1　　单位：万元

收入科目	1991	1993	1994	1995	1996	1997	1998	1999	2000	2001	2002	2003	2004	2005	2006	2007	2008
一税收收入	—	—	—	—	—	—	—	—	—	—	—	—	—	16934	21037	59577	71064
1.增值税	—	1672	1030	1188	1370	1593	1702	1858	1939	2185	2481	11672	12984	15328	18745	21932	27620
2.消费税	—	—	31	47	64	—	—	—	—	—	—	266	375	541	690	596	468
3.营业税	—	1878	552	750	1065	1423	1821	2623	620	2836	3575	4733	6101	6093	7996	12216	14987
4.企业所得税（100%）	—	37	240	232	—	404	317	394	620	1334	518	41	710	1065	1602	7095	8912
※地税征收	—	—	—	—	—	—	—	—	—	—	—	8682	10923	12077	16200	2383	1981
5.个人所得税（100%）	—	8	177	86	182	562	1011	1239	1430	921	517	1179	1190	1563	2216	3298	4455
6.资源税	—	—	86	40	46	62	75	102	187	320	423	460	663	733	657	782	1962
7.城市维护建设税	—	—	257	259	343	409	417	433	574	578	709	883	1108	1452	1885	2392	2796
8.房产税	—	—	110	123	155	188	194	210	263	283	327	350	441	505	644	656	1025
9.印花税	—	11	7	10	—	—	23	24	51	60	74	97	144	203	267	433	469
10.城镇土地使用税	—	—	48	51	1	38	38	18	32	56	63	85	89	138	202	951	1848
11.土地增值税	—	—	—	—	—	1	—	—	3	—	—	21	148	215	423	883	1324
12.车船税	—	—	86	111	—	146	183	273	268	241	229	199	114	77	46	37	179
13农业税	298.9	711	1095	1110	1576	1571	1544	1528	1387	4283	4226	—	—	—	—	—	—
14.契税	—	10	29	21	36	45	150	327	301	139	—	735	686	1330	4769	7565	4618
二、社会保险基金收入	—	—	—	—	—	—	—	—	—	—	—	—	—	—	4950	8400	18860
1.基本养老保险基金收入	—	—	—	—	—	—	—	—	—	—	—	1500	1800	1920	4950	8400	17828
2.失业保险基金收入	—	—	—	—	—	—	—	—	—	—	—	—	—	—	—	—	61
3.基本医疗保险基金收入	—	—	—	—	—	—	—	—	—	—	—	—	—	—	—	—	909
4.工伤保险基金收入	—	—	—	—	—	—	—	—	—	—	—	—	—	—	—	—	33
5.生育保险基金收入	—	—	—	—	—	—	—	—	—	—	—	—	—	—	—	—	29
三、非税收入	—	—	—	—	—	—	—	—	—	—	—	—	—	—	—	9434	21118
1.政府性基金收入	—	—	—	—	—	361	212	214	194	—	1388	—	—	—	—	988	4562

续表 16-1

收入科目	1991	1993	1994	1995	1996	1997	1998	1999	2000	2001	2002	2003	2004	2005	2006	2007	2008
1）文化事业建设费收入	—	—	—	—	—	—	—	—	—	—	—	1	1	—	—	11	19
2）地方教育附加收入	—	—	—	—	—	—	—	—	—	—	—	—	—	—	835	1087	285
3）地方教育基金收入	—	—	—	—	—	—	—	—	—	—	—	—	195	211	559	443	161
4）残疾人就业保障金收入	—	—	—	—	—	—	—	—	—	—	—	—	—	—	—	—	112
5）国有土地收益基金收入	—	—	—	—	—	—	—	—	—	—	—	146	2284	—	—	—	2595
6）农业土地开发资金收入	—	—	—	—	—	—	—	—	—	—	—	—	—	—	—	534	1390
2.专项收入	171	—	231	282	317	—	375	386	386	464	470	689	770	—	—	1636	1639
1）排污费收入	—	110	111	—	—	—	—	—	—	—	—	197	197	253	301	469	374
2）水资源费收入	—	47	30	—	—	—	—	—	—	—	—	61	62	63	65	80	139
3）教育费附加收入	—	57	90	—	—	—	—	—	—	—	—	431	511	635	835	1087	1126
3.行政性收费收入	—	—	—	525	666	848	—	—	—	284	630	38	5	—	—	1427	5397
4.罚没收入	—	193	336	—	—	—	1177	1487	1487	1756	—	2296	2866	—	5533	5354	5141
5.国有资本经营收入	—	67	—	3	—	—	—	—	—	—	—	—	—	—	—	—	4322
6.国有资源（资产）有偿使用收入	—	—	—	—	—	—	—	—	—	—	—	—	—	—	—	29	34
7.其他收入	221	—	—	—	—	361	—	—	—	—	—	17	11	—	—	—	23
附：1.财政总收入分征收部门：国税	—	—	—	—	—	—	—	—	—	—	—	11979	14883	—	—	27240	35019
地税	—	—	—	—	—	—	—	—	—	—	—	8682	10923	—	—	24031	31026
财政	—	—	—	—	—	—	—	—	—	—	—	11960	11200	—	—	26140	44997
2.财政总收入分征收级次：中央级收入	—	—	3122	—	4714	4842	5189	—	5962	6770	8655	10157	12414	14273	18158	23281	29203
地方级收入	—	—	3828	5669	7570	9472	11629	—	—	—	—	19928	24592	23323	38445	54130	81839
3.地方一般预算收入	—	—	—	—	—	—	—	19001	—	22694	—	—	20104	21192	32444	44742	58417
财政总收入	3113	—	7800	9279	11744	14314	17030	19215	21194	23611	26866	32621	37006	37596	56603	77411	111042

1991～2008年部分年份楚州区（淮安市）财政支出情况表

表16-2　　单位：万元

项　目	1991	1993	1994	1995	1996	1997	1998	1999	2000	2001	2002	2003	2005	2006	2007	2008
一、一般预算支出	—	—	—	—	—	—	22643	2.5E+07	29127	32327	35479	45756	65108	81092	113389	140986
基本建设支出	—	237	57	38	22	376	192	202	154	44	19	297	917	2657	—	—
企业挖浅改造资金	—	360	100	30	30	30	82	52	26	677	296	517	50	187	—	—
科技三项费用	—	21	26	28	51	164	161	274	323	334	674	120	765	843	—	—
支援农村生产支出	979	1028	407	425	546	448	412	460	569	747	579	3835	3183	3073	—	—
农业综合开发	—	—	—	—	—	—	239	227	197	289	143	—	—	—	—	—
农林水利和气象	—	256	374	365	442	591	600	624	827	826	1311	681	759	794	5974	15654
工业交通等部门事业费	20	7	12	36	44	82	43	73	84	85	179	171	170	182	1277	1226
文体传媒事业费	—	—	63	—	—	—	662	711	1118	702	1355	1949	2403	2770	2735	3757
教育支出	—	2865	4808	4879	6672	7368	8310	9014	10489	11506	11700	13711	20442	22633	39057	45461
科学事业费	—	21	27	31	23	26	29	31	50	30	46	44	58	43	225	605
医疗卫生支出	—	1167	1114	1618	2082	2137	2137	2256	2366	1619	1566	1323	2957	6972	6904	9113
其他部门事业费	—	415	353	1618	571	626	871	823	837	812	1626	1423	2743	3479	—	—
抚恤和社会福利救济费	1396	542	731	833	864	963	1120	1185	1381	2258	2352	4902	5643	6030	—	—
行政事业单位离退休支出	—	—	—	—	66	74	98	94	107	120	57	100	91	68	—	—

续表 16-2

项　目	1991	1993	1994	1995	1996	1997	1998	1999	2000	2001	2002	2003	2005	2006	2007	2008
社会保障补助支出	—	—	731	833	864	963	114	291	414	578	1241	2135	3036	4984	15245	18496
国防支出	—	—	—	—	4	4	9	4	4	87	90	89	92	82	190	496
行政管理费	—	1461	2376	2291	2764	3201	3691	4377	4477	4711	5466	5799	8591	9639	—	—
外交外事支出	—	—	—	—	—	—	174	334	762	684	440	331	328	369	—	—
公检法司支出	—	405	660	620	764	989	1036	1061	1276	1423	2037	2656	3186	5818	—	—
城市维护费	—	223	292	256	350	1131	454	728	839	733	1349	1590	1731	1202	—	—
政策性补贴支出	—	317	179	174	177	16	201	190	186	—	35	—	2	87	—	—
海域开发建设和场地使用费支出	—	—	—	—	—	—	—	1	1	—	—	—	—	—	—	—
专项支出	—	217	222	—	321	—	407	300	398	240	236	338	780	1815	—	—
其他支出	—	640	353	268	1273	1688	1461	1745	2196	3822	2651	3670	7082	7033	11965	6143
二、基金预算支出	—	—	—	—	—	—	161	108	83	6	321	1744	2470	5533	21570	23998
文教部门基金支出	—	—	—	—	—	—	—	6	6	—	—	—	—	—	—	—
地方税费附加支出	—	—	—	—	—	—	—	102	77	—	—	—	—	—	—	—
支援不发达地区支出	—	—	—	—	88	132	140	95	46	—	—	—	—	—	—	—
当年总支出	8317	10505	13155	14150	17473	21081	22804	25260	29210	32333	35800	47500	67578	86625	134959	164984

第五节　财政管理

改革开放后，随着地方经济发展，财政部门逐步建立健全各项财政管理制度，加强行政事业财务管理、国有资产管理、预算外资金管理。财政部门还设置专职机构，直接参与管理企业和行政事业单位的财务，形成新型的地方财政管理体系。

一、行政事业财务管理

（一）管理范围

1986年9月，淮安县成立了社会文教行政管理机构，组建了行财股，其职能范围主要是分管全县应纳入财政管理的党政机关、群众团体、公安、检察、审判、司法行政、科学、地震、广播电视、教育、文化、文物、体育、卫生、公费医疗、计划生育、抚恤、社会救济、自然灾害救济、兵役征集、外事、旅游、工商、税务、财政、审计等部门的经费分配、财务管理和文教卫生科学周转金的借支、管理及文教企业财务管理等工作（文教企业的财务管理工作后来在工作实践中一直由企业财务管理机构代管）。按照现行分级管理的财政体制，分配本级经费支出预算指标，审核拨款。1987～1988年期间，行财股专设行政事业经账户，直接办理指标拨款。为相对集中财政资金，后改为计划审批统一度款。掌管文教行政专项资金的分配和文教卫生科学事业周转基金的投放、回收和考核。审查本级编报所属的社会、科学、文教、行政、政法各项经费支出以及文教企业财务的计划、决算，汇总各项基本数字，认真执行人员编制和各项标准制度。审查分析社会科学、文教、行政、政法及其他事业费预算和预算执行情况，加强财政财务监督。按照权限划分范围，拟定补充全市行政文教事业单位费用开支标准和财务管理制度。研究分析全市行政文教事业费收支情况和发展趋势，拟定增产节约、增收节支的措施和具体奖惩办法。配合有关职能股管理的履行行政事业单位预算外资金，初审申请的专控商品的资金来源，联系中央及省驻楚州行政、文教事业单位有关财务工作。配合审计部门对所属文教、行政单位的财务会计工作进行审计。参与制定行政事业部门离休、退休人员有关福利待遇方面的问题。从1986年开始，淮安县财政局在淮阴地区首先实行对行政事业单位财务按月送审制度，并对公费医疗经费管理作了多方面的改革尝试。1991年，公费医疗经费管理改革方案试行。是年，减少公费医疗费用支出近70万元。1999年，制定出5个文件，出台新的公费医疗经费管理改革方案。是年，财政用于医疗保险费用支出下降了14%。20世纪末，在直属行政事业单位推行会计委派制，确定委派单位80个，委派会计161名，监督财职能得到进一步加强。

（二）政府采购

2001年，楚州区财政部门举办委派会计业务培训，严格规范会计业务操作程序，提高委派会计的业务素质。是年，制定出台行政事业单位汽车定点保险、加油、维修等管理办法，并配套出台监督措施，扩大政府采购范围。2002年，成立会计核算中心、国库科，健全政府采购中心职能，进一步扩大政府采购范围。2003年，对所有大宗商品和专用物品全部实施了政府采购，比预算节约资金429万元。2004年，开展区直部门小金库检查工作，用了一个半月时间，对全区115个单位财务收支情况进行检查。对检查出的问题，及时按有关规定进行处理。2006年，深化国库集中支付改革，成立国库集中支付中心，扩大集中支付的范围，规范单位收支行为，保证资金的安全性和运行的规范性。2008年，按照“规范采购行为，提高资金效益”的要求，不断加大政府采购的工作力度，全年完成采购预算9450.53万元，共节约资金857.08万元。

二、国有资产管理

1990年6月，增设淮安市财政局国有资产管理科，配有3名工作人员。1990年12月至1991年3月，清查60户国有企业的固定资产，固定资产原值1.69亿元，其中工业1.06亿元。固定资产净值1.39亿元，其中工业0.84亿元。19户工业企业固定资产原值1.06亿元，生产性固定资产总额0.89亿元，占资产总值的84%；非生产性固定资产总额267万元，占资产总值的12%。1990年末，淮安市各行政机构和企事业单位的资产占用额为7.97亿元，其中各种负债总额4.85亿元，国有资产总值3.12亿元。国有资产总值中，预算内国有企业占用（经营性资产）1.39亿元，行政事业单位占用1.37亿元；预算外国营企业等单位占用0.35亿元。90年代末，国有资产占用总额8.85亿元，其中各种负债总额5.53亿元，国有资产总值3.32亿元。国有资产总值中，预算内国营企业占用1.5亿元，行政事业单位占用1.52亿元；预算外国营企业等单位占用0.22亿元。2000年，加强资产评估管理工作。应年检国有企业62户，实际年检62户，年检率100%。经过国资部门立项评估的5项，完成验证确认的4户，被评估资产额6036万元，实际评估增值835万元，增值率14%。2003年企业改制过程中，严格把关，在政府交易中心公开操作下，进行产权交易的资产共计增值508万元。是年，改制单位产权收益共计约1515万元，全部收缴进入区改制基金专户。全年共完成评估项目33项，委评资产评估总价值为人民币4.16亿元，评估增值6420.21万元，增值率为18%。2004年，共计核销资产损失1281.08万元，剥离不良资产2116.93万元，审核支付改制成本2159.5万元。改制单位资产处置收益共计1663.04万元，资产评估值为1274.07万元，处置增值388.97万元，增值率为30.53%。委评资产价值总计5801.2万元，评估价值6709.75万元，评估增值908.55万元，增值率为15.66%，有效地防止了国有资产流失。

2005年，资产评估质量进一步提高。全年共计完成评估项目17项，资产评估总额7020.89万元，评估增值3610.41万元，增值率105.86%，有效保证了国有资产的保值增值。全年共完成产权交易额5681.11万元，其中公开拍卖交易额789.55万元，协议转让交易额4891.56万元。交易额较评估值增值238万元，取得产权收益1359.04万元。2006年，全年共计完成评估项目22项，资产评估总额1.39亿元，评估增值5269.43万元，增值率61.36%。全年共完成产权交易额3561.2万元，交易额较评估值增值150.6万元，取得产权收益1505万元。同年还以产权制度改革为核心，全力推进全区企事业单位的改革工作。国有资产管理部门深入各改制单位参与资产清查、评估、产权界定、资产损失核销、资产剥离、产权转让等工作。全年共审核支付职工身份置换金、医疗保险、养老保险等改制费用1587.92万元。2007年，按照省财政厅工作安排，组织开展全区行政事业单位资产清查工作。全年共完成产权交易额2930.32万元，取得产权收益1078.8万元，交易增值92.3万元。共审核支付职工身份置换金、医疗保险、养老保险等改制费用2184.75万元。2008年，共核查全区234户行政事业单位，并重点对130户区直单位的房屋土地进行排查。经核查有房屋的单位共计62户，面积总计约48.78万平方米。其中有房屋产权证的单位共有43户，面积约23.44万平方米，房屋产权已被用于抵押的单位共有19户，面积约14.45万平方米，房屋用于对外租赁经营的单位共有25户，面积约5.91万平方米。有土地的单位共计62户，面积总计68.1万平方米。其中有土地使用证的单位共有19户，面积为43.6万平方米，土地已被用于抵押的单位共有5户，面积为24.01万平方米。2008年，共完成资产评估项目9个，资产评估总额4303.39万元（原账面值716.77万元，评估增值3586.62万元，增值率为500.39%）。共计审核支付职工身份置换金、医疗保险、养老保险等改制费用2914.29万元，涉及18户企事业单位。共完成资产处置项目8个，产权交易额495.15万元，取得产权收益495.15万元，交易增值96.18万元，增值率24.11%。完成全区的不良贷款打包任务，支付打包余款1302.65万元，所欠四大公司打包款全部还清。

三、控制社会集团购买力

1988年11月，正式设立淮安市控制社会集团购买力办公室，作为控购工作的专门机构，编制2人。1989年，上级分配给淮安市单位控购指标为1187万元；200人以上乡镇企业、城市街道企业的控购指标为30万元。是年，执行数分别为1189万元和29万元。1990年，控购指标为1207万元，全年执行数分别为1209万元和24万元。1991年，淮安市单位控购指标为1100万元，其中200人以上社团企业控购指标为24万元，全年执行数分别为1393万元和29万元。2004年，开展《政府采购法》宣传活动，在对汽车定点加油、维修、保险，印刷和办公用品定点采购的基础上，进一步扩大政府采购范围，节约财政资金1500余万元。

四、预算外资金管理

预算外资金单独列表汇编始于1983年。预算外资金收入项目主要分为3项：一是地方财政部门管理的收入，主要项目为各项附加收入，包括工商税附加、农业税附加、公用事业附加等；统管的企业收入，包括集中的收入留成和折旧的基金；统管的事业收入，包括公产房租收入及集中的其他事业收入。二是事业和行政单位管理的收入。三是国营企业及其主管部门管理的各种专项资金。支出项目主要分为设备更新改造支出，福利奖励支出，城市维护支出，科技三项费用支出，增补流动资金支出，基本建设支出，行政事业费支出以及其他支出。1986年，开始预算外资金财政专户储存管理，对行政、事业单位的预算外资金实行"收入专储、支出专拨"管理。在强化预算外资金管理过程中，财政部门依照有关规定，对各种非经营性的收费收据进行统一管理，实行统一印制及统一发放。90年代中后期，财政主管部门相继组织开展"小金库"、票据管理、落实中央"收支两条线"情况的专项检查及一年一度的预算外资金管理的检查。2000年，对查出的11个行政事业单位214万元违纪资金做出从严处理，并限期纳入了财政专户管理。2004年，组织开展区直部门"小金库"检查工作。从财政、监察部门抽调专人，成立8个检查组，耗时一个半月，对全区115个单位2001～2003年财务收支情况进行了检查。2008年，再次开展"小金库"检查工作，对查出的公款私存、坐支、账外账问题，按有关规定进行了处理。

五、教育经费管理

2001年，教育系统开始实施中小学危房改造，"三新一亮"（新课桌、新板凳、新讲台、电灯亮）、"六有"（有心理老师、有心理教育的环境、有心理教育的信箱或心理热线、有心理活动、有学生心理档案）、"校校通"（宽带网络校校通）、"四配套"（配齐基本教学实施，农村中小学理化生实验设备、图书资料和体育、艺术教育器材添置等）、农村初中少年留守儿童食宿条件改善和创建省合格幼儿园等工程。2004年始，全面推进农村教育经费乡收区管。完善农村中小学教育经费体制，将农村中小学支出列入区财政预算，人员工资由区财政统一打卡，学杂费的使用由乡镇中心小学统一申报，经区教育局、财政局审批后安排，正常公用经费按序时进度拨付，专项经费由单位申报，区教育局审核，区财政局批准后，报区政府视财力状况批拨。2004年3月起，取消乡镇农村中小学（含地点在农村的区直学校）的"零户管理"，建立乡镇中心小学一级财务单位。乡镇农村中小学支出列入区级预算，同时相应调整区乡两级财力结算数额。乡镇中小学费用开支范围和开支标准必须严格按核定的预算执行。人员工资由区财政统一打卡，学杂费的使用由乡镇中心小学统一申报，经区教育局、财政局审批后安排。正常公用经费按序时进度拨付。专项经费由单位申请，区教育局审核，区财政局核实后报区政府视财政局核实后报区政府视财力状况批拨。从2006年秋季开始，全省农村义务教育阶段学生全部免收学杂费。实行义务教育免收学杂费后，公办学校按"一费制"规定收取课本费、作业本费两项代收费项目和寄宿生住宿费，政府、学校和教职工不得再向学生收取其他应由学校提供的公共性服务费用。从2007年秋季学期起，国家向全国农村义务教育阶段学校所有学生免费提供国家课程的教科书。2007年9月，全省各地各有关部门按照国务院关于“优先化解农村义务教育债务”和“制止新债、摸清旧债、明确责任、分类处理、逐步化解”的总体要求，推进农村义务教育债务化解工作。省核定楚州区农村义务教育债务7165.62万元，省初步确定补助80%，再按照区“债务清理核实数、生均校舍面积和债务水平”三因素分别40%、30%和30%的权重，对清理核实上报的债务数进行修正，核定楚州区合理债务后确定补助5613万元，需地方财政相应配套资金1552.62万元。2008年，组织督促教育系统清财化债后续工作，按照省财政要求，全面完成义务教育清财化债的资金兑付和基础资料的整理归档工作，于6月份一次性顺利通过省级验收。

六、社会保障基金管理

2000年，随着对国有企业职工基本养老保险基金实现财政专户管理，及社会保险基金转由税务部门代征政策的出台，将养老金统一纳入社保专户，并实行收支两条线管理。8月份始，将基本养老保险、失业保险、医疗保险、工伤生育保险基金转由地税部门征收，纳入规范化管理的轨道。2003年，进一步强化社会保障职能，做好“两个确保”和“一个低保”。制定出台社保资金管理办法，规范社保资金管理，并对民政事业费、解困资金发放进行了检查，累计安排社保资金7238万元。2004年，对城市居民最低生活保障金支出及企业军转干部生活费支出情况进行督查。2005年，发放城市居民最低生活保障金365万元，困难企业军转干部补助200万元。2007年，推进养老、失业、医疗等各项社会保障中的改革，加大财政支持和管理力度，保证低收入群体基本生活全年安排社会保障类支出23645万元。2008年，加大各项社会保障资金的支出并增强管理。全年新增居民基本医疗保险、农村义务教育家庭经济困难寄宿生生活困难补助、征地农民基本生活保障、农村饮水安全等民生工程，全年用于社会保障的投入达2.82亿元。

七、支农资金管理

2000年，除本级预算安排支农支出1311万元外，还向省市争取了农业综合开发资金、世行贷款及其他支农专项资金324万元，重点支持全市特色农业经济发展以及农田水利建设项目。2002年，以农业结构调整和产业化经营为重点，投入财政支农资金、农业综合开发资金、专项财政支农贴息资金2658万元。2004年，开展2003年度农业税灾歉减免资金发放工作的督察，连续组织3次大规模督察和1次验收，保证1120万元农业税灾兼减免资金足额发放到农民手中。2007年，对财政支农专项资金使用情况进行专项检查，对查出的资金拨付不到位自筹资金不到位的问题，根据有关法律法规提出整改和处理意见，结余的资金全部由财政收回。同年，认真落实三农政策，全面完成农民网建设工作，全年通过一折通发放涉农资金7881万元。

2008年，对国家农村劳动力转移培训阳光工程、农村劳动力转移培训和农村贫困劳动力转移技能培训专项资金的使用情况进行检查，发放整改意见书33份，规范专项资金的使用。

八、会计管理

2000年，在市（县级淮安市）直行政事业单位推行会计委派工作。是年，在43个单位进行会计委派试点工作的基础上，研究制定《淮安市市直行政事业单位会计委派暂行办法》及实施细则，成立市（县级）会计委派工作领导小组，设立了会计管理中心。7月下旬，向80个市直单位委派会计161名。实行会计委派制后，行政事业单位可精简会计人员230名，减少核算单位127个，财政部门对财务的监督职能得到进一步加强。2002年，发挥会计核算中心的作用，严格控制财政预算支出。全区实施政府采购2376万元，节约财政资金274万元，资金节约率11.5%。2004年，区会计核算中心和预算科、国库科紧密合作，严格执行预算方案，并对各项预算资金实行跟踪监督管理，切实提高资金使用效益。区会计核算中心严格执行经费支出标准，规范经费审批程序，对不符合经费报销条件的，一律实行拒付，有效地规范了部门、单位经费支出行为。2007年，全区广泛组织开展了财务会计人员培训，并推进《会计法》、新《企业会计准则》等会计法规制度的贯彻执行。2008年，编写了《楚州区会计人员继续教育培训教材》《企业会计准则》《楚州区行政事业单位会计人员继续教育培训教材》等实用材料，加强会计服务和系统内会计人员的继续教育培训工作。

第二章　国　税

第一节　机　构

1994年9月，国税、地税分设，原淮安市税务局分设为淮安市国家税务局和淮安市地方税务局。当年，淮安市国家税务局下设10个内设机构，即办公室、监察室、人教股、征管股、税政股、发票管理股、公安办、税检室、稽查局、计财股；设31个派出机构，即直属、淮城、板闸、平桥、上河、溪河、马甸、朱桥、建淮、车桥、施河、泾口、流均、复兴、苏嘴、仇桥、博里、茭陵、宋集、钦工、南马厂、席桥、顺河、季桥、城东、林集、南闸、白马湖、范集、三堡、徐杨等税务所。1996年，内设机构撤销税检室、发票管理所，增设事务所，派出机构改设为平桥、三堡、车桥、复兴、林集、席桥、钦工、直属、城东分局等9个分局。1997年，事务所和国税局脱钩，撤销公安办，增设综合业务股。2001年，淮安市国家税务局更名为楚州区国家税务局。同年，撤销税政股、综合业务股、计财股，增设信息中心、征收管理股2个内设机构，派出机构缩减为征收、钦工、淮城、车桥等4个分局，另将稽查局由内设机构改为派出机构。2002年6月，撤销征收管理股，增设政策法规股，将征收、钦工、淮城、车桥等4个分局分别更名为第一、第二、第三、四管理分局。2002年底，管理分局均相应更名为第一、第二、第三、第四管理科。2004年，增设管理五科。2005年底，国税局在职人员171人，内设机构增设征收管理科、计划统计科，派出机构的名称由管理科复改为管理分局。

80年代的直属税务所、城镇税务所

2006年始，楚州区国税局下设办公室、人事教育科、监察室、政策法规科、征收管理科、计划统计科、信息中心7个内设机构，派出机构为第一、第二、第三、第四、第五税务分局和稽查局。

第二节 税源 税种

一、税源

1993年，位列楚州区国税局重点税源企业有淮棉公司、飞洋钛白粉厂、供电公司、酒厂、井神盐业公司等。随着经济的发展和国内市场的不断变化，以及当地矿产资源的开发利用，重点税源也随之发生变化。自2000年起，江苏省井神盐业有限公司、施河教具业、电力供应、烟草销售等企业一直为重点税源户。此后因房地产开发不断升温，相关企业所得税增幅较大。总体上说，楚州区工业基础薄弱，大型骨干企业偏少，尚未形成完整的产业链。

1993～2005年期间，内外资企业数量发展缓慢，纳税户数量和规模呈波浪形发展趋势。1995～1998年期间，企业数量稳中有升，1995年有内资企业1388户，外资企业为12户，到1998年内资企业开至1554户，外资企业为26户。1999年以后，企业数量逐年减少，2002年跌入低谷，内资企业只有597户，外资企业也只有16户；2003年以后有所增长，至2005年，内资企业发展为1337户，外资企业发展为42户。同期重点税源户也稳步向前发展，50万元以上的重点税源户由2001年的29户发展为2005年的45户，1000万元的重点税源户由2001年的1户发展为2004年的3户。

楚州区税源从经济类型分，由原国有集体经济为主体，逐步向私营经济、股份制经济和国有经济三足鼎立方向发展，且私营经济的比例在稳步提高。由原国有商业、针纺织服装加工及来料加工等商贸业为主，向具有一定规模的盐化工、食品加工、造纸、化学原料制造等产业发展。如井神盐业公司为代表的盐化工行业，2001年入库增值税946万元，2005年入库增值税1886万元，4年增收940万元，增长99.37%。工业经济的持续稳定地增长，为国家税收持续增收奠定了基础。从税收行业构成看，由90年代以国营集体企业商贸业收入为主体到21世纪初以发展工业强区为目标的工业化格局初具规模，表现为批发零售业收入总量和所占年度收入比重逐年下降。2002年，批发零售业入库税收3617万元，所占年度收入比重40.6%（收入基数为重点行业）。2005年，批发零售业入库税收3352万元，所占年度收入比重25.2%（口径同上）。反之，以盐化工、针纺织、食品加工、造纸及纸制品及化学原料及制品业五大支柱行业税源呈大幅度上升态势，入库收入总量逐年递增，且占年度收入比重稳步增长。2002年，盐化工等五支柱行业入库税收3810万元，占年度收入比重42.77%（口径同上）。2005年，盐化工等支柱行业入库税收7662万元。3年年均增长33.1%，占年度收入比重57.55%，比2002年42.77%提高14.78个百分点。

二、税种

增值税和消费税所占收入构成比例逐年稳步增长。增值税由1994年的62.39%，提高到2005年的81.83%，提升19.44个百分点，成为国税收入主税种；营业税1994年934万元，占收入比重14.03%，到2003年仅有9万元，占收入比重0.06%，直到2004年以后完全退出国税机关征收范围。企业所得税从1994年的296万元，所占年收入比重4.45%，到1999年的158万元，所占年收入比重1.99%，所得税收入量和所占比重两项主要指标均呈下降趋势；从2000年以后，企业所得税收入稳步增长且所占年度收入比重也逐步提高，由2000年的675万元，到2005年的2099万元，收入比重也由2004年的7.06%到2005年的10.77%。2008年，企业所得税收入达7095万元。

第三节 税款收入

1993年共组织税收收入6202万元。国地税分设后，1995年的国税收入为5400万元，以后一路攀升，到2001年突破亿元大关，2005年收入达1.95亿元，2006年突破2亿元，实现国税收入2.35亿元。2007年，国税收入2.98亿元。2008年，全区国税收入达3.72亿元。

1994～2008年楚州区（淮安市）国税税收收入情况表

表16-3 单位：万元

年份	收入总数	其中									
		增值税		消费税		海关代征	营业税	车购税	利息税	企业所得税	
		内资	外资	内资	外资					内资	外资
1994	6655	3580	541	31	—	—	934	—	—	296	—
1995	5400	4370	420	47	—	—	178	—	—	81	2
1996	6521	5133	435	64	—	—	106	—	—	—	2
1997	6940	5932	507	62	—	—	223	—	—	209	—
1998	7610	6419	540	82	—	—	321	—	—	247	—
1999	7955	6978	513	134	—	—	170	—	—	158	—
2000	9560	7501	556	144	—	—	285	—	—	675	1
2001	10894	8714	72	215	—	—	157	—	772	944	—
2002	12317	9337	589	178	—	—	56	—	833	1281	7
2003	14197	11179	581	266	—	—	9	—	825	1281	17
2004	17571	13396	580	357	—	—	—	—	982	2221	—
2005	19498	14976	439	541	—	—	—	283	1125	2099	8
2006	23484	18745		690	—	—	—	—	1807	2242	
2007	29845	21932		596	—	—	—	—	2042	5275	
2008	37164	27619		468	—	—	—	—	1466	7611	

说明：因条件限制，2006～2008年增值税、所得税均无法切分内外资，故合并给出总数

第四节 税收征管

1993年以后，国税部门对基层征管机构和征管模式不断进行调整，使其日趋合理化、科学化。

“十五”期间，先后经历了以专管员制度改革、以信息化加专业化为主要特征的征管改革，以及全市国税系统的业务流程再造。2001年，征管机构除在机构名称上稍有变更外，管理职责与范围基本趋于稳定。对原有的基层征管机构进行适当的收缩，建立起“集中征收、划片管理、一级稽查”的专业化征管格局。2002年，根据市局的统一部署，借鉴流程再造理论的基本思想，实施税收征管业务流程再造，形成“以流程为导向，以工作流为载体，以强化税源管理、优化纳税服务为重点”的流程化管理格局，解决纳税人办税“多头跑、多次跑”，税务机关对纳税人“多头找、多次找”等现象，实现提高效率、强化制约、优化纳税服务、强化税源监控的目标。2003年，根据“数据准确、流程顺畅、作业规范、监控严密、责任明确”20字业务基础建设目标，调整工作重心，保证流程的畅通运行。2004年，构建受理核批的“审核把关型”，调查执行的“全面监管型”，纳税评估的“深度分析型”，税收稽查的“重点打击型”三重防线，形成税源监控合力。2005年，推行“税收管理员＋税收分析员”责任区作业模式，完成流程管理信息系统、防伪税控网络版、金税稽核系统三大管理系统合并工作。2008年，组织对全区560多户纳税人普通发票资格的梳理登记，开展纳税信用等级评定，组织对全区符合评定条件的2000多户纳税人逐户评分，最终评定A类纳税人0户，B类纳税人845户，C类纳税人1755户，D类纳税人4户，客观地评价纳税环境。

第五节　税收信息化建设

1995年5月开始，依托信息化建设的发展，改革征管，首先在直属分局实行微机开票，迈出取消手工开票与信息化建设的第一步。1996年全面改革，7月1日，建成直属分局征收服务厅，按照要求对直属分局从征管机构到征管模式进行全面改革，建成城区计算机局域网，实现城区范围内税务登记、纳税申报、税款征收、发票管理、税务稽查、税收计会统等税收管理环节计算机管理。9月，对全市农村征管机构进行改革，成立8个分局。是年，推行上门申报纳税制度，变以往税务人员上门征税为纳税人主动上门申报纳税。除集贸市场外，辖区内所有纳税人一律在规定申报纳税期内到相应的征收服务厅申报缴纳税款，由征收服务厅集中开票并解缴入库。取消了专管员制度，变管户制为管事制，充实稽查力量。1997年1月，全面推进农村征管改革，所属分局全部设立征收服务厅，并初步建成全市计算机简易广域网，实现数据共享和快速传递，全系统基本达到征管改革到位，形成税务征管规范化、程序化。2000年，与银行联合，在全系统全面推行“税银一体化”纳税办法。方便纳税人、个体户随时就近到农行交税，90%的城区个体户到农行交税。全面推行高平台征管软件，采用市（县级）局与农村分局电话拨号联网办法，定期将数据汇总到信息中心，生成税源结构报表，供查询分析使用，实现征管数据集中管理，建立税源结报中心。日常文件处理工作全部使用办公自动化软件，通过FTP传输进行交流，事务处理规范快捷、实时，提高办公效率。2001年，国税申报方式有了新突破，推行以网上申报为主的多元化申报方式。2002年8月1日始，对涉及国税税款缴纳的纳税人实施电子结算税款，取消纸质完税凭证，所有企业通过电子结算税款方式缴纳税款。2003年7月，改进增值税申报管理工作流程，推行增值税申报纳税“一窗式”管理。2004年以后，通过对江苏国税管理信息系统的深度应用，优化监控管理方式和纳税服务方式。通过加强涉税异常信息预警监控与提示提醒，强化流程运行情况的分析监控，提高信息的增值利用水平。2005年，所有个体双定户通过银行和邮政部门实行划卡缴税，所有企业实行网上申报或事务所代理申报，其中一般纳税人企业100%实现了网上申报，小规模纳税人有97%以上实现了网上申报。2008年，大力推行网上申报CA认证，组织全区45户业务规范规模较大的企业，通过培训和辅导，保证CA认证申报的顺利开展。

第六节　税收法治建设

2006年4月，国税局开展“依法纳税”宣传

从2001年始，全系统提出“依法治税”的工作思路。同年，在全系统全面推行岗责体系，明确每个执法岗位的工作内容和执法责任，规范执法行为。充分运用执法检查、税务稽查、外部审计等结果以及日常征管信息数据，开展对税收执法的评议考核并根据考核结果，严格实施过错责任追究。每年组织执法检查，实施由全面检查转为对重点环节、重点部位的专项检查；抓好重大案件集体审理及行政复议工作，强化对执法行为的日常监督。2003年始，通过启用江苏国税管理信息系统中内嵌的执法监督功能，对税干的执法行为进行控制，有效解决权力部门化、执法随意性等问题。2004年以后，实施和完善目标管理，提高税收执法质量和水平，制订大要案审理办法及大要案审理标准。在日常大要案审理中，严把政策及程序关，审案委办公室对证据不足、手续不全、事实不清、计算有误及程序违法的案件一律退回补证，对争议比较大、定性比较困难的及时向上级部门请示汇报。2005年，开展税收专项检查，检查范围涉及摩托车销售、房地产、生产企业出口免抵退企业、亏损的内资和外资企业等5个行业55户企业；与公安、地税等部门成立专项斗争联合领导小组，抽调精干办案人员专门负责专项斗争工作的开展，打击利用虚开增值税专用发票进行抵扣税款和骗取出口退税等的涉税违法犯罪行为。运用协查为稽查工作服务，发送委托协查19起共48份增值税专用发票，受托协查有疑问增值税专用发票案件20起共36份发票。所有受托协查均按期回复，确保了协查质量。共检查105户（次），入库（含清理）查补税款、罚款和滞纳金509.83万元；向区公安局经检大队移送案件2起、走逃企业追缴欠税报案2起。完成总局、省、市局交办专案案件15起；进行案件公告14起。2008年，推进目标层级管理和自我管理，发布了14份执法责任追究通报，共实施责任追究126人，经济处罚2140元，系统显示每月的执法过错呈逐步下降趋势。

第三章　地　税

第一节　机　构

楚州地方税务局组建于1994年9月28日，主要承担全区地方税收、基金（费）和社会保险费征收管理任务。是年，在编干部职工83人，下设6个科室（办公室、人事教育科、监察室、税政科、征管科、计划财务科），1个中心（计算机中心）、1个稽查分局、1个直属分局（负责城区、淮城镇地方税收征管工作）和14个税务所，分别为板闸（板闸、徐杨）、季桥（季桥、城东）、席桥（席桥、南马厂）、宋集（宋集、钦工）、顺河（顺河、茭陵）、复兴（复兴、苏嘴）、仇桥（仇桥、博里）、泾口（泾口、流均）、施河（施河、车桥）、溪河（溪河、朱桥）、七洞（七洞、平桥）、建淮（建淮、三堡）、南闸（南闸、林集）、范集（范集、白马湖农场）等税务所。2000年，撤销乡镇税务所，组建7个税务分局，机关科室及税务稽查分局建制不变。7个税务分局分别为直属（城区、淮城镇）、运南（建淮、三堡、马甸、上河、平桥、溪河）、运西（南闸、林集、范集、白马湖农场）、渠南（施河、朱桥、车桥、泾口、流均）、洋桥（仇桥、博里、复兴、苏嘴、顺河、茭陵）、城北（板闸、徐杨、季桥、城东）、渠北（席桥、南马厂、宋集、钦工）等税务分局。2008年下设6个科室、1个稽查局、1个征收分局和7个管理分局。在职干部职工129人。

第二节　税种　税收

1994～2008年，税收总量呈持续、稳定增长态势。区域经济的不断发展，形成工业、商业、房产业和建筑业等四大税收支撑点。随着区域经济向多元化发展，各种经济类型的企业长足发展，经济结构日益优化，区级税收入亦持续增长。2000年，入库税收0.81亿元。2003年，入库税收0.87亿元，比组建初增长6倍多。2005年，入库各项税收1.21亿元。2008年，入库税收3.1亿元，比上年增长29%。

1994～2008年楚州区（淮安市）地方税收总量及主要税收结构表

表16-4　　单位：万元

税　种	1994	1995	1996	1997	1998	1999	2000	2001	2002	2003	2004	2005	2006	2007	2008
税收收入合计	1430	1894	2932	4322	5338	6756	8050	6652	7461	8682	10926	12076	16200	24030	31026
1.营业税	411	573	958	1423	1821	2624	3949	2837	3575	4733	6100	6092	7996	12216	14987
2.企业所得税	240	232	404	404	317	394	619	1333	1028	675	928	1098	1864	2382	1981
3.个人所得税	4	19	153	562	1011	1239	1430	920	1034	1179	1190	1563	2216	3297	4455
4.资源税	86	41	47	62	75	102	187	320	423	460	663	733	657	782	1962
5.土地使用税	48	51	53	38	38	18	32	56	63	85	89	138	202	951	1848
6.城建税	210	225	339	409	417	433	574	578	708	883	1109	1452	1885	2392	2796
7.印花税	7	10	16	22	24	23	51	60	74	97	144	203	267	433	469
8.土地增值税	0	0	1	1	0	0	3	0	0	21	148	215	423	883	1324
9.房产税	110	118	150	188	194	210	263	283	327	350	441	505	644	656	1025
10.车船税	86	110	120	146	182	273	268	241	229	199	114	77	46	38	179
11.其他	228	515	691	1067	1259	1440	674	24	0	0	0	0	0	0	0

第三节　征管稽查

1994年地税局成立以后，将加强税收征管作为做好地税工作的基础和立足点，逐步建立健全各项征管机制和征管制度，全面形成“以申报纳税和优化服务为基础，以计算机网络为依托，集中征收，重点稽查，强化管理”的34字税收征管理模式。地方税收征管实现由“管户制”向“管事制”、由“人

2006年3月，区地税局工作人员对企业进行税收检查

治”到“法治”、由“重点征收”到“重点稽查”、由“以查促收”到“以查促管”、由“收入任务型”到“征收管理型”、由“执法打击型”到“管理服务型”的6大转变。2000年，有针对性地开展专项检查活动，全年检查200户次，查补税款600多万元，罚款10多万元。2001年，进一步健全发票管理、保管发领等制度，定期对发票进行盘点、清理和稽核，同时将发票集中发放和填开严格发票销号制度。抓住建安、运输、饮食服务三大系列发票，严密控管，防欠堵漏。全年共查补各类税款134万元，稽查案件公告率为10.7%，结案率达100%，查补税入库率92%，税务案件处罚率10.6%。2002年，开展个体税收专项检查、专业市场集中整顿、房地产业专项检查等各项检查活动，全年共检查纳税户104户，查补工商各税262.7万元，罚款62.9万元，滞纳金54万元。2003年10月，运行“集中办公、分片管理”征管新模式，同时组建纳税评估机构，相继对80余户纳税人开展纳税评估，评估入库税款112.43万元，滞纳金9.54万元，全区有50多名纳税人获得“非故意偷逃税”补缴不处罚的机会。全年共检查纳税户119户，查补工商各税244万元，罚款47万元，滞纳金12万元。2004年，相继组织开展上年度企业所得税汇算清缴工作以及各税检查，开展建筑业、房地产开发业、汽车市场、货物运输业税收专项检查等活动，加大稽查工作力度，累计查补入库税款300余万元。2006年8月，对全区50户重点税源企业进行一次全面的税收检查，查补入库税收142万元，全年共清理各项欠税210万元。当年，还加强了对工资薪金所得个人所得税足额管理，确保应征税款及时足额入库。2007年，共税征检查111户，查补税款214.75万元，罚款40.34万元，收滞纳金9.12万元，查补总额258.45万元。2008年，加强对重点税源户控管，对各重点税源企业的生产经营、奖金流向和税收入库以及纳税申报率、逾期入库率等相关情况实施严格监控。

第四节　信息化建设

1998年，地税局建成税收征管局域网，以实现税收信息资源共享和公文自动化处理。2000年，全局开始着手计算机网络建设，累计投资30多万元，购置计算机及网络设备。局机关建立以运行办公自动化软件为主的局域网，直属分局和稽查分局建立以运行征管软件为主的局域网，农村各分局均配备1台单机。当年，对全系统45岁以下的税务干部进行计算机应用能力培训，52人获得中级证书。2004年，导入ISO 9000质量管理体系，提高机关工作质量和效率。2006年，推行全员个人所得税建档工作，进一步建立健全所得税代扣代缴网络。2007年，运用微软办公应用软件技术，自行研发出分行业电子定税测算系统，有效避免人情税、关系税的发生。开通企信通业务服务平台，及时向纳税人宣传法律法规，提醒纳税人及时申报纳税，同时对那些未申报缴纳税收的纳税人进行催报催缴。2008年，全系统不断强化内部管理，积极推广多元化申报，集上门、电话、邮寄、划卡于一体的多元化纳税申报格局已经形成。

第十七篇　经济综合管理

1978年，中共十一届三中全会确定了以经济建设为中心，实行改革开放的方针。1984年，中共十二届三中全会通过《中共中央关于经济体制改革的决定》。楚州逐步走上改革的进程，向社会主义市场经济的运行轨道探索前进。在国民经济发展历程中，经济管理部门发挥计划指导、宏观调控、综合平衡、检查监督的功能，促进经济的持续、稳定、协调发展。

1980年12月，设立淮安县统计局。随着改革开放的推进，社会结构的变化，统计局不断改进统计方法和统计内容，共整理编印调查统计资料40册，为各级党政领导部门制定政策、检查国民经济计划执行情况、加强宏观经济管理提供重要依据。1983年，成立审计局，对工业、农业、财政、金融、税务等各个部门的财务进行审计监督。工商管理部门顺应改革的需要，简化审批手续，支持企业改制，服务私营企业登记注册。2008年，工商部门登记的私营企业3958户，从业人员10.39万人，注册资本52.33亿元；个体户2.01万户，从业人员3.45万人。

1985年，随着经济体制的改革，计划委（区改革和发展委员会）开始取消对工农业产品产量的指令性计划。1992年开始，计划委主要依靠行政、经济、法律并行的手段宏观调控经济。2004年开始，宏观调控主要依靠国家统一的财政政策和货币政策，保持财政收支平衡，合理引导产业发展。20世纪末，除电力、石油等实行政府定价或政府指导价外，绝大多数生产资料价格都已放开。

1987年，为了规范市场秩序，加大市场监管力度，成立了淮安县计量管理局。2004年更名为淮安市楚州质量技术监督局，行使综合管理、行政执法、安全监察等职能。随着经济的发展，人民生活水平的提高，生产、生活安全成了人们关注的焦点。2005年，成立楚州区安全生产监督管理局，监管全区的安全生产。同年，成立淮安市楚州区食品药品监督管理局。

第一章　发展与计划管理

第一节　机　构

1978年，淮安县革命委员会计划委员会改为县政府计划委员会。1988年，淮安县计划委员会更名为淮安市计划委员会。1991年，计划委员会内设计划科、综合计划科、政秘科、基建科、外经科、信息中心、废金属管理办公室、散装水泥办公室、第三产业管理办公室。2001年，淮安市计划委员会更名为淮安市楚州区计划委员会。2002年，淮安市楚州区计划委员会更名为楚州区发展计划委员会，是区政府负责研究提出全区国民经济和社会发展战略、规划、总量平衡、结构调整的综合部门。同时将产业政策的制定和实施、引导企业和商业性金融投资方向的职能移交区经济贸易委员会，将编制重大科技攻关项目及相关经费安排的职能移交区科技局；将制定对外贸易、经济合作、外商投资的具体政策规定职能移交区外贸局；将制定国土规划以及与土地利用总体规划有关的其他土地规划职能移交区国土局；将地产散装水泥的促销和区散装水泥办公室的相关职能移交区建设局。新增制定全区城市化规划，对国家及省、市、区出资的重大基本建设项目的设计审批或上报和竣工验收，指导、协调全区招投标工作等三项职能。内设办公室、国民经济综合科（挂“区国防动员委员会经济动员办公室”“区第三产业办公室”牌子）、投资科、对外经济贸易与合作科、农村经济科、产业发展科6个职能科室，均为股级，机关行政编制为20人，另核行政附属编制1人。2005年，楚州区发展计划委员会改组为楚州区发展和改革委员会，将原区经济体制改革办公室职能划入。内设办公室、国民经济综合科（挂“区国防动员委员会经济动员办公室”“区第三产业办公室”牌子）、投资发展科、对外经济贸易与合作科、农村经济发展科、产业发展科、经济体制综合改革科7个职能科室，均为股级。区发展和改革委员会机关行政编制为27人，另核行政附属编制1人。

第二节 计划调控

1978年，县政府全面清理“左”的思想，宏观经济计划调控逐渐步入正轨，主要采用行政和计划手段。1981年，针对当时基本建设战线过长的问题，县政府制定压缩基本建设战线的政策，取消一批项目，缓建一批项目，同时压缩项目规模。1985年，针对热度不减的通货膨胀，县政府采取大力压缩非生产性开支，控制基建规模等措施，严格控制社会集团购买力，合理投放财政、信贷资金。1989年初，为应对1988年严重的通货膨胀，市政府出台控制物价的十项措施，其中包括增加供给、对生产资料实行最高限价和综合价等措施，继续压缩和控制社会集团消费，严格控制消费基金增长。1992年始，宏观调控主要依靠行政、经济、法律并行的手段。2004年始，宏观调控主要依靠国家统一的财政政策和货币政策。全区的宏观经济调控手段主要是发挥财政杠杆作用，调整财政结构，保持财政收支平衡；执行国家产业政策，合理引导产业发展。

1981～2006年，编制的区（县、市）国民经济和社会发展中长期规划有：《1981～1985年“六五”计划》《1986～1990年“七五”计划》《1991～1995年“八五”计划》《1996～2000年“九五”计划》《2001～2005年“十五”计划》《2006～2010年“十一五”计划》6个。编制程序综合中央及省、市要求和辖区各基层单位意见完成计划草案，报区（县、市）政府审定，并提请区（县、市）人民代表大会审议通过后组织实施。

“六五”计划（1981～1985） 是拨乱反正后的第一个五年计划，也是全县经济发展大转折时期。这个时期主要以中共十一届六中全会以及十二届三中全会精神为指针，围绕经济建设中心，突出经济体制改革重点，全县在抓紧粮食生产的同时，大力发展多种经营和乡镇工业，走农、林、牧、副、渔，工、商、运、建、服综合发展的道路，实现财政经济状况的根本好转。到1985年，全县国民生产总值达到5.3亿元，比1980年增长1.03倍，年均递增15.3%；工农业总产值8亿元，比1980年增长90%，年均递增13.5%。其中，农业总产值4.84亿元，工业总产值3.16亿元。全县粮食总产达到6.5亿千克，比1980年增长41%；油料总产达到1000万千克，比1980年增长1.3倍；生猪年末圈存量达到65万头，比1980年增长13%；财政收入达到2699万元，比1980年增长49%；人口出生率控制在15‰以内；农民人均纯收入突破400元。

“七五”计划（1986～1990） 全县（市）坚持把改革放在首位，以提高经济效益为中心，加快工业发展。发展目标是：到1990年，工农业总产值达到13亿元，比1985年增长64.6%，年均递增10.5%。其中，工业总产值达到7.8亿元，占工农业总产值的60%，比1985年增长92.7%，年均递增14%；乡镇工业产值达到2.8亿元，占工业总产值的35.9%，比1985年增长1.5倍，年均递增19.5%；农业总产值达到5.2亿元，比1985年增长34.7%，年均递增6.1%，其中多种经营产值达到1.8亿元，占农业总产值的34.6%，比1985年增长83.2%，年均递增12.9%；粮食总产量达到60万吨；棉花总产量达到2400吨；油料总产达到2.5万吨，粮食作物与经济作物面积的比例由6.6∶1调整为3.6∶1。

“八五”计划（1991～1995） 全市坚持“优化结构办农业，面向市场攻工业，外引内联上盐业，千家万户兴各业”的经济发展总体思路。主要经济指标是：到1995年，全市工农业总产值达到40亿元，年均增长13.56%。其中，工业总产值34亿元，年均增长15.62%；农业总产值6亿元，年均增长4.92%（粮食总产量达到71万吨，棉花总产量达到6000吨）。三次产业比例达到49.6∶30.4∶20.00。财政收入达到8500万元，年均增长11.81%。外贸收购总值1.8亿元，年均增长18.23%。出口创汇3600万美元，年均增长18.2%。

“九五”计划（1996～2000） 要求到2000年，全市完成地区生产总值42亿元，年均增长14.87%，三次产业比例达到33.64∶38.18∶28.18；工农业总产值达到200亿元，年均增长24.93%，其中工业总产值160亿元，年均增长27.78%。财政收入达到2亿元，年均增长16.6%。全社会固定资产投资5年累计50亿元。利用外资及港澳台资2.5亿美元。外贸供货值达40亿元。外经营业额5年累计突破600万美元。城镇居民人均可支配收入、农民人均收入分别达7000元和5100元，年分别递增20.11%和24.67%

“十五”计划（2001～2005） 要求到2005年，全区完成地区生产总值111亿元，年均增长15%。三次产业比例达到23∶43.2∶33.8。财政收入4.5亿元，年均增长16.5%。全社会固定资产投资累计140亿元，年均增长17.5%，其中工业投入50亿元。社会消费品零售总额28亿元，年均增长13.3%。利用外资及港澳台资2000万美元，年均增长14.9%。外贸进出口总额1亿美元，年均增长30.9%。外经营业额2000万美元，年均增长18.7%。城镇居民人均可支配收入、农民人均纯收入分别达7500元和5800元，城镇登记失业率控制在3.5%左右。

“十一五”计划（2006～2010） 计划到2010年，全区地区生产总值突破180亿元，年均增长16%；人均地区生产总值突破1.49万元，年均增长15.7%；工业增加值达到80亿元，占地区生产总值比重达44.4%，年均递增21.5%；财政收入达12亿元，年均增长26.1%；全社会累计固定资产投资450亿元，是“十五”的三倍；社会消费品零售总额55亿元，年均增长15.4%；5年累计利用外资及港澳台资2亿美元，2010年外贸进出口总额1亿美元；三次产业结构调整为9∶54.4∶31.7；城镇居民人均可支配收入和农民人均纯收入分别达到1万元和6000元，年均分别增长11.3%、7.9%；人口自然增长率控制在4.5‰以内。

第三节　社会事业改革

一、财政改革

1994年，淮安市探索党政机关、群团组织、事业单位财政供给体制改革。按照“条块结合，切块包干，分级负责，保证发出”原则，明确17家单位供给与政府财政脱钩；对大多数行政事业单位工改增资因素实行分级负责，市财政压缩支出1540万元，从而保证机关事业单位工资改革的顺利进行。1996年，按照建立财政综合预算管理体制的要求，对全市152家有收费项目的单位预算外资金进行全面清理，取消100多个不合理账户。重新制定《预算外资金管理办法》，进一步规范了预算外资金收支行为，增强政府调控能力。2001年，在区直行政事业单位全面推行会计委派制，增强财政监督职能。

二、教育改革

1999年，淮安市教育事业改革开始启动。引进竞争机制，在全市教育系统推行全员聘用制和岗位聘任制，在30所学校实行校长公开选拔；积极引资办学，创办第一所民办初中——淮安外国语学校；优化资源配置，完成电大与职中的合并。2001年，全面推行教职工岗位聘用、校内结构工资制和校长民选工作。引资新办一所民办初级中学——淮安市文通中学。2005年，淮安中学、楚州第三中学通过联合办学，实现了体制机制创新。

三、卫生改革

1996年，淮安市推进行政事业单位公费医疗制度改革，147家行政事业单位月平均医药费支出比上年同期下降50%，7个月压缩费用300万元。1999年，优化资源配置，完成市医院与二院、中医院与卫校的合并。2001年，开始乡镇卫生院产权制度改革试点，完成范集卫生院股份制改革。

四、事业单位改革

2001年，楚州区实施事业单位改革，精简区乡事业机构180个。2003年，根据淮安市委、市政府相关文件精神，楚州区委、区政府先后联合下发《关于区直社会公益类事业单位改革的实施意见》《关于区直管理执法类事业单位改革的实施意见》《关于区直生产经营类事业单位改革的实施意见》等文件，明确全区事业单位改革政策。截至2005年底，全区共有生产经营类事业单位26户，完成改制工作的有淮安宾馆、楚州宾馆、桃花垠开发公司、文教印刷厂、现代建筑设计院5家，置换职工身份748人，发放安置费2000多万元。未改制单位21家，分别是人民剧场、音像发行社、电影发行放映公司、水利建筑工程公司、水利工程勘测设计院、乡村贷供水公司、运东电站管理所、水利物资器材供应站、打井队、415船队、416船队、社会福利厂、紫藤园公墓管理处、农机维修服务中心、中国国际旅行社淮安支社、体育服务部、教育局新潮实业公司、市政工程公司、文联文化服务社、种禽场、广播电视服务部。2008年，管理执法类事业单位改革基本完成，乡镇农技推广服务体系改革基本完成。

第二章 统 计

第一节 机 构

1978年，全县统计工作由县计划委员会负责。1980年12月，恢复设立县统计局，在全县系统地开展各项统计调查工作。乡镇统计工作由业务相近的农经助理兼管。1984年起，各乡镇均配备1名专职统计员。1984年和1987年，分别建立了县农村社会经济抽样调查队和城市社会经济抽样调查队，属省农调队和市统计局双重领导，主要开展城乡社会经济和居民家庭抽样调查工作。1988年后，陆续组建乡镇统计站，各业务主管部门和基层单位均配备专职或兼职统计人员。2007年，区统计局内设机构有办公室、综合统计科、法制科、工交能源统计科，编制18人（含1名行政附属编制）。同年8月，撤销原省属调查队建制，组建成立江苏省统计局楚州调查局，实行省、区双重领导，编制6人，内设农村统计科、专项监测调查科。同年底，成立区统计调查队，设服务业统计调查科、人口社会统计调查科和信息网络统计调查科。至2008年，未有变化。2008年底，全区各乡镇均成立统计办公室，由乡（镇）长担任统计办公室主任，各乡镇统计办公室均配备1名（部分乡镇2名）专职统计人员，全区基本形成乡镇、主管部门和企事业单位三级统计信息网络。

第二节　社会与经济发展统计

一、国民经济核算统计

1978年，全县宏观经济统计的主要指标是国民收入。1978年后，由于改革开放全县经济体制和经济结构发生显著变化，原有的国民收入越来越难以满足全面衡量宏观经济运行态势和宏观经济管理的需要。1985年后，全县建立地区生产总值和第三产业统计制度，开始在国民收入基础上计算地区生产总值，国民收入和地区生产总值两套指标同时并行。1993年，根据国家统计局的要求，全县统计停止国民收入计算，按照联合国推荐的国民账户体系（SNA）的基本原则和方法进行地区生产总值核算，地区生产总值（GDP）成为全市国民经济核算的主要指标。2008年，全区建立年度和季度GDP核算制度，并且对新中国成立后的GDP数据进行了补充计算。

二、民营经济统计

1978年，民营经济因成分很少未作统计。2004年，楚州区根据江苏省统计局的统一部署，依照《中华人民共和国统计法》的规定，开始实施民营经济统计。民营经济统计调查的范围和对象为区域范围内所有私营企业、股份合作企业、其他联营企业、其他有限责任公司（剔除国有控股企业）、股份有限公司（剔除国有控股企业）、其他内资企业和个体经营户。民营经济统计报表制度设置16张综合报表，内容包括反映全区民营经济发展规模、结构和效益等方面的主要指标。2008年，全区民营经济统计实行年报、半年报、季报调查制度。

三、工业统计

1978年，全县工业统计以企业为起报单位，由县计划委员会统计科负责汇总，逐级上报。1987年，全县工业全面报表程序是：基层企业起报；乡及乡以上工业由市乡镇企业管理局审核后报市统计局；市属全民、集体工业企业，城镇街道办工业企业，区属工业企业由主管部门审核后报市统计局。统计的内容主要包括生产、销售、库存和成本、费用、价格、盈利、资产负债情况及其构成等经济指标。1998年后，根据省统计局规定，全部国有及年销售收入500万元及以上的非国有工业企业实行全面调查，年销售收入500万元以下的非国有工业企业实行抽样调查。统计的内容主要包括工业总产值、工业增加值、销售收入、利税总额、利润总额等经济指标。至2008年未变。

四、固定资产投资统计

1979年，为适应新形势下国家加强宏观经济管理，合理安排建设规模，控制固定资产投资，清理和停缓建一些项目，国家统计局作出决定，从1980年起，将基本建设统计逐步扩大到全社会，改为固定资产投资统计，并建立全民所有制单位更新改造措施统计报表制度。1984年，全民所有制更新改造措施投资统计年报基层表，将固定资产投资的各种指标体系集中反映到一张表内，专供计算机汇总用。1985年，固定资产投资统计年报分为五大部分：全民所有制基本建设统计、全民所有制更新改造措施统计、全民所有制其他固定资产投资统计、集体所有制固定资产投资统计、私人固定资产投资统计。从1987年起，在全民所有制固定资产投资统计制度中，增加固定资产投资财务拨款统计报表。1989年，按照国家统计局的规定，将《基本建设本月新开工100万元以上项目一览表》填报范围扩大到全部基本建设和更新改造项目。1990年后，固定资产投资统计报表制度更加完善，形成一套以投资效果为中心，全面反映投资过程和结果的指标体系，其内容包括固定资产建设项目、固定资产投资价值量、新增生产能力（或效益）、房屋建筑面积、投资效果等方面。各级综合统计部门将基层单位上报的数据，全部输入电子计算机储存，运用计算机超级汇总，以电传或报送磁盘的方式，取代综合统计表式报表，并可根据需要，通过计算机加工整理各种数据，随时提取。1992年，《固定资产投资统计基层表标准表式》的部分指标有所调整，增加总投资、各项应付投资款（其中含工程款、设备器材款）等指标，取消二次投资、房屋翻建投资等指标，资金来源按计划资金管理部门分列。1993年，《固定资产投资统计基层表标准表式》的部分指标再作调整，增加商品房屋销售额、商品房屋销售建筑面积、商品房屋配套设施完成投资、本年交付使用财产等指标，取消房屋建筑面积及价值按房屋用途分组。1994年6月，开展固定资产投资项目快速调查。1996年，单设《房地产开发统计基层标准表》，分投资额和新增固定资产、土地开发、资金来源、施工竣工房屋面积及竣工价值、商品房屋销售与出租情况、开发经营情况、利用外资情况等部分。2003年，固定资产投资统计报表制度规定的基层表有3张，分别是《固定资产投资完成情况》《房地产开发投资完成情况》《房地产开发经营情况》；综合表有《基本建设投资完成情况》《更新改造投资完成情况》《其他固定资产投资完成情况》《房地产开发投资完成情况》《城镇和工矿区私人建房情况》。基本建设投资、更新改造投资统计范围为计划总投资（或实际需要总投资）50万元及50万元以上的单位（或项目）。2004年，取消全社会表，分城镇和农村两块，城镇投资统计50万元以上项目，农村投资统计500万元以上项目。2005年，城镇投资、农村投资的统计口径统一调整为50万元。2006年始，城镇投资、农村投资的统计口径统一调整为500万元，至2008年未变化。

五、建筑业统计

1982年起，恢复“文化大革命”期间中断的建筑业统计。1983年，建筑业统计基本上步入正常轨道，当年综合统计年报有5种：《建筑业净产值》《净产值计算表》《建筑安装企业主要财务成本指标》《主要建筑材料和能源节约情况》《施工任务完成情况及计划进度表》。1985年，增加《建筑安装企业、自营施工单位生产情况》《建筑业劳动生产率》《工程质量》《主要施工设备实有、完好情况》《技术装备》《财务成本》《工程成本明细表》《承包责任制推行情况》《本年投标承包工程一览表》报表。1990年起，实行电子计算机汇总，各级统计部门不再上报纸质报表，改为以磁盘方式上报经过计算机处理的数据库。1996年，建筑业统计报表合并为《建筑企业生产情况表》一张报表。2000年，增加《建筑企业财务状况表》。2001年增加《建筑业企业建筑材料消耗情况》报表。2003年增加《劳务分包建筑业企业生产经营情况》《建筑产品产量完成情况》报表。2005年，增加《建筑业企业出省生产情况》报表。至2008年未变。

六、批发和零售业、住宿和餐饮业统计

1978年，批发和零售业、住宿和餐饮业统计对象是国营、集体单位。1983年，随着商业企业所有制的多元化，商业统计对象发生变化，新增个体商业。填报程序没有变化，新增加的个体商业由工商部门按工商管理费推算，报县统计部门。1993年，为反映企业规模经营情况，增加大中型批发零售贸易业企业报表，由统计部门直接布置、收集和汇总。1998年，取消大中型批发零售贸易业企业报表，增加限额以上批发零售贸易和餐饮业企业报表，由统计部门直接布置、收集和汇总。2000年，对个体

批发零售业、餐饮业进行抽样调查，以从事批发和零售贸易业、餐饮业个体户为基本抽样单元，调查频率为1年4次，调查月份为每年2月、5月、8月和11月，对每个样本经营单位调查时间为连续1个月。调查由工商部门负责抽样框资料的提供和样本资料的收集、审核、报送，统计部门负责样本的抽选、抽样误差的测算、数据的处理和总体资料的推算。2002年，对限额以下（含个体）批发零售贸易业、餐饮业进行抽样调查，调查频率为1年2次，调查月份为每年5月和11月，对每个样本经营单位调查时间为连续1个月。抽样调查由统计部门直接负责样本的抽选，以及样本资料的收集、审核、处理和总体资料的推算。2005年，增加星级住宿业企业报表，由统计部门直接布置、收集和汇总。2006年，对限额以下批发和零售业、住宿和餐饮业进行抽样调查，调查频率为1月1次，对每个样本经营单位调查时间一般为1周（连续7天）。调查由统计部门直接负责样本的抽选、样本资料的收集、审核、处理和总体资料的推算。至2008年未变化。

七、劳动工资统计

1984年起开始统计劳动工资，统计报表有《全部职工人数情况》《全民所有制单位职工人数与工资》《全民所有制单位全部职工工资总额构成情况》《全民所有制单位固定职工增加来源和减少去向变动情况》《城镇县级及其以上集体所有制单位固定职工增加来源和减少去向变动情况》等。1985年，劳动统计报表制度内容增加，其综合统计年报达到13种，增加《各种合营、华侨或港澳工商业者经营和外资经营单位职工人数，工资和劳保福利费用》《各种合营、华侨或港澳工商业者经营和外资经营工业企业职工人数》《城乡劳动力资源与分配平衡表》等内容，定期报表有《全民所有制单位职工人数和工资》月、季、半年报，《各种合营、华侨或港澳工商业者经营和外资经营单位全部职工人数和工资》月、季报，《城镇集体所有制单位全部职工人数和工资及个体劳动者》月、季报，《重点县全民所有制单位全部职工工资总额构成情况》季报。1986年起，《中央及省属单位职工人数与工资一览表》和《劳保福利费用》综合统计年报表，由统计部门移交劳动主管部门编报。1987年增加《租赁企业职工工人数与工资》综合统计年报，1988年停止执行。1988年布置《各类专业技术人员情况》综合统计年报表。1989年，增加《离休、退休、退职人员》《其他所有制工业、建筑业全部职工人数》综合统计年报表。1992年，劳动工资综合统计年报有12种。从2005年开始，统计年报范围从原有的城镇集体以上单位扩展到私营企业中的规模以上工业、限额以上住宿、贸易和餐饮业和资质以上建筑和房地产业。主要实行年报和季报制度，综合年、季报报表有：《单位从业人员和劳动报酬情况》《单位从业人员变动情况》《私营企业从业人员和劳动报酬情况》，基层报表有《劳动情况》和《私营企业劳动情况》。至2008年未变化。

八、人口调查制度与人口统计

1978～2008年，形成以人口普查为基础，5年1次的1%人口抽样调查为主导，1年1次的1‰抽样和人口统计年报为经常性调查的人口调查制度。人口统计年报的基础资料来源是公安部门的户籍年报。人口统计报表内容有户籍人口、性别人口、出生、死亡、出生率、死亡率、自然增长率等人口变动指标，统计的范围包括区内所有乡、镇、街道以及厂矿、企业、农场等单位，统计方式是各乡镇（街道）负责收集本地人口信息，各公安派出所负责汇总上报，区公安局负责汇总后报区统计局，再由区统计局审核汇总后上报市统计局。

九、科技活动监测统计

1985年全国科技普查开始后，淮安逐步开展科技活动监测统计工作。2000年对R&D（研究与试验发展英文缩写，其经费支出指统计年度内各执行单位实际用于基础研究、应用研究和试验发展的经费支出）开展一次清查，取得部分基础资料。此后，科技统计工作纳入统计年报制度。2005年起，科技统计年报对大、中型工业企业和一级资质建筑企业科技活动进行统计，由区统计局直接开展此项调查工作。大、中型工业企业科技统计年报包含8大项68个调查指标；一级资质建筑企业科技活动年报包含5大项26个指标。至2008年未变化。

十、妇女儿童监测评价

2001～2008年，为系统掌握全区《中国妇女发展纲要》、《中国儿童发展纲要》（2001～2010）和《楚州区妇女发展规划》、《楚州区儿童发展规划》（2001～2005）的实施情况，促进妇女儿童事业的健康发展，区政府妇女儿童工作委员会、区统计局在全区开展妇女儿童“纲要”“规划”监测统计工作，每年对全区和各部门的“纲要”“规划”主要目标的实施状况进行监测与评价，从妇女与经济、妇女参与决策和管理、妇女儿童与教育、妇女儿童与健康、妇女儿童与法律保护、妇女儿童与环境发展的生存环境6个方面，对全区和各部门妇女儿童“纲要”“规划”的实施状况进行综合评价。

十一、服务业统计

1999年，淮安开始开展旅馆业抽样调查。调查的主要内容为单位财务状况及营业状况，主要有营业收入、营业支出、利润、固定资产等财务指标以及客房数、床位数、年入住旅客人数和床位周转率等营业状况指标。此项调查一直持续到2003年年报。2004年，国家开展全国第一次经济普查，按照全国统一的调查方案，楚州区对服务业单位和个体经营户进行全面普查。2005年底，按照“以政府统计为核心，以部门、行业统计为基础，统一制度、部门实施、以条为主、条块结合”的服务业统计工作思路，淮安市第一个服务业综合统计调查制度—《2005年淮安市服务业统计制度（试行）》建设完成，楚州区由此开始实施服务业全面统计工作。

十二、农林牧渔业统计

1978年以后，随着农村经济体制改革的深化，农业生产管理发生了深刻变化，农村统计工作任务逐步加重，农业统计报表制度日臻完善。到1983年，统计部门编制的综合年报表有10种，具体有《农村社会组织情况》《耕地面积》《主要农业机械年末拥有量》《农业现代化情况》《农田水利情况》《农作物播种面积和产量》《蚕茧、茶叶和水果生产情况》《林业生产情况》《牧业生产情况》《渔业生产情况》。1985年以后，将农业统计改为农村统计，主要增加价值和社会经济效益方面的指标体系，同时严格管理发往农村基层的统计报表，制发“农村统计一套表”制度，内容包括三部分，第一部分是村组填报的报表，第二部分是乡镇报表，第三部分是乡镇主要经济考核指标月报和经济社会计划执行情况公报。1992年，统计部门新增加的农村统计综合年报有8种，即《现价农村社会总产值》《农业总产值和农业商品产值》《农业增加值》《农业净产值》《农村经济收入分配和效益》《农村固定资产结构》《农村经济卡片》《沿海开放区和农副产品口生产基地农村社会经济卡片》。

第三节　专项统计调查

一、农村调查

1978年后，农村经济体制改革逐步深入，农村调查除使用全面统计报表和抽样调查相结合的方法取得资料，还根据研究某些经济问题的需要，按不同类型标志选择一部分乡镇或农村住户进行重点调查或典型调查。1982年恢复6个点、60户农村住户抽样调查。1984年后，该项调查业务归并到省属农村抽样调查队，是年调查100户。1985年后增加农民家畜调查和农产量抽样调查。2004年12

月后，开展农村劳动力转移调查。一方面以乡镇为单位全面调查统计全区农村劳动力转移基本情况，另一方面每个乡镇选3个村，在3个抽中村选第5村民小组按顺序调查10个农户，详细了解劳动力转移的流向、结构、劳务输出的收入等详细情况。2008年3月开始，对全区猪牛羊禽生产经营单位、规模养殖户以及抽中的村民小组的所有农户主要畜禽品种基本情况、存栏、出栏、产品产量、出售价格和生产效益变化情况进行统计调查。

二、物价统计调查

1992年，根据国家统计局要求，开始收集工业产品出厂价格和主要原材料、燃料、动力购进价格资料，上报市城调队后统一编制工业产品出厂价格指数和主要原材料、燃料、动力购进价格指数。统计调查报表的名称及指标分别是：《工业品出厂价格月报表》，主要指标有产品名称及规模型号、计量单位、代码、报告期8日单价、18日单价、平均单价、上年同月平均价、上月平均价；《原材料、燃料、动力购进价格月报表》，主要指标有产品名称及规模型号、计量单位、代码、报告期8日单价、18日单价、平均单价、上年同月平均价、上月平均价。至2008年，该项调查的报表格式和内容一直保持不变。

三、城镇住户调查

1987年开始进行城镇住户抽样调查，样本50户。1995年中断，2003年恢复，样本扩大为100户。调查涉及城镇住户人口、就业、收入、消费、教育、社会保障等与人民生活密切相关的诸多方面。至2008年未变化。

四、规模以下工业抽样调查

1999年起，开展规模以下工业抽样调查。调查范围是年产品销售收入500万元以下的工业企业和全部个体经营工业单位。总体调查内容包含企业详细名称、地址、企业代码、登记注册类型、主要业务活动（或主要产品）、行业类别、人员及企业资产与生产经营状况等。全部年销售收入500万元以下的工业企业，采用“一阶段目录抽样”，即根据辖区内企业名录直接抽取样本企业；个体工业单位，采用“一阶段整群抽样”，即在辖区范围内直接抽取样本村（居委会）。2004年前，楚州区调查总体的抽样框采用第一次基本单位普查名录库。2005～2008年，使用第一次经济普查基本情况库进行抽样。

五、人口抽样调查和劳动力调查

1980年后，根据国家的统一部署，全区（县、市）每年进行一次1‰人口变动情况抽样调查。1987年、1995年、2005年分别进行1‰人口抽样调查，采取分层、三阶段、随机等距、概率比例和整群的抽样方法，调查登记时间分别是1987年7月1日零时、1995年10月1日零时、2005年11月1日零时。《2005年全国1‰人口抽样调查表》分为按户填报的项目和按人填报的项目。按户填报的项目包括户的基本情况和住房情况；按人填报的项目包括人的基本情况、迁移流动状况、人口素质情况、就业和社会保障状况、婚姻生育状况等。2005年5月，首次开展劳动力专项调查工作，入户对抽中小区内的全部16岁及16岁以上人口的就业状况进行调查。2006年，调查增加到两次，分别于5月和11月进行。调查的范围为全区城镇和乡村的16岁及16岁以上人口。调查内容包括调查对象的年龄、性别、居住地、婚姻状况、受教育程度、就业状况、所从事的行业和职业、工作时间、失业原因、失业时间、收入以及参加社会保障情况等。至2008年未变。

六、群众安全感调查

2000～2008年，根据上级统一部署，全区（市）每年进行一次群众安全感调查。调查对象为年满16周岁以上的中国公民，调查标准时间为11月1日，调查内容包含群众的安全感受、影响安全感的主要因素、群众对当前社会治安状况的心理感受、对政法工作和队伍建设的满意程度等18项内容。

第四节　国情国力普查

一、农业普查

根据国家的统一部署，分别于1996年底进行了第一次农业普查，2006年底进行了第二次农业普查。第一次农业普查的对象是全市范围内各种类型的农业生产经营单位、农村住户、乡镇企业、行政村和乡镇，第二次农业普查对象增加城镇农业生产经营户，取消乡镇企业。第一次农业普查表分为农村住户调查表、非农村住户类农业生产经营单位调查表、行政村调查表、乡镇调查表、非农乡镇企业基本情况卡片、农业用地卡片，普查表的调查项目共38个。第二次农业普查表共有5类10张：住户普查表，用于登记农村住户、城镇农业生产经营户；单位普查表，用于登记农业生产经营法人单位、产业活动单位和其他未注册单位；行政村普查表，用于登记行政村和视同行政村的其他行政单位，由农业普查小组收集相关信息直接填报；乡镇普查表，用于登记乡镇和视同乡镇的其他行政单位，由乡镇农普办收集相关信息直接填报；农业用地普查表，以国土资源管理部门土地变更调查数据为基础填报。两次农业普查，市（区）人民政府均设置农业普查领导机构及其办公室，乡、镇设置农业普查办公室，村民委员会设置农业普查小组。农业普查划分普查区和普查小区，现场登记按普查区和普查小区进行，一般以村民委员会所辖地域为普查区，以村民小组为普查小区。

二、工业普查

继1954年全县第一次工业普查，1985～1988年，开展第二次工业普查。普查内容主要是1985年工业经济情况，包括产、供、销、人、财、物，普查重点是工业装备技术状况、经济效益、工业内部结构和职工状况，普查对象是全部工业企业，并以与国计民生关系较大的工业企业为重点。普查经历准备、调查、资料整理三阶段，时间延续约四年。1996年进行第三次工业普查。普查内容主要是1995年工业生产经营基本情况（包括生产、销售、库存和成本、费用、价格、盈利等情况）、资产负债情况及其构成、生产能力利用及技术装备状况等，普查对象是全部工业企业，重点是国有企业、乡镇企业和外商投资企业。普查经过方案的设计与修订、普查工作试点、社会宣传动员、普查业务培训、清查调查单位、普查表的填报审核、汇总上报等一系列工作，到1997年完成。

三、三产普查

1993年8月，淮安市人民政府按照国务院《关于开展全国第三产业普查工作的通知》要求，成立市第三产业普查领导小组，负责全市第三产业普查的组织协调工作，领导小组办公室设在市统计局，具体负责普查工作的组织实施。第三产业普查的范围包括全市境内所有的第三产业企业、事业、行政单位和社会团体，普查年度为1991年和1992年，普查内容包括反映第三产业发展规模指标（单位数量、从业人员等）、经营活动成果指标（销售、营业收入、销售营业成本费用、销售税金、经营利润、行政事业单位业务收支、预算外收支和专项资金收支等）、实物资产情况指标（固定资产原值、库存总值等）。普查工作为三个阶段：1993年8～10月为准备阶段，主要工作是建立市第三产业普查领导小组和办公室；布置普查方案，对普查工作人员进行培训；开展普查宣传活动。1993年11～12月为摸底调查阶段，主要工作是摸清普查单位，对普查单位进行调查登记，并对调查登记的质量进行复查，完成第三产业机构、人员数据手工汇总。1994年1～12月为普查数据汇总、整理上报阶段，主要工作是数据处理和报送；资料分析应用；普查工作总结；普查资料编印。

四、经济普查

2004年5月开始开展第一次全区经济普查。经济普查集工业、建筑业、第三产业和基本单位普查于一体，普查对象涉及从事第二、第三产业活动的全部法人单位、产业活动单位和个体经营户。经济普查对法人单位、产业活动单位采用全面调查的方法，对个体经营户采用全面调查、抽样调查等方法。普查工作分为普查准备、登记填报、数据处理和上报、数据评估和发布、资料开发应用和总结表彰五个阶段。2005年1月1日，开始普查的正式登记填报，普查表的填报内容包括单位基本属性、从业人员、财务状况、生产经营情况、生产能力、原材料和能源消耗、科技活动情况等。2007年底开始开展第二次经济普查，普查对象是在全区境内从事第二产业和第三产业的全部法人单位、产业活动单位和个体经营户，具体包括采矿业，制造业，电力、燃气及水的生产和供应业，建筑业，交通运输、仓储和邮政业，信息传输、计算机服务和软件业，批发和零售业，住宿和餐饮业，金融业，房地产业，租赁和商务服务业，科学研究、技术服务和地质勘查业，水利、环境和公共设施管理业，居民服务和其他服务业，教育、卫生、社会保障和社会福利业，文化、体育和娱乐业，以及公共管理与社会组织等国民经济行业。普查时点为2008年12月31日24时，普查时期为2008年1月1日至12月31日。普查的主要内容包括单位基本属性、财务状况、生产经营情况、生产能力、能源消耗、主要生产设备、信息化和科技活动情况等。普查选用普查员800多人，普查登记单位5991家，其中法人单位4256家，产业活动单位1735家、个体经营户3.23万家。

第五节　统计服务

1978～2008年，楚州区（淮安县、市，下同）统计局整理编印大量统计资料，对统计资料进行统计分析和预测，及时反映国民经济的发展速度、比例关系、经济效益以及社会发展等方面的变化。30年间，楚州区统计局共整理编印调查统计资料40册，其中年度统计资料30册、专题统计资料10册。

一、月度统计资料

从2006年起，每月编印出刊一期《楚州统计月报》，内容包括全区主要经济指标、规模以上工业主要经济指标、社会消费品零售总额、城镇农村规模以上固定资产投资完成额、城镇住户数据主要指标及淮安市九县（区）主要经济指标。

二、年度统计资料

1974年，统计部门整理编印《1949～1973年淮安县国民经济统计资料汇编》，此后《统计资料汇编》按年度编印。1987年起，《统计资料汇编》更名为《统计年鉴》。《统计年鉴》内容主要分10个部分，分别是：1.综合；2.农村经济；3.工业经济；4.固定资产投资；5.贸易及外经；6.财政金融；7.科技、文化、教育、卫生；8.劳动工资；9.民营经济；10.城乡居民生活。另外，还附录了有关统计法律法规和国家及省、市统计公报。

三、专题性统计资料

1978～2008年，区统计局整理编印各种专题性资料10册。1985年和1990年分别编印“六五”“七五”期间《淮安县（市）国民经济和社会发展统计资料汇编》，1992年整理编印了《淮安市第四次全国人口普查提要资料汇编》，1998年整理编印《淮安市第一次农业普查资料》，2002年整理编印了

《楚州区2000年人口普查资料》,2003年整理编印《楚州区第二次基本单位普查单位名录库资料》。2005~2008年,每年编印《乡镇基本情况概况》。

第三章 工商行政管理

第一节 机 构

1978~1981年,管理机构为淮安县革命委员会工商行政管理局。1981年6月,淮安县革命委员会工商行政管理局更名为淮安县工商行政管理局。1991年,淮安市工商行政管理局内设机构为人秘股、财务股、企业管理股、个体管理股、市场管理股、案件审理股、合同管理股、商广股,直属机构淮安市经济监督检查大队,另设立纪检监察室。下设直属、城北、城南、城东、城郊、席桥、钦工、顺河、苏嘴、泾口、车桥、博里、溪河、平桥、石塘、林集、范集等17个工商所。定行政编制24人,事业编制180人。1996年8月,淮安市编委批复,成立淮安市市场服务中心,为淮安市工商局管理的集体所有制事业单位。1997年5月,淮安市编委批复,核定淮安市市场服务中心编制总额160人。1999年4月,根据省政府批转省工商局关于全省工商行政管理系统实行垂直管理体制的方案,淮安市工商行政管理局实行垂直管理体制。1999年12月,根据省人事厅和省工商局文件精神,市工商局全面完成工商所公务员过渡工作。2001年2月,淮安撤市建区,更名为楚州区,淮安市工商行政管理局更名为楚州工商行政管理局。2001年12月,根据国务院工商行政管理机关与所办市场彻底脱钩的文件要求,淮安市市场服务中心划归楚州区行政执法局领导。2002年8月,根据省编办和省工商局关于工商行政管理机构改革指导意见,核准淮安市楚州工商局职能配置、内设机构和人员编制。内设办公室(财务股)、人事教育股、法制股、登记注册股、监督管理股、公平交易监督股、市场合同监督管理股7个职能股室和直属行政机构经济监督检查大队,另设立纪检监察机构。核定人员专项行政编制168人、行政附属编制26人。规范基层工商所的设置,调整后改称为基层工商分局,共精简为城区、城东、钦工、茭陵、泾口、车桥、溪河、建淮、林集等9个基层工商分局。至2008年底,未发生变化。

第二节 登记注册管理

一、工商企业登记

1991年,淮安市工商局组织综合服务小组深入企业现场办公,结合企业行业结构和产品结构调整,帮助企业办理有关登记注册手续,促使企业依法经营。当年为100多家企业提供服务,其中国有企业30余户。1992年,制定“简化登记手续、扩大经营范围、实行一业为主、多种经营”等具体措施和优惠政策。简化程序,实行快发照,平均缩短发照时间20多天。1993年,支持企业转换经营机制,会同有关部门开展注册登记“一条龙”服务,突破行业界限,除国家规定特许或专项审批的行业或产品外,允许企业自主选择生产经营方式,从事生产销售、批发零售。1994年,贯彻《中华人民共和国公司法》和《公司登记管理条例》,支持企业转制解困,帮助8家国营企业完成改制工作,建立现代企业制度，促进内资企业的进一步发展。至年底，全区有内资企业4286户，其中《中华人民共和国公司法》实施后注册的公司7户。1996年，指导企业建立现代管理制度，推动建立有限责任公司，全年新开有限责任公司34户。1997年，全年完成老公司改制13户。1998年，服务于招商引资，结合“访百家企业”活动，深入企业、市场、招商办现场办公，为企业进驻出谋划策，对重点项目实行一事一议和特事特办，加强同有关部门的协调联系，做好指导服务。1999年，服务国有企业改革，开设专门的登记咨询服务窗口，上门指导企业办理转制参与招商引资，做好区重点企业、重点项目的“绿色通道”特殊服务，实行“一门进出，全程陪同”办理注册登记事项，改善投资环境。2000年，支持和指导企业改制、改革工作，鼓励、支持企业资本来源多元化，对企业合并、分立等重组活动主动提供咨询服务，对乡镇等企业的改制简化手续。设置“绿色通道”专用窗口，对办理简易变更的企业实行一个工作日内发照，在注册大厅设立咨询台。2001年，改革注册登记行政审批制度，推行“一审一核制”，使办照时间平均缩短三分之二。2002年，与区有关部门配合，采取前期介入，跟踪服务方式，做好招商引资工作，全年引进企业注册资金5000万元。注册登记对外实行全天候接待，发照时间缩减到10个工作日，办理简易变更的24小时内发照。2003年，进一步简化审批手续，实施“扩大投资人主体范围”政策试点。推行上下招商两级联动制，分局负责大项目招商工作，协助部门、乡镇做好招商工作，全年引进企业90多户，注册资金1.2亿元。至年底，区内共注册登记内资企业3701户。2004年，进一步简化审批手续，实施“扩大投资人主体范围”政策试点。推行招商引资企业联络员制度，对200万元以上项目实行联络员制度，为招商引资企业排忧解难。2005年，落实一审一核制。配合对江苏翔宇电子有限公司、淮安市上河米厂、淮安市泾口乡农机管理有限公司、中行楚州支行、建行楚州支行等企业进行改制。2006年，对事业单位举办的营业单位开展规范登记工作。2008年，开展企业注册号换号工作，企业注册号由13位变为15位，至年底，共注册登记内资企业1612户。

二、个体工商户、私营企业登记

1991～1992年，制定《发展淮安市个体、私营经济十二条具体规定》，取消不适当的限制规定，引导个体工商户和私营企业从事第三产业，发展个体、私营经济。1993年，与市有关部门共同制定《进一步发展个体私营经济的若干规定》，落实政策措施，为个体私营经济发展创造有利条件并召开全区发展个体私营经济动员大会。1995年，对400户餐饮、熟食、理发行业的个体户开展规范化管理。1996年底，全市新增个体工商户1368户，新增私营企业108户。1997年，市政府修订下发《关于进一步推进全面区个体私营经济发展的若干意见》，放宽对从事个体私营经济的人员、场地以及行业等方面的限制，全市个体私营经济发展速度加快。1998年，制定《关于进一步推进全市个体私营经济发展的若干补充规定》，进一步放宽政策，全年新增私营企业112家，个体工商户1127户。1999年新增私营企业206家，个体工商户1589户。2000年，贯彻市政府《关于促进个体私营企业发展若干政策意见》精神，做好小企业转制工作，鼓励申办非公司制小企业实行企业预备期和小企业风险预警，为小企业发展创造良好环境。2001年，制定《个体工商户登记管理工作规程》。2003年贯彻国家及省市工商局关于对失业、下岗职工从事个体私营经济有关收费实行的优惠政策，全年共有378人享受该项优惠政策。年底，全区私营企业总数8541家，个体工商户总数1.1万户。2001年，新发展个体工商户4339户，私营企业231家，新增注册资金1.73亿元，新增从业人员7645人。2002年5月21日起，在楚州区行政审批中心设服务窗口，每周二受理企业登记。是年，新发展个体工商户3231户，新发展私营企业521家，新增注册资金2.01亿元，新增从业人员1.8万人。2002年7月1日起，将个体工商户的开业、变更、歇业、注销登记委托基层工商分局办理。2003年，新发展个体工商户3624户，新发展私营企业408家，新增注册资金3.23亿元，新增从业人员1.02万人。2004年，企业登记注册在区审批中心办理，当年新发展个体工商户4618户，新发展私营企业521家，新增注册资金3.97亿元，新增从业人员2万人。2005～2008年，新发展个体工商户1.61万户，新发展私营企业2895家,新增注册资金61.34亿元,新增就业人员10.4万人。2008年,新发展个体工商户6071户,新发展私营企业777家,新增注册资金26.6亿元,新增从业人员3.18万人。

第三节　企业监督管理

1991~1992年,根据《企业年度检验办法》,对未参加1990年度、1991年度年检的企业实施吊销《营业执照》的处罚,共吊销364户企业的《营业执照》。1993年,根据中共中央办公厅、国务院办公厅《关于转发经贸委〈关于党政机关与所办经济实体脱钩的决定〉的通知》,清理党政机关所办经济实体,1993~1996年,共清理规范126户党政机关所办经济实体。1994年,全市共清理纠正名为集体实为私人企业628户,保障了集体经济和个体、私营经济健康、稳定的发展。1995年,按国务院关于原有有限责任公司和股份有限公司依照《中华人民共和国公司法》进行规范的通知精神,对在淮安市工商局注册的226家有限责任公司进行规范登记,对公司治理结构虚假等情况进行必要的干预和查处,对采用虚假手段骗取公司执照的行为从严处罚。同年4月,根据省工商局《关于加强集贸市场内私营企业、个体工商户证照管理的通知》和《江苏省个体工商户商业、服务业、饮食业、修理业经营规范的通知》精神,组织开展全市证照规范管理大检查,新核发个体工商户营业执照632户、私营企业执照38户,为经营规范而变更登记营业执照461户。1996年,全市开展打击合同欺诈专项执法行动,查处违法违规企业6户。1997年,贯彻执行《中华人民共和国煤炭法》和《江苏省煤炭经营资格审批及经营许可证发放管理办法》,组织开展对煤炭经营单位清理整顿,全市规范合格煤炭经营单位46户,清理35户。1998年,根据《企业年度检验办法》,对未参加1997年度年检的企业实施吊销《营业执照》的处罚,共吊销548户企业的《营业执照》。同时,结合企业年检继续开展"三无企业"清理。1999年,根据省工商局《加强粮食加工企业管理若干规定》,对粮食加工企业进行严格规范和重点监管。

2000年,根据国务院七部(委、局)《关于深入开展电子游戏专项治理工作有关问题的通知》精神,全面开展对电子游戏经营场所的重新审核登记工作,规范登记电子游戏场所126户,查处取缔无证无照或证照不全34户。同年,根据省盐务局、省工商局《关于加强盐产品生产和销售管理的通知》精神,对非法生产和非法经营食盐进行清理和规范,重点查处取缔朱桥镇非法生产的小盐厂、加工点5户。2001年,对未参加2000年度年检的企业实施吊销《营业执照》的处罚,共吊销874户企业的《营业执照》。同年3月根据《商标印制管理办法》和省工商局《关于对商标印制单位进行验证的通知》要求,对全市23户商标印制企业和个体工商户进行验证和换证。2002年4月,根据国家工商总局《关于进一步加强社会福利企业管理工作的通知》,对以企业形式出现的社会福利机构进行全面清理整顿,全区共清理规范26户社会福利企业。同年11月,根据省工商局《关于建立企业免检制度的通知》精神,对符合免检条件的138户企业实施免检(除专项检查、重点检查外,三年内各级工商机关不得对免检企业进行检查)。

2003年,全区企业应参加年检3738户,年检企业2202户,年检率58.91%;个体工商户应验照1.16万户,验照7181户,验照率62.13%。重点查处虚假出资、虚报注册资本的企业,共查处案件35件,罚没款10多万元。制定出台《"取缔无照经营活动月"活动实施方案》,对辖区内所有经营户进行拉网式检查清理。共清理无照经营1246户,处罚513户,罚款56.95万元。为进一步规范市场经济秩序,大力营造公平、公正、有序的发展环境,在全区范围开展取缔无照经营专项整治活动,各分局出动检查3460人次,对辖区内经营户进行"拉网式"检查清理,检查经营户9756户,其中无照经营2223户,取缔283户,疏导办照1258户。根据市工商局《关于做好网吧等互联网上网服务营业场所专项整治工作的通知》精神，共出动执法人数335人次，检查已登记网吧36户，其中查处违法经营5户，查处取缔无照经营网吧27户，罚款4.63万元，查封违法经营场所9处，没收专门用于无照经营的电脑7台。协请区电信局关闭无照经营上网接口22户。

2004年，全区应参加年检私营企业1995户，2005年年检1207户，年检率60.5%；未年检788户；个体工商户应验照1.58万户，已验照8261户，验照率52.2%。因2003年度逾期未年检而批量吊销126户。集中开展3次无照经营取缔的专项整治行动。共出动检查人员4300人次，检查各类市场主体1.02万户（其中检查个体经营户7260户，私营企业327户，无照经营户2623户），取缔无照经营383户，疏导办照1587户，查处无照经营案件608起，罚没款185万元。取缔无证无照的"黑网吧"31户，扣留电脑主机145台，罚没款31万元。2005年，全区应检企业4168户，年检2528户，年检率60%。个体户应验照贴花1.79万户，验照贴花7154户，验照率40%。在年检中查处违反登记管理案件18件，罚没款入库达7.2万元。2006年个体工商户应验照1.38万户，验照1.36万户，验照率98.18%。2006年，应参检企业4341户，已检3098户，年检率71.4%。2007年，楚州工商局与楚州区卫生局联合下发《关于进一步加强食品安全联合监管的通知》，开展食品安全联合监管检查。出台《淮安市楚州工商局无照经营查处取缔实施规范》，先后有计划地开展春节网吧、暑期网吧、校园食品、打击非法用工违法犯罪、打击"三电"设施违法犯罪、化工（饲料）市场主体、化工生产企业、产品质量及食品安全、农资生产经营、农村无照经营，废品收购、车辆冲洗、五小行业、广告发布、重大节日食品安全等15次专项整治行动，先后共清理各类无照经营1434户。其中，查处取缔黑网吧11户，规范网吧经营8户；关闭化工企业10户、完成化工企业达标整治16户；查处、规范食品经营1000余户。

2008年，开展2007年度个体工商户验照和企业年检工作。2007年个体工商户应验照1.4万户，验照1.33万户，验照率95.24%。2007年应检企业4706户，检3258户，年检率69.23%。在全区开展以无证照经营治理为重点的、为期两个月的规范民营经济发展秩序专项行动。全区共清理无证无照经营2627户，规范办照2160户，取缔126户。先后开展"打击生产、销售色情、暴力、恐怖等不良玩具违法行为专项行动"、"废旧金属收购站点专项整治行动"、"红盾护蕾"网吧专项治理行动、学校及周边治安综合治理行动、宾馆及饭店业专项治理行动、无证照经营集中治理行动和重大节日食品安全大检查行动。

第四节　市场建设与管理

一、市场建设

1991年，淮安市推进集贸市场建设，改造露天市场。蔬菜公司投资30万元新建东门市场；工商局筹资56万元新扩建南门全钢架大棚市场；平桥镇农贸市场改扩建；建淮农贸市场改扩建，溪河镇农贸市场改扩建。1993年，由工商局投资建设和直接管理的岳庙小商品市场，因淮安市道路改造被拆除。至年底，工商局直接管理的集贸市场9个，淮城镇华亭村管理的1个，由蔬菜公司管理的1个。1994年，淮安市提出商贸兴市目标，由政府部门规划，工商部门参与论证、参与决策，对市场选址、名称等提出合理化建议，提高市场建设质量，提升市场档次，促进全市形成完善的市场体系。朱桥镇投资100万元新建朱桥农贸市场，上河镇投资64万元新建上河农贸市场，钦工镇投资60万元新建钦工农贸市场。1995年，工商局集资新建南巽路水果批发市场。1996年，工商局筹资800万元新建中山门蔬菜批发市场，一期工程于1997年7月完工并开业；同年，工商局投资560万元改扩建南门室内市场，1997年10月开业。至1997年底，全市共有各类市场47个，其中新建市场7个，生产资料市场3个，新建、改建市场面积2.87万平方米，总投资2000多万元，市场年成交总额6.2亿元。

1998年，淮安工商局投资380万元对中山门市场进行二期改扩建，占地1.5万平方米，成为苏北地区大型蔬菜批发集散地，年成交额2.2亿元。各乡镇为实施政府菜篮子工程，将原有马路市场改扩建为钢架大棚市场，范集镇投资310万元改扩建范集农贸市场。1999年，施河镇投资520万元新建施河通达市场，在工业园区新建华东旭日教学用品城，入场经营户320户。流均镇养殖大户赵文美投资150万元新建流均水产品批发市场。泾口镇投资600万元新建泾口群荟农贸市场，顺河镇投资100万元新建顺河农贸市场，车桥镇投资100万元新建车桥小商品市场。同年，盐城市射阳春桂集团投资8000万元新建淮安新世纪商贸城，占地66万平方米，2000年10月营业。李春宁投资4000万元新建淮安（楚州）农副产品批发市场，于2006年10月营业。2004年，浙江育人集团投资8亿元新建淮安国际商城，于2006年11月26日开业，淮安国际商城占地总面积达30公顷，是苏北地区最大的建材市场。为贯彻市场“管办脱钩”精神，2003年，楚州工商行政管理局直接管理的8个市场移交给楚州区为民市场服务中心，市场服务中心的服务机制和工商行政管理机关的监管机制开始并行。至2008年底，楚州区有各类市场51个，市场年成交总额26.2亿元。

二、市场管理

1991年，贯彻《江苏省城乡集市贸易管理条例》，治理脏乱差，对各类市场进行布局调整，划行归市，各市场普遍设立“校秤处”和“消费者接待站”，为消费者服务。1992年，采取“统一计划、统一规范、统一管理、统一设施”的措施，抓好农贸市场和农产品批发市场的管理，全年查获有毒有害食品566千克，变质食品620千克，查获失准秤、伪劣秤327杆（台）。1993年起，市场管理从农贸市场逐步转向各方兴办的专业市场，并定期上门指导服务。1994年，按照《江苏省城乡集市贸易管理条例》，对全市各类市场核发市场登记证，进行登记管理。开展农贸市场专项整治活动，针对无证照经营、无明码标价等问题进行检查，加强对市场经营户的登记管理和日常监督，全市农贸市场秩序明显好转。参与生产要素市场，有色金属市场的管理，规范经营行为。1995年，加强对集贸市场的规范管理，重点打击掺杂使假、短斤缺两、欺行霸市等不法行为，共查处各类腐败变质食品1280千克，销毁病死猪肉及家禽1890千克，收缴市斤秤、伪劣秤、失准秤1272杆（台）。1997年，开展市场创建达标工作，对市场内外、公共场地和办公区进行全面整治，共出动1600人次参加整治，投入1100万元改造和增添市场设施，取缔非法交易点2个，清理垃圾200余吨，东门市场、巽关市场、中山门市场、南门市场等通过达标验收。

1998年，在南门市场、东门市场开展“市场承诺制”试点，向合法权益受到损害的消费者实行先行赔偿，同时多次开展专项整治，对市场开展争先创优活动，推进文明市场建设。1999年，继续推行文明市场创建活动，以争先创优为重点规范市场内日常经营，加强对生产资料、生产要素市场的监管，以旧机动车交易为重点，落实并协助各市场主办单位建立健全各项规章制度，促进市场稳步发展。2000年，针对夹城市场、中山门市场配载运输等情况开展规范管理，将场外的非法交易纳入市场内规范管理，开展市场巡查，取缔场内无照经营326起，查获不洁食品680千克。2001

1997年工商部门打击生产销售伪劣产品

年，以南门市场为试点开展规范化样板市场创建工作，先后对建筑装饰材料市场、生猪市场进行专项整治，召开全区集贸市场规范化管理现场会。简化市场办照手续和程序，提高市场有照率，乡镇市场有照率达到85%以上，城区市场有照率达到95%，在市场明显处集中公示市场内经营者证照。坚持开展文明市场创建考核工作，南门市场、中山门市场、平桥市场、范集市场被评为“省级文明市场”，钦工市场、泾口市场、巽关市场被评为“市级文明市场”。

2002年，开展集贸市场专项整治工作，全年共出动执法人员2326人次，开展市场巡查1236次，查获违法交易行为206起，取缔无照经营432户，处理消费者投诉268件。在全区47个集贸市场，建立承诺制度的长效管理机制。39个市场通过达标验收，占集贸市场总数的97%以上。10月，国务院七部委集贸市场专项整治联合检查组到楚州区视察后，对南门市场、中山门市场整治规范工作给予肯定。南门市场被国家授予整顿和规范市场秩序先进单位。2004～2005年，贯彻《江苏省商品交易市场标准化管理办法》《江苏省农副产品交易市场标准化管理办法》，全面推行市场规范化管理。2007～2008年，组织开展对农村市场食品安全进行专项整治，严把市场准入关，建立健全农村市场食品安全长效管理机制。共出动执法人员1368人次，检查清理食品经营户2783户，取缔市场内无照经营户374户，查获违法交易21起，立案查处37起，销毁不洁食品1632千克，受理消费者投诉212起。至2008年底，全区47个市场全面实行市场标准化管理，建立健全三项准入、十一项制度的长效管理机制。

三、维护公平交易

1999年，开始实施严格规范的公平交易，当年共查处各类经济违法违章案件1177件，其中立案查处的案件1164件，罚没金额260万元。查处非法收购、倒卖、贩运粮食案件386件，占总数的33%，违反《商标法》的商标侵权案件23件，侵害消费者权益案件5件，违反《金银管理条例》规定擅自经营金制品、黄金案件2件，擅自经营、发布广告案件38件，经销走私商品案件1件，擅自举办展销会案件2件，变相发行彩票案件1件，擅自经营粮食种子案件5件，其他无照经营的违法违章案件675件，占总数的57%。查处违法经营的物资主要有：冒牌皮鞋3786双，冒牌鞋油30箱，伪造厂名充电器、逆变器77台，化肥4.2万千克，香烟350条，无合法手续进口灯泡6000只，稻种、玉米种8430千克，侵权洋河酒6200瓶，侵权双沟酒3.54万瓶，侵权苏酒1.2万瓶，擅自使用他人厂名厂址葡萄酒4200瓶，加碘盐120吨，黄金66.5克，擅自组装的机动三轮车4辆，粮食2340吨，销毁侵权商标标识10万套。2001年，共查处各类经济违法违章案件1652件，其中立案查处611件，案值308万元。查处万元以上案件28件，5万元以上案件3件，10万元以上案件3件17件。违反消费者权益保护法规案件1件，商标法规案件23件；产品质量法规案件18件。查处违反反不正当竞争法规案件17件，消费者权益保护法规案件1件，商标法规案件23件，产品质量法规案件18件，罚没金额16万元，投机倒把行政处罚法规案件41件，罚没款金额24万元，广告法规案件59件，企业登记管理法规案件294件，罚没款金额33万元，其他法规案件1199件。查获违法经营的物资主要有：假冒玉米杂交种1.96万千克、货值金额6万元；不合格热轧带钢筋125.47吨、货值金额25万元；侵犯他人注册商标专用权的“红旗”“奥迪”“桑塔纳”“金杯”“富康”等品牌的汽车玻璃升降器1736套，货值金额12.7万元，假冒“飘柔”“潘婷”“舒蕾”等品牌洗化用品19万袋及111瓶，假冒“夏士莲”香皂144块，货值金额10万元；冒用他人厂名、厂址制售的“绵竹大曲”“泸窖头曲”“五粮液”白酒合计3606瓶；冒牌塑料包装袋23万只；侵权标识17万只；粮食137吨，其中非法倒卖的粮食79吨。

2005年，共查处各类经济违法违章案件290件，案值90.57万元，罚没款金额138.41万元，其中查处违反反不正当竞争法规案件4件、消费者权益保护法规案件1件、商标法规案件20件、产品质量法规案件52件、广告法规案件13件、企业登记管理法规案件69件、合同法规案件1件、其他法规案件130件。查处违法经营的涉案物资主要有：侵犯他人注册商标专用权白酒2160瓶，大阳牌摩托车4辆，酒瓶盖2.05万只，水稻种子4200千克；冒用他人厂名厂址的砂浆王5包，腻子粉160袋，白酒413瓶；不合格钢筋7.3吨，油漆6罐，肥料1.46万千克；假冒他人厂名、厂址的种子8425.5千克，肥料1.36万千克；冒牌肥料包装袋1380只。2006年共查处各类经济违法违章案件210件，案值67.88万元，罚没款金额97.53万元。2007年，共查处各类经济违法违章案件435件，案值477.04万元，罚没款金额111.15万元，其中查处违反反不正当竞争法规案件5件，占案件总数1.15%，查处违反投机倒把行政处罚法规案件1件，占案件总数的0.23%；违反商标法规案件22件，占案件总数的5.06%，违反产品质量法规案件27件，占案件总数的6.21%，违反广告法规案件4件，占案件总数的0.92%，违反企业登记管理法规案件228件，占案件总数的52.4%，违反合同法规案件12件，占案件总数的2.76%，违反其他法规案件136件，占案件总数的31.3%。

2008年，全区共查处各类经济违法违章案件66件，案值45.42万元，罚没款金额57.88万元。其中，查处违反及不正当竞争法规案件2件，占案件总数的3.03%；违反商标法规案件8件，占案件总数的12.12%；违反广告法规案件3件，占案件总数的4.54%；违反企业登记管理法规案件7件，占案件总数的10.6%；违反其他法规案件46件，占案件总数的69.7%。查处违法经营的涉案物资主要有：化工原料4500吨，种子1.7万千克，假冒伪劣酒121瓶，假冒伪劣计算机16台。

第五节　维护消费者权益

1988年5月，召开淮安市消费者协会（以下简称消协）成立大会暨第一届理事会。协会由行政执法机关、司法机关、文化、宣传部门、大中型企业、社会团体等单位组成。由各有关单位推荐组成理事会，由理事会选举产生常务理事、会长、副会长、秘书长、副秘书长；聘请市政府、市人大有关领导担任名誉会长、顾问。会议通过了协会章程。消费者协会是依照《中华人民共和国消费者权益保护法》成立，经市政府批准、民政局核准登记、具有社团法人资格的公益性社会团体组织。消协以“自我教育、自我服务、自我管理”为原则，开展教育和在淮安市范围内对商品和服务进行社会监督。1989年12月，以基层工商所为依托，建立淮城、直属、石塘、平桥、林集、溪河、车桥、流均、苏嘴、顺河、钦工、席桥、城郊等13个投诉站。同年建立百货一门、南门煤店、城中粮站、通达市场等4家联络站。1990年、1992年、1995年、1998年、2000年被省消协评为全省保护消费者合法权益先进集体。1993年、1997年被中消协评为保护消费者权益先进集体。1995年增加了供销大厦、淮安商场、淮安商厦、糖烟公司副食品市场、新淮商场、第二百货公司响铺商店、轻工商场等7家联络站。1996年，在供销大厦、糖烟公司、淮安商场成立消费教育学校。1998年，在车桥镇车东村、建淮乡建新村2家农村村民委员会成立消费教育学校；在中山门市场、南门市场两个市场成立消费教育学校。1999年在教师进修学校、职教中心成立消费教育学校。至2007年，消费者协会在企业、在农村、在市场、在学校开办不同类型的“消费教育学校”和“消

1988年5月，淮安县消费者协会成立

费教育基地”10家。2000年，淮安商场等29家单位获得“消费者满意”单位称号。2001年，供销大厦等24家单位被评为“消费者满意”单位。2002年，在各工商分局所在地成立9个投诉站。2003年6月，在人民保险、人寿保险、楚州医院、电信局、供销大厦、淮安商场、移动公司、联通公司、淮安宾馆、供电局、金山电脑等11家大型服务性企业、公共事业单位设立监督站，企业内部的投诉由企业自行解决。同年在全区企业中评选出51家“诚信单位”。2004年4月27日，淮安市第一家“维护消费者权益合议庭”在楚州区人民法院成立，从此楚州区消费者有了自己的专业法庭。2005年1月6日，楚州区消费者协会人民调解委员会成立，疑难纠纷利用人民调解程序进行处理。同年评选出“诚信单位”105家。2007年8月，在文通中学建立“消费教育基地”，10月，在全区9个工商分局成立消协分会。12月，在全区372个村（居）建立消费维权投诉站，实现网络全覆盖。同月，建立时代超市、家得利超市、中信电器、国际商城、苏宁电器、五星电器6家监督站。推荐“范王大米”等22家涉及粮食加工、食品制造、纺织品加工、教学具生产等多个行业为“淮安优质品牌”，得到市消协的表彰，并在全省范围内推广。2008年，全区评选出区级诚信单位112家、市级诚信单位14家、省级诚信单位2家。当年按照“人民调解”程序调解处理消费争议案件8起。

附：维权案例

1997年秋，钦工镇有一消费者从商店购1千克煤油装入马灯内，擦火柴时发生爆炸，两名妇女当场烧伤。当天把伤者送入医院治疗，第二天，消费者到钦工投诉站投诉。区消费者协会立即派人会同钦工投诉站到实地调查，发现是经营者将煤油装入盛汽油的油桶内，造成煤油爆炸，最后经营者赔偿了消费者住院费、治疗费、误工费等一切损失。这一案例，中央电视台经济频道、江苏电视台都作了报道，还被中国消费者协会编入1998年《案例选编》。

2005年，消费者杨洪香左眼被亚力啤酒炸伤，经消协工作人员多方努力，最终消费者获得各项赔偿14万元。该案是楚州区经消协调解所获得的数额最大的一起赔偿。

1991～2008年楚州区（淮安市）消费者协会接待受理消费者咨询、投诉情况表

表17-1

年　份	接待咨询（人次）	受理投诉（件）	挽回经济损失（万元）	年　份	接待咨询（人次）	受理投诉（件）	挽回经济损失（万元）
1991	326	106	1.09	2000	512	235	4.38
1992	365	95	1.36	2001	525	271	5.62
1993	352	153	1.54	2002	546	286	3.8
1994	416	129	1.19	2003	528	328	6.59
1995	462	169	1.65	2004	681	363	21.12
1996	316	124	1.12	2005	826	262	18.2
1997	494	187	2.61	2006	784	586	23.82
1998	437	126	2.85	2007	652	459	62.54
1999	458	135	3.64	2008	563	344	86.5

第六节　商标监督管理

2006年“淮安蒲菜”获地理标志、商标

1991年，根据省工商局《关于抓紧成立商标管理机构的通知》，报请政府和编制部门批准，淮安工商局及各分局设立商标广告管理科、股。1993年，根据省工商局《关于工商行政管理机关办理商标案件职责分工的通知》，规范商标办案程序，出台《办理商标案件程序（试行）》。1994年，集中开展查处侵犯国内外著名商标专用权的专项活动。1996年，出台《关于禁止工商行政管理人员私自为企业代办申请商标注册的规定》，对商标印制单位进行检查，查处一批违法违规的商标印制单位。1999年，依据《江苏省著名商标认定和保护办法》，加强商标广告管理工作，淮安工商局制定出台《1999年商标广告管理目标任务及考核标准》，对全市（县级）商标印制单位进行换验证工作。2000年，根据国家工商总局《关于进一步加强商标管理工作的通知》精神，明确商标案件应主要由商标管理机构办理，为企业注册商标创造便利条件。为加强注册商标使用管理，制止注册商标使用中的违法行为，指导广大商标注册人正确使用注册商标，在全市范围内开展注册商标验证工作。

2003年，为维护市场经济秩序，严厉打击流通领域商标侵权行为，对专卖店（柜）违法使用商标行为进行专项整治。开展“百户企业品牌共创活动”，将各类主体都纳入到帮扶对象中，开展申请注册商标知识、商标法规、产品包装和形象策划等各种培训。全年完成70件新申请注册商标。2005年，楚州区工商局出台《指导扶持企业实施品牌发展战略意见》，动员全区16户重点企业和列统企业积极注册防御商标，维护主导产品核心竞争力，围绕争创20件著（知）名商标目标，动员钛白粉、汽车配件等市场覆盖半径广、占有份额大，并已经取得商标专用权企业，参与省著名商标和市知名商标创建活动。是年开展保护商标专用权专项执法行动，查处各类商标案件25件，涉案金额153万元。

2006年，帮助乡镇申请特色农副产品商标注册，特别是具有原产地特征的“名、特、优、新、稀”农副产品商品商标、证明商标和集体商标注册，指导有关企业、农户申请使用“绿色食品”“有机食品”等证明商标。先后注册了“南马厂西瓜”“古顺河大米”“苏乡小菜”等农副产品商标30件，占新培育商标总数的27%。是年上市的南马厂乡田港村西瓜统一使用了“甜港”和“南马厂”注册商标。仅此一项就为该村农民增收225万元。同年，江苏康乃馨织造有限公司、淮安市恒晟米业有限公司、淮安古顺河酒业有限公司3家龙头企业争创中国驰名商标，2家市知名商标企业争创省著名商标，12家企业争创市知名商标，实施一企一策，一品一策的个性化创牌指导，帮助收集完善各种资料，不断提升企业注册商标商品的市场知晓度和社会美誉度。2007年7月，开展品牌创建和商标注册服务月活动。新发展注册商标88件，“康乃馨”商标被司法认定为中国驰名商标，实现楚州区驰名商标零的突破。“圣玉”“八方”2件商标创省著名商标，“绿草荡”“雪绒花”等9件商标创市知名商标，对符合条件的有注册商标的24家企业，成功推荐为“淮安优质品牌”。

2008年，重点帮扶与推动品牌建设。制定注册商标申请工作奖惩考核措施，把商标注册申请量与年底目标考核挂钩，实行一票否决。全年全区新申请注册商标100件，超额完成市下达的全年新申报84件注册商标的目标。新认定“八方”为省著名商标，“外婆家”“三好生”等12件市知名商标，续评“古顺河”等18件市知名商标。规范各类商标的使用，促进企业依法使用商标，维护企业的合法权益。

第七节　广告监督管理

1991年，对张贴营业性广告加强管理并收取费用。2002年，开展整治违法广告大检查行动。2003年，根据省工商局等七部门联合下发的《关于进一步加强医疗广告监管工作的意见》，成立广告监测机构，配备人员，加强广告监测工作，落实广告每日监测和涉嫌违法广告当日告知制度，严厉查处一批违法广告案件。为规范医疗机构发布医疗广告的主体资格，促进新闻单位完善内部管理制度、依法经营和发布广告，区工商局与卫生部门联合在全区开展医疗广告整治行动，查处一批违法广告案件。区工商局落实五项制度，促进长效管理，即继续实行“广告每日监测”和“涉嫌违法广告当日告知制度”，并将当月的广告监测管理情况向相关部门进行通报；建立联席会议制度，定期召开相关部门联席会议，通报情况、研究对策；实行违法广告曝光制度；实行首登违法广告追究制；继续实行医疗广告保证金制度。2007～2008年，相继组织全区广告经营单位开展广告法律法规知识更新培训，提高经营者业务知识。

第八节　经济合同管理

80年代初，全国人大通过《中华人民共和国经济合同法》，后国务院又规定由各级工商行政管理部门统一管理经济合同。楚州区工商部门负责监督、检查经济合同的订立和履行；指导企业主管部门管理经济合同；确认无效经济合同；调解仲裁经济合同纠纷；查处利用经济合同进行的违法行为。

一、合同示范文本制度

1991年，在全市（县级）推行经济合同示范文本制度，做好经济合同示范文本的印制、分发领取和管理工作。其中统一使用由市工商局监制的购销合同和建筑安装承包合同两种表式，未经许可，任何单位和个人不得承印、出售经济合同。1992年，全市90%的法人企业使用合同示范文本。1998年，制定《粮食购销合同》等八种合同格式，供农村农民使用，并在全市推广应用。

二、合同鉴证

从1984年起，向申请鉴证的当事人收取鉴证费，标准为合同标的总价款金额的万分之二，供需双方各承担一半。同时，还规定了对“经济合同的鉴证实行自愿的原则”。1997年11月3日，国家工商局公布《合同鉴证办法》，1998年12月修订后重新公布。自此全市按照新的《合同鉴证办法》执行。2001年1月19日，经省人民政府第56次常务会议讨论通过的《江苏省合同监督管理办法》发布施行。工商部门依据以上合同鉴证办法进行鉴证。

三、查处违法合同

1995年11月17日，国家工商行政管理局公布《关于查处利用合同进行违法行为的暂行办法》，1998年12月3日修订后重新公布。从2000年开始，按照国务院关于整顿和规范市场经济秩序的部署，把“反欺诈、讲诚信”专项整治行动作为整顿和规范市场经济秩序的重要内容之一，在全市全面展开。转发国家工商行政管理局和省工商局关于《严厉打击合同欺诈切实维护市场经济秩序的通知》，对利用合同危害国家利益、社会公共利益违法行为的形式组织了调查，并制定整治方案。

四、调解、仲裁合同

1983年8月，国务院颁布《中华人民共和国经济合同仲裁条例》。同年，国家工商行政管理局公布《经济合同仲裁委员会组织规则》。淮安县工商局于1985年5月成立经济合同仲裁委员会。截至1993年，经济合同法修改前，淮安工商局仲裁年结案率均保持在90%以上，其中调解结案在55%以上，裁决结案仅占45%。当事人不服仲裁裁决向人民法院起诉的案件不到裁决结案总数的5%，且全部诉讼案仍维持原仲裁裁决。在经济合同仲裁过程中裁决了多起重大疑难案件。其中，淮安市苏嘴砖瓦厂与南通巫晶、许应城承包经营案件经仲裁裁决后，败诉方不服，先后上诉至淮安人民法院、淮阴中级人民法院，经终审维持裁决后仍不服从，又委托知名律师通过申诉程序至江苏省高级人民法院，最终由淮阴中级人民法院按照裁决书进行强制执行结案，该案在工商行政管理仲裁史上产生重大的影响。1995年9月1日，《中华人民共和国仲裁法》实施，工商部门不再承担仲裁职能。

五、开展“重合同、守信用”活动

重合同守信用企业管理协会是自发的群众组织，挂靠在工商局。淮安市重合同守信用企业协会于1997年按照法律程序经过民政部门登记成立，具有独立的社团法人资格，是全市最早成立的信用协会。2001年2月，撤市建区，协会更名为淮安市楚州区企业信用管理协会。2008年，全区被省、市、区政府命名为诚信企业的有123家，其中国家级1家、省级8家。

六、抵押物登记

1995年10月1日，《中华人民共和国担保法》实施，规定工商部门为动产抵押登记部门；同时规定房地产登记部门为县以上人民政府规定的部门，淮阴市人民政府淮政发〔1995〕22号文件规定，全市范围内的房地产登记部门为工商部门。1996～2008年，楚州抵押登记情况如下。

1996～2008年楚州区（淮安市）抵押登记情况表

表17-2

年　份	登记件数	主债权（万元）	抵押标的	抵押价值（万元）
1996	206	24683.60	房地产、动产	32376.36
1997	118	10160.14	房地产、动产	25823.64
1998	214	38651.54	房地产、动产	68169.00
1999	159	66845.35	房地产、动产	100267.50
2000	88	18383.58	房地产、动产（7月1日以后为动产）	30575.37

续表 17-2

年　份	登记件数	主债权（万元）	抵押标的	抵押价值（万元）
2001	44	14564.20	动产	20650.55
2002	48	17393.68	动产	3390.39
2003	40	9095.01	动产	24577.52
2004	34	11570.04	动产	21004.18
2005	24	3116.60	动产	8824.39
2006	32	11913.46	动产	39120.27
2007	59	10117.06	动产	40276.14
2008	53	13144.52	动产	39813.67

第四章　质量技术监督

80年代，随着淮安县工业生产发展，计量管理进入工业生产领域。1984年，县计量管理所划归县经济委员会辖管。1987年，县计量管理所升格为县标准计量管理局，成为县政府管理全县域内标准计量职能部门，依法行使标准计量监督管理。90年代，标准和计量逐步形成系统，淮安市所有企业都设有标准计量专门工作机构，配有专兼职标准计量人员。1997年5月，工作职能有所调整，在原标准计量局基础上组建淮安市技术监督局。是年，淮安通过省“消灭无标生产”验收。21世纪初，实行省以下垂直管理体制，成立淮安质量技术监督局，后更名淮安市楚州质量技术监督局。至2008年，全局有干部职工60人。是年底，楚州以苏北县级第一高分通过省级“质量兴市”活动先进县（区）验收。

第一节　机　构

1987年5月，县标准计量局成立。1990年，机关与事业单位分离，并经编委批准，设立淮安县产品质量监督检验所、淮安县计量测试所、淮安县技术监督情报研究所3家直属事业单位，政事合一办公。1995年4月，经原县级淮安市编委批准，成立专职执法机构淮安市技术监督稽查大队，技术监督行政执法工作规范化开展。1997年5月，县级机构改革，在原标准计量局的基础上，组建淮安市技术监督局，负责全市标准化、计量、产品质量综合管理和行政执法工作。2000年1月，实施省以下垂直管理，原工业部门的质量管理和劳动部门的锅炉压力容器特种设备安全监察职能划入技术监督局，同年2月，淮阴市淮安质量技术监督局挂牌成立，直属淮阴市质监局。2001年4月，淮安市更名为楚州区，淮阴市淮安质量技术监督局也随之更名为淮安市质量技术监督局楚州分局，同年5月，下属产品质量监督检验所、计量测试所、技术监督情报研究所合并成立楚州区质量技术监督检测所。2004

年，淮安市质量技术监督局楚州分局更名为淮安市楚州质量技术监督局，实施垂直管理后的工作职能也由原来的质量、计量、标准化综合管理和行政执法两项职能，扩大至综合管理、行政执法、安全监察三项职能。2008年底，全局有在职干部职工60人，下辖一个专职执法机构和一个技术机构，即淮安市楚州质量技术监督稽查大队和淮安市楚州区质量技术监督检测所。

第二节　标准化管理

1988年，《中华人民共和国标准化法》颁布实施，楚州的标准化管理工作主要由技术监督情报研究所负责。1995年开始，明确专人负责标准化工作，1997年县级机构改革，技术监督局成立综合股，其中一部分职能负责标准化工作。1991年，淮安市标准化定级企业14家。采标验收合格企业1家，复查合格企业4家（共7个产品），帮助制定企业标准25个，受理备案42个，提供各项技术咨询1600家，有30家企业建立了标准体系。1997年11月，淮安市通过江苏省消灭无标生产验收。共普查1423家企业，其中557家企业994种产品应具有产品标准，审查备案企业标准35个。全市工业产品标准覆盖率由1996年的77%提高到95%以上，一年实现消灭无标生产市的目标。1998年，制定企业标准41个，帮助2个企业产品采用国际标准和国外先进标准，办理企业代码310个，接受企业标准咨询200次。2000～2001年，共制定企业标准107个，完成4家企业采标，5家企业通过采标复查，2家企业通过标准化水平认可，办理组织机构代码1134家、IC卡423张。南闸乡稻田养殖农业标准化示范区顺利通过验收，指导2个乡镇通过执行标准优秀乡镇验收。2004～2008年，工业产品采标28个；办理企业执行标准证书1505个；办理组织机构代码4209个，IC卡2700张。

2004年，楚州区新增农业标准化示范区4个；2005年，建立1个实行标准化、规范化管理的农产品批发市场；2006年，组织申报市级农业标准化示范区4个；2008年，新增2家省级农业标准化示范区。以南闸等乡镇为重点的稻田养殖农业标准化示范区全面实施动态管理，修订楚州无公害草鱼高效养殖等3项各级农业地方标准，促进农业产业化发展。

第三节　计量管理

1985年，《中华人民共和国计量法》颁布，淮安县推行法定计量单位，进行计量标准和计量检定员考核，实施计量器具新产品考核和许可证制度，落实强制检定，进行计量认证及加强计量监督检查，全县计量工作逐步走上法制管理的轨道。1990年实行政事分开后，成立计量测试所、产品质量监督检验所和技术监督情报研究所，计量检测工作正式独立运行。计量行政工作也开始正常开展。1991年，计量标准技术考核共18家企业45项，其中计量标准复查考核合格14家企业39项，建标考核和授权技术考核分别为3家企业5项和1家企业1项。强检工作逐步进入正常轨道，全年共检修7915台（件）计量器具，其中强检6352台（件），周检率为92.7%，周期检出率100%。1998年，4家企业通过计量保证确认，3家企业通过计量合格确认。2000～2001年，强检计量器具4802台件，7家企业通过计量确认，2家眼镜企业获得“光明工程”合格单位称号。帮助1家企业通过计量保证确认，4家企业通过计量合格确认。2004年，加强集贸市场、加油站计量专项整治检查，全年共组织4次市场计量监督检查，检查商品量230个批次，合格率97.2%。2006年，注重加强对集贸市场、医疗机构、水电气“三表”、粮棉收购、定量包装商品、餐饮业的计量监督检查，市场公平秤设置率和受检率、县乡两级医疗机构计量器具合格率、“三表”首检率均达到98%，夏粮收购计量器具检定合格率、定量包装商品、计量合格率90%以上。2004～2008年，新增计量合格确认46家，计量保证确认企业7家，有效提高了全区计量检测整体水平；推行定量包装商品生产企业计量保证能力“C”标志管理制度9家，7家企业获市计量诚信单位称号。

第四节　质量监督与管理

2003年5月，质量监督部门检查药品经营企业

1987年，淮安县标准计量局成立，一直开展产品质量与管理工作。1990年，淮安市产品质量监督检验所成立，主要开展产品质量监督检验工作。1993年9月，根据《中华人民共和国产品质量法》，质监部门强化产品质量监督和管理工作，提高市内产品质量水平和市场占有率，推动经济发展。

1991年，举办一期企业质量监督员培训班，60多人参加学习。是年产品抽样检验244个批次，验收合格商品质量信得过企业3家。1998年，检验品种增加到60种，共检验产（商）品1210批次，合格950批次。2000～2001年，8家企业通过质检机构考核，11家企业通过ISO 9000质量认证，2家企业通过ISO 9002质量体系认证。启动土地祠市口至医药公司段为“购物放心满意一条街”工程，首批10家企业通过考核验收。9家企业创建商品质量信得过单位，15家企业通过市级复查验收。楚州供电公司通过省服务质量奖考评，推荐2个企业产品为市重点保护产品。2004～2008年，开展质量法律、法规和管理知识教育培训12期，帮助康乃馨毛巾纺织有限公司成功申报了“中国名牌”产品，创建省名牌产品2个，市名牌产品25个，楚州区质量信得过产品企业9家，质量诚信单位19家，省质量信用产品6个，积极培育甜蜜食品“金喜鹊”奶糖、建华管桩争创国家免检产品。

2004年，全区共有80多家企业获得了QS食品生产许可证，取得市场准入资格，是全淮安市获证最多的县区。2008年，获得食品生产许可证企业达到145家。当年，还增设一些投资少、见效快的检测项目，投资近60多万元，新上较为先进的检测仪器设备，对实验室进行改造，通过质检机构复评审和扩项工作，具备了61个项目的检验、检测能力。是年，完成62家首批产品电子监管网赋码上市工作。牵头开展质量兴区工作，年底，楚州区以苏北县级第一的成绩通过省级质量兴市活动先进县（区）验收。

2008年，为确保产品质量安全，开展对全区家具、玩具、服装、油漆涂料、仿真饰品、汽车配件、絮用纤维制品、人造板、装饰材料、洗涤用品等10类产品的集中整治，取缔产品制假售假窝点2家。至2008年底，全区家具、玩具、服装、油漆涂料、仿真饰品等前5类重点产品生产企业100%摸清底数、建立质量档案，备案的企业标准100%进行复审，属于生产许可证和CCC认证管理的产品100%取证，新获证产品100%监督抽查一次，确保产品质量。

第五节 特种设备管理

2000年，原劳动局锅炉压力容器及特种设备安全监察职能划归技术监督局管理。2004～2008年，完善普查建档工作，对全区近1000台锅炉和288台容器、57家压力管道、41部电梯、29辆厂内车辆、80部起重机械逐一过堂，并对全区压力管道进行普查建档，形成完整的特种设备普查资料。发出隐患整改通知书230份，对紫藤树村锅炉实施强制检验，消除安全隐患，全区特种设备平均定检率达98%以上。分别举办4期特种设备管理和操作人员培训班，530人次参加培训，并取得资格证书，每年组织一次特种设备安全应急演练。2007年，楚州质监局牵头联合区工商、城管、经委、公安、消防等部门先后两次对楚州城区100多家燃煤锅炉烟尘进行综合整治。共检查单位249家，检查各类特种设备304台，现场监察使用单位210家，生产单位1家，发出监察意见书110份。查出设备严重安全隐患10条，整改隐患8条。协助市特检院定期检验各类特种设备312台，安装监检特种设备62台。做好特种设备行政许可工作，考核发证特种设备作业人员310人，新注册特种设备112台。2008年，开展整治淮城镇紫藤树村为代表的8个村小规格锅炉(检验了92台小规格锅炉)，查封取缔车桥镇土锅炉2台、林集镇存在重大安全隐患锅炉1台，有效整治了全区小规格锅炉。

第六节 食品生产监管

2005年1月1日起，食品生产企业卫生监管职能划归质监部门。区质监局及时建立300多家食品生产企业档案，严格食品生产领域质量安全监管。2006年，严查无证企业，向工商、卫生部门移交1379家无证食品生产加工企业。整顿存在质量安全问题企业。将食品安全分级管理中C类企业和有问题企业作为整顿的重点，在区食安委牵头下，联合工商、卫生、公安、淮城镇等部门组成联合检查组，对全区肉皮加工户、豆制品加工户、茶馓作坊进行拉网式检查，张贴政府公告300多份，发放宣传单360多份。2007年8月，牵头成立区产品质量和食品安全专项整治领导小组，区质监、工商、卫生、农业、林牧渔业等部门参加，对全区产品质量和食品生产经营单位进行专项整治。质监部门开展食品等产品3个100%专项整治工作，至年底，全区食品加工企业100%取得食品生产许可证，食品加工小作坊100%签订食品质量安全承诺书，14类产品100%建立质量档案。2008年，全区开展以奥运食品和旅游特色产品为重点的食品专项系列整治工作。三鹿奶粉事件发生以后，区质监局在第一时间成立处置三鹿牌污染奶粉事件领导小组，根据上级的统一部署，自9月17日起对辖区内的江苏翔宇乳业有限公司实施“全对接，无缝隙”的24小时驻厂监管。在监管过程中，要求企业必须使用经过检验合格的原料乳产品，使用的原辅材料必须进行索证登记，产品必须经检验合格后才能出厂，确保乳产品安全生产和放心消费。

2001年，质量监督部门深入面粉生产企业督查

第七节　稽查执法

从1992年开始，淮安市政府成立打假治劣领导小组，领导小组办公室设在质监局，局长兼任领导小组办公室主任，负责全市打假日常工作。为配合全市打假工作，市质监局内部设立一个执法办公室，负责职能范围内的打假和协调全区面上打假工作。1995年4月，根据形势需要，成立专门执法队伍——淮安市技术监督稽查大队，编制5人，规范全面履行技术监督行政执法职能。后随着打假形势发展的需要，稽查执法人数有所增加，稽查执法的能力和水平不断提升。1998年，共查处各类违法案件105件，其中立案11件，万元以上案件5件，捣毁制售假窝点6个，查获的各类假冒伪劣商品总价值400多万元。2000～2001年，组织开展冷饮、白酒、啤酒、低压电器、农资、农机产品、地条钢等专项治理，查获假冒白酒3700多瓶、伪劣电线2662卷、地条钢300多吨。办理行政案件240件，没收销毁一批假冒伪劣产品，捣毁制售假窝点29个，万元以上案件25件。2004年，楚州区在奶粉专项执法检查中，出动执法人员80多人次，挨家挨户进行拉网式检查，查获苍南哈尔特乳业有限公司生产的“飞鹿”婴幼儿配方劣质奶粉72袋，进行了严肃处理。2004～2008年，全区相继开展建材市场、农资市场、食品安全、3C认证、生产许可证、特种设备、知识产权等较大规模专项打假活动70多次，出动执法人员1.5万余人次，立案查处各类质监违法案件近400起，涉案货值1000多万元，捣毁制假售假窝点近百个。

第五章　物价管理

第一节　机　构

1978～1986年，淮安县物价管理机构几经撤并调整，1987年成立县物价局。1988年撤县设市，更名淮安市物价局。2001年2月，撤市建区，更名楚州区物价局，仍为政府职能部门，下设价格管理科、收费科、价格事务所、检查所和8个乡镇检查所。2002年6月，价格事务所更名为认证中心。物价部门由单纯的管理型，开始向服务型转化。2004年，检查所更名为检查分局，实施公务员管理，8个乡镇检查所撤并为渠南、渠北、运西检查所。2008年，增设服务价格科。物价工作职能调整为：负责对本区的价格活动实行管理、监督和必要的调控。

第二节　价格管理

1978年后，随着价格改革的不断深入，国家先后多次调整生产资料价格，尤其是基础产品和原料调整幅度较大，同时采取多种价格形式和灵活政策。1992年以后，按照发展社会主义市场经济的要求，国家和省有关部门陆续下放重工业价格管理权限，淮安市根据国家的价格政策，加快重工业产品向市场形成价格机制转换的步伐，先后采取对砖瓦、水泥等地方产品制定基础价格，对钢材等产品按照国家制定的中准价及规定的浮动幅度，由经营者根据市场供求变化制定具体价格，并逐步实行计划内外价格并轨，直到价格完全放开，由企业自主定价。到20世纪末，除电力、石油等少数品种实行政府定价或政府指导价外，绝大多数生产资料实行市场调节价，由经营者依据生产经营成本和市场供求变化自行定价，价格总水平受生产成本和市场供求的变化而波动。

一、煤炭价格

(一)国家统配煤炭价格

1981年10月，根据省物资局规定，境内从南京市浦口转运的徐州洗混煤内部调拨价每吨32.2元，市场批零牌价与供应价按徐州一吨煤同价执行。1984年1月，国家调整铁路、水运价格，省规定工业用煤供应价格按燃料公司现行供应价加铁路、水运运价提高差额制定。1985年，由于从北方港口和徐州方向调进境内的煤炭港口中转包干费提高等因素，经市物价局批准，市燃料公司供应的工业用煤曾分别于2月、5月、7月3次加收附加费，原煤每吨加0.5元，洗精煤每吨加1元的标准计算供应价，以及每吨加收2元补贴费的办法供应工业生产用煤。1991年7月，根据省物价局、物资局通知规定，淮安市工业用煤的供应价格每吨为：阳泉混128.3元、晋城混125.4元、阳泉块160.5元、徐州混97.3元、徐州块157.6元、徐州特号119.4元、徐州二号96.9元、陕西煤炭111.5元。工业用煤价格由市物价局、物资局共同核定。1991年12月，国务院决定计划内统配煤矿综合商品煤出矿价平均每吨提高5元，淮安市根据省规定，从1992年1月1日起，对工业用煤供应价进行调整，各煤种每吨的提高额度为：徐州混12.5元、徐州块18.2元、徐州精26.8元、外省混5.2元、外省块7.5元、外省精13.9元。市燃料公司对邳县站调拨价的提高额度为：徐州混9.9元、徐州精24元、徐州特号15.1元。1992年10月，根据省物价局、物资局通知精神，淮安市再次调整工业用煤价格、各煤种的供应价格。

(二)协作煤炭价格

改革开放以后，为适应本地区工农业生产的发展和城乡人民生活的需要，弥补国家计划供应煤炭的不足，市、县物资部门每年都从外地协作组织购进一部分煤炭，有以物资协作，有以货币投资，数量有多有少，其价格大多经物价部门核定，按照成本高低和合理比价综合平衡确定，大多高于国家统配煤炭价格。1981年4月，淮阴地区物价局、物资局对从山西、山东协进的煤炭港口调拨价和地区燃料公司代理价作出调整，代理价按港口内部调拨价加实际运杂费和1.5%的管理费计算。

1986年6月，省物价局、物资部门发文规定，各地物资企业组织的计划外生产资料物资按“随行论市低于市价，有赔有赚，合理盈利”的原则销售，规定年均销售利润率控制在3%以内。1986年12月，淮阴市物资、物价部门，对淮安县主要工业生产资料实行最高限价，其中大同烟煤的挂牌价为每吨115元，阳泉煤挂牌价每吨97元。1992年9月，根据国家物价局规定，省、淮阴市物价部门先后取消计划外生产资料最高限价的规定，全部实行市场调节。是年，徐州煤矿煤炭价格放开，江苏除计划分配的生活用煤和化肥生产用燃料油外，其余实行市场价，由供需双方协商定价。1995年以后，淮安市工业用煤价格起伏变化较大，时而大幅上升，时而大幅下跌。

(三)电煤价格

1990年3月，淮安市燃料公司供应淮安发电用煤，上海交货价每吨151元，淮安交货价每吨185元。同年5月。淮安交货价调整为每吨200元。1997年1月，根据国家规定，电煤执行国家指导价格，在1996年9月实际结算价格基础上，每吨最高提价额12元(含增值税)，具体价格由供需双方在规定的最高提价额度内商定。1998年10月，根据省转发国家物价局规定，1998年电煤指导价格以1997年10月实际结算价格为基础，超过同质市场煤价的地区，1998年电煤指导价格不动，低于同质市场煤价的地区，原则上每吨最高可以上调5元。

二、电价

从1985年1月1日起，境内部网、省网的售电价格，在执行水电部1976年电价标准和1983年《功率因素调整电费办法》及优待电价等规定的基础上，除城乡居民生活照明以外的各类用电，开始执行国家及省有关煤炭加价和铁路运煤加价的规定，其标准为统配电量6%，每千瓦时加0.04元。1990年4月，省规定在全省电量加收省协作电煤差价0.5分/千瓦时。1991年，部、省网煤运加价全年标准为7.5分/千瓦时。省物价局、物资局还发文规定，在统配电售价及各项加价、差价基础上，每千瓦时再加收0.03元电煤差，为省统配议价电。1992年8月，省物价局、电力局根据能源部、国家物价局通知，核定1992年省部、省网燃运加价为每千瓦时0.1163元。1993年下半年，经国务院批准，改革燃运加价办法，执行新的目录电价，1976年原水电部印发的《电、热价价格表》同时作废。依据新的目录电价，1千伏以内的各类用电每千瓦时电价为：居民生活电价0.26元，非居民照明电价0.37元，非工业、普通工业电价0.302元，农业生产用电0.25元，贫困县农业排灌用电0.06元。大工业电度电价（1～10千伏）每千瓦时0.213元。基本电价最大需量每月每千瓦15元，容量每月每千伏安10元。1997年，淮安市执行的江苏省网各类用电价格为：不满1千伏的每千瓦时居民生活电价0.36元，非居民照明电价0.456元，非工业、普工业电价0.374元，农业生产用电0.315元，贫困县农业排灌0.124元；大工业1～10千伏电度电价每千瓦时0.273元，基本电价最大需量每月每千瓦18元，变压器容量每月每千伏安12元。至2008年电价无较大波动。

三、石油价格

煤油　80年代中期，境内灯用煤油的供应价格每千克仍为0.68元。1991年，根据上级规定，淮安市灯用煤油的批发价格每吨调整为：市区700元，郊区703元，同年，市石油公司组织部分计划内高价煤油，标准品每吨批发价1070元，调拨价1058元。

柴油　1980年2月，根据商业部决定，江苏省将柴油优待价格改为定额补贴，按农业实际生产用油数量给予补贴，补贴金额与原优待金额相同，20号农用油每吨308元。1982年，国家又将农用柴油价格补贴改为核定定额基数。同年11月，国家取消农业生产用柴油价格补贴，规定农用柴油一律按当地市场批发价格供应，仅保留海洋渔业生产用柴油价格补贴。1984年，省商业厅、物价局调整柴油销售价格，零号柴油批发价平均提高100元/吨，县以下农村市场恢复城乡差价。淮安县市场每吨490～500元，其他市场500～520元/吨。1985年7月，因水产品价格放开，取消了海洋渔业生产用柴油价格补贴，执行国家统一规定的牌价。1995年9月，淮安市0号柴油每吨批发成交价为2250元。1996年，0号柴油每吨批发成交价2180元，同年12月，0号柴油临时性批发价调整为每吨2906元，批零差率为6%。1997年，根据上级规定，对成品油实行批发最低控制价格。6月，淮安市0号柴油批发最低控制价由每吨2110元调整为2240元。1998年6月，成品油市场零售价格实行政府指导价，由省制定中准价，经营单位在一定幅度内上下浮动，0号柴油中准价为每吨2374元（每公升2.00元）。2000年，根据上级通知，淮安市先后几次调整0号柴油的零售中准价格，由每吨2615元调到3505元。

汽油　1991年，省规定计划内石油产品价格实行国家定价，由省以上有关部门管理，境内市场零售价格按规定的批零差率（汽油、柴油、润滑油13%，高价油10%）制定，计划外石油产品价格实行国家指导价，销售价格由同级物价部门按照合理进货价格+经营费用、利润、税金制定，如有协作差价，经物价部门核定后另加。实际操作中，采用按物价部门核定的综合差率制定计划外成品油批发价格，其作价公式为：批发价=（进货价格＋运杂费）×（1＋综合差率），综合差率包括规定的利息、损耗、管理费、利润、税金。市物价局规定市石油公司的经营综合差率为：批发销售为11%，调拨销售为10%。为稳定成品油市场价格水平，市物价局规定市石油公司经营的计划外汽油、柴油、按作价原则测算制定综合价销售，高于规定利率的部分转作调节基金，专款储存，年终轧平，不得转为利润。

1994年，成品油价格并轨后，淮安市70号汽油每吨批发价2777元，零售价2930元。1995年，淮安市70号汽油每吨批发价2500元，90号汽油每吨批发价2600元。1998年，成品油价格改革后，境内主要汽油品种标准品零售中准价格变动情况如下：中国石化总公司供应的90号含铅汽油每吨2615元（每公升1.95元），90号无铅汽油每公升2.05元。省内地方炼油厂生产的90号含铅汽油每吨出厂价2100元。2000年下半年始，淮安市90号无铅汽油每吨零售中准价3715～4160元。

四、建筑材料价格

砖瓦 1985年5月，淮安县物价局对县内砖瓦厂的砖瓦价格进行调整，用计划内煤炭生产的机制红砖，一等品每万块410元，机制红平瓦一等品每万片1400元，用计划外煤炭生产的机制标准红砖，一等品每万块450元，机制红平瓦一等品每万片1550元，脊瓦在平瓦价格基础上每万片加200元，青砖、瓦比红砖、瓦高10%。1986年4月，淮安县物价局对县内砖瓦厂的砖瓦价格作出调整：机制标准红砖，每万块一等品国家计划内调拨部分为495元，计划外工厂自销部分市内为530元；机制红平瓦国家计划内调拨部分每万片1650元，脊瓦每万片1850元，调拨部分以外由工厂自行定价。青砖、青瓦异型砖瓦由工厂自行定价。1988年9月，淮安市物价局制定砖瓦最高限价水平，机制红砖每万块最高限价750元，红平瓦每万片最高限价2200元。并继续执行省优上浮规定。1989年，淮安市物价局规定，县内砖瓦厂标准红砖（240毫米×115毫米×53毫米）最高限价为每万块950元，下浮不限。

水泥 1985年6月，市物价局会同有关部门发文，批准市水泥厂生产的粉煤灰水泥每吨调拨价格为：425号102元，325号96元（均不含包装）。同年8月，市物资局、物价局发文，调整计划内水泥定额费标准：区外计划水泥，南方水泥定额费每吨由23元调为28元，北方水泥每吨33元。市产水泥调拨给各县（区）公司的每吨1元，直供的每吨4元。1991年，国家建材工业局、物价局规定，对统配水泥企业水泥及省统调企业的水泥取消双轨制价格，实行计划内外统一出厂价格。本地销售价格在出厂价格的基础上加定额费：南方水泥每吨65元，北方水泥每吨75元。1998年5月1日起，水泥价格退出监审范围，实行市场调节价。

五、盐价

1984年5月，经国务院批准，执行财政部、轻工业部、国家物价局调整部分地区盐税税额和盐的出场价、零售价的通知，境内淮北原盐出场价每千克调整为0.037元，食盐销价不动，并根据省盐业公司调整盐价的决定，对销区农牧渔盐批发供应价格作调整：淮安县工业盐由原来不论用途一律每千克0.06元，改为酸、碱、制工业用原盐每千克0.082元，粉洗盐每千克0.102元，肥皂工业用原盐每千克0.146元，粉精盐每千克0.166元，其他冶金，染料、制冰冷藏、陶瓷玻璃、医药等工业用盐，按食盐批发价供应。1986年9月，经省盐业公司和市物价部门批准，境内工业用盐价格每千克上浮0.01元。1986年12月，接省有关部门通知，境内食盐出场价格提高，每千克原盐提高0.02元，粉洗盐每千克提高0.018元，粉精盐每千克提高0.016元，再制盐每千克提高0.021元，工业用盐每千克提高0.01元，农、渔业按原价区食盐批发价供应。工业用盐分配供应价为：酸碱、制革工业用原盐每千克0.064元，优质原盐每千克0.065元，粉碎洗涤盐每千克0.089元，肥皂、饲料工业用原盐每千克0.126元，优质原盐每千克0.027元。1987年1月，市盐业公司执行省轻工业厅、财政厅决定，对食盐零售单位批发价每千克平均降低0.009元，盐业批发单位对有批转业务的单位除了原批发价给予4%的批转折扣外，再按购进总量每千克在调整后批发价基础上再减收0.005元，让给批转环节，以利标准流通。1994年12月，根据国家计委《关于改革盐价管理的通知》精神，省物价局决定淮安境内工业盐（原盐）价格。

1996年4月，根据省物价局苏价管〔1996〕62号文件精神，依据食盐价格管理权限，食盐的出场

(厂)价格、产区批发价格的作价办法由国家计委统一制定,具体零售价格由省物价部门根据国家计委的作价法确定。零售价格以销区批发价为基础,顺加20%的批零差率。具体批发零售价格如下:

1996年江苏省工业盐(原盐)批发价格(含税价)表

表17-3　　单位:(元/吨)

发运港站	最低价	中准价	最高价
陈港	253.40	269.90	286.40
八滩港	261.60	278.10	294.60
射阳港	245.20	261.70	278.20

1996年江苏省食盐批发零售价格表

表17-4

市场	原盐(无碘)		加碘粉洗盐		加碘粉洗精盐、井矿盐		说　明
	批发价(元/吨)	零售价(元/千克)	批发价(元/吨)	零售价(元/千克)	批发价(元/吨)	零售价(元/千克)	
一价区	783.3	0.47	1000.00	0.60	1050.00	0.63	含大小包装和防伪标志
二价区	800.00	0.48	1016.67	0.61	1066.67	0.64	

六、农公班车运价

2002年,淮安市物价局、交通局《关于贯彻〈江苏省汽车运价行为规则〉的通知》明确农公班车运价构成,楚州区自2003年3月26日开始执行,其标准:农公客运基本运价为每人千米0.12元,另加客票附加费每人千米0.03元。物价、交通部门共同建立农村客运票价公示制度,将各线路的票价梯形表以统一格式、统一标准张贴在客车车厢内,客运站将客运线路的终点票价在站内予以公示。

七、商品房价格

(一)经济适用房价格管理

楚州区属苏北地区经济欠发达地区,由于政府的财力有限,经济适用房的建设起步较晚,2000～2003年,全区仅有新城小区和新城教师公寓2处经济适用房安置小区,安置面积不足2万平方米。随着城市化进程的加快,城市拆迁量和住房缺口的增大,2004年,区政府相继出台《楚州区拆迁安置解困房建设管理实施意见》和《楚州区政策性商品房实施意见》,加速经济适用房安置小区建设。2005～2008年,建设河下安置小区一期、紫金花苑、古运小区、河下安置小区二期、清华苑、新安花苑、运河安置小区等,基本形成普通商品房、经济适用房、解困房和廉租房"四位一体"的保障格局。对于经济适用房,区物价局坚持实行政府定价管理,出台《楚州区经济适用房价格管理办法》及《实施细则》,强化经济适用房的成本认证工作,使得经济适用房的价格保持在普通商品房的50%左右。

(二)普通商品房价格管理

90年代,淮安市基本上没有开发成型的居住小区。2004年,楚州启动普通商品房建设,翔宇小区是楚州区开发的第一个普通商品房居住小区。之后,全区商品房市场日趋成熟,小区建设管理更加完善,相继建设了楚港兴市小区、明清步行街、运河嘉苑小区、世纪佳苑小区、紫金花苑小区、清华苑小区、阳光现代城小区等规模不等的居住小区。对兴建小区的预售价格区物价局始终坚持从严、从紧的审核原则制定，实施程序化管理，严格执行申报、价格认证、听证、公示、审议、公布价目等程序。

房地产市场价格管理事关民生，区物价局和有关部门通力协作，强化对房地产价格的监督检查力度，发挥“12358”价格举报电话作用，认真受理群众举报，及时查处落实。2008年10月，省政府、市政府要求各地放开普通商品房价格，针对放开价格后出现的报复性上涨和其他新情况，区物价局保持高度的关注，积极采取措施稳定房价。主要采取的措施有明码标价、明码实价、一房一价等。

第三节　规费管理

一、行政事业性收费许可证制度

1991年，根据《江苏省行政事业性收费管理暂行规定》，对全市范围内允许收费的涉及31个系统近600家行政事业单位核发收费许可证，及时做好收费许可证的变更、注销等手续。1998年，国家计委等六部门印发收费许可证管理办法，市物价局加强对收费许可证管理，进一步明确收费许可证审核、审批、收费、管理等具体操作程序，要求收费单位亮证收费，做好收费公示。2006年，区物价局实施电脑打印收费许可证系统，统一收费许可证格式。对500多家行政事业性单位换发新版收费许可证，及时建立和完善各收费单位的收费档案。2008年，对行政事业性收费进行全面整理，共取消和停止征收的收费项目有43项，其中取消29项、停止征收14项。涉及收费单位98个，收回许可证8本。取消和停止收费项目年额度1000多万元。

二、行政事业收费年审

1991年起，市物价局开展行政事业性收费年审工作。每年对区域内行政事业单位上一年度收费项目和收费标准合法性情况进行审核，对其中超标准收费或明显不合理收费给予清理和调整，对不按规定权限审批及自行立项超标准收费的价格违法行为进行处理。1991～2008年，累计对7300家行政事业单位进行年度收费审核，审核中接待来访1万多人次，抽查各类收据2.31万本，1981家行政事业单位调整收费标准，处理违法单位36家，查处违法金额1513万元，收取年审审核费360多万元。

三、企业交费登记卡

1998年始，根据国家计委《关于试行企业交费登记卡制度的通知》和《淮安市实行〈企业交费登记卡〉制度的实施意见（试行）》，对全市（楚州区）各企业全部实行交费登记卡制度。

第四节　物价监督检查

一、市场价格监督检查

1995年，遵循国务院关于加强宏观调控、抑制通货膨胀的方针政策，淮安市物价检查所组成检查小组，并组织群监、职监力量，先后对辖区内进行检查。通过检查，乱涨价问题得到遏止，粮油、食盐、酱油等商品价格基本按规定价格执行，对有价格违法行为的个人和单位进行教育和必要的经济制裁。在元旦、春节、劳动节、国庆节、中秋节等节日市场检查期间，物价检查部门坚持以宣传教育为主，处罚为辅的指导思想，重点监督检查与人民群众生活密切相关的主副食品、日用百货等商品，节日期间先后出动检查人员1200余人次，检查3900余户，纠正处理各类价格违法违纪行为500起，稳定节日市场物价。同年10月，按国务院统一部署及国家计委、市政府的统一安排进行两次物价大检查，对零售市场、节日市场、批发市场以及农贸市场的价格监督检查，加强饮食业、娱乐场所、服务业的明码标价等专项检查，促进市场稳定健康发展。1998年，市物价检查部门贯彻《中华人民共和国价格法》，以“清费、治乱、减负”为重点，规范市场价格秩序，对医疗收费、药品价格、再就业收费及明码标价不规范等进行集中检查；开展以反价格欺诈、反暴利、反低价倾销的专题检查。2003年，按照“定规划、当裁判、搞服务”的职能定位，区物价局深入推进整顿和规范市场价格秩序，对涉及春运票价、教育、医药、商务楼宇、物业管理及二手房交易、房屋中介服务和收费、非机动车停放收费等群众投诉的热点问题，进行全面检查。面对“非典”突发疫情，根据国家发改委和市物价局《关于开展防治非典型性肺炎药品和相关商品市场价格专项检查的紧急通知》的精神，针对防治“非典”的相关防护用品、医疗器械、药品等，开展价格专项检查，共出动650人次，对辖区内大卖场、百货商店、中西药店、农贸市场、医院以及有关批发企业进行“地毯式”的检查，立案查处案件23起，告诫纠正50起，接受群众来访来信106件，办结归档100%，罚款8.31万元。

2007年春节前物价检查

1991～2008年，物价局共出动1.88万人次对辖区内菜场、农贸集市、零售商店及饮食、娱乐、服务、教育、卫生等价格收费、行政性收费开展检查，重点针对以不明码标价、短斤缺两、低价倾销、无序竞争、乱收费等不正当价格行为，严肃查处个别企事业单位、个体工商户牟取暴利、价格欺诈等各类价格违法案件6.72万件，纠正各类价格违纪行为5.47万件，罚没违纪金额780.37万元，受理人民群众来信来访来电2942件，为消费者挽回经济损失335.05万元。其间，物价检查部门还开展了粮油、副食品、药品、餐饮、娱乐、公用电话、汽车维修、停车场收费、房产开发、物业管理、房屋中介服务、医疗、普教、电信、旅游等60多项价格收费专项检查，以及由市物价检查所统一组织安排的教育等系统和劳动局、人事局的专项价格收费检查，对口交叉检查，参与对市、部属企业的电力价格检查、通信资费收费检查。

二、投诉受理和查处

80年代中后期开始，坚持“两公开、一监督”信访处理制度，公布设立价格举报投诉电话12358，限时结案，明确要求受理的信访件要件件有回音，事事有着落。对不符合受理范围的来信来访耐心做好说服解释，以化解社会矛盾。1991～2008年，共计受理投诉举报2142件，办结2142件，办结率100%。

三、整治乱收费

楚州物价部门长期开展乱收费行为治理工作。2008年，物价管理部门配合区软建办开展整治乱收费专项治理工作，贯彻落实上级明令取消的200多项收费项目，对涉及取消项目的全区41个部门160多余家单位作重点检查。取消涉及全区项目48项，取消区自立项目10项，通过自查、自报、检查等一系列工作，上述单位全部停止取消项目收费，直接为企业减轻经济负担5000万元。

第五节 价格监测

一、商品价格跟踪监测机制

2003年6月1日,国家《价格监测规定》施行。据此,江苏省制定了《江苏省价格监测制度》。区物价局根据《江苏省价格监测制度》,实施按时采集、上报价格数据,分析和预测价格走势,并结合区实际,做好对重点、热点问题专题调查建立异常情况快速反应工作机制。2003~2008年,按照定时、定点、定品种的方法,每月四次采集粮、油、肉、禽、蛋、水产品、蔬菜、水果等七大类37种主副食品价格变动情况跟踪监测。2008年下半年,针对城区群众对普通浴室票价上涨反响较大的情况,物价部门对城区部分浴室票价情况进行了跟踪监测。

二、重点商品价格跟踪监测

(一)主副食品价格

发挥价格监测工作信息发布的功能,区物价局与区主要菜场漕运菜场、南门菜场价格监测人员保持密切联系,坚持每月上中下旬以及不定期的统计主副食品零售价格数据,在"新楚州""楚州价格网"上及时发布。

(二)价格信息定期报送

2003~2008年,根据《江苏省价格监测制度》的有关规定,区物价局承担农资、原粮、生猪鸡蛋、夏粮秋粮、种子五大类共25个品种的价格采集、上报数据,分析和预测价格走势的工作,农资、原粮、生猪鸡蛋每5天上报一次,夏粮、秋粮、种子每年之中有3~4个月每周二上报。2003~2008年,共上报价格数据500多次,完成各类分析、预测及价格预警报告200余份。

第六节 价格认证与鉴定

1993年,成立淮安市价格事务所,2002年6月10日变更为楚州价格认证中心。其职责主要是:在所属行政区内,具有刑事、民事、经济、行政以及仲裁案件涉及的各种扣押、追缴、没收及纠纷财物的价格鉴定;价格行为合法性和价格水平合理性认证、价格纠纷调解等。价格认证中心具有国家发展和改革委员会颁发的《价格鉴证机构资质证》,从业人员8人,全部取得《涉案物品价格鉴证人员资格证书》,其中价格鉴证师4人、经济师1人、资产评估师1人。1993~2008年,区价格认证中心出具各类价格鉴定报告7000余起,为司法、行政执法机关及时办理案件提供准确依据。2008年6月,楚州区价格认证中心被评为江苏省规范化价格认证中心,10月,被评为全国价格认证系统规范化创建示范单位。

第六章 审计监督

1983年前,淮安县没有专门的审计机构。1983年5月,始建淮安县审计局,为政府主管审计监督职能部门，负责区域内各级财政收支、财政金融机构、企事业组织以及其他同财政有关单位的财务收支和经济效益审计监督。1987年9月，建立社会审计组织淮安县审计事务所，实施中介服务，后于1999年12月撤销。1989年，建立内部审计工作网络淮安县审计局内审协会，全县县直部门和各乡镇共成立52个内部审计组织，工作人员137人。此后内部审计组织有所更迭调整。至2008年，楚州区审计局共完成审计单位1492个，查处违规违纪金额11.82亿余元，上缴财政6984万元。

第一节　机　构

淮安市楚州区审计局成立于1983年5月，原名淮安县审计局。1988年2月，淮安县撤县建市，淮安县审计局更名为淮安市审计局。2001年2月，更名为淮安市楚州区审计局。至2008年，内设机构有办公室、财金审计科、行政事业审计科、经贸审计科、农业与资源环保审计科、固定资产投资审计科、经济责任审计科7个职能科室，下辖区政府投资评审中心，在职干部职工37人。

第二节　国家审计

一、财政金融教育经费等审计

1983年11～12月，淮安县审计局4名审计人员首次履行审计职能，参加全县财务大检查。全县166家企、事业单位先行自查互查的基础上，县财政、审计组织60多名财会专业人员分10个检查组，对31家企、事业单位进行抽查，查出违纪金额21万元，补缴县财政入库13万元。1984年5月8日至6月18日，对县石油公司1982年至1984年4月财务收支和经济效益审计，摸清家底，核实库存，共查出违纪金额22.09万元，追缴县财政入库6.72万元。1985年，对县公安局、检察院、法院、司法局等4家预算执行单位试行每月定期送达审计。1986年，扩大对农业局、多种经营局、化工厂和百货一店等8家单位按季进行定期审计，共查出各类有问题金额11.16万元，其中上缴县财政5.22万元。1987年，对公安局、司法局、农业局等20个部门开展预算执行财务收支定期审计。1988年，按照国务院、省政府《关于开展税收、物价、财务大检查的通知》精神，选派7名审计人员参加税务大检查的自查；选择工商银行、灌溉总渠、公路管理站、水产养殖场为重点检查单位；同时，对供电局及所属的劳动服务公司委托审计事务所进行审计查证，对粮食系统的购销调存及财务收支进行专项审计检查。重点审计粮食局、粮油议购议销公司和粮食工业企业1987年度和1988年1～9月购销调存及财务收支情况。1989年财政审计实际完成15个项目，共审计71家单位，审计总金额1.59亿元，查出各类违纪金额296万元，应上缴财政62万元，实际上缴财政56万元；是年9月，淮安市审计局与市监察局和人民银行组成联合审计组，对市粮食局城南粮库附属饲料纺织袋厂挤占粮食贷款79.74万元搞附营业务情况进行审计，审计作出了限期归还决定，该库认真落实审计决定，至当年底全部还清所占用的贷款。1990年8月17日至9月5日，对淮安农行1989年度和1990年上半年财务收支进行审计，经审计1989年各项贷款总规模承包数为2.76亿元，实际完成2.74亿元，占承包数的99.21%；储蓄存款增长率承包数22%，实际完成36.69%，比承包数上升16.69%；利润承包数287.31万元，实际完成284.56万元，完成承包数的99.04%。审计中发现该行扩大成本开支范围，挤占成本4.43万元；漏缴营业税、奖金税两项计1.15万元；经抽查平桥、车桥、三堡三个营业所，因计算差错多收有关企业贷款利息和罚息6.92万元；三堡营业所对乡供销社坐支销货款的罚款1152元未及时上缴国库。针对存在的问题，审计部门按相关规定，作出处理决定，要求提出限期整改。

1991年，乡级财政审计。审计局先后派出审计组对城东乡、平桥镇1990年度财政财务收支情况进行审计，审查财政预算执行情况。通过审计发现纳税户欠税款较多，且存在隐留税款、虚列支出、乡有资金不实、截留挪用教育费附加和会计科目使用不当、资金管理混乱等问题。同年7月，对中国人民建设银行淮安市支行开展1990年度财务收支审计。1992年，乡级财政审计先后对车桥、三堡、林集、施河、溪河、板闸、席桥、钦工、朱桥等9个乡镇的1991年财政、财务收支进行、审计，审查财政预算执行情况和预算外资金、乡有资金的征收、使用、管理情况，对审计中发现的预算内资金收入不足、预算外资金和乡有资金管理薄弱、财政支农周转金回收率低等问题，提出有针对性的审计建议。市政府发文批转审计局的审计情况报告，市财政局根据审计建议，采取6条措施强化乡级财政管理。当年还先后对工商银行淮安市支行和中国银行淮安市支行进行1991年度财务收支审计，指出其在执行《成本管理条例》、经费开支、交纳税款和基金等方面存在的问题。1993年5月，对农行淮安支行1992年度乡镇工业企业流动资金贷款开展专项审计，审计结果表明1992年度乡镇工业企业流贷期末金额5224.3万元，解剖分析：从安全角度看，正常贷款1068.6万元，占用率为20.5%，挤占挪用贷款787.2万元，占用率为15.2%，一般逾期贷款480.2万元，占用率9.2%。呆滞贷款4287.5万元，占用率47.7%。针对问题，审计局就如何搞好乡镇工业企业流动资金贷款的管理，提出3条整改意见。1994年乡镇级财政审计，审计局对顺河、七洞乡1992年财政财务收支就地审计。

1995年，对全市1994年度普遍教育经费进行审计，审计发现虚列财政拨入与虚列经费支出1291.6万元；有关乡镇擅自挤占学杂费、幼儿费、教育费附加、捐资助学款来抵拨预算内教育经费80.76万元；有关乡镇教育办公室直接用学杂费来发放误餐补贴和消化单位增资部分等不合理开支8.8万元，有关中小学校以及专业学校直接用学杂费、培训费、择校费来发放工改增资后单位自我消化部分、误餐补贴、福利费等44.07万元，有关中小学直接从代办费中列支办公经费12.4万元，挪用教育经费投入校办企业204万元，向学生乱借资199.52万元等违规违纪问题，这些乡镇和学校都受到了相应的处理。

1996年，对全市1995年度企业职工养老保险基金征收、管理和发放情况进行审计，同时抽审8家企业单位。审计发现，累计欠收职工养老保险基金1101.5万元，虚列收入6万元；市劳动保险处擅自动用上缴上级积累金176.17万元，用于发放离退休人员费用。挤占职工养老保险基金88万元，有关政府部门挪用职工养老保险金6.5万元，市巾被总公司将1995年度各个分厂上缴的在职职工养老保险基金28.64万元，擅自截留发放离退休人员费用等问题，均被审计处理。

1997年3月4～14日，对市本级1996年度预算执行、5个乡镇财政决算及21个预算执行单位进行审计，发现财税部门对部分预算收入组织入库不够及时、地税局在免税审批制度上不健全、违规借出周转金和间歇资金1亿多元等问题，得到及时纠正。1998年2月27日至3月20日对本级1997年度预算执行情况进行审计，同时对29个乡镇1995～1997年度财政决算进行审计，摸清各乡镇财政的实际家底，查证乡镇财政收支矛盾突出、综合财力亏空较大、财政监督职能弱化等问题，得到市委、市政府高度重视。1999年3月1～20日，对本级1998年度预算执行审计，共查出违纪违规金额890万元，增加财政收入162万元。当年首次对地方金库收纳、划分、拨付预算资金情况进行审计；乡镇财政审计及时纠正一些乡镇乱开政策口子、违纪违规筹收、使用各种筹收资金、专项资金等问题，促进了各乡镇依法管理使用地方财政。2000年2月份对全市18个乡镇1999年度财政收支平衡情况进行了审计，结果发现18个乡镇只有7个真正实现了自求平衡，且有14个乡镇存在垫税问题，垫税额高达800多万元。3月1～30日对本级1999年度预算执行情况审计。2001年4月9～20日，对本级2000年度预算执行情况和淮城等3个乡镇财政决算进行审计，并对税收征管、教育延伸审计。2002年本级预算执行审计共涉及三大类19项。是年，针对全区各乡镇财政困难、赤字严重、家底不清、产生原因不明等问题，从区审计局、财政局、会计委派中心抽调90名会计人员组成14个审计组，对全区

28个乡镇财政家底和负债进行专项审计调查，结果显示，全区各乡镇财政全面“挂红”，赤字非常严重，债权债务数额较大，债权中呆账较多。

2003年1月3日至4月5日，财政预算执行审计延伸审计13个部门、2个乡镇、7个专项资金，审计总额12.7亿元。2004年2月9日至4月20日，对本级2003年度预算执行审计。2005年3月2日至4月10日，对2004年度本级综合预算执行和其他财政财务收支的审计，重点抓住区财政局具体组织本级预算和其他财政收支、地税局区级税收征管、教育部门预算执行、城市资产投资中心资金运转和管理、会计核算中心会计代理、农村四件实事资金使用管理、政府资产交易中心运行、政府工程基本建设财务管理、区自来水公司代征的污水处理费征缴、国土局以及城投中心的土地出让金征缴等情况，并按资金的流向对一些乡镇、单位的有关情况进行延伸审计和调查，共查出各类违规违纪金额1.04亿元。是年，区人大、区政府对同级审计工作取得的成绩给予充分肯定，对“报告”所揭露的问题非常重视，区政府为落实区人大常委会的“审议意见”，专门组织召开审计意见落实整改工作会议，以促进同级审查出问题的纠正与整改。区政府对同级审计中提出的问题进行通报，并对照有关财经法规提出具体处理意见，以经济责任审计领导小组名义下达整改通知书。10月初，区人大常委会召开会议专题听取和审议区政府《关于2004年度本级预算执行及其他财政财务收支审计中有关问题整改情况的报告》，截至审议之日“同级审”提出的整改事项全部整改到位，期间共追缴入库财政资金2129.86万元，追回被挤占挪用专项资金493.06万元，调整会计账务8笔，促进相关单位出台《关于进一步加强农业综合开发资金财务管理的意见》等管理制度5项。2006年2月15日至4月5日，对本级2005年度预算执行审计围绕区政府审定的“同级审”工作方案和预定的审计目标，加强过程控制，共查出各类违纪违规问题53个，违规金额3.16亿元。2007年，本级财政预算执行审计注重压数量保质量，增加审计调查项目比重，共安排18个审计项目，审计调查项目占13个，其中调查项目9个，总项目的减少及调查项目比例的加大，确保了审计目标的实现和审计质量的提高，共查出各类违纪违规问题53个，违规金额1.5亿元。

2008年，对全区2007年度财政预算执行和其他财政收支、区地税局税收基金征管情况、区水利局等部门预算执行情况，以及新农村五件实事专项资金、土地出让金收支情况、政府投资工程管理情况、会计核算中心、政府交易中心职能履行情况、乡镇财政运行状况开展专项审计和审计调查，共审计了26个部门单位，并就有关事项延伸审计5所民办学校、4家企业、24个部门单位、13个乡镇，审计资金总量31.13亿元，出具审计报告和审计调查报告16份，查出各类违规问题91个，违规金额2.56亿元，其中应补缴入库7061万元、应归还原资金渠道1.17亿元。

二、行政事业审计

1985年，根据中共中央办公厅和国务院办公厅《关于制止滥发奖金、补贴、实物的紧急通知》精神，对县29个单位进行重点审计调查，后又配合县纪委对县经委、财贸系统20个单位进行联合调查，发现1984年发放钱款的单位有22个，共发钱物36.65万元，其中违纪金额14.64万元，主要问题是滥发奖金，请客送礼，吃喝浪费；超标准发放实物；倒卖钢材，非法获利等。1988年3月21日至4月8日，审计局对民政局1984～1987年救灾扶贫资金使用管理情况进行审计，以车桥、苏嘴、顺河、范集4个乡为重点，结合抽查民政局和社会福利厂的部分账务，审计发现范集乡1985～1987年民政经费多报列支1.2万元。同年8月24日至9月28日，对全市1986～1987年发展粮食生产专项资金的使用情况审计调查，重点抽查三堡、朱桥、徐杨3个乡镇。

1989年9月，与监察局、人行对城南粮库专项基金审计调查，对全市已停缓建设项目进行审计调查。1990年7月，对13个乡镇教育费附加征纳情况审计调查。先后对城市维护建设资金、粮食发展基金、科技三项费用、工商局规费收入、淮安市中学预算外收支、粮油收购资金以及建淮乡财务收支进行专项审计。通过审计证实，城市维护建设税应征尽征。但在使用管理方面有不完善之处，如县拆迁办公室财务管理混乱、账目矛盾、损失浪费比较严重,审计后及时向市政府领导汇报,引起市长重视,召开专门会议研究解决办法。1991年6月,对朱桥、宋集等9个乡镇1990年教育附加征管情况审计调查,针对该项资金管理不严、被挤占挪用和提高代征手续费标准,未能按规定范围使用及账务处理不健全,审批手续不严等问题提出建议。1992年,对车桥、三堡等9个乡镇1991年财政财务收支审计,对粮食企业1990~1991年粮油提高价格对财政影响情况审计,对周恩来纪念馆配套工程接受捐款情况审计调查。当年还重点对有资金分配权、有罚没收入的广播电视局、司法局、标准计量局、工商管理局、水利局、教育局、卫生局等单位进行审计,查处违反财经纪律和财务制度方面的问题。1993年,对9个主管部门在3个乡镇1991~1992年农业资金筹集、管理、使用情况审计调查;当年还重点对有罚没收入和资金分配权单位如公安、交通、计划生育委员会进行财务收支审计,查处乱收、乱罚、乱支等违反财经纪律的问题,促进行政事业单位廉政自律。1994年,对教育、税务两所学校、10个乡镇的审计征管使用教育附加情况审计,对流均等6个乡镇财政财务审计调查。1995年3~5月,对教育局、城区12所中小学、5所农村小学、7个乡镇教育办实施审计。1997年对医疗卫生行业、教育系统、司法机关、计生单位以及有权收费、罚款的事业组织的财政财务和收费等情况进行了审计,强化了市预算外资金管理。

1998年5月10日至7月30日,对全市29个乡镇1995~1997年财政及其他财务收支家底实施审计;4月5~24日,对全市1995~1997年乡镇道路集资筹收使用情况审计;2月18~26日,对全市36家流通企业继续进行审计;10月22日至11月20日,根据省市统一部署,对全市乡镇1995~1998年计划外生育费收支审计。1999~2000年,对入海水道涉及城东、季桥、顺河3个乡镇征地拆迁赔偿情况进行审计,通过审计查清有关乡镇及村挪用、占用征地补偿金、虚报冒领工程款、以拨代支、虚列支出、管理费超支等问题,查出违纪违规金额近千万元,新王村会计王某某虚列支出1万元,被移交检察院查处。2000年5月23日至6月5日,审计联合监察、财政、税务等部门对行政事业单位漏缴地方税情况实施审计调查。当年还强化对掌管国家资金较多如国土局、卫生局、水利局、医保处等25个行政事业单位进行审计。2001年,对普教经费、教育局、楚州医院、农业局、民政局、卫生局、国土系统等45个行政事业项目进行审计,共查处违规违纪金额3000多万元,处理上缴区财政72万元。2002年3月4~20日,对全区28个乡镇摸清财政家底审计。2003年9月23日至10月26日,对3家企业入海水道拆迁赔偿费审计。2004年,对全区救灾、救济、补偿资金审计,对化工业园区66.67公顷土地征用款审计。2008年,通过审计整改,促进政府和有关部门出台7项规范性管理制度,并开展3项专项整改检查,取得了良好的效果。

三、经贸审计

1984年2月25日至3月23日,县审计局对零件厂等12家工业企业和6家商业流通企业实施财务情况审计,调查发现部分工业企业资金使用效果差,针对审计中发现的招待费支出过高、企业应收款过大等问题,审计组帮助相关企业建立管理制度,提出整改建议,得到相关企业采纳,并及时整改。1985年2~3月,根据国务院紧急通知精神,对全县49家企业等单位滥发奖金实物不正之风情况进行审计。1986年8月,对淮安化肥厂、金属机电化公司、酒厂、城郊羽绒厂等企业进行了经济效益审计,帮助企业分析亏损原因,并提出改进意见和建议。1987年6月6~22日,对船厂厂长1986年至1987年5月任期目标进行审计。对审计中发现企业管理人员在工资奖励上存在吃"大锅饭"和企业多头领导婆婆多会议多等问题,提出整改建议,并将该厂实行厂长任期目标责任制的审计情况,向县委、县政府和市审计局作出审计专项报告。1988年4月,对磷肥厂进行经济效益审计,并向该厂提出推广水泥车间试行生产经营承包,改善劳动条件和机器设备,建立健全各种进出仓的验收和计量工作制度,对产品成本实行目标成本管理等审计建议,为该厂所采纳,企业产值、销售收入和利润当年出现"三个上升"。1990年,实施承包经营期中审计。先后对市金属材料公司、化工厂、化机厂、毛巾厂、食品公司开展承包经营期中审计，通过审计证实，5家企业在完成承包任务方面各自做了大量工作，但普遍存在着挤占成本费用和漏欠税款的问题。为加强对承包经营的审计监督，市审计局于9月抽调70余人，组成18个审计小组，集中两个月时间，对全市66家企业第一轮承包经营进行终结审计，主要审查各项承包经营指标的完成情况及其真实性，企业的财产、债权债务是否真实，资产的维护和增值情况，专项基金的调取和使用是否合规有效，有无违反财经纪律及短期化解行为。

1992年，对12个部门85家承包企业进行奖惩兑现审计，市政府领导根据审计提供的情况，对全面完成任务的9个单位和25名个人以及6个未完成任务的单位进行奖惩。1993年，根据"先审计后兑现"的原则，审计机关从审计事务所等单位抽调60名人员对93户企业承包经营合同执行情况逐一进行审计，主要审计产值、销售收入、上缴利税、固定资产增值等主要经济指标，为企业承包兑现提供了可靠的依据。1994年，对盐化总厂资产负债审计；对电缆厂经济指标实现审计；对6家乡镇企业破产审计；对59家企业1993年度主要经济指标实绩兑现审计。1995年4月12日至5月3日，根据省部署对供电局电力基金进行审计。1996年，对大修厂经营效益审计，查出企业7年银行账差少21页的原因，纠正企业多计税费4万元。1997年对全市36户重点流通企业的资产、负债、损益情况进行审计，审计发现36户企业1996年少报亏损1982万元，累计亏损9912万元。1998年3月17日至4月10日，对36家重点流通企业资产负债损益审计。1999年，对招商电缆厂、溪河桐板厂、马甸钛白粉、建淮水泥厂、市地毯厂、古顺河酒厂改制审计。配合纪委对市有色金属公司、物资回收公司经济责任审计。2000年强化对盈亏大户企业的审计监督和审计服务，全年对塑料厂、元件厂、井神盐电厂、自来水公司、饮服公司、房产公司等企业进行审计，提出审计建议和意见29条，其中有21条被接受采纳。2001年对淮安药厂和淮安上丰针织公司进行审计。江苏淮棉有限公司是楚州区规模最大的国有控股纺织企业，总资产1.2亿元。2004年，按照区委、区政府指示精神，为摸清该企业现有资产、负债和损益情况，审计局抽出2名审计骨干，同时聘请江苏润华会计师事务所4人，用近半年时间完成审计任务，为区委、区政府对该公司下一步发展、改革作出决策提供了有价值的参考。淮城装饰饰品厂职工上访反映原企业负责人借改革之机侵占国有资产，审计局及时介入查清问题，将案件移交区纪委及时处理，收回退款30多万元。

四、固定资产投资审计

1986年3月，为控制固定资产规模，对全县30个单位49个建设项目和农机、卫生系统自筹建设情况进行审计。1990年，全年审计14个工程项目，审计总金额512万元，督促建设单位交纳税金29万元。1991年，根据国务院《关于进一步抓紧抓好清理固定资产投资规模项目工作的通知》要求和"先审计、后建设"的原则，首次实施基本建设项目开工前审计，做到防止项目资金不足，把好资金来源关；严格计划指标，把好规模关；严格纳税纪律，把好税源关；认真审查施工单位的施工能力，确保工程质量关。当年共审结13个项目，审计资金总额810万元，督促被审计单位缴纳建筑税24万元。1994年，对商联大厦、燃料公司宿舍楼等4个项目实施审计。1998年，全年开工前审计62项，竣工决算16项，审核标底8项，核减工程款92万元。2000年，共对市种子公司检测中心楼、市人民法院办公楼、城中派出所、附小科技楼、淮安宾馆办公楼等24个项目进行审计，共查出违纪金额20多万元。2001年，对农网改造、前进中学宿舍楼、国土局综合楼及装修工程实施审计，其中因违规问题被查处上缴区财政6万元。2002年，实施开工前审计44项，其中37项通过审计出具《开工前审计意见书》，资金到位率在80%以上；共完成竣工项目决算审计22个，审计工程总造价2445万元，核减额364万元，查处违纪金额185万元。2003年，共实施开工前审计31项，其中22个项目通过审计出具《开工前审计意见书》，资金到位率在80%以上；共完成竣工项目决算审计12个，审计工程总造价1140万元，净核减额23万元，查处违纪金额15万元。2004年，完成竣工项目决算审计60个，审计工程总造价3652.75万元，净核减额390.83万元；完成项目预算审计155个，审计工程总造价1.95亿元，净核减额1571.3万元。对政府投资的重点工程项目，全部实行事前、事中和事后审计相结合的全过程监督，并根据项目的类型，前移监督关口，将事后审计变为事前审计，将"隐蔽工程"变为"阳光工程"。如在对政府实施的城区19条后街背巷跟踪审计中，现场发现11处质量不达标问题，都在严格的监督下，得到及时整改，保证了工程质量。

2005年，全年完成政府投资建设工程项目242个，送审总额3.76亿元，净核减额3289.45万元，其中概算项目核减8.42万元，占送审额的4.22%，预算项目核减2601.23万元，占送审额的9.03%，决算项目核减679.96万元，除拆迁项目外，占送审额的28.26%。2006年，共完成政府投资工程项目评审297个，送审总额4.87亿元，核减金额5844万元。其中，预算项目185个，核减金额4206万元，决算项目111个，核减金额1100万元，为政府节约了不必要的财政支出。在做好工程资金审计的同时，还从防止国有资产流失和防止高估冒算的角度，加大对违纪问题的查处力度。在漕运小区拆迁补偿中，评估公司对一户水泥预制厂混凝土场地的评估单价为120.41元/平方米，而实际造价只有70元/平方米左右，高出近45%。在同一个项目中，房屋拆迁公司在对一户水泥预制厂混凝土场进行实地测量，发现多计水泥场地1500平方米，多补经费15万元。2007年，着重围绕"全项目覆盖、全过程跟踪、全问题揭露"的目标，开展政府工程审计，同时为增进社会各界对政府投资工程的了解和支持，对200万元以上政府投资工程项目审计结果悉数向社会进行公告。当年共完成政府投资工程项目评审186个，送审总额3.44亿元，核减金额5453万元，其中，预算项目77个，核减金额3411万元，决算项目1.34万个，核减金额2042万元。2008年，完成政府投资评审项目370项，送审总额9.32亿元，核减金额1.07亿元，综合核减率为11.52%。其中，预算项目202项，送审额7.79亿元，核减8378万元，核减率为10.75%；决算项目168项，送审额1.52亿元，核减2359万元，核减率为15.45%。

五、经济责任审计

1987年，对船厂厂长1986年1月至1987年5月任期目标责任审计。1988年，审计局开始开展经济责任审计尝试，除参加轻工、商业和水利系统7个企业单位的公开招标、承包经营的决标见证活动外，重点对市五交化公司、植物油厂和棉纺织厂等单位，开展以厂长、经理任期目标为主要内容的经济责任审计，围绕产值、销售收入、上缴利润等主要指标，对被审计单位1987年以来各项任期目标的实际情况进行审查和分析评估。同时，针对薄弱环节，提出意见和建议。1999年对13个乡镇、9个部门、3个事业单位领导实施经济责任审计。同年《新华日报》以"淮安任职审计正官风"为题，介绍淮安市经济责任审计工作做法和经验，产生较大的社会反响。2000年，共完成流均、平桥等13个乡镇，计生委、人事局等15个单位离任审计。2001年12月13日至2002年1月30日，对区人民法院院长任期经济责任审计。对区贸易局长任期经济责任审计，对29个乡镇和部门（5个乡镇、24个部门）领导经济责任审计，对淮安中学校长离任审计。2003年，接受区委组织部交办的21名乡科级领导干部离任审计项目任务，对乡科级领导干部经济责任审计和评价体系作了积极探索，形成一套完整的操作程序，使全区的经济责任审计工作逐步走上规范化、法制化轨道。2004年，完成区委组织部交办的15名乡科级领导干部离任审计项目任务。11月，为配合区人大对计生委等4个部门主要领导的述职评议，组织对述职人在任职期间的经济责任审计。2005年，完成区委组织部交办的25名乡科级领导干部离任审计项目任务。通过问卷调查，共查实违纪问题19项，违纪金额306万元，追回专项资金127万元。是年，在对某区直单位进行离任审计时，发现该单位隐瞒收入，私设"小金库"和账外账9个，金额达68.67万元，实际支出63.32万元；另在对区糖烟总公司实施经济责任审计时发现，该公司下属某商场已拍卖快2年，但至审计时尚有94.33万元款项一直收不回。审计人员对相关资料认真细致地分析研究，走访调查、分析原因，帮助该公司制定相关措施一次性追收全部欠款。2006年4月，对10名乡镇党委书记进行任中或离任审计。

2006年，共接受区委组织部委托的经济责任审计项目20个，审计结果均受到被审计人的认可。

2007年共接受区委组织部委托经济责任审计项目18个。重点突出五个环节：一是规范审前调查基本用表；二是开好进点会，审计组进点时，约请委托部门及其他有关部门派员参加进点会议；三是明确被审人述职报告的主要内容；四是制定对被审人审计方案示范模版；五是统一编制经济责任审计线索调查表，发挥沟通协调作用。2008年，完成区委组织部委托的离任审计项目34个，任中项目5个。是年，在经济责任审计上突出四个方面创新：一是规范使用审前调查基本用表，统一使用审前调查表、行政单位基本情况表、事业单位基本情况表、单位存款开户情况调查表、内控制度调查表等，明确具体调查内容事项和基本版式；二是注重对领导干部履行经济责任的过程监督，对审计发现的问题合理认定责任，分析问题产生的背景、原因，强化经济责任审计结果报告的再分析和审计结果的综合分析；三是从体制上、从完善宏观管理的角度提出较高层次的对策建议；四是用数字说话，增强主观分析评价。

六、授权审计

1990年8～9月，对农业银行淮安支行1989～1990年财务收支审计。1991年对建设银行淮安支行1990年财务收支审计。1992年对工商银行淮安支行财务收支审计。1993年5月，对农行淮安支行1992年给乡镇企业流动资金贷款专项审计；同年还根据淮阴市审计局部署对世界银行贷款加强灌溉农业项目进行审计。1994年，对农行、中行、保险公司财务收支信贷投放进行审计。1995年，根据省审计局部署对供电局1994年财务收支进行审计。1996年4月1～17日，对农行淮安支行资产负债损益进行审计；7月5～19日，对中行淮安支行1995年资产负债损益进行审计。1998年，根据审计署和省审计厅的安排，先后两次组织业务骨干到滨海县开展粮食交叉审计，对滨海粮食企业的亏损挂账和粮食收购资金进行全面清查，因工作成绩优秀被表彰为全省粮食审计先进集体。1998年，对灌溉农业项目世界银行贷款还本付息情况进行审计。1999年，根据中央整治金融秩序要求，对工商银行淮安支行和建设银行淮安支行资产进行审计。2001年，根据省审计厅部署，对供电公司电网改造投入资金进行了审计。2002年，依据省审计厅授权对白马湖农场、淮安船闸、航道站三单位财务收支进行了审计。2003年，依据省审计厅部署，于5月4日至7月2日对区公安局2002年度财务收支情况进行审计。2004年，依据省审计厅部署，全省粮食财务挂账异地交叉审计，对邳州市粮食局负债情况开展审计。2006年，根据省审计厅部署8月15日至9月5日对地税局2005年至2006年6月财务收支审计，同时对2000年至2006年6月税收入库审计。2008年，按照上级审计机关要求开展了做好抗震救灾资金审计，对汶川大地震后楚州区社会各界向地震灾区超千万捐款进行跟踪审计，并将审计结果分别通过楚州电视台、《新楚州》向社会进行公告。

七、专项审计调查

1988年，审计调查专项资金管理使用中存在的问题：对专项资金安排的项目，有的抓而不紧，某乡镇水利站两年安排11个项目，仅完成6个项目；已安排的项目，存在中途随意变更的情况，某乡农机站原安排购农机的9200元，后将其中5000元用作门市部的流动资金，改变原来的计划安排，对用专项资金购买的农机器具管理不善，露天存放，导致生锈等。对发现的问题，审计组提出使用专项资金5条整改建议。1991年，淮安市遭受百年未遇的洪涝灾害，审计局对救灾捐赠款物开展审计监督工作，重点审计了市民政局、水利局、卫生局、防疫站、燃料公司等单位，接收、分配、管理捐赠款物的市直单位以及本市受灾严重的流均镇、南闸乡政府及所属水利站、卫生院，促使各乡镇、各单位对救灾款物做到专人负责，专门核算，专款专用，健全制度。1990～1991年，对待业保险基金财务收支等进行专项审计，促使被审单位查账对账，完善手续，加强资金管理，实行专款专用，提高资金使用效益。1992年，对市民政局接收、管理、分配救灾款捐赠款物的情况，红十字会接受捐赠款物开展审计。2008年，完成三堡乡南水北调专项资金审计调查、政府采购资金专项审计调查、南窑安置小区建设审计调查和房地产企业税费专项审计调查。

1984~2008年楚州区(淮安县、淮安市)审计统计情况基础数据表

表15-5

年份	审计单位(个)	违规行为金额(万元)			应缴财政(万元)	已缴财政(万元)		
1984	2	7	7	—	7	7	—	—
1985	55	224.3	48.74	—	48.74	28.77	—	—
1986	10	106	59	—	20	20	—	—
1987	11	83.48	68.8	14.68	68.8	68.8	—	—
1988	36	203.36	128.1	27.86	128.1	113	—	—
1989	71	296	62	234	62	56	—	—
1990	79	486.9	—	—	114.5	97.3	—	—
1991	57	372	—	—	77	24	—	—
1992	39	336	—	—	66	37	—	—
1993	23	102	—	—	52	51	—	—
1994	121	333	—	—	101	101	—	—
1995	57	475	—	—	43	43	—	—
1996	64	274	—	73	75	75	—	—
1997	74	54	—	—	63	63	—	—
1998	49	295	136	159	136	136	75	24
1999	76	155.4	155.4	—	155.4	155.4	—	—
2000	97	84	84	—	84	84	—	—
2001	57	83	83	—	83	83	—	—
2002	77	2156	—	—	2156	2156	—	—
2003	134	3944	—	—	72	69	20	49
2004	61	14418	—	—	117	79	43	36
2005	55	11121	—	8327	106	106	—	—
2006	39	14037	2710	11327	1313	1313	1040	7
2007	34	28975	3002	25973	665	665	632	23
2008	51	39534	2345	37189	1353	1353	1200	54
合计	1429	118155.44	8889.04	83324.54	7166.54	6984.27	3010	193

第三节　内部审计

1989年,依据江苏省审计厅要求,经县民政局注册,成立淮安县审计局内审协会。全县县直部门及各乡镇共成立52个内部审计组织,137人参加,其中专职47人、兼职90人。1995年以后,由于人事体制改革的深入,各级内审机构及人员出现缩水现象,机构合并或撤销,人员由专职变为兼职,内部审计工作有明显萎缩的趋势。区审计局于2004年底成立内审工作专项调研小组,对全区机电化、

纺织、轻工、商贸、粮食等五大资产公司以及土地、水利、教育、交通、计生、卫生、城建等18个主管部门的内审工作开展情况进行调查，在充分掌握第一手资料的基础上，向区政府建议，并征得区主要领导同意，向区民政部门申请成立楚州区内部审计协会，得到全区各企事业单位的响应，共有42个团体会员单位和167名个人会员报名参加协会，形成了全区内部审计网络。2005年6月14日，召开楚州区内部审计协会成立大会，重新建立楚州区内部审计网络，有效地推动了全区内审工作的开展。是年，全区有109名会计人员取得了省内审协会颁发的内审资格证书，区民政局等3个系统自身组织开展了内部审计，有效地加强了自身的财务监督。至2008年，内部审计工作正常开展。

第四节　社会审计

1987年9月，经批准成立淮安县审计事务所，1988年更名为淮安市审计事务所，为审计局下属股级事业单位，实行有偿服务，独立核算，自收自支。1999年12月，按照省财政厅、人事厅的统一部署，撤销审计局直属机构淮安市审计事务所，人员部分分流到新成立的民间中介机构淮安信誉会计事务所。1987年9月至1999年12月，淮安市审计事务所开展企业、商业、经营承包财务核算审计，企事业资金注册及验证，为商业、企业改制资产评估审计等工作，至1999年底，共实施财务核算214个项目，金额达1.65亿元，查出违纪金额962.7万元，帮助企业促进经营财务核算增效2435万元。

2005年，社会审计中介机构对水利建筑工程公司、轻工资产公司开展财务收支审计，对纺织资产经营公司开展资产租赁收支审计，对糖烟总公司开展经济责任审计。2006年，对粮食购销公司开展资产负债损益审计，对房产公司开展财务收支审计。2007年，对华光路灯公司开展财务收支审计，提出审计建议4条都被采用。

第七章　安全生产监察管理

第一节　机构　网络

一、机构

1978～2002年，在劳动局设置安全生产委员会办公室。区安全生产委员会办公室每年都提请政府与各乡镇政府、各重点部门签订安全生产目标责任书，把安全生产责任层层分解到基层单位，初步形成“政府主导、部门监管、企业负责、群众参与、社会监督”的安全生产管理体制。2002年，区政府出台《楚州区乡镇、部门基础安全工作规范意见》，明确乡镇人民政府和区属部门安全生产职责。2003年出台《楚州区乡镇、部门安全员工作职责及考核办法》，第一次将安全生产工作纳入全区六个“一票否决”的范围并接受上级部门和区政府的考核。2003年，区安委会出台《非煤矿山（砖瓦行业）安全生产考核评分办法》，第一次就企业的安全监管确立软、硬件标准，受到了省、市安监局的充分肯定，并在省相关会议上作经验交流。2004年，区政府出台《关于进一步加强安全生产工作的决定》，从安全生产准入、安全生产调控、安全监督管理等多个方面进行规范。2005年，区政府出台《楚州区安全生产监督管理局职能配置内设机构和人员编制规定的通知》，区安监局正式从区经济贸易委员会的一个内设科室升格为区政府工作部门。2008年，区政府出台《安全生产"一岗双责"的通知》，明确规定政府的安全生产监管责任、部门的安全生产监督责任以及企业的安全生产主体责任。

二、网络

全区安全生产网络，由区安全生产领导小组（下设办公室）、安全生产监督管理局，区属部委办局、乡镇安全生产监督管理站和区内各企业（包括市属企业、私营企业、外省市投资企业、三资企业）安全生产领导小组等三级机构组成，涵盖全区各类型企业、村（居）委会、工业园区。

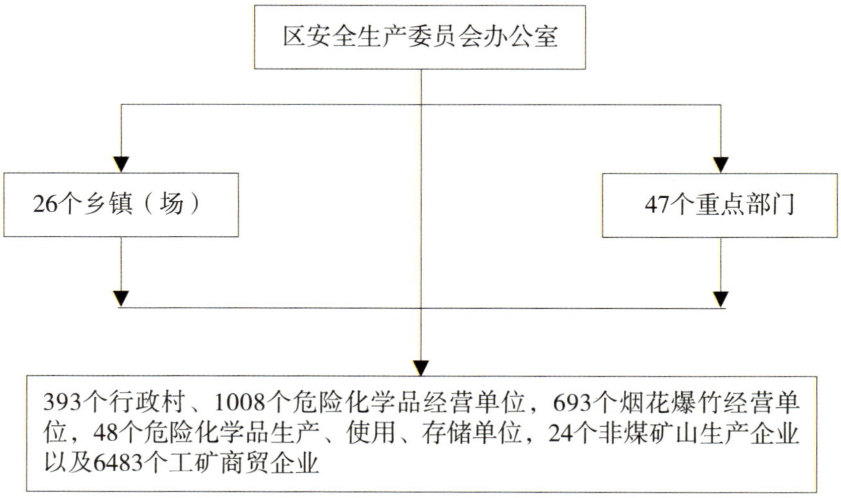

图15-1　楚州区安全生产管理机构网络示意图

第二节　宣传培训

一、安全生产活动宣传

2001年起，每年通过"安全生产周""安全生产月""百日无事故竞赛""安康杯"等活动，宣传安全生产，在员工中增强"三不伤害"（不伤害自己、不伤害他人、不被他人伤害）意识、反"三违"（违章指挥、违章作业、违反岗位安全纪律）意识、力争"五无"（无伤亡、无重伤、无火灾爆炸、无职业中毒、无中暑）。宣传形式多种多样：简报、标语、板报、安全知识竞赛、安全演讲比赛、安全生产表彰大会等等。

二、培训

每年根据不同企业类型、行业特点，分批对厂长、经理和安全生产专职干部进行培训、复训。2003～2008年，共组织6000多人次，学习劳动保护、安全生产法律、法规和安全生产专业知识；交流安全生产管理经验，通报工伤事故案件和事故隐患事例；签订安全生产责任书，促进企业健全安全生产管理制度，督促企业坚持三级安全教育制度（即入厂教育、车间教育、班组教育），把安全生产意识落实到每个员工。健全特殊工种培训、考核、发证上岗制度。每年对电工、电焊工等特殊工种作业人员岗前培训、持证上岗和在职定期培训。每年举办10期以上，接受培训在1000人次以上，每年对接受培训人员进行考核、鉴定，颁发特殊工种上岗证。

第三节　监察检查

一、重点监控

2003年，对区内7412家生产经营单位进行安全生产状况普查摸底。根据其事故危险程度不同，进行分类，实行有重点的宏观监控。实行重大危险源普查登记，根据危险级别，确定23处重大危险源，并根据有毒、有害、易燃、易爆炸的特点，实行动态监管。至2008年，重点监控保持常态化。

二、现场查治

重点对易燃易爆、有毒有害物品生产经营单位，建筑施工单位，高空野外作业场地进行专项检查治理。在检查重点单位的同时，抓住无证经营、无证上岗、节假日值班等容易发生事故的薄弱环节进行检查治理。2003～2008年，对企业现场监察共5.19万户次，查出安全隐患后，提出督促整改建议1.31万条。

三、专项整治

2003年起，根据监督管理的特点，突出对道路交通、水上缴通、人员密集场所、危险化学品、烟花爆竹、非煤矿山、建筑施工、农机、特种设备等十个方面开展专项整治。每年年初由各牵头部门统一制定并下发方案，通过召开会议、开展检查、督查，年终考核等多种形式进行推进。

非煤矿山　对全区24个非煤矿山企业春季开工前的安全生产工作和年终停产前进行专项检查。安监部门负责对窑室、窑体、窑头棚、制坯车间等部位的隐患排查，气象部门负责对烟囱、配电房等防雷、防静电设施的隐患排查。

危险化学品　2003～2008年，全区共检查危化品企业1405户次，发现安全隐患3878处，下达隐患整改指令书448份、强制措施决定书98份。还对全区无证非法加油站（点）开展联合执法行动，并联合相关部门强制拆除无证加油站点13个。

道路交通　自2003年起，每年组织车管、交通、农机等部门开展联合专项检查，重点检查两个方面，一是检查区客运总公司的车辆、人员源头管理及“三不进站、五不出站”的管理情况；二是在各治安卡口检查路面管控情况，加强对无证营运面包车、变型拖拉机超载运输等违规行为的检查和处罚。至2008年，共查处各类非法营运及违规违章行为1421起。

水上缴通　2003年起，每年对全区26个乡镇渡口进行全面检查，重点检查渡船船体、主机安全状况是否良好，救生消防设备是否有效，渡工是否遵章渡运等，对检查中发现的违章问题及时查纠，对严重违章且未当场纠正的，书面下达整改通知，并告知相关乡镇政府和村委会，要求督促整改。

人员密集场所　2003年后，区安委会每年组织安监局、消防大队、治安大队、派出所组成联合检查组对全区各类人员密集场所进行了专项检查。为保证检查的效果，检查组采取了错时检查、夜间突查等方式，对排查的单位逐一填写基本情况登记表，分类登记造册。

易爆炸粉尘企业和场所　2003年，区政府组织卫生、工会、卫生监督、疾控中心等相关单位对全区10家易发生粉尘爆炸企业和场所进行专项安全检查，共发现隐患38个，下发隐患整改通知书10份。6月下旬，区安监局联合相关部门对10家重点职业危害单位和场所开展专项检查，对前期提出整改意见的3家单位进行复查。

烟花爆竹　对有私产烟花爆竹传统的乡镇，每年初由区政府与所在乡镇签订责任状，落实责任。乡镇与各村组签订无私产责任状，村组与村属各农户签订无私产保证书。公安、安监、交通等部门开展联合执法，互通信息，发现苗头，予以坚决打击。2003～2008年，共检查1309户（次），检查经营单位692家,发现并整改安全隐患339个,整改率100%。

建筑 以在建工程规范化管理为工作目标,突出以起重吊架、模板、脚手架、深坑基础(包括人工挖孔桩)等危险性较大的工程以及"四边""五临边"、卸料平台及起重机械设备等易发生高处坠落的部位作为整治的重点,通过层层签订责任状,落实安全责任,通过宣传培训,提高从业人员的安全意识,通过不间断检查,消除事故隐患。

2007年2月安全检查

农机 将"平安农机"和安全规范化建设作为工作目标,突出治理"黑机非驾",将上路行驶的拖拉机和大型农业作业机械作为工作重点,通过开展"农机安全生产月活动",提高从业人员的安全意识,严把农机准入关,从源头保证农机安全生产。2003~2008年,检验拖拉机1.12万台,收割机2940台,检查拖拉机4977台次,纠正违章1106起。

第四节 事故查处

2002年,全区共发生安全生产事故195起,死亡54人,受伤312人,直接经济损失98万元;2003年,全区共发生安全生产事故191起,死亡53人,受伤310人,直接经济损失105万元;2004年,全区共发生安全生产事故190起,死亡50人,受伤309人,直接经济损失115万元;2005年,全区共发生安全生产事故189起,死亡49人,受伤313人,直接经济损失104万元;2006年,全区共发生安全生产事故188起,死亡46人,受伤196人,直接经济损失160万元;2007年,全区共发生安全生产事故192起,死亡48人,受伤180人,直接经济损失165万元;2008年,全区共发生安全生产事故188起,死亡47人,受伤179人,直接经济损失198万元;事故起数、死亡人数、受伤人数逐步递减。经济损失同比略呈上升趋势,无重特大生产安全事故发生。

对每一起安全事故,都依法成立事故调查组。调查的内容力求全面、客观、真实。对事故发生的原因不查清不放过、事故的责任者不得到处理不放过、整改措施不落实不放过,查清原因,分清责任,严肃追究。

第八章 药品食品监督管理

第一节 机 构

2001年11月,成立淮安药品监督管理局楚州分局。下设办公室、药品稽查科、药品综合监管科,楚州药品检验所与分局合署办公。2005年8月，成立淮安市楚州食品药品监督管理局，增设食品综合监督科。负责对辖区内食品、保健品、化妆品安全管理工作进行综合监督、组织协调和依法组织开展对重大事故的查处；负责对辖区内药品（包括中药材、中药饮片、中成药、化学原料药及其制剂、抗生素、生化药品、生物制品、诊断药品、医疗用毒性药品、麻醉药品、精神药品、放射性药品、药用辅料、医疗器械、卫生材料、医药包装材料等）的研究、生产、流通、使用进行行政监督和技术监督。

第二节　药品与医械监督

一、药品准入与行政许可

截至2008年，全区共有涉药单位811个。其中：药品生产企业3个，药品批发企业2个（下属2个批发站和1个连锁公司），药品零售企业254个（其中城区56个，乡镇145个，村组59个）；总部在辖区内药品连锁企业2个（其中门店80个），城区医疗机构8个（含新安医院、仁济医院），乡镇卫生院（含白马湖农场医院）27个，个体诊所90个，厂矿医务室3个；社区卫生服务站240个，村卫生室99个。医疗器械生产企业1个，批发企业6个，零售企业76个，均核发准入经营许可证。全区执业药师累计42人，从业药师累计101人，注册执业药师2人，注册率5%。全区药品零售企业药师总人数206人。

二、药品与医疗器械监督

2003年，为净化医药市场秩序，结合“正源行动在农村”活动，全面实施“药品放心工程”，淮安药品监督管理局楚州分局开展专项检查，对全区保健品市场的专项整治。联合公安、工商、计生、卫生等部门对全区62家性保健品店进行严格查处，发放限期整改通知书56份，对在规定期限内仍未整改的无证经营性保健品12家性保健品店予以取缔；对全区4家区直医院的性病中心药品管理进行专项检查，严格规范药品管理，对使用假劣药品、过期医疗器械等违法行为进行立案查处，立案3起，没收假劣药品价值4000多元，处以罚款7.2万多元；开展麻醉药品专项检查，结合麻醉药品专项检查对全区麻醉药品经营、使用单位进行严格检查；开展防治“非典”和抗洪救灾期间用药品、医疗器械专项检查，对在此期间违规经营退热、解热镇痛药品、不合格防非抗洪救灾用药品、医疗器械的单位进行严肃查处，共下发责令改正通知书12份，立案查处违法案件17起，没收不合格药品和医疗器械价值2万余元，罚款8.4万元；对全区眼镜店销售的隐形眼镜和隐形眼镜护理液进行专项检查，对3家未取得《医疗器械经营企业许可证》而出售隐形眼镜和隐形眼镜护理液的单位给予警告；开展中药保护品种专项检查，对同品种保护的中药但未依法取得《中药保护品种证书》的药品进行立案查处，立案查处27起，没收药品价值3.3万元，处以罚款22.4万元；开展诊断试剂经营使用情况专项检查，对无资格经营药品批准文号诊断试剂的医疗单位进行限期整改，规范诊断试剂市场。当年共出动稽查人员3189人次，检查涉药单位745个，立案查处各类违法案件252件，其中假劣药品案件99件，占案件总数43.7%。没收假劣和违法经营价值13.4万元的药品、医疗器械，销毁假劣药品。加大药品抽

2005年5月普及药品辨伪知识

检力度,对重点单位、重点品种有针对性地进行抽检,共抽检药品286批次,检出不合格药品41种次,不合格率14.3%。2004年,开展“文明执法树新风”活动:亮证执法。执法时向当事人出示省政府发给的行政执法证,并记录在案;严格履行法定的法律程序和手续。从立案到结案必须符合法律程序和要求;实施“铁案工程”。执法中重事实、重依据、重证据,做到事实清楚、证据确凿、定性准确、适用条款贴切、处罚得当;严格执行罚缴分离制度,所有罚没款必须由当事人凭行政处罚决定书,缴入农业银行汇至省财政罚没款专户,上缴国库。案件查处过程中,向当事人公开执法依据、违法事实、适用条款,以及当事人享有的行政复议、行政诉讼的权利。在查处案件过程中,坚持“四个结合”“四个严格”。“四个结合”,即处罚与教育相结合、处罚与规范相结合、处罚与服务相结合、处罚与长效管理相结合;“四个严格”,即严格执法程序、严格执法责任、严格执法行为、严格执法纪律。全年立案查处各类违法案件273件,没有发生一件错案,无一个当事人提请行政复议或诉讼,无一个当事人因处罚不当而投诉,没收到一封人民来信或上级批转督办的信件。

2005年,结合“基层药品质量大检查和专项整治”活动,全面实施“药品放心工程”。全年共出动药监执法人员1893人次。共立案查处各类违法案件311件(含现场处罚128件)。其中,假劣药品(含按假劣药品处理的)66件,劣药案件(含按劣药处理)48件,无证经营药品、医疗器械案件18件,处方药案78件,从不正当渠道购药9件,过期医疗器械案2件,不合格医疗器械案件1件,销售其他医院制剂案1件,无购进记录案53件,其他案件35件。2006年,抽检药品233批,收到报告166批,不合格报告75批,立案查处各类违法案件291件(含当场处罚135件),其中无证经营案41件,假药案10件、劣药案93件,共没收药品及医疗器械289批,价值11.38万元。2007年,共出动执法人员1170人次,检查药械生产企业478家次,完成药品抽检任务255批,组织开展了牙科器械专项检查、计划生育药具专项检查、人血白蛋白专项检查、精神药品和毒麻药品专项检查、药品及医疗器械广告专项检查、骨接合用无源金属植入器械等六项专项检查。共立案查处各类违法案件308件,其中无证经营案20件、假药案13件、劣药案101件,罚款94.5万余元。2008年,共出动执法人员1981人次,检查药械生产企业383家次,立案查处各类违法案件160件(一般程序案件123件,简易程序案件37件),其中无证经营案22件、假药案11件、劣药案54件,结案145件,结案率90.63%,到位罚款73.26万元。

第三节 食品安全综合监督

2005年,楚州食品药品监督管理局成立,当年即制定并出台八项食品安全制度,建立食品安全委员会(简称食安会)成员单位联席会议制度等;两次召开食安会和部分成员单位会议;分别组织开展饮料、液态奶、酒类产品联合整治和“两会”“三节”期间的食品安全检查。2006年,开始在全区推进农村食品安全监管责任网、群众监督网和现代流通网等“三网”建设。各乡镇均成立食品安全工作领导小组,设立相应办公室,并明确行政村责任人及联络员,区、乡镇、村三级监管责任网基本建成。现代流通网由区经贸委、供销总社以“万村千乡市场工程”为依托,开展试点工作。开展食品安全专项整治活动:区食品安全委员会组织质监、工商、卫生、公安等部门从3月27日至4月25日在全区范围内开展肉皮加工市场专项整治活动。张贴、发放公告100余份。有效地震慑使用“吊白块”加工肉皮的不法行为,维护全区肉皮加工业生产经营秩序;开展中小学校食品安全集中整治工作。区食安会9月25日组织卫生、工商、质监、教育等部门及有关乡镇对全区中小学校食品安全开展集中整治,出动执法人员754人次,共检查学校食堂、食品商店、小作坊等场所464户。立案查处各类违法案件6起,涉案货值金额1.01万元,没收销毁假劣食品49.5千克,取缔无卫生许可证经营28户,取缔无营业执照经营23户,取缔违法违规流动经营摊点50个,整治过程中,学校食堂新办卫生许可证9个,通过集中整治，有效保障学生饮食安全。开展保健食品安全专项整治工作。区食安会于9月向有关成员单位发出《楚州区保健食品安全专项整治实施方案》，召开动员大会，明确整治目标、内容、时间以及工作要求，9月28日由区食安办牵头，组织工商、卫生、质监、城管等部门对城区部分经销保健食品的超市、商店、药店等进行联合执法检查，取得较好社会效果。

2007年，进一步完善食品安全综合监管制度，先后出台《食品安全事故报告制度》《食品安全暗察暗访工作制度》《食品安全新闻发布会制度》等制度。4月，制定《乡镇食品安全工作领导小组工作职责》等九项工作制度，及时印发给各乡镇。开展农村食品安全示范乡镇创建工作。制定下发《关于在全区开展食品安全示范乡镇工作的意见》，并在全区食品安全会议上进行动员和部署。开展食品安全督查，保证“两会三节”等重大节日（活动）期间的食品安全。区食安会专门下发文件，并召开食品安全监管工作会议，对乡镇、部门食品安全监管责任进行再明确。是年初，通过《新楚州》报向社会公开主要成员单位食品安全投诉举报电话，方便群众投诉举报。节日期间，食品安全检查突出对餐饮业的监督，对监督发现的问题，当场提出了相应的整改意见。组织食品安全专项整治活动。开展为期一个月的“高、中考期间食品安全专项检查”。开展肉皮专项整治。区食安会印发《楚州区2007年肉皮加工小作坊整治实施方案》，按肉皮加工条件好、中、差三个等级，对肉皮加工户进行入户调查，制定《肉皮质量地方标准》和《肉皮质量管理实施细则》。开展豆制品专项整治。区食安会出台《楚州区豆制品专项整治工作方案》。组织区质监、工商、卫生、食品药品监管等部门专业技术骨干及淮城镇工作人员组成联合执法检查组，用近一个月时间，对摸底登记在册户挨门逐户进行监督检查，逐户现场指导，规范整顿，对整顿合格的发证，对限期整改仍不符合要求，集中力量坚决取缔，确保豆制品食品安全卫生。开展生猪定点屠宰专项整治。共出动执法人员1.61万人次，查处违法违规案件254起，没收未检疫肉品3597千克，销毁病害肉738千克，捣毁私屠滥宰窝点8家，罚款5万余元，受理并处理群众举报投诉14起。开展肉类食品安全专项整治。组织林牧渔业、工商、卫生、质监、生猪办等部门开展长达三个月的整治，共检查各类企业（场点）1236户次，查处各类违法违规案件123起，没收未检疫、来历不明等非法肉品1771千克，没收销毁病死猪16头、病害肉310千克，查处和捣毁私屠滥宰窝点19家，吊销无营业执照场点16个、无卫生许可证场点3个，受理并处理群众投诉举报18起，有效地净化全区肉类市场秩序，维护了广大群众的健康权益。

2008年，开展农村食品“三网”建设工作，实行食品安全监管责任制，落实分解监管责任，明确监管目标和监管责任人，形成一级抓一级，一级对一级负责的食品安全责任体系。建立食品安全群众监督网。全区聘请27名食品安全协管员，357名村居食品安全信息员，定期组织协管员、信息员进行培训。11月，对全区所有的协管员、信息员进行了考核并按考核标准结果发放以奖代补经费。壮大食品安全现代流通网。楚州区有乡镇放心超市27个，村级放心店325个，放心超市乡镇覆盖率和放心店行政村覆盖率均达100%，配送率达70%以上。开展重大食品安全事故应急演练，全面提升区对重大食品安全事故应急处置能力。开展重大节日食品安全检查。为保证“两会两节”“周恩来110周年诞辰纪念活动”“五一”“端午”“中高考”等重大节日（活动）期间的食品安全，区食安会在每一重大节日（活动）到来之前，均组织食品安全专项检查，检查中突出重点品种、重点区域、重点环节、重点单位。并邀请人大代表、政协委员视察城区食品安全工作。开展问题奶粉整治。下架封存问题奶粉7055.5千克，液态奶5233.62千克，共接诊患儿2.02万人，确诊因食用奶粉所致的结石患儿224人，住院治疗46人，治愈出院46人。

第十八篇 中国共产党地方组织

中共十一届三中全会以后，中共楚州区（淮安县、淮安市）委先后召开6次党代表大会，历次党代会与历届区（县、市）委全委会、常委会对全区（县、市）的政治建设、经济建设、文化建设、社会建设、生态文明建设作出一系列重大决策，推动思想解放，完善发展战略，引领创新驱动。1984～1991年，为加快社会主义现代化建设步伐，更好地适应经济发展转轨变型，中共淮安县(市)委提出“面对市场攻工业，优化结构办农业，外引内联上盐业，千家万户兴各业”的发展战略，把稳定发展农业和调整、提高工业结合起来，印发《淮安县（市）经济发展战略初步设想》，确定发展经济指导思想，大打乡镇企业翻身仗。1991～2000年，为加快建设社会主义市场经济体制，实现经济发展的新跨越，主攻“两专一基”，加速规模推进，解放思想，搞活流通，印发《扎实推进企事业改制工作》，推动企事业单位改革。2000～2008年，为加快富民强市（区），建设淮安名城目标，中共淮安市（楚州区）以发展工业经济为突破口，大力实施工业强市（区）、科教兴市（区）、外向带动、可持续发展战略，加快推进工业化、农业产业化、城市化、外向化和市场化步伐，推动经济跨越发展和社会全面进步。在加快发展的同时，中共楚州区（淮安县、淮安市）委重视民生工作，印发《关于开展创建全国文明城市的工作意见》《关于组织农村帮扶工作的意见》等，大力推动楚州各项建设全面发展。

1978～2008年，中共楚州区（淮安市、淮安县）委不断加强思想、组织、作风、统战建设，党的凝聚力、战斗力显著提高。加强党员队伍建设，开展“三讲”“三个代表”“先进性”“现代远程”等系列教育活动，坚定党员干部的理想信念与宗旨意识。加强干部队伍建设，1988年8月，首次开展干部公开选拔工作。通过教育培训积分、民主测评、民主推荐、任前公开等干部任用制度改革，增强干部选拔任用的透明度。加强基层党组织建设，开展“一队五组”“一改双强六挂一活动”“三优三满意”等活动，发挥基层党组织战斗堡垒作用、广大党员干部先锋模范作用。至2008年末，全区共设置党委61个，党总支411个，党支部2527个，有党员50239人。加强作风建设，按照党要管党、从严治党的方针，围绕“党员干部廉洁自律、查处违纪违规案件和纠正不正之风”反腐倡廉工作格局，加强党风党纪反腐倡廉宣传活动，保持党组织的纯洁性。加强思想建设，组织党员干部开展“解放思想”大讨论。加强统战工作建设，支持民主党派发挥参政议政、民主监督作用，引导非公有制经济健康发展，重视维护民族宗教团结稳定及海外“三胞”统战工作。党校、党史编纂等工作进一步加强。

第一章　组织机构

第一节　委员会

一、沿革

1978年至1988年2月初，中国共产党淮安市楚州区委员会，均称中国共产党淮安县委员会。1987年12月22日，国务院批准淮安撤县建市（县级市），仍隶属淮阴市领导。1988年2月2日，淮安隆重举行撤县建市大会，对外正式挂牌为“中国共产党淮安市委员会”。2001年2月10日，国务院决定改淮阴市为淮安市（地级市），改县级淮安市为淮安市楚州区。中国共产党淮安市委员会改为中国共产党淮安市楚州区委员会。

二、书记、副书记

以下所列楚州区（淮安县、淮安市）委领导人名单，从1978年10月起，止于2008年10月。

1978～2008年中共楚州区（淮安县、淮安市）委书记、副书记更迭表

表18-1

历届代表大会	职　务	姓名	任职时间
第四次代表大会	书　记	陈　耀	1977年6月至1981年5月
		张恒顺	1981年5月至1984年8月
	副书记	高端宝	1973年8月至1979年9月
		叶荫梅	1977年6月至1985年8月
		郭金英	1977年6月至1980年7月
		刘秉衡	1979年7月至1981年2月
		侍瑞林	1979年7月至1984年2月
		李泉源	1982年10月至1984年10月
		曹　楷	1982年10月至1984年8月
		张　凯	1984年2月至1984年10月
第五次代表大会	书　记	曹　楷	1984年5月至1987年1月
		苏金必	1987年1月至1991年3月
	副书记	叶荫梅	1977年6月至1984年8月
		李泉源	1982年10月至1984年10月
		张　凯	1984年2月～
		祝以信	1984年2月至1987年1月
		尹　明（女）	1985年8月至1987年5月

续表 18-1

历届代表大会	职　务	姓名	任职时间
第五次代表大会	副书记	江旅安（省下派干部）	1986年5月至1987年5月
		杨国忠	1987年1月至1994年2月
		伯　生（省下派干部）	1987年6月至1988年6月
		顾俊杰	1987年6月至1992年3月
第六次代表大会	书　记	苏金必	1987年1月至1991年3月
		陈子龙	1991年3月至1996年9月
	副书记	张　凯	1984年2月～
		杨国忠	1987年1月至1994年2月
		顾俊杰	1987年6月至1992年3月
		周化堂	1990年1月至1996年2月
		陆长苏	1990年12月至1992年12月
第七次代表大会	书　记	陈子龙	1991年3月至1996年9月
		花法荣	1996年9月至1999年1月
	副书记	杨国忠	1997年1月至1994年2月
		顾俊杰	1987年1月至1992年3月
		周化堂	1990年1月至1996年2月
		陆长苏	1990年12月至1992年12月
		张天民	1992年3月～
		潘家洲	1992年12月～
第八次代表大会	书　记	花法荣	1996年9月至1999年1月
		陈洪玉	1999年1月至2002年1月
	副书记	陈寿松	1996年1月～
		李忠贤	1996年1月～
		王曰华	1996年1月至1999年12月
		朱国仁	1996年1月至2001年12月
		单国富	1999年12月至2001年12月
第九次代表大会	书　记	陈洪玉	1999年1月至2002年1月
		刘友超	2002年1年月至2005年7月
		夏心旻	2005年7月至2007年1月
	副书记	刘泽源	2000年12年月至2001年9月
		朱国仁	1996年1月至2001年12月
		刘友超	2001年9月至2002年1月

续表 18-1

历届代表大会	职　务	姓名	任职时间
第九次代表大会	副书记	臧瑞成	2000年12月至2001年12月
		单国富	1999年12月至2001年12月
		肖本明	2002年1月至2005年7月
		赵　深	2002年1月至2002年9月
		俞士让	2002年1月至2006年5月
		邱金义	2002年3月至2006年5月
		宗兆昱	2002年10月至2007年11月
		殷长干	2002年12月至2006年5月
		赵惠兴	2003年11月至2006年12月
		王国权	2004年1月至2006年5月
		崔　泉	2005年1月～
第十次代表大会	书　记	夏心旻	2005年7月至2007年1月
		赵洪权	2007年1月～
	副书记	宗兆昱	2002年10月至2007年11月
		崔　泉	2005年1月～
		张祖荣	2006年12月～
		吉子俊	2007年11月～
		贺宝祥	2008年6月～

说明：为减少篇幅，区委（县委、市委）中的常委名未列其中

第二节　工作机构

1978年，中国共产党淮安县委员会领导机构设书记、副书记、常委和委员。1981年6月，撤销县革委会党组，设县人大党组和县政府党组。8月，设县政协党组和县检察院党组。县法院仍设党组。县人武部一直为党委建制。1979年1月，县委设中国共产党淮安县纪律检查委员会（简称县纪委），1983年纪委升格为副县级单位，并设办公室。1978年时，县委工作机构有办公室、组织部、宣传部、“五七”干校、档案馆、有线广播站；1979年3月，设立周恩来故居管理处，4月，重建淮安县直机关党委会（简称机关党委），同月设淮安县台湾工作办公室（简称对台办），6月，设统一战线工作部，9月，设政法领导小组。1980年3月5日，《淮安报》复刊，成立淮安报社。10月，政法领导小组改建为政法委员会，同月设老干部局。1981年5月，县委办公室和县革委会办公室分开办公。1982年1月，县委设党史资料征集领导小组办公室。1984年2月，县委设农村工作部，同年恢复县委组织员制度设组织员办公室，9月设信访办公室。改革开放30年，随着社会进步，经济发展，新形势下工作的需要，经上级党委批准，至2008年，中共淮安市楚州区委员会的领导机构仍设书记、副书记、常委和委员。工作部门及直属单位有区委办公室、区委保密办、区委机要局、区委区政府督查办、区委组织部、区委宣

传部、精神文明建设办公室、对外宣传办公室、区委统一战线工作部、区委农工部、区委政法委员会、区委综合治理办公室、区级机关工委、区委老干局、区委信访局、区党史工委、区委党校以及楚州新闻信息中心。

第二章　重要会议与决策

第一节　党员代表大会

一、淮安县第五次党员代表大会

1984年10月16～19日在淮城召开。出席大会的代表有393人，代表全县1264个支部，3.25万名党员。出席大会开幕式还有25位特邀代表和72位列席代表。16日上午7时30分，曹楷代表中共淮安县的四届委员会，向大会作了题为《锐意改革，开拓进取，为加速我县社会主义现代化建设而奋斗》的工作报告。唐永峰受县纪委的委托，向大会作了工作报告。19日上午，选举了中国共产党淮安县第五届委员会，选举产生中国共产党淮安县纪律检查委员会，选举产生出席中共淮阴市第一次代表大会代表。大会号召全县党员和群众，振奋精神，鼓足干劲，锐意改革，开拓进取，为建设文明富裕的社会主义新淮安而努力奋斗。下午，大会在完成预定的议程后闭幕。该届县委第一次会议上选举产生常委会和书记、副书记。

二、淮安市第六次党员代表大会

1988年2月9～11日在淮城召开。参加会议的代表有345名，代表全市3.62万多名党员。离退休老干部和各部委办局负责人列席大会。苏金必代表中共淮安县第五届委员会向大会作题为《坚持党的基本路线，加快全面改革步伐，为振兴淮安而团结奋斗》的工作报告。薛孰美作县纪委工作报告。代表们讨论和审议了市委制定的《淮安市经济发展战略初步设想》。11日上午，大会选举了中共淮安市第六届委员会和中共淮安市纪律检查委员会。大会选出市委委员26名、候补委员5名，市纪委委员13名。大会通过决议，号召全市各级党组织、全体共产党员、广大人民群众，在党的十三大精神指引下，坚决贯彻执行党在社会主义初级阶段的基本路线，积极进取，奋发工作，为建设经济繁荣、文化发达、人民富裕的新淮安而努力奋斗。下午，中共淮安市第六届委员会和中共淮安市纪律检查委员会分别举行第一次全委会，酝酿、协商、选举产生各自的常委、书记和副书记。

三、淮安市第七次党员代表大会

1991年3月28～30日在市工人文化宫举行。348名党员代表出席此次大会。驻城的老红军、老干部代表，市部委办局负责人列席大会。大会指导思想为认真学习党的十三届六中、七中全会精神，统一认识，联系实际，分析形势，总结三年来的工作，讨论确定淮安市此后三年党建工作和经济建设的战略目标，动员全市广大党员为振兴淮安作出更大的贡献。28日上午8时，陈子龙代表六届市委作题为《坚持党的基本路线，切实加强党的建设，努力夺取淮安两个文明建设新胜利》的工作报告。丁强作市纪委工作报告。顾俊杰宣读了《中共淮安市委1991～1993党建规划》。代表们对大会的报告和党建工作三年规划进行了认真的讨论，预选新一届市委委员、候补委员和市纪委委员人选。30日上午，大会选举产生中共淮安市第七届委员会和中共淮安市纪律检查委员会。31人当选为市委委员、6人当选为市委候补委员，14人当选为市委纪委员。下午，中国共产党淮安市第七届委员会和中共淮安市纪律检查委员会分别举行第一次全委会，选举产生各自的常委、书记和副书记。选举产生书记陈子龙，副书记杨国忠、顾俊杰、周化堂、陆长苏；纪委书记丁强，副书记曹尔珩、沈斌。

四、淮安市第八次党员代表大会

1996年10月20～22日在市工人电影院召开，党员代表385名。大会的主要任务为以邓小平同志建设有中国特色社会主义理论和党的基本路线为指导，回顾总结市第七次党代会以来的工作，研究确定此后5年淮安市经济建设，社会发展的奋斗目标及主要任务，选举产生新的一届市委和市纪委，进一步动员组织广大党员、干部和群众，认真贯彻党的十四届五中、六中全会精神，切实加强党的建设，改善党的领导，继续解放思想，加快发展，为全面完成“九五”计划，实现淮安市的富裕文明而努力奋斗。20日上午8时，陈寿松主持开幕式，宣布大会开幕。花法荣代表七届市委作题为“高擎党的旗帜，凝聚百万人心，为建设富裕文明新淮安而努力奋斗”的工作报告。单国富向大会报告上届纪委的工作。王曰华宣读《中共淮安市委1996～2000年党建工作规划》。代表们对大会的报告、5年党建规划进行了讨论，对新一届市委和市纪委人选进行了充分的、民主的酝酿协商。22日上午8时半，代表们无记名投票选举，选出市委委员25名、候补委员5名和市纪委委员15名。下午，中国共产党淮安市第八届委员会和中共淮安市纪律检查分别举行第一次全委会，选举产生各自的常委、书记和副书记。市委全委会选举花法荣为市委书记，陈寿松、李忠贤、王日华、朱国仁为市委副书记。市纪委全委会选举单国富为市纪委书记，沈斌、周长飞、刘鹏坤为市纪委副书记。

五、淮安市第九次党员代表大会

2000年12月13～15日在市工人电影院召开。全市党员共选出代表384名，出席13日上午开幕式的代表345名。大会由朱国仁主持。陈洪玉向大会作题为“面向新世纪，开创新局面，为建设富裕文明的新淮安而努力奋斗”的工作报告。这次大会的主要任务为回顾总结市第八次党代会以来的工作，研究和确定此后五年淮安市经济社会发展的奋斗目标、主要任务和战略措施，选举新的一届市委和市纪委，审议并通过《中共淮安市委关于制定国民经济和社会发展第十个五年计划的建议》，动员、组织广大党员和干部群众，进一步解放思想，把握时机，谋划未来，加快发展，全面开创新世纪淮安发展的新局面。邱金义代表市纪委作工作报告。刘泽源代表市委作《关于制定国民经济和社会发展第十个五年计划的建议（草案）》的说明。15日上午，大会选出中共淮安市第九届委员会委员28名，候补委员5名，纪委委员15名。大会还通过了关于中共淮安市第八届委员会工作报告的决议、关于中共淮安市纪律检查委员会工作报告的决议和关于制定国民经济和社会发展第十个五年计划的决议。在完成各项议程后，代表大会胜利闭幕。是日下午召开的中共淮安市委九届一次会议上，选举产生陈洪玉为市委书记，刘泽源、朱国仁、臧瑞成、单国富为市委副书记。同时，市纪委也选举出邱金义为市纪委书记，沈斌、韩乃道为市纪委副书记。

六、淮安市楚州区第十次党员代表大会

2006年6月16～17日在区工人电影院召开，宗兆昱主持开幕式。大会应到代表308人，实到代表301人。夏心旻代表中国共产党淮安市第九届委员会向大会作题为“坚持跨越发展，加快富民强区，为建设实力强群众富城市美社会稳的和谐楚州而努力奋斗”的报告。王贻文代表区纪律检查委员会向大会作了题为“履行党章职责，构建惩防体系，为构建富裕廉洁和谐楚州提供坚强有力的政治保障”的报告。17日上午，大会举行第二次全体会议，对中国共产党淮安市第十届委员会委员、候补

委员、区纪委委员和出席中国共产党淮安市第五次代表大会代表进行了选举。无记名投票选举产生区委委员28人、候补委员5人、区纪委委员15人,还选举了出席中国共产党淮安市第五次代表大会代表。11时,夏心旻受中国共产党淮安市楚州区第十次代表大会主席团委托,主持召开了区委十届一次全体会议,选举产生了楚州区第十届委员会常务委员会委员11人,选举产生区委书记夏心旻,区委副书记宗兆昱、崔泉。区第十届纪律检查委员会第一次会议选举王贻文为区纪委书记、韩乃道、周明虎为副书记。

2006年6月17日,楚州区第十次党代会召开

第二节 重大决策

1978年 淮安县委、县革委根据江苏省革命委员会基本建设委员会下发的《关于修复周总理故居初步设计的批复》,决定修复原房屋16间,共约300平方米,整修现存房屋80平方米,参照清末(1910年)淮安民居的传统风格与做法,防地震基本烈度七度,基本压力35千克/平方米为结构依据,故居内部的房屋、道路、内园一律按原状修复,迁出原有住户。1979年3月5日,周总理故居和周总理纪念展览正式对外开放,并设周恩来故居管理处。

1981年 3月23日,淮安县委县革委召开"进一步完善生产责任制"的专题农村工作会议。要求农村党员干部"统一思想,振奋精神,战胜困难,增产增收"。

1983年 11月初,淮安县委发出《狠刹动用公款请客吃喝的歪风的通知》。

1984年 7月,淮安县委、县政府决定在全县范围推行殡葬改革,由县政府颁发《关于推行殡葬改革,全面实行火化的布告》,制定《实施细则》。

10月15日,淮安县委、县政府召开专门会议大力推进城市经济改革。

1985年 2月5~11日,淮安县城总体规划技术鉴定会召开。江苏省建委副主任梁浩群和来自省内外的地理、城建、规划方面的专家参加了会议。

1986年 3月5日,淮安县委县政府为加快淮安盐矿的勘探、开采和利用,邀请全国知名专家学者出谋划策。专家们对淮安盐矿的近期勘探开发和中长期的深化加工规划提出很多建设性意见。

8月9日,淮安县委、县政府召开专门会议,会议要求学南通,赶江南,突破乡镇企业,振兴淮安经济。对照南通找差距,确立发展经济的指导思想,振奋精神大打乡镇企业翻身仗。

1987年 3月13日,淮安县委、县政府召开"双增双节"动员大会。县长张凯动员全县人民,围绕奋斗目标,迅速掀起增产节约、增收节支运动高潮。县委书记苏金必要求将增收节支运动轰轰烈烈深入持久地开展起来,为实现今年国民生产总值10.5亿元,争取11亿元的目标而奋斗。

12月18日,周恩来纪念馆设计方案论证会在淮安宾馆举行。江苏省委副书记孙家正出席了会议。淮阴市委书记黄冰、南京工学院建筑研究所所长齐康教授、淮安县委书记苏金必先后在会上讲话。纪念馆将力争于1988年3月5日周恩来诞辰90周年之际举行奠基仪式。

1988年 2月2日,淮安隆重举行撤县建市大会。1987年12月22日,国务院批准淮安撤县建市。江苏省省级机关,淮阴市四套班子,淮安县友好区县上海市闵行区、南通县代表,淮阴市所辖各市、县、区的代表，淮安干部群众代表1000余人参加了大会。淮阴市委书记黄冰在讲话中对淮安经济建设给予较高的评价。淮安市委书记苏金必在会上作题为《继往开来，团结拼搏，把周总理故乡建设成富裕文明的新型城市》的讲话。

10月17～18日，淮安市在淮城镇礼堂召开"社会稳定"专题会议。市委要求"全市百万人民紧急行动起来，与党中央保持高度一致，创造一个稳定的政治经济环境。"

1989年　1月17～18日，淮安市召开城乡绿化工作会议。市委副书记杨国忠在会上宣布：淮安市被国家林业部宣布为"全国平原绿化先进单位"。市委市政府号召要进一步掀起大规模春季植树造林热潮。

1992年　6月27日，淮安市委市政府在工人大会堂召开创建卫生城市动员大会，要求全市人民立即行动起来，打一场改变城市面貌卫生状况的硬仗，以迎接在9月进行的第二次全国城市卫生情况检查。

1997年　5月22日，淮安市委市政府召开"商贸兴市"专题会议。各部委办局负责人、市属企业、市属商贸系统各单位领导、职工参加会议。市委副书记、市长陈寿松作报告，要求解放思想，搞活流通，让商贸企业尽快走出困境。

1999年　4月29日上午，淮安市召开环境保护工作会议。会议发出呼吁："环境污染较为严重，加强治理刻不容缓。"会议要求环保工作以改善环境质量为目标，坚持污染防治与生态保护并重为方针，重点防治水和大气污染。

6月26日，淮安市在淮安宾馆召开创建全国科技工作先进市动员大会。市委书记陈洪玉在会上讲话：淮安的振兴必须依靠科技进步。号召广大科技、教育工作者迅速行动起来，积极投身于科技创新和普及活动中来，为实施"科教兴市"战略做出应有的贡献。

2000年　4月10日，淮安市委、市政府在楚州宾馆召开全市工业经济形势分析会。市委书记陈洪玉要求全市要以发展工业经济为突破口，迎难而上，坚定"工业强市"发展战略不动摇；重点骨干企业要寻求对策，采取措施，加快发展；重点乡镇要加大工业经济力度，确保"产、销、效"全面增长；重点项目要抓紧签约、抓开工、抓投产、抓达效；重点产品要扩大生产规模，提高市场占有率。

第三章　纪检监察

第一节　组织机构

一、区纪律检查委员会

中共淮安县纪律检查委员会于1979年7月选举产生，8月7日，召开第一次全体委员会议，选举产生县纪律检查委员会常务委员会，由12人组成。

中共淮安市第八届纪委于1996年10月22日选举产生，由委员15人组成。10月22日，市八届纪律检查委员会第一次会议，选举产生市纪律检查委员会常务委员会，由7人组成。中共淮安市第八次代表大会第一次全会通过市纪委第一次全会选举的书记、副书记、常务委员会委员人选。选举产生书记单国富，副书记沈斌、周长飞、刘鹏坤。

中共淮安市第九届纪委于2000年12月14日选举产生，由委员15人组成。12月15日，市九届纪律检查委员会第一次会议，选举产生市纪律检查委员会常务委员会，由7人组成。中共淮安市第九次代表大会第一次全会通过市纪委第一次全会选举的书记、副书记、常务委员会委员人选。选举产生书记邱金义，副书记沈斌、韩乃道。

中共楚州区第十届纪委于2006年6月17日选举产生，由委员15人组成。6月17日，区十届纪律检查委员会第一次会议，选举产生区纪律检查委员会常务委员会，由7人组成。中共楚州区第十次代表大会第一次全会通过区纪委第一次全会选举的书记、副书记、常务委员会委员人选。选举产生书记王贻文，副书记韩乃道、周明虎。

二、区监察局

淮安县监察局成立于1988年。该局为政府行政监察职能部门。1993年3月，根据党中央、国务院关于纪检监察机关合署办公的决定和市委、市政府关于市纪委监察局机关合署办公问题的批复，市纪委、市监察局合署办公，实行一套工作机构、两个机关名称的体制。

三、基层纪检监察组织

1979年，淮安县31个社、场、镇党委都已明确1名副书记或副主任分管纪检工作，有19个社、镇已配备了专职纪检委员，有3个公社配备了纪检干事，已配备的22人占应配备数的71%。县直手工业、粮食、财政、劳动4个局配备了专职纪检干部。

2008年11月，按照省市纪委要求，区纪委紧密结合楚州实际，对原有基层纪检监察组织、编制进行资源整合重组，在全区设立6个基层纪检监察工作室，其中乡镇5个、机关1个。2008年12月15日，6个基层纪律监察工作室全部挂牌成立，优化基层纪检监察力量配置，明确职责任务，理顺工作关系，提升整体工作效能。

第二节　党风廉政建设

一、廉政制度

1980年起，淮安县纪律检查委员会建立和完善领导干部廉洁自律方面的规章制度，先后制定《关于严禁党员干部在建造私人宿舍问题上特殊化歪风的规定》《关于严禁用公款吃喝的规定》《市委常委工作制度规则》《关于建立科级以上干部建（翻）房私房申报制度的规定》《淮安市贯彻中央关于廉洁自律规定的实施和处理意见》《关于进一步健全监督制度，加强干部管理的规定》《关于党政机关工作人员不准用公款"吃喝玩乐的规定"和党政机关领导干部廉洁自律补充的规定》《党政机关领导干部廉洁自律补充的实施和处理意见》《党政领导干部廉政军事守则》《关于禁止党政干部在婚丧等活动大操大办的规定》《关于党政干部在婚丧喜庆活动的申报制度》《淮安市廉政建设四项规定》《领导干部个人重大事项申报制度》《淮安市招待费使用管理规定》《严禁公款吃喝玩乐的有关规定》《关于禁止党员干部婚丧喜庆事宜大操大办的规定》《领导干部任职前谈话制度》《领导干部任期经济状况和离任审计制度》等一系列加强党风廉政建设的规章制度，规范党员领导干部的行为，对领导干部的清正廉洁起到了很好的促进作用。1998年，党中央、国务院《关于加强党风廉政建设工作责任制的规定》下发后，淮安市纪委每年协助市委对各单位的党风廉政建设责任制进行分解，并向全市下发了党风廉政建设工作各有关部门责任分解意见。在意见落实的过程中，市纪委对工作不力造成严重后果的，严格实施责任追究。2007年，楚州区纪委又建立党风廉政建设镇村（居）联系点制度，将党风廉政建设责任制向农村基层延伸。

2002年，楚州区纪委进一步深化财务制度改革，结合全区实际，进行以实行预算统编国库统付、财务统管为主要内容的财政改革，完成184个行政事业单位的财务交接，撤销行政147个账户，划转资金1700万元，成立会计核算中心，统一报账。会计核算中心自成立以来，有效地杜绝了滥支滥发福利、奖金、补助等现象。2004年，楚州区成立区行政审批中心。区公安局、工商局、交通局、卫生局、建设局、环保局等25个单位进入中心，办理71项行政审批项目，制定《楚州区行政审批程序若干规定》《楚州区行政审批责任及其追究制度（暂行）》制度，在执行过程中做到“八公开”，即公开审批机关、审批内容、审批依据、审批条件、审批程序、审批时限、收费标准、审批责任人。区行政审批中心实行一个窗口对外，坚持“进一个门办事，一条龙服务，在承诺期内办结”，简化审批环节、缩短审批时间，提高审批效率。2004～2008年，全区共受理办结审批事项15.01万件，按期办结14.92万件，当年办结率达99.5%以上。

二、廉洁自律

（一）清理违规建房分房

1980年，淮安县委批转了县纪委《严禁党员干部在建造私人宿舍问题上特殊化歪风的规定》和《坚决执行〈准则〉，严肃查处违反规定动用公款修建个人住宅的通知》，对广大党员干部起到了“打预防针”和“敲警钟”的作用。1984年，县纪委贯彻中纪委《公开信》，纠正建房分房不正之风，先后分两批调查了县四套班子领导成员21人，副科局级以上干部191人的建房情况。县四套班子成员住房超标准的有8户，超出150.9平方米，全部按规定加付了房租。县属企事业单位党政负责人和机关中层干部16人，有14户退出22间437.85平方米，126户按规定加付了房租。1990年，淮安市纪委贯彻党的十三届六中全会精神，把清理党员干部建私房作为加强廉政建设、密切党群关系的重要环节进行专项清理。经清理，全市共清理出党员干部建私房636户，其中正处级以上的干部93户，对有问题的61户作出补缴税费、超标准建筑费、无证罚款、没收私房出租租金等处理决定，并全部当年兑现。对其中情节较重的，有明显侵占集体利益的以权谋私者进行立案调查，并根据违纪事实给予适当的党纪处分。全市共收缴各种款项计9.9万元。1992年，市纪委清理党政机关和企事业单位用公款为干部购（建）住房高标准装修住房的问题，发现超面积购（建住房）的副局级以上干部26人，高标准装修的15人，严格按照有关规定精神对宅基地超标准的土地加收土地使用费，对超面积的以加收月租金的方式处理，对高标准装修的使用款项全部清退。1994～1996年，淮安市委对照国家优惠出售公有住房政策执行情况的监督检查，根据国务院办公厅和省委办公厅《关于纠正低价出售公有住房问题的通知》要求，下发了实施意见，并组织两个检查组，抽查32个单位的159户的购房情况，查出2户有2处优惠购房，52户超面积，3户少计面积，3户降低购房结构等级，对于发现的问题均及时进行处理和纠正。至1996年，全市1150多名副科级干部有99.8%的人员进行自查自纠登记，在个人自报、群众举报和搜集房改资料的基础上，对91名重点对象的住房进行实地调查。经查，全市有57人住房超面积，共计2008平方米。其中有25人占有2处住房，通过清理，全部对照市委、市政府的规定进行处理，收缴各种违纪款38.2万元，另有8人到房屋产权单位按5倍缴纳超面积租金。2002～2003年，楚州区委进一步推动清房工作，成立清房工作领导小组，共搭建清房工作机构132个，发放表格5万份，筛选出有违规住房问题33件，收缴各类违规、违纪款共14.82万元。其中补缴超面积款7.22万元，按市场价出售租用公房一套价值3.35万元，退缴住房434平方米，顺利通过省级验收。

（二）清理公费电话

1994年，淮安市纪委对党政机关用公款安装电话问题进行清理。经调查摸底，市纪委向社会公布163名不符合规定用公款安装住宅电话的副科局级以上的干部名单，并责令相关部门按市委、市政府的文件规定负责清理到位。1997年，市纪委再次对公费电话进行清理。全市党政机关核减办公电话135部，取消副科级以上干部公费电话和享受定补的住宅电话330部，收缴违规购置的移动电话66

部，并将其进行公开拍卖，收到了较好的社会效果。1999年，市纪委对党政机关事业单位公费手机进行清理，以“折价过户、产权归己、限额使用、超支自付”的原则，折价过户172部，收折价款16.69万元，收回手机3部。通过清理，全市平均每年可节约开支百万余元。2008年，区纪委开展“小灵通”等通信工具捆绑办公电话和领导干部手机话费补贴清理工作，共解除个人“小灵通”捆绑办公电话148部，清退违规由公款支付的费用1015万元，规范了领导干部手机话费的执行标准。

（三）遏制铺张浪费

1986～1987年，淮安县纪委专门成立领导小组，召开全县全体党员干部大会，对购买和更换小汽车和招待费中存在的问题进行清理，共清理出招待费4.1万余元。1997年，淮安市纪委围绕贯彻中央颁发的《条例》和《廉政准则》，狠抓领导干部廉洁自律各项规定的落实。各基层党委围绕《廉政准则》和中央关于反对奢侈浪费的“八项规定”，召开了民主生活会，进行自查自纠，共有21人上缴礼金3万元，上缴礼品折币6万余元。在自查自纠的基础上，市纪委重点对公款吃喝浪费和领导干部个人及婚丧喜庆进行不间断的检查，通过明察暗访，跟踪检查，突击检查，对违反规定的行为进行严肃的处理，其中有3名科级干部被通报，有2人给予了党纪处分。1998年，市纪委对全市违控购车的问题进行了清理，对突击办照的51辆违控车进行了拍卖，补缴费用，上缴财政各类费用99万元。1987～2008年，区（县、市）纪委多次对领导干部私招乱招计划外用工、不符合农转非政策户口、拖欠公款、公款吃喝及发放使用代币购物券卡、公款购买商业保险等问题进行专项清理，共追缴领导干部拖欠公款62.7万余元。区纪委组织工商、物价，及人大代表、政协委员等对全区各大超市进行明察暗访20余次，查出机关事业单位用公款为个人购买商业保险费2万余元，违纪违规金额514万元，对16名副科级领导干部实施诫勉谈话。通过上述活动的开展，全区领导干部的作风明显好转，领导干部廉洁自律意识明显增强，党风廉政建设责任制得到了很好的落实。

（四）“三廉”活动

2002～2008年，淮安市楚州区纪委每年在全区领导干部中开展“述廉、评廉、考廉”活动，年底将评议的结果予以反馈，对存在的问题提出要求，限期整改。区纪委将活动与学习教育、廉内助工程、行风评议、案件查处、党风廉政建设责任制、先进的廉政管理方式相结合，进一步提高领导干部廉洁从政的意识。2007年，为将活动推向纵深，区纪委在乡镇开展“村站联运勤廉点评会”和“服务对象主勤廉”活动，在全区形成人人述廉、人人争廉的良好氛围。从1996年起，区（市）纪委建立科级干部廉政档案，对全区26个乡镇和区直62个部委办局以上、区属部分企业的近千名副科级以上的干部进行考廉并将考察的情况记入廉政档案。1979～2008年，楚州区（淮安县、市）共制定加强党风廉政建设和反腐败工作的规范性文件103个，从源头上预防和治理了腐败。

三、廉洁教育

（一）主题教育

1980～1982年，淮安县纪律检查委员会开展“坚决贯彻执行‘准则’，切实端正党风，努力恢复和发扬党的优良传统作风”主题教育活动，深入进行党纪党风教育，先后举办县委常委会负责人、机关部门负责人和十九级以上党员干部三级读书班活动，借以增强广大党员干部遵纪守法的自觉性。1983～1990年，县（市）纪委围绕贯彻党的十二大精神，新党章、中央4号文件精神和中纪委二次全会的精神，开展关

2007年5月30日，楚州区纪委、监察局举办“童心绘廉洁 清风润楚州”少儿书画大赛

于加强党的纪律教育的主题教育活动，增强全区党员干部的党性、党风、党纪的教育；抓党风，尽快实现党风根本好转。1991～1994年，淮安市纪委按照省市纪委的部署，以“学习党纪条规，做合格党员”为主题，开展了普纪教育活动。全市共举办培训班33期，培训骨干3000人，有3.45万人参加了学习，占全市党员总数的95%，有765名科局级干部参加了考试，参考率达95%以上。1994年，市纪委以学习《邓小平论新时期党风廉政建设》和中纪委《反腐倡廉教育讲话》为内容，在全区开展党风廉政主题教育活动，巡回放映党风廉政建设录像片，共播放358场次，有近10万人受到了教育。1995～1996年，市纪委有计划有针对性地开展了民主集中制主题和普纪宣传教育活动，共下发教材800余本，举办专题讨论53场次、专题党课81次、受教育人数达5万余人。1997～1999年，淮安市纪委开展学习党纪条规主题教育活动，共下发《条例》《廉政准则》及有关辅导材料5000余册，并充分利用上党课、办培训班、机关学习日等以会代训等形式组织学习和测试。市四套班子29名领导和3.89万名党员干部参加了测试，占党员总数的82.6%，副科级以上党员干部参考率为97.2%。通过学习，提高了全市党员干部的廉洁自律的自觉性。2000～2001年，淮安市（区）纪委以“勤政廉政”“廉洁奉公、廉政为民”和“妇帮夫拒腐”为主题，开展了以党风廉政建设为主要内容的文艺演出活动，采编了178个节目，在全市组织专场演出10场次，观众达万余人，社会反响很好；利用新闻媒体宣传勤政廉政，将市（区）1289名科级干部以及公示提拔的科级干部分七次进行严格的闭卷考试，考试成绩在《淮安日报》上进行公布，不合格者补考；设立廉政账户，公开账号，下发《关于党员领导干部主动上缴违纪违法钱物的通知》，共收缴40多万元；组织50名科级干部家属参加了“妇帮夫拒腐”培训班，将党风廉政建设逐步向家庭分解和延伸。2002～2003年，楚州区纪委切实加强党员干部的作风建设，严格按照十五届六中全会“八个坚持、八个反对”要求，把干部作风建设纳入全区双文明建设目标体系，扎实开展“三廉”活动，与组织、宣传、财政等部门联合下发三廉工程实施意见，制定全区活动计划，在全区开展演讲比赛。区纪委组织领导干部身边的工作人员学习讨论撰写心得体会，提高思想认识，并制定领导干部身边工作人员八不准；开展廉洁从政知识教育，举办廉政知识考试，组织全区副科级以上的干部认真学习党纪条规，并组织测试，参考率达98%。2004年，淮安市楚州区纪委开展以“三评议”（评四套班子领导、评科级干部、评一般干部）为主题的教育活动。在评议过程中，把评议活动与区“三优三满意”“十佳满意公务员”和“十佳公仆”等评选活动有机结合起来，对各级干部的实践、精神状态、表率作用、服务质量、廉洁自律等方面进行评议。通过开展公众评议，评出等次，对3名测评不过关的科级干部予以通报并分别调离了原岗位。2006年，淮安市楚州区纪委以廉政文化统领教育，在全区中小学生中开展了以“学习恩来精神，争当廉洁好卫士”为主题的作文大赛和以“说清、诚信”为主题的供销杯“小手挽大手”廉洁楚州少儿书画比赛。全区共有119个学校3万余名小学生参加了现场作文大赛和书画比赛，着力在全区营造“廉荣贪耻”的良好社会风尚。2007年，区纪委开通“楚州反腐倡廉网”，创办《纪检在线》电视专题节目等。2008年，区纪委开展了以“爱荣远耻、廉洁从政”为主题的系列教育活动，向乡科级以上领导干部发送廉政短信3000条，编印并向全区党员干部下发《党员干部学法学纪手册》，开展廉政文化“六进活动”，创建了省市廉政文化示范点。

（二）正面典型教育

1988年，根据中央提出的“经济要繁荣，党政机关要廉洁”的指示精神，淮安市纪律检查委员会先后两次组织力量对全市党政机关40多个单位的廉洁状况进行调查，采用无记名的形式，对近200名不同类型、不同层次的人员进行民意测验。通过调查，市纪委将民政局、水利局、化肥厂等单位的12名领导干部拒收贿赂等清正廉洁的事迹，向全市发布通报；针对存在的官僚、衙门作风等问题提出建议和要求，协助市委和市政府保持党政机关廉洁自律。1994年，市纪委在全市开展评选勤廉先进单位和个人各28（个）名，以市委名义进行表彰，并选择部分先进事迹在报纸上、广播上进行广泛宣传。1995年，市纪委在省市纪检刊物上刊载了题名为《敢叫邪气低头的人》的文章，宣传优秀纪检干部——宋集乡纪委书记颜廷前的先进事迹；将勤政廉政先进人物泾口乡蛇峰村党支部书记陈海永事迹编成演讲材料，参加淮阴市廉政事迹报告团在全市巡回演讲。1996～2008年，区（市）纪委在《淮安日报》、淮安广播电台、淮安电视台开辟《先锋颂》《警钟》《法纪长廊》《纪检在线》等专栏，定期进行党风廉政报道，加强廉政教育，共计发宣传稿件312篇。2005年，区纪委从《山阳县志》中选择出11位廉吏的生平事迹，采取制作成公益性灯箱广告牌、编印读本和在电视台、报纸等媒体上开辟《楚州历史上的清官》专栏等形式行宣传教育，共制作灯箱广告牌11个，形成廉政公益广告一条街。区纪委利用演讲进行教育，在全区开展"学习恩来精神，弘扬廉政文化"的演讲比赛。区纪委与区文化局、淮剧团联合创作《老公老公，我爱你》《女秘书》等反映领导干部廉洁从政为题材的20多个节目，组成巡回演出团，到乡镇进行演出，受到了广大农村干部群众的欢迎。2006年，区纪委排演多媒体音乐话剧《周恩来与故乡》，在市区演出8场，观看单位162个，观看总人数1.06万人。区纪委还举办廉政漫画展，制作赠送廉政台历，送"廉戏"下乡。2008年，区纪委举办"勤廉好公仆"演讲比赛活动，开展勤廉先进典型教育活动。

（三）警示教育

1983～2008年，楚州区（淮安县、市）纪律检查委员会积极抓好案例教育。区纪委在查处案件的同时，注意发挥案件和社会的效应，一方面及时向全区进行通报；另一方面积极组织力量编写案例材料，分析犯罪原因，剖析犯罪轨迹，用身边的事教育身边的人，收到了查处一个教育一片的作用。全区共通报了134名违纪违法人员。1983年，淮安县纪委在全县巡回放映《百万特大贪污案反思》和《广东省党性党风党纪教育展览》等录像片，组织全县党员干部进行观看，进行反腐教育，共放映了50多场次，有5.32万人观看，收到了较好的效果。1995年，淮安市纪委编写了《明镜》党纪教材，对14名违纪人员进行了公开处理，收到了曝光一例教育一片的效果。2000年，市纪委下发《关于在全市乡科级干部中开展典型案例教育的通知》，为基层党委购买《邓小平论党员干部廉洁自律》《胡长清案件警示教育材料》《星坠桥头堡——原连云港市长鹿崇友受贿案纪实》等资料，要求每个党支部必须组织党员干部认真收看中央电视台播放的成克杰庭审纪实。市纪委还协同检察机关将近年来市内被查处的科级干部违法违纪事实以及他们的悔过材料汇编成《迟到的忏悔》的小册子，印发给每一位科级干部。通过违法违纪者的自述，使广大党员干部从中吸取教训，引以为鉴。2001年，楚州区纪委先后组织人员对区内1999～2001年发生的大案要案进行剖析，分析贪腐者心存侥幸，企图蒙混过关，而一旦被查后又后悔不已的心理，编写《受教育，妻子屡次劝夫迷途知返；存侥幸，错失良机悔恨已迟》《亲家公，主动交代从宽处理；亲家母，执迷不悟，锒铛入狱》等一系列案例材料，在电台、电视台、报纸等新闻媒体上进行广泛的宣传。许多人受教育后打消了侥幸心理，主动退款退赃，共收到退款64.2万元。2005年，区纪委还利用书画对干部进行教育，邀请区书法家以"廉洁奉公的警句、格言"为内容，创作成书法作品装裱成匾，并以区纪委监察局的名义赠送给乡镇主要负责人，挂在他们的办公室中，让他们每天不仅能欣赏书法艺术，同时也受到警示教育和提醒，还组织20多位博里农民创作了40多幅以廉洁为主题的博里农民画，进行警示提醒。2008年，区纪律还先后组织乡镇和部门主要负责人赴江宁监狱进行警示教育。

第三节　举报与查办

一、信访举报

信访工作是党在端正党风、严肃党纪方面的耳目和助手。自1979年下半年成立信访部门以后，淮安县纪委、监察局就明确专人抓信访，建立健全接待、登记、立案、交办、催办和结案等一套信访工作制度。信访部门慎重处理"初信初访"，摸准症结，解决突出问题，做到来信来访件件有落实，事事

楚州区渠南信访接待点　（2003年摄）

有交代。1990年，信访部门狠抓信访工作的建章立制、达标及网络建设，使全区信访网络得到了健全。同时利用走访、召开监督部门联席会议跟踪专项清理等方式来收集线索。1998年，市委建立常委接待日制度和信访工作目标责任制，完善全市村一级信访信息员网络，对交基层办理的信访件实行“信访交办函”制度，加大催办督办力度。2005年，楚州区出台《信访排查报告》和《互助办理制度》。2006～2008年，楚州区通过开展“下访大集”“信访直通车”、开通全国统一“12388”信访举报电话等多项活动，收集线索，对信访活动中发现的违纪违规问题行为的及时转交立案调查，并在每年末开展“信访突击月活动”，确保当年信访问题当年结清。1991～2008年，各乡镇、市（区）直各单位成立纪检信访工作领导小组，并全部延伸到各乡镇、各单位的各科室、车间、门市和各村民小组。全区（市）共有纪检信访信息员7304名，聘请22名“特约记者”，在全区（市）基本形成上下贯通、内外结合的纪检信访网络。

1978～2008年，纪检监察组织共受理群众信访举报3.6万余件，每年案件结案率和反馈率均为99%。

二、案件查处

自1978年以后，淮安县纪委坚持有案必查、查必查好的原则，严厉制止党员干部违纪违法行为。在办案过程中，注意把损害群众利益，发生在群众身边的腐败案件作为查处工作的重点，注意将惩处与保障结合起来，积极排查案件线索。自2005以后，楚州区纪委逐步建立和完善各项内部管理和监督制度，从而进一步规范纪检监察办案审理工作，先后出台《办案点工作制度》《乡镇互动办案实施意见》《查后即询制度》《审前告白制度》《案后建言制度》《二次协审制度》等项制度，建立了助辩人才库。1991～2008年，全区（市）纪检监察系统共立案查处各类违纪违法案件2612起，受党纪政纪处分2446人，其中党纪处分1927人，政纪处分207人，双重处分312人，为国家挽回经济损失1440余万元。

1991～2008年楚州区（淮安市）党员、监察对象受党政纪处分情况统计表

表18-2　单位：人

年份	党纪处分							政纪处分									
	开除党籍	留党察看	撤销党内职务	严重警告	警告	免处	小计	行政开除	留用察看	撤销行政职务	降职	降级	记大过	记过	警告	免处	小计
合计	422	411	63	574	737	32	2239	31	11	141	2	28	67	108	127	4	519
1991	9	44	1	36	28	—	118	—	4	2	—	1	1	2	1	—	11
1992	19	39	4	23	14	—	99	—	1	1	—	3	1	2	—	—	8
1993	22	27	1	21	22	—	93	—	—	3	—	2	2	2	—	—	9
1994	16	32	4	18	36	—	106	—	1	5	—	1	2	2	2	2	15
1995	15	27	2	20	36	10	110	—	—	7	—	—	3	4	6	—	20

续表 18-2

年份	党纪处分							政纪处分									
	开除党籍	留党察看	撤销党内职务	严重警告	警告	免处	小计	行政开除	留用察看	撤销行政职务	降职	降级	记大过	记过	警告	免处	小计
1996	17	33	3	30	29	4	116	1	—	9	—	—	4	5	7	—	26
1997	23	37	4	36	52	3	155	1	—	7	—	4	5	8	6	2	33
1998	19	23	5	43	74	—	164	—	—	13	—	—	6	14	12	—	45
1999	32	24	4	44	57	—	161	3	—	16	—	2	4	13	5	—	43
2000	27	16	8	48	63	—	162	3	—	15	—	4	6	13	9	—	50
2001	33	20	4	60	52	3	172	4	3	22	1	1	7	8	9	—	55
2002	37	18	7	39	52	4	157	1	—	14	—	—	2	4	8	—	29
2003	34	16	2	36	49	—	137	3	2	12	—	2	3	7	8	—	37
2004	33	17	5	34	36	1	126	4	—	1	—	1	1	3	8	—	18
2005	27	8	3	23	34	4	99	3	—	2	—	1	5	8	18	—	37
2006	23	9	3	28	40	—	103	3	—	6	1	1	3	7	6	—	27
2007	21	11	—	18	30	2	82	2	—	3	—	1	6	4	14	—	30
2008	15	10	3	17	33	1	79	3	—	3	—	4	6	2	8	—	26

1991～2008年楚州区（淮安市）党员违纪案件性质统计表

表 18-3　　单位：人

年份	违反组织人事纪律	违反廉洁自律规定	贪污贿赂	破坏社会主义经济秩序	违反财经纪律	失职渎职	违反政治纪律	侵犯党员权利、公民权利	严重违反社会主义道德	妨害社会管理秩序	其他	小计
合计	5	48	746	229	78	437	1	23	90	505	77	2239
1991	3	—	24	1	10	—	—	—	8	60	12	118
1992	—	—	28	4	9	8	—	—	7	32	11	99
1993	—	—	29	7	8	2	—	—	18	20	9	93
1994	—	—	32	12	12	12	—	—	8	27	3	106
1995	—	—	24	28	3	9	—	—	12	18	16	110
1996	2	—	29	22	7	9	—	1	11	25	10	116
1997	—	—	35	21	—	18	—	—	6	62	13	155
1998	—	—	57	25	—	14	—	—	4	64	—	164
1999	—	—	47	19	—	34	—	—	1	59	1	161
2000	—	—	70	32	—	42	—	7	3	8	—	162
2001	—	17	86	4	3	35	—	2	3	22	—	172
2002	—	11	62	1	4	41	—	5	—	33	—	157
2003	—	12	56	1	4	44	—	1	4	15	—	137

续表 18-3

年份	违反组织人事纪律	违反廉洁自律规定	贪污贿赂	破坏社会主义经济秩序	违反财经纪律	失职渎职	违反政治纪律	侵犯党员权利、公民权利	严重违反社会主义道德	妨害社会管理秩序	其他	小计
2004	—	3	48	10	5	51	—	1	—	8	—	126
2005	—	1	30	9	4	27	—	3	1	23	1	99
2006	—	1	42	6	—	28	1	1	2	22	—	103
2007	—	2	22	22	3	28	—	1	—	4	—	82
2008	—	1	25	5	6	35	—	1	2	3	1	79

1991～2008年楚州区（淮安市）监察对象受政纪处分情况统计表

表 18-4　　单位：人

年份	违反组织人事纪律	违反廉洁自律规定	贪污贿赂	破坏社会主义经济秩序	违反财经纪律	失职渎职	严重违反社会主义道德	妨害社会管理秩序	其他	小计
合计	3	20	215	39	43	78	15	63	43	519
1991	—	—	2	—	2	—	—	5	2	11
1992	—	1	1	—	6	—	—	—	—	8
1993	—	—	3	—	2	—	1	3	—	9
1994	—	—	1	—	4	—	2	1	7	15
1995	—	—	3	6	2	2	1	2	4	20
1996	—	—	7	3	4	1	—	2	9	26
1997	—	—	6	3	—	8	1	1	14	33
1998	—	—	20	4	—	11	1	7	2	45
1999	1	—	10	10	—	9	1	10	2	43
2000	1	—	27	9	—	7	2	4	—	50
2001	—	6	24	2	3	6	2	12	—	55
2002	—	3	14	—	3	7	—	2	—	29
2003	—	4	21	1	2	6	—	3	—	37
2004	—	—	9	—	5	2	1	1	—	18
2005	—	1	19	1	2	7	—	5	2	37
2006	1	2	19	—	—	3	1	1	—	27
2007	—	3	14	—	4	7	—	2	—	30
2008	—	—	15	—	4	2	2	2	1	26

第四节　治理和纠正不正之风

一、清理党政机关兴办的经济实体

1987年，淮安县纪委对党政机关干部及其家属经商的问题进行清理。通过清理，党政机关单位的

9个待业青年企业，全部与机关脱钩，实行独立核算、自负盈亏。有个别离休干部参与经商牟取非法所得，纪委责令相关部门进行了处理。1994年，淮安市纪委清理党政机关经商办企业106个，在企业或实体中兼职的38名干部全部脱钩，属于“三不准”单位所办的27个实体以及属于“四脱钩”单位所办的79个实体，除政策允许保留6家外，注销13家，其余均划转。1997年，市纪委对全市27个单位的45个经济实体，逐个进行了处理，较好地完成了清理任务。1998年，全市政法机关所办的7户企业经过清产、核资和评估，有6个被撤销，1个与主管部门脱钩，顺利通过了淮阴市的检查验收。

二、治理乱收费

1986～1990年，淮安县（市）纪委对教育等系统利用职权搭车收费，谋取工资以外的不正当收入的问题进行了清理。1991～1994年，市纪委先后重点对交通、工商、畜牧检查站等行业和部门的146个单位收费情况进行不定期的抽查。同时，市纪委建立企业付费登记、票据使用管理等四项制度，聘请了21名收费检查员，专门设置了检查证，加强对乱收费的监督，进一步规范收费行为。全市共取消自立收费项目27项，限制扩大收费范围8项，纠正超标准收费项目18项，总金额达200余万元；没收上缴财政乱收费非法收入147.7万元，纠正增加企业不合理负担93万元。1995～2008年，楚州区（淮安市）纪委会同财政局、物价局、教育局等部门对中小学乱收费进行清理，先后建立“一卡、三统一、五不准、一坚持”和“责任追究制”“一费制”等系列管理制度，出台“教育收费规范学校”创建活动意见，实行阳光校务；并从社会各界和学生家长中聘请一批收费监督员，加强对乱收费的监督，有效地遏制了学校乱收费、乱办班的行为。全区（市）共查处典型案例31件，取消部分学校自立收费项目10个，退还违纪金额202余万元。

三、清理预算外资金

1991～1993年，淮安市对工商税务、公安、城建、供电、交通等30多个行业、行政事业单位和10多个乡镇派出所的收费罚款及财务管理情况进行检查，共查出违纪金额113.3万元。1995～1998年，淮安市先后集中开展清理行政事业单位收费、票据、小金库和专户储存及清理预算外资金工作。全市共清理各种不合法的票据259本，收费金额89.48万元，清查出6个单位私设小金库，上缴财政违纪金额43.7万元。1998年，淮安市出台《淮安市预算外资金管理实施办法》，取消全市所有行政事业单位收费收入“过渡户”，撤销93个单位118个预算外资金账户，有114个单位的预算外资金纳入财政专户管理，资金金额达1.78亿元。1999～2002年，市（区）纪委在继续抓好公安、检察、法院、工商等4个单位重点部门资金管理的同时，率先在淮安市把这项工作延伸到乡镇，推动预算外资金管理工作向纵深发展，先后取消了收入过门户和支出大户，实行“四统一分一控”，推行政府采购和会计委派制度，共在市（区）直80个部门派驻委派会计，在126个单位中实行集中代记账制。2002年，区纪委协助区政府成立会计结算中心，撤销行政147个账户，划转资金1700多万元，统一报账，完成了184个行政事业单位财务交接，进一步深化了全区财政制度改革。区会计结算中心自2002年成立以来，有效杜绝了各部门各单位滥支滥发的现象，先后拒报不正当报销500多笔，拒付140多万元。

四、治理购销药品回扣

1996～1999年，淮安市纪委会同市卫生局集中清理药品回扣，共查出药品回扣总金额789万余元。2000年下半年，淮安市建立药品采购洽谈固定场所。市纪委会同有关部门出台《淮安市医疗卫生机构药械采购管理暂行办法》，严把“五关”，即采购计划关、比价采购关、合同审核关、药械入库关、票据审核关，使各医疗单位采购药品实行集中管理，集中监督，增大透明度。全市35个医疗单位6个月共采购药品2350多种，成交金额2479万余元，同比进价平均下降了17%，降低药费421万余元，人民群众从中得到了实惠。2006年，淮安市楚州区纪委要求各大医院机构普遍实行药品集中招标采购制度，扩大集中采购药品的范围，加强对药品中标合同执行情况监督检查，进一步整顿和规范了全区医药市场秩序。

五、管控改革公务用车

1998年，淮安市纪委对全市违控购车情况进行清理，对突击办照的51辆违控车进行了拍卖，补交、上缴财政各类费用99万元，并召开新闻发布会，进行曝光。清理工作受到了群众一致好评，省市电视台报道了这一做法。2000年，市纪委下发了小汽车配备和使用管理规定，进行车改试点。2003年，楚州区纪委积极开展党政机关公务用车改革，针对公务用车维修费用高、漏洞大的现状，以"明确两权"为核心，通过捆绑式、积分制、公开竞争的办法对公务用车进行改革，完成27个乡镇的41辆公车和区直机关事业单位公务用车的改革，实现了公车的产权置换，一次性为财政节约资金140万元。2004年，区纪委推行公务用车返租倒包制，先后对新安小学等区直事业单位公车采取返租倒包模式进行改革，受到社会各界的一致好评。

六、减轻企业负担

1988～1994年，淮安市纪委先后下发《淮安市关于清理资金、清还欠款的通知》《淮安市支持和保护乡镇企业发展的意见》，为企业经济发展挖掘资金潜力，及时为企业排忧解难。全市共建立82个联系点，先后有30多人次20个企业制止乱收费、乱罚款93万元，收回陈账欠款600余万元。1995～1996年，较好地完成了党政机关干部住宅电话费转嫁企业负担的清理，全市共清理出党政机关干部违反规定，由企业公费支付电话95部，追缴违纪金额4.72万元。市纪委下发《关于国有企业实行业务招待费用使用情况向职代会报告的规定》《关于在企业改制中严格执行政策和纪律的规定》及其十项制度，加强对企业的管理和民主监督。1997～1998年，市纪委参与治理企业三乱工作。全市共清理出对企业的各级各类收费罚款、集资、基金202项，减轻企业负担1340万元。市纪委对挂牌保护的5个企业的1996年底非生产性支出情况进行监察检查，清理不合理收费项目5个，其中托销、摊派7.8万元，调查处理1起乱托销的行为，有效地保护了企业的合法权益。1999年，全市实行"一册两证一卡制度"，将收费的项目范围、标准和依据公开，推行收费许可证，以及企业付费登记卡制度，规范收费行为。全市36个企业付费登记点，发现向企业多收费乱收费项目4项，违纪金额达5.6万元。全市共取消向企业不合理收费6项，降低有关向企业收费项目8项，为企业减轻负担金额100万元，查处超标准收费擅自立项收费金额26.8万元。2000年，为治理和改善投资环境，市纪委会同有关部门制订《外籍客商来淮投资办理有关手续及收费情况明细》，组织建立投资环境综合治理办公室，成立"经济110"，专门负责整治市内经济环境，公开举报电话，24小时接受企业投诉。

七、行风评议

1987年，以"整顿纪律、整顿机关作风、整顿行业不正之风"为主题，淮安县纪委首先在县卫生局机关、宋集乡机关进行"三整顿"的试点工作，总结推广经验做法，对各单位、各部门、各系统的整顿工作进行全面检查指导、逐个过堂，纠正45人虚报工龄，弄虚作假农转非等问题。1994年，市纪委邀请市人大代表、政协委员、民主党派成员、特邀纪检监察员以及市直有关部门负责同志共18人，组成检查考核组，对全市30个重点单位的行业状况进行调查评比，有力地促进了全市行业作风的转变。1995年，市纪委适时调整了行风建设的重点单位，由原来的30个增加到32个，并在年中和年终分二次进行评议，向社会各界印发了1600份征求意见表，聘请人大代表、政协委员、民主党派和无党派人士等20人为特邀纪检监察员，对全区的行风进行不定期地检查测评。1996年，推行社会服务承诺制工作，全市35家行风建设共向社会公开承诺项目216项，公布电话54部。此外，还将承诺条款汇编成册，接受社会监督，不断提高承诺服务的"含金量"。1997年，除组织群众测评、领导层测评、测评组测评和廉政建设领导小组测评外，市纪委又邀请了100名"文明行风监督员"参加测评，使行风评议更具有广泛性和公正性。1999年，市纪委在评议中坚持平时考评与年终测评相结合，加大对平时行风建设单位的检查监督的力度，充分发挥党风联络员和特邀监察员的作用，使评比工作更切合评议单位的实际。2000年，市纪委以"两为两争"（为经济服务、为基层服务，争创十佳服务单位、争做百佳公仆）为中心，进一步深化行风评议活动，抓住各部门行风中存在的突出问题，将其梳理成402条意见，采取"公开亮丑"方式，对存在问题较多的单位进行重点评议。2000～2008年，区（市）纪委除聘请新一届特约党风联络员和特邀监察员，还聘请28名乡镇纪委书记和30名民营企业负责人为行风监督员，形成了立体的行风评议网络体系，建立每周二行风评议接待日制度，推行违规待岗承诺制、信访投诉"一二三四"工作制度（一诉通、二次回访、三联单、四促办理）等，开展部分窗口的"延时"服务活动，采取明察与暗访相结合、普查与重点相结合方法，每年评出好中差单位，并将检查结果反馈给各单位，责令限期整改，促进行风建设。

第五节　监察工作

1994年，根据国务院办公厅和省委办公厅《关于纠正低价出售公有住房问题的通知》要求，淮安市纪委对国家优惠出售公有住房政策执行情况进行了监督检查，共抽查32个单位159户，查出2户优惠购房，52户超面积，3户降低购房结构等级等问题；对交通部门、工商规费征收情况进行检查，督促缴齐客票附加费13.56万元、航养费3.9万元；会同城建部门对市内重大工程和重点项目进行监督检查，对市原种场黄淮开发资金的使用情况进行检查。1995～2008年，区（市）纪委对控减农民负担、土地审批、工程建设、征用农民集体所有制土地补偿安置、计划生育等工作进行执法检查监督；大力推行涉农收费公示制，规范"一事一议"筹资筹劳和生产性经营、服务性收费管理，全面实行农民负担监督卡制度和涉农收费公示制度，对财政涉农补贴"一折通"发放情况进行不间断督查，坚决杜绝各种达标升级活动和向农民伸手等"三乱行为"；普遍实行村财乡管，并规范要求定期公布，实行农副产品绿色通道制度。全区（市）共取消不合理的收费项目7个，减轻农民负担1540万元，对45人进行了党政纪律处分，为农民工追回工资1137万元，为223名农民维护了权益；查出1993～1994年度违法用地8宗，面积2.76公顷，其中，耕地2.6公顷，补收规费7481元；查出受理调查工程建设违纪案11件，涉及党员干部20人，移送司法机关6人，贪贿万元以上的案件20余件，查出违法违纪案件金额300余万元。1995年，市纪委会同有关部门开展了农村村组财务清理工作，对全市28个乡镇609个村1991～1994年财务进行了全面清理，基本合格的有4个乡镇，追回经济损失23.18万元。1997年，市纪委对党员干部违反计划生育和重点企业非生产性支出情况进行清理监察，共对43.22万名党员干部进行普查登记，清出违反计划生育的党员干部474人，清理不合理收费项目5个，其中托销、摊派7.8万元，参与了土地执法、统计执法以及建设项目收费、电价、个人所得税、招待费制度以及财务、物价、税收等执法情况的检查工作，共立项9项，其中"省立"6个，"市立"1个，"自立"2个。1998年，市纪委参与企业改制中的执法监督检查工作，制定《纪检监察机关保证服务企业改制工作的十项纪律》，严防国有资产流失，共完成18户改制企业的资产清查，核减损失1432.2万元，界定国有资产646万元。1999年，淮安市纪委对药品采购进行执法检查，共有11人受到党政纪处分。2001年，楚州区纪委开展企业效能执法检查，对"两证一卡"的执法情况进行监督，重点解剖了亏损企业的财务问题，查处3人，追回违纪资金10余万元。2008年，区纪委开展创建全国文明城市、创建国家环保模范城市、秸秆禁烧等专项督察，共对13名党员干部进行了责任追究，其中，给予党纪处分20人。

第四章　组织工作

第一节　基层党组织建设

改革开放以后，楚州基层党组织数呈不断增长的趋势，特别是90年代末，随着“两新”组织的出现，扩大了基层党建工作的范围。截至2008年底，楚州区共有基层党组织2999个，包括党委61个，党总支411个，党支部2527个。其中新经济组织党组织323个，新社会组织党组织3个。2004年，楚州区被评为“江苏省党建工作先进县（区）”。

一、农村党建

改革开放以后，为适应社会主义市场经济条件下新农村的发展，淮安不断加强农村党组织建设，为农村的崛起、农业的发展和农民的增收提供强有力的组织保证。八九十年代，淮安市建淮乡成为中组部的党建工作联系点。建淮乡开展发挥农民党员作用的“一队五组”活动经验，刊登于1990年第五期《党建研究》，受到中央政治局常委宋平同志的肯定。淮安市率先在农村普遍推广。其中“一队”，即党员服务队；“五组”，即无职党员决策参谋组、党群共建双文明小组、无职党员民事调解组、无职党员财务审计组、党员致富共富竞赛小组。2000年，淮安市委为切实加强村级党组织建设，举办村党支部书记应知应会知识培训班；组织召开村级组织规范化建设工作现场会。2001年，楚州区委又召开结对共建“五好标兵村”座谈会，从区直机关挑选10个部门与10个重点村进行结对帮扶。2002年，楚州区委制定下发《楚州区村干部基本工作方法》，并开始在全区农村推行“干群连心卡”制度，探索建立“村务协商会”机制和“区委书记民情信息员”制度，并将“村务协商会”组织转型为“党群议事会”。为提高村干部的学历层次，区委选派50名村党支部书记参加了区委组织部与省委党校合办的党函大专班。2003年，楚州区开展“宽裕型小康村示范村”培植活动，重点培植20个村，同时开展农村小康实施“十百千”创建活动三年规划，选派15名优秀村党组织书记赴张家港、常熟等地先进村挂职学习，推行“党员业主进支部、非党业主进村部”制度。同年，区委区政府出台《关于开展“十佳乡官”“百佳村官”评选活动的意见》。2004年，楚州区建立区委常委和党员副区长基层党建工作联系点制度，开展区直部门、示范村、薄弱村“1+1+1”结对共建活动和农村无职党员“一岗三员”活动，即党员科级示范岗、村务监督员、民情信息员、致富帮带员。同年，区委出台《关于进一步加

朱桥镇朱李村村务公开栏　　（2005年摄）

强村干部队伍建设的意见》，表彰了首批10名“十佳乡官”和93名“百家村官”，明确连续三年被评为“百佳村官”的徐中平等29名同志享受副科级干部经济待遇。区委组织部、农工部和区财政局、劳动和社会保障局、信访局联合下发《关于为全区村（居）党组织书记办理社会养老保险的试行意见》，解决了全区村级党组织书记养老保险问题。2005年，区委出台《关于加强“双带”型村（居）干部队伍建设的实施意见》，在全区推行党群议事会“阳光议事六步工作法”，并下发专门文件对进一步加强村务公开和民主管理工作作了部署。2006年，按照“生产发展、生活富裕、乡风文明、村容整洁、管理民主”的社会主义新农村建设要求，加大村部建设与改造力度，省委组织部帮建村部20个。6月2日的《人民日报》以《让农村无职党员发挥作用》为题报道了楚州区开展“一岗三员”的做法。2007年，区委深入开展“三级”联创活动，新建村部15个，改造村部27个。区委出台《关于在全区基层党组织推行党务公开的实施意见》。为实现村干部队伍“一村一名大学生”目标，区委选派30名村干部参加了中央电大开放教育农村行政管理大专班在职学习两年半。为促进农村社会和谐，区委组织实施“农村关爱工程”。2008年，按照市委《关于进一步加强全市农村基层党建工作的意见》的要求，区委开展党组织设置改革、双强村干部队伍建设、六方挂钩帮扶和引凤还巢活动（简称“一改双强六挂一活动”）。当年，全区新建和改造村部34个，设立党群议事会建设示范点26个，举办了村（居）党组织书记培训班。

二、机关党建

中共十一届三中全会以后，楚州机关党组织紧紧围绕党委、政府工作中心，广泛深入地开展了创建“三优三满意”文明机关和“人民满意公务员”活动。“三优三满意”即优质服务、优良作风、优美环境；让基层满意、群众满意、领导满意。活动坚持每年有布置、有检查、有总结、有评比。2008年，楚州区委还在区直机关党员干部中广泛开展“一队五组”活动。“一队”，即机关党员干部服务队；“五组”，即招商引资党员干部服务组、城市建设党员干部服务组、新农村建设党员干部服务组、民营经济党员干部服务组、“爱心帮扶”党员干部服务组。这些活动的开展，有力地促进了机关干部素质的提升和机关工作作风的加强。2008年5月，全区机关党员在向汶川地震灾区捐款的基础上，又以交纳“特殊党费”的形式表达支援灾区的心愿，共交纳“特殊党费”120.2万元。

三、社区党建

随着改革开放的不断深入，城市化进程的不断加快，淮安市楚州区社区党组织的作用日益明显。全区以服务群众为重点，以实施“温暖工程”“示范工程”“形象工程”为载体，全面推进社区建设，逐步实现了社区党建和城市经济社会协调健康发展，构建起了社区党建新格局。2002年，区委认真贯彻落实市委组织部《关于组织机关、企事业等单位党员参与社区建设的意见》和《关于〈共产党员参与社区建设纪实簿〉的实施办法》，成立了“社区党建工作联系会”，加强党员活动室建设，设立“共产党员登记联络站”，开展“书记进社区”“党员责任区”“党员志愿服务”等一系列活动。2003年，区委选派社区党建骨干参加全市社区建设培训班。2004年，区委出台《关于进一步推进社区党建工作的意见》，明确党建工作的主要职责、任务和要求；启动社区“阳光工程”；在社区开展学习型、环保型、文化型、服务型、平安型等十项特色社区创建活动。2005年，区委建立完善社区党建体系和社区建设保障机制。2006年，区委组织15名社区党组织书记先后赴清浦区和黑龙江等地学习，并以“星级”社区创建为抓手，解决社区党组织办公用房问题，同时建立社区卫生服务站、警务室等。2007年，区委以“共驻、共享、共建”为抓手，建立健全社区情况分析制度，试行党内评优社区确认制。2008年，区委实施社区工作人员绩效管理制度，逐步推行“社区事务准入制度”，推动社区“一站式”服务。

四、"两新"组织党建

随着改革开放不断深入，新经济组织和新社会组织的日益发展，淮安市委高度重视"两新"组织的党建工作。2000年，淮安市委认真贯彻实施淮阴市委《关于加强新经济组织党建工作的意见》。同年，淮安市召开非公经济组织党建管理工作现场会。2003年，楚州区委制定下发《关于在非公经济组织中开展"业主支持党建，党员支持业主"活动的意见》，创设"业主党员论坛"。2006年，区委按照"五好"要求，着力培植非公企业党建典型，深化"双向支持"。2007年，区委制订《楚州区非公有制经济组织党建工作联席会议制度》。年终，楚州区党建被评为全市组织工作创新创优项目，并入围江苏省创新创优项目评选，中国共产党新闻网、人民网等主流媒体进行了深度报道。截至2008年底，淮安市楚州区共有"两新"组织党组织326个，其中新经济组织党组织323个、新社会组织党组织3个。

五、基层党组织选举

按照《党章》的规定，楚州区基层党委每五年、党支部每三年进行一次换届选举。楚州区委在坚持传统做法的基础上，为适应形势发展的需要，不断推进组织工作创新。2003年，区委在平桥镇进行党代会代表常任制试点工作，建立党代表活动四项制度，即党代表例会制度、党代表小组活动制度、党委委员联系代表和代表联系党员、群众制度、党代表视察提案制度。2004年11月，在三堡乡进行公推直选党委领导班子成员试点。试点报请淮安市委同意实施，选拔职位人数共9名，即党委书记1名，副书记3名（其中1名拟提名乡长人选），纪委书记1名，组织委员1名，宣传委员1名，统战委员1名，党委委员、人武部长1名；选拔范围，面向全区党政机关、群众团体、企事业单位；选拔程序历经发布公告、报名审查、民主推荐、组织考察、全委票决、集中调研、演讲答辩、正式选举等步骤。首轮民主推荐时，各职位按1∶3产生初步候选人。二轮区委委员票决时，各职位按1∶2产生正式候选人。三轮召开三堡乡党员代表大会时，采取差额选举的办法，各职位按2选1产生最终人选。通过公推直选，原三堡乡党委书记、1名副书记和1名宣传委员共3名候选人落选。新产生的9名班子成员，平均年龄40岁，比原来下降3岁。

2005年10月，区委在泾口镇进行公推直选党委领导班子成员试点。试点选拔职位为泾口镇党委书记、副书记、委员；纪委书记、委员。党委委员职数为9人，其中书记1人、副书记3人（含1名兼职镇长）；纪委委员职数为3人，其中书记1人（由1名党委委员兼任）。所有职位人选均在泾口镇范围内实行定向推荐。选拔程序历经宣传发动、选举镇党代表、报名和资格审查、民主推荐和确定候选人初步人选、组织考察和确定候选人预备人选、走访调研、差额直选等步骤。先期进行认真调研，并形成方案报经省、市组织部门同意实施。试点工作开始时，区委书记夏心旻作了动员讲话。在泾口镇召开党员代表大会选举时，市、区组织部门亲临现场指导。整个公推直选工作组织严密，程序规范，操作阳光，取得了圆满成功。

2006年3月，楚州区乡镇党委换届。区委下发《关于做好乡镇党委换届工作的意见》，明确换届工作的主要任务。全区27个乡镇，除已进行公推直选党委领导班子成员试点的三堡乡和泾口镇外，其余25个乡镇党委全部进行了换届。乡镇"两委"职数为党委委员7～9名，设书记1名、副书记2名（含政府正职）；纪委委员3～5名，设书记1名（由党委委员兼任）。"两委"产生办法为实行公开推荐党委领导班子成员候选人，召开党员代表大会或党员大会，采用无记名投票方式和差额选举的办法，产生新一届党委委员和纪委委员，再由新一届党的委员会和纪律检查委员会分别召开第一次全体会议，采用无记名投票方式和等额选举的办法，产生党委书记、副书记和纪委书记。新一届乡镇党委和纪委领导班子成员人选均在本乡镇范围内进行定向推荐，历经报名和资格审查、民主推荐和确定候选人初步人选、组织考察和票决候选人预备人选、大会选举等程序。为加强新一届乡镇党委自身建设，全区普遍建立三项制度，分别是实行任期制、实行任期目标责任制、实行党员代表大会常任制。2007年10月，楚州区村级党组织换届。区委下发《关于做好村党组织换届选举工作的通知》，明确了换届选举工作的指导思想、遵循原则和要求。此次换届，普遍推行"两推一选"，即党员推荐、群众推荐、党内选举。有的村级党组织还采取了公推公选、公推直选方式。通过换届选举，"两委"交叉兼职的比例达到了60%以上。

第二节　党员队伍建设

一、党员发展

改革开放以来，楚州区委认真贯彻《中国共产党发展党员工作细则》和中央有关发展党员工作的规定，遵循"坚持标准、保证质量、改善结构、慎重发展"的方针，结合实际，做好新形势下的发展党员工作。2001～2002年，楚州区委实施"五个一百"发展计划，即每年发展具有中级以上职称的知识分子、民营企业员工、农村专业户和个体工商户、30岁以下的年轻人、优秀女干部各100名以上；同时，推行"五个优先"，即优先发展工农业生产第一线的优秀基层干部、致富能手、科技示范大户、退伍军人、教学科研的一线人员、企业班组长、生产经营骨干和行业标兵，优先发展招商引资成绩突出的人员，优先发展35周岁以下的优秀青年，优先发展表现突出的女同志，优先发展受区以上表彰的各类劳动模范和先进人物。2004年起，区委开始实施发展党员工作"五项制度"，即发展党员公示制、发展党员票决制、发展党员预审制、发展党员基本素质测试制、发展党员责任追究制。供电公司党委率先在全区实施了发展党员答辩制度。2008年，区委实施发展党员"五个一百"工程，即发展100名"种养加"能人和农民经纪人党员、100名劳动力转移带头人党员、100名非公经济组织从业人员党员、100名专业技术人员党员、100名村级后备干部党员。同年，区委制定出台《楚州区发展学生党员工作实施细则》，加强了在学生中的发展党员工作。截至2008年底，楚州区共有党员5.02万人。按人员类别分，有在岗职工2.42万人，农牧渔民2.23万人，离退休人员3128人，其他603人。按文化程度分，有研究生38人，大学本科2146人，大学专科6409人，中专5113人，高中1.1万人，初中以下2.55万人。

2008年7月1日，新党员入党宣誓

二、党员教育

楚州区委始终重视党员教育工作，先后开展马列主义、毛泽东思想、邓小平理论教育；党的基本路线教育；党的基本知识教育；党的优良传统和作风教育；党的方针政策和形势任务教育；学理论、学党章教育等。2000年以后，区（市）委按照中央的统一部署，相继开展了"三讲"教育、"三个代表"重要思想学习教育、保持共产党员先进性教育、学习实践科学发展观教育活动。

1986年，淮安市党员电化教育工作起步。1994年、1997年电教中心先后获得全国和全省电教工作先进单位。2004年，“楚州区党员电化教育中心”正式成立，为副科级事业单位。“教育中心”自成立以来，每年摄制反映全区党建先进典型的电教片10余部。各乡镇和村居设有电化教育播放点。

1998年，淮安市委在市电视台开设《党旗下》栏目，2005年改版《党旗飘扬》栏目，受到党员、干部的欢迎。农村党员干部现代远程教育起步于2006年12月，2008年4月，全区各乡镇和每个村（居）全部建立远程教育终端站点，前端是中央及省、市、区远程教育播出平台和教学辅助平台，终端通过有线电视网络或电信宽带上网接收。

（一）“三讲”教育

根据《中共中央关于在县级以上党政领导班子、领导干部中深入开展以“讲学习、讲政治、讲正气”为主要内容的党性党风教育的意见》精神和省、市委的要求，淮安市委于2000年3～6月，在市级党政领导班子和领导干部中开展“三讲”教育。组、纪、宣和公、检、法部门同时参加“三讲”教育。其指导思想是以邓小平理论和党的十五大精神为指导，贯彻整风精神，紧密联系改革、发展、稳定的实践，联系干部的思想实际和工作实际，切实解决领导班子、领导干部存在的突出问题。目标要求是努力在坚定建设有中国特色社会主义的信念，增强贯彻执行民主集中制的自觉性，认真实践全心全意为人民服务的宗旨，大力弘扬求真务实、言行一致的优良作风等四个方面收到实际效果。基本原则是坚持“四个必须”，即必须始终立足于学习提高；必须紧紧围绕全面贯彻党的基本路线，把开展“三讲”教育同推动当前工作结合起来；必须充分发扬党内民主，坚持群众路线；必须认真开展批评和自我批评，进行积极的、健康的思想斗争。时任副省长俞兴德、淮安市委书记赵学凤和省委巡视组的同志参加了淮安市“三讲”教育动员大会。同年11～12月，淮安市委进行“三讲”教育“回头看”。

（二）“三个代表”思想教育

根据《中共中央办公厅关于在农村开展“三个代表”重要思想学习教育活动的意见》精神和省、市委的要求，楚州区委于2001年1月至2002年6月，在区直部门、国有企业、乡镇、村领导班子和基层干部中，开展“三个代表”重要思想学习教育活动。按照“三个代表”的要求，深入贯彻落实党的十五大和十五届三中、五中全会及中央经济工作会议精神，紧紧围绕农村改革、发展和稳定的大局，着力解决当前农村存在的突出问题，努力创建“五个好”村党支部、“六个好”乡镇党委和农村基层组织建设先进县，进一步提高农村基层干部素质，增强农村基层党组织的凝聚力和战斗力，为做好农业和农村工作提供坚强有力的思想和组织保证。其基本原则是坚持学习教育与推动农村工作相结合；坚持正面教育、自我教育为主；坚持从实际出发，分类指导；坚持上下结合，综合治理，标本兼治。目标要求是推动农村经济发展，增加农民收入要有新进展；减轻农民负担要切实见到成效；基层干部思想作风和工作作风要有明显改进；精神文明建设和民主法制建设要进一步加强。方法步骤是分散到各阶段进行学习培训、对照检查、整改提高。此次学习教育活动，淮阴市委派了督查组驻点督导。

（三）先进性教育

2005年1月至2006年6月，根据《中共中央关于在全党开展以实践“三个代表”重要思想为主要内容的保持共产党员先进性教育活动的意见》精神和省、市委的要求，楚州区委开展以实践“三个代表”重要思想为主要内容的保持共产党员先进性教育活动。此次教育活动的指导思想是以邓小平理论和三个代表重要思想为指导，贯彻党的十六大和十六届三中、四中全会精神，树立和落实科学发展观，按照立党为公、执政为民的要求，坚持党要管党、从严治党的方针，紧密联系改革发展稳定工作实际和党员队伍建设现状，以学习实践“三个代表”重要思想为主要内容，引导广大党员学习贯彻党章，坚定理想信念，坚持党的宗旨，增强党的观念，发扬优良传统，认真解决党员和党组织在思想、组织、作风以及工作方面存在的突出问题，促进影响本地区本部门本单位改革发展稳定、涉及群众切身利益的实际问题的解决，不断增强党员队伍和党组织的创造力、凝聚力、战斗力，为实现全面建设小康社会的宏伟目标提供坚强的政治保证和组织保证。目标要求为提高党员素质；加强基层组织；服务人民群众；促进各项工作。指导原则是坚持理论联系实际，务求实效；坚持正面教育为主，认真开展批评与自我批评；坚持发扬党内民主，走群众路线；坚持领导干部带头，发挥表率作用；坚持区别情况，分类指导。教育活动分三批进行，第一批为区级党政机关和企事业单位，自2005年1月至2005年6月；第二批为乡镇机关和站所，自2005年7月至2005年12月；第三批为行政村，自2006年1月至2006年6月。每批集中学习教育时间不少于3个月，分3个阶段进行。第一阶段学习动员；第二阶段分析评议；第三阶段整改提高。

三、党员管理

楚州区在党员管理方面，坚持“从严治党”方针，认真贯彻执行党的基本路线，紧紧围绕经济建设这个中心，积极适应建立社会主义市场经济体制和社会主义现代化建设的需要，加强对党员的教育、管理和监督。随着改革开放和社会主义市场经济的不断发展，针对劳动力在产业间转移和地区间流动日趋广泛，外出务工经商和人才流动中的党员越来越多、流动的范围越来越广的实际，2000年8月，泾口镇党委与上海市公兴搬场公司党总支签订协议，将泾口镇在公兴搬场务工的党员实行委托管理，成立第一个流动党员党支部。这种“双向联管、异地托管”管理的新模式，在江苏、上海乃至全国尚属首家。对此，新华社、江苏电视台、上海东方广播电台等多家新闻媒体进行了报道，并在全区推广。2002年，区委按照市委组织部《关于加强改制重组、关闭破产和分流富余人员的国有企业党员管理工作的意见》和《关于企业离退休干部、职工党员转入社区教育管理的通知》的要求，对全区企业党组织及其党员隶属管理关系进行了调整。2003年，楚州区建立离退休干部党员活动日制度、组织生活学习制度和一把手主抓离退休干部党员队伍建设制度。2006年，根据中共中央办公厅印发的《关于加强党员经常性教育的意见》《关于做好党员联系和服务群众工作的意见》《关于加强和改进流动党员管理工作的意见》和《关于建立健全地方党委、部门党组（党委）抓基层党建工作责任制的意见》等4个保持共产党员先进性长效机制文件的要求，党员管理走上了制度化的轨道。2007年，区委按照保持共产党员先进性的要求，组织开展民主评议党员活动，对不合格党员，按照有关政策进行了严肃处置。同年，楚州区全面落实流动党员活动证制度。

第三节　干部培养管理

一、干部教育培训

楚州区干部教育培训工作坚持以马克思列宁主义、毛泽东思想、邓小平理论和“三个代表”重要思想为指导，紧紧围绕区委、政府工作中心，把干部教育培训的普遍性要求与不同类别、不同层次、不同岗位干部的实际需要结合起来，做到需要什么就重点培训什么，为建设高素质干部队伍、推动经济社会发展发挥了重要作用。1998年3月，淮安市委出台《关于加强干部培训工作宏观管理的意见》，完善了点名调训、培训质量、收费管理、训用结合等一系列制度。1999年9月，淮安市委举办工业经济理论系列讲座，邀请南京大学、东南大学等高等院校8位知名经济学家讲课。2000年，市委开展“致富思源、富而思进”教育活动。2001年，楚州区委举办5场提升乡科级领导干部综合素质系列专题报告会。2002年9月，区委与淮阴工学院联合举办经济管理人才培训班，选派30名后备干部进行为期4个月脱产培训。同年10月，区委制定出台《关于鼓励和支持在职干部参加各类教育培训的意见》，明确干部参加培训学习的路径、时间、助学奖励和培训费报销办法。2003年，区委实行党政机关干部政治理论水平任职资格考试制度。同年11月，区委举办全区中青年干部培训班，选调50名优秀年轻干部进行了历时两个月培训。此外，组织部门为加强自身建设，2003年，开展以公道正派为主要内容的“树组工干部形象”集中学习教育活动。

2004年起，根据市委干部教育培训领导小组下发的《淮安市机关干部在职自学指导意见》的要求，全区干部自学开展“四个一”读书活动，即每人每年读一本政治类书、一本经济类书、一本法律法规书、一本业务类书，同时要求撰写学习笔记，科级干部全年不少于1.5万字和1篇调研报告，一般干部不少于1万字。年初，个人制定自学计划，年终组织述学、评学。2004年3月，区委组织全区1800余名党政机关和事业单位科级以下干部进行政治理论水平任职资格考试，并对成绩及格者发给任职资格证书，记入干部档案。同年4月，区委举办全区新任乡科级领导干部培训班。2005年，全区实行干部教育培训积分管理制度，并将积分列为干部任前公示的一项内容。同年，楚州区实行乡科级领导干部在职自学季季考制度，考试成绩列入干部教育培训积分。2005年11月，在历经两个月培训的基础上，区委组织全区1500名党政机关工作人员参加普通话水平测试，60%以上的人员达到了国家规定的三级甲等以上水平，并获得省语委颁发的全国通用《普通话等级证书》。2007年，区委在全区各级领导班子中开展“树立科学发展观和正确政绩观”主题教育活动；开办干部培训大讲堂，连续两年与省委党校联办，每两月一次。2008年，区委出台《关于加强干部教育培训工作的意见》，进一步明确了指导思想、培训内容和渠道，建立办班计划申报、组织调训、后备干部培训、干部培训积分管理、述学评学考学等五项制度。当年开展“讲党性、重品行、作表率，树组工干部新形象”活动。根据中组部要求，2008年为“集中活动年”。

二、后备干部培养（含大学生“村干部”）

楚州区委认真贯彻执行干部队伍“四化”方针，着力培养造就一支素质优良、数量充足、门类齐全、结构合理，能够担当社会主义改革开放和现代化建设重任的干部队伍。特别是2000年以后，楚州区委每年坚持从各单位民主推荐得票较高、具有发展潜力的年轻干部和公选入围的同志中，选择一批列为后备干部进行重点培养，把他们放到基层下挂、送市直部门上挂、派往经济发达地区外挂，以及安排参与经济一线、重点工程、信访稳定等“急、难、险、重”的工作，加强实践锻炼。2001年，区委从区直机关选派60多名后备干部承担农村税费改革、企业改制、招商引资、拆迁、软环境建设等重点工作。2002年，区委选派3批24名乡科级领导干部赴浙江绍兴和瑞安塘下镇挂职学习，选派4名科级干部到市直部门挂职学习。2003年7月，区委从区直机关挑选27名优秀年轻干部到乡镇挂职副乡镇长或乡镇长助理，并从乡镇机关和事业单位挑选10名后备干部放到乡镇领导岗位低职高挂，选派30名年轻干部到村任职。2004年4月，区委从区直机关抽调14名后备干部充实到拆除违章建筑一线。2005年，区委制定出台《关于对区直机关中层干部进行交流轮岗的试行意见》，加大对人、财、物等重要部门和热点岗位上中层干部交流的力度。2007年，区委从区直和乡镇机关选派6名年轻干部到江阴乡镇跟班学习，选派68名年轻干部外出驻点招商，选派24名年轻干部到信访局挂职锻炼，选派30名年轻干部参与城建水利拆迁，选派30名35周岁以下的年轻干部到经济薄弱村挂职。2008年，区委从区直机关和事业单位选派15名年轻干部担任驻村指导员。2007年和2008年，楚州区共接收选聘到村任职的大学生村干部79名，其中2007年48名、2008年31名。在对大学生村干部培养、使用和管理方面，区委建立“保姆式”关爱、“乡土化”培训、“导师式”培养机制，通过定期召开座谈会、开展主题活动和创业竞赛，较好地帮助大学生村干部摆脱“水土不服”的问题，成为推进新农村建设的一支富有朝气和发展潜力的队伍。

三、干部管理监督

楚州区委积极探索新形势下干部管理监督工作的有效途径。2000年以后，干部提拔实行任前公示制。2002年，淮安市楚州区委出台《关于进一步加强领导干部管理和监督的意见》和《关于加强干部外出考察学习工作管理的规定》。2003年，区委出台《关于规范乡镇选任制和聘用制干部管理的暂行规定》和《关于进一步加强区直单位中层干部管理工作的意见》；聘请干部工作监督员20名、民情信息员120名；在乡科级领导干部中开展述绩述廉评议，对民主测评中，"优称率"偏低、群众反映大、实绩不明显的14名乡科级领导干部进行提醒谈话，2人通报批评，1人免职，1人待岗。2004年，进一步形成凭实绩用干部的正确导向，区委对63名工作能力强、工作实绩显、民意基础好的干部予以提拔重用，对工作实绩不显、没有完成重点目标任务的8名乡镇党委书记和部门一把手采取组织措施，其中免职4人、降职2人、待岗2人。是年，机关事业单位工作人员年度考核评优实行公示制。2005年，区委出台《关于加强乡镇领导班子和领导干部实绩考核的暂行规定》，并实行领导干部任中审计和离任审计，从区人大代表和政协委员中聘请了9名特约审计员。2006年，区委出台《关于进一步加强干部工作规范化管理的意见》和《关于加强督促检查工作的意见》。同年12月，区委组织开展区直部门领导班子、领导干部考察和民主测评，对13名"优秀称职率"低于70%或虽超过70%但某方面问题群众反映比较突出的干部，进行诫勉谈话并限期半年整改。2007年6月，区委召开全区干部监督员工作会议，新聘27名干部工作监督员，并建立干部工作监督员聘任、联络和情况通报三项制度。2008年，区委出台《关于优化经济发展软环境加强干部作风建设的八条规定》，并开展了区管党员领导干部集中报告个人有关事项的组织实施工作。

此外，认真做好干部出国政审和干部档案管理工作，2004年3月，楚州区获中组部干部人事档案目标管理一级单位。

第四节　干部选拔任用

楚州区不断深化干部人事制度改革。1988年以后，积极推行公开选拔、竞争上岗、公推公选、公推直选、公开选调等竞争性选拔干部方式，并实行干部聘任制、试用期制和票决制。1988年8月，淮安市委首次面向淮安市范围公开选拔团市委书记1名、驻京办事处主任1名、驻京办事处副主任1名、驻京办事处工作人员、桃花垠开发公司经理1名。1999年4月，市委在检察院进行全员全职位中层干部竞争上岗、双向选择试点，10名年轻干部通过竞争走上了中层领导干部岗位，占中层干部总数的38.6%。2000年5月，市委在建设局、粮食局开展领导干部竞争上岗，将建设局、粮食局各3名副局长职位全部采取竞争上岗的方式，其中各有1名35岁以下的副局长。同年7月，市委面向淮安市公开选拔团市委书记1名、交巡警大队教导员1名、水警大队教导员1名、南闸职业中学校长1名。2001年10月，楚州区委面向全区公开选拔卫生局局长、公安局政委、妇联主席、交通局副局长、公安局副局长、水利局副局长、农业局副局长、招商局副局长、旅游局副局长各1名；团区委副书记2名（女性1名）；公安局指挥中心主任、水上警察大队大队长、警务督察大队大队长、刑警大队教导员、经济案件侦查大队教导员各1名。2003年，区委在区直机关中层干部中普遍推行竞争上岗，对全区事业单位中层以上干部职务实行聘任制，区委任用干部实行票决制。同年8月，区委面向全区公开选拔钦工中学校长、车桥中心卫生院院长、林集中心卫生院院长、席桥中心卫生院院长各1名。2004年，区委面向全区公开选拔7个科级领导职位，公安、财政、城管等部门23个中层领导岗位实行竞争上岗。2005年2月，区委面向全区公推公选乡镇党委书记4名、乡镇长9名。2006年2月，区委面向全区公开选拔专业招商引资领导干部6名（副科级）、专业招商引资工作人员20名（男女各10名）。同年3月，乡镇党委换届借鉴三堡、泾口两乡镇试点公推直选的经验，全部实行公推直选。同年11月，区委面向全区卫生系统公推公选了楚州医院业务副院长、行政副院长各1名。2007年8月，区委面向全区机关、国有企事业单位公开选拔楚州中学校长和团区委副书记。2008年，楚州区首次对区直部门15个正科职、4个副科职岗位采取实名推荐方法，并在县处级干部、正科职干部及所在单位中进行多轮推荐。

同年3月，公推公选水利局副局长2名。至2008年底，楚州区机关事业单位共有县处级干部28人；乡科级干部1004人，其中机关856人，事业单位148人；中层干部1712人，其中机关1017人，事业单位695人。

第五节　干部制度改革

根据《国家公务员暂行条例》规定，淮安市从1993年起实行公务员制度，1998年，党政机关工作人员进行公务员过渡，新进公务员实行“凡进必考”。2006年，根据《中华人民共和国公务员法》《〈中华人民共和国公务员法〉实施方案》和《江苏省公务员登记方案》，楚州区委对区乡两级党委、人大、政府、政协、法院、检察院、工商联七类机关中的工作人员进行公务员登记，人民团体、群众团体工作人员参照执行。原参照、依照管理事业单位的工作人员共有12个单位，经报省重新审批，按参照管理事业单位工作人员进行登记。截至2008年底，全区共有公务员2217人，参照管理人员33人。

2003年，组织部门围绕经济发展软环境建设，建立投诉受理、日常考核和定期评议三项机制。2004年，区委围绕项目建设，制定考核办法，坚持跟踪考核，并考核结果实施运用。是年三季度没有新开工或新签约项目的7个单位主要负责人实行离岗招商，明确14个单位主要负责人到工业园区帮办。2005年，区委组建重点项目督查考核办公室，建立督查考核六项制度，即项目建档月报、定期督察通报、重点项目责任推进、项目帮办、督察调处、主任例会制度。2007年，区委建立项目督查通报制度，对亿元以上重大项目实行周督察，3000万元至1亿元的重点项目实行旬督察，1000万元至3000万元重点项目实行月督察，并通过简报、专报进行通报，促进重点项目建设快速、高效推进。2008年，组织部门先后抽调10多名同志，直接参与南水北调工程拆迁、周恩来110周年诞辰接待服务、重点项目推进、园区项目清理、创模、信访、秸秆禁烧、勺湖周边整治等重点工作。

第五章　宣传工作

第一节　理论教育

90年代初期，淮安市深入开展“解放思想、真抓实干、加快步伐奔小康”大讨论，组织全市各级领导干部冲破姓“社”姓“资”的思想束缚，在全市掀起全民创业的热潮。2001年以后，楚州区先后出台一系列中心组学习的文件，加强中心组学习的制度化、规范化建设；每年都制定全区中心组学习计划，引导基层中心组学习的方向；每年都编写《党委中心组学习文摘》12期，服务基层中心组的学习。2002年，中心组组织进行“实践‘三个代表’，建设小康楚州”党员干部轮训；当年，中心组积极配合全区范围内开展的“解放思想、加快发展”大讨论活动，推动各级领导干部解放思想和更新观念，增强大局意识、责任意识和发展意识，促进全区上下观念的更新、改革的突破、环境的改善、经济的发展。2004年，抓好农民月会工作，在三堡乡试点的基础上，在全区推广。《群众》杂志长文刊登楚州区这一农村党员教育工作的有益探索。自2005年起，干部教育培训积分考核被列入中心组学习中。

坚持理论先行，配合全区性的重大主题教育活动；配合以实践“三个代表”重要思想为主要内容的保持共产党员先进性教育活动。当年，楚州区党员干部教育工作在全省专题会议上作经验交流。2006年，抓好新农村建设理论引领工程，编印新农村建设宣讲材料《话说新农村》5000册，用群众喜闻乐见的顺口溜和漫画形式为农村干部提供一份通俗易懂的学习参考资料；组织区乡理论宣讲团在各行政村宣讲300多场。在2007年党员冬训中，楚州区利用“农民大学堂”在各村居开展农民教育工作，受到市委宣传部的高度肯定。

2008年上半年，配合市委开展“解放思想争跨越，科学发展奔小康”大讨论活动，协助有关部门组织党政代表团赴南通、浙江学习考察，引领全区广大干群冲破传统观念束缚，创新发展模式，推动楚州经济社会真正转入科学发展的轨道。2008年，主动配合全区开展的“学习周恩来精神，解放思想，优化环境，又好又快建设周恩来家乡”主题教育活动。

自2001年起，区委中心组连续八年被表彰为市级先进中心组。2008年度，农村党员冬训工作受到省委宣传部表彰，并给予6万元以奖代补资金。

第二节　媒体宣传

2002年初，《新华日报》头版头条以《打造新楚州的精彩开篇》为题，报道楚州干群同心同德、负重拼搏的精神。《扬子晚报》头版头条以《惊看苏北“小温州”》为题，报道施河镇发生的巨变。国家及省、市级报刊刊登《楚州发现明清漕运总督部院遗址》《楚州12年涌现32名热血英雄》等有一定影响力的稿件。2003年，《人民日报》海外版以《走进楚州博里农民画》为题，报道农民画之乡——博里镇农民绘画的情况。《楚州发现五任漕运总督手迹》《楚州再现“十番锣鼓”》《楚州村干部吃皇粮》等一批稿件在《人民日报》刊登。《楚州二百余合作经济组织带动八万农户增收》被评为江苏省好新闻二等奖。2004年，楚州区共在各级媒体发稿2100多篇，其中被中央级主流媒体发稿26篇，被省级主流媒体用稿140多篇。全区共有26篇（幅）稿件在全国及省、市获得各类好新闻奖，《创业“绿卡”引得“凤还巢”》《楚州农字型企业带动10万农户增收》获中国地市报新闻奖一等奖和二等奖。《走进博里农民画》获全省文化好新闻三等奖，《写在异乡的生命壮歌》等获得“淮安市政府新闻奖”。

2005年，楚州区共在市级以上媒体发稿2560多篇（幅），其中在《人民日报》、新华社《光明日报》、《经济日报》等中央主流媒体发稿26篇（幅），在《新华日报》《扬子晚报》等省级主流媒体发稿140多篇（幅）。楚州区围绕“工业经济突破年”，先后在《新华日报》《淮安日报》等头版或头条位置，推出了《楚州：培育内生机制赢得新发展》《楚州：“三创”激活发展“精气神”》《“突破”之路》《楚州“双轮驱动”力推工业提速》等一批有影响的稿件；《楚州71万农民就医“一卡”解“三难”》《楚州以工业化破解“三农”难题》等稿件被《人民日报》《农民日报》采用。2006年，围绕楚州区委、区政府确定的“工业项目推进年”和打造“工业型、创新型、富裕型、和谐型”楚州的目标以及各项战略决策，全区共在市级以上媒体发稿2660多篇（幅）。其中，中央主流媒体发稿32篇（幅），省级主流媒体发稿140多篇（幅），市级主流媒体发稿1600多篇（幅）。此外，在新华网、人民网、光明网、中青网等全国重点新闻网站发稿110多篇。《楚州农村文化大餐乐了乡里乡亲》刊登在《新华日报》头版头条。楚州区宣传部门围绕退休教师徐兆来坚持7年义务宣讲周恩来精神而获得淮安市劳模称号的事迹，采写的《淮安——八旬老人获“创建文明城市劳动模范”称号》的消息，先后被《人民日报》、新华社、中央电视台、中央人民广播电台、《光明日报》《新华日报》、新浪网等全国100多家媒体采用。2007年，楚州区通过建立“十大新闻联系点”，突出五大宣传重点和“三大新闻行动”。全区共在市级以上媒体发稿2680多篇（幅），在中央电视台、中央人民广播电台、人民网、新华网发稿120多篇，实现楚州对外宣传的新突破。是年，楚州宣传部门推出《“长线工程”：诠释楚州工业化新路径》《楚州：“培优扶强”推进新型工业化》等一批重点稿件；《六百余年历史的“淮安府衙”对外开放》《中国漕运博物馆定址楚州》等新闻在各大媒体和网站采用；推出全国劳模——楚州市政公司职工蒋春生的典型事迹和《女子掏污队的男队长》长篇通讯。

2008年，楚州宣传部门围绕“又好又快”发展主题，为全区经济和社会发展鼓劲造势，激发精神动力。全区共在市级以上新闻媒体发稿2800多篇（幅），在美国《国际日报》、香港《大公报》、凤凰卫视等境外媒体发稿8篇。2008年，一代伟人周恩来总理逝世32周年，110周年诞辰。楚州宣传部门采写一系列稿件被新华社、光明日报和中央电视台采用。《他走了32年，仍然活在人民心中》的通讯和首次披露的《周恩来十一条家规》，被全国多家媒体转载。楚州做好新型农村合作医疗的经验和做法作为全省典型，在中央电视台“东方时空”专题栏目中播出，围绕农业开发、文化建设、城市建设重点工作，先后采写了《楚州：“文化工程”普惠城乡百姓》《广袤田野书新篇》《楚州大手笔推进城市建设》等重点稿件。

第三节　社会宣传

2002年，举办元旦广场歌舞、戏曲专场演出；配合省、市“三下乡”慰问服务团，赴季桥、流均做好“送戏下乡”活动；组织春节团拜会文艺演出活动；组织“三下乡”慰问服务团赴施河镇慰问演出；组织春节街头文化活动；配合做好市“文明育农、科技富民工程”现场会有关材料、观摩点的工作；组织集中“扫黄打非”活动；配合做好“楚州精神”、《公民道德建设实施纲要》集中宣传；组织全区导游员旅游文化知识竞赛；拟定“道德墙”宣传内容，发动各乡镇着手设立“道德墙”；组织创作人员编写道德歌；组织楚州籍知名书法家精品展；举办首场广场纳凉晚会暨七一晚会文艺演出。

2003年，举行周恩来105周年诞辰系列纪念活动，开展“忆总理、学雷锋、树形象”活动、举行邓颖超纪念园揭牌仪式、举行广场纪念活动、举办以“纪念周恩来，建设新楚州”为主题的广场文艺晚会，观众人数达4000多人；开展“浙江招商月”宣传文化活动；举行“楚州十大历史名人”评选活动；开展“市民看楚州”舆情调查活动；落实汪达之100周年诞辰筹备活动；举办第二届美食文化节；举办“推新人”卡拉OK大赛；开展“三下乡”活动；做好爱国主义教育基地申报、验收工作；举办十六大知识竞赛活动；做好“非典”时期的宣传工作；开展“远离网吧，健康成长”中小学生签名承诺活动。

2004年，开展“个十百”活动，建成一个示范乡镇、十大示范基地和一百个科技示范户；组织元旦、春节系列文化活动；开展“情满楚州”系列文艺演出；开展网吧整治工作；举行邓颖超百年诞辰纪念活动；开展“五个一工程”精品生产推荐申报工作；开展市民广场电影展播活动；开展“三下乡”活动；召开社区思想政治工作座谈会；向市委宣传部推荐“创业之星”“致富模范”，举办“全民创业、全民教育”广场专题文艺晚会；为迎接国家卫生城市创建工作，做好创卫氛围营造工作；举办《新楚州新成就》大型图片展；做好第三届美食节筹备组织工作；编印《楚州印象》画册。

2005年春节期间，开展“春联送万家”活动、街头民俗表演活动、春节免费游园活动，筹备组织春节团拜会，组织开展8次情满楚州文艺演出；制作乡土文化特辑专题片；开展纪念新旅建团70周年系列活动；组织纪念抗战胜利60周年抗战歌曲大家唱广场演出；围绕四城同创、公德教育、抗战胜利60周年纪念等主题，策划组织开展多场系列广场演出；筹备成立楚州区历史文化研究会；牵头组织开展“百部电影进千村”活动；组织拍摄《楚州文明育农、科技富民工程巡礼》专题片；深入开展“百城万店无假货”活动；围绕扶弱助困主题，开展“情系百姓送温暖”集中行动；11月15日，组织区卫生局、城管局等相关职能部门在漕运广场开展创建国家卫生城市知识大型咨询宣传活动，并组织13支代表队在漕运广场开展大合唱比赛；协助旅游局策划举办首届“共和国领袖诞生地红色旅游合作与发展论坛”。

2006年，深入开展“科教、文体、法律、卫生”进社区进村居活动，拟定《楚州区“科教、文体、法律、卫生”四进社区活动实施方案》；组织“夕阳红”艺术团和电影放映队进社区表演文艺节目、放映爱国电影；开展“文明单位助创卫，健康文明进万家”活动；开展5次“四进”社区活动；在城区举办多场“七彩夏日”系列广场纳凉晚会；启动“2131”“免费送电影下乡”，为农民送上免费电影。2007年，开展“学习周恩来精神，建设和谐美好楚州”主题教育活动，召开了纪念总理110周年诞辰动员大会，5月1日，举办主题教育活动启动仪式；在农村开展“十大新农村建设带头人”和“十大育农富民园丁”评选活动、在商企开展“百城万店无假货示范店”创评活动、在机关开展“学习周恩来精神、争当人民满意公务员”“六个一”活动，“学习周恩来精神、争做新一代总理故乡人”“五个一”活动；围绕十七大精神和新《党章》组织“十七大知识竞赛”；成功开展淮安区历史上规模最大、参与人数最多、投入资金最多的“三下乡”赴溪河暖民心服务活动和省文化厅“三下乡”慰问团赴上河镇慰问演出活动；编印《楚州招商画册》和《楚州工作指南》；做好城市形象宣传片《楚州印象》、中共十七大宣传片《咱们村里喜事多》和电视剧《吴承恩与西游记》接待服务工作；与国际商城、阳光现代城等企业合作举办“伟人故乡之春”广场文化节和少儿才艺大赛；常年义务普法人潘恒球被授予淮安市首届“十佳亲情大使”称号、泾口镇蒋桥村支部书记邵乃银和淮城镇农技推广站推广员徐秀明，分别被授予为市级“十大新农村建设带头人”和“育农园丁”称号。

2008年1月1日上午，举办“纪念总理 迎接奥运 振兴楚州”元旦长跑暨万人签名承诺活动；3月3日在周恩来纪念馆主馆前举办“故乡的怀念”大型广场群众演唱会，并设计、制作、发行一套有奖纪念明信片；在全区中小学校开展“学楚州名人、为总理争光、做时代新人”等活动；5月初，结合市“解放思想谋跨越、科学发展达小康”主题教育活动和楚州区情组织开展“学习周恩来精神、解放思想、优化环境，又好又快建设周恩来家乡”主题教育活动；9月20日，在马甸镇中心小学举办首次“‘百城万店无假货’活动示范店乡村行”活动；开展改革开放30周年系列纪念活动，举办改革开放30周年图片展、举办“老照片”征集活动、开展“解放思想、争先创优”典型宣传。

第四节　文明创建

1999年，淮安市召开文渠疏浚工作暨创建文明城市动员大会；起草制订《淮安市创建省级文明城市工作意见》；结合省级卫生城市复检工作，加大文明城市创建力度；召开全市创建文明行业大会；组织好江苏省文明行业工作先进行业评选和推荐工作，开展文明村镇申报评选活动，开展了“十星级文明户”创评工作，开展文明小区创建工作，下发创建工作意见；在《淮安日报》、淮安电视台等新闻媒体纷纷开设“文明新风”专栏；按季评选文明新事。2000年，淮安市制定下发《淮安市创建省级文明城市工作意见》，召开文明城市创建工作会议。文明行业创建活动不断深入。文明村镇创建活动开始启动。市下发《关于深入开展文明村镇创建活动的意见》，继续开展十星级文明户创评活动，广泛实施“一二三家庭读书工程”。全市共创建省级文明单位8个，淮阴市级文明单位52个，淮安市级文明单位198个。2002年，楚州区开展“楚州精神”的征集及宣传工作。“凝心聚力、开拓创新、求真务实、励志图强”成为“楚州精神”。全区开展《公民道德建设实施纲要》的宣传学习工作，开展了“公民道德建设好稿件、好栏目”评选活动，完成《道德歌》的编创工作；组织全区公民道德知识大赛，开展“市民守则进万家”活动，编写了《楚州区公民道德教育手册》；启动“放心购物文明店”创评活动。全区以“三创一建”活动为载体，扎实抓好创建工作。全区共有48个单位荣获市级文明单位，有1个单位荣获市级文明优质服务窗口。

2004年，楚州区全面启动“农村精神文明建设百里示范走廊”创建工作，下发《关于开展“农村精神文明建设百里示范走廊”创建活动的意见》；建立文明城市创建目标责任体系；开展文明新事评选工作，全年共有36件被评为市级文明新事，为全市各县区之首；广泛征集文明警示用语；组织开展公民道德“宣传日”活动；组织开展“学习伟人周恩来，争做合格的公民”和“弘扬‘三创’精神，争当‘四有’新人”主题团队、主题班会等活动；开展“星级文明一条街”创建工作；组织“新楚州建设成就”大型图片展；在《楚州信息》开辟“未成年人思想道德教育大家谈”栏目，以区委、区政府的名义下发《关于进一步加强和改进未成年人思想道德建设实施意见》，全面实施“六大育人”工程；组织家庭育人工程启动仪式，并开展首期家长学校师资培训班；区文明办、综治委、教育、文化、共青团、妇联、关工委等6部门联合向全区下发“致青少年远离不良网吧的公开信”；开展“诚信、守德、健康、文明”青少年夏令营活动；举行“远离陋习、远离毒品、远离网吧”签名承诺活动；组织开展“明礼”知识竞赛。

2005年，楚州区启动“农村文明示范带”创建工作，下发《关于创建“农村文明示范带”的实施意见》。示范带分南北两条，南线主要以楚流线上的朱桥镇、车桥镇、泾口镇、流均镇为基点，北线主要以楚涟线上的城东乡、席桥镇、钦工镇、宋集镇为基点。全区广泛开展文明村镇、文明社区创建工作。全区共有8个乡镇被评为省、市、区文明乡镇，其中施河镇被评为国家级文明乡镇先进单位；有55个村被评为省、市、区文明村，有13家居委会被评为区级文明社区；另外，还有4个乡镇被评为文明乡镇创建工作先进乡镇，23个村居被评为文明村镇创建工作先进村居。做好江苏省文明城市迎检工作，全面启动“五类儿童”关护行动，下发《关于深化“五类儿童”重点关护行动实施意见》。全区开展“百位知心妈妈，结对留守儿童”活动，组织部分留守儿童到父母的打工所在地苏州开展了母子同乐夏令营活动；举行非法出版物、盗版光碟、黄色碟片、游戏机集中销毁仪式。

2006年，楚州区广泛开展社会主义荣辱观宣传教育活动，下发《中共淮安市楚州区委关于在全区广泛开展社会主义荣辱观宣传教育的意见》和《关于在全区中小学生中开展社会主义荣辱观教育的通知》；开展全民学唱“八荣八耻”歌活动，邀请民间艺人管乐为八荣八耻谱曲，在全区各村镇进行教唱；按季开展十大文明新事评选活动，举行“知荣辱、树新风、促和谐、创四城”活动启动仪式；开展“知恩、感恩、报恩，信仰、信心、诚信”主题教育活动；全面落实“五类儿童”重点关护行动；广泛开展“新童谣”传唱工作。

2008年，楚州区实施“市民素质提升计划”，下发《关于印发〈楚州区市民素质提升计划（2008～2010）〉的通知》，对全区44个责任单位作部署和要求；推出“除陋习，树新风，做文明市民”活动，下发《关于在全区开展“除陋习、树新风、做文明市民”活动的实施意见》；开展楚州区首届道德模范评选工作，评出楚州区首届道德模范10名。开展“关注留守儿童，传递你我爱心”捐书活动，共收到捐赠图书6000余册；部署《全国未成年人思想道德建设工作测评体系》迎评工作；开展“做一个有道德的人”和“七彩的夏日”未成年人系列活动等；完成江苏省文明城市复查验收和全国文明城市测评考核工作；制定《楚州区创建全

2008年6月6日，楚州开展“争创绿色家庭，共享美满人生”活动

国文明城市（区）目标任务分解表》，下发《关于成立区创建全国文明城市指挥部的通知》；开展“争创绿色家庭，共享美满人生”家庭节能环保进社区、进村居活动；发出“节能减排，从我做起”倡议书，举行“争创绿色家庭，共享美满人生”家庭节能环保签名承诺活动；重新制订楚州区精神文明创建先进集体《管理规定》。

第六章　统一战线工作

1970年10月，淮安县委召开县第四次党代会，统战部工作逐步恢复。1991年，淮安市委工作机构虽经撤并调整，但统战部始终作为市委的工作部门，为社会主义现代化建设发挥着积极作用。中共十四大确立建立社会主义市场经济体制的改革目标后，市委在鼓励和引导非公有制经济健康发展的同时，重视统一战线在非公有制经济领域发挥的作用，认真贯彻“团结、帮助、引导、教育”的方针，并帮助工商联转变职能，做好非公有制经济代表的思想政治工作；同时，引导各民主党派围绕中心工作积极建言献策，参政议政；加强宗教工作，依法管理，维护宗教信仰自由；进一步做好少数民族调查摸底、脱贫致富工作，切实保护好少数民族群众的合法权益；积极做好海外“三胞”的统战工作；“尊重知识，尊重人才”，大力发挥知识分子在科教兴区（市）战略中的作用。进一步完善党的统战政策，做好新时期的统战工作，为促进楚州区经济、政治、文化和社会的和谐科学发展发挥独特作用。

第一节　民主党派工作

1987年8月，民革淮安县支部在时有8名成员的基础上成立，隶属民革淮阴市委，2005年6月成立总支委员会，下设两个支部。1991年5月，在有3名民进成员的基础上，成立民进淮安市小组，1996年7月成立民进支部，2003年11月成立总支，下设4个支部。1994年6月，民盟淮安市支部在时有盟员5人基础上成立，1998年12月，成立民盟总支委员会，下设3个支部。1995年10月，在有9名农工民主党成员的基础上成立农工淮安市支部，2003年5月总支成立，下设2个支部。1998年10月成立九三学社淮安市支社，有支社社员18人。2002年12月，民建淮安市楚州区支部成立，2006年12月，成立民建楚州总支，下设3个支部。为进一步壮大统一战线组织，充分发挥无党派人士的作用，2008年11月，以淮安市楚州区人大代表、政协委员、工商联会员中的无党派代表人士及无党派知识分子为主的楚州区无党派知识分子联谊会成立，有会员37人。各党派、团体的相继成立，为多党合作和政治协商制度的落实奠定组织基础。至2008年，全区有6个民主党派总支组织和1个无党派知识分子联谊会，有各党派、团体成员300余人。

从1991年开始，淮安市统战部依据上级要求，研究制定多党合作和政治协商五项活动制度，每年根据市委常委人事变化等实际情况，及时调整区委常委与民主人士联系交友名单和民主党派与政府部门对口联系单位，适时召开对口联系工作座谈会，促进联系活动的常态化。

坚持好“季季谈”制度，每年召开4次以上各党派、团体负责人参加的座谈会，就全区经济社会建设的重要举措、重大决策及干部人事的重要安排等，认真听取民主党派和无党派人士的意见、建议，促进党委、政府决策的民主化、科学化。

2001年7月，楚州区开展民主党派座谈会

拓宽渠道，创新方式，切实加强民主党派参政议政和民主监督工作。统战部每年组织民主党派和无党派人士对全区重大建设项目开展视察调研活动，引导各党派、团体围绕市（区）委、政府的中心工作积极建言献策。在每年的“两会”上，人大代表、政协委员中的民主党派和无党派人士提出的议案、提案和大会发言，都具有很好的参考价值。同时，统战部组织民主党派成员和无党派人士参加执法部门的软环境建设和行风评议活动，选派民主党派成员和无党派人士担任党风、政风和行风监督员，发挥党外人士的民主监督作用。淮安市统战部认真做好特约人员归口管理工作，协调区审计局聘请民主党派成员和无党派人士担任特约审计员，并协调相关活动开展，较好地发挥民主党派、无党派人士民主监督作用，促进政府部门的行风建设。

切实为党派活动提供物质和时间保障，多方协调争取区委区政府对各民主党派、无党派知识分子联谊会工作的支持。1998年，淮阴市、淮安市两级政府拨专款建民主党派活动楼，为每个民主党派解决了一间办公室和一个能容纳50余人的会议室，同时专门为各民主党派解决活动经费。各民主党派活动经费已由过去的2000元增加到2008年的3万元。支持民主党派、无党派、工商联基层组织以学习为先导、以制度建设为保证、以培训为抓手，不断增强政治敏锐性和政治鉴别力，切实提高组织协调能力和参政议政水平。

为认真贯彻落实中共中央《关于进一步加强中国共产党领导的多党合作和政治协商制度建设的意见》，根据党外代表人士队伍建设工作的原则和要求，楚州区（淮安县、市）统战部做好党外干部的举荐和实职安排工作，定期与组织部门交流情况，将部分优秀人才有意识保留在党外，把党外干部的培养使用纳入党委人才战略的总体规划，推动党外干部的培养、选拔和使用，先后有10余名党外干部走上县（处）级以上领导岗位；严格落实有关规定，落实党外代表人士的政治安排。按照人才成长规律，统战部从全区范围内排查筛选出一批政治上可靠、业务精通、群众中有威信的党外人士作为后备队伍的骨干，加大跟踪培养力度，保证党外代表人士后备队伍建设的可持续发展。

第二节　经济统战工作

一、“双十双百”活动

统战部积极开展“双十双百”活动，引导非公有制经济代表人士做合格的社会主义事业建设者。从1990年起，淮安市委统战部就不间断地在民营企业家中开展“双十双百”活动（“双十”为兴办10个扶贫开发项目，兴办10项社会公业事业；“双百”为捐助100名失学儿童，帮助100户困难群众脱贫致富），动员和引导民营企业家针对企业的特点，从实际情况出发，在做大做强、做好做优企业的基础上，有针对性地开展结对帮扶活动，从资金、技术、产品的供销上加以帮助和指导，以实际行动带动群众脱贫致富。

二、综合评价活动

统战部认真开展对非公有制经济代表人士“综合评价”工作，从2007年起，每年对部分非公有制经济代表人士，按照“思想政治素质高、社会责任意识强、企业经营发展好、个人修养形象佳”的标准，进行一次综合评价，确定其综合评价等级，把评价结果与非公有制经济代表人士在区人大、政协、工商联等组织中所作的人事安排，以及在“优秀中国特色社会主义事业建设者”和区级劳动模范等评优表彰活动中相互挂钩，并将评价结果反馈到银行、工商、劳动、税务、环保等部门，将其作为企业资质评定、年检以及各种评审的重要参考。综合评价活动的开展，有效地促进了非公有制经济的健康发展和非公有制经济代表人士的健康成长。

三、服务非公有制经济企业

区委统战部还经常组织统一战线成员中的专家学者，深入到非公有制经济企业开展调查研究，帮助非公有制经济企业分析发展中遇到的困难及其原因，共同寻求破解良策；组织民主党派成员中的医护人员深入非公企业送医送药，将统一战线服务非公有制经济的口号化成实际行动；会同区工商联加强对非公经济代表人士的理论、政策培训，邀请法律、环保、质量、安全等方面的专家集中辅导，不断提高非公有制经济代表人士依法经营、守法经营和科学发展意识和观念；组织非公经济代表人士赴经济发达地区考察学习，加强横向联系，帮助他们树立先进的管理、技术和企业文化理念；主动与金融、税务、工商部门联系，帮助民营企业解决融资困难、落实优惠政策、办理相关手续等，努力营造民营企业的健康发展良好氛围。

第三节　民族宗教工作

区委统战部门重视民族宗教工作，注意宗教骨干培养，落实《宗教事务条例》，做好少数民族工作。至2008年底，全区有回、苗、维吾尔、藏、蒙等27个少数民族，人口1336人。有宗教信徒5万余人，宗教职员40余人，登记的活动场所达130余处。

一、民族工作

区委统战部做好少数民族基本情况的调查摸底工作，组织人员对全区少数民族人口情况进行认真排查，全面掌握他们的生活状况，建立少数民族基础台账，并适时更新。积极帮助少数民族贫困户脱贫致富。统战部对乡镇少数民族贫困户，积极向上争取资金，指导他们制定发展计划，提供技术支持，帮助他们脱贫致富；对城镇少数民族困难户，加大与社区联系协调，帮助他们争取最低生活保障。同时，加大党和国家有关民族工作方针政策的宣传贯彻的力度，切实保护少数民族群众的合法权益，会同公安等部门建立预警机制，有效预防和及时处理与民族有关的矛盾纠纷。

二、宗教工作

区委统战部每年举办一期基督教负责人、传道人和新批宗教堂点负责人培训班，广泛开展爱国主义、社会主义文明道德和《宗教事务条例》等政策法规学习教育，研究解决新形势下宗教领域出现的新情况和新问题，提高宗教骨干人员的政治素质和业务能力；开展宗教界人士的思想政治工作，及时做好教育引导工作，切实帮助其解决工作生活中出现的实际困难；同时，探索宗教界代表人士选拔培养的新途径，按照德才兼备的标准，物色选拔一批宗教界后备骨干，切实解决宗教骨干队伍后继乏人的问题。

统战部加大党和国家民族宗教政策、法规、条例的宣传力度，引导宗教信徒及社会各方面人士学习、理解和落实《宗教事务条例》，以增强信教群众的法制观念，提高其守法信教、依法从事宗教活动的自觉性，保证宗教活动在法律法规允许的范围内健康进行。建立健全预警机制，及时处理各种宗教矛盾，加大对非法、违法活动和扰乱宗教活动秩序行为的执法力度，依法强化对宗教工作的管理。指导和协助宗教团体，做好组织建设、基础设施建设、财务制度建设等规范化管理工作。研究和探索科学、实用的人事管理方式和方法，指导和帮助宗教团体把宗教活动场所建设好，把信教群众队伍巩固好，把宗教大家庭团结好，积极引导宗教与社会主义社会相适应。

第四节　海外及港、澳、台服务工作

楚州是侨务工作大区，随着对外交往的不断深入，出国经商、务工和留学人员与日俱增。为认真做好新形势下的侨、台工作，统战部对全区归侨、侨眷、海外侨胞、台属及回大陆定居的台胞情况进行全面调查摸底、登记造册，为有针对性地做好工作奠定了基础。

统战部发动全区统战系统各类组织及其成员，利用各种关系，加强与“三胞”（港澳同胞、台湾同胞、海外侨胞）中“四有”（政治上有地位、经济上有实力、学术上有造就、社会上有影响）人物的联系，推介楚州良好的区位优势和投资环境，邀请海内外客商或亲友来楚州考察投资，为楚州的经济社会建设贡献力量；热情接待回乡探亲的海外侨胞、台湾同胞，为他们在大陆的生活及有关活动提供方便。

积极协调有关部门落实三胞的房屋产权政策，有的归还了被占用的原房屋，无法归还的在经济上给予了补偿；协调有关部门归还了“文化大革命”期间没收的银元和金、银首饰等。做好黄埔同学会会员和定居台胞工作。全区原有黄埔同学会会员17人，定居台胞20余人。由于历史原因，这些人均年老体弱，经济困难，每逢节日，统战部工作人员都专程上门慰问。在每次政协换届工作中，统战部都对全区侨（台）属中的代表人士进行调查摸底，会同区委组织部和政协党组进行充分协商，留有一定的名额，安排他们担任政协委员，为他们参政议政提供条件。

第七章　党校工作

第一节　干部培训

淮安市委党校于1989年11月经省验收合格，批准为中专体制党校。2001年，校名由中共淮安市委党校变更为中共淮安市楚州区委党校。

自1983年党校工作正规化以后，该校认真贯彻中央及省、市、县（市、区）委有关加强和改进党校工作的文件精神，坚持正确的办学方向，积极发挥党校主阵地主渠道作用，不断深化教学改革，创新教学方法，加强教学管理，增强培训效果，适应经济社会发展和党员干部的实际需要，主体班次的教学质量和办学水平得到不断提高，受到省、市、县（市、区）领导的肯定和表扬。至2008年，该校先后开办各类主体班132期，轮训、培训学员5.76万人次，多次荣获党校系统优秀教学奖。其主体班教学与时俱进，根据不同时期干部培训的需要，不断更新教学内容，重点以地方经济社会发展为主线，调整教学内容，增加实务性、操作性强的课程内容，以满足各级党员干部求知的欲望和综合素质、能力提高的要求；改革教学方法，积极探索理论联系实际的教学新路子，努力创造条件，采用现代化教学手段，逐步实施多媒体教学；加强教学管理，完善班级管理制度与组织，与组织部门协调建立完整的学考鉴定网络，并使之权威化，在对学员的鉴定上实现科学化、民主化；建立教育质量保证体系，构建教学信息反馈网络，实现教学双方的相互交流、相互沟通，促进教学相长。

第二节　学历教育

党校函授教育是党员干部学习进修的一种重要途径，是创建学习型社会的一种重要组织形式。区（县、市）委党校充分利用这一平台，全方位、多层次、多渠道加强党员干部进修学习，不断提高党员干部的理论素养、业务水平。自1985年开办函授学历培训至2008年，培养各级学历毕业学员3325人，其中中专688人、大专1431人、本科1206人。他们中间有普通工作人员、业务骨干以及处级、科级领导干部，还有民营企业老板。组织部门公开选拔的干部中，有80%以上是党校毕业的函授学员。

第三节　理论研究

楚州区委党校坚持走科研兴校之路。主动寻找党校工作服务地方发展的切入点，紧贴区委、区政府中心工作，把深入调查研究服务地方经济社会发展作为科研工作的重点，以高质量的调研成果积极主动地发挥党校思想库的作用，为领导决策提供有关信息服务。努力促使科研与教学课程内容相结合，与地方经济社会发展相结合，与改革开放、全面小康、社会主义现代化建设相结合，与党的路线方针政策相结合，以实现理论水平、教学质量的双提高。参与省级、市级和区级课题调研，多次获得淮安市党校系统优秀科研组织奖，科研工作位于淮安市党校系统先进行列。至2008年底，在国家及省、市区级报刊、杂志上共发表论文220篇，参加各级各类论文评奖活动获奖86篇。

第八章　党史编研

第一节　编研机构

1978～1980年，中共淮安县委员会党史编辑委员会与档案室、县志编辑委员会合署办公。1981年6月15日，淮安县成立淮安县委党史资料征集领导小组，下设办公室。1985年3月2日，淮安县设立中共淮安县委党史资料征集研究委员会，下设中共淮安县委党史资料征集研究委员会办公室，同时撤销中共淮安县委党史资料征集领导小组。1988年2月，更名为中共淮安市委党史资料征集研究委员会。1989年10月21日，更名为中共淮安市委党史工作委员会。2001年2月，更名为中共淮安市楚州区党史工作委员会。

第二节　资料征集

中共十一届三中全会后，党中央加强对党史工作的领导，要求各级党委健全党史征编组织，加强党史工作队伍的力量，开展党史资料的抢救、挖掘、整理工作。1981年6月15日，淮安县委发文成立“淮安县委党史资料征集领导小组”，加强组织领导，充实党史工作人员，征集资料工作由此全面展开。资料的征集主要依靠联系曾在淮安地区工作过的老同志，请他们写回忆文章；走访老同志，收集资料、挖掘事件、甄别史实；请当事人、知情人，座谈回忆、叙述、提供线索，挖掘史实；到中央档案馆、军事博物馆、省档案馆、周边市县区档案馆、县档案馆收集原始资料，挖掘资料来源。最后根据大量的资料进行分类，然后整理、补充、完善，形成较为系统的档案资料。这些收集到的资料主要包括地方党组织的形成和发展概况；地方新民主主义革命的形成和发展过程；地方主要历史事件始末；地方发生历次主要战斗经过；地方党政和军事主要领导人情况；烈士名录和主要简历及人物故事。

90年代后期，上级党史部门要求县级党史部门编写地方民主革命斗争史，由于现存资料相互衔接不够，系统性较差，难以把握地方党在民主革命时期全部情况等因，未能成篇。

对于新中国成立后的资料征集，党史工作人员虽通过查档，收集各部门的资料，对大的事件脉络进行梳理，但由于很多因素制约，尚未形成系统资料。

第三节　党史资料编研

烽火记忆

淮安抗战风云录

中国共产党淮安市淮安区历史（一卷）　中国共产党淮安市淮安区历史（二卷）

中国共产党淮安市淮安区历史

党史编研工作起步于1981年淮安县委党史资料征集领导小组成立以后，在组织一部分人征集资料的同时，组织一批机关的工作人员收集新中国成立后的资料，编写了1956～1966年地方简史。由于当时经费比较紧张，这项工作未能持续下去。1983年后，根据已征集到的民主革命时期的资料，党史工委陆续出版了“淮安党史资料”专辑1～7辑，约15万字左右，基本上包含所征集资料的全部内容。期间还出版了人物故事集《鱼水情》单行本，由邓颖超题写书名；出版个人历史资料《邹屏日记》。党史工作人员撰写了数篇党史论文在国家和省党史学术刊物上发表。1983年，党史工委工作人员编写出版了淮安1949年10月至1989年12月党史大事记。1995年，编写出版了约12万字的《淮安市英烈谱》。1999～2001年，根据机关各部门提供的资料，汇编了主要反映社会主义时期的地方党史专辑《历史的回顾》，两辑共45万字。2002年，编写了地方党史大事专集，约30多万字，因经费原因未能出版。2004年，为纪念车桥战役胜利60周年，淮安市党史办和楚州区党史工委联合编写出版了《大地的记忆》，约21万字；2005年，为纪念世界反法西斯战争和中国人民抗日战争胜利60周年，编写出版《燃情岁月》一书，共30万字。其间，为中央及省、市出版书、刊提供资料、文章数十篇，为区有关部门提供传统教育资料，较好地发挥党史资政育人的作用。

第四节　纪念活动

一、纪念横沟寺暴动

横沟寺地处楚州区北部钦工镇横沟村。1927年9月，中共淮安特支在横沟寺成立。1927年12月，中共淮阴特委、中共淮安县委在横沟寺成立。1928年2月，中共淮安县委领导淮安北乡人民进行武装暴动，从此开始了淮安人民在中国共产党领导下开展武装斗争的历史，揭开了中国共产党在苏北地区进行新民主主义革命的序幕。为纪念这一具有珍贵历史价值和深远历史意义的事件，1992年2月，淮安市委在横沟寺举行隆重的立碑仪式，碑上镌刻着“中共淮安县委淮阴特支诞生地，横沟农民武装暴动指挥部旧址”。1992年后，“旧址”被作为青少年革命传统教育基地。2003年，经淮安市楚州区政协委员提出提案，中共楚州区委对立碑处进行修缮和改建，并建碑亭。

二、纪念车桥战役

车桥地处楚州区东南约30千米处，为楚州的一个镇。1943年，日本帝国主义在太平洋战场不断失利的情况下，为保住其本土与南洋的交通线，压迫蒋介石投降，于1944春发动以打通平汉路和粤汉路为目标的大陆交通线作战。日军采取放弃若干次要据点，相对集中兵力，加强伪军，保证主要据点，继续对解放区进行“扫荡”“清乡”“屯垦”的计划，以掠夺中国资财。新四军一师为打破敌人这一计划，在师长粟裕、副师长叶飞的指挥下，于1944年3月5日发动车桥战役，标志着新四军由战略防御、相持，进入局部反攻阶段。

1983年，省、市、县委各级领导，为纪念抗日战争期间这场著名战役，缅怀在车桥战役中牺牲的烈士，庆祝车桥战役胜利40周年，决定建造车桥战役烈士纪念碑和烈士陵园。车桥镇党委、车桥镇人民政府给粟裕写信，请其为车桥战役烈士纪念碑题词，由于粟裕身体状况较差，由他提议，请叶飞题写碑文。1983年7月，叶飞为车桥战役纪念碑题词：“车桥战役英烈永垂不朽。”

1994年和2004年，淮安市（楚州区）委为纪念车桥战役胜利50和60周年，在车桥镇举行隆重的纪念仪式，党史部门召开座谈会和学术讨论会，发表学术研究论文。在车桥战役胜利60周年之际，淮安市党史办和楚州区党史工委合编了《大地的记忆》一书。

三、纪念大胡庄战斗

大胡庄地处楚州区东北部，今属茭陵乡的一个村庄。1941年4月23日，新四军三师八旅二十四团一营二连为在5、6月份配合友邻部队拔掉敌军凤谷村和青沟村据点，以巩固边沿地方政权，进驻大胡庄。驻涟城的日伪军近千人得到这一消息后，于4月26日凌晨4时，对大胡庄进行突然袭击。二连干部战士和副营长共83人立即投入战斗，战斗持续到下午1点多钟，除一名幸存者外其余82人全部壮烈牺牲。这是新四军赴苏北地区抗战不久，在淮安土地上进行的最激烈、最悲壮、最有影响的一次战斗。82名烈士用生命和鲜血为开辟和建立淮安解放区作出了巨大贡献。

1984年6月，淮安县委为纪念在大胡庄战斗中牺牲的82名烈士，在茭陵的大胡庄战斗遗址立碑，以示永久纪念。

第十九篇　人大　政府　政协

1978～2008年，楚州区（淮安县、淮安市）人民代表大会先后进行8次换届选举，产生8届区（县、市）人民代表大会常务委员会。30年间，区（县、市）人大及其常务委员会依照宪法、法律的规定，认真行使各项职权，积极发挥地方国家权力机关的重要作用。区（县、市）人民代表大会先后召开29次会议，共听取和审查区（县、市）人大常委会、人民政府、人民法院、人民检察院的113项工作报告，会议提出各种建议、批评和建议（包括议案转意见）3984件，先后提出《关于在全市推行合作医疗的建议》《关于搞好城市排水设施的议案》《关于进一步加大农业投入、促进农村持续稳定发展，应对全面取消农业税后的新形势的建议》《拓宽翔宇大道楚州段的建议》等重要建议案。区（县、市）人大常委会共举行216次常务会会议；组织乡镇进行人大代表换届选举11次；讨论、决定重大事项，监督"一府两院"工作，任命国家机关工作人员，认真履行宪法、法律赋予的职责，围绕民主法治建设、经济社会建设和事关人民群众切身利益的重大事项，认真行使重大事项决定权，促进全区（县、市）经济建设和社会事业健康发展。

1978～2008年，楚州区（淮安县、淮安市）历经第九至十四届政府。区（县、市）政府突出经济建设中心，围绕改革与发展，先后组织实施了农村经济体制和工业、交通、流通等系统的企业改制及事业单位综合改革；推进招商引资和外向型经济发展，强化农业，振兴工业，大力发展第三产业，协调发展科教文卫体等各项社会事业，逐步改善人民生活，抓好"两个文明"建设；坚持依法治区（县、市），实施科技兴区（县、市）和可持续发展战略，控制人口增长，加强环境、资源保护，提高人民整体素质，实施九年义务教育和农村初级卫生保健，建立社会保障体系，改善自然生态环境，落实为民办实事工程，加强全面小康社会建设，全区（县、市）综合实力得到全面提升。30年间，历届政府累计召开区长政务会及办公会586次，开通区长公开电话，逐步扩大政务公开，积极为民办实事，群众满意度逐年上升。

1978～2008年，区（县、市）政协先后进行8次换届，第五届至第八届委员会任期3年，第九届市政协开始任期5年，共召开全体会议29次，选举产生政协常务委员会，研究通过众多的决议、决定；列席人大、政府会议；提出提案，开展视察、调研，反映社情民意，团结各民主党派、工商联和社会各界人士，围绕中心工作，积极参政议政、建言献策，为楚州区经济和社会各项事业的发展发挥了应有的积极作用。

第一章 人民代表大会

第一节 人大代表

2002年，楚州区召开区十三届人民代表大会第五次会议

1978～2008年，楚州区（淮安县、市）召开第八至十五届区（县、市）人民代表大会，代表的产生根据《地方组织法》《选举法》的规定，是以直接选举和差额选举的办法，经过宣传发动、选民登记、选区划分、提名推荐候选人、投票选举等阶段，由选民在各选区无记名投票直接选举产生。1993年3月，第八届全国人民代表大会第一次会议审议通过《中华人民共和国宪法修正案》，将县级人民代表大会的任期由每届3年改为5年。1995年2月28日召开的第八届全国人大常委会第十二次会议，对地方组织法和选举法作了修改和补充。修改后的选举法，对县区级人大代表的名额按“代表名额基数+按人口数增加代表数”的方法，以此规定地方各级人大代表的规模，并规定“地方各级人民代表大会的代表总名额经确定后，不再变动”。淮安市人民代表大会的代表名额由江苏省人大常委会根据《选举法》《江苏省各级人民代表大会选举实施细则》确定。2007年省人大常委会确定楚州区十五届人民代表大会代表名额为361名。

第十二至十五届楚州区（淮安市）人大代表选举情况表

表19-1

届别	选举时间	选民数（人）	参选的选民数（人）	参选比例（%）	选出代表		
					乡镇代表（人）	市（区）代表（人）	备注
十二	1992年10～12月	807825	752605	93.2	2000	375	市乡同步
十三	1997年10～12月	852198	813577	95.5	—	358	—
十四	2002年10～12月	847487	797485	94.1	—	352	—
十五	2007年10～12月	866318	779732	90.0	1782	353	区乡同步

第十二至十五届楚州区（淮安市）人民代表大会代表组成情况表

表19-2 单位：人

届别	代表人数	性别		代表组成							政治情况	
		男	女	干部	工人	农民	知识分子	军人	侨属	其他	党员	非党员
十二	375	291	84	111	32	147	74	1	6	4	253	122

续表19-2

届别	代表人数	性别		代表组成							政治情况	
		男	女	干部	工人	农民	知识分子	军人	侨属	其他	党员	非党员
十三	358	254	104	139	48	133	35	2	—	1	232	126
十四	352	262	90	137	32	125	40	3	—	17	260	92
十五	353	256	97	142	27	69	53	2	—	60	264	89

第十一至十五届楚州区（淮安市）人大代表任期情况表

表19-3

届别	任期	起止年月	届别	任期	起止年月
十一	3年	1990年1月至1993年1月	十四	5年	2003年1月至2007年12月
十二	5年	1993年1月至1998年1月	十五	5年	2008年1月至2012年12月
十三	5年	1998年1月至2003年1月	—	—	—

一、乡镇人大代表

2004年3月以前乡镇人大代表每届任期3年。至1990年2月，淮安市（省辖县级）选举产生第十届乡镇人大代表（除后组建的马甸、建淮、茭陵、南马厂等乡镇届次有所不同，其他乡镇届次均相同）。

第十届全国人民代表大会第二次会议于2004年3月14日通过的《中华人民共和国宪法修正案》，将乡、民族乡、镇的人民代表大会由每届任期3年改为5年，与县级以上地方各级人民代表大会的任期相一致。2002年1月前，各乡镇完成了第十四届乡镇人大代表的选举。此届乡镇人大代表一直履职至2007年底。各乡镇人民代表大会代表具体数额，由楚州区人大常委会根据《选举法》及《江苏省各级人民代表大会选举实施细则》决定。

1990～2008年楚州区（淮安市）乡镇人大代表任期情况表

表19-4

届别	任期	起止年月	备　注	届别	任期	起止年月	备　注
十	3年	1990年2月至1993年1月	市（县级）乡同步换届	十三	3年	1999年1月至2002年1月	—
十一	3年	1993年1月至1996年1月	市（县级）乡同步换届	十四	6年	2002年1月至2008年1月	延期换届
十二	3年	1996年1月至1999年1月	—	十五	5年	2008年1月至2012年12月	区乡同步换届

二、市（区）级人大代表

根据选举法规定，县、乡两级人大代表由选区选民直接选举产生。全国人大代表、省级人大代表和设区市级人大代表，分别由下一级人民代表大会选举产生。1992～2008年期间，楚州区（淮安市）通过选举产生全国、省和设区的市人大代表如下：

楚州区（淮安市）出席淮阴市人民代表大会代表名单

第三届（1993年2月20日淮安市十二届人大一次会议选出）：

王广新　王之琦　尹明　田文秀　朱为民　朱明照　朱学金　朱建山　朱梅芳　刘志丰
刘彭高　孙军　孙玉林　孙志钧　杨利华　杨基厚　李芬　李开明　李玉华　李正存
李兰英　严秀芬　汪立行　宋桂林　张林　张大铭　张仁模　张文旭　张志超　张其泰
张恒顺　陈芸　陈民牛　陈兆凤　陈寿松　陈建华　陈树才　陈耀华　林志珍　欧天祥
周红缨　周克明　项秉德　胡振中　赵万林　侯秀峥　姚益秀　秦养恕　徐俊成　殷长干
唐永峰　陶涛　黄化祥　黄善模　章仁杰　韩玲　董铮　童怀庆　缪鹤铭　潘奎林

（按姓氏笔画为序）

第四届（1998年1月7日淮安市十三届人大一次会议选出）：

马小明　马德兆　马德祥　王超　王之琦　王志成　王国权　王其明　石全　叶宗石
朱洁　朱学举　刘北平　刘学生　刘其章　刘维亚　刘彭高　孙一峰　孙凤谋　孙成恩
孙茂洲　杨兰　杨国庆　花法荣　李芬　李玉华　李兰英　李高霞　严峰　吴重玲
吴洪喜　汪立行　沈寿坤　张林　张桦　张天民　张汝华　张步强　张学刚　张洪霞
张爱华　陈芳　陈士宾　陈书才　陈从亮　陈秀龙　陈尚志　陈复超　尚云　季佳生
胡兆辉　赵文美　赵成麟　袁学能　贾连生　顾以祥　顾林青　夏如湖　徐超　徐立保
郭平扬　高建章　唐卫民　唐永礼　葛寄海　程士琴　童怀庆　谢如佳　颜廷举　潘奎林

（按姓氏笔画为序）

2000年12月淮安补选淮阴市人大代表名单：王曰华

2002年1月楚州区补选淮安市人大代表名单：范学恕　陈杰　刘友超

第五届（2003年1月9日区十四届人大一次会议选出）：

丁解民　毛宗杰　王士高　王大成　王玉强　王志华　王秀珍　王其明　王宝玉　王强众
伏正高　伏海龙　刘友超　刘守东　刘秀兰　刘美华　刘海玲　刘维亚　朱学举　朱毅民
江建波　汤正明　许文亮　吴雪瑞　张云平　张栋　张志超　张步强　张金坤　李玉华
杨文赞　汪性国　沈虎　沈殿洪　陈峰　陈光明　陈寿松　陈洪玉　陈晓龙　周观
周淮生　孟鸽成　季佳生　宗兆昱　尚云　经晖　柏安华　胡旭　胡光辉　胡运兴
赵光　赵文美　骆四清　倪云清　唐卫民　唐永礼　唐道伦　夏巧云　夏海年　徐春雷
徐跃华　黄跃　黄大红　彭寿年　葛佩红　蒋苏娅　韩仰超　韩海峰　雍树林　鲍三贵
熊淮生　颜廷举

（按姓氏笔画为序）

2006年12月楚州区补选淮安市人大代表名单：殷长干

第六届（2007年12月30日区十五届人大一次会议选出）：

丁解民　于波　于思翔　马洪林　仇庆国　尹延奎　毛宗杰　王其明　王强众　王赣明
韦霞　卢万友　卢丽群　刘元英　刘友超　刘月进　刘光辉　刘守东　刘宏伟　刘宏彬
刘维亚　孙军　孙靓　孙建成　孙洪滨　朱亚文　朱怀众　朱恒谦　朱素芳　江建波
牟兰　许巧玲　宋炜　张谨　张云平　张文芹　张兆梅　张志勇　张国兴　张学刚
张继元　杨书华　杨文赞　沈名玉　邵念鹏　周淮生　孟宝泉　林会民　武龙宝　苗开昌
范学恕　俞士让　柏安华　胡旭　胡志刚　贺宝祥　赵洪权　骆四清　唐道伦　夏海年
徐跃华　殷长干　袁开锋　章来全　程冠东　葛恒展　董国钧　蒋桂芳　谢云彩　韩海峰
鲍三贵　戴洪祥

（按姓氏笔画为序）

2008年12月楚州区补选淮安市人大代表名单：刘永忠

楚州区（淮安市）出席江苏省人民代表大会代表名单

第八届（1993年3月13日淮阴市三届人大一次会议选出）：杨国忠　张天民　殷文宝　曹康喜

第九届（1998年1月22日淮阴市四届人大一次会议选出）：陈寿松　张月芹

第十届（2003年1月20日淮安市五届人大一次会议选出）：肖本明　周玉梅

第十一届（2008年1月13日淮安市六届人大一次会议选出）：吉子俊　周玉梅

楚州区（淮安市）出席全国人民代表大会代表名单

第八届（1993年3月至1998年3月）人民代表大会代表：张月芹

第九届（1998年3月至2003年3月）人民代表大会代表：花法荣

第二节　历届人民代表大会

一、区（市）人民代表大会

1978年，淮安县第七届人民代表大会因“文革”开始而中断举行。“文革”期间，以革命委员会取代了人民委员会。淮安县革命委员会成立于1968年3月7日，孙仲光任主任，陆洪刚、江维邦、刘守庭、章玉彩为副主任，县革命委员会常委6人。县革命委员会掌握全县党、政、财、文大权。直到1981年，淮安县人民第八届代表大会第一次会议召开。

（一）第八届人民代表大会

淮安县第八届人民代表大会第一次会议于1981年5月24～29日召开。到会代表433人。会议还特邀了县出席江苏省人民代表大会的代表和省以上劳动模范、老红军、对越自卫还击战中的有功人员及烈士亲属的代表列席。会议的主要议程是：听取和审议县革委会的工作报告；审查和批准县1980年财政决算和1981年财政预算草案的报告；听取和审议县人民法院和人民检察院的工作报告；听取和审议县计划生育领导小组关于计划生育工作的发言；依法选举产生淮安县第八届人民代表大会常务委员会主任、副主任和委员；撤销革命委员会，成立县人民政府。选举产生淮安县人民政府县长、副县长、法院院长和检察院检察长。会议选举侍瑞林为县人大常委会主任，吉平、颜士友、李育之、朱树人为副主任。于耀中当选为淮安县人民政府县长，叶荫梅、花恒和、唐永峰、徐立华、张宝鼎、黄裕清为副县长。会议收到代表议案747件。经议案审查委员会审查，提出了议案审查报告，将各项议案分别交由县人民政府及有关部门研究处理和答复。

淮安县第八届人民代表大会第二次会议于1982年10月23～25日召开。会议代表423人。会议主要议程是：听取和审议县政府工作报告；审查和批准县关于1981年国民经济计划执行结果和1982年经济、社会发展计划安排意见的报告；审查和批准县1981年财政决算和1982年财政预算草案的报告；听取和审议县人大常委会工作报告；听取和审议县人民法院和人民检察院工作报告。会议期间，共收到代表提案261件。其中，属于农业方面的58件，工业交通方面的39件，计划、基本建设方面的38件，财贸和人民生活方面的39件，科教文卫和计划生育方面的53件，司法、民政方面的15件，权力机关、政府机关方面的19件。所有提案，按照内容分别交由县政府、人民法院、人民检察院及人大常委会研究处理。

淮安县第八届人民代表大会第三次会议于1983年3月29～31日召开。会议代表424名。会议审查和批准了县1982年国民经济计划执行结果和1983年经济、社会发展计划安排意见的报告；审查批准了县1982年财政决算和1983年财政预算草案的报告；选举出淮安县出席江苏省六届人民代表大会代表15名、淮阴市第一届人民代表大会代表91名。这次会议代表向大会提出各种议案69件，各方面的工作建议、批评和意见27件。

(二)第九届人民代表大会

淮安县第九届人民代表大会第一次会议于1984年6月6~10日召开。代表426人。会议主要议程是:听取和审议县人民政府工作报告;审查批准淮安县1983年国民经济计划执行结果和1984年经济、社会发展计划安排意见的报告;审查批准县1983年财政决算和1984年财政预算草案的报告;听取和审议县人大常委会工作报告;听取和审议县人民法院、人民检察院工作报告;依法选举产生淮安县第九届人大常委会组成人员,选举淮安县人民政府县长、副县长,选举县人民法院院长和人民检察院院长。会议选举叶荫梅为县九届人大常委会主任,颜士友、钟如森、史泽民、陈国璧、庄学辉为副主任。选举曹楷为淮安县人民政府县长,杨基厚、张宝鼎、戴国祥、范学恕、陈芸为副县长。大会期间,共收到代表提出的各种议案53件,各种建议和意见179件。根据《淮安县关于议案处理的暂行办法》,决定将议案转为意见一并交县政府、人民法院、人民检察院及有关部门办理,并将结果直接答复代表。

淮安县第九届人民代表大会第二次会议于1985年4月3~6日召开。会议代表422人。会议听取和审议了县人民政府工作报告;审查和批准了县1984年国民经济计划执行结果和1985年经济、社会发展计划安排意见和报告;审查和批准了县1984年财政决算和1985年财政预算草案的报告;听取和审议了县人大常委会、县人民法院和县人民检察院的工作报告。会议选举张凯为淮安县人民政府县长。会议期间,共收到代表提出的各种批评、意见和建议177件。

淮安县第九届人民代表大会第三次会议于1986年3月26~29日召开。会议代表418人。主要议程是:听取和审议县人民政府工作报告;审查和批准《关于淮安县国民经济和社会发展第七个五年计划的报告》、关于淮安县1985年国民经济计划执行结果和1986年经济、社会发展计划安排意见的报告,关于1985年县财政决算和1986年财政预算草案的报告;听取和审议县人大常委会、人民法院和人民检察院的工作报告。补选张凯、吴洪彪为淮阴市第一届人大代表;补选王斯沛、朱国仁、任寿成为淮安县人大常委会委员;选举赵文汉为淮安县人民检察院检察长。大会期间,共收到各种批评、意见和建议(包括议案转建议)276件,会后分别交由县政府、人民法院、人民检察院及有关部门办理并答复代表。

(三)第十届人民代表大会

淮安县第十届人民代表大会第一次会议于1987年3月30日至4月4日召开。会议代表363名。主要议程是:听取和审议淮安县人民政府工作报告;审查和批准淮安县1986年财政决算和1987年财政预算草案的报告;听取和审议淮安县人大常委会、人民法院和人民检察院的工作报告;选举县人大常委会组成人员,选举县人民政府县长、副县长,选举县人民法院院长和人民检察院检察长。大会依法选举叶荫梅为县人大常委会主任,史泽民、陈国璧、庄学辉为副主任;选举张凯为淮安县人民政府县长,左天香、陈芸、张宝鼎、范学恕、唐永峰为副县长。会议期间,共收到各种批评、意见和建议(包括议案转意见)211件。

淮安县第十届人民代表大会第二次会议于1987年11月30日至12月1日召开。会议代表362名。会议的主要议程是:选举淮安县出席淮阴市第二届人民代表大会代表。

淮安市第十届人民代表大会第三次会议于1988年3月30~31日召开。淮安撤县建市,淮安县人民代表大会改名为淮安市人民代表大会。出席会议代表364名。会议听取和审议了淮安市人民政府工作报告:审查和批准市1987年国民经济计划执行结果和1988年经济、社会发展计划安排意见的报告;审查和批准淮安市1987年财政决算和1988年财政预算草案的报告;听取和审议市人大常委会、市人民法院和市人民检察院的工作报告。会议期间,收到代表提出的各种建议、批评和意见(包括议案转意见)85件。对于这些批评、意见和建议,会后由市人大常委会会同市人民政府、市人民法院、市人民检察院及有关部门办理。

淮安市第十届人民代表大会第四次会议于1989年3月29日至4月1日召开。会议代表364名。

会议听取和审议了淮安市人民政府工作报告；审查和批准了市1988年国民经济计划执行结果和1989年经济、社会发展计划安排意见的报告；审查和批准了市1988年财政决算和1989年财政预算草案的报告；听取和审议了市人大常委会、市人民法院和市人民检察院的工作报告。选举杨国忠为淮安市人民政府市长。会议收到代表提出的各种批评、建议和意见（包括议案转建议）128件，由市人大常委会交由市政府、市人民法院和市人民检察院及有关部门办理。

（四）第十一届人民代表大会

淮安市第十一届人民代表大会第三次会议于1992年3月16～19日召开，出席会议代表372名。会议主要议程是：听取和审议市政府工作报告；听取和审议淮安市1991年国民经济计划执行结果和1992年国民经济、社会发展计划安排意见的报告；听取和审议淮安市1991年财政决算和1992年财政预算草案的报告；听取和审议淮安市人大常委会、市人民法院和市人民检察院工作报告，并通过了相应的决议。会议补选王斯沛为市人大常委会副主任，王金牛为市人民检察院检察长；会议期间，代表们共提出各种建议、批评和意见（包括议案转意见）63件。

（五）第十二届人民代表大会

淮安市第十二届人民代表大会第一次会议于1993年2月16～20日召开，出席会议代表375名。会议主要议程是：听取和审议市政府工作报告；听取和审议淮安市1992年国民经济计划执行结果和1993年国民经济、社会发展计划草案的报告；听取和审议淮安市1992年财政决算和1993年财政预算草案的报告；听取和审议市人大常委会工作报告和市人民法院、市人民检察院工作报告，并通过了各项报告的决议。会议选举唐永峰为市人大常委会主任；杨国忠为市人民政府市长；王斯沛、张宝鼎、戴如松（以姓氏笔画为序，下同）为市人大常委会副主任；王友富、王庭和、朱国仁、陈寿松、陶承浩为市人民政府副市长；刘志丰为市人民法院院长；王金牛为市人民检察院检察长。会议期间，收到代表各种批评、意见和建议（包括议案转意见）82件。

淮安市第十二届人民代表大会第二次会议于1994年3月23～25日召开，出席会议代表374名。会议主要议程是：听取和审议市政府工作报告等；并作出决议。会议补选陆广浦为淮安市市长；补选陈锦山为市人大常委会副主任；补选李宪永、范晓梅为人大常委会委员。会上，代表提出各种建议、批评和意见（包括议案转意见）83件。

淮安市第十二届人民代表大会第三次会议于1995年3月7～10日召开，出席会议代表373名。会议听取和审议市政府工作报告等；作出相应的决议。会议补选殷长干为市人大常委会副主任；补选谭长春为市人大常委会委员。会上，代表提出各种建议、批评和意见（包括议案转意见）115件。

淮安市第十二届人民代表大会第四次会议于1996年3月12～15日召开，出席会议代表378名。会议主要议程是：听取和审议市政府工作报告；听取和审议淮安市国民经济、社会发展第九个五年计划和2010年远景目标纲要；听取和审议淮安市1995年国民经济计划执行结果和1996年国民经济、社会发展计划草案的报告；听取和审议淮安市1995年财政决算和1996年财政预算草案的报告；听取和审议市人大常委会工作报告和市人民法院、市人民检察院工作报告，并通过各项报告的决议。会议补选花法荣为市人民政府市长；补选张天民、顾俊杰为市人大常委会副主任。会上，代表提出各种建议、批评和意见（包括议案转意见）86件。

淮安市第十二届人民代表大会第五次会议于1997年3月11～14日召开，出席会议代表378名。会议主要议程是：听取和审议市政府工作报告；听取和审议淮安市1996年国民经济计划执行结果和1997年国民经济、社会发展计划草案的报告；听取和审议淮安市1996年财政决算和1997年财政预算草案的报告；听取和审议市人大常委会工作报告和市人民法院、市人民检察院工作报告，并通过了各项报告的决议。会议补选陈寿松为市人民政府市长；补选周长飞、葛寄海、颜杨为市人大常委会委员。会上，代表提出各种建议、批评和意见（包括议案转意见）57件。

（六）第十三届人民代表大会

淮安市第十三届人民代表大会第一次会议于1998年1月3～7日召开，出席会议代表358名。会议主要议程是：听取和审议市政府工作报告；听取和审议淮安市1997年国民经济计划执行结果和1998年国民经济、社会发展计划草案的报告；听取和审议淮安市1997年财政决算和1999年财政预算草案的报告；听取和审议市人大常委会工作报告和市人民法院、市人民检察院工作报告，并通过各项报告的决议。会议选举了马小明等70位同志为淮安市出席淮阴市第四届人民代表大会代表；花法荣为市人大常委会主任；王庭和、张天民、陈锦山、顾俊杰、徐立华、戴如松为市人大常委会副主任；陈寿松为市人民政府市长；刘维亚、张谨、赵深、顾凤生、殷长干、曹华富、雍树标为市人民政府副市长；夏如湖为市人民法院院长；王金牛为市人民检察院检察长；会上，代表提出各种建议、批评和意见（包括议案转意见）71件。

淮安市第十三届人民代表大会第二次会议于1999年1月21～24日召开，出席会议代表355名。会议听取和审议市政府工作报告；听取和审议淮安市1998年国民经济计划执行结果和1999年国民经济、社会发展计划草案的报告；听取和审议淮安市1998年财政决算和1999年财政预算草案的报告；听取和审议市人大常委会工作报告和市人民法院、市人民检察院工作报告，并通过了各项报告的决议。会议补选贾连生为市人大常委会副主任；补选左荣华为市人民检察院检察长；会上，代表提出各种建议、批评和意见（包括议案转意见）54件。

淮安市第十三届人民代表大会第三次会议于2000年1月20～23日召开，出席会议代表353名。会议听取和审议市政府工作报告；听取和审议市1999年国民经济和社会发展计划执行情况及2000年国民经济和社会发展计划草案的报告，批准市2000年国民经济和社会发展计划；听取和审议市1999年预算执行情况和2000年预算草案的报告，批准市2000年财政预算；听取和审议市人大常委会工作报告和市人民法院、市人民检察院工作报告，并通过了各项报告的决议。会议补选张天民为市人大常委会主任；补选刘泽源为市人民政府市长；补选王曰华为市人大常委会副主任；会上，代表提出各种建议、批评和意见（包括议案转意见）52件。

淮安市第十三届人民代表大会第四次会议于2001年1月7～10日召开，出席会议代表354名。会议听取和审议市政府工作报告；听取和审议了市国民经济和社会发展第十个五年计划纲要；听取和审议市2000年国民经济和社会发展计划执行情况及2001年国民经济和社会发展计划草案的报告，批准市2001年国民经济和社会发展计划；听取和审议市2000年预算执行情况和2001年预算草案的报告，批准市2001年财政预算；听取和审议市人大常委会工作报告和市人民法院、市人民检察院工作报告，并通过了相关决议。会议补选陈洪玉为市人大常委会主任；会上，代表提出各种建议、批评和意见（包括议案转意见）62件。

2001年2月10日，淮安市撤市设区，县级淮安市改为淮安市楚州区，淮安市人民代表大会相应更名为淮安市楚州区人民代表大会。

楚州区第十三届人民代表大会第五次会议于2002年1月21～24日召开，出席会议代表355名，会议听取和审议区政府工作报告；听取和审议区2001年国民经济和社会发展计划执行情况及2002年国民经济和社会发展计划草案的报告，批准区2002年国民经济和社会发展计划；听取和审议区2001年预算执行情况和2002年预算草案的报告，批准区2002年财政预算；听取和审议区人大常委会工作报告和区人民法院、区人民检察院工作报告，通过了各项报告的决议。会议补选刘友超为区人大常委会主任；补选肖本明为区人民政府区长；补选周学俊为区人大常委会副主任；补选徐春雷为区人民检察院检察长；会上，代表提出各种建议、批评和意见（包括议案转意见）53件。

（七）第十四届人民代表大会

楚州区第十四届人民代表大会第一次会议于2003年1月5～9日召开，出席会议代表352名。会议主要议程是：听取和审议区政府工作报告；听取和审议区2002年国民经济和社会发展计划执行情况及2003年国民经济和社会发展计划草案的报告，批准区2003年国民经济和社会发展计划；听取和审议区2002年预算执行情况和2003年预算草案的报告，批准区2003年财政预算；听取和审议区人大常委会工作报告和区人民法院、区人民检察院工作报告，并通过了各项报告的决议。会议选举丁解民等73位同志为楚州区出席淮安市第五届人民代表大会的代表；刘友超为区人大常委会主任；王秀珍、陈锦山、周学俊、徐学春为区第十四届人大常委会副主任；肖本明为区人民政府区长；王洪新、孙一峰、张志勇、范更生、周剑章、宗兆昱、蒋维林、谢功成为区人民政府副区长；潘昌锋为区人民法院院长；徐春雷为区人民检察院检察长；会上，代表们共提出各种议案、建议、批评和意见（包括议案转意见）122件。

楚州区第十四届人民代表大会第二次会议于2004年1月7～11日召开，出席会议代表350名。会议听取和审议区政府工作报告；听取和审议区2003年国民经济和社会发展计划执行情况及2004年国民经济和社会发展计划草案的报告，批准区2004年国民经济和社会发展计划；听取和审议区2003年预算执行情况和2004年预算草案的报告，批准区2004年财政预算；听取和审议区人大常委会工作报告和区人民法院、区人民检察院工作报告，并作出相关决议。会议补选任克瑜为区人民政府副区长；补选董蔚为区人大常委会委员；会上，代表提出各种议案、建议、批评和意见（包括议案转意见）135件。

楚州区第十四届人民代表大会第三次会议于2005年1月11～15日召开，出席会议代表347名。会议听取和审议区政府工作报告；听取和审议区2004年国民经济和社会发展计划执行情况及2005年国民经济和社会发展计划草案的报告，批准区2005年国民经济和社会发展计划；听取和审议区2004年预算执行情况和2005年预算草案的报告，批准区2005年财政预算；听取和审议区人大常委会工作报告和区人民法院、区人民检察院工作报告，并通过了各项报告的决议。会议补选王秀珍为区人大常委会主任；补选端政为区人大常委会副主任；会上，代表提出各种议案、建议、批评和意见（包括议案转意见）114件。

楚州区第十四届人民代表大会第四次会议于2006年1月5～8日召开，出席会议代表346名。会议听取和审议区政府工作报告；审查、批准区国民经济和社会发展第十一个五年规划纲要；审查和批准区2005年国民经济和社会发展计划执行情况及2006年国民经济和社会发展计划草案的报告，批准区2006年国民经济和社会发展计划；审查和批准区2005年预算执行情况和2006年预算草案的报告，批准区2006年财政预算；听取和审议区人大常委会工作报告和区人民法院、区人民检察院工作报告，并通过了各项报告的决议。会议补选夏心旻为人大常委会主任；补选宗兆昱为区人民政府区长。会上，代表提出各种议案、建议、批评和意见（包括议案转意见）125件。

楚州区第十四届人民代表大会第五次会议于2007年2月5～8日召开，出席会议代表351名。会议听取和审议区政府工作报告；审查和批准区2006年国民经济和社会发展计划执行情况及2007年国民经济和社会发展计划草案的报告，批准区2007年国民经济和社会发展计划；审查和批准区2006年预算执行情况和2007年预算草案的报告，批准区2007年财政预算；听取和审议区人大常委会工作报告和区人民法院、区人民检察院工作报告，并通过了各项报告的决议。会议补选赵洪权为区人大常委会主任；补选殷长干为区人大常委会副主任；会上，代表提出各种议案、建议、批评和意见（包括议案转意见）112件。

（八）第十五届人民代表大会

楚州区第十五届人民代表大会第一次会议于2007年12月27～30日召开，出席会议代表353名。会议听取和审议区政府工作报告；审查和批准区2007年国民经济和社会发展计划执行情况及2008年国民经济和社会发展计划草案的报告，批准区2008年国民经济和社会发展计划；审查和批准区2007年预算执行情况和2008年预算草案的报告，批准区2008年财政预算；听取和审议区人大常委会工作报告和区人民法院、区人民检察院工作报告，并通过了各项报告的决议。会议选举丁解民等72位同志为楚州区出席淮安市第六届人民代表大会代表；赵洪权为区人大常委会主任；刘家勇、周学俊、徐学春、殷长干、端政（按姓氏笔画为序）为区人大常委会副主任；吉子俊为区人民政府区长；王兆柱、王宝玉、刘建平、吴国飞、张志勇、范更生为区人民政府副区长；袁开锋为区人民法院院长；刘月进为区人民检察院检察长。会上，代表共提出各种建议、批评和意见（包括议案转意见）222件。

二、乡（镇）人民代表大会

1982年12月，五届全国人大五次会议通过《宪法》和《地方组织法》修正案，决定将人民公社改为乡，规定设立乡、镇人民代表大会和乡、镇人民政府，每届任期由二年调整到三年。2004年3月，第十届全国人大会第二次会议通过《宪法修正案》，将乡、民族乡、镇的人民代表大会每届任期三年改为五年，与县级以上地方各级人民代表大会的任期相一致。2002年1月，淮安市楚州区各乡镇选举产生的第十四届乡镇人民代表大会，一直延续至2007年底与区人民代表大会同步换届。

1986年以前，乡镇人大不设常设机构，由本级人民政府负责召集人大会议。1986年，《地方组织法》第二次修订，设立人大主席团与常务主席主持本级人民代表大会会议，并召集下届一次会议，明确主席团在会议期间与闭会期间可行使的相关权力活动。1995年，《地方组织法》第三次修订，规定乡镇人民代表大会选举产生主席、副主席，且作为主席团成员不得兼任国家行政机关的职务，明确界定其会议期间与闭会期间的相关活动内容。自此，完全理顺乡镇人大与同级政府之间的宪政关系。从1996年开始，淮安市各乡镇经过选举产生乡镇人民代表大会主席或副主席。

乡（镇）人民代表大会会议的主要议程：听取和审议乡镇人民政府的工作报告，审查和决定本行政区域内的经济、文化事业和公共事业的建设计划，审查和批准财政预算和预算执行情况的报告，听取和审议人民代表大会主席的工作报告，以及其他需要大会审议决定的事项，并作出相应的决议。

第三节　人大常委会

从第八届开始，淮安县（市、区）人民代表大会在闭会期间设置常设机构——常务委员会。1981年5月，淮安县第八届人民代表大会第一次会议，选举产生了由主任、副主任和委员组成的常务委员会。

一、机构

人大常委会办公室和各工作委员会是人大常委会下设的办事机构和工作机构。1981年，淮安县第八届人大常委会设立办公室。1984年9月，淮安县第九届人大常委会第二次会议决定设立法制委员会、财政经济委员会和科教文卫委员会，作为县人大常委会的专职工作机构，属县人大常委会领导。1986年2月，淮安县第九届人大常委会第十二次会议决定设立城乡环境保护委员会。1989年2月，淮安市第十届人大常委会第十八次会议决定设立淮安市人大常委会内务委员会。至1991年底，淮安市人大常委会下设5个委员会和1个办公室。1997年12月，内务工作委员会更名为人事代表联络工作委员会，教科文卫工作委员会和城建环保工作委员会合并为社会事业工作委员会。2002年7月，人大常委会增设农村工作委员会。2003年4月，农村工作委员会更名为农村经济工作委员会。

区人大常委会组成人员一般在每届人民代表大会第一次会议上从代表中选举产生，期间因各种原因辞去职务的，由下次大会补选缺额。1981年5月至2007年12月，共选举产生八届人大常委会，11位常委会主任，25位副主任。

第八至十五届楚州区（淮安县、淮安市）人大常委会主任、副主任更迭表

表19-5

届　次	职　务	姓　名	籍贯	任职时间
第八届	主　任	侍瑞林	江苏宿迁	1981年5月至1984年6月
	副主任	吉　平	江苏淮安	1981年5月至1984年6月
		颜士友	江苏淮安	1981年5月至1984年6月
		李育之	江苏淮安	1981年5月至1984年6月
		朱树人	江苏建湖	1981年5月至1984年6月
第九届	主　任	叶荫梅	江苏淮安	1984年6月至1987年3月
	副主任	颜士友	江苏淮安	1984年6月至1984年11月
		钟如森	江苏洪泽	1984年6月至1984年11月
		史泽民	江苏淮安	1984年6月至1987年3月
		陈国璧	江苏淮安	1984年6月至1987年3月
		庄学辉	广东海丰	1984年6月至1987年3月
第十届	主　任	叶荫梅	江苏淮安	1987年3月至1990年2月
	副主任	史泽民	江苏淮安	1987年3月至1990年2月
		陈国璧	江苏淮安	1987年3月至1990年2月
		庄学辉	广东海丰	1987年3月至1990年2月
第十一届	主　任	唐永峰	江苏涟水	1990年2月至1993年2月
	副主任	张宝鼎	江苏淮安	1990年2月至1993年2月
		庄学辉	广东海丰	1990年2月至1993年2月
		王斯沛	江苏涟水	1992年3月至1993年2月
第十二届	主　任	唐永峰	江苏涟水	1993年2月至1998年1月
	副主任	王斯沛	江苏涟水	1993年2月至1996年2月
		张宝鼎	江苏淮安	1993年2月至1996年2月
		戴如松	江苏溧阳	1993年2月至1998年1月
		陈锦山	江苏淮安	1994年3月至1998年1月
		殷长干	江苏淮安	1995年3月至1997年1月
		张天民	江苏沛县	1996年3月至1998年1月
		顾俊杰	江苏泰兴	1996年3月至1998年1月
第十三届	主　任	花法荣	江苏灌南	1998年1月至1999年2月
		张天民	江苏沛县	2000年1月至2000年12月
		陈洪玉	江苏洪泽	2001年1月至2002年1月
		刘友超	江苏淮安	2002年1月至2003年1月

续表19-5

届　次	职　务	姓　名	籍贯	任职时间
第十三届	副主任 副主任	张天民（常务）	江苏沛县	1998年1月至2000年1月
		王曰华（常务）	江苏涟水	2000年1月至2003年1月
		戴如松	江苏溧阳	1998年1月至2003年1月
		顾俊杰	江苏泰兴	1998年1月至2000年12月
		王庭和	江苏泰兴	1998年1月至2003年1月
		徐立华	江苏淮安	1998年1月至2003年1月
		陈锦山	江苏淮安	1998年1月至2003年1月
		贾连生	江苏淮安	1999年1月至2000年1月
		周学俊	江苏淮安	2002年1月至2003年1月
第十四届	主　任	刘友超	江苏淮安	2003年1月至2004年5月
		王秀珍	江苏盱眙	2005年1月至2006年1月
		夏心旻	江苏盐城	2006年1月至2007年1月
		赵洪权	江苏涟水	2007年2月至2007年12月
第十四届	副主任	王秀珍（常务）	江苏盱眙	2003年1月至2005年1月
		殷长干（常务）	江苏淮安	2007年2月至2007年12月
		陈锦山	江苏淮安	2003年1月至2007年12月
		周学俊	江苏淮安	2003年1月至2007年12月
		徐学春	江苏淮安	2003年1月至2007年12月
		端　政	江苏淮安	2005年1月至2007年12月
第十五届（至2010年12月）	主　任	赵洪权	江苏涟水	2007年12～
	副主任	殷长干（常务）	江苏淮安	2007年12～
		周学俊	江苏淮安	2007年12～
		徐学春	江苏淮安	2007年12～
		端　政	江苏淮安	2007年12～
		刘家勇	江苏淮阴	2007年12～

二、常委会议

淮安县第八届人大常委会（1981年5月至1984年6月）共召开21次会议，听取并审议“一府两院”工作情况报告15项，讨论通过常委会的有关规定、制度和决定、决议。

淮安县第九届人大常委会（1984年6月至1987年3月）共召开17次会议，听取并审议“一府两院”工作情况报告21项，讨论通过《淮安县城市总体规划》，制定有关制度，通过有关决议。

淮安市（县）第十届人大常委会（1987年3月至1990年1月）共召开25次会议，听取并审议“一府两院”工作情况报告44项，讨论通过有关决定、决议。

淮安市第十一届人大常委会（1990年1月至1993年1月）共召开19次会议，听取并审议“一府两院”工作情况报告44项，就重大问题作出决议、决定6项。

淮安市第十二届人大常委会（1993年1月至1998.年1月）共召开46次会议，听取并审议“一府两院”工作情况报告101项，就重大问题作出决议、决定84项。

楚州区（淮安市）第十三届人大常委会（1998年1月至2003年1月）共举行40次会议，听取并审议“一府两院”工作情况报告108项，就重大问题作出决议、决定12项。

楚州区第十四届人大常委会（2003年1月至2007年12月）共召开36次会议，听取并审议“一府两院”工作情况报告109项，就重大问题作出决议、决定42项。

楚州区人大常委会会议主要议程：

听取并审议关于“一府两院”工作情况和执法情况的汇报。工作汇报内容包括区（市）政府上半年经济运行工作情况，全区（市）国民经济和社会发展计划、预算执行情况、审计工作情况；人代会议案和代表建议、批评、意见办理情况；加快工业化进程、企业改制、民营企业发展、招商引资、大项目进展；村民委员会换届选举情况、新农村建设情况、农业产业化发展情况；刑事犯罪、民事审判、反贪污贿赂、社会治安综合治理工作情况；教育卫生体制改革、物价、社会保险金征缴使用、城市房屋拆迁、文化旅游开发、医疗保险、传染病防治、农村卫生保健、城乡居民最低生活保障等内容。

对全区的重大问题作出决议、决定。至2008年，先后通过《关于加强法制宣传教育，普及法律常识的决议》《关于依靠科技进步振兴淮安经济的决定》《关于实施义务教育若干问题的规定》《关于批准〈淮安市抗震防灾规划〉的决议》《关于批准〈淮安市土地利用总体规划〉的决定》《关于批准区财政决算的决定》《关于批准调整区财政预算的决定》《关于污水处理厂建设有关问题的决议》《关于进一步推进法治楚州建设的决议》《关于永久性绿地保护的决议》《关于批准〈淮安市楚州区生态示范区建设规划〉的决议》《关于有关城市建设融资的决定》等决议、决定。

决定人事任免。批准区长、副区长、人大常委会副主任、人大常委会委员的辞呈；决定代理区长、法院代理院长、检察院代理检察长；任免区人大常委会办公室、工作委员会负责人，区政府序列各委、办、局正职，区法院副院长，审判委员会委员、审判员、人民陪审员和法庭正、副庭长，区检察院副检察长、检察委员会委员和检察员。

三、主任会议

楚州区（淮安县、淮安市）人大常委会主任会议每两个月举行一次，主要处理人大常委会重要工作。历次主任会议主要内容：

筹备本级人大常委会会议；拟订人大常委会会议的议程、日程草案；研究讨论人大常委会工作计划、报告、总结及重要专题报告；组织常委会组成人员、人大代表开展视察或专题调查、指导协调常委会各工作机构的日常工作等。

向人大常委会提出代理区（县、市）长及代理院长、检察长人选议案；提出常委会工作机构负责人人选议案；提出其他对有关政治、经济、文化重大事项进行审议、决议、决定的议案；向本级人大常委会提议组织关于特定问题调查委员会等。

提出组织特定问题调查委员会组成人员人选；提出代表资格审查委员会的主任委员、副主任委员和委员的人选等。

对同级人民政府、人民法院、人民检察院向人大常委会提出的议案，决定提请人大常委会会议审议；对常委会组成人员依法提出的议案，决定是否提请常委会会议审议，或者先交有关的工作委员会审议，提出报告，再决定是否提请常委会会议审议；对人大常委会会议的决议、决定草案进行初审，决定提请人大常委会会议审议表决；对常委会组成人员依法提出的质询案，决定回答质询案的方式；处理常委会授权和委托办理的其他事项等。

第四节 主要工作

一、法律监督

楚州区(淮安县、市)人大常委会依据宪法、法律的规定,对行政区域内法律法规的贯彻实施,实行依法监督。监督形式主要有:审查规范性文件,听取审议各项工作报告、汇报,检查司法机关工作,通过人大代表视察、检查、专题调查提出建议、批评和意见,工作评议和述职评议,受理申诉案件和质询,组织特定问题调查,对法院、检察院个案监督等。

(一)第十届人大常委会(1987年3月至1990年1月)

听取和审议了市人民政府、市人民法院、市人民检察院关于严厉打击严重刑事犯罪动情况,贯彻实施《土地管理法》《食品卫生法》《渔业法》《文物保护法》《水法》《计量法》《治安管理处罚条例》。

(二)第十一届人大常委会(1990年1月至1993年1月)

先后对《食品卫生法》《城市规划法》《环境保护法》《行政诉讼法》《村民委员会组织法》《文物保护法》《义务教育法》《民事诉讼法》《土地管理法》《妇女权益保障法》《水利工程管理条例》等30多部法律法规的贯彻实施情况,进行检查监督;组织省、淮阴市、淮安市三级人大代表先后对基层法庭和基层派出所的执法情况进行视察;组织常委会组成人员对经济检察工作和经济审判工作进行专题调查;制定《对市人民政府、市人民法院、市人民检察院行使监督权的暂行规定》,明确人大常委会对"一府两院"执法情况和违法行为实施监督范围、内容、方式、程序以及处理办法。

(三)第十二届人大常委会(1993年1月至1998年1月)

先后检查了《农业法》《农业技术推广法》《土地管理法》《预算法》《企业法》《环境保护法》《水法》《文物保护法》《计量法》《消费者权益保护法》等20多部法律法规的执行情况。1994年,淮安市人大常委会根据省、淮阴市人大常委会的统一部署,组织人大代表围绕执法、廉政建设和工作作风情况对市公检法机关进行一次评议。有关机关根据代表评议意见,对少数素质较差、不宜从事司法工作的人员作了调整。1995年下半年,市人大常委会组织人员,对全市33个公安派出所、28个乡镇法律服务所和10个基层法庭的工作情况进行全面检查。1997年,市人大常委会在公检法司机关进行执法责任制试点,建立错案和执法过错责任追究制。

(四)第十三届人大常委会(1998年1月至2003年1月)

先后对《农业法》《食品卫生法》《工会法》《环境保护法》等20多部法律法规在全区的执行情况,进行了30多次检查;在司法、行政机关继续推行执法责任制和错案追究制,使执法机关确立了执法主体,明确了执法责任,做到了职责分明,各司其职,各负其责;每年都组织人员对全区"两制"运行情况进行了解,并对一些重点部门进行抽查,及时总结和肯定全区"两制"执行工作的经验和成绩,发现和纠正一些存在问题,推动了"两制"执行工作稳定、健康地开展;审议《人民警察法》《法官法》《检察官法》的贯彻实施情况,通过对严打整治、案件执行、反贪污贿赂等重点工作的检查监督,通过接待处理来信来访,加大个案监督力度。2001年3~4月,为配合"严打整治"斗争,楚州区人大常委会组织各级人大代表进行城乡社会治安状况的调查和评议。

(五)第十四届人大常委会(2003年1月至2007年12月)

举办6期法制培训班,系统学习《宪法修正案》《行政许可法》《审计法》《预算法》《监督法》等法律法规。2004年3~8月,对区"两院"贯彻执行国家有关法律,加强队伍建设,依法履行审判、检察职能情况进行评议,达到了预期目的,有效促进了司法机关秉公办案、严格执法、公正司法。2006年,作出《关于进一步推进法治楚州建设的决议》和关于开展“五五”普法的决定；先后听取和审议区政府关于《安全生产法》《招标投标法》《农业技术推广法》《种子法》《劳动法》等15部法律法规贯彻实施情况的报告，同时又开展了对《消费者权益保护法》《道路交通安全法》《药品管理法》《环境保护法》《法律援助条例》等29部法律法规的执法检查。2007年，对淮安市楚州区《土地管理法》贯彻执行情况进行一次专项执法检查，重拳出击非法土立窑，组成3个执法检查工作组，监督政府依法拆除，取得较好成效，应关闭的8座轮窑已全部拆除，87座土立窑全部拆除并复垦，顺利通过上级有关部门验收；先后听取和审议区政府关于开展严打整治斗争、公安基层队所建设、打击盗窃犯罪工作情况的报告，区人民法院关于案件执行、商事审判、刑事案件适用缓刑工作，区人民检察院关于反贪污贿赂、侦查监督、惩治和预防商业贿赂等工作情况的报告。

（六）第十五届人大常委会（2008年1月）

坚持“两月学一法”制度，先后举办《刑法》《劳动合同法》《土地管理法》《人口和计划生育法》《环境保护法》《省法制宣传教育条例》《审计法》《义务教育法》《邮政法》《种子法》等法律知识讲座；听取和审议楚州区政府关于《安全生产法》《农产品质量安全法》《价格法》《水污染防治法》《文物保护法》等法律在区内实施情况的报告；组织代表对《人民防空法》《物业管理条例》《环境保护法》《公路法》等在全区实施情况开展了视察；组成执法检查组对《治安处罚法》《药品管理法》《产品质量法》《互联网上网服务营业场所管理条例》《义务教育法》《种子法》贯彻实施情况进行执法检查。2007年1月《监督法》实施以后，区人大常委会不再对司法个案实施监督，先后听取和审议法院行政审判工作、刑事审判工作情况和检察院公诉工作、反贪污贿赂工作情况的报告，组织代表旁听庭审，评议法官和检察官的工作。

2008年1月1日《江苏省各级人民代表大会常务委员会规范性文件备案审查条例》施行，楚州区人大常委会按照省条例和市实施办法的规定，下发工作意见，建立工作网络，严格落实规范性文件备案审查制度，督促区政府及各乡镇人大及时报送出台的规范性文件，并认真进行审查，切实做好规范性文件备案审查工作。

二、工作监督

1992年以后，淮安市人大常委会不断深化思想认识，逐步完善监督机制，积极改进监督方法，较好地促进了“一府两院”依法行政、公正司法。在监督工作中，区人大常委会充分运用听取和审议“一府两院”专项工作报告、视察、检查、调查、评议等方式开展监督，抓住经济社会发展过程的重点问题和人民群众关心的社会热点问题，有计划、有重点地开展监督。

至2008年，楚州区（淮安市）人大常委会每届都组织对政府部门或垂直管理部门开展述职评议或工作评议，每年都确定3～6名部门负责人或3～6个部门进行述职评议或工作评议，做到届内将所有部门都评议到；为了提高评议工作透明度，实行评议前公示，通过新闻媒体发布评议公告，开通热线电话，广泛征求各方面的意见和建议，同时实行经济责任审计；经过民主评议和测评，最后形成对述职人或有关部门的评议意见，有力地促进了述职人或有关部门的工作。

1992年，淮安市人大常委会制定和修订了《联系人大代表制度》《常委会会议制度》《人事任免暂行办法》《加强财政预算监督的暂行办法》。1998年，制定和修订了《常委会会议事规则》《人事任免办法》《关于办理市人大建议、批评和意见的办法》《关于联系市人民代表大会代表的办法》。2003年，楚州区人大常委会修订了《常委会议事规则》，作出了《关于加强常委会自身建设的决定》，制定《关于加强代表工作的意见》《主任会议议事规则》。2008年，楚州区十五届人大常委会依照监督法的有关规定，对历届人大常委会制定的议事规则等有关规章制度进行了修订完善，同时还制定区人大常委会听取审议专项工作报告、监督计划和预算执行、执法检查三项工作流程，规范人大常委会的监督程序，提高人大常委会会议的议事效率和履职水平。

为改进和完善人大常委会会议评价机制，提高人大常委会会议对“一府两院”专项工作报告的审议质量，2008年，楚州区十五届人大常委会第五次会议通过《楚州区人大常委会关于对“一府两院”专项工作报告进行满意度测评的暂行办法》，开始对“一府两院”专项工作报告进行“票决”。

三、人事任免

1992年以后，淮安市人大常委会不断探索改进人事任免办法。1992年第十一届人大常委会制定了《人事任免暂行办法》，1998年，第十三届人大常委会制定了《人事任免办法》。2004年，第十四届人大常委会第九次会议制定《关于对提请任命人员进行任前法律知识考试的暂行办法》，决定实行干部任前法律知识考试制度。此后，区人大常委会对拟任命的干部均实行任前法律知识考试。

楚州区(淮安市)人大常委会每年根据工作需要依法任免一批国家机关工作人员。第十一届人大常委会(1990年1月至1993年1月)依法任免国家机关工作人员193人次；第十二届人大常委会(1993年1月至1998年1月)依法任免国家机关工作人员342人次；第十三届人大常委会(1998年1月至2003年1月)依法任免国家机关工作人员251人次；第十四届人大常委会(2003年1月至2007年12月)依法任免国家机关工作人员208人次；第十五届人大常委会(2008年1～12月)，依法任免国家机关工作人员和人民陪审员68人次。

四、调研视察

截至2008年，楚州区人大常委会每年多次组织调研视察活动，由部分人大常委会组成人员和代表参加，有时还邀请工委委员参加。其中有关于执法情况的视察，如组织对法律法规执行情况进行视察、检查《安全生产法》《农产品质量安全法》《价格法》《水污染防治法》《文物保护法》《食品卫生法》《药品管理法》《水污染防治法》《义务教育法》《种子法》《农业机械化促进法》《水法》《农村初级卫生保健条例》等等；工作情况的视察，如对公安工作、交通工作、水利工作，农村重点户、专业户情况，中、小学实现“一无两有”情况，市场物价情况，城乡绿化、企业改制、招商引资、大项目建设情况，城市建设重点工程、社会保障、新农村建设等工作进行视察。

为了提高审议质量，每届人大常委会坚持凡人大常委会会议的审议议题，均需审前调查，有关工委必须形成书面调查报告。此外，人大常委会各委办每年还另外形成《关于农村金融发展状况的调查》《关于计划、预算监督工作的思考》《关于乡镇文化站建设情况的调查报告》《关于人才状况的调查》《关于渔业生产情况的调查》《关于农民工返乡创业的调查报告》《关于社会保障工作的调查报告》《关于合理配置公、民办学校教育资源，促进有序竞争的调查》《关于镇域经济发展情况的调查报告》等多篇专题调研报告，提出的意见和建议对推动政府工作起到了积极的作用。此外，人大各代表组每年都要组织人大代表开展各种视察、调研活动，整理提出调查报告以及意见和建议，提交人大常委会转交“一府两院”办理或工作中参考。

第五节　议案、建议办理

从1981年5月第八届人民代表大会第一次会议至2007年12月第十五届人民代表大会第一次会议期间，代表共提出议案、建议、批评和意见3984件，内容涉及工业交通、农业生产、环境保护、科教文卫、财贸金融、城乡建设、计划生育、社会治安、人民生活等方面。历届历次人代会收到议案、建议后，除会议期间能够答复办理的以外，其余全部在会后转交政府、法院、检察院等相关部门和单位办理。县人大常委会主要抓好督促检查和办理落实。一方面听取政府办理情况的汇报，对办理进度、质量和效果进行检查和审议，提出具体要求；另一方面对于承办部门和单位办理的代表议案、建议、批评和意见逐件进行审查，对办理和答复没有达到要求的责成承办部门和单位重新办理。历届人代会所提出的议案、建议、批评和意见全部办理完毕后，会及时答复代表，请代表们监督执行。

1993～2008年上级人大代表关于楚州区（淮安市）的重要议案、建议情况一览表

表19-6

届次	时间	重要议案、建议
第三届	1993～1997	关于请求淮阴市政府解决淮流路工程资金的建议；关于搬迁岳庙市场，打通东长街中断的建议；关于建设运东闸复线大桥的建议；关于在总理家乡开展纪念周恩来100周年诞辰活动的建议；关于开工建设淮城和施河两个工业园区的建议
第四届	1998～2002	关于撤销板闸收费站的建议、关于建设新长铁路淮安车站的建议、关于淮阴向淮安供水的建议、关于强烈要求恢复楚州工原地名“淮安”的建议
第五届	2003～2007	关于楚州城区南扩的建议；关于楚州城区、建淮乡收费站重新规划问题的建议；关于加快楚州城市副中心的规划与建设，推动楚州经济全面发展的建议；关于加大河下古镇保护与开发的建议、关于将大运河西侧沿线20平方公里划为楚州城市建设用地的建议；关于请求市政府争取省增加对楚州财政支持的建议
第六届	2008～	关于将楚州城区纳入市集中供暖范围的建议、关于加快楚州出租车发展的建议、关于在大运河楚州段架设桥梁的建议、关于对茭陵抽水站管理体制上划的建议、关于重视修缮中共中央华中分局华中军区旧址的建议、关于将楚州区经济开发区列入国家高新技术开发区创建的建议、关于市级财政加大对楚州民生工程扶持的建议、关于淮安生态新城应当由楚州依法属地管辖的建议

第二章　人民政府

第一节　政府机构

一、领导成员

1978年，淮安县地方政权名称为淮安县革命委员会，设主任1人，副主任若干人。1981年5月，淮安县取消革委会，成立县政府，设县长1人，副县长若干人。1981～2008年，历任政府8届，分别于1984年6月、1987年3月、1990年2月、1993年2月、1998年1月、2003年1月、2007年12月，由淮安县第九届、第十届，淮安市第十一届、第十二届、第十三届，淮安市楚州区十四届、十五届人民代表大会选举产生。先后有14人任县长（市长、区长），76人任副县长（副市长、副区长）。

1978～2008年楚州区（淮安县、淮安市）正副区（县、市）长更迭表

表19-7

届次	区（县、市）长		副县（市、区）长	
	姓　名	任职时间	姓名	任职时间
第九届	陈　耀 余耀中 叶荫梅（代） 曹　楷（代） 张　凯	（1977年6月至1981年5月） （1981年5月至1983年5月） （1983年5月至1984年2月） （1984年2月至1984年10月） （1984年10月至1989年12月）	叶荫梅	1981年5月至1983年5月
			花恒和	1981年5月至1984年2月
			张宝鼎	1981年5月～
			黄裕清	1981年5月至1984年2月
			徐立华（女）	1981年5月至1987年3月
			唐永峰	1981年5月至1984年2月
			曹　楷	1981年11月至1984年2月
			史泽民	1982年9月至1984年2月
			杨基厚	1983年9月至1984年11月
			陈芸（女）	1984年2月～
			范学恕	1984年2月～
			徐国良	1984年11月至1987年3月
			戴国祥	1984年2月至1987年1月
第十届	张　凯 杨国忠	（1984年10月至1989年12月） （1989年1月至1994年2月）	左天香	1987年3月至1990年12月
			陈　芸	1984年2月至1989年1月
			张宝鼎	1981年6月～
第十届	张　凯 杨国忠	（1984年10月至1989年12月） （1989年1月至1994年2）月	范学恕	1984年2月～
			戴国祥	1984年2月至1987年1月
			唐永峰	1986年12月至1989年12月
第十一届	杨国忠	（1989年1月至1994年2月）	左天香	1987年3月至1990年12月
			朱国仁	1990年3月至1996年9月
			陈寿松	1989年4月至1996年9月
			范学恕	1984年2月至1990年12月
			潘家洲	1989年4月至1992年12月
第十二届	杨国忠 陆广浦 花法荣 陈寿松	（1989年1月至1994年2月） （1994年3月至1996年1月） （1996年1月至1996年9月） （1996年9月至1999年8月）	陈寿松	1989年4月～1996年9月
			纪长胜	1989年8月至1991年10月
			潘家洲	1990年3月至1992年12月
			朱国仁	1990年3月至1996年9月
			梁中南	1991年10月～
			王友富	～1997年8月

续表 19-7

届次	区（县、市）长		副县（市、区）长	
	姓　名	任职时间	姓名	任职时间
第十二届	杨国忠 陆广浦 花法荣 陈寿松	（1989年1月至1994年2月） （1994年3月至1996年1月） （1996年1月至1996年9月） （1996年9月至1999年8月）	王庭和	1992年6月～
			雍树标	1994年1月至2001年12月
			陶承浩	1990年12月～
			闉　东	—
			刘友超	1996年2月至1996年9月
			顾风生	1995年12月～
			李海峰	1998年4月～
			曹华富	—
			张　谨	～2001年12月
			孙凤谋	～2001年12月
			殷长干	1997年1月
			戴建民	～2000年12月
			臧建群	1996年12月～
第十三届	陈寿松 刘泽源 刘友超 肖本明	（1996年9月至1999年8月） （1999年8月至2001年9月） （2001年9月至2001年12月） （2002年1月至2005年7月）	赵　琛	1999年8月至2002年9月
			殷长干	～2002年12月
			雍树标	1994年4月至2001年12月
			张　谨	～2001年12月
			孙凤谋	～2001年12月
			张宜科	2000年1月至2000年12月
			张　桦	2000年3月至2000年12月
			刘建华	2000年12月至2001年12月
			张志勇	2000年12月～
			张月芹（女）	2000年12月至2001年12月
			戴建民	～2000年12月
			徐　茂	2001年1月至2001年12月
			范更生	2002年12月～
			金　虹	2002年1月至2002年12月
			宗兆昱	2002年10月至2005年7月
			蒋维林	2001年1月至2006年6月
			孙一峰	2002年2月至2006年6月
			谢功成	2002年7月至2004年10月
			周剑章	2002年12月至2004年2月
			王洪新	2002年12月至2003年12月

续表 19-7

届次	区（县、市）长		副县（市、区）长	
	姓　名	任职时间	姓名	任职时间
第十四届	肖本明 宗兆昱 吉子俊	（2002年1月至2005年7月） （2005年7月至2007年11月） （2007年11月～　　　）	宗兆昱	2002年10月至2005年7月
			张志勇	2000年12月～
			蒋维林	2001年1月至2006年6月
			孙一峰	2002年2月至2006年6月
			谢功成	2002年4月至2004年10月
			周剑章	2004年12月至2007年11月
			王洪新	2002年12月至2003年12月
			范更生	2002年12月～
			倪立峰	2003年2月至2005年8月
			任克瑜	2003年12月至2006年12月
			王宝玉	2004年12月～
			陈正清	2004年12月至2005年12月
			彭　杰	2006年6月至2007年11月
			刘建平	2006年6月～
			蒋必海	2006年6月至2007年11月
			戴怀宝	2006年1月至2007年11月
			李　冰	2006年1月至2007年11月
			赵余高	2006年1月至2007年11月
			刘建华	2007年6月～
第十四届	肖本明 宗兆昱 吉子俊	（2002年1月至2005年7月） （2005年7月至2007年11月） （2007年11月～　　　）	张志勇	2000年12月～
			范更生	2002年12月～
			周剑章	2004年12月至2007年11月
			王宝玉	2004年12月～
			刘建平	2006年6月～
			刘建华	2007年6月～
			王兆柱	2007年12月至2008年10月
			吴国飞	2007年12月～
			唐卫东	2008年12月～

二、工作机构

1977年1月，设立财贸办公室（1984年4月改建为财贸领导小组，1988年8月设财贸领导小组办公室）。2月，县生产指挥组撤销。同年4月，设立工业交通办公室（1979年2月，“工交办”改建为经济委员会）。1978年，淮安县革委会办公室与县委办公室合署办公，一个机构、两块牌子。同年1月，供销合作社从商业局划出（1984年1月改称供销合作联社）。2月，民族宗教事务科设立。3月，建立城乡基本建设局；设立科技局（1979年5月改建为科学技术委员会）。4月，推广沼气领导小组设立（1979年11月设办公室）。6月，增设外贸局，与外贸公司合署办公，两块牌子一套班子（1983年12月外贸局撤销，保留外贸公司）。8月，设立环境保护办公室（1981年12月，改建为环保局，1984年2月城建、环保合并称为城建环保局）；增设外事科（1979年4月改称外事办公室）。1979年7月手工业局与社队工业局合署办公，一个机构、两块牌子。8月，物资协作领导小组办公室设立（1982年4月改建为经济协作办公室，1985年6月改建为经济协作委员会办公室，1986年10月改建为经济技术协作委员会）。1980年4月，轻工公司、社队工业局分设；成立燃化工业公司、机电工业公司、纺织工业公司（1986年9月，以上三公司撤销）。12月，设立司法局；成立统计局和物价委员会（1987年4月，物价委员会改建为物价局）。1981年2月，农业区划委员会设立（1984年8月农业区划委员会下设办公室）。5月，县革委会撤销。县人民政府成立后，始设立政府办公室。随着“文化大革命”结束，根据形势和工作需要及上级文件精神，县政府的工作机构进行了增添、调整、分设、合署。5月，设立农业委员会，（1984年3月撤销）。6月，计划生育领导小组办公室改称为计划生育委员会办公室（1983年8月改称计划生育委员会）。8月，成立侨务办公室，与外事办公室合署办公。12月，爱国卫生运动委员会办公室成立。1982年1月，设立档案科（1984年2月撤销）。7月，建立职工教育委员会办公室。1983年5月，设立审计局。9月，税务局从财政局中划出。1984年2月，农机局改建为农业机械化服务公司。4月，设烟草专卖局。6月，社队工业局改称乡镇企业管理局；工业局撤销，并设服装公司。10月，增设体制改革办公室。1985年2月，设立 淮安县编史修志办公室。5月，设立老龄问题办公室。1986年5月，设立土地管理办公室。6月，成立经济研究中心。1987年8月，建立标准计量局。

1988年2月，淮安“撤县设市”，政府工作机构名称亦随之变更。

1996年，淮安市政府共设工作机构45个，分别为市城市建设局、市教育局、市职工教育委员会办公室、市体育运动委员会、市政府办公室、市政府接待办公室、市财贸办公室、市外事侨务办公室、市经济技术协作委员会、市农村能源办公室、市计划委员会、市蔬菜办公室、市农业局、市多种经营管理局、市绿化办公室、市卫生局、市民政局、市科学技术委员会、市人事局、市财政局、市经济委员会、市乡镇企业管理局、市公安局、市监察局　市司法局、市水利局、市环境保护局、市文化局、市审计局、市统计局、市物价局、市粮食局、市劳动局、市计划生育委员会、市交通局、市土地管理局、市地质矿产局、市标准计量局、市工商行政管理局、市地方税务局、市物资局、市商业局、市农业资源综合开发利用管理局、市广播电视局、市档案局。

1997年，淮安市政府根据上级部署进行机构改革。将市城市建设局更名为市建设局；撤销教育局成立市教育委员会；市职工教育委员会办公室并入市教育委员会；市体育运动委员会改为政府直属事业单位，退出政府工作机构序列；设立对外经济贸易委员会，列入政府工作机构序列；撤销市政府接待办公室、市财贸办公室，划入市政府办公室，建立市人民防空办公室，归入市政府办公室；经济体制改革委员会、市法制局与市政府办公室合署办公；撤销经济技术协作委员会、农村能源办公室，划归市计划委员会；撤销蔬菜办公室，归口农业局；市绿化办公室设在市多种经营管理局内，同时挂市水产局于市多种经营管理局内；市爱国卫生委员会办公室设在卫生局内；市编制委员会办公室与市人事局合署办公；市国有资产管理局与财政局合署办公；市土地管理局更名为国土管理局；市地质矿产局，改为事业单位，隶属市计划委员会，退出政府工作机构序列；撤销标准计量局，组建市技术监督局；市物资局、市商业局分别改制为市物资集团总公司（仍挂物资局牌子），市商业集团总公司（挂市贸易局牌子），均退出政府工作机构序列；市农业资源综合开发利用管理局，更名为农业资源开发局，并改为政府直属事业单位；市广播电视局改为政府直属事业单位；市档案局改为政府直属事业单位，挂档案馆牌子。

2001年2月，县级淮安市更名为淮安市楚州区，区政府的工作机构也有所变动。原市体育运动委员会更名区体育局，并在区教育局中挂牌；原市政府法制局不再保留，在区政府办挂区政府法制办公室牌子，原市政府外事侨务办公室不再保留，在区政府办挂区外事侨务办公室牌子；与区政府办公室合署办公；原市农业机械管理局，在区农业局挂牌子；原市多种经营局更名为区林牧渔业发展局；原市计划委员会更名区计划发展委员会；原市科学技术委员会更名区科学技术局；原市编制委员会更名区机构编制委员会与区人事局合署办公；区财政局中不再挂国有资产管理局的牌子；原市经济委员会更名区经济发展委员会；区监察局与纪律检查委员会合署办公，不计机构个数；原市劳动局更名为区劳动和社会保障局；地质矿产局不再保留；区标准技术监督局、区工商行政管理局、区地方税务局由市级以上垂直管理。

2005年，区政府工作机构又一次进行改革。区经济体制改革办公室并入区发展计划委员会，同时区发展计划委员会更名区发展和改革委员会；成立区知识产权局，挂牌在区科学技术局；成立区新闻出版局、区版权局，挂牌在区文化局；区计划生育委员会更名区人口和计划生育委员会；成立区安全生产监督管理局，列入区政府工作部门；区国土资源局由市级以上垂直管理。至此，区政府工作机构主要包括区建设局、区教育局、区对外贸易经济合作局、区政府办公室、区发展和改革委员会、区农业局、区林牧渔业发展局、区卫生局、区民政局、区科学技术局、区人事局、区财政局、区经济贸易委员会、区乡镇企业管理局、区公安局、区司法局、区水利局、区环境保护局、区文化局、区审计局、区统计局、区物价局、区粮食局、区劳动和社会保障局、区人口和计划生育委员会、区交通局、区安全生产监督管理局。2005年，淮安市楚州区政府的工作部门为27个，政府工作部门精简40%。

三、基层行政设置

1978年，淮安县革委会（县政府）下属“公社革命委员会”一级的社、场共31个。公社一级设主任，副主任，场设场长，副场长若干人。下设财政、民政、公安、水利、文教助理及人武部长等职。人民公社实行社、队制。

1979年2月，白马湖农场划归江苏省农垦局。1980年2月，运河公社撤销，同年3月，苏嘴、宋集、顺河公社划出部分大队成立茭陵公社。

1981年6月，淮城镇成立人民政府，其他社、场撤销“革命委员会”，设立人民公社管理委员会。

1981年7月，县委县政府从平桥、石塘公社划出部分大队成立马甸公社，从钦工、席桥、徐杨划出部分大队成立南马厂公社。同年11月，大兴公社更名为七洞公社，石塘公社更名为建淮公社。

1983年5月始，政社分治，改人民公社管理委员会体制，为乡、镇体制；乡、镇行政机构为乡、镇人民政府，设正副乡、镇长若干人。乡、镇下仍设财政、民政、公安、水利、文教助理及人武部长等职。

1983年9月，盐河、黄码划给淮阴市清浦区。1985年12月，车桥乡“撤乡建镇”。1986年，平桥乡、钦工乡撤乡建镇。1988年，朱桥乡、溪河乡、苏嘴乡、林集乡、城郊乡撤乡建镇。城郊乡更名为板闸镇。其后，撤乡建镇的有上河（七洞）、马甸、施河、泾口、流均、博里、仇桥、复兴、席桥、季桥、顺河、南闸、范集。2000年2月，板闸镇并入淮城镇。2007年12月，南马厂乡划入淮安市经济开发区。至2008年，淮安市楚州区下辖乡、镇共26个，其中乡5个，镇21个，行政村313个，居委会42个。

第二节　政务活动

一、重要会议

在楚州区（淮安县、市）委领导下，区（县、市）政府接受各届人民代表和人民代表大会监督，通过集体领导和分工负责相结合的制度，执行区（县、市）委和人代会决议，实行对行政事务的管理。区（县、市）政府由区（县、市）长或常务副区（县、市）长主持每年召开若干次区（县、市）长办公会或政务会或区（县、市）、乡镇、科局联席会议，讨论该届政府或年度工作计划，研究重大政事和活动，总结经验和不足。1978～1981年，第八届淮安县革命委员会召开政务会76次。1981～1984年，第九届淮安县政府召开政务会81次。1987～1990年，第十届淮安市政府召开市长办公会99次。1990～1993年，第十一届淮安市政府召开市长办公会90次。1993～1998年，第十二届淮安市政府召开市长办公会93次。1998～2003年，第十三届淮安市楚州区政府召开区长办公会87次。2003～2008年，第十四届淮安市楚州区政府召开政务会60次。

2008年楚州区人民政府常务会议一览表

表19-8

时　间	会　议	议　题
1月17日	第一次	研究慈善总会理顺关系问题及慈善募捐款使用管理办法。 听取2008年度企业改制工作方案汇报。 听取化肥厂职工安置方案汇报。
4月22日	第二次	研究讨论《2008年财政综合预算》 研究《2008年事业单位招聘人员计划方案》（重点教师） 研究辞退李建民的决定。 研究讨论区农村安全饮用水工程项目计划。 关于天时晋项目按原商业性质进行开发的情况汇报。 关于对苏果项目城建规费给予适当减免的情况汇报。 研究讨论解决森林资源二类调查经费问题。 研究讨论《农村新型合作医疗费用补偿意见》。 研究讨论《关于明确楚州区城市规划控制区内民房建设的有关规定》。
7月5日	第三次	听取民生保障“十大工程”有关及慈善总会运行情况汇报. 研究讨论萧湖、勺湖和桃花垠公司中老年人员生活费问题。 研究讨论淮安商场改制方案。 研究讨论关于加强基层统计工作的建议。 研究经济开发区道路命名问题。 研究以B T模式实施237省道楚州段扩建工程招标文件的主要条款。 研究讨论《楚州区城市房屋行政强拆暂行办法》。 研究秦晓阳等人行政处分有关问题。
9月7日	第四次	听取区人大代表建议和政协委员提案办理情况汇报。 听取有关第二次经济普查工作情况汇报。 研究讨论乡镇“世代服务”站改建经费问题。 研究高速路景观绿化带养护工作方案。

续表 19-8

时间	会议	议题
9月7日	第四次	研究进一步加强农村灌排河渠管理问题。 研究“农村体育健身工程”建设补助经费问题。 讨论研究五星级大酒店项目实施奖励问题。 研究乡镇联防队伍建设及经费问题。 听取省道237楚州段扩建工程一期实施方案的汇报。
10月12日	第五次	研究今冬明春农村水利建设计划。 研究讨论《房屋拆迁管理细则》。 研究讨论《淮安市楚州区停车场收费管理办法》。 研究讨论《加强建筑材料价格风险控制的指导意见》。
12月24日	第六次	研究《楚州离休干部及在乡六级以上残疾军人统筹医疗管理暂行办法》。 研究讨论桃花埂开发公司下属三个企业改制问题。 研究讨论将乡镇水利站事业人员经费纳入财政预算问题。 研究调减席桥镇2008年财税收入任务及调整其财政政体等问题。 研究农村公路桥梁改造工作。 研究对任庭彬等人行政处分问题。

二、施政纪略

（一）第七届淮安县革委会施政纪略（1978～1981）

1978年，中共十一届三中全会确定了党的工作重点转移到经济建设上来。在农村宣传不同形式联产承包责任制。县委、县革委把主要精力放在稳定和完善各种形式的生产责任制、调整农业内部结构这两个关键环节上，发挥多年来农田基本建设、农业机械装备和各项科学技术措施的效益，促进农业的恢复和发展。1979年，粮食总产48.29万吨。1980年，虽然遭受多种自然灾害，粮食总产仍达46.9万吨。1981年，粮食总产达52.36万吨，创历史最高纪录，比上年增长11.64%。工业上继续开展“学大庆”运动，在调整中前进，全县工业总产值为1.92亿元，超过计划3.6%。工业产品柴油机单极空滤、方油箱与外地厂配套的整机分别获得国家金质奖、银质奖。电玉粉、白厂丝、中周都达到省优质产品标准，2.5吨水泥农船质量获全省第一。商业、计划物资供应、城镇建设、科技、教育、卫生、体育也都在调整整顿中稳步发展，人民生活也得到好转和改善。

（二）第八届淮安县政府施政纪略（1981～1984）

淮安县政府在淮阴市委、淮安县委的领导下，坚持党的四项基本原则，加强思想政治工作，开展“五讲四美三热爱”和“我为周总理故乡添光彩”活动。学雷锋，做好事，助人为乐，发扬共产主义风格，为实现社会主义现代化作贡献，成为许多人的自觉行动。全县出现一批文明村组、文明单位、五好家庭和先进个人。1983年，淮安县被评为省、市“军民共建文明县”。同年上半年，各乡、镇实行政社分设，1984年，进行乡、镇换届选举，县级机关按照“四化”要求和改革精神进行精简和调整。县、乡两级领导班子平均年龄普遍降低，文化结构显著提高。遵照党中央和全国人大常委会的部署，县委县政府集中力量开展严厉打击经济领域严重犯罪和刑事犯罪活动的斗争，依法从重从快惩处了一批严重为害社会的犯罪分子，社会治安和社会秩序明显好转，安定团结的政治局面初步形成，日益巩固。

县政府认真贯彻“调整、改革、整顿、提高”的方针，经济工作逐步走上以提高经济效益为中心的轨道，工农业生产持续增长。1983年，工农业总产值达到6.11亿元，比1980年增长了48%。农业上以“大包干”为主要形式联产承包责任制得到巩固和提高，克服长期存在的生产上“大呼隆”和分配上的“大锅饭”，极大地解放了农村生产力。农村政策的放宽和落实，调动了家庭经营副业的积极性。1983年，淮安县虽然遭受特大雨涝灾害，仍取得农业大丰收。农业总产值达到3.74亿元，同1980年相比增长了46.4%。粮食总产达66.39万吨，同1980年相比增长37.6%。县政府对工业生产进行调整、改组和联合，经济效益仍明显提高。工业总产值每年递增14.6%，1983年完成2.38亿元，比1980年增长50.6%。县农机厂、元件厂、阀门厂、缫丝厂、汽车修配厂等10家企业利润率达10%以上。产品质量创出新水平，电视中周、收音机中周、振荡线圈、方油箱、长油箱、黄油枪、电玉粉、单级空滤、白厂丝、针织帽、淮安牌衬衫等11种产品，被评为市优质产品。豆制品香茶干被评为省优质产品。交通运输、邮电电力、城镇建设、商业流通、财政金融、科学文化、教育卫生、外事旅游均有很大发展。

（三）第九届淮安县政府施政纪略（1984～1987）

淮安县第九届政府坚持物质文明和精神文明一起抓，工作中坚定不移贯彻四项基本原则，继续开展“五讲四美三热爱”、做“四有”新人以及学总理、学新旅、学先进人物活动，推动各项工作取得新突破。

在经济工作中，树立以农业为基础的思想，落实党的富国富民政策，农村经济取得较好的成绩。1986年，农村社会总产值达到8.23亿元，农业总产值为3.96亿元，分别比1983年增长48.4%和13.6%。粮食总产量达67.1万吨，与1983年相比增长1.1%。抓农业生产稳定发展的同时，狠抓多种经营生产和乡镇企业。利用淮安水面宽阔的优势发展渔业生产，渔业生产逐步成为农民致富的骨干项目。与1983年相比，水产品总量增长95.7%。整个林牧副渔增长58.03%。农村专业村相继出现，专业户、万元户增多。乡镇企业有较大突破。1986年，全县开展“学南通、赶江南”活动，打破了多年乡镇企业停滞不前的局面。乡村两级企业（不含淮城镇）产值2.94亿元，与1983年相比，增长近3倍。工业迅猛发展，总产值达5.05亿元，工业总产值占工农业总产值的比重，由1983年46.8%上升到56.1%，实现历史性突破，改变了淮安仅是单一农业大县的印象。该届政府重视市政建设，文化古迹、旅游景点的恢复、建设取得显著成绩，恢复勺湖公园、吴承恩故居、韩侯祠、漂母祠、梁红玉祠、关天培祠等一批历史文化古迹和旅游景点。1986年12月，国务院正式批准公布淮安为国家62个历史文化名城之一。县委、县政府提出“科技兴淮”战略，积极开展科研工作，有41个科研项目获省市科技进步奖。文化、教育、卫生、计生工作、体育均有所突破。淮安县运动员在省级运动会上夺得金牌59枚，全国性比赛获奖牌15枚，打破23项省纪录。1984年，淮安县被江苏省和国家授予“体育先进县”。

（四）第十届淮安市政府施政纪略（1987～1990）

坚持以经济建设为中心，贯彻党中央关于治理整顿和深化改革的方针，发展生产，保持国民经济的稳定增长。1989年，淮安市国民生产总值10.36亿元，比1986年增长71.24%，年均递增19.64%；国民收入9.41亿元，比1986年增长75.89%，年均递增20.71%。工农业总产值19.12亿元，比1986年增长1.12倍，年均递增28.51%。粮食总产68.8万吨，棉花总产984吨，分别比1986年增长2.5%和90.3%。这届政府三年向国家提供商品粮40万吨。水产品总量首次突破万吨，达1.05万吨。成片林扩大到1533.33公顷，林木覆盖率达11.04%，1988年，被评为“全国平原绿化先进县（市）”。城市改革在整顿中深化和完善，以搞活企业为中心，全面推行和逐步完善企业承包经营责任制、厂长负责制和内部的改革配套，进行企业兼并和股份制试点，并在企业承包中引入竞争机制和风险机制。工业生产稳步发展，效益明显提高。全市工业总产值14.51亿元，比1986年增长1.87倍，年均递增42.16%。1989年，全市乡以上工业实现税利3476万元，比1986年增长23.97%。全市有14个产品获部、省优质产品。工业企业中产值超千万元的大户，由1986年的4家增加到17家，利税50万元以上的企业由1986年的9家增加到20家。三年中，政府加强基础设施建设，淮安热电厂一期工程、运东水电站、运河新港一期工程完工，举世关注的“周恩来纪念馆”已开工兴建。政府重视并加强科教文卫体工作，提出“科技兴淮”战略。科研投入加大，有44项被江苏省和淮阴市立项，有21项获淮阴市以上科技成果奖，推广25项科技成果，赢得5000万元经济效益。全市宣布实现五年义务教育，发展职业教育，市高级职中和南闸职中分别被批准为江苏省和淮阴市重点职中。全市中小学实现“一无两有”（无危房，有教室、有课桌）。1988年，淮安市被评为“全国扫盲先进县（市）”。全市建立市乡村医疗“防保三级网络”，增加添置先进的医疗设备，开展肿瘤高危人群和病因调查，改善农村饮水。体育工作成绩显著，淮安市运动员共夺得全国比赛金牌9枚，省级金牌82枚，累计破同龄组最高纪录31项，为周恩来故乡争得了荣誉。

（五）第十一届淮安市政府施政纪略（1990～1993）

1992年，全市国民生产总值12.3亿元，比1989年增长22.4%，年增长7%；国民收入11.1亿元，增长13.7%，年均递增4.4%。工农业总产值31.62亿元，增长17.9%，年均增递5.6%；财政收入5559万元，增长21.22%，年均递增6.62%。1992年，全市完成工业产值21.46亿元，较1989年增长21.66%，年均递增6.8%。乡以上企业的利税大幅提高，达4383.4万元，创1988年以来的最好水平。企业扭亏增盈工作取得较好成绩，亏损面、亏损额下降。1990年、1991年，淮安市连续两年被评为淮阴市乡镇企业先进县（市）。工业经济规模日益扩大，整体素质有所提高。3年共投入1.68亿元，完成招商电缆、3万吨精制盐厂、9.5万吨盐化厂等重大项目，还完成了一批工厂重点技改项目。产值超千万的企业由1989年17个增加到25个。新产品开发80个，有20个获部、省优质产品称号。农业在遭受1991年特大洪涝灾害后，1992年又遭受十多年未遇的严重干旱，粮食生产仍取得大丰收，总产量达68.2万吨，与1989年基本持平。棉花总产7900吨，比1989年增长60.6%，年均递增17.1%。城市建设成绩显著。人武、民兵预备役和“双拥”工作取得较好成绩。1991年，淮安市被评为江苏省“双拥”先进单位。全市深入开展“迎接周恩来纪念馆开馆”和创建卫生城市活动，加强城市建设和管理，一批建筑完工，一批道路新建扩建改造完成。1992年，淮安市被批准为省级卫生城。交通、供电、邮电等基础产业发展较快。两淮路淮安段9.1千米一级公路建成通车，新建、改建乡村道路24条，计182千米，村通公路率达67%。7000门程控电话投入营运，13个乡镇通上了程控电话。农村的村、组、户通电率达97%、91%和82%。教育事业继续发展，全市实现五年制义务教育，淮城镇实施九年制义务教育。是年，淮安市被淮阴市命名为“群众文化先进市”。群众文化事业成绩显著，淮安无线电台、电视台开播。1990年，淮安市被评为全国体育先进县（市）复查优秀单位，18个乡镇被命名为省级体育先进乡镇。在省以上运动会上，淮安市三年累计夺得金牌65枚，打破两项全国纪录。政府始终坚持“两个生产”一起抓，认真落实计划生育基本国策，有效地控制全市人口增长。计划生育工作目标任务与经济发展目标任务一起下达，一起检查，一起考核，并严格实行计划生育工作“一票否决制”，改变了淮安市在江苏省计划生育工作中的落后状况，1991年，一举跨出“省重点管理县（市）”行列，摘掉多年后进的帽子，并被评为淮阴市先进单位。

（六）第十二届淮安市政府施政纪略（1993～1998）

该届政府历时5年。在邓小平南方谈话和中共十四大精神指引下，带领百万淮安人民沿着有中国特色社会主义道路向前迈进，不断解放思想，加快发展，改革开放，以奔小康为目标，以迎接周恩来百年诞辰为动力，开拓进取，各项事业取得了显著成绩。1997年，全市地区生产总值按可比价格达25亿元，比1992年增长2.3倍，年均增长27%；工农业总产值达77.5亿元，比1992年增长1.4倍，年均增长19.6%；财政收入达1.43亿元，比1992年增长1.6倍，年均增长20.8%。政府施政主要抓了以下几方面工作。

市政府认真贯彻落实党中央、国务院稳定发展农业的措施，坚持农业规模化生产的推进，加强土地资源的保护和农业综合开发利用，农村经济蓬勃发展。狠抓农田水利基本建设，连续三年夺得江苏省“大禹杯”。积极实施科技兴农战略，粮食生产连续3年获得丰收。1997年，粮食总产量达83.25万吨，比1992年增长22.1%；生猪饲养量达135万头，出栏量85万头，分别比1992年增长73.5%和

92.8%。1995年，淮安市被命名为全国粮食生产先进县（市），进入全国肉产品百强县（市）。家禽饲养数、蔬菜产量、稻田和水面养殖的水产品产量均成倍增长。多种经营产值占农业总产值的74.9%，改变了农民收入单靠粮食生产的局面。农民纯收入达2800元，年均增长29.7%，城镇居民人均生活费收入达3200元，增长19.2%。

坚持分类指导，工业经济稳定增长。市政府先后对市镇工业和乡镇企业进行多种形式的改革，组建企业集团11个，成立有限责任公司21个、股份合作制企业110个，租赁企业361个，出售企业（门点）33个，兼管托管企业15个。对困难企业，市政府根据实际情况实行“一厂一策”的帮扶，制定有关扶持政策，使市棉纺织厂和溪河桐木板厂进入淮阴市盘大企业行列。市政府新建扩建盐化总厂、古顺河曲酒厂、两淮水泥厂、席桥电缆厂、塑料厂等；实施企业标准化工作，被江苏省评为“消灭无标生产市”；开展创名牌活动，“霞牌”针织内衣被评为省名牌产品。

坚持“建、管”并重，城乡面貌发生巨大变化。市政府为迎接周恩来百年诞辰，投入基础建设资金18.5亿元。全市城乡公路基本实现“黑色化”（柏油路），村通砂石路率达96.4%；兴建运河大桥、运东复线大桥、友谊桥，改造城乡主要道路35条，后街背巷亦铺了水泥路，新增混凝土路面98万平方米；新建周恩来遗物陈列馆、周恩来铜像广场、周恩来墨迹碑廊和5尊城市雕塑、2处过路标志建筑；加强城市管理，治理“脏、乱、差”，“创卫”水平不断提高，省级卫生城市成果得到巩固；农村加快小城镇建设，1/3的集镇面貌焕然一新；电力、通讯方面，全市实现村村通电、通电话。

坚持协调发展，各项事业不断进步。市政府实施“科教兴市”战略，研究推广应用新技术、新产品、新项目92项，有16个乡镇被江苏省命名为“省级科技工作先进乡镇”。1996年，淮安市跨入全国科普工作先进县（市）行列。优先发展教育，基本普及九年义务教育，基本扫除青壮年文盲，这两项工作通过“国检”，被评为全国“两基”先进县（市）和省“先进教育县（市）”。高考本科达线人数在淮阴市一直处于领先位置，5年向全国高校输送各种类人才9000多名。18个乡镇卫生院和市医院分别被卫生部命名为“一级甲等”和“二级甲等”医院。1994年，淮安市是苏北第一家实现“消灭丝虫病”目标的城市。发展文化、新闻和广播电视事业，新建市图书馆、博物馆和10个乡镇文化活动楼，淮安市被淮阴市命名为“文化先进市”，有9个乡镇被命名为“省级文化先进乡镇”。5年中，淮安市竞技体育获省以上奖牌385枚，其中国家级54枚，被全国第八届运动会表彰为“全国群众体育先进县（市）”。施河和平桥、溪河3乡镇分别获得“全国亿万农民健身运动先进乡（镇）”和“全国体育先进乡（镇）”称号。

坚持综合治理，精神文明和民主法制得到加强。市政府组织“讲文明、树新风”“学楷模、树形象、兴淮安”等各项活动，确立了“齐心拼搏、真抓实干、自加压力、奋勇争先”的淮安精神，促进公民素质和城乡文明程度的提高；全面落实社会综合治理措施，较好化解各种社会矛盾；开展多种形式的专项治理和专项斗争，依法严厉打击各种刑事犯罪和经济犯罪，扫除各种社会丑恶现象，维护社会治安和社会秩序的稳定。重视、加强民族、宗教、侨务和外事工作得到，与日本西山町结为友好市町；关心支持人武和驻淮部队建设，做好民兵、预备役、征兵和拥军优属工作被省政府、省军区命名为“双拥模范城”，连续多年被淮阴市政府、淮阴军分区评为征兵工作先进单位。

（七）第十三届淮安市楚州区政府施政纪略（1998～2003）

该届政府跨世纪之交，经国务院批准，实施了撤市设区，融入淮安建设大城市的总体规划。围绕“富民强区”目标，完成区十三届人民代表大会历次会议确定的各项目标任务，全区经济社会实现较快发展，综合实力明显增强，经济总量不断扩大。2002年，全区完成地区生产总值67.29亿元，财政收入2.62亿元，全社会固定资产投资24.95亿元，在1997年基础上年均分别递增11.4%、12.8%和19.2%。产业结构得到优化，一、二、三产的比例由1997年的43.9∶32.2∶23.9调整为32.8∶38.5∶28.7，实现了二产超过一产的历史性跨越。

工业投入5年累计31.25亿元，是前5年的两倍。2002年，全区完成工业增加值21.25亿元，销售收入33.1亿元，利税2.47亿元，工业用电量1.34亿千瓦时，分别增长13.2%、17.6%、17.1%和18.2%。新增固定资产投资在100万元以上的工业项目153个，其中1000万元以上的12个，500万～1000万元项目28个。井神盐业公司、淮棉公司设备综合改造、飞洋钛白粉公司、101钛白粉生产线等一批重点项目如期竣工投产。企业质量意识和品牌意识进一步增强，15个企业产品通过了国家ISO 9000质量体系认证。申请注册商标22件，康乃馨织造有限公司的“康乃馨”商标被评为江苏省著名商标。

5年中，农业经济稳步发展，完成增加值22.04亿元，年均递增5.1%。全区建成2666.67公顷无公害蔬菜、3333.33公顷标准化稻田养殖、1.33万公顷优质稻米、300万只蛋鸡和20万头“三元”瘦肉型生猪的5大生产基地。农业综合机械化水平达78%，比1997年提高13个百分点。第三产业加快发展，完成三产增加值19.28亿元，年均递增15%。龙头加工项目朱桥普天食品、南马厂鲜普食品、钦工名盛肉制品、淮城展凤食品企业相继建成。全区成立农村各类专业合作经济组织221个，新增农民经纪人3000余人。“星”牌大米荣获2002年中国（淮安）优质稻米博览会金奖；“天妃宫”牌蒲菜、“白马湖”牌青虾、螃蟹和“绿草荡”牌螃蟹被评为江苏省无公害产品。劳务输出人数、收入逐年增加。2002年，劳务输出人数达17.3万人，比2001年增加20.8%，劳务收入达10亿元，已成为农民增收的重要渠道。随着经济的发展，各种社会保障制度逐步建立健全，农村取消多种税费，多种惠农政策得到落实，农民的负担减轻，人民生活水平进一步提高。2002年，城镇在岗人员年均工资达8104元，农民人均纯收入3615元，居民人均储蓄2088元，年均分别递增8%、4.8%和12.2%。

以“四城”（卫生城市、优秀旅游城市、园林城市、文明城市）同创为契机，多渠道筹集资金，加大老城改造和新区建设。5年中城市基础设施建设的投入逐年增加，2002年为2.76亿元。新建和改造城市道路26条、53.7万平方米，主要干道达到雨污分流、管线入地的要求，提高城市的品位；打通西长街南段，建设了西门大街、经九路、城西干道、城河北街等工程，疏浚整治清安河、文渠、涧河；所有道路两旁全面绿化，新增绿地面积74万平方米；建成一批居民住宅小区，实施区政府大院、静都大酒店、楚州医院、勺湖公园等沿街单位“拆墙透绿”“拆房透湖”，城区绿化覆盖率达23.6%。城市管理推行责任制，城区主干道交通治安管理实行了招标承包，市容环境得到了改善。全区新增集镇面积6.8平方千米，建成江苏省级示范小城镇1个，淮阴市级示范小城镇3个。

启动楚州工业园区建设，投入2000多万元完成启动园区2平方千米“七通一平”，形成“两纵三横”的骨架。组织赴浙江、上海、南京等地参加推介活动和经贸洽谈活动。2002年，全区计引进资金11.7亿元，其中到位资金3.1亿元；全年共引进项目161个，其中开工119个，项目开工率73.9%；进入园区项目26个，协议投资2.73亿元，其中1000万元以上项目15个。全区新发展私营企业334户，新增注册资金1亿元，完成入库税收7780万元，增长16.5%。乡镇工业园区初现雏形，施河工业园区被命名为国家级“乡镇企业示范园”。施河、泾口、马甸等工业园区已成为当地的重要经济增长点。

推行农村税费改革，重新核定了农业税面积，取消了生猪屠宰税、教育集资和乡镇统筹等项的收费；按照“精简、统一、效能”的原则，完成了区乡党政机构和乡镇事业单位改革，精简机构297个，压缩人员编制2617个；扎实推进22户区属企业、20户淮城企业和16个区属事业单位的体制机制改革工作，如粮食购销企业2259名职工顺利实现身份置换；在全市率先推行以国库集中收付制度为重点的区乡两级财政管理体制改革，成立会计核算中心，健全政府采购中心，建立以预算统编、国库统付、财务统理、采购统办为核心的管理制度，规范支出行为，增强政府的调控能力；推行行政审批制度改革，成立行政审批中心，实行“四公开”（服务内容、办事程序、办理时间、收费标准）的一个窗口对外、一条龙审批和一站式服务；完成农村义务教育管理体制和干部、教师招录制度改革，实行公开招聘、公平竞争、择优录用机制。

科技开发和成果转化工作加快，5年共获得国家星火计划项目13个，省星火计划项目38个，认定省级高新技术企业3家，国家重点新产品2个，省级高新科技产品8个，申报国家专利139项，先后被评为“全国高新科技进步先进区（县）”和“全国科普工作先进区（县）”。教育工作成绩显著，顺利通过国家普及九年义务教育的验收，投入"改危"资金3200万元，新建校舍8.4万平方米，通过了省中小学无危房县（区）验收。文卫体等工作全面推进，获得"江苏省群众文化先进县（区）"称号。2006年，举办全区首届"老年人健身运动会"。群众体育运动广泛开展，5年累计获得市以上奖牌186枚。农村合作医疗已在全区推开，受益人口达59.6万人。计划生育率提高到93.8%，人口出生率下降到7.1‰。政府高度重视信访工作，开通了区长公开电话，落实了信访责任制，上访批次和人数同比有明显下降。坚持依法治区，法制工作得到加强，普法教育全面开展，政府依法办事、全民法制意识普遍增强。政府强化社会治安综合治理，深入开展严打整治斗争，有力维护了全区的社会稳定；积极开展国防教育和"双拥"活动，巩固了军政、军民团结。

（八）第十四届淮安市楚州区政府施政纪略（2003～2007）

该届政府团结和依靠全区百万人民，围绕全面建设小康社会总目标，推动各项事业的全面进步。5年来，全区经济总量逐步扩大，综合实力逐渐增强，2007年，实现地区生产总值118.2亿元，是2002年的2.15倍，年均递增16.6%；财政收入7.6亿元，是2002年的2.4倍，年均递增23%；全社会固定资产投资80.5亿元，是2002年的3.4倍。三次产业结构为20.25：46.49：33.26，实现了由"二、一、三"到"二、三、一"的转变。

2007年，区委提出"跨越发展、进位争先、提前达小康"的新目标，政府遵循"全力抓经济、重点抓工业、突出抓招商、关键抓投入"的工作思路，攻坚克难，高效快干，经济社会呈现加速发展的良好态势。2007年，工业新增销售过亿元企业6家，列表统计企业实现增加值29.7亿元，销售收入110亿元、利税7.8亿元。市级以上农业龙头企业实现销售5.8亿元、利税1700万元，分别比上年增长38.1%和13.3%。5年中，全区招商引资工作成效显著，引进内资和到账外资累计分别达92亿元和5800万美元。楚州工业园区升格为江苏省级经济开发区。工业园区、精细化工区、盐化工区、乡镇工业集中区逐渐形成规模。市以上新产品开发267个，引进中、高级科技人才380人，获得"全国科技先进区""江苏省知识产权示范区"称号。全民创业扎实开展，累计新增私营企业2581户，个体工商户1.18万家、注册资金35.3亿元，从业人数12.9万人。新农村建设着力加强，2007年粮食总产88.5万吨，新上规模农业项目45个，高效种植、规模养殖和高效渔业面积所占比例分别达到22.2%、40%和19%。公益事业单位实行全员聘用、竞争上岗。农村税费改革基本完成。农民负担明显降低。建立"村帐乡管、乡帐区管"体制，财政资金使用效益有所提高。

城市规划体系形成，"控规"覆盖率100%，5年累计投入100.68亿元，实施349项城建重点工程，新建和改造城区道路面积1.29平方千米，新铺排水、排污管道97千米，新增绿化面积144.9万平方米，新增住宅135万平方米。城市面积由2002年的15.6平方千米扩大到22平方千米。漕运部院遗址公园、里运河风光带、"新旅"陈列馆、吴承恩纪念馆、体育中心、国际商城一期、淮扬公路大桥、翔宇大道二期、新汽车站、渠南和渠北灌区改造等地方重点工程完工，淮河入海水道、宿淮盐高速公路、南水北调工程、省道328楚州段等一批国家重点工程相继建成。淮安府署被列为国家级文物保护单位，政府对其进行了修缮和恢复，对河下古镇进行了保护性开发。环境友好型和资源节约型社会建设取得积极进展，生态区建设加速推进，新增绿地面积12.87万平方米。城市绿化率22.9%。万元GTP能耗降低4.2%，空气质量优良率达到85%，化学耗氧量、二氧化硫排放量分别削减7.8%和17.3%。楚州区顺利实现了国家卫生城市、优秀旅游城市、园林城市和省文明城市的创建目标。农村基础投入28亿元，兴建农田水利建筑物4322座，改造中低产田8933.33公顷，完成水利土方4610万立方米，农业机械化率83%。全区建成1个省级、4个市级示范型小城镇和1个市级"康居示范村"。

全区5年累计投入1.43亿元，新建、扩建校舍9.76万平方米。初中教育质量连续多年在全市领先，高中教育质量明显提高。学前三年幼儿入园率、义务教育巩固率和高中入学率分别达到87%、99%和90%。文化设施建设得到加强，建成17个中心文化站、100个村级文化大院，新增有线电视4.1万户。倾注众多文艺工作者心血的大型媒体音乐剧《周恩来与故乡》成功上演，立体电视连续剧

《吴承恩与西游记》顺利封镜。全区建立公共卫生体系和突发公共卫生事件应急机制，建成标准化卫生院24个，规范化防保所25个，示范化社区卫生服务站185个。楚州医院外科大楼的建成，硬件水平明显提高。全区新增改水受益人口24万人。计划生育工作连续7年保持低生育水平。社会保险不断推进，企业养老参保人数由2002年的3.93万人增加到5.12万人。事业养老参保人数由2002年的7978人增加到8718人。城镇职工基本医疗保险参保人数由2002年的3.56万人增加到7万人。城镇居民基本医疗保险参保人数达17.2万人。新型农村合作医疗保险初步建立，农民参保率达97.5%。政府拨专款资助了各类贫困学生累计达2.85万人。3157户城市居民和1.21万户农村居民纳入低保救助。

办理人大建议案688件，政协委员提案1099件，满意率均在98%以上。政府加强了同各民主党派、工商联和群众团体联系，强化政府廉政建设和效能监察；建立政府工作规则和决策议事制度，开通区长公开电话，推行政务公开。贯彻实施《行政许可法》，取消、降格、合并141个行政审批项目收费，政府施政水平和能力得到群众的认可和外商的称赞。“平安楚州”创建工作深入推进，连续三年被评为“江苏省社会治安安全区”。全区完成“四五”普法宣传任务，开展“五五”普法宣传，被评为“全国法制宣传先进区”。

（九）第十五届淮安市楚州区施政纪略（2007年12月～）

该届政府围绕“跨越发展、进位争先、提前达小康”总目标，加快工业化、城市化、农业产业化步伐。2008年政府施政总体要求是：紧紧围绕区委十届四次会议确定的发展战略和中心任务，以科学发展观为统领，以提高行政执行力为核心，以“跨越发展、进位争先”为目标，以“工业项目推进年”和“城市建设会战年”为主线，主攻工业经济，加快城市发展，提升第三产业，推进新农村建设，积极构建和谐社会，努力实现经济社会发展的新跨越，为以后几年总体目标打好基础。

第三节　信访工作

1988～2008年，楚州区（淮安市）整体信访形势经历了2次高峰。90年代初期，随着农村改革不断推进，农村问题逐渐显现，以农民负担为代表的涉农问题形成了第一次上访高峰。此后，集体上访逐渐增多，成为上访的重要形式。至21世纪，城市改革逐步加大，城市化进程不断加快，城市信访问题逐渐突出，企业改制、土地征用、房屋拆迁等问题成为新的信访热点，形成了第二次高峰。2001年，楚州区进京上访就达82批313人次，去省集体上访70批1347人次，到市集体上访343批1.57万人次。2001年以后，全区上下以强烈的政治责任感和历史使命感，不折不扣地贯彻落实中央及省、市各项决策部署，创新思路、多策并举，使得大量积存的信访问题得到解决，群众积累的怨气得到释解，信访总量大幅下降，彻底改变了“信访大区”“信访名区”的形象。2008年同2001年相比，全区进京上访批次、人次同比分别下降67.3%和78.9%；赴省集访同比分别下降81.6%和86.2%；到市集访同比分别下降56.9%和63.2%。2008年，全区信访工作实现了“六个连续三年”的明显成效，即连续三年进京上访保持全市最低水平，连续三年重点敏感时期实现进京“零上访”，连续三年没有发生进京集体上访，连续三年无有影响的信访事件，连续三年无“省信访工作重点管理乡（镇）”，连续三年无省备案人员重复进京。改革开放以后，楚州区（淮安县、市）不断探索和创新信访工作机制，积极妥善化解各类矛盾纠纷，充分发挥了信访工作在各个时期维护稳定、促进和谐的重要作用。

一、工作机构与职能

1988～2008年，根据上级要求和形势变化，楚州区（淮安县、市）不断调整和增强信访工作机构。1989年，按市统一要求，信访办公室更名为淮安市信访局（正科级建制），列入政府机构编制序列。2002年，根据区“三定方案”精神，信访局内设2个科（室）综合科、接待科，全部列入政府编制序列。

1988～2008年，楚州区（淮安县、市）信访工作职能不断演变和丰富，促进了信访工作的不断发展，同时也反映了党和政府执政理念的不断变化。80年代末到90年代初，信访工作职能是单一的办理来信、接待来访和查办案件。进入21世纪，信访工作职能得到较大丰富，增加了督促检查信访事项处理、研究分析信访情况、开展调查研究、向本级人民政府提出完善政策和改进工作的建议、处理信访突出问题及群体性事件等职能，使得信访工作职能范围得到扩充和完善。2005年以后，楚州区信访局提出信访工作应从传统的办信接访等职能，逐渐向信访服务管理转变，在更高层面上发挥信访工作在构建社会主义和谐社会中的基础性作用。

二、工作理念

1988～2008年，楚州区（淮安市）信访工作理念不断更新，成效逐步显现。90年代以前，属于微观信访，整个工作处于被动应对状态。进入90年代，从微观信访向宏观信访转变，整个工作从被动应对向被动中求主动转变。进入21世纪，逐步形成“党委政府统一领导，信访部门统一管理，相关部门各司其职，全社会齐抓共管”的大信访工作格局。2005年以后，楚州区信访工作，形成了“确立一个理念，坚持两个原则，推动三个转变，狠抓四个重点”的信访工作思路，并在整个工作中依据思路，狠抓落实，取得了显著成效。信访工作思路中的确立一个理念，就是牢固树立“以人为本，信访为民”理念；坚持“两手抓，两手硬”原则和“四个到位”原则；推动三个转变，就是推动实现“由被动向主动、由治标向治本、由受理办理向服务管理”的转变；狠抓四个重点，就是畅通渠道、事要解决、强化双基、规范秩序。

三、信访接待

随着解放思想工作的不断深化，广大人民群众的民主意识、维权意识逐渐增强，信访案件明显增多，形成了第一次信访高峰。1988～1992年，淮安市信访部门共计接待来访群众2千余批次，群众来访反映的主要问题为农村改革后产生的土地房屋纠纷、经济合同纠纷。信访部门的工作人员认真做好来访群众的接待工作，对群众的合理诉求及时解决到位；对一时解决不了的问题向群众解释到位，赢得群众的理解。

淮安市集体上访逐渐成为上访的重要形式，集中表现为人员众多、声势较大，并且逐渐出现一些过激行为，如围堵党委政府大门、不听工作人员劝阻甚至围攻工作人员等。集访反映的主要问题有：1982年被辞退的民办教师要求复工复职问题，60年代初城镇下放人员要求恢复定量户口，50年代下放的小乡干部要求办理离退休手续等问题。

为做好集访化解工作，切实维护社会稳定。1992年，淮安市人民政府印发《淮安市人民政府接待处理集体上访的暂行规定》，对集体上访的接待程序、原则和工作职责作出了明确的规定，同时也对上访人员的行为作出具体的规范，明确指出上访人在上访过程中出现违法行为的，将“依法移交公安、司法机关处理”。《规定》的出台，为正确处理集体上访问题奠定了法规基础。

1992年，中共十四大召开，大会关于“建立社会主义市场经济体制”号召的提出，标志着我国的改革开放事业进入攻坚阶段。随着改革开放的不断深入，一些计划经济时代遗留下来的深层次社会矛盾也随之凸显，淮安市逐渐产生了第二次信访高峰。1993～2000年，信访部门共接待群众来访4千余批次，其中集体上访的比重大大增加。1995年，全市年发生集访106批次，平均每3天发生1批次，信访形势一度十分严峻。群众来访反映的主要问题有：农村方面，主要有农民负担、村级财务以及计划生育问题，1994年又增加50年代以来离任的村级“三大员”要求落实生活补助问题；城镇方面，主要表现为一些企业因亏损导致企业职工、离退休人员拿不到工资及退休金问题，因城市建设改造被征地群众要求解决生活困难问题，南京下放户子女及知青要求回南京问题，1998年因部分企业减员增效引发下岗职工要求重新就业等问题。

该时段的集体上访有3个特点：一是规模大，集访人数动辄几十人、上百人，1995年发生的南京下放知青集访，人数甚至达到数百人；二是影响大，上访人员大多是打横幅在城区横冲直撞，甚至出现部分上访人员驾驶农用机动车直闯区政府现象；三是上访人过激行为增多，一度出现围攻信访接待人员行为。

为了扭转这种严峻的信访形势，全区各级党委政府以及广大信访工作者不断更新工作理念、创新工作方法，进一步改善软、硬件设施，完善信访工作制度，为维护全区社会稳定作出了艰辛努力。主要做法包括：

及时搜集、汇总、上报信访信息。1993年7月、8月、9三个月，市信访局根据对接访信息的分析，排出了信访工作中出现的几个重点问题，预测到农民负担问题、亏损企业职工工资问题将成为此后一段时间的来访重点，于是立即向市主要领导汇报，同时将该形势向各乡镇通报，要求各地采取措施，将矛盾化解在萌芽状态。

工作前移，做好集访预防、化解工作。根据省市领导要求和淮安市信访工作实际，信访干部把劝阻、化解集体上访作为工作的重中之重来抓，主要从三个方面入手：加强调研，剖析集访原因，堵控集访源头，掌握工作的主动权。1993～2000年，市信访局先后30多次组织人员到市直和有关乡镇进行专题调研，认真排查全市存在的不稳定因素，共同研究解决问题的办法和措施，为化解集访工作打下基础。文明接待，妥善解决上访问题。信访干部对来访群众认真接待，耐心听取他们的意见，答复他们提出的问题，尽量让群众满意；对个别情绪偏激，无理缠访人员，在耐心做工作的同时，严肃批评他们的错误行为。加强指导，共同化解矛盾。信访部门主动与集体上访量较大的单位沟通情况、相互协商，共同工作，扭转集访较多的局面。

多措并举，切实解决信访热点、难点问题。为妥善处理好信访热点、难点问题，淮安市委市政府于1995～1996年先后发文，对减轻农民负担和加强征地拆迁审核报批方面，做出了具体规定。为切实解决南京下放知青反映的问题，市委市政府要求各乡镇、各部门对全市南京下放知青的情况进行摸底调查，弄清全市南京知青及家属子女的人数、分布及经济状况，尽可能在政策和条件允许的情况下，解决知青在工作生活中存在的实际困难，同时做好南京知青的思想稳定工作，终于使南京知青的集访活动平息。

完善规章制度，切实规范信访行为。1995年，为抓好基层信访工作的程序化、制度化建设，市委市政府在全市推行逐级上访制度，明确信访人和信访工作者的责任，进一步规范信访行为，将把信访工作纳入法制化轨道，努力做到依法信访，依法处理信访，建立良好的信访秩序。1999年，市委市政府根据不断变化的信访形势，结合实际，先后出台《关于处理群众到市委市政府门前上访维护机关办公秩序的意见》和《淮安市市级机关归口处理信访问题办法》等。文件把“分级负责、归口办理”的信访工作原则进一步具体化，对各级各部门的工作责任以及信访人的信访行为都作出明确规定，规范信访行为，明确工作责任。

2001年，随着中国成功加入世界贸易组织，国内的改革开放事业也不断走向深入，楚州区的改革力度进一步加大，各种利益关系深刻调整，一些新情况、新问题、新矛盾开始不断涌现。2001～2008年，楚州区信访部门接待群众来访达四千余批次，形成第三次信访高峰。此次信访高峰的显著特点就是集体上访成为群众上访的主要形式，越级上访明显增加，过激行为增多。从上访人员的区域性来看，城镇信访量开始超过农村。2001年，城镇信访量占到信访总量的75.85%，成为主要信访矛盾。群众反映的问题主要有改制企事业单位职工要求提高补偿标准、解决生活困难或要求办理内退手续问题，困难企业拖欠职工工资、退休养老金和下岗安置问题；征用土地和城市建设方面的问题；企业军转干部要求落实待遇问题。在区委、区政府领导下，区信访部门不断创新工作方法，完善体制机制，有效化解了一大批信访问题。

2002年，针对上访群众“认大不认小”的心理，实行领导干部联合接待群众日制度，规定区领导每周一在区信访接待中心面对面地接待处理群众上访问题，直接与群众对话、交流、听取意见。实行首接负责制，处理意见直接与群众见面。截至2008年，楚州区已开展党政领导信访接待日活动352期，参加活动的区领导605人次，共接待群众来访1537批4623人次。

2005年开始，楚州区委区政府明确提出对群众反映的信访问题，始终坚持1%有理1%解决，100%有理100%解决，做到还“感情账”不怕丢面子，还“经济账”不怕受损失，还“执法账”不怕担责任，认真解决群众的合理诉求。一方面，注重解决共性问题，通过信访渠道，及时调整完善政策，妥善解决拆迁补偿安置标准、改制企业独生子女费等共性问题，消除可能影响稳定的隐患。另一方面，注重解决个案问题，坚持合理诉求交办、重要问题直接查办、疑难问题联合会办、定期开展集中督办，推动个案信访问题的解决。为妥善处理信访突出问题及群体性事件，切实维护稳定大局，区委、区政府决定，建立区处理信访突出问题及群体性事件联席会议制度。联席会议由区委组织部、宣传部、政法委、区信访局以及公检法等26个成员组成，由区委副书记、区纪委书记崔泉牵头召集。同年，区委区政府根据市统一部署，结合楚州区实际，明确区四套班子、县级正科级以上干部和乡镇干部均要定期开展下访活动。在活动中，全区各级领导干部定期、定点下访，深入基层帮助群众解决问题，维护地方稳定，促进社会和谐。截至2008年，楚州区共有873名党政干部定期到联系点下访3651人次，接受基层群众来访、咨询1300余人次，解决、答复投诉问题2000余件。

2008年，楚州区上下狠抓基层基础，畅通信访渠道，及时解决信访问题，妥善处理集体上访，各乡镇和区重点部门都没有发生进京集体访和去省重复集体访，没有历史遗留信访案件，没有因信访问题引发有影响事件。楚州区“四无乡镇”创建率达95%，受到上级的肯定。年内，楚州区还开展集中处理信访问题活动，集中处理2001年1月份以后全区发生的76件重要信访问题，截至2008年12月25日，76件信访问题全部办结。通过集中处理，进一步密切了党群干群关系，树立了党委政府的良好形象，信访激增的势头被有效遏制。

四、来信办理

1988年以后，楚州区（淮安市）信访局共受理人民来信6000多封。1988～1995年，群众来信主要反映农民负担过重、困难企业职工的生活困难以及城镇建设征地拆迁等问题。1996～2008年，群众来信反映问题主要有因企业改制下岗的职工安置问题、农民工工资问题、民营企业劳资纠纷以及城市建设中征地拆迁问题。信访部门重点抓住“署名来信，登记转办；联名来信，直接交办；求决来信，协调会办；重要来信，及时呈阅；异常来信，妥善处置”五个工作环节，使人民来信做到“件件有交代，事事有回音”。1998～2008年，受理署名来信处理率均为100%。

80年代，淮安县党政领导就开始亲自阅批群众来信工作。1990年，淮安市加强对群众来信的阅批工作。仅1990年一年，市委市政府领导共阅批群众来信就达67件。1994年，市委、市政府把信访工作列入各级党委、政府的工作目标责任制，增强了各级领导做好信访工作的责任感。截至2008年，楚州区党政领导共阅批人民来信1300余件。

2007年初，楚州区开通“阳光信访”，通过阳光信访综合服务系统，群众可以足不出户地了解受理、办理情况，能有效地减少越级走访和重复上访。楚州区将推广阳光信访系统作为一项中心任务来部署落实，率先在26个乡镇和10个区直部门安装了阳光信访系统终端，通过业务培训、上门指导等方式，保证了在短期内正常开展数据录入和数据维护工作。2008年，楚州区不断对阳光信访系统进行升级推广，新增12个部门安装了阳光信访系统终端。至此，阳光信访系统覆盖了全区26个乡镇和22个重点部门。区信访局正在积极探索将阳光信访延伸进社区，在部分乡镇、部门试点阳光信访视频工作。对26个乡镇和22个区直部门“阳光信访”终端运行及数据更新情况，区定期进行督察，挂牌督办，电话指导或上门帮助，有力推动“阳光信访”面上工作的开展。2007年8月，楚州区开通了区内人民来信绿色通道，群众可以免费邮寄信件反映诉求。在区委书记的直接过问下，“绿色通道”确保每一件诉求都有办理结果。绿色通道开通以后，解决了一批群众诉求，有效降低了越级信访，绿色通道在区内外知名度越来越高。截至2008年，全区“绿色通道”收到群众初信385件，按程序全部办结。从回访情况看，群众对处理结果满意率达98%以上。

五、人民建议征集

2002年，淮安市楚州区信访局挂牌成立人民建议征集办公室，与人民来访来信接待科合署办公。各乡（镇）党政机关均明确信访科员和村（居）信访信息员同时为人民建议征集员，要求他们在工作中注意收集群众建议和意见并及时上报及时反馈。经过努力，全区初步形成了“以信访部门为中枢，横向到边，纵向到底”的人民建议征集网络格局，有力地保证了人民建议征集工作的高效开展。在信息员选择上，区信访局注重以“多层次、代表性、高素质”为原则，将人大代表、政协委员、无党派人士、知名人士、外地在淮企业家、高级知识分子、离退休老干部、农民、下岗职工、学生等广泛纳入其中，真正做到广纳群言、集中民智、凝聚人心。同时，区信访局在区委区政府人民来访接待大厅等地设立了人民建议征集信箱，建立健全人民建议征集接待工作制度，将该项工作列入各级各部门工作的议事日程，经常性地围绕经济建设和区委区政府的中心工作开展人民建议征集，并加强督办，力求做到件件有答复、件件有结果。

楚州区人民建议征集办公室与区委办、区政府办、区委宣传部、新楚州报社等单位联合开展“建设新楚州，我来献计策”人民建议征集活动。至2008年，共受理人民建议184件302条，引起了社会各界的关注。楚州区在制定实施一些重大建设项目、大型活动之前，都通过各种渠道广泛地征集广大人民群众及社会各界的意见和建议，使各项重大项目、活动更具合理性、科学性，更充分反映群众的意愿。

第三章　人民政协

中国人民政治协商会议江苏省淮安县委员会在“文化大革命”期间被迫停止活动，至1979年10月恢复活动。1988年2月，县政协更名为市政协。2001年2月，撤销县级淮安市，设立淮安市楚州区，原淮安市政协更名为淮安市楚州区政协，届次不变。

县（市）政协第五届至第八届委员会任期3年。1993年，根据修订后的《中国人民政治协商会议章程》规定，从第九届市政协开始任期为5年。至2008年，楚州区（淮安县、市）政协共选举产生12届委员会。

第一节　机构和主席会议

一、常务委员会

楚州区政协常务委员会由主席、副主席、秘书长和常务委员组成，其人选由区委邀请参加区政协的各党派、团体和各界别协商提名，经政协全体会议民主协商选举产生。

区政协常委会的职权：决定召开并主持政协全体会议，每届第一次全体会议由会议主席团主持，主席团由上届政协常委会协商产生；执行政协全体会议的决议；协商决定本届区政协参加单位、政协委员名额和人选；决定政协各专门委员会设置和变动，任免各专门委员会主任；协商讨论其他由常委会决定的事项。

区政协常委会会议的主要任务：讨论决定政协常委会会务工作中重大问题；协商讨论全区政治、经济、社会事业发展的重要决策以及人民群众关心的重大问题；听取和讨论区委、区政府以及所属部门的有关报告；审议提交政协全体会议的文件；讨论决定区政协年度工作要点，审议各专门委员会年度工作计划；审议通过常委会建议案、重要提案、调研报告、视察报告及其他报告。

区政协常委会会议一般每季度举行1次。会议由政协主席主持，或由主席委托一名副主席主持；根据需要，邀请党委、人大、政府有关领导、各专门委员会负责人列席；根据内容，邀请有关党政部门负责人、各民主党派和有关人民团体负责人列席。

淮安市第八届政协期间，共举行常委会议14次，就全市八五计划和十年规划、重点工程建设、抗洪救灾、“质量品种效益年”活动、发展外向型经济、廉政建设等内容进行学习和协商讨论，其中经常委会议讨论提交的《关于淮安市个体税收工作的调查报告》《关于加快开发淮安市旅游资源的建议》等都受到市委市政府的重视和采纳。

淮安市第九届政协共举行常委会议26次，主要就反腐倡廉工作、发展盐化工业、产权制度改革、乡镇企业投入、创建省级卫生城市、“九五”技改工作、发展“两专一基”、组建企业集团等议题协商讨论，参政议政；组织了对淮安市场建设情况、商贸系统现状的视察调研，提出了多份书面建议。

淮安市第十届政协共举行常委会议27次，主要是学习中央和各级文件精神，进一步解放思想；举办有关法律、科技知识讲座；听取市（区）政府关于经济发展情况的通报和关于政协提案办理情况的通报；就全市（区）企业改制情况、草鸡和肉鸽养殖情况、农民收入情况、村级集体经济发展情况、加快施河教学具生产与发展、纺织产业发展情况、投资环境情况、农村税费改革情况、发展农副产品龙头加工企业情况等开展调查研究，参政议政；视察淮河入海水道水利工程等重点工程建设情况和有关民营企业发展情况；组织对有关部门的民主评议等。

淮安市楚州区第十一届政协共举行常委会议28次，主要是学习讨论邓小平理论、“三个代表”重要思想和胡锦涛关于科学发展观重要讲话，党的十六大、十七大精神，中央及省市各级文件精神；举办有关法律、科技知识讲座；听取区政府关于经济发展情况的通报和关于政协提案办理情况的通报；就全区招商引资工作、工业园区建设、农村集中居住点、农村改水工作、农村劳动力转移情况、农村新型合作医疗工作、农村道路建设和管理工作、预防和打击青少年违法犯罪工作、推进楚州区新农村建设、加强楚州区城镇建设管理和文化旅游建设等开展调查研究，参政议政，提出了多项建议案和调查报告；对楚州区重点工程建设、城市建设和有关民营企业发展情况开展专题视察；组织对有关部门的民主评议等。区政协还相继制定促进政协工作制度化、规范化建设的有关制度。

淮安市楚州区第十二届政协组织对全区绿化工作、文化旅游建设项目、经济开发区建设、高效农业等方面的专题视察活动，提出许多意见和建议；协商通过区政协《常务委员会工作规则》《专门委员会工作规则》《提案办理五项制度》《关于开展“围绕招商争贡献，服务中心建功业”主题活动的实施意见》等规章制度，形成区政协生动活泼的履职局面；开展对区工商局、民政局的民主评议，促进两个部门的工作。

2007年召开的中国人民政治协商会议淮安市楚州区第十一届委员会第五次会议

1990～2008年楚州区（淮安市）历届政协主席、副主席更迭情况表

表19-9

届　次	职　务	姓　名	任职时间
第八届（1990年2月至1993年2月）	主　席	祝以信	1990年2月至1993年2月
	副主席	刘　彬	1990年2月至1993年2月
		徐立华	1990年2月至1993年2月
		陶　涛	1990年2月至1993年2月
		殷文宝	1990年2月至1993年2月
		朱震国	1990年2月至1993年2月
第九届（1993年2月至1998年3月）	主　席	涂美成	1993年2月至1996年3月
		周化堂	1996年3月至1998年3月
	副主席	徐立华	1993年2月至1998年3月
		陶　涛	1993年2月至1995年3月
		殷文宝	1993年2月至1998年3月
		朱震国	1993年2月至1998年3月
		仲跻华	1994年3月至1998年3月
		田文秀	1995年3月至1998年3月
		刘家柏	1995年3月至1998年3月
		高　琰	1996年3月至1998年3月
第十届（1998年3月至2003年1月）	主　席	周化堂	1998年3月至2002年1月
		朱国仁	2002年1月至2003年1月
	副主席	仲跻华	1998年3月至2003年1月
		高　琰	1998年3月至2003年1月
		田文秀	1998年3月至2003年1月
		殷文宝	1998年3月至2003年1月
		朱震国	1998年3月至2003年1月
		刘家柏	1998年3月至2003年1月
		金志庚	1998年3月至2003年1月
		童怀庆	1999年1月至2003年1月
		王秀珍	2001年1月至2003年1月
第十一届（2003年1月至2007年12月）	主　席	朱国仁	2003年1月至2007年12月
	副主席	仲跻华	2003年1月至2004年12月
		田文秀	2003年1月至2007年12月
		朱震国	2003年1月至2007年12月
		刘家柏	2003年1月至2004年12月

续表 19-9

届 次	职 务	姓 名	任职时间
第十一届（2003年1月至2007年12月）	副主席	金志庚	2003年1月至2007年12月
		陈 峰	2003年1月至2007年12月
		张佩铭	2004年1月至2007年12月
		王国权	2007年2月至2007年12月
		刘家勇	2007年2月至2007年12月
		陈海峰	2007年2月至2007年12月
第十二届（2007年12月～ ）	主 席	王国权	2007年12月～
	副主席	金志庚	2007年12月～
		陈 峰	2007年12月～
		张佩铭	2007年12月～
		季玉华	2007年12月～

二、主席会议

楚州区政协主席会议由政协主席、副主席、秘书长组成，视情况邀请与议程有关人员参加。主席会议一般每月举行1次，必要时可临时召集。

政协主席会议的主要任务为处理政协常委会日常工作；学习贯彻中共中央、国务院和市委市政府重要会议精神；协商讨论区委、区政府关于全区政治、经济和社会事业发展的重要决策以及人民群众关心的重要问题，并提出意见和建议；审查有关提出向区、政府及有关部门递交的重要建议案或调研报告等；提出提请区政协常委会审议的政协专门委员会主任建议名单，任免区政协各专门委员会副主任；讨论决定政协委员重要视察、调查研究等活动；决定政协常委会会议召开的日期、日程，审议提交政协常委会会议的有关文件；经政协常委会授权或需要由区政协主席会议讨论决定的其他重要事项。

三、专门委员会

楚州区政协设专委会、工作组作为常设的工作机构。政协专门委员会是在政协常委会和政协主席会议领导下，组织政协委员进行自我教育、开展调查研究、履行委员职责等经常性活动的工作机构，是政协工作的重要基础，是政协履行职能的重要方式。区政协各专门委员会设主任1人，副主任若干人。政协专门委员会主任由政协主席会议提名，报请政协常委会会议决定，副主任由政协主席会议决定。政协各工作组是区政协集中委员开展活动的重要载体，为便于委员之间开展交流工作，一般以界别或行业为标准来划分工作组。

淮安县政协第四届委员会设文史资料编辑小组。

政协淮安市楚州区第十二届委员会，共设学习、文史和法制委员会，提案委员会，经济科技和城乡建设委员会，文教卫体和人资环委员会，港澳台侨委员会等5个专门委员会，设立16个工作组：科技组、农业组、工业组、城乡建设组、财贸组、民营经济组、教育组、人口资源环境组、医卫组、群团文体组、社会法制组、民族宗教组、侨台组、乡镇一组、乡镇二组、乡镇三组。

四、办事机构

淮安县政协于1979年10月恢复正常活动后，成立了秘书处，第四、五届县政协设秘书处为常设机构,六届县政协将秘书处更名为办公室,第七、八、九届市政协恢复设秘书处为办事机构,第十、十一、十二届区(市)政协再次恢复设立办公室为办事机构,下设秘书科、联络科、综合科。办公室(秘书处)主要工作职责是负责起草政协年度工作计划、要点和全年工作总结等;负责政协区委员会全体会议、常务委员会会议、主席会议、常务委员会专题座谈会、区级协商会和专门委员会的会务工作;组织实施政协区委员会全体会议,常务委员会议,主席会议的决议、决定,并负责督促、检查;负责政协委员视察、参观、调查、座谈、研讨、学习等日常活动的服务和联络工作;负责政协工作的对内对外宣传;收集、整理、编发并向省政协、区委、政府及有关部门反映政协委员及各界人士的意见和建议,并了解受理、批办和落实情况;负责政协开展活动的后勤保障和机关离退休人员的服务工作;负责政协权限范围内人士任免和机构调整中的业务工作;负责联系区政协委员,及驻楚州的市政协委员及各民主党派、工商联和人民团体,以及区委、政府有关部门,负责办理省、市政协、区委、政府交办或委托办理的有关事项;负责政协机关岗位目标管理的组织实施和年度考核评定工作的业务工作;承办上级交办的其他工作事项。

第二节　全体委员会议

一、第八届委员会

第一次会议　1990年2月19～22日举行,出席委员210名。会议学习了《中共中央关于坚持和完善中国共产党领导的多党合作和政治协商制度的意见》,听取并审议了市政协副主席刘彬所作的第七届常务委员会工作报告和市政协提案委员会主任胡金龙所作的提案工作报告,讨论了拟提交市第十一届人代会第一次会议审议的市政府工作报告,通过了会议决议。会议选举出市政协第八届委员会主席、副主席、秘书长和常务委员,祝以信继续当选为市政协主席。

第二次会议　1991年3月10～13日举行。会议增补了9名委员。与会委员学习了《中共中央关于制定国民经济和社会发展十年规划和“八五”计划的建议》,听取并审议了市政协副主席徐立华所作的常务委员会工作报告和市政协提案委员会主任胡金龙所作的提案工作报告,讨论了拟提交市第十一届人代会第二次会议审议的淮安市国民经济和社会发展十年规划和“八五”计划以及市政府工作报告,通过了会议决议。

第三次会议　1992年3月4～7日举行。会议增补1名委员。会议听取并审议了市政协主席祝以信所作的常务委员会工作报告和市政协提案委员会主任胡金龙所作的提案工作报告,讨论了市政府工作报告(征求意见稿),通过了有关决议。

1993年召开的中国人民政治协商会议淮安市第九届委员会第一次会议

二、第九届委员会

第一次会议　1993年2月10～13日举行,出席委员212名。会议听取并审议了市政协副主席徐立华所作的第八届常务委员会工作报告和市政协提案委员会主任孙振祥所作的提案工作报告,讨论了中共淮安市委书记陈子龙在会议开幕时的讲话和拟提交市第十二届人代会第一次会议审议的市政府工作报告，通过了会议决议。会议表彰了14个政协工作先进集体和41名先进个人，并首次对提案承办先进单位和优秀提案进行了表彰。会议选举出市政协第九届委员会主席、副主席、秘书长和常务委员，涂美成当选为市政协主席。

第二次会议　1994年3月9～11日举行。会议增补了9名委员。会议听取并审议市政协主席涂美成所作的常务委员会工作报告和市政协提案委员会主任孙振祥所作的提案工作报告，讨论了拟提交市第十二届人代会第二次会议审议的市政府工作报告，增选了副主席和常务委员，通过了会议决议。会议首次进行了大会参政议政发言。

第三次会议　1995年3月1～3日举行。会议增补了18名委员。会议学习了《政协全国委员会关于政治协商、民主监督、参政议政的规定》，听取并审议了市政协主席涂美成所作的常务委员会工作报告和市政协提案委员会主任孙振祥所作的提案工作报告，讨论了拟提交市第十二届人代会第三次会议审议的市政府工作报告，增选了副主席和常务委员，通过了会议决议。

第四次会议　1996年3月6～8日举行。会议增补委员7名。会议听取和审议了市政协副主席仲跻华所作的常务委员会工作报告和市政协提案委员会主任孙振祥所作的提案工作报告，讨论拟提交市第十二届人代会第四次会议审议的市政府工作报告和《淮安市国民经济、社会发展第九个五年计划和2010年远景目标纲要》，通过《政协淮安市委员会关于开展"我为小康作贡献"活动的意见》，通过了会议决议。会议选举周化堂为市政协主席，并增选副主席和常务委员。

第五次会议　1997年3月10～13日举行。会议增补委员45名。会议听取和讨论了中共淮安市委书记花法荣讲话，听取和审议市政协副主席高琰所作的常务委员会工作报告和市政协提案委员会主任孙振祥所作的提案工作报告。与会委员列席市十二届人大五次会议，听取市政府工作报告及其他有关报告，通过了会议决议。会议举行大会参政议政发言，表彰一年来市政协开展"我为小康作贡献"活动先进集体和先进个人。举行了向纪念周恩来总理百年诞辰活动捐赠仪式，出席会议的委员和有关单位共捐赠5万余元。

三、第十届委员会

第一次会议　1997年12月28日至1998年1月1日举行，出席委员260名。中共淮安市委书记花法荣在会上作重要讲话。会议听取并审议了周化堂代表市政协常务委员会所作的工作报告和任爱兰所作的提案工作情况报告，讨论拟提交市第十三届人大一次会议的市政府工作报告，通过会议决议。会议选举周化堂为市政协主席，仲跻华、高琰、田文秀、殷文宝、朱震国、刘家柏、金志庚为市政协副主席，王庆海为市政协秘书长；选举常务委员会委员30人。

第二次会议　1999年1月20～22日举行。会议增补委员36名。会议听取并讨论中共淮安市委书记花法荣在会上作的重要讲话，听取并审议市政协副主席仲跻华代表常务委员会所作的工作报告和市政协提案委主任任爱兰所作的提案工作情况报告。与会委员列席市第十三届人大二次会议，听取并讨论《政府工作报告》，通过会议决议。会议增选童怀庆为市政协副主席，增选1名常务委员会委员。

第三次会议　2000年1月19～21日举行。会议增补委员25名。中共淮安市委书记陈洪玉到会祝贺并讲话。会议听取并审议市政协常务委员会工作报告和提案工作情况报告。与会委员列席市十三届人大三次会议，听取并讨论《政府工作报告》，通过会议决议。会议增选6名常务委员会委员。

第四次会议　2001年1月6～8日举行。会议增补委员27名。会议听取并讨论中共淮安市委书记陈洪玉的讲话，听取和审议市政协副主席仲跻华所作的常务委员会工作报告和市政协副主席高琰所作的提案工作情况报告。与会委员列席市第十三届人大四次会议，听取并讨论《政府工作报告》，通过会议决议。会议增选王秀珍为市政协副主席，增选6名常务委员会委员。

第五次会议　2002年1月20～22日在楚州宾馆会堂举行。会议增补委员9名。会议听取和审议区政协常务委员会工作报告和提案工作情况报告。与会委员列席区第十三届人大五次会议，听取并讨论《政府工作报告》，通过会议决议。会议选举朱国仁为区政协主席，舒永干为区政协秘书长，增选3名常务委员会委员。

2002年召开的中国人民政治协商会议淮安市楚州区第十届委员会第五次会议

四、第十一届委员会

第一次会议 2003年1月5～8日在淮安宾馆会堂举行，出席委员271人。会议听取和审议区政协主席朱国仁代表区政协常务委员会所作的工作报告和副主席金志庚所作的提案工作情况报告。与会委员列席区十四届人大一次会议，听取并讨论《政府工作报告》和其他有关报告，通过会议决议。区长肖本明到会讲话。会议选举朱国仁为区政协主席，仲跻华、田文秀、朱震国、刘家柏、金志庚为区政协副主席，舒永干为区政协秘书长；选举常务委员会委员32人。

第二次会议 2004年1月7～9日在淮安宾馆会堂举行。会议听取和审议区政协副主席仲跻华所作的常务委员会工作报告和区政协副主席金志庚所作的提案工作情况报告。与会委员列席区第十四届人大二次会议，听取并讨论《政府工作报告》和其他有关报告，通过会议决议。会议增选常务委员会委员2人。

第三次会议 2005年1月11～13日在楚州宾馆世纪园举行。会议听取和审议区政协主席朱国仁所作的常务委员会工作报告和区政协副主席金志庚所作的提案工作情况报告。与会委员列席区第十四届人大三次会议，听取并讨论《政府工作报告》和其他有关报告，通过会议决议。会议增选陈峰、张佩铭为区政协副主席，增选常务委员会委员4人。

第四次会议 2006年1月5～7日在楚州宾馆世纪园举行。中共楚州区委书记夏心旻到会祝贺并讲话。会议讨论夏心旻的重要讲话，听取和审议区政协主席朱国仁所作的常务委员会工作报告和区政协副主席金志庚所作的提案工作情况报告。与会委员列席区第十四届人大四次会议，听取并讨论《政府工作报告》和其他有关报告，通过会议决议。代区长宗兆昱在闭幕式上作了讲话。会议增选常务委员会委员2人。

第五次会议 2007年2月4～7日在楚州宾馆世纪园举行。会议增补委员9名。中共楚州区委书记赵洪权到会祝贺并讲话。会议讨论赵洪权的重要讲话，听取并审议区政协主席朱国仁所作的常务委员会工作报告和区政协副主席陈峰所作的提案工作情况报告。与会委员列席区第十四届人大第五次会议，听取并讨论《政府工作报告》和其他有关报告，通过会议决议。区长宗兆昱在闭幕式上作了讲话。会议增选王国权、刘家勇、陈海峰为区政协副主席。

五、第十二届委员会

第一次会议 2007年12月26～29日在淮安宾馆中华厅举行，有委员279人。中共楚州区委书记赵洪权到会祝贺并讲话。会议听取并讨论赵洪权的讲话，听取和审议区政协主席朱国仁代表区政协常务委员会所作的工作报告和区政协副主席金志庚所作的提案工作情况报告。与会委员列席区第十五届人大一次会议，听取并讨论《政府工作报告》和其他有关报告，通过了会议决议。代区长吉子俊在闭幕式上作了讲话。会议选举王国权为区政协主席，金志庚、陈峰、张佩铭、季玉华为区政协副主席，舒永干为区政协秘书长；选举常务委员会委员39人。

第三节　主要工作

一、民主监督

楚州区政协认真履行民主监督职能，加强提案办理，不断完善提案工作制度；不断探索反映社情民意工作，促进委员履职积极性；通过委员专题视察，促进委员知情议政；通过民主评议，促进部门工作；实行特邀监督员制度，为委员履行职能拓宽平台。

（一）反映社情民意

从淮安市十届政协开始，社情民意工作成为人民政协的一项基础工作。市政协制定出台了《关于加强社情民意工作的意见》，积极组织政协各参加单位和委员围绕党和政府的中心工作、重大决策的贯彻落实情况，围绕群众关注的热点、难点问题，提出社情民意。第十届政协期间共提出社情民意信息412件，编发报送社情民意简报63期。楚州区第十一届政协期间，反映社情民意信息482件，编发《社情民意》专刊51期、204条，区委区政府领导对社情民意的采纳率在70%以上。第十二届政协期间，区政协改办的《社情民意专报》，加大了社情民意的收集、整理、编报和反馈工作力度。《社情民意专报》得到区委区政府主要领导的高度重视和及时批示，促进了26条社会热点问题的解决。其中《关于解决楚州城区自来水压力不足的问题》被淮安市政协转发，市委书记刘永忠高度关注、亲笔批示，促进了楚州社会各界多年来广为关注的热点问题的初步解决。

（二）民主评议

淮安市第十届政协积极探索，组织委员参与了企业改制、安全生产情况、经济建设软环境、中小学收费和医德医风、全市党风廉政建设等方面的检查评议，组织对市建设局、卫生局、地税局、交通局等11个政府部门完成任务、行政执法和行风建设等工作进行民主评议，督促有关部门加大整改工作力度，促使被评议单位的行风出现好转，工作得到改进和加强，强化政协民主监督的作用。区第十一届政协组织了对区教育局、劳动和社会保障局、农业局、国土局、城管局、林牧渔业发展局等6个政府部门完成任务、履行职能、行政执法和行风建设等情况进行民主评议，督促有关部门加强和改进了工作，促进了区委区政府决策部署的落实和行风软环境建设。2008年，楚州区第十二届政协期间，通过对区工商局、民政局进行民主评议，宣传了两个部门的工作业绩，找出两个部门存在的问题，提出中肯的意见与建议，向区委区政府反映两个部门亟待解决的问题。人民群众对政协开展的民主评议活动普遍欢迎，热情支持，区委区政府也给予了高度评价和充分肯定。《江苏政协》《淮安政协》都专题介绍了楚州区政协开展民主评议工作的经验。

（三）专题视察

楚州区政协有计划地组织委员开展视察活动，每次视察活动都形成相应的视察报告，有批评，有建议。第八届政协针对重点工程建设、抗洪救灾等方面组织了多次视察。第九届政协组织了对市重点企业、淮安市场建设情况、全市思想道德教育情况、文化市场管理情况等专题进行视察，提出了多份书面建议，为进一步加强淮安市文明建设献计出力。第十届政协组织视察了淮河入海水道水利工程、新长铁路、同三国道、新工业园区等重点工程、重点项目建设情况，视察了有关民营企业发展情况。楚州区第十一届政协视察了区重点工程、重点项目建设进展情况，经济开发区建设、城市建设情况，古顺河酒业有限公司、飞翔纸业有限公司、翔宇教育集团、淮中教育集团等民营企业发展情况。2008年，第十二届政协着重围绕社会关注的热点、难点和焦点问题，针对经济开发区建设、提升淮中教育质量、高效农业等方面，组织开展了16次专题视察活动，提出了200多条意见、建议，得到了区政府及有关职能部门的重视。

（四）特邀行风监督员

楚州区政协积极支持并组织委员参与全区执法检查、行风评议工作。第九届政协有多名委员担任特邀监督员，把履行政协职能同推进纠风工作紧密结合，发挥了人民政协的独特作用。第十届政协有100多人次民主党派代表和政协委员被有关部门聘请为监督员、联络员。第十一届政协有130多人次民主党派成员和政协委员被楚州区有关部门聘请为软环境监督员、特约党风联络员、行风监督员，广泛参与了执法检查、行风软环境评议工作。第十二届政协多名委员被区纪委、检察院、法院等聘为行风软环境监督员，对全区软环境建设起到了积极的推动作用。

二、参政议政

楚州区政协紧紧围绕全区政治、经济、文化和社会生活中的重要问题以及人民群众普遍关心的问题，开展调查研究，形成调研报告、建议案，向区委、区政府提出意见和建议。

淮安市第八届政协共举行了8次情况通报会和意见听取会，组织各类专题调查研究62次，向市委市政府和淮阴市政协提交调查报告和建议案45份。市政协为淮安市委市政府制定"八五"计划和十年规划提出了4份调查报告，组织"质量品种效益年"活动、个体税收工作和农田管理等专题调查，先后在常委会议上提出8份调查报告。在夏季特大洪涝灾害中，市政协组织有关委组深入重灾乡镇调查，及时提出《关于灾后多种经营生产补救工作意见》，被市政府全文转发。为贯彻邓小平同志视察南方重要讲话精神，市政协组织委员对全市经济如何再上新台阶进行认真调查，同时增加在八届三次全会上发言的数量，有11位委员和委组代表在大会上进言献策，受到市委市政府高度评价。

淮安市第九届政协先后召开28次主席会议、26次常委会议，就市"九五"计划和十年规划、发展规模经济、加强"两专一基"建设、企业改革、发展旅游业、重点工程建设、加强精神文明建设和党风廉政建设、加强文化市场管理、推动民主法制建设和整顿社会治安问题等内容进行了广泛的协商讨论，先后组织专题调查27次，各类小型调查70余次，提交建议案、调查报告89份。市政协提出的《关于进一步加强全市专业村建设的建议》《关于加快组建企业集团的建议》《关于进一步加快实施全市再就业工程的建议》《关于重视科技队伍建设的建议》《关于乡镇企业转换机制的建议》《关于我市九年义务教育情况的调查报告》《关于加快农村医疗保健制度的建议》《关于加快开发我市旅游资源的建议》《关于加快我市"三资"企业发展的几点建议》等建议案和调查报告，受到市委市政府和有关部门的高度重视。1995年5月，淮安市政协组织委员对全市先售后股改革试点企业进行了半个多月的专题调查，促进了改制试点工作的开展。11月，在市委市政府着手制订"九五计划"之际，市政协组织委员对全市"八五"期间技改情况进行专题调查，调查走访9家重点技改企业，提交《关于加强我市"九五"期间技改工作的几点建议》，为市委市政府决策提供了有力的依据。

楚州区（淮安市）第十届政协先后召开27次常委会议，43次主席会议，组织30多次专题调查研究和视察活动，提出的《关于科学指导，稳步发展全区养殖业的建议案》《转变政府职能，为企业改革和发展创造良好外部环境》《关于发展村级集体经济，切实增加农民收入的建议》《关于搞好农村税费改革配套工作的建议》《关于大力发展楚州区农副产品龙头加工企业》等有关建议，引起楚州区委区政府的高度重视。区委主要负责人曾先后作出批示，促使建议得到有效的落实。区政协组织委员对各个阶段全区经济和社会发展中的重要问题，如关于小城镇建设与规划、中小学素质教育、生态环境与治理、加快旅游业发展、农村合作医疗等诸多问题，广泛开展形式多样的调查研究，形成了43份调查报告。《发挥产业优势，增强支撑作用》《关于外籍企业在我市投资环境的调查报告》《迎接入世挑战，大力发展无公害蔬菜生产》等许多专题报告，受到区委和有关部门领导同志的关注和好评，得到了采纳和落实。区政协两次在全体委员中开展征集富民强区"金点子"活动，共收到委员建议238件。这些调查报告和建议，对于区委、区政府科学决策，做好察民情、解民忧、顺民心工作起到了积极的促进作用。

楚州区第十一届政协先后举行了5次全体委员会议、28次常委会议、40次主席会议，组织开展了80多次大型调研视察和专题协商活动，形成常委会议建议案、调查报告42份，大会参政议政发言54份，讨论政府工作报告提出意见和建议180条。区政协围绕制定和实施"十一五"规划、促进全区又好又快发展，提出加强经济开发区建设，努力开创工业招商引资新局面、用活用足政策振兴楚州经济、加快发展乡镇民营经济、切实搞好城市建设与开发等建议；围绕社会主义新农村建设，提出关于农民集中居住点建设，农村改水工作、劳动力转移、合作医疗、道路建设等方面的建议；围绕工业强区，提出工业集中区建设、发展民营经济、企业改制等方面的意见和建议；围绕城镇建设管理，提出建立城市长效管理机制，搞好城镇房屋拆迁工作，加强城区农贸市场建设与管理，改造南门大街道路，整治新安小学周边环境，排除新世纪商贸城安全隐患等意见和建议；围绕文化旅游建设，提出整合旅游资源，全面开展纪念周恩来110周年诞辰筹备工作，保护与开发河下古镇和淮安府衙，提升淮扬菜品位，恢复重点名寺闻思寺，对原有古碑加以整合保护等意见和建议；围绕关注民生，在教育和医疗卫生、社会保障、法治建设等方面，都提出了有益的意见和建议，受到有关方面的重视和认真采纳。2004年3月，区政协第十一届八次常委会议提交《关于楚州区农村劳动力转移工作的建议案》。年末，第十一届十一次常委会议提交《关于新型农村合作医疗工作的建议案》。2005年3月，第十一届十四次常委会议提交《关于楚州区农村公路建设和管理工作的建议案》，提出着力搞好农村公路建设和管理的6项建议。2006年，区政协向区委区政府提交《关于立足区情，积极稳步推进社会主义新农村建设的调查报告》。区委主要领导作了重要批示并印发全区学习。2007年，区政协提出《关于全区农民集中居住点建设工作的调查报告》，受到区委主要领导高度重视并作了重要批示。

楚州区第十二届政协期间，政协坚持以经济建设为中心，以构建和谐楚州为大局，以关注民生为重点，深入开展专题调研，先后形成关于改造楚州有线电视网络、加强保障性住房建设、防控城区违法建设、严禁农村占用排灌河道建房、关注全区民营企业发展、加大古顺河酒业公司扶持力度等7篇《调研专报》。区委区政府主要领导对此高度重视，分别作了重要批示。针对全区人民广泛关注的城区中小学校布局调整问题，区政协组织召开了多次专题协商座谈会议，并发放征求意见表，广泛征求政协委员、各民主党派以及各界代表意见，向区委区政府提交了建议，得到高度肯定，许多意见得到了采纳。区政协第十二届一次会议对区政府工作报告、新型工业化、城市化、农业产业化等重大事项进行了整体协商。其中《着力提升开发区企业集约化水平和运行质量》《学习周恩来高尚品质，提升楚州人文明素质》等14篇参政议政发言，得到了区委区政府的充分肯定，许多意见和建议被有关部门采纳。区政协常委会议、主席会议就大力开展招商引资、新农村建设、文化旅游开发、民情民生、环境保护等重要问题进行专题协商，向区委区政府提出了许多有益的意见和建议。各专委会进一步加强与党政部门的联系，定期就全区经济社会发展的一些重点问题，广泛开展对口交流，促进了协商工作的经常化和制度化。

三、提案办理

楚州区政协广大政协委员和各民主党派、工商联及有关人民团体，通过提案提出了许多有价值的意见和建议。第八届政协受理委员提案347件。第九届政协委员们提交提案482件，立案435件。第十届政协制定出台了《关于加强提案工作的意见》，修订了《提案工作条例》，积极组织政协各参加单位和委员围绕党和政府的中心工作、重大决策的贯彻落实情况，围绕群众关注的热点、难点问题，先后征集提案815件。第十一届政协共征集提案1253件，经审查立案1099件。其中，《关于尽快解决淮城乌沙、夹河、福缘等村生活饮用水问题建议》提案，被列为市、区政协重点提案，经市、区政协主席重点督办，组织相关部门多次会办，历时两年，共协调筹措改水工程资金110多万元，事关淮城的公园、穿运、华亭、福缘、乌沙、夹河六村村民的生活用水问题，得到了圆满解决。第十二届政协一次会议以来，广大政协委员和各民主党派、工商联及有关人民团体共提出提案220件，经审查立案207件，并案处理后为195件，其中有关经济建设方面的68件，占35%；基础设施建设方面的51件，占26%；社会事业方面的64件，占33%；其他方面的12件，占6%。这些提案分别送交区委区政府所属的57个部门和单位研究办理，所有交办提案已全部办复，答复率为100%。

四、主题活动

楚州区各届政协通过在全体委员和各参加单位中开展主题活动的方式，进一步调动和凝聚全区政协委员的履职积极性与工作热情，更加有效地服务于区委、区政府中心工作。

第八届政协继续组织各委组开展"干实事、争贡献"活动。各委组共组织干实事活动200余次。1990年底，省政协以《开展干实事争贡献活动，活跃基层政协工作》为题，总结推广淮安市政协的经验。

第九届政协大力开展"我为小康作贡献""向周总理百年诞辰献礼"等一系列主题活动，充分发挥政协整体优势，不断深化和活跃政协工作，组织委员开展"我为小康作贡献"活动190余次，参加委员达7500余人次。

第十届市（区）政协先后开展"我为争百亿、达小康作贡献""展现政协委员风采，向建国50周年献礼""迎接十六大，奉献新楚州"等一系列主题活动。广大委员不断增强为加快淮安（楚州）发展作贡献的责任意识，在各自岗位上争创一流业绩，几年中仅荣获市以上表彰的委员就有130多人次。

第十一届政协围绕"富民强区"目标和区重点工作，在全体政协委员中持续开展"楚州在我心中，我为楚州添彩"主题活动，动员和组织政协委员为新楚州建设增光添彩。五年中，政协委员受到区委区政府表彰124人次、市级表彰35人次、省级表彰5人、国家级表彰2人。

第十二届政协组织各参加单位、广大委员开展了"围绕招商争贡献、服务中心创佳绩"主题活动。主题活动受到了社会各界的广泛好评，被市文明委列为文明新事在全市宣传。

五、团结联谊

团结和民主是政协工作的主题。楚州区政协坚持把团结民主贯穿于政协工作全过程，体现在履行职能活动中，努力增强团结合作，充分发挥整体优势，营造民主和谐的履职氛围。

淮安市第八届政协积极为发展外向型经济牵线搭桥，配合有关部门接待探亲观光的"三胞"近300人次，接待各地来淮参观交流的政协同仁共205批、3459人次，与130多个市县政协建立了资料联系。1991年初，为加快周恩来纪念馆及其馆区建设，市政协会同淮阴、张家港等5个县市政协联合发起倡议，动员委员和各界人士为建馆活动添砖加瓦，共收到各地政协捐赠的款物近50万元。

第九届政协加大海外联谊工作的力度，开展与海外"三胞"的联谊活动，积极引进外资，先后促成了8个合资项目，总投资近650万元，争取海外捐赠全市文化、教育事业经费共计50余万元；开展"三优"教育，宣传党的民族宗教政策等，取得了明显的成效；先后开展纪念周实、阮式烈士就义85周年，纪念淮安市政协成立40周年、庆祝香港回归等重要活动，对加强与海内外各界人士的联系和团结，起到了积极的推进作用。

第十届市（区）政协围绕增进海峡两岸经济、文化交流，组织形势报告会6次，组织迎接澳门回归祖国、侨台亲属联谊等各种形式的座谈会30多次；在侨台胞亲属中开展了引进一个项目、引进一笔捐赠等"六个一"活动；引导和帮助侨台属勤劳致富，帮助特困归侨解决实际困难；召开庆祝人民政协成立50周年座谈会，举办"庆祝建国50周年、人民政协成立50周年暨澳门回归祖国全国书画大展"。市（区）政协在《人民政协报》上以"周恩来故乡、历史文化名城淮安"为题，组织专版，宣传楚州区建设成就、历史文化和政协工作；在周恩来百年诞辰之际，动员参加政协的各党派团体、各界人士为周恩来遗物陈列馆等纪念工程添砖加瓦，宣传楚州区投资环境。

第十一届楚州区政协动员政协各参加单位和政协委员主动协助党委、政府做好宣传政策、释疑解惑、理顺情绪、化解矛盾的工作，把社会各界人士的思想统一到党的路线、方针、政策和区委区政府决策部署上来，维护了楚州区团结稳定的社会局面。区政协先后接待来楚州视察的全国和省、市政协领导以及400多批外地政协同仁，扩大楚州和楚州政协的影响。2006年11月1日，楚州区政协召开了成立50周年纪念大会，于11月1日前后分别在区电视台宣传了委员先进事迹、制作播放了纪念政协50周年专题片，在《新楚州》刊出纪念专版，组织老干部"看华西话发展"活动，举办了庆祝楚州政协成立50周年书画作品展，编辑出版书画作品集，编辑出版《楚州政协五十年》纪念专辑。

第十二届政协进一步加强与委员的联系，拓宽委员履职平台，2008年6月份、9月份组织开展两次委员约谈活动。约谈活动参与率达到90%。活动中，共提交90多条社情民意，提出100多条有益的意见与建议。2008年，区政协全程参与组织周恩来诞辰110周年纪念活动，区政协3名同志参加市政协周恩来诞辰110周年纪念活动筹委会工作；2名副主席牵头，专门成立了老一辈革命家子女、周恩来亲属及生前身边工作人员来楚州接待工作小组。

六、委员队伍建设

淮安县第六届政协建立"委员活动日"制度，并在部分县直单位和乡镇建立委员联络小组。三年中，全县有18位委员分别受到省和淮阴市政协的表彰。

第七届政协在履行基本职能方面，注意建立健全规章制度，使政治协商、民主监督逐步走上经常化、制度化的轨道。中共淮安县委于1987年5月出台《关于进一步加强政协工作的意见》，进一步为政协发挥优势、履行职能提供了保证。为了推进政协履行职能的制度化、规范化建设，第九届政协进一步完善了"常委会工作简则""提案工作条例""专门委员会组织通则"等工作制度，制定"关于加强常委会自身建设的意见""市政协机关岗位目标责任制"，通过各项制度的严格执行，使政协的"制度化、规范化"建设得到了有效地加强，政协委员和委组的作用进一步发挥。市政协共评选出先进工作组39个次、委员先进个人143名次、优秀提案30件，有130多人次的委员先后荣获省、市各级荣誉称号。

第十一届政协广泛组织各界别委员参加政协的各项活动。五年中，全区参加政协统一组织的专题报告会、讲座、学习交流和调研视察的委员达920多人次；召开18次委办负责人和工作组组长联席会议；坚持工作组每季度至少集中活动一次的制度，参加活动的委员达4800多人次。2006年11月1日，楚州区委隆重召开全区政协工作会议暨庆祝区政协成立五十周年大会，对全区政协工作作出了全面部署，出台了《中共楚州区委关于加强政协工作的意见》《关于加强区政府部门、司法机关与政协专门委员会工作联系的意见》。区政协坚持例会制度，主席会议、常委会议开展的视察活动达42次，专委会、工作组视察活动达175次。区政协修订了《区政协主席督办重点提案的规定》，制定并较好地落实了《关于区政协全体会议、常委会议、工作组活动请假的规定》《优秀政协委员评比办法》《先进工作组评比办法》，使政协的各项工作做到有章可循，积极有效地开展。

2008年，第十二届政协制订、完善了区政协《主席会议工作规则》《常委会工作规则》《专委会工作规则》等一系列规章制度，为加强政协自身建设、履行职能提供制度保证。区政协积极创新委组活动形式。港澳台侨委举行了"情系残疾儿童、视察捐献爱心"活动。群团组围绕博里农民画产业化发展组织调研。教育组、农业组赴外地进行专题考察。医卫组开展社区群众义诊活动。社会法制组开展民办教育收费等社会热点问题专题研讨活动。人资环组用书信、短信进行参政议政交流。宗教组在奥运安保期间进行传道人员法制培训。乡镇二组针对农民违章搭建问题进行调研。乡镇三组就如何关注农村老年人生活进行调研。乡镇一组围绕淡水养殖工作进行视察。城乡建设组就如何推动房地产开发组织调研。

第二十篇　民主党派与工商联

群众团体

中共十一届三中全会以后，楚州区（淮安县、淮安市）民主党派不断加强自身建设，积极参政议政，通过各级人民代表大会、政协会议等就国家大政方针、地方建设和人民群众普遍关心的问题提出建议，截至2008年底，6个民主党派成员总数达到198人，人数相较成立之初增长3.95倍。30年间，6个民主党派组织的参会代表有88人，其中省人大代表1人、市人大代表4人、市政协委员5人，提出的建议、议案1303件。在区委区政府的统一领导下，积极开展医疗下乡、科技扶贫、捐资助学、生育关怀等各类社会服务行动，组织成员积极参加经济、文化、社会建设，为楚州区的改革开放，经济文化发展，社会稳定和谐，做出贡献。

1978~2008年，楚州区（淮安县、淮安市）有总工会、团委、妇联、工商联、科协、文联、老促会、残联、红十字会、消协、个协共11家群众团体。30年间，全区（县、市）各群众团体依照法律和各自章程，围绕全区（县、市）经济建设、改革开放等中心工作，团结广大群众，发挥自身桥梁纽带的优势，为全区（县、市）政治、经济和社会发展做贡献。1978年5月，淮安县召开第六次工人代表大会，工会工作开始步入正轨，截止2008年末，全区基层工会共703个，与1979年相比，增长了3.51倍。团区委不断开拓工作领域，开展"青年文明号"创建活动、青少年思想道德教育、希望工程等活动，发挥团组织作为，至2008年末，有基层团委64个、直属团总支6个、团支部2597个、团员6.21万人，专兼职团干部298名（学生团干部除外）。妇联动员组织广大妇女积极投身区（县、市）的经济建设，促使妇女在岗建功成才，至2008年末，有乡镇妇女联合会26个、村妇代会356个，机关企事业单位妇委会20个，荣获全国"三八红旗手"1人、省"三八红旗手"2人、市"三八红旗手"52人。1988年6月至2008年12月，工商联先后召开5次会员代表大会，在咨询服务、培训教育、对外联络、兴办实体、参政议政、维护会员合法权益等方面，发挥非公有制经济人士的桥梁和纽带作用，至2008年末，区工商联共有会员1632人。1980年，科协恢复工作，科协以团结广大科技工作者献身科教兴国为己任，提升全区（县、市）广大市民科学文化素质，为推进全区科技事业的发展，不断建立新功绩。1984年县文联恢复活动，下设作家协会、摄影家协会、美术家协会、书法家协会、戏剧家协会、音乐舞蹈家协会、民家文艺家协会、《西游记》研究会等8个协会。至2008年底，区残联设有肢体残疾人协会、盲人协会、聋人协会、治理残疾人亲友会、精神残疾人亲友会，全区26个乡镇都配备残联理事会和专职委员，360个村（居）全部建立了残疾人协会。1991年以来，红十字会共先后救灾款物，折合人民币一千余万元，在2003年抗击"非典"、2008年支援灾区工作中，发挥重要作用，至2008年底，区红十字会共有基层组织54个，团体会员单位28个，志愿者260人，会员总数2398人。

第一章　民主党派

第一节　中国国民党革命委员会楚州区总支部

中国国民党革命委员会淮安县支部于1987年8月3日成立，是淮安历史上第一个民主党派基层组织。自成立以来，支部积极履行参政议政、民主监督职能，参与楚州的政治、经济、文化和民主法制建设。担任省、市、县（市、区）政协委员的民革党员，在政协会议上提案共有562件。民革淮安市支部于1993年被江苏省民革评为“江苏省先进支部”。1999年11月，民革淮安市支部被民革中央授予“全国优秀基层支部”，是淮安民革史上基层支部首次获此殊荣。2007年、2008年民革楚州区支部连续受到民革淮安市委表彰，被评为“优秀支部”。支部组织队伍不断壮大，截至2008年共有41人，分布在政府、司法、教育、医疗卫生、工商、银行等多个部门。

一、组织、会议

民革淮安县（市、区）支部委员会自成立以后，经历37届支部委员会的更迭，于2007年5月升格为民革淮安市楚州区总支，下辖两个支部委员会。

1987年8月3日，民革淮安县支部举行成立大会。会议选举郭震为主委、陶涛为副主委，时有党员8人。

1988年，民革支部在充分尊重个人意愿的情况下，党员队伍迅速壮大，达到25人，女同志占24%，大专文化占60%，有海外关系的占80%，党员素质不断提高。

1992年、1994年，民革淮安市支部先后进行两次换届选举，陶涛任主委，有党员30多人。1996年12月，为了实现新老交替，支部召开会议增选马晓峰、王金宽为副主委。支部分成4个工作组。1997年马晓峰任主委，王金宽为副主委。

2000年、2002年，民革支部又先后进行过两次换届选举，王金宽当选为主委，党员队伍壮大到36人，其中高级职称达7人。

2007年5月26日，民革楚州支部升格为民革楚州总支部，王金宽当选为主委，严文琥、成佩亮、陈广季当选副主委，有党员41人，其中高级职称7人，中级职称18人。大专学历以上达30多人。其中，教师的比例达53%。民革党员担任市政协委员1人，区政协委员11人。

二、参政议政

从1987年创建开始，民革淮安县（市、区）支部相继有21名党员担任历届市、区人大代表，省、市、区级政协委员。民革支部多次组织党员参加县（市、区）委、县（市、区）政府召集的民主协商会、情况通报会、民情座谈会，就存在的热点、难点问题进行广泛的对话、协商，商讨良策。委员们以集体或个人名义共提出涉及文化、教育、城建、卫生、交通、旅游、工业、农业、政府部门等多领域的提案和社情民意达562件，平均每年达25件。其中支部共提出议案31件，优秀提案26件。2007年，以民革楚州总支部名义提交的《全面展开纪念周恩来同志110周年诞辰的筹备工作》成为楚州政协第十一届一次会议主席督办提案。2008年，楚州政协第十一届一次会议，总支部提交的《关于着力提升开发区企业集约化水平和运行质量》提案，被评为优秀提案；《关于制定出国考察负责制建议》得到区委政府高度重视，并立即得到贯彻落实；李晓斌的《对楚州文化旅游项目建设的几点建议》提案得到楚州区委书记亲自批复。2008年8月，总支部组织全体党员，深入实际，详细考证，对区工商局、民政局的行风建设进行综合民主评议，有力地促进了楚州区行风建设发展。

三、服务社会

楚州民革支部始终牢记孙中山先生的“民生”思想，在实际工作中，紧紧围绕“关注民生，服务社会”展开工作，努力为楚州的经济建设和社会发展作贡献，积极响应区委号召，对顺河乡贫困家庭实行长期“一对一”帮扶活动。

四、自身建设

民革楚州支部自成立起，始终把组织党员学习，提高党员素养，增强坚持中国共产党领导的自觉性和坚定性。民革支部采取专题讲座、主题教育、定期学习、撰写心得等多种形式，学习中国共产党的重要文件文献、民革章程、民革历史沿革，以及新时期统战工作的理论、路线、方针，既强化党员队伍的理论素养，又提高他们参政议政的水平。民革成立50周年，组织党员进行系列学习活动从民革章程、民革历史沿革，到新时期统战工作的理论、路线、方针，全面深刻地重温民革的历史地位和作用，激发党员参政热情。周恩来同志100周年诞辰，支部组织党员参观周恩来故居、周恩来纪念馆、西花厅（仿），缅怀和学习周总理“全心全意为人民服务”的精神。建国50周年，支部组织党员到工厂、农村参观，开展“双思”教育。支部举行庆祝“澳门回归”报告会，愤怒声讨“以美国为首的北约组织轰炸我驻南大使馆”的座谈会，对党员进行爱国主义教育。2004年，支部参加淮安市委统战部组织的“我为党派添光彩”报告会，引导广大党员在各条战线尽心竭力地去工作，树立良好党员形象。2007年，为做好民革换届工作准备，强化党员的思想觉悟，支部举办一系列“政治交接学习教育”的学习活动。2008年4月30日，是中共中央发布“五一口号”六十周年纪念日，为隆重纪念这个历史日子，重温“五一口号”发布的历史过程，支部5月举行纪念“五一口号”六十周年学习活动。支部在发展党员问题上，始终坚持“高标准、严要求”原则，重视纳新工作，积极争取和吸纳各阶层的优秀人才加入组织。

2004年以来，支部先后从政府、金融、司法、教育、水利、电力等部门吸纳了多名年轻干部，从而保证了楚州民革始终充满战斗力。截至2008年末，楚州总支部80%以上的党员具有中高级职称，

第二节　中国民主同盟楚州区总支委员会

一、组织、会议

中国民主同盟淮安市支部成立于1994年6月28日，有成员5人。1998年12月31日，在原民盟淮安市支部的基础上成立民盟淮安市总支部委员会，有盟员31人。2007年，农校盟员成立独立支部。至2008年，总支共有盟员39人。

二、参政议政

1994年，民盟淮安支部成立之初，民盟淮阴市委组织了一次“赴昆山学习考察活动”，支部就“寻求合作”“劳务输出”两个方面问题向淮安市委市政府提出建议，受到高度重视。

民盟淮安支部《对流通领域经济案件和经济问题的透视与思考对策》的调查报告，在政协淮阴市三届三次会议和政协淮安市九届三次会议均作为发言材料，得到淮阴、淮安市主要领导高度重视，

《淮阴日报》全文刊登并发表“人物专访”文章，在淮阴市和淮安市引起强烈反响。

民盟淮安支部就“知识分子问题”“旅游兴市”“反经济领域腐败”“古运河的开发治理”等问题，在淮安市政协全委会上作了发言，受到了全体政协委员普遍赞同和欢迎。发言材料在《淮安日报》刊登后，在社会上特别是在知识分子中产生较大的影响。

支部所提《尽快修复革命纪念地“横沟暴动”遗址》提案，被作为淮安市1999年1号提案，并被评为1999年度“优秀提案”。

同年，机关支部的《关于青少年犯罪问题调查和建议》被确定为淮安市2000年政协全会的参政议政发言材料。《加强民主监督，促进廉政建设》和《镇淮楼广场应加强管理》两份提案被市政协评为优秀提案。2000年政协会议上，民盟总支以《恢复重点寺庙，开发旅游资源》为题发言。

2002年政协会议上，民盟以《加大社会关爱力度，促进留守儿童健康成长》为题发言。2007年，《关于抓紧建设南巽路的建议》提案被评为政协优秀提案。

三、服务社会

1996年初，民盟江苏省委妇委会发出倡议，号召全省女盟员献爱心，向淮安贫困地区失学女童捐款。民盟支委每人捐款300元，共计2800元。9月，民盟在朱桥镇中心小学举行“春蕾班”揭牌仪式。支部领导经常了解“春蕾班”师生教学、学习情况，跟踪服务，帮助解决实际困难。朱桥中心小学“春蕾班”被评为民盟中央开展的“春蕾计划”活动全国先进班级。班主任杨国冬受到中央领导胡锦涛等的接见。淮阴农校还聘请民盟支部的专家为师生举办“优选法”在农业科研方面的应用专题讲座。1999年，民盟淮安总支协助民盟江苏省委做好“送科技、医疗、文艺下乡活动”。

四、自身建设

民盟楚州支部从成立开始，即规定每月20日为活动日。每次活动，明确中心内容，形式多样活泼。

为了主动接受共产党的领导，密切与党组织的关系，争取统战部门的支持，总支每年都举行一次盟员与所在单位领导的联谊会，同时邀请市政协、市委统战部领导参加，向他们通报盟务工作，汇报盟员在各自岗位上做出的成绩，宣传民盟的纲领、职能，请盟员单位领导对总支工作提出批评建议，围绕不同时期党的中心工作，互相探讨交流，听取市政协、市委统战部领导的意见和指示。

2000年，民盟淮安总支被民盟中央表彰为“先进支部”，2004年被民盟江苏省委授予“先进基层组织”称号，2005年被民盟中央表彰为“先进集体”，还多次被民盟淮阴（淮安）市委授予“先进集体”的称号。

第三节　中国民主建国会淮安市楚州区总支委员会

一、组织、会议

中国民主建国会楚州区支部成立于2002年。第一次会员大会于2002年12月31日召开，选举产生由3人组成的第一届楚州区支部委员会，王野云任主任委员，罗星、朱兴华任副主任委员，有会员8人。第二次会员大会于2006年12月20日召开，选举产生由5人组成的第二届楚州区总支委员会，王野云任主任委员，周善之、刘标华、左建东任副主任委员，有会员21人。

2002年选举产生1个支部委员会，支部委员会内设职能机构参政议政处、组织处和宣传处。2006年成立区总支委员会，下设2个支部。楚州区总支委员会内设办公室、参政议政处、组织处、宣传处、社会服务处等5个专门工作委员会。

2008年底，会员总数为22人。其中，具有硕士研究生学历3人，大学本科以上文化17人，大专5人，中级以上职称16人；企业界人士14人，公务员3人，专家学者3人。

二、参政议政

2002～2008年，区民建先后有3人次当选为市政协委员，17人次当选为区政协委员。其中2人次担任市政协常委会委员，3人次担任区政协常委会委员。2006年9月，会员王野云当选民建淮安市五届委员会委员、副主委。

2002～2008年，区民建提出《关于建设“淮安会展中心”的建议》《关于对农村劳动力技能培训加强引导和监督的建议》《关于扩大蔬菜种植面积的建议》《关于建设新农村旅游示范点的建议》等21份提案均被中共淮安市委市政府所重视和采纳。2004年，《关于开通翔宇大道的建议》被淮阴市政协委员会表彰为优秀提案。2006年，《关于农资市场存在的主要问题及对策》调研报告作为市政协五届五次会议大会发言，被评为大会发言优秀奖。

2002～2008年，区民建会员共提出政协提案167件，书面发言或交流文书31份，上报各种信息（或社情民意）118条，其中80%以上都集中在经济建设或与经济建设有直接关联的问题上，大都为区委区政府所重视和采纳。其中，民建楚州区总支《关于农贸市场存在的主要问题及对策》，经区政协推荐作为政协楚州区委员会十一届四次大会发言材料，受到中共楚州区委区政府领导的高度重视，并获得一等奖；《关于建议开发市文化馆的建议》《关于排除“炸弹”的建议》《加强针纺织行业协会建设促进我区支柱产业发展》《尽快打通韩信北路的建议》等被楚州区政协评为优秀提案。《关于对楚州现有古碑加以整合和保护的建议》，被楚州区政协评为优秀社情民意。

三、社会服务

民建楚州区总支积极响应民建中央号召，2007年、2008年连续两年开展“思源工程——生育关怀行动”，共对25户计生特困家庭进行慰问。区民建开展“思源工程——助学行动”，对淮阴工学院5名品学兼优的特困学生进行资助。2008年“5·12”汶川大地震发生后，民建楚州总支第一时间在全体会员中举行了“心系汶川灾区”捐款活动，并同时向全市会员发出了捐款倡议。2008年，民建楚州总支响应民建市委号召，在全体会员中开展服务会员企业“1+3”对接活动，切实为会员企业解决经营中遇到的各种困难，还配合区政府区政协开展了送科技、卫生、文化、法律下乡活动，并到乡镇走访特困学生、到医院看望住院的特困农户，送去温暖，履行社会服务职能。民建楚州总支全体会员积极参加助困小学生和“一日捐”等多项活动，累计捐款捐物计人民币2.12万余元，受到社会广泛好评。

四、自身建设

民建楚州区总支在思想建设、组织建设、制度建设等方面作出探索，收到一定成效。2004年，民建楚州区支部被民建淮安市委表彰为“先进支部”。2005年，被民建江苏省委表彰为“江苏省先进支部”。2008年，民建楚州区总支二支部被民建淮安市表彰为“先进支部”，民建楚州区总支被民建淮安市委表彰为政治交接活动“先进单位”。2002～2008年，区民建多名会员被民建淮安市委表彰为“优秀会员”。

2003年，楚州区、清浦区民建会员举行联席会议，共同学习，共同座谈民建淮安市第五次代表大会的文件。2004年，楚州区支部组织会员走出楚州，和兄弟支部进行交流、学习，并多次邀请兄弟支部会员参加楚州区支部活动。2005年，组织会员赴镇江、扬州、江阴考察、学习，并受到华西村老书记吴仁宝的亲切接见。2006年，区民建组织会员学习民建60年的行动纲领——“五个坚持”和“四种精神”，并结合区政协“楚州在我心中，我为楚州添彩”主题活动，集中学习了十六届五中、六中全会精神。按照民建淮安市委安排，民建楚州区支部参加了由民建江苏省委主办的“学习‘五个坚持’和‘四种精神’”宣讲会。2007年4月，区民建响应民建中央号召，召开“政治交接学习教育活动”动员会，计划用一年半时间，分三个阶段搞好“政治交接学习教育活动”。楚州区总支按照民建中央要求，结合自身实际撰写了《认真学习贯彻中共十七大报告精神，始终高举中国特色社会主义伟大旗帜》《以中共十七大会议精神为指引，把政治交接学习教育活动引向深入》《坚持学习创新理念，努力实现政治交接》等11篇论文。2008年，区民建举行“学习恩来精神，搞好政治交接”专题学习会，对“政治交接学习教育活动”第一阶段的工作进行了总结、汇报，并对下一阶段的工作进行了布置和安排。2008年5月，举办“我为民建献良策”主题活动，总支会员提出多条合理化建议为民建淮安市委采纳。2008年7月，区民建组织会员学习《民建章程》和统一战线理论，并参加民建市委组织的章程和统战知识竞赛，获组织奖。2008年10月，组织会员赴镇江丹徒瞻仰民建创始人冷遹故居，鼓励会员要以冷先生为榜样，立足本职工作，积极为地方经济和社会发展建言献策。

民建楚州区总支在加强思想建设的同时，还注重制度建设，2003年，制定《民建楚州区支部基本制度》。2006年，在原支部基本制度的基础上制定《民建楚州区总支基本制度》《民建楚州区支部工作条例》《民建楚州区总支会员活动制度》《民建楚州区总支会员学习制度》。

第四节　中国民主促进会楚州区总支委员会

一、组织

中国民主促进会楚州区总支委员会，前身为民进（简称）淮安市支部委员会，成立于1995年5月，有会员7人。

2003年，成立民进淮安市楚州区总支委员会，下辖3个支部。2008年，楚州区总支有会员48人。

二、参政议政

1995～2008年，民进会员中先后有多人当选人大代表、政协委员。民进会员中有淮安市人大代表1人，政协委员1人，区政协副主席1人，区政协委员17人，区政协常委2人。会员积极参政议政，履行人大代表、政协委员和参政党职能。会员中人大代表、政协委员在历届人大、政协会议提交代表议案、委员提案120多件，多件提案被评为优秀提案。每次政协会上，总支都有大会发言，如《弘扬周总理道德风范，提升楚州人整体素质》《做好旅游经营文章，提升旅游经济效益》等大会发言，引起区委区政府高度重视和社会强烈反响，多次大会发言内容被区政协评为一等奖。

总支多次组织调研活动，就楚州区的社区矫正、文化旅游、农村卫生服务站建设、教育工作等提交调研报告，得到了区领导和相关部门的重视。

民进楚州总支有3人成为区行风软环境建设监督员，1人为特约检察员和1名特约审计监督员。

三、社会服务

民进楚州总支重视社会服务工作，利用会员的特长，多次开展送教下乡，送医下乡，送文化下乡活动；连年开展扶贫济困活动，3名经济界会员常年资助多名大学生完成学业，一名会员每年给泾口村敬老院资助物品。汶川大地震后第二天，总支即组织会员捐款2万多元支援灾区。总支通过爱德基金会，联系美国一慈善组织，资助茭陵乡两个村的自来水改造工程；通过民进省委联系省有关医院到区乡镇开展送医下乡活动。

四、自身建设

民进楚州总支加强自身建设，制定学习、工作、活动制度，组织会员学习中共中央一系列重要文件，邓小平理论、“三个代表”重要思想和科学发展观，以及统战知识、会章、会史，每年都组织部分会员参加省、市的会员培训班，不断提高会员的政治理论水平。

总支十分重视活动的开展，各支部每月活动一次，每次活动都围绕一个主题开展调研、社会服务、组织学习、会员联谊，以提高组织的凝聚力、向心力和社会影响力。

总支注重后备干部的培养和使用，积极向组织、统战部门推荐后备干部，认真做好政治交接，主题教育等工作。

总支于2002年被民进省委授予先进基层组织称号，2004年被民进中央表彰为先进基层组织，2006年获民进省委表彰为先进基层组织，2008年获民进省委表彰为抗震救灾先进集体。

2008年，会员中有高级职称17人，中级职称15人；多人获省级以上表彰，获省抗“非典”先进个人、全国优秀班主任等荣誉称号；会员中多人的论文、作品在省以上刊物获奖。

第五节　中国农工民主党楚州区总支委员会

中国农工党淮安市楚州区总支(支部)成立于1996年12月9日。自成立以来，注重自身建设，积极履行参政议政、民主监督和社会服务职能，为全区的三个文明建设作出了积极贡献。

楚州总支连年被农工淮安市委评为“先进支部”，2004年、2005年被中国农工民主党江苏省委评为“先进基层组织”。季玉华于2005年被中国农工民主党中央委员会评为“优秀党务工作者”，省、市“三八红旗手”。

一、组织、会议

第一次支部全体会议于1996年12月9日召开，宣告中国农工民主运动党淮安市支部成立，选举产生了第一届支部委员会，主委孙玉林，副主委殷文宝，有党员9人。

第二次支部全体会议于2001年2月15日召开，选举产生了第二届支部委员会，主委季玉华，副主委王万斌、丁立安，有党员17人。

农工民主党楚州区支部1996年12月9日成立以来，重视组织发展，党员不断增加。经农工党淮安市委批准，农工民主党楚州总支委员会成立大会于2003年11月27日在楚州区苏源宾馆召开，选举产生了第一届农工党楚州区总支委员会，主委季玉华，副主委丁立安、王万斌。有党员21人，下设楚州医院和楚州综合两个支部。

2008年，全区共有农工党员30人。其中医卫界19人，教育界6人，工商企业界1人，其他界别4人；党员中高级职称10人，占党员总数的33%，中级职称20人，占党员总数的67%，研究生学历1人，大学本科15人，大专11人，中专3人。党员中先后任农工党淮安市委会成员2人，当选省人大代表1人，市人大代表2人，市政协委员3人，区政协副主席2人，区人大代表1人，区政协常委4人，区政协委员13人。

二、参政议政

农工民主党楚州总支(支部)成立以后，充分发挥组织的整体作用，建立参政议政工作小组，坚持开展“一人一建议”“一支部一提案”的活动，把党员中有建设性的意见和建议整理成政协提案，充分发挥人大代表和政协委员作用，切实履行参政议政、民主监督职能。

农工民主党楚州区总支中先后有两名党员任区政协副主席，有的担任医院院长，有的担任学校主要领导，被聘为区行风监督员，直接参加政府部门和社会管理，发挥民主党派参政议政的作用。

总支正、副主委参加中共楚州区委和区政府"季季谈"、各类情况通报会、民主协商大会，就楚州区的政治、经济、社会发展、深化改革及廉政建设等问题发表意见和建议。农工民主党楚州总支积极参与区人大、区政协的各项工作决策和重大活动，在历次人大、政协会议上，就楚州区的政治、经济、社会生活的热点、难点、民生等问题，尤其是医疗卫生事业等方面的问题，能深入调查研究，及时向有关部门提出具有针对性、可行性的意见和建议；利用领导班子成员在区政协、楚州医院、新安医院及有关学校担任领导职务的独特条件，发挥其担任省、市人大代表、政协委员的独特优势，努力提高参政议政水平。在制订区政府"九五""十五""十一五"规划时，农工党楚州总支充分发表意见和建议。农工党楚州总支和支部还与所在单位的中共组织经常召开座谈会，互通情况，听取意见，商议改进工作。

每年两会召开之前，农工民主党楚州总支都多次召开以参政议政为主题的座谈会，共商如何发挥医卫界知识分子的专业特点和优势选好议题，确保议案、提案的可行性和前瞻性，为楚州区的三个文明建设建言献策。农工民主党楚州总支（支部）撰写集体提案9件，个人提案104件，议案21件，社情民意96件；被安排"两会"大会发言5次，区纪委组织的行风检查及部门评议大会发言5次，参加农工民主党省委组织的经验交流2次，发言1次。其中《将楚州兴文街改造成"仿古"一条街建议》《建议保留漕运总督府》等5个提案被评为优秀提案。

农工民主党楚州总支就工业、农业、社会综合治理、医疗卫生改革、教育、环保、城市管理、民生等方面进行深入的调查，提出《农村合作医疗现状调查及对策》《乡镇卫生院改革与发展》《楚州区的工业发展道路思考》《行政执法部门依法行政的建议》《关于解决乡镇教师住房公积金的建议》《建议建立城市长效管理机制》等书面意见。2001年，农工民主党楚州支部组织多名党员，通过走访老同志，实地考察，翻阅资料，对楚州的历史古城风貌的演变，人文景观进行收集整理，撰写了题为《建设与保护并重，名城与时代同辉》调研报告，在政协十届四次会议上作了发言。2007年，农工民主党楚州总支组织人力，对城区交通状况进行调研，撰写《改善交通状况，提升城市品位》调研报告，在楚州区第十二届一次会议上进行发言，引起了交通部门的重视。2008年，农工民主党楚州总支针对城镇低收入家庭收入水平低、生活质量差的现状，进行调查走访，撰写《进一步关注社会弱势群体，竭力帮扶城镇低收入家庭》调研报告，提出了可操作、便于实施的四点建议，引起了区委和区政府的重视。

三、社会服务

农工民主党是以医卫界为主的参政党，聚集着一大批医务工作者。农工民主党楚州总支利用自身优势，每年把为百姓送医送药当成社会服务的重要内容，精心组织、合理安排。成立以来，农工民主党楚州总支（支部）22次组织基层支部的医疗骨干深入农村开展义诊和健康咨询活动，共为1000余人次义诊，还多次开设讲座，发放资料，如"肿瘤与饮食的关系""精神疾病与社会""糖尿病患者的保健"等，受到了社会群众的一致欢迎。楚州医院支部从2002年起，不间断地帮扶茭陵乡10名儿童，每年两次捐资捐物，解决他们上学的所有费用。2004年，农工民主党楚州总支协助农工党省委在仇桥乡中心小学开办了一个春蕾班，捐款2万元。2008年汶川地震后，农工民主党楚州总支组织全体党员积极为灾区捐款万元。

四、自身建设

农工民主党历届支部、总支委员会都非常重视对党员的思想教育工作，组织党员认真学习马列主义、毛泽东思想、邓小平理论和"三个代表"的重要思想，学习中国共产党领导的多党合作和政治协商的理论、方针和政策；围绕大局，结合不同时间的中心任务，采取多种形式，组织党员学习，使广大党员坚定自觉接受中国共产党领导的信念，自觉地在政治上、思想上和行动上和中共中央保持高度一致；组织党员学习农工民主党的党史和党章，增强党员的光荣感和使命感；每年所有的农工党员都自费订阅《前进论坛》《农工苏讯》等杂志，通过学习，不断提高自身的思想政治水平和实际工作能力。2005年，农工民主党楚州总支按照农工党中央、农工党省委的布置和要求，组织全体党员学习贯彻《中共中央关于进一步加强中国共产党领导的多党合作和政治协商制度建设的意见》精神，通过座谈、集中学习，深入了解文件的基本内容和精神实质，进一步提高党员对多党合作制度的认识，巩固多党合作的思想基础。在农工党成立75周年之际，农工党楚州总支召开了纪念农工党成立75周年座谈会，开展了农工民主党党史教育和革命传统教育。2007年4月，农工民主党楚州总支开展政治交接学习教育活动，按照农工党中央提出的指导思想、主要原则和目标要求，精心组织，周密安排，扎实推进，圆满完成各阶段任务。总支及所属支部坚持每年组织6次组织生活，组织生活的内容除政治学习外，有社会热点、难点、参政议政议题的讨论，有外出调研和考察，还有庆祝节日的娱乐等。

农工民主党楚州总支（支部）重视总支（支部）领导班子的建设，领导班子热心党派工作，同时也在各自领域具有较大的影响。农工民主党楚州总支（支部）始终坚持发展有代表性的优秀人才加入组织，根据在工作中发展、发展为了工作的原则，积极物色符合条件的对象，加强联系，提高他们对参政党的认识和统战理论水平，再按组织发展程序吸收入党。农工党楚州总支始终保持良好的发展趋势。

2003年，农工民主党楚州总支还拟定了做一个合格党员的《十条守则》，作为农工民主党员共同遵守和实践的规范。2004年农工民主党楚州总支讨论通过了《总支工作守则》《总支工作制度》，使工作更加规范。

第六节　九三学社楚州区支社

一、组织、会议

1998年，经九三学社江苏省工作委员会批准，在中共淮安市委和原九三学社淮阴市委员会的帮助下，九三学社淮安支社成立大会于1998年10月20日召开，宣告九三学社淮安市支部成立。第一届支委会有委员3人，主任委员张志超。2002年5月，选举产生第二届支委会，委员3人，主任委员张志超。2006年5月，选举产生第三届支委会，委员6人，主任委员范更生。2008年，九三学社有社员18人，其中高级职称10人，区人大代表1人，区政协委员7人，市政协委员1人，市人大代表1人。

二、参政议政

支社成立以后，积极参加区委、政府、政协、统战部召开的民主协商会、座谈会、情况通报会，从不同角度和侧面对政府工作、可持续发展等重大问题，提出意见与建议。支社每年都根据区委、区政府当年的中心工作，就社会发展中的重大问题、人民关心的热点问题广泛开展调查研究，10年来，共完成调研报告10篇，其中“关于种植业结构调整要实事求是”“动物疫情解密的形势和建议”“关于加强民办教育发展和管理的建议”“采取实在帮扶措施　推动本土企业发展”等受到区委区政府高度重视，对有关问题作了政策性调整，使一些问题获得解决。

2000年，支社围绕建设适应新世纪要求的参政党这个总目标，积极参与重大问题的协商，反映社情民意，建言献策。支社自成立后至2008年共提出提（议）案300余件，内容涉及文化教育、城市建设、农村改革和医疗卫生等多方面，其中“吁请解决楚州区淮城镇夹河、福缘、乌沙等村饮用水问题”被列为淮安市政协主席重点督办案。21件获市区政协优秀提案奖，许多意见和建议被采纳，发挥了良好的经济效益和社会效益。

支社还利用“社情民意”“信息”方便、快捷的特点，有目的地组织广大社员积极参与，报送的社情民意、信息数量逐年增加，质量不断提高。

三、社会服务

九三学社汇集了区科学技术界、文化教育和医药卫生界一大批政治思想水平高、业务能力强的优秀知识分子。支社不断拓展为社会服务的新途径，积极开展医疗下乡、义诊、科技扶贫、捐资助教等活动，为人民办实事、献爱心。

四、自身建设

支社重视加强自身建设，坚持中国共产党领导，从学社的性质、地位、特点和发挥参政党作用的要求出发，以思想建设为核心，以组织建设为基础，以制度建设为保证，不断提高自身建设水平，建立了“学习制度”“参政议政制度”“支委会制度”“支社档案管理制度”“支委联系会员制度”等制度。2008年，在全社开展了以坚持走中国特色社会主义政治发展道路为主题的政治交接学习教育活动，带领社员积极做好本职工作，发挥社员在科技等方面的特长，充分发挥参政党职能，积极参政议政，建言献策；履行民主监督职能；以自身不懈的努力塑造“九三”人“爱国、爱社，为经济出力，为社会奉献”的良好风尚。1998年以后，支社年年被评为市级先进支社。

第二章　工商业联合会

第一节　组织建设

一、机构

淮安县工商业联合会（简称工商联）于1986年9月重新恢复成立。随地方行政建制调整，1997年12月改称淮安市工商联，2001年2月改称淮安市楚州区工商联。自1986年9月恢复成立以后，工商联机关因人员编制少，一直没有内设科室，内部仅作办公室、会员联络和经济服务分工。2001年12月设立党组并开展工作，党组成员由区工商联机关党员领导干部和担任副会长的党员非公经济人士组成。区工商联机关因党员人数少，没有成立党支部，党员组织关系隶属中共楚州区委统战部党支部。

1998年1～7月，淮安市工商联成立淮城、车桥、城东、建淮、上河5个乡镇商会。翌年，全市其他23个乡镇商会全部成立，实现工商联乡镇组织全覆盖。1998年12月，市工商联在建筑业率先成立行业协会。随着非公有制经济企业会员队伍不断扩大，2000～2008年，区工商联在教学具、餐饮、毛巾、针织、机电、蔬菜加工、木业加工、草鱼养殖及加工、纸制品等9个行业中相继建立商会或协会。

2000年，获市委市政府“服务民营经济先进单位”和省质监局、省工商联“技术监督工作先进单位”表彰。2000年、2003年、2006年、2007年、2008年获市“县（区）工商联先进集体”。1988～2008年，区工商联在咨询服务、培训教育、对外联络、兴办实体、参政议政、维护会员合法权益、参与“光彩事业”以及对非公经济人士政治安排的推荐等方面，发挥联系非公有制经济人士的桥梁和纽带作用。2007年、2008年获省“县（市、区）工商联先进集体”等称号。

二、会员

区工商联会员分为老会员（原工商业者）和新会员（指1986年后发展的公有制企业会员、非公有制企业会员）。1988年底，共有老会员213名，新会员46名，新会员中个体工商户有5名。1991年7月6日，中共中央下发《中共中央批转中央统战部〈关于工商联若干问题的请示〉的通知》后，工商联的性质、职能和主要工作对象发生变化，非公有制经济人士及企业成为工商联主要工作对象，区工商联积极吸纳非公有制经济人士及企业作为会员。截至2008年底，区工商联共有会员1632名，其中企业会员458名，团体会员10名，个体工商户会员和个人会员1090名，老会员74名。

三、代表大会

会员代表大会是区工商联最高权力机构，一般5年由执行委员会召开1次，1988年6月至2008年12月，先后召开5次会员代表大会。

第五届会员代表大会　1990年6月30日召开，出席会议代表138人，执行委员47人，选举钱锦岚为主任委员。

第六届会员代表大会　1993年6月3日召开，出席会议代表129人，执行委员41人，选举孙柏为主任委员。

第七届会员代表大会　1997年3月31日召开，出席会议代表150人，执行委员49人，选举雍树标为会长。

第八届会员代表大会　2001年12月18日召开，出席会议代表160人，执行委员51人，选举孙河为会长。

第九届会员代表大会　2006年12月7日召开，出席会议代表180人，执行委员61人，选举张云明为会长（2008年12月改称为主席）。

第二节　主要活动

一、参政议政

（一）参与人大、政协工作

1988年，1名工商联会员当选为市（县级）人大代表；1993年，3人当选为市（县级）人大代表；1998年，2人当选市（地级）人大代表，11人当选市（县级）人大代表；2003年，5人当选为市人大代表，19人当选区人大代表，其中区人大常委2人；2008年，8人当选为市人大代表，24人当选区人大代表，其中区人大常委2人。

1988年，市（县级）工商联界有市（县级）政协委员11人，其中常委2人。1993年，市（县级）工商联界别有市（县级）政协委员25人，其中常委3人。1998年，市（县级）工商联界别有市（地级）政协委员1人，市（县级）政协委员38人，其中常委3人。2003年，区工商联界有市政协委员2人，区政协委员43人，其中区政协常委4人。2008年，区工商联界有市政协委员1人、有区政协委员54人，其中区政协常委5人。

（二）提交提案

自1988年以后，区工商联及工商联界别有政协委员在历届区政协会议期间共提交集体提案13件、个人提案230余件。1994年《对个体、私营企业的奖励办法应尽快落实》、1998年《切实解决私营企业贷款难》、2001年《关于尽快建立民营经济担保公司的建议》、2002年《帮扶民营企业不能一年一换》、2006年《切实解决我区民营企业用工难问题》、2008年《关于修复园区山阳大道的建议》等20余件提案获优秀提案奖。

（三）专题调研

工商联1994年撰写的《解放思想、积极引导，更快、更健康地发展我市个体、私营经济》，1996年撰写的《抓住机遇促发展，解放思想天地宽》，1999年撰写的《发展名牌产品，促进个体私营经济发展》，2000年撰写的《关于外籍企业在我市投资环境的调查报告》，2003年撰写的《发挥离退休科技人才的作用》，2006年撰写的《主攻大项目、加快工业强区进程》，2008年撰写的《全力提升我区民营企业家队伍素质，促进民营经济又好又快发展》等调研报告均被区政协选为大会参政议政发言。2005年撰写的《楚州民营经济发展报告》被省工商联评为优秀调研报告二等奖，收编入《江苏省民营经济发展报告》；2007年撰写的《加快农业龙头企业发展，促进社会主义新农村建设》被市工商联评为优秀调研报告一等奖。1988～2008年，区工商联结合区情，根据实际，共撰写调研报告32篇。其中，被区领导作批示6篇，《楚州通讯》转载3篇，上级工商联领导作批示2篇，刊发1篇。

二、社会活动

从1988年起，工商联抓住有利时机，发展非公有制企业；兴办会办企业，组织商贸、商务活动，广泛参与楚州区的社会经济活动。1997年，组织非公经济代表人士举办迎香港回归座谈会。2000年，召开全区民营经济座谈会。2005年，会员企业江苏康乃馨织造有限公司董事长周观林、淮安市上丰针织有限公司董事长尹延奎出席"江苏省纺织服装企业领袖年会"。2007年，区工商联副主席周观林、林会明出席"江苏省民营科技企业高层研讨会"。2008年，区工商联主席张云明、副主席周观林出席"江苏省民营经济高层论坛"。1988～2008年，区（市）工商联会员担任市、区有关人民团体、群众组织的委员或理事70余人；被区有关部门聘请为党风、行风、廉政、软环境监督员30余人。

三、商贸活动

1987年8月，成立工商咨询服务部，开展经济服务工作；自办刊物《淮安工商》，宣传当地企业，介绍地方产品，提供经济信息，沟通产销渠道，调剂商品余缺。先后帮助车桥保温瓶厂外销瓶胆2000余箱，板闸腌切厂外销酱菜300余吨，为淮安市场组织调进肥皂35吨、石蜡13吨等，促成交易额累计500余万元。1987年，淮安县工商联开办惠通商店和工商经济咨询服务部。两企业聘请2名已退休的原工商业者管理经营，安排8名待业青年就业。工商经济咨询服务部、惠通商店由于缺乏直接有效管理等原因，分别于1996年撤销和2001年歇业。1988～1990年，组织淮安市16家工商企业分别参加南京"华东六省一市工商联第二届商品交易会"、开封"淮海经济区工商联商品交易会"和南京"全国工商联会员企业名、特、优、新产品博览会"，成交额累计340余万元。2002年8月，楚州区成立诚信担保公司，公司担保金300万元，由副会长王加正任董事长，累计为非公有制企业提供融资担保2550万元。

四、对外联谊

1988～2008年，工商联共接待省内外工商联或工商界人士到访50余批次；组团外出考察学习17批次；先后与宝应县、昆山市、江阴市、南京市建邺区、浙江省海宁市、上海市金山卫镇等地工商联缔结为友好商会。2005年5月，应区工商联邀请，江阴市工商联组团到楚州考察，区工商联与江阴市工商联在淮安宾馆举行缔结友好商会签字仪式，丁解民、樊金龙、刘友超、肖本明等市、区主要领导和江阴市政协主席孙福康等出席了签字仪式。2008年4月，区工商联作为特邀代表组团赴上海市金山区参加"长三角"县市（区）工商联联谊会，会议期间与"长三角"地区县市（区）工商联及当地企业界人士进行广泛的交流联谊。

五、公益活动

热心社会公益事业，积极组织引导会员开展光彩事业活动。1998年，长江中下游地区和东北松花江流域发生特大洪涝灾害，组织会员向灾区捐款17.35万元。2002年，楚州区苏嘴、茭陵等乡镇遭受特大冰雹袭击，向灾区捐赠款物计6.7万元。2003年，楚州区发生洪涝灾害，捐赠款物计59.45万元。2008年，四川汶川发生大地震，全区非公有制企业及员工向灾区捐款180余万元。1998～2008年，全区共有400多家非公有制企业捐款捐物累计达2000余万元。

2008年5月，车桥工商联成员向灾区人民献爱心

六、服务会员

1986～2008年，工商联先后为宝健传动机械厂动迁补偿、淮龙包装材料厂货款被骗、如意眼镜有限公司税收等方面所遇到的问题进行协调，维护会员企业的合法权益。

（一）服务企业

1988～2008年，工商联共召开非公有制企业会员座谈会、联谊会11次，举办各种政策法律讲座7次，举办各类专业培训8次，组织非公有制企业参加省内外各种商品展销会5次；帮助20余名非公有制企业人员获得经济师、工程师或助理经济师、助理工程师职称；协助企业及相关人员解决生产用房、用电、用工、生产许可证、资金困难、业务拓展、人事关系挂靠、子女入学等问题百余件。

（二）关爱老会员

工商联坚持对老会员进行节日慰问、生病探视、上门祝寿，定期组织老会员学习时事政治，邀请参加重大会务活动，听取工作汇报，关心老会员工作、学习和生活。1988～1990年，工商联按照党的统战政策，积极争取有关部门支持，妥善解决老会员落实政策事项6类107件次，帮助发还落实政策款17.27万元、退还"文化大革命"中被查抄金银折价款1048.2万元，帮助解决部分老会员"文化大革命"期间下放农村"工龄两不算"、全民所有制企业原工商业者遗孀生活困难享受定期补助等问题。1988～1996年，工商联按照省工商联《工商界生活互助金管理使用办法》，共发放工商界生活互助金3.94万元，累计补助老会员或遗孀788人次。

七、开展主题教育活动

区工商联重视非公有制经济人士思想政治工作，从2001年起每年选择1个主题在系统内开展主题教育活动，引导非公经济人士及企业履行社会责任，创建和谐企业，争做优秀的中国特色社会主义建设者。2001年，20家会员企业代表全体会员向社会发出《信誉宣言》。2005年，10家会员企业向全区非公经济人士发出《以建设新楚州为己任，奏响加快发展最强音》倡议。2008年，61名执委向全体会员发出《履行社会责任，共建和谐社会》的倡议。这些活动在非公有制经济界产生很大的反响。2004年，企业会员江苏飞翔纸业有限公司获"江苏省优秀民营企业"称号。2006年，区工商联副会长、江苏康乃馨织造有限公司董事长周观林被表彰为“江苏省2006年度优秀中国特色社会主义事业建设者”。2007年，市工商联副会长、江苏古顺河酒业有限公司董事长黄跃当选为全国工商联“十大”代表。至2008年底，全区先后有379家非公有制企业荣获区级以上表彰。

第三章　总工会

第一节　职工队伍

1978年5月，淮安县召开了第六次工人代表大会，工会工作开始拨乱反正，逐步走上正轨。1979年初，全县恢复建立了156个基层工会。1984年8月起，县总工会在全县整顿基层工会组织。经过4年多整顿，全县各行各业都建立了工会组织，并正常开展各项工作。至1991年末，淮安市职工总数为6.28万人，其中女职工2.9万人，占职工总数的46.2%。2003年，淮安市楚州区基层工会组织发展到438个，职工总数5.8万人，其中女职工2.41万人，占职工总数的41.6%。到2008年末，区基层工会发展到703个，职工总数8.02万人，其中女职工3.86万人，占职工总数的48.1%。

第二节　代表大会

《工会章程》规定，工会的地方各级领导机关，是工会的地方各级代表大会和它所产生的总工会委员会。市、县工会代表大会，由同级总工会委员会召集，每五年举行一次。

淮安县工会第七次代表大会于1982年3月召开，选出工会主席和副主席。

淮安市工会第八次代表大会于1988年8月召开，选出工会主席和副主席。

2005年9月9日，楚州区总工会召开第十次代表大会

淮安市工会第九次代表大会于1999年8月召开。此次代表大会选出第七届工会委员会25人，常委8人。选举出工会主席、副主席、经审委员会及经费审查委员会委员5人。

楚州区工会第十次代表大会于2005年9月召开。此次代表大会选出第十届工会委员会委员25人、工会主席、工会副主席、经审委主任和经费审查委员会。

第三节 主要活动

一、劳动竞赛

1991年是实施“八五”计划的第一年,淮安市总工会发动带领全市职工坚持以经济建设为中心,积极投身参与劳动竞赛活动。在工业企业中开展“八五”奉献创“三杯”(质量杯、品种杯、效益杯)、争当百名操作能手,在市窗口服务行业、企事业单位“双庆”(庆祝建党70周年和周恩来纪念馆落成开放)时开展创三优、争当明星两个劳动竞赛。

1996年,各级工会组织积极响应市总工会提出的“五赛一攻关”(赛质量、赛企业现场管理、赛销售、赛销售、赛科技进步、赛节能降耗、亏损企业减亏增盈百项攻关)和“跨世纪奉献杯”立功竞赛活动。

1997年,在学“邯钢”,树立市场竞争观念,建立考核和核算指标体系,提合理建议活动中,有193个单位,1.63万人次参加,提建议1.26万件,实施2369件,创经济效益704.1万元。

2001年3月,淮安市楚州区总工会印发《淮安市楚州区总工会劳动竞赛计划》,结合行业特点,抓住时期重点,组织开展多层次、多形式的劳动竞赛。区总工会组织职工在生产企业开展“创新立功”竞赛,培育职工思维创新、技能创新、岗位创新;在服务行业中开展“优质服务”竞赛;在基础设施工程项目中开展“重点工程”竞赛活动;在女职工中组织“巾帼会‘九五’、创新展风采”竞赛等,推动实施群众性经济技术创新工程,并取得了较好的效果,推进了全区经济健康发展。

1991~2006年,全区广大职工提出合理化建议98.57万条,实施1.7万条,创经济效益2780万元。2008年,全区各级工会组织职工开展了以创建“工人先锋号”活动为载体,“迎奥运、赛技能”大练兵、大比武活动。

二、职工技术协作与革新

1991年,淮安市总工会有基层职工技术协作委员会(下称技协)8个,技协会员161人,开展技术培训22场次,培训525人。各级工会围绕“质量、品种、效益年”创“三杯”活动与群众性职工技术协作和技术革新活动,开展提高产品质量,增加产品品种活动。1993年6月,淮安市职工技术协作委员会(简称职工技协),在市职工学校召开成立大会,市总工会副主席陈峰兼任市职工技协会长。至此,全市共有基层职工技协17个,技协会员1645人,职工技协专职工作人员29人,开展技术培训(讲座)31场次,培训职工1444人,组织技协会员攻关破解生产技术中难题21项,创造经济效益4.5万元,开展推广新技术9项,创效52.6万元。

2001年,楚州区各级工会技协组织积极开展群众性“经济技术创新”活动,电信、邮政、供电产业工会技协,紧密结合工作实际开展技术创新和有偿技术服务工作,收到了较好的效果。年内,区属85家基层工会,有53家建立职工技协组织,占63%。各单位在技协经费收、管、用过程中,严格按规定列支。

2003~2008年,职工技协活动融入劳动竞赛和经济技术创新等工程活动中。2008年,区职工技协被市总工会表彰为职工技协工作先进集体,许兆生、王剑波、汤国峰被表彰为全市职工技协先进个人。

三、劳动保护

劳动保护组织 1991年,淮安市总工会设有生产劳动保护部,负责劳动保护和劳动保险工作,并配有专职劳动保护部长和专职干事。全市建立健全基层劳动保护组织网络。全市公办企业中,200人以上的单位有102个,全部建立劳动保护组织,有劳动保护检查员1116人,专职劳动保护干部94人。

1992年,全市建有劳动保护监督检查委员78个,车间工会劳动保护委员会217个,工会小组劳动保护检查员780人，专职劳动保护干部124人。到1993年底，全市有劳动保护监督检查委员会81个，车间工会劳动保护委员会231个，工会小组劳动保护检查人员949人，从事工会劳动保护工作的专职干部106人，基本形成群专组合的安全劳动保护监督检查网络。

2000～2008年，劳动安全保护工作列入工会工作的重要内容。楚州区总工会劳动保护工作坚持"以人为本，安全第一"的方针，注重从源头上维护，宏观上参与，实践中创新，努力构建和谐社会、建设平安楚州，维护职工生命安全健康的平安局面。群众性的劳动保护监督检查网络得到了巩固和强化。

劳动安全监督检查　1991年，淮安市总工会、市经委统一制定下发《班组安全生产台账》和《工会劳动保护六本台账》，规范安全生产台账记录，搜集保存完整齐的全台账资料。市总工会与市劳动局下发《关于整顿健全劳动保险登记卡的通知》，促使全市职工劳动保险制度化、规范化。是年，市总工会先后3次组织女职工劳动保护情况调查和对10个企业的尘毒治理情况调查、3起伤亡事故调查处理。1994年，市针织厂等6家企业获淮阴市乙类女职工劳动保护合格单位。

1995年1月，市总工会印发《事故隐患危险点控制实施办法》。1998年5月，市总工会在"安全月"活动中与市安委会联合开展安全生产检查和劳动保护用品销售检查。2000年，市总工会帮助全市基层工会建立了安全生产领导小组，制定劳动保护工作制度，对事故易发点，建立台账和档案，"监控法"推广面达5‰。2001年，全区84家企业全部建立了劳动保护监督组织和制度、台账，有力地促进企业安全生产工作。2005年3月，区总工会制订了《淮安市楚州区总工会2005年劳动保护工作计划》，系统全面指导实施全区工会劳动保护工作。4月11日，区总工会开展为期10天的工会劳动保护法律法规落实情况检查，重点对进城务工人员劳动安全卫生进行检查。7月，区总工会下发《关于进一步做好工会劳动保护工作的通知》，协助政府做好安全生产检查，发动企业和职工自查。

2008年，区总工会贯彻落实省总工会关于在企事业单位中开展推行"1+3"安全监控工作体系，推行"监控法"企业达202家。全区申报A级监控点为235处，B级监控点298处，C级监控点478处。区总工会参与"三同时"审查验收2次，项目投资金额6000余万元。全区创建"劳动保护工作合格示范工会"企业67家，规模企业28家，创建工作已由规模企业逐渐向其他企业延伸。

四、职工安全培训与教育

1991年，淮安市总工会举办各类安全生产、劳动保护等内容的培训班203期，参加学习培训838人；会同经委、劳动部门联合举办工会劳动干部培训4期，284人参加了学习。

1995年，市总工会在全市推行"事故隐患、危险点控制法"，并在市供电局城东变电站召开现场会进行宣传推行。市交通系统工会率先在所属单位公路站试点先行，组织系统内工会干部和负责安全生产者进行观摩学习。

1998年，市总工会和生产保护部部长程泳堂被淮安市人民政府表彰为1997年度安全生产先进集体和先进个人。5月，市总工会开展"安全月"活动，以组织职工观看安全生产录像等形式宣传安全生产。是年，举办各类安全生产教育培训班5期，受训人数438人。

2000年，市总工会召开女职工代表会议宣传贯彻《女职工劳动保护条例》，加大女职工劳动保护力度；5月，配合安全生产月活动组织3800名职工观看安全生产影像片；9月，举办市属乡镇和交通、水利、建设系统企业厂长（经理）安全生产知识培训班2期，206人参加学习培训，强化了企业行政领导的安全意识。12月，市总工会检查验收确认运东电站管理作业生产组等109个班组为安全合格班组。省总工会《工会信息》第5期报道了"淮安市总工会积极开展'安全生产月'活动"，介绍了淮安的经验与做法。

2001年，淮安市楚州区总工会开展推行"事故隐患、危险点控制法"和"安康杯"竞赛活动。各级工会积极响应参与，宣传悬挂横幅130多幅、出宣传画廊150期、板报300多块，全部建立安全制度台账，配合竞赛活动营造浓厚的宣传氛围。

2008年,区总工会开展遏制事故、确保奥运会前后平安楚州建设,继续组织开展职工安全生产知识普及教育工作,参加企业102家,职工1万人;免费向建筑施工的农民工发放安全生产简易手册1100多册,提高农民工安全生产自我保护水平和意识;6月8日,举办广场“安全月”宣传咨询日活动,形式多样,寓教于乐,让广大职工在快乐中强化了劳动安全意识。

五、送温暖工程

在元旦、春节期间,由工会干部慰问节日加班职工和伤病、困难受灾职工,是工会工作的传统。1991年6月,淮安市遭受百年不遇的特大洪涝灾害,市总工会向全市各级工会发出《关于积极开展抗洪救灾工作的通知》,号召各级工会组织、工会干部、广大职工抢险救灾自救。同时,市总工会与团市委、妇联共同购买救灾物资赴南闸镇,对灾民进行慰问;发动机关干部捐款献物,共捐塑料编织袋175条,人民币244.2元。

1994年,针对全市企业普遍效益下滑,下岗职工人员增加的状况,市总工会根据全总的部署,将“元旦、春节”两节送温暖活动拓展为“送温暖”工程。市总工会深入停产半停产企业调查,倾听职工意见,反映群众呼声,制订“送温暖”工程文件3份,指导各级工会实施送温暖工程,开展送温暖工作,为困难职工排忧解难,化解矛盾,做好稳定工作。是年,政府牵头,总工会协助筹措数十万元资金,对全市停产、半停产企业的困难和特困职工进行慰问。

1998年1月,淮安市总工会经过多次调查,向市政府呈送《关于进一步做好下岗失业职工再就业报告》。4月,协助市政府制定《关于切实做好解困资金统筹使用和管理的通知》,市委市政府根据市总工会有关报告,先后制定《关于特困职工优惠待遇的通知》《淮安市关于进一步做好再就业工作的若干意见》。市解困办根据市总工会建议制定《淮安市市级机关、事业单位科级干部对特困职工开展“一帮一”,结对帮扶活动意见》等文件。6月,市政府加大“送温暖”工程的规范管理力度先后制定《关于调整城乡居民最低生活保障标准的通知》《关于进一步加强解困资金筹集使用和管理的通知》《关于实行市属企业下岗职工基本生活保障、离退休人员养老金发放和再就业工作目标管理的通知》等文件,规范“送温暖”工程程序、制度、管理、标准,形成制度化、系列化、社会化管理。

2004年3月,楚州区总工会成立“楚州区困难职工帮扶中心”,制订《楚州区困难职工帮扶中心管理办法》。是年,区总工会对“两困”职工状况进行第7次调查摸底,对全区84个企业上报的“两困”职工调查核实,确定2900户为“两困”职工,其中特困职工(即人均年收入低于160元)1200户。全区113个机关事业单位副科级以上干部及省、市属驻楚州单位与484名特困职工开展“一帮一”结对帮扶活动。元旦、春节期间,全区各级党政工领导慰问“两困”职工家庭1545户。区总工会协助区政府制定《淮安市楚州区人民政府关于建立完善特困职工扶贫解困救助意见》,从就业、医疗、教育、住房、生活等6方面为“两困”职工提供援助和救助帮扶。2005年3月,区总工会困难职工帮扶中心被区政府表彰为2004年度目标考核单项工作先进集体。6月,区总工会成立职工法律援助律师团,向各级工会组织和职工群众提供法律咨询、服务和援助。总工会还设了国际联络部,接待应邀来华访问的外国工会组织代表团来淮交流、游览、访问和为农民工出国劳务开展交流、学习活动。

2008年5月,四川汶川“5·12”大地震。区总工会会同团区委、妇联等群团组织向全区发出“同舟共济、抗震救灾”的倡议,开展捐赠送温暖活动。全区募集救灾善款1000余万元,汇往灾区赈济灾民,奉献周恩来故乡人民的一片爱心。是年,区总工会抓好困难职工帮扶中心的标准化建设,投入10余万元对“帮扶中心”升级改造,安装了大型LED显示屏,配备了电脑等信息化办公设备,聘用4名工作人员为职工提供信访接待、劳动法规咨询、侵权投诉、法律援助、困难救助、职业介绍、技能培训、创业小额贷款等救助帮扶。10月,区总工会被省总工会表彰为全省工会困难职工帮扶中心工作先进集体。次年12月,区总工会被淮安市总工会授予2008年度工会帮扶工作先进单位称号。

第四章　共青团

第一节　组织建设

一、组织机构

1978～2008年，共青团楚州区（淮安县、市）委，深入基层抓基础建设，不断拓展工作新领域，挖掘工作新内涵，发挥团组织新作为，努力创建共青团建设先进区（县、市）。至2008年末，淮安市楚州区团委有64个基层团委，6个直属团总支，团员6.21万人。机关改革前团区委内设机构为学少部、青工部、青农部、组织部、宣传部、机关团委和办公室。机构改革后内设组宣部和青少部。

基层团委　基层组织中有团委64个，其中乡镇团委26个，（徐扬和南马厂区划调整前28个），学校团委24个，区直团（工）委14个；团支部2579个，其中村级320个，学校1927个（含学校班级团支部）。全区共有专兼职团干部298名（学生团干部除外），其中兼职262名，党员201名；25岁以下22人，26～30岁83人，31岁以下的193人；大学本科文化程度的192人，大专文化以下文化程度的106人。

推进基层组织建设　团区委针对农村基层团组织弱化的问题，按照团省委和团市委的有关文件精神，积极做好分类推进团的基层组织建设有关工作；对所属基层团组织和相关重点领域进行细致的排查和梳理，根据基层团组织的现状和各领域的条件，做好分批分类推进工作部署，初步确定了推进工作的总体安排和计划步骤，2008年，选取了30%的基层团组织作为2009年度分类推进工作的实施单位，其中还有一个是省级实施单位。

1973～2007年中国共产主义青年团楚州区（淮安县、淮安市）历届代表大会

表20-1

届次	会议时间	当选书记	届次	会议时间	当选书记
九	1973	于岱山	十二	1993	孙　河
十	1980	朱国仁	十三	2002	朱海波
十一	1986	贾连生	十四	2007	王　军

第二节　主要活动

一、“青年文明号”创建活动

"青年文明号"是以青年为主体，在生产、经营、管理和服务中创建的体现高度职业文明，创造一流工作成绩的青年集体、青年岗位和青年工程。2006年以后，淮安市楚州区团委共创“青年文明号”54个先进集体，其中省级4个、市级19个、区级31个。区地税局团总支先后被团中央和团省委命名为“全国优秀青年学习组织”和“江苏省五四红旗团总支”。全区共有68名团干部受到市级以上表彰。

二、青少年思想道德教育

2001年始，团区委以思想教育为主线，始终坚持用科学理论武装全团，以道德实践教育青年，以团干部、青年学生和各条战线的青年骨干为对象，按照上级团组织的部署与要求，先后开展保持党员先进性教育、增强团员意识主题教育和科学发展观大讨论活动，通过专题讲座、举办培训班和报告会等有效形式，引导青年深入学习科学理论，带领团干部和先进青年代表积极参与各种实践，有力地提高了团员队伍的理论水平和政治素养。团区委多次受到省市团委的表彰与奖励。团区委深入贯彻《公民道德建设实施纲要》等有关文件精神，以“永远跟党走”为主题，以“与祖国共奋进、与人民齐奋斗、与时代同发展”为宗旨，以暑期教育为抓手、学校团组织为阵地，广泛开展社会主义荣辱观学习教育等系列活动。团区委在全区青年中唱响了爱党、爱国、爱社会主义的时代主旋律。为适应时代发展和当代青年的需求，团区委注重创新青少年教育的方法和途径，组织实施青少年网络文明工程，加强网络宣传教育，引导青少年健康上网；在全区青少年学生中开展演讲比赛、才艺比赛、读书活动，吸引广大的青少年学生的参与。

三、希望工程

团区委向上争取希望工程资金，2002～2008年，共争取资金80余万元，其中，自2007年以后争取省青基会资金69万元资助了178名大学新生，帮助他们顺利进入高校学习。

团区委多年来一直努力争取援建希望小学。至2008年，全区共有希望小学6所，在建1所。是省青基会书面同意予以援建（金额20万元）的。该项目正在宋集中心小学稳步实施。

第五章　妇女联合会

第一节　组织建设

1973年，淮安县妇女联合会恢复活动。中共十一届三中全会后，淮安县妇联进入新的历史发展时期。1999年，淮安市妇联内设组宣部、维权部、儿少部3个机构。2003年，楚州区妇联撤销组宣部，建立发展部；维权部更名为权益部；2007年，撤销发展部。同年，成立全区首个女企业家协会，机关企事业单位成立妇会委。妇委会、女企业家协会参加妇联的有关活动，妇委会接受妇联的工作业务指导。截至2008年底，淮安市楚州区有乡镇妇女联合会26个，村妇代会356个，机关、企事业单位妇委会20个。

第二节　主要活动

一、“巾帼建功”活动

1991年，淮安市妇联响应全国妇联、国家教委、人事部等22个部委，为配合国家“八五”计划的实施而共同发起以城镇女职工为主体，以岗位建功、岗位成才为目标的“巾帼建功”活动号召。动员组织广大妇女积极投身市（区）的经济建设，促使妇女在岗位建功、在岗位成才。2006年以来，楚州区共创“巾帼文明岗”75个，其中国家级2个、省级13个、市级13个、区级41个，荣获市“巾帼建功”标兵2人、市“巾帼建功”先进集体2个、市“巾帼建功”先进工作者4人，全国“三八红旗手”1人、省“三八红旗手”2人、市“三八红旗手”52人、省“三八红旗集体”5个、市“三八红旗集体”15个。

2003年，区妇联成立巾帼服务中心，举办开展技能培训，举办了电动缝纫、工艺编织、电子等各类培训。2007年，全区举办妇女培训班50多期，创办各类培训基地20个。2008年，区妇联免费举办各类培训班近60期，培训妇女3800人次。

2005年起，区妇联专门成立了人才工作领导小组，明确专人负责，与区委组织部共同建立区、乡、村三级女干部人才库，定期向组织部门推荐优秀女干部。

2007年，区妇联成立女企业家协会，会员达90多人；2008年5月，举办女企业家培训班；同年11月，在海达塑料工程有限公司举办了巾帼牵手SYB导师行动推进会，让女大学生与女企业家进行结对活动，为大学生创业提供交流平台。

二、维护妇女儿童合法权益

2003年5月，楚州区妇联开通了维权热线，在淮城镇勺湖社区成立全市首家反家庭暴力投诉站及妇女、老人、儿童避难所。

2003年7月，区妇联成立妇女维权志愿者队伍，至2008年底志愿者由开始的35人增至537人。

2005年12月，《妇女权益保障法》颁布后，区妇联多次开展宣传活动，发放宣传资料上万册，举办讲座百余场，每年“三八”维权周在全区开展大型法律宣传进社区、进企业、进村居活动，建立完善区、镇、村三级维权网络，维权工作人员300多人。

2008年1月，《江苏省实施〈妇女权益保障法〉办法》修改实施后，区妇联在全区范围开展宣传活动，发动广大妇女填写竞赛答卷上万份。全区妇女对《妇女法》以及《实施办法》的知晓率达90%以上。

三、家庭教育

1994年，淮安市成立了家庭教育研究会。研究会自成立以来，积极开展丰富多彩、形式多样的家教研究活动。根据新时期家教的新情况、新特点以及家教的发展规律和趋势，淮安市（区）家庭教育研究会结合实际，采取不同形式开展理论研讨活动。全区共收集家教论文289篇。张健撰写的《家庭文化与儿童发展》《家庭教育的哲学断想》等论文获得省家教研究会一等奖。谢树平撰写的《重视培养孩子的社交能力》《营造家庭教育的绿洲》等获淮阴市家教研究会一等奖。为了扩大家庭教育的覆盖面，区妇联在全区范围内除积极组织广大家长收听广播、家长学校讲座内容以外，同时，向广大家长赠发《做父母的艺术》上、下册，《三优题集》《科学育儿知识》《写给年轻妈妈》《家长》杂志等家教材料。

四、五好文明家庭创建活动

区妇联在全区开展“五好文明家庭”“节水型家庭”“平安家庭”以及楚州区首届道德模范评选创建活动，参与创建的家庭占全区总户90%以上，2008年获市级“五好文明家庭”36户、标兵户6户、“平安家庭”12户、“节水型家庭”12户、“节能环保家庭”12户，区级“五好文明家庭”247户。

2008年，区妇联推出并启动了“节能减排家庭社区行动”，配合楚州区创建国家模范城市活动。6月，在漕运广场举办了“节能减排”家庭社区启动仪式，向全区发放了3000多份倡议书和1000多只环保袋，号召和引领广大妇女及家庭积极投身节能减排家庭社区行动。

第六章　科学技术协会

第一节　组织建设

自1991年，全市相继成立了科普宣传周活动领导小组，科普工作联席制度、全民科学素质行动工作领导小组、科技兴农富民工程领导小组等科普组织机构。2007年起，淮安市楚州区科协在全区27个乡镇、359个行政村建立了以乡(镇)、村为接受点的现代远程教育网络。在建设科普传播网络的同时，积极推进科普组织机构建设。至2008年，全区科普组织体系基本实现规范化、系统化、社会化，各级政府相继建立了科技工作领导小组、科普工作领导小组，并不断调整、充实、发展科普组织领导机构，形成了以区、乡(镇)、村三级科协、学会、研究会的民间、社区、农村科普网络和以政府主导、科技部门牵头，相关部门广泛参与的科普工作组织体系、网络体系。

1992～2008年楚州区(淮安市)科协所属协会、学会、研究会一览表

表20-1

学会名称	成立时间
楚州区医院科协	1995年1月
楚州区刮痧诊疗保健协会	1996年6月
吴鞠通研究会	1991年
楚州区计算机学会	1999年
楚州区老科协(原离退休知识分子协会)	2005年7月

第二节　主要活动

1992年始，淮安市科普工作认真贯彻落实“科技兴淮”“科技兴农”战略，以提升全市广大农民科学文化素质和培养一支认真执行党在农村的各项方针政策、懂技术、会管理、善经营、带领群众发展市场经济、实现共同富裕的基层干部队伍和党员队伍为重点，以建设科普示范乡镇、科普示范村、专业户、专业村；大力发展农村专业技术协会、研究会；促进科技与经济的有效结合，加快实现小康为主要目标，全面深入推广100多项涉及种植、养殖、加工业和乡镇企业等农村各领域的先进实用技术。在科普工作组织管理方面，市委、市政府将科普工作纳入全市经济、社会长远发展规划和年度目标考核内容，下发《关于加强科普工作的若干意见》等10多个相关文件，组织开展“三学一带”(学理论、学科技、学经营，带领群众闯市场、奔小康)、“科普宣传周”“科技传播”“百项技术成果推广”“人才培训”“科技下乡”“实用技术信息发布会”“创建科技特色学校”等一系列重大科普活动。在科普培

训方面，1994年5月，市委组织部、市科协出席全国农村党员基层干部实用技术培训经验交流会，并在大会作了题为《开展“三学一带”活动，加快奔小康步伐》的经验介绍；1995年5月，中国农函大淮安市分校被中国科协命名为“全国重点分校”，并被中国科学技术发展基金会授予“中国农民技术培训奖”。在青少年科普教育方面，1994年，淮安市学生在全国发明创造比赛及科学论文研讨会上，荣获科学论文一等奖。1996年，淮安市学生在首届苏、浙、川、鄂、津、沪四省二市亿利达发明评奖中夺得大赛唯一的一等奖。同年，淮安市被中国科协列为1996～2000年全国青少年科普示范项目县，是江苏省唯一被选定的县级市（区）。在促进科技与经济有效结合方面，“保健食品降糖神糊的研制生产”“培育白果苗木扶贫工程”“辐射交联电线电缆技术服务”被中国科协列为全国“金桥工程”项目。在科普综合成效方面，1995年11月，淮安市科协出席了“全国农村科普工作暨专业技术协会经验交流会”并作典型发言，是江苏唯一应邀参加会议并作典型发言的市（县）。1996年2月，市委市政府出席了新中国成立以来由党和政府召开的首次“全国科普工作会议”，并在大会上作了题为《充分调动三大积极性，发挥科普工作在农村经济和社会发展中的重要作用》的典型发言。会上，市委市政府被中国科协、国家科委授予“全国先进科普集体”称号。1994～1997年间，《人民日报》《人民日报海外版》《科技日报》《经济日报》《新华日报》等全国和地方的20多家新闻媒体，宣传报道了淮安市科普工作经验、做法，报道篇幅居全国县级市首位。

科协工作人员指导农民科学育苗　　（2005年摄）

1998年，淮安市被中国科协列为全国首批100个科普示范县（市、区）。1998年，科普工作以贯彻落实“全国科普示范县（市、区）”“全国青少年科普示范县”各项工作目标为主要任务，以提高全民科学素质、推进科技进步、强化技术创新意识和实施农业“优质化、标准化、信息化、市场化”四大工程为主线，进一步推进农村科普、城市社区科普、企业科普、青少年科普建设。是年5月，中国科学院、淮安市人民政府经济技术协作洽谈会在淮安隆重举行。此次洽谈会由中国科学院、淮安市人民政府联合主办，联合国工业发展组织中国投资促进处协办、中国科学院南京分院科技处、淮安市人民政府办公室、淮安市计划委员会、淮安市经济委员会、淮安市科学技术协会承办；应邀参加此次会议的嘉宾有中国科学院高企局、中国科学院南京分院、中国农业大学、联合国工业发展组织中国投资促进处、江苏省科协、香港商富发展有限公司的103位嘉宾、专家；参加这次洽谈会的有中国科学院长春分院、武汉分院、兰州分院、中国科学技术大学、北京丰大科技开发研究所、上海万喜环保技术开发有限公司、中国发展基金有限公司等48个科研单位和财团。洽谈会期间，全市100多个企业、29个乡镇、17个经济主管部门的1000多人参加了会议。中科院及所属院所发布了620多项涉及农牧、机械、电子、化工、轻工、环保、食品、医药、建材等行业的高新技术和短平快技术合作项目信息，中国科学技术大学、中国农业大学、兵器工业部生产力促进中心技术研究所等单位也发布了一批较好的科技项目信息。香港集合工业公司等客商专程赴淮进行技术协作洽谈。2002年6月，江苏省科协、淮安市楚州区人民政府在季桥乡主办“江苏省2002年崇尚科学移风易俗科技下乡”暨楚州区“科普之冬”大型主题活动。该项活动旨在组织发动科技人员在农村开展多种形式的崇尚文明、移风易俗的科普宣传，用科学知识揭露邪教组织反科学、反社会、反人类的本质面目，破除封建迷信，普及健康文明的生活知识；围绕环境保护与生态农业，林农牧业结构调整，设施农业，农村新能源开发等方面大力开展科技培训、技术服务、技术咨询，切实解决广大农民在生产中遇到的问题等。活动期间，省科协送科技下乡成员、著名经济学家、东南大学吕乃基教授为全区党政领导干部作了经济科技形势报告；省农科院、省水产研究所、南农大、省植物所、省人民医院等全国知名高校和江苏省知名科研院所的20多位专家分别深入淮安市中学、流均镇、三堡乡、席桥镇、南闸镇、徐杨乡举办科技报告会、科技专题讲座。专家深入田间地头，解惑释难，规划发展，与农民对接，与专业户、科技大户建立技术合作关系。据统计，全区参加“崇尚科学移风易俗”科技下乡活动的干部群众近10万多人。2002年4月，楚州区顺利通过国家验收，同年6月，被中国科协授予“全国科普示范区”称号。

2002年以后，淮安市楚州区科普工作以宣传落实《中华人民共和国科学技术普及法》和国家科学素质行动计划纲要，促进全区经济、社会、科技快速发展为主要目标，以提高全民科学素质和促进人的全面发展为根本任务，开展工作。在城市开展科普集市、科技进社区、专家进社区、科普宣传周、创建科普文明社区等活动，广大居民讲科学、爱科学、用科学的热情有了进一步提高。在全区广大农村，通过实施和开展科技兴农富民工程、科普惠农计划、文化卫生科技“三下乡”等科普项目和活动，高效农业和特色农业得到进一步发展，农业科学生产和增收增效水平取得了显著进步。2008年4月“全国科普示范县（市、区）”验收，楚州区顺利通过“各级党委、政府重视公民科学素质建设，加强对科普工作的领导”“围绕重点人群的科学素质工作成效显著”等四个方面63项指标的验收。2008年10月，楚州区再次蝉联“全国科普示范区”。

第七章 文学艺术界联合会

第一节 组织机构

1958年9月，淮安县成立淮安县文学艺术界联合会（简称淮安县文联），“文革”期间文联取消。1984年4月28日淮安县文联恢复，由县委宣传部代管。县文联设主席1人，副主席1人，内设机构办公室，办公室设秘书长1人。

1984年，县文联开展各协会筹备工作，成立作协、书法、戏剧、美术、摄影、音乐舞蹈、曲艺杂技、西游记研究会、民间文艺等9个文艺工作者协会。至2008年，楚州区文联有作家、书法家、美术家、音乐舞蹈家、摄影家、民间文艺、《西游记》研究会、戏剧、曲杂家、博里诗词协会、视听文学等11个文艺工作者协会。其中国家级会员36人，省级会员118人，市区级会员1000多人。

第二节 主要活动

1984～2008年，楚州区文联组织广大文艺工作者开展各项文艺活动，小说、诗歌、散文、摄影、书法、绘画、民间文艺及戏剧创作皆显示出独特的魅力和影响。

其间，文联创办《淮安文艺》（后改名为《文峰》）杂志；作协创办《大运河》文学报；民间文协创办《桃花垠》报；摄协创办大运河摄影网；书协创办名城墨韵书法网；视听文学研究会创办视听文学网；西游记研究会创办西游记宫网；诗词协会创办《淮安诗苑》；区《新楚州报》开辟“运河桨声”文艺副刊。

在全区广大文艺工作者的共同努力下，截至2008年，楚州分别获得中国书协授予“中国书法之乡”、文化部授予“中国现代民间绘画画乡”、中国诗词协会授予“中华诗词之乡”，被授予全省“民间艺术（杂技）之乡”，被誉为“民间艺术（民歌）之乡”。

第八章　老区开发促进会

第一节　组织建设

老区开发促进会（以下称老促会）于1998年3月31日成立。老促会一直重视组织网络建设，确定了与区情相适应的组织网络形式，建立与行政区划一致的区、乡镇和村居三级组织网络。乡镇老促会由退居二、三线原乡镇领导组成，村分会领导人大都是在任支部书记或村主任。乡、村老促会还有计划地发展“四有”会员（即政治上有影响，经济上有实力，技术上有专长，创业上有本领），协助老促会开展帮带活动。2008年底，楚州区有老促会组织405个，其中，区级1个，乡镇级27个（含省属白马湖农场），村居级360个，企业17个。

第二节　主要活动

一、宣传工作

楚州区老促会通过宣传媒体，利用会议、座谈，发宣传材料，组织宣讲团、宣传队等形式广泛宣传老区和老区精神。2008年，老区和老区精神的宣传被纳入党员冬训班课题内容，在建淮、上河、钦工、宋集、复兴、顺河等乡镇及区交通系统、客运公司等基层单位进行宣讲。区老促会还结合区情编撰资料发到各乡镇，供乡镇党员冬训班讲课参考。

二、调查研究

2003年，区老促会会同农业局、农业开发局等涉农单位共同撰写的关于开发黄河故道的调研报告，引起区委和省市领导的重视。省委常委、副书记张连珍充分肯定报告的重要性和可行性，指示有关部门逐步实施这个开发项目。区黄河故道的5个乡镇的水土改造、农田基本设施建设、农业结构调整都取得了显著成效，农民人均收入由2000多元增加到6000多元。2005年以后，全区三级老促会围绕党委中心工作和加快发展的主旋律，就“三农”的热点难点问题和关系老区人民生产生活中的民生问题开展调查研究，写出调研报告120多篇，向党委、政府提出口头和书面建议1500多条，在新闻媒体发表调研报告18篇，在区、乡内刊和通讯上发表36篇。

三、帮带活动

2003～2004年，区老促会以三堡乡为工作联系点，在大陶、沙口两个村搞“先富帮后富”“大户带贫困户”的帮带活动试点，乡、村老促会发动15个专业大户，在资金和技术上帮助48个贫困户发展养鸡、水产、建筑等致富项目，使每户年收入增加4000元以上。两年内，48户全部摘掉贫困户帽子。区老促会将三堡经验推广到全区。各乡镇老促会也先搞联系点，再搞村、组整体推进，总结出“四个明确”（即帮带对象明确，帮带项目明确，帮带措施明确，帮带目标明确）的共同做法与经验。群众形象地说帮带活动是“年初结对子，年底数票子”。至2008年，全区组织会员帮带小组或能人大户1610个，帮带贫困户5957户，先后脱贫的有4505户，脱贫率为75.63%。

四、其他活动

区三级老促会充分利用社交网络，为党委、政府提供招商信息，为招商引资牵线搭桥。据不完全统计，2004～2008年，全区老促会提供有效的招商信息280多条，协助和直接引进资金3.25亿元。在乡镇道路建设中，乡镇、村老促会主动参与规划、测量、拆迁、集资、建设、监理、验收等全部过程。全区1300多千米的乡镇道路的建成，凝聚着老促会会员的心血。乡、村老促会积极参与改水、改厕、危房改造、新农合等惠民工程。协助党委、政府规划和实施小城镇建设、集中区建设和环境卫生建设，也是乡、村老促会近年来兴办实事的重要内容。10年中，老促会通过多种渠道筹募资金712万元，资助了贫困生8900多人次。截至2008年，全区已向扬州天海职业技术学校输送124名贫困生。

第九章　残疾人联合会

第一节　组织建设

楚州区（淮安市）残疾人联合会成立于1989年4月，隶属市民政局，副科级建制。残疾人代表大会一般每五年召开一次，选举产生区残联主席团和执行理事会。1996年，机构单列，升为正科级，与民政局合署办公。机关设办公室、组联科、康复科、文体科、教育就业科共5个科室。残联下设肢体残疾人协会、盲人协会、聋人协会、智力残疾人亲友会、精神残疾人亲友会等5个专门协会。专门协会是残联下设的群众组织，在残联领导下开展活动。到2008年底，全区26个乡镇都配备了残联理事长和专职委员，360个村（居）全部建立了残疾人协会。

第二节　主要活动

一、康复服务

残疾人康复作为一项主要业务工作贯穿于残联工作的始终，也是制定残疾人事业五年发展计划的重要内容之一。

“十五”以后，残疾人社区康复摆上了更加突出的位置。1991年，淮安市残疾人康复服务重点由白内障复明、小儿麻痹后遗症、聋儿听力培训三项康复向多层多项目的综合性康复服务发展。从1995年起，残疾人康复服务工作开始逐步向社会康复范围发展。到2002年，淮安市楚州区残联初步形成以社区康复为基础，残疾人家庭为依托，康复机构为骨干的康复工作模式。2002年，江苏提出到2012年实现残疾人“人人享有康复服务”目标。“康复进社区，服务社会化”是实现这一目标的主要措施。围绕这一目标，楚州区残联开展精神病防治与康复普查工作，覆盖人口120万，检出率6.1%；开展社会化、开放式、综合性的精神病防治与康复工作，解除关锁，帮助精神病患者融入社会；加快推进康复基础设施建设，2007年投资200余万元，改建了1100平方米淮安市楚州区残疾人康复中心，设立了残疾人辅助用品供应站。“十五”以后，区残联通过完善社会化康复服务网络、实施重点康复项目和大力推进“康复进社区，服务到家庭”，使175名残疾人改善了身体功能。其中，白内障复明手术1792例，为29名低视力患者配戴助视器，聋儿语训12名，肢体康复训练138例，脑瘫儿童康复训练26名，完成用品用具供应1782件。在普及残疾人康复服务的同时，区残联着力解决贫困残疾人的康复难问题，大力实施以助明、助听、助行和免费给药为主要内容的“三助一给”康复救助项目，免费实施白内障复明手术318例，对83名0～6岁残疾儿童进行了免费康复，免费安装大小腿假肢37例，向下肢重度残疾人捐赠轮椅车1200辆，为412名贫困精神病患者免费给药。全区由康复中心、专业康复机构、社区（村）康复室、助听器具供应站和家庭组成的残疾人康复服务体系基本形成。康复服务的普及，较大地提高了广大残疾人的生活自理和劳动生产能力，残疾人的生活质量得到明显改善。2008年，区残联利用残联的优势和新安医院的资源，合作创办了“淮安市新安残疾人庇护安养中心”。该中心使用面积1200平方米，集文化教学、娱乐治疗、体育治疗等功能于一体，可为50多名精神、智障残疾人提供庇护安养。

二、教育培训

（一）教育

区残联与教育部门共同努力，使全区220名残疾儿童得到入学救助。1989～2008年，全区残疾儿童入学率已基本达到健全儿童同等水平。其中，听力、视力、智力残疾儿童入学率逐步达94%以上，全区对被大中专院校录取的28名残疾学生的资助、奖励，累计达10万多元。全区已形成以特校为主体，普通学校随班就读为辅助的特殊教育体系。

（二）培训

1995年10月，成立淮安市残疾人劳动服务所，主要职能是推荐、安置残疾人就业和开展职业技能培训。区残联1998年出台《淮安市按比例安排残疾人就业实施办法》。2001～2008年，市（区）残疾人劳动服务所安置残疾人就业1037人。城区残疾人就业率为79.8%，农村残疾人就业率为91.2%，达到了全省平均水平。

进入21世纪，残疾人劳务输出有显著进展，输出盲人按摩师6名，还向南京、苏州、常州等地输出言语、听力残疾人和三级肢残者就业。全区在外务工残疾人206名，其中186人同聘用单位签订了劳务协议。对无法安置残疾人，又未达到安置比例的单位，区残联依法征收残疾人就业保障金，作为扶持残疾人就业、培训、个体创业和重度残疾人护理、参加社会保险补贴的保障金，2001～2008年，共收残疾人就业保障金618.8万元。

2001～2008年，楚州区残疾人劳动服务所累计举办残疾人职业技能培训20期，共培训1117人次，支出培训费37万多元。其中组织23名盲人参加按摩培训，7人参加电动缝纫培训，23人参加电脑培训，1287人参加种、养殖培训。参培人员李芳、汪辉在2005年淮安市残疾人职业技能竞赛中获得计算机组装、网页设计第一名。

2001~2008年楚州区残疾人就业和技能培训一览表

表20-3 单位:人

年　份	劳动就业		技能培训	年　份	劳动就业		技能培训
	集中	分散			集中	分散	
合计	172	865	1317	2005	7	93	137
2001	7	34	77	2006	17	146	190
2002	6	27	78	2007	35	167	206
2003	5	34	81	2008	52	165	254
2004	3	36	77	2009	40	163	217

三、救助

2001~2008年,区残联扶持1327名残疾人脱贫,帮助40户残疾人家庭实施了危房改造,将5497名重度残疾人全部纳入最低生活保障,对622名生活不能自理的残疾人,进行护理补贴发放的审核。

1997~2008年,区残联共收到残疾人来信239件,接待来访257人次,其中对残疾人法律援助18件,救济158件,优惠50件,就业54件,其他216件。

四、宣传

1991年10月,淮安市残联举办《中华人民共和国残疾人保障法》(简称《残保法》)专题培训班,组织残联系统干部和乡镇居委会干部学习《残保法》。在每年的"全国助残日""世界残疾人日"期间,残联分别围绕宣传《残保法》开展"一助一送温暖""走进每一个残疾人家庭""预防残疾、增进健康""志愿者助残""关注基层残联工作,保障残疾人生活""发展残疾人事业、共同奔进小康"等主题的宣传和服务活动。1992年以后,每逢重大节日,残联在城区中心路段及闹市区域举行宣传、教育、服务活动,为残疾人提供康复、维权、法律咨询、义诊、假肢装配等多项服务,并向残疾人捐赠轮椅、拐杖、助听器等。

五、文体活动

淮安市残联组织数十名有文化艺术特长的残疾人成立了文化艺术活动中心,经常集中残疾人进行交流、排练,多次参加省、市残疾人文艺汇演。1996年5月,残联组织排练了7个节目参加淮阴市残联人艺术会演,获得7个奖项,获奖总数居淮阴市第一。在2008年5月"全国助残日"活动中,楚州区残联和区特校共同策划和排练了由聋哑孩子自己设计服装,自排、自演的3个节目,参加淮安市残联在市广电演播大厅举行的助残演出活动,引起了观众的强烈共鸣和热烈反响。此外,还举办了残疾人书画艺术展,组织残疾人户外摄影艺术活动。区残疾人文化艺术活动中心推荐的书画、摄影、篆刻作品多次参加省市展出、竞赛,并有21件作品在竞赛中获奖。

1995年,淮安市成立了残疾人体育运动协会,这是淮阴市首家残疾人体育运动协会,接受体育局、残联的双重领导。协会聘请了各个运动项目的教练员,每年定期集中残疾人运动员参加集训,不断提高运动成绩。1995年以后,先后涌现出高翔飞、杨幸福、华以建、张洪强、葛志亮、何南芳等一批优秀残疾人运动员,多次在省市重大比赛中获得奖牌。在省残运会上,楚州区(淮安市)共获金、银、铜牌20枚,在淮阴市残疾人运会上共获金、银、铜牌50枚。教练员杨树桐、叶娟因培养残疾人运动员成绩突出,受到省市体育局的表彰。

第十章　红十字会

淮安县红十字会自1985年恢复活动以后，以服务淮安广大群众为目标，围绕备灾救灾、卫生救护、无偿献血、征集造血干细胞志愿者、社会服务等方面开展工作。1991年以后，淮安市红十字会先后接受省市转赠的中国香港、台湾及新加坡等红十字会援助的救灾款物，折合人民币1000余万元。在2003年抗击"非典"、2008年支援地震灾区工作中，区红十字会行动迅速、全力以赴，发挥了"替政府分忧，为群众解难"的作用。

第一节　组织建设

1985年3月12日，淮安红十字会恢复建会，设会长1名，由淮安县政府分管卫生工作的副县长兼任；设副会长4人，理事8人。1986～1988年又增设4名理事。1991年，淮安市红十字会因人事变动，再次调整理事会组成人员，设副会长3人，设理事11人。2004年，淮安市楚州区红十字会召开第二次会员代表大会。大会聘请区委书记赵洪权担任名誉会长，选举区政府副区长王洪新担任会长，选举产生副会长13名，设秘书长1名、常务理事14名、理事39名，通过了《中国红十字事业2004～2008年发展规划》。2007年，楚州区红十字会由原来卫生局代管转变为由区政府领导直接管理，设行政正式编制2人。至2008年底，楚州区红十字会共有54个基层组织、团体会员单位28个，志愿者260人，会员总数2398人，有单独的办公场所，办公经费单独安排。

第二节　主要活动

一、宣传募捐

楚州区红十字会自成立以后，通过多种形式大力宣传"人道、博爱、奉献"的红十字精神，利用重要节日、重大活动，广泛宣传、贯彻《中华人民共和国红十字会法》《中华人民共和国红十字标志使用办法》和《江苏省实施〈中华人民共和国红十字会法〉》，努力为开展红十字会工作营造良好的法制氛围；组织红十字会员、志愿服务工作者走上街头，设立服务台，悬挂宣传横幅，向过往群众宣传红十字会知识和法规，并提供咨询和义诊等服务，扩大红十字会的社会影响；通过发挥新闻媒体、冠名红十字医疗卫生单位、红十字会志愿者的作用，广泛传播博爱文化，倡导诚信友爱、团结互助的社会风气。

二、募捐救灾

区红十字会积极争取党委、政府以及社会各界的支持，探索建立经常性、多渠道的募捐机制。1985～2008年，累计募集救灾救助款物300多万元，在捐赠者与需要帮助的困难群体之间架起了爱心的桥梁。2008年5月，汶川地震发生后，区红十字在第一时间通过电视、报纸向社会公布了相关的捐赠渠道,安排专人接听捐赠电话,专人接收社会各界的捐赠,为四川地震灾区募捐善款115余万元,物资近30万元,创造建会以来的募捐之最。楚州区红十字会对于每一笔捐赠都详细登记并开具正规捐赠票据,同时由区电视台与报纸实时公布捐款名单和捐赠明细表,接受社会各界的监督,按时汇入上级红十字会的专门账户,并积极配合审计部门审计,真正做到专款专用,募捐规范透明。

三、社会救助

楚州区红十字会自1985年成立,相继组织开展了"博爱光明行动""特困学生救助行动""大病救助"等多项活动,树立红十字会的救助品牌和特色;坚持在元旦、春节期间开展"红十字博爱送温暖"活动,面向麻风病人、农村贫困群众、城市下岗职工、特困家庭、灾民以及孤儿、老人等特殊人群开展救助,对因病致贫、因病返贫的白血病、尿毒症、先天性心脏病患儿的家庭给予专项救助,投入救助金额达到10多万元;为白血病患儿积极向上争取天使工程救助基金。此外,区红十字还积极参加科技、文化、卫生"三下乡"活动,努力改善困难群众的生活、学习、健康状况;加强与民政、气象、水利等部门联系,资源共享,及时获取灾害预报和灾情,积极参与自然灾害与突发事件救援,为帮助灾区群众渡过难关、支援灾区恢复重建发挥了重要作用;帮助贫困白内障患者进行免费复明手术,通过乡镇各家医院在农村进行广泛的宣传,仔细筛选,共筛选出百名符合手术条件的贫困白内障患者进行了免费复明手术。

四、医疗捐献

区红十字会利用报纸、电视、广播等媒体向社会广泛宣传,使"志愿捐髓、救人生命""爱心加勇气等于生命"的无私奉献精神为越来越多的群众所接受,众多乐于助人、勇于奉献的各界人士加入到志愿捐献者队伍,用挚爱和热血挽救白血病患者的生命,树立奉献社会、促进文明的良好风尚。2008年,楚州区共有志愿者1200多名,为患者初配成功6名,在全市红十字会系统中处领先地位。

依据《红十字会法》和《献血法》,区红十字会广泛开展无偿献血的宣传动员,在第三个世界献血日期间,与血站联合开展大型宣传咨询活动,在漕运广场向过往群众发放无偿献血知识宣传折页,医学专家提供免费咨询服务,积极倡导无偿献血,传播血液质控知识。全区每年无偿献血人数都达万人,无偿献血占临床用血100%。积极开展遗体捐献登记工作,全区有近10人进行了遗体捐献的咨询。

第十一章 消费者协会

第一节 组织建设

淮安市消费者协会于1988年5月10日成立,其行政管理部门是市工商行政管理局,由行政执法机关、司法机关、文化、宣传部门、大中型企业、社会团体等单位组成,由各有关单位推荐组成理事会,由理事会选举产生常务理事、会长、副会长、秘书长、副秘书长,聘请区政府、区人大有关领导担任名誉会长、顾问。1989年12月,淮安市消费者协会以基层工商所为依托建立淮城、直属、石塘、平桥、林集、溪河、车桥、流均、苏嘴、顺河、钦工、席桥、城郊等13个投诉站,同年建立百货一门、南门煤店、城中粮站、通达市场等四家联络站。淮安市消协1990年、1992年、1995年、1998年、2000年被省消协评为全省保护消费者合法权益先进集体，1993年、1997年被中消协评为保护消费者权益先进集体。1994年1月1日《中华人民共和国消费者权益保护法》施行以后，市消协利用广播、电视、报纸、宣传栏、广告牌等多种方法进行宣传。1995年，增加了供销大厦、淮安商场、淮安商厦、糖烟公司副食品市场、新淮商场、第二百货公司响铺商店、轻工商场等七家联络站。1996年，在供销大厦、糖烟公司、淮安商场等三家商业系统成立消费教育学校，1998年，在车桥镇车东村和建淮乡建新村成立村民消费教育学校、在中山门市场和南门市场成立市民消费教育学校。区消协秘书长吴兴亚于1997年、1998年两次被省消费者协会评为先进个人。1999年，市消协在教师进修学校、职教中心成立消费教育学校。同年，市人大副主任、消协名誉会长戴如松被省消费者协会授予"保护消费者合法权益社会活动家"。2000年，淮安商场等29家单位获得"消费者满意"单位称号。2001年，供销大厦等24家单位被评为"消费者满意"单位。2002年，楚州区消协在楚州工商分局所在地成立了9个投诉站。2003年6月，在人民保险、人寿保险、楚州医院、电信局、供销大厦、淮安商场、移动公司、联通公司、淮安宾馆、供电局、金山电脑等11家大型服务性企业、公共事业单位设立监督站，企业内部的投诉由企业自己解决。同年，全区企业中评选出51家"诚信单位"。2004年4月27日，全市第一家"维护消费者权益合议庭"在楚州区法院成立，从此楚州区的消费者有了自己的专业法庭。2005年1月6日，"楚州区消费者协会人民调解委员会"成立，疑难纠纷利用人民调解程序进行处理。同年，全区评选出了"诚信单位"105家。2006年3月3日，"农村消费维权一周行"活动启动仪式在楚州区施河镇举行，拉开了3.15消费维权活动序幕。2007年8月，文通中学建立"消费教育基地"。10月，全区9个工商分局成立了消协分会。12月，全区372个村（居）建立消费维权投诉站，实现网络全覆盖。同时，区消协建立时代超市、家得利超市、中信电器、国际商城、苏宁电器、五星电器6家监督站；推荐"范王大米"等22家涉及粮食加工、食品制造、纺织品加工、教学具生产等多个行业为"淮安优质品牌"，得到市消协的表彰，并在全省范围内推广。2008年3月5日，利用周恩来总理110周年诞辰之际，区消协在淮安国际商城举行"传承恩来精神，共担社会责任"为主题的消费维权走进国际商城活动。同时还在周恩来总理故居向游客散发消费维权资料千余份。是年，全区评选出区级诚信单位112家、市级诚信单位14家、省级诚信单位2家，按照"人民调解"程序调解处理消费争议案件8起。

2004年4月27日，全市第一家"维护消费者权益合议庭"成立

第二节　主要活动

一、宣传活动

利用每年的3月15日国际消费者权益日开展各种宣传活动，并运用新闻媒体宣传法规。在淮安日报、淮安电视台开辟"消费者之友""消费者之窗"专栏，每星期一期，发布消费信息、消费警示，介绍识别货物、商标真假知识，公布有关法规，处理投诉案例，宣传维权的好人好事。1997年秋天，钦

工镇有一消费者从商店购买煤油照明,发生爆炸烧伤案。市消费者协会会同钦工投诉站到实地调查,发现是经营者将煤油装入盛汽油的油桶内,造成煤油爆炸,最后经营者赔偿了消费者住院费、治疗费、误工费等损失。这一案例,中央电视台经济频道、江苏台电视台都作了报道,还被中国消费者协会1998年编入案例选编登载。2005年,消费者杨洪香左眼被亚力啤酒炸伤,经协会工作人员多方努力,最终使消费者获得各项赔偿14万元。此案是楚州区经消协调解所获得的数额最大的一起赔偿。

二、开办"消费教育学校"

1997~2007年,楚州消费者协会在企业、在农村、在市场、在学校开办不同类型的"消费教育学校"和"消费教育基地"10家,根据不同的学员进行授课;自编教材发到学校、投诉站,在企业重点学习,消费者的权利和企业的义务;在学校重点教学生怎样维权,怎样注意食品安全;在农村请农业专家讲农业技术课。这些做法在江苏省范围内得到了推广。

三、开展"消费者满意商(饭)店"评选活动

从1992年消费者协会就制定了"消费者满意商(饭)店"标准,共有四项二十一条,经企业自报、公示、考核,常务理事会批准,表彰授匾。"消费者满意商(饭)店"这一荣誉称号,不是终身制,每年都要进行考核,符合标准的继续保持称号,不符合标准的,摘下牌匾,取消称号。

1991~2008年楚州区(淮安市)受理消费者咨询、投诉情况统计表

表20-4

年　份	接待咨询(人次)	受理投诉(件)	挽回经济损失(万元)	年　份	接待咨询(人次)	受理投诉(件)	挽回经济损失(万元)
1991	326	106	1.09	2000	512	235	4.38
1992	365	95	1.36	2001	525	271	5.62
1993	352	153	1.54	2002	546	286	3.8
1994	416	129	1.19	2003	528	328	6.59
1995	462	169	1.65	2004	681	363	21.12
1996	316	124	1.12	2005	826	262	18.2
1997	494	187	2.61	2006	784	586	23.82
1998	437	126	2.85	2007	652	459	62.54
1999	458	135	3.64	2008	563	344	86.5

第十二章　个体私营经济协会

第一节　组织建设

1984年4月,淮安县人民政府批准召开淮安县个体劳动者第一次代表大会并成立淮安县个体劳

动者协会。协会设主任1名，副主任若干名，下设34个分会。协会《章程》指出“个体劳动者协会是党和政府领导下的个体工商户及其他个体劳动者的社会团体，是党和政府联系个体劳动者的桥梁和纽带，日常工作接受工商行政管理局的指导”。1986年5月，淮安县个体劳动者协会召开第二次代表大会。1988年，淮安市个体劳动者协会召开第三次代表大会。1991年，淮安市个体劳动者协会召开第四次代表大会。随着私营经济的迅速发展，1997年10月，淮安市成立了私营企业协会。1999年5月，淮安市个体劳动者协会召开第五次代表大会。1999年11月，淮安市个体劳动者协会和淮安市私营企业协会合并成立淮安市个体私营经济协会。2004年6月，淮安市楚州区个体私营经济协会召开（以下简称“个协”）第六次代表大会。2008年底，协会有会长1名，副会长若干名，秘书长1名，下设9个中心协会。

第二节　主要活动

一、服务兴会

协会自成立以后，每年有计划、有针对性地组织会员骨干外出学习交流，投资洽谈，商贸考察等，为会员不断提高经营决策能力，参与经济合作，发展外向型经济，增强市场竞争能力创造条件。协会认真发挥服务机构和法律援助中心的作用，针对会员在市场准入、市场竞争不平等待遇以及生产经营活动中发生的问题，提出解决的方法和措施，依法维护他们的合法权益。协会除了组织个体和企业经营管理人员参加中个协、中央党校联合举办的“全国个协系统高级经济管理研修班”外，还为个私企业提供技能培训、等级培训、新知识和新法规培训等服务，以满足各类会员不同内容、不同层次、不同专题的培训需求。2006年4月，协会、工商局和信用合作社联合举行“助推百千民营企业、个体工商户快发展”活动。签订仪式上32户企业当场获授信贷款2.24亿元，省著名“苏王”商标贷款授信额度200万元。这是楚州区也是江苏省首笔商标质押贷款协议。

2007年4月25日，区劳动、工商和个私协会联合组织“下岗失业人员再就业洽谈会”

二、活动助会

2007年，区个私协会举办的创业、就业暨下岗失业人员再就业洽谈会，共有2万多名求职者参加，解决了2千多个就业岗位；积极参与社会公益开展“送温暖、献爱心”等活动，多年来向“4050”人员、困难家庭、困难会员、受灾地区捐款捐物，累计100多万元，提高了协会的社会地位和社会形象；组织开展的“光彩服务周”“光彩服务日”活动，以“我服务、我光彩”为主题，用便民、惠民的实际行动服务各界群众，修理各类手机、家电、自行车、电动车等累计1万多人次，发放有关资料10万余份，受到各界的高度评价。

全区个体工商户和私营企业已由1984年底的8600户、从业人员1.44万人发展到2008年的个体工商户2.67万户、私营企业5385户，从业人员15.98万人。

第二十一篇 法 治

中共十一届三中全会以后，楚州区(淮安县、淮安市)政法机关逐步增设乡镇派出所、出入境管理处、行政审判庭、公证处等机构，建立健全公安、检察、法院、司法行政的工作机制，认真履行"打击敌人、惩治犯罪、保护人民、服务社会主义现代化建设"的职能，为全区的改革开放和经济社会发展保驾护航。

1978～2008年，楚州区(淮安县、淮安市)公安机关先后开展"两反一打""打黑除恶""春雷行动"等专项斗争，全区(县、市)刑事案件3.53万起，其中大要案3328起，破获案件2.26万起，其中大要案2232起，破案率64%，大案破案率67%，命案破获率100%；全区(县、市)共发生各类经济案件672起，查破案件711起，查处犯罪嫌疑人752人，共挽回经济损失41.27亿元；全区(县、市)道路交通事故5736起，死亡949人，受伤3253人，经济损失836.21万元；发生火灾事故1251起，损失1228.93万元，死亡69人，受伤94人。30年间，全区(县、市)治安防范严密，社会稳定和谐，群众幸福感增强。

1983年8月，淮安县检察院联合公安局、法院开展"严打"专项斗争，当年批捕607人，为1979～2008年期间批捕人数最多的一年，刑事犯罪得到有效遏制；30年间，全区(县、市)共移送起诉7712件1.1万人，提出公诉7073件9439人；1980～2008年，区(县、市)检察机关共立案侦查经济案件630件687人，其中查办科(局)级以上领导干部48人，受理渎职侵权案件125件166人，立案侦查125件。

1978～2008年，楚州区(淮安县、淮安市)法院受理各类刑事案件8875件，审结8813件；受理民事案件2.93万件，审结2.92万件；受理各类型商事案件1.1万件，审结1.1万件；受理行政案件1093件，审结1093件；执行局收案件2724件，结案2695件，执结率达98.94%，执行中止案件清理率为100%。区(县、市)法院推行审判制度改革，规范案件审理程序，改善各项审判工作。

1980年12月，淮安县人民政府设司法局，1985年开展普法宣传，司法局在"一五"普法的基础上，完成"二五""三五""四五""五五"的普法宣传工作，全民普法率大大提升；截至2008年底，全区共有律师事务所3家，律师24人；建立健全调解机制和法律援助；楚州区公证国内民事3.06万件，国内经济1.91万件，涉台涉外2088件。

第一章　社会治安综合治理

第一节　严打斗争

中共十一届三中全会以后的一段时期，淮安的社会治安状况虽经不断整顿但没有根本好转，刑事案件逐年上升。1981年，全县发生刑事案件235起，比1980年上升12.1%；1982年发生刑事案件337起，比1981年上升43.4%，特别是重大恶性案件不断发生，许多流氓团伙横行城乡，打群架，捅刀子，拦路抢劫，杀人放火，光天化日之下侵害妇女，不少地方人贩子拐卖妇女、儿童。为扭转社会治安混乱状况，1983～2001年，淮安县（市、区）根据中央部署，在省、市政法机关的统一领导下先后5次开展了严厉打击严重刑事犯罪分子的斗争，简称严打斗争。

（一）第一次严打斗争（1983年8月至1986年7月）

这次严打斗争共分"三个战役九仗"。第一战役第一仗（1983年8月30日至9月30日）打击的对象主要是"七种人"。通过组织集中统一行动，淮安县共抓获各类刑事犯罪嫌疑人379人，其中逮捕324人，收审55人。第二仗（1983年10月至1984年2月）查处的重点是第一仗逃跑漏网人员，共抓获各类犯罪嫌疑人294人，其中逮捕225人。第三仗（1984年3～6月）主要围绕重大案件、重点方面、重点地区、重点单位开展工作，共依法逮捕犯罪嫌疑人99人。第二战役第一仗（1984年7月～9月）主要是查处浮在面上的严重刑事犯罪嫌疑人，共抓捕犯罪嫌疑人110人，其中属于七种对象的99名。第二仗（1984年10月至1985年2月）主要以集中打击流窜犯为斗争重点，采取排查、追捕、堵卡、联防、清查等方法围歼流窜犯，共排出有作案嫌疑的112人，挖出流窜犯罪嫌疑人55人。第三仗（1985年3～8月）以突破重点地区和重点单位为主攻方向，缴获电视机2台、收录机1台，逮捕犯罪嫌疑人85人。第四仗（1985年9～12月）共打了两个回合：第一回合，以保卫全国党代表会议和国庆节安全为目标，组织区域性集中行动，共搜捕犯罪嫌疑人40人，其中收容审查3人，劳动教养4人，逮捕33人；第二回合，以保卫元旦、春节安全为目标，打击一批严重危害社会治安的盗窃犯罪嫌疑人，共破获各类刑事案件94起，其中盗窃案件73起，查获团伙4个，抓获犯罪嫌疑人52人，缴获赃款赃物折币3万余元。第三战役（1986年1～12月，共2仗）的惩治的重点仍是盗窃犯罪活动。5月初，淮安县部署第三战役第一仗，共抓获犯罪嫌疑人10人，破获各类刑事案件13起，其中盗窃案件12起。8月以后，淮安县在淮城镇又组织了一次打流氓、打盗窃行动，共摧毁团伙3个，查获成员11人，破获各类刑事案件60多起，缴获汽车1辆及自行车、电视机等赃物，折币3万余元。在这次为期3年的严打斗争中，全县共依法逮捕各类刑事犯罪嫌疑人1094人，查处犯罪团伙37个，有力促进了社会治安稳定。

（二）第二次严打斗争（1990年5～10月）

第一次严打后，社会治安状况平稳了3年。1990年，淮安治安形势又趋于恶化，各类刑事案件的发生数急剧上升。1990年5～10月，淮安市开展第二次严打斗争。这次严打的重点对象为行凶杀人，进行爆炸、盗抢枪支、持枪作案的严重暴力犯罪分子；抢劫盗窃大量公私财物的犯罪分子和车匪路霸；破坏电力、水利、铁路、通信、油田或其他厂矿企业生产设施的犯罪分子；贩毒，贩枪，拐卖妇女、儿童的犯罪分子；重大诈骗、严重扰乱市场的投机倒把的犯罪分子；称霸一方的流氓头子，卖淫集团及其窝主；煽动组织动乱、暴乱以及进行破坏活动的反革命犯罪分子。另外，劫持人质、劫持机动车辆、强奸妇女和严重敲诈勒索的犯罪分子，流窜犯、惯犯、累犯，“船匪河霸”“车匪路霸”也在重点打击之列。第二次严打共两个回合。第一回合（5月中旬至7月底）重点是挖团伙、破大案、打现行、追逃犯、反盗窃、打流氓；第二回合（8月初至9月底）在集中挖团伙、破大案的同时，组织打击“船匪河霸”“车匪路霸”两个专项斗争。此次严打共召开宣传发动大会1500多场次，印发政府《通告》和各种宣传材料6万余份，张贴标语2万余条；群众提供线索1400余条，39人到公安机关投案自首；破获各类刑事案件435起，抓获各类违法犯罪嫌疑人486人，其中劳教16人，少管1人，行政拘留44人，对235名有轻微违法犯罪行为的人员实行就地帮教；摧毁犯罪团伙47个，查获团伙成员191人；抓获流窜犯和流窜作案嫌疑人员172人，其中在册流窜犯30人。

（三）第三次严打斗争（1994年4月1日至6月1日）

这次严打主要是以“三打一整”（打抢劫、打盗窃、打击团伙犯罪和社会恶势力，整顿重点地区）为主线，打击的锋芒主要集中指向社会影响恶劣的杀人、抢劫、流氓、强奸、劫持人质、盗窃等重大犯罪以及对社会构成严重威胁的暴力犯罪。此次严打共破获各类刑事案件300起，其中现行案件86起，缴获赃款赃物折币7万余元，摧毁团伙29个，成员135人，破获团伙案件208起。

（四）第四次严打斗争（1996年5～12月）

1996年5月，根据中央和省、市政法会议精神，淮安市掀起声势浩大的严打统一行动，先后组织“查禁取缔邪教组织”“打击车匪路霸”“整治文化娱乐场所”“整治水上治安秩序”“整治重点企业、学校及周边地区治安秩序”，“三禁一打”等一系列专项斗争。5月12～14日，6月8～10日，7月10～11日，分别组织干警在全市范围内开展集中清查统一行动，共抽调公安干警1500余人次，党政干部320人次，联防队员640余人，出动车辆180辆，清查旅店、路边店544家，私房出租户179家，各类公共场所153家，重点户115户；收缴、销毁小划船和小货郎船80余条，没收渔具12件，查扣各种嫌疑车辆330部，追回“三逃”人员138人，协助外地公安机关抓获犯罪嫌疑人46人；破获各类刑事案件337起，其中重大案件126起，摧毁团伙46个，成员162人，抓获各类违法犯罪嫌疑人659人，缴获赃款赃物折币47.6万元。

（五）第五次严打斗争（2001年4～12月）

此次打击的重点为打击有组织犯罪，带黑社会性质的团伙犯罪和流氓恶势力犯罪；打击爆炸、杀人、抢劫、绑架等严重暴力犯罪；打击盗窃等严重影响群众安全的高发性犯罪。这次严打斗争，淮安市楚州区共破获涉黑涉恶案件605起，抓获涉黑涉恶违法犯罪嫌疑人472人，摧毁涉恶团伙68个，成员292人，其中逮捕、移送起诉285人，劳教15人，其他处理172人；收缴管制刀具180把；共收缴各类非法枪支1032支、子弹15468发、炸药103.2千克、雷管72枚、爆竹6513万个；查破涉枪案件45起，涉爆案件71起，捣毁造枪窝点5个，烟花爆竹非法生产点22个；共追回各类在逃人员206名，其中当地网上在逃人员176名，外地在逃人员30名，省公安厅督捕在逃人员2名，市公安局督捕在逃人员15名。

2008年4月，政法机关开展“三打一整”百日行动

2003～2008年，区政法机关积极探索严打长效工作机制，始终保

持对犯罪的高压态势。本着什么犯罪突出就惩治什么犯罪的原则，区政法机关于2003年相继开展"冬季多发性犯罪区域侦防会战"、集中打击金融犯罪、暂住人口违法犯罪和"122"夏季治安整治、摩托车专项整治以及"打盗抢，抓防范，压事故，保平安"百日创建活动等一系列区域性、方面性专项斗争。2004年，先后组织开展"捕狼""清风""追逃"等一系列专项斗争和"打防竞赛"活动，全力提高破案攻坚水平，有效地压降各类刑事案件。2008年，以"打现行、破大案、挖团伙、追逃犯"为主线，打、防、控并举，组织开展了"三打一整"百日行动、"冬季会战"等专项斗争，有效地打击入室盗窃、盗抢机动车等多发性侵财犯罪，刑事发案得到有效控制，维护了全区社会治安的稳定。

第二节 治安整顿

改革开放以后，淮安地区在治安上坚持"两手抓"，一手抓打击犯罪，一手抓治安整顿。1979年11月，全省整顿治安工作会议以后，淮安县开展了历时5个多月的治安整顿活动，共打击处理了342名犯罪嫌疑人。其中，刑拘38人，收审26人，刑拘50人，劳教、少管6人，罚款、警告和具结悔过等处理76人。

在第一次"严打"中，政法机关对治安问题严重的重点地区进行了重点整顿。1985年初夏，全县排出重点突破地区有3个乡镇，在对其整顿中破获各类刑事案件37起，抓获犯罪分子41人，挖出犯罪团伙4个成员13人，审出案件46起，缴获赃款赃物价值近万元。

1987年，政府牵头，组织公安、工商、税务、城建、物价、交通、文化等部门，对车站、码头、影剧院、溜冰场、旅社等公共场所治安秩序进行了全面的整治。全县共挖出恶势力团伙3个，惩处违法人员73名，收缴管制刀具200余把；取缔非法经营的个体旅社4家，录像放映点2个，查获许多淫秽录像带、书刊、扑克，摧毁卖淫点4个。

1991年9月，淮安市再次开展城乡治安大整顿，共清理路边店184个，抓获卖淫嫖娼人员136人，其中卖淫妇女33人，嫖客67人，皮条客及窝主26人。由于淮扬公路沿线流氓滋扰、卖淫嫖娼等问题严重，市政法公安机关组织有关部门开展专线联合清理整顿，取缔拆除各类店堂205家，停业整顿98家，打击处理一批违法犯罪分子，清退一些有问题的"女招待"；同时制定后续管理规定，使这一线的社会治安面貌有较大改观。

1992年4月，淮安市召开了整顿城乡社会治安工作会议。之后，政法公安机关全面收缴民间枪支弹药，取得突破性进展。一个多月中，全市收缴各类民间枪支264支，其中猎枪39支，气枪56支，私制土枪71支，电击枪66支，其他枪支32支，另缴获子弹93发，火药数十千克。在收缴枪支的过程中，各乡镇党委、政府与村支部、村委会直至村（居）民小组层层签订"军令状"，动用联防队员按村划片包干收缴。政法委、公安局领导抓重点收缴突破，政法委书记和公安局班子成员全部划片包干，规定凡收缴不彻底，仍有枪支散落在民间的，一律自行引咎辞职。

2001年"严打"斗争中，淮安市楚州区公安部门一方面对全区排查出来各个重点地区进行整治，对交通沿线的车匪路霸采取突击行动，查处犯罪团伙2个；另一方面，狠抓重点地区的治安防范工作。在案件高发地段和小区建立治安办，安排专人值班，同时组织离退休人员成立"夕阳红"治安巡逻队巡逻防范，维护地区的治安秩序。

2008年，为加强居（村）民居住区防范，区政府拨款20万元，更新改造漕运、月湖、名都3个小区治安防范设施，完成应改造数的90%。新建居民住宅小区专职保安、技防、设施建设一步到位。散居居民住宅楼院由小区牵头组织安装"小技防"和电控防盗门，在所有自然村设立巡逻签到箱投卡。同时，公安机关还开展了集中排查整治治安混乱地区的活动，建立健全定期排查整治机制，乡镇每月报送排查整治工作信息。当年，全区公共场所、学校及企业周边和文化市场治安秩序良好，未发生在全省有重大影响或被上级政法部门直接查处的突出治安问题。

第三节 “平安楚州”创建

2003年，楚州区按照省、市的统一部署开始创建“平安楚州”。创建活动开展以后，全区赴京去省到市信访总量，特别是集体上访量大幅度降低，刑事案件3年持续下降，群众对社会治安的满意度逐年提高，实现发展与稳定并重、富民与安民共举、人民安居乐业、企业平安经营、社会和谐发展的基本目标。

2003～2008年，楚州区推进“大防控”战略。各乡镇、各部门以安全巡防、安全监控、安全居住“三个安全体系”建设为载体，构建“打、防、控”一体化格局。全区先后组织开展农村治安整治行动10余次。乡镇普遍建立专职联防队，村（小区）建立治安联防队、街头路面防范队伍，单位建立内部保卫队伍，筑牢社会治安的第一道防线。普遍开展技防街和技防乡镇建设，重要路口、新建小区及城市出入口全面设立电子监控系统，各机关单位的技防覆盖率达到75%以上。建立覆盖全市主要干道的350兆天线通信系统，公安机关实现了110、119、122“三台合一”。针对农村接壤地区流窜案件高发、防范工作出现“真空地带”的现象，公安机关在省、市、县（区）际接壤地区开展协作联防联调工作，成立由双方综治、公安、司法等部门参加的协作工作机构。推行治安防范责任承包工作，将治安防范作为一个项目，以可防性案件压降率为目的，通过乡（镇）、村（居）牵头，鼓励群众出资，用经济合同形式固定下来，把市场机制和农村地区治安防范工作有效对接，全区农村治安防范承包工作覆盖面达60%以上。

政法机关稳步推进“大调解”战略，在创建工作中紧紧抓住源头预防、信息掌控、跟踪调处等关键环节，化解各类矛盾纠纷。政法机关通过整合社会调解资源，建立起党委、政府统一领导的，由政法综治牵头协调，调处中心具体运作，司法部门业务指导，职能部门共同参与，社会各界整体联动的矛盾纠纷调处机制。楚州区于2003年开始建立“大调解”组织网络，着力抓好区、乡两级社会矛盾纠纷调处服务中心规范化建设，确保人员、经费、办公场所、办公设施“四到位”。各乡镇高起点，高标准建立健全“大调解”工作机制，统一规范乡（镇）调处中心从接待受理至跟踪回访等八道工作流程，制作运作流程和督查工作台账，并建立和完善了公示、服务承诺、限时办结、跟踪督办、督查考核等项制度。区委、区政府推行党政领导信访接待日、区领导挂钩乡镇等制度，开展党政领导干部下访等工作，到百姓家门口，与群众面对面，及时主动地发现和解决矛盾纠纷，有效地维护了全区的信访秩序。

全区广泛实施“大综治”战略。区委、区政府制定出台《关于进一步加强社会治安综合治理基层基础工作的实施意见》，狠抓源头防治，重点解决乡（镇）综治办、派出所、司法所人员配备和经费保障等问题，有力推动了平安创建活动的深入开展。全区所有乡（镇）都建立了政法委、综治办、司法所和社会矛盾纠纷调处中心，公安派出所、人民法庭的警力配备基本达到上级规定要求，连续3年开展争创“五好综治办”（工作机制好，业务素质好，硬件设施好，台账资料好，群众反映好）、“十佳综治专干”等竞赛活动。到2005年底，全区半数以上的村（小区）建成集小区警务、保安联防、矛盾纠纷调处、预防青少年违法犯罪、刑释解教、安置帮教、小区矫正、禁毒、情报信息收集、外来人口登记服务等职能于一体的“十位一体”村（小区）综治办。综治办开展流动人口管理工作，建立健全了流动人口管理机构和网络，并按照1∶500的比例配备流动人口协管员；城区建立融暂住人口信息、房屋出租户信息、旅馆住宿人员信息于一体的流动人口综合信息管理系统；全力做好预防青少年违法犯罪、刑释解教人员安置帮教、小区矫正、铁路护路联防、禁毒等工作。

第二章　公　安

第一节　机　构

区公安局办公大楼

1978年，淮安县公安局下设秘书股、刑侦股、预审股、治保股、政保股、看守所、消防中队、武装警察中队和城中、城南、城郊、河下、苏嘴等派出所。1987年2月，县公安局建立七洞、建淮、南马厂、城东、席桥、徐扬、宋集、朱桥、季桥、溪河10个乡镇派出所。全县共有公安派出所38个，公安干警147名（含合同制民警86名）。当年9月，县交通监理所成建制（22人）由交通局划归公安局。10月，县公安局成立淮安县公安交通警察队和公安局车辆管理所，编制40人。1988年2月，淮安县公安局更名为淮安市公安局。1989年6月，成立巡警队（全民事业单位），编制18人；7月，增设户政股；8月，成立淮安市治安联防领导小组办公室。1992年4月，市局增设淮安市公安局南门道路交通联合检查站；7月，增设淮安市公安局税务办公室。1995年12月，成立淮安市公安局治安拘留所、淮安市公安局收容审查所，与看守所一个机构、三块牌子；成立淮安市公安局船舶管理所，与水上派出所一个机构、三块牌子。1996年11月，淮安市公安局办公室撤销，设立淮安市公安局指挥中心，挂办公室牌子，副科级建制，内设秘书信息科、110通信科、计算机监督科，均为股级建制。12月，淮安市公安局成立经济案件侦查大队，为副科级建制。1997年4月，公安局挂淮安市城市管理综合执法大队牌子，负责组织全市各执法单位开展城市管理执法工作。1997年5月，成立经济犯罪案件侦查大队，专门查处经济犯罪。2001年2月，淮安市公安局更名为淮安市楚州区公安局。10月，综合执法大队撤销，其职责划归区城市管理综合执法局。11月，楚州区公安局成立警务督察大队。2003年12月19日，设立治安防控大队（副科级）。2004年6月10日始，楚州区公安局更名为淮安市公安局楚州分局，同时楚州区公安局水警大队划归淮安市公安局水警支队，设为楚州大队，原水上派出所同时更名为淮安市公安局水上分局楚州派出所。

第二节　刑事侦查

一、侦破案件

1983年8月至1986年7月，淮安县公安局在全县范围内开展严厉打击刑事犯罪分子的斗争，县公安局从机关抽调34名干警，分赴各乡镇，坚持“以打为主，边打边防，打防结合”的原则，发动侦破攻势，共搜捕各类犯罪嫌疑人1777人（含逮捕1096人、收容审查688人）。1988年4月至7月、8月和12月，淮安市公安局先后组织了“反盗打流”“两拦一捅”和“两反一打”三个专项斗争，共破获各类刑事案件125起，挖出盗窃团伙7个，成员55人；流氓团伙7个，成员88人，缴获凶器392件，缴获赃款赃物折币8090元。1990年5～9月，在全市开展“打击水匪路霸”专项斗争，6月，在全市范围内集中开展侦破被盗自行车案件。1991年，市公安局先后组织了“冬季反盗窃”专项斗争、“夏季侦破攻势”和“打击盗窃家禽家畜犯罪”的统一行动。通过侦查破案，全市共抓获各类刑事犯罪嫌疑人1106人，挖出团伙125个，成员592人，缴获赃款赃物折币27.6万元。1992年，市公安机关在春节、端午节、中秋节和国庆节前后，组织了4次集中搜捕流窜犯统一行动，共抓获犯罪嫌疑人43人，破获刑事案件41起，其中大案8起。1999年，为维护新中国成立50周年大庆和澳门回归的政治稳定，市公安局扎实开展“三打一整”“机动车专项整治”和“追逃”专项斗争。全年抓获刑事犯罪嫌疑人684人，查处犯罪团伙43个、成员161人，缴获赃款赃物折币137万元。2000年，针对社会治安出现的新动向和新特点，市公安局坚持“严打”方针，相继开展“打恶治乱”“打抢防盗”“打拐”和“治安整治百日会战”“百日破案竞赛”活动，先后成功快速侦破了市区“6·13”持械抢劫轮奸下夜班女工案、马甸“7·6”特大系列投毒杀人案、顺河“11·6”精神病人残杀儿童案、“11·7”抢劫司机案、“12·1”杀人碎尸案。通过破案，依法执行逮捕犯罪嫌疑人353人，劳动教养40人，追回在逃人员138人，摧毁团伙90个，抓获成员351人，追回赃款90余万元。2002年，楚州区公安局组织开展以惩治入室盗窃、盗抢机动车和自行车为主的整治“春雷行动”，抓获刑事作案成员820人，摧毁犯罪团伙80个，成员308人，缴获赃款赃物折币138.6万元。2005年，执行逮捕犯罪嫌疑人822人，依法劳教46人，追捕在逃人员310人，先后破获了“4·28”入室杀人案和“3·27”红色城堡黑恶势力涉枪案等一大批有影响的大要案。2007年，区公安局深化刑侦体制改革，充分调动刑侦部门和派出所破案积极性，形成打击犯罪的合力，先后成功破获了季桥、顺河、钦工等地发生的10余起命案，命案破案率百分之百；成功破获了公安部挂牌督办的以设赌局为名的抢劫系列案件和葛某某跨地区麻醉抢劫强奸系列案件等暴力犯罪案件。2008年，全区侦破各类案件1954起，其中大案要案127余件。

1985～2008年楚州区（淮安县、淮安市）刑事案件发生、破获情况表

表21-1 单位：件

年份	发案		破案	
	总数	其中：大要案	总数	其中：大要案
1985	403	44	369	41
1986	468	49	432	47
1987	353	36	328	34
1988	472	102	445	98
1989	807	118	735	108
1990	1026	118	922	—
1991	1135	194	1109	171
1992	1355	194	1109	171
1993	660	149	542	—
1994	543	—	463	—
1995	610	193	532	155
1996	547	187	458	155

续表21-1

年 份	发 案		破 案	
	总 数	其中:大要案	总 数	其中:大要案
1997	629	120	485	113
1998	896	281	658	211
1999	876	355	585	—
2000	2433	178	1444	—
2001	1842	114	1030	89
2002	1552	170	790	147
2003	1533	91	736	82
2004	1469	127	1268	121
2005	3440	125	2828	114
2006	3554	118	1540	118
2007	4719	130	1846	130
2008	4020	135	1954	127

二、惩治暴力犯罪

1989年,公安机关强化惩治和预防暴力犯罪工作。淮安市各乡镇都组建了联防队。6月14日,市组建了公安巡警队,招收巡警15人。当年,全市在组织"反盗窃、打抢劫、狠压流氓滋扰活动"的专项斗争中,共抓获抢劫犯罪嫌疑人68人。1991年10月,市公安局组织干警对淮扬公路沿线进行集中清查,查获在路边抢劫、轮奸团伙2个成员7人。1993年,为强化企事业单位内部的安全保卫工作,市公安局在企事业内部单位实行无线报警系统与公安联网。1994年,市公安局巡警大队警力由18人增加到35人,并配备冲锋枪1支、手枪4支,装备警用汽车、摩托车14辆。1995年10月,淮安市公安局在淮阴市公安系统率先组建了110指挥中心,开通了110报警电话和CK自动报警系统,组建了板闸治安卡口。1996年2月9日,建淮派出所民警在苏215省道上巡查,将正在现场作案的犯罪嫌疑人周某某抓获,刑侦干警顺藤摸瓜,又在淮阴县营东浴室将另一犯罪嫌疑人侯某某抓获,从而全面摧毁了这个在淮安、清河、涟水、淮阴、泗阳、沭阳等6个市县区公路沿线疯狂作案的特大车匪路霸团伙,一举破获28起重特大车匪路霸案件。1997年,市公安局实行交、巡警合并,先后破获了"3·11"特大轮奸案、"4·10"绑架人质案等一系列暴力犯罪案件。1998年2月16日,交巡警五中队在板闸治安卡口接到一被持刀抢劫的出租车司机报警,迅速出击,仅用10分钟便将逃到麦田里的犯罪嫌疑人孙某某抓获。2001年,楚州区共查破杀人案件10起,成功破获了平桥"12·1"杀人碎尸案、南马厂"12·24"一次杀死2人案、苏嘴杨某某杀害两人案等一大批有影响的恶性案件,当年还通过快速反应设卡堵截及时抓获清河区"10·9"抢劫30万元大案案犯3人。2004年,侦破年内发生的15起杀人案件;2005年,先后破获了"3·29"绑架小学生案件、"4·28"入室杀人案等一大批有影响的大要案件。2008年,以"打现行、破大案、挖团伙、追逃犯"为主题,强化打防控各项措施,对发生的现行大要案坚持快侦快破,先后成功破获清华苑"7·5"绑架杀人案、建淮"11·4""11·6"两次杀死4人案等数起命案,命案破获率百分之百。

三、惩治流窜犯罪

1985年2月5~7日,淮安县公安局以淮城为中心,以公路沿线的旅社、客栈、车站、码头等公共场所为重点,清查堵截流窜犯,共捕获42名流窜犯罪嫌疑人(其中自首6人,从外地追捕归案的26人)。

1986年，公安机关通过耐心做好流窜犯罪嫌疑人家属的说服规劝工作，共抓获流窜犯罪嫌疑人57人，其中主动投案自首的24人。1988年9月18～20日，淮安市公安局根据上级部署，组织集中搜捕行动，共搜捕28名流窜作案嫌疑人。1989年5～6月，市公安局开展打击流窜犯的专项斗争，先后组织2次集中搜捕行动，共抓获流窜犯罪分子和流窜作案嫌疑人108人，其中在册的"三逃"人员23人。7月13～15日，全国开展集中统一"打流"行动，淮安共抓获流窜犯罪嫌疑人104人，其中在册29人，破案137起。1990年，淮安市公安局根据上级部署于6月14～29日、7月18日和9月16～18日先后组织统一集中搜捕行动，共搜捕各类犯罪嫌疑人121人，其中在册"三逃"人员7人。1992年春节、端午节、中秋节、国庆节前后，全市组织了4次集中搜捕流窜犯统一行动，共抓获"三逃"人员89人，流窜犯罪嫌疑人110人。9月，又根据华东六省一市部署，组织2次集中行动，共抓获19人流窜犯罪嫌疑人，其中在册4人。1993年以后，根据形势需要，公安机关将打击流窜犯行动一并贯穿于追"三逃"和集中搜捕等斗争之中，对维持社会治持续稳定发挥了重要的作用。

四、劳动教养

1985～1986年，淮安县公安机关充分运用劳动教养手段配合"严打"斗争，并在具体工作中认真贯彻执行省公安厅、司法厅《关于劳动教养和收容教养犯罪少年若干问题的通知》和淮阴市局下发的《关于报批劳动教养和收容教养犯罪少年应注意的若干问题》精神。2000年，淮安市公安局运用劳教手段为"打拐"和"打黑除恶"专项斗争服务，打击了一批不够追究刑事责任的拐卖人口、涉黑涉恶违法人员。1985～2005年，楚州区(淮安县、市)公安局共办理劳动教养326人，少年管教7人。2006年以后，楚州公安分局根据公安部关于《公安机关办理劳动教养案件规定》和省公安厅《关于对盗窃等违法犯罪人员审批劳动教养的若干意见》规定要求，在规范办理劳动教养案件的同时，严格依法加大对侵财类违法人员的打击。2006年，全区劳动教养30余人；2007年，劳动教养20余人；2008年，劳动教养10余人。

第三节　惩治经济犯罪

1982年，全国人大常委会《关于严惩严重破坏经济犯罪的决定》发布后，淮安县公安机关加大对经济犯罪的打击力度。1985年之前，淮安县境内的经济犯罪主要是制假售假。1985年以后，诈骗、投机倒把经济案件呈多发趋势。1989年，淮安市首次查处监守自盗案件，1995年首次查处非法持有使用假币案件。1997年，全国人大对"1979刑法、刑事诉讼法"进行修订，取消了投机倒把罪名，分立了非法经营、生产、销售伪劣产品等罪名；对诈骗分立了侵犯财产诈骗、金融诈骗、扰乱市场秩序合同诈骗等罪名。刑事诉讼法将原人民检察院管辖的非国家工作人员职务犯罪案件、涉税案件划为公安机关管辖。1998年，淮安市首次查处职务侵占、挪用资金、合同诈骗、票据诈骗案件；2000年，首次发生了非法经营等案件；2002年首次查处了涉税案件。至2008年底，各类经济犯罪案件在楚州区均有发生。

1978～1996年，由于国家的市场经济处于起步阶段，经济法制相对滞后，给经济案件的查处带来了一定的困难。1997年以后，随着经济活动主体、活动交往的日益增多，经济犯罪呈总体上升趋势。同时，经济法制不断完善，经济案件查处工作也有了大的突破。1997年，查处经济案件挽回经济损失首次突破50万元，达到52.64万元。1997年以前，经济犯罪案值相对较小，之后案值不断上升，对经济犯罪的查处力度也不断加大。1985～1997年，全县(市)共查处各类经济案件193起，查处犯罪340人，挽回经济损失214.77万元；1998～2008年11年间，共查处各类经济案件534起，查处犯罪嫌疑人412人,挽回经济损失4.11亿元。

1985～2008年楚州区(淮安县、淮安市)惩治经济犯罪情况表

表21-2

年　份	发生案件(件)	查破案件(件)	查处犯罪嫌疑人(人)	挽回经济损失(万元)
1985	11	10	10	0.18
1986	23	22	8	0.19
1987	—	14	48	4.10
1988	7	7	6	1.76
1989	—	26	33	17.60
1990	—	15	11	8.26
1991	—	17	28	9.81
1992	22	17	27	16.81
1993	10	8	17	65.80
1994	12	10	10	13.30
1995	12	9	27	12.46
1996	20	17	39	11.87
1997	21	21	76	52.635
1998	—	19	25	293.51
1999	20	19	23	77.69
2000	—	31	31	116.00
2001	—	28	31	141.50
2002	52	26	26	582.00
2003	—	61	76	620.00
2004	58	19	24	270.00
2005	139	108	32	400(余)
2006	90	50	35	1112.90
2007	40	30	32	17438.00
2008	135	127	77	20000.00

第四节　治安管理

一、治安案件查处

1987年,淮安县公安局认真执行新的《治安管理处罚条例》,严格查处违反治安管理案件。1990年3月,复兴乡发生一起殴打他人事件,办案民警依照《条例》给予行为人治安拘留,被处罚人不服裁决,向市人民法院提起诉讼。经公开审理,法庭宣布该案事实清楚,定性准确,处罚得当,维持裁决,

被处罚人败诉。2000年，淮安市公安局加大打击处理影响工程施工的违法犯罪行为，为国家重点工程建设提供良好的治安环境。溪河镇村民任某、王某无理到工程工地寻衅滋事，被治安拘留15天。2002年10月，楚州区公安局开展为期1个月的查处治安案件执法作风整顿，经过整顿。发现未查案件11起，查而未处治案件4起，应处罚而未处罚案件2起，错案1起，追究执法过错民警1人。此后，全区进一步加强了查处力度。

1987～2008年楚州区（淮安县、淮安市）治安案件查处情况表

表21-3

年　份	查处案件（起）	查结率（%）	处罚（人）	备　　注
1987	364	—	300	行政拘留259人，罚款33人，警告8人次
1988	276	100	—	向县公安局申诉1起
1989	326	100	411	—
1990	846	98	986	治安拘留224人，罚款463人，警告279人
1991	721	98	—	—
1992	616	100	792	治安拘留209人，罚款495人，警告88人
1994	718	99.3	1280	治安拘留308人，警告81人，罚款635人，移交预审部门处理8人，其他处罚248人
1995	770	100	1184	没收财物折币44397.8元
1996	776	100	1237	没收财物折币24874元，罚款269508元
1997	1185	100	2059	没收财物折币104290元，罚款475318元
1998	690	99.4	1221	劳动教养2人
1999	738	98	1385	劳动教养1人，治安拘留386人，收容教育16人，罚款716人，警告47人，其他处理215人
2001	2069	94.4	2784	移送有关部门处理10人，劳教少教3人，治安拘留623人，罚款2014人，其他处理134人
2002	2881	—	3844	—
2003	2512	—	3465	移交有关部门处理18人，劳教少教2人，治安处罚3328人（其中拘留514人）
2004	1724	—	2481	移交有关部门处理1人，劳教少教6人，治安处罚2362人（其中拘留368人）
2005	13048	94.7	14392	治安警告7468人，罚款2818人，治安拘留1991人，其他处理2113人
2006	8284	97.8	9215	—
2007	6397	92.3	5717	—
2008	5006	98.60	3633	—

二、禁毒、禁赌、禁娼

（一）禁毒

1978～1990年，淮安县（市）未发现涉毒案件。1990年6月11日，市公安部门在季桥宏图村铲

除4户农民种植的罂粟计234棵。1991年6月，针对季桥、复兴、淮城镇公园村部分村民私自种植罂粟的问题，组织警力予以铲除，依法处理3人。1994年，淮安市公安局下发《集中铲除非法种植罂粟专项斗争的工作意见》，对有种植罂粟历史的重点乡镇逐村清查、逐户过堂，共铲除罂粟2302株，查处非法种植罂粟案件21起，治安处罚23人。1996年，市公安局组织民警深入重点乡镇开展禁毒铲毒工作，共铲除罂粟612株，治安处罚32人。1998年7月，市公安局在图书馆举办“珍爱生命，拒绝毒品”图片展，城区有13万余人参观展览。2001年，查处涉毒治安案件125起，依法处罚116人。2003～2005年，楚州区共查处涉毒案件17起，治安处罚34人。2008年，全区打击处理涉毒案件30余起，查处违法人员60余人。

（二）禁赌

1978年，淮安县涉赌案件时有发生，公安机关及时进行打击处理。1983年，在禁赌中，各机关、工厂、企事业单位均落实禁赌责任制，县公安局公开处理了一批以营利为目的的屡教不改的赌博犯罪分子。1986年1月，县公安局颁发《关于禁止赌博的通知》，号召广大群众揭发检举赌头、赌棍，责令赌徒主动到政府登记自新。当年，全县共抓赌62场，处理赌徒107人。其中执行逮捕1人，行政拘留25人。1988年2月5日，组织了禁赌专项斗争。3个月内，全市捣毁了16处较大的赌窝，处理参赌人员193人。其中执行逮捕1人，劳教3人，行政拘留23人，罚款30人；当场缴获赌资1.62万元，罚款2.18万元。1989～1990，全市共抓赌近百场，处理参赌人员300余人，并公开处理2起阻挠、殴打抓赌公安干警的违法犯罪嫌疑人8人，对赌徒姚某、包某、时某依法刑事拘留。1991年2月，淮安市人民政府发布禁赌通告。3月25日，市公安局在徐杨乡邱好村抓获赌徒59人，缴获赌资2000余元、电警棍1支。5月9日晚，市公安局在淮城大观音寺巷抓获赌徒9人，缴获赌具两副、赌资3258.8元。1993年12月10日至1994年3月20日，市公安局集中100天时间，在全市范围内开展禁止赌博的专项治理工作，共禁赌680场，抓获参赌人员2232人，缴获赌资4.86万元，处理参赌人员602人。1996年，淮安市公安局组织开展“百日禁赌”活动，共查处赌博案件35起，治安处罚147人。2001～2008年，淮安市楚州区公安机关共查处赌博案件1500多起，处罚6260多人。

1990～2008年部分年份楚州区（淮安市）查处赌博案件情况表

表21-4

年 份	查处案件（起）	处罚（人）	备 注
1990	82	280	没收赌资数万元
1992	8	43	—
1993	680	602	抓获参赌人员2232人，缴获赌资48630.8元
1995	45	214	抓获参赌人员252人
1996	35	147	—
1997	86	438	—
1999	50	—	没收赌资4万余元
2001	113	511	—
2002	189	762	—
2003	228	961	—
2004	191	850	—
2005	352	1546	—
2006	263	1094	—

续表21-4

年　份	查处案件(起)	处罚(人)	备　　注
2007	78	236	—
2008	74	205	—

(三)禁娼

1985年,淮安县公安局根据中央政法四部门联合召开的查禁淫秽物品会议精神,组织清查行动,全年共查获47部淫秽录像片,收缴非法出版书报529份,淫画55张,依法逮捕贩卖淫秽录像带的犯罪嫌疑人1人。1987年,全县共查获淫秽物品31件,摧毁流氓犯罪团伙3个,成员54人,其中刑拘13人,治安拘留14人。1988年5月,淮安市公安局在平安、前进两个私人旅社查获一个卖淫团伙,对10名不法人员分别给予劳教和治安处罚。1989年,市公安局组织"扫黄打非"专项斗争,共查获卖淫团伙5个。1990年7月15日晚,市公安局组织对淮扬公路路边店集中清查,现场抓获61名卖淫嫖娼人员,并查获1个5人轮奸团伙和1名强奸犯罪嫌疑人。1991年,市公安局根据省政府通告精神,先后于4~5月、9月和11月,对境内的淮扬公路沿线路边店进行整顿,依法处理27名卖淫嫖娼人员和容留妇女卖淫的店主,拆除路边店251家。1993年4月21日至8月底,市公安局在全市范围内开展打拐禁娼专项斗争。1992~2008年,公安部门共查处涉娼案件760多起,摧毁卖淫窝点10多个,处罚卖淫嫖娼人员1000多人。

1992~2008年楚州区(淮安市)公安分局查处涉娼案件情况表

表21-5

年　份	查处案件(起)	处罚(人)	备　　注
1992	6	21	强制收容有性病"失足妇女"17人
1994	12	16	捣毁卖淫窝点3个
1995	81	101	—
1996	104	128	取缔卖淫嫖娼团伙2个
1997	142	128	取缔卖淫嫖娼色情窝点4个
1999	122	—	涉案146人
2001	39	80	拘留12人
2002	82	232	拘留47人
2003	90	115	拘留20人
2005	58	136	—
2006	7	15	—
2007	5	9	—
2008	23	42	—

三、特种行业管理

1985年,县土产公司和物资回收公司各有一个下属经营单位违反特行规定收购物品,县公安局责令其停业整顿。1988年,淮安市公安局针对收旧业、修理业窝赃销赃、旅店业容留妇女卖淫等现象,开展"三业"整顿,对经营者进行守法经营教育,公开取缔43个废旧收购点、3家旅店,处理了一些不法分子。1990年夏,市公安局对有违法犯罪行为的28户特种行业经营户给予处罚。1993年6月,市公安局通过对旅社、歌舞厅等场所全面清查，抓获流窜团伙成员12人。1995年6月，市公安局对刻字业进行清理整顿，取缔无证经营摊点8家，流动摊点12家，责令停业整顿1家。11月下旬，市公安局对旅店、私房出租户进行全面清理整顿，查获案件6起，抓获违法犯罪人员8人。1999年，市公安局共清理登记机动车修理行业302家，查获机动车盗抢案件6起，抓获犯罪嫌疑人4人；通过对旅店业清查，抓获"三逃"人员4人，其他犯罪嫌疑人24人，破获案件16起。2001年8月，楚州区在城区部分旅馆实现微机化管理，城区6家50张床位以上的旅馆计算机信息系统与区局对接成功，在全市率先实现了旅馆住宿登记信息联网管理。2002年11月，全区166家旅馆全部实现了旅客住宿登记微机化管理。2003年2月23日，宋集汽车回收拆解点利用报废的汽车拼装整车进行销售被举报，对其予以严肃查处。6月，区公安局组织对城区二手手机市场进行清查整顿，对5家违法经营的业主给予行政处罚。2007年，区公安局通过加强对全区二手手机市场、废品收购、机动车修理、金银首饰加工点以及网吧、旅馆业、洗浴中心、出租房屋等场所行业的管控，共发现违法犯罪线索920余条，破获刑事案件380余起，打击处理刑事作案成员210余人。

四、枪支弹药管理

"文化大革命"中，因枪支弹药管理较混乱，部分枪支弹药流失于民间。"文化大革命"以后，枪支刀具管理日趋严格。1985年5月，淮安县公安局发出《关于切实加强枪支管理的通知》，1987年，对"三枪"进行清查，逐一登记造册。1988年3～4月，淮安市范围的汽猎枪实行验证、发证。1992年4～6月，市公安局根据公安部《通告》精神，组织收缴行动，至6月30日，共依法收缴气枪、猎枪、自制土短枪860支，子弹161发，查处28人。1994年，市公安局把收缴枪支弹药、管制刀具作为"严打"斗争的重要内容，全年全市共依法收缴各类枪支394支、子弹399发，各类管制刀具1157把，捣毁造枪窝点2个、非法买卖枪支团伙2个。1997年，市公安局组织全市公务用枪普查登记工作，并对用枪人员进行了培训。2000年2月，市公安局一举捣毁张某非法造枪窝点，当场查获仿"五四"手枪1支、双筒手枪1支，并依法对张某作出处理。2001年4～9月，楚州区公安局在全区范围内开展治爆缉枪专项行动，共捣毁涉枪窝点3个，收缴各类枪支1027支、子弹9896发，炸药1000千克，雷管72枚，查处涉枪案件45起，涉爆案件71起，依法刑事拘留22人，治安拘留25人。2002年6月5日，区公安局派民警押送9枚炸弹（6枚废旧炸弹、3枚军用手榴弹）至清浦盐河杨庙村滩地，交由淮安市公安局集中销毁。2004年1月13日，楚州公安分局将土制手枪3支、炮弹2枚、手榴弹1枚、雷管54只、子弹760余发，送市公安局统一销毁。1985～2008年，楚州区（淮安县、市）共收缴枪支4492支，管制刀具1989把，子弹1.25万发。

五、公共场所管理

1985年，为加强对车站窗口地区的治安管理，成立淮安县公安局汽车站派出所。1987年，公安机关取缔了39户利用公共娱乐场所进行赌博活动的康乐球台。1988年10月，取缔公共场所无证经营摊点52个，依法刑事拘留1人，治安处罚22人。1989年5月、6月，对全市公共娱乐场所进行了整顿，验收合格的发给《安全合格证》。1991年4月13日晚，对城区公共场所进行突击检查，查获砍刀1把、匕首5把、三节棍1根。1992年春节期间，对公共场所和旅游景点进行整治，摧毁流氓团伙3个成员91人，缴获各类斗殴凶器121件，依法处理16人。1993年6月中旬，对歌舞厅、咖啡厅、影剧院等公共娱乐场所进行全面清查登记，取缔无证、违法经营，并抓获流氓团伙成员12人。1994年，结合春季"严打"，对公共娱乐场所进行大清查，查处各类案件21起，查获违法犯罪人员32人。1995年4月20日至5月31日，对电子游戏经营场所进行清理，依法取缔35家，破获刑事案件5起，查处治安案件1起，治安处罚11人；1996年10月上中旬，对城郊接合部的公共场所进行专项治理，查获刑事案件3起，治安案件5起，抓获各类违法犯罪人员11人。1997年，以清理整治游戏机室和歌舞厅等场所为突破口，深入开展“三禁一打”专项斗争，上半年破获刑事案件6起，查处治安案件12起，抓获违法犯罪人员53人，捣毁赌博窝点7个、卖淫窝点4个。1998年9月11日起，对城郊接合部的公共场所进行一个月的清查整治行动，共查处各类案件87起，查获违法犯罪嫌疑人员107人。2000年6月，清理整顿全市电子游戏市场，对无证照经营和距离中小学半径范围不足200米的经营场所一律予以取缔；7月，组织对城区275家娱乐服务场所进行清查，拆除封闭式包厢4家，取缔无证照经营的美容美发室5家，责令停业整顿19家，吊销安全合格证2家；9月30日抓获违法犯罪人员19人，其中网上在逃人员5人。2001年4月下旬至10月底，楚州公安分局深入开展娱乐场所、专业市场集中整治，共查处刑事案件32起，治安案件41起，查获各类违法犯罪人员86人；查封、取缔娱乐场所77家，责令停业、限期整改88家，责令搬迁14家，对场所行业派驻保安14家54人。2002年3月10日，组织“春雷1号”集中清查行动，共查获在逃犯3名、流窜犯1名，抓获各类违法犯罪人员27人，查获涉娼人员10人，破获各类刑事案件8起，取缔44家无证照经营的美容美发室和1家泡足房。2003年，为提高公安机关对娱乐服务场所分层次管控能力，推行服务场所行业管理星级评定制，12月下旬集中3天时间在全区开展“让青少年告别网吧”主题清查行动。2004年1月，根据上级公安机关统一部署，组织“清风行动”，共清查浴室、美容院、洗头房、歌舞厅等场所62家，当场抓获卖淫嫖娼人员17人，收教1人，治安拘留1人，罚款15人。2007年，为严密社会面控制，在公共娱乐场所和服务场所设置视频监控探头210余个。2008年，通过加强特情耳目建设，完善科技防控网，加强了对旅馆业、洗浴业、出租房屋等场所行业的管控，全年通过阵地管控发现违法犯罪线索510余条，破获刑事案件270余起，打击处理190余人。

第五节　安全保卫

一、经济文化保卫

新中国成立后，为保卫县城内的经济建设和文化事业的顺利发展，分别建立了各级、各类经济文化保卫组织。

（一）基层保卫组织

1985年，淮安县企业推行经济体制改革，一些单位撤并保卫组织，减少保卫干部。为有效实施对经济改革的护驾保航，县公安机关重新组建保卫组织，保卫人员又重新回到保卫工作岗位。1985～1990年，全县（市）新建保卫组织24个，增加保卫干部47人。1986年初，淮安县毛巾厂、纱厂、淮安县中学率先成立护厂（校）队，至1998年全市共建立护厂（校）队87个，队员586人，保卫科、股共有103个，保卫干部322人，兼职保卫干部139人，警卫班（含门卫）815人，有力地维护单位内部正常秩序，保证企事业单位发展。

（二）保卫活动

1988年，根据省公安厅、工行、农行联合通知要求，市公安局在全市范围内指导内部单位开展“安全财会室”活动，查出并整改安全隐患103条，对不安全的财会室加固门窗215扇，安装报警器29台，更换保险锁81只，购置保险箱63台。1989年，开展创建“治安安全单位”活动，全市有58个单位成为“治安安全合格单位”。1994年4月，为有效遏制企事业单位安全事故的发生，提高内部单位整体防范能力，维护好内部单位治安秩序，根据省厅部署，淮安市公安局在全市151个内部单位中开展了“百日治安安全竞赛”活动，共抓获违法犯罪嫌疑人8人，协助破获刑事案件4起，查处治安案件19起。1997年8月，市公安局对化肥厂、盐化总厂周边治安秩序全面整顿，共抓获违法犯罪嫌疑人16名，摧毁盗窃团伙3个，破获刑事案件6起。1998年2月28日，淮安市公安机关出动全部警力，圆满完成中央电视台“心连心”艺术团在周恩来纪念馆举行大型广场文艺演出的保卫工作。

2001年12月，楚州区公安局遵照上级公安机关统一部署，开展专项整治，一举查处专事盗窃电力、通信设施的犯罪团伙6个，涉案成员18人，案值10万余元，有3人被逮捕，2人被刑拘，26人受到治安处罚。2004年3～5月，根据上级公安机关部署，楚州公安分局在全区范围内开展一次校园及周边治安秩序专项整治行动，共破获各类刑事案件8起，破获治安案件17起，治安处罚21人；查获犯罪团伙3个，成员9人，化解不安定因素14起，取缔网吧6家，并落实交管力量19人，设立交通标志牌6处，划出交通标线19处，增加保卫力量12人，其中保安6名。2006年，区公安分局突出抓好工业园区整治工作，6月初，针对上半年园区偷盗企业财产案件高发势头，适时组织开展了一次治安集中整治行动，一举摧毁了盗窃园区企业犯罪团伙2个，抓获刑事作案成员10名，破获盗窃惠德隆汽车零部件有限公司财物等刑事案件20余起，涉案总价值达40万元。2007年，区公安分局组织开展整治歪风专项整治行动，对阻止企事业开工建设，扰乱企事业单位秩序等方面事件严肃处理，打击处理10余人，有力维护了社会治安大局的稳定。2008年2～3月，区公安分局圆满完成周恩来110周年诞辰纪念活动安全保卫任务，确保纪念活动顺利进行。

二、要害单位保卫

1987年2月，根据淮阴市人民政府颁布的《淮阴市关于加强要害保卫工作若干规定》，淮安县公安机关对全县的内部要害单位进行了判定，明确县党政机关、邮电通信、供电供水、广播电台、报社、金融、文博单位、重要厂矿企业、重要物资部门、大中专学校等为重要保卫对象，审定要害岗位人员218名。1990～1998年，淮安市公安局为贯彻落实江苏省关于要害保卫的管理规定，组织民警深入到重点要害单位，完善人防、物防、技防措施，使重点单位要害部位的安全保卫工作走上正轨。1992年8月，淮安市工商银行首先成立经济民警分队。至2002年10月，相继建成淮安市人民银行、农业银行、邮电局、建设银行成立经济民警分队，农村信用合作联社经济民警分队。人民银行、工商银行、建设银行金库撤销、邮电局分营后，这4家经济民警分队被撤销。

三、警卫

1984和1985年，淮安县公安局内保干警共担负警卫任务9次。其中会议警卫3次，首长、外宾警卫6次。1986年10月20日，县公安机关圆满完成英国前首相卡拉汉及赴淮代表团的警卫工作。1990年，淮安市与淮阴市公安机关共承担一级警卫2次，二级警卫1次，三级警卫1次。其中一级警卫分别是警卫中共中央政治局常委、中央纪委书记宋平；中共中央政治局常委、全国人大常委会委员长乔石。1991～2004年，楚州区（淮安市）公安局共担任警卫任务39次。其中，重要的警卫任务有：1992年国务委员李铁映到淮安考察，1994年5月3日国务院总理李鹏考察，1995年4月2日中共中央政治局常委、国务院副总理李岚清考察，1999年10月20日中共中央政治局委员，国务院副总理吴邦国考察，2000年4月15日国务院总理朱镕基考察，2001年9月5日中央政治局委员，国务院副总理温家宝考察，2003年9月20日原全国政协主席李瑞环考察，2004年5月2日中共中央总书记、国家主席胡锦涛考察。2004～2008年，市、区公安机关还圆满完成了原党和国家领导人李德生、万国权、费孝通、布赫、许嘉璐、雷洁琼、吴官正等视察的警卫任务。

第六节　户政管理

一、户口管理

60年代至80年代初，公安机关先后对机关、学校、企事业单位建立户口簿；农村以农业生产大队为单位建立户口簿；发展以按户建立户口簿，每户一本，由社员自己保存。1983年以后，淮安县各乡镇先后建立了派出所，农村户口由民政部门转交公安派出所管理。1985年，县公安局对全县暂住人口进行清理，登记管理的重点是“三户”（外来户、个体户、私房出租户）、“四工”（临时工、外包工、合同工、农民工）。当年底，全县共有暂住人口1.54万人。1987年，按照省政府〔1987〕12号文件精神，对60年代下放的老居民实行“就地农转非”，到1990年底结束，淮安市（县）共计办理7220户2.19万人。1988年，淮安市人口信息系统投入使用。1990年3月1日起，全市执行公安部规定的新迁移证，即“农业户口迁移证”和“非农业户口迁移证”。10月1日，农转非户口实行新的许可证，一律凭省计委印发的“农转非许可证”办理户口。1995年，农村户口城市化管理工作开始试行。2001年，楚州区改革小城镇户口管理制度。2002年，楚州区开展城区实有人口、租赁房屋等专项清查工作。2006年，区公安分局认真开展“重点房屋、重点人员管控和失踪人员查找”专项行动，组织专门力量逐户入户核对清理，全面摸清辖区所有出租房屋及暂住人口底数，并进行登记。全区全年共办理准迁证1630余人次，出生申报882人，死亡注销户口768人，迁入居民2397人，迁出1267人，所内移动7306人。2007年，全区办理出生申报1.8万人，死亡注销户口1.88万人，迁入居民1.06万人，迁出1.18万人。2008年，全区办理出生申报1.66万人，死亡注销户口4968人，迁入居民6875人，迁出9905人。年末全区人口118.74万人。

二、重点人口管理

1985年，淮安县公安局依照“清理重点人口工作意见”的精神，以乡镇为单位，逐组逐户逐人进行排查，并对原重点人口逐一进行考核。1989年，淮安市公安局重点人口管理采用新的管理体系，对有一定现实危害的人员，由派出所、治保会与其家属、单位、亲友组成帮教小组，实行共同帮教包管；对有一般违法行为对象，尤其是其中一些外出务工经商者，责令缴纳一定数量的保证金，与之签订遵纪守法协议书。1993年起，逐步实现重点人口管理工作社会化，将部分重点人口交地方治保组织协助管理，相对缓解了警力不足的矛盾。1997年，对重点人口建立工作对象信息系统。2003年，提高重点人口列管率，全年共列重点人口5432人，建立帮教小组678个，帮教力量1697人。2006年，开展重点房屋、重点人员管控和失踪人员查找工作专项行动，排出重点线索30余条，通过查证破案20余起，抓获违法犯罪嫌疑人30余名。

三、居民身份证管理

1987年，根据《中华人民共和国居民身份证条例》及《实施细则》，淮安县启动居民身份证颁发工作，是年2月成立居民身份证办公室，下半年至翌年上半年进行颁发身份证宣传发动、户口核对工作。至1988年底，完成制证38.43万份，占应发证人数的50.1%。12月31日，市长向淮城镇居民代表颁发了身份证。全市1990年完成16周岁以下人员编码工作50.63万人，完成发证8.46万人。1994年7月1日，居民身份证启用新标准相片。根据《中华人民共和国居民身份证条例》的规定和省公安厅及淮阴市局的部署，淮安市1988年签发、有效期为十年的居民身份证于1998年开始换发新证，全年共换发新证21.7万人。2004年，引进使用宏达六代人口信息系统，为第二代居民身份证换发做好准备。2006年，审核办理二代证127.6万人次，领发二代证9.49万余人。

第七节　出入境管理

1980年，淮安县实行对外开放，到淮安的港、澳、台胞及外籍华人、外国人逐渐增多。为加强管理，以利扩大交流投资，加快经济建设。县公安局设立了外事科，及时按政策办理各种出入境签证，依法妥善处理有关涉外治安事件、刑事案件。

一、出国（境）管理

（一）申领护照

根据江苏省公安厅的规定，楚州区从2003年10月开始试运行居民凭户口簿、身份证按需申领护照，12月26日正式实行。实行居民凭户口簿、身份证按需申领护照后，全区的出国（境）人员大幅度增加。2003年，全区申请出国境人员为951人次，2004年增加到1760人次。2008年，全区申请出国境5470人，其中申请出国4702人，申请出境768人。

1994～2008年楚州区（淮安市）出国（境）人数情况表

表21-6 单位：人

项目 / 年份	出国（境）			项目 / 年份	出国（境）		
	合 计	出 国	出 境		合 计	出 国	出 境
1994	59	13	46	2002	901	758	413
1995	62	16	46	2003	951	808	413
1996	70	14	56	2004	1760	1392	368
1997	129	39	90	2005	2556	1908	648
1998	120	54	66	2006	3316	2465	851
1999	293	166	127	2007	4332	3598	734
2000	205	138	67	2008	5470	4702	768
2001	301	210	91	合计	20525	16281	4244

（二）通报备案制度

淮安市公安局根据上级规定，于2000年11月1日发布《关于执行对法定不批准出境人员通报备案的规定》（下称《规定》）。《规定》对报备对象和范围、报备时效、报备程序及工作日、管理与考核，以及执行单位和负责人等均作了明确规定。实行报备制度后至2008年底，全区有3名申请出国（境）人员没有被批准出国（境）。

（三）登记备案制度

2003年1月14日，中共中央组织部、中共中央金融工作委员会、中共中央企业工作委员会、公安部、人事部印发了《关于加强国家工作人员因私事出国（境）管理的暂行规定》。规定国家工作人员因私事出国（境），应按照组织、人事管理权限履行审批手续，然后向户口所在地公安机关出入境管理部门申请办理出国（境）证件。

二、入境管理

（一）临时入境

为简化港澳台同胞临时住宿登记手续，便利港澳台同胞回乡探亲访友，淮安县于1985年1月28日开始，对入境临时住宿登记由县公安局办理改由暂住地派出所办理。1980～1991年，共计办理到淮安探亲、旅游、经商的外国人（包括外籍华人）临时住宿登记1179人次，华侨临时住宿登记56人次，港澳台同胞临时住宿登记2554人次。

1994~2008年楚州区(淮安市)入境人数情况表

表21-7　　单位:人

年份＼项目	入境			年份＼项目	入境		
	合计	国外	境外		合计	国外	境外
1994	275	117	158	2002	148	71	77
1995	198	81	117	2003	206	93	113
1996	324	124	200	2004	234	124	110
1997	285	134	151	2005	242	152	90
1998	225	101	124	2006	190	132	58
1999	184	82	102	2007	166	104	62
2000	161	71	90	2008	151	81	70
2001	243	109	134	合计	3232	1576	1656

(二)涉外事(案)件

2000~2008年,全区共发生涉外出入境管理事(案)件4起,涉案6人(外国人3人,台湾居民3人),其中非法居留5人,非法入境1人。发生涉外刑事案件2起,为盗窃案件,受害人均为外国人。

第八节　监所管理

一、设施建设

1979年秋,淮安县看守所新建监所12间,并改建了行政拘留所、审讯室、浴室等配套设施。1991年,由于关押量大幅度地增加,是原设计容量的3倍,在押人员经常为睡觉等发生争吵,监房内卫生条件差,疾病明显增多。为保障犯罪嫌疑人、人犯生活安全和身心健康,预防事故的发生,市政府拨专款在两个大号放风场搭建了油布棚,在每个监室内安装了吊扇,较好地解决了在押人员的睡觉问题。1993年,县看守所先后6次对监所设施进行大检查,发现隐患及时整改,共进行了3次大的维修、10余次小的维修。1996年11月5日,新看守所投入使用,省厅拨款40余万元建立了全方位监控系统,淮安市局为看守所配备囚车1辆,解决了人犯投场用车的困难。1997年,为各监室安装了有线电视,每日组织收看新闻,促进人犯更好地改造;2000年,投入16万元对监区的环境治理,拓宽监区通道,制作各种规章、制度图版48块,购置密集型档案架1组,新建图书室1个,购买了各种图书1200册。

二、制度建设

1979年,为执行公安部制定的《看守所工作制度》,淮安县公安局看守所认真落实岗位责任制,加强制度化建设。1987年8月11日,第六次监管领导小组会议在看守所会议室召开,对监所工作依法管理、严格管理、文明管理提出了具体要求。1990年,省公安厅制订下发《看守所目标管理实施方案》,即“五五”目标,看守所狠抓贯彻落实,将全所干警分为两条线(管教、生产与后勤、接待),每月组织对岗位目标完成情况进行考核,同生产提成、岗位津贴挂钩,调动干警工作热情。2002年,楚州公安分局针对日常在押人员衣物接收不到位和检查不细致,使危险品、违禁品流入监室等问题,建立了《收款收物登记制度》;针对留所服刑罪犯较多的状况,要求对留所服刑罪犯必须严格留所审批手续，并作出了限制劳动犯人数和加强对劳动犯管理的系列规定。

三、狱政管理

1985年7月，淮安县看守所组织短刑犯（6个月以下）在看守所内进行手工劳动，主要是加工手套和纸盒，劳动收入用于改善犯人生活。1988年，县公安局局长、法院院长深入监所对在押人员进行政策教育，帮助在押人员放下包袱，主动交代余罪。1989年，因管理上有漏洞，导致在押人员叶某、郑某脱逃（后均被追捕归案），淮安市公安局及时对看守所进行整顿。1994年，市公安局深入开展狱政攻势，请老县长、老公安局长为在押人员做“告别过去的罪恶，托起明天的希望，做对社会有益自食其力的劳动者”的专场报告；请市公、检、法部门领导人对在押人员进行大课教育；请坦白揭发、走从轻处理道路的刑释人员现身说法，均收到很好效果。1997年3月，市公安局将“两院、一局、一委”（法院、检察院、公安局、政法委）通告张贴在各个监室，组织罪犯学习讨论。活动中共有67名在押人员积极检举犯罪，提供线索82条，其中有价值的21条。1998年，根据上级监管部门的要求，淮安市看守所对历年来保外就医的10名罪犯进行清理，及时将保外就医条件消失的罪犯予以收监。1999年3月，武警对监所罪犯的看押“内转外”。2000年4月，针对看守所管理上出现的问题，市公安局组织人员进驻看守所进行为期20天的教育整顿，对有关责任人给予严肃处理。2003年，楚州区看守所以达标建设为主线，把人性化管理理念引入管教工作，建立起规范、文明、公正的管教模式；采取多种措施，切实保护在押人员生命健康权，建立在押人员健康档案；推行警务公开，公开、公平、公正地实行减刑制度；严格留所服刑人员请假探视制度，向在押人员家属发放《放心书》，通报其亲属在押人员在看守所内的思想情绪、身体状况以及交代认罪态度，与家庭连手，促进在押人员的思想改造。2004年，为加强对未成年犯的教育转化工作，看守所建立了与家庭和社会联动协作机制，利用全社会力量对青少年犯进行教育管理。看守所6月1日召开违法犯罪青少年教育座谈会，邀请10名在押少年犯的直系亲属到看守所与在押少年犯进行面对面的交流，亲情感召，促进思想转化；6月8日邀请社会知名人士为30多名违法犯罪青少年上法制课；11月邀请区关工委领导对在押人员进行法制教育。1985～2008年，看守所运用狱政攻势获取线索3250余条，破获刑事案件1200余起，抓获违法犯罪人员260余人。

第九节　交通管理

一、机构

1979年，县公安局增设28名治安警察，在城内府市口和土地祠市口两处设钟楼式交通岗亭，道路十字交叉处设伞形指挥岛，维持指挥城内交通秩序。1983年秋，城区交通秩序改由城管会负责。1985年，成立淮安县自行车管理所，2003年撤销。1987年9月，县交通局交通监理股建制划归公安局。同年10月，成立县公安局交通警察队和车辆管理所。1988年1月，市公安交通警察队更名为交通警察大队，后又更名为交通巡逻警察大队。至2008年底，区公安交通巡逻警察大队下设办公室、车辆管理所、事故处理科、秩序管理科、110接处警中队和7个勤务中队，负责全区的道路交通治安、机动车辆管理工作。

二、车辆管理

（一）非机动车辆管理

80年代初，淮安县公安局对全县自行车开始打钢印、发照；1985年8月，成立淮安县自行车管理所；1991年2月，为三轮车登记、发证、验证和喷字。1995年，为提高办证办照率，自行车管理所分别同市五金公司、淮安商场、供销大厦等商企建立了双向业务联系，拨给这些单位一定数量的自行车牌照和钢印器材，方便群众买车时就地打印发照。1998年，自行车管理所对淮安市自行车进行换发新式牌证工作，全年换发分合式自行车牌证3.49万副。2000年4月，淮安市政府专门发布通告，坚决取缔无证无照人力三轮车，自行车管理所配合城管部门先后取缔无证无照人力三轮车3137辆，同时划定36处人力三轮车专门停放点。2003年，自行车管理所撤销，人力三轮车年检由车管所负责；同年11月，通过招商引资在楚州区成立淮安市圣启三轮车租赁公司。

（二）机动车辆管理

1978年至1986年8月，全县机动车辆由县交通局管理。1987年9月，机动车辆管理职能由县交通局移交到县公安局。1988年，车管所年检年审各种机动车3720辆，换发牌照3112本，牌照编号为70-8×××。1989年，为确保检车安全，车管所铺设水泥场地3500平方米。1990年，车管所制定《办理证照和车辆审验的规定程序》《车辆检验制度》。1996年8月至1997年6月，车管所启用换发九二式拖拉机号牌及行驶证。1997年4月，淮安市人民政府下发《关于拖拉机道路交通管理有关事项的通知》，明确上路行驶从事运输的拖拉机及驾驶员由公安部门管理。2000年，全市共核发机动车牌证8421副，年检汽车2176辆，年检率为85%；年检"五小"车辆2.15万辆，年检率为83.8%。2002年7~9月，楚州区开展报废车集中整治，全区957辆在册报废机动车全部查结。2003年5月10日至7月20日，区公安分局组织开展了城区摩托车专段号牌换发工作；8月，交巡警大队调试安装计算机自动选号发牌系统。2008年12月，全区拥有各种机动车6.98万辆，其中，汽车1.63万辆，二、三轮摩托车5.26万辆，其他机动车784辆。检审率44%。

三、驾驶员管理

1988年1月3日，淮安县公安局在县体育馆召开全县驾驶员大会，对交通管理先进单位和驾驶员进行表彰，对23名交通肇事者依法进行处理。1989年，交警部门把全市汽车驾驶员按系统和区域编为44个安全活动组，以组为单位，严格推行每月安全活动日和安全例会制度。1991年1月，淮安市公安局规定凡报考各类机动车驾驶员必须办理准考证。1996年5月，淮安市驾协成立，下设49个汽车驾驶员工作组、32个"五小"车辆驾驶员工作组。同期，车管部门分5期举办汽车驾驶员学习班。1997年底，车管所启动驾照无纸化微机考试。1999年，交通安全学校举办违章驾驶员学习班2期，283人参加了学习和考试。2003年初，淮安市人民警察培训学校楚州驾训分校成立，分校采用培训中心的教学方案和管理方式，每批可培训学员80~100人，开办培训业务内容有长训B证（45天）、长训C证（35天）、持C学习证短训（5天）。

四、交通管理设施建设

县公安局1980年在城内向阳路和红旗路交叉路口设置了城内红绿灯车辆行驶指挥岗亭；1989年，投资4万多元增设了市区交通路栏、人行横道缓冲路栏、交通标志牌等基本交通设施；1990年，在市区所有交叉路口都铺设了缓冲路栏，增设了30多块交通标志牌。1991年，增设交通标志牌24块、安全隔离栏200米，在市区要道口安装启用了自控交通指挥信号灯。1995年8月，投入20多万元安装1套红绿灯指挥系统，油漆了道路护栏，新划了主干道上的分道线、停车线。1997年9月，新安装了北门大街3400米的交通护栏。1998年，由政府拨出250万元专款，将南门大街、北门大街和镇淮楼东西路等主干道上的交通护栏更换为钢质护栏。2001年6月，在淮江路（现楚州大道）车站、下关路口设置两处交通信号灯，增设淮江公路环城段交通护栏5600米。2002年9月25日，投资近百万元的城区电子监控系统正式投入运行，在城区要害部位和交通要道口安装了12处电子监控系统装置。2003年，在医药公司、楚城浴室路口设置两处交通信号灯，在老东门大街安装了交通护栏。

五、特大道路交通事故

1990年5月8日，江苏省农垦局1辆拖挂车因驾驶员过度疲劳驾驶在市区环城路（楚州大道）上连续撞死3人。

1992年1月28日凌晨，泗阳县一客车在淮扬公路31K+200处因强行超车，致客车翻落道路东侧坡下，车厢起火，车内5名乘客死亡，14人受伤。

2000年5月28日，山东省莱芜市驾驶员刘某驾驶鲁S20401号东风牌平头大货车，在淮江公路34K+300处，因疲劳驾驶尾随撞击同方向的苏HS2448号农用三轮运输车，致6人死亡，4人受伤。

2003年6月19日上午10时，连云港驾驶员杨某驾驶苏G/B7596号东风货车在237省道27K+726处突然爆胎，与邻近交会的江阴市客运公司项虎军驾驶的苏B/C3990客车相撞，造成8人死亡，11人受伤。

2004年1月24日，楚州区苏嘴镇徐某驾驶沪BH2529厢式货车沿328线由东向西行驶至100K+560处与由西向东正常行驶的苏NA0699轿车相撞，致4人死亡，15人不同程度受伤。

1989～2008年楚州区（淮安市）道路交通事故情况表

表21-8

年　份	事故数（起）	死亡（人）	受伤（人）	经济损失（元）
1989	128	—	—	—
1990	322	—	—	—
1991	139	38	72	149670
1992	181	43	158	429547
1993	170	37	137	529370
1994	143	40	133	608400
1995	97	28	89	489300
1996	52	22	56	766900
1997	25	18	23	133450
1998	916（含轻微事故）	93	452	372370
1999	223	59	243	686149
2000	1136（含轻微事故）	81	362	1200000
2001	450	77	277	988780
2002	715（含轻微事故）	72	313	912090
2003	226	65	225	538702
2004	193	64	200	497820
2005	173	60	163	365300
2006	162	57	103	326600
2007	134	46	112	214800

续表 21-8

年　份	事故数（起）	死亡（人）	受伤（人）	经济损失（元）
2008	151	49	135	232900

第十节　消　防

1973年，淮安县公安局成立消防股。1983年，消防股列入武警序列。至2008年，中国人民武装警察部队楚州消防大队，一直实行双重领导（武装警察部队江苏总队淮安市消防支队和楚州公安分局）。

一、消防管理机构

（一）专职消防组织

1986年4月，淮安棉纺织厂成立专职消防队，有队员16人，消防车1辆，水泵1台。同年8月，淮安石油公司建立专职消防队，有队员7人，消防泵6台。1987年4月，淮安县自行车总厂成立企业专职消防队，有队员5人，水泵1台，1992年工厂倒闭后撤销。2004年，楚州区共有26个乡镇组建了保安联防消防队（淮城镇未建），每队有队员6名，配备了三轮摩托消防车。至2008年，楚州区共有淮城公安消防大队、运河油库消防队、淮安棉纺厂消防队3个专职消防队。

（二）义务消防组织

1990年底，淮安市有义务消防队744个，队员8464人；机动消防泵128台，水龙120架。1995年2月，淮安市百货公司、淮安商场、淮安石油支公司和淮安市组件厂等淮安城区比较大的厂矿企业和消防重点单位都组建了义务消防队。2000年以后，随着城乡经济的发展和广大干群的防火灭火意识的增强，义务（志愿）消防组织网络不断壮大，除城区各企事业单位、居民委员会、小区、学校、医院等成立了义务（志愿）消防组织外，全区306个村民委员会都成立了义务（志愿）消防组织，其中有92个村民委员会成立了义务或志愿消防队，配备了部分消防器材。

二、消防检查

1986～1991年底，通过消防检查，淮安县（市）消防部门对违反消防监督条例的4个烟花爆竹厂责令停产整顿，对23人给予治安处罚。1993年10月，消防部门组织对淮安市12个危险品仓库、4个易燃易爆物品单位、8个大型商业网点、53个重点单位进行了一次消防安全检查，共查出隐患174条，重大火灾隐患2条。1996年，消防部门对全市违反消防管理的单位警告25次，罚款12次，吊销证书6个，对违反消防管理的个人警告30次，罚款2次。1998年初，为加强纪念周恩来百年诞辰系列活动的消防保卫工作，消防部门对全市宾馆、饭店、公共场所和文物景点加强执法检查。2000年，消防部门通过安全检查，发现火灾隐患488处，督促整改418处；共查处88起行政处罚案件，行政拘留5人，罚款12.28万元；依法吊销3家民用爆炸物品生产许可证，取缔非法烟花爆竹经营点53个。2002年，楚州区消防部门组织警力检查单位及各类场所762个（处），办理行政案件22起，罚款22人，计2.81万元；下发消防安全检查意见书94份，责令限期改正通知书29份，复查意见书29份，当场整改通知书22份。2008年，消防部门受理行政许可265件，消防安全检查168件，建筑消防审核57件，建筑消防验收40件，全部依法受理许可。

三、重大火灾

1985年1月1日，泾口乡官渡村发生一起火灾，烧死3人，烧伤1人，烧毁房屋4间。

1990年3月19日，朱桥镇石塘村万某承包的土砖窑发生火灾，烧死3人。6月17日，淮安市人武部黄某家因液化气漏气，黄开灯产生电火花，引起火灾，致黄某及妻子、女儿当场烧死。

1998年8月26日上午10时，1辆苏HS3239三轮卡车停在淮江公路环城路电子组件厂门口时，车厢内突然发生爆炸，当场炸死6人，另有10人受伤送往医院抢救，其中5人抢救无效死亡。事故原因系淮阴县王集镇丁长春父子俩运送40多千克半成品火药到宝应县销售，搭乘三轮卡车，车上一乘客吸烟将火药引燃爆炸。

2002年2月16日，施河镇通达路2号一电气焊维修部发生爆炸，死3人，伤1人。

1985～2008年楚州区（淮安县、淮安市）火灾统计表

表21-9

年份	火灾数（起）	损失（元）	死亡（人）	受伤（人）	年份	火灾数（起）	损失（元）	死亡（人）	受伤（人）
1985	18	25517	—	—	1997	20	498100	3	6
1986	15	32066	2	0	1998	50	572850	16	21
1987	26	63808	4	1	1999	30	510575	2	3
1988	8	126836	2	3	2000	61	690204	2	0
1989	10	74633	3	1	2001	45	130590	1	0
1990	30	309301	7	0	2002	139	187400	3	1
1991	19	147600	0	0	2003	138	202100	0	0
1992	52	586671	7	16	2004	158	374200	1	1
1993	11	160665	3	2	2005	110	258000	2	0
1994	24	250225	5	14	2006	93	5163000	0	9
1995	14	321470	2	0	2007	106	6527000	0	10
1996	12	337878	4	6	2008	62	132680	0	0

第十一节　公安装备

公安通信设备有无线电通信系统、公安专线通信系统、文字传真、机要传真系统、公安无线寻呼系统，计算机信息、管理系统、警用装备装具、设施等组成，是公安技术装备现代化重要组成部分。

一、通信装备

（一）有线通信

1984年6月，淮安县公安局开通了与淮阴市公安局的公安专线，12月安装了文字传真机。1985年9月，县公安局向邮局租借2条中继线，安装、开通50门供电式电话交换机，各乡、镇派出所安装了

外线电话，达到所所通电话，形成上下纵横的有线通信网络。截至1991年，全局已有外线电话47部（机关9部，派出所38部），会议终端机2台，文字传真机1台。1993年，淮安市公安局淘汰供电式电话交换机，安装使用数字程控交换电话机，实现公安有线专网程控化、自动化的目标。1995年开通了县级公安密码通信。1997年7月，市公安局完成了程控机扩容工作，为全市34个派出所购置了三星SF-1505传真机，为市区各派出所及治安卡口等12个单位安装了公安专线电话。2001年，楚州公安分局为每个基层所队安装开通了8部公安专线电话，使公安有线通信的覆盖率、通话速度、质量、保密性能都上了一个新台阶。

（二）无线通信

1985年，淮安县公安局购买了400兆基地台1部、150兆基地台2部、150兆车载台2部、同频无线对讲机18部、手持无线电话机13部。1986年10月，完成了淮安公安无线通信组网，全县有15个派出所入网。1991年，淮安市政府拨专款为公安局添置车载台4部、手持台14部。1993年，市公安局安装两套无线自动转信系统，架起了两座高45米的无线发射塔。1994年，市公安局购置了12部基地台，2套KG-110配先创146有线、无线自动接转系统，1套TKR-720无线自动转讯系统，替换下即将淘汰的150兆基地台，并组建淮安公安金盾寻呼台。1995年，市公安局拨出专项通讯经费8万多元，为苏嘴、复兴、仇桥、博里、流均、泾口、施河、南闸、范集、钦工、宋集等20个边远派出所购置、安装了TK-708H固定台。至此，全市38个派出所无线通信全部畅通。全局150赫兹警用基本级无线通信网拥有各类电台501部，其中基地台12部，固定台23部，车载台25部、手持台441部、中文BP机108部。2000年，淮阴市公安局350兆无线警用集群通信系统建成使用，淮安市公安局购置350M集群电台90部，并入淮阴市公安局350兆集群网。2001年，城区5个派出所购置350兆电台15部，用于治安巡逻的通信联络。2003年，淮安市楚州区交巡警机动队购置了10部305兆电台，以增强执勤民警在远距离行动中与指挥中心的联系能力。2004年，楚州公安分局在车桥、上河、顺河三镇分别建了350兆集群通信基站。2006年，楚州公安分局投资600万元，在重点部位、交通要道口建成全区社会面监控系统，启动分局监控中心，“110、119、122”三台合一、350兆电台通信网络建设任务。年内，楚州公安分局在15个乡镇的重点单位、交通要道口新增视频监控点182个，建成了识别、查询、比对一体化的6个市际智慧卡口。2007年，楚州公安分局安装视频监控探头290余个，治安防范科技含量进一步提高。2008年，楚州公安分局建成了社会面视频监控中心；各派出所建立了视频监控室；完成6个治安卡口监控系统的升级改造；动员内部单位、居民小区、公共场所等自主安装视频探头2600多个；敦促金融网点、要害部门安装与110联网的CK报警系统490余套；推广安装平安E家报警装置1500余台；开通了分局到所有派出所的电视电话会议系统；实现了监所管理智慧化。

2002年建成的视频监控中心

二、计算机应用

1987年，淮安县公安局开始使用计算机，主要用于居民身份证常表制作。1991年，全局有计算机3台。1995年，淮安市38个派出所人口信息管理微机化，全局有近40台微机投入使用。1996年下半年，派出所将人口信息微机化管理推至前台办公。1996～2000年，淮安市公安局先后实现工资发放管理、干部人事管理、警察警衔管理微机化，1999年将全市人口信息与淮阴市局联网。2001年，淮安市楚州区公安分局建设信息中心，实现交通管理、车辆管理、110接处警、人员工资、档案管理、旅店业管理以及省厅23种工作台账等信息的网上查询；11月，完成了公安2兆四级网对接，实行公安信息全国一网通。从2003年起，楚州分局进行“人口地图系统”软件开发工作。至2004年4月开发成功，这一信息系统软件使用，突破了传统的户口管理模式，进一步强化了对流动人口的动态管理。2006年，区公安部门新配备计算机127台，全局基层民警的计算机拥有率达到92%。2008年，新增计算机100余台，全区民警计算机拥有率达98.8%。

三、其他装备

1984年初，淮安县政府拨款52万元新建公安政法大楼，建筑面积1914平方米，1985年6月建成投入使用。1988年9月，省公安厅配备淮安市公安局进口纯种警犬两条，市公安局在淮城桃花垠购建犬舍及附属房屋200平方米；同年底筹建建筑面积1500平方米的交警大队办公楼，1991年建成投入使用。1993～1997年，市公安局先后投资近700多万元用于交通通信装备建设。1997年底，全局装备的警用车辆有92部，摩托车81部，各类电台458部。5年中，通过多种管道筹措资金，全局新建和扩建了15个派出所的办公用房。公安部门1998年8月购置了1台进口“多波段警用光源”、1台指纹对比仪和1架性能较高的照相机。2004年，为6个派出所配备14部数码摄像机，为13个基层所、队统一购置了14辆警用车辆。2006年，统一全局32个派出所的外观标识，先后为基层所队配备24辆处警车，350兆对讲机145台，一线所队全部配齐了数码照相机、摄像机、录音笔，全局民警数字身份证和基层所队民警“九小件”配备率达100%。2007～2008年，全区建成355个农村警务室，新增摄像机36台，新配警车17辆，基层一线交通、通信工具得到最大限度的补充、更新，保障能力进一步加强。

第三章　检　察

第一节　机构　队伍

一、机构

1975年1月，撤销淮安县人民检察院；1978年6月，恢复淮安县人民检察院，院址在西长街179号，业务上隶属江苏省人民检察院淮阴分院领导。1987年12月，淮安县人民检察院更名为淮安市人民检察院。2001年2月始，淮安市人民检察院更名为淮安市楚州区人民检察院。

1978年6月，淮安县人民检察院内设办公室（兼管人事工作）、刑事检察科（兼管监所工作）、法纪检察科（兼管信访工作）、经济检察科4个科室。此后，检察院的内设机构多次调整。至2008年底，楚州区人民检察院设有办公室、政治处、反贪污贿赂局（内设侦查一科、侦查二科与综合预防科）、反渎职侵权局、公诉科、侦查监督科、民事行政检察科、控告申诉检察科、监所检察科、警务科、监察室、案件监督管理科。

二、队伍

1978年6月，淮安县人民检察院有工作人员11人。至2008年，楚州区人民检察院有工作人员84名，其中检察长1人，副检察长仅3人，政治处主任1人，反贪局长1人，检察员62人，助理检察员

2人，法警4人，未定法律职称干部19人。全院人员中有中共党员73人，占在编人员总数的86%有研究生6人，在读研究生1人，大学本科53人，大学专科20人，大学专科以上学历人数占在编总数的95%。

第二节 刑事检察

一、审查批捕

1979年，淮安县人民检察院批捕案件共96件，不批捕案件42件。1983年8月，"严打"斗争开始，县人民检察院和县公安局、县人民法院组成联合办案组，当年批捕607人，不批捕23人。1999年6月，中央政法委部署在同年7月、8月、9月组织开展"追三逃"专项斗争，淮安市人民检察院积极投入联合行动，认真履行批捕、起诉职能，当年批捕222件318人，不批捕79人。2008年，淮安市楚州区检察院批捕189件243人，不批捕18件24人，办理立案监督案件2件，增捕2人。

1979～2008年楚州区（淮安县、淮安市）检察院审查批捕情况表

表21-10

年　份	提请逮捕案件	批捕案件	不捕案件	备　注
1979	138件	96件	42件	—
1980	298人	227人	—	自办案件批捕8人
1981	320人	234人	55人	—
1982	274人	208人	39人	—
1983	704人	607人	23人	—
1984	494人	309人	103人	—
1985	244人	162人	59	—
1986	152件190人	127人	46人	—
1987	172人	136人	31人	—
1988	339人	240人	65人	—
1989	424人	264人	111人	—
1990	296件492人	221件327人	28件73人	—
1991	291件520人	270件445人	41件88人	—
1992	317件560人	284件449人	52件100人	—
1993	196件354人	178件311人	14件26人	—
1994	178件299人	—	12件26人	—
1995	—	—	—	—
1996	256件360人	223件297人	28件48人	—

续表21-10

年　份	提请逮捕案件	批捕案件	不捕案件	备　注
1997	237件331人	188件243人	47件84人	改变公安定性3件3人,发出检察建议9份
1998	228件357人	183件280人	75人	增捕9人
1999	276件409人	222件318人	79人	增捕2人,办理立案监督案件2件
2000	316件437人	241件334人	57人	办理立案监督案件2件,增捕6人
2001	433件754人	322件559人	58件106人	—
2002	294件424人	239件334人	15件20人	—
2003	318件446人	265件359人	21件37人	—
2004	302件406人	233件289人	36件59人	—
2005	315件434人	226件300人	64件104人	—
2006	252件309人	174件200人	50件74人	—
2007	250件319人	193件245人	45件57人	—
2008	225件258人	189件243人	18件24人	—

二、公诉

1978年恢复公诉工作,并将出庭支持公诉列为刑事诉讼的法定程序和环节。1979年,淮安县人民检察院依法提起公诉案件105件。1983年,县人民检察院提起公诉案件407件588人,免诉7件7人。1999年4月,淮安市人民检察院实行主诉检察官办案制度,当年提起公诉案件240件315人。2008年,楚州区人民检察院有主诉检察官3名,其法律职务均为检察员,行政级别为科员,学历为法律本科;当年提起公诉案件455件692人,不起诉5件7人。

1979～2008年楚州区(淮安县、淮安市)检察院公诉情况表

表21-11

年　份	移送起诉	提起公诉	免　诉	不起诉
1979	115件	105件	—	—
1980	208件243人	184件218人	14件15人	2件2人
1981	224件245人	201件216人	8件11人	—
1982	181件208人	166件190人	7件7人	—
1983	415件599人	407件588人	7件7人	—
1984	318件343人	303件328人	免诉和不诉27件28人	
1985	137人	—	14人	1人
1986	139件156人	128件145人	4件6人	2件2人
1987	106件128人	101件121人	5件5人	1件1人
1988	168件241人	135件187人	6件8人	—

续表21-11

年　份	移送起诉	提起公诉	免　诉	不起诉
1989	205件303人	125件206人	13件19人	—
1990	241件370人	219件312人	19件37人	1件2人
1991	332件505人	257件402人	9件9人	—
1992	284件449人	256件488人	5件6人	—
1993	200件317人	160件242人	13件20人	—
1994	—	193件332人	29件34人	—
1995	—	208件291人	24件28人	—
1996	247件323人	221件281人	21件21人	—
1997	207件258人	181件223人	—	5件7人
1998	199件289人	180件237人	—	—
1999	296件431人	240件315人	—	—
2000	287件409人	258件351人	—	4人
2001	386件621人	328件467人	—	1件2人
2002	319件453人	302件421人	—	5件6人
2003	400件550人	346件472人	—	7件7人
2004	408件563人	349件452人	—	8件13人
2005	498件823人	373件573人	—	1件1人
2006	368件570人	294件448人	—	3件3人
2007	412件620人	398件592人	—	6件8人
2008	549件852人	455件692人	—	5件7人

说明：1998年报送上级院9件25人，增诉2人；1999年报送上级院18件58人，改变案件定性2件；2000年增诉6人，抗诉1件；2002年抗诉1件2人，增诉1件1人；2003年抗诉1件1人

第三节　经济案件检察

一、经济案件查处

80年代，随着经济改革开放搞活政策的实施，经济活动频繁，经济犯罪率不断上升。1980年，淮安县人民检察院受理经济案件40件，立案查处4件。1991年，首次查处贿赂案件，当年查处11件。1992年，淮安市人民检察院受理经济案件70件，立案查处41件，其中挪用公款案7件，假冒商标案12件，偷漏税抗税案6件。1980~1996年，淮安县（市）检察机关共受理经济案件724件，其中挪用公款案7件，立案侦查376件392人，其中大要案54件59人。1997~2008年，楚州区检察机关共立案侦查经济案件274件295人，其中查办科（局）级以上领导干部48人。

1980～2008年楚州区（淮安县、淮安市）检察院查处经济案件情况表

表21-12

年份	受 理	立 案	大要案	贪污案	贿赂案	备 注
1980	40件	4件	—	—	—	—
1981	44件	12件	—	—	—	起诉7件7人
1982	—	15件	—	—	—	起诉1件1人
1983	49件	20件	—	—	—	—
1984	—	22件	—	—	—	起诉16件
1985	80件	21件	—	—	—	提起公诉16件
1986	65件	23件	2件	—	—	—
1987	33件	10件	—	—	—	起诉6件6人
1988	35件	35件	7件	—	—	—
1989	48件	23件	7件	—	—	逮捕6人
1990	31件	20件24人	3件	—	—	决定逮捕8人
1991	72件	30件	3件	15件	11件	—
1992	70件	41件45人	16件18人	13件17人	3件	—
1993	70件	39件43人	16件19人	8件	—	贩卖假药案1件1人
1994	40件45人	30件35人	—	16件18人	3件	投机倒把案2件5人
1996	47件	31件	—	12件	12件	—
1997	—	23件28人	14件	5件	14件	—
1998	—	14件16人	—	7件9人	4件	—
1999	—	21件25人	—	7件10人	7件	—
2000	—	27件28人	—	4件	20件	行贿案1件
2001	—	33件36人	—	5件	20件	行贿案5件
2002	—	27件	—	7件	13件	共查办科级以上干部6人
2003	—	34件35人	—	—	—	查办科级干部10人
2004	—	22件25人	13件	—	—	—
2005	—	23件24人	—	—	—	查办科级干部11人
2006	—	19件	—	—	—	查办科级干部6人
2007	—	15件16人	—	—	—	查办科级干部3人
2008	—	16件	—	—	—	查办科级干部12人

二、典型案例

2000年，淮安市人民检察院共查办原淮安市工商局原局长连某某等9名正科级干部受贿案和5名副科级干部受贿案、挪用公款案，并通过对一行贿6000元线索的调查，带出并协助上级检察机关查处原淮安市委书记、已升迁宿迁市副市长陈某某受贿案和5名处级干部受贿案，挖出了原淮安市地税局长庄某某等3人受贿案。市人民检察院还通过查办淮安农行住房信贷部原主任叶某某受贿案，挖出了原市物资局局长朱某某等3人受贿案。

2003年5月，根据群众举报，查处区施河邮政支局原支局长陈某某涉嫌贪污公款93万余元一案。

2004年，查处原淮安市经济开发区东湖办事处书记兼拆迁办主任夏某某受贿、滥用职权案（夏某某于2000年1月至2004年2月期间，收受他人贿赂19.46万元，滥用职权造成损失39.09万元）。

2007年，查办原楚州区政府采购中心主任谷某某受贿一案。谷某某于2004年1月至2006年10月期间，利用职务之便收受他人贿赂共计14.8万元人民币和价值4190元人民币的索尼数码摄像机一部。

2008年，查办原楚州区政府交易中心副主任兼综治办主任杨某某受贿一案。杨某某在任期间，利用职务之便合计收受他人贿赂8.8万元人民币。

第四节　预防职务犯罪

2002年，楚州区成立预防职务犯罪工作领导小组，区委分管政法副书记任组长，检察长任副组长；区检察院设立预防职务犯罪办公室，分管反贪的副检察长任办公室主任。全区形成了在区委统一领导下党政齐抓共管、检察机关监督指导、部门各负其责、全社会共同参与的预防职务犯罪领导体制和工作机制，实现了由检察机关的部门预防到全社会共同预防，以及由事后监督向事前预防、过程监控的转变。

2004年，楚州区检察院按照最高人民检察院、国家建设部的要求，对有行贿等违法犯罪行为的单位和个人，建立不良纪录档案。当年11月，区检察院与区建设局联合制定了《楚州区建筑市场廉政准入试行办法》。《办法》规定：在建设工程活动中利用行贿等手段承揽工程的单位和个人，限制或禁止其进入楚州区建筑市场从事承包活动。

2005～2008年，针对过去“工程建设上马，一批干部下马”的不正常现象，区检察院积极探索重大工程建设预防工作思路，与重大工程建设单位共同开展廉政共建活动，先后在区纬二路建设工程、新安小学活动中心工程、区客运总站建设工程中开展专项预防工作，全面监督工程招投标，力促建设单位在原材料采购、资金使用、工程施工等多方面实行阳光操作，确保专项工程“工程优质、干部优秀”目标的实现。

第五节　渎职侵权检察

1980～2008年，区检察机关共受理渎职侵权案件125件166人，立案侦查125件，其中非法拘禁45件81人，玩忽职守49件49人，重大责任事故19件20人，非法搜查5件7人。

1980～2008年部分年份楚州区（淮安县、淮安市）检察院渎职侵权检察情况表

表21-13

年份	检察情况
1980	查处20件，决定追究责任1件3人，建议党政纪处分11件17人
1981	共受理法纪案件17件20人，其中立案侦查5件7人，起诉2件2人
1982	免诉1件1人，没有起诉、不诉
1983	受理案件16件27人，其中非法拘禁的3件3人，玩忽职守的2件4人，诬告陷害的1件2人，其他案件3件3人
1984	受理案件15件，立案5件，起诉4件4人，没有不诉、免诉案件
1985	受理22件，立案侦查4件，起诉2件
1986	受理各种案件19件，立案侦查3件，起诉3件，免诉2件
1987	受理法纪案件15件，立案查处2件
1988	立案侦查2件3人，撤销案件1件1人，起诉1件1人，免诉1人
1989	受理案件19件，其中重大责任事故2件，玩忽职守3件，非法进入他人住宅4件，非法搜查1件，非法拘禁6件，报复陷害2件，其他1件；立案2件，免诉2件，调解处理15件
1990	受理案件22件，其中非法拘禁7件，非法侵入他人住宅5件，重大责任事故3件，破坏选举2件，玩忽职守1件，其他案件1件，立案4件4人，调解18件
1991	受理案件15件17人，其中非法拘禁案5件5人，非法侵入他人住宅案5件5人，玩忽职守案1件1人，重大责任事故案4件6人；共立案3件3人
1992	受理案件9件15人，立案3件4人
1993	受理案件12件14人，立案侦查3件3人，其中，非法侵入他人住宅案2件2人，玩忽职守案1件1人
1996	受理各类法纪案件19件，立案9件，其中徇私舞弊案1件，玩忽职守案2件（特大案件1件），重大责任事故案2件，非法拘禁案1件，非法侵入他人住宅2件，诬告陷害案1件
1997	受理案件线索12件，经初查立案7件，其中非法侵入他人住宅2件，非法拘禁1件，重大责任事故2件，伪证1件，玩忽职守1件
1998	立案侦查1件，为国家机关工作人员玩忽职守案
1999	收集各类案件线索15件，提请初查6件6人，其中立案侦查1件1人，不立案5件5人，移送其他部门案件线索1件1人
2000	发现渎职、侵权案件线索21件，决定初查9件，立案侦查2件
2001	立案侦查4件
2002	立案侦查法纪案件2件
2003	立案侦查渎职、“侵权”案件6件6人
2004	查办渎职侵权案件1件1人
2005	立案侦查渎职案件3件3人
2006	立案侦查渎职案件4件4人
2007	立案侦查渎职案件3件3人

续表 21-13

年份	检察情况
2008	立案侦查渎职案件3件

第六节　民事行政检察

1992～2008年,楚州区(淮安市)人民检察院依法独立行使检察权,通过办理民事、行政抗诉案件,对人民法院已经发生法律效力的民事或行政判决、裁定,发现确有错误或者违反法定程序,可能影响案件正确判决、裁定的,累计依法提出抗诉、建议抗诉约56件,以维护当地的司法公正。

1992～2008年部分年份楚州区(淮安市)检察院办理民事行政申诉案件一览表

表21-14

年份	受理及立案
1992	接待来访10人次,立案2件次
1993	立案2件
1996	受理案件11件,立案审查2件,向法院提出口头建议2件1次
1997	受理案件10件,立案4件,提请抗诉、建议提请抗诉3件
1998	受理案件10件,立案审查5件,提请抗诉和建议提请抗诉3件
1999	受理案件8件,立案审查8件,提请抗诉4件,建议提请抗诉3件,被上级院采纳5件
2000	受理案件23件,提请抗诉11件,建议提请抗诉4件
2001	受理申诉线索21件,立案15件,提请抗诉和建议提请抗诉10件,终止审查7件,出庭支持抗诉5件
2002	受理申诉线索13件,立案审查11件,息诉3件,终止审查7件,提请抗诉和建议提请抗诉3件,出庭支持抗诉1件
2003	受理案件11件,立案11件,提请抗诉和建议提请抗诉2件,中止审查3件,发出再审检察建议6份;对法院正在强制执行、确有错误的1件民事申诉案件,及时发出《暂缓执行意见书》,被法院采纳停止执行
2004	受理案件15件,立案11件;向市院提请抗诉3件,被采纳2件;向同级人民法院发出“再审检察建议书”5份,区人民法院再审4件,改判4件;息诉3件,中止审查1件
2006	受理案件9件,立案9件;向市院提请抗诉5件,被采纳3件,市院抗诉后市中级人民法院再审改判3件;建议提请抗诉2件,采纳2件;向同级人民法院发出“再审检察建议书”1份,区人民法院采纳
2007	受理案件8件,立案审查8件;向市院提起抗诉2件,采纳1件;建议市院提起抗诉4件,市院采纳3件
2008	受理案件20件,立案14件,对不立案审查的案件均作了息诉和解处理;受理市院交办案件6件,建议抗诉和建议提请抗诉3件,建议不提请抗诉2件;向区法院发出再审检察建议3件,均被法院采纳;办理执行和解案件1件;代表被害单位提起刑事附带民事诉讼案件2件,法院作出生效判决;支持受损单位提起民事诉讼案件1件;初查审判人员职务犯罪案件1件,市检察院向市中级人民法院发出检察建议

第七节　监所检察

1978年，淮安县看守所检察工作由县检察院刑事检察科负责。1984年，县人民检察院增设监所检察科，负责县看守所检察工作。1993年，淮安市检察院成立驻看守所检察室，进一步加大监所检察监督力度，对看守所无证收押人犯、违规会见人犯、办案单位单人提审人犯、看守所不按规定投劳、超期羁押等问题进行了检察监督，对看守人员体罚人犯的行为进行查处。1994年，驻所检察室被省检察院评为“合格检察室”。2001年8月，驻看守所检察室出庭支持公诉王剑、陆勇吉等21名被告聚众斗殴、寻衅滋事一案，该案是全省监所检察部门起诉的案件中人数最多、作案起数最多、影响最大的案件。2003年3月，驻所检察室立案查处1起管教干警体罚、虐待被监管人的案件。当年，驻所检察室被省检察院评为“二级规范化检察室”。2008年，申报减刑案件29件29人，申报保外就医4件4人，均无违法违规行为。

1985～2008年部分年份楚州区（淮安县、淮安市）监所检察情况表

表21-15

年份	检　察　工　作
1985	给在押人员上法制课50余次，先后有6名犯人主动交代了自己的余罪，收到的检举揭发犯罪线索17条，对监外执行五种人的回访率达57%
1986	纠正各种违法现象61起，给人犯上法制课6次，个别教育32次
1987	纠正看守所各种违法违规现象165次，其中书面建议10次；给在押人员上法制课8次，个别谈话教育156人次，收到交代余罪及揭发检举他人犯罪线索60余条；开展文明监室评比活动，评出四个文明监室，87名在押人员得到奖品；深入钦工、平桥等14个乡镇，对31名监外五种人、20名刑释人员和52名服刑犯家属进行了回访考察
1988	召开联席会议10次，口头纠正看守所违法违规53次，书面建议5次
1989	向看守所发出口头纠正违法33次，书面通知纠正建议4次；提审教育在押人员99人次，收到检举揭发犯罪线索20条；对15名监外执行的重点人进行回访
1990	配合公安机关进行安全防范检查12次，单独检查29次，查出安全隐患13次，提出改正意见建议21条；编发监所人员关押情况简报31期；个别谈话教育94人次，给全体在押人员上法制课17次，收到各种检举揭发犯罪线索70余条；对淮城等10多个乡镇的23名监外执行罪犯进行考察
1991	针对看守所内发生单人提讯情况向看守所口头提出纠正意见80余次；对18件22人在押超期案件向看守所及办案单位提出纠正意见，得到纠正；给全体在押人员上法制课13次，个别谈话教育160余人次。
1993	发现看守所违法违规行为7次，提出纠正意见11次；发现超期羁押案件3件，提出纠正意见7次；办理减刑5人，保外就医12人；召开联席会议8次，上法制课13次，个别谈话教育300余人次，收到检举揭发犯罪线索50余件，其中重大线索8件。全年“五种人”保外就医29人，缓刑40人，假释7人，剥夺政治权利36人
1996	纠正无证关押7人，检察超期羁押10人，违反规定释放1人；对在押人员发出检察简报48期；上法制教育课15次，单独谈话教育120人次，收到在押人员检举揭发犯罪线索80余件全年有监外执行罪犯303人，考察了223人

续表 21-15

年份	检　察　工　作
1997	纠正看守所无证收押2人、违规会见1人、办案单位单人提审10人次、不按规定投劳36人次；全年发现超期羁押6件7人，口头提出纠正意见2件2人，书面检察建议1件1人，纠正了3件3人；全年对在押人员发出检察简报48期，上法制课12次，找在押人员个别帮教110人次；受理在押人员及其家属的申诉案件1件2人，查处1件2人
1999	纠正超期羁押2件2人，口头纠正看守所违法违规25次，书面提出纠正违规意见1次；全年上法制课6次，个别谈话教育310次
2000	办理服刑罪犯又犯罪逮捕案件2件5人，其中批准逮捕2件4人，不捕1人；办理审查起诉案件2件6人，其中移送法院起诉1件3人，向上一级人民检察院移送案件1件3人；办理上级检察院交办的控告申诉案件1件。全年纠正超期羁押1件1人。对在押人员开展法制教育6次，个别谈话帮教300余人次。全年检察考察监外执行罪犯239人，考察率100%，发现问题1次，发出书面检察建议书1份
2001	检察纠正看守所违规收押4起，不及时释放4起，律师违规会见17次；办理服刑罪犯又犯罪的批捕案件4件22人，起诉案件4件26人，法院均作出了有罪判决；对监外“五种人”的考察率达到100%，纠正监外罪犯执行过程中发现的违法违规现象9次，督促有关单位收监1人；对全体在押人员开展法制课教育3次，单独谈话教育150人次，收到各种检举揭发线索120余条
2002	纠正办案单位单人提审5次；全年办理服刑罪犯又犯罪批捕案件2件2人，审查起诉案件2件4人，均被法院判处有罪；办理在押人员控告申诉案件3件，为在押人员追回财产7000余元，检察看守所申报的在押人员减刑案件10件；对全体在押人员开展法制教育课12次，单位谈话教育200余人次，收到各种检察揭发线索20余条
2003	纠正单人提审会见5次，办理服刑罪犯又犯罪批捕案件3件4人，审查起诉案件4件6人，均被法院作出有罪判决；受理控告申诉案件2件，为在押人员挽回财产2000余元；办理监管人员职务犯罪案件1件1人；受理看守所报请减刑案件10件10人；对全体在押人员开展法制宣传教育12次，单独谈话教育200余人次，收到各种检举揭发线索20余条；对监外执行罪犯的考察率达到100%，发现并纠正了执行机关的违法违规行为5次
2004	查询、催办各诉讼环节期限的案件180余件。
2005	查询、催办各诉讼环节期限的案件200余件，发出提示函40余份；检察看守所呈报减刑案件46人，同意申报39人，不同意申报7人，法院裁定减刑39人；检察监督看守所呈报保外就医人员9件9人，其中对1件1人作出了不予保外就医的检察建议；办理服刑罪犯又犯罪批捕案件5件25人，其中作出逮捕决定23人，不捕2人，审查起诉案件4件32人，法院均作出有罪判决；对监外执行“五种人”241人，进行考察，发现脱管失控1件1人，提出纠正意见1次
2006	办理服刑罪犯又犯罪案件，审查批捕7件8人，审查起诉4件6人。
2007	审查看守所申报减刑案件30件30人，纠正申报减刑不当4件4人，其中3件3人经审查系累犯，1件1人存在严重违规行为，作出不予申报减刑的检察意见，均被看守所采纳，纠正率达100%；受理各类案件8件17人，其中审查批捕案件6件14人，批准逮捕10人，不批准逮捕4人；审查起诉案件2件3人，其中1件2人经法院作了有罪判决；另有1件1人，因对同一事实、证据的认定或同一法律适用上与法院之间认识有分歧、理解不一致，撤回起诉
2008	检察看守所收押1059人，出所993人，均符合法定条件；加强刑罚交付执行、减刑、保外就医等活动的检察监督，共审查看守所交付执行245人，审查申报余刑一年以上罪犯留所服刑案件7件7人，申报减刑案件29件29人，申报保外就医罪犯4件4人，均无违法违规行为。办理服刑罪犯又犯罪案件，审查批捕3件5人，审查起诉2件3人

第八节 控告申诉检察

1983年，增设控告申诉检察科，1988年8月成立经济罪案举报室，与控告申诉检察科合署办公，控告申诉检察科负责处理群众来信来访，统一受理报案、控告、举报、申诉和犯罪嫌疑人投案自首，初核举报线索，办理有关控告案件，依法处理有关刑事申诉、国家赔偿和刑事被害人救助案件，维护正确的决定、判决和裁定，纠正错误的决定、判决和裁定，开展举报奖励工作，进行法律宣传和咨询活动，保护公民、法人及其他单位的合法权益，促进司法公正，维护社会稳定，保障国家法律的统一正确实施。2003年，被评为省级文明接待室。2005年3月，该科杨磊被省检察院表彰为全省集中处理涉法上访先进个人。2007年，被楚州区依法治区领导小组确定为法治楚州建设区级示范点。2008年3月控告申诉检察科被最高人民检察院评为全国文明接待室。

1978～2008年楚州区（淮安县、淮安市）检察院办理控申案件情况表

表21-16　　单位：件

年份	处理情况				总数
	自行查办		转有关部门	直接答复	
	控申查办	转业部门			
1978	47	45	34	2	128
1979	56	61	38	3	158
1980	42	58	31	1	132
1981	35	40	39	5	119
1982	63	36	52	0	141
1983	40	51	45	7	143（上半年）
1984	71	49	28	2	150
1985	48	53	37	3	141
1986	69	73	22	5	169
1987	54	60	48	11	163
1988	39	41	24	8	112
1989	34	57	37	5	133
1990	61	42	51	2	156
1991	68	50	23	4	145
1992	43	38	33	1	115
1993	58	53	10	0	121
1994	70	18	6	3	97
1995	28	14	10	0	52

续表 21-16

年份	处理情况				总数
	自行查办		转有关部门	直接答复	
	控申查办	转业部门			
1996	17	38	40	2	97
1997	15	46	32	0	93
1998	5	60	37	0	102
1999	3	104	29	0	126
2000	40	19	110	1	170
2001	64	66	68	2	200
2002	50	60	37	0	142
2003	37	52	8	3	100
2004	69	31	9	1	110
2005	52	25	8	1	86
2006	62	28	3	0	93
2007	34	29	2	0	65
2008	27	41	8	0	71

第四章　法　院

中共十一届三中全会以后，人民法院经过拨乱反正，平反纠正了“文化大革命”等各个时期的冤假错案，法制工作不断完善。80年代改革开放以后，法院适时地配合公安、检察机关，严厉惩处了严重危害社会治安的犯罪人员，严惩严重破坏经济的犯罪人员，相继开展了惩处贪污、盗窃、行贿受贿、制贩毒品、拐卖妇女儿童等专项斗争，同公安等部门积极配合，参与了“除六害”（吸毒贩毒、卖淫嫖娼、赌博、制贩淫秽物品、拐卖妇女儿童、利用封建迷信骗钱害人）、“扫黄”（“黄”指淫秽书刊、录像录音等）、社会治安综合治理等工作，同时调处了大量民事、经济纠纷，加强了人民内部团结，维护了经济秩序，为淮安楚州区的改革开放和社会主义现代化建设创造了良好的社会环境。

第一节　机构队伍

一、人民法院

1978年后，淮安县人民法院新建经济、行政、告申3个审判庭和执行庭；成立第二刑事审判庭，原刑事审判庭改为第一刑事审判庭，设法医室。1988年2月更名为淮安市人民法院，2001年2月又更名为淮安市楚州区人民法院。2008年，楚州区人民法院计有工作人员132人（女干警31人）。其中具有研究生学历9人，本科学历81人，大专及以下学历42人；中共党员107人，占全院人数的81%，共青团员6人。内设机构有机关党委、监察室、政治处、办公室、审判管理办公室、后勤装备科、法警大队、刑事审判庭、民事审判一庭、民事审判二庭、行政审判庭、少年案件审判庭、执行局、立案庭、司法技术辅助部门。基层法庭有车桥人民法庭、席桥人民法庭和林集人民法庭。

楚州区人民法院基本审判组织形式为合议庭和独任庭。合议庭是人民法院审判案件的基本审判组织，其成员是根据案件审理的需要临时组成的，由院长或者庭长指定审判员一人担任审判长，院长或庭长参加审判案件的时候则自己担任审判长。独任庭是由法官一人开庭审判的法庭组织形式，主要审理法律规定的简易案件。楚州法院审理辖区内的一审民事案件、商事案件、行政案件、刑事案件（公诉、自诉）。执行工作由执行局（前身为执行庭）负责。

二、审判委员会

1979年5月，法院重建审判委员会。法院审判委员会为法院内部集体领导审判工作的组织，由院长、副院长、部分审判庭庭长等人员组成，主要负责总结审判经验，讨论重大复杂疑难案件和其他有关审判工作的重要问题。

三、基层人民法庭

淮安县人民法院1954年春在渠南、运西、渠北分别设立第一、第二、第三巡回法庭。1955年，在淮城镇设立第四巡回法庭。1956年4月，将第四巡回法庭分设为刑事审判庭和民事审判庭。同年12月，第一、第二和第三巡回法庭分别改设为车桥、范集、顺河人民法庭。1966年5月，增设大兴人民法庭和复兴人民法庭。“文化大革命”期间，撤销大兴、复兴两个人民法庭。1980年4月，恢复大兴、复兴两个人民法庭。1981～1989年，增设顺河、泾口、运河（即淮城）、红桥（即城郊）、建淮5个人民法庭。后几经裁撤，至2008年，楚州区法院下辖车桥、林集和席桥等3个基层人民法庭。

2006年，在“平安楚州”创建活动中，将刑事庭审搬进农村

第二节 刑事审判

刑事审判工作由法院刑事审判庭具体负责。1978～1979年，刑事审判工作重点是对“文化大革命”期间办理的879件捕、判案件全部予以复查，纠正错案。此后审理的刑事案件，以流氓、强奸、诈骗、盗窃和经济犯罪等为主要特征。在刑事案件审判中，法院依法严惩各类刑事犯罪，全力维护社会稳定，惩治经济犯罪和贪污贿赂犯罪，积极参与社会治安综合治理。1986年，成立第二刑事审判庭，同时改刑事审判庭为第一刑事审判庭，内设“少年犯审判组”。1993年，撤销刑一、刑二庭，恢复刑事

审判庭。

1978～2008年，楚州区（淮安县、市）法院共受理各类刑事案件8875件，审结8813件。

1978～2008年楚州区（淮安县、淮安市）法院审判刑事案件一览表

表21-17　　单位：件

年份	收案数		结案数	年份	收案数		结案数
	旧存	新收			旧存	新收	
1978	4	115	118	1994	2	211	210
1979	1	117	116	1995	3	258	260
1980	2	200	199	1996	8	308	309
1981	3	189	190	1997	7	243	251
1982	2	258	256	1998	9	214	215
1983	4	419	420	1999	8	292	290
1984	3	354	355	2000	10	313	316
1985	2	187	188	2001	7	409	411
1986	1	216	214	2002	2	325	327
1987	3	191	192	2003	0	378	362
1988	2	264	262	2004	16	417	401
1989	4	213	214	2005	16	378	363
1990	3	252	250	2006	15	391	376
1991	5	322	321	2007	15	424	410
1992	6	323	325	2008	14	525	525
1993	4	165	167	合计		8875	8813

一、严重危害社会治安犯罪审判

1980～2000年，法院在刑事审判工作中突出惩处重点，严厉惩处各类刑事犯罪，把杀人、抢劫、放火、故意重伤、强奸、入室盗窃、流窜盗窃、机动车辆盗窃以及聚众斗殴、寻衅滋事等严重暴力犯罪和影响群众生活安全的多发性犯罪作为惩处的重点。2001～2008年，楚州区法院共审理严重暴力犯罪案件889件，占全部刑事案件的55.77%；共判处10年以上有期徒刑的被告人50人，5年以上10年以下有期徒刑的被告人148人。

二、职务犯罪审判

1980～2000年，辖区内职务犯罪案发率很低，职务犯罪审判较少。2001年以后，职务犯罪呈上升趋势，职务犯罪审判逐年增多。2007～2008年，楚州区法院刑事审判庭共审理职务犯罪案件52件52人，其中贪污3件3人、受贿37件37人、挪用公款4件4人、滥用职权2件2人、玩忽职守6件6人，严厉地惩处了职务犯罪，维护了社会稳定。在审理中，法院贯彻宽严相济的刑事审判政策，对罪当判处5年以上或10年以上有期徒刑，但具有法定从轻、减轻处罚情节，且积极退赃、有悔罪表现的，一般考虑减轻处罚；对罪当判处1年以上7年以下有期徒刑，且数额较小的，还依法适用缓刑；对那些犯罪数额超过5万元、拒不悔罪、具有索贿情节、违法所得用于非法活动的罪犯依法予以从重处罚。

三、少年刑事及自诉案件审判

2001年，楚州区人民法院在刑庭设立专门合议庭负责“涉少”刑事案件的审理，并于2003年和2004年先后成为淮安（地区）市级、省级优秀青少年维权岗。2007～2008年，区人民法院共审理未成年人犯罪案件132件203人，其中盗窃、抢劫等侵财性案件95件112人，聚众斗殴、寻衅滋事等危害社会管理秩序的案件23件76人，强奸、故意伤害等其他案件14件15人。

2007年以后，区人民法院抓好刑事自诉、附带民事审判工作，坚持从维护社会稳定出发，注重多做疏导工作，避免矛盾激化，促使双方当事人谅解、和解。2007～2008年，区人民法院共受理刑事自诉案件53件，附带民事赔偿案件115件（含公诉案件），合计168件。

第三节 民事审判

1978年，法院共受理各类婚姻纠纷案件84件，办结68件。1981年1月，实施了新婚姻法，婚姻案件较前几年有所上升。至1991年底，淮安市每年受理婚姻案件约200件。2003～2008年，楚州区人民法院共审理婚姻家庭类纠纷案件4999件，解决争议财产标的额为人民币2029.84万元。

80年代，人身损害及财产损害案件大量上升。法院处理赔偿案件的法律根据是：构不成犯罪的违法案件，行为人故意或过失侵害他人的人身或财产权益，应追究行为人的民事赔偿责任，以消除违法行为所造成的后果，使公民的人身权利、公共财产、公民的个人财产得到保护。处理时着重调解，以促进双方当事人团结和好为原则。90年代以后，交通事故造成的赔偿案件大幅度上升。2003～2008年，楚州区人民法院共审理损害赔偿纠纷案件1688件（以一般人身损害、其他人身损害、工伤事故、医疗事故、交通事故、财产损害为统计对象）。其中，人身损害赔偿案件339件，其他损害赔偿案件34件，医疗事故纠纷案件51件，工伤事故赔偿案件10件，道路交通事故人身赔偿案件1160件，财产损害赔偿案件94件。赔偿类涉案标的额达人民币9482.19万元。其中人身损害赔偿案件标额为人民币1016.54万元，其他损害赔偿案件标的额为人民币301.51万元，医疗事故赔偿案件标的额为人民币287.51万元，工伤事故赔偿标的额为人民币65.56万元，道路交通事故人身损害赔偿案件标的额为人民币7417.41万元，财产损害赔偿案件标的额为393.66万元。

1978～2008年，楚州区（淮安县、市）人民法院共受理民事案件2.93万件，审结2.92万件。

1978～2008年楚州区（淮安县、淮安市）法院民事案件情况表

表21-18 单位：件

年份	收案数		结案数	年份	收案数		结案数
	旧存	新收			旧存	新收	
1978	1	92	92	1994	18	986	998
1979	1	110	109	1995	6	1285	1271
1980	2	173	172	1996	20	2673	2672
1981	3	202	201	1997	21	3256	3251
1982	4	209	208	1998	26	2350	2360
1983	5	225	224	1999	16	1594	1598

续表 21-18

年份	收案数		结案数	年份	收案数		结案数
	旧存	新收			旧存	新收	
1984	6	198	200	2000	12	1528	1530
1985	4	344	343	2001	10	1770	1774
1986	5	423	422	2002	4	1559	1560
1987	6	542	540	2003	3	195	154
1988	8	740	742	2004	44	479	481
1989	6	878	875	2005	42	577	577
1990	9	729	730	2006	42	653	653
1991	8	770	772	2007	42	1136	791
1992	6	820	821	2008	387	1301	1517
1993	5	1535	1522	合计		29333	29170

第四节　商事（经济）审判

1978年后，随着农村经济管理体制和产业结构的改革，农村承包合同纠纷和经济纠纷不断发生。同时因市场开放搞活和价格体系的改革变化，流通领域中的经济纠纷也不断增加。淮安县人民法院于1981年10月建立了经济审判庭，对法人之间、公民之间、法人与公民之间的经济诉讼活动，实行法律裁处。1982年1月，正式受理经济合同纠纷案件。是年，经济审判庭共受理经济合同纠纷案件21件。其中，以购销合同纠纷最多，达19件；农村承包合同纠纷1件，运输合同纠纷1件。争议总金额达33万元。是年7月1日，《经济合同法》正式实施。到年底，淮安法院审结经济纠纷案件13件，均以调解结案。1983年，法院审结各类经济合同纠纷案件15件，其中购销合同纠纷12件、货物运输合同纠纷1件、财产租赁合同纠纷1件、其他合同纠纷1件，诉讼争议标的金额18.69万元。审判人员贯彻"着重调解"的原则，除1件因当事人各执己见、意见相差太远难以调解而判决结案外，其他均以调解解决。1984年后，经济纠纷案件较前不断增加。1984年，法院共审结32件，诉讼争议标的金额达25.57万元。1985年，法院受理各类经济纠纷案件98件，审结86件，解决争议金额达62.34万元。这类案件仍以案件审理难度增大，有的法人对于经济纠纷不是采取行之有效的法律手段来解决，而是采取以错制错的方法，以致使矛盾更加复杂化，给审理带来许多困难。1986年，法院受理各类经济纠纷案件达1000件，是年审结80件。这类纠纷主要发生在法人之间，法人与公民、专业承包户之间的经济纠纷，当事人签订的无效合同也占有较大比例。1987~1991年，法院受理各类经济纠纷案件每年均超过1000件，且不断增加。这些案件多以调解结案，难以调解，则依法判决。2002年4月5日，经济审判庭改设为民二庭。2003~2008年，民二庭新收各类普通商事案件1443件，审结案件1546件。处理争议标的额为人民币1.78亿元；审理破产案件31件，处理破产财产为人民币1917万元。质效指标完成情况：法定正常审限内结案率为100%；结收案比为101%；案件平均审理天数27.67天；调解撤诉率为81.03%；上诉案件17件，上诉率为3.36%。自1981年至2008年12月，法院共受理各类型商事案件1.1万件，审结1.1万件。

1981～2008年楚州区(淮安县、淮安市)法院商事案件情况表

表21-19 单位:件

年 份	收案数		结案数	年 份	收案数		结案数
	旧 存	新 收			旧 存	新 收	
1981	0	2	2	1996	3	832	834
1982	0	16	15	1997	1	1330	1318
1983	1	16	16	1998	3	832	834
1984	1	35	34	1999	10	807	811
1985	2	90	88	2000	6	360	365
1986	4	80	81	2001	1	148	149
1987	3	168	165	2002	0	205	205
1988	6	276	277	2003	0	53	41
1989	5	418	415	2004	12	168	170
90	8	162	168	2005	10	134	137
1991	2	130	131	2006	7	214	206
1992	1	180	180	2007	15	373	329
1993	1	1750	1739	2008	59	501	566
1994	12	844	852	合计	177	10997	11002
1995	4	873	874				

第五节 行政审判

1988年10月,淮安市人民法院成立行政审判庭。其主要职责是依法审理第一审行政案件,受理行政机关申请的行政执行案件(后改为非诉行政案件审查)。非诉行政案件审查工作的着眼点和着力点首先放在诉前调解和案外纠纷上,坚持调解优先。1989～2008年,楚州区法院共受理行政案件1093件,审结1093件。

1989～2008年楚州区(淮安市)法院行政案件情况表

表21-20 单位:件

年 份	收案数		结案数	年 份	收案数		结案数
	旧 存	新 收			旧 存	新 收	
1989	0	12	11	2000	2	12	14
1990	1	6	7	2001	0	15	15
1991	0	17	16	2002	0	35	35

续表 21-20

年 份	收 案 数		结案数	年 份	收 案 数		结案数
	旧 存	新 收			旧 存	新 收	
1992	1	5	6	2003	0	11	10
1993	0	10	11	2004	1	72	57
1994	1	14	13	2005	16	255	250
1995	2	61	60	2006	21	170	177
1996	3	34	36	2007	14	145	149
1997	1	28	28	2008	10	124	132
1998	1	32	31	合计	76	1093	1093
1999	2	35	35				

第六节　案件执行

案件审结后，对发生法律效力判决书、裁定书、调解书，败诉或负有义务一方的当事人，必须按时自动履行。不能自动履行的，享有权利一方当事人可向法院申请执行。由法院采取措施强制其实现。若有不同情况，法院则分别依法作出不同处理。

1982年4月，淮安县人民法院设专职执行员1人；1985年3月成立信访执行组，配备3人；1986年建立执行庭。后于2002年4月5日改设为执行局。

2003～2008年，楚州法院执行局开展了第一阶段有财产案件的清结和第二阶段无财产案件的清理执行积案活动。在执行中涉及老、弱、病、残等特殊群体以及困难企业为被执行人的案件时，采取“缓、访、合、调”四项措施化解矛盾，通过与申请人、被执行人沟通，以求解决问题的最佳途径。经省法院执行局和市中院检查，清结案件的数量和质量在全市名列前茅，执行清结工作顺利通过中央政法委和最高人民法院的检查验收。

2003～2008年，区法院执行局共收案件2724件，结案2695件，执结率达98.94%，执行中止案件清理率为100%；执行案件督查督办撤改率为0，执行案件录入率为100%。其间，先后强制执结淮安市楚州区茭陵乡卢某某搬迁案、顺河镇金某某排除妨碍砍树案、刘某某拍卖机器设备交付案、丰恩工贸公司和常福化工公司的资产拍卖处置案件；妥善处理好楚光公司260多名工人和常福化工公司270多名工人工资的兑付等当事人不断上访、信访的大案。

第七节　立案及司法救助

一、立案工作

1999年12月，淮安市法院立案庭成立。2003～2008年，楚州法院共立案受理各类案件1.2万件，其中刑事2513件，民商事5784件，行政777件，执行2714件，申诉及申请再审259件；当日立案率达99%，准确率99.9%，排期开庭、谈话、调解1356次。

二、司法救助

楚州人民法院执行救助金制度，并在实践中不断探索执行救助金的适用条件、资金来源、发放数额、发放程序及管理和监督等问题，把执行救助款发放到真正需要救助的人手中。至2008年，楚州法院共向执行案件权利人发放执行救助金近60万元。2008年，楚州法院为经济确有困难的当事人办理免缴、缓缴诉讼费用手续，累计缓缴各类费用56.1万元、免收诉讼费10万元。

第八节　申诉　复查

1979年，“文化大革命”中所判刑事案件，为在极“左”路线影响下受到迫害的人进行平反昭雪。1984年，县法院建立第二刑事审判庭，专门负责审理申诉案件。在此之前，审理申诉和控诉案件，都由刑事审判庭或院长临时抽调人员负责办理。1984～1991年，法院第二刑事审判庭不仅参加了对以往案件的复查，而且办理了1700件申诉案件。审结结果是维持原判1205件，改判495件549人（其中改判无罪的210人，改判免予刑事处分的108人，改判减刑的208人，改判其他的23人）。至2008年，楚州法院审判管理办公室共评查案件1.09万件，评查率88.57%；以每月质量评查普查活动为主、不定期专项质量评查活动为辅开展案件质量评查工作，先后共开展专项评查56次。

第五章　司法行政

第一节　机　构

1980年前，淮安县司法行政工作由县人民法院兼管。1980年12月，淮安县人民政府设司法局，建立法律顾问处、公证处，专门负责法制宣传教育、民事纠纷调解、公证、律师事务等司法行政工作。1985年5月，县司法局在8个乡镇建立司法办公室。1991年，淮安市司法局设办公室、政工股、法制宣传股、基层工作股，下设公证处。至1991年底，淮安市32个乡镇场（含国营白马湖农场）全部建立了司法办公室。1997年8月，司法局增设刑释解教人员安置帮教办公室，撤销政工股。1998年12月，司法局增设公证律师工作管理股，并增挂“148”指挥协调中心牌子。1999年8月，司法局增设法律援助工作科。2002年3月，楚州区司法局增设司法鉴定工作管理科。2002年4月，区司法局下设6个职能科室及公证处，具体为办公室、法制宣传科、公证律师工作管理科、基层工作科（挂“安置帮教办公室”牌子）、法律援助工作科（挂“148”指挥协调中心牌子）、司法鉴定管理科及楚州区公证处。2001～2005年，楚州区被中央宣传部、国家司法部表彰为“全国法制宣传教育先进县区”。2005年12月，楚州区司法局增设小区矫正工作科。

2008年底，司法局在编干部有25人，乡镇司法所有37人。

第二节　普法宣传

一、“一五”普法

1985年，淮安县委批转县委宣传部和司法局共同起草的《关于向全县公民进行普及法律常识教育的五年规划》，并专门成立了淮安县普及法律常识办公室。各乡镇均相应地成立了普及法律常识办公室或普及法律常识领导小组。自此，在全县公民中有计划地宣传《宪法》《刑法》《婚姻法》《经济合同法》《兵役法》以及《治安管理处罚条例》等，简称“七法一例”。1986年，全县16.5万农民参加“农民法律知识竞赛”活动，获奖人数占淮阴市各县市之首。1989年，淮安市2.1万人参加全国普法知识竞赛，参赛人数列淮阴市之首，淮安市获国家教委和司法部颁发的组织奖。1991年，淮安市应普及法律常识的对象为77.54万人，已接受普法宣传教育的为77.03万人，普及率为98.4%。经验收，合格率为97.3%。在普法宣传中，全市共培训法制宣传员4.51万人，分发法律常识读本20多万册。

二、“二五”普法

1991年是淮安市第二个五年普法规划第一年。市司法局与市委宣传部制订《关于在全市公民中开展法制宣传教育的第二个五年规划》，以《宪法》为核心，着重宣传《宪法》《土地法》《环境保护法》《义务教育法》《计划生育条例》等，印发宣传材料5万余册，有63万人参加了学习，培训普法宣传员2万多人。全市31个乡镇场和93个部门及企事业单位成立了“二五”普法专门工作班子。市司法局针对全市普法对象80%在农村，且高度分散、流动性大、文化程度参差不齐的特点，在三堡乡进行了“二五”普法试点，形成了“村为单元、户为基础，分层施教，包干到人”的农民普法教育经验，司法部《普法通讯》，省司法厅《法制宣传》等刊物进行了介绍。

“二五”普法期间，淮安市委市政府先后召开研究“二五”普法专题工作会议25次，发文26份；与各乡镇、各部门签订了责任状，实施目标管理；落实专项工作经费95.6万元，先后购买和自编教材9.73万册分发到基层，其中购买省编干部读本1.03万册，职工读本5.16万册，其他数据0.74万册，自编法律知识问答手册2.8万册；市“一报两台”分别开设“法制论坛”“法制园地”“政法战线”等专题栏目开展法制宣传教育，市领导发表电视专题讲话35次；司法局在镇淮楼举办“二五”普法图片展8期；电影放映单位每年在暑假举办一次法制电影周；各乡镇、各企事业单位分别通过墙报、板报、标语等形式开展法制宣传教育活动。1993年，全市举办法制宣传专题文艺会演，一批宣传法律法规的文艺作品深受广大群众欢迎。全市应普法对象74万人，实际参学68.71万人，普及率92.1%。验收合格者63.25万人，合格率92%。其中，市四套班子领导24人，参学率、合格率均为100%；机关干部1596人，实际参学1565人，参学率98.3%，合格率96.6%；企事业单位领导2069人，实际参学2023人，参学率97.8%，合格率94.82%；企事业单位职工2.36万人，实际参学2.3万人，合格率97.4%；城市居民1.8万人，参学1.72万人，合格率93.32%；教师8175人，参学8043人，合格率96.83%；农民60.42万人，参学56.82万人，合格率91.43%；在校学生16.04万人，应普法对象8.2万人，参学7.9万人，合格率95.1%。

三、“三五”普法

根据中共中央、国务院转发的《中央宣传部、司法部关于在公民中开展法制宣传教育的第三个五年规划》，1996年4月，淮安市对依法治市领导小组进行了调整，由市长任组长，下设办公室与法制宣传教育领导小组办公室“两块牌子一套班子”，在司法局对外挂牌。1996年5月23日，淮安市人大常委会十二届二十七次会议审议通过了《关于在全市公民中开展法制宣传教育的第三个五年规划》。9月5

日，下发《关于在全市公民中开展法制宣传教育第三个五年规划的通知》。9月6日，淮安市召开“二五”普法总结表彰和“三五”普法动员大会。1996年10月8日，淮安市领导干部学法讲师团成立。同年10月10日，全区100名干部参加了淮阴市组织的万名干部学法用法知识竞赛。1997年，市司法局确定城东乡、建淮乡、建淮乡建新村、淮城镇瞻岱居委会、淮安市第二中学、钦工中学、丝绸厂、医药公司、国土局、供电局等5种类型10个单位为“三五”普法工作试点单位。是年9月9日，在城东乡召开了“三五”普法试点工作现场会，城东、车桥、淮城等单位作了经验介绍。

为推进普法工作的开展，领导干部学法讲师团在“三五”普法期间共为各级干部讲课184场次，听课人员达2万多人次，并建立一支111人的依法治市联络员队伍，制定工作规则，明确工作职责和要求。市司法局在中小学校建立法制副校长制度，在农村建立了一支1.8万余人的“十户宣教员骨干队伍”，从而保证农民普法效果。

在重点人员的普法教育上，各党委中心组把学法列入年度计划，定期举办学法讲座。1998年，全市3000名国家公务员通过了省“三五”普法学法考试。“三五”普法期间，全市1万余名干部领取了干部学法登记证。在执法人员的普法教育中，法院、检察院、财政局、国税局、地税局、供电局、交通局等部门利用学习日组织执法人员学法，定期考试，以考促学。在青少年普法教育中，各中小学校把学法列入学生必修课，法制副校长（辅导员）坚持每年暑假前为学校上法制课，“三五”普法期间，共上法制课450多场次，受教育师生达35万人次。

为丰富法制宣传教育形式，市司法局拍摄的专题片《普法花开别样红》《148，法律服务的110》在电视台黄金时段播出。2000年8月19日，淮安市司法局在镇淮楼广场举办“法制文艺广场晚会”。南马厂、马甸、流均等乡镇自编了《王大请书记》《补缸》《四大嫂学法》《土地爷告状》等节目在乡村流动演出，其中《王大请书记》获淮阴市法制文艺会演三等奖。“三五”普法期间，淮安市司法局共开展法律咨询263场次，散发宣传资料10多万份，接受群众咨询5.23万余人次。2001年9月17日，楚州区委下发《关于表彰全区“三五”普法先进集体和先进个人的决定》，26个区直单位、7个乡镇、26个乡镇直属单位被表彰为先进集体；区直42人、乡镇71人被表彰为先进个人。

四、“四五”普法

2001年4月26日，中共中央、国务院转发了《中央宣传部、国家司法部关于在公民中开展法制宣传教育的第四个五年规划》。楚州区法制宣传教育领导办公室通过调研、走访、征求意见等形式，做好“四五”普法规划的起草工作。同年9月，区委区政府转发《区委宣传部、区司法局关于在公民中开展法制宣传教育的第四个五年规划》，区人大常委会也作出了相应决议。10月，区委、区政府召开全区“三五”普法总结表彰暨“四五”普法动员大会，成立由区委书记担任组长的法制宣传教育领导小组，制定区委中心组和乡镇、区直各党委中心组学法制度，落实了“四五”普法工作责任制。区人大常委会每年都召开会议审议“四五”普法工作，并制定人大任用的领导干部学法考试制度。

“四五”普法期间，区委从公、检、法、司等单位抽调17人组成学法讲师团，5年间共为各级各层讲授法制课110余次。各新闻单位、文艺团体宣传“四五”普法工作，共开办电视、电台专题节目339个。区教育局为全区各中小学校聘请了法制副校长和法制辅导员，定期为中小学生上法制课。全区121名依法治区联络员按片、按系统成立了14个联络小组。全区共举办7期执法人员培训班，有1500余人参加培训并通过考试，取得省颁发的执法上岗证。为促进信访工作的法制化，从2001年开始，区委区政府选配律师参与区领导的每周信访接待活动，运用法律手段依法解决各种矛盾和纠纷。

“四五”普法期间，全区共举办各类干部普法培训班和法制讲座50余期，接受普法培训的干部达8000人次。区经贸委每年举办2～3期企业经营管理人员学法培训、考试和交流。区劳动和社会保障局5年中共组织外出打工人员学法培训班72期，有1.5万多人次接受普法培训。区检察院在西门大街淮中段建立了青少年维权一条街。区教育局编印《中小学生法律知识读本》发放到每一个学生手中。区文通中学代表队在2003年的全市青少年学法竞赛中获得第一名。区关工委每年都组织一些老同志到各中小学校上法制、道德、传统教育课。马甸镇将公民道德纲要编成“三字经”在各学校巡回演讲。南闸镇民间艺人潘恒球20多年坚持为青少年学生义务上法制课，足迹遍及扬州、盐城、淮安、宿迁、南京等15个市（县、区）的1000多个乡村、5000多个厂矿企业和900多所中小学校，共为学生义务上普法课1500多场，受教育师生达75万人次。潘恒球的事迹被评为2004年度淮安市十大文明新事，江苏卫视以《普法老人潘恒球》为题作了专题报导。《新楚州》报开辟《法制天地》专栏。区普法办创办了《工作简报》，5年共出简报16期，并利用节庆假日开展法律咨询和送法下乡活动17次。“四五”普法期间，全区有普法对象95万人，实际参学94万人，普及率98.9%，考核合格率95%，其中农村普法对象考核合格率为90%，城市居民考核合格率92%，企业职工考核合格率96%，在校学生考核合格率为99%，干部考核合格率为100%。在2006年5月召开的全国法制宣传教育工作会议上，楚州区被中央宣传部、司法部表彰为2001～2005年度全国法制宣传教育先进县区，潘恒球被表彰为全国法制宣传教育先进个人。2006年11月2日，楚州区召开全区“四五”普法总结表彰暨“五五”普法动员大会，有68个先进集体、95名先进个人受到区委区政府表彰。

五、“五五”普法

2006年8月20日至9月20日，楚州区开展“五五”普法启动宣传月活动。10～12月，为配合全区开展的“文化、卫生、科技、法律”四进小区活动，区司法局先后7次组织律师、公证人员深入瞻岱、夹城、楼东等小区，宣传有关法律法规。

2007年，楚州区确定朱桥、淮城、南闸、马甸、交通局、供电局、药监局、建设局、淮中、二中、淮棉有限公司、井神盐业公司等12个乡镇、部门、学校、企业为“五五”普法试点单位。区委组织部、宣传部、区司法局等五单位联合下发《关于加强全区领导干部学法用法工作的意见》；6月和12月，组织全区2300余名国家公务员，265名企事业单位管理人员进行学法测试。同年10月，区司法局联合14个部门出台《关于加强农民工法制宣传教育工作意见》，开展“农民工学法活动周”活动，在区劳动和社会保障局成立“农民工法制学校”，聘请法制校长为农民工开设法律知识讲座。

2008年5月，楚州区对法制宣传教育领导小组进行了调整，区委书记赵洪权担任组长；同时建立了“五五”普法评估考核机制，对各乡镇和部门开展了“五五”普法中期阶段性考核。6月，区法宣办下发《关于在全区组建村居（小区）法制宣传教育志愿者队伍的通知》，组建了一支共376人的法制宣传志愿者队伍。下半年，区法宣办组织全区150余名区级、部门、乡镇、村居领导干部参加全市四级干部学法竞赛，其中正职领导占50%以上。为推进农村居民法治建设，区法宣办在全区开展“民主法治示范村（小区）”创建活动。年底，全区创建省级“民主法治示范村（小区）”16个，市级92个，区级61个。

第三节　公证工作

1981年，淮安县设立公证处，有公证员1人，并开始办理涉外公证业务：是年，办理国内公证2件、涉外公证2件；1982年，办理国内公证16件、涉外公证1件；1983～1989年，办理国内公证9644件，涉外公证104件，其中经济案件4213件，标的2.1亿元。1990年，开始办理涉台公证；1991年，办理国内公证1.06万件，涉外88件，涉台40件，其中经济案件4628件，标的1.36亿多元。2008年，区公证处办理各类公证1250件。

1991～2008年，公证工作坚持为社会主义经济建设、改革开放、市场经济、社会稳定服务，楚州区公证处先后3次获得省级文明公证处称号，被省司法厅记集体三等功1次。

一、国内民事公证

1992年，淮安市公证处办理各类公证2700件，其中民事公证1567件。1993年，随着社会主义市场经济体制的确立，公证处积极探索经纪活动中的《居间合同》公证，在法律法规无明确规定的情况下，办理10余件《居间合同》公证，为经纪人开展活动提供法律保障。1996年，在减轻农民负担试点工作中，公证处积极介入减轻农民负担合同公证，为马甸乡和南闸乡的1.7万农民办理农民负担公证。2000年，公证处积极参与政府采购招投标公证，帮助完善采购程序，规范政府采购制度，为政府公务用车修理、劳动力市场信息网、淮安中学校园网和双向闭路电视系统建设，以及多项政府采购活动办理了公证。2001年，楚州区公证处围绕区政府"两化一招"战略，为政府办公楼工程、新城小区建设工程和围墙巷拆迁改造工程提供公证服务，共办理产权来源、房屋拆迁安置等协议公证28件，办理工程招投标公证26件，涉及工程标的5800万元。2004年，在翔宇大道拆迁户安置房建设招投标工作中，区公证处对招投标活动现场公证，为300余户拆迁群众的安置房建设把好关。2005年，在区五化交公司改制工作中，区公证处仅用2天时间，就为50余名职工办理了身份置换公证。2007年，为解决弃婴事实收养无法落户问题，公证处与有关部门一道，为20余户家庭办理了事实收养和弃婴承担抚养责任声明书公证，从法律上解决了弃婴今后上学、就业等诸多方面难题。2008年，在农村土地换社保工作中，区公证处在合同审核、纠纷调解等事务上主动服务，保证了农村土地换社保的顺利进行。1991～2008年，区公证处共办理收养子女、解除收养、遗嘱、财产继承、房屋买卖、房屋租赁、遗嘱抚养等国内民事公证2.63万件。

二、国内经济公证

淮安市公证处1992年办理经济公证1039件，1993年办理经济公证1333件。1994年，公证工作渗透到全市生产、服务、流通、分配等各个领域，办理了股份制改造、企业兼并、联营拍卖、抵押以及保险等方面的公证事项869件。1996年，公证处积极服务土地使用制度改革，共办理土地使用权出让拍卖公证及土地使用权出让合同公证550件，涉及土地面积713.33公顷。1995年，为配合企业"先售后股"工作，公证处共办理"先售后股"系列公证2375件，其中创立大会公证13件，产权转让公证13件，借款合同公证11件，股权证公证2338件。1997年，公证工作以拓宽服务领域为重点，共办理国内经济公证2873件。2000年，司法局与体改委联合下发了《关于为国有企业的改革和发展提供公证法律服务的通知》，提出了国有企业改革和发展中的公证服务内容、程序、方式、标准等，为漂染厂、省属白马湖农场下属企业办理"国退民进"等各类公证506件。2002年，楚州区公证处介入商品房按揭贷款公证40余件。2003年，公证处对翔宇小区、明清步行街、原淮安大酒店及周边地区、淮安老汽车站等处的国有土地使用权出让进行现场合同公证，保证招投标活动的真实性、合法性。2005年，在民营企业上海北党植物有限公司的证据保全公证中，区公证处远赴山东潍坊取证，为当事人解决经营纠纷赢得得了主动权。2006年，区公证处在投资咨询、合同审核、招投标公证、纠纷调解上主动介入，服务新一轮城市建设。2007年，区公证处充分利用公证手段服务南水北调工程拆迁、周恩来故居周边环境改造拆迁、井神公司60吨制盐技改工程招投标等重点工程建设。2008年，区公证处现场办理被拆迁户证据保全公证，化解矛盾纠纷，维护被拆迁户合法权益。1991～2008年，市（区）公证处办理经济合同、劳动合同、财产租赁、产品购销、建筑工程承包、开奖活动、承包合同等国内经济公证7580件。

三、涉台、涉外公证

1991～1993年，淮安市公证处协助淮阴市公证处办理涉外公证113件。1994年2月，江苏省司法厅下发《关于同意淮安市公证处办理涉外公证业务的批复》，批准淮安公证处从1994年4月1日起办理涉外公证业务。公证处当年办理涉外民事公证16件，涉台民事公证82件，涉台经济公证2件；1995年办理涉台公证72件，涉外公证45件；1996年办理涉外公证94件，涉台106件。此后，涉台、涉外公证业务保持在每年100件左右，公证事项种类数十种，公证文书发至几十个国家和地区使用。2001年之后，由于具备办理涉外公证业务资格的公证员调出，区公证处涉外公证工作部门的公证只涉及中国香港、澳门、台湾地区。1991～2008年，区公证处共办理劳务合同、授权委托书、职称、学历认定、未受刑事处分、亲属关系、出生、婚姻状况认定等涉台、涉外公证461件、港澳台745件。

四、公证管理

1990以后，淮安市公证处实行目标责任制，将公证工作指标量化到人，严格管理措施和奖惩制度。1994年，淮安市公证处出台《公证工作综合目标责任制实施方案》，规定全年办证指标1800个，业务收费4.8万元，收费超额部分实行分级提成奖励，超额2万元以下的，按15%提成，超额2万～3万元的，按20%提成，超额3万元以上的，按30%提成，较好地调动了公证人员的工作积极性。1995年，市公证处建立以主任负责制、岗位目标责任制、效益与分配挂钩为主要内容的新型公证管理机制，是年公证业务收入15.8万元，比1994年翻了一番。1996年，淮安市公证处先后制定了办证、审批、出证、重大疑难事项集体讨论等工作制度。1998年，公证处推行服务承诺制和政务公开制，公布《办证接待规定》《办证须知》《清廉服务若干规定》，并且将公证服务的规范要求和各项便民、监督措施向社会和当事人作出承诺。2005年，楚州区公证处开展“两为两争”活动，对内实行“首问负责制”，对外实行承诺制，对年老体弱当事人实行上门服务。2007年，区公证处重新编印了《楚州区公证处规章制度汇编》，制定了办证流程图，实行挂牌上岗，设卡办公，通过聘请行风监督员，召开当事人座谈会，发放征求意见书等形式，接受社会监督。同年，楚州区公证处被省司法厅授予“先进集体”荣誉称号。

1981～2008年楚州区（淮安市）公证处业务情况表

表21-21　　单位：件

年份	国内民事	国内经济	涉台涉外公证		总计
			涉台	涉外	
1981	2	—	2		—
1982	16	—	1	1	—
1983～1989	9644	—	704		—
1990	106	31	40	88	—
1991	—	—	—		—
1992	1567	1039	94		—
1993	571	1333	75	39	—
1994	949	869	84	16	1918
1995	3292	567	72	45	3976
1996	1124	2317	67	53	3561
1997	1459	1438	54	59	3100
1998	2437	644	74	46	3201
1999	1782	1351	177		3310

续表 21-21

<table>
<tr><th rowspan="2">年　份</th><th rowspan="2">国内民事</th><th rowspan="2">国内经济</th><th colspan="2">涉台涉外公证</th><th rowspan="2">总　计</th></tr>
<tr><th>涉台</th><th>涉外</th></tr>
<tr><td>2000</td><td>1400</td><td>1040</td><td>38</td><td>97</td><td>2575</td></tr>
<tr><td>2001</td><td>296</td><td>1053</td><td>28</td><td>4</td><td>1826</td></tr>
<tr><td>2002</td><td>820</td><td>1731</td><td colspan="2">30</td><td>2581</td></tr>
<tr><td>2003</td><td>586</td><td>1531</td><td colspan="2">11</td><td>2128</td></tr>
<tr><td>2004</td><td>962</td><td>1032</td><td colspan="2">18</td><td>2608</td></tr>
<tr><td>2005</td><td>865</td><td>1316</td><td colspan="2">21</td><td>2202</td></tr>
<tr><td>2006</td><td>1268</td><td>915</td><td colspan="2">21</td><td>2204</td></tr>
<tr><td>2007</td><td>653</td><td>440</td><td>17</td><td>4</td><td>1114</td></tr>
<tr><td>2008</td><td>823</td><td>419</td><td colspan="2">8</td><td>1250</td></tr>
</table>

第四节　律师工作

一、律师事务所

中共十一届三中全会以后，社会主义法法制逐步健全。1981年，根据国家《律师条例》，设立淮安县法律顾问处，隶属于县司法局，有律师2人。1987年，淮安县法律顾问处更名为淮安县律师事务所，有专职律师和兼职律师。1988年，淮安县律师事务所更名为淮安市律师事务所。1993年6月，成立淮安市第二律师事务所，淮安市律师事务所同时更名为淮安市第一律师事务所。1994年12月，成立淮安市第三律师事务所。1996年12月，根据《律师事务所名称管理办法》要求，淮安市第一律师事务所更名为淮阴山阳律师事务所，淮安市第二律师事务所更名为淮阴大业天平律师事务所，淮安市第三律师事务所更名为淮阴楚东律师事务所。2000年8月，国务院下发《关于经济鉴证类社会中介机构与政府部门脱钩改制的意见》文件，10月，三家律师事务所完成脱钩改制工作。2001年2月，淮阴山阳律师事务所更名为淮安山阳律师事务所，淮阴大业天平律师事务所更名为淮安大业天平律师事务所，淮阴楚东律师事务所更名为淮安曙东律师事务所。2008年底，全区有律师事务所3家，律师24人。

二、律师业务

1981年，淮安县法律顾问处开始办理律师业务。1984年，县法律顾问处律师首次应聘担任县工具一厂的常年法律顾问。1991年，淮安市有75个单位聘请了常年法律顾问。律师在参加刑事辩护及代理、诉讼代理、非诉讼代理时，还代书法律文书，接受群众法律咨询。1992～1994年，律师共办理各类案件723件，代写法律文书1295件，为顾问单位和当事人挽回经济损失1350多万元，1993年还接受法律咨询920人次。1996年，律师改变过去单一服务形式，积极参与顾问单位的经济立项、资信调查、风险预测、谈判、签订合同、调处经济纠纷等法律事务；为骨干企业服务，全年担任常年法律顾问120家，首次突破100家。翌年，律师工作根据党的十五大提出的对国有集体企业推进规模化改组、改造工作精神，为发展私营经济提供高质量法律服务，全年业务收费38.6万元，为企事业单位、当事人避免和挽回经济损失1500多万元，追回欠款600多万元。2000年，律师工作进入政府决策层，淮安市政府下发《关于市政府聘请法律顾问的通知》,为市政府的11位正副市长每人配备1名法律顾问。2002年,山阳律师事务所律师主动服务招商引资工作,成功引进建成海润润滑油厂。大业天平律师事务所通过发函,派人调解,诉讼代理等方式,帮助康乃馨公司追回货款100多万元。2004年,全区律师担任法律顾问129家,办理各类案件740件,其中刑事案件81件,民事案件567件,非诉讼案件82件,行政案件8件。2005年,律师服务民营企业发展,担任民营企业法律顾问34家。2006年,律师积极参与每周一的区领导信访接待活动,对涉法信访群众做好解释、宣传、息访工作;在国际商城、新世纪花园小区、德丰商城一系列拆迁纠纷处理中,通过诉前调处使80%的案件得到解决;全年担任法律顾问135家,办理各类案件809件,其中刑案92件,民案692件,非诉讼案件25件,行政案件5件,参与信访接待42人次。2007年,律师紧贴政府中心工作,为经济发展、社会稳定提供服务,全年担任法律顾问147家,办理各类案件915件,其中刑案86件,民案793件,非诉讼案件21件,行政案件15件,成为有史以来律师业务量最多的一年。2008年,律师将服务大局与拓展律师业务相结合,打造维护稳定、经济建设、社会建设三个平台,全年担任法律顾问126家,办理案件865件。

第五节　司法鉴定

1998年,司法部颁布《司法鉴定机构登记管理办法》和《司法鉴定人管理办法》。2002年3月,淮安市楚州区成立司法鉴定工作委员会,负责日常工作,办公室设在区司法局。

2003年,楚州区司法局整合区信裕会计事务所人才资源,建立楚州区会计司法鉴定事务所。2004年,区司法局筹备设立人体伤害司法鉴定所,并选派人员到司法部上海司法鉴定中心培训。2006年,楚州医院3名具有主治医师资格人员取得省司法厅颁发的司法鉴定人资格证书。同年4月,省厅批准楚州区设立楚州医院司法鉴定所,当年承办人体伤害鉴定案件10件。2007年,区司法局指导楚州医院司法鉴定所完善接案、鉴定、出具鉴定结论等规章制度和鉴定工作流程,选派人员参加省司法厅组织的交通事故鉴定业务培训。10月,淮安市司法局在楚州医院司法鉴定所召开司法鉴定档案建设现场会,推广该所档案建设与管理做法。当年,全区办理司法鉴定案件46件。2008年,全区办理司法鉴定案件44件。

第六节　基层法律服务

一、基层法律服务所

基层法律服务所是在乡镇和城市街道设立的法律服务组织。1992年,淮安市编制委员会批准平桥等24个符合条件的乡镇建立法律服务所。1995年,淮安市编制委员会批准淮城镇、钦工镇、南马厂乡、季桥乡建立法律服务所。至此,全区各乡镇全部建立法律服务所。2001年,区司法局在淮城镇设立城中法律服务所。2002年6月,徐扬乡划归淮安市经济开发区管理,法律服务所整体划出。2007年,南马厂乡划归淮安市经济开发区管理,法律服务所整体划出。2008年,全区有基层法律服务所28个(含省属白马湖农场法律服务所)。

1991年,乡镇司法办公室属行政单位。1995年,乡镇法律服务所为集体性质的事业单位。乡镇司法办公室与乡镇法律服务所合署办公,实行室、所合一体制。1996年,根据江苏省司法厅《关于进一步深化改革,加快基层室所分离,实现政事分开的意见》,全市29个乡镇司法办公室、法律服务所实现“室所分离”21个，到1997年上半年全部实行“室所分离”，共有法律工作者107人。1997年8月14日，全市29个乡镇法律服务所由集体事业单位改为相当股级的自收自支全民事业单位，编制总额150人。到1997年底，全市29个法律服务所的149名法律工作者办理转制手续。2000年11月，江苏省司法厅转发《司法部关于〈基层法律服务机构脱钩改制实施意见〉的通知》，要求法律服务所在人员、财务、业务、名称4个方面与原举办或挂靠单位脱钩，原属在编事业单位的应退出编制。脱钩改制后的法律服务所不再属于行政挂靠机构或事业单位，其执业组织形式为合伙制法律服务所，实行自主执业、自收自支、自我管理、自我发展的自律性运行机制。2001年，全区法律服务所开始脱钩改制，至2002年底，28个乡镇法律服务所脱钩改制全部完成。

二、法律服务工作

1980年，淮安县各乡镇法律服务工作由县司法局负责，主要是开展法律知识宣传活动。1985～1990年，基层法律服务工作主要是开展普及法律知识教育。1992年，淮安市基层法律服务工作主动为乡镇的对外经济交往提供及时的法律咨询和服务，帮助审查经济合同，运用法律手段清理债权债务。1993年，各基层法律服务所把服务重点放在计划生育、筹粮筹款、兴修水利、土地承包等热点、难点工作上。全年担任乡镇企业、乡镇政府常年法律顾问722家，法律咨询4264人次，非诉讼代理573件，诉讼代理515件，代写法律文书1295份，为当事人和顾问单位避免和挽回经济损失525.5万元，办理见证1.09万件，协办公证709件。1994年，基层法律服务以见证和协办公证为重点，七洞、南闸等法律服务所办理第二轮土地承包合同及乡政府与现役军人及家属签订的拥军协议公证，收到良好社会效果。1995年，各乡镇法律服务所通过法制宣传、办理公证和见证、诉讼和非诉讼代理等法律手段，化解农村工作中的问题，为当事人挽回经济损失共计1328.16万元。1996年，乡镇法律服务所介入农村金融、劳务、生产资料、集贸市场、科技兴农等新的服务领域开展法律服务。流均镇法律服务所针对邻里、宅基地、赡养及筹粮筹款等新情况，为50户农民担任法律顾问，其做法被《江苏司法》《江苏法制报》《江苏司法行政》报道。1998年，全市基层法律服务工作为顾问单位和当事人挽回和避免经济损失1500多万元，业务收费99万元。1999年，乡镇合作基金会撤销后遗留下一系列债权债务纠纷，各乡镇法律服务所介入，化解债权债务纠纷。2002年，淮安市楚州区基层法律服务积极配合乡镇开展“清财化债”工作。2003年，车桥法律服务所通过诉讼、非诉讼手段帮助镇信用社清收多年难以收回的65户村民的250万元的蔬菜大棚贷款。2006年，区司法局加强对基层法律服务所的财务管理和监督，完善管理机制，促进其健康发展。2007年，全区基层法律服务工作主动为农业订单合同、农民工外出务工合同、农村土地租赁等各类农业合同提供起草、审查、维权等服务，共起草、审查各类合同2560余份。2008年，基层法律服务工作积极介入土地换社保工作，在合同审核、纠纷调解上主动服务，保证了土地换社保工作的顺利进行；全年担任法律顾问1137家，诉讼代理2131件，非诉讼代理2348件，见证3351件。

1993～2008年楚州区（淮安市）基层法律服务情况表

表21-22

年　份	法律顾问单位（家）	诉讼代理（件）	非诉讼代理（件）	协助公证（件）	见证（件）	代写法律文书（件）
1993	722	515	573	709	10940	1295
1994	743	624	716	564	4801	1340
1995	885	637	1585	1250	8260	2174
1996	894	712	1674	1267	8341	2347

续表 21-22

年　份	法律顾问单位(家)	诉讼代理(件)	非诉讼代理(件)	协助公证(件)	见证(件)	代写法律文书(件)
1997	941	763	1936	1317	4271	2240
1998	1049	1385	2849	1388	1479	2560
1999	1285	2186	3480	1327	2964	2420
2000	1355	2387	4018	1095	8347	2521
2001	1358	2587	3668	1067	8349	2672
2002	1331	2427	3238	1023	8187	2714
2003	1264	2318	3143	1016	5367	2845
2004	1258	2412	3282	1024	4349	2546
2005	1137	2342	3228	1035	7439	2937
2006	1107	2142	2228	924	6351	3018
2007	1107	2082	2118	467	3643	3214
2008	1137	2131	2348	124	3351	3168

第七节　法律援助

1994年，司法部提出建立具有中国特色的法律援助制度，要求经济发达地区尽快建立法律援助机构。1997年，淮安市开始实施法律援助工作。同年，办理法律援助案件20件。2007年，楚州区委区政府将法律援助工作列入“九大民生工程”，进一步推动法律援助工作的开展，使法律援助工作成为政府主导的民生工作之一。

一、援助机构

1999年7月，司法局设立“淮安市法律援助中心”，行使全市法律援助工作的组织、管理、指导、协调和监督职能。2000年6月，淮安市司法局下发《关于在各乡(镇、场)建立法律援助工作机构的通知》，各乡、镇、场相继设立法律援助工作站。2000年7月，淮安市成立由司法、法院、检察、公安、电信、财政、劳动、信访等部门组成的“148”法律服务工作领导小组，领导小组下设办公室，与法律援助中心合署办公。2006年9月，司法局在楚州区教委成立未成年人法律援助工作站；之后，又在人武部、妇联相继成立了维护军人合法权益、妇女维权法律援助工作站。2007年，司法局在区劳动和社会保障局成立农民工维权法律援助工作站。

二、援助工作

1997年，淮安市司法局开展法律援助工作试点，当年办理法律援助案件20件。1998年，司法行政系统募集法律援助基金2.42万元，其中个人捐资1.82万元，全年办理法律援助案件97件。1999年，司法局办理法律援助案件320件，并开通“148”法律服务专线电话，当年接受法律咨询184人次，为112名当事人提供了法律服务。2000年，全市有17个乡镇开通尾数为“148”的法律服务专用电话，当年“148”法律服务专用电话接听咨询1584个，接待来访882人次；全年办理法律援助案件190件，其中刑事案件7件，民事案件183件。2001年，办理法律援助案件98件，其中刑事案件9件，民事案件89件；全年接听法律咨询的电话3196次，接待当事人来访1040人次。区法律援助中心加强与法院、检察院、公安局等职能部门的协作，着力做好盲、聋、哑及未成年人没有委托辩护人的法律援助工作。朱桥法律服务所把“148”与公安“110”联动，开展纠纷调解工作，调解纠纷近50起。2003年，区司法局与团区委联合开展公开招募法律援助志愿者活动，招募志愿者9人。当年，全区办理法律援助案件86件，为当事人避免和挽回经济损失共计590万元；“148”法律服务接受电话咨询686人次，接待来访322人次。2004年，区司法局办理法律援助案件116件，其中刑事案件8件，民事案件97件，非诉讼案件11件，为当事人避免和挽回经济损失共计450万元。“12348”法律服务电话接受咨询1152人次，接待来访345人次。

2005年，办理法律援助案件128件，为当事人避免和挽回损失共计560万元。“12348”接受咨询1800人次，接待来访540人次。2006年，全区办理法律援助案件108件，为当事人避免和挽回损失共计580万元。“12348”接受电话咨询1160人次，接待来访380人次。2007年，全区建立和完善区、乡、村三级法律援助网络，建立法律援助管理平台，全年办理法律援助案件263件，“12348”法律服务接受电话咨询2280人次，为当事人避免和挽回经济损失860万元。

2008年，楚州区法律援助在原有工作网络的基础上，在区直机关部门建立联系点，在村居确定法律援助工作联络员，全年办理法律援助案件523件，“12348”法律服务接受电话咨询2280人次，接待来访240人次。

第八节　人民调解

一、调解组织

“文化大革命”结束后，城乡调解组织逐渐恢复。农村以大队为单位，有调解主任及相应的调解组织。城镇，则由居民委员会代行调解职能。1983～1984年，人民调解组织进行大调整，健全各级调解组织。

（一）村、居（小区）人民调解委会员

1987年底，全县共建村民调解委员会587个、居民调解委员会17个；农村生产组设3人调解小组，10户设调解员1名；工厂、企业设调解委员会计221个。1990年，淮安市乡镇共建立村、居调解委员会624个。1993年，随着村、居调整，全市共有村、居调解委员会893个。2001年以后，随着区划调整、撤乡建镇、并村联组，村、居调解委员会有大幅度减少。2008年，淮安市楚州区共设有村、居调解委员会368个。

（二）乡镇人民调解委员会

2002年9月，司法部下发《人民调解工作若干规定》，要求建立乡镇人民调解委员会。2003年，淮安市楚州区各乡镇均成立人民调解委员会，并制定了乡镇调解委员会工作制度，规范调解委员会日常工作。2005年，各乡镇又相继建立了人民调解工作指导委员会。

（三）调解中心

2000年8月，省司法厅印发《关于进一步加强全省县、乡两级疑难纠纷调解中心建设的意见》。同年9月，淮安市成立“重大疑难纠纷协调指挥中心”，办公地点设在司法局。同时，各乡镇也成立了由司法办牵头，有法律服务所、法庭、派出所、信访办、综治办等部门参加的“重大疑难纠纷调解中心”。2007年，按照省、市有关大调解中心工作要求，淮安市楚州区建立“社会矛盾纠纷调处服务中心”，由司法局负责管理，办公地点设在区信访局。各乡镇也相继成立“社会矛盾纠纷调处服务中心”。

（四）社会矛盾纠纷调解工作领导小组

2007年，根据省委省政府《关于在新一轮平安江苏建设中深入推进“三大建设”的意见》要求，楚州区成立“社会矛盾纠纷工作领导小组”和“区人民调解委员会”，下设办公室，办公地点设在区司法局。各乡镇也成立了相应机构。

（五）跨地区联合调解组织

为加强跨区域之间矛盾纠纷的预防和调处，2008年7月18日，楚州区司法局与宝应县司法局联合成立“跨地区联合人民调解委员会”。联合人民调解委员会实行年度轮流值班制度，由两县区司法局的分管局长担任主任副主任，委员由两县区司法局聘任，任期三年，并建立例会、学习、纠纷排查、业务登记与统计、档案管理、总结评比等六项工作制度。

二、调解工作

1987～1990年，淮安县（市）城乡调解组织平均每年调处的民间纠纷约5000起。1992年，淮安市开展标准化调解委员会创建工作，年底达标调解委员会有266个，共调处各类纠纷3984起，调解率和成功率均达95%以上。1995年，全市调整27名民调主任，创建标准化调解委员会30个，标准化调解委员会调处各类纠纷累计669个，占全区调解委员会总数的75.6%；全区全年调解各类纠纷1285起，调解率97%，成功率96%。其中，通过调解有效防止了民间纠纷引起的7人自杀，防止民间纠纷转化为刑事案件的有56件。1997年，全市开展“百日调解竞赛”活动，成立排查纠纷组31个、调解纠纷组58个，走访排查615个村居，排查纠纷2153件，调解纠纷2088件。全年各级调解组织共调处各类纠纷3864起，调解率99%，成功率96%。同年，板闸镇闸口村调解委员会被省司法厅评为“防激化先进集体”，淮城镇城南村调解主任黄开荣被司法部授予“百岗千优”优秀人民调解员。1999年，全市人民调解工作采取摸清“是非地”、疏导“重点户”、制定“小规约”、建立“档案簿”的方法开展民间纠纷专项治理，全年排查纠纷3472起，调解3368起，调解率97%，成功率96%，防止民间纠纷引起自杀36起，防止民转刑案件32起，防止群体上访28起。2001年，楚州区司法局下发《关于进一步加强矛盾纠纷排查调处工作意见》，加强矛盾纠纷排查调处的制度化、规范化建设，全年调处各类纠纷2827起，调解率96%，成功率97%。2003年，全区建立和规范人民调解员培训准入、持证上岗和在岗人员定期培训制度，并以村为单位建立民调工作责任区，每个责任区配备2至3名民调信息员，形成民事纠纷信息网络，全年调处各类纠纷3873起，调解率98%，成功率97%。2005年，完善基层调解组织功能，增强调解工作合力，全年调解各类纠纷3873起，调解率98%，成功率97%。2007年，区司法局下发《关于加强基层人民调解委员会规范化建设的实施意见》，指导和协调基层调解组织搞好纠纷动态分析，提出纠纷化解对策，完善受理、登记、分流、移交、办结报告等工作流程，加强对纠纷协调会办、督察回访等环节的监督指导，全年调处纠纷3156起，调解率98%，成功率97%。2008年，区司法局完善大调解工作的指挥协调、工作运行、工作督察、矛盾纠纷排查等机制，全年调处各类纠纷2517起，调解率98%，成功率97%。

第九节　安置帮教

1997年，淮安市成立刑释解教人员安置帮教工作领导小组，成员单位有市政法委、政府办、司法局、公安局、民政局、工商局、劳动局等部门。上半年，淮安市开展安置帮教工作试点，淮城镇瞻岱居委会的试点工作经验在全省刑释解教人员安置帮教工作经验交流会上作介绍。同年8月，市司法局设立安置帮教办公室，与安置帮教工作股合署办公。1998年，全市29个乡镇和615个村、居民委员会，分别成立安置帮教工作领导小组和安置帮教工作站，形成市、乡镇、村居三级安置帮教工作网络，有专兼职工作人员3078名。

1998年，统一建立回归人员档案和跟踪卡，淮城镇瞻岱居委会的安置帮教工作受到中央综合治理委员会的表彰。1999年，市司法局对每个刑释解教人员都建立3人以上帮教小组，实行包安置、包帮教、包生活着落，当年刑释解教人员回归221人，参与帮教工作人员有3327人，帮教率100%，安置率96.8%，重新犯罪率0.4%。2000年，司法局安置帮教工作股撤销，安置帮教办公室与司法局基层工作股合署办公。2000年上半年，司法局在博里、徐杨两乡进行安置帮教工作站规范管理试点，下半年在全市推广。当年，全市回归268人，安置267人，帮教率99%，安置率99%。2001年，楚州区对历年来的刑释解教人员进行清理，摸清底数，对重点人员进行重点帮教，减少脱管和失控现象，预防和减少重新犯罪，全年回归刑释解教人员299名，帮教率99.7%，重新犯罪率0.03%。

2002年，楚州区按照“组织建设网络化、帮教工作制度化、安置就业多元化、档案管理规范化”工作要求，加强安置帮教工作。博里镇司法所被省综合治理委员会表彰为安置帮教工作先进集体。同年，全区回归343人，帮教率99%，重新犯罪率为0.06%。2003年，全区对2002年以来的584名刑释解教人员进行摸底了解，有针对性地开展安置帮教工作，对下落不明人员进行专门登记，摸清人员去向，全年刑释解教人员回归351人，帮教率95%，安置率90%，重新犯罪率为1%。2004年，区司法局帮助刑释解教人员解决落户、技能培训、社会救济、责任田落实等问题，全年回归人员337人，帮教率99%，320人得到安置，重新犯罪率3%。2007年，全区对2004～2006年的近1800名刑释解教人员进行专项排查，建立刑释解教人员信息库、帮教工作管理库、重点人员管控库，夯实安置帮教工作基础，全年刑释解教人员回归362人，帮教率99%，有309人得到安置，安置率98%。2008年，区司法局对刑释解教人员及时造册建档，及时家访，及时掌握思想动态，及时进行法制教育，制定和落实帮教措施，全年刑释解教人员回归382人，帮教率99%，有380人得到安置，安置率99%。

第十节 小区矫正

2005年6月，楚州区成立小区矫正工作（非监禁刑罚执行的帮教方式）领导小组，下发小区矫正工作试点方案、实施意见、领导小组职责、联络员工作制度等5份文件。10月，区公安局、司法局联合下发《关于加强小区矫正衔接工作的若干规定》。11月，经区编委批准，区司法局设立小区矫正工作科，对全区400余名矫正对象进行调查摸底，在白马湖农场、三堡、建淮、淮城、朱桥等乡镇开展小区矫正对象档案、管理等交接工作，接受小区矫正对象有86名。12月，淮安市召开小区矫正试点工作观摩会议，楚州区在会上介绍《完善工作机制，推动全区小区矫正工作更快发展》的工作经验。

2006年，区司法局与公安部门在全区28个乡镇就矫正对象的档案和管理进行交接，并建立接受矫正前与法院衔接制度、青少年犯罪审前调查制度、矫正档案管理制度等，当年接收矫正对象430人，期满解除矫正99人。

2007年，区司法局建立一支478人的小区矫正志愿者队伍，完善小区矫正公益劳动、请假、教育培训、与法院检察院定期信息交流等制度，实施了以“定公益劳动时间，定劳动积分，定期汇报，对家庭困难矫正物件开展帮扶”的“三定一帮扶”管理措施，是年，接收矫正对象615人，到期解除矫正157人，开展未成年人犯罪庭前调查499件，假释前调查3件。

2008年，区司法局与区法院联合出台《小区矫正对象衔接管理办法》，完善和规范小区矫正工作程序，全年接受矫正对象582人，到期解除矫正223人，开展未成年犯罪庭前调查15件。

第二十二篇　军　事

1978～2008年，驻楚州区（淮安县、淮安市）的军事机构主要有第12集团军高炮旅高炮5营、中国人民武装警察部队江苏省总队淮安市支队楚州区中队、中国人民武装警察部队楚州消防支队和中国人民解放军淮安市楚州区人民武装部。驻楚军事机构在进行军事训练、提高战斗力的同时，主要承担了楚州境内的国防教育、国防动员、征兵、民兵训练、后备力量建设、双拥共建、处理突发事件、反恐、消防管理、火灾救援等工作。党对重大军事活动的领导得到加强，区（县、市）委书记兼任区（县、市）人武部第一政委，区（县、市）人武部长参加区（县、市）委常委，基层人武部长参加同级党委。2008年，楚州区人武部被省军区表彰为“征兵工作先进单位”。认真宣传《淮安市全民国防教育实施办法》，开展全民国防教育和动员，增强全民国防意识。30年中，楚州的人民防空建设不断加强，领导体制、指挥机构、管理制度逐步完善，通信警报建设全面升级，专业防空队伍日益壮大；人防工程建设迅速发展，按照平战结合的方针进行开发利用，较好地实现了人防工程的战备效益、社会效益和经济效益的统一，为楚州改革开放和经济建设保驾护航。

第一章　人民武装部

第一节　区（县、市）人民武装部

1986年5月，根据中央军委指示，淮安县人民武装部（以下简称人武部）统一移交地方建制。1987年12月，人武部随地方区划建置调整，更名为淮安市人民武装部。1996年4月，根据中央军委指示，淮安市人武部统一收归部队建制。1999年，淮安市人武部被江苏省军区授予“正规化建设先进人武部”称号。2001年2月，更名为中国人民解放军淮安市楚州区人民武装部。区人武部为正团级编制，第一政委由区委书记兼任，配有部长、政治委员、副部长各1人，内设军事科、政工科、后勤科，科为正营级。

2002年6月，楚州区人武部被南京军区表彰为民兵工作“三落实”先进单位。2003年，楚州区人武部被南京军区表彰为征兵工作先进单位。2004年，淮安区人武部被江苏省军区评为军事理论研究先进单位。2005年，楚州区人武部纪委被省军区表彰为先进纪检组织，并被省军区表彰为民兵高炮实弹射击政治工作先进单位。2007年，楚州区人武部被江苏省军区表彰为新闻报道工作先进单位人武部政委周德会被江苏省军区表彰为“十佳旅团主官”。2008年，楚州区人武部被省军区评为征兵工作先进单位。

第二节　基层人民武装部

一、乡镇人武部

1983年4月，人民公社改制为乡（镇），公社人武部改为乡（镇）人武部，当年，全县有乡镇人武部30个。1984年7月，淮阴市对所辖淮安县、清浦区区划调整，黄码、盐河两乡由淮安县划归清浦区，转去4名专武干部编制，全县专武干部的编制从80名减为76名。1984年6月，中央组织部等五部委制发了《关于基层武装部的设置和专职人民武装干部的配备原则问题的通知》，规定乡人民武装部是乡党委的军事部门，又是乡政府的兵役工作机构，进一步明确了基层人武部的性质和任务。为加强基层武装部的工作，在县委组织部的支持下，县人武部采取招聘的办法，从具有高中以上文化的优秀退伍军人、党员民兵营长中选配29名专武干部，并先后推荐安排36名初中以下文化程度的专武干部到县文化提高班、党校、农校、电大班学习深造，移交安置19名年长体弱、不适应继续做人民武装工作的专武干部。1988年1月20日，经淮安县委常委会议研究决定，成立淮安县经济委员会人武部，核定人武干部编制2人，其人员由县人武部和县委组织部调配。2000年3月板闸镇并入淮城镇，撤销板闸镇人武部。至2008年2月，全区有乡镇人武部27个，乡镇专武干部中公务员30人，聘用公务员10人（含省属农场1人）。27个乡（镇）人武部部长全部参加党委。

淮城镇组织民兵进行军事训练和爱国主义教育（2006年摄）

二、企事业单位人武部

1993年，淮安市委下发《关于批准企业、公司成立人民武装部的通知》，为适应建立社会主义市场经济体制的要求和新形势下加强人民武装工作的需要，做好企业、公司民兵、预备役工作，批准淮安市棉纺织厂、丝绸厂、盐化总厂、化肥厂、无线电组件厂、招商电缆公司、飞进船舶制造总公司、汽车零部件工业总公司建立企业人民武装部。1993年11月，批准淮安市邮电局、交通局、卫生局、物资局、粮食局、商业局、城乡建设局、供销合作总社、轻工业公司系统成立人民武装部。至1998年，企事业单位人武部的机构设置、干部职数基本稳定。1999年7月，成立招商电缆有限公司人武部。

1999～2005年，企事业单位人武部的第一部长、部长随着地方人事变动而作相应的调整。2008年，楚州区设置基层人武部48个，其中乡镇人武部27个、1个省属农场人武部、20个机关企事业单位人武部。按规定，全区专武干部编制数94人，其中乡镇编制数是55人，企事业单位编制数是39人（各单位内部调剂兼职人员担任）。是年，实有专武干部数75人，缺编19人（其中乡镇40人，缺编15人，企事业单位35人，缺编4人）。

第二章　驻　军

第一节　驻楚部队

1969年10月，以原南京军区第1野战高炮群为基础，组建中国人民解放军12军炮兵第75师（南字631部队），中国人民解放军南字631部队（后改称83422部队），部分人员驻淮安县。1985年，631部队改编为第12集团军高炮旅，2004年奉命调出。

第二节　武警部队

一、武警中队

1975年11月30日，淮阴军分区淮安县人民武装部将淮安县中队向淮阴地区公安局淮安县公安局移交。随之，中队番号改称为江苏省淮阴地区公安局淮安县公安局人民武装警察中队，划归淮阴地区公安局民警科领导。1979年，经江苏省委批准，以民警科为基础组建江苏省淮阴地区人民边防武装警察支队，中队番号改称为江苏省淮阴地区人民边防武装警察支队淮安县公安局人民武装警察中队。1983年1月，组建中国人民武装警察部队江苏省总队淮阴地区支队。中队番号改称为中国人民武装警察部队江苏省总队淮阴地区支队淮安县中队。同年5月26日，遵照中国人民武装警察部队江苏省总队命令，中队番号改称为中国人民武装警察部队江苏省总队淮阴市支队淮安县中队。1988年8月，中队番号随地方建制调整，改称为中国人民武装警察部队江苏省总队淮阴市支队淮安市中队。2001年10月，经中央军委批准，中国人民武装警察部队江苏省总队淮阴市支队更名为中国人民武装警察部队江苏省总队淮安市支队。中队番号亦改称为中国人民武装警察部队江苏省总队淮安市支队楚州区中队，主要担负楚州境内执勤、处理突发事件、反恐任务。

2003年7月，驻楚战士参加抗洪抢险

二、武警消防大队

详见第二十一篇《法治》第二章《公安》　第十节《消防》

第三章　兵　役

第一节　兵役制度

1978年，实行义务兵与志愿兵相结合的兵役制度。1984年5月，第二部《兵役法》颁布，施行义务兵役制为主体的义务兵与志愿兵相结合、民兵与预备役相结合的兵役制度。对专业技术兵骨干，根据部队需要和个人志愿，经批准义务兵可转为志愿兵；并规定民兵为预备役，基干民兵为一类预备役，普通民兵为二类预备役。为使每个公民都能明确认识保卫祖国是公民应尽义务，县党政军各级组织在全县广泛深入地开展《兵役法》的宣传教育。县、乡两级人武部，每年均完成新兵征集任务。1992年，在淮安市范围内开展了转业干部预备役登记，建立健全预备役军官登记制度。1996年，全市开展对预备役军官进行授衔工作。1998年12月29日，第九届全国人大第六次会议通过《中华人民共和国兵役法》修正案。修正案规定中国“实行义务兵与志愿兵相结合、民兵与预备役相结合的兵役制度，缩短义务兵服役期限，改革志愿兵服役制度，完善预备役制度，扩大义务兵家属优待范围，拓宽退伍军人的安置就业管道”。市、乡两级人武部顺应兵役制度改革，广泛宣传，支持实施新《兵役法》。

自1988年后，适龄青年报名参军率均在90%以上。

第二节　兵役登记

1984年5月，第二部《中华人民共和国兵役法》公布后，淮阴军分区推进征兵、民兵整组、民兵训练“三项工作一体抓”的做法。淮安县人武部建立“三项工作”办公室，兵役登记工作由办公室秘书组负责，各乡镇、各系统基层人武部设立相应的兵役登记组织，从当年9月1日起开始登记，采取适龄青年主动到站登记、基层人武部上门登记、适龄青年家属代登记和外出务工人员信函登记等多种方式，努力保证适龄青年登记率。登记过程中，同时进行身体目测、政治初审、文化摸底、病史调查等4个环节的工作，从中择优确定预征对象，登记工作在9月30日前完成。1995年，《江苏省征兵工作条例》颁行，淮安市兵役登记工作步入法制化、规范化轨道。2000年后，兵役登记的组织实施共分三个阶段，其中准备阶段包括拟订计划、印制表格、部署任务、培训骨干、设立登记站、调查摸底、开展宣传等工作。实施阶段共包括发放登记通知书、组织登记、搞好审批、发放证件等工作。最后为汇总上报阶段。2005年，在兵役登记时间、形式、方法上进行改革，力求做到一人不漏，要素齐全，准确无误，开展信息化管理。加强推荐审核和管理教育工作。确定预征人员由村、乡、区逐级推荐，填写《预征人员推荐表》，未经逐级推荐的对象，一律不得进站体检。2008年，国防部对兵员征集的对象主体、体检标准及其他政策规定均进行了相应调整，全区上下针对兵员征集主体调整的新情况、新变化，组织人员广泛宣传新规新政，完成兵员征集任务。

第三节 兵员征集

新中国成立以后，各级政府和人武部门按照《兵役法》的规定，将征集新兵列为一项重要工作。90年代，按照中国人民解放军总参谋部、总政治部《关于纠正征接兵中不正之风的通知》的精神，从1991年冬季征兵起，淮安市征兵办公室严格按照征兵标准开展征兵工作，增强征兵工作透明度，以乡镇为单位，对进站的送检青年，体检政审后的合格青年，批准入伍的应征青年名单分别张榜公布。淮城镇还采取积分优选法，收到明显效果。市（县级）征兵办公室成立来信来访接待组，对人民来信和上访人员逐一登记核查。是年，在征兵期间，先后收到人民来信102封，接待上访人员12人次，对反映问题比较集中的8名体检合格青年，经查实有4人在现实表现、年龄文化方面有明显问题，经征兵办公室的领导集体讨论后及时调换淘汰。在化验采血时，发现有2名冒名顶替，立即取消体检资格。在体检中，坚持交叉抽查和复查制度，普通兵抽查率为49.1%，条件兵复查率为100%。在兵员政审上，坚持联审、会审和交叉审的制度，做到条件不符合的不送，现实表现不清的不送，问题无法查清的不送，公安机关作为内控对象的不送，保证兵员的政治素质。

进入90年代中后期，随着改革步伐的加快和市场经济的发展，企事业单位经营机制转换和用工制度改变，不少农村青年外出务工经商，适龄青年中独生子女的成分逐年增大，给征兵工作带来一些新情况、新问题。全市各级党委、政府和乡、镇人武部在征兵宣传教育中，把国防教育和兵役法教育扩大到全社会。征兵期间，设立宣传组，开展宣传教育。同时，贯彻省人民政府下发的《优待烈属、军属和革命残废军人暂行规定》（对农村应征青年，按同等劳力年收入的50%～70%的标准给予优待）和《江苏省义务兵家属享受优待金的暂行办法》。

1996年以后，部分乡镇，尤其是效益好的企业、公司等还普遍实行就业带薪入伍的经验。入伍第一年，以徒工待遇每月30元，入伍第二年起，享受企业职工同等工资，直至提干，转志愿兵或退伍时终止。荣立三等功者，奖200元，荣立二等功或被集团军或相当集团军的单位授予荣誉称号、树为标兵，奖500元；荣立一等功奖1000元；被中央军委、国防部授予荣誉称号，奖2000元。在部队受过警告、严重警告、记过、记大过、判刑处分者，将当年优待金分别减20%、30%、50%、70%、100%；因过失受处分者待遇减半；在部队因无理取闹而中途退伍者，企业一律不予安置。军人服满现役退伍后，办完规定手续，即到镇、公司报到，并享受一个月休假；就业安置与服役表现挂钩，受奖等次按优、良、一般分三等，优者任其挑选企业与工种；良者优先考虑安置接收单位；一般由工业系统公司统一分配，实行征兵、优待、安置三位一体的办法。此外，有些乡镇还成立家庭服务组织，帮助军人家庭排忧解难，解决应征青年的后顾之忧。1998年，积极探索在中学生中进行训练储备兵员的路子，在市教委成立人武部，组织对4500名中学生进行军事训练，并从重视征兵的基础工程抓起，搞好兵役登记，严把体检和政审关。

2000年以后，楚州区委、区政府还出台一系列优抚政策，尤其是对进一步做好义务兵家属优待金发放、兑现等工作。建立乡镇主要领导负责制和基层监督机制，并制定出台进藏兵优抚、安置政策，义务兵优待金在原来的基础上提高一倍，农村户口退伍后享受不进藏非农户口同等待遇并办理农转非手续。由于政策到位，应征青年自愿进藏参军。2005～2008年，楚州区征集的新兵，高中以上文化程度和党、团员人数均高于50%的目标。2006～2008年，全区先后有20个基层单位和50名个人被区以上评为征兵工作先进。

楚州区从1955年贯彻执行义务兵役制以后，每年适龄青年报名率均在90%以上，按时完成兵员征集任务。新兵总体素质较好，未发生政治退兵和责任退兵的现象。

第四节　招收飞行学员

1979年以后，飞行学员只在应届高中毕业生中招收。1980年夏季，超额完成任务。1985年，根据《关于一九八五年招收飞行学员的通知》精神，在全县应届高中毕业生中招收男性飞行学员，其年龄为16～19周岁，政治条件按照公安部，解放军总参谋部、总政治部颁发的《关于飞行学员政治条件的规定》执行，体格条件按照国防部1982年2月4日颁发的《中国人民解放军招收飞行学员体格条件》执行。在学生自愿报名的基础上，由学校推荐，经体格政审，文化考试合格后，按择优录取的原则，由省招收飞行学员领导小组审查批准招收。

1987年以后，招收飞行学员由人民解放军空军直接与地方教育部门按军事院校招生方法办理。

第五节　预备役

一、预备役制度

1984年，《兵役法》规定，实行民兵与预备役相结合的兵役制度，应征公民未被征集服现役的，服士兵预备役。预备役年龄18～35岁。士兵预备役分为一、二类。第一类包括经过预备役登记的28岁以下的退伍士兵、军外技术人员及基干民兵；第二类包括经过预备役登记的29～35岁的退伍士兵、普通民兵及其他符合士兵预备役条件的男性公民。第一类预备役士兵到29岁时转入第二类预备役，第二类预备役士兵年满35岁退出预备役。

二、预备役登记

预备役分军士和兵的预备役、军官预备役。军士和兵的预备役又分第一类预备役和第二类预备役。符合条件的复员退伍军人转入第一类预备役，在年度内未被征集现役的应征公民，凡符合条件的，编入第二类预备役。复员退伍的排以上军官服军官预备役。县（区）预备役登记、统计和教育训练工作由所在县（区）人武部负责。

1980年，淮安县根据国务院、中央军委213号文通知，恢复退伍军人预备役登记，县人武部建立民兵预备役数据室，所有公社都建立了民兵预备役数据簿。1981年5月，淮安县人武部按照解放军总参谋部规定的294个专业号码，结合民兵整组，对包括1980年前28～35岁之间的所有预备役人员档案、卡片和有关数据核对登记、建卡归档。历时半年多，完成历年退伍军人的登记、核对和建卡任务。根据新《兵役法》规定，县人武部对服一类士兵预备役和服军官预备役的人员全部作登记和统计，并对第一类预备役的兵员进行调整。在统计过程中，做到“三分”（类别、年龄、专业）、“二定”（固定专人保管、固定保管存放位置）、“一编组”（战时行动编组）。1984年，新兵役法颁布后，县人武部开展民兵制度与预备役制度相结合、民兵工作与战时动员准备工作相结合（即“两个结合”）的预备役登记工作。县、乡人武部积极组织实施。1987年，淮安县人武部对地方专业对口兵员进行登记统计，是年，登记35岁以下地方与军事专业对口人员计25类。1991年，淮安市对1988年9月1日后授予军官军衔的部队转业军官和武警转业军官排职35岁以下、连职40岁以下、营职45岁以下、中级技术职称55岁以下、高级技术职称60岁以下的人员，全面进行登记统计。1992年，在全市范围内开展转业干部预备役登记工作，准确掌握转业干部适合服预备役的数量、质量及分布情况，建立与健全预备役军官登记制度。1996年，根据《中华人民共和国预备役军官条例》，全市对预备役军官进行授衔登记工作。1997年，淮安县顺利地完成上级赋予的预备役军官授衔登记上报试点工作。7月28日，淮安市预备役军官军衔授衔仪式在淮城镇人民政府二楼会议室举行。1998年，修改后的《中华人民共和国兵役法》以法律形式将35岁以下的地方与军事专业对口的技术人员"纳入一类士兵预备役范围"。按照淮阴军分区《关于做好退伍军人和地方与军事专业对口技术人员预备役登记统计工作的指示》要求，同年8月底，全市登记统计工作全面完成，表格和卡片统一规范，填写和核对程序严格，确保不错、不漏、不缺项目。

2004年1月，按照淮安军分区要求，楚州区人武部开展新一轮预备役退伍军人登记统计工作，登记对象为35周岁以下男性退伍军人，重点掌握10年内退伍军人的专业种类、数量和分布情况，建成预备役退伍军人数据库，制定行之有效的预备役退伍军人管理制度。至2008年，全区在每年4月底前均按时完成预备役登记统计工作。

三、预备役训练

1982年，南京军区在清江市和淮安、淮阴、涟水、灌南4县进行扩编一个陆军师规模的研究性演练，淮安县全体预备役对象集结实到率为100%。1984年，《中华人民共和国兵役法》实施后，以法律形式将预备役和民兵组织合成一体。此后，很少进行预备役单独训练和演练。

四、预备役军官授衔

1997年，淮安市人武部根据1996年1月1日施行的《中华人民共和国预备役军官法》完成预备役军官授衔登记上报试点工作。同年7月28日，淮安市预备役军官军衔授衔仪式在淮城镇人民政府二楼会议室举行，65人改授预备役上校军衔，56人改授预备役中校军衔，53人改授预备役少校军衔，35人改授预备役上尉军衔。淮阴军分区推广淮安市人武部预备役军官军衔评授工作的试点经验。此后，预备役军官授衔每年随军官转业正常进行。2001年，区人武部机关实行军官预编，预编军官参照预备役军官有关规定任命和授衔。2005年，全区56名转业预备役军官，分别为预备役上尉、少校、中校、上校军衔。

2006年，区人武部机关参照预备役军官有关规定对转业预备役军官实行军官预编，不再举办任命和授衔仪式。至2008年，三年共有205名转业干部编为预备役军官。

第四章 民 兵

第一节 组织建设

民兵组织一直实行军事机关和地方党委、政府的双重领导，楚州区民兵既受各级人民武装部的领导，又受各级党委、政府的领导。

1981年，根据中共中央、国务院、中央军委批转解放军总参谋部、总政治部《关于调整民兵组织问题的报告》要求，淮安县民兵组织进行调整改革，缩小建制，压缩年龄，简化层次，提高质量；取消了民兵师，精简了民兵团、营、连，县建民兵团，公社建民兵营，大队建民兵营或连。对民兵专业分队建设，实行“有多少装备就组建多少民兵”的方针，压缩重机枪连、迫击炮排、反坦克火器排、打坦克爆破班的数量。是年底，保留基干民兵，取消武装基干民兵。1986年，按照“减少数量、提高质量、抓住重点、打好基础”十六字方针，对民兵组织进行调整，同时增加民兵专业技术兵的比例。1991年开始，淮安市民兵建设以稳定和压缩基干民兵数量，改善基干民兵结构，提高基干民兵质量为重点，加强民兵队伍建设。1996～1997年，加强民兵应急分队建设，力求做到“组织健全、政治合格、训练有素、装备良好”，能随时执行各种应急机动任务，民兵工作重点向城市倾斜。1998～2000年，进行城市和农村民兵工作改革。以“减少数量、压缩规模、合理布局、分类建设”为指导思想，进一步加强了民兵应急分队、民兵专业技术分队的建设，并组织一批高技术含量专业分队和对口专业技术分队，民兵组织结构进一步优化。此外，为应付突发事件，还组建了民兵应急分队，共有3个连、9个独立排，计300人。2001年2月，楚州区人武部对民兵编组方法作改进调整，使民兵组织更“有利于执行任务，有利于平衡负担”。区组建的高科技民兵专业技术分队有医疗救护、装甲车辆维修、通信、电子对抗、交通运输、光学维护、气象雷达及机械维修等。高科技民兵和对口专业分队增加船舶维修、治安消防、空情报知、网络保障、水上运输、工程抢修、军需供给等兵种。2002年，楚州区人武部拟制楚州区城市民兵调整改革方案，重点对基层武装机构、军事训练、政治工作、城市民兵领导管理体制、保障机制等方面进行改革，强调“编为用、建为战”的原则，确保队伍“精干、管用”，重视技术含量较高的民兵对口专业分队建设。2005年，重点建设“五类八支队伍”（五类即兵员动员、防卫作战、信息作战、支前保障、维稳反恐；八支队伍为防空分队、防卫作战、信息攻防、民兵特种作战、保交护路、战勤保障、装备支前、民兵应急分队）。是年，楚州区重点抓好民兵组建的规范化工作，解决民兵、人防、交通战备三支队伍编组的交叉重叠和一兵多职现象。重点抓好首批兵员动员对象的落实和民兵应急分队编练。针对境内高速公路化学毒品泄漏事故的多发性，特别强调民兵防化分队的建设，并筹备民兵“水电气火化”抢险救援分队的组建。2005年6月24日，在处理山东一辆化学品运输车在楚州区境内高速公路上侧翻燃爆事件中，区人武部组织380名民兵组成抢险应急分队紧急出动，协助公安部门警戒和疏散群众，以实际行动检验民兵“水电气火化”抢险救援分队组建的成效。

2006～2008年，民兵进行编组整顿，各类民兵分队组织紧贴平时和战时任务，民兵遂行任务的能力不断增强。

第二节 政治教育

80年代以后，根据中国人民解放军总政治部的指示，明确规定民兵政治教育的“三项制度”，即基干民兵每月上一堂政治教育课；从民兵年度军事训练时间中，安排10%的时间进行政治教育；结合征兵、民兵整组和重大节日，每年对普通民兵进行4～5次教育。1985年以后，淮安县人武部根据农村实行生产责任制的新情况，对民兵政治教育进行改革，由每月一堂政治教育课变为一季度上一课，各基层人武部相继建立“青年民兵之家”，并使之成为广大民兵学文化、学政治的主要阵地。从此，淮安县民兵政治教育，实现业余党团学校、农技学校、民兵军政学校“几校合一，一校多用”模式，探索“以文养校，以商养校”的经验。在村一级60%普及了“青年民兵俱乐部”，其中有一半以上坚持“四学一乐”（学政策、学军事、学科技、学文化、开展文体娱乐活动），并升级为“青年民兵业余综合学校。”全县民兵政治教育进行以爱国主义为主要内容的民兵教育，广泛开展“一兵带一户，看看谁先富”“集体认父母，轮流照顾五保户”“春风先绿军属田”“让远方战友放心”等活动。

90年代以后，民兵政治教育工作出现新的形势。1990年，市人武部重视抓好典型示范，表彰了建淮乡民兵靖建国路遇3名歹徒拦路抢劫，奋不顾身勇斗歹徒，擒获歹徒的事迹，并号召全市民兵向靖建国学习。1991年，组织学习新颁布的《民兵工作条例》，先后举办新《条例》学习班35期。1993～1995年，全市完成年度基干民兵"四课"教育和普通民兵"两课"教育。1996～1997年，对全市民兵预备役工作进行系统的革命人生观教育。同时对专职武装干部进行《邓小平文选》第三卷学习和立足本职、无私奉献的教育。1998年，基层民兵营利用"青年民兵之家"开展政治教育，全市共有"青年民兵之家"656所，把民兵政治教育与健康有益的业余文化活动融为一体。1999年，市人武部组织全体干部职工、专武干部、民兵干部进行专题教育。2000年，在建立电化教育的基础上，又建立了电化教育数据库。是年，市人武部组织人员抽查12个乡镇民兵政治教育课的情况，平均到课率达到85%以上。2001年，撤市设区后，楚州区人武部针对民兵政治教育出现的"新三难"(人员难集中、活动难开展、教育难落实)，采取相应措施，使"三难"问题逐步得到解决。是年，开展"后备必用、首战用我、用我必胜"等专题教育，打牢民兵预备役人员军事训练的思想根基，把政治教育推向新的阶段。2002年，重点对民兵加强革命人生观的教育。2003～2005年，突出对邓小平理论、"三个代表"思想和科学发展观的学习教育。2005年，楚州人武部在民兵整组工作中，深入宣传"三个代表"重要思想以及《国防法》《国防教育法》和《兵役法》等内容。教育对象由全体民兵预备役人员扩大到企业单位负责人和地方各级党政领导。

2006～2008年，主要对民兵预备役人员进行改革开放30年辉煌成就教育、十七大精神学习教育、"赞颂辉煌成就、坚定政治信念"专题教育等。尤其是2008年，紧紧围绕抗雪抗震救灾、奥运会、神七飞天、纪念改革开放30周年等大事，开展"坚定中国特色社会主义信念、有效履行我军历史使命""讲党性、重品行、作表率"等主题教育，提高了民兵预备役人员政治教育的实效性。

第三节　军事训练

组织民兵进行军事训练，是提高民兵军事素质，增强民兵战斗力的重要途径。新中国成立后，民兵工作本着劳武结合的原则，做到组织、政治、军事"三落实"，民兵训练的重点是民兵干部和基干民兵。对于普通民兵的训练，一般以政治为主，军事为辅，并建有一定数量的教学组及教员队伍。同时，在运西建立射击场、投弹场等民兵训练基地和配套的生活设施，使民兵训练逐步走上基地化、制度化、正规化。

一、民兵干部训练

民兵干部，包括专职武装干部(一般兼任民兵营、团长)、民兵营连排干部及军事教员等。

1978年，全县训练民兵干部和武干民兵1.7万人，基干民兵3.65万人，组织实弹射击训练的共1.48万人。1979～1980年，每年训练民兵营长405人。1981～1989年，每年组织对150名民兵骨干进行集训。主要集训25岁以下，身体健壮的民兵正、副营长和民兵骨干。1990年以后，淮阴军分区每年平均组织一期专职武装干部集训，淮安市选派参训的人数按每年总人数的1/4确定。1998年3月，淮安市人武部用15天时间，将全市新任的100名民兵营长(含专武干部)集中在民兵训练基地进行了强化训练。从1999年开始，对民兵干部进行以"科技强兵"为重点的训练。是年，训练民兵干部200多人。2000～2001年，楚州区(淮安市)人武部对全区(市)民兵营长进行调整，民兵营长全部由转业退伍复员军人或经过军事训练考核合格的优秀民兵担任，民兵营长集训率达100%。从2002年起，每年集训民兵营长等骨干800人左右。2005年，组织民兵干部、专武干部训练6期150余人，组织民兵干部参加江苏省军区各类集训3期12人，随民兵参加训练的干部3人。2006～2008年，按新的训练大纲要求，每年都超额完成“四会教练员”、机关干部、专武干部、民兵干部军事训练任务。

二、基干民兵训练

1982年后，基干民兵训练，农村改由公社（乡镇）集中训练，城市由主管局集中训练。此外，对民兵专业分队的训练，采取县、公社（乡镇）结合的方法。1990年，实训基干民兵，合格率为100%，优秀率达55.2%。专业技术兵占训练总人数的41%。1991年以后，突出专业技术分队及民兵应急分队的训练。从2000年起，全市（区）人武部采取进训练基地集中训练方式，每年举办2～4期基干民兵训练，以提高训练效果。2000年，完成基干民兵训练任务，经淮阴军分区考核验收，合格率100%，优良率达60%以上。2001年、2002年、2003年均圆满完成基干民兵的训练任务。2004年完成部分民兵参加的通信、防化、地炮等12个专业的训练，通过江苏省军区和淮安军分区的专业训练考核。2005年，完成一批基干民兵训练任务，并组织50多人参加了省军区、市军分区组织的专业技术分队和民兵应急分队连（排）长的跨区联训，所训科目成绩良好。

2006～2008年，每年超额完成基干民兵军事训练任务，组织民兵参加省军区、军分区各类集训8期11人，组织民兵骨干队伍训练160人，跨区联训各类民兵骨干180人，在全省民兵防空分队实弹射击训练中，楚州区取得优异成绩。

第四节　其他重要活动

一、维护社会治安

90年代，组织民兵协助公安武警、党政干部开展“严打”斗争和整治城乡社会治安斗争。进入21世纪，广大民兵积极参加维护治安活动，配合公安部门保证“一方平安”做出新的贡献。2001～2008年，按照军警民联防预案，多次组织民兵参加维护治安活动。其中在2002年淮安市首届淮扬美食文化节期间，楚州区人武部组织300名民兵担任维护秩序和治安任务。

二、抢险救灾

1991年，淮安市发生百年不遇的洪水灾害，全市组建上千个民兵抗洪抢险突击队，先后出动民兵20多万人次投入到抗洪抢险、抢运物资、转移群众工作之中。在抢险救灾、重建家园、保护人民生命财产中，发挥了重要作用。1994年7月，淮安市遭受严重旱灾时，市人武部组织人武部干部职工、专武干部和民兵参加抗旱斗争。2001年8月，楚州区宋集、钦工等乡镇连遭特大暴雨和龙卷风袭击，区人武部组织机关干部深入抗灾第一线，紧急发动民兵、预备役人员救护灾民，突击抢险。

三、参加物质文明和精神文明建设

1976～1980年，组织民兵80多万人次参加苏北灌溉总渠、大运河等水利工程建设。同时成建制组织民兵投入农田基本建设，确保旱涝保收，高产稳产。1981年，在全县范围内开展学雷锋和“五讲、四美、三热爱”活动，要求民兵争做“有理想、有道德、有文化、有纪律”的社会主义一代新人。各村党支部坚持把文明村建设同民兵建设紧密结合起来，做到既在文明村建设中用“兵”，发挥民兵的骨干带头作用；又在文明村建设中练“兵”，促进民兵自身建设。江苏省军区政治部表彰淮安县建淮乡邱家村民兵青年业余综合学校。1983～2000年，组织民兵积极开展民兵“以劳养武”活动，全县（市）先后创办以劳养武实体41个，创产值近千万元，利税80多万元。

1985年，淮安县紧紧围绕经济建设办民兵，为振兴经济作贡献的指导思想，确立民兵工作。1985

年4月5日起，淮安县人武部举办为期两个星期的民兵养殖技术培训班。培训对象为专武干部、民兵营长、退伍军人、基干民兵等百余人。1985年7月19～21日，淮安县委、县政府、县人武部联合召开围绕经济建设办民兵经验座谈会。各乡镇场专武干部、民兵营长代表65人参加会议，会上11单位和个人作经验介绍。县委书记、人武部第一政委曹楷和县长、县武委会主任张凯出席会议并讲话。会议总结围绕经济建设办民兵的经验，坚定“以劳养武，富民强兵”的路子。1985年8月，上级明确人武部移交地方，人武工作的性质和任务不变，继续围绕经济建设开展民兵工作。90年代以后，民兵在城乡建设特别是道路、电力、建筑、给排水等艰巨而繁重的工程建设中发挥了重要的主力军作用。1992年，各乡镇人武部和各村民兵营，开展民兵“双带”（民兵带头奔小康，民兵营带动村民共奔小康）的竞赛活动，涌现出50个示范民兵营。1993年3月5日，在毛泽东学雷锋题词纪念日，市人武部组织民兵上街为民服务。同时，建立以民兵为主体的拥军服务组织，为烈军属做好事4000多件，义务帮工队为优抚对象耕种责任田2000公顷，帮助700多户优抚对象走上致富的道路。1994年，有240个民兵学雷锋帮贫助耕队，长年活跃在镇乡村组、厂矿企业，积极为军属、孤寡老人和广大民兵群众做好事，涌现出了许许多多“雷锋式的好民兵”。当年，全市开展“民兵双带、双致富”活动，建立民兵科技示范小组200个。1995年以后，开展“争当经济建设尖兵、精神文明建设标兵，维护社会稳定卫兵”的“三兵”活动。2003年，楚州区人武部先后成建制组织民兵预备役人员担负围墙巷改造、韩信南路、中国漕运总督部院遗址公园、楚州工业园区等工程建设，成立23个民兵拆迁队，拆迁733户、34个单位，计7万多平方米；组建21个民兵建筑工程队，新建22幢住宅小区，植树2250万株。区人武部获楚州区委、区政府授予的“特殊贡献奖”。在此期间，还先后涌现300多民兵致富典型，帮带近千贫困家庭脱贫致富。2007～2008年，人武部和区委组织部、科委等部门联手，结合当地实际，在全区民兵预备役人员中开展“科技示范岗、致富帮带员、民情信息员、村务监督员”为主要内容的“一岗三员”活动，并借助这一平台为民兵预备役人员设岗定职，让他们在这一活动中有为有位，为建设社会主义新农村，实现社会和谐作出应有的贡献。

第五章　国防教育与国防动员

第一节　国防教育

一、教育机构

80年代前，在淮安县委和县政府统一领导下，由驻军和人武部门协同具体负责和实施国防教育。1987年，淮安县人武部被南京军区政治部授予“国防教育先进单位”。1992年2月，淮安市成立全民国防教育委员会，市人民政府制订和印发《淮安市全民国防教育实施办法》，组织农工、政法、教育、文化、电视、报社、团委、妇联等部门参加，形成了政府、军队、群众团体和社会组织一体的社会化国防教育网络。2005～2008年，随着人事的变更，楚州区全民国防教育委员会作了10次调整，保证机构正常运行。

二、教育内容

民兵的政治教育根据党在不同历史时期的中心任务进行。1985年，在全民教育中，涌现出63个文明村、103个文明单位。1997年是市人武部开展全民国防教育第九个国防教育宣传月，省委宣传部、省军区政治部领导8月份到淮安检查指导，对淮安市长期坚持组织的国防教育宣传月活动给予了高度评价。2002年，在全民中进行国际观念和反对“台独”的教育，激发广大人民的爱国主义热情，国防教育面逐年扩大。楚州区国防教育办公室被江苏省国防教育委员会表彰为先进集体，丁在新、葛成靠2人被表彰为江苏省全民国防教育先进个人。2005年，楚州区国防教育受教育人数占应受教育的85%，其中干部受教育面达100%，厂矿、企业、行政事业单位和职工受教育面达93%，学生受教育面达97%。2006年7月，区国动委、武委会专题研究《国防教育法》的宣传教育会议。之后，全区认真学习宣传《国防教育法》《江苏省国防教育条例》，以开展全民国防教育月活动为抓手，推进全民国防教育进校园、进社区、进农村、进机关、进企业，增强全民的国防意识。

三、教育基地与教育形式

楚州区是老革命根据地之一，“横沟寺暴动”地、车桥战役纪念碑园、周恩来故居、纪念馆、新安旅行团历史陈列馆、关天培祠堂，成为国防教育的固定场所。每逢清明节，全区有2.3万多名青少年学生祭扫烈士墓，学生入队和青年入团、入伍、入党普遍都到教育基地宣誓明志。另外，利用冬训、征兵、年终总结，采用刊授、函授、智力竞赛、电化教育等形式进行国防教育，还邀请老红军、老干部、老工人、英雄模范讲历史、讲传统。

90年代初至2005年，楚州区开展“国防教育宣传月、宣传周”“在英雄的土地上成长”“固长城、创三优”“我为远方战友做什么”“做好事、办实事、送温暖、解忧愁”等主题活动，把国防教育寓于主题活动之中。利用当地英模人物多的优势，举办报告会。1992～2008年，共举办各类报告会和英模庆功会35场次，受教育者达38万人次。利用周恩来纪念馆、故居、关天培祠、烈士陵园、车桥战役纪念碑、新安旅行团纪念馆等红色资源，组织全民尤其是部队官兵、民兵预备役人员及大中小学生宣誓、入队、瞻仰等，实施行之有效的国防教育。

第二节　国防动员

一、机构

1979年，淮安县重新组建人民武装委员会。70～80年代，逐步建立有关国防动员的领导机构。1982年，淮安县成立兵员动员领导小组，下设办公室，由县行政和军事部门主要领导分任组长、副组长，为临时机构。1994年11月，国务院、中央军委颁发《关于成立国家国防动员委员会的通知》，1996年12月，淮安市国防动员委员会成立，下设办公室、政治动员办公室、国民经济动员办公室、装备动员办公室、国防交通战备办公室、人民防空办公室、信息动员办公室等机构，人员由政府相关部门抽调组成。2001年，楚州区国防动员委员会增设政治动员办公室，设在区人武部政工科；增设科技动员办公室，设在区科技局。2002年，区国防动员委员会秘书组改为综合办公室，增设信息动员办公室，设在楚州区电信局。2005～2008年，楚州区国防动员委员会下设“一综七办”，即综合办公室、人民武装力量动员办公室、政治动员办公室、交通战备办公室、人民防空办公室、科技动员办公室、经济动员办公室、信息动员办公室。

二、交通动员

1996年，淮安市国防动员委员会成立后，国防动员委员会交通战备办公室为市国防动员委员会办事机构。9月，淮安市交通战备办公室为市国防动员委员会正局级办事机构，挂靠淮安市交通局，由交通局长兼任交通战备办公室主任，配备一名专职副主任。2001年，楚州区国防动员委员会交通战备办公室设在楚州区交通局。2003～2008年，落实行政编制1～2人，区交通局长兼任办公室主任。

2008年楚州区各类港口结点统计表

表22-1

结点类型		楚州区
行政类结点	乡镇个数	27
	乡镇名称	淮城镇、车桥镇、流均镇、施河镇、平桥镇、钦工镇、泾口镇、顺河镇、朱桥镇、博里镇、苏嘴镇、复兴镇、季桥镇、溪河镇、范集镇、南闸镇、城东乡、马甸镇、仇桥镇、建淮乡、宋集乡、三堡乡、茭陵乡、上河镇、席桥镇、林集镇、南马厂乡
经济类结点	经济开发区个数	1
	经济开发区名称	江苏楚州经济开发区
	旅游景区个数	2
	旅游景区名称	周恩来纪念馆和故居、新安旅行团革命历史博物馆
交通类结点	互通个数	3
	互通名称	朱口互通、刘伶台互通、车桥互通
	港口个数	1
	港口名称	淮城港
结点数合计		34

三、经济动员

1984年后，淮安县人民武装委员会负责全县的经济动员工作，县人武部后勤办公室参与领导并作为协调和办事机构。1996年，淮安市国防动员委员会成立，下设经济动员办公室，办公室设在市经委，主任由市经委主任兼任，配备1名专职工作人员。2008年，经济动员办公室设在楚州区发展计划改革委员会，由发展计划改革委员会主任兼任办公室主任，人武部后勤科长、区经贸局、财政局、卫生局、粮食局、农业局、林牧渔业局各由1名副主任（局长）兼副主任，并各配1名兼职工作人员。经济动员办公室在淮城镇、南门居委会各建立一个消防、工程抢修等物资器材补给站。淮安市军分区加大基数油料，除补齐各单位携运行量不足部分外，其余留基本保障油料库，并向地方加油站征用。物资补充根据消耗情况，以计划补充和逐级前送为主，自领和越级补充相结合，属地方供应的物资，由各单位到指定供应站自行领取。

四、科技动员

新中国成立后，淮安县科技动员工作由县人武部和政府有关机构负责，人武部负责专业技术人员的统计及民兵专业技术分队的组建、训练。负责动员部分专业技术人员服现役，动员科技人员和通用装备器材实施支前保障和城市反空袭设施建设等。1995年后，科技动员各项工作分别由国防动员委员会所属各办公室负责。

2000年9月，淮安市政府、市人武部开展新一轮大范围的国防潜力调查，把科研机构情况纳入调查范围，主要包括全市各类自然科学研究机构、设计院（所）、地质勘探、测绘、气象水文、环境保护单位的基本情况及有关开发项目、研究成果、技术人员、主要设备等内容。2002年，楚州区国防动员委员会科技动员办公室正式行使职能后，科技潜力调查任务遂由科技动员办公室承担。2003年3月，组织对全区科技动员潜力进行全面调查，调查领域扩大至与飞机、舰船、雷达、导弹、观测、装甲、火炮、通信、气象、工程器械、防化等相关的11个大类的有关企业和行业，调查内容包括科技人员、科技产品、科技设备、科研成果等。科技人员登记的条件为中专以上学历，初级以上技术职称，年龄在20～50岁之间，政治合格、身体健康的在岗在职人员。2004年，楚州区国动委科技动员办公室要求对全区科技动员潜力进行一次统计核查，掌握动态变化。是年8月完成任务，材料上报及时、准确，得到市科技动员办公室的表彰和奖励。2005～2008年，科技动员办公室围绕区反空袭作战任务的完成，组织科技人员研制生产各种伪装器材，为重点目标的伪装防护提供保障，同时组织计算机网络人员，为信息对抗队提供保障。

五、信息动员

新中国成立以后，淮安县人武部一直重视电讯传输在国防建设中的作用。1971年，淮阴地区邮电局划归军分区代管，淮安县电信局副局长由人武部或部队干部兼任，开展"军地联合全民办后勤"活动，建立全县通信联络网，城区各单位和乡镇、大队（村）陆续通上了电话、广播。1991年，开展"从海湾战争看现代信息战争"的理论研究，淮安市人武部和市政府，将信息产业、信息技术和信息队伍动员作为高科技条件下国防建设的一项重要任务。1992～1995年，组织民兵通信、民兵侦察分队的训练。1997年，在市邮电局建立民兵高科技通讯分队。1999年，组织民兵通信分队开展"电子干扰"训练。2000年，人武部机关在干部中开展科技大练兵活动，100%的人员拿到了计算机等级证书，达到了相应的操作水平。2001～2005年，按淮安市（地级）国防动员委员会制定的指挥自动化建设五年规划要求，楚州区把国防指挥自动化建设纳入全面建设的总体规划，建立了上下贯通、左右相连、信息流畅的国防动员信息网络系统。其中，2003年，楚州区人武部民兵信息网建设全部达标。2004年，楚州区国防动员委员会指挥中心实现自动化、规范化。至2008年，楚州区人武部信息指挥网络建设实现与淮安市军分区通信网、视频会议网、国防动员网、综合信息网等的联通，实现了网上同步训练，同步教育、同步管理的目标。同时，组建由区电子对抗分队和网络攻击分队组成的一个电子对抗攻击群，主要实施对敌干扰，与敌进行网络攻击战。

六、国防潜力调查

1990年7月，淮安人武部结合当年退伍军人登记和民兵整组工作，对1988年的《部分战争动员潜力调查统计表》进行核对、调整、充实，于同年10月上旬汇总上报淮阴市军分区。1995年12月1日至1996年2月15日，在新成立的淮安市国防动员委员会的组织部署下，开展新时期高科技局部战争条件下的国防动员潜力调查，历时75天。全市范围内国防动员潜力的人员、交通运输、邮电通信、医疗卫生、水电房屋、工程机械等18类近2000项的数据情况基本见底；为保证统计资料的准确性、可靠性，参与调查的人员认真把好资料来源关、统计核实关、综合分析关。所有数据来源必须注明出处，并采用条块结合、双管齐下的方法，"块"上汇总的资料必须与"条"上统计的资料一致，如发现不一致的地方则认真调查分析，找出原因，确认正确的资料。21世纪以后，为维护祖国统一和安全，做好应急作战准备，区人武部系统调查和整合境内战略资源。2000年9月7日至10月30日，淮安市政府、人武部认真组织了新一轮的国防潜力调查工作。调查的内容主要包括地区基本情况、人民武装建设、生产企业、水电、交通运输、邮政通信、工程施工、医疗卫生、金融机构、物资储备、院校、科技机构、人防工程、宣传机构等14大类。2001年，楚州区人武部组织对全区15种80多类国防潜力数据进行调查核对，完成退伍军人和地方与军事专业对口人员预备役登记、统计工作，初步建成国防潜力数据库。2002年5月，区人武部对楚州区国防动员潜力作一次全面的调查核对。调查核对的内容，仍按2000年规定的14大项进行。2003～2005年，楚州区人武部每年对国防动员潜力进行一次核对调整，进一步健全国防潜力数据库。2005年，统计境内铁路里程38千米，公路总里程1432.04千米，其中高速公路总里程191.88千米；水路通航总里程499.6千米，以及重要航道、港口、码头、客运站、货运站等等，可确保战时军事人员和物资的运输畅通无阻。统计广播电视光缆线路、互联网注册用户、移动电话用户、固定及无线市话用户等通信和信息设施，可确保战时通信及信息战的开展。统计了全区科研院所、地方国有单位、集体企事业单位在岗专业技术人员，各类医疗卫生机构，战时可根据军事需要承担医疗保障任务。至2008年，在原有基础上还按兵员动员、防卫作战、信息作战、支前保障、维稳反恐五大类要求，统计了全区战时可迅速动员的民兵预备役人员及保障队伍，以及防空袭作战和防灾抗灾实力等。

七、战备动员演练

1982年4～8月，南京军区以一个师一部为基础，在淮安县及淮阴、涟水等县进行动员扩编1个陆军师的研究性演练，淮安县委、县政府、县人武部通力协作，顺利完成动员演练任务，实现兵员交接无一遗漏、无一差错的目标。1992年9月，淮安市组建独立团，实施演习作业，完编后退出演习。1995年9月，市人武部配合淮阴市军分区组织代号为“9509”的战时动员演练。市人武部快速新建独立团参与演练。1997年9月15日至19日，市人武部参与淮阴市军分区人武部参加江苏省军区组织的“城市反空袭作战和登岛作战支前保障战役战术想定作业”演练。2002年，江苏省国防动员委员会、江苏省军区部署淮安市国防动员委员会、淮安军分区开展战时国防动员指挥演练试点任务，淮安市委、市政府、市国防动员委员会、淮安军分区联合成立演练领导小组。经过研究，根据淮安地理位置和未来战时可能承担的作战任务，确定主要演练3个课题，即平战体制转换、动员支前保障、组织全民防空，重点研究解决国防动员指挥活动的程序、任务和方法，提高战时动员指挥的效力。演练在楚州区进行试点，然后各县（区）全面开展。至2008年，按总结出的国防动员战备演练的试点经验，不断完善各种演练预案，不断改进战备演练的方式方法，使战备演练更具实用性、实战性。

第六章　人民防空

楚州人民防空，始于60年代，发展于21世纪。1966年后，遵照毛泽东发出“深挖洞、广积粮、不称霸”的指示，淮安县各乡（镇）、场、工厂、企业单位，通过大搞群众运动而构筑早期临战应急简易防空工事，因地制宜，因陋就简的挖掘防空洞、交通壕。淮城镇曾发动工厂、市民利用古淮安城墙遗址，开挖了防空洞，现古城墙遗址公园尚见零星遗存。90年代，全面贯彻落实中央提出的“全国规划、突出重点，平战结合，质量第一”的十六字方针。1998年8月，淮安市审议通过《淮安市城市防空袭预案》。21世纪，楚州人防按照省、市要求，立足当地区实际，制定人防工程建设规划，全面修改和完善防空袭预案，以适应现代高新技术防空作战。按照平战结合、专业对口、便于领导、便于指挥和减少数量、提高质量的原则，多次调整、重组人防专业队伍并组织一定规模高技术条件下的防空演习，取得了成功。在通信警报建设方面，实现程控化、自动化，并成功应用了淮安市自行研制的警报器全封闭防护和自动控制系统。此后，楚州人民防空事业稳步发展，各项人防建设初具规模。2008年，防空警报音响覆盖率达100%。人防工程平战结合、开发利用取得明显成果。

1995年底，按照国家人防办对新时期人防建设提出的要求，确定人民防空主要目的任务。在战时保护广大人民群众的生命和财产安全，加强重点目标的防护，采取各种手段，积极有效地进行防空袭斗争，最大限度地保存有生力量和战争潜力，把敌方空袭造成的损失减少到最低程度。当年8月，淮安市政府、市人武部抽调有关单位有一定军事素质的人员20人，举办了修改城市防空袭预案及保障计划培训班，为修改预案提供了保障。1996年8月，经淮安市人防委审定通过，完成市级防空袭预案修订及基本案初稿。1997年，指导城区重点单位完成本级防空袭预案修订任务。1998年，完成对原来城市防空袭预案的修订并报批。是年8月，淮安市审议通过了《淮安市城市防空袭预案》。同年12月，组建淮安市抢险抢修人防专业队。1999年，制定《淮安市人民防空办公室破坏性地震应急预案》。2000年，配合人武部认真组织辖区各单位完成境内重要防空目标的数据收集、照片拍摄、图纸标绘、数据汇总、软盘制作及上报工作，并编制《淮安市人防工程建设总体规划》。2001年，楚州区编制完成的《楚州区城市防空袭预定方案》初步通过审定。2005年，结合《淮安市（地级）人民防空应急预案》新一轮编制，对本级《城市防空袭预定方案》进行充实、调整和完善，通过上级的终审。至2008年，城市防空袭预案还对人口疏散的基本原则、疏散的时机和对象、临战疏散地域划分、疏散的组织领导、任务区分等作了明确的规定。

第一节　机构队伍

一、领导体制

1969年10月，淮安县成立人民防空领导小组，设于县人武部内。1974年7月，对领导小组进行调整。1982年，撤销淮安县人民防空领导小组，成立淮安县人防委员会，由县主要领导、人武部主要领导担任主任和副主任。委员由政府相关部门领导担任。地区和重点城镇人防办公室为同级政府主管人防的常设职能机构，人防办公室由地方和军队干部共同组成，受人民政府、军事部门双重领导。1994年，淮安市成立市人民防空委员会，主任由市政府市长陆广浦担任，市政府常务副市长陈寿松和市人武部部长赵来庆任副主任。委员会下设办公室，主任由赵来庆兼任。人防委员会成立后，召开全体委员会议，重点研究人防经费及有关收费标准、讨论人防工程建设规划及实施意见，解决当年人防工作中存在的问题，提出加强人防教育计划，会后制订有关文件和《会议纪要》，由人防委下发至各有关单位贯彻执行。1996年，淮安市国防动员委员会成立，人民防空委员会相应撤销。继而设立人民防空办公室，为国防动员委员会所辖办事机构。2000年下半年起，淮安市开展了城市防空袭新内容的训练和作战问题研究。2001年2月始，原淮安市国防动员委员会更名为楚州区国防动员委员会。

二、办事机构

新中国建立后，防空工作由淮阴军分区具体管理。1994年，根据省军区、省政府文件精神，县级淮安市成立淮安市人民政府人民防空办公室，由市人武部部长兼人民防空办公室主任。1997年9月18日，中共淮阴市委、淮阴市人民政府下发通知，组建淮安市人民防空办公室，为副科级单位，有行政编制2名，事业编制4名，设专职主任1名，副主任1名，办公地点设在市人武部。1998年，淮安市单设人民防空办公室，为国防动员委员会下辖办事机构，属市政府办公室管理的副科级部门管理机构。有行政编制3人，行政附属编制1人，其中，主任1人。1999年7月20日，成立淮安市人防工程建设管理站，为人防办下属相当股级事业单位，有编制3人，经费从人防业务费和建设管理费中解决。2001年2月，淮安市撤市设区，淮安市人民防空办公室亦更名为楚州区人民防空办公室，为楚州区国防动员委员会的常设机构，受政府和同级军事机关双重领导，同时接受上级人民防空主管部门的领导。至2008年此设置一直未变。

三、指挥机构

1995年，淮安市及乡镇、街道成立指挥部，各系统及居委会分别建立疏散指挥机构。主要任务是，根据市人民防空指挥部的统一部署，适时组织城市人口疏散，负责做好人口疏散的协调、安置和保障工作。2008年，楚州区《城市防空袭预定方案》中增加了城区人口疏散方案。1997年审议通过的淮阴市《城市防空袭预案》中，规范了人防组织指挥工作程序，进一步明确了人防组织指挥系统。即，平时以市、县（区）人民防空委员会为基础，成立市、县（区）人民防空指挥部；战时，市、县（区）人民防空指挥部是领导当地防空袭斗争的最高指挥机关，其基本任务是随时掌握敌情和城市防空袭动态，指挥辖区内人民的防空袭行动，积极配合城市防卫作战。2005年，按照淮安市编制的《人民防空应急预案》规定，楚州区成立人防指挥部。是年，楚州区战时人民防空指挥所设置为“一室六组”，为指挥长室、综合组、抢修组、抢救防疫组、消防防化组、通信保障组、治安交通管制组。

四、防空专业队伍

1969～1975年，在毛泽东“要准备打仗”的思想指导下，结合民兵整组工作，对防空专业队伍进行组建和充实、整顿，以民兵成建制地担负各种防空专业任务。1996年，根据省人防办公室、省军区联合制定的《关于贯彻〈城市人民防空专业队伍建设的规定〉的实施办法》，淮安市调整人防专业队伍，并将采取人防专业队与民兵组织同时进行的方式组织训练。1997年后，强调人防专业队要和民兵组织区分开来，专业队的整组，则按民兵整组方法统一部署，统一组织，同步实施。当年的人防专业队干部训练，由淮阴市人防办公室组织实施。专业队员的训练由淮安市按原国家人防委颁发的训练大纲组织实施，由人防办公室负责落实，训练方法以在职训练为主，各专业队以建制为单位结合生产任务，全年有目的地集中组织训练5～7天。1997年，共有35名专业队员经过训练。2002年11月底，根据淮安军分区司令部、淮安市人防办公室联合下发的《关于“十五”期间人民防空专业队整组训练任务的通知》精神，楚州区重新划分和调整人防专业队的整组和训练，区人武部在安排年度民兵组训工作中，将人防专业队的整组和训练一并列入。2005～2008年，相继组建了供电公司60人的人防专业队、卫生医疗救护50人的人防专业队、疾控中心防化防疫10人的人防专业队、环境保护10人的人防专业队、消防11人的人防专业队、电信20人的人防专业队、建设局105人的人防专业队、治安50人的人防专业队和自来水公司20人的人防专业队。

2001～2005年楚州区人防专业队整组训练情况表

表22-2　　单位：人

组建单位	专业队名称	整组、训练任务	
		整组人数	训练任务人数
楚州区	抢险抢修专业队	40	13
	通信专业队	40	13
	防化专业队	20	7
	消防专业队	25	8
	医疗救护专业队	20	7
	防化专业队	20	7
	消防专业队	25	8

续表 22-2

组建单位	专业队名称	整组、训练任务	
		整组人数	训练任务人数
合　计		190	63

第二节　通信警报

一、防空通信网

淮安县于1975年10月1日零时启用南京到淮阴地区人防办的长途电话专线，沟通了人防有线警报通信网。1994年，实现人防通信程控化。2000年后，人防办开展对现代高技术战争下城市防空袭警报通信的专项课题研究。

二、音响警报

（一）警报设置

新中国成立后，主要音响警报设备有电动警报器、无线遥控发射机、无线遥控接收机、车载警报器等。1995年11月，首台防空警报器建成。同年12月，组织新中国成立以来首次防空警报试鸣。2000年，淮安市试用淮阴市自行研制开发的新型DS-400警报器，试用结果表明，新型DS-400警报器基本上达到各项技术指标要求，可以推广使用。2002年底，楚州城区设警报器6台。至2008年，楚州城区制高点设警报器9台，音响覆盖面占城区面积100%，形成警报通信网。

（二）警报管理

根据省人防有关警报发放规定，每年国庆节为警报试鸣日。人防办对警报器实行社会化管理，人防办负责检查指导，设点单位负责日常管理和维护保养。

1997年，建立健全警报管理规章制度，全面维护通信警报电缆。2002年后，对警报器建设实行建设和管理并重的方针，进一步推动社会化管理。2008年，警报器管理实现“专人管理，定期维护，责任到人，措施到位”的长效管理机制，并将警报器合理配置在各个区域，其音响覆盖率达到100%以上，完好率100%，达到江苏省人民防空办公室的要求。根据国家人民防空委员会规定，楚州区警报信号为预告警报、空袭警报和解除警报3种。

2008年楚州区人防警报器统计表

表22-3　　单位：千瓦

设施代码	设施名称	设施类别	机器编码	警报器类型	机器功率	警报器设置单位
4002	电动	警报器	4002	电动	5.5	楚州区电信公司
4003	电动	警报器	4003	电动	2.2	楚州区吴承恩中学
4004	电动	警报器	4004	电动	2.2	楚州区人武部
4005	电声	警报器	4005	电声	0.4	楚州区明珠大酒店

续表 22-3

设施代码	设施名称	设施类别	机器编码	警报器类型	机器功率	警报器设置单位
4006	电声	警报器	4006	电声	0.4	楚州区无线电组件厂
4007	电动	警报器	4007	电动	5.5	楚州区职教中心
4008	电动	警报器	4008	电动	4	楚州区淮城镇城南居委会
4009	电动	警报器	4009	电动	4	楚州区淮安中学
4010	电动	警报器	4010	电动	4	楚州开发区塑料有限公司

第三节　防空工程

一、工程建设

1983年，人防工程建设实现了市、县（区、市）整体推进。90年代，淮安市政府学习宣传淮阴市人民政府印发的《淮阴市人民防空建设、管理暂行办法》。2002年，楚州区漕运广场人防工程于6月18日开工，楚州区现代人防工程建设实现了“零”的突破。2004年，漕运广场人防工程竣工建筑面积2600平方米，新开工人防工程项目1个。同年，宣传贯彻淮安市制定下发的《县区人防工作考核与奖励办法》。2005年，淮安市政府和淮安军分区联合出台《关于加强人民防空工程建设的意见》，楚州区政府专门召开常务会议专题讨论研究区人防建筑工程事宜，并相应制订出台规范文件。

二、工程规划

2001年，三淮一体（淮阴市、县级淮安市、淮阴县）城市发展规划已正式确立，面对2010年发展到百万人口的城市规模，人防工程建设规划相应作重大布局调整和设计的理念更新。淮安市人防办公室与解放军理工大学工程兵学院协同完成了淮安市人防工程总体规划的编制工作。楚州区人防工程依淮安市人防工程总体规划施行。

三、重点工程

2002年以后，楚州区人防工程建设累计立项23个，先后开工建设的项目有16个。至2008年底，已经竣工的有3个项目，其中，开发利用的项目有2个。

楚港花苑人防工程　楚港花苑商住小区由淮安市龙港房地产开发有限公司开发建设，防护等级为6级。工程由省建二院淮安分院设计，龙港建筑工程有限公司组织施工，淮安建设工程监理有限公司监理。2004年2月开工建设，2005年10月通过竣工验收。工程法定义务内结建的产权已于2008年1月18日移交给人防办，同时人防办将平时使用权出让给龙港房地产开发有限公司，年使用费5万元，是人防办收取的第一笔平战结合使用费。同时和使用单位签订了有关协议，明确了各自职责，颁发了人防工程平时使用证。工程平时作为酒吧、KTV、网吧、游戏机房使用，给人们提供了休闲场所，也创造了就业机会，体现了人防工程的社会效益、经济效益。

运河嘉苑人防工程　运河嘉苑人防工程是由淮安华通房地产开发有限公司与楚州区运河嘉苑小

区结建的人防工程，防护等级6B级。2005年5月开工建设，2007年12月竣工。

第四节　平战结合

人防工程的开发利用，早在1978年全国第三次人防会议就确定了“全面规划，突出重点，平战结合，质量第一”的建设方针。由于经济、区位、交通、体制等原因，楚州区的人防工程开发利用滞后。90年代末至21世纪初，本着“谁开发、谁受益”的原则，驻区各单位陆续将人防工事开发为库房、设备房及物资仓库等。特别是人防工程建设，实现了应建必建、从无到有的目标。从2004年开始，楚州区人防工作逐步从封闭型转向开放型，从消费型转向增值型，从单一战时功能型转向平战两用功能型。从此，人防工程的平战结合被列入人防建设的一项重要任务。至2005年，楚州区人民防空真正做到了人防工事平战结合，较好地实现了战备效益、社会效益及经济效益的统一。“十五”期间，楚州区人防工程立项14项。2008年，实行人防民防“两防一体化”建设，共筹集人防建设资金650.12万元。当年12月，人防地面指挥所建设全面开工。

第五节　宣传教育

1984年7月，国家颁布《人民防空条例》（以下简称《条例》）。淮安县积极组织宣传，在县城中心建立固定画廊，宣传《条例》主要内容，介绍落实《条例》的进度情况。还在城区多处地方悬挂张贴大幅标语，并利用报纸、电视台、电台广造声势，务必使全县更多的干部、群众知道《条例》，了解《条例》，自觉配合《条例》的贯彻和执行。年底，县人防委员会召开《人民防空条例》会议，传达军区人防委、省人防委关于宣传、贯彻、落实《条例》的指示和会议精神，制定出淮安县落实条例的步骤和方案，方案重点强调人防工程的维护管理。1994年7月，淮安市组织开展了纪念《人民防空条例》颁布10周年活动。全市共悬挂张贴宣传标语360条（其中横幅73条），出动宣传车1部，在市区宣传10天，各电影院影前放幻灯片50张，350多次；《淮安日报》共办4个专版，市政府分管人防工作的副市长先后在淮安电视台、电台发表了纪念《人民防空条例》颁发10周年讲话；电台播放人防知识有奖竞答等，多角度宣传人防事业。1997年是《人民防空法》全面贯彻实施的第一年。市人防办通过各种管道，宣传《人民防空法》；继续实行奖励制度，对在人防宣传方面作出贡献的人员进行奖励，特别是对人防系统外人员进行奖励。全年被各级报刊采用稿件40多篇。年底，人防办邀请新闻单位负责人座谈《人民防空法》，利用报纸、广播、电视等媒体广泛宣传《人民防空法》；7月，组织人员参加全省人民防空法律知识竞赛。1998年，人防办会同有关部门在全市范围内开展《人民防空法》宣传贯彻情况检查和自查。1999年1月29日，《江苏省实施〈人民防空法〉办法》经省九届人大常委会第八次会议通过施行。淮安市将《人民防空法》及《实施办法》列入“三五”普法内容，3月15～23日，贯彻落实省《实施办法》，召开宣传周活动座谈会；利用《淮安日报》及广播、电视媒体进行宣传；散发《人民防空法》和省《实施办法》宣传小册子及有关综合宣传材料；在主要街道和漕运广场悬挂大型气球宣传条幅，悬挂横幅，并出墙报、宣传栏，设置多处广告牌等。从2001年起，楚州区人防重点工程全面开工建设，至2005年底，全区按照省、市人防工程“十五”规划的要求全面完成了人防工程建设。2008年，全区“两防一体化”宣传教育面达95%，先后开展“关注人防从我做起、关心人防从娃娃抓起”“携手庆奥运、欢歌颂人防”等活动，在全社会营造“人人关心人防、个个支持人防”的良好氛围。

第二十三篇　人事　劳动

中共十一届三中全会后，楚州逐步完善人事管理制度，改进管理办法，开发人才，调整结构，提高干部队伍的“四化”（革命化、年轻化、知识化、专业化）水平。组织、人事部门为各部门、各单位输送大量干部和专业技术人才，保证党和国家在各个时期的路线、方针、政策在楚州的贯彻执行。

1982年，改革劳动用工制度，实行招收劳动合同制工人。同年2月，创办县劳动服务公司，开拓劳动就业途径，为经济建设提供重要保证。进入21世纪，楚州全面建设小康社会，加快推进社会主义现代化建设步伐，对劳动和社会保障工作也提出了新的要求。区劳动保障部门把扩大就业摆在突出位置，实施积极的就业政策，建立统一、开放、竞争的劳动力市场，完善就业服务体系，为城乡居民创造更多的就业岗位。加大职业技能开发力度，培养和提高劳动者的整体素质。坚持按照城乡一体化的要求推进社会保障体系建设，加强养老、失业、医疗、工伤、生育等社会保险制度建设，把社会保险覆盖面扩大到全区城乡。坚持和完善按劳分配为主体的多种分配方式，合理调节收入分配，探索建立市场化的企业工资决定机制。加快社会保障法制建设进程，维护劳动者的合法权益。

第一章　人　事

楚州区人事部门主要是对全区各级党委、政府、群众团体及其所属全民事业单位工作人员和全民企业国家干部进行选配和调整，日常工作包括主要负责全区一般干部调配、录用与招聘新干部、调配交流、大中专毕业生分配、军转干部安置、技术职称评聘、编制、行政奖惩、工资福利、退休退职及干部培训、统计等。党和政府主管机构编制的区编制委员会办公室与区人事局合署办公，人事编制管理融为一体。1984年，根据淮安县县级党政群机关机构设置，设置淮安县编制委员会，办事机构设在县人事局内。1993年，成立淮安市人才市场。1996年，经市委、市政府批准，淮安市编制委员会更名为淮安市机构编制委员会，为市委、市政府的议事协调机构，负责全市行政管理体制和机构改革及机构编制管理工作。市机构编制委员会下设办公室，为市编委的常设办事机构，与市人事局合署。2000年7月，市人事局成立人事争议仲裁办公室，11月，成立淮安市人事争议仲裁委员会。

第一节　机构编制与改革

1976年，淮安县沿用并发展50年代后期的管理体制和机构设置。1984年3月，根据县级机关机构改革的工作部署和要求，淮安县启动党政群机关机构改革，按照“凡是重叠的一律撤销、业务相近的一律合并、适合改为经济实体的就改为经济组织或事业单位”的原则，党政群行政机关机构由71个撤并为44个工作部门（县委部门设置6个，政府工作部门设置29个，其他机构9个，另对外保留名义机构10个），精简率38%，人员编制精简率20%，解决了机构臃肿、层次重叠、人浮于事、办事效率低等问题。

1991年11月中旬，淮安市对乡镇机构编制进行清理。通过清理，全市29个乡镇共撤并机构91个，遏制了滥挂牌子、乱设机构的现象；清退乡镇机关自用人员和乡镇事业单位超编人员共计692人。同时，对市政府机关及国有企事业单位的借用人员情况进行调查摸底，了解造成机关借用人员的原因，规范机关人员借用制度。1993年，淮安市拟定全市乡镇机构改革初步方案，做好机构改革的前期调研工作和宣传发动工作。1994年，为做好地方机构改革的前期准备工作，人事部门详细整理了全市机构编制执行情况，对全市机关及事业单位的机构设置、编制总数、实有人数等进行较全面的统计分析。2005年，区人事部门通过深入调研，拟定《楚州区人民政府机构改革方案》，以区机构编制委员会文件形式下发相关机构更名和增挂牌子的通知。2006年，认真贯彻落实省委办公厅、省政府办公厅《关于严格控制乡镇机构和人员编制的通知》和省、市编制工作会议精神，遏制机构、编制、财政供给人口数出现反弹，楚州区冻结乡镇机构编制，除军转干部安置等政策性进人外，其他一律不得新进人员，并暂停招录国家公务员申报计划。至2007年，全区政府机关共有30个部门，1131个编制，1107人（不含县处级领导干部）。2008年，严格按照省编委《关于在全省实行机构编制实名制管理》文件要求，推进机构编制实名制管理工作。依据《淮安市机关事业单位机构编制实名制管理暂行办法》配套制定《楚州区机关事业单位机构编制实名制管理实施细则》。完成全区700多家机关事业单位1.8万多人的信息采集、数据审核以及信息导入工作。

第二节　人事制度改革

一、改革领导干部选拔任用制度

1984年，在县、乡党政机构改革中，对选拔各级党政领导干部提出年轻化、知识化、革命化、专业化的要求，按此标准选任干部。此后，对选拔任用各级党政领导干部制度又进行一系列改革。1998年，针对市、乡机关中层干部能上不能下的状况，在市委党校、党史办公室等单位先行试点取得经验的基础上，推行市直机关股级干部复合任用制度，即既竞争上岗，又有序轮岗，打破机关中层干部的“终身制”。实行干部任前公示制度，将37名拟任用干部的基本情况向群众公示，征求群众意见。1999年起，全面推行干部竞争上岗制度。当年，全市有12个部门10个副科级岗位、586个股级职位实行竞争上岗，市检察院、教育委员会、卫生局、计划生育委员会等部门还在系统内实行全员竞聘上岗。2000年5月，市法院26名干部经竞选上岗。竞岗后，法院内设机构中层干部由原来的29名减为22名，平均年龄由41岁下降为36岁，具有本科文化学历的占45%。7月，市公安局治安大队（副科级单位）13个中层干部岗位实行公开竞争上岗，12名干部经竞选上岗。是年，将乡（镇）长助理、局长（主任）助理转正纳入任前公示范围，共对27名科级助理进行了转正前的公示。2001年，31名从事人事、土地管理、财会、民政等热点重点岗位的中层干部交流轮岗。同年实行干部引咎辞职制度。对政法机关群众意见大、存在问题多的3名领导干部和8名干警被调离政法系统；1名不称职的正科级干部被责令辞职。2003年，区委组织部率先拿出干部科长等3个中层干部岗位实行竞争上岗，全区有36名年轻干部通过竞争走上中层领导岗位。2004年起，实行公推公选、差额票决领导干部制度，至2008年未变。

2005年2月，楚州区乡镇党政正职后备人选答辩现场

二、推行事业单位干部聘用制

1984年，对行政机关，企业单位“以工代干”人员进行考察，符合条件的转为国家干部。1985年，开始改革干部录用办法，行政机关以有计划考试、考核相结合方式录用招干。事业单位引入竞争机制聘干。1985～1991年6年间招聘干部5104人。1995年起，在事业单位建立和推行干部聘用制。是年，全市办理事业单位专业技术岗位、管理岗位聘干手续600人；为乡（镇）农经站、广播站、蚕桑站等9部门各类人员办理聘干手续287人。1996年，通过招聘考试与考核相结合的办法，为乡（镇）计划生育服务站、企业管理服务站、土地管理所、水产指导站、兽医站计255人办理聘干手续，为乡（镇）28名副乡级聘用制干部办理录用手续。1998年，办理自学考试毕业的教师聘干入编手续209人、事业单位聘干入编手续165人，办理聘用干部续聘手续368人。1999年，在事业单位推行全员聘用制，对竞争上岗的人员全部实行2～3年聘用制，凡在聘用期内不能完成目标任务的予以解聘，能够胜任的予以续聘。2003年，事业单位领导干部一律取消委任制，全部实行聘任制，聘期4年，并建立任期目标管理制度，签订任期目标责任状，凡任期内未完成任期目标任务，或表现不好，或失职、渎职、违法乱纪的，或年度考核不称职票超总票数三分之一的，予以解聘。2004年，通过报名考试、公布成绩、考核公示、体检录用等程序，对全区乡（镇）农技推广服务中心和农经服务中心公益性岗位工作人员开展核编定岗和落聘分流工作，共招录聘用324人，落聘分流763人，对上岗人员全部实行一年一考，一年一聘制度。是年，经资格审查、公示审核，还为662名聘用合同教师办理转制手续，享受公办教师同等待遇。2005年，按省委组织部和省人事厅关于事业单位新进人员必须通过公开招聘方式进编的规定，区人事局采取所有笔试、面试题的出卷和印刷一律封闭进行、面试考官全部由外市相关学科专家组成、考录过程均有区纪委人员作全程监督、拟录用人员先予公示的方法聘用事业单位人员，体现事业单位进人公平竞争、择优录用原则。是年，开展4次教师招聘和2次其他事业单位人员招聘工作，招录大中专毕业生312人。2008年，公开招聘162人，其中应届生36人，前后3次计招聘201人。

三、人事代理服务

1998年，楚州区开始开展人事代理工作。1999年，《省人事厅〈江苏省人事代理暂行办法〉的通知》规定，市人事代理的主要内容有人事政策咨询、人才素质测评、人事档案保管、档案工资调整、聘用合同签证、人才流动手续办理、出具人事证明材料、申报专业技术职称等。2001年11月，区人民政府出台《楚州区人事代理工作实施意见》，明确规定区人事部门为区人事代理工作的行政主管部门，区人事行政部门所属的区人才交流服务中心承办楚州行政区域内的人事代理业务工作，为被代理人提供人事代理各项服务。2002年，区人才交流服务中心为民办事业单位、新就业大中专毕业生、辞聘或自谋职业人员等办理人事代理手续1176人，为21名未落实就业单位的大中专毕业生办理落户手续，并在建行楚州支行开设代理人员养老金发放专户，解决人事代理人员退休后养老金发放问题。2003年，新办230名人事代理人员代理手续。至2008年，全区办理人事代理业务约计1522人。

四、评聘专业技术职务

全区专业技术干部主要分布于教育、卫生、建筑、农业、财会、文化等部门。1997年，市科学技术委员会（简称市科委）的科技干部管理和职称工作两项职能转移到市人事部门后，成立新的职称工作领导小组和办公室，重新组成各专业技术系列职称评审委员会，并实施当年和以后各年职称评审工作。2001年，区人民政府制发《楚州区事业单位专业技术职务岗位设置与聘任管理暂行规定》，对聘任的范围和对象，聘任的基本原则、条件、方法、程序等均作出规定，特别强调在竞聘、选聘中，实行政策、岗位、数额、条件、程序、结果“六公开”，以实绩为标准，优胜劣汰，择优上岗；同时强调加强聘约管理，实行动态聘任，对聘期内不履行岗位合同的、年度考核2次不合格的、受到行政记过（党内严重警告）以上处分和劳动教养的、因健康原因不能坚持正常工作1年以上的，达到法定离、退休年龄（批准延退的除外）、辞职、辞退或调出单位的，岗位聘用合同予以解除，打破“职称一评定终身”的状况。

五、大中专毕业生就业

1978～1988年，共接收分配高等院校毕业生994人，中等专业学校毕业生1803人。1989～1991年，共接收分配高等学校的毕业生730人，中专毕业生807人。从1995年起，逐步结束在计划经济体制下形成的大中专院校毕业生由国家统包统配的分配就业办法，代之以自主择业、供需见面、双向选择的就业办法。1995～1996年，市人民政府均制发《关于做好大中专毕业生就业的工作意见》，要求各部门各单位积极吸纳人才，并坚持统筹安排、合理使用、加强重点、兼顾一般和面向基层、充实生产第一线以及学以致用、人尽其才的方针和原则，采用市场调节和计划安排相结合的办法，重点保证基层、市属骨干企业以及乡镇企业的需要。对国家计划招收的毕业生，仍由市人事部门负责接收安排；通过双向选择落实单位的毕业生列入计划，按协议就业；对暂未落实就业单位的毕业生，按市人民政府下达的指导性计划就业。两年中，市人民政府分别安排大中专毕业生指导性就业计划284名、380名。1997年后，政府不再下达大中专毕业生就业指导性计划，完全采取自主择业、双向选择、供需见面的办法，但师范类本科毕业生仍由教育主管部门安排到教育教学岗位上工作，专科及其以下毕业生在缺编学校范围内实行“双向选择”，对未能通过“双向选择”落实单位的师范类毕业生，则由教育主管部门直接派遣到缺编的农村中小学、薄弱学校任教。对非师范类毕业生则通过公开招考和“双向选择”的办法就业；对委培生，一律按委培协议就业。所有就业毕业生一律实行人事代理，对到市、乡（镇）属企业和民营、私营单位就业的毕业生，市人才交流中心为其办理核定档案工资、转正定级手续。1997年，市人才交流中心推荐31名地方大中专毕业生就业，为教育系统办理184名“五大”（电视大学、职业大学、夜大、成人大学、自考大学）毕业生聘用手续。1998年，全市接收大中专毕业生310名，就业率达100%。1999年，接收940人，其中师范类512人，非师范类428人，当年就业率达80%。2000年，推荐大中专毕业生161人就业，办理119名地方大中专毕业生就业手续。2001年，推荐大中专毕业生就业175人，就业率100%。2002年，组织大中专毕业生公开竞争上岗，为师范类毕业生374人、非师范类毕业生32人办理了聘用手续，另为25名新参加工作的毕业生办理了录用转正手续。1996～2005年，全区共接收、录用大中专毕业生3284人。2008年，接收、录用大中专毕业生700多人。

六、企事业单位人事制度改革

1992年，贯彻中央2号文件和《中共中央、国务院关于加快发展第三产业的决定》的精神，把事业单位推向市场，对事业单位编制管理实行简政放权。1993年，按照人事部〔91〕5号文件精神，推行企业全员聘用制，打破企事业单位工人与干部的身份界限，唯才是举，实行聘用。根据中央7号文件精神，先后下放了22个经营型自收自支事业单位的编制管理权和用人自主权。为了推进行政管理体制和机构改革，实行政事分开，实现事业单位社会化，开展事业单位法人登记工作，颁发事业单位法人证书474份、事业单位证书793份。

2001年6月，首次对事业单位用人实行公开招录，对大专及大专以下毕业生进事业单位实行了“凡进必考”。2003年8月，人事部门在学习借鉴发达地区做法的基础上，创新机制，向企业单位开展了人才派遣业务，共向全区企事业单位累计派遣130人，此项业务开全市先河，较好地解决了编制与用人的矛盾和人与单位依附力过强的问题，走出了单位人与社会人相互兼容的路子，让人才有了干事的平台。

2004年，社会公益类事业单位改革在教育、卫生系统展开，按照国办发〔2002〕35号文件精神，完善了事业单位聘用合同内容，指导了二轮聘用合同的签订，共为教育系统中小学教职工鉴证聘用合同7982人。改革卫生系统的区属和乡镇医疗机构用人制度，实行全员聘用制，改国家用人为单位用人。

2005年，区直社会公益类、管理执法类事业单位改革全面完成。对执法类事业单位进行重新界定职责，设置岗位，完善制度，在实施政事、事企分开，人员竞争上岗，规范管理执法行为等方面取得了初步成效。对公益类事业单位元全部实现新进人员全员聘用，朝着全员聘用方向过渡；按照“因事设岗、职责分离”的原则，推行评聘分开，编制印发《淮安市楚州区专业技术职务岗位管理手册》，在全区各个乡镇和卫生、教育等400多个事业单位中进行了科学合理的专业技术岗位设置，同时建立了专业技术岗位审批和职务聘用备案制。根据国家事业单位登记管理局的统一部署，对全区事业单位法人登记工作实施了网上管理。2008年，建立事业单位登记管理规范化档案室。

第三节 公务员队伍建设

1992年，淮安市改革过去对聘用干部人员管理与合同管理脱节的弊端，着力抓好聘用人员素质的提高。建立健全机关事业单位干部正常交流制度，对行政机关和事业单位缺编需要干部补充的，原则上在机关、事业单位之间调剂，从严控制外地调进干部。1993年，为与公务员制度接轨，经上级批准，利用市委党校已有师资力量，设立了市行政学校。10月1日，《国家公务员暂行条例》施行后，将《条例》的学习纳入干部培训和军转干部培训的内容。1994年起，对全市党政群机关工作人员实施年度考核，考核内容包括德、能、勤、绩四个方面，重点考核工作实绩。考核结果分为优秀、称职、不称职三个等次。年度考核被确定为“优秀”等次的人数，一般掌握在部门参加考核人数的10%以内，最多不超15%。考核实行领导与群众相结合、平时考核与年度考核相结合、定性考核与定量考核相结合。年度考核基本程序是个人总结，填写《机关工作人员年度考核登记表》、民主测评、领导评鉴、部门主管领导提出评鉴意见、初定考核等次、组织人事部门审定，并将考核结果回馈给各人。考核结果与晋职、晋级和晋升工资挂钩。

1997年11月至1998年7月，淮安市委组织部、市人事局制订《淮安市党群等机关参照国家公务员实施方案》和《关于推行国家公务员制度和参照管理人员分流的通知》，遵循“严格、公开、稳妥”的原则，在市、乡党政机构改革“三定”（定职能、定机构编制、定职数）和职位分类的基础上，开展国家公务员过渡工作，先后对政府组成人员、政府机关中从事党务社团组织的专职工作人员、使用事业编制行使国家行政职能从事行政管理活动的单位工作人员，除后勤人员外，经过资格认定、培训考试、综合评定、填表报批等程序，全市1862名市乡政府和参照公务员管理机关的工作人员过渡为国家公务员，在录用、晋职、考核、交流、回避、辞职、辞退、奖惩等方面与《国家公务员暂行条例》全面衔接。1998年7月，通过公务员制度入轨省级验收。

2006年，《公务员法》开始实施后，楚州区完成了全区公务员登记和参照管理单位的申报工作。截至2006年底，全区行政机关共有公务员1555人，其中已登记1521人，暂缓登记17人，不予登记17人。2007年，以建设“人民满意的公务员”和“人民满意的公务员集体”为目标，举办了“人民满意的公务员”和“人民满意的公务员集体”评选表彰活动，活动采取“公推公选”与媒体参与相结合的方式，通过单位群众推荐、社会公众参与、媒体宣传监督、全区公示和综合评定等四个基本环节，评选出了20名“人民满意的公务员”和10个“人民满意的公务员集体”。同年，开始以积分竞岗的办法实施军转安置工作，实行阳光操作。2008年，根据区委区政府批准的招录计划，分别配合卫生系统招录本科列编人员4人，派遣人员70人；配合公安部门招录了10名警察，并接收公安院校应届毕业生4人。共安置了11名军队转业干部。在做好计划安置军转干部的同时，认真做好自主择业军转干部的跟踪服务和管理工作。

第四节　人才工作

一、人才引进

1992年，召开首届大中专毕业生分配双向选择洽谈会，将所有大中专毕业生投放市场，让毕业生与用人单位直接见面洽谈。90多家用人单位到会设点招才，有1000多人次参加洽谈，当场洽谈成功96人，其中有24名毕业生主动要求到乡镇企业工作。建立起人才交流信息员网络，聘请市直机关、企事业单位人才信息员239人。1993年，根据“发展经济、人才为本”的要求，成立淮安市人才市场。市政府制定《淮安市引进急缺人才、调动现有人才工作积极性的暂行规定》。2001年8月，区人才交流中心率先举办苏北首场大型人才集市。此后，根据企业和人才需求，不断缩短人才集市举办周期，将人才集市由每季度举办一次改为每月举办一次乃至每周举办一次。当月，人事部门在广泛调研的基础上首次吸纳了淮安外国语学校、飞洋钛白粉厂、康乃馨织造有限公司等十家企业为人才市场会员制单位，扩大了人才市场与企业对接的空间。2002年初，针对螃蟹颤病防治在国内无法解决的难题，区人事局向省、市外国专家局申报争取引进外国专家帮助解决。6月，荷兰国水产专家克莱恩专程到楚州区一周，深入池塘、湖泊进行调查了解，把有关资料带回国外研究。这是楚州区首次引进国外智力。2003年8月，区人事部门借鉴发达地区的经验与做法，创新用人机制，向企事业单位开展了人才派遣业务。此项业务在淮安市首开先河，淮安市电视台对此作了专题采访报道。之后5年内向全区企事业单位累计派遣500多人，较好地解决了编制与用人的矛盾，让人才有了干事的平台。自2005年开始，在继续坚持办好周五人才集市的基础上，每年都举办多场小型专场招聘会，并提供人才猎头服务。2006年，本着“不为我有、但为我用”的思想，开展“柔性引才”工作，全年引进人才和智力54人次。2007年，区人事部门打破传统的地域、体制上的刚性制约，会同有关主管部门面向农业、农村和教育、卫生等行业引进省内外智力项目，有效地解决了一些单位的技术瓶颈，全年共引进智力和柔性人才累计36人次。2006～2008年，楚州区共举办人才集市150多场，提供就业岗位1.3万多个，达成就业意向3000多人。在此基础上，人事部门还在全市率先开办了楚州人才网，开拓网上人才集市。人才集市和人才网站建设在苏北县区中始终处于领先位置。

二、继续教育

2000年3月，按照“一个周期、两个板块”的思路，对具有初级以上职称和中专以上学历人员有计划地进行培训。以三年为一个循环，由相应的主管部门负责对人才进行业务知识培训，由人事部门负责公共知识培训。至2005年，累计培训1.2万余人。楚州开展此项工作是“苏北第一家”，被淮安市（地级）人事局作为典型推广到全市各县（区）。2004年，首次对全区200多名人事代理的工人进行继续教育培训。2005年，继续教育从事业单位拓展到企业，全年共培训1800余人。2006年，落实《江苏省专业技术人员继续教育条例》，全年共组织1.34万名专业技术人员和417名技术工人开展继续教育培训，继续教育无论是质量还是规模均实现了历史性突破。2007～2008年共培训人才1.27万人次，其中工人650人。

三、高层次人才选拔

从2002年开始，在全区专业技术人员中每年都开展市“十百千”人才工程培养对象和省市优秀中青年专家的选拔工作，至2005年累计选拔“十百千”人才工程培养对象第二层次3人，第三层次96人，省、市优秀中青年专家3人。2006年，向市推荐有突出贡献中青年专家1人，市“十百千”人才第二层次4人，其他区级各类人才70余人。2008年，高层次人才选拔工作有新突破。经选拔推荐，全区有1人荣获市“有突出贡献中青年专家”称号并获市政府表彰，这是楚州区高层次人才首次获此殊荣；在市“十百千”人才选拔中，有1人被推荐为第一层次，有6人被推荐为第二层次，有23人被推荐为第三层次。

四、人才服务

1992年，为解决现有专业人才使用不对口、技能不能得到充分发挥、造成人才浪费的问题，人事部门深入基层第一线，摸清全区人才分布、专业使用情况，建立科技人才档案，为准确调配人才掌握第一手资料。同时，保证区重点工程建设的人才需要，为市热电厂、精制盐厂、盐化工程指挥部先后抽调各类专门人才数十人。帮助部分学非所用的人才调整岗位，发挥他们的作用。1993年，抓住“大农业”政策不放，把人才服务工作向农业倾斜，采取措施，稳定农村科技人才队伍，利用政策导向，把社会的科技人才、智力放到农业生产第一线。2005年，为了提高企业管理人员素质，区人事部门在淮安宾馆举办“绩效型人力资源管理”培训班，在淮阴师范学院举办“细节决定成败”培训讲座。与此同时，组织评定上报3名市级有突出贡献的中青年专家，组织评选24名“十百千”人才培养对象。2008年，及时做好“苏北紧缺人才专项资金补助”的发放工作，发放省补资金13.8万元，发放区级补助2.6万元。将共创草坪公司申报为江苏省高校毕业生就业见习基地，至此全区已有3家企业成为省级高校毕业生就业见习基地。

第五节　职称评审

1978年，淮安县成立了科学技术干部技术职称评定委员会，开始实施专业技术人员职称评定工作。1986年，淮安县职称改革领导小组办公室设在科委，全面开展职称评聘工作。1996年，职称评聘工作由科委划归人事局。同年，为适应社会主义市场经济的需要，开始推行专业技术资格制度，经济、会计、审计、统计等专业实行全国统考取得资格。随后按照国际惯例，在一些特殊专业建立专业技术人员职业资格制度，一般通过认定或考试取得。1998年，职称工作打破所有制界限、身份界限、地域界限，允许非公有制单位、非干部身份、非当地户籍的所有专业技术人员申报各级各类职称，在职改工作中形成了三种资格制度和三种资格并存的局面，即专业技术职务聘任制度及专业技术职务任职资格、专业技术资格制度及专业技术资格、职业资格证书制度及职业资格（包括从业资格和执业资格）并存。1999年，制定了《关于中小学教师专业技术职务若干具体问题的规定》和《淮安市卫生专业技术职务岗位设置及聘任管理办法》。2001年，根据企业发展需要，区人事部门拓展职称评审范围，在淮安市率先为建筑、园林花木等民营企业和乡镇企业专业技术人员提供职评服务，共为民营企业评定中级职称367人，初级职称2000多人，并为7家建筑企业评定二级资质、15家建筑企业评定三级资质提供硬件条件的支持，为他们参与市场竞争构筑绿色通道。2003年，为经营园林花木业的企业、农户评定“农民职称”工作。同年，首次对药品生产和经营企业技术人员进行考试，评审职称304人；建立了区优秀专业技术人才库、后备人才库、乡土人才库，进库人数分别为69人、220人、505人。2004年，全面实施专业技术职称评聘分开工作。2005年，继续拓展职评领域，为民营经济组织的乡土人才评定职称，全年共评定高、中、初级近300人。2006年，职称评审开始注重实际操作技能和应用能力，突破传统的唯学历评职称，深入企业，上门服务，为民营企业办理各类初级职称350人。至2008年，全区评审专业技术职称1520人。

第六节　工资福利

一、工资调整

1978年，对工作成绩优异、贡献较大和提职后工作表现好，而工资特别低的人员，进行一次考核升级。这次升级面为2%。1979年11月，淮安工资区类由三类区改为四类区，并按10月底总人数进行调整工资。全县行政事业单位计6526人调整了工资，调整面为46.5%，月增加工资总额3.89万元。1981年10月，为1978年底前参加工作的中、小学教职工、医疗卫生单位和体委系统的部分人员调整了工资。其中卫生系统554人中，有387人调整了工资，升二级的为111人。教育系统3728人中，参加调整工资的人数为3346人。1982年10月，为国家机关、事业单位工作人员1978年前参加工作的人员调整工资。1986年下半年，3次为不同对象进行了工资调整。1987年10月，5073名中小学教师基础、职务工资共提高10%，部分中年专业技术人员的工资也适当提高。1988年1月起，淮安市工资区类由五类改为六类。1988年10月，全市480名护士职务基础工资共提高10%。1989～1990年，分两步对党政机关、事业单位人员进行工资普调，并贯彻按劳分配原则，重点解决专业技术人员的工资问题，适当解决国家机关和事业单位行政人员的工资问题，相应解决国家机关、事业单位工人的工资问题，提高研究生、大专毕业生的初期工资和见习期工资待遇，改革大专毕业生的定级工资办法，提高离、退休人员的养老金待遇。全市计2万人增加工资，增资总额68万元，人均增资34元。1989～2005年期间，先后增加公、检、法、司、财、税、审计等部门的人员津贴，增加教育、卫生部门人员工资、津贴，增加离休、退休、退职人员的养老金和困难补助。至2005年，全区国家机关、社会团体工作人员年均工资1.67万元，事业单位工作人员年均工资1.28万元。

2006年7月，国家对公务员工资制度和事业单位收入分配制度进行改革。改革后，公务员基本工资结构由原来的基础工资、职务工资、级别工资、工龄工资四部分，变为职务工资和级别工资两部分；事业单位基本工资结构由原来的职务工资、津贴变为岗位工资和薪级工资。此次工资制度改革，共涉及全区机关事业单位工作人员2.3万人，增资总额630万元，人均增资300元。自2006年7月1日起，公务员年度考核累计两年称职及以上的，从次年1月1日起在所任级别对应工资标准内晋升一个工资档次；年度考核累计五年称职及以上的，从次年1月1日起级别工资就近就高套入晋升后级别对应的工资标准。年度考核结果为合格及以上等次的工作人员，每年增加一级薪级工资，从第二年的1月起执行。2007年，事业单位工作人员年度考核结果为合格及以上人员，薪级工资增加一级，人均25元，共调整1.84万人。2008年，机关工作人员级别工资两年升档和事业单位工作人员薪级工资每年晋升人均30元，共调整2万人。2008年7月，全区按照人均110元的标准为机关事业单位工作人员发放地方岗位津贴和生活补贴，共涉及2.3万人。

二、工资改革

（一）第三次工资改革

间隔近30年，我国于1985年进行第三次工资制度改革，将国家机关、事业单位实行数十年的职务等级工资制改为以职务工资为基础工资、职务工资、工龄津贴和奖励4个部分组成的结构工资制。淮安县执行五类区工资标准，基础工资，所有人员均为39元；职务工资，按工作人员的职务（含技术职务）高低，对号入座；工龄津贴，一年0.5元，但最高为20元；奖励工资，全县统一标准。这次工资改革，中小学校和幼儿园从1985年1月执行，国家机关和其他事业单位从同年7月起执行。国家机关、事业单位共有9756人参加，月人均工资由工资改革前的61.84元上升到81.66元。1992年，建立了8000人的工资卡片，对机关事业单位工作人员的职务工资等状况进行摸底，收集了有关数据，为实行"职务级别工资制"做好基础工作。同年，对农林科技人员实行"浮改固"，为61名在农、林、水第一线工作满8年的科技人员办理了"浮改固"工资手续。1993年，在机关逐步试行工资总额包干，选择部分事业单位试行工效挂钩，为实行弹性计划管理做好准备。

（二）第四次工资改革

1993年，进行第四次工资制度改革。行政机关实行职务级别工资，事业单位实行专业技术职务岗位工资制和职员职务工资等不同类型的工资制，并建立正常的考核增资方法，改革奖励制度。全市共有2万人增加工资，增资总额634万元，人均增资317元。

1994年，实行机关工作人员年度考核，被考核人年度考核连续两年被确定为称职以上等次的，在该职务工资标准内晋升一个工资档次。2006年开始实行新工资制度，此后每两年进行一次升级升档。2008年完成了机关事业单位地方岗位津贴和生活补贴的审批工作。

三、福利

新中国成立后，干部、职工福利事业逐步改善，集体福利事项渐增，服务网络和保障体系逐步健全，并形成制度。"文化大革命"期间，福利费全部拨与各单位掌管使用。"文化大革命"后，福利费采取统一管理办法，由人事局掌管，对遇有突发事故的干部进行困难补助。

（一）医疗待遇

1981年，执行国务院规定，病假在两个月以内的，发给原工资；超过两个月的，从第三个月起，工作不满10年的发给工资的90%，满10年的，工资照发；病假超过6个月的，从第七个月起，工作不满10年的发给70%，工作满10年及以上的，发给80%，民国34年（1945年）9月2日前参加革命工作的人员发给工资90%。1988年始，淮安市将一般医药费改为个人和国家共同负担。改变了持续30多年个人只承担挂号费和营养滋补药品费的公费医疗制度。50岁以上在职人员及退休人员享受公费95%，离休人员全公费，其他在职人员享受公费90%。1991年，改为在职人员及退休人员享受公费75%。1991年以后，虽然对病假人员工资发放有些规定，但在实际操作中基本没执行，工资原额发放。2000年5月，全区正式启动城镇职工医疗保险制度改革工作。改革后的保险制度，建立社会统筹与个人医疗账户相结合的运转机制，保障广大职工基本医疗费用。职工医疗保险基金由用人单位和个人共同缴纳，用人单位按单位在职职工年工资总额的7%缴纳，职工个人按年工资总额的2%缴纳，单位退休职工个人按退休费用的1%缴纳。职工医疗保险基金由个人医疗账户资金和社会统筹医疗基金组成，前者用于支付参保职工门诊医疗费用，后者主要用于支付参保职工住院医疗费用。在职职工5000元以下的报销比例为80%，退休职工5000元以下的报销比例为86%。在职职工以及退休职工最高报销比例分别为90%、95%。同时实施城镇职工大病医疗救助，参加医疗救助的单位按每人每月8元缴纳救助基金。享受的待遇为：在基本医疗保险的政策范围内，当年医疗费总额在基本医疗保险统筹基金最高支付限额以上、8万元以下，报销70%。2001年5月，楚州区政府对职工医疗保险待遇进行提高，大病报销比例提高到75%。2002年，淮安市政府对医保待遇再次进行调整，2万元以下的政策范围内费用，在职报销90%，退休报销95%。6万元以上，统一按90%报销。2005年建立了完整的工伤保险制度，实行行业差别费率，三类行业的基准费率分别为用人单位原全部职工工资总额的0.5%、1%、2.0%。待遇按2003年国务院第375号令执行。2007年，为解决城镇居民、因病致贫、因病返贫等问题，正式启动城镇居民医疗统筹，实现医疗保险全覆盖，年筹资标准为200元。居民住院可享受报销待遇，5000元以下报销55%，最高可以报销至80%。

（二）抚恤

国家机关及事业单位干部牺牲或死亡后，其家属享有抚恤费。1979年前，淮安执行内务部规定按工资级别一次性发给抚恤费。1979和1986年，抚恤金标准作了两次调整。自1993年10月，机关事业单位工作人员工资制度改革后，机关事业单位工作人员死亡后一次性抚恤金计算方式发生变化，由原来的固定标准，改变为：病故的，按死者生前10个月工资发放；因公死亡的，按死者生前20个月工资发放；批准为革命烈士的，按照死者生前40个月工资发放。2004年10月起，机关事业单位工作人员死亡后一次性抚恤金标准为病故的，按死者生前20个月工资发放；因公死亡的，按死者生前40个月工资发放；批准为革命烈士的，按照死者生前80个月工资发放。

（三）遗属补助

1979年，遗属补助标准为户口在农村的，每人每月补助10～15元；户口在城镇的，每人每月补助15～20元。1982年，除执行上述标准外，对部分人员适当提高。因公牺牲的，父母、配偶，可提高10元，其他遗属，可提高5元；第一、二次国内革命战争时期参加革命工作的人员去世后，其父母、配偶可提高10～15元；抗日战争时期工作的，可提高5～10元；解放战争时期工作的，可提高3～5元；遗属为孤独一人的，可提高3～5元。1984年，调整为农村户口的，每月补助15～20元；城镇户口的，每月补助20～25元。1988年调整为，户口在农村的为25～30元，户口在城镇的为30～35元；遗属孤独一人的，可增发10～15元。1990年调整为，户口在农村的为35～40元，户口在城镇的为40～45元；孤独一人的，可增加15～20元。1993年，调整了机关、事业单位工作人员死亡后遗属生活困难补助标准，农村户口的，每人每月补助50～55元，城镇户口的，每人每月补助55～60元。死者遗属为孤独一人的，在新标准的基础上再增发15～20元。还根据省机关事业单位1992年社会平均工资水平，调整机关事业单位因公致残人员护理费标准，特等伤残的为每月120元，一等伤残的为每月90元。

（四）退职退休

1978年，对经医院证明完全丧失工作能力，又不具备退休条件的干部办理了退职。退职后，按月发给标准工资40%的生活费，低于20元的，按20元发给。1986年调整为35元。1979～1983年，共办理干部退职15人。

1982年始，执行国务院《关于发布老干部离职休养制度的几项规定的通知》，对新中国成立前参加中国共产党领导的革命战争、脱产享受供给制待遇的和从事地下革命工作的老干部，达到离职休养年龄的，办理离休。离休人员工资不打折扣。1990年起，对教龄满30年，以及教龄满20年、确因工作需要，从事教育工作累计满30年的，工资不打折扣，教龄满20年不满30年的女教师退休，按个人工资的95%发给。

第七节　人事争议仲裁和人事合同鉴证

一、人事争议仲裁

2000年7月，淮安市人事局增设人事争议仲裁办公室，担负人事争议仲裁和人事合同鉴证两个方面任务。11月，成立淮安市人事争议仲裁委员会。2002年4月，人事争议仲裁办公室受理了第一起人事争议仲裁申请。区人民医院与该院原职工王某因辞退而引发的人事争议，经区人事局协调后，以调解的方式圆满得以解决。至2008年，共处理人事争议15起，调解成功5起，启用仲裁程序决定不予受理案件10起。

二、人事合同鉴证

2000年8月，在淮安市中小学首次试行人员全员聘用制度，人事仲裁机构共办理聘用合同鉴证8116人次。2004年8月，完成了教育系统第二轮全员聘用合同续聘鉴证，并对首次聘用合同文本的部分内容按国办发〔2003〕35号文精神作了修改。同年10月，在卫生医疗机构中推行人员全员聘用制度。2007年4月，在全区公益类事业单位推行人员全员聘用制度。到2008年底，除执法类事业单位申报参照公务员管理外，全区事业单位全面实行人员全员聘用制度。至2008年底，共办理事业单位人员全员聘用合同鉴证1.48万人。

第八节　军队转业干部安置

军转干部安置工作，从1976年开始，每年从年初就着手安置的准备工作，通过走访部队、征求当地驻军和人武部门意见、召开已安置的转业干部座谈会等方式，了解军转干部对安置工作的想法；同时对各机关、事业单位的编制执行情况进行调查摸底，为军队转业干部安置预留好充足的安置岗位。在安置岗位的协调上，每年还拿出安置人数近两倍的岗位，供军转干部选择。2008年，对军转干部采取积分竞岗的办法进行安置。把军转干部的军龄、职龄、学历、奖惩、伤残和特殊贡献等作为积分的依据，阅档计分，实行安置政策、积分、职位、结果“四公开”。是年，由人事部门分配工作的仅有1人（分配到楚州统计局）。

第二章　劳　动

楚州区劳动部门统一管理全区劳动就业、劳动力调配、劳动工资福利和劳动保护等方面工作。随着经济改革开放发展，职工队伍不断壮大，劳动者素质不断提高。进入新时期，楚州全面建设小康社会，对劳动和社会保障工作也提出了新的更高的要求。

第一节　劳动管理

一、管理机构

劳动主管部门主要负责楚州区劳动就业、职工工资、劳保福利、劳动争议、调解和仲裁、劳动合同签证、社会保险、退休管理、医疗保险、劳动监察等工作。

1978～2008年，楚州劳动管理机构是淮安县（市）劳动局，2001年2月后改称区社会劳动保障局。2001年10月，区政府机构改革，区劳动局更名为区劳动和社会保障局。2008年，区劳动和社会保障局内设5个职能科室，分别是政策法规与劳动监察科、劳动就业和工资科、劳动争议仲裁科（挂区劳动争议仲裁委员会办公室牌子）、培训科（挂区工人技术考核领导小组办公室牌子）、社会保险科（挂区劳动鉴定委员会办公室牌子）；下辖6个单位，分别为区劳动就业管理处、区职工医疗保险管理处、区社会劳动保险管理处、区机关事业社会保险管理处、区农村社会养老保险管理处、区劳动保障监察大队（与局机关合署办公）。

二、职工队伍

中共十一届三中全会以后，以经济建设为中心，各项事业迅猛发展，原淮安县工业增长加快，城镇劳动就业率大幅度提高，职工人数逐年增加。1979年，全县共有职工5.15万人，其中工业企业8586人，乡镇工业9985人，财贸企业5589人，科教文卫8795人，农林水1.19万人。1989年，全市有职工5.95万人。1991年底，全市有职工8.27万人。1996年以后，由于国有和集体企业改制，大批企业职工失业，城镇职工人数下降较多，至2005年底，全区有职工5.8万人。2006年以后，由于经济的快速发展，企业用工急剧增长，职工人数也迅速增长。2008年底，全区城镇职工有7.99万人参加基本医疗保险。

三、劳动就业

1978年前，劳动计划由中央集中掌管，招工指标由地区按计划下达。1979年，淮安县开始清退压缩计划外用工。1981年开始，采取以安置促清退的办法，全年清退计划外用工2467人。1982年起，为缓解就业压力，广开就业门路，劳动计划开始与市场调节相结合，企业开始实行自主招工。1983年9月起，企事业单位招工、退休顶替、土地征用安置的职工均实行劳动合同制。1991年，技工学校毕业生分配由过去的固定工改为劳动合同制。全市形成了固定职工、劳动合同制职工和临时工并存的用工制度。1991年底至1998年，开始在企业中逐步推行全员劳动合同制试点工作。90代末，企业可委托劳动部门招工，也可自主进行招工，只需到劳动部门登记备案。此后，劳动计划已全部放开。

70年代至90年代中期，企业用工实行的是计划安置、统包统配制度。90年代中期，各企业的用工制度逐步放开，企业在实施改组兼并破产、资源优化组合、减员增效过程中，引入了竞争机制，增强了企业的活力的同时也出现了大量的富余人员，城镇新的劳动力仍在不断增加，就业与再就业矛盾逐步显现。

1998年，淮安市对再就业工作作出部署，为有下岗职工的12个企业主管部门及32户企业建立了“再就业服务中心”，为下岗职工进中心签协议、培训再就业创造条件，同时对下岗职工实施下岗职工基本生活保障制度、失业保险制度、城镇居民最低生活保障制度的“三条保障线”救助措施。鼓励下岗职工到私营企业就业和自谋职业。当年，举办私营企业招工洽谈会，安置了108名下岗职工；实施再就业培训3952人，培训率达95%，实现再就业1538人。2000年，市劳动部门会同工商、地税、财政等部门出

2003年3月18日，劳动局开展招工咨询活动

台了《关于进一步扶持下岗失业职工再就业的若干意见》，明确下岗职工再就业税务、工商方面的优惠政策。为2624名下岗失业人员提供免费就业指导，同时为643名下岗失业人员提供减免费培训，减免培训费用18.65万元。为353名失业职工免费代保管档案，提供劳动事务代理服务。全年累计为下岗职工办理“自谋职业证”1322份，为645名下岗职工免费办理三轮车营运执照；促进各类下岗失业人员再就业1470人。2001年，楚州区建立了解困与再就业工作领导小组，各企业和主管部门建立了相应的组织，在全区建立和实施解困再就业目标责任制度、解困资金筹集制度、下岗职工动态管理制度和“自谋职业证”等四项制度，从而使下岗职工基本生活费和再就业工作在全区形成制度化。全年促进下岗失业人员1462人实现再就业。2003年，根据省、市要求，对用人单位吸纳“4050”人员给予岗位补贴和社保补贴，对下岗失业人员从事个体经营的给予社保补贴和税费减免等优惠。当年，积极向符合条件的下岗失业人员发放“再就业优惠证”，并开展机关事业单位结对帮扶弱势群体再就业活动，促进3788名下岗失业职工再就业，其中“4050”等弱势群体954人。2004年，由政府购买岗位，采取实施岗位补贴、结对帮扶、劳务输出等方式，促进3929名下岗职工失业人员再就业，其中弱势群体883人。2005年，启动了小额担保贷款政策，为17名下岗失业人员发放小额担保贷款32.8万元。下岗失业人员再就业3131人，其中困难群体人员就业884人。2006年，楚州区政府出台《关于加强就业再就业工作的意见》和相关配套文件，在第一轮再就业优惠政策的基础上，对《再就业优惠证》发放和管理、税费减免、小额担保贷款、社保补贴、岗位补贴、培训补贴等就业再就业优惠政策作了拓展和延伸。同年发放岗位补贴、培训补贴、社保补贴总计434.6万元，促进下岗失业人员再就业3204人，其中困难群体就业人员938人。2007年，发放社会保险补贴650.09万元、岗位补贴42.78万元、培训补贴49.38万元，促进2825名下岗失业人员再就业，其中就业困难人员670人。2008年，以落实再就业优惠政策为重点，实施创业孵化工程，全面实施就业再就业。开展创业培训520人，扶持创业成功190人，带动就业660人；为下岗失业人员发放各项补贴725万元，其中发放社保补贴650万元、岗位补贴40万元、培训补贴35万元；免费为下岗失业人员、退伍军人等2150人开设了电焊、车工、数控车床、汽车维修、计算机应用等自选专业的实用技能培训，全年促进3246名下岗失业人员再就业，其中就业困难人员562人。

1997～2008年楚州区（淮安市）再就业情况表

表23-1　　单位：人

年　份	下岗/失业人员总数	就业再就业人数	弱势群体再就业人数	重点结对帮扶人数
1997	4311	1684	—	—
1998	4160	1538	—	—
1999	4590	1536	—	—
2000	4483	1470	—	—
2001	4420	1462	—	—
2002	5933	1570	—	—
2003	5800	1733	954	801
2004	9852	5890/3929	883	760
2005	7810	4387/3121	884	597
2006	8546	4930/3204	938	750
2007	8135	4359/2825	670	471
2008	8568	4498/3246	562	415

四、劳务输出

2003年，楚州首期劳务输出培训班学员赴南京就业

80年代中期，农村不断出现富余劳动力，市劳动部门向工业经济迅猛发展的苏南推荐输送农民工，为农村多余劳动力开辟门路。1984年，淮安县正式开展劳务输出工作，根据外地用人单位的委托招工函组织劳动力向外输出。1984～1993年，淮安共向上海大中华橡胶厂、南京中石化等80多家单位输出劳动力13.5万人次，工种主要包括瓦工、木工、挡车工、建筑工等。1994年，随着淮安农业科技的不断推广，农村机械化水平不断提高，全市大批农村剩余劳动力向非农产业转移和跨地区流动。截至1995年底，有近20万人次外出务工，主要在劳动密集型企业从事体力型工种。1996年，对外出人员采取“外出人员流动就业登记卡”制度，对外出务工人员的年龄、学历、就业去向登记造册，动态管理，全年办理就业登记卡8600多份。1997年2月，成立以政府主要负责人为组长，劳动、统计、工商、农工、公安等部门负责人为成员的“淮安市劳务输出工作领导小组”。2001年，开展宁淮（南京与淮安）合作挂钩，加强两地劳务协作。年内，全区劳务输出呈现出“三多三少”的状况，即有目的外出多，盲目外出的少；有一技之长的多，体力型的少；遵纪守法的多，违法乱纪的少。全年劳务输出14万人次以上，其中有组织输出7.23万人，实现劳务总收入25亿元。2002年8月，全区开展“劳务输出百日赛”活动，全年实现劳务输出总人数17万人次，新增劳务输出1.9万人，成建制、有组织输出9895人；培训农村劳动力4562人；新建劳务基地47个；发展中介组织43个。2003年，在“非典”时期，区劳动保障局以区委、区政府名义向全区在外务工的人员寄去了5万多封慰问信，稳定他们在外务工情绪。全年劳务输出23万人次，有组织输出11.54万人，培训农村劳动力4.13万人。2004年，设立技能培训点128家，年培训3.5万人次。利用南京市和淮安市结为劳务输出对口市的契机，11月，在漕运广场举办与南京建邺区、玄武区南北对口劳动力交流大会，参加人员达8300多人，签约2000多人。全年劳务输出净增2.26万人，总量达到25万人次。2005年，区委、区政府开展以“出去一人，脱贫一户；外出一片，带富一方”为主题的宣传活动，积极搜集外出务工先进典型，区电视台开辟“劳务窗口”专栏，大力宣传和发布劳务信息，全年实现劳动力输出总量达27万人次，有组织输出13.26万人；培训农村劳动力7.27万人；实现劳务收入25.3亿元。2006～2008年，区委、区政府调整劳务输出措施，变输出为转移，以劳动力就地转移为主，转移农村劳动力达39万人，新增农村劳动力转移6万余人；新增农村劳动力输出近4万人；培训新成长劳动力9285人；培训经济薄弱村贫困劳动力6788人，参培率90%。

五、劳动争议仲裁

1987年8月26日，淮安县人民政府成立淮安县劳动争议仲裁委员会。县劳动局内设劳动争议仲裁股，作为县劳动争议仲裁委员会的办事机构，负责处理有关事务。1988年11月，淮安市劳动争议仲裁委员会下发《关于迅速成立劳动争议调解委员会的通知》。1990年8月，淮安市总工会、人事局、劳动局联合发出《关于健全基层劳动争议调解委员会的通知》。随后，全市共建立基层调解委员会168个。与此同时，市政府结合淮安实际情况，制定了一些地方性法规档，如《淮安市劳动合同管理暂行办法》《关于开除、除名、辞退违纪职工的有关问题的通知》《淮安市辞退违纪职工实施办法》等。

劳动争议仲裁组织担负着劳动合同鉴证和劳动争议处理的任务,和168个基层调解委员会形成网络,及时处理各种劳动争议,使大量的劳动争议消除在萌芽状态。在工作中,各级仲裁组织建立了受理劳动争议案件登记簿、来信来访接待登记簿、基层单位处理职工情况登记簿和处理劳动争议案件立案、结案、向上级汇报制度。1986~2008年,全区(县市)共鉴证劳动合同3.56万份,鉴证率达98%;处理劳动纠纷来信来访2432件;处理违纪职工431人;处理仲裁案件291起,裁决85起,调解206起。

六、职业技能培训

职工职业技能培训主要分为学徒制和职工学校培训两种方法。学徒制是采用以师傅带徒弟边干边学的方法。1978年至1991年底,淮安职工业余学校共举办扫盲教育班278个,参加学习的职工8037人;举办文化教育班127个,参加学习人数为1.06万人,其中大专班33人、高中班669人、初中班2922人、高小班5719人、初小班1290人;举办技术培训班20多期,参加学习的逾万人。1997年2月,劳动主管部门开始对劳务输出人员进行职业技能培训。2002年,培训农村劳动力4562人;2003年,培训农村劳动力4.13万人。2004年,设立技能培训点128家,年培训3.5万人次。2005年,培训农村劳动力7.2万余人。至2008年底,全区共有职业技能培训学校115所,培训职工3万多人,培训农村劳动力近30万人次。

第二节　劳动保护

1977年10月,为了贯彻落实国家劳动总局和卫生部“关于召开全国防尘防毒工作会议的通知”精神,县卫生局、总工会等部门对全县涉尘职工全部进行体检,并制定了相应的防尘防毒措施;对粉尘危害严重的企业制定了整治方案,取得较好的效果。从1980年4月开始,全县每年开展“安全月”活动,推动安全生产。1985年,淮安县总工会在基层工厂成立工会劳动保护监督检查委员会,规定凡200人以上的企业及较大企业的车间,必须建立工会劳动保护监督检查委员会。1986年,县劳动局正式成立安全监察股,编制4人。经淮阴市劳动局考核、省劳动局正式任命4人为江苏省劳动保护监察员。县劳动安全监察机关的主要职责权限包括拟定有关劳动安全规定、条例、法规和标准,并监督检查经济管理、生产管理部门和企业对各项劳动安全法规的贯彻执行情况;参加新建、改建、扩建企业和重大技术改造工程项目的验收工作;监督有关部门和企业做到劳动、安全、卫生设施与主体工程“三同时”(同时设计、同时施工、同时投产使用);负责通报伤亡事故情况和参与伤亡事故的调查处理;对违反劳动安全法规的生产管理部门和企业及主要责任者和有关领导人,根据情况轻重,有权给予经济处罚和提交有关领导机关给予行政处分;对事故隐患或职业性危害严重的企业单位,有权发出劳动“安全监察指令书”,明确指出整改内容,并限期整改等。安全监察股还监督企业做好女工和未成年工的特殊保护工作。至2008年底,全区有基层工厂工会劳动保护监督委员会约120个,车间工会劳保分会30个;共配备专、兼职工会劳保干部101人、劳保检查员1200人。

第三节　劳动监察

1998年5月,成立淮安市劳动保障监察大队,主要负责辖区内各用工单位的劳动监察工作。在劳动保障监察执法过程中,坚持以教育引导、限期整改为主,注重事前告知和事中整改,原则上实行首犯不罚、轻犯不罚和整改到位不罚，凸现“人性化”执法特点。在下达劳动监察处罚决定时，使用“说理式”法律文书，使处罚对象在接受行政处理的同时，受到充分的劳动保障法制教育。2003年，检查各类用人单位161家，共受理符合劳动监察条件的各类案件31件，结案30件，案件受理率、按期结案率均达100%。组织开展了劳动保障专项执法活动。2006年，先后开展追讨农民工工资、人力资源市场、劳动合同、社会保险等专项执法活动，检查各类用人单位260余户，下发劳动保障限期改正指令书37份，责令用人单位签订劳动合同1500余份，责令4户用人单位为职工申报参保，追讨拖欠农民工工资40余万元。2007年，检查各类用人单位300余户，下发劳动保障限期改正指令书41份，责令用人单位签订劳动合同2200余份，责令4户用人单位为职工申报参保，追讨拖欠农民工工资160余万元。2008年，开展劳动保障执法监察5次，依法取缔劳务“黑中介”3家，检查用人单位220多户，涉及职工2万多人，为劳动者追讨工资142余万元，补签劳动合同2300余份，督促用人单位为职工缴纳社会保险费200余万元。

第四节　工资福利

中共十一届三中全会以后，企业逐步探索分级管理体制，实行国家对企业，企业对职工两个层次的分配方法。经过工资改革和多次工资调整，国管集体企业职工工资水平不断上升。90年代后，国有企业改制，民营企业崛起，政府规定了最低工资线。改革开放以后，职工福利事业大步提高，集体福利事项渐增，服务网络保障体系逐步健全，并形成制度。

1978年以后，每年都对工人工资进行调整，有全员增资的，也有部分增资。1979年和1988年，淮安县工资区类两次调整，由第三类上升为第五类，职工工资普遍增加。1984年开始，对企业职工实行工资标准与企业效益挂钩，采取浮动工资制。效益好的企业，可根据情况对职工进行增资调级。至2008年，全区在岗职工平均年工资1.23万元，企业职工最低工资标准590元/月。

职工福利主要有企业自办的文化、体育活动设施、职工宿舍、食堂和女工卫生室、哺乳室、冲洗室等。1979年，淮安实行劳动保险的单位有61个，职工总数9012人。1980年，根据国家劳动部和全国总工会通知精神，劳动保险工作由县总工会和县劳动局分工协作，共同管理。1986年后，全县国营、集体单位均实行劳动保险制度。1987年，县成立社会劳动保险所，1988年更名淮安市社会劳动保险管理处。1988年，淮安市规定百名以上女工单位建立四室一园（见三十二篇卫生第八章第一节）；儿童福利、独生子女费等，这些福利视各企业单位经济效益的好坏而差距较大。此外，职工还享受养老保险、医疗保险、工伤生育保险、失业保险。2008年底，全区城镇职工基本医疗保险参保7.99万人，工伤保险参保4.53万人，生育保险参保3.87万人，失业保险参保6.6万人。

淮安市社会劳动保险管理处（1988年摄）

第二十四篇 民 政

1978～2008年，楚州区民政局及各直属单位在基层组织建设、拥军、优抚、安置、救灾救济、收容救助、社会福利、婚姻登记、收养登记、地名管理、殡葬管理、社团管理等方面做了大量细致的工作，为促进社会和谐发展发挥了应有的作用。

1983年，农村实行政社分设，改生产大队为村民委员会，开展村民自治。1983～2007年，全区先后进行了8次村委会换届选举，村民参选率逐届提高，实现村民直选，全面推行村务公开，基层民主建设进一步加强。2008年，马甸镇十五里桥村和季桥镇车路村被省民政厅命名为江苏省村民自治“管理民主示范村”。

落实《军人抚恤优待条例》和《退伍义务兵安置条例》，提高优抚对象待遇，依法保障优抚对象的合法权益，开发军地两用人才，促进军民团结共建。1979～2008年，全区共接收退役义务兵19196人，转业志愿兵1325人，共安置6234人，实行政府安置就业、政策优待扶持就业和自谋职业、经济补偿相结合的安置办法，妥善安置城乡退伍军人，维护社会稳定和谐。

社会救助工作由政府救济改为多渠道扶持灾民和贫困户发展生产致富，形成社会化救助管理的大格局。民政婚姻登记、收养登记、地名管理、殡葬管理、社团管理、老龄事业、慈善事业等社会服务管理工作，也一一加以推进和落实，均取得了很大的进步和成效。

第一章 机 构

第一节 区（县、市）民政局

1979年，淮安县民政局内设优抚股、民政股、社救股、财会股、双退（负责退休干部、退休职工工作）办公室，计有15名工作人员，配局长1名，副局长5名，秘书1人，助理员5人，办事员3人。1982年双退办公室更名为军人安置办公室，机构升格为副局级。1985年增设区划地名办公室。1996年区民政局内设办公室、社会事务股、救灾救济股、（增挂社会福利企业股牌子）、优抚股、军人安置办公室、区划地名办公室、殡葬管理所、双拥办公室、农村养老保险管理处。2004年，农村社会养老保险处的在编人员（含乡镇农保员）和其相应职能划转到区劳动和社会保障局。2005年，新设区民政局婚姻登记处（原分散在各乡镇办理的婚姻登记工作集中到区局办理）；增设城乡低保所，为民政局专职办事机构。

2008年，区民政局内设机构有办公室、优抚科、农救科、社团登记管理处、社会事务科、双拥办公室、退伍安置办公室、殡葬管理所、区划地名办公室、计财科和婚姻登记处、城乡低保所两个专职办事机构。

第二节　直属单位

楚州区救助站　1976～2008年为淮安县（市、区）收容遣送站，事业单位，配站长1人、会计1人、工作人员7人。2005年迁址后，有房屋1030平方米，床铺38张。

楚州区社会福利院　事业单位，有院长1人、管理员1人、会计1人、职工13人。1983年，建2000平方米两层楼一幢，附属用房10间，建筑面积140平方米，收养城市三无对象7人，社会孤儿、弃婴37人。

烈士陵园管理处　1964年建成并对外接待烈士亲属祭扫和青少年学生凭吊活动。占地面积50亩，设主任1人、副主任1人、会计1人，有职工23人。

军队离退休干部休养所　1985年建，接待军队离休干部8人，退休干部15人。配所长1人、工作人员5人。

社会福利有奖募捐办公室　自收自支事业单位，配主任1人、在职员工5人，有彩票投注站76个。

楚州区殡仪馆　1969年建立淮安县火葬场，场址在城内窦娥巷中段，1980年迁址到城东乡红桥村境内，2001年更名为淮安市楚州区殡仪馆，为自收自支事业单位。设主任1人、副主任1人、会计1人，有职工34人。

紫藤园公墓　自收自支事业单位，设主任1人、副主任1人、会计1人、管理员2人。

紫藤园公墓

楚州区社会福利厂　1984年建成，为事业单位企业化管理，设厂长1人，会计1人，有职工98人。

关天培祠　1996年机构改革时，关天培祠管理处从淮安市园林管理处划转民政局管理。设主任1人，有工作人员5人。

第三节　乡镇民政办公室

1979年各公社配备民政助理员1人，淮城镇配备民政助理员2人，3个场圃各设民政兼职助理员

1人。公社、大队成立民政委员会、生产队成立民政小组。1986年各乡镇设民政办公室，民政助理员负责，增设民政会计1～2人；2008年全区有乡镇民政办公室26个，共有工作人员61人。

第二章 社会事务管理

第一节 基层组织建设

一、村民委员会建设

（一）村委会换届选举

1983年，农村实行政社分设，改生产大队为村民委员会（以下简称村委会）。随后，以《村民委员会组织法（试行）》《江苏省关于村委会选举工作若干规定》和《江苏省实施村委会组织法办法》为依据，由村民直接民主选举产生村委会。1983～2007年，全区（县、市）共进行八届村委会换届选举，村委会换届选举的形式、方法和程序，逐步趋向完善。1993年，淮安市有29个乡（镇）602个行政村进行第三届村委会换届选举，共产生村委会成员3372人。2007年，全区有27个乡（镇）314个行政村进行了第八届村委会换届选举，村民参选率达97%，共产生村委会成员3372人，其中党员2698人，占村委会成员数的80%，书记和主任职务"一肩挑"有25人，女性成员、年轻成员、高学历成员和党员数占有一定比例。民政部门对每届当选的村委会干部，上岗前都要进行理论学习和业务知识培训。全区村委会换届选举工作在前几届选举还存在着组织宣传和实施过程不够完善等问题，到后几届选举时，全面实行普遍、平等、直接、差额、竞争和无记名投票的方法进行选举，选举工作依法依规，村民参选率逐届提高，实现了直选。经过多年的工作，全区村委会选举已进入规范化的轨道。

（二）村民自治

楚州自《村民委员会组织法（试行）》颁布试行以后，开展村民自治，从以《村规民约》为主体的村民自治制度初级阶段，到全面实现民主选举、民主决策、民主管理和民主监督的完善时期，村民自治工作逐步进入制度化、规范化的成熟发展阶段，村民自治活动在楚州区全面推开。在村民自治活动中，建立"一支队伍"，健全"五项制度"（"一支队伍"，即村民代表队伍；"五项制度"，即村务公开制度、民主议事制度、民主理财制度、民主选举和评议村干部制度和村规民约制度），推进农村基层民主政治制度建设；定期召开村民代表会议，讨论全村的重要工作；设立村务公开栏，村务定期上墙公布，公布内容有村集体资产管理情况，村每年实事工程落实情况，当年财务收支情况，村民建房宅基地审批情况，婚姻登记和计划生育情况等，接受村民监督；建立村民联系箱，广泛征求村民对村务工作意见和要求。1995年始，全区（市）将开展村民自治示范活动列为创建模范区活动的一项重要内容。全区村委会的民主选举、民主决策、民主管理、民主监督等村民自治的各项措施全部落实到位，普遍达到省、市级验收标准的要求。2005年，区政府下发《关于成立区村务公开工作领导小组的通知》和《关于进一步加强村务公开和民主管理工作的通知》。2008年6月，区委、区政府下发《关于逐步提高村级干部待遇和加强村级干部队伍建设管理的意见》。全区308个村全部建立村务公开监督小组，有成员2353人，村民理财小组成员1767人和"党群议事会"组织。全区各村做到"六个有"，即有公开载体，全区共有村务公开栏298个，总面积2000多平方米；有公开时间，绝大多数的村按季公开，对群众关心的热点问题基本做到及时公开；有公开内容，包括财务、政务、党务、群众监督等四项，部分村还做到了群众点题公开；有公开程序，村委会根据村的实际情况，依照法规和政策提出公开方案，由村务（财务）公开监督小组和民主理财小组对方案进行审核、完善后，提交村“两委”联席会讨论确定，并报乡（镇）领导小组审核后公开；有档案管理制度，各村将公开的主要内容和记录在案的相关数据，整理成规范的档案材料，便于查阅；有监督方式，对村务（财务）公开有疑问的，村民有权要求村委会作出解释，解释不清的报请乡镇领导小组审查，村务（财务）公开监督小组和民主理财小组有权审核公开内容，对不按规定程序公开的有纠正权，有向上级反映问题权，对村务公开实行事前、事中、事后全过程监督，形成推动村民自治工作的合力，使村委会工作趋于制度化、规范化、法制化。

2008年，全区27个乡（镇）先后通过省、市民政部门的验收，创建了市级“村民自治模范乡（镇）”。马甸镇十五里桥村和季桥镇车路村被省民政厅命名为江苏省村民自治“管理民主示范村”。

二、居委会建设

（一）居委会换届选举

1996年，淮安市有11个城市居委会进行了第一届居委会换届选举工作，选举出居委会成员49人。2007年，楚州区有15个城市小区居委会进行了第五届小区居委会换届选举工作，选举出居委会成员109人，其中女成员37人。

（二）小区建设

2001年，楚州区成立以区委副书记、常务副区长为组长的楚州小区建设工作领导小组，并以区委、区政府下发的《关于成立区小区建设工作领导小组的通知》开展小区建设工作。2002年，为加强对全区党建与小区建设工作的领导，区小区建设工作领导小组印发《淮安市楚州区小区建设规划方案》，区文明委和区民政局在城区开展“五个十佳推荐评选活动”。2003年，为进一步优化小区设置，楚州区按照便于服务管理、便于开发小区资源、便于小区居民自治的原则，对淮城镇原有的居委会所辖区域作适当调整。将勺湖、瞻岱和楼东3个管辖人口在7000户以上的居委会各自再划分出1个居委会（分别为梅园、漕运和府学3个居委会）。通过调整，由原来的12个居委会划分为15个居委会，并全部重新冠名为×××小区居民委员会。2004年，区政府召开区长办公会议，形成《区政府关于小区建设有关问题的会议纪要》，会议决定将小区在职干部工资和小区办公经费纳入区级财政预算；将小区在职干部的养老金和医疗保险费用坚持多方筹集和按标准足额缴纳的原则处理；小区所需办公用房由淮城镇通盘考虑，抓紧研究解决方案。按照依法治市工作部署，在全区广泛开展“民主法治示范村”“民主法治示范小区”创建活动，平桥镇李前村等15个乡镇的15村（居）被命名为淮安市首批“民主法治示范村”“民主法治示范小区”。淮城镇梅园、环城和施河镇园区小区居委会被命名为市级小区建设示范单位。

2005年，以创建省级文明城市为契机，贯彻落实《小区建设纲要》精神，创建一批特色小区，如淮城镇鱼市小区的“无毒小区”，勺湖小区的“党建小区”，楼东小区的“卫生小区”等。2006年，楚州区召开全区小区建设工作大会，区委、区政府下发《关于全面推进和谐小区建设工作的意见》；区政府召开区长办公会议，形成《区政府关于小区建设有关问题的会议纪要》。会议就淮城镇小区建房和小区专职工作者工资福利待遇问题作具体规定，并预拨40万元作为小区建房启动资金。环城小区徐跃华、板闸小区白秀兰等14人被淮安市委、市政府分别表彰为“十佳小区工作者”和“优秀小区志愿者”。2007年，全区加快小区用房建设步伐。年底，楼东、六珠、夹城和府学4个小区都陆续新（改、扩）建300平方米以上的小区办公、活动用房，总面积达1295平方米。对小区承担的工作内容进行全面的调查和界定，将近百项工作内容划分为部门承担、小区承担、部门指导和小区协助等部分，进一步改善和强化小区自治功能，维护小区居委会的合法权益。2008年，淮城镇鱼市和城南小区各建成300平方米的小区办公、活动用房。区委办、区政府办印发《关于实施小区事务申报准入制度的通知》,保证小区居委会有效履行政府公共服务职能。为配合全市创建国家级节水型城市工作,区民政局在城区小区居委会开展"创建节水型小区"活动,鱼市小区的新安小区、环城小区的楚港小区、耳洞小区的运河小区、瞻岱小区的漕运小区4个小区通过省级验收,被命名为"节水型小区"。

第二节　拥军　优抚　安置

一、拥军

楚州区(淮安县、市)委、政府一直对革命烈士家属、因公牺牲军人家属、病故军人家属、现役军人家属、革命残废军人实行优抚政策,坚持经常开展群众性的拥军优属活动。80年代以后,除每逢节日,对驻地部队、烈军属进行各种形式的走访慰问,听取意见外,还为军营后勤生活开展群众性多种服务,帮助驻军解决某些工程、技术设施和军事训练中的困难。

1992年,淮安市成立了由市委书记任组长、党政军有关领导参加的双拥工作领导小组,各乡镇和有关部门区属各大企业都成立双拥工作领导小组,村(居)有拥军优属服务站(组),形成上下贯通、纵横交错的双拥工作网络。1995年,北门大街被设为双拥街。2004年7月,"楚州双拥"网站(syb.hacz.gov.cn)开通。9月,与毛泽东的故乡湖南省韶山市建立了双拥共建友好城市,实现两地资源互补。2005年起,全区优抚对象优待金全部纳入区级财政预算,由区财政统一按省定标准打卡,使义务兵家属优待金完全按照省定标准及时足额发放。2007年,区拥军协会成立,共有单位会员和个人会员67名。2008年,永怀路被建成双拥共建文明路。

1992年、1995年、1998年以及2002～2006年,楚州区(淮安市)多次被省政府、省军区命名为"双拥模范城(区)",1999年被全国双拥工作领导小组和民政部表彰为全国"爱心献功臣行动"先进市。

二、优抚

(一)慰问

改革开放以后,每逢春节、"八一"等重大节日,各级党委和政府均组织慰问组,由党委、政府主要领导人参加的慰问团,走访慰问复员军人、残疾军人、"三属"、带病回乡退伍军人等重点优抚对象。同时发放慰问品和慰问金等,慰问金100～600元/人不等,全区每年发放慰问金(含慰问品折币)100万元以上。

2005年,为纪念抗战胜利60周年,国家给每个参加过抗日战争的在乡老复员军人(含同期入伍的残疾军人)发放由中共中央总书记、国家主席、中央军委主席胡锦涛亲笔题写的"纪念抗日战争胜利六十周年纪念章"一枚,发放一次性慰问金1000元。当年,全区共发放纪念章368枚,发放慰问金36.8万元。

(二)优待

现役义务兵家属优待　1992年,对服现役的义务兵的优待变化为以发放货币形式的优待金为主,农村的义务兵家属优待金经费来源是从农民交纳的农业税中提取,全市没有统一的标准,经济发展较好、统筹的农业税多,其义务兵家属的优待金也多;而城镇的义务兵家属优待金多是通过派人到各企业单位征收和机关事业单位征收或由父母工作单位发放。发放人员为服现役的义务兵,发放期限为陆军三年,海、空军为四年。逐年不断增加。农村的义务兵家属优待金从最初的400元到1800

元，城镇的义务兵家属优待金标准200～400元。1997年，淮阴市政府下发了《关于建立农村优抚对象优待标准自然增长机制的通知》，规定农村义务兵家属优待金标准不得低于上一年度农村人均生活收入的70%，并随着当地人均收入的提高而自然增长。义务兵家属优待金的发放单位是农村的由各乡镇每年度一次性发放，城镇的由县区民政局发放。2003年，地级淮安市政府下发《关于按省定标准发放义务兵家属优待金的通知》，统一规定了农村义务兵家属优待金不低于上年度当地农村人均收入的70%，城镇义务兵家属优待金不得低于上年度当地城镇居民人均生活费收入的25%。是年，楚州区大幅度提高义务兵家属优待金，标准为农村2899元/人，城镇1136元/人。2004年取消农业税后，全区即将农村义务兵家属优待金全部纳入当地财政预算，予以保障。2007年，根据《江苏省实施〈军人抚恤条例〉办法》规定，取消义务兵家属城镇、农村之分，统一按照当地居民人均生活费支出的30%发放。

重点优抚对象优待 1990年，统筹在乡的重点优抚对象（在乡的革命伤残军人、复员军人、烈士家属、因公牺牲军人家属、病故军人家属、带病回乡退伍军人等），优待金标准为100～200元不等，由各地根据经济收入水平自行确定。城镇在职重点优抚对象不发优待金。1997年，淮阴市政府下发《关于建立农村优抚对象优待标准自然增长机制的通知》，规定烈士家属、因公牺牲军人家属、病故军人家属优待金标准不低于上一年度当地人均生活收入的30%，革命伤残军人、在乡老复员军人的优待金标准不低于上一年度当地人均生活收入的25%，并随着当地人均生活水平的提高而提高，实行自然增长。同时给予减免重点优抚对象个人的义务工、积累工和村提留、乡统筹费等优待。2004年，国家取消农业税后，楚州区及时将由通过农业税统筹的在乡重点优抚对象优待金全部纳入当地财政预算，给予保障。由于在乡重点优抚对象的抚恤金、定期生活补助和优待金、立功荣誉金等都已纳入财政预算，造成项目繁多。从2005年起，决定将在乡重点优抚对象的抚恤金、定期生活补助金和优待金、立功荣誉金合并，统一称为重点优抚对象优抚金，统一纳入区财政预算，确保优抚对象优抚金按时、足额发放。

（三）抚恤 补助

抚恤分为死亡抚恤和残疾抚恤，死亡抚恤又分为一次性抚恤和定期抚恤。

1979年，为使孤、老、病、残的烈军属生活得到切实保障，民政部、财政部制定了定期定量补助标准。淮安县1982年优待7241户，65万个劳动日，折人民币51.42万元；农村实行联产承包责任制后，改用优待金补助，标准年40～100元。1985年1月10日，民政部、财政部发出《关于对革命烈士家属因公牺牲军人家属、病故军人家属发给定期抚恤金的通知》，对无劳动能力或者无固定收入不能维持生活的牺牲、病故军人家属补助改为定期抚恤金。当年，全县核定三属为474户、569人，发放资金1.32万元。义务兵期间，立功者可给予其家属奖励。奖励标准为三等功一次奖100元；二等功一次奖200元；一等功或大军区授予荣誉称号者，一次奖励300元。之后，抚恤金标准有所增长，幅度较大。1997年，市民政局、财政局联合下发《关于调整优抚对象抚恤定补标准及建立自然增长机制的通知》，规定优抚对象的抚恤金比例标准为城镇户口的烈士家属、因公牺牲军人家属年定期抚恤金按上一年度城镇职工平均工资的40%，病故军人家属按35%发放。农村户口的烈士家属、因公牺牲军人家属年抚恤金按上一年度城镇职工平均工资的35%，病故军人家属按30%计发。如自然增长机制的标准高于国家标准，就按自然增长机制标准发放，如低于国家标准就按国家标准发放。因此，"三属"抚恤金的自然增长机制标准高于国家标准。1988年，国家公布的《军人抚恤优待条例》还规定，对"三属"发放一次性抚恤金。其标准为烈士家属40个月工资，因公牺牲军人家属20个月工资，病故军人10个月工资。2004年颁发的《军人抚恤优待条例》规定，对"三属"的一次性抚恤金标准提高，并将"家属"改为"遗属"。其标准为烈士家属80个月工资，因公牺牲军人家属40个月工资，病故军人20个月工资标准。

新中国成立后，内务部颁发《革命残废军人优待暂行条例》，主要以外伤为出发点，统一残疾军人的评残条件、等级、证件的抚恤优待标准。1988年《军人抚恤优待条例》对残疾抚恤重新进行了规范。1989年4月15日民政部公布实施的《革命伤残军人评定伤残等级条件》和《革命伤残军人评定病残条件》，将伤残军人分为“四等六级”。这一标准主要以丧失劳动能力及影响生活能力的程度来评定伤残等级。2004年8月1日，国务院、中央军委公布新的《军人抚恤优待条例》规定，将现役军人因战、因公致残等级评定标准由重至轻分为1至10级，因病致残分为1至6级，主要根据残情和因残情造成劳动功能的障碍程度以及影响生活的依赖程度，评定残疾军人的残疾级别。残疾军人根据不同致残性质，享受不同标准的残疾抚恤金（因战高于因公，因公高于因病）。新的《军人抚恤优待条例》规定，取消残疾军人在职、在乡的区分，取消革命伤残军人称呼，统一称为残疾军人，同时大幅度提高残疾军人的抚恤金标准。2005年，国家取消了农业税，使得原通过征收农业税统筹的残疾军人优待金因无资金而无法发放，市民政局决定将在乡重点优抚对象的抚恤金、定期生活补助金和优待金、立功荣誉金合并在一起，统一称为重点优抚对象优抚金。从2007年始，淮安区残疾军人的抚恤金全部执行国家标准。

给予在乡复员军人定期生活补助。1979年，民政部、财政部下发《关于改进优抚对象定期定量补助工作的规定》规定，对在乡老复员军人实行定期定量补助，当时的标准是每人每月6元，其经费由当地负责。1998年，《国务院办公厅关于加强优抚工作的通知》规定，对年老体弱、没有工作、生活困难的在乡老复员军人的抚恤补助，主要由地方政府负责保障，中央适当给予补助，并逐年提高标准。2004年，中央财政承担在乡复员军人的生活补助为每人每年522元。到2008年，中央财政承担的在乡复员军人生活补助达到：参加抗日战争的每人每年3072元，参加解放战争和新中国成立后的复员军人，每人每年2568元。

给予带病回乡退伍军人定期生活补助。在改革开放初期，带病回乡退伍军人并没有什么生活补助，只是乡重点优抚对象的一种。随着一些在乡重点优抚对象发放了优待金后，也适量地发给他们较少的优待金。之后，开始发放少量的生活补助，标准很低，其审批和经费也全由区民政局负责，国家和省、市不负担。2004年新《军人抚恤优待条例》颁布实施后，明确对带病回乡退伍军人给予一定补助，标准为每月不低于100元、不高于十级（因公）残疾军人的抚恤金，具体标准由各县区自定，国家补助为336元/年。

2007年，楚州区按照国家规定，对1954年11月1日后参加过14次战役的或参加过核试验的在乡、在城镇没有工作的人员给予补助，简称“两参人员”，每人每月200元。

三、安置

（一）转业志愿兵（士官）安置

1989年前，全市接收志愿兵272人，由市退伍军人安置办公室分配在行政、企事业单位或大集体单位工作。1990～1999年，全市接收志愿兵734人，坚持“按系统分配任务，包干安置”的指令性分配办法，分配在市内企事业单位工作。2000～2005年，全区（市）接收志愿兵252人，采取安置就业和自谋职业相结合的安置办法，自愿自谋职业的由区政府发给一次性经济补助，要求安置就业的，优先安置进事业单位。2006～2008年，全区接收志愿兵67人，采取安置就业和自谋职业相结合的安置办法，自愿自谋职业的由区政府发给一次性经济补助，要求安置就业的，一律安置进区属企业单位。2005年，区政府发文规定，从2006年起，凡符合安置的人员需要安置就业的，一律安置进企业。

（二）退伍义务兵（士兵）安置

1979～1989年，全市（县）接收退伍义务兵9174人，其中农村退役士兵7721人，城镇退役士兵1453人，由市（县）退伍军人安置办公室分配在行政、企事业单位或大集体单位工作。1990～1999年，全市接收退伍义务兵5032人，其中农村退役士兵3041人，城镇退役士兵1991人，坚持“按系统分配任务，包干安置”的指令性分配办法，分配在市内企事业单位工作。

2000～2005年，全区（市）接收退伍义务兵3494人，其中农村退役士兵2332人，城镇退役士兵1162人，采取安置就业和自谋职业相结合的安置办法，自愿自谋职业的由区政府发给一次性经济补助，要求安置就业的，一律安置进企业。2006～2008年，全区接收退伍义务兵1496人，其中农村退役士兵1193人，城镇退役士兵303人，采取安置就业和自谋职业相结合的安置办法，自愿自谋职业的由区政府发给一次性经济补助，要求安置就业的，一律安置进区属企业单位。2000年，楚州区开始尝试自谋职业的安置方式。2000～2008年，共有847名城镇退役士兵选择自谋职业。从2008年冬季开始，按照省政府文件要求，实行退役士兵免费职业技能培训，所需经费由省政府负责拨给。

（三）军地两用人才安置

从80年代起，军队开展了培养军地两用人才工作，1988年，淮安市民政局成立了“军地两用人才介绍所”，采取开发和劳务输出相结合的方法，将1279名军地两用人才推荐到村组干部岗位和输出到外省市就业。从2008年起，开展退役士兵职业技能培训工作，为退役士兵提供更加便利的就业条件。

（四）军队离退休干部安置

1983年7月，国务院办公厅出台《关于军队离退休干部移交地方管理问题的通知》，将军队离退休干部移交地方后由民政部门管理。1986年以前，淮安县有部分移交地方的军休干部先由老干部局管理，后来又移交民政部门管理。

楚州区军队离退休干部休养所创建于1985年11月，地处城西华亭村境内。创建后，共接收军队离休干部8人，军队退休干部15人，军队无军籍职工4人。该所住房面积2000多平方米，办公楼200多平方米，占地总面结1600多平方米，有工作人员5人。军休干部移交地方管理后，健全组织领导机构，加强队伍建设，军休所成立党支部、管委会，注重加强军休干部的政治理论学习。落实好军休干部的生活待遇，为军休干部增加离退休生活费，开展适合军休干部的文化娱乐活动，丰富军休干部的文化生活。

军队离退休干部休养所　（2008年摄）

1979～2008年楚州区（淮安县、淮安市）接收安置退役义务兵、志愿兵情况表

表24-1　单位：人

年　份	总人数	退役义务兵	转业志愿兵	安置人数	年　度	总人数	退役义务兵	转业志愿兵	安置人数
1979	470	470	—	38	1995	493	410	83	286
1980	1133	1133	—	101	1996	522	457	65	305
1981	1513	1513	—	209	1997	495	403	92	228
1982	1042	1042	—	255	1998	680	595	85	268
1983	1187	1187	—	286	1999	663	564	99	337
1984	802	770	32	153	2000	599	563	36	259
1985	696	663	33	108	2201	641	576	65	219

续表 24-1

年　份	总人数	退役义务兵	转业志愿兵	安置人数	年　度	总人数	退役义务兵	转业志愿兵	安置人数
1986	1013	929	84	180	2002	569	521	48	179
1987	542	542	0	91	2003	862	808	54	203
1988	511	472	39	106	2004	496	464	32	159
1989	537	453	84	198	2005	579	562	17	143
1990	886	795	91	330	2006	545	535	10	122
1991	480	452	28	170	2007	452	438	14	105
1992	419	391	28	166	2008	566	523	43	143
1993	659	606	53	324	合计	20521	19196	1325	6234
1994	469	359	110	311					

四、烈士褒扬

（一）淮安烈士陵园（塔）

淮安烈士陵园　（2006年摄）

淮安烈士陵园，坐落在老城区东北隅，东门大街王举人巷。是县级文物保护单位、市级青少年爱国主义教育基地。1958年，中共淮安县委为纪念在抗日战争和解放战争中为党和人民英勇献身的革命烈士，计划建设永久性革命烈士陵园。1960年初，成立淮安县革命烈士纪念塔筹备委员会。先后在城内外20余处钻勘、钻眼点达52孔之多，择定现址。陵园奠基于1960年6月1日，规划占地面积6.67公顷，塔样依照北京人民英雄纪念碑的造型浓缩和简化，塔身分别由主塔、塔座、两层坪台和塔前三层18步台阶组成。当塔身建至11米高度时，根据国家停建楼堂馆所的规定而停建。1966年续建，是年下半年完工。之后，续建园内的其他配套设施，于70年代初完成。淮安烈士纪念塔通高32米，两层塔座高4米，塔壁用72根直径16毫米钢筋和水泥混凝土浇灌而成，表面为水刷石，塔身正面镌刻“革命烈士永垂不朽”八个镏金大字，仿毛体题书。塔基入土1.5米，全部钢筋混凝土结构，用直径12毫米钢筋50根纵横交叉成6×6米实心地板，并以50厘米一个台阶向地面逐步缩小至塔基。塔座四周为浮雕墙群，高1.6米，长8米。两层坪台分别为24×24米、36×36米，坪台四周栏杆全部采用仿石制作而成。陵园占地近4公顷。在塔的两侧建有陈列室12间。陈列室内安放烈士的骨灰盒、遗物，展示烈士的生平事迹，陈列室内有在册烈士1543人。在塔的北侧常青丛中，有10位先烈的遗骨安息其间。塔的东西两侧，有两座人造山，山上有琉璃瓦亭子，竖有“淮安县革命斗争史”石碑。

（二）烈士纪念碑

车桥战役烈士纪念塔（园）　位于车桥镇东北。1944年3月，新四军一师在师长粟裕、副师长叶飞率领下，为粉碎日本侵略军“扩展清乡”和“强化屯垦”计划，在淮安东部车桥地区对敌发动了著名的“车桥战役”，共歼灭日伪军山泽大佐部下官兵1300多人，新四军牺牲53名指战员，日本反战同盟苏中支部松野觉在前线喊话时亦牺牲。为纪念在“车桥战役”中牺牲的革命先烈，1976年，中共淮安县委、县政府拨款在车桥街北200米处建造车桥战役烈士纪念塔（园），占地0.6公顷。于1981年进行扩建，1984年和1994年两次整理维修。园内有纪念塔一座；园内标志物有烈士纪念碑，碑文上镌刻着1983年叶飞亲笔题写的“车桥战役烈士永垂不朽”10个字。陈列室内陈列着战役遗留下来的武器、部分战利品和战斗事迹简介。

车桥战役烈士纪念塔（2000年摄）

大胡庄战斗烈士纪念碑　1941年春，新四军三师八旅二十四团一营二连83名指战员，在江苏省淮安县的茭陵乡大胡庄突遭日伪军袭击，为完成师团前哨和掩护淮安县委机关安全转移的两大任务，全连指战员，浴血奋战，坚守阵地6个多小时，除1名战士负伤幸存外，其余全部壮烈牺牲。为纪念英烈，1987年，淮安县民政局拨款2万余元在茭陵乡大胡村小西场战斗旧址北侧建造了大胡庄战斗烈士纪念塔（碑）。碑高6米多，坐北朝南，为砖石水泥结构。碑基100余平方米，基台四周植有常青黄杨、球松等。塔身正面刻有当年新四军三师八旅政治部主任吴信泉（后曾任中国人民解放军炮兵司令员）题写的：“大胡庄战斗八十二烈士永垂不朽”14个大字。1995年，大胡庄战斗烈士纪念碑被命名为淮安市十大青少年爱国主义教育基地之一。

流均抗日阵亡将士纪念塔　坐落在楚州东南部流均镇溪南村，为纪念在抗日战争中，淮宝大队抗击日军而壮烈牺牲的烈士而建立。占地500多平方米，塔高16米；塔顶塑有一名抗日战士手端钢枪英勇杀敌的英雄形象；塔周植有松柏、常青树和花草。

（三）烈士追认

改革开放以来，全区经省政府批准烈士共2次3名，分别是王焕东、王严氏夫妻以及周霞。王焕东，男，1901年生，进步群众；王严氏进步群众。1947年12月在原淮安县席桥乡被国民党还乡团杀害。1996年8月被省政府批准为烈士。周霞，女，1989年11月生，楚州区人，学生，2001年7月1日在楚州区顺河镇为救落水儿童而牺牲，11月被省政府批准为烈士。

流均抗日阵亡将士纪念塔

（四）凭吊烈士

每年清明节期间，地方政府组织机关干部、工人、农民、青年、驻城中小学校青少年学生以及其它各界人士，分别前往烈士陵园祭祀悼念。每年有5万多名青少年学生到烈士陵园集体凭吊活动。车桥、大胡庄、流均烈士纪念塔和散落的烈士墓地有近2万名青少年学生和烈士亲属凭吊；烈士陵园管理处每年还接待外地前来凭吊烈士的亲属或友人300多人次。

第三节 救灾救济

一、灾害救济

楚州区地处里下河地区，历史上就称之为洪水走廊，是各种灾害频发地区。新中国建立后，党和政府把救灾工作列为大事，每逢灾害，即组织各行各业抗灾救灾，并调拨和募集钱、物赈济灾区，使灾民得以克服困难，安度灾荒。

1978年，渠北旱谷地区，灾情比较严重，受灾有722个生产队，减产粮食5165吨。对重点受灾的463个生产队、9.93万人供应统销粮5935吨、借销粮5000多吨，救济款57万元，确保受灾群众安全过冬。1979年，局部地区遭暴风雨袭击，房屋损失严重，三次发放救灾款13万元、毛竹5000支。1980年，继6月16～20日连续阴雨后，24日凌晨3时起全县普降暴雨到晚上11时，降雨200毫米以上的有7个公社。雨量最大的林集公社达218毫米，23日上午9时又普降大雨，一般在24毫米，多的30毫米。由于雨量大、又集中，内河水流高涨，荡水位高，排水缓慢，造成农作物受灾面积3.31万公顷，其中水稻面积2.25万公顷，棉花7333.33公顷，玉米5400公顷，山芋、大豆2266.67公顷。经济作物1400公顷；场头下水的838个；房屋受灾倒塌3500多间，砸死1人、砸伤1人；倒塌猪圈750多个、砸死生猪90多头。灾情发生后县委常委带队，抽调150多名机关干部分赴各地领导排涝工作。社直机关抽调2500多名干部，组织20多万劳动力，集中3600台机泵，开动130多座机电泵站投入排涝救灾。先后4次发放救灾款、物，共发放救灾款44.46万元，救灾木材80立方，毛竹1000支、棉布5.73万米、棉花10吨。

由于1980年农业生产遭受严重的水灾，1981年，全县粮食总产比1980年少收8790吨。苏嘴、顺河、茭陵、徐杨等公社灾情严重损失较大。全县缺粮2040吨，缺粮统销队647个，统销粮6485吨，两批救灾款49.7万元，粮食790吨，煤炭405吨。1982年，对1981年因灾减产的队与户发放救灾救济款30万元，解决部分受灾户吃、住、治病等实际困难、解决133户火灾户木材计划65.7立方米，从民政社救款支1.5万木材款，还救济12万元房屋修建款。1983年，淮安县部分地区连续遭受冰雹、虫害、雨涝等三次自然灾害，特别是7月份连续数日雨涝灾害，雨量494毫米，河水猛涨、农田淹没，受重灾的15个乡85个村。全县倒塌损坏房屋7829户2.07万间、死亡1人、受伤9人、因灾生病500余人；死牛1头、受伤9头；生猪砸死、淹死586头；烂草1500吨；淹死泡桐树1万余棵。先后11次共发放救灾救济款66.13万元。1984年8月30日至9月15日，连续降雨，致使全县遭受雨涝灾害的袭击，农作物受灾面积1.04万公顷，房屋倒塌4515户，6380间，死亡2人，受伤2人，上级拨给淮安县20万元房屋修建款，完成灾民建房任务。该次灾害共发放救灾救济款27.49万元。1986年夏秋之间，连续阴雨30多天，并伴有大风。流均雨量最大，达786毫米，全县倒塌房屋2万多间。国家拨给30万元救灾款，共解决1521户灾民房屋修建。142户遭受火灾，救济1.79万元。全年共发放56.15万元救灾款，用于安排灾民生活。1988年，先后遭到冻灾、冰雹和大风的袭击，小麦减产近5万吨，因灾倒塌房屋2605间。发放救灾款78.12万元，为1.6万户困难户解决生活费32.9万元，发放救灾粮425吨；为280户倒塌房屋户解决建房款8.39万元，修房706间；为7862户病灾户解决治病费用9.33万元；为136起火灾户解决2.06万元重建家园。

1990年7月中旬，连续遭暴风雨袭击，全市平均降雨量为330毫米，最高的达450毫米，此次雨量之集中、范围之广、持续时间之长，为历史罕见。4.87万公顷农作物被淹，损失粮食3.1万吨；棉花成灾2333.33公顷，玉米成灾1666.67公顷，大豆成灾1333.33公顷，山芋成灾1666.67公顷，薄荷成灾1000公顷。另外，全市3533.33公顷鱼塘，漫塘的有2333.33公顷；损坏砖瓦坯4000多万块。倒塌、损坏房屋1.36万户、3.21万间。因房屋倒塌造成29人受伤，其中重伤9人。三天后还有21个村中35个组被水围困。灾情发生后，市政府两次召开紧急电话会议。市四套班子负责同志分头带领有关部门深入村组农户，指导救灾工作。全市共开动382座电动泵站、架设500多台机泵一起投入抗灾，日夜突击排水。有10多万民工参加抗灾排涝，加固圩堤129处，上土26万立方米，耗掉草包15万只，木桩3.7万根，毛竹1.5万根，钢丝10多吨。拨出柴油500多吨，化肥4000吨，木材500立方米，支持受灾地区，以减少雨涝灾害造成的损失。在建房工作中，实行自己拿一点、国家补一点、集体支持一点、建材供应部门优惠一点、群众捐赠一点的方法筹集建房资金。灾后，国家先后拨给淮安市救灾建房款117万元、木材90立方米、钢材75吨。全市集体筹集砖486万块、瓦40万块、木材6470根、芦苇120吨。发动群众募捐21万元。解决了建房经费和建房材料问题。截至11月20日，已修建房屋1.36万户，3.19万间，保证灾民安全过冬。下拨救灾款33.1万元，救灾粮520吨，解决1.21万户、4.74万人的生活问题；为5684户、1.36万人解决治病经费11.9万元；为88户火灾户解决救灾款1.52万元，救灾寒衣2091件，棉被470床；接受南京市支持的募捐衣物2.15万件，均于冬前发放到灾民手中。

1991年7月，淮安市连续遭受特大暴雨袭击，降雨量达684毫米，局部地区高达1147毫米，有21.5万人被水围困，被迫转移13.7万人，11.27万公顷农作物成灾，其中2.4万公顷绝收，倒房2.93万户，6.17万间，鱼塘漫水2266.66公顷，刮倒、淹死树木74万棵，大量畜禽被淹死、砸死，因倒房等原因死亡10人、受伤57人；全市207所学校进水，4480间校舍倒塌；毁坏桥涵闸洞350座，毁坏公路21千米，刮倒电杆、广播杆1087根。造成直接经济损失3.7亿元。是年6月7日，南闸乡发出告急，民政局迅速组织人员赶赴现场，并连夜向该乡送去食品1500斤、煤炭20吨、煤炉51只。协助乡、村干部转移灾民6000余人。上级拨发救灾款1800万元，灾民筹集资金1500万元，集体解决900万元，亲友支持500万元，群众互助200万元，保险理赔130万元。到12月25日，全市已新建灾民住房2.01万户、4.56万间，修复损坏房屋1.75万户，3.97万间。发动群众生产自救，解决口粮3100吨，购买2800吨比例价粮。新做棉袄4200件，棉裤500件，棉被1000床。1994年1～7月，全市降雨315.3毫米，比严重旱年的1934年1～7月份还少104.3毫米，由于旱情严重导致土地干裂，沟渠干涸，地下水位降低，水源紧张，造成5万人饮水困难，10.5万人引起疾病，202头大牲畜死亡，60.3万只家禽死亡；水稻、旱谷作物绝收1.1万公顷，受灾8.34万公顷，粮食减产严重，经济损失2344.56万元。为救灾，全市投入抗灾资金6185万元，人工日435万个，投入柴油3769吨，电力1320万度，化肥1.15万吨。

1995年8月22日，平桥镇遭受龙卷风袭击，最大风力达12级，平桥张庙联中27间校舍刮倒，砸坏学桌313张，教具36件，死亡8人，砸伤74人，全部住院治疗。灾情发生后，经多方支持，投入资金248万元，新建平桥二中。2000年8月30～31日，受12号台风影响，全市境内连降暴雨，28个乡镇不同程度受灾，尤其是渠北片及渠南东部等9个乡镇灾情比较严重。此次大暴雨迅猛异常。是淮安市继1991年遭受特大洪涝灾害之后的又一次造成较重损失的灾害。全市9.03万公顷农作物受涝3.93万公顷，成灾1.83万公顷，绝收面积达1.44万公顷；倒塌民房1726户4295间，损坏房屋2203户4796间，因灾造成直接经济损失达2.7亿元。灾情发生后，民政部门立即实施救灾工作预案，组织5个工作组赴灾区查灾核灾，帮助转移安置灾民。市政府拨出23万元用于灾民安置，同时募集救灾捐赠款27万元，衣物2000余件发放灾区。11月初，民政局专门订购了50吨大米，赶制了700件棉衣、700床棉被发到了重灾乡镇。至12月中旬，全市2203户在灾害中损坏的房屋已全部修复，倒塌房屋的1398户，复建1370户，全市没有发生1人因灾外流乞讨等现象。

2002年10月5日上午，宋集、茭陵、苏嘴、钦工4个乡镇遭受了特大冰雹和大风袭击，灾害涉及45个村，受灾人口达11.25万，因灾造成直接经济损失1.1亿元。灾害发生后，楚州区委、区政府十分重视，先后调拨60吨救灾粮、40万元救灾款和20万元校舍修缮资金用于安置灾民。同时决定由区94个部门、单位和骨干企业，对受灾较重的27个村进行集中帮扶。全区共向灾区捐粮310吨，捐衣物3.1万件。2003年，连续遭受特大洪涝、风雹灾害。全区受灾范围广，损失重，均超过1991年，全区27个乡镇300多个村受灾，因灾倒塌民房2635户、7906间；投入救灾资金739.09万元。2004年，水稻遭受条纹叶枯病的袭击，仇桥、博里、流均、车桥、施河、上河等绝收面积分别达近667公顷。全区水稻总面积5.33万公顷，受灾面积3.36万公顷、成灾面积2.12万公顷。其中绝收面积4820公顷。民政局发救灾粮389吨，救灾款185万元。2005年，部分地方灾情比较严重，当年，下拨救灾款385万元。2006年，夏季特大洪涝灾害中，针对受灾面大、受灾点多、成灾严重的情况，民政局及时启动救灾预案转移安置灾民、查灾报灾。先后下拨救灾救济款383.82万元，解决6万人的生活问题。2007年洪涝灾害，倒塌房屋603户、1194间，楚州区下拨建房款273.5万元，建房603户，救济灾民口粮款331.66万元，解决3.82万人生活问题。同年，因入海水道行洪，针对受灾面大、成灾严重的实际情况，民政局及时启动救灾预案转移安置灾民，查灾报灾。共下拨转移安置资金39.88万元，安置灾民1494户。

二、社会救济

（一）冬令救济

1978年，淮安县成立生活安排领导小组及办公室，负责全县冬令群众生活安排工作。渠北旱谷地区灾情比较严重，共发放冬令救济款30万元，布匹10.5万市尺，棉絮6吨，寒衣救济款6.9万元，木材款1万元，确保灾民安全过冬。1981年，三次发放冬季救灾款10.59万元，棉布3.77万米，棉花6吨，棉被40床，棉袄4000件。1982年，发放寒衣救济，全县共救济1.12万户，1.24万人，其中棉袄8324件，棉裤1860件，棉被633床。1988年，下拨冬春生活救济粮150吨，春节前后救济款10万元，寒衣男式棉袄1960件，女式棉袄1204件，棉裤365件，棉被428床。1989年，先后下拨救灾款76.72万元，粮食405吨，钢材15吨，木材75立方米。其中向生活困难的6060户灾民发放救济金35.6万元；用11.42万元为7072户灾民解决治病经费；用15.7万元为119户特困户解决建房困难；用1.72万元帮助118户火灾修建房屋。2000年春节期间，民政部门在全市开展送温暖活动，共安排救灾粮20万千克，救灾款45.8万元，5月初用40万元购225吨大米，解决了5.2万人的春荒吃饭问题。2001年，发放春荒救灾款34万元，救济粮415吨，救济寒衣1500件。2002年春荒，下拨救灾款31.7万元，救济粮748吨，救济寒衣1400件，解决4.9万人的吃饭穿衣困难。2003年春荒期间，全区先后下拨救济粮401.5吨，救济款81.28万元。2004年，对城乡特殊困难群体实施救助，春节前，组织27个慰问组，区四套班子领导带队，94个帮扶单位参加，专访慰问敬老院27所，困难户135户和临时性救济经费30多万元。2007年，全年分阶段对缺粮人口进行调查，累计下拨救灾款331.66万元（其中救灾粮647.3吨，救灾款148.6万元），保证灾民和困难群众的基本生活。

救灾物资运送现场 （2002年摄）

（二）草危房改造

2000年，按照省委提出的“本世纪基本消灭草危房，不得把草危房带入21世纪”的要求，对农民居住的草危房进行彻底的改造。至2005年，省市总计下拨草危房改造资金1008万元，地方政府采取“免、包、补、帮、捐”等措施，多方位，多渠道筹集资金，改造草危房1206户，全区草危房改造工作全面结束。

（三）大病医疗救助

21世纪初，区政府出台了农村医疗救助实施办法，对白血病、尿毒症、癌症等重大疾病患者实施医疗救助，救助金额因当年医疗费医疗保险报销后，自付部分数额按比例而定。

2004～2007年楚州区大病医疗救助情况表

表24-2

年　份	救助资金（万元）	受救助人次	年　份	救助资金（万元）	受救助人次
2004	115	1246	2006	379	3200
2005	230	2650	2007	163.296	1395

第四节　遣送　收容　救助

60年代初，淮安县成立收容遣送站。1976年，在东门大街新建一处占地0.33公顷、建筑面积650平方米，有床位45张的收容遣送站，与民政局优抚接待室合署办公。进入80年代后，收容遣送任务大幅减少。因淮安市是周总理故乡、对外开放城市，经批准，收容遣送站建制予以保留，外流人员收容工作由公安部门负责，民政部门负责审查遣送工作。改革开放以后，流动人口剧增。进入90年代中期，外来人口遣送工作量又逐步增加。2000年至2003年7月，全区共收容遣送流浪乞讨人员1265人次，其中按年龄分，成年人1184人次，未成年人81人次；按区划分，江苏省籍917人次，外省籍348人次。2003年8月之前，区遣送站坚持“收容与教育，遣送与安置相结合”的原则，对流浪乞讨“三无”人员、精神病人等进行妥善处理，仅2000年8月至2003年7月，就收治流浪精神病人63人。2003年8月，国务院《城市生活无着的流浪乞讨人员救助管理办法》和民政部《城市生活无着的流浪乞讨人员救助管理办法实施细则》正式实施，将强制性收容遣送改为关爱性救助管理，建立以自愿受助、无偿救助为原则的新型社会救助制度。按上级统一要求，区收容遣送站改为救助管理站，停止对外收遣。工作职能发生转变后，原有办公条件难以适应新形势发展需要。2003年10月7日，区政府决定将救助管理站的正常运转经费纳入财政预算，并根据救助管理实际情况调整预算；将原有的板闸敬老院改建为救助站办公用房，购房经费由财政局、民政局、淮城镇共同负担的办法解决。当年，楚州区共救助流浪乞讨人员143人次。

2004年，共接受求助286人次，实际救助流浪乞讨人员273人次。2005年7月，楚州区参照执行市政府办印发《关于加强市区城市生活无着的流浪乞讨人员救助管理工作的意见》；8月，共投入100余万元，将占地950平方米、建筑面积达1000平方米的新救助管理站投入使用。新救助管理站内设有男性救助区、女性救助区、观察区和未成年人救助区。10月，开通“全国流浪乞讨人员救助管理信息系统”，救助管理工作开始进入信息化管理的新阶段。当年，共接待求助人员310人次，实际救助流浪乞讨人员285人次。2006年8月，与区相关部门分工协作，做好流浪乞讨人员中危重病人、精神病人的救治工作。当年，接待求助人员290人次，对符合条件的279名流浪乞讨人员实施了不同程度的救助，其中流浪未成年人28人次。2007年，接待流浪乞讨人员求助347人次，实际救助流浪乞讨人员335人次，其中流浪未成年人41人次，老年人22人次。

2008年8月，楚州区开展救助工作进小区工作，在城乡小区普遍实施“四三”工程，形成社会化救助管理大格局。当年，接待流浪乞讨人员求助414人次，实施救助流浪乞讨人员404人次，其中未成年流浪者45人次。

注：“四三”是指“三有”，有组织网络、有专人负责、有志愿者队伍；“三上”，机构牌子挂上门、工作制度贴上墙、宣传资料放上架；“三通”，咨询电话通、专业机构与小区的联系管道通、查询数据通；“三网”，即在小区建立监护网、小区救助网和小区安置网。

第五节　社会福利

一、城镇“三无”供养、儿童福利

淮安县社会福利院建于1983年。1984年6月24日，接收首批城镇集中供养和散居的五保老人。1985年后，又有散居在各居委会的五保老人相继入院。

福利院从1986年开始接受社会弃婴，最初的费用每人每月只有20多元。后随着经济发展，生活费用也逐步增加。2008年，福利院的工作重点已经由以养老为主转变为收养社会弃婴。当年，福利院有7名五保老人，社会弃婴37人。至2008年，福利院共收养社会弃婴130多人。

二、社会福利企业

1982年，淮安县有全民和集体的福利企业3个，职工154人，其中残疾职工65人。1988年，淮安县福利企业发展到25个，安置“四残”人员475人。1989年，福利生产的宏观管理得到全面加强，福利企业经济效益和社会效益得到稳定增长。1991～1994年，福利企业呈逐年增加态势，并取得了良好的经济效益和社会效益。1995年，面临新税制改革带来的冲击，福利企业处境艰难，福利企业的个数和残疾职工安置数都呈锐减趋势。2000～2003年，企业进行产权制度改革，民营企业发展迅速。由于福利企业的投资主体局限于民政、乡镇，个体工商户无法办理，福利企业的个数没有明显增长。2004年起，为保障福利企业残疾职工的合法权益，国、地税局联合劳动和社会保障局，在要求企业为残疾职工办理社会养老保险的基础上，新增企业职工最低工资标准要求，并把这两项内容作为年检考核的硬指标，规范和完善福利企业养老保险和最低工资制度。2005年，全区有福利企业11个，安置残疾职工151人。2006年，淮安市局成立“淮安市福利企业协会”，楚州区13个福利企业全部成为协会会员。2007年6月，财政部、国家税务总局联合下发《关于促进残疾人就业税收优惠政策的通知》，决定自2007年7月1日起在全国范围内统一实行新的促进残疾人就业税收优惠政策。福利企业的投资主体由过去的民政、乡镇、街道放宽到所有投资主体都可以办理，退税政策由过去的安置50%以上残疾人退增值税改为按安置残疾人的多少进行退税，每个残疾人年退税额不超过3.5万元。至年底，新增3个福利企业。全区有福利企业16个，安置残疾职工320人。2008年底，新办福利企业2个，全区福利企业安置残疾职工380人。

1982～2008年部分年份楚州区（淮安县、淮安市）社会福利企业及残疾职工统计表

表24-3

年　份	1982	1988	1993	2003	2004	2005	2006	2007	2008
福利企业数	3	25	66	9	10	11	13	16	18
残疾职工数	65	475	880	132	143	151	184	320	380

三、农村“五保”供养

国家早在1956年就建立了农村“五保”供养制度。1984年，全县年“五保”供养人数4808户、

5243人，其中孤儿150人；乡办敬老院4所，入住老人47人；村办8所，入住老人35人，供养形式主要是村组统筹粮250千克、草650千克，零用钱每月5元。1990年，全市共有“五保”户4361户、4874人，其中孤儿95人；全市有乡镇级敬老院29所，入住老人360人，人均年供养经费达550元。有“五保”服务中心29个。1994年，国务院颁布了《农村“五保”供养工作条例》。1995年，全市有符合“五保”条件4442户，4788人，年供养标准为分散1050元，集中1200元。敬老院入住老人为863人。2002年，“五保”供养费税改革后，全区有“五保”供养老人分散5377户、5821人，年供养标准1500元；集中有899人，年供养标准1620元。2005～2008年，省政府、区政府对“五保”户“关爱工程”敬老院房屋改造投入资金2587万元，其中省投资2208万元，区投资379万元，建房1794间，建筑面积3.59万平方米，使26所乡镇敬老院达到标准化、规范化。2006年，《条例》进行了修订，于3月1日正式施行，保证农村“五保”老人生存合法性和正常生活。2006年，全区有“五保”供养老人分散4330人，年供养标准2000元；集中1554人，年供养标准2400元。2008年，全区有“五保”供养人数5792人，其中分散3356人，年供养标准2100元；集中2236人，年供养标准2600元。

四、社会福利有奖募捐

（一）募捐机构

楚州区社会福利有奖募捐委员会（“简称募委办”下同）成立于1988年，委员会下设办公室，为民政局直属正股级公益类自收自支事业单位，负责处理有奖募捐和福利彩票发行的业务指导及日常工作。业务职能为筹集社会福利资金，发展社会福利事业；全区社会福利有奖募捐管理监督；福利彩票发行、监督。募委办设党支部，设主任1人，专职管理人员5人，彩票投注站76个。

（二）福利彩票

1989～2000年，福利彩票以传统型即开票大奖组为主要发行形式。2000年4月，引进计算机型福利彩票，培育开发福利彩票市场，建设国标化的计算机票投注站和制作国标化门头，至2008年，全区共有投注机76台，分布在城区和乡镇，计算机彩票投注机城乡覆盖率达94%。2007年，全区销售福利彩票仅30.54万元。2008年销售福利彩票达100.69万元。不仅销售额有较大增长，同时还解决了近130人的就业问题。

1989～2008年，楚州区累计销售福利彩票7241.23万元，筹集社会公益金2534.43万元。除上缴中央及省级外，还筹集地方本级公益金724万元。配合省、市福彩中心开展“福彩爱心进万家”“福彩爱心敬老”“福彩爱心助学工程”等一系列公益活动，受到省、市民政局和福彩中心的一致好评，2001～2008年连续8年被市福彩中心评为工作先进单位。

第六节　婚姻与收养登记

一、婚姻登记

2004年以前，楚州区结婚登记工作，由各乡镇人民政府负责登记办理。2004年，经区长常务会议研究决定，成立淮安市楚州区民政局婚姻登记处，隶属于区民政局，对全区婚姻登记工作实行集中登记。经过半年筹建，于2005年8月1日正式挂牌，实施集中登记。2008年4月，实现全省联网登记，婚姻登记合格率始终保持在100%。按照创建“全国婚姻登记规范化合格单位”的要求，婚姻登记处着力从机构设置、队伍建设、工作环境、内部管理、信息化建设、政务公开等方面入手，不断改进全区婚姻工作。

1984～2008年部分年份楚州区（淮安县、淮安市）婚姻登记情况表

表24-4

年　份	结婚登记对数（对）	离婚登记对数（对）	补发登记证份数（份）	年　份	结婚登记对数（对）	离婚登记对数（对）	补发登记证份数（份）
1984	5506	—	—	2000	8390	—	286
1985	6387	—	—	2001	8380	—	—
1986	4431	—	—	2002	7631	—	—
1987	6754	—	—	2003	7466	180	—
1988	5886	50	180	2004	7947	308	—
1989	8433	—	4411	2005	7768	384	56
1990	7509	—	—	2006	8708	452	164
1991	7308	—	—	2007	9182	522	276
1998	8384	—	—	2008	9173	577	395
1999	9346	—	—	合计	144589	2473	5768

二、收养登记管理

楚州区收养登记工作始于2003年。2003～2008年，全区共办理收养登记108人，其中非社会福利机构抚养的查找不到生父母的弃婴（儿童）75人；社会福利机构抚养的查找不到生父母的弃婴（儿童）12人；收养三代以内同辈旁系血亲的子女16人，孤儿2人，继子女2人；生父母有特殊困难无力抚养的子女1人，合格率达100%，收养登记零投诉。

第七节　地名管理

淮安县此前无专门地名管理机构，城乡部分地名常被任意更改，极不标准不规范。1980年10月，成立淮安县地名普查领导小组，下设办公室，办公室设在民政局，民政局一名副局长兼任办公室主任，从民政局、教育局、交通局、水利局、淮安师范学校各抽1人组成淮安县地名普查办公室。开始调查登记、收集整理考查地名资料，承办地名的命名、更名、使用监督、档案管理等业务工作。同年，在县地名普查领导小组的领导下开展第一次地名普查工作。至1981年底，地名普查结束，基本上查清全县地名状况，结束了地名管理上的混乱状态，县地名普查领导小组按规定对地名进行标准化、规范化处理，并编印出版《淮安县

更名后的礼字坝　　（1994年摄）

地名录》，供社会使用。1984年，第一次地名普查结束后，淮安县地名普查领导小组更名为淮安县地名委员会，下设地名办公室，地名办公室为常设机构，列为民政局内设股室。

一、地名更名、命名

（一）地名更名

1980年起，按照国务院《关于地名更名暂行规定》，办理城区地名命名更名工作，由县地名办公室审核，报县政府批准。1983年，对因老城区的改造、新城区的新建而新增加的道路、小区进行更名命名。先后对3个公社、122个生产大队地名进行命名更名，为城区45个街巷更名，为51条道路、28个小区、8条河上101座桥梁命名。1981年11月，大兴公社更名为七洞公社，1995年又更名为上河镇；1981年石塘公社更名为建淮公社；马厂公社更名为南马厂公社。向阳路更名为镇淮楼东街和镇淮楼西街、和平路更名为东门大街和西门大街、西门大街更名为老西门大街、府学东街更名府学街、枚里街更名为古枚里街、原东街更名为涧河街，更新巷更名为回龙巷、思变巷更名为夯轮寺巷、前进巷更名为大沟巷、双桃柳巷更名为双刀刘巷、教育巷更名为多子巷、红光东巷更名为龙窝巷、红光西巷更名为驸马巷、幸福巷更名为小人堂巷、曲巷更名为局巷、反帝巷更名为小羔皮巷、光明巷更名为七家湾巷、长青巷更名为竹床巷、东范巷更名为范巷、解放巷更名为捕衙巷、大兴巷更名为兵马司巷、葵花巷更名为百姓巷、廖巷更名为廖家巷、战备巷更名为关帝巷、更马巷更名为系马桩巷、新华巷更名为天官第巷、新安一巷更名为赛珠巷、三台角巷更名为三台阁巷、蒲家巷更名为蒲葭巷、飞跃巷更名为天后宫巷、豆制巷更名为豆腐巷、打博巷更名为大箔巷、西街更名为堂子巷、南街更名为卫家巷、土寷巷、东土寷巷、西土寷巷、茶花街更名为茶巷和花巷、干鱼街更名为竹巷街、更生巷更名为王斗升巷、李市坝更名为礼字坝、前哨巷更名为窦娥巷，勤明桥街更名为清平桥街、和平桥更名为大圣桥、乘凉桥更名为称娘桥、小吊桥更名为通济桥、勤明桥更名为清平桥、东风桥更名为三思桥。

注：所有地名均经过正音正字审核、处理，凡名与义不贴切，使用生僻字、异体字或方言字的，均按汉字标准化、规范化要求予以纠正，并给每条地名冠上规范的汉语拼音，并编印出版《淮安县地名录》。

1983年淮安县公社、大队新旧名称对照表

表24-5

镇社名称	原　名	改　名
大兴公社	大兴公社	七洞公社
石塘公社	石塘公社	建淮公社
平桥公社	李庄大队	任胡大队
	红旗大队	张庙大队
	红星大队	三湾大队
	平北大队	平桥大队
	平桥大队	管袁大队
	青锋大队	杨柳大队
	二厂大队	磨担大队
	五星大队	五湾大队

续表 24-5

镇社名称	原　　名	改　　名
七洞公社	大兴大队	前杨大队
	郭庄大队	前任大队
	黄楼大队	徐佃大队
	前任大队	九佃大队
马甸公社	团结大队	干益大队
	东风大队	侯梁大队
	合兴大队	石桥大队
	花园大队	靖大庄大队
	祁庄大队	祁大庄大队
	马桥大队	马涵洞大队
	卫东大队	马甸大队
建淮公社	向阳大队	侯靖大队
	陈庄大队	陈华大队
	刘庄大队	草庵大队
	马庄大队	鹅钱大队
溪河公社	红旗大队	朱韭大队
	向阳大队	土楼大队
	王桥大队	经堂大队
	韩庄大队	韩刘大队
	溪河大队	三官大队
	高桥大队	高坝桥大队
施河公社	戴庄大队	戴孟大队
	条龙大队	龙坛大队
	南舍大队	施舍大队
	徐庄大队	徐马大队
车桥公社	谭庄大队	东谭大队
	李庄大队	徐场大队
	中桥大队	肖舍大队
	山河大队	受河大队
	陈庄大队	金陈大队
泾口公社	前进大队	泾前大队
	光明大队	殷侯大队

续表 24-5

镇社名称	原 名	改 名
流均公社	马东大队	马铺大队
	合兴大队	乙卯大队
博里公社	花庄大队	扁担城大队
	范庄大队	范南大队
	杨桥大队	杨舍大队
仇桥公社	汴塘大队	苏庄大队
	三里大队	三里荡大队
	新庄大队	小新庄大队
	大徐大队	南徐大队
	高桥大队	小高桥大队
复兴公社	朱庄大队	大朱大队
	黄庄大队	小黄大队
	马庄大队	马南大队
	大李大队	大李庄大队
苏嘴公社	小堆大队	顾小堆大队
	刘庄大队	苏刘大队
钦工公社	夏庄大队	支夏大队
	马北大队	后程大队
	建华大队	钦工大队
	五里大队	五里庄大队
宋集公社	董庄大队	董尹大队
	三里大队	三里墩大队
	联合大队	冯王大队
	陈庄大队	陈刘大队
	城头大队	土城大队
	后谷大队	谷庄大队
	前进大队	严码大队
顺河公社	夏庄大队	高桥大队
	东风大队	官路大队
	红旗大队	戴王大队
	创业大队	北场大队
	红光大队	李郁大队

续表 24-5

镇社名称	原　　名	改　　名
顺河公社	红星大队	延年大队
城东公社	伏兴大队	新王大队
	城东大队	甘露大队
	东兴大队	刘伶大队
	徐刘大队	孙徐大队
	童兴大队	茶庵大队
徐杨公社	韩庄大队	吕祖大队
	大桥大队	大砖桥大队
	王庄大队	大王大队
城郊公社	团结大队	镇海大队
	红旗大队	福缘大队
	富强大队	螺蛳街大队
	新桥大队	紫藤树大队
	新闸大队	渔源大队
	蒋庄大队	乌沙大队
	新渠大队	玉兰大队
黄码公社	团结大队	严卓大队
	东风大队	周圩大队
	顺河大队	许庄大队
三堡公社	团结大队	岳园大队
	合兴大队	鲁圩大队
	联合大队	严庄大队
	新建大队	新庄大队
林集公社	贾庄大队	后管圩大队
	李庄大队	刘圩大队
	马庄大队	袁庄大队
南闸公社	周庄大队	周马大队
范集公社	朱何大队	何朱大队
	张郭大队	新张大队
茭陵公社	张庄大队	小茭大队
	四合大队	陆大门大队
园艺场	二大队	严刘大队

续表 24-5

镇社名称	原　　名	改　　名
园艺场	三大队	王砖井大队
	四大队	卢庄大队
朱桥公社	中桥大队	新华大队
	红旗大队	三姓大队
	四合大队	洼圩大队
	闸北大队	小闸大队
季桥公社	后营大队	南后营大队
	新建大队	后荡大队
淮城镇	张庄大队	运东大队
	联合大队	环城大队
白马湖农场	一分场	滕庄分场
	二分场	杨荡分场
	三分场	大吕分场
	四分场	孙谢分场
	五分场	水产养殖场

（二）地名命名

1978～2008年的30年间，随着新城区的新建和老城区的改造，地名办公室对新增加道路、小区进行命名。

道路命名　城南新村南路、城南新村北路、城南新村中路、南巽路、古运河路、古运西路、新港路、穿运路、康乐巷、开发巷、长安巷、盐署路、湛真寺东街、井神路、湖心寺路、淮棉路、华亭路、城西北路、城西南路、状元街、韩信路、漕院东街、漕院西街、河下路、翔宇大道、文昌小区、顺天路、松园路、竹园路、梁红玉路、沈坤路、吴鞠通路、汪廷珍路、边寿民路、刘伶台路、周阮路、赵倚楼路、南湾路、曹园路、柳浦湾路、承恩大道、山阳大道、藏军洞路、杜康桥路、镇海路、永怀东路、樱桃园路、铁云路、华西路、楚州大道、关天培路。

小区命名　新城小区、名都花园、月湖花园、漕运小区、一品华庭、书香门第、富士花苑、紫荆花苑、世纪佳苑、翔宇小区、运河嘉苑、运河小区、盛世豪庭、金陵名府、金莺华庭、锦绣江南、一品国际、秦汉华府、淮上人家、阳光现代城、龙光小区、巽关小区、皇冠国际、翡翠城、如意里、新安小区、清华苑、书香门第

桥梁命名　文渠有红桥、草桥、南市桥、青云桥、珠联璧合桥、胯下桥、起凤桥、彩虹桥、大八字桥、红板桥、大圣桥、高公桥、通园桥、化民桥、石成桥、万寿桥、韩宗桥、放生桥、西花厅桥、三思桥、青龙桥、白虎桥、仓桥、真武桥、广福桥、文通桥、虹桥、升仙桥、上马桥、下马桥、依岱桥、紫霄宫桥、观风门桥、育才桥、施家桥、称娘桥、梁陂桥、章马桥、观光桥、紫竹桥、府学桥、巽关桥、通惠桥、通城桥、麒麟桥、丁光桥、广济桥。

老涧河有通商桥、通济桥、迎熏门桥、准提寺桥、龙光桥、关天培桥、闸口桥、便民桥、韩家桥、翔宇桥。

耳洞干渠有惠商桥、公路洞桥、卫生桥、刘湾桥。

新泗河有镇海桥、新民桥、乌沙河桥、仁字坝桥、义字坝桥、礼字坝桥、智字坝桥、信字坝桥、运盐桥、邮政桥、螺蛳桥、金螺桥、王庄桥、吉祥庵桥、如意庵桥、东大桥。

运粮河有清平桥。

运河等有淮扬公路高架桥、淮安运河大桥、河下大桥、友谊桥、人民桥。

河下有广福桥、罗家桥。

清安河有黄庄桥、许庄桥、淮关桥、福元桥、孙庄桥、小王庄桥、赵庄桥、双桥、高庄桥、蒋庄桥、农校桥、公园桥、井神桥、爱民桥、穿运桥、运东桥。

二、地名普查和勘界

（一）地名普查

1980年10月，第一次地名普查工作全面展开，至1981年底基本结束。2008年5月9日至10月30日，进行第二次普查工作。涉及水利、交通、建设、国土等20余个部门，普查范围包括12个大类、42个小类的地名，全区共普查地名近万条，形成档案30多卷，建立了地名数据库。

（二）勘界

根据国务院《关于开展勘定省、县两级行政区域界线工作有关问题的通知》和江苏省、淮阴市有关文件要求，淮安市于1996年启动勘界工作。1996年8月至2000年12月，共完成2条市界，5条县界的勘定任务。

2002年7月，国务院颁发《行政区域界线管理条例》。2002～2007年，楚州区配合市民政局完成淮—扬线（淮安至扬州）、淮—盐线（淮安至盐城）2条市际界线和4条县（区）界线联合检查工作，清除了界桩周围的杂物，并形成联检报告上级省民政厅。2008年，开展平安边界建设活动。

第八节　殡葬管理

一、殡仪馆

1969年7月，筹建淮安县火葬场，场址位于北门大街窦娥巷中段，占地5亩，1970年12月建成并投入运营。1978年，县委、县政府决定将火葬场迁移到城东乡红桥村，新馆于1980年10月建成并迁址，占地0.79公顷，建筑面积1800平方米。1986年，淮安县火葬场更名淮安县殡仪馆。1987年，淮安县殡仪馆更名淮安市殡仪馆。2001年更名淮安市楚州区殡仪馆。

二、公墓

1999年12月，经省民政厅批复，在板闸镇（淮城镇）紫藤树村建设淮安市紫藤园公墓，占地18.48亩。2001年，淮安市紫藤园公墓更名为淮安市楚州区紫藤园公墓。

2005年，全区建设村级公益性公墓330处。

三、殡葬管理

1984年5月，县政府印发《关于实行殡葬改革全面推行火葬的布告》和《淮安县实行殡葬改革全面推行火葬的实施细则》，7月10日，全县火化实行“一刀切”，此后火化率达100%。1985年，全县各乡镇建设一处骨灰存放纪念堂。1987年，成立淮安市殡葬管理所，核定编制3人，具体指导并管理全市殡葬管理工作。2002年5月，楚州区政府印发《关于进一步加强殡葬管理的通告》，并在全区范围内开展清理墓葬用地工作。当年，火化遗体7813具。2003年火化遗体7876具。2004年火化遗体7415具。2005年3月份，区政府印发《区政府关于加强殡葬管理工作的意见》，并在全区上下开展扼制乱埋乱葬、二次棺葬、清理墓葬用地和反对封建迷信为主要内容的深化殡葬改革工作。成立“区深化殡葬改革领导小组”，下设“一办三组”即办公室、宣传组、整治组，督查组，办公室设在区民政局。当年，全区325个行政村，共建村级公益性公墓330处，全年火化遗体7330具。2006年火化遗体7246具。2007年火化遗体7245具。2008年起，国家将清明节列为法定假日，4月4～6日，全区有近10万人次参加祭祀活动，其中，清明节当天，紫藤园公墓有近3万人次。同年，区公安、民政、交通、物价四部门联合签发《关于加强殡仪车辆管理的通告》，规定各乡镇配置一辆豪华殡仪接尸车，并登记核准发给接尸营运许可证，规范全区殡仪车辆的营运秩序，统一全区殡仪车接运尸体收费标准。2008年，全年火化遗体7461具。

第九节　社团管理

一、民间组织登记

1989年10月25日，国务院颁布了《社会团体登记管理条例》(简称旧条例)，明确社会团体注册登记由民政部门负责。1990年，淮安市民政局设置了社团登记办公室，为淮安市社团登记与管理工作提供了机构与人员保障。1998年10月25日，国务院修订与完善1989年的《社会团体登记管理条例》，颁布《社会团体登记管理条例》(简称新条例)，废止了旧《条例》。新《条例》进一步完善了分级归口登记与双重管理体制，同时国务院还颁布了《民办非企业单位登记管理暂行条例》，对民办非企业单位予以了界定，明确了民办非企业单位实施分级登记管理、双重管理体制原则。自此民办的学校、小区卫生服务中心、研究所、福利院等民办非企业单位均由民政部门注册登记。

二、社会团体清理整顿

1990年，淮安市成立清理整顿社会团体工作领导小组，负责全市社会团体清理整顿的组织领导与协调工作，办公室设在市民政局。领导小组成立后，首先对全市社会团体调查摸底，多次召开清理整顿工作会议。在清理整顿工作中，按照《条例》及上级有关规定，对符合社会需要、具备条件的社团予以保留；对不符合社会需要、组织混乱、活动不正常的社团，或撤销或合并。通过近两年的清理整顿，理顺了社团与挂靠单位、业务主管部门以及登记管理机关的关系，改变过去多头审批、管理混乱的状况。至1991年11月11日，清理整顿工作结束，全市社会团体由整顿前的298家保留注册登记151家，撤销合并147家。1997年7月，淮安市开展第二次社会团体清理整顿工作，对社团章程、财务状况、组织建设、活动情况进行审查与处理，增强社会团体的规范化、制度化建设。

三、日常注册登记

自1991年11月第一次社会团体清理整顿和民办非企业单位复查登记后，民政部门确立民间组织注册登记机关的行政合法性和社会合法性，民间组织注册登记工作开始进入有序化、日常化办理轨道。注重落实分级归口登记与双重管理体制，加强与业务主管单位的协调沟通，发挥业务主管单位在民间组织登记工作中的专业优势与职能作用。凡同级民间组织的成立、变更、注销登记审批，必须先经所属行业、学科或业务范围内的同级业务主管单位进行业务审查，许可同意后，民政部门再根据《社会团体登记管理条例》《民办非企业单位登记管理暂行条例》及相关政策规定进行登记审批。至2008年12月底，全区共依法注册登记社会团体133家，民办非企业单位63家。

第二十五篇　教　育

1978年中共十一届三中全会以后，教育事业发生了巨大变化。1979年始，淮安县贯彻落实“调整、改革、整顿、提高”方针，加快教育和教学改革步伐。小学逐步恢复6年制，中等教育恢复“三三”分段制，完善课程设置。80年代，淮安教育事业已初步形成了学前教育、小学教育、普通初等与中等教育、中等职业教育、各级各类成人教育、特殊教育、普通高等教育和成人高等教育多层次、多规格、多形式的教育体系。1986年4月《中华人民共和国义务教育法》颁布后，重点抓初中普及工作，所有乡镇都设有初中。90年代初、中期，加快了普及九年制义务教育的步伐，1994～1995年建起了近60座教学楼。1995年底，全市提前两年通过省和国家两级“普九”验收，并获得淮阴市唯一的“全国‘两基’先进县（市）”称号（“两基”即基本普及九年义务教育、基本扫除青壮年文盲）。1996年起，陆续实施“乡镇二中工程”“村小工程”“校园绿卡工程”“名师名校工程”四项工程，并大力改造薄弱学校，改善办学条件，提高办学效益，取得了一系列成绩。2003年，楚州区启动农村中小学以“课桌新、板凳新、讲台新、电灯亮”为主要内容的“三新一亮”工程；2004年启动农村中小学“有整洁的校园，有满足需要的卫生食堂，有冷热饮用水，有水冲式厕所，有安全的宿舍，寄宿生一人有一张床”的“六有工程”。2005年，实施教育现代化及合格学校建设，全区中小学计算机装机总数达到5722台，建成了580间多媒体计算机教室，166所学校接入了宽带网，实现了教育信息和资源共享，现代信息技术教育覆盖率达到了100%。2006年、2007年，农村初中实施以充实和完善实验仪器、体育与艺术教育设施设备、图书数据等为重点的“四项配套”工程。投入资金773万元，新建校舍5133平方米，改造维修校舍1.37万平方米，新增添仪器橱柜979件，维修仪器橱柜502件。至2008年，多媒体教学、网络课堂、计算机课件辅助教学、实验教学等现代教学模式和教学设备，已普遍应用到全区所有学校的课堂教学中。

1991～2008年，全区义务教育成果得到了巩固。从21世纪开始，全区办学体制实现了多元化，不断引进外资办学，改善办学条件，提高办学水平。至2008年，全区有省级实验小学2所（新安小学、楚州小学）、省级示范初中10所（建淮中学、施河中学、仇桥中学、流均中学、季桥中学、马甸中学、楚州实验中学、吴承恩中学、淮安外国语学校、文通中学）、四星级高中1所（淮安中学）、三星级高中3所（楚州中学、范集中学、吴承恩中学）、省级重点成人校4所（车桥成人校、淮城成人校、林集成人校、宋集成人校）、民办学校5所［淮中教育集团（含文通初级中学）、淮安外国语学校、吴承恩中学、曙光双语学校、华丰职业技术学校］、江苏电大楚州学院1所、特殊教育实验学校1所。此外，由于采取多种有效措施，全区中小学教育教学质量大面积提高。2000年，全区高考突破千人大关，名列淮阴市第一；2005年高考有1051名考生达二本录取控制线，比2004年净增111人；2007年有1202人达二本录取线。2008年，全区本科达线1756人，比2007年净增554人，同比增长46%，其中应届生较上年增加726人，居淮安市前列。职业中学对口单招成绩在全市也遥遥领先，194名参考学生中，20人进入本科线。至2008年底，全区已初步形成学前教育、普通初等与中等教育、中等职教和成人、高等与中学教育，公办与民办的多层次、多规格、多形式的教育体系。

第一章　学前教育

第一节　发展概况

从1978年起，淮安县的幼儿教育事业开始恢复和发展。到1991年，淮安市共有幼儿园47所，835班，保教人员1203名，在园幼儿为2.84万人（包括城市私人办的个体幼儿园），入园率（连同已入小学的）达60%以上。其中教育部门办的幼儿园35所，共有627个班，入园幼儿有4785人，保教人员有287人，经费为上级财政拨款。其他部门办的幼儿园，经费由地方教育事业费支付。民办幼儿园实行民办公助。个体办的幼儿园则以生养园，入园幼儿每人每月缴纳保育费和管理费，解决人员工资和办园经费。机关企业办的幼儿园，人员工资、园舍建设、保教设备均由主办单位负责。

1978～1991年淮安市（县）幼儿教育情况表

表25-1

年　份	班　级（个）	入园幼儿（人）	保教人员（人）	年　份	班　级（个）	入园幼儿（人）	保教人员（人）
1978	139	3802	97	1985	605	19082	705
1979	86	2601	88	1986	707	21774	807
1980	448	12697	471	1987	752	25163	967
1981	421	11538	474	1988	762	26203	929
1982	444	13767	499	1989	807	26941	1017
1983	440	13395	467	1990	848	27804	1100
1984	532	16522	628	1991	835	28356	1203

“八五”期间（1991～1995），乡镇中心幼儿园基本实现普及学前二年教育。1995年，全区4～6周岁幼儿入园率达68%，农村4～6周岁幼儿入园率达61.3%。新建、扩建校舍6万平方米，总投资260.5万元。1997年，全市有3个班以上的幼儿园有48所，共有776个班级。在园幼儿2.7万人，3～6周岁幼儿入园率68%，城区学前三年教育普及率88%，农村学前一年教育普及率达97.5%。有市级一类园2所（实验小学幼儿园、机关幼儿园）、县级一类园3所，合格幼儿园（班）157个。幼儿园教职工892人，其中园长53人、教师658人、保健员181人。幼儿园教职工中本、专科以上有2人，中师43人（含幼师专业12人），职业高中及幼师毕业176人，非师范专业毕业及高中毕业249人，初中及以下422人。2000年，淮安市有乡（镇）级以上幼儿园36所，个体幼儿园58所，村办幼儿班586个，在园幼儿2.67万人，3～5周岁幼儿入园率66%。幼儿教师有1193人，其中大专学历119人。当年，对照《淮阴市幼儿园评估指标体系》，分类制定创建目标，淮安市对新安小学、淮师附小、顺河、平桥等幼儿园下达创建现代化幼儿园及一类幼儿园发展管理目标，徐杨、城东等5所中心幼儿园要通过淮阴市二类幼儿园验收。至年底，全市共有省级现代化幼儿园1所（新安小学幼儿园），淮阴市一类园6

所，淮阴市二类园24所。为适应时代需求，新安小学、淮师附小、平桥、顺河等幼儿园试行幼儿园体制改革，加大幼儿园投资力度，园容、园貌得以彻底改善；平桥镇投资110万元建成民办幼儿园。在幼师素质培养方面，淮安市举办幼儿园新教材辅导讲座、幼儿园卫生保健员岗前专业培训班。在省、市幼儿素质教育论文评比中，全市计有26人次分获省市一、二等奖。2003年，城区、农村学前三年入园率分别达80%和63%，市级一类幼儿园增加2所，全区乡镇中心幼儿园成功改制12家，独立民办幼儿园9所，总投入1000万元。2005年，全区有幼儿园37所，个体园34个，637个班，在园幼儿2.2万名。全区幼儿入园率达85%。公办幼儿园教职工有417人，专任教师有308人，学历达标率为100%。民办幼儿园教职工有280人，专任教师有198个。2007年，全区有39所幼儿园（其中乡镇中心幼儿园28所，有12所已改制，6所实行个人承包）。有个体幼儿园49个，839个班，2.4万名在园幼儿。全区幼儿入园率88.14%。公办幼儿园教师数达360人，学历达标率为100%。民办幼儿园教职工数达325人，专任教师257人，保健员14人，其他人员5人。其他部门办的幼儿园教职工19人，专任教师12人，保健员2人。2008年，全区有幼儿园34所（不含个体园），在园幼儿2.68万人，881个班，幼儿入园率达92.01%；有教职工510人，专任教师397人，全部为合格学历。全区幼儿园总占地达8.27万平方米，校舍面积为3.15万平方米，其中教学用房面积为2.25万平方米，其他用房面积为8.93万平方米。

1991~2008年楚州区（淮安市）幼儿教育情况表

表25-2

年　份	班　数（个）	在园幼儿数（人）	幼儿教师数（人）	年　份	班　数（个）	在园幼儿数（人）	幼儿教师数（人）
1991	835	28356	672	2000	786	26664	456
1992	831	28257	643	2001	828	221048	299
1993	824	27856	614	2002	824	19580	322
1994	802	27126	579	2003	693	15650	385
1995	784	26438	531	2004	637	15733	417
1996	769	26173	517	2005	910	25526	433
1997	776	27000	658	2006	880	24802	483
1998	764	26976	467	2007	839	24000	462
1999	743	26454	432	2008	881	26800	397

第二节　寄托制度

1978年，全县没有全托班，部分实行日托制，课间餐（上午）费用由家长承担，幼儿园代为办理。上学放学，由家长接送，幼儿园实行严格的交接手续。90年代开始，少部分幼儿园实行日托制，幼儿的午餐费用由家长承担，幼儿园代为办理，值班保育员照顾进餐和护理午后休息，但条件还相对落后。2001年，大部分幼儿园实行日托制，每班配备两名专职教师和一名保育员，学校设有保健室，并逐步形成一套行之有效的管理制度。至2008年，全区所有公办幼儿园全部实行日托制，学校均设有保健室，保育人员和专职教师持证上岗，管理制度进一步完善。

第三节　保育与教学

1979年，教育部颁布《幼儿保健制度（草案）》，幼儿教育坚持生活健康检查、卫生疾病预防、安全身体锻炼、与家长联系等制度，幼儿教育逐步系统化、规范化。1980年，淮安县规定课程内容要包括生活卫生习惯、体育活动、思想品德、语言、常识、计算、音乐、美术等几个方面，各科间相互配合，逐年深化。附小幼儿园开展《角色游戏》的探讨与游戏课表化的改革，在"综合教学"中面向社会，通过游览、访问、参观革命遗址等进行"五爱"（爱家乡、爱祖国、爱集体、爱劳动、爱科学）教育，还充分利用现代教学设备，如电唱机、幻灯机，让儿童操纵机器人、电动火车、潜水艇、游舰等，激发儿童思维和口头表达能力。1981年10月，国家教育部《幼儿园教育纲要》（试行草案）颁布实行。淮安县根据《纲要》规定，将幼儿园按年龄分班进行教育，小班为3～4岁，中班为4～5岁，大班为5～6岁直至入小学，结合年龄阶段特点，向幼儿进行初步的体、智、德、美全面发展的教育。课程设置主要有体育、语言、常识、计算、音乐、美术等科。上课时间随着幼儿年龄而递增。小班每周上课6～8节，每节10～15分钟。中班每周上课10～11节，每节20～25分钟。大班每周上课12节，每节25～30分钟，大班末期每节延长5分钟。幼儿园不考试，不留家庭作业。1996年，国家教委发布《幼儿园工作规程》。淮安市根据《规程》，对幼儿实施体、智、德、美诸方面发展的教育，促进其身心和谐发展。幼儿园每年秋季进行招生。幼儿入园前，按规定进行体格检查，合格者方可入园。幼儿园每班人数一般为小班（3～4周岁）25人，中班（4～5周岁）30人，大班（5～6或7周岁）35人，混合班30人，学前班不超过40人。2001年7月，国家教育部制定《幼儿园教育指导纲要（试行）》，指导幼儿园深入实施素质教育。全区幼儿园依据《纲要》，与家庭、小区密切配合，与小学相互衔接，综合利用各种资源，尊重幼儿的人格和权利，尊重幼儿身心发展规律和学习特点，以游戏为基本活动，保教并重，关注个别差异，促进每个幼儿富有个性的发展。教育内容具有全面启蒙性，包括健康、语言、科学、社会、艺术等5个领域，从不同角度促进幼儿情感、态度、能力、知识、技能等方面的发展。

第四节　幼儿园选介

一、淮安市新安小学幼儿园

1979年10月，新安小学恢复办幼儿班，当时只有一个班26名学生，1980年扩至2个班。1983年8月，班级数增加至6个。1991年6月，新安小学幼儿园被确认为淮阴市"一类幼儿园"，班级增至8个。1999年4月，新安小学幼儿园综合楼竣工。综合楼的建立提高了幼儿园的办学条件。至2001年，新安小学幼儿园办学规模扩大到14个班。2007年8月，新安小学幼儿园拓展办园思路，租用运河嘉苑小区幼儿园，形成一园两部的格局，有班级29个。2008年，新安小学幼儿园有近40个教学班，在园幼儿2000多名。

新安小学幼儿园秉承"继承传统，开拓创新"的办学理念，以"为幼儿的终身发展奠定坚实基础"为办学宗旨，依法办园，规范办园。1994～2008年，新安小学幼儿园先后被评为江苏省"现代化幼儿园"、江苏省"示范性实验幼儿园"、江苏省"巾帼示范岗"，淮安市"保教质量先进幼儿园""管理示范幼儿园""巾帼示范岗""教育科研先进集体"，楚州区"管理示范园""幼儿园管理工作先进单位"。

二、淮安市楚州实验小学幼儿园

楚州实验小学幼儿园（2007年摄）

位于淮城镇东长街百姓巷12号，隶属于楚州实验小学，原名为淮安师范附属小学幼儿园。1981年，实小幼儿园迁址至岳庙西街14号，有4个班，200多名幼儿。1998年，实小幼儿园再次迁址至东长街百姓巷12号，设有11个班，500多名幼儿。2003年，该园定名为淮安市楚州实验小学幼儿园。至2008年，分别在翔宇小区、世纪佳苑小区、淮上人家小区创办幼儿园分部，形成一园三部的集团化办园格局。实小幼儿园占地总面积为2.4万平方米，教职员工192名，48个教学班，3个亲子活动中心，2700名左右在园幼儿。实小幼儿园将幼儿的健康、安全放在工作的首位，配备了齐全的生活设施，提供了优良的生活条件，为幼儿创设了愉悦、宽松的成长氛围。实小幼儿园先后获得了省示范性实验幼儿园、省级优质园、省巾帼示范岗、省级绿色幼儿园、市级幼儿卫生保健工作先进单位、区级幼儿教育先进单位等称号。

三、淮城镇勺湖中心小学幼儿园

位于淮城镇驸马巷41号，周恩来总理故居北侧，附属于淮城镇勺湖中心小学。1978年，原址在淮城镇龙窝巷。1980年，勺湖中心小学幼儿园迁到现址，开设2个班，有幼儿140人。1981年9月，勺湖中心小学幼儿园开设5个班（大班3个、中班2个），入园幼儿200余人，保教人员10人，并被定为省妇联重点幼儿园。至1987年，勺湖中心小学幼儿园增至6个班（大、中、小班各2个），有幼儿270余人，保教人员18人。1991以后，勺湖中心小学幼教事业走上了健康发展的轨道，多次被省、市、区表彰为“少年儿童工作先进集体”“好园所”“优秀家长学校”等称号。2004年9月，勺湖中心小学幼儿园教师群体还被楚州区人民政府表彰为“优秀教师群体”。2008年，勺小幼儿园有教学楼一幢，8个标准化教室，附设兴趣活动室、保健室、厨房、睡房等相关配套设施，占地面积共502平方米，建筑面积718平方米；共开设8个班（小班2个，中班、大班各3个），在园幼儿有397人。有教职工21人，平均年龄36.8岁，一线教师中小学高级教师12人，本科学历2人。

第二章　小学教育

第一节　发展概况

1978年，淮安县有小学656所，在校生18.92万人。1979年，各社（镇、场）恢复中心小学，新安小学被确定为实验小学。1983年，全县普及小学教育，入学率达98.1%，巩固率为99%，毕业率为96%，普及率为97.5%。至1991年，全市（县级）共有小学559所（另有教学点47个），在校学生10.67万人，学龄儿童入学率达99.69%，全面达到国务院规定的普及小学教育的要求（淮安县已于1983年实现了小学教育的普及）。

1978～1990年淮安市（县）小学教育基本情况表

表25-3

年　份	学校（所）	班级（个）	在校生（人）	毕业生（人）	招生数（人）
1978	656	4607	189179	26085	36997
1979	597	4665	192440	25213	38258
1980	594	5036	197693	24096	30857
1981	604	4798	183219	23288	26443
1982	604	4335	175228	23572	25973
1983	574	3796	159252	21831	26954
1984	574	3591	151059	23018	18965
1985	573	3503	146665	24162	20238
1986	596	3490	143405	23618	22360
1987	572	3481	134181	22112	17454
1988	570	3398	129032	21532	19173
1989	568	3295	123294	22550	18974
1990	561	3213	114822	23450	16451

1995～1996年，淮安市加快普及九年义务教育的步伐，投入“普九”经费1.4亿元，提前两年高质量地通过国家和省两级“普九”验收，并获得淮阴市唯一的“全国‘两基’先进县（市）”称号。1997年，淮安市有小学538所，其中完小452所，初小86所，共有3168个教学班，在校生11.53万人，教职工5093人，其中专任教师4018人（不含聘用临时代课教师）。教师中本科学历2人，专科学历207人，中师学历2776人，中师学历达标率78.2%。全市小学升初中入学率达96%，学儿入学率为99.5%，在校生巩固率为99.5%，农村小学留级率在3%以内，城区实行不留级制度，在校学生毕业率达97%，12～15周岁小学毕业文化完成率达98%以上。全市用于改造薄弱学校的总投入为2050万元，新征用地面积为4.42万平方米，新建校舍1.81万平方米，改造危房0.65万平方米。

2000年，淮安市推行中小学布局调整，撤销初级中学41所，37所完小降格为初小，65所初小降为完小教学点。到2000年底，全市有小学474所，其中完小201所，初级小学274所，村办教学点103个；小学有3638个教学班，在校学生14.27万人；年内入学2.28万人，学龄儿童入学率99.9%，巩固率达99.9%；小学毕业生1.29万人，毕业率达100%。当年，为提高教育教学质量，市教育局成立小学教育教学领导小组，对全市小学教育教学工作进行全面指导；同时以创建省市级示范学校工作为契机，改造薄弱学校。各学校对照创建标准，开展创建工作。年底，全市共创建淮阴市级实验小学1所、示范小学2所、合格小学9所、县区级示范小学3所，凡有创建任务的学校均圆满地完成了创建任务，还改造薄弱小学69所，顺利地通过上级有关部门的验收。2003年，楚州区小学入学率达100%，巩固率达99.99%，毕业率达100%；全年共撤并中小学203所，其中，撤销中学4所，降格中学6所，撤销小学36所和教学点37个，降格小学120所。全区乡镇完小装备合格学校50所，创办区级示范小学18所。同年，全区积极实施农村中小学“三新一亮”工程，中小学累计维修课桌凳6.17万套、讲台

797张，新通电安装照明设施教室2772间。全区中小学新建竣工校舍6.39万平方米，维修、改造旧校舍2.03万平方米，校舍建设与内部配套累计投入资金7357.82万元。2004年义务教育成果不断巩固，全区小学入学率达100%，巩固率达99.99%，淮师附小创建成省实验小学，另有3所小学创建成市级实验小学。是年4月，淮安市农村小学课程改革工作会议在楚州召开，车桥、城东两个乡镇6个学校提供现场观摩课共24节。同年12月，楚州区举办第十三届小语年会，来自山东威海的全国名师支玉恒，常熟市实验小学校长、省特级教师薄俊生，市小语教研员、省特级教师杨献荣向代表献课。来自区内外的900多位老师聆听了3场学术报告，观摩了12节课。

2005年，全区有小学120所，2291个班，在校学生9.93万人。当年招生1.06万人，毕业2.12万人，小学生巩固率达100%，毕业升学率为97.68%。全区小学有专任教师5018人，其中专科以上学历为2732人，占教师比例的54.44%。同年在农村小学实施“校校通工程”，全区建成380个多媒体计算机教室，完小以上的学校接入了宽带网，实现教育信息和资源共享，现代信息技术教育覆盖率达到了100%。2006年，全区小学为118所，2022个班，在校生数为8.84万人，小学生巩固率达100%，毕业率为99%；小学教职工总数为5321人，专任教师4861人，学历达标率98.81%，其中具有专科以上学历的为2881人，专科率为59.27%。同年春季，全区小学享受“两免一补”政策的人数达1.6万人，政府补贴108.65万元。自2006年秋季新学期开始，全省农村义务教育阶段学生全部免收学杂费。当年，全区享受免收学杂费的学生共有16.89万人，全区秋季学期补助资金为1958万元。2007年，全区有小学116所，班级数1788个，学生数7.7万人，巩固率100%；在职教职工5132人，专任教师4764人，专任教师学历达标率为98%，专科以上学历的人数为3014人，专科率达62.27%。全区有省级实验小学2所（新安小学，楚州小学）。全区所有小学，到10月底，按省、市要求完成了四项配套工程基础设施建设任务，顺利接受省级验收，受到上级部门和领导的充分肯定。工程累计投入资金1964.52万元，其中，用于添置器材及橱窗为355.63万元，用于修建运动场为115.3万元。同年，全区一次性化解省核定的义务教育债务。其中小学阶段化债额达2100余万元，为全区农村小学卸下了沉重的债务包袱，促进了农村小学的健康快速发展。

2008年，全区有小学111所，小学在校生为6.58万人，小学生巩固率为100%；在职教职工4920人，专任教师4551人，学历达标率为99.49%。全区小学总占地为208.88万余平方米，校舍面积达37.94万余平方米，其中教学用房面积为24.75万余平方米，其他用房面积为13.19万平方米。

1991～2008年楚州区（淮安市）小学教育基本情况表

表25-4

年　份	学校（所）	班级（个）	在校学生（人）	入学率（%）	教工（人）	专任教师（人）
1991	559	3116	110668	98.9	4683	4371
1992	559	3106	110636	98.9	4680	4368
1993	559	3110	110762	98.9	4805	4437
1994	559	3187	111236	98.9	4918	4524
1995	547	3146	113270	98.9	4987	4587
1996	547	3140	113647	98.9	4975	4593
1997	538	3168	115300	98.9	5093	4018
1998	503	3257	121346	98.9	5387	4076
1999	446	3345	127465	98.9	5456	4187

续表 25-4

年 份	学校（所）	班级（个）	在校学生（人）	入学率（%）	教工（人）	专任教师（人）
2000	474	3638	142722	99.9	5648	5312
2001	407	3517	142611	99.9	5755	5379
2002	365	3302	112157	99.9	5411	5136
2003	185	3085	125754	99.9	5211	4922
2004	120	2412	113081	99.9	5484	5096
2005	120	2291	99258	99.9	5479	5018
2006	118	2022	88420	99.9	5321	4861
2007	116	1788	76979	99.9	5132	4764
2008	111	11535	65796	99.9	4920	4551

第二节 学制与课程设置

一、学制

1978年9月，淮安县实施江苏省制定的小学五年一贯制教学计划，使用全国统编五年制教材。1981年，教育部在颁发全日制五年一贯制小学教学计划的同时，发出《关于在城市施行六年制小学问题》的文件。淮安县执行教育部全日制五年制教学计划。1992年，江苏省教育委员会要求全省小学逐步由五年制过渡到六年一贯制。由于受当时淮安市的经济基础及办学条件、师资力量等因素制约，全市小学仍实行五年制。1996年，淮安市顺利实施初级中等义务教育，但到1998年为止，义务教育学制仍为8年（即小学五年、初中三年）。1999年秋至2008年，全区（市）小学全部实行六年一贯制。

二、课程设置

“文化大革命”结束后，淮安县教育事业逐步走上正轨。1978年9月，淮安县实施江苏省制定的小学五年制教学计划，取消“革命文艺”“军体”，改算术为数学，课程有政治、语文、数学、常识、自然、音乐、体育、美术等，使用全国统编五年制教材。80年代初，中小学学制恢复到12年制，小学地理课相继开设。1981年，淮安县实施国家教育部颁发的《全日制十年制中小学教学计划（施行草案）》，原政治课改为思想品德课。高年级恢复自然、历史、地理和劳动课。1983年，淮安县施行省教育厅五年制小学教学计划，全年时间为城镇40周，乡村38周，所设课程有思想品德课、语文、数学、自然、地理、历史、体育、音乐、美术、劳动等。1987年，淮安县根据教育部《十年制中、小学教学计划（试行草案）》，重新设置课程10门，为思想品德、语文、数学、外语、地理、历史、体育、音乐、美术、劳动。一、二年级减少了外语、地理和历史。每周总课时一年级为24节，二年级25节，三、四、五年级27节。1992年，江苏省教育委员会要求在全省中小学生中开展健康教育，教学时间从每周三节体育课中安排一节作为健康教育。全市（县）各小学均开设健康教育课，开课率达100%。1994年，国务院颁布新工时制（即每周工作44小时）。国家教育委员会决定对中小学课程（教学）计划进行调整。

1994年调整后的九年义务教育"五·四"制全日制小学课程安排表

表25-5

课程		周课时 年级	一	二	三	四	五
国家规定课程	学科类课程	思想品德		1	1	1	1
		语 文	10	10	9	9	9
		数 学	5	6	5	5	6
		社 会	—	—	2	2	1
		自 然	1	1	1	2	2
		体 育	2	2	2	2	2
		音 乐	2	2	2	2	2
		美 术	2	2	2	2	2
		劳 动	1	1	1	1	1
		周学科课时	23	24	25	26	26
	活动类课程	晨会(夕会)	每天10分钟				
		班团队活动	1	1	1	1	1
		科技文体活动	3	3	2	2	2
		周活动课时	4	4	3	3	3
	地方安排课程		1	1	1	1	1
周课时总计			28	29	29	30	30

1995年4月,为了执行国务院关于实行每周40小时工作制的规定,国家教委对全日制中小学课程(教学)计划再次调整。

1995年江苏省九年义务教育"五·六"学制全日制小学课程安排表

表25-6

课程	周课时 年级	一	二	三	四	五
学科类课程	思想品德	1	1	1	1	1
	语 文	10	10	9	9	9
	数 学	5	6	6	5	6
	社 会	—	—	2	2	1
	自 然	1	1	1	2	2
	体 育	2	2	2	2	2
	音 乐	2	2	2	2	2
	美 术	2	2	2	2	2
	劳 动	—	—	1	1	1
	周学科课时	23	24	26	26	26

续表 25-6

课程 \ 周课时 \ 年级		一	二	三	四	五
活动类课程	晨会（夕会）	每天10分钟				
	班团队活动	1	1	1	1	1
	科技文体活动	3	3	2	2	2
	周活动课时	4	4	3	3	3
地方安排课程		1	1	1	1	1
周课时总计		28	29	30	30	30

1998年，淮安市城乡小学完成从五年制向六年制的过渡。全市实现真正意义上的九年义务教育，同时实行分科的课程设置方案。2002年，全区小学一年级进入课改实验区实验，开始执行《江苏省义务教育课程设置实验方案（综合）》，使用相配套的课程标准教材，按各科新课程标准进行教学。一至二年级设品德与生活课。三至六年级设品德与社会课。三年级开始将自然课改为科学课。一至六年级设艺术课。三至六年级增设综合实践活动。根据国家教育部《关于积极推进小学英语课程的指导意见》，全区从三年级开始设英语课，部分城区学校一至六年级全部开设英语课。学校每学年上课时间35周，机动时间2周，复习考试时间2周，寒暑假、国家法定节假日共13周。

2002年江苏省义务教育六年制小学课程设置实验方案表

表 25-7

课程 \ 周课时 \ 年级	一	二	三	四	五	六
品德类课程	品德与生活		品德与社会			
	2	2	2	2	2	2
科学	—	—	2	2	2	2
语文	8	8	7	7	6	6
数学	5	5	4	4	5	5
外语	—	—	3	3	3	3
体育	4	4	3	3	3	3
音乐	2	2	2	2	2	2
美术	2	2	2	2	2	2
综合实践活动	—	—	3	3	3	3
地方和学校安排的课程	3	3	2	2	2	2
周课时数	26	26	30	30	30	30

2006年始，农村小学周课时总量限定在30节以内，城区小学限定在34～35节。农村小学三至五年级每周均开设4节英语课，六年级每周安排8节英语课。三、四年级每周拿出3课时用于综合实

践活动课的开设。健康教育从体育活动中拿出二分之一时间进行安排。城区小学三至五年级每周均安排4节英语课，六年级每周安排8节英语课。三、四年级每周拿出3课时用于综合实践活动课的开设。健康教育从体育活动中拿出二分之一时间进行安排。综合实践活动课程内容包括信息技术、劳动与技术教育、研究性学习、小区服务与社会实践等。三至六年级用于综合实践活动的平均周课时不得少于3课时。毒品预防教育在五、六年级进行，按平均每学年2课时安排教学内容。环境教育在一至六年级进行，按平均每学年4课时安排教学内容（毒品预防教育和环境教育，各学校可利用教学挂图进行教学活动）。

义务教育小学学年时间安排表

表25-8

项目 \ 周数 \ 学段	小　学	备　　注
上　课	34	
校传统活动	1	
社会实践活动	1	
期末复习考试	2	
机　动	1	
假　期	13	包括寒暑假、农假、节日假，可组织有意义的活动，但不得用于集体补课
总　计	52	

义务教育小学课程设置一览表

表25-9

课程门类	年　　级					
	一	二	三	四	五	六
	品德与生活		品德与社会			
			科　学			
	语文	语文	语文	语文	语文	语文
	数学	数学	数学	数学	数学	数学
			外语	外语	外语	外语
	体育	体育	体育	体育	体育	体育
	艺术（或选择音乐、美术）					
	综合实践活动					
	地方与学校课程					

2006年义务教育课程设置实验方案(分科)一览表

表25-10

课程门类＼年级	一	二	三	四	五	六	七	八	九	测算课时	占总课时比例(%)
品德类课程	品德与生活			品德与社会			思想品德			626	6.6
	2	2	2	2	2	2	2	2	2		
历 史	—	—	—	—	—	—	2	2	2	206	3.6
地 理	—	—	—	—	—	—	2	2	—	140	
科 学			2	2	2	2	—	—	—	280	8.3
生 物	—	—	—	—	—	—	3	2	—	175	
物 理	—	—	—	—	—	—	—	3	3	204	
化 学	—	—	—	—	—	—	—	—	4	132	
语 文	8	8	7	7	6	6	5	5	5	1985	20.9
数 学	5	5	4	4	5	5	5	5	5	1495	15.7
外 语	—	—	3	3	3	3	4	4	4	832	8.7
体育与健康	4	4	3	3	3	3	3	2	2	941	9.9
音 乐	2	2	2	2	2	2	1	1	1	523	11.0
美 术	2	2	2	2	2	2	1	1	1	523	
综合实践活动	—	—	3	3	3	3	3	3	3	729	7.7
地方和学校安排的课程	3	3	2	2	2	2	3	2	2	731	7.7
周课时数	26	26	30	30	30	30	34	34	34	9522	—
学年课总时数	910	910	1050	1050	1050	1050	1190	1190	1122	9552	

第三节 学校选介

一、淮安市新安小学

1978年，新安小学被确定为江苏省重点小学。1979年，新安小学被确定为淮安县的实验小学。1988年2月，改名为淮安市新安小学。1984~2000年，新安小学连续八次被授予省“文明单位”称号。1997年，新安小学被表彰为“江苏省模范学校”。同年，被认定为“江苏省合格实验小学”。新安小学在建校50、60、70周年和新安旅行团建团50、60、70周年时，举行了隆重的纪念活动。宋庆龄、谭震林、粟裕、张爱萍等曾为纪念活动题词。2004年，新安小学兼并原淮安市第六中学，形成一校两区。2005年，新安小

新安小学

学重建新安旅行团历史纪念馆，同时新旅历史纪念馆被中宣部、国家发改委联合命名为“全国红色旅游经典景区”。2008年，新安小学小学部有60多个教学班，在校学生3000多人；幼儿园近40个教学班，在园幼儿2000多名；在职职工300多名，其中特级教师3人，中学高级教师10人，市、区级学科带头人、骨干教师20多人。

二、淮安市楚州实验小学

原名为淮安师范附属小学，“文化大革命”期间，学校一度改名为淮安织布厂朝阳小学，1972年恢复淮安师范附属小学。2003年学校被评为江苏省实验小学。8月，学校定名为淮安市楚州实验小学。

学校有80多年的办学历史，2008年，有7000余名学生，100多个教学班，300余名教职员工，形成了“一部四园”（小学部、实小幼儿园、翔宇幼儿园、世纪幼儿园、新校区幼儿园）的格局。楚州实小遵循“建设有文化的校园，打造有爱心的老师，培育有创见的学生”的办学理念，先后承担国家、省、市重点课题10多个；在省、市优课竞赛中，有100多人次获奖；每年有近百篇论文在国家、省、市级刊物上发表。自2003年起，学校连续六年被授予“江苏省文明单位”，先后荣获“全国心理辅导特色学校”“全国科研先进单位”“全国中小学公民道德教育实验学校”“省现代信息技术教育实验学校”等称号。

三、淮安市淮城镇勺湖中心小学

位于淮城镇龙窝巷25号，周恩来总理故居东侧。1978年，该校由“文化大革命”期间更名的淮安化工厂红胜小学，恢复“淮安县勺湖中心小学”校名。1981年，停办初中班。1988年2月，该校更名为淮安市勺湖中心小学。1991年，全校有小学班20个、幼儿班6个，共有学生1500人，教职工80多人。1998年，勺湖中心小学被淮安市教师进修学校确定为附属小学。2001年2月，更名为淮安市淮城镇勺湖中心小学。至2008年，学校有1处行政办公区，2处教学区，1所附属幼儿园（勺湖中心小学幼儿园），总占地面积4803平方米，建筑面积5136平方米；有教职工133人，其中教师中专科学历有98人，本科有11人；有76人获得小学高级教师资格，2人获得中学高级教师资格。小学部开设26个班，其中一至四年级分别为四轨、五至六年级各五轨，在校生数计1759人。

四、淮安市车桥镇中心小学

1978年，学校有16个小学班，并增设两年制双轨初中班。1980年，车桥小学结束初中班，增设幼儿园。1989年，学校定名为淮安市车桥镇中心小学。自1990年以后，学校先后承办过淮安第二届思品年会、第一届自然年会、第九届小数年会、第十届小语年会，荣获过“江苏省平安校园”“淮安市优秀学校”等荣誉。至2008年，学校占地面积为1.44万平方米，有34个教学班（其中幼儿园10个班），1900余名学生，教职工115名，专任教师93人，其中具有中高级职称有61人、本科学历有13人、专科学历有74人。

五、淮安市宋集乡中心小学

1978年，全校有10个班，教师30余人，学生600多人。1991年，学校改名为淮安市谷圩中心小学，有11个小学班，3个幼儿班，教师29人，学生600人。2001年，学校更名为淮安市宋集乡中心小学。至2008年，学校占地面积为2.7万平方米，有小学部14个班，幼儿部6个班，在校学生近1000人；有教职工68名，其中专职教师50人，中级职称教师25人，全部为合格学历。在多年的办学过程中，学校以“给学生快乐的童年，给孩子坚实的起步”的办学理念教书育人。学校先后获得“淮安市教育系统先进集体”“淮安市德育工作先进集体”“淮安市首批平安校园工作先进单位”“淮安市校务公开先进学校”等称号。

六、淮安市博里镇中心小学

位于博里镇农民街东首，为淮安县王庄中心小学。1969年9月，受“文化大革命”影响，王庄中心小学下放到大队，有校舍24间，5个班级，7名教师，100多名学生。1979年秋，学校迁到王庄，校名为淮安县王庄中心小学。1999年9月，学校定名为淮安市博里镇中心小学。学校先后被评为“淮安市课改实验学校”“淮安市模范学校”“江苏省诗教工作先进单位”。至2008年，学校占地面积达1.33万平方米，有3幢教学楼，一幢学生宿舍楼，建筑面积近6000平方米，有29个教学班，在校生1700多人；有教师72人，具有专科以上学历的达52人，中高级职称的45人。

第三章　初中教育

第一节　发展概况

1986年《中华人民共和国义务教育法》颁布后，淮安县推行初中普及工作。当年7月，初一招收290个班，比1985年净增93个班，初中入学率达68.3%，初中教育在县城普及。到1991年，淮安市共有初级中学和含初中的完中108所，初中班914个，在校生5.34万人。

1991年后，淮安市加快普及九年义务教育步伐。1995～1996年，提前两年高质量地通过省和国家两级“普九”验收，并获得淮阴市唯一的“全国‘两基’先进县（市）”称号（“两基”即基本普及九年义务教育、基本扫除青壮年文盲）。从1996年起，淮安市陆续实施“乡镇二中工程”“校园绿卡工程”“名师名校工程”等，改造薄弱学校，改善办学条件，提高办学效益。1997年，全市初一新招学生1.95万人，基本实现免试入学，同年创建合格初中12所。1998年，初一招生取消统一考试。同年，全市有初级中学62所，635个班级，在校学生4.48万人。2000年，淮安市启动中小学布局调整工程，撤销初级中学14所。2001年，楚州区以乡镇为单位进行义务教育阶段学校布局调整。2003年，继续进行中小学布局调整，实施“调整、改革，扩大资源优化”工程。2003年以后又陆续撤并职业中学2所（车桥职业中学、钦工职业中学）、初级中学15所、小学334所。2004年6月，楚州区全面完成中小学布局调整任务，各类学校数由2000年的512所减少到166所。同年9月，顺利通过省级验收。另根据学校布局需要，楚州区新建（改制）民办淮安外国语学校、民办文通初级中学、民办曙光双语九年制学校。同年，全市有初级中学48所（含完职中初中部），初中班632个，在校生4.33万人，年内招生1.23万人，初中阶段入学率达95%，初中毕业生9916人，毕业率达97%；创建省级示范初中1所，淮阴市级示范初中2所，县（区）A级初中10所，AA级初中10所。

2001年，流均中学、第四中学、博里中学被评为淮安市实验教育现代化工程示范初中。2002年，全区有初级中学48所，857个班，在校初中生4.97万人，当年招生2.11万人，毕业7799人；有教职工2446人，专任教师1977人，其中本科学历的235人，专科以上学历的为1706人，占教师总数的86.29%。2004年，全区初级中学有36所，班级数为1017个，在校学生6.2万人，初一招生2.21万人，毕业1.01万人；有专任教师2621人，具有本科学历的为459人，约占教师人数的17.51%，专科以上教师2366人，专科率达90%以上。全区初中学校总占地达113万平方米，校舍建筑面积达23.6万平方米；固定资产达1.65亿元，其中仪器设备达0.91亿元。同年，启动农村中小学“六有”工程，全区所有寄宿制的初中学校均有整洁的校园,有满足需要的卫生食堂,有冷热饮用水,有水冲式厕所,有安全的宿舍,寄宿生一人有一张床。当年,全区新增校园绿化11.8万平方米,新铺设校园硬质路面16.9万平方米,新建校园排水管系2.8万米,新建、改建学生宿舍2.2万平方米,新建、改建卫生食堂1万平方米,新建、改建水冲式厕所1万平方米,购置学生双人床铺4602张,饮水机794台,保温桶114只,总投入资金2138.4万元,为33所公办初中学校实施了"六有"工程。

2001～2005年,全区共投入5.07亿元改善办学条件,新建、扩建校舍45.8万平方米,改造、维修校舍25万平方米,添置课桌凳13.2万套,建成计算机网络教室228口,添置计算机1.07万台。2006年,全区初中入学率99.8%,巩固率99.74%,毕业率99.37%。全区有初级中学36所(公办33所,民办3所),其中创建成省级示范初中10所,市级示范初中7所,有九年一贯制学校3所(公办2所,民办1所)。全区中心初中以上学校均拥有教学楼。2007年,江苏省化解农村义务教育债务,省核定楚州区农村义务教育债务为7165.62万元,确定补助5613万元,区财政相应配套资金1552.6万元,一次性化解了省核定的本区义务教育债务。其中,初中学校化债额达4000余万元,促进全区教育事业健康快速发展。至2008年,全区有初中32所(公办33所,民办3所),其中完中初中部2所、九年一贯制学校2所(公办1所,民办1所),初中班级数859个,在校生为51370人,初中毕业生升学率达92.51%,专任教师2886人,学历达标率为96.67%。全区有省级示范初中10所(建淮中学、施河中学、仇桥中学、流均中学、季桥中学、马甸中学、楚州实验中学、吴承恩中学、淮安外国语学校、文通中学)。

2008年楚州区初级中学一览表

表25-11

学　校　名　称	学　校　名　称
淮安市楚州实验中学	淮安市茭陵乡初级中学
淮安市楚州第五中学	淮安市季桥镇初级中学
淮安市平桥中学	淮安市钦工镇初级中学
淮安市朱桥中学	淮安市宋集乡初级中学
淮安市复兴中学	淮安市顺河镇初级中学
淮安市车桥中学初中部(完中)	淮安市城东乡初级中学
淮安市范集中学初中部(完中)	淮安市三堡乡初级中学
淮安市南闸职业中学	淮安市林集镇初级中学
淮安市上河镇初级中学	淮安市席桥镇初级中学
淮安市建淮乡初级中学	淮安市白马湖中学
淮安市马甸镇初级中学	淮安市下关初级中学
淮安市溪河镇初级中学	淮安市文通中学(民办)
淮安市施河镇初级中学	淮安外国语学校(民办)
淮安市车桥镇初级中学	淮安曙光双语学校(九年一贯制、民办)
淮安市泾口镇初级中学	淮安市板闸中学
淮安市流均镇初级中学	淮安市平桥镇初级中学
淮安市博里镇初级中学	淮安市复兴镇初级中学
淮安市仇桥镇初级中学	淮安市苏嘴镇初级中学

1991～2008年楚州区（淮安市）初中教育情况表

表25-12

年　份	学校（所）	班级（个）	在校生（人）	毕业生（人）	初一招生（人）
1991	98	914	47803	11565	17015
1992	98	906	47074	11547	16785
1993	98	896	45587	11084	14607
1994	62	687	45375	14236	11045
1995	62	674	45065	12065	11876
1996	62	642	44874	9887	11876
1997	62	635	44800	9886	11506
1998	62	630	44760	9906	11208
1999	62	630	44346	8956	15340
2000	48	632	43321	9916	12324
2001	48	731	37713	9904	18264
2002	48	857	49708	7799	21162
2003	36	970	57280	10091	22256
2004	36	1017	61976	15253	22148
2005	36	1021	62334	18109	20686
2006	36	987	59834	20044	19473
2007	36	930	55431	19426	18725
2008	32	859	51370	17637	17037

第二节　学制与课程设置

一、学制

1978年秋季，淮安县贯彻执行教育部颁发的《全日制十年制教学计划（试行草案）》，中学按初中三年、高中二年的“三二”分段制。1981年秋季起，高一新生恢复为三年制。至1984年，全县中学均过渡为六年的“三三”分段制，即初中3年、高中3年。

二、课程设置

1978年秋，淮安县按教育部规定，初中开设政治、语文、外语、数学、物理、化学、生物、历史、地理、音乐、体育、美术、农基等课程。1980年秋，全县初中增设生理卫生课。1981年秋，全县初中一年级的数学改为三角、几何、代数三科，初中二、三年级的政治课教授《青少年修养》和《法律常识》。1981年，根据初、高中学制开始由五年分批过渡到六年的实际情况，淮安县执行省教育厅《全日制六年制重点中学教学计划（试行草案）》。

1982年秋，全县初中采用全国统编教材，开设课程见下表。

1982年淮安县初中课程设置及课时安排表

表25-13

课程＼课时＼年级	一	二	三	课程＼课时＼年级	一	二	三
思想政治	2	2	2	动　物	1	1	—
语　文	6	6	6	植　物	1	1	—
数　学	6	6	6	生理卫生	—	—	1
外　语	5	5	5	体　育	2	2	2
物　理	—	3	4	音　乐	1	1	—
化　学	—	—	3	美　术	1	1	—
历　史	2	2	—	班团活动	1	1	1
地　理	2	2	—				

1982年秋，县内中学改用全国统一的教材。根据统一的科目课时要求，1983年初中阶段学校增设劳动技术课。1985年，全县中学已全部过渡为六年制，课程设置基本稳定在六年制高中文理分科性选修的教学计划上。1987年，初二政治教材由原《青少年修养》改为《公民》，初三政治由原《法律常识》改为《建设常识》。1992年，淮安市初中一、二年级把健康教育课排入课表，正常上课。1993年，课程安排如下表。

1993年淮安市初中课程设置及课时安排表

表25-14

课程＼年级＼课时	一	二	三	课程＼年级＼课时	一	二	三
思想政治	2	2	2	体　育	3	3	3
语　文	6	6	5	音　乐	1	1	1
数　学	5	5	5	美　术	1	1	1
外　语	4	4	4	劳动技术	2	2	2
物　理	—	2	3	班团活动	1	1	1
化　学	—	—	3	科技文体活动	3	3	3
历　史	2	3	2	地方课程	—	—	1
地　理	3	2	—	周课时总量	36	37	36
生　物	3	2	—				

1994年8月，为适应国务院颁布的新工时制的要求，全省全日制中小学均实行单、双周工时制。1995年，江苏省教委发文要求，全省全日制中小学实行每日工作8小时，每周工作40小时标准工作制度。1997年秋，全市初中三年级的物理课、初中一年级科技文体活动作调整。

1997年淮安市初中课程设置及课时安排表

表25-15

课程＼课时＼年级	一	二	三	课程＼课时＼年级	一	二	三
思想政治	2	2	2	体　育	2	2	2
语　文	6	5	5	音　乐	1	1	1
数　学	5	5	5	美　术	1	1	1
外　语	4	4	4	劳动技术	2	2	2
物　理	—	3	3	班团活动	1	1	1
化　学	—	—	4	科技文体活动	3	2	2
历　史	2	2	2	地方课程	1	1	1
地　理	3/2	2	—	周课时总量	35	35	35
生　物	2/3	2	—				

1998年，增加地方课程安排，增设计算机课程，地方课程采用市教育局编写的《可爱的淮安》《群英谱》等教材；乡镇学校结合本乡镇情况也自编了一些地方校本教材。2001年，思想政治课改为思想品德课，将信息技术、劳动技术纳入综合实践活动课程（主要包括：信息技术教育、研究性学习、小区服务与社会实践以及劳动技术教育）。体育改为体育与健康，至2005年逐步调为每周3课时。周活动总量为34课时。

2003年楚州区初中课程设置及课时安排表

表25-16

课程＼课时＼年级	一	二	三	课程＼课时＼年级	一	二	三
思想品德	2	2	2	生　物	3	2	—
语　文	5	5	5	体育与健康	3	3	3
数　学	5	5	5	音　乐	1	1	1
外　语	4	4	4	美　术	1	1	1
物　理	—	3	3	综合实践活动	3	2	2
化　学	—	—	4	地方课程	3	2	2
历　史	2	2	2	周课时总量	34	34	34
地　理	2	2	—				

第三节　学校选介

一、淮安市楚州实验中学

创建于1978年8月，原名淮安县淮城中学，创建初期学校有初中班4个，高中班5个，学生近500

人，学校占地5000平方米，有70间平房，建筑面积1700平方米。1981年，学校新增职业高中班1个。1985年8月，学校新建第一幢教学楼，计3层42间，建筑面积1200平方米，学校普高班和职高班停招，成为纯初中学校。1986年，学校改名为“淮安县第四中学”。1986年，邓颖超在听到学校领导介绍学校创办以来所取得的成绩后，给学校写信表达高兴之情，并激励楚州实验中学师生继续努力。1989年，学校又更名为“淮安市第四中学”。1995年8月30日的《中国教育报》、1996年7月22日的《德育报》都曾报道淮安市第四中学开展“爱己”教育的情况。学校自创建以来，先后获得江苏省德育工作模范学校、江苏省示范初中、淮安市文明校园、淮安市素质教育示范学校、淮安市模范学校荣誉称号。学校还是全国重点科研课题“21世纪中国学校体育发展研究”实验学校，淮阴师范学院教育教学研究基地和淮阴师范学院实践基地等。1996年，第二幢建筑面积达2500平方米的教学楼落成。2002年，学校有班级38个，学生近2600人。2006年，学校升格为“楚州实验中学”。2008年，学校有33个班级，在校生为1383人，教职工161人，其中专任教师115人，高级教师38人，区首批学科带头人、骨干教师6人，区基础学科教育指导组成员13人，市“十百千工程”重点培训对象8人，享有市政府特殊津贴1人。

二、淮安市季桥镇初级中学

学校创办于1960年6月，由5名老师借用原季桥镇三刘村一农户住房创立。建校之初，学校只有1个初中班，30余名学生，校名为淮安县季桥初级中学。1961年，学校迁入季桥镇文卫路60号。1968年，季桥农业中学（创建于1958年的原农中）并入季桥中学。同年，学校增设高中部，1980年撤销高中部，后一直为初级中学。1993年，学校征地1公顷，校基面积扩大到3.4公顷。在布局调整中，淮安市大湾联办初级中学于1998年并入。2004年，淮安市季桥第二中学又并入该校。在办学过程中，学校明确了“厚德、明志”的校训，“自强不息、和谐发展”的校风，“敬业爱生、探究创新”的教风，“勤学善思、自主合作”的学风。学校先后荣获“教育教学质量奖”“市课改先进学校”“市常规管理先进学校”“市依法治教先进学校”“市校务公开先进单位”“市艺术特色学校”“省节水型单位”等荣誉称号。至2008年，学校建筑面积达1.69万平方米，校园绿化面积为1500多平方米，有34个教学班，学生2000余名；教职工116人，其中中学高级教师11人，教师中学历全部达标，有本科学历的24人。

三、淮安市博里镇初级中学

1976年，学校迁入博里镇淮博路，学校占地面积近4公顷。1970～1980年，学校曾增设高中10年，高峰时期有高中教师30余人，9个教学班。1992年，学校改名为淮安市博里镇初级中学。1994年，马桥联中撤销并入。1995年，博里农中撤销并入。2004年，博里东南联中撤销并入。1994～2005年期间，学校的办学规模逐步扩大。2005年有38个教学班，学生2800多名，教师150余人。至2008年，学校有在校生1800余人，30个教学班，有教师110人，其中中学高级教师5人，中学一级教师50人，中学二级教师40人。学校有教学楼三幢，学生公寓楼三幢和一个能容纳1000余学生就餐的餐厅，有一个400米的标准化塑料跑道和5个水泥篮球场，每间教室都配备了大背投，为每位教师配备了一台笔记本计算机，多媒体教学已成常态化。

1999年以后，学校连续九年获得区教学质量奖。诗教、剪纸、民间绘画等艺术特色教学是博里中学的一大亮点，学校连续多年被评为区艺术教育特色单位。2004～2005年，学校被淮安市委、市政府评为淮安市文明单位。2004年5月，学校被楚州区教育局正式命名为首批民间绘画与剪纸研究特色学校。2005年10月，楚州区教育局为博里中学授牌“楚州区艺术中学实验学校”。2006年，学校被淮安市教育局评为“AA级合格初中”。同年，被淮安市诗词协会授予“诗教文明单位”称号。2007年10月，学校被淮安市教育局授予“全市教育系统关心下一代工作先进单位”称号。

四、淮安市仇桥镇初级中学

原名为淮安县仇桥初级中学，校址在仇桥镇育才路。1968年，学校增设高中部。1981年停办高中。1990年又办了一届职高班，此后一直为初级中学。2001年，学校征地2.13公顷，校园占地面积扩大到5.87公顷。2002年2月，在布局调整中，原淮安市水晶、史桥两联办初级中学先后并入。学校确立“一切为了学生成才、教师成功、学校成名”的理念办学治校。至2007年底，学校的“绿卡工程”爱心捐助活动成功举办21期，累计接受全校师生、家长以及社会各界捐款50多万元，惠及近千名困难学生。学校中考成绩连续11年居于区农村中学前列，连年获得市、区级“初中教学质量奖”。2003年12月，学校被评为“江苏省实施教育现代化工程示范初中”。2006年，学校被淮安市教育局评为“AA级合格初中”。至2008年，学校校基面积达5.89万平方米，绿化面积为2.3万平方米。学校有三幢建筑面积计5300平方米的教学楼，配置了标准的理化生实验室和多功能阶梯教室，以及两幢计3500平方米的学生宿舍楼，2个共计2077平方米的学生餐厅和标准化的400米跑道一个。2008年，学校有36个教学班，在校学生2413人，在校教职工169人，专任教师105人，教师中具有本科学历的42人，具有中学高级职称的5名。

五、淮安市建淮乡初级中学

位于京杭大运河与苏北灌溉总渠交汇处，1970年，学校在建淮乡鹅钱村境内，名为淮安县石塘中学。1981年，学校高中停止招生，1982年，更名为淮安县建淮初级中学。1986年，学校迁至建淮乡建淮村二支路南，马甸连接线西侧。1988年，定名为淮安市建淮乡初级中学。学校占地3.2万平方米，拥有2幢设施齐全的教学楼，一个标准的运动场以及可容纳1500名学生食宿的配套生活设施。至2008年，学校有24个教学班，1500余名学生，教职工120名，其中高级教师12人，中学一级教师57人，市区级骨干教师18人，学历达标率100%，本科学历人数达83人。学校始终倡导“以人为本，素质为先”的理念，努力推进素质教育向纵深发展。自2001年以后，学校先后获得“江苏省德育先进单位”“省级示范初中”“淮安市教育管理先进单位”“淮安市课改先进学校”“淮安市文明单位”“淮安市平安校园”“淮安市绿色学校”“淮安市依法治校先进单位”等称号。

六、淮安市马甸镇初级中学

1978年，为淮安县马涵洞中学，校址位于马甸镇裕民西路7号。学校设置高中部，每轨2个班，每届招生人数约为100人，1981年起高中部停办。1988年，学校改名为淮安市马甸中学。2002年改为淮安市马甸镇初级中学。1999年，马甸镇卫东联中并入该校。学校创办初期占地仅几亩，学生数不足100人，教师人数只有10人。到2008年，学校校园面积为2.7万余平方米，校舍面积为9000多平方米，拥有2个现代化的计算机机房，1个多媒体室，1个陈列室，1个阅览室，1个藏书3万多册的图书室，3个实验室，1个活动室，2幢教学楼，1幢综合楼，1幢学生宿舍楼，1幢餐厅。学校有15个教学班，在校生890多人；有教师102人，本科率达85%，教师中有高级职称的14人。

马甸中学是淮阴市首批合格初中学校。2002年被评为“淮安市示范初中”，连续10年荣获区“初中教学质量奖”。2005年通过省级示范初中学校的评审验收。学校还荣获过“江苏省德育先进学校”“淮安市文明单位”“淮安市素质教育示范学校”“淮安市依法治教先进学校”“教育管理先进学校”“校园环境达标学校”“淮安市两个条例合格学校”等称号。

七、淮安市施河镇初级中学

学校位于施河镇太平西路南侧。1969年，学校增设高中部。1980年，高中部因生源减少而撤销。1989年，学校更名为淮安市施河中学。2001年，学校定名为淮安市施河初级中学。在学校布局调整中，原淮安市庞王联办初中于2003年并入施河中学，2007年12月，原淮安市新桥联办初中也并入该校。至2008年，学校有教学班24个，学生数1523人，教职工数160人，其中高级教师10人，教师中本科学历达70%。校园占地5.33公顷，教学区、运动区、生活区三区分开，运动场（含300米的环形跑道、足球场）均用人造草坪铺成。人造草坪由淮安市著名民营企业家施河籍江苏共创公司董事长王强众捐赠。校园拥有跨度较长、建筑面积约5000平方米的连体教学楼1幢；有建筑面积分别为2268平方米、2385平方米的学生公寓楼2幢。学校秉持“育人为本、全面发展”的办学理念，实行“自主、合作、探究、当堂训练”的教学模式，教育教学成绩显著。1998年，学校被评为“淮安市常规管理示范学校”“素质教育示范学校”。1999年，被评为“淮安市德育先进学校”。2001年，被淮安市评为“教育管理先进学校”“教育管理模范学校”。2003年，被江苏教育厅评为“实施教育现代化工程示范初中”。2001～2004年连续四年荣获淮安市“初中教育质量奖”“生源输送奖”。2001～2007年，连续七年荣获楚州区“初中教育质量奖”。

第四章　高中教育

第一节　发展概况

1991年，淮安市共有高中10所，分别为淮安中学、第二中学、第三中学、平桥中学、车桥中学、朱桥中学、流均中学、复兴中学、钦工中学、范集中学，计106个班，在校生6148人。

淮安市1994年对高中布局进行调整，农村只保留车桥中学、钦工中学、范集中学、平桥中学；朱桥中学改为综合高中（职业），流均中学、复兴中学停止招收高中生，改招职业高中学生。1998年，流均中学不再招收职业高中生，到2001年，平桥中学不再招收高中学生，只招收初中学生。1994年，淮安市有高中学校10所，103个班，普高在校生数有6098人，教职工有1154人，其中专任教师有806人。1998年，全市高一招生3864人，高中阶段入学率达68.7%。2000年，全市有完全中学8所，266个班级，普通高中在校生数1.22万人。全市年内入学5429人，高中阶段入学率达75.51%；毕业2679人，毕业率达92.4%。是年，全市高考本科上线人数为1011人，占淮阴市的22%，首次突破千人大关。全市万人上线率达8.3%，其中理科上线793人、文科上线158人、外语上线15人、体育上线28人、艺术7人、保送生7人、在外地参考3人，上线总数比1999年净增432人，增幅为76.5%，名列淮阴市第一，获淮阴市高中教育先进奖。车桥中学、范集中学的文科综合均分超省均分。钦工中学在全市9所市重点中学中排名第一，获市高中教学工作优秀奖。当年，全市高中会考合格率达95%。

2001～2007年，楚州区高中教育规模不断扩大，质量得到提升，公、民办协同发展。2002年，淮安第二中学更名为楚州中学。2005年，楚州中学出资收购淮阴师范学院楚州校区（原淮安师范学校）的土地和校舍作为学校南校区，招生规模由原来的600～700人扩大到1500人左右。2003年，江苏省淮安中学改制、迁址，在原址新办淮安市文通初级中学，组合成淮中教育集团。至2005年8月，总投资1亿元以上的江苏省淮安中学新校区全面建成。2005年9月，淮安中学学生全部迁入新校区就读。2003年8月，淮安市第三中学改制为民办公助完全中学，同时更名为淮安市吴承恩中学。2004年春，经淮安市教育局批准，楚州区教师进修学校增挂楚州区艺术中学的牌子，实行一个机构、两块牌子、一个校区进行管理。当年，楚州区艺术中学招收艺术高中学生84名。2004年，全区有公办高中4所（淮安市楚州中学、淮安市车桥中学、淮安市钦工中学、淮安市范集中学），民办高中2所（江苏省淮安中学、淮安市吴承恩中学），艺术高中1所（楚州区艺术中学），普通高中录取新生5778人，在校生达1.55万人，毕业4762人，毕业率达94%，高考本科达线940人，居全市（地级，下同）前列。淮安中学郑春荣获全市理科文考状元，被清华大学录取。2005年，全区普通高中录取新生7363人，高考有1051名考生达到省普通高校招生二本录取控制线，比2004年增加了111人。2006年，全区计有普通高中6所（公办4所、民办2所），艺术高中1所，其中江苏省淮安中学（民办）创建成省四星级高中，楚州中学、范集中学创建成省三星级高中，吴承恩中学（民办）、钦工中学、车桥中学创建成省二星级高中。是年，全区招生8251人，毕业5262人，高考有817名考生达到省普通高校招生二本录取控制线。2007年，全区普通高中班级数372个，在校生数2.12万人，高中教师数1299人，学历达标率为84.22%。当年，全区普通高中招生7800人，另有1424人被外县市普通高中录取，共计有9224人在普通高中就读，完成招生计划112.5%；高考二本以上达线人数1202人，名列全市前茅，其中普通类982人，名列全市各县（区）榜首；淮安中学高考本科达线536人，韩丰以692分的成绩列淮安市第一名、江苏省第15名；楚州中学高考本科文化类达线180人，居淮安市同类型学校前列；车桥中学、范集中学体艺类录取人数大幅增加。至2008年，全区普通高中学校有6所，艺术高中1所。其中，有公办学校4所、民办学校2所，分别是淮安中学（民办）、楚州中学、吴承恩中学（民办）、车桥中学、钦工中学、范集中学。全区普通高中班级数371个，在校生数2.21万人，高中教师数1373人，学历达标率为88.2%。高考成绩再创佳绩，全区本科达线1756人，比2007年净增554人，同比增长46%，其中应届生较上年增加726人，居淮安市前列。

1991～2008年楚州区（淮安市）高中教育情况表

表25-17

年　份	学校（所）	班级（个）	在校生（人）	毕业生（人）	招生人（人）
1991	10	106	6148	1938	1708
1992	10	108	6214	1965	1724
1993	10	102	6104	1703	1784
1994	10	103	6098	1702	1854
1995	8	114	6114	1724	1896
1996	8	125	6456	1832	2045
1997	8	145	6945	1854	2235
1998	8	173	7432	2021	2865
1999	8	1956	8756	2206	3406
2000	8	266	12249	2679	5429
2001	6	286	13260	3305	5084
2002	6	277	14220	4935	4726
2003	6	248	14848	4750	5624
2004	6	273	15464	4762	5778
2005	6	324	18091	4574	7363
2006	6	364	20872	5262	8251

续表 25-17

年　份	学校(所)	班级(个)	在校生(人)	毕业生(人)	招生人(人)
2007	6	372	22005	5455	7800
2008	6	371	22065	7191	7074

1991~2008年楚州区(淮安市)向高校输送新生统计表

表 25-18　　单位:人

年　份	参加考试人数	录取总数	本科达线数	年　份	参加考试人数	录取总数	本科达线数
1991	1106	484	163	2000	3211	1507	1011
1992	1125	619	218	2001	4361	2043	1010
1993	1137	674	238	2002	4492	2628	1121
1994	1621	563	229	2003	5580	2480	1213
1995	1892	766	388	2004	5936	2973	940
1996	2109	938	439	2005	5453	2876	1051
1997	2185	1221	595	2006	5804	2533	817
1998	2184	935	539	2007	6098	4086	1202
1999	2542	1231	579	2008	6432	4332	1756

第二节　学制与课程设置

一、学制

1978年秋季,淮安县贯彻执行教育部颁发的《全日制十年制教学计划(试行草案)》,中学按初中三年、高中二年“三二分”段制。1981年秋季起,全县从高一新生起恢复为三年制。至1984年,全县中学均过渡为六年,即初中三年、高中三年“三三分”段制。

二、课程设置

1979年,全县从高一开始采用十年制全国统编教材。1981年,根据学制开始由五年分批过渡到六年的实际情况,淮安县执行省教育厅《全日制六年制重点中学教学计划(试行草案)》,高中二、三年级设选修课,有两种安排。一种为单科性选修,即对某些课程的选修。教学计划如下表。

1981年江苏省全日制六年制重点中学教学计划(试行草案)一览表

表 25-19　　(单科性选修)

科　目	初　中			高　中			上课总时数
	一	二	三	一	二	三	
政　治	2	2	2	2	2	2	384
语　文	6	6	6	5	4	4	1000
数　学	5	6	6	5	5	5	1026
外　语	5	5	5	5	5	4	932

续表 25-19

科　目	初　　中			高　　中			上课总时数
	一	二	三	一	二	三	
物　理	—	2	3	4	3	4	500
化　学	—	—	3	3	3	3	372
历　史	3	2	—	3	—	—	266
地　理	3	2	—	—	2	—	234
生　物	2	2	—	—	—	2	192
生理卫生	—	—	2	—	—	—	64
体　育	2	2	2	2	2	2	384
音　乐	1	1	1	—	—	—	100
美　术	1	1	1	—	—	—	100
每周必修课时数	30	31	31	29	26	26	5554
选修课	—	—	—	—	4	4	240
劳动技术课	2周	2周	2周	4周	4周	4周	576

说明：劳动技术课初中每天按 4 节计算，高中每天按 6 节计算

1981年江苏省全日制六年制重点中学教学计划（试行草案）一览表

表 25-20　（分科性选修）

科　目	初　　中			高　　中					上课总时数	
	一	二	三	一	二		三		一	二
					一	二	一	二		
政　治	2	2	2	2	2	2	2	2	384	384
语　文	6	6	6	5	7	4	8	4	1028	1000
数　学	5	6	6	5	3	6	3	6	906	1086
外　语	5	5	5	5	5	5	5	4	960	932
物　理	—	2	3	4	—	4	—	5	292	560
化　学	—	—	3	3	3	4	—	4	288	432
历　史	3	2	—	3	—	—	3	—	350	266
地　理	3	2	—	—	2	2	3	—	318	234
生　物	2	2	—	—	2	—	—	2	200	192
生理卫生	—	—	2	—	—	—	—	—	64	64
体　育	2	2	2	2	2	2	2	2	384	384
音　乐	1	1	1	—	—	—	—	—	100	100
美　术	1	1	1	—	—	—	—	—	100	100
每周必修课时	30	31	31	29	26	29	26	29	5554	5734
劳动技术	2周	2周	2周	4周	4周	4周	4周		576	576

1982年秋，全县中学改用全国统一的教材和统一的科目课时要求，高中开设政治、语文、代数、几何、三角、物理、化学、外语、历史、地理、生物、体育等12门课程。1982年后，全县中学增设劳动技术课、人口教育课、电子计算机课。1985年，全县中学已全部过渡为六年制，课程设置基本稳定在六年制高中文理分科性选修的教学计划上。各校受高等院校文理分类招生影响，对高中课程课时安排一般是确保语文、数学、外语的课时，其他学科的课时则更多地分别向文科或理科倾斜，以适应升学考试的要求。1987年，高一政治由原《政治经济学》改为《科学人生观》，高二、高三政治由原《辩证唯物主义常识》改为高二《经济常识》、高三《政治常识》。

1991年9月，国家教委下发《关于普通高中教学计划调整和实行高中毕业会考制度的意见》（下称意见）。淮安市根据国家教委《意见》作如下调整。

1991年淮安市调整后的普通高中教学计划一览表

表25-21

学科　课时　年级	高一	高二	高三	授课总时数
政　治	2	2	2	184
语　文	4	3/4	5	375
数　学	4	4	5	392
外　语	4/5	4	—	289
物　理	3	3/2	—	187
化　学	3/2	3	—	187
生　物	—	3	—	102
历　史	2	2	—	136
地　理	3	—	—	102
体　育	2	2	2	184
艺术（音乐、美术）	1	1	—	68
劳动技术	每学年4周，共12周			
社会实践活动	每学年安排2周，在劳动技术课、课外活动或学科教学活动的时间内安排			
每周必修课总课时数	28	27	14	2206
选修课	2	2	15	—
课外活动	5（体育锻炼3，其他2）	同左	同左	—
每周活动总量	35	37	36	—

1995年，江苏省教委发文要求全省全日制中小学实行每日工作8小时，每周工作40小时标准工作制度。1998年，江苏省教委发文，对普通高中课时作出安排。淮安市普通高中课程安排如下。

1998年淮安市普通高中课时安排一览表

表25-22

课程＼课时＼年级	一年级	二年级	三年级	授课总时数
政治	2	2	2	184
语文	4	3/4	5	375
数学	4	4	5	392
外语	5/6	5	—	357
物理	3	3/2	—	187
化学	3/2	3	—	187
生物	—	3	—	102
历史	2	2	—	136
地理	3（2）	（1）	—	102
体育	2	2	2	184
艺术	1	1	—	68
劳动技术	2	2	2	184
计算机	1	1	—	68
自习	1	1	2	116
社会实践	每学年安排2周			
每周必修课总时数	33（32）	32（33）	18	2642
选修课	2（3）	3（2）	17	578
课外活动	5（体育3，其他2）	同左	同左	460
周课时总量	40	40	40	3680

2000年，国家教育部发文，将普通高中的“体育和保健”课更名为“体育与健康”。2006年楚州区执行江苏省教育厅高中新课程、课时与学分安排如下。

2006年江苏省教育厅颁发高中新课程课时与学分安排建议表

表25-23

科目＼周课时＼学期		高一上	高一下	高二上	高二下	高三上	高三下	总计（课时与学分）
必修	政治	2	2	2	2	—	—	8
	语文	4	4	2	—	—	—	10
	数学	4	4	2	—	—	—	10
	外语	4	4	2	—	—	—	10
	物理	2	2	2	—	—	—	6
	化学	2	2	2	—	—	—	6

续表 25-23

科目			高一上	高一下	高二上	高二下	高三上	高三下	总计（课时与学分）	
必修	生物		2	2	2	—	—	—	6	
	历史		2	2	2	—	—	—	6	
	地理		2	2	2	—	—	—	6	
	信息技术与通用技术		2	2	2	2	—	—	8	
	艺术或音乐美术		2	2	2		—	—	6	
	体育与健康		2	2	2	2	2	1	11	
	综合实践活动	研究性学习	3	3	3	3	3	—	15	
		社会实践	每学年一周2×3						6	
		小区服务	三年不少于10个工作日						2	
	小计		33	33	27	9	5	1	108/116	
选修I	语文		—	—	2	4	2-6	2-4	8-14	最少选20学分
	数学（人文）		—	—	2	4	（4）		6-10	
	数学（理工）		—	—	2	4	4-6	2-4	10-14	
	英语8级		—	—	2	4			6	
	英语9级、系列II		—	—	—	—	4	2	6	
	人文与社会	政治	—	—	—				2	—
		历史	—	—	—				4	—
		地理	—	—	—				4	—
	科学	物理	—	—	—				6	—
		化学	—	—	—				4	—
		生物	—	—	—				4	—
	通用技术		—	—	—	—	—	—	—	
	艺术或音乐美术		—	—	—	—	—	—	—	
	体育与健康		—	—	—	—	—	—	—	
	小计		—	—	—	—	—	—	28+	
选修II			1	1	1	—	—	—	6+	
总周课时			34	34	34	34	34	34	—	

第三节　学校选介

一、江苏省淮安中学

1979年，淮安县中学被确定为江苏省首批重点中学。1988年，学校改称淮安市中学。2001年5

月，学校成立民办性质的初中部——文通中学。2002年4月，学校被省教育厅确认为国家级示范性高中，同时启用校名“江苏省淮安中学”。2003年，学校改制，由公办学校改制为民办公助性质的学校，与淮安市文通中学联合组建成“江苏省淮安中学教育集团”。2004年2月，学校转评为四星级高中。确立了“以富强祖国为己任，为中华崛起而读书”的校训，以“和而不同”为办学理念。开展的“学总理，创三好”系列活动成为德育工作的一大特色。学校的学生社团活动活跃，创办有《淮风》《荷韵》《文渠》等校报校刊。校刊《淮风》在2007年还被评选为全国中小学生优秀校内报刊一等奖。学校先后获得“江苏省德育先进学校”“江苏省中学校园文化建设示范点”“江苏省关心下一代工作先进集体”“江苏省模范学校”“江苏省文明单位”“淮安市高中教育教学质量一等奖”等称号。在百年办学历程中，学校为社会培养了大批人才，其中比较杰出的有原外交部部长乔冠华、著名作家汪曾祺、著名画家吴苐之、北大中文系主任季镇淮、中国科学院院士陈鉴远、原国家男篮队长孙凤武、中国科学院高能物理所研究员博士生导师金山等。学校现占地面积21.73公顷，建筑面积11万多平方米。整个校园分教学区、文化区、生活区、运动区，建有千兆校园网、校园电视广播系统，有120多口多媒体教室，学校图书馆现存图书50万册。至2008年，学校有班级120个，在读学生近7000人；教师416人，其中中学特级教师2名，中学高级教师117名，市区学科带头人、骨干教师43名。

江苏省淮安中学 （2003年摄）

二、淮安市楚州中学

1978年，学校名为淮安县前进中学。1984年更名为淮安县第二中学。1988年2月，改名为淮安市第二中学。2001年，更名为淮安市楚州第二中学。2002年定名为淮安市楚州中学。学校于1998年晋升为江苏省重点高中，2005年被评为江苏省三星级高中。

在长期的教学实践中，学校确立“厚德博学、求真尚美”的校训，逐渐形成以“知行合一、至爱致远”为校风，“善诱启智、励志铸魂”为教风，“立志笃学、求是力行”为学风的特色。学校秉承“追求发展，崇尚尊重”的办学理念，形成“全面发展，培养特长”的办学模式，艺体教育特色显著，为学生提供了更多的发展空间。学校先后获得了“江苏省文明单位”“江苏省德育先进学校”“淮安市实施素质教育先进单位”“楚州区高考特殊贡献奖”“淮安市高中教育教学质量一等奖”“淮安市普通高中教育教学先进单位”等荣誉称号。至2008年，学校有92个教学班，在校学生5500多人；教职工460多人，其中专职教师300多人，教师中有教授级高级教师1人，特级教师1人，享受“市政府特殊津贴”2人，市区学科带头人、骨干教师60人，硕士研究生12人，

2005年11月18日，楚州中学南校区启用揭幕

中、高级教师228人。学校编印了《心悦》《可爱的楚州》《古代山水诗欣赏》《外国文学名著介绍》《爱国主义教育十讲》等校本教材，有省和国家级课题5个。

三、淮安市钦工中学

学校位于渠北古镇钦工镇西首（毗邻楚涟路）。1978年，校名为淮安县钦工中学，1988年，改名为淮安市钦工中学。改革开放以来，学校确定了“团结、守纪、求实、进取”的校风，“博学、严谨、创新、奉献”的教风，“立志、勤奋、求真、向上”的学风。1992年，学校提出了“建立时代性、开放性、超前性的教育体系，把学校办成现代化、高质量、有特色的江苏省一流农村高中”的办学目标。1994年，学校被确认为淮阴市重点高中。2003年9月，钦工职业中学并入该校，校园面积扩大到9.73公顷。2004年，学校被评定为江苏省二星级普通高中。先后获得“省德育先进学校”“市模范学校”“常规管理先进学校”“文明校园”等多项荣誉。学校有2幢面积为6800平方米的教学大楼，48间标准化教室；1幢艺术楼，1幢实验楼，物理、化学、生物实验室各2个，并配置了各种相关设施。学生宿舍面积5585平方米，学生餐厅面积3000平方米。学校有图书室、语音室、微机室、多媒体教室等。校园绿化面积达2.76万平方米。2008年，学校有教职员工263名，其中特级教师1名，高级教师18名，中级教师138名，享受政府津贴者1名。教师中本科学历198名，大专学历52名。学校开设高中班36个，初中班11个，在校生2300余人。

四、淮安市范集中学

范集中学 （2006年摄）

1978年，为淮安县范集中学。1988年2月，改称淮安市范集中学。1999年5月，范集中学晋升为江苏省二星级高中。2006年，在江苏省教育评估院三星级高中评估中，学校被评价为“农村优秀高中”。同年12月，学校正式晋升为江苏省三星级高中。2007年5月，范集镇初级中学并入该校。范集中学曾被《新华日报》誉为“苏北教育领域一颗璀璨的明珠”。范集中学坚持走平民化、高质量的办学道路，确立“励志向上”的校风，“创新、奉献、忠诚、严谨”的教风，“求真、进取、文明、勤奋”的学风。学校先后获得“全国教科研工作先进单位”“全国红领巾小建设竞赛优秀奖”“江苏省首批和谐校园”“江苏省实施素质教育先进学校”“淮安市高中教学质量先进单位”“淮安市文明校园”“淮安市高中教育教学工作二等奖”“楚州区人民政府优秀教师群体”等光荣称号。学校的师资队伍拥有全国新闻人物朱金国及国家和省市级优秀教师、劳动模范、学科带头人等。2007年，楚州区教育局发文号召全区教育系统向范集中学优秀教师群体学习。在教育教学中，学校倡导的“三环式”集体备课模式和“导思——点拨”课堂教学模式，先后在淮安市范围内推广。至2008年，学校占地10.33公顷，建筑面积达4.29万平方米，有20个初中班，39个高中班，学生总数2962人，其中初中部1044人，高中部1918人；在编教职工244人，教师186人，教师中具有中级职称93人，高级职称18人，本科以上学历154人，其中在职研究生9人。

五、淮安市车桥中学

最初为淮安县车桥初级中学。1969年，高中招收新生2个班，学校升格为农村完全中学。1977年，初一招生4个班，高一招生3个班。1979年，高一招生增至4个班。1981年和1986年，学校2次共征地2.2公顷，校园面积扩大到4公顷。1986年，高一招生6个班，当年毕业生中有100多人考取专科以上学校。1997年，学校又征地0.67公顷，建成教工生活小区。1999年11月，学校晋升为淮安市重点中学。2003年8月，淮安市车桥职业中学并入该校，校园面积增至16.67公顷，形成一校两区布局。学校确立了“一门进，多门出”的办学策略。2004年，学校转评为省二星级高中。学校的学生社团活跃，有“涧水文学社”和《润物无声》《小荷》等校刊。在办学过程中，学校形成“团结、文明、求实、创新”的校风，以“办一所人民满意的农村高中”为教育愿景，先后获得了“江苏省文明单位”“淮安市高中教育质量奖”“淮安市高中学生综合素质提升奖”“淮安市文明校园”“淮安市模范学校”等称号。2008年，车桥中学高一招收学生868人，13个班，初一招收学生283人，5个班；有在校学生3092人，其中高中2165人，初中927人；有教职工262人，其中高中教师178人，初中教师78人；教师中具有本科学历151人，具备中高级职称98人。学校占地面积16.67公顷，建筑面积达3万余平方米，绿化面积达30%，图书室有藏书21.36万册（纸质藏书6.36万册，电子图书15万册）。

车桥中学　（2004年摄）

六、淮安市吴承恩中学

坐落于淮城镇北门大街，南踞萧湖之滨，西临里运河风光带。学校占地6.67万平方米（不含租用的9400多平方米萧湖岛屿面积），建筑面积为3.81万平方米。1978年，校名为“淮安县解放中学”。至1984年，以初中4轨和高中6轨运行，在校生1200多人，教师69人。1984年，学校改名为“淮安县第三中学”。1988年2月，学校更名为“淮安市第三中学”。2001年2月，学校又更名为“淮安市楚州区第三中学”，当年学校有初中12个班，高中19个班，在校生为1647人。2003年8月，学校改制为民办公助完全中学，同时启用“淮安市吴承恩中学”为校名。学校以“严谨、求真、勤奋、创新”为校风、以“敬业、求索、博学、育人”为教风、以“立志、刻苦、善思、多能”为学风，创建以西游记文化为主流的校园文化。学校初中部于2005年创建成江苏省示范初中。2007年，高中部创建成江苏省三星级高中。学校相继获得“江苏省城乡绿化标准达标单位”“淮安市安全文明校园”“江苏省德育先进学校”“淮安市依法治校先进单位”“淮安市教学质量优秀奖”等称号。至2008年，学校初中有7轨，高中有20轨，在校学生3850人，教职工289人，专任教师228人，教师学历达标率为98.7%，其中研究生5人，具备中、高级技术职务的教师165人，占教师总数的72.4%，区市级以上学科带头人和骨干教师23人。

第五章　中等职业教育

第一节　发展概况

80年代，淮安的中等职业教育迅速发展且种类繁多，除县属职业学校外，还有政府其他部门办的学校（淮安商业技工学校、淮阴农业学校、淮安卫生职工中等专业学校）。也有专为厂矿企业培养新型技术工人的中等职业技术学校。技校在专业设置、课程开设等方面都有具有地方特色；在教学中注重学以致用原则，提高劳动者素质。

1991年，隶属于淮安市教委的职业学校有4所，分别是淮安市职业高级中学、车桥职业中学、南闸职业中学、钦工职业中学。共有在校生2650人，开办的专业有财会、建筑、兽医、水产、园艺、幼师等12个，毕业生就业率达80.6%。职业高中专任教师有173人，其中具备大专以上学历的有159人。1994年，淮安市教委针对地方实际，将复兴中学、朱桥中学、流均中学三所普通高中转办成职业高中。至此，全市有职业高中7所，其中省级重点职业学校1所（市职业高级中学）、淮阴市骨干职业学校1所（车桥职业中学）、市（县级）属职业学校5所（南闸职业中学、钦工职业中学、复兴中学、朱桥中学、流均中学）；开办职高班的乡镇成人校1所（淮城成人校），其他部门开办职高班的学校3所（供销职工学校、农机化职工学校、商业职工学校）。90年代，电大分校和教师进修学校同时开办电视中专班和职业中专班。1997年，淮安市共有职业学校13所（含部门办的系统内招生学校），招收学生3350人（含电视中专、职业中专），其中职业高中1071人；隶属淮安市教委管理的职校在校生总数3668人，其中职业高中2811人。同年，普通高中招生3128人，中等职业教育招生3350人，普职比为1∶1.07，职高中在校生比例首次超过普高生，普通教育与职业教育结构趋于合理。全市职业学校共设置专业20多个，其中电气、机电一体化、计算机应用、现代农业等逐步成为主要专业。1994年，淮安市职业高级中学创建成“淮安市职业教育中心校”，1995年成为首批国家级重点职业高中，1998年通过江苏省首批合格职业教育中心校验收。

1997年，淮安市的职业教育根据社会要求，合理设置专业，努力为发展“两专一基”和淮安市农村的“三大园区”建设服务。在车桥职中开设现代农业专业，服务于渠南片现代农业开发开放试验区；在南闸职中开设特种养殖专业，服务于运西片的稻田养殖示范区；在钦工职中开设花卉园艺和蔬菜种植专业，服务于渠北片绿色食品生产区。同时，市职教部门兼顾第二、三产业以及学生和家长的择业心理需求，开设预备兵役、法律服务、汽车摩托车维修等专业，为地方经济和社会发展培养各种技术人才，和有知识、有文化、有能力的劳动后备军。90年代，淮安向深圳、东莞、上海、苏州、无锡、常州等地输送了2000多名职高中毕业生和短训生，建立了以浦东经济开发区为主的比较稳固的劳动就业基地。在1998年的布局调整中，流均中学不再招收职高学生。当年市属的职业中学有6所（淮安市职业教育中心校、淮安市车桥职业中学、淮安市南闸职业中学、淮安市朱桥职业中学、淮安市钦工职业中学、淮安市复兴职业中学）。1999年8月，江苏省淮安职业教育中心校与淮安广播电视大学两校合一，实行一个校区两块牌子，合署办公，系国家级重点职业学校，江苏省模范学校，江苏省优秀电大。学校占地面积10公顷，建筑面积4万平方米，教职工250人，其中专任教师165人，有全日制在校生4200人，成人学历教育学员1356人，每年举办各类短期培训3000人次左右。同年，电大职教中心被科技部评定为职业技能培训“星火计划学校”。

2000年，淮安市6所职业学校计有117个班，在校生4049人，设有22个专业，年内招生1315人，毕业1365人。当年，职业中学对口高考录取126人。淮安市职教中心在上半年被教育部批准为国家级重点职业高级中学。同年，职教中心被评为淮阴市教学管理先进单位，淮安市教委职教办被评为淮阴市职教招生工作先进单位、对口高考工作先进单位。2001年，楚州区职教招生1103人，超额完成市局下达的目标任务，毕业生当年就业率92%，学生巩固率95.4%。区职教中心建成计算机校园网1个，市级示范性实验室1个；职教对口高考214人，录取202人，参考人数、录取人数较上年都有大幅度提高。由于成绩突出，楚州区在全市职教工作年终考评中被评为第一名。同年，区职教中心校试行春季招生，招生300多人。这是职教招生首次采取的新的改革措施。2002年，全区职业中学招收高一新生1310人，职中在校生年巩固率97.3%，毕业生当年就业率94%，职教中心建成示范性实验室2个，毕业生对口高考录取278人。同年，区筹建以职教中心为龙头、农村4所学校（车桥职业中学、朱桥职业中学、南闸职业中学、复兴职业中学）参加的职教集团。2003年9月，楚州区撤销车桥职业中学，并入车桥中学，原校区成为车桥中学初中部；撤销钦工职业中学，并入钦工中学，原校区成为楚州教育系统学生社会实践基地。

2006年起，楚州区整合职教办学资源，全区职业高中集中到城区，在农村的朱桥职业中学、复兴职业中学、南闸职业中学不再招收职业高中生，只招收初中学生，承担起当地乡镇的义务教育的任务。2006年，区职教招生1598人，完成农村实用技术、农村劳动力转移等各项培训任务。同年，电大职教中心通过省级"农村劳动力转移培训定点机构"资格认定。2007年，楚州区第一所民办职业学校——华丰职业技术学校建成，并纳入区职教招生计划，真正实现前校后厂的办学模式。2007年，全区职高招生首次突破两千，达2147人。区职教中心顺利通过国家和省级示范专业创建以及省、市级职教课程改革试点工作评估验收；新创建市级示范专业4个；对口单招工作取得优异成绩，有20名学生达本科录取线，占全市46.5%，86名学生达到专科线，本、专科达线率分别为10.31%、54.64%。为服务地方经济，楚州区职业教育大力推进校企合作，职教中心引进楚淮建筑公司南校区校园开发项目，引进瑞达机械、宝洋用品、大成化工校企合作项目各1个；大力实施"现代农民教育工程"，完成了农民教育培训年度任务，下岗（失业）转岗培训3112人次。同年，区职教中心向260名贫困家庭的职业中学学生发放省政府职教助学金52万元。

至2008年，全区有职业中学2所（楚州职业教育中心校、民办华丰职业技术学校），职教招生2287人，职高在校生达8419人；全区职业中学教职工总数402人，专任教师294人，本科以上学历的255人，本科率为86.73%；在专业教师中，具有"双师"型（既有教师资格证又有专业技术等级证）教师比例达52%。是年，职教中心安排400名学生进入富士康集团进行就业性实习，帮助招商引资企业解决了用工难的问题；投入4亿元，建立了国家级数控实训基地和电子实训中心项目。在淮安市第三届职业学校师生技能大赛中，楚州区共获得19个项目一等奖，获奖率名列全市同类学校第一。

1991～2008年楚州区（淮安市）职教中心职业教育情况表

表25-24　　单位：人

年份	招生数	毕业生数	专任教师数	招收专业
1991	634	587	76	化工　服装　机电　幼师
1992	725	630	79	化工　纺织　建筑　机电　市场营销
1993	860	720	85	机械　电工及家电　文秘　汽修　财经
1994	950	850	89	机械　电工及家电维修　计算机　计算机应用　财会　服装　建筑　烹饪
1995	1120	948	95	机械　盐化　财会　汽修　计算机　电工电子　建筑　办公自动化　服装
1996	1200	1100	101	对口升学　机电　会计　会计电算化　财会　服装　汽修　文秘　机电
1997	1380	1185	105	烹饪　计算机　对口升学　机电　会计
1998	1260	1350	109	电工电子　机电　烹调　财会　计算机应用　旅游　财会　服装　建筑　汽修　文秘　建筑预算
1999	1380	1255	113	电工电子　计算机应用　机电　建筑　旅游　商贸　艺术　农业　化工　汽修　建筑　烹调　空乘预科

续表 25-24

年份	招生数	毕业生数	专任教师数	招　收　专　业
2000	1390	1375	118	机电　计算机及应用化工　汽修　建筑　烹调
2001	1400	1389	125	计算机　电工电子　旅游　财会　建筑　机电　化工　烹饪　农业　文秘
2002	1200	1350	128	计算机　电子电工　空乘　化工　机电　汽修　纺织　烹饪　建筑
2003	1317	1189	128	计算机　电子电工　烹饪　旅游　化工　机电　汽修　财会　建筑
2004	1628	1300	140	机电　电子　纺织　计算机　化工　建筑
2005	1858	1600	156	电子技术应用　计算机应用　机电技术应用　数控综合　高中　市场营销　美术设计　财务会计　纺织工程　机电一体化　汽车维修　宾馆服务　服装　市场营销　建筑　烹饪　电子商务　化工工艺　物业管理　文秘
2006	1876	1702	158	电子技术应用　烹饪　汽车修理　电子商务　计算机应用　服装设计　数控车床　现代物流　机电一体化　工业与民用建筑　机电　对口升学班
2007	1981	1602	163	计算机及应用　旅游　电子商务　电子技术　机电市场营销　汽车驾驶与维修　染整　电子与计算机　数控技术应用　服装
2008	1972	1805	171	电子技术应用　烹饪　汽车修理　电子商务　机电市场营销　数控技术应用　现代物流　综合高中

第二节　学校选介

一、江苏省楚州职业教育中心学校

前身为淮安县运河中学，校址在原城郊乡乌沙村，1984年部分迁址至淮城镇华亭村城西北路开办职业高中班，1987年挂“淮安县职业中学”校牌。1988年1月，被淮阴市教育局批准为市首批办得好的职业中学。同年2月，第五中学从该校迁出，淮安县职业中学改校名为“淮安市高级职业中学”；同年12月被江苏省教委确定为首批58所重点职业中学。1994年创建“淮安市职教中心”。1995年成为首批国家级重点职业高中。1998年通过江苏省首批合格职业教育中心校验收。1999年淮安广播电视大学并入，实行一个机构、两块牌子。学校兴办之初，有2个校区，占地7.07公顷，教职工40余人，在校生300多人，建筑面积1.2万平方米。1998年，学校在淮城镇公园村新征土地5.33公顷建立北校区，建筑面积达2万多平方米，教职工80多人，学生1800多人。至2008年，学校有4个校区，占地12.19公顷，建筑面积5.14万平方米；教职工245人，其中专任教师185人，研究生12人，高级职称67人；全日制在校生4500多人，成人学历教育学员2000多人，举办农村劳动力转移培训等社会培训4500人次以上。学校内部实行二级管理体制，设立机电技术部、电子技术部、信息技术部、综合部和开放教育中心等教学管理单位。学校有机械制造与控制、计算机及应用、电子技术应用、数控技术应用等8个主干专业，其中机械制造与控制、计算机及应用和电子技术应用专业为江苏省示范专业，数控技术应用实训基地和电子技术应用实训基地为省级以上实训基地。学校坚持“办人民满意的职业教育，建百姓放心的职业学校”的办学理念，秉承“重品行，强技能”的校训，强化师资队伍建设，创新人才培养模式，加强校企合作，提高人才培养的针对性和适应性，提升服务社会的水平和能力，毕业生就业率保持在98%以上，有2000余名学生通过对口高考进入高等院校深造。2007年，学校成功承办楚州区首届职工技能大赛；在淮安市首届中等职业学校技能节中有数十名师生获奖；在江苏省职业教育创意论坛中获奖层次和获奖面连续两年名列淮安市第一；学校的“职业学校校园传统文化建设事例设计”荣获全国“十一五”重点规划课题科研成果一等奖。学校先后荣获“江苏省模范学校”“江苏省德育先进学校”“江苏省教学管理先进学校”“江苏省职业教育先进单位”“江苏省和谐学校”等称号。

二、淮安商业技工学校

1978年，经省商业厅批准，淮阴地区商业局在淮城创办，隶属于地区商业局，招生计划和毕业生分配由省、市劳动局综合管理。初期，学校招收1个烹调班，学生45人。从1980年起，学校专业设置增加了商业美工、商业会计、营业核算、面点等。1991年，学校设有烹饪、面点、营业核算、商品经营、商业美工5个专业，有20个班级，学生936人，教职工98人。从1998年开始，淮安商业技工学校招生并轨，向社会招收职业高中学生，纳入地方招生计划。该校于2006年并入淮安技师学院，隶属于淮安市劳动与社会保障局。

三、淮阴农业学校

1979年，几度更名的淮阴农业学校恢复招生，招收统配生。自1983年起，受省高教局委托开办农业职业中学大专班，参加全省高校统一招生，统一分配，同时招收多种经营、畜牧兽医、农学等中专班。学校自创建起，至1991年，向社会输送大专毕业生1343人，中专毕业生6500余人，各种短训班结业生2672人。1991年，学校仍为中专体制，有教职工170多人，在校生600多人。之后，淮阴农校先后开办了10多个涉农专业班，还开设汽车修理、计算机应用、财务会计、商务英语等专业班，为社会输送1.5万余名拥有一技之长的劳动者和建设者。2003年11月，学校更名为淮安生物工程高等职业学校，隶属于淮安市人民政府。

四、淮安卫生职工中等专业学校

1986年，淮安县卫生局开办的淮安卫生学校经批准为卫生职工中等专业学校，为卫生系统培养护理人员，毕业生在系统内就业。至2001年，由于招生体制变化，学校开始向社会招生，毕业生不再安排就业，而是自主择业。2006年，该校改为卫生系统内培训机构，隶属于楚州区卫生局。

第六章　成人教育

第一节　发展概况

自改革开放以来，淮安的成人教育不断登上新台阶。70年代后期，淮安县开始大规模扫盲运动。1978年以后，城乡成人教育得到发展，30个乡（镇、场）均建成成人教育中心校。1990年，淮安市教育局成立“三教统筹办公室”，提出对应届初高中毕业生进行实用技术培训，实行“毕业证书”和“技术培训合格证书”双证齐发制度，使毕业生走上社会时具有一技之长。同年，淮安市成立“农村成人教育研究会”。1991年开办成人教育中心校。至1992年，车桥、茭陵成人学校成为淮阴市首批6所重点成人学校。1993年，各乡镇的成人学校均有独立的校园，有专职从事成人教育的老师，为淮安市成人教育的发展奠定了一定的物质基础。同年，车桥成人校被省政府定为人口教育试点学校，并于1994年成为省重点乡镇成人校。2000年，淮安市有29所成人教育中心校，122名专职教师，581名兼职教师。同年，宋集乡成人教育中心校建成省重点成人学校，至此淮安市有4所省重点成人学校，7所市重点成人学校。当年，全市共开办实用技术培训班173个，培训人员达17.6万人次，建立科技示范村216个，示范户3512个；白马湖、苏嘴、顺河、马甸、钦工等五乡镇建成“教育促小康示范乡镇”。全区“教育促小康乡镇”达24个。楚州区教委、徐杨乡人民政府和林集镇人民政府被省教育厅表彰为“教育促小康工程先进单位”。2000年，成人高中招生828人，成人中专招生402人。年底，成人教育工作被淮阴市教委综合考评为第一名，荣获一等奖。2001年，楚州区的成人教育紧紧围绕省教育厅教育富民“5112”工程，多形式多渠道开展农村实用技术培训，共培训下18.94万人次；成人初等职业教育培训8544人次；创业教育培训7000多人次；职工岗位技术培训和再就业培训2.02万人次，提高了当地劳动力的综合素质；还成功创建1个省级“农科教结合示范基地”——车桥成人校家禽炕孵场。成人学校招生和办学规模有新突破，成人高中、中专和大专招生人数分别为773人、474人和39人，计1286人，为楚州区提高高中入学率作出贡献。2003年，全区建成市级农科教结合示范基地5个。2004年，全区创建市级示范成人校6所。2005年，区成人教育通过省级“农村劳动力转移培训定点机构”资格认定，创建10所市级“合格成人校”。

2008年，楚州共有省级重点成人校4所（车桥成人校、淮城成人校、林集成人校、宋集成人校），市级合格成人校20所，创建省级乡镇小区教育中心（淮城镇小区教育中心）和农科教结合示范基地（白马湖农科教结合示范基地）各1个。

第二节　扫盲教育

1978年11月6日，国务院发出《关于扫除文盲的指示》。为贯彻该指示，1979年，淮安县成立工农教育扫盲办公室，重新制定扫盲工作计划。1981年，《农民教育工作条例》实施，全县开始兴办业余高小班、业余初中班，教育管理上着重抓好“四率”（入学率、巩固率、普及率、毕业率），强调“以堵（盲）为主，以扫（盲）为辅，堵扫结合”。至年底，全县有16个公社337个大队扫除了青少年文盲。1982年，全县办业余高小班468个，参加学习的达1.80万人，毕业率达89%。到1983年年底，全县基本完成扫盲任务。1984年，全县各乡镇都办起了农技校，各村都办起了农技班，全县共创办农技班492个。1985年，淮安县通过了省市组织的脱盲验收，农民教育由文化学习转向以实用技术培训为主。此后，扫盲办公室对新出现的青壮年文盲，组织他们到村办夜校学习直到脱盲为止。到1995年，淮安市15～45周岁人口非文盲率已达99.7%。1996～2001年，全市（区）脱盲人数累计8430人，非文盲率达99.9%，人均受教育年限达8.54年。2002～2008年，全区累计脱盲人数3028人，青壮年非文盲率已达99.9%。

第三节　农民教育

改革开放后，农村实行家庭联产承包责任制，乡镇企业迅速发展，农民兴起学文化、学科学技术高潮。1978年，各乡（镇、场）建立的成人教育中心校负责对全县农民的实用技术培训。1980年，全县参加业余小学学习的农民有0.8万人，业余中学学习的农民有390多人。车桥镇成人教育中心校自1988～1990年，先后举办25个门类的实用技术培训班108期，培训学员3064人次。在结业的2707名学员中，有23人被选进镇、村两级领导班子，有220人成为镇、村企业骨干，有300人为镇、村、组的专业技术人员。2001年，车桥成人教育中心校与镇农业技术推广中心、兽医站联合开办的蘑菇种植和养鸡技术培训班，共培训120余名种养殖示范户户主。全镇饲养苗鸡的成活率由1995年的82%提高到94%，产蛋率由原来的79.8%提高到92%。2003～2007年，该校与镇劳动服务站开办的劳动力转移培训班，先后有543名学员参加培训，大部分学员由镇劳务办介绍赴苏州、无锡、常州、张家港等地务工，每年为集体创收50多万元，个人年收入达4万元以上。至2008年底，楚州区有乡镇成人教育中心校28所（校舍207间，建筑面积达1.21万平方米），各乡镇成人教育学校直接组织农民培训学习共达15.65万人次，其中培训当地剩余劳动力1.19万人次，先后培训乡村致富骨干、创业能手0.48万人，培训应往届初高中毕业生1.39万人；培育推广教育致富优秀项目35个，共产生社会经济效益近亿元。

2008年楚州区乡镇成人教育中心校办学情况表

表25-25　　单位：人次

学　校	实用技术培训	劳动力转移培训	致富骨干培训	双证齐发	成人高中
淮城	5450	1450	260	3348	80
平桥	5000	200	100	1045	10
上河	3200	300	200	291	21
建淮	3980	116	121	521	30
马甸	4289	128	107	72	31
朱桥	3400	400	132	432	18
溪河	1800	500	700	264	50
施河	2000	300	120	590	40
车桥	4768	1268	66	216	44
泾口	3500	1120	45	431	45
流均	6265	1260	35	280	20
博里	3300	1210	650	342	23
仇桥	2000	1000	150	212	30
复兴	2900	700	120	187	12
苏嘴	3200	1100	100	198	30
茭陵	1200	100	100	174	30
钦工	3015	250	175	620	15
宋集	2657	184	120	476	19
顺河	3120	930	120	338	30
季桥	2400	128	15	121	23

续表 25-25

学　校	实用技术培训	劳动力转移培训	致富骨干培训	双证齐发	成人高中
城东	1194	400	294	171	20
席桥	1000	600	100	390	19
三堡	2120	120	20	208	18
林集	2000	860	120	320	30
南闸	2100	350	200	500	12
范集	3015	250	175	420	50
白马湖	1100	800	100	186	20

第四节　职工教育

1982年，淮安县成立职工教育办公室，负责职工的初中文化学习、初级技术的“双补”教育工作。与此同时，县属的商业、交通、供销、粮食等系统先后办起了各自的职工教育学校，配备专、兼职教师，定期对本系统、本单位内的职工进行培训。全县各系统共创办各类职工学校7所，配备专兼职教师128人，受训职工达6.85万余人。1985年统计，全县青壮年职工初中文化补课对象3.6万多人，累计补课合格2.88万多人，合格率为80%；初级技术补课对象2.87万人，补课合格2.09万多人，累计合格率为70%。1986～1992年，淮安市职工年入学率稳定在25%到30%之间。1992年，全市职工参加各类文化、技术学习的有3.85万人，全员培训率在30%以上。学习层次从初级向中、高级发展；学习形式从业余为主向脱产、半脱产、业余、自学等多形式转变；学习内容从文化为主向文化、技术、现代科学管理全方位转变。1995年，淮安市企业开展“爱我中华、兴我企业、看我效益”的主题教育活动，产生较大的影响。1997年，根据机构改革的需要，市职工教育办公室并入教委，其职能由教委下属的成人教育办公室执掌。90年代末，全市已组织近20万名职工参加各级各类培训，为淮安的经济发展作出了贡献。据2008年统计，全区职工教育社会力量办学机构有16所，专职管理人员52人，兼职教师657人，各类培训班300余个，参加学习16万人次。全区在职职工中参加培训的达2万人以上，培训率45%以上，其中岗位培训占培训总数的85%。据楚州区电力系统统计，1999～2008年，职工的初高中文化合格率分别为88.4%和89.1%；中级技术培训合格325人，占应培训数的22.4%；培训班组长343人，占班组长总数的65.8%；培训中层干部133人，占干部总数的71.2%；成人学历教育共培养本科生34名，大专生296名，中专生365名。

第五节　干部学历教育

1981年，淮安县干部培训委员会成立，统一规划全县干部教育工作。1986年底，淮安县的干部教育培训逐步由学校教育转向了以岗位培训为主。1987年，淮安县委党校根据中央党校和省、市委党校的要求，增加干部函授教育的教学、管理工作。1990年，淮安市成立淮安党员教育工作领导小组。1995年以后，淮安市组织在职干部参加高等教育进修学习，其类型主要有淮阴市广播电视大学淮安分校学历教育，中共淮安市委党校学历教育，教师进修学校与南京师范大学、淮阴师范学院、华中师范大学、西南大学合作办学的函授与远程教育培训，自学考试辅导培训等。至2008年，全区参加电大学历教育的干部达3000余人，占江苏电大楚州学院学员总数的27%，参加高等教育自学考试的干部达2986人，占淮阴市自学考试学员总人数的16.2%。1978～2008年，楚州区（淮安县、市）委党校共培训各级党员干部143期8.98万人次。1987～2008年，楚州区（淮安县、市）委党校函授教育共开办中专以上学历的各种专业班44个，毕业学员2295人。至2008年底，楚州干部大专以上学历的比例提高到86.22%，初中及初中以下学历的下降为1.05%。

第六节　老年教育

老年教育是成人教育的组成部分。淮安区老年教育的主要形式是老年大学。1989年8月，经县级淮安市委、市政府批准成立老年大学，标志着全区老年教育的正式起步。

淮安区老年大学是一所公益性、非营利性、非学历教育的，为离退休干部职工和社会其他老年人继续学习提供服务的老年教育机构，归区委组织部和区老干部局行政主管，教育部门业务主管，老龄委、文化部门协助管理。2003年9月，老年大学教学楼落成启用。校区占地面积约4公顷，建筑面积2457平方米，主楼共三层，为教学和办公区，设有12个教室，可容纳1200名学员上课。副楼为活动区，设有多功能厅、乒乓球室、棋牌室、阅览室。多功能厅里，计算机、投影、音响、灯光、小型舞台等一应俱全，可供学校艺术团排练、舞蹈和武术班上课，召开学员大会。室外辟有器械健身场地和180平方米的停车棚。办学经费列入财政预算，由当初的1万元逐年提高到16万元。在校学员由当初不足50人发展到600多人。课程设置由当初1个专业2个班级发展到现在12个专业15个班级。1989～2008年，老年大学共举办诗词、书画、摄影展览40多次，计有1420多件作品，遴选参加国家、省、市、区展览评比作品260多件，获奖110多人次，获奖作品140多件。组织对外文艺演出、健身展示或参加赛事活动100多场次，获奖50多个。

1999年，淮安市老年大学被淮阴市老年大学协会授予“淮阴市优秀老年大学”，2007年，被淮安市委组织部、市委老干部局、市老年大学协会联合授予“淮安市老年大学示范校”。

第七节　学校选介

一、淮安市车桥镇成人教育中心校

位于车桥镇大兴村五组，淮流路车桥站牌北八十米处。学校建于1984年，校址是当时车桥镇废弃的养猪场，仅3间简陋的小平房，校区面积0.33公顷。建校初期，学校主要任务是扫盲，仅有教师2名。1986年，学校开办电视中专班，招收学生46名。1988年，学校开办了职业高中班，招收烹饪、书画装潢、财会等专业学生。1991年，校园扩至0.67公顷，并建起了教学楼。1993年，学校有职业高中班5个，206名学生，教职工33名，年输出学生达150名。当年，校园面积扩至1.37公顷，学校开始面向车桥镇干部、农民进行岗技、蔬菜种植、家禽饲养等培训，推广先进农业试验成果，促进农民增收。1997年8月，中央电视台、江苏省电视台在《大地春潮》专题片中，介绍了车桥成人校发挥自身办学优势，帮助农民致富的情况。1984～1997年，学校先后获得过“江苏省重点乡镇成人学校”“全国农村成人教育先进学校”“江苏省农村成人教育先进单位”“淮安市文明单位”“模范成人校”等称号。

2000年，学校以培训输出技术型农民工为主要任务，先后办起烹饪、电动缝纫、车钳工、计算机等专业培训，向苏南大中城市和当地企业输出技术工年均2000人次。2001年始，学校围绕省厅教育富民“5112”工程，创建省级“农科教综合示范基地”——车桥成人校家禽炕孵场，为农民致富奔小康作出了贡献。2008年，学校校舍建筑面积为2980平方米，有标准教室6口，电化教室1口，可供200人同时学习、食宿、培训；有专任教师8人，都具有专科以上学历。

二、淮安市淮城镇成人教育中心校

学校创办于1985年5月。其前身为设在淮城教育办的一个扫盲办公室，专门从事全镇的扫除文盲工作。1985年7月，学校招收第一届夜高中（即成人高中）学员，借用镇小礼堂外聘教师进行授课。1992年6月，学校出资24万元购买淮城镇金属制品厂（淮城镇老西门大街103号）。学校占地面积0.14公顷，建筑面积达1514平方米；有教学楼1幢、可供100人集中培训和食宿。1990～1995年，学校主要举办职业高中班，每届学生为50人左右。从1996年起，学校开办计算机专业成人中专班，到2007年已毕业650人。学校除学历教育外，还从事党员、干部、农民、职工文化技术培训工作和小区教育工作，融学历教育、职业教育、成人教育、小区教育于一体，2005～2007年，小区教育培训总量年均达1万人次。1997年，学校成为省重点成人校。2007年，成为省级小区教育中心。至2008年，学校有在校生217人，年培训小区居民达9000人次；有专职教员11名，其中中学高级教师职称的有3名，中级职称的有6名，本科学历的有6名。

第七章　高等教育

第一节　发展概况

1979年，淮阴农业学校恢复，开办了农学、植保、畜牧兽医三个专业。从1983年起，受省高教局委托，淮阴农业学校开办农业职业中学师资大专班，参加全省高校统一招生，统一分配。1988年，根据省教委意见，农业师资班招生进行改革试点，新生40名全部是农职中毕业生，学制2年，享受高等师范院校待遇，毕业生回当地分配工作。在以后的15年时间里，淮阴农校先后开办10多个涉农专业班，共培养学生2万余人。2003年11月，学校更名为淮安生物工程高等职业学校，隶属于淮安市人民政府。

2000年3月3日，经江苏省政府批准，原江苏省淮安师范学校并入淮阴师范学院；7月13日，成立淮阴师范学院淮安校区。2001年2月16日，淮阴师院淮安校区更名为“淮阴师范学院楚州校区”，纳入淮阴师范学院的高校招生计划。

1979年，创建江苏电大淮阴分校淮安管理站，校址位于南门外城南新村。同年，学校开办教学班，有4个单科班，学员106名，其中有18人学双科，1人学全科；管理人员全是兼职，另聘请3名兼职教师。1980年，学校配备专职教师，此后逐年发展。到1991年，学校开设中专、大专、非学历教育3个系列。其中中专开设化工工艺专业（4年制）、工业企业管理专业（3年制）。大专开设普通全日制会计专业（2年制）、审计专业（2年制）；成人大专开设汉语语言专业（2年制，半脱产3年制）、行政管理专业（2年制，半脱产3年）。非学历教育系列开设上岗证书培训、专业业务提高培训两个项目，在校学员全日制班150人、半脱产班70人。淮安电大自开办至1991年已毕业学员474人，其中电子专业45人，机械专业30人，文秘专业113人，工业企业管理专业58人，工业会计和统计专业37人，商业企业管理和会计专业78人，土建专业11人，党政专业60人，法律专业24人，财会专业18人。1999年8月，淮安电大与淮安市职教中心合并，2001年更名为淮安电大楚州分校。2006年10月，升格为江苏电大二级学院。至2007年底，共培养本科和大、中专毕业生3000余名。2008年，学校有教师50余人，均为本科学历；在籍学员1300余名，学制为三年。本科班开设汉语言文学、法学、教育管理、会计学等专业。大专班开设教育管理、会计学、小学教育、计算机应用、工民建等专业。

第二节　高等进修班　函授班

1978年，淮安县教师进修学校恢复，有教职工24人，其中专任教师15人，承办中文、数学、理化三个全日制中师专业班（学制2年）计155人。同时，学校还招收南京师范学院专科函授生640人、中师函授生1200人。至1985年，共毕业595人。

80年代，根据当时全县教育事业发展的实际情况，学校主要以学历补偿教育和应急培训为主，先后举办顶替新教师培训班、史地音乐等紧缺学科教师培训班、教材教法培训班、初中外语教师培训班、小学教师《专业合格证书》考试辅导培训班，还举办了民师中师班、音美职业高中班，共培训教师3000多人次。为改变乡镇小学教师短缺的现状，教师进修学校于1996年、1997年、1998年连续三年开办了中师和大专学员班，共招生755人。这些学员由乡镇人民政府推荐，经过入学考试，按成绩录取进入。毕业学员走上工作岗位后，有力地缓解教师不足的状况。1997年，学校设立淮阴师范学院淮安市教师进修学校函授站，从1997年8月起招收专科函授学员。2002年9月起开始招收本科函授班。至2008年底，楚州教师进修学校先后培训中小学教师3.2万多人次。其中中师毕业生4230人，专科毕业生（包括教师自学考试、专科函授等）1836人，本科毕业生147人；开展普通话培训8953人次，教干培训1668人次，骨干教师培训257人次，专业学科教师培训（英、音、体、美等）8360人次，职务培训2800人次，岗前培训2200人次，A级基本功考核培训2532人次等。当年有在校生1037人，其中全日制高中艺术生81人，淮阴师范学院本科函授学员377人，华中师范大学、西南大学远程教育学员579人（本科441人、专科138人）。

第三节　高等教育自学考试

1983年，淮安县教育局设立高等教育自学考试办公室（附设在县招生办公室内），负责县内成人自学考试的组织和信息传递工作。考试采取学分制，累积学分达到要求即可毕业，取得毕业文凭，国家承认其学历。1983～1987年，先后开考了文、理、工、农、医、法、经济、教育、历史、管理等类23个本科、专科专业，全县有6.9万余人次报名参加考试，有1659人取得专科毕业证书，434人取得本科毕业证书，部分本科毕业生还被授予学士学位。1988年，在各乡镇建立自学考试服务站，由乡镇成人教育辅导员负责日常管理。80年代，淮安加强教师继续教育和教师学历达标工作，要求所有在职教师，学历未达标的，均要参加教师自学考试、全国高等教育自学考试、成人高考及教师进修学校的学历培训。1997年，在师资队伍建设中，淮安市还要求1960年以后出生的中小学（幼儿园）教师有计划地报考高一层次的学历进修。1993～1998年，淮安参加本、专科自学考试的教师共计2000人左右，大面积、大幅度地提高了教师素质。至2008年，楚州区有3678人参加高等教育自学考试报名，当年有

172人顺利修完全部课程取得毕业证书。

1990～2008年楚州区（淮安市）高等教育自学考试情况表

表25-26　　单位：人

年份		报名人数	毕业生情况		年份		报名人数	毕业生情况	
			毕业生数	其中本科人数				毕业生数	其中本科人数
1990	（上）	1452	17	—	2000	（上）	3219	39	5
	（下）	1568	23	—		（下）	2592	38	11
1991	（上）	1751	23	—	2001	（上）	2459	45	6
	（下）	1751	17	4		（下）	2327	52	10
1992	（上）	1640	11	1	2002	（上）	2498	83	14
	（下）	1475	12	—		（下）	2401	90	30
1993	（上）	1408	14	1	2003	（上）	2205	98	23
	（下）	1065	21	2		（下）	2243	102	30
1994	（上）	1190	15	3	2004	（上）	2305	84	49
	（下）	1221	22	1		下	1992	106	67
1995	（上）	1309	42	3	2005	（上）	2137	109	36
	（下）	1547	42	—		（下）	1687	88	54
1996	（上）	1775	32	3	2006	（上）	1654	83	47
	（下）	1625	32	—		（下）	1853	71	38
1997	（上）	1820	49	1	2007	（上）	1631	59	34
	（下）	1957	49	18		（下）	1667	53	32
1998	（上）	2121	65	6	2008	（上）	1621	50	39
	（下）	2305		—		（下）	2057	56	27
1999	（上）	2391	37	3					
	（下）	3378	30	4					

第四节　学校选介

一、楚州区教师进修学校

学校位于城东乡南窑村。1974年，为淮安师训组，当时办公地点设在淮安县文教局，负责淮安县及周边县区的教师培训函授工作，隶属于县文教局。1978年，成立淮安县教师进修学校，校址在淮城镇百姓巷12号。1981年，淮安县教师进修学校培训分部成立，办公地点在淮城镇莲花街。1984年，经江苏省教育厅批准并备案，淮安县教师进修学校享受中等师范学校的同等地位和待遇。1988年，学校迁到现址，并改校名为淮安市教师进修学校。2001年，校名改为淮安市楚州区教师进修学校。2004年春，经淮安市教育局批准，学校增挂楚州区艺术中学的牌子，实行两块校牌，一套班子，一个校区。1978～1997年，学校累计完成教师的学历补偿教育（中师函授、幼师函授、高师函授）培训4000余人，民办教师合格证书培训3647人次。1996～2000年,培养城乡中小学一线英语、音乐、美术及幼儿教师700余人。2007年,共培养艺术高中生367人,其中有327名学生被艺术院校录取;培养职业幼师1000余名,这些学生已成为城区个体园和乡镇幼儿园的主力军。学校先后获得"江苏省示范教师进修学校""淮安市德育工作先进学校""淮安市教育管理先进单位""淮安市教育宣传工作先进单位""淮安市文明单位""淮安市艺术特色学校"等称号。2008年,有高中艺术生、现代家政职高生473人,各类函授进修生649人,继续教育及短期培训班学员1400余人次。学校占地2.8公顷,建筑面积2万余平方米;在职教师68人,其中本科学历教师51人,中高级以上职称的有37人。

二、江苏广播电视大学楚州学院

始创于1979年9月,校址设在淮城镇东长街百姓巷(原教育局院内),当年招收电子专业单科学员6名,属成人专科性质,校名为淮安电大管理站。1980年起,学校开始招收成人大专学员,当年招收机械专业学员16名,电子专业学员17名。1981年,迁至原淮安第三中学(现吴承恩中学),当年未招生;1985年,迁至淮城镇城南新村电大路。1992年,升级为淮阴广播电视大学淮安分校;1999年与淮安职教中心合并,实行两块牌子,一套班子。2007年,升格为江苏电大楚州学院,成为江苏城市职业技术学院楚州办学点;2008年,被评为江苏省优秀电大。

江苏广播电视大学楚州学院　（2007年摄）

从1982年起,连年招生未断,学校根据改革发展需要,先后开设文秘、电子、商业企业管理、工业企业管理、会计统计、商业会计、党政管理、土木建筑过程、法律、汉语言文学、化工、行政管理、审计、师范英语、市场营销、对外贸易经济、财务会计、现代文秘等10多个成人专科班。1989年起,开始招收成人和普通中专班,设置企业管理、财务会计、化工工艺、计算机应用、市场营销、公共关系、计量、餐旅管理、机电、美术装潢等专业。1995年起开始招收普通专科班,设置国际贸易、师范英语、汉语言文学(师范方向)、计算机应用等专业。2001年起开始,招收成人本科班。学校自开办以来共向社会输送本专科学生近4000人。

1991～2007年楚州区(淮安市)电大楚州学院招生情况表

表25-27　　单位:人

年　份	当年招生人数	其中		招　收　专　业
		本科	专科	
1991	42	—	42	汉语言文学　财务会计
1992	49	—	49	文秘　行政管理　审计
1993	56	—	56	现代秘书　市场营销　对外贸易经济
1994	38	—	38	财务会计　现代秘书　市场营销

续表 24-27

年份	当年招生人数	其中		招收专业
		本科	专科	
1995	—	—	108	财务会计　师范英语　党政管理　财会　行政管理
1996	248	39	209	财务会计　师范英语　党政管理　财会　行政管理
1997	454	—	454	财务会计　师范英语　党政管理　行政管理　乡镇管理　小学师资教育　汉语言文学
1998	517	—	517	财务会计　乡镇管理　小学师资教育（文史方向）　师范英语　财会　乡镇管理　汉语言文学　党政管理
1999	418	—	418	计算机科学与技术　群众文化　乡镇管理　教育管理　金融　财会　行政管理　乡镇管理
2000	241	—	241	法律　经济管理　现代文秘　计算机科学与技术　财务会计
2001	1112	35	1077	会计　小学教育　经济管理　财务会计　计算机科学与技术　现代文秘　法律
2002	797	171	626	小学教育　经济管理　财务会计　计算机科学与技术　现代文秘　法律　财务管理　行政管理　教育管理
2003	678	226	452	汉语言文学　会计学　教育管理　现代文秘　小学教育　法学　财务管理　行政管理
2004	733	248	385	教育管理　汉语言文学　行政管理　小学教育　工商管理　财务会计
2005	517	306	211	教育管理　汉语言文学　会计学　小学教育　经济管理　财务会计　工商管理
2006	727	549	178	教育管理　汉语言文学　会计学　行政管理　工商管理　小学教育　英语
2007	300	162	138	教育管理　汉语言文学　会计学　行政管理　工商管理　小学教育　计算机

第八章　特殊教育

第一节　发展概况

楚州区的特殊教育起步于1987年，有盲人学校1所，校舍5间，招收盲童8人；聋哑学校1所，校舍8间，招收聋哑学生31人。两所学校位于城南南门外。当时城乡普遍开展随班就读实验，其中实施的盲童随班就读的“金钥匙计划”，从事盲人教育的专家徐白仑，中央教科所博士陈云英等给予了极高评价。1991年4月，淮安市人民政府批准将盲人学校、聋哑学校和淮城镇城南小学合并，成立淮安市特殊教育实验学校，有特教班5个，学生64人，从事特教的专职教师22人，校舍面积1797平方米，有简单的从事特教的教学设施。学校尝试“三教一体，人人成才”的课题实验，取得了一定的成绩。学校少先队工作获得全国少工委、中国残联、全国妇联的联合表彰。1995年，学校招收学生10

人，在校生达114人；有专职特教教师28人；添置了1万多元的聋儿语言康复设施。2001年8月，随着区划调整，学校更名为淮安市第二特殊教育学校，有特教班10个，其中盲童班2个、聋哑班8个，聋哑盲学生84名，从事特教的专职教师22人。当年，全区残疾儿童入学率达94%。2003年，有班级11个，其中聋哑班9个，盲童班2个，在校生102人，从事特殊教育的人员25人。全区残疾儿童入学率达95%。2005年，学校在开设国家课程的基础上，充分发挥聋生视觉感知占优势的特点，开设体、艺特色项目，成立剪刻纸、丝网花、十字绣、儿童画、书法、小篮球、乒乓球等十多个工作室。2008年，全区仅有特殊教育学校1所。

淮安市第二特殊教育学校教学现场　（2008年摄）

1990～2008年楚州区（淮安市）特殊教育情况表

表25-28

年　份	学校（所）	班级（班）	在校生（人）	毕业生（人）	招生数（人）	教工（人）	专任教师（人）
1990	2	4	51	—	21	16	16
1991	1	5	64	—	13	22	22
1992	1	6	78	—	14	23	23
1993	1	7	88	—	10	22	22
1994	1	7	104	—	16	25	25
1995	1	8	114	—	10	28	28
1996	1	8	101	21	8	28	28
1997	1	9	93	13	5	32	29
1998	1	9	94	14	15	32	29
1999	1	9	95	10	11	32	26
2000	1	10	84	13	11	34	22
2001	1	10	85	11	12	35	23
2002	1	10	97	5	17	37	25
2003	1	10	102	9	14	39	25
2004	1	10	110	6	14	40	25
2005	1	10	133	13	15	44	25
2006	1	10	106	12	10	44	25
2007	1	9	96	16	6	46	29
2008	1	10	113	12	13	46	29

第二节　学校简介

淮安市第二特殊教育学校位于淮城镇白云新村17号，占地面积8000多平方米，建筑面积4500多平方米，绿化面积达3000平方米，是全区唯一的公立特殊教育学校，主要承担全区听力和智力障碍儿童学前及九年义务教育。1987年秋季，淮安县在淮城镇所属的城南小学开始附设聋哑班。经过两年的筹备并试运行，1989年3月，淮安市政府正式批准创办"淮安市聋哑学校"，面向全市招生；同年4月，淮阴市政府批准成立"淮安市盲人学校"，面向全淮阴市招生。至此，学校直属淮安市教育局，并开始实践盲、聋、普教并存的"三教一体"育人模式。1990年5月，学校在社会各界的捐助下投资36万元，新建1幢1579平方米的盲教综合楼。1991年4月，淮安市政府批准将盲人学校、聋哑学校和城南小学资源整合，三校合一，成立淮安市特殊教育实验学校。1997年7月，学校投资96.4万元，新建1幢1700平方米的聋教楼。2001年8月，学校更名为淮安市第二特殊教育学校。2003年10月，淮城镇所属运东、六珠两小学并入学校普教部。2006年，学校撤销普教部，学生分流到淮城镇鱼市小学。至2007年，学校有9个年级9个教学班，在校生96人；有教职工46名，专任教师29人，其中小学高级教师20人，小学一级教师8人。教师学历合格率100%，其中专科以上学历23人，中师中专学历6人。学校硬件设施得到改善，配备有语音室、图书室、美术室、多媒体室、微机室、劳技室、律动室、健身房等专用教室，基本满足残疾儿童学习生活的需要。学校致力于残疾孩子潜能开发，以"让每个孩子都受到最合适的教育"为办学宗旨，坚信"行动创造奇迹　信念放飞梦想"，形成了"团结、奋进、求实、创新"的校风，"尊师、守纪、奋发、自强"的学风和"严谨、治学、敬业、奉献"的教风。至2008年，多名毕业生先后接受了高等教育，成为残疾人中的佼佼者；教师群体曾被表彰为区优秀教师群体、三八红旗集体。学校先后获得"淮安市常规管理示范学校""淮安市绿化达标单位""淮安市语言文字规范化示范学校""淮安市安全工作示范学校""江苏省和谐校园""江苏省体育工作先进学校"等荣誉称号。

第九章　民办教育

第一节　发展概况

楚州的民办教育起步较晚，尤其是普通教育政府统包统管时期，七八十年代几乎无人涉足。1986年4月，《中华人民共和国义务教育法》颁布，对实施义务教育所需事业费和基本建设投资作出法律规定，国家鼓励各种社会力量自愿捐资助学。1997年国家出台《社会力量办学条例》，2002年又颁布《中华人民共和国民办教育促进法》，楚州的民办教育进入了发展的新时期。到2007年底，全区共有各类民办教育机构13个，成为楚州教育的重要组成部分。淮安的民办教育起步于幼儿教育，起初是城区一部分下岗职工和职高幼师毕业生为自谋出路，开办个体幼儿园，大多数条件简陋，师资力量也很薄弱。

2000年，新安小学幼儿园、淮师附小幼儿园、平桥镇中心小学幼儿园、顺河镇中心小学幼儿园进行改制，由公办幼儿园改为民办公助性质的幼儿园。到2007年，全区先后有12所乡镇中心幼儿园进行改制。城区先后办起了23个民办幼儿园，大多数规模比较小，其中规模比较大的有鑫鑫幼儿园、现代中心幼儿园、乐童幼儿园等。民办幼儿园特别是城区个体幼儿园在开办之初，设置标准未按照《幼儿园工作规程》《幼儿园教育指导纲要》要求执行也没有接受教育主管部门的业务指导和监督，但民办幼儿园的出现开创了楚州区民办教育的先河。

1999年，由王玉芬投资建成第一所民办公助性质的淮安外国语学校，学校总投资3000万元。学校实行董事会领导下校长负责制，学校内部实行全员聘任制和岗位责任制。2001年5月，淮安中学成立民办性质的初级中学——文通中学，它是楚州区第一所公办学校内部办的公办民助性质的学校。2003年，江苏省淮安中学改制、迁址，在原址新办淮安市文通初级中学。2003年7月，江苏省淮安中学教育集团成立，旗下有江苏省淮安中学和淮安市文通中学。2005年8月，淮中新校区投入使用。2003年，淮安市楚州区第三中学改制为民办公助性质的学校，同时更名为淮安市吴承恩中学。2003年3月，苏州兴立经贸有限公司投资新建了淮安曙光双语学校。该校是一所九年一贯制的学校，设有小学部和中学部，小学部有52个教学班，中学部有16轨共48个教学班；实行全封闭、全天候的精细管理模式。2007年，楚州区建成第一所民办职业学校——淮安市华丰职业技术学校，实施前校后厂的办学模式。

2007年，教育部出台《关于加强民办学前教育机构管理的意见》。楚州区对原有民办学前教育机构进行全面清理整顿，重新核发办学许可证，定期复核审验，共清理不合格民办幼儿园8个，取消了其办学资格。至2008年，全区民办教育创办的各类学校有民办学校6所（淮安中学、吴承恩中学、淮安外国语学校、文通中学、曙光双语学校、华丰职业技术学校）；社会力量办学机构13个，城区民办幼儿园23个，乡村个体幼儿园100多个；从事民办教育的人员2000余人，各类在校学生达4万人；其中民办中学和民办职业学校教职工1615人，专任教师1205人，在校学生3.4万人。为推进依法治校，优化育人环境，保障素质教育的实施，区教育局按照民办教育的有关文件精神，建立和完善民办教育教学管理制度，加强对民办学校的课程计划实施、招生宣传、学籍、财务等工作的管理、督查和指导。市、区教育局和民政局还组织专家组对全区境内民办中小学进行年度检查。

2008年楚州区民办中小学年检结论情况表

表25-29

学校名称	批准单位	办学层次	年检结论
淮安外国语学校	市教育局	初中	合　格
淮中教育集团	市教育局	初、高中	合　格
淮安曙光双语学校	市教育局	九年一贯制	合　格
华丰职业技术学校	市教育局	职业高中	合　格
淮安市吴承恩中学	市教育局	初、高中	合　格

第二节　学校选介

一、淮安外国语学校

位于周恩来纪念馆东侧，楚州大道199号。学校创办于1999年，是一所现代化民办寄宿制的初级中学。学校实行董事会领导下的校长负责制，是全国知名教育品牌翔宇教育集团的创始地。校区占地4公顷。2008年，有53个全日制教学班，3300余名学生，教职员工263人。学校156名专任教师中，具备中高级职称的教师122人，教师均达本科学历，有江苏省特级教师2人，市区级学科带头人6人，市区级骨干教师12人。学校承担省级以上教科研课题2项，市级教科研课题6项，有近百篇论文获得国家、省级奖项。学校秉持“志存高远，领先时代”的办学理念，以“培育走向世界的现代中国人”为办学宗旨，以“恩来精神为典范，为中华崛起而读书”为校训，坚持“德智双全、文理兼通，学创俱能、身心两健”的育人目标。学校教育教学质量享有盛誉，成为江苏省初中教育的知名品牌，施教区现已辐射到整个淮安市乃至周边21个县区。学校先后被授予“全国外语特色学校”、国家级“周恩来班”“全国民办非企业单位自律与诚信建设先进单位”“江苏省示范初中”“江苏省现代教育技术实验学校”“淮安市文明单位”“淮安市德育先进单位”“淮安市教育教学工作先进单位”“淮安市教学质量奖”等称号。

淮安外国语学校

二、淮安市文通中学

创办于2001年4月，前身为江苏省淮安中学初中部，是一所全日制民办公助性质的初级中学。初始名为楚州区文通初级中学。2003年7月，与江苏省淮安中学组建成江苏省淮安中学教育集团，同时更名为淮安市文通中学。学校坐落在城区西门大街40号，占地6.09公顷，绿地面积6000平方米，建筑面积2.16万平方米；拥有教学楼3座，实验楼1座，行政办公楼1座，体艺馆1座，多功能餐厅3个，学生宿舍楼4幢，图书电教楼（内设藏书室、阅览室、计算机教室、校园电视台和会议中心等）1幢，塑胶运动场1个；每个教室均配有多媒体网络教学系统和双向闭路电视传播系统。学校开办时，仅有10个教学班，30余名教职工；至2008年，有90个教学班，专职教师315人，其中，中、高级教师有151人，市、区骨干教师学科带头人有64人，学科指导组成员有26人。学校办学重特色，设有校园四节，分别是“文通之春”艺术节，“文通之夏”读书节，“文通之秋”体育节，“文通之冬”科技节。学校重视校园文化建设，所有建筑都以楚州区历史名人字号冠名，如“翔宇楼”“沈坤楼”“铁云馆”“滋圃堂”“红玉楼”“枚乘楼”等，均由当代著名书法家题写楼名或馆名。学校坚持“以人为本，彰显特色，为学生的幸福人生奠基”的办学宗旨，弘扬“忠诚热情，和谐创新，百折不挠，追求卓越”的文通精神，着力培养“文理兼备，中西贯通，身心两健”的优秀初中毕业生。学校先后获得首届全国中小学校园文化建设“百佳创新学校”、全国中小学“公民道德实验学校”“江苏省示范初中”“江苏省科技教育先进单位”“江苏省健康促进学校”“淮安市德育先进学校”“淮安市文明单位”“淮安市常规管理先进学校”等称号。

三、淮安曙光双语学校

位于建淮乡工业园区曙光路2号，2003年3月，由苏州兴立经贸有限公司投资兴建的一所九年一贯全寄宿制民办学校。学校占地8.67公顷，建校初期有29个班，学生1186人，教职员工169人。其中有小学17个班，学生692人，小学教师48人；有中学12个班，学生494人，中学教师21人。教师中有市级学科带头人2人，市级骨干教师5人；有区级学科带头人1人，区级骨干教师13人。2008年，学校加盟翔宇教育集团。学校以“育人为本，素质第一”为办学理念，以“为每一个孩子走向成功奠定宽厚坚实的基础”为办学宗旨，以“行胜于言”为校训，“立人为本、成志于学”为校风，以“严谨、扎实、启迪、疏导”为教风，以“主动、进取、乐学、善思”为学风。先后获得楚州区特色学校建设“先进单位”、目标考核“先进单位”等称号。2008年，学校有101个班级，学生6026人，教职员工623人，其中有小学部49个班，学生2762人，教师132人；中学部52个班，学生3264人，教师202人。

四、淮安市华丰职业技术学校

坐落于区工业园区，创办于2005年，由淮安市华丰化工机械制造有限公司投资兴建，是一所民办性质的中等职业技术学校。学校坚持“以服务为宗旨，以就业为导向”的办学理念，实行“车间教室合一、学生学徒合一、教师师傅合一、理论实践合一、作业产品合一”的教学模式。学校推行课程改革，采用“学分制”，学生既可参加全日制学习，也可边工作边学习，学业期满学分达标，技能考核合格，可获得职高毕业证书和相应的技能等级证书。学校依托华丰化工机械制造有限公司办学，同时和淮安工业园区及苏、锡、沪、宁等地多家中外大型企业联合办学，为企业培养输送适应现代工业、农业、服务业需要的各类人才。2008年，有在校职高生216人，年培训城镇下岗再就业人员1200余人次，有专职教员11人，其中具有工程师职称的4人。

第十章　教　师

第一节　教师队伍

改革开放后，楚州的教育事业发展迅速，师资队伍不断充实，师资数量都有不同程度的提高。90年代初，全市有幼儿教师1159人，其中男20人，女1139人；高师毕业2人，中师毕业97人（其中幼教专业63人），职高中幼师班结业378人，高中毕业270人，初中毕业412人。有小学教师4759人，其中男3382人，女1377人。文化程度为大专毕业139人（其中师范专业100人），中专毕业2708人（其中师范专业2465人），高中毕业923人，高中以下的989人。其中中教高级2人，小教高级463人，小教一级2740人，小教二级940人，小教三级380人，未评级234人。有普通中学教师2660人，其中男2210人，女450人。文化程度为大学本科毕业及以上261人（其中师范专业244人），专科毕业1464人（其中师范专业1384人），中专毕业685人（其中师范专业655人），高中毕业204人，高中以下的46人。其中中学高级61人，中教一级384人，中教二级1186人，中教三级473人，未评级556人。有中等专业学校教师173人，全部为职业中学教师，其中男149人，女24人。文化程度为大学本科毕业及以上的18人（其中师范专业4人），专科毕业141人（其中师范专业76人），中专毕业12人（其中师范专业11人），高中毕业2人。其中，中教高级5人，中教一级24人，中教二级78人，中教三级31人，未评级35人。教师队伍中，民办教师占很大的比重，特别是“大跃进”和“文化大革命”期间，民办教师大幅度增加。1980年，全县中小学教职工总数为6159人，其中民办教师为2205人，占教职工总数的35.8%。从1980年起，县文教局对民办教师进行考核，将不合格的辞退，有条件提高的分批轮训。到1991年，在全市（县级）中学教职工3434人中，民办教师480人，占13.9%；在小学教职工4970人中，民办教师有1736人，占34.9%。1997年，全市有教职工9836人，其中中学高级教师123人，中学一级教师1330人，中学二、三级教师1253人；小学高级教师1723人，小学一、二、三级教师3370人。至1998年，全市有特级教师4人。为稳定教师队伍，淮安市执行有关规定，20世纪90年代将民办教师逐步转为公办教师。至90年代末，全市除少数违反计划生育的民办教师没有转正外，1620名民办教师全部转为公办。

2000年，淮安市政府办公室印发《淮安市教育系统工作人员双聘制实施办法（试行）》，在教育系统全面实施"双聘制"。全系统9346名教职工参与竞聘上岗，其中落聘94人，试上岗57人，清退临时代课教师和临时工240人，校级中层干部落聘或被免职95人，乡镇所在学校流动到偏远学校103人。同时，全市实施校长民选工作，通过选拔，有15名校长竞聘上岗。2001年5月，楚州区教育局通过公开选拔建立中小学校长人才库，有242人参加竞争，经过资格初审、笔试、面试、演讲答辩、考察、公示、体检，12人入库。8月，全区有9人被任命为中小学校长，1人调入区委组织部工作。2002年5月，区教育局确定10名候选人，充实校长人才库，选任6人分别担任"两中心"校长。同年，在全区范围内公开选拔楚州实验小学校长、钦工中学校长。是年，楚州区政府出台《关于中小学校接收师范类毕业生实行公开招聘的暂行办法》，坚持缺编单位紧缺专业优先、边远乡镇优先、高学历优先的"三优先"和公开、公平、公正、择优的原则，采取考试与考核相结合的办法。同时，所有调进城区的教师全部要通过公开考录，实行教师工资二次分配。是年暑假期间，撤销乡镇教育办公室，人员及办公场所一次分流到位，乡镇成人校全部并入中心初中。2003年，区教育局印发了《楚州区教师手册》，从严规范，严格实行"五条禁令"，在全系统进行"五条禁令"承诺签名，组织督查大队进行明察暗访。12月，为重申"五条禁令"，区教育局向全区学生家长和教师家属印发《公开信》。由于严格执行"五条禁令"，区教育系统先后有6人因违反"五条禁令"受到通报批评、纪律处理和经济处罚。同年，区教育局还出台《教师礼仪规范》，通过《新楚州》报予以公布，接受社会监督，并将《规范》的执行情况作为教师考核、考评的内容。当年，全系统还认真开展了学生评教师、家长评老师和社会评学校的"三评促教"活动。

2005年4月，区教育局出台《淮安市楚州区2005~2007年教师与教干培训工作规划》《关于开展新一轮教师教干培训工作的意见》和《楚州区中小学师德评估方案》等文件。8月开始，全区实施以"百所学校结对帮扶、百名教干挂职进修、百名教师交流支教"为内容的"三百工程"，实行"城镇支持农村、强校支持弱校"措施，有101名教师赴边远乡村支教，28名教干到优质学校挂职进修。2007年，省"千校万师支教工程"向楚州区派出支教教师55人，区内下派支教教师120人。53名教干教师参加英国、加拿大、新西兰、日本等国考察和培训。至同年底，全区共有510名教师被评为高级职称，其中享受市政府津贴的15人。2007年，全区在职公办教职工总数为11291人（小学5572人，初高中5676人，成人校43人），专任教师9726人（小学4764，初中2969人，高中1299人，职业中学271人，特校29人，幼儿园360人，成人校34人）；民办学校有教职工1272人（从公办学校借用453人，原淮安中学、吴承恩中学改制310人，学校自聘509人）。同年，全区教育系统继续实施全员聘用制和岗位责任制，完善考核制和结构工资制，体现优绩优酬，建立起优胜劣汰的竞争机制；改革教师分配和调配制度，对新分配的毕业生采取"凡进必考"，根据区政府批准的招聘教师计划，采取考试与考核相结合的办法，坚持缺编学校优先，边远乡镇优先，高学历者优先的原则，公开、公平、公正、择优聘用本科生100人，专科生50人；面向社会认定教师资格，严格把关，坚持标准，确保质量，共有420人通过教师资格认定。

2008年，全区在职教职工1.11万人（小学4920人，初高中5192人，职业高中402人，特校46人，幼儿园510人，成人校39人），专任教师9560人（小学4551人，初中2886人，高中1373人，职业中学294人，特校29人，幼儿园397人，成人校30人）。公办教师中有研究生6人，本科生2383人，高级教师376人，特级教师3人，享受市政府特殊津贴教师15人，区级学科带头人100人、区级骨干教师120

人、区级名校长13人，受到国家级、省级表彰的教育工作者38人。全区幼儿园、小学、初中、高中、职高专任教师学历达标率分别为100%、99.47%、96.67%、88.20%、86.73%；小学教师专科率59.6%、初中教师本科率35.8%。专任教师中，副高职称392人、中级职称4318人、初级职称3182人。

第二节　教师待遇

改革开放以前，教师的待遇较低。中共十一届三中全会以后，教师的待遇逐步得到改善，地位有明显提高。

一、生活待遇

1978年，县教育局对中小学教师实行班主任津贴，中学班主任每人每月7元，小学班主任每人每月5元。1980～1981年，全县90%以上的教职工升一级工资，40%以上的教职工升两级工资。1981年，随着公办教师的工资调整，民办教师工资每人每年增加50元，学杂费补助每人每月2～3元。1983年，合格的民办教师一律不划“责任田”，其工资补助标准根据当地集体人均分配的不同标准在25～45元之间。1984年，中学老民办教师每月补助45元，小学老民办教师每月补助40元，小学新民办教师每月补助35元（新老民办教师以1966年底参加教育工作为界）。1985年教育体制改革后，农村中小学民办教师全部实行工资制，逐步做到不再分公民办，民办教师参照公办教师工资标准，作相应调整，工资大体上与公办教师相当，其增加的工资由国家财政和地方教育附加费各负担一半。是年，参加工改的民办教师，月增加工资额人均22.15元。1984年起，为中教5级、小教3级教师及港澳台属教师的配偶及未成年子女，实行“农转非”（即将农业户口转为非农业户口）。1985年，国务院确定每年9月10日为教师节，为表彰先进，对三代从事教育的家庭授予“教育世家”光荣匾。当年，教育系统实行新中国成立后第二次工资制度改革，实行以职务工资为主的结构工资制，逐步建立正常的晋级增资制度。教师按从事教育工作的年限计算教龄津贴，满5年不满10年的，每月发3元；满10年不满15年的每月发5元；满15年不满20年的每月发7元；满20年以上的每月发10元。从教满20年后经组织同意改任其他工作，教龄津贴照发。公办教师增资额月人均26元左右，“大集体”教师增资额月人均25元，代课教师增资额月人均25.5元。1985年工改，淮安县共涉及学校651所，教师7679人。1987年10月起，全县将中小学和幼儿园教师工资标准提高10%。从事特殊教育的教师再提高15%。1989年10月1日起，市教育局根据政策对连续任教30年并在教育岗位上退休的中小学教师按在职时工资的100%发给退休费。教龄满30年的教师以及教龄满20年，确因工作需要在从事其他教育工作累计满30年的人员，退休补贴费可补足到退休前原工资的100%；对教龄满25年及以上的女教师，退休补贴费补足到退休前原工资的100%。1993年，全市建立民办教师医疗保险和离岗养老金制度，解决民办教师的后顾之忧。同年，淮安市教育局根据国务院调资文件精神，实行工资改革，参加此次工资制度改革的全区公办教职工6765人，民办、合同教师2028人，新参加工作的大中专毕业生170人。全市在职公办教师工资改革前月工资总额为1380万元，人均月工资280元。工资改革后，全市公办教师月工资总额为2111.8万元，人均月工资430.5元，人均月增资150.5元，略高于公务员的平均工资水平。全市当年有离休教师210人，工资改革后每人月增资200元；退休教师工资改革后每人月增资160元。从这次改革建立正常增资机制以后，凡年度考核合格及以上者，每两年晋升一个工资档次，不合格者不得晋升。少数考核优秀并作出突出贡献的，可提前晋升或越级晋升。1993年9月30日前已办理离退休手续和已到离退休年龄的人员，不实行新工资制度，参考同职务在职人员的增资水平，适当增加离退休费。

1996年，全市教育系统的教师实行教师资格认定工作。当年为7799名专任教师认定了教师资格，其中871人具有中学教师职务在高中任教，被淮阴市教育行政部门认定为高级中学教师资格；2605人具有中学教师职务在初中任教，被淮安市教育主管部门认定为初级中学教师资格；173人被淮阴市教育行政部门分别认定为中等职业学校教师资格和中等职业学校实习指导教师资格；4093名具有小学教师职务，被认定为小学教师资格；57名具有小学教师职务在幼儿园任教的教师，被认定幼儿园教师资格。以上教师，由相应认定机关颁发统一印制的《教师资格证书》。1996年5月，全市进行教职工医疗保障制度改革，建立职工医疗保险基金，由学校和教职工共同缴纳。

2005年，国标工资改为国标和省标工资两部分构成，教师工资增长幅度较大。全区教师平均月工资达1300元左右，县城教师收入绝大部分在2000元以上，民办学校老师的收入更高一些。2007年实行行政和事业单位调资，区人事局决定将教师工资放在公务员之前先调。依据各人的工龄和职称等条件，在职教职员工工资上调100～500元不等。离退休老教师，退休前为初级职务的每人月增资180元，中级职称的每人月增资275元，具有高级职称的则每人每月高调450元。享受县处级待遇的离退休老干部每人每月上调600元。全区整个教育事业财政供养的1.2万余人，于12月底前拿到了从2006年7月1日起补发的增资薪水，共达4365万元，人均月增资额为252.25元。

二、政治待遇

教师是受人尊敬的职业，教师所从事的职业直接关系到青少年一代成长及成千上万劳动者素质的提高，因而受到千家万户关注和全社会的尊重。1985年1月，国家确定每年9月10日为教师节，在每年教师节期间开展表彰优秀教师活动，对优秀教师进行表彰和赋予极高的荣誉，党政领导分头去学校慰问教师，为教师排忧解难。1990～2008年间，教育系统有特级教师13人，受省级以上表彰近400人。

1991～2008年楚州区（淮安市）教育系统人员受省级以上表彰情况表

表25-30

序号	姓　名	荣誉称号	表彰时间	表彰单位	所在单位
1	王长征	全国教育系统劳动模范	1993	国家教委、人事部	复兴镇裴联小学
2	甘殿务	全国优秀教师	1993	国家教委、人事部	教师进修学校
3	侯红兵	全国优秀教师	1995	国家教委、人事部	淮安中学
4	陆宝珍	全国优秀教师	1995	国家教委、人事部	淮城下关小学
5	洪　波	全国优秀教师	1998	国家教育部	淮安中学
6	张美珍	全国优秀教育工会工作者	2000	中国教育工仝	新安小学
7	赵杏华	全国优秀教师	2001	国家教育部	车桥中学
8	朱金国	全国优秀教育工作者	2004	国家教育部	范集中学
9	时春华	全国优秀教师	2007	国家教育部	钦工中学
10	朱建文	江苏优秀教育工作者	1990	江苏省教育委员会	外国语学校
11	刘文林	江苏优秀教育工作者	1991	江苏省教委、人事厅、教育工会	教师进修学校
12	管曙梅	江苏省五一劳动模范	1994	江苏省总工会	实验小学
13	段荣顺	江苏省优秀教育工作者	1995	江苏教育委员会、人事厅	教师进修学校

续表 25-30

序号	姓　名	荣誉称号	表彰时间	表彰单位	所在单位
14	王少宝	江苏优秀教育工作者	2001	江苏省教育厅	车桥中学
15	潘善生	江苏优秀教育工作者	2001	江苏省教育厅	楚州电大、职教中心
16	周淑琴	江苏优秀教育工作者	2004	江苏省教育厅	淮安中学
17	李　林	江苏优秀教育工作者	2004	江苏省教育厅	宋集中学
18	管曙梅	江苏五一劳动奖章	2004	江苏省总工会	楚州实验小学
19	周向前	江苏优秀教育工作者	2004	江苏省人民政府	楚州电大、职教中心
20	成向前	江苏优秀教育工作者	2007	江苏省教育厅	淮安中学

1990～2008年部分年份楚州区特级教师情况表

表25-31

序号	姓　名	荣誉称号	授予时间	授予单位	工作单位
1	卢松森	特级教师	1990	江苏省人民政府	淮安市教育局
2	皇甫秀泽	特级教师	1994	江苏省人民政府	淮师附小
3	张贤平	特级教师	1994	江苏省人民政府	淮安中学
4	孙茂洲	特级教师	1996	江苏省人民政府	新安小学
5	许全生	特级教师	2000	江苏省人民政府	淮安中学
6	王其明	特级教师	2002	江苏省人民政府	楚州实验小学
7	管晓蓉	特级教师	2005	江苏省人民政府	楚州实验小学
8	蒋寿桐	特级教师	2008	江苏省人民政府	新安小学
9	张美珍	特级教师	2008	江苏省人民政府	新安小学
10	时春华	特级教师	2008	江苏省人民政府	钦工中学
11	宗凤昌	特级教师	2008	江苏省人民政府	淮安中学
12	杨文举	特级教师	2008	江苏省人民政府	淮安中学
13	赵其猛	特级教师	2008	江苏省人民政府	淮安外国语学校

第三节　职称评定

1987年，淮安县教育系统开始职称评聘工作。截至1988年底，在中小学教师专业技术职称评定中，获专业技术职称的共8274人。其中，获副高职称（中学高级教师）的有78人，中级职称（中学一级教师、小学高级教师）有1562人，初级职称（中学二三级教师、小学一二级教师）有6634人，另外评出淮安教育系统第一位特级教师卢松森。在获副高级职称的78人中，普中教师61人，中等职业学校教师5人，教师进修学校教师4人，小学教师2人，教育局教研室教研员6人。1994年，职称评定工作作了较大调整,取消中学三级教师和小学三级教师职务序列。至1998年,淮安市共有特级教师4人,小学有卢松森、皇甫秀泽、孙茂洲;中学的有张贤平。1998年,全市进一步完善教师职务评聘制度,淮安市结合全市面上学校类型、规模、任务和特点,确定各级各类学校相应的高、中级职务结构比例。

2003年,省人事厅、教育厅制定《江苏省中小学教师专业技术资格评审条件(试行)》,为中小学教师专业技术资格评审工作提供规范的操作依据,职评工作走上了更为科学的轨道。2004年,楚州区建立科学的专业技术人才评价和使用机制,破除专业技术职务终身制,建立能上能下、能进能出的用人机制。职务申报采取个人自主申报、社会量化评价、单位择优用人、政府宏观指导的办法。同年8月,经江苏省淮安市中学教师高级专业技术资格评审委员会评定,在小学从事教育工作被评为中学高级教师职称计2人,并由省人事厅颁发证书。2005年,楚州区共评出中学高级教师68人,中级职称255人,其中:中学一级教师96人,小学高级教师159人;初级职务713人,其中中学二级教师245人、小学一级教师467人、二级教师1人。2007年,淮安市和楚州区教师专业技术资格领导小组,对晋升中高级职称人员任期内师德表现、教育教学实绩、履行岗位职责、完成工作任务等方面进行综合考核。全区共评出中学高级教师136人;中学一级教师231人,小学高级教师242人;中学二级教师410人,小学一级教师242人。至2008年,全区有中学高级教师742人,中级职称教师5094人,初级职称教师3570人。

1991~2008年楚州区(淮安市)教师职称统计表

表25-32　　单位:人

年份	中学高级教师	中学一级教师	中学二级教师	中学三级教师	小学高级教师	小学一级教师	小学二级教师	小学三级教师
1991	—	—	247	108	—	1155	633	86
1992	—	273	—	—	388	—	—	—
1993	31	—	376	8	—	596	420	35
1994	11	111	19	3	186	446	132	2
1995	33	166	106	—	306	333	74	2
1996	26	237	104	5	405	442	156	8
1997	27	193	166	2	488	25	152	4
1998	39	170	132	—	511	154	179	—
1999	51	201	93	—	467	194	181	—
2000	49	179	109	—	462	264	201	—
2001	28	110	129	—	452	284	446	—
2002	42	162	185	—	397	288	425	—
2003	35	137	232	—	269	270	195	—
2004	70	121	192	—	393	276	22	—
2005	68	96	245	—	159	467	1	—
2006	96	127	449	—	245	468	4	—
2007	136	231	410	—	269	242	—	—
2008	137	242	274	—	225	49	6	—

第四节　民办教师

由于高、中师一度停办，合格师资来源中断，教育部门从社会上招收民办教师（小学），到1977年全县民办教师人数多达2105人。1978年11月根据淮阴地区教育、劳动部门指示，县教育部门为当时具有城镇户口的44名民办教师转为公办教师。到1979年，全县有民办教师2205人，占中小学教师总数的35.8%。1980年，对全县民办教师进行全面培训、考核、整顿，合格者由文教局发给合格证书。同年，全县民办教师参加淮阴地区统一组织的文化考试。经过文化考试和政治业务考核，淮安县文教局为1679名中小学民办教师颁发合格证书，并相应增加经济待遇（每人每年增资50元）。1981年，县教育部门对未合格的中小学民办教师又进行一次文化考试，仍不合格者，予以辞退。到1983年底，全县共辞退不合格民师443人，占民办教师总数2205人的20%。在民办教师整顿考核过程中，县教育部门对被辞退回到农业生产岗位上的民办教师，按其任教时间长短分别给予一次性补助。

1983年淮安县辞退民办教师补助情况表

表25-33

任教年数	一次性补助（元）		任教年数	一次性补助（元）	
	民办中学教师	民办小学教师		民办中学教师	民办小学教师
不满3年	55	45	满10年不满15年的	140	115
满3年不满5年的	70	55	15年以上的	170	140
满5年不满10年的	105	85			

1981年起，县教育部门在民办教师中分三步实施发放民办教师考核合格证。1981年，对考核合格的第一批民办教师发放考核合格证，合格比例约占民师总数的50%；1982年，对考核合格的第二批民办教师发放了考核合格证；到1984年，对考核合格的第三批民办教师再一次发放考核合格证。全县三次发放的民办教师考核合格证约占民师总数的70%。

1983年，根据淮阴地区行政公署的部署，在淮安县招聘合同制民办代课教师。至1984年底，共招聘合同制民办教师551人。至此，全县民办教师总数达2313人。1987年，全县共有中小学教师6461人，其中民办教师2313人，占教师总数的35.8%；中学教师2343人，其中民办教师312人，占中学教师的13.4%；小学教职工总数4511人，其中民办教师2001人，占小学教师总数44.35%。在全县民办教师中，教育部门发补助费的，普通中学有418人，小学有1549人，农职中有3人，幼儿园有45人，总计2015人。1989年9月30日前，市教育部门对已办理了离岗手续并享受离岗后生活补助费的民办教师，也适当提高其生活补助费待遇。市教育部门还对长期顶编代课教师的代课金和合同民办教师生活待遇作适当调高。当年，有一部分民办教师和合同教师，与有关学校签订的合同到期，离开学校另谋职业。1990年，市教育部门对经市以上教育行政部门审查批准发给合格证书、享受国家民办教师补助的各级各类学校（1990年9月30日在册）的民办教师，适当提高经济待遇。1993年，根据上级有关部门的要求，中等师范学校从中小学民办教师中招收学员，不按比例、也不分名额，以市教育行政部门为单位从高分到低分依次录取；学员在两年学习期间的工龄、教龄按国家有关规定执行，原工资待遇不变，毕业后纳入国家分配计划。1996年，全市有542名合格民办教师转为公办教师。同年，淮阴市又分解275个民办教师转正的指标给淮安市。1997年，淮阴市下达合格民办教师转为公办教师指标1689人。淮安市为303名民办教师办理了“民转公”手续。至1997年底，全市共有1620名合格民办教师转为正式教师。至此，全市所有合格民办教师基本转为公办教师，顺利完成持证民办教师转正工作。

第五节 进修与培训

一、函授

1978年，恢复教师进修学校，淮安县教师进修学校配合南京师范学院（后由淮阴教育学院接替）、淮安师范、淮阴师范，建立高师、中师函授辅导站，开展高师、中师的函授工作。同年招收学员，全县当年招中师函授学员250人，至1985年共毕业595人；招高师函授学员450人，至1982年共毕业186人。以后，全县基本上每年都招中师函授学员数百人。1988年，教师进修学校还短期培训教育干部42人。从1987年起，教师进修学校与淮阴师范专科学校合作，在淮安开办专科函授班和本科函授班，学员每年达百人以上。为改变乡镇小学教师短缺的现状，教师进修学校于1996～1998年连续三年开办中师和大专学员班，共招生755人。2006年，教师进修学校又与华中师大、西南大学合作开办网络函授学员班，每年招收学员120人左右。至2008年，全市共培养本专科函授学员3640人。

二、培训

到1991年，教师进修学校共开设各类培训班68个，为全县小学、幼儿园培训合格学员414名。1992～1999年，教师培训工作一方面以乡镇学校为主体，开展校本教研培训和师德师风培训；另一方面以教师进修学校开展的提高培训为手段，对教师进行继续教育培训；同时市教育局规定晋升中高级职称的教师，每年不少于72学时的继续教育。2000年，教师进修学校开展多种培训活动，举办中、幼函学历扫尾培训班，培训学员445人；小学教师参加大专自考课程辅导培训，培训学员2740人次；暑期小学教师职务培训560人，小学音体美短期培训结业人数89人，小学新教师岗前培训结业430人，在籍培训490人；暑期后，又举办小学英语骨干教师、小学自然骨干教师、幼儿园骨干教师和幼儿园教师岗位培训等4个班，培训学员140人。2002年，举办现代教育技术培训班22个，培训学员910余人，结业人数890人。2003年，举办小学校长岗位培训和提高培训，共开办4个班，培训学员185人；现代学校管理研修中学教干班260人，小学教干班366人；与南师大联办学校管理专业研究生课程班，在籍学员52人。2004年，开展教师信息技术培训考核，对考核合格的1504名教师发放了合格证书。全区培训小学英语教师120名，选派170名英语教师参加省、市级培训；根据课改需要，对全区的高、初中教干及教研组长进行了课改培训。同年，区教育局开展教学科研培训活动，全年组织培训25次，参训教师1.25万人次。

2008年，楚州区新教师试用期岗位培训

2005年4月，区教育局召开全区中小学教师继续教育会议，出台《淮安市楚州区2005～2007年教师与教干培训工作规划》《关于开展新一轮教师教干培训工作的意见》等一系列文件，注重师德建设与师能建设相结合，以教师进修学校为基地，有计划、有步骤地开展师训、干训工作，并且从依法执教、爱岗敬业、为人师表等方面对师德进行量化考评。当年，区教育局选派8名教干（教师）出国培训，5名中小学总校长参加省级乡镇教育管理干部培训，6名校长参加完全中学校长任职资格培训，16名中学校长参加市级岗位培训，98名高中教师参加新课程培训，27名教师参加南京市暑期教师培训，参加区级教师培训的人员达2800多人次。同年8月，楚州区实施以“百所学校结对帮扶、百名教干挂职进修、百名教师交流支教”为主要内容的“三百工程”，共有101名教师赴边远乡村学校支教，28名薄弱学校教干到优质学校挂职进修。2007年，楚州教育系统利用暑期开展多种形式的培训活动，普通高中新课程骨干教师省级培训68人；义务教育新课程骨干教师省级提高培训9人；苏北农村中小学校长（幼儿园园长）培训16人；苏北农村中心小学音体美学科教师培训14人；幼儿园骨干教师省级培训4人；小学校长市级提高班培训20人；南京市教育局为苏北农村中小学培训教师10人；市教育局开展引智（聘请外地专家）培训7人。

2008年，区教育局以教师进修学校为基地，对全区教师实行“菜单式”免费培训，重点突出紧缺学科师资培训，全年共培训教师、教干约40批4000余人次，对各种培训跟踪记录，及时回馈，列入教师考核。至年底，楚州区先后培训中师毕业生4230人，专科毕业生（包括教师自考、专业证书后大专、专科函授等）1836人，本科毕业生147人，培训中小学教师达3万多人次；进行普通话培训8953人次，教干培训1668人次，骨干教师培训257人，专业学科教师培训（英、音、体、美等）8360人次，职务培训2800人，岗前培训2200人，（A）级基本功考核培训2532人次，继续教育培训7000余人。

2001～2008年楚州区教师队伍学历情况表

表25-34　　单位：人

年份	小学		初中			高中		
	专科以上	高中以下	本科	专科	中师高中	硕士	本科	专科
2001	1517	129	235	471	271	—	420	415
2002	1214	131	371	1649	272	—	496	345
2003	1893	117	459	1907	255	—	461	492
2004	2348	118	655	1897	147	—	726	383
2005	2732	78	912	1801	157	—	937	261
2006	2881	58	1015	1765	141	—	1020	231
2007	3014	51	1145	1681	143	—	1094	205
2008	3127	24	1370	1420	96	8	1197	161

第十一章　教育科研

第一节　教研机构

一、教学研究室

1978年，县文教局将原有教育革命组和普扫组人员组建为中小学教学研究室，有工作人员7名。

进入80年代，教研室规模扩大，分中学组、小学组及教育装备和电化教学组，分科设立教研员。从1980年起，各乡（镇、场）教育办公室配备专职教研员1人，负责基层中小学教研工作。八九十年代淮安形成完整的“县、片、乡”和“县、乡、校”的三级教研网络。到1991年，淮安市教研室有工作人员10多名。1995年，全市开展优秀教研员和教研组、教务处评比活动。至1996年，淮安市有20多名中小学教师获得“淮阴市中青年骨干教师”称号。2000年，淮安市教研室共有人员17人，分小学组和中学组，每月定期到市直和乡镇学校进行教学视导。此后教研员队伍不断得到充实，至2008年，共有工作人员22名。

教研室不断开展教学研究。从1986年开始，县教研室教研员开展小学思想品德课“五环式”教学法研究，90年后逐步在全市及外市县推广。在德育研究和实践方面影响较大的有淮安市中学的“赏识成功”教育、淮安四中的“爱己”教育、新安小学的“三个生存”教育等。进入21世纪，淮安的教学研究工作得到发展，达到每年1个专题。2000年5月，举办小学语文课堂教学观摩暨学术报告会，全国著名特级教师于永正执教苏教版教材《庐山的云雾》一课；苏教版小学语文教材主编张庆作《九年义务教育全日制小学语文教学大纲（试用修订版）》的辅导报告。同年，淮安召开第十一届小学语文年会，100多名小学教研员和骨干教师参加会议。2001年，楚州区在初中全面推广“洋思”经验，在城区和农村各设1个试验点，由教研室负责指导试验，并举行校长、教师“学洋思，创优课”活动，校长一等奖获得者被授予“课堂教学行家”称号，教师一等奖获得者被授予“课堂教学能手”称号。2003年，楚州区进一步完善教研网络队伍建设，新增学科教研员6人，建立教研片，确定教研联络员、课改联络员，调整补充了部分乡镇教研员。全区高中健全学科中心教研组，建立起教研工作基地，加强教学改革；小学推广“自主、合作、探究”学习模式；初中推广洋思“先学后教”的教学模式，狠抓教学视导，对10多个乡镇和区直学校进行视导和调研。2004年4月，淮安市农村小学课程改革工作会议在楚州区召开。车桥、城东两个乡镇6个学校提供现场共24节观摩课。省教育厅、市教育局领导出席并讲话。

2005年，学科建设进一步加强，小学阶段以中心教研组为阵地，初中阶段以学科基地为平台，高中阶段以中心备课组为龙头，开展教研活动，深化课程改革，以“行政推动、上下联动、均衡发展”为思路，组织教育骨干去国家级、省级实验区考察学习，参加各级大型专题培训，邀请全国知名课改专家、教学专家到楚州讲学、献课。2006年，全区教研工作加强教育教学业务指导和推进教学质量均衡化发展。高中阶段坚持定期召开校长例会，初中阶段开设5期“校长论坛”，小学阶段建立“教研员沙龙”，重点解决教育教学中遇到的热点、难点问题。同时，全区开展对薄弱学校实行帮扶制度。高中阶段实行以师带师，教研员与教师结对帮扶，着力提升学科教学质量；初中阶段实行以校带校，示范校与一般校结对帮扶，着力提升教学工作实绩；小学阶段实行以校带片，重点校与农村片结对帮扶，着力推进教学质量均衡化发展。2007年，全区按学科成立学科指导组，聘请特级教师、学科带头人和骨干教师等200多名教师为学科指导组成员。学科指导组先后到全区80多所学校检查指导工作，对教师教学情况和教育行政干部教学情况进行了调研，共抽查教师、教育行政干部800余人次，听课1000余节次，对发现的问题进行了深层次的研讨分析，提出改进意见40余条。2008年，全区教育系统开展“有效教学过关”活动，提高课堂教学各个环节的效率，强化师能建设。区教育局制定教学工作艺术规范和推进过关的工作方案，在试点基础上通过大面积培训、优课评选、过关验收等措施强力推进。全区共开展专题培训38场，受益教师超过7000人。组织各级段“有效教学”优课评比活动，全区40岁以下青年教师全部参加此项活动。举行优课巡展活动，分级段分别在楚州实验中学和朱桥镇召开“有效教学过关活动”工作现场会。

二、教育科学研究所

淮安市教育科学研究所1995年成立。1998年，淮安市教委下发《关于进一步加强全市教育科学研究工作的意见》的文件，明确全市教育科研的目标、任务、组织、经费等，指导推动全市教育科研工作。在“九五”教育科研课题中，淮安有国家级课题1个，省级课题8个，淮阴市级课题18个，县级课题31个。1996～1999年，教科所组织编写《中学生日常行为规范100问》《小学生日常行为规范100问》《青少年闲暇生活指导》等书，对淮安市中小学实施素质教育起到推动作用。淮安市还充分挖掘地方伟人文化，对周恩来教育思想展开研究。

2000年，淮安市教科所被江苏省教育厅表彰为省先进教育科学研究所。至2000年底，淮安市已有淮阴市教育科研实验基地学校7个，分别为淮安中学、第二中学、第三中学、新安小学、淮师附小、钦工中学和范集中学。其中，淮安中学、淮师附小等校被省教科所命名为省教育科研实验基地。2001年，有5个课题被立项为省“十五”教育科学规划课题，楚州区教科所承担的新中国成立以来楚州区唯一的国家级课题《闲暇教育研究》通过全国教育科学规划领导小组的结题鉴定。2003年，围绕新课程改革，印发课改专辑3本，全区挖掘特有的区域性教育资源，在淮安市率先开发与实施校本课程、综合实践活动课程。2005年，教科所加大校本课程和综合实践活动课程开发的力度，出台《楚州区校本课程开发指导意见》和《楚州区综合实践活动课程实施指导意见》，推动全区各所学校的校本课程的研究和开设。2008年，各学校开展研究性学习、学习型学校、心理健康教育等课题研究，将心理健康教育、法制教育和校园文化建设有机结合起来，全面提高科研水平。年底，全区有21个省市级“十一五”规划课题通过课题论证。

三、教育学会

1982年起，淮安县教育局先后建立小学语文、数学，中学语文、数学、物理、化学、外语、体育教学研究会及德育、成人教育、特殊教育研究会（后均改为专业委员会）。1990年，淮安市教育学会成立。小学语文、数学、自然（科学）学科专业委员会每两年召开一次年会。教育学会多次被授予省、市级先进集体称号。

1981年，淮安县成立县、乡两级青少年科技辅导员协会，分别挂靠在教研室和乡镇教育办。同年，全县开始聘请县、乡、校三级青少年科技总辅导员和辅导员。1997年，学生耿建康在板闸中学和淮安中学上学期间，开展“大头菜挖心种植”试验获全国第7届青少年创造发明比赛和科学讨论会一等奖，获由杨振宁博士倡导的香港亿利达公司捐资赞助的华东六省一市“亿利达”杯发明创造一等奖。淮安师范附小学生薛懿发明的“多功能方便尺”获国家专利和全国小学生小发明一等奖。1999年以来，楚州（淮安市）坚持参加江苏省教育厅、江苏省科技厅、江苏省科协等联合举办的“金钥匙”科技竞赛活动，至2008年连续8年获得江苏省科技教育先进单位称号。

第二节　重点成果

1986年，县教研室刘友开发起研究的小学思想品德课“五环式教学法”。1990年后，逐步在淮安市推广，并推广到外市县。该课题获省教育科学优秀成果奖，被省教委副主任周德藩赞誉为“是对小学思想品德课教学改革的一大贡献”。

1995～1998年由淮安市第四中学（现实验中学）严永年主持的课题《开展爱己教育，培养学生良好的自我意识和自育能力》，通过市级结题鉴定，其课题实验的一些做法，曾被《中国教育报》《德育报》《江苏教育报》《江苏宣传》等报刊登载。

2000年前后，淮安市教科所组织研究并编写了《周恩来教育思想研究》一书，淮安市中学组织研究并编写《周恩来教育思想》一书，书中汇集全国各地许多知名专家学者对周恩来教育思想的研究成果。这两本书在全国产生了一定的影响。

2001～2005年，区教研所张健主持的课题《闲暇教育研究》的研究成果《闲暇》著作，荣获江苏省第二届教育科学优秀成果（实践探索类）一等奖；编著的校本教材《闲暇》（小学、初中和高中版）中“小学版”荣获江苏省教研室组织的优秀校本教材评选一等奖。

第十二章　学校建设

第一节　校舍建设

70年代，全县中小学校90%以上校舍为土木结构，有窗无扇，有门无框，大多为危房，农村学生几乎无课桌椅上课，很多学校不通水、不通电，辅助教学用具几乎为零。从1978年开始，全县校舍面积逐年增加，质量和档次逐年提高。1980年底，全县校舍总面积32.91万平方米。到1987年，全县校舍总面积为40.12万平方米，其中校舍2.98万间，建筑面积38.87万平方米，楼房15幢，面积1.81万平方米。1990年，全市校舍面积增加到45.75万平方米，1995年校舍面积为62.57万平方米。

1983～1990年，淮安全面实施中小学“一无两有”工程。1983年，淮安县全面启动以“校校无危房、班班有教室、学生人人有课桌凳”（简称“一无两有”）为中心内容的校舍修建工作。截至1990年，全市基本达到“一无两有”目标。90年代初、中期，全市加快“普九”步伐。地方各级党委、政府克服困难，保证教育“三增长一优先”，发动人民群众集资办学、捐资助学，加快“普九”（即普及九年义务教育）步伐，创下了一个乡一天获得干群捐资办学60万元的纪录。全市1995年、1996年两年累计投入“普九”经费1.49亿元，建起60座教学楼，校舍、校园环境在当地最漂亮，最优美，成为淮安城乡普遍现象。2003年，为改善农村中小学办学条件，促进义务教育均衡发展，楚州区启动了农村中小学“三新一亮”（课桌新、板凳新、讲台新、电灯亮）工程。两年内，中小学新添课桌凳8.14万单人套，维修课桌凳7.14万单人套，新添讲台2504张，维修讲台884张，改造通电教室3182口，计投入1088.54万元，彻底改变农村学校“三破一暗”的状况。2004年，为缩小城乡教育差距，促进城乡教育协调发展，全区启动农村中小学“六有”工程。两年时间，全区新增校园绿化21.8万平方米，新铺设校园硬质路面26.9万平方米，新建校园排水管系3.8万米，新建、改建学生宿舍3.2万平方米，新建、改建卫生食堂1.9万平方米，新建、改建水冲式厕所1.9万平方米，购置学生双人床铺6602张，饮水机1794台，保温桶314只，总投入资金5138.4万元。2006年，全区投入改善办学条件资金5400多万元，新建、扩建校舍1.76万平方米，大修校舍3.05万平方米。2007年，全区中心初中、中心小学以上学校均拥有教学楼。2001～2005年，全区共投入5.07亿元改善办学条件，新建、扩建校舍45.8万平方米，改造、维修校舍25万平方米，添置课桌凳13.2万套，上河、马甸、溪河、施河、仇桥、复兴、三堡、林集、范集、南闸、白马湖、茭陵、朱桥、车桥、流均、宋集、季桥等17个乡镇中心小学建成寄宿制学校。2008年，全区新建扩建校舍1.76万平方米。区政府年初下达目标为1万平方米，超额完成7614平方米。

第二节　危房改造

1978年以后，学校校舍的维修费用均在教育事业费内列支，即在教育事业费中的教学行政费内规定开支定额(如80年代初期按校舍面积每平方米0.223元安排)。到1980年,全县有危房3万平方米,占校舍总面积的9%。1981～1984年,全县投入危房维修资金591万元,改造危房13.82万平方米,使危房面积降低到只占校舍总面积的2%。1986年6月,江苏省再次发出《关于进一步加强中小学危房修缮和改造的通知》,确保危房维修资金专款专用。2001年11月10日,区财政局、区教育委员会联合下发《关于加强中小学布局调整与危房改造专项资金管理的通知》。2002年7月24日,区财政局、区教育局再一次联合下发《关于加强农村中小学危房专项资金管理的通知》。各学校严格按照通知精神执行,危房改造速度加快,同时做到专款专用。到2002年底,全区基本实现中小学无危房的目标,学生百分之百在安全校舍内上课、生活,并得到省验收组认可。

1996～2000年,全市投入校舍维修费用6042万元,维修校舍13.57万平方米。2001～2006年,全区投入校舍维修费用1.16亿元,维修校舍30.55万平方米。到2008年,全区新建扩建校舍2.74万平方米,改建校舍7675平方米,大修校舍9.37万平方米,配套建设投入资金1531.36万元,改善办学条件总投入达4314.89万元。

第三节 教育装备

1978年,全县教学设备只有500多件。1987年后,全县加大教育装备投入。1980年,全县中小学仪器设备达1600件。1980～1990年,全市共购进各类仪器13.77万件,为教学提供了极大的便利。1991～1996年,全市共购进15.85万件教学仪器。1997～2003年,全区(市)投入资金413.5万元,用于购买自然、科技、美术、理化实验操作等教学仪器和其他设备。2004年,全区内部装备投入302万元,建成教育装备窗口学校1所,建成定点完小内部合格学校16所。

全区各学校在充实仪器的同时,增加图书配备。1980年,购进图书3640册。1984年,全区购进图书1.68万册。1988年,购进图书12.3万册。到1990年底,全市学校共购进图书51.60万册。1991～1996年,全市共购进图书16.92万册。1997年,购进图书4.6万册(淮安中学藏书3.53万册,其中当年增加5000册)。1998～1999年,购进图书15万册。2004年底,城区小学、农村中心小学建成标准化图书室,图书室均达省二级标准,其中示范初中达省一级标准,三星级以上高中达省一级标准,一般高中达省二级标准。1997年,全市创建合格实验室15个。1998年,全市创合格实验室50个,并购进实验操作器材30万套。2004年,全区建成市级优秀实验室2个。同年,实施“校校通”工程,利用信息技术实现家庭与学校、学校与学校共建网络教育平台,共享网络信息交流,共享网上教育资源,提高全国中小学教育教学质量的立体网络。全区共新建计算机教室35个,计算机总量达1000余台。2005年,开展教育现代化合格学校建设工程,全区中小学计算机装机总数达到5722多台,建成了580个多媒体计算机教室,166所学校接入了宽带网,实现了教育信息和资源共享,现代信息技术教育覆盖率达到了100%。2006年,江苏省提出实施以充实和完善实验仪器、体育与艺术教育设施设备、图书数据等为重点的“四项配套”工程。全区117所受帮扶的农村中小学以及新安小学、实验小学、实验中学和楚州五中等非帮扶学校,到10月底,按省、市要求完成了基础设施建设任务,顺利接受省级验收。工程累计投入资金1964.52万元,其中用于添置器材及橱窗355.63万元,用于修建运动场地115.3万元。至2008年底,全区共有科学实验室119个,科学仪器室119个,科学园2个,小气象站88个,物理实验室69个,物理仪器室49个,化学实验室66个,化学仪器室51个,生物实验室46个,生物仪器室44个;图书室面积1.36万平方米,图书135.01万册;美术教室99个,美术器材室75个,音乐教室150个,音乐器材室56个,舞蹈教室11个,舞蹈器材室8个;运动跑道1.39万米,篮球场221片,排球场85片,足球场25片,室外乒乓球台509个,乒乓球室33个,体育器材室158个。

第十三章　教育管理

第一节　行政管理

教育局是政府主管境内教育工作的职能部门。1990年，淮安市文教局的文化业务划出，改称教育局。之后，各乡文教助理改称教育助理，乡文教办公室改称教育办公室。1991年，市教育局设有10个职能股（室），即办公室、教育股、人事股、财建股、招生办、教研室、纪检室、督导室、成人教育办公室、勤工俭学办公室，有人员108人。2006年，全区撤销各乡镇教育办公室，成立乡镇教育总校，乡镇成人校全部并入中心初中，人员分流到有关的小学和初中，由总校长负责所在乡镇的教育教学工作，教育总校办公室人员只保留总校长、办公室主任、总账会计和现金会计。

1990年至2003年8月，楚州区直属学校为淮安中学、二中、三中、四中、五中、车桥中学、钦工中学、范集中学、复兴中学、平桥中学、朱桥中学、淮安市高级职中、南闸职中、钦工职中、车桥职中、新安小学、淮师附小、淮安市特殊教育实验学校、教师进修学校，其余初中、小学由乡（镇、场）人民政府和教育局共同管理。2003年9月起，淮安中学、第三中学改制为民办学校。2004年，楚州区人民政府落实《义务教育法》，将从1985年实施的分级办学分级管理体制，改为区级办学区级管理，实现区为主的管理体制。

至2008年，教育局共有职能科室18个，分别为办公室、教育科、人事科、发展规划与审计科、德育宣传科、体卫艺科、督导室、装备室、教研室、职业与成人教育办公室、招生与自学考试办公室、纪委（监察室）、勤工俭学办公室、基建办公室（内设）、机关管理中心（内设）、工会、团委、学生资助中心等，在编人员108人。

第二节　经费管理

1985年，淮安县对教育经费专款专用。对教育费附加的开支范围，规定为城市专用于中小学的校舍修缮和教学设备的购置，包括教学仪器、图书数据、文体设备、实验室图书室的橱柜和课桌凳等；农村专用于农村学校民办教师工资和福利费中规定应由集体补助的部分，用于补助教育行政费的不足，以及用于校舍修建、教学设备的添置等。1989年起，淮安市实行经费包干，切块管理，市直学校由市财政局直拨；乡属学校由市财政局按乡统一核定经费指标，直接拨至各乡镇场教育办公室。这种经费管理体制一直持续至2003年。从2004年起，楚州区教育经费由财政按预算拨至教育行政审批中心，教育行政审批中心按乡镇学校的类别下拨至乡镇总校，由乡镇总校管理、发放。同年秋季学期，全区公办义务教育推行“一费制”。“一费制”是指在严格核定杂费、课本费和作业本费标准的基础上，由省级人民政府确定一个收费总额，然后一次性统一向学生收取的收费办法。2005年秋季开始，全区开展“两免一补”（免杂费、免课本费、补助寄宿学生生活费）工作，部分家庭困难的学生享受到这一政策。其中，2006年春季，全区享受“两免一补”政策的中小学学生为2.6万人，政府补贴

208.65万元。自2006年秋季新学期开始，全省农村义务教育阶段学生全部免收学杂费。是年，全区享受免收学杂费的学生共有16.89万人，全区秋季学期补助资金为1958万元。自2007年秋季新学期开始，全省农村义务教育阶段学生全部免收课本费。全区各学校共计资助义务教育阶段贫困学生6711人次，减免金额达57.2万元，全区共资助高中阶段贫困生2979人次，共计减免学杂费194.5万元；另外还向260名贫困家庭的职业中学学生发放省政府职教助学金52万元；向209名考取公办本科院校的贫困大学生发放资助金83.5万元。2007年，省核定楚州区农村义务教育债务为7165.62万元，确定补助5613万元，区财政相应配套资金1552.6万元。区政府于2008年批准并上报《淮安市楚州区农村义务教育债务化解工作方案》，一次性化解了省核定的全区义务教育债务，为全区157所农村中小学卸下债务包袱，促进全区教育事业快速发展。

1991～2008年楚州区（淮安市）教育经费情况表

表25-35　　单位：万元

年份	经费总额		
	合计	其中财政拨款	其中基建维修费
1991	3817	1926	1148
1992	4177	2366	879
1993	4822	2856	344
1994	7729	4849	411
1995	9944	4876	2054
1996	11755	6089	1604
1997	14104	7432	2135
1998	15558	8091	3679
1999	16841	9212	3857
2000	17796	9842	4159
2001	19082	10050	2458
2002	19465	11701	1978
2003	24214	13711	3683
2004	26433	15139	2706
2005	37627	20555	3362
2006	41303	23447	2114
2007	56251	36585	1898
2008	62373	42678	6779

第三节　教育投资

一、公办教育投资

（一）财政拨款

1978年，全县教育财政拨款348.18万元，1979年增至380.3万元。此后，全区（县、市）教育财政拨款逐年增多，1980～1989年，财政拨款1.08亿元；1990～1999年，财政拨款4.96亿元；2000～2006

年，财政拨款10.44亿元；2008年，财政拨款3.66亿元。

（二）中小学杂费

2000年，全区中小学学杂费收入2388.3万元，2002年为3294.7万元，2004年为6391万元，2006年为7887万元。从2006年秋季新学期开始，全省农村义务教育阶段学生全部免收学杂费。

（三）教育费附加

1985年5月，中共中央作出《关于教育体制改革的决定》，提出要改革管理体制，扩大学校的办学自主权。改革进一步调动地方政府和群众办学的积极性，增加了对教育的投入。当年，全县农村征收教育事业经费附加240万元，征收城镇教育事业经费附加13.5万元。2001年，全区征收教育费附加100.2万元；2002～2006年，征收教育费附加1450.1万元；2008年，征收教育费附加1522万元。

（四）勤工俭学收入

1984年，淮安县文教局成立勤工俭学办公室，各乡小学配备1名勤工俭学专职干部，各中学指定分管后勤工作的副校长或总务主任兼管学校的勤工俭学工作。1985年，全县校办工厂17个，总产值达60多万元，利润9万多元；校办农场经营农、林、牧、副、渔各业，另外还经营商业、服务业，总产值达156万元，纯收入33万余元。1987年，全县勤工俭学总产值644万元，利润为59.8万元。1998年，全市校办工厂完成总产值4550万元，校园经济完成总产值3030万元，学校第三产业完成总产值2068万元。2003年，全区完成校办产业产值5580万元，其中校办工业产值2200万元，校园经济产值1800万元，三产及其他1580万元，全年实现利润620万元。2004～2006年，全区勤工俭学收入1000万元。2008年，全区勤工俭学收入400万元左右，主要来自学校商店、食堂收入。

二、民办教育投资

1978～2008年，全区（县、市）先后创立各类民办教育机构55个，办学资金全部为自筹。1999年7月，淮安市兴办首家民办学校淮安外国语学校，计投入3000万元。2001年，淮安中学改制，成立淮中教育集团（淮安中学、文通初级中学），淮安中学新校区投入1亿以上。2003年，新办曙光双语学校（于2008年加入翔宇教育集团），共计投入5000万元；2007年，创办全区第一所民办职业学校——华丰职业技术学校，投入1000万元，依托华丰机械公司办学。2008年，全区规模比较大的民办培训机构有7家，分别是树人计算机培训学校、振华职业技术培训学校、春庚职业技术培训学校、华清职业技术培训学校、华丰职业技术培训学校、宏图职业技术培训学校、润民职业技术培训学校。

至2008年，全区共有注册民办幼儿园32所。2000年注册7所，2001年注册3所，2002注册4所，2003注册6所，2004注册4所，2005注册5所，2006注册3所。这些民办幼儿园投入资金少，规模也相对较小。

三、其他形式办学投资

社队集体和群众支持中小学改善办学条件筹集的资金（包括投工投料），1984年达400余万元，1985年为176.18万元。1993～1999年，淮安市争取省有关部门和社会各界援助办学经费750万元。2000～2008年，楚州区共争取其他援助办学经费651.56万元。

第四节　教育督导

1990年，在督导制度中断21年之后，淮安市教育督导室筹建成立。1993年5月，市政府召开第一届教育督导工作会议，向宋伟、汤国桢、沈保增、邢成龙、刘万成5位专职督学和余鸿鲁、穆长宽、赵守真、皇甫秀泽、陈天林、高殿军、汪俊、张方吾、孙兆新等10位兼职督学颁发了《督学证书》；督导室下发《淮安市教育督导暂行规定》，明确职责。制定《淮安市乡镇教育工作督导评估》等若干种教育督导评估方案，汇编成《教育督导文选与评估》一书。通过综合督导、专项督导和随访督导，促进全区教育规范提高。1995～1998年，围绕市教委中心工作，开展"教育督导百校行"活动。1997年，市教育督导室被省政府表彰为"江苏省先进教育督导室"。2001年，被江苏省教育厅表彰为"江苏省教育督导工作先进集体"。2002～2005年，对全区各中小学控制流生专项督查，出督查简报16期，对流生重点乡校帮扶解剖。采取"五项措施"，即强化政府行为，增强执法意识，采用"双线责任制"，形成政府、学校和家庭齐抓共管的良好氛围；认真执行流生汇报制度，各乡镇实行月查和季报制度，定期公布；做好对流生现象的分析和研究，对造成学生流失的原因进行认真分析，做到控流工作对症下药；实行学籍会审制度，根据学籍管理有关规定，印发了控流协议书，并与家长签订协议；积极实施"保学工程"，动员各种力量资助特困学生，保证不让一名学生因贫失学，控制流生。2006年开展"常规管理督导百校行"活动，2007年开展"常规管理专项督导"活动。2008年，开展"一周一校综合督导"制度，制定《楚州区中小学综合督导方案》和《楚州区中小学综合督导实施细则》，成立综合督导组，每周不打招呼对一所学校进行综合督导。2003～2008年，深入到乡镇二中和完小，多次对"减负"工作和"有偿家教"进行突击检查，减轻中小学生的课业负担，规范家教市场。

第五节　行风建设

楚州区教育局历来重视教育行风建设工作。1987年，成立纪检信访组专门负责此项工作，1995年，改名为中共淮安市教委纪律检查委员会。2000年5月，召开近千人参加的全区教育系统党风廉政和行风建设工作大会，出台关于教育系统党风廉政和行风建设专项意见，聘请了8名行风监督员和49名行风评议工作联络员。行风建设继续实行"一把手"负责制。学校管理推行校务公开制度，在基建工程、物资采购、招生计划、职称评聘、住房分配等方面增强透明度；实行基建项目招投标制度；坚持"收支两条线"；健全审计制度，对离任干部进行财务审计。2002年，区教育局党风廉政暨行风建设围绕"一个重点"、强化"三项工作"、做到"四个狠抓"开展工作。"一个重点"，把领导干部树立正确的权力观作为当年党纪、政纪教育的重点内容。"三项工作"，即廉洁自律警钟长鸣、案件查处加大力度、行风建设抓出成效。"四个狠抓"，就是狠抓源头预防、各项监督、目标考核和责任追究。2003年，区教育局出台《楚州区教育系统"五条禁令"》及"督查办法"，规范教育系统的行风廉政建设，年底信访稳定工作被区委、区政府评为先进单位。2004年，楚州区教育局纪委被中共江苏省教育委员会、江苏省教育厅表彰为"全省教育系统纪检监察工作先进集体"。2005年，全区教育系统53个基层党组织、3000余名共产党员先后参加第一批和第二批先进性教育活动，党员参训率达95%以上，完成先进性教育活动的各项任务。2006年，楚州区教育局纪委被淮安市纪委表彰为"纪检监察工作先进集体"。2007年，区教育系统完善"校长接待日"、信访月报等制度，开展治理商业贿赂工作。制定下发《楚州区教育系统软环境建设考评方案》，重申《楚州教育系统"五条禁令"》，出台《楚州区教育局机关作风建设九条承诺》，规范了中小学收费行为，全区195名校长在《新楚州》报纸上发表《规范中小学收费行为承诺书》。2008年，全区教育系统以行风建设为保障，进一步规范学校的收费行为，全面落实收费公示等制度；加强教育行风建设，从严管理，坚持廉洁从政、廉洁从教；规范各类学校的招生行为，鼓励平等、有序竞争，反对恶意诋毁、相互倾轧；全面加强校园及周边环境治理，推进"平安校园""和谐校园"和"安全文明校园"创建工作。

第二十六篇　文　化

中共十一届三中全会以后，淮安县物质文明和精神文明一起抓。名胜古迹得到保护、修缮，吴承恩故居、刘鹗故居、漕运总督部院遗址公园、淮安府署等修缮恢复，接待海内外游客；全区被列为国家、省、市级文物保护单位达63个。此外，楚州籍的文学艺术家，有著名新闻记者袁鹰，电视电影艺术家陈铎、石维坚，画家丁乃武等。1991年，博里镇被文化部授予“中国民间绘画之乡”。2007年，被中华诗词学会命名为“诗词之乡”称号。2008年1月28日，楚州区被文化部授予“中国书法之乡”。

至2008年，全区已建成较为齐全的文化体系，各文化单位得到充分发展。城区新建图书馆、档案馆、文化馆、广电大楼、工人文化宫、博物馆等。各乡镇均建有文化站、文化中心、广电放大站、影剧场等文化设施，工厂、农村、学校普遍建有俱乐部和文娱活动室。群众性的文艺活动蓬勃开展，涌现出一批优秀作品，民间文艺演出影响广泛，南闸民歌、十番锣鼓被列为省、国家的非物质文化遗产；仇桥杂技、泾口高跷等，均已纳入市、区非物质文化遗产保护范围。地方戏曲淮剧作为淮安地方传统剧种被列入江苏省非物质文化遗产名录。民间美术和手工艺丰富多彩，博里农民画借鉴民间剪纸、刺绣等艺术手法，创作出既有浓郁农村生活气息，又有鲜明的艺术特色的现代民间绘画作品。

第一章　文化机构

第一节　文化局

1990年之前，淮安市文化局与教育局合署办公。1990年底，淮安市文化局从文化教育局剥离，单列建制，受市政府领导；有行政编制10个，行政附属编制1个。2008年，内设3个行政科室，即办公室、文化科、艺术科；6个事业股室，即文物管理办公室、文化市场管理办公室、文化市场稽查大队、剧目工作室、楚州画院、音像发行站；下属6个文化单位，即文化馆、博物馆、图书馆、电影公司、市淮剧二团、人民剧场。

中共十一届三中全会以后，乡（镇）、村普遍建起文化中心、影剧院、图书室等，添设广播电视设备，丰富了广大群众的文化生活。

第二节　广播电视局

1978年，淮安县已有有线广播网并自办节目《淮安新闻》，在城区主要地段设立喇叭。农村依靠当时的电话线路传送信号，形成城乡有线广播网。1987年，淮安市筹建淮安电视台，1989年3月，淮安市广播站申请建立淮安市广播电视局，同年11月，江苏省广播电视厅批准淮安电视转播台使用19频道转播中央电视台第一套节目，增设10频道转播中央电视台第二套节目。1990年1月，成立淮安市广播电视局，办公地址设于镇淮楼东路82号。当年8月，淮安市广播电视局设立淮安电视台，12月，在原址建成1640平方米的广播电视办公楼。1990年4月20日，淮安市广播站经省广播电视厅批准改为淮安市人民广播电台。1991年9月23日，省广播电视厅批准淮安市人民广播电台开办调频广播。2001年2月，行政调整，原淮安市人民广播电台更名为楚州人民广播电台。2003年，全区城乡有线电视全部实现光缆联网，有线广播开始通过有线电视网络传送两套调频有线广播信号，分别转播中央人民广播电台和江苏人民广播电台节目。

第三节　新闻信息中心

中共十一届三中全会以后，中宣部决定在全国试办和恢复100家县（市）报。1980年3月5日，《淮安日报》正式复刊，改称《淮安报》。1986年，《淮安报》跻身全省新闻系统先进集体行列，为全省县（市）报中唯一的一家。1987年3月5日由周二刊改为周三刊，1991年增出“周末刊”，成为周四刊。1994年元月1日起恢复《淮安日报》，周六刊。2001年2月12日，《淮安日报》更名为《楚州日报》。当年，根据省新闻出版局规定，《楚州日报》出版到2001年底。2001年12月31日，《楚州日报》停刊，采编人员建制划归新淮安市委机关报《淮安日报》，刊号CN32-0044成为新批准的《淮海商报》的刊号。2002年1月，楚州区委决定成立新楚州编辑部，编辑出版周三刊四开四版的《新楚州》报。2002年1月20日，《新楚州》报出版创刊号。同日，新楚州编辑部挂牌成立。2003年3月，根据中宣部、国家新闻出版总署通知，县级报纸停办，《新楚州》停刊。后与新华社江苏分社合作，以新华社江苏分社网络报形式，出版《楚州信息》。2004年4月，经全省原县级报社的共同努力，省委宣传部、省纪委、省新闻出版局同意全省没有被批准加入新华日报集团或地市级报业集团的原县级报编辑出版“内部数据，免费赠阅”的新闻简报《楚州信息》恢复为《新楚州》报，为免费赠阅的内部数据。同年4月，新楚州编辑部更名为楚州区新闻信息中心。楚州区新闻信息中心和《新楚州》为一个机构、二块牌子。2007年12月1日，《新楚州》报将双色印刷改为彩色印刷。2007年，全省县（市）级报业协会成立以来，《新楚州》参加了三届全省县（市）报好新闻评比活动，推荐的新闻作品中，获得一等奖4篇、二等奖12篇、三等奖21篇。

第四节　档案局（馆）

1981年1月，县档案馆事业编制由4人增加到6人。当年9月，成立县档案科，与档案馆合署办公。从1982年起，其事业经费改由县财政统一安排，定额包干。1984年2月，档案科撤销。1986年，全馆共有工作人员12人。1988年2月，淮安县档案馆更名为淮安市档案馆；8月，编制由12人增加到15人。10月，档案局成立，与档案馆合署办公。1989年3月，淮安市档案馆移至西长街市政府机关大院新建档案楼办公。档案楼为钢筋混凝土结构，4层，库房和办公用房共28间，总面积1500平方米，其中库区面积900平方米，库房净面积574平方米。是年5月，档案局（馆）始设保管股、编研股、征集股。1990年6月，被评为江苏省二级档案馆。2001年，淮安市档案局（馆）更名为淮安市楚州区档案局（馆）。2008年，楚州区档案局（馆）内设办公室、法宣股、业务股、征集股、保管利用股，在编人员17人全部为大专以上学历；有档案密集架206立方米，铁制橱112组，配套设施有空调14台、去湿机6台、吸尘器1台、计算机14台、打印复印机3台。区档案馆担负着指导全区各门类专业档案的建档工作。

第五节　地方志办公室

1984年12月，县政府设立淮安县志办公室，县政府办公室一名副主任兼任县志办公室主任。县志办公室工作人员从有关单位抽调，没有定编。1987年，为加快县志编修进程，县志办公室定编10人，满员配置。1988年，区划调整，淮安县志办公室更名为淮安市志办公室。1994年底，《淮安市志》编纂工作结束，市志办公室部分人员调离。1997年，淮安市志办公室实有工作人员6人。2001年，因区划调整，淮安市志办公室更名为淮安市楚州区志办公室。之后，区志办公室人员有调进、调出、退休。2008年底，共有工作人员8人，其中主任1人，副主任2人，助理员5人。

第六节　文史办公室

1984年，淮安县文史办公室成立，为县政府副科级事业单位，编制3人。1988年，文史办公室升格为正科级单位，新增编制1人，经费由财政全额拨款，办事机构和人员由政协秘书处代管，至2008年未变。楚州区文史办公室有工作人员4名，其中领导干部1人，其他工作人员3人。

第七节　现代书画家报

《现代书画家报》于1993年1月31日创刊，由中国书画人才教育家、中国书法协会会员、中国美术协会江苏分会会员王野云个人筹资创办。创刊初期为月刊，全国发行。主要介绍报道美术教育、金石篆刻、学术研讨、书画艺术评论、书画美术活动，推介当代书法大家、国画大家、美术大家和金石篆刻大家，关注少年儿童及美术书画市场等。1994年1月，《现代书画家报》由月刊改为半月刊。同年，淮安市编制委员会发文核定该报社为事业单位，编制5人。作家冰心出任《现代书画家报》名誉顾问。1996年1月，《现代书画家报》成立编辑委员会。同年10月，《现代书画家报》获“96全国十佳书画专业报”称号。1997年，淮安市编制委员会正式发文，确定现代书画家报社为正科级事业单位。2001年1月，该报改由中共淮阴市委员会主办。至2008年，《现代书画家报》逐步成为有较高知名度和影响力的报刊。

第二章　文化场所

第一节　文化馆(站)

一、区文化馆

1973年起,文化馆开始整顿,扩大规模,设群众文艺组、创作组、美术摄影组、图书博物组、内勤组和后勤组。1980年,有工作人员24名。此后,美术组创作的水印木刻《淮河新歌》组画被推荐参加全国画展;《运河》组画参加江苏画展。博物组整修了关天培墓,挖掘杨士骧墓葬和吴承恩墓葬,修复胯下桥、韩信钓鱼台和漂母祠以及梁红玉塑像等。文艺组和创作组出版了《楚州文艺》,举办培训班,深入农村开展辅导活动。开设书场,开展民间文学采风,出版《中国民间文学集成淮安市卷》。随着改革开放的深入发展和图书、博物、文艺创作等业务项目的开展,文化馆除开办美术、音乐、淮剧等各类培训班外,还和上海市南汇区文化馆共同发起江浙沪九县市文化联谊活动,达4年之久。1999年,原文化馆馆舍设施陈旧,不能满足日益发展的群众文化工作的需求,根据淮安市委、市政府创建全国文化先进县市的总体要求,通过招商引资,年底对文化馆舍进行重建。新建成的文化馆大楼面积3500平方米,馆设办公室、文艺部、美摄部、服务部。馆内设有展厅300平方米,排练厅200平方米,常年开展少儿舞蹈、书法、美术、器乐培训班,成为全区(市)群众文化的活动、培训、辅导中心。文化馆每年组织或承办各类文化活动40多场次。有一年一度的"天南地北楚州人"春节文艺联欢会、"五一"广场文化节、庆"七一""八一"文艺演出、淮扬菜美食节活动、夏季广场纳凉晚会等。馆老年活动中心经常组织活动,"常青艺术团"合唱队、戏曲队、腰鼓队常年活跃在小区、校园中。常青艺术团的"情满楚州"演出活动,已经成为楚州文化活动品牌。

二、乡镇文化站、中心

乡镇文化站(文化中心)创办于80年代初期。1991年后,全区26个乡镇,已陆续建成22个省级标准化文化站、160个农家书屋。其中较为突出的有车桥、平桥、钦工、仇桥、流均、苏嘴、施河、博里、南闸、朱桥文化站等。

城东文化站

车桥文化站　1986年,车桥镇投资35万元,建设占地10多亩的文化中心,整个建筑风格古色古香,各类文化设施配套齐全,在苏北乡镇中屈指可数。2005年,车桥文化站成为全省第一批17家标准化建设试点单位之一。2006年3月,建成投入百万元、面积达1200平方米的文化活动综合楼。中心设有图书阅览室、文化信息资源共享室、棋牌室、乒乓球室、书画培训室、健身室、多功能厅、展览厅、舞厅、篮球场、健身室等，基本满足农民群众“有书读、有歌唱、有舞跳、有戏看、有球打”的精神文化生活需求。剪纸是车桥镇的传统特色文化。全镇有20多人坚持业余剪纸创作。2000年，车桥镇农民陈洁应日本国邀请，东渡献艺，所剪作品《周总理和田中角荣》被日本收藏。

博里文化站 成立于1958年。博里农民画，是博里镇独具特色的文化品牌，1980年创立。全镇先后有115名农民画师，其中20多人已经成为全省、全国美协会员。创作的2200多幅作品，先后有1200多幅参加了国内绘画展览和国际文化交流展出，获得省级、全国和国际奖项，并被中国美术馆、中国民间美术博物馆等收藏，多幅作品还被国家选赠给友好国家。江苏美术出版社出版了《博里农民画集》，国家邮政、电信部门还把博里农民画制成了明信片和电话磁卡在全国发行。1991年，博里被文化部命名为“中国现代民间绘画之乡”。另外，博里镇还组织成立了“博里镇诗词协会”，协会成员创作的作品两万余首，在省市级以上刊物发表3000多首。2007年，博里镇被中华诗词学会命名为“诗词之乡”。

南闸文化站 南闸民间文化底蕴十分丰厚，是江苏省民歌之乡，特色文化名乡。南闸民歌已作为淮安非物质遗产申报。2007年来，呼应建设文化大省之势，南闸镇累计投资41万元建成一座占地400平方米的文化中心楼。文化中心日常工作由文化站站长负责。文化中心的建筑为庭院、园林式，开辟各种活动室，从多方面多层次满足群众求知、求乐、求美的需要。

第二节　图书馆

一、区图书馆

1978年12月，县革委会同意成立县图书馆，结束图书馆和文化馆合署办公的局面。同时县文教局将镇淮楼及文物工作人员从文化馆划归图书馆管理。1984年4月，县政府宣布建立淮安县博物馆与图书馆合署办公。1987年两馆分开。1988年2月，淮安县图书馆更名为淮安市图书馆。1993年6月，宋庆龄基金会和联合国儿童基金会出于对老一辈无产积极革命家周恩来故乡儿童的关心，立项成立淮安市儿童流动图书馆。1994年6月正式开馆，与市图书馆合署办公，并在部分乡镇设立18个流动点。是年，淮安市图书馆通过国家文化部图书馆等级馆评估验收，成为全国首批二级图书馆。1995年、2005年，连续二次通过验收。2007年图书馆集中人力对馆藏古籍进行全面整理、登记、编目，确定各类古旧图书8072部，2.12万册，其中善本书40种233册，入选江苏省珍贵名录21部416册、拓片近千件。馆藏古籍是淮安图书馆一大特色，不仅数量多，且不乏珍本、孤本。《天启淮安府志》（明）、抄本《三阳志遗》（清）等更是稀世珍本。

1991年，淮安籍的台湾大法官杨建华出于对家乡的挚爱，主动牵头发动台湾同乡，捐款30万元人民币，在城区月湖畔新建一座图书馆。新馆建筑面积1750平方米，内设成人阅览室、资料室、古籍室、成人外借处、少儿外借处、电子阅览室、藏书、杂志、报刊全部陈列上架。为方便检索图书，专门建立全国文化共享工程楚州区支中心、力博图书检索系统。4名专业图书管理人员均是江苏省图书馆学会会员。

二、乡村图书室

楚州区是省级群众文化先进区，全区26个乡镇，均建有文广站图书室。其中有15个乡镇被上级评为省级群众文化先进乡镇，平桥、车桥、朱桥、三堡、博里、仇桥等6个乡镇文广站的图书室被上级命名为万册图书室。至2008年，全区办有乡、镇文化中心图书室26个，面积2600平方米，书架104只，阅览座位1040个，藏书总量达14.1万册；农家书屋317家，面积1.27万平方米，藏书30.1万册。

2006年，区委、区政府成立区农村文化建设工程领导小组。在省市新闻出版部门扶持下，全区农家书屋建设采用省建和自建两种方式，陆续在各行政村建起了农家书屋，实施农家书屋提升工程，按规定标准，更新和补充出版物。

第三节　剧场　影院

一、剧场

楚州人民剧场于1976年改扩建，共投资约200余万元。剧场占地面积1500平方米，有门厅、观众厅（包括楼座）化妆室及演员宿舍，观众座位950个，其中楼座300多个。至2008年，累计放映2.4万场电影，承接过中国轻音乐团、上海越剧团、上海淮剧团、安徽省黄梅剧团等演出近万场。2008年，剧场核定编制22人。

二、影剧院

楚州电影发行放映公司（原名淮安市电影发行放映公司），属自收自支事业单位。下属三家电影院，分别是淮安电影院、河下电影院、城南电影院。公司下设办公室、电影业务部、财务部、宣传策划部、广告制作部及农村19支电影放映队。至2008年，有设备DMS数字放映机12台、充气电影放映大棚2套、充气拱门5个、电影放映车1辆、数字播放设备22套。90年代始，因受电视、网络、家庭影院等媒体的影响，一度电影院门可罗雀，无人问津，几乎所有电影院歇业或改行。1995年后，淮安电影发行放映公司修复城区影院设施，恢复电影放映，向全市机关干部发放电影年卡，首创电影与企业联姻的经营模式，开展全市中小学校爱国主义教育电影放映，实施农村“2131”工程电影放映。开拓淮安市（地级）电影、淮安大学城电影市场，使企业起死回生，受到省市有关部门的肯定。省文化厅农村“2131”工程电影启动仪式在楚州区博里镇举行，省委宣传部、省文明办在平桥镇举办了“七彩的夏日，送电影下乡”首映式。21世纪初，楚州电影发行放映公司发展成为淮安市乃至苏北地区最具活力的县级电影放映公司之一。

第四节　书　店

中共十一届三中全会以后，书籍发行量大幅度增加，其中以经济理论、科学技术方面书籍的发行量、增幅度最大。2004年9月，楚州区新华书店由事业单位改制为企业单位，成立淮安楚州新华书店有限责任公司，为省集团公司名下的县（区）级子公司。2004年改制时，全店共有干部职工76人，按事业单位提前退休16人，一次性买断20人，同时清退近10名三产人员，到2004年底有职工40人，人员分流达到49%。2007年11月26日，由江苏省新华书店集团有限责任公司出资注册资金200万元人民币，将全省市、县（区）级的新华

1982年的新华书店

书店变更为省集团有限公司下属市、县（区）级全资子公司，并将江苏省淮安市楚州区新华书店经营资产及相关负债无偿划转到淮安楚州新华书店有限责任公司，有在职职工48名。楚州新华书店在城区设立3个门店（出租2个门店），主要是为适应多元化发展需要，在农村有8个网点，在全区范围内形成图书发行网络。

多年来，楚州区新华书店，积极开展各项活动，为"三农"服务，为"农家书屋"工程服务，取得了经济效益和社会效益的双丰收。1997～2008年，楚州新华书店先后被省出版局、新华书店集团和地方授予"双优诚信书店""江苏新华发行集团先进单位"，被江苏新华发行集团评为"图书发行先进单位""教材发行先进单位""营售策划先进单位"。2008年，首次突破年销售额5000万元，总销售额为5110万元，实现利润253万元。

1992～2008年典型年份楚州区（淮安市）新华书店书刊、教材教辅发行情况表

表26-1

年　度	销售总额（万元）	利润（万元）	费用率（%）	人均劳动生产率（万元/人）
1992	692.11	23.13	16.56	8.76
1997	2723.46	115.37	24.02	32.81
2002	3699.42	97.74	23.11	46.82
2007	4757.98	521.35	12.64	97.10
2008	5302.56	282.57	14.41	106.05

第五节　剧目室　书画院

一、剧目室

楚州剧目工作室创建于1982年，负责拟定和实施全区剧目创作发展规划，组织剧目创作和剧目培训。主办或协办群众文化艺术作品培训与赛事活动，负责相关作品的艺术辅导。核定编制3人。截至2008年，编剧20余部，获奖作品有《一群小好汉》《新旅战歌》《周恩来与故乡》《关天培》《蓝盾情》《白虎堂》等。

二、画院

楚州区画院于1987年在县文联建立，后转属文化局管理。核定编制2人。负责研究国际、国内书画艺术发展动态，组织书画艺术创作，开展书画艺术交流。画院创作的代表画作《农家欢庆60年》《小村节日》《沸腾的村庄》《如歌时节》等作品均获得省以上奖项。楚州区另有河下书画院、吴承恩书画院、漕运书画院等。

第六节　淮安市淮剧二团

1987年12月，淮安县淮剧团改名淮安市淮剧团。2001年，更名为淮安市淮剧二团。剧团负责研

究和制定单位的体制改革方案和业务建设规划；组织开展各类剧目演出活动；指导和协助承办全区各类大、中型文化活动。

1998年10月，创作排演的大型现代淮剧《蓝盾情》参加江苏省第三届淮剧节获剧目奖；2000年2月，排演的大型古装淮剧《香罗带》在第一届淮阴市文化艺术节新剧目调演中获演出奖；2002年11月，创作排演的大型古装淮剧《窦娥冤》参加第四届淮剧节，获剧目奖；2006年，为迎接纪念周恩来110周年诞辰，和江苏省话剧团合作排演了大型话剧《周恩来与故乡》，获淮安市"五个一工程"奖；2008年，淮剧团演奏的国家级非物质文化遗产"十番锣鼓"参加苏鲁南地区邀请赛，获优秀演奏奖。

第三章　文学艺术

第一节　文学创作

中共十一届三中全会以后，小说、诗歌、散文、杂文、传记等文学创作，在楚州活跃起来。30年中，楚州区的文艺工作者以及文学爱好者创作了大量优秀作品。70年代末开始，陈民牛陆续创作出版长篇小说《碧血虎门》《巾帼丹心》《枫树湾》《叹气沟的女人们》《生死缘》、中短篇小说集《乡魂》《美人庄风情》《鸳鸯被》、散文《观音柳》、传记文学《童年周恩来》《少年周恩来》《周恩来遇险记》等。80年代，作家汪雷创作长篇小说《剑河浪》《芦叶船》、中篇小说《女俘》。《芦叶船》被翻译成朝鲜文向国外发行，《剑河浪》翻译成英文，成为美国耶鲁大学的汉语阅读补充教材。秦永明出版小说集《渔侠》。姚克连出版诗集《温馨的感情》《望月》，发表长诗《穿越》、组诗《遥远的河》《淮河梦源》等作品。90年代后，出现一大批具有时代气息的长短篇小说、戏剧、诗歌、散文等优秀作品。金志庚发表《街头》剧作选；郭仕金创作短篇小说《死亡感觉》、长篇小说《本报内部情事》及散文集《航天城的月亮》；华炜出版长篇历史小说《韩信》、传记《大汉韩信》；青年女作家范小梅出版长篇小说《青春的眩惑》、散文集《楚城物语》；青年女作家季玉出版长篇小说《忘了你是谁》《名城流言》；青年女作家李雅纯出版长篇小说《望尘》；赵长顺出版散文集《为你点亮一盏灯》；施向平出版纪实小说《车桥战役》；赵日超出版散文集《窗外风景》；于兆文出版诗集《坐等天晴》《冷却的记忆》、散文集《此心安处是吾乡》《梦是疼醒的思念》等7部；还有陈精国的散曲、卢顺贞的律诗、严永年的楹联等。

第二节　艺术创作

一、美术

1978～2008年，楚州美术创作画种齐全、风格多样。从体现人物、山水、花鸟的国画到人物、风景的版画、油画，从体现静物、人像的素描到妙趣横生的农民画，丰富多彩。其间，丁乃武、吴夕兴、薛葆仁等合作创作的版画《淮河组画》，丁乃武创作的《大鸾——周恩来在故乡的12年》等一批美术作品，在全省乃至全国都很有影响。版画《橹声》代表中国参加在印度举办的第11届国际美术展。21世纪以来，博里农民画闻名全国，蜚声中外，先后涌现出百名农民画师，有1200多幅作品参加了国内外绘画展览和国际文化交流。

博里农民画始于70年代，作者全是农民，以本土文化为基础，借鉴民间剪纸、刺绣等艺术表现手法，创作出既有强烈的农村生活气息，又有鲜明的民间艺术特色的现代民间绘画作品。至2008年，先后有1200多幅作品参加国内外绘画展览和国际文化交流，其中800余幅在省级以上展览、发表、获奖和收藏。有248幅在美国、日本、瑞典、挪威、澳大利亚、荷兰等国家及中国台湾展出，有360幅被国内外报刊发表。有101幅作品在省级、全国和国际上获奖。潘宇的《农民小世界》《冬季农运会》《苏北豆腐香》等作品荣获全国大展金奖和银奖，其作品曾赠送给外国友人。中国美术馆、中国民间美术博物馆、江苏省美术馆等都收藏博里农民画作品。有28人成为中国农民书画研究会会员，有16人成为中国农民书画研究会研究员。博里农民画还多次被中央及省、市电视台和电台专题报道，得到国内外美术界的认可与重视。

二、书法

1978～2008年，楚州区有数千幅书法作品发表在各类报刊杂志，获得数百个书法大奖，举办各类书法展及活动，成为首批“中国书法之乡”。2003年，先后创作20件书法作品捐赠北京小汤山医院医务人员。举办以“写好中国字，做好中国人”为主题的少儿书法比赛活动；举办“古楚风韵”书法大展，出版《古楚风韵》书法作品集；举办“工会杯”“大观园杯”“贺新春”“农技杯”等系列书法展。在周恩来总理110周年诞辰之际，承办“中国书法家进万家”活动，组织全国110名著名书法家走进古城淮安，创作110米书法长卷，纪念周恩来总理。被中国书协评为全国先进个人的区书协主席张筱宁，其书法作品多次参加国内大展。区书协名誉主席李锡贵、区书协副主席傅振举的书法作品多次参加中日文化交流，二人的书法作品被作为区政府文化交流礼品，赠送给日本等国友好城市。书法家谢景行、江军的作品先后获得“兰亭奖”入展全国展。

为纪念周恩来110周年诞辰，全国110位书法名家现场挥毫

三、摄影

1978年，淮安县摄影协会成立，摄协成立后，深入生活，创作了一批优秀的摄影作品。八十至九十年代，李培林作品《沉醉》获省十届影展金奖、《抢财神》获全国十三届影展铜奖；李森林作品《收成》入选全国十四届影展、《人间》获国际和平年影赛最佳形式奖；李时生作品《伟大的爱》获“庐山杯”全国影赛一等奖；李慕陶作品《人间沧桑春悠悠》《心声》入选全国人像影展；葛华作品《暮捕》入选全国十五届影展、《多像当年扭秧歌》获中国孔孟之乡国际影赛三等奖、《幸福之水》获省书画摄影展二等奖。

1996年，为纪念周恩来总理逝世二十周年，国家邮电部向国内外发行60万套由葛华摄影的《周恩来故里》特种邮资明信片。1997年春节，葛华“西双版纳风情”摄影展在淮安供销大厦举办。葛华作品《丰收恋》在1985年第一期《光与影》发表；《中国献肝第一人》在《人民画报》《人民摄影报》等多家报刊发表，获得“全国新闻人物现场肖像影赛”铜奖，摄影评论家齐太平专文评论：“具有一种道德力量和精神感染力，是一幅震慑人心的作品”。李慕陶、李培林、李森林、葛华、李时生等被收入《中国摄影家大辞典》。他们的摄影作品《抢财神》《巨龙腾飞》《人间》《丰收恋》《多像当年扭秧歌》《铜墙铁壁》等，多次在全国各类影展中荣获金奖，成为清华、北大、复旦、武大等高校新闻教学的典型范例作品。

四、戏曲与影视

80年代至2008年，淮安剧作家丁乃文、金志庚、张书云、吉凤山等创作的多个小戏、小品被搬上舞台或入选《江苏省戏剧小品集》，多次获省文化厅表彰。其中小品《伞》被中国文联、中国剧协评为“曹禺戏剧奖”小戏小品编剧奖。小品《鞋子》入围中央电视台第七届戏剧小品大赛复赛。《周恩来与故乡》在南京等城市演出60余场，新华日报、江苏电视台等多家媒体报道，并入选淮安市“五个一工程”奖。1987年，丁乃文、张佩铭等7人编剧的儿童电视连续剧《一群小好汉》荣获第一届“宋庆龄儿童文学”银像奖（金像奖空缺）。大型戏剧《梅花泪》《蓝盾情》《窦娥冤》分别参加江苏省第二、第三、第四届淮剧艺术节演出，均获得多个奖项。淮安籍著名导演花箐拍摄的26集电视连续剧《我的兄弟叫顺溜》，以平均7.325%的收视率，为中央电视台创下6000多万元收入的佳绩。

第三节　民间文化艺术

楚州古之名郡，历史十分悠久，文化积淀极深，素以人杰地灵、名家辈出著称，孕育出乡情浓郁、特色鲜明、品种繁多的民间艺术。

一、十番锣鼓

十番锣鼓　（2008年摄）

“十番锣鼓”起源于明末清初，“十番”是由十件打击乐器交替打击出各种锣鼓点子。在淮安民间流传着“十番十调”的俗语，将“唱、奏、敲”三个声部融为一体，曲中时而加入锣鼓曲牌，结尾以锣鼓曲牌为主，或在乐曲高潮处为衬托气氛加入精彩锣鼓以增强渲染力。道光年间，淮安著名的民间艺人孙毓卿将宫廷昆曲加上精彩的地方唱词及打击乐，创作成雅俗共赏的“十番锣鼓”，又称武昆。当时，淮安有十几支演奏“十番锣鼓”的团体，俗称“堂子”，其中有3个堂子较为出名，分别为“良安堂”“敬安堂”及“善安堂”。良安堂是由具有一定文化水平的粮行老板和布行商人组成，演技技巧好，水平高；敬安堂是由“十番锣鼓”创始人孙毓卿所创建，堂子有20多人，主要从事杂货行业；善安堂演奏人员以从事布行的商人为主，有20多人。这几个堂子既能演奏“十番锣鼓”，又能演奏淮红调、淮书等民间乐曲。各个堂子的活动经费均由各行各业的行会承担。每逢农历四月二十八的“都天会”和五月初一的“东岳庙”，各个堂子会召集所有艺人结队走街串巷、赴会献艺。

1983年，文化部门为响应“全国抢救民间艺术”号召，邀请河下民间老艺人进行试唱、录音、记谱，对“十番锣鼓”曲牌进行抢救、整理，先后整理出《金盆捞月》《咏花》《到春来》《仙园》《吊打》《红楼撇子》《前后探营》《阳告》《皈依》《金钱花》《双飞蝶》等20多种曲牌。这些曲牌集笛、箫、笙、琵琶、二胡、京胡等吹奏乐和板鼓、堂鼓、大锣、小锣等打击乐器于一体，交替演唱，别具一格。2003年，《咏花》等曲目在淮安市首届“三民”民间艺术节上演出，荣获淮安市特别贡献奖和最佳演出奖，《新华日报》《中国文化报》及中央电视台等媒体作了专题报道。

二、文武跳判

《跳判》表演，有“地判（亦称文判）、抬判（亦叫武判）”两个判官，亦称“文武判”“上下判”，一文一武，一上一下。演出计要12人，6名小鬼、4位脚夫和文武判各1人，融武术和舞蹈于一体。车桥民舞《跳判》由来已久，在苏北地区流传甚广，被誉为“神判”“活判”。解放以后至70年代末逐渐匿迹。为使这一中华瑰宝不致失传中断，车桥镇党委、政府，挑选富有艺术潜力的青年，组成“文武跳判”演出队排练、恢复传承这一传统的舞蹈奇葩。1984年，载入《中国民间舞蹈集成》。1988年后，《跳判》表演又作为一项传统游艺活动而重新兴起，每年岁首或庙会节日常有《跳判》盛会。

三、花跷扑蝶

民间舞蹈艺术“花跷扑蝶”踩高跷，是泾口东作一带的一项民间文艺活动，已有多年历史，泾口被誉为“高跷之镇”。1983年全国“普查、抢救”民间艺术时，在各级党委、政府支持下，泾口东作的花鼓跷再次兴起。春节期间从初一一直表演到十五，会玩花鼓跷的人有100多位，占全村人口的十分之一以上，除恢复高难度的传统节目，还揉进了凤阳花鼓、莲湘等节目的精华，形成“三人花鼓”“高跷莲湘”“高跷扑蝶”等艺术表现形式。1986年，此舞蹈被收入《中国民间舞蹈集成》。

四、剪纸艺术

70年代后，经过新一代美术工作者抢救、整理，民间剪纸艺术重现，车桥镇有30多人坚持业余剪纸创作。1986年始，车桥镇党委和政府把继承和创新传统民间艺术作为本地农村文化工作的重头戏来抓，在学校组织培训，开展小组创作活动。1989年，民间老艺人金树铭为古城淮安剪出一组作品，有镇淮楼、勺湖公园、周恩来故居、韩侯祠、关天培祠、梁红玉祠等。1990年，金树铭剪纸作品在江苏省民间艺术博览会上展出，荣获省文化厅颁发的优秀作品奖，被作为礼品赠送给国际友人。1991年，车桥镇被评为“江苏省群众文化先进镇”。2000年，农家女陈洁应邀去日本献艺，剪出作品《周恩来与田中角荣》。翌年，她作为全区为数极少的农民代表参加全国“六艺节”。2003年9月，陈洁作为文化使者再度赴日本西山町献艺，其作品受到日本友人的喜爱。

五、宋集跑驴

跑驴由竹篾扎骨架，用竹、纸、布扎成前后两个部分，下面用棉布缝制成驴皮套在骨架上，全身敷以颜色，勾勒出纹理、皮毛围着。表演者多扮成农村少妇，把驴形系在腰间，上身做骑驴状，以腰为中心，通过腰、腹、胸、肩、头的不停动作，双手握住前后拉送，上身左右小晃，下身用轻盈的小步颤动，模仿驴跑、颠、跳、踢、惊、强等动作和神态。演员上下身动作的强弱、大小、高低要相呼应，并与另一扮演赶驴的人相互配合。跑驴一般都是表现一对农村小夫妻在回娘家的路上，赶、拉、牵、撵等动作及过沟、爬坡、驴惊、抢救等过程，其表演夸张、活泼、风趣、诙谐，有说有舞有唱，很富喜剧色彩，引人入胜、妙趣横生。十一届三中全会以后，“跑驴”作为宋集镇一项传统游艺活动重新兴起。跑驴表演形式由原来的一骑一赶的单驴，逐步发展到对驴和驴对。

六、南闸民歌

南闸的民间歌谣，蕴量丰富，盛传不衰。其内容朴实无华，富有韵味，朗朗上口。民歌有传统民歌民谣（叙事类、小调类、劳动歌谣类、渔歌类）、历史民歌、新民歌等。七八十年代先后共搜集整理传统民歌300余首，革命历史民歌150多首，社会主义建设时代的新民歌近200首，民谣300余首。有传统的反映青年男女爱情生活的《姐儿香儿》《十二只舟船》《西凉月》《姐儿香来姐儿秀》《十二月调情》；革命民歌《学习新文化》等，这些都是白马湖南闸特有的地域民歌。2007年，南闸民歌被淮安市人民政府列入非物质文化遗址保护名录。

南闸民歌

七、仇桥杂技

80年代，仇桥乡水晶村民间杂技艺人严少标，应乡亲的要求，常在田间休息时表演一些节目。在县文化馆及乡政府支持下，严少标组建了一个以家庭成员为主的杂技队。杂技队在当地演出后，深受广大群众的喜爱，周边的一些乡镇也纷纷邀请其演出。新颖的杂技节目成为当地观众眼中最精彩、最有魅力的艺术表演之一。一些有志于杂技艺术的本地青年纷纷前来拜师学艺，演员队伍不断壮大。21世纪初，仇桥有上规模的杂技大马戏团多达27个，从业人员400多人，代表性节目有顶杠、手技、口技、山上吊、飞刀、马术、驯兽、灯技、走钢丝、火箭飞人等。

第四章　广播　电视

第一节　广　播

1952年秋季物资交流会，进行了淮安历史上的首次播音，开创了淮安县人民广播的新纪元。

1953年1月,淮安广播收音站在镇淮楼、府市口等繁华地段架设高音喇叭和动圈喇叭,转播中央人民广播电台和江苏人民广播电台节目,并开始预报天气。1956年开始建设有线广播网,广播收音站正式停止。7月1日,有线广播正式播音,开始有自办节目"淮安新闻",在城区主要地段设立喇叭,安装入户喇叭90余只。随后有线广播迅速发展,农村依靠电话线路传送信号,广播线路达300千米,乡以下线路1240千米,喇叭从1956年底的225只发展到1971年的12.95万只,入户率为68%,水泥杆专线达2270杆公里。基本形成城乡有线广播网。1990年4月20日,淮安市广播站经江苏省广播电视厅批准改为淮安市人民广播电台,1991年9月23日,江苏省广播电视厅批准淮安市人民广播电台开办调频广播,添置300瓦调频广播发射机一台,开始用93.7兆赫发射无线广播信号。1993年广播信号接入有线电视网络。1999年,购置了索尼MD光驱和JVC卡座,2003年,更换发射机,购置了西湖播出控制台,改用99.2兆赫发射调频广播信号。每天播出时间7个多小时,制播有新闻、综合、音乐、少儿等节目,同时转播中央人民广播电台和江苏人民广播电台部分节目。2004年,全区城乡有线电视全部实现光缆联网,有线广播开始通过有线电视网络传送两套调频有线广播信号,分别转播中央与江苏人民广播电台节目。至2008年,每天广播9小时30分钟,其中自办节目每周约播1个小时45分钟,有《楚州新闻》《改革与建设》《农家之友》《政法战线》《报刊文摘》《流行歌谈》《青少年园地》广告等节目。

第二节 电 视

1987年,筹建淮安电视台,淮安县广播站作为筹建机构。1989年3月,筹建淮安市广播电视局,开展选址和经费筹集工作。同年11月,省广播电视厅批准淮安电视转播台使用19频道转播中央电视台第一套节目,增设10频道转播中央电视台第二套节目。1990年1月,成立淮安市广播电视局,办公地址设镇淮楼东路82号。同年4月,建成111米高的广播电视发射塔,成为淮安市最高的建筑物。5月1日,电视转播台开始试播。8月淮安市广播电视局设立淮安电视台。12月建成1640平方米的广播电视办公大楼。1991年1月24日,电视台开播,有电视发射机两部,用10频道和19频道转播中央电视台第一套和第二套节目,自办当地新闻节目。新的电视塔建成后,电视发射机功率大,发射天线台高,电视信号可以覆盖整个淮安城乡和周边县市部分地区。

1993年初,成立有线电视建设筹备小组,筹建淮安有线电视网络。有线电视网络建设,经物价局批准,向用户收取收视维护费每月每户8元,用于干线网络的建设、运行、维护以及机房设备维护更新。1993年下半年,城区主要地区开始建设有线电视网络并传送有线电视信号,接受有条件的用户入户。初期,有线电视网络通过卫星地面接收设施接收中央电视台节目和部分省市上星节目,由有线电视网络传送至千家万户。传送节目少,只传送9套电视节目,主要是中央电视台和部分省台节目。首期用户近2000多户。随着广播电视事业的不断发展和居民生活水平的日益提高,淮安市有线电视迅速发展,以年均2000户左右的入户数稳步发展,截至2008年底,城区用户发展到3万多户,有线电视频道也由初期的9个增加到30多个,由开始的每天播出10多个小时到全天24小时不间断播出。城区主要道路沿线的有线电视线路由电缆升级到光缆,由杆线升级到地埋管线,改善了广播电视传送信号质量。

1997年,开始实施城乡有线电视光缆联网工程,2003年底,实现全区28个乡镇与城区的有线电视光缆联网。2006年底,实现有线电视村村通。截至2008年底,架设光缆500多千米,电缆1400多千米,开通光节点近200个,发展农村有线电视10万余户,入户率41.89%。

第五章　档案事业

第一节　馆　藏

淮安县档案馆建立后，开始档案数据的征集工作，并建立档案鉴定委员会，边征集、边鉴定、边整理。2008年底，区档案馆馆藏全宗156个，馆藏档案、数据27.87万卷（册），其中档案26.48万卷，排架总长度1023.93米；资料1.4万册。馆藏档案中有明清档案275卷、民国档案1926卷和革命历史档案1751卷，共计3952卷，都是国家重点档案；周恩来书信手迹、国家领导人书画、博里农民画等特色档案623件，其中珍贵档案5件；新中国成立后档案148个全宗，共计26.59万卷，其中文书档案6.6万卷、科技档案188卷、专门档案19.72万卷、其他档案2416卷。

新安小学组织学生参观图书资料室

明清档案主要有明清淮安府及所属州县史志档案汇集、明清历史名人档案汇集、明清族谱档案汇集、明清房地产契据档案汇集构成，共计113卷。民国档案主要有民国时期国民党淮安县党部全宗汇集（含淮安县党部、党团统一委员会、三青团淮安县分团部）、淮安县调统室、淮安县政府全宗汇集（含淮安县警察局、救济院、卫生院等）、淮安县司法档案汇集（含淮安县公署、司法处、法院、看守所等）、淮安县军事机构全宗汇集（含淮安县保安大队、保安团、民众自卫总队部）、淮安县社会团体全宗汇集（含淮安县总工会、农会、妇运会、一贯道、同善社）、淮安县中小学档案汇集（含淮安中学、县立中学、乡镇中心国民学校、保国民学校）构成，共计1074卷。革命历史档案主要由1940～1950年淮安县与淮城市党政档案汇集（含中共淮安县委、淮安县政府、中共淮城市委、淮城市政府、县公安局）、淮宝县党政机关档案汇集（含中共淮宝县委、淮宝县政府）构成，共计161卷。新中国成立后文书档案主要有1949～2000年，淮安县（市）委、县（市）政府以及各职能部门、人民团体、企事业单位等形成的文件材料及地方特色档案（周恩来全宗汇集、博里农民画、淮安盐矿、土特产等档案数据），共计6.6万卷。专门档案主要有会计档案、婚姻档案、退伍军人档案、违纪档案、死亡干部档案等，共计19.72万卷。字画档案数据主要有征集到的字画586件，包括博里农民画、江泽民等国家领导人题词、全国书画家作品、纪念周恩来一百周年诞辰书画作品等。

第二节　档案接收征集与利用

1991年起，淮安市档案馆加大接收力度，对移交档案单位进行业务指导。为确保进馆档案质量，

档案馆工作人员整理新接收档案

档案馆制定下发了《楚州区档案馆档案收集实施细则》，指导有关单位编制移交清册，编写全宗介绍，严把案卷质量关。1991~2008年，区(市)档案馆共接收区(市)委、区(市)政府各部门和临时机构、部分基层单位文书档案卷、专门档案卷21.01万卷。接收范围扩展，从以文书档案为主，向知青、退伍军人、婚姻、名人、印鉴和重大活动档案延伸。档案结构由单一转为综合，馆藏档案门类、结构日趋合理。下发《关于报送地方特色档案数据的通知》《关于建立楚州当今知名人物档案的意见》《关于征集档案数据的通告》等文件做好数据征集；同时，参与区重大会议、重要活动，征集重大活动档案资料206(卷)件、照片115张，包括党和国家领导人到楚视察、纪念周恩来百年诞辰、防治“非典”“抗洪救灾”等照片资料；积极开展楚州名人档案的征集，征集档案数据30余卷(件)。至2008年，全区共征集字画586件。

1989年6月，根据国家规定，将馆藏新中国成立前历史档案和新中国成立后满30年档案4775卷全部开放。开放案卷除一些古老、重要和珍贵档案外，一般都有副本或复印件。1990年2月，淮安市委办公室和市政府办公室还联合转发淮安市档案局《关于档案馆将进一步开放档案的请示》，以充分发挥档案资料的社会效益和经济效益。1991年有1192人次查阅3376卷次档案数据。为便于查找和利用档案数据，编制了17种档案检索工具，其中卡片式4种、簿册式10种、图表式2种、其他1种；数据检索工具有5种，其中卡片式1种、簿册式4种，以供编史修志工作参考，或其他查考利用。

1991~2008年楚州区(淮安市)档案馆接收征集档案数据情况表

表26-2

年　份	档案(卷)	资料(册)	字画、照片、印鉴(件)	年　份	档案(卷)	资料(册)	字画、照片、印鉴(件)
1991	1182	172	—	2000	114	129	214
1992	2385	158	—	2001	1816	120	371
1993	6522	124	—	2002	1263	180	537
1994	2	65	—	2003	1097	286	368
1995	313	142	—	2004	1595	119	—
1996	93	131	—	2005	7205	236	367
1997	—	67	—	2006	222	100	—
1998	1464	213	—	2007	179658	143	—
1999	2979	153	—	2008	2142	—	—

区档案馆开展档案利用工作，先后编制《案卷目录》《全引目录》《开放档案目录》等各种专题检索工具1122种，为查阅档案提供方便。为落实党的知识分子政策、纠正冤假错案、编写地方史志、处理房地产纠纷、知识青年安置、退伍转业等，提供了历史凭证。

第六章　地方志编纂

第一节　《淮安市志》编纂

1998年2月出版的《淮安市志》

1985年底，为全面反映全县政治、经济、历史、文化和风土人情，淮安县委、县政府要求编写一部较完整的《淮安县志》。修志之初，由于工作人员对编纂工作不熟悉，两年时间内无实质性进展。1987年，县人民政府加强对修志工作的组织和领导，组成以县长为首的县志编纂委员会，将县志办公室编制定为10人，选调一批人员充实县志办公室，并在经费等方面给予保障。全县组织了近200人加入撰稿队伍。1988年，淮安撤县建市，《淮安县志》更名为《淮安市志》，志书断限作新调整。市志纲目，十易其稿。编修新方志是一项全新工作，要求高，专业性强，生手多，加之修志队伍不稳定，修志工作一度受阻。市委、市政府为加快修志步伐，早日完成《淮安市志》编修任务，对市志办人员进出严格把关，稳定在6人左右。1993年，完成《淮安市志》初稿。其间，共搜集资料2000多万字，编写资料长篇约400万字。经多次编辑、修改、审阅大致定稿。1994年7月初，由市政府主持召开《淮安市志（送审稿）》评审会。出席评审的有江苏省、淮阴市志办公室和省、市、县修志部门及部分高校专家、学者50余人。与会者对《淮安市志（送审稿）》提出评审意见200余条。评审会后，淮安市志办公室修志人员对所提意见一一讨论，择善而从，分头修改打磨，在淮阴市地方志办公室指导下进行修改，最终由主编定稿。经淮安市地方志编纂委员会审核，报送省地方志办公室批准后交江苏人民出版社正式出版。《淮安市志》坚持详今略古的原则，上限不定，对需要追溯的内容尽可能上溯，下限讫于1991年底。大事记记载到正式出版前一年，全志设概述、大事记、30编分志，151.8万字。该志由钟士和主编。

第二节　部门（行业）志编纂

1986年12月，淮安县土壤普查办公室编修了《淮安县土壤志》。之后，有关部门先后编纂了一批专业史志书籍。由出版社正式出版发行或成志的有《淮安县土壤志》《淮安市工商行政管理志》《淮安税务志》《淮安市电力工业志》《淮安市卫生志》《淮安市金融志》《淮安市水利志》《楚州公安志》《楚州工会志》等。

一、《淮安县土壤志》

全志共10章，主要介绍淮安县土壤类型、分布特点，以第二次土壤普查为依据，论述了土壤形成、分类、理化性状和主要存在问题，并按区片说明土壤利用改良的方向和措施，对高产土壤的肥力指标和低产土壤的障碍因素都作了专题剖析，还记述利用土壤普查成果促进农业生产发展的有关情况。该志由吴汝泉主编，于1986年12月内部印刷发行。

二、《淮安市工商行政管理志》

全志共7章，主要记述了淮安县工商管理机关的历史沿革、城乡集市贸易、处罚投机倒把、工商企业管理登记、经济合同管理、个体工商业管理、商标广告管理等方面内容，着重记述1949年新中国成立以后至1986年淮安县工商行政管理工作的实践。该志由朱竹生总编，于1988年10月内部印刷发行。因印刷时淮安县已更名为淮安市，故名《淮安市工商行政管理志》。

三、《淮安税务志》

全志设“清代税收”“中华民国税收”“抗日战争、解放战争时期民主政权税收”“中华人民共和国成立以来的税收”共4篇18章55节，附有142张图表，记述1644～1987年340多年间淮安的税史。该志由赵琪执笔主编，共27.15万字，定稿于1989年5月，同年9月由江苏科学技术出版社出版发行。

四、《淮安市电力工业志》

1987年4月，淮安县供电局成立编纂委员会，7月开始搜集数据，共搜集文字、数据资料约25万字。1988年4月开始编纂，7月志稿初成，1998年5月5日定稿。全志除概述、大事记外设有电源、供电、用电、管理、职工、机构、专记7章，约9万字。该志由潘国富、曾明主编，于1990年4月内部印刷出版发行。

五、《淮安市卫生志》

全志设卫生机构、组织与团体、中医、防疫、卫生、肿瘤防治、医疗护理、卫生经费、医疗保健制度、医学教育与科研等10章35节，另有概述、大事记、杂录，共计38.5万字，追溯自汉代(前156年)以来至1991年2147年间的淮安医药史事，重点记述新中国成立后40多年淮安卫生事业的发展概况及所取得的成就，附有28张彩色照片和64张图、表、谱。该志由周敬澄主持编修，田富生等编纂，于1993年12月由中国矿业大学出版社出版发行。

六、《淮安市金融志》

全志设货币、金融机构、储蓄业务、工商信贷、农村信贷、基建投资、外汇业务、保险业务、信托证券和城市信用社业务、会计与结算、金融管理、代理金库、金融研究共13章47节，另有前言、凡例、概述、大事记，共15万字。时间上限一般划至1840年，主要史实追溯到明代，下限到1993年12月。该志由罗福永主编，于1995年内部印刷发行。

七、《淮安市水利志》

全志设地理环境、河湖水系、农田基本建设、自流灌溉工程、机电排灌井灌、水力发电、工程管理、防汛防旱、水利科技、综合经营、财务物资管理、水政、边界水利与援外事务、治水人物纪略、碑记考证等15章37节，另有概述和附录，详细记载了淮安水旱灾害历史和淮安人民治理水患的艰难历程。该志于1998年3月由淮安市水利局编成，2001年3月由中共党史出版社出版发行，全志37万字。

八、《楚州公安志》

全志设机构设置、国内安全保卫、同刑事犯罪作斗争、治安行政管理、户政管理、内部保卫、法制建设和警务督察、预审、看守、收容、审查、劳动教养、劳动改造、道路交通管理、消防、队伍建设、信息调研、档案、110接处警、通信及计算机、派出所建设、武装警察、专记等15章，另有概述及大事记，计83.5万字。该志由马牛主编，于2006年内部印刷发行。

九、《淮安市楚州区电力工业志稿》

2004年8月，楚州区供电公司成立修志委员会，9月开始搜集资料，共搜集约45万余字，图和照片80余张。2005年10月，志稿开始编撰，2008年12月底，志稿完成第四稿，共25万余字，设电源、电力网络、供电生产、电力调度、用电、农电、安全、管理、科技（含教育与信息化）、多种产业、党群等11章。另编有人物内容，设楚州区供电公司副科级及以上干部简介、先进集体及先进个人表，下限延至2005年。志稿由丁世钧主编，附有65张表格、58幅图照。

第三节　《楚州年鉴》编纂

2001年创刊的《楚州年鉴》

2001年，《楚州年鉴》创刊。当年5月，区政府批准每年从区财政拨出专项经费由区志办公室负责编纂出版《楚州年鉴》。6月，区志办公室收集全区有关文字、图片等资料。至10月底，资料收集、编辑工作全部完成，12月中旬，首部《楚州年鉴》面世。《楚州年鉴》（2001）设置26个类目，采用类目、分目、条目三层次结构，共35万字。从2002年开始，《楚州年鉴》不断调整、充实内容，增加“民主党派与工商联”“个体私营经济”“荣誉栏”3个类目，2003年增加“专文”1个类目，2005年增加“旅游开发”“园区建设”2个类目，2008年增加“便民指南”1个类目，同时，合并一些类目。2008年，《楚州年鉴》设专文、特载、大事记、区情概况、领导人名录、中共淮安市楚州区委员会、楚州区人民代表大会、淮安市楚州区人民政府、政协淮安市楚州区委员会、民主党派、工商联、社会团体、军事、政法、农村经济、水利、工业、建筑业、城乡建设、城管、环保、交通、邮政、电信、供电、国内贸易、开放型经济、财政、税务、金融、保险、综合管理、教育、体育、科学技术、文化、旅游、广播电视、医疗、药监、社会、乡镇场等26个类目，共67万字。

2001年，《楚州年鉴》由严林主编。2002～2008年，《楚州年鉴》由王建志主编。

第七章 文史工作

第一节 资料征集

1979年，县政协恢复活动，文史资料工作得以继续。1985年、1987年，淮安县文史办公室2次拜访知情人，收集到相关史料和照片，弄清民主革命先烈李公朴出生地的问题。1991年，为纪念辛亥革命80周年，淮安市文史办公室对辛亥革命烈士、南社诗人周实、阮式的史料进行搜集，基本弄清周实的出生地、家庭身世、童年生活等方面情况。1979~2008年，楚州文史办抢救、征集有价值的地方文史数据597篇，共266万字。

2003年国家历史文化名城研讨会在楚州举行

第二节 资料出版

1983年6月，《淮安文史数据》铅印试行本面世，之后在稿件内容、版面样式等方面进行调整、充实。1984年12月，《淮安文史资料》第一辑正式出版。其后，除1985年出了两辑外，基本每年出一辑。1990年以后，先后出版了《纪念抗日战争胜利四十周年》《周实阮式纪念集》《淮安古今人物》《淮安名胜古迹》《恩泽长淮——纪念周恩来总理100周年诞辰专集》。2004年，楚州区政协文史委与市政协文史委联合出版了《古镇河下》（楚州文史资料第十八辑、中国文史出版社出版）。2006年8月，区历史文化研究会与区教育局联合编写出版乡土教材《爱我楚州》（黑龙江人民出版社出版）。2007年，区历史文化研究会与市历史文化研究会联合出版《吴鞠通研究文集》（黑龙江人民出版社出版）；与区文化局联合编辑印行《楚州金石录》。2008年，为进一步促进全区历史文化研究，区文史办、历史文化研究会组织特邀文史委员、会员，编写出版《楚州历史文化丛书》（中国文史出版社出版），《潘德舆集外诗文辑佚》《吴鞠通与山阳中医学派》等7部。

2008年，楚州文史办与《新楚州报》合办《楚州文史》专版108期，让文史资料走出库房，弘扬楚州历史文化；组织文史专家就大运河文化长廊、古城墙遗址公园、江苏楚州经济开发区道路命名，以及非物质文化遗产保护等工作进行规划论证；文史工作者参与了吴鞠通中医馆等旅游景点解说词的撰写工作，实现了文史数据应用从“史料”向“宣传”“收藏”向“服务”的转变。

第二十七篇　周恩来纪念地

楚州区是周恩来总理的故乡。这里留下了他的诞生、成长之地——周恩来故居，从1979年对外开放至2008年，共接待上自党和国家领导人，下自各国、各地怀着敬仰之心而来的国内外瞻仰者1200多万人次。故居包括周恩来诞生地、家人住宅、家塾、纪念室、邓颖超纪念园、墨迹碑廊、后院等部分，是全国爱国主义教育示范基地、全国百个红色旅游经典景区、全国重点文物保护单位之一。为纪念周恩来的丰功伟绩，1992年建成周恩来纪念馆。纪念馆主要由主馆、附馆、陈列馆和铜像广场等部分组成，其中陈列周恩来的生平业绩及遗物。楚州区先后于1998年和2008年举办纪念周恩来100周年诞辰、110周年诞辰系列活动，弘扬周恩来大公无私、一心为民的伟人精神，激励故乡后人为振兴楚州、兴中华伟业而贡献一份力量。

第一章　周恩来故居

周恩来故居位于城内驸马巷7号。1898年3月5日，周恩来诞生于此，并在此度过了12个春秋。周恩来故居是周恩来的曾祖父周光勋（字铭，号樵水）和弟弟周光焘（字水心）于清道光十九年（1839年），以260两银子购买胡姓房屋所置。故居共有大小房屋32间，占地1987.4平方米，青砖灰瓦、古朴典雅，属明清时期典型的苏北民居建筑风格。周恩来故居大门门匾上“周恩来同志故居”7个字由邓小平于1986年题写。整个院落由东西相连的两个宅院组成。东宅院有周恩来出生的房间、读书房、嗣母和乳母住房，还有少年时用过的一口水井和一块菜地。西宅院陈列了“周恩来家世、童年与故乡图片画展”“周恩来外祖父万家字画展”等。西宅后院有新建的“纪念周恩来书画苑”和“周恩来墨迹碑廊”。2002年，邓颖超逝世10周年之际，楚州区在周恩来故居北侧新建“邓颖超纪念园”，门匾由全国政协原主席李瑞环题写。2008年，为纪念周恩来110周年诞辰，楚州区在周恩来故居外侧新建生态地面及人防地下停车场、游客咨询服务中心，开辟周恩来青少年学习的故事等专题展览，恢复故居门前原有照壁、周恩来少年时常划船外出的文渠小码头和驸马巷、局巷古石板路面步行街。周恩来故居自1979年3月5日对外开放以来，共接待国内外瞻仰者1200多万人次，其中包括党和国家领导人胡锦

周恩来故居

涛、江泽民、胡耀邦、温家宝、李鹏、朱镕基等，以及38个国家和地区的3.1万多位外国朋友。

1982年3月，江苏省人民政府公布周恩来故居为省级文物保护单位。1988年3月，国务院公布周恩来故居为全国重点文物保护单位。1996年，中宣部、教育部、民政部、文化部、国家文物局、共青团中央、解放军总政治部命名周恩来故居为“全国中小学爱国主义教育基地”。1997年，周恩来故居被中宣部命名为“全国爱国主义教育示范基地”。2005年，国家发改委、中宣部、国家旅游局等13个部委将周恩来故居确定为“全国百个红色旅游经典景区”。2008年周恩来故居被国家旅游局授予“国家AAAA级旅游景区”。

第一节　历史沿革

1898年3月5日，周恩来诞生在现淮城镇驸马巷7号院内。1910年春，周恩来离开故乡，从此未回。1976年1月8日，周恩来逝世。淮安县委组织有关方面对周恩来故居作初步整修。1978年初，县委组建了周恩来故居修复办公室、周恩来文物征集办公室。1978年底，淮安县委将周恩来故居恢复到周恩来1910年离开淮安时的旧貌。1979年3月5日，经江苏省委、淮阴地委批准，周恩来故居正式对外开放。

第二节　维护修复

周恩来故居系清道光年间建筑，青砖、灰瓦、木结构的房屋，对外开放后，按照修旧如旧的原则，加固墙体，更新木质构件，油漆地板，粉刷墙面，修补地坪，维护电气，维护绿化。

1992～2008年部分年份周恩来故居维修改造情况表

表27-1　　单位：万元

日　　期	项　　目	费用
1992年3月	改造基本陈列	6
1996年5月	改造主堂屋陈列	12
1996年7月	改造电气线路	5
1997年5～10月	改造后花园，改造展室陈列，建墨迹碑廊	52
2004年2～3月	维修危房3间	7
2004年3月	铺设铜像院落地砖，防治白蚁	3
2004年4月	安装消防栓1只	1.2
2005年8月	邓园第五部分陈列改造	1.4
2005年10月	八婶母住房陈列改造，征集相关文物	6
2006年5月	新建文物库房，改造配电房	38
2007年10月至2008年2月	故居本体全面修缮	68

第三节　陈列布局

一、诞生地

故居内东侧的一间三室的屋子，清光绪二十四年二月十三日（1898年3月5日）清晨，周恩来诞生于此。客厅中挂着对联“峡束沧江起，岩排古树园”。屋中陈列着周恩来父亲和母亲的两张画像照片。西边屋子是周恩来父亲周贻能当年读书休息的地方。

二、家人住宅

曾祖父、祖父住房　周恩来故居房屋中最高的三间建筑是周家的主堂屋。周恩来的曾祖父周光勋、祖父周骏龙等住过此屋。屋中壁上悬挂的条幅中篆书“寿”字，是周恩来的外祖父万青选77岁时亲笔题写。两旁的对联“明月照清兴，好风来故人”也是万青选所书。

嗣父母住房　周恩来诞生地西侧一条狭长走廊旁的两间亭子间是周恩来嗣父母的住房。

乳母住房　周恩来乳母蒋江氏的住房与嗣父母的住房相连。

三、家塾

周恩来童年读书的地方，位于故居大门向北拐，第二进两间北屋和相连的三间东屋。1903年，五岁的周恩来入家塾馆读书。屋中几张书桌，北边的是塾师当年用过的书桌，另外几张为恩来与他一起读书的同辈兄弟们使用。

四、周恩来纪念室

故居西宅院原为周恩来二曾祖父一家住房，大门面南。后辟为“周恩来纪念室”，分周恩来“童年”“家世”“故乡”“怀念”“名人字画”“周恩来的外交风采”“周恩来外祖父万氏字画”等7个展厅。

五、邓颖超纪念园

邓颖超纪念园展厅

邓颖超纪念园位于驸马巷7号，毗邻周恩来故居。始建于1996年。建筑占地350平方米。2002年10月，全国政协主席李瑞环题写了邓颖超纪念园门匾。两侧廊柱上的楹联是：颖悟非凡女豪杰，超然物外大乐天。此联采用“联首嵌名”的艺术手法，表现了这位巾帼英豪的光辉形象。纪念园展厅共分五大部分，分别为“少年家世”“革命生涯”“夫妻楷模”“和平使者”“风范永存”。周恩来故居管理处精选了120幅珍贵的照片，展示这位“淮安周家媳妇”的光辉、战斗的生平业绩。

六、墨迹碑廊

1997年，周恩来故居在后院建成周恩来墨迹碑廊，建筑面积104平方米，镌刻碑文24块。碑文的内容涉及言志、勉励、倡导，时间跨越青年、中年、老年。书风清朗丰润、雄浑朴茂，熔颜魏于一炉，于平稳出险峻，是后人习字的楷模，临摹之典范。

七、后院

周恩来故居后院，占地700平方米。周恩来童年时期曾随乳母蒋江氏在此种植瓜菜，放过风筝。后院中植有名贵植物。

海棠花 蔷薇科，落叶乔木，花姿潇洒，花开似锦。周恩来、邓颖超最喜欢海棠，在中南海西花厅广种之。1954年，周恩来在日内瓦时，西花厅海棠盛开。邓颖超特意剪了一枝，把它压在书本里头，经过鸿雁带到日内瓦。海棠花，是周恩来和邓颖超美好爱情的见证。

一品梅 周恩来故居后院墙角有一株素心蜡梅，为蜡梅中最名贵的品种。这株蜡梅树龄有上百年，相传是周恩来诞生那年，祖父周骏龙亲手栽植的。淮安人称之为一品梅。

日本樱花 日本前首相田中角荣赠送给周恩来故居。1972年9月，任日本内阁总理大臣的田中角荣赴华访问，最终实现了两国邦交正常化。

八、馆藏文物

多为周恩来亲属及周恩来、邓颖超身边工作人员捐赠，少数为购置。主要包括纸质品、木质品、金属器、漆器、纺织品、陶器、瓷器、塑料制品等。藏品总数达910件。

附：周恩来家族祖坟地

周恩来家族祖坟地在今淮安城东郊淮城镇闸口村夏庄组，原占地不足一亩。这块祖坟地是周家定居淮安后买下的。这里安葬着周恩来的祖父母、堂三祖父母、嗣父母、生母、两位四伯母、八叔父母等13位亲属的遗骨。1965年，周恩来在中南海西花厅同弟弟周同宇商议平掉家乡淮安城外的祖茔，后委其侄周尔萃回乡办理。由于周恩来不主张修祖坟，绍兴的曾祖父周光勋等的坟墓也不存。

第二章 周恩来纪念馆

第一节 历史沿革

周恩来纪念馆位于淮城镇桃花垠永怀路4号。1986年3月中共中央宣传部批准建立，1988年3月5日奠基，1989年1月动工兴建，1991年12月竣工，1992年1月6日落成对外开放。邓小平为周恩来纪念馆题写馆名。周恩来纪念馆馆址选在桃花垠，因此处曾是淮安著名的风景区；桃花垠宽阔的湖面能够体现周恩来宽广的胸怀；建馆不需占用耕地和搬迁居民，符合周恩来一生全心全意为人民的意愿。1997年1月19日，经中共中央批准，为纪念周恩来100周年诞辰，在周恩来纪念馆北端兴建周恩来遗物陈列馆（后称仿中南海西花厅）。1998年2月16日，周恩来铜像和遗物陈列馆揭幕落成。1998年6月30日，江苏省机构编制委员会苏编〔1998〕78号文，明确周恩来遗物陈列馆划归周恩来纪念馆统一管理，对外统称周恩来纪念馆，明确周恩来纪念馆为相当于正处级全民事业单位。2007年9月，经中共江苏省委批准，周恩来纪念馆改扩建工程暨周恩来生平业绩陈列馆在周恩来纪念馆馆区兴建，2008年6月30日竣工。

周恩来纪念馆馆区平面图案呈等腰梯形。俯瞰全景，纪念岛和3个人工湖构成“忠”字形。周恩来纪念馆馆区总面积40万平方米，由两组气势恢宏的纪念性建筑群、一个纪念岛、三个人工湖和环湖四周的绿地组成。其中70%为水面，建筑面积1.5万平方米。纪念性建筑主要分布在馆区南北800米长的中轴在线，依次建有瞻台、伟亭、纪念馆主馆、附馆、周恩来生平业绩陈列馆、周恩来铜像广场和仿中南海西花厅等纪念性建筑。此外，还有西花苑、岚山诗碑、海棠林、海棠路、樱花路、五龙亭、怀恩亭、西厅观鱼等景点。

纪念馆设计者将西方现代建筑手法与中国传统建筑艺术以及淮安的地方特色完美地结合到一起，用错落有致、造型各异、寓意深刻的纪念性建筑语言，向人们展现了一代伟人周恩来的光辉业绩和人格风范。纪念馆工程获全国设计大奖和“特别鲁班奖”。

第二节　主馆　附馆

纪念馆主馆建筑面积1918平方米，坐落在绿色草坪的基台上。主馆广场半圆形草坪和草坪中的圆形平台，构成周恩来伟大业绩与日月同辉的象征意义。主馆高26米，为外四方内八角形建筑，外形似原来江淮平原上提水灌溉的牛车棚，寓含周总理是一生为人民的孺子牛之意。四坡型屋顶由四根22米高的花岗岩石柱支撑，寓意周恩来生前曾四次提出要在我国实现四个现代化的宏伟设想。纪念馆主馆正门前51级台阶的设计，是为了纪念周恩来51岁担任开国总理。门形设计似中国汉字“周”字，是模仿淮安民居设计，体现了地方特色。外观为花岗岩贴面。内分三层。一层为影视厅，厅内可放映有关周恩来的各类资料影视片。二层为纪念厅，内设周恩来汉白玉雕像。雕像中的周恩来端坐在一块岩石上，手握长卷，双目凝视，仿佛在思考着祖国的今天和明天，运筹着四化大业。纪念厅顶上覆有双层玻璃天棚，自然光可直接照射到周恩来汉白玉雕像上，象征周恩来总理是顶天立地的一代伟人。三层为观景平台，近可饱览馆区景色，还可远眺古城淮安新貌。主馆两侧有两座五孔纪念桥与入馆道路相连，东侧连接楚州大道，西侧直通城区。

与纪念馆主馆隔湖相望的瞻台，由长80米的“人”字形廊亭和两座16米高的剑碑组成，寓含周恩来总理是一座永远矗立在人民心中的丰碑之意。

周恩来纪念馆主馆

主馆里的周恩来汉白玉雕像

附馆建筑面积1347平方米。建筑呈“人”字形，向主馆呈拱卫之势，寓含“人民总理爱人民”和“人民总理人民爱”之意。主附馆之间有一高10米的方形牌楼，从空中俯视“人”字形附馆与牌楼顶端“一”字，构成“八一”图案。此设计蕴含纪念周恩来曾领导了著名的“八一”南昌起义。

第三节 陈列馆 铜像广场

生平业绩陈列馆 与附馆相连，于2008年6月竣工，为纪念一代伟人周恩来同志110周年诞辰而建。陈列馆面积为2515平方米，运用实物、图片、艺术品、艺术场景及声、光、电等展陈手段和庄重、朴素、大方的陈列艺术特点，共分四个部分展示周恩来光辉的一生。陈列馆展出照片420幅，文献文物130件，复原重大事件场景8个。展出的重要展品有周恩来60年代常穿、后赠送给下放到内蒙古的侄女周秉健的军大衣；周恩来出席四届人大时穿过的中山装；周恩来经常佩带的“为人民服务”纪念章；周恩来用过的苏制收音机；周恩来出席日内瓦会议时用过的皮箱和穿过的风衣；周恩来崂山遇险时被匪徒砍过的毛毯；周恩来在重大国事活动中穿的黑西服；“文化大革命”中身边工作人员为提醒周总理注意休息而写的一张大字报等。特色展品有周恩来转战陕北时用美军的铁皮饼干箱改制的文件箱、周恩来的老花镜和周恩来给淮安县委《淮安日报》题写的报头等。

生平业绩陈列

周恩来铜像广场 周恩来生平业绩陈列馆往北，是一个占地面积为2000平方米的周恩来铜像广场。广场中央矗立一尊周恩来铜像，连基座高7.8米，寓意周恩来走过了78个光辉的人生春秋。周恩来铜像重约2吨，基座为花岗岩贴面，上面镌刻中共中央原总书记江泽民题写的“周恩来同志”五个大字。周恩来铜像由中央美院教授、雕塑家李守仁创作，南京晨光机械厂铸造。

周恩来遗物陈列馆 周恩来铜像广场北端为仿北京中南海西花厅。1997年1月19日，经中共中央批准，为纪念周恩来100周年诞辰，在周恩来纪念馆北端兴建周恩来遗物陈列馆，后改称仿中南海西花厅。1998年2月16日，周恩来遗物陈列馆揭幕落成，由周恩来纪念馆统一管理。周恩来遗物陈列馆占地面积为11588平方米，建筑面积为6200平方米，为“回”字形两层建筑。周恩来遗物陈列馆分上下两层，上层是仿清末风格的四合院，按周恩来曾经工作和生活26年之久的北

1998年2月落成的周恩来铜像广场

京中南海西花厅格局，按1∶1比例设计并按原场景陈列的，复原有前客厅、后客厅、乒乓球活动室、周恩来办公室、周恩来卧室、邓颖超办公室、邓颖超卧室、东厢房和西厢房等；下层为陈列展厅和办公用房，总建筑面积6200平方米。

第三章　管理与接待

第一节　管　理

1991年1月31日，江苏省编制委员会明确周恩来纪念馆为相当于副处级的全民所有制事业单位，暂设事业编制30名，隶属省文化厅。1991年12月26日，江苏省编制委员会同意周恩来纪念馆事业编制由30名增至40名。1998年6月30日，江苏省机构编制委员会明确周恩来遗物陈列馆划归周恩来纪念馆统一管理，同意明确周恩来纪念馆为相当于正处级全民事业单位，人员编制由40名增至75名。2004年5月，江苏省文化厅和江苏省委、省政府决定变更周恩来纪念馆管理体制，将周恩来纪念馆由省管建制划归淮安市管理，隶属淮安市周恩来纪念地管理局。周恩来纪念馆内设办公室、陈列保管科、接待科、行政科、财务科、研究室、经营科、保卫科等8个科室，2008年，有在编职工54人。周恩来纪念馆下设一个集体所有制的周恩来纪念馆旅游服务公司，为游客提供食、住、购、娱等配套服务，2008年，有在编职工49人。公司所属桃源饭店设有80间高中低档客房，有大型停车场，可接待100人的会议或旅游团体。公司在纪念馆进口、附馆、仿西花厅等景点均设立服务部，向瞻仰观众提供旅游纪念品服务，在主馆纪念大厅提供花卉服务等。

第二节　接　待

周恩来纪念馆内讲解接待科负责全馆的讲解接待工作。有讲解接待人员12人。讲解接待科提供普通话讲解和英文讲解两种服务。周恩来纪念馆自开馆以来，接待全国各地以及海外各界人士1000多万人次，免费接待中小学生团体和军人600万人次。1998年，周恩来纪念馆被中共中央宣传部等六部委确定并公布为“全国爱国主义教育示范基地”，2005年，确定并公布为国家AAAA级旅游景区，2006年12月，荣获“中国红色旅游十大景区”称号。2008年5月1日，周恩来纪念馆开始实行对全社会免费开放，当年，共接待观众78.2万人次，比上年增加39%，讲解场次达2210场。

一、党和国家领导人瞻仰

周恩来纪念馆开馆以后，接待许多党和国家领导人到馆参观。接待过胡锦涛、习近平、温家宝、吴邦国、贾庆林、李鹏、朱镕基等100多位党和国家领导人到馆瞻仰参观。

1992年1月6日，周恩来纪念馆落成开馆。中共中央政治局委员、国务委员李铁映出席开馆仪式并剪彩。

1992年2月10日，国务委员、国家科委主任宋健到馆瞻仰。

1992年4月25日,全国政协副主席王恩茂到馆瞻仰。

1993年1月31日,全国人大常委会副委员长彭冲到馆瞻仰。

1993年10月12日,中共中央政治局委员尉健行到馆瞻仰。

1993年10月27日,全国政协副主席杨汝岱到馆瞻仰。

1993年12月15日,中共中央书记处书记、国务院副总理温家宝到馆瞻仰。

1994年4月23日,中央军委副主席上将张震到馆瞻仰。

1994年4月25日,全国政协副主席孙孚凌到馆瞻仰。

1994年5月19日,国务院总理李鹏和夫人朱琳到馆瞻仰。

1994年10月11日,全国人大常委会副委员长廖汉生到馆瞻仰。

1995年4月2日,国务院副总理李岚清到馆瞻仰。

1995年6月22日,全国政协副主席万国权到馆瞻仰。

1995年7月10日,全国人大常委会副委员长布赫到馆瞻仰。

1996年6月16日,全国人大常委会副委员长费孝通及民盟中央主席冯之浚到馆瞻仰。

1997年5月14日,原中央顾问委员会常委李德生到馆瞻仰。

1997年6月5日,全国政协副主席、中国社会科学院院长胡绳到馆瞻仰。

1998年5月23日,全国人大常委会副委员长、中国民主促进会主席许嘉璐到馆瞻仰。全国人大常委会副委员长雷洁琼同时到馆瞻仰。

1999年10月20日,中共中央政治局委员、国务院副总理吴邦国来馆瞻仰

1999年9月13日,全国人大常委会原副委员长陈慕华到馆瞻仰。

1999年10月20日,中共中央政治局委员、国务院副总理吴邦国到馆瞻仰。

1999年10月25日,全国政协副主席张思卿到馆瞻仰。

2000年4月15日,中共中央政治局常委、国务院总理朱镕基偕夫人曹睿到馆瞻仰。

2001年1月25日,全国政协副主席钱正英到馆瞻仰。

2001年4月6日,全国人大常委会副委员长吴阶平到馆瞻仰。

2001年5月22日,全国人大常委会副委员长、民盟中央主席丁石孙到馆瞻仰。

2002年5月19日,全国政协副主席罗豪才到馆瞻仰。

2003年9月20日,中共中央政治局原常委、全国政协原主席李瑞环到馆瞻仰。

2004年5月2日,中共中央总书记胡锦涛到馆瞻仰。

2004年11月5日,原中共中央政治局委员、中央军委副主席、国务委员兼国防部长迟浩田到馆瞻仰。

2005年4月10日,中共中央政治局委员、中央书记处书记、中央组织部部长贺国强到馆瞻仰并签名留念。

2005年5月2日,全国人大常委会副委员长盛华仁到馆瞻仰。

2005年7月14日,全国人大常委会副委员长、民革中央主席何鲁丽到馆瞻仰。

2006年4月21日,中共中央政治局常委、全国政协主席贾庆林到馆瞻仰。

2006年5月17日,全国政协副主席陈奎元到馆瞻仰。

2007年4月14日，国务委员唐家璇到馆瞻仰。

2008年4月11日，全国政协副主席孙家正到馆瞻仰。

2008年4月26日，全国人大原副委员长盛华仁到馆瞻仰。

2008年5月17日，全国政协原副主席孙孚凌到馆瞻仰。

2008年10月7日，中共中央政治局原常委、中共中央纪律检查委员会原书记吴官正到馆瞻仰。

2004年5月2日，中共中央总书记胡锦涛到馆瞻仰

二、著名人士瞻仰

周恩来纪念馆自1992年1月落成开馆后，有众多知名人士到馆参观瞻仰，约有4500多人次，其中主要有：

1995年5月29日，中日友好协会原会长孙平化到馆瞻仰。

1997年8月2日，国务院原副秘书长、周恩来总理办公室原主任童小鹏到馆瞻仰。

1998年2月16日，南京军区政委上将方祖岐到馆瞻仰。

1998年2月16日，中国驻美国大使李肇星到馆瞻仰。

1998年2月28日，中央电视台“心连心”艺术团大型广场文艺演出《百年丰碑》在周恩来纪念主馆广场举行，演职员有1700多人。

1998年10月9日，中国人民对外友好协会会长齐怀远到馆瞻仰。

1999年3月25日，水利部部长汪恕诚到馆瞻仰。

2001年5月4日，原周恩来总理身边工作人员十多人到馆瞻仰。其中有周恩来生前卫士、中央办公厅警卫局原副局长少将高振普，邓颖超生前秘书、全国政协原副秘书长赵炜等。

2001年9月9日，最高人民检察院检察长韩杼滨到馆瞻仰。

2002年5月5日，全国人大常委会委员、著名经济学家厉以宁到馆瞻仰。

2003年6月21日，国家财政部部长金人庆到馆瞻仰。

2004年3月1日，共青团中央书记处书记周强到馆瞻仰。

2004年3月19日，国家文物局局长单霁翔到馆瞻仰。

2004年6月17日，全国人大常委会外事委员会主任委员、外交部驻香港特派员公署原特派员姜恩柱到馆瞻仰。

2008年3月4日，前世界乒乓球冠军丘钟惠、许绍发、郭跃华到馆瞻仰。

2008年3月5日，国家乒乓球队前主教练、国家体育总局副局长蔡振华到馆瞻仰。

2008年6月1日，台湾知名人士郝柏村瞻仰周恩来纪念馆。

三、国际友人瞻仰

周恩来纪念馆自开馆以后，接待了来自多个国家和地区的外国游客1万多人次。

1994年8月13日，意大利驻华大使夸罗尼、一等秘书浦林泽、意大利达涅尼公司总裁赛西尼亚·达涅利、卡塞拉托和意大利达涅尼公司驻华首席代表白芙兰等到馆瞻仰。

1996年12月12日，美国驻上海总领事帕瑞齐一行3人到馆瞻仰。

1997年5月17日，韩国驻沪总领事庆昌宪到馆瞻仰。

1998年3月6日,美国亚柏林达市市长特别代表、美国前总统尼克松图书馆馆长约翰·泰勒到馆瞻仰。

1998年3月6日,斯里兰卡尤瓦省能源交通部部长班达拉到馆瞻仰。

1998年4月25日,日本朝日新闻社北京支局局长加藤千泽及夫人由子到馆瞻仰。

1998年7月8日,泰国国际贸易商社代表团一行7人到馆瞻仰。

1998年8月22日,以日本一宫市日中友好协会会长谷视夫为团长的日本一宫市少年友好访华团一行19人到馆瞻仰。

1999年4月5日,蒙古达尔汉市市长夹·旺当茅仁到馆瞻仰。

2000年6月22日,白俄罗斯戈梅利市副市长扎舒克·瓦连里·瓦连里亚维奇等一行到馆瞻仰。

2000年11月6日,以日本西山町町长三富利郎为团长的日本西山町友好访问团一行7人到馆瞻仰。

2001年9月23日,以田渊忠幸为团长的中日友好马拉松长跑日本外宾20多人到馆瞻仰。

2001年9月23日,参加第六届世界华商大会的新加坡敦那大集团总经理唐庆铭、新加坡华源会会长连年建筑和人有限公司董事、经理王泉成等到馆瞻仰。

2002年1月8日,巴布亚新几内亚水利部部长帕特里克·阿米尼和夫人凯娜·阿米尼、项目经理威廉·瓦鲁以及工程师卢克·托马斯等到馆瞻仰。

2002年5月14日,以纳米比亚卡拉斯区行政长官S·哥尼亚斯为团长的纳米比亚一行10人到馆瞻仰。

2002年5月17日,以俄罗斯圣彼得堡市科尔宾诺区区长葛拉德舍娃·拉莉萨为团长的俄罗斯圣彼得堡市科尔宾诺区政府代表团到馆瞻仰。

2002年7月28日,以韩国完州郡企划监察室企划部长刘新峰为团长的大学生代表团一行12人到馆瞻仰。

2002年9月27日,以日本生驹市日中友协会长西口谦一为团长的日中友协访华团一行18人到馆瞻仰。

2004年6月19日,南京陆军指挥学院60多名外国军队指挥将领研修生到馆瞻仰。

2004年11月25日,以日本创价学会全国青年部长衫山保先生为名誉团长、副部长竹内一彦先生为副团长的全国青年代表团一行28人到馆瞻仰,并赠送7米长卷《樱花缘》等纪念品。

2007年4月29日,日本前驻华大使阿南惟茂到馆瞻仰。

2007年8月22日,德国萨斯尼市青年友好交流团一行20人到馆瞻仰。

2008年3月4日,美国乒协前主席希瑞·霍弗斯特和日本乒协代表松崎君代等到馆瞻仰。

第三节 馆藏文物

周恩来纪念馆有馆藏文物476件,其中一级文物4件、二级文物43件、三级文物122件、其他文物304件。馆藏文物大多为周恩来亲属、周恩来邓颖超身边工作人员捐赠,极少数为购置。馆藏文物类别主要有纸质品、木质品、金属器、漆器、纺织品、陶器、玻璃制品、塑料等。

馆藏文物中的重要藏品有1934年5月周恩来和少年先锋队总队长张爱萍联名公布的《为目前形势告全体队员书》;周恩来出席重大国事活动穿的中山装;周恩来乘坐过的红旗牌轿车;周恩来用过的电视机、塑料盒、老花镜和木箱等;周恩来手迹;江泽民、李鹏、李先念等党和国家领导人为周恩来纪念馆题写的题词等。

周恩来纪念馆建有专业的文物库房，配有专职的保管人员，定期放置防虫防腐药剂，定期检查。为防止梅雨季节藏品受潮霉变，采用传统的防潮剂、干石灰与空调、除湿机等手段进行综合防治。

第四章　纪念活动和周恩来研究

第一节　周恩来100周年诞辰纪念活动

1998年3月5日是周恩来100周年诞辰纪念日，中央及省、市、淮安市以及周恩来纪念馆举行了一系列活动。

周恩来100周年诞辰纪念活动

1月8日，江苏省"周恩来生平和思想研讨会"在淮安宾馆召开。省委宣传部长王湛主持会议。省委副书记顾浩作重要讲话。会议期间交流60篇论文，周恩来纪念馆秦九凤、李潇的论文入选交流。

1月19日，上海铁路局向周恩来纪念馆赠送新型"周恩来号"机车模型仪式在周恩来纪念馆主馆举行。

2月12日，"周恩来铜像运抵淮安迎接仪式"在周恩来纪念馆铜像广场举行。上午10时30分，周恩来铜像车队驶进铜像广场。淮安市各界人士2000多人参加了迎接仪式。省委副书记顾浩在仪式上讲话。

2月16日，"周恩来铜像揭幕暨周恩来遗物陈列馆落成典礼"在周恩来纪念馆铜像广场举行。中央有关部门负责同志及老同志，江苏省、南京军区等领导同志和社会各界3000多人出席典礼。省委书记陈焕友和南京军区政委方祖岐为周恩来遗物陈列馆落成剪彩。1998羽和平鸽飞向天空。

2月28日，中央电视台"心连心"艺术团大型广场文艺演出《百年丰碑》在周恩来纪念馆主馆广场演出。江苏省电视台和淮安电视台现场直播。观众1.2万多人，演职员1700多人。

2月28日，参加《百年丰碑》文艺演出的中央电视台"心连心"艺术团的演职员和江苏各界人士代表150多人还在周恩来铜像广场西南侧栽植100棵海棠树。周恩来纪念馆为此次活动刻石竖碑"海棠林"以志永久纪念。

3月3日，中外百名大学生纪念周恩来100周年诞辰自行车拉力赛在周恩来纪念馆举行。活动的主题是"访伟人足迹，兴中华伟业"，拉力赛路程自南京梅园新村纪念馆至淮安周恩来纪念馆。

3月5日，举行周恩来百年诞辰大会，周恩来亲属代表、国际友人及各地嘉宾、淮安各界代表出席了大会。会后放映了电影《周恩来——我们伟大的朋友》。

第二节　周恩来110周年诞辰纪念活动

2008年3月5日是周恩来110周年诞辰纪念日，中央及省、市、楚州区以及周恩来纪念馆举行了

纪念周恩来诞辰110周年演出

一系列活动。

1月1日，以“纪念总理诞辰，迎接奥运，振兴楚州”为主题的元旦万人长跑活动在周恩来纪念馆举行。

1月7日，楚州区2000多名社会各界人士和中小学师生来到周恩来纪念馆，用一首首诗歌歌颂周总理的丰功伟绩，用一盏盏河灯和一支支白烛寄托对周总理不尽的怀念。

2月26日，老一辈革命家子女，周恩来亲属和“西花厅”原工作人员及其子女“周恩来故乡行”活动在周恩来纪念馆拉开帷幕。来宾们瞻仰了周恩来纪念馆，在周恩来纪念馆准备的《缅怀开国总理，继承光荣传统，全面建设小康社会》的横幅上签名，并向周恩来总理铜像敬献了花篮和鲜花。

2月27日，永远的怀念——纪念周恩来同志110周年诞辰暨中国文联“送欢乐、下基层”赴淮安慰问演出活动2月27日上午在周恩来纪念馆隆重举行。中国文联党组副书记、副主席覃志刚，省委常委、宣传部长杨新力，省政府副省长张桃林以及周恩来总理的亲属和身边工作人员代表应邀来淮参加活动。同日，周恩来二弟周恩溥的儿媳晋菊清向周恩来故居捐赠周总理生前穿过的5件衣服。

3月4日，参加纪念周恩来110周年诞辰乒乓球邀请赛前世界冠军丘钟惠、许绍发、郭跃华等12人，及美国乒协前主席希瑞·皮特曼、参加乒乓外交的美国记者蒂姆·博根、美国运动员朱蒂·霍弗斯特和曾获过7次世界冠军的日本乒协代表松崎君代等瞻仰了周恩来纪念馆。

6月30日，周恩来纪念馆改扩建工程竣工，周恩来生平业绩陈列馆开馆仪式在周恩来纪念馆举行。省委常委、省委宣传部长杨新力，省人大常委会副主任丁解民，省政协副主席包国新以及周恩来亲属和周恩来原身边工作人员出席仪式。

第三节　周恩来研究

周恩来纪念馆于1992年建成落成后，内设资料科，有专业研究人员5人，从事周恩来研究工作。1999年8月，周恩来纪念馆内设有周恩来研究室，有专业研究人员4人，从事周恩来研究工作。

周恩来纪念馆自1992年建成至2008年，周恩来研究人员参加全国及省市组织的学术研讨活动40余次，提交论文100余篇，入选80多篇，获省级以上奖励20多篇，在各级各类报刊上发表研究文章数百篇。周恩来研究人员在全国十多个城市，包括北京、上海、南京、广州、扬州等地走访了周恩来亲属、周恩来原身边工作人员、知情人等达200多人次，获取了大量的第一手珍贵资料，编辑馆刊《丰碑》12期，编辑出版《周恩来家世》《落叶缤纷沃中华》《爱的丰碑》《周恩来乡情》《人民的好总理》等图书15种和《周恩来》《伟大的外交家周恩来》《人民心中的丰碑》等影视录像近10种，每年在全国各级报刊发表文章或在全国各级研讨会提交研究文章数十篇并多次获得各类奖项。

第二十八篇　文物古迹

淮安是江淮流域人类文明的发祥地之一。远在5000多年前的新石器时代，人类的祖先就在这里繁衍生息，创造了灿烂的“青莲岗文化”。在漫长的历史长河中，淮安积淀了丰厚的文化资源，公署会馆、名人故居、古塔桥梁、园林寺庙、石刻古碑、遗址墓葬、陶瓷玉石等各类文物古迹众多。1978年，淮安县设立专门的文物管理机构。之后，政府不断划拨经费，修复一批文物古迹。与此同时，还发现和挖掘了一批新的文物。1986年12月，淮安被国务院公布为“中国历史文化名城”之后，地上文物修缮进入高潮，地下文物的考古日益发展，博物馆事业趋向规范。至2008年，楚州区有县级及以上文物保护单位83处。其中，周恩来故居、淮安府署为国家级文物保护单位，关天培祠、关天培墓、文通塔、金天德大铜钟、中共中央华中分局旧址、青莲岗文化遗址、镇淮楼、总督漕运部院遗址、吴承恩墓等9处为省级文物保护单位。全区有各类馆藏文物3.92万件，其中陶器657件、瓷器1180件、钱币3.04万件、铜器295件、玉器442件、丝织品21件、字画5492件、古籍498件、文房用品210件。

文物保护的加强和博物馆事业的发展，发挥古城楚州文物在两个文明建设中的作用，同时也使楚州文物得到更好的保护，推动楚州旅游经济发展。

第一章　文物管理

第一节　管理机构

新中国成立后，国有文物由县文化馆负责整理保管，其他古迹和纪念地没有统一的管理机构。1978年，由文化馆划分出图书馆，文物的整理和保管工作交由图书馆负责，增设专职文物征集管理员1人，每年由政府拨给少量活动经费。1984年8月，成立县博物馆，接管原图书馆所管理的全部文物，仍和图书馆合署办公，由图书馆1名副馆长专门负责博物馆工作。1986年9月，博物馆与文化馆分开，设馆长、副馆长、管理人员和保卫人员。1990年11月，成立淮安市文物管理委员会，由1名副市长兼任主任，下设办公室，配专职人员负责日常工作。2001年，淮安市更名为楚州区后由1名副区长兼任文物管理委员会主任。园林胜迹等文物保护单位因其资金来源、功能及地理位置等原因，分属于楚州区宣传、民政、城建、宗教、文化、教育等部门。周恩来纪念馆原由江苏省文化厅管理，后改属地级淮安市文化局管理。2001年，淮安市成立周恩来纪念地管理局，周恩来故居、周恩来纪念馆统一由周恩来纪念地管理局管理。

第二节　文物保护

古城淮安历史悠久，历代遗存的建筑数量多，分布广，时间跨度长，有鲜明的地方特色。至2008年，有文物保护价值的古代和近代建筑遗存中，国家级文物保护单位2处，省级文物保护单位9处，市级文物保护单位63处，区级文物保护单位9处。

2008年楚州区（淮安县、淮安市）文物保护单位情况表

表28-1

序号	名　称	级别	地　点	保　护　范　围	建设控制地带
1	周恩来故居	国家级（1988年，被国务院公布为全国重点文物级护单位）	驸马巷7号	东至文渠河西岸，西至博物馆东墙，南至镇淮楼西路，北至原消防队和勺湖幼儿园南墙	东至龙窝巷，西至西长街，南至镇淮楼西路，北至小人堂巷
2	淮安府署	国家级（2006年，被国家文物局批准为全国重点文物级护单位）	东门大街33号	北至规划路，南至东门大街南侧向南10米，东至规划路，在大堂正南面30米处向西退60米，再向南延伸至东门大街，西至大堂西墙向西50米，在大堂正南面30米处向东退20米，再向南延伸至东门大街	北至文渠南岸，南至东门大街南侧向南20米，东至保护范围向外30米，西至北门大街东侧
3	关天培祠	省级	县东街37号	南以县东街为界，北以文渠南岸为界，东西以祠堂围墙为界	保护范围四至向外100米
4	关天培墓	省级	城东乡南窑村	南以墓地前出水沟为界，北以南窑九组队房为界，东以关沟为界，西以中大埂为界	南以周庄后水塘南岸为界，西以斗渠为界，北以南窑九组队房后沿为界，东自墓盘向东100米
5	文通塔	省级	勺湖公园内	东、西各至公园围墙外10米，南至公园大门，北至塔身外55米	保护范围四至各向外100米
6	金天德铜钟	省级	勺湖公园内	铜钟所坐落的小岛全境	保护范围四至各向外100米
7	中共中央华中分局旧址	省级	楚州中学	东至本体东楼向东42米，南至本体向南30米，西至校办公楼西墙，北至校大会堂北墙	东至文渠河，南至教学楼北墙，西至东长街，北至大会堂北墙向北30米
8	青莲岗遗址	省级	宋集乡青莲村	南以咸岔河北岸为界，北以岳堆为界，东以土城支渠为界，西以村西大路为界	南以咸岔河南岸为界，北以北干渠为界，东以土城支渠向东延伸750米处为界，西以青莲支渠为界

续表 28-1

序号	名　称	级别	地　点	保　护　范　围	建设控制地带
9	镇淮楼	省级	城中心	楼下花园栏杆	东至范巷，南至文渠河，西至捕衙巷，北至本体向北130米
10	总督漕运公署遗址	省级	城中心	东至本体向外50米，南至镇淮楼路中心线，西至上阪街，北至东门大街	东至本体向外50米，南至镇淮楼路中心线，西至上阪街，北至东门大街
11	吴承恩墓	省级	马甸乡二堡村	墓盘四至向外20米	本体四至向外100米
12	车桥战役纪念塔	市级1	车桥镇北200米	围墙四至向外30米	东至北大街东侧商住楼西墙，南至十二支渠南岸向南10米，西至朝阳巷1-2东墙，北至敬老院北墙
13	梁红玉祠	市级1	北辰坊	2003年修建翔宇大道时被拆，已移建于礼智坝西的河下北端	移建河下金地广场中
14	新安旅行团纪念馆	市级1	新安小学内	本体四至向外10米	本体四至向外100米
15	吴承恩故居	市级1	河下居委会打铜巷内	围墙四至向外20米	东至粉章巷，南至竹巷街，西至草楼巷，北至估衣街
16	淮安东岳庙	市级2	镇淮楼东路51号	东、北、西至围墙向外各10米，南至岳庙东街	保护范围四至向外各50米
17	淮安府学泮池	市级2	府学路西首	西至南门大街，北、东、南至本体向外各20米	西至南门大街，北、东、南沿保护范围向外20米
18	韩侯钓台	市级2	萧湖边古枚里街	本体向外西至里运河，东至萧湖，北、南向外各20米	西至里运河，东至萧湖，北、南沿保护范围向外50米
19	韩侯祠	市级2	镇淮楼东路13号	东至韩信路东侧，南至镇淮楼东路南侧，西至谈荔孙故居，北至本体向外20米	东、南沿保护范围各向外10米，西至谈荔孙故居，北至自来水公司北围墙
20	胯下桥牌坊	市级2	胯下桥街中部	本体四至向外各10米	保护范围向外60米
21	河下石板街	市级2	河下古镇	北起程公桥，南至里运河，西至罗家桥，东到估衣街东首，街道两侧各向外10米	保护范围四至向外20米
22	江宁会馆	市级2	河下中街	本体四至向外各20米	保护范围四至向外各20米
23	淮安古城墙遗址	市级2	城区	城基外侧四至各向外20米	保护范围四至各向外80米
24	罗振玉故居	市级2	罗家巷	南至南巽路，北至更楼东街向北20米，东至罗家巷东侧20米，西至罗家巷西侧向西30米	南至南巽路，东、西、北沿保护范围向外各20米
25	流均烈士纪念塔	市级2	流均镇乙卯村	北至溪河堆，东、西、南自塔基向外各40米	北至溪河堆，东、西、南自塔基向外各80米
26	刘鹗故居	市级2	西长街北端	围墙四至向外各15米	保护范围四至向外各60米

续表28-1

序号	名　称	级别	地　点	保　护　范　围	建设控制地带
27	刘鹗墓	市级2	上河镇大后村	本体四至向外各20米	保护范围四至向外各80米
28	裴荫森故居	市级2	河下姜桥巷30号	本体四至向外各20米	保护范围四至向外各20米
29	枚亭	市级2	河下莲花街西运河堤边	西至里运河,东至萧湖,南、北自本体向外各20米	西至里运河,东至萧湖,南、北沿保护范围向外50米
30	漂母祠	市级2	萧湖边古枚里街	本体向外西至里运河,东至萧湖,北、南向外各20米	西至里运河,东至萧湖,北、南沿保护范围向外50米
31	末口遗址	市级2	淮城镇新城村	本体四至向外各21米	保护范围四至向外各81米
32	秦焕故居	市级2	南门大街零件厂内	西至南门大街,东、南、北沿本体向外20米	西至南门大街,东、南、北沿保护范围向外各20米
33	谈荔孙故居	市级2	镇淮楼东路韩侯祠西侧	南至镇淮楼东路南侧,东至韩信路,西、北沿本体向外各20米	南至镇淮楼东路南侧,东至韩信路,西、北沿保护范围向外各40米
34	汪达之墓	市级2	城北莲花街	墓基四至向外各10米	保护范围四至向外各60米
35	勺湖草堂	市级2	勺湖公园内	围墙四至向外各10米	保护范围四至向外各80米
36	润州会馆	市级2	古枚里街46号	本体四至向外各10米	保护范围四至向外各60米
37	左宝贵墓	市级2	河下村罗家桥西圩河东岸	墓基四至向外各20米	保护范围四至向外各80米
38	周恩来祖茔地	市级2	城东乡闸口村	北至纬7路,东、西、南至本体向外各30米	保护范围四至向外各50米
39	大胡庄革命烈士纪念塔	市级3	茭陵乡大胡庄村	塔基盘四至向外各20米	塔基四至向外各80米
40	楚元王庙	市级3	上阪街	本体四至各向外10米	本体四至各向外60米
41	古淮阴市碑	市级3	淮城镇府市口	—	
42	河下清真寺	市级3	河下古清真寺巷	围墙以内	围墙四至各向外100米
43	古运河石堤	市级3	北角楼北、运河东岸	堤两侧各向外20米	堤两侧各向外100米
44	蝴蝶厅	市级3	镇楼东路	本体四至各向外10米	本体四至各向外80米
45	潘埙墓石刻	市级3	楚州区平桥镇九洞村中心小学	本体四至各向外30米	南至村前路,东、西、北自保护范围向50米
46	杨士骧故居	市级3	楚州区淮城楼东小区更楼东街西首(袜厂内)	—	—
47	杨士骧墓	市级3	—	—	—
48	李宗昉墓	市级3	楚州区马甸镇十五桥村	—	—
49	淮安钞关遗址	市级3	板闸西首运河畔	—	—
50	板闸三元宫	市级3	板闸镇南街	—	—

续表 28-1

序号	名　称	级别	地　点	保　护　范　围	建设控制地带
51	秦举人宅	市级3	楚州区河下茶巷97号	—	—
52	戴家宅院	市级3	—	—	—
53	许氏中医宅	市级3	楚州区河下估衣街160号	—	—
54	文楼	市级3	楚州区河下花巷大街75-2号	—	—
55	横沟暴动旧址	市级3	楚州区钦工镇横沟村	—	—
56	王遂良宅	市级3	楚州区淮城龙窝巷20号	—	—
57	淮安福音堂	市级3	楚州区西门大街中段	本体向外10米	保护范围向外20米，南至老西门大街，西向外亦20米，北至镇淮西路南边线
58	朱占科故居	市级3	楚州区人民医院南侧	—	—
59	闻思寺遗址	市级4	楚州区河下湖嘴大街西侧	—	—
60	施耐庵著书处旧址	市级4	楚州区大香渠巷6号	—	—
61	矶心闸	市级4	楚州区淮城勺湖小区沿河街	—	—
62	板闸石桥	市级4	板闸镇中翔宇大道北侧	—	—
63	拈花寺	市级4	楚州区淮城莲花巷11号	—	—
64	淮安天主教堂	市级4		—	—
65	吴鞠通中医馆	市级4	楚州区淮城河下镇北首	—	—
66	河下三宫殿	市级4	楚州区河下估衣街河下小学	—	—
67	张氏中医宅	市级4	楚州区淮城紫藤村嵇桥东街4号	—	—
68	勺湖碑园	市级4	楚州区淮城勺湖公园内南侧	—	—
69	江来甫墓	市级4	淮城镇玉兰村	墓基四至各向外20米。	墓基四至向外各120米。
70	福星斋清真饭馆旧址	市级4	楚州区河下湖嘴大街122号	—	—

续表 28-1

序号	名　称	级别	地　点	保　护　范　围	建设控制地带
71	松寿中药号	市级4	楚州区老西门大街1号	—	—
72	王少清宅	市级4	楚州区县西街5号	—	—
73	霍培元皂厂	市级4	楚州区老西门大街83号	—	—
74	陈济川宅	市级4	楚州区岳庙东街26号	—	—
75	万历铁钟	县级	勺湖公园内	—	—
76	铜鼓	县级	博物馆	—	—
77	唐碑	县级	博物馆	—	—
78	兴文桥	县级	镇淮楼西南	本体四至各向外10米	本体四至各向外50米
79	文渠	县级	城区内	渠两岸各向外10米	渠两岸各向外20米
80	龙光闸	县级	城东南巽关外文渠上	本体四至各向外10米	本体四至各向外60米
81	徐节孝祠	县级	县东街西首	祠堂四至各向外10米	保护范围四至各向外60米
82	新安小学旧址	县级	河下莲花街	本体四至各向外10米	本体四至向外60米
83	淮安革命烈士陵园	县级	东门大街王举人巷	塔基座四至各向外40米	塔基座四至各向外200米

第三节　文物修建

1978～1997年，淮安县（市）抢救整修了一批文物古迹。1978年，整修周恩来故居，修复胯下桥。1979年，维修流均抗日阵亡将士纪念塔。1981年，修建关天培祠（1997年进行维修），修建汪达之墓，扩建车桥战役烈士陵园（1984年、1994年两次进行整理维修）。1982年，整修吴承恩故居，新建梁红玉祠，维修韩侯祠，复建漂母祠。1985年，新建新安旅行团陈列馆。1986年，修建古清真寺；1987年整修刘鹗故居，新建大胡庄战斗烈士纪念塔。1990年新建周恩来纪念馆。1996年修建东岳庙。1997年新建周恩来遗物陈列馆。90年代维修文通塔。由于经费不足，投入少，在此期间，淮安大多数古迹不能全面恢复，即使恢复的文物景点也是陈列简陋，处于“三间房子一围墙，几张字画一尊像”的窘境。2001年以后，楚州区政府在文物保护方面确定“保重点，促全面”的指导思想。一方面积极向上级政府和部门争取资金，一方面从地方财政中抽出资金，抢救保护一批重要文物遗存。

总督漕运部院遗址公园建设　总督漕运部院位于淮安城中心，始建于南宋干道六年（1170年），元代为淮安路总管府，明初为淮安府署，万历七年（1579年）改为总督漕运部院，清代又有所扩建，占地约2万平方米。院门南向，有房屋213间。中轴在线有大门、二门、大堂、二堂、大观楼等建筑，

2002年发现的漕运遗址

东侧有官厅、书吏办公处、东林书屋、正值堂、水土祠、一览亭，西侧有宫厅、百录堂、师竹斋、来鹤轩等。门前有照壁，两侧有牌坊。抗日战争期间，多次遭受日机轰炸，部分房屋被炸毁，但屋基、础石尚存。民国34年（1945年），淮城第一次解放，淮城市政府将部分残余房屋拆除，与东邻公共体育场合并，1946年改建为叶挺运动场。新中国成立后，定名为人民体育场。1988年，淮安市政府仿照当年总督漕运部院样式，于体育场入口处重建门楼。门楼宽29米，硬山造，抬梁式，朱漆梁柱，四角飞檐。门楣横悬一面木质匾额，上书“总督漕运部院”及“戊辰年重修”等字样。2002年政府对遗址进行发掘，面积达5000余平方米，揭示出大堂、二堂、大观楼等建筑基础，及主管道、地坪、下水道、官井等设施，出土物有石柱础、门榫、宫灯、脊瓦、莲瓣基座、各类石碑以及邱字青砖等。重建总督漕运部院大门，将其建成总督漕运部院遗址公园。

淮安府署维修工程　淮安府署始建于南宋，初为沂、郯万户府，明初改建为府署，清咸丰十年（1860年）被火灾损毁，咸丰十一年重建。新中国成立后，部分建筑改做民房，“文化大革命”破“四旧”中，部分建筑被拆，大堂、二堂由于用做淮安机械配件厂的厂房而得以存留。2003～2007年，区政府先后投入1900多万元对淮安府署进行维修和复建。

河下古镇维修改造工程　2003年，复建“御码头接驾亭”。2004年，整修湖嘴大街、花巷、估衣街石板路。2005～2008年，楚州区政府先后实施了“一河、两街、三景”工程：疏浚水系，沿城河街开挖了景观河道；修复改造湖嘴大街、花巷古街，对沿街房屋逐户逐栋精心修复；复建古刹闻思寺，新建了大雄宝殿、天王殿、钟鼓楼、配殿等建筑；修复百年老店古文楼；修建吴鞠通中医馆。

吴承恩故居维修扩建工程　2004年投入400万元，与六小龄童（电视剧《西游记》中孙悟空扮演者）合作，在吴承恩故居东侧建设了“美猴王世家艺术馆”；2005年投入500多万元，在吴承恩故居西侧建设了吴承恩生平陈列厅；2007年，为配合全球首部立体电视剧《吴承恩与西游记》的拍摄，投入40多万元，对故居本体进行室内整修、布景，充实了部分展品。（参见第二十八篇第三章第二节）

于2005年新建的新安旅行团纪念馆

新安旅行团纪念馆建设工程　2005年，为纪念新安旅行团建团70周年，区政府投入1200万元，在原新安旅行团历史陈列馆的基础上，新建新安旅行团纪念馆。

周恩来故居驸马巷南侧地区环境整治工程　为纪念周恩来110周年诞辰，2007年4月开始，楚州区投入3000万元对周恩来故居驸马巷南侧地区进行环境整治，2008年2月竣工。

第二章　文物收藏

2008年,楚州博物馆馆藏陶器657件、瓷器1180件、钱币3.04万件、铜器295件、玉器442件、丝织品21件、字画5492件、古籍498件、文房用品210件。馆藏文物中有一级品27件,二级品37件,三级品160件。

2008年楚州博物馆馆藏一级文物目录表

表28-2

序号	藏品号	文物名称	时代	实际数量(件)	质地	是否建档
1	000012	青花缠枝牡丹双兽耳盖罐	元	1	瓷	是
2	000152	萱花图	明	1	纸	是
3	000153	水阁归舟图	明	1	纸	是
4	000154	太白骑鲸图	明	1	纸	是
5	000155	书室清影图	明	1	纸	是
6	000156	溪山远眺图	明	1	纸	是
7	000157	枯木竹石图	明	1	纸	是
8	000158	溪山游赏图	明	1	绢	是
9	000159	江城送别图	明	1	绢	是
10	000160	松屋读书图	元	1	绢	是
11	000161	米氏云山图	明	1	纸	是
12	000162	云山墨戏图	明	1	纸	是
13	000163	钟馗图	明	1	纸	是
14	000164	云山小景图	明	1	纸	是
15	000165	秋树双雀图	明	1	纸	是
16	000166	人马图	明	1	绢	是
17	000167	秋塘图	明	1	绢	是
18	000168	霜林白虎图	明	1	绢	是
19	000169	秋江唤渡图	明	1	纸	是
20	000170	烟浦渔舟图	明	1	纸	是
21	000171	墨竹图	明	1	纸	是
22	000172	撷兰图	明	1	纸	是

续表 28-2

序号	藏品号	文物名称	时代	实际数量(件)	质地	是否建档
23	000173	行书竹窗	明	1	纸	是
24	000174	墨菊图	明	1	纸	是
25	000175	秋江鸿雁图	明	1	纸	是
26	000176	墨梅图	明	1	纸	是
27	002653	东魏石刻铭文造像碑	东魏	1	石	是

第一节　碑　刻

楚州碑刻以其数量科类繁多，内容广，镌刻精而久负盛名。至2008年，楚州存有碑刻100多件，主要分藏于勺湖碑园、区博物馆和镇淮楼。其中著名的有康熙御碑、乾隆御碑、逼租碑、唐高延福墓志铭、明吴锐墓志铭、紫霄宫回文诗碑、舍利石塔、东魏石刻铭文造像碑等。

2008年楚州区保存石碑、石刻一览表

表 28-3

序号	名　称	年代	规格(厘米)	存放地点	说　明
1	“雪作须眉”碑	清康熙	四块 每块47.5×50.5	勺湖公园碑园	清康熙亲笔书写，较完整
2	重建延寿庵碑记	清乾隆	109×62	勺湖公园碑园	楷书，断裂
3	重修紫霄宫记碑刻	明成化	137×76.5	勺湖公园碑园	楷书，明成化金铣书.碑体完整，表面有风化
4	光绪贰拾年告示碑	清光绪	50.5×111	勺湖公园碑园	“特用道即选府漕辕营务处正江浦县调署山阳县正堂”告示，完整
5	吕祖留题紫霄宫诗碑	清康熙	49×30	勺湖公园碑园	吕祖留题“宫近东城……”全诗50余字
6	乾隆御碑	清乾隆	碑头65×88×25 碑身81×157×21 碑座67×46×45	勺湖公园碑园	乾隆赐杨锡绂诗碑，基本完整
7	“淮阴市”残碑	明万历	90×136×15	勺湖公园碑园	明刘大文题“淮阴市”，后破坏于“文化大革命”时期
8	“定阳会馆”匾额	清	133×51	勺湖公园碑园	原定阳会馆匾额，完整
9	“孚佑帝君庙”匾额	清	156.5×44.5 厚11	勺湖公园碑园	碑边饰螭云纹，完整
10	孔节妇祠碑记	明	79×187	勺湖公园碑园	四边饰有波纹，通体有一斜裂纹
11	特用道江南淮安府正堂存告示碑	清	70.5×127	勺湖公园碑园	完整

续表 28-3

序号	名　称	年代	规格（厘米）	存放地点	说　明
12	重修淮安试院碑	道光	62.5×102.5×10	勺湖公园碑园	完整
13	捐拨试院经费记碑刻	同治	76×46.5	勺湖公园碑园	完整
14	重修试院记碑刻	光绪	75×46	勺湖公园碑园	完整
15	天上圣母碑记碑刻	道光	138×70	勺湖公园碑园	完整
16	恩公路记碑刻	光绪	160×65.5	勺湖公园碑园	完整
17	“新安義所”匾额	道光	160×42×7	勺湖公园碑园	完整
18	重修雷神殿记碑刻	明	167×78×22	勺湖公园碑园	完整
19	“顺天府通判丁瑋”牌坊构件	—	285×47×30	勺湖公园碑园	残
20	丁士美墓神道石刻	明	—	勺湖公园	共10余件
21	潘埙墓神道石刻	明	—	平桥镇九洞乡中学操场	共10余件
22	话山草堂碑	清	38×35×5	楚州博物馆	原话山草堂碑群80余块，其中26块残
23	舍俐石塔	清	塔身50×82 底座85×20 塔顶103×30	楚州博物馆	出土于楚州工业园区工地，共23块
24	王伯安墓志铭	明	48.5×50.5	楚州博物馆	为明代人，义官，收藏家出土物中，25幅字画定为一级文物
25	高延福墓志铭	唐	75×75	楚州博物馆	完整
26	张希古墓志铭	唐	70×70	楚州博物馆	边有微伤
27	吴承恩撰写杨母周氏墓志铭	明	72×72×34	楚州博物馆	完整
28	文徵明书陈拙翁夫妇合葬墓志铭	—	—	楚州博物馆	完整
29	武略将军陶公墓志铭	明	62×62×8.2	楚州博物馆	完整
30	谈实墓志铭	清		楚州博物馆	完整
31	东魏石刻铭文造像碑	东魏	76×38.2×11.5	楚州博物馆	完整
32	观音像	—	200×76.5×12.7	楚州博物馆	完整
33	金濂墓志铭	明	300×110×30	建淮乡渠南村	金濂，字宗瀚，明永东进士，官至刑部、户部、工部三尚书、太子太保，1958年墓被毁
34	邱度墓志铭	明	200×100×30	城东乡居少成家，建淮乡邱家村北	明万历五年进士，官户部主事，原墓占300平方米，1958年被毁，现存石狮、龟趺和御赐碑
35	杨士骧墓志铭碑	明	残	建淮乡	官至河北直隶总督，死后葬于建淮乡，还在当地散埋些残碑石刻等

续表 28-3

序号	名　　称	年代	规格（厘米）	存放地点	说　　明
36	李宗昉墓道石刻	清	—	楚州马甸乡金王村北	清嘉庆壬戌年进士，官至礼部尚书，其墓葬原占地2000平方米，有石人、石马等，后流失或深埋
37	刘伶墓志铭碑	—	磨损	—	其御赐龙纹碑高2.5米，厚40厘米，宽1米，现被当地用作桥身
38	淮安府署门前石狮	—	225×90×65	烈士陵园门前	一对母狮抱小狮，公狮抱锦球，小狮足残
39	元代石狮	元	120×68×38	博物馆陆院内	一对，一只足残
40	石龟	清	—	平桥镇	2001年出土，传说为当地大户沈家墓葬石刻，当地人说以前还有些石刻埋于深土层中
41	漕运遗址石刻	元—清	—	漕运遗址广场	2001年出土，石础、石墓、石灯、石碑等
42	通济桥碑	清	—	珠市街北	两块
43	重修文通塔碑	清咸丰	81×48	勺湖公园文通塔	—
44	金天德铜钟	金代	高198，口径132，重1.75吨	楚州区勺湖公园	原为邳州阳山普照寺之物，金天德三年铸，明成化年间移至淮安
45	汉铜鼓	汉	100×60	楚州区镇淮楼上	为云南少数民族用品，鼓全身布满花鸟等几何纹，鼓面上均匀围六只铜蛙
46	青铜大刀	清顺治	长324厘米，重150千克	镇淮楼上	刀身分刀头与刀柄两部分，原为关帝庙关公像持刀
47	铁钟（Ⅰ）	明	116×75	镇淮楼上	铸于明景泰年，全牛身阳文大字，“风调雨顺国泰民安”，另有数行小字
48	铁钟（Ⅱ）	明	117×82	镇淮楼上	—
49	铜炮	清	—	楚州博物馆	出于大运河
50	大铁锚	清	高170	镇淮楼	—

第二节　书　画

楚州博物馆馆藏文物以传世历代字画为主，具有鲜明的地方特色。随着考古工作的开展，隐身于古墓和民间的文物陆续被发现和征集，不断充实馆藏。至2008年底，藏有书画3588件，其质地有绢本、纸本两种。

2008年楚州博物馆馆藏精品书画一览表

表28-4

名称	时期	数量（件）
花卉	清	1
鱼花（立幅）	清	1
山水（立轴）	清	1
兰菊竹绢（绣）	清	3
花卉翎毛（四条屏）	清	4
王一亭无墨寿佛画	民国	1
烟寺晚钟图	太平天国	1
花卉（四条屏）	清	4
花鸟	清	1
花卉白猫戏碟图	清	1
紫藤鲤鱼图	清	1
石榴双燕图	清	1
乌鸦水仙图	清	1
山水	清	1
马	清	1
杂件（立轴）	现代	2
爱妾换马图	—	1
花果图	—	1
水墨花鸟	—	4
童瘦松鹤图	—	1
猫蝶图	清	1
花鸟	清末	1
山水	—	1
山水（牧牛图）	清	1
蜻蜓荷花图	—	1
扇面（立轴）	清代	4
花卉（立轴）	现代	1
福寿图	—	1
水墨葡萄图	—	1
花鸟	—	1
花卉（牡丹）	—	1
云阁草堂遗迹图	—	1

续表 28-4

名　　称	时　期	数　量(件)
字画(扇面条屏)	清代	1
书画(扇面条屏)	清代	1
字画(扇面条屏)	清代	1
书画(扇面条屏)	清代	1
花果图	—	1
书画(扇面条屏)	—	1
书画(扇面条屏)	—	1
泉石清娱图	1931	1
松阴观瀑图	清	1
竹报平安图	—	1
水墨山水	明代	1
花鸟(四条屏)	—	4
榴开百子图	—	1
仕女图人物图	—	1
莲生贵子图	明代	1
花鸟条屏	—	1
花果图	—	1
花鸟	—	1
花卉条屏	清	1
牡丹图	—	1
书画(扇面)	清	1
牧牛图	清	1
山水(条屏)	—	1
海晏图小中堂	—	1
人物(四条屏)	—	1
水墨山水	—	1
花鸟(四条屏)	—	4
花卉	—	1
山水册页	明	1
花卉(四条屏)	—	4
扇屏	清	1
墨梅图	清	1
草虫图	清	1
兰花条图	现代	1

续表 28-4

名　　称	时　期	数　量（件）
蝴蝶图	清	1
钟馗图	—	1
书画（扇面条屏）	清	1
红绿争春图	清	1
书画（扇面条屏）	清	1
仕女图	清	1
樱芦图	—	1
书画（扇面条屏）	清	1
松鹤图	—	1
婴戏图（条屏折页）	清	4
墨梅图	清	1
花卉扇面松石图	清	1
花卉扇面花鸟	—	1
花卉扇面花鸟	—	1
花卉扇面竹梅图	清	1
花卉扇面墨梅	清	1
花卉扇面桑图	—	1
花卉扇面竹林居士吹箫图	—	1
花卉扇面蝶恋花	—	1
花卉扇面国色天香图	—	1
花卉扇面山水	—	1
花卉册页条屏	晚清	4

第三章　遗址及旧居

第一节　遗　址

2008年，楚州区古代遗址有位于城东北30千米处宋集乡青莲村境内的青莲岗文化遗址、城内萧湖西岸的古枚里遗址、淮城镇新城村境内的古末口遗址、淮安城西北古运河东堤的古运河石工堤遗址、淮安城中心的漕运部院遗址、淮安城西北2千米古运河西岸的湖心寺遗址、淮安河下竹巷街的状元楼遗址、淮安城南门外护城岗上的龙光阁遗址、淮安城内仓桥东文渠北岸的小沧洲遗址、淮安府署广场东边的瞻岱门遗址、楚州中学新校区东南角的巽关遗址、淮安城南门西（堂子巷北）的清溪馆遗址、淮安城西北板闸以东钵池山南麓的篆香楼遗址、河下镇估衣街和文昌街相交处的二帝阁遗址、淮安城西北板闸境内的淮安钞关遗址、淮安夹城北门外萧湖东滨的曲江楼遗址、镇淮楼东楚州人民医院对面的遂园遗址、淮安城东南部高约8米长200余米的古城墙遗址、楚州美食广场内（淮安宾馆西侧）的润州会馆遗址、楚州宾馆对面原驻淮部队营房区内的淮安府学遗址等，另6处1976年以后发现的古代遗址。

现代遗址有4处，分别是位于楚州中学新校区内的中共中央华中分局遗址（2005年楚州中学新校区内部建设时东楼被拆，2006年东楼按原样复建）、韩侯祠西侧的一个大院里的华中五地委遗址、淮城镇新城村境内的华中银行印钞厂遗址、城北莲花街西段的新安小学遗址。

三元窖藏遗址　三元窖藏遗址位于博里镇三元村十字河两岸，面积约5万平方米，文化层厚1～2米，地面散见大量宋、元时期的陶瓷片，1987年出土宋代窑藏钱币400多千克，并出土元代陶罐等遗存，对于研究宋、元时期的文化有一定价值，遗址已被毁。

岳堆遗址　岳堆遗址位于宋集乡废黄河东至曹叶村，为南宋岳飞抗金时建，东西走向，西起宋集废黄河东，穿茭陵入苏嘴镇至曹叶村，全长约20千米，夯筑土垣，在其下层发现大量陶瓷器残片。土垣残高3米，上宽3米，底宽7米。岳堆遗址对研究宋代军事文化，以及宋之前的陶瓷文化有一定价值。

土城遗址　土城遗址位于宋集乡，唐代所建，用于军事，长方形，夯筑土垣，长约100米，宽35米，高3～5米，占地约3500平方米，东南处有松三棵，传说为罗成拴马处。土城已毁，地表仍可见砖块瓦砾、陶瓷残片等，对研究隋唐时期文化有一定价值。

茭陵遗址　茭陵遗址位于茭陵乡，面积约1万平方米，长宽均约100米，文化层厚1米左右。1976年，该处建翻水站时，出土青铜斝4只，石凿1只，陶鬲、陶罐多件，地表见有少量绳纹灰陶片，对研究商代文化有一定价值。

察院遗址　察院遗址位于镇淮楼南路楚州宾馆内，建于明代，面积约3000平方米，房屋百余间。察院具有现代检察院、纪委等职能。此处常接待巡按大员、上级御史等官员，大部分已毁，仅剩西北角房3间。

山阳县署遗址　山阳县署遗址位于镇淮楼西侧。明清两代山阳县衙，占地数千平方米，有房百余间，中轴在线有大门、二门、大堂、二堂、三堂等建筑，西侧有刑房、兵房、工房、监牢、捕衙、签押房等，东侧为福神祠、马房、厨房等，大门两侧有牌坊，门前有照壁。

第二节　名人故居

一、吴承恩故居

吴承恩（1506—1582），字汝忠，号射阳居士，明淮安河下人，中国古典文学名著、神话小说《西游记》的作者。吴承恩故居位于淮安河下古镇打铜巷尾，明代建筑样式。1982年，为纪念吴承恩逝世400周年，迎接全国首届《西游记》学术研讨会的召开，淮安县人民政府对吴承恩故居进行了维修。1998年，又对故居的房屋和陈列进行修缮、充实完善。

吴承恩故居正门上方匾额“吴承恩故居”题字是由著名书法家、中国书法家协会主席舒同生前所书。进入庭院，过扶疏竹径，便是客厅，这是吴家的主堂屋，是举行喜庆婚丧大典和迎接至亲宾客的场所。客厅内安放着一尊吴承恩半身塑像，是中国科学院古脊椎动物与古人类研究所根据吴承恩墓葬中出土的吴承恩头盖骨复原塑造的。塑像两侧是中国著名女书法家萧娴所书的一副对联：“伏怪以力、取经唯诚。”客厅墙壁上所挂的吴承恩画像为著名画家程十发所作。客厅大门两侧悬着淮安市

吴承恩故居

政协原副主席马济中撰写，橘黄底绿字对联“搜百代阙文，采千秋遗韵，艺苑久推北斗；姑假托神魔，敢直抒胸臆，奇篇演出西游”，形象地概括了吴承恩的文学风格。大厅西侧是吴承恩的书房，原匾额“射阳簃”为明嘉靖状元沈坤所书，“书法褚欧，笔法刚劲”（《山阳河下园亭记》补编），现“射阳簃”为原中国佛教协会主席、著名书法家赵朴初手书。书房两旁悬挂着著名书法家胡文遂书写的楹联：“独倚东风番醉墨，遍题春色对蓬莱。”书房前面，有一小水池，池北有吴承恩汉白玉立姿塑像。池南一座假山石，穿石洞而过，即是吴承恩的住房。紧临住房西侧建有“吴承恩生平陈列厅”。该厅于2005年为纪念吴承恩500周年诞辰而建，共有4幢展室，展示吴承恩的一生，陈列着有关吴承恩的文物。吴承恩故居东墙外，建有“美猴王世家艺术馆”与故居相通。“艺术馆”由“世家馆”“艺术珍藏馆”“猴戏馆”“同春舞台”组成。馆内展示了著名表演艺术家六小龄童家族四代人收藏的“西游记文化”各类藏品近400件。吴承恩故居主堂屋后面有面南3间建筑，是吴承恩的诞生地；北首是后花园，名为“悟园”，占地面积4800平方米，是吴承恩构思作品和休憩的地方。至2008年底，吴承恩故居本体、美猴王世家艺术馆、吴承恩生平陈列厅，共同组成了国内唯一综合展示西游记文化和纪念吴承恩的景区。1987年，吴承恩故居被列为淮阴市级文物保护单位。

二、罗振玉故居

罗振玉（1866—1940），祖籍浙江上虞，生于江苏山阳。初名宝钰，后改名振玉，字式如，又字叔蕴、叔言，号雪堂、永丰乡人，晚年号贞松老人、松翁。罗振玉曾祖父曾留下万贯家产，在罗振玉祖父过世后，其祖母方氏放弃与家族争产，携子女离开上虞。于咸丰十年（1860年）正式定居淮安。罗振玉终其一生，热衷于史料的收集、整理，在汉晋简牍、敦煌写本与敦煌学、内阁大库档案、金石学与古器物学、经学与古文字学诸方面造诣精深，在文献学、金石学、古文字学、教育学、图书编撰学、美术学等发展史上有着卓越成就和显著地位。罗振玉故居位于淮城镇罗家巷，原规模较大，数十年来一些房屋已被改建或拆除，现存4栋12间房屋基本保持原貌，为罗氏后裔及其他居民居住。2006年6月，罗振玉故居被列为市级文物保护单位。

三、杨士骧故居

杨士骧（1860—1909），字萍石，号莲府，祖籍安徽泗县。其祖父杨殿邦为漕运总督。清光绪十二年（1886年），杨士骧中进士，历任江西布政使、直隶布政使、山东巡抚、直隶总督、北洋大臣等，宣统元年，死于任所。杨士骧故居，位于淮城镇更楼东街西端，原规模很大，后很多房屋都已拆毁，现存房屋15间，占地面积2000平方米。主屋朝南，硬山顶抬梁式，面阔三间12.1米，进深七檩6.3米，檐高4米，明间罗底砖铺地，次间木地板。2006年6月，杨士骧故居被公布为市级文物保护单位。

四、裴荫森故居

裴荫森（1823—1895），字樾亭，清道光三年（1823年）生于阜宁湘门（清代阜宁县隶属淮安府）一个普通农民家庭。裴荫森早年在淮安读书，清咸丰八年（1858年）中举人，同治二年（1863年）中进士，在工部都水司主事；翌年，任湖南道台；光绪十年（1884年）任船政大臣；光绪十六年调京任光禄卿；翌年患病辞官返乡；光绪二十一年病逝，终年72岁。裴荫森故居坐落在淮安河下湖嘴大街白酒巷内，原有房屋数十间，大门朝南，门前有照壁，进大门即为厅房，是裴荫森寓淮时会客的地方。现存厅房、穿堂、堂屋等房屋25间，其面南房屋4进12间，面西及西北房屋13间。主屋硬山造，抬梁式，面阔11.6米、深7.1米，檐高3.6米，窗户上方有飞檐图案，门头、山脊砖雕工艺精美，既具苏雕艺术风格，又独具个性，具有较高的欣赏价值。裴荫森在城内还有一处住宅，位于双刀刘巷西南隅。2003年3月，裴荫森故居被公布为市级文物保护单位。

五、朱占科故居

朱占科，字丙青，号湘浦，淮安府山阳县人，清光绪九年（1883年）进士，授户部郎中，任云南顺宁知府，后告老还乡，晚年学绘画，工画兰花。朱占科故居坐落在淮城东长街东侧（楚州人民医院住院部西南隅），占地面积约3000平方米，现存房屋50多间，主屋面阔3间14米，进深7檩7米，檐高3.5米，为硬山顶，抬梁式，明间用方砖铺地，次间有天花地板。朱占科故居内房屋雕花精美，以不同手法将古代文人所景仰的梅、兰、竹、菊，琴、棋、书、画逐一雕刻在窗亭的两侧，具有鲜明的地方文化特色。朱占科故居是两淮（淮安、淮阴）地区现存规模较大、保存较完整的古建筑群之一。2006年6月，朱占科故居被公布为市级文物保护单位。

六、谈荔孙故居

谈荔孙（1880—1933），字丹崖，淮安人，祖籍无锡，清光绪六年（1880年）出生在淮安府山阳县。祖父谈静山从事盐业，曾当过四川夔州知府。谈荔孙于光绪三十四年应留学生科学殿试，授商科举人。当时大清银行成立，谈荔孙任稽核。民国元年应聘中华民国临时政府财政部，主管军用钞票的发行和流通事宜；大清银行改组为中国银行，任计算局长、国库局长，拟定了国库管理制度；民国4年（1915年），谈荔孙奉命筹建中国银行南京分行，任行长；民国7年，任中国银行行长，大陆银行董事长兼总经理，专心致力于大陆银行经营管理业务14年之久；民国20年，倡议大陆与金城、交通、中南、国华等银行合资创办太平保险公司，开展保险业务。民国22年，谈荔孙逝于北平。谈荔孙故居位于镇淮楼东路、韩侯祠西侧，为园林式建筑，木质结构，青砖小瓦，现有房屋7进27间，硬山造，抬梁式，用料粗大，隔扇、廊檐工艺考究，保存较完好。其中主屋朝南，面阔3间12米，进深7檩8米，檐高4米，廊宽1.5米，整组建筑建造规整，装修精致，历史、艺术和科学价值均较高。2003年3月，谈荔孙故居被公布为市级文物保护单位。

七、秦焕故居

秦焕（1817—1891），字文伯，清嘉庆二十二年（1817年）生于淮安，“少有才名”为“禾中七子”之一，工诗词书法。秦焕故居位于淮城镇南门大街淮安零件厂内。秦焕故居原规模很大，有房屋百余间，建筑造型别致，砖石及木构件雕刻图案精美，艺术水平高，人行其中，移步换景，满眼雕刻图案，似在画中一般。秦焕故居现存客厅、穿堂、堂屋和其他房屋30余间，均为硬山造，抬梁式。主屋面阔5间11.5米，进深7檩7.9米，檐高4.7米，明间罗地砖铺地，次间天花地板，门窗上有磨砖雨檐，白矾石门枕，青条石台阶，为淮安古城现存最精美的古民居之一。秦焕故居另有2座砖雕门楣，雕刻工艺极其精美，已分别移置于勺湖碑园和勺湖草堂。2003年3月，秦焕故居被公布为市级文物保护单位。

第三节　古民居

楚州古民居主要分布在主城区与河下，这些民居以青砖灰瓦为特色，体现出古朴、浑厚和庄重的气氛。21世纪初，楚州区政府对这些历史建筑进行了调查统计，并编号登记。

2008年楚州区古民居一览表

表28-5

序号	名称	位置	年代	建筑面积（平方米）	占地面积（平方米）	建筑构造	檐高（米）	层数（层）	墙体	建筑式样	屋顶材料	产权状况	当前用途	保存状况
1	周姓住宅	珠市街224号	民国	108	54	抬梁式	3.6	2	青砖	商铺民居	小瓦	私人	居住	基本完好。老式门，地板、隔板保存较好
2	郝姓住宅	珠市街170号	清	63.4	70	抬梁式	3.1	1	青砖	民居	小瓦	私人	居住	基本完好。老式窗、灯龛保存较好，“一门三塔”砖雕齐全
3	陈姓住宅	珠市街172号	晚清	53	70	抬梁式	2.8	1	青砖	民居	小瓦	房产公司	租用	主体结构未变，原隔扇已换，一边隔板也已变成水泥墙
4	万姓住宅	珠市街94号	民国	85	85	抬梁式	2.8	1	青砖	民居	小瓦	私人	居住	基本完好
5	李姓住宅	珠市街77号	晚清	53	75	抬梁式	3	1	改现代砖	民居	小瓦	私人	居住	老式木窗三道，灯龛保存较好。外墙体、地面、屋檐全变
6	火星庙	珠市街53号	清	—	—	—	—	—	—	—	—	—	—	现已被拆除，重建为私宅
7	徐姓住宅	珠市街74号	清	427.7	1088	抬梁式	4	1	砖木	民居	小瓦	房产公司	租用	“一门三塔”砖雕齐全，门坎一对保存完好
8	徐姓住宅	珠市街43号	清	80	100	抬梁式	2.6	1	砖木	商铺民居	小瓦	私人	居住	原为祥兴蛋坊、油坊。因长期与房产有矛盾，面西门面已破落，面南墙体已改造
9	徐姓旧宅	珠市街88～12号	清	—	—	抬梁式	3.7	1	青砖	民居	小瓦	私人	居住	现已分成多姓住宅居住。面北三间“一门三塔”砖雕、大门等保存较好，其余部分已重修
10	任姓住宅	珠市街88～1号	清	70	100	抬梁式	2.9	1	改现代砖	民居	小瓦	私人	居住	墙体已重建

续表 28-5

序号	名　称	位　置	年代	建筑面积（平方米）	占地面积（平方米）	建筑构造	檐高（米）	层数（层）	墙体	建筑式样	屋顶材料	产权状况	当前用途	保存状况
11	李姓住宅	珠市街56号	清	90	120	抬梁式	3.5	1	青砖	民居	小瓦	私人	居住	“一门三塔”砖雕齐全，屋内天花、三道窗、灯龛保存较好，透气孔为“中国结”式，整体保存较好
12	丁姓住宅	小鱼市口29号	民国	70	110	抬梁式	3	1	青砖	民居	小瓦	私人	居住	“一门三塔”砖雕齐全，墙体已改为现代水泥墙，室内隔板、地板保存较好
13	余姓住宅	小鱼市口17号	清	—	—	抬梁式	3.4	1	青砖	民居	小瓦	私人	居住	现仅存穿堂，分两姓住宅居住，外墙体有改动，内部保存较好
14	汪姓住宅	小鱼市口18号	民国	—	—	抬梁式	2.8	1	青砖	民居	小瓦	私人	居住	整体结构保存较好
15	李姓住宅	南门大街162号	清	—	—	抬梁式	3.5	1	青砖	商铺民居	小瓦	私人	居住	面阔三间两进式，房屋高大，整体结构保存较好
16	李姓住宅	南门大街158号	清	—	—	抬梁式	4.5	2	改现代砖	民居	小瓦	私人	居住	面阔三间两层，整体结构已改动
17	李姓住宅	南门大街170号	清	—	—	抬梁式	2.8	1	青砖	民居	小瓦	私人	居住	“一门三塔”砖雕齐全，原为石板脊，现为扬州脊。面阔三间，整体保存较好
18	程姓住宅	南门大街132号	清	333	806	抬梁式	3	1	青砖	商铺民居	小瓦	私人	居住	面阔三间三进，原为四十多间，现存三十四间。穿堂“一门三塔”砖雕只剩一个，其余整体保存较好
19	万姓住宅	南门大街104号	民国	104.6	160	抬梁式	4	1	青砖	民居	小瓦	房产公司	租用	面阔三间，“一门三塔”砖雕齐全，房屋非常高大，整体保存较好

续表 28-5

序号	名　称	位　置	年代	建筑面积（平方米）	占地面积（平方米）	建筑构造	檐高（米）	层数（层）	墙体	建筑式样	屋顶材料	产权状况	当前用途	保存状况
20	窦姓住宅	南门大街3-2号	清	92.5		抬梁式	4.1	1	青砖	民居	小瓦	私人	居住	面阔三间，内部已重修
21	杨姓住宅	南门大街65号	民国	90	160	抬梁式	2.8	1	改现代砖	民居	小瓦	私人	居住	面阔三间，现仅存穿堂，结构未变，保存一般
22	刘姓住宅	南门大街50号	民国	70	70	抬梁式	2.8	1	青砖	民居	小瓦	私人	居住	现已破落，没有保存价值
23		马王庙巷12号	民国	85	100	抬梁式	2.8	1	青砖	民居	小瓦	私人	居住	整体结构保存较好，地面有所提高
24	王姓住宅	马尾巷17号	民国	90	150	抬梁式	2.7	1	青砖	民居	小瓦	私人	居住	面阔三间，外墙体有改动，内部整体保存较好
25	陈姓住宅	胯下桥南街75号	清	100	240	抬梁式	3.1	1	青砖	民居	小瓦	私人	居住	面阔三间，原为四合院，现仅存主堂屋、东厢房。主堂屋保存较好
26	陶姓住宅	胯下桥南街115号	民国	250	300	抬梁式	4	1	青砖	民居	小瓦	私人	居住	面南三间，面北三间，面东三间，现已分为多户人姓住宅居住，整体保护较好
27	马姓住宅	胯下桥南街113号	民国	65	80	抬梁式	2.8	1	青砖	民居	小瓦	私人	居住	墙体已重建，室内也有所改动
28	杨姓住宅	察院街4号	民国	64	70	抬梁式	2.8	1	青砖	民居	小瓦	私人	居住	面阔三间，现已分为两姓住宅居住，整体保存较好
29	周姓住宅	兴文街19号	清	30	30	抬梁式	3	1	青砖	民居	小瓦	私人	居住	面阔三间，木隔扇门保存较好，整体保存较好
30	杨殿帮旧宅	兴文街3号	明	66	130	抬梁式	3.4	1	青砖	民居	小瓦	私人	居住	面阔三间，“一门三塔”砖雕齐全，屋内隔板贴金花式，老式窗、灯龛在大门外。典型明代房屋

续表 28-5

序号	名称	位置	年代	建筑面积（平方米）	占地面积（平方米）	建筑构造	檐高（米）	层数（层）	墙体	建筑式样	屋顶材料	产权状况	当前用途	保存状况
31	花姓住宅	小高皮巷26号	民国	88	130	抬梁式	3.5	1	青砖	民居	小瓦	私人	居住	重檐结构，原是清代末期建的天主教堂
32	杨姓住宅	小高皮巷8～2号	民国	89	120	抬梁式	3.8	1	青砖	民居	小瓦	私人	居住	主体结构未变，墙体已被水泥粉刷
33	袁姓住宅	大香渠巷6号	民国	85	135	抬梁式	3.2	1	青砖	民居	小瓦	私人	居住	房屋改造过，楼阁保存较好，东西两厢各存三间，廊檐很大
34	丁姓住宅	镇淮楼西路56号	民国	77	140	抬梁式	3.1	1	青砖	民居	小瓦	私人	居住	原为教堂，解放初期做过医院
35	张姓住宅	老西门大街6号	民国	86	86	抬梁式	3.7	2	青砖	民居	小瓦	私人	居住	房屋改造过，二楼格局基本未变
36	吴姓住宅	老西门大街4号	民国	80	100	抬梁式	3.6	2	青砖	民居	小瓦	私人	居住	整体未变，局部后来被修建过
37	刘姓住宅	双刀刘巷39号	民国	78	110	抬梁式	3.3	1	青砖	民居	小瓦	私人	居住	保存较好，现存三进
38	郝砚樵旧宅	双刀刘巷7～3号	民国	79	—	抬梁式	3.2	1	青砖	民居	小瓦	私人	居住	房屋内部已装修一新
39	黄姓住宅	驸马巷22～3号	晚清	83	100	抬梁式	3.1	1	改现代砖	民居	小瓦	私人	居住	整体未变
40	程姓住宅	驸马巷63～5号	民国	81	110	抬梁式	2.8	1	青砖	民居	小瓦	私人	居住	基本完好，墙体已被水泥粉刷
41	张姓住宅	西长街140～1、2号	民国	75	85	抬梁式	3.2	1	改现代砖	民居	小瓦	私人	居住	基本完好
42	高姓住宅	西长街144号	民国	77	90	抬梁式	4.1	1	青砖	民居	小瓦	私人	居住	房屋改建过，“一门三塔”砖雕齐全
43	叶姓住宅	西长街160～11号	民国	96	110	抬梁式	3.5	1	青砖	民居	小瓦	私人	居住	保存完好，主体结构未变

续表 28-5

序号	名　称	位　置	年代	建筑面积（平方米）	占地面积（平方米）	建筑构造	檐高（米）	层数（层）	墙体	建筑式样	屋顶材料	产权状况	当前用途	保存状况
44	郝姓住宅	西长街84～5号	民国	290	502	抬梁式	—	1	青砖	民居	小瓦	私人	居住	整体格局保存完好，墙体改变
45	朱姓住宅	西长街80号	民国	70	110	抬梁式	—	1	青砖	民居	小瓦	私人	居住	房屋现存五间，格局未变
46	殷姓住宅	西长街109～1号	民国	85	100	抬梁式	—	1	青砖	民居	小瓦	私人	居住	保存完好，现存九间
47	王姓住宅	驸马巷16号	民国	105	140	抬梁式	3.5	1	青砖	民居	小瓦	私人	居住	保存较好，现存二进
48	杨姓住宅	驸马巷12号	民国	81	110	抬梁式	3.1	1	青砖	民居	小瓦	房产公司	居住	原为四合院，现存六间
49	李姓住宅	龙窝巷19～5号	民国	84	100	抬梁式	3.2	1	青砖	民居	小瓦	私人	居住	保存较好
50	张姓住宅	龙窝巷23～2号	民国	77	105	抬梁式	3.4	1	青砖	民居	小瓦	私人	居住	保存较好
51	高姓住宅	龙窝巷35号	民国	90	90	抬梁式	3.3	1	青砖	民居	小瓦	私人	居住	保存较好，门窗檐搭齐全
52	丁姓住宅	龙窝巷39～1号	民国	84	115	抬梁式	3.5	1	青砖	民居	小瓦	私人	居住	现存房屋六间
53	苗姓住宅	龙窝巷43～3号	民国	86	120	抬梁式	3.2	1	青砖	民居	小瓦	私人	居住	外部保存完好，“一门三塔”砖雕齐全，内部改建过
54	李姓住宅	龙窝巷49号	民国	82	110	抬梁式	3.1	1	改现代砖	民居	小瓦	私人	居住	房屋改造过，内部已装潢
55	沈姓住宅	龙窝巷10号	民国	84	100	抬梁式	3.2	1	青砖	民居	小瓦	私人	居住	保存完好，“一门三塔”砖雕齐全
56	周姓住宅	小人堂巷15号	民国	75	90	抬梁式	3.3	1	青砖	民居	小瓦	私人	居住	原为典型的四合院
57	金姓住宅	县东街9～2号	民国	—	—	抬梁式	4.2	1	青砖	民居	小瓦	私人	居住	原有房屋间数不详，现存十间，四合院式，系抗战前建筑
58	杨姓住宅	打箔巷128号	民国	—	189	抬梁式	3.7	1	青砖	民居	小瓦	私人	居住	房屋8间，朝南主屋3间，五檩四架梁，墙门柱均有雕花

续表 28-5

序号	名称	位置	年代	建筑面积（平方米）	占地面积（平方米）	建筑构造	檐高（米）	层数（层）	墙体	建筑式样	屋顶材料	产权状况	当前用途	保存状况
59	王宅	上阪街91号	清	172	237	抬梁式	—	—	青砖	民居	小瓦	私人	居住	保存基本完好
60		龙窝巷22号	民国	890	1134	抬梁式	—	—	青砖	民居	小瓦	私人	居住	
61	朱姓住宅	夯轮寺巷31号	民国	78	104	抬梁式	4	1	青砖	民居	小瓦	私人	居住	房屋整体保存较好
62	杨姓住宅	夯轮寺巷136号	清	70	110	抬梁式	3.1	1	青砖	民居	小瓦	私人	居住	现存两间，整体保存较好
63	—	照壁巷16～22号	民国	240	300	抬梁式	2.8	1	青砖	民居	小瓦	私人	居住	典型四合院式，现只有面东三间整体风格保存，其余已改建
64	郭姓住宅	朱雀桥巷20号	民国	80	120	抬梁式	2.8	1	青砖	民居	小瓦	私人	居住	老式隔扇门，整体风格结构保存较好
65	俞姓住宅花园	锅铁巷22号	清	240	350	抬梁式	3.5	1	青砖	民居	小瓦	私人	居住	现存房屋9间，四合院式，现已分为多姓住宅居住，整体结构保存较好
66	张姓住宅	锅铁巷1～2号	民国	80	100	抬梁式	2.8	1	青砖	民居	小瓦	私人	居住	典型小合院式，整体房屋保存较好
67	王姓住宅	百姓巷15号	清	80	90	抬梁式	3	1	青砖	民居	小瓦	私人	居住	“一门三塔”砖雕只剩两塔，屋内隔板改为砖墙，其余整体保存较好
68	王姓住宅	廖姓住宅巷	清	70	70	抬梁式	2.8	1	青砖	民居	小瓦	私人	居住	原大门朝北，现改为朝南，整体保存较好
69	常姓住宅	百姓巷5号	清	180	240	抬梁式	3	1	青砖	民居	小瓦	私人	居住	面阔三间两进式，前一进“一门三塔”砖雕齐全，后一进已被改造。现分为两姓住宅居住，整体保存较好

续表 28-5

序号	名称	位置	年代	建筑面积（平方米）	占地面积（平方米）	建筑构造	檐高（米）	层数（层）	墙体	建筑式样	屋顶材料	产权状况	当前用途	保存状况
70	范姓住宅	小麒麟巷28～15号	清	104	154	抬梁式	3.75	1	青砖	民居	小瓦	私人	居住	房屋很高大，用料粗大，进深很长，灯龛和窗户也很大，除原地板改为水泥地外，其余保存较好
71	王姓住宅	小麒麟巷42号	清	77	95	抬梁式	3	1	青砖	民居	小瓦	私人	居住	地板改为水泥地，外墙部分被改修过，整体格局保存尚好
72	住宅	系马桩巷22～28号	民国	200	200	抬梁式	3.2	1	青砖	民居	小瓦	房产公司	租用	现为五姓住宅居住，墙体已改造，室外搭建物较多
73	刘姓住宅	东长街20号	晚清	100	50	抬梁式	4.5	2	青砖	商铺民居	小瓦	私人	居住	整体保存较好
74	陈姓住宅	岳庙东街44号	民国	200	300	抬梁式	5.8	2	砖木	民居	小瓦	私人	居住	前后分为两院，现存30间，其中小楼一幢，具有典型的民国风格
75	王姓住宅	胯下桥南街187号	清	40	60	抬梁式	2.5	1	青砖	民居	小瓦	私人	居住	地面已改变，整体保存较好
76	牟姓住宅	胯下桥北街3号	清	90	120	抬梁式	3.5	1	青砖	民居	小瓦	私人	居住	地面已改变，整体保存较好
77	丁姓住宅	胯下桥北街25号	清	70	90	抬梁式	2.7	1	青砖	民居	小瓦	私人	居住	除“一门三塔”砖雕外，其余均有改变
78	蒋公馆	朱雀桥巷	清	92	120	抬梁式	4.2	1	青砖	民居	小瓦	私人	居住	现存三进，隔板、地板齐全

第四章　祠　墓

第一节　祠　堂

2008年，楚州区名人祠堂中辟为旅游景点的祠堂有关天培祠、漂母祠、梁红玉祠、汉韩侯祠（详见十三篇旅游业第一章第二节）等。另有如下祠堂。

一、左宝贵祠

左宝贵祠堂位于古镇河下罗家桥以西的圩河东岸，建于清光绪二十一年（1895年），是淮安回、汉两族人民为纪念在中日甲午战争中壮烈牺牲的回族爱国将领左宝贵而建立的。祠堂坐北朝南，西傍圩门，造型简朴典雅、庄严肃穆。祠堂大门石额书有“左忠壮公祠”5字，一进大门便是3间穿堂式的客厅，天井东西两侧建有厢房和厨房。祠中有其妻陶氏夫人赠左宝贵的对联：“对敌宜勇，要学汉朝霍去病；事国以忠，莫忘乡贤关节公。”祠后是一片开阔的墓地。墓地正中是左宝贵将军的衣冠冢（因其尸骨无存，仅以血衣遗物下葬）。墓志铭记载了这位抗日英雄的生平史略、显赫战功以及朝廷对他的旌表。祠墓前后贯通，四周有花墙护绕，院内松柏苍翠，绿草如茵，墙外榆柳成行。这一具有纪念价值的历史建筑，在抗日战争期间遭日本侵略者洗劫破坏，现仅存墓冢，直径约2米，高约1.5米。墓冢旁有其妻陶氏和其养子之墓。2003年3月，左宝贵墓被公布为第二批市级文物保护单位。

二、张孝忠祠

张孝忠，字正纲，淮安人。南宋末年，元兵南侵，直指京城临安（今杭州）。张孝忠在宋军中任“管屯千军大使”，领淮兵入江西抗击元兵。南宋德佑二年（1276年）一月，元兵沿江而下，向临安逼近。张孝忠前往阻击，在江西饶州安仁县（今余江县）之团湖坪与敌兵几次大战，奋力抵御，相持数日。后张孝忠弓箭用尽，挥双刀杀元兵数人，混战中战马中箭，张孝忠下马拼杀而亡。张孝忠被元明两代朝廷追封为“翊灵威烈忠毅张元帅”。张公祠距城内胯下桥牌坊北侧约40米，大门面东，院内朝南主祠堂是清代建筑。张孝忠的直系后裔一直居住于此，已传至第24世。

第二节　墓　葬

至2008年，楚州已发现的古墓群、墓地共有41处。其中，汉代墓群23处，主要分布在宋集、钦工、复兴、施河、季桥、苏嘴、淮城7个镇；名人墓地16处，其中明、清两代15处（明代8处、清代7处），晋代1处，分布在城东、建淮、淮城、平桥、马甸、朱桥、溪河、博里、泾口9个乡镇，以“墓群”“墓”加以记述。

一、墓群

汉代三里墩墓群 位于宋集乡三里村南1.5千米，有封土3座，布局呈三角形，间距约1.5千米，封土原高1.5～2米，每座占地约5000平方米，封土已夷平，曾出土绳纹灰陶罐、瓿、也等。经钻探，每座土封下均存有汉墓10座左右。

汉代南岗墓群 位于宋集乡大董村西南500米，范围约5000平方米，高4～5米，原有封土10多座，已被夷平，曾出土绳纹夹砂陶罐、陶瓮、“五铢”铜钱等。

汉代北岗墓群 位于宋集乡甘姜村，范围约5000平方米，高4～5米，原有封土10多座，已被夷平，曾出土泥质灰陶绳纹罐、釉陶罐、瓮、盆、模型明器、“五铢”铜钱等。

汉代西岗墓群 位于宋集乡严码村东400米，范围约5000平方米，存高5米，原有封土10多座，已被夷平，曾出土泥质灰绳纹陶罐、双兽耳陶罐、瓿、井、磨、灶、玉璧、铜镜、“五铢”铜钱等。

汉代小岗墓群 位于季桥镇小岗村西南200米，范围约4000平方米，存高3～5米，原有封土20多座，已被夷平，曾出土陶盘、釉陶罐、泥质灰陶瓮、罐、漆耳杯、盘残片以及“五铢”铜钱等。

汉代韩岗墓群 位于钦工镇韩庄村南300米，范围约2000平方米，存高5米左右，原有封土20多座，已被夷平，曾出土釉陶壶、夹砂陶罐、泥质灰陶盆、匜、漆盘、漆耳杯残片以及“五铢”铜钱等。

汉代邵岗墓群 位于钦工镇前谷村东首，范围约1500平方米，存高4米左右，原有封土10多座，已被夷平，曾出夹砂陶罐、泥质灰陶盆、釉陶罐以及“半两”“五铢”铜钱等。

汉代后墩墓群 位于钦工镇后谷村中心，范围约1000平方米，存高4米，原有封土10多座，已被夷平，曾出土釉陶双耳壶、四乳纹铜镜、山字镜、陶罐、盆瓮以及“半两”“五铢”铜钱等。

汉代庞墩墓群 位于钦工镇大庞村北200米，范围约1000平方米，存高4米，原有封土10多座，已被夷平，曾出土釉陶罐、铜盘、钫、锥斗、泥质灰陶罐、盆、瓮以及“五铢”铜钱等。

汉代紫马墓群 位于钦工镇紫马村东30米，范围约1000平方米，存高3米，原有封土10多座，已被夷平，曾出土夹砂灰陶、泥质灰罐、盆、盘、碗、铜锥斗、壶以及“五铢”铜钱等。

汉代赵码岗墓群 位于钦工镇赵码村北隅，范围约1000平方米，存高3米，原有封土10多座，封土已被夷平，曾出土泥质灰陶罐、井、灶、釉陶罐、壶和陶器碎片，还有“半两”“五铢”铜钱等。

汉代横沟墓群 位于钦工镇赵码村北隅，范围约20万平方米，存高15米，系自然台地，原有封土200多座，由于水土流失及人为原因，封土已被夷平，曾出土泥质灰陶壶、盘、釉陶罐、壶、铜鼎、钟、壶、樽以及“半两”“五铢”铜钱等。

汉代史墩墓群 位于复兴镇渔滨村东侧200米，范围约1000平方米，存高4米，原有封土10多座，已被夷平，曾出土玉璧、铜镜、铜剑及泥质灰陶罐、壶和“五铢”铜钱等。

汉代塔墩墓群 位于复兴镇大郭村西北250米，范围约1200平方米，存高5米，原有封土10多座，已被夷平，曾出土泥质灰陶壶、瓿、铜镜、壶、钫以及“五铢”铜钱等。

汉代墩郎墓群 位于复兴镇墩郎村南头300米，范围约5000平方米，存高5米，原有封土40多座，已被夷平，曾出土灰陶罐、盘、匜、铜钟、壶以及半两、“五铢”铜钱等。

汉代青墩墓群 复兴镇大李村北面，范围约3000平方米，存高5米，原有封土20多座，已被夷平，曾出土铜镜、铜剑、泥质陶盆、罐、盘、碗、釉陶罐、壶以及“五铢”铜钱等。

汉代东城墩墓群 位于复兴镇东城村东南角300米，范围约2000平方米，存高4米，原有封土10多座，已被夷平，曾出土泥质灰陶盆、罐、盘、壶、铜带钩、钫、镜、铁刀和及“五铢”铜钱等。

汉代青皮墩墓群 位于苏嘴镇大徐村南端，范围约1000平方米，存高4米，原有封土10多座，已被夷平，曾出土玉猪、泥质灰陶罐等。

汉代施河墓群 位于施河镇施河村南约1千米，范围约1000平方米，存高3米，原有封土10多座，已被夷平，曾出土釉陶罐、壶、泥质灰陶罐等大巧若拙量残陶片。

汉代铁犁墩墓群　位于施河镇鱼赵村南100米，又名三角墩，范围约1200平方米，存高3米，原有封土10多座，已被夷平，曾出土泥质灰陶盆、盘、碗等，以及“半两”“五铢”铜钱等。

汉代五郎墩墓群　位于施河镇胡河村北隅，范围约2000平方米，存高3米，原有封土10多座，已被夷平，曾出土釉陶罐、瓿、釉陶壶等。

汉代崔河墓群　位于施河镇崔河村西北100米，范围约1000平方米，原有封土10多座，已被夷平，曾出土泥质灰陶罐、壶、盘、以及“五铢”铜钱等。

汉代凤凰墩墓群　位于季桥镇颜刘村南端300米，呈长方形，范围约5000平方米，存高6米，原有封土20多座，已被夷平，曾出土泥质灰陶罐、瓿、盆、铜镜、带钩、铁刀和“五铢”铜钱等。

二、墓

晋代刘伶墓　位于城东乡刘伶村西。刘伶，晋竹林七贤之一。墓封土已被夷平。墓前有石墓碑一通，系清咸丰年间（1851～1861）置，尚存，高1.5米，宽0.6米，正面镌有“刘伶之墓”四字。

明代张诚夫妇墓　位于城东乡蒋南跌。张诚（1345—1426），官至大河卫指挥同知。其妻马氏为皇室远亲。1989年发掘，为正方形砖室浇浆墓，边长3.49米，墓室内有棺2具，墓室四周各有一耳室，藏有旋转陶坛、木俑、锡器、墓志、地券及金质梅花簪、银质龙头手镯等，共70余件。墓葬年代为明代宣德三年（1428年）。

明代金濂墓　位于建淮乡渠南村东北。金濂（1392—1454），字宗瀚，永乐戊戌（1418年）进士，官至刑部、户部、工部三尚书、太子太保。1958年墓被毁，存墓碑一通，青石质，高3米，宽1.1米，厚0.3米，已被深埋地下。

明代王镇夫妇墓　位于淮城镇闸口村。王镇（1424—1495），字伯安，江苏仪征人，终身独钟书画，卒于明孝宗弘治乙卯年（1495年）。其妻刘氏，淮安府山阳县人，弘治乙丑年（1505年）与王镇合葬。1982年发掘，系方形浇浆木椁墓。墓向210度。椁长3.5米，宽3.48米。椁内并列两棺。男棺长2.9米，宽1.28～1.34米，高0.9～0.98米。女棺长2.2米，宽0.8～0.86米，高0.68～0.75米。男尸未腐，保存完好。女尸已腐朽。墓中出土石墓志2合，元明字画25幅，衣服21件以及陶罐、绿釉莲瓣碗、金压胜钱、金耳挖等。所出土的字画，有较高的艺术价值。

明代杨淮及其家族墓　位于城东乡孙徐村南100米。杨淮（1474—1527），字天渎。其妻周氏。1998年发现，墓地面积约6.6万平方米，已发掘2座明代浇浆木棺墓，居中为嘉靖年间（1522—1566）杨淮夫妇合葬墓。该墓西南是其孙杨文祯与妻、妾合葬墓。其余几座墓皆在杨淮墓两侧，均被毁。两墓出土龙泉窑碗、金戒指、墓志等10余件。其中，杨淮之妻周氏墓出土的墓志铭为吴承恩所撰。墓地有砖石结构祭台一座。

明代潘埙墓　位于平桥面镇九洞村北。潘埙（1476—1562），正德戊辰（1508年）进士，官至左副都御史，河南巡抚。墓封土存高2米，直径6米。墓园面积约800平方米。墓前有石人、石马、石牌坊。1958年墓被盗，石刻尚存：石人1个，高2.5米；石羊2个，高0.95米，长1.2米；石虎2个，高1.25米；龟趺1个；碑1通，高1.6米，宽0.75米。残存“乐五纪”三字，不解其意。另有残碑2块，石柱、石础各1个。

明代吴承恩墓　位于马甸镇二堡村南。吴承恩（1504—1582），字汝忠，号射阳山人，山阳县人。著有《射阳先生存稿》和《西游记》等

吴承恩墓

传世。墓地范围约2000平方米,封土高1.4米,底径5米,墓碑高1.5米。1982年重建碑坊,坊额上书“吴承恩墓”。墓西南有凉亭一座。墓四周植桧、柳树十株。

明代丁士美家族墓 位于城东乡汤朱村南。丁士美(1521—1577),字邦彦,号后溪,清河人,生于山阳,嘉靖三十八年(1559年)状元,官至吏部左侍郎兼翰林院侍读学士,谥日文恪,赐御葬。丁氏家族墓地,原占地面积约6000平方米,有神道石象生等,今已散佚。清咸丰《淮安府志》有载。

明代邱度墓 位于建淮乡邱家村北。邱度(1537—1615),字志忠,万历五年(1577年)进士,官户部主事,光禄寺卿。原墓占地面积约300平方米,封土直径约20米,高约3米,1958年被毁,现存石狮、龟趺和御赐碑身各一。碑文11行,满行26字,楷书,明万历四十四年(1616年)立。

清代刘自闳墓 位于朱桥镇杨槐村。刘自闳,生卒年不详,字任先,号僧如,明崇祯七年(1634年)进士,官至浙江按察使。原墓占地面积1300平方米,1984年封土被夷平,棺木就地深埋。

清代刘谦吉墓 位于泾口镇侯舍村。刘谦吉(1623—1709),字六皆,康熙三年(1644年)进士,官至山东提学佥事。原墓占地面积约660平方米,1960年封土被夷平,棺木就地深埋。

清代汪廷珍墓 位于淮城镇板闸村东。汪廷珍(1757—1827),字玉灿,号瑟庵,乾隆五十四年(1789年)进士,官至礼部尚书。原墓占地约2000平方米,1960年封土被夷平,棺木就地深埋于地下2.5米。

清代李宗昉墓 位于马甸镇金王村北。李宗昉(1779—1846),字静远,号芝龄,嘉庆壬戌年(1802年)进士,官至礼部尚书。原墓占地约2000平方米,有石人、石马,1958年封土被夷平,棺木就地深埋,石刻无存。

清代陶克让墓 位于溪河镇土楼村。陶克让(1782—?),字际华,嘉庆辛未年(1811年)进士,官金华县令。原墓占地约700平方米,1958年封土被夷平,棺木就地深埋。

清代殷自芳墓 位于博里镇孙庄村。殷自芳,生卒年不详,字止南,热心水利,倡浚市河、十字河,襄治黄(河)运(河),颇着成效。原墓占地面积约660平方米,20世纪60年代封土被夷平,棺木就地深埋。

清代河下王光熙墓 位于淮城镇河下村二组南。1985年发掘,棺木已残塌。墓中出土田黄、鸡血石等料各种印章30余枚,印文有“王光熙印”等,德化窑花口瓷杯,白玉龙带钩及宜兴紫砂大彬壶、曼生壶等,共计40余件。墓葬年代约为清道光年间(1821—1850)。

清代关天培墓 位于城东乡南窑村。清道光二十一年(1841年),关天培虎门壮烈牺牲后,遗体运回故乡淮安安葬。新中国成立后,人民政府对关天培墓重新修整。墓盘为水泥块石结构,圆形,底径24米,高1.5米。墓前有碑,高1.75米,宽0.5米,刻有“关忠节公天培之墓”八字。

清代杨士骧墓 位于建淮乡孙赵村。原址4000平方米,为石灰浇浆墓,墓丘高十余米,神道上有御碑及牌坊,墓西南另有祠堂一座。祠毁于抗战时。墓于70年代被挖掘,出土翡翠带钩等一批文物。2005年底,楚州博物馆对该墓进行清理,出土杨氏夫妇棺木及尸骸、服饰佩件、残碑、石龟等。2006年6月,杨士骧墓被公布为市级文物保护单位。

关天培墓 (2002年摄)

第五章　名树　名巷(街)　名桥

第一节　名　树

2008年，楚州区古树名树有银杏、紫藤、榆树、柽树、樱花、核桃、乌桕、瓜子黄杨、大叶黄杨、枸杞、杜仲、侧柏、蜡梅、拓树等14种，共30棵。

一、银杏

2008年底，楚州区有银杏树龄100年以上共11棵，分布在淮城镇东岳庙院内，树龄400年，干径105厘米，冠径20米，高度20米；淮城镇东岳庙院内，树龄400年，干径70厘米，冠径20米，高度15米；博里镇王庄村，树龄400年，干径70厘米，冠径20米，高度15米；该银杏树原在王庄福田寺院内，新中国成立前寺院被毁，现在博里镇王庄小学校园内；区人武部院内，树龄150年，干径50厘米，冠径15米，高度15米；区人武部院内，树龄150年，干径45厘米，冠经15米，高度20米；区人武部院内，树龄130年，干径40厘米，冠径15米，高度20米；中共楚州区委小礼堂前，树龄100年，干径55厘米，冠径15米，高度25米；中共楚州区委后花园内，树龄100年，干径34厘米，冠径15米，高度25米；楚州中学南校区内，树龄120年，干径35厘米，冠径10米，高度25米；杨士骧故居院内，树龄120年，干径35厘米，冠径10米，高度25米；月湖半岛上，树龄130年，干径65厘米，冠径15米，高度25米。

二、紫藤　榆树　柽树

紫藤　区人武部院内有紫藤树2株，树龄250年，干径25厘米，冠径15米，高度3米。2株并生，似两条巨蟒相互缠绕，蜿蜒曲折。

榆树　共有3棵。淮安府署二堂后有1棵，树龄150年，干径75厘米，冠径15米，高度10米。周恩来故居院内有2棵：1棵树龄100年，干径30厘米，冠径10米，高度20米；1棵树龄100年，干径30厘米，冠径15米，高度10米。

柽树　周恩来故居院内有1棵，树龄100年，干径30厘米，冠径5米，高度3.5米。

淮安府署二堂后的榆树，树龄150年，干径75厘米，冠径15米

三、樱花　核桃　乌桕

樱花　樱花树由日本前首相田中角荣赠送，分布于勺湖公园和周恩来

故居内。勺湖公园内的树龄20年，干径8厘米，冠径3米，高度3米。周恩来故居内的树龄20年，干径4厘米，冠径2米，高度3米。

核桃 核桃树位于区政协院内，干径70厘米，冠径15米，高度25米。民国8年（1919年），美籍基督教传教士孟格美栽种。该树果实呈椭圆形，皮薄，整仁，含油量高，俗称"薄皮核桃"。

乌桕 乌桕树在区政协院内，树龄140年，干径80厘米，冠径15米，高度25米。

四、黄杨 枸杞 杜仲

（一）黄杨

瓜子黄杨 位于中共楚州区委后花园和吴承恩故居院内。中共楚州区委后花园内的树龄100年，干径10厘米，冠径3米，高度2.6米。吴承恩故居院内的树龄100年，干径10厘米，冠径3.5米，高度5米。

大叶黄杨 位于淮城镇河下湖嘴大街北首，树龄110年，干径20厘米，冠径3米，高度6米。

（二）枸杞

位于楚州宾馆内，有2棵：1棵树龄120年，干径6厘米，冠径3米，高度2米；1棵树龄120年，干径5厘米，冠径2.5米，高度2.5米。

（三）杜仲

位于中共楚州区委后花园内，树龄60年，干径20厘米，冠径8米，高度15米。

五、侧柏 蜡梅 拓树

侧柏 位于城东乡南龙光闸东侧，树龄100年，干径10厘米，冠径5米，高度12米。

蜡梅 2棵均位于淮城镇河下琵琶刘街陈宅院内。1棵树龄110年，干径4厘米，冠径4米，高度6米。另1棵树龄110年，干径20厘米，冠径4米，高度6米。

柘树 位于淮城镇高公桥南侧文渠河东岸，树龄150年，干径20厘米，冠径15米，高度5米。

第二节 名巷（街）

淮安建城有2100多年的历史，随着城市人口的增加和城市规模的拓展，淮安老城区（"三城"范围内）及河下古镇在历史上先后形成了126条有名字的巷（街）。至2008年底，其中大部分巷子保留完好，极少数被毁。

一、驸马巷

南北走向，南至现镇淮楼西路，北至西门大街大圣桥南侧。相传明太祖朱元璋的侄婿黄琛，当年被封为驸马都尉，任淮安卫指挥使。死后，朝廷钦建一座驸马祠在巷内，故被称为"驸马巷"。民国初年，驸马祠毁于战火。周恩来故居就坐落于驸马巷内。

二、龙窝巷

与驸马巷平行的巷，位于西门大街大圣桥南侧。

龙窝巷

相传宋嘉祐年间，在此巷北头建起一座庙宇，名“大圣堂”，供奉大禹圣像。庙内有一甘泉井，相传为当年水漫泗州城的水宫娘娘之子独眼龙的存身之处。后来认为甘泉井是龙的窝穴，因此这条巷子就取名为龙窝巷。1954年，开筑新西门大街，大圣堂被拆除。

三、多子巷

位于上阪街与龙窝巷中段相通连接的巷道。相传有一许姓富户大兴土木，翻修住宅，建起一条小巷，先定名为“百子巷”，后将“百”字改成“多”字。此后淮城渐形成风俗，新婚夫妻在“回门”那天，小两口从娘家回来时，须绕道“多子巷”，以图“多生贵子”。

四、窦娥巷

东西走向，位于城内北门大街路东侧，向东直至韩信北路东。原名蜡烛巷，后改为窦妇巷，后又称窦娥巷。相传家住此巷的孝女窦娥，蒙受不白之冤，被处死刑。结果感动天庭，六月降雪，淮安大旱三年，终于冤情大白。关汉卿由北京南下考察民情，经过淮安，听到这一冤情，便以此为素材写出了不朽剧作《窦娥冤》。

五、锅铁巷

北至岳庙西街南至府学街北。相传清雍正年间，淮安府新任一位高知府，住在此巷，因其擅要铁锅，并在夜间四处偷窃铁锅，后人便将此巷称为锅铁巷。

六、珠市街

位于南门大街西侧，南至耳洞河，北至卫巷通济南口。相传很早以前有家商户以做珠宝为生，后发展为多户人家经营类似杂件饰品，至清代经营各种金银首饰的店铺遍布全街。它是淮安老城南门的唯一出口，现街整体布局未变，有老商铺40余间。

七、老西门大街

老西门大街东至西长街西至运河堤。原为淮安城西门（庆成门）进出城的必经之路，商业繁华，现街内格局基本未变，多为前店后宅和下店上宅式的晚清、民国建筑，现存老商铺70余间。

八、莲花街

莲花街西至里运河堤，东至北门大街。原为萧湖中的一条土埂，是河下古镇人进城的快捷便道。清雍正年间，有一和尚以募资化缘所得修埂为路，路面铺石，刻以莲花图案，古名“莲花街”。路东端筑有“晖照亭”，西端筑有“永裕亭”。街上筑有三座拱桥，从东至西分别名为“通城桥”“通慧桥”“通济桥”。现莲花街上三桥仍在，两亭已被拆毁。

九、因子巷

因子巷，在淮城东长街北首回龙巷旁，现在的机关幼儿园院内。五代末，北周欲统一天下，大将赵匡胤率领北周大军进攻南唐的楚州（今淮安）。围困楚州40多天不破，乃“梯冲临城，凿城为窟宅，实薪而焚之，城皆摧圮”。据赵鼎臣《竹隐畸士集》记载：方城中之危也，彦卿（张彦卿，楚州守城主帅）與诸将立城上，诸将泣谏劝降，彦卿颔之，乘诸将回头，则抽剑将其子头砍下，泣谓诸将曰：“此城吾之死所，劝我者如此子矣。”诸将见了，无不痛哭，莫敢言降。城破以后，北周大军进城，因付出了太大的伤亡代价，杀红了眼，见人就杀。据传有一妇女头已被砍掉，怀中的婴儿却仍然在吸乳。大将赵匡胤见之不忍，方下令禁止屠城。城中的不少居民因此得以幸免，故将此巷取名为“因子巷”，因

"因子"与"胭脂、金子"音相近，故又名"胭脂巷""金子巷"。

2008年楚州区名巷、名街一览表

表28-6

序号	名　称	位　　置	旧貌保存情况	备　注
1	小人堂巷	西至西长街、东至龙窝巷	完　　好	—
2	驸马巷	南至镇淮楼西路、北至东门大街	完　　好	—
3	龙窝巷	南至镇淮楼西路、北至东门大街	完　　好	—
4	多子巷	西至龙窝巷、东至上阪街	基本完好	现两侧具有明清风格，并与上阪街相通
5	大库塘巷	西至府衙、东至大观音巷	—	民国时期定名
6	县府巷	南至大库塘、北至台心寺	—	近年改为县府巷，原为大库塘巷
7	大观音寺巷	南至东门大街、北至文渠	基本完好	传说原有一座观音寺而得名
8	九板桥街	兴文街西侧（东至兴文街西至月湖）	完　　好	原路头有"九板"桥，用两块大青石铺成，因此得名
9	蒲葭巷	东至西长街西至月湖	完　　好	—
10	天后宫巷	东至西长街西至月湖	—	—
11	堂子巷	东至吊桥西至里运河堤	完　　好	—
12	更楼西街	东至南门大街西至西长街	完　　好	—
13	马尾巷	南至更楼西街北至大鱼市口西街	完　　好	—
14	小鱼市口西街	东至南门大街西至西长街	完　　好	—
15	马王庙巷	南至小鱼市口西街北至大鱼市口西街	完　　好	巷内有马王庙，因此得名
16	上阪街	南至镇淮楼东路北至东门大街	完　　好	因东邻漕运部院地势较高，进街时须上阪而得名.路中铺有条石，街两旁商铺林立
17	施家巷	南至小鱼市口西街北至大鱼市口西街	完　　好	由一施家大户而得名
18	小楼巷	南至小鱼市口西街北至大鱼市口西街	完　　好	—
19	大柳巷	北至大鱼市口西街东至西长街	完　　好	—
20	大鱼市口西街	东至南门大街西至西长街	完　　好	—
21	胯下桥南街	南至小鱼市口西街北至兴文街	完　　好	—
22	察院街	东至头条巷西至胯下桥南街	已 破 坏	—
23	西仑巷	现统称为胯下桥南街	完　　好	—
24	头条巷	南至察院街北至兴文街	完　　好	—
25	二条巷	南至察院北至兴文街	完　　好	—

续表 28-6

序号	名　称	位　　置	旧貌保存情况	备　注
26	兴文街	东至南门大街西至西长街	完　　好	—
27	胯下桥北街	南至兴文街北至县西街	—	—
28	小牛巷	西至胯下桥北街	—	—
29	县西街	东至南门大街西至里运河堤	—	—
30	兵马司巷	南至县西街北至老西门大街	完　　好	—
31	草桥巷	南至县西街北至镇淮楼西路	完　　好	—
32	余家巷	北至县西街	完　　好	—
33	撒珠巷	南至九板桥街北至县西街	完　　好	—
34	头条营	南至月湖北至县西街	基本完好	—
35	二条营	南至月湖北至县西街	基本完好	—
36	天主堂巷	南至小羔皮巷北至西门大街	基本完好	—
37	小羔皮巷	南至大羔皮巷西至太清观街	基本完好	—
38	大羔皮巷	东至西长街西至太清观街	基本完好	—
39	大香渠巷	南至镇淮楼西路北至大羔皮巷	基本完好	—
40	小香渠巷	东至大香渠巷西至太清观街	基本完好	—
41	廖家巷	东至百姓巷西至锅铁巷	基本完好	—
42	百姓巷	北至岳庙西街东至东长街	基本完好	—
43	岳庙西街	东至人民医院西至县东街	—	—
44	金画士巷	南至岳庙西街北至镇淮楼东路	—	—
45	县东街	西至南门大街东至岳庙西街	—	—
46	锅铁巷	南至府学街北至岳庙西街	—	—
47	府学街	西至南门大街东至东长街	—	—
48	系马桩	南至府学街北与关帝巷相通	—	—
49	关帝巷	西至系马桩巷北至县东街	—	—
50	老西门大街	东至西长街西至运河堤	—	—
51	岳庙东街	东至文渠西至楚州医院	东部基本完好，西部已毁现不通，被楚州医院门诊楼所挡	—
53	三棵树巷	北至东门大街南至打线巷	—	—
54	打线巷	西至东长街东至楚州大道门	—	—
55	牌楼巷	西至东长街北至打线巷	—	—

续表 28-6

序号	名　称	位　　置	旧貌保存情况	备　注
56	回笼巷	南至打线巷北至东门大街	原巷北段被回笼小区开发破坏。	—
57	王举人巷	南至东门大街北至烈士陵园	因区开发已改变	—
58	珠市街	北至卫巷	—	—
59	更楼东街	西至南门大街东至东长街	—	—
60	小鱼市口	西至南门大街东至东长街	基本未变	—
61	莲花巷	南至小鱼市口东至东长街	基本未变	—
62	二衙巷	北至更楼东	基本未变	—
63	打箔巷	南至小鱼市口北至大鱼市口北	基本未变	—
64	豆腐巷	南至大鱼市口北至打箔巷	基本未变	—
65	大鱼市口东	东至东门大街西至南门大街	基本未变	—
66	三台阁巷	南至大鱼市口北至府学街	基本未变	—
67	北进城巷	南至东门大街	已 改 变	—
68	南进城巷	北至东门大街	已 改 变	—
69	太平街	西至系马桩北至府学街	基本未变	—
70	小麒麟巷	北至县东街南至大麒麟巷	基本未变	—
71	范巷	北至镇淮楼东路南至文渠	基本未变	—
72	七家湾	北至镇淮楼东路南至文渠	基本未变	—
73	照壁巷	北至镇淮楼东路南至文渠	已 改 变	—
74	太清观街	南至镇淮楼西路北至西门大街	基本未变	—
75	双刀刘巷	南至东门大街北至高公桥西街	基本未变	—
76	高公桥西街	东至北门大街西至无	原西至西长街	—
77	窦娥巷	西至北门大街东至东长街	基本未变	—
78	化民桥巷	东至北门大街西至西长街	基本未变	—
79	夯轮寺巷	南至镇淮楼东路北至东门大街	基本未变	—
80	莲花街	西至运河堤东至北门大街	基本未变	—
81	曲坊巷	北至估衣街南至竹巷街	基本未变	—
82	打铜巷	南至竹巷街北至估衣街	基本未变	—
83	竹巷街	东至北门大街西至湖嘴大街	基本未变	—
84	贾大门巷	南至竹巷街北接湘泉巷	基本未变	—
85	茶巷	北至估衣街南至竹巷街	基本未变	—

续表 28-6

序号	名　称	位　　置	旧貌保存情况	备　注
86	湖嘴大街	北接花巷南至运河坝	基本未变	—
87	罗家桥巷	东至湖嘴西至运河小区	基本未变	—
88	中街	北至罗家桥巷南至运河坝	基本未变	—
89	湘泉巷	北至估衣街南接贾大门巷	基本未变	—
90	风箱巷	北至罗家桥南至运河坝	基本未变	—
91	清真寺巷	北至罗家桥南至运河堤	基本未变	—
92	马巷	北至天宫地巷南至罗家桥	基本未变	—
93	天宫地巷	东至花巷西至运河小区	基本未变	—
94	西鑫巷	北至天宫地南至都天庙	基本未变	—
95	都天庙巷	东接琵琶刘西至运河小区	基本未变	—
96	琵琶刘街	东至花巷西接都天庙	基本未变	—
97	西圩门巷	东接琵琶刘西至运河小区	基本未变	—
98	童扬公巷	南至琵琶刘北至驴市巷	基本未变	—
99	驴市巷	东至茶巷西至中街	基本未变	—
100	花巷	南接湖嘴北至翔宇大道	基本未变	—
101	石工头街	东接估衣街西至琵琶刘街	基本未变	—
102	书店巷	东至城河街西至花巷	基本未变	—
103	干鱼街	东至湖嘴西至无	基本未变	—
104	王斗神巷	东至湖嘴西至中街	基本未变	—
105	黄杨院巷	东至湖嘴西至中街	基本未变	—
106	白酒巷	西至湖嘴东至姜桥巷	基本未变	—
107	烟店巷	西至湖嘴东至无	基本未变	—
108	笔店巷	西至湖嘴东至无	基本未变	—
109	小粉巷	西至湖嘴大街东姜桥巷	基本未变	—
110	摇绳巷	西至湖嘴大街东至城河街	基本未变	—
111	空心街	西至湖嘴大街东至城河街	基本未变	—
112	姜桥巷	东接城河街北至竹巷街	基本未变	—
113	殷家码头	南至估衣街北至三条巷	基本未变	—
114	估衣街	东至新城西门口西接石工码头	基本未变	—
115	仓桥街	北至翔宇大道南至估衣街	基本未变	—

续表 28-6

序号	名　称	位　　置	旧貌保存情况	备　注
116	粉章巷	北至估衣街南至竹巷街	基本未变	—
117	新城西长街	南至清平桥北至新城西门大街	基本未变	—
118	新城西门大街	南至北门大街北至新城	基本未变	—
119	清平桥街	西至北门大街东至新城东门大街	基本未变	—
120	新城东门大街	西至清平桥东至环城路（下关）	基本未变	—
121	昌民桥街	南至新城南门大街北至清平桥街	基本未变	—
122	新城南门大街	南至夹城北至环城路	基本未变	—
123	大麒麟巷	东至系马桩巷西至南门大街	巷北保存基本完好，巷南因开发已改变原貌	—

第三节　名　桥

淮安古城居运河中部，临淮河、黄河，古城内外河网密布，文渠环绕城区，桥梁众多，连接贯通古城内外交通。随时代历史变迁，河道时有兴废，变化复杂。城区及河下古镇原有古桥70座，2008年仅存40座，其中较为出名的有称娘桥、三思桥、化民桥、程公桥。

一、称娘桥

位于城区东门大街（今美食街）人武部大门外。相传明朝永乐年间，有一户人家父亲仙逝后，兄弟二人分家，兄居桥东，弟住桥西。兄弟相约两家轮流供养老母，每月奉老母至桥上当众称其体重，若减轻便为不孝。兄弟二人依约而行奉养老母至90多岁善终。后人为颂其美德，将此桥谓之“称娘桥”。

二、三思桥

位于镇淮楼南，初建于秦代，称“站生桥”。汉时改为“范增桥”。明时因府衙建于桥北，官员出衙必经此桥，常有人为了诉讼在桥前拦轿鸣冤，人们比照《论语》中“三思而后行”句，将此桥称为“三思桥”。

三、化民桥

位于化民桥巷东首。明正统年间，以重修者毕文德命名为“毕家桥”，毕家桥原系砖桥。清乾隆五年（1740年）改名“化明桥”。咸丰元年（1851年），山阳县知事胡克文倡议重修，由丁晏集资办理，翌年六月竣工，将原来的砖桥改为石桥，改名为“化民桥”。

四、程公桥

位于河下北入口前面。明初河下盐商程本殿出资从江南运回石头，建成此桥，并命名为“程公桥”又称“陈翁桥”。此桥为拱形石桥，桥基、桥孔、桥栏等全由条石和块石组成，桥身两侧建有4个龙头，造型精巧，高大雄伟，代表着古代淮安工匠的高超工艺水平。

2008年楚州区古桥梁一览表

表28-7

序号	名　称	位　置	始建年代	现　　状	备　注
1	白虎桥	岳庙西街与县东街交汇处	明	原为砖拱桥；现存水泥桥面及水泥护栏，桥面为5米×2.2米	原桥石墩尚在
2	仓桥	锅铁巷南首	明	原为砖拱桥；现存水泥桥面铁护栏，桥面为5.5米×2.5米	原砖木基础仍在，砖雕桥名“仓桥”，应处东新仓而得名。
3	真武桥	东长街南首	明	原为砖拱桥，宽约3米，长5米，现改为与路同宽，为水泥桥面，水泥护栏6米×17米。	—
4	上马桥	东长街居民点十一幢22号东侧	清	原为砖石平板桥，宽约2米，长4米，砖桥墩尚存；现新建水泥桥，桥面为6米×2.5米	—
5	下马桥	岳庙东街214号	清	原为砖石平板桥，砖墩基础未变，桥面为2.8米×1.7米	—
6	依岱桥	岳庙东街东首	清	原为砖木桥；现新建水泥桥、石栏杆，桥面为7米×3米	—
7	思家桥	打线巷，二中大门西	清	原为砖拱桥；现存水泥桥及护栏，桥面为6米×2.5米	—
8	称娘桥	东门大街人武部门口	清	原为砖石拱桥；现状水泥石台阶，桥面为7米×2.6米	原桥址在现桥东约10米处，“文化大革命”时改为红桥
9	鸳鸯桥	兵马司巷南首	明	原为石墩木板桥；现存水泥、护栏桥，桥面为5.2米×2.2米	原桥上有石碑，“文化大革命”时被砸
10	草桥	草桥巷南首	明	原为木桥；现存水泥、护栏桥，桥面为6.2米×2.8米	—
11	南市桥	西长街月湖花园北首	明	原为石拱桥；现存水泥石栏，桥面为7米×12米	—
12	青云桥	明清步行街内	清	原石板桥；现存石拱桥，桥面为6米×3米	现恢复为石拱桥（位置已变）
13	珠联璧合桥	明清步行街内	清	原为石板桥；现存石拱桥，桥面为6米×3米	现恢复为石拱桥（位置已变）
14	小八字桥	明清步行街内	宋	原为石板桥；现存石拱桥，桥面为6米×8米	—
15	兴文桥	明清步行街内	明	现为水泥石栏，桥面为6米×3米	—
16	三思桥	镇淮楼南	秦	现为水泥桥栏，桥面为10米×12米	拓宽马路时重建

续表 28-7

序号	名　称	位　置	始建年代	现　　状	备　注
17	大八字桥	镇淮楼西路	宋	原为石拱；现改为地涵，桥面为6米×26米	—
18	红板桥	小人堂巷	清	原为砖拱桥；现存水泥桥，桥面为5.5米×2米	2002年在路两侧增加象征性石栏杆
19	大圣桥（大胜桥）	驸马巷北首	明	原为木板桥；现存水泥桥、石栏，桥面为6米×18米	2002年在路两侧增加象征性石栏杆
20	高公桥	高公门	明	原为砖高拱桥；现存水泥桥，桥面为5.5米×2.8米	—
21	台山寺桥	台山寺巷南	明	原为砖木桥；现存水泥桥，桥面为2.6米×1.5米	—
22	化民桥	化民桥巷东首	明	原为木面桥、木栏；现存水泥桥面6.1米×3.1米	—
23	石庆桥	友谊路（名人亭旁）	清	现为水泥桥面6.1米×13米	—
24	万寿桥（史霸桥）	淮安宾馆东	明	现为仿古木拱桥，桥面为6.2米×2米	—
25	灵济桥	城北小学西	清	原为砖木桥，现存水泥桥面6米×3米	—
26	闸桥	北门大街三建公司门前	清	原为石板桥，现为水泥面，与路面通宽	—
27	通城桥	河下莲花街东首	清	原为石木桥，现为水泥桥面6.2米×2.4米	—
28	通惠桥	河下莲花街中	明	原为石木桥，现为水泥桥面6米×3米	—
29	莲花街桥	河下莲花街西	清	原为石木桥，现为水泥桥面4.5米×2.8米	—
30	梁皮桥	东长街北	明	原为砖拱桥，现为水泥桥面6米×16米	—
31	吊桥	新城南门口23号	明	原为木吊桥，现为水泥桥面5.5米×4米	—
32	昌民桥	新城昌民桥街64号	清	石桥面，桥面5米×3米	—
33	清平桥	新城清平桥街东首	清	原为砖拱桥，桥面5米×4米	—
34	罗家桥	河下罗家桥街内	清	石板拱桥，桥面6米×4米	—
35	来凤桥	湖嘴街南首	清	石板拱桥，桥面5米×3米	—
36	广济桥	估衣街东首	清	石板拱桥，桥面5.5米×3米	—
37	通济桥	珠市街北首	明	木桥，桥面8米×3米	—
38	小板跳桥	河下	清	现为水泥桥面3米×3米	—
39	文焕桥	河下风箱巷	清	现为水泥桥面4米×3米	—
40	程公桥	河下花巷北首	清	桥面为6米×2.8米，原貌已改动	—

第二十九篇 科学技术

中共十一届三中全会后，淮安县科委动员和组织全县（市、区）广大科技工作者开展一系列学术研究、科技考察、科技咨询、重大项目的决策和可行性研究；为促进全县经济建设和科学技术的进步，开展了一系列的学术交流；为全县中、小企业，特别是乡镇企业的生产和建设提供科学技术咨询服务，为发展乡镇企业提供科学技术支持；为全县工农业生产培训了数以万计的科技人才；在普及科学技术知识，开发智力资源，繁荣和发展科学技术，促进全县的社会主义物质文明和精神文明建设事业中，作出重要贡献。1996年，淮安市科技局荣获全国农村科普工作先进集体、淮安市荣获全国科普工作先进市，受到了科技部和中国科协表彰。2000年9月，淮安市被科技部授予"全国科技工作先进市"。2001年被列为全国一百个科普示范县（区）之一。2002年被科技部授予"全国科技进步考核先进县（区）"。2004年，农业部授予楚州区科技局全国农牧渔业丰收奖三等奖，项目为"中华绒螯蟹苗种培育及推广示范"，项目中为"第2完成单位"。科技部确认楚州区通过1999～2002年每两年一次的全国科技进步考核验收。2001～2003年，省科技厅、省人社厅授予区科技局为"全省科技系统先进集体"荣誉称号。2000～2008年，楚州区知识产权局被省科技厅和省知识产权局授予全省知识产权工作先进单位，确定楚州区为江苏省首批知识产权工作示范区，省可持续发展实验区。中共淮安市委、市政府授予楚州区科技局为"十一五"期间重大科技创新成果工作先进单位。

第一章 机构队伍

中共十一届三中全会后，淮安县贯彻经济建设必须依靠科学技术、科学技术工作必须面向经济建设的战略方针，科技资源迅速增长。至1990年底，全市共有各类专业技术人员1.21万人，占全市总人口的1%；复建和扩展了6个科研机构、32个乡镇农科站和32个学术团体。至2008年，楚州区科技局（知识产权局）组织协调全区科技工作，推动楚州科学技术的发展，振兴楚州经济。

第一节 管理机构

淮安县于1978年设科技局，1979年恢复科学技术委员会，11月更名为淮安县革命委员会科学技术委员会，2000年更名淮安市科学技术局（下称科技局），2001年更名为楚州区科学技术局。

1984年，质量监督职能划归区技术质量监督局。1996年6月职称评审职能划归区人事局，新增科技类民办非科技类和非营利性、研究机构管理职能。1996年，市、乡成立科技工作领导小组，市长任市科技工作领导小组组长，市委4名常委和人大、政协各一名负责人任副组长。全市27个乡镇配备了科技副书记、副乡镇长、科技助理，成立了科技办公室，319个行政村配齐了科技副主任。从市直到列统企业、主要经济部门全部设立了科技管理科室。2003年，增挂“楚州区知识产权局”牌子。楚州科技局有行政编制11人，行政附属编制1人。内设综合计划科、科技成果与技术市场科、政策法规与科普管理科3个职能科室，兼挂技术市场办公室，国防科技动员办公室和可持续发展综合实验区办公室牌子。

第二节　协会学会

截至2008年，楚州区科技协会、学会有楚州区医学会、楚州区教育学会、楚州区水产学会、楚州区刮痧诊疗保健协会、楚州区青少年科技教育协会、楚州区职工科技协会、楚州区蚕桑协会、楚州区吴通鞠学术研究会、楚州区水利学会、楚州区林果学会、楚州区畜牧兽医学会、楚州区砖瓦协会、楚州区计划生育协会、楚州区农学会、楚州区计算机学会、楚州区金融学会、楚州区食品科技协会、楚州区家庭教育研究会、楚州区老年工作者协会、楚州区植保协会、楚州区心理咨询协会等。

第三节　科技服务机构

一、科研服务机构

1978年，全县科研服务机构以农业为主，主要有县农业科学研究所、农作物保护站、种子站、微生物技术指导站、水利科学研究站、气象站、沼气办公室、地震办公室、蔬菜办公室等。1979年县建筑设计室成立，同年7月县农业技术推广中心成立，下设植物保护站、农业科学研究所、土肥站、作物栽培站、科普站、菌肥站，对内一个中心，对外各自挂牌，在32个乡镇设农科站。县建筑设计室升格为建筑设计院。2003年区沼气站更名为区农业生态环境保护和农村能源办公室，成立水产技术推广中心、蔬菜技术推广中心。区科技局成立区生产力促进中心、科技开发服务中心、区科技信息网络中心和科技成果转化服务中心。2008年，区科技局被省科技厅、省知识产权局评为全省知识产权工作先进集体。

二、科研网络组织

1978年后，全县狠抓科学技术发展，健全农业科研体系，并整顿科协网络组织。1980年，县淮安恢复科协；同年5月6日，召开恢复后的县科协第一次代表大会。1987年召开第二次代表大会，设立“学术交流委员会”“科技咨询委员会”机构。学会组织和科普组织得到迅速恢复发展，相继成立“淮安县（市）科普服务部”“淮安县（市）科普电影队”“淮安县（市）科研咨询服务部”“淮安县（市）优秀学术论文评选委员会”“淮安县（市）青少年科学基金会”。在农村，科技管理体系亦初步形成。各乡镇场都设立了乡镇科协和村科协，会员达562人，占村总数的90%；各类专业技术研究会达383个个体，会员超过10万人。各乡镇场和市直中小学还选聘50名科技总辅导员，形成区、乡、校青少年科技辅导员阵容。

至2008年，全区各类科技服务机构有1100多家，从事科技服务及科学研究等工作的人员达到6万人，有政府主导的企事业科技服务机构，有具有公益性质的群众性科技服务机构，也有在市场经济引导下的民营科技服务机构，形成优势互补、共同发展的格局。

第四节　科技人员

1978年，全县共有各类专业技术人员5772名。1978年以后，淮安县贯彻执行党中央的科技政策，为科技人员平反冤假错案，做好归位和合理安排工作。科研工作逐步受到社会的尊重，全县科技队伍发展较快。至1987年底，全县有科技人员7283名，其中工程技术人员481人，农技人员181人，教师919人，其他科技人员5702人。有专业技术职称的1697人，其中高级职称1人，中级职称195人。随着改革开放的不断深入，淮安科技人员增加较快，一个专业门类齐全、层次结构合理、技术水准较高的科技队伍逐步形成，至1990年底，全市共有各类专业技术人员1.21万人，占全市总人口的1%，复建和扩展了32个学术团体和6个科研机构。

1979年，开始对工业、农业、工程技术人员进行技术职称考核评定工作。1980年，成立县科技人员技术职称评审委员会，设行业考核小组，各基层单位设评议推荐小组。评定技术职称以学历、资历、技术水准和工作实绩为依据。初级“技术员、助理工程师”职称，由县革命委员会审批；中级职称，必须撰写论文，测验1门外语，并报淮阴地区革委会审批。1983年9月，职称评定工作停止。1985年，淮安县人民政府决定成立乡镇企事业单位技术职称评审委员会，对乡镇企事业单位的技术人员进行技术职称评定。至1990年，全市乡镇企事业单位共有2931人被评为初级职称。

1997年，科技人员技术职称考核评审职能划归人事局，该项工作移交给人事部门。经过多年大力实施“科教强区”战略，强力推进科技“六大工程”，充分整合产业、技术等优势，借助国家、省市科技创新政策和资助强度，着力构建科技人才创新平台，吸引了一大批科技人才到楚州区创新创业。至2008年，全区有科技人员1.8万多人，其中公有企事业单位科技人员1.1万多人。

第二章　科技项目与成果

楚州是农业大区，80年代前，科学技术进步计划以农业项目为主。80年代后，发展商业经济，工业项目逐年增多，承担项目由全民、镇体企事业扩展到乡镇企业，民营经济。各个“五年计划”期间，都立项一批重要科技项目并取得一批科技成果。

第一节　科技项目

80年代初，在全县农业生产十个红旗村建立稻、麦、油菜高产栽培试验田，均获得高产，朱桥镇帅庄组试验田小麦亩单产达1208千克，杂交稻亩单产1646千克，平桥镇东风村试验田油菜亩单产达617千克。然后在全县（市）推广栽培经验，在农村实施改善饮水试验项目，投资20万元，在朱桥乡建造一座供应2000多人饮用的深井自来水厂，为农户建造了1300多口深度为10米以上的浅水井。

“八五”时期，淮安市委、政府实施“科技兴淮”战略，以“两专一基”（专业户、专业村、基地乡镇）为规模发展模式，推进农业产业化和集约化经营，加快农业产业结构调整，以科技进步促进农业高产、高效，实现农民增高收入，确立了粮食、生猪、畜禽、水产、林果木五大主导产业，初步建成了稻田水产养殖、绿色粮食与蔬菜食品、家禽养殖，大农业综合开发（含镇村企业）四大园区。建成全国重点商品粮基地和全国生猪饲养先进县区。同时，大力普及推广科技成果，帮助经济部门加快技术进步，选择一批对经济发展具有重大影响、经济效益显著的技术课题，组织科技攻关，推广运用实用科技项目。

在工业科技中，有“新型防腐防霉剂富马酸二甲酯（DMF）的研究和开发”“地方乡镇工业污染源调查评价与发展对策研究”“450MH2禁听禁发无线电呼应系统”“HAC5090下水道联合疏通车技术改进”等56项课题攻关获得成功；在农业科技中，有“螺花菜高产栽培技术研究”“地方土壤有机质变化平衡技术的研究与应用”“秦油2号杂交油菜高产栽培技术及配套设施”“三麦少（免）耕和条播技术推广运用”“种子标准化工程建设”“小型鸡场和养鸡大户免疫监测研究”等108项课题攻关成功，并在农业生产中推广运用。

建立科技示范基地　1995年，投入科技试验经费20万元，在徐杨乡黄元村建立反季节蔬菜“冬令丝瓜”科技示范园。在建淮、马甸等乡镇进行沼气发电试点工作，发展1000多沼气户。同期发展创汇工农业产品，“螺丝菜高产栽培技术研究”和“Hp5粉云母板科研项目”获得省市批准。建立村级农民科技学校800多所，建立科技示范户180多个，建立科普示范基地7个，培训专业技术骨干3700多人。全市形成三大科技型支柱产业并建成农工商“三园区”“三基地”。其中三大科技型支柱产业为盐化工支柱产业、纺织支柱产业、水产养殖和深加工支柱产业；三个园区为盐化工业园区、经济开发园区、商贸开发区；三个基地为纺织品出口创汇基地、全国教学具施河生产基地、生态农业基地。

出台扶持政策　区政府出台鼓励发展民营科技和培育农业科技典型示范基地政策，区科技局相应推出科技指导和科技扶贫等一系列措施，并挂钩蹲点，分类跟踪指导，有平桥的高产肉兔、宋集的五香乳鸽、苏嘴的无铅卞蛋，特别是为火鸡、鹌鹑等珍禽饲养提供了技术服务，几年间楚州的珍禽存栏量超过15万只，年销售额500多万元。

“九五”和“十五”期间，区委、区政府加快高新技术改造传统产业步伐，加大企业科技项目建设力度，争取一大批拥有自主知识产权的项目得到国家政策的支持。加强研发机构建设，力争建成盐化工、针纺织、机械、电子、教具、造纸等6个工程中心或研发中心。分别编制纺织支柱产业规划、盐化工支柱产业规划和水产养殖及深加工支柱产业规划。制定了《楚州区科技计划项目管理办法》，出台了《中共淮安市楚州区委、区人民政府关于全区科技工作意见》《鼓励企事业单位和科技人员技术创新的若干规定》《楚州区关于扶持骨干企业工作的意见》《楚州区知识产权示范区实施方案》《关于推动创新创业的若干意见》《关于进一步发挥离退休专业技术人员作用的实施意见》等文件。强化科技目标管理意识，全面推行党政领导科技目标责任考核制度，将科技工作主要目标列入全区三个文明总体目标考评体系。年初下达科技工作考核指针，年中组织督查，年底进行考评。次年初在全区目标考核兑现大会上，区委、区政府把科技工作与经济工作、招商引资工作一起兑现表彰。科技工作在全区三个文明建设的考评分值中的比重逐步加大。

第二节　科技成果评审及奖励

随着经济的迅猛发展，楚州区对科技人员的扶持政策得到落实，广大科技工作者的积极性空前提高，并取得一批科研成果。全县（市）共有多项科研成果受到国家部委、省、淮阴市的表彰奖励。

围绕科技考核目标，区委、区政府设立了科技工作单项奖，考核办法和考核工作准则以区委、区政府文件形式下发，重点考核领导重视、机构设置，特别是创新体系、研发机构、企业挂靠、知识产权和科技投入等重要目标，年终考核实绩前5名的单位，由区委、区政府表彰奖励，对考核结果为后3名的单位进行通报批评。在实施科技“四大工程”、科技洽谈会、专利申请量、实施知识产权试点和科技进步先进区创建等科技重点工作时，区委、区政府主要领导与相关责任单位签订专项工作责任状，单独考核，单独表彰。1995年之后的10多年间，申报各类计划项目386项，获无偿经费资助1.56亿元；培育了淮安八方电缆厂、淮安华泰有限公司、上海新竹化工淮安有限责任公司、淮安市车辆机械配件有限公司、江苏润邦药业有限公司、江苏惠民汽车配件制造有限公司等省高新技术企业。八方电工集团依托中科院，利用电子加热器这一高科技研制开发了辐照交联低烟无卤阻燃耐热电线电缆系列高科技产品，获得中国国际专利与名牌博览会“特别金奖”，这一产品对人体健康保护与环境保护具有极为重要的功能。淮安华泰化工有限公司于1999年建厂，企业重视科技创新和新产品开发，产品研发经费占年销售收入的10%，技术人员占职工总数的15%，拥有2个省高新技术产品。江苏润邦药业于2001年被评为高新技术企业，现有省高新技术产品3个：氟罗沙星注射液、盐酸克林霉素氯化钠注射液、甲磺酸加替沙星葡萄糖注射液；与20家科研院所有着良好的合作关系，开发出多个独家品种，并且形成了固定的销售势头；2004年被省科技厅评为省高新技术企业，承担多个省、市级科技计划项目。江苏惠民汽车配件制造有限公司研制的电涡流缓速器产品，综合性能指针达到了国外知名公司的同类先进产品水平，在国内为首创。

2005年，区委、区政府作出五项决定和两项通知，包括《关于兑现2005年科技奖励政策的决定》《关于表彰兑现2005年工业企业入库税收奖励的决定》《关于授予创新创业人才荣誉称号的决定》《关于公布第二批楚州区中青年拔尖人才和乡村优秀人才的通知》《关于表彰2005年度科技工作先进集体和先进个人的决定》《关于表彰2005年度优秀工业企业和优秀企业家的决定》《关于公布全区100强工业企业名单的通知》。考核结果表明，1995～2005年度，完成和超额完成科技工作目标的比率达90%，较前两年有了明显的进步，受奖面增加了20%。区政府拿出80余万元用于奖励兑现。

“十一五”时期是楚州建立富有特色的科技创新体系、推动产业全面升级腾飞时期。区委、区政府制定的《楚州科技发展“十一五”规划纲要》提出五年内构建富有楚州特色的科技创新体系的基本要求和工作目标，“十一五”期间建成盐化工、针纺织、机械、电子、教具、造纸等6个工程中心或研发中心。出台《关于推动科技创新创业的实施意见》等一系列政策，提高高新技术企业和高新技术产品的奖励幅度，把专利申请、重点新产品开发等主要的科技创新指标纳入全区三个文明目标考评体系；新出台引进人才的财政补贴政策；新增加区级财政年度科技三项费用指标；在全市率先设立科技创新担保公司，为企业科技创新和科技人员创业提供担保。选择科技项目与高校科研院所联合向省、市科技部门争取项目，取得较好成绩。仅2006年，全年共申报各类科技计划项目48项，其中省星火3项，省火炬1项，市星火16项，共争取贷款指标1.19亿元；省科技攻关3项，省社会发展2项和国际合作1项，市级农业和工业项目各6项，市工业、社会发展、国际科技合作项目6项，争取省市无偿拨款16.5万元，在全市各县区中位于前列。列入开发市级新产品65项，其中开发年销售收入100万元以上市级重点新产品28项，分别完成市目标考核任务的118.18%和140%。为进一步推动全区纺织支柱产业的发展，鼓励和支持江苏康乃馨织造有限公司与江南大学共同建立“淮安市针纺织工程技术研究中心”，并获市科技局和市财政局批准。2006年，区科技部门采取“地毯式”排查，详尽掌握企业产品技术含量和开发方向，帮助企业开发新产品；申请上级立项，帮助企业与高校、科研院所结缘联手，以便获得高新技术援助。

2007～2008年，楚州区工业、农业、文化类在省市科技计划立项19项，其中省级9项市级10项，经费253万元。

1978～2008年楚州区（淮安县、淮安市）获省部级科技成果奖一览表

表29-1

项目名称	授奖单位	授奖时间（年）	获奖单位	等级	发文号
酱渣二次发酵新工艺高酱油原料蛋白质应用	省政府	1980	淮安酱醋厂	四等	—
我国褐稻飞虱过飞迁规律的阐明及其在预测预报中的应用	农业部	1981	淮安植保站	一等	—
油菜高产栽培	省政府	1981	淮安平桥东风村	嘉奖	—
东风-50型拖拉机液压系统不拆卸检查仪	省政府	1982	淮安农机厂	四等	—
北方冬油菜防冻苗高产技术研究	中国科学院	1983	淮安农业局	三等	—
监护仪	总后勤部	1983	淮安电子仪器厂	三等	—
中型轮拖拉圆盘开沟机	省政府	1983	淮安农机修造厂	四等	—
椅垫	经贸部	1984	淮安工艺制品厂	荣誉证书	—
手工草拖鞋	轻工部	1984	淮安工艺制品厂	优秀创作设计二等奖	—
双鹤牌涤纶简爱帽	轻工部	1984	淮安鞋帽厂	优秀产品奖	—
针织工艺帽	轻工部	1984	淮安织帽厂	优秀产品奖	—
微动力高杆灯盘升降机构	省政府	1985	淮安市政工程机械厂	四等	—
25TM自动附梯塔吊	省政府	1985	淮安商机厂	四等	—
淮阴市大面积迟熟中粳平衡增产配套技术	市政府	1997	淮安市农业局	二等	淮政发〔1998〕113号
水稻塑盘旱育抛秧高产栽培技术研究与应用	市政府	1997	淮安市农业局	三等	淮政发〔1998〕113号
江淮JH-A型小麦半精量排种器推广应用	市政府	1997	淮安市农机推广站	三等	淮政发〔1998〕113号
辐照交联聚乙烯绝缘架空电缆、聚乙烯绝缘聚氯乙烯护套电力电缆	市政府	1998	淮安市八方电缆厂	三等	淮政发〔1999〕133号

续表 29-1

项目名称	授奖单位	授奖时间（年）	获奖单位	等级	发文号
淮安盐化总厂真空制盐系统技术改造	市政府	1998	淮安市盐化总厂	三等	淮政发〔1999〕133号
池塘鱼鳖混养技术应用	市政府	1998	淮安市水产技术指导站	三等	淮政发〔1999〕133号
淮安市八十万亩水稻高产综合配套技术推广应用	市政府	1998	淮安市农业局	四等	淮政发〔1999〕133号
池塘主养“异育银鲫”技术示范与推广	市政府	1998	淮安市水产技术推广站	四等	淮政发〔1999〕133号
电厂余热水工厂化饲养“暗纹东方豚”试验研究	市政府	1998	淮安市水产技术推广站	四等	淮政发〔1999〕133号
虎驹乙肝胶囊	市政府	1999	南京婴元医药制品有限公司	二等	淮政发〔2000〕184号
稻麦留高茬还田技术的推广应用	市政府	1999	淮安市土肥站	二等	淮政发〔2000〕184号
乳化沥青及生产工艺研究	市政府	1999	淮安市公路管理站	三等	淮政发〔2000〕184号
双向泵技术研制开发及在泵站中的应用	市政府	1999	淮安市水利局	三等	淮政发〔2000〕184号
稻套麦栽培技术研究与推广	市政府	1999	淮安市作栽站	四等	淮政发〔2000〕184号
中西医结合治疗烧伤的临床应用	市政府	1999	淮安市中医院	四等	淮政发〔2000〕184号
高产优质早熟小麦新品种淮麦17号	市政府	2000	淮安市种子公司	二等	淮政发〔2001〕152号
水稻大螟的发生规律及防治对策研究	市政府	2000	楚州区植保站	三等	淮政发〔2001〕152号
淮安市县级科技信息网络体系建设	市政府	2000	楚州区科学技术委员会	三等	淮政发〔2001〕152号
楚州区“国家食管癌防治研究现场”的建设与发展研究	市政府	2000	楚州区肿瘤防治办公室 楚州区卫生防疫站	三等	淮政发〔2001〕152号
自制胸外心脏主动按压减压装置在临床心肺复苏中的应用研究	市政府	2000	楚州区泾口镇卫生院	三等	淮政发〔2001〕152号
无公害蔬菜生产综合配套技术研究	市政府	2000	楚州区科学技术委员会	四等	淮政发〔2001〕152号
霞牌柔暖针织内衣	市政府	2000	江苏上丰针织有限公司	四等	淮政发〔2001〕152号
淮安市稻麦田杂草种群变化及防除对策研究	市政府	2002	楚州区植保站	二等	淮政发〔2002〕169号

续表 29-1

项目名称	授奖单位	授奖时间（年）	获奖单位	等级	发文号
辐射交联低烟无卤阻燃聚烯烃绝缘电线	市政府	2002	淮安市八方电缆厂	三等	淮政发〔2002〕169号
农户安全储粮技术推广	市政府	2002	楚州区科技局	四等	淮政发〔2002〕169号
暗纹东方鲀全人工种苗工厂化繁育	市政府	2003	南京师范大学生命科学学院 淮安市水产养殖场	二等	淮政发〔2003〕154号
TQH-型枕簧自动检测线	市政府	2003	淮安市车辆机械配件厂	三等	淮政发〔2003〕154号
HSQ电涡流缓速器	市政府	2003	淮安市惠民汽车配件制造有限公司	三等	淮政发〔2003〕154号
高纯度1.4-二氧六环	市政府	2003	淮安市华泰化工有限公司	三等	淮政发〔2003〕154号
超高密高档毛巾及提花纹板研究	市政府	2003	江苏康乃馨织造有限公司	三等	淮政发〔2003〕154号
乌沙洞无围堰除险加固方案的研究与应用	市政府	2003	楚州区水利局	三等	淮政发〔2003〕154号
纱线质量控制与诊断技术的研究	市政府	2003	国营淮安棉纺织厂	四等	淮政发〔2003〕154号
基于GIS的电网调度管理系统	市政府	2004	江苏省电力公司淮安市楚州区供电公司	三等	淮政发〔2004〕223号
变电设备巡检管理系统研制	市政府	2004	淮安市楚州苏源电力实业开发有限公司	三等	淮政发〔2004〕223号
参附通脉胶囊的临床应用	市政府	2004	淮安市楚州医院	三等	淮政发〔2004〕223号
中西医结合治疗尖锐湿疣80例	市政府	2004	淮安市楚州医院	三等	淮政发〔2004〕223号
急性脑血管病血清NSE和I1-6临床价值研究	市政府	2004	淮安市楚州医院	四等	淮政发〔2004〕223号
尼莫地平注射液治疗中重度新生儿缺氧缺血性脑病	市政府	2004	淮安市楚州医院	四等	淮政发〔2004〕223号
经“T”型管进十二指肠自体胆汁回输术在胆总管切开术中的应用	市政府	2004	淮安市楚州医院	四等	淮政发〔2004〕223号
20万吨/年制盐母盐联产工业化技术与装备	市政府	2005	江苏省井神盐业有限公司 江苏省制盐工业研究所	二等	淮政发〔2005〕183号
水稻“小粒翘”	市政府	2005	江苏省井神盐业有限公司 江苏省制盐工业研究所	二等	淮政发〔2005〕183号

续表 29-1

项目名称	授奖单位	授奖时间（年）	获奖单位	等级	发文号
电网调度放误操作及运行管理系统	市政府	2005	淮安市楚州供电公司 楚州苏源信息技术有限公司	二等	淮政发〔2005〕183号
特种盐开发	市政府	2005	江苏省井神盐业有限公司 江苏省制盐工业研究所	三等	淮政发〔2005〕183号
自制IP板托盘在普通乳腺钼靶机上的应用	市政府	2005	淮安市楚州医院	三等	淮政发〔2005〕183号
甘草酸锌制备方法	市政府	2008	淮安市楚州医院	四等	淮政发〔2008〕178号

第三节　科技成果转化

1996～2000年，楚州区科技成果转化工作成效显著。全区工业企业共转化科技成果156项，其中引进、吸收、转化国内高校院所科技成果86项，企业自主研发、自行投资实施转化科技成果70项；获得专利467件；科技成果转化新产品79项，实现产业化的43项，明显提高产业技术水准的21项，达到合理利用资源、节能降耗、防治环境污染的36项，促进高效农业发展的12项，与30家高校院所结成产学研合作关系，带成果引进高层次人才50人，科技成果转化带来的经济收益1.8亿元，年增长率达16%。

一、省市级科技成果转化项目

1996～2000年，全区获批省、市重大科技成果转化项目7项，争取经费1500万元，带动企业和社会投入12.65亿元，实现销售38.2亿元。省级重大科技成果转化项目1项，由江苏国信太阳能发电有限公司承担，获省级900万元项目经费支持，项目实施阶段参与制定国家标准3项、行业标准2项，获市科技进步奖1项，社会效益与经济效益取得双丰收。市级重大科技成果转化项目6项，分别为：润邦药业实施的新型氟罗沙星甘露醇注射液开发项目、苏通市政实施的沼气池智慧抓吸一体化出料车产业化项目、力博士机械实施的液压破碎器新技术项目、仁寿药业实施的创新中药抗肝纤胶囊研发项目、惠民汽配实施的城市快速公交（BRT）站台门项目、方舟新能源实施的高密度锂电池正极材料磷酸铁锂研发项目。每个项目均获市重大科技成果转化项目资金100万元左右。

二、专项科研成果转化项目

（一）医疗科研成果转化

2008年，超高速螺旋CT、核磁共振、腹腔镜等医疗技术的引进和使用，提高了医院的综合诊治水平。区医疗机构获市级科研立项2项、市科技进步三等奖2项、市卫生局新技术引进一等奖1项和二等奖2项，获实用新型专利3项，上述科研成果已有3项投入临床应用，均取得较好的经济及社会效益。

（二）企业科研成果推广应用

蒸汽立式锅炉（C级）通过国家质量检验检疫总局质量鉴定并投入生产，年产值350余万元；“中小型企业ASP平台”为全区300多户中小型企业提供信息化服务；SG-06电工实训线、SG1732直流稳压电源、BSL1-630/6变压器等设备已投入市场，年产值500余万元。

（三）政产学研合作项目转化

"十一五"以来，围绕主导产业发展，拓展与中科院、清华大学、北京大学等10多所著名高校院所的多层次合作，开展政产学研对接活动达30余场次，签订并实施政产学研合作项目120项，解决科技难题150余项，争取省、市各类科技项目经费达1035万元，帮助企业引进高层次人才32人，国家"千人计划"1人。其中井神公司与中科院热物理所共同研发的盐腔蓄能发电项目有望取得重大突破。

第四节　科技平台

"九五"以后，全区申报并获批国家中小企业创新基金项目4项、国家农业机械科技成果转化项目1项、省级科技计划项目23项、市级科技计划项目93项、省级以上高新技术企业14家。有70多个项目列入省市重点技术创新指令性计划。井神公司、仁寿药业、苏通市政三家企业的产品列入省级重点推广应用的新技术新产品目录；仁寿药业开发的"虎驹乙肝胶囊"获批省级优秀新产品，康乃馨织造的"新型天然生态纤维保健毛巾产业开发项目"获批市级优秀新技术，共创草坪"芳香型人造草坪"研发及产业化、施塔德电梯"STD-K背包架式乘客电梯"获批市级优秀新产品。

一、企业研发平台

"十五"以后，获批省级工程技术研究中心3家、企业技术中心4家、研究生工作站4个、重大研发机构1家、企业重点实验室1家；市级工程技术研究中心10家、企业技术中心19家。向国家、省、市申请技改专项政策扶持资金795万元，其中，国家资金85万元、省级资金630万元、市级资金80万元；帮助企业争取省、市两级新技术新产品推广应用项目补助资金70万元。

二、科技孵化平台

楚州区高新技术创业服务中心是省级科技企业孵化器，与区科技成果转化服务中心合署办公，建筑面积达1.16万平方米。该孵化器提供优惠的办公场地租赁，对创业企业进行辅导，帮助初创企业克服困难，提高创业企业的存活率。至2008年底，有60多户企业进入孵化平台。

三、农业科技平台

90年代初，淮安市以"两专一基"为科技兴农的模式，提升农副产品的产量和质量，激发农村活力，增加农民收入。之后，逐步形成全区五大农业主导产业。

全市五大农业主导产业之一的无公害蔬菜生产，通过示范区种植标准化制定，新产品、新技术、新药肥的推广普及、无公害产品认证和品牌的创建，从传统种植型向科学种植型转轨。全市形成了以白马湖、绿草荡周围为主的水生蔬菜种植区，以废黄河沿线沙土带为主的瓜果种植区，以席桥、南马厂等乡镇为主的露地菜、粮套菜种植区。全市各类蔬菜种植面积1.33万公顷。2002年楚州区蔬菜产业被省科技厅评为省级无公害蔬菜科技示范园区，2007年，被科技部命名为全国科技富民强县示范区。

淮安的粮食生产，随着农业科技进步，实现高产、稳产、增收增效，成为全国重要的产粮基地。畜牧业和水产养殖形成1.33万公顷水面养殖区和百万头（只）饲养业的规模，成为全国著名的生猪业和水产养殖业基地。南闸、范集、林集、三堡、流均、泾口、施河等乡镇建立了省水产养殖示范基地，尤其是稻田养蟹养鱼风靡一时，鸡、鸭、鹅、鸽、山鸡、鹌鹑等养殖快速发展。建淮乡的磨粉——养猪业成为省级示范基地。还有丰富的林果资源，楚州获得全国绿化先进县（区）称号。

对于农业五大主导产业的科技投入，主要是科学谋划，科技指导，科研示范和信息导向，销售牵线。组建营销中介机构和专业合作社，为产出户搭建销售平台，将产品打入大市场，如流均、南闸的水产专业合作社，徐杨、席桥的蔬菜合作社，在全国许多大城市的市场都有一定的知名度。建立深加工企业，实施一条龙服务，使农副产品增值，全区自创和招商的这类加工企业共10多家，产品销至日本、韩国和东南亚地区。“外婆家”食品为驰名品牌；惠宝、天康加工的蔬菜产品成为“康师傅”“统一”的合作伙伴。

全区引进繁育农作物新品种12个，建立高效优质稻米基地8个，建设部省级稻麦高产创建项目50个，示范区水稻最高田块亩产达802千克，刷新楚州区稻麦两熟条件下水稻高产纪录。全区测土配方施肥技术覆盖率达到95%以上，化肥利用率提高1个百分点，每亩平均节本增收22元，获得第六届江苏省农业技术推广三等奖。

（一）林牧渔产业科技

全区林牧渔产业争取省部级各类科技项目43项，到位资金2116.71万元，与“九五”同期相比增长120.49%。先后荣获农业部丰收奖1项、省农业推广奖一等奖2项、省渔业科技创新奖一等奖1项、省科技进步奖三等奖1项、中国科学院水生研究所“獐子岛”科技进步奖1项，市、区科技进步奖13项。

（二）科技园区与示范基地建设

白马湖农场建成省级种子科技园，席桥、苏嘴建立市级无公害蔬菜科技示范园区，流均建成淮安首个渔业物联网示范基地。全区共建成无公害农产品基地31个，高效生态农业示范基地1个，近400个农产品通过有机、绿色、无公害“三品”认证，淮安蒲菜获得国家级地理标志认证。区林牧渔业局紧紧围绕无公害建设项目的实施，推广新技术、新品种，取得显著成绩，建成省级无公害畜禽养殖基地5个、无公害水产基地5个，面积2800公顷。建成9466.67公顷稻田养殖示范区和9800公顷特色水产养殖示范区。年生产总量达6万吨，总产值6.5亿元。21世纪以来，一批民生工程项目取得圆满成功。

第五节　高新技术支柱产业

1978～2005年，楚州区（淮安县、市）的支柱产业经历三个阶段的演进。

一、第一阶段（1978～1989）

淮安县（市）有三大支柱产业，其中化工产业有淮安化肥厂、淮安磷肥厂、淮安化工厂；电子工业产业，有半导体零件厂、淮安无线电组件厂；纺织产业，有淮安织布一厂、二厂、淮安棉纺厂、针织帽厂等。三大支柱产业，年平均销售总额达8亿元，年均利润近亿元。

二、第二阶段（1989～2000）

淮安市支柱产业在原有的基础上增加新兴的盐化工产业，有淮安盐化总厂、朱桥盐化工基地等。在此期间淮安棉纺织厂年销售收入近2亿元，利税过千万元，在江苏省同行业中处领先地位，被评为全国棉纺织业中的明星企业；“霞”牌内衣被评为全国十佳内衣品牌，年生产能力500万件。江苏井神盐化股份有限公司投资超过1亿元，年销售收入近2亿元。淮安无线电组件厂生产的“彩电中周”获国家电子工业部一等奖，全国同行业评比中第一名，年销售收入3亿元，利税8000万元。大农业实行规模经营，农牧渔业的年平均销售额达亿元，利税超0.6亿元，工农业两者总额占国民经济总额的70%。

三、第三阶段（2001～2005）

楚州区有三大科技型支柱产业，分别为盐化工支柱产业、纺织支柱产业、精密机械产业。

盐化工支柱产业 盐化工是利用楚州地下丰富的岩盐资源开发的新兴产业，被列为省级盐化工支柱产业。典型的企业有江苏井神盐业有限公司，以制盐、热电经营为主，2008年，有总资产2.82亿元，净资产1.05亿元，是江苏省目标规模较大、热电配套齐全的井矿盐生产企业。年生产精制井矿盐的能力已经达到60万吨，年销售收入两亿元，实现利税4500万元，各项综合指标均在全国同行前列，在建年产80万吨的盐硝联产项目，定位国际一流，国内领先，技术、装备和产品市场均与国际接轨。

纺织支柱产业 楚州区纺织支柱产业是区传统优势产业，是出口创汇、增加就业的重要产业。全区共有注册的纺织服装企业203户，个体工商户遍布城乡，至2005年度，规模以上工业企业48家，工业总产值138.3亿元，销售收入135.9亿元，占列统企业销售的32.9%。其中淮安棉纺厂纺织设备综合提档改造，重点向“无卷”和“无结”方向发展，增添清钢联，高速并、精、细生产设备10多套，并运用计算机工艺品质控制诊断分析系统，自动控制纱线质量指针。江苏康乃馨织造有限公司加快新技术的推广运用，引进了计算机绣花机、计算机制板系统先进技术设备，提高了纺织品的档次和产品开发快速反应能力，开发的沙滩巾和全新的自然健康睡眠系列产品深受外商欢迎，康乃馨牌系列毛巾成为全国酒店纺织品唯一获得“中国名牌产品”称号的产品。

精密机械产业 淮安经济开发区建立规模较大的精密机械产业园，产业园中有江苏双环齿轮有限公司、江苏施塔德电梯有限公司、江苏力博士机械有限公司、江苏惠民汽车配件有限公司、淮安市苏通市政机械有限公司、江苏旭通机械有限公司等企业，形成精密机械产业特色。该产业园被省科技厅列为省级精密机械特色产业园。江苏惠民汽车配件有限公司获省拨经费25万元，承担省“客车气动内摆门制造及产业化”项目，获专利4件，辐射著作权3项；江苏施塔德电梯有限公司获省拨经费25万元，承担省“电梯试验系统研究与应用”项目，获发明专利1件。

“十一五”以后，培植高新技术产品有126个，其中5项为国家重点新产品，组织专家开展省、市科技成果鉴定60余项，其中一批科技成果分别获部、省、市奖项。淮安华萃农业科技有限公司承担省“娃娃菜新品种周年安全高效生产技术的集成创新与示范”项目，区获省拨经费30万元。项目引进新品种9个，建立基地33.33公顷，推广辐射333.33公顷，集成配套新品种周年栽培技术，形成娃娃菜周年安全生产技术规程。

第三章　科技服务

第一节　科技信息

楚州（淮安）区建立以科技信息网络中心、农业技术推广服务机构、水产技术推广站为主的科技创新服务体系。2001年，在国际互联网上建立了政府信息网站——淮安科技信息网，是苏北地区为数不多的几家以DDN建立的县级网站之一。通过强化科技创新服务特色，加快科技与经济对接，先后邀请南京农业大学、扬州大学、江南大学、省农科院蔬菜所和淮安市农科所专家130多人次开展项目合作、技术培训、新品种推广、新种植模式试验和蔬菜深加工技术指导。利用2001年全市科技系统率先建立的科技信息网，编印《楚州技术市场》信息快讯，每周一期，发放到各乡镇和各部门、区直各企业，向机关、企业及学校介绍科技成果、专利成果、产学研合作、科技信息、科技动态。区科技信息网络中心，为用户介绍科技成果、为600多家企业和事业单位开展了信息检索、查询和网页制作服务，成为楚州区科技服务最便捷的平台。

第二节　技术市场

1988年，淮安市科委技术市场办公室开始与全市各类服务签订合同，进行管理与服务。至1991年，全市签订各类技术服务合同220份。1992年，全市共签订各类技术服务合同210份，推广优质粳稻高产栽培技术合同40份，面积2778公顷。通过签订合同，平均每公顷增产2500千克，总增收3500多万元。1993年，全市共签订各类技术服务合同230份，推广优质蔬菜新品种和高产栽培技术合同40份，菜农蔬菜单产收入增长3000多元。1994年，全市工业类技术服务合同比重增加，全市签订各类技术服务合同240份，其中工业项目30份。是年，淮安八方电缆厂与中科院三强核技术研究所签订了辐射交联电线电缆研究开发项目。淮安华泰化工科技有限公司与南京工业大学签订一四三氧六环开发项目。1995年，全市签订各类技术服务合同260份，其中工业项目60份，农业项目180份，其他类20份。1996年，全市第一个技术贸易机构——淮安市技术市场成立，主要从事技术交易、技术转让、中介服务、合同登记等业务。至2001年，全市（区）组织企业参加各类技术交易，累计技术贸易成交额达1000多万元。2002～2008年，全区技术市场工作主要围绕民办企业认定和签订各类技术服务合同以及科技洽谈会形成的各类技术服务合同为主，累计认定21家民办合同企业机构，签订各类技术服务合同1500多份，技术贸易额2.5亿元。楚州区每年举办一次科技洽谈会。每年科洽会会前签约项目60项以上，会上签约项目10项以上，技术合同额超过2亿元。

第三节　知识产权保护

一、专利管理

1992年，淮安市专利管理办公室成立，开展宣传培训、专利网络建设和专利管理等工作。仅6～7月份，全区专利申请增长40多件。2007年，举办各类培训班8次，受训人数700余人，印发各种宣传画页和资料2600多份，展示各类板面160多块。同年，区专利管理办公室对全区专利产品进行登记，立案查处专利侵权行为7件，查处假冒专利产品88件，查收销毁盗版光盘4000多件。每年“4·26”世界知识产权日，电视台、电台、报纸等媒体专题宣传知识产权保护。2007年康乃馨织造有限公司开展“发明专利竞赛”活动，技术员工共申请37件专利，被公司采用的有24件。2008年，楚州7个企业上报市专利转化战略推进计划项目，13个企业获转化资金共计6.5万元。

2007年4月，区知识产权局对专利侵权、商标仿制、图书、音像盗版等违法行为进行公开查处

二、专利申请

2003年，楚州在苏北五市、县（市、区）中率先成立知识产权试验区，后改为知识产权局并挂牌。2004年，通过省科技厅和省知识产权局验收，楚州成为全省首批12家知识产权示范区之一。2002～2008年，共申请专利1300余件，企业专利产业化率近50%。2005年，开展省知识产权示范区建设及专利项目进百企活动，年内共申请专利200件，对上年26件专利申请给予每件300～3000元的补助，对50多名专利引荐人50～1000元奖励，对科技工作取得显著成绩的先进集体和个人给予表彰。2005～2007年，全区完成专利申请800件，授权300件。2008年，专利申请总量为983件，发明专利90件，授权专利总数为179件。区知识产权局多次被省科技厅和省知识产权局评为全省知识产权工作先进单位。

第四章　科普工作

1978年后，淮安县科委、科协开展科普宣传、科技推广、青少年科技教育、科技咨询。1986年，中国科协为淮安市配备科普宣传车。1988年，举办淮安市首届科普展览，展出图片400多幅，全面介绍、宣传淮安市的科技成果。1989年，市科协与钦工、季桥等11个乡镇联合举办“农村实用技术巡回展览”。同年，在全市农村开展“讲文明生活，比科技致富”活动。1990年，市（县级）科协与季桥乡举办“季桥乡首届科普宣传月”活动。11月，在全市开展首届科普宣传周活动，举行淮安市首届科普知识智力竞赛同时举办了淮安市科普文艺晚会。

1990年之后，淮安市在“全国科技活动周（科普工作周）”“4·26世界知识产权日”等重要科技节日，举行大型科普工作活动。每年组织3～5次较大规模的送科技下乡、科技进社区等活动，在各乡镇、社区建设科普画廊，在各村（居）建设农家科技大院，在有线电视台、广播电台、报社开辟科技专栏，固定栏目宣传频率。区科技局网站有科普栏目，内容及时更新，链接众多专业科技网站。1996年，国家科技部、中国科协授予淮安市“全国科普工作先进集体”的称号。2002年，楚州区获得中国科协授予的“全国科普示范县（区）”称号，至2008年连续通过复查验收。

第一节　农村科普

1986年以后，全县撰写学术论文、科普文章6000多篇。市属工矿企业单位举办科技培训200多期，培训2.6万人次。组织发行科普录像带300盒，放映科教片80部、1300多场，近百万人受到科普教育。29个乡镇创办油印科普小报，印发技术资料20多万份。组织征订《科技日报》《江苏科技报》《农村实用技术》等科技报刊1万份。开办科普黑板报785块，出2800期，举办农村科技培训班2500期，培训31万人次。1987年，创办中国农业函授大学淮安分校。30个乡镇场建立了辅导站，首次招生1874人，为农民系统地学习技术、依靠科技致富开辟新途径。至1990年，已有2500名学员掌握1～2项的致富技术。

1989～1996年，创办中国农村致富技术函授大学淮安分校，各乡镇建立中国农函大函授辅导站，全市各乡镇每年招收100余名农函大学员，8年共招收24000名农函大学员。每年定期组织老师到各乡镇对农函大学员进行辅导学习，编印农函大学习简报。农函大淮安分校被中国科协和中国农函大表彰为全国优秀分校。

1992～1996年，淮安市委、市政府在全市开展“三学一带”活动，市委组织部和市科协编写“三学一带”学习数据，在全市农村各级党组织中开展此项活动。中组部、中国科协在北京召开全国农村党员学用科技经验交流会上邀请淮安市委在大会上作典型发言，市委副书记张天民代表市委出席会议，并在会上交流淮安市开展“三学一带”的成功做法。中组部和中国科协向全国推广淮安市这一做法。

2003年，在区施河镇启动全省“学、做、建”活动仪式。在此期间，车桥镇也被定为省“学、做、建”活动示范乡镇。为推动“学、做、建”活动，区科技局制订方案，确定泾口镇、博里镇、席桥镇、林集镇、淮城镇5个镇为区级“学、做、建”活动示范乡镇。组织科技人员到有关乡镇、村组、农户传授致富技能。全区共举办培训50多场次，培训人数50000余人次，评选文明乡镇9个，文明小区13个，培植农业龙头企业20个。

2008年，制定并实施《楚州区全民科学素质行动计划纲要》，开展“百名科技专家兴农富民工程”，以示范抖动、产业带动、效益促动等方法推进农村科普工作，全区树立3个乡镇17个村作为典型。举办科技大集60多场次，培训农民8万人，发放科普宣传资料10多万份。全区95%以上的乡镇及所属村（居）建立科普场地，文化技术学校32所、科技文化图书馆室（馆）198个，科普画廊、科普宣传栏436个。

第二节　城市科普

1985年，中国科协、中国工程学会和中央电视台联合开办《机械设计自学入门》电视教学，淮安科协组织企业100多人报考学习。1987年，中国科协、中央电视台和中国通信学会及湖北省通信学会在中央电视台举办《全国微型电子计算机电视辅导讲座》，全市组织500多名职工参加学习。淮安市科协与中国科协、中国通信学会和中央电视台等主办单位一起受到国务院电子振兴领导小组和全国职教委的表彰。1985～1990年举办“领导科学”“正交优化法”等专业培训班100多期，培训1万余人次。1990～2000年，创办南京大学淮安函授站、淮阴工学院淮安站、南京农业大学淮安函授站，共招收国家承认学历的大专函授班60个，专业包括“新闻学”“现代秘书与新闻”“机电一体化”“财会管理”“市场营销”“国际经贸管理”等共招收3500名大专函授学员。“十一五”期间，全区各中小学共成立各种科技兴趣小组600多个，其中《淮安特产天妃宫蒲菜栽培技术考察》等100项青少年科技成果在国家、省级大赛中获奖。加强青少年科技工作，在历次举办全区青少年“小发明、小制作”大赛活动中，有10余件小发明、小制作成果入选江苏亿利达发明评比，获得一等奖1项，二等奖4项，三等奖6项。区科技局和教育局获得江苏省青少年亿利达发明比赛组织奖。

第三节　科普宣传周

80年代末，由地方党委、政府牵头，建立市（区）委宣传部、科委、科协联席会议制度，负责制订科普宣传计划，确定每届“科普宣传周”活动的主题、方式和内容，推出“科技就在我身边”“致富金钥匙”等有鲜明特色的科普主题活动。专题举办“崇尚科学文明，反对封建迷信”活动，揭露封建迷信及伪科学的真面目。开展创建科技特色学校活动，省科委、科协、省教育厅授予新安小学、勺湖小学为江苏省科技特色学校。开展“学科学技术，做现代农民，建文明家园”为主题的大型科普活动，受到市委、市政府和省科技厅的重视和肯定。开展科技“三下乡”“进小区”“进学校”活动。2008年，组织主题为“携手创新，促进和谐”的楚州区第二十届科普宣传周活动。

第五章　科技交流与宣传

第一节　科技交流

2007年，区科技部门邀请国内外相关知名专家和著名企业（集团）负责人，举行“制盐企业节能减排国际技术研讨会”和“中国酒店高档纺织品发展趋势研讨会”。是年，淮安市科洽会在楚州召开，共邀请赴楚专家51名，其中外籍专家2名；对接项目54项；签约项目44项，其中会上签约项目16项，在科洽会开幕式及市重点项目签约会上签约项目4项。至2008年，实施的项目有26项；技术水准在国内领先的有2项，在国内先进的有15项，在省内领先的有7项，在省内先进的有15项；亿元以上项目有8项，5千万元的有4项，3千万元的有5项；总投资额约23亿元。

第二节　科研合作

建立以省级科技立项为板块的科技资助平台，选择科技项目，与高校科研院所联合向省、市科技部门争取项目。2006年，区科技部门采取“地毯式”排查，掌握企业产品技术含量和开发方向。获市科技局和市财政局批准支持江苏康乃馨织造有限公司与江南大学共同建立“淮安市针纺织工程技术研究中心”。2007年，确立“主攻省级科技立项成果，实现国家科技立项的突破，市级科技立项稳步提高”的工作思路，同时对项目实现“早排队、细筛进、精包装”。年初对全区工业企业、农业龙头加工企业及社会事业项目进行调查摸底。对收集项目进行分类，分为重点项目、争取项目和储备项目等三类。重点项目由楚州科技局联络高校、科研院所的知名专家包装；争取项目由区科技局协助部门、单位联络有关高校、科研院所包装；对储备项目的部门和单位，帮助其了解有关科技政策，熟悉项目申报条件和程序，指导其申报。向上申请项目52项，批准项目31项，争取政策性资金611万元。其中国家级项目首获批立。“蔬菜优质高效技术集成与产业化开发”项目被列为全国“科技富民强县专项行动计划”项目，国家资助额度为190万元，省政府匹配资助190万元；万芳香料工业有限公司的“月桂烯手性合成L—薄荷醇”项目被列为“国家中小型企业技术创新基金”项目，资助额度为70万元。省批立项目5个，共计资助195万元，其中社会发展项目2项（秸秆电厂30万元，大运河文化遗产保护15万元）；科技服务体系建设1项，资助20万元；科技成果转化项目1项，资助10万元；省“科技帮扶百村示范”首批50个村中，南马厂乡三联村、茭陵乡邵葛村、章集村等三个村名列其中，每个村都得到不少于10万元的资金扶持。

第三节　科技成果宣传

21世纪初，楚州区将科技成果宣传作为科技发展进步的动力，提升科技研发创新的自信和竞争力，每年在国家、省、市报刊、电台电视台均报道。拍摄电视片《农民发明家翟正环》《耿健康与挖心大头菜》《科学养蝎吴建国》《花王王介高》等科教电视片和科技名人电视片，在美国旧金山和欧洲东方卫视台播放。在国家和省级召开的科技大会上，楚州区都有科技成果展示板面，特别是2007年在全国可持续发展实验区大会上，楚州区的电视片《古运河的记忆》和《淮楚科技唱大风》得到广泛重视，《古运河的记忆》在中央台播放，被大会评为一等奖。省科技厅授予楚州区科技局“2007年度全省科技宣传工作先进集体”称号。

第六章　气　象

楚州位于苏北中部，地跨北纬33°16′～33°45′、东经118°59′～119°37′之间，境内四季分明，气温适中，热量丰富，光照较多，雨量充沛，空气湿润，气候资源丰富多样，雨热变化同季，光温互补，但气象灾害也较为频繁。中共第十一届三中全会以后，气象部门以气象现代化建设为中心，服务党和政府的中心工作，提高气象服务的社会效益和经济效益。

第一节　管理机构

1978至1980年9月，气象管理机构为淮安县革命委员会气象站；1980年10月至1984年2月，称淮安县气象局；1984年3月至1988年2月，更名为淮安县气象站；1988年3月至1988年12月，名称为淮安市气象站；1989年1月至2001年2月，更名为淮安市气象站；2001年3月至2008年12月，更名为淮安市楚州区气象局。楚州区气象局内设办公室、气象台、防雷减灾管理中心等科室。

第二节　观测与预报

1978年，淮安气象站为一般气象站。1988年12月9日，由一般气象站改为辅助气象站。从2000年12月31日20时起由辅助气象站调整为一般气象站。2002年9月，楚州区建成DYYZ-Ⅱ型自动气象站并投入使用，自动观测项目包括温度、湿度、气压、风向风速、降水、地面温度。2003年1月1日起，地面观测进入人工观测和自动观测双轨业务运行。2005年1月1日起进行自动观测单轨业务运行，但降水记录仍以人工观测记录为正式记录。2006年，区气象站调整为国家气象观测二级站。2008年12

月，区气象站调整为国家一般气象站。观测项目有气压、气温、最高气温、最低气温、湿度、风向风速、降水、蒸发、日照、云、能见度、天气现象、雪深、0厘米地温、最高地温、最低地温，5～20厘米地温、地面状态、冻土。

地面报表制作 1978～1993年，淮安气象站（局）手工制作地面气象记录月报表和地面气象观测记录月简表上报给淮阴市气象局和江苏省气象局各一份，1994年起开始使用计算机制作地面气象月报表。

区域自动气象站 2006年11月在流均、顺河建立自动雨量站，后建成博里、南闸、流均、季桥、三堡、顺河、茭陵、仇桥温雨量站，建成白马湖农场、钦工、复兴、平桥、施河四要素（温度、降水、风向、风速）区域自动站。

实景监控 2008年在区气象局院内安装一套实景监控系统，用于楚州站气象灾情和观测场实时监测。

1978～1986年，淮安县气象站（局）通过收听天气形势，结合本站资图表每日早、中、晚制作24小时内日常天气预报。1987～2008年，气象站（局）开展常规24小时、未来3～5天、旬报、月报、季报，以及短时临近天气预报和供领导决策的各类重要天气报告。2005年6月起，气象站（局）还开展灾害性天气预报预警业务，通过短信、电视台及时发布灾害性天气预报预警业务。

1979年5月，淮安气象站（局）配备ZSQ-1（123）天气传真接收机接收北京、欧洲气象中心以及日本的气象传真图。1987年至2004年12月通过高频电话实现市、县天气会商。1998年，建成气象信息综合应用接收系统（9210系统），接收卫星云图和天气实况图和各类数值预报产品数据，供预报服务使用。2005年，建立与省市气象台的视频天气会商系统；开通10兆光纤，接收从地面到高空各类天气形势图、云图和雷达回波图，为气象信息的采集、传输处理、天气分析提供支持。

第三节　气象服务

1978～1982年，全县农村有线广播站开通后，通过农村有线广播站播报气象信息。1983年，气象信息改为无线广播电台播报，每天早、中、晚3次，播报未来24小时、48小时天气预报。1998年4月，淮安市气象局应用电视天气预报编辑系统制作电视气象节目，并在市电视台播出。2002年，全区开展网络气象服务。2006年，开通公共电子显示屏气象服务。2008年9月，电视气象节目由主持人进行播报，内容有日常预报、天气趋势、生活指数、灾害防御、科普知识、农业气象等。

1978～2008年，气象部门以电话、书面方式向政府部门提供决策预报服务。发布的内容有旬、月、季天气趋势预报，遇有"重要性、转折性、关键性"天气时，发布《重要天气报告》决策服务。2005年8月5～8日，受9号台风（麦莎）的外围环流及减弱的低气压环流的影响，出现大到暴雨，过程雨量116.3厘米，并出现6～7级阵风8级偏东大风，楚州区气象局提前向区政府及有关部门报送天气公报和服务信息，预报服务得到政府和社会的好评。2008年，楚州区举办纪念周恩来110周年诞辰系列活动，楚州区气象局为纪念活动的成功举办提供气象信息服务与保障。

1985年起，淮安县气象站开始进行专业气象预报服务，为城乡的相关企、事业单位提供中期、短期、短时临近天气预报，预报服务方式有天气警报接收机、气象电子显示屏。至2001年，全区共布设天气警报接收机15台。至2008年，全区共布设气象电子显示屏6台。

1998年开始，淮安市气象局对建筑物、危险化学品企业、易燃易爆场所、广播电视、通信、金融、信息技术、电力等行业的强弱电设备设施，物资仓储和学校、宾馆、医院等人员聚集场所，以及其他易遭雷击的建筑物和设施，安装防雷装置和实施防雷安全检测服务，建立雷电短时临近预警预报服务工作，用电视、广播、互联网、手机短信等手段，及时发布雷电灾害预警信息。2005～2008年，全区共发布雷电灾害预警信息60多次。

1978～2008年，楚州区（淮安县、市）气象局（站）在上级业务部门的指导下，开展多次人工影响天气作业。其中在2004年10月31日夜间，楚州区气象局开展人工增雨作业，楚州区作业区的降雨量达4～6毫米，人工增雨使旱情得到了缓和，有利秋播秋种。2005年8月17日，楚州区气象局配合上级业务部门开展了人工增雨作业，效果显著。

第四节 气象科研

1982年，部分气象人员参与编写《淮安县农业气候手册》。该手册，包含农业气候资源、主要农业气候灾害、气象条件与作物、农业气候资料等部分，具有一定的实用价值。2007年，楚州区气象局完成科研项目《主要气象要素与水稻直播生长关系研究》。2008年，楚州区气象局完成科研项目《草鱼病虫害发病机理与气象要素关系研究》，并分别在全市气象系统科研项目评比中获奖。2008年，楚州区气象局完成《两则风向谚语的天气学意义分析》和《黄淮地区麦田1代灰飞虱大发生原因分析及防治对策》的科技论文，并在全国优秀农业科技期刊《现代农业科技》杂志上发表。

第七章 防 震

淮安防震减灾工作始于1975年初，成立县地震办公室标志着全县现代地震观测事业的开始。30多年来，淮安（楚州）地震监测从早期单一的观测手段逐步发展到多学科综合观测（后部分专业业务因省市地震业务调整而停止），开展地震灾害预防、防震抗震应急救援、防震减灾宣传等工作，在全区防震减灾工作中发挥重要作用。1978年以后，淮安市区域内记录到的最大地震为1985年2月9日发生在徐杨境内的2.3级；最密集的地震为1995年11月25日至26日发生在七洞境内的连续14次小震群活动。

第一节 机 构

1975年初，成立县地震办公室，定事业编制6人，实际配备4人，由县计委副主任兼任地震办主任。1976年11月，县革委发文批准，拨用淮城镇联合大队第一和第九生产队耕种的国有土地（即周阮烈士祠基）划归地震办公室用以建设办公、监测房屋。1978年淮安县地震办公室全员6人。1981年11月底前，县地震办公室撤销，设地震组（事业编制）并入科委办公。1983年3月30日，撤销设在科委的地震组，固定资产由地方政府接收，仪器设备、数据交由淮阴市地震办公室统一调拨。1986年12月30日，恢复淮安县地震办公室建制，事业编制2～3人。地震办公室为开展地震观测和研究的业务部门，业务归口科委管理，由科委分管地震办公室事宜。1988年2月，淮安县撤县改市，县地震办公室更名为淮安市地震办公室。1991年1月29日,地震办公室人员编制由原2人增加到4人。2001年2月,市地震局更名为楚州区地震局。同年10月,区地震局由政府直属事业局改为区属事业单位,并更名为楚州区地震测报预防中心。2002年7月6日,楚州区地震测报预防中心恢复楚州区地震局的名称,行使对全区地震工作的行政职能。2004年,根据《关于区直管理执法类事业单位改革的实施意见》批复区地震局机构性质、级别和经费管道不变,列入依照国家公务员制度管理。

第二节 科技与监测预报

一、地震科技

楚州区的地震科技主要体现在地震监测预报上。1976年,淮安县先后在车桥中学、平桥中学、盐河中学、钦工中学、范集中学、苏嘴中学、解放中学、气象站、白马湖农场、园艺场等10处建立业余群众测报点,并根据实际情况分别在相关测报点使用包括有水氡、土地电、土地应力3种不同的监测手段,并在区域内利用有4口500米至2500米深的煤田、石油普查钻孔,作深井水动态观测。其中骨干点有车桥中学、平桥中学、白马湖农场3个,保持了正常的数据上报联系;其他7个一般测报点基本上未能保持观测数据上报。1976年11月,安装陶瓷磁偏仪、地应力、地倾仪等设备投入观测。1979年,县地震办重建规范化标准地磁房一间,并安装投入使用。同时分别在平桥中学、范集中学配置安装地倾、地应力各1台,以利监视震情。为迅速开展深井、宏观哨调查和建点工作,省煤田在平桥所打1口500米深井,省石油六普在车桥、菱陵、下关所打3口1000~2500米深井开展调查,定点观测深井水位,并对动物集中饲养的单位进行调查,定点作宏观观测。1981年8月,由于地磁资料基本连续,磁照图质量较高,在地区地磁评比会上,淮安县地震办地磁资料荣获一等奖。11月,淮安县停止对水氡的观测。12月,淮安县保留在县科委内的地震工作组对原有区域内的观测点进行调整,保留原县地震办(微观点)、车桥中学(微观点)、县鱼种场(动物点)、地区农大(动物点)、菱陵水井(水井点)、83222部队(动物点)等宏微观观测点,停止平桥测点、车桥水井的观测。鉴于有两条活动断裂带通过淮安县平桥公社,1982年上半年,淮安县在平桥选定了一个动物点进行宏观观测;对已停测的苏嘴深井观测又重新继续启用。1983年3月,地震组撤销。仪器设备、数据和固定资产上缴,地震监测预报工作全面停止。1990年,恢复地震部门工作,淮安市地震办公室工作人员接受"全国地下水微动态学习班"、省局举办的"震害预测学习班"及淮阴市地震办举行的"地震活动情况学习班"等培训。至此,淮安市的地震监测、检测及分析预报工作又有了新的进展。1991年4月,淮安市地震局新上鹦鹉宏观动物自记监测项目,通过建立正常昼夜鸣叫频率,对非正常频率改变的状况进行宏观跟踪,结合地震监测台站的微观数据变化,进行分析预报。至1999年8月,因周边国家、省级地震监测台网的布置完成及记录仪无配件更换而停止。2006~2008年,楚州区地震局分别在流均水产养殖场、朱桥奶牛养殖场、溪河鑫华养殖场、林集平河水产养殖场挂牌,对地震宏观观测网点进行重新分布。

二、震情分析预报

淮安县震情分析预报工作始于1978年,地震办的地磁、水氡、水导电、土地电、土地应力、土地倾等监测设备投入使用,各单项数据通过排异检查后,对资料进行综合分析,按时间段形成书面分析报告报送淮阴市地震办。建制恢复后的淮安市地震办公室的地震分析预报工作于1991年4月重新开始,依据前一周期地震目录结合宏观观测数据,应用地震活动性分析、条带技术分析及灰色理论分析等方法,建立样本,检验模型内符最大残差,进行分析预测。淮安市震情分析预报工作在无异常的情况下按每半年及年度向淮阴市地震局各提供一次《震情趋势分析报告》、向地方政府领导各报送一期《震情介绍》，遇有国内重大震情及本区域内或周边地区发生有影响的震情，及时报送《震情介绍》。所参与的《1995～1997淮阴市地震局地震趋势分析研究报告成果》经江苏省地震局科学技术委员会鉴定，被授予江苏省地方地震科技进步四等奖。2001年，地方震情分析预报工作由于省市地震局引入计算机震情分析预报系统而停止。

第三节　灾害预防

2000年5月，淮安市地震局向市政府报送《关于实施〈淮安市防震减灾“十五”计划及2015（县级）年远景目标规划〉的请示报告》。该报告分六章十五条，分别阐述编制原则、防震减灾形势和工作现状、防震减灾目标和主要任务、防震减灾体系建设、防震减灾预警指挥决策技术系统建设、城乡建设和各类工程建设中的防震减灾工作。2005年，在“楚州区防震抗震工作领导小组”基础上，建立“楚州区防震减灾联席会议制度”，成员单位为生命线单位和政府相关职能部门，日常办事机构设在区地震局。区地震部门在全区各乡镇均建立工作站点，由民政助理或科技助理兼管群测群防工作，2005年9月份对全区群测群防工作人员进行地表、动物、水源异常判别及出现异常后的上报管道和需做的应急工作等方面的业务培训。

1992年6月10日，国家地震局和建设部发布《中国地震烈度区划图1990》和《中国地震烈度区划图〔1990〕使用规定》的通知，淮安市被列入Ⅵ度区。1993年4月28日至11月1日，淮阴市地震局组织对包括淮安市在内的东部八县市沿公路线作两期跨主要断层的土氡、地磁流动监测测量。淮安市地震办参与的《淮阴市东部八县市土氡、地磁监测总结报告》获淮阴市地震办公室1993年科技进步二等奖。2005年，区地震局参加江苏电力发展股份有限公司计划开发的车桥秸秆发电项目建设论证；参加建淮4×300兆瓦级发电厂工程场地审查论证工作，为建设指挥部提供相关的地震地质基础数据。

2000年3月9日，在地震部门历经3年的调研、协调与努力下，《淮安市建设工程抗震设防及地震安全性评价工作管理办法》18条出台并发布，首开淮阴市对建设工程抗震设防及地震安全性评价工作管理的先河。2001年，开始实施抗震设防审批工作管理。2002年4月6日，楚州区明确区域内所有建设工程都必须进行抗震设防。在建设工程预立项时，区发展计划委员会告知业主，由区地震部门依据工程选址、建设规模对建设工程提出抗震设防要求，对应进行而未进行抗震设防和地震安全性评价的建设工程不予正式立项；区规划部门对不按地震主管部门要求进行抗震设防或地震安全性评价的工程不予发放相关证件；设计部门应当按照抗震设防要求进行工程设计；建设局对没有按规定进行抗震设防的图纸不得发放审查合格证书，不允许进入招投标程序。2005年，抗震设防要求审批。作为规划许可前置要求事项，并入行政审批流程，楚州区域内的重要工程、生命线工程及地震烈度区划分界线附近的工程项目，必须经地震安全性评价工作后，根据工作报告提供的地震动参数及地震动加速度，审批确定抗震设防要求；对一般性工程项目，按地震烈度区划图规定的标准审批。地震部门配有执法监督队伍，并实行不间断的执法检查监督。为提高地震行政执法能力，全体执法人员全部通过相关法律法规考试，持证上岗。地震部门结合多年工作实践，收集、整理出《防震减灾行政执法资料汇编》。

2004年10月，区政府办公室下发《区政府办公室关于建立和完善地震灾情速报网络的通知》，要求按全省统一建网模式在楚州区建立地震灾情速报网络，每个乡镇、编制地震应急预案的部门和单位灾情速报人员定员1名，按具体职责和任务开展工作。2005年，区地震局开展乡镇民居抗震设防情况的抽查工作，加强对农村民居有效抗震设防的宣传教育，同时通过乡镇群测群防联络员协同乡镇建设助理为农户建设工程抗震设防提供指导和服务。2008年，共审核审批建设工程抗震设防项目26项。

第四节　应急预案

淮安市的地震应急工作始于1992年。是年10月，制定《淮安市防震抗震综合对策方案》，并经政府批准实施。该方案针对区域内有可能发生的不同震级、邻近区域大震对淮安市的影响程度、临震戒备等级的情况等分别制定白色、蓝色和红色三种预案。并对震前预防、避震疏散、抢险救灾、震后恢复规定了相应的处理方法。1993年8月，淮安市地震办公室作为市防震抗震工作领导小组的日常办事机构，也制定配套的《淮安市地震办公室大震应急对策预案》。1995年，《淮安市5级～6级中强地震应急预案》出台实施，市邮电局、水利局、交通局、供电局、公安局、商业局、民政局、卫生局、城建局、自来水公司、中国人民保险公司淮安市支公司等单位均制定了部门地震应急预案，并报送淮安市地震办公室备案。1995年11月25～26日，在经过淮阴市的洪泽—沟敦断裂上的七洞区域发生14次静感小震群活动，其中最大震级为MS2.0级。地震办公室启动部门应急对策方案，跟踪震情，回答咨询。经分析，这次小震群活动，震源浅衰减快，属正常的地震活动范畴。1996年1月，召开淮阴市第一届防震减灾工作大会，淮安市地震工作获得二等奖。1996年10月5日，淮安市组织了一次由公安、卫生、保险、消防、交警、供电、报社、电视台、街道办等多部门2000余人参与的，包括应急避险、撤离疏散、抢险、救护、消防、电力维护、交通管制等多项内容的全市性的模拟地震应急演习活动。该次综合演习开创全省地震演习活动的先例。

1996年12月28日，淮安市地震办公室获江苏省县（市）级防震减灾宣传工作第一名。2004年7月，区政府对《淮安市防震抗震综合对策方案》及《淮安市5～6级中强地震应急预案》进行修订，并更名为《楚州区破坏性地震应急预案》。该预案调整落实区抗震救灾指挥系统、应急救援系统，绘制《淮安市楚州区地震应急运行图》，保证地震应急工作能高效有序实施。2005年10月12日，周边地区发生3.5级有感地震，区地震局对部门应急工作方案进行实战演练，当日夜间22时59分，发出信息，按预案规定各自处理相关事宜，并开通震情网络以随时掌握地震趋势及动向。2007年，区地震部门对《楚州区破坏性地震应急预案》进行修订，更名为《楚州区地震应急预案》。该预案从地震应急反应工作框图到各相关救援工作内容，从响应防护到保障落实均进行了详细规定。为保证预案的有效实施和加强在校学生的应急自救能力，地震部门分别在淮安中学、建淮中学、新安小学、淮师附小等学校举办一系列的小范围地震应急演练。2008年7月，全区各乡镇均制订地震应急预案并报送区政府及区地震应急部门备案。

第五节　防震减灾宣传

1979年7月，县地震办按照内紧外松的原则，积极做好宣传工作。1992年7月上旬，淮安市组建"7·28"地震知识竞赛代表队，派遣4名代表参加淮阴市组织的地震知识竞赛活动，获二等奖。1995年2月20日，省委宣传部与省地震局在淮安联合召开"江苏省1994年防震减灾宣传工作检评暨1995年工作研讨会"。地震部门将地震科普教育网点和工作重点放在城乡中小学和小区，定期在中小学及小区通过讲座、展板、宣传册、影像等方式进行广泛宣传。利用"科普宣传周""7·28唐山地震纪念日"、"国际减灾日"等特殊日期加大全区防震减灾宣传教育活动，平均每年受教育3万人。2008年"5·12"汶川特大地震后，区地震局为楚州区赴川援建人员量身定制一期地震常识科普和应急避险、自救互救注意事项的培训。2008年，新安小学建设成为省级地震科普示范学校。

第三十篇　卫　生

中共十一届三中全会后，淮安卫生事业发展迅速，逐步完善区、乡、村三级医疗卫生网络建设，达到了“2000年人人享有初级卫生保健服务”的阶段目标。进入21世纪，全区的卫生工作围绕推进健康教育工程的中心任务，启动新型农村合作医疗事业、建立疾病预防控制体系、医疗救治体系及突发公共卫生事件的应急机制，加速标准化卫生院、规范化防保所、示范化小区服务中心（站）的建设，提高民众医疗卫生服务保障功能，民众的医疗卫生保健质量明显提高。2008年1月，淮安市政府、淮安市文化局将《吴鞠通与山阳医派》列为市级非物质文化遗产项目，彰显楚州区深厚的淮医历史情结与渊源。全区建成县级医疗、防疫、妇幼保健机构为中心，乡镇卫生院为枢纽，村卫生室为基础的三级医卫保健网络。2008年底，区级医疗卫生机构中区级有楚州医院暨淮安市肿瘤医院、楚州区中医院暨吴鞠通医院、皮肤病防治院、妇幼保健院、卫生监督所、疾病预防控制中心、淮安市新安医院等7个单位；乡镇有乡、镇、场（中心）卫生院暨小区卫生服务中心26家，有私立医院1所，有工厂、机关、学校保健室30个，有城镇农村私人诊所61个，有村级卫生室353个，小区卫生服务站270个。公立（含集体）卫生机构工作人员2998人，其中卫生技术人员2341人，设置床位1743张。千人拥有医技人员1.97人，千人拥有床位1.47张。

第一章　管理机构

第一节　行政管理机构

一、区（县、市）卫生局

1978年，淮安县卫生局有工作人员10人，其后职能机构不断调整扩大。1985年3月，始设人秘、医政、药政和计财股。1988年增设防保股。1990年增设审计股。2000年7月，成立离休干部公费医疗管理处。2003年，成立新型农村合作医疗管理办公室，改防保股为基层卫生与妇幼保健科（基妇科）。至2008年底，卫生局内设科室有局长室、书记室、纪委（含软件办）、行政办公室、卫生工会、人事科、医政科、红十字会、基妇科、药品采购管理办公室、基建财务科、档案室、文印室、网络中心，计有公务员及职员32人。卫生局管辖7个区直单位、乡镇（中心）卫生院26个。

二、区（县、市）疾病防控领导小组

从1984年开始，淮安市先后成立麻风病、肿瘤、皮肤病、性病、脊髓灰质炎等防治工作领导小组。1996年5月，成立淮安市肠道传染病防治工作领导小组，7月成立淮安市抗洪救灾防病工作领导小组。2000年1月，成立淮安市慢性病防治领导小组。2002年9月，成立淮安市楚州区结核病控制项目工作实施领导小组。2003年4月，成立淮安市楚州区非典型肺炎防治工作领导小组。2007年，成立楚州区卫生系统突发公共卫生事件应急处理工作领导小组等，领导小组由卫生局正副局长、相关单位负责人兼任正副组长，下设办公室，由相关部门人员兼职办公室主任，负责具体工作的实施。

三、区（市）药械采购管理领导小组

2000年5月9日，淮安市成立药械采购管理领导小组，组长由副市长兼任，副组长由政府办、市纪委、监察局、卫生局领导成员兼任，下设管理中心，主任由卫生局副局长兼任。5月25日，医疗卫生机构采购暂行办法公布。2004年10月起，依照《淮安市集中招标采购药品价格管理暂行办法实施细则》执行。

四、区（县、市）初级卫生保健委员会

1987年，淮安县成立初级卫生保健办公室。1988年9月，成立市初级卫生保健委员会，下设办公室。2005年9月，淮安市楚州区调整了初级卫生保健委员会组成人员。

五、区（县、市）公费医疗管理委员会

1983年7月，淮安县成立公费医疗管理委员会，下设办公室。1996年4月，医疗保险制度改革，淮安市公费医疗管理委员会办公室撤销，人员编制划归“淮安市行政事业单位职工医疗保险管理处”。2000年9月，成立淮安市离休干部公费医疗统筹办公室，负责离休干部的公费医疗工作。

第二节　公共卫生机构

1983年，麻风病防治所更名为皮肤病防治院，担负麻风病、皮肤病、性病的防治工作。

2003年成立的楚州区疾控中心大厅

1986年起，淮安县卫生防疫站又相继成立宣教科、消杀科、寄防科、监测科、防疫科、食品卫生科、结防科、肿防办公室、检验科、放射科等职能科室。

2002年6月，妇幼保健所升格为妇幼保健院，其院外工作组，继续担负全区妇幼保健工作。

1982年前，楚州区的疾病预防控制工作由县级卫生防疫站负责。1982年后，卫生防疫站下设寄生虫防治科、结核病防治科、肿瘤防治办公室、检验科等，开始建立档案，实行系统管理。2003年，因卫生、防病工作需要，卫生防疫站撤销，成立楚州区疾病控制中心和区卫生监

督所，公共卫生工作开始由区卫生监督所负责。2004年9月，区疾病控制中心获得拆分原卫生防疫站土地面积4892平方米，建筑面积3855平方米，设置办公室、急性传染病防治科、慢性传染病防治科（挂“结核病防治科”牌子）、慢性病防治科（挂“慢性非传染病防治科”牌子）、公共卫生科、健康教育科、检验科、财务科等8个科室，设置主任1名、副主任3名、正副科长16名，增挂“淮安市楚州区卫生检测中心”牌子。2005～2006年，全区所有防保所全部通过市考核验收，全部建成市级规范化防保所。至2008年，为进一步提升卫生防疫的信息化水平，在全区推进数字化预防接种大厅建设，全区建成数字化预防接种大厅27个，实现了全覆盖。

第二章　医疗机构与队伍

第一节　区级医疗机构

一、淮安市楚州医院

院址在淮城镇岳庙东街14号。1978年为淮安县人民医院，1988年2月，改名为淮安市人民医院，2001年改名为淮安市楚州医院，2003年增挂“淮安市肿瘤医院”牌子。

1989年，医院针对淮安肿瘤疾病高发，始设置肿瘤科门诊。1991年起，该院按“院有重点，科有特色，人有擅长”的发展思路，从肿瘤科着手，加大人才培养、引进高新设备，加强基础设施投入。在省肿瘤医院的扶持下，医院1994年建立了CT室，1999年单设了大五官科病区，2000年兼并“市二院”（原淮城医院）后对医院的临床科室进行整合。2002年，设置肿瘤外科、肛肠外科。2005年，设置了心脏内科病区、120急救中心、输血科、成立了放射介入科等。各科均由高级医技人员领衔，组建技术团队，骨科、肿瘤外科、普外科、胸脑外科成立了主诊组，在急救中心设立了专家门诊和会诊中心。2008年，按二级医院标准加强肿瘤内科、心脏科、神经内科、神经外科、影像科5个市级重点专科建设，成立了重症监护中心，完善了核医学科的建设，开办了一些专科门诊，使医院逐步成为以放疗、介入、手术、化疗、热疗、微创、基因治疗等综合性治疗肿瘤疾病为特色的综合医疗机构。

2001年以后，楚州医院先后投入资金，建成急救中心、多功能门诊服务大厅，新建外科手术楼，改造门诊楼、病区，引进高新设备。医院有10万元以上医疗设备131台（套），万元以上医疗设备362台（套），其中有美国瓦里安23EX直线加速器、美国GE64排超高速螺旋CT、美国GE双探头符合线路SPECT、德国西门子1.5T磁共振、美国GE钼铑双靶全数字化乳腺机、数字化胃肠机、德国西门子DSA、德国西门子DR、脊柱镜、体外循环机、放射性粒子植入治疗机、冷极射频肿瘤治疗机、肿瘤介入热疗机、体腔热灌注治疗

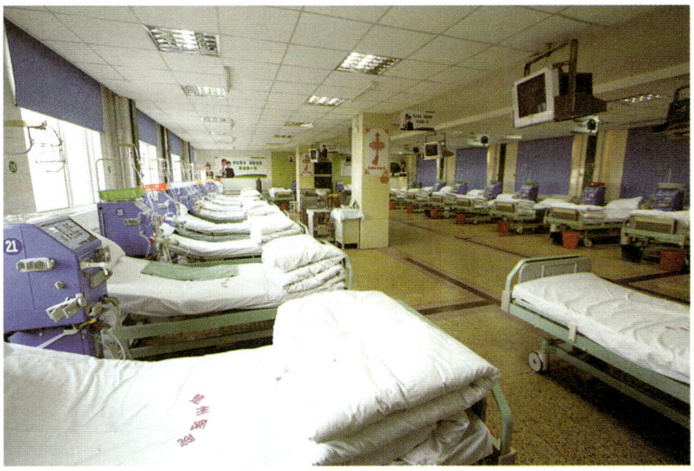

楚州医院血液净化中心　（2006年摄）

机、免疫治疗系统、人工肾、脑干诱发电位、高能聚焦超能刀、YAC激光治疗机、病理图文报告系统，各种电子内窥镜，各种检验设备等。2002年，建成二等甲级医院。与省肿瘤医院、省人民医院、徐州医学院附属医院分别建立肿瘤、心脏内外科、泌尿科和皮肤科合作中心，成为卫生部急救网络医院。先后获得省部级科技进步奖1项、市级科技进步奖9项、国家专利3项和市“十佳医院”等称号。2008年底，医院占地6.22万平方米，建筑面积3.84万平方米，拥有固定资产1.38亿元，实际开放床位879张，设有46个临床科室、28个医技科室；全院有职工1043人，其中卫生技术人员820人，有高级职称120人。医院年急诊40多万人次，年收治病人2.1万人次，年收入近2亿元。

二、淮安市吴鞠通医院（楚州中医院）

院址在淮城镇路东村楚州大道路西。创建于1958年8月，重建于1978年10月。2000年9月，因卫生机构整合，原淮安市卫生职工中等专业学校与其合并，形成一个机构、两块牌子。医院占地2.4万平方米，医疗用房1.7万平方米，固定资产总值2560万元，有在职职工230人（高级职称8人、中级职称88人），开放床位119张。医院设有门诊与病区两部。门诊部设中医内、外、妇、男性、伤骨、推拿、理疗、肛肠、皮肤科，设西医内、外、肝病、肿瘤、骨、五官等科及CT、放射、检验、B超、心电图、胃镜、脑血流图等医技科室；住院部设外科、妇产科、内科、肿瘤科、中西结合肝病科5个病区。

1995年，医院建立“中国烧伤创伤淮安市科技医疗中心”“淮安市妇女不孕症医疗中心”“儿麻后遗症手术矫治中心”三项专科品牌。至2008年底，医院先后收治4000多例烧伤创伤病人，烧伤面积最大的达80%，经治疗，无一例留下残疾；成功解决了烧伤面痛、创面感染、创面进行性坏死和烧伤深度II度创面的疤痕愈合四大难题。中医妇科治疗2000多例不孕症患者，受孕率达80%。医院已建成肝病、痔科、骨伤科、针灸推拿科、妇女不孕症、烧伤科等具有中医特色的科室，特别是开展中西医结合治疗肝病项目，解决了肝病难治的难题，解除了患者的痛苦。医院拥有装备为500毫安培、1000毫安培X光机，心电图机、脑血流图机、纤维胃镜、肠镜、日立B超、彩超、美国产皮克CT、螺旋CT、计算机化的X线放射影像系统（CR）、体外反搏器、腹腔镜、心电工作站、激光治疗仪、美容机、痔疮仪等医疗设备。2008年，医院协办的“吴鞠通中医馆”被列为省级中医药文化宣传基地之一，申报的《吴鞠通与山阳医派》非物质文化遗产项目经淮安市政府和淮安市文化局批准并发给证书。

三、淮安市楚州区皮肤病防治院

淮安县于1965年创建皮肤病防治院，由病区（麻风村）、院部两个部分组成，为防治麻风病专业机构。1969年8月更名为淮安县渠北医院，1983年，改名为淮安县皮肤病防治院。1984年9月，迁至淮城镇华亭村城西南路。2001年，改名为楚州区皮肤病防治院，并将专业防治麻风病转向治疗包括麻风病在内的各种皮肤病。至2008年底，医院占地3160平方米，建筑面积3800平方米，开放床位80张。全院有职工66人，其中卫生技术人员53人；卫生技术人员中有高级职称2人，中级职称28人。

自1995年起，在开设治疗皮肤病、性病为特色的大专科的同时，开设内、外、妇、儿等综合医院常规科室。1999年，医院与上海健迪医疗器械发展有限公司合作，组建“性病监测中心”，引进MDI全计算机彩色显微镜、前列腺固态源微波治疗仪、妇科光谱治疗仪、CO2大型激光机和男性治疗仪。2003年，医院建成医疗综合大楼投入使用，开设内科、外科、妇产科、儿科、骨伤科、五官科、痔科、中医科、皮肤科、性病科、口腔科、眼科、颈肩腰腿痛科等科室；后又相继开设白癜风、银屑病、斑秃、哮喘、耳鼻喉、美容、肛肠、理疗等专科，添置了放射、检验、B超、心电图等医技科室的设备，及银屑病、白癜风、前列腺、量子美容治疗仪、中药气疗仪、二氧化碳激光仪等专科治疗仪器。医院在办好以治疗皮肤病为特色医院的同时，加强对麻风村留住病人的管理，争取社会多方面的支持，解决住院麻风病人的吃、住、行的困难；每年组织医疗力量深入乡村，有重点的调查麻风病疫情。2006年，医院性病科被省疾控中心确定为性病、艾滋病监测点，2007年又被确定为国家级性病、艾滋病监测点。2008年，崔周荡麻风病区改造项目得到上级批复。

四、淮安市新安医院

1988年6月，改淮阴专署精神病人收容所为淮阴市新安医院。2001年，区划调整后改为现名，隶属于淮安市民政局。院址在翔宇大道礼字坝东200米。医院占地3.04万平方米，建筑面积7367平方米，其中医疗用房5580平方米，有门诊楼、病房楼各一幢；有职工125人，其中卫生专业人员中有高级职称的5人，中级职称32人。新安医院主要收治经批准的城镇“无家可归、无依无靠、无生活来源”的三无精神病人，同时收治自费精神病人和综合科病人，承担市、区二级救助管理站及110转送的流浪乞讨精神病人的收治，以及市区大病救助和农村贫困精神病人。医疗服务采取“大专科、小综合”模式，专科以主治精神分裂症、躁郁症、中毒性精神病、神经症、智力发育迟滞等各种精神、神经疾病；综合科开展了外科、内科、妇产科、儿科、骨科、眼科、口腔科等疾病治疗，其中外科能开展骨科、腹部大中型手术；设置4个病区，编制床位200张，实际开放280张。医疗设备主要有500毫安培X光机、国产彩超、黑白B超、脑血流图机、心电图机、彩灯三维脑电地形图仪、半自动生化仪、血球仪等。2005年，被省民政厅批准为二级管理福利医院和优抚医院。2007年，被市慈善总会确定为“慈善医院”，2008年6月，被批准为淮安市新安庇护赡养中心。医院曾获得市民政系统先进单位，省级“巾帼文明岗”等荣誉称号。

五、淮安市楚州区妇幼保健院

院址在淮城镇东长街68号。初为1953年成立的淮安县妇幼保健站。1956年，改名为妇幼保健所。1969年1月，撤并入县人民医院。1974年8月重建。2002年6月，升格为妇幼保健院。全院占地3654平方米，业务用房2700平方米，核定床位30张。院内设保健科4个，即儿童保健科、妇女保健科、生殖健康科、小区保健科；设临床科室5个，即妇科、产科、生育技术科、新生儿科、麻醉科；设医科技科室4个，即医疗影像科、医疗检验科、病理科、药事科。2006年，保健科开设围产期保健、乳腺病、更年期及妇女心理保健、儿童生长发育、眼保健、口腔保健、妇科及不孕症等特色门诊。医疗设备主要有1998年获得日本国援助资金引进的全自动生化分析仪、全自动血球计数仪、胎心监护仪、血凝分析仪、麻醉机、多功能心电监护仪、乳透仪、阴道镜、宫腔镜、自动热水器等。2006年，装备听力筛查仪等，给社保科、妇保科、儿保科配备了计算机，实行微机管理。保健院承担指导各乡镇妇幼保健及区直各企事业单位的女工保健、计划生育、托幼机构管理、妇女病查治、婚前检查等工作；建设全区妇幼保健网络，按照三级保健网络中的各项职责，规范基层妇幼保健的服务内容和行为，统一规范台账与账册记录，使妇幼卫生三网监测工作落到实处，确保“一法”“两纲”“两规”的贯彻实施，并率先开办新婚学校、孕妇学校和开展整体护理等特色服务和专科服务。院内管理坚持以保健为中心，临床为基础，保健和临床相结合的办院方向。1998年，被淮阴市卫生局评审为“一级甲等”保健所。2005年，通过省卫生厅“二级甲等”保健机构的评审，多次被各级政府部门评为先进单位。2008年底，区妇幼保健院有工作人员37人，其中卫技人员30人，占职工总数81%；保健人员12人，占职工总数32.4%；有高级职称3人，大专以上学历10人。

第二节 乡（镇）级医疗机构

一、全民性质乡镇中心卫生院

乡镇卫生院中有中心卫生院和一般卫生院。按编制性质分，有全民性质的（中心）卫生院和集体性质卫生院。乡镇中心卫生院有车桥、苏嘴、席桥、林集4所，属全民性质。

车桥中心卫生院 院址在车桥镇涧河北东街、淮流路南。1984年，由淮安县车桥地区人民医院更名为“车桥中心卫生院”。医院占地2.7万平方米，建筑面积1.65万平方米。其中有综合门诊楼、病房楼等医疗用房面积为4902平方米，有行政、防保、药剂、财务、生活用房等面积为6529平方米，绿化面积率40%，开放床位75张。

2003年，国际友人到车桥镇卫生院考察

医院设有办公室、医疗康复部、预防保健部、后勤保障部。医疗康复部的门诊部分设有内科、外科、妇产科、传染科、中医科、中西医结合门诊、针灸理疗科、牵引推拿科、五官科、口腔科、皮肤科、骨科、泌尿科、碎石科、肝炎科及不孕症等门诊；住院部分设有内科、外科、妇产科、传染科病区，各病区内均设有抢救室和可同时接纳三个病人的手术室；辅助检查科室有放射科、检验科、病理科、生化科、功能科（B超室、心电图、脑电图、胃镜、膀胱镜、肝病治疗仪）。预防保健部设有办公室、疾病控制室、食品安全管理办公室、妇女保健室、儿童保健室、疫苗接种室、体检登记室、贮藏室。医疗设备主要有500毫安培遥控摇篮X光机、日本岛津B超、心电图仪、脑电图仪、血球计数仪、尿液分析仪、多功能麻醉机、快速切片机、进口胃镜、纤维胃镜、病理切片机、胃肠一体机、CT机、意大利产全自动生化分析仪，美国产钾钠氯分析仪、体外震波碎石机、综合牙床、计算机牵引床、心电监护仪及胎儿心电临监护仪等。医院能开展胸外、心血管、泌尿外科、介入、内儿科、皮肤科等诊疗技术。医院内科正常开展消化、呼吸、心血管、神经、泌尿等专科疾病和常见病、多发病的治疗；外科正常开展食道癌、胃癌、膀胱肿瘤、腰椎间盘突出症、放射介入等大中型手术；妇产科开展子宫切除、卵巢囊肿切除、剖宫产等多种手术；五官科、口腔科除能诊断治疗常见病以外，还开展青光眼、白内障、上颌窦根治、牙齿矫形等手术；中医科及中西医结合门诊对肝炎等脏腑疾病的治疗，具有特色；针灸理疗科主要对中风偏瘫、慢性腰腿痛、偏头痛、颈椎病、遗尿等疾病的治疗。

1996年、1997年，车桥中心卫生院获市级“文明单位”及“文明卫生院”“十佳医院”称号。2004年年终考核中，被区卫生局评为综合目标一等奖。2005年，完成规范化卫生院、规范防保所及小区卫生服务中心的创建。2008年底，医院有职工127人，其中卫技人员108人，卫技人员中有副主任医师4人、中级职称60人。

苏嘴中心卫生院 院址在苏嘴镇西，地处淮安市东部，是盐城、淮安两市三县区（楚州、阜宁、涟水）交界点。1985年升格为中心卫生院。医院占地2万平方米，建筑面积1.17万平方米，有固定资产350多万元。2008年，医院有职工42人，其中卫技人员35人，卫技人员中有主治（管）医师7人，开放床位30张，设置内、外、妇、儿等近20个临床科室。购置500毫安培遥控摇篮X光机、彩色B超、电子胃镜、全自动生化分析仪、全计算机微波手术治疗仪、心电监护仪、尿液分析仪等医疗器械。医院先后被评为国家一级甲等卫生院、爱婴医院，荣获市级药剂管理先进单位、区级文明单位、区局级先进卫生院等称号。

席桥中心卫生院 院址在席桥镇席桥村。1983年，升格为中心卫生院，占地9300平方米。1995年，新征土地3600平方米，筹资130万元，建成1500平方米的门诊楼、住院部。医院开放床位21张，开设内、外、妇、儿、中医、五官、口腔、检验、放射、心超、预防保健等10多个临床科室；先后投入近百万元购进美国产B超机、日本产心电图机及国产、脑血流图机、全自动生化分析仪、尿液分析仪、电介质分析仪、血凝仪、双床管200AX光机、心电监护仪、呼吸机等仪器设备。该院外科能进行下腹部及部分上腹部手术。内科能诊治常见病、多发病。2008年底，医院有正式职工41人，卫技人员中有主治医师职称4人、主管护师5人。

林集中心卫生院　院址在林集镇大桥西首。1968年升格为中心卫生院。2008年，医院占地1.81万平方米，总建筑面积6640平方米，其中门诊楼、病房楼等医疗用房面积3583.05余平方米。医院编制床位63张，实际开放床位40张；拥有日本产索尼彩超、电子胃镜、全自动呼吸麻醉机、病理切片机、500mA遥控摇篮闭路电视X光机、全自动尿液分析仪、全自动血生化分析仪、全自动血球计数仪、心电监护仪、胎心监护仪、口腔综合治疗台等医疗器械和设备；设置内、外、妇、儿、中医、五官、病理、检验、放射、胃镜、B超、心电图等20多个临床和医技科室。医院能诊治各种常见病、多发病，还能独立开展上腹部如胆囊、胃大部、脾切除等手术和骨科手术。是一所集预防、保健、医疗三位一体的综合性乡镇中心卫生院，担任区运西片三镇一乡（南闸、范集、林集镇、三堡乡）10多万人口的医疗卫生服务工作。1999年，在全区卫生系统年终综合考评中获得第一名。至2008年底，医院有职工55人，其中卫生技术人员45人；卫技人员中有副主任医师1人，主治（管）医师13人。

二、集体性质乡镇卫生院

平桥、马甸、流均、博里、顺河、钦工、范集7家乡镇卫生院属全民性质，其中钦工镇卫生院创办于1948年8月，其他卫生院创办于1957年前。集体性质的卫生院有15家，大多数创办于1960年前后。2001年2月，徐杨、南马厂二乡的卫生院先后划入"淮安市经济开发区"。七八十年代，淮安县为解决各级医院建设资金不足的问题，采取由县集体统筹一定的建设资金，每年安排一定资金给县直单位及3～5个乡镇卫生院建设医疗用房。到1993年，先后完成二轮基本建设。1983～1993年，全市（县）共筹集资金1325.67万元，其中乡镇筹资245万元，省市农村三项建设资金40万元，新建房屋5.1万平方米。其中投入749.2万元，为乡镇卫生院建房2.93万平方米。1992年，省政府建立乡镇卫生院、卫生防疫、妇幼保健三项建设资金补助，助推新一轮医疗用房建设和医疗设备的更新。1999年，全市筹资近1500万元，有20个乡镇卫生院及妇幼保健所、卫生防疫站完成"一无三配套"建设，支出460多万元购买万元医疗设备28台套。2000年，在省卫生厅100多万元的资金扶持下，16个卫生院又自筹60多万元，更新和改造医疗设备。至2008年，车桥、林集、上河、溪河、仇桥、苏嘴、席桥等等一批（中心）卫生院已完成园林化改造，全部乡镇卫生院完成市级标准化卫生院和"六位一体"的小区服务中心的建设。

2008年楚州区乡镇级医疗机构一览表

表30-1

名　称	编制性质	卫技人员（人）	医疗用房面积（平方米）	病床（张）	科　室　设　置
车桥中心卫生院	全民	125	5971	75	内、外、妇、儿、中医、心电、B超、病理、理疗、检验、放射
林集中心卫生院	全民	56	4038	63	内、外、妇、儿、中医、B超、病理、理疗、检验、放射
席桥中心卫生院	全民	43	2000	20	内、外、妇、儿、中医、心电、口腔、理疗、检验、放射
苏嘴中心卫生院	全民	60	2600	30	内、外、妇、检验、放射、心电、B超、中医
平桥人民卫生院	全民	50	2450	40	内、外、妇、检验、放射、中医、心电、B超
马甸人民卫生院	全民	44	2001	30	内、外、妇、五官、中医、心电、检验、放射、B超
流均人民卫生院	全民	68	3412	60	内、外、妇、中医、检验、放射、心电、B超

续表 30-1

名　称	编制性质	卫技人员（人）	医疗用房面积（平方米）	病床（张）	科　室　设　置
博里人民卫生院	全民	62	5400	30	内、外、妇、五官、中医、心电、检验、放射、B超
钦工人民卫生院	全民	28	2504	20	内、外、妇、中医、检验、放射、心电、B超
顺河人民卫生院	全民	38	2431	40	内、外、妇、中医、检验、放射、B超、心电
范集人民卫生院	全民	63	3778	30	内、外、妇、检验、放射、心电、B超
上河镇卫生院	集体	53	2741	40	内、外、妇、中医、检验、放射、心电、B超
建淮乡卫生院	集体	44	1889	40	内、妇、外、检验、放射、心电、B超、
朱桥镇卫生院	集体	71	2260	35	内、外、妇、中医、检验、放射、心电、B超
施河镇卫生院	集体	60	2367	22	内、外、妇、中医、检验、放射、B超、心电
溪河镇卫生院	集体	65	3982	30	内、外、妇、中医、检验、放射、心电、B超
泾口镇卫生院	集体	46	2134	55	内、外、妇、儿、中医、放射、检验、B超
仇桥镇卫生院	集体	36	1766	30	内、外、妇、检验、放射、心电、B超
复兴镇卫生院	集体	40	3433	20	内、外、妇、检验、放射、心电、B超
茭陵乡卫生院	集体	33	1694	30	内、妇、中医、检验、放射、心电、B超
宋集乡卫生院	集体	45	2749	15	内、外、妇、中医、检验、放射、B超、心电
季桥镇卫生院	集体	32	1972	35	内、外、妇、检验、放射、B超、心电
城东乡卫生院	集体	55	10843	40	内、外、妇、检验、放射、B超、心电
淮城镇卫生院	集体	116	5800	60	内、外、妇、五官、中医、B超、检验、放射、心电
三堡乡卫生院	集体	49	1740	30	内、外、妇、中医、检验、放射、心电、B超
南闸镇卫生院	集体	57	2707	30	内、外、妇、中医、检验、放射、心电、B超

第三节　村级医疗机构

1984年，全县90%以上的行政村办起了卫生室，大多数卫生室实行“合医不合药”的办医形式。1988年，全市有470个村卫生室通过合格验收，合格率为79.3%，其中泾口、南闸、溪河3个乡镇合格率达100%。1991年，实施《淮安市村卫生室管理暂行办法》，全市（县级）有231个村达到淮阴市甲级村卫生室标准。2002年，因区划调整，村级卫生组织按2500人口以上设置二个村卫生室，2500人口以下设置一个。部分地域服务半径超过1.5千米的，也可设置二个卫生室；村医按1.5人/千人配备，其中必须有一名女村医。至2008年，全区共有村卫生室353个，有村医1664人。

第四节　企业、学校医疗机构

1989年6月，淮安市颁发《淮安市工矿企业、学校卫生室建设配套标准》，1990年两次组织验收。

至2008年底，全区共批准厂矿医务室19个。

1999年，中小学校医务室进行规范化建设，其中实验中学、楚州中学、吴承恩中学、楚州实验小学、外国语学校设有医务室。

2008年楚州区企业医疗机构一览表

表30-2

诊所名称	姓名	性别	执业科目	批准日期	职称/学历	执业地址
化肥厂医务室	韩奎先	男	西医	1994.08	医师	运东七组
雪梅诊所	周雪梅	女	西医内科	1996.09	医士	巽关路头
农机厂医务室	周莉莉	女	西医内科	1998.06	中专	农机厂
船舶修理厂医务室	仇苏扬	男	西医内科	1998.07	医士	黄码大桥
水泥船厂医务室	肖春林	女	西医内科	1998.07	中专	北门大街
商机厂医务室	朱国良	男	西医内科	1998.09	医师	新城二区
机械配件厂医务室	王志雷	男	五官科	1998.09	中专	河下竹巷
化机厂医务室	王志红	女	西医内科	1990.04	中专	东长街
化肥厂医务室	杨文干	男	西医内科	1999.09	医师	文府新村
化机厂诊所	吴家红	女	西医内科	1999.11	医士	化机厂
印刷厂医务室	程海明	男	西医内科	2000.04	中专	印刷厂
航运公司医务室	王锦英	女	西医内科	2000.04	医士	航运公司
公路管理站医务室	程中和	男	推拿针灸	1990.04	主治医师	东门
植物油厂医务室	刘文娟	女	西医内科	2001.10	医师	苏源宾馆北
农机厂医务室	张占鑫	男	西医内科	2002.04	主治医师	八字桥头
井神盐化厂医务室	李小旺	男	西医内科	2002.06	医士	井神盐化厂
大桥诊所	姚洪祥	男	西医内科	1999.01	大专	河下大桥北
燃料公司医务室	高端亚	男	西医内科	1999.11	医士	西门大桥下
棉纺厂职工医院	—	—	西医内科	—	—	棉纺织厂

第五节 民营医疗机构与个体诊所

一、民营机构

2001年5月，宝应县眼科医院院长丁伯林投资新建非营利性的淮安市眼病防治中心，实行独立经营、独立核算、自负盈亏，业务上隶属区卫生局管理。该院数年后停办。2002年4月，民营淮安市仁济医院成立。院址位于翔宇大道楚州区段，淮城镇板闸中学东侧。医院前期投入300万元，设床位40张，有医疗用房1500平方米，其他用房300平方米，总占地面积5728平方米；配置500毫安培X光机、B超仪等医疗设备。医院有职工45人，其中卫生技术人员30人。

二、个体诊所

1987年时，全县有个体医生136人，其中经批准的只有10人。至2008年，全区共批准在淮城及乡镇开业的个人开业诊所61家。

2008年楚州区个体诊所开业人员（集体单位）一览表

表30-3

诊所名称	姓名	性别	执业科目	批准日期	职称/学历	执业地址
运南闸医务室	吴兆萍	女	西医内科	1994.12	中专	运南闸区
石油公司医务室	叶春怀	女	西医内科	1996.03	中专	石油公司
席桥民政优抚门诊	张玉飞	男	西医内科	1996.12	大专	席桥镇
溪河民政优抚门诊	朱洪昌	男	西医内科	1994.12	医师	溪河镇
城建局门诊	姜正清	男	西医内科	1996.03	中专	城建局北
工具厂医务室	邵　虎	男	西医内科	1998.08	中专	河下新街
皮防院眼科	宋建阳	男	眼科	1994.01	中专	皮防院内
桃花垠公司医务室	王秀英	女	西医内科	1998.07	卫生员	城北小学对面
服装厂医务室	张少方	男	西医内科	1990.03	医师	服装厂区
响铺药店	夏金陵	男	中医	1994.08	医师	响铺药店坐堂
供销门诊	高尚勤	男	西医内科	1992.03	医师	人民桥北
航道站医务室	吉云兰	女	中医	2002.08	医师	名都花园

2008年楚州区城区个体诊所开业人员一览表

表30-4

诊所名称	姓名	性别	执业科目	批准日期	职称/学历	执业地址
辉明牙科	邱辉明	男	牙科	1989.08	祖传	镇淮楼东路
明鹏诊所	黄明鹏	男	五官科	1993.02	师授	环城路东门
庆波诊所	周庆波	男	中医	1993.10	师授	车站商场
振中诊所	陈彤菊	女	中医	1994.01	中专	内耳河桥南
李晓飞诊所	李晓飞	男	中医内科	1994.08	乡医函授	黄码大桥东
阙氏中医骨伤	阙占奇	男	骨伤科	1994.08	祖传	车站新村
沿河门诊	顾玉芹	女	西医内科	1994.08	医士	沿河街
礼字坝中医诊所	殷大彰	男	中医	1994.08	函授大专	礼字坝
萧湖诊所	蒋淑兰	女	西医内科	1994.08	医师	电大前
吴秀芬诊所	吴秀芬	女	西医内科	1996.05	助产士	淮中对面
杨继瑞诊所	杨继瑞	男	牙科	1996.05	部队卫生员	西门大桥西
许兆兰诊所	许兆兰	女	中医	1996.09	主治医师	南巽路43号
国友中西门诊	朱国友	男	中西医结合	1996.10	主治医师	北门大街
康复诊所	钟士树	男	推拿、针灸	1996.11	山东卫校	北门二街
河下门诊室	张国宝	男	西医内科	1996.12	中专	河下花巷
章壮模诊所	章壮模	男	中医	1998.07	祖传	北门大街
利民牙科	邱利民	男	口腔	1999.08	开封卫校	和平桥西

续表 30-4

诊所名称	姓　名	性别	执业科目	批准日期	职称/学历	执业地址
平安诊所	仇　松	男	推拿、针灸	1998.07	大专	东长街
华运诊所	高业勤	男	西医内科	1998.07	中专	华亭路
胜安牙科	范胜安	男	牙科	1998.08	祖传	北门大街
百灵西医门诊	张传梅	女	西医内科	1998.09	大专	西长街
向阳诊所	胡向阳	男	西医内科	1999.01	中专	北门大街
骨质增生康复	王佳和	男	理疗	1999.02	卫生员	大鱼市口东
淮仁堂诊所	邵红英	女	西医内科	1999.03	中专	东门大街
益民诊所	宋雪严	女	西医内科	1999.05	中专	西长街南
东康诊所	张玉萍	女	西医内科	1999.09	中专	运东村
城西诊所	余学银	男	西医内科	1999.09	中专	西长街
利民诊所	周洪俊	男	西医内科	1999.09	大专	东门大街
淮民诊所	漆文芝	男	西医内科	1999.10	中专	北环路
仁爱诊所	曹业伟	女	西医内科	1999.12	中专	河下湖嘴
膏药诊所	田爱华	男	骨伤科	2000.08	祖传	南门口
康复诊所	史彦洲	男	推拿、针灸	2001.09	中大	东门环城路
健民诊所	张明喜	男	西医内科	1997.03	主治医师	金汤浴室南
福祥诊所	任福祥	男	西医内科	2003.03	医师	商贸城内
谭氏中医	谭恩贤	男	中医	1993.08	师承	南门口
学禹诊所	杨学雨	男	中医	1996.12	大专	二中门口
国广诊所	唐国广	男	西医内科	1996.11	中专结业	淮城闸口
韩桥诊所	胡秀蓉	男	西医内科	1998.08	中专	淮城闸口
福君诊所	骆福君	男	西医内科	1998.10	中专	新安医对面
康达诊所	宗长胜	男	西医内科	2004.03	中专	—

2008年楚州区农村个体诊所开业人员一览表

表 30-5

诊所名称	姓　名	性别	执业科目	批准日期	职称/学历	执业地址
永安诊所	陈永安	男	中医	1993.07	师承	车桥镇三树
贡树忠诊所	贡树忠	男	中医	1994.04	中医进修班	上河镇张庄
复康诊所	姚德军	男	西医内科	1995.08	医师	顺河河桥村
口腔科诊所	孙　峰	男	口腔科	1995.08	师授	顺河顺河村
朝阳诊所	胡朝阳	男	西医内科	1995.09	中专	城东红桥村
继承卫生室	杨继承	男	西医内科	1995.11	中专	城东赵徐村

续表 30-5

诊所名称	姓　名	性别	执业科目	批准日期	职称/学历	执业地址
成青卫生室	杨成青	男	西医内科	1995.11	大专	城东张巷村
杨爱梅诊所	杨爱梅	女	西医内科	1995.12	中专	流均中桥村
伤科诊所	查锦元	男	骨伤科	1995.12	祖传	平桥镇查庄
占峰诊所	阙占峰	男	骨伤科	1996.04	祖传	车桥镇81号
水上诊所	靖慧峰	男	西医内科	1996.06	淮安卫校	三堡乡
运南诊所	刘金文	男	西医内科	1996.12	大专	建淮运南闸
膏药诊所	宋巧英	女	骨伤科	1998.12	祖传	博里王庄村
尚峰诊所	杨尚峰	男	西医内科	1999.01	中专	平桥兴平街
中医诊疗所	陈洪君	男	中医	1999.10	中医师	马甸乡方庄
朱奎诊所	朱　奎	男	西医内科	1989.09	—	朱桥镇小闸
船闸诊所	谭云仙	男	西医内科	2001.09	—	建淮运南闸
一鸣镶牙诊所	杨春松	男	镶牙	2001.09	—	平桥镇
薛氏牙科	薛金荣	女	镶牙	1996.03	—	林集镇
谭氏诊所	谭秉权	男	西医内科	1994.02	—	马甸镇谭庄
三益诊所	刘正扬	男	西医内科	2001.08	医士	白马湖农场

第六节　医疗队伍

80年代末，卫生系统有近2000人，其中卫生技术人员占75%，平均千人拥有1.75个医务人员。从1988年始，卫生局通过与扬州医学院联合办学，代培大专生46名；由淮阴卫校等学校代培医士178人、护士20人、助产士25人。1990年以后，卫生局逐步推行人事招聘制度，从大中专院校毕业生中招聘所需人才，补充卫生技术队伍。1991年，淮安市有卫生工作人员2247人，卫技人员占74.98%。在卫生队伍中，专门从事卫生防疫、皮肤病防治的有160人，从事妇幼保健的约80人，从事行政管理和财务工作的有237人。1995～2008年，全区有医务人员近3000人，卫技人员占78.6%，平均千人拥有1.97个医疗卫生工作人员。卫生队伍中，专门从事卫生防疫、皮肤病防治的有384人，从事妇幼保健的有41人，有中医56人；从事行政管理和财会工作的有168人。

第七节　医学团体

1980年7月，在卫生局领导下，全县卫生系统分别成立中华医学会、中华药学会、中华护理学会淮安分会，其中中华医学会下设7个学组。1985年，淮安县撤销中华药学会、中华护理学会淮安分会，在中华医学会下增设药学组、护理学组。1991年2月，中华医学会淮安分会调整组成人员，并成立护理、中医、药学、内科、外科、五官、放射、防疫保健、检验9个学组，后因撤县建市改区，及相关人员变动，包括1988年成立的乡村医生协会、农村卫生协会等都未继续办理登记手续。

1988年11月，成立吴鞠通学术研究会，研究会设顾问、秘书长、秘书、委员若干人。研究会成立后，由会员自发撰文对吴鞠通故里考证，探讨吴氏学术思想，并由陈连登、田富生等编辑出版《温病条辨汤头歌括释义》《验方荟萃》《吴鞠通与山阳中医学派》等书。

第三章　卫生改革

第一节　体制改革

一、公立医院体制改革试点

1994年，南马厂乡卫生院试行公有民营产权制度改革，由一外科医生租赁经管；平桥卫生院进行股份合作制试点；苏嘴、博里卫生院进行股份制设备试点。1996年，板闸镇卫生院实施由乡村医生缴纳风险抵押金后进行综合目标责任承包。1999年，上海健迪医疗器械有限公司以59.2万元买断皮肤病防治院性病专科五年经营权。2001年，城区医院按营利和非营利性质进行分类管理。2002年，范集镇卫生院试行股份制合作经营。2007年，城东乡卫生院经营权转让给楚州籍常州老板投资经营。

二、防保所体制管理改革

1989年6月，全市29个乡镇成立防保所（防疫保健所），与卫生院实行“不分窝，三独立”管理（即行政领导属卫生院，人员编制、工作安排、经费核算独立）体制改革。1992年6月，确定防保所人员编制，1993年4月，任命一批防保所专职副所长。1994年2月，防保所实施经济指标与奖金挂钩，工作质量与30%工资挂钩。2000年，因乡镇撤并，淮城防保所脱离新划改设的淮城镇卫生院，向独立过渡，后回归淮城镇卫生院管理。

三、村卫生室管理改革

1990年6月，村卫生室由所在乡镇实行“五统一”管理（即在该乡镇范围内实行人员统一调配、药品统一代购、财务统一管理、报酬统一核定、规章制度统一制定）。

四、开办民营医院

2001年，引进淮安市眼科防治中心。2002年，引进淮安市仁济医院。

第二节　运行机制改革

80年代起，实行党委领导下的院（所、站、校）长负责制。1993年实行院（所、站、校）长法人地位与责、权、利相结合。1994年,落实经营自主权,实施院(所、站、校)长600元风险抵押金,建立院长奖励基金。之后,每年对院(所、站、校)长进行满意度或年终综合考评。2003年,在上河、平桥、流均、施河4个卫生院进行院长年薪制试点,把院长个人收入与经营业绩挂钩,提高管理者的工资收入,试点后推行到各个医院。2006年,在车桥、朱桥、苏嘴、博里、季桥、淮城6个乡镇卫生院试行所有权与经营权两权分离改革试点,意图在乡镇卫生院逐步形成有责任、有激励、有约束、有竞争的法人实体和市场竞争主体。

一、科室核算

1993年,启动科室核算,实行绩效工资。1994年,完善科室核算制,实行日核算,月兑现,以收定支,将活津贴与经营效益挂钩考核发放。其中淮安市中医院实行定额目标管理,逐级分层包干,盈亏收入挂钩;上河镇卫生院将业务项目通过成本核算落实到各科室;车桥、苏嘴、季桥、博里等卫生院实行定额包干、增收提成等办法,提高效益、增加收入。1995年,各卫生院医疗组推行以"数量控制、质量否决"为核心的科室核算制。防保所推行以"质量为核心、扩大服务"为主的医学模式转换制。财务后勤系统推行以"服务医疗第一线、一线评价满意度"为主的效益管理转化制,并推广苏嘴中心卫生院综合目标科室承包和七洞卫生院科室经济核算的经验。2002年,区卫生局在建淮乡卫生院进行以劳取酬分配试点。

二、发展工副业

1992年5月23日,淮安市振华实业有限公司成立,为淮安市卫生局下属集体所有制经济实体(副科级企业),下设经理部和工副业部,注册资金11万元(发行内部股票筹集)。经理部主要经营医疗设备、医院用品、卫生材料、保健食品及用品、百货服装、文具办公用品的批零业务。工副业部从事工副业生产。同时,淮安市红十字会采取股份制创办"淮安市医药卫生服务中心"、皮肤病防治院创办振华电器厂、林集中心卫生院创办印刷、服装、维修综合服务部、车桥中心卫生院联合渠南7个乡镇卫生院投资20万元兴办制剂中心、南闸卫生院兴办副业养殖场。1993年,全市卫生系统工副业指针35万元,有林集、流均、南闸、马甸等7所卫生院完成任务,淮安市医药服务中心销售检验试剂、检修设备,营销额达13万元。1994年,工副业实际经济效益23万元。这些"实体"经历短暂的发展期后,逐个解体。

三、药房托管经营

2006年4月起,楚州区先后在南马厂、淮城、席桥、茭陵、钦工、城东、苏嘴、仇桥、流均、车桥、溪河、马甸等卫生院和区中医院实施药品经营权由药品销售部门托管经营。2008年,全区有10个医院续签药房托管协议,同时有24个乡镇对村卫生室实行药品集中配送。

第三节　农村公共卫生体系建设

一、建设标准化卫生院

2005年始,各乡镇卫生院按门急诊、住院、防保、生活后勤4个功能区域制订规划,对照具体要求进行标准化建设验收。先在车桥、平桥、溪河、施河、上河5个乡镇卫生院试点,经过3年的创建,至2008年底,全区乡镇卫生院全部通过市级标准化建设的验收。

二、创建规范化防保所

2004年始，各乡镇防保所按房屋及环境、仪器设备、规章制度、数据文件管理、业务管理6个方面，对照具体要求开展创建活动。经过三年建设，到2006年底，所有防保所均通过市级合格验收。

三、建立示范化小区卫生服务点

1993年起，市直各医疗保健单位在城区范围内纷纷设立小区卫生服务点。1998年4月，中医院成立小区卫生服务科，在服务小区范围内为群众建健康诊疗卡。2002年，颁发《楚州区卫生服务工作规划》，淮城镇卫生院试行以小区服务为重点的体制转换，建小区卫生服务站4个。2004年，博里镇进行医疗、预防、保健、康复、健康教育、计划生育“六位一体”示范化小区卫生服务功能试点，试点经验在全区推广。2008年底，全区已建成省、市级示范化小区服务中心23个，建成示范化小区服务站270个。

第四章　医疗服务

第一节　西　医

一、内科

1986年底，县医院内科设床位42张，有医护人员34名，其中有副主任医师4名，主治医师4名，主管护师4名；内科系统的心血管、呼吸、消化、血液、神经、内分泌等科均有专业医生。1987年，综合内科即分解为消化、呼吸、心血管、内分泌等专科。中医院、皮肤病防治院及社会办医医院均设置综合内科。

乡镇（中心）卫生院均设内科，诊治农村内科、儿科、传染等科常见病、多发病。自1991年起，经多方筹集资金，林集、南闸、城东、苏嘴等乡镇（中心）卫生院始装备B超、500毫安培X光机、心电图机、光电比色器等设备，车桥中心卫生院添置胃镜等。之后，各乡镇卫生院都逐步装备相关医疗器械，提升综合内科诊疗水平。

二、消化内科

1988年，淮安市医院设立消化内科，开展消化道疾病的内镜检查和治疗；诊治慢性胃炎、消化道出血、胰腺炎、溃疡性结肠炎等常见病、多发病；开展内镜下食管狭窄探条扩张、食管支架放置及消化道息肉治疗。该科“内镜下局部化疗加微波治疗上消化道晚期癌”“复方五倍子汤治疗慢性浅表性胃炎”获市级科技进步三等奖；《196例慢性胃炎的胃镜表现与辨证论治》《中西医结合治疗慢性胃炎伴幽门螺杆菌阳性的近远期疗效观察》等论文，在国家级刊物上发表。

三、呼吸内科

1988年，淮安市人民医院设立呼吸内科，常规治疗慢性支气管炎、肺气肿、肺心病、支气管哮喘等疾病。1998年，开展纤维支气管镜检查及镜下治疗。2000年，开展有创及无创机械通气。2004年，开展胰岛素泵治疗，并用肺功能测定仪，对支气管哮喘和慢性阻塞性肺疾病（COPD）早期诊断和危重及高危病人的手术前评估。

四、心血管内科

1988年，淮安市人民医院设立心血管内科。由于多种心电诊疗设备的引进，医院能进行多种类型的心脏病、心肌病、心律失常、高血压等疾病的诊断治疗，还开展冠状动脉造影、心脏起搏器安装、室上性心动过速的射频消融术及先天性心脏病的介入封堵术等，并承担高血压、心衰的治疗研究。心血管内科为市级重点专科，先后在省级以上医学杂志上发表100多篇论文，出版两部专著，荣获市科技进步奖多项。

五、内分泌科

1998年，淮安市人民医院设立内分泌科，诊治各种病因引起的甲状腺病、糖尿病、肾上腺病、性腺异常、垂体病、代谢病等。2004年，增开减肥治疗特色门诊。

六、血液科

1998年，淮安市人民医院设立血液科，治疗各种贫血病，各种急慢性白血病、多发性骨髓瘤及恶性淋巴瘤等恶性血红病，各种原因的血小板减少、血管紫癜、血友病、弥漫性血管内凝血等出血性疾病；能常规开展骨髓细胞形态的检查、塑料包埋骨髓病理活检、血小板抗体、流式细胞仪淋巴瘤、白血病免疫分型、DNA倍体检查等项目，还开展大剂量MTX、Ara-C及HYRer-CVAD等方案治疗。

七、肾脏内科

1998年，淮安市人民医院设立肾脏内科，治疗急慢性肾小球肾炎、间质性肾炎、肾病综合症、继发性肾损害如红斑狼疮性肾炎、糖尿病肾炎、IGA肾病及上下泌尿系感染性疾病、结石性疾病等，对各种原因导致的急慢性肾衰、毒物及药物中毒、高容量性急性肺水肿、严重电解质紊乱等疾病进行血液透析、血流灌注、腹水浓缩回输、连续性的血液化疗等治疗。2000年，医院设立血液净化科室，设备有美国产百特1550、金宝95S、金宝超2000，开展血液透析治疗。中医院亦设立血透中心。

八、神经内科

1988年，淮安市人民医院始设神经内科，收治中枢神经系统感染、格林—巴利综合症（急性感染性多发性神经炎）、周期性瘫痪、急性脊髓炎等疑难症。1995年引进颅内血肿碎吸术。2000年，引进微创清除颅内血肿术。2004年，开展脑积液置换冲洗蛛网膜下腔积血、降纤溶栓Txa2抑制治疗进展性脑梗死。2006年6月，设单独病区，在省人民医院放射介入科协助下开展颅内动脉瘤弹簧圈栓塞治疗术。2008年，在南京鼓楼医院神经外科协助下开展DSA造影脑血管狭窄支架植入术，开展了心理测试、心理疾病治疗等新项目。该科为淮安市重点专科之一，多次获区科技进步奖。

九、感染病科

1987年，淮安县医院设立感染病科，治疗病毒性肝炎、肝硬化（腹水）、脂肪肝、结核病及各种不明原因的发热、各种肠道感染性疾病。

十、儿科

1982年，淮安县医院设立儿科，单设儿科病房。1990年设立儿保门诊。2002年，儿科装备保温箱、蓝光治疗箱、经皮测疸仪、肺炎肠炎治疗仪等设备；护理人员采取静脉留针的技术，解除患难儿每天穿刺的痛苦，运用卫生组织推荐的GINA方案治疗，解除哮喘患儿反复发作的烦恼。1998年，曾在神经内科、耳鼻喉科的协助下成功救治一名患多发性神经根炎（呼吸肌—麻痹型）的男孩。

十一、精神科

新安医院设有精神病专科，主治精神分裂症、躁郁症、中毒性精神病、神经症、智力发育迟滞等各种精神、神经疾病，住院部分男女病区。楚州医院设有精神科门诊。

十二、普外科

1985年后，城区、乡镇级医院都设有普外科。1986年前后，县医院各专业外科相继建立，普外科单设病区，收治腹部手术病人。1996年，普外科开展小切口胆囊切除术。2002年，普外科引进体外碎石机、腹腔镜等诊疗设备，常规开展胰十二指肠切除术、甲状腺瘤根治术、肾上腺肿瘤切除术、深静脉营养、体外震波碎石、烧伤整形术及腹腔镜手术。楚州中医院、皮防院、乡镇（中心）外科根据自身的技术能力开展相应的手术。

十三、泌尿外科

1988年，淮安市人民医院设立泌尿外科，先后引进微创、腔镜技术，开展前列腺气化电切术、肾囊肿开窗引流术等手术，治疗肾脏、前列腺及膀胱肿瘤等疾病。

十四、脑外科

1985年，县医院设立脑外科，常规开展脑外伤、颅内血肿手术，及脑溢血、脑血管畸形、颅内肿瘤、脑积水等高难度手术，年平均施行手术近300例，其中已开展斜跛脑膜瘤、跨矢状窦脑肿瘤等复杂手术30例，成功率达100%。论文《蛛网膜粘连致截瘫治疗》获市级科技进步三等奖。

十五、肛肠、痔科

楚州医院肛肠科设置较早，装备计算机肛肠病检查治疗仪，激光、微波、红外线治疗仪，纤维结肠镜等，治疗痔疮、肛裂、肛瘘、息肉、直肠癌等疾病；引进计算机中药导入，治疗急慢性结肠炎、直肠炎、便秘等。区中医院、平桥、季桥等卫生院亦设立痔科。

十六、外科

1982年，淮安县医院单设胸外科。1984年，首次施行肺癌根治术。1986年，施行食管中段、上段癌症手术与结肠肿瘤切除术等；之后，在省人民医院、中国人民解放军海军总院、北京301医院心脏外科专家的支持下，开展心脏外科手术。随着技术的成熟，医院在正常开展食管、肺、气管、纵膈肿瘤、心脏、胸部外伤等手术中，能够开展BV高压合并食管静脉曲张的断流手术、肝叶部分切除修补手术及脾破裂部分切除手术，肺叶、肺段、全肺切除术和肺癌根治术、食管癌根治术、膈疝修补术、慢性脓胸胸改术等临床高难度手术。

十七、骨科

1976年，淮安县医院建立骨科。1993年，骨科开展手部外科手术，采用狄克氏钉、椎体钢板、椎体前外减压术治疗腰椎骨折伴截瘫病人，及骨科肿瘤断切除术。骨科病区于1998年成立，1999年，做腰椎手术，全髋关节置换手术。2004年，开展人工全关节置换术、脊柱A-F棒内固定术、各种交锁髓内钉治疗股骨、胫骨骨折、各类显微外科（如断指再植）手术，用皮瓣修复四肢创面手术，其中A-F棒内固定术获淮安市科技进步三等奖。2006年引进椎间盘镜。

楚州中医院骨科开展四肢骨折创伤、脊柱、椎管、断指、断肢再植手术及各种骨病、骨肿瘤的治疗。《胫骨骨折外固定治疗117例分析》在全军暨全国骨折外固定学术会议上交流。1990年后，顺河、季桥、七洞等乡镇卫生院均可做普通骨科手术。

十八、烧烫伤科

1974年，淮安县医院设立烧伤科，收治一些小面积、轻中度烧伤病人。1995年1月，中医院成立“中国烧伤创伤淮安市科技中心”，收治烧伤创伤病人，用湿润疗法治疗烧烫伤患者。

十九、皮肤科

1982年，淮安县医院重设皮肤科。1985年，皮肤病防治院设皮肤科。该科主要治疗各种皮肤炎症、癣症、瘢症、冻疮等，采取中西结合疗法治疗牛皮癣、白癜风等顽固性皮肤病。

二十、妇产科

区级、乡镇级医院均设有妇产科，区医院、妇幼保健院、中医院又分产科和妇科。

各医院产科都能进行正常分娩的接产工作。1995年，淮安市医院开办孕妇学校，指导母乳喂养，提供全程陪同服务。1999年，开展气囊助产。2003年，开展导乐分娩。2007年，产科装备专用胎儿监护仪。2008年开展无痛分娩。

2004年，楚州医院引进腹腔镜手术，实施新型剖宫产；开展乳房疾病检查。2005年，楚州中医院常规开展剖腹产、宫颈癌根治、卵巢癌根治、复杂膀胱阴道瘘、子宫脱垂经子宫修补术。妇幼保健院妇产科常年开展宫颈炎电熨术、微波仪治疗、宫颈息肉、子宫肌瘤、宫外孕等手术。各乡镇卫生院妇产科，开展新法接产、妇女病查治等。

各级医院外科和妇产科人员都参与计划生育工作。1986年起，医疗人员经考核领取操作合格证书后方可参与计划生育手术。

二十一、老年科

1983年，淮安县医院设立老年科，开展老年性疾病如心脑血管疾病、Ⅱ型糖尿病及其并发症、老年胃肠道疾病等的诊治。1998年，淮安市医院老干部病房楼投入使用，收治患老年性疾病的病人。

二十二、耳鼻喉科

楚州医院设有耳鼻喉科。自1990年起，耳科先后引进电测听、脑干诱发电位、丹麦产听力器、耳科电钻等设备，测定耳聋的性质及程度，开展显微耳科手术、孔突根治术、头颈部肿瘤手术。自1990年起，鼻科先后引进鼻窦内窥镜、YAG激光治疗仪等检查治疗鼻出血、鼻息肉、鼻炎等。自1990年起，咽喉科开展二级医院诊疗项目，开展头颈部肿瘤手术。1993年，咽喉科引进康灵克通—A治疗仪、纤维喉镜、气管镜、食管镜、开展全喉切除、颈淋巴清扫术、气管异物取出。

二十三、眼科

楚州医院眼科，在治疗眼科常见病的基础上，开展三级医院眼科诊治项目。1987年，眼科开展白内障摘除术、青光眼减压术。1989年，被江苏省残疾人三项康复工作办公室、省卫生厅、省残疾人联合会批准为白内障复明手术医疗点。1991年，被省残联定为淮阴地区“省防盲、治盲、白内障复明医院”；1993年，开展眼科整容手术。1998年，在五官科病区设眼科病房，与江苏省人民医院合作开展眼科微创手术。

博里、席桥镇（中心）、淮城镇等乡镇卫生院，及新安医院都设立眼科，除诊治常见眼科疾病外，亦请上级专家协助开展白内障、翼状胬肉、青光眼等手术。

二十四、口腔科

1990年起，淮安市人民医院口腔科分为口腔颌面外科、口腔内科、口腔矫形。开展各类拔牙，牙槽骨整修，舌系带过短矫治，及口腔颌面部损伤、畸形、骨折、间隙感染、颞下颌关节疾病的治疗等。开展儿童牙病、龋病、牙体牙髓病、牙周病、口腔黏膜病的诊断及治疗，及洁牙、补牙、根管治疗等；采用国际较先进的光固化治疗技术、专用材料进行各类补牙、牙体缺损修复；使用法国P3型超声波治牙机，对牙龈结石、牙齿的烟迹茶垢进行清洁洗牙。开展对缺损、缺失牙齿的修复，牙列不齐矫正治疗等。1993年，开展异体牙移植术。

楚州中医院及部分乡镇卫生院设立口腔科，开展拔牙、口腔正畸、超声洁牙等手术，对牙颌、牙列、颌骨、颅面等畸形进行矫治。

二十五、放射科

楚州医院影像科在常规进行胸、骨、胃肠道的透视、拍片、造影及特殊检查基础上，1984年先后开展支气管碘油造影及断层摄影、肾盂逆行造影和子宫输卵管、胆囊、瘘管、气腹、膀胱、脑血管、心血管、冠状动脉、数位减影血管等造影，钼靶X线乳腺摄影。1994年10月，开展CT检查颅脑肿瘤、脑外伤、脑部疾患、鼻旁窦、喉部肿瘤及病变、纵膈及肺部、腹部脏器、腹膜后、脊柱、脊髓等的肿瘤及病变；2005年，开展放射介入，开展了肿瘤、心脏、妇科等疾病的介入治疗。2006年，被市卫生局确认为县级医院重点专科。之后，又引进美国通用（GE）公司产64排容积CT、德国西门子产Avantol1.5MR机，及全数字化钼铑双靶乳腺机、全数位胃肠检查机、全数字化拍片机等多套先进影像设备，开展心脏功能电影成像、瓣膜检查、冠状动脉3D成像、乳腺弥散成像、三维容积内插减影成像等多项新技术应用于临床。

楚州中医院、新安医院、皮防院、妇幼保健院及乡镇（中心）卫生院等医疗机构，都设有放射科。楚州中医院、车桥中心卫生院等引进了CT机，并开展了放射介入等治疗项目。乡镇（中心）卫生院除正常开展胸透、摄片等放射检查外，有的卫生院还开展了造影检查。

二十六、检验科

1993年起，楚州医院逐步建立临床生化室、临床微生物学室、临床免疫学室、门诊血液室、病房血液室、分子生物实验室等实验室，为临床提供诊断依据。其他医院虽然相比滞后，亦在引进先进设备，提高检验能力。

二十七、病理科

1978年，淮安县医院设立病理科，拥有德国产徕卡冰冻切片机、徕卡生物组织脱水机、RM2145型石蜡切片机、病理诊断图文分析系统等先进设备，常规开展病理切片、冰冻快速诊断、细胞学、免疫组化等病理项目，提供全身系统的常规活检病理诊断，各种细胞学病理诊断。1998年，中医院设立病理科。

二十八、输血科

2005年7月，楚州医院设立输血科，依托美国产流式细胞仪，防治血液病、肿瘤病，使用生物细胞治疗肿瘤疾病。2008年，装备TH超高倍生物显微镜，开展亚健康检测、新生儿溶血病筛查。

二十九、血液科

1990年，淮安市人民医院设立血液科门诊，常规开展骨髓细胞形态的检查、塑料包埋骨髓病理活检、血小板抗体、流式细胞仪淋巴瘤、白血病免疫分型、DNA倍体检查等项目，诊治各种急慢性白血病、多发性骨髓瘤及恶性淋巴瘤在内的各种恶性血红病，开展大剂量甲氨蝶呤（MTX）、阿糖胞苷（Ara-c）及HYRer-CVAD等方案治疗。

三十、麻醉科

楚州医院麻醉科成立较早，拥有（Datex-Ohmeda欧美达）麻醉工作站、德国产麻醉机、Datex-Ohmeda多参数监护仪，正常开展脑、胸、腹部、四肢、脊柱、心脏及微创、介入手术的麻醉，还开展手术后镇痛、无痛分娩、无痛胃肠镜、晚期癌性镇痛、慢性疼痛病人的治疗。

三十一、功能检查科

1984年，淮安县医院引进黑白B超，现在拥有GE、西门子、飞利浦等品牌及便携式、实时三维彩超，冷极射频肿瘤治疗机、心电图机、M型超声心动图、脑电图机等设备。1985年，楚州中医院引进日立EUB-22B超机，1998年引进彩超。1986年，乡镇中心卫生院引进黑白B超。乡镇卫生院于1990年引进B超。2007年，大多数乡镇卫生院引进彩超。新安医院用于脑部检查的设备较为完善。设备提高了临床对人体肿瘤、结石、心脏、肾脏、肝脏、胆囊及浅表小器官疾病的诊断率。2003年，楚州医院开展阴道超声检查，2006年开展超声引导下肾囊肿穿刺硬化疗法，2007年开展原发性肝癌冷极射频消融治疗。

三十二、高压氧医学科

1996年，淮安市人民医院引进高压氧舱，开展对脑梗塞、脑供血不足、心肺复苏后急脑功能障碍（电击伤、溺水等）、突发性耳聋、脊髓损伤及一氧化碳中毒后续症的治疗。

三十三、营养科

1990年，淮安市人民医院成立营养科，对临床需要营养支持的病人进行营养会诊，按个体营养需要制订营养治疗计划，设计标准食谱，并设立营养咨询门诊，进行营养咨询、饮食指导、营养教育等工作。

第二节　中　医

1990年后，淮安中医院逐渐建立中医肝病、中医妇科不孕症等特色专科。1995年1月，中医院成立“淮安市妇女不孕症医疗中心”，中医妇科治疗不孕症，受孕率达80%，采用输卵管介入治疗等，使输卵管再通成功率达98%。2000年，胡启梅总结《软坚化痰法治疗附件囊肿28例》和《扶脾统血法治疗更年期崩漏30例》。淮安市人民医院中医科金兆刚等，运用中医药理治疗肝胆疾病、妇科疾病、男性不育症等取得了诸多经验，金兆刚总结出“中西医结合治疗慢性乙型肝炎82例”。

中医针灸、理疗是中医学的特色之一。楚州医院理疗科从运用针灸治病，逐步发展到用耳针、穴位封闭、电针、电极锤脊等治疗方法，使用红外线灯、紫外线灯、五官科超短波、电兴奋、共鸣火花等设备，为患者治疗面神经麻痹、梨状肌综合症、肩周炎、末梢神经炎、小儿遗尿、小儿消化不良、顽固性呃逆、尿潴留等疾病；用激光和冷冻疗法治疗各种皮肤病，如面部雀斑、疣、疤痕疙瘩、皮肤癌等。1991年，中医院设置理疗科，运用推拿、针灸、理疗等方法治疗腰腿痛、小儿腹泻、脑中风、坐骨神经痛、面瘫等病，疗效显著。

第三节　中西医结合

1997年，中医院肝病专科总结出一套中西医结合治疗急性肝炎、慢性乙肝、肝硬化的“肝炎一号”“肝炎二号”“肝炎三号”、养肝汤、芪术汤等方剂。2002年，中医院内科采用中西医结合方法治疗心、脑血管、消化道、内分泌等疾病，在治疗呼吸道疾病及各种头痛、癫痫、帕金森氏病等病症方面取得较好疗效。

第四节　医疗设备

自1990年以后，乡镇（中心）卫生院医疗设备的更新、引进以B超、500毫安培X光机、心电图机、光电比色器、电动吸引器、胃镜、手术器械、病床等为主。1991年，车桥中心医院添置胃镜、手术器械。当年底，全市贵重医疗设备价值268.2万元，一般专用设备价值249.2万元。1995年起，各乡镇卫生院按一级卫生院医疗器械装备要求补充。经费来源由省、市两级财政补贴约三分之一，其余由各单位自筹。至1998年，淮安市经多方筹资，共购置千元以上设备680件，医疗设备投入达420万元。1999年，全市投入462万元购买万元以上设备28台，使20个卫生院及皮防院、妇幼保健所实现“一无三配套”。2000年以后，政府扶持购买设备的资金逐年有所增加。2005～2008年，利用政府扶持政策（补助加自筹）添置医疗设备近3000万元，促进乡镇卫生院的设备更新。

楚州区中医院、楚州医院的设备引进以大型、现代化的先进设备为主，都较早引进进口彩色B超和CT机。1991年以后，楚州（淮安）医院紧紧围绕肿瘤特色医院的建设和市级重点科室的创建，每年都投入100多万元购置新设备。2005年，楚州医院又获得西班牙支持扩建肿瘤医院的医疗设备贷款407万欧元，引进了一批新的设备。2002～2008年，楚州医院引进医疗器械、设备总值达9313.56万元，其中2008年新添73件，价值为2835.36万元。

2008年底，全区公立医院拥有医疗器械总值为1.36亿元，有病床1743张。

1978～2008年楚州区（淮安县、淮安市）医院病床情况表

表30-6　　单位：张

年　份	病床数	年　份	病床数	年　份	病床数	年　份	病床数
1978	868	1986	1169	1994	1362	2002	1583
1979	949	1987	1241	1995	1383	2003	1563
1980	992	1988	1267	1996	1406	2004	1588
1981	925	1989	1240	1997	1422	2005	1810
1982	1009	1990	1258	1998	1488	2006	1739
1983	997	1991	1256	1999	1485	2007	1669
1984	1125	1992	1297	2000	1568	2008	1743
1985	1157	1993	1300	2001	1470		

第五节 护 理

1980年后,县医院实行护理工作程序化、操作常规化、管理制度化、陈设规范化,继而在常规护理基础上,增加特别护理,并以内科病房为科室护理责任制试点,逐步向其他各科推广。到1986年,县医院共推出10个责任制病区,还建立10个家庭护理点。1987年,县医院增设门诊、急救室、观察室和门诊注射室、输液室2个护理单元,并举办以铺床、输氧、无菌技术、铺设无菌器械台(无菌产台)、人工呼吸、女性导尿术为主要内容的操作比赛。1988年,市医院配备大科护士长,实行三级护理管理体制。1991年,市医院共形成14个护理单元,各项护理指标均达到江苏省卫生厅要求。市医院全面推行责任制护理,1997年,在妇产科、普外科、心内呼吸科、老干部科、肿瘤科实施整体护理,建立模式病房;2007年,在普瘤科、心内科开展舒心病房活动;2008年,在全院推行以现代护理观为指导,以护理程序为框架,根据患者身体、心理、社会、文化需要,提供优质护理,即"以患者为本,以满足患者的身心等各方面需要为目的"整体护理。

乡镇卫生院、区直其他医疗单位都设置护理组(科),配有护士长。中医院走中西医结合之路,对护理人员进行无菌操作系列、铺备用床、导尿、吸氧、拔火罐及口腔护理等方面的培训及考核,检查各科护理档书写、消毒隔离、基础护理、技术操作、抢救药品及器械6个方面工作质量,进行护理操作基本功训练。乡镇卫生院以区医院护理为模式,经常派出护士长、护士进修学习。

第六节 急诊和急救

一、门诊急诊

区中医院、区皮防院、乡镇(中心)卫生院及社会办医医院均由医生、护士及医技科室人员值班,负责中午和夜间急诊,同时安排医护人员"二值班",如果有医疗需要,电话联系即到。各卫生院都配备了救护车辆,负责急诊病人的接送或转诊。中医院救护车辆还负责急救的人员转送。门诊急诊主要抢救急性心肌梗塞、有机磷农药中毒、心律失常、感染性休克、脑血管意外、上消化道出血等危重病人。

二、急诊科

1986年,淮安县医院设立急诊科,承担重大突发性、灾害性事故造成的意外伤害、中毒、溺水、触电及老弱病残等特需病员急救工作。急诊科装备有"五机八包"。"五机",即心电图机、洗胃机、吸引机、除颤起搏器、超声波机;"八包",即胸穿、腰穿、静脉切开、气管切开、清创缝合、输血压计、输液、导尿包。配有救护车辆,实行24小时值班。2002年,急诊大楼建成使用,设置急诊内科、儿科、外科、五官等科室,先后装备的医疗设备有德国产呼吸机、美国产除颤仪,及国产监护仪、微量注射泵、输液泵、洗胃机等。相继实施了2003年"非典"、2007年今世缘酒店食物中毒、2008年5月楚州工业园区溴化氯中毒、京沪高速特大车祸等重大伤亡事故的抢救。2008年4月,急诊科建立重症监护病房(ICU),装备有泰科(PB840)、德格尔呼吸机等,负责抢救急性心衰、肾衰、呼吸衰竭、严重创伤、休克、心搏骤停及术后高危病人。

1992年,为能及时转送急病病人,淮安市人民医院成立急救中心,年平均转送危重病人3100余人，参与市重大灾害及意外事故抢救200起。自2001年10月起，医院开通“120”免费电话，配备4辆救护车及相应救护器械、药品，实行24小时值班。2004年，医院又增配两辆救护车，强化院前、院内急救功能。2005年7月始，医院实行120救护，并配有负责救护的专职医生，护士。

第五章　疾病预防控制

第一节　疾病防治

一、传染病防治

（一）霍乱

楚州区曾是霍乱流行区之一。在周边地区发生霍乱强度流行时，楚州区呈散发状态。1986～1987年，城郊乡河北村发现病人各1例。1994年、1997～1999年又有散见病人出现，其中1998年在顺河乡徐荡村、双井村，钦工镇后谷村，茭陵乡高荡村共发生霍乱病人4例。霍乱弧菌类型为小川型、0139型。1995年，江苏省出台霍乱控制预案后，淮安市即按照省预案“三不”即不死人、不出现二代病人、不发生中高强度流行的要求，成立霍乱防治和肠道传染病防治领导小组，制订防控预案。2000年起，淮安市成立肠道传染病防治工作领导小组，举办肠道病防治学习班，印发预防大肠杆菌感染性腹泻及霍乱控制预案；各医疗单位在夏季到来时设立肠道病门诊，登记腹泻病人，采集腹泻样本，截至2008年，平均每年登记腹泻病人3000人，采样送检2000份，未发现霍乱弧菌病例。

（二）脊髓灰质炎

俗称“小儿麻痹”。1984年前，淮安县尚有散发病例出现，是年起坚持每年给0～7岁儿童免费发放预防“糖丸”，1990年起对0～7岁儿童进行强化服药预防。1993年起，成立淮安市脊灰强化服苗工作领导小组，组织、参与全国强化脊灰服苗活动。1995年，国家宣布消灭脊灰时，淮安市已12年未出现脊灰病人。市建立了AFP的专报系统，及时上报AFP病例，防疫人员定期到医院的儿科、传染科、神经科、针灸科调查收集AFP病例资料。1997年，印发《淮安市1997～1998年度消灭脊灰强化免疫活动实施方案》，年服苗儿童在六七万人次。2002～2004年，楚州区发生9例病人，因及早发现，使患儿短期内治愈。楚州区2003年强化服苗6万多人次，2004年对0～4岁流动儿童及“零剂次”服苗儿童强化服苗4976人，2005年无新发病人出现但预防服苗工作仍然继续。2006年与省疾控中心、上海生物所联合开展液体糖丸，免疫成功率很高。2008年，全区常住儿童服苗4792人次，服药率达99.56%，流动儿童882人次，服苗率达99.32%。

（三）麻疹

是楚州区儿童长期流行罹患的呼吸道传染病之一。1990年，淮安市年发病数超过1000例，发病率猛升至97/10万，在多个疫情暴发点，发病儿童占70%以上，经边防边治，大量地接种麻疹疫苗，控制了疫情。全市1993年接种12.2万人次疫苗，1994年麻疹发病率降至3.72/10万。1996年，流均沿荡村、渔业村发生麻疹48例，经过防治，疫情没有扩散。其他年份亦有少数村庄发生10例左右麻疹病人，疫情都迅速得到控制。麻疹流行呈5～6年一次的周期性，由于计划免疫的持续开展，周期性流行趋势平缓下降。麻疹疫情常常在是年10月至翌年4月发生。2007年11月，全区开展8月龄至14周岁儿童麻苗强化免疫活动，接种13.36万人，接种率98.13%，流动儿童接种2.09万人，接种率

99.61%。对麻疹免疫人群进行免疫水平监测。

(四)伤寒、副伤寒

淮水常于夏秋时节泛滥,伤寒、副伤寒是水患后常见流行病。1985年2月,流均乡赵铺村七、八、九组计发生水型伤寒病人67例。1988年,全市发生伤寒病人811例;1989~1990年,伤寒发病人数下降至445人;1991年发生伤寒病例209人,发病率为18.49/10万;1992年、1997年、2000年伤寒病人在61例~139例之间,其他年份伤寒病人大都在50例以下。2003年,全区年报告伤寒病人3例。2005年,伤寒病例10人。2008年,伤寒病例22人。

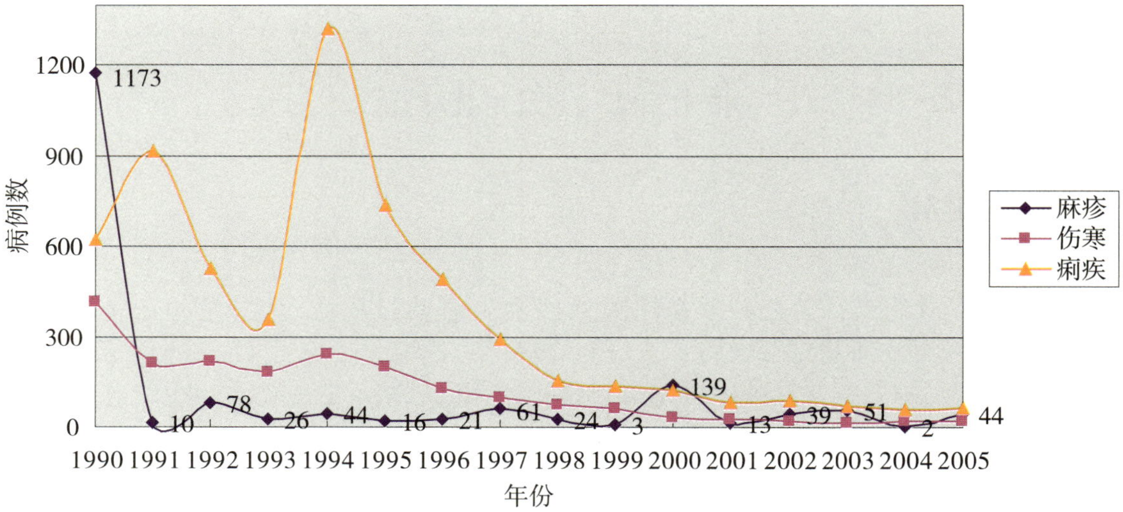

图30-1 1990~2005年楚州区(淮安市)麻疹、伤寒、痢疾病例分布

(五)细菌性痢疾

是境内常见传染病之一。近30年间,痢疾发病率总体不高,但呈升降的波动状态。1994年,全市发生痢疾病人1315例,形成新的发病高峰,1995年降至20例,之后又逐年下降并维持在较低水平,即使有水灾发生,也没有出现痢疾流行。

(六)狂犬病

是由狂犬病毒引起的人畜共患病,患狂犬病者死亡率高,1985年前,淮安县被犬咬伤者累计达千人之多,发生狂犬病的20多人均死亡。2002~2005年,全区共有12例狂犬病人死亡,促使被犬及其他动物咬伤者主动到有关部门接种狂犬疫苗。2006年,全区仅1个狂犬病人死亡。2007年,有4人死于狂犬病。2008年,全区无1人死于狂犬病。

(七)流行性脑脊髓膜炎

简称为"流脑",1985年前曾出现过每10年一次流行大高峰,每隔2~4年的流行小高峰。流行大高峰出现时,年发病率超过30/10万。从1987年起,接种流脑A群提纯菌苗,着重提高易感人群的免疫水平,淮安县流脑发病率一直控制在江苏省规定的4/10万以下。2000年后开始有病毒性脑膜炎散在性发生;2002~2004年每年发生4例病人。由于无特异性预防控制手段对4~11岁易感儿童重视临床病史采集与诊断、治疗,2006年,疾控部门把流脑作为冬春季传染病监测防治重点。

(八)流行性乙型脑炎

是由库蚊为传播媒介的人畜共患的传染病。在流行时高峰年份,楚州区年发病近250例。自1991年起,乙脑发病人数从26例降至2008年的1例,该例病人医治无效死亡。

（九）病毒性肝炎

病毒性肝炎是由多种肝炎病毒引起的常见传染病。70年代末，淮安县病毒性肝炎发病率曾达590/10万，超过全省同期的平均发病率，比淮阴其他县区平均发病率高2倍多。到1992年，病毒性肝炎发病数再次走高，达到5600多例，此后逐年下降。80年代，县医院检验科已能分辨甲型、乙型、丙型肝炎病毒，90年代能分辨丁型、戊型肝炎病毒，为临床治疗提供确切依据。

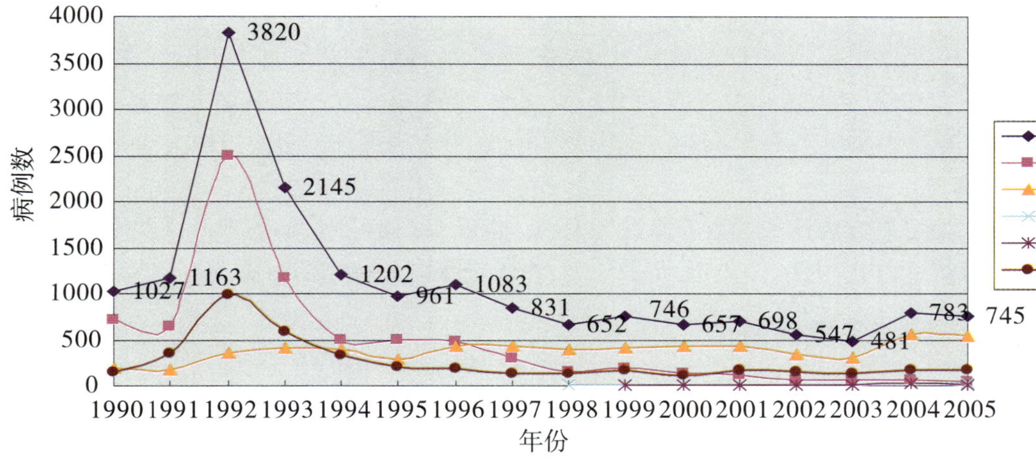

图29-2 1990～2005年楚州区（淮安市）病毒性肝炎病例分布图

病毒性肝炎的流行虽各月都有，但以春季和秋季为多。病毒性肝炎的防治，1987年后开始推广使用一次性塑料注射器和输液、输血管、针，防止乙肝病毒经血传播。同时，卫生部门推广新生儿接种乙肝疫苗，并按《江苏省急性病毒性肝炎暴发点处理规程（试行）》《江苏省阻断乙型肝炎母婴传播工作方案》《乙型肝炎医源性传播监测规程》等要求，规范病毒性肝炎预防工作。卫生部门1992年将乙肝疫苗接种列入免疫程序；1994年开始实施以接种甲肝疫苗为主导的压春峰措施；1997年将甲肝、乙肝疫苗接种纳入计划免疫管理；2003年在开展肝炎压春峰活动中，扩大接种范围，并重视疫情报告、疫点处理，对感染乙肝的孕妇接种乙肝疫苗，对饮食、服务行业的从业人员，及以往接种过甲肝疫苗者，每隔3年后加强接种1针，全区病毒性肝炎发病数明显下降。2004年后，全区肝炎发病率又有回升，预防肝炎的压春峰工作继续进行。2005～2008年，产房接种乙肝疫苗率在98%以上，甲肝疫苗年接种2万～3万人次，乙肝疫苗年接种15万人次。

（十）非典型肺炎

由冠状病毒引起的非典型肺炎（简称“非典”）于2003年在国内被发现。楚州区从当年4月份起将预防“非典”列入中心工作，区、乡镇均成立防治“非典”领导小组，由行政负责人兼任组长；卫生部门制订了“非典”防治三级预案，成立医疗救治、疫情控制、消毒指导服务、卫生监督、宣传报道与健康教育、后勤保障六个工作组，疫情控制工作组又下设6个应急处理小分队，实行24小时值班制度。在预防非典期间，区召开8次防“非典”专题会议，发出13个有关防“非典”的档案，举办40期有3000人参加的防“非典”业务培训班，印发13万份宣传材料，发放30吨消毒药品和500万元的医疗器械、药品及千件防护服。全区设立36个发热门诊、82个留察室和9个交通检查道口，对6.5万返乡回归人员进行登记、健康检查，对2750名发热病人中的375人进行隔离观察；又投入350万元，成立50个防疫小分队和33个医疗救治小组，组成1600人参加的防治队伍，组织了6次全覆盖检查和50余次现场督察。2004年，楚州区又对3名“非典”病人接触者进行流行病学调查处理，观察病例14例，无1例确诊病人。

（十一）流行性感冒

流行性感冒是由流感病毒引起，区境内曾经暴发流行过。2006年有一次小范围流行，区疾病控制中心在市疾病控制中心的指导下开展流感嗜血杆菌流行病学和实验方法研究。2008年，甲型流感在国内外暴发流行，区卫生防疫部门开展预防宣教工作，监测流行情况，积极做好各项防治措施，以防患于未然。

（十二）流行性出血热

流行性出血热为本地区传染病新病种，与鼠类繁殖密度有关。80年代以后，楚州区出现新发病例，近20年内，时有病例出现，年发病最多8例，最少1例。流行性出血热的预防主要是灭鼠。楚州区鼠种类有黑线姬鼠、褐家鼠、黄胸鼠、黑线文鼠、大文鼠、小文鼠6种，鼠密度在2.5%左右。卫生防疫人员从鼠肺中分离出EHF病毒。区爱国卫生运动委员会、卫生局等部门多次组织大面积灭鼠工作。

（十三）猩红热

猩红热是由乙型溶血性链球菌所致的急性传染病。淮安县在80年代初达中等程度流行，后每年仅有零星病例。楚州区2002年发生15例，2003年楚州医院收治1例未愈出院，2004年发生1例。

二、慢性传染病和多发病防治

（一）麻风病防治

楚州区曾是麻风病高流行区之一。为了防治麻风病，政府创办了麻风村和医院，经过多年的线索调查和将病人收院治疗，使麻风病发病率大幅下降。1987年，临床判愈人员出院后，住院治疗只有33名现症病人和54名身体残畸严重病人。为进一步开展麻风病防治工作，每个乡镇卫生院和村卫生室配一名兼职防保医生，组成三级防治网，对出院后的麻风病人进行监测和新发病人线索调查。1992年7月，政府成立麻风病康复工作领导小组，加强对麻风病防治工作的领导。1992～1995年，线索调查110.44万人，确诊病人6例；对现症病人、复发病人进行联合化疗，给病者家属进行健康检查。1996年4月，政府培训乡村医生，对全市20%的人口进行线索调查，普查麻风病疫点3000多户、1.22万人，为900多名出院病人和216名病人家属进行健康检查；经统计，累计有麻风病人1415人，存活916人，现症9人，联合化疗138人；患病率为0.75/10万，低于全市水平；7月，通过省专家评审组验收，达到基本消灭麻风达标县（市）。1997年3月，政府成立基本消灭麻风病达标抽检复核领导小组，培训乡村医生，线索调查25个自然村2.35万人，监测92人，复查累计成活的81名麻风病人；1998年，政府对6名现症病人实施联化治疗系统管理，监测联化治愈的86例病人，给病人家属计188人健康检查。3月，皮肤病专家李文忠教授率国家卫生部审评组一行来淮，抽查林集、复兴两乡镇的4个村麻风病防治工作，看望麻风病人，认为淮安建立了以村卫生室为基础、乡镇防保所为纽带、市（县级）专业机构为指导的基层麻防网络，防治健全，防治质量可靠，有麻风病人的发病率和患病率均在规定标准之内，已达到卫生部规定的消灭麻风病指标。

为彻底消灭麻风病，自1999年以来，政府每年组织卫生技术人员开展麻风病线索调查，推行“报重病奖”，发现1人，奖300元；并对云、贵、川地区迁入人员进行线索调查，最多年份调查3100多人，发现新病人及时治疗。至2008年底，楚州区有存活麻风病人565例，无新发、复发病例，联化现症病人5例，为21例住院残疾病人配轮椅，为4例白内障病人做复明手术，还为山东省麻风病防治中心提供38例麻风病人血液标本，供临床研究用。

（二）结核病防治

淮安结核病流行病学调查始于1978年，以淮城镇张庄村为流动调查点，调查显示，结核病发病率高于全省及全国。1979年在全县范围内摸底调查，1982年对6个以上乡镇入学儿童结核病感染情况调查，结核病发病率都偏高。1986年，肺结核病在淮安县范集中学高三（乙）班暴发流行。该班原有患肺结核病1例，3个月内又有23名同学患肺结核病，全班同学结素试验阳性率100%，其中强阳性率达75.47%。是年，结防所回顾性调查县医院1981～1985年收治的15周岁以内的儿童患结核性脑膜炎的38个病例，17例生存者中8例有智力障碍。全部病例，卡介苗接种仅有6例，有可疑接种史的7例。凡接种的儿童发病轻，病程短，后遗症少。1990年，卫生防疫部门选择博里乡滨南村为全国第三次结核病流调点，实检人数1774人，结素试验468人，发现活动性肺结核患者20人，患病率1120/10万。1991年，省结核病防治所抽样调查淮安9个点，调查11398人，查出活动性肺结核病人52例，其中涂阳7例，总计菌阳病人10例，患病率达456/10万，低于全国第一、第三次流调点患病率，高出全省平均患病率。1992年，淮安市结核病流调领导小组成立，制订《淮安市结核病监测工作方案》和《淮安市结核病流行病学调查方案》，确定淮城、南闸、林集、朱桥、泾口为试点乡镇，按等距离抽样方法，确定朱桥镇彭田村、泾口乡蒋桥村、流均镇沿东村、林集镇李庄村、平桥镇王兴村、复兴乡任舍村、南马乡王高村、顺河乡高桥村、板闸镇玉兰村为抽样点。经流行病调查，结核病发病率400/10万，属全省结核病高发区之一。1999年，淮安结核病发病率又上升，高达746/10万，远高于全国及全省结核病发病率。2000年，全国开展第四次流行病调查，结核病发病率约600/10万，全市（县级）有8000余名患者。2002年调查复兴镇朱庄村1789人，患结核病34人，在10多年时间内有11人死于肺结核病。2006年，在流均镇进行了一次结核病流行病学调查。2007年，开展网络直报结核病疫情。2008年底，楚州区共有4145例肺结核疑似病人就诊，发现活动性肺结核病人824例，涂阳发现393例。

结核病人管理 1983年，成立淮安县结核病防治研究所。1984年，各乡镇卫生院开设结核病门诊，由一名内科医生或放射医生、保健医生兼管，村卫生室也有一名卫生员负责。1994年3月，领导小组制发《淮安市结核病归口管理办法》，严格结核病报告制度。1997年，结防所开设结核病专科门诊，配备专业人员6名，防痨医生4名，各乡镇卫生院配有专兼职防痨医生2名，计有54名。结防所还培训了专业防治队伍，围绕防、查、治、管各个环节开展工作，对有症状者的进行线索调查，直接用查痰的方法，发现传染源及时登记、报告，使用全省统一的化疗方案落实治疗措施，加强管理，实行“查出必治，治必彻底”的原则。住院病人给予适当的经济资助，南闸乡凡彻底治愈的结核病人，由乡卫生院出具证明，乡、村两级给予补助50元。1999年5月，省卫生厅将淮安市列入江苏省“加强与促进结核病控制”项目市。淮安市成立结核病控制项目领导小组，设立项目办公室，制发淮安市结核病控制项目实施方案。2002年9月，楚州区被列入江苏省实施的“加拿大国际发展部队—世界卫生组织（CIDA-WHO）结核病控制”项目区（县）；2003年，制发了《楚州区2004～2010年结核病防治规划》；2006年又制发了《结核病防治实施方案》；2007年，根据市卫生局《关于贯彻落实卫生部结核病防治工作“五率”相关技术方案的通知》精神，举办培训班，开始实施肺结核病人“五率”管理。截至2008年，肺结核疑似病人转诊4145例，超出任务数39.7%；疑似病人网络追踪到位率93.3%（387/415）；活动期病人及项目病人发现824例，涂阳发现407例，菌阳检出率为49.39%；活动期病人系数管理率86.9%（716/824）；涂阳病人407人的密切接触者1225人全部透视检查，筛查率100%。

结核病防治 包含预防、宣教、治疗、督导访视四个方面。预防工作是接种卡介苗，预防结核菌原发感染。从1978年起将接种卡介苗列入0～12岁儿童的计划免疫项目，1981年淮安县卫生防疫站举办卡介苗皮内接种技术专题培训班，培训18名防疫医生作为推行卡介苗皮内接种法的骨干。因卡介苗的复种不能预防结核菌原发感染，于1997年取消卡介苗的复种。

自1996年“3·24世界防治结核病日”之日起，每年“3·24”都要开展宣传活动。2000年举办医务人员结核病专题培训班，提高医务人员结核病防治知识。2007～2008年，在“世界结核病防治日”，区、乡镇都组织医务人员参加结核病咨询活动，发放宣传画、宣传资料，挂横幅标语，请电视台作活动现场报道。

从1983年起，实施全国统一的化疗方案，1987年，实施江苏省治疗结核病的统一化疗方案。1998年始，村卫生室不使用抗结核药物，防保人员负责疫情转报和核对，不承担治管任务。1999年实施肺结核短程督导化疗（DOTS）；2000年，结防所设立结核病专科门诊，系统管理治疗肺结核病人,减免治疗传染性肺结核病人580例。2002年9月,结防所对患传染性肺结核病人给予免费检查,免费提供抗结核药品,治疗药品存放在村卫生室,由村医对传染性肺结核病人实行直接面视下短程督导治疗,使DOTS覆盖率达100%。为确保做好结核病防治工作,2004年,楚州区针对结核病感染人数多、患病人多、农村病人多、耐药病人多、死亡多、疫情居高不下的形势,制发了《楚州区结核病项目工作督导规范》,对列入项目管理的病人全程督导,每年都办一次培训班,更新结防人员知识,提高素质。疾控中心结防科人员每两月下乡督导一次。乡镇防痨医生每半月对村医和病人督导访视一次。村医负责病人的服药治疗,做到送药到人,看药服下。

(三)性病

1987年前,楚州区曾有近30年无性病发生。1987年,发现淋病患者后,发病人数逐年增多,至2008年,年发病人数超过200例。1991年,淮安市政府发出加强性病防治工作的通知,性病疫情监测工作开始实施。针对性病的传播有特定的人群,卫生防疫部门对市区高危人群和性罪错人员进行检查,在地处交通要道的乡、镇设立8个临时监测点,并宣传和教育群众自觉抵制性病流行。1992年2月起,卫生防疫部门对性及性传播疾病中梅毒、淋病、软下疳、性病性淋巴肉芽肿、淋菌尿道炎、尖锐湿疣、生殖器疱疹等8种病进行流行病学监测,监测的对象主要是驾驶员、供销员、旅馆服务员、个体工商户等。各医疗单位的泌尿科、妇产科、检验科进行性病监测;对门诊以及婚前、产前、输血、入伍、入学、招工中发现的性病患者及时填写报告卡。自1993～1997年,淮安市每年监测高危人群3000人左右,监测特殊人群100人左右,不断发现新的病人。1996年,皮防院进行梅毒的免疫学诊断。1998年,卫生防疫部门先后监测云、贵、川迁人的1109人,监测参加兵役体检及驾驶人员2485人,线索调查7个疫点的1051人,对看守的72名性犯罪人员进行性检查。1999年11月,淮安市开展性病医疗市场的清理整顿工作。2000年,皮肤病防治院成立淮安市性病防治监测中心,皮肤病防治院被确定为性病疫情收集、统计、分析、监测和管理单位。2000年3月,淮阴市卫生局批准淮安市皮肤病防治院暨淮安市性病防治监测中心开展性病诊治业务;8月,实行性病诊疗许可证制度。仅皮肤病防治至2005年共诊治各类性病病人1517例,其中淋病653例、非淋菌尿(阴)道炎376例、尖锐湿疣397例、梅毒68例、生殖器疱疹21例、软下疳2例。2005年,皮防院被列入省性病监测点。截至2008年,在传染病年报数中,性病约占十分之一。

(四)艾滋病(HIV)防治

2000年7月,淮安市发现首例艾滋病病人。2003年,楚州区成立防治艾滋病领导小组。2005年1月,区疾控中心艾滋病抗体(HIV)初筛实验室通过省疾控中心验收并投入使用;2月,区政府发布《关于切实加强艾滋病防治工作意见》,6月,区疾控中心成立性病艾滋病防治科;区皮肤病防治院被列入省疾病控制中心列为“艾滋病血清学监测哨点”。2006年,区疾控中心制发《楚州区艾滋病综合防治示范区实施方案》。全年发现感染者8例,病人2例,分布在8个乡镇。2007年,区卫生局与公安局联合制发《楚州区监管场所被监管人员HIV抗体常规检测工作方案》。截至2008年11月,楚州区累计发现HIV感染者及病人共27人,其中感染者21人,艾滋病病人6人,其中感染者死亡3人,发病者死亡1人。

2001年后,楚州区检查艾滋病防治知识宣教工作,经常性宣传教育和重点宣传相结合,以村镇、小区、学校以及高危人群、流动人群集中的场所为重点。区电视台、《新楚州》报、城乡主干线的公共汽车、健康一条街、健康示范小区等经常播放、刊登或张贴艾滋病防治知识和检测信息;在省、区、乡级公路段旁边设立防治艾滋病大型宣传牌;区疾控中心工作人员深入建筑工地、工厂宣传防病知识,开展问卷调查,与共青团、教育局协作,先后在中学、电大、职校等14所学校举办艾滋病防治讲座,或“防艾知识进校园活动”,通过发倡议书、举办图片展、讲座、知识竞赛、签名承诺等形式,向广大中学生传播艾滋病防治知识,增强防治意识;组织医卫人员在世界艾滋病宣传日,开展义诊咨询活动,发放《艾滋病防治科普读本》等宣传资料及安全套;到各乡镇开展“相约健康小区行”活动,各乡镇也在世界艾滋病日刷写墙体宣传标语。

2005年，楚州区被省艾滋病防治委员会确定为艾滋病综合防治示范区和艾滋病高危人群干预示范区。疾控中心成立艾滋病高危人群干预工作队，每月对所辖娱乐场所女性服务人员进行一次现场干预。2006年，疾控中心对宾馆、洗浴中心、足浴城、美容美发店等近百家娱乐场所行为干预工作，年干预性服务人员达4000人次；以性病门诊为依托开展性病、艾滋病咨询服务工作，推进干预工作深入开展。2007年，疾控中心举办《中国遏制与防治艾滋病行动计划》和《艾滋病防治条例》培训班，对乡镇卫生院院长、防保所长及区直单位感染科长进行培训；举办5期高危行为干预工作培训班。2008年，楚州区被省疾控中心确定为暗娼监测哨点。区疾控中心根据制定的中期评估和暗娼监测哨点工作方案，对宾馆、洗浴中心、足浴城、美容美发店等娱乐场所进行评估，组织实施暗娼监测点工作。

2005年，区建立艾滋病病人治疗基金，每年由财政按人均6万元划拨给艾滋病防治办公室用于艾滋病病人的治疗；将抗艾滋病病毒药品纳入城镇职工基本医疗保险及新型合作医疗报销目录和城乡医疗救助支出范围；将经济困难的艾滋病患者及其家属纳入政府救助范围，给予必要的生活救济。疾控中心在做好HIV抗体检测试剂领发登记、药品管理、定期发放治疗药品的同时，对病人每季一次、感染者每半年一次随访，了解他们的心理状态，关心他们的身体状况，宣传定期检测CD4细胞的作用，和坚持服药的必要性，按保密规定，建立随访档案。

2007年7月17日，楚州区开展预防艾滋病宣传

2006年，艾滋病抗体筛查又扩展到外省籍婚进人员。楚州区已建成疾控中心、皮防院及车桥、林集、苏嘴、席桥4个中心卫生院的艾滋病初筛实验室，为广泛开展术前、产前及输血前筛查HIV抗体提供了技术支撑。区疾控中心、皮防院艾滋病自愿咨询检测（VCT）门诊，向娱乐场所高危人群提供免费咨询服务，发放咨询服务卡。

（五）碘缺乏病防治

1993年，为落实国务院“中国2000年消除碘缺乏病动员会”精神，淮安市开展碘缺乏病防治工作，在对新生儿甲状腺功能低下症筛选监测的同时，在全县推广碘盐，给特需人群补服碘油丸。至1998年，上级部门达标考评认为，淮安市盐业公司重视碘盐市场管理和非碘盐的查处；抽检8～10岁小学生400名，触诊发现甲状腺Ⅰ度肿大率为4.5%，尿碘检测在16～1095ug/L之间，小于或等于20ug/L只有3份；检测脐带血样品TSH值大于51ug/L的比率为26.7%；饮用水碘监测，自来水36ug/L、浅水井30ug/L、深水井57ug/L，已基本实现消除碘缺乏病目标。1999年起，淮安市每年发放5万余粒碘油丸给特需人群，并在“碘缺乏病日”深入宣传防治知识。2005年，楚州区开展第五次碘缺乏病病情监测，抽查学生尿碘，进行碘盐定量和半定量监测工作。为保证市民吃上合格的碘盐，杜绝劣质私盐在市场上流通销售，楚州区每年5月15日在漕运广场开展有关碘盐的主题宣传活动。

三、寄生虫病防治

（一）疟疾

是一种古老的传染疾病，俗称“打摆子”。1982年前的25年间，淮安县疟疾发生人数曾有24年超过万人，其中有7年超过12万人。从1979年起，淮安县施行“一防三治压高峰”的综合性防治措施，即防蚊、休止期根治、现症病人根治、发热病人根治、流行季节全民服药，使疟疾的发病率逐年下降。至1986年，淮安县疟疾发病率降到0.04%，达到控制和基本消灭。由于重视现症病人的根治，到2003年，全区疟疾病人由1986年的477例下降到3例，发病率下降了99.37%。卫生防疫部门每年5～10月份对“三热”病人（典型疟疾、疑似疟疾、不明原因发热病人）进行血检查疟原虫。到2005年，楚州区共有疟疾休止期根治服药病人9.93万人，正规治疗疟疾现症病人747人。

（二）丝虫病

1980年，卫生部组织考查验收，淮安县血检阳性率为0.69%，达到国家验收标准。1985年，淮安县达到基本消灭的指标，通过省级考核验收。1986年、1987年，县卫生防疫部门对宋集乡沿六和条河两个村进行丝虫防治后期监测，血检2676人，未发现阳性人；对历史上感染较高的11个乡、17个村进行横向观察，共血检2.08万人，发现阳性4人，阳性率为0.02%；60立方毫米血中微丝蚴密度平均为2条，最高的3条。1988年抽查，全市血检丝虫阳性率为0.0094%。1989年对历年查出的丝虫病人进行一次系统调查，全市共查原阳性病人2447人、体阳病人474人，其中象皮肿355人、乳糜尿87人、鞘膜积液32人，血检丝虫阳性率为0.0096%，达到国家规定的基本消灭标准。1994年，卫生防疫部门在徐杨乡新兴村、宋集乡镇严庄村、复兴乡南季村，分别捕捉并解剖淡色库蚊3150只，观察自然感染率，采用人房全捕法个体解剖，结果无阳性蚊。1995年，由省血防所、省丝虫病防治所等组成的考核组考核认定，淮安市完全达到消灭丝虫病的目标。2002年，区卫生防疫部门开展慢性丝虫病现状调查工作，调查走访15岁以上人群共1500人，无人患丝虫病；线索调查28个乡镇的丝虫病患者203例，其中象皮肿病人167例，乳糜尿病人83例，鞘膜积液病人8例，淋巴结核病人2例。

（三）钩虫、蛔虫病

1979年国际儿童年，县卫生防疫部门给全县1～12岁儿童31万人免费驱蛔，服药率97.6%，排虫率81.3%。1981年，县卫生防疫部门在泾口公社刘陆大队检查1541人粪便样本，检出患钩虫病771人，感染率为50%；患蛔虫病600人，感染率为39%；患鞭虫病131人，感染率为9.1%。粪便培养263份，79份为十二指肠钩虫。对患病者，皆给予驱虫药物治疗。1995年监测调查林集、三堡、南闸、范集、白马湖等乡640人，患蠕虫病322人，其中患钩虫病57人，阳性率8.9%；患蛔虫病295人，阳性率46.1%，患鞭虫病269人，阳性率42%，服驱虫药7.42万人。1996年在渠南片开展了2岁以上人群12万人次服驱虫药“驱虫康”。1997年，全市防治肠道蠕虫23万人，用驱虫康或驱蛔灵驱虫33.2万人。1999年，全市完成辖区人口80%的驱虫任务，在溪河、马甸、范集、钦工、苏嘴5个乡镇开展监测，每乡选一个村，调查400人以上。2003年，区卫生防疫部门给2周岁以上的所有居民及暂住、寄住的35.5万流动人口服药驱虫。2006年、2007年，区疾控中心分别对苏嘴、施河等14个乡镇小学、幼儿园学生的粪便取样镜检，监测蛲虫病感染情况，服药2万人。

第二节　精神病防治

楚州区有自1965年起市民政部门办的精神病收容所1个，至2008年，已发展为专科医院，主要收治经批准的城镇“无家可归、无依无靠、无生活来源”的三无精神病人，同时收治自费精神病人，承担市、区二级救助管理站及110转送的流浪乞讨精神病人的收治，以及市区大病救助和农村贫困精神病人。

为贯彻落实卫生部、民政部、公安部、中国残疾人联合会共同颁布的《中国精神卫生工作规划2002～2010》，2003年3月，楚州区完成建立村居精神病人管理卡工作，之后在每年精神卫生日开展精神疾病防治宣传。

第三节 疫情防控

一、传染病报告

1989年9月,《中华人民共和国传染病防治法》颁布实施,淮安市卫生防疫站按防治法要求,调整传染病报告病种。1991年,淮安市出台贯彻执行《传染病防治法》的意见,加强传染病管理工作,提高传染病的报告率、切实做好疫情处理工作。1992年12月,开展居民传染病漏报调查,共走访2257人,查出应报传染病13人,漏报2人,漏报率15.4%。1995年,将新生儿破伤风列为乙类传染病,纳入常规疫情报告系统。2002年,启用新的传染病报告卡片,更改AFP、麻疹、新生儿破伤风疫情监测报表的报告方法,将三病合一,使用同一套监测报表进行报告,以提高疾病监测的敏感性、及时性、完整性和准确性。2004年1月1日起,楚州区各医疗单位启动传染病网络直报系统,发现传染病后进行网络直报;10月,卫生防疫站撤销,传染病疫情报告由区疾控中心急性传染病防治科负责。2005年,楚州区先后启用了疾病预防控制基本信息系统、结核病管理系统、艾滋病直报系统。

二、传染病监测

1980年,淮安县建立疫情报告网络,做到三级有帐,逐一登记,掌握到人,定期互相核实。1982年,县卫生防疫站设立监测科负责疾病监测工作。1990年,淮安市制订传染病管理监督员职责、守则及传染病暴发疫情调查处理暂行规定。1993年,将淮安市人民医院、车桥、林集中心卫生院作为传染病监测“哨兵医院”。2004年,疾病控制中心成立,由急性传染病防治科负责传染病监测工作。

自1990年以后,传染病监测工作重点每年都有侧重。1990年,开展人群麻疹抗体水平及两种白喉抗体水平检测方法比较的调查;1993年,开展对部分献血人员丙型肝炎病毒(HCV)感染的流行病学调查;1996年,开展对饮用水的卫生监督监测,及医源性经血液传播疾病的发生监测;1997年筛查监测驻城幼儿园儿童铅负荷状况;1999年,制发《淮安市大肠杆菌感染性腹泻预案》,监测大肠杆菌感染性腹泻疫情;2000年9月,因暴雨致城乡积水较多,环境受到污染,各医院都参与对肠道传染病的疫情监测,强化肠道门诊的登记、检索、报告制度,实行24小时值班;2001年,监测肠道病毒

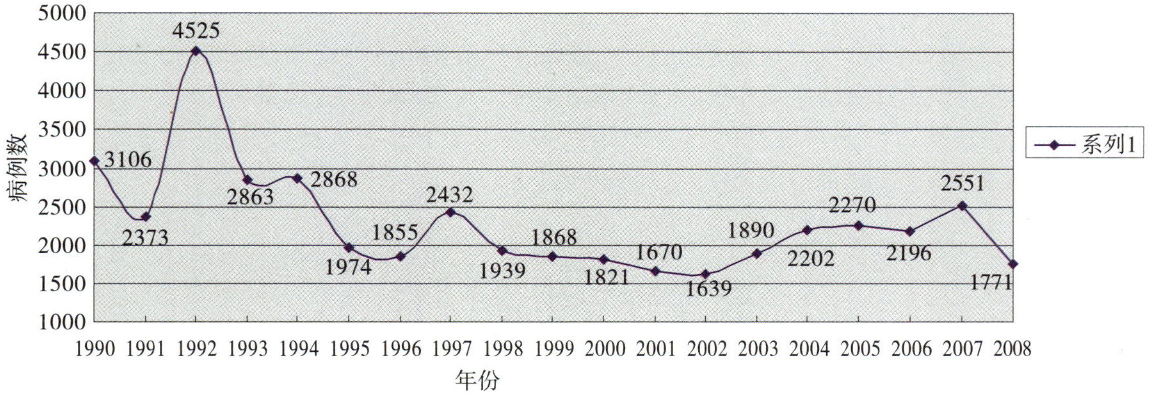

图30-3 1990～2008年楚州区(淮安市)传染病发病病例统计图

所致的病毒性脑膜炎；2003年，监测由冠状病毒引起的非典型肺炎；2004年先后制定区突发公共卫生事件应急处理预案，禽流感防治工作方案，监测血吸虫病、寄生虫病、麻风病防治工作，并开展慢病小区诊断和防治试点工作；2005年，加强以预防霍乱病为主的肠道传染病防治监测工作，开始全区预防接种副反应监测；2006年，监测流行性感冒、非典型肺炎、人禽流感、流脑等呼吸道传染病，提高早期预警症状的监测和疫情报告意识，与省疾控中心、上海生物所联合开展了风疹疫苗、HIB疫苗及液体糖丸免疫监测和液体糖丸免疫成功率监测工作，以确定疫苗免疫效果；2007年，以监测肠道病、禽流感和流感为主，提高疫情突发事件的处置能力；2008年，开展麻风腮人群抗体免疫水平和狂犬病、登革热监测工作，开展对手足口病、肠道感染等疾病防控情况的监督检查。

第四节　计划免疫

计划免疫主要针对0～12岁以内的儿童。1977年开始实施计划免疫工作，经过多年的实践，逐步形成一整套完整的规章制度和工作程序，并在不断地调整、完善。淮安的计划免疫工作经1993～1995年实行冷链系统和生物制品规范化管理，设置规范化计划免疫门诊，统一使用《儿童计划免疫预防接种证》，计划免疫建卡率、四苗覆盖率、投保率连续三年达到85.5%以上，于1996年通过省市达标检查验收。2002年，各乡镇统一使用接种记录卡和预防接种前问诊记录，完善和规范预防接种行为，开展免疫接种反应的常规报告工作。2005年，楚州区实施第一类疫苗由政府承担费用，对村级从事预防接种工作的人员给予劳务补助。2008年，各乡镇完成儿童预防接种信息系统建设。

计划免疫接种的疫苗主要是卡介苗、脊髓灰质炎糖丸、百白破三联混合制剂、麻疹疫苗，预防结核病、脊髓灰质炎、百日咳、白喉、破伤风、麻疹六种病。1986年，淮安县人民政府发出《关于进一步搞好计划免疫工作的通知》；1987年，卫生局制发《淮安县计划免疫保偿合同试行方法》等系列文件；各级领导兼任计划免疫工作领导小组组长，在4月25日全国儿童预防接种日开展宣传工作；根据计划免疫工作需要，对所有从事计划免疫工作的人员进行培训。1993年，淮安市将卡介苗纳入免疫程序接种；1997年，按照《江苏省儿童计划免疫程序》，停止对7岁、12岁（农村）儿童的卡介苗复种工作。1999年，推广使用风疹疫苗，预防由风疹病毒引起的急性呼吸道传染病。2000年，先对各乡1～14岁未曾患过风疹和无风疹疫苗接种史的儿童和中小学生进行普种一次，后进入常规免疫阶段。2003年，将乙肝疫苗纳入儿童计划免疫，风疹疫苗接种对象调整为大于等于1周岁的儿童，基础免疫4年后加强1针。2004年，开展以接种甲肝疫苗为主导措施的肝炎压春季发病高峰工作，配合省疾控中心完成平桥、上河等24个乡镇开展全细胞百白破联合疫苗免疫接种反应观察课题。2006年强化流动儿童管理，对0～7周岁流动儿童按规定进行预防接种。仅2008年，全区累计接种卡介苗1.04万人次，糖丸基免3.01万人次，百白破基免3.02万人次，麻疹基免1.01万人次，乙肝疫苗累计接种3万人次，首针1万人次，各项指标都占应免疫人数的99%以上。

第五节　生命统计

从1982年起，淮安县卫生防疫站利用三级卫生防疫网络，开展生命统计工作，每年进行一次。生命统计工作侧重于对死亡病因分析，为肿瘤防治工作提供参考依据。1989年生命统计结果，居民年死亡率在5.34‰～5.77‰之间。癌亡数占全死因的33.74%，居首位。癌亡数中消化道肿瘤占86.5%，食管癌、胃癌、肝癌仍居前三位。肺癌、胃癌患者男性多于女性；35岁至64岁年龄组的截缩死亡率高于同性别各年龄组合计死亡率，除白血病、鼻咽癌、肝癌外，20岁以下年龄组无其他肿瘤死亡数。到1995年，肿瘤发病率已下降到26.5/10万。在生命统计工作中，卫生防疫部门还推行“网络—临床”并轨运行肿瘤登记报告流程，较为完整地收集了近20年的全死因资料和15年之久的肿瘤发病资料。至2007年11月底，生命统计已收集居民死亡报告卡6568份，死亡率5.6‰；肿瘤新病例报告卡2044例，发病率187.8/10万；肿瘤死亡报告卡1807例，死亡率167.3/10万；在新病例中，病理诊断率达61.4%，并全部采用ICD-10和ICD-0-2编码。2008年，全区共收集全死因报告卡片6943张，粗死亡率约为5.85‰；收到肿瘤新发病例卡片2032张，死亡病例卡片1621张。

第六章 肿瘤防治

第一节 病死因调研

从1982年起，淮安县开展关于恶性肿瘤的发生和死亡动态的生命统计，同时开展肿瘤登记报告工作。1988年肿瘤防治办公室引进“MD-10”型肿瘤探诊仪，对食管癌高危人群进行检查，查出食管癌4例、食道细胞重度核异4例。1990年，肿防办与南京大学、省肿研所合作，采用“MT-871”型电子多功能诊断仪和“隐血珠”双轨法，对车桥镇35周岁以上的6332人进行双重检查，发现20例食管癌、胃癌患者，12例食管癌、胃癌重点可疑患者。1998～1999年，省、市将淮安市定为“省级肿瘤防治研究现场”和“市级慢性病综合防治示范点”。在国家、省级肿瘤疾病防治专家、学者的指导下，淮安市先后完成了癌症发病危险因素多学科调查，认为缺硒是淮安消化系统癌症发病率与死亡率较高的重要原因之一。淮安市人均血硒含量为0.48微克/每百毫升，低于全国平均0.811微克/每百毫升的水平，在全国65个调查点中排第56位。1992年7月起，淮安市开始推广供应硒强化营养盐，动员群众停止食用亚硝胺含量较高的食品，禁食霉变食品，同时推广硒肥、钼肥，开展农村改水、改进贮粮方式，治理“三废”、筹建二级污水处理站、控制过境河水污染等一系列综合干预措施。到2001年，楚州区仅食管癌发病率就从1990年的101.55/10万降到82.17/10万，恶性肿瘤死亡率也从1987年的211.4/10万降到168.26/10万。

1998年后，楚州区参与《胃癌与幽门螺杆菌关系的流行病学研究》《中日协作大肠癌致因研究》《上海、江苏淮安肿瘤移民流行病学研究》《霉菌毒素与食管癌关系》等研究课题。2005年8月，世界卫生组织中国地区慢性非传染性疾病预防与控制技术顾问、美国加州洛杉矶大学流行病学系教授张作风，到楚州区了解《江苏省恶性肿瘤高低发地区病因分子流行病学对比研究》项目及乡镇慢性病防治实施情况。2005年9月，楚州区肿瘤发病、死亡登记报告资料通过“五大洲肿瘤资料初审会”的鉴定。2006年，楚州区与省肿瘤研究所协作，开展《DNA修复基因与农村地区乳腺癌易感性的病例对照研究》；与省疾控中心协作，开展《省恶性肿瘤高低发地区病因分子流行病学对比研究》。同年东南大学、楚州医院共同合作开展“食道癌病例一对照研究”项目。2007年，楚州区与东南大学合作开展“楚州区中小学生营养状况调查”项目和“食管癌对照研究项目”。

第二节　防治机构

1984年，淮安县肿瘤防治领导小组成立。设立县肿瘤防治办公室，建立县、乡、村三级肿瘤监测网，邀请专家学者赴淮指导防治工作。为方便群众就医，做好肿瘤的早期诊断和治疗工作，1990年前后，医疗机构有县级三个重点医院和6个中心卫生院开设肿瘤科，引进、培训130多名外科医生从事肿瘤治疗工作，引进大型诊疗设备，提高肿瘤的诊断能力。1997年，淮安市人民医院32名医生、中医院4名医生获得为癌症病人出具疾病诊断证明的资格。1999年1月，淮安市成立肿瘤防治技术指导组。至2008年，楚州医院不断提高医疗技术，逐步具备肿瘤手术、化疗、放疗、介入等多种治疗手段，使医院成为以治疗肿瘤疾病为特色的综合医疗机构。

肿瘤内科　1989年7月，淮安市人民医院设立肿瘤内科，有医生7人，护士10人，设床位32张，简易床位40张。1990年开始肿瘤化疗，在上级专家的指导下，常规进行大剂量MTX-CF解救化疗方案、大剂量顺铂化疗，治疗食管、肺、胃、大肠、鼻咽、乳腺、睾丸等部位癌症及恶性淋巴瘤、骨肉瘤、软组织瘤，开展单核细胞集落刺激因子(G-CSF)支持下的大剂量化疗、PFB方案和PF方案治疗食管癌、长春新碱(VCR)治疗恶性胸腔积液、PF改良方案治疗晚期食管癌临床分析、低剂量醛氢叶酸+PF治疗头颈部晚期肿瘤疗效观察等的研究；1998年获省肿瘤医院赠送美国产MS-16A便携式微量注射泵，开展静脉持续输治化疗。

放疗科　1991年10月，淮安市人民医院开展对食管癌、肺癌、鼻咽癌、脑癌、直肠癌、乳腺癌、淋巴癌、头颅部肿瘤的放射治疗。1992年10月开展介入治疗患有食道、肺、胃、肝、肠、肾癌等疾病患者，1993年后开展微球栓塞治疗晚期肝癌。2007年开展放射粒子植入治疗肿瘤。中医院、车桥中心卫生院亦开展放射介入治疗肿瘤。

肿瘤外科　2002年2月，楚州医院设置肿瘤外科，常规进行甲状腺、颈部、乳腺、腹部及皮肤良恶性肿瘤的手术；将乳腺癌根治术配合放疗、化疗等综合措施，使患者生存期限达十年以上；将改良空肠间置法消化道重建，应用于贲门癌根治手术中。2004年，楚州医院开展乳腺癌保乳治疗。2006年，楚州医院开展空肠营养管在上消化道手术中的应用，并采取腹部术式治疗贲门癌；开展保肛术治疗直肠癌，提高了患者生活质量；同时开展肝癌切除、肝动脉插管化疗、胰头癌根治、巨乳整形、腹腔巨大肿瘤切除等手术。学术论文《老年消化道肿瘤早发症分析》在中日国际消化道学术会议上交流，《甲状腺癌手术的改进》在《中原医刊》发表。楚州区中医院亦开展肿瘤外科手术。

第七章　妇幼卫生

1986年，各乡镇防保所把妇儿保健工作列入主要工作之一。1991年底，淮安市已建成市、乡(镇)、村三级妇幼保健网络。为贯彻实施保健与临床相结合，面向群体、面向基层的指导方针，1992年7月，各乡镇卫生院设立妇保门诊。1994年，乡镇卫生院建设规范化妇儿保门诊，实施妇幼保健保偿制。1998年，妇幼保健所成为具备医学检查条件和助产技术的医院。2001年以后，按《楚州区2001～2005年妇女儿童发展规划》《楚州区贯彻〈江苏省妇幼规划目标管理方案〉实施细则》《关于加强产科急救体系建设的通知》等文件精神开展妇幼保健工作。2002年6月，区妇幼保健所升格为妇幼保健院，每年组织助产技术人员知识培训，3年组织1次理论及实践考核，完善全区产科急救网络建设，开展创建“示范产科”活动，严格助产技术执业许可及人员准入制度。

2005年，区妇幼保健院开设围产期保健、乳腺病诊治、更年期及妇女心理保健、儿童生长发育、眼保健、口腔保健、妇科及不孕症专科门诊。2006年1月，区卫生局制发《楚州区产科急救预案》，由楚州医院和中医院负责成立区级产科急救小组；10月，制发《妇幼保健工作实施方案》，确定0～3岁儿童系统管理、孕妇系统管理、妇女普查普治是妇幼保健工作主要指标；对33个医疗单位进行《助产技术执业许可证》评审及年度验证工作。2007年4月，区卫生局制发《楚州区2006～2010年妇女发展规划》和《楚州区2006～2010年儿童发展规划》。2008年，平桥、上河、车桥、钦工、泾口、朱桥等7个乡镇卫生院创建规范化妇儿保门诊获市卫生局认可。

自1992年以来，区卫生局每年都根据工作要求开办基层妇幼卫生人员和产科、儿科临床医生培训班，培训妇儿保医生和保健人员，对助产医师、医士进行实践技能考核。

第一节　妇幼保健

妇女劳动保健　1985年，淮安县在部分工厂建立女工健康卡片与档案。1987年，部分工厂设女工卫生室、孕妇休息室，女工冲洗室。1988年起，淮安市凡有百名女工以上的工厂均开展建四室一园（哺乳室、孕妇休息室、女工冲洗室、女工门诊室、幼儿园）工作。2001年，楚州区制发《关于进一步加强女职工保健工作的意见》。

妇女病查治　1988年起，淮安市开展以防癌为中心的妇女病查治工作。1994年，全市妇女病普查6.81万人，查出患病1.77万人，患病率25.8%，实治1.71万人，治疗率为96.7%；之后，妇女病查治工作断断续续。1997年后，全市每年查治县级企事业单位女职工3000人左右。2007年，各乡镇卫生院对留守妇女进行一次免费健康体检，建立信息库。2004～2008年，全区每年检查妇女疾病10万至12万人，城镇普查率达85%，农村普查率达82%，患病率在20%～25%之间，主要疾病为滴虫性阴道炎约占50%，宫颈糜烂约占30%，其他疾病为宫颈癌、乳腺癌、尖锐湿疣等。

婚前保健　1981年1月，实施国家颁布的《婚姻法》后，县卫生局和民政局决定实行婚前检查，对领取结婚证者进行婚前教育。1986年9月，淮安县将婚前检查列入妇幼保健程序化管理的内容之一。2000年，全市新婚夫妇婚前检查率达82%。2003年，国家《婚姻登记条例》取消强制婚检，婚前医学检查实行自愿原则，至2008年，全区婚前检查率已降至1%。

孕产期保健　为做好孕产期保健工作，从1993年起，淮安市卫生局给早孕人员建卡，经过十年宣传实施，到2003年早孕建卡5000多人，建卡率达95%。2005年，早孕建卡率达到99.5%。此后建卡率有所回落，至2008年底为84.7%。1994年，淮安市实施产前八项（即血常规、尿常规、肝功能、生殖系统、四项病毒、染色体、内分泌、口腔）检查，到2003年产前八项检查5030人，检查率达95%。至2008年，全区产前检查率达98%以上，系统管理率达95%左右。2007～2008年，楚州区对孕产妇进行艾滋病检测，检测率达65%以上；梅毒检测率达60%以上。

1995年推行妇幼保健保偿制，孕妇投保人数从24%逐年上升。2001年，发出《关于进一步加强全区妇幼保偿工作的通知》后，到2003年，全区孕妇投保率达90%；2006年起保健保偿以乡为单位达100%，孕妇投保率达92%以上。

1980年，淮安县开始提倡住院分娩，科学接生。1992年，住院分娩率超过70%，2001年，住院分娩率达到100%。之后，仅有极少年份住院分娩率达99.9%。政府强调在住院分娩中自然分娩，但剖宫产率仍呈上升趋势，2007～2008年，临床剖宫产率达48%以上。为降低剖宫产率，政府于2008年6月举行剖宫产培训班，要求临床严格掌握剖宫产适应症。

在产前、产时和产后的一段时间内（即围产期），医护人员对母亲、胎儿和新生儿进行一系列的保健工作有利于降低婴儿及母亲的发病率和死亡率。1981年，淮安县开展统一产前检查方法、检查次数、建卡方法、收费标准、卡片周转和产后访视等工作，实行科学接生和产程监护。1986年9月，淮安县将围产期保健列入妇幼保健程序化管理时，产妇建卡率达77%以上。1987年，县卫生局对高危产妇筛查管理，至2008年高危产妇筛查率已由5.24%年升到17%之间，管理率达100%。淮安在1993年以后的十多年时间内，孕产妇死亡率从40/10万下降至0，但在2005年、2007年、2008年三年孕产妇死亡率一度升至20.51/10万，居全市之首。2008年为降低孕产妇死亡率，楚州区召开了围产期协作组会，提出了干预措施。

新生儿访视工作开始于1987年，至1994年，年访视率达79%，2005年达99.4%，此后回落至89%，2008年3次访视率、42天健康检查率在92%以上。

2003年，楚州区开展新生儿苯丙酮尿症、先天性甲状腺功能低下症、先天性听力障碍筛查，至2008年城市筛查率达92.1%，农村筛查率达80.6%；并启动产前筛查工作。2006年，各级卫生院都开展了出生缺陷监测工作，至2008年，监测新生儿出生缺陷在1.23‰～2.05‰。

创建爱婴医院　1995年，淮安市一院、二院及四个中心卫生院都加入创爱婴医院行列，1996年成立市创建爱婴医院领导小组，举办创建爱婴医院业务培训班，成立市创建爱婴医院评估领导小组和爱婴医院培训技术指导小组等，开展一系列创建活动。1997年，淮安市级医院、乡镇卫生院都获得省评审授牌。2001年，把巩固爱婴医院创建成果纳入全区卫生工作目标管理，每年组织评估验收。至2008年，创建爱婴医院的评审活动持之以恒。

婴幼儿系统管理　1986年起，全县开展0～7岁婴幼儿系统管理。20多年来，婴幼儿系统管理率、新生儿保健保偿率已从60%上升到90%以上，婴幼儿死亡率在不断降低。5岁以下儿童及婴儿死亡率由2000年的15.8‰下降到2008年的4.72‰。各级儿保门诊还对0～2岁儿童建卡管理。

婴儿出生证明管理　从2001年起，《出生医学证明》由区妇幼保健所（院）管理、发放，区医院、中医院、皮防院、保健所及乡镇卫生院接产出生的婴儿，由各院填写好《出生医学证明》发放通知单，然后交由区保健所（院）或淮城防保所办理《出生医学证明》。

计划生育技术工作　1986年，县给乡镇卫生院48名节育手术操作人员考核发证。到1990年，凡从事计划生育手术的人员都达到操作规范化要求。1998年，举办全市妇产科医生、助产士、妇产科护理人员办培训班，学习依法规范结扎、终止妊娠、助产技术，实施产时上环和产后42天上环新技术；推行凭证引产和定点引产制度；加强助产技术执业许可证管理，凡行政管理（妇产科人员配备、建立健全各项规章制度）、房屋设置（产房面积、四室分开、爱婴小区）、妇产科设备、药品配置、质量管理、病历书写情况等通过评审，发给许可证，对无证生育、住院分娩对象实行通报制度管理。2000年以后，每年完成放环、取环、输精管结扎、输卵管结扎、人流、引产手术1.5万人左右。2008年，共落实各项手术2.17例，其中流引产手术4516例，结扎手术150例。

第二节　儿童保健

集体儿童保健　1978年以来，集体儿童保健工作一直在驻城工厂和幼托机构开展，以定期儿童健康检查为主。1998年8月，淮安市机关幼儿园、淮安市新安幼儿园、淮安师范附小幼儿园通过卫生保健合格单位验收。2000年4月，市（县）教委、卫生局贯彻省教委《关于进一步加强托幼机构卫生保健工作的通知》,提出齐抓共管,提高卫生保健工作质量,进一步加强卫生保健工作的规范化管理。同年7月,教委、卫生局联合举办托幼机构卫生保健业务培训班,讲授托幼机构卫生保健管理及评分标准、儿童五官保健、儿童意外事故的预防和处理、体弱儿管理、儿童营养管理、营养计算、儿童常见疾病、常见传染病的防治、卫生保健资料的登记与统计。从2002年起,每年全区幼托体检在1万～3万人,幼儿教师体检200人,通过体检了解幼儿的健康状况。2006年,"六一"儿童节期间,妇幼保健院体检儿童2717人,发现疾病缺点1180人次,其中龋齿644人次,轻度贫血248人次,沙眼32人次,视力小于4.7的18人次,斜视3人次,扁桃体肿大30人次。

2006年起,楚州区对幼托机构卫生保健管理进行分类。到2008年,全区有32所托幼机构,其中优质园19所,合格园13所,8所取得卫生保健合格证,保健老师38人取得卫生保健培训上岗证,体检合格教师发健康证。卫生局、教育局每年还联合表彰一批卫生保健工作做得好的幼托先进集体和先进个人。

疾病防治　2003年始,楚州区对体弱儿筛查,年筛查体弱儿2000人,筛查率约10%;通过筛查,体弱儿中贫血、早产低体重、佝偻病、营养不良等占有一定比例,其中新生儿缺陷发生率波动在0.19%～3.2‰,5岁以下儿童中重度营养不良率已由2000年的2.5%下降至2008年的0.56%;每年还防治患龋齿儿童2000多名。

第八章　公共卫生

1982年后,淮安县卫生防疫站设置卫生宣教科、消杀科、监测科、食品卫生科等,建立卫生工作档案,实行系统管理。2003年12月后,基层卫生的监督、监测工作由区卫生监督所负责。

2004年9月,淮安市楚州区卫生监督所正式成立,所址在原区卫生防疫站院内,建筑面积有955.72平方米,有办公楼一幢,职工26名。所内设置办公室、许可审查科、法制监察科、监督一科、监督二科、监督三科6个科室;配备所长1名、副所长2名、正副科长12名。该所卫生防病监测中心,于1996年、2001年两次通过省计量认证验收,2002年新建艾滋病初筛实验室。

各乡镇防保所负责各种辖区内卫生监督工作。2005年以林集、席桥两乡镇为试点,将两乡镇卫生监督工作交由区卫生监督所直接负责。2007年,运西片卫生监督分所组建,由区卫生监督所派员担任分所所长。分所挂靠在林集镇防保所,下辖运西林集、范集、南闸、三堡4个乡镇防保所,负责运西片的卫生监督工作。

第一节　农村卫生

一、农村环境治理

农村卫生环境整治是新农村建设的五项实事之一。2006年,区政府将其纳入区"十一五"规划,成立农村新五件实事领导小组,制订实施方案,开始对全区农村环境卫生进行整治,以建立长效管理机制,解决农村"脏乱差"的问题。至2008年,全区26个乡镇、300多个村居清除集镇内部和集镇周边地区、国道、省道和区乡道路两侧、集中居住点、名胜景点、高效农业示范点、省市级25个试点村内部和周边以及主要河道的垃圾,共疏浚乡村河道973万立方米,清理河塘968个、沟渠652条。通过整治,各乡镇按不低于村总人口千分之一的比例配齐配足专职保洁员,每个乡镇建立1～2个垃圾填埋场,主次干道每50米配备一只垃圾桶,居民点配备垃圾箱;并建立集镇、村居环境卫生管理制度、保洁员责任制度、农副产品市场管理制度、环境卫生管理保证金制度,使农村环境卫生管理工作走上规范化、制度化、正常化轨道。区城管办负责农村环境卫生整治工作指导、督查,严格对照标准,评定合格乡镇、合格集镇、合格村,并兑现奖惩。

茭陵乡省级生态示范村大胡村

二、农村水源监测

2002年起,楚州区对自来水、井水等生活用水的水源水质进行卫生监督检测,卫生、公安、环保等部门配合,强化饮用水源的污染防范控制措施。2003年,全区采集农村各类水样265份,检测合格率90%。2007年,卫生监测农村生活饮用水,采样289份,检测合格率达95%以上。2008年,对26个乡镇级水厂、295个村级水厂采集水样209份,检测项目为色度、浑浊度、PH值、铁、锰、硝酸盐氮、细菌总数、大肠菌群、粪大肠菌群、耗氧量等,共检出不合格样品8份,不合格率为3.8%,不合格的项目主要是浑浊度、细菌总数、大肠菌群、粪大肠菌群。

三、农村食品卫生整治

2006年,为维护农民健康权益,楚州区按照市卫生局《关于开展2006年食品卫生专项整治工作的通知》要求,开展农村食品卫生专项(农村餐饮单位、农贸市场、副食品商店,主要以查处食品经营单位销售无生产日期、无保质期、无生产厂名的食品和餐饮单位无卫生许可证、从业人员未取得健康证明上岗等违法行为)整治工作。全区检查食品生产经营单位292家(其中餐饮单位112家、其他食品经营单位180家),农贸市场27个,查出违法经营的食品约800千克,立案处罚5户,罚款6000元。2007年,农村经营食品的有1600多户,其中领取食品卫生许可证的约占75%;专项检查233户,其中集体食堂42户、餐饮单位98户、食品经营和生产单位93户,发现经营不合格食品的有13户,查出问题食品320千克;有17户无卫生许可证从事食品生产经营,对其中7户进行立案处理。

第二节　职业病防治

1985年,淮安县卫生防疫站设立卫生监测科,负责职业病防治工作。1988年,有尘毒作业的工厂相继配备保健医生共35名。卫生监测科与总工会、劳动生产委员会每年都联合举办厂长、经理学习班,讲授尘毒防护知识,贯彻《尘肺管理条例》,建立乡镇企业卫生档案。1999年7月,全市开展学习宣传《江苏省职业病防治条例》。2002年5月,《中华人民共和国职业病防治法》实施,区卫生局、区总工会、区安监局联合在鼓楼广场举办学习《中华人民共和国职业病防治法》咨询活动。2002年,开展有毒有害化学品生产、销售和使用单位专项整治。2003年开展工人健康保障行动,调查职业病危险因素，全区申报企业19家（医院10家，工矿9家），监督5家，测试4家，其中2家粉尘超标，个人健康监护117人。2004年，区安全生产委员会对箱包、皮革、粮食加工、玩具制造、制鞋、家具制造、冶炼、砖瓦及装饰材料等职业病危害比较严重的行业和单位进行登记、整治，共有626家，其中有重度职业病危害7家、轻度100余家，在重度危害单位作业的职工有367人。通过健康检查，建立档案对乡镇企业、农村个体工商户专项整治。2006年3月，由区安全生产委员会牵头重点调查电子、化工纺织、冶金、建材、机械、电镀、水泥制造、印刷、皮革加工、制鞋、木材加工等行业的生产作业场所中存在的职业病危险因素，加强职业病防治工作。10月，区安全生产委员会制发《职业卫生服务实施方案》。2007年，举办有职业病危害单位负责人参加的职业卫生培训班，全区申报职业危害项目单位达91家，在职业病危害场所悬挂警示标志牌160块。

粉尘监测　1985年，县卫生防疫部门经对石棉厂、化机厂、纺机厂、水泥厂、农机厂等8个工厂粉尘浓度现场12个点粉尘检测，有9个点粉尘浓度超标；对120名工人摄胸片检查，有12人为尘肺观察对象，有3名肺结核、慢支、肺气肿病人，为职业禁忌症。1987年对12个工厂、17个采样点采集粉尘检测，有15个点的粉尘浓度超过国家卫生标准，体检880名接触粉尘工人，发现1例Ⅰ期硅肺病患者，观察对象3例，禁忌症15例。1988年，对有尘毒危害的26家工厂进行粉尘检测，对1325名接触粉尘工人中的756名工人进行体检，发现1名尘肺疑似患者。其中，建淮水泥厂水泥车间、水泥包装间粉尘浓度分别超过国家标准的6.7倍和25.05倍。2003年，采样监测建淮水泥厂水泥包装车间，粉尘超标6倍，体检12人，发现1名肺结核病人，为职业禁忌症。2006年，检测5个点粉尘，发现江苏省井神盐业有限公司车间粉尘超标严重，建议改进工艺，降低粉尘浓度。2007年，检测4家企业的4个点的粉尘，合格2个。2008年，检测2家企业，分析检测的29个有效数据，均达到国家职业卫生相关标准。全区两年间职业健康监护308人，合格率为94.8%。

毒物监测　从70年代起，县卫生防疫站重视对生产性毒物采样检测。80年代初，卫生防疫站对8个工厂的苯作业12个点采样、氰作业1个点采样，其中无线电组件厂、农机厂的喷漆车间因通风条件差，苯浓度严重超标。卫生防疫站为苯作业8个单位、铅作业2个单位、氰作业1个单位建立档案，将苯作业工人756人列为监测对象。1989年，卫生防疫站检测组件厂、印刷厂、淮安中学印刷厂、阀门厂等6个铅作业点，有3个点超过国家标准，28名工人体检尿铅均值偏高，此后每年对毒物作业点进行监测、形成作业工人体检制度。1992年，生产场所有害因素监测合格率84%。1993～1999年，卫生防疫部门对组件厂铅、苯各2个点进行检测。2003年，对南闸蓄电池厂进行监测，体检工人16人。2005年，体检工人20人。2006年，毒物监测4个点。2007年，对全区300多个单位毒源调查，检测生产有毒因素场所8个全部合格，职业卫生健康监护在岗工人124人。2008年，全区职业卫生监测2家，获取有效数据29个，均达到国家职业卫生标准；职业卫生健康监护4家，体检184人，合格168人，合格率达91.3%。

物理因素监测　该监测主要为放射源监测。楚州区放射源主要来自各级医院的X光机。1985年，卫生防疫站对全县37台X光机进行现场X线监测。1986年，经对X线机防护改造，现场X线监测合格率达100%。此后，每年对医院X光机现场，进行一次监测，凡有不合格的及时回馈。1986年，给放射人员体检。1988年，举办放射人员培训班。1997年聘放射防护监督员。从1998年1月起，按照卫生部发布的《放射工作人员健康管理规定》，放射工作人员一律持证上岗，接受个人剂量监测，每两年健康体检一次和防护知识复训一次。凡新就业的放射工作人员，上岗前必须申请办理《放射工作人员证》，方可从事放射工作。2000年，卫生防疫部门对近100名放射工作人员进行了健康体检和X线防护知识培训，开始佩带个人剂量计和报警仪上岗操作。2002年，监测辐射源36家，给放射人员体检，有12人查出结果异常，为职业病诊断提供依据。2003年，监测放射场所34家，42台X线机测试全部合格，68名放射人员个人剂量监测，均符合国家标准。2006年，根据卫生部《放射诊疗管理规定》，督查34家医院42台放射诊疗医用X线机，建立放射工作场所档案和83名放射人员个人剂量档案，给15家单位发放放射诊疗许可证。2007年，监督检查放射源使用和贮存单位7家，医用X光电离辐射单位10家，放射卫生监护110人，给30个医疗单位审批发放《放射诊疗许可证》，佩戴个人剂量证上岗的有83人，佩戴率为69%。2008年配合全国污染源普查，普查了医用电磁辐射设备、放射性同位素与射线装置情况。

医院消毒质量监测 2002年，卫生防疫部门制发《楚州区医院（卫生院）院内感染控制方案》。2003年，对医院室内空气、紫外线灭菌灯、消毒液、环境物体表面、灭菌器、医疗用品（一次性输液器、输血器、注射器、引流袋、产包、和麻醉穿刺包等）采样861份，检测合格率91.3%。2007年，对医疗机构进行传染病防治、医疗废物的处理等开展了执法检查。当年3～4月，区卫生局先后对楚州医院、中医院、妇幼保健院、皮肤病防治院、林集中心卫生院、席桥中心卫生院等医疗卫生机构，就各单位成立突发公共卫生事件应急小组及应急技术队伍，建立健全医疗废物管理组织、制度，落实各项医疗废物处理措施，配备必要的疫情网络直报设备，并保持直报网络畅通，规范传染病收治范围及诊疗活动，一次性医疗用品用后处理等等，作全面现场检查。经查，有部分单位无诊疗地点，设施不规范，存在交叉感染，缺少相对独立科室；部分中心卫生院门诊日志填写不规范；部分医疗卫生单位无消毒产品的采购制度和进货验收制度；部分单位无医疗废物管理制度，医疗废物交接登记、记录不齐；多数单位是医疗废物贮存超过规定时间并且在医疗废物、医院污水处理设施上存在较大差距。对出现问题的单位，区卫生局责成有关单位落实整改措施，全面规范了医疗机构传染病管理工作。

化妆品卫生监测 2003年，全区监测经营化妆品户20户次，检查180种特殊用途化妆品中无批号有6种。2006年，区卫生局依据《化妆品监督管理条例》对化妆品经营单位实施专项整治，查出在城区的36家化妆品经营单位及33家美容美发店中出售或使用的化妆品中，有20个种类进口化妆品无中文标识、无进口化妆品批准文号、无生产日期及保质期。2007年，监督检查1家化妆品生产单位和53家化妆品经销单位，未发现假劣化妆品。2008年，按照省、市卫生厅局《化妆品卫生专项监督检查计划》及《化妆品卫生专项整治工作的通知》的要求，对城区44家化妆品经营单位的国产、进口化妆品2大类、70个品牌进行检查，其中特殊用途化妆品18个品牌，进口化妆品2个品牌，普通化妆品50个品牌，全部符合《化妆品监督管理条例》关于化妆品标签、标识、说明书的要求。

第三节 学校卫生

学校环境监测 80年代，卫生部门曾对中学学生晚自习照明情况、中小学校环境卫生基本状况进行调查。1990年在林集、七洞两个乡镇开展农村学校环境卫生试点。1991年，驻城10所中、小学建立学校环境卫生档案。1998年对幼托机构的室内空气、环境物体表面等项目监测。2000年8月监督检查学校教室采光照明、人均面积、课桌椅、学生饮水供应、厕所、洗手设施、学生宿舍人均面积、洗浴设施、学生健康体检承担单位与学生健康管理，对学校新、改、扩建项目审查。2002年，对楚小、新安两所幼儿园进行消毒质量监测，对城区15所中小学卫生监督监测，对14所设高考考场的学校进行消毒和饮用水监督。2002年，监测学校523所；2003年对新安、楚州小学幼儿园的紫外线强度、物表细菌数、消毒液、小朋友及保育员手、空气监测采样40份，合格率为90%；并对新安、楚州实验小学、职业中学、楚州区第五中学等进行了教室的采光照明和课桌椅的调查。2008年，全区持有卫生许可证的学校98所，持证率95.1%。

学生视力监测 1991年前，卫生部门对城镇6所中小学进行追踪监测，发现学生视力不良率已由1986年的27.88%上升到34.27%。经调查分析，导致学生视力减退的原因包括书写的卫生习惯不良，阅读时间延长；环境较差，采光条件差，人工照明度不够，课桌密度高，桌椅高低分配不合理，黑板设计不合理，维修不及时；眼镜不符合要求。卫生部门先后在新安小学开展“倡导卫生用眼，做好眼保健操”为中心内容的综合性近视眼防治试点工作，并推广至全市。同时，卫生部门对眼镜店出售的眼镜质量进行抽样检测，发现有20%的眼镜不合格。

学生体质监测和疾病防治　80年代，建立学生健康卡。1989年，卫生部门在健康检查中发现白马湖中心小学学生蛔、钩、鞭虫感染率达60.25%以上，便举办学校校医和专职保健教师学习班，对全市17万名学生集体驱虫一次，服药率达95.6%，排虫率达35.59%。1990年，对市直9所中小学学生身体素质、健康状况作一次评估。1993年，对近8000名学生进行了体检，建立健康档案，之后每年对学生进行一次健康检查。

1990年，对村级以上学校保健教师进行卫生知识培训。1992年，在席桥、苏嘴、淮城、城东和市直部分学校的学生中进行血红蛋白测定追踪调查。1993年，在中小学开展学生驱虫工作和重点人群补碘工作。1994年5月，制发《淮安市学生常见病防治工作方案》，做好近视眼、寄生虫、营养不良、肥胖、沙眼、贫血、龋齿、脊柱弯曲等疾病防治。1999年，中小学校医务室进行规范化建设。2002年，建学校卫生档案，建学生健康卡片，开设健康教育课，同时开展多种形式的健康教育宣传。既重视学生常见病预防控制，亦加强预防艾滋病等重大传染病的宣传教育，推动创建健康促学校活动。

学校食堂治理　1998年，卫生部门对学校学生食堂集体用餐情况、食堂从业人员三证（健康证、培训证、上岗证）及食堂卫生许可证、食品加工场所布局、切配间、操作台、红白案的卫生条件等进行检查，验收托幼机构“卫生保健合格证”。2003年起每年对学校食堂从业人员进行健康检查。2006年，淮安市卫生局、教育局发出《关于开展学校食堂专项整治预防食物中毒的紧急通知》后，对全区64家中小学校食堂、106家校园内商店、115家学校周边食品生产经营单位进行专项检查，其中64家（城区16家，乡镇48家）中小学校食堂经过治理，领取卫生许可证42家，获A级单位3家。2007年，经两轮学校食堂执法检查，领取卫生许可证的有57家（农村40家，城区17家），量化分级，A级3家，B级12家。2007年，各学校成立食品安全领导小组，建立一把手负责制，建立健全各项卫生制度，实行监督员工作责任制和责任追究制。城乡82所各类学校食堂，领取卫生许可证的有62所，其中农村45所，城区17所。2008年底，学校食堂持证率达94.8%。

卫生部门对淮中食堂准备销售的食物进行检测（2006年摄）

第四节　公共场所卫生

公共场所卫生管理遵循1987年国务院发布的《公共场所卫生管理条例》和1991年卫生部发布的《公共场所卫生管理条例实施细则》进行。1995年，淮安市将公共场所卫生管理纳入创建国家卫生城市的工作中。2006年，楚州区制发《公共场所卫生服务实施方案》。

公共卫生场所卫生许可证审批　从1987年《公共场所卫生管理条例》实施起，申领公共场所卫生许可证的单位先填写“公共场所卫生许可证申请书”，经主管部门审核后送交卫生防疫站，经卫生防疫站卫生监督员按卫生标准和要求审查、监测，符合要求后发给由县卫生局签发的卫生许可证。1990年，前后领发公共场所卫生许可证约100户，到1998年增至180户。2000年达425户证件齐全。2006年，楚州区又编制、修订《楚州区卫生行政审批制度、服务指南、办证程序》，在办公场所公示“卫生许可证申请书”示范文本，公布卫生行政申请受理电话，一次性告知、公开、公示、受理、送达、办理、时限、听证、告知承诺等制度，明确审批服务时间和内部交接流程等，将行政许可、行政处罚、行政收费编入卫生行政政务公开目录，在网上发布。2007年始，楚州区组织卫生监督人员学习《公共场所卫生管理规范》，建立受理、审查、许可各环节的签交文书的制度，落实首问负责制、一次告知制和推诿拖办等责任追究制，确保每项申请都能在现场完成数据审查，并在3个工作日内进入现场审查，对审查合格者立即发给卫生许可证。

2006～2008年，全区共受理食品、公共场所、水、放射等行业卫生许可证申请1.15万件，其中由于环境、场所卫生状况以及产品质量不符合卫生要求未批准131件，无申请听证、复议、诉讼件。

公共场所卫生监督 1992年，公共场所卫生监督纳入创建省级卫生城市目标中，公共场所、饮食行业10多个主管部门300多个生产经营单位签订责任状，确保卫生管理责任目标的实现。经监督检查，公共场所卫生合格率达92%。1996年，卫生部发出《关于进一步改革完善公共卫生监督执法体制的通知》后，1997年，全市各类公共场所加强硬件投入，完善制度建设。卫生部门聘用的卫生监督员佩戴新标志上岗，对公共场所旅店业、理发美容店、歌舞厅、游泳场所、化妆品企业等进行卫生监督检查。2000年，卫生监督符合率达90%。2002年，为实现淮安市政府创建“四城”的目标，楚州区加强“五小行业”的监督力度，开展创优争先活动，表彰先进单位。至2005年，全区近500个公共场所有三分之二卫生达标，重点路段有85%的“五小行业”被授予“卫生合格单位”牌匾。2006年10月制订《公共场所卫生服务实施方案》，各小区配置巡查协管员，建立、健全长效管理机制。城区“五小”行业有1616户经综合整治合格，有83户被取缔和转向经营，实施行政处罚52起，其中实施一般程序予以处罚42起，罚款11.83万元。2007年，完善食品卫生、公共场所卫生、X射线影像诊断、集中式供水、医疗机构职业危害预评价程序，各类公共场所837户监督覆盖率达100%，其中城区523户，对不符合卫生要求的72户限期改正。全区共监测318户次，取得监测资料8865个。2008年监督各类公共场所842户，其中农村238户、城区604户（旅店176户、理发美容285户、浴室57户、歌舞厅23户、其它63户），对公共场所经营单位监督2400户次，发出卫生监督意见书1280份；立案查处8起违法行为案件，处以罚金，取缔无证经营6户。

从业人员健康体检 自1987年后，从业人员健康体检、卫生知识培训每年都进行一次。1995～1998年，公共场所从业人员近1300人，每年体检率在99%以上，卫生知识培训率达98%。2003年，建立从业人员健康档案，公共场所420家，体检从业人员1280人。2008年，集中培训从业人员460人，给4303名从业人员发放卫生知识培训合格证。2007～2008年，全区每年健康体检从业人员4400余人，30多人因患传染病被调离。

量化分级管理 2006年，贯彻执行《淮安市公共场所卫生监督量化分级管理实施方案》精神，楚州区先在餐饮和美容美发、旅店、浴室四个行业中全面推行，及时成立食品卫生、公共场所监督量化分级管理工作领导小组和食品卫生、公共场所卫生监督量化分级评审小组，同时制定具体工作方案，明确目标，落实责任，通过宣传培训、严格许可、专心指导、强化监督，使量化分级管理工作有序开展。2008年，公共场所经量化分级，被评为A级8～9个、B级27～32个、C级225～242个。

突发公共卫生事件处置 1998年，淮安体育场游泳馆因通风条件差，致30名中小学生游泳时出现皮肤过敏、咳嗽、发热，其中20名症状较轻，10名症状较重，被《公安信息快报》通报。2006年，楚州区制定了各类突发公共卫生事件应急预案，成立领导小组，组建5个由流调、消杀、检验、后勤等人员组成的应急分队，进行应急知识培训和实战演练，配齐了应急所需药品、器械，实行24小时值班制度。2007年6月，以新警园食堂发生中毒为假想案例开展食物中毒演练；9月，接受省级职业中毒突发事件应急演练考核。突发公共卫生事件处置领导小组成立后，2007年6月，处置城东工业园区大地高新磁电有限公司发生急性窒息性气体（氮气）泄漏职业中毒事故，8月处置了季桥镇富毅实业有限公司发生的职业性中暑事故。2008年10月中旬，开展了一次由多部门合作的食物中毒应急演练工作。当年处置了三聚氰胺问题奶粉事件，全区调查2.18万名婴幼儿，服用问题奶粉1.41万人，住院治疗47例，无死亡病例。

第五节　食品卫生

管理制度　1982年11月，国家《食品卫生法》公布后，食品卫生管理进入依法管理层面，淮安县按照《食品卫生法》的要求进一步建立和完善管理制度。从1983年起，开展《食品卫生法》宣传周活动，县人大开始一年一度的《食品卫生法》执行情况视察活动。1992年，淮安市创建省级卫生城市，将食品卫生监督、饮食从业人员健康检查、卫生知识培训列入每年正常工作；饮食行业主管部门和生产经营单位与创建省级卫生城市领导小组签订责任状。1993年，落实卫生部、国家工商行政管理总局发布的《街头食品卫生管理暂行办法》，全市当年核发卫生许可证837户，1994年，食品经营持证率达95%以上。1996年，淮安市卫生防疫站被省卫生厅确定为第一批食品卫生检验单位。1997年3月，省卫生厅确认淮安7名食品卫生监督检查员；4月，举办食品卫生监督检查员培训班，食品卫生许可证发放符合率达100%。1998年，对生猪屠宰点发放卫生许可证；收缴仅靠采购基酒勾兑白酒的生产企业卫生许可证。2000年，对全市1005户各类食品生产经营单位建立档案，卫生许可证核办率达98.8%。2002年，核发卫生许可证率达100%。2004年，对城区997户食品经营单位实行达标管理。2005年，推行食品卫生监督量化分级管理制度。2006年，区食品安全委员会调整组成人员，印发《楚州区食品放心工程实施方案》《楚州区食品安全委员会成员单位工作职责分解细则》《2006年楚州区保健食品安全专项整治实施方案》，建立重大食品安全报告制度，对食品新建、改建、扩建、续建工程进行预防性卫生审查和验收，“三证”（食品卫生许可证、从业人员健康证、卫生知识培训合格证）发证率达85%。2007年，全区组织28个乡镇的73名从事卫生检查工作人员学习《餐饮业和集体用餐配送单位卫生规范》《江苏省食品卫生许可证发放管理办法》《卫生行政许可申办程序》以及《卫生行政执法文书书写规范》等内容。食品卫生单位建立了卫生组织，配备了专兼职卫生管理员，建立健全食品卫生岗位制度、检查制度及奖惩制度；逐步健全了操作规程。2008年，各类卫生许可管理由过去的分散管理转变成有序、综合、统一的管理，给3383户新办食品卫生许可证。

食品从业人员体检发证　1978年起，坚持每年一次食品从业人员的体检、卫生知识培训。1993年，饮食从业人员体检904人，体检率达99.34%，卫生知识培训率达98.46%。1994年，食品从业人员发证率、持证率、体检率达到95%以上。到2000年，4530名各类食品生产经营单位从业人员均按规定建档。2003年，食品从业人员4430人参加体检，体检率99.34%，查出患“六病”者8名，调离原岗位。2006年，食品从业人员近6000人，健康体检和卫生知识培训率达96%，体检发现患有“五病”的12人被及时调离。2007年，食品从业人员有7600多人经健康检查和卫生知识培训，体检查出“五病”的30多人，被及时调离。2008年，食品从业人员健康体检查出患传染病39名，调离原岗位；卫生知识培训4228人，培训合格率98.2%，对经培训未达标的人员均进行了复训。

等级评定达标及量化分级管理　2005年，楚州区对食品经营单位实行卫生达标管理，举办10多期各行业人员参加的卫生标准培训班，当年1300多户中被评定达标的单位457个（食品加工46个、经营282个、饮食业129个），有51个餐饮单位合格，西长街、东门大街建成食品卫生示范街，重点路段有85%单位达标，被授予“卫生合格单位”牌匾。2006年，城区1670户食品生产经营单位卫生达标接近95%，许多餐饮业在创卫中被授予创建国家卫生城市“卫生合格单位”。2007年，城区近95%的达标户做到设施布局合理、生熟分开、防蝇防尘、设施齐全，库房内食品分类分架、隔墙离地存放。

2005年，楚州区制定量化分级管理要求及等级评定标准，多次组织大中型餐饮单位外出观摩学习、召开现场会，做到指导一片、整治一片、规范一片、巩固一片，突出抓好示范性路段。2006年经市专家组评定和区评审小组验收，餐饮业和学校食堂评出9个A级单位、85个B级单位、252个C级单位。2008年，全区的餐饮单位和集体食堂已全面实施量化分级管理。城区1151个餐饮单位，量化分级管理率为100%，其中A级单位9个，B级单位99个，C级单位1043个。等级食堂有A级3所，B级21所，C级50所。

食品经营、生产企业卫生监测 1991年，全市监测食品经营和食品生产单位的各类食品716件，合格率为88.83%。其中冷饮合格率为85.5%，冷食合格率为86.3%；粮食合格率为96.7%，植物油合格率为90%，非发酵豆制品合格率为61.3%，糕点合格率为92.3%，熟肉制品合格率为65%，水产品合格率为100%；蒸馏酒合格率为89.7%，配制酒合格率为100%，熟啤酒合格率为93.5%；酱油、醋、酱合格率为89.3%，其他调味品检测合格率为80%。1994年，全市抽检食品890件，合格率上升到87.19%，食品消毒采样1328份，合格率为86.14%。1995年，全市查处销毁不符合卫生标准的食品2320千克，封存24万千克，处罚9户。1996年，按"监督、指导、协调、服务"执法方针，食品卫生实行拉网检查，抽检冷食、饮料、熟肉及制品、月饼，查处销毁伪劣变质食品320千克，停业整顿饭店2户。1997年，全市采集食品样本合格率达88%，餐具消毒效果监测合格率达86%，又一勺美食娱乐城、淮城金林商店、大宝饮料厂、溪河供销社商城副食品柜、淮安市中学食堂等单位不符合卫生要求受到行政处罚。1998年，淮安市设立个体食品摊位专用场所，对24种保健食品进行专项治理，加强对亚硝酸盐管理，依法处罚都市风酒楼等经营单位。1999～2004年，卫生部门通过食品卫生监测，处罚食品卫生违法单位近70户，停业整顿6户，取缔2户；销毁过期变质、有毒食品12吨，罚款3万多元；纠正餐饮单位不规范操作行为150余处，监管市场销售"毒奶粉"。

2005～2008年，全区先后开展茶饮料、果冻、月饼、熟肉制品、白酒、调味品、保健食品、婴幼儿配方食品、膨化食品、饮料、液态奶、食品添加剂等专项检查，查处粮、肉、蔬菜、乳制品、豆制品、水产品、酒、饮料、儿童食品和保健品等十类食品滥用添加剂和使用非食用原料，新十类食品无证生产；对17类食品年取样3800多份抽检总合格率在91%以上，整治板闸肉皮加工添加使用吊白块(甲醛次硫酸钠)、集贸市场水发产品使用甲醛、熟肉制品亚硝酸盐超标，检查酒类市场的酒类标签标识、索证情况、卫生质量及豆制品生产加工单位场所卫生。全区卫生监测检查从1300多户次/年增到年3300多户次/年，合格率在94%左右；先后查处违法经营近200起，销毁不符合卫生要求的食品1000千克，罚款10多万元，取缔100多个无证经营户。

食品安全事故处置 2002年11月，楚州区实施食品卫生安全监督管理和突发事件应急处理工作预案，成立突发事件处理领导小组，下设医疗救治、卫生监督、检验检测及信息报导等四个工作小组，加强对重点食品、大宗食品的卫生监督。2005年，区政府发布《关于进一步加强食品安全卫生工作的意见》，印发《楚州区重大食品安全事故应急预案》和《楚州区食品安全责任制》，制订区食品放心工程三年规划。2007年6月，区政府下发《楚州区食物中毒事件应急处理预案(试行)》，本年处置了平桥镇孟集村两学生因吃卤菜店亚硝酸盐含量超标达100～200倍的猪头肉发生食物中毒事件。

第九章　爱国卫生运动

中共十一届三中全会以后，淮安将爱国卫生运动和精神文明建设相结合，在创建省和国家级卫生城市工作中，通过发动群众，集中力量治理脏、乱、差环境，进而加大卫生基础建设，使城乡的卫生面貌发生根本性的改变。至2008年，农村建立了相对完善的自来水供给体系，饮用自来水受益面达95%以上。农村新建的无害化厕所逐年增加。

区爱国卫生运动委员会是卫生工作的领导组织，其主任、副主任由区政府主要负责人兼任，委员会委员由相关部、委、办、局负责人兼任。下设办公室是常设机构，办公室主任一般由卫生局局长、副局长兼任，或设置专职主任、副主任。2003年，淮安市楚州区明确爱国卫生运动委员会办公室，为隶属区卫生局管理的副科级全额拨款事业单位，编制6人。

1989年起，开展一年一度的爱国卫生月活动，先后把精神文明建设、创建省级和国家卫生城市纳入爱国卫生运动中。在卫生月活动中，城市以环境卫生、食品卫生和除害工作为重点内容；乡镇以集镇卫生、灭鼠和农村改水工作为重点内容，把健康教育贯穿活动始终。1996年7月，淮安市召开城市环境卫生突击月动员大会，动员5200多人次参加清理打扫卫生。至1999年，全市发动群众清除积存垃圾共600多吨，拆除违章建筑、清除不卫生死角600多处，文渠清淤2.8万立方米，清除污水13万立方米，砌筑主导围墙660米，护坡193米。2000～2002年，全市清理垃圾1.7万吨，修建垃圾池5个，疏浚下水道9700米，修补市区主干道3400平方米，拆除过期或未经审批的户外广告4600个、匾牌790个，拆除违章搭建111起，清理乱贴乱画3500多处。2006～2008年，爱卫会检查督导区直医疗单位、个体诊所的医疗废弃物、污水、污物处理及感染科室的建设，使之达到国家规定标准。

第一节　除“四害”

除害灭病是爱国卫生运动的一项重点内容。1991年，淮安市监测农村鼠密度为0.1%，市区鼠密度为2.5%，灭鼠投药率98%以上。淮城镇、平桥镇灭鼠活动成绩突出被评为灭鼠先进单位。1992年，淮安市被淮阴市爱卫会命名为“灭鼠先进县”。1994年春季，平桥、七洞等乡镇开展灭鼠活动，秋季，淮城开展灭鼠活动。1995年，全市1/4乡镇开展全境灭鼠，淮城镇灭鼠工作通过省复查。1996～2004年，市（区）财政每年投入3万元左右用于灭鼠、灭蝇、灭蟑、灭蚊，先后通过省灭蝇城市和省爱卫会达标验收。2005～2008年，区爱卫会抓春季或秋冬季灭鼠，夏灭蚊蝇、灭蟑等除害工作。各单位积极开展室内外环境整治，清除“四害”滋生地。区疾控中心提供“四害”密度监测及分析数据，灭鼠做到五统一（统一指挥、统一行动、统一药物、统一方法、统一时间），先后建毒饵站1500余座，投放溴敌隆、大隆等灭鼠药8.2吨，投放灭蝇药3.6吨。区粮食、贸易等系统做好本系统内“四害”防治工作。城区各饮食店、单位食堂、五小行业等防蟑、防鼠堵洞抹缝达95%以上，放防鼠板达80%以上。由于有效控制了“四害”密度，加之其他有关工作扎实有效，楚州区通过国家卫生城市考核验收。

1997～2006年楚州区（淮安市）病媒生物密度情况统计表

表30-7

年份	鼠	蚊	蝇	蟑螂	年份	鼠	蚊	蝇	蟑螂
1997	1.72	4.58	3.45	0	2002	1.08	1.69	2.12	0
1998	1.29	5.12	3.08	0	2003	0.08	0.53	1.72	0.44
1999	0.45	1.48	1.73	0	2004	0.07	0.48	1.54	0
2000	1.04	2.32	2.66	0	2005	0.07	0.44	1.47	0
2001	1.25	2.1	2.58	0	2006	0.25	0.36	0.28	0

第二节　农村改水改厕

楚州区农村改水工作起步于80年代。淮安县于1984年在复兴乡进行简易自来水厂试点工程，1985年，在朱桥、施河、城东推广。到1986年底，全县共建成7家小型自来水厂，年受益人口达3.2万人。之后，农村改水工作一直未停，平均每年有大约5万～7万人口受益。自1992年起，农村改水经费采取民办公助的原则，争取外来资金的援助。各部门对农村改水用地、用电和物资给予支持，税务部门给予减税照顾。到1996年，农村改水净受益人口85.2万人，普及率达95%以上。1999年，省、市财政给予人均15元的配套资金，调整市农村改水领导小组组成人员，由一名副市长兼任领导小组组长负责改水工作。2003年，区政府制定农村改水三年规划，提出《关于加快农村改水工作的实施意见》。是年，投入资金670万元，完成37个行政村的改水任务。至2005年，全区农村建立相对完善的自来水供给体系，91.4万人饮用自来水，受益面达95%以上。2008年，全区建乡镇级水厂26个、村级水厂295个，全部建立档案；采集209份水样，经检验不合格8份，主要是浑浊度、细菌总数、大肠杆菌群超标；供管水工作人员384人，体检326人。部分乡镇水厂创建成省先进水厂，有一部分通过市级一体化管理合格验收，还试行拍卖改为民营管理。

农村改水改厕是惠及百姓、治理农村环境卫生的根本措施之一。在政府财政资金的扶持下，1991年，卫生部门在三堡乡芦滩村推广沼气池，共建三联式厕所300个。1992年，印发《淮安市农村改厕试点方案》，先在泾口完成改造100个厕所，之后农村不间断地进行无害化厕所改造。2003～2005年，每年建成无害化厕所6000座，建成1个无害化厕所普及村。2006年，制定《农村环境整治工程改厕实施方案》，针对不同的经济条件和生活习惯，推广技术可靠、造价低廉、便于管理、群众易于接受的无害化卫生厕所。区卫生部门将改厕与提高农村环境卫生质量有机结合起来，开展“清洁家园、清洁河道、清洁村庄”行动，以改造公路、镇村主干道两边的露天粪坑、旱厕为重点，向周边辐射，改善农村的环境卫生面貌。全区完成卫生厕所3500座，其中城东乡赵徐村建无害化厕所500座。2007年，全区完成卫生厕所9243座。2008年，区卫生部门在三堡乡举办“农村户厕改造培训班暨现场观摩会”，召开户厕改造施工人员会议，开展农村改厕百日竞赛活动，全年完成户厕改造2.02座。

第三节　创建卫生城市

1990年，淮安市开始创建省级卫生城市。7月，淮安市创建卫生城市领导小组成立，从宣传、公安、卫生、爱卫办、工商、城建等部门抽调8名工作人员组成创建办公室，设宣传组、卫生检查组、城建环卫组、市场管理组、交通秩序组、淮城综合治理组，每组设置6名工作人员，由部门负责人担任组长，制订详细工作方案，开展创建工作。9月，领导小组组织有关职能部门部分人员，赴江阴市考察卫生城市创建工作。1992年5月，市政府出台淮安市创建卫生城市和卫生集镇规划，年底通过省级卫生城市评审。为强化卫生城市长效管理，1995年8月成立城市管理监察大队。1998年6月，市调整创建卫生城市领导小组成员。领导小组下设办公室，另设置7个专业组，即宣传组、环境保护组、市容环卫组、卫生检查组、市场管理组、交通秩序组、淮城综合整治组。1999年7月，淮安市爱国卫生运动委员会办公室与淮安市城市管理办公室合署办公，实行一个机构、两块牌子。通过加强领导，强化舆论宣传，狠抓专项治理，落实长效管理措施，淮安市创建卫生城市工作顺利通过了省级卫生城市复检。

2002年，楚州区成立创建国家卫生城市领导小组，下设办公室。2月，区政府召开创建国家卫生城市动员大会。2003年5月，区政府抽调人员分5个组对27个乡镇爱国卫生工作进行检查验收，博里镇被命名为楚州区第一个区级卫生镇。2004年8月，区政府印发《楚州区创建国家卫生城市责任体系》。9月，区四套班子及千余名干部在城区21条主干道、20多个居民小区突击清理卫生。区政府投入2100万元，对永怀路、南门大街、车站广场等主干道、公共场所维修，完成旱厕22座，19条后街背巷改造，增设垃圾桶、果壳箱220个，美化亮化建筑物立面62幢，对人文景点美化亮化，创星级文化街8条，对照国家卫生城市10大类60条标准对占道经营、交通秩序、集贸市场混乱等现象综合治理。2005年，区政府又投资新建改造了7座垃圾中转站，维修改造42座公厕。20多名老干部自发组织创卫督查队，每周到城区大街小巷义务执勤。全区在创卫中新增道路面积28万平方米。公路管理站投入90多万元，在翔宇大道、华西路、新淮中路段安排33人，配置清运垃圾车30多辆，全天保洁；先后在公交站台配备垃圾箱、桶130多只，突击清除白色垃圾3800立方米；投入6.2万元购置机动清扫车一辆，加强保洁力量。修补坑塘3500立方米，在华西大道两侧清理垃圾1600立方米，铲除杂草4万平方米。

2005年，楚州区创建国家卫生城市工作通过省级模拟考核，季桥镇创建成市级卫生镇，季桥镇孔周村创建成省级卫生村。2006年4月，楚州区通过国家爱卫会技术考核。是年，楚州区按照创卫要求，利用各种载体，开展多种形式的宣传活动；明确各部门各单位创卫工作职责、任务、标准要求，进行量化考核；从区委组织部、纪委、督查办抽调专人跟踪督查；坚持每周星期六例会制度，通报工作进展情况，创卫指挥部各位指挥带领有关部门和单位负责人深入现场解决创卫工作中的难点。至2008年底，全区建成省级卫生镇1个（博里镇）、省级卫生村3个（博里镇王庄村、席桥镇黄桥村、季桥镇孔周村），建成市级卫生镇3个（车桥镇、施河镇、南闸镇）、市级卫生村6个（席桥镇黄桥村、建淮乡鹅钱村、城东乡站前村、宋集乡高陈村、席桥镇浦马村、南闸镇黄浦村），建成农民健康教育合格乡镇3个（淮城镇、博里镇、施河镇），建成农民健康教育合格村1个（华亭村）。

第四节　全民健康教育

1985年，全县建立三级健康教育组织网络，在县、乡、村配备健康教育兼职人员。1989年，全市开展对农民系统健康教育，并从第一个爱国卫生月活动开始，设立健康咨询点，在学校开设健康教育课。组件厂、农机厂、地毯厂、丝绸厂等单位进行工人健康教育办班试点。淮城镇勺湖居委会进行小区健康教育试点。各级医疗部门向患者发放健康手册。1990年，淮安市实施农民健康教育工作三年规划，30个乡镇、504个行政村的65%以上的农户参加农民健康教育培训班。1995年后，按"全国亿万农民健康促进行动"要求，淮安市在小区、工矿企业、学校、医院等开展健康教育工作。城区6个小区开展多种形式健康教育工作，先后举办工人、居民健康教育培训班，居民覆盖率达60%以上，工人覆盖率达90%以上，城乡556所中小学校全面开设健康教育课，并做到"四有"（即有课时、教材、教案、考试）。此后各行各业健康教育工作基本走上正常化、制度化、规范化的轨道。全区建立健全区、乡镇、村居三级健康教育网络，每年组织一次基层网络人员健康教育培训班，参加省、市组织的健康教育培训班。农村还进行预防农药中毒的知识宣传教育，提高农民严格保管农药、安全使用农药、预防农药中毒的意识。2002年，淮安市政府提出"四城"（清河、青浦、楚州、淮阴）共创。健康教育成为"四城"共创的目标之一。至2004年，区卫生局与爱卫会办公室共同成立领导小组，制定实施方案，以朱桥、泾口两个乡镇为试点，带动全区健康教育工作。领导小组先后制作宣传版块在泾口、朱桥、淮城三乡镇巡展，印发农村居民健康知识应知应会100题。全区各级医院、村卫生室都开具健教处方，设立宣传栏、开展创建无烟单位活动。厂矿、小区、机关、新闻单位，公共场所全面开展健康教育。中小学健康教育开课率达100%，做到“五有”（有教师、教材、教案、课时安排、考核），开展“红领巾学百题、进百家”健康宣传活动，征集中小学师生有关健康教育文章。邀请专家开展“相约健康小区行”开办传染病、慢性病防治等知识讲座。

2005年12月，区健康教育和健康促进工作委员会成立，下设办公室、区健康教育所，落实健教人员、经费。至2008年，楚州区制订《健康教育工作实施方案》，制发《2008年楚州区“亿万农民健康促进行动”江苏省示范县（区）创建工作方案》。区创建指挥部多次召开全区健康教育工作会议。区疾控中心举办多期健康教育网络人员健康教育知识培训班，培训健康教育师资1500人次。楚州医院门诊及各病区、瞻岱居委会在所在地和漕运菜场等处设立健康教育宣传栏；夯轮寺巷设立80块墙体宣传板块；建成韩信路健康教育一条街，面向人行道建健康教育广告箱体。楚州医院、楚州区妇幼保健院、楚州区中医院等众多单位成为无烟单位。各乡镇健康教育以点带面，先以车桥、朱桥两个乡镇为试点，后增加林集、范集、季桥3个试点乡镇，然后各乡镇先抓好两个试点村，再向各村推广。各乡镇、村设置宣传栏360多处，每季更换一次宣传内容。区直单位向挂钩帮扶村居义务赠送健康教育读本，健康教育入户率达99%以上。区疾控中心开展结核病、艾滋病、计划免疫、糖尿病等常见病防治、食品卫生和心理卫生等知识的宣传，普及基本保健知识、人身安全、意外伤害等基本技能；乡镇防保所到中小学检查建康教育工作543次，培训健教师资181人；开展学习科学，拥有健康，享受生活的“相约健康小区行”主题活动。

第十章　医政管理

第一节　社会办医管理

个体诊所管理　1989年前，社会医生私人开业须向卫生局医政股提出个体开业申请，经审查符合批准要求，可予批准，但只批准10名个体医生开业。1989年起，申请个体开业人员须进行考核，考核合格，方能报批。1994年，按市政协提案要求，医政股对个体开业人员进行调查整顿，整顿合格的16人批准继续开业。7月，医政股按《淮安市（民营）医疗机构管理工作办法》对符合申报的70余人进行考核，考核合格27人，发给个体开业执照；对基本具备开业资格的30人发放个体医生开业许可证。至2008年底，全区批准城区、农村共61家诊所私人开业，执业科目有西医内科32家、牙科3家、五官科1家、口腔科2家、中医科、骨伤科5家、中西结合科1家、推拿针灸理疗4家。

自1991年起，医政股要求凡领取开业执照的个体医生，做到门诊有登记、取药有处方，严格执行药价政策，处方保管2年以上。2000年，医政股公布个体医疗机构管理方案，个体开业人员每季度第一个月参加一次例会，每年进行1至2次实践、理论考核，按时缴纳管理费，按执业资格执业，无静脉输液许可证的执业者严禁输液，严禁私自带徒或执业助手，完善各项规章制度、行医规范、进药管道正规。2003年，医政股对批准执业的个体诊所的组织管理、人员配备、基础设施和规章制度执行的情况进行监督检查，对超范围经营、私招乱聘、发布违法医疗广告、基础设施面积不足、布局不合理、违反医疗操作规程和缺少相关规章制度的，先整改，后验收，再换发《医疗机构执业许可证》，之后每年校验换证一次。2004年，组织个体开业医生参加输液许可证考试，给考试合格者发放输液许可证。2006年，要求个体诊所面积达60平方米，四室（诊断室、治疗室、观察室、药房）分开，每室独立；每所至少有1名执业医师、1名执业护士，中医诊所配有中药士以上药剂人员；有与开展医疗科目相应的医疗设备;健全规章制度等。

1990年以后,城区和乡村集镇私人开业的诊所不断增加。1994年,医政股按政协提案要求调查私人开业情况,取缔14个个体诊所。1995年公布《淮安市医疗机构设置规划》后,取缔非法行医6人。1998年,执行国务院《医疗机构管理条例》和卫生部《医疗机构管理条例实施细则》,核准个体开业执业许可证、执业科目、执业人员,取缔无证经营的个体行医点。2002年,区卫生局制发个体医疗机构管理方案,整顿医疗市场,并组建卫生执法大队。2005年,成立由区卫生局、整规办、科技局、公安局、监察局、人口计生委、工商局、药监局八部门的主要负责人参加的"淮安市楚州区打击非法行医专项行动领导小组"。2006年,根据《省打击非法行医专项领导小组办公室关于开展飓风系列行动的通知》精神,制定了《楚州区打击非法行医专项行动方案》,开展"飓风一号,保障农民健康"专项行动。2007年,开展"依法执业、安全就医"宣传活动,继续打击违法行医。在上述打击行动中,全区每年取缔约30多人无证行医,最多的年份有50多人。医政股还查处某些医疗单位超范围经营、发布违规医疗广告,及无证开办性病诊所等,没收了价值数十万元的医疗器械和药品,净化医疗市场;受理群众来信来访,查办多起医疗事故或纠纷案件。2008年,楚州区开展"蓝盾二号""蓝盾四号"行动,取缔非法行医15起,收缴医疗器械18件,没收非法从事诊疗活动的药品40箱(件),共立案处罚23起,罚款金额4.5万元,有效打击了非法行医者的违法行为,规范医疗市场秩序,切实保障了人民的身体健康。

乡村医生管理　1983年,恢复乡村行政建制后,"赤脚医生"改称为"乡村医生"。为巩固乡村医生队伍,办好村卫生室,卫生部门制订了乡村医生培训规划,逐年落实培训措施。乡村医生在培训期间,系统学习医药基础知识,参加临床实习,毕业后根据所学专业分配做医疗、卫生防疫、妇幼保健、药房等工作。卫生部门定期对他们进行业务技术考核,考试成绩进入乡村医生档案。1993年,全市有150名乡村医生参加函授,44名乡村医生报考医士专业,4个乡的乡村医生评定职称。2000年,全市清退不合格乡村医生73人。2001年,全区有74名乡村医生获乡村保健员职称,127名获乡村医士职称,62名获乡村医师职称。2002年,贯彻执行国务院《关于农村卫生改革指导意见》,确保乡村医生在5年内获得执业资格,楚州卫校开办乡村医生中专学历教育提高班。由于村级区划调整,2500人口以上的村或服务半径超过1.5千米的村可设置二个村卫生室,村医按1.5/千人配备,其中必须有1名女村医。2007年,卫生部门对全区1776名乡村医生进行登记,其中527名不具备注册资格,由区组织一次培训,参加省统一组织的考试。村卫生室管理,主要按《中共中央、国务院关于卫生改革与发展的决定》和全省卫生工作会议提出的乡村卫生机构一体化管理,加强对村卫生室规范化、制度化建设。

第二节　医院管理

楚州区医院分二级,即县区级医院、乡镇(中心)卫生院。

1978年起,县区级医院贯彻落实卫生部《关于加强县医院工作的几点意见》《全国医院工作条例》《医院工作制度》,按上级要求和具体情况制订医疗、后勤等各项管理制度。1988年,淮安市医院设置院办室、医务科、总务科、财务科等。医院配院长一人、副院长二人,负责医院的行政和医疗工作;各科配正副科长一人。1992年4月,市医院实施每周三行政查房,现场解决管理科室存在的问题。1994年4月,市医院创建二甲医院,加强医院的软硬件建设。自1998年起,市医院多次获得"市十佳医院""市文明单位"称号,及全国市场诚信建设组织委员会颁发的"质量、服务诚信示范单位"荣誉称号。2002年,实行定编、定员、定岗,压缩部分行政后勤人员,调整科室人员。2004年,医疗、护理、财会、药材、行政及后勤管理部门实施微机化管理。2005～2008年,参加全国医院管理和创建平安医院活动,先后举办由管理人员参加的医院管理理念、管理方式与艺术、医院思想工作及医疗法律法规等专题讲座。市医院按照二级医院标准要求建设医院，坚持院周会、院办会、院早会、院查房、季度考核过堂会。

1978年，乡镇卫生院贯彻落实《全国人民公社卫生院暂行条例》。1983年，行政改制，公社（中心）卫生院改为乡镇（中心）卫生院，实行院长负责制，中心卫生院配副院长，一般卫生院配院长助理，实施考勤、考绩、考德和经济指针综合目标管理责任制。1987年，卫生院实行县乡分管、以乡为主的管理体制，卫生院院长由乡镇任命，人事由人事局与卫生局共管，大部分乡按每人每年1～2元筹集资金，用于卫生院的基本建设。从1992年起，在省农村卫生三项建设资金的支持下，淮安市每年统筹资金给3～5个乡镇卫生院用于危房改造，或建门诊、病房楼，少数卫生院发展工副业，获取经费补偿。1994年，卫生院试行由个人承包经营。1996年，卫生院推进美化、绿化和“三配套”建设。2003年，卫生局在上河、平桥、流均、施河4个卫生院试行“院长收入与经营业绩挂钩”的院长年薪制，至2006年扩增至13个卫生院。是年，试行两权分离的管理改革，卫生局与车桥、朱桥、苏嘴、博里、季桥、淮城6个乡镇卫生院签订管理协议；南马厂、淮城、席桥等9个卫生院与医药经营部门签订药房托管协议。

第三节　执业医师　执业护士注册

1999年5月1日起，淮安市执行全国人大常委会第三次会议通过的《中华人民共和国执业医师法》。2003年，全区开始执业医师注册登记，认定2002年度执业医师考试合格人员143人；为591名取得执业医师资格人员注册发证，其中1999年前取得执业医师资格认定的老人员有376人，参加考试的人员有215人。之后，楚州区每年进行对参加国家执业医师考试合格人员的资格认定和执业注册。2008年，区医院对执业医师的执业资格进行清理，限期整改2人，转岗2人，清退2人。年底，全区有各类注册的执业医师909人。

1994年，贯彻执行国家先后出台的《护士管理办法》《护士条例》开始护士注册管理工作，截至2008年，有注册护士911人。

第四节　医疗质量管理

1976年后，淮安县医院和其他各医疗机构修订了各项规章制度和医疗技术人员的工作职责。1981～1984年，县卫生部门抽查病历，甲级病历由60%上升到90%；抽查处方符合率在90%以上。1989年，市卫生部门对前两年住院死亡病历36例进行回顾性分析，将死亡病人、危重病人、大手术病人作为医疗质量控制的重点对象。1992年，乡镇卫生院对病房设施进行配套，统一医疗文书的格式、特殊药品包装，淘汰35个检验项目。医政股调阅乡镇卫生院105份小儿肺炎住院病历，其中甲组病历占42.8%，并组织夜急诊检查。1994年1月，医政股批复各医疗单位可开展的外科手术项目，停止经考核不合格的卫技人员从事外科及接产、人流、上环、清宫四项手术。1995年，淮阴市卫生局通报淮安市医院、中医院放射科摄片质量，甲级片占1.1%～2.3%，乙级片占57.8%～62%。医政股开展医疗、护理人员“三基”学习训练。1996年，卫生部门对住院医师进行规范化培训。1998年，板闸卫生院基因扩增检验项目停止。2001年，区医院派人到省人民医院跟班学习管理。中医院将每周二定为质量活动日。2003年，区医疗技术专家支持组成立，负责指导乡镇卫生院危重病人的救治。各医疗单位建好危、重病人讨论记录、医生护士交班记录、院、科（组）两级质量监控小组活动记录“三本台账”，严格执行消毒隔离制度，做到责任到人。2004年，医院感染管理小组成立。全区医疗单位综合评定，病床使用率大于60%，平均住院日少于6天，门诊处方合格率大于98%，门诊病历书写合格率大于90%，特殊诊断设备检查阳性率大于20%。2005年，医院实行机构、人员、技术准入制度，进行重点科室规范化、标准化建设。2006年，医院落实二级查房、疑难危重病例的讨论、重大手术术前讨论等制度的落实，建立质量监控网络组织。中医院取消无执业资格的医务人员的"处方权"。2007年，楚州区成立医疗质量督导组。2008年，医政科抽调区医院部分医护人员对乡镇卫生院的医护质量进行督查指导。2006～2008年，区医院先后派多名人员参加省卫生厅举办的各类管理培训班，邀请香港教授史晓群、北大教授林雪讲授管理新理念。省中医院、省妇幼保健院把区中医院作为挂钩单位，经常派专家坐诊、指导工作。

第五节　医疗安全管理

1979年8月至1987年，淮安县发生多起使用10%氯化钾及亚硝酸钠液致死病例，酿成医疗责任事故。1994年后，全市每年发生的医疗纠纷或医疗事故多则15起，少则5起，给医患双方造成重大损失。提高医务人员的医疗安全意识和医疗风险防范意识、强化医疗安全的监控机制，提高医疗质量，是建立和谐医患关系的基础。1996年，淮安市制定《加强医疗安全管理意见》。2001年，各医院成立医疗质量和医疗安全监控领导小组。2002年，区卫生部门组织院长、医疗组长学习新的《医疗事故处理条例》，加强对急诊科、外科、妇产科等重点科室管理，落实医疗安全责任制。医疗部门与保险公司签订医疗事故保险协议，增强处理医疗事故的赔偿风险能力。2005年，区卫生部门加强医疗安全的环节管理，将外科、妇产科、儿科等易发生纠纷的科室作为安全监控重点，严格手术审批制度、重大手术术前讨论制度，术后病人的离体标本必须做病理检查，无病检条件的医院，其标本送区医院或中医院检查，建立重大医疗过失行为和医疗事故报告制度。2007年，楚州区建立医患纠纷人民调解委员会，从区医院、中医院挑选具有副高以上职称的医疗、护理、药剂、影像等专业的专家65人组成人民调解员医学专家人才库。

第六节　输血管理

1978年，淮安县人民医院取缔原个体性质的输血组，成立淮安县医院输血室。1985年，县人民医院输血组进行整顿，已超龄的输血员停止输血工作。1995年，执行卫生部《关于加强血液管理的通知》，献血员实行一人一证（供血证），体检不合格的予以淘汰。1996年对各乡镇输血员进行体检，体检不合格的输血员停止输血。1998年3月，淮安市人民医院成立中心血库。1999年起，淮安市人民医院依法加强血库、输血员、采血点的管理。

1992年，在市红十字会的倡议下，淮安市开展无偿献血宣传周活动。到1995年，无偿献血人员达3000人，年采血60万毫升，占临床用血的36%。1999年，淮安市政府成立献血工作领导小组，市医院700名职工参加献血签名、体检，有40多名职工当场献血。至2000年5月，该院80余名员工无偿献血达2万毫升。2003年，楚州区共有50多个部门和单位4950人次参与无偿献血，无偿献血99万毫升，占临床用血的83%，跃居全省先进行列。至2008年，全区共发放无偿献血宣传资料13万份，政府机关、部门、企事业单位、学校、医院等累计无偿献血4.12万人次，累计献血936.72万毫升，无偿献血占临床用血比例100%，临床用血达成份输血99.5%。

第三十一篇　体　育

1978年中共十一届三中全会后，淮安体育工作逐渐恢复正常，机构日臻完善，群众体育活动频繁，设施得以改善，运动水平不断提高。一批省、市体育传统项目相继在学校开展，中、小学体育代表队不仅能在地市组织的竞赛中摘金夺银，而且能在省组织比赛中取得好成绩，有的学生还代表省参加全国性比赛。同时，职工和农民体育得到普及，职工、居民、老年人中，球类、棋类、桥牌、信鸽、钓鱼、冬泳、气功、太极拳、自行车慢骑等活动丰富多彩。体育竞赛开始走向社会化，出现了厂矿赞助、民办公助和行业邀请等形式。农村经济发展带动农民体育活动的广泛兴起，从根本上改变过去缺设施、乏经费、少活动的状况。在体育改革中逐步形成中小学校或基层训练点、区（县、市）业余体校形成的多层次、多渠道、多形式业余训练网络，实现科学选才。体育事业经费逐年增加，体育训练场地不断扩容升级。

1979~2008年，参加地、省、全国、国际级比赛获奖（牌）1500多次（枚），运动技术水平进入同类别先进行列；承办全国、省、地级比赛90多次，从根本上改变了70年代前淮安从未举办过省、地级比赛的局面。80年代初期，淮安县体委在普及群众体育活动的基础上，向提高体育运动水平，攀登国内国际水平目标奋进，抓提高，选好苗，精心培养，涌现出国际级篮球运动健将孙凤武、围棋国手邵震中等优秀运动员。1986年，淮安县被评为全国体育先进县，1987年被评为首批全国体育标杆县。1996年，淮安市贯彻执行《中华人民共和国体育法》，努力巩固和发展体育先进县的成果，促进社会体育、学校体育协调发展。1997~2005年，楚州区全面实施《全民健身计划纲要》和《江苏省全民健身条例》，重视群众体育优先发展战略，培养和输送出女子柔道世界冠军刘欢缘等。2006~2008年，楚州区施行《国家体育锻炼标准》取得显著成效，施行面达到100%，培养输送出赛艇世界冠军吴崇魁。楚州区连续三年被省体育局评为苏北地区县级体育工作先进单位、江苏省县级业余训练先进单位。

第一章　机构　设施

中共十一届三中全会以后，随着经济改革开放的发展，楚州区政府认真落实“全民健身”战略，加强对体育工作的领导，支持群众办体育，各种体育组织、协会纷纷建立；进一步加大对体育投入，体育运动设施不断更新并逐步完善，全民体育意识普遍增强，体育活动逐步走上常态化、制度化、社会化的轨道。

第一节 体育局

1972年,淮安县撤销军管,并于当年10月重新建立县体委。1985年,县体委增加人员编制,配备股室干部。1986年,县体委设办公室、行政股、群体股、竞赛训练股,为争创全国体育强县,当年又增设体育馆、体育场、体育服务部、业余体校等机构。1988年2月,淮安县体育运动委员会更名为淮安市体育运动委员会。2001年2月,淮安市体育运动委员会更名为楚州区体育运动委员会。2001年10月,楚州区体育运动委员会更名为楚州区体育局。2008年,区体育局内设办公室、行政股、群体股、竞赛训练股,下辖体育馆、体育场、体育服务部、业余体校4个单位。全局设有行政编制3名,事业编制37名。

第二节 业余体校

1973年,淮安县青少年业余体校成立,1976年体校与体育场合一。1986年,县青少年业余体育学校定编15人,经费由县财政全额拨款,是当时全省最早恢复创办"集中学习、集中训练、集中生活"的三集中体校之一。当年,业余体育学校设有篮球、划船、游泳、乒乓球、田径、足球等项目。2001年,体校整体拆迁,2003年入驻新建成的体育中心。2008年,业余青少年体校有专职教练7人,其中高级职称1人,中级职称4人,初级职称2人,全部是本科学历;开设篮球、手球、足球3个运动培训项目,共有学员140名。学校设有1个400米塑胶跑道田径场、2片28米×15米篮球场、800米×200米水面皮划艇训练基地,同时配有全套形态测试仪器、体重脂肪仪、掌式乳酸仪、2块心率表、2台电脑,能够满足运动训练需要。至2008年,学校多次被评为"江苏省业余体校先进集体""省青少年奥林匹克俱乐部",先后有2人两次被评为"全国业余训练先进工作者",是省高水平体育后备人才赛艇单项训练基地。

业余青少年体校 (2005年摄)

第三节 体育团体

"文化大革命"后,各种体育团体陆续恢复新建。1979年8月,淮安信鸽协会成立。1984年7月,县武术协会成立,有会员135人,设有12个辅导站。1985年以后,在争创全国体育先进县过程中,淮安县又先后成立了县篮球协会、老年体育协会、围棋协会、气功科学研究会以及钓鱼、健美协会,足球、象棋、乒乓球等乡镇体育协会亦相继建立。2004年,各乡镇都成立了体育协会。2007年4月13日,楚州区成立体育总会。经民政部门注册并参加正常年检的体育总会,负责对其余13家体育团体进行业务指导和管理。

第四节　体育设施

一、体育场

新中国成立后,原“叶挺体育场”改称为“淮安体育场”,政府多次拨款修建。1983年4月,政府在体育场室内建成长25米、宽8米四泳道的游泳池;同年,在体育场内建成占地面积1600平方米、可容纳观众1920人的体育馆。1988年,体育馆安装观众席木质靠背座椅,增开疏散门。体育馆内设有电动计时计分器、玻璃钢篮球栏板,可举行高层次的篮球、排球、乒乓球等项目的比赛。淮安县先后在此承办了国际国内的篮球、排球、乒乓球等多项体育比赛,接待大型文艺团体演出。场馆附设录像厅、游乐室等设施。2001年,区体育场有6道400米环形跑道、1个标准足球场、两片灯光篮球场和3000个座位的水泥看台,可进行县级田径、足球、篮球、大型团体操等项目比赛。同年,楚州区政府开发建设漕运小区,体育场被拆除。2003年12月,区体育中心建成并投入使用。新建成的体育中心可容纳1.2万名观众,设有乒乓球厅,配有8×400米标准塑胶跑道和天然草地球场,可举办较大类型的体育赛事和大型群众性集会活动。2004～2007年,实施体育健身工程,包括篮球架317副,乒乓球桌634张。2008年乡镇体育中心工程建设,包括健身路径26套,室内健身器材26套,每套19件。

二、乡镇体育设施

70年代初,石塘、淮城、运河、城郊等人民公社新建了篮球场。1985年,其他乡镇加快了体育设施建设。1986年底,全县32个乡镇场都设有篮球场和乒乓球室或棋室,其中水泥篮球场共有22个。2008年底,楚州区32个乡镇场建有篮球场600多个,其中水泥篮球场22个,乒乓球室600多个。

三、学校体育设施

1976年,溪河镇朱周小学建成1个长100米、宽50米的露天游泳池。1991年,全市中小学、中专学校共拥有250米田径场11片、300米田径场4片、足球场8片、排球场2片和1个室内儿童游泳池。2000年,建淮中心小学、马甸中心小学、泾口中学、博里中学、仇桥中学、复兴南季小学等10所学校体育运动场地建成投入使用。2001～2008年,江苏省淮安中学、淮安市车桥中学、季桥中学、范集中学等15个学校先后建成塑胶跑道,楚州中学建成学校体育馆。

第二章　体育队伍

70年代后期,淮安县学校通过体育课、课外体育锻炼和运动会培养运动员。对青少年业余体育采取“文化学习在学校,训练集中在体校”的半集中方式,培养运动员。同时,体育主管部门除上级分配专职教练员、裁判员外,还采取“送出去请进来”的办法,组织学校体育教练员到体育院校培训或请专业人员上门辅导，多层次科学培养选才。至2008年，楚州区有国家级裁判员365人；专兼职教练员12人；区青少年业余体校有男女篮球、足球、手球甲乙丙级队10支计140人。先后向省以上专业运动队输送优秀运动员158人，培养出球类、棋类、摔跤、赛艇等国际、国家级运动的员多人，为全区培养了体育骨干，为国家和省培养输送了体育人才。

第一节　裁判员　教练员

一、裁判员

1978年，淮安县有国家等级裁判员1人。1991年，淮安市有一级裁判员9名、二级裁判员25名、三级裁判员40名。2008年底，全区有国家级裁判员365人，其中一级裁判员15人，二级裁判员150人，三级裁判员200人。

二、教练员

1978年，淮安县体育场有专任教练员2名，开展篮球和田径2个项目的训练；各学校无专职教练员队伍。1978年以后，体育主管部门经常组织体育教练员到体育大专、本科院校进行培训，同时侧重培训中小学体育教师，培训方法是由专职教练员上门进行辅导。1991年，全市有专职教练员8人，其中等级教练员4人。2008年，全区有专兼职教练员12人。

第二节　运动员

1978年，青少年业余体校有运动队员126人。1986年，共有队员148人。淮安县对青少年业余体校队员采取半集中方式（即文化学习在各学校，训练时集中到体校活动）进行训练。2008年底，青少年业余体校有男女篮球6支队伍计80人，男子手球两支队伍计30人，女子足球两组计30人。

孙凤武

孙凤武（1962.3～）男子篮球运动员。1970年入淮安县业余体校篮球班训练；1976～1977年，入省少体校；1979年2月入选省青年队，同年11月成为江苏队中最年轻的队员。1980年10月，代表国家青年队参加在泰国曼谷举行的亚洲青年篮球赛，孙凤武任队长，率队以不败的战绩夺取冠军。1982年3月，孙凤武进入国家队，任核心后卫、队长。孙凤武在国家队效力达十年之久，参加过三届奥运会（1984年洛杉矶、1988年汉城、1992年巴塞罗那），三届亚运会（第九、十、十一届），五届亚洲男篮锦标赛和三届大学生运动会，获得6次亚洲冠军、世锦赛第九名和奥运会第10名。是中国少有的“国际级篮球运动健将”之一。1992年，巴塞罗那奥运会结束后，孙凤武从国家队退役，派任新加坡国家队总教练。1996年，任江苏南钢篮球俱乐部总经理、总教练。1998年，调北京，任精狮篮球俱乐部总经理、总教练，兼任北京体育大学教练。2002年，出任国家青年女篮主教练，率队获得世青赛第三名。2005年，出任国家青年男篮主教练。2007～2008年，出任中国女篮二队主教练。

邵震中（1958.10～）男子围棋运动员。1973年冬，参加郑州围棋邀请赛，获少年组的第三名。1976年5月，成为江苏省围棋队专业棋手。1977年夏，入北京国家围棋集训队。1980年10月，国家集训队正式成立，成为首批正式队员。1980～1981年，获全国围棋个人赛第四名。1981年3月，在日本东京获得第三届世界业余围棋锦标赛冠军。1982年，在中日青年“三番棋对抗赛”中，以2比0战胜对手；1982年、1983年、1986年，在全国围棋个人赛中均获亚军。1983年8月，在全国第三届围棋国手赛上获冠军。80年代初期，邵震中与马晓春、曹大元、刘小光并称为中国年轻一代棋手“四大天王”。1982年，国家实行围棋段位制，邵震中被定为六段，1983年5月至1995年6月，在全国围棋升段赛上由七段升为九段，成为江苏省第一位九段棋手。1984年起兼任江苏省棋院副院长。1987年11月被推选为中国围棋十强之一。1997年5月任省棋院院长；8月加入中国民主同盟，任江苏省政协第八届委员。

刘欢缘

刘欢缘（1983.3～）女子柔道运动员。1993年3月至1994年6月，在淮安市青少年业余体校篮球队训练，1994年7月至1995年8月进淮阴市体校（泗洪县体育中心业余体校柔道队）训练柔道，1995年9月，被输送到省女子柔道队训练，2002年1月进入国家集训队。

1998年，获江苏省第十四届运动会女子柔道78公斤级冠军。2003年获韩国亚锦赛女子柔道78公斤级冠军。2004年先后获法国世界女子柔道A级赛冠军、广西全国女子柔道锦标赛78公斤级和无差别两项冠军、德国国际女子柔道世锦赛冠军、中国国际柔道公开赛冠军、日本福冈国际女子柔道锦标赛无差别级冠军。2006年获多哈亚运会女子无差别级冠军。2007年获曼谷世界大学生运动会女子柔道78公斤级冠军。

吴崇魁（1989.3～）男子赛艇运动员。1999年9月至2000年12月，在淮安市青少年业余体校训练，2001年，在淮安市体校训练。2002年，调入省赛艇队训练。2003年2月，进入南京市水上运动学校。2004年，获江苏省轻量级双人双桨无舵手冠军。2005年11月，进入国家赛艇队。同年获十运会男子轻量级双人双桨无舵手冠军。2006年，获世界赛艇锦标赛男子轻量级4人单桨无舵手冠军，同年还获得多哈亚运会男子轻量级单人双桨1000米冠军，实现中国男子赛艇选手在国际大赛上金牌零的突破。2007年，获赛艇世界杯一、二站男子轻量级四人单桨无舵手冠军。2008年，获赛艇世界杯第一站男子轻量级四人单桨无舵手冠军。

第三节　体育人才输送

随着体育工作的发展，楚州向上级运动队及各级体育学校输送人员数量不断增多。从1963年开始，楚州区向各级青少年体校和运动学校输送青少年学生运动员，至2008年底，约输送158人，其中女生40人。

至2008年底，全区计向国家及省和大军区运动队输送运动员90人，其中女运动员21人。包括篮球、围棋、举重、摔跤、女子柔道、赛艇等体育运动门类运动员。

1980～2008年部分年份楚州区（淮安县、淮安市）向省以上运动队输送人员一览表

表31-1

年　份	项　目	姓　名	性别	运动队名称	备　　注
1980	篮球	孙凤武	男	国家男篮	队长
	篮球	孙　红	女	江苏女篮一队	主力队员
	游泳	杨树桐	男	江苏游泳队	—
	游泳	杨晓琴	女	江苏游泳队	—
1982	自行车	朱小芳	女	江苏自行车队	后转江苏女篮二队
1985	游泳	谈五梅	女	江苏游泳队	—
		周正荣	男	江苏游泳队	—
	摔跤	闵永健	男	江苏摔跤队	1988年调国家集训队
1987	游泳	朱文兵	男	江苏游泳队	—
		周正伍	男	江苏游泳队	—
	篮球	施建军	男	江苏男篮二队	主力队员
	足球	吴泽中	男	江苏足球二队	—
		孙　刚	男	江苏足球一队	后调国家青年足球队
	女手	王达梅	女	江苏皮划艇队	—
1988	游泳	王海峰	男	江苏游泳队	—
		王　泳	男	汪苏游泳队	—
	女手	宗　中	女	江苏划船队	—
	羽毛球	孙　全	男	江苏羽毛球二队	—
1989	毽球	周素红	女	江苏柔道队	—
	摔跤	颜小枫	男	江苏摔跤队	—
	柔道	吴泽勇	男	江苏柔道队	—
1990	划船	胡　峰	男	江苏皮划艇队	—
		胡江华	男	江苏皮划艇队	—
		陈爱兰	女	江苏皮划艇队	—
		葛生冯	男	江苏皮划艇队	—
		徐道民	男	江苏皮划艇队	—
	篮球	秦永春	男	南京部队男篮二队	—
1991	摔跤	王庆九	男	江苏摔跤队	—
	划船	宋建芳	女	江苏皮划艇队	—
		胡宏慧	女	江苏皮划艇队	—

续表 31-1

年　份	项　目	姓　名	性别	运动队名称	备　注
1991	划船	季　强	男	江苏皮划艇队	试训队员
		张　猛	男	江苏皮划艇队	试训队员
1992	柔道	任夕海	男	江苏省体育工作队	—
1993	篮球	丁　亮	男	江苏体工队	—
1994	棋类	孙　辉	男	江苏体工队	—
	田径	张海萍	女	江苏体工队	—
	划船	张　猛	男	江苏体工队	—
	篮球	刘欢缘	女	江苏体工队	—
1996	田径	洪　峰	男	江苏体工队	—
	划船	高　磊	男	江苏体工队	—
		李海兵	男	江苏体工队	—
		方永彩	男	江苏体工队	—
		郑　进	男	江苏体工队	—
		周其兵	男	江苏体工队	—
		郑云会	女	江苏体工队	—
1998	划船	金　殿	男	江苏体工队	试训队员
		许小虎	男	江苏体工队	试训队员
1999	篮球	方韦韦	男	江苏体工队	—
		纪以红	男	江苏体工队	—
	划船	马玉龙	男	江苏体工队	—
2000	田径	高　健	男	江苏体工队	—
	划船	曹广辉	男	江苏体工队	—
		侍卫清	男	江苏体工队	—
		侍卫淮	男	江苏体工队	—
2001	划船	李丹丹	女	江苏体工队	—
		马欢欢	男	江苏体工队	—
		孙道利	男	江苏体工队	—
		丁杰师	男	江苏体工队	—
2002	游泳	王如珠	女	江苏体工队	—
		李　磊	男	江苏体工队	—
2003	划船	吴崇魁	男	江苏体工队	—
2004	田径	夏　彪	男	江苏体工队	—

续表 31-1

年　份	项　目	姓　名	性别	运动队名称	备　注
2005	篮球	于　翔	男	江苏体工队	—
2006	田径	赵耀辉	男	江苏省体工队	—
2007	游泳	陈　硕	男	江苏体工队	—
		黄　亮	男	解放军海军部队	—
2007	划船	李兆帅	男	江苏省体工队	—
		朱伟伟	男	江苏省体工队	—
		朱文田	男	江苏省体工队	—
		孙海龙	男	江苏省体工队	—
2008	田径	尤筱晓	女	江苏体工队	—
		焦雅雪	女	江苏体工队	—
		史乐乐	女	江苏省体工队	—

第三章　竞技体育

第一节　竞技项目与训练管理

一、竞技项目

1978年，淮安县体育比赛项目有篮球、排球、羽毛球、划船、游泳、武术、乒乓球、田径、足球、象棋等。1983年始，增加围棋比赛项目。2000年始，增加皮划艇比赛项目。该项目是市队县办项目，每年参加全国及省的比赛。至2008年底，楚州区竞技体育共设有男子篮球、男子手球、女子足球、游泳、皮划艇5个竞技运动项目。

二、训练管理

1978年，淮安县以青少年业余体校为基地，强化对运动员的业余训练。之后，对竞技体育运动员采取集中与分散相结合的方法，抓好运动员的训练，中小学校普遍加强田径、篮球、赛艇、手球等项目的训练，做到定运动员、定教练员、定训练时间、定训练计划。区业余体校集中拔尖的田径、篮球、女子小足球、女子手球运动员，利用先进的体育设施进行训练。2000年以后，训练管理实行“三个重抓”重抓重点项目、重点对象的训练，每年把尖子运动员输送至省队集训或培训，以提高运动员训练水平；重抓教练员队伍建设，对各队教练员引入竞争机制，实行目标管理、竞争上岗，优胜劣汰，调动教练员积极性，同时聘请外地优秀教练员到楚州帮助训练运动员，全面提升篮球、足球运动员的水平；重抓激励措施落实，区体育局每年与教练员、运动员签订目标责任状，明确奖励标准和条件，激励他们共同努力、协调配合，争创佳绩。

第二节 举办承办竞赛

一、举办区级体育竞赛

从1978年开始,楚州每年都有五六次运动会和各单项竞赛。1978~2008年底,楚州共举办各类运动会116次,其中中小学生运动会45次、农民运动会15次、职工运动会28次、儿童运动会21次、青年运动会11次、综合运动会18次、军体运动会10次。全区共举办各类单项竞赛9次,竞技项目20多个,分为老年、青年、少年、幼儿及家庭妇女、工人、农民、民兵、学生、职工计10种类型。

1978~2007年部分年份楚州区(淮安县、淮安市)中小学生运动会一览表

表31-2

运动会名称	时间	参赛人数(人)	比赛地点
淮安县第九届中小学生田径运动会	1978年5月	378	体育场
淮安县第十届中小学生田径运动会	1979年5月	402	体育场
淮安县第十一届中小学生田径运动会	1981年5月	413	体育场
淮安县第十二届中小学生田径运动会	1982年4月	411	体育场
淮安县第十三届中小学生田径运动会	1983年4月	398	体育场
淮安县第十四届中小学生田径运动会	1984年4月	402	钦工中学
淮安县第十五届中小学生田径运动会	1985年10月	395	车桥中学
淮安县第十六届中小学生田径运动会	1986年12月	412	体育场
淮安县第十七届中小学生田径运动会	1987年11月	382	体育场
淮安市第十八届中小学生田径运动会	1988年11月	416	体育场
淮安市第十九届中小学生田径运动会	1989年5月	403	体育场
淮安市第二十届中小学生田径运动会	1990年5月	384	范集中学
淮安市第二十一届中小学生田径运动会	1991年5月	396	体育场
淮安市第二十二届中小学生田径运动会	1992年5月	402	体育场
淮安市第二十三届中小学生田径运动会	1993年9月	403	体育场
淮安市第二十四届中小学生田径运动会	1994年10月	398	体育场
淮安市第二十五届中小学生田径运动会	1995年10月	378	体育场
淮安市第二十六届中小学生田径运动会	1996年5月	422	体育场
淮安市第二十七届中小学生田径运动会	1997年5月	391	体育场
淮安市第二十八届中小学生田径运动会	1998年5月	396	三堡中学
淮安市第二十九届中小学生田径运动会	1999年10月	420	车桥中学
淮安市第三十届中小学生田径运动会	2000年10月	412	体育场

续表 31-2

运　动　会　名　称	时　间	参赛人数（人）	比赛地点
楚州区第三十一届中小学生田径运动会	2001年5月	398	车桥中学
楚州区第三十二届中小学生田径运动会	2003年10月	397	钦工中学
楚州区第三十三届中小学生田径运动会	2005年5月	393	体育场
楚州区第三十四届中小学生田径运动会	2007年10月	398	范集中学

二、承办市级体育竞赛

1978年以后，楚州多次承办淮安市级体育竞赛，至2008年共承办17次。

三、承办省级体育竞赛

1973年，淮安县开始承办省级体育竞赛活动。1978～2008年，楚州共承办省级体育竞赛34次，多次被省体委评为“最佳赛区”“优秀赛区”。

1978～2008年部分年份楚州区（淮安县、淮安市）承办省级体育竞赛一览表

表31-3

时　间	竞　赛　名　称	备　注
1978年5月	省第九届运动会棋类比赛	—
1978年7月	省第九届运动会排球赛	—
1979年7月	省业余体校篮球赛	—
1981年8月	省基层小学足球赛	—
1982年7月	省少年篮球赛	—
1983年7月	省少年足球赛	—
1984年7月	省少年女子篮球赛	—
1985年6月	省毽球选拔赛	—
1985年7月	省小学传统学校乒乓球赛	—
1986年8月	省“希望杯”足球赛	—
	省第十一届运动会职工篮球赛	淮阴赛区
1986年11月	省农民“丰收杯”篮球赛	—
1988年5月	省第一届农民运动会农业银行“储蓄杯”摔跤赛	—
1988年7月	省小学生传统学校男子篮球赛	—
1988年10月	省钓鱼比赛	—
1989年7月	省少年男子篮球赛	—
1989年9月	省农民“丰收杯”篮球赛	—
1991年11月	省第二届农民运动会摔跤赛	—

续表 31-3

时　间	竞　赛　名　称	备　注
1999年	省青少年男子甲、乙组篮球赛	—
	省青少年男子甲、乙组足球赛	—
	省少年儿童国际象棋赛	—
	省青少年拳击赛	—
2000年	省少年男子甲、乙组篮球赛	—
	省青少年儿童国际象棋赛	—
	省第四届中学生足球赛	—
2001年	省青少年儿童国际象棋赛	—
	省十五届运动会职工部比赛	—
	省青少年摔跤、柔道和传统校小学生篮球赛	—
2003年	省少年甲、乙组排球赛	—
	省少儿国际象棋赛	—
2004年	省青少年排球赛	—
2005年	省少儿象棋赛	—
2007年	省青少年少年儿童象棋赛	—
2008年	省女子甲组排球赛	—

四、承办全国性体育竞赛

1983年，楚州开始承办全国性体育竞赛，至2008年底，共承办各类全国性体育竞赛8次。

1983～1991年部分年份淮安市（淮安县）承办全国性体育竞赛一览表

表 31-4

时　间	竞　赛　名　称	参　赛　单　位	备　注
1983年10月	全国第十届青年篮球协作赛	新疆、上海、广东、福建、浙江、成都、重庆、广州、南京、江苏	—
1986年7月	全国业余体校手球联赛（男女队）	北京、辽宁、上海、江苏、甘肃、安徽、广西、山西	—
	全国业余体校少年乙组足球邀请赛	安徽、四川、江苏、淮安	—
1987年4月	全国“汤沟杯”青年排球联赛	广州部队、济南部队、贵州、北京	淮安赛区
1987年6月	全国甲级篮球女子八强赛	—	部分场次
1988年4月	全国青年“微多杯”“仙鹤杯”篮球赛	福建、江苏、上海、黑龙江、天津、淮安	
1989年8月	全国“长城电扇杯”女篮赛	—	部分场次
1991年10月	全国篮球联赛	—	淮安赛区

第四章　群众体育

第一节　学校体育

一、体育教学

1978年，淮安县中小学校推行《国家体育锻炼标准》，坚持每天做1次广播操，1次眼保健操，每周安排2节体育课和2次课外体育活动。1979年，全县执行《体育工作暂行规定》《卫生工作暂行规定》。1981年和1982年，淮安县分别举办第六套成人广播操和第六套儿童广播体操骨干培训班，并在全县中、小学全面推开。1988年，淮安市执行江苏省发布的中学生体育锻炼合格标准，学校的“两课”（体育课、活动课）、“两操”（广播操、眼保健操）逐步形成制度。1990年开始，全市推广第七套广播体操。1993年起，淮安市贯彻执行德、智、体全面发展的教育方针，深入贯彻《学校体育工作条例》，深化学校体育教学改革，面向全体学生实施终身体育教育，坚持“四为主”方针（以增强学生体质为主、普及为主、经常锻炼为主、卫生保健为主），提高体育教学质量。全市小学一二年级学生每周上体育课4节，三至六年级、初中学生3节，高中学生2节，同时每天分别做早操或课间操1次，眼保健操2次，保证中、小学生每天体育锻炼1小时。1993～1999年，全市幼儿园贯彻执行国家教育委员会颁布的《幼儿园工作规程》，逐步扭转重智育轻体育、重上课轻游戏、重室内活动轻户外活动的倾向，依据《幼儿园教育指导纲要》开展一系列科学合理的体育活动，不断增强幼儿身心素质。幼儿体育活动主要以学会基本动作、基本体操和传统的体育游戏为主。1999年，全市推广全国中小学第八套广播体操。2000～2008年，小班幼儿开展以模仿动物、人物或其他形象动作如“小鸟飞”“大象走”“绕线线”等形象活动；中班和大班幼儿开展如“小小飞行员”“小青蛙跳田埂”，徒手操、红旗操等表演活动。

二、学校体育竞赛

1978～2008年，各中、小学每年举行校运动会及单项体育活动比赛；全区每年举办一届中小学生田径运动会。其间，2000年11月9日，淮安市第31届中小学生田径运动会在市体育场举行，社会各界人士近4000人参加了本届运动会开幕式。全市高、初中和小学共43个代表队592人参赛，比赛项目有长跑、短跑、跳高、跳远、铅球、跨栏、标枪等。

1978～2008年楚州区（淮安县、淮安市）小学生女子田径最高纪录一览表

表31-5

时　间	地　点	姓　名	项　目	运动会名称	成　绩
1982.05	清江	张玉梅	1500米	淮阴地区第8届中小学田径运动会	5＇15＂6
1982.11	清江	张玉梅	400米	驻城中小学生田径运动会	1＇11＂2
			800米	驻城中小学生田径运动会	2＇38＂
1989.10	淮安	何丽	100米	淮阴市三项小全能比赛	14＂3
			铅球（3）	淮阴市三项小全能比赛	8米

说明：1991年后，未做统计

1978～2008年楚州区（淮安县、淮安市）小学生男子田径最高纪录一览表

表31-6

时　间	地　点	姓　名	运动项目	运动会名称	成　绩
1981.08	清江	吕明海	男子200米	淮阴地区第8届中小学生田径运动会	28"6
	清江	史书兵	男子800米	省一淮连协区田径赛	2'32"
			1500米	淮阴地区第8届中小学生田径运动会	5'9"4
1982.05	清江	淮安队	4x100米接力	淮阴地区第9届中小学生运动会	56"1
	清江	史书兵	400米		1'5"3

说明：1991年后，未做统计

1978～2008年楚州区（淮安县、淮安市）中学生女子田径最高纪录一览表

表31-7

时　间	地　点	姓　名	项　目	运动会名称	成　绩
1978.04	南京	艾青	五项全能	省第9届运动会	2457分
1979.02	无锡	周雪萍	800米	省长跑比赛	2'23"7
1980.05	清江	季仁梅	铁饼（1）	淮阴地区中小学生田径运动会	31.92米
1981.10	清江	阮秀琴	3000米	淮阴地区第3届农民运动会	10'53"9
1982.11	淮安	杨文英	400米	驻城中小学田径运动会	1'11"9
1988.08	东海	淮安队	4x100米接力	省县级田径比赛	53"1
		叶娟	标枪（600）	省县级田径比赛	33.96

说明：1991年后，未做统计

1978～2008年楚州区（淮安县、淮安市）中学生男子田径最高纪录一览表

表31-8

时间	地点	姓名	项目	运动会名称	成绩
1979.11	地区体校	郑玉贵	5000米	淮阴市长跑破纪录赛	16'35"
1980.06	南京	郑玉贵	800米	江苏省中学生运动会	2'2"6
			3000米	江苏省中学生运动会	9'9"9
1981.08	清江	淮安队	4x100米接力	淮阴地区第8届中小学生田径运动会	48"9
		董旭晶	200米		25"
1983.05	清浦	金军	铅球（6）	淮阴市首届中小学生田径运动会	12.56米
		高军	100米		11"8
1984.05	建湖	张浩	三级跳远	省田径分区赛（县级比赛）	13.37米
1986.05	沙洲	金军	铁饼（1.5）	省县级田径赛	39.12米

说明：1991年后，未做统计

三、体育传统项目学校

1983～1991年，淮安县（市）体委和教育局根据师资、生源、体育设施状况，先后确定县级体育传统项目学校11所。经省、市体育和教育部门考核后，有4所被列为淮阴市级体育传统项目学校，即淮安县中学、新安小学、淮师附小、勺湖小学；有1所被列为省级体育传统学校，即溪河镇朱周小学。

体育传统项目学校在体育的普及和提高中发挥了良好作用。1985年，被国家教委、国家体委命名为全国游泳项目传统学校的溪河镇朱周小学，全校80%以上师生都会两种姿势游泳，校代表队经常代表省和淮阴市参加比赛。至1991年，该校代表队共获全国比赛金牌3枚，银牌10枚；获省比赛金牌156枚，银牌208枚。有4人21次打破15项同龄组游泳纪录。至2008年，未有变化。

第二节　社会体育

一、职工体育

1978年，全县职工体育活动比较活跃，运动项目有棋类（象棋、围棋）、球类（篮球、乒乓球、排球）、田径、体操、游泳、射击、自行车、钓鱼、武术等。1980年以后，县卫生、供销、粮食、纺工、建工、供电、邮电、教育、金融、机械、税务、物资等系统纷纷建立业余运动队；部分乡镇先后组织起体育代表队。当年，县内各系统职工组织篮球、乒乓球、象棋、桥牌、游泳、钓鱼、信鸽竞翔、广播操等项竞赛100多次，参加者近万人次。1988年12月，淮安棉纺织厂举办首届运动会，设有田径、篮球、乒乓球、摔跤等14个项目，500多人参赛，参赛人员占全厂职工总数的50%以上。2000年7月8日，由市委宣传部、市委办、市体委联合主办，市房改办、淮安宾馆协办的市直机关“房改杯”第二届运动会在淮安宾馆和体育场举行，设乒乓球、扑克牌（80分）、中国象棋和自行车慢骑4个项目，52个单位的348名职工参加比赛。2001～2005年，全区职工开展体育竞赛活动80多项次，其中区总工会与有关单位联合举办比赛29项次，1160多人次参赛；企业自行开展职工体育活动19项次，640多人次参加。2007年，楚州区体育局与区总工会联合举办了“春节体育活动周”，设乒乓球、中国象棋、围棋等项目，近200人参赛。2008年，区体育局先后会同有关部门联合举办了庆“三八”体育比赛、第十届“总渠杯”乒乓球比赛等。

1985年，机关单位举行自行车慢骑竞赛

二、农民体育

1985年，淮安县政府启动创全国体育先进县工作。各乡镇场纷纷举办农民体育运动会，项目有篮球、排球、乒乓球、羽毛球、足球、田径、游泳等。同年，淮安县举行第一个农民春节体育周活动，有30余万人参加，还有农民专业户集资举办体育邀请赛。1985年9月，淮阴市首届农民杯篮球赛在淮安体育馆举行。淮安县朱桥乡代表队获男篮第三名。11月，淮安首届农民运动会在体育场举行，比赛的项目有田径、篮球、乒乓球和棋类4个。1986年，泾口乡被省体委评为省级体育先进乡。1987年，溪河乡朱周村组队参加省首届农民游泳比赛，在11个项目中获10个项目的金牌，并代表江苏省农民游泳队参加全国首届农民游泳比赛，男女均获团体总分第二名，并获单项奖牌26枚。1989年9月，淮安市举行第三届农民运动会，车桥镇获田径团体总分第一名，七洞乡、顺河乡分别获男子篮球赛第一名和第二名，林集乡获乒乓球赛团体第一名。2000年，省委宣传部、省体委、省农民体协联合主办江苏省第四届农民运动会象棋比赛，淮安市选手陈建东获得个人冠军，孙晓明名列第四名。2001年以后，由于青壮年农民大多外出打工，农民体育活动陷入低谷。

三、老年人体育

1978年，老年人体育活动以自由活动为主，活动时间为清晨或傍晚；活动场地为城区的体育场、镇淮楼广场、烈士陵园等处。有组织的老年人体育活动始于1980年，由县老干部局、体委和总工会组织。1986年，老年人体育协会成立后，老年体育活动有了进一步的发展。体委、老年人体协和老龄工作委员会在1986～1989年间，举办了老年人健康知识讲座5次，以及老年人跑步、健身走以及中国象棋、围棋、乒乓球比赛18次；举办"练功十八法""太极拳""香功""智能气功"等学习班4期，参与人员计1600余人次。1990年，在淮安市第三届职工运动会上，老年人表演了气功、关节操和老年舞蹈。1991年以后，全市老年人体育活动以娱乐、健身强体和分散自练为主，组织集体活动为辅。活动项目有气功、太极拳、木兰剑拳、象棋、扑克牌、桥牌、钓鱼、乒乓球等。老年集体活动主要是老年秧歌队、腰鼓队、健美操队表演。1993年以后，全市各个晨（晚）练点，每天都有老年人参加锻炼，城区尤为突出，每天参与锻炼的老年人近千人，以打太极拳、木兰拳、跳中老年迪斯科、交谊舞、打羽毛球，练气功等为主。2001～2008年，区老年人体育协会每年都组织一次扑克牌（淮安掼蛋）、乒乓球比赛。

四、残疾人体育

1986年，淮安县楼东居委会残疾人高祥飞参加淮阴市伤残人乒乓球比赛获单打冠军。1987年，参加省残运会获铅球比赛第五名和乒乓球单打第六名。同年，高祥飞代表江苏参加全国伤残人轮椅篮球赛，获"最佳中锋"称号，被评为"精神文明运动员"。1991年，高祥飞在省残运会上获乒乓球单打第二名。同年，淮安建立一所特殊教育学校，一些聋哑儿童在校受到了体育教育，开始了田径、球类等项目体育锻炼。

第三节　全民健身

中共十一届三中全会以后，楚州群众体育得到飞速发展。90年代，国家颁布《体育法》，江苏省颁布《全民健身条例》，全市广大群众积极响应，投入到全民健身的活动中去。城乡居民晨练、晚练；机关干部绿色低碳出行，以步代车，骑车上班渐成风尚。2000～2008年，每年元旦，组织中小学生、市民、工人、军人、机关干部参加全区万人健身长跑活动。至2008年底，全区城乡有健身点483个，参加体育活动的人数达60余万人。

一、健身活动

1978年，淮安县大部分市民为生活奔波忙碌，疏于锻炼，只有极少数市民开展自发性体育锻炼活动。1995年，淮安市贯彻执行国家《全民健身计划纲要》，参加健身活动的群众逐步增多。2002年以后，楚州区贯彻《江苏省全民健身条例》，逐步实施"八个一工程"（建立组织网络、举办全民健身周活动或体育运动会、建设全民健身工程、建立社会体育指导员队伍、建立国民体质测定站、建立晨晚活动点、举办全民健身科普系列讲座、形成特色体育项目），全民健身运动蓬勃开展。城乡居民坚持晨练、晚练，漕运广场等地每天有数千市民参加太极拳、木兰拳、中老年迪斯科、羽毛球、气功、交谊舞、跑步等锻炼活动；机关干部上下班以步行、市民早晚散步的人数不断增多。农村居民晨练、晚练逐步增多并形成常态。同时，全区充分发挥各体育单项协会的龙头作用，开展群众喜闻乐见的乒乓球、棋类、足球、篮球等体育活动。2004年，楚州区在淮安市老年太极拳比赛中获得全市团体第一名和个人第一名。是年，在马鞍山举行的全国太极拳比赛中，楚州区有7人参赛，共获3块金牌、4块银牌、5块铜牌。次年，市民宋宝成应邀到日本参加太极拳比赛。至2008年底，区钓鱼协会自筹资金，十多次参加全国及省、市的比赛。市民李兆军获得“金陵杯”钓鱼比赛冠军。

2000年，淮安市开展首次“淮安市供销大厦杯”城区元旦万人健身长跑活动（以后每年元旦都开展万人长跑活动），市委书记陈洪玉等领导和中小学生及市民1.7万余人参加。2001年，举行“迎接新世纪曙光升旗仪式暨供销大厦杯”元旦万人健身长跑活动，市四套班子领导26人及城区机关干部、企业职工、学生、市民共1.8万余人参加。2004年，举行“庆元旦、贺新春、建设新楚州”万人长跑活动，全区有近2万人参加了活动。2008年，举办城区元旦万人健身长跑活动，淮安市委常委、宣传部长刘希平，市长陈从亮，副市长陆长苏、李慧秋，市政协副主席荀德麟及区四套班子全体领导和区级机关干部、市民、学生1万余人参加活动。

二、健身场所

1978年，淮安县群众体育锻炼活动一般在县体育场内开展。2001年体育场拆迁后，群众体育锻炼一般在自家庭院内和街头小游园等场所。2002年漕运遗址公园建成后，群众体育锻炼回到漕运广场。2007～2008年，江苏省实施万村体育健身工程建设和乡镇体育健身中心建设，楚州区在26个乡镇和76个行政村（居）设立了全民健身点。截至2008年12月，楚州区共建立健身点483个，其中城区51个，农村432个。

第四节　民间传统体育

淮安民间早有举石担、扔石锁、摔跤、舞龙灯、划船、踩高跷、放风筝、踢毽子、国术、棋、牌等传统体育活动，源远流长，相沿成习。2000年后流行的“掼蛋”扑克牌文体娱乐亦源于楚州区（淮安市），开始只在周边地区流行，规则逐步成熟后，迅速在全国多个省份推广开来，“掼蛋”俨然已成为一张新的地方名片。

一、象棋

象棋是淮安最普及的一项体育娱乐活动，有广泛的群众基础。楚州区有棋校4所，每年培训少儿棋手200多位。

90年代以后，淮阴市各县、区每年都举办象棋赛。楚州区（淮安市）选手屡获奖项。1999年省农运会，淮安市棋手陈东获象棋冠军。2003年，苏北象棋赛，楚州区棋手王华江获第一名。2008年，淮安市第一届“韩信杯”象棋赛在盱眙举行。楚州区分别获得个人冠军和团体第一名。

2007年8月19日，楚州区举办少年围棋赛

二、围棋

围棋在淮安历史悠久，民间爱好围棋的人非常普遍，近现代及当代，都出现过一些高手与名家。淮安爱好围棋

的青少年人数众多，其中围棋棋手邵震中为杰出代表。1976年5月，邵震中成为江苏省围棋集训队专业棋手，1977年夏，进入国家围棋集训队训练。1980年10月，国家集训队正式成立，邵震中成为首批正式队员。1981年3月，在日本东京获得第三届世界业余围棋锦标赛冠军。1982年，在中日青年"三番棋对抗赛"中，邵震中以2比0战胜对手。1982年、1983年、1986年在全国围棋个人赛中均获亚军。1983年8月，在全国第三届围棋国手赛上获冠军。1987年11月，被推选为"全国围棋十强"之一。1989年，在扬州全国围棋时，邵震中升段赛上升为八段。1995年6月，在河南全国围棋升段赛上升为九段，成为江苏首位九段棋手。

三、掼蛋

七八十年代，淮安县南闸公社的部分干部群众，汲取扑克游戏之众长，借用"四十分""八十分"升级规则元素，融入"斗地主""争上游"等牌型技法，逐步演化、发展、完善，形成后来风靡全国的惯蛋扑克游戏。掼蛋已成为人们喜闻乐见的娱乐形式。

21世纪以后，在江苏省内，几乎所有的省辖市都有掼蛋网站，个别县级市也设立了单独的掼蛋平台，并且每个平台都具有一定数量相对固定的玩家。在江苏省外，安徽、上海、浙江、福建、广东、四川、湖南、湖北、北京、河南、辽宁、海南等地也出现了掼蛋网络平台，多家省市电视台都辟有掼蛋专题比赛栏目，极大地丰富和充实了人民群众的业余文体休闲生活。

截至2008年，淮安市运营的平台掼蛋网注册账号已超过1500万个，成为一个健康绿色的游戏网站和独特的经济品牌，促进淮安知名度进一步提升。掼蛋已成为楚州对外交流的特色文化名片。

第五节　体育彩票

1998年，淮安市开始销售体育彩票，有电脑销售彩票和即开型彩票两种，全市有彩票销售点3个，当年销售彩票100万元。2008年之前，楚州区的体育彩票销售工作由淮安市体育彩票管理中心直接管理。2008年，楚州区体育彩票管理办公室成立，负责管理楚州区体育彩票的销售工作。当年，全区有体育彩票销售点42个，年销售彩票5000万元。

1998~2008年楚州区(淮安市)体育彩票销售情况表

表31-9

年　份	销售点(个)	销售额(万元)	年　份	销售点(个)	销售额(万元)
1998	3	100	2004	30	3000
1999	4	200	2005	32	3200
2000	5	800	2006	35	3600
2001	9	1000	2007	37	4000
2002	15	1800	2008	42	5000
2003	21	2600			

第三十二篇　社会生活

1978年中共十一届三中全会以后，随着改革开放的不断深入，楚州区的农业、工业、商贸服务业协调发展，经济和社会事业得到快速发展，城乡居民的收入稳步增长。城市居民的收入结构日趋多元化，财产性收入、经营性收入增加；农村居民收入呈阶段性增长，非生产性收入逐年增加。随着收入的增加，城乡居民的消费支出的结构和消费质量都发生了巨大的变化，居民生活水平得到显著提高，生活质量也得到全面改善。全区率先在淮安市实现了城乡低保“全覆盖”。

楚州是多民族杂居散居地之一，同时也是一座具有丰厚宗教文化历史底蕴的古城。全区有佛教、道教、基督教和伊斯兰教四大宗教，建成佛教协会、伊斯兰教协会、基督教三自爱国运动委员会3个宗教团体。1979年以后，国家逐步落实民族宗教政策，各少数民族的生活习俗受到尊重，各宗教团体得以正常发展。楚州区积极贯彻落实民族宗教政策，引导区内的少数民族积极参与当地的经济发展和社会各项事业建设；协助区内各教建立协会组织，加强宗教场所管理，引导宗教与社会主义建设相适应。

随着改革开放的日渐深入，楚州人民的习俗也发生了巨大的变化，人们的衣食住行日渐由单一、温饱型向丰富多彩、注重质量、追求营养和健康的方向转变。节日、礼仪也由繁就简，既秉承了春节、中秋、端午等传统节日和礼仪的传统仪式，又注入了情人节、圣诞节、母亲节等新的时代元素。

楚州区老龄工作、关心下一代工作和慈善事业，在区委和区政府的关注重视下也得到长足的发展。老龄问题、失学失爱留守儿童问题、弱势群体救助问题逐步引起全社会的关注，区委区政府先后成立老龄委、关工委、慈善总会等管理服务机构，出台一系列政策措施，保障他们的合法权益，为老年人安享晚年，青少年健康成长和弱势群体得到救助提供保障，进一步促进了社会和谐。

第一章　人民生活

中共十一届三中全会以后，楚州人民努力发展工农业生产，生活水平迅速提高，取得了前所未有的变化。1997年，淮安市建立城市最低生活保障制度。2002年，在全区农村实施低保“应保尽保”工作。至2005年，全区农村最低生活保障基本实现“应保尽保”全覆盖。2008年，城镇单位在岗职工年平均工资2.17万元，是1978年的42.2倍，年均增长13.3%。全区农村农民人均纯收入由1978年的135元增加到1997年的2800元，2008年上升到5803元。农村居民生活水平显著提高，普遍住上楼房。

全区城乡居民储蓄存款余额由1978年的737万元增加到2008年的71.55亿元，年均增长25.8%。全区居民家庭恩格尔系数为44%。

第一节　城市居民生活

1978年后，城市居民的收入稳定增长，消费水平不断上升，消费结构明显改善，生活水平显著提高。2008年，全区城镇居民人均可支配收入1.09万元，是2003年的2.1倍，城镇单位在岗职工年平均工资2.17万元，是1978年的42.2倍，年均增长13.3%。2008年，城镇居民人均消费支出7964元，比上年增长25.3%；居民消费结构基本改变了多年来以吃、穿等生存资料为主的单一格局，住、用、行和文化娱乐等享受和发展方面的消费支出明显提高。2008年，全区居民家庭恩格尔系数为39.03%，居民文化娱乐服务支出占家庭消费支出比重达到9.84%。居民的居住面积不断增加，居住条件不断改善。2008年末，城镇居民人均住房建筑面积达到28.6平方米，居民家庭现代化的耐用消费品，从无到有，从少到多，拥有量逐年提高。

假日里，居民在公园游玩

1978～2008年典型年份楚州区(淮安县、淮安市)城市居民家庭生活情况表

表32-1

指标名称	计量单位	年份								
		1978	1990	1992	1993	1994	2005	2006	2007	2008
家庭总收入	元/人	—	1331.00	1648.70	—	—	6055	8075	9534	11244
可支配收入	元/人	—	1056.00	1327.60	—	—	5866	7846	9272	10916
1.工资性收入	元/人	460.30	1841.00	1953.00	2378	3151	3758	4816	5399	6599
2.经营性收入	元/人	—	67.47	—	—	—	578	756	1261	1838
3.财产性收入	元/人	—	4.20	—	—	—	15	44	23	42
4.转移性收入	元/人	—	201.59	—	—	—	1704	2460	2852	2765
家庭总支出	元/人	—	1280.82	1621.39	—	—	5586	7584	9446	9594
1.消费性支出	元/人	—	980.76	1272.94	—	—	4657	5796	6355	7964
2.财产性支出	元/人	—	—	—	—	—	—	—	35	1
3.转移性支出	元/人	—	10.34	134.05	—	—	798	987	1127	1373
4.社会保障支出	元/人	—	—	—	—	—	131	152	201	257

续表 32-1

指标名称	计量单位	年份								
		1978	1990	1992	1993	1994	2005	2006	2007	2008
5.购房与建房支出	元/人	—	—	—	—	—	—	649	1728	—
家庭主要耐用消费品拥有量	—	—	—	—	—	—	—	—	—	—
摩托车	辆/百户	—	—	—	—	—	24	24	14	16
电动车	辆/百户	—	—	—	—	—	20	28	49	75
汽车	辆/百户	—	—	—	—	—	—	—	1	2
洗衣机	台/百户	—	66.00	86.00	—	—	86	90	94	99
电冰箱	台/百户	—	8.00	34.00	—	—	78	78	79	87
彩色电视机	台/百户	—	20.00	102.00	—	—	132	132	141	148
电脑	台/百户	—	—	—	—	—	14	20	28	48
空调机	台/百户	—	—	—	—	—	66	70	77	105
电话	部/百户	—	—	—	—	—	196	206	207	239

第二节　农村居民生活

80年代初，农村土地家庭承包制普遍实行，不断完善。90年代，农村市场经济的逐步建立，农村产业结构调整，推广农业产业化经营。21世纪初，农村实行税费改革，贯彻落实各项政策，农业生产力得到极大地解放，农民的收入大幅度提高。农民人均纯收入由1978年的135元增加到1997年的2800元，2008年上升到5803元，是1978年的39.7倍，年均增长13.1%，农村居民生活水平显著提高。2008年，农村居民人均生活消费支出3517元，比2017年增长20.7%。2008年，全区农村居民家庭恩格尔系数为39.58%，文化娱乐服务支出占家庭消费支出比重达到7.71%。农村居民的居住面积不断增加，居住条件不断改善。

1997年平桥镇街景

2008年末，农村居民人均钢筋、砖木结构住房面积达到29.5平方米。农村居民家庭现代化的耐用消费品，从无到有，从少到多，拥有量逐年提高。2008年，全区农村居民每百户拥有洗衣机81台、电冰箱60台、空调机20台、摩托车16辆、电话86部、手机108部、彩电94台。

1978～2008年典型年份楚州区（淮安县、淮安市）农村居民家庭生活情况表

表32-2

指标名称	计量音位	年份						
		1978	1985	1990	1995	2000	2005	2008
人均纯收入	元/人	145.63	378.92	649	1926	3401	4197	5803
1.工资性收入	元/人	—	25.35	40.8	372.21	1180.73	1922	3166
2.家庭经营收入	元/人	—	484.45	805.43	2276.03	2844.84	2195	3714
3.财产性收入	元/人	—	19.23	16.16	13.31	84.94	51	44
4.转移性收入	元/人	—	19.56	25.93	60.76	202.48	30	281
家庭总支出	元/人	—	519	803	2352	3416	3797	—
1.家庭经营费用支出	元/人	—	122	158	562	644	1144	3517
2.购买生产性固定资产支出	元/人	—	4	7	4	46	24	—
3.税费支出	元/人	—	6.34	11		121	30	15.08
4.生活消费支出	元/人	—	339	560	1482	2203	2499	3565.21
5.财产性支出	元/人	—	—	—	—	163	5	0.33
家庭主要耐用消费品拥有量		—	—	—	—	—	—	—
洗衣机	台/百户	—	—	8	18	40	54	81
电冰箱	台/百户	—	—	—	1	11	11	60
空调机	台/百户	—	—	—	—	—	6	20
摩托车	辆/百户	—	—	—	—	15	20	16
电话	部/百户	—	—	—	—	40	87	86
彩色电视机	台/百户	—	—	—	9	39	83	94

第三节　城乡居民最低生活保障

楚州是全市建立城市最低生活保障制度和落实低保工作最早的县区之一。1997年，建立城市最低生活保障制度，成立了城乡居民最低生活保障工作领导小组。2002年8月和2005年5月，楚州区相继出台《楚州区农村居民最低生活生活保障制度实施意见》。2005年7月，成立城乡最低生活保障所，建立专门的城乡低保审批机构，配备专职的低保工作人员，城乡低保步入规范化的管理轨道。当年，全区农村最低生活保障基本实现“应保尽保”全覆盖。2008年，区委、区政府将城乡最低生活保障纳入改善民生“十大工程”，列入各级政府年度工作目标考核项目。

低保对象的确定　城市居民最低生活保障对象为持有区内非农业户口的城镇居民，凡共同生活的家庭成员人均收入低于当地城市居民最低生活保障标准的，均有权申请享受最低生活保障待遇。

农村居民最低生活保障对象为家庭人均纯收入低于当地最低生活保障线以下的农民。重点保障对象是因残疾、年老体弱、家庭主要劳动力患有重病或死亡和遭遇不可抗拒的自然灾害，造成自

身无法维持基本生活，口粮田无法耕种，且无其他经济来源的特困户。其办理程序为由户主向户籍所在地居（村）民委员会提出申请，居（村）委会向所在街道办事处、乡（镇）人民政府提出书面报告，街道办事处、乡（镇）人民政府组织审查，并分别在街道、乡镇和居（村）所在地张榜公布；若无异议，由街道、乡镇填写《城乡居民最低生活保障审批表》报县（区）民政局审核批准，由县（区）民政部门发给《城乡居民最低生活保障金领取证》；有异议者，进行复查核实再定；对不符合保障条件的，应及时书面通知申请人。保障对象申领条件消失，注销领取保障金证件，取消保障资格。办理时限：办理城市低保的，审批工作须按照居民申请、社区居委会调查、街道办事处（乡镇）审核、区民政局批准的步骤实施。管理审批机关应当自接到申请人提出申请之日起30日内（不含公示时间）办结审批手续。区民政局审批工作须于7个工作日内办结；办理农村低保的，农村低保申请、审批一年2次，即当年的6月份和12月份为集中受理时间。村民委员会在受理申请（申请人提供相关材料齐备）之日起在5个工作日内完成调查、核实和评议。乡镇政府应在10个工作日内完成审核工作。区民政部门应在15个工作日内办结审批手续。对因特殊情况造成生活困难的家庭，可视情况随时受理申请和审批。对低保对象的管理，管理审批机关对享受最低生活保障待遇的城市居民家庭和农村低保对象的收入情况定期进行核查，动态管理。

经费标准和来源　区政府按市的文件政策落实城乡最低生活保障标准和经费。1997年，城市居民最低生活标准与当地职工最低工资标准和失业保险金标准相衔接。最低生活保障标准以居民家庭人均月收入计算。最低生活保障标准原则上每年调整一次，报市区政府批准后实施。

农村低保工作启动初期，从乡镇、村经济薄弱的实际出发，城市居民最低生活保障所需资金，由市、县（区）人民政府列入财政预算，纳入社会救济专项资金支出项目。所需保障金，市、区财政按比例分级负担。楚州区按4∶6比例，市财政补贴40%。农村居民最低生活保障所需资金，由当地财政和省级财政分摊，省级补助资金由省财政预算专项安排。省级补助比例的确定，原则上与推定的当地标准人均财力挂钩，并根据财力的变化逐年调整。2005年，楚州区执行省财政当地标准，人均财力在1.6万元以下的县（市、区）按省定的苏北农村最低生活保障标准所需资金的90%补助。

优惠政策　城市低保对象优惠政策为劳动、人事部门对符合就业条件的保障对象优先安排就业或提供推荐就业服务，用人单位优先录用。工商行政管理部门对从事个体经营的保障对象，应简化工商登记手续，优先办理营业执照，只收23元登记费、管理费、会员费和四项基金等其他费用一律免收。保障对象接受义务教育的杂费由学校按照国家和省规定标准全额免除，代办费由区中小学特困生资助金专户解决50%左右。保障对象中属于孤儿的，杂费由学校给予全免，代办费由区中小学特困生资助金专户全额解决，在高中阶段的学杂费减免按《市政府关于做好全市中小学特困生资助工作的通知》规定执行；在大中专阶段通过实施“育才助困”工程、办理助学贷款等形式，确保他们完成学业。各类幼儿教育机构酌情减免保障对象入托、入园的有关费用。卫生部门对保障对象从事饮食服务等个体职业需要健康体检和结婚登记时婚前体检免收体检费。保障对象就医，免收门诊诊疗费，患病住院减半收取诊疗费和护理费，床位费、治疗费、大型设备检查费减收20%。保障对象从事个体经营、社区服务业，经税务机关批准，按有关政策规定享受税收优惠。房产管理部门对租住公房的保障对象适当减免房租费。保障对象住房因城市建设拆迁，拆迁办负责协调落实基本住房。城建部门对使用管道煤气的保障对象家庭，减收20%的初装费。广播电视部门对保障对象有线电视收视费给予减免，每户每月只收8元。民政部门在保障对象婚姻登记时免收婚姻登记工本费。司法行政部门对保障对象个人合法权益受到侵害需要法律服务时，应提供法律援助。

农村低保对象可享受的优惠政策包括城建、土地部门免除有关费用；教育部门对保障对象子女在学区内入托和上学按有关规定减免学杂费；在区域范围内就医免收门诊诊疗费，患病住院减半收取诊疗费和护理费，床位费、治疗费、大型设备检查费减免20%；从事餐饮服务等个体职业的免收健康体检检查费；工商部门优先办理发放营业执照，减免工商登记费用。社会进行帮扶，深入实施扶贫工程，通过扶志、扶资、扶技等多种措施使他们尽快脱贫致富。

区委、区政府先后推出就业再就业制度，确保"零就业"困难家庭中至少有1人实现就业；助残工程制度，使无固定收入的重度残疾人家庭符合低保的全部纳入低保，不符合低保的重度残疾人享受重残救助。廉租住房制度，对困难家庭中的无房户、居住拥挤的家庭给予住房补贴；育才助困制度，解决困难家庭子女上不起学的问题；医疗救助制度，减免贫困家庭的医疗费、给予重大病患者家庭适当的资金救助，缓解贫困家庭看病治病的困难；还有临时生活救助制度、城镇特困家庭帮扶制度、慈善救助等等，全方位为困难群众生活减压减负。

提标扩面 1997年，城乡低保本着"早启动、低标准、广覆盖"的原则与思路建立制度。城市低保线为每人每月100元，农村低保线为每人每月50元，并由局部试点转入全面实施。随着经济社会发展水平的不断提高，城乡低保标准亦随之提高。从1997年建立和实施城市低保制度以来，保障标准做过8次调整，分别是1997年1月标准为100元/月；1998年1月标准为110元/月；1999年7月标准为130元/月；2002年7月标准为150元/月；2004年7月标准为165元/月；2005年7月标准为180元/月；2006年7月标准为200元/月；2007年7月标准为220元/月；2008年1月标准为240元/月。农村低保标准调高了5次，1997年标准为600元/年；1998年标准为700元/年；2005年标准为720元/年；2006年标准为840元/年；2007年7月标准为1000元/年；2008年1月标准为1320元/年；2008年7月标准为1560元/年。同时，建立城乡低保标准增长机制，城市和农村分别按照当地上年度城市居民人均可支配收入和农民人均纯收入23%的比例，综合确定当年最低生活保障，保证了困难群众平等分享改革开放成果。

截至2008年12月底，全区城市低保户3775户9016人，占城市总人口数的3.92%，累计发放保障金1301.84万元。2008年底，全区农村保障人数达到了1.67万户4.15万人，发放保障金3380.07万元，占全区农业人口的4.3%。低保网覆盖全区城乡每一个角落，实现了应保尽保的工作目标。

低保制度建立初期，保障范围仅限于有特殊困难的家庭，如重病患者家庭、重度残疾人的家庭、失去劳力的家庭等。继而低保保障范围进一步扩大，一般贫困的家庭也能享受低保待遇。同时，充分照顾患白血病、尿毒症、癌症等大病、重病人员的家庭，如果该家庭人均年收入低于当地低保标准1.5倍的，也可申请低保待遇，患者个人享受，并给予全额补助。优待老年人和残疾人，凡低保家庭中的老年人、残疾人其个人补助标准上浮15%或20%。低保家庭中的二级以上残疾人实行全额补助。保障范围不断扩展，既保障了特困家庭的基本生活，又兼顾处于困难边缘的特殊困难家庭，充分体现了低保政策的人性化。

1997～2008年楚州区（淮安市）城市低保情况表

表32-3

年　份	低保户数（户）	低保人数（人）	低保标准（元/月）	补助水平（元）	累计资金支出（万元）
1997	—	—	100	—	—
1998	—	—	110（1月提标）	—	—
1999	—	—	130（7月提标）	—	—
2000	—	—	130	—	—
2001	—	—	130	—	—
2002	—	—	150（7月提标）	—	—
2003	—	—	150	—	—

续表 32-3

年　份	低保户数（户）	低保人数（人）	低保标准（元/月）	补助水平（元）	累计资金支出（万元）
2004	2294	5541	165（7月提标）	72.60	401.40
2005	2490	6134	180（7月提标）	79.60	614.90
2006	2922	7351	200（7月提标）	96.10	683.03
2007	3245	8145	220（7月提标）	110.70	960.37
2008	3775	9016	240（1月提标）	126.86	1301.84

1997～2008年楚州区（淮安市）农村低保情况表

表 32-4

年　份	低保户数（户）	低保人数（人）	低保标准（元/年）	补助水平（元/月）	累计资金支出（万元）
1997	—	—	600	—	—
1998	—	—	700	—	—
1999	—	—	700	—	—
2000	—	—	700	—	—
2001	—	—	700	—	—
2002	1658	2986	800	21.77	787.06
2003	4903	10297	800	21.57	196.92
2004	6029	15073	900	20.00	210.60
2005	8894	20160	900/720	34.27	828.76
2006	11185	29627	840（7月提标）	38.44	1176.62
2007	12355	33049	1000（7月提标）	50.72	1833.38
2008	16728	41488	1320（1月提标）	65.88	3380.07

第二章　社会保险

第一节　养老保险

一、企业养老保险

1987年1月，淮安县社会劳动保险管理处成立，机关事业单位、社会团体、国有企业（含部、省属企业）、集体企业招用的劳动合同制工人开始实施养老保险制度。国家机关、事业单位、社会团体按照结构工资制由单位定额缴纳；企业按照职工工资级别由单位与个人按一定比例共同缴纳养老保险费。1988年1月起，国有企业（含部、省属企业）的固定职工实行了退休费用社会统筹。当年共有87家企业参保，1.13万名固定职工实施了统筹。1992年1月，国有企业的固定职工社会统筹与劳动合同制职工养老保险并轨，实行职工养老保险基金统筹。当年参保职工总数达2.77万人，离退休人员2538人，发放离退休费用819万元。1993年1月起，市属集体企业也纳入了社会统筹，参保总人数达3.94万人，离退休人员5532人。1995年底，改革企业职工退休金的计发办法，将按个人标准工资的一定比例计发改为社会性养老金、缴费性养老金、补贴与调剂金之和计发，使退休人员都能享受到社会经济发展的成果。1996年，将企业的固定工、合同制工、城镇户口的临时工纳入了社会统筹，实现了全市所有企业全部职工（不分性质）一体化社会统筹，参保单位达138户，参保职工达3.91万人，离退休人员7179人，发放离退休费2655.18万元。2001年10月，楚州区出台《关于自由职业者参加养老保险的暂行办法》，初步形成覆盖全区全体劳动者的养老保险制度。2007年10月，省政府颁发《江苏省企业职工基本养老保险规定》，又将农民纳入了参保范围。截至2007年底，全区参加养老保险的各类企业达414户，其中，国有企业92户，集体企业100户，其他企业222户。全区5.12万名企业职工参加了基本养老保险，其中国有企业1.37万人，集体企业1.27万人。离退休职工1.72万人，其中，离休人员155人，退休人员1.5万人，退职人员2009人。全年共发放养老金1.26亿元，100%的实现社会化发放。自1987年1月社会劳动保险管理处成立到2007年底，累计征收养老金6.73亿元，累计发放退休人员养老金8.16亿元，实现了职工退休后老有所养的目标。

1987～2008年楚州区（淮安县、淮安市）企业养老保险金征收及离退休人员保障情况表

表32-5

年份	职工人数（人）	基金收缴（万元）	离退休人数（人）	离退休费用（万元）	年份	职工人数（人）	基金收缴（万元）	离退休人数（人）	离退休费用（万元）
1987	3321	92.00	—	—	1998	39448	2535.00	7950	3492.00
1988	20535	201.20	1897	77.62	1999	40572	3050.00	8414	4528.00
1989	21979	359.00	1977	158.30	2000	40449	3381.00	8836	4317.00
1990	20581	425.30	2050	169.60	2001	39441	3427.00	9442	4708.00
1991	26088	635.05	2524	376.96	2002	39607	3536.00	10848	5936.00
1992	27706	1184.00	2538	819.00	2003	39722	4578.00	12586	7268.00
1993	39355	1055.45	5532	989.27	2004	45141	5567.00	13584	7638.00
1994	38510	1524.97	6949	1239.38	2005	47767	6093.00	14817	9856.00
1995	38761	2091.00	7147	1121.64	2006	48677	9346.00	15884	10849.00
1996	39093	2651.02	7179	2655.18	2007	51174	12056.00	17219	12593.00
1997	39243	2509.00	7432	2817.00	2008	55831	18104.00	18705	20773.00

二、机关事业单位养老保险

1994年12月，淮安市机关事业单位社会保险管理处成立，隶属市人事局，开始承担机关事业单位养老保险业务工作。同年，淮安市政府出台《淮安市机关事业单位职工养老保险暂行办法》，对独立核算的自收自支事业单位全体职工和机关、全额、差额拨款事业单位的劳动合同制工人、合同工聘干、从非在职人员中招收的聘用制干部以及经人事劳动部门批准使用的临时工养老保险基金，按“以支定收，略有节余和留有部分积累”的原则统一筹集。基金提取采取浮动比例，分级计提，实行差额结算的办法。2002年6月，机关事业单位养老保险处的职能、人员、资产、基金按照改革的要求划归区劳动和社会保障局实行归口管理。2003年12月，出台《楚州区机关事业单位职工养老保险暂行办

法》,对全区参加机关事业养老保险的范围和对象重新进行了规定,其参保人员应是经过批准的正式在编人员,“人事代理”人员中不符合范围的不纳入机关事业单位养老保险,并将差额拨款事业单位全体人员纳入参保范围。《办法》从2004年1月起执行。2005年,对乡镇七所八站参保单位退休人员的养老金发放实施改革,从差额结算到全额拨付,再到个人每月领取。截至2008年底,全区共有参保单位319户,离退休人员1591人,养老保险基金累计积累6075.7万元。

1995~2008年楚州区(淮安市)机关事业单位养老保险基金及离退休费用情况表

表32-6

年份	职工人数(人)	基金收缴(万元)	离退休数(人)	离退休费(万元)	年份	职工人数(人)	基金收缴(万元)	离退休数(人)	离退休费(万元)
1995	3540	442.27	150	68.52	2002	6353	949.00	552	586.30
1996	3680	584.77	160	109.59	2003	6621	1399.96	701	980.39
1997	3971	756.99	190	160.81	2004	7147	2125.71	1320	2039.06
1998	5140	506.57	251	68.81	2005	7165	2158.42	1315	2684.96
1999	5837	702.38	343	285.92	2006	7337	2777.32	1502	3003.90
2000	6221	852.49	431	567.99	2007	7312	3696.51	1541	3294.23
2001	6297	986.16	502	585.18	2008	—	—	1591	6075.70

三、农村社会养老保险

1992年7月,淮安市农村社会养老保险事业管理处成立,由民政局主管。7月31日,淮安市人民政府颁布《淮安市农村社会养老保险暂行管理办法》,成立由常务副市长为主任的“淮安市农村社会养老保险基金管理委员会”,在全市29个乡镇设立农村社会养老保险事业管理所。按照“低标准、广覆盖”的原则,采用“个人账户储蓄积累模式”,每人每月2元全年24元的标准收取保费。当年有2.22万人参加农村社会养老保险,收取保费33.7万余元。1993年12月,组织全市农村义务兵等优抚对象参加农村社会养老保险,同时对部分民政对象和工作人员参加养老保险给予补助。1994年4月,组织乡镇企业职工参加农村社会养老保险,对缴纳的职工养老保险集体补助部分,按照职工工资总额18%的比例在税前列支。同年7月,组织个体工商户和私营企业从业人员参加农村社会养老保险。为做好此项工作,市政府向各乡镇下达目标任务,并制定奖惩办法,促进农村社会养老保险尽快落实。1995年,将农村社会养老保险列入当年市政府着重抓的15件实事之一。1996年3月,市委为控减农民负担,要求保险部门在农民自愿的基础上和农户逐户签订协议。同年,市政府要求农村社会养老保险事业管理所加大宣传力度,改进工作方法,加强基金管理,严格操作规程。1997年,动员部分村组干部带头参加养老保险,村集体给予适当的补贴。1998~2002年,全区农保工作处于整顿和规范阶段。2004年1月,农村社会养老保险处从民政局移交到劳动和社会保障局。至2008年底,全区共有13.21万人参加农村社会养老保险,收取保费2368.77余万元,为2049人办理领取养老金手续,累计发放236.33余万元养老金。

第二节 失业保险

1986年10月,淮安县失业保险制度开始实施。失业保险基金来源,按照国务院《国营企业职工待业保险暂行规定》,由企业按照企业全部职工年工资总额的1%缴纳。1986~1992年是失业保险制度的形成和初步运行时期。1993年,淮安市对失业保险的征缴范围和享受对象进行了调整,在原有国营企业的基础上增加了集体企业、外商投资企业等,享受对象增加了依据国家规定被撤销、解散的企业职工,停产整顿企业被精简的职工等。1999年,淮安市贯彻执行国务院《失业保险条例》《社会保险费征缴暂行条例》,将失业保险的覆盖范围扩大到了城镇各类企业、事业单位及职工、社会团体及其专职人员、民办非企业单位及其职工、有雇工的城镇个体工商户及其雇工;确定失业保险基金由单位、个人和国家共同承担的原则,失业保险费征收调整为企业事业单位按照职工工资总额的2%缴纳,职工个人按照工资总额的1%缴纳,强调个人义务与权利的对等;调整失业保险基金的支出范围,强调失业保险保障失业职工基本生活以及促进失业人员再就业的功能,如职业介绍补贴、职业培训补贴支出等;提高失业保险享受待遇标准,按高于当地城市最低生活保障标准、低于当地最低工资标准领取失业保险金,累计缴费每满一年,可领取失业保险金2个月,最长不超过24个月。当年,失业保险在全市各企业中全面展开,参保职工7.26万人,全年征缴失业保险金348万元,基金支出106.8万元。2000年7月,为进一步加强基金征缴力度,根据省政府办公厅规定,失业保险费转由地方税务局征收,所收基金存入财政专户。2004年底,楚州区在淮安市率先制定了将失业保险待遇与缴费基数挂钩的给付标准,多缴多得,少缴少得,充分调动参保职工的积极性。2006年7月,下发《关于实行农村劳动者个人缴纳失业保险费的通知》,取消农村劳动者与城镇职工的区别,享受同等失业保险待遇。2007年,全区通过部门联动、宣传发动、申报促动等方式,多措并举强化失业保险征缴工作,全年征收失业保险金571.14万元。2008年,全区征收失业保险金671.93万元。

1999年,支出失业金106.80万元,随后逐年递增,2007年支出失业金179.08万元,累计发放1852人次。2008年,全年支出失业金179.74万元,累计发放1953人次。

1986~2008年楚州区(淮安县、淮安市)失业保险基本情况表

表32-7

年份	参保人数(万人)	基金收入(万元)	失业保险费收入(万元)	失业保险金支出(万元)	发放情况		
					本期领取人数(人)	期末领取人数(人)	全年发放人次数(人次)
1986	0.06	1.29	1.29	—	—	—	—
1987	0.39	10.05	10.05	0.94	3	—	—
1988	0.87	22.11	21.80	1.87	4	—	—
1989	0.68	15.60	15.20	7.52	2	—	—
1990	0.73	18.54	18.26	6.22	—	—	—
1991	1.16	29.62	29.18	13.29	—	—	—
1992	1.40	35.68	30.74	13.59	—	—	—
1993	1.94	49.45	49.21	20.53	4	—	—
1994	2.58	65.98	59.28	24.02	20	—	—
1995	2.56	65.32	65.09	33.02	39	29	—
1996	3.12	79.86	79.86	39.08	54	34	—
1997	3.28	83.87	75.44	59.07	57	33	—
1998	4.19	173.54	166.59	129.61	45	16	—

续表 32-7

年　份	参保人数（万人）	基金收入（万元）	失业保险费收入（万元）	失业保险金支出（万元）	发放情况		
					本期领取人数（人）	期末领取人数（人）	全年发放人次数（人次）
1999	7.26	362.00	348.00	106.80	151	133	—
2000	7.26	376.60	356.95	114.66	177	144	1797
2001	7.26	305.00	282.00	54.00	161	21	437
2002	6.78	409.48	350.26	52.54	184	172	816
2003	6.78	456.42	450.97	92.94	282	207	2400
2004	6.78	429.32	423.62	128.59	350	155	1641
2005	6.67	457.14	437.51	109.69	362	184	2588
2006	6.37	360.07	357.05	134.70	364	184	2383
2007	6.60	593.19	571.14	179.08	340	165	1852
2008	6.60	694.17	671.93	179.74	262	154	1953

第三节　医疗保险

社会医疗保险是根据一定的法律法规，向保障范围内的劳动者提供患病时基本医疗需求保障而建立的社会保险制度。

1978～1987年，淮安县实行公费医疗制度，行政机关事业单位个人只承担挂号费和营养滋补药品费。1988年起，淮安市将一般医药费改为个人和国家共同负担。1996年，淮安市出台《关于印发淮安市行政事业单位职工医疗保险暂行规定的通知》，借鉴九江、镇江两市试行社保保险制度的基本经验，实行社会统筹医疗基金与职工个人医疗账户相结合，医疗保险费由单位和个人共同负担，单位缴纳工资总额的8%，个人缴纳工资总额的2%，对超出个人账户数额的医疗费由社会统筹医疗基金支付，实行全年统算，分段计算，分档负担。同时出台《关于印发淮安市行政事业单位职工医疗保险筹集办法》《淮安市行政事业单位职工医疗保险特殊医疗范围暂行办法》《淮安市行政事业单位职工医疗保险费用报销范围和自费范围暂行办法》《淮安市行政事业单位职工医疗保险药品报销范围》4个文件，进一步完善医疗保险制度。为保证医疗保险制度的顺利实施，在全省县级市中率先对医疗接诊点实施了微机联网工程。1999年，原设在卫生局的“淮安市机关事业单位职工医疗保险管理处”整体划归市劳动局管理，并更名为“淮安市职工医疗保险管理处”。

2000年，县级淮安市出台《市政府关于印发淮安市城镇职工基本医疗保险制度改革实施方案的通知》《市政府印发淮安市城镇职工大病医疗救助暂行办法的通知》《市政府办公室转发淮安市城镇职工基本医疗保险医疗管理实施细则等五个档的通知》《市政府办公室关于成立淮安市职工医疗保险制度改革领导小组的通知》等文件，对公费医疗制度进行全面改革，实行城镇职工基本医疗保险制度，覆盖淮安市域内城镇所有用人单位及其职工（包括机关、事业单位、社会团体、省和淮阴市淮安市单位、国有企业、集体企业、外商投资企业及其职工）。基本医疗保险基金实行以收定支、收支平衡的原则，由统筹基金和个人账户构成，同时必须参加大病医疗救助统筹，标准为每人每月8元。基本医疗保险费由用人单位和职工共同缴纳，用人单位缴纳工资总额的7%，职工个人缴纳工资总额的2%，缴费工资不得低于社会平均工资的60%，其中个人缴纳部分全部计入个人账户，单位缴纳部分约30%划入个人账户，其余用于建立统筹基金。个人账户资金归个人所有，可以跨年结转使用。统筹基金支付范围为基本医疗范围内的、起付标准以上、最高支付限额以下的住院和门诊特定项目的医疗费用，年内首次起付线为600元，依次递减150元，最低减至150元。在职人员个人负担比例为5000元以下的个人自付20%，5001～15000元的个人自付15%，15001元至封顶线的个人自付10%；退休(职)人员自付比例为工龄20年以下自付以上各分段的70%，工龄20～30年的自付以上各分段比例的60%，工龄30年以上的自付以上各分段比例的50%。统筹基金最高支付限额为2.4万元，基本医疗保险支付限额以上由大病救助基金支付，基金支付70%，个人支付30%，最高支付限额为8万元。需转外治疗的办理转诊申请手续，费用按转诊比例报销，异地居住人员可办理异地居住申请，报销比例按本地比例执行。离休人员、老红军、二等乙级以上伤残军人的医疗待遇不变。2001年，楚州区出台《区政府办公室关于调整市区城镇职工医疗保险部分政策的通知》《区政府关于调整城镇职工医疗保险个人自付比例的通知》《区政府办公室关于印发城镇职工基本医疗保险药品目录的通知》，主要调整政策为：36～50岁的个人账户由1.6%增至2.0%，51岁至退休的个人账户调至3%；原住院自付5000元以下个人自付比例由原20%降为15%；放宽部分目录外诊疗项目和用药范围；大病救助基金支付比例由70%调至75%；转诊指定医院个人支付比例调整为在职由原35%调至30%、退休由原25%调至20%、二等乙级以上伤残军人自负5%；转诊非指定医院个人支付比例调整为在职由原45%调至40%、退休由原35%调至30%、二等乙级以上伤残军人自付10%；乙类药品和特殊诊疗项目自付比例调整为在职由原45%调至40%，退休由原35%调至30%、二等乙级以上伤残军人自付10%；血透费用自负比例调整为在职由原45调至30%、退休由原35%调至20%。

2002年，为方便给参保人提供基本医疗服务，楚州区出台《楚州区人民政府关于印发楚州区城镇职工基本医疗保险定点零售药店管理暂行办法的通知》，将具备资格和条件的药店定为定点零售药店，参保人可刷卡购药。出台《区政府关于印发楚州区城镇职工基本医疗保险制度改革实施方案补充意见的通知》，解决改制企业、困难企业职工和破产企业退休人员参加医疗保险问题，实行基本医疗保险、住院基本医疗保险、住院医疗费用统筹三种，由企业根据自身情况选择参加，同时将自由职业者纳入医疗保险覆盖范围。2003年，出台《楚州区人民政府关于印发楚州区离休干部及二等以上伤残军人医药费定额包干结算试行办法的通知》，原则为总额包干、定额结算、合理安排、结余留用、超支不补、期末决算(2003年7月1日至2004年6月30日按7000元/人的标准实行定额包干)。出台《关于成立楚州区职工基本医疗保险特定病种鉴定小组的通知》，对患有十种慢性病的参保人可办理门诊特定病种，费用按住院比例报销，并实行定额管理。出台《关于下达二〇〇三年楚州区医疗保险定额结算的通知》，对医保基金实行定额结算管理，确定各定点机构定额指标，保证基金平稳运行。2004年，出台《淮安市楚州区职工医疗保险定点医疗机构定点医师管理暂行办法》，将符合条件的医师作为医保定点医师，满足参保人的基本医疗服务需求。出台《淮安市楚州区城镇职工基本医疗保险定点基层医疗机构管理暂行办法》，为方便参保人就医，减少个人负担，将符合条件的小区服务机构纳入医保定点。2005年，出台《区政府关于调整楚州职工基本医疗保险有关政策的通知》，主要内容为：将51周岁至退休年龄的职工个人账户由原来的2.0%调至3.0%；对肿瘤病人二次及以上住院起付线由医保处报销；从2005年1月1日起，二等乙级以上伤残军人医药费筹集标准定为9500元/人/年。2000～2005年，共征缴医保基金1.57亿元，支出1.49亿元，累计结余827万元，办理普通住院9823人次、转诊报销6955人次、门诊特定病种4742人次、异地居住2075人次。2005年，城镇职工基本医疗保险参保4.96万人，2008年，城镇职工基本医疗保险参保近8万人。

第三章　民族　宗教

楚州区是多民族杂居散居地之一，1979年后，落实党的宗教政策，部分佛寺、教堂得到修复，或作为文物单位对外开放，教徒正常的宗教活动得到了恢复。80年代开始，县人民政府先后设置宗教事务科（局）管理民族宗教事务。2008年底，全区有少数民族27个，共1336人，分布在各乡镇，其中回族是全区少数民族人口中最多的民族。地方的宗教主要有佛教、道教、基督教、伊斯兰教。民间信佛者较多，信道者次之。部分信仰基督教、天主教，伊斯兰教为回民信仰的宗教。

第一节　少数民族

一、回族

是淮安少数民族人口最多的民族。约在元末明初，境内已有回族居民。淮安地处大运河边，为漕运、盐运要津。河下古镇又为漕盐集散之地，一些回民商贩便首先在此定居，后来逐步发展为淮安回民的主要聚居地。1982年以后，随着经济改革的不断深化，一部分外省区的回民通过婚姻方式进入淮安，这部分回民散居于部分乡村。1991年，全区共有回民424人。截至2008年，回民总人口约为488人。

二、其他少数民族人口

1982年以前，除回族外，楚州仅有哈尼族2人、壮族1人、满族3人。1982年以后，婚入和工作等原因进入区内定居的少数民族居民逐年增加。

2008年楚州区少数民族情况表

表32-8

序号	族　别	人　数	序号	族　别	人　数
1	回族	488	15	水族	21
2	苗族	163	16	瑶族	18
3	彝族	93	17	黎族	16
4	壮族	83	18	佤族	15
5	哈尼族	62	19	维吾尔族	11
6	布依族	52	20	蒙古族	10
7	侗族	48	21	怒族	8
8	傣族	44	22	藏族	7
9	满族	41	23	纳西族	7

续表 32-8

序号	族 别	人 数	序号	族 别	人 数
10	白族	34	24	畲族	6
11	傈僳族	29	25	高山族	4
12	土家族	25	26	普米族	3
13	拉祜族	25	27	德昂族	2
14	朝鲜族	21		合计	1336

第二节 佛教 道教

一、佛教

“文化大革命”期间，佛教活动停止。1979年以后，宗教政策逐步得到贯彻落实。政府发还了拈花社的房屋产权，并批准其为合法的佛教活动场所。1991年，淮安市计有比丘僧(和尚)6人、比丘尼(尼姑)8人。1991年8月，成立淮安市佛教协会，选举会长1人、副会长2人、秘书长1人、理事4人。1997年，佛教协会进行换届选举，选出会长1人、副会长2人、秘书长1人、副秘书长1人、理事17人。2003年，第三届佛协换届会议选举常务副会长1人、副会长2人、秘书长1人、副秘书长1人、常务理事9人。2005年，佛协聘任增补济平法师为佛协会长。2008年，全区经政府批准开放的寺庙共有14处：城区有拈花寺、闻思寺、准提寺、慈济庵；农村有车桥镇太平禅寺、观音庵，平桥镇东圣寺、施河镇观音庵、施河镇慈善庵、泾口镇如来寺、广福寺，流均镇普福庵、兴隆寺、二桥观音庵等。全区有宗教职业人员比丘僧18人、比丘尼8人、沙弥1人、沙弥尼1人。寺庙收入主要靠做佛事、信众捐赠布施及售卖有关佛事商品。

二、道教

新中国成立前夕，淮安城乡道教活动已基本停止。1996年11月，政府批准开放原东岳庙，道教活动得到恢复。2006年，镇江市润州道院道长出任东岳庙住持，同时有7名道士进驻。至2008年底，楚州区经批准开放的道教场所有4处，分别是淮城东岳庙，车桥镇东岳庙、碧霞宫，板闸三元宫。后3处道教宫观暂由佛教协会代管。

三、寺庙

(一)闻思寺

闻思寺位于城西北隅古运河堤岸的河下古镇，始建于唐朝末期，原名“大悲庵”，清康熙帝南巡淮安时赐寺名“闻思寺”。历史上的闻思寺规模恢宏，香火旺盛，后因多次水患兵灾，逐渐衰败。改革开放之后，应佛教界信众的需求和河下古镇的开发，政府批准复建千年古刹闻思寺。时任虚云法师纪念堂住持的淮安籍大和尚济平法师，

2008年9月18日，闻思寺开光现场

决心重建闻思寺，在他的操持下，投资5000余万元、占地约2.4公顷的闻思寺初步建成。沿运河堆堤而下进入大门，即是中间三大间两侧各一小间的五间天王殿，穿过天王殿是一个四合大院，两侧是钟楼和鼓楼，正面是占地约400平方米的上下两层的大雄宝殿。大殿巍峨壮观，雕梁画栋，殿正中一尊释迦牟尼玉佛端坐莲花宝座之上。两旁阿难迦叶，双手合十，心意虔诚。背后海岛南海观世音菩萨，手捧杨柳净瓶，栩栩如生。殿内两侧十八罗汉，形态各异。在大雄宝殿前方东西侧，共建有18间侧殿。整个寺庙建筑颇有巴蜀地区的寺庙风格，在华东、华中地区可谓别具一格。庙中各殿所有数十尊佛像，均是从缅甸定制的汉白玉雕刻而成，堪称全国第一玉佛寺。

（二）准提寺

准提寺位于淮安区涧河南街，始建于大明宣德年间，已有500多年的历史。历史上该寺庙香火旺盛。“文化大革命”期间，庙宇大部分被毁，后随着国家宗教政策的逐步落实，寺庙得以恢复重建。寺庙住持昌智法师，不断扩大寺庙建设，香火日益旺盛。

准提寺内曾拨出3间房屋作江来甫烈士专祠。内供为了推翻封建帝制，创立共和而献出自己宝贵生命的烈士江来甫的牌位。该坟茔和祠堂毁坏日久，直到1984年，经民政部门批准，其子江琴荪及其家属出资，才于板闸篆香楼附近重建“辛亥革命烈士江来甫烈士纪念碑”以祭之。

（三）东岳庙

（见第十三篇《旅游业》第一章《旅游资源》第二节《人文旅游资源》）

第三节　基督教

一、教堂　聚会点

“文化大革命”期间，各地教堂均被“代管”，有的被占用，有的被自然毁坏，或被拆毁、转卖。中共十一届三中全会以后，宗教政策重新得以贯彻。1982年6月，淮安县正式恢复了教会活动，省政府宗教局拨款在老西门大街原址修复教堂，称淮城福音堂。1987年，各乡镇共有40个合法聚会点。到2008年，全区经批准设立的基督教活动场所有127处，其中基督教堂3所，固定处所124处。

二、教会活动

“文化大革命”期间，基督教停止活动。1982年10月，淮安县基督教三自爱国会筹备小组成立。1985年4月25日，三自爱国会正式成立。从1985年起，教会定期组织义工培训班，向各堂点传道人宣传党的宗教政策，学习圣经知识等，还每年召开一次基督教徒为“四化”建设服务经验交流会，表彰在“四化”建设中有突出贡献的教徒。1984年，美国基督教会牧师马好留偕夫人到淮访问。1986年，加拿大籍华人、基督教中加联络组组长修女朱梅芬来淮安县福音堂。淮安县三自爱国会还制定了《加强对基督教管理的十五条措施》《对基督教聚会点的六条暂行办法》。1991年，淮安市有基督教徒1.18万人。至2008年，全

楚州基督教会

区有5万余名基督教徒。

三、公益事业

1983年7月，教会恢复活动不久，即号召信徒为全国儿童福利基金会捐款，共捐款2.24万元。2002年10月，楚州区苏嘴、茭陵、宋集、钦工4个乡镇遭遇百年未遇的特大冰雹袭击，受灾严重。全区基督教会开展向灾区人民献爱心活动，在3天时间内捐出15余万千克粮食，分别送往4个受灾乡镇。2008年5月，四川省汶川等地发生8.0级特大地震，楚州区各基督教会踊跃捐款5万多元支持抗震救灾。

第四节　宗教事务管理

楚州区民族宗教局是全区民族事务和宗教事务的行政主管部门，主要职责是管理全区民族宗教事务。80年代初，县政府设立了民族宗教科，配备科长1人、助理1人。90年代初，市政府设立了民族宗教局，先后配备局长1人、副局长1人、助理2人。2002年，核定编制5人，设局长1人，其他职工4人。乡镇设民族宗教助理，全区27个乡镇均配有民族宗教助理（全部是乡镇宣传统战委员兼任），负责民族宗教事务的管理。2008年9月，区政府下文，要求各乡镇成立宗教活动稽查队，配备村居民族宗教协理员，进一步延伸宗教工作基层网络。

80年代宗教逐渐恢复活动之初，各教管理工作薄弱。区民族宗教局先后帮助基督教修订完善出台了3类23项规章制度。第一类是淮安三自爱国会规章制度，包括三自爱国会组织条例、三自会议制度、三自学习制度等九项制度。第二类是基层教会规章制度，包括教会规章、教牧人员守则、吸收信徒入教须知、信徒守则、《教务管理制度、财务管理制度》、档案管理制度、教产管理制度、安全卫生管理制度等九项规章制度。第三类是堂点管理组织若干规定，包括堂点管理小组成员任职条件及产生任免程序、堂点负责人职责、传道人职责等五项规章制度，帮助佛道教寺庙宫观建立完善九项规章制度，帮助伊斯兰教清真寺建立了六项规章制度等，规范团体和场所的工作与活动。

2004年5月，全区信仰各种宗教的信徒已有7万余人。当年，区宗教局和区委统战部在全区宗教界开展“爱国爱教三带头”竞赛评比活动。全区先后评出成绩突出的致富先锋40人、文明标兵30人、稳定模范36人。宗教局与区基督教三自爱国会一起组织编写一本《基督教徒素质教育教材》，宣传宗教法律定位和政策法规，规范教民信念活动，在化解矛盾、促进和谐、凝聚人心、保持稳定、促进宗教活动秩序正常化方面发挥了重要的作用。

第四章　老龄工作　关心下一代工作

人口老龄化直接影响社会、经济发展，关系到社会稳定和各项事业的兴衰。为加强老龄工作，1986年4月18日，淮安县编制委员会下发文件成立淮安县老龄委员会。核定县老龄委人员编制，为正局级单位，其人员由县组织、人事部门调配，经费由县财政部门批拨。到1997年底，淮安市已成为老年型地区，当年60岁以上的老年人已达13.7万多人，占全市总人口的11.08%。市老龄委改善老年人的经济供养与医疗保障，老年福利、文化、教育、体育事业有了较快发展，老年人合法权益受到重视，敬老、养老、助老的社会氛围逐步形成，老年人生活质量得到明显提高。2008年，全区60岁以上老年人有18.78万人，约占全区总人口的15.81%，并以老年人口总数每年3%的速度递增，已经成为老年型地区。

淮安市关心下一代工作委员会成立于1993年3月，成员主要由离退休老干部组成。至2008年，全区共建有27个基层关工委，成员1.2万余人。关工委通过开展革命传统教育，组织“五老”宣讲员深入基层宣讲，帮助青少年树立正确的世界观、人生观、价值观；帮助农村青年学科技并推荐就业；结对帮教失足青年；关爱贫困学生；义务监督网吧。

第一节　老龄工作

一、服务机构

楚州区老龄工作机构成立于1986年4月，随后，各乡镇均成立乡镇老龄委。县级老龄委配备了专职人员，乡镇老龄委为兼职人员，一部分村（居）也相继成立了老年协会。1999年10月，淮安及乡镇将老龄问题委员会更名为老龄工作委员会。至2008年底，全区有区级老龄工作机构（区老龄办）1个，老龄社团组织有老区建设促进会、老科技协会、老年体协、扶贫开发协会等4个以及26个乡镇老龄委，全区358个村（居）中有237个村（居）成立了老年协会。上述人员除区老龄办为在编在职人员正常开展工作外，其他社团组织和乡镇老龄委人员均为离退休人员或兼职人员负责，进行一般性的工作。

二、老年人供养及文体活动

楚州大多数老年人主要依靠家庭、依靠子女来实现养老。2008年，全区18.78万老年人中有8337人被纳入农村最低生活保障，每人每年标准1320元，70周岁以上697人纳入城市低保，每人每月240元。全区共有五保老人5715人，实际集中供养1812人，每人每月233元，分散供养3903人，每人每年2200元。此外，农村“三老”人员（老烈属、老残疾军人、老复员军人）有2345人，均参加了住院医疗保险。2008年，“三老”人员由区财政为每人缴纳280元。全区农村合作医疗大病统筹基本上实现全覆盖。针对当时农村绝大多数老年人养老的实际情况，区老龄委在全区范围内开展有子女的老年人家庭全面签订家庭赡养老人协议书的活动，但是由于缺乏政策等方面的刚性措施配套，该项活动取得的效果相对不高。

进入21世纪，楚州老年文体事业有了一定的发展，老年人参加文体活动的人数逐年增加，文体活动的内容和形式不断丰富。全区经常参加文体活动的老年人已达28.1%，城区已达50%以上。2006年5月，区政府举办首届老年运动会，参赛项目9个，参赛运动员760人，其中男运动员394人，女运动员466人，平均年龄63岁，年龄最长者82岁。9个竞赛项目有乒乓球、篮球定点投篮、24式太极拳、32式太极剑、老年健身操、老年健身舞、雀牌、钓鱼及老年书画展等，各个竞赛项目均取得了令人满意的成绩。

三、合法权益保护

区各执法部门、各涉老部门都主动把宣传《老年人保护法》列入普法宣传和教育内容。配合区人大对《老年人保护法》的执法检查，区、乡镇法律（律师）事务所能及时帮助老年人解决投诉和咨询中的有关问题。纪检、监察、司法部门对侵犯老年人合法权益的人和事也都给予有效查处，司法部门对确实缴纳不起诉讼费的老人给予了缓交、减交和免交。落实有关老年人的优惠政策，城区旅游景点对老年人免费开放，70周岁以上的老人免费乘坐市内公交车。农村对60周岁以上老龄协会委员实施“一事一议”款的免除。区委、区政府还采取措施对全区80周岁以上老人，实施一定数量的生活补贴。

第二节　关心下一代工作

一、组织建设

1993年3月，淮安市关心下一代工作委员会成立。至2008年，各乡（镇、场）共设关工委27个；教育局、水利局、卫生局、工商局等10个部门设立关工委；重点企业如井神盐业公司、康乃馨、飞翔等十多家企业也成立关工委；民营企业普遍都成立关工委组织，共计228家；各村（小区）及各中小学全面成立关工委组织。楚州区关爱下一代的队伍从成立初的几十人已发展到1.2万多人，关工委组织从无到有已形成了纵向到底，横向到边的体系。“老干部”“老战士”“老教师”“老专家”“老劳模”组成的“五老”人员自觉地参加关工委工作。

二、主要活动

楚州区关工委建立伊始，革命传统教育、救助困难学生是工作的重点。全区每年有近千名“五老”宣讲员在第一线宣讲3000多场，受教育青少年30多万人次。钦工镇夕阳红宣传团由11名离休干部组成，人均年龄80岁，每年坚持在基层作100场报告，宣讲党的方针政策的正确，宣传社会主义制度优越，教育青少年爱党、爱国、爱社会主义。区关工委的传统教育宣讲组，坚持14年在清明节前后到烈士陵园义务宣讲，结合周恩来100周年诞辰和110周年诞辰，在青少年中开展“讲周恩来的故事，辨荣辱；颂周恩来精神，知廉耻；学周恩来榜样，做新人”的系列活动，用周恩来精神净化青少年心灵，引领人生。“两校”常办常新，“青年农民政治科技学校”，各个乡镇有班子，有教室，有设备，有教师，有培训计划，每年使初高中毕业的学生都能及时得到培训，并推荐就业。关工委和春庚职业技术学校联办的培训基地，每年免费为困难家庭培训400多人就业，受到社会各界好评。“在校学生的家长学校”，全区有288所。针对学生父母外出打工的实际情况，区关工委还开办“爷爷奶奶家长学校”“代理家长学校”“函授家长学校”，使在校生的家长参加家长学校的学习达到了全覆盖。关爱失学、失业、失足青少年。区关工委对于失学的孩子采用学校困难减免、关工委募集资金支持、社会志愿者热心资助、“五老”“大手拉小手”结对帮扶助困等方法，使全区中小学达到了零失学、零辍学。苏嘴镇11名关工委委员15年坚持自带干粮，自掏经费，跑机关，进工厂，为困难学生寻求结对帮扶。已毕业工作的20多名大学生联合组织关爱回报捐助，为关爱活动注入了新的活力。区关工委每年协助全区各中小学共配备300名法制副校长，聘请900名校外辅导员，印发2000份法制教材，每学期坚持上两次法制课，举办一次法制教育巡回展览，为预防和减少青少年犯罪作出贡献。同时，全区建立了430个帮教小组，对失足的青少年进行跟踪帮教，还广泛深入地开展了失足青少年的调查，并采用了技术培训，介绍工厂做工、外出打工、个体经营等方法，使初高中毕业后的青年得到就业。全天候进行网吧监督，为青少年成长提供良好的社会文化环境。全区特聘195名网吧监督员，2～3人一组，定人、定点、定时进行督查，巡查有记录，监督有建议，改进有回馈，月月有评比，使监督工作做得实实在在。倾心关爱留守儿童。全区4388名“五老”结对帮扶8117名留守儿童，关心他们的学习、生活。全区还开办了200多所校外辅导站，为留守儿童节假日提供良好的活动场所。

至2008年，楚州区关工委连续四次获省先进关工委称号，多次被评为县、区级先进单位，有3000多名“五老”受到各级党委和政府的表彰。

第五章　慈善事业

第一节　慈善机构

楚州区慈善总会前身为淮安市慈善募捐办公室。2000年，鉴于淮安市特大重病患者较多，要求政府给予救助的报告和诉求相对较多，而政府财政状况难以应付弱势群体的需求。淮安市委、市政府决定动员社会力量参与慈善事业，作为社会保障保障的补充。2000年5月，成立淮安市慈善募捐领导小组，下设办公室。慈善募捐办公室从财政局借3万元作为启动经费，借用静都大酒店两间房间作为办公用房，开始正式工作。2001年5月，成立楚州区慈善总会，民主选举会长、副会长，原抽调人员均回原单位工作，区财政会计中心委派一名会计负责财会工作。2008年3月，经区政府常务会议研究决定，由区长担任区慈善总会会长，分管民政工作的副区长，区政协副主席、原慈善总会会长任常务副会长，民政局长任执行副会长。所募善款归区慈善总会统一管理，救助方式及善款发放需经集体研究决定。

第二节　慈善活动

2001年，慈善募捐办公室成立后，通过动员当地企业大户捐款等方式，当年即募得善款20多万元。办公室边募边助，及时给求助者发放善款，救助了许多大病患者。同年，聘请刚刚退居二线和改任非领导职务的部分部、委、办、局的领导到总会工作，充分利用这些老领导的社会影响和人际关系外出募捐，当年即募得善款60多万元。2002年，香港慈善家杨咏曼捐助30万元，建设茭陵希望小学。中华慈善总会会长范宝俊陪同杨咏曼出席茭陵希望小学（咏曼小学）的竣工典礼。范宝俊在楚州期间，向淮安市委书记丁解民建议开展“慈善一日捐”活动，即机关事业单位工作人员每年捐出一天的工资，企业捐出一天的利润，以补充慈善基金。同年11月，淮安市委、市政府在全市范围内启动“慈善一日”捐助活动，此后坚持每年开展一次活动。到2007年底，楚州区慈善总会已募集善款600多万元，救助各类求助者6000多人次。2008年元旦，楚州区组织了大型慈善募捐活动，现场共募得善款520多万元，其中智思房地产公司楚州籍老板捐款100万元。当年就救助求助者近千名。四川汶川大地震时，区慈善总会募得善款700万元，所捐善款为淮安市各县、区之首。

2008年，楚州区开展元旦慈善募捐活动

第三十三篇　人　物

1978～2008年，楚州区各行各业涌现出大量优秀人才和杰出人物，为楚州地区的经济发展和社会进步作出了重要贡献。人物篇设人物传略、人物简介和人物表录三章。主要收录改革开放以来楚州籍的领导人物、革命英烈、模范人物、文化名人和社会贤达，以及长期生活工作在楚州、为楚州社会发展作出突出贡献的客籍人物，兼顾为外地社会发展作出突出贡献的楚州籍人士。人物传略按照生不立传的原则，共收录了15位1978～2008年期间去世人物，人物简介收录了33位在世和去世人物，按出生时间先后排序；人物表分项录入，按获得荣誉称号或取得待遇的先后排序。记述中，凡是女性一律加注，不加注者均为男性，民族不加注者均为汉族。

第一章　人物传略

马济中

马济中　(1908—1996)曾用名玛继宗，1908年6月出生在淮安河下。解放后曾任淮安县人民委员会委员、常委，苏北首届人代会代表，省政协委员，淮安县政协首届驻会常务副主席。

早年，马济中跟从当地名医汪筱川学习中医。1936年，考入江苏省立医政学院外科训练班，学习西医。后因抗战，中断学业。1938年，取得江苏省民政厅行医执照，由于医道中西合璧，在淮安颇负时誉。1945年，马济中参加苏皖边区政府卫生局举办的淮城中西医大会，之后又带头组织淮安城外中西医同仁成立医学研究会。1946年，淮安中医界人员自发组织成立淮安县中医师公会，马济中被推选为常务理事兼河下办事处主任。1950年，他被聘为淮安县医院医学训练班义务教员。同年，担任地区防疫大队副大队长，牵头组建城北联合医院，任院长。1951年，盐南盐北恶性疟疾流行，他担任两区防疫大队副大队长，在20多天的时间里抢救了2800多人，受到县政府表彰。1967年6月被分配至五七干校劳动，1969年，他被改派至县园艺场，闲暇之余，还凭借自己的一技之长为附近群众看病诊治。

马济中从小受中国传统文化熏陶，对淮安文史遗存很感兴趣。五六十年代，他在担任县政协驻会常务副主席期间，积极组织开展对淮安文史资料的抢救性发掘、整理、研究工作，为淮安地方文史资料的留存起了关键性的作用。1963年，兼任淮安文史资料编辑征集小组组长，组织编印《淮安县文史资料选辑》等多种地方文史类书籍。1980年5月，马济中办理了退休手续，退休后他义务参与勺湖公园等处的假山、盆景、花石的创作，还撰写了《抗战前的淮安中医药概况》《〈温病赋〉及其作者李厚坤》《淮安市回教史略》《萧湖历史园林追记》《勺湖和勺湖草堂》《昔日万柳池》《河下古枚里》《古天兴观纪实》《漫谈湖心寺》《河下状元楼》等文章，继续为淮安文史工作发挥余热。1996年病故。

王辛笛

王辛笛 （1912—2004）本名馨迪，诗人。祖籍江苏淮安，生于天津。曾任上海烟草工业公司、上海食品工业公司副经理，中国作协第四届理事、上海分会副主席。著有诗集《珠贝集》《手掌集》《辛笛诗稿》。

王辛笛自幼受到良好的家庭教育和文学熏陶。13岁入天津英国教会创办的新学书院学习英语，但他对中国古代诗赋情有独钟。14岁考入南开中学，接触“五四”新文学，如饥似渴地阅读胡适、鲁迅、郭沫若、郁达夫的新诗。读高一时，他写了一首白话诗《蛙声》，发表于天津《大公报》，从此，他的新诗创作一发不可收。1931年，王辛笛考入清华大学外国语文系，系统地学习西洋文学。1936年，他和弟弟辛谷合出第一本诗集《珠贝集》，该集是他三十年代前期诗歌创作的一次小结，其中写于1934年8月的《航》是他的成名作。1935年，他从清华大学外文系毕业。1936年，赴英国爱丁堡大学继续研究英国文学。期间，他创作出了二十余首诗，构成了《异域篇》，其中脍炙人口的篇章有《挽歌》《秋天的下午》《月夜之内外》《对照》《巴黎旅意》《杜鹃花和鸟》《再见，蓝马店》《刈禾女之歌》《狂想曲》《门外》等，这些作品是王辛笛诗风成熟的标志。1939年，王辛笛回国，进入光华大学、暨南大学担任教授，讲授莎士比亚和英美诗歌。抗战胜利后，王辛迪重新挥笔写诗，创作出了《姿》《月光》等，仍保持着三十年代的婉约蕴藉诗作，同时也创作出一些现实题材与现代诗艺有机融合的作品，如《夏日小诗》《手掌》《憔悴》等。1947年冬，王辛笛因公去美国作短期考察，在此期间写下了《海上小诗》《甘地的葬礼》《尼亚加拉瀑布》等诗作。回国后将《风景》《山中所见——一棵树》《夕语》等作品发表在《诗创造》及《中国新诗》上。他也成为“九叶”诗派中的长者。1949年6月，他入选上海代表团，赴北京出席全国第一次文学艺术工作者代表大会。回到上海后，他转入工业战线工作，投身于新生活和社会实践，个人诗风进一步转变。1957年5月至1962年间，王辛笛发表过《陕北道情》等3首新诗，这些诗一改以前的风格，变得朴实无华，朗朗上口。此后，他接连出版三本诗集《辛笛诗稿》（1983年）、《印象·花束》（1986年）、香港版《王辛笛诗集》（1989年）。回到祖籍淮安时，他创作了《在淮安故里出席〈西游记〉作者吴承恩逝世四百周年纪念会感赋三绝句》《淮安家乡烹饪杂咏》等作品。进入90年代，王辛笛受病痛折磨，很少外出，但仍有诗歌、散文见诸报刊。2004年1月8日，王辛笛在上海病故。

高景唐

高景唐 （1913—1992）名之尧，字景唐，后以字行。出身于世医兼商之家。祖籍江宁湖熟镇，从曾祖辈迁居淮安河下镇。他5岁入家塾，习读经书，旁及词翰。14岁考入江苏省立第九中学，17岁因父丧被迫辍学，始操祖业。初从师名医汪筱川，后在叔父指导下，博览医书，师法众长，悉心应用于临床见症。抗日战争前夕，悬壶乡里，行医济众。两次任市中医学会理事长。“七七事变”后，投入抗日活动。抗战胜利后，参与商会领导工作。新中国成立后，历任清江市工商联主委、政协副主席、人大常委会副主任；淮阴市人大常委会副主任、工商联民建主委、江苏省政协委员、常委等职。“文化大革命”中，被造反派冲击。下放劳动期间，劳作之余为学员及驻地农民治病。中共十一届三中全会后，担任市人大、政协领导职务。1992年3月去世。

季镇淮

季镇淮 （1913—1997），字来之，淮安县季桥人。民盟成员。古典文学研究家，著名文学评论家，教育家。历任清华大学助教、中文系副教授、北京大学中文系教授、中国闻一多研究会会长。

季镇淮的名字，是他私塾老师起的，取自淮安的镇淮楼。年长时，他觉得这个名不太好，就自己改了名字，取镇淮谐音为振怀。但周围的亲朋好友学生等，很少知道季振怀，因此他的户口本、文凭及各种证件上还是以季镇淮为准。而振怀就作为他的笔名一直使用。1937年，他被安徽大学西语系、山东大学中文系同时录取。初入安大西语系，他发现自己对中文的爱好深入骨髓，于是转入山东大学中文系。入学不久，"七七事变" 爆发，山东沦陷，学校停办，季镇淮只好回到淮安。1938年1月，他去长沙投考由清华大学、北京大学、南开大学联合举办的临时大学。由于战火蔓延，学校南迁，季镇淮报名参加了湘、黔、滇徒步旅行团，抵达昆明后，通过转学考试后，他正式成为西南联合大学中文系本科生。1941年，从西南联大中文系毕业后，考入清华大学研究院，师从闻一多，读研究生，从事中国文学研究。季镇淮在读研究生期间，经济困难。闻一多得知后，推荐他去做助教，以解决生活问题。闻一多对季镇淮的关怀、培养不仅表现在生活上，更表现在学术研究上。《闻一多全集——神话与诗》中的《七十二》是一篇考证文章，便是由季镇淮提出问题，写成初稿，再由闻一多增补材料，撰写成文的。由于季镇淮一再坚辞，这篇《七十二》最终由闻一多发表，收入《神话与诗》，没有署季镇淮的名字。闻一多不愿意埋没他，便加了一篇《附识》。1944年7月，季镇淮顺利通过研究生毕业初试，开始他的学位论文《魏晋以前观人论》的写作。在论文写作期间，闻一多遇害。季镇淮悲愤之下，以笔代枪，借古讽今，撰写了一批有关汉末魏晋时期的研究短论，在朱自清主编的《新生报》中刊出。1948年底，季镇淮加入了新中国文化建设协会，主编了《教联报》，并引导师生认清时局和方向，抵制南迁论。1945年6月，受闻一多的影响，季镇淮参加了中国民主同盟。1949年1月，季镇淮加入中国共产党。从1949年起，季镇淮先后担任民盟北京市第二届委员会常委、副秘书长、组织部副部长，第三届常委、组织部长，第四届副主任委员，民盟北京市委顾问。1997年去世。

周晓春

周晓春 （1914—1992）原名周志兴、周俊，淮安宋集人。早年曾求学于淮安、南京、上海等地，志在报国。1937年抗日战争爆发后，放弃大学学业，返回家乡加入抗日同盟会，积极向民众进行抗日宣传，并自费购买枪支，组织抗日武装。1939年10月，加入中国共产党。他动员带领数十名亲友同辈，参加革命。在淮安期间，历任乡支书、区委书记、县委统战部部长，县政府秘书兼秘书科长、民政科长及社会部部长兼公安局局长等职。1949年3月至1950年4月，任淮安县县长，继调任苏北区党委统战部秘书、办公室主任。1953年7月，调任江苏省委统战部办公室主任、省丝绸工业局副局长、中国科学院南京植物研究所副所长。1966年3月，任苏州市副市长、市委常委、市革委会常委，1977年4月，任市委组织部副部长、市政府视察室副主任。1982年12月离职休养。1992年8月29日去世。

何承浩

何承浩 （1914—1995）1914年出生于淮安县南门何氏宅院。少时，家境贫寒，在淮安读完小学和中学，曾一度辍学，去当学徒，一边打工，一边求学，后考入南京警官学校，1935年毕业。先后任国民政府镇江市警察局派出所所长、行政科长等职；抗日战争时期，历任四川省乐山县与内江县警察

局长。1946年，他被保送到美国纽约大学深造，1949年，以优异成绩毕业，获法学硕士学位，被举荐入联合国总部工作。1951年，经联合国秘书长哈马舍尔德遴选，任联合国总部第三警卫队少将队长，成为联合国总部成立后唯一华人警卫队长。1961年10月至1962年8月，第二次日内瓦国际会议召开期间，负责中国代表团的警卫工作，确保陈毅等人的安全。1971年10月25日，在纽约联合国总部，何承浩自愿做中国代表团的保卫工作。外交部长乔冠华还专门拜访了他。

何承浩担任联合国警卫队长长达23年。1974年退休，定居美国加州，他喜爱旅游、读书、写作，用英文写出《何承浩回忆录》，在美国出版。1995年8月3日，病逝。

陈鉴远

陈鉴远 （1916—1995）别号师古，1916年出生于江苏省淮安县。化学工程学家。50年代，他主持我国首批大型磷肥厂工艺设计，开创了我国的磷肥工业；60～70年代，他主持开发设计了重水、液氢、偏二甲肼等几十种化工新材料，为我国发展核工业及航天、航空工业作出了贡献；他倡导建立结合国情的化工技术开发程序，对化工科学技术转化为现实生产力有深远意义。

1940年，陈鉴远毕业于重庆中央大学，获工学士学位，留校任工业分析实验助教。1947年1月，陈鉴远由美国的同学推荐入美国依阿华州立大学化学工程系学习，1950年获博士学位。陈鉴远在完成学业后，婉辞了导师留他继续在美国从事科研工作的盛情，满怀热情回到祖国。新中国成立之初，为发展农业，迫切需要生产供应磷肥。1953年，陈鉴远刚到化工设计公司基本化学工业科，就承担了生产规模分别为40万吨和20万吨过磷酸钙、配套硫酸8万吨和4万吨的两个大型磷肥厂的工艺设计任务。陈鉴远在同前苏联专家及项目设计总负责人密切合作的基础上，从组织设计人员学习设计方法、查阅文献、参加科研与中试、整理资料做起。他亲自主持、参加研究决定重要技术方案，逐一核查计算工艺数据，以及对各辅助专业提出的设计条件，审阅每张设计图纸，处理设计、施工、试车中出现的各种问题，做了大量艰苦细致的工作。1958年5月和6月，两厂相继在南京和太原建成投产，生产规模和技术先进性都达到了当时的国际水平。在此期间，陈鉴远和设计人员还在总结国内广泛开展的钙镁磷肥研制工作经验的基础上，选用高炉法熔炼技术于1958年4月编制出年产1万吨钙镁磷肥装置的通用设计，当年就在北京化工实验厂、昆阳磷肥厂和九江磷肥厂分别建成钙镁磷肥车间投入生产。随后，在各地推广建设了许多钙镁磷肥厂。大型过磷酸钙肥料厂和万吨级高炉法钙镁磷肥装置的设计和投产，有力地促进了我国磷肥工业的发展。我国的磷肥工业在50年代初期的处女地上发展到1965年，产量跃居到了世界第四位。

1964年初，国家决定建设偏二甲肼的生产装置，这是我国的第一项高能液体燃料工程。设计工作由陈鉴远主持。陈鉴远组织技术人员进行深入的调查研究和技术经济分析后，采用氯胺法。1967年，工程完成了施工安装。1968年初，试车成功，偏二甲肼投入生产。这一首创的新工艺，长期保持了世界先进水平。用这一工艺生产出来的产品，为我国东风系列导弹和长征系列火箭的成功发射提供了基本保障。40多年，陈鉴远领导设计了40多项化工工程，其中有20多项是我国首次建成投产的“示范性工程”（或称“风险工程”）。1995年，陈鉴远在北京去世。

高 天

高 天 （1917—1994）原名高紫瑜，淮安县人。少时去郑州求学，17岁进《郑州日报》当记者。酷爱文学，尤其是新诗。1936年2月7日，他在郑州《大华晨报》副刊上发表诗作《南天诗》，以出众的才华在中原文坛崭露头角。

抗日战争爆发时，高天在武汉任《扫荡报》《时事新报》记者，他不顾个人安危，深入抗日前线，及时报道；在台儿庄战役和徐州会战突围时，记者和服务团被堵黄河故道，高天临危不惧，带领大家冲过封锁线。1938年秋，高天加入周恩来领导成立的国际新闻社，1940年春，负责国新社重庆办事处工作。1941年“皖南事变”后，高天以国新社和《南洋商报》记者身份，受到周恩来的接见。1944年秋，任《新蜀报》代总编辑，潜伏在报社的特务制造事端，国民党当局欲逮捕他。他未及看一眼在医院生产的妻子和刚出生的儿子，就奔赴昆明任《扫荡报》总编。他约请朋友收录外电，以独家新闻报道延安解放区消息，遭逮捕，在地下党营救下，进入越南。1945年8月，日军投降，因抗战期间高天写文章揭露国民党假和平、真内战的阴谋，被国民党列进黑名单。又由地下党安排，经河内、辗转到香港。先后担任香港《华商报》编辑部主任、国际新闻社香港分社负责人，还担任中国人民救国会港九分会秘书主任、香港达德学院政治系教授等职。1946年1月，高天在香港加入中国民主同盟，任支部执行委员兼秘书主任。解放战争期间，他积极参加反对美蒋的爱国民主运动。1949年初，高天由中共香港地下组织介绍回到解放区，在中原大学研究生班学习后，分配到河南大学任教授。新中国成立前，应胡愈之邀请到北平组建民盟机关报《光明日报》。先后担任采访部主任、编辑部主任、总编室主任、副总编辑。1956年加入中国共产党。1978年到民盟中央主持工作，任民盟中央常务副主席，协助史良、胡愈之工作。他多次陪费孝通到全国各地视察、调研。民盟中央向中共中央、国务院提出的《关于教育问题的十条建议》《关于开发黄河三角洲的建议》《关于振兴上海经济的设想和建议》等有重大影响的调查报告和建议，无不都有高天的参与。1994年6月在北京去世。

寄　明

寄　明（1917—1997年），原名吴亚贞，女作曲家，钢琴演奏家，江苏淮安人。她自幼学习多种乐器，1933年，以优异的成绩考取上海国立音乐专科学校，专攻琵琶，副修钢琴，1935年专修钢琴，师从俄籍钢琴教授拉茶雷夫。1937年学成毕业。“八·一三”事变后，她在重庆达县中小学做音乐教员，选用聂耳、冼星海的抗日救亡歌曲为教材，教学生唱歌，课余还到群众歌咏队去教唱，宣传抗日。在重庆期间，她在国民政府教育部音乐教育委员会担任干事，目睹国民党官员的腐败，十分向往延安。1939年，她如愿以偿奔赴延安，开始人生新篇章，正式改名“寄明”，寓意“寄希望于明天”。1942年，寄明加入中国共产党。1945年，抗战胜利后，寄明跟随鲁艺进军东北。解放战争时期，她先后任华北联合大学文艺学院音乐系、东北大学鲁迅文艺学院教员，牡丹江鲁艺文工团科长、副团长、团长。在著名音乐家吕骥的帮助下，她开始音乐创作。作品有歌曲《庄稼人小唱》、秧歌剧《干活好》、说唱《歌唱刘胡兰》、器乐曲《陕北组曲》、钢琴曲《舞曲》等。1948年，寄明调入东北音乐工作团任调研员，她深入民间，记录整理了东北“二人转”，写成了《蹦蹦音乐》一书。新中国成立后，她先后担任东北鲁迅艺术学院音乐系教授，东北音乐专科学校副校长兼教务长。1953年调到文化部电影局从事电影音乐创作，后又到上海电影制片厂任音乐创作室副主任，作曲组组长。她深入淮河两岸、金沙江畔、云贵高原、蒙古草原体验生活。她热爱孩子，热爱电影艺术，创作出《五朵金花》《李时珍》《春天来了》《鲁班的故事》《金沙江畔》等电影音乐，还写下了大量儿童歌曲，中国少年先锋队队歌《我们是共产主义接班人》，以及《毛主席我们热爱您》《新中国儿童进行曲》《我爱我们的班级》等作品。1997年去世。

王一香

王一香（1918—2006）曾用名王轶香，淮安苏嘴镇人。1922年至1932年在菱陵、钦工等地读私塾、小学。1933年初于清江习医。1934年秋至1938年在省立石湖简易乡村师范读书，毕业后回

乡从事抗日救亡活动。1939年冬遭国民党逮捕入狱，在狱中坚贞不屈。1940年10月初被八路军黄克诚部从盐城狱中救出，同月加入中国共产党。至1944年底，先后担任淮安县第三区区长、淮涟阜边区办事处主任，县政府秘书、团委书记及县委委员，泾口、马厂区区长、区委书记等职。1944年底至1948年9月，任淮安县委组织部部长兼宣传部部长，县委副书记、书记。1955年6月任地委民运部副部长、部长及地委委员。苏北区党委农委委员、秘书长。苏北政法委员、苏北供销社党组书记。江苏省委农村工作部副秘书长、副部长兼江宁县委第一书记。1955年6月至1963年7月任省农林厅副厅长、党组副书记、厅长、党组书记。1963年7月至1984年6月，先后任南通、镇江地委副书记、革委会副主任、主任，地委常委、副书记、行署专员、书记，省委委员。后调任江苏省党史资料征集研究委员会副主任、省党史工委主任、省顾问委员会常委等职。王一香曾当选为第五届、第六届全国人大代表，多次当选省党代表和省人大代表。1989年离职休养，2006年病故。

顾家熙

顾家熙　（1919—1995）出生于淮安县城内。由于家资充裕，从小就受到良好教育，聪颖好学，富正义感。中学阅读大量的进步报刊，接受革命思想。日军侵略中国，他与淮安有志青年，在城里民众教育馆创办淮安群众看报室，任总干事，向读者展示共产党办的《新华日报》《群众》等报刊。每天出一期手写墙报，后来又出铅印小报《群众七日刊》，揭露日军侵华的滔天罪行及国民党政府不抵抗政策，宣传共产党“唤起民众、团结对外”的正确主张，对当时的淮安、淮阴、宝应、涟水、阜宁及泗阳等县的抗日救亡运动产生了巨大的影响。后又和丁八（丁澄）、何维榘等自编自演抗日救亡的话剧，从城内演到城外，遭到国民党顽固派迫害。1939年春，淮安沦陷，举家流亡上海。4年后，他考进上海《申报》当编辑，从事进步文化活动。曾以《申报》记者身份参加过李公朴、闻一多两位爱国民主人士的追悼大会。后顾家熙加入了共产党，进上海《建国日报》工作。不久，《建国日报》被蒋介石勒令停刊，周恩来调他到《新华日报》筹备处工作，兼任上海版《群众》周刊记者。蒋介石发动内战后，上海版《群众》周刊被国民党当局禁刊。经党组织安排转香港《华商报》兼做香港版《群众》周刊工作。平津战役结束后，他奉命到北京，先后在新华通讯社、新闻总署、中共中央宣传部、《人民日报》等单位工作。1960年，响应党的号召，举家支边去《新疆日报》、新疆人民出版社工作。1978年回北京，任中国大百科全书出版社编审。1995年去世。

颜士庭

颜士庭　（1920—1992）淮安钦工镇人。初中毕业后即辍学，参加家乡一带的抗日救亡运动，是淮安县抗日同盟会的成员，曾多次带领民兵、抗盟队员对清乡扫荡的日寇发动过伏击战和游击战，是抗日勇士“颜三虎”之一。1940年3月加入中国共产党。至1952年，先后任区委组织科长、区农会会长、民兵大队长、区长、区委书记、县农会副会长、副县长、县委副书记、苏北区党委农村工作团团长。1952～1964年，在农业部办公厅、粮油局就职，后任外贸部货源局副局长；1966～1984年在农林部、农业部任经济作物局局长、农业局局长。1986年3月离休。曾组织研究编写种植业“六五”发展规划，提出提高农产品收购价格、解决棉区粮食问题及建设商品粮基地的建议。离休后主持编写《当代中国农作物业》。1992年病逝。

陈　冰

陈　冰　(1920—2008)曾用名尹莹升,江苏淮安县人,1934年入江苏省立淮安中学读书。1939年春参加革命工作,1940年8月加入中国共产党。早在中学时期,他就开始接触进步书籍和刊物,接受进步思想。他通过“淮安群众看报室”、“墙报”、“群众七日刊”等形式宣传抗日,参与淮安抗日救亡活动。1939年他参加中华民族解放先锋队。同年,在地下党的安排下到东北军57军112师668团当兵,后调入672团担架排、政训处宣传队,宣传党的团结抗日的进步主张。1940年8月,按组织决定,撤离东北军,到山东分局宣传部工作,历任《大众日报》记者、编辑、通联科长、通讯部长、副总编辑等职。在解放战争期间,他主要在部队从事新闻宣传工作,历任山东野战军政治部记者团团长、山东分局军政工作委员会东北分会委员,《大众日报》副总编辑、新华社山东兵团分社副社长、新华社三野总社社长等职。其间,他立马发挥报纸在加强部队思想政治工作和唤起民众、揭露黑暗、鼓舞士气、瓦解敌军等方面的重要作用。1949年5月,陈冰转业到地方工作,先后任杭州市军管会文教部副部长、《浙江日报》社社长兼新华社浙江分社社长,浙江省委宣传部副部长兼省文教委员会副主任,浙江省委宣传部部长。后任浙江省委常委兼宣传部长,兼任浙江省政协副主席。1978年5月调任宁夏回族自治区党委常委、副书记。1981年8月调任天津市常委、副书记兼市委宣传部部长。1987年6月,陈冰离休,参与党史资料收集编写工作,担任《谭震林传》编辑小组组长,2008年10月,在杭州去世。

张　牧

张　牧　(1921—1995)新安旅行团首批年龄最小(12岁)的团员。1934年,新安旅行团首次到南京时,雨雪交加。张牧抱着几本《日本帝国主义侵略中国历史地图》,来到金陵女子大学,向图书管理人员进行抗日宣传。女教育家吴贻芳校长见此情景,对其称赞不已,并当场购买了地图。“新旅”抗日救亡宣传到山东。冯玉祥将军亲自接待了张牧和他的小伙伴们,并对他们的抗日热情加以肯定和赞赏。“新旅”每到一地,都参观工厂、农场、文化设施和历史遗迹,访问各界名人。张牧把这些记录下来,向国内少年儿童报刊投稿,他写的通讯被刊登在报纸上,得到广大小读者的喜爱。1937年春天,张牧以儿童代表的名义参加了上海各界赴绥远前线的慰问团,慰劳傅作义将军的抗日部队。全面抗日战争开始后,张牧随新安旅行团取道宁夏、甘肃到抗日最前线的武汉。1938年春,张牧在甘肃平凉秘密加入共产党,是“新旅”最小最早的共产党员。1941年,他担任“新旅”团长,被调到盐阜区党委做青委工作。1995年病逝于上海。“新旅”的同志们为张牧编印了《张牧纪念文集》。

王文安

王文安　(1926—1996)淮安县林集镇人。自幼家贫,母亲与他的5个兄弟因饥饿和疾病相继去世。年幼的他仅靠挖野菜、给地主家打短工度日。1940年,年仅14岁的他投身革命,后加入共产党,担任新四军第4师12旅36团3连政治指导员、党支部书记。1945年8月,抗战胜利后,蒋介石发动内战,他被任命为华东野战军第2纵队185团1连连长。先后参加宿北、两淮、胶河、孟良崮、淮海、渡江等重大战役。1950年初,他被任命为中国人民志愿军第21军62师教导营营长,奔赴朝鲜战场。在一次战斗中他不幸坠马,右腿胯骨粉碎性骨折,留下终生残疾。1955年奉命回国入南京军事学院学习后,被任命为中国人民解放军陆军第62师185团参谋长。1969年,他被任命为兰州军区生产建设兵团6师师长、甘肃省军区副参谋长。王文安戎马一生,伤病缠身,被评定为三等甲级残疾军人,他先后荣立三等功一次,被授予中华人民共和国三级独立自由勋章、三级解放勋章、中国人民解放军独立荣誉勋章。1983年因伤病与重残离职休养。1996年病逝。

第二章　人物简介

王士奎　（1920—1987）淮安席桥乡人。1941年参加革命工作，1944年10月加入中国共产党，1945年1月任淮安县马厂区委社会科科长，1946年10月任中共淮安县丁澄区委员会社会科科长，1948年任淮安县丁澄区区长。1949年起，历任华东警备区9旅25团保卫股副股长、股长、102师304团保卫股股长、农四师政治部保卫科副科长。1955年10月转至中共江苏省委农村工作部，1956年任江苏省林业厅监察室副主任，1957年10月任淮安县公安局局长，1962年任中共淮安县委组织部副部长，1965年5月任国营东辛农场政治处副主任，1969年1月任兵团1师3团14营营长。1972年起，任国营东辛农场办事组组长、财务物资科科长、革命委员会副主任、副书记、书记。1982年7月任淮阴地区农垦局顾问。1984年离休，1987年3月去世。

王士义　（1921—1996）淮安南马厂乡人。1939年参加新四军，同年加入中国共产党。曾任新四军第三师敌工课课长，数次参加抗日战斗（包括解放淮阴城、淮安城战斗）。后转入中共淮安县委敌工部工作，负责组织发动群众抗日，为部队输送大量优秀青年参军、参战。在解放战争中，先后参加过反围剿、第二次解放淮安城战斗、涟水保卫战、淮海战役、渡江战役，解放苏南战斗。1949年起，历任江苏省常熟市市委常委、军事管制委员会副主任、常熟市副市长、常熟市公安局局长。1958年，调任南京市，任南京市永利宁厂磷肥厂党委书记。1963年，江苏省委组织淮阴地区社会主义教育团进驻淮阴地区，王士义任副团长。1965年任淮安县城镇工作部主任，1966年文化大革命被停职。1968年任淮安自来水厂负责人。1972年任淮安县化肥厂党委书记。1974年任淮安县对外贸易局党组书记、局长。1980年任淮安县委统战部副部长、经济委员会副主任。1981年任淮安县政治协商委员会副主席。1986年离休，1996年6月病逝。

筱文艳　女，1922年生于淮安县，原姓陈。5岁随父母逃荒至上海，卖与民乐戏院张少卿和老板刘木初为养女，取名张士勤。11岁从艺，先演娃娃生及娃娃旦，后专攻青衣、花旦。1937年后在上海登台演出。1956年加入中国共产党。新中国成立后，历任上海人民淮剧团团长，中国文联第三届委员，中国剧协第二至四届理事、上海分会副主席。第四届全国人大代表，第三、五届全国政协委员。1952年获第一届全国戏曲观摩演出演员一等奖。她善于博采众长，融会贯通，形成自己独特的风格。曾与乐师共同研创淮剧“自由调”。擅演《千里送京娘》《白蛇传》等剧。筱文艳的戏路宽广，其表演注重刻画人物，富有生活气息。代表剧目有《女审》《党的女儿》《海港早晨》等。

陈　耀　1922年出生于泗阳县，字辅仁，又名陈学友，高级政工师。1941年参加革命工作，1942年春加入中国共产党。历任区委干事、副书记、区长、区委书记，全国解放后任泗阳县委宣传部部长，1954年任共青团淮阴地委书记，1957年后调泗阳、泗洪、淮阴、淮安等县任县长、县委副书记、书记等职；1981年调任淮阴行署副专员。

王纯高 （1923—2017）淮安南马厂人。1943年4月参加革命，翌年10月加入中国共产党，1945年任马厂区工救会会长，1947年任郝渠区区委、二分区书记，1948年12月任丁澄区委书记，1952年3月先后任淮安县委合作部、农工部部长，1955年10月任县委副书记，1960年1月先后任县委代理书记、二届三届政协主席。“文化大革命”中曾遭受迫害。1973年8月调任沭阳县革委会副主任，翌年任沭阳县委副书记，1975年8月任沭阳县委第一书记，1982年2月调任淮阴地委农委主任，1983年任淮阴人大财经委主任，1986年6月离休。

袁　鹰 1924年出生于淮安县，原名田钟洛，在上海读完中学、大学，一度担任中学教员，后长期从事新闻工作。1945年末进入上海《世界晨报》，1947年为上海《联合晚报》副刊编辑，同年年底又任上海《新民报》特约记者，开始创作杂文、散文、小说、诗歌，数十年如一日。新中国成立初期任《解放日报》记者、编辑，1952年调北京《人民日报》，任文艺部编辑、副主任、主任，并为中国作协第三四届理事，四届主席团委员。出版文学、随笔四十多种，散文、儿童文学作品多次选入中学课本、获全国性的优秀文学奖。散文集有《第一个火花》《第十个春天》《风帆》《天涯》《京华小品》等以及《袁鹰散文选》。

顾金国 1926年2月出生于淮安县席桥镇。1944年6月入伍，1946年5月加入中国共产党。历任新四军3师警卫2团4连通讯员、通讯班副班长，东北军区警卫团营部通讯班长、独立师2团警卫班长，7纵21师62团2营副指导员、政治处保卫干事，第四野战军第44军132师395团3营8连指导员，军政教导队区队长，44军132师395团副教导员、教导员，广西壮族自治区兴安县、阳朔县人武部副政委等职，曾参加过八面城、新邱、章武、新立屯、锦州、四平、平津、广州云台山等战役战斗。1962年晋升为少校军衔。1955年荣获独立自由奖章、三级解放勋章，1988年荣获独立功勋荣誉章，授副师职。2007年12月病故。

江鸣歧 （1927—1989）又名江鸣岐，曾用名江人凤，安徽黄山市徽州区人。毕业于南京大学美术系，师从傅抱石等。擅长国画、版画，从事美术教育。1952～1989年，任教于淮安师范。生前为淮安县（市）美协主席、中国版画家协会会员、江苏省美术家协会会员、中国美术教育研究会会员、江苏省中师美术教育中心组组长、高级讲师。

执教期间，撰写“图案画教学”“黑板画教学”“美术作业建档”等40多篇学术论文在《人民教育》《江苏教育》《师范教育》等刊物发表。1963年被教育部表彰为“优秀教师”，1985年被江苏省政府表彰为“优秀教育工作者”，1984～1988年多次被淮阴市政府授予“有重大贡献的教育工作者”称号。很多美术作品参加全国和省市美展并获奖，在《美术报》《中国书画报》等报刊上发表，被多家美术馆、纪念馆和国外友人收藏。在黄山、淮安等地多次举办个人画展。出版《江鸣歧画集》《徽风楚韵》《江鸣歧美术作品集》。其业绩录入《中国当代教育名人辞典》《中国当代美术家人名录》。

其国画追随时代，坚持特立独行，在发展中创新。国画代表作有《觅》《恩来》《松石图》《山村雨过百鸟鸣》《青松不老源远流长》《叶落归根》等。其版画溶国画写意与版画刀笔于一炉，刀味、木味、水味三味俱全，充满浓郁的平原水乡情趣。版画代表作有《渔歌唱晚》《中华腾飞世界时》等。

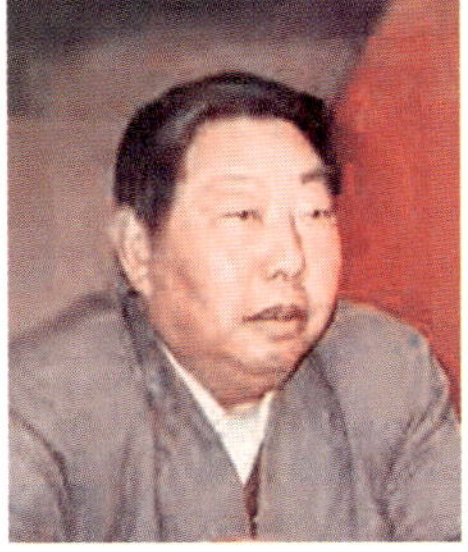

王槐香 （1927—1991）淮安县苏嘴镇人，1945年7月参加革命工作，1946年1月加入中国共产党。抗日战争时期，他参加抗日斗争，宣传党的抗日主张和政策，并努力为发展党的教育事业辛勤工作。解放战争时期，他受党组织派遣，先后在淮安县的四个区从事党务和政府工作，支持前方作战。其间，他先后任淮安解放区多所学校的教员、校长，淮安县顺河区、大桥区区委会秘书、区员，苏嘴区民政股长、副区长、石塘区代区长等职。五十年代初，王槐香开始从事经济工作。尤其在粉碎“四人帮”后，他先后出任江苏省经委副主任和计经委副主任等职务，探索发展经济的新路子，为实现江苏“六五”、“七五”计划，振兴江苏经济，作出了重要贡献。1990年10月离职休养，1991年5月去世。

周尔流　原名周尔鎏，1929年出生。淮安县人，中共党员。1949年6月入伍，在天津南开大学经济系肄业，外文系毕业。曾在中共中央对外联络部、对外文委（文化部）工作，任司局长职务。后调北京大学、南开大学任教授，并曾任北京大学社会学研究所所长、副校长、中国社会发展研究中心主任等职。

郝用威　1931年出生于淮安县城内一个地主知识分子家庭。13岁随父到昆山，1952年从昆山中学毕业，考取东北地质学院。大学毕业分配到中南地质局451勘探队工作。整天跋涉在秦岭大山里，为国寻矿。走遍秦岭、伏牛山、嵴山、熊耳山，发现三亿年前的贝类化石，证实秦岭有石炭纪地层，推翻“秦岭地轴”的理论，震动地质界。1957年被打成右派，“发配”神农架；“文化大革命”中断研究。1972年，分配到湖北隋县地质队工作，他借来大量古今书籍，把史书上有关和氏璧的记载摘录下来，用唯物主义观点去伪存真，理清“和氏璧—秦玺—传国玺—毁灭”的全过程。经反复科学鉴别，最后聚焦“月光石”上。并在《房县志》上找到一张古代房县地图，图中标有当年产和氏璧的荆山地点在今天板仓、阴峪河一带。经过30多年的心血，他终得到了月光石。经过切割、琢磨、打光，月光石放出异彩，与史书记载一模一样。他的科研报告《和氏璧探源》刊载后，震动科学界，我国地质、考古、史地、宝石界权威和学者给予充分肯定。新华社对外披露，海内外震动。揭开古代“和氏璧”“夜明珠”的神秘面纱，为国家找到稀有矿藏。

周尔均　1932年出生于淮安县。幼时聪颖过人，以优异成绩完成初中学业。1949年6月高中肄业后，参加第二野战军，跟随刘邓大军挺进大西南，历任第二野战军后勤政治部组织部见习干事，西南军区后勤政治部宣传部干事，总后勤部重庆办事处党委秘书，总后勤部政治部秘书科副科长，总后勤部《后勤通讯》杂志社副社长，总参办公厅处长，国防大学办公室主任，国防大学政治部副主任等；1998年授少将军衔。

张恒顺　1932年出生于宿迁，祖籍安徽歙县，寄居宿迁为籍。大专文化，高级经济师。1951年3月参加工作，历任宿迁中学团委书记；1960年起先后任宿迁县委办公室秘书、副主任、主任、县委宣传部部长等职；1978年1月调任淮阴地委办公室副主任、淮阴行政公署办公室副主任；1981年5月任淮安县书记、县人武部第一政委。一次一位外办职员用公车办私事，他立刻叫外办主任追回；他岳母去世用公家车，回来如数交了汽油费用。1984年8月调任淮阴市政府副市长。淮安县工作期间，清理了“文化大革命”抄来的书籍资料。

邵宏来　1933年8月出生于淮安县，青岛市话剧团演员、导演。1952年毕业于上海戏剧学院，曾在中央人民广播电台、中国青年艺术剧院当过演播员和演员。30多年来的舞台生涯，塑造出40多个人物形象。他在电影《血战台儿庄》中塑造的李宗仁荣获中国电影“金鸡奖”最佳男主角提名，后又在《开国大典》（上下集）和《百色起义》中扮演李宗仁的形象，其中《开国大典》获1990年中国电影“金鸡奖”“百花奖”双奖。

石维坚　1934年3月出生于淮安县博里镇。中国话剧、影视著名演员。1951年上海人民艺术剧院演员；1956年中央实验话剧院演员；1991年任中国青年艺术剧院院长。国家一级演员，获政府艺术类专家特殊津贴，曾获全国文化系统先进工作者称号。1977年主演《天云山传奇》，并在《孙中山伦敦蒙难记》、《秋瑾》《孙中山羊城蒙难记》等届中扮演孙中山，是中国首位孙中山的特型演员。

余耀中 1935年出生于江苏镇江市。大专文化，高级经济师。在淮安工作多年，曾任朱桥、城郊公社党委书记、县委常委、县委办公室主任、县委副书记。1981～1983年任淮安县县长，后调任涟水县委书记、淮阴市纪律检查委员会书记、市委副书记、镇江市委副书记。在淮任职期间，重视文化、文物工作。

陈秉鐶 女，1935出生于淮安城里书香家庭，在勺湖小学就读。1947年随父去台湾，在台湾读完初中、高中。毕业后从事教育工作。1970年到加拿大创业，学习绘画，到美国读硕士学位，专修中国山水、仕女、花鸟。其代表作《桐阴深处》《着中国旗袍的女子》等。画作在美国加州展出，获好评；1987年在台北展出，引起行家媒体关注。1990年与1991年，在江苏美术馆、中国历史博物馆展出，轰动大陆美术界。

许嘉璐 1937年6月生于北京，祖籍淮安。1959年北京师范大学中文系毕业后留校任教，先后担任助教、讲师、副教授、教授，教研室副主任、主任，中文系主任等职。1987年任北京师范大学副校长、教授，民进中央常委、北京市副主委，北京市政协副主席，全国人大常委会委员、教科文卫委员会委员，民进中央副主席。1994年任民进中央副主席、国家语言文字工作委员会主任。1997年任民进中央主席。1998年任全国人大常委会副委员长、民进中央主席、国家语言文字工作委员会主任。2000～2003年，任全国人大常委会副委员长、民进中央主席。

陈　铎 1939年4月出生于淮安县淮城镇，毕业于北京电视大学中文系。1958年9月到中央广播电视剧团工作，成为我国第一代电视艺术工作者。几十年来，从事过编、导、演、摄影、配音、照明等各类工作，作品有数百部（集）。担任过《话说长江》《话说运河》《呼伦贝尔情》《丝绸之路》《辽宁抗洪抢险纪实》《长征·生命的歌》等数十部电影、电视系列节目主持人。参加过《鲁滨逊漂流记》等十多部国外影视片配音，现为中国电视艺术家协会会员、广播电视学会主持人节目研究会副会长、中国民主促进会中央文艺工委副主任、北京市政协委员。

王福林 1940年4月生于淮安县新城西门李家巷。1964年大学毕业时，被水利部挑选到水电部豫北水利土壤改良试验站工作，从事黄淮海平原五省二市旱涝碱灾害综合治理研究工作。"文化大革命"后期，他调到河南省新乡地区水利局工作，创办全国首个水刊《地下水通讯》，对推动河南省及北方地下水观测研究起促进了作用。1979年10月至1984年5月，任新乡地区水利科学研究所副所长，领导新乡地区水资源调查和水利区划工作。1983～1989年，多次参与国家地方重点水利工程调研，撰写了多篇学术调研报告，受到国家重视和采纳，为推动和促进国家水利事业起到一定作用。退休后，应黄河水电工程公司邀请，参加南水北调中线京石段应急供水工程的建设监理工作。著有《新乡地区水事浅议》《求索之路水事札集》等。

王永怀 1944年10月出生于淮安县，1962年6月入伍。历任战士、班长、排长、副连长、参谋、副营长、营长、团参谋长、副团长、团长、副师长、师长、集团军副军长。1995年晋升少将军衔，1999年10月任江苏省军区副司令员。

祁正祥 1946年10月生于淮安县马甸，1963年12月入伍，1965年11月加入中国共产党。大学学历，曾在解放军政治学院、国防科技大学多次学习深造。历任班长、排长、团政治处干事、师政治部干事，济南军区政治部干部部干事、副科长、科长，某师政治部主任、副政委，某集团军政治部副主任，某集团军政治部主任、副政委，政委，河南省军区政委，河南省委常委等职。三次随中国人民解放军代表团到英国、印度、越南、埃及、坦桑尼亚等国考察交流。1997年7月被授予少将军衔。曾任山东省八届人大代表，河南省九届、十届人大代表，河南省十届政协常委，十届全国人大代表。

傅渤海　祖籍河南濮阳，1947年5月出生于淮安县，中共党员。1963年进入中国人民解放军海军南海舰队联合学校，历任战士，班长，排长，训练参谋。1969年任南海舰队政治部调配科干事。1971年调任海军政治部干部部干事。以后历任干事、副处长、处长、副部长、部长。1990年任海军榆林基地政治部主任。1994年授予海军少将军衔。1995年任海军湛江基地政委。1998年任南海舰队政治部主任。2000年任中国人民解放军北海舰队政治部主任。2002年任中国人民解放军北海舰队副政委兼纪委书记。2007年离休。第九届全国人大代表。

周来强　1949年1月出生于淮安县，1966届江苏省淮安中学毕业生。中共党员。入伍后，历任空军航空兵1师飞行员、空军飞行团长、航空师副师长、空军司令部作战部副部长、部长，空军参谋长助理，空军武汉基地司令员。2000年12月任空军副参谋长；2004年7月任沈阳军区副司令员兼军区空军司令员，成为大军区级将领。2005年7月晋升为空军中将军衔。中共十七大代表。曾参加过中越自卫反击战和重大阅兵和演习活动，多次立功受奖。

许云昭　1949年2月出生于淮安。1964届淮安中学初中毕业生。1968年参加工作，1971年6月加入中国共产党。在职研究生学历，管理学硕士；高级工程师。第九届全国人大代表、中共十七大代表。原在北京市地质矿产部办公厅工作，后任湖南省省长助理、副省长。2008年，任湖南省常委、纪委书记。

夏桂清　1949年12月出生于淮安县车桥。1963年9月考入淮安县车桥中学，1968年3月从该校入伍，同年10月加入中国共产党。1970年6月任步兵六百团五连排长，1971年6月任六百团政治处新闻干事，1974年9月任某师政治部宣传科干事。1975～1978年10月在山东大学政治系学习。1980年10月任某师宣传科副科长。1983年6月任某师538团政治委员。1984年11月调任某军政治部宣传处处长。1990年2月担任某师政治部主任。1993年2月调任某集团军炮兵旅政委。1994年9月任某师政治委员。1998年1月调任济南军区联勤部政治部主任。2003年11月任联勤部副政委。2005年被授予少将军衔。

陈军荣　1950年1月出生于淮安县。1969年2月入伍，曾任电影放映员、政治部宣传科、组织科干事。1979年调入中央军委后方档案库任政治干事，1985年调至总参办公厅工作，先后任政治干事、供应科副科长、档案局副局长、局长。2003～2004年在国防大学学习培训。2003年7月起，被任命为解放军保密委员会副军职专职委员，现任中国人民解放军总参谋部保密委员会副主任，兼任保密办主任，少将军衔。

谈文虎　1950年8月出生于淮安县。中共党员。1968年3月入伍，先后任67军200师600团战士、营部文书、五连副连长，200师司令部作训科参谋、副科长、科长。1985年1月任67军200师598团团长。1990年9月任67集团军200师参谋长。1992年10月任67集团军200师副师长。1993年2月任67集团军200师师长。1996年7月任67集团军参谋长。1998年7月授少将军衔。10月任26集团军参谋长。2001年3月任26集团军副军长。2003年12月任济南军区副参谋长。2004年3月任山东省军区司令员。2007年6月在中共山东省第九届委员会第一次全体会议上当选为省委常委。他曾为周恩来纪念馆建设筹款23

万元。

朱文玉 1951年8月生,淮安县人。中共党员。1968年参加工作。河南省委党校行政管理专业毕业,研究生学历。少将军衔。1968年入伍,1990年任济南军区162师参谋长。1994年任陆军第54集团军副参谋长,127师师长,第54集团军参谋长。2000年任陆军第20集团军副军长。2002年任济南军区副参谋长。2003年12月任陆军第26集团军军长。2008年2月任济南军区装备部长。第十一届全国人大代表。

赵登平 淮安县流均人,1974年毕业于清华大学无线电系,中国人民解放军海军装备部副部长、总工程师,少将军衔。2007年,他回家探亲时,听说流均小学硬件设施跟不上飞跃发展的新形势,便决定援建该校一座教学楼。工程于2008年4月中旬奠基开工,10月中旬顺利完工。新落成的教学楼总造价133万元,建筑面积1215平方米。这项工程从校园规划、工程选址、图纸设计到资金投入、施工监控、质量验收等,赵登平倾注了大量的心血。

黄莉新 女,1962年8月出生于淮安县,1979届淮安中学高中毕业生,大学学历,高级工程师,中共党员。1979~1983年在江苏农学院攻读机电排灌专业,1983年7月在省防汛抗旱指挥部办公室工作。1987年10月至1993年11月,任江苏省水利厅工程管理处闸站科副科长、科长。1993年11月至1996年12月,任江苏省水利厅工程管理处副处长。1997年6月至1998年10月,任江苏省水利厅厅长助理、省防汛抗旱指挥部办公室常务副主任;同时入南京大学哲学系马列主义哲学研究生课程进修班学习。1998年参加省高级管理人才赴美国培训。2000年5月至2003年2月,任江苏省水利厅厅长、党组书记,省防汛抗旱指挥部副指挥。2003年2月起,任江苏省副省长、省政府党组成员;十三届省委委员、常委,省十二届、十三届人大代表。

金　山 淮安县人,1983年淮安中学高中毕业生。1987~1995年先后就读复旦大学和中科院高能物理所,并获博士学位。1995~1996年在中国高等科技中心做博士后,1996年至2001年8月在美国威斯康星大学做研究工作并任威斯康星大学Higgs研究组召集人。2000年入选中国科学院“引进国外杰出人才”。2008年任中国科学院高能物理所研究员、博士生导师。

邵　峰 1973年出生于淮安区流均镇,高级研究员。1988~1991年就读于江苏省淮安中学高中部,1991年以优异成绩考入北京大学技术物理系应用化学专业,1996年毕业。1999年获中科院生物物理研究所分子生物学硕士学位,2003年获得美国密西根大学医学院生物化学博士学位,2004~2005年在美国哈佛大学医学院做博士后研究。2005年回国,在北京生命研究所建立自己实验室,开始独立研究项目,成为北京生命科学研究所高级研究员,中科院最年轻的院士。

第三章　人物表录

一、1978～2008年担任厅（师）级以上领导的楚州区（淮安县、淮安市）籍人士

1978～2008年担任厅（师）级以上领导的楚州区（淮安县、淮安市）籍人士一览表

表33-1

姓　名	性别	工作单位、曾（现）任职及有关情况
丁　辉	男	辽宁省信息产业厅副厅长
于学礼	男	广东环保局直属机关党委书记
王　艺	男	中央音像出版社社长
王　淮	男	中国人民解放军总后勤部少将
王友明	男	外交部参赞（副司级）
王一香	男	江苏党史工委主任、全国人大代表
王文俊	男	海军自动化研究院院长
王庆友	男	北京军区空军师政委
尹　定	女	成都医学院党委书记
叶蓬贵	男	省公安厅原纪委书记
刘华锋	男	中直机关党委书记
刘梅生	男	中国发展银行行长
刘建华	男	江苏省军区副司令　少将
刘华书	男	第四军医大学政委　少将
刘德辉	男	中国易贸报社副社长
朱连璋	男	全国人大机关事务管理局局长
朱克江	男	江苏省盐城市委书记
朱恒波	男	山西省司法厅副厅长
宋　昆	男	中将
严家成	男	解放军322医院政委
肖步进	男	西昌卫星发射中心师级
陈　前	男	部队装备工程学院政委
陈金荣	男	太原卫星发射中心政治部主任　少将

续表 33-1

姓　名	性别	工作单位、曾（现）任职及有关情况
陈梗宝	男	空军航空兵第二十六师副师职副参谋长
李玉轩	男	全军“三支两军”办公室主任　少将
李文朝	男	总政电教中心原主任　少将
李菊培	男	国家航天通信中心党委书记
李树铭	男	税务总局注册税务师管理中心副主任
李金华	男	北京军区装备部副部长
李正芳	男	能源部原副部长
李守林	男	甘肃省酒泉军分区原副司令　大校
何春明	男	江苏省劳动厅原副厅长
吴洪彪	男	江苏省民政厅厅长、省政协秘书长
姜爱国	男	江苏省国家安全厅副厅长
庞炳庵	男	新华社副社长
郭荣成	男	江苏省委党校原副校长
张　秀	男	上海国棉七厂党委书记
张亚雷	男	上海同济大学研究院副院长
张秉祥	男	海军7015部队　少将
张树清	男	江苏省总工会原法律工作部部长
张金元	男	总参驻武汉军代表　大校
宗　义	男	河南省委组织部副部长
杨冬权	男	国家档案局局长
赵宏坤	男	总后审计署审计师　副师
孟照明	男	国家能源部行政司原司长
俞　臻	男	南京地质矿产研究所原党委书记
俞沛文	男	中华人民共和国驻外大使
季墨生	男	总参军训兵部政委
周　兴	男	扬州市委原书记
周尔辉	男	江苏省教育厅副厅长
周守成	男	武汉地质学院党委书记
周永贵	男	国防石化研究院副军级　少将

续表 33-1

姓　名	性别	工作单位、曾（现）任职及有关情况
周安科	男	山西太原武警总队政委　少将
周凤广	男	总装备部工程设计研究总院院长
高鹤飞	男	国民党淞沪警备司令部副司令　少将
高从富	男	军事科学院军务部副师长
高美恒	男	上海钢铁厂原党委书记
苗金祥	男	陕西省经济体制改革委员会原副主任
范正华	男	上海纺织工业设计院院长
金钰嘉	男	中国钢铁研究院院长
金福谦	男	西南科技大科学工程学院院长、院士
胡秀雷	男	总参三部九局局长　少将
胡金波	男	江苏省教育厅副厅长
胡晓抒	男	江苏省卫生厅副厅长
曹　森	男	上海市建委主任
曾建平	男	总后交通部副部长
顾茂之	男	西藏人大财经委副主任
姚瑞峰	男	西藏劳动和社会保障厅厅长
骆长江	男	苏州市原常委、政协主席
颜仕昌	男	国家一机部上海材料研究所原所长
颜景詹	男	东辛农场原党委书记
潘　涛	男	原任师政委曾获2、3级勋章各一枚
戴　全	男	上海警备区政委
戴彦爵	男	山东胜利油田党委书记

二、1978～2008年楚州区（淮安县、淮安市）省级以上先进模范人物

1978～2008年楚州区（淮安县、淮安市）省级以上先进模范人物一览表

表 33-2

姓　名	性别	出生年月	表彰名称	表彰单位	表彰年月
王广德	男	1943年12月～	全国“五一劳动奖章”	—	1978年5月
郭兆华	男	1933年11月	省劳动模范	—	1980年5月
刘德正	男	1936年7月～	省卫生先进生产者	—	1978年4月

续表33-2

姓　名	性别	出生年月	表彰名称	表彰单位	表彰年月
汪文霭	女	1934年5月~	省卫生先进生产者	—	1978年4月
顾正鼎	男	1984年7月~	省劳动模范	—	1978年5月
黄月娥	女	1937年11月~	省先进人物	—	1978年5月
汤云喜	男	1987年6月~	省先进人物	—	1978年5月
郭兆华	男	1933年11月~	全国安全百日赛先进个人	交通部	1978年
孙兰芝	女	1936年~	省先进工作者	省政府	1979年
张建勤	女	1951年~	省劳动模范	省教委	1979年5月
陈洪兵	男	1949年10月~	省劳动模范	—	1980年
张恒福	男	1946年7月~	劳模、省劳模 省劳模	商业部	1980年 1982年6月
张爱民	男	1933年10月~	省先进工作者	—	1980年
徐佳昌	男	1937年11月~	省先进工作者	—	1980年
周　俊	男	1927年11月~	省先进工作者	—	1980年
朱树人	男	1912~1996年	省先进工作者	—	1980年
范兆禅	男	1944年2月~	省先进工作者	—	1980年
杜　健	男	1931年10月~	省劳动模范	—	1982年6月
田　华	女	1963年2月~	省劳动模范	—	1982年6月
吴振芳	女	1937年12月~	省先进工作者、 全国先进工作者	—	1980年12月 1983年3月
王习耕	男	1936年3月~	省农村文化先进工作者	—	1982年5月
刘顺成	男	1947年6月~	省先进工作者、省劳模（陕西省）	—	1982年4月
金玉其	男	1932年7月~	省劳动模范	—	1985年3月
刘经农	男	1936年8月~	省劳动模范	—	1985年3月
吉文美	女	1947年8月~	省劳动模范	—	1985年3月
卢寿森	男	1933年10月~	省劳动模范	—	1985年3月
张文富	男	1947年8月~	省劳动模范	—	1985年3月
姚湘兰	女	1952年8月~	全国三八红旗手 省劳模	全国妇联	1983年 1985年3月
秦济年	男	1932年7月~	省劳动模范	—	1985年3月
高慧新	男	—	享受省劳模待遇 省劳动模范	—	1984年 1985年3月
唐瑞儒	男	1945年5月~	享受省模待遇 劳动模范	商业部	1984年 1985年

续表 33-2

姓　名	性别	出生年月	表彰名称	表彰单位	表彰年月
王　鹏	男	1937年8月～	省优秀教育工作者	—	1985年9月
皇甫秀泽	男	1936年12月～	省优秀教育工作者	—	1985年9月
焦作元	男	1937年2月～	全国卫生系统卫生文明先进工作者	—	1986年12月
汪　骏	男	1931年1月～	享受省劳模待遇 全国教育系统劳模	—	1986年 1986年9月
欧学易	男	1929年1月～	全国水利系统先进个人	—	1988年
陈海永	男	1942年7月～	省劳动模范	—	1988年
王顺才	男	1949年9月～	省劳动模范	—	1988年4月
谈建新	男	1945年10月～	省劳动模范	—	1988年4月
杨廷弼	男	1946年7月～	省劳动模范	—	1988年4月
张长秀	男	1944年7月～	省劳动模范	—	1988年4月
刘维彬	男	1936年4月～	省劳动模范	—	1988年4月
应爱民	男	1931年10月～	省劳动模范	—	1988年4月
陈克举	男	1946年8月～	省劳动模范	—	1988年4月
厉大达	男	1946年1月～	省劳动模范	—	1988年4月
陈廷伟	男	1936年5月～	享受省劳模待遇 省劳模	—	1986年 1988年4月
高殿均	男	1938年12月～	享受省模待遇 全国中小学德育先进工作者	国家教委	1986年 1988年
邢成龙	男	1940年5月～	全国中小学德育先进工作者	国家教委	1988年
饶荣英	女	1951年12月～	全国劳模护士	国家卫生部	1988年
章丽呈	男	1935年10月～	省群文先进工作者	—	1982、1989年
胡文毓	男	1950年2月～	省群文先进工作者	—	1989年1月
朱震国	男	1945年10月～	省群文先进工作者	—	1989年1月
宋桂林	男	1950年～	劳动模范	商业部	1989年5月
季　诩	男	1951年9月～	全国优秀农电工 省劳动模范 1991年授省劳动模范 1991年授省劳动模范	水电部	1987年9月 1991年
王锦全	男	1954年～	全国粮油运输安全行车标兵	商业部	1989年7月
王悟善	男	1938年～	工业劳模	省轻工厅 工会	1988年4月
童步军	男	1949年～	全国、省工业普查先进工作者	—	1987年
邓定清	男	1930年～	全国医药先进工作者	国家医药 管理局	1988年

续表 33-2

姓 名	性别	出生年月	表彰名称	表彰单位	表彰年月
张月芹	女		省劳动模范	—	1991年
唐月前	男	1953年～	省劳动模范	—	1991年
董少华	男	1945年～	省劳动模范	—	1991年
祝元龙	男	1943年～	省劳动模范	—	1991年
刘福海	男	1939年～	省劳动模范	—	1991年
伍 健	男	1935年～	省劳动模范	—	1991年
徐秀芹	女	1943年～	省劳动模范	—	1991年
王广新	男	1942年～	省劳动模范	—	1991年
曾优武	男	1954年～	省劳动模范	—	1991年
李兰英	女	1953年3月～	全国劳动模范	—	1995年
张 林	男	1953年5月～	省劳动模范	—	1996年
陈书才	男	1858年8月～	省劳动模范	—	1996年
蒋春轩	男	1954年3月～	省劳动模范	—	1996年
韩根祥	男	1958年4月～	省劳动模范	—	1996年
张志如	男	1941年5月～	省劳动模范	—	1996年
张翠英	女	1959年6月～	省劳动模范	—	1996年
胡秀珍	女	1964年～	省劳动模范	—	1996年
夏小平	女	1942年5月～	省劳动模范	—	1996年
贺长锦	男	1954年1月～	省劳动模范	—	1996年
胡志林	男	1960年1月～	省劳动模范	—	1996年
卞鹤山	男	1949年1月～	省劳动模范	—	2001年
刘兰亭	女	1957年1月～	省劳动模范	—	2001年
徐学春	男	1954年2月～	省劳动模范	—	2001年
黄大红	男	1956年1月～	省劳动模范	—	2001年
赵文美	男	1955年8月～	全国劳动模范	—	2005年
尹延奎	男	1960年1月～	省劳动模范	—	2006年
刘月鹏	男	1961年7月～	省劳动模范	—	2006年
蒋春生	男	1963年2月～	省劳动模范	—	2006年
纪效武	男	1949年4月～	省劳动模范	—	2006年
徐双齐	男	1956年2月～	省劳动模范	—	2006年
方 明	男	1979年1月～	省劳动模范	—	2006年

续表33-2

姓　名	性别	出生年月	表彰名称	表彰单位	表彰年月
孟亚祥	男	1968年9月～	省劳动模范	—	2006年
邵乃银	男	1955年4月～	全国劳动模范	—	2010年
梁正安	男	1930年1月～	享受省模待遇	—	1959年
唐学龙	男	1947年7月～	享受省模待遇	—	1984年
宋桂林	男	1949年7月～	享受省模待遇	—	1989年
李元富	男	1934年1月～	享受省模待遇	—	1989年
王长征	男	1947年1月～	享受省模待遇	—	1993年
周玉龙	男	1953年6月～	享受省模待遇	—	1997年
张宝凤	男	1945年8月～	享受省模待遇	—	2000年
朱学举	男	1955年7月～	享受省模待遇	—	2003年
王玉殿	男	1923年1月～	“抗日英雄”勋章	国务院、中央军委	2005年
颜廷飞	男	1962年1月～	享受省模待遇	—	2008年

三、1993～2008年楚州区正高级专业技术人员

1993～2008年楚州区正高级专业技术人员一览表

表33-3

姓　名	性别	民族	籍贯	出生年月	学历	职称名称	批准时间	获得时工作单位与职务
曹文彩	女	汉	淮安	1946年7月	本科	主任医师	1999年9月	淮安市淮安医院
沈开田	男	汉	淮安	1945年10月	本科	主任医师	1997年9月	淮安市淮安医院
尹亭枚	男	汉	淮安	1943年10月	本科	主任医师	2001年9月	淮安市淮安医院
周志英	女	汉	淮安	1952年12月	大学	主任医师	2004年8月	淮安市淮安医院
刘建辉	女	汉	淮安	1953年2月	大学	主任医师	2004年8月	淮安市淮安医院
钱志辉	女	汉	淮安	1953年7月	本科	主任医师	2004年8月	淮安市淮安医院
张爱香	女	汉	淮安	1956年1月	大学	主任医师	2004年8月	淮安市淮安医院
秦增扬	男	汉	淮安	1936年3月	本科	主任医师	1993年10月	淮安市淮安医院
李冰清	女	汉	淮安	1936年11月	本科	主任医师	1995年8月	淮安市淮安医院
龚　娟	女	汉	淮安	1935年12月	本科	主任医师	1995年8月	淮安市淮安医院
吴墨香	女	汉	淮安	1936年11月	中专	主任医师	1996年9月	淮安市淮安医院
郭干举	男	汉	淮安	1937年7月	大专	主任医师	1995年8月	淮安市淮安医院
赵定平	男	汉	淮安	1938年4月	本科	主任医师	1997年9月	淮安市淮安医院
谭长龄	男	汉	淮安	1940年6月	本科	主任医师	1998年8月	淮安市淮安医院

续表 33-3

姓　名	性别	民族	籍贯	出生年月	学历	职称名称	批准时间	获得时工作单位与职务
周　琳	女	汉	淮安	1956年8月	大学	主任医师	2003年8月	淮安市淮安医院
吴冠伦	男	汉	淮安	1951年9月	大学	主任医师	2007年7月	淮安市淮安医院
刘兰亭	女	汉	淮安	1957年1月	大学	主任医师	2000年8月	淮安市淮安医院
朱治淮	男	汉	淮安	1952年8月	大学	主任医师	2004年8月	淮安市淮安医院
王乃扬	男	汉	淮安	1954年7月	大学	主任医师	2002年8月	淮安市淮安医院十病区主任
吴　云	男	汉	淮安	1955年8月	本科	主任医师	2004年8月	淮安市淮安医院肿瘤科主任
葛正刚	男	汉	淮安	1946年11月	本科	主任中医师	1999年9月	淮安市淮安医院
陆击修	男	汉	淮安	1964年4月	本科	主任医师	2007年7月	淮安市淮安医院医务科副科长
杨　霏	男	汉	淮安	1963年9月	本科	主任医师	2004年8月	淮安市淮安医院
严晓春	男	汉	淮安	1962年2月	本科	主任医师	2005年7月	淮安市淮安医院肿瘤科副主任
嵇先国	男	汉	阜宁	1962年4月	本科	主任医师	2006年7月	淮安市淮安医院放疗科副主任
董茂田	男	汉	建湖	1964年6月	本科	主任医师	2005年7月	淮安市淮安医院儿科副主任
刘广东	男	汉	淮安	1962年11月	本科	主任医师	2008年9月	淮安市淮安医院耳鼻喉科主任
杨天敏	男	汉	淮安	1962年8月	本科	主任医师	2004年8月	淮安市淮安医院
郭爱平	女	汉	淮安	1971年9月	本科	主任医师	2008年9月	淮安市淮安医院
冯长春	男	汉	浙江黄岩	1935年11月	本科	主任医师	1995年11月	淮安市淮安医院
柳德春	男	汉	淮安	1963年1月	本科	主任医师	2007年7月	淮安市淮安医院
许培诚	男	汉	苏州	1936年5月	本科	主任医师	1994年7月	淮安市卫生防疫站
刘跃珍	女	汉	钦工	1960年5月	本科	主任技师	2003年9月	楚州区卫生防疫站
袁长新	男	汉	徐州	1941年8月	本科	主任中医师	1993年6月	楚州中医院副院长
李锦福	男	汉	淮安	1946年12月	本科	主任医师	1999年8月	楚州中医院外科主任
胡启梅	女	汉	淮安	1950年3月	本科	主任中医师	2003年8月	楚州中医院副院长
胡兆洪	男	汉	淮安	1959年1月	本科	主任医师	2004年8月	楚州中医院内科主任
骆稚平	男	汉	淮安	1961年1月	本科	主任中医师	2006年7月	楚州中医院肝病科主任
成汝梅	女	汉	淮安	1966年2月	本科	主任中医师	2008年9月	楚州中医院针灸科主任
朱士超	男	汉	淮安	1965年5月	本科	高级工程师	2004年11月	质监站站长
高冬桦	女	汉	淮安	1969年11月	本科	高级工程师	2008年9月	科技办副主任
邱文彬	男	汉	淮安	1965年3月	本科	高级工程师	2002年8月	建工局副局长
徐承虎	男	汉	洪泽	1974年8月	本科	高级工程师	2008年9月	洪泽质监站副站长
陈开文	男	汉	淮安	1951年8月	大专	高级经济师	2006年11月	建工局质安科科长

附　　录

一、重要文件

国务院关于江苏省撤销淮安县设立淮安市的批复

国函〔1987〕206号

江苏省人民政府：

你省一九八七年九月十一日《关于撤销淮安县设立淮安市的请示》收悉。同意撤销淮安县，设立淮安市（县级），由省直辖，以原淮安县的行政区域为淮安市的行政区域。

中华人民共和国国务院
1987年12月22日

关于设立宿迁市、丹阳市、东台市、兴化市、淮安市、宜兴市的通知

苏政发〔1988〕9号

淮阴、镇江、盐城、无锡、扬州市人民政府：

经国务院批准，同意撤销宿迁、丹阳、东台、兴化、淮安、宜兴，以上述各县的原行政区域分别设立宿迁、丹阳、东台、兴化、淮安、宜兴市（均系县级）。对由省直辖的问题，因涉及的方面比较多，经研究决定，分别暂仍由淮阴、镇江、盐城、无锡、扬州市人民政府领导管理。

江苏省人民政府
1988年1月23日

关于淮安、涟水、金湖、泗洪县（市）的十八个乡撤乡建镇和新建涟水县石湖镇的批复

苏政复〔1988〕56号

淮阴市人民政府：

一九八八年三月二十六日请示悉。经研究，同意淮安市撤销苏嘴、流均、溪河、林集、城郊、朱桥乡；涟水县撤销唐集、保滩、梁岔、五港乡；金湖县撤销金沟、涂沟、闵桥、银集、金锁、界集、归仁、上塘镇，实行镇管村体制。

同意涟水县以石湖果园为行政辖区，新建石湖镇，镇政府设在石湖街。实行镇管村体制。

撤乡建镇所需经费、用房及人员编制均由淮安、涟水、金湖、泗洪县（市）自行解决。

江苏省人民政府

1988年5月4日

关于苏嘴、流均、溪河、林集、城郊、朱桥乡撤乡建镇的通知

淮政发〔1988〕102号

苏嘴、流均、溪河、林集、城郊、朱桥乡人民政府：

淮阴市人民政府〔1988〕135号文件，转复了江苏省人民政府〔1988〕56号批复，同意我市撤销苏嘴、流均、溪河、林集、城郊、朱桥乡，建立苏嘴、流均、溪河、林集、板闸、朱桥镇，实行镇管村体制。新建镇的行政区域分别用原乡的行政区域，镇人民政府所在地不变。

希接知后本着节约精神，抓紧做好撤乡建镇工作。

淮安市人民政府

1988年7月6日

关于1997年全市经济体制改革工作的意见

淮政发〔1997〕93号

各乡镇人民政府，市各委办局，市直各单位：

1997年我市经济体制改革工作按照国家和省、市的总体部署和要求，围绕“两个转变”，结合我市实际，继续以企业改革为重点，因企制宜，实事求是，从搞活机制入手，突出租赁，多制并举，积极进行存量资产的流动和重组，力求从整体上搞好搞活现有企业，促进全市经济健康、快速发展。主要任务是：

一、加大租赁改革力度，继续放开搞活企业。

实践证明，租赁经营适合我市企业实际，操作简便，具有较强生命力。1997年，各乡镇、各部门要围绕“规范、完善、发展、提高”的要求，对近几年已实行公有民营的企业进行“回头看”，按照租赁的要求，进行规范、完善。认真分解、落实1997年度的租赁改制目标，明确责任人和实施时间进度，

及时进行督促、检查；制定并完善租赁政策，在租赁形式上，要注意在实行整体、切块租赁的基础上，进一步探索先租后股、租包结合、租售结合、还本租赁、抵债、返租等多种形式；引导经济效益好、管理扎实、干部职工有积极性的企业向股份制转化，以丰富、深化租赁内容。要规范租赁经营的操作程序，在选择承租人时，坚持“公平、公开、公正”的原则，承租人必须有基本的政治素质，有较强的经营管理水平和一定的经济实力；鼓励、引导市内外的个体大户或优势企业大胆进行租赁。引入风险机制，承租人必须按规定标准交纳风险金，并在年度利润所得中逐年增加，要强化监督机制，无论是企业主管部门还是原企业作为出租方，都要严格履行监督职责，坚持定期审计制度，发现问题及时采取措施，以求最大限度地避免或减少损失，降低资产风险。

二、积极组织企业集团，发展规模经济。

只有发展规模经济，才能在市场经济中具有竞争能力，立于不败之地。1997年，各主管部门、企业要有的放矢地通过兼并、委托经营、资产划拨、参股控股、长期承包、租赁经营等各种手段，加快发展企业集团。已组建的企业集团要进一步做好完善、提高工作，集团的核心企业要加快公司制改造，逐步建立各成员企业的资产纽带，提高集团的合力，加快发展步伐。在继续大力组建企业集团的过程中，要紧紧围绕全市经济结构、产业结构、产品结构调整和存量资产的优化配置和合理流动，着眼于培育支柱产业、骨干企业，争名优特新产品。要按组建集团的程序规范操作，举办好企业集团操作业务培训班或研讨会，以达到熟悉业务、增长知识、强化意识，推进发展企业集团工作的目的。要大力开展挂靠联活动，主动接受发达地区和国家大中射，挂靠大集团、大企业、科研院校，广泛开展横向联合和生产、资金、技术协作活动。

三、稳妥地进行股份制改造，努力探索适合我市的新型企业制度。

股份制改造，特别是股份合作制，是一种新型企业制度，适用于我市众多的小型企业，各乡镇、各部门要从系统间、行业间、企业间发展不平衡的实际出发，确定股份制改造形式。对已进行先售后股改制的企业，主要以规范完善为主，以规范促发展，争取有所突破。建立健全股份制企业的各项管理制度，体政、工商等监管部门定期进行检查、指导，促其按新的企业制度进行运作。鼓励、引导乡、镇、村办企业向股份制过渡，对于有规模、有市场、效益好的乡、镇及村办集体企业，可按照股份合作制规定，改制为规范的股份合作制；有条件的可按照《公司法》规定改为有限责任公司；对规模小的作坊、门店等集体性质的企业，可通过产权转让，资产联合等途径，实现股份合作制。新办的乡（镇）、村企业，一开始即可按股份制或公司制的形式进行组建、运作。市经委、体改委、财政局等部门要按照省政府办公厅的通知精神，在市棉纺织厂进行现代企业制度试点，二季度按操作程序做好改制工作，三季度正式实施。各乡镇和有关部门要围绕农业产业化，积极探索“公司+农户”的经营模式，实现产加销一条龙，农工贸一体化。对茧丝绸体制改革的成果要巩固，理顺内部的经济关系，发挥公司在购、加、销中的龙头作用。

四、加快资产流动和重组步伐，力求从整体上盘活企业。

各工业主管部门和有关职能部门要认真研究落实淮阴市“企业兼并、托管实施办法”的意见，总结我市企业兼并的成功经验，在市属工业、流通企业中选好1~2个具备条件、互有要求的企业，在充分论证和制定科学、合理的兼并方案的基础上，进行试点。同时选择一些经济效益较好，管理水平较高的企业，对效益不理想，内部管理较差的企业实施托管，以此促进优势企业实施扩张战略。对严重亏损，资不抵债，生产经营难以为继的企业要采取改革与发展的综合措施，分别进行改革、改组或改造。市里集中抓好既定的12户工业特困企业的改革，力争第二季度启动面达50%以上。对扭亏无望的特困企业，要按照国家有关政策，分期分批处理不良债务，调整存量负债；对一些非破不可的企业，主管部门要认真研究破产方案，谨慎行事，在确保解决好破产后职工安置问题的基础上，按照“资产变现、关门走人”的原则，上报审批后，再稳妥进行。

五、强化领导，保证经济体制改革工作的顺利进行。

（一）加强领导，统筹规划。体改工作是一项复杂的系统工程。各级领导要从解决干部职工的认识问题入手，坚持舆论先行，强化组织领导力度，对不同类型、条件和状况的企业，采取不同的改革形式和措施，要按照《1997年全市企业改革计划》，有步骤、有秩序地进行。

（二）突出重点，精心实施。在企业改革中，要突出抓好改制模式的选择，资产评估、产权界定、遗留问题的处理及富余和离退休人员的安置等重点、难点工作，做到既保证公有资产不会流失，又保证职工的合法权益不受损害。有关部门要积极主动地为企业改革工作创造条件，提供服务和排忧解难。

（三）综合配套，整体推进。市体改、财税、金融、土地、劳动等部门要和各乡镇、各工业主管部门紧密配合，在加快企业改革步伐，加大结构调整力度的同时，积极研究和推进流通体制改革、社会保障制度改革、投资体制改革、住房制度改革。要结合机构改革，加快政府职能转变的步伐，促进政企分开，将政府职能转变到政策引导、宏观调控上来，促进淮安经济快速、高效地发展。

附：1997年全市企业改革计划表

淮安市人民政府
1997年5月7日

1997年全市企业改革计划表

主管部门	企业名称	改制形式
经　委	棉纺织厂	现代企业制度试点并组建省级企业集团
	农机厂（冲压车间）	切块租赁
	化工厂（胺基模塑料车间）	切块租赁
	钢管厂（钢管生产线）	切块租赁
	二农机厂	整体租赁
	磷肥厂（磷肥生产线）	切块租赁
	阀门厂	股租结合
	化机厂	先租后股
轻工公司	酒厂（酒精分厂）	切块租赁
	皮革厂	切块租赁
商业局	食品厂	托管
	调味品厂	企业集团
多管局	兽药厂	切块租赁
	水产公司	企业集团
交通局	船厂	租赁结合 内部切块
农机化公司	渠北农机厂	整体租赁
民政局	社会福利厂	整体租赁
粮食局	粮机厂	股租结合
	饲料加工厂	企业集团（淮阴市级）
	粮食加工厂	企业集团

续表

主管部门	企业名称	改制形式
物资局	换向器厂	整体租赁
淮 城	自行车厂	切块租赁
	化工二厂	整体租赁
	毛巾三厂	整体租赁
	纸箱厂	企业集团（淮阴市级）
乡镇局	组建泾口炼铝、车桥羽绒制品、施河玩具、马甸玉兰预制等企业集团4个。其中淮阴市级2个。	

关于调整淮阴市部分行政区划的通知

苏政发〔2001〕9号文

淮阴市人民政府

经国务院批准，对你市部分行政区划进行调整。现通知如下：

（一）地级淮阴市更名为淮安市。市人民政府驻清河区。

（二）撤销县级淮安市，设立淮安市楚州区，以原县级淮安市的行政区域为楚州区的行政区域。区人民政府驻淮城镇。

（三）撤销淮阴县，设立淮安市淮阴区，以原淮阴县的行政区域为淮阴区的行政区域。区人民政府驻王营镇。

（四）地级淮安市辖盱眙县、涟水县、金湖县、洪泽县、清河区、清浦区和新设立的楚州区、淮阴区。

江苏省人民政府

2001年1月12日

关于清河区徐杨乡整建制划归开发区管委会管理的通知

淮政发〔2002〕151号

楚州区、清河区人民政府，淮安经济开发区管委会，市有关委、办、局，市有关直属单位：

为进一步实施“三淮一体”城市发展战略，推进淮安经济开发区的建设，经研究决定，将清河区徐杨乡整建制划归淮安经济开发区管理委员会管理。希楚州区、清河区人民政府会同淮安经济开发区管理委员会在2002年9月10日前办理好交接手续，市各有关部门要积极配合，全力支持，搞好优质服务，确保交接工作平稳、顺利进行。

淮安市人民政府

2002年9月3日

关于印发《楚州区行政审批制度改革若干规定》的通知

楚政发〔2002〕127号

乡镇人民政府，区各委办局，区各直属单位：

现将《楚州区行政审批制度改革若干规定》印发给你们，希遵照执行。

楚州区人民政府
2002年4月18日

楚州区行政审批制度改革若干规定

第一条　为转变政府职能，规范行政审批行为，提高工作效率，改善投资环境，促进我区经济和社会事业发展，根据国家有关法律、法规及《区政府关于行政审批制度改革工作的实施意见》，制定本规定。

第二条　本规定所称行政审批，包括审批、审核、核准、备案等性质相同或相似的行政行为。

审批是指审批机关（单位）依据法律、法规、规章等规定，对相对人申请某种权利、资格或者从事某种行为，进行具有限制性管理的事项。

审核是指审核机关（单位）依据法律、法规、规章等规定进行审核后，报上级机关或同级其他机关审批的事项。

备案是指有关部门、单位或者个人依据法律、法规、规章等规定，向主管机关报告办理或者完成的事项，以存备案查。

第三条　行政审批项目必须依法设立。

新增行政审批事项，必须有新的法律、法规或规章的明确规定。

行政机关和授权办理审批事项的单位必须依照法律、法规、规章的规定实施审批。

第四条　下列行政审批项目必须取消：

1. 没有法律、法规、规章依据或依据不足的审批项目；

2. 为收费而设立的不合理的审批项目；

3. 自行创制的审批项目；

4. 属于企业自主权，不应实施行政审批的项目；

5. 其他按规定应当取消的审批项目。

第五条　实施行政审批应当规定审批期限，在规定的期限内办结，以提高工作效率。

第六条　行政审批实行公布制度。未经区政府公布的行政审批事项不得实施。审批机关应将审批内容、审批依据、审批条件、审批程序、审批期限、审批责任人和收费标准进行公开。

第七条　对行政审批事项实行“五办”制度，即一般事项直接办理制、特殊事项承诺办理制、复杂事项联合办理制、上报事项负责办理制和控制事项明确答复制。

第八条　行政审批实行在“行政审批服务中心”集中办理和各单位窗口办理相结合的原则，切实简化审批环节、缩短审批时间、提高审批效率。

首批进驻“中心”实行集中审批的单位暂定为：公安局、工商局、交通局、国税局、地税局、卫生局、建设局、规划局、计委、环保局、人防办、地震测报中心、房管局、物价局、国土局、文化局、招商局、城投中心。凡被确定进入审批中心运作的单位必须每星期二准时进入“中心”，按照“进一个门办好，交规定费用办事，在承诺日内办结”的方式运行。

凡未被确定进入“中心”运作的单位，对外只设立一个窗口，采取“一个窗口进、一个窗口出，在规定期限内办结”的方式运行。

第九条　对联合审批，前置审批事项，由主办部门统一受理，征求相关部门意见，并负责答复。相关部门应积极协助主办部门工作。

第十条　制定出台《楚州区行政审批责任及其追究制度（暂行）》，明确审批责任主体、责任内容、责任监督、责任追究等事项，保证依法实施审批。

第十一条　对按照规定需要收费的行政审批项目，一律按照该项目收费标准的下限执行。

对招商引资和进入工业园区项目的审批，按照区政府已出台的优惠政策规定的标准执行。

所有进入审批服务中心运作的审批项目的收费，由审批中心统一收缴，划入区财政专户。

第十二条　加强对审批行为的监督。政府法制局、监察局为我区行政审批的监督职能机构，负责日常监督工作，受理当事人的投诉。

对已经确定取消的审批事项仍在审批的、擅自设立审批事项实施审批行为的和擅自提高收费标准的，由区政府法制局认定审批行为无效，并由区监察局依据《淮安市楚州区行政审批责任及其追究制度（暂行）》追究有关部门（单位）主要负责人、分管负责人及直接责任人的行政责任。因擅自设立审批项目造成他人损失的，依法承担赔偿责任，并依法没收违法所得。

第十三条　本规定由区政府法制局负责解释。

第十四条　本规定自2002年5月20日起施行。

关于印发《楚州区城镇职工基本医疗保险制度改革实施方案补充意见》的通知

楚政发〔2002〕311号

各乡镇人民政府，区各委办局，区各直属单位：

《楚州区城镇职工基本医疗保险制度改革实施方案补充意见》已经区政府批准，现印发给你们，希遵照执行。

楚州区人民政府

2002年12月23日

淮安市楚州区城镇职工基本医疗保险制度改革实施方案补充意见

为支持企业深化改革，妥善解决改制企业、困难企业职工（含退休人员，下同）和破产企业退休人员的医疗保障问题，根据省劳动和社会保障厅《关于困难企业和破产企业退休人员医疗保险问题的意见》文件精神，按照权利和义务对等，谁缴费谁享受的原则，在执行原淮安市政府《淮安市城镇职工基本医疗保险制度改革实施方案》的基础上，结合我区当前实际，现就改制企业、困难企业职工和破产企业退休人员参加医疗保险问题提出如下补充意见：

一、困难企业、改制企业职工和破产企业退休人员基本医疗保险

1. 有条件参加基本医疗保险的企业及其职工，参保企业缴费率执行原市政府淮政发〔2000〕95号文件。企业在全员参保的基础上，其退休人员超过参保人员30%以上的，每增加1%，单位缴费比例增加0.2%，纳入统筹基金。

2. 破产企业退休人员参加基本医疗保险，按我区上年在岗职工月平均工资为基数，以企业和职工缴费比例之和为标准，一次性提15年医疗保险费给负责退休职工管理的部门（如破产企业清算资产不足缴费15年的，由法院视情况裁决缴纳10～15年）。并由其按年向区医疗保险管理处申报、缴费。退休人员享受相应的基本医疗保险待遇。经费来源从破产企业资产变现中优先提取缴纳。

3. 改制企业退休职工的基本医疗保险费按上年在岗职工月平均工资的9%缴费比例，从企业净资产中剥离10年。内退职工的基本医疗保险费先按上年在岗职工月平均工资的7%缴费比例（个人2%由个人缴纳）剥离至退休年龄，然后再按上年在岗职工月平均工资的9%比例剥离10年。

4. 改制企业的退休职工、内退职工的基本医疗费，从资产中剥离后，由改制后企业管理。其退休、内退职工与改制后企业员工一起参加相同的医疗保险险种，享受同等的医疗保险待遇。对改制后企业主体不存在，原企业的退休人员由负责其管理的主管部门统一申报、缴费。

5. 改制企业、困难企业和破产企业在参加基本医疗保险的同时，须参加大病医疗救助。具体见原市政府淮政发〔2000〕96号文件。

二、改制企业、困难企业职工和破产企业退休人员住院基本医疗保险

1. 参加基本医疗保险缴费有困难，但有部分缴费能力的企业及其职工，可参加住院基本医疗保险。参保企业职工必须全员参保。

2. 参保企业以不低于上年在岗职工月平均工资总额为缴费基数。企业参保后，应于每年年底前申报下一年度的缴费基数。企业缴费比例为缴费基数的4.5%（个人不缴纳）。参保企业退休人员超过参保人员30%以上的，每增加1%，单位缴费比例增加0.15%。

3. 改制后企业主体存在的单位，由企业按年申报缴费。改制后企业主体不存在的，原企业的退休人员由负责其管理的主管部门统一申报、缴费。医疗保险管理处负责审核缴费基数及缴费金额，同意后办理参保相关手续。

4. 参加住院基本医疗保险的人员不建立个人账户，享受基本医疗保险住院、门诊特定病种医疗待遇，其费用报销按基本医疗保险住院、门诊特定病种规定报销，报销比例按基本医疗保险规定执行。报销比例按基本医疗保险规定执行。年内首次住院起付线600元，再次住院依次递减150元，最低减至150元。统筹基金最高支付限额为24000元。

5. 参加住院基本医疗保险的人员，必须同时参加大病医疗救助，大病医疗救助年内最高支付限额为8万元，大病医疗救助缴费方法按原市政府淮政发〔2000〕96号文执行。退休、内退职工的大病医疗救助保险基金每人每月8元（企业4元，个人4元），其中企业部分从资产中剥离。退休职工大病医疗救助基金剥离10年，内退职工先从改制时剥离到退休年龄，然后再剥离10年。

6. 住院基本医疗保险基金并入基本医疗保险统筹基金，实行统一管理，统一使用。

三、改制企业、困难企业职工和破产企业退休人员住院医疗费用统筹

1. 参加基本医疗保险和住院基本医疗保险缴费都有困难的企业及其职工，可参加住院医疗费用统筹，参保企业职工必须全员参保。

2. 参保企业缴费率为职工工资总额的3%（个人不缴纳）。职工月工资低于上年在岗职工月平均工资60%的，按上年在岗职工月平均工资的60%计算。对改制后企业主体存在的，由单位按年申报，按期缴费。对改制后企业主体不存在的，原企业的退休人员由负责其管理的主管部门申报缴费。申报时间为每年11月10日—11月20日。申报时须缴纳全年的住院统筹基金。

3. 参加住院统筹的企业及职工，必须同时参加大病医疗救助，缴费标准按原市政府淮政发[2000]96号文执行。

4. 住院统筹基金只能用于参保人员住院医药费用的报销，基金由区医疗保险管理处负责统一使用和管理，与基本医疗保险基金分开建账，实行单独管理，单独核算。

5. 住院统筹基金纳入财政专户，专款专用，本着“年初筹集、年终结算”的原则，保证基金收支平衡。

6. 住院统筹基金使用范围，与基本医疗保险的服务范围、服务标准、药品目录、诊疗项目、医疗服务设施标准相同。参保人住院和转诊前须履行审批手续。

7. 参加住院统筹人员不建立个人账户，不享受门诊特定病种医疗待遇，只享受住院统筹医疗待遇。

8. 参加住院统筹人员就诊，指定医院有楚州医院、楚州中医院、楚州皮防院、楚州保健院、淮安市第一人民医院、淮安市传染病院、淮安市中医院、淮安市精神病院、省人民医院、省肿瘤医院。其他医院发生的医药费用不予报销。

9. 报销比例按基本医疗保险规定执行，年内首次住院起付线600元，封顶线24000元。封顶线以上费用按大病医疗救助比例计算，大病医疗救助年内最高支付限额为8万元。参保人发生的住院医疗费用要及时到医疗保险管理处审核，报销记账。当年发生的住院医疗统筹基金支出小于当年筹集的住院统筹基金收入，按发生的住院统筹费用结算，结余滚存下年使用；当年发生的住院医疗统筹基金支出大于当年筹集的住院统筹基金收入，发生的住院统筹费用再按当年筹集的住院统筹基金收入占当年发生的住院统筹基金支出的比例结算。

10. 报销时间：参保人住院医疗费用先由个人现金垫付，上半年报销时间为6月份，下半年报销时间为下年度元月份。

四、自由职业者医疗保险

1. 在区劳动保障行政部门所属的职业介绍机构和人事行政部门所属的人才交流服务中心办理劳动人事代理且参加基本养老保险的代理人员参加医疗保险，必须按规定缴纳医疗保险费，由劳动人事代理经办机构代收，集中缴入基本医疗保险经办机构的基金收入专户。

2. 参保人员以不低于本区上年在岗职工平均工资为缴费基数，工资收入高于本区上年在岗职工工资3倍的，以本区上年在岗职工工资的3倍为缴费基数，并按9%的比例缴纳基本医疗保险费，实行单位委托代理的以本人工资为基数（低于本区上年度在岗职工平均工资的按上年度在岗职工平均工资为缴费基数）。

3. 参保人员每年十二月十五日前一次性缴清下一年度基本医疗保险费和大病医疗救助费。首次参保人员在办理参保手续时一次性缴纳当年的医疗保险费。

4. 首次参保人员，投保后6个月内只能使用个人医疗账户资金；6个月后至一年之间，基本医疗保险基金最高支付限额为10000元；一年至两年之间，基本医疗保险基金最高支付限额为20000元；第三年开始享受同期基本医疗保险最高支付限额。以上待遇除基本医疗保险基金最高支付限额外，其他均按基本医疗保险规定执行。

5. 代理人员参保后中断缴费再参保的视同首次参保。

6. 国有企业改制分流人员、劳动合同终止或解除（再就业服务中心人员期满）后，一年内委托职业介绍机构或人才交流服务中心按上述标准缴纳医疗保险费，可续接（建立）医疗保险关系。超过一年以上的，按代理人员办理。

7. 代理人员到达法定退休年龄时，男缴费已满30年、女缴费已满25年的，不再缴纳基本医疗保险费，未满上述年限的，须在退休时按本区上年在岗职工平均工资的7%，一次性补足到上述年限或补足到当地居民平均生存年限，不缴满上述年限，退休后不享受基本医疗保险待遇。

8. 参加基本医疗保险的代理人员必须同时参加大病医疗救助，缴费标准为每人每月8元，连续缴满一年后享受大病医疗救助待遇。

五、改制企业、困难企业实行住院基本医疗保险或住院医疗费用统筹，必须事先经职工代表大会通过，企业经济效益好转后，具有缴纳基本医疗保险费或住院基本医疗保险费能力后，应立即参加基本医疗保险或住院基本医疗保险。

六、事业单位改制后，职工参加医疗保险，可参照本意见执行。

关于对淮安市人民政府设立中国漕运博物馆的意见

苏文物博〔2007〕51号

省政府办公厅：

你厅〔2007〕政字285号办文单（淮安市人民政府“关于在淮安设立中国潜运博物馆”的请示）收悉，经研究，形成意见如下：

一、目前我国尚无全面、系统展示漕运文明的专题性博物馆，漕运博物馆的设立，有利于传承运河文明，弘扬漕运文化，进一步加强对当地文化遗产的保护，打造“运河之都”的城市名片。同时，淮安市是典型的因运河而生、因漕运而兴的城市，是历史上的漕运中心，运河文化积淀深厚，并因此被批准为国家历史文化名城。近年来，当地政府及文物行政部门十分重视漕运博物馆的筹建工作.并形成了初步的建设方案。鉴于以上情况，我局同意在淮安市设立漕运博物馆。

二、建议淮安市、楚州区人民政府及其相关部门在现有的基础上，做好进一步的调研论证：并制定出详细、完整、周密、可行的方案，做好场馆和展厅、库房、藏品保护技术场所的规划建设，征集与办馆宗旨相符合、一定数量和成系统的藏品及必要的研究资料，制定详细的陈列展览大纲，制定必要的安全防范方案。待相应材料完备后，须依照规定另行上报设立、登记等事宜。

三、若冠以“中国”名称，待条件成熟后，须按《博物馆管理办法》等相关规定上报国家文物局审批。

四、我局将依照相关规定加强对漕运博物馆的行业管理和业务指导，并提供场馆建设、展陈设计、藏品征集等方面相应的技术支持和帮助。

江 苏 省 文 物 局

2007年4月20日

二、勘界协议

国务院关于江苏省调整淮阴市与淮阴、淮安两县界限的批复

国函〔1983〕130号

江苏省人民政府：

一九八三年五月十日请示悉。同意将淮阴县的武墩、和平两公社及杨庄公社的新闸大队和淮安县的黄码、盐河两公社及城郊公社的清安大队，一并划入淮阴市清浦区管辖。

中华人民共和国国务院

1983年7月5日

江苏省淮阴市人民政府和盐城市人民政府联合勘定行政区域界线协议书

……

第二条

淮阴、盐城两市边界线共涉及20个乡镇。边界线由北向南走向，北部从连淮盐三市交会点起，向南至淮盐扬三市交会点止，全长149.965公里，确定18个界桩点，埋设30根界桩，实际埋设数与设计数相等。另根据测绘需要增加引点13个。

……

第八条

连淮盐三交点界桩为单立三面型花岗岩界桩，是淮盐边界线的北断点。该界桩位于连云港市灌南县百禄镇管庄村、淮阴市涟水县南禄乡怀泽村、盐城市响水县黄圩乡均平村交界处。在磁方位角77°12′、距离27.3米处为堤拐弯处；在磁方位角231°06′、距离19.1米处为田角；在磁方位角347°24′、距离32.3米处为堤拐弯处。

……

淮盐线1号界桩为单立双面型花岗岩界桩，位于淮阴市涟水县南禄乡徐马村与盐城市响水县黄圩乡三合村交界处。在磁方位角30°42′、距离100.9米处为薛亮房西南角；在磁方位角54°18′、距离91.9米处为杨玉国房西南角；在磁方位角87°30′、距离35.2米处为高压电杆。

……

2号界桩为同号双立双面型花岗岩界桩。2A号界桩位于淮阴市涟水县唐集镇五里村；在磁方位角7°54′、距离24.4米处为水沟交叉口西南角；在磁方位角95°54′、距离11.2米处为2B处为2B号界桩；在磁方位角164°18′、距离21.3米处诶水沟交叉口东北角。2B号界桩位于盐城市响水县黄圩乡龙背村；在磁方位角196°00′、距离20.1米处为水沟交叉口东北角；在磁方位角275°54′、距离11.2米处为2A号界桩；在磁方位角340°12′、距离27.6米处为水沟交叉口西南角。

3号界桩为单立双面型花岗岩界桩，位于淮阴市涟水县石湖镇果林村与盐城市响水县黄圩乡张庄村交界处。在磁方位角106°24′、距离30.5米处为张超房西北角；在磁方位角238°18′、距离88.2米处为桥东南首；在磁方位角325°00′、距离38.6米处为沈玉洪房西南角。

……

4号界桩为同号双立双面型花岗岩界桩。4A号界桩位于淮阴市涟水县石湖镇果林村；在磁方位角96°30′、距离13.0米处为坎与路交叉处；在磁方位角290°30′、距离108.8米处为高压电杆；在磁方位角347°06′、距离99.7米处为高压电杆。4B号界桩位于盐城市响水县黄圩乡张庄村；在磁方位角0°24′、距离53.9米处为高压电杆；在磁方位角152°24′、距离49.0米处为4A号界桩；在磁方位角267°12′、距离79.0米处为高压电杆。

……

5号界桩为同号双立双面型花岗岩界桩。5A号界桩位于淮阴市涟水县石湖镇关滩村；在磁方位角140°30′、距离113.9米处为沟与废黄河交叉口西北角；在磁方位角238°06′、距离84.0米处为田角；在磁方位角349°18′、距离36.5米处为小路拐弯处。5B号界桩位于盐城市滨海县大套乡苏南村；在磁方位角106°30′、距离46.8米处为小路与堤交接处西南角；在磁方位角183°30′、距离38.4米处为房东北角；在磁方位角228°54′、距离16.0米处为房西北角。

……

6号界桩为同号双立双面型花岗岩界桩。6A号界桩位于淮阴市涟水县石湖镇关滩村；在磁方位角105°48′、距离287.9米处为6B 号界桩；在磁方位角224°00′、距离43.0米处为堤拐弯处西北角；在磁方位角297°36′、距离70.4米处为二层楼房东南角。6B号界桩位于盐城市阜宁县北沙乡孟滩村；在磁方位角30°54′、距离59.6米处为堤堑东北角；在磁方位角255°00′、距离119.5米处为河与废黄河交叉口西南角。

……

7号界桩为单立双面型花岗岩界桩，位于淮阴市涟水县唐集镇汤码村与盐城市阜宁县羊寨镇岗北村交界处；在磁方位角51°42′、距离214.8米处为小路与田埂交叉处；在磁方位角78°30′、距离147.8米处为小路与田埂交叉处；在磁方位角326°18′、距离46.7米处为废黄河东岸坎。

……

8号界桩为同号双立双面型花岗岩界桩。8A号界桩位于淮阴市涟水县黄营乡大飞村；在磁方位角14°30′、距离11.2米处为桥西收费房西南角；在磁方位角76°18′、距离10.8米处为桥西北首路灯杆；在磁方位角268°12′、距离18.2米处为电杆。8B号界桩位于盐城市阜宁县芦蒲乡宋码村；在磁方位角57°30′、距离13.5米处为桥东收费房东南角；在磁方位角330°00′、距离8.8米处为桥东南首；在磁方位角355°18′、距离12.3米处为桥东北首。

……

9号界桩为同号双立双面型花岗岩界桩。9A号界桩位于淮阴市涟水县南集乡禹庄村；在磁方位角27°18′、距离118.4米处为小路与田埂交叉处；在磁方位角184°30′、距离293.5米处为9B号界桩；在磁方位角319°30′、距离61.6米处为小路交叉口。9B号界桩位于淮阴市涟水县南集乡禹庄村、盐城市阜宁县蒲南乡童营村交界处；在磁方位角150°36′、距离226.0米处为小路交叉处；在磁方位角163°18′、距离59.7米处为小路交叉处。

……

10号界桩为同号双立双面型花岗岩界桩。10A号界桩位于淮阴市淮安市苏嘴镇弯朗村；在磁方位角60°36′、距离8.2米处为小路、旱地与竹丛分界处；在磁方位角130°54′、距离180.2米处为10B号界桩；在磁方位角240°54′、距离67.8米处为路边、旱地与竹丛分界处。10B号界桩位于盐城市阜宁县古河镇洋桥村；在磁方位角46°36′、距离177.6米处为路边、旱地与竹丛分界处；在磁方位角66°30′、距离213.1米处为路边、旱地与竹丛分界处；在磁方位角310°54′、距离180.2米处为10A号界桩。

……

11号界桩为单立双面型花岗岩界桩，位于215省道公路南侧、华阴市淮安市复兴乡南季村；在磁方位角4°42′、距离13,8米处为闸房西南角；在磁方位角122°42′、距离7.5米处为季长丰房东北角；在磁方位角242°06′、距离31.0,米处为高压电杆。

……

12号界桩为同号双立双面型花岗岩界桩。12A号界桩位于淮阴市淮安市复兴乡东城村；在磁方位角85°24′、距离56.9米处为12B号界桩；在磁方位角166°18′、距离91.2米处为房东北角；在磁方位角264°30′、距离158.3米处为小路拐弯处。12B号界桩位于盐城市阜宁县凤谷乡凤谷村；在磁方位角20°42′、距离79.7米处为孙晋国房西南角；在磁方位角336°42′、距离64.5米处为孙效余院西南角。

……

13号界桩为单立双面型花岗岩界桩，位于淮阴市淮安市博里乡孙庄村；在磁方位角149°12′、距离31.0米处为陈士忠房西南角；在磁方位角232°54′、距离20.9米处为倪志刚房东南角；在磁方位角319°12′、距离25.7米处为安大扣房东南角。

……

14号界桩为同号双立双面型花岗岩界桩。14A号界桩位于淮阴市淮安市博里乡滨南村；在磁方位角181°30′、距离110.0米处为窑；在磁方位角334°30′、距离121.4米处为桥东北首；在磁方位角356°00′、距离52.9米处为14B号界桩。14B号界桩位于盐城市阜宁县凤谷乡沙坝村；在磁方位角176°00′、距离52.9米处为14A号界桩；在磁方位角316°30′、距离74.9米处为桥东南角；在磁方位角

330°30′、距离22.3米处为小桥东南角。

……

15号界桩为同号双立双面型花岗岩界桩。15A号界桩位于淮阴市淮安市流均镇沿河村；在磁方位角50°48′、距离67.8米处为15B号界桩；在磁方位角177°24′、距离41.6米处为电杆；在磁方位角242°06′、距离18.9米处为房东南角。15B号界桩位于盐城市阜宁县罗桥乡青沟村；在磁方位角2°00′、距离31.7米处为围墙西南角；在磁方位角35°48′、距离6.8米处为房西北角；在磁方位角230°48′、距离67.8米处为15A号界桩。

……

16号界桩为单立双面型花岗岩界桩，位于淮阴市淮安市流均镇盐沿荡村；在磁方位角40°06′、距离80.0米处为闸东南首；在磁方位角48°48′、距离101.0米处为房西南角；在磁方位角263°30′、距离134.8米处为水塘西北角。

……

17号界桩为同号三立双面型花岗岩界桩。17A号界桩位于淮阴市淮安市流均镇头桥村；在磁方位角13°36′、距离59.7米处为沟与河交叉处；在磁方位角82°24′、距离29.1米处为17B号界桩；在磁方位角114°18′、距离77.8米处为17C号界桩。17B号界桩位于盐城市阜宁县马荡乡马荡村；在磁方位角130°30′、距离55.2米处为17C号界桩；在磁方位角262°24′、距离29.1米处为17A号界桩；在磁方位角346°00′、距离58.6米处为沟与河交叉处。17C号界桩位于盐城市建湖县蒋营镇收成村；在磁方位角67°30′、距离118.2米处为沟与河交叉处；在磁方位角294°18′、距离77.8米处为17A号界桩；在磁方位角310°30′、距离55.2米处为17B号界桩。

……

18号界桩为单立双面型花岗岩界桩，位于淮阴市淮安市流均镇头桥村；在磁方位角162°30′、距离20.5米处为堤角；在磁方位角268°00′、距离249.4米处为堤角；在磁方位角312°00′、距离612.0米处为堤角。

……

淮阴、盐城、扬州三市边界线交会点界桩为同号三立三面型花岗岩界桩，市淮盐边界线的南端点。ⅠA号界桩位于淮阴市淮安市流均镇溪南村；在磁方位角62°12′、距离179.2米处为房西南角；在磁方位角267°00′、距离23.9米处为堤拐弯处；在磁方位角321°30′、距离12.5米处为塘角。ⅠB号界桩位于盐城市建湖县蒋营镇河北村；在磁方位角11°12′、距离20.0米处为塘东南角；在磁方位角278°30′、距离104.9米处为塘西北角。ⅠC号界桩位于扬州市宝应县西安丰镇吉丰村；在磁方位角32°18′、距离860.5米处为ⅠB号界桩；在磁方位角130°30′、距离11.2米处为鱼塘西北角；在磁方位角178°12′、距离47.4米处为房西北角。

……

1998年10月25日

淮阴县人民政府和淮安市人民政府联合勘定行政区域界线协议书

……

第二条　淮阴县、淮安市边界线共涉及淮阴县制新渡乡、淮安市徐杨乡、南马厂乡3个乡4个村。界线从淮阴市、淮阴县、淮安市三县（市）交点起向东至淮阴县、涟水县、淮安市三县（市）交点止，全长9公里，确定三个界桩点，埋设5个界桩，实际埋设数和设计数相等。

……

第七条

085456I号界桩为单立三面型花岗岩界桩，为淮阴市、淮安市、淮阴县三县(市、区)边界线三交点，在磁方位角9度43分，273.9米处为小路交会点；在磁方位角176度56分，65.5米处为小路与沟交会点；在磁方位角308度15分，179.7米处为小路与沟交会点；085456I号界桩向北190米，转向东北130米，再向南250米至5456001号界桩，这段界线长度为0.57公里。

5456001号界桩为单立双面型花岗岩界桩，位于淮阴县、淮安市二(县、市)边界线的旱田上。在磁方位角183度58分，229.6米处为小路交叉处，在磁方位角226度54分方向116.2米处为小路与沟交叉处；在磁方位角350度40分259.5米处为小路交叉处。

……

5456002界桩为同号双立单面型花岗岩界桩，位于废黄河两岸，5456002A界桩位于废黄河北岸距河流中心96.95米，磁方位角75度46分，196.5米处为里程碑；在磁方位角272度17分，173.8米处为房角；在磁方位角350度56分98.2米处为通讯杆；5456002B界桩位于废黄河南岸距河流中心，80.80米，在磁方位角163度56分178.3米处为墓碑；在磁方位角 210度01分206.8米处为墓碑；在磁方位角293度48分239.7米处为渡口。5456002号界桩沿废黄河中心向东2380米，转向东偏东南160米至5456003号界桩这段界线长2.54公里。同号5456003号界桩为双立单面型花岗岩界桩，位于废黄河两岸，5456003A界桩位于废黄河北岸距河流中心，67.30米，在磁方位角140度56分，320.0米处为房角；在磁方位角109度34分，126.0米处为渡口；在磁方位角359度43分，291.0米处为房角，5456003B界桩位于废黄河南岸距河流中心167.71米，在磁方位角39度44分，71.4米处为房角；在磁方位角160度08分，52.5米处为房角；在磁方位角199度33分70.8米处为房角。

……

1999年6月4日

淮阴市、涟水县人民政府和淮安市人民政府联合勘定行政区域界线协议书

……

第二条

涟水、淮安两县、市边界线共涉及8个乡镇场圃，33个村。边界线走向由西从淮涟淮三县交会点起向东至淮涟阜三交点，全长48.12公里，确定11个界桩定位，埋设16块界桩，实际埋没数和设计数相等。

……

第八条

淮阴县、涟水县淮安市三县(市)边界线交会点(5455556 Ⅰ号)界桩为同号双立三面型花岗岩界桩，位于淮安市南马厂乡小堆村八组西废黄河两岸。545556 ⅠA号界桩位于废黄河西北岸，距离河流中心线80.8米；在磁方位角26度06分，距离123米处为坟墓，在磁方位角243度50分，距离385.9米处为高压杆；在磁方位角356度00分，距离221.8米处为小路交会点。545556 ⅠB号界桩位于废黄河东南岸，距离河流中心线52.5米；在磁方位角57度13分，距离226米处为房角；在磁方位角210度01分，距离158米处为高压杆；在磁方位角229度37分，距离59米处为房角。

……

5556001号界桩为单立双面型花岗岩界桩，位于淮安市南马厂乡范庄村二组；废黄河东侧。在磁方位角154度30分，距离234.3米处为小路拐角处；在磁方位角176度58分，距离385.9米处为房

角;在磁方位角335度18分,距离230.6米处为小路交会点。

……

5556002号界桩为同号双立花岗岩界桩,位于废黄河两岸,5556002A号界桩位于涟水县保滩镇十堡村姜庄组,距离河流中心线70.04米,磁方位角4度12分,距离211.7米处为小路交会点;在磁方位角227度08分,距离83.3米处为渡口,在磁方位角280度12分,距离159米处为小路交会点。5556002B号界桩位于淮安市南马厂范庄村三组,距离河流中心线56.5米;在磁方位角147度02分,距离81.1米处为墓碑;在磁方位角193度48分,距离158.7米处为渡口。

……

5556003号界桩为单立双面型花岗岩界桩,位于涟水县保滩镇喻集村街东组,废黄河西侧。在磁方位角91度30分,距离39米处为房角;在磁方位角279度7分,距离118.8米处为塘角;在磁方位角356度09分,距离60.5米处为墓碑。

……

5556004号界桩为单立双面型花岗岩界桩,位于淮安市钦工镇徐码村九组西南侧。在磁方位角38度43分,距离153.6米处杨廷忠宅房角;在磁方位角65度19分,距离133.6米处为杨士树宅房角;在磁方位角303度41分,距离302.1米处为小路交会点。

……

5556005号界桩为同号双立花岗岩界桩,位于废黄河两岸,5556005A号界桩位于保滩镇肖渡村三组,废黄河西侧,距离河流中心线107.65米处;在磁方位角90度40分,距离46.7米处为高压杆(二六);在磁方位角225度08分,距离24米处为高压杆(二五);在磁方位角326度00分,距离80米处为房角(谷延顺宅)。5556005B号界桩位于淮安市宋集乡谷庄村,废黄河东侧,距离河流中心线74.5米处;在磁方位角99度55分,距离202米处为房角;在磁方位角238度41分,距离43.3米处为沟角;在磁方位角330度49分,距离66米处为沟角。

……

5556006号界桩为同号双立花岗岩界桩,位于涟水大桥东侧,废黄河两岸。5556006A号界桩位于涟水县南苑乡淤黄村,废黄河北岸,距离河流中心线73.6米处。在磁方位角41度37分,距离21.3米处为房角;在磁方位角236度13分,距离11.3米处为桥头;在磁方位角284度49分,距离34米处为房角。5556006B号界桩位于淮安市宋集乡冯王村,废黄河南岸,距离河流中心线79.8米处。在磁方位角108度59分,距离15.9米处为房角;在磁方位角329度22分,距离12米处为桥头。

……

55556007号界桩为同号双立花岗岩界桩;位于废黄河两岸。5556007A号界桩为同号双立花岗岩界桩;位于废黄河两岸。5556007A号界桩位于涟水县南园乡顺安村二组,废黄河东侧,距离河流中心线57.4米处。在磁方位角75度13分,距离246米处为房角(鲁国喜宅);在磁方位角169度09分,距离78米处为房角。5556007B号界桩位于淮安市宋集乡甘姜村二组,废黄河西侧,距离河流中心线75.07米处。在磁方位角159度21分,距离74米处为渡口;在磁方位角199度44分,距离135米处为小路拐角处;在磁方位角221度36分,距离230米处为墓碑。

……

5556008号界桩为单立双面型花岗岩界桩,位于涟水县徐集乡新胡村十一组西南侧;在磁方位角4度55分,距离230.6米处为房角(章德发宅);在磁方位角39度37分,距离157.5米处为房角(徐正勤宅);在磁方位角79度39分,距离121.3米处为小路交会点。

……

5556009号界桩为单立双面型花岗岩界桩,位于淮安市茭陵乡小茭村七组,309公路北侧。在磁方位角228度00分,距离98.3米处为通讯杆;在磁方位角291度11分,距离41.3米处为通讯杆;在磁方位角351度25分，距离80.0米处为通讯杆。

……

5556010号界桩为单立双面型花岗岩界桩，位于涟水县徐集乡吉滩村东蒋组，约160米处为小路西侧；在磁方位角5度31分，距离159.4米处为房角（蒋南洲宅），在磁方位角145度33分，距离173.5米处为墓碑（季南松之墓），在磁方位角202度26分，距离99.8米处为墓碑（李宝珠之墓）。

……

5556011号界桩为单立双面型花岗岩界桩，位于涟水县朱陈苗圃蒋集村程吉组南侧，通朱陈桥大桥碎石路西侧；在磁方位角20度16分，距离163.5米处为房角（李景康宅），在磁方位角355度02分，距离156.5米处为房角（魏玉生宅），在吹风机355度02分，距离131.5米处为房角（朱仕山宅）。

……

1999年6月4日

淮阴市清河区、清浦区人民政府和淮安市人民政府

联合勘定行政区域界线协议书

……

第二条　淮阴市区、淮安市边界线涉及淮阴市清河区钵池乡、清浦区清安乡、黄码乡、盐河乡；淮安市的徐杨乡、板闸镇、淮城镇、三堡乡、范集乡9个乡21个村。界线从淮阴市、淮阴县、淮安市三县（市）交点起向南至淮阴市、洪泽县、淮安市三县（市）交点止，全长50公里，确定9个界桩点，埋设13个界桩，实际埋设数和设计数相等。

……

第四条　此条勘界从淮（阴市）淮（阴县）淮（安市）三交点起，向南转向西至淮（阴）洪（泽）淮（安）三交点止。

……

第七条　边界线走向界桩位置说明

从淮阴市、淮阴县、淮安市三交点085456I号界桩起界线向南710米，向东南90米，向南90米，向西偏西南136米，向南偏东南190米，至1号界桩，这段界线长度为1.22公里。

0856001号界桩为单立双面型花岗岩界桩，为淮阴市清河区钵池乡团汪村三组与淮安市徐杨乡老坝村十组交界处（其界点位于界桩东2米处）。在磁方位角68度2分方向距离17.3米处为房角，在磁方位角182度37分方向距离18.6米处为高压杆；在磁方位角229度35秒方向距离44.3米处为房角。

……

0856002号界桩为单立双面型花岗岩界桩，位于淮阴市清河区钵池乡团汪村一组与淮安市徐杨乡三坝村交界处鱼塘南边，在磁方位角68度58分方向距离45.0米处为通讯杆，在磁方位角186度57分方向距离52.4米处为房角，在磁方位角270度40分方向距离67.5米处为高压杆。

……

0856003号界桩为单立双面型花岗岩界桩，位于淮阴市清河区钵池乡山头村与淮安市徐杨乡黄园村交界处的宁连一级公路的东侧板闸干渠北侧岸边（其界点位于界桩东2米处），在磁方位角40度32分方向距离157.6米处为桥头；在磁方位角210度19分方向距离283.6米处为铁塔；在磁方位角257度11分方向距离176.0处为铁塔，从3号界桩起界线向东南10米，至板闸干渠，然后沿板闸干渠

再向西南305米，出板闸干渠，向南偏东南175米，向南380米，向东130米，向南偏东南155米，向东偏东北85米至4号界桩，这段界线长度为1.24公里。

0856004号界桩为单立双面型花岗岩界桩，位于淮阴市清河区钵池乡山头村与淮安市徐杨乡李曹村交界处（其界点位于界桩东4米处），宁连一级公路东侧在磁方位角71度45分方向距离13.9米处为桥头，在磁方位角147度12分方向距离70.0米处为道路交会处；在磁方位角240度31分方向距离67.0米处为铁塔。

……

0856005号界桩为单立双面型花岗岩界桩，位于淮阴市清河区钵池乡山头村与淮安市板闸镇夹河村交界处淮扬路板闸桥西侧里运河边。在磁方位角55度51分方向距离17.5处为房角；在磁方位角138度40分方向距离8.4米处为石砌坎拐角，在磁方位角355度48分方向距离25.3米处为通讯杆。5号界桩起界线向西南60米，至里运河，然后沿里运河中心，向西北1225米，至6号界桩，这段界线长度为1.28公里。

0856006号界桩为同号双立双面型花岗岩界桩，位于淮阴市车管所西侧里运河的两岸，6A界桩位于里运河北岸，距6号界桩71.40米，在磁方位角3度16分方向距离53.8米处为通讯杆；在磁方位角49度47分方向距离41.4米处为通讯杆；在磁方位角90度27分方向距离61.2米处为通讯杆；6B界桩位于里运河南岸距6号界桩60.51米，在磁方位角263度01分方向距离29.4米处为房角；在磁方位角291度29分方向距离21.8米处为房角，在磁方位角313度53分方向距离46.0米处为通讯杆。

……

0856007号界桩为同号双立双面型花岗岩界桩，位于淮阴市清浦区黄码乡王李村与淮安市板闸镇夹河村交界处京杭运河和的两岸；7A界桩位于京杭运河的南岸，距离7号界桩475.62米；在磁方位角227度32分方向距离111.2米处为铁塔；在磁方位角315度57分方向距离71.2米处为房角；7B界桩位于京杭运河北岸；距7号界桩227.60米；在磁方位角41度52分方向距离95.0米处为电力杆，在磁方位角311度53分方向距离228.1米处为电力杆，在磁方位角350度25分方向距离108.5米处为电力杆，从7号界桩起界线沿京杭运河向东南485米，继续沿京杭运河中心，向南偏东南6700米，至8号界桩，这段界线长度为7.18公里。

0856008号界桩同号双立双面型花岗岩界桩，位于淮阴市清浦区黄码乡运西村与淮安市淮城镇华亭村交界处京杭运河黄码大桥两端，8A界桩位于大桥西端距8号界桩132.30米，在磁方位角142度24分方向距离28.4米处为房角，在磁方位角193度06分方向距离21.3米处为房角；在磁方位角353度12分方向距离11.3米处为大桥西端北侧桥头。8B界桩位于大桥东端距8号界桩192.62米，在磁方位角47度02分方向距离25.0米处为桥头；在磁方位角77度01分方向距离23.7米处为桥头，在磁方位角328度51分方向11.9米处为桥头；从8号界桩起界线沿京杭运河中心，向南偏东南2775米，向东南1540米，至京杭运河与苏北灌溉总渠交汇处，然后界线沿苏北灌溉总渠中心折向西偏西南1405米，至9号界桩。这段界线长度为5.72公里。

9号界桩为同号双立双面型花岗岩界桩，位于淮阴市盐河乡甘棚村与淮安市三堡乡鸭洲村交界处的苏北灌溉总渠两岸，9A界桩位于总渠北岸，距9号界桩110.52米，在磁方位角56度38分方向距离49.6米处为房角，在磁方位角153度51分方向距离233.82米处为9B；9B位于总渠南岸，距9号界桩123.30米；在磁方位角93度40分方向距离22.2米处为房角，在磁方位角139度40分方向距离28.4米处为房角，在磁方位角225度32分方向距离47.4米处为房角，9号界桩起界线沿苏北灌溉总渠中心向西偏西南13863米，至淮阴市、淮安市、洪泽县三焦点085657I号界桩，这段界线长度为13.86公里，淮阴市与淮安市边界线总长为48.06公里。

……

1999年11月9日

江苏省淮安市人民政府和洪泽县人民政府

联合勘定行政区域界线协议书

……

第四条　淮洪线共涉及洪泽县的黄集镇、岔河镇，淮安市的范集乡、南闸乡，共4个乡镇，边界线由北向南从淮阴市、淮安市、洪泽县三交点起，到淮安市、洪泽县、宝应县（扬州市）三交点止，全长28.50公里，共设计了5个界点，7颗界桩。界桩埋设工作由两县（市）勘办共同组织，实际埋没数与设计数相符。

……

第十四条　本条界线起于淮阴市，淮安市、洪泽县三交点085657I界桩。该界桩为同号双立三面型花岗岩界桩，位于苏北灌溉总渠张码渡口西150米苏北灌溉总渠中心处。085657IA界桩位于总渠北岸，距085657I号界桩111.00米。在磁方位角1度46分方向，距离187.0米处小路交会点；在磁方位角43度16 分方向，距离132.2米处为房角；在磁方位角63度49分方向，距离97.1米处为泵房房角。085657IB界桩位于总渠南岸，距085657I号界桩144.29米。在磁方位角42度29分方向，距离95.2米处为泵房房角；在磁方位角68度27分方向，距离116.0米处为房角；在磁方位角305度29分方向，距离13.5米处为房角。085657I号界桩起界线向南偏东南225米，至5657001号界桩。这段界线的长度为0.23公里。

5657001号界桩为单立双面型花岗岩界桩，位于苏北灌溉总渠南岸100米张越河起点处。在磁方位角57度58分方向，距离93米处为闸门中心杆；在磁方位角117度57分方向，距离97.0米处为房角；在磁方位角344度48分方向，距离95.3米处为房角。

……

5657002号界桩为单立双面型花岗岩界桩，位于淮安市范集乡李湾村十组与洪泽县黄集镇罗李村一组交界处。在磁方位角67度49分方向，距离18.7米处为房角；在磁方位角104度37分方向，距离30.7米处为闸门中心杆；在磁方位角169度10分方向，距离54.0米处为墓碑。

……

5657003号界桩为同号双立双面型花岗岩界桩，位于淮安市范集乡至洪泽县黄集镇的碎石公路花河桥两端。5657003A界桩位于大桥北端，距5657003号界桩15.20米；在磁方位角63度11分方向，距离5.4米处为电力杆；在磁方位角270度46分方向，距离7.0米处为大桥北端东侧桥头；在磁方位角343度53分方向，距离19.2米处为房角。5657003B界桩位于大桥南端，距5657003号界桩15.18米；在磁方位角3度06分方向，距离10.6米处为电力杆；在磁方位角200度10分方向，距离29.0米处为房角。

……

5657004号界桩为单立双面型花岗岩界桩，位于淮金公路淮安指示牌东侧。在磁方位角241度00分方向，距离53.4米处为芝士片，在磁方位角287度35分方向，距离23.7米处为通讯杆；在吃完饭就337度14分方向，距离54.6米处为通讯杆。

……

5657005号界桩为同号双立双面型花岗岩界桩，位于花河两侧。5657005A界桩位于花河北侧，距5657005号界桩45.28米。在磁方位角147度11分方向，距离64.0米处为小路转折点；在磁方位角293度01分方向，距离15.0米处为房角；在磁方位角314度48分方向，距离121.8米处为房角。

5657005B界桩位于花河南侧，距5657005号界桩45.28米；在磁方位角96度36分方向，距离61.3米处为小路转折点；在磁方位角305度23方向，距离383.0米处为房角；在磁方位角355度41分方向，距离53.2米处为渡口。

……

1999年11月9日

江苏省淮安市人民政府和扬州市人民政府联合勘定的行政区域界线协议书

……

第二条　淮扬两市边界线涉及淮安市的楚州区、洪泽县、金湖县和扬州市的高邮市、宝应县共22个乡（镇）。……全长约159公里，共确定11个界桩点，埋设17根界桩。

……

第七条

1号界桩为同号双立双面型界桩，位于淮安市楚州区流均镇条龙村与扬州市宝应县西安丰镇崔渡村交界处，即白马湖下游引河中。在磁方位角165度20分，距离80.8米处为1B号界桩；在磁方位角345度20分，距离74.6米处为1A号界桩。

1A号界桩位于淮安市楚州区流均镇条龙村，在磁方位角63度42分，距离28.6米处为低压电杆；在磁方位角106度36分，距离31.1米处为下引河崔渡大桥西北桥爪；在磁方位角328度30分，距离31.9米处为条龙六组刘中心宅东北房角。

1B号界桩位于扬州市宝应县西安丰镇崔渡村，在磁方位角31度30分，距离34.8米处为下引河崔渡大桥东南桥爪；在磁方位角63度18分，距离42.9米处为房屋西北角；在磁方位角98度36分，距离15.9米处为房屋东北角。

……

2号界桩为同号双立双面型界桩，位于淮安市楚州区施河镇王桥村与扬州市宝应县曹甸镇陆庄村交界处，即白马湖下游引河中。在磁方位角175度15分，距离50.1米处为2B号界桩；在磁方位角355度15分，距离35.2米处为2A号界桩。

2A号界桩位于淮安市楚州区施河镇王桥村，在磁方位角24度48分，距离12.8米处为看鱼棚西南角；在磁方位角274度24分，距离91.9米处为施恒华宅房屋东南角；在磁方位角296度42分，距离72.4米处为施河镇供销社王桥村供销站房屋东南角。

2B号界桩位于扬州市宝应县曹甸镇陆庄村，在磁方位角166度12分，距离113.4米处为沟渠交会点；在磁方位角212度36分，距离87.7米处为沟渠交会点；在磁方位角261度18分，距离37.3米处为墓碑。

……

3号界桩为同号双立双面型界桩，位于淮安市楚州区施河镇施河村与扬州市宝应县曹甸镇古塔村交界处，即白马湖下游引河中。在磁方位角168度52分，距离41.3米处为3B号界桩；在磁方位角348度52分，距离51.9米处为3A号界桩。

3A号界桩位于淮安市楚州区施河镇施河村，在磁方位角17度06分，距离14.9米处为栅栏拐角；在磁方位角137度54分，距离6.6米处栅栏拐角；在磁方位角263度30分，距离38.3米处为沟渠交叉处。

3B号界桩位于扬州市宝应县曹甸镇古塔村，在磁方位角47度00分，距离45.6米处为引联大桥东南桥爪；在磁方位角115度00分，距离29.3米处为马立贵房屋东北角；在磁方位角131度12分，距离36.1米处为潘小明房屋东北角。

……

4号界桩为同号双立双面型界桩，位于淮安市楚州区平桥镇竹园村与扬州市宝应县泾河乡张北村交界处。在磁方位角167度58分，距离28.7米处为4B号界桩；在磁方位角347度58分，距离45.6米处为4A号界桩。

4A号界桩位于淮安市楚州区平桥镇竹园村，在磁方位角183度42分，距离30.7米处为桥东北角桥爪；在磁方位角220度18分，距离10.7米处为马金龙房屋东南角；在磁方位角322度30分，距离25.5米处为马步恒房屋东南角。

4B号界桩位于扬州市宝应县泾河镇张北村，在磁方位角186度30分，距离46.8米处为低压电杆；在磁方位角279度24分，距离11.5米处为低压电杆；在磁方位角338度12分，距离14.6米处为桥东南角桥爪。

……

5号界桩为单立双面型界桩，位于淮安市楚州区平桥镇十洞村与扬州市宝应县泾河乡泾河村交界处。在磁方位角40度30分，距离11.9米处为通讯杆；在磁方位角98度42分，距离21.4米处为路标；在磁方位角226度12分，距离17.1米处为房屋东南角。

……

6号界桩为单立双面型界桩，位于淮安市楚州区南闸镇黄浦村与扬州市宝应县山阳镇杨河村交界处。在磁方位角30度12分，距离50.5米处为航标；在磁方位角101度48分，距离77.5米处为码头东南角；在磁方位角252度42分，距离123.1米处为房屋东北角。

……

7号界桩为同号双立双面型界桩，位于淮安市楚州区南闸镇中南村与扬州市宝应县山阳镇大东村交界处。在磁方位角148度54分，距离70.9米处为7B号界桩；在磁方位角328度54分，距离57.0米处为7A号界桩。

7A号界桩位于淮安市楚州区南闸镇中南村，在磁方位角71度42分，距离298.0米处为鱼塘拐角；在磁方位角132度18分，距离111.6米处为房屋西北角；在磁方位角170度12分，距离114.2米处为房屋东北角。

7B号界桩位于扬州市宝应县山阳镇大东村，在磁方位角28度24分，距离35.6米处为房屋西北角；在磁方位角226度18分，距离13.9米处为朱宏彬房屋东北角；在磁方位角272度36分，距离45.6米处为大东村张庄组杨振宁房屋东北角。

……

8号界桩为单立双面型界桩，位于淮安市洪泽县仁和镇堆头集村与扬州市宝应县山阳镇顺河村交界处。在磁方位角71度48分，距离17.4米处为通讯杆；在磁方位角112度36分，距离132.6米处为房屋西北角；在磁方位角318度30分，距离11.3米处为低压电杆。

……

9号界桩为单立双面型界桩，位于淮安市金湖县前锋镇陈涧村与扬州市宝应县山阳镇光辉村交界处。在磁方位角35度24分，距离28.9米处为东厢房东南角；在磁方位角168度12分，距离23.0米处为路标；在磁方位角348度18分，距离23.3米处为路标。

……

10号界桩为单立双面型界桩，位于淮安市金湖县前锋镇东滩村与扬州市宝应县山阳镇公民村交界处。在磁方位角212度36分，距离128.3米处为房屋西北角；在磁方位角258度24分，距离114.6

米处为房屋东北角；在磁方位角333度48分，距离37.6米处为鱼塘角。

……

11号界桩为同号双立双面型界桩，位于淮安市金湖县滩涂开发公司华公司滩与扬州市宝应县氾水镇水产资源管理委员会（原朱港村）交界处。在磁方位角62度35分，距离626.4米处为11B号界桩；在磁方位角242度35分，距离675.1米处为11A号界桩。

11A号界桩位于淮安市金湖县滩涂开发公司华公司滩，在磁方位角198度12分，距离111.5米处为苏先荣草房西北角；在磁方位角2012度06分，距离154.4米处为沟渠交会点。

11B号界桩位于扬州市宝应县氾水镇水产资源管理委员会（原朱港村），在磁方位角31度12分，距离25.1米处为塘角；在磁方位角199度48分距离21.5米处为房屋东南角，在磁方位角296度18分距离71.6米处为塘角。

……

2001年9月21日

三、社会经济主要指标

1997年淮安市社会经济主要指标

表1

指标名称	计量单位	数　值
一、人口、劳动力		
年末总人口	人	1207160
农业人口	人	1052721
非农业人口	人	154439
全部从业人员数	人	638850
职工人数	人	89070
城镇个体劳动者	人	14156
乡村劳动力	人	535624
其中：农林牧渔劳动力	人	330984
二、综合统计		
地区生产总值	万元	405890
第一产业	万元	181900
第二产业	万元	128260
工业	万元	114336
建筑业	万元	—
第三产业	万元	95370
工农业总产值（当年价格）		

续表 1

指标名称	计量单位	数 值
农林牧渔业总产值	万元	348340
工业总产值	万元	632497
乡及乡以上工业总产值	万元	364146
村及村以下工业总产值	万元	268351
工农业总产值(1990年不变价格)	万元	752098
农林牧渔业总产值	万元	206007
工业总产值	万元	546091
乡及乡以上工业总产值	万元	324245
村及村以下工业总产值	万元	221846
三、运输、邮电、电力		
货物周转量	万吨公里	44902
旅客周转量	万吨公里	19928
港口吞吐量	万吨	73
邮电业务总量	万元	5855
电话交换机总容量	门	67328
全年供用量	万千瓦时	27251
四、固定资产投资		
固定资产投资完成额		64615
基本建设投资额	万元	11392
更新改造投资额	万元	15728
城镇集体投资额	万元	6034
农村集体投资额	万元	31200
五、贸易、外经		
社会消费品零售总额	万元	109280
外贸自营进出口总额	万美元	664
其中:出口总额	万美元	652
外商实际投资额	万美元	512
年末实有“三资”企业数	个	45
其中:开业投产企业	个	35
六、财政、金融		
全年财政收入	万元	14314
全年财政支出	万元	21904
金融机构年末存款余额	万元	178999
其中:城乡居民储蓄存款余额	万元	141528
金融机构年末贷款余额	万元	190654
七、教育、科技、文化、卫生		
普通中学在校学生数	人	50558

续表1

指标名称	计量单位	数　值
普通小学在校学生数	人	111085
专业技术人员数	人	18338
公共图书馆藏书量	万册	17.5
报纸出版份数	份	
卫生机构数	个	39
其中：医院	个	34
卫生技术人员数	人	2007
八、人民生活		
职工平均工资	元	3898
农民人均纯收入	元	2856

2000年淮安市社会经济主要指标

表2

指标情况	计量单位	数　值
一、劳动力情况		
全部从业人员数	人	628009
职工人数	人	66012
城镇私营个体劳动者	人	17736
乡村劳动力	人	544261
#农林牧渔业劳动力	人	346359
二、综合统计		
社会总产出(当年价格）	万元	1786914
地区生产总值	万元	552202
第一产业	万元	206044
第二产业	万元	199293
#工业	万元	167025
第三产业	万元	146865
工农业总产值（当年价格）	万元	1306517
农林牧渔业总产值	万元	393198
工业总产值	万元	913319
#国有及年销售收入500万元以上非国有企业	万元	267597
年销售收入500万元以下非国有企业	万元	645722
三、运输、邮电、电力		
货物周转量	万吨公里	78500
旅客周转量	万吨公里	38850

续表2

指标情况	计量单位	数　值
港口吞吐量	万吨	300
邮电业务总量	万元	13135
电话交换机总容量	门	183712
全年供用量	万千瓦时	30301
四、固定资产投资		
固定资产投资完成额	万元	178993
基本建设投资额	万元	14150
更新改造投资额	万元	14252
城镇集体投资额	万元	12521
农村集体投资额	万元	64263
房地产开发投资额	万元	5500
城乡私人建房投资额	万元	53312
五、贸易、对外经济		
社会消费品零售总额	万元	153748
外贸自营出口总额	万美元	1210
实际利用外资额	万元	927
六、财政、金融		
一般财政预算收入	万元	21000
#地方财政收入	万元	15038
一般财政支出	万元	29589
金融机构年末存款余额	万元	257006
#城乡居民储蓄存款余额	万元	194464
金融机构年末贷款余额	万元	171990
七、教育、科技、文化、卫生		
普通中学在校学生数	人	43321
普通小学在校学生数	人	142722
专业技术人员数	人	16747
公共图书馆藏书量	万册	18.1
卫生机构数	个	38
#医院	个	34
卫生技术人员数	人	2242
八、人民生活		
在岗职工平均工资	元	6715
农民人均纯收入	元	3401

2008年楚州区社会经济主要指标

表3

指标名称	计量单位	数　值
一、行政区划、人口及劳动力情况		
全区总人口	万人	118.74
全区土地总面积	平方千米	1462
乡镇数	个	26
镇	个	21
乡	个	5
村居数	个	351
村民委员会	个	276
居民委员会	个	75
全部从业人员数	万人	59.33
#职工人数	万人	5.8
城镇私营个体从业者	万人	5.13
农村劳动力	万人	47.33
#第一产业	万人	24.89
第二产业	万人	20.31
第三产业	万人	14.13
二、经济总量		
社会总产出	亿元	360.92
地区生产总值	亿元	144.86
第一产业	亿元	25.87
第二产业	亿元	70.45
#工业	亿元	51.11
建筑业	亿元	19.34
第三产业	亿元	48.54
人均地区生产总值	元	14388
三、农村经济		
耕地面积	万亩	111.89
农作物种植面积	万亩	218.4
粮食产量	万吨	92.65
油料产量	万吨	0.72
生猪出栏量	万头	55.47
家禽出栏量	万只	862.75
禽蛋产量	万吨	2.09
水产品产量	万吨	5.45
肉类总产量	万吨	5.93
农林牧渔业总产值	亿元	45.47

续表3

指标名称	计量单位	数　值
四、工业经济		
规模上工业企业数量	个	168
规模上工业总产值	亿元	97.33
规模上工业销售收入	亿元	96.79
规模上工业利税总额	亿元	7.06
全部工业总产值	亿元	192.6
五、邮电、电力		
邮电业务总量	亿元	2.99
全年供电量	亿千瓦时	8.06
#工业用电量	亿千瓦时	4.37
六、固定资产投资		
固定资产投资完成额	亿元	126.5
#规模上固定资产投资额	亿元	61.13
七、贸易、对外经济		
社会消费品零售总额	亿元	49.35
进出口总额	万美元	9013
注册外资实际到账额	万美元	2001
八、财政、金融		
财政总收入	亿元	11.1
#地方一般财政收入	亿元	5.84
财政支出	亿元	16.5
金融机构年末存款余额	亿元	92.22
#城乡居民储蓄存款余额	亿元	71.55
金融机构年末贷款余额	亿元	42.7
九、教育、科技、文化、卫生		
全民集体企事业单位专业技术人员数	万人	1.28
普通中学在校学生数	万人	7.34
普通小学在校学生数	万人	6.58
公共图书馆藏书量	万册	22.3
卫生机构数	个	35
#医院、卫生院	个	31
卫生技术人员数	个	2341
十、人民生活		
在岗职工平均工资	元	17706
城镇居民人均可支配收入	元	10916
农民人均纯收入	元	5803

编后记

《淮安市楚州区志(1978~2008)》历时十二载终于面世,其中辛苦劳顿,五味杂陈。此次修志是为了反映我区改革开放三十年来各行各业发展状况及人民生活状态,总结和研究社会发展过程中产生的经验教训,积累保存地方文献资料。全志主体共33篇,志首设序、凡例、总述、大事记,后缀附录、索引、编后记。全志共约230万字,选用插图300余幅,直观形象,图文并茂。《淮安市楚州区志(1978~2008)》工作从2006年2月启动,到2018年12月完稿,前后历时12年,主要经历了以下几个阶段:

资料收集阶段(2006.2~2007.12),各单位完成资料收集工作,并进行整理初加工。区志办组织各单位业务人员进行业务培训,提高业务水平,及时上门提供服务、定期交流,解决问题。2007年3月26日,区政府专门召开全区续修区志工作推进大会,区政府分管领导在大会上讲话,讲话总结一年多来全区续修区志工作,着重就续修《淮安市楚州区志(1978~2008)》工作做了再动员和部署,重申工作职责、时间节点、质量要求。

初审阶段(2008.1~2013.12),区志办进行汇总修编,进入分纂阶段,形成初稿。2010年10月27-28日,淮安市地方志办公室在楚州召开《淮安市楚州区志(1978~2008)》篇目评审现场会,经过专家论证,《楚州区志》篇目顺利通过市级评审。2011年起,开展区志初审工作,为进一步提高分纂稿质量,对已完成的分纂初稿实行双管齐下,一是请专家对分纂稿进行审稿,并将审稿意见组织全办修志人员学习、借鉴;二是组织参与编写人员开展内部评审,再安排时间以座谈会形式进行点评。同时,查阅2001-2008年《楚州年鉴》、《楚州统计年鉴》,调阅档案数百卷,确保数据的准确和资料的完整。截至2013年年底,完成《淮安市楚州区志(1978~2008)》初审工作。

复审验收阶段(2014.1~2017.12)。通过初审及志稿的进一步修改后,进入复审准备工作。我们聘请专家对《淮安市楚州区志(1978~2008)》进行统稿、通审和总纂,从志稿的观点、体例、内容、记述、资料、行文等方面全面审查,前后进行了三次通审,累计整理出修改意见数百条。我们将评审意见集中梳理，由区志办领导亲自带队跑乡镇进部门，拾遗补缺，落实期限，修改到位。2016年11月中旬，终于完成区志终审稿并上报市志办申请终审。《淮安市楚州区志（1978～2008）》通过终审后，立即组织人员根据终审意见对区志进行修改补充。2017年11月份，《淮安市楚州区志（1978～2008）》通过淮安市地方志办公室的验收。

出版印刷阶段（2018.1～2018.12）。通过省志办验收，交付出版社出版印刷。2018年1月，我们根据出版社的审稿意见对志稿进行修改补充，对一些不太明朗的资料和数据反复进行核对，部分资料还进行重新征集、查找。与此同时，我们还对区志的图片资料进行了征集、筛选。5月中旬报省志办验收，于7月通过省志办验收，之后根据省志办审核意见再次修改志稿，11月印刷出版。

《楚州区志》从编纂到出版凝结了众多人的心血，编辑人员有：王建志、严林、黄攸顺、钱哨、胡明亮、殷颖、马慕颖、李婷婷、王战坚、陈民牛等同志。统稿工作开始由严林同志负责，后来严林同志因病去世，这项工作于2015年由陈民牛同志接手，对总纂稿进行了大量的资料补充。2016年底，由钱哨同志接手统稿工作，进行了大量的资料筛选及删减，并根据出版社以及淮安市志办验收审核意见进行了修改，后报省志办审核验收。2018年4月开始，《楚州区志》图片甄选及文字修改校对工作，由殷颖、李婷婷、马慕颖等同志接手，直至出书。其间，为了能按省志办规定的时间出版志书，殷颖、李婷婷、马慕颖三人放弃休息时间加班加点，重新纂写了凡例、综述及17篇篇下序，还多次去档案局、统计局等单位重新征集资料，核对数据、精心打磨、去芜存精，直至定稿，使得志书质量在原来的基础上有了很大提高，最后众手成书，终于完成了《淮安市楚州区志（1978～2008）》。

在此，区志办向全体编纂人员、供稿单位及个人、社会各界所有支持和参与《楚州区志》工作的人员表示衷心的感谢！因志书涉及面广、编修时间跨度长，加之编者水平有限，疏漏之处在所难免，敬请读者批评指正。

淮安市淮安区区志编纂委员会办公室

2018年11月

索 引

说 明

本志索引采用主题分析索引方法编制，标引词采用中心词或简称。标引词按汉语拼音顺序排列，声母相同的按后一字母，第一个字相同按照第二个字，以此类推。标引词未按音序排列的单独置于前面。标引词后面的数字表示内容所在页码。综述、大事记、人物、附录未作索引。

A

D

E

F

G

H

J

K

L

M

N

R

S

T